# 教義總部

# 概念部

## 心、身、有等分部

### 心

**僧肇《維摩詰經注》卷三** 肇曰：心者何也，惑相所生。行者何也，造用之名。夫有形必有影，有相必有心。無形故無影，無相故無心。然則心隨事轉，行因用起。見法生滅，故心有生滅。悟法無生，則心無生滅。迦旃延聞無常義，謂法有生滅之相。法有生滅之相，故影響其心同生滅也。夫實相幽深，妙絕常境，非有心之所知，非辨者之能言，如何以生滅心行而欲說乎。

**慧遠《大乘義章》卷五** 心有三種。一事識心，所謂六識。二妄識心，謂第七識。三眞識心，謂第八識。彼事識中所有煩惱，有其相應、不相應義。現起之者，與心相應。是義云何。煩惱之數，與心別體，共心同緣，故曰相應，如想受等。故馬鳴言，心與念異，同知同緣，故號相應。性成之者，是不相應。即說心體爲煩惱性，不別有數與彼心王共相應，故彼妄識中一切煩惱，亦有相應、不相應義。是義云何。如馬鳴說，妄識之中義別六重。廣如上辨。此六種中，根本四重名不相應染，末後兩重名心相應染。相應之義，釋不異前。不相應者，即妄心體性是煩惱，非是心外別有煩惱共心相應，名不相應。故論說言，即心不覺，常無別異，名不相應。問曰：何故麁者相應。釋言：麁者有時作意別想而起，故與心別，共心相應。細者性成非別起，故與心一體，名不相應。一切煩惱，望彼眞心，亦有相應、不相應義。眞妄和合，名爲相應。眞妄性別，名不相應。

**窺基《成唯識論述記》卷三** 梵云質多，此名心也。《攝論》第一云，由種種法，積集種子等。即積集義是心義，集起義是心義，以能集生多種子故。或能熏種於此識中，既積集已後起諸法，故說此識名爲心義，心、意、識中心之心也。何以得知心是此識。《攝論》等云，心體第三，離阿賴耶識，不可得故。

**裴休集《黃檗山斷際禪師傳心法要》** 凡夫取境，道人取心。心境雙忘，乃是眞法。忘境猶易，忘心至難。人不敢忘心，恐落空無撈摸處，不知空本無空，唯一眞法界耳。此靈覺性，無始已來，與虛空同壽，未曾生未曾滅，未曾有未曾無，未曾穢未曾淨，未曾喧未曾寂，未曾少未曾老，無方所無內外，無數量無形相，無色像無音聲，不可覓不可求，不可以智慧識，不可以言語取，不可以境物會，不可以功用到。諸佛菩薩與一切蠢動含靈，同此大涅槃性。性即是心，心即是佛，佛即是法。一念離眞，皆爲妄想。不可以心更求于心，不可以佛更求於佛，不可以法更求於法。故學道人直下無心，默契而已，擬心即差。以心傳心，此爲正見。愼勿向外逐境，認境爲心，是認賊爲子。爲有貪嗔癡，即立戒定慧。本無煩惱，焉有菩提。故祖師云，佛說一切法，爲除一切心，我無一切心，何用一切法。本源清淨佛上，更不著一物。譬如虛空，雖以無量珍寶莊嚴，終不能住。佛性同虛空，雖以無量功德智慧莊嚴，終不能住。但迷本性，轉不見耳。

**延壽《宗鏡錄》卷四** 且約一心，古釋有四。一，紇利陁耶，此云肉團心，身中五藏心也。如《黃廷經》所明。二，緣慮心，此是八識，俱能緣慮自分境故。色是眼識境。根身、種子、器世界，是阿賴耶識之境。各緣一分，故云自分。三，質多耶，此云集起心，唯第八識積集種子，生起現行。四，乾栗陁耶，此云堅實心，亦云貞實心，此是眞心也。然第八識無別自體，但是眞心。以不覺故，與諸妄想，有和合不和合義。和合義者，能含染淨，目爲藏識。不和合者，體常不變，目爲眞如，都是如來藏。故《楞伽經》云：寂滅者，名爲一心。一心者，即如來藏。如來藏，亦是在纏法身。經云，隱爲如來藏，顯爲法身。故知四種心，本同一體，但從迷悟分多。經偈云，佛說如來藏，以爲阿賴耶，惡慧不能知，藏即賴耶識。佛說如來藏者，即法身在纏之名。以爲阿賴耶即是藏識，惡慧不能知藏即賴耶識。有執眞如與賴耶體別者，是惡慧也。然雖四心同體，眞妄義別，本末亦殊。前三是相，後一是性。性相無礙，都是一心。即第四眞心，以爲宗旨。

又古德廣釋一心者，望如來藏心，含於二義。一，約體絶相義，即眞如門。謂非染非淨，非生非滅，不動不轉，平等一味，性無差別。衆生即涅槃，不待滅也。凡夫彌勒，同一際也。二，隨緣起滅義，即生滅門。謂隨熏轉動，成於染淨。染淨雖成，性恆不動。只由不動，能成染淨。是故不動，亦在動門。《楞伽經》云：如來藏名阿賴耶識，而與無明七識共俱。如大海波，常不斷絶。又云：如來藏者，爲無始虚僞惡習所熏，名爲識藏。若此一心，推末歸本者，謂證第一義，則得解脱。第二義是緣之性，若見緣性，則脱緣縛。《華嚴經》云，皆一心作。論云，但是一心者，一切三界，唯心轉故。諸教同引，證成唯心。云何一心而作三界。有三：一，二乘謂有前境，不了唯心，縱聞一心，但謂眞諦之一，或謂由心轉變，非皆是心。二，異熟賴耶，名爲一心，簡無外境，故説一心。三，如來藏性，清淨一心，理無二體，故説一心。是知凡聖二法，染淨二門，無非一心矣。又此一心，約性相、體用、本末，即入等義，更有十門：一，假説一心。則二乘人謂實有外法，但由心變動，故説一心。下之九門，實唯一心。二，相見俱存，故説一心。此通八識，及諸心所并所變相分，本影具足。由有支等熏習力故，變現三界依正等報。三，攝相歸見，故説一心，亦通王數。但所變相分，無别種生，能見識生，帶彼影起。四，攝數歸王，故説一心，唯通八識。以彼心所，依王無體，亦心變故。釋云：攝相歸見者，《唯識》偈云，唯識無境界，以無塵妄見，如人目有瞖，見毛月等事。……。五，以末歸本，説一心。謂七轉識，皆是本識，差别功能，無别體故。經偈云，譬如巨海浪，無有若干相，諸識心如是，異亦不可得。六，攝相歸性，説一心。謂此八識，皆無自體，唯如來藏，平等顯現，餘相皆盡。一切衆生，即涅槃相。經云，不壞相有八，無相亦無相。七，性相俱融，説一心。謂如來藏，舉體隨緣，成辦諸事。而其自性，本不生滅。即此理事，混融無礙。是故一心二諦，皆無障礙。八，融事相入，説一心。謂由心性，圓融無礙，以性成事，事亦鎔融，不相障礙。一入一切，一一塵内，各見法界。天人脩羅，不離一塵。九，全事相即，説一心。謂依性之事，事無别事。心性既無彼此之異，事亦一切即一，一即是多，多即一等。十，帝網無礙，説一心。謂一中有一切，彼一切中，復有一切，重重無盡。皆以心識如來藏性圓融無盡，以眞如性畢竟無盡故，觀一切法即眞如故，一切時處皆帝網故。

**延壽《宗鏡録》卷二** 夫心者，神妙無方，至理玄邈。三際求而罔得，二諦推而莫知。無像無名，不可以測其深廣。無依無住，不可以察其指蹤。細入無間之中，不可以言其小。大包乾象之外，不可以語其深。至道虚玄，孰能令有。幽靈不墜，孰能令無。迹分法界而非多，性合眞空而非。體凝一道而非靜，用周萬物而匪勞。如如意珠，天上勝寶，狀如芥粟，有大功能。淨妙五欲，七寶琳瑯。非内畜，非外入。不謀前後，不擇多少。不作麁妙，稱意豐儉。降雨瀼瀼，不添不盡。利濟無窮，蓋是色法，尚能如是。豈況心神靈妙，寧不具一切法耶。【略】

是以法從心生，名因法立。所生之心無處，能生之法亦然。則心境皆空，俱無處所。論云，心能爲一切法作名。若無心，則無一切名字。當知世出世名字，皆從心起。以心隨緣，應物立號，略有五義而立假名。一從義故，二隨緣故，三依俗故，四因時故，五約用故。云何從義。《無量義經》云：無量義者，從一法生，故知因義立名，因名顯義。云何隨緣。《涅槃經》云：其味眞正，停留雪山，隨其流處，得種種名。隨其流處者，即是隨染淨之緣，得凡聖之號。云何依俗。經云：一法有多名，實法中即無，不失法性故，流布於世間。云何因時。《涅槃經》云：佛性因時節有異，説淨不淨。何者。在垢染時稱衆生，處清淨時名諸佛。云何約用。如因心立法，隨法得名，處聖稱眞，居凡號俗。似金作器，隨器得名。在指曰鐶，飾臂名釧。則一心不動，執别號而萬法成差。眞金匪移，認異名而千器不等。若知法法全心作，器器盡金成，名相不能干，是非焉能惑。

**法雲《翻譯名義集》卷一六** 《大乘入楞伽》云：心能積集業，意能廣積集，了别故名識，對現境説五。婆沙問：此三何别。答：或别不别。言不别者，心即意識。如火名焰，亦名爲熾，亦名燒薪。秖是一心有三差别。言有别者，名即差别。或云，過去名意，未來名心，現在名識。或云，在界名心，在入名意，在陰名識。或云，雜色名心，如六道由心。繫屬名意，如五根屬意。語想名識，如分别屬識。又妙樂引《俱舍》云：集起名心，思量名意，了别名識。在彼一向全無即理。若大乘中，八識名

心，七識名意，六識名識。【略】

污栗馱，此方稱草木心。矣栗馱，此方名積聚精要心。紇利陀耶（紇，胡結切），此云肉團心，如《黃庭經・五藏論》所明。《正法念經》云：心如蓮華開合。《提謂》云：心如帝王，皆肉團心，色法所攝。蜱羅尸（蜱，補迷切），或閉尸，此云肉團，見《經音義》。質多耶，或名質帝，或名波茶。此方翻心。《黃庭經・五藏論》目之爲神。西域外道計之爲我。此土佛教，翻緣慮心，此通八識。謂眼緣色，乃至第八緣根身種子器世間，故云集起以解心。第八獨名心。緣慮以解心。（緣謂緣持，慮即思慮）。八識總名心。然此緣慮亦名慮知。（《宗鏡》云：無幽不矚，有法皆知，察密防微，窮今洞古，故謂之靈臺。司馬彪云：心爲神靈之臺。《莊子》云：萬惡不可內於靈臺）。《百法論疏》：心法有六種義。一、集起名心，唯屬第八，集諸種子，起現行故。二、積集名心，屬前七轉，能熏積集諸法種故。或初集起屬前七轉現行，共集熏起種故。或後積集名心，屬於第八含藏，積集諸法種故。此上二解，雖各有能集、所集之義。今唯取能集名心。如理應思。三、緣慮名心，俱能緣慮自分境故。四、或名爲識，了別義故。五、或名爲意，等無間故。六、或第八名心，第七名意，前六名識。《入楞伽》云：藏識說名心，思量性名意，能了諸境相，是故名爲識。

**寶臣《注大乘入楞伽經》卷二** 凡言心者，略示名體，通有四種。梵音各別，翻譯亦殊。一、紇利陀耶，此云肉團心，是色身中五藏心也。如此方《黃庭經・五藏論》中說。二、緣慮心。此是八識，俱能緣慮自分境故。此八各有心數，亦云心所。於中，或無記，或通善染之殊。諸經論中自心所法，（總名心也，謂善心惡心等。三、質多耶，此云集起心，唯是根本第八識也。積集諸法種子，起現行故。四、乾栗陀耶，此云貞實心，亦云堅實心，此是眞實心也。然第八識無別自體，但是眞心。以不覺故，與諸妄想而有和合、不和合義。和合義者，能含染淨，目爲藏識。不和合者，體常不變，目爲眞如。即此離所行相，稱眞實義，諸佛教心也。雖然四種體同，迷悟眞妄義別。如取眞金，須明識瓦礫及以僞寶，但盡除之，縱不識金，金體自現。

**子璿《起信論疏筆削記》卷一** 凡言於心，然有其四。一者，梵語訖利馱耶，此云肉團心，則人之心藏也。其色赤形如蓮華，上有七葉，色法所攝。二者，質多，此云集起，即第八阿賴耶識，以能集諸種子起現行故。三者，緣慮心，此通八識心王，以各能緣慮自分境故。四者，乾栗馱，此云堅實心，謂如來藏自性清淨不生不滅心也。

**慧沼《勸發菩提心集》卷中** 深心者，此心有九種。一味心，二隨喜心，三悕望心，四無厭心，五廣大心，六勝喜心，七勝利心，八無染心，九善淨心。

**德異《六祖大師法寶壇經序》** 大哉心乎！資始變化，而清淨常若，凡然聖然幽然顯然，無所處而不自得之，聖言乎明，凡言乎昧，昧也者變也。明也者，復也，變復雖殊，而妙心一也。始釋迦文佛，以是而傳之大龜氏，大龜氏相傳之三十三世者，傳諸大鑒（六祖謚號大鑒禪師），大鑒傳之而益傳也。說之者抑亦多端，固有名同而實異者也，固有義多而心一者也。曰血肉心者，曰緣慮心者，曰集起心者，曰堅實心者，若心所之心益多也，是所謂名同而實異者也。曰眞如心者，曰生滅心者，曰煩惱心者，曰菩提心者，諸修多羅其類此者，殆不可勝數，是所謂義多而心一者也。義有覺義，有不覺義，心有眞心，有妄心，皆所以別其正心也。方《壇經》之所謂心者，亦義之覺義，心之實心也。

## 心法

**竺法護譯《佛說普門品經》** 何謂菩薩等遊心法。心法者，三界人之護也。安慰勸樂，悉令集會，安之以德，勸之以權，授之以慧，普修梵行，於三界澹然立在一處，亦無合離，使永執心莫知所存。不見形像音聲往來，亦無猶豫。所應如心，衆無合散，不知住處，亦無所適。若現若干種色，色色各異，於內亦無處，處亦無有住，如幻如化，虛無處無，處無所處。達士覩之，了無所有，便自執心，無念無求，見若不見，聞若不聞，澹然自守，是爲菩薩等觀遊於心法。

**求那跋陀羅共菩提耶舍譯《衆事分阿毗曇論》卷一** 云何心。謂意及六識。云何六。謂眼識、耳、鼻、舌、身、意識，是名心法。

云何心法。謂若法心相應。謂受、想、思、觸、憶、欲、解脱、念、定、慧、信、精進、覺觀、放逸、不放逸、善根、不善根、無記根、一切結縛使煩惱上煩惱纏，若智若見若無間等。此及餘心相應共起者，是名心法法。

云何心不相應行。謂若法不與心相應。謂諸得無想定、滅盡定、無想天、命根種類處得事得入得生、老、住、無常、名身、句身、味身，此及餘不與心相應共起者，是名心不相應行法。

**慧遠《大乘義章》卷二** 次辨心法，於中略以五門分别：一、明心與數體之一異。二、開合辨相。三、明寬狹。四、辨通局。五、相應不同。言一異者，《成實》法中，心與數法一體義分，不説心外别有諸數。如説識陰以之爲心，餘則名數。説受爲心，餘還名數。如是一切。《毗曇》法中，心與數别。六識是心，餘想受等，説爲心數。大乘法中，據末是别，窮本是一。是義云何。大乘法中，説識有三：一者眞識，心與數一。二者妄識，是妄識中，麁細六重。始從無明，終至續識。此六重中，前之四重，心與數一。後之兩重，心與數别。以前四重心，與數一故，論中説爲不相應染，後二别故，論中説爲心相應染。馬鳴釋言，心與念異，故曰相應。是義如後八識章中，具廣分别。三者事識，一向同時，具有諸數，與毗曇同。心數一異，辨之麁爾。

次辨開合。心法開合，廣略不定。或總爲一，謂一心聚。或分爲二，謂心與數。六識是心，想等是數。或分爲四，謂受、想、行、識。心王名識，想數名想，受數名受，餘數名行。或分爲六，所謂六識。又依《毗曇》説，爲四十七心數法。心王爲一，數法之中有四十六。

**窺基《大乘百法明門論解》卷上** 心法者，總有六義：一、集起名心，唯屬第八，集諸種子，起現行故。二、積集名心，屬前七轉識能熏，積集諸法種故。或集起屬前七轉現行共集，熏起種故。或積集名心，屬於第八含藏，積集諸法種故。三、緣慮名心，俱能緣慮自分境故。四、或名爲識，了别義故。五、或名爲意，等無間故。六、或第八名心，第七名意，前六名識，斯皆心分也。

**延壽《宗鏡錄》卷四** 夫所言心法者，云何是心。云何是心法。

答：了塵通相，説名心王。由其本一心，是諸法之總原也。取塵别相，名爲數法。良因其根本無明，迷平等性故也。又《辯中邊論》云：若了塵通相，名心。取塵别相，名爲心法。

問：此一心法，幾義而成。

答：心法總有四義：一是事，隨境分别，見聞覺知。二是法，論體唯是生滅法數。此二義，論俗故有，約眞故無。三是理，窮之空寂。四是實，論其本性，唯是眞實如來藏法。

問：心四義之中，前二義是緣慮妄心，後二義是常住眞心。約眞心，則本性幽玄，窮理空寂，既無數量，不更指陳。只如妄心，既涉見聞，又言生滅，此緣慮心有其幾種行相。

答：有五種心。一，率爾心，謂聞法創初，遇境便起。二，尋求心，於境未達，方有尋求。三，決定心，審知法體，而起決定。四，染淨心，法詮欣厭，而起染淨。五，等流心，念念緣境，前後等故。《法苑義林》云：辯五心相者，且如眼識，初墮於境，名率爾墮心。同時意識，先未緣此，今初同起，亦名率爾。故《瑜伽論》云：意識任運散亂，緣不串習境時，無欲等生，爾時意識，名率爾墮心。有欲生時，尋求等攝故。又《解深密經》及《決擇論》説，五識同時，必定有一分别意識俱時而轉，故眼俱意，名率爾心。初卒墮境故，此既初緣，未知何境爲善爲惡。爲了知故，次起尋求，與欲俱轉，希望境故。既尋求已，識知先境，次起決定，即解境故。決定已，識界差别，取正因等相。於怨住惡，於親住善，於中住捨，染淨心生。由此染淨意識爲先，引生眼識。同性善染，順前而起，名等流心。如眼識生，耳等識亦爾。

先德問：五心於八識中，各有幾心。

答：前五識有四心，除尋求心，無分别故。第六具五心。第七無率爾、尋求二心，有決定染淨等流三心。謂第七常緣現在境故，無率爾也。

【略】

率爾爾有二説：一云不熏種，任運緣境，不強盛故。二云若緣生境，即不熏種。若緣曾聞熟境，即熏種。由串習力故，餘心總熏種。今解：且如率爾聞聲境時，不簡生熟聲境，皆熏實聲種子。更有九心成輪，廣略不同。眞理是一，其心如輪，隨境而轉。故經云，身非念輪，隨念而轉。其義如何。上座部師，立九心輪者，一有分，二能引發，三見，四尋求，五貫徹，六安立，七勢用，八返緣，九有分體。且如初受生時，未能分別，心但任運，緣於境轉，名有分。若有境至，心欲緣時，便生警覺，名能引發。其心既於此境上轉，見照矚彼。既見彼已，便成尋求，察其善惡。既察彼已，遂貫徹識其善惡，而安立心。起語分別，說其善惡，隨其善惡，便有動作勢用。動作既興，欲休廢道，故返緣前所作事。既返緣已，還歸有分，任運緣境，名爲九心，可成輪義。

**延壽《宗鏡錄》卷八一**　立一心法者，遣彼初疑，明大乘法唯有一心，一心之外，更無別法。但有無明，迷自一心，起諸波浪，流轉六道。雖起六道之浪，不出一心之海。良由一心，動作六道，故得發弘誓之願。六道不出一心，故能起同體大悲。如是依於一心，能遣二疑，得發大心，具足佛道。

**延壽《宗鏡錄》卷九九**　《法性論》云：蓋聞之先覺曰：體空入寂，莫先於見法。尋法窮原，莫妙於得性。得性則照本，照本則達自然。達自然見緣起，見緣起斯見法也。將窮其原，必存其要。要而在用者，其唯心法乎。心法者，神明之營魄，精識之丹譽。其運轉也，彌綸於萬行。其感物也，會通於群數。統極而言，則無不在矣。

**大義《妙法蓮華經大成懸談》**　心法者，以十法界千差萬別，唯一心造。此心能相能性，能凡能聖，能善能惡，能佛能眾生。故曰，心如工畫師，作種種五蘊。特人不自觀心，若能修攝其心，觀一切法本來不動，不退不轉，如虛空，無所有性。觀心無心，法不住法，當下了悟，當下解脫。如大圓鏡，普照十方。此心法何其妙哉！佛無別法，即心是佛。心不自心，即眾生心。心、佛與眾生，是三無差別。此三非三，即一非一。非三非一，即三即一。以此三法，不可心思，不可言議，故稱爲妙。

## 心王

**智儼《華嚴五十要問答》初卷**　心王者，心與數爲依，又依於數起，如君臣相依，此從法喻名也。

**延壽《宗鏡錄》卷三**　無量功德，即是一心。一心爲主，故名心王。生滅動亂，違此心王，不得還歸，故言失也。又心者，統攝諸法，一切最勝，無一法而不攝。王者，統御四海，八表朝宗，無一民而不臣。

**延壽《宗鏡錄》卷五七**　《唯識疏鈔》云：識性識相，無不歸心。心王心所，皆名唯識者，謂圓成實性，是識性。依他起性，是識相，皆不離心也。或可諸無爲法，名識性。得等分位，色等所變，是識相，皆不離心也。識之相應名心所，識之自性名心王。心王最勝，稱之爲主，攝所從心，名歸心。攝得等分位，兼色等所變，歸於見分等，名泯相。性相不相離，總名唯識也。

## 心所 心所法

**玄奘譯《成唯識論》卷五**　恆依心起，與心相應，繫屬於心，故名心所。如屬我物，立我所名。心於所緣，唯取總相。心所於彼，亦取別相。助成心事，得心所名。如畫師資，作模填彩。故《瑜伽》說，識能了別事之總相，作意了此所未了相，即諸心所所取別相。觸能了此可意等相，受能了此攝受等相，想能了此言說因相，思能了此正因等相。故作意等，名心所法。此表心所，亦緣總相。餘處復說，欲亦能了可樂事相，勝解亦了決定事相，念亦能了串習事相，定慧亦了德失等相。由此於境起善染等諸心所法，皆於所緣兼取別相。

雖諸心所名義無異，而有六位種類差別。謂遍行有五，別境亦五，善有十一，煩惱有六，隨煩惱有二十，不定有四。如是六位，合五十一。一切心中定可得故，緣別別境而得生故，唯善心中可得生故，性是根本煩惱攝故，唯是煩惱等流性故，於善染等皆不定故。然《瑜伽論》合六爲五，煩惱、隨煩惱，俱是染故。

**玄奘譯《五事毘婆沙論》卷下**　何謂心所法。如何知別有。答：所有受等，名心所法。經爲量故，知別有體。如世尊說，眼色二緣生於眼識，三和合故。觸與觸俱起，有受、想思。乃至廣說。薩他筏底契經中言，復有思惟，諸心所法依心而起，繫屬於心。又舍利子問俱胝羅，何故想思說名意行。俱胝羅言，此二心所法，依心起，屬心。乃至廣說。由如是等無量契經，知心所法定別有體。又心所法若無別體，則奢摩他、毘鉢舍那、善根、識住、諸食、念住、諸蘊、六六覺支道支、諸結、學法，及有支等，契經應滅。又不應立大地法等。然經所說〔一〕法門無滅。大地法等，實可建立。故知別有諸心所法。

**玄奘譯《阿毗達磨品類足論》卷一**　心所法云何，謂若法心相應。此復云何，謂受、想、思、觸、作意、欲、勝解、念、定、慧、信、勤、尋、伺、放逸、不放逸、善根、不善根、無記根、一切結縛隨眠隨煩惱纏、諸所有智、諸所有見、諸所有現觀。復有所餘如是類法，與心相應，總名心所法。

**玄奘譯《阿毗達磨品類足論》卷六**　心所法云何，謂若法，與心相應。此復云何，謂受蘊、想蘊、相應行蘊。

**玄奘譯《顯揚聖教論》卷一**　心所有法者，謂若法，從阿賴耶識種子所生，依心所起，與心俱轉相應。彼復云何。謂徧行有五，一作意，二觸，三受，四想，五思。別境有五，一欲，二勝解，三念，四等持，五慧。善有十一，一信，二慚，三愧，四無貪，五無瞋，六無癡，七精進，八輕安，九不放逸，十捨，十一不害。煩惱有六，一貪，二瞋，三慢，四無明，五見，六疑。隨煩惱有二十，一忿，二恨，三覆，四惱，五嫉，六慳，七誑，八諂，九憍，十害，十一無慚，十二無愧，十三惛沈，十四掉舉，十五不信，十六懈怠，十七放逸，十八失念，十九心亂，二十不正知。不定有四，一惡作，二睡眠，三尋，四伺。

**玄奘譯《顯揚聖教論》卷一八**　論曰：心所有法，依止能緣多境八種識故，各各造作自業而起，依心而有，故名心所有法。不應更思彼所緣境，由彼與識，等緣轉故。如經言：若於此受，即於此思。若於此思，即於此想。若於此想，即於此了別。

**玄奘譯《成唯識論》卷七**　如是六位諸心所法，爲離心體有別自性，爲卽是心分位差別。設爾，何失。二俱有過。若離心體，有別自性，如何聖教說唯有識。又如何說心遠獨行，染淨由心，士夫六界。《莊嚴論》說，復云何通。如彼頌言：

許心似二現，如是似貪等。或似於信等，無別染善法。

若卽是心分位差別，如何聖教說心相應，他性相應，非自性故。又如何說心與心所俱時而起，如日與光。《瑜伽論》說，復云何通。彼說心所，非卽心故。如彼頌言：

五種姓不成，分位差過失，因緣無別故，與聖教相違。

應說離心有別自性，以心勝故，說唯識等。心所依心勢力生故，說似彼現，非彼卽心。又識心言，亦攝心所，恆相應故。唯識等言，及現似彼，皆無有失。此依世俗。若依勝義，心所與心，非離非卽，諸識相望，應知亦然。是謂大乘眞俗妙理。

**玄奘譯《瑜伽師地論》卷三**　問：如是諸心所，幾依一切處心生，一切地、一切時、一切（俱）〔耶〕。答：五。謂作意等，思爲後邊。幾依一切處心生，一切地，非一切時、非一切（俱）〔耶〕。答：亦五。謂欲等，慧爲後邊。幾唯依善，非一切處心生，然一切地、非一切時、非一切耶。答：謂信等，不害爲後邊。幾唯依染汙，非一切處心生，非一切地、非一切時、非一切耶。答：謂貪等，不正知爲後邊。幾依一切處心生，非一切地、非一切時、非一切耶。答：謂惡作等，伺爲後邊。

**窺基《成唯識論述記》卷五**　略以三義，解心所總名。一、恆依心起。心若無，心所不生。要心爲依，方得生故。若爾，心望遍行，應名心所。二、與心相應。彼五說與心相應故，心不與心相應故。又，時、依、緣、事，四義具故，說名相應。由此色等，亦非心所。既爾心具五義，與五相應，應名心所。三、繫屬於心。以心爲主，所繫屬之心有自在非所，以是義故，繫屬於心。有此三義，故名心所。又，初義顯遍行，恆依心故。第二顯餘一切心所，非恆依心，心相應故。第三正解心所之義。又解，心王不名爲所，不屬心故。由此三義，簡別心、色等，不得名心所。又解，第一句顯一切心所，得名心所。第二句簡一切色等，不名心所。第三句顯心所，得名爲所。以繫屬他，以非主故，心不名所。又，初句簡無爲，不依心起故。第二句簡色、不相應。第三句正解心所，得名所以。

**窺基《大乘百法明門論解》卷上**　言心所有法者，具三義故：一、恆依心起。二、與心相應。三、繫屬於心。具此三義，名爲心所故。要心爲依，方得起故。觸等恆與心相應故。既云與心相應，蓋心不與心自相應故。心非心所故。他性相應，非自性故。

**延壽《宗鏡錄》卷三六**　次明心所者，有五十一法，總分六位。且通辯諸識有漏位中相應者，前五識各有三十四心所相應。謂遍行五，別境五，善十一，根本煩惱三，貪嗔癡中，隨二，大隨八。第六識三界三性，定散通論，具與五十一心所相應。第七識與十八心所相應。謂遍行五，根本煩惱四，我癡、我見、我慢、我愛。大隨八，別境中慧。第八識唯與遍行心所相應。此八種識，若成無漏，唯與二十一心所相應，謂遍行別境善法。今明能觀心，但唯善性。第六識，其相應心所，隨心王說。定中心所唯二十一，謂遍行五，別境五，善十一。或尋伺中隨取一法，即二十二。尋麁伺細，不俱起故。淺深推度，思慧爲體。若與散位心王相應，即二十法。於前善中除輕安故，輕安一法是定引故。有定資身，方得調暢，有輕安義。或二十一，於尋伺中隨取一故。

**大乘光《大乘百法明門論疏》卷下** 今略以五門，料簡心所有法。其五門者，第一諸論不同，第二假實分別，第三四界分別，第四三性分別，第五廢立六位。

第一，諸論不同者，若依此論，心所有法有五十一，謂遍行五，別境五，善十一，煩惱六，隨煩惱二十，不定四。若依《瑜伽》，有五十三法，五十一同此論，但隨煩惱中更加邪欲、邪勝解二教。若依《顯揚論》及《五蘊論》，心所有法有五十一，並同此論，無有差別。若依《雜集論》，心所有法五十五，自餘諸數并同此論，唯煩惱六中，開不正見爲五，謂薩迦耶見、邊執、見取、戒禁取、邪見。此即諸論顯數不同。

第二，假實分別者，心所有法，若依《瑜伽論》，二十七種是其實有，餘是假立。二十七是實者，謂遍行五，別境五，善中八。除不放逸、捨、不害。當知不放逸、捨是無貪、無嗔、無癡、精進四法上假，不害即是無嗔上假故。……。

第三，四界分別者，四界謂欲界、色界、無色界、無漏界。五十一心所有法中，二十一通四界，謂遍行五，別境五，善十一。十四通三界。三界謂欲界、色界、無色界。十四謂貪、慢、疑、無明、不正見、不信、懈怠、放逸、惛沈、掉舉、忘念、不正知、散亂、憍。四通二界。二界謂欲界、色界。四數謂諂、誑、尋、伺。十數唯欲界，十數謂嗔、忿、恨、惱、覆、嫉、慳、害、無慚、無愧。

第四，三性分別者，三性謂善、不善、無記。於五十一心所有法中，十四通三性。十四者，謂遍行五，別境五，不定四。十六通二性，二性謂不善性、無記性。言十六者，謂煩惱中貪、慢、疑、無明、不正見，隨煩惱中十一，謂諂、誑、憍、惛沈、掉舉、不信、懈怠、放逸、忘念、散亂、不正知。二十一唯一性，若善十一，唯是善性，若嗔、忿、恨、覆、惱、嫉、慳、害、無慚、無愧，此十唯不善。

第五，廢立六位者，依《瑜伽論》，略以四義廢立心所有法。言四義者，一處，二地，三時，四一切。處謂三性，地謂九地，時謂刹那相續，一切謂俱起。今約此四義明具多少。就中有二，先明六位具義多少，後明六位廢立所由。

**延壽《宗鏡錄》卷五九** 心所義有三。一，恆依心起。二，與心相應。三，繫屬於心。心王緣總相，如畫師作模。心所通緣總別相，如弟子於總相模中，塡眾多彩色。即心所於心王總靑，如眼識。心王緣靑色境時，是總相，更不作多般行解。心所緣別相者，如五心所中作意，以警心引心爲別相等。上便領納想像，造作種種行相，是通緣總別相。

問：心王與心所，爲同爲別。

答：約俗則似同似別，論眞則非即非離。《識論》云：如是六位心所法，爲離心體有別自性，爲即是心分位差別。設爾何失。二俱有過。若離心體有別自性，如何聖教說唯有識。又如何說心遠獨行，染淨由心，士夫六界。《莊嚴論》說，復云何通。如彼頌言，許心似二現，如是似貪等，或似於信等，無別染善法。若即是心分位差別，如何聖教說心相應。他性相應，非自性故。又如何說心與心所，俱時而起，如日與光。《瑜伽論》說：心所非即心故，應說離心有別自性。以心勝故，說唯識等。心所依心勢力生故，說似彼現，非彼即心。又識心言，亦攝心所，恆相應故。《唯識》等言，及現似彼，皆無有失，此依世俗。若依勝義，心所與心，非即非離。諸識相望，應知亦然，是謂大乘眞俗妙理。《攝論頌》云：遠行及獨行，無身寐於窟，調其難調心，是名眞梵志。《百法釋》云：如來依意根處，說遠行及獨行也，隨無明意識遍緣一切境也，故名遠行。又諸心相續，一一轉故，無實主宰，名獨行。無身者，即心無形質故。寐於窟者，即依附諸根，潛轉身內，名爲寐於窟也。寐者，藏也，即心之所蘊在身中。此偈意謂，破外道執有實我也。世尊云，但是心獨行，無別主宰，故言獨行也。又無始遊歷六塵境，故名遠行。無別心所，故名獨行。明知無別心所也。士夫六界者，《瑜伽》云：佛說皆云四大、空、識，能成有情色、動、心。三法最勝，爲所依。色所依者，即四大也。動所依者，空即是也。謂內空界，不取外者，由內身中有此空界故，所以有動，故爲動依。心所依者，識是也。即說六界能成有情，不言心所界也。釋云：許心似二現者，此中似言，似心外所計實二分等法，故名爲似。無別染善法者，謂唯心變似見相二分。二分離心，無別有法。復言心變似貪信等，故貪信等，離心之外，無別染善法。體即心也。如二分故，應說離心有別自性。以心勝故，說唯識等者。既說離心有所，何故說唯識。心遠獨行，染淨由心。六界之中唯說心者，以心勝故說。此唯識等如何勝。總有四義。一能爲主，二能爲依，三行相總，四恆決定。非如心所等，有時不定。又若依第一體用顯現諦，即心王爲體，心所爲用，即體用不即不離也。若依勝義，即是因果差別諦，即王所互爲因果，法爾非離也。若依第三證得勝義諦，即依詮顯者。若依能詮依他起性說，非即。若依所詮二無我理說，即王所非離。若第四勝義勝義諦，廢詮談旨，亦不言即離也。即一眞法界，離言絕相。即王所道理，同歸一眞如故。

# 心性

**鳩摩羅什譯《大智度論》卷一九** 是心性不生不滅，常是淨相，客煩惱相著故，名爲不淨心。心不自知，何以故。是心心相空故。是心本末無有實法，是心與諸法無合無散，亦無前際、後際、中際，無色無形無對，但顛倒虛誑生。

**智嚴共寶雲譯《大方等大集經》卷三〇** 我今當勤修集莊嚴，不離心性。云何心性，云何莊嚴。心性者，猶如幻化，無主無作，無有施設。莊嚴者，所作布施，悉以迴向嚴淨佛土。心性者，如夢所見，心相寂滅。莊嚴者，具足持戒修集諸通。心性者，如鏡中像，其相清淨。莊嚴者，所修諸忍，悉以迴向無生法忍。心性者，如熱時焰，究竟寂滅。莊嚴者，於一切善，深發精進，迴向具足無上佛法。心性者，無色無對，無所爲作。莊嚴者，一切所修，禪定、解脫、三摩跋提迴向，具足佛之禪定。心性者，不可得見，亦不可取。莊嚴者，於一切問難，善能分別迴向，具足佛之智慧。心性者，無緣不生。莊嚴者，常觀善根。心性者，無因不生。莊嚴者，因助菩提而發起心。心性者，捨離六塵，心則無起。莊嚴者，入佛境界。

**眞諦譯《大乘起信論》** 心眞如者，即是一法界大總相法門體，所謂心性不生不滅。一切諸法，唯依妄念而有差別，若離妄念，則無一切境界之相。

**慧思《諸法無諍三昧法門》卷下** 內心外心中間心，一切皆是心心數，心性清淨無名相，不在內外非中間。

不生不滅常寂然，非垢非淨非明暗，非定非亂非緣慮，非動非住非來去。

非是非死非涅槃，非斷非常非縛解，非如來藏非凡聖，不了名凡了即聖。

行者初學求道時，觀察心數及心性，觀察心數名方便，覺了心性名爲慧。

初坐禪時觀不淨，觀出入息生滅相，不淨觀及出入息，是心心數非心性。

觀心心數斷煩惱，心性即是煩惱性，心數心性平等觀，具足禪慧成大聖。

不淨初學斷五欲，久修獲得如意通，初觀息解假名空，久修飛行無障閡。

二觀具足成一觀，獲得三明見三世，身念受念及法念，覺了三念由觀心。

內假外假內外假，此三假名非實法，心念非假非眞實，求了三假當觀心。

一名心相二名性，三假由相不由性，從無明緣至老死，皆是心相之所造。

此假名身及諸受，善不善法及無記，皆由妄念心所作，觀妄念心無生處。

即無煩惱無無明，心性無念不可觀，觀四念處心想盡，煩惱盡故即盡智。

若觀心性了四念，解無生法無生智，無妄念心無緣慮，無雜染故無六道。

若人隨順妄念心，持戒坐禪欲求道，如雨綵衣其色變，不證無漏著禪味，

不得解脱歸四趣，何況破戒無禪定，顛倒亂心著文字。

心性清淨如明珠，不爲衆色之所污。譬如清淨如意珠，雜色物裏置水中，

能令清水隨色變，青物裏時水則青，黄赤白黑皆隨變，珠色寂然不變異。

心性清淨如意珠，善惡業雜緣色雜，十善有漏禪生天，行十惡業生四趣，

持戒清淨修禪智，證得無漏解脱道。從生死際至涅槃，心性寂然不變異，

譬如世間如意珠，隨人所求皆應現，珠無心相無異念，隨所求念悉周遍。

心性無體無名字，隨學者業凡聖現，若人欲求解脱道，具足十善觀三性，

心性眼性及意性。【略】

譬如虛空無明暗，風雲靜亂有明暗，若平旦時無風雲，日出虛空大明淨。

若風黑雲暴亂起，虛空塵霧大黑風，是虛空性無垢淨，不爲明暗之所染。

衆生心性亦如是，生死涅槃不能染。衆生心性亦如是，不爲斷常之所染。

衆生心性若無常，念念滅壞無業報。衆生心性若是常，如空不變無業報。

心性亦非非無常，除煩惱故得解脱，生死解脱不失故。

若言心性非無常，求道不應得解脱。若捨生死得解脱，當知解脱即無常。

若生死性不可捨，當知則無有解脱。若言生死不可捨，此人所説不可捨，

若言生死是可捨，此人所説不可依。若言死法不可捨，衆生則不得解脱。

是義應然何以故，衆生非是生死法。衆生若是生死法，捨生死則捨衆生。

衆生若是自捨者，亦應自捨解脱法。衆生之性即心性，性無生死無解脱，

如虛空性無明暗，無有生死無解脱。衆生心性如明珠，生死解脱喻如水，

萬惡萬善喻衆色，隨善惡業種種現，顛倒妄念造善惡，隨業受報遍六道。

若持淨戒修禪智，法身處處皆應現。雖隨業影種種現，心性明珠不曾變。

**慧思《隨自意三昧》** 無有心想，亦無心、心數法，是名心性。是心性無有生滅，無明無闇，無空無假，不斷不常，無相貌，無所得故，是名心性，亦名自性清淨心。

**玄奘譯《佛地經論》卷三** 經曰：又如虛空，雖遍諸色，不相捨離，而不爲彼過所染污。如是如來清淨法界，雖遍一切衆生心性，由眞實故，不相捨離，而不爲彼過所染污。

論曰：復有難言，若淨法界遍在一切所知境界，亦與貪等諸煩惱垢共相應故，云何不如所餘有漏心心法品成不清淨。爲釋此難故，説第二太虛空喻。又如虛空，雖遍諸色，不相捨離者，無有別處，故名不相捨離。遍在內行，不見出外故。既在內行，不見出外，不可定言是一是異。若有別處，是則虛空應有形礙，應是無常。而不爲色過所染污者，如太虛空，雖遍一切形礙色內，而不爲色過失所染。色過失者，謂是生長貪瞋等因，非青黄等種種異相。又於空中所有雲霧黑影色等，能令太虛捨淨相故，及能障礙淨見生故，名色過失。又於心上所增境相，名色過失。爲順他意，故作前説。非太虛空爲彼諸色過失所染，自性淨故。如是如來清淨法界，雖

遍一切衆生心性，由眞實故。不相捨離者，如佛自心，眞實清淨，本性光潔，本性淨故。一切衆生心性亦爾，本性眞實，本性清淨。心本性者，即是眞如。一切衆生，心平等性。如説由何説心平等，由空性故説心平等。如是廣説心本性者，即心法性遍在一切衆生心性，是故説名心平等性。爲辯如是心法性故，説由眞實，不相捨離。由是有情本淨心性，雖本性淨，復由今時客塵障垢，新遠離故，安立如來，其心清淨。又諸有情心平等性，即是眞實，是圓成實自性攝故。由諸有情心平等性眞實相故，表不捨離。諸衆生心又是心性眞實相故，表不捨離。一切有情心性而轉。此意説言，由遍轉故，不相捨離。而不爲彼過所染污者，本性清淨故。

**玄奘譯《成唯識論》卷二**　分別論者，雖作是説，心性本淨，客塵煩惱所染污，故名爲雜染。離煩惱時，轉成無漏，故無漏法，非無因生。而心性言，彼説何義。若説空理，空非心因常法，定非諸法種子，以體前後無轉變故。若即説心，應同數論，相雖轉變，而體常一。惡無記心，又應是善。許則應與信等相應，不許便應非善心體。尙不名善，況是無漏。有漏善心既稱雜染，如惡心等，性非無漏，故不應與無漏爲因。勿善惡等，互爲因故。若有漏心性是無漏，應無漏心性是有漏，差別因緣不可得故。又異生心若是無漏，則異生位無漏現行，應名聖者。若異生心性雖無漏，而相有染不名無漏，無斯過者，則心種子亦非無漏。何故汝論説有異生唯得成就無漏種子。種子現行，性相同故。然契經説心性淨者，説心空理所顯眞如，眞如是心眞實性故。或説心體非煩惱，故名性本淨。非有漏心性是無漏，故名本淨。

**曇曠撰《大乘起信論略述》卷上**　所謂心性不生不滅，述曰：此顯眞如爲體所以，謂心本性不生不滅。不生滅者，即是眞如，故心眞如即是心體。而此心體非前後際可增可滅，染淨相故，故説心性不生不滅。

**智旭述《大乘起信論裂網疏》卷一**　即是直指衆生現前介爾心性，法爾具足，體大、相大、用大，三種義故。謂只此現前介爾之心，隨緣不變，全體眞如，名爲體大。只此全妄即眞體中，本具恆沙稱性功德，在凡不減，在聖不增，名爲相大。只此心性體相，不變隨緣，出生十界染淨因果，達此緣生無性，便能翻染成淨，名爲用大。言體，則體外別無相用，如濕外別無水波，故體絶待。言相，則相外別無體用，如水外別無濕波，故相絶待。言用，則用外別無體相，如波外別無濕水，故用絶待。如此三大，不一不異，不可思議，唯是一心，故言大也。

次釋乘者。約喻爲名，運載爲義，即是直指衆生現前介爾心性，法爾運載，至於佛地。自利利他，無休息故，名爲乘也。心性體大，即是理乘，亘古亘今，恆不變故。心性相大，即是隨乘，不離不脱，恆相應故。心性用大，即是得乘，如輪王七寶，自在成就故。性具三大，總名理乘，無三體故。照性成修，修時三大，總名隨乘，順法性故。從因剋果，果時三大，總名得乘，極自在故。性修不二，因果不二，故目此現前介爾心性以爲乘也。初分釋竟。

次合釋者。雖復衆生現前介爾心性，即是不可思議大乘，而迷悟因緣，染淨熏習，遂有十法界異。謂若迷此一心而起見思十惡，則運載衆生入三惡道，名爲跛驢壞車。若知畏三塗苦，修行十善，及諸色無色定，則運載衆生到三善道。更能畏三界苦，修行出世戒定慧學，永脱苦輪，則運載衆生，入涅槃城，名爲羊車。若知十二因緣，本自無性，體其本空，永息惑業苦輪，則亦運載衆生入涅槃城，雖乏大悲，猶作衆生增上福田，名爲鹿車。若念自他同在苦輪，志願兼濟，具足大悲，發起弘誓，普能運載衆生，漸趣無上大涅槃城，名爲牛車。若了達此現前介爾心性，即是不可思議大乘。深觀動心即不生滅，即得入於眞如之門。始從名字，運至觀行，乃至究竟，自運功畢，運他不休，名爲大白牛車。今言大乘，正指大白牛車，揀非門外三車故也。

復次，一切衆生，雖復迷此心性，舉體爲壞驢車及三車等，然此心性隨緣不變，未嘗不即究竟大乘。譬如眞金，雖復用作種種穢器及諸雜器，而金性不改，貴重如故。苟知穢器體即眞金，即於穢器得眞金用。是故光照阿鼻，不難十地頓超。放下屠刀，便是千佛一數。鸚鵡念佛，而焚得舍利。白鴿聞經，而轉身作祖。故直指此一切衆生迷妄心性爲大乘也。前以大揀小，約對待説，亦即生滅門義。後即小成大，約絶待説，亦即眞如門義。一切衆生現前介爾之心，法爾具此二門，不相離故，故名爲大乘也。初釋大乘竟。【略】

以衆生現前介爾心性，本自豎無初後，橫絶邊涯，十方虛空，並不出於介爾心之分際。究竟證此心性者，名之爲佛。秖此心性，即名爲法。詮此心性者，亦名爲法。信解修證此心性者，名之爲僧。所以三寶同於心性，盡十方也。又復現前介爾之心，體大即法寶，相大即佛寶，用大即僧寶。又介爾心，圓具三大理性，總名法寶。覺此三大之智，名佛寶。理智不二，名僧寶。是爲一體三寶。證此一體三寶，名十方佛。說此一體三寶，能詮所詮，皆名爲十方法。修此一體三寶，名十方僧。是爲大乘住持三寶。若無一體三寶，則無以建立住持三寶。若非住持三寶，則無以顯發一體三寶。如無一心眞如，則無以爲生滅所依。如無生滅門中熏習淨法，則無以顯一心眞如。當知一體三寶，即眞如門大乘體也。住持三寶，即生滅門大乘體相用也。二門不相離故，不得偏論歸也。

**傳燈撰《淨土生無生論》** 一眞法界即衆生本有心性，此之心性具無量德，受無量名。云何具無量德。舉要言之，謂性體、性量、性具。云何性體。謂此心性，離四句、絕百非，體性堅凝，清淨無染，不生不滅，常住無壞。云何性量。此心性竪窮三世，横遍十方，世界有邊，虛空無邊。虛空有邊，心性無邊。現在有邊，過未無邊。過未有邊，心性無邊。無盡無盡，無量無量。云何性具。謂此心性具十法界，謂佛法界、菩薩法界、緣覺法界、聲聞法界、天法界、修羅法界、人法界、畜生法界、餓鬼法界、地獄法界。

**智旭《靈峰蕅益大師宗論》卷二** 佛法貴精不貴多。精貫多，多不能專精，故提綱挈領之道，不可不急講也。綱領者，現前一念心性而已。心性不在內外中閒，不屬過現未來，不可以色聲香味觸法求，不可以有無雙亦雙非取。心性既爾，一切法性亦如是。故曰，因緣所生法，即空即假即中。中者性體，空者性量，假者性具也。迷此性量，名見思惑，迷此性具，名塵沙惑，迷此性體，名無明惑。三惑皆迷中翳妄，非有實體，故三觀起，三惑隨消。由吾人迷有厚薄，致如來教有頓漸。是知頓漸諸教，皆爲了悟心性而設，若了心性，教綱在我不在佛矣。然須先破我法二執，是故唯識初二卷言之獨詳。學者果能隨文會理，將無始名言戲論我法習氣，當下鏟除，則眞空理顯。此之空理不當有無，有無自爾。無者無彼遍計，有者有彼依圓。圓成實者，唯識實性，名中道第一義諦。依他起者，唯識假相，名爲俗諦，此二皆非實我實法，但衆生遍計執情名爲我法，我法本空，名爲眞諦。三諦不一異，不縱横。眞中爲理如水，俗諦爲事如波。藏通二教，僅詮眞理，以六凡爲俗。別圓二教，正詮中理，以十界爲俗。先於現前一念心性，達三諦已，則知一代教法或頓詮此心性，或漸詮此心性，或詮心性少分，或詮心性全體，不啻持一鑰開衆鎖也，豈於千經萬論興望洋之歎哉。

## 心體

**慧思《大乘止觀法門》卷二** 論心體者，即非染非淨，非聖非凡，非一非異，非靜非亂。圓融平等，不可名目，但以無異相故，稱之爲一。復是諸法之實，故名爲心。復爲一切法所依止，故名平等法身。依此平等法身，有染淨性，故得論凡聖法身之異，然實無別有體爲凡聖二種法身也。

**菩提燈譯《占察善惡業報經》卷下** 如是所說心義者，有二種相。何等爲二。一者心內相，二者心外相。心內相者，復有二種。云何爲二。一者眞，二者妄。所言眞者，謂心體本相，如如不異，清淨圓滿，無障無礙，微密難見，以遍一切處，常恆不壞，建立生長一切法故。所言妄者，謂起念、分別、覺知、緣慮、憶想等事，雖復相續，能生一切種種境界，而內虛僞，無有眞實，不可見故。所言心外相者，謂一切諸法種種境界等，隨有所念，境界現前故，知有內心及外心差別。如是當知，內妄想者，爲因爲體，外妄相者，爲果爲用。依如此等義，是故我說一切諸法悉名爲心。

又復當知，心外相者，如夢所見種種境界，惟心想作，無實外事。一切境界，悉亦如是，以皆依無明識夢所見，妄想作故。

**慧遠法師《大乘義章》卷一** 言心體者，心有三種。一者事識，謂六識心。二者妄識，謂七識心。三者眞識。凡夫二乘所修無量事識爲體，就事識中意識爲體。菩薩始修事識爲體，次修轉深妄識爲體。見生唯妄念爲妄纏，起憐愍心，究竟終成眞識爲體。眞爲體故，無相無緣，等虛空界。

**澄觀《新譯華嚴經疏》卷一** 然菩提心略有三種，一者心體，二者心相，三者心德。言心體者，廣有無量。海雲比丘說有十心，要略唯三。一者直心，一向正念眞如法故，即是大智無所執著。二者深心，樂修一切諸善行故，謂發大願，即四弘等。三者大悲心，救護一切苦衆生故。

**宗密《大方廣圓覺經大疏》上卷之三** 言心體者，大悲、大智、大願，三種心是。大願是總，悲智是別。願者，樂欲。樂欲何事。唯發心願，樂通達諸法，救度衆生，故成悲智。是故論云，信成就發心者，略說三種。一者直心正念眞如法故，即是大智，無所執著。二者深心樂修一切諸善行故，即是大願，謂四弘等（對四諦故）。三者大悲心，救護一切苦衆生故。心相者，所發之心，要無分齊，謂約悲願，則大悲盡度衆生，大願盡修諸行。約大智念眞如，則上無菩提可求，下無衆生可度，中無萬行可修。故《淨名》云，當令此諸天子捨於分別菩提之見，皆爲無分齊也。心功德者，若依上發心一念之德，過於虛空，諸佛同讚，多劫不盡故。

**裴休集《黃檗断際禪師宛陵錄》** 祖師直指一切衆生本心本體本來是佛，不假修成，不屬漸次，不是明暗。不是明，故無明。不是暗，故無暗。所以無無明，亦無無明盡。入我此宗門，切須在意，如此見得，名之爲法。見法故，名之爲佛。佛法俱無，名之爲僧，喚作無爲僧，亦名一體三寶。夫求法者，不著佛求，不著法求，不著衆求，應無所求。不著佛求，故無佛。不著法求，故無法。不著衆求，故無僧。

**了然《大乘止觀法門宗圓記》卷二** 初直示心體，不可思議四。初云：此心即是第一義諦眞如心者，示此心體也。自性圓融體備大用者，示心體之具德也。但是自覺聖智所知，非情量之能測者，示心體不可思議也。文云：第一義諦者，揀俗非勝，故稱第一。深極所以，故稱爲義。審實不虛，故稱曰諦。然眞俗二諦，其名則通，其義則別，四教三接，共有七種。今所云者，即是圓教平等理性中實眞諦也。古人釋諦，或以於境，或以智教。今以理釋，収攝不遺。如章安云，今用理釋諦，理當即境正，境正即智教皆正。故荊溪云，諦即是理。又諦之爲名，有從當體，審實不虛。如審實，是空、是假、是中。有從所依，實審一體。如空假中，皆即一性，所以稱諦。諦乃非三，三名非諦。以三即性，故曰三諦。此約所依，不從當體（云云）。言眞如心者，揀僞異念，稱眞如心。雖非僞異，不離當念，即眞如也。

**子璿《起信論疏筆削記》卷一三** 心體者，此通染淨。染熏則熏眞心體，淨熏則熏無明體。

**行敏《般若心經如是義》** 學般若人，當知本心本體，本來是佛，不假修成，不屬漸次，不落邊見，無有一法可得。所謂本來無一物，何處惹塵埃。故佛云，我於菩提，實無所得，默契而已。若人能觀五蘊皆空，四大無我，心本太虛，無往無來，湛然圓寂，心境一如，但能如是，直下頓了，不爲三世所拘繫，便遠離一切苦厄，爲出世人也。切不得有分毫趣向。若見勝妙善相來迎，及種種現前，亦無心隨去。若見惡相種種現前，亦無心怖畏。但自忘心，同於法界，便得自在，此即是要節也。

## 心印

**菩提流志譯《廣大寶樓閣善住祕密陁羅尼經》卷下** 佛言心印者，應以右手大拇指與無名指相拄，舒餘三指掩於心上。復以左手大拇指與小指相拄，舒餘三指覆左膝上。直展指頭，名爲安慰手。誦上心呪。

佛言隨心印者，應以右手大拇指，與無名指相拄，餘三指展之，仰安右膝上。復以左手大拇指，與小指相捻，餘三指展之，橫仰心上。誦前隨心呪。

作此印已，所有願者速得成就，一切惡業自然消滅。此印能成無上正覺。

**裴休集《黃檗山断際禪師傳心法要》** 自如來付法迦葉已來，以心印心，心心不異。印著空，即印不成文。印著物，即印不成法。故以心印心，心心不異。能印所印，倶難契會，故得者少。然心即無心，得即無得。

**法天譯《諸佛心印陁羅尼經》** 世尊告大衆言：諸善男子！有陁羅尼，名佛心印，恆河沙等如來所說。我今利益兜率天人，爲令獲得相應快樂。若善男子受持、讀誦、解說、聽聞，此陁羅尼者，當知是人得宿命智，重業消除，恆受快樂，不墮惡趣。衆人愛樂，衆人護持，世出世財，豐盈滿足，人及非人，不侵嬈害，千劫輪迴，不生魔界，無上菩提，速疾證得。

**圜悟《碧巖錄》卷二**　禪家流，欲知佛性義，當觀時節因緣，謂之教外別傳。單傳心印，直指人心，見性成佛。

**契嵩編《傳法正宗記》卷二**　夫心印者，蓋大聖人種智之妙本也。餘三昧者，乃妙本所發之智慧也。皆以三昧而稱之耳。心印，即經所謂三昧王之三昧者也，如來所傳乃此三昧也。

## 心地

**菩提流支等譯《十地論》卷一**　心地者，隨心所受三界中報。又，隨心所行一切境界亦名心地。

**般若譯《大乘本生心地觀經》卷八**　眾生之心猶如大地，五穀五果從大地生。如是心法，生世出世善惡五趣，有學無學、獨覺菩薩及於如來。以是因緣，三界唯心，心名爲地。一切凡夫，親近善友聞心地法，如理觀察，如說修行，自作教佗讚勵慶慰，如是之人能斷三障，速圓眾行，疾得阿耨多羅三藐三菩提。

**宗密《禪源諸詮集》卷一**　源者，是一切眾生本覺眞性，亦名佛性，亦名心地，悟之名慧，修之名定。定慧通稱爲禪那。此性是禪之本源，故云禪源。亦名禪那理行者，此之本源是禪理。忘情契之是禪行，故云理行。然今所集諸家述作，多談禪理，少談禪行，故且以禪源題之。今時有但目眞性爲禪者，是不達理行之旨，又不辨華竺之音也。然亦非離眞性別有禪體，但眾生迷眞合塵，即名散亂。背塵合眞，方名禪定。若直論本性，即非眞非妄，無背無合，無定無亂。誰言禪乎！況此眞性非唯是禪門之源，亦是萬法之源，故名法性。亦是眾生迷悟之源，故名如來藏藏識（《出楞伽經》），亦是諸佛萬德之源，故名佛性（《涅槃》等經），亦，是菩薩萬行之源，故名心地。（《梵網經·心地法門品》云，是諸佛之本源，是菩薩道之根本，是大眾諸佛子之根本。）

**延壽《宗鏡錄》卷三四**　一切眾生，皆有空寂眞心，無始本來，性自清淨，明明不昧，了了常知，盡未來際，常住不滅，名爲佛性，亦名如來藏，亦名心地。

## 心宗

**楊彥國《楞伽經纂》卷一**　心之與識，猶海之與浪，本無同異。眞源還復，即是心宗。妄緣無明，乃名爲識。馬祖語《楞伽經》，謂以佛語心爲宗，以無門爲法門。以佛語心爲宗者，謂即心爲宗，除外更無別法。以無門爲法門者，謂即心是法，有門即是妄緣。心外無宗，有門離法。《楞伽》大旨，其在斯乎。

**延壽《宗鏡錄》卷三四**　息妄修心宗者，說眾生雖本有佛性，而無始無明覆之不見，故輪迴生死。諸佛已斷妄想，故見性了了，出離生死，神通自在。當知凡聖功用不同。外境由心故，各有分限。故須背境觀心，息滅妄念。念盡即覺，無所不知。如鏡昏塵，塵盡明現。須修禪觀，遠離喧雜。調息調身，心注一境等。

**延壽《宗鏡錄》卷五七**　上來所引二識、三識、八識、九識、十一識等，不出一心宗。所以《楞伽經》云，一切諸度門，佛心爲第一。又云，佛語心爲宗，無門爲法門。所言宗者，謂心實處。約其眞心之性，隨其義開體用二門。即同起信，立心眞如門、心生滅門。眞如是體，生滅是用。然諸識不出體用二心。一體心，是寂滅心，即九識體。二用心，是生滅心。

## 心識

**慧遠《大乘義章》卷四**　所言識者，分別之義。於中分別乃有三種。一種子心識，作行以後，受生已前，所有心識。爲業煩惱所熏發故，能生後果，說爲識支。若復通論，無明行中所有心識，亦是識支。二求生心識，在於中陰。三受生心識，名爲識支。謂受生時，最初一念染污之心，於彼父母精血等事，妄想起於華池等愛，非起婬愛。【略】

識支有三。一，種子之識，與行支同。二，求生心識。三，受生心識。

**慧遠《大乘義章》卷八**　心識之起，必託六根。於中，五識依五色根，意識一種依於意根。從多爲論，識依色生。

**慧遠《大乘義章》卷一四**　問曰，心識云何無邊。論言，以其空無邊故，緣空之識亦復無邊。問曰，何故不觀受等。《成實》釋言，取於地等，其唯心識，故偏觀識。又識是主，故偏觀識。問曰，何故偏說空識爲一切處，不說非想及無所有爲一切處。《雜心》釋言：行者先入前三解脱，不能勝進。次入八勝，雖入勝處，不能無邊，故入青等四一切處。此青黄等何所依止。依四大造，故觀地等四一切處。云何於此而得勝進。所謂覺知，知無邊空。此知依何。謂依心識。識復何依。便無所依，故上不立。龍樹釋言：虚空廣多，佛説虚空無量無邊，故説虚空，爲一切處。向前九種一切觀中，皆有心識。心識能緣一切諸法，一切法中皆見有識，故説心識。

**宗密《原人論》**　業既成熟，即從父母稟受二氣，與業識和合成就人身。據此則心識所變之境，乃成二分。一分即與心識和合成人，一分不與心識和合，即「成天地山河國邑」。

**法藏《入楞伽心玄義》卷一**　心識者：初宗但説六識。二無相宗，明六識空，更無別立。法相宗立八識，然皆生滅不同眞性。四實相宗明前八識，皆是如來藏隨緣所成，亦生滅亦不生滅性相交徹，鎔融無礙。

## 唯心

**般若流支譯《唯識論》卷一**　如大乘經中説三界唯心，唯是心者，但有内心，無色香等外諸境界。此云何知。如《十地經》説，三界虚妄，但是一心作故。心意與識及了別等，如是四法，義一名異。此依相應心説，非依不相應心説。心有二種，何等爲二。一者相應心，二者不相應心。相應心者，所謂一切煩惱結使受想行等諸心相應。以是故言，心意與識及了別等，義一名異故。不相應心者，所謂第一義諦，常住不變，自性清淨心故。言三界虚妄，但是一心作。是故偈言，唯識無境界故。

**真諦譯《大乘起信論》**　三界虚僞，唯心所作，離心則無六塵境界。此義云何。以一切法皆從心起妄念而生，一切分別即分別自心，心不見心，無相可得。當知世間一切境界，皆依衆生無明妄心而得住持。是故一切法，如鏡中像，無體可得，唯心虚妄。以心生故，則種種法生。以心滅故，則種種法滅故。

**慧遠《大乘起信論義疏》上**　言唯心者，唯隨於心，以從心故。心生法生，心滅法滅，故言唯心也。

**窺基《成唯識論述記》卷七**　言唯心者，心、識是一。唯，言爲遣取境義，由彼無故，能取亦無，不遮心所，不相離故。如説若無心所，心未曾轉。三界唯心之言，即顯三界唯識。即與欲等，愛結相應，墮在三界，即屬三界貪等結。此唯識言無有，横計所緣，不遣眞如所緣，依他所緣。謂道諦攝根本，後得二智所緣。不爲愛所執故，非所治故，非迷亂故，非三界攝，亦不離識，故不待説，非無無漏，及無爲法。若爾，欲、色二界，可説唯心，是則言二界唯心。何故復言無色唯心。以小乘等多計彼唯識故，有立已成。此不然也。非但色無，亦無貪等能取之心，故亦無餘虚空等識所取義。又經部執無色心等，是無色、無體、無實，所取境義，顯現所依。恐彼執爲非心等，故説三界唯心。此即唯心義意如是。

**智周《成唯識論演祕》卷一**　《花嚴》中説唯心者，按彼經第十九頌云：譬如工畫師，不能知自心，而由心故畫，諸法性如是。若人知心行，普造諸世間，是人則見佛，了佛眞實性。若人欲了知三世一切佛，應觀法界性，一切唯心起。又《大般若》四百六十七云，謂諸菩薩作是思惟，諸行如幻，唯是虚妄分別所起，一切皆是自心所變。

**窺基《唯識二十論述記》卷上**　述曰：自下第二，簡擇唯言。論所引經説唯心者，言雖唯心，意亦兼説唯諸心所。以唯有心所，無實所取故。問：何故不説。答：無性釋云，唯聲爲遣所取境義。由彼無故，能取亦無，不遮心所，由彼與心不相離故。如説若無心所有法，心未曾轉。經部轉計，及上座部言，若爾滅定，何故唯心。是彼宗過。我大乘中，若處有心，必有心所諸相應法。若無心所相應法者，心亦定無。《成唯識》説，以心勝故，但説唯心，心所依心勢力生故。略且不説。瞿波釋云，此中唯言，爲顯勝義，不爲顯能義，以三界中心最勝故。如經説言，道唯護根，戒名沙門等。由識，故三界生，故名勝。遂引頌言：諸法心爲先，爲勝及爲顯，若人起淨心，說言及作事。樂從三善生，隨逐猶如影。諸法心爲先，爲勝及爲顯。若人起染心，說言及作事。苦從三惡生，如輪隨牛脚。心相應故，說唯心言，亦攝心所。……。

問：何名心所。答：心之所有，恆依心起，與心相應，繫屬於心，故名心所。如王有臣，人有財等。問：心所與心，爲一爲異。答：如薩婆多等，與心定異。如經部等，與心無異。今大乘者，如《成唯識》第七卷中，廣有問答，辨其一異。然總意者，依世俗故，說有差別，不同經部，依勝義故，心所與心，非離非即，如日與光。不同薩婆多。問：若依世俗，與心有異，其緣境時，與心何別。答：《成唯識論》第五卷說，心於所緣，唯取總相，心所於彼，亦取別相，助成心事，得心所名。如畫師資，作模塡彩。《辨中邊論》第一頌云：三界心心所，是虛妄分別。總了境名心，亦別名心所。即是心所，取總別相，心王唯總。乃至廣說。問：今幾心所。何心與何心所相應。緣何境界，乃至廣說一切義門。答：如《成唯識》及別章中，具廣分別，不能廣引。

**澄觀《大方廣佛華嚴經隨疏演義鈔》卷七四**　法相宗有其三義。一云攝境從心不壞境者，即示心境有無。彼得本質，恐壞唯心。既不壞境，得之何妨，壞有何失。以無心者，無心於萬物，萬物未嘗無，此得在於神靜，失在於物虛。謂物實有故，若唯心壞境，則得在於境空，失在於心有。故以境由心變，故說唯心。所變不無，何必須壞。若以緣生無性，則心境兩亡，故云借心以遣境，境遣而心亡，非獨存心矣。二云能所兩亡不礙存故者，上不壞境，且遣懼質之病，今遣空有之理，故心境並許存亡，心境相籍故。空有相依，緣生故有，有即存也，空即亡也。空有交徹，存亡兩全。三云第一義唯心非一非異者，正出具分唯心之理。上第一釋，雖有唯心之義，尚通生滅唯心。第二義，雖兩亡不羈，而未言心境相攝。今明具分唯識，故云第一義唯心。同第一義，故非異。不壞能所，故非一。非一，故有能所，緣他義成矣。非異，故能所平等，唯心義成矣。云正緣他時即是自故者，結成得於本質無心外過，以即自故，不失唯識。

**宗密《圓覺經大疏釋義鈔》卷一**　眼身器界及心、心所，一切皆空，無非一眞心也。諸大乘經論，皆說萬法唯心，是此義也。然唯心之言，淺深有異。若法相宗言，唯心者，心但是有爲，心識緣慮，積集了辨，別境爲相。即是此上來云一切唯識是也。若法性宗云，唯心者，直是眞如之心，無爲無相，離諸緣慮分別。緣慮分別亦唯一心。故《起信論》云，心眞如者，即是一法界大總相體，云云。乃至離言說名字相，離心緣相，畢竟平等，無有變異，不可破壞，唯是一心，故名眞如。此中云緣慮分別等亦唯一心者，例如彼法相宗中說，諸外境唯八識也。問：若爾，則諸佛菩薩，豈但見無相眞心，更無境界等耶。答：理實如此。故經云，離一切相，即名諸佛等。但得妄想根識塵境之執都盡，則成融通自在，身智、國土、染淨無礙。

**善熹《華嚴一乘教義分齊章復古記》卷三**　唯心迴轉善成門，此上諸義，唯是一如來藏自性清淨心轉也。但性起具德，故異三乘耳。然一心亦具足十種德，如《性起品》中說，十心義等者，即其事也。所以說十者，欲顯無盡故。如是自在，具足無窮種種德耳。此上諸義門，悉是此心自在作用，更無餘物，故名唯心。

**智旭《靈峰蕅益大師宗論》卷三**　根身器界，無論達與不達，從來只是唯心。非心建立法，非法從心立。若有能建所建，不名唯心，以心外無法，故名唯心。唯心則唯色唯香等義，一切俱成。

## 真心

**法藏《大乘起信論義記》卷上**　夫眞心寥廓，絕言象於筌蹄，沖漠希夷，亡境智於能所。非生非滅，四相之所不遷。無去無來，三際莫之能易。但以無住爲性，隨派分岐。逐迷悟而升沈，任因緣而起滅。雖復繁興鼓躍，未始動於心源。靜謐虛凝，未嘗乖於業果。故使不變性而緣起染淨恆殊，不捨緣而即眞凡聖致一。其猶波無異水之動故，即水以辨於波。水無異動之津故，即波以明於水。是則動靜交徹，眞俗雙融，生死涅槃夷齊同貫。

**宗密《圓覺經大疏釋義鈔》卷二**　自性清淨常住眞心者，不待會色歸空，不因斷惑成淨。自心本淨，故云自性清淨。此性無始來，乃至盡未來際，有佛無佛，常不滅壞，故云常住心也。《寶性論》云：清淨有二種。一，自性清淨，謂性淨解脫。以自性清淨心，遠離煩惱垢故。二，離垢清淨，謂障盡解脫。又《二十唯識釋論》云：心有二種。一者相應心，所謂一切煩惱受相行等。二不相應心，所謂第一義諦常住不變自性清淨心。《勝鬘》亦云，自性清淨心，難可了知等。方是實理者，形對於前，顯眞勝也。前但了諸法無性，即名實理。此了諸法空無性，已顯出自心本性，方爲實理。如天上雲散月出，如鏡中垢盡明現。非但無雲便名月也，晦夜無雲不名月也。廣如《普賢章》二空所顯理中所辨。眞如唯是一心者，論云，心眞如者，即是一法界大總相法門體。

**法藏《大乘起信論義記》卷下**　眾生眞心，與諸佛體，平等無二。但眾生迷自眞理，起於妄念。是時眞如但現染相，不顯其用。以彼本覺內熏妄心，故有厭求。有厭求故，眞用即現。厭求劣故，用相即麁。厭求漸增，用亦漸細。如是漸漸乃至心源，無明既盡，厭求都息，始覺同本，用還歸體，平等平等，無二無別。未至心源已還，用於識中，隨根顯現，故云識中現也。問：若據此義，用從眞起，何故說言轉識現耶。答：轉識即是梨耶中轉相。依此轉相，方起現識，現諸境界。此識即是眞妄和合。若隨流生死，即妄有功能。妄雖有功，離眞不立。若返流出纏，眞有功能，眞雖有功，離妄不顯。故就緣起和合識中說其用耳。問：若據此義，乃是眾生自心之中眞如之用，云何說言佛報化耶。答：眾生眞心，即諸佛體，更無差別。故《華嚴經》云，若人欲求知三世一切佛，應當如是觀心造諸如來。又《不增不減經》云，法身即眾生，眾生即法身，法身與眾生，義一名異也。既從法身起報化用，何得不是眾生眞心耶。

**子璿《起信論疏筆削記》卷一**　眞心二字，正指法體。眞謂眞實，揀非僞妄。心謂靈鑒，要妙中實。凡言於心，然有其四。一者，梵語訖利馱耶，此云肉團心，則人之心藏也。其色赤形如蓮華，上有七葉，色法所攝。二者，質多，此云集起，即第八阿賴耶識，以能集諸種子起現行故。三者，緣慮心，此通八識心王，以各能緣慮自分境故。四者，乾栗馱，此云堅實心。謂如來藏自性清淨，不生不滅心也。今所明者，正是此爾。所言眞者，揀餘心故。若稱實言之，但是一心貫於眞妄，以論標立爲大乘法體，即總相心也。

**延壽《宗鏡錄》卷七**　夫水喻眞心者，以水有十義，同眞性故。一，水體澄清，喻自性清淨心。二，得泥成濁，喻淨心不染而染。三，雖濁不失淨性，喻淨心染而不染。四，若泥澄淨現，喻眞心惑盡性現。五，遇冷成氷，而有硬用，喻如來藏與無明合成本識用。六，雖成硬用，而不失濡性，喻即事恒眞。七，煖融成濡，喻本識還淨。八，隨風波動，不改靜性，喻如來藏隨無明風波浪起滅而不變自不生滅性。九，隨地高下，排引流注，而不動自性，喻眞心隨緣流注，而性常湛然。十，隨器方圓，而不失自性，喻眞性普遍諸有爲法，而不失自性。

**子璿《金剛經纂要刊定記》卷一**　若欲順義，應云心境齊泯、垢淨雙亡，一切清淨即是眞心。理則明矣！謂眞心之中，本無心境垢淨等法，名之爲空，非謂無於心法成於斷滅。

**林兆恩《心經槩論》**　所謂眞心者，自性也。而眞心之實地者，心地也。故曰，心地無非自性戒，心地無癡自性慧，心地無亂自性定。眞心實地，一切現成。三世諸佛，皆由此中出也。無上正等正覺，皆由此中出也。

# 本心

**慧遠《大乘義章》卷一九**　一切凡夫有三種心，不得三身。翻對彼故，建立三身。言三心者：一，起事心。所謂四住所起煩惱。此惑麁強，能起業事，名起事心，障佛化身。菩薩修習伏結之道，伏除此心，故得化身。二，依本心。謂四住地，依無明起，名依本心，障佛應身。菩薩修習斷結之道，斷除此心，故得應身。三，根本心。謂無明地，與彼四住煩惱爲本，故名本心，障佛眞身。菩薩修習勝拔之道，滅此本心，故得眞身。

**佚名《小室六門》**　佛者，亦名法身，亦名本心。此心無形相，無因果，無筋骨。猶如虛空，取不得。不同質礙，不同外道。此心除如來一人能會，其餘眾生迷人不明了。此心不離四大，色身中若離此心，即無能運動。是身無知，如草木瓦礫。身是無情，因何運動。若自心動，乃至語言施爲運動，見聞覺知，皆是心動。心動用動，動即其用。動外無心，心外無動。動不是心，心不是動。動本無心，心本無動。動不離心，心不離動。動無心離，心無動離。動是心用，用是心動。即動即用，不動不用。用體本空，空本無動。動用同心，心本無動。故經云，動而無所動。是故終日見而未曾見，終日聞而未曾聞，終日覺而未曾覺，終日知而未曾知，終日行坐而未曾行坐，終日嗔喜而未曾嗔喜。故經云，言語道斷，心行處滅，見聞覺知，本自圓寂。

**延壽**《**宗鏡錄**》**卷一四**　今見聞覺知，元是汝本性，亦名本心。更不離此心別有佛。此心本有今有，不假造作，本淨今淨，不待瑩拭。自性涅槃，自性清淨，自性解脫，自性離故，是汝心性，本自是佛，不用別求佛。

**袾宏**《**佛說阿弥陁經疏鈔**》**卷一**　言性有二。兼無情分中，謂之法性。獨有情分中，謂之佛性。今云自性，且指佛性而言也。性而曰自，法爾如然，非作得故。是我自己，非屬他故。此之自性，蓋有多名，亦名本心，亦名本覺，亦名眞知，亦名眞識，亦名眞如。種種無盡，統而言之，即當人靈知靈覺本具之一心也。今明不可思議者，惟此心耳，更無餘物有此不思議體與心同也。

**古德**《**弥陁經疏鈔演義**》**卷三**　《起信》言本覺，《楞嚴》言本心，《梵網》言本源，《圓覺》言本際，皆指自性而言也。

## 直　心

**鳩摩羅什譯**《**十住毗婆沙論**》**卷一三**　直心者，離諂曲。離諂曲故，心轉柔軟。柔軟者，不剛強麁惡。菩薩得是柔軟心，生種種禪定，亦修習諸善法。觀諸法實相，心則堪用。心堪用，故生伏心。伏心者，善能降伏眼等諸根。如經中說，何等是善道，所謂比丘降伏眼根乃至意根。以降伏六根故，名爲伏心。心已降伏，則易生寂滅心。寂滅心者，能滅貪欲、瞋恚、愚癡等諸煩惱。先伏心已，遮令寂滅。復有人言，得諸禪定，是名寂滅心。如經說，若人善知禪定相，不貪其味，是名寂滅心。得寂滅心已，必生眞妙心。眞妙心者，於諸禪定神通所願事中，如意得用。譬如眞金，隨意所用。

**鳩摩羅什譯**《**維摩詰所說經**》**卷上**　直心是道場，無虛假故。

**僧肇**《**注維摩詰經**》**卷四**　直心者，謂質直無諂，此心乃是萬行之本也。

**僧肇**《**注維摩詰經**》**卷四**　直心者，謂內心眞直外無虛假。斯乃基萬行之本，坦進道之場也。

**菩提流支譯**《**十地論**》**卷四**　經曰：【略】欲得第二地者，當生十種直心。何等爲十。一直心，二柔軟心，三調柔心，四善心，五寂滅心，六眞心，七不雜心，八不悕望心，九勝心，十大心。菩薩生是十心，得入第二菩薩離垢地。

論曰：十種直心者，依清淨戒、直心性戒成就。隨所應作，自然行故。直心復有九種。一者柔軟直心，共喜樂意持戒行故。二者調柔直心，自在力故。性善持戒，煩惱不雜故。三者善直心，守護諸根，不誤犯戒。猶如良馬，性調伏故。四者寂滅直心，調伏柔軟不生高心故。五者眞直心，能忍諸惱如眞金故。六者不雜直心，所得功德不生厭足。依清淨戒，更求勝戒樂寂靜故。七者不悕望直心，不願諸有勢力自在故。八者勝直心，爲利益衆生不斷有願故。九者大直心，隨順有果而不染故。自體淨者，有三種戒。一離戒淨，二攝善法戒淨，三利益衆生戒淨。離戒淨者，謂十善業道。從離煞生乃至正見，亦名受戒淨。攝善法戒淨者，於離戒淨爲上。從菩薩作是思惟，衆生墮諸惡道，皆由十不善業道集因緣，乃至是故，我應等行十善業道。一切種清淨故。利益衆生戒淨者，於攝善法戒爲上。從菩薩復作是念，我遠離十不善業道，樂行法行，乃至生尊心等。

**吉藏**《**維摩經義疏**》**卷二**　直心者，凡夫滯有，二乘偏滯空，並爲邪曲。菩薩行正觀，名正直心。此心爲衆生之本，淨土之基。

**吉藏**《**維摩經義疏**》**卷四**　直心者，謂內心眞直，外無虛假。斯乃基萬行之本，坦進道之場也。發行是道場，能辨事故。深心是道場，增益功德故。心既眞直，則能發起修行。既發起修行，則事無不辨。既能發行，則樹心彌深。樹心彌深，則功德轉增。菩提心是道場，無錯謬故。直心入行轉深，則變爲菩提心也。此心眞正，故所見不謬。

**慧遠**《**大乘義章**》**卷一四**　言直心者，於自所犯，發露悔除，無藏過意，故名直心。又以實心覆眾生過，讚其善事。所謂佛性，令其發心，亦名直心。

**延壽**《宗鏡錄》**卷一六**　直心者，湛然寂照，非從境生。含虛任緣，未嘗作意。明明不昧，了了常知。舒之無蹤，卷之無迹。如澄潭瑩野，明鏡懸空。萬像森羅，豁然虛鑒。不出不入，非有非無。斯則千聖冥歸，萬靈交會。信之者，徹大道之原底。體之者，成常住之法身。祖佛同指此心而成於佛。亦名天眞佛、法身佛、性佛、如如佛。亦非離妄，妄無體故。亦非即眞，眞非即故。眞妄名盡，即離情消。妙圓覺心，方能顯現。又以本具故，方能開示。故云如來正覺心，與眾生分別心，契同無二。

**宗寶編**《**六祖大師法寶壇經**》　《淨名》云，直心是道場，直心是淨土。莫心行諂曲，口但說直，口說一行三昧，不行直心。但行直心，於一切法勿有執著。

## 妄心

**實叉難陀譯**《**大乘起信論**》**卷下**　一切境相，唯是妄心之所分別。若離妄心，即境界相滅。唯眞如心，無所不遍。

**延壽**《**宗鏡錄**》**卷三**　此二種根本，即眞、妄二心。一者，無始生死根本者，即根本無明。此是妄心，最初迷一法界，不覺忽起，而有其念。忽起即是無始。如睛勞華現，睡熟夢生。本無元起之由，非有定生之處。皆自妄念，非他外緣。從此成微細業識，則起轉識。轉作能心，後起現識，現外境界。一切眾生，同用此業轉現等三識，起內外攀緣，為心自性。因此生死相續，以為根本。二者，無始菩提涅槃元清淨體者，此即眞心。亦云自性清淨心，亦云清淨本覺。以無起無生，自體不動，不為生死所染，不為涅槃所淨，目為清淨。此清淨體，是八識之精元，本自圓明。

**延壽**《**宗鏡錄**》**卷五**　以一切法皆不能自有，恆依妄心分別故有。所謂一切境界，各各不自念為有。知此為自，知彼為他。是故一切法，不能自有，則無別異，唯依妄心，不了不知，內自無故。謂有前外所知境界，妄生種種法想，謂有謂無，謂好謂惡。謂是謂非，謂得謂失。乃至生於無量無邊法想。當如是知，一切諸法，皆從妄想生，依妄心為本。然此妄心，無自相故，亦依境界而有。所謂緣念覺知前境界故，說名為心。又此妄心與前境界，雖俱相依，起無前後。而此妄心，能為一切境界原主。所以者何？謂依妄心，不了法界一相故，說心有無明。依無明力因，故現妄境界。亦依無明滅，故一切境界滅。

**延壽**《**宗鏡錄**》**卷一六**　妄心者，從能所生，因分別起。發浮根之暫用，成對境之妄知。若離前塵，此心無體。因境起照，境滅照亡。隨念生塵，念空塵謝。若將此影事而為佛身，既為虛妄之因，只成斷滅之果。

**德異**《**六祖大師法寶壇經序**》　自歸依者，除卻自性中不善心、嫉妒心、諂曲心、吾我心、誑妄心、輕人心、慢他心、邪見心、貢高心，及一切時中不善之行，常自見己過，不說他人好惡，是自歸依。

## 淨心

**康僧會譯**《**六度集經**》**卷七**　吾棄貪婬、瞋恚、愚癡、歌舞、伎樂、睡眠，邪僻之心，就清淨心，遠離愛欲，捐諸惡行，內洗心垢，滅諸外念，覩善不喜，逢惡不憂，苦樂無二清淨其行，一心不動，得第四禪。

**竺法護譯**《**光讚經**》**卷三**　心者本淨，本淨心者，自然而樂、清明而淨。

**智嚴共寶雲譯**《**大方等大集經**》**卷二七**　心純善者，不動搖故。不動搖者，善清淨故。善清淨者，常精進故。常精進者，內清淨故。內清淨者，常鮮明故。常鮮明者，無垢染故。唯，舍利弗！其淨心者，能斷慳惜，亦化他人令斷慳惜。其淨心者，能斷破戒，亦化他人令斷破戒。其淨心者，能斷瞋恚，亦化他人令斷瞋恚。其淨心者，能斷懈怠，亦化他人令斷懈怠。其淨心者，能斷亂心，亦化他人令斷亂心。其淨心者，能斷愚癡，亦化他人令斷愚癡。舍利弗！淨心如是，能斷一切諸不善法，安諸眾生於善法中，是故名曰菩薩淨心不可得盡。

**菩提流支譯**《**十地論**》**卷七**　經曰：爾時金剛藏菩薩言：諸佛子！若菩薩得第四菩薩地，善滿諸行已，欲入第五菩薩地，當以十平等深淨心，得入第五地。何等爲十。一，過去佛法平等深淨心故。二，未來佛法平等深淨心故。三，現在佛法平等深淨心故。四，戒淨平等深淨心故。五，心淨平等深淨心故。六，除見疑悔淨平等深淨心故。七，道非道智淨平等深淨心故。八，行斷智淨平等深淨心故。九，思量一切菩提分法上上淨平等深淨心故。十，化度一切眾生淨平等深淨心故。諸佛子！菩薩以是十種平等深淨心，得入第五菩薩地。

論曰：勝慢對治者，謂十平等深淨心。同念不退轉心故，前已說解法慢對治。今此地中說身淨，分別慢對治。是中平等深淨心者，於平等中心得清淨。此深淨心，分別有十種。十種深淨心者，是諸佛法及隨順諸佛法。彼分別應知何者是諸佛法，謂三世力等。如經過去佛法平等深淨心故，未來佛法平等深淨心故，現在佛法平等深淨心故。如是三世佛法力等已說。次說隨順諸佛法。彼諸佛法云何得成。因戒定智及化眾生故。是中依戒淨，如經戒淨平等深淨心故。依定淨，如經心淨平等深淨心故。依智淨，如經除見疑悔淨平等深淨心故，道非道智淨平等深淨心故，行斷智淨平等深淨心故，思量一切菩提分法上上淨平等深淨心故。是中行斷智者，思量一切菩提分法上上轉勝故。依教化眾生，如經化度一切眾生淨平等深淨心故。

**菩提流支譯《弥勒菩薩所問經論》卷二**　善清淨心者，以不求自樂，專一味心爲他利益，長夜不爲自愛等門煩惱所染故，言善清淨心故。

**曇無讖譯《悲華經》卷一**　彼諸菩薩皆悉成就大慈心、大悲心、柔軟心、無愛濁心、調伏心、寂靜心、忍辱心、禪定心、清淨心、無障礙心、無垢心、無汙心、眞實心、喜法心、欲令眾生斷煩惱心、如地心、離一切世俗言語心、愛樂聖法心、求善法心、離我心、離生老病死寂滅心、燒諸煩惱心、解一切縛寂滅心、於一切法得不動心。

**宗密述《大方廣圓覺經大疏》上卷之三**　清淨心者，菩提心中大智心也。直心正念眞如，故清淨矣。離諸病者，一發之後，永無忘失。無忘失故，魔惑不嬈。下佛答，有無俱離，覺照亦泯，能所絕等，此即不發一切心，名眞發清淨心也。

**古德《弥陁經疏鈔演義》卷三**　一，清淨心者，萬善皆空，纖塵不立故，直契眞如心也。二，安清淨心者，若一行不圓，菩薩之心則不安隱。安者滿足萬善故，廣修萬行心也。三，樂清淨心者，若一有情未度，菩薩之心則不喜樂，樂者廣度有情故，此普度眾生心也。

## 染心

**眞諦譯《大乘起信論》**　染心者，有六種。云何爲六。一者，執相應染，依二乘解脫及信相應地遠離故。二者，不斷相應染，依信相地修學方便漸漸能捨，得淨心地究竟離故。三者，分別智相應染，依具戒地漸離，乃至無相方便地究竟離故。四者，現色不相應染，依色自在地能離故。五者，能見心不相應染，依心自在地能離故。六者，根本業不相應染，依菩薩盡地得入如來地能離故。不了一法界義者，從信相應地觀察學斷，入淨心地隨分得離，乃至如來地能究竟離故。言相應義者，謂心念法異，依染淨差別，而知相緣相同故。不相應義者，謂即心不覺常無別異，不同知相緣相故。又染心義者，名爲煩惱礙，能障眞如根本智故。無明義者，名爲智礙，能障世間自然業智故。此義云何。以依染心能見、能現、妄取境界，違平等性故。以一切法常靜無有起相，無明不覺妄與法違故，不能得隨順世間一切境界種智故。

**法藏《大乘起信論義記》卷下本**　染心者，有六種。云何爲六。一者，執相應染。初執相應染者，是六麁中執取相及計名字相。亦是上意識見愛煩惱所增長義，亦是上四相中麁分別執著相也。但麁心外執，與境相應，污其淨行，故云染也。……。

又染心義者，名爲煩惱礙能障眞如根本智故。前中言染心者，六染心也。能障眞如根本智者，顯其礙義。謂照寂妙慧如理之智，名根本智，即上文智淨相也。染心諠動，違此寂靜，故名染心爲煩惱礙，以煩動惱動故。今此且依本末相依門，以所起染心爲煩惱礙，能起染心之無明爲智礙。

**玄奘譯《阿毗達磨大毗婆沙論》卷一九〇**　染心者，謂染污心煩惱相應故。不染心者，謂善心煩惱相違故。有說，善心無覆無記心，皆名不染心，煩惱不相應故。染心如實知染心，此一智謂世俗。不染心如實知不染心，此四智謂法類世俗道如前有癡離癡心釋。略心者，謂善心於所緣略攝故。散心者，謂染污心於所緣馳散故。

**玄奘譯《阿毗達磨俱舍論》卷二六**　散心者，謂染心，此與散動相應起故。西方諸師作如是說。眠相應者，名爲聚心。餘染污心，說名爲散。此不應理。諸染污心，若與眠相應，應通聚散故。又應違害本論所言，如實知聚心，具足有四智。謂法智、類智、世俗智、道智。沉心者，謂染心，此與懈怠相應起故。策心者，謂善心，此與正勤相應起故。小心者，謂染心，少淨品者所好習故。大心者，謂善心，多淨品者所好習故。或由根價眷屬隨轉力用少多，故名小大。染心根少，極二相應故。善心根多，恆三相應故。染心價少，非功用成故。善心價多，大資糧成故。染心眷屬少，無未來修故。善心眷屬多，有未來修故。染心隨轉少，唯三蘊故。善心隨轉多，通四蘊故。染心力用少，所斷善根必還續故。善心力用多，忍必永斷諸隨眠故。由此染善得小大名。掉心者，謂染心，掉舉相應故。不掉心者謂善心，能治彼故。不靜靜心，應知亦爾。不定心者，謂染心，散動相應故。定心者，謂善心，能治彼故。不修心者，謂染心，得修習修俱不攝故。修心者，謂善心，容有二修故。不解脫心者，謂染心，自性相續不解脫故。

**通潤《大乘起信論續疏》卷上**　是初一念，忽起動心，轉此光明淨覺而成無明，所謂不思議熏，不思議變也。既爲無明所染，即名染心，不名淨覺，所謂不染而染也。

**德清《百法明門論論義》**　如上五十一法名心所者，乃心家所有之法也。然八識心王不會造業，其造業者乃心所爲之。以此與心相應，故同時起耳。此心所法，又名心數，亦名心迹，亦名心路。謂心行處，總名妄想，又名客塵，又名染心，又名煩惱。煩者，擾也。惱者，亂也。有此心所，擾亂自心。

## 善心

**弗若多羅譯《十誦律》卷五一**　爾時，長老優波離問佛言：世尊！頗有善心殺父母，得波羅夷幷逆罪耶。不善心殺父母，無記心殺父母耶。佛語優波離：有善心殺父母，得波羅夷幷逆罪。不善心殺，無記心殺。云何善心殺。若母病受苦惱，殺令離苦，是名善心殺母，得波羅夷幷逆罪。云何不善心殺母。若爲利殺，是名不善心殺母，得波羅夷幷逆罪。

**玄奘譯《阿毗達磨發智論》卷二〇**　善心者，謂決擇心、善巧心、調柔心。

**普泰《八識規矩補註》卷上**　善十一者，頌曰：善謂信慚愧，無貪等三根，勤安不放逸，行捨及不害。唯善心俱名善心。

## 平常心

**慧然集《臨濟慧照玄公大宗師語錄》**　所以古人云，平常心是道。大德！覓什麽物。現今目前聽法無依道人，歷歷地分明，未曾欠少。爾若欲得與祖佛不別，但如是見，不用疑誤。爾心心不異，名之活祖。心若有異，則性相別。心不異故，即性相不別。

**良才集《法演禪師語錄》卷中**　僧問南泉，如何是道。泉云，平常心是道。又龐居士問馬大師，不與萬法爲侶是什麽人。大師云，待爾一口吸盡西江水，即向爾道。

**紹隆等編《圓悟佛果禪師語錄》卷六**　了取平常心是道，饑來喫飯困來眠。復頌云，即心即佛開心印，非佛非心蹈大方，當處分身千百億，普光明殿放毫光。

**紹隆等編《圓悟佛果禪師語錄》卷一九**　舉趙州問南泉，如何是道。泉云，平常心是道。州云，還許趣向也無。泉云，擬向即乖。趙州云，不擬安知是道。泉云：道不屬知，不屬不知。知是妄覺，不知是無記。若直達不疑之道，廓同太虛，豈可強是非耶。州於言下大悟。……。遇飯喫飯，遇茶喫茶。千重百匝，四海一家。解卻黏，去卻縛，言無言，作無作。廓然本體等虛空，風從虎兮雲從龍。

**蘊聞編《大慧普覺禪師語錄》卷一〇**　南泉平常心是道。頌云，勸君不用苦勞神，喚作平常轉不親，冷淡全然沒滋味，一回舉起一回新。

**蘊聞編《大慧普覺禪師普說》卷一六**　如何是道。南泉也不行棒，也不下喝，也不談玄，也不說妙，也不牽經，也不引論，也不舉古人公案。亦不說事，亦不說理。只實頭向他道，平常心是道。爲他趙州已理會得平常心了，便卻問，還假趣向也無。泉云，擬向即乖。州云，不擬爭知是道。泉云：道不屬知，不屬不知。知是妄覺，不知是無記。若眞達不疑之道，猶如太虛，廓然蕩豁，豈可於中彊是非耶。

**蘊聞編《大慧普覺禪師普說》卷一七**　或又執箇一切平常心是道，以爲極則，天是天，地是地，山是山，水是水，僧是僧，俗是俗。大盡三十日，小盡二十九。凡百施爲，須要平常一路子以爲穩當，定將去，合將去，更不敢別移一步，怕墮坑落塹。長時一似雙盲人行路，一條拄杖子，寸步抛不得，緊把著憑將去，步步依倚。一日若道眼豁開，頓覺前非，抛卻杖子，撒開兩手，十方蕩蕩，七縱八橫，東西南北，無可不可。到這裏方得自在。

**道謙編《大慧普覺禪師宗門武庫》**　今時有一般漢，執箇平常心是道，以爲極則。天是天，地是地。山是山，水是水。僧是僧，俗是俗。大盡三十日，小盡二十九。並是依草附木。不知不覺，一向迷將去。忽若問他，我手何似佛手。便道，是和尚手。我脚何似驢脚。便道，是和尚脚。人人有箇生緣，那箇是上座生緣。便道，某是某州人事。是何言歟！且莫錯會。凡百施爲，秖要平常一路子，以爲穩當。定將去，合將去。更不敢別移一步，怕墮落坑塹。長時一似生盲底人行路，一條杖子，寸步抛不得，緊把著憑將去。晦堂和尚謂學者曰，爾去廬山無事甲裏坐地去，而今子孫門如死灰，良可歎也。

**宗紹《禪宗無門關》**　南泉因趙州問，如何是道。泉云，平常心是道。州云，還可趣向否。泉云，擬向即乖。州云，不擬爭知是道。泉云：道不屬知，不屬不知。知是妄覺，不知是無記。若眞達不擬之道，猶如太虛，廓然洞豁，豈可強是非也。州於言下頓悟。

無門曰：南泉被趙州發問，直得瓦解氷消，分疎不下。趙州縱饒悟去，更參三十年始得。

頌曰：

春有百花秋有月，夏有涼風冬有雪。
若無閑事挂心頭，便是人間好時節。

**智昭《人天眼目》卷之二**　僧問南泉，如何是道。泉云：平常心是道。如達平常道也，見山即是山，見水即是水，信手拈來，無可無不可。設使風來樹動，浪起船高，春生夏長，秋收冬藏，有何差異。但得風調雨順，國泰民安，邊方寧靜，君臣道合。豈在麒麟出現，鳳凰來儀，方顯祥瑞哉。但得理歸其道，事乃平實，無聖可求，無凡可捨，內外平懷，泯然自盡。所以諸聖語言：不離世諦，隨順世間。會則途中受用，不會則世諦流布。

**道原《景德傳燈錄》卷一〇**　僧問，如何是平常心。師云，要眠即眠，要坐即坐。僧云，學人不會。師云，熱即取涼，寒即向火。

**道原《景德傳燈錄》卷二八**　江西大寂道一禪師示衆云：道不用修，但莫污染。何爲污染。但有生死心，造作趣向，皆是污染。若欲直會其道，平常心是道。謂平常心無造作，無是非，無取捨，無斷常，無凡無聖。經云，非凡夫行，非賢聖行，是菩薩行。只如今行住坐臥，應機接物，盡是道。道即是法界，乃至河沙妙用，不出法界。若不然者，云何言心地法門，云何言無盡燈。一切法皆是心法，一切名皆是心名，萬法皆從心生，心爲萬法之根本。

**普惠《禪宗頌古聯珠通集》卷一八**　平常心是道，舉步入荒草。翻嗟王老師，到底不能曉。不能曉，玉兔金烏任飛走。（雲峯悅）

欲識平常道，天然任自然。行船宜舉棹，走馬即加鞭。若遇飢來飯，還應困即眠。盡從緣所得，所得亦非緣。（佛鑑懃二）

所得亦非緣，當人自了然。雨中看皓月，火裏汲清泉。直立頭垂地，橫眠脚指天。應須與麼會，方契祖師禪。

若謂平常心是道，枝蔓向上更生枝。貼肉汗衫如脫了，喚來眼上與安眉。（鼓山珪）

勸君不用苦勞神，喚作平常轉不親。冷淡全然沒滋味，一回舉著一回新。（徑山杲）

趙州昔日見南泉，言下投機自廓然。要會平常心是道，平常不住道方玄。（本覺一）

**道泰集《禪林類聚》卷五**　雲峯悅頌云：平常心是道，舉步入荒草。

翻嗟王老師，到底不能曉，白玉兔金烏任飛走。

佛鑑懃云：欲識平常道，天眞任自然。行船宜舉棹，走馬即加鞭。若遇飢來飯，還應困即眠。盡從緣所得，所得亦非緣。所得亦非緣，當人自了然。雨中看皓月，火裏汲清泉。直立頭插地，橫眠腳指天。應須與麼會，方契祖師禪。

徑山杲云：勸君不用苦勞神，喚作平常轉不親。冷淡全然沒滋味，一回舉著一回新。

鼓山珪云：若謂平常心是道，枝蔓向上更生枝。貼肉汗衫如脫了，喚來眼上更安眉。

## 生滅心

**鳩摩羅什譯《大智度論》卷八三**　心有二種：一者，念念生滅心；二者，相續次第生，總名一心。以相續次第生故，雖多，名爲一心。

**僧肇《肇論·般若無知論》**　難曰：聖心雖無知，然其應會之道不差。是以可應者應之，不可應者存之。然則聖心有時而生，有時而滅。可得然乎。答曰：生滅者，生滅心也。聖人無心，生滅焉起。然非無心，但是無心心耳。又非不應，但是不應應耳。是以聖人應會之道，則信若四時之質。直以虛無爲體，斯不可得而生，不可得而滅也。

難曰：聖智之無，惑智之無，俱無生滅，何以異之。答曰：聖智之無者，無知。惑智之無者，知無。其無雖同，所以無者異也。何者。夫聖心虛靜，無知可無，可曰無知，非謂知無。惑智有知，故有知可無，可謂知無，非曰無知也。無知，即般若之無也。知無，即眞諦之無也。

**惠達《肇論疏》**　生滅者，生滅心也。聖人無心，生滅焉住起矣。云心者何耶。或於所生，有形必有影，有相必有心。無形則無影，無相故無心。但凡夫見法有生滅，故心有生滅。聖人悟法無生，則知無生滅。此舉境無生，明心無生滅也。然非無心，但是無心之心者，乃忘懷用，與物俱化也。在有不有，在無不無。亦在有爲有，在空爲空。在生爲生，在滅爲滅。與物俱化，故物不能及其體，死生不渝其身，故有無不當其心，故云無心之心耳。

**真諦譯《大乘起信論》**　心生滅者，依如來藏，故有生滅心。所謂不生不滅與生滅和合，非一非異，名爲阿梨耶識。

**曇曠《大乘起信論略述》卷上**　《論》心生滅者，至有生滅心。述曰：上來已釋眞如門竟。次下第二釋生滅門。於中有二，先明生滅之法，後辨所示之義。初中有二，先明染淨生滅，後辨染淨相資。前中有二，先就體總標，後依義別釋。總中有三，初標體，次辨相，後立。此初也，如來藏者，即是清淨不生滅心，因無明熏，舉體動作生滅心也。

《論》所謂不生，至非一非異。述曰：此辨相也。謂如來藏不生滅心，舉體動故，不離生滅，生滅心相無非眞故，故亦不離不生滅心。如是不離，名與和合，俱是不生滅與不生滅和合。以是向末隨緣門故，非是生滅與不生滅和合，以非向本歸眞門故。非一異者，不生滅心全體動故，心與生滅非異，而恆不失眞心性故，心與生滅不一。若定一者，生滅盡時，眞心應滅，即墮斷邊。若是異者，無明熏時，心應不動，即墮常邊。既離二邊，故非一異。非一異故，方成和合。

《論》名爲阿黎耶識。述曰：此立名也。依如來藏故有生滅心等者，名爲阿黎耶識。阿黎耶者，訓翻無沒。謂如來藏不生滅心，雖隨無明而來生滅。如來藏體無滅沒故，性功德相無失沒故，法示妙用無隱沒故，正云阿黎耶。義譯爲藏所成，生滅而爲所熏，與前七識爲因果故，能藏諸法於自體中，藏自體於諸法之中。又爲我愛之所執藏，我見所攝，故名爲藏。離我見時，無此名故。若唯生滅，不異七識。若唯不生滅，不異如來藏。由二和合成賴耶矣。

**宗密《圓覺經大疏釋義鈔》卷三**　依如來藏故有生滅心。釋曰：謂不生滅心，因無明風動作生滅，故說生滅心依不生滅心。然此二心，竟無二體。但約二義以說相依。如不動之水，爲風所吹而作動水。動靜雖殊，而水體是一。亦得說言，依靜水故，有其動水。當知此中理趣亦爾。宜可思之。謂自性清淨心名如來藏，因無明風動作生滅，故云依如來藏有生滅心也。《楞伽》、《勝鬘》俱同此說。此顯眞心隨動，故住生滅。非謂舉所依取能依。以此門中有二義故，能亦三大故，是故通攝所依，亦入此門也。

《疏》所謂不生不滅與生滅和合者，即上如來藏清淨心，動作生滅，不相離故，故云和合，非謂別有生滅來與眞合。謂生滅之心，心之生滅，無二相故。心之不生滅，因無明成生滅之心。從本覺起，而無二體，不相捨離。故下文云，如大海水，因風波動，水相風相，不相捨離。乃至廣說。此中，水之動是風相，動之濕是水相。以水舉體動，故水不離於風相。無動而非濕，故風不離於水相。心亦如是。不生滅心舉體動故，心不離生滅相。生滅之相，莫非神解，故生滅不離於心相。如是不離，名爲和合。此是不生滅與生滅和合。以是隨緣門故，非是生滅與不生滅合，以此非是同本眞如門故。

《疏》非一非異者，眞如全體動故，心與生滅非異。而恆不變眞性故，與生滅非一。依《楞伽經》，以七識染法爲生滅，以如來藏淨法爲不生滅，此二和合爲阿梨耶識。以和合故，非一非異。廣如論疏所說。《疏》名阿梨耶識者，從生滅者至此立名，皆全取論文。謂此生滅不生滅，即之義不一，辨之心不異。目此二義不二之心，名阿梨耶識。或云阿梨耶識者，但梵音楚夏耳。梁朝眞諦三藏，就名翻爲無沒識。唐三藏，就義翻爲藏識。藏是攝藏義，無沒是不失義，義一名異也。《疏》注經五名等者，流通文云，是經名爲《大方廣圓覺》，亦名修多羅了義，亦名祕密王三昧，亦名如來決定境界，亦名如來藏自性差別。今引五中之一名也，非謂第一之名矣。如來藏即論之一心。自性即眞如。差別即生滅。與論名雖異，而法全同也。注及云種種下，即普賢章中之文。如前所引，所言等者，等取幻滅，覺心不動，不動即眞如，種種即生滅，故配此矣。

**延壽《宗鏡錄》卷五一** 古德釋云：不生滅心，與生滅和合。非一非異者，以七識染法爲生滅，以如來藏淨法爲不生滅。不生滅心舉體動故，心不離生滅相。生滅之相莫非神解故，生滅不離心相。如是不相離故，名和合爲阿賴耶識。以和合故，非一非異。若一，即無和合。若異，亦無和合。非一非異故，得和合也。又如來藏清淨心，動作生滅，不相離，故云和合。非謂別有生滅來與眞合，謂生滅之心。心之生滅無相故。心之生滅，因無明成生滅之心。從本覺起，而無二體。不相捨離，故云和合。如大海水，因風波動，水相風相，不相捨離。生與無生，若是一者，生滅識相滅盡之時，心神之體亦應隨滅，墮於斷邊。若是異者，依無明風熏動之時，靜心之體，不應隨緣，即墮常邊，離此二邊，非一非異。

**文才《肇論新疏》卷中** 答曰：生滅者，生滅心也。聖人無心，生滅焉起。前二句明妄，謂諸心、心所，實託緣生。從因緣故，墮在生滅。聖心反此，謂三際已破，四相兼亡，剎那不萌，何容生滅邪。

**雍正皇帝《御選語錄》** 夫生滅心，乃生死本。凡所對待因緣，善惡是非，人我彼此，憎愛取捨，皆是無明生滅識性。本地妙明眞心中，實無這些葛藤。學道之人但能識得本心，看破生滅幻心，即明生死之理。若能了辨生滅幻心，即超生死之道。

# 菩提心

**慧遠《大乘義章》卷九** 發菩提心者，菩提，胡語。此翻名道。果德圓通，故曰菩提。於大菩提起意趣求，名發菩提心。

**玄奘譯《大寶積經》卷三六** 佛復告舍利子：菩提心者，何相何貌。舍利子！菩提心者，無有過失，不爲一切煩惱之所染故。菩提心者，相續不絕，不爲餘乘中所證故。菩提心者，堅固難動，不爲異論所牽奪故。菩提心者，不可破壞，一切天魔不傾敗故。菩提心者，常恆不變，善根資糧所積集故。菩提心者，不可搖動，必能獨證諸佛法故。菩提心者，妙善安住，於菩薩地善安住故。菩提心者，無有間斷，不爲餘法所對治故。菩提心者，譬如金剛，善能穿徹佛深法故。菩提心者，勝善平等，於諸眾生種種欲解無不等故。菩提心者，最勝清淨，性不染故。菩提心者，無有塵垢，發明慧故。菩提心者，寬博無礙，含受一切眾生性故。菩提心者，廣大無邊，如虛空故。菩提心者，無有障礙，令無礙智遍行一切無緣大悲，不斷絕故。菩提心者，應可親近，爲諸智者所稱讚故。菩提心者，猶如種子，能生一切諸佛法故。菩提心者，爲能建立，建立一切喜樂事故。菩提心者，發生諸願，由戒淨故。菩提心者，難可摧滅，由住忍故。菩提心者，不可制伏，由正勤故。菩提心者，最極寂靜，由依一切大靜慮故。菩提心者，無所匱乏，由慧資糧善圓滿故。復次，舍利子！菩提心者，即是如來尸羅蘊三摩地，蘊般羅若，蘊解脫，蘊解脫智見，蘊之根本也。又菩提心者，即是如來十力、四無所畏、十八不共佛法之根本也。舍利子言，菩提心者，謂以此心，用菩提爲生體，故名菩提心。如是，舍利子！諸菩薩摩訶薩成就信欲菩提心故，是名菩提薩埵，是名廣大薩埵，是名極妙薩埵，是名勝出一切三界薩埵，是名身業無失、語業無失、意業無失，是名身業清淨、語業清淨、意業清淨。

**慧沼《勸發菩提心集》卷下**　菩提心者，廣則無邊，略有三種。一者厭離有爲心，二者欣求菩提心，三者深念衆生心。厭離有爲心者，即是廣說生死過患，令深生厭離。五法相似，生死大海，得大海名。一，處所無邊相似故。二，甚深相似故。三，難度相似故。四，不可飲相似故。五，大寶所依相似故。求菩提心者，即是廣說三身菩提所有功德，令起忻求。深念衆生心者，即是廣說怨親等想，令俱生慈愍，發心度脫。

**慧沼《勸發菩提心集》卷上**　發菩提心者，《瑜伽·發心品》云，略有五種。一自性，二行相，三所緣，四功德，五最勝。菩薩最初發心，於諸菩薩所有正願，是初正願，普能攝受其餘正願。是故發心，以初正願爲其自性。又諸菩薩起正願心，求菩提時，發如是心。說如是言，願我決定當證無上正等菩提，能作有情一切義利，畢竟安處究竟涅槃及以如來廣大智中。如是發心，定自希求無上菩提，及求能作有情義利。是故發心，以定希求爲其行相，以大菩提及諸有情一切義利爲所緣境。最初發心，能攝一切菩提分法殊勝善根爲上首。故是善極善，是妙極妙，能盡一切有情處所三業功德相應。又諸菩薩最初發心所起正願，於餘一切希求世間出世間義妙善正願最爲第一。

**佚名《菩提心義》**　菩提之心，成佛之本。發起之相，具在衆經。大事因緣，莫過於此。欲正修覺，不可不知。隨所見聞，略辨其相。菩提心義，五門分別。一釋名義，二識體性，三辨一異，四明相狀，五述行願。

初，釋名義者。梵云菩提，此翻名覺。衆生迷覆，名爲不覺。今遇善友，開發無明。省除迷覆，求覺之心，名菩提心。發求菩提之心，名菩提心。依主釋也。若悟名覺，迷爲不覺。譬如迷人，依方故迷。衆生爾耳，依覺故迷。若離於覺，則無不覺。猶是言之，菩提與心，不得爲二。菩提與心，相違釋也。

二，釋體性者。如義府說。

三，辨一異者。心與菩提，性無有二。由無二故，不可分別。此就理體無差別門，故《華嚴》云，如心佛亦爾，如佛衆生然，心佛與衆生，是三無差別。《虛空藏經》第四亦云，世尊常演說法無盡，有情及虛空，菩提心佛法。若依進修起行願門，即發起妄心求菩提，故名菩提心。故《起信》云，云何熏習，起淨法不斷。所謂以有眞如法故，能熏習無明。以熏習因緣力故，則令妄心厭生死苦，樂求涅槃。以妄心有厭求因緣故，即熏習眞如。自信已性，知心妄動，無前境界，修遠離法。以如實知無前境界故，種種方便起隨順行。不取不念，乃至久遠熏習力故，無明則滅。以無明滅故，心無有起。心無起故，境界隨滅。以因緣俱滅故，心相皆盡，名得涅槃成自然業等。此則棄妄成眞，發起妄心，求起眞覺，即眞妄爲異也。而實離眞無妄，妄體即眞。以不覺者即本覺故，是非異也。

四，明相狀者。發菩提心之相狀有二，一明行位相，二辨功用相。行位相狀者，長耳三藏云，初習種性發心有三。一假想發，二輕想發，三信想發。初假想發者，由三種力。一善友力，謂善知識。二行力，謂受律儀。三法力，通別二因。通謂如來藏內熏之性，別謂信等五根。由此三力，假起求菩提想，自利利他，漸次修習。譬如輕毛，無所倚著。名輕想發。後漸漸修，信心澄淨，得入十住，名信想發。《起信論》云，發心有三。一者信成就發心，二者解脫發心，三者證發心。初信成就發心者，謂不定聚衆生，有熏習善根力故，信業果報，能起十善。厭生死苦，欲求無上菩提。乃至云，經一萬劫，信心成就故。諸佛菩薩，教令發心。或以大悲，能自發心。或因正法欲滅，以護法因緣，能自發心，得入十住。此則同前信想發心也。《本業經》云，是信想菩薩，於十千劫，行十戒法，當入十信心，入初住位，即發心住也。《仁王經》云，習種性有十信，已超二乘一切善地。《起信》又云，發何等心，略說有三。一者直心，正念眞如法故。二者深心，樂集一切諸善行故。三者大悲心，欲拔一切衆生苦故。乃至云，菩薩發是心故，則得少分見於法身。以見法身故，隨其願力，能現八種利益衆生等。二解行發心者，當知轉勝。以是菩薩從初正信已來，於第一阿僧祇劫，將欲滿故。於眞如法中，深解現前所修離相等。三證發心者，從淨心地，乃至菩薩究竟地，證何境界。所謂眞如。乃至云，又是菩薩發心相者，有三種心微細之相。一者眞心，無分別名。二者方便心，自然遍行，利益衆生故。三者業識心，微細起滅故等。二辨功用相者，《維摩經》云，欲得佛身斷一切衆生病者，當發阿耨多羅三藐三菩提心。《華嚴》七十八云：菩提心者，由如種子，能生一切諸佛法故。菩提心者，由如良田，能長衆生白淨法故。菩提心者，由如大地，能持一切諸世間故。菩提心者，由如淨水，能洗一切煩惱垢故。菩提心者，由如大風，普於世間無所礙故。菩提心者，由如盛火，能燒一切諸見薪故。菩提心者，由如淨日，普照一切諸世間故。菩提心者，由如盛月，諸白淨法，悉圓滿故。菩提心者，由如明燈，能放種種淨光明故。菩提心者，由如淨目，普見一切安危處故。菩提心者，由如大道，普令得入大智城故。菩提心者，由如正濟，令其得離諸邪法故。乃至云：善男子！若有發阿耨多羅三藐三菩提心者，則已出生無量功德，普能攝取一切智道。善男子！譬如有人得無畏藥，離五恐怖。何等爲五。所謂火不能燒，毒不能中，刀不能傷，水不能漂，煙不能熏。菩薩摩訶薩亦復如是，得一切智菩提心藥，貪火不燒，瞋毒不中，惑刀不傷，有流不漂，諸覺觀煙，不能熏害。善男子！譬如有人得解脫藥，終無橫難。菩薩摩訶薩亦復如是，得菩提心解脫智藥，永離一切生死橫難。善男子！譬如有人持摩訶應伽藥，毒蛇聞氣，即皆遠去。菩薩摩訶薩亦復如是，持菩提心大應伽藥，一切煩惱諸惡毒蛇，聞其氣者，悉皆散滅。

第五，明行願者。《顯揚》云：世俗發心者，爲對智者前，發弘誓願。乃至云：我從今日發無上菩提心，爲欲饒益諸有情故。從今已往，凡我所修六波羅蜜，皆爲證得無上菩提故。我今與諸菩薩摩訶薩，和合出家，願尊證知我是菩薩。《毘盧遮那疏》云：發菩提心者，謂生決定誓願，一向志求一切智智，必當普度法界衆生。此心由如幢旗，是衆行導首。由如種子，是萬德根本。若不發此心，亦如未託歌羅羅，則大悲胎藏，何所養育。又云：日喻本淨菩提心，即是毘盧遮那自體。月喻菩提行，白月十五日，衆行圓滿，喻成菩提。黑月十五日，衆行皆息，喻般涅槃。中間與時昇降，喻方便善巧等。《發菩提心經》云：若菩薩親近善知識，供養諸佛，修習善根，志求勝法，心常柔和。遭苦能忍，慈悲淳厚，深心平等，信樂大乘，求佛智慧。若人能具如是十方，乃能發於無上菩提之心。

復有四緣，能發是心。一者思惟諸佛，二者觀身過患，三者慈愍衆生，四者求最勝果。一，思惟諸佛者，三世諸佛，初始發心，具煩惱性。亦如我今，發大明慧，於無明觳，建立勝心，積集苦行，度生死海，捨身命財，求一切智，今皆成就。若此菩提是可得法，我亦應得，故發菩提心。二，觀身過患者，自觀我身，九孔常流臭穢不淨，生厭離故。又觀五陰四大，俱能興造無量惡業，具貪瞋癡無量煩惱。如泡如沫，念念無常。求捨離故，發菩提心。三，慈愍衆生者，見諸衆生，無明所縛，衆苦所纏，集不善業，受大劇苦，捨離正法，信受邪道，沒煩惱河，不求解脫，轉造衆惡。愍念彼故，發菩提心。四，求最勝果者，見諸如來，相好莊嚴，有戒定慧，知見清淨，十力無畏，大悲三念，具一切智。憐愍衆生，常住法身，清淨無染。爲修習故，發菩提心。又云：發菩提心者，先當堅固發於正願，所謂四弘誓等。立志堅強，作大要誓，常修正行，所謂六波羅蜜等。故此《佛剎經》中，虛空王立誓云：對於大衆前，我發菩提心。誓度諸群生，皆離於衆苦。願從今已後，若我有染污，瞋恚嫉妬心，並我慢貪愛，是欺誑十方，及現在諸佛。乃至云：由斯誠實言，地動六種。我若不實語，四大互遷易等。又《發菩提心經》云：立決定誓，有五事持故。一者能堅固其心，二者能制伏煩惱，三者能遮放逸，四者能破五蓋，五者能勤修行六波羅蜜等。若具如是誓願，堅固勇猛，修施、戒、忍、進、定、慧、慈悲、喜捨，無有退轉，是名眞發菩提心也。

**延壽集《宗鏡錄》卷九** 《華嚴經》云：菩提心者，猶如種子，能生一切諸佛法故。菩提心者，猶如良田，能長衆生白淨法故。菩提心者，猶如大地，能持一切諸世間故。菩提心者，猶如淨水，能洗一切煩惱垢故。菩提心者，猶如大風，普於世間無所礙故。菩提心者，猶如盛火，能燒一切諸見薪故。菩提心者，猶如淨日，普照一切諸世間故。菩提心者，猶如盛月，諸白淨法悉圓滿故。菩提心者，猶如明燈，能放種種法光明故。菩提心者，猶如淨目，普見一切安危處故。菩提心者，猶如大道，普令得入大智城故。菩提心者，猶如正濟，令其得離諸邪法故。菩提心者，猶如大車，普能運載諸菩薩故。菩提心者，猶如門戶，開示一切菩薩行故。菩提心者，猶如宮殿，安住修習三昧法故。菩提心者，猶如園苑，於中遊戲受法樂故。菩提心者，猶如舍宅，安隱一切諸衆生故。菩提心者，則爲所歸，利益一切諸世間故。菩提心者，則爲所依，諸菩薩行所依處故。菩提心者，猶如慈父，訓導一切諸菩薩故。菩提心者，猶如慈母，生長一切諸菩薩故。菩提心者，猶如乳母，養育一切諸菩薩故。菩提心者，猶如善友，成益一切諸菩薩故。菩提心者，猶如君主，勝出一切二乘人故。菩提心者，猶如帝王，一切願中得自在故。菩提心者，猶如大海，一切功德悉入中故。菩提心者，如須彌山，於諸衆生心平等故。菩提心者，如鐵圍山，攝持一切諸世間故。菩提心者，猶如雪山，長養一切智慧藥故。菩提心者，猶如香山，出生一切功德香故。菩提心者，猶如虛空，諸妙功德廣無邊故。菩提心者，猶如蓮華，不染一切世間法故。菩提心者，猶如調慧象，其心善順，不獷戾故。菩提心者，猶如良善馬，遠離一切諸惡性故。菩提心者，如調御師，守護大乘一切法故。菩提心者，猶如良藥，能治一切煩惱病故。菩提心者，猶如坑阱，陷沒一切諸惡法故。菩提心者，猶如金剛，悉能穿徹一切法故。菩提心者，猶如香篋，能貯一切功德香故。菩提心者，猶如妙華，一切世間所樂見故。菩提心者，如白栴檀，除衆生欲熱使清涼故。菩提心者，如黑沈香，能熏法界悉周遍故。菩提心者，如善見藥王，能破一切煩惱病故。菩提心者，如毘笈摩藥，能拔一切諸惑箭故。菩提心者，猶如帝釋，一切主中最爲尊故。菩提心者，如毘沙門，能斷一切貧窮苦故。菩提心者，如功德天，一切功德所莊嚴故。菩提心者，如莊嚴具，莊嚴一切諸菩薩故。菩提心者，如劫燒火，能燒一切諸有爲故。菩提心者，如無生根藥，長養一切諸佛法故。菩提心者，猶如龍珠，能消一切煩惱毒故。菩提心者，如水精珠，能清一切煩惱濁故。菩提心者，如如意珠，周給一切諸貧乏故。菩提心者，如功德瓶，滿足一切衆生心故。菩提心者，如如意樹，能雨一切莊嚴具故。菩提心者，如鵝羽衣，不受一切生死垢故。菩提心者，如白氎線，從本已來性清淨故。菩提心者，如快利犁，能治一切衆生田故。菩提心者，如那羅延，能摧一切我見敵故。菩提心者，猶如快箭，能破一切諸苦的故。菩提心者，猶如利矛，能穿一切煩惱甲故。菩提心者，猶如堅甲，能護一切如理心故。菩提心者，猶如利刀，能斬一切煩惱首故。菩提心者，猶如利劍，能斷一切憍慢鎧故。菩提心者，如勇將幢，能伏一切諸魔軍故。菩提心者，猶如利鋸，能截一切無明樹故。菩提心者，猶如利斧，能伐一切諸苦樹故。菩提心者，猶如兵仗，能防一切諸苦難故。菩提心者，猶如善手，防護一切諸度身故。菩提心者，猶如好足，安立一切諸功德故。菩提心者，猶如眼藥，滅除一切無明瞖故。菩提心者，猶如鉗鑷，能拔一切身見刺故。菩提心者，猶如臥具，息除生死諸勞苦故。菩提心者，如善知識，能解一切生死縛故。菩提心者，如好珍財，能除一切貧窮事故。菩提心者，如大導師，善知菩薩出要道故。菩提心者，猶如伏藏，出功德財無匱乏故。菩提心者，猶如涌泉，生智慧水無窮盡故。菩提心者，猶如明鏡，普現一切法門像故。菩提心者，猶如蓮華，不染一切諸罪垢故。菩提心者，猶如大河，流引一切度攝法故。菩提心者，如大龍王，能雨一切妙法雨故。菩提心者，猶如命根，任持菩薩大悲身故。菩提心者，猶如甘露，能令安住不死界故。菩提心者，猶如大網，普攝一切諸衆生故。菩提心者，猶如罥索，攝取一切所應化故。菩提心者，猶如鉤餌，出有淵中所居者故。菩提心者，如阿伽陁藥，能令無病永安隱故。菩提心者，如除毒藥，悉能消歇含愛毒故。菩提心者，如善持呪，能除一切顛倒毒故。菩提心者，猶如疾風，能卷一切諸障霧故。菩提心者，如大寶洲，出生一切覺分寶故。菩提心者，如好種性，出生一切白淨法故。菩提心者，猶如住宅，諸功德法所依處故。菩提心者，猶如市肆，菩薩商人貿易處故。菩提心者，如鍊金藥，能治一切煩惱垢故。菩提心者，猶如好蜜，圓滿一切功德味故。菩提心者，猶如正道，令諸菩薩入智城故。菩提心者，猶如好器，能持一切白淨物故。菩提心者，猶如時雨，能滅一切煩惱塵故。菩提心者，則爲住處，一切菩薩所住處故。菩提心者，則爲授行，不取聲聞解脫果故。菩提心者，如淨瑠璃，自性明潔無諸垢故。菩提心者，如帝青寶，出過世間三乘智故。菩提心者，如更漏鼓，覺諸衆生，煩惱睡故。菩提心者，如清淨水，性本澄潔無垢濁故。菩提心者，如閻浮金，映奪一切有爲善故。菩提心者，如大山王，超出一切諸世間故。菩提心者，則爲所歸，不拒一切諸來者故。菩提心者，則爲義利，能除一切衰惱事故。菩提心者，則爲妙寶，能令一切心歡喜故。菩提心者，如大施會，充滿一切衆生心故。菩提心者，則爲尊勝，諸衆生心無與等故。菩提心者，猶如伏藏，能攝一切諸佛法故。菩提心者，如因陁羅網，能伏煩惱阿脩羅故。菩提心者，如婆樓那風，能動一切所應化故。菩提心者，如因陁羅火，能燒一切諸惑習故。菩提心者，如佛支提，一切世間應供養故。

善男子！菩提心者，成就如是無量功德。舉要言之，應知悉與一切佛法諸功德等。何以故。因菩提心出生一切諸菩薩行，三世如來從菩提心而出生故。是故，善男子！若有發阿耨多羅三藐三菩提心者，則已出生無量功德，普能攝取一切智道。

## 緣慮心

**寶臣**《**注大乘入楞伽經**》**卷二**　二，緣慮心，此是八識俱能緣慮自分境故。此八各有心數，亦云心所。於中或無記，或通善染之殊。諸經論中自心所法，總名心也，謂善心惡心等。

**延壽**《**宗鏡錄**》**卷四**　此緣慮心，有其幾種行相。答：有五種心。一，率爾心，謂聞法創初，遇境便起。二，尋求心，於境未達，方有尋求。三，決定心，審知法體，而起決定。四，染淨心，法詮欣厭，而起染淨。五，等流心，念念緣境，前後等故。

**延壽**《**中峰國師三時繫念佛事**》　心有多種。曰肉團心，乃現在身中父母血氣所生者是。曰緣慮心，即現今善惡順逆境界上種種分別者是。曰靈知心，是混千差而不亂，歷三際以靡遷，炳然獨照，卓爾不羣。在聖不增，在凡不減。處生死流，驪珠獨耀于滄海。居涅槃岸，桂輪孤朗于中天。諸佛悟之，假名惟心。眾生迷之，便成妄識。

## 慈悲心

**佛陀耶舍共竺佛念譯**《**長阿含經**》**卷一**　以慈悲心故，爲說四眞諦，開演法句義，令眾奉至尊。

**智顗**《**四教義**》**卷七**　慈悲心者，一大慈心，欲與愛見二種眾生道滅之樂也。二大悲心，欲拔愛見二種眾生苦集之苦也。

**智顗**《**維摩詰經三觀玄義**》**卷下**　慈悲心者，即是無緣大慈大悲。夫慈能與樂，悲能拔苦。今明慈能與樂者，以無緣大慈，能與十法界眾生，十二因緣三道、三種佛性、三種涅槃之妙樂也。悲能拔苦者，無緣大悲能拔十法界眾生，十二因緣三道流轉生死之苦也。

**吉藏**《**勝鬘寶窟**》**卷上**　問：於諸眾生不起恚心者，此是何心。答：是慈悲心。以於眾生起恚心者無慈故，以不瞋善根是慈悲體故。金剛仙論師解四無量，言慈悲心體者，不瞋善根，是以對治瞋法故。問：慈悲治何等瞋。答：可瞋處瞋，以慈治。不可瞋處瞋，以悲治。又治殺眾生心爲慈，治打眾生心名悲。又《涅槃經》云：瞋有二種，一上，二中。修慈斷上，修悲斷中。又瞋有二，一有因緣，二無因緣。慈心者，斷有因緣。悲心者，斷無因緣。有論師云，修慈爲除眾生瞋覺，修悲爲除眾生惱覺。

**吉藏**《**法華義疏**》**卷六**　大慈大悲者，普欲拔苦，遍欲與樂，即廣大心也。

**智顗**《**摩訶止觀**》**卷六下**　一，無緣慈悲者，即如來慈悲也。此慈悲與實相同體，不取眾生相故非愛見，不取涅槃相故非空寂。非空寂故，非法緣慈悲。非愛見故，非眾生緣。無二邊相故，名無緣。《大經》云：緣如來者，名曰無緣。普覆法界，拔除苦本，與究竟樂。上兩觀慈，慈有邊表。如來慈者，即無齊限。上兩觀慈與菩薩共，無緣慈者，獨在如來。上兩慈無所包含，如來慈者具一切佛法十力無畏，是如來藏諸法都海。故《大經》云，慈若有若無，非有非無。如是之慈，乃是諸佛如來境界。當知慈具三諦也。迦葉讚云：今我欲以一法讚，所謂慈心遊世間。是慈即是大法聚，是慈即是眞解脫，解脫即是大涅槃。上慈作意乃成。此慈任運，無請爲依。手出師子，令彼調伏。如慈石吸鐵，無心而取。夫鐵在障外，石不能吸。眾生心性即無緣慈，無明障隔，不能任運吸取一切。今欲破無明障，顯佛慈石，任運吸取無量佛法無量眾生。

**般若譯**《**大乘本生心地觀經**》**卷一**　無緣大慈，無礙大悲，憐愍眾生猶如赤子。

**宗密**《**圓覺經略疏之鈔**》**卷一〇**　同體大悲者，由將幻智觀察自他，自他皆同圓覺淨性，自己既悟，身心喜樂，傷他未覺，枉受苦惱，故悲愍之。如富貴勢要之人，眼下見他貧苦傭作或爲奴僕。

**施護譯**《**集大乘相論**》**卷下**　所言大慈大悲者，此中，慈謂與眾生樂，住寂靜心，無發悟相，廣大最勝離相平等。悲謂拔苦，調伏難調不捨眾生離諸有相。此二皆成所作智而觀，如是略說大慈大悲。

# 生滅

**法顯譯《大般涅槃經》卷下** 諸行無常，是生滅法，生滅滅已，寂滅爲樂。

**鳩摩羅什譯《中論・觀因緣品第一》** 不生亦不滅，不常亦不斷，不一亦不異，不來亦不出。

能說是因緣，善滅諸戲論，我稽首禮佛，諸說中第一。

以此二偈讚佛，則已略說第一義。

問曰：諸法無量，何故但以此八事破。答曰：法雖無量，略說八事則爲總破一切法。不生者，諸論師種種說生相。或謂因果一，或謂因果異，或謂因中先有果，或謂因中先無果。或謂自體生，或謂從他生，或謂共生，或謂有生，或謂無生。如是等說生相皆不然。此事後當廣說。生相決定不可得，故不生。不滅者，若無生，何得有滅。以無生無滅故，餘六事亦無。

問曰：不生不滅，已總破一切法。何故復說六事。答曰：爲成不生不滅義故，有人不受不生不滅，而信不常不斷。若深求不常不斷，即是不生不滅。何以故。法若實有，則不應無。先有今無，是即爲斷。若先有性，是則爲常。是故說不常不斷，即入不生不滅義。有人雖聞四種破諸法，猶以四門成諸法。是亦不然。若一則無緣，若異則無相續，後當種種破，是故復說不一不異。有人雖聞六種破諸法，猶以來出成諸法。來者，言諸法從自在天世性微塵等來。出者，還去至本處。復次，萬物無生，何以故，世間現見故。世間眼見劫初穀不生，何以故，離劫初穀，今穀不可得。若離劫初穀有今穀者，則應有生。而實不爾，是故不生。

問曰：若不生則應滅。答曰：不滅。何以故，世間現見故。世間眼見劫初穀不滅，若滅，今不應有穀，而實有穀，是故不滅。

問曰：若不滅則應常。答曰：不常。何以故，世間現見故。世間眼見萬物不常，如穀芽時種則變壞，是故不常。

問曰：若不常則應斷。答曰：不斷。何以故，世間現見故。世間眼見萬物不斷，如從穀有芽，是故不斷，若斷不應相續。

問曰：若爾者萬物是一。答曰：不一。何以故，世間現見故。世間眼見萬物不一，如穀不作芽，芽不作穀。若穀作芽，芽作穀者，應是一。而實不爾，是故不一。

問曰：若不一則應異。答曰：不異。何以故，世間現見故。世間眼見萬物不異，若異者，何故分別穀芽、穀莖、穀葉，不說樹芽、樹莖、樹葉，是故不異。

問曰：若不異，應有來。答曰：無來。何以故，世間現見故。世間眼見萬物不來，如穀子中芽無所從來。若來者，芽應從餘處來。如鳥來栖樹，而實不爾，是故不來。

問曰：若不來應有出。答曰：不出。何以故，世間現見故。世間眼見萬物不出，若有出，應見芽從穀出，如蛇從穴出，而實不爾，是故不出。

問曰：汝雖釋不生不滅義，我欲聞造論者所說。答曰：

諸法不自生，亦不從他生，不共不無因，是故知無生。

不自生者，萬物無有從自體生，必待衆因。復次，若從自體生，則一法有二體，一謂生，二謂生者。若離餘因從自體生者，則無因無緣。又生更有生，生則無窮。自無故，他亦無。何以故，有自故有他，若不從自生，亦不從他生。共生則有二過，自生、他生故。若無因而有萬物者，是則爲常。是事不然，無因則無果。若無因有果者，布施持戒等應墮地獄，十惡五逆應當生天，以無因故。

復次，如諸法自性，不在於緣中。以無自性故，他性亦復無。

諸法自性，不在衆緣中，但衆緣和合，故得名字。自性即是自體，衆緣中無自性，自性無故不自生。自性無故，他性亦無。何以故，因自性有他性，他性於他亦是自性。若破自性即破他性，是故不應從他性生。若破自性他性，即破共義。無因則有大過，有因尚可破，何況無因。於四句中，生不可得，是故不生。

**求那跋陀羅譯《雜阿含經》卷二** 佛告阿難：善哉！善哉！應如是答。所以者何。色是生滅法，受、想、行、識是生滅法。知色是生滅法者，名爲知色。知受、想、行、識是生滅法者，名爲知識。

**浮陀跋摩共道泰等譯《阿毗曇毗婆沙論》卷三** 問曰：有生滅觀，彼以何爲方便耶。答曰：彼行者見春時草木青色，如紺琉璃。見河駛流浮沫著岸。見已作是思惟：此諸外法，今已復生。若入城邑聚落，見諸男女歌舞戲笑，而問之言何以故爾。答言，此中生男生女。彼復思惟：如此內法，今已復生。彼行者於後秋時，見諸草木，爲秋日所曝，冷風所吹，被諸霜露，枝葉零落，河水枯涸。彼復思惟：如此外法，今已復滅。若入城邑聚落，見諸男女亂髮舉手，嗥咷啼哭，而問之言，何以故爾。答言，此中男女死喪。彼復思惟：此中內法，今已復滅。彼行者深見如此相已，還所住處，自觀己身，有少壯老無常之相。次第觀於歲月日時晝夜相續，是名方便。於此諸時，展轉除滅。乃至觀陰二刹那一生一滅，是名生滅觀滿足。問曰：此生滅觀，爲虚想觀爲實觀耶。若是虚想觀者，此偈云何通。如說：

若有知見能盡漏，若無知見云何盡。若能觀陰生滅者，是則解脱煩惱心。

非以虚想觀能斷煩惱。若當非實觀者，應不見諸行有來去相，而諸行實無來去。或有作論者，說是虚想觀。問曰：若爾者，此偈云何通。答曰：有轉轉因故，是以說彼轉轉相生，猶子孫法。其事云何，虚想觀能生實想觀，實想觀能斷煩惱，是故說轉轉因，如子孫法。復有說者，是實想觀。問曰：若然者，諸行無來去。然彼行者，見於來去。答曰：若生滅觀未滿足時，便見諸行有來去相。若其滿足，見諸行無來去相。猶如小兒弄於獨樂，旋速則見如住，旋遲則見來去。陶家輪喻，亦復如是。

問曰：爲以一心見生滅，爲二心一見生一見滅耶。若以一心見生滅者，云何一心而有二慮。若有二慮破一心義，復云何見。爲以見生生時復見滅耶，見滅滅時復見生耶。若見生生時，唯見生者，是則爲正。若見生生時，復見滅者，是則爲邪。若見滅滅時，唯見滅者，是則爲正。若見滅滅時，復見生者，是則爲邪。若當一心見生一心見滅者，則無生滅觀。答曰：應作是說，一心見生，一心見滅。問曰：若然者，則無生滅觀。答曰：此說通一生中相續生滅觀耳，非謂一刹那也。

**《別譯雜阿含經》卷一六**　諸行無常，是生滅法，無有住時，不可保信，是壞敗法。是故比丘，於諸行所，應知止足，生厭惡想，離於愛欲，而求解脱。

**吉藏《大乘玄論》卷二**　有生可生，生是定生。有滅可滅，滅是定滅。生是定生，生在滅外。滅是定滅，滅在生外。生在滅外，生不待滅。滅在生外，滅不待生。生不待滅，生則獨存。滅不待生，滅則孤立。如斯生滅，皆是自性，非因緣義宗也。今則不爾。無有可有，以空故有。無生可生，亦無滅可滅。但以世諦故，假名說生滅。假生，生非定生。假滅，滅非定滅。生非定生，滅外無生。滅非定滅，生外無滅。滅外無生，由滅故生。生外無滅，由生故滅。由滅故生，生不獨存。由生故滅，滅不孤立。此之生滅，皆是因緣假名。因緣生，生而不起，所以不生。因緣滅，滅而不失，所以不滅。故不生不滅，名爲世諦中道也。餘句例之可尋，不復具出也。

次明，對世諦有生滅故，名眞諦不生不滅。所以空有爲世諦假生假滅，有空爲眞諦假不生假不滅。此不生不滅，非自不生不滅，待世諦假生滅，明眞諦假不生滅。世諦假生滅既非生滅，眞諦假不生滅亦非不生滅。故非不生非不滅，爲眞諦中道也。餘句不例之可知也。

次明，二諦合中道者，有爲世諦有生有滅，空爲眞諦不生不滅。此不生滅，即是生滅不生滅。此生滅，即是不生滅生滅。不生滅生滅，是則非生滅。生滅不生滅，是即非不生滅。故非生滅非不生滅，是二諦合明中道也。

**灌頂《觀心論疏》卷二**　五衆者，即是說五陰，生滅云三藏生滅教也。若今行者，欲稟學三藏生滅觀者，觀一念自生之心，爲生、住、滅三相所遷，念念無常。無常故苦，苦故無我，無我故空。以觀知苦空無常無我，即破常樂我淨四倒。四倒破故，即不起見思妄惑。見思惑除，名爲火滅，則競共推排爭出火宅。是則有惑之本生，有惑之念滅故，名生滅觀也。修此生滅觀，故得悟心空，證化城理，是名三藏拙度曲證眞理也。

**玄奘譯《阿毗達磨大毗婆沙論》卷七**　問：煖加行中有生滅觀，此生滅觀加行云何。答：諸瑜伽師，將觀生滅，先取內外興衰相已，還所住處，調適身心，觀一期身前生後滅。次觀分位。次年次時次月。次半月次一晝夜。次牟呼栗多。次臘縛。次怛刹那。次復漸減。乃至於一切有爲法，觀二刹那生、二刹那滅。齊此名爲加行成滿。次復於有爲法，觀一刹那生一刹那滅，此則名爲生滅觀成。

問：此生滅觀，觀生滅時，爲一心觀，爲二心觀。若一心觀者，爲作一解，爲作二解。若作一解者，如觀生爲生，亦應觀滅爲生。觀生爲生，可名正觀。觀滅爲生，應是邪觀。如觀滅爲滅，亦應觀生爲滅。觀滅爲滅可名正觀，觀生爲滅應是邪觀。如何一解，亦正亦邪。若作二解者，應有二體。一心二體，無有是處。若二心觀者，一心觀生，一心觀滅，應無生滅觀，云何名爲生滅觀耶。答：二刹那頃，一心觀生，一心觀滅。依相續說，名生滅觀。不依刹那，故無有失。有說，一心雙觀生滅，而無如前所說過失。以見生時比知有滅，以有生法必有滅故。若見滅時比知有生，以有滅法必有生故。

評曰：彼說非理。云何一心可有二解，現比二量體不同故，前說爲善。問：此生滅觀，爲勝解作意，爲眞實作意。有說，眞實作意。問：若爾，諸行實無來去，見有來去，云何眞實。答：此觀未成，見有來去，成時但見生滅，不見有去來相。如舞獨樂，緩見來去，急則不見。旋火輪喻，陶家輪喻，應知亦爾。

**新羅　元曉撰《大乘起信論別記》**　所謂不生不滅與生滅和合，非一非異，名爲阿梨耶識者，此不生滅即上如來藏，言生滅者是上不生滅心之生滅。言與和合者，不生滅心動作生滅，名之曰與。此生滅之心，心之生滅，不相捨離，名爲和合。如下論云，如大海水因風波動，水相風相不相捨離。此中水之動是風相，動之濕是水相。雖有二相，而無二體故，不相離。心亦如是。心之生滅，依無明成。生滅之心，從本覺成。而無二體，不相捨離，故爲和合。正是不生滅與生滅和合，非是生滅與不生滅和合也。言非一非異者，此心與生滅非一故，恆不失不生滅性。又心與生滅非異故，亦舉體作生滅相。若是一者，作生滅時，失不生滅。如其異者，此不生滅不作生滅，故言非一非異。雖有二義，心體無二。此合二義，不二之心名爲梨耶識也。如四卷經云，譬如泥團微塵，非異非不異。金莊嚴具，亦如是。若泥團微塵異者，非彼所成。而實彼成，是故非異。若不異者，泥團微塵，應無差別。

**李通玄《新華嚴經論》卷二**　《涅槃經》說，諸行無常是生滅法，生滅滅已，寂滅爲樂。所行善行及能證菩提是生法故，所證涅槃是滅法故。既心存能所，生滅不休。以生滅不休，便滯眞理。今此《涅槃經》中故說諸行及能證菩提，所證涅槃。二俱滅故，方應眞理。故諸行無常是生滅法，生滅滅已，寂滅爲樂。

**般刺蜜帝譯《大佛頂如來密因修證了義諸菩薩萬行首楞嚴經》卷二**　因緣和合，虛妄有生。因緣別離，虛妄名滅。殊不能知，生滅去來，本如來藏常住妙明，不動周圓妙眞如性。性眞常中求於去來，迷悟死生了無所得。

**延壽《宗鏡錄》卷六〇**　經云：如來藏，受苦樂與因俱，若生若滅。又依他是生滅法，亦得有不異常之無常，不異無常之常。以諸緣起無常之法，即無自性，方成緣起。是故不異常性而得無常，故云不生不滅是無常義。此即不異於常，成無常也。又諸緣起，即是無性。非滅緣起，方說無性。即是不異無常之常也。經云，色即是空，非色滅空。又衆生即涅槃，不更滅也。

**遵式《注肇論疏》卷一**　但悟心性常寂，元無妄因苦果之相可得。以何爲滅盡之處，斯則了妄名滅，實無可滅之相。既無妄可滅，亦無眞可證，方爲眞滅。豈同三乘行人實斷實證，別有眞如界以爲妄盡之處。故《圓覺》云，知妄即離，不作方便。又云，知是空華，即無輪轉。《楞嚴》亦云，殊不能知生滅去來，本如來藏妙眞如性，而於其中求其去來迷悟生死，了不可得。是則大乘教部究竟所說，竝不過此。

**鎭澄《物不遷正量論》**　以無明故妄見諸法生滅去來。以佛眼觀，眞空冥寂實無一法可去來也。華嚴云，不可說諸劫，即是須臾頃。莫見修與短，究竟刹那法。法無去來即物不遷矣。

**通潤《大乘起信論續疏》卷上**　依如來藏故有生滅心者，正顯生滅妄心，本無有體，是依不生不滅如來藏性而起，故說生滅依如來藏。此即如來藏爲可依，生滅爲能依也。生滅心，即指最初生相無明也。不生不滅，即眞如也。良由如來藏性，寔本眞淨，但爲最初不覺，忽起動心，遂轉此如來藏，名爲識藏，更無別體。故《楞伽》云，如來藏爲無始虛僞惡習所熏，名爲藏識是也。此阿黎耶識，即藏識也。具三藏義，謂能藏，所藏，我愛執藏也。言能藏者，是能持義。猶如庫藏，能藏一切寶貝等物故。言所藏者，是所依義。猶如庫藏，是寶貝等物所依故。執藏者，堅守不捨。猶如金銀庫藏爲人堅守故。由斯眞妄，非一非異，和合一處。則眞如不獨，生滅有依，故能不變隨緣，隨緣不變。可凡可聖，可智可愚。爲龍蛇混雜之鄉，作凡聖同居之地。迷者迷此，悟者悟此。聖從此出，凡從此入。是知轉愚成智，革凡成聖，要在此門著力，打破此門，便能闖入眞如門矣。

問：既一心具有眞如生滅二義，不相捨離。何故眞如門中不兼生滅，生滅門中必兼眞如。答：此有深義。余嘗于此會得《周易》陰陽奇偶之義。今借此發明。乾陽爲奇，坤陰爲偶。夫乾陽者，即眞如光明藏也。坤陰者。即無明也。然奇不藉偶而成奇。而偶實藉奇而成偶。蓋孤陽不生，及其隨緣而與陰爲偶，則變化出而萬物生矣。故乾卦内外三爻皆奇，坤卦内外三爻皆偶也。此眞如門如乾奇，此生滅門如坤偶。蓋眞如不待生滅成眞如，而生滅必待眞如成生滅。由眞如本無生滅，一隨緣與生滅爲偶，則三細六粗，變化百出。故在眞如門，則獨行無侶。在生滅門，則眞妄和合。故知此門爲凡聖交錯之地。一入眞如，盡成覺體矣。

**續法《佛說四十二章經疏鈔》卷五**　刹那生滅者，《仁王經》云：衆生一念中，有九十刹那，一刹那間，經九百生滅。

## 異生

**一行《大毗盧遮那成佛經疏》卷一**　凡夫者，正譯應云異生。謂由無明故，隨業受報不得自在，墮於種種趣中，色心像類各各差別，故曰異生也。

**窺基《成唯識論述記》卷二**　異生性者，或五四蘊成有情法，性唯染污。異生之性名異生性故。異有二義。一別異名異，謂聖唯生人天趣，此通五趣故。又變異名異，此轉變爲邪見等故。生謂生類，異聖人之生類，名爲異生。生者是總，性者是別。異生之性，並依主釋。以變異名異，聖非異生。

**玄奘譯《阿毗達磨大毗婆沙論》卷四五**　云何異生性，乃至廣說。問：何故作此論。答：爲止他宗顯正義故，謂或有執欲界見苦所斷十隨眠是異生性。如犢子部，彼說異生性是欲界繫，是染污性，是見所斷，是相應行蘊攝。爲遮彼執顯異生性是三界繫，是修所斷，是不染污，是不相應行蘊所攝。或復有執異生性無實體，如譬喻者爲遮彼執顯異生性自體實有。爲遮此等諸部異執，顯示正理，故作斯論。此本論中說異生性。《品類足論》說異生法。如說：云何異生法，謂地獄、傍生、鬼界、比俱盧洲、無想天，彼業彼生是謂異生法。

問：何故此本論中，說異生性非異生法。《品類足論》說異生法非異生性耶。答：是作論者意欲爾故。復次，此彼皆是有餘說故。復次，此彼二論各說一種，互相顯故。復次，異生性勝，非異生法。此本論中且就勝說。此論已說異生性，故《品類足論》不重說之。此論未說異生法故，《品類足論》說異生法。此顯彼論在此後造。有作是說，彼論已說異生法故，此不重說。彼論未說異生性，故此論說之。此顯彼論在此先造。

問：何故名異生性。尊者世友作如是說，能令有情起異類見、異類煩惱，造異類業，受異類果異類生故，名異生性。復次，能令有情墮異界故，往異趣故，受異生故，名異生性。復次，能令有情信異師故，作異相故，受異法故，行異行故，求異果故，名異生性。大德說曰：能令有情依止異類界趣生有，發起種種顚倒煩惱，造作增長，感後有業，輪轉生死無分限故，名異生性。《阿毗達磨》諸論師言：異生分故，異生體故，名異生性。尊者妙音作如是說，異生類故，名異生性。脇尊者言，異生依故，障聖性故，名異生性。

問：何故名異生法。答：諸異生者有此法故，名異生法。譬如世間王法臣法。問：諸異生法，聖者亦有，何故但立異生法名。答：諸異生法，聖者多無。設有少者，不名聖法。以聖者於彼得而不在身成就不現前故。唯異生於彼得而亦在身成就亦現前故，名異生法。復次，異生成就彼法，能令彼法取果與果故，名異生法。聖者雖成就彼法，而不爾故，不名聖法。復次，異生成就彼法，能令彼法往異趣異界異處異生受異果故，名異生法。聖者雖成就彼法，而不爾故，不名聖法。復次，異生性是有漏，彼法亦有漏故，名異生法。聖性是無漏，彼法非無漏故，不名聖法。復次，異生爲彼所覆蔽故，所纏縛故，所誑惑故，名異生法。聖不爾故，不名聖法。復次，諸異生類隨順彼法生長彼法故，名異生法。聖不爾故，不名聖法。

問：異生性，異生法，何差別。答：異生性唯非色，異生法通色非色。異生性唯無見，異生法通有見無見。異生性唯無對，異生法通有對無對。異生性唯不相應。異生法通相應不相應。異生性唯無所依，無所緣，無行相。異生法皆通二種。異生性唯不染污，無罪無異熟。異生法皆通二種。復次，異生性唯無記，異生法通善不善無記。異生性通三界繫，異生法唯欲色界繫。異生性唯修所斷，異生法通見修所斷。復次，異生性是因，異生法是果。如因果能作所作亦爾。復次，異生性法界法處行蘊所攝，異生法十八界十二處五蘊所攝。復次，異生性苦法智忍時捨，異生法餘時捨。如是等門是謂差別。如世尊說，隨信隨法行超異生地，未得預流果定不命終。

問：何故名異生地。答：一切聖者皆名同生，此異於彼，故名異生。容受異生，名異生地。問：若爾，聖者異異生故，應名異生。答：一切聖者同會真理，同見同欲，故名同生。異生不爾，可厭賤故，立異生名。不應爲難。尊者世友作如是說。容起異見異類煩惱，容造異業，容墮異界，往異趣等，而受生故，名異生地。復次，容信異師，廣說乃至求異果故，名異生地。大德說曰：異於正法及毘奈耶，而受生故，名爲異生。是諸異生生長依處，名異生地。

云何異生性。答：若於聖法聖暖聖見聖忍聖欲聖慧，諸非得、已非得、當非得，是謂異生性。問：爲不得苦法智忍是異生性，爲不得一切聖法是異生性耶。設爾何失。若不得苦法智忍是異生性者，道類智已生捨苦法智忍，爾時苦法智忍非得，應是異生性。是則住修道無學道者，亦應名異生。若不得一切聖法是異生性者，則應一切有情皆名異生，無聖者成就一切聖法故。謂乃至佛亦不成就二乘聖法，及自乘學法，亦應名異生。有作是說，不得苦法智忍是異生性。問：若爾，道類智已生捨苦法智忍，爾時苦法智忍非得，應是異生性。是則住修道無學道者，亦應名異生。答：苦法智忍生時，害彼非得，令於自相續永不復生故。住修道無學道者，於苦法智忍雖不成就，而不名不得，亦不名得。如眼根生時，害彼非得，令於自相續永不復生。眼根滅已，雖不成就，而不名不得，亦不名得。此亦如是，故無前過。復次，道類智已生，苦法智忍雖不成就，而成就彼等流果故，不名異生。復有說者，不得一切聖法是異生性。問：若爾，則應一切有情皆名異生，無聖者具足成就一切聖法故。答：雖無聖者具足成就一切聖法，而非異生，以彼非得雜聖得故。謂若身中聖法非得不雜得者，是異生性。聖者身中聖法非得雜聖得，故非異生性，彼得非得恆俱生故。復次，彼非得有二種，一共，二不共。不共者是異生性，共者非異生性。聖者身中聖法非得，一向是共，故無前失。復次，彼非得有二種，一未被害，二已被害。未被害者是異生性，已被害者非異生性。聖者身中聖法非得，皆已被害，故無前失。復次，一切聖法非得有二，一依異生相續現起，二依聖者相續現起。前是異生性，後非異生性。

**法藏《華嚴經探玄記》卷一〇**　異生者，執異見而生，故曰異生，即舊名凡夫也。

**慧琳《一切經音義》卷四七**　異生性。梵言婆羅必栗託仡那。婆羅，此云愚。必栗託，此言異。仡那，此名生。應作愚異生。言愚癡闇冥，無有智慧，但起我見，不生無漏故也。亦言小兒別生，以癡如小兒，不同聖生故。論中作小兒凡夫是也。又名嬰癡凡夫，亦云嬰兒凡夫。凡夫者，義譯也。《廣雅》云，凡，輕也，輕微之稱也。舊經中或言毛道凡夫，或云毛頭凡夫。案梵本，毛名縛羅，愚名婆羅。當由嚩婆聲之相近，致斯訛謬，譯人之失也。

**玄奘譯《瑜伽師地論》卷五二**　云何異生性，謂三界見所斷法種子，唯未永害量名異生性。此復略有四種。一無般涅槃法種性所攝。二聲聞種性之所隨逐。三獨覺種性之所隨逐。四如來種性之所隨逐。

**玄奘譯《瑜伽師地論》卷五六**　問：依何分位建立異生性，此復幾種。答：依未生起一切出世聖法分位，建立異生性。此復三種，謂欲界繫，色界繫，無色界繫。

**玄奘譯《阿毗達磨發智論》卷二**　云何異生性。答：若於聖法、聖暖、聖見、聖忍、聖欲、聖慧，諸非得、已非得、當非得，是謂異生性。此異生性，當言善耶，不善耶，無記耶。答，應言無記。何故異生性非善耶。答：善法，或由加行故得，或由餘緣故得。無設加行求作異生。又斷善時，善法皆捨，得諸善法不成就性。若異生性是善性者，斷善根者應非異生。何故異生性非不善耶。答：離欲染時，不善皆捨，得不善法不成就性。若異生性是不善者，諸異生離欲染，應非異生。此異生性，當言欲界繫耶，色界繫耶，無色界繫耶。答：應言或欲界繫，或色界繫，或無色界繫。何故異生性，非唯欲界繫耶。答：欲界沒生無色界時，欲界法皆捨，得欲界法，不成就性。若異生性，唯欲界繫者，諸異生欲界、沒生無色界，應非異生。何故異生性非唯色界繫耶。答：色界沒生無色界時，色界法皆捨，得色界法不成就性。若異生性唯色界繫者，諸異生色界沒生無色界，應非異生。何故異生性非唯無色界繫耶。答：入正性離生，先現觀欲界苦，後合現觀色無色界苦。聖道起先辦欲界事，後合辦色無色界事，是故異生性。

**弘贊《四分律名義標釋》卷二八**　此謂凡夫異生之人，未得聖果，尚處生死故也。梵言婆羅必栗訖仡那，此云愚異生。謂愚癡闇冥，無有智慧，但起我見，不生無漏也。舊云，小兒別生，以癡如小兒，不同聖生也。或云嬰愚凡夫。又言毛道凡夫。言其心行不定，猶如輕毛，隨風東西。應師曰，凡夫者，義言也。若作毛道凡夫，或言毛頭凡夫者，失之久矣。

## 舜若

**窺基《大般若波羅蜜多經般若理趣分述讚》卷三**　舜若多者，名爲空性。法性非空，空之性故。

**窺基《說無垢稱經贊》卷二**　舜若多，此云空性，空之性故。體即眞如，性是有也。善修所執空故，一切相遣。善修圓成空性故，一切願滿。由此歸佛，如空無住。

**圓測《仁王經疏》上卷**　舜若多，此云空性，即是第四所顯眞性。今論此中舜若多處說舜若聲，非如舊說。空即是理。觀謂觀察，即能觀智。空者空性，是所觀境。無分別智，觀空眞如，境智合說，名觀空品。

**子璿《首楞嚴義疏注經》卷三**　舜若多性可銷亡，爍迦羅心無動轉。舜若多，云空也。虛空之性，不可銷滅。今尚可滅，上求下化菩提之心終無移動，故不動轉。爍迦羅，云竪固不壞也。又翻爲輪。輪有摧碾。謂悲智之心自利利他，皆能摧碾惑業苦故。

**子璿《首楞嚴義疏注經》卷四**　舜若多神，無身覺觸。如來光中，映令暫現。既爲風質，其體元無。舜若多，云空，即主空神也。無色界天亦是此類。隨其所主，亦無色質。既爲風質者，此約體不可見，故云元無。以佛力故，故能暫現。

**克勤《佛果圜悟禪師碧巖錄》卷一**　梵語舜若多，此云虛空神。以虛空爲體，無身覺觸，得佛光照，方現得身。爾若，得似舜若多神時，雪竇正好彈指悲歎。

**法雲《譯名義集》二**　舜若多，沇（音究）疏云，未見誠釋，應是主空神。《入楞伽》云，刹尼迦者，名之爲空。或呿（丘庶）提，秦云虛空。《纂要》云，但無麁相之身，亦有微妙之色，故云如來光中映令暫見。又《涅槃》明虛空喩，乃立三義。一無變易，亘古騰今，時移俗化，唯此虛空常無變易。故南本三十三云：虛空無故，非三世攝。佛性常故，非三世攝。善男子，如來已得三菩提，所有佛性，一切佛法，常無變易。以是義故，非三世攝。二無邊際，物分表裏，空無內外，故無邊際。三十二云：我爲衆生得開解故，說言佛性，非內非外。何以故。凡夫衆生，或言佛性，住五陰中，如器中有果。或言離陰而有，猶如虛空。是故如來，說於中道，衆生佛性，非內六入，非外六入，內外合故，名爲中道。三無罣礙，物體質礙，空性虛通故。三十三云：如世間中無罣礙處，名爲虛空。如來得三菩提已，於一切法，無有罣礙。故言佛性猶如虛空。無著云：喩虛空者，有三因緣。一遍一切處，謂於住不住相中福生故。二寬廣高大殊勝故。三無盡，究竟不窮故。淨覺云：應以遍喩於假，寬喩於空，無盡喩中。又《楞嚴》云：縱令虛空亦有名貌，虛空是名顯色是貌。孤山釋曰：如《涅槃》說空有四名。謂虛空、無所有、不動、無礙也。貌謂體貌，如《雜集論》說，空一顯色。沇疏釋曰：小乘以明暗爲體，大乘以空一顯色及極逈色爲體。（上見空名顯色，下見空名逈色）《維摩疏》問，此虛空譬豈有但空不可得空之殊。答：空尚不一，何得有二。若約緣盡相顯，非不有殊。如大乘經論有破虛空之義，即可以譬但空，顯不可得空。記釋緣盡等者，謂雲霧暗緣盡，虛空明相顯時，或見萬象，或但見空。可以喩但不但二種眞也。今問虛空、空界，二名同異。答：《顯宗論》云，內外竅隙名空界，光暗竅隙顯色差別，名虛空界。經言，虛空無色，無見無對，當何所依。然藉光明顯了。又説於色，得離染時，斷虚空界。《俱舍》云：竅隙名空界。謂人身中諸骨節間，腹藏諸孔穴之空也。《成實論》云：四大圍空，有識在中，故名爲人。此以能依身中空名空界，所依境内空名虚空。問：虚空無邊，遍一切處，《光明》安云虚空分界尚可盡邊。答：如《楞嚴》云，當知虚空生汝心内，猶如片雲點太清裏，是則衆生計乎妄想，太虚絶於靈照，既迷妄以成空，故背覺而有限。如天親説，有分别及無分别，皆名爲識。有分别名識識，無分别名似塵識。如《楞嚴》想澄成國土，即似塵識。知覺乃衆生，即是識識。今述頌曰：虚空生我心，我心廣無際，咄哉迷中人，云何自拘繫。

# 老死

**玄奘譯《成唯識論》卷八**　所生支，謂生老死是愛取有近所生故。謂從中有至本有中，未衰變來，皆生支攝。諸衰變位總名爲老，身壞命終乃名爲死。老非定有，附死立支。病何非支，不遍定故。老雖不定，遍故立支。諸界趣生，除中夭者，將終皆有衰朽行故。

**求那跋陁羅譯《雜阿含經》卷一二**　老死自作耶，爲他作耶，爲自他作耶，爲非自非他無因作耶。

荅言：尊者舍利弗！老死非自作、非他作、非自他作、亦非非自他作無因作，然後彼生緣故有老死。

**僧伽婆羅譯《文殊師利問經》卷上**　度老死聲者，老者，身體消滅，柱杖羸步，諸根衰耗，此謂老。死者，諸根敗壞。何故名死，更覓受生處，彼行業熟，此謂爲死。云何老死差别，諸根熟名老，諸根壞名死，先老後死此謂老死。度此老、死，此謂爲度。度有何義，過度義，到彼岸、自在，不更生義，此謂度老死聲。

**玄奘譯《阿毗達磨大毗婆沙論》卷二三**　云何老死。謂即現在名色、六處、觸、受位，在未來時，名老死位。

**玄奘譯《阿毗達磨順正理論》卷二七**　此生支後至當受支，中間諸位，總名老死。即如現在名色、六處、觸、受四支，於未來生如是四位，名爲老死。爲令厭捨欣當有心，以老死名，顯當過患。若今世識，即未來生。今識爲緣，但生名色。生應非遍，爲老死緣。或老死名，非通四位，故至當受，名老死言。應更思擇，此無有失。老死支名，定通四位，隨容有故。説以生爲緣，以一一支皆名老死故。於老死位，説有四支，顯未來生。亦如現在，得有前後，爲因果義。如何知佛以老死聲，總説當來名色等四。佛於緣起後際果中，已説一支，唯餘四故。如是正顯，於三生中具十二支，有輪無始。過此更説，則爲唐捐，説十二支義圓滿故。若謂當果，唯應説生，於義已周，説餘無用，此亦非理。若但説生，後際果中，未遍説故。如過去世二支爲因，招現在果已圓滿説。如是現世三支爲因，招未來果，亦應具説，爲顯後際如前際故。若異此者，教成減失，以不遍説後際果故。或愚者聞毘瑟笯等諸天世界，若得往生，彼唯有生，無老無死。聞已造集種種邪因，如來説生皆有老死。爲遮遏彼求生方便，故於當果，不但説生。彼上座言，世尊非以老死聲，説當來四支，以老死名無差别故。又契經説，乃至死故。彼言非理。前已説故。謂前已説，後際果中，已説一支，唯餘四故。四支雖别，老死義通。故以一名説四無失。如是而説，顯前後際因果相應，不增不減。若過四位，立老死支，所説便增，無所詮故。亦名爲減，不遍説故。由是老死定攝四支，乃至死言，亦無有失。前際業果，死爲後邊，非越四支别有老死。後際業果，理亦應然。除初位生，餘名老死。望終盡位，説乃至言，非謂先時不名老死。又望定有，説乃至言。於生支後，死定有故。由是彼説，不堪收採。何故但以有爲相名，説後際果，不説前際。現不現見，有差别故，謂前際果。體及生等，俱可現見，舉體便知。後際二種，俱非現見，唯顯彼過，令厭息求。如説，苾芻色生住起，應知即是苦生病住老死起義，乃至廣説。生與老死，各説一支，顯彼功能時分異故。或佛於此緣起義中，説世俗生等，非就勝義説。彼初起位，總説名生。終盡位中，總説名死老，非定有然順死故，不别立支，總名老死。或蘊增位，總説名生。蘊減位中，總名老死。或諸愚夫所欣樂事，總名爲生。即彼愚夫所厭離事，總名老死。故生與老死，各别立一支。豈不亦有死緣生，何故唯説生緣死。由決定故，作如是説。謂有死者，非定有生。諸有生者，定有死故。若爾，有生非定有老，由此中老據世俗故。如何可説生緣老耶，以若無生定無老故。如無雲處則定無雨，非此中生定從死有無間而起，以有生支中有無間而得生故。

**佛陀耶舍共竺佛念譯《佛說長阿含經》卷一〇** 緣癡有行，緣行有識，緣識有名色，緣名色有六入，緣六入有觸，緣觸有受，緣受有愛，緣愛有取，緣取有有，緣有有生，緣生有老死，憂悲苦惱大患所集，是爲此大苦陰緣。

**僧伽提婆譯《增壹阿含經》卷一二** 爾時，世尊告諸比丘：此三有爲有爲相。云何爲三。知所從起，知當遷變，知當滅盡。彼云何知所從起。所謂生，長大成五陰形，得諸持、入，是謂所從起。彼云何爲滅盡。所謂死，命過不住、無常，諸陰散壞，宗族別離，命根斷絕，是謂爲滅盡。彼云何變易。齒落、髮白、氣力竭盡，年遂衰微，身體解散，是謂爲變易法。是爲，比丘！三有爲有爲相，當知此三有爲相，善分別之。

# 名身　句身　文身

**菩提留支譯《入楞伽經》卷四** 大慧！何者名身。謂依何等何等法作名，名身事物，名異義一。大慧！是名我說名身。大慧！何者是句身，謂義事決定究竟見義故。大慧！是名我說句身。大慧！何者是字身。謂文句畢竟故。大慧！復次名身者，依何等法了別名句，能了知自形相故。大慧！復次句身者，謂句事畢竟故。大慧！復次名身者，所謂諸字從名差別，從阿字乃至呵字，名爲名身。大慧！復次字身者，謂聲長短音韻高下，名爲字身。大慧！復次句身者，謂巷路行迹，如人象馬諸獸行迹等，得名爲句。大慧！復次名字者，謂無色四陰依名而說。大慧！復次名字相者，謂能了別名字相故。大慧！是名名句字身相。大慧！如是名句字相，汝應當學爲人演說。

**求那跋陀羅譯《楞伽阿跋多羅寶經》卷二** 大慧！名身者，謂若依事立名，是名名身。句身者，謂句有義身，自性決定究竟，是名句身。形身者，謂顯示名句，是名形身（形身即字也）。又形身者，謂長短高下。又句身者，謂徑跡。如象馬人獸等所行徑跡，得句身名。大慧！名及形者，謂以名說無色四陰，故說名。自相現，故說形。是名名句形身。說名句形身相分齊，應當修學。

**浮陀跋摩共道泰等譯《阿毗曇毗婆沙論》卷九** 云何名身（名身，胡音有三種。一語名名，二語名名身，三語以上名多名身。一語名名者，一法一名。二語名身者，二法二名。三語以上，名多名身者。三法三名以上，名多名身。句身味身，亦如是。此所問名身者，問多語名身也）。

問曰：何以問多語名身，不問名，不問名身耶。答曰：彼作經者意欲爾，乃至廣說。復有說者，應問而不問者，當知此是有餘之說。復有說者，多與名身，悉入多語名身中，是故問多語名身，不問名與名身。答曰：名者，稱語種種語增語。想數施設，世所傳說，是謂名。如是等語，盡說是名。問曰：何故問多名身，而答名耶。答曰：以名成滿多名身故，多名身還成滿多名身。復次，名能生多名身，多名身還生多名身。是故問多名身，答名。問曰：名多名身，體性是何。答曰：是心不相應行。已說體性，所以今當說，何故名名。答曰：名者，亦名隨，亦名求，亦名合（天竺名音中含此三義）。隨者，隨其所作。有如是名求者，以是名求有此物應。復次，求者，四陰名求。以四陰能取諸界，能取諸趣，能取諸生，是故名求。合者，於義於造相應故名合。

問曰：何故名多名身。答曰：衆多名合聚故，名多名身。如一鳥不名多鳥身，衆多鳥名多鳥身。馬等亦如是。如是一名不名多名身，衆多名合集名多名身。句身味身，當知亦如是。如是有名，有名身，有多名身。名者，有一字名、二字名、多字名。一字名者，名曰名。二字名者，名曰名身。多字名者，或說三字，或說四字，名多名身。二字名者，亦名名。四字名，名身。或六字或八字，名多名身。三字名者，亦名名。六字名，名身。或九字，或十二字，名多名身。四字名者，亦名名。八字名名身，或十二字，或十六字，名多名身。如是乃至多字立門亦爾。如名身，味身，當知亦如是。

**實叉難陀譯《大乘入楞伽經》卷三** 復次，大慧！我當說名、句、文身相，諸菩薩摩訶薩善觀此相了達其義，疾得阿耨多羅三藐三菩提，復能開悟一切衆生。大慧！名身者，謂依事立名，名即是身，是名名身。句身者，謂能顯義決定究竟，是名句身。文身者，謂由於此能成名句，是名文身。復次，大慧！句身者，謂句事究竟。名身者，謂諸字名各各差別，如從阿字乃至呵字。文身者，謂長短高下。復次，句身者，如足跡，如衢巷中人畜等跡。名謂非色四蘊，以名說故。文謂名之自相，由文顯故。是名名、句、文身。此名、句、文身相，汝應修學。

**玄奘譯《瑜伽師地論》卷五二**　復次，云何名身。謂依諸法自性施設、自相施設。由遍分別，爲隨言說，唯建立想，是謂名身。云何句身。謂即依彼自相施設，所有諸法差別施設，建立功德、過失雜染、清淨戲論，是謂句身。云何文身。謂名身句身所依止性所有字身，是謂文身。又於一切所知所詮事中，極略想是文。若中是名，若廣是句。若唯依文，但可了達音韻而已，不能了達所有事義。若依止名，便能了達彼彼諸法自性自相，亦能了達所有音韻，不能了達所簡擇法深廣差別。若依止句，當知一切皆能了達，又此名句文身。

**玄奘譯《顯揚聖教論》卷一**　名身者，謂詮諸行等法自體想號假立性。句身者，謂聚集諸名顯染淨義言說所依性。文身者，謂前二所依字性。

**玄奘譯《瑜伽師地論》卷五六**　問：依何分位建立名身，此復幾種。答：依假言說分位建立名身。此復三種。謂假設名身，實物名身，世所共了不了名身。如名身，句身、文身當知亦爾。此中差別者，謂摽句釋句，音所攝，字所攝。

**玄奘譯《瑜伽師地論》卷八一**　云何爲文，謂有六種。一者名身，二者句身，三者字身，四者語，五者行相，六者機請。

名身者，謂共知增語。此復略說有十二種。一者假立名。二者實事名。三者同類相應名。四者異類相應名。五者隨德名。六者假說名。七者同所了名。八者非同所了名。九者顯名。十者不顯名。十一者略名。十二者廣名。假立名者，謂於內假立我及有情命者等名，於外假立瓶衣等名。實事名者，謂於眼等色等諸根義中，立眼等名。同類相應名者，謂有情色受大種等名。異類相應名者，謂佛授德及靑黃等名。隨德名者，謂變礙故名色。領納故名受，發光故名日。如是等名。假說名者，謂呼貧名富。若餘所有不觀待義安立其名。同所了名者，謂共所解想。與此相違，是非同所了名。顯名者，謂其義易了。不顯名者，謂其義難了，如達羅弭荼明呪等。略名者，謂一字名。廣名者，謂多字名。

句身者，謂名字圓滿。此復六種。一者不圓滿句。二者圓滿句。三者所成句。四者能成句。五者摽句。六者釋句。不圓滿句者，謂文不究竟，義不究竟。當知復由第二句故，方得圓滿。如說：

諸惡者莫作，諸善者奉行。

善調伏自心，是諸佛聖教。

若唯言諸惡，則文不究竟。若言諸惡者，則義不究竟。更加莫作方得圓滿，即圓滿句。所成句者，謂前句由後句方得成立。如說，諸行無常，有起盡法，生必滅故，彼寂爲樂。

此中爲成諸行無常故，次說言有起盡法。前是所成，即所成句。後是能成，即能成句。摽句者，如言善性。釋句者，謂正趣善士。

字身者，謂若究竟，若不究竟，名句所依，四十九字。

此中欲爲名首，名爲句首。句必有名，名必有字。若唯一字，則不成句。又若有字，名所不攝，唯字無名。

問：何因緣故施設名等三種身耶。答：爲令領受諸增語觸所生受故。

問：名是何義。答：能令種種共所了知故，名爲名。又能令意作種種相故，名爲名。又由語言之所呼召故，名爲名。攝受諸名究竟，顯了不現見義故，名爲句。隨顯名句故，名爲文。如世尊說增語增語路，乃至廣說此中增語者，謂一切衆同類相應名增語。路者，謂幷衆同類欲能起彼故。詞者，謂彼相應語。又即此語各別，於彼彼處，若摽若釋，彼所依處，名爲彼路。施設者，謂一一分別施設。建立彼所依處，名爲彼路。欲即是詞無有別欲。此即增語施設之路。又名身等略有六種依處，一者法，二者義，三者補特伽羅，四者時，五者數，六者處所。彼廣分別，當知已如聞所成地。語者，當知略具八分。謂先首美妙等，由彼語文句等相應。乃至常委分資糧故，能說正法。先首語者，趣涅槃宮爲先首故。美妙語者，其聲清美如羯羅頻迦音故。顯了語者，謂詞句文皆善巧故。易解語者，巧辯說故。樂聞語者，引法義故。無依語者，不依希望他信己故。不違逆語者，知量說故。無邊語者，廣大善巧故。如是八種語，當知略具三德。一者趣向德，謂初一種。二者自體德，謂次二種。三者加行德，謂所餘種。相應者，謂名句文身次第善安立故。又依四種道理相應故。助伴者，能次第故。隨順者，謂解釋次第故。淸徹者，文句顯了故。淸淨資助者，善入眾心故。相稱者，如眾會故，應供故，稱法故，引義故，順時故。常委分資糧者，審悉所作恆常所作故，名常委。彼分者，謂正見等此是彼資糧故。

行相者，謂諸蘊相應，諸界相應，諸處相應，緣起相應，處非處相應，念住相應。如是等相應語言，或聲聞說，或如來說，或菩薩說，是名行相。機請者，謂因機請問而起言說。此復根等差別，當知有二十七種補特伽羅。此中由根差別，故成二種。一者鈍根，二者利根。由行差別故，成七種。謂貪等行，如聲聞地已說。由眾差別故，成二種。一者在家眾，二者出家眾。由願差別故，成三種。一者聲聞，二者獨覺，三者菩薩。由可救不可救差別故，成二種。謂般涅槃法，不般涅槃法。由加行差別故，成九種。一已入正法。二未入正法三有障礙。四無障礙。五已成熟。六未成熟。七具縛。八不具縛。九無縛。由種類差別故，成二種。一者人，二者非人。如是六文總有四相，說名為文。一所說相，謂名身等行相為後。二所為相，謂機請攝二十七種補特伽羅。三能說相，謂語。四說者相，謂聲聞菩薩及與如來。如是六種，皆顯於文。若闕一種，不能顯義。由能顯義，是故名文。

**玄奘譯《顯揚聖教論》卷一二** 文者，略有六種。一名身，二句身，三字身，四語，五相，六機請。

名身者，謂共了增語。此復略說有十二種。一假名，二實名，三總名，四別名，五隨義名，六戲論名，七易名，八難名，九顯名，十隱名，十一略名，十二廣名。假名者，謂於內諸蘊，立我有情命者等名。於外諸色，立瓶衣車乘等名。實名者，謂於眼等色等立根義等名。總名者，謂有情色受大種等名。別名者，謂佛友德友青黃等名。隨義名者，謂質礙故名色，領納故名受，能照能燒故名為日。如是等名。戲論名者，如呼貧名富。如是等類，不觀於義施設彼名。易名者，謂共所知想。難名者，謂翻於彼。顯名者，謂其義易曉。隱名者，謂其義難曉，如達羅弭荼明呪。略名者，謂一字名。廣名者，謂多字名。

句身者，謂依名字釋義滿足。此復六種。一不滿句，二滿句，三所成句，四能成句，五序句，六釋句。不滿句者，謂文不究竟，義不究竟，更加餘句方得成滿。如說，諸惡者莫作，諸善者奉行，善調伏自心，是諸佛聖教。若唯言諸惡，則於文未足。若復言諸惡者，又於義未足。若具言諸惡者莫作，則二俱滿足。是即名為第二滿句。所成句者，所謂前句待後句成。如說，諸行無常，有起盡法，生必滅故，彼寂為樂。此中諸行無常是所成句，由有起盡法句之所成立。能成句者，謂第二句以能成立第一句故。序句者，如言善人。釋句者，如言謂趣正丈夫。

字身者，謂若究竟，若不究竟。名之與句二種所依四十九字。此中欲為名首，名為句首，句必有名。若唯一字，則不成句。又若有字，名所不攝，則唯字無名。問：何因緣故，建立名等三種身耶。答：為領增語觸所生受故。問：名者何義。答：目種種事，令世共知故。又能令意作種種相故，又由語言所傳述故，謂之為名。問：句者何義。答：攝受於名，究竟顯了不現見義，故名為句。問：文者何義。答，顯發名句，故謂之文。

如薄伽梵說增語、增語路，如是廣說。增語者，謂一切眾類共所立名增語。路者，謂眾類之欲能起彼故。詞者，謂彼相應語及與各別彼彼方言。彼所依故名為彼路。施設者，謂分析一法，建立多種。彼所依處，名為彼路。欲即是詞，無有別欲。此詞即是增語施設之路。彼名身等，略有六種依處。一法，二義，三補特伽羅，四時，五數，六處所。彼廣分別，如聞所成地。

語者，當知略有八分。謂上首美妙等，由彼語言具足相應。乃至常委分資糧等德故，能說正法。上首語者，趣涅槃宮為先首故。美妙語者，清美音故。顯了語者，文辭善故。易解語者，巧辯說故。樂聞語者，引法義故。無依語者，不依希望他信己故。不逆語者，言知量故。無邊語者，善巧多故。是八種語，當知略具三德。一趣處德，謂初一種。二自體德，謂次二種。三加行德，謂所餘種。相應者，謂名句文身次第善安立故，又依四種道理共相應故。助伴者，能成次第故。隨順者，解釋次第故。清亮者，文句顯了清淨故。有用者，善入眾心故。相稱者，如眾會故。應順者，稱法故，引義故，順時故。常委分資糧者，常修委修故，名常委。彼分者，謂正見等。資糧者，是彼資糧故。

相者，謂諸蘊相應，諸界相應，諸處相應，緣起相應，處非處相應，念住相應。如是等相應言說，或聲聞說，或菩薩說，或如來說，是名為相。機請者，謂因機請問，起於言說。此復根等差別，有二十七種補特伽羅，應知。此中由根差別，故分成二種，謂鈍根、利根。行差別有七種，謂貪行等。如聲聞地說，品類差別有二種，謂在家、出家。願差別有三種，謂聲聞、獨覺、菩薩。可救不可救差別有二種，謂涅槃法、不涅槃法。方便差別有九種，謂已入正法，未入正法，有障礙，無障礙，已熟，未熟，具縛，不具縛。無縛種類差別有二種，謂人及非人。

如是六文，總攝爲四。一所說，謂名身等及相一分。二所爲，謂機請攝二十七種補特伽羅。三能說，謂語言。四說者，謂佛菩薩及與聲聞。如是一切六種相貌，總顯於文。若減一種，義不顯了。由能顯義，是故名文。

**玄奘譯《大乘阿毗達磨雜集論》卷二**　名身者，謂於諸法自性增言，假立名身。自性增言者，謂說天人眼耳等事。

句身者，謂於諸法差別增言，假立句身。差別增言者，謂說諸行無常、一切有情當死等義。

文身者，謂於彼二所依諸字，假立文身。彼二所依諸字者，謂自性差別增言所依諸字如哀壹鄔等。又自性差別及此二言總攝一切。如是一切，由此三種之所詮表，是故建立此三，爲名、句、文身。此言文者，能彰彼二故。此又名顯能顯義故。

**玄奘譯《大乘五蘊論》卷一**　云何名身，謂諸法自性增語爲性。云何句身，謂諸法差別增語爲性。云何文身，謂諸字爲性。以能表彰前二種故，亦名爲顯。由與名句爲所依止顯了義故，亦名爲字，非差別門所變易故。

**玄奘譯《阿毗達磨大毗婆沙論》卷一四**　云何多名身。答：謂多名號異語增語想等想假施設，是謂多名身。此中論者，於文善巧。以多文句共顯一名，皆是名之差別名故。問：此中何故問多名身，而不問名及名身耶。答：是作論者意欲爾故，乃至廣說。有說，應問而不問者，當知此義有餘。有說，名與名身，二俱攝在多名身中，問多名身則爲都問。有說，此是契經所說，不應問作論者。契經但問多名身故，論者於中不能增減。問：若爾，何故問多名身，而答以名。答：名是根本，名滿名身，名身復滿多名身故。有說，依展轉因，故作是說，如子孫法。謂依名有名身，依名身有多名身故。問：名體是何。答：是不相應行蘊所攝。文句亦爾。

問：何故名名。答：名者名爲隨名，爲名名，爲合隨者。如其所作，即往相應。名者爲此義立。如求便應合者，隨造頌轉令與義會。此中名具三義，故名爲名。心心所法有隨有名，而無合義，故不名名。餘不相應色無爲法，有隨有合，而無名義，故亦非名。

問：名身者是何義。答：是二名聚集義，是故一名不名名身。問：多名身是何義。答：是多名聚集義。如一象二象，不名多象身，要眾多象名多象身。馬等亦爾。句身多句身，文身多文身，亦復如是。此中有名，有名身，有多名身。有一字所起名，有二字所起名，有多字所起名。一字所起名中，於一字但有名，於三字有名身多名身者。有欲令依三字，有欲令依四字。二字所起名中，於二字但有名，於四字有名身多名身者。有欲令依六字。有欲令依八字。三字所起名中，於三字但有名，於六字有名身多名身者。有欲令依九字，有欲令依十二字。四字所起名中，於四字但有名，於八字有名身多名身者。有欲令依十二字，有欲令依十六字。以此爲門，餘多字名，應知亦爾。有餘師說，一字所起名中，於一字一呼但有名，即於此字再呼有名身，即於此字或三呼或四呼有多名多身。於二字所起名等，應知亦爾。

**曇曠《大乘百法明門論開宗義記》**　言名身者，梵云南摩。此譯爲名，是歸趣義。歸趣所詮法自性故。故《唯識》云，名詮自性。《五蘊論》云，名者諸法自性增語，如說人天眼耳等事。若唯一名，恆稱爲名。若至二名，即爲名身。三名已上，是多名身。名之身故，依主釋也。下句文等，亦準此知。身者，即是聚集義故。言句身者，梵云鉢陁，此譯爲跡。如見象跡以表有象。如是四句，表有煩文。隨義傍翻，以之爲句。《唯識》等云，句者即是詮差別義。《五蘊》等云，句是諸法差別增語。如說諸行皆無常等。如《婆沙》等句有五種。今依大乘句有二種。一集法滿足句，即當《婆沙》處中句攝。但集諸名，不長不短，滿足八字即成一句。不約義圓，取字滿足。二顯義周圓句，即攝《婆沙》餘之四句。不定字數，隨短長等，顯義周圓，即名一句。故有短長前後句別。言文身者，謂即是字。梵云便繕那，此譯爲文，即是典語。云惡刹羅，此翻爲字，即是俗語。恐有不悟文字是一，故《唯識》云，文即是字。此乃是前名句所依，由依文字有名句故。故《唯識》云，爲二所依。古翻經人，翻爲味者，以便繕那而目四法文形扇味，以文同故，錯譯爲味。若依小乘，皆別有性。性唯無記，唯是有漏。今大乘宗此三皆是聲上假立無別體性。若隨所詮，假通三性。隨所依說，皆同於聲。

**施護譯《佛說大集會正法經》卷五**　云何名身。佛言：身者，所謂如幻如焰。又如重擔，復如涎洟腐爛等物。諸無智者不能覺了生爲大苦，由生發起。緣法聚集，命根連持，而無其實，非愛相應。如是等法，假名爲身。

**法雲《翻譯名義集》卷一三**　《瑜伽》云，佛菩薩等是能說者，語是能說相，名句文身是所說相。《成唯識論》云，名詮自性，句詮差別，文即是字，爲二所依。此非色心，屬不相應行，名曰三假。婆沙問云，如是佛教以何爲體。答：一云語業爲體。謂佛語言、唱詞、評論、語音、語論、語業、語表，是爲佛教。此語業師也。二云名等爲體。名身、句身、文身次第行列，安布聯合，爲名句文。云何但以聲爲教體，此名句師也。語業師難曰，名句文但顯佛教作用，非是自體。名句師難曰，聲是色法，如何得爲教體。要由有名，乃說爲教。是故佛教體即是名，名能詮義，故名爲體。二師異見，氷執不通。《正理論》中，雙存兩義。故《正理鈔》云：案上二說，各有所歸。諸論皆有兩家，未聞決判。西方傳說，具乃無虧。何者。若以教攝機，非聲無以可聽。若以詮求旨，非名無以表彰。故《俱舍》云：牟尼說法蘊數有八十千。彼體語或名，是色行蘊攝，體即教體，語即語業，名謂名句。言是色行蘊者，由聲屬乎不可見，有對色在色蘊收。名句屬不相應行，在行蘊攝。體既通於色行，則顯能詮之教。聲、名、句、文四法和合，方能詮理。又復須知，佛世滅後，二體不同。若約佛世，八音四辯，梵音聲相，此是一實，名句文身。乃是聲上屈曲建立，此三是假。若約滅後眾聖結集，西域貝葉，東夏竹帛書寫聖教，其中所載名句文身，咸屬色法。此則從正別分。若乃就旁通說，佛世雖正屬聲，旁亦通色。如迦旃延撰集眾經要義，呈佛印可，斯乃通色。滅後正雖用色，旁亦通聲。以假四依說方可解。作此區別，教體明矣。《瑜伽論》云，諸契經體，略有二種，一文，二義。文是所依，義是能依。《十住品》云，文隨於義，義隨於文，文義相隨，理無舛謬，方爲眞教。此敘體竟。

便善那，此云文身。慈恩疏云：文身者，爲名句依而顯所表。顯有四義，一扇，二相好，三根形，四鹽。如次能顯風涼大人男女味故，故名爲顯。即喻此文身能顯於理。若依古譯，翻文爲味。但是所顯，非能顯也。《大乘入楞伽》云，文身者，謂由於此能成名句。《楞伽》云，形身者，謂顯示名句是名形身。又形身者，謂長短高下。注曰，形身，即字也。《入楞伽》云，字身者，謂聲長短，音韻高下，名爲字身。今問，文與於字爲異爲同。答，若未改轉，斯但名字，若已改轉，文即是字。是則依類像形爲字，形聲相稱曰文。

那摩，此云名。《楞伽》云，名身者，謂依事立名，是名名身。

波陁，秦言句。句謂句逗，逗止也，住也。《大論》云，天竺語法，眾字和合成語，眾語和合成句。如菩爲一字，提爲一字。是二不合則無語，若和合名爲菩提。《大乘入楞伽》云，句身者，謂能顯義決定究竟。《成唯識論》云，句詮差別，如名爲眼即詮自性，若言佛眼天眼，乃顯句詮差別也。

**明昱《成唯識論俗詮》卷二**　《瑜伽》云：云何名身。謂依諸法自性自相隨起言說，是謂名身。如言眼耳，各別詮故。云何句身。謂即依彼諸法自性，建立染淨功德過失，是謂句身。如言眼能見色，耳能聞聲，義差別故。云何文身，謂即名句二所依止所有字身，是謂文身。又於所知所詮事中，略想是文，唯了音韻，不能了達自性差別。中想是名，了達自性，及了音韻。廣想是句，音韻自性及與差別，皆悉了達。佛所得者，離名句相，離文字相，故名希有。餘乘所計，異色心外，實有名句文身，故引經爲證。此經下，論主總破。謂此經中，唯說佛得希有名句文身，不說離心別有實體。爲證不成。若名下，謂此名等，爲離聲有，爲依聲生。若離聲有，應如色等，非實能詮，以離音聲，無能詮義。若依聲生，聲有音韻，足成能詮，何用別執名等實有爲能詮耶。

**王肯堂《成唯識論證義》卷二**　《瑜伽論》云：云何名身。謂依諸法自性施設、自相施設，由偏分別，爲隨言說，唯建立想，是謂名身。云何句身。謂即依彼自相施設所有諸法差別，施設建立功德、過失、雜染、清淨、戲論，是謂句身。云何文身。謂名身句身所依止性所有字身，是謂文身。又於一切所知所詮事中，極略想是文。若中是名，若廣是句，若唯依文。但可了達音韻而已，不能了達所有事義。若依止名，便能了達彼諸法自性自相，亦能了達所有音韻，不能了達所揀法深廣差別。若依止句，當知一切皆能了達。復如何知異色心等，有實詮表名句文身。論主問也。契經說故。如契經說，佛得希有名句文身。小乘答也。此經不說異色心等，有實名等，爲證不成。論主總破。若名句文異聲實有下，論主廣破。據《俱舍論》等，經部師言，名句文身用聲爲體，色自性攝。所以者何。由教及理，知別有故。教，謂經言語身文身。若文即語，別說何爲。又說應持正法文句。又言依義不依於文等。由此等教，證知別有能詮諸義名句文身，猶如語聲實而非假。理，謂現見有時得聲而不得字，有時得字而不得聲，故知體別。有時得聲不得字者，謂雖聞聲而不了義。現見有人麤聞他語，而復審問汝何所言。此聞語聲不了義者，都由未達所發文故。如何乃執文不異聲。有時得字不得聲者，謂不聞聲而得了義。現見有人不聞他語，覩脣等動，知其所說。此不聞聲得了義者，都由已達所發文故。由斯理證，文必異聲等。廣如彼說。薩婆多，亦有名由聲生、名由聲顯二義。故論主取生破顯云，若名句文異聲實有，則名句文同色香味，非實能詮，以離聲無別能詮故。量云，名句文身非實能詮，異聲實有，故喻如色等。若謂聲能生名句文者，此聲必有音韻屈曲，此已足成能詮，何用名等爲耶。正理師救云，聲上屈曲是名句文體，異於聲而是實有。故論主破云，若謂聲上音韻屈曲即名句文，異聲實有名能詮者，則所見色上形量屈曲，亦應異色處別有實體，亦名能詮。若謂聲上音韻屈曲，如絃管聲非能詮者，則此語聲音韻屈曲，亦應如絃管聲不能詮表，不能別生名等矣。彼又難云，誰說彼絃管聲定不能詮乎。論主答云，聲若能詮，則應現前風鈴聲等皆有詮用，今此語聲與風鈴聲等無詮表，不別生實名句文身，故知語聲非實能詮。若唯語聲能生名等，而風鈴聲等不能者，如何不許唯語能詮，而謂絃管聲亦能詮耶。外人問云，若一切外聲皆非能詮，據何道理定知能詮即是言語，寧知非語亦有能詮。論主答云，語爲能詮人天共了者，謂人與天俱用語言有詮表用，爲欲界以音聲爲佛事故。天愛非餘者，或有天中不用語爲能詮。如光明說法，天鼓說法之類。唯是色界光音以上等天，不通下界，故曰非餘。今固人也，而天語乎。次假外問云，既聲體即是能詮，何有名等三種差別。故論主申正義云，然依語聲分位差別等，於中有四，從初至假建立名句文身。一，顯假差別。此論主解依聲建立名句文身。如梵音斫芻（此翻眼），若但言斫，唯言芻，未有所目說爲字分位。若二連合，能詮法體，詮於眼體，說爲名分位。然未有句位。更添言阿薩利縛，名爲眼有漏，說爲句位。故依分位，以立名等。依一切位，非自在故。外又問曰，何者是分位差別。故答云，名詮自性至爲二所依。二，顯三用殊。名詮諸法自性，句詮諸法差別。文即是字，爲名句之所依，不能詮自性及差別故。文者彰義，與二爲依，彰義二故。又名爲顯，與二爲依，能顯義故，而體非顯。字者，無改轉義是其字體。文是功能，功能即體，故言文即是字等。或字爲初首，即多刹那聲集成一字，集多字爲所依。次能成名詮諸法體，多名已後，方成句身詮法差別。即《雜集論》云，自性差別。及此二言。如是三法，總攝一切。彼二言者，即是字也。字即語故，說之爲言，名句二種所依止之言也。《瑜伽論》云，名於自性施設，句於差別施設。名句所依止性，說之爲字。又《顯揚》言，句必有名，名不必有句，名必有字，字不必有名等。此三離聲至亦不即聲。三，明不即不離。論主答難，謂先有問言，上來雖言名等即聲，若名等是不相應行者，色上屈曲非不相應，聲何故爾。故此答曰，此三離聲雖無別體，而名等是假。聲是實有，假實異故。故名等三非即是聲，非聲處攝，但是差別之聲義說名等。以詮義故，是不相應。無別種子生，故言即聲。外人問，言若名等即聲，法詞二無礙解，境有何別。故論答云，由此法詞至亦各有異，即緣此故，二境有異。法無礙解，緣假名等。詞無礙解，緣實聲等。故說境差別，非二俱緣實。雖二自性互不相離，法對所詮，故但取名。詞多對機，故但說聲。耳聞聲已，竟了義故。以所對不同，說二有異，非體有異也。又此二境及名等三與聲別者，蘊處界攝亦有異故。色蘊、聲處、聲界，唯屬於聲行蘊。法處法界，屬名句文。問曰，聲上屈曲假，即言不相應，色上屈曲假，應非色處攝。答云，聲上有教名等不相應，色上無教故是色處攝。又問云，聲上有屈曲即以爲教，色上有屈曲亦應得爲教。故論主答云，且依此土說名句文至假立三故。四，會相違，謂且依此土，依聲假立名句文身，非謂一切界土亦依聲立。問曰，餘界土中依何立耶。答云，諸餘佛土，亦依光明妙香味等，假立名句文身，以彼見聞覺知光明香味能了義故。此所引，即《維摩詰所說經》。而言等者，等取觸思取等。上皆得假立名等三種，亦是不相應攝此三法故，以衆生機欲對待故假。又梵云便善那，此有四義，一者扇，二相好，三根形，四味。此即是鹽，能顯諸物中味故。味即是文，如言文義巧妙等，目之爲便善那。此中四義，總是一顯義故。古德說名爲味。《對法論》云，此文名顯，能顯彼義，故爲名句所依能顯義故。惡察那是字，是無改轉義。如《對法》說，鉢陁是迹，如尋象迹以覔象等。此名爲句，理應名迹，義之迹故，尋此知義也。順古所翻，稱之爲句。

**智旭《大乘百法明門論直解》** 八，名身者，名詮諸法自性，如眼耳等種種名字。九，句身者，句詮諸法差別，如眼無常、耳無常等種種道理。十，文身者，文即是字，爲名句之所依。此三皆依色聲法塵分位假立。若語言中所有名句及字，即依聲立。若書冊中所有名句及字，即依色立。

**德清《觀楞伽阿跋多羅寶經記》卷四** 大慧！名身者，謂若依事立名，是名名身。

記曰：依事立名，名即是身，故名名身。如依瓶盆，立瓶盆名。謂一名二名多名，能詮自性，名異義一，故名名身。身者，多法積聚義。

句身者，謂句有義身自性決定究竟，是名句身。

記曰：謂句能顯決定究竟。且如瓶盆，但有其名，未能顯義，以不知是何等瓶盆。若言銅鐵錫木等瓶盆，或言水油鹽米等瓶盆等，句義各異。如此則顯義，決定究竟不謬。謂一句二句多句，能詮差別，因名成句，故名句身。

形身者，謂顯示名句，是名形身。

記曰：形即文身，乃字也。依此文字，能成名句。謂一字二字多字，爲二所依，故名文身。《說文》云，依類像形爲字，形聲相稱爲文。

又形身者，謂長短高下。

記曰。字有四聲八韻。清濁輕重。抑揚高下。故魏譯云。謂聲長短音韻高下。

又句身者，謂徑跡。如象馬人獸等所行徑跡，得句身名。

記曰：句身者，徑跡耳。謂尋跡以得象馬，喻因言句而得義，得義則忘言，猶得象馬以遺跡。

大慧！名及形者，謂以名說無色四蘊，故說名。自相現，故說形。

記曰：名字者，謂無色四蘊，依名而說。名字相者，謂能了別名字相故，言四蘊各有自相也。此舉四蘊依名字說，但有名字，本無實法。不比色蘊尚有假質，要顯名字性空故也。言自相者，但只是四蘊各自不同，亦非實有相狀可見。若了四蘊但有名字，則所說諸法例此可知。故《密嚴》云，世間種種法，一切唯有名。故我所說無生如幻，乃至菩提、涅槃、自覺聖智等，皆是隨破眾生妄執之情，本無實法。聞者應當因言得義，莫著言說。

## 名言

**焦竑《楞伽阿跋多羅寶法經精解評林》** 名句形身者，《唯識論》云：名詮自性，句詮差別，文即是字，爲形所依，形即文也。身者，聚義。名詮自性者，如說六根，但云眼耳鼻舌身意之名而已。句詮差別者，如云眼是佛眼、法眼、慧眼等種種差別也。然此名句形三身，名爲三假。假者對變而言，則聲爲實。此一實三假，乃能詮教體。今但云名句形身，而不言一實者，以佛說法之聲，即一實也。

**延壽《宗鏡錄》卷七六** 表義名言者，唯第六識，能緣其名，能發其名。餘皆不緣，亦不能發。即唯詮義音聲之差別，簡非詮表聲。彼非名言故，名唯無記。然名是聲上屈曲差別，唯無記性，不能熏成色心等種。然因名故，心隨其名，變似五蘊三性法等，而熏成等種。因名起種，號名言種。一切熏種，皆由心心所。心心所種，有因外緣，有不依外者。不依外者，名顯境名言。若依外者，名表義名言。分二別。然名自體，不能熏種。顯境名言者，即能了境心心所法，即是一切七識見分等心，非相分心不能顯境故。

## 習氣

**玄奘譯《成唯識論》卷八** 復次，生死相續，由諸習氣。然諸習氣總有三種。一名言習氣，謂有爲法各別親種。名言有二。一表義名言，即能詮義音聲差別。二顯境名言，即能了境心心所法。隨二名言所熏成種，作有爲法各別因緣。二我執習氣，謂虚妄執我我所種。我執有二。一俱生我執，即修所斷我、我所執。二分別我執，即見所斷我、我所執。隨二我執所熏成種，令有情等自他差別。三有支習氣，謂招三界異熟業種。有支有二。一有漏善，即是能招可愛果業。二諸不善，即是能招非愛果業。隨二有支所熏成種，令異熟果善惡趣別。應知我執有支習氣，於差別果是增上緣。此頌所言業習氣者，應知即是有支習氣。二取習氣，應知即是我執名言二種習氣。取我、我所及取名言而熏成，故皆説名取。俱等餘文，義如前釋。

**澄觀《大方廣佛華嚴經隨疏演義鈔》卷三一**　《唯識》第八云：復次，生死相續，由諸習氣。然諸習氣，總有三種。一名言習氣，二我執習氣，三有支習氣。名言習氣者，謂有爲法各別親種。名言有二。一表義名言，即能詮義音聲差別。二顯境名言，即能了境心心所法。隨二名言所熏成種，作有爲法各別因緣。

釋曰：言各別親種者，三性種異故。能詮義音聲者，揀無詮聲彼非名故。名是聲上屈曲，唯無記性，不能熏成色心等種。然因名起種，名名言種。二顯境名言，即七識見分等心，非相分心。相分心者，不能顯境故。此見分等，實非名言。如言説名，顯所詮義。此心心所法，能顯所了境。如似彼名，能詮義故，隨二名言，皆熏成種。二我執習氣，三有支習氣，並如六地。有支即是今文爲業所引，能引之業故。《唯識》云：三有支習氣，謂招三界異熟業種。有支有二。一有漏善，即是能招可愛果業。二諸不善，即是能招非愛果業。隨二有支所熏成種，令異熟果善惡趣別故。《論頌》云，由諸業習氣，二取習氣俱，前異熟既盡，復生餘異熟。此能引業，即諸業習氣。此名言種，即二取習氣。言爲業所引者，即彼俱義。親辨果體，即由名言。若無業種，不招苦樂。如種無田，終不生芽。故此名言，由業引起，方受當來異熟之果、苦樂之報。故六地云，業爲田，識爲種也。

**延壽《宗鏡録》卷七六**　古釋習氣自體，總有三義。習氣者，與種子名異體同。習氣，即約熏習時而論。種子，即對現行立號。都有三義。一種子名習氣，氣者氣分，習謂熏習。由彼現行熏習，得此氣分故。二現行亦名習氣，謂都由種子能生現行，是種子家之氣分。三習氣名習氣，如裹香紙，而有氣分。《唯識論》云，而熏本識，起自功能，即此功能，説爲習氣。功能者，是習氣義。體即種子。略有三種習氣，一名言習氣，二我執習氣，三有支習氣。一名言習氣，謂有爲法各別親種。名言有二。一表義名言，即能詮義音聲差別。二顯境名言，即能了境心心所法。隨二名言，所熏成種，作有爲法，各別因緣。二我執習氣，謂虚妄執我我所種。我執有二。一俱生我執，即修所斷我我所執。二分別我執，即見所斷我、我所執。隨二我執，所熏成種，令有情等自他差別。三有支習氣，謂招三界異熟業種。有支有二。一有漏善，即是能招可愛果業。二諸不善，即是能招非愛果業。隨二有支，所熏成種，令異熟果，善惡趣別。應知我執有支習氣，於差別果是增上緣。前云生死因業習氣者，應知即是有支習氣。二取習氣，應知即是我執、名言二種習氣。取我我所及取名言而熏成故，皆説名取。

釋云：表義名言者，唯第六識。能緣其名，能發其名，餘皆不緣，亦不能發。即唯詮義音聲之差別，簡非詮表聲。彼非名言故，名唯無記。然名是聲上屈曲差別，唯無記性，不能熏成色心等種。然因名故，心隨其名，變似五蘊三性法等，而熏成等種。因名起種，號名言種。一切熏種，皆由心心所。心心所種，有因外緣，有不依外者。不依外者，名顯境名言。若依外者，名表義名言。分二別。然名自體，不能熏種。顯境名言者，即能了境心心所法。即是一切七識見分等心，非相分心，不能顯境故。是以分段生死，從正使有，即是凡夫。若變易生死，從習氣生，即是二乘，雖斷正使，不斷習氣。於中有二。一煩惱習氣，二業習氣。一煩惱習氣者，如難陀有欲習，往昔數生，身爲國王，習近五欲故。舍利弗有嗔習，往昔數生，曾受蝎身。畢陵伽婆蹉有慢習，往昔數生，身是大婆羅門，博學多才，我慢輕物。乃至槃特比丘，有癡餘習等。二業習氣者，如牛呞比丘，往昔是牛身，林間奔走，觸著遺弃，故破袈裟。以是因緣，雖獲道果。以業習故，使之然也。又如迦葉聞琴起舞，阿難常好歌吟，俱以往昔曾爲樂人，以業習之餘故。若煩惱餘習，是變易緣。有業餘習，是變易因。感變易生死，即是果報。此二乘人，未得如來一心三點涅槃，於無學位，雖見修惑盡，所有無知，皆是無明之餘習，亦名無明住地，亦名所知之障，亦名塵沙無知。又菩薩約化門，有十種習氣。《華嚴經・離世間品》云：佛子！菩薩摩訶薩有十種習氣。何等爲十。所謂菩提心習氣，善根習氣，教化衆生習氣，見佛習氣，於清淨世界受生習氣，行習氣，願習氣，波羅蜜習氣，思惟平等法習氣，種種境界差別習氣，是爲十。若諸菩薩安住此法，則永離一切煩惱習氣，得如來大智習氣，非習氣智。故知染淨二業，昇沈兩門，皆從熏習而生，不是無因而得。應須勤修白業，淨法時熏，念念功夫，自成妙果。所以一一衆生八識藏中，各具十法界種子，本自具足，非從新生。雖常內熏，須假外緣熏發。若聞十惡，熏發三塗種子。若聞戒善，熏發人天種子。若聞諦緣，熏發二乘種子。若聞六度，熏發菩薩種子。若聞一乘，熏發諸佛種子。各隨習熟濃厚處先發。如今多習三塗種子，人天尚少，豈況佛乘。然地獄界現行時，佛種子亦不沒，只是轉更賒遠。如今既在人天，直須努力，常親知識，樂聽一乘，內外資熏，一生取辦。故佛誡羅睺羅頌云，十方無量諸衆生，念念已證善逝果，彼既丈夫我亦爾，何得自輕而退屈。

**曇曠《大乘百法明門論開宗義決》** 諸習氣，總有三種。一者名言習氣。名言有二。一表義名言，即能詮義音聲差別，唯第六識能緣其名。然名是聲曲屈差別，唯無記性，不能熏成色心等種。然因名故，心隨其名，變似五蘊三性法等而成熏。因名起種，名名言種。一切熏種，皆由心所。心所熏種，由因外緣。二顯境名言，即能了境心心所法。即是一切七識見分等心，非相分心不能顯境。順趣種種所緣境義，依言說名，分別種種所緣境義。二我執習氣，亦有二種。一俱生，二分別。謂虛妄執我我所種，隨二我執所熏成種，令有情等自他差別。三有支習氣，謂招三界異熟業種，此亦二種。一有漏善，即是能招可愛果業。二諸不善，即是能招非愛果業。此義出《唯識論》第八卷。

**圓測《解深密經疏》卷三** 一釋種子識，二辨阿陁那，三明阿賴耶，四顯心名。此即第一，釋一切種子識。一切種子，即三習氣。此中意說，由第八識攝持三種習氣，結生相續。故《成唯識》第八卷云，復次生死相續，由諸習氣。然諸習氣，總有三種。一名言習氣，二我執習氣，三有支習氣。其種子識，自有二種。一識所持種，名種子識。二能持種識，名爲種識。雖有二種，今此正明能持種識。身分生時，執持所依及種子故。彼所持種，即三習氣。故今略辨三種習氣。然三習氣，略以四門分別。一釋名字，二出體性，三生果差別，四四緣分別。

第一釋名，有通有別。三習氣者，是其通名，三是標數。言習氣者，說名言等，名之爲習。第八中種習之氣分，故名習氣。即六釋中帶數釋也。言別名者，如《成唯識》。然諸習氣，總有三種。一名言習氣，謂有爲法各別親種。名言有二。一表義名言，即能詮義音聲差別。二顯境名言，即能了境心心所法。（如其次第，舊云言說名，思惟名也。）二我執習氣，謂虛妄執我、我所種。我執有二。一俱生我執，即脩所斷我、我所執。二分別我執，即見所斷我、我所執。隨二我執所熏成種，令有情等自他差別。三有支習氣，謂招三界異熟業種，有支有二種。一有漏善，即是能招可愛果種。二諸不善，即是能招非愛果報。解云，三習氣相，如論應知。三種習氣，皆依主釋。謂名言習之氣種子故，乃至有支習之氣種子故。

言出體者，如前所說。隨二名言所熏種子，爲名言習氣。二種我見所熏成種，爲我見習氣。乃至由善惡業所熏種子，爲有支習氣。種現分別，唯種非現。三果出體，名言習氣。五蘊門中，一分種子五蘊以爲自性，除無漏種，種隨所生，同蘊攝故。處界門中，一分十二處種、十八界種，以爲自性。除無漏種，準蘊應知。我見習氣，五蘊門中，行蘊一分所攝。處界門中，法處法界少分爲體。有支習氣，五蘊門中色行二蘊，以身語業是色蘊故，意思業種行蘊攝故。處界門中，色處、聲處、法處、色界、聲界、法界，一分爲體。法數出體，名言習氣。《百法門》中，通用百法種子爲體，影像百法皆熏種故。我見習氣，用別境中慧及十煩惱中薩迦耶見，以爲自性。有支習氣，十一色中，色聲二法及心所中思爲自性意思業故。

言出果者，有其二義。一依《成唯識》，通約諸法，以明生果。二依《攝論》，就十一識，以辨生果。言通約諸法以明生果者，名言習氣，通生百法。而差別者，九十四法。本質及影，皆名言生。六種無爲，本影不同。本質六種，不從種生。圓成無爲，無生義故。影像六種從名言起，依他無爲，據實有爲，託因生故。故《唯識論》云，名言習氣，謂有爲法各別親種。問：有爲法中，實法有體，可言種生。不相應等，既無實體，如何因起。解云：據實假法，不從種生。故《成唯識論》第二卷云，假法如無，非因緣故。解云：假法既非因緣義唯假法，亦非所生。然以假從實，說爲假種，從因緣生。故《唯識論》第二卷云：名相分別三種習氣。我見習氣，能生自他身中百法差別。有支習氣，能生百法善惡趣別。無爲假法，準前應思。言就十一識辨生果者，如《攝大乘論》第四卷云：此中若身身者受者識、彼所受識、彼能受識、世識、數識、處識、言說識，此由名言熏習種子。若自他差別識，此由我見熏習種子。若善趣惡趣死生識，此由有分熏習種子。廣如彼釋。

言四緣分別者。名言習氣，是正因緣。餘二習氣，增上緣。故《成唯識》第八卷云，隨二名言所熏成種，作有爲法，各別因緣。又彼復云，應知我執有支習氣，於差別果，是增上緣。

**通潤《成唯識論集解》卷二** 名言等三種熏習者。名言習氣有二種，一表義名言，二顯境名言。我執習氣有二種，一俱生我執，二分別我執。有支習氣有二種，一有漏善，二諸不善。此有漏種，皆藉熏生。有漏既爾，無漏亦然。問：若無漏種非本來有，何故而有種性差別。答：種性差別，不依無漏種子有無，是依有障無障建立。如《瑜伽》下引證。《圓覺》亦云，一切眾生，由本貪欲，發揮無明，顯出五性差別不等，依二種障而現深淺。云何二障。一者理障，礙正知見。二者事障，續諸生死。云何五性。若此二障未得斷滅，名未成佛。若諸眾生，永捨貪欲，先除事障，未斷理障，但能悟入聲聞緣覺，未能顯住菩薩境界。若諸末世一切眾生，欲泛如來大圓覺海，先當發願，勤斷二障。二障已伏，即能悟入菩薩境界。若事理障已永斷滅，即入如來微妙圓覺，滿足菩提及大涅槃。若諸眾生，雖求善友，遇邪見者，未得正悟，是則名爲外道種性，邪師過謬，非眾生咎。是名眾生五性差別。問，若爾，何故《瑜伽》復說地獄成就三無漏根。答，是依當來可生無漏，非謂本來已有無漏種子體也。

**通潤《成唯識論集解》卷八** 此廣釋三習氣。一名言習氣者，於境取像，安立名言。即生住滅法，蘊處界法，皆以名言所知爲親種。此有二種。一表義名言，唯第六識，能緣其名，能發其名，故曰表義。餘皆不緣不發。即能詮義音聲差別者，簡無詮表聲，彼非名故，唯無記性，不能熏成色心等種。名是聲上屈曲差別。然因名故，心隨其名，變似五蘊三性等法而熏成種。因名起種，號名言種。二顯境名言者，即是前七見分心心所法，非是相分，相分不能了境故。一切熏種，皆由心與心所。心心所種若依外者，名表義名言，能詮音義，是相分故。不依外者，名顯境名言，顯境王所是見分故。由斯二種名言熏種諸有爲法，各別皆有親生種子。言我執習氣者，即六七二識，於自他處虛妄所執我、我所種，即俱生煩惱種子。俱生我執，通六七識。分別我執，唯第六識。言有支習氣者，即十二緣行有二支也。行有二支，屬業道故。不說行者，屬過去故。此顯現在熏種招果。故曰水和散土而作泥團，業招名言而發習氣。此頌下，會通前三種習氣。《宗鏡》云：煩惱習氣者，如難陁有欲習，往昔數生，身爲國王，親近五欲故。舍利弗有嗔習，往昔數生，曾受蠍身故。畢陵伽婆蹉有慢習者，往昔數生爲大婆羅門，博學多才，我慢輕物故。乃至盤特比丘有癡習等。業習氣者，如牛呞比丘，昔是牛身，林間奔走，觸破袈裟。以是因緣，雖獲道果，餘習未淨故。又如迦葉聞琴作舞，阿難常好歌吟，俱是往昔曾爲樂人，以有業習之餘故。是以分段生死，從正使有，即是凡夫。若變易生死，從習氣生，即是二乘。以二乘雖斷正使，不斷習氣故。

復次，生死相續由惑業苦，（至）乃至老死。如論廣釋

下以三道配釋三習氣也。無明一支，名爲發業。愛取二支，名爲潤生。此三煩惱，總名爲惑。能感行有二支名業，業所引生識等五支，及生死二支，總名爲苦。此惑業苦種，攝三習氣。謂行有二支是業習氣，餘十是二取習氣，故總名習氣。惑業二習氣，與生死苦爲增上緣。苦習氣，與生死苦爲親因緣。頌三習氣，如其次第配惑業苦。或苦名取者，惑即二取。名爲能取，苦即苦果名爲所取。能取所取，皆名取者，以執著故。業不名取者，無執著故。惑業苦三攝十二支者，如頌云，無明愛取三煩惱，行有二支屬業道，從識至受并生死，七事同名一苦道。

**王肯堂《成唯識論證義》卷八** 廣釋三習氣。古釋習氣自體，總有三義。習氣者，與種子名異體同。習氣即約熏習時而論，種子即對現行立號。都有三義。一種子名習氣。氣者氣分，習謂熏習。由彼現行熏習，得此氣分故。二現行亦名習氣，謂都由種子能生現行，是種子家之氣分。三習氣名習氣，如裹香經而有氣分。前云而熏本識起自功能，即此功能，說

爲習氣。功能者，是習氣義，體即種子。略有三種習氣，一名言習氣，二我執習氣，三有支習氣。名言習氣者，謂有爲法各別親種。言各別親種者，善惡無記三性種異故，即三性法各自親種。名言有二。一表義名言者，唯第六識能緣其名，能發其名，餘皆不緣，亦不能發。即唯詮義音聲之差別，簡非詮表聲，彼非名言故。名是聲上屈曲差別，唯無記性，不能熏成色心等種。然因名故，心隨其名，變似五蘊三性法等，而熏成色心等種。然因外名而起內種，號名言種。一切熏習，皆由心心所。心心所種，有因外緣，有不依外者。不依外者，名顯境名言。若依外者，名表義名言。分二別。然名自體不能熏種。顯境名言者，即能了境心心所法，即是一切七識見分等心，非相分心。相分心者，不能顯境故。此見分等，實非名言。如言說名，顯所詮義。此心心所法，能顯所了境，如似彼名能詮義故。隨二名言，皆熏成種。我執習氣者，謂虛妄執我、我所種。問：我是偏計，何得種耶。曰：因執蘊等爲我之時，熏蘊等種，名我執習氣。俱生我執，通六七識。分別我執，唯第六識。因我執故，相分之中，亦熏五蘊種子。即名言熏習我執種子，令自他差別，故別立之。有支習氣者，謂招三界異熟業種，隨善惡有所熏成種，令異熟果善惡趣別，故名有支習氣，即十二緣行有二支也。行有二支，屬業道故。不說行者，屬過去故。此顯現在熏種招果。問：此三習氣於四緣中，是何緣耶。答：名言習氣，是親因緣。我執有支，是增上緣。問：有支業所招，可是增上緣。我執相分種，親生本識現，應是親因緣，云何亦增上。答：令自他別，故成增上。問：泛說散布名言及業種子，何所似耶。答：名言如散土，業種若泥團。水和散土而作泥團，業招名言而爲業種。泥團不散之際，水力能之。異熟未萎已來，業力如是。問：福非福不動三業，當何習氣。答：有支習氣。問：頌言二取習氣，三中當何習氣。答：我執名言二習氣也。何名二取。曰：取我、我所，及取名言而熏成故，皆說名取。取者，著義也。《宗鏡》云：煩惱習氣者，如難陁有欲習，往昔數生，身爲國王，親近五欲故。舍利弗有嗔習，往昔數生，曾受蠍身故。畢陵伽婆蹉有慢習者，往昔數生，爲大婆羅門，博學多才，我慢輕物故。乃至盤特比丘有癡習等。業習氣者，如牛呞比丘，昔是牛身，林間奔走，觸破袈裟。以是因緣，雖獲道果，餘習未淨故。又如迦葉聞琴作舞，阿難常好歌吟，俱是往昔曾爲樂人，以有業習之餘故。是以分段生死，從正使有，即是凡夫。若變易生死，從習氣生，即是二乘，以二乘雖斷正使，不斷習氣故。

**失名《唯識三十論要釋》** 應知即是三種習氣。一名言習氣，彼有爲法，各別親種。名言有二。一表義名言，即能詮表音聲差別。二顯境名言，即能了境心心所法。隨二名言所熏成種，作有爲法，各別因緣。二我執習氣，謂虛妄執我、我所種。我執有二。一俱生我執，即修所斷我、我所執。二分別我執，即見所斷我、我所執。隨二我執所熏成種，令有情等自他差別。三有支習氣，謂招三界異熟果種。有支有二。一有漏善，即是能招可愛果業。二諸不善，即是能招非愛果業。隨二有支所熏成種，令異熟果善惡趣別。應知我執有支習氣，於差別果是增上緣。此中所言業習氣者，應知即是有支習氣。二取習氣，應知即是我執名言二種習氣。取我我所及取名言而熏成故，皆說名取。既由習氣生死輪迴所感生死，有麄細異故。諸經論說有二種。一分段生死，謂諸有漏善不善業，由煩惱障緣助勢力所感三界麄異熟果。身命短長，隨因緣力有定齊限，故名分段。二不思議變易生死，謂諸無漏有分別業由所知障緣助勢力所感殊勝細異熟果，由悲願力，改轉身命無定齊限，故名變易。無漏定願，正所資感，妙用難惻，名不思議。或名意成身，隨意願成故，何用資感生死果。爲自證菩提利樂他故，以不定姓獨覺聲聞，及得自在大願菩薩，已永斷伏煩惱障故，無容復受當分段身。恐廢長時修菩薩行，遂以無漏勝定願力。如延壽法資現身因，令彼長時感果不絕。數數如是定願資助，乃至證得無上菩提。

# 有

**佛陁耶舍共竺佛念譯《佛說長阿含經》卷一〇** 阿難！我以此緣，知生由有，緣有有生，我所說者，義在於此。

**鳩摩羅什譯《大智度論》卷三一** 一切法有好有醜，有內有外，一切法有心生，故名爲有。

**僧肇《肇論・不真空論》** 雖有而非有，有者非眞有。若有不即眞，無不夷跡，然則有無稱異。其致一也。【略】夫有若眞有，有自常有，豈待緣而後有哉。譬彼眞無，無自常無，豈待緣而後無也。若有不自有，待緣而後有者，故知有非眞有。有非眞有，雖有不可謂之有矣。

**玄奘譯《阿毗達磨大毗婆沙論》卷六〇** 問：何故名有。答：有增有減，故名爲有。問：若爾，聖道亦有增減，應亦名有。答：若有增減，亦能長養攝益任持有者，說名爲有。聖道雖有增減，而損減違害破壞諸有，故不名有。復次，若有增減，亦令諸有生老病死不斷絕者，說名爲有。聖道雖有增減，而令諸有生老病死皆斷不續，故不名有。復次，若有增減，亦是趣苦集行，趣有世間生老病死集行者，說名爲有。聖道雖有增減，而是趣苦滅行，趣有世間生老病死滅行，故不名有。復次，若有增減，亦是薩迦耶見事，顚倒事，愛事，隨眠事，貪瞋癡安足處，有垢有毒有過有刺有濁，墮有墮苦集諦者，說名爲有。聖道雖有增減，而與此一切相違，故不名有。復有說者，此可怖畏，故名爲有。

問：若爾，涅槃亦可怖畏，應亦名有。如契經說：苾芻當知，無聞異生，以愚癡故，怖畏涅槃。謂於是處，我不有，我所亦不有。我當不有，我所亦當不有。答：若有怖畏，是正見者起，說名爲有。涅槃雖有怖畏，而是邪見者起，故不名有。復次，若有怖畏，通異生及聖者起，說名爲有。涅槃雖有怖畏，而是異生，非聖者起，故不名有。有作是說，是苦法器，故名爲有。問：有亦是樂法器。如契經說：大名當知，色若一向是苦非樂，非樂所隨，無少樂喜所隨逐者，應無有情爲求樂故，染著於色。大名當知，以色非一向苦亦是樂，亦是樂所隨，是少樂喜所隨逐故。有諸有情，爲求樂故，染著於色。又契經說：決定建立三受無雜，一樂，二苦，三非苦樂。又契經說：道依道具，涅槃依道，以道樂故，證樂涅槃。是故諸有非唯苦器，寧以苦器釋有名耶。答：生死法中，雖有少樂，而苦多故，立苦器名。是故諸有，唯名苦器。如毒瓶中，置一滴蜜，不由此故，名爲蜜瓶。但名毒瓶，以毒多故。有亦如是。多苦所依，但名苦器。

**玄奘譯《阿毗達磨大毗婆沙論》卷一九二** 然有聲目多義。此中說屬衆同分有情數五蘊名有。如說：欲界死，生欲界，彼一切欲有相續耶。乃至廣說。彼亦說屬衆同分有情數五蘊名有。如說：諸纏所纏，地獄有相續。彼初所得諸根大種，與此心心所法，爲一增上。乃至廣說。又復如說：欲有相續時，最初得幾業所生根。乃至廣說。又如說四有，謂本有、死有、中有、生有。當知彼文，皆說屬衆同分有情數五蘊名有。如說：頗勒窶那！識食所引，能感後有，令其現前。彼說續生時心眷屬名有。如說：阿難陀！如是業有，能牽後有。彼說牽後有思，名有。如說：取緣有，彼說分位五蘊名有。尊者妙音說曰：彼說牽後有業名有。如說：云何有法。謂一切有漏。彼說諸有漏法名有。如說七有，謂地獄有、傍生有、鬼界有、人有、天有、業有、中有。彼說五趣、五趣因、五趣方便，名有。如說：欲有云何。謂業能感欲界後有。乃至廣說。彼說業及異熟名有，不說取所緣有。問：若爾，彼後所說，當云何通。如說欲有，欲界一切隨眠隨增，乃至廣說。欲有，五部業皆能感異熟，可說欲界一切隨眠隨增。色無色有，惟修所斷業能感異熟。如何可說色無色界一切隨眠隨增耶。答：後文應作是說，欲有，欲界一切隨眠隨增。色無色有，色無色界遍行及修所斷隨眠隨增。應作是說，而不說者，當知彼說有及眷屬，悉名爲有。和合有法，亦名有故。有餘師說：前說業及異熟名有，不說取所緣有。後說業及異熟名有，亦說取所緣有。彼不應作是說。諸作論者，依章立門。不可章所說異門所說異。是故如前所說者好。問：何故名有。答：能有能非有，故名有。問：若爾，聖道應名有。聖道亦是能有能非有故。答：若能有能非有，能長養攝益任持諸有者，名有。聖道雖能有能非有，而於諸有，損壞離散，故不名有。復次，若能有能非有，能令諸有相續流轉，令老死道不斷者，名有。聖道雖能有能非有，而令諸有不相續，不流轉，斷老死道，故不名有。復次，若能有能非有，是趣苦集行，趣有世間流轉生死老死集行者，名有。聖道雖能有能非有，而是趣苦滅行，趣有世間流轉生死老死滅行，故不名有。復次，若能有能非有，是有身見事，顚倒事，隨眠事，愛事，貪瞋癡安足處，有垢有毒，諸有所攝，墮苦集諦者，名有。聖道雖能有能非有，而非有身見事，乃至愛事，非貪瞋癡安足處，無垢無穢，無濁無毒，非諸有攝，不墮苦集諦，故不名有。

# 有無

**竺佛念譯《出曜經》卷二三** 外道梵志自相謂言：世無因緣亦無本

末，有者自然而有，無者自然而無。何以知其然。猶若曠野荊棘生其棘鍼，豈有巧匠削利鍼乎。如鹿百獸群鳥樹栖，衣毛雜色形像不同，豈復有人彩畫其體乎。論其品類受性不同，地性素耎石性素堅，豈復有人造堅耎耶。斯皆無因緣而自然生。如此之類執迷來久，共相教授至今不絕。

**鳩摩羅什譯《大智度論》卷二六**　若人說無者爲有、有者爲無，如是人則是過罪，佛不答，則無各如日照天下，不能令高者下，下者高，但以顯現而已。佛亦如是，於諸法無所作，諸法有者說有，無者說無。如說生，因緣老死，乃至無明因緣諸行，有佛無佛，是因緣法相續，常在世間。諸佛出世，爲眾生顯示此法。

**鳩摩羅什譯《大智度論》卷三一**　若有者常有，無者常無，若無者不生，有者不失。如不生不滅性不可得，何況生滅性。無來無去、無入無出等，諸總性亦如是。

**鳩摩羅什譯《大智度論》卷三七**　若諸法實定有，則無因緣，若從因緣和合生，是法無自性，若無自性即是空。若無法是實，則無罪福，無縛無解，亦無諸法種種之異。

復次，有見者與無見者相違，相違故有是非，是非故共諍，有諍故起諸結使，諸結使故生業，生業故開惡道門。實相中無有相違、是非、鬪諍！

復次，著有者，事若無常，則生憂惱。若著無者，作諸罪業，死墮地獄受苦。不著有無者，有如是等種種過失，應捨是則得實。

**鳩摩羅什譯《中論》觀因緣品卷一**　問曰：若無有有，應當有無。答曰：若使無有有，云何當有無。有無既已無，知有無者誰。凡物若自壞，若爲他壞，名爲無。無不自有，從有而有。是故言若使無有有，云何當有無。眼見耳聞尚不可得，何況無物。

問曰：以無有有故無亦無，應當有知有無者。答曰：若有知者，應在有中應在無中。有無既破，知者亦同破。是故知虛空，非有亦非無，非相非可相，餘五同虛空。

**菩提流支譯《金剛仙論》卷三**　所以不得定說有無者，明此法亦有無義，復有有義。而眞如法體雖是妙有，而無名無相故，不得定說爲有，恐人取同名相有。然此眞如雖無名相，而不得定說爲無，恐人取同兔角等無也。

**菩提留支譯《入楞伽經》卷五**　爾時世尊重說偈言：

有無是二邊，以爲心境界。離諸境界法，平等心寂靜。
無取境界法，滅非有非無。如眞如本有，彼是聖境界。
本無而有生，生已還復滅。非有非無生，彼不住我教。
非外道非佛，非我亦非餘。從因緣不成，云何得言有。
若因緣不生，云何而言無。邪見論生法，妄想計有無。
若知無所生，亦知無所滅。觀世悉空寂，彼不墮有無。

**吉藏《二諦義》卷上**　本由有，故有空。既無有，何得有空。故《中論》云，若使無有有，云何當有無。又云，若有不空法，可有於空法，不空法尚無，何得有空法。此之空有，皆是情謂，故皆須廢。

**慧遠《涅槃義記》卷六**　若有無者，世諦名有，眞諦曰無。亦得宣說眞諦名有，有實性故。世諦名無，無眞實故。有爲生死，無爲涅槃。有漏是集，無漏是道。

**慧遠《大乘義章》卷一**　言就體性辨有無者，佛性之體，亦得說有，亦得說無，亦得說爲非有非無。所言有者，如來藏中，緣起法界恆沙佛法，說之爲有。所言無者，解有兩義。一離相名無。如淨醍醐體雖是有，而無青黃赤白等相。亦如一切眾生心識體雖是有，無有大小長短等相。佛性亦爾，體雖是有，而無一相。無相之義，如後八識章中具辨。二無性名無。如來藏中，恆沙佛法，同一體性，互相緣集，無有一法別守自性。如說諸法以之爲常，離諸法外，無別有一常性可得。諸法齊爾，故說爲無。有無如是。非有無者，非謂有無兩法，並說爲非有無。亦非無除捨有無二法爲非有無，亦非有無合爲一法爲非有無，亦非有無二法之中，別立一法爲非有無。當知說彼無法爲有，有則非有。還即說此有法爲無，無則非無。是故爲名非有非無。故經說言，有無方便，入非有非無。遣相論之，妙絕四句。何等爲四，一者非有，二者非無，三者非有非無，第四非是非有非無。緣起諸法，皆無自性。以無性故，說無爲有。無爲有故，有即非有。無無性故，說有爲無。有爲無故，無即非無。還即說彼有無之法，爲非有非無。無有非無，亦無自性。故經說言，乃至如離性也。還即說此非有非無，爲有無故，有無之法亦不可得。是即佛性，理絕形名，心言不及，無取無捨。正智所知，聖慧巧悟，妙在其中（此一門竟）。

**惟淨譯《大乘中觀釋論》卷四**　若使無有有，云何當有無。

釋曰：勝義諦中如是所有，若性無性悉離有體。如佛所言，諸苾芻，我此聲聞乃至若有知解若無知解，如是所說皆世俗諦，非勝義諦。勝義諦者，此中頌言：

有無既已無，誰爲知解者。

釋曰：無性可成，彼即離相。此復云何，有性無性，止遣相違。即彼有性，於一切處悉不可得，是故頌言：

非有體無體，無能相所相。

釋曰：如其所說，同虛空法。此中地水火風識等五界所說，皆同彼虛空界。是等皆無所相能相，亦非有體亦非無體。皆如虛空，遮遣一切所有言說。於諸句義中，若有諍論及邪見安立法中，妄計路伽耶陁等。如是諸說皆非佛語，應當捨離。如其所說，此悉非有。謂以勝義諦中諸界處等，自性不可說。然此亦無無性可立，但爲止遣所作物性。此中非彼無性可得。如是所說遍遣諸性，如異部師所說頌言：

遣有言無性，亦不取無性。如說青非青，不欲成其白。

此中應知：於二種見悉當遮遣，都無所得。諸界處等，若有所成，皆是世俗諦攝。彼彼所有別別自體，善不善法，已生未生，彼法常在。雖復勤作，虛無果利。設使先有所生，後即無性。若如是知，如是所成，此無過失。以是因故，性無性二，有所詮表、無所詮表，互有相違。計有性可生，即非道理。是故亦非有性，亦非無性，二法可成。何以故，從緣有故。先有性可生，所生即無性。性無所生故，有性非道理。如是無實所生。此說有者，即是相違。若或一切有所生者，一切有生非一切故。若一切生有力能者，何名力能。因差別生，何能差別果有所生。彼等力能，此復云何，爲有異耶，爲無異耶。何以故，若有異者，即無分位可立能令果起。此即分別相違。若無異者，即彼如是一切皆有，是中一切生法可立。若離相者，即一切處應無差別，云何有性可生。彼決定因，豈得和合。是故若一性若異性，此不可說。如是亦然。物體差別力能和合，無能生因，表了有性。若於無實自性法中，諸界處等如是決定有所見者，此即相違。所有世出世間，善不善法，已生未生，諸有所作，若欲不虛果利，應當斷除世俗諦法。此所斷者，謂即二種決定所見。此中頌言：

見有性無性，彼即少智慧。無眞實微妙，聖慧眼開生。

雖觀於諸性，當寂止諸見。此即勝義諦，遠離一切見。

# 有情

**玄奘譯《大般若波羅蜜多經》卷五七**　善現！汝言，譬如虛空，普能含受無數無量無邊有情。大乘亦爾，普能含受無數無量無邊有情者。如是，如是！如汝所說。所以者何。善現！有情無所有故，當知虛空亦無所有。虛空無所有故，當知大乘亦無所有。由如是義故，說大乘普能含受無數無量無邊有情。何以故。善現！若有情、若虛空、若大乘，如是一切皆無所有不可得故。

復次，善現！有情無數無量無邊故，當知虛空亦無數無量無邊。虛空無數無量無邊故，當知大乘亦無數無量無邊。由如是義故，說大乘普能含受無數無量無邊有情。何以故。善現！若有情無數無量無邊，若虛空無數無量無邊，若大乘無數無量無邊，如是一切皆無所有不可得故。

復次，善現！有情無所有故，當知虛空亦無所有。虛空無所有故，當知大乘亦無所有。大乘無所有故，當知無數亦無所有。無數無所有故，當知無量亦無所有。無量無所有故，當知無邊亦無所有。無邊無所有故，當知一切法亦無所有。由如是義故，說大乘普能含受無數無量無邊有情。何以故。善現！若有情、若虛空、若大乘、若無數、若無量、若無邊、若一切法，如是一切皆無所有不可得故。

復次，善現！我無所有故，當知有情亦無所有。有情無所有故，當知命者亦無所有。命者無所有故，當知生者亦無所有。生者無所有故，當知養者亦無所有。養者無所有故，當知士夫亦無所有。士夫無所有故，當知補特伽羅亦無所有。補特伽羅無所有故，當知意生亦無所有。意生無所有故，當知儒童亦無所有。儒童無所有故，當知作者亦無所有。作者無所有故，當知使作者亦無所有。使作者無所有故，當知起者亦無所有。起者無所有故，當知使起者亦無所有。使起者無所有故，當知受者亦無所有。

受者無所有故，當知使受者亦無所有。使受者無所有故，當知知者亦無所有。知者無所有故，當知見者亦無所有。見者無所有故，當知虛空亦無所有。虛空無所有故，當知大乘亦無所有。大乘無所有故，當知無數亦無所有。無數無所有故，當知無量亦無所有。無量無所有故，當知無邊亦無所有。無邊無所有故，當知一切法亦無所有。由如是義故，說大乘普能含受無數無量無邊有情。何以故。善現！若我乃至見者，若虛空、若大乘、若無數、若無量、若無邊、若一切法，如是一切皆無所有不可得故。

**玄奘譯《大般若波羅蜜多經》卷九九**　憍尸迦！有情無邊故，菩薩摩訶薩所行般若波羅蜜多亦無邊。時，天帝釋問善現言：云何有情無邊故，菩薩摩訶薩所行般若波羅蜜多亦無邊。善現答言：憍尸迦！於汝意云何。所言有情，有情者是何法增語。天帝釋言：大德！所言有情，有情者非法增語，亦非非法增語，但是假立客名所攝、無事名所攝、無緣名所攝。善現復言：憍尸迦！於汝意云何。於此般若波羅蜜多中，爲亦顯示有實有情不。天帝釋言：不也。大德！善現告言：憍尸迦！於此般若波羅蜜多中，既不顯示有實有情，故說無邊，以彼中邊不可得故。憍尸迦！於汝意云何。若諸如來、應、正等覺經殑伽沙等劫住說諸有情名字，此中頗有有情有生有滅不。天帝釋言：不也。大德！何以故。以諸有情本性淨故，彼從本來無所有故。

**玄奘譯《大般若波羅蜜多經》卷三三七**　苾芻當知！是善男子、善女人等功德智慧，亦勝菩薩摩訶薩遠離般若波羅蜜多方便善巧，修行佛十力、四無所畏、四無礙解、大慈、大悲、大喜、大捨、十八佛不共法者。何以故。是善男子、善女人等疾證無上正等菩提，利樂有情無邊際故。

**玄奘譯《大般若波羅蜜多經》卷四三六**　憍尸迦！諸菩薩摩訶薩，欲於無上正等菩提，示現勸導讚勵慶喜他有情者，應如是示現勸導讚勵慶喜他諸有情。若菩薩摩訶薩，於其無上正等菩提，能如是示現勸導讚勵慶喜他有情者，於自無損亦不損他，如諸如來所應許可示現勸導讚勵慶喜諸有情故。憍尸迦！住菩薩乘諸善男子、善女人等，若能如是示現勸導讚勵慶喜趣菩薩乘諸有情者，便能遠離一切執著。

**玄奘譯《大般若波羅蜜多經》卷五九三**　善勇猛！非有情名有少實法，可執爲我，或爲我所，或爲二執所執、所恃。以無實法，是故可說一切有情非實有情。非有情者，當知即是非實增語。言非實者，當知即非有情增語。又如非實有情想中，一切有情妄執爲實，故作是說，一切有情非實有情。

**玄奘譯《瑜伽師地論》卷八三**　無足有情者，如蛇等。二足有情者，謂人等。四足有情者，如牛等。多足有情者，如百足等。有色有情者，謂從欲界乃至第四靜慮。無色有情者，謂從空無邊處乃至非想非非想處。有想有情者，謂從欲界乃至無所有處，除無想天。無想有情者，謂無想天。非有想非無想有情者，謂非想非非想處所有生天。如是略說品類差別，顯示如來三種第一，謂由蠢動故，由依止故，由心故。

**澄觀《大方廣佛華嚴經隨疏演義鈔》卷五**　言有情者，即含前佛、菩薩、聲聞、衆生也。

**窺基《說無垢稱經疏》卷一**　今名《觀有情品》，什公名《觀衆生品》。卉木無識，亦名衆生。有識名情，不通草木。況梵云摩呼繕那，可云衆生。既云薩埵，故言有情。

**窺基《成唯識論別抄》卷一**　言有情者，謂諸堅聖如實了知，唯有根識等法，更無有餘。能執我者，謂根識外別有於我，能有於情能見聞等，名爲有情。

**慧琳《一切經音義》卷一二**　薩埵。都果反，梵語也。唐言有情。古譯云衆生，義不切也。

**慧琳《一切經音義》卷四七**　有情。梵言薩埵薩者，此云有埵。此言情，故言有情。言衆生者，案梵本僕呼膳那，此云衆生。語名別也，故從本譯之也。

**鮮演《大方廣佛華嚴經疏談玄決擇》卷四**　《鈔》言有情者，即含前佛菩薩等者。問：佛菩薩是情，佛非有情。若是有情，發弘願云，有情無邊誓願度。豈是佛所度耶。若非有情，何故《鈔》云，言有情者，即含前佛等。答：言有情者，通有三義。一情者愛也，二情者識也，三情者性也。若約初義，佛非有情。若約後二義，佛是有情。六十二種有情中，佛是一數。或據示現佛爲有情，亦通初義，愛語羅睺故。

# 假有

**僧肇**《注維摩詰經》**卷二**　夫緣有者，是假有也。假有者，則非性有也。

**惠達**《肇論疏》**卷上**　經論說假有三種三假。一因成假，相續相待。此直論萬法相假而成，不關此中也。《大品》說三假，一法假，二受假，三名假。所以說此三假者，佛命善吉轉教自陳其意云：般若洞達無相，則無菩薩可教，亦無般若可說，云何教菩薩使其行波若耶。佛答，波若但有名字，菩薩亦但有名字。是名字不在內，不在外，不在中間。所言菩薩行般若者，但是三假施設耳。

**吉藏**《中觀論疏》**卷四**　世諦是因緣有，不可得言自性有。眞諦是因緣無，不得言自性無。此破性有無，明因緣二諦也。又不得言定有，不得言定無，並就世諦。世諦是假有，假有不可言定有，假有不可言定無，假有不可言亦有亦無，假有不可言非有非無。此是世諦假有，絕性有無四句也。而絕假有者，乃是眞諦。世諦假有既絕四，眞諦假無亦絕四，故二諦並四絕也。然二諦意乃多具上來諸義也。如幻如化，幻爲十喻之始，化爲十喻之終，故舉初後也。幻去宛然，豈是定無。幻去非去，豈是定有，成上非定有無之言也。

**吉藏**《二諦義》**卷上**　眞諦以本無受稱，俗諦以假有得名。假有表有不有，爲息斷見，非謂有也。本無表無不無，爲除常見，非謂無也。言有不畢有，言無不畢無，名相未始一，所表未始殊。

**吉藏**《二諦義》**卷下**　大師舊云：假名說有，假名說空。假名說有爲世諦，假名說空爲眞諦。既名假有，即非有爲有。既名假空，即非空爲空。非有爲有，非異空之有。非空爲空，非異有之空。非異空之有，有名空有。非異有之空，空名有空。有名空有故，空有即有空。空名有空故，有空即空有也。

**玄奘譯**《瑜伽師地論》**卷一〇〇**　假有略有六種，一聚集假有，二因假有，三果假有，四所行假有，五分位假有，六觀待假有。聚集假有者，謂爲隨順世間言說易解了故。於五蘊等總相，建立我及有情補特伽羅衆生等想。此想唯能顯了此聚，是故說名聚集假有。因假有者，謂未來世可生法行由未生故。雖非實有，而有其因當可生故，名因假有。果假有者，所謂擇滅是道果故，不可說無。然非實有，唯約已斷一切煩惱，於當來世畢竟不生而假立故。所行假有者，謂過去世已滅諸行，唯作現前念所行境，是故說名所行假有。已謝滅故，而非實有。分位假有者，謂生等諸心不相應行。如前意地已摽辯釋，即於諸行由依前後有及非有。同類異類相續分位假立生等，非此生等離諸行外有眞實體而別可得。觀待假有者，謂虛空非擇滅等，虛空無爲待諸色趣而假建立。若於是處色趣非有假說虛空，非離色無所顯法外別有虛空實體可得。非無所顯得名實有。觀待諸行不俱生起，於未來世不生法中，立非擇滅無生所顯，假說爲有。

**窺基**《瑜伽師地論略纂》**卷一四**　觸所攝中，四大種是實物有，當知所餘唯是假有者。若九實者，於下文中，如色處中，長等是假有，青黃是實。聲中因受大種不受大種是實，餘可意等假。香中可意香是假，餘緣法生和合等實。味中苦酢等六是實，餘可意味等假。一一塵中，皆有假有實有。

**良賁**《仁王護國般若波羅蜜多經疏》**卷中**　諸有幻有法者，三有不一，故名諸有。言其體者，蘊等色心名爲諸有。以不實故，名幻有也。三假集假有者，由法、受、名三假集故，有而不實，名假有矣。

**遁倫**《瑜伽論記》**卷一九**　實有行中當言實有，假有行中當言假有者。六識所緣相分，不託彼賴耶本質相分而起。若託賴耶實有相分，而影像是實有。若託賴耶長短澁滑等假有塵起影像是假，故云也。有相諸行亦有二種者，此明本質相分能有影像，故言有相。有相自有假實，如青黃等是實，長短及瓶盆等是假，故言有相諸行亦有二種。亦可言實有行中當言實有，假有行中當言假有者，此據相分以明假實。言有相諸行亦有二種者，能分別有前相故言有相，有相心法自有假實。如不放逸者，捨不害等，依二善根而假立，餘是實有。隨煩惱中亦假實，如前所明，名當言假有唯於相中假施設者，相通諸法，唯於相中聲上假立於名，分別通於假實，故言二種俱有。

# 因緣有

**聶承遠譯《佛說超日明三昧經》卷下**　佛言：皆無所從來，去亦無所至。緣合則有，緣離則滅。如幻如化，如畫如鼓，如雨如電，皆從因緣。有緣有生，無緣無對。生死如是等，無有異也。

**鳩摩羅什譯《大智度論》卷六**　諸法從因緣生，無自性，如鏡中像。如偈說：

若法因緣生，是法性實空。若此法不空，不從因緣有。
譬如鏡中像，非鏡亦非面，亦非持鏡人，非自非無因。
非有亦非無，亦復非有無，此語亦不受，如是名中道。

**鳩摩羅什譯《禪祕要法經》卷上**　佛告阿難：此想成已，次當更觀身外火，從因緣有，有緣則起，緣離則滅。如此眾火來無所從來，去無所至，恍忽變滅，終不暫停。作是思惟時，外火即滅，更不復現。

**曇無讖譯《大般涅槃經》卷四〇**　堅是地性，濕是水性，熱是火性，動是風性，無所罣礙是虛空性。是五大性，非因緣有。若使世間有一法性非因緣有，一切法性亦應如是非因緣有。若有一法從於因緣，何因緣故五大之性不從因緣。瞿曇！眾生善身及不善身獲得解脫，皆是自性，不從因緣。是故我說一切諸法自性故有，非因緣生。

**慧遠《大乘義》章卷四**　有法空者，諸法但從因緣而有。有即非有，故名為空。

**曇無讖譯《大方等大集經》卷六**　諸法皆從因緣有，離於眾緣無法界。若能了知如是者，當知是有不退印。

# 實有

**玄奘譯《阿毗達磨大毗婆沙論》卷七五**　問：水鏡等中所有影像，為是實有、非實有耶。譬喻者說：此非實有。所以者何。面不入鏡，鏡不在面，如何鏡上有面像生。《阿毗達磨》諸論師言：此是實有，是眼所見，眼識所緣色處攝故。問：面不入鏡，鏡不在面，云何實有。答：生色因緣有多種理，非一種理，故彼非難。如緣月光月愛珠器，得有水生，非不實有。彼所生水，有水用故。如緣日光及日愛珠牛糞末等，而有火生，非不實有。彼所生火，有火用故。如緣鑽燧及人功力，而有火生，非不實有。彼所生火，有火用故。如是緣水鏡等及人面等，有影像生，非不實有。所生影像能為所緣生覺念故。問：世間所聞諸谷響等，為是實有、非實有耶。譬喻者說：此非實有。所以者何。一切音聲，刹那性故。於此處生，即此處滅。刹那頃生，自然即滅。如何能至谷等生響。《阿毗達磨》諸論師言：此是實有。是耳所聞，耳識所緣聲處攝故。問：聲刹那生，即此處滅，如何能至谷等生響。答：生聲因緣，非一種理，有多種理，故彼非難。如緣脣齒舌齶喉等，相擊出聲。彼所出聲，非不實有，生耳識故。如是緣聲及緣谷等而有響生，非不實有，能為所緣生覺念故。

**玄奘譯《大乘廣百論釋論》卷五**　若勝義有，應不藉緣。既待緣生，猶如幻事，如何可說是眞實有。又，現在法有生有滅，猶如幻化，云何實有。若現在法是實有者，應如所執虛空等性，無生無滅，豈名現在。又，現在法已生未滅，二分合成。已生待未來，未滅待過去，相待立故，非實有體。如麁細等，攬非實法和合而成，如樹林等，云何實有。又於現在一一法上有多種性，如何實有。謂一一法皆有蘊性、處性、界性、有漏、無漏、世、出世間、色、心等性，有無量種。於諸性中，誰實誰假，不可說言。如是等性，是義差別，同依一體。除此諸性，更有何體，亦不可言。一性是體，餘性是義。同名為性，無有差別，云何一體，餘皆是義，亦不可言。如是等性是名差別，其義是一。若爾，不應生別行解，亦不可言差別行解，但緣其名。苦無常等種種行解，皆緣義故。是故一一有為法體，皆用無量性相合成，如舍林等，非眞實有，但依世俗說有實體。若言諸性皆是共相，以可說故，如軍林等，是假非實，比量所得。自相是實，現量所得，既言是實，其相如何。現量所得，云何可說。若不可說，如何言實。若可言實，即應可說。云何自相是不可說。若言自相假說為實，非是眞實。是則一切若假若實，皆依世俗假想施設，云何汝等定執諸法皆有實體。若一切法皆非實有，如何現前分明可見。鏡像水月健達縛城，夢境幻事第二月等，分明可見，豈實有耶。世間所見，皆無有實。

**玄奘譯《大乘阿毗達磨集論》卷二**　蘊界處中，云何實有，幾是實有。爲何義故，觀實有耶。謂不待名言，此餘根境，是實有義。一切皆是實有，爲捨執著實有我故，觀察實有。

**玄奘譯《大乘阿毗達磨雜集論》卷三**　問：蘊界處中，云何實有，幾是實有，爲何義故觀實有耶。答：謂不待名言，此餘根境是實有義。一切皆是實有。爲捨執著實有我故，觀察實有。所以建立此三問者，爲斷相事二愚及增益執故。云何實有者，辯實有相爲斷相愚。一切實有者，爲斷事愚。捨著實我者，爲斷增益執。如是餘處如理應知。不待名言根境者，謂不分別色受等名言而取自所取義。不待此餘根境者，謂不待此所餘義而覺自所覺境。非如於瓶等事，要待名言及色香等，方起瓶等覺。

**窺基《成唯識論述記》卷一**　實有九種：一地，二水，三火，四風，五空，六時，七方，八我，九意。

**遁倫《瑜伽論記》卷一八**　次明實有。謂若諸法不待所餘是實有相等者，景云：如色香等實體之法，更不待餘方始施設色香等名，此是實有。若有諸法，待於所餘依於所餘施設自相應知假有者，如瓶盆等待餘色等依餘色等施設瓶名，故是假有。如於色等乃至如是即於色等想事假立色等者，如獨頭意識尋色等名而取色等，如此色等，此名爲實。假從因緣生，名爲實法。由藉色名方生色覺，又名爲假。基云，待不待餘名假實等。如對法第三，初如即於色等爲依爲待我等是假，亦待依色等蘊名色等蘊者亦是假有，待別色等成於蘊故。

## 始有

**真諦譯《三無性論》卷上**　本來清淨，即是道前道中。無垢清淨，即是道後。此二清淨，亦名二種涅槃。前即非擇滅，自性本有，非智慧所得。後即擇滅修道所得。約前故說本有，約後故說始有。始顯名始有，故名清淨如如。

**吉藏《淨名玄論》卷四**　若權若實，始有之義，皆名方便。本有佛性，覺照之義，名爲實也。地論人眞修般若，則本自有之。緣修波若，則修習始起。性淨涅槃，方便淨涅槃亦爾。此猶是舊本始之義。問：與今何異。答：本性清淨，名爲本有。約緣始悟本淨，故名始有耳。然正道未曾本始，亦非垢淨。

**吉藏《大乘三論略章》卷一**　問：云何是本有涅槃、始有涅槃、方便淨涅槃、性淨涅槃。答：此間多明本有、始有。他人明方便淨涅槃、性淨涅槃。但解本有義不同，略出數家。第一開善云，本有於當常，故云本有。第二解云，本來已有眾德，用惑鄣故，不得修習。第三解云，於此無常，即有常義，說爲本有。第四云，本有而非德，道理即是常。例如二諦，天然任有也。始有者，佛修因始得，故名始有。如此等釋，並皆須難。今所釋者，須得本有之言。《大經》云，涅槃之體，本自有之，非適今也。是爲答德王難。本無今有是無常，是故爲常。至論涅槃，未曾有無，豈是本始。

**杜順《華嚴一乘十玄門》**　問：此之一多既是緣成不同情謂者，爲是本來有此一多，爲是始有耶。若自就一多體辨耶。答：今本有不有者，爲欲就智辨本有，爲自就一多體辨，不論智者，體即息諸論道，同於究竟圓果離說相故。今若辨一多者約智說也，如經云智慧差別故。又云，智者無所畏，故約智說一多也。問：若約智故其本有者，以智照故本有。答：如室中空，開門見時，此空即是本有。如《涅槃經》見佛性已，即非三世攝。問：亦得是始有以不。答：見時如言有，不見不言有，故亦名始有。問：若一多之體由智照故，即通本有及本不有者。此智照時，得通有照不照以不。答：本有故智即非照，本不有故由智。故照明知亦通照不照，一切諸法例如此也。

## 後有

**鳩摩羅什譯《大智度論》卷一**　後有愛種永已盡，我所既滅，根亦除。

**求那跋陁羅譯《雜阿含經》卷三四**　佛告婆蹉：不但若一，若二，若三，乃至五百，有衆多比丘於此法，律盡諸有漏，乃至不受後有。

**求那跋陀羅譯《勝鬘師子吼一乘大方便方廣經》** 虛僞煩惱斷故，說所作已辦。阿羅漢、辟支佛所斷煩惱，更不能受後有故。說不受後有，非盡一切煩惱，亦非盡一切受生故說不受後有。何以故。有煩惱是阿羅漢、辟支佛所不能斷。煩惱有二種，何等爲二，謂住地煩惱及起煩惱。

**慧影《大智度論疏》卷一** 後有愛種永已盡者。一云，初三句正明離過，即是斷德。後一句次明集德，即是有爲功德。於離過中，初二句明離煩惱，後一句明離業苦。初句離愛，第二句離見。愛根本。所謂想受生煩惱。想受亦滅，故云已除。亦可前一云離三住地。我所既滅者，離見一處住地。根已除者，離無明住地。又云後有愛種永盡者，後有即是三有，明於果結。愛種者，即是子結，明舉愛分煩惱。諸阿羅漢既斷三果或盡，子結永無。小乘雖有見愛二輪煩惱，然三界受生去留唯聽我愛，以愛盡故，三界業壞。後更不生受三界二十五有等諸有果報。故經云，唯愛能令諸有相續，有愛則生，愛盡則滅。愛既閏生，是諸有之本。以據愛爲言，云後有愛種。但舉其愛，則知五鈍使俱亡。

**施護譯《佛說大生義經》** 了受無所有，即離我見，離我見已，住平等見。住是見者，於相平等，由平等故，即於世間無所生起，了無生已，即得我生已盡，梵行已立，所作已辦，不受後有。

## 有漏智

**僧伽提婆共慧遠譯《阿毗曇心論》卷四** 有漏智有十，因果境界六，解脫智一法，道二謂餘九。

有漏智有十者。有漏智是等智。彼一切十法境界，一切法境界故。因果境界六者，苦智及習智是境界六法，三界相應不相應。解脫智一法者，滅智境界一法唯無爲善。道二者，道智境界二法。有爲無漏相應不相應，謂餘九者，餘盡智無生智是境界九法，除其無爲無記是謂智解。

**鳩摩羅什譯《大智度論》卷一一** 有人言：般若波羅蜜是有漏慧。何以故。菩薩至道樹下乃斷結，先雖有大智慧，有無量功德，而諸煩惱未斷，是故言菩薩般若波羅蜜是有漏智慧。

**鳩摩羅什譯《大智度論》卷二七** 有漏智是假名虛誑，勢力少故，不應眞實緣一切法。

**鳩摩羅什譯《大智度論》卷三三** 菩薩雖有漏智慧，及其成熟，利益無量。

**菩提流支譯《大寶積經論》卷一** 有漏智者，與無漏智助道因故，是有漏智得已，未得二故便失。無漏智失者，以不得故，既證無漏智則無有退失。

**那連提耶舍譯《阿毗曇心論經》卷四** 若有漏智多受俗數，謂男女等故說世智，如是等名世俗智。

**智顗《法界次第初門》卷中** 諸世間有漏智慧，亦名等智。凡夫聖人，同有此智，故名等智。亦云名字智，是智但有名而無理。

**慧遠《大乘義章》卷二** 《成實》法中，有漏智斷，皆非數滅。有漏唯伏，不能斷故。無漏智斷，方名斷滅。

**玄奘譯《阿毗達磨大毗婆沙論》卷一〇六** 或有一智攝一切智，謂法智非如法智，以智體是法故。或有二智攝一切智，謂有漏智無漏智。或有三智攝一切智，謂法智類智世俗智。或有四智攝一切智，謂前三智加他心智。或有五智攝一切智，謂世俗智及苦集滅道智。或有六智攝一切智，謂前五智加他心智。或有七智攝一切智，謂八智中除他心智。或有八智攝一切智，謂此中說法智、類智、他心智、世俗智、苦智、集智、滅智、道智。

**玄奘譯《阿毗達磨大毗婆沙論》卷一〇六** 問：何故名世俗智。答：知世俗故名世俗智。問：亦知勝義，何故但名世俗智耶。答：雖亦少分知蘊界處、四聖諦等諸勝義法，而多分知男女往來、瓶衣車乘、舍林山等世俗法，故名世俗智。復次，此世俗智，實無智相，而諸世俗共立智名。如非王種，但諸人衆假想施設，共立王名。復次，此世俗智，一切有情展轉共許，無有諍論。如僧上坐如悅衆人，衆所許故，名爲世俗。復次，此世俗智遍諸有情，緣一切境，故名世俗。復次，此世俗智，愚癡所依，繫屬愚癡，是愚癡者安立足處，故名世俗。聲論者說此世俗智爲諸無知之所覆蔽，如器中物器所覆蔽，故名世俗。復次，此世俗智爲對治道之所變壞，爲愚癡者之所欣尚，故名世俗。

**玄奘譯《阿毗達磨大毗婆沙論》卷一〇九**　有漏智現在前時，若非他心智則唯一智，謂世俗智。若是他心智則義説二，謂自性故，名世俗智，加行故名他心智。

**玄奘譯《阿毗達磨俱舍論》卷二六**　論曰：智有十種，攝一切智。一世俗智，二法智，三類智，四苦智，五集智，六滅智，七道智，八他心智，九盡智，十無生智。如是十智，總唯二種，有漏、無漏性差別故。如是二智相別有三，謂世俗智、法智、類智。前有漏智總名世俗，多取瓶等世俗境故。後無漏智分法類別。三中世俗遍以一切有爲、無爲，爲所緣境。法類二種如其次第，以欲上界四諦爲境。

**玄奘譯《阿毗達磨順正理論》卷七三**　論曰：智有十種，攝一切智。一世俗智，二法智，三類智，四苦智，五集智，六滅智，七道智，八他心智，九盡智，十無生智。如是十智，總唯二種，有漏、無漏，性差別故。如是二智相別有三，謂世俗智、法智、類智。前有漏智總名世俗，瓶衣等物性可毁壞，顯在俗情，故名世俗。此智多取世俗境故，多順世間俗事轉故，從多建立世俗智名，非無取勝義順勝義事轉。然是愛境無勝功能，息内衆惑，故非無漏。或復出世引發世間，得世俗名。體即無智，智隨屬彼，得彼智名。意顯此名目有漏智。有説：諸趣名爲世俗。此智多是往諸趣因，從果爲名，名世俗智。有説：此智無始時來，生死身中顯現而轉，由此故立世俗智名。或諸有中隨流無絶，名世俗智。以一切時，隨順諸有，相續轉故。或復此智於一切境，能遍映發，得世俗名，獨能遍緣一切法故。後無漏智分爲二種，法、類二名所目别故。

**玄奘譯《瑜伽師地論》卷七三**　如世間智爲緣，生出世智。有漏智爲緣，生無漏智。有心定爲緣，生無心定。

**智儼《華嚴經内章門等雜孔目》卷四**　小乘有十智，謂苦智、集智、滅智、道智、法智、比智、等智、他心智、盡智、無生智。知苦名苦智，乃至知道名道智，知欲界法名法智，知色無色法名比智，知一切法名等智，即有漏智也。

# 有覆無記

**真諦譯《律二十二明了論》**　如《阿毗達磨》中説，由了别性，由界由滅，次第等差别，如文言罪爲善惡無記，或惡，或有覆無記，或自性無記，爲欲界色界無色界攝。

**真諦譯《攝大乘論釋》卷一**　論曰：此心染污故無記性攝。釋曰：此心是無明所依，於三性中，此心屬何性。由染污故，屬有覆無記性。何以故，有染污故。云何有染污。論曰：恒與四惑相應。釋曰：不了無我境故起我執，由我執起我愛我慢，此四惑一切處恒起。論曰：譬如色無色界惑，是有覆無記，此二界煩惱奢摩他所藏故。釋曰：界以生性爲義，離婬欲及段食欲。由色欲生故，名色界。離下二界欲，由無色欲生故，名無色界。此二界惑，雖與第六麁識相應，不失無記性，由八定所藏故。此惑若在欲界散心，應成不善，由依止麁故。若與第二識相應，雖不在定中，亦非不善，以依止最細故。若在色無色界，依止雖麁，八定所攝，心軟滑故，亦非不善。能生生死，亦非是善故，屬有覆無記性。第二識所起惑亦爾。依止細故，非不善。是生死因故，亦非是善。

**玄奘譯《佛地經論》卷七**　諸我執等煩惱障體，唯在不善、有覆無記二心中有。若法執等所知障體，亦在無覆無記心中。二乘無學亦現行故。無學位中，無有不善、有覆無記。此就二乘名爲無覆。若望菩薩是染污故，亦名有覆。故所知障亦名無覆，亦名有覆。一體二名所望别故。

**玄奘譯《分别緣起初勝法門經》卷上**　於死於生，起定信故。此愛及取，由信攝伏我施設，爲有覆無記。若法欲界有覆無記，於發諸行無勝功能，以於因果及福行中不知出離，求可愛生造斯福行故。

**玄奘譯《阿毗達磨集異門足論》卷一一**　若劣若勝者，云何施設劣色勝色。答：觀待施設劣色勝色。復如何等。答：若觀待有覆無記色，則不善色名劣。若觀待不善色，則有覆無記色名勝。若觀待無覆無記色，則有覆無記色名劣。若觀待有覆無記色，則無覆無記色名勝。【略】若劣若勝者，云何施設劣受勝受。答：觀待施設劣受勝受。復如何等。答：若觀待有覆無記受，則不善受名劣。若觀待不善受，則有覆無記受名勝。若觀待無覆無記受，則有覆無記受名劣。若觀待有覆無記受，則無覆無記受名勝。【略】若劣若勝者，云何施設劣想勝想。答：觀待施設劣想勝想。復如何等。答：若觀待有覆無記想，則不善想名劣。若觀待不善想，則有覆無記想名勝。若觀待無覆無記想，則有覆無記想名劣。若觀待有覆無記想，則無覆無記想名勝。【略】若劣若勝者，云何施設劣行勝行。答：觀待施設劣行勝行。復如何等。答：若觀待有覆無記行，則不善行名劣。若觀待不善行，則有覆無記行名勝。若觀待無覆無記行，則有覆無記行名劣。若觀待有覆無記行，則無覆無記行名勝。【略】若劣若勝者，云何施設劣識勝識。答：觀待施設劣識勝識。復如何等。答：若觀待有覆無記識，則不善識名劣。若觀待不善識，則有覆無記識名勝。若觀待無覆無記識，則有覆無記識名劣。若觀待有覆無記識，則無覆無記識名勝。

**玄奘譯《阿毗達磨法蘊足論》卷八**　云何下劣法。謂不善法及有覆無記，是名下劣法。云何勝妙法。謂諸善法及無覆無記，是名勝妙法。

**玄奘譯《阿毗達磨識身足論》卷五**　有十種心，謂欲界繫善心、不善心、有覆無記心、無覆無記心、色界繫善心、有覆無記心、無覆無記心、無色界繫善心、有覆無記心、無覆無記心。

**玄奘譯《阿毗達磨識身足論》卷六**　有十二心，謂欲界繫善心、不善心、有覆無記心、無覆無記心、色界繫善心、有覆無記心、無覆無記心、無色界繫善心、有覆無記心、無覆無記心、學心無學心、欲界繫善心。

**玄奘譯《阿毗達磨發智論》卷一一**　諸身惡行，彼盡非理所引身業。有非理所引身業，非身惡行，謂有覆無記身業。

**玄奘譯《阿毗達磨大毗婆沙論》卷一一**　有十二心，欲界四，謂善、不善、有覆無記、無覆無記。色無色界各三，謂前四中除不善。無漏有二，謂學、無學。問：此十二心，一一無間生幾心，復從幾心無間生耶。答：欲界善心無間生九心。謂欲界四。色界二，善、有覆無記。無色界一，有覆無記。及學、無學心。此心復從八心無間生。謂欲界四。色界二，善、有覆無記。及學、無學心。不善心無間生四心，謂欲界四心。此心復從十心無間生，謂欲界四，色，無色界各三心。如不善心，欲界有覆無記心亦爾。欲界無覆無記心無間生七心。謂欲界四，色界二，善、有覆無記。無色界一，有覆無記心。此心復從五心無間生。謂欲界四，及色界一善心。色界善心無間，生十一心。謂十二心中，除無色界無覆無記心。此心復從九心無間生。謂色界三。欲界二，善、無覆無記。無色界二，善、有覆無記。及學、無學心。色界有覆無記心無間生六心。謂色界三，欲界三，除無覆無記心。此心復從八心無間生。謂色無色界各三。欲界二，善、無覆無記心。色界無覆無記心無間生六心。謂色界三。欲界二，不善、有覆無記。無色界一，有覆無記心。此心復從三心無間生，謂色界三心。無色界善心無間生九心。謂無色界三。欲界二，不善、有覆無記。色界二，善、有覆無記。及學、無學心。此心復從六心無間生。謂無色界三。色界一，善。及學、無學心。無色界有覆無記心無間生七心。謂無色界三。欲界二，不善、有覆無記。色界二，善、有覆無記心。此心復從七心無間生。謂無色界三。欲色界各二，善、無覆無記心。無色界無覆無記心無間生六心。謂無色界三。欲界二，不善、有覆無記。色界一，有覆無記心。此心復從三心無間生，謂無色界三心。學心無間生五心。謂三界善，及學無學心。此心復從四心無間生，謂三界善及學心。無學心無間生四心，謂三界善及無學心。此心復從五心無間生，謂三界善及學無學心。有二十心。欲界八，謂加行善，生得善，不善，有覆無記，威儀路、工巧處、異熟生、通果心。色界六，謂前八心中，除不善及工巧處。無色界四，謂加行善，生得善，有覆無記，異熟生心。無漏二，謂學無學心。

**玄奘譯《成唯識論》卷五**　末那心所，何性所攝。有覆無記所攝，非餘。此意相應四煩惱等，是染法故。障礙聖道，隱蔽自心，說名有覆。非善不善，故名無記。如上二界諸煩惱等。

**玄奘譯《唯識三十論頌》**：

次第二能變，是識名末那，依彼轉緣彼，思量爲性相。
四煩惱常俱，謂我癡我見，幷我慢我愛，及餘觸等俱。
有覆無記攝，隨所生所繫，阿羅漢滅定，出世道無有。

**玄奘譯《成唯識論》卷五**　法執俱意於二乘等，雖名不染，於諸菩薩亦名爲染。障彼智故，由此亦名有覆無記。於二乘等說名無覆，不障彼智故。

**玄奘譯《成唯識論》卷八**　六唯非色，謂無明、識、觸、受、愛、取。餘通二種。皆是有漏，唯有爲攝。無漏無爲，非有支故。無明愛取，唯通不善有覆無記。

玄奘譯《攝大乘論本》卷上　有覆無記性，與四煩惱常共相應。如色無色二纏煩惱，是其有覆無記性攝。色無色纏爲奢摩他所攝藏故，此意一切時微細隨逐故。

慧沼《大乘法苑林章補闕》卷四　遍計所起色，通有覆無記。受想識，亦通有覆無記。行蘊遍行別境根本，除其隨中小十忿恨惱嫉害不善，餘五通有覆無記。中二亦不善。大八並通有覆無記。

慧沼《大乘法苑林章補闕》卷七　有覆無記者，染汙慧心，覆障眞理，名有覆。不招異熟，名無記。即色聲二，通於有覆。隨發心故，煩惱隨發。唯色界中，所知障發，可通欲界。梵王諂誑馬勝身語，成有覆。悞犯三業，愚所知發有覆。遍計所起，亦通有覆。行蘊之中，欲界任運貪痴及慢不發業者，俱生二見。上二界中一切煩惱及隨煩惱，與此相應，遍三別境及四不定。受想識三及依此等不相應行，皆有覆性，所餘皆非。

玄奘譯《阿毗達磨大毗婆沙論》卷一四四　有覆無記者，謂欲界有身見、邊執見，及色無色界一切煩惱俱生作意相應意根。

玄奘譯《大乘阿毗達磨集論》卷二　有覆無記者，謂遍行意相應煩惱等，及色無色界繫諸煩惱等。諸蘊十界四處，一分是染污，爲捨執著煩惱合我故，觀察染污。

玄奘譯《大乘阿毗達磨雜集論》卷三　有覆無記者，謂遍行意相應煩惱等，及色無色界繫諸煩惱等。諸蘊十界四處一分是染污。十界者，謂七識、色、聲、法界。四處者，謂色、聲、意、法處。爲捨執著煩惱合我故，觀察染污。

德清《八識規矩通說》　此七識緣內，見分爲我，中間相分。識與見分本質，交帶變起，故名爲眞。三性之中，唯有覆無記，謂此識雖無善惡，而有四惑我見相應而起，蓋覆眞性，故名有覆無記。

## 無覆無記

真諦譯《攝大乘論釋》卷四　論曰：何因緣，善惡二法果報唯是無覆無記。釋曰：非煩惱染污，故名無覆無記。不同上界煩惱是有覆無記。何故不同，因是善惡而果是無記。論曰：此無記性，與善惡二法俱生不相違。釋曰：由無覆無記性與善惡二性不相違故，於無記果報中善惡二業得生，由業生故有善惡二道。

玄奘譯《阿毗達磨大毗婆沙論》卷三七　無覆無記者，謂威儀路、工巧處、異熟生、非通果。威儀路者，如睡夢中自謂行等。工巧處者，如睡夢中自謂畫等。異熟生者，如睡夢中除前所說餘無記轉。有餘師說，唯異熟生是睡眠中無覆無記，以心惛昧，不發身語故，無威儀及工巧性。

玄奘譯《阿毗達磨大毗婆沙論》卷六七　無覆無記者，謂預流者所不成就威儀路、工巧處、異熟生，及一切變化心等。

玄奘譯《阿毗達磨大毗婆沙論》卷一〇六　世俗智有善、染污，無覆無記。善者，攝善者。染污者，攝染污者。無覆無記者，攝無覆無記者。

玄奘譯《阿毗達磨俱舍論》卷四　論曰：無覆無記，得唯俱起，無前後生，勢力劣故。法若過去，得亦過去。法若未來，得亦未來。法若現在，得亦現在。一切無覆無記法得皆如是耶。不爾。云何。除眼耳通及能變化，謂眼耳通慧及能變化心勢力強故，加行差別所成辦故。雖是無覆無記性故，而有前後及俱起得。若工巧處及威儀路、極數習者，得亦許爾。

玄奘譯《攝大乘論釋》卷三　論曰：何因緣故，善不善法能感異熟，其異熟果無覆無記。由異熟果無覆無記，與善不善互不相違。善與不善互相違故，若異熟果善不善性，雜染還滅應不得成，是故異熟識唯無覆無記。

釋曰：無覆無記者，此中無染說名無覆，即無染無記名無覆無記。非如色界生煩惱不善說爲無記。若異熟果善不善性雜染還滅應不得成者，以從善更生善，從不善更生不善故，則生死流轉無有邊際，流轉雜染通有漏善故。

**窺基《大乘阿毗達磨雜集論述記》卷七**　無覆無記者，據變化心說。
若實欲界無覆，則不然生無色善心及有覆無記心。有覆無記心，約將命終
心說，又生學無學心。此色界善心，從九心生自地三欲界二，謂善及變化
心。如前說無色二善及有覆，以無色煩惱所惱，入色界善心防之。此準小
義，大乘無文。

**延壽集《宗鏡錄》卷四九**　此唯無覆無記者，無記有三。一，相應無
記，謂諸無記心、心所法。二，不相應無記，謂無記色、不相應法。三，
眞實無記，謂虛空非擇滅。又廣辯四種無記。一能變無記，即無記心、心
所法是。二所變無記，即諸色法及諸種子等是。三分位無記，即二十四不
相應行中，有假無記法分位立者是。四勝義無記，即虛空非擇滅無爲是。
又就第一能變無記中，更有四種無記，一異熟，二威儀，三功巧，四變
化。異熟無記者。異者別異，即因果性別。因通善惡，果唯無記。熟者成
熟，此唯屬果。因果合說，名爲異熟。無記者，不能記別當果，名爲無
記。或於善惡中無所記別，名無記。此業感眞異熟無記，即第八識。業即
善惡二思。感者，集義、招義。爲此現行思，能造作感集當來總報識等五
果種子，又能招感當來異熟五蘊現行果，故名業感。言眞者，實也。簡命
根雖是異熟，而且是假。又眞者，常也。體常相續，更不間斷。遍界地有
者，名眞異熟無記。又若法體是異熟，從異熟識起而無間斷。遍界地有
者，名眞異熟，亦名異熟生。若法體是異熟，從異熟識起，有其間斷。又
不遍界地者，但名異熟生，不得名眞異熟。即簡六識體必若體非異熟，又
有間斷，又不遍界地。雖從異熟識起，不名眞異熟，但得名異熟生。若威
儀功巧變化等，雖有能作而不招善惡等果，故名無記。

**智旭《唯識三十論直解》**　無覆無記者，性有三種。能爲此世他世順
益，名爲善性。能爲此世他世違損，名不善性，亦名惡性。於善不善損益
義中不可記別，名爲無記。就無記性，復分爲二。若與染汙相應，名爲有
覆無記。若無染汙，其性白淨，名爲無覆無記。今第八識，是善惡所招苦
樂之果，體非善惡。又不與根隨煩惱相應，故是無覆無記也。十云觸等亦
如是者。謂觸等五箇心所，亦如第八識惟是無覆無記性攝，亦屬異熟，所
緣行相亦不可知也。

**明昱《成唯識論俗詮》卷三**　釋名無覆義，謂此第八持無漏種，故不
障道，眞如所依，又不蔽心，故名無覆。無記下，將釋無記。先明有記，
然後例顯無記也。謂愛是善果，非愛是惡果。彼二俱有強盛善惡自體可記
可別，此識無彼，故名無記。

# 法、色等分部

## 法

**僧伽跋摩等譯《雜阿毗曇心論》卷一**　法者，持也，持自性故名法。
法有積聚，故名法聚。彼善法善法聚，不善無記法亦如是。

**那連提耶舍譯《阿毗曇心論經》卷一**　法者，持也，持於自性，爲他
作緣，故名爲法。法有積聚，故名法眾。法眾群聚，一義異名。

**玄奘譯《五事毗婆沙論》卷上**　應知法聲義有多種，謂或有處所說名
法。如契經說，汝應諦聽，吾當爲汝宣說妙法。或復有處功德名法。如契
經說，苾芻當知，法謂正見，邪見非法。或復有處無我名法。如契經說，
諸法無我，當知此中無我名法。法謂能持，或能長養，能持於自，長養
望他。

**惠沼述《成唯識論了義燈》卷一**　法謂軌持。本疏釋云：軌爲軌範，
可生物解。持謂任持，不捨自相。此意能有屈曲軌範，表彰差別。生物解
者，隨增名軌。不爲屈曲表彰，但直生解，即名爲持。持自性故，緣無爲
等生解之時，通得名法。不是定說無及眞如不能生解，故名爲持。今於總
一法名分爲軌持，不爾，軌持二言何別。又以軌持疏有四對，不是如次配
前軌持，但隨所應爲其四對。準義配取，幷《樞要》中聖教世間對。《樞
要》解云：此中皆依增上義說。前四解通世間聖教，第五別配。若解此
釋，西明引立無亦名軌。如《因明論》立我爲無，亦得名軌。徒設劬勞。
有解不得本疏主意，救此義云，以我體無爲，疎所緣緣，以無體故，不能
生解，親緣有體，生解名軌。亦是徒施。有云，復引《瑜伽論》，軌通有
法、無法、有爲、無爲，若有若無，俱名論軌。亦應自息。《要集》復云，

有說四對辨持軌異，無爲無法，唯持非軌。義即難尋。復引《楞伽》眞智緣如，乃至云後得智緣遠從本，質生解名論軌亦無有失者。此不異前，何煩廣說。又引《瑜伽》五十二云，由二種緣，諸識得生，乃至意法。答：由能軌持諸五識身所不行義故，佛世尊假說名法。五識不行通爲，無爲既欲證無，及如名軌，復引通語，如無軌言。不解本釋，徒爲證據。應尋前解，經論無違。

**窺基撰《成唯識論述記》卷一**　法謂軌持。軌謂軌範，可生物解。持謂住持，不捨自相。一、體有無對。二、自性差別對。三、有爲無爲對。四、先陳後說對。前唯有體，後亦通無。《瑜伽論》五十二說，意不壞法現前，無亦名法。今者相分必有，似無名無。前是共相，後是自相。前唯有爲，後通無爲。前唱者名持，後唱者名軌。合有四對，名爲軌持。

**窺基撰《因明入正理論疏》卷上**　法有二義，一能持自體，二軌生他解。故諸論云：法謂軌持，前持自體，一切皆通。後軌生解，要有屈曲。初之所陳，前未有說。逕廷持體，未有屈曲，生他異解。後之所陳，前已有說。可以後說，分別前陳，方有屈曲，生他異解。其異解生，唯待後說。故初所陳，唯具一義，能持自體，義不殊勝，不得法名。後之所陳，具足兩義，能持復軌，義殊勝故，獨得法名。前之所陳，能有後法，復名有法。

## 諸法

**無羅叉譯《放光般若經》卷三**　佛告須菩提：諸法者，謂善法惡法，記法未記法，俗法道法，有漏法無漏法，有爲法無爲法。是爲菩薩當於是諸法學，無所著亦當學。

**無羅叉譯《放光般若經》卷四**　諸法者，謂五陰、十二衰、十八性，有爲法、無爲法，是爲諸法。從不著不壞至諸法之性，是爲諸法空。何等爲自相空。色相所受相，是所持相爲想所有相，便有所覺相是爲識。乃至有爲、無爲相，從有爲、無爲相至諸法皆悉空，是爲相空。何等爲無所得空。從無著無壞至無所得法，亦無所得，是爲無所得空。何等爲無空。於中無所見，是爲無空。何等爲有空。諸法無有偶者，於諸合會中皆無有實，是爲有空。何等爲有無空。於諸聚會中亦無有實，是爲有無空。

**竺法護譯《諸佛要集經》卷上**　何謂諸法，何謂爲崇，何謂爲遵。一切諸法，悉爲一法。此諸法者，亦無有法，亦無非法，亦不可說。所以者何。其無法者，則無所生，亦無所起。而爲說法，不久長存，以假言耳。內有六入，外亦六入，五陰諸種及與諸入，是謂一切所有。以假言耳，分別章句。一切諸法，如眞諦觀，則無五陰四種諸入，無有斷滅，亦無有常，無有堅固。是故言曰，諸法無言。一切諸法，本淨則空，無有其名。其命所說，亦無所有。一切諸法及與名號，皆亦自然，悉無所有，是諸佛要集。

**道泰等譯《入大乘論》卷上**　有諸法者，法則多體，猶如空法，無一無多。問曰：若一切法無體，汝言有過，現見有故。答曰：若法是有，言無則過，法既非有，云何言過。以是故，諸法如初，後亦復然。若諸法定有體相，後涅槃時，應是斷滅。若先非是空，後言空者，則是邪見，壞於正法，亦無解脫。

**玄奘譯《瑜伽師地論》卷三六**　壞諸法者，所有過失。由是過失，於佛所說法毘奈耶甚爲失壞，我今當說。謂若於彼色等諸法實有，唯事起損減執，即無眞實，亦無虛假。如是二種皆不應理。譬如要有色等諸蘊，方有假立補特伽羅，非無實事而有假立補特伽羅。如是要有色等諸法實有唯事，方可得有色等諸法，假說所表。非無唯事而有色等假說所表。若唯有假，無有實事。既無依處，假亦無有，是則名爲壞諸法者。

**通潤《成唯識論集解》卷七**　言諸法者，色法，心所法，不相應法，及無爲法也。

**傳燈《永嘉禪宗集註》卷下**　諸法者，衆生性具十法界，假名，實法，正報，依報，三千之性相也。此十種法界，有性善性惡，修善修惡。本具九界，名爲性惡。本具佛界，名爲性善。修成九界，名爲修惡。修成佛界，名爲修善。而此性具之法，於日用中，能變造一切諸法。

**智旭《靈峰蕅益大師宗論》卷二之一**　諸法者，廣言之百界千如，略言之佛法，衆生法，心法也。

# 法聚

鳩摩羅什譯《成實論》卷二　習此論者，則能通達可知等法聚。以通達故，外道邪論不能制伏，亦能速滅煩惱，自能離苦，亦能濟人。可知等法聚者：謂可知法、可識法。色法、無色法。可見法、不可見法。有對法、無對法。有漏法、無漏法。有爲法、無爲法。心法、非心法。心數法、非心數法。心相應法、心不相應法。心共有法、心不共有法。隨心行法、不隨心行法。內法、外法。麁法、細法。上法、下法。近法、遠法。受法、非受法。出法、非出法。共凡夫法、不共凡夫法。次第法、非次第法。有次第法、無次第法。如是等二法。

又有三法：色法、心法、心不相應法。過去法、未來法、現在法。善法、不善法、無記法。學法、無學法、非學非無學法。見諦斷法、思惟斷法、無斷法。如是等三法。

又有四法，欲界繫法、色界繫法、無色界繫法、不繫法。又有四道，苦難行道、苦易行道、樂難行道、樂易行道。又有四味，出味、離味、寂滅味、正智味。又有四證法，身證法、念證法、眼證法、慧證法。四受身，四入胎，四緣，四信，四聖種，四惡行。如是等四法。

五陰六種，六內入、六外入、六生性、六喜行、六憂行、六捨行、六妙行。七淨。八福生。九次第滅。十聖處。十二因緣。

如是可知等法聚無量無邊，不可說盡，我今略舉其要。

可知法者，第一義諦也。可識法者，謂世諦也。色法者，色、聲、香、味、觸也。無色法者，心及無作法也。可見法者，謂色入也。有對法者，色法是也。有漏法者，若法能生諸漏，如非阿羅漢假名法中心是也。與上相違，名無漏法也。有爲法者，從眾緣生，五陰是也。無爲法者，五陰盡滅是也。心法者，能緣是也。心數法者，若識得緣，即次第生想等是也。心相應法者，謂識得緣，次第必生如想等是也。心共有法者，謂法心共有，如色心不相應行是也。隨心行法者，若法有心，則生無心不生，如身口無作業也。內法者，己身內六入也。麁細法者，相待有也。如觀五欲色定爲細，觀無色定色定爲麁也。上下法者，亦如是也。近遠法者，或異方故遠，或不相似故遠也。受法者，從身生法也。出法者，謂善法也。共凡夫法者，有漏法也。次第法者，從他次第生也。有次第法者，能生次第也。

色法者，色等五法也。心法者，如上說也。心不相應行者，無作業也。過去法者，已滅法也。未來法者，當生法也。現在法者，生而未滅也。善法者，爲利益他眾生及眞實智也。與上相違，名不善法也。二俱相違，名無記法也。學法者，學人無漏心法也。無學法者，無學人在第一義心也。餘名非學非無學也。見諦斷法者，謂須陁洹所斷示相我慢，及從此生法也。思惟斷法者，謂須陁洹、斯陁含、阿那含所斷不示相我慢，及從此生法也。無斷法者，謂無漏也。

欲界繫法者，若法報得阿鼻地獄，乃至他化自在天也。色界繫法者，從梵世，乃至阿迦尼吒天也。無色界繫法者，四無色也。不繫法者，無漏法也。苦難行道者，鈍根得定行道者是也。苦易行道者，利根得定行道者是也。樂難行道者，鈍根得慧行道者是也。樂易行道者，利根得慧行道者是也。出味者，出家求道也。離味者，身心遠離也。寂滅味者，得禪定也。正智味者，通達四諦也。念證法者，四念處也。因是念處能生四禪，是名身證。因四禪故能生三明，名爲眼證。通達四諦，名爲慧證。四受身：有能自害，他不能害。有爲他害，不能自害。有能自害，他亦能害。有不自害，不爲他害。四入胎者：有不自念入胎，亦不自念住胎出胎。有自念入胎，而不自念住胎出胎。有自念入胎住胎，而不自念出胎。有自念入胎住胎出胎，以顛倒心亂故不自念。心正不亂，故能自念。四緣：因緣者，生因，習因，依因。生因者，若法生時，能與作因，如業爲報因。習因者，如習貪欲，貪欲增長。依因者，如心心數法，依色香等，是名因緣。次第緣者，如以前心法滅故，後心得次第生。緣緣者，若從緣生法，如色能生眼識。增上緣者，謂法生時諸餘緣也。信佛者，謂得眞智於佛，生清淨心，決定知佛，於眾生中尊。信此眞智，即是信法。得是智者，一切眾中最爲第一，是名信僧，得聖所愛。戒，謂以深心不造諸惡，知我因是戒能信三寶。信是戒力，故名信戒也。以四聖種故，不爲衣服愛之所染，不爲飲食臥具從身愛之所染，故名四聖種。四惡行，以貪故、瞋故、怖畏故，癡故，墮惡道中。色陰者，色等五法也。受陰者，能緣法也。想陰者，能分別假名法也。行陰者，能生後身法也。識陰者，唯能識塵法也。地種者，色香味觸和合。堅相多者，名爲地種。濕相多者，名爲水種。熱相多者，名爲火種。輕相多者，名爲風種。色相無故，說名空種。能緣法故，名爲識種。眼入者，四大和合，眼識所依，故名眼入。耳、鼻、舌、身入，亦如是。意入者，謂心也。色入者，眼識所緣法也。聲、香、味、觸、法入，亦如是。六生性者，謂黑性人能習黑法，亦習白法及黑白法。白性人亦如是也。六喜行者，依貪心也。六憂行者，依瞋心也。六捨行者，依癡心也。六妙行者，實智慧也。七淨戒淨者，戒律儀也。心淨者，得禪定也。見淨者，斷身見也。度疑淨者，斷疑結也。道非道知見淨者，斷戒取也。行知見淨者，思惟道也。行斷知見淨者，無學道也。八福生者，人中富貴乃至梵世也。諸福報樂，此中最多，故說此八也。九次第滅者，入初禪滅語言，二禪滅覺觀，三禪滅喜，四禪滅出入息，虛空處滅色相，識處滅無邊虛空相，無所有處滅無邊識相，非想非非想處滅無所有想，入滅盡定滅受及想也。十聖處者，聖人斷五法，成六法，守一法，依四法，滅僞諦，捨諸求，不濁思惟，離諸身行，善得心解脫，善得慧解脫。所作已辦，獨而無侶。斷五法者，斷五上結，得阿羅漢，一切結盡。行六妙法，眼等諸情於色等塵，不憂不喜，亦不癡故。守一法者，繫念身也。依四法者，謂乞食等四依法也。復有人言：依四法者，聖人有法遠離，有法親近，有法除滅，有法忍受。淨持戒故，能達實相，名離僞諦。斷一切見，名得初果。捨諸求者，謂欲求、有求、及梵行求。得初果故，知有爲法皆是虛誑。欲捨三求，得金剛三昧已，捨於學道。爾時能盡，名捨諸求。不濁思惟者，滅六種覺，心得清淨。能薄三毒，得第二果。滅除貪憂，得第三果，名不濁思惟。離身行者，除欲界結，得四禪故，名離身行。得盡智故，名善得心解脫。得無生智故，名善得慧解脫。諸聖人心住此十處，故名聖處。佛法所作，必應盡苦，故曰所作已辦。遠離凡夫及諸學人，故曰無侶。心離諸法，住畢竟空，故名爲獨。十二因緣：無明者，謂隨假名心。因此倒心，能集諸業，故曰無明緣行。識隨業故，能受有身，故曰行緣識也。受有身已，名爲名色。六入、觸、受，此諸分等，隨時漸增。受諸受時，依止假名，故能生愛。因愛生餘煩惱，故名爲取。愛、取、因緣有，是名三分。從是諸業煩惱因緣，後世中生。從生因緣，有老死等。是中若說無明諸行，則明過去世有。令斷常見，知從無始生死往來，從業煩惱因緣受身。若說生死，則明未來世有，令斷斷見。若不得眞智，則生死無邊，但有苦果。若說中間八分，明現在法，但從衆緣相續故，生無有眞實。此中無明諸行，是先世因緣。此因緣果，謂識、名色、六入、觸受。從此五事起愛取有，是未來世因。此因緣果，謂生、老死。若受諸受時，還生愛取。是故此十二分，輪轉無窮。能得眞智，則不集諸業。諸業不集，則無有生。生名起成。若人習此正論，則知諸法皆自相空，不集諸業。諸業不集，則無有生。無有生故，老、死、憂悲、苦惱都滅。故欲自利，兼利衆生，漸成佛道。熾然自法，滅他法者，當習此論。

**佛陀耶舍共竺佛念譯《佛說長阿含經》卷一〇** 佛告比丘：三法聚者，一法趣惡趣，一法趣善趣，一法趣涅槃。云何一法趣于惡趣。謂無仁慈，懷毒害心，是謂一法將向惡趣。云何一法趣于善趣。謂不以惡心加於衆生，是爲一法將向善趣。云何一法趣于涅槃。謂能精勤，修身念處，是爲一法將向涅槃。

**求那跋陀羅譯《雜阿含經》卷二八** 爾時，世尊告諸比丘：說不善聚者，謂五蓋，是爲正說。所以者何。純一不善聚者，所謂五蓋。何等爲五。謂貪欲蓋，瞋恚、眠睡、掉悔、疑蓋。說善法聚者，所謂八聖道，是名正說。所以者何。純一滿淨善聚者，謂八聖道。何等爲八。謂正見、正志、正語、正業、正命、正方便、正念、正定。

**月婆首那譯《僧伽吒經》卷三** 法聚者，何因緣故名爲法聚。佛告藥上：善男子，法聚者，名曰淨行。淨行者，能離一切不善之法。善男子，汝見如此少衆生不。藥上白佛：唯然已見。佛告藥上：此諸衆生離邪婬故，必得諸陀羅尼，必得具足一切諸法。

**圓測《解深密經疏》卷二** 如《瑜伽論》第一百云：邪性定法聚者，謂無間業及斷善根。正性定法聚者，謂學無學所有諸法。不定法聚者，餘非學非無學法。

**玄奘譯《阿毗達磨大毗婆沙論》卷四八** 如契經說善法聚者，謂四念住。近障此者，謂惡法聚。惡法聚者，即是五蓋。

**允堪《四分律隨機羯磨疏正源記》卷一** 法聚者，梵語犍度，此翻法聚。本律有二十犍度等，故云從文，則歸承法聚。

# 法數

**玄奘譯《大般若波羅蜜多經》卷四二三** 世尊！色入無二法數，受、想、行、識入無二法數。眼處入無二法數，耳、鼻、舌、身、意處入無二法數。色處入無二法數，聲、香、味、觸、法處入無二法數。眼界入無二法數，耳、鼻、舌、身、意界入無二法數。色界入無二法數，聲、香、味、觸、法界入無二法數。眼識界入無二法數，耳、鼻、舌、身、意識界入無二法數。眼觸入無二法數，耳、鼻、舌、身、意觸入無二法數。眼觸爲緣所生諸受入無二法數，耳、鼻、舌、身、意觸爲緣所生諸受入無二法數。布施波羅蜜多入無二法數，淨戒、安忍、精進、靜慮、般若波羅蜜多入無二法數。內空入無二法數，外空乃至無性自性空入無二法數。四念住入無二法數，四正斷乃至八聖道支入無二法數。如是乃至佛十力入無二法數，四無所畏乃至十八佛不共法入無二法數。一切三摩地門入無二法數，一切陁羅尼門入無二法數。法界入無二法數，眞如、實際、不思議界、安隱界等入無二法數。一切菩薩摩訶薩行入無二法數，諸佛無上正等菩提入無二法數。一切智入無二法數，道相智、一切相智入無二法數。

**智儼《華嚴經內章門等雜孔目》卷二** 夫法數者，自性故名法，軌則故名法，亦對意故名法。數者，法數也，所有理事，對緣發起，在俗數中，故名數也。欲知分齊，略有五重，即是五乘人所軌教也。

其初分齊者，如《維摩經》云：有厭欣二門。初厭門者，是身無常，無彊，無力，無堅，速朽之法，不可信也。爲苦爲惱，衆病所集。諸仁者如此身，明智者所不怙。是身如聚沫，不可撮摩。是身如泡，不得久立。是身如焰，從渴愛生。是身如芭蕉，中無有堅。是身如幻，從顚倒起。是身如夢，爲虛妄見。是身如影，從業緣現。是身如響，屬諸因緣。是身如浮雲，須臾變滅。是身如電，念念不住。是身無主爲如地，是身無我爲如火，是身無壽爲如風，是身無人爲如水。是身不實，四大爲家。是身爲空，離我我所。是身無知，如草木瓦礫。是身無作，風力所轉。是身不淨，穢惡充滿。是身爲虛僞，雖假以澡浴衣食，必歸磨滅。是身爲災，百一病惱。是身如丘井，爲老所逼。是身無定，爲要當死。是身如毒蛇，如怨賊，如空聚。陰界諸入，所共合成。諸仁者，此可患厭。二欣門者，當樂佛身。所以者何。佛身者，即法身也。從無量功德智慧生。從戒定慧解脫知見生。從慈悲喜捨生。從布施、持戒、忍辱、柔和、懃行、精進、禪定、解脫三昧、多聞智慧、諸波羅蜜生。從方便生。從六通生。從三明生。從三十七道品生。從止觀生。從十力、四無所畏、十八不共法生。從斷一切不善法、集一切善法生。從眞實生。從不放逸生。從如是等無量清淨法生如來身。諸仁者，欲得佛身，斷一切衆生病者，當發阿耨多羅三藐三菩提心。此教義當人天厭欣二境，乃至梵世，亦入此教。

若約分齊，義當趣向聲聞方便及初教之初等。其義分齊，當一切法空，唯有名。名有二種，一分別名，二思惟名。由二種名，建立一切法。當知陰入界等一切法，依初教初，如是建立。人天邪善根，不入此教。又依愚法小乘，聲聞緣覺，依分別遍計性，立其法數。所有世間、出世間名數分齊，竝如《毘曇婆沙》所定評正義者，即是正法數。諸部執所顯法相分齊者，即入從小乘。由同分別遍計故，不入大乘攝。但是名數，竝是諸境，仍與正小乘作迴心向。大乘方便，宜可準知。此即當五乘之中，聲聞、緣覺二乘法數分齊也。

又第四大乘教者，依《維摩經》，法無衆生，離衆生垢故。法無有我，離我垢故。法無壽命，離生死故。法無有人，前後際斷故。法常寂然，滅諸相故。法離於相，無所緣故。法無名字，言語斷故。法無有說，離覺觀故。法無形相，如虛空故。法無戲論，畢竟空故。法無我所，離我所故。法無分別，離諸識故。法無有比，無相待故。法不屬因，不在緣故。法同法性，入諸法故。法隨於如，無所隨故。法住實際，諸邊不動故。法無動搖，不依六塵故。法無去來，常不住故。法順空隨無，相應無作。法離好醜。法無生滅。法無所歸。法過眼耳鼻舌身心。法無高下。法常住不動。法離一切諸所觀行。準蘊一門界入一切諸法，竝皆如此，其相即空。若無如實空，即一切法不成。何以故，由即空故。其義分齊，當初教終。欲說法時，亦有儀式。夫說法者，如說色門。色以礙爲義，礙義即空。何以故，礙義即遍計分別故。又因緣礙義，即無分別故。故說法時，無說無示。其聽法者，無聞無得。譬如幻士爲幻人說法，當建是意而爲說法。當了衆生根有利鈍，善於知見，無所罣礙。以大悲心讚于大乘，念報佛恩，不斷三寶，然後說法。說者即空說，是不斷三寶。餘皆準此。又《維摩經》云：彌勒當令此諸天子捨於分別菩提之見。所以者何。菩提者，不可以身得，不可以心得。寂滅是菩提，滅諸相故。不觀是菩提，離諸緣故。不行是菩提，無憶念故。斷是菩提，捨諸見故。離是菩提，離諸妄想故。障是菩提，障諸願故。不入是菩提，無貪著故。順是菩提，順於如故。住是菩提，住法性故。至是菩提，至實際故。不二是菩提，離意法故。等是菩提，等虛空故。無爲是菩提，無生住滅故。智是菩提，了衆生心行故。不會是菩提，諸入不會故。不合是菩提，離煩惱習故。無處是菩提，無形色故。假名是菩提，名字空故。如化是菩提，無取捨故。無亂是菩提，常自靜故。善寂是菩提，性清淨故。無取是菩提，離攀緣故。無異是菩提，諸法平等故。無比是菩提，無可喻故。微妙是菩提，諸法難知故。何以故。爲一切法皆如也。故據此分齊，義當終教。所有陰、入、界等一切法數，依此而知。若無不空眞如，即一切法不成。由無住本，立一切法故。又《維摩經》云：時維摩詰默然無言。文殊師利難曰，是眞入不二法門。義當頓教，默絕萬法。陰、入、界等染淨諸法，竝皆同此。若無維摩默不二理，即一切法不成。所以知之故。《對法論》云：不待名言及餘根境，是名實有。一切皆是實有，即顯待名言根境，是假有也。又依無盡圓通教門，即《華嚴經》第八迴向百句如相，義當略教。普賢性起，當是廣義，即無盡圓通究竟宗也。所有無盡法數及餘乘數，皆一乘所目，即是一乘。由同在海印定中成故，不在定說。同教者，入一乘遠方便攝。又安立非安立門者，即三乘義。頓教、漸教，相望說也。漸由依教，是安立門，亦名依法住智說，頓教名爲非安立門。又亦五教門中，當自宗說，不藉名言根境，是非安立門，藉名言根境，是安立門。宜可準知之。

**來舟《大乘本生心地觀經淺註》卷二**　法數有百種。即色法十一（五根六塵）。心法八（即八識心王）。五十一心所（總有六位，謂徧行五，別境五，善十一，惡根隨煩惱二十有六，不定有四，是八個心王所使之法，故名心所法也）。二十四不相應法（一得，至不和合性，不與王所相應故。以上共九十四法，是世間法）。六個無爲法（虛空無爲，至眞如無爲，是出世間法也）。總名百法。

# 法性

**無羅叉譯《放光般若經》卷二〇**　如來者法性，法性者亦不來亦不去，諸如來亦如是無來無去。善男子！譬如幻師化作象馬車乘，謂呼是幻有來往者皆是愚夫，謂諸如來有來往者亦是凡夫。所以者何。法性者，亦無來，亦無去。

**僧肇《肇論·宗本義》**　本無，實相，法性，性空，緣會，一義耳。何則，一切諸法緣會而生，緣會而生，則未生無有，緣離則滅。如其眞有，有則無滅。以此而推，故知雖今現有，有而性常自空。性常自空，故謂之性空。性空故，故曰法性。法性如是，故曰實相。實相自無，非推之使無，故名本無。言不有不無者，不如有見常見之有，邪見斷見之無耳。若以有爲有，則以無爲無。夫不存無以觀法者，可謂識法實相矣。雖觀有而無所取相，然則法相爲無相之相，聖人之心爲住無所住矣。三乘等觀性空而得道也。性空者，謂諸法實相也。見法實相，故云正觀。若其異者，便爲邪觀。設二乘不見此理，則顛倒也。是以三乘觀法無異，但心有大小爲差耳。漚和般若者，大慧之稱也。諸法實相，謂之般若，能不取證，漚和功也。適化衆生，謂之漚和。不染塵累，般若力也。然則般若之門觀空，漚和之門涉有。涉有未始迷虛，故常處有而不染。不厭有而觀空，故觀空而不證。是爲一念之力，權慧具矣。好思歷然可解。泥洹盡諦者，直結盡而已，則生死永滅，故謂盡耳，無復別有一盡處耳。

**僧肇《注維摩詰經》卷二**　生曰，法性者，法之本分也。夫緣有者，是假有也。假有者，則非性有也。有既非性，此乃是其本分矣。然則，法與法性，理一而名異，故言同也。性宜同故，以同言之也。諸法皆異，而法入之，則一統衆矣。統衆以一，所以同法性者也。

**鳩摩羅什譯《自在王菩薩經》卷上**　法者，即是法性義。法性者，是不生性義。不生者，是畢竟不起不作義。義者，是不可說義。何以故。以語說法，法不在語中。是故以語示義，有所示說，皆非語非說。有所分別、有所說者，即非佛法。無分別無所說，即是佛法。是故言無說是佛法。若人欲入佛法，應如是入。

**鳩摩羅什等譯《禪法要解》卷下**　所謂法者，諸法之性。法性者，無生性。是無生性者，畢竟空。是畢竟空者，不可說者是。何以故。以語說法，法中無語，語中無法。語則是無語相，一切語言非語言相。以是故，經說無示無說是名佛法。

**鳩摩羅什譯《大智度論》卷三二**　法性者，如前說各各法空，空有差品，是爲如，同爲一空，是爲法性。是法性亦有二種：一者，用無著心分別諸法，各自有性故。二者，名無量法，所謂諸法實相。

**鳩摩羅什譯《大智度論》卷三七**　法性者，諸法實相，除心中無明諸結使，以清淨實觀，得諸法本性，名爲法性。性名眞實，以衆生邪觀故縛，正觀故解。菩薩不作是念，我疾得法性。何以故。法性無相，無有遠近。亦不言我久久當得。何以故。法性無遲無久。法性義，如如、法性、實際義中說。

**鳩摩羅什譯《大智度論》卷八九**　一切法實相，名爲法性，是故一切法皆入法性中。色性實相，即是法性，同一性，云何色性能壞法性。佛更說因緣，諸佛賢聖不見出法性更有法者，不得故不說。諸佛賢聖最可信者，菩薩應如是學法性。須菩提白佛：若菩薩學法性，是爲無所學。所以者何。法性無性故。佛答：法性無性者，若菩薩學法性，爲學一切法。若法性當別有性、若無性是性，應但學法性，不學一切法。今法性實無，別性亦無性故，遍學一切法。但諸法實相是法性，是故得實相，則正遍學一切法。爾時，須菩提白佛：世尊！若一切法即是法性，菩薩摩訶薩以何等故學六波羅蜜，乃至陀羅尼門。何以故。諸法實相即是法性，若一切法即是法性，菩薩更何所求。復次，法性中無分別是六波羅蜜乃至陀羅尼，今菩薩分別行是法，將無墮顛倒中耶。佛可須菩提意而答：若菩薩出法性見有法者，不求阿耨多羅三藐三菩提。何以故。出法性有法者，是常顛倒，無明，不可轉令實，云何斷一切法中無明得作佛。菩薩知一切法即是畢竟空，常寂滅相，無戲論，無名字。憐愍衆生，以方便力故，名相說，所謂是色，是受、想、行、識，乃至阿耨多羅三藐三菩提。

**曇無讖譯《大般涅槃經》卷三**　迦葉菩薩白佛言：世尊，佛法性者，其義云何。世尊，我今欲知法性之義，唯願如來哀愍廣說。夫法性者，即是捨身。捨身者，名無所有。若無所有，身云何存。身若存者，云何而言身有法性。身有法性，云何得存。我今云何當知是義。佛告迦葉菩薩：善男子，汝今不應作如是說滅是法性，夫法性者無有滅也。

**曇無讖譯《大般涅槃經》卷六**　佛言：善男子，依法者，即是如來大般涅槃。一切佛法，即是法性。是法性者，即是如來。是故如來常住不變。若復有言如來無常，是人不知不見法性。若不知見是法性者，不應依止。如上所說四人出世護持法者，應當證知而爲依止。何以故。是人善解如來微密深奧藏故，能知如來常住不變。若言如來無常變易，無有是處。如是四人即名如來。何以故。是人能解如來密語及能說故。若有人能了知如來甚深密藏，及知如來常住不變，如是之人，若爲利養說言如來是無常者，無有是處。如是之人尚可依止，何況不依是四人也。依法者，即是法性。不依人者，即是聲聞。法性者，即是如來。聲聞者，即是有爲。如來者，即是常住。有爲者，即是無常。善男子，若人破戒爲利養故，說言如來無常變易，如是之人，所不應依。

**曇無讖譯《大般涅槃經》卷二六**　善男子：一切菩薩住九地者，見法有性。以是見故，不見佛性。若見佛性，則不復見一切法性。以修如是空三昧故，不見法性。以不見故，則見佛性。諸佛菩薩有二種說，一者有性，二者無性。爲衆生故，說有法性。爲諸賢聖，說無法性。爲不空者見法空故，修空三昧，令得見空。無法性者，亦修空故空。以是義故，修空見空。

**曇無讖譯《大方等大集經》卷九**　法性者，即是佛法。是名學法，名阿羅漢法，名緣覺法，名爲佛法。如是佛法及餘諸法，亦無住處，不出不滅。無色形質方圓脩短，無智相貌無明無闇。一切諸法，等無差別。

**曇無讖譯《大方等大集經》卷二九**　是法性者，不變不易，無作非作，無住不住，一切平等，等亦平等。不平等者，亦復平等。無思無緣，得正決定。於一切法，無別無異，性相無礙，猶如虛空，是名法性。若有依止是法性者，終不復離一相之法。入是門者，觀一切法同一法性。是故說言依一切法，不依於人。

**寶亮《大般涅槃經集解》卷九**　法瑤曰，向言涅槃是佛法性，似若都滅涅槃是法性也。今欲明法性乃是法身常住體也。夫法性者，即是法身者，若以滅盡爲法性者，則爲無所有，豈有法身乎。若有法身者，則非滅盡，何有法性乎。二事不得並也。僧宗曰，此第二文也，今教所明法性者，謂圓果無非故稱法，體不可改故稱性。而名與昔同，事須料簡也。佛告迦葉，善男子，汝今不應，（至）夫法性者無有滅也。案道生曰，法性照圓，理實常存，至於應感，豈暫癈耶。僧亮曰，推本以證末，是則有爲，橫生滅耳。法性本來非有，故無滅也。如來亦本來非有，豈有滅也。

**慧遠《大乘義章》卷一**　言法性者，論釋有二。一事法性，謂地堅性水濕性等。故論說言，用無著心，分別諸法，各各自性，名事法性。二實法性，諸法實相，名實法性。此二法性，與《地持》同。

**慧遠《大乘義章》卷二**　實法性者，是眞諦也。事法性者，是世諦也。眞諦之理，是法體性，名實法性。世諦差別，目之爲事。諸法自體，名事法性。

**吉藏《涅槃經遊意》**　法性者，正法性遠離一切語言道，一切趣非趣，悉寂滅相，則不絕絕義，名無名而名爲法性，則絕不絕，無名名義也。

**智顗《維摩經玄疏》卷二**　心即法性，法性者即是本淨，本淨者即是法身也。

**智顗《金光明經文句》卷一**　法性者，所游之法也。諸佛所軌，名之爲法。常樂我淨，不遷不變，名之爲性。非是二乘以盡無生智所照之理爲法性也。二乘法性，淺故非甚深，有限故非無量。今之如實智所照之理，橫包法界，竪徹三諦，故言無量甚深爾。又無量者，非別有一法名爲無量。毘盧遮那遍一切處，一切諸法皆是佛法，皆佛法故，即皆法性。

**地婆訶羅等譯《金剛般若波羅蜜經破取著不壞假名論》卷下**　經曰，如來法爲身，但應觀法性。法性者，所謂空性、無自性、無生性等。此即諸佛第一義身。若見於此，名爲見佛。如有經說，不生不滅是如來故，十萬頌經復作是說。慈氏以見空性名見如來，《薩遮經》中又作是說。無取著見，名爲見佛。若無取著，名見佛者。攀緣法性，將非取著。以淨智心，了知法性。法性豈是所了知耶。是故經言，法性非所見，彼亦不能知。法性之處，無有一物可名所知。由是彼智亦不能知。如有經言，大王，一切法性，猶如虛空，等與眾物，爲所依止。而其體性，非是有物，亦非無物。能於此中寂然無知，名爲了知，名爲知者。

**元康《肇論疏・宗本義》**　本無、實相、法性、性空、緣會，一義耳者。論文有四，第一明本無實相宗，第二明非有非無宗，第三明漚和般若宗，第四明泥洹盡諦宗。第一明本無實相宗，爲《物不遷論》之宗本。第二明非有非無宗，爲《不眞空論》之宗本。第三明漚和般若宗，爲《般若無知論》之宗本。第四明泥洹盡諦宗，爲《涅槃無名論》之宗本。今云本無等者，有人云，會釋五家義也。竺法汰作《本無論》，什法師作《實相論》，遠法師作《法性論》，安法師作《性空論》，於道邃作《緣會二諦論》。今會此五家，故云一義耳。【略】

言本無者，如《維摩經》云，無我無造無受者，善惡之業亦不忘。此本無義也。《仁王經》云，有本自無，因緣成法。此亦本無義也。《中論》云，若使無有有，云何當有無，有無既已無，知有無者誰。又云，諸法不可得，滅一切戲論，無人亦無處，佛亦無所說。此亦本無義也。

言實相者，如《維摩經》云，如自觀身實相，觀佛亦然。我觀如來，前際不來，後際不去。今則不住。不觀色，不觀色如，不觀色性。此實相義也。《中論》云，諸法實相者，心行言語斷，無生亦無滅，寂滅如涅槃。此亦實相義也。

言法性者，如《大品經》云，法性法住，法位實際，有佛無佛，法性相常住。此法性義也。《勝天王般若》第三卷，有《法性品》，廣明法性不可思議。此性即諸佛法本，功德智慧因之而生也。《中論》云，如來所有性，即是世間性，如來無有性，世間亦無性。此亦法性義也。

言性空者，如《涅槃》經云，一切諸法性本自空，亦因菩薩修空故空。此性空義也。《中論》云，如是性空中，思惟亦不可，如來滅度後，分別於有無。此亦性空義也。

言緣會者，《維摩經》云，說法不有亦不無，以因緣故諸法生。此緣會義也。《中論》云，未曾有一法，不從因緣生，是故一切法，無不是空者。此亦緣會義也。如此五義，經論大宗，以理會之，一而無異，故云一義耳。又《涅槃》及《仁王經》，皆明二諦一體。今明此五義唯是二諦。然此二諦一體無別，故云一義。雖有兩釋，前爲正釋也。【略】

性空即是法性，此性即是實相也。實相自無，非推之使無者。諸法自無，名爲實相，非是推遣令無也。

言不有不無者下，第二明非有非無宗，爲不眞空論之宗本也。言者謂經論所言也。《大品經》云，色非空非不空，受想行識非空非不空。《涅槃經》云，佛性非眞如虛空，非無如兔角。《中論》云，定有則著常，定無則著斷，是故有智者，不應著有無。今通釋經論此語，所言不有者，不如有見常見之有。而言不無者，不如邪見斷見之無。故云爾耳。有者，謂有所得見也。邪見者，謂無所得見也。常見者猶是有見，斷見者猶是邪見也。又有見者謂有我見也。常見者謂身是常也。邪見者謂無我見也。斷見者謂身是無常也。《中論》云，我於過去世，爲有爲是無，世間常等見，皆依過去世。我于未來世，爲作爲不作，有邊等諸見，皆依未來世也。亦可此中通以計萬法定有爲有，定無爲無，有則是常，無則爲斷也。若以有爲有，則以無爲無者。有若定是有，無則定是無也。有既不有，則無無也。有本有重無字，有本但有一無字。若有兩無字，則此句已足。言有既非有，言無亦非無也。若唯有一無字，則此句遣有，後方始遣無，今以重無字爲正也。

夫不存無以觀法者下，前既雙遣有無，今更覆疏兩義。今此句覆疏無無句也。是爲雖觀有而無所取相者。此句覆疏無有句也。不存無以觀法，則無非無也。觀有而不取相，則有非有也。非有非無是爲中道矣。然則法相爲無相之相者，此謂實相法也。無有法相，名爲無相。以此無相爲相故，名實相也。聖人之心爲住無所住者，此謂般若也。安住無爲，名之爲住。住無所住故，名無住也。三乘等觀性空而得道者，前云有既不有，無亦不無，皆是性空之妙理。三乘聖人，同觀此理，而後成道也。《涅槃經》云，觀十二因緣智慧，凡有四種。一者下，二者中，三者上，四者上上。下智聲聞，中智緣覺，上智菩薩，上上智是佛。開佛及菩薩，故有四種，合佛及菩薩，則有三種。然此三人，同觀因緣性空，故得成三乘道果也。《金剛般若經》云，一切賢聖，皆以無爲法，而有差別。此之謂矣。性空者，諸法實相者，諸法性空，此是眞實之理，故名實相也。

**玄奘譯《大寶積經》卷五二** 舍利子：所謂無有變異，無有增益，無作無不作，不住無根本，如是之相，是名法性。又復於一切處，通照平等，諸平等中善住平等，不平等中善住平等，於諸平等不平等中妙善平等。如是等相，是名法性。又法性者，無有分別，無有所緣，於一切法，證得決定究竟體相。如是名爲諸法實性。舍利子：若有依趣法性之者，則諸法性，無不依趣。菩薩摩訶薩由證入如是門故，於一切法依趣一切法性故。

**澄觀《大方廣佛華嚴經疏》卷一四** 言法性者，法謂差別依正等法，性謂彼法所依體性。即法之性，故名爲法性。又性以不變爲義，即此可軌，亦名爲法。此則性即法，故名爲法性。此二義並約不變釋也。又即一切法各無性，故名爲法性。即隨緣之性，法即性也。

**宗密《大方廣圓覺修多羅了義經略疏注》卷下** 法性者，諸法之性。若直譚本體，則名覺性。若推窮差別之法，皆無自體，同於一性，即名法性。今推破四相，豁融諸法，全同覺性，故云開悟法性。從前經文但云覺性，唯此段云法性，意在此矣。

**新羅　元曉《起信論疏》上卷** 言法性者，所謂涅槃。法之本性，故名法性。如《智度論》云，法名涅槃，無戲論法。性名本分種，如黃石金性，白石銀性，如是一切法中有涅槃性，故言法性。

**法藏《大乘起信論義記》卷上** 法性者，明此眞體普遍義，謂非直與前佛寶爲體。亦乃通與一切法爲性，即顯眞如遍於染淨，通情非情深廣之義。論云，在衆生數中名爲佛性，在非衆生數中名爲法性。

**子璿《起信論疏筆削記》卷二〇** 論如法性者，法性遍滿，圓無際故。造論功德，如性廣大，亦無有際。法性甚深，無窮盡故。造論功德，如性甚深，亦無有盡。法性無漏，離諸染故。造論功德，如性無漏，非垢非染。法性無爲，離施作故。造論功德，如性無作，非有爲相，不可破壞，盡於未來。如是功德，無量無盡，無漏無爲，欲何所利。由是論云，普利一切衆生界。

**法護等譯《佛說除蓋障菩薩所問經》卷二〇** 善男子！當知一切聲聞緣覺，皆悉從是法性中來。諸菩薩者，亦悉從是法性中來。如來亦得是法性故，出現世間。又善男子：若人能於如是正法，受持讀誦解其義者，是人即同於諸經中受持讀誦解釋義趣。何以故。此法性者是諸法母。善男子！而諸菩薩若不得此正法性者，即不能得廣大法性。

**延壽《宗鏡錄》卷八**　夫無性理同，是何宗攝。答：法性宗攝。如古師云，法性有體，是法相宗義。事上無體，是法性宗義。問：若一切法實無性者，不得教意之人，恐成斷見。答：若有性故，一法不成。以無性故，諸緣並立。於無性中，有無俱不可得，豈成斷常之見耶。如《大般若經》云，諸菩薩摩訶薩，甚爲希有，行深般若波羅蜜多，觀察二空。雖知諸法，一切如夢如響，如像如光影，如陽焰如幻如化，皆非實有，無性爲性，自相皆空，而能安立善非善等。諸法差別，皆無雜亂。又云，善現白佛言，世尊，佛說一切法，皆以無性爲其自性。若一切法皆以無性爲自性者。誰染誰淨。誰縛誰解。彼于染淨，及于縛解，不了知故，破戒破見，破威儀破淨命，當墮地獄傍生鬼趣，受諸劇苦。乃至佛言，善現，善哉善哉。如是如是，如汝所說，於一切法，皆以無性爲自性。於自性中，有性無性俱不可得。不應於此執有無性，故知既不可執有，亦不可執無。以自性中，無有無故。所說有無之法，皆是破執入法之方便。故先德云，用無所得爲方便者有二，一以無所得，導前隨相，則涉有不迷於空，爲入有方便。二假無得以入有，不存無得，即無得亦是方便，此爲入空之方便。是以無得相空，無作人空，無際性空，此三相盡，法界理現。故菩薩不壞空而常有，染淨之法宛然。不礙有而常空，一眞之道恒現。如是雙照，方入甚深。如《般若燈論》云，我說遮入有者，遮有自體，不說無體。如《楞伽經》中偈曰，有無俱是邊，乃至心所行，彼心行滅已，名爲正心滅。釋曰，如是不著有體，不著無體。若法無體，則無一可作故。又如偈曰，遮有言非有，不取非有故。如遮青非青，不欲說爲白。釋曰，此二種見，名爲不善。是故有智慧者，欲息戲論得無餘樂者，應須遮此二種惡見。此復云何，若三界所攝，若出世間，若善不善，及無記等。如世諦種，諸所營作，彼於第一義中，若有自體者，起勤方便。作善不善，此諸作業，應空無果。何以故，以先有故。譬如先有若瓶衣等，如是樂者常樂，苦者常苦，如壁上彩畫，形量威儀，相貌不變。一切衆生亦應如是。

複次，若無自體者，彼三界所攝，若出世間善不善法，起勤方便，則空無果。以無有故，如是世間，則墮斷滅。譬如磨瑩兎角，令其銛利，終不可得。是故偈曰，少慧見諸法若有若無等，彼人則不見，滅見第一義。複次如《寶聚經》中，佛告迦葉，有者是一邊，無者是一邊。如是等彼內地界，及外地界，皆無二義。諸佛如來，實慧證知，得成正覺無二相，所謂無相。是以先德云，謂諸宗計，多說但空自性，不空於法。如法相宗，但無遍計，非無依他。設學《中論》等不得意者，亦云法無自性，故說爲空，則今相不空矣。今既無性，緣生故有，有體即空，緣生無性故空。空而常有，要互交徹，方是眞空妙有。故其言大同，而旨有異。又約緣起法有二，一無相如空，則蕩盡無有，是相空。二無自性如幻，則業果恒不失，即性空。以相空，故萬法體虛，了無所得。以性空，故不壞業道，因果曆然。以此性相二空，方立眞空之理。是則非初中後際，終始宛然。無能造作人，報應非失。故知無性理成，法眼圓照。更無一法，有實根由。今更引證廣明，成就宗鏡。

**延壽《宗鏡錄》卷一七**　《般若假名論》偈云，如來法爲身，但應觀法性，法性非所見，然亦不能知。法性者，所謂空性、無生性。此即諸佛第一義身。若見於此，名爲見佛。經云，以見空性，名見如來。又法性之處，無有一物可名所知。由是彼智，亦不能知。又經言，大王，一切法性，猶如虛空，等與衆物，爲所依止。而其體性，非是有物，亦非無物。能知此中，寂然無知，名爲了知，名爲知者。

**傳燈《大佛頂首楞嚴經玄義》卷三**　答：夫法性者，有通有別。通謂諸法同以一眞法界爲性，別謂諸法各有自性。然諸法是一眞法界本有，通是別，即別是通。故無通不別，無別不通。是以一眞法界之性圓通常，即諸法之性亦莫不皆圓通常。他乃混以法性流釋，故揀云，通而不的。今則的指耳根法性，即圓通常，正在其所取，不在其所揀也。問：天台明法性有三種。一曰性體，此當正因。二曰性量，此當了因。三曰性具，此當緣因。今觀耳根圓通，於三性中爲觀何性。答：夫耳根者，本無明生死之法，以由性具，故能當體即圓通常，圓通常即性體性量。今則稱此而觀，乃即性具觀性體性量也。問：若性具者，必生佛互具，根塵互攝。在今耳根，其義云何。答：性具之法，有自有他。自心生佛，他心生佛。只此耳根，靡不畢具。耳根圓通常，自他生佛亦圓通常。故曰，陰、入、處、界，本如來藏。又曰，清淨本然，周遍法界。譬如一室千燈，彼彼互具，彼彼互遍故。

**智旭《大乘止觀法門釋要》卷二**　七、釋法性。問曰：云何名此淨心以爲法性。答曰：法者一切法，性者體別義。以此淨心有差別之性，故能與諸法作體也。又性者，體實不改義。以一切法皆以此心爲體，諸法之相自有生滅，故名虛妄，此心眞實不改不滅，故名法性也。

## 法相

**鳩摩羅什譯《金剛般若波羅蜜經》** 須菩提！發阿耨多羅三藐三菩提心者，於一切法，應如是知，如是見，如是信解，不生法相。須菩提！所言法相者，如來說即非法相，是名法相。

**鳩摩羅什譯《大智度論》卷六一** 無相有三種，假名相，法相，無相相。假名相者，如車、如屋、如林、如軍、如眾生諸法和合中，更有是名。無明力故，取是假名相，起諸煩惱業。法相者，五眾、十二入、十八界等諸法。肉眼觀故有，以慧眼觀則無，是故法亦虛誑妄語，應捨離法相。離是二相，餘但有無相相。

**鳩摩羅什譯《大智度論》卷八二** 實法相者，所謂空、無相、無作，諸智滅。云何言得如實相故，了了知諸法總相、別相。答曰：我已先答，而汝於如中取相故，復作是難。汝若知如，不應作是難。是如畢竟無相故，不妨知諸法總相、別相，以智慧明了了故。

**菩提流支譯《入楞伽經》卷三** 復次，大慧！菩薩摩訶薩當善知三法自體相。大慧！何等三法自體相。一者，虛妄分別名字相。二者，因緣法體自相相。三者，第一義諦法體相。大慧！何者虛妄分別名字相。謂從名字虛妄分別一切法相，是名虛妄分別名字之相。大慧！何者因緣法體自相相。大慧！因緣法體自相相者，從境界事生故。大慧！因緣法體境界事相，諸佛、如來、應、正遍知，說虛妄分別差別有二種。何等二種。一者，妄執名字戲論分別。二者，妄執名字相、分別境界相、事相。大慧！何者妄執名字相、境界相、事相。謂即彼內外法自相同相。大慧！是名因緣法體二種自相相，以依彼法觀彼法生故。大慧！是名因緣法體自相相。大慧！何者第一義諦法體相。謂諸佛如來，離名字相、境界相、事相相，聖智修行境界行處。大慧！是名第一義諦相諸佛如來藏心。

**菩提流支譯《深密解脫經》卷五** 文殊師利言，世尊，何者是觀菩提分法相。文殊師利！觀菩提分法相者，所謂觀一切種事，應知。文殊師利言，世尊，何者是彼法相。文殊師利！彼法相者，如八種觀中，應知。文殊師利言，世尊，何等八種觀。文殊師利！所謂依實諦、住諦、過失、功德、通相、形相、相應相、廣略說相。文殊師利！實諦相者，所謂眞如。住諦相者，所謂人相。分別差別，體一向答相、隨問分別答相、置答相、密事示現相。過失相者，所謂我說諸法染過。功德相者，所謂我說一切淨法無量利益相。通相者，有六種，應知。何等六種。謂眞實義通、得通、說通、離二邊通、不可思議通、意通。形相者，所謂三世三有爲相、四種因緣。相應相者，有四種，應知。何等爲四。謂相待相應、能作所作相應、生相應、法體相應。相待相應者，謂何等因、何等緣，能生有爲行名字等用，是名相待相應。能作所作相應者，何等因、何等緣，能得法，能生法，能生法已，能成辦業，是名能作所作相應。生相應者，謂何等因、何等緣，知法、說法、示法，能成能正覺知，是名生相應。法體相應者，略說有二種。何等爲二。謂一者淨，二者不淨。文殊師利！淨有五種相，不淨有七種相。文殊師利！何者淨五種相。一者，彼現前見相。二者，依彼現前見相。三者，自相譬喻相。四者，成就相。五者，說清淨阿含相。文殊師利！何者是彼現前見相。謂一切有爲行無常，一切有爲行苦，一切法無我，世間現前見法。如是等，是名彼現前見相。應知。文殊師利！何者是依彼現前見相。所謂一切諸有爲，行一相故。不失未來善不善業，依彼麁法現見故。依種種業，見種種眾生現見故。依善不善業，受苦受樂現見故。於現見法中譬喻。如是等彼依止現見相，應知。

**菩提流支譯《金剛仙論》卷三** 何者是法相。凡夫人於十二入中，見有能取可取不同，故計謂實有。對治此心故，言無法相。

**子璿《起信論疏筆削記》卷二** 一切法相者，明所詮法。然一切不出五位一百法。謂一者心法有八，二者心所有法有五十一，三者色法有十一，四者不相應行法有二十四，五者無爲法有六。縱說眞如無爲是諸法性，亦墮法相之數。

**文才《肇論新疏》卷上** 然則，法相爲無相之相，聖人之心爲住無所住矣法相者，所觀之境屬前實相也。既非有無，何有相狀。且對無住之心，義言相爾，故云無相之相。

# 法界

**僧伽婆羅譯《文殊師利所說般若波羅蜜經》** 舍利弗！法界者即是菩提，菩提者即是法界。何以故。諸法無界故。大德舍利弗！法界、佛境界，無有差別，無差別者即是無作，無作者即是無爲，無爲者即是無說，無說者即無所有。

**真諦譯《攝大乘論釋》卷三** 釋曰：欲簡異二乘所得法界故，名最清淨法界。云何異二乘所得。此法界惑障及智障，滅盡無餘，故言最清淨。法界者，如理如量，通三無性，以爲其體。

**真諦譯《攝大乘論釋》卷八** 釋曰：菩薩若見二皆非有，則得住眞法界。眞法界者，無塵無識，故言無二。離顛倒及變異二虛妄，故名眞。是諸法第一性，故名法界。

**真諦譯《攝大乘論釋》卷一五** 釋曰：此中應明法身業，而言諸佛法界者，欲顯法身含法界五義故，轉名法界。五義者：一性義，以無二我爲性，一切衆生不過此性故。二因義，一切聖人四念處等法，緣此生長故。三藏義，一切虛妄法所隱覆，非凡夫二乘所能緣故。四眞實義，過世間法，世間法或自然壞，或由對治壞，離此二壞故。五甚深義，若與此相應，自性成淨善故，若外不相應，自性成殼故。由法身含法界五義，諸菩薩應見法身，恆與五業相應，無時暫離。

**智顗《妙法蓮華經玄義》卷二上** 今明權實者。以十如是約十法界。謂六道四聖也。皆稱法界者。其意有三。十數皆依法界。法界外更無復法。能所合稱，故言十法界也。二，此十種法，分齊不同，因果隔別，凡聖有異，故加之以界也。三，此十皆即法界攝一切法。一切法趣地獄。是趣不過，當體即理。更無所依，故名法界。乃至佛法界，亦復如是。若十數依法界者，能依從所依即入空界也。十界界隔者，即假界也。十數皆法界者，即中界也。欲令易解如此分別，得意爲言，空即假中，無一二三如前（云云）。此一法界具十如是，十法界具百如是。又一法界具九法界，則有百法界千如是。

**灌頂《觀心論疏》卷三** 二明觀法者，即是一念法界繫緣法界。言法界者，一色一香皆是中道，無非佛法，故皆是法界也。而念心緣一切法，皆是佛法，即是眞妙實相法界，故云繫緣法界一念法界。故經云，言法界者，信一切法皆是佛法。佛法者，無前無後，無有際畔，同是一佛界故。此佛法界無知者無說者，非有非無，非知非不知，離此二邊住，無所住，如諸佛安處寂滅法界，聞如是說，勿生驚怖。又此法亦名菩提，亦名不思議境，亦名般若住處，亦名不生不滅。若能如是觀法界者，是樂觀如來，觀如來時，不謂如來爲如來也。若觀衆生相如諸佛相，衆生界量如諸佛界量，諸佛界量不可思議，衆生界量亦不可思議。衆生界無住如虛空住，以不住法住般若，以無相相般若。若不見凡法，云何捨凡法，不見聖法云何取聖法，生死涅槃垢淨亦如是。不捨不取，住實際故。如此觀衆生眞法界，若觀貪瞋癡煩惱，是寂滅行，是不動行，非生死法非涅槃法，不捨諸見而修佛道，非修道非不修道，是名正住煩惱法界。若觀業之重者，無出五逆，五逆即菩提，菩提即五逆，無二相故。無覺者，無知者，無分別者，逆罪相實相皆不可思議，皆不可壞，本無本性，一切業緣皆住實際，不來不去，非因非果，是爲觀業即是法界。此法界印四魔不能得便，何以故，魔即法界印。法界印云何毀法界印，以此意歷一切法，亦應如是。此並彼經誠言，然四三昧觀法者，並應須取前圓教觀法，在四種三昧中用也。今更重取彼經觀法助成耳，三勸修者，此一一法界是佛眞法，是菩薩印。

**玄奘奉譯《大般若波羅蜜多經》卷四七二** 佛告善現：若菩薩摩訶薩行深般若波羅蜜多時，如實知色界，色界自性空，乃至法界，法界自性空。善現！是爲菩薩摩訶薩能學如是三解脫門，亦能學色界乃至法界。

【略】

世尊！法界非色、受、想、行、識，亦不離色、受、想、行、識。色、受、想、行、識即是法界，法界即是色、受、想、行、識。世尊！法界非眼處乃至意處，亦不離眼處乃至意處。眼處乃至意處即是法界，法界即是眼處乃至意處。世尊！法界非色處乃至法處，亦不離色處乃至法處。色處乃至法處即是法界，法界即是色處乃至法處。世尊！法界非眼界乃至意界，亦不離眼界乃至意界。眼界乃至意界即是法界，法界即是眼界乃至意界。世尊！法界非色界乃至法界，亦不離色界乃至法界。色界乃至法界即是法界，法界即是色界乃至法界。世尊！法界非眼識界乃至意識界，亦不離眼識界乃至意識界。眼識界乃至意識界即是法界，法界即是眼識界乃至意識界。世尊！法界非眼觸乃至意觸，亦不離眼觸乃至意觸。眼觸乃至意觸即是法界，法界即是眼觸乃至意觸。世尊！法界非眼觸爲緣所生諸受乃至意觸爲緣所生諸受，亦不離眼觸爲緣所生諸受乃至意觸爲緣所生諸受。眼觸爲緣所生諸受乃至意觸爲緣所生諸受即是法界，法界即是眼觸爲緣所生諸受乃至意觸爲緣所生諸受。世尊！法界非地界乃至識界，亦不離地界乃至識界。地界乃至識界即是法界，法界即是地界乃至識界。

世尊！法界非因緣乃至增上緣，亦不離因緣乃至增上緣。因緣乃至增上緣即是法界，法界即是因緣乃至增上緣。世尊！法界非從緣所生諸法，亦不離從緣所生諸法。從緣所生諸法即是法界，法界即是從緣所生諸法。

世尊！法界非無明乃至老死，亦不離無明乃至老死。無明乃至老死即是法界，法界即是無明乃至老死。世尊！法界非布施波羅蜜多乃至般若波羅蜜多，亦不離布施波羅蜜多乃至般若波羅蜜多。布施波羅蜜多乃至般若波羅蜜多即是法界，法界即是布施波羅蜜多乃至般若波羅蜜多。

世尊！法界非四靜慮、四無量、四無色定，亦不離四靜慮、四無量、四無色定。四靜慮、四無量、四無色定即是法界，法界即是四靜慮、四無量、四無色定。世尊！法界非四念住乃至八聖道支，亦不離四念住乃至八聖道支。四念住乃至八聖道支即是法界，法界即是四念住乃至八聖道支。

世尊！法界非空、無相、無願解脫門，亦不離空、無相、無願解脫門。空、無相、無願解脫門即是法界，法界即是空、無相、無願解脫門。世尊！法界非內空乃至無性自性空，亦不離內空乃至無性自性空。內空乃至無性自性空即是法界，法界即是內空乃至無性自性空。

世尊！法界非苦、集、滅、道聖諦，亦不離苦、集、滅、道聖諦。苦、集、滅、道聖諦即是法界，法界即是苦、集、滅、道聖諦。世尊！法界非八解脫乃至十遍處，亦不離八解脫乃至十遍處。八解脫乃至十遍處即是法界，法界即是八解脫乃至十遍處。

世尊！法界非淨觀地乃至如來地，亦不離淨觀地乃至如來地。淨觀地乃至如來地即是法界，法界即是淨觀地乃至如來地。世尊！法界非極喜地乃至法雲地，亦不離極喜地乃至法雲地。極喜地乃至法雲地即是法界，法界即是極喜地乃至法雲地。世尊！法界非一切陁羅尼門、三摩地門，亦不離一切陁羅尼門、三摩地門。一切陁羅尼門、三摩地門即是法界，法界即是一切陁羅尼門、三摩地門。

世尊！法界非五眼、六神通，亦不離五眼、六神通。五眼、六神通即是法界，法界即是五眼、六神通。世尊！法界非如來十力乃至十八佛不共法，亦不離如來十力乃至十八佛不共法。如來十力乃至十八佛不共法即是法界，法界即是如來十力乃至十八佛不共法。

世尊！法界非無忘失法、恆住捨性，亦不離無忘失法、恆住捨性。無忘失法、恆住捨性即是法界，法界即是無忘失法、恆住捨性。世尊！法界非一切智、道相智、一切相智，亦不離一切智、道相智、一切相智。一切智、道相智、一切相智即是法界，法界即是一切智、道相智、一切相智。

世尊！法界非三十二大士相、八十隨好，亦不離三十二大士相、八十隨好。三十二大士相、八十隨好即是法界，法界即是三十二大士相、八十隨好。世尊！法界非預流果乃至獨覺菩提，亦不離預流果乃至獨覺菩提。預流果乃至獨覺菩提即是法界，法界即是預流果乃至獨覺菩提。世尊！法界非一切菩薩摩訶薩行、諸佛無上正等菩提，亦不離一切菩薩摩訶薩行、諸佛無上正等菩提。一切菩薩摩訶薩行、諸佛無上正等菩提即是法界，法界即是一切菩薩摩訶薩行、諸佛無上正等菩提。

世尊！法界非善、非善法，亦不離善、非善法。善、非善法即是法界，法界即是善、非善法。世尊！法界非有記、無記法，亦不離有記、無記法。有記、無記法即是法界，法界即是有記、無記法。世尊！法界非有漏、無漏法，亦不離有漏、無漏法。有漏、無漏法即是法界，法界即是有漏、無漏法。世尊！法界非世間、出世間法，亦不離世間、出世間法。世間、出世間法即是法界，法界即是世間、出世間法。世尊！法界非有爲、無爲法，亦不離有爲、無爲法。有爲、無爲法即是法界，法界即是有爲、無爲法。

佛告善現：如是！如是！如汝所説。眞法界中無一切種分別戲論。法界非色、受、想、行、識，亦不離色、受、想、行、識。法界即色、受、想、行、識。色、受、想、行、識即法界。如是乃至法界非有爲、無爲法，亦不離有爲、無爲法。法界即有爲、無爲法，有爲、無爲法即法界。

**裴休《註華嚴法界觀門》卷一**　法界者，一切衆生身心之本體也。從本已來，靈明廓徹，廣大虛寂，唯一眞之境而已。無有形貌而森羅大千，無有邊際而含容萬有，昭昭於心目之間，而相不可睹，晃晃於色塵之内，而理不可分，非徹法之慧目，離念之明智，不能見自心如此之靈通也。甚矣，衆生之迷也，身反在於心中，若大海之一漚爾，而不自知，有廣大之威神，而不能用，觳觫而自投於籠檻，而不自悲也。故世尊初成正覺，歎曰，奇哉，我今普見一切衆生，具有如來智慧德相，但以妄想執著，而不證得，於是稱法界性，説《華嚴經》，令一切衆生，自於身中得見如來廣大智慧，而證法界也。故此經極諸佛神妙智用，徹諸法性相理事，盡修行心數門戶，眞可謂窮理盡性者也。然此經雖行於世，而罕能通之，有杜順和尚歎曰，大哉法界之經也，自非登地，何能披其文、見其法哉，吾設其門以示之，於是著法界觀，而門有三重，一曰眞空門，簡情妄以顯理，二曰理事無礙門，融理事以顯用，三曰周遍含容門，攝事事以顯玄，使其融萬象之色相，全一眞之明性，然後可以入華嚴之法界矣。然此觀雖行於世，而罕能入之，有圭山禪師，歎曰，妙哉法界之門也，自非知樞鑰之淺深，識閫閾之廣陜，又何能扣其門而入之哉。於是直以精義注於觀文之下，使人尋注而見門，得門而入觀，由觀以通經，因經以證性，朗然如秉炬火而照重關矣。

或問曰：法界眞性，超情離見，動念則隔，彊言則乖，世尊欲令衆生悟自身之法體，何必廣説而爲華嚴。答曰：吾聞諸圭山云，法界萬象之眞體，萬行之本源，萬德之果海，故如來演萬行之因華以嚴本性，而顯示諸佛證法性之萬德也，故九會之經，品品有無量義，或刹塵數因地行願，或恆沙數果位德用，行布差別，無礙圓融，故佛身一毛端，則遍一切而含一切也。世界爾，衆生爾，塵塵爾，念念爾，法法爾，無一法定有自體而獨立者，證此本法，故能凡聖融攝，自在無礙，納須彌於芥中，擲大千於方外，皆吾心之常分爾，非假於他術也。由是觀之，則吾輩從來執身心我人，及諸法定相，豈非甚迷甚倒哉。然則華嚴稱法界而極談，猶未爲廣也。

問曰：華嚴理深而事廣，文博而義玄，非法身大士不能證入，今數紙觀文，豈能盡顯之哉，若觀門以文略義廣爲得，則大經以文繁義局爲失矣。答曰：吾聞諸圭山云，夫欲睹宗廟之邃美，望京邑之巨麗，必披圖經而登高臺，然後可盡得也。不登高而披圖，則不可謂眞見，不披圖而登高，則眊然無所辨，故法界具三大，該萬有，性相德用，備在心，不在經也。明因果，列行位，顯法演義，勸樂生信，備在經，不在觀也。觀者，通經法也，文者，入觀之門也，注者，門之樞鑰也。故欲證法界之性德莫若經，通經之法義莫若觀，入觀之重玄必由門，闢三重之祕門必由樞鑰。夫如其則經不得不廣，門不得不束矣。然則其門何以爲三重，答曰：吾聞諸圭山云，凡夫見色爲實色，見空爲斷空，内爲筋骸所梏，外爲山河所眩，故困蹐於迷塗，局促於轅下，而不能自脫也，於是菩薩開眞空門以示之，使其見色非實色，舉體是眞空，見空非斷空，舉體是幻色，則能廓情塵而空色無礙，泯智解而心境俱冥矣。菩薩曰，於理則見矣，於事猶未也，於事開理事無礙門以示之，使觀不可分之理，皆圓攝於一塵，本分限之事，亦通遍於法界，然後理事圓融無所罣礙矣。菩薩曰，以理望事則可矣，以事望事則未也，於是開周遍含容門以示之，使觀全事之理，隨事而一一可見，全理之事，隨理而一一可融，然後一多無礙，大小相含，則能施爲隱顯神用不測矣。

問曰：觀文有數家之疏，尚未能顯其法，今略注於文下，使學者何以開心目哉。答曰：吾聞諸圭山云，觀者見法之智眼，門者通智眼，令見法之門，初心者悟性之智雖明，不得其門則不能見法，此文即入法之門矣。但應以智眼於門中觀照妙境，若別張義目而廣釋之，是於門中復設門也。又此門中重重法界，事理無邊，雖百紙不能盡其義，徒以繁文廣説，無沒眞法而惑後人爾。且首標修字者，欲使學人冥此境於自心，心慧既明，自見無盡之義，不在備通教典碎列科段也。然不指而示之，則學者亦無由及其門，故直於本文關要之下，隨本義注之，至其門已，則使其自入之也。故其注簡而備，不備則不能引學者至其門，不簡則不能使學者專妙觀。夫觀者，以心目求之之謂也，豈可以文義而至哉。

問曰：略指其門誠當矣，吾恐學者終不能自入也。答曰：吾聞諸圭山云，夫求道者必資於慧目，慧目不能自開，必求師以抉其膜也。若情膜未抉，雖有其門，亦焉能入之哉，縱廣何益。

問曰：既遇明師，何假略注。答曰：法界難睹，須依觀以修之，觀文難通，須略注爲樞鑰之用也。惑者稽首讚曰，入法界之術盡於此矣。

**法藏《華嚴經探玄記》卷一七**　法界是所入法，有三義。一是持自性義，二是軌則義，三對意義。界亦有三義。一是因義，依生聖道故。攝論云，法界者，謂是一切淨法因故。又中邊論云，聖法因爲義故，是故說法界，聖法依此境生。此中因義是界義。二是性義，謂是諸法所依性故。此經上文云法界法性，辯亦然故也。三是分齊義，謂諸緣起相不雜故。初一唯依主，後一唯持業，中間通二釋。心境合目，故云入法界也。【略】

初中先明所入法界義有五門。一有爲法界，二無爲法界，三亦有爲亦無爲法界，四非有爲非無爲法界，五無障礙法界。初有爲法界有二門。一，本識能持諸法種子名爲法界，如論云，無始時來界等，此約因義。二，三世諸法差別邊際名爲法界。不思議品云，一切諸佛知過去一切法界悉無有餘，知未來一切法界悉無有餘，知現在一切法界悉無有餘等。二，無爲法界亦有二門。一性淨門，謂在凡位性恆淨故，眞空一味無差別故。二離垢門，謂由對治方顯淨故，隨行淺深分十種故。三亦有爲亦無爲者，亦有二門。一隨相門，謂受想行蘊及五種色幷八無爲，此十六法唯意識所知，十八界中名爲法界。二無礙門，謂一心法界具含二門，一心眞如門，二心生滅門，雖此二門，皆各總攝一切諸法。然其二位恆不相雜，其猶攝水之波非靜攝波之水非動，故迴向品云，於無爲界出有爲界而亦不壞無爲之性，於有爲界出無爲界而亦不壞有爲之性。四非有爲非無爲者，亦二門。一形奪門，謂緣無不理之緣故非有爲，理無不緣之理故非無爲。法體平等形奪雙泯。大品經三十九云，須菩提白佛言，是法平等，爲是有爲法，爲是無爲法。佛言，非有爲法非無爲法。何以故，離有爲法無爲法不可得，離無爲法有爲法不可得。須菩提，是有爲性無爲性，是二法不合不散，此之謂也。二無寄門，謂此法界離相離性故非此二，由離相故非有爲，離性故非無爲。又由是眞諦故非有爲，由非安立諦故非無爲。又非二名言所能至故，是故俱非。解深密經第一云，一切法者略有二種。所謂有爲、無爲。是中有爲非有爲非無爲，無爲非無爲非有爲。乃至廣說五無障礙法界者亦有二門。一普攝門，謂於上四門隨一即攝餘一切故，是故善財或睹山海，或見堂宇，皆名入法界。二圓融門，謂以理融事，故全事無分齊，謂微塵非小，能容十刹。刹海非大，潛入一塵也。以事融理，故全理非無分，謂一多無礙，或云一法界，或云諸法界。性起品云，譬如諸法界分齊不可得，一切非一切，非見不可取。此明諸則非諸也。舍那品云，於此蓮花藏世界海之內，一一微塵中見一切法界。此明一即非一也。是故善財或暫時執手，遂經多劫。或入樓觀，普見三千。皆此類也。上來五門十義總明所入法界。應以總別圓融六相準之。

二辨能入亦有五門。一淨信，二正解，三修行，四證得，五圓滿。此五於前所入法界五門之內有其二門。一，隨一能入通五所入，隨一所入通五能入。二，此五能入如其次第各入所入五中之一。又此上心境二義十門。無礙圓融總爲一團。無障礙法界亦以六相準攝思之。第三法界類別亦有五門。謂所入能入存亡無礙。初所入中亦五重。一法法界，二人法界，三人法俱融法界，四人法俱泯法界，五無障礙法界。初中有十：一事法界，謂十重居宅等。二理法界，謂一味湛然等。三境法界，謂所知分齊等。四行法界，謂悲智廣深等。五體法界，謂寂滅無生等。六用法界，謂勝通自在等。七順法界，謂六度正行等。八違法界，謂五熱衆鞞等。九教法界，謂所聞言說等。十義法界，謂所詮旨趣等。此十法界同一緣起，無礙鎔融，一具一切，思之可見。二，人法界者，準此下文亦有十門。謂人天男女、在家出家、外道諸神、菩薩及佛。此並緣起相分，參而不雜。善財見已，便入法界，故名人法界也。三，人法俱融法界者，謂前十人十法同一緣起，隨義相分，融攝無二，思之可見。四，人法俱泯法界者，謂平等果海離於言數，緣起性相，俱不可說。五，無障礙法界者，謂合前四句，於彼前人法一異無障，存亡不礙，自在圓融，如理思之。二，明能入亦有五重。一身，二智，三俱，四泯，五圓。謂入樓觀而還合身證也，鑒無邊之理事智證也，同普賢而普遍俱證也，身智相即而兩亡俱泯也，一異存亡無礙自在圓融也。又發心品云，甚深眞法性妙智隨順入無邊佛土中，一念悉周遍。案云前二句智入法界，後二句身入法界。由身智無礙故，智入理身遍土也。餘準可知。三，能入所入混融無二，際限不分，就義開異，理仍不雜。此五能所如次反通，如理思攝。四，能所圓融形奪俱泯。五，一異存亡無礙具足。上來約類辨竟。

第三約位明入法界者，準下文中，所入法界大位有二，所謂因果。於前人法無不皆是佛果所收，即如來師子奮迅三昧所現法界自在是也。又於前人法無不皆屬因位所收，即文殊普賢所現法界法門是也。此因位中曲分有五，則信等五位之法界也，準攝可知。二，明能入，準文亦二。對前果位，明諸菩薩頓入法界。對前因位，寄顯善財漸入法界。因果既其無礙，漸頓亦乃圓融。但以布教成詮寄斯位別耳。

**宗密《註華嚴法界觀門》卷一**　法界，清涼新經疏云，統唯一眞法界，謂總該萬有，即是一心。然心融萬有，便成四種法界。一事法界，界是分義，一一差別，有分齊故。二理法界，界是性義，無盡事法，同一性故。三理事無礙法界，具性分義，性分無礙故。四事事無礙法界，一切分齊事法，一一如性融通，重重無盡故。

**智儼《華嚴經內章門等雜孔目章》卷一**　云何建立界，謂色蘊即十界，眼等五根界，色等五境界，及法界一分。受、想、行蘊即法界一分。識蘊即七識界，謂眼等六識界及意界。何故建立界處無別相耶。建立蘊中已說眼等各別相故。是故從諸蘊中出界建立，從諸界中出處建立。何等界法蘊不攝耶。法界中無爲，法蘊所不攝，此無爲法，復有八種。謂善法眞如、不善法眞如、無記法眞如、虛空、非擇滅、擇滅、不動，及想受滅。如是建立八無爲中，當知所依差別故。分折眞如，假立三種，不由自性故。善法眞如，謂無我、性空、性無相、實際、勝義法界。何故眞如說名眞如，由彼自性無變異故。謂一切時無我實性，無改轉故，說無變異。當知此則是無我性，離二我故。何故復說此名空性耶，一切雜染所不污故。所以者何，由緣此故，能令一切諸雜染事悉皆空寂。雖復有時說有雜染，當知但是客塵煩惱之所染污。何等名爲客塵染污，謂由未拔所取、能取種子故。令依他性心二行相轉，非法性心，以諸法法性清淨故。何故復說此名無相，諸相寂靜故。諸相者，謂色受等，乃至菩提諸所戲論，眞如性中彼相寂滅，故名無相。何故復說此名實際，無倒所緣故。實者謂無顛倒，此處究竟，故名爲際。過無我性，更無所求故。何故復說此名勝義，最勝聖智所行處故。何故復說此名法界，一切聲聞、緣覺、諸佛妙法所依相故，如善法眞如。當知不善法眞如、無記法眞如亦爾。虛空者，謂無色性，容受一切所作業故。無色性者，謂唯違於色無性相法，意識境界是名虛空。意識境界者，謂法界攝故。唯違色言，爲別受等。共有眞如、擇滅、非滅、無常性等。雖菟角等，亦是無性。然彼不與諸法相違，以彼唯是畢竟無故。又菟角等、非唯違色，由與受等諸法共故，是故唯說與色相違，無性相言，爲別受等無色之法。何以故，受等自體，是有性相、非無性相故。非擇滅者，謂是滅非離繫，不永害隨眠故。擇滅者，謂是滅，是離繫永害隨眠故。不動者，謂已離遍淨欲，未離上欲。苦樂滅無爲想受滅者，謂已離無所有處欲，超過有頂，暫息相作意爲先，故諸不恆行心心法，及恆行一分心心所滅無爲。當知此中有二種應斷法，謂諸煩惱及此所依受。受有二種，謂變異及不變異。如其次第，苦樂非苦樂，當知煩惱斷故，建立擇滅，二受斷故。如其次第，建立不動及受想滅。煩惱斷者，謂除此品麤重，所得轉依。受斷者，謂除此能治定障所得轉依。是故得第二靜慮時，雖證苦滅，而不建無爲，以反異受未盡斷故。又苦五種，色若受想行蘊，及此所說八無爲法。如是十六，總名法界。五種色者，謂極略色、極迥色、受所引色、遍計所引色、自在所生色。問：界義云何。答：一切法種子義。謂依阿賴耶識中諸法種子，說名爲界。界是因義故，又能持自相義，是界義。又能持因果性義，是界義。能持因果性者，謂於十方界中根境諸界及六識界。如其次第，又攝持一切法差別義，是界義。攝持一切法差別者，謂諸經說地等諸界，及所餘界。隨其所應，皆十八界攝。若約小乘即實攝，若約初教即空攝。空者謂無分別空。若約終教即眞如攝。攝者謂無所攝。若約頓教，即不可說。若約一乘即如前。一切餘義如別章。

**菩提流志譯《大寶積經》卷二四**　一切法界，無生、無命、無老、無無、無昇、無沉、無示現界，是爲法界。無變異界是爲法界。而法界者，遍一切處。無邊慧！法界無去亦無去處。無去處故，乃名法界。相應而住。如如法界，於中無處亦無非處。何以故。如如法界、如如自性，無所有故。

**法雲《翻譯名義集》卷一二**　達磨馱都，此云法界。妙樂云，所詮無外，故名法界。賢首云，依生聖法，故云法界。清涼云，法界者，一切眾生身心之本體也。起信云，心眞如者，即是一法界，大總相法門體，所謂心性不生不滅，一切諸法唯依妄念，而有差別。淨名云，從無住本，立一切法。天台釋云，若迷無住，則三界六道紛然而有，則立世間一切諸法。若解無住，即是無始無明。反本還源，發眞成聖，故有四種出世聖法。普門玄云，世者爲三，一五陰，二眾生，三國土（云云）。世是隔別，即十法界之世，亦是十種五陰，乃至依報，隔別不同也。間是間差，三十種世間差別，不相謬亂，故名爲間。各各有因，各各有果，故名爲法。各各有界畔分齊，故名爲界。今就一法界，各有十法，所謂如是性、相等。十即有百法，十界互相有則有千法，如是等法，皆因緣生法。六道是惑因緣生法，四聖是解因緣法（云云）。是諸因緣法，即是三諦，因緣所生法，我說即是空，亦名爲假名，亦名中道義。清涼新經疏云，統唯一眞法界，謂總該萬有，即是一心，然心融萬有，便成四種法界。一事法界，界是分義，一一差別，有分齊故。二理法界，界是性義，無盡事法，同一性故。三理事無礙法界，具性分義，性分無礙故。四事事無礙法界，一切分齊事法，一一如性融通，重重無盡故。

**傳燈《淨土生無生論》卷一**　初一眞法界門。一眞法性中，具足十法界，依正本融通，生佛非殊致。論曰，一眞法界即眾生本有心性，此之心性具無量德，受無量名。

云何具無量德，舉要言之，謂性體、性量、性具。云何性體，謂此心性離四句絕百非，體性堅凝，清淨無染，不生不滅，常住無壞。云何性量，此心性竪窮三世，橫遍十方，世界有邊，虛空無邊，虛空有邊，心性無邊，現在有邊，過未無邊，過未有邊，心性無邊，無盡無盡，無量無量。云何性具，謂此心性具十法界，謂佛法界，菩薩法界，緣覺法界，聲聞法界，天法界，修羅法界，人法界，畜生法界，餓鬼法界，地獄法界。此是假名，復有正報，謂佛五陰，菩薩五陰，乃至地獄五陰，此是實法。復有依報，謂佛國土，菩薩國土，乃至地獄國土。令易解故，作三種分別，得意爲言，即性具是性體性量，性體離過絕非，即性具十界，離過絕非，性體堅凝，清淨無染，不生不滅常住不壞，性具十界亦然。性量竪窮橫遍，無盡無盡，無量無量，性具十界亦然。正報五陰同性體性量，清淨周遍，依報國土亦然。此之三法亦名三諦，性體即眞諦，性量即中諦，性具即俗諦。故楞嚴經云，而如來藏妙明元心，非心非空，非地水火風，非眼耳鼻舌身意，非色聲香味觸法，非眼界乃至非意識界，非無明乃至非老死，非無明盡乃至非老死盡，非苦集滅道，非智非得，非檀那乃至非般剌若，非怛答阿竭，非阿羅訶，非三藐三菩，非常樂我淨，此即性量無相，是爲眞諦。而如來藏元明心妙，即心即空，即地水火風，即六凡即二乘，乃至即如來常樂我淨，此即性具十界，是爲俗諦。而如來藏妙明心元，離即離非，是即非即，此即性體是爲中諦。又云，如來藏性色眞空，性空眞色，清淨本然，周遍法界，地水火風空見識莫不如是，地水火風空見識即性具也，清淨本然即性體也，周遍法界即性量也。又云，地水火風空，清淨本然，周遍法界，即依報國土性體性量也。見識清淨本然，周遍法界，即正報五陰性體性量也。

云何受無量名，舉要言之，此心性或名空如來藏，或名眞如佛性，或名菴摩羅識，或名大圓鏡智，或名菩提涅槃，性體性量名空如來藏，即性具十界、五陰、國土，名空如來藏，性體性量名眞如佛性，即性具等眞如佛性，性體性量名菴摩羅識，即性具等名菴摩羅識，性體性量名大圓鏡智，即性具等名大圓鏡智，性體性量名菩提涅槃，即性具等名菩提涅槃。故曰，一眞法性中具足十法界，依正本融通，生佛非殊致。

問曰：此一眞法界爲初心是，爲後心是，若初心是，應無七名，若後心是，應無九界，初後俱墮，立義不成。

答曰：此正顯初心是，以初心是故，方有後心是，以後心是故，方顯初心是。云何以初心是方有淨土後心是，如果地依正融通，色心不二，垂形九界，方便度生，悉由證此因心所具。故曰，諸佛果地融通，但證眾生理本，故得稱性施設，無謀而應。若不然者，何異小乘外道作意神通。故法智大師云，六即之義不專在佛，一切假實三乘人天，下至蛣蜣地獄色心，皆須六即辯其初後，所謂理蛣蜣乃至究竟蛣蜣。以論十界皆理性故，無非法界，一不可改，故名字去不唯顯佛，九亦同彰，至於果成，十皆究竟。云何後心是方顯初心是，正由後心果地全證衆生理本故，果地七種名目悉是衆生性德美稱，但衆生在迷性稱不顯，故無此稱，剋論性德，豈可言無，故初後俱善立義成矣。

二身土緣起門。一眞法界性不變能隨緣，三身及四土悉由心變造。論曰，一眞法界性即前文所明性體性量性具也，教中説眞如不變隨緣，隨緣不變者，正由性體性量即性具故。如君子不器，善惡皆能，故晉譯華嚴經云，能隨染淨緣，具造十法界，謂眞如性中所具九法界，能隨染緣造事中九法界，眞如性中所具佛法界能隨淨緣造事中佛法界。所以能者，正由性具，性若不具，何所稱能。天台家言，並由理具方有事用，此之謂也。是知事中十法界、三身、四土，悉由眞如隨緣變造。既曰眞如不變隨緣，隨緣不變，則事中染淨身土當體即眞，無絲毫可加損于其間者。楞嚴經云，見與見緣并所想相，如虛空華，本無所有。此見及緣元是菩提妙淨明體，是也，若然，則娑婆極樂，此世衆生當生九品，彌陁已成吾心當果，悉由心性之所變造。心具而造，豈分能所。即心是佛，即佛是心，即心是土，即土是心，即心是果，即果是心，能造因緣及所造法，當處皆是心性，故明此宗而求生樂土者，乃生與無生兩冥之至道也。

## 法身

**慧遠《鳩摩羅什法師大義》卷上**　什答曰：佛法身者，同於變化，化無四大五根。所以者何，造色之法，不離四大。而今有香之物，必有四法。色香味觸，有味之物，必有三法。色味觸，有色之物，必有二法。有色有觸，有觸之物，必有一法，即觸法也。餘者或有或無。如地必有色香味觸，水有色味觸。若水有香，即是地香。何以知之，眞金之器用承天雨，則無香也。火必有觸，若有香者，即是木香。何以知之，火從白石出者，則無香也。風但有觸，而無色也，若非色之物，則異今事。如鏡中像、水中月，見如有色，而無觸等，則非色也。化亦如是，法身亦然。又經言法身者，或説佛所化身，或説妙行法身、性生身。妙行法性生身者，眞爲法身也。【略】

佛法身者，出於三界，不依身口心行，無量無漏諸淨功德本行所成，而能久住。似若泥洹。眞法身者，猶如日現，所化之身同若日光。如首楞嚴經，燈明王佛壽七百阿僧祇劫，與此釋迦同。是彼一身無有異也。若一佛者，此應從彼而有。法性生佛所化之佛，亦複如是。若言法身無來無去者，即是法身實相，同於泥洹，無爲無作。又云法身雖複久住，有爲之法，終歸於無，其性空寂。若然者，亦法身實相無來無去。如是，雖云法身説經，其相不生不滅，則無過也。

遠領解曰：尋來答要，其義有三。一謂法身實相無來無去，與泥洹同像。二謂法身同化，無四大五根，如水月鏡像之類。三謂法性生身，是眞法身，能久住於世，猶如日現。此三各異，統以一名，故總謂法身。【略】

什答曰：後後五百歲來，隨諸論師，遂各附所安，大小判別。小乘部者，以諸賢聖所得無漏功德，謂三十七品，及佛十力，四無所畏，十八不共等，以爲法身。又以三藏經，顯示此理，亦名法身。是故天竺諸國皆云，雖無佛生身，法身猶存。大乘部者，謂一切法無生無滅，語言道斷，心行處滅，無漏無爲，無量無邊，如涅槃相，是名法身，及諸無漏功德，並諸經法，亦名法身。所以者何，以此因緣，得實相故。又大乘法中，無決定分別是生身是法身。所以者何，法相畢竟清淨故，而隨俗分別。菩薩得無生法忍，舍肉身次受後身，名爲法身。所以者何，體無生忍力，無諸煩惱，亦不取二乘證，又未成佛，於其中間所受之身，名爲法性生身。

**僧肇《注維摩詰經》卷二**　肇曰：經云，法身者，虛空身也。無生而無不生，無形而無不形。超三界之表，絶有心之境。陰入所不攝，稱讚所不及。寒暑不能爲其患，生死無以化其體。故其爲物也，微妙無象，不可爲有。備應萬形，不可爲無。彌綸八極，不可爲小。細入無間，不可爲大。故能出生入死，通洞于無窮之化。變現殊方，應無端之求。此二乘之所不議，補處之所不覩。況凡夫無目，敢措心於其間哉。聊依經誠言，粗標其玄極耳。然則，法身在天爲天，在人而人，豈可近捨丈六，而遠求法身乎。生曰：夫佛身者丈六體也，丈六體者從法身出也。以從出名之，故曰即法身也。法者，無非法義也。無非法義者，即無相實也。身者，此義之體。法身眞實，丈六應假。將何以明之哉。悟夫法者，封惑永盡，髣髴亦除。妙絶三界之表，理冥無形之境。形既已無，故能無不形。三界既

絕，故能無不界。無不形者，唯感是應，佛無爲也。至於形之巨細，壽之
脩短，皆是接衆生之影迹，非佛實也。衆生若無感，則不現矣。非佛不欲
接，衆生不致，故自絕耳。若不致而爲現者，未之有也。譬日之麗天，而
影在衆器。萬影萬形皆是器之所取，豈日爲乎。器若無水則不現矣，非不
欲現器不致故自絕耳。然則丈六之與八尺，皆是衆生心水中佛也。佛常無
形，豈有二哉。以前衆患，皆由有身，故令樂佛身也。

**法雲《妙法蓮華經義記》卷五**　然《法華經》所明法身者，不同常住
也。解有二種。一云，延金剛心久住世者以爲法身。又云，正明總十方諸
佛更互相望。故知無量壽即時在西方教化未來此間，此間望彼，彼即是法
身。然應身本有形有像，法身本無形像。佛既未來此間，於此間即無形無
像，即是法身。若來應此間，即於應此間是應身。他方望此間，即持此間
作法身也。

**僧伽婆羅譯《文殊師利所説般若波羅蜜經》**　文殊師利白佛言：世
尊！如來法身本不可見，我爲衆生故來見佛。佛法身者，不可思議，無
相無形，不來不去，非有非無，非見非不見，如如實際，不去不來，非無
非非有無，非處非非處，非一非二，非淨非垢，不生不滅。我見如來亦復
如是。

**灌頂《大般涅槃經玄義》卷下**　法身者，即是金剛堅固之體，非色即
色，非色非非色，而名爲眞善妙色。眞故非色，善故即色，妙故非色非非
色。又眞即是空，善即是假，妙即是中。例一切法，亦復如是。以是義
故，名爲佛法，名佛法界。攝一切法，名法身藏，名法身德也。

**眞諦譯《佛性論》卷四**　諸佛法身有二種，一正得，二正説。言正得
法身者，最清淨法界，是無分別智境，諸佛當體，是自所得法。二正説法
身者，爲得此法身清淨法界，正流從如，所化衆生識生，名爲正説法身。
正説法身又有二種，一深妙，二麁淺，爲安立此二道理。一深妙者，爲安
大乘道理。二麁淺，爲二乘人説此道理。復次，第一義諦爲安立菩薩甚深
法藏。約眞俗二諦，安立二乘十二部等種種法藏。

釋曰：一正得法身者，體是眞如，世間無物可爲譬者，故還取花中佛
像爲譬。二正説深妙法身者，以眞如一味故，故取蜂家蜜爲譬。三麁淺正
説法身者，以顯眞俗種種義味故，故取糠中米爲譬。由此三譬，顯諸佛正
得法身、正説法身。是三法身遍滿，攝藏一切衆生界無餘故。故經説無一
衆生出如來法身外者，如無一色出虛空外者故。次金墮不淨一譬，譬如如
者，如如有三義故。取金爲譬，一者性無變異，二者功德無窮，三者清淨
無二。

**智顗《維摩經玄疏》卷五**　七類通三種法身者，一法身佛，二報身
佛，三應身佛。眞性解脱即是法身，毗盧遮那佛性淨法身。實慧解脱即是
報身，盧舍那佛淨滿法身也。方便解脱即是應身，釋迦牟尼佛應化法
身也。

**吉藏《維摩經義疏》卷二**　佛身者，即法身也。淺識之流，雖聞當樂
佛身，正恐齊其所見，未免生滅，何用樂乎。是以釋云，佛身者即法身
也。生公云，丈六爲迹身，常住爲法身，迹從法身出，故云即法身。肇公
云，豈捨丈六而遠求法身乎。故丈六無生，即法身也。法身者，非法資
養，故以正法爲身。正法身則體絕百非，形備萬德。體絕百非故，不可爲
有。形備萬德，不可爲無。遠離二邊，則正法身也。

**智顗《妙法蓮華經文句》卷九上**　夫法身者，雖非生非滅，亦有生
滅。若迷心執著，即煩惱生而智慧滅。若解心無染，即智慧生煩惱滅。滅
惑生解，此是無常滅。若解生惑滅，即是寂滅。此之生滅，悉約法性而
辨。若無迷解二緣，則不唱有此生滅也。報身非滅唱滅者，誰有智慧，誰
有煩惱，而言智慧能破，此即明闇不相除，即報身不滅義。衆生未了，聞
此便謂其即是佛，而生憍恣，不復修道，故復唱言道能滅惑。有煩惱時則
無智慧，有智慧時則無煩惱，豈非智慧能滅煩惱耶。應身非滅唱滅者，應
是法報之用，體既無滅，用豈有窮，即應身不滅。但爲衆生若常見佛則生
憍恣故，唱我於今夜當取滅度。又法身當體明不滅，報身説不滅必約法
身。以理而論，智慧能破。爲到故破，不到故破，爲共爲獨。如此推理，
無有能破之功，即智慧不滅惑義。就有智慧則無煩惱，即是慧能滅惑。應
身説不滅，須約法報。法報常然，應用不絕。衆生不盡，即不滅度。若法
身當體，論不生滅。報身了達，無能生滅。應身相續不生滅。

**吉藏《中觀論疏》卷五**　大品云，波若如虛空。涅槃云，佛性如虛
空，金光明法身如虛空。惑者多不識虛空，即迷所喻法。今破邪虛空，申
正虛空，故有今品來也。今且就一事明之，佛身法身猶如虛空。若將常遍

釋虛空，即是外道虛空。虛空喻佛法身，即是外道法身。若取毗曇虛空是有法者，佛法身便是毗曇法身。若將成論虛空是無法，即是成實法身。在喻既壞，即法說便壞，故一切大乘經皆壞矣。此品破邪虛空，申正虛空。即一切大乘經論法喻皆成。此是大事，宜深照之。【略】

即法身現與法身相應，即名應身。既得如實悟，還爲衆生如實演説，即是化身。故文殊十禮經云，諸佛虛空相，虛空亦無相。離諸因果故，敬禮無所觀。故知觀六種非有非無即是法身。與法身相應，發生正觀，名爲應身。爲物説，即是化身。又中觀論三字即是三身，中即是法身。與中相應，發生正觀，即是應身。觀照於內，言彰乎外，故名論即化身。

**吉藏《勝鬘寶窟》卷下** 既言法身，亦得釋法身義。作二門釋。一來意門。前明如來藏，藏義則隱，法身是顯。藏義既隱，此則難明。法身居顯，斯則易辨。欲以出纏易顯之身，顯彼隱時難明之藏。此則爲成藏義，故辨法身也。二者就正道論之，言亡慮絕。身未曾隱顯，但於顛倒眾生不了，是故名隱。約緣了悟，所以言顯。上已論緣迷成隱，今次辨了悟名顯，是故名法身也。然如來藏之與法身，更無有二，只是隱顯之名。隱法身故，名如來藏。顯如來藏故，名法身。

**吉藏《淨名玄論》卷四** 無爲法身、無漏智、不思議解脫，名雖有三，而體無二也。無累不盡，稱爲解脫。無境不照，名爲智慧。眞極可軌，故目爲法。即以法爲身，故名法身。非但義含因果，而亦體備三德。

**慧遠《大乘義章》卷一九** 然此三佛，隨相別分，名義各別。通而論之，俱名法身。齊得名報，並得云應。是義云何。三佛莫不依法以成，是故通得名爲法身。又三皆以功德法成，故名法身。良以三佛皆法身故，於彼涅槃三事之中，三佛皆悉法身所攝。

**法藏《大乘法界無差別論疏》** 衆生不異法身者，會末歸本故。法身不異衆生者，攝本從末故。密嚴經云，佛說如來藏，以爲阿賴耶，惡慧不能知。藏即賴耶識，如來清淨藏，世間阿賴耶，如金與指環，展轉無差別。解云，此中法身是如來藏，如金也。衆生界是阿賴耶，如環也。于一金環，開爲二門。一金，二環。金有二義，一不變義，不失斤兩故。二隨緣義，能成環相故。環亦二義，一即空義，以離金無體故。二現有義，以環相宛然故。此中金環不異，有其四義。一金上隨緣義，即是不變義，以金無二性故。謂若不堪作環，非眞金故。若不隨緣而住自體，不成環故。是故二義相須，唯一金也。二環上現有義，即是空義，以環無二法故。謂若不現有，非是環故。若不即空，非是金故。是故空有相須，唯一環也。三以金上隨緣義，即是環上現有義。以金舉體作環故，由是道理說法身不異衆生界。四以環上空義，即是金上不變義，以環盡金現故。依此道理，說衆生不異法身。二衆生界即法身等者，明全體印定門，於中亦四句。一以金攝環，環無所遺，衆生即法身。二以環攝金，金無不盡，法身即衆生。三攝環所歸之金，即是所歸之環，以無二爲二故。法身即衆生，衆生即法身，俱存而相即也。四以環所攝金，即是金所攝，隨二而無二故。衆生即法身，法身即衆生，俱泯全是，更無即也。三此但名異等者，簡名定義門。於中略作三門釋。一能持門，二能依門，三縱奪門。初能持中，只得說法身即衆生，不得說衆生即法身。以法身有隨緣作衆生義，無有衆生作法身義。以衆生一向是所持虛假之法，法身唯是能持眞實法故。二能依門中，唯得說衆生即法身，不得說法身即衆生。以衆生妄法，依眞無體，即是法身。法身不依衆生，故不可說法身無體即是衆生。何以爾者，以可有無衆生而有法身，無有無法身而有衆生。以眞妄別故，能所依異故。三縱奪門中，以法身隨緣義，縱彼衆生界，雖存其相，而潛替皆盡。是故衆生相，則以法身爲相也。二以法身不變義，奪彼衆生界，令其相不存，直顯眞性，是故衆生無差別體，以法身爲體。是即以實奪虛，體相皆盡。由此道理，衆生存不存，俱令盡也。法身隱不隱，俱是顯也。是故唯一法身，挺然露現，名爲衆生，名爲法身，更無餘法。如眼目異名，而無別法。文意如此，釋分位門竟。【略】

以法身是眞常故，必不礙於生滅。以生滅虛妄故，必不損於法身。問：生滅是虛，不損于常性，法身既亦不礙生滅，法身亦應是虛常。答：若是情謂之虛常，必礙于無常，方得說常。今此是超情之眞常，故不異于無常，方乃是眞常，以常見所不到故。勝鬘經云，見諸行無常，是斷見，非正見。見涅槃常，見常見，非正見。又以生滅是能依必虛，故同所依。法身是所依必眞，故遍能依。是故不齊也。既以虛生滅，不損眞法身，是故如虛空，非劫火所燒也。華嚴經云，譬如世界，有成或有敗，虛空無增減，無師智亦然。又寶性論云，如虛空遍至，體細塵不染，佛性遍衆生，諸煩惱不染。如一切世間，依虛空生滅。依於無漏界，有諸根生滅。火不燒虛空，若燒無是處。如是老病死，不能燒佛性。乃至具說三災等喻云，如是依邪念風災，業煩惱水災，老病死火災，吹浸燒壞陰界入世間，而自性清淨心虛空常住不壞。【略】

舍利弗，如來法身常，以不異法故，以不盡故，以無分別法故。如來法身不變，以非滅法故，以非作法故。又釋，亦得寂靜是淨德，常住是常德，不變是我德，不斷是樂德。釋常恆門竟。

**法藏《華嚴經明法品内立三寶章》卷一**　若三乘中三身佛，或以五聚法中一分爲體，謂無爲中眞如擇滅等爲法身，色處爲化身，以心無化義故。以無漏清淨八識心王，二十一心所，及不相應行中小分，并色法界所成假者等相，從總爲受用體，此如瑜伽等說。此約始教之初說，亦是迴心聲聞教也。或以眞如爲法身，大定智悉爲應身，色形爲化身。如梁攝論說，或約五法攝大覺地，謂以清淨法界爲法身，鏡智及平等智爲受用身，作事智爲化身，妙觀智通二身，此如佛地論說。此等約始教之終說，義當爲直進人說。或唯以大智爲三身體，如攝論以無垢無罣礙智爲法身，以後得智爲受用身，後得智之差別爲變化身。或唯以眞如爲三身體，如起信論中，眞如三大内，以體相二大爲法身，用大爲二身，此等約終教說，此中化身亦有化心，如大迦葉觀如來心知向阿難如是等。又涅槃經云，如來所化無量形類，各令有心故知有心，但前教生故順小說，或唯一實性離言絕慮爲佛寶，亦不分三二等，此約頓教說。若依一乘，二種十佛既通三世間，即知用一切理事人法等，總爲佛寶體，仍皆就覺義說。若約所依以海印三昧爲體，亦即攝前諸教所明，並在其中，以具同別二門故，餘可準知。

**法藏《華嚴經明法品内立三寶章》卷二**　法身義，四門分別。

初釋名者，法是軌持義，身是依止義，則法爲身，亦名自性身。

二體性者，略有十種。一依佛地論，唯以所照眞如清淨法界爲性，餘四智等並屬報化。二或唯約智，如無性攝論，以無垢無罣礙智爲法身故，謂離二障，諸德釋云，此據攝境從心，名爲法身，匪爲法身是智非理。今釋一切諸法尙即眞如，況此眞智而不如耶，既即是如何待攝境。三亦智亦境，如梁攝論云，唯如如及如如智獨存，名爲法身。四境智雙泯，經云，如來法身，非心非境。五此上四句合爲一無礙法身，隨說皆得。六此上總別五句相融形奪泯茲五說，通然無寄，以爲法身，此上單就境智辨。七通攝五分，及悲願等法行功德，無不皆是此法身收，以修生功德必證理故，融攝無礙，如前智說。八通收報化色相功德，無不皆是此法身收故，攝論中三十二相等，皆入法身。攝有三義，一相即如故歸理法身，二智所現故屬智法身，三當相並是功德法，故名爲法身。九通攝一切三世間故，衆生及器無非佛故，一大法身具十佛故，三身等並在此中，智正覺攝故。十總前九爲一總句，是謂如來無礙自在法身之義。

三出因者有四。一者了因，照現本有眞如法故。二者生因，生成修起勝功德故。三者生了無礙因，生了相即二果不殊故。四者總此勝德爲所依因，印機現用爲所成果。

四業用者亦有四。一此理法身，與諸觀智爲所開覺，經云，法身說法授與義故。二依此以起報化利生勝業用故，三或作樹等密攝化故。四遍諸塵道毛端等處，重重自在無礙業用也。

**窺基《大乘法苑義林章》卷七**　三身義，略以五門分別。一辨名，二出體，三開合廢立，四因起果相，五諸門分別。

第一辨名者。《佛地經》說，自性法、受用、變化差別轉。《金光明經》第二卷三身品說，一切如來有三種身，一者化身，二者應身，三者法身，如是三身攝受阿耨多羅三藐三菩提。《佛地論》說，自性即是初自性身，體常不變，名自性身。成唯識言，是一切法平等，實性無性。《攝論》第九卷言，非假所立，故名自性。非如餘身，合集成故，是所依止，故名爲身。自性即身，是持業釋。法謂差別，諸功德義，性謂本體義之體，故名爲法性無性。釋言，法性即身，故名法身，或法即是諸有爲德，此是彼體法之性故，名爲法性無性。釋言，或是諸法所依止處。成唯識言，大功德法所依止故。《佛地論》言，力無畏等諸功德法所依止故，名爲法性，是依主釋，身有三義。成唯識言，體依聚義，總說名身。法性即身，是持業釋。佛地論說，受用即是次受用身，能令自他受用種種大法樂故。此義總顯自、他受用身，並名受用身。自受用身自受法樂，他受用身令他受用。成唯識說，自受用身恆自受用廣大法樂。他受用身爲十地衆現通說法，決衆疑網，令他受樂。合此二種名受用身。自受用身是持業釋，受用即身故。他受用身是依主釋，受用之身故。《金光明經》亦名應身，但説他受用，不説自受用名爲應身。應宜現身名應身故。如彼經説，善男子，是諸如來，爲諸菩薩得通達故，説於眞諦。乃至廣説，是身能現三十二相、八十種好、項背圓光，是名應身。自受用身定慧功德，彼經説是法身攝故。《佛地論》説，變化即是後變化身，爲欲利益安樂衆生，示現種種變化事故。轉換舊形名變，無而忽有名化。變與化異，是相違釋。變化即身，是持業釋。此舉神境勝作用名變化身，多爲變化事故。《金光明經》單名化身，能導引故，受樂劣故，勝獨得名。或脱略名化，變化即身，是持業釋，總名三身，是帶數釋。

**玄奘譯《大乘論釋》卷九** 自性身中，非假所立，故名自性。是所依止，故名爲身。法性即身，故名法身。或是諸法所依止處，故名法身。

**玄奘譯《佛地經論》卷七** 法身清淨，眞如爲體。眞如即是諸法實性，法無邊際。法身亦爾，遍一切法，無處不有。猶如虛空，不可説其形量大小，就相而言，遍一切處。

**玄奘譯《成唯識論》卷一〇** 二乘所得二轉依果，唯永遠離煩惱障縛，無殊勝法故，但名解脱身。大覺世尊成就無上寂默法，故名大牟尼。此牟尼尊所得二果，永離二障，亦名法身。無量無邊力、無畏等，大功德法所莊嚴故，體依聚義，總説名身。故此法身，五法爲性，非淨法界獨名法身。

**惠能《六祖壇經》** 師言：善知識！各各志心，某甲與説一體三身自性佛，令善知識見三身了然，自悟自性。總隨某道：于自色身歸依清淨法身佛，於自色身歸依千百億化身佛，於自色身歸依圓滿報身佛。善知識，色身是舍宅，不可言歸向者。三身在自性中。世人總有爲自心迷，不見內性，外覓三身如來，不見自身中有三世［身］佛。善知識聽説，令善知識於自身中，見自性有三世［身］佛。此三身佛，從自性生，不從外得。

何名清淨法身。世人性本清淨，萬法從自性生。思量一切惡事，即生惡行。思量一切善事，即生善行。如是諸法，在自性中。如天常清，日月常明，爲浮雲蓋覆，上明下暗，忽遇風吹，衆雲散盡，上下俱明，萬象皆現。世人性常浮游，如彼天雲，亦複如是。善知識！智如日，慧如月，智慧常明，於外著境，被妄念浮雲蓋覆，自性不得明朗。若遇善知識，聞眞正法，自除迷妄，內外明徹，於自性中萬法皆現。見性之人，亦複如是，此名清淨法身佛。

善知識！自心歸依自性，是歸依眞佛。自歸依者，除卻自性中不善心、嫉妒心、驕狂心、諂曲心、吾我心、誑妄心、輕人心、慢他心、邪見心、貢高心，及一切時中不善行，常見自己過，不説他人好惡，是自歸依。常須下心，行於普敬，即是見性通達，更無滯礙，是自歸依。

何名千百億化身。若不思萬法，性本如空。一念思量，名爲變化。思量惡事，化爲地獄。思量善事，化爲天堂。毒害化爲龍蛇，慈悲化爲菩薩，智慧化爲上界，愚癡化爲下方。自性變化甚多。迷人不能省覺，念念起惡，常行惡道。回一念善，智慧即生，此是自性化身佛。

何名圓滿報身。譬如一燈能除千年暗，一智慧滅千年愚。莫思向前已過，常思於後，念念圓明，自見本性。善惡雖殊，本性無二。無二之性，名爲實性。於實性中，不染善惡，此名圓滿報身佛。

師言：自性起一念惡，報滅萬劫善因。自性起一念善，報得恆沙惡盡。直至無上，念念自見，不失本念，名爲報身。

善知識！從法身思量，即是化身佛。念念自性自見，即是報身佛。自悟自修，自性功德，是眞自歸依。皮肉是色身，色身是舍宅，不言歸也。但悟自性三身，即識自性大意。

**波頗蜜多羅譯《般若燈論釋》卷一三** 法身者，永離人故，智故，身故，諸有戲論故，三界所不攝故，是出世間無漏法聚故，名爲法身。

**圓測法師撰《仁王經疏》上卷（本）** 法身者有其三種。一者，通名法身，總攝佛德。二者，五分法身，如上應知。三者，眞如法身，用如爲體。

**湛然《法華玄義釋籤》卷四** 初文中云，體即五分法身者，無作戒爲戒身，無漏淨禪爲定身，無漏慧爲慧身，二種解脱爲解脱身。一者有爲解脱，謂無漏智相應。二者無爲解脱，謂一切煩惱無餘也。

**菩提流志《譯大寶積經》卷一一九** 言涅槃者，即是如來清淨法身。證法身者，即是一乘，無異如來，無異法身。言如來者，即是法身。證究竟法身者，即究竟一乘。

**義玄**《**鎮州臨濟慧照禪師語錄**》　你要與祖佛不別，但莫外求。你一念心上清淨光，是你屋裏法身佛。你一念心上無分別光，是你屋裏報身佛。你一念心上無差別光，是你屋裏化身佛。此三種身是你，即今目前聽法底人。祇爲不向外馳求，有此功用。據經論家，取三種身爲極則。約山僧見處，不然。此三種身是名言，亦是三種依。古人雲，身依義立，土據體論。法性身、法性土，明知是光影。大德，你且識取弄光影底人，是諸佛之本源。

**智昭**《**人天眼目**》**卷五**　三身謂法、報、化也。法身毗盧遮那，此云遍一切處。報身盧舍那，此云淨滿。化身釋迦牟尼，此云能仁寂默。在衆生身中，即寂、智、用也。寂即法身，智即報身，用即化身。《金光明最勝王經》云，一切如來有三種身，具足攝受阿耨菩提。化身者，如來昔在修行地中，爲諸衆生，修種種法，得自在力，隨衆生意，隨衆生界，現種種身，是名化身。應身者，謂諸如來，爲諸菩薩說于眞諦，令其解了生死涅盤是一味故，爲除身見衆生怖畏權喜故，爲無邊佛法而作本故，如實相應。如如如智本願力故，具三十二相八十種好，項背圓光，是名應身。法身者，爲除煩惱等障，爲具諸善法故。惟有如如如如智，是名法身。前二種身，是名假有。後第三身，是眞實有，爲前二身而作根本。何以故，離法如如，離無分別智，一切諸佛無有別法。複次諸佛利益自他，自利益者，是法如如。利益他者，是如如智。又纓珞經云，五分法身，以識性別，戒香攝身，定香攝意，慧香攝亂，解慧攝倒見，度知攝無明，是五分香纓珞其身。

## 法身五德

**真諦譯**《**佛性論**》**卷四**　復次五德者，一不可量，二不可數，三不可思，四無與等。五究竟清淨。

一不可量者，有四義。一由時節久，故不可量。二功用大，故不可量。三無餘不足，故不可量。四無中間，故不可量。如佛問舍利弗：汝能如量通達如來功德不？舍利弗言：不能，世尊。又問：汝云何得信如來功德？舍利弗言：我今依聲聞能觀見如來戒等功德，無處不生希有。譬如有人行天園，路見寶莊嚴樹，生希有心。我今亦爾。世尊！譬如有人在大城外，見彼諸人出入，無不可憐，作如是計。此城中人，皆應可憐。我亦如是。依聲聞故，能觀如來戒等功德，無非希有。以信知故。

二不可數者，是不可量功德。爲一爲多，其數無窮，過恆沙數，如《馬先行經》中說偈：

若人有千頭，頭頭有百口，
口口百言舌，舌舌百言聲，
十力等一分，窮劫說不盡。

三不可思者，非覺觀境界故。
四無與等者，不與聲聞、獨覺、菩薩三乘等共得故。
五究竟清淨者，無明住地，永滅無餘故。是名法身五德。

## 法印

**僧伽婆羅譯**《**文殊師利所說般若波羅蜜經**》　文殊師利！若善男子、善女人，聞此甚深般若波羅蜜，不生怖畏。當知此人，受佛法印。此法印者，是佛所造，是佛所貴。何以故。以此法印，印無著法故。若善男子、善女人，爲此印所印，當知是人，隨菩薩乘決定不退，不墮聲聞、辟支佛地。

**法雲**《**妙法蓮華經義記**》**卷五**　今第一言我法印者，即是所弘之經。印者故如此人名字，印此函書，送與所與之人，莫與所不與之人。然法華經猶如函書，但經中所明因果，猶如書中所表之事也。如來言教，題此經名字，猶如印也。弘經菩薩如送書人也。法印深意，其義如此。

**吉藏**《**法華義疏**》**卷六**　通言印者，印定諸法不可移改。又釋以文爲印，將文定理。謂理與此文相應者乃爲實理，故名法印也。

**吉藏**《**法華義疏**》**卷六**　我此法印者，以理爲印。謂文與理相應，則應信受。文乖此理，則不應信。理印有二。一體印，謂三一並絕，長短斯亡，即是實相，名之爲印。故《方便品》云，爲說實相印。二者用印，謂一有三無，三權一實。通言印者，印定諸法不可移改。又釋以文爲印，將文定理。謂理與此文相應者，乃爲實理，故名法印也。

**窺基**《**妙法蓮華經玄贊**》**卷六**　法印者，一乘妙理，印大乘教，令決定故。我爲利益，故說此印。汝既不識藥之與病，勿妄傳授，恐禍生故。

**普光**《**俱舍論記**》**卷一**　經教雖多，略有三種，謂三法印。一諸行無常，二諸法無我，三涅槃寂靜。此印諸法，故名法印。若順此印，即是佛經。若違此印，即非佛說。故後作論者皆釋法印，於中意樂廣略不同。或有偏釋一法印，或有舉一以明三。如《五蘊論》等，唯解諸行無常。如《涅槃論》等，唯釋涅槃寂靜。此即偏釋一法印。如《俱舍論》等，解諸法無我，此即是舉一以明三。

**施護譯**《**佛說法印經**》　佛言：苾芻！空性無所有，無妄想，無所生，無所滅，離諸知見。何以故。空性無處所，無色相，非有想，本無所生，非知見所及，離諸有著。由離著故，攝一切法，住平等見，是眞實見。苾芻當知，空性如是，諸法亦然，是名法印。

復次，諸苾芻！此法印者，即是三解脫門，是諸佛根本法，爲諸佛眼，是即諸佛所歸趣故。是故汝等，諦聽諦受，記念思惟，如實觀察。

**延壽**《**宗鏡錄**》**卷六**　一相無相，此中無法可名無相，亦無有法以爲無相，是則名爲一切法印，不可壞印。於是印中，亦無印相，是名眞實智慧。釋曰：一切法印者，以此心印，印一切法，楷定眞實。不可壞印者，一切有無內外等法，不能破壞故。於此印中，亦無印相者。萬法皆空，亦無所印。所印之法既無，能印之智非有。如是通達，名爲眞實智慧。古德云：顧此法，衆生之本原，諸佛之所證。超一切理，離一切相。不可以言語、智識、有無、隱顯，推求而得。但心心相印，印印相契，使自證知，光明受用而已。

**大義**《**妙法蓮華經大成**》**卷四**　法印者，一乘實相也。諸佛授受，以心傳心。契此心者，當下是佛。如世傳國之璽，得此印者，即是天子。說此法印，開示悟入一切衆生佛知佛見，豈非無分別法乎。

# 法樂

**鳩摩羅什譯**《**維摩詰所説經**》**上卷**　汝等已發道意，有法樂可以自娛，不應復樂五欲樂也。天女即問：何謂法樂。答言：樂常信佛，樂欲聽法，樂供養衆，樂離五欲。樂觀五陰如怨賊，樂觀四大如毒蛇，樂觀內入如空聚。樂隨護道意，樂饒益衆生，樂敬養師。樂廣行施，樂堅持戒，樂忍辱柔和，樂勤集善根，樂禪定不亂，樂離垢明慧。樂廣菩提心，樂降伏衆魔，樂斷諸煩惱，樂淨佛國土，樂成就相好故，修諸功德。樂嚴道場。樂聞深法不畏。樂三脫門，不樂非時。樂近同學，樂於非同學中，心無恚礙。樂將護惡知識，樂親近善知識。樂心喜清淨，樂修無量道品之法。是爲菩薩法樂。

**曇摩流支譯**《**信力入印法門經**》**卷二**　復次文殊師利！菩薩摩訶薩有五種法，則能清淨初歡喜地，得大無畏安隱之處。何等爲五。一謂菩薩生如是心。我已得住法樂故，生安隱心。爲令他住法樂故，起安慰心。有言法樂者，所謂怖畏三界苦故，所謂不失菩提心故。二謂菩薩生如是心。我已得住離九種事故，生安隱心。爲令他住離九種事故，起安慰心。

**浮陀跋摩共道泰等譯**《**阿毗曇毗婆沙論**》**卷一四**　已得受現法樂者，現法樂有四種。一出家樂，二閑靜樂，三寂滅樂，四三菩提樂。

**澄觀**《**大方廣佛華嚴經疏**》**卷三一**　論云，本爲利他成道，何故七日思惟不說，顯示自樂大法樂故。此問意云，在法身地，見機堪化，方應成佛，何用更思。今答意云，非是思而後知，自爲受法樂故。大法樂者，即所得智慧寂靜樂也。論云，何故顯己法樂，爲令衆生於如來所，增長愛敬心故。復捨如是妙樂，悲愍衆生爲說法故。

**湛然**《**維摩經略疏**》**卷六**　答言下，三淨名答言法樂者。一切善法欲爲其本，若有樂欲，是則爲樂。如人愛念父母親戚，以之爲樂。若爲佛弟子，以佛代父，以法代母，僧代親屬，行代財物，其深樂者，即出世法樂。文爲五。一樂歸三寶，二樂離集諦，三樂觀苦諦，四樂修道諦，五結成法樂。若能如是，非但因中即得法樂，後得滅諦涅槃，究竟常樂。

**圓測**《**解深密經疏**》**卷三**　法住智者，依薩婆多宗，知果法所住內故，名法住智。故《大婆沙》一百一十云：問：何故名法住智。答，法者是果，住者是因，知果法所住因故，名法住智。謂知三界下中上果所住之因，名法住智。廣說如彼。依經部宗，知法常住故，名法住智。故《成實論》二十六云，知諸法生起，名法住智。如生緣老死，乃至無明緣行，以有佛無佛，此性常住，故曰法住智。今依大乘，依《瑜伽論》，同《顯揚論》。故法住智者，謂依素怛纜等，安立法門智。依《瑜伽論》第十五云，《顯揚論》第十云，云何法住智，謂如佛施設開示無倒而知。又九十四云，云何法住智，謂如有一人聞隨順緣生緣起，無倒教已。於緣生行因果分位，住異生地，便能如實以聞思脩所成作意，如理思惟，能以妙慧，悟入信解。苦眞是苦，集眞是集，滅眞是滅，道眞是道。諸如是等，如其因果，安立法中所有妙智，名法住智。

**延壽**《**宗鏡錄**》**卷七**　是法住法位等者，重釋前偈。言是法者，即前所知之法。所以常無性者，由住眞如正位故。由緣無性，緣起即眞。由即眞，故云無性。言法位者，即眞如正位。故《智論》說，法性、法界、法住、法位，皆眞如異名。世法即如，故皆常住。謂因乖常理，成三界無常。若解無常之實，即無常而成常矣。

# 法住

**鳩摩羅什譯**《**妙法蓮華經**》**卷一**　無數諸法門，其實爲一乘。諸佛兩足尊，知法常無性。佛種從緣起，是故說一乘。是法住法位，世間相常住。

**法雲**《**法華義記**》**卷三**　知法常無性者，知萬善法，無有三乘性。佛種從緣起者，若據佛果，望萬善，此佛果由萬善而得，仍詺因爲緣，故言佛種從緣起也。是法住法位者，是萬善法住一乘法位，故法住法位。世間相常住者，只是世間取相，諸善亦住一乘佛位。又一種解。修此萬善在於世間相，常住者，常住大乘中。

**慧遠**《**地持論義記**》**卷四**　證法是總，相住是別。法相世諦，法住眞諦。眞諦不動，故名法住。

**智顗**《**妙法蓮華經文句**》**卷四下**　是法住法位一行，頌理一也。衆生正覺，一如無二，悉不出如，皆如法爲位也。世間相常住者，出世正覺以如爲位，亦以如爲相，位相常住。世間衆生，亦以如爲位，亦以如爲相，豈不常住。世間相既常住，豈非理一。又釋，世間者即是陰界入也，常住者即正因也。然此正因不即六法，不離六法。正因常故，緣了亦常，故言世間相常住也。

**玄奘譯**《**大般若波羅蜜多經**》**卷三八七**　本性空理，無方無處，無所從來，亦無所去。如是空理，亦名法住。是中無法，無聚無散，無減無增，無生無滅，無染無淨，是一切法本所住性。諸菩薩摩訶薩安住其中，求趣無上正等菩提，不見諸法有所發趣、無所發趣，以一切法都無所住，故名法住。

**玄奘譯**《**大般若波羅蜜多經**》**卷五三三**　本性空理，無方無處，無所從來，亦無所去。如是空理，亦名法住。此中無法，無聚無散，無減無增，無生無滅，無染無淨，是一切法本所住性。諸菩薩摩訶薩安住其中，求疾證得一切智智，不見有法有所求證，不見有法無所求證，以一切法都無所住，故名法住。

# 法位

**窺基**《**妙法蓮華經玄贊**》**卷四**　法住法位者，眞如住在諸法之中體性常有，名爲法住。法有染淨，離染得淨，分位顯之，故名法位。

**一行**《**大毘盧遮那成佛經疏**》**卷四**　聞諸法實相，遠離一切諸相。法佛所住，住於法位。若如來出世，若不出世，常自寂滅，不可思議。非思量分別之所能及，亦非因量譬喻所能表示。

**澄觀**《**大方廣佛華嚴經隨疏演義鈔**》**卷七**　言法位者，即眞如正位。故《智論》說，法性、法界、法住、法位，皆眞如異名。世法即如故，皆常住。

# 法　忍

**竺法護譯《佛説如來興顯經》卷四**　爾時普賢，重告之曰：菩薩大士逮得法忍，有十事以能具足於法忍者，則無陰蓋，便致一切法忍之地，於諸佛法，而無罣礙。何謂爲十。一達音響，二柔順行，三不起法忍，四曰喻幻，五曰野馬，六曰若夢，七曰呼響，八曰若影，九曰如化，十曰如空。是爲菩薩逮十法忍。

彼則何謂爲音響忍。諸所聞音，不懷恐怖，不畏不懅，喜樂思順，諸所遵行，無所違失，是音響忍。

何謂柔順法忍。菩薩隨順應遊法生，而觀察法，造立行等，不爲逆亂設使諸法。應柔順者，當度度之。志性清淨，遵修平等，勤加精進，順入成就。是柔順法忍。

何謂菩薩不起法忍。菩薩設覩諸法有所生者，都無處所，不計滅盡，亦無所見。其不生者則無所滅。其無滅者則無所盡。其無盡者則無所壞。其無壞者則無崖底。其無底者則寂然地。其寂然地者則澹泊也。其澹泊者則無所行。其無所行者則無所願。是爲不起第三法忍。

何謂菩薩喻幻法忍。曉了諸法一切如幻，因緣而成。【略】菩薩曉了一切諸法若如幻者，不合不散，不與地水火風而俱遊居。【略】

菩薩曉世一切所有，悉爲慌惚，猶如野馬。人遥覩之，如江河流而有波起。達士了之，炎氣無水。菩薩如是，分別諸法，有無衆事，無內無外，不有不無，亦無斷滅，不計有常。不入教誨輕慢之內，觀覩如有，而無惡趣。心不歸外，亦不處內。爲一像貌，若干之像，知無像貌。一切諸法，具足微妙，皆悉無本。是爲野馬第五法忍。【略】

菩薩觀世，猶如夢想，如人之夢，不處于世，不從世興，不從世生。又夢者夢，無有欲界，亦無色界，無無色界。所以謂夢，則無所生，悉無所有。夢無塵勞，則無結恨。又計夢者，既無所生，亦無清淨。夢不見夢。菩薩大士觀一切世，曉了如夢，亦無明達，亦無闇冥。夢者自然，夢無所著。夢者恍惚。夢者本淨。有所建立，而有此夢。夢無所壞，因所念想故，而有斯夢。設能曉了一切諸法若如夢者，開導世間，是爲若夢第六法忍。【略】

了於一切，猶若呼響，非不有聲，然本悉寂，亦無所度。【略】有所學者，分別曉了一切諸聲，悉無所有。【略】悉使覺了一切諸音，縱有所説，皆無所生。遊若干音，都無想念。【略】是爲如響第七法忍。【略】

菩薩不沒於世，不生於世，不遊於世。不出於世表，不行於世。不信法界，不壞習俗。又於世界，亦無不壞。不至於世，不貪樂世。不御於世，不長於世。又彼菩薩不處於世，亦不度世，亦不奉行菩薩之行。無所篤信，於大誓願，不實不虛，不有不無，無虛妄行，則趣一切諸佛之法。普周世間，靡所不遍。於世俗法，亦無所住。不隨俗教，猶若如影。【略】是爲如影第八法忍。【略】

菩薩普入世俗，若有所至，觀了衆生，一切如化。然不適識，念如化事。所謂化者，則謂一切諸有世界，因所造行，思想所化，皆是一切苦樂顛倒。斯化等類。一切世間，悉緣無明。或以思想，便成塵勞。衆想之念，因緣化生。【略】是爲如化第九法忍。【略】

菩薩觀入衆生一界，猶如虛空，無有緣相。一切法衆，亦復如茲。入諸佛土，而無有誠。諸法虛空，無有二事。菩薩如斯，入無所誓，猶如虛空。苞諸佛土，亦復如斯，無所縛著。【略】是爲佛子菩薩大士了諸法如空第十法忍。

**鳩摩羅什譯《大智度論》卷一五**　法忍者，於內六情不著，於外六塵不受，能於此二不作分別。何以故。內相如外，外相如內，二相不可得故，一相故，因緣合故，其實空故，一切法相常清淨，如眞際法性相故，不二入故，雖無二亦不一。如是觀諸法，心信不轉。是名法忍。

**曇無讖譯《大方等大集經》卷二四**　今日十方諸大菩薩，其中或有得法忍者，得無生忍。一生後生，悉爲我證。如是菩薩修集慈、悲、喜、捨之心，了了通達諸法之性，亦能遠離身相業相。其心不著有爲無爲，亦不貪著眼，乃至意色，乃至法。至心修集，無緣梵行，無諸覺觀，不生憍慢。無所貪著，知眞實性。觀一切法，皆悉平等。所謂三世三界三戒，亦得增長大慈大悲、大喜大捨。一切衆生，遠離三界、陰、入、界等，離一切字聚、名聚、句聚有爲之法。作是觀時，即得具足大慈大悲、大喜大捨。修集同空，三昧梵行，六波羅蜜。諸佛護念，具善方便，住第三忍。過於聲聞、辟支佛道。遠離一切眼色因緣，乃至一切意法因緣。觀法界如，隨順不倒，獲得大慈大悲等力，於諸法中得大自在。

**達摩笈多譯《大寶積經》卷一〇四** 爾時，文殊師利復白佛言：世尊！所言無生忍者，云何名爲無生忍也。世尊，復以何義，而更名爲法無生忍，菩薩云何得斯忍法。

佛告文殊師利言：實無有人於生法中得無生忍。所言得者，但有語言名字。何以故。以無生法不可得故，離攀緣故，不得法忍。得無所得，無得無失，是故言得無生法忍。復次，文殊師利！彼無生法忍者，所謂一切法無生，如是忍故。一切法無來，如是忍故。一切法無去，如是忍故。一切法無我，如是忍故。一切法無主，如是忍故。一切法無取，如是忍故。一切法無捨，如是忍故。一切法無所有，如是忍故。一切法無實，如是忍故。一切法無等，如是忍故。一切法無等等，如是忍故。一切法無比，如是忍故。一切法無染如虛空，如是忍故。一切法無破壞，如是忍故。一切法無斷，如是忍故。一切法無垢，如是忍故。一切法無淨，如是忍故。一切法空如，是忍故。一切法無相，如是忍故。一切法無願，如是忍故。一切法離貪恚癡，如是忍故。一切法如如，如是忍故。一切法法性，如是忍故。一切法實際，如是忍故。如是一切法，無分別，無相應，無憶念，無戲論，無思惟，無作無力，羸劣虛誑。如幻如夢，如響如影，如鏡像，如芭蕉。如聚沫，如水泡。如是忍故，所可忍者，亦無可忍。非法非非法，但以名字，說斯法耳。然彼名字，亦不可得，本性自離。如是言忍，信解樂入，無惑無疑，無驚無怖，無動無沒。遍滿身已，正受而行。不得其身，亦無住處。文殊師利！是爲菩薩摩訶薩，於諸法中得無生忍，乃至不行一切想故。

## 法事

**法立 法炬譯《大樓炭經》卷四** 諸天有十事。將何等爲十。一者飛行無極、二者坐遂無極、三者諸天無盜賊、四者不自說身善亦不說他人惡、五者無有相侵、六者諸天齒等而通、七者髮紺青色滑澤長八尺、八者天人青色髮者身亦青色、九者欲得白者身即白色、十者欲得黑者身即黑色，是爲諸天十法事。

**無羅叉譯《放光般若經》卷五** 舍利弗問：何等爲諸法事。須菩提言：所可名者，諸法之貌，色聲香味細滑法，內法外法，有爲無爲法像貌，所可名者是爲諸法事也。

**無羅叉譯《放光般若經》卷一八** 須菩提！菩薩行般若波羅蜜，以漚惒拘舍羅祐利衆生勸助之言，當念禪一心，莫生亂想，亦莫生三昧想。何以故。諸法性皆空。空無法中，亦無亂者，亦無有一心者，當住是三昧身口意所作事。若六波羅蜜、三十七品，八惟無、九次第禪、佛十力、四無所畏、四無礙慧、大慈大悲、佛十八法、八十種好，若聲聞、辟支佛道、菩薩道、佛道，若聲聞果、辟支佛果，若薩云若，若淨佛土教化衆生，若行空者便得，是諸善法事。

**廣莫《大佛頂如來密因修證了義諸菩薩萬行首楞嚴經直解》卷七** 法事者，即指上十事。三覺及戒定慧等，皆法事也。一切法事，戒爲前導，故表而出之。戒既清淨，則諸法事悉得究竟成就。

## 法性土

**慧遠《大乘義章》卷一九** 或分爲三，一法性土，二實報土，三圓應土。法性土者，土之本性。諸義同體，虛融無礙。猶如帝網，亦如虛空，無礙不動，無所有等，同體義分。《地經》所說眞實義相，即其義也。

**窺基《阿弥陁經疏》** 問：淨土有幾種。答：有四種。一法性土、二自受用土、三他受用土、四變化土。問：四土之中西方是何淨土。答：若法性土者，即是無垢眞如。自性清淨，第一義空。本來湛然，不假修成。爲一切法之所依止。無一佛出世間法不有，名性淨土。

**法崇《佛頂尊勝陁羅尼經疏并釋真言義》卷下** 問：三身既然，土義如何。答：法性土者，非色所攝。不可說其形量大小。然依事相，無量無邊。譬如虛空，遍一切處。

**窺基《成唯識論述記》卷一〇**　法性土者，以屬佛法，相性異故。以佛義是相，謂有爲功德法所依故，眾德聚義故。二身自體故。法是性義，功德自性故，能持自性故，諸法自性故。體爲土，義爲身。

**窺基《説無垢稱經疏》卷一**　佛土有三。一法性土，法身所居，眞如之理。二受用土，報身所居，眾寶嚴飾。三變化土，化身所居，淨穢不定。

**窺基《説無垢稱經贊》卷二**　身既有三，土隨亦爾。一法性土，二受用土，此二唯淨。三變化土，通淨及穢。《成唯識論》第十卷説，佛身有四，佛土亦爾。一自性身，依法性土。《稱讚大乘功德經》言，是薄伽梵，住法界藏，説彼經典，住法性土也。二自受用身，依自受用土。三他受用身，依他受用土。《佛地經》云，住最勝光耀十八圓滿也。四變化身，依變化土。此經所云，住廣嚴城也。初三身土，唯淨非穢。後變化土，通淨及穢。

# 法門

**佛馱跋陀羅譯《大方廣佛華嚴經》卷四五**　佛子！此法門者，無量無邊，究竟方便諸法海故。此法門者，不可損減薩婆若，心不可壞故。此法門者，不可窮盡眾生妄想，不可盡故。此法門者，最爲甚深寂靜智境界故。此法門者，最爲廣大一切佛境界故。此法門者，不可破壞菩薩智所知故。此法門者，不可稱量，不可破壞，滿法界故。此法門者，即是普門於一相中，攝取一切自在力故。此法門者，是第一法，一切法無身，行無二故。此法門者，非生一切諸法，悉如幻故。此法門者，如電，攝薩婆若諸大願故。此法門者，如化，善能變化菩薩行故。此法門者，如大地輪，饒益一切諸眾生故。此法門者，如大水輪，以廣大悲潤眾生故。此法門者，如大火輪，消竭眾生諸貪愛故。此法門者，如大風輪，立一切眾生薩婆若故。此法門者，猶如大海，功德莊嚴一切眾生故。此法門者，如須彌山，一切功德海中起故。此法門者，如大城郭，一切法街巷而莊嚴故。此法門者，猶如虛空，三世諸佛自在，最無上故。此法門者，猶如慶雲，普雨眾生甘露法故。此法門者，猶如白日，普照一切，滅癡闇故。此法門者，猶如滿月，滿足眾生功德海故。此法門者，如如，至一切故。此法門者，如影，善能應化諸業報故。此法門者，如響，隨其所應，爲説法故。此法門者，猶如電光，隨其所應，悉照知故。此法門者，猶如樹王，一切諸佛功德妙華，成就一切智果實故。此法門者，猶如金剛，一切世間無能壞故。此法門者，如隨意寶王，出生無量自在力故。此法門者，如離垢寶，悉分別知三世佛故。此法門者，猶如寶幢，出一切佛平等法輪妙音聲故。

**竺佛念譯《十住斷結經》卷八**　何謂千八百微妙法門。菩薩習於本淨法門，獲此法門者，不於本際而受其證。復有無言説法門，菩薩得此法門者，遊虛空界無能覺知。復有無所得法門，菩薩得此法門者，雖度眾生亦不見度。復有無所持法門，菩薩得此法門者，解知本淨，內外無主。復有名號法門，菩薩得此法門者，一切諸法，虛而無實。復有成就法門，菩薩得此法門者，雖處有爲，不著有想。復有化識法門，菩薩得此法門者，入無形界，無形教化。復有現形法門，菩薩得此法門者，現形無數而教化之。復有因緣法門，菩薩得此法門者，爲彼眾生而造因緣。復有法聲法門，菩薩得此法門者，但聞音響，不見其形。復有離有法門，菩薩得此法門者，不見生滅、著斷之法。復有解脱法門，菩薩得此法門者，不見泥洹有趣滅度。復有深奥法門，菩薩得此法門者，分别如來祕要之典。復有無色像法門，菩薩得此法門者，入無色定而教化之。復有無觀行法門，菩薩得此法門者，佛法無教亦無處所。復有數息法門，菩薩得此法門者，諸法無數，解息無息。如是最勝，菩薩摩訶薩獲如此等千八百微妙法門。

**曇摩伽陀耶舍譯《無量義經》**　佛告大莊嚴菩薩及八萬菩薩言：善男子！有一法門，能令菩薩疾得阿耨多羅三藐三菩提。若有菩薩學是法門者，則能疾得阿耨多羅三藐三菩提。

世尊！是法門者，號字何等。其義云何。菩薩云何修行。

佛言：善男子！是一法門，名爲無量義。菩薩欲得修學無量義者，應當觀察一切諸法，自本來今，性相空寂，無大無小，無生無滅，非住非動，不進不退。猶如虛空，無有二法。而諸眾生虛妄橫計，是此是彼、是得是失，起不善念，造眾惡業，輪迴六趣，備諸苦毒，無量億劫不能自出。菩薩摩訶薩如是諦觀，生憐愍心，發大慈悲，將欲救拔。又復深入一切諸法，法相如是，生如是法。法相如是，住如是法。法相如是，異如是法。法相如是，滅如是法。法相如是，能生惡法。法相如是，能生善法。住異滅者，亦復如是。

**圓澄**《**思益梵天所問經簡註**》**卷二**　何謂法門。既欲以方便隨宜，化澤群有，鋪彰大槩，嚴顯法幢，所謂戒門、空門、慧門以及六和五敬、三千威儀、八萬細行，無非法門之事也。

## 法眼

**鳩摩羅什譯**《**大智度論**》**卷四〇**　菩薩摩訶薩初發心時，以肉眼見世界衆生，受諸苦患，心生慈愍。學諸禪定，修得五通，以天眼遍見六道中衆生，受種種身心苦，益加憐愍故，求慧眼以救濟之。得是慧眼已，見衆生心相種種不同，云何令衆生得是實法。故求法眼，引導衆生令入法中，故名法眼。

**慧遠**《**無量壽經義疏**》**下卷**　形膚曰肉。淨肉之根能有照矚，目之爲眼。於彼國中，報得肉眼，徹見無數世界之事，名爲清徹。所見明審，故無不了。斯乃照矚現在色像，名爲肉眼。天眼通達，無量無限，天眼勝也。一切禪定，名爲天住。依天得眼，故名天眼。能見衆生死此生彼，所見寬多，故曰無量。所見長遠，故曰無限。法眼觀察究竟諸道，法眼勝也。智能照法，故名法眼。

**慧遠**《**大乘義章**》**卷二〇**　形膚曰肉。淨肉之眼能有照矚，故名肉眼。言天眼者，解釋不定。就趣以論，所受自然，目之爲天。如《地持》釋，天趣之眼故名天眼。若就人解，諸佛菩薩淨故稱天，淨天之眼故曰天眼。若依禪釋，一切禪定，離欲清淨，故名爲天。依天得眼，故曰天眼。言慧眼者，觀達名慧。慧能照矚，故名慧眼。言法眼者，軌則名法。又《成實》云，法名自體，善惡等事，各有自體，故名爲法。照法之眼，故名法眼。

**湛然**《**止觀輔行傳弘決**》**卷三之二**　論云：菩薩摩訶薩初發心時，雖得肉、天、慧眼等，以見衆生種種不同，云何能得如是實法。故求法眼，引導令入，故名法眼。又法眼有二：一分別二乘，二分別菩薩。分別二乘，處處有文。分別菩薩，即此文是。廣列一切因果行相，一切種種諸方便門，令衆生入，是名法眼。

**宗密疏、長水記**《**金剛經疏記科會**》**卷八**　四，法眼。須菩提！於意云何，如來有法眼不。如是，世尊！如來有法眼。疏：四法眼，後得智，說法度人。記：後得者，從根本後，方得起故。亦名遍智、俗智、如量智。由能達俗故，名法眼也。

## 法塵

**吉藏**《**百論序疏**》　《毘曇》塵凡有二種，一者五塵，二者法塵。五識所取，名爲五塵。意識所緣，目爲法塵。然過去未來五塵，雖爲意識所取，亦五塵也。問：現在五塵上，有生、住、異、滅、苦、無常等，爲是何塵。答：屬法塵也。次《成實》明塵者。論師云：法塵有二。一別體法塵，但爲意識所得。二同體法塵，即過去未來五塵。以爲意識所得，復爲五識所緣，故名同體。次論同異。《成實》明，總瓶是假，屬法塵，爲想心所得之。識但得瓶上青黃實色耳，故與外道異。《智度論》云，九十六術不說意，以難解故。若爾，亦應不說法塵。是故見《破情品》及以此章，但說五塵耳。《毘曇》明，無有假瓶體用，但有其名。名屬行陰，爲法塵攝之。次論色塵同異。《毘曇》明，可見色有二十一，謂青黃長短等。《成實》明，青黃是實爲眼所見，長短爲假屬法塵。

**德清**《**大佛頂如來密因修證了義諸菩薩万行首楞嚴經通議**》**卷三**　議曰：此會法處也。約法塵以辯。以意中所緣善、惡、無記三性生成法，則名爲法塵。以此法塵，唯意識所變，故即心。離心推之，若此法塵即心而有法，則是心而非塵矣。既非法塵，則非汝心所緣之塵矣。云何成處耶！此言即心而有者，妄矣。若此法塵離心而有，必別有方所。若有方所，則法自性爲有知耶、是無知耶。若知，則非塵，當名汝之心矣。若有知而又異於汝，則非是汝之法塵，應同他人之心量矣。且異汝而又有知而言，即是汝之塵，即是汝之心。故云即汝即心。斯則云何汝心更二於汝耶！此則異汝而言有知者，非也。若異汝而非知，將爲汝之法塵者，此塵既非色聲香味離合冷煖之實法，又不同於虛空，畢竟當何所在耶。此言離心而非知者，妄矣。今於色空求之，都無表示。不應人間更有空外而爲汝之法塵也。此喻五塵之外，別有法塵也。縱許法外有法，則非汝心所緣之境矣。處從誰立耶。以此觀之，都無實體，一切總非，則空如來藏之義，於是乎顯矣。

**一松《大佛頂首楞嚴秘錄》卷三**　牒計推破即心中，心即意根，法即法塵。非塵謂非法塵，乃是心也，所謂遮詮耳。謂汝之法塵若即心生，能生者既是心，所生者亦應是心。則汝之法塵，乃是心而非法塵矣，故云若即等也。若是法塵，方成所緣。今既是心，而非法塵。那可以心還緣乎心，故云非心所緣。以其根塵相對，則成乎處。既非所緣法塵，云何得成其處，故云云何成處。離心中，於心名心，心量即心，汝心皆意根也。則法之法，即法塵也。知則名心等者，意謂法塵無知，意根有知。若法塵有知，即是意根矣。故云知即名心，汝之法塵是塵而非心也。若即名心，則異乎汝之法塵，故云異汝，乃非汝法塵矣，故云非塵。既非法塵，乃是心矣。雖即是心，乃同他人之心。以其法塵離乎心故，故云同他心量。應補一轉計云，雖曰非塵，乃即吾心，非同他心。遂破云，汝意根是心矣。法塵又是汝心，云何汝心而離爲二耶，故曰即汝等也。若非知等者，非知即無知也。若曰無知，世間無知者，不出色聲等及夫虛妄相。汝之法塵乃此等落謝影子。雖曰無知，自不同乎此等。除此等相，當在何處所耶，故云若非等也。今就五塵之色、虛空之空，了不見汝法塵而爲表示，故云今於等也。然人間五塵之外，或更有五塵。而虛空之外，那更有虛空爲汝法塵之表示耶，故云不應等也。謂法塵是意根之所緣，意根是法塵之能緣。今既無表示，則心無所緣，非即無也，故云心非所緣。以其法塵意根能所相對，方成其處，既無所緣，那得成處，故云處從誰立。

**通潤《大佛頂如來密因修證了義諸菩薩万行首楞嚴經合轍》卷三**　所緣之境，名曰法塵。此法與心，不即不離，故審其即心離心也。若此法塵即是心者，此法則非是塵，不是意家所緣之境，云何得成意根所緣之處乎。若此法塵離心而別有處所，則法塵自性是有知乎，是無知乎。若以爲知，則應名心，不名法塵。若此有知之法塵，不是汝心，則同他人心量，與己無預之。此有知之法塵，即是汝心，云何一人而有二心。故《大集經》云：如是心緣，爲異不異。若心異緣，則一時中應有二心。若心即緣，不應復能觀於自心。猶如指端，不能自觸。若此法塵是無知者，則此法塵既離無知，五塵之外，當在何處。今於色空之間，既無表示，不應人間更有空外而爲法塵所容之處乎。縱居空外，又非內塵，定非意家所緣之境。則此法塵，從誰而立。

**乘時《大佛頂如來密因修證了義諸菩薩万行首楞嚴經講錄》卷三**　此明法塵即如來藏性也。法塵即前五塵卸落影像，分爲意根所緣之塵相。其根塵必待，因依而起。故審究阿難曰，汝尋常於意根中所緣之塵，不是善，定是惡。若不記，別善惡，定是無記性。夫善惡，淨染法也。無記，昏住法也。乃生成之軌，則除此三性，無法塵可得矣。如此法塵，爲復即汝意根所生，爲當離意根外別有方向處所耶。若謂此法塵即意根者，此法則非屬塵。既不屬塵，必非意根所緣，云何名爲心緣之處耶。若謂此法塵離於意根，別有方向所在者，其法塵自性，果有知覺乎，果無知覺乎。若果有知，則當名心，不當名塵，豈獨不名塵而已哉。若離心別有方所，斯塵反異於汝。又屬有知，則非法塵。似非法之意根，亦非汝之法塵，乃同他人之心量，與汝何干。若必執言，雖別有方所，縱非是塵，必非他人心量，即是汝，即是汝之心者。云何汝心不與汝合，而爲一反，更與汝離而爲二乎。有是理哉。可見計法塵離意根而有知者，妄矣。若謂此法塵乃離心而無知者，世間無知之物，盡屬前五塵，而前五塵各對前五根矣。此塵既離五塵及虛空外，當在何處。今於色空都無表示，不應人間更有空外而爲法塵所止之處乎。法塵既無處所，則意根亦非所緣。根既無所緣之處，復從何物而立根之名乎。

**真界《大佛頂如來密因修證了義諸菩薩万行首楞嚴經纂註》卷三**　內塵，法塵也。見聞逆流者，《宗鏡》云，眼等取外塵境，剎那流入意地。從外入內，名爲逆流。斯則意有所緣，即是寤則覽塵斯憶爲生也。流不及地者，謂昏寐時，根不緣塵，則無外塵流及意地，而意亦無所緣，即是寐則失憶而忘爲滅也。覺知覽此寤寐、生滅二塵爲體，故離彼二塵，畢竟無體。寤寐二相隨身開合者，《列子》云，其寤也形開，其寐也形交，交即合也。蓋言開則覽塵斯憶爲生，合則不緣法塵名滅。汝覺知性，離此寤寐生滅，畢竟無體，故同空華也。

**溥畹《大佛頂首楞嚴經寶鏡疏》卷三**　所緣法塵，此惟屬內，祇是前五塵之生滅影事，於世諦中亦無別體者也。若欲分別此性，不出於三。一善性，二惡性，謂第六識所具一切善法惡法之性也。三無記性，謂第六識所具一切不善不惡，初無記憶之性也。皆由意根所緣生來，自成一定法則，故名爲性。此所謂不教而能者也。以諸世諦一切有漏生滅之法，皆依此三性造作而成，故曰生成。然此諸法，莫不以三性作則，故曰法則。以故吾人意根所緣，不是善，便是惡。若不記別善惡，則落無記。設除此三性之外，亦別無意法可得矣。然此法塵，爲復即汝意根之心所生乎，爲當離汝意根之心而別有方所乎。阿難！若謂此之法塵即意根之心者，法塵既然，即是意根之心，則應非是法塵。既不屬塵，自非意根之心所緣之境，云何得成意根所緣之處乎。若謂此之法塵，離意根之心，別有方向處所者，則其法塵應有自性。然塵之性爲是有知耶，爲是非有知耶。若謂有知，則當名意根之心，不當更名內法之塵。既然異汝意根，且又有知而非塵者，則另是一心，豈不同於他人之心量乎。若必執言，雖別有方所，縱非是塵，必非他人心量，仍即是汝，即汝之心量者，云何汝心不與汝合而爲一，反更與汝離而爲二乎。可見計法塵離意根而有知者，謬矣。若謂此法塵乃離意根之心，而非有知者，然此法塵且屬於內。既非外之色聲香味，與離合冷煖之觸，以及虛空等相，離此諸塵，當何所在耶。今且於此色空之間，都無可以表顯而指示，莫不是人世之間，更有一箇空外之空而爲法塵所容之處乎。且此法塵既非有知，自不是能緣之意根。又離根而處空外，定非是所緣之法塵。既非能緣之根，又非所緣之塵，能所皆不可得，且道此之法處，將從誰而立耶。可見計法塵離意根，而非有知者，亦謬矣。故下結之曰，由是義故，應當了知，此所緣之法，則與能緣根心二者俱無處所也。則此意根與夫法塵，二處俱是虛妄稱相。若求其本，乃非因緣非自然之如來藏性也。

# 法體

**曇摩流支譯《如來莊嚴智慧光明入一切佛境界經》卷下**　所言一切法體者，即是無體。

**曇陁羅譯《大寶積經》卷二六**　如來所行者，於一切法清淨體性，無所分別。以此般若體性淨故，知菩提體性淨。知菩提體性淨故，知衆生體性淨。知衆生體性淨故，知一切法體性淨。知一切法體性淨故，於諸法體性得如實智。

**那連提耶舍譯《月燈三昧經》卷四**　菩薩摩訶薩深怖三界，起驚畏心。厭離三界，起不染心。不著三界，起逼惱心。爲脫三界苦衆生故，起大悲心。趣向阿耨多羅三藐三菩提，發大精進心。童子！是爲第三。菩薩成就如是，能得一切諸法體性平等，無戲論三昧。

**菩提流支譯《深密解脫經》卷二**　以第一義法無我得名，是故名爲第一義諦無自體相。常常時、恆恆時，一切法體常住。謂無爲體，離諸一切煩惱相應。若法常常時、恆恆時，依彼法體住彼法，不生不滅，以無爲故。若法無爲，彼法本來寂靜。若法本來寂靜，彼法本來涅槃，以遠離一切煩惱毒相應故。是故第一義法無我得名，我說諸法無自體相。一切法本來不生，一切法本來不滅，一切法本來寂靜，一切法本來涅槃，成就第一義。一切衆生衆生界中，不知不覺，虛妄分別法體差別。亦不能知他力因緣法體差別，亦復不見第一義諦法體差別，是故我說三種法無自體相，成就第一義。而諸衆生虛妄分別諸法體相、他力法體、第一義體。虛妄分別名字體相，說因緣法第一義法，成就第一義。

**那連提耶舍譯《大方等大集經》卷五一**　不離衆生有一切法，不離一切法有衆生。其衆生體性，是一切法體性。其一切法體性，是衆生體性。其一切法體性，是我體性。其我體性，是一切法體性。其一切法體性，是佛法體性。其佛法體性，是無我界體性。其無我界體性，是實際體性。其實際體性，是如如體性。如是知一切法。諸仁者，是名安住出世間一切法器般若、一切法界出世間智器清淨平等。

## 法力

**菩提流支譯**《**勝思惟梵天所問經論**》**卷二**　遠離未來諸障，增長諸白法者，於未來世更不作惡。以是至心，不作惡故，得清淨心。得善法力者，觀察虛妄煩惱諸過，不見過去一切煩惱，以得白法力故。

**勒那摩提共僧朗等譯**《**妙法蓮華經論優波提舍**》　自此已下示現法力、持力、修行力，應知。法力者，五種門示現。一者證，二者信，三者供養，四者聞法，五者讀誦持説。

**曇無讖譯**《**菩薩地持經**》**卷二**　法力者，所謂六波羅蜜檀波羅蜜。尸羅波羅蜜、羼提波羅蜜、毘梨耶波羅蜜、禪波羅蜜、般若波羅蜜，是名法力。是諸法有所堪能，故名法力。

**吉藏**《**法華論疏**》**卷下**　法力者，法即是《法華》之法，有勝功用，故稱法力。

**湛然**《**維摩經略疏**》**卷二**　法力者，於二諦、三諦、四四諦一切諸法自在故也。

## 法藏

**康僧鎧譯**《**佛説無量壽經**》**卷上**　具諸菩薩無量行願，安住一切功德之法，遊步十方，行權方便，入佛法藏究竟彼岸。

**曇無讖譯**《**金光明經**》**卷一**　諸佛所有，甚深法藏，不可思議，無量功德，一切種智，願悉具足。

**法聰**《**釋觀無量壽佛經記**》　八萬法藏者，故《賢劫經》云，從佛初發心，乃至分舍利凡三百五十法門。一一門各六度，合二千一百度。用是度破四分煩惱，合成八千四百。約一度爲十善，合八萬四千法門。若作八萬四千法藏，約苦諦爲名，若約集諦，即八萬四千塵勞門。若約道諦，即八萬四千陁羅尼門。若約滅諦，即八萬四千波羅蜜門。六度即六波羅蜜，亦名八萬四千度無極。

**法護等譯**《**佛説大乘菩薩藏正法經**》**卷二二**　舍利子！諸菩薩摩訶薩求趣大乘正法藏者，應當親近諸軌範師，而常獲得無量善法。如是如是稱讚功德，皆悉獲得諸善果報。然後轉增無量無邊、不可思、不可量、不可數無邊功德。

《**薩婆多毗尼毗婆沙**》**卷一**　八萬法藏者。又云，如樹根鬚枝葉多，名爲一樹。佛爲一眾生始終説法，名爲一藏，如是八萬。有云，佛一坐説法，名爲一藏，如是八萬。有云，十六字爲半偈，三十二字爲一偈，如是八萬。有長短偈，三十二字爲一偈，如是八萬。有云，如半月説戒，爲一藏，如是八萬。有云，佛自説六萬六千偈，爲一藏，如是八萬。有云，佛説塵勞有八萬，法藥亦有八萬，名八萬法藏。

## 法輪

**安世高譯**《**佛説轉法輪經**》　一時，佛在波羅棕國鹿野樹下坐，時有千比丘諸天神，皆大會側塞空中，於是有自然法輪，飛來當佛前轉。佛以手撫輪曰：止！往者吾從無數劫來，爲名色轉受苦無量，今者癡愛之意已止，漏結之情已解，諸根已定生死已斷，不復轉於五道也。輪即止。

**鳩摩羅什譯**《**維摩詰所説經**》**上卷**　三轉法輪於大千，其輪本來常清淨，天人得道此爲證，三寶於是現世間。

**鳩摩羅什譯**《**大智度論**》**卷八**　佛轉法輪，或名法輪，或名梵輪。是梵天王坐蓮華上，是故諸佛隨世俗故，於寶華上結加趺坐，説六波羅蜜。聞此法者，畢至阿耨多羅三藐三菩提。

**鳩摩羅什譯**《**大智度論**》**卷二五**　復次，轉輪聖王手轉寶輪，空中無礙。佛轉法輪，一切世間天及人中無礙無遮。其見寶輪者，眾毒皆滅，遇佛法輪，一切煩惱毒皆滅。見寶輪者，諸災惡害皆滅，遇佛法輪，一切邪見、疑、悔災害皆悉消滅。王以是輪治四天下。佛以法輪治一切世間天及人，令得法自在。是爲相似。

復次，法輪於寶輪大有殊勝。寶輪，欺誑。法輪，堅實。寶輪，長三毒火。法輪，滅三毒火。寶輪，有漏。法輪，無漏。寶輪，樂五欲樂。法輪，樂法樂。寶輪，結使處。法輪，非結使處。寶輪，有量處行。法輪，無量國行。寶輪，以一心清淨布施故世世可得。法輪，無量阿僧祇劫集一切善業因緣及智慧故得。寶輪，王死後更不轉。佛滅度，法輪猶轉。寶輪，在一人。法輪，在一切可度者。復次，梵名廣，佛轉法輪十方無不遍故名廣。復次，四梵行心說故名梵輪。復次，佛初得道時，梵天王請轉法輪，故名梵輪。復次，佛在波羅柰轉法輪，阿若憍陳如得道，聲徹梵天，故名梵輪。復次，有人貴梵天，欲令歡喜，故名梵輪。以是故名梵輪。問曰：佛或時名法輪，或時名梵輪，有何等異。答曰：說梵輪、法輪無異。

復次，有人言：說梵輪者，現四無量心。說法輪者，示四諦法。

復次，梵輪因四無量心得道，是名梵輪。依餘法得道，是名法輪。梵輪示四禪，法輪示三十七品。梵輪示修禪定聖道，法輪示修智慧聖道。如是等分別梵輪、法輪差別。

**吉藏《法華義疏》卷一**　無生正觀，體可楷模，故名爲法。流演圓通，不繫于一人，故稱爲輪。又無生正觀，無累不摧，亦是輪義。一得不喪，名爲不退。自我至彼，故稱爲轉。

**實叉難陀譯《大方廣佛華嚴經》卷五二**　佛子！菩薩摩訶薩應云何知如來、應、正等覺，轉法輪。佛子！菩薩摩訶薩應如是知如來，以心自在力，無起無轉，而轉法輪，知一切法恆無起故。以三種轉，斷所應斷而轉法輪，知一切法離邊見故。離欲際、非際而轉法輪，入一切法虛空際故。無有言說而轉法輪，知一切法不可說故。究竟寂滅而轉法輪，知一切法涅槃性故。以一切文字、一切言語而轉法輪，如來音聲無處不至故。知聲如響而轉法輪，了於諸法眞實性故。於一音中出一切音而轉法輪，畢竟無主故。無遺無盡而轉法輪，內外無著故。佛子！譬如一切文字語言，盡未來劫說不可盡。佛轉法輪亦復如是，一切文字安立顯示，無有休息，無有窮盡。佛子！如來法輪悉入一切語言文字而無所住。譬如書字，普入一切事、一切語、一切算數、一切世間出世間處而無所住。如來音聲亦復如是，普入一切處、一切衆生、一切法、一切業、一切報中而無所住。一切衆生種種語言，皆悉不離如來法輪。何以故。言音實相即法輪故。佛子！菩薩摩訶薩於如來轉法輪應如是知。

復次，佛子！菩薩摩訶薩欲知如來所轉法輪，應知如來法輪所出生處。何等爲如來法輪所出生處。佛子！如來隨一切衆生心行欲樂無量差別，出若干音聲而轉法輪。佛子！如來、應、正等覺有三昧，名究竟無礙無畏。入此三昧已，於成正覺，一一身、一一口，各出一切衆生數等言音。一一音中衆音具足，各各差別而轉法輪，令一切衆生皆生歡喜。能如是知轉法輪者，當知此人則爲隨順一切佛法。不如是知，則非隨順。佛子！諸菩薩摩訶薩應如是知佛轉法輪，普入無量衆生界故。

爾時，普賢菩薩摩訶薩欲重明此義而說頌言：

如來法輪無所轉，三世無起亦無得，譬如文字無盡時，十力法輪亦如是。

如字普入而無至，正覺法輪亦復然，入諸言音無所入，能令衆生悉歡喜。

佛有三昧名究竟，入此定已乃說法，一切衆生無有邊，普出其音令悟解。

一一音中復更演，無量言音各差別，於世自在無分別，隨其欲樂普使聞。

文字不從內外出，亦不失壞無積聚，而爲衆生轉法輪，如是自在甚奇特。

**圓測《解深密經疏》卷五**　言以四諦相轉正法輪者，正釋法輪。謂三周正轉十二行相法輪，如《轉法輪經》。然此法轉，略以四門分別。一釋名字，二出體性，三問答解釋，四釋十二行。

言釋名者。如契經說，世尊轉法輪。《毗婆沙》一百八十二云：問：何故名法輪。答，此輪是法所成，法爲自性，故名法轉。如世間輪，金等所成，金等爲性，名金等輪。此亦如是。有說，此輪能淨聖慧法眼，故名法輪。有說，此輪能治非法輪，故名法輪。非法輪者，謂布剌拏等六師所轉八耶支輪。問：何故名輪，輪是何義。答：動轉不住，是轉義。捨此趣彼，是輪義。能伏怨敵義，是輪義。如是等義，故名爲輪。言動轉不住者，見道是速疾道，不越期心道，於動轉不住，最爲隨順故。言捨此趣彼者，見道中，捨苦現觀，趣集現觀，乃至捨滅現觀，趣道現觀故。言能伏怨敵義者，如轉輪王所有輪寶，降伏四洲所有怨敵。如是行者，以見道輪，降伏四諦所有煩惱，故名法輪。所言輪者，依轉動義，令他身中聖道起故，名之爲轉。故《婆沙》問：若彼身中聖道生時，即彼名爲轉法輪者，何故説佛轉法輪耶。答，依能轉因，故作是説。謂彼身中所有聖道，世尊若不以言説手爲其轉者，即彼聖道無因得生。彼聖道生，皆由佛力，是故説佛初轉法輪。薩婆多宗，義如上釋。若依經部，有其二義。一者聖教，二者聖道。由此聖教往他相續，故名爲轉。故《俱舍》二十四云，所有法門，名法輪。應可正理。云何名轉。由此法門，往他相續，令解義故。或諸聖道，皆是法輪。於所化生身中轉故，於他相續，見道生時，已至轉初，故名已轉。大乘亦爾。具有二義。如《瑜伽》説，後當分別。

**佚名《維摩經疏》** 三轉法輪，正明所説。此名四諦以爲法輪，從喩名之。如轉輪王所有輪寶，能摧剛彊，轉下眾生，上昇虛空。四諦如是，能摧眾生惡不善法，轉下眾生，上入聖道。故説爲輪。聖説授人，目之爲轉。轉別有三。一示相轉。如説三苦及八苦等是其苦諦，業煩惱等是其集諦，苦集盡處名爲滅諦，戒定惠等是其道諦。如是一切。二者勸轉。苦，汝當知。集，汝當斷。滅，汝當證。道，汝當修。三者證轉。苦，我已知。集，我已斷。滅，我已證。道，我已修。三轉如是。初轉何處。波羅榛國仙人鹿苑。本爲誰轉。憍陳如等。於大千者，出其説處，於大千界、百億閻浮，同時轉也。

## 法雲

**笈多共行矩等譯《攝大乘論釋論》卷七** 何故十地名法雲者。一切法總相緣智如雲，陁羅尼三摩提等門如水。即以此智爲藏，如雲藏水，又如雲障覆虛空。此一切法總相緣智，覆諸麁重障亦爾。及圓滿法身故者，如雲普遍虛空，菩薩身中法身圓滿亦爾。圓滿者，即是普遍義。

**玄奘譯《攝大乘論釋》卷七** 言法雲者，由得總緣一切法智，總緣一切契經等法，不離眞如。此一切法共相境智譬如大雲，陁羅尼門、三摩地門猶如淨水。智能藏彼，如雲含水，有能生彼勝功能故。又如大雲覆隱虛空。如是總緣一切法智。覆隱如空，廣大無邊惑智二障。言覆隱者，隔義、斷義。又如大雲澍清冷水充滿虛空。如是總緣一切法智，出生無量殊勝功德，充滿所證所依法身。

**智度《法華疏義纘》卷二** 十地名法雲者。論云：一，大法智如雲，含眾德水。二，蔽如空遮重名雲。三，充滿法身，如雲注水。故《十地論》云，得大法身，具足自在，法雲地如雲遍滿。

**法藏《華嚴經探玄記》卷一四** 第十法雲地亦七門同前。

初釋名者，釋有三義。《攝大乘》云，大法智雲，含眾德水，譬如大雲。無性釋云，由得總緣一切法智，總緣一切契經法等，不離眞如。此一切共相境智，譬如大雲。陁羅尼門三摩地門譬如清水。智能藏彼，如雲含水，有能生彼勝功能故。二，蔽如空，麁重猶如大雲。無性釋云，又如大雲覆隱虛空。如是總緣一切法智，覆隱如空，廣大無邊惑智二障。言覆隱者，隔義、斷義。三，充滿法身，猶如大雲。無性釋云，又如大雲注清冷水，充滿虛空。如是總緣一切法。智出生無量殊勝功德，充滿所證所依法身。《唯識論》云，大法智雲，含眾德水，蔽如空。麁重充滿法身，故名法雲。此中三義，同於《攝論》。《金光明》云，法身如虛空，智慧如大雲，遍覆一切，故名法雲。眞諦釋云，如虛空者，譬三如如也。虛空有三義。一，容受義，譬自性法身，不礙生死。二，無邊義，譬顯了法身。雖得顯了，猶未究竟。如空有清淨，無有塵霧處。如道內法身，通惑解中道也。三，清淨無塵霧，譬聖果法身。智慧如雲者，譬如如智，有三。一道前性得，二道內修得，三道後至得。文言遍者，性得如如智，遍如如理。滿者，修得如如智，滿如如理。覆者，至得如如智，覆如如理。境智相稱，雲即是雨。雨有三義。一，能陰塵，道前自性智清淨無染義。二能洗垢，道內滅惑除惡業。三，能生萌芽，道後能生，如萌芽。又空如法身，雲如應身。《莊嚴論》云：於第十地中，由三昧門及陁羅尼門，攝一切聞薫習因，遍滿阿黎耶識中。譬如浮雲遍滿虛空，能以此聞薫智雲，於一一刹那、於一一相、於一一好於毛孔。雨無量無邊法雨，充足一切所化眾生。由能如雲雨法雨故，故名法雲。《仁王經》名爲灌頂。《十住論》，無佛世界能雨法雨，名法雲地。《解深密》云：麁重之身，廣如虛空。法身圓滿，譬如大雲，皆能遍覆，故名法雲。

**澄觀《大方廣佛華嚴經疏》卷四四** 《莊嚴論》第十三云：於第十地

中，由三昧門及陁羅尼門，攝一切聞熏習因，遍滿阿梨耶識中。譬如浮雲遍滿虚空，能以此聞熏習雲，於一一剎那於一一相，於一一好於一一毛孔，雨無量無邊法雨，充足一切所化衆生。由能如雲雨法雨故，故名法雲。【略】

釋名分中三。一，能受如來大法雲雨，故名法雲。二，佛子此地菩薩以自願下，明能注雨滅惑，故名法雲。三，佛子此地菩薩於一念下，明注雨生善，故名法雲。然後之二段，從自受名。今此一段，從所受立名。論云，雲法相似，以遍覆故。此地中聞法相似，猶如虚空身遍覆故。謂佛身雲遍覆法界，法雨亦多，唯此能受，故名法雲。

# 有爲法

**佛馱跋陀羅譯《大方廣佛華嚴經》卷二一** 菩薩作是念：有爲法，和合故增，離散則減，緣具故增，不具則減。我知有爲法過故，不應和合具諸因緣。化衆生故，亦不畢竟滅有爲法。菩薩如是知有爲法無性，離堅固相，無生無滅，與大慈悲和合，不捨衆生，即得無障礙般若波羅蜜光明現在前。得是智慧具足，修集阿耨多羅三藐三菩提因緣，而不住有爲法。觀有爲法性寂滅相，亦不住其中，欲具足無上菩提法故。

**鳩摩羅什譯《金剛般若波羅蜜經》** 一切有爲法，如夢、幻、泡、影，如露亦如電，應作如是觀。

**鳩摩羅什譯《十住經》卷二** 諸佛子！是菩薩摩訶薩以是十心，得入第三地，能觀一切有爲法如實相，所謂：無常苦空，無我不淨，不久敗壞，不可信相，念念生滅又不生不滅，不從前際來，不去至後際，現在不住。菩薩如是觀一切有爲法眞實相，知此諸法無作無起，無來無去。而諸衆生憂悲苦惱，憎愛所繫，無有停積，無定生處，但爲貪恚癡火所然，增長後世苦惱火聚，無有實性，猶如幻化。見如是已，於一切有爲法轉復厭離，趣佛智慧。

**鳩摩羅什譯《持世經》卷四** 持世！何謂菩薩摩訶薩善知有爲無爲法、得有爲無爲法方便。

持世！菩薩摩訶薩正觀擇有爲無爲法，云何爲正觀擇。是有爲法，無有作者，無有受者。是有爲法，自生自墮數中。是故名有爲法。是有爲法，以虚妄因緣和合行，云何爲行自墮數中。以二相緣知故，名有爲法生。是法無有作者，無使作者。是法自生，無能起作者。是故說名有爲法。是諸有爲法，不在内，不在外，不在中間，不合不散。從虚妄根本分別起，無明因緣故，無無所有。但以諸行力故，有用。是法無有作者，無有起者，是名有爲。有爲者即是繫義。隨凡夫顛倒所貪著說。智者通達，不得有爲法，不得有爲所攝法。智者所不數故名有爲法。何以故。諸智者不得有爲分別。爲凡夫世俗假名故，分別是有爲。賢聖不隨一切諸法名數，諸賢聖離諸法名數，是故說得無爲者名爲賢聖。智者通達一切有爲法皆是無爲，是故不復起作諸業。智者知見一切有爲法起相虚誑妄想，是故不復起作有爲。何以故。有爲法無有定性。一切有爲法，皆無性無起作。何以故。

持世！無有行有爲緣而能通達無爲。通達無爲者，更不復緣有爲。云何爲通達。智者見一切有爲法皆虚妄，無有根本，無所繫屬，不墮數中。如是觀時，不復貪著有爲緣，亦不取有爲法。何以故。

持世！非離有爲得無爲，非離無爲得有爲。有爲如實相，即名無爲。何以故。有爲中無有爲，無爲中無無爲。但爲顛倒相應衆生，令知見有爲法故，分別說是有爲法是無爲法，是有爲相是無爲相。於是中何等爲有爲相。所謂生滅住異。何等爲無爲相。所謂無生、無滅、無住異，是有爲相無爲相。但爲引導凡夫，故說。

持世！有爲法無生相、無滅相、無住異相，是故說生滅住異相無相無生。若是有爲法，定有三相，佛當決定說，如是相是生，如是相是滅，如是相是住異。

持世！如來說一切法皆是無相。持世！無生若當有相，無滅若當有相，無住異若當有相。佛應決定說是無爲相。持世！若無爲有相有說即非無爲，以說相故。但凡夫以數法故，說有爲三相，所謂生、滅、住異。無爲三相，所謂無生、無滅、無住異。

持世！若人通達知見有爲無爲法，是人更不復有生滅住異，是故說得無爲者。持世！生滅者，即是見集沒義。若法無集則無有沒，若不起集則不有退，亦無住異。持世！是名有爲如實知見。若人如實知見有爲，則不墮數中，所謂生滅住異。菩薩如是思惟有爲無爲法，不見有爲法與無爲法合，亦不見無爲法與有爲法合。但作是念，有爲法如實相即是無爲，則更不復有所分別。若不分別有爲無爲法，即是無爲法。若分別是有爲是無爲，則不能通達無爲。斷一切分別，是名通達無爲。如實通達緣性斷諸緣故，不在數，不在非數。持世！是名菩薩摩訶薩有爲無爲法方便，所謂於諸法無所住，無所繫，亦不貪受若有爲若無爲法。

**鳩摩羅什譯《大智度論》卷一**　問曰：一切有爲法，皆無常相應，是第一義。云何言無常非實，所以者何。一切有爲法，生、住、滅相故。一切有爲法，前生、次住、後滅故無常。

答曰：有爲法不應有三相。何以故。三相不實故。若諸生、住、滅是有爲相者，今生中亦應有三相，是生有爲相故。如是一一處亦應有三相，以是故無窮，住、滅亦如是。若諸生、住、滅各更無有生、住、滅者，不應名有爲法。何以故。有爲法相無故。以是故，諸法無常，非第一義。

**鳩摩羅什譯《大智度論》卷六**　一切有爲法，空，不堅固。如說，一切諸行如幻，欺誑小兒，屬因緣，不自在，不久住。

**鳩摩羅什譯《大智度論》卷一九**　是有爲法，一切屬因緣，故無常，先無今有故，今有後無，故無常。

復次，無常相常隨逐有爲法故，有爲法無有增損故，一切有爲法相侵剋，故無常。

復次，有爲法有二種老常隨逐故，一者將老，二者壞老。

有二種死常逐故，一者自死，二者他煞。

以是故，知一切有爲法皆無常。

於有爲法中，心無常最易得。

**鳩摩羅什譯《大智度論》卷二二**　有爲法無常，念念生滅故，皆屬因緣，無有自在。無有自在，故無我。無常、無我、無相，故心不著。無相不著故，即是寂滅涅槃。以是故，摩訶衍法中，雖說一切法不生不滅，一相所謂無相，無相即寂滅涅槃。

**鳩摩羅什譯《大智度論》卷二三**　觀有爲法念念生、滅，如風吹塵，如山上水流，如火焰隨滅。一切有爲法，無牢無強，不可取，不可著，爲如幻化，誑惑凡夫。因是無常，得入空門，是空中一切法不可得故，無常亦不可得。所以者何。一念中生、住、滅相不可得。生時不得有住、滅。住時不得有生、滅。滅時不得有生、住。生、住、滅相，性相違故無，是無故無常亦無。

**鳩摩羅什譯《大智度論》卷三〇**　一切有爲法中，智慧爲上。聖所親愛，能破有爲法故。如經中說：於諸寶中，智慧寶爲最。一切利器中，慧刀利爲最。住智慧山頂，無有憂患。觀諸苦惱衆生，無不悉見。智慧力能斷無始煩惱、生死連鎖。智慧力故，能具六波羅蜜，得不可思議無量佛道，成一切智。何況聲聞、辟支佛，及世間勝事！是智慧增長清淨，不可沮壞，名爲波羅蜜。

**鳩摩羅什譯《大智度論》卷三一**　有爲空、無爲空者，有爲法名因緣和合生，所謂五衆、十二入、十八界等。無爲法名無因緣，常不生不滅，如虛空。今有爲法二因緣故空。一者無我，無我所及常相不變異不可得，故空。二者有爲法，有爲法相空，不生不滅，無所有故。

問曰：我、我所及常相不可得故應空，云何言有爲法、有爲法相空。

答曰：若無衆生，法無所依。又無常故，無住時。無住時故，不可得知，是故法亦空。

問曰：有爲法中，常相不可得，不可得者，爲是衆生空。爲是法空。

答曰：有人言，我心顛倒，故計我爲常，是常空則入衆生空。有人言，以心爲常，如梵天王說，是四大、四大造色悉皆無常。心意識是常，是常空，則入法空。或有人言，五衆即是常，如色衆雖有變化而亦不滅，餘衆如心說。五衆空，即是法空。是故常空，亦入法空中。

復次，有爲法、無爲法空者，行者觀有爲法、無爲法實相，無有作者，因緣和合故有，皆是虛妄，從憶想分別生。不在內，不在外，不在兩中間。凡夫顛倒見故有，智者於有爲法不得其相，知但假名。以此假名導引凡夫，知其虛誑無實，無生無作，心無所著。

復次，諸賢聖人，不緣有爲法而得道果，以觀有爲法空故，於有爲法心不繫著故。

復次，離有爲則無無爲。所以者何。有爲法實相即是無爲，無爲相者則非有爲，但爲衆生顛倒，故分別說。有爲相者，生、滅、住、異。無爲相者，不生、不滅、不住、不異。是爲入佛法之初門。若無爲法有相者，則是有爲。

有爲法，生相者則是集諦，滅相者則是盡諦。若不集則不作，若不作則不滅，是名無爲法如實相。若得是諸法實相，則不復墮生、滅、住、異相中。是時不見有爲法與無爲法合，不見無爲法與有爲法合。於有爲法、無爲法不取相，是爲無爲法。所以者何。若分別有爲法、無爲法，則於有爲、無爲而有礙。若斷諸憶想分別，滅諸緣，以無緣實智，不墮生數中，則得安隱常樂涅槃。

問曰：前五空皆別說，今有爲、無爲空，何以合說。答曰：有爲、無爲法，相待而有。若除有爲則無無爲，若除無爲則無有爲，是二法攝一切法。行者觀有爲法無常、苦、空等過，知無爲法所益處廣，是故二事合說。

問曰：有爲法因緣和合生，無自性故空，此則可爾。無爲法非因緣生法，無破無壞，常若虛空，云何空。答曰：如先說，若除有爲則無無爲，有爲實相即是無爲。如有爲空，無爲亦空，以二事不異故。

**鳩摩羅什譯《大智度論》卷三二**　一切有爲法，皆從四緣生，所謂因緣、次第緣、緣緣、增上緣。

因緣者，相應因、共生因、自種因、遍因、報因，是五因名爲因緣。復次，一切有爲法，亦名因緣。

**鳩摩羅什譯《大智度論》卷六三**　有爲法實相，即是無爲法。知淨者行者，於諸法中，求常、樂、我、淨不可得。若不可得，是爲實知有爲法。實知不可得，即是無爲法是法。故說有爲法淨，故無爲法清淨。

復次，因有爲法故，知無爲法。聖人得是無爲法，說有爲法相，是故說，有爲法清淨故無爲法清淨，無爲法清淨故有爲法清淨。

有爲法在三世中，故說，過去世清淨故，未來世亦清淨，未來世清淨故，過去世亦清淨。所以者何。如過去世破壞散滅，無所有，故空。未來世未生，未有，故空。二世無故，現在亦無。何以故。有先有後，知有現在。

復次，有爲法念念生滅，故無住時。住時無故，無現在世。三世空故，有爲法空。有爲法空故，無爲法空。空即是畢竟清淨，不破不壞，無戲論，如虛空。

**鳩摩羅什譯《大智度論》卷九五**　須菩提白佛言：世尊！是平等，爲是有爲法。爲是無爲法。

佛言：非有爲法，非無爲法。何以故。離有爲法，無爲法不可得。離無爲法，有爲法不可得。須菩提！是有爲性、無爲性，是二法，不合、不散，無色、無形、無對，一相，所謂無相。佛亦以世諦故說，非以第一義。何以故。第一義中無身行、無口行、無意行，亦不離身、口、意行得第一義。是諸有爲法、無爲法平等相，即是第一義。

**慧遠《大乘義章》卷八**　分段生死，《勝鬘》亦名有爲生死。變易生死，《勝鬘》亦名無爲生死。蓋乃從人以別名矣。凡夫多起有漏諸業，建集有果，名曰有爲。有爲衆生所受生死，名有爲生死。無爲生死，翻前立稱。聖人不起有漏諸業受分段報，名曰無爲。無爲聖人所有生死，名無爲生死。

**慧遠《大乘義章》卷二**　法有二種，一有，二無。有爲無爲，名之爲有。無我我所，名之爲無。生死之法，名有爲有。涅槃之法，名無爲有。第一義空，名之爲無。

**吉藏《大乘玄論》卷四**　實相即無爲波若，觀照即有爲波若。所以然者，論云，諸法實相者，心行言語斷，無生亦無滅，寂滅如涅槃。實相既無生滅，故是無爲波若。實相能生觀智，觀智始生，故名有爲波若。一切唯有此二，詮此有爲無爲，名文字波若。文字從所詮爲名，通爲無爲。當體明之，有爲所攝。三者，實相是無爲波若，文字是有爲波若。觀照亦有爲亦無爲。菩薩累猶未盡，即未勉生滅，故名有爲。佛即無惑不淨，無復生滅，故是無爲波若。

**玄奘譯《瑜伽師地論》卷九二**　復次有二法見。一有爲法見，二無爲法見。有爲法見者，謂如有一，於諦依處，及諦自性，皆如實知。云何名爲諦所依處。謂名色及人天等有情數物。云何爲諦。謂世俗諦，及勝義諦。云何世俗諦。謂即於彼諦所依處，假想安立我，或有情，乃至命者，及生者等。又自稱言，我眼見色，乃至我意知法。又起言說，謂如是名，乃至如是壽量邊際。廣說如前。當知此中，唯有假想，唯假自稱，唯假言說，所有性相作用差別，名世俗諦。云何勝義諦。謂卽於彼諦所依處，有無常性，廣說乃至有緣生性。如前廣說。如無常性，有苦性等，當知亦爾。若於如是世俗勝義諦所依處，其世俗諦，如實了知是世俗諦。其勝義諦，如實了知是勝義諦。如是名爲有爲法見。若有成就有爲法見苾芻，齊此言說滿足。

**玄奘譯《阿毗達磨大毗婆沙論》卷三九**　問：諸有爲相，於有爲法，爲是自相。爲共相耶。設爾，何失。若是自相，云何一法而有四相。若是共相，云何一切有爲法，各各別有四相耶。有作是說，此是自相。問：若爾，云何一法有四相耶。答：一法四相，亦無有失。如一色法，有多種相。所謂如病如癰如箭，乃至廣說百四十相。然此自相，非如四大種堅濕煖動相。但十一法，各各別有生住異滅，故名自相。復次自相有二種。一者主自相，二者客自相。此有爲相，是有爲法客自相，非主自相。故一法有四相，亦無有失。復次自相有二種。一者本性自相，二者他合自相。此有爲相，是有爲法他合自相，非本性自相。故一法有四相，亦無有失。有餘師說，此是共相。問：若爾，云何一切有爲法，各各別有四相耶。答：以相似故，名爲共相。如一法上，有生等四，餘法亦然。非如一縷貫在眾華，名爲共相。復有說者，此非自相，亦非共相。諸有爲法，生住異滅，名義同故，體各別故。然此生等，是法標印。若有此者，知是有爲。如大士相，於彼大士，不名自相，亦非共相，但是標印。若有此者，知是大士。生等亦然。評曰：應作是說：此是共相。然共相有二種。一者自體共相。謂一一有爲法自體，各有生等四義。二者和合共相。謂一一有爲法，各與生等四相和合。此四但是和合共相。

**玄奘譯《阿毗達磨大毗婆沙論》卷一三六**　有爲法有三分齊，謂時、色、名。時之極少，謂一剎那。色之極少，謂一極微。名之極少，謂依一字。積此以爲漸多分齊。

**玄奘譯《阿毗達磨大毗婆沙論》卷四四**　問：有爲法多耶。無爲法多耶。答：有爲法多，非無爲法。所以者何。有爲法攝十一處，一處少分。無爲法，唯攝一處少分故。評曰：應作是說，無爲法多，非有爲法。所以者何。隨有漏法有爾所體，擇滅無爲數量亦爾。隨無漏道有爾所體，非擇滅無爲數量亦爾。復有此餘隨有漏法體量多少諸非擇滅及虛空無爲。故無爲法多，非有爲法。然準前門，且依處說，故說無爲其數是少。

**玄奘譯《阿毗達磨大毗婆沙論》卷一三六**　有爲法有三分齊，謂時、色、名。時之極少，謂一剎那。色之極少，謂一極微。名之極少，謂依一字。積此以爲漸多分齊名分齊，如雜蘊說。

## 無爲法

**無羅叉譯《放光般若經》卷三**　何等爲無爲法。無爲法者，不生亦不滅、不終亦不始、常住而不改，婬怒癡盡，如無有異、法性及眞際，是謂無爲法。菩薩摩訶薩當於是空相之法，無所著而不傾動，覺諸法而不二。

**求那跋陀羅譯《雜阿含經》卷三一**　世尊告諸比丘：當爲汝說無爲法及無爲道跡。諦聽，善思。云何無爲法。謂貪欲永盡，瞋恚、愚癡永盡，一切煩惱永盡，是無爲法。云何爲無爲道跡。謂八聖道分，正見、正智、正語、正業、正命、正方便、正念、正定，是名無爲道跡。

**眞諦譯《大宗地玄文本論》卷一**　言無爲法者，虛空等四種無爲法。言非有爲、非無爲法者，一心等諸本性法。言亦有爲亦無爲法者，一心等諸本性之法作業用相。

**浮陀跋摩共道泰等譯《阿毗曇毗婆沙論》卷三九**　問曰：無爲法，何故不立陰耶。答曰：無陰相故不立陰。復次，以是陰究竟處故不立陰。如瓶衣究竟處不名瓶衣，彼亦如是。復次，若法是生滅，有因有緣，有爲相者，立陰。無爲法，無生滅，無因無有爲相，故不立陰。復次，若法屬因、屬緣、屬和合作者，立陰。無爲法，不屬因，不屬緣，不屬和合作，故不立陰。復次，若法隨世行，能取果，能有所作，能知緣者，立陰。無爲法與上相違，故不立陰。復次，陰隨世行，無爲法不隨世行。陰與苦相續，無爲法不與苦相續。陰有前後，無爲法無前後。陰有上中下，無爲法無上中下。復次，無爲體非是色，亦不名色，乃至體非是識，亦不名識。復次，從他生故立陰，無爲法不從他生，故不立陰。無爲法以如是等事故不立陰。

**浮陀跋摩共道泰等譯《阿毗曇毗婆沙論》卷一二**　問曰：何以故有爲

法有因有緣，無爲法無因無緣。答曰：有爲法性羸劣須因緣，無爲法性猛健不須因緣。如人羸劣依他而住，如人猛健不依他住。彼亦如是。復次，有爲法有所作故須因緣，無爲法無所作故不須因緣。如掘者須钁，如刈者須鎌。彼亦如是。復次，有爲法隨世行，能取果能知緣，故須因緣。無爲法不隨世行，廣說如上。如人遠行須糧，不遠行者不須糧。彼亦如是。復次有爲法如王及眷屬，如因陁羅及眷屬，故須因緣。無爲法如王，不如王眷屬，如因陁羅，不如因陁羅眷屬，故不須因緣。

問曰：有爲法不生，爲是有爲留難故不生，爲是無爲留難故不生耶。答曰：有爲留難故不生，非無爲法。無爲法威勢緣，不與他不生法作留難。若生隨順作緣，如潢池邊，剋木作師子口摩竭魚口。水在中流出，水不流時，非此口中爲作留難，自有餘緣，令水不流。水若流時，爲作所依。彼亦如是。

問曰：無爲法與有爲法二種緣，謂境界緣，威勢緣。無爲法與他作近威勢緣時，爲與有緣者，爲與無緣者。答曰：或有說者，與有緣者不與無緣者。評曰：不應作是說，應作是說，與他作威勢緣，等無有異。如小豆聚境界緣，或與或不與，有緣法則與，無緣法則不與。

**窺基註解、普泰增修《大乘百法明門論解》** 言無爲法者，即不生不滅、無去無來、非彼非此、絕得絕失，簡異有爲，無造作故，名曰無爲也。……。

第五、無爲法者，略有六種。此標章，下別列。

一、虛空無爲，二、擇滅無爲，三、非擇滅無爲，四、不動滅無爲，五、想受滅無爲，六、眞如無爲。

言無爲者，是前四位眞實之性，故云識實性也。以六位心所則識之相應，十一色法乃識之所緣，不相應行即識之分位，識是其體，是故總云識實性也，而有六種。謂之無爲者，爲，作也。以前九十四種乃生滅之法，皆有造作，故屬有爲。今此六法，寂寞冲虛，湛然常住，無所造作，故曰無爲。言虛空無爲者，謂於眞諦離諸障礙，猶如虛空，豁虛離礙，從喻得名。下五無爲，義倣此說。擇滅者，擇謂揀擇，滅謂斷滅，由無漏智，斷諸障染，所顯眞理，立斯名焉。非擇滅者，一眞法界，本性清淨，不由擇力，斷滅所顯。或有爲法，緣闕不生，所顯眞理。以上二義，故立此名。不動者，以第四禪離前三定，出於三災、八患，無喜樂等動搖身心所顯眞理，此從能顯彰名，故曰不動。想受滅者，無所有處，想受不行，所顯眞理，立此名爾。眞如者，理非妄倒，故名眞如。眞簡於妄，如簡於倒。遍計、依他，如次應知。又曰，眞如者，顯實常義，眞即是如，如即無爲。

**玄奘譯《大般若波羅蜜多經》卷四三〇** 世尊！法性有二，一者有爲，二者無爲。此中何謂有爲法性。謂內空智乃至無性自性空智，四念住智乃至八聖道支智，三解脫門智，佛十力智乃至十八佛不共法智，善、非善法智，有記、無記法智，有漏、無漏法智，有爲、無爲法智，世間、出世間法智，雜染、清淨法智，諸如是等無量門智，皆悉說名有爲法性。此中何謂無爲法性。謂一切法無生無滅、無住無異、無染無淨、無增無減、無相無爲諸法自性。云何名爲諸法自性。謂一切法無性自性，如是說名無爲法性。

**玄奘譯《大般若波羅蜜多經》卷四七二** 世尊！法界非有爲、無爲法，亦不離有爲、無爲法。有爲、無爲法即是法界，法界即是有爲、無爲法。

佛告善現：如是！如是！如汝所說。眞法界中無一切種分別戲論。法界非色、受、想、行、識，亦不離色、受、想、行、識。法界即色、受、想、行、識，色、受、想、行、識即法界。如是乃至法界非有爲、無爲法，亦不離有爲、無爲法。法界即有爲、無爲法，有爲、無爲法即法界。

**玄奘譯《大般若波羅蜜多經》卷四七八** 佛告善現：由此當知法平等性，非即一切愚夫異生，非離一切愚夫異生，如是乃至非即如來、應、正等覺，非離如來、應、正等覺。法平等性非即色，非離色，非即受、想、行、識，非離受、想、行、識，如是乃至非即有爲及無爲法，非離有爲及無爲法。

具壽善現復白佛言：法平等性爲是有爲，爲是無爲。

佛告善現：法平等性非是有爲，非是無爲，然離有爲法，無爲法不可得，離無爲法，有爲法亦不可得。善現當知！若有爲界，若無爲界，如是二界非合非散，無色、無見、無對，一相，所謂無相，一切如來應正等覺依世俗說不依勝義。所以者何。非勝義中身行、語行、意行可得，非離身行、語行、意行勝義可得。善現當知！即有爲法及無爲法平等法性說名勝義，非離一切有爲、無爲別有勝義。是故菩薩摩訶薩行深般若波羅蜜多時，不動勝義而行菩薩摩訶薩行，成熟有情，嚴淨佛土，證得無上正等菩提，轉妙法輪度有情衆，令其永離生老病死，證得究竟常樂涅槃。

**玄奘譯《大般若波羅蜜多經》卷五三七**　佛告善現：於意云何。於空性中，法等異相爲可得不。謂色蘊異相爲可得不。受、想、行、識蘊異相爲可得不。廣説乃至有爲法異相爲可得不。無爲法異相爲可得不。善現對曰：不也，世尊！於空性中，一切異相皆不可得。

佛告善現：由此應知法平等性，非即異生，非離異生，廣說乃至非即諸佛，非離諸佛。法平等性，非即色蘊，非離色蘊，非即受、想、行、識蘊，非離受、想、行、識蘊，廣說乃至非即有爲法，非離有爲法，非即無爲法，非離無爲法。

具壽善現復白佛言：法平等性爲是有爲，爲是無爲。佛告善現：法平等性非是有爲，非是無爲。然離有爲法，無爲法不可得。離無爲法，有爲法亦不可得。善現當知！若有爲界，若無爲界，如是二種，皆非相應，非不相應。無色，無見，無對，一相，所謂無相，諸佛世尊依世俗說不依勝義。所以者何。非勝義中有身行、語行、意行可得，非離身行、語行、意行勝義可得。即有爲法及無爲法平等法性說名勝義，非離一切有爲、無爲別有勝義。是故菩薩摩訶薩行深般若波羅蜜多時，不動勝義而行菩薩摩訶薩行，成熟有情，嚴淨佛土，能疾證得一切智智，盡未來際利樂有情。

**大乘光《大乘百法明門論疏》卷下**　言第五無爲法者，此則第一牒章。略有六種等者，此則第二舉數列名。言虛空者，謂無色性，容受一切所作業故，故名虛空。謂慧有簡擇之能，故名爲擇，由擇得滅，故名擇滅。因緣不會，諸法不生，非由慧滅，名非擇滅。第四靜慮以上，唯有捨受現行，不爲苦樂所動，故名不動。滅盡定中，心、心法滅，想、受用勝，就強爲名，故則是此名想受滅。法性本來常自寂滅，不遷動義，名爲眞如。

**慧能《金剛般若波羅蜜經解義》卷上**　佛說無爲法者，即是無住。無住即是無相。無相即無起。無起即無滅。蕩然空寂，照用齊收，鑒覺無礙，乃眞是解脫佛性。佛即是覺，覺即是觀照，觀照即是智慧，智慧即是般若波羅蜜多。又本云，聖賢說法，具一切智，萬法在性，隨問差別，令人心開，各自見性。

**玄奘譯《大般若波羅蜜多經》卷四六○**　具壽善現白佛言：世尊！云何無爲法。佛告善現：若法無生、無住、無異、無滅可得，所謂貪盡、瞋盡、癡盡，眞如、法界、法性、法住、法定、不虛妄性、不變異性、離生性、平等性、實際。善現！此等名無爲法。

**智旭《大乘百法明門論直解》**　第五無爲法者，略有六種。一虛空無爲，二擇滅無爲，三非擇滅無爲，四不動滅無爲，五想受滅無爲，六眞如無爲。

上之四種色心假實，皆是生滅之法，名有爲性。無此有爲，假名無爲，非更別有一箇無爲之法。在于有爲法外而與有爲相對待也，故云但是四所顯示。然爲既無矣，尙不名一。云何有六。正由是四所顯，故不妨隨於能顯，說有六別。一，虛空無爲者，非色非心，離諸障礙，無可造作，故名無爲。二，擇滅無爲者，正慧簡擇，永滅煩惱，所顯眞理，本不生滅，故名無爲。三，非擇滅無爲者，復有二種。一者不由擇力，本性清淨，故名無爲。二者有爲緣闕，暫爾不生，雖非永滅，緣闕所顯，故名無爲。四，不動滅無爲者，入第四禪，雙忘苦樂，捨念清淨，三災不到，亦名無爲。五，想受滅無爲者，入滅盡定，想受不行，似涅槃故，亦名無爲。六，眞如無爲者，非妄名眞，非倒名如，即是色心假實諸法之性。諸法如波，此性如水。諸法如繩，此性如麻。諸法非此，則無自體。此離諸法，亦無自相，故與諸法不一不異。惟有遠離偏計所執，了達我法二空，乃能證會本眞本如之體。眞如二字，亦是強名。前五無爲，又皆依此假立。此即唯識實性，故皆唯識，決無實我實法也。

**明昱《大乘百法明門論贅言》**　第五無爲法者，略有六種。註：此標章，下別列。

一虛空無爲，二擇滅無爲，三非擇滅無爲，四不動滅無爲，五想受滅無爲，六眞如無爲。

註：言無爲者，是前四位眞實之性，故云識實性也。以六位心所，則識之相應。十一色法，乃識之所緣。不相應行，即識之分位。識是其體，是故總云，識，實性也。而有六種。謂之無爲者，爲，作也。以前九十四

種，乃生滅之法，皆有造作，故屬有爲。今此六法，寂寞冲虛，湛然常住，無所造作，故曰無爲。

贅：此中總釋六種無爲。對前四法，有爲立故。《唯識論》云：諸無爲法，略有二種。一依識變，假施設有。謂曾聞說虛空等名，隨分別有虛空等相。數習力故，心等生時，似虛空等無爲相現。此所現相，前後相似，無有變易，假說爲常。二依法性，假施設有。謂空無我所顯眞如，有無俱非，心言路絕。與一切法，非一異等。是法眞理，故名法性。離諸障染，故名虛空。由簡擇力，滅諸雜染，究竟證會，故名擇滅。不由擇力，本性清淨，或緣闕所顯，名非擇滅。苦樂受滅，故名不動。想受不行，名想受滅。此五皆依眞如假立，眞如亦是假施設名。遮撥爲無，故說爲有。遮執爲有，故說爲空。勿謂虛幻，故說爲實。理非倒妄，故名眞如。

註：言虛空無爲者，謂於眞諦，離諸障礙，猶如虛空，豁虛離礙，從喻得名。下五無爲，義倣此說。擇滅者，擇謂揀擇，滅謂斷滅。由無漏智，斷諸障染，所顯眞理，立斯名焉。非擇滅者，一眞法界，本性清淨，不由擇力。斷滅所顯，或有爲法，緣闕不生，所顯眞理。以上二義，故立此名。不動者，以第四禪，離前三定，出於三災八患，無喜樂等動搖身心，所顯眞理。此從能顯彰名，故曰不動。想受滅者，無所有處，想受不行，所顯眞理，立此名耳。眞如者，理非妄倒，故名眞如。眞簡於妄，如簡於倒。徧計依他，如次應知。又曰，眞如者，顯實常義，眞即是如，如即無爲。上自一切法下至此，乃明百法，以答初何等一切法之問畢矣。此下大分，明二無我，以答次問也。

贅：虛空從喻，擇滅離染。非擇滅者，性淨緣闕。不動滅者，災難不擾。想受滅者，諸想不行。此五無爲，一一如釋。言眞如理非妄倒者，理即圓成實，妄即徧計性，倒即依他起。若能遠離虛妄徧計及依他起，所顯眞理，名爲眞如，故云徧計依他。

**元賢述《金剛略疏》** 無爲法者，妙體淵寂，本無名相，不涉語言，離一切分別。有爲之法，乃一切聖賢之所同證，但于中有淺深大小之別耳。

**廣益《乘百法明門論纂釋》** 一，虛空無爲者，此從觀得名。謂由修無我觀所顯眞理，似虛空相。離一切色心等諸法障礙，故云虛空。補義：此依識變，故屬有我。正《起信》之我見也。

二，擇滅無爲者，擇謂揀擇，乃能擇之智。滅謂斷滅，乃所滅之根隨煩惱。謂由無漏智，揀擇諸惑，能顯滅理，以斷諸障染。因擇力所得滅理，故云擇滅，乃二乘析色明空，所證涅槃耳。

三，非擇滅無爲者，非由擇力滅惑所得，但本性清淨，及緣闕所顯故。緣闕者，《俱舍》云，永礙當生，得非擇滅。當生者，當來生法。緣會則生，緣闕不生。謂能永害未來法生，得滅異前。以得不由擇，但由緣闕，名非擇滅。如眼與意專一色時，餘色、聲、香、味、觸等謝。緣彼境界五識身等，住未來世，畢竟不生。由彼不能緣過去境，緣不具故，得非擇滅。釋云：謂眼緣色時，耳等亦合緣聲等。以專注色，故耳不緣色等，同時聲等刹那已謝，故令緣聲等識更不復生。以前五識唯緣現量，不緣過未故。

四，不動無爲者，雖前三定，至第四禪，永離三災。謂火燒初禪，水渰二禪，風刮三禪，出八難。謂憂苦、喜樂、尋伺、出入息故，無喜樂動搖身心所顯眞理，故云不動。

補義：此正四禪天定，亦屬五那含天。

五，想受滅無爲者，謂已離無所有處，欲超過有頂，暫止息想，作意爲先故。諸不恆行心、心所滅，及恆行一分心、心所滅。以想受不行所顯眞理，故云想受滅。

六，眞如無爲者，謂言說之極，無有可說故，強名眞如。言眞如者，離外道之倒，及二乘之妄，不妄不變，理非倒妄，故名眞如。前五無爲，皆依眞如體上，假立名空等。

此六種無爲，識論說略有二種。一依識變，假施設有。二依法性，假施設有。言依識變假施設有者，謂曾聞佛說如虛空等名，隨起分別，作虛空等相。復假觀法數熏習力故，則於觀心中有似虛空等相現。此所現無爲相，變帶而起，前後相似，無有變易，假說爲常。以唯識變，故非眞常。此該六種無爲，乃地前比觀所修，當屬有漏。若地上後得智變，即無漏也。二依法性假施設有者，謂空無我所顯眞如，有無俱非，心言路絕。與一切法，非一切法，是法眞實之理，故名法性。離諸障礙，故名虛空。是則前五無爲，皆依眞如實德也。此體須證人法二空、無我之後，方得顯故。乃地上所證。今言皆無我者，乃約前識變者，故説有我。其依法性眞如修所顯者，爲眞眞如性。若依性宗，《圓覺經》云，乃至證得無上涅槃，皆名我相，故亦屬有我。

**王肯堂《成唯識論證義》卷二**　無爲法，約諸經論凡有六種。一，虚空無爲者，離一切色心諸法障礙，所顯眞理，名爲虚空無爲。虚空有三。一識變虚空，即六識上作解心，變起虚空相分。二法性虚空，即眞如體有，離諸障礙故，名爲虚空。三事虚空，即所見頑空是也。二，擇滅無爲，由無漏智起簡擇，滅諸障染，所顯眞如理故。三，非擇滅無爲，有法不由擇力起無漏智簡擇，而本性淨，即自性清淨涅槃是也。即眞如本性，離諸障染，不由起智斷惑，本體淨故。四，不動無爲。第四禪離八患三災，證得不動無爲。五，想受滅無爲。從第四禪已上，至無所有處已來，捨受不行，并麤想亦無，顯得眞如，名想受滅無爲。六，眞如無爲，有二。一約對得名，謂眞如理，對事得名。二簡法者，即眞如。簡徧計，離於生滅也。餘乘只許初二三種離色心等實有自體。先約一多破。又虚空等爲一爲多等者，等餘二種。若體是一下，出一體過。若體是多下，出多體過。初出一體過中，虚空容受下，破虚空非一。一部一品下，破擇滅非一。一法緣闕下，破非擇滅非一。若體是一，遍一切處，標彼宗所執也。虚空若不能容受色等，何名虚空。既能容受色等，即與色等合而爲一，色等既多，虚空之體亦應多，何言是一。一法合處，餘皆不合，何言徧一切處。若不與一法合而合餘法者，則應諸法互相周徧，以虚空悉入一切法故。若謂虚空是一，不與諸法相合而合一法者，則應虚空不能容受。如餘無爲，以餘無爲不能攝受諸法故。量云，虚空無爲是有法，應非容受，宗。因云，不與法合故，喻如餘無爲。又色等中有虚空否，有則空色雜而不分，無則空色離而不徧。次以擇滅非擇滅例破云，若是一體者，則應斷一部一品結時，不但得一部一品擇滅，餘一切部一切品擇滅皆得。一法緣闕不生時，不但得一非擇滅，應得一切非擇滅。何以故。彼執體一，則一即一切，理應爾故。結，是思惑。有八十一品，分屬九部。九部即九地。後出多體過云，若虚空等體是多，應非實無爲是宗。因云，有品類故，喻如色等。又虚空應非徧容受是宗。因云，有品類故，喻如色等。擇滅，非擇滅，準此應知。餘部所執下，總顯無爲非實有。餘部所執，即後三種無爲。準前應破者，準前一多有無等例，更相徵詰也。又申量總破云，諸無爲非異心等有是宗。因云，許無因果故，喻如兔角。

然契經説有虚空等，（至）故諸無爲非定實有。

三顯正義。一依識變假施設有者，此依識變出體。謂空無爲，初無本質，唯心所變。猶如極微，假而無體，於佛等處，聞其名故，而心變之。聞説空等五種無爲，數數串習熏陶力故，諸識生時，變似空等影像相分，爲所緣境。此所現相，前後相似，無有變易。唯有一類空等相故，假説爲常。若説本質無爲者，即不離於識變有也。問：若言識變相分説是無爲者，即是相狀之相，隨識而爲，何成無爲耶。答：此説是識變，假説是無爲。其實非是無爲，無爲是常住法故。今此依無爲體者，但取隨識獨影相分爲體，以相似不變，故假説爲常耳。此六無爲，地前菩薩識變，即是有漏。若地上後得智變，即無漏也。二依法性假施設有者，此依法性出體。五種無爲，皆是眞如。眞如體外，更無別出。六種無爲，各皆依眞如實德也。此體須證人法二空，無我之後，方得顯故。言有則墮增益謗，言無則墮減損謗，言亦有亦無則墮相違謗，言非有非無則墮戲論謗，故曰有無俱非。心欲緣而慮亡，口欲言而辭喪，故曰心言路絶。性相各別，故曰非一。即性即相，故曰非異。爲法之性，故曰法性。無諸障礙，故曰虚空。擇滅者，亦名數緣滅。數謂慧數，由慧爲緣，揀擇諸惑，能顯滅理，故唐三藏譯爲譯滅。擇力所得滅，名爲擇滅。如牛所駕車，名曰牛車也。此以離繫爲性，由無漏智，斷諸障染，遠離繫縛，證得解脱，假名擇滅。非擇滅者，亦名非數緣滅，非由慧數滅惑所得，但以性淨及於緣闕之所顯故。緣闕者，《俱舍論》云，畢竟礙當生，別得非擇滅。釋云：當生者，當來生法。緣會則生，緣闕不生。於不生時，得非擇滅，此非擇滅，礙當生法，令永不起，名畢竟礙。言別得者，謂非擇滅有實體相。緣闕位中，起別得故，非擇滅得。不因擇滅，但由緣闕，名非擇滅。論指事明云：如眼與意，專一色時，餘色聲香味觸等謝。緣彼境界五識身等，住未來世，畢竟不生。由彼不能緣過去境，緣不具故，得非擇滅。釋曰：謂眼緣色時，亦合緣聲等。以專注色故，耳等不緣聲等。同時聲等刹那已謝，故令緣聲等識更不復生。以前五識唯緣現量，不緣過未。而言觸等者，等取法中有與能緣同時爲所緣境者，如他心智所緣境是也。此他心智，唯緣現在心王，亦合緣心所。以專注心王，故於心所得非擇滅。不動者，離前三定，至第四禪，離三災，出八難。無喜樂等搖動身心所顯眞理，名不動滅。想受滅者，謂已離無所有處欲，超過有頂，暫止息想，作意爲先，故諸不恆行心心所滅，及恆行一分心心所滅，所顯眞理，名想受滅。眞如亦是假施設者，眞如約詮，而詮體是一。此五無爲，依眞如上假名空等，而眞如體非如非不如，故眞如名亦是假立。如食油蟲，不稱彼體，唯言顯故。譬如有蟲名曰食油，實非食油，不稱體故。眞如亦爾。遮空見者，說如爲有，遮小乘中化地部等執定實有，故說爲空，非言無爲體即空也。勿謂虛幻者，虛揀偏計，幻揀依他。即顯眞如是圓成實，以無虛妄顚倒法故，名眞如也。故《宗鏡錄》云：問：如何聖教說眞如實耶。答，今言有者，不是眞如名實有但說有，即是遣惡取空，故說有體是妙有眞空，故言非空非有。問：如何聖教說眞如爲空耶。答，爲破執眞如心外實有，故說爲空。即空其情執，不空眞如體也。通上二破餘乘竟。

# 不相應行法

**法成譯《薩婆多宗五事論》** 何名心不相應行法。謂有諸法與心不相應。彼復云何。謂得無相等至、滅盡等至、無相所有，命根、眾同分、得處所、得事、得處、生、老、住、無常性、名身、句身，及以文身。復有餘法與心不相應，如是等類，名爲心不相應行法。

**求那跋陀羅共菩提耶舍譯《眾事分阿毗曇論》卷一** 問：云何五。答：謂色，心，心法，心不相應行，無爲。云何色，謂四大及四大造色。云何四大，謂地界，水火風界。云何造色，謂眼根，耳鼻舌身根，色聲香味觸入少分，及無作色，是名色法。

**玄奘譯《大乘百法明門論》** 心不相應行法，略有二十四種。一得、二命根、三眾同分、四異生性、五無想定、六滅盡定、七無想報、八名身、九句身、十文身、十一生、十二老、十三住、十四無常、十五流轉、十六定異、十七相應、十八勢速、十九次第、二十方、二十一時、二十二數、二十三和合性、二十四不和合性。

**澄觀述《大方廣佛華嚴經隨疏演義鈔》卷九** 不相應行法，有十四種。一得、二非得、三同分、四無想異熟、五無想定、六滅盡定、七命根、八生、九住、十異、十一滅、十二名、十三句、十四文。故頌云：得非得同分，無想二定命，及生住異滅，并名句文身。

**窺基註解、普泰增修《大乘百法明門論解》卷上** 言不相應行法者，行蘊有二：一、相應行，即心所法。二、不相應行，即始自得，終至不和合性，二十四法是也。

**窺基註解、普泰增修《大乘百法明門論解》卷上** 心不相應行法，略有二十四種。此乃色心分位，蓋依前三法一分一位假立得等之名。以行法有二，此簡非心，所以立其名。此總標章，下乃別列。

一得，二命根，三眾同分，四異生性，五無想定，六滅盡定，七無想報，八名身，九句身，十文身，十一生，十二住，十三老，十四無常，十五流轉，十六定異，十七相應，十八勢速，十九次第，二十時，二十一方，二十二數，二十三和合性，二十四不和合性。

言得者，包獲成就，不失之義，乃色心生起，未滅壞來，此不失之相也。命根者，依業所引，第八種上連持色心不斷功能，假立命根耳。眾同分者，類相似故，有人、法之別。人同分者，如天同分、人同分。法同分者，如心同分、色同分等。三乘五性，依人法類，假立此名。異生性者，二障種上一分功能，令趣類差別不同，云異生性也。無想定者，想等不行，令身安和故，亦名定。或云：此定想等心聚悉皆不行，而云無想者，想滅爲首。謂此外道厭想如病，忻求無想，以爲微妙，立此定名。滅盡定者，令不恆行心、心所滅（六識），及染第七恆行心聚，皆悉滅盡，乃此定相。蓋修無想，則作出離想而滅盡，乃作止息想。又無想唯凡，滅盡唯聖，乃二定之差別也。大抵於厭心種上，遮礙轉識不生功能，立此二定也。言無想報者，由欲界修彼定故，感彼天果，名無想報，乃無想之報(依士釋也)。名身者，能詮自性，單名也。二名已上，方名名身。三名已上，名多名身。乃詮別名之身。句身者，一句名句，二句名身，三句已上，名多句身。單句詮差別，多句則詮別句之身。文身者，文即是字，能爲名、句二所依故。如單言斫，單言芻，未有詮表，名之爲字。論不言名與多名，舉中以攝廣略也。又云：帶詮名文，如經書字。不帶詮者，只名字，若字母及等韻類是也。生者，先無今有。住者，有位暫停。老則住別前後，亦云衰變名老，又云法非凝然。言無常者，今有後無，死之異名。又諸聖教多合生滅以爲無常，蓋生名爲有，有非恆有，不如無爲，滅名爲無。無非恆無，不如兔角，不同彼無爲兔角之常，故曰無常。今唯據死而言。流轉者，因果不斷，相續前後。定異者，善惡因果，互相差別。相應者，因果事業，和合而起。

或曰：此之總名不相應行法，今名相應者，何耶。蓋名不相應者，簡前相應心所而已。此相應者，乃前三法上事業和合之謂，豈相濫乎。勢速者，有爲法游行迅疾，飛行運逵，皆此所攝。次第者，編列有敘，令不紊亂，尊卑上下，左右前後，有規矩者，皆此攝也。時者，過、現、未來，成、住、壞、空，四季三際，年月日夜，六時十二，隨方制立，故名爲時。方者，色處分齊，人法所依，或十方上下，六合四極，亦隨所制。數者，度量諸法之名，或一十百千，至不可轉也。言和合性者，謂於諸法不相乖反。不和合性者，謂於諸法相乖反故。前如相順因，此如相違因。

或曰：此二十四，於前三分位，則以何法，當前何位。大略而言，命根一法，唯心分位，第八心種上，連持功能故。異生性一，唯所分位，二障種上令別功能故。二無心定，無想、異熟，乃王所上假，王所滅已名無想等。餘十九種通色及心與心所法，三上假立，如衆同分乃色同分、心同分、所同分。又如勢速，乃是色、心、心所，遷滅不停故。又如定異色，不是心，心不是所，善因惡果定不互感等。餘倣此說。

**窺基解、明昱贊言《大乘百法明門論贊言》** 註：言不相應行法者，行蘊有二。一相應行，即心所法。二不相應行，即始自得，終至不和合性，二十四法是也。

贊：行蘊有二者。一相應行，即諸心所。二不相應行，即此得等。謂五十一心所法中，除去受想二蘊，有四十九數，共得等二十四法，則有七十三法，總名行蘊，故說行蘊有二。又名不相應者，以非能緣，不與心相應。無質礙故，不與色相應。有生滅故，不與無爲相應。

**玄奘譯《大乘阿毗達磨雜集論》卷二** 何等名爲心不相應行。謂得無想定、滅盡定、無想、異熟、命根、衆同分、生、老、住、無常、名身、句身、文身、異生性、流轉、定異、相應、勢速、次第、時、方、數、和合等。如是心不相應行。應以五門建立差別，謂依處故自體故假立故作意故地故，二無心定具足五門，無想天異熟除作意，餘唯初三。

得者，謂於善不善無記法，若增若減假立獲得成就。善不善無記法者，顯依處。若增若減者，顯自體。何以故，由有增故說名成就上品信等，由有減故說名成就下品信等，假立獲得成就者，顯假立，如是於餘隨其所應建立當知。

無想定者，謂已離遍淨欲，未離上欲，出離想作意爲先故，於不恆行心心法滅，假立無想定。已離遍淨欲者，已離第三靜慮貪。未離上欲者，未離第四靜慮已上貪。出離想作意爲先者，解脱想作意爲前方便。不恆行者，轉識所攝。滅者，謂定心所引不恆現行，諸心心法暫時間滅所依位差別，以能滅故名滅。

滅盡定者，謂已離無所有處欲，超過有頂，暫息想作意爲先故，於不恆行諸心，心法及恆行一分心心法滅，假立滅盡定。此中所以不言未離上欲者，爲顯離有頂欲，阿羅漢等亦得此定故。一分恆行者，謂染污意所攝。

無想異熟者，謂已生無想有情天，於不恆行心心法滅，假立無想異熟。

命根者，謂於衆同分先業所感，住時決定假立壽命。

衆同分者，謂如是如是有情，於種種類自體相似假立衆同分。於種種類者，於人天等種類差別。於自體相似者，於一種類性。衆同分者，於一生中諸蘊相續。住時決定者，齊爾所時令衆同分常得安住，或經百年或千年等，由業所引功能差別。

生者，謂於衆同分諸行本，無今有性，假立爲生。問：外諸色等亦有生相，何故唯舉衆同分耶。答：爲於有情相續建立有爲相故。所以者何，外諸色等有爲相成壞所顯，內諸行有爲相生老等所顯故。

老者，謂於衆同分諸行相續變異性，假立爲老。

住者，謂於衆同分諸行相續不變壞性，假立爲住。

無常者，謂於衆同分諸行相續變壞性，假立無常相續。

變壞者，謂捨壽時當知此中依相續位建立生等，不依刹那。

名身者，謂於諸法自性增言，假立名身。自性增言者，謂說天人眼耳等事。

句身者，謂於諸法差別增言，假立句身，差別增言者，謂說諸行無常一切有情當死等義。

文身者，謂於彼二所依諸字，假立文身，彼二所依諸字者謂。【略】

流轉者，謂於因果相續不斷，假立流轉，所以唯於相續不斷立流轉者，於一刹那或於間斷，無此言故。

定異者，謂於因果種種差別假立定異，因果種種差別者，謂可愛果妙行爲因，不可愛果惡行爲因，諸如是等種種因果展轉差別。

相應者，謂於因果相稱假立相應，因果相稱者，雖復異類因果相順亦名相稱，由如布施感富財等。

勢速者，謂於因果迅疾流轉，假立勢速。

如是等心不相應行法，唯依分位差別而建立故，當知皆是假有。謂於善不善等增減，分位差別建立一種，於心心法分位差別建立三種，於住分位差別建立一種，於相似分位差別建立一種，於相分位差別建立四種，於言說分位差別建立三種，於不得分位差別建立一種，於因果分位差別建立餘種。因果者，謂一切有爲法能生餘故名因，從餘生故名果。

**窺基《大乘百法明門論解》卷下**　第四，心不相應行法，略有二十四種：

此乃色心分位，蓋依前三法一分、一位假立得等之名。以行法有二，此簡非心，所以立其名。此總標章，下乃別列：一得，二命根，三眾同分，異生性，五無想定，六滅盡定，七無想報，八名身，九句身，十文身，十一生，十二住，十三老，十四無常，十五流轉，十六定異，十七相應，十八勢速，十九次第，二十時，二十一方，二十二數，二十三和合性，二十四不和合性。

言得者，包獲成就，不失之義，乃色心生起，未滅壞來，此不失之相也。命根者，依業所引，第八種上連持色心不斷功能，假立命根耳。眾同分者，類相似故，有人法之別。人同分者，如天同分、人同分。法同分者，如心同分、色同分等。三乘、五性，依人法類，假立此名。異生性者，二障種上一分功能，令趣類差別不同，云異生性也。無想定者，想等不行，令身安和故，亦名定。或云：此定想等心聚悉皆不行，而云無想者，想滅爲首，謂此外道厭想如病，忻求無想，以爲微妙，立此定名。滅盡定者，令不恆行心、心所滅（六識），及染第七恆行心聚皆悉滅盡，乃此定相。蓋修無想，則作出離想而滅盡，乃作止息想。又無想唯凡，滅盡唯聖，乃二定之差別也。大抵於厭心種上，遮礙轉識不生功能，立此二定也。言無想報者，由欲界修彼定故，感彼天果，名無想報，乃無想之報（依士釋也）。名身者，能詮自性，單名也，二名已上，方名名身，三名已上，名多名身。乃詮別名之身。句身者，一句名句，二句名身，三句已上，名多句身。單句詮差別，多句則詮別句之身。文身者，文即是字，能爲名、句二所依故。如單言斫、單言芻，未有詮表，名之爲字。論不言名與多名，舉中以攝廣略也。又云：帶詮名文，如經書字，不帶詮者，只名字，若字母及等韻類是也。生者，先無今有。住者，有位暫停。老則住別前後，亦云衰變名老，又云法非凝然。言無常者，今有後無，死之異名。又諸聖教多合生滅以爲無常，蓋生名爲有，有非恆有，不如無爲，滅名爲無，無非恆無，不如兔角，不同彼無爲兔角之常，故曰無常。今唯據死而言。流轉者，因果不斷，相續前後。定異者，善惡因果，互相差別。相應者，因果事業，和合而起。或曰：此之總名不相應行法，今名相應者，何耶，蓋名不相應者，簡前相應心所而已。此相應者，乃前三法上事業和合之謂，豈相濫乎，勢速者，有爲法游行迅疾飛行運逝，皆此所攝。次第者，編列有敘，令不紊亂，尊卑上下，左右前後，有規矩者，皆此攝也。時者，過、現、未來，成、住、壞、空，四季三際，年月日夜，六時十二，隨方制立，故名爲時。方者，色處分齊，人法所依，或十方上下，六合四極，亦隨所制。數者，度量諸法之名，或一十百千，至不可轉也。言和合性者，謂於諸法不相乖反。不和合性者，謂於諸法相乖反故。前如相順因，此如相違因。或曰：此二十四，於前三分位，則以何法，當前何位，大略而言，命根一法，唯心分位，第八心種上，連持功能故。異生性一，唯所分位，二障種上令別功能故。二無心定，無想、異熟，乃王所上假，王所滅已名無想等。餘十九種通色及心與心所法，三上假立，如眾同分乃色同分、心同分、所同分。又如勢速，乃是色、心、心所，遷滅不停故。又如定異色，不是心、心不是所，善因惡果定不互感等。餘倣此說。

**大乘光《大乘百法明門論疏》卷下**　論云：第四，心不相應行法者，略有二十四種：一、得，二、命根，三、衆同分，四、異生性，五、無想定，六、滅盡定，七、無想事，八、名身，九、句身，十、文身，十一、生，十二、老，十三、住，十四、無常，十五、流轉，十六、定異，十七、相應，十八、勢速，十九、次第，二十、方，二十一、時，二十二、數，二十三、和合性，二十四、不和合性者。

此則第四明心不相應行法。就中有二，第一牒章，第二舉數列名。言第四心不相應行法者，此則第一牒章，遍行五等與心相應，此得等諸法不與心相應，此名心不相應。言行者，則是行蘊，此明得等諸法是行蘊攝，餘心色無爲，非行蘊攝。言不相應，簡別心所有法。言其行者，則簡心色無爲，故名心不相應行。

略有二十四種等者，此則第二舉數列名。言一得者，於三性法假立獲得，名之爲得。先業所感，隨壽短長，住時決定，稱曰命根。六趣差別，各各不同，自類而居，名衆同分。謂於聖法未得未證，異於聖故號曰異生。滅諸六識心、心數法，無有緣慮，故名無想定。滅諸六識心、心數法，及第七一分，名爲滅盡定。生無想天，五百劫中心無緣慮，名無想事。謂詮諸行天人等，號稱曰名身。聚集諸法，名顯染淨義，故名句身。名之與句，二種所依，名曰文身。本無今有，說之名生。髮白面皺，稱之爲老。相續不斷，名之爲住。有已還無，名曰無常。刹那相續，稱爲流轉。因果各別，故名定異。因果相稱，號曰相應。迅疾流轉，名爲勢速。一一不俱，稱爲次第。東西南北，號之曰方。過現未來，稱之曰時。一十百千，名之爲數。衆緣聚會，名爲和合。諸行緣乖，名不和合。上來第四解心不相應行訖。

**延壽集《宗鏡錄》卷五八** 不相應行法，有二十四不相應行者。相應者，和順義，如心王心所。得等非能緣故，不與心心所相應，名不相應。又得等非質礙義，不與色相應。又有生滅，不與無爲相應。爲揀四位法，故名不相應。

一、得。謂諸行種子所攝，自在生起，相續差別性。又《雜集論》云：謂於善、不善、無記法，若增若減，假立獲得成就。善不善無記法者，顯依處。若增若減者，顯自體。何以故。由有增故，說名成就上品信等。由有減故，說名成就下品信等。二、無想定。謂已離淨欲，未離上地欲，由於無想天，起出離想。《雜集論》云，於不恆行心、心所滅，假立無想，定，不恆行轉識所攝。滅者，謂定心所引，不恆現行，諸心心所，暫時間滅。三、滅盡定。謂已離無所有處欲，或入非想、非非想處定。又云，欲超過有頂，作止息想，作意爲先，故於不恆行諸心心所，及恆行一分心心所滅，假立滅盡定。此中所以不言未離上欲者，爲顯離有頂欲。阿羅漢等，亦得此定故。一分恆行者，謂染污意所攝。四、無想天。謂於此間得無想定，由此後生無想有情天中，於不恆行心心所滅，假立無想異熟。五、命根。謂於衆同分，先業所感住時決定，假立壽命。衆同分者，於一生中諸蘊相續。住時決定者，劑爾所時，令衆同分常得安住，或經百年千年等，由業所引功能差別。又依業所引第八識種，令色心不斷，名爲命根。六、衆同分。謂如是如是有情，於種種類，自體相似，假立衆同分。七、異生性。謂行自相發起性。又由二障種，各趣差別。八、生。謂於衆同分，諸行本無今有性，假立爲生。九、異。謂於衆同分，諸行相續變異性，假立爲異，亦名爲老。十、住。謂於衆同分，諸行相續不變壞性，假立爲住。十一、無常。謂於衆同分，諸行自相生後滅壞性，假立無常相。十二、名身。謂於諸法自性增言，假立名身。十三、句身。謂於諸法差別增言，假立句身。十四、文身。謂於彼前二文句所依諸字，假立文身。十五、流轉。謂於因果相續不斷，假立流轉。十六、定異。謂於因果種種差別，假立定異。十七、相應。謂諸行因果相稱性。十八、勢速。謂諸行流轉迅疾性。十九、次第。謂諸行一一次第流轉性。二十、時。謂諸行展轉新新生滅性。二十一、方。謂諸色行遍分劑性。二十二、數。謂諸行等，各別相續，體相流轉性。二十三、和合。謂諸行緣會性。二十四、不和合。謂諸行緣乖性。

此不相應行，雖不與心王、心所、色法、無爲等四位相應，然皆是心之分位，亦不離心變，及出唯識眞性，約一期行相分別故爾。如《廣百論》云：自心分別所見境界，即是自心。但隨衆緣，諸行種熟，自心變作種種分位。自心所變，無實體相。

**智旭《大乘百法明門論直解》** 心不相應行法，略有二十四種。相應者，和順之義。今得及命根等二十四種，非能緣故，不與心及心所相應。非質礙故，不與色法相應。有生滅故，不與無爲法相應。故《唯識論》

云：非如色心及諸心所體相可得，非異色心及諸心所作用可得。由此故知定非實有，但依色心及諸心所分位假立。今直云心不相應行者，雖依三法假立，而色是心及心所之所現影，心所又即與心相應，故但言心，明其總不離心也。

一得、二命根、三眾同分、四異生性、五無想定、六滅盡定、七無想報、八名身、九句身、十文身、十一生、十二住、十三老、十四無常、十五流轉、十六定異、十七相應、十八勢速、十九次第、二十時、二十一方、二十二數、二十三和合性、二十四不和合性。

一、得者，依一切法造作成就假立。二、命根者，依于色心連持不斷假立。三、眾同分者，如人與人同，天與天同，依于彼此相似假立。四、異生性者，妄計我法，不與聖人二空智性相同，依于聖凡相對假立。五、無想定者，外道厭惡想心，作意求滅，功用淳熟。令前六識心及心所一切不行，惟第七識俱生我執，與第八識仍在，不離根身。依此身心分位假立。六、滅盡定者，三果以上聖人，欲暫止息受想勞慮，依於非想非非想定，遊觀無漏以爲加行，乃得趣入。入此定已，前六識心及心所一切不行，第七識俱生我執及彼心所亦皆不行。惟第七識俱生法執，與第八識仍在，不離根身。依此身心分位假立。七、無想報者，外道修無想定既得成就，捨此身後，生在第四禪天。五百劫中，前六識心及彼心所長時不行，惟有第七識俱生我執，與第八識仍在。攬彼第四禪中微細色質爲身，彼微細色，即是第八識所變相分。依此色心分位假立。八、名身者，名詮諸法自性，如眼耳等種種名字。九、句身者，句詮諸法差別，如眼無常、耳無常等種種道理。十、文身者，文即是字，爲名句之所依。此三皆依色聲法塵分位假立。若語言中所有名句及字，即依聲立。若書冊中所有名句及字，即依色立。若心想中所有名句文字，即依法立。此方眼耳意三種根識獨利，故偏約三塵立名句文。若他方餘根識利，則香飯天衣等，並可依之假立名句文三。是故六塵皆爲教經，亦復皆爲行經，皆爲理經也。十一、生者，依于色心仗緣顯現假立。十二、住者，依于色心暫時相似相續假立。十三、老者，亦名爲異，依于色心遷變不停，漸就衰異假立。十四、無常者，亦名爲滅，依於色心暫有還無假立。十五、流轉者，依於色心因果前後相續假立。十六、定異者，依於善惡因果種子現行各不同假立。十七、相應者，依於心及心所和合俱起假立。十八、勢速者，依於色心諸法遷流不暫停住假立。十九、次第者，依於諸法前後引生庠序不亂假立。二十、時者，依於色心剎那展轉假立，故有日月年運長短差別。二十一、方者，依于形質前後左右假立，故有東西南北四維上下差別。二十二、數者，依于諸法多少相仍相待假立，故有一十百千乃至阿僧祇之差別。二十三、和合者，依於諸法不相乖違假立。二十四、不和合者，依於諸法互相乖違假立。

**廣益《乘百法明門論纂釋》** 不相應行法，略有二十四種。一得，二命根，三眾同分，四異生性，五無想定，六滅盡定，七無想報，八名身，九句身，十文身，十一生，十二住，十三老，十四無常，十五流轉，十六定異，十七相應，十八勢速，十九次第二十時，二十一方，二十二數，二十三和合性，二十四不和合性。

此列二十四種不相應行法也。此二十四法，言不相應者，非能緣故不與心心所相應，又非質礙故不與色法相應，又有生滅故不與無爲法相應。爲揀四位，故名不相應。此二十四法，不如色、心、心所實有體相。亦非異色、心、心所。一分一位假立得等之名。言行法者，有二種，一相應，二不相應。此簡心所乃相應行法，此乃不相應行法，以立其名。

言得者，成就不失之義。謂色心生起未滅壞，是生緣攝受增盛之因。即凡夫有所得心，三乘有所得果。如得金時，金非時得，金乃是物，得非是金，有名而無實，故云不相應也。

言命根者，依六識能造之業，所引第八種上，連持一期色心不斷功能，假立煖識爲命根耳。以識住則命存，識去則命卸故。

言眾同分者，類相似故。以萬物各有同類，有人法之別。人同分者，如天同分。天與天是一類。人同分則人與人是一類。法同分者，如心同分，以心王、心所是一類。色同分，以十一色法是一類，故云依人法假立此名。

言異生性者，煩惱、所知二障種子上一分功能，令六趣十二類之差別不同，故云異生性。此性非指佛性，乃習與性成之性。如人輕躁從獼猴中來，如人狼毒從蛇蝎中來。此乃習氣所使，故云異生性也。

言無想定者，謂六識心王不行，令其身心定隱調和，亦名定，想等心聚，悉皆不行。而云無想者，何也。謂此外道厭想如病，忻求無想以爲微妙，以滅想爲首，故立無想定名，非實滅也。

言滅盡定者，六識王、所已滅，及七識染分心聚，皆悉滅盡，乃此定相。問：此二定差別如何。答：修無想則作出離想，謂外道修有漏定，伏住想心不行。如夾氷魚，如石壓草，不知微細生滅。命終生無想天，得四百九十九劫中想心不行。此無想唯屬外道所修而滅盡，乃作止息想。謂二乘修無漏定，六識不恆行心聚，與七識染分恆行心聚，皆悉不行，故滅盡唯屬四果聖人，故不同耳。問：此二定從何建立。答：皆於厭心種上，遮礙轉識不生功能。若於厭心，但伏六識王所不行，名無想定。若於厭心使六識王所，七識染分恆行心聚滅盡，名滅盡定也。

言無想報者，由在欲界修彼無想定，故感彼無想天果，名無想報。

言名身者，乃諸法各有其名，能詮自體。單名爲名，如爐瓶等。二名已上，方名名身，如香爐、華瓶等。三名已上，名多名身，如銅香爐、錫華瓶等，乃詮別名之身也。

言句身者，單句爲句，如菩薩等。二句爲句身，如大菩薩等。三句以上爲多句身，如文殊菩薩、普賢菩薩等。以名詮自性，句詮差別故。

言文身者，文即是字，能爲名句二所依故。若不帶詮只名字，如字母及等韻之類。但只訓字，不能詮理。若帶前名文，則如經書字，能詮之文帶所詮之義理故。

言生者，先無今有。

言住者，有位暫停，或五十六十年間也。

言老者，住別前後，不同前生後死。自少而壯，壯而老，曰衰變名老。

言無常者，今有後無，以生滅故，乃死之異名。蓋生名爲有，有必後無。故有非恆有，以有生必有死故。不如寂莫常住之無爲是恆有也。滅名爲無，無非恆無，如人死此生彼，不如兎角之常無也。以不同無爲之常有，不同兎角之常無，故曰無常。

言流轉者，謂因果相續。由因感果，果續於因，前後不斷，故曰流轉。

言定異者，謂善惡因果，互相差別。以善因必感樂果，惡因必感苦果。一定永異，故云定異。

言相應者，謂因果事業和合而起。以因能感果，果必應因，不相違故。或問：此之總名不相應行法，如何別中又名相應耶。答：此總中名不相應者，乃不與前心心所相應而已。此別中相應者，乃前心王心所與色三法事業，和合恰好之義，豈相濫耶。

言勢速者，謂有爲法上遊行迅疾之義。如日月往來，無情變壞。有情遷謝，自少而壯，壯而老。心念生滅，鳥之飛，獸之走，月運電奔，皆此所攝故。

言次第者，謂編列有敘。如甲乙丙丁，令不紊亂。君則尊，臣則卑，父則上，子則下，而有左右前後之類。

言時者，謂過現未來，成住壞空，年月日夜之類。

言方者，謂色之分齊，在東方則曰東方之色等，故曰色之分齊。如四方六合十方上下之類。

言數者，度量諸法之名。如權衡升斗丈尺等，或一十百千之類。

言和合者，謂於諸法不相乖反。和如水乳和，合如函蓋合也。

言不和合者，謂於諸法相乖反故。如眼與耳了不相觸。前諸法和合，如相順因。此諸法不和合，如相違因。或問曰：此二十四法，於前三位，則以何法當何位。答：大略而言，命根一法唯屬心王，乃第八種上，連持一期色心不斷功能故。異生性一法，唯屬心所，以根隨煩惱是惡心所故，乃二障種上令趣類差別功能故。無想滅盡定及無想報，乃王所上假立，以王所想受等已滅，名無想等。餘十九種，通色及心心所法三位上假立。如衆同分，乃根身世界五塵等，爲色同分。同依同緣，爲心同分。同起善惡，爲所同分。如勢速乃色心心所遷流不停。如定異一法，色不是心，心王不是心所。善因惡果等，定不互感故。此上諸法，雖不造業，乃分位唯識，故云分位差別，故名不相應行法也。

**智旭《大乘百法明門論直解》**第四心不相應行法，略有二十四種。

相應者，和順之義，今得及命根等二十四種，非能緣故不與心及心所相應。非質礙故，不與色法相應。有生滅故，不與無爲法相應。故《唯識論》云，非如色心及諸心所體相可得，非異色心及諸心所作用可得。由此故知定非實有，但依色心及諸心所分位假立。今直云心不相應行者，雖依三法假立，而色是心及心所之所現影，心所又即與心相應。故但言心，明其總不離心也。

一得，二命根，三眾同分，四異生性，五無想定，六滅盡定，七無想報，八名身，九句身，十文身，十一生，十二住，十三老，十四無常，十五流轉，十六定異，十七相應，十八勢速，十九次第，二十時，二十一方，二十二數，二十三和合性，二十四不和合性。

一得者，依一切法造作成就假立。二命根者，依于色心連持不斷假立。三眾同分者如人與人同，天與天同，依于彼此相似假立。四異生性者，妄計我法，不與聖人二空智性相同，依于聖凡相對假立。五無想定者，外道厭惡想心，作意求滅，功用淳熟，令前六識心及心所一切不行，惟第七識俱生我執，與第八識仍在，不離根身，依此身心分位假立。六滅盡定者，三果以上聖人，欲暫止息受想勞慮，依於非想非非想定，遊觀無漏以爲加行，乃得趣入，入此定已，前六識心及心所一切不行，第七識俱生我執及彼心所亦皆不行，惟第七識俱生法執，與第八識仍在，不離根身，依此身心分位假立。七無想報者，外道修無想定既得成就，捨此身後，生在第四禪天，五百劫中，前六識心及彼心所長時不行，惟有第七識俱生我執，與第八識仍在，攬彼第四禪中微細色質爲身，彼微細色，即是第八識所變相分，依此色心分位假立。八名身者，名詮諸法自性，如眼耳等種種名字。九句身者，句詮諸法差別，如眼無常耳無常等種種道理。十文身者，文即是字，爲名句之所依，此三皆依色聲法塵分位假立，若語言中所有名句及字，即依聲立，若書冊中所有名句及字，即依色立，若心想中所有名句文字，即依法立，此方眼耳意三種根識獨利，故偏約三塵立名句文，若他方餘根識利，則香飯天衣等，並可依之假立名句文三，是故六塵皆爲教經，亦復皆爲行經，皆爲理經也。十一生者，依于色心仗緣顯現假立。十二住者，依于色心暫時相似相續假立。十三老者，亦名爲異，依于色心遷變不停，漸就衰異假立。十四無常者，亦名爲滅，依於色心暫有還無假立。十五流轉者，依於色心因果前後相續假立。十六定異者，依於善惡因果種子現行各各不同假立。十七相應者，依於心及心所和合俱起假立。十八勢速者，依於色心諸法遷流不暫停住假立。十九次第者，依於諸法前後引生庠序不亂假立。二十時者，依於色心剎那展轉假立，故有日月年運長短差別。二十一方者，依于形質前後左右假立，故有東西南北四維上下差別。二十二數者，依于諸法多少相仍相待假立，故有一十百千乃至阿僧祇之差別。二十三和合者，依於諸法不相乖違假立。二十四不和合者，依於諸法互相乖違假立。

# 世間法

**鳩摩羅什譯《摩訶般若波羅蜜經》卷四**　佛告須菩提：世間善法者：孝順父母，供養沙門婆羅門，敬事尊長。布施福處，持戒福處，修禪福處，勸導福事，方便生福德，世間十善道。九相，脹相，血相，壞相，膿爛相，青相，噉相，散相，骨相，燒相。四禪，四無量心，四無色定。念佛，念法，念僧，念戒，念捨，念天，念善，念安般，念身，念死。是名世間善法。

何等不善法。奪他命、不與取、邪婬、妄語、兩舌、惡口、非時語、貪、惱害、邪見，是十不善道等，是名不善法。

何等記法。若善法，若不善法，是名記法。何等無記法。無記身業、口業、意業，無記四大，無記五陰、十二入、十八界，無記報，是名無記法。

何等名世間法。世間法者，五陰、十二入、十八界，十善道，四禪、四無量心、四無色定，是名世間法。

**菩提流志譯《文殊師利所說不思議佛境界經》卷上**　世間法者，所謂五蘊。其五者何。謂色蘊、受蘊、想蘊、行蘊、識蘊。如是諸蘊，色如聚沫，受如浮泡，想如陽焰，行如芭蕉，識如幻化。是故此中無有世間，亦無諸蘊，及以如是言說名字。若得是解，心則不散。心若不散，則不染世法。若不染世法，即是出離世間法也。復次，大德！五蘊諸法，其性本空。性空則無二，無二則無我、我所。無我、我所，則無所取著。無所取著者，即是出離世間法也。

**曇無讖譯《大般涅槃經》卷八**　善男子！若欲隨順世間法者，則應分別有三歸依。善男子！菩薩應作如是思惟：我今此身歸依於佛，若即此身，得成佛道。既成佛已，不當恭敬禮拜供養於諸世尊。何以故。諸佛平等，等爲衆生作歸依故。若欲尊重法身舍利，便應禮敬諸佛塔廟。所以者何。爲欲化度諸衆生故。亦令衆生於我身中起塔廟想，禮拜供養。如是衆生以我法身爲歸依處，一切衆生皆依非眞邪僞之法，我當次第爲說眞法。又有歸依非眞僧者，我當爲作依眞僧處。若有分別三歸依者，我當爲作一歸依處無三差別，於生盲衆爲作眼目，復當爲諸聲聞緣覺作眞歸處。善男子！如是菩薩，爲無量惡諸衆生等及諸智者而作佛事。

**鳩摩羅什譯《大智度論》卷四四** 世間法者，五衆或善、或不善、或無記。

十二入：八無記，四三種。

十八界：八無記，十三種。

十善道、四禪、四無量心、四無色定，是善法。凡夫人能得、能成就故。又自不能出世間故，名世間法。

**鳩摩羅什譯《大智度論》卷四九** 菩薩不應順世間法。順世間法者，善者心著，惡者遠離。菩薩則不然，若有能開釋深義，解散疑結，於我有益，則盡心敬之，不念餘惡。如弊囊盛寶，不得以囊惡故，不取其寶。又如夜行嶮道，弊人執炬，不得以人惡故，不取其照。菩薩亦如是，於師得智慧光明，不計其惡。

復次，弟子應作是念：師行般若波羅蜜，無量方便力，不知以何因緣故，有此惡事。如薩陀波崙聞空中十方佛教：汝於法師，莫念其短，常生敬畏！

復次，菩薩作是念：法師好惡，非是我事。我所求者，唯欲聞法以自利益。如泥像、木像，無實功德，因發佛想故，得無量福德，何況是人智慧方便能爲人說！以是故，法師有過，於我無咎。

**三藏鳩摩羅什譯《十住毗婆沙論》卷七** 世間法者，利衰、毀譽、稱譏、苦樂，於此法中，心無憂喜。捨自利勤行他利者，菩薩乃至未曾知識，無因緣者所行善行，捨置自利，助成彼善。問曰：捨自利勤行他利，此事不然。如佛說，雖大利人，不應自捨己利，如說捨一人以成一家，捨一家成一聚落，捨一聚落成一國土，捨一國土以成己身，捨己身以爲正法。

先自成己利，然後乃利人，捨己利利人，後則生憂悔。
捨自利利人，自謂爲智慧，此於世間中，最爲第一癡。

答曰：於世間中，爲他求利，猶稱爲善，以爲堅心。況菩薩所行出過世間，若利他者，即是自利。如說：菩薩於他事，心意不劣弱，發菩提心者，他利即自利。

**三藏鳩摩羅什譯《十住毗婆沙論》卷九** 世間法者，方俗所宜，隨世間心，世間治法，皆悉能知。是故能知上中下衆生，隨宜而引導，善解世間事，深有慚愧心。隨宜引導者，於上中下者各有所宜。慚愧者，自恥所行名爲慚，因他生恥名爲愧。有人以自作而羞，見他而愧。世間法中，愧爲先用。如經說：二清白法護持世間，所謂慚愧。如偈說：

隨人有愧時，知法知罪福，無愧善人遠，無惡而不作。

問曰：何故慇懃教菩薩善知世間宜法。答曰：菩薩若知世間法者，則於衆生易相悅入，化導其心，令住大乘。若不知世法，乃至不能教化一人。是故世間法者，則是教化衆生方便之道。菩薩如是知世間，具足慚愧心。如說：

加惡而敬養，何況利己者，有愧有恭敬，不輕笑善者。

是菩薩愧心多故，於諸惡人尚能恭敬供養、迎送問訊。何況善人能利於我有功德者，有愧恭敬二心故，於諸賢善少知識者而不輕慢。作是念：有功德者自隱於世，如灰覆火。鄙薄世法，不應輕賤。若我以小因緣而輕賤者，即便得罪。

復次，凡諸有所作，雖難能究竟，則於世間中，亦是不退相。

是菩薩凡有所作，若起塔寺，若設大會，若救罪人。如是等一切世間諸難事中，心無廢退。所造未成，要以種種諸方便力，身口心力，令得成就。不但佛法有不退轉，世間事中亦有不退轉相。問曰：以何因緣能成此事。答曰：有堪忍力者，則能究竟。如說：

得大堪忍力，深供養諸佛，隨佛所教化，皆悉能受持。

**菩提流支譯《勝思惟梵天所問經論》卷三** 云何菩薩過世間法者。以諸聲聞亦過世間，是故如來示現勝法，過諸聲聞出世間法，是故說言出過世間法。又復示現，雖在世間行世間法，而過世間。又而不爲彼世法所染著，現行世間化衆生故，如經如實善知世間諸法故，又爲聚集諸衆生故，現巧方便，爲彼衆生攝取令入世間法故。知世間集諦，知世間所去，而依願智，生於彼處，不爲世間集所生故。取如是生示現世間，成就世諦，依世諦故，爲衆生說法。令諸衆生出過世間故，菩薩雖於世間中行，而終不爲世間所染。得法無我，住無住道，以爲教化一切衆生，是故雖生於世間，爲彼攝取世間之道故。

三十五偈，如經所說。依說世間法，如來亦依自身世間法世間識知境界，以樂說辯才，說入世間法相，以如來法出過聲聞出世間法，聲聞亦過世間境界，如來過彼聲聞境界。復說勝法說彼法者，爲餘衆生過世間故，示現如是出世間方便。梵天言，世間者，我說五陰名爲世間者。此中示現五取陰，應知依世間說故。貪著五陰者，貪著是愛也。名爲世間集者，以依彼愛世間聚集故。過去、未來、現在諸陰滅故，以未來世陰因盡故，以更不種未來種子故，名爲滅。觀察五陰，不見二名爲世間滅道者，求道不求道一。二，一向不得聖道示現勝故。此明何義。世間對治，非一向定。若有對治，則能厭苦。若無對治，則退彼法。若有一法爲對治此法，則不對治餘法。若有一法爲對治下地，則非上地對治。聖道對治則不如是，以一切時一切法對治故。

**延壽集《宗鏡錄》卷六七**　世間亦有常樂我淨，出世亦有常樂我淨。世間法者，有字無義。出世間者，有字有義。何以故。世間之法，有四顛倒，故不知義。所以者何。有想倒、心倒、見倒，以三倒故，世間之人，樂中見苦，常見無常，我見無我，淨見不淨，是名顛倒。以顛倒故，世間知字而不知義。何等爲義。無我者，名爲生死。我者，名爲如來。無常者，聲聞緣覺。常者，如來法身。苦者，一切外道。樂者，即是涅槃。不淨者，即有爲法。淨者，諸佛菩薩所有正法，是名不顛倒。以不倒故，知字知義。若欲遠離四顛倒者，應知如是常樂我淨。釋曰：夫迷四眞實，起八顛倒者，無非人法二我之見，爲生死之樞穴，作煩惱之基坰，成九結之樊籠，開十使之業道。二乘雖斷人我，常被無我之所漂流。外道謬認識神，恆爲妄我所之輪轉。所以上云，無我者，名爲生死者，以昧一眞我之門，無大自在之力。我者名爲如來者，達佛性之妙理，承如實之道來。無常者聲聞緣覺者，修生滅之妄因，證灰斷之小果。常者如來法身者，入不動之眞宗，契圓常之妙體。苦者一切外道者，運無益之苦行，墮生滅之邪輪。樂者即是涅槃者，斷二死之妄原，入四德之祕藏。不淨者即有爲法者，積雜染之情塵，成夢幻之虛事。淨者諸佛菩薩所有正法者，乃究竟之圓詮，履無爲之至道。是以外道執有我見，如蒸砂作飯，認妄爲眞。二乘證無我門，似捉石爲珠，以常爲斷，俱不達無我之中。而有眞我，又常樂我淨者，但是一法，以心性不變異故常。常故樂，樂故我，我故淨。以不了心性常住故，心外別求，妄有所作。作故無常，無常故無樂，無樂故無我，無我故無淨。何者。以無常遷變，純受其苦，寧有樂乎。既不得樂，恆俱繫縛，不得自在，豈成我乎。既不見眞我佛性，長隨染緣，豈得淨耶。如上剖析，皆屬一期教門，不可於此定執有無，迷於方便。如《廣百論》云，爲止邪見，撥無涅槃故。說眞有常樂我淨，此方便言，不應定執。既不執有，亦不撥無，如是乃名正智解脫。

## 出世間法

**鳩摩羅什譯《摩訶般若波羅蜜經》卷四**　何等名出世間法。四念處、四正懃、四如意足、五根、五力、七覺分、八聖道分，空解脫門、無相解脫門、無作解脫門，三無漏根，未知欲知根、知根、知已根。三三昧，有覺有觀三昧、無覺有觀三昧、無覺無觀三昧。明解脫念慧正憶八背捨。何等八。色觀色，是初背捨。內無色相外觀色，是二背捨。淨背捨身作證，是三背捨。過一切色相故，滅有對相故，一切異相不念故，入無邊虛空處，是四背捨。過一切無邊虛空處，入一切無邊識處，是五背捨。過一切無邊識處，入無所有處，是六背捨。過一切無所有處，入非有想非無想處，是七背捨。過一切非有想非無想處，入滅受想定，是八背捨。九次第定。何等九。離欲離惡不善法，有覺有觀，離生喜樂，入初禪。滅諸覺觀內清淨故，一心無覺無觀定生喜樂，入第二禪。離喜故行捨受身樂，聖人能說能捨念行樂，入第三禪。斷苦樂故，先滅憂喜故，不苦不樂捨念淨，入第四禪。過一切色相故，滅有對相故，一切異相不念故，入無邊虛空處。過一切無邊虛空處，入無邊識處。過一切無邊識處，入無所有處。過一切無所有處，入非有想非無想處。過一切非有想非無想處，入滅受想定。復有出世間法，內空乃至無法有法空，佛十力、四無所畏、四無礙智、十八不共法、一切智，是名出世間法。

**鳩摩羅什譯《大智度論》卷四四**　出世間法者，三十七品、三解脫門、三無漏根、三三昧，如先說。

明解脫：明者，三明。解脫者，有爲解脫，無爲解脫。

念者，十念。慧者，十一智慧。正憶者，隨諸法實相觀，如隨身法觀一切善法之本。

復次，八背捨，九次第定，十八空，十力，四無所畏，十八不共法，如先義中廣說。

是四念處等，一心爲道故。又八背捨、九次第定等，凡夫所不得，名爲出世間。念、慧、正憶，雖有二種：世間、出世間，此中說出世間。

**鳩摩羅什譯《大智度論》卷八八**　須菩提！何等是菩薩出世間法，不共凡夫法同。所謂四念處、四正勤、四如意足、五根、五力、七覺分、八聖道分，三解脫門、八背捨、九次第定，佛十力、四無所畏、四無礙智，十八不共法、三十二相、八十隨形好、五百陁羅尼門，是名出世間法。

**筏提摩多譯《釋摩訶衍論》卷一**　頌曰：是一法界心，總攝二種門，名攝世出世，作法界名法。

論曰：一法界心，總攝一切生滅門法，是故名爲攝世間法。總攝一切眞如門法，是故名攝出世間法。皆作法界，故名爲法。自體契經中作如是說。廣大神王，即攝一切種種無明、一切種種染法、一切種種淨白品法，又攝一切清淨法、一切無礙法、一切解脫法、一切絕離法、一切滿足法、一切寂靜法。而廣大神王非世間法，非出世間法。

**鳩摩羅什譯《持世經》卷四**　持世！何謂菩薩摩訶薩善知世間、出世間法。何謂得世間、出世間法方便。持世！菩薩摩訶薩正觀世間出世間法。何等爲世間法。

菩薩作是念：凡所有法，憶想分別，從顛倒起，眾因緣生，繫虛妄緣，從二相起。空無所有，如虹雜色。亦如火輪，誑於凡夫。破壞義故，假名世間。是名世間。諸世間法，皆非是實。從虛妄緣起，不作不起相。但因陰界入色聲香味觸法故說，因名色故說。隨凡夫人心所貪著，又隨種種貪著邪見。如亂絲無緒，如茅根蔓草，互相連著。隨顛倒相應故，說名世間法。

何等爲出世間法。如是世間法，從本已來，如實性離，是名出世間。何以故。智者求世間法不可得，求出世間法不可得。無世間、無出世間處，是中無分別是世間是出世間。但爲世間，故說出世間。世間實相，即是出世間。何以故。世間無定相可得，世間相從本已來常空，世間法不決定故。世間從本已來是寂滅相。是菩薩如是觀世間出世間，不可得世間，亦不貪著出世間。是人不念不著世間出世間故，不與世間諍訟。何以故。智者通達世間是虛妄相，見世間實相故，更不分別是世間是出世間。何以故。持世！世間者即是五受陰義，一切世間法皆攝在中。智者求陰不得陰。不得陰性，不得陰來處。不得住處，不得去處。無五陰、十二入、十八性。無分別，無名字。無性、無相、無行。即名出世間。

持世！菩薩觀世間、出世間法時，不見世間與出世間合，不見出世間離世間。是人不離世間見出世間，亦不離出世間見世間。是人不復緣於二行，所謂是世間是出世間。何以故。持世！世間如實相，即是出世間。世間中世間相不可得，世間法中世間法不可得，以無所有故。通達是法，即是出世間。持世！若世間與出世間異者，諸佛不出於世。諸佛亦不說一切世間不可得，一切世間不生，如實知見一切世間。持世！若不得世間、不取世間，即是出世間。是故當知，如實知見世間，通達世間不可得故，即說出世間，是故諸佛出於世間。一切諸法，若世間若出世間，以不二不分別，證如實知見故，即是說出世間法。持世！如是世間甚深，難可得底。依世間法者，得世間法者，悕望出世間法者，於世俗語生第一義相者，住在二法者，不能得入如是法中。何以故。是人不知世間，不知出世間，是皆行二法者。持世！行二法者，不能通達世間出世間。持世！菩薩摩訶薩如是善知世間出世間法，亦得世間出世間法方便。

**智顗《六妙法門》**　無所從生，是名出世間因。因滅故，得離後世世間二十五有等果，名出世間果。能出世間顛倒因果法故，是名出世間法。於出世間眞正法中，亦有因果。因者知息空，正智惠爲出世間因。妄計息中人我、無明顛倒及苦果滅故，名爲出世間果。故知菩薩觀息非息，雖不得世間出世間，亦能分別世間及出世間。

玄奘譯《大般若波羅蜜多經》卷三八二　善現！世間法本性無縛無脫，出世間法本性亦無縛無脫。世間法本性無縛無脫，則非世間法。出世間法本性亦無縛無脫，則非出世間法。何以故。世間、出世間法，畢竟淨故。【略】

善現！世間法無所住，出世間法亦無所住。世間法空無所住，出世間法空亦無所住。何以故。善現！世間法無自性不可得，出世間法亦無自性不可得，世間法空無自性不可得，出世間法空亦無自性不可得，非無自性不可得法有所住故。

玄奘譯《大般若波羅蜜多經》卷四一一　具壽善現復白佛言：何等名爲出世間法。

佛告善現：謂出世間四念住、四正斷、四神足、五根、五力、七等覺支、八聖道支，空、無相、無願解脫門，未知當知根、已知根、具知根，有尋有伺三摩地、無尋唯伺三摩地、無尋無伺三摩地，若明、若解脫，若念、若正知、若如理作意，若八解脫、若九次第定，若內空、外空、內外空、空空、大空、勝義空、有爲空、無爲空、畢竟空、無際空、散無散空、本性空、自共相空、一切法空、不可得空、無性空、自性空、無性自性空，若佛十力、四無所畏、四無礙解、十八佛不共法。善現！此等名爲出世間法。

玄奘譯《大般若波羅蜜多經》卷四八六　具壽善現復白佛言：云何名爲出世間法。

佛告善現：謂三十七菩提分法、三解脫門，若未知當知根、已知根、具知根，若有尋有伺三摩地、無尋有伺三摩地、無尋無伺三摩地，若明解脫，若念正知，若如理作意，若八解脫、九次第定，若內空、外空、內外空、空空、大空、勝義空、有爲空、無爲空、畢竟空、無際空、無散空、本性空、相空、一切法空、無性空、無性自性空，若如來十力、四無所畏、十八佛不共法，此等名爲出世間法。

實叉難陀譯《大方廣佛華嚴經》卷二一　何等爲世間法。所謂：色、受、想、行、識。何等爲出世間法。所謂：戒、定、慧、解脫、解脫知見。何等爲有爲法。所謂：欲界、色界、無色界、眾生界。何等爲無爲法。所謂：虛空、涅槃、數緣滅、非數緣滅、緣起法性住。

## 共法　不共法

鳩摩羅什譯《大智度論》卷四四　共法者，凡夫、聖人生處、入定處共故，名爲共法。不共法者，四念處乃至十八不共法。

鳩摩羅什譯《大智度論》卷五四　修四念處乃至八聖道分，是共法。應薩婆若心，以無所得者，是名般若波羅蜜相。六波羅蜜乃至十八不共法，獨是大乘法。

三藏鳩摩羅什譯《摩訶般若波羅蜜經》卷四　何等爲共法。四禪、四無量心、四無色定，如是等是名共法。何等名不共法。四念處乃至十八不共法，是名不共法。菩薩摩訶薩於是自相空法中，不應著不動故，菩薩亦應知一切法不二相不動故，是名菩薩義。

鳩摩羅什譯《大智度論》卷二六　十八不共法者：一者諸佛身無失，二者口無失，三者念無失，四者無異想，五者無不定心，六者無不知已捨，七者欲無減，八者精進無減，九者念無減，十者慧無減，十一者解脫無減，十二者解脫知見無減，十三者一切身業隨智慧行，十四者一切口業隨智慧行，十五者一切意業隨智慧行，十六者智慧知過去世無礙，十七者智慧知未來世無礙，十八者智慧知現在世無礙。

鳩摩羅什譯《十住毘婆沙論》卷一〇　諸佛雖有無量諸法，不與餘人共者，有四十法。若人念者，則得歡喜。何以故。諸佛非是色身，是法身故。如經說，汝不應但以色身觀佛，當以法觀。四十不共法者，一者飛行自在，二者變化無量，三者聖如意無邊，四聞聲自在，五無量智力，六知他心自在，七心常在安慧處，八常不妄誤，九得金剛三昧力，十善知不定事，十一善知無色定事，十二具足通達諸永滅事，十三善知心不相應無色法，十四大勢波羅蜜，十五無礙波羅蜜，十六一切問答及受記具足答波羅蜜，十七具足三轉說法，十八所說不空，十九所說無謬失，二十無能害者，二十一諸賢聖中大將，二十五四不守護，二十九四無所畏，三十九佛十種力，四十無礙解脫，是爲四十不共之法。

今當廣說。飛行自在者，諸佛飛行如意自在，如意滿足，速疾無量無礙。所以者何。佛若欲於虛空先舉一足，次舉一足，即能如意。若欲舉足蹋虛空而去，若欲住立不動而去，即能得去。若結加趺安坐而去，亦能得去。若欲安臥而去，亦復能去。若欲於青琉璃莖、眞珊瑚葉、黄金爲鬚、如意珠臺，無量圍繞，如日初出，是寶蓮花遍於空中，蹈上而去。若欲如日月宮殿，帝釋勝殿，夜摩天、兜率陁天、化樂天、他化自在天，諸梵王等宮殿，隨意化作如彼宮殿坐中而去，即能成辦。若更以餘種種因緣，隨意能去。是故說言，隨諸所願，皆能滿足。是故諸佛能以一步，過恒河沙等三千大千世界。有人言，佛能一念頃，過若干國土。有人言，若知佛一步一念，能如是去，即可得量。經中說，諸佛力無量。是故當知，諸佛虛空飛行自在，無量無邊。何以故。若大聲聞弟子神通自在，以一念頃，能過百億閻浮提、瞿陁尼、弗婆提、欝多羅越、四大王天、忉利天、夜摩天、兜率陁天、化樂天、他化自在天、梵天。一瞬中過若干念。積此諸念，以成一日、七日、一月、一歲，乃至百歲。一日過五十三億二百九十六萬六千三千大千世界。如是聲聞人百歲所過，佛一念頃過。復次，假令恒河中沙一沙爲一河，有大聲聞神通第一，壽命如是諸恒河沙大劫，於一念中過若干世界。積如是念，以爲日月歲數，以自在力，盡是諸大劫數所過國土。佛能一念中過。【略】又飛行自在如意，所作出沒，於地能過石壁諸山障礙等。佛於此事勝諸聖人。又佛能以常身立至梵天，聲聞人所不能及。有如是等差別。

變化自在者，變化事中有無量力，餘聖變化計一有量有邊，諸佛變化無量無邊。餘聖於一念中變化一身，佛以一念隨意變化有無量事。如《大神通經》中說，佛從臍中出蓮花，上有化佛次第遍滿，上至阿迦尼吒天。諸佛變化，所作眾事，種種形，皆以一念。聲聞人能於千國土內變化，諸佛能於無量無邊國土變化自在。又能倍是諸佛，得堅固變化三昧。又諸佛變化，能過恒沙世界，皆從一身出。復次，佛能普於十方無量無邊世界，現生受身，墮地行七步，出家學道，破魔軍眾，得道轉法輪。如是等事，皆以一念作之。是諸化佛皆亦復能施作佛事。如是等諸佛所變化事無量無邊。又於聖如意中有無量力。

聖如意者，所謂從身放光，猶猛火，又出諸雨，變化壽命，隨意長短。於一念頃，能至梵天，能變諸物。隨意自在，能動大地。光明能照無量世界而不斷絕。聖如意者，不與凡夫等故，無有量故，過諸量故。諸凡夫等，雖變化諸物，少不足言。聲聞人能裂千國土，還使令合，能令壽命若至一劫，若減一劫，還能令短，短已不能令長。於一念中，能至千國土梵世界，能於千國土隨意變化，能動千國土，能身出光明，相續不絕，照千國土。設使身滅，能留神力變化如本於千國土。小辟支佛，能於萬國土萬種變化。中辟支佛，能於百萬國土百萬種變化。大辟支佛，能於三千大千國土變化如上。諸佛世尊，能過諸恒河沙世界算數，變化身出水火，能末恒河沙等世界，令如微塵。又能還合能住。壽命無量劫數，還能令少。少已還能令長。能於無量時住，變化隨意。能以一念至無量無邊恒河沙等世界。能以常身立至梵世。又能變化無量無邊阿僧祇世界，皆令作金。或令作銀、瑠璃、珊瑚、車璖、馬瑙。取要言之，能令作無量寶物，隨意所作。又復能變恒河沙等世界大海水，皆使爲乳酥油酪蜜，隨意而成。又能以一念變化諸山，皆是眞金。過諸算數，不可稱計。又能震動無量無邊世界，一切欲界、色界、諸天宮殿。又以一念，能令若干金色光明，遍照如是無量世界。日月光明及欲色界諸天宮殿光明，皆令不現。雖滅度後，能於如是諸世界中，隨意久近。流布神力，常不斷絕。

聞聲自在者，諸佛所聞聲中，隨意自在。若無量百千萬億技樂，同時俱作。若無量百千萬億眾生，一時發言。若遠若近，隨意所聞。假令恒河沙等三千大千世界所有眾生，同時俱作若干百千種伎樂遍滿世界。復有恒河沙等世界眾生，同時以梵音遍滿一切世界。諸佛若欲於中聞一音聲，隨意得聞，餘者不聞。聲聞所應聞者，若有大神力障者，不能得聞。諸佛所聞音聲，雖有大神力障，亦能得聞。聲聞能聞千國土內音聲。諸佛世尊所聞音聲，過無量無邊世界最細音聲，皆亦得聞。大神力聲［聞］住梵世間界，發大音聲，能滿千國土內。諸佛世尊，若住於此，若住梵世，若住餘處，音聲能滿無量無邊世界。若欲令眾生聞過無量無邊世界最細音聲，能令得聞。欲令不聞，即便不聞。是故但有諸佛於音聲中得自在力，知他心無量自在力者。諸佛世尊，於無量無邊世界現在眾生，悉知其心。餘人但隨名相知。諸佛以名相義故知。又餘人不能知無色界眾生諸心。諸佛能知。餘人雖有知他心智，大力者障，則不能知。假使一切眾生成就心通，皆如舍利弗、目犍連、辟支佛等，以其神力障一人心，不令他知。而佛能壞彼神力，得知其心。復次，佛以神力，悉知衆生上中下心垢、心淨心。又知諸心各有所緣，從是緣至是緣次第，遍知一切諸緣。又以實相知衆生心。是故諸佛以無量力，悉知他心。

第一調伏心波羅蜜者，善知禪定三昧解脫，住入起時，諸佛若入定，若不入定，欲繫心一緣中，隨意久近，如意能住。從此緣中，更住餘緣，隨意能住。若佛住常心欲令人不知，則不能知。假使一切衆生，知他心智，如大梵王，如大聲聞辟支佛，成就智慧，知他人心。以此心智，令一人得。是人欲知佛常心，若佛不聽，則不能知。如《七方便經》中說，行者善知定相，善知住定相，善知起定相，善知安隱定相，善知定行處相，善知定生相，善知宜諸定法、不宜諸定法，是名諸佛第一調伏心波羅蜜。

諸佛常安慧者，諸佛安慧常不動念佛在心。何以故。先知而後行。隨意所緣中，住無癡行故，斷一切煩惱故，出過動性故。如佛告阿難，佛於此夜得阿耨多羅三藐三菩提，一切世間，若天魔梵沙門婆羅門，以盡苦道，教化周畢，入無餘涅槃。於其中間，佛於諸受，知起、知住、知生、知滅。諸相、諸觸、諸覺、諸念，亦知起、知住、知生、知滅。惡魔七年，晝夜不息，常隨逐佛，不得佛短，不見佛念，不在念安隱。是名諸佛常住安隱行中。

不忘失法者，諸佛得不退法故，通達五藏法故，得無上法故，諸佛常不忘失。諸佛菩提樹下所得，乃至入無餘涅槃。若天魔梵沙門婆羅門及餘聖人，無能令佛有所忘失。如《法印經》中說，道場所得，是名實得，更無勝法。如《衣毛竪經》說：舍利弗！若人實語，有能於法不忘失者，應說我是。何以故。唯我一人無所忘失，是名諸佛於法無忘失。

金剛三昧者，諸佛世尊金剛三昧，是不共法，無能壞故，於一切處無有障礙故，得正遍知故，壞一切法障礙故，等貫穿故，得諸功德利益力故，諸禪定中最上故。無能壞者，是故名爲金剛三昧。如金剛寶，無物能破者。是三昧亦如是，無有法可以壞者，是故名金剛三昧。

**玄奘譯《大般若波羅蜜多經》卷四六**　佛告善現：謂世間四靜慮、四無量、四無色定、五神通。善現！此等名共法。何以故。共異生故。具壽善現白佛言：世尊！云何不共法。佛告善現：謂無漏四靜慮、四無量、四無色定、四念住、四正斷、四神足、五根、五力、七等覺支、八聖道支、三解脫門、六到彼岸、五眼、六神通、佛十力、四無所畏、四無礙解、大慈、大悲、大喜、大捨、十八佛不共法、一切智、道相智、一切相智。善現！此等名不共法。何以故。不共異生故。善現！諸菩薩摩訶薩修行般若波羅蜜多時，於如是等自相空法不應執著。何以故。以諸法自相不可分別故。善現！諸菩薩摩訶薩修行般若波羅蜜多時，應以無二而爲方便覺一切法。何以故。以一切法無動相故。善現！於一切法無二無動是菩薩句義。以是故，無句義是菩薩句義。

**澄觀《大方廣佛華嚴經隨疏演義鈔》卷四四**　彼經云：云何爲共法。四禪四無色、四無量心、四無色定，如是等法是名共法。《智論》釋云：凡夫聖人生處、入定處共故，名爲共法。經云：何等名不共法。四念處乃至十八不共法，是名不共法。論釋云：菩薩分別知此諸法各無相，是法從因緣和合生故無性，無性故自性空。釋曰：此即聖人法不共凡夫，如十八不共等亦不共二乘也。餘大同此。

**窺基《大般若波羅蜜多經般若理趣分述讚》卷二**　十八佛不共法者：一，身無誤失越杌等。二，無卒暴揚聲等。三，無忘失念久所作等。四，無不定心恆在定故。五，無種種相生死涅槃等。六，無不擇捨利樂等。此上六種，由所知障，有此習故。七者，欲無退，八精進無退。九，念無退。十，定無退。十一，慧無退。十二，解脫無退。此上六種，依所知障，修斷事中而無退減。十三，身業智爲前導。十四，語業智爲前導。十五，意業智爲前導。十六，知過去。十七，知未來。十八，知現在無差無礙。此上六種，亦由有彼所知障習。此十八法，唯佛所有，非二乘等，故名不共。餘體義門，廢立增減，如《瑜伽》等廣說其相。然此大經，亦具宣說，應勘異同。

**圓測《仁王經疏》上卷**　今大乘十八不共法者：一身無失，二口無失，三意無失，四無異相，五無不定心，六無不知已捨，七欲無減，八精進無減，九念無減，十慧無減，十一解脫無減，十二解脫知見無減，十三一切身業隨智慧行，十四口業隨智慧行，十五意業隨智慧行，十六智慧知過去無礙，十七知未來無礙，十八知現在無礙。不與二乘共，名不共法（出體如諸論說勘）。

**窺基《大般若波羅蜜多經般若理趣分述讚》卷三**　一切佛不共法者，

《菩薩地》說，諸佛世尊有百四十不共佛法。謂諸如來三十二相、八十隨好、四一切種清淨、十力、四無所畏、三念住、三不護、大悲、無忘失法、永害習氣，及一切種妙智，是名一切佛不共法。其三十二相、八十隨好、十力、四無所畏、大悲、無忘失法，竝如前辨。四一切種清淨者，一、一切種所依清淨，煩惱麁重習氣皆永盡故，又於自體如自所欲取住捨中自在而住。二、一切種所緣清淨，謂於種種若化若變若所顯現一切所緣皆自在轉。三、一切種心清淨，諸心麁重永遠離故一切善根皆積集故。四、一切種智清淨，無明麁重永遠離故，又遍所知智無障礙智自在轉。三念住者，謂諸如來於其長夜有如是欲，如何當令諸有情類，於我善說法毘奈耶，無倒行中，如實隨住。如是長夜欲樂法主化御眾時，若所希欲或遂不遂，不生雜染。由三念住略所顯故，此三復由三眾別。一、一向正行，二、一向邪行，三、一分正行一分邪行。不生喜患，但生大捨。三不護者，謂諸如來三業清淨現行。永害習氣者，謂諸如來或於動轉，或於瞻視，或於言論，或於安住，似有煩惱，所起作業多不現行，一切習氣皆斷無餘。一切種妙智者，總於諸法無顛倒智，所餘佛法如前已說。

**李通玄《新華嚴經論》卷二七** 十八不共法者：一無有誤失，二無卒暴音，三無忘失念，四無不定心，五無種種想，六無不擇捨，志欲七無退精進，八無退念，九無退定，十無退慧，十一無退解，十二無退一切業，十三隨智而轉智為前導，十四一切諸語業智為前導隨智而轉，十五一切意業智為前導隨智而轉，十六知過去世無著，十七知未來世無著，十八知現在世無著。

**智儼《華嚴經內章門等雜孔目》卷二** 不共法者，謂身無失，口無失，念無失，無異想，無不定心，無不知已捨，欲無減，精進無減，念無減，慧無減，解說無減，解脫知見無減，一切身業隨智慧行，一切口業隨智慧行，一切意業隨智慧行，智慧知過去世無礙，智慧知未來世無礙，智慧知現在世無礙。此之十八，不與因同，故名不共。又此十八，別名小乘不解依。如《雜心》用十力、四無畏、大悲、三念處，為十八不共法。問：依《攝論》，百四十不共法，與小乘同。因何十八別名小乘不解。答：此意欲顯一百四十不共法名數與小同，仍欲顯彼小乘文義不同大乘故，於文中作差別說。若一乘義，即如下經《不思議法品》不共義中說。

**智儼《華嚴經內章門等雜孔目》卷四** 不共法者，謂三十二大人相，八十隨形好，四一切種清淨，十力，四無所畏，三念處，三不護，大悲，不忘法。斷除諸習氣，一切種妙智。就此一百四十不共法中，四一切種清淨等二十八不共法，快淨滿足時，得此之不共。不與因共，唯是小乘。又有十八不共，謂身無失，口無失，念無失，無異相，無不定心，無不知，已捨欲無減，精進無減，念無減，慧無減，解脫無減，解脫知見無減，一切身業隨智慧行，一切口業隨智慧行，一切意業隨智慧行，智慧知過去世無礙，智慧知未來世無礙，智慧知現在世無礙。此之十八，不與二乘共，故名不共。依如《雜心》，用十力、四無所畏、大悲、三念處，為十八不共。當知，即是不共小乘。小乘浪計也。此是三乘不共。復有十種不共，即是一乘，如《離世間品》，所以說十者，欲顯無量故。餘義如別章。

**法藏《華嚴經義海百門》** 不共法者，謂二乘凡夫，見塵有相有體，但見一塵，而無自在業用。今則不爾，不與彼同。此要達塵無體證之，以成佛土。依塵修起智慧，莊嚴法身。然小恆容廣大世界，一塵常能普攝一切，是為不共法也。

# 對法

**菩提流支譯《金剛仙論》卷六** 對法者，舉初入闇法，喻所治法也。及對治者，舉喻中明合中智法喻二也。得滅法如是者，得者得明智能治法，滅者滅愚闇所治法。如有日光明對治，能滅於闇也。以不取相布施之解，對治心住於事取相愚心故。言對治法及對治得滅法如是也。

**僧伽跋澄譯《鞞婆沙論》卷七** 有對法者，無對法者，何以故作此論。答曰：斷計我人意故，及現大妙智故。斷計我人意者，此是有對法。無對法非是我。現大妙智者，若有行智成就智，以此二句便知一切法。謂此俱攝一切法，具足一切法，是謂斷計我人意故，及現大妙智故，作此論。有對法無對法者。問曰：有對法云何。答曰：十入是。無對法云何。答曰：二入是。問曰：何以故說有對無對法。答曰：有對者說三種。一者障礙有對，二者界有對，三者緣有對。障礙有對者，如手手相礙，手與外種相礙，外種外種相礙，外種與手相礙。界有對者，如眼界有礙，如是至意法界有礙。緣有對者，如意識共相應一切法礙。《婆須蜜經》說：因眼色閡，因色眼亦礙，至因意法礙，因法亦意閡。彼尊者婆須蜜說：此一向界礙，是謂三種有對。於三種有對中，此因界有對作論，非餘有對。或曰，謂大障礙能捨是有對，謂非大障礙非捨是無對。或曰：謂麁可見覩可現是有對，謂細不可見不可覩不可現是無對。或曰：謂種生長是有對。內事種者，謂時精繫。母胎生者，謂時彼精。漸厚長者，謂時肉段生。胞外種者，謂時以種子。種地中生者，謂時子生。萌芽長者，謂時生莖節華果，謂種生長是有對，謂若不種不生不長是無對。或曰：謂可知此住彼住是有對，謂不可知此住彼住是無對。或曰：謂因四大造色所有是有對，謂不因四大非造色所有是無對。或曰：謂方所有施設方由延所有由延施設是有對，謂非方所有非施設方非由延所有非由延施設是無對。或曰：謂可知長短是有對，謂非可知長短是無對。尊者婆須蜜說曰：何以故說有對無對。答曰：謂大障礙是有對，謂非大障礙是無對。重說曰：謂能捨是有對，謂非能捨是無對。重說曰：謂大障礙者即是能捨，謂能捨者即是有對，餘者無對。重說曰：微合是有對。重說曰：陰是有對。重說曰：覆虛空是有對。重說曰：微合者即是陰，陰者覆虛空，覆虛空者即是有對，餘者是無對。

**澄觀述、淨源　注《大方廣佛華嚴經疏》卷一**　阿毗達磨藏，阿毗名對，達磨云法。法有二種。一勝義法，謂即涅槃，是善是常，故名爲勝。二法相法，通四聖諦。相者，性也，狀也。二俱名相。法既有二，對亦二義。一者對向，謂向前涅槃。二者對觀，觀前四諦。其能對者。皆無漏淨慧，及相應心所等。由對果對境，分二對名故。慧但是對，而非是法，非所對故。言對法者，法之對故。故對法藏，特名慧論。舊譯爲無比法，以詮慧勝故。世親《攝論》云，阿毗達磨有四義，謂對故，數故，伏故，通故。對義同前。數者，於一一法，數數宣說，訓釋言辭，自共相等無量差別故。伏者，由此具足論處所等，能勝伏他論故。通者，此能通釋素怛纜義故，亦名優婆提舍，此云論義。亦名磨怛理迦，此云本母，謂以教與義爲本爲母。亦名依藏生解，藏爲解母，本即是母。亦名摩夷，此云行母，依藏成行故，行之母故。

**志鴻撰述《搜玄錄解四分律刪繁補闕行事鈔錄》卷一**　唐三藏云：阿毗達磨，此云對法。言對法者，謂無漏慧，爲能對智。涅槃四諦理，爲所對法。所對之法，名爲對法。故《俱舍》云，淨慧隨行名對法，及能得此諸慧論。此兩句，上句約勝義諦對法，下句約世俗諦對法。言勝義者，謂無漏名勝義，有漏名世俗。

**圓暉述《俱舍論頌疏論本》卷一**　釋對法者，頌曰：淨慧隨行名對法，及能得此諸慧論。

釋曰：淨慧隨行名對法者，明勝義對法也。淨慧者，謂無漏慧，離縛名淨，簡擇稱慧。淨慧眷屬，名曰隨行。慧相應心及受想等，諸心所法，四相及得，道共無表。此等諸法，是慧眷屬。隨慧行故，名曰隨行。如是淨慧及與隨行，通攝五蘊，名爲勝義阿毗達磨。此五蘊中，言色蘊者，道共戒也。受想蘊者，隨行中受想心所也。行蘊者，除受想外諸餘心所四相及得也。識蘊者，慧相應心也言勝義者，無漏名勝，實體稱義。勝即是義，名爲勝義。勝義即對法，名勝義對法。持業釋也。及能得此諸慧論者，此明世俗對法。頌文諸字，通在兩處，一則諸慧，二則諸論。慧論非一，故名爲諸。此諸慧論是有漏法，名爲世俗。此者無漏淨慧也，由彼諸慧諸論，方能得此無漏淨慧，名能得此也。非但淨慧隨行名爲對法，及能得此諸慧論亦名對法，故云及也。言諸慧者，慧有四種。一者生得慧，生便得故。二者聞慧，聞教成故。三者思慧，因思起故。四者修慧，從定生故。定名爲修，熏修於心，令成功德，無過於定，故獨名修。言諸論者，謂《六足論》等。一，舍利子造《集異門足論》。二，大目犍連造《法蘊足論》。三，迦多演那造《施設足論》。已上三論，佛在世造。佛涅槃後，一百年中，提婆設磨造《識身足論》。至三百年初，尊者世友造《品類足論》，又造《界身足論》。至三百年末，迦多演尼子造《發智論》。前《六足論》，義門稍少。《發智》一論，法門最廣。後代論師說，六爲足，《發智》爲身。後代論師，多宗《發智》。《大毗婆娑》依之而造。無漏淨慧，是眞對法。有漏慧論，非眞對法言對法者，謂爲無漏作資糧故，亦名對法。故論云：此諸慧論，是彼資糧故，亦得名阿毗達磨。言資糧者，先因論教，次有生得。從生得後，方有聞慧。從聞慧後，次起思慧。從思慧後，始生修慧。從修慧後，起無漏慧。故諸慧論，是淨慧資糧也。釋此法名者，能持自性，故名爲法。且如色法，變礙爲性，能持此性，故名色法。略舉此一，餘法例然。

法有二種，一勝義法，二法相法。勝義法者，謂是涅槃，是善是常，故名爲勝。有實體故，復名爲義，即勝名義，即勝義名法，故名勝義法。持業釋也。二，法相法者，通四聖諦。相者，性也，狀也。望自體邊名性，望他緣邊名相。此四諦法，是法相故，故名法相法。法相即法，持業釋也。對有二義。一則對向，謂無漏慧，對向涅槃。二則對觀，謂無漏慧，對觀四諦。前言對向，以因對果，因即淨慧，果即涅槃。後言對觀，以心對境，心即淨慧，境即四諦。無漏淨慧，但是其對，是能對故，而非是法，非所對故。言對法者，是法之對故，依主釋也。光法師云：能對對勝，且與對名。理實而言，亦名爲法，持自性故。所對法勝，且立法名。理實而言，亦名爲對，是所對故。由此對法，俱通能所，總有六種。一，自性對法，謂淨慧也。二，隨行對法，謂淨慧眷屬也。三，方便對法，謂有漏四慧也。四，資糧對法，謂論教也。五，境界對法，謂四諦也。六，果對法，謂涅槃也。前四能對，名對法。後二所對，名對法也此能所對，各有三釋。且能對法，有三釋者。一，能對名對，所對名法，法之對故，名爲對法。依主釋也。二，能對非對法，所對名對法。能對名對法者，有對法故，名爲對法。有財釋也。三，能對名對，是能對故，亦名爲法，持自性故。對即是法，名爲對法。持業釋也。所對法中，亦有三釋。準能對說，依寶法師，唯說能對，名爲對法。釋對法名，唯依主釋也。此解甚佳，妙符論矣。

## 色法

**曇無讖譯《大般涅槃經》卷一四**　善男子，有爲之法，凡有二種，色法，非色法。非色法者，心心數法。色法者，地水火風。

**德清述《百法論義》**　十一色法者：謂眼、耳、鼻、舌、身五根，色、聲、香、味、觸、法六塵。此五根乃八識攬地水火風四大所成内身，爲識所依之根。五塵亦是四大能所八法所造，爲所受用境。其法塵乃外五塵落謝影子，屬六識所變，一半屬心，一半屬境。此十一法，通屬八識相分境，以唯識所現故。

**窺基《大乘百法明門論解》卷上**　色法者，識之所依、所緣，乃五根、五境質礙之色，亦名有對色，以能、所造八法而成，乃十有色也，無對色即法處色也。

**大乘光撰《大乘百法明門論疏》卷下**　論云：第三色法者，略有十一種：一眼，二耳，三鼻，四舌，五身，六色，七聲，八香，九味，十觸，十一法處所攝色者。

此則第三，明色法。就中有二，初牒章，第二舉數列名。言第三色法者，此則第一牒章。言色者，質礙之法名之爲色。

問曰：若質礙故名色者，眼等諸色可名質礙，無作之色云何質礙。

解云：無作之色雖非質礙，然從質礙色生故，亦名質礙。

言略有十一種等者，此則第二舉數列名。了別色塵，名之爲眼，聽音樂等，故名爲耳，嗅沈麝等，名之曰鼻，別甘辛等，名之爲舌，知澁滑等，名之曰身。爲眼所行，名之爲色，若依《雜集論》有二十五種，所謂：青、黄、赤、白、長、短、方、圓、麁、細、高、下，若正、不正，光、影、明、闇，雲、烟、塵、霧，逈色、表色、空一顯色。爲耳所聞，名之爲聲。若依《雜集論》有十一種，謂：若可意、若不可意、若俱相違、若因受大種、若因不受大種、若因俱大種、若世所共成、若成所引、若遍計所執、若聖言所攝、若非聖言所攝。爲鼻所嗅，名之爲香，若依《雜集論》有六種，謂：好香、惡香、平等香、俱生香、和合香、變異香。爲舌所嘗，名之爲味，若依《雜集論》有十二種，謂：苦、酢、甘、辛、鹹、淡、若可意、若不可意、若俱相違、若俱生、若和合、若變異。身之所取故名爲觸，若依《雜集論》有二十二種，謂：滑、澁、輕、重、軟、暖、急、冷、飢、渴、飽、力、劣、悶、癢、粘、病、老、死、疲、息、勇。十一法處所攝色者，謂意識所行，無見無對，色蘊所攝，略有五種，謂：極略色、極逈色、受所引色、遍計所起色、自在所生色。極略色者，謂極微色。極逈色者，謂即此離餘礙觸色。受所引色者，謂無表色。遍計所起色者，謂影像色。自在所生色者，謂解脱靜慮所行境色。上來大文第三明色法訖。

**慧遠撰《大乘義章》卷一八**　涅槃體中德別無量，要唯有三。一是色法，二是心法，三非色心法。

言色法者，如《涅槃》說。滅無常色，獲得常色。離苦色，獲得樂色。乃至滅於不寂靜色，獲得眞實寂靜之色。故知《涅槃》用色爲體。又《涅槃》云，言不空者，謂有善色，常樂我淨。又《涅槃》中說大涅槃以爲解脫。迦葉白佛：如是解脫，爲色，爲非色。佛言：二乘解脫非色，諸佛如來解脫是色。以斯驗求，明知涅槃體性是色。又如六卷《泥洹》之中，純陁嘆佛：妙色湛默常安隱，不隨時節劫數遷，大聖曠劫行慈悲，獲得金剛不壞身。故知是色。又《勝鬘》中嘆佛色身世無與等，又嘆如來妙色無盡。明知是色。色相云何。佛有三身，一是應身，二是報身，三是法身。此三身中，皆悉有色。應身色者，現化隨物，或時似天，或復似人。如是一切隨其所現同世色像，是故亦名共世間身。報身色者，於彼應身一一相處，各有無量塵數相好。如《華嚴經·相海品》說，雖具眾相而不可見。如梵天王頂上寶珠，有而叵見。雖不可見，而實有之。名字不同，作業各異。如《華嚴》說，法身色者，如來藏中。色性法門，顯成佛體。體雖是色，而無色相。如似比丘，無作戒法。亦如陰陽五行等法，雖無色相而是色性。諸佛證得，成就法界，諸根相好，即法身故。又此法中，出生法界無盡色，故名像色法。有人說言，涅槃無色，唯一靈智，設言色者，是應非眞。何故非色。色性質礙，爲是無之。若色質礙全佛無者，心是攀緣慮知之法，佛亦應無。佛無緣心，而有無緣覺知之心。色亦應爾，佛無礙色，而有無礙自在之色。何爲不得！人復爲難，礙故名色，佛身無礙，云何名色。此應返質，緣義爲心，佛智無緣，何得名心。人復釋言，無緣而照，故得名心，此應類之，無礙是身，無礙是形，何爲非色。又雖無礙而有光明諸根相好，何得非色。又若無礙即全無色，若言有色即令礙者，此應並報。如來無緣，即應是癡，即應無知。佛若有知，即是攀緣，可如是不。此既不可，彼亦同然，何勞致疑。又若說言，色皆是應，都無眞實者。此應並難，眞處亡情，有覺有知，應悉是應。應化之知，從眞知生，眞中立知。應化之色，從眞色起，眞中存色。竟有何妨。又經宣說，滅無常色，獲得常色，云何是應。經復宣說，眞實善色，常樂我淨。云何是應。又經嘆佛，妙色湛然常安穩，不隨時節劫數遷，大聖曠劫行慈悲，故得金剛不壞身。云何名應。又《地經》中說，佛相好爲實報身。云何是應。又若相好悉是應者，經中宣說相好之業，應是應修，非是實修。修得是實，果寧不眞。人復釋言，滅無常色，獲常色等，此實是心。心法顯現，義說爲色。此應反難，若心顯現，義說爲色，實無色者，色法不顯，義說爲心，實應無心。又若心現義說色者，他亦應言色光照明，義說爲心。佛實無心，色光照明，不得名心。心法顯現，何得名色。以斯驗求，佛眞有色，不得言無色。義如是。

次論心義。經中宣說，滅無常識，獲得常識，受想行等，亦復如是。明知涅槃以心爲體。又說彼若成大涅槃，明知涅槃用心爲體。心相云何。如前八識章中具辯。今略論之，心有三種。一是事識，謂六識心，向外取緣。二是妄識，謂七識心，內迷眞性，妄取自心所起境界。如人昏夢，迷覆實事，妄取自心所起境界。三是眞識，謂八識心。如來藏中，過恆沙法緣起，集成覺知心事，以此眞心覺知性故，與無明合，便起妄知。息去無明，便爲正知。如人報心與昏睡合，便起夢知。息去昏睡，便爲寤知。始覺眞心說之，以爲一切種德。今此就其涅槃門說，故說此心以爲涅槃。妄事兩心，情有體無。未窮似有，研之即盡，不成涅槃故。《楞伽》云，妄想爾炎慧，彼滅我涅槃。又彼經言，滅七種識，唯有藏識。唯藏識故，眞識之心得成涅槃，非六非七。有異論，如前八識章中廣破。問曰：眞心是知非滅，云何得說爲涅槃乎。釋言：此心體是知性，而無分別。無分別故，照而常寂。是知性故，寂而恆照。以恆照故，能滅癡闇。以常寂故，能滅妄想。癡妄既除，不復隨緣集起生死。以不起故，無爲體寂，故名涅槃。心法如是。

次明非色非心之義。如經中說，菩提不可身得、心得。涅槃亦爾，故非色心。相狀如何，分別有二。一，數滅無爲，斷離一切色心等相，名非色心。如《涅槃》說，滅無常色，名爲非色。滅於無常受、想、行、識，名曰非心。如是一切，又如《涅槃·梵行品》說，入於無色大般涅槃，名爲非色。又無諸大陰、界、入等，亦是非色，意滅識亡，心亦寂等，名爲非心。又滅妄想爾炎慧等，亦是非心。二，眞法體如，色即無色，心即無心，名非色心。如經中說，大般涅槃實非有色，隨世說有。又經中說，菩提涅槃，一切皆空。又《地經》說，自體本空，智自空等，皆是眞空非色心義。彼云何空，義如上解，離相離性。言離相者，佛雖有色，而無色相。如無作戒，雖復是色，而無形相。佛雖有心，而亦無心相。如鏡照物，無分別相。言離性者，大涅槃中，諸德同體，緣起相成，無有一德別守自性，故名爲空。以是空故，色無色性，名爲非色，心無心性，稱曰非心。

**慧遠《鳩摩羅什法師大義》卷中**　次問答造色法

遠問曰：經稱四大不能自造，而能造色。又問造色能造色不。若能造色，則失其類。如其不能，則水月鏡像復何因而有。若有之者，自非造色，如何。又問水月鏡像色陰之所攝不。若是色陰，直是無根之色。非爲非色，何以知其然。色必有象，象必有色。若像而非色，則是經表之奇言。如此，則《阿毘曇》覆而無用矣。

什答曰：經言一切所有色，則是四大及四大所生。此義深遠難明，今略敍其意。地水火風，名爲四大，是四法或內或外。外者何也，則山河風熱等是，內者則骨面溫氣等是。四大如是，無所不在。而衆生各稱以爲身。於中次生眼等五根。五根雖非五識所知，亦不得謂之無也。所以者何，譬如髮爪，雖是身分，無所分別，以離根故。又如癩病之人，身根壞敗，雖有皮肉，而無所覺。是故當知，皮肉之內，別有覺用，又能生身識。以是故，名爲身根。假令身肉但有身根者，以指觸食，唯知冷熱，不知香味。是故當知，別有鼻舌根等。若然者，四大之身，必生五根，分別五塵故。五根之色，其爲微細，非五識所知，難了難明，是故佛名四大所生色。若問五根難明，佛名爲四大生色者，五塵何以復名四大所生色耶。答曰：五塵亦復微細，如水月鏡像等，雖復眼見，無有餘塵，若離餘塵，則非是色。若聲從觸有，謂爲可聞，無有住處，時過則滅，因緣雖存，無聲可聞。若香離色味觸，則不可得，味觸亦然。是故五塵，亦名四大所生色。以其小故，或言身根遍於一體，其餘四根少分處生。如瞳子內鍼頭之處，眼根見色，餘處因此，總名爲眼。其餘根皆亦如是。身根所觸，審有所覺。凡夫之人，身所覺事，以之爲實。如人得罹於官，苦以刀杖治之，終不以餘塵爲用也。樂亦如是。衆生多五欲，於細滑中，淫欲偏重，乃有隨而死者。是故佛經或以之爲初。又如人盡見於色，闇中雖無所見，以身觸故，便得其事，當知身根常有實用，餘根無有此力。又身根遍生身識，是故身所覺法，名爲四大。若問身根所覺有十一事，何故但說四法爲大也。答：其餘七法，皆四大所攝，四大爲根本，是其氣分耳。輕重是覺分，堅是相密。若分散則爲輕物，若集之則爲重物。澀亦然。地有二種，一微塵，次密相近，名爲滑物。若微塵疏遠，名爲澀物。寒是風水之分，水常冷相，若與火合則熱，離火還歸本相。風亦冷相。若火力偏多，名爲熱風，離火還爲冷風。如熱時搖扇，即得冷風。又身內風發，便令體冷。若服熱藥，冷風則止。水有二相，一爲流相，二爲冷相。經中多說流相，以相常有不可壞故。一切法皆有二相，客相舊相。佛通達一切法本末故，說其舊相，如水或與火相，可使爲熱。流是舊相，雖與熱合，猶不捨流相。是故寒是火所攝。飢渴者以人腹內風火力故消食，消食已則從剋人身，是故飢雖食難消之物，而無所患，以能消故。若如是分別，四大氣分，乃應無量。如長短、此彼、粗細、方圓、燥濕、合散等，皆可以身根覺知，何止七事耶。佛是一切智人，是故但說四大色，及四大所生色。或言眼見草木從種出生。如是細爲粗因。如種中無樹，推樹爲從何來。有人言無因無緣，自然而生。或有人言萬物皆從大生。有人言從微塵生。有人言從常性生。唯佛言從四大生，所謂種中地水火風也。此中雖有餘物，佛但說四大，以四大能利成果故。堅相能持，水相能爛，火相能成熟，風相能增長。如是樹得成茂，色等無有此用，是故不說。又內四大，人初入胎時，地能持之，水能和合，火能成熟，風能開諸竅，令得增長。爾時小兒未有眼等根故，不能分別。以初得身根故，而分別四大所能。是故說一切色，皆四大爲根本。如經說六種、十二觸、八十八意行、四善處，名之爲人。是中分別義者，如小兒初入胎時，未有眼等故，但有六種四大虛空及識，雖有色香味等，以其不覺，不爲利益，故不說也。六入既成，於外粗受樂，名爲觸生受。而復意識，常多發用。眼識所見色，分別好醜中間，乃至意所知法，分別好醜中間，是名十八意行。又終能住於四善之處，所謂樂分別諸法，是智慧處。樂實不虛，是諦諦處。樂捨則捨，惡是捨處。樂離憒鬧，是寂滅處。或言次第而生。如大劫盡時，無所復有，唯有虛空。爾時虛空中，有諸方風來，互相對持。後有天雨，風持此水，水上有風，擾動而生水沫，水沫積厚乃成地，從生草木等。以觀一切水色，初始皆從風出，以能持故，是以說所有盡皆以四大爲根本。今色味等，亦爲四大因緣，四大亦爲色等之因緣，但以初得名故。如穀子中，大有色有味等。芽時色味等，亦有四大。但分別先後因果，其名耳。如内四大，初入胎時，繫在赤白不淨之中，雖有色香味，以無眼等故，不覺不知。唯有身根覺知四大有用。佛因此心故，説四大爲生色之本。是故十二因緣中，第三因緣時，雖有四大所生色，以微細未能遮識，識增發故，説識因緣名色。歌羅羅時四大成就，反名爲色。歌羅羅時中識成就，反名爲名。所謂成就者，了了相現也。是故説内四大爲生色之本。佛言所有色四大，四大生有，是總相説耳。或有三大、二大、一大。四大者，如身也。三大者，如死人身中無有火大。二大者，如熱水熱風熱合名等。一大者，如風。風中無有地水也，四大生色中亦如是。或四或一，如飲食有味香觸，如淨潔玉器承天雨，但有色味觸，無有香氣。地氣合故乃可有香，如火從珠日出者，無香無味，但有色觸，燒爲觸，照爲色。如鏡像水月，唯有一色。四大不能自造而能造者，經無此説，亦無造名，但傳譯失旨耳。佛唯説所有色，若四大四大所生，因四大復生四大。如種中四大，復生芽中四大。芽中四大所生色，復生四大所生色，亦互相生，如前説。

又外道説四大是常，無時不有。若佛説所有色，皆是四大，則外道增其邪見，是故佛言，色非唯四大而已。因四大故，更有色生，是名四大所生色。是色有三種，善、不善、無記。以善身口業色，能生天人報四大。不善身口業色，能生三惡處報四大。無記色，自然因共生因。阿毘曇中亦如是説。

**窺基《大乘百法明門論解》卷下**　色法略有十一種。言色者，有質礙之色，有顔色之色。所依之根唯五，所緣之境則六。即二所現影，此別標章下別列名。一眼、二耳、三鼻、四舌、五身、六色、七聲、八香、九味、十觸、十一法處所攝色。

言一眼者，照矚之義。梵云斫芻，此翻行盡。眼能行盡諸色境故，是名行盡。翻爲眼者，體用相當，依唐言也。二耳者，能聞之義。梵云莎嚕多羅戍縷多，此翻能聞。聲數數聞此聲至可能聞處。翻爲耳者，體用相當，依唐言也。三鼻者，能嗅之義。梵云伽羅尼羯羅拏。此云能嗅，嗅香臭故，數數由此能嗅香臭故。翻爲鼻者，體用兼之，依唐言也。四舌者，能嘗義。梵云舐若時吃縛。此云能嘗。瑜伽論云，能除饑渴，數發言論，表彰呼召，謂之舌也。通於勝義、世俗二義。翻爲舌者，亦兼體用，依唐言也。五身者，積聚依止二義名身，謂積聚大造諸根依止。梵云迦邪，此翻爲積聚。身根爲彼多法依止，諸根所隨周遍積聚，故名爲身。翻爲身者，體義相當，依唐言也，體即是根。此五言根者，皆有出生增上義故，則以能造所造八法爲體，乃識所依之根也。

言六色者，眼所取故。二十五種謂青黄赤白（此四實）、長短方圓、麤細高低（此相狀假）、正不正、光影明暗、煙塵雲霧、迥色表色。空一顯色（此分位假），此皆方處示現義。顔色之色也，對眼識故。質礙名色，乃色之總名。

爾言七聲者，四大種所造耳根所取義故。總有五因，攝十二種聲。五因者，一相故，即耳根所取義，此一爲總，餘四爲別。二損益故者，立初三種聲，云可意聲（是益）、不可意聲（是損）、俱相違聲（通二）。三因差別故者，攝次三種，謂因執受大種聲（語等）、因不執受大種聲（樹等聲）、因俱大種聲（手鼓等聲）。四説差別攝三者，有世所共成聲，謂世俗語所攝成。所引聲者，謂諸聖所説。遍計所執聲者，外道所説。五言差別攝三者，聖言量所攝聲，即八種聖語聖正也。此八種語不出見聞覺知，該於六根。以鼻舌身皆覺故。如應答於人第一見則言見，乃至第四知則言知。若不見言不見，乃至第八不知言不知。斯聖語矣。若第一見言不見，不見言見，乃至第八不知言知，此亦八種非聖言矣。華嚴鈔唯十一種，以唯識加響，以成十二，更俟參考。

言八香者，乃鼻之所取可嗅義，故總有六種，謂好香、惡香、平等香、俱生香、和合香、變易香也。

九味者，舌之所取，可嘗義，故有十二種，謂苦、酸、甘、辛、鹹、淡、可意、不可意俱相違、俱生、和合、變異也。

言十觸者，身之所取，可觸之義，故名爲觸。有二十六種，謂地、水、火、風、輕、重澀、滑、緩、急、冷、暖、硬、軟、饑、渴、飽、力、劣、悶、癢、粘、老、病、死、瘦是也。初四乃實，餘皆依四大假立。或曰，餘既是假，身識何緣。曰，即實緣故。既即實緣，何知輕等五俱意識分別之也。言法處所攝色者，謂過去無體之法。可緣之義，此有五種，謂極迥色，依假想觀析。所礙色。至極微故，名極迥色。又云，上見虛空青黃等色，乃是顯色。若下望之則此顯色至遠，而爲難見故，名極迥色也。言極略色者，亦假想觀析。須彌俱礙之色。至極微處故。又云，於色上分析長短形相麤細，以至極微故。言俱礙者，乃根色等明暗等色，乃所礙也。定果色謂解脫定。亦魚米肉山威儀身等。亦名定自在。所生色定，即禪定自在。所生色，謂菩薩入定所現光明，及見一切色像境界。如入火光定，則有火光發現等。受所引色者，謂律不律儀。殊勝思種所立無表色也。又受即領受，引即引取，如受諸戒品，戒是色法所受之戒，即受所引色也。遍計所執色者，謂第六識虛妄計度，所變根塵無實作用，故立此名。或謂餘四名色有可擬議，受之所引何亦名色，蓋從所防發善惡之色，以立名爾。此四全一，少分是假，一分乃實。

**窺基《大乘法苑义林章》卷三**　大種所造色，合以六門分別。一辨體，二釋名，三生等五因以明造相，四依因緣以辨大造，五同異大造相望辨造，六問答分別。

辨體者。順世外道，不別立有能造所造，俱是四大。然性是常，更無別物，吠世史迦，四大乃是實句，有礙，通常無常。眼根即火，耳根即空，鼻根即地，舌根即水，皮根即風。色、味、香、觸、聲、德句所攝。然是無礙。聲、香唯無常。餘通常無常。色等四種是四大德。四大非能造，色等非所造。地有色、味、香、觸。水有色、味、香、觸。火有色觸。風唯有觸。聲是空德，非四大德。僧佉師說，色等五種名五唯量，乃是能造地、水等造。地水等方造眼等五根。能造所造雖皆是無常。然非生滅。是轉變無常。並皆有礙。然有別造。亦有通造。聲論師說，聲唯是常，餘四大種及眼等根色、味、香、觸並是無常。聲或顯常，或是生常。大衆部說，四大爲能造，四塵爲所造，無別五根，即四塵故。俱通有漏及以無漏，許佛有故。成實論說，四塵爲能造，造於四大，四大成五根，五根唯所造，四塵唯能造。四大通二。聲亦唯所造。薩婆多師，四大爲能造，唯有漏有礙觸處所攝，五根五塵及法處無表色爲所造。五根五塵皆唯有礙，唯是有漏。法處無表說通無漏，是無礙攝，皆是實有。經部師說，能造、所造雖並有礙，皆通假實，極微是實，麤色是假，並皆有漏。無表假立，法處無色，不許色蘊有無表色。說假部說，能造所造若麤若細，在蘊門中體皆是實。義積聚故，體非積聚。在界、處門並皆是假。依、緣並皆體積聚故，通有無漏。一說部說，能造、所造唯有一名，都無實體。說出世部說，能造、所造，若有漏者並皆是假，從顛倒起故，諸無漏者並皆是實，非倒生故。

今依大乘，觸處法處皆是有大種，散定別故。造色通於十一處有。大種造色隨應俱通依他圓成二性所攝。五法之中相及正智二法所收。通有漏、無漏、善、無記性。有漏大造定屬依他。無漏大造亦通圓成、依他所攝。有漏造色唯無記性，假性通三。故瑜伽六十四說，色聲、表色假通善惡。實唯無記，無表既假，許通善惡。無漏大造一切唯善。大種唯實，造色通假。

釋名者。瑜伽第三說，由此大種其性大故，爲種生故，名爲大種。大有四義，一，爲所依故，與諸造色爲所依處。二，體性廣故，體性寬廣於造色故。三，形相大故，大地、大水、大火、大風，相狀大故。四，起大用故，成壞世界作用大故。種者因義，或是類義，此四能爲生等五因起衆色故，種類別故。虛空雖大，不能爲因。內種子等雖能爲因，體相非大。所餘諸法，非大非種。由此地等亦大亦種，故名大種。

**窺基《大乘法苑义林章》卷三**　堅勁義是地義。流濕義是水義。溫熱義是火義。輕等動義是風義。其地即大，乃至風即是大。皆持業釋，造色別名至章中解。

生等五因以辨造者。對法第一說，所造者，謂以四大種爲生依，立持養因義。即依五因說名爲造。生因者即是起因，謂離大種色不起故。諸所造色雖自種生，若離大種必不能起。瑜伽第三問云，諸法皆從自種而起，寧說大種能生諸色，乃至長養耶。彼自答云，由諸內外大種、造色種子，皆悉依附內相續心。諸大種子未生諸大，造色種子終不能生。要大種子先生大種，造色種子方生造色。爲前導故，說彼能生，故名生因。

**窺基《大乘法苑义林章》卷三**　依因緣辨造者。初辨因造，後辨緣造。因造有二。一、十因。二、六因。十因造者，大望造色總有七因。一、牽引因。二、生起因，無記因中未潤已潤，外穀麥等望牙等故。三、攝受因，士用依處所攝受故。四、引發因。五、定異因，引同類起及自性故。六、同事因。七、不相違因。【略】今依增上緣辨六因造者。大望造色唯有三因。一、能作因，能與彼力不障礙故。二、同類因，令增長故。對法文中，依前熏種引後果生，亦依現行相望而說，非種望種。三、俱有因，對法第四說，大種造色，必俱生故，爲俱有因，非是同得一果義故。

**法雲《翻譯名義集》卷九**　《阿毘曇論》明三種色。一者，可見有對色，即色塵一法，爲可所見，假極微所成，名爲有對。二者，不可見有對色，謂眼等五根，此勝義根也，聲等四塵，此之九法，非眼所見，皆假極微所成。三者，不可見無對色，即無表色。唯識宗明第八識變三種色。一，唯麁非細，即山河大地等。二，亦麁亦細，内身浮塵色，對山河等色即細，比内身中五根即麁。三，唯細非麁，即内五根，此即大乘勝義五根。以能造八法，不可見有對淨色而爲體性也。《瑜伽論》及《五蘊論》明三種色，謂顯色、形色、表色。開顯色爲十三，謂：青、黄、赤、白、光、影、明、暗、煙、雲、塵、霧、空。一顯色，開形爲十，謂：長、短、方、圓、麁、細、高、下、若正、不正。開表爲八，謂：取、捨、屈、伸、行、住、坐、臥。《俱舍》出無表色者，謂無所表彰也。《涅槃》出無作色者，謂無所作爲也。薩婆多出無教色者，謂無所教示也。《事鈔》釋云，教者作也，不可教示於他。《業疏》云，此明業體，一發續現不假緣辨，無由教示，方有成用即體任運，能酬來世，故云無教。《大論》明四種色，受色（受戒時得律儀）、止色（惡不善業止也）、用色（如衆僧受用、檀越所施之物也）、不用色（餘無用之色也。資持云四分，一非爲體，體從心發。然限在小宗，曲從權意，別立異名退非是）。

**智儼《華嚴五十要問答》卷二**　問：諸教色文有何差別。

答：依小乘色有十一，三乘色有二十五等，一乘色總別有一百一十種。三乘色内迴色者，情謂障外之色。影像色者，定心成就色境界等像。彼先色憶持及眼所見色故也。一乘色如十明品釋，不同凡色，聖境界故。

**大乘光《大乘百法明門論疏》卷下**　第三色法者，略有十一種。一眼，二耳，三鼻，四舌，五身，六色，七聲，八香，九味，十觸，十一法處所攝色者此則第三明色法。就中有二。初牒章，第二舉數列名。言第三色法者，此則第一牒章。言色者，質礙之法，名之爲色。

問曰：若質礙故名色者，眼等諸色可名質礙，無作之色云何質礙。

解云：無作之色雖非質礙，然從質礙色生故亦名質礙。言略有十一種等者，此則第二舉數列名。了別色塵名之爲眼，聽音樂等故名爲耳，嗅沈麝等名之曰鼻，別甘辛等名之爲舌，知澀滑等名之曰身，爲眼所行名之爲色，若依《雜集論》，有二十五種，所謂青、黄、赤、白、長、短、方、圓、麤、細、高、下、若正、不正、光、影、明、闇、雲煙、塵霧、迥色、表色、空、一、顯色。爲耳所聞名之爲聲，若依《雜集論》有十一種。謂若可意、若不可意、若俱相違、若因受大種、若因不受大種、若因俱大種、若世所共成、若成所引、若遍計所執、若聖言所攝、若非聖言所攝。爲鼻所嗅名之爲香，若依《雜集論》有六種，謂好香、惡香、平等香、俱生香、和合香、變異香。爲舌所嘗名之爲味。若依《雜集論》，有十二種，謂苦、酢、甘、辛、鹹、淡、若可意、若不可意、若俱相違、若俱生、若和合、若變異。身之所取故名爲觸，若依《雜集論》，有二十二種，謂滑、澀、輕、重、軟、暖、急、冷、飢、渴、飽、力、劣、悶、癢、粘、病、老、死、疲、息、勇。十一法處所攝色者，謂意識所行，無見無對，色蘊所攝，略有五種，謂極略色、極迥色、受所引色、遍計所起色、自在所生色。極略色者，謂極微色。極迥色者，謂即此離餘礙觸色。受所引色者，謂無表色。遍計所起色者，謂影像色。自在所生色者，謂解脫靜慮所行境色。上來大文第三明色法訖。

**窺基《大乘法苑義林章》卷五**　略以三門解釋，一辨眼緣，二釋違難，三說勝利。

一辨眼緣者，一肉眼，業等所生故，二天眼，修方便起故。此二皆是色蘊眼根。三慧眼，四法眼，此二皆是無漏慧根。五佛眼，即前四故，下六通中當廣分別。五十四說，除肉天眼所餘眼用一切極微爲所行境，以彼天眼唯取聚色中表上下前後兩邊，若明若暗，必不能取極微處所，由極微體，以思分析而建立故。天眼尚不能，況乎肉眼。

二釋違難者，花嚴經說，菩薩能知無色宮殿若干微塵成。第五十四云，略說極微有十五種，五根、五塵、四大、并法處實色，如是等教，處處非一。極微無者，彼如何通，雖無眞實極微體性，如慧所析，彼量亦成，說知彼極微如所析量故。五十四說，非集極微成麤色故。成唯識說，諸識變時，隨量大小，頓現一相，非別變作衆多極微合成一物。瑜伽亦說，由諸聚色，最初生時全分而生，最後滅時不至極微，中間盡滅猶如水滴，此即意顯。如熱釜水煎，微滅時不至邊際諸色頓盡。長讀上文，又翻解此。諸色頓滅不至極微而即滅盡，非如水滴微至邊際。諸色終滅猶不至邊，況有眞實極微可見。故但知慧之所析。又有體用中最極小者，所謂阿拏，說此名極微，此復何失。

三說勝利者，既無極微，說有何義。五十四有五勝利，謂由分析，一合聚色安立方便，於所緣境便能清淨廣大修習，又能漸斷薩迦耶見，斷諸憍慢，伏煩惱纏，及能速疾除諸相執。此中意說，修法空觀，要析諸色，先至極微，斷諸煩惱，後入空故，由是大義故說極微，能析彼心何人所作，何諦所攝，皆別思之。

**玄奘譯《瑜伽師地論》卷一**　云何眼識自性。謂依眼了別色。彼所依者，俱有依謂眼，等無間依謂意，種子依謂即此一切種子。執受所依，異熟、所攝阿賴耶識。如是略說二種所依，謂色非色。眼是色，餘非色。眼謂四大種所造，眼識所依淨色，無見有對。意謂眼識無間過去識。一切種子識，謂無始時來樂著戲論，熏習爲因，所生一切種子異熟識。彼所緣者，謂色，有見有對。此復多種，略說有三。謂顯色、形色、表色。顯色者，謂青黄赤白、影光明闇、雲煙塵霧，及空一顯色。形色者，謂長短、方圓、麁細、正、不正、高、下色。表色者，謂取捨屈伸，行住坐臥如是等色。又顯色者，謂若色顯了，眼識所行。形色者，謂若色積集長短等分別相。表色者，謂即此積集色生滅相續，由變異因於先生處不復重生轉於異處，或無間，或有間，或近或遠，差別生，或即於此處變異而生，是名表色。又顯色者，謂光明等差別。形色者，謂長短等積集差別。表色者，謂業用爲依，轉動差別。如是一切顯、形、表色，是眼所行眼境界，眼識所行，眼識境界，眼識所緣。意識所行，意識境界，意識所緣。名之差別。又即此色復有三種，謂若好顯色，若惡顯色，若俱異顯色，似色顯現。

# 色

**玄奘譯《阿毗達磨集異門足論》卷一一**　云何名爲諸所有色。答：盡所有色，謂四大種及四大種所造諸色，如是名爲諸所有色。復次，盡所有色，謂十色處及法處所攝色，如是名爲諸所有色。若過去，若未來，若現在者，云何過去色。答：若色已起已等起，已生已等生，已轉已現轉，已聚集已出現。落謝過去，盡滅離變。過去性，過去類，過去世攝，是名過去色。云何未來色。答：若色未已起，未已等起。未已生，未已等生。未已轉，未已現轉。未聚集，未出現。未來性，未來類，未來世攝。是名未來色。云何現在色。答：若色已起，已等起。已生，已等生。已轉，已現轉。聚集出現，住未已謝。未已盡滅，未已離變，和合現前。現在性，現在類，現在世攝。是名現在色。

若內若外者，云何內色。答：若色在此相續，已得不失，是名內色。云何外色。答：若色在此相續，或本未得，或得已失。若他相續，若非情數，是名外色。

若麁若細者，云何施設麁色細色。答：觀待施設麁色細色。復如何等。答：若觀待無見有對色，則有見有對色名麁。若觀待有見有對色，則無見有對色名細。若觀待無見無對色，則無見有對色名麁。若觀待無見有對色，則無見無對色名細。若觀待色界色，則欲界色名麁。若觀待欲界色，則色界色名細。若觀待不繫色，則色界色名麁。若觀待色界色，則不繫色名細。如是施設麁色細色，如是名爲若麁若細。

若劣若勝者，云何施設劣色勝色。答：觀待施設劣色勝色。復如何等。答：若觀待有覆無記色，則不善色名劣。若觀待不善色，則有覆無記色名勝。若觀待無覆無記色，則有覆無記色名劣。若觀待有覆無記色，則無覆無記色名勝。若觀待有漏善色，則無覆無記色名劣。若觀待無覆無記色，則有漏善色名勝。若觀待無漏善色，則有漏善色名劣。若觀待有漏善色，則無漏善色名勝。若觀待色界色，則欲界色名劣。若觀待欲界色，則色界色名勝。若觀待不繫色，則色界色名劣。若觀待色界色，則不繫色名勝。如是施設劣色勝色，如是名爲若劣若勝。

若遠若近者，云何遠色。答：過去未來色。云何近色。答：現在色。復，次云何遠色。答：若色過去非無間滅，若色未來非現前起，是名遠色。云何近色。答：若色過去無間已滅，若色未來現前正起，是名近色。如是名爲若遠若近。

如是一切略爲一聚者，云何一切略爲一聚。答：推度思惟，稱量觀察，集爲一聚，是故名爲如是一切略爲一聚。説名色蘊者，云何説名色蘊。答：於此色蘊，顯色、顯蘊、顯身、顯聚，是故名爲説名色蘊。

**玄奘譯《大乘阿毗達磨雜集論》卷三**　云何有色，幾是有色，爲何義故，觀有色耶。謂色自性故，依大種故，喜集故，有方所故，處遍滿故，方所可説故，方處所行故，二同所行故，相屬故，隨逐故，顯了故，變壞故，顯示故，積集建立故，外門故，内門故，長遠故，分限故，暫時故，示現故，是有色義。色自性者，謂卽用色法爲自性故，名爲有色。非與餘色合故，名爲有色。是故最初説色自性。依大種者，此顯與餘色合故，名有色。諸所造色，與大種色合故，名有色諸大種色，展轉合故，名有色。喜集者，卽有色法，以喜爲集，名爲喜集。非如現在喜愛，以先觸受等爲集，名爲喜集。有方所者，有分量故。處遍滿者：形量遍十方故。方所可説者，可説在此在彼方故。方處所行者，謂隨所住方所緣性故。二同所行者，謂二有情，共所緣性故。非如無色法，如自所受，他不能取故。相屬者，謂眼識等，亦名有色，繫屬有色根故。隨逐者，謂生無色界異生，諸色種子所隨逐故。顯了者，謂諸尋思，由能顯了所緣境故。變壞者，謂五蘊，由手等所觸，受等所切，隨其所應，卽便變壞，以變壞是色義故。顯示者，謂諸言説，顯示義故。積集建立者，謂極微已上色，有微細分可建立故。外門者，謂欲界色，妙欲愛所生故。内門者，謂色界色，定心愛所生故。由此道理，説彼諸色，名意生身。長遠者，謂異生色，不可建立前後兩際有邊量故。分限者，謂有學色，已作生死分限故。暫時者，謂無學色，唯餘現在一有身故。示現者，謂如來等所現諸色，唯是示現，非眞實故。一切皆是有色，或隨所應。一切是有色者，謂變壞色等。隨所應者，謂餘色，外門等六色差别，當知與受等共。爲捨執著有色我故，觀察有色。

**地婆訶羅譯《大乘廣五蘊論》卷一**　云何色蘊。謂四大種及大種所造色。云何四大種。謂地界、水界、火界、風界。此復云何。謂地堅性、水濕性、火煖性、風輕性。界者，能持自性所造色故。

云何四大所造色。謂眼根、耳根、鼻根、舌根、身根。色聲香味及觸一分，無表色等。造者，因義。根者，最勝自在義，主義，增上義，是爲根義。所言主義，與誰爲主。謂卽眼根，與眼識爲主，生眼識故。如是乃至身根，與身識爲主，生身識故。

云何眼根。謂以色爲境，淨色爲性。謂於眼中，一分淨色，如淨醍醐。此性有故，眼識得生，無卽不生。

云何耳根。謂以聲爲境，淨色爲性。謂於耳中，一分淨色。此性有故，耳識得生，無卽不生。

云何鼻根。謂以香爲境，淨色爲性。謂於鼻中，一分淨色。此性有故，鼻識得生，無卽不生。

云何舌根。謂以味爲境，淨色爲性。謂於舌上，周遍淨色。有説，此於舌上，有少不遍，如一毛端。此性有故，舌識得生，無卽不生。

云何身根。謂以觸爲境，淨色爲性。謂於身中，周遍淨色。此性有故，身識得生，無卽不生。

云何色。謂眼之境，顯色、形色、及表色等。顯色有四種，謂青、黄、赤、白。形色，謂長短等。

云何聲。謂耳之境，執受大種因聲，非執受大種因聲，俱大種因聲。諸心心法，是能執受。蠢動之類，是所執受。執受大種因聲者，如手相擊，語言等聲。非執受大種因聲者，如風林駛水等聲。俱大種因聲者，如手擊鼓等聲。

云何香。謂鼻之境，好香，惡香，平等香。好香者，謂與鼻合時，於蘊相續，有所順益。惡香者，謂與鼻合時，於蘊相續，有所違損。平等香者，謂與鼻合時，無所損益。

云何味。謂舌之境，甘、醋、鹹、辛、苦、淡等。

云何觸一分。謂身之境，除大種。謂滑性、澁性、重性、輕性、冷、飢渴等。

滑謂細軟，澁謂麁強，重謂可稱，輕謂反是，煖欲爲冷，觸是冷因。此卽於因，立其果稱。如説，諸佛出世樂，演説正法樂，衆僧和合樂，同修精進樂。精進勤苦，雖是樂因，卽説爲樂，此亦如是。欲食爲飢，欲飲爲渴，説亦如是。已説七種造觸，及前四大十一種等。

云何無表色等。謂有表業，三摩地所生，無見無對色等。有表業者，謂身語表。此通善、不善、無記性。所生色者，謂卽從彼善不善表所生之色。此不可顯示，故名無表。三摩地所生色者，謂四靜慮所生色等。此無表色，是所造性，名善律儀、不善律儀等，亦名業，亦名種子。如是諸色，略爲三種。一者可見有對，二者不可見有對，三者不可見無對。是中可見有對者，謂顯色等。不可見有對者，謂眼根等。不可見無對者，謂無表色等。

**玄奘譯《阿毗達磨大毗婆沙論》卷七四**　問：色蘊云何。答：如契經說，諸所有色，皆是四大種及四大種所造。餘經復說，云何色蘊，諸所有色，若過去，若未來，若現在，若內若外，若麁若細，若劣若勝，若遠若近，如是一切略爲一聚，說名色蘊，乃至識蘊，廣說亦爾。《阿毗達磨》作是說言，云何色蘊，謂十色處及法處所攝色，是名色蘊。

問：此三處說，義有何異。答：各爲遮止他宗所說。問：如契經說，諸所有色，皆是四大種及四大種所造，此爲遮止何宗所說。答：此爲遮止覺天等說。謂佛觀察未來世中，有覺天等，當作是說。四大種外，無別所造。爲遮彼意，故作是說。諸所有色，皆是四大種及四大種所造，顯離大種有所造色。

問：餘經復說，諸所有色，若過去，若未來，若現在，乃至廣說。此爲遮止何宗所說。答：此爲遮止外道所說。謂佛在世，有出家外道，名爲杖髻，撥無過去未來。爲遮彼意，故世尊說諸所有色，若過去，若未來，若現在，乃至廣說，顯有過去未來色等。

問：《阿毗達磨》作如是言，云何色蘊謂十色處及法處所攝色。此爲遮止何宗所說。答：此爲遮止譬喻者說。謂譬喻者撥無法處所攝諸色故。此尊者法救亦言，諸所有色，皆五識身所依所緣。如何是色非五識身所依所緣？爲遮彼意，故作是說。云何色蘊？謂十色處及法處所攝色。

問：若法處所攝諸色是實有者，尊者法救所說當云何通？答：不必須通，非三藏故。若必須通，當正彼說。諸所有色，皆五識所依。及六識所緣法處所攝色，雖非五識所依所緣，而是意識所緣色攝。復次，法處所攝色，依四大種而得生，故從所依說在身識所緣中，故彼尊者說亦無失。

**慧沼撰《大乘法苑林章補闕》卷七**　色蘊總以十一種色而爲體性，故五十三云：何等是色蘊自性。答，略有十一，謂眼等十色處，及法處所攝色。又總爲二，謂四大種，及所造色。《五蘊》亦言：云何色蘊。謂四大種，及四大種所造諸色。初五根體者，《雜集》第一云：謂四大種所造眼識等所依清淨色，名眼等根。《五蘊論》云：云何眼根。謂色爲境清淨色。《雜集》舉體及因果顯，《五蘊》約境及體，各據一義。以眼等根非現量得，舉因果境而以明之。或有據因以辨，謂四大所造清淨色爲體，簡扶根及境，名清淨色。五境者，準《雜集論》，色者，四大種所造，眼根所行義。餘四準此。但舉根別義謂境義，謂青黃赤白、長短方圓、麤細高下、若正不正，光影明闇、雲烟塵霧、逈色表色、空一顯色，總二十五。《五蘊論》云，謂眼境界，顯色形色，及表色等。前舉因果，并顯色體。後但約果體，并顯色體。《瑜伽》第一，有二十四，除其逈色。逈色即是顯色差別，故不別立。《顯揚論》，色有二十五，除逈加影像色。有云，以於鏡等中，像現似質，是影像色。彰光明等，有闇色生，不似於質，是影色。今謂因於鏡等，返見本質，所帶相分，名爲影像。《五蘊論》云，謂眼境界，顯色形色，及表色等，逈顯色。

聲者，四大所造，耳根所取義，十一種聲，謂可意、不可意、俱相違，因受大種、因不受大種、因俱大種，世所共成、成所引、遍計所起、聖言所攝、非聖言所攝。五蘊論說三。謂執受大種因聲等。

香者，《對法》說六，謂好、惡、平等、俱生、和合、變異。《五蘊》亦同。

味者，《五蘊》說六，甘、酢、鹹、辛、苦、淡。《對法》說十二，於五蘊六上，加可意、不可意、俱相違，俱生、和合、變異。

觸者，《對法論》觸有二十六。謂能造四大種，及於所造滑、澁、輕、重、煗、緩、急、冷、飢、渴、飽、力、劣、悶、養、黏、病、老、死、疲、息、勇。《五蘊論》言等者，此亦同。《瑜伽》五十四說，觸有二十四，除緩、急。緩攝屬耎，急攝重。以大種堅實，假立於重，急即堅實。

法處所攝色，《雜集》說五，謂極略、極逈、受所引、遍計所起、自在所生。《五蘊》說同。如是色蘊，略即爲二，謂四大種，及所造色中十一種，廣八十五。如具是列，是色蘊體，廣分別此八十五法。五境章當更辨之。

**玄奘譯《大乘阿毗達磨雜集論》卷一**　法處所攝色者，略有五種。謂極略色，極逈色，受所引色，遍計所起色，自在所生色。極略色者，謂極微色。極逈色者，謂即此離餘礙觸色。受所引色者，謂無表色。遍計所起色者，謂影像色。自在所生色者，謂解脱靜慮所行境色。

**慧沼撰《大乘法苑林章補闕》卷七** 色、行二蘊，即通假實。且色蘊中，眼等五根，觸中四大，皆是實有。五十四云，色蘊所攝色中九種，是實物有。當知所餘，唯是假有。五根相顯，故不別説。五境色中，青黄赤白四是實色。《雜集論》云：二十五色中，青黄赤白，四種是實，所餘皆假。八種聲中，但可是實。有處説響聲，當知彼是假。香六種中，和合香假。五十四云：空行風中，無俱生香等，唯假合者。既云假合，明知是假，餘皆可實。味十二中，和合準香，亦可説假，餘皆是實。法處色中，極略、極迥、遍計所起、受所引色，四皆是假。定所生色蘊，當知是實。五十四云：若有威德定所行境，猶如變化。彼果彼境，及彼相應識等境色，是實物有。若律不律儀色，皆是假有。彼既不言定生色假，明知是實有。又釋：若威德定所生之色，即是實有。餘定所生假相色等，即是假有。論據勝説，非盡理説。不爾，極略等亦應是實。然有判云：遍計所起色，通假實。以不分明親證其境，名爲遍計，成種生根。雖名遍計，而是假有。今釋不然。若能成種，定即是實，假法如無，非因緣故。或所遍計，各自處攝。遍計性成，遍計色攝。然云遍計是影色者，非相分影，遍計色性，似執心現，説名爲影。及分別意識，獨緣空華等，彼無質故，但有影像，唯妄心現，故名遍計。若以意緣即法處者，應無五根。五根亦是意識等緣故。但是意緣，非餘根境。即法處攝，以能遍緣餘根境故，故以但簡。以斯解釋，應合深理。行蘊之中，不相應行，一切皆假，遍三別境，一切皆實。善十一中，捨不放逸不害三假。本六惑中，惡慧是假。二十隨中，小十大三，放逸、妄念及不正知。四不定中，尋及於伺，此等皆假，所餘是實。依正義説，餘則不定。

第二漏無漏門者。色蘊之中，欲界五根境不律儀色，處中不善無表之色，散善無表遍計起色，及欲界心起迥異色，皆唯有漏。若無漏門中，所有名無漏者，除不律無表處中不善，餘名無漏。色界業生五根境色，除佛所起眼等五根，五八五境，皆唯有漏。第六七相，五境之色，極略迥色，定俱無表，定通所生，通漏無漏，漏無漏心所起別故。受蘊之中，苦憂有漏，喜捨樂三通漏無漏。想隨五受，思準可知。行蘊之中，遍行、別境，及喜十一、不定尋伺、得非得、相、命、名、句、文、同分、及於流轉等十、通漏無漏。隨其所應，與漏無漏心相應起，及俱有故。本隨悔眠、及無想定、無想異熟、并異生性，皆唯有漏。其滅盡定，體唯無漏。識蘊亦通漏及無漏。思準可知。

**慧沼撰《大乘法苑林章補闕》卷七** 色者，《瑜伽》第一云，略説有三，謂顯、形、表。

顯色者，謂青黄赤白，影光明闇，雲烟塵霧，及空一顯色。

形色者，謂長短方圓，麤細，正不正，高下。

表色者，謂取捨屈申，行住坐卧。璟法師云，此論中，色有二十三。謂顯色有十一，表色即是長等所攝。慈恩法師云，有二十四。表色不以長等攝，故今謂此論有三十一。顯形如前，表色有八，并前即爲三十一。或可九十三，各有好惡俱異。俱異者，即平等故。《瑜伽》唯約顯色以辨。以理而論，形表亦有，以顯色是本，故且偏説。《顯揚論》中，立二十四，束表爲一，離出影像。《雜集》第一，有二十五，表亦爲一，影像從質，亦更不立。但加迥色，從一顯離。薩婆多師立二或二十，除麤細表迥一顯像故。《俱舍》第一頌云，色二或二十。若經部師，立二十一，加定果色。若薩婆多，即顯色攝。

聲者，《瑜伽》第一，聲有六種。謂因執受大種聲，因不執受大種聲，因執受不執受大種，此復三種，謂可意、不可意、俱相違。若以義言，或可分九。前三各三，故説有九。《雜集》第一，聲有十一。於前六上，更加世所成、成所引、遍計所起、聖言所攝、非聖言所攝。依《顯揚論》，更加響聲。二論俱是，總別説故。《俱舍論》，聲唯有八種。一有執受，二無執受，三有情名，四非有情名。此四各有可意、不可意，差別成八。

香者，《瑜伽》第一，有三種，謂好、惡、平等。説總非別。《雜集》第一，香有六種。更加俱生、和合、變異。《顯揚》亦同。二論亦是總別説故。《俱舍論》中，香有四種，好、惡、平等、不等。

味者，《瑜伽》第一，味有八種。謂苦、酢、辛、甘、鹹、淡、可意、不可意。亦總非別。《雜集論》中，味有十二。加俱相違、俱生、和合、變異四種。俱相違者，非可意，非不可意。《瑜伽》説勝。《雜集》具云俱生等三，亦同前會。《顯揚》亦同。薩婆多師，有六種，八除後二。若經部師，聲香味三，緣生無量，不限顯數。

觸者，《瑜伽》第一，有二十六。謂地、水、火、風、輕性、重性、滑性、澁性、冷、飢、渴、飽、力、劣、緩、急、病、老、死、癢、悶、黏、疲、息、耎性、勇。或二十九云。此復三種，謂好觸、惡觸、捨處所觸。《雜集》第一，但二十六，除後三種。以總從別故。《顯揚》亦同。薩婆多師，觸有十一。謂四大種、滑性、澁性、重性、輕性，及冷、飢、渴。若經部師，觸有三十。堅、濕、煖、動、耎、輕、重、強、弱、冷、熱、澁、濯強、猗樂、疲極、不極、病、老、身利、身重、迷悶、疼朥、痺、類申、飢渴、飽滿、嗜樂。不立滑澁。

**慧沼撰《大乘法苑林章補闕》卷七** 釋名者，先總後別。總名者，變礙等名色，十一通名。今五境中，眼見名色，耳緣名聲，鼻齅名香，舌嘗名味，身得名觸。釋別名者，雖未見文，且以義釋。顯謂顯著，形謂形段，表謂表彰。《瑜伽》第一云，若色積集，長短等差別相。表色者，謂此能表內心所爲，故名爲表。第一云，謂業用爲作，轉動差別。所餘諸色，雖未見文，可持業釋。青即是色，乃至處即是色。可意名好，不可意名惡，處中名俱異，異好惡故。地水火風，爲心攝領，名執受大種。此種爲因，所發之聲，名執受大種因聲。與此相違，名不執受大種因聲。若二合發，名執不執受大種因聲。善名可意，不善名不可意。非二，名俱相違。或可順心名可意，違心名不可意，非二名俱相違。前約因解，後據情釋。世俗語，名世共成。成謂成實。爲利樂所起之聲，名成所引。或說稱定名成所引。妄計度生，名遍計所起。稱相起語，名聖言。不稱相起語，名非聖言。薩婆多等聲，恐繁不述。香味觸三，準前可悉。或復持業，或據因體，義皆無失。

**慧沼撰《大乘法苑林章補闕》卷七** 第二出體者，初總，後別。總中有三。一攝相歸性，二攝餘從識，三體相別論。於中復二，一約百法，二約三科。攝相歸性者，相謂事相，性謂眞如。凡一切法，皆不離如，故以眞如名諸色體。故《維摩經》云，一切法皆如也。攝餘從識體者，一切諸法，皆從心生，不離心故。《百法論》云，二所變故。《華嚴經》云，三界虛妄，但一心作。如是證廣，體相別論。約百法者，十一色中，色聲香味觸五法爲體。約三科者，色蘊少分。六境處中五全，除法處界中亦爾。別出體者，青黃赤白，四顯可知。影色者，《俱舍論》云，障光明生，於中，餘色可見名影，日焰名光，月星火藥寶珠電等諸焰名明。闇翳影色。龍等所起名雲，火起名烟，風起名塵。此三無文，以義準知。霧者，《俱舍》云，地水氣騰爲霧。空顯色者，《雜集論》云，謂上所見青等顯色。於四顯色，立空一顯。有說或依光明以立上見蘇迷瑠璃等光，作虛空解，依此假立。言四顯色，據本而說長等形色。《成業論》云：即於和合諸聚色中，見一面多，便生長覺。是一面少，便生短覺。見四面等，即生方覺。見諸面滿，生圓覺。見中凸，生高覺。見中坑凹，生下覺。見面齊平，生正覺。見面參差，起不正覺。麤細二色，相形以立，更無別相。取捨等八，隨事可悉。

迥色者，《雜集》云，謂離餘礙觸，方所可得。亦依四顯，或依光明。與一顯別者，上觀名一顯，下覺爲迥色。影像色者，有說謂託他質起相而緣，名影像色。若爾，即五識等所現之色，皆影像収，便之五境，不可說影像。此亦不爾。《無垢稱》云，如鏡中像等，喻之於無。今若云有，便違經失。若云無者，何故八喻，喻依他耶。答：約第六識，自所變相，似八所變名色，即六三不成失。有云水鏡等中，現面像等，以本質故，名爲鏡等有，非是全無，故喻依地。談實見自面等，非在鏡中實有面像等。第六分別，謂在鏡等，說爲影像。障光明等，但現黑色，不似質故，但名影色。若法處中，影像色者，即空華等相，彼全無故。或可第六緣鏡像等，亦法處収，唯意緣故。眼識相分，名爲影像，質相別故。若準此解，餘四境中，應立影像，是互顯故。略不立之。此解爲正。若五十四，復有空界色，即明闇所攝造色，名空界。

聲體者，《雜集》第一云：因受大種者，謂語等聲。因不受大種，謂樹等聲。因俱者，謂手擊聲，可意等。其名可知。共成聲，如說盆瓶等。語聲成所引聲，謂諸聖者說道理語。遍計所起，謂外道語。依見聞等，名聖言聲。見等言不見等，名非聖言。響聲者，擊岸谷所發之聲。薩婆多等聲，繁不具出。

香體，初三可悉。《雜集》第一云：俱生者，謂旃那像等。和合香者，謂和合等。變異香，謂熟果等。

味體者，初九可知，後三如香辨。

觸體者，堅濕煗動，爲大觸體。五十四云：於大種清淨，假立滑。於大種堅實，立重。於大種不清淨不堅實，立澁及輕。於大種不清淨慢緩，立耎。水風和合，假立有冷。由闕任持不平等故，立飢渴及弱力。由無所闕，無不平等故，立強力及飽。由不平等，變異錯亂，不平等故，立病。由時分變異不平等故，立老。由命根變異不平等故，立死。由四大有過患，不平等故，假立癢。由惡飲食不平等故，假立悶絕。由地水合故，立黏。由往來勞倦不平等故，假立疲極。若遠離彼，由平等故，假立憩息。由除垢等，離萎顇故，立勇鋭。《雜集》亦同。

**慧沼撰《大乘法苑林章補闕》卷七**　第三廢立者。依《雜集論》，由六種因，建立二十五種色。謂相故，安立故，損益故，作所依故，作相故，莊嚴故。如來次第，四、十、八、三，於列數中，如次充釋。相故者，謂青黃等相，顯看故。安立者，於積集色，分位立故。損益故者，能有對除障礙等故。作所依故者，以迴色體，非是能礙。於下所見光明等色，然與作業，爲所依故。作相者，謂其作業表彰之相。莊嚴故者，莊嚴於上故。

聲十一者，由四因立。《雜集》雖云五因，然云相者，謂耳根所取義，與總釋聲，非別癈立。損益者，謂立可意等三。因差別者，謂立次三。說差別者，謂即次三。言差別，謂即次二。

香由二因，故立六種。雖有三因，相如聲釋。損益立初三，差別立後三。

味由三因相，故立初六。損益故立次三，差別故立後三。文雖不別，指例香故。

由八種因故，立觸二十六。由相故立四，癈立故立二。謂滑澁攝，故立二。謂輕重觸，故立一。謂渙執，故立二。謂緩急雜，故立二。謂冷及黏界不平等，故立四，息力勇飽。《瑜伽》云，由無所闕，無不平等。《雜集》云，由二種者，即此二故合說，入平等不說別故。由不平等，故立所餘。

**智周撰《法苑義林章決擇記》**　問：業道無表，二有何別。答：業體實思。無表色者，是唯是假立，防惡色故，假名無表色。又無表者，種上功能，業思實體。又未受戒，但不殺生，唯得一種自性業道。若受戒已，更別得彼無表之戒。又處中善，雖不由受，亦有無表。據其體用，亦與業道而不即一。

問：戒體但是種上功能，爲假實耶。答：是假。若爾，假法如無，如何經言戒能感果，而復言持名非色心。答：實種能感，以種體從用，名戒感也。而言持者，亦據體說，言非色心，說彼功能。問：思體是業，體能感者但是其業，何實戒耶。答：但是一種，約其義用，立名字異。問：戒既種上差別功能，第八緣不。答：不緣。若爾，種上廣大功能如何即緣。答：廣大是實，戒是假故，故緣其實不緣其假也。問：一種功能，假實何別。答：廣大依種親起，不約防外，名實戒體。其色外防身語，是故名假。如提塘等亦遮故。思之。

**玄奘譯《大乘成業論》卷一**　形色者何。謂長等性。何者長等。謂於彼生長等名想。此攝在何處。謂色處所攝。今應思擇，長等爲是極微差別猶如顯色，爲是極微差別積聚，爲別一物遍色等聚。設爾何失。長等若是極微差別，應如顯色。諸色聚中，一一細分，長等可取。若是極微差別積聚，此與顯色極微積聚有何差別。即諸顯色積聚差別，應成長等。若別一物遍色等聚，一故遍故，一一分中應全可取。於一切分，皆具有故。或應非一，於諸分中各別住故。又壞自宗十處，皆是極微積集。又應朋助食米齊宗執實有分遍諸分故，即於和合諸聚色中，見一面多便起長覺，見一面少便起短覺，見四面等便起方覺，見諸面滿便起圓覺，見中凸出便起高覺，見中坳凹便起下覺，見面齊平起於正覺，見面參差起不正覺。如旋轉輪，觀錦繡時，便生種種異形類覺。不應實有異類形色同在一處，如諸顯色。若許爾者，應於一一處起一切形覺。然無是事，是故形色無別有體。即諸顯色於諸方面安布不同，起長等覺。如樹蟻等行列無過。若爾云何。於遠闇處不了顯色，了形色耶。如何不了樹等形色，而能了彼行列形耶。然離樹等，無別行列。或於遠闇諸聚色中，若顯若形，俱不能了。雖復能取而不分明。疑是何物，此何所見。由是應知，但取顯色，由遠闇故，見不分明。故表是形，理不成立。

**玄奘譯《大乘阿毗達磨集論》卷一**　云何建立色蘊，謂諸所有色，若四大種及四大種所造。云何四大種。謂地界、水界、火界、風界。何等地界，謂堅鞕性。何等水界，謂流濕性。何等火界，謂溫熱性。何等風界，謂輕等動性。云何所造色，謂眼根、耳根、鼻根、舌根、身根，色聲香味所觸一分，及法處所攝色。何等眼根，謂四大種所造眼識所依清淨色。何等耳根，謂四大種所造耳識所依清淨色。何等鼻根，謂四大種所造鼻識所依清淨色。何等舌根，謂四大種所造舌識所依清淨色。何等身根，謂四大種所造身識所依清淨色。何等爲色。謂四大種所造眼根所行義。謂青黄赤白，長短方圓，麁細高下，正不正，光影明闇，雲煙塵霧，逈色表色，空一顯色。此復三種。謂妙、不妙、俱相違色。何等爲聲。謂四大種所造耳根所取義。或可意，或不可意，或俱相違。或執受大種爲因，或不執受大種爲因，或俱大種爲因。或世所極成，或成所引，或遍計所起。或聖言所攝，或非聖言所攝。何等爲香。謂四大種所造鼻根所取義。謂好香、惡香、平等香、俱生香、和合香、變異香。何等爲味。謂四大種所造舌根所取義。謂苦酢甘辛鹹淡，或可意或不可意，或俱相違或俱生，或和合或變異。何等所觸一分。謂四大種所造身根所取義。謂滑性、澁性、輕性、重性、軟性、緩急、冷、飢、渴、飽、力、劣、悶、癢、黏、病、老、死、疲、息、勇。何等法處所攝色。有五種應知。謂極略色、極逈色、受所引色、遍計所起色、定自在所生色。

# 法處所攝色

**玄奘譯《顯揚聖教論》卷一**　法處所攝色，謂一切時意所行境，色蘊所攝，無見無對。此復三種，謂律儀色、不律儀色、及三摩地所行境色。律儀色云何。謂防護身語業者，由彼增上造作心、心法故。依彼不現行法，建立色性。不律儀色云何。謂不防護身語業者，由彼增上造作心、心法故。依彼現行法，建立色性。三摩地所行境色云何。謂由下中上三摩地俱轉相應心、心法故，起彼所緣影像色性，及彼所作成就色性，是名法處所攝色。

**玄奘譯《大乘阿毗達磨雜集論》卷一**　法處所攝色者，略有五種，謂極略色、極逈色、受所引色、遍計所起色、自在所生色。極略色者，謂極微色。極逈色者，謂即此離餘礙觸色。受所引色者，謂無表色。遍計所起色者，謂影像色。自在所生色者，謂解脱靜慮所行境色。

**窺基《大乘百法明門論解》卷下**　言法處所攝色者，謂過去無體之法，可緣之義，此有五種。謂極逈色，依假想觀析所礙色，至極微，故名極逈色。又云，上見虛空青黄等色，乃是顯色。若下望之，則此顯色至遠而爲難見，故名極逈色也。言極略色者，亦假想觀，析須彌俱礙之色，至極微處故。又云，於色上分析長短形相麤細，以至極微故。言俱礙者，乃根色等，明暗等色，乃所礙也。定果色，謂解脱定，亦魚米肉山威儀身等，亦名定自在所生色。定即禪定。自在所生色，謂菩薩入定，所現光明，乃見一切色像境界。如入火光定，則有火光發現等。受所引色者，謂律不律儀殊勝思種，所立無表色也。又受即領受，引即引取。如受諸戒品，戒是色法，所受之戒，即受所引色也。遍計所執色者，謂第六識，虛妄計度，所變根塵，無實作用，故立此名。或謂餘四名色。有可擬議，受之所引，何亦名色。蓋從所防發善惡之色，以立名耳。此四全，一少分是假，一分乃實。

**大乘光撰《大乘百法明門論疏》卷下**　法處所攝色者，謂意識所行，無見無對，色蘊所攝，略有五種，謂極略色、極逈色、受所引色、遍計所起色、自在所生色。極略色者，謂極微色。極逈色者，謂即此離餘礙觸色。受所引色者，謂無表色。遍計所起色者謂影像色。自在所生色者，謂解脱靜慮所行境色。

**玄奘譯《顯揚聖教論》卷一八**　法處色十二者，謂法處所攝色，略說有十二種相。一影像相。二所作成就相。三無見相。四無對相。五非實大種所生相。六屬心相。七世間相。八不可思議相。九世間三摩地果相。十出世間三摩地果相。十一自地下地境界相。十二諸佛菩薩隨心，自在轉變，不可思議相。

**窺基《大乘法苑義林章》卷五**　《百法論》總有一，謂法處所攝色也。《五蘊論》說法處色有二，一無表，二定果。《瑜伽》第三說亦同彼。《顯揚》第一說有三種，一律儀，二不律儀，三定自在。第五十四初說三同此。又彼卷中，廣說極微唯覺慧折，若非法處何處所攝。由此法處亦立四種。《對法論》說五，如文自列。《顯揚》十八說，法處色有十二相。一影像，二所作成熟，三無見，四無對，五非實大生，六繫屬心相，七世間，八不思議，九世間定果，十出世定果，十一自他地境，十二諸佛菩薩

自在轉變。【略】

初，極略色，此論自說極微爲體，即五色根，除迥色等餘五色境及四大種、法處實色，極微爲性。《顯揚》第五、《瑜伽》五十四說，建立極微有十五種。謂眼等根爲五極微，色等境五極微，四大種四極微，法處實色有一極微，故此十五爲極略色性。

二，極迥色，論自說言，即此離餘之礙觸色，以空界色極微爲體。論說迥色即明闇色，當知光影色，極迥色收。日炎名光，餘炎名明，影暗翻此。豈唯明暗是迥色耶。唯說明暗，但舉小分。然空界色上下見別，分成迥色及空一顯，故空界色攝六種色，折至極微總名極迥。建立所以，如前應知。【略】

四，遍計所起色者，論自說言，謂影像色，獨生散意識通三性心所變根塵無根等用，水月、鏡像，此等非一。因計所變五根、五塵、定境色等，無用影像，爲此遍計所起色體。

五，自在所生色者，論自說言，以解脫靜慮境色爲體。五十三說，勝定力故，於一切色皆得自在，即以定所變色、聲、香、味、觸境爲體。

釋名字者，初極略色，極者至也，窮也，邊也。略有二義。一者總義，總略衆色折至極微名極略色。二者小義，折諸根境至極小處，名極略色，故稱極略，不名極微。略是總者，略色之極。略是小者，色即極略，或色之極略。依士、持業二釋隨應，今此色者五種通名，二釋雖成，持業爲勝。極迥色者，迥色即是色處，迥色離礙方顯，立以迥名。極迥即色，迥色之極，迥之極色。

**明昱《大乘百法明門論贅言》** 意識所緣法塵境界，名爲法處。極迥色者，色最遠故。極略色者，色最細故。定果色者，定中現故。受所引者，受戒引生善惡色故。言律不律儀者，善惡兩門法範也。律儀戒品，雖是色法，依思種立，無所顯示，名無表色。偏計執色，無實用者，從分別起，不從因緣，故無實用。此四下，謂偏計執色，從依他起上變起相分，名少分假，即依他起名一分實。極迥等四，全是實有。若假若實，皆是意識所緣之境，名法處色。

**明昱《成唯識論俗詮》卷一** 總標色法，分爲二種。言有對者，即五根、五塵，十種色也。根乃五識各別所依，故名五根。塵乃五識各別所緣，故名五塵。根塵二色，從色種生，有質礙故，故名有對。言無對者，即法處所攝色也，唯是意識所緣，名法塵故，故稱法處所攝色。而有五種。一者極略色，謂以假想觀，分析根塵之色，至極微位，立極略名。二者極迥色，亦以假想觀，分析空間光影等色，至極微位，立極迥名。三者受所引色，謂於受戒闍黎師處，引起思心種子，發起防發功能現行之色，立受所引名。四者偏計所執色，謂意識遍計度種種色法，以爲實有，立偏計名。五者定果色，謂諸聖者定中現起種種境界，立定果名。已上五種，俱是能緣識智所變，從心種生，故名無對。

## 無表色

**玄奘譯《大乘五蘊論》卷一** 云何名爲無表色等，謂有表業及三摩地所生色等，無見無對。

**玄奘譯《成唯識論》卷一** 表既實無，無表寧實。然依思願，善惡分限，假立無表，理亦無違。謂此或依發勝身語善惡思種增長位立，或依定中止身語惡現行思立，故是假有。

**窺基《成唯識論述記》卷二** 述曰：第二例破無表亦無。於中有二，初破外執，次申正義。此破執也，汝無表色，亦非實有，色所攝故。如有對色，前已破得爲喻。又汝無對色，應非實色，許無對故，如心、心所。若大衆、法密部，別立無表色，謂身勇，身精進。若心勇等心所攝，上座胸中色物亦法處攝，今例破之。

**玄奘譯《阿毗達磨俱舍論》卷一** 無表色相，今次當說。頌曰。

亂心無心等，隨流淨不淨，
大種所造性，由此說無表。

論曰：亂心者，謂此餘心。無心者，謂入無想及滅盡定。等言顯示不亂有心，相似相續，說名隨流。善與不善，名淨不淨。爲簡諸得相似相續，是故復言大種所造。《毗婆沙》說，造是因義，謂作生等五種因故。顯立名因，故言由此。無表雖以色業爲性，如有表業，而非表示令他了知，故名無表。說者顯此是師宗言。略說表業及定所生善不善色，名爲無表。

**玄奘譯《入阿毗達磨論》卷上** 無表色者，謂能自表諸心心所轉變差別，故名爲表，與彼同類，而不能表，故名無表。此於相似，立遮止言。如於剎帝利等，說非婆羅門等。無表相者，謂由表心大種差別，於睡眠覺亂不亂心及無心位，有善不善色相續轉，不可積集，是能建立苾芻等因，是無表相。此若無者，不應建立有苾芻等。如世尊說，於有依福業事，彼恒常福增長。如是無表，總有三種，謂律儀、不律儀、俱相違所攝故。律儀有三種，謂別解脫、靜慮、無漏律儀別故。別解脫律儀，復有八種。一苾芻律儀，二苾芻尼律儀，三勤策律儀，四正學律儀，五勤策女律儀，六近事男律儀，七近事女律儀，八近住律儀。如是八種，唯欲界繫。靜慮律儀，惟色界三摩地隨轉色，此唯色界繫。無漏律儀，謂無漏三摩地隨轉色，此唯不繫。不律儀者，謂諸屠兒，及諸獵獸、捕鳥、捕魚、劫盜、典獄、縛龍、煮狗、罝弶、魁膾。此等身中，不善無表色相續轉。非律儀非不律儀者，謂造毘訶羅、窣堵波、僧伽邏摩等，及禮制多，燒香散華，讚誦願等，幷捶打等，所起種種善不善無表色相續轉。亦有無表，唯一剎那。依總種類，故說相續，別解脫律儀，由誓願受得。前七至命盡。第八一晝夜。又前七種捨，由四緣，一捨所學故，二命盡故，三善根斷故，四二形生故。第八律儀，即由前四及夜盡捨。靜慮律儀，由得色界善心故得，由捨色界善心故捨，屬彼心故。無漏律儀，得捨亦爾，隨無漏心而得捨故。得不律儀，由作及受，由四緣故，捨不律儀。一受律儀故，二命盡故，三二形生故，四法爾得色界善心故。處中無表，或由作故得。謂殷淨心，猛利煩惱，禮讚制多，及捶打等。或由受故得。謂作是念，若不爲佛造曼荼羅，終不先食。如是等願，或由捨故得，謂造寺捨，敷具園林，施苾芻等。捨此無表，由等起心及所作事，俱斷壞故。

**玄奘譯《五事毘婆沙論》卷下** 無表色者，謂善惡戒，相續不斷。此一切時一識所識，謂意識者，以無對故。色等五境，於現在時，五識所識。於三世時，意識所識。此於恒時意識所識。眼等五根，亦一切時意識所識。此無表色，總有二種。謂善不善，無無記者，以強力心，能發無表，無記心劣，不發無表。諸善無表，總有二種。一者，律儀所攝。二者，律儀所不攝。不善無表，亦有二種。一者，不律儀所攝。二者，不律儀所不攝。律儀所攝無表，復有四種。一者，別解脫律儀。二者，靜慮律儀。三者，無漏律儀。四者，斷律儀。別解脫律儀，謂七衆戒。靜慮律儀，謂色界戒。無漏律儀，謂學無學戒。斷律儀者，依二律儀一分建立，謂靜慮律儀，無漏律儀。離欲界染九無間道隨轉攝者，名斷律儀。以能對治一切惡戒，及能對治起惡戒煩惱，故名爲斷。前八無間道隨轉攝者，唯能對治起惡戒煩惱。第九無間道隨轉攝者，能對治惡戒，及能對治起惡戒煩惱。

問：別解脫律儀，何緣故得。何緣故捨。答：由他教得。四緣故捨。何等爲四。一，捨所學戒。二，二形生。三，善根斷。四，失衆同分。問：靜慮律儀，何緣故得。何緣故捨。答：色界善心若得便得，若捨便捨。此復二種。一，由退故。二，由界地有轉易故。問：無漏律儀，何緣故得。何緣故捨。答：與道俱得，無全捨者。若隨分捨，則由三緣。一由退故，二由得果故，三由轉根故。問：斷律儀，何緣故得。何緣故捨。答：靜慮律儀所攝者，如靜慮律儀說。無漏律儀所攝者，如無漏律儀說。律儀所不攝善無表者，若強淨心所發善表，得此無表。若劣淨心所發善表，不得此無表。捨此無表，由三種緣。一意樂息，二捨加行，三限勢過。不律儀所攝不善無表者，謂屠羊等諸不律儀。此不律儀，由二緣得。一由作業，二由受事。此不律儀，由四緣捨。一由受別解脫戒，二由得靜慮律儀，三由二形生，四由失衆同分。

**智旭《成唯識論觀心法要》卷一** 無表色，即無作假色也。此復有二，一律儀戒，二定共戒。律儀有善有惡，定共則唯是善。不言道共者，道亦能發無作。但既由道力所發，決不計爲心外實法，故不辨之。發勝身語惡思，謂期心作爾許時惡律儀業。此心熏於本識，遂發爾許時無作惡律儀也。發勝身語善思，謂期心受何等善戒。此心熏於本識，隨發何等無作戒也。定中止惡行思，即定共戒，亦發無作，但是不作惡故，故名無表。

**明昱《成唯識論俗詮》卷一** 以有例無，不實可知。無表色者，他處云受所引色，以是受戒引生色故。思受戒法，願樂護善遮惡，故有善惡分限色現，但無表示，名曰無表。謂此下，釋立無表義。身語思，即三業也。以受戒時，是最勝三業，雖無表示，戒色種子自知增長，故立此名。惡現行者，即身行惡事，口出惡言，顯現色聲，容爲止息。唯能發作身語之思，是無表示，必在定中，方能止息，亦名無表。通上二種，俱是假名，何執爲實。

**通潤《成唯識論集解》卷一** 此破無表色也。言有表顯者，尚非實有，況無表顯而實有哉。問：此無表色從何而有。答：此無表色，是從受戒之後，立勝思願。誓斷一切惡，行一切善。以此分限，假立無表。勝思願者，謂願此身不作殺、盜、婬，是名勝身。口不行妄言、綺語、兩舌、惡口，是名勝語。心不起貪、嗔、癡，名勝思惟。由此防惡，發善種子，漸漸增長，故立此名。此名依種子邊立，或依定中能止身語惡現行思，故立此名。此名依現行邊立，以有防發二種功能，假名無表。

**王肯堂《成唯識論證義》卷一** 次明無表色。毗婆沙師、經部師，執無表實有，歷引契經爲證，詳見《俱舍》。故此破云，有表尚虛，無表寧實。然契經說無表色者，依他分位，假施設故。無表有二。一律儀有表色，即從師受戒時是。由此有表色，方熏得善思種子，有防惡發善功能，立無表色。一不律儀有表色，即正下刀殺生時是。由此有表色，方熏得不善思種子，有防善發惡功能，立無表色。故曰依思願善惡分限，假立無表。此似兼善惡說。下依勝身語，乃是就善一邊說。善是所發，惡是所防，故曰善惡思種。

問：無表色以何爲體。答：受戒之後，思種之上，防惡發善功能爲體。問：思有多種，謂審慮決定動發思，何思種子有此功能。答：於三思中，取上品者，初念所熏種上，有此功能。何以故，初念所熏，爲無表依故。

## 色空

**無羅叉譯《放光般若經》卷四** 色空者，亦不出三界，亦不住薩云若，痛、想、行、識空亦爾。何以故。須菩提！色色自空，痛、想、行、識，識自空。欲出生無相法者，爲欲出眼空、爲欲出意空。欲出生無相法者，爲欲出六衰及十二因緣空。何以故。六衰空者，亦不出三界，亦不住薩云若。欲出生無相法者，爲欲出生夢、幻、炎、響、光、影。欲出生無相法者，爲欲出生如來之所作化。何以故。夢、幻、炎、響、光、影及如來所化，亦不出三界，亦不住薩云若。何以故。夢以夢事空，炎事、幻事、響光事、影事，乃至如來所化事，皆自空。欲出生無相法者，爲欲出生檀波羅蜜。欲出生無相法者，爲欲出生尸波羅蜜、羼波羅蜜、惟逮波羅蜜、禪波羅蜜。欲出生無相法者，爲欲出生般若波羅蜜。何以故。須菩提！六波羅蜜事，亦不出三界亦不住薩云若。何以故。六波羅蜜六波羅蜜空故。欲出生無相法者，爲欲出生內外空。欲出生無相法者，爲欲出有空、在空。何以故。須菩提！內外空事至有無空事自空，亦不出三界亦不住薩云若。何以故。內外空空乃至有無空空。

**竺法護譯《光讚經》卷一** 佛告舍利弗：於是菩薩設行色空者，則爲行般若波羅蜜，設行痛癢思想生死識空者，是則爲行。

復次，舍利弗！菩薩摩訶薩解知眼空、耳鼻舌身意空者，此則爲行。解知色空、聲香味細滑所欲法空者，此則爲行。解眼界空者，此則爲行。解色界、眼識界，解耳鼻舌身意界空者，此則爲行。解耳聲耳識、鼻香鼻識、舌味舌識、身細滑身識、意所欲意識空者，此則爲行。解苦空者，習亦復空，盡亦復空，八由亦空，此則爲行。解無黠亦空、行亦空、識亦空、名色亦空、六入亦空、所更亦空、痛癢亦空、思愛亦空、所受亦空、所有亦空、生老死亦空，此則爲行。解一切法空，此則爲行。諸所自然有爲無爲悉能解空，此則爲行。菩薩摩訶薩行般若波羅蜜，解本淨空志性亦然，此則爲行。舍利弗！是爲菩薩摩訶薩行般若波羅蜜，當解是七空，此乃爲行。以此七空行般若波羅蜜，色無應不應、無行不行，不作此觀，不見痛癢思想生死識應不應、行不行，不見色法有所起有所滅、不見痛癢思想生死識法有所起法有所滅，不見色法有所依著法有所諍訟、不見痛癢思想生死識法有所著法有所諍，不見與色而俱遊居、不見與痛癢思想生死識而俱遊居，不見與生死而俱遊，亦不見不與生死而遊居也。所以者何。永無有法而與俱，緣起諸事本淨爲空。舍利弗！色則爲空，則無有色。痛癢思想生死識空，則無有識。

佛語舍利弗：其爲空者，無有起者、無有滅者。假使色空，則無有空。假使痛癢思想生死識空，則無有識。設使色空則不有見，設痛癢空則無所患，設思想空則無所念，設使行空則無所造，設識空者無所分別。所以者何。舍利弗！色者門異，不與空同。空不爲異，色不爲分別。色自然空，色則爲空，痛癢思想生死識不爲別異，空亦不異。設空不異，識亦不異，識自然空，識則爲空。【略】

復次，舍利弗！菩薩摩訶薩行般若波羅蜜，不行薩蕓若色，亦不見薩蕓若色，亦不見行薩蕓若色痛癢思想生死識，亦不見薩蕓若痛癢思想生死識。不行薩蕓若眼，亦不見眼，亦不行薩蕓若耳鼻舌身心，亦不見耳鼻舌身心。不行薩蕓若色，亦不見色。不見色，不行薩蕓若聲香味細滑所欲法，亦無所現。【略】

復次，舍利弗！菩薩摩訶薩行般若波羅蜜，不行色有、不行色無有，不行痛癢思想生死識有、不行痛癢思想生死識無有，不計色有常、亦不計色無常，不計色苦，不計色樂，不計色有我、不計色無我，五陰六衰亦復如是。不計五陰空、無空，不計五陰有相、無相，不計五陰有願、無願，行般若波羅蜜。今我所行亦無所受，亦無所行亦無所取，不有所行亦不不行，不有所受亦不不受，不有所取亦不不取。

**鳩摩羅什譯《大智度論》卷三一**　色空者，無我，無我所，無色法。聲、香、味、觸、法亦如是。

**僧伽跋澄譯《鞞婆沙論》卷六**　問曰：空、空界何差別。答曰：空者非色，空界是色。空者不可見，空界者可見。空者無對，空界者有對。空者無爲，空界者有爲。

**吉藏撰《中觀論疏》卷二**　色空者，此是空無性實，故言空耳，不空於假色也。以空無性實，故名爲空，即眞諦。不空於假，故名世諦。晚人名此爲鼠樓栗義。難云：論云，諸法後異故知皆是無性，無性法亦無，一切法空故。即性無性，一切皆空，豈但空性而不空假。此與前即色義不異也。空假名者，一切諸法，衆緣所成，是故有體，名爲世諦。折緣求之，都不可得，名爲眞諦。

**玄奘譯《般若波羅蜜多心經》**　觀自在菩薩行深般若波羅蜜多時，照見五蘊皆空，度一切苦厄。

舍利子！色不異空，空不異色。色即是空，空即是色。受、想、行、識，亦復如是。

舍利子！是諸法空相，不生不滅，不垢不淨，不增不減。是故，空中無色，無受、想、行、識。無眼、耳、鼻、舌、身、意。無色、聲、香、味、觸、法。

**法藏《華嚴經義海百門》**　達色空者，如見塵從緣成立是色，色無體故是空。空若無色而言空，即是無世諦之妄色。因妄色而有眞諦之眞空。色若無空而言色，即是無眞諦之眞空。因眞空而有世諦之妄色。今但了妄無體，即是眞空，非無色名空也。經云，色性自空，非色滅空。

**玄奘譯《大乘廣百論釋論》卷七**　我今當說，根是了別境界所依，將欲破根，先除其境。境既除已，根亦隨亡。迦比羅云，瓶衣等物，唯色等成，諸根所行，體是實有。爲破此計，故說頌曰：

於瓶諸分中，可見唯是色，言瓶全可見，如何能悟眞。

論曰：汝宗自說眼等諸根，各取自境，不相雜亂。眼唯見色，瓶通四塵，豈見色時，全見瓶體。此顯瓶體，非眼所見，非唯色故，猶如聲等，豈不瓶體亦是色耶。我不言瓶體唯非色，但言瓶體非唯色成，故所立因，無不成失。汝於現事既有乖違，而言悟眞，此何可信。如眼所見，唯色非瓶，香等亦然。故次頌曰：

諸有勝慧人，隨前所說義，於香味及觸，一切類應遮。

論曰：鼻舌身根，其境各異。全取瓶體，義亦不成。瓶非三根，所取境界，一一比量，如前應知，聲既非恆。故此不說類其色等，聲亦應然。如是一切瓶衣車等，皆非色根所取境界。非定意識取於外境，必隨色根。瓶等既非色根境界，意亦應爾。若不爾者，盲聾等人，亦應了別色等外境。如是瓶等非根所行，皆是自心分別所起。若言瓶等與色等，法體無異故。眼等諸根，如取自境，亦取瓶等。是故諸根，亦能漸次取瓶等境。若爾，瓶等應是一切色根所行，即違諸根各取自境。或一瓶等體應成多，或許諸根不取瓶等。唯色等體是根境故，色等各別，既非是瓶，如何合時成實瓶體。若言瓶等衆分合成，見一分時言見瓶等，如見城分亦名見城。此亦不然。城非實故，城體是假，衆分合成，見一分時不名全見。瓶等若爾，是假非眞，汝等云何執實可見。又見一分，言可見者，其理不然。故次頌曰：

若唯見瓶色，即言見瓶者，既不見香等，應名不見瓶。

論曰：若和合中有衆多分，由一分故，全得其名。謂於一瓶有色等分，由見色故言見瓶者，所餘香等既不可見，應從多分言不見瓶，亦不應言色體是勝。瓶一分故，猶如香等。色等於瓶既無勝劣，應從香等名不可見。世間立名，或從多分，或就最勝，色上全無，香等有一，是故瓶等應從香等，名不可見。是則外色亦應非實，是可見性。是瓶衣等不可見法，一分攝故，猶如香等，世間共知。瓶色可見，云何得立不可見耶。世間所知，隨自心變，假說可見，非外實色。今遮心外實有可見，故不相違。不可見法，無所有故，應不可說。所以者何。可見無故，名不可見。無法都無，如何可說。可見之法，以有體故，可爲他說，此亦不然。無體之法，亦是說因。若不爾者，不可見言現應無有。又見於色都無所益，何故說色以爲可見，非不可見。所以者何。非由能見及不能見，令色有異。云何由見說色可見，非由不見說不可見。如瓶上色是可見故，說瓶可見。瓶上香等不可見故，亦應說瓶，爲不可見。其理等故。又眼見時，說色可見，眼不見時，亦應說色爲不可見。其理等故。瓶之與色，既有可見不可見義，何故今者偏破可見立不可見。可見起執，遮可見故，言不可見，非立瓶色爲不可見。又色亦非全體可見，如何由色而說見瓶。所以者何。故次頌曰：

有障礙諸色，體非全可見，彼分及中間，由此分所隔。

論曰：有障礙色，非全可見。彼分中間，此分所隔。如隔壁等所有諸色，雖見一分而不見餘。故應如瓶，名不可見。於諸分中，此分非勝，餘分爲多。此應從多，名不可見。麁色漸析，未至極微，常有多分。若至極微，非色根境，是故諸色皆不可見。豈不極微外面傍布，無所障隔，相隣而住，全可見耶。眾微總相是假非實，一一別相非色根境，有礙極微面有彼此。如何得立色法實有全體可見。雖諸極微總相是假，一一別住，實不可見。然諸極微和合相助，不可分析。面有彼此。故一一微其體實有，全分可見。此亦不然，故次頌曰：

極微分有無，應審諦思察，引不成爲證，義終不可成。

論曰：極微亦與餘物合故，應如麁物有分是假。《破常品》中已辨極微有分非實。極微一一既不可見，云何和合相助可見。若相助時，不捨本相，不應相助。若捨本相，應非極微。以相助時，若如本細，應無助力，應不可見。若轉成麁，應非極微，應假非實。審思極微，由有礙故，有分非實，不可全見。是故不可引證諸色實而可見。如色由前所說道理，有分無實，非色根境。如是一切有質礙法，皆眾分成，非色根境。爲顯此義，故復頌曰：

一切有礙法，皆眾分所成。

論曰：諸有礙法，以慧析之，皆有眾分相依而立。析若未盡，恆如麁事，眾分合成，是假非實，析之若盡，便歸於空。如畢竟無越色根境，諸可見者，皆眾分成，世所共知，並假非實。細分障隔，不可全見。極微相助，理復不成。諸有礙物，皆可析之。盡未盡時，歸空是假。是故都無眞實色法可見、可聞、可嗅嘗等。所詮色法既非根境，能詮亦然。故次頌曰：

言說字亦然，故非根所取。

論曰：一切所聞音聲言說，漸次分析，至一字名。此亦如前，猶有細分，復漸分析，乃至極微。此非所聞，猶有細分，復漸分析，乃至都無。析未盡來，是有礙故。常有細分，是假非實。又聲細分，前後安立，互不相續，體無合義。非實詮表，非實可聞。其理分明，故復別說。若聲細分，同時而生，非前後立，如色細分。薩羅羅薩，如是等字，同時可聞，義應無別。如是已破色等五塵體是實有色根所得。【略】

瓶所見生時，不見有異德，體生如所見，故實性都無。

論曰：瓶等燒時有赤色等，諸德相起現見異前，除此更無實句瓶體，與未燒位差別而生。瓶等實句若別有體，應如德句有異相起。能燒所燒和合等位，既無有別實句相生，應如空等非實有性。亦非色根所取境界，但是分別意識所知，世俗諦收假而非實。

復次外道餘乘，各別所執麁顯境相，我已略遮。今當總破外道餘乘遍計所執一切境相，謂彼境相略有二種，一有質礙，二無質礙。有質礙境皆可分析，有質礙故。如舍如林，析即歸空，或無窮過，是故不可執爲實有。無質礙境亦非實有，無質礙故，猶若空花。又所執境略有二種，一者有爲，二者無爲。諸有無法，從緣生故，猶如幻事，非實有體。諸無爲法，亦非實有，以無生故，譬似龜毛。又所執境一一法上，隨諸義門，有眾多性。若是實有，應互相違。復析歸空，或無窮過。又所執色應非實色，是所知故。猶如聲等，廣說乃至所執諸法應非實法，是所知故，猶如色等。由此道理，一切所執若有若無，皆非眞實。諸有智者，應正了知，有無等境，皆依世俗，假立名相，非眞勝義。復次已破其境，復爲破根，先破餘乘。故說頌曰：

眼等皆大造，何眼見非餘。

論曰：眼等五根皆四大種，所造淨色爲其自性。故契經言，謂四大種所造淨色，名眼等根。此世俗言，非勝義說。若執爲實，其義不成。所以者何。同是造色，何緣見用，唯眼非餘。未見世間二法相似，所起作用更互不同，豈不諸根其相有異。謂各能作自識所依，此果有異，非相差別。相既無別，果如何異。用有異故，其果不同。現見世間，用殊相一。如諸藥草，損益用別，堅等相同。相既是同，用應非異。又應諸根即是大種，生識用別，名眼等根。如即堅等作用不同，得藥草名種種差別。此不應然。相用體一名有異故，由見等用有差別故。即顯眼等相有差別，非有別用，依無別相。用既不同，相必有異。故離大種別有義成。若爾，藥草用既不同，亦應離大別有其體。許有別體，於義何違。若如見等全離大種，義可無違。然非全離，何得無違。若言眼等性類雖同而相有異，便違自宗。汝宗性類即法體相，性類既同，相由何異。不可一體有同不同。二相差別，俱非假有。如一色上無有青黃二相差別。若一法性可分二相，於中一一復應可分。如是展轉應析至空，或至無窮，常非實有。

**宗密《注華嚴法界觀門》** 色不即是斷空，故不是空也。釋上句也。斷空者，虛豁斷滅，非眞實心，無知無用，不能現於萬法。此有二種，謂離色明空，及斷滅空。離色空者，空在色外。如牆處不空，牆外是空。斷滅空者，滅色明空。如穿井除土出空，要須滅色也。今簡異此，故云不是斷空也。故《中論》云，先有而後無，是則爲斷滅。然外道小乘皆有斷滅。外道斷滅，歸於太虛。二乘斷滅，歸於涅槃。故《肇論》云，大患莫若於有身，故滅身以歸無，勞勤莫若於有智，故絕智以淪虛。又云，形爲桎梏，智爲雜毒。《楞伽》云，若心體滅，不異外道斷滅戲論。

以色舉體是眞空也，故云以即空故。釋下句也。以色等本是眞如一心。與生滅和合。名阿梨耶識等。而爲能變。變起根身器界。即是此中所名色等諸法。故今推之，都無其體，歸於眞心之空，不合歸於斷滅之空，以本非斷空之所變故。所言歸者，下有其文。

良由即是眞空，故非斷空也。結成所釋。是故言由是空（眞也），故不是空（斷也）也。結所標也。上結下句，下結上句。

二，色不即空，以即空故。何以故。以青黃之相非是眞空之理，故云不即空。釋上句也。以聞經說色空，不知色性空，便執色相以爲眞空，故須簡也。此簡凡夫及初心菩薩，不簡小乘。小乘不計色，爲即空故。

然青黃無體，莫不皆空（空無也），故云即空，眞也。釋下句。然前云色舉體是眞空，此云青黃無體莫不皆空者，雖云青黃，即兼長短等，必依質礙有青黃等故。空有三義，以破於色。一，無邊際義。謂空若有邊，則有色法在空界外。空既無有際畔，則占盡十方邊量，無有其外，更於何處而有色等法耶。二，無壞義。諸惑者云，空雖無外，何妨色等秖在空界之中，故以無壞義破之。謂若有物入於空中，則隨此物大小分量，穿破於空，以容其物。如橛入地中，釘錐之類入於木中，皆隨橛等大小分量穿於地等。若地等不破，則不容橛等而入。救曰：如水不可穿破，而容物入水中，何妨虛空亦爾。破曰：水雖不破，然物入時，隨物大小分量，排之以容其物，以水性至柔，不妨流動移轉故。虛空豈同此水，被排之動轉耶。三，無雜義。謂惑者又云，空界無外，空體無壞，不妨萬物皆在空中，以空是虛通無罣礙故，能含容故。破曰：若物在空中，空又不壞不轉，其物與空應相混雜。如一團堅密之物，方亭一尺，此方尺分量之空，既不壞不轉，元在本方一尺分量之處，則與此方尺之物，豈非雜耶。若言不雜，則須一去一存。若言俱存又不雜者，則一尺之分，各占五寸之地。如此轉不相應也。若言俱存俱遍一尺之分，理亦不然。何者。以空與色有二相違，不應全體同遍當處。何者二違。一，空是無物，色是有物。二，空是虛通，色是質礙。不可方尺分中，言全是無物，復言全是有物。又不可言全是虛通，復言全是質礙。豈有此理耶！故上云，青黃之相，非是眞空之理。此云青黃莫不皆空也。是知虛空既無邊無壞無雜，則空中必定無有色，故云即空也。良以青黃無體之空，非即青黃，故云不即空也。舉其無體之空，結非色相，明空非有，豈得明耶。

三，色不即空，以即空故。何以故。以空中無色，故不即空。會色無體，故即是空（釋也）。良由會色歸空，空中必無色，決定而斷也。《般若心經》云，是故空中無色，無受想行識、十二處、十八界、十二因緣、四諦等。《佛頂》云、云何是中。更容他物，是故由色空（無也），故色非空（眞也）也。上皆當句。上三門以法簡情訖，總結三門。

四，色即是空。何以故。凡是色法，必不異眞空，以諸色法必無性故，從緣有故，依他無性，即圓成故。是故色即是空。既非滅色存色，不即不離，故即眞空。空非色相，無遍計矣。依他緣起無性，無性眞理即是圓成。古人云，色去不留空，空非有邊住。

如色空既爾，一切法亦然思之。色是法相之首，五蘊之初，故諸經凡欲說空義，皆約色說。如《大般若》列八十餘科名數，皆將色例也。舉要而示，則六道眾生，及十方諸佛菩薩、二乘人等，五蘊、十二處、十八界也。此宗染淨無二相故，應云受想行識不即是斷空等。其青黃等文，即云領納等相，非是眞空之理等。乃至諸佛，即云神通光明等相，非是眞空之理等。即不可以身相見如來也。

**宗密《注華嚴法界觀門》** 空即色觀者，於中亦有四門。簡情顯解，標徵釋結等，一一如前。四門但文勢相翻，以成後文空色無礙，泯絕無寄。當《般若心經》空即是色等文也。唯第三句，非敵對相翻，義亦不異。一一反上，以成中道更無別義也。一，空不即色，以空即色故。何以故。斷空不即是色，故云非色釋上句也。眞空必不異色，故云空即色。釋下句也。要由眞空即色，結下句也。故令斷空不即色也，結上句也。

二，空不即色，以空即色故。何以故。以空理非青黃，故云不即色，釋上句也。然不異青黃，故言空即色，釋下句也。要由不異青黃，故不即青黃，結釋。故云，即色不即色也，結標。

三，空不即色，以空即色故。何以故。空是所依，非能依，故不即色，釋上句也。對上空中無色，無色方是色之所依故，如鏡中之明無影也。必與能依作所依，故即是色也，釋下句也。無色故能與色爲依，如鏡中之明，無影像故，方能與影像作所依也，故不即是影。此不敵對反上文者，以空中無色，有理有文，色中無空，文理俱絕，故但約能所依持而簡也。有理者，摩尼珠中，必無黑等色。有文者，如上所引。經云，是故空中無色，無受想等也。理絕者，珠所現色，色處必有明珠也。文絕者，諸聖教中，悉不見有色中無空之文也。良由是所依，故不即色。是所依，故即是色（結釋）。是故由不即色，故即色也，以義結標。上三門亦以法簡情訖。

四，空即是色。何以故。凡是眞空必不異色，以是法無我理，即眞空體也。謂二空所顯之眞如也。非斷滅故，眞如不守自性也。上皆釋竟。是故空即是色，結也。如空色既爾，一切法皆然，思之。眞空既不異色，亦不異一切法也。如前所例。

**宗密《注華嚴法界觀門》** 空色無礙觀。雖有空色二字，本意唯歸於空。以色是虛名虛相，無纖毫之體，故修此觀者，意在此故也。文中舉色爲首云空現，舉空爲首不言色現，還云空不隱也。是故但名眞空觀，不言眞空妄色觀。謂色舉體不異空，全是盡色之空故。則色盡而空現，空舉體不異色，全是盡空之色故。則空即色而空不隱也。色空之文，各有二句，皆先標無礙所以，下出無礙之相。謂若色是實色，即礙於空，空是斷空，即礙於色。今既色是幻色，故不礙空，空是眞空，故不礙色也。有本云，色不盡而空現，亦通，然不如無。是故菩薩看色無不見空，觀空莫非見色，無障無礙，爲一味法。思之可見。

**宗密《注華嚴法界觀門》** 泯絕無寄觀，文二。初釋此觀，後總辨四門。初中二，初正泯絕，後徵釋所以。初中文云不可等者，既本文自釋。今不註亦得。後文勢展轉不同。今亦略別配釋於文下。

謂此所觀眞空，不可言即色。空若即色者，聖應同凡見妄色，凡應同聖見眞空。又應無二諦。不即色，若不即者，見色外空，無由成於聖智。又應凡聖永別，聖不從凡得故。上二句拂前第二觀也。亦不可言即空。色若即空者，凡迷見色，應同聖智見空，又亦失於二諦。不即空，若不即空者，凡夫見色應不迷。又凡夫所見色，長隔眞空，應永不成聖。上二句拂前初觀也。一切法皆不可，拂上結例。上云如色空既爾，一切法亦然，是也。

不可亦不可，見彼等皆不可，亦同分別。此語亦不受，受即是念。逈絕無寄，般若現前，非言所及，言語道斷。非解所到，心行處滅故，不可智知故，是謂行境。有二境，一是行之境，今心與境冥。冥心遺智，方詣茲境。明唯行能到，非解境故。二者如是冥合，即是眞行。行即是境，行分齊故。何以故。以生心動念，即乖法體，失正念故。第二徵而釋也。眞空理性，本自如然，但以迷之，動念執相。故須推破，簡情顯理。今情忘智泯，但是本眞，何存新生之解數。若有解數，即爲動念。動念生心，故失正念。正念者，無念而知。若總無知，何名正念。此下總辨四門。

又於前四句中，初二句八門，皆簡情，各前三句，顯解，各當末句。第三句一門解終趣行，第四句一門正成行體。已上正分解行也。此下反顯相須，如目足更資也。又初句會色歸空，無增益謗。二明空即色，無損減謗。三空色無礙，不是雙非，無戲論謗。四泯絶無寄，不是亦空亦色，無相違謗。四謗既無，百非斯絶，已當八部般若，無相大乘之極致也，況後二觀展轉深玄。又初句當色即是空，次句當空即是色，第三當色不異空空不異色，第四即當不生不滅，乃至無智亦無得也。又乍觀文相，似當初句成於眞空觀也。名題昭然若此，即空假眞俗三觀三諦已備。次理事無礙，空觀觀眞諦，次句假觀觀俗諦。三四二句中道觀，觀第一義諦。三即雙照明中，四即雙遮明中。細詳觀文所宗，即不然也。以雖有空色等言，但爲復是何觀，故知不然。次下反顯行解相資云，若不洞明前解，無以躡成此行。由前成此，若不解此行，法絶於前解，無以成其正解，絶解爲眞解也。由此成前，若守解不捨，無以入兹正行，捨解成行。是故行由解成，行起解絶。

**元康《肇論疏》** 即色者明色不自色下，第二破晉朝支道林即色遊玄義也。今尋林法師《即色論》，無有此語。然林法師集，别有《妙觀章》云，夫色之性也，不自有色，色不自色，雖色而空。今之所引，正此引此文也。夫言色者，當色即色，豈待色色而後爲色哉者。此猶是林法師語意也。若當色自是色，可名有色。若待緣色成果色者，是則色非定色也。亦可云若待細色成粗色，是則色非定色也。此直悟色不自色，未領色之非色者。正破也。有本作悟，有本作語，皆得也。此林法師但知言色非自色，因緣而成，而不知色本是空，猶存假有也。

**澄觀《華嚴法界玄鏡》卷上** 觀曰：一會色歸空觀。二明空即色觀。三空色無礙觀。四泯絶無寄觀。釋曰，此列名也。

觀曰：就初門中爲四。一，色不即空，以即空故。何以故，以色不即斷空故，不是空也，以色舉體是眞空也，故云以即空故。良由即是眞空，故非斷空也。是故言由是空，故不是空也。【略】二，色不即空，以即空故。何以故，以青黄之相，非是眞空之理，故云不即空。然青黄無體，莫不皆空，故云即空。良以青黄無體之空，非即青黄，故云不即空也。【略】三，色不即空，以即空故。何以故，以空中無色，故不即空。會色無體，故是即空。良由會色歸空，空中必無有色。是故由色空，故色非空也。【略】四，色即是空，何以故，凡是色法必不異眞空，以諸色法必無性故，是故色即是空，如色空既爾，一切法亦然思之。【略】

觀曰：第二，明空即色觀，於中亦作四門。【略】一，空不即色，以空即色故。何以故，斷空不即是色，故云非色。眞空必不異色，故云即色，要由眞空即色，故令斷空不即色也。【略】二，空不即色。以空即色故。何以故，以空理非青黄，故云空不即色。然非青黄之眞空，必不異青黄故，是故言空即色，要由不異青黄故，不即青黄故言空即色不即色也。【略】三，空不即色，以空即色故。何以故，空是所依，非能依故，不即色也。必與能依作所依故，即是色也。良由是所依，故不即色，是所依故即是色。是故言由不即色，故即是色也。【略】四，空即是色。何以故，凡是眞空必不異色。以是法無我，理非斷滅故。是故空即是色。如空色既爾，一切法皆然，思之。【略】

觀曰：第三，色空無礙觀者，謂色舉體不異空，全是盡色之空故。即色不盡而空現，空舉體不異色，全是盡空之色故。即空即色，而空不隱也。是故菩薩觀色無不見空，觀空莫非見色。無障無礙爲一味法，思之可見。【略】

觀曰：第四，泯絶無寄觀者，謂此所觀眞空，不可言即色不即色，亦不可言即空不即空。一切法皆不可，不可亦不可，此語亦不受。迥絶無寄，非言所及，非解所到，是謂行境。何以故，以生心動念，即乖法體，失正念故。【略】

若細釋者，然色空相望乃有多義。一融二諦義。初會色歸空，明俗即是眞。二明空即色，顯眞即是俗。三色空無礙，明二諦雙現。四泯絶無寄，明二諦俱泯。若約三諦，初即眞諦，二即俗諦，後一即中道第一義諦。若約三觀，初即空觀，二即假觀，三四即中道觀。三即雙照明中，四即雙遮明中。雖有三觀意，明三觀融通爲眞空耳。二者色空相望，總有四句，取文小異。初會色歸空觀中四句，前三句明色不異空，第四句明色即是空。第二明空即色觀中四句，前三句明空不異色，第四句明空即是色。

第三觀明但合前二今第四句，拂四句相，現眞空相不生不滅，乃至無智亦無得，眞空觀備矣。若約三觀，就心經意，色不異空，明俗不異眞。空不異色，明眞不異俗。色空相即，明是中道。即上四句爲空假中之三觀也，與今義同，取文小異耳。

三者色空相望，總有三義。一相成義，二無礙義，三相害義。廣如第二理事無礙觀中。今文含有三，前二相即亦相成義，第三色空無礙觀，正明無礙義。今第四觀，即相害義，相害俱泯故。雖有此三意，俱顯於眞空義耳。

**承遷《大方廣佛華嚴經金師子章註》**　第二辨色空者，色者悲也，空者智也。觀色即空，成大智，而不住生死。觀空即色成大悲，而不滯涅槃。能辯之智，煥然明了。謂以師子相虛，喻色空也。唯是眞金，喻性實也。師子不有，喻緣起幻色不是實有。金體不無，喻眞空常存，故云色空。又復空無自性，約色以明，不礙幻存故名色空眞空無形，假色相以明。法本亡言，就言詮而顯道。故淸涼云，雖空空絕迹，而義天星像璨然。

# 空無

**鳩摩羅什譯《維摩詰所說經》上卷**　諸法究竟無所有，是空義。

**鳩摩羅什譯《中論》卷四**：

不能正觀空，鈍根則自害。
如不善呪術，不善捉毒蛇。

若人鈍根，不善解空法，於空有失而生邪見。如爲利捉毒蛇，不能善捉，反爲所害。又如呪術欲有所作，不能善成，則還自害。鈍根觀空法亦如是。復次：

世尊知是法，甚深微妙相。
非鈍根所及，是故不欲說。

世尊以法甚深微妙，非鈍根所解，是故不欲說。復次：

汝謂我著空，而爲我生過。
汝今所說過，於空則無有。

汝謂我著空故，爲我生過。我所說性空，空亦復空，無如是過。復次：

以有空義故，一切法得成。
若無空義者，一切則不成。

以有空義故，一切世間、出世間法，皆悉成就。若無空義，則皆不成就。復次：

汝今自有過，而以迴向我。
如人乘馬者，自忘於所乘。

汝於有法中有過，不能自覺。而於空中見過，如人乘馬而忘其所乘。

**僧肇《注維摩詰所說經》**　什曰：本意言空欲以遣有，非有去而存空，若有去存空，非空之謂也。二法俱盡，乃空義也。

肇曰：小乘觀法緣起，內無眞主爲空義，雖能觀空，而於空未能都泯，故不究竟。大乘在有不有，在空不空，理無不極，所以究竟空義也。

生曰：惑者皆以諸法爲我之有也。理既爲苦，則事不從已，已苟不從，則非我所保，保之非我，彼必非有也。有是有矣而曰非有，無則無也。豈可有哉，此爲無有無無，究竟都盡，乃所以是空之義也。

**肇《注維摩詰所說經》卷五**　維摩詰言：諸佛國土，亦復皆空。

肇曰：平等之道理無二迹，十方國土，無不空者，曷爲獨問一室空耶。

生曰：有去故空者，空則非實也。苟以不實爲空，有亦空矣。所以然者，空卽不實有獨不也。有若不實與夫向空，豈有異哉。有今可得而去，居然非實，以明諸佛國土，雖若湛安，然亦空矣。諸佛國者，有佛之國也。舉此爲言者，良以佛得自在，尙不能使己國爲有，況餘事乎。亦以是人情所重，故標爲悟端也。

又問：以何爲空。

什曰：室中以無物爲空，國土復以何理爲空耶。

肇曰：室以無物爲空，佛土以何爲空，將辯畢竟空義也。

生曰：猶存國安爲有不悟同此所無，然居言其同，以何獨得之耶。

答曰：以空空。

什曰：無以無物故空，以國土性空，卽是畢竟空故空也。

肇曰：夫有由心生，心因有起，是非之域妄想所存，故有無殊論，紛然交競者也。若能空虛其懷，冥心眞境，妙存環中，有無一觀者，雖復智周萬物，未始爲有，幽鑑無照，未始爲無，故能齊天地爲一旨，而不乖其實，鏡羣有以玄通，而物我俱一，物我俱一，故智無照功，不乖其實，故物物自同。故經曰：聖智無知以虛空爲相，諸法無爲與之齊量也。故以空智而空於有者，卽有而自空矣。豈假屏除然後爲空乎，上空智空，下空法空也。直明法空無以取定，故內引眞智，外證法空也。

生曰：上空是空慧空也。下空是前理空也。言要當以空慧，然後空耳。若不以空慧，終不空也。豈可以我，謂爲不空哉。

又問：空何用空。

什曰：若法性自空，則應直置而自空，諸賢聖復何用空慧空諸法耶。

肇曰：上空法空，下空智空也。諸法本性自空，何假智空然後空耶。

生曰：若理果是空，何用空慧，然後空耶。自有得解之空慧，此空卽是慧之所爲，非理然也。何可以空慧然後空，便言理爲空哉。

答曰：以無分別空故空。

什曰：上空是空慧也。下空是法空也。雖法性自空不待空慧，若無空慧，則於我爲有，用此無分別空慧，故得其空，則於我爲空也。

肇曰：智之生也。起於分別，而諸法無相故，智無分別，智無分別，卽智空也。諸法無相，卽法空也。以智不分別於法，卽知法空已矣。豈別有智空，假之以空法乎，然則智不分別法時，爾時，智法俱同一空，無復異空，故曰以無分別爲智空，故智知法空矣。不別有智空以空法也。

生曰：向言空慧者，非謂分別作空之慧也。任理得悟者耳。若以任理爲悟而得此空然後空者，理可不然乎哉。

又問：空可分別耶。

什曰：問解空慧也。向雖明空慧不見空有分別，未明慧體空無分別，故問此空慧可分別耶。

肇曰：上以無分別爲慧空，故知法空，無復異空，雖云無異，而異相已形，異相已形，則分別是生矣。若智法無異空者，何由云以無分別爲智空，故知法空乎。故問智空法空可分別耶。智法俱空，故單言一空則滿足矣。

生曰：卽空之言空似有相，有相便與餘事分別也。空苟分別而慧不分別者，則空與慧異矣。空旣異慧，復不從慧來也。

答曰：分別亦空。

什曰：慧異於空，則是分別，雖有分別，其性亦空也。

肇曰：向之言者，有分別於無分別耳。若能無心分別，而分別於無分別者，雖復終日分別，而未嘗分別也。故曰分別亦空。

生曰：夫言空者，空相亦空，若空相不空，空爲有矣。空旣爲有，有豈無哉，然則皆有而不空也。是以分別亦空，然後空耳。

又問：空當於何求。

肇曰：上因正智明空恐惑者，將謂空義在正不在邪，故問空義之所在，以明邪正之不殊也。

生曰：言之誠已盡，然而惑者猶未能全信，故復請效斯語以悟之焉。前推理實爲空，極分別亦空，空則無相矣。若果以無相空爲實者，於何求之得其然耶！

**支道林《大小品對比要抄序》** 夫般若波羅密者，衆妙之淵府，群智之玄宗，神王之所由，如來之照功。其爲經也，至無空豁，廓然無物者也。無物于物，故能齊於物。無智于智，故能運于智。是故夷三脫于重玄，齊萬物於空同，明諸佛之始有，盡群靈之本無，登十住之妙階，趣無生之徑路。何者，賴其至無，故能爲用。夫無也者豈能無哉，無不能自無，理亦不能爲理。理不能爲理，則理非理矣。無不能自無，則無非無矣。是故妙階則非階，無生則非生。妙由乎本妙，無生由乎生。是以十住之稱，興乎未足定號。般若之智，生乎敎迹之名。是故言之則名生，設敎則智存。智存放物，實無迹也，名生於彼，理無言也。何則。至理冥壑，歸乎無名。無名無始，道之體也。無可不可者，聖之慎也。苟慎理以應動，則不得不寄言。宜明所以寄，宜暢所以言。理冥則言廢，忘覺則智全。若存無以求寂，希智以忘心，智不足以盡無，寂不足以冥神。何則。故有存於所存，有無於所無。存乎存者，非其存也。希乎無者，非其無也。何則。徒知無之爲無，莫知所以無，知存之爲存，莫知所以存。希無以忘無，故非無之所無，寄存以忘存，故非存之所存。莫若無其所以無，忘其所以存。忘其所以存，則無存於所存，遺其所以無，則忘無於所無。忘無故妙存，妙存故盡無，盡無則忘玄，忘玄故無心。然後二迹無寄，無有冥盡。是以諸佛因般若之無始，明萬物之自然。衆生之喪道，溺精神乎欲淵。悟群俗以妙道，漸積損以至無，設玄德以廣教，守穀神以存虛，齊衆首于玄同，還群靈乎本無。

**慧達《肇論疏》** 本無者，彌天釋道安法師《本無論》云：明本無者，稱如來興世，以本無弘教，故方等深經皆云五陰本無。本無之論，由來尚矣。須得彼義，爲是本無。明如來興世，只以本無化物，若能苟解無本，即異想息矣。但不能悟諸法本來是無，所以名本無爲眞，末有爲俗耳。

廬山遠法師《本無義》云：因緣之所有者，本無之所無，本無之所無者，謂之本無。本無與法性，同實而異名也。性異放無者，察於性也，無異於性者，察於無也。察性者不知無，除無者不知性，知性無性者，其唯無除也。破三家說，如文解也。

**慧達《肇論疏》** 心無者，竺法溫法師心無論云：夫有有形者也，無無像者也，有像不可言無，無形不可言有，經稱色無者，但內正其心，不空外色，但內停其心，令不想外色，即色想廢矣。

**慧琳《黑白論》** 有白學先生，以爲中國聖人，經綸百世，其德弘矣，智周萬變，天人之理盡矣，道無隱旨，教罔遺筌，聰睿迪哲，何負於殊論哉。有黑學道士陋之，謂不照幽冥之途，弗及來生之化，雖尙虛心，未能處事，不逮西域之深也。於是白學訪其所以不逮云爾。

白曰：釋氏所論之空，與老氏所言之空，無同異乎。

黑曰：異。釋氏即物爲空，空物爲一。老氏有無兩行，空有爲異，安得同乎。

白曰：釋氏空物，物信空邪。

黑曰：然，空又空，不翅於空矣。

白曰：三儀靈長於宇宙，萬品盈生於天地，孰是空哉。

黑曰：空其自性之有，不害因假之體也。今構群材以成大廈，罔專寢之實，積一毫以致合抱，無檀木之體。有生莫俄頃之留，泰山蔑累息之固，興滅無常，因緣無主，所空在於性理，所難據於事用，吾以爲惧矣。

白曰：所言實相，空者其如是乎。

黑曰：然。

白曰：浮變之理，交於目前，視聽者之所同了邪。解之以登道場，重之以輕異學，誠未見其淵深。

黑曰：斯理若近，求之實遠。夫情之所重者虛，事之可重者實。今虛其眞實，離其浮僞，愛欲之惑，不得不去。愛去而道場不登者，吾不知所以相曉也。

**那連提耶舍譯《大寶積經》卷七三** 大王當知，一切諸法，皆悉空寂。一切諸法空者，是空解脫門。空無空相，名無相解脫門。若無於相，則無願求，名無願解脫門。如是，大王！一切法皆具三解脫門，與空共行涅槃先道。遠離於相，遠離願求，究竟涅槃界，決定如法界，周遍虛空際。大王當知，諸根如幻，境界如夢，一切譬喻當如是知。

**劉孝標《世說新語注·假譎篇》** 舊義者曰，種智是有，而能圓照，然則萬累斯盡，謂之空無，常住不變，謂之妙有。而無義者曰，種智之體，豁如太虛，虛而能知，無而能應，居宗至極，其唯無乎。

**寶唱《名僧傳抄·曇濟傳》** 著《七宗論》，第一本無立宗曰，如來興世，以本無弘教，故方等深經，皆備明五陰本無，本無之論，由來尙矣。何者，夫冥造之前，廓然而已。至於元氣陶化，則群像禀形。形雖資化，權化之本，則出於自然。自然自爾，豈有造之者哉。由此而言，無在元化之先，空爲衆形之始，故稱本無，非謂虛豁之中，能生萬有也。夫人之所滯，滯在末有，宅心本無，則斯累豁矣。夫崇本可以息末者，蓋此之謂也。

**曇無讖譯《大方等大集經》卷九** 寂靜義者，即是空義。空義者，即無聚義。無聚義者，即眞實義。眞實義者，即是畢竟不出之義。畢竟不出義者，即不滅義。不滅義者，即無處義。無處義者，即是法性。法性者，即是佛法。

**吉藏《中觀論疏》** 夫冥造之前，廓然而已。至於元氣陶化，則群像禀形。形雖資化，權化之本，則出於自然。自然自爾，豈有造之者哉。由此而言，無在元化之先，空爲眾形之始，故稱本無。非謂虛豁之中能生萬有也。夫人之所滯，滯在末有。苟宅心本無，則斯累豁矣。夫崇本可以息末者，蓋此之謂也。

**吉藏《三論玄義》卷一**　問：《成實論》文，盛辨生法二空，與大品明四諦平等，義既無異，故知應是探大釋小。答：四阿含教內有二空，論明二空，則還釋三藏，云何乃言探大解小。又身子毘曇亦辨二空，而是小非大，訶梨之論義亦應同。

問：身子《毘曇》亦探大釋小，與成實例同，彼既探大，則此非專小。答：身子所造還釋《佛毘曇》，佛說既是小乘，彼論寧言探大，分大小第六。

問：小明一空，大辨二空，可有差別，既同其二空，大小何異。答：雖同辨二空，二空不同，略明四種。一者小乘折法明空，大乘本性空寂。二者小乘但明三界內人法二空，空義即短，大乘明三界內外人法並空，空義即長。三者小乘但明於空未說不空，大乘明空亦辨不空，故涅槃云：聲聞之人但見於空不見不空，智者見空及以不空。空者一切生死，不空者謂大涅槃。四者小乘名爲但空，謂但住於空，菩薩名不可得空，空亦不可得也，故知雖明二空，空義有異，故分大小。格優降第七。龍樹釋《般若・累教品》云：善吉觀生法二空，欲比菩薩二空，譬如毛孔之空比十方空，即小空爲淺，大空爲深。成實所明但是聲聞空，非大士所得耳。無相即第八。《法華・信解品》云：四大聲聞自述所得空云，我等長夜修習空法，無生無滅，無小無大，無漏無爲，於佛智慧不生貪著，成實所辨與此全同，故知非大也。

問：何以知然。答：法華之文辨聲聞證空，不能即空觀有即有觀空，故無相即，成實所說亦無相即。若明相即，應空有並觀，若空有並觀，與大乘何別。

問：何以知小乘義無相即耶。答：釋論云，小乘內不明生死即畢竟空，唯大乘乃說，故知爾也。傷解行第九。《涅槃經》云：若以聲聞辟支佛心言無布施，是即名爲破戒邪見。小乘人入於空觀不見布施，破大乘行，故云破戒，破大乘解，故云邪見。而成實明不見布施是實法空，以爲宗極，欲爲大乘，勿起小心也。檢世人第十。秦弘始七年，天竺有剎利，浮海至長安，聞羅什作大乘學，以正觀論等諮而驗之，什公爲其敷折，爲頂受絕歎不能已，已白什公曰，當以此明震暉天竺，何由蘊此摩尼乃在邊。

**慧遠《維摩義記》卷二**　諸法究竟無所有，是空義者，就空以教，法空名空。空義不同，汎有五階。一，陰非我所，名之爲空。如《毘曇》說，雖名爲空，體是有法，陰爲體故。二，假名法中無有定性，名之爲空，如《成實》說。三，妄想法虛寂無相，說之爲空。如陽炎水，水即無水。不但無性，近而求之，相亦不有。四，妄想法虛無，說空。如夢所見，心外無法。五，眞如法體寂，名空。體雖眞有，離相離性，故說空矣。五，中前二，聲聞能解，今不須教。後三不知，爲是須教。所教之空，離相中極，故云究竟無所有矣。如是究竟無所有者，是眞空義。

**吉藏《維摩經義》卷三**　諸法究竟無所有，是空義。此句對小乘二藏。一者，《毘曇》人以內無人爲空，而猶在有法。此非究竟空。大乘則人法並空，始爲究竟空義。二者，《成論》明人法並空，有去而空在。此亦非究竟空義。大乘則空有俱泯，始是究竟空也。

**吉藏《中觀論疏》卷七**　答曰：若有不空法下一偈，直作相待破之。若有不空可待之說空。不空既無，何有空耶。如空內名內空，內本不有，何有空耶。又前破性故說異，而性無即異無。今亦破異故言空，異無空即無。又汝上既知實無故虛即無，今何得猶言有無故空不無耶。他問論主，既自云佛說欲示空，今何得言無空。答：佛一往對有，故今言空耳。一往有去，空亦去。故不相違也。亦應云：若有於二我，可有二無我。竟無有二我，何有二無我。若有於三性，可有三無性亦爾。

**吉藏《中觀論疏》卷一〇**　初明不知三法者。一，不知空。小乘人雖得人空，執諸法是有，不知本性空也。二，空因緣者。謂說空之意，佛爲治有病，是故說空。若復著空，佛所不化。三，空義者。外人不解安處此空，佛說第一義爲空，不言世諦亦空。汝不應聞空，謂失因果罪福。故《因緣品》云：若都畢竟空，云何有罪福報應等。如是則無二諦。又空義者說空，爲明不空。故下云，空亦復空。汝封執取空相，故不知空義。諸佛依二諦下，第二明外人不解二法，故興邪難也。以不知有宛然而無所有，故不知第一義。不知雖無所有宛然而有，故不識世諦。是以興上邪難也。

問：外人何時失二諦耶。答：從論初至四諦之前，執諸法有實性，不信畢竟空，故不知第一義。從《四諦品》執畢竟空，謂無三寶四諦，不識世諦。又敘說二諦，來還釋成上三法。上云不知空者，不知第一義本性空也。空因緣者，諸佛住二諦中，爲衆生說法。爲著有者說空，爲著空者說有。空義者正是第一義諦空，非世諦空也。又敘二諦，來者外人著空，失於世諦。既失世諦，亦失第一義。如《因緣品》中敘之。今對外人無二諦，故明有二諦，所以今文述二諦也。

**玄奘譯《般若波羅蜜多心經》**　觀自在菩薩行深般若波羅蜜多時，照見五蘊皆空，度一切苦厄。

舍利子！色不異空，空不異色。色即是空，空即是色。受、想、行、識，亦復如是。

舍利子！是諸法空相，不生不滅，不垢不淨，不增不減。是故，空中無色，無受、想、行、識。無眼、耳、鼻、舌、身、意。無色、聲、香、味、觸、法。無眼界，乃至無意識界。無無明，亦無無明盡，乃至無老死，亦無老死盡。無苦、集、滅、道。無智，亦無得，以無所得故。菩提薩埵依般若波羅蜜多故，心無罣礙。無罣礙故，無有恐怖，遠離顛倒夢想，究竟涅槃。三世諸佛依般若波羅蜜多故，得阿耨多羅三藐三菩提。故知般若波羅蜜多，是大神咒，是大明咒，是無上咒，是無等等咒，能除一切苦眞實不虛。故說般若波羅蜜多咒。即說咒曰：揭帝　揭帝　般羅揭帝　般羅僧揭帝　菩提僧莎訶

**波頗蜜多羅譯《般若燈論釋》第一四**　汝今自不解，空及於空義。善滅諸戲論，而欲破空耶。

釋曰：空者能滅一切執著戲論，是故名空。空義者，謂緣空之智，名爲空義。汝今欲得破壞眞實相者，如人運拳以打虛空，徒自疲極，終無所損。汝若作是言，如上偈說，若一切法空，無起亦無滅。汝作如是說者，亦徒疲勞不解中意。

**元康《肇論疏》卷一**　或六家七宗爰延十二者，江南本皆云六宗七宗，今尋記傳，是六家七宗也。梁朝釋寶唱作《續法論》一百六十卷云：宋莊嚴寺釋曇濟作《六家七宗論》，論有六家，分成七宗。第一本無宗，第二本無異宗，第三即色宗，第四識含宗，第五幻化宗，第六心無宗，第七緣會宗。本有六家，第一家分爲二宗，故成七宗也。言十二者，《續法論》文云：下定林寺釋僧鏡作《實相六家論》，先設客問二諦一體，然後引六家義答之。

第一家，以理實無有爲空，凡夫謂有爲有，空則眞諦，有則俗諦。

第二家，以色性是空爲空，色體是有爲有。

第三家，以離緣無心爲空，合緣有心爲有。

第四家，以心從緣生爲空，離緣別有心體爲有。

第五家，以邪見所計心空爲空，不空因緣所生之心爲有。

第六家，以色色所依之物實空爲空，世流布中假名爲有。

前有六家，後有六家，合爲十二家也，故曰爰延十二也。並判其臧否，辨其差當。臧否差當即是非也。前六家論中，判第四家爲臧，餘五家爲否。後六家論中，辨前五家爲差，後一家爲當也。唯此憲章無弊斯咎者，憲法也，十二家皆有是非之弊。

**元康《肇論疏》**　此論第二明空，申眞諦教也。諸法虛假，故曰不眞，虛假不眞，所以是空耳。有人云：眞者是有，空者是無，言不眞空，即明不有不無中道義也。此是爲蛇畫足，非得意也。若如所云：則空非中乎。大分深義爲何所在。既不然矣，今大用焉。所明空者，諸大乘經論皆以空爲宗本，今之學者多生誹謗，謂說空者爲不了義，無有慧明。可不悲哉。《佛藏經》云：舍利弗，于未來世，當有比丘不修身戒心慧，是人輕笑如來所說如來所行。如來常於第一義空，恭敬供養，常樂是行。是諸比丘輕笑如來所說所行眞際畢竟空法。爾時有苦行比丘共輕笑。爾時有行空者，我贊其善。當爾之時，鹹共不能護持重戒，而言諸法自相空，何所能作。如那羅戲人種種變現，無所知者見之大笑。何以故，不解戲法其術隱故，生希有心，驚怪大笑。如是舍利弗，爾時眞實比丘說空寂法，求活命者鹹共嗤笑。何以故，是人不知佛法義故，聞說空法，驚疑怖畏。舍利弗，汝觀此人于安隱處生衰惱心，於衰惱處生安隱心。金口所言，信非謬矣。

**元康《肇論疏》**　聲聞觀空即現取證，菩薩觀空能不現證。所以然者，此理深妙，衆生不解，菩薩起大悲之心，願在生死教化衆生，爲說此法，令一切有心，皆得悟解。此即是菩薩善權方便之力也，故云漚和

功也。

適化衆生謂之漚和者，適往也，菩薩往入生死，敎化衆生，令悟性空。此是善權方便之智也。不染塵累般若力也者，凡夫涉有，多生染著，菩薩涉有，知有法皆空。所以于色於聲而無染著，此是實智見空之力，故云般若力也。然則般若之門觀空，漚和之門涉有者，觀空是實智也，涉有是權智也。涉有未始迷空，故常處有而不染下。覆疏前兩義也。未始者，初未曾也。菩薩涉有未曾迷空，以常知法是空，故能處在生死，不生染著。釋前不染塵累般若力也。不厭有而觀空，故觀空而不證者，菩薩涉有不生疲厭，而能觀空也。對前言涉有不迷空，此言觀空不厭有也。以觀空不厭有，所以觀空不即取證也。是爲一念之力權慧具矣者。涉有不迷空，權中有實，觀空不厭有，則實中有權。初言一念之力權慧具者，則是權中有實也。後言一念之力權慧具者，則是實中有權也。

**湛然《維摩經略疏》卷五**　諸法究竟無所有，是空義者。三藏所明生法二空，此只是空，非是空義。衍明體此諸法，即是實相，本來空寂，妄計人法故。既言究竟無所有，即不須破折。若無有之可折，何有空之可存。即是畢竟無所有，是眞空義也。

**玄奘譯《大乘廣百論釋論》卷一〇**　論曰：能說言義三事性空，假託衆緣而成立故。餘宗亦許，諸法名言皆是自心，隨俗安立。如是說者，言及所言，皆勝義無，惟世俗有。如何謂此三事不空，云何定知三事非有。謂依他立，如幻所爲，不依他成，皆如兎角。是故三事自性皆空，爲益世間，假有言說。又汝何爲疑難眞空，我意猶望成昔有見。應捨此意，所以者何。非破他宗能成己見。如破他說，無礙故常，非即能成自無常性。設有此理，汝亦不成。所以者何，故次頌曰：

若惟說空過，不空義即成。
不空過已明，空義應先立。

論曰：若惟破空不空成者，不空已破，空義應成。前諸品中，已說一切立不空義所有過失。若汝欲成不空義者，先當方便除前過失。不除前失，但說空過，汝不空義終不得成。非顯他人有失無德，即能成己有德無愆。要具二能，方成己見。謂立與破，故次頌曰：

諸欲壞他宗，必應成己義。
何樂談他失。而無立己宗。

論曰：要具立破自見方成，立破二能見所依故。唯彰他失，不顯己宗，自義得成，終無是理。何緣汝輩唯樂破空，不念欲成己之有義，故於立破二事應均，方可得成自宗有義。汝欲立有畢竟無能，故諸法空，其理決定，豈不空論。此過亦齊。不顯己宗，唯彰他失，此質非理。空無我宗，前諸品中，已廣顯故。然空無我遣有我成，故破汝宗，我宗已立。若爾，空論但有虛言，空無我名無實義故。如是如是，誠如所言。空無我名，是假非實。爲破他執，假立自宗。他執既除，自宗隨遣。爲顯此義，復說頌曰：

爲破一等執，假立遣爲宗。
他三執即除，自宗隨不立。

論曰：一異及非，名爲三執。俱同一異，故不別論。一等三宗，若正觀察，皆歸無性，無少可存。彼性本空，非由今破。故契經說，迦葉當知，所見本空，非由今破。諸修空者，證本性空，故諸破言皆是假說。立亦應爾。權設非眞。諸法皆空，宗依何立。依汝所執，故我立宗。所執既無，宗應不立。汝謂爲有，故宗非無。爲存自宗，應許他有。爲遣汝執，故立我宗。汝所執無，我宗彌立。雖爾不可立空爲宗，現見世間瓶等有故，雖空無我比量多端，而被強威現量所伏。不爾，瓶等非現量知。所以者何，故次頌曰：

許瓶爲現見，空因非有能。
餘宗現見因，此宗非所許。

論曰：我若許瓶現量所得，空因比量，可說無能。然我說瓶非現量得，空因比量，何爲無能。瓶等諸塵，皆非現見。破根境等，諸品已論，不可餘宗。謂瓶現見，對此安立，爲證有因，所見若同，可引爲證。所見既異，誰肯順從。是故空因，不違現量，能立諸法，性相皆空。瓶等諸塵，世間現見，若以比量，皆立爲空。是則世間，無不空法。空無翻對，應不得成。爲舉此疑，故說頌曰：

若無不空理，空理如何成。

論曰：夫立空理，翻對不空。不空若無，空亦非有。如何可立諸法皆空。爲決此疑，故復頌曰：

汝既不立空，不空應不立。

論曰：立不空者，翻對於空。既不信空，不空焉立。如何可立諸法不空，汝不信空而得立有，我不執有何廢立空。若言不空，亦有所對。謂互有無及定無空。我空亦然。對世俗有，遣彼妄有，故立眞空。又所立空專爲遣執，不必對有方立於空。如爲遣常，說無常教，雖常非有，而立無常。又汝此中不應疑難，翻對在有，不在於空，有事非無，有翻有對。空理非有，何對何翻。若謂不然，空是宗故，如立色等，無常爲宗。此無常宗，既定是有。空宗亦爾，應必非無。此說非眞，因不定故。世間現見，無亦是宗，理亦應然，故次頌曰：

若許有無宗，有宗方可立。
無宗若非有，有宗應不成。

論曰：無宗若有。對立有宗。無宗若無。有宗何對若言無對而立有宗。即自違前責空有對。若一切法無不皆空。無我眞空咸同一味。如何現見諸法不同。此亦不然。世俗有故。勝義無故。理不相違。爲顯此義。故說頌曰：

若諸法皆空，如何火名煖。
此如前具遣，火煖俗非眞。

論曰：若一切法本性皆空，如何世間有火等異。世俗事有，諸法不同。勝義理空，無火等異。故汝疑難，於理不然。火等如前破根境等，已具觀察，是俗非眞。如何此中復爲疑難。若法非有，空何所遮。空有所遮，故法應有。若爾，四論展轉相遮，皆應是眞，便違自意。爲顯此義，故說頌曰：

若謂法實有，遮彼說爲空。
應四論皆眞，見何過而捨。

**宗密《注華嚴法界觀門》**　空有三義，以破於色。一，無邊際義。謂空若有邊，則有色法在空界外，空既無有際畔，則占盡十方邊量，無有其外，更於何處而有色等法耶。

二，無壞義。諸惑者云：空雖無外，何妨色等只在空界之中，故以無壞義破之，謂若有物入於空中，則隨此物大小分量，穿破於空以容其物，如橛入地中，釘錐之類入於木中，皆隨橛等大小分量穿於地等，若地等不破，則不容橛等而入。救曰：如水不可穿破，而容物入水中，何妨虛空亦爾。破曰：水雖不破，然物入時，隨物大小分量，排之以容其物，以水性至柔，不妨流動移轉故，虛空豈同此水，被排之動轉耶。

三，無雜義。謂惑者又云：空界無外，空體無壞，不妨萬物皆在空中，以空是虛通無罣礙故，能含容故。破曰：若物在空中，空又不壞不轉，其物與空應相混雜，如一團堅密之物，方亭一尺，此方尺分量之空，既不壞不轉，元在本方一尺分量之處，則與此方尺之物，豈非雜耶。若言不雜，則須一去一存。若言俱存又不雜者，則一尺之分，各占五寸之地，如此轉不相應也。若言俱存俱遍一尺之分，理亦不然。何者，以空與色有二相違，不應全體同遍當處。何者二違，一空是無物，色是有物。二空是虛通，色是質礙。不可方尺分中，言全是無物，複言全是有物，又不可言全是虛通，複言全是質礙，豈有此理耶。故上云青黃之相，非是眞空之理。此云青黃莫不皆空也，是知虛空既無邊無壞無雜，則空中必定無有色，故云即空也。良以青黃無體之空，非即青黃，故云不即空也。舉其無體之空，結非色相，明空非有，豈得色耶。

**法藏《華嚴遊心法界記》卷一**　入諸法皆空相無不盡之方便者，於中復分爲二觀，一者無生觀，二者無相觀。

言無生觀者，即法無自性，相由故生，生非實有，是即爲空，空無毫末，故曰無生，以性自不生故。此云何知，按《大品》等經云：一切法皆空無有毫末相，空無有分別，同若如虛空一等。又三論云：因緣所生法，我說即是空等是也。

二無相觀者，相即無相也。何以故，此法離相故。此云何知，按《維摩經》云：法離於相，無所緣故等。又《般若經》云：無法相亦無非法相等。言觀者觀智，是法離諸情計，故名爲觀也。

問：一切法即既空無相，云何成觀耶。答：只以法即空無相，是故得成爲觀。何者，能觀是慧，所觀是無相，今慧照彼無相之境，故名爲觀也。若也不見，諸相即無，是即還成倒執，何成觀類耶。

問：作如是觀者，治何病耶。答：治上執法等病。何者，法實非有，妄見爲有，由妄見有故，乃謂眞如涅槃可證，即謂生死有爲可捨，爲斯見故，是即爲病。今體諸法即空無相，有見不生，故成治也，此云何知，案

《中邊論》云：無能取所取有而有能取所取無，是二不二爲空相也。是故觀法無生相無不盡也。略陳其狀，準以思之，更有異門，依前可解。

**法藏《華嚴經明法品內立三寶章》卷二** 問：眞空與斷空何別。答：略有四別。

一約境，謂眞空不異色等，名法理空也。斷空在色等外，及滅色方爲空，名爲斷滅空也。

二約心，謂眞空聖智所得，比證等不同也，斷空情謂所得世人所知也。

三約德用，謂觀達眞空必伏滅煩惱，令成王行，入位得果，若緣念斷空成斷滅見，增長邪趣，入外道位，顛墜惡趣。經云，寧起有見如須彌，不起空見如芥子。論云：若復見於空，諸佛所不化等。又眞空即色故，不可斷空取，是故眞空不思議也。斷空不爾，反上知之。

四約對辨異者。問：色等既即是眞空，斷空何獨不眞耶。答：若斷空亦即空，而實無差別，但爲濫取空名，是故揀之耳。略作四句，一色與斷空不相即，以俱是所執故，如見人畜等。二斷空即空與色即空，二空不別，以無二相故。三色眞空與斷空不相即，以情理異故。又斷空空與色不相即，亦情理別故。四即空之色與即眞之斷得相，即以從詮說理故，就法融通故。如此二門具斯四句，餘一切法相望皆亦如是準思。故經云：諸法即貪者，以即空之諸法，還即彼即空之貪耳。

問：如貪法既即空，瞋等亦即空，未知瞋等空爲即是貪空，爲猶在貪外。答：全是內而外宛然，全是外而內亦爾，以圓融故，無限分故，無障礙故。

問：爲如堂內空與房內空，此二空無分限故，一味同故，云堂空即房空，而實堂內空不是房中攝，爲如此不。答：不也。此是世法，非可同彼。若如彼言，房空不移而全在堂內，堂中亦爾，非是彼此相通，故說無二，但以彼空元來是此空，故名無二也。既非世法，難申說也，會意思之。

**玄奘譯《大般若波羅蜜多經》卷三** 舍利子！若菩薩摩訶薩欲通達內空、外空、內外空、空空、大空、勝義空、有爲空、無爲空、畢竟空、無際空、散空、無變異空、本性空、自相空、共相空、一切法空、不可得空、無性空、自性空、無性自性空，應學般若波羅蜜多。若菩薩摩訶薩欲通達一切法眞如、法界、法性、不虛妄性、不變異性、平等性、離生性、法定、法住、實際、虛空界、不思議界，應學般若波羅蜜多。若菩薩摩訶薩，欲通達一切法盡所有性、如所有性，應學般若波羅蜜多。若菩薩摩訶薩欲通達一切法因緣、等無間緣、所緣緣、增上緣性，應學般若波羅蜜多。若菩薩摩訶薩欲通達一切法如幻、如夢、如響、如像、如光影、如陽焰、如空花、如尋香城、如變化事，唯心所現性相俱空，應學般若波羅蜜多。

**玄奘譯《大般若波羅蜜多經》卷一〇一** 憍尸迦！是菩薩摩訶薩自住內空，教他住內空，讚說內空法，歡喜讚歎住內空者。自住外空，教他住外空，讚說外空法，歡喜讚歎住外空者。自住內外空，教他住內外空，讚說內外空法，歡喜讚歎住內外空者。自住空空，教他住空空，讚說空空法，歡喜讚歎住空空者。自住大空，教他住大空，讚說大空法，歡喜讚歎住大空者。自住勝義空，教他住勝義空，讚說勝義空法，歡喜讚歎住勝義空者。自住有爲空，教他住有爲空，讚說有爲空法，歡喜讚歎住有爲空者。自住無爲空，教他住無爲空，讚說無爲空法，歡喜讚歎住無爲空者。自住畢竟空，教他住畢竟空，讚說畢竟空法，歡喜讚歎住畢竟空者。自住無際空，教他住無際空，讚說無際空法，歡喜讚歎住無際空者。自住散空，教他住散空，讚說散空法，歡喜讚歎住散空者。自住無變異空，教他住無變異空，讚說無變異空法，歡喜讚歎住無變異空者。自住本性空，教他住本性空，讚說本性空法，歡喜讚歎住本性空者。自住自相空，教他住自相空，讚說自相空法，歡喜讚歎住自相空者。自住共相空，教他住共相空，讚說共相空法，歡喜讚歎住共相空者。自住一切法空，教他住一切法空，讚說一切法空法，歡喜讚歎住一切法空者。自住不可得空，教他住不可得空，讚說不可得空法，歡喜讚歎住不可得空者。自住無性空，教他住無性空，讚說無性空法，歡喜讚歎住無性空者。自住自性空，教他住自性空，讚說自性空法，歡喜讚歎住自性空者。自住無性自性空，教他住無性自性空，讚說無性自性空法，歡喜讚歎住無性自性空者。

**元康《肇論疏・宗本義》** 聲聞觀空即現取證，菩薩觀空能不現證。所以然者，此理深妙，衆生不解，菩薩起大悲之心，願在生死教化衆生，爲說此法，令一切有心，皆得悟解。此即是菩薩善權方便之力也，故云漚和功也。

適化衆生謂之漚和者，適往也，菩薩往入生死，敎化衆生，令悟性空。此是善權方便之智也。不染塵累般若力也者，凡夫涉有，多生染著，菩薩涉有，知有法皆空。所以于色於聲而無染著，此是實智見空之力，故云般若力也。然則般若之門觀空，漚和之門涉有者，觀空是實智也，涉有是權智也。涉有未始迷空，故常處有而不染下。覆疏前兩義也。未始者，初未曾也。菩薩涉有未曾迷空，以常知法是空，故能處在生死，不生染著。釋前不染塵累般若力也。不厭有而觀空，故觀空而不證者，菩薩涉有不生疲厭，而能觀空也。對前言涉有不迷空，此言觀空不厭有也。以觀空不厭有，所以觀空不即取證也。是爲一念之力權慧具矣者。涉有不迷空，權中有實，觀空不厭有，則實中有權。初言一念之力權慧具者，則是權中有實也。後言一念之力權慧具者，則是實中有權也。好思下，審思則見也。

**惟淨等譯《佛說海意菩薩所問淨印法門經》卷八**　寂靜義者即是離義，離義者即是空義，空義者即無繫著義，無繫著義者即實性義，實性義者即眞如義，眞如義者即畢竟不生義，不生義者即不滅義，不滅義者即無住處義。

**德清《紫栢老人集》卷一**　師曰：娑婆世界，與十方衆生世界，皆根於空，空複根於心。故經曰：空生大覺中，如海一樞發，有漏微塵國，皆依空所生。第衆生膠固於根塵之習，久積成堅，卒不易破，故諸佛菩薩先以空藥治其堅有之病。世之不知佛菩薩心者，於經論中見其熾然談空，遂謂佛以空爲道，榜其門曰空門。殊不知衆生有病若愈，則佛菩薩之空藥亦無所施。空藥既無所施，又以妙藥治其空病。然衆生膠固根塵之習，雖賴空藥而治，空病一生，苟微佛菩薩之妙藥，則空病之害，害尤不細。世以佛門爲空門者，豈眞知佛心哉，或以曹溪本來無一物，何處惹塵埃之語，橫計於心，便謂我本來無一物，又有何塵埃可染，請自審察，我既本來無一物，人舉手揖我，我隨喜，人以手戟我，我隨怒，現前喜怒又何物乎。如此物不能直下爆破，則凝膺長劫有在。敢謂橫計者本來無一物，郎曹溪之本來無一物乎。佛菩薩說法，如良醫用藥，如良將用兵。藥與兵豈有常哉，但察病人與敵人情之所在何如耳。苟得其所在之情，則藥輿兵如庖丁之解牛矣。故世以佛門爲空門，及掠曹溪本來無一物，爲自己本來無一物者，皆刀折而牛未解者也。佛菩薩知衆生迷心而有空，迷空而有身心，迷身心而有前塵。前塵即世界之屬，身心即象生之類。然世界與柴生，離空則無有根，空離覺心則亦無根。故佛菩薩敎衆生，始以解空，終以悟心。心悟則空與世界親生皆不可得，所謂大覺心者。譬如浮云相盡，不得舉目而明月在前矣。浮云則空有之譬，明月乃喻固有之常光耳。或進曰：由塵而達根，由身心而達空，由空而達心。乞師指某甲，只今心在何處，師笑曰：汝若無心，設此問端又是何物，進者罔措。師曰：將心向心，指心不知心，是汝錯，是梅西錯。曰：是學人錯。曰：汝若果知自錯，則汝行裏坐裏饑裏寒裏，境緣順逆是非裏，能不忘此錯，則空生大覺中，如海一漚發，有漏微塵國，皆依空所生。汝有日自知在，不惟衆生國土與虛空皆在汝心，即大覺心，離汝心亦不可得。進者稽首而退。

**傳燈著《維摩詰所說經無我疏》卷五**　諸佛說空法，爲度著於有。二乘雖破有，又復著於空。非獨有本空，此空亦復空。空有二俱空，是名中道義。中道體亦空，是爲畢竟空。於畢竟空中，何嘗無諸法。而此諸法空，名諸法實相。如來說於空，是此眞空義。

**莊廣還輯《淨土資糧全集》卷六**　人空、法空。人空，即衆生空也。初門曰：生法二空，空以無有爲義。無此生法二有，故名爲空。一，衆生空。若觀生死苦果，但見名、色、陰、入、界實法，從因緣生，新新生滅，是實法中空。無我人衆生壽者等十六知見，如龜毛兔角，畢竟不可得，是爲衆生空也。二，法空。若觀生死苦果，非但我人衆生壽者十六知見等空，如龜毛兔角不可得，是中名色、陰、入、界異法，一一分別，推析破壞。乃至微塵刹那，分分細檢，皆悉空無所有，即名法空。是爲聲聞人經名法空相。若摩訶衍中辨法空者，諸法如夢幻，本來自空，不以推析破壞故空也。

# 空有

僧肇《注維摩詰經》卷三　什曰：本言空欲以遣有，非有去而存空。若有去存空，非空之謂也。二法俱盡，乃空義也。肇曰：小乘觀法緣起，內無眞主，爲空義。雖能觀空，而於空未能都泯，故不究竟。大乘在有不有，在空不空，理無不極，所以究竟空義也。生曰：惑者皆以諸法爲我之有也。理既爲苦，則事不從己。己苟不從，則非我所保。保之非我，彼必非有也。有是有矣，而曰非有。無則無也，豈可有哉。此爲無有，無無，究竟都盡，乃所以是空之義也。

僧肇《肇論・不真空論》　夫以不同而適同，有何物而可同哉。故衆論競作，而性莫同焉。何則。心無者，無心於萬物，萬物未嘗無。此得在於神靜，失在於物虛。即色者，明色不自色，故雖色而非色也。夫言色者，但當色即色，豈待色色而後爲色哉。此直語色不自色，未領色之非色也。本無者，情尚於無多，觸言以賓無。故非有，有即無。非無，無亦無。尋夫立文之本旨者，直以非有非眞有，非無非眞無耳。何必非有無此有，非無無彼無。此直好無之談，豈謂順通事實，即物之情哉。夫以物物於物，則所物而可物。以物物非物，故雖物而非物。是以物不即名而就實，名不即物而履眞。然則眞諦獨靜於名敎之外，豈曰文言之能辨哉。然不能杜默，聊複厝言以擬之。

試論之曰：《摩訶衍論》云，諸法亦非有相，亦非無相。《中論》云：諸法不有不無者，第一眞諦也。尋夫不有不無者，豈謂滌除萬物，杜塞視聽，寂寥虛豁，然後爲眞諦者乎。誠以即物順通，故物莫之逆。即僞即眞，故性莫之易。性莫之易，故雖無而有。物莫之逆，故雖有而無。雖有而無，所謂非有。雖無而有，所謂非無。如此則非無物也，物非眞物。物非眞物，故于何而可物。故經云，色之性空，非色敗空。以明夫聖人之于物也，即萬物之自虛，豈待宰割以求通哉。是以寢疾有不眞之談，《超日》有即虛之稱。然則三藏殊文，統之者一也。故《放光》云：第一眞諦，無我無得。世俗諦故，便有成有得。夫有得即是無得之僞號，無得即是有得之眞名。眞名故，雖眞而非有。僞號，故雖僞而非無。是以言眞未嘗有，言僞未嘗無，二言未始一，二理未始殊。故經云，眞諦俗諦謂有異耶。答曰：無異也。此經直辯眞諦以明非有，俗諦以明非無，豈以諦二而二於物哉。

然則萬物果有其所以不有，有其所以不無。有其所以不有，故雖有而非有。有其所以不無，故雖無而非無。雖無而非無，無者不絶虛。雖有而非有，有者非眞有。若有不即眞，無不夷迹，然則有無稱異，其致一也。故童子歎曰：說法不有亦不無，以因緣故諸法生。《瓔珞經》云：轉法輪者，亦非有轉，亦非無轉，是謂轉無所轉。此乃衆經之微言也。何者，謂物無耶，則邪見非惑。謂物有耶，則常見爲得。以物非無，故邪見爲惑。以物非有，故常見不得。然則非有非無者，信眞諦之談也。故《道行》云，心亦不有亦不無。《中觀》云，物從因緣故不有，緣起故不無。尋理即其然矣。

所以然者，夫有若眞有，有自常有，豈待緣而後有哉。譬彼眞無，無自常無，豈待緣而後無也。若有不自有，待緣而後有者，故知有非眞有。有非眞有，雖有不可謂之有矣。不無者，夫無則湛然不動，可謂之無。萬物若無，則不應起，起則非無，以明緣起故不無也。故《摩訶衍論》云：一切諸法，一切因緣故應有。一切諸法，一切因緣故不應有。一切無法，一切因緣故應有。一切有法，一切因緣故不應有。尋此有無之言，豈直反論而已哉。若應有即是有，不應言無。若應無即是無，不應言有。言有是爲假有，以明非無，借無以辨非有。此事一稱二，其文有似不同，苟領其所同，則無異而不同。然則萬法果有其所以不有，不可得而有。有其所以不無，不可得而無。何則。欲言其有，有非眞生。欲言其無，事象既形。象形不即無，非眞非實有。然則不眞空義，顯於茲矣。故《放光》云：諸法假號不眞。譬如幻化人，非無幻化人，幻化人非眞人也。

夫以名求物，物無當名之實。以物求名，名無得物之功。物無當名之實，非物也。名無得物之功，非名也。是以名不當實，實不當名，名實無當，萬物安在。故《中觀》云：物無彼此，而人以此爲此，以彼爲彼。彼亦以此爲彼，以彼爲此。此彼莫定乎一名，而惑者懷必然之志。然則彼此初非有，惑者初非無。既悟彼此之非有，有何物而可有哉。故知萬物非眞，假號久矣。是以《成具》立强名之文，園林托指馬之況。如此則深遠之言，于何而不在。是以聖人乘千化而不變，履萬惑而常通者，以其即萬物之自虚，不假虚而虚物也。故經云：甚奇世尊，不動眞際爲諸法立處。非離眞而立處，立處即眞也。然則道遠乎哉，觸事而眞。聖遠乎哉，體之即神。

**慧遠《大智度論抄序》（僧佑《出三藏記集》卷一〇）** 請略而言，生塗兆於無始之境，變化構於倚伏之場。咸䴵生於未有而有，滅於既有而無。推而盡之，則知有無迴謝於一法，相待而非原。生滅兩行於一化，映空而無主。於是乃即之以成觀，反鑒以求宗。鑒明則塵累不止，而儀象可觀。觀深則悟徹入微，而名實俱玄。將尋其要，必先於此，然後非有非無之談，方可得而言。

嘗試論之，有而在有者，有於有者也。無而在無者，無於無者也。有有則非有，無無則非無。何以知其然，無性之姓，謂之法性。法性無性，因緣以之生。生緣無自相，雖有而常無。常無非絶有，猶火傳而不息。夫然，則法無異趣，始末淪虚，畢竟同淨，有無交歸矣。故遊其樊者，心不待慮，智無所緣，不滅相而寂，不修定而閑。不神遇以斯期通焉。識空空之爲玄，斯其至也，斯其極也。過此以往，莫之或知。

又論之爲體，位始無方而不可詰，觸類多變而不可窮。或開遠理以發興，或導近習以入深，或闔殊塗於一法而弗雜，或闢百慮於同相而不分。此以絶夫壘瓦之談，而無敵於天下者也。爾乃博引衆經，以贍其辭，暢發義音，以弘其美。美盡則智無不周，辭博則廣大悉備。是故登其涯而無津，挹指其流而弗竭，汪汪焉莫測其量，洋洋焉莫比其盛。雖百川灌河，未足語其辯矣，雖涉海求源，未足窮其邃矣。若然者，非夫淵識曠度，孰能與之潛躍。非夫越名反數，孰能與之澹漠。非夫洞幽入冥，孰能與之沖泊哉。

**元康《肇論疏》卷一** 或六家七宗爰延十二者，江南本皆云六宗七宗，今尋記傳，是六家七宗也。梁朝釋寶唱作《續法論》一百六十卷云，末莊嚴寺釋曇濟作《六家七宗論》，論有六家，分成七宗。第一本無宗，第二本無異宗，第三即色宗，第四識含宗，第五幻化宗，第六心無宗，第七緣會宗。本有六家，第一家分爲二宗，故成七宗也。言十二者，《續法論》文云：下定林寺釋僧鏡作《實相六家論》，先設客問二諦一體，然後引六家義答之。

第一家，以理實無有爲空，凡夫謂有爲有，空則眞諦，有則俗諦。

第二家，以色性是空爲空，色體是有爲有。

第三家，以離緣無心爲空，合緣有心爲有。

第四家，以心從緣生爲空，離緣別有心體爲有。

第五家，以邪見所計心空爲空，不空因緣所生之心爲有。

第六家，以色色所依之物實空爲空，世流布中假名爲有。

前有六家，後有六家，合爲十二家也，故曰爰延十二也。並判其臧否，辨其差當。臧否差當即是非也。前六家論中，判第四家爲臧，餘五家爲否。後六家論中，辨前五家爲差，後一家爲當也。唯此憲章無弊斯咎者，憲法也，十二家皆有是非之弊。

**法藏《華嚴遊心法界記》卷一** 空有無二，自在圓融，隱顯俱同，竟無障礙。言無二者，緣起之法，似有即空，空即不空，復還成有，二而無二，一際不殊，兩見斯亡，空有無替。何以故，眞妄交映令該徹故。何者，空是不滅有之空，即空而常有，有是不異空之有，即有而常空，有而常空，故有即不有，離有邊有，空而常有，故空即不空，離無邊空，空有圓融，一無二。故雙離俱邊，空有一體，互形奪故，兩雙離邊。此云何知。按《維摩經》云：深入緣起，斷諸邪見有無二邊，不復餘習等。又《華嚴經》云：因緣故法生，因緣故法滅，若能如是解，斯人疾成佛等。依此義故，得有止觀雙行，悲智相導。何者，以有即空而不有，故是止境也。以空即有而不空，故爲觀境也。空有全收而不礙二，故止觀二法融也。空有二而不二，故是止觀二法離也。即以能觀之心，契彼境，故是止觀融也。言悲智相導者，觀有即空而不失有，故悲導智而不住空，觀空即有而不失空，故智導悲而不滯有。以不住空之大智，故恆隨有以攝生，即大悲也。以不滯有之大悲，故常處空而證滅，即大智也。滅即是不滅之滅，滅而非滅，不礙存也。生即是無生之生，生而不生，不待壞也。以生非生，故生相紛然而不有，色即空也。以滅非滅，故空相湛然而不空，空即色也。空相湛然而不空，故即生死涅槃而不異，生相紛然而不有，故即涅槃生死而不殊。何以故，空有圓融，一不一故，亦可分爲四句。以有即空故不住生死，以空即有故不住涅槃，空有一塊而不礙兩存，故亦住生死亦住涅槃。其猶水波高下動轉是波，濕性平等是水，波無異水之波，即波以明水，水無異波之水，即水以明波。心猶水波，波水一而不礙殊，水波殊而不礙一，不礙一故處水而即住波，不礙殊，故住波而即居水。何以故，水之與波別而不別故。此云何知。按《維摩經》云，衆生即涅槃相不復更滅，亦得説言涅槃即衆生相故不復更生也。又云：非凡夫行、非賢聖行，是菩薩行等，是此意也。解云：凡夫著有，賢聖住無，今既有無無二而二故，是故雙離兩生，頓絶百非，見心無寄，故名觀也。

問：作是觀者治何等病耶。答：治上空有兩見之病。何者，空有無二謂之爲二，是故捨有而趣於空，遂情等惡取空見，捨空趣有反上同然。由彼倒執而興此門，準以思之，可類通耳。

**元康《肇論疏》卷上** 審一氣以觀化，故所遇而順適者。化謂萬化也，適謂往適也。《莊子内篇·大宗師章》云，彼方且興造物者，爲人而遊乎天地之一氣。郭注云，皆冥之，故無二也。《莊子外篇·北遊章》云，人之生也，氣之聚也，是其美者爲神奇，其不美者爲臭腐，臭腐複化爲神奇，神奇複化爲臭腐。故曰通天下一氣也。《離騷》第六卷《遠遊章》云，順凱風以從遊，至南巢而一息，見王子而宿之，審一氣之和德。王逸注云，究問元釋精之秘要也。今借此等諸言，以目一道也。

無滯而不通，故能混雜致淳者。《莊子》云，衆人役役，聖人愚芚，參萬歲而一成紀。今借此語，以喻不二法門。若能無滯不通，即是不二法門也。所遇順適，則觸物而一者，所逢遇皆以般若觀之，知其皆空，無有滯礙，是則萬法一相無相也。如此，則萬像雖殊而不能自異者。既同一相，所以不異也。不能自異，故知像非眞像者，一相無相，所以像即非像，下覆上意也。然則物我同根，是非一氣者。物是外物，我者己身，同一無相，故曰同根。同一正道，故曰一氣也。潛微幽隱，殆非群情之所盡者，潛是潛藏，微是微細，幽是幽深，隱是隱映。以難見故，非諸人所能窮盡也。殆者，《爾雅》云危也，《廣雅》云敗也，鄭玄注禮云幾也，毛長注傳云始也。今取其音幾，幾者近也。

故頃爾談論下，第二破異見也。頃者俄頃，謂少許時也。此頃諸家作論，多有不同。良以虛宗玄妙，故談者不得其實，致成異見耳。夫以不同而適同，有何物而可同者，以，用也。適，往也。以不同之情，往取同理，何由可得同耶。有本作釋字，皆謂解也。故衆論競作，而性莫同焉者，總明諸家作論，理性不同也。

何則，心無者下，正出諸家不同之論也。然不同之論，非止一家，今略破三家，余可知矣。心無者，破晉朝支湣度心無義也。《世説》注云：湣度欲過江，與一傖道人爲侶，謀曰：若用舊義往江東，恐不辨得食，便立心無義。既此道人不成度江。湣果講此義。後有傖人來，先道人語云，爲我致意湣度，心無義那可立，此法權救饑耳，無爲遂負如來也。從是以後，此義大行。《高僧傳》云：沙門道恆頗有才力，常執心無義，大行荊土。竺法汰曰：此是邪説，應須破之，乃大集名僧，令弟子曇一難之。據經引理，折駁紛紜。恆杖其口辨，不肯受屈。日色既暮，明旦更集。慧遠就度攻數番，問責鋒起。恆自覺義途差異，神色漸。動尾扣案，未即有答。遠曰：不疾而速，杼軸何爲。坐者皆笑。心無之義，於是而息。今肇法師亦破此義，先敘其宗，然後破也。無心萬物，萬物未嘗無。謂經中言空者，但於物上不起執心，故言其空，然物是有不曾無也。此得在於神靜，失在於物虚者，正破也，能於法上無執，故名爲得。不知物性是空，故名爲失也。【略】

本無者下，第三破晉朝竺法汰本無義也。情尚於無多，觸言而賓無者，情多貴尚此無也，觸言皆向無也。賓者客也，客皆向主。今本無宗，言皆向無也。《爾雅》云，賓，服也。言服無，故云賓無耳也。故非有，有即無，非無，無即無者。謂經中言非有者無有此有也，言非無者無有彼無也。尋夫立文之本旨者，有本作文，有本作無，今用文也。謂尋經文本意也。直以非有非眞有，非無非眞無者。眞，實也。非實定是有，故言非有。非實定是無，故言非無耳。何必非有無此有，非無無彼無者，不言非有無卻此有，非無無卻彼無也。此直好無之談者，直是好尚於無，故觸言向無耳。豈所謂順通事實，即物之情哉者，不順萬事之實性，不得即物之實性也。

夫以物物於物下，第三明作論意也。以物名名有物，故云以物物於物。以物名名非物，故言以物物非物。以物名名有物，則有物體之可名，故云則所物而可物。以物名名非物，則無物體之可名，故云雖物而非物也。是以物不即名而就實者，物體自別，不即以名字爲物實也。名不即物而履眞者，名字又別，不即以物體爲名之眞也。

然則眞諦獨靜於名教之外下，俗諦之物，尙名不即實，實不即名。眞諦之理，名教之所不及，故云獨靜於名教之外也。旣非名教所及，文言豈能辨得眞諦乎。不能杜默，聊複厝言以擬之者，杜塞也厝者，《小雅》云，措，置也。今作厝字，義亦同也。理雖不可言，試以言理也。【略】

尋夫不有不無者下，第二解釋二論之意也。豈謂滌除萬物，杜塞視聽下，滌除是洗蕩也。《老子》云，滌除玄覽能無疵乎，今借此語用也。杜猶是塞也。寂寥者，《老子》云，寂兮寥兮，獨立而不改。釋者云：無聲曰寂，無色曰寥。此意言非謂斷空始爲眞諦也。誠以即物順通，故物莫之逆者。誠，信也。即萬物之有爲空，故云順通。順通，故無阻逆也。即僞即眞，故性莫之易者，即俗諦之僞，眞諦之眞，非謂改變俗諦，別明眞諦也。性莫之易，故雖無而有者。即有是空，雖空猶是有也。物莫之逆，故雖有而無者，即萬物順通性空，當知雖有而是空也。

雖有而無，所謂非有下，雖有而是無，當知非定有。下句反此也。如此，則非無物也，物非眞也者，非無物也，明非無也。物非眞也，明非有也，亦可直云非是無物，但物非眞有之物耳。物非眞物，于何而可物者，旣云非眞，何處有此物乎。

故經云下，第三引五經證成也。今引《維摩經》也。經云，色即是空，非色滅空。謂色性即是空，非謂滅色然後始空也。而云敗者，古經也。壞敗是毁敗，亦是滅義。以明夫聖人之于物也，即萬物之自虛者，以明兩字，或可屬上，或可屬下。唯《莊子》應屬上，今此文意則將屬下也，後亦然，明聖人見萬物之性自空耳。豈待宰割以求通哉者，《小雅》云，宰治也，割謂裁也。即色是空，不須宰割破壞，然後方乃通於空也。是以寢疾有非眞之談，《超日》有即空之稱者，前引一經，此引兩經，後更有兩經也。寢疾謂《維摩經》也。彼經云，菩薩病者非眞非有，衆生病亦非眞非有也。《超日》者，《超日明經》也。彼經云，不有受，不保命，四大虛也。然則三藏殊文統之者一者也。三藏謂修多羅毘曇毘尼，雖言迹異端，以理統之，莫終不歸畢竟空也。

故《放光》云，第一眞諦無成無得下，據第一義諦，無有成佛，無有得涅盤，世諦則有耳。夫有得則是無得之僞號下。諸本皆云，成得則是無得之僞號。今依古本，有得爲正也。準下無得句，義亦應然，實是無得。而云有得是假僞之名，無得反此也。眞名故，雖眞而非有者，諸本皆云，雖得而非得。今依古本，雖眞而非有也。準下僞號句，義亦應然也。雖曰眞名仍非是有，僞號反此也。是以言眞未嘗有者，覆前兩句也。

二言未始一下，眞僞兩言不一，而有無二理不殊也。故經云，眞諦俗諦謂有異耶下，此是《大品經》第二十二卷《道樹品》中問答也。此經直辨下，釋前經中問答意也。眞諦明非有下。據眞則非有。據俗則非無也。豈以二下，不以諦名有二，則謂法體有二也。【略】

故童子歎曰下，第二引二經證成也。童子者，《維摩經》中長者子寶積也。言佛說法，非定是有，亦非是無，皆從因緣而有也。《瓔珞經》云者，此是《大纓絡經》也。彼經第十三卷初，文殊師利問云，一切諸佛轉法輪，爲有轉耶，爲無轉耶。佛言，諸佛正法，亦不有轉，亦不無轉。文殊複問：云何亦不有轉，亦不無轉。佛言：諸法空故，亦無有轉。亦無無轉也。此乃衆經之微言者，諸經中微妙之言也。

何者，謂物無耶，則邪見非惑下，第二解釋經意也。邪見見無，若謂物定是無，則邪見應非是惑乎。謂物有耶，則常見爲得者，常見見有，若謂物定是有，則常見應非是惑乎。以物非無故下，覆上句可見也，然則非有非無，信眞諦之談者。非有非無是眞諦教也。【略】

所以然者下，第二解釋經論意也。文中二，先釋非有，後釋非無。今初也，豈待緣而後有哉者，有若定有，不須待緣生方有也。譬彼眞無下，此舉大虛之無，以喩有也。若有不能自有，待緣而後有下，有要待緣，明知非有也。有非眞有下，結明有空也。不無者下，釋非無也。夫無則湛然不動下，若湛然不動，始可名爲無也。萬物若無則不應起者，無若定無，則不應緣會而起也。起則非無者，以緣起而生，故知非無也。以明夫緣起故不無也者，明知緣起故非無也。【略】

何則，欲言其有下，第二覆疏解釋也，有非眞生者，假緣而生，故非眞生，非眞生故，不得言有也。事像旣形者，萬事萬像皆已形現，皆已形現，不得言無也。像形不即無，非眞非實有者，事像形現，不即是無，有非眞生，非是定有也。然則不眞空義顯於茲矣者，正以非眞實，故言不眞，既非實有，所以言空，論之得名，從此義也。

故《放光》云下，第三引經證成也，譬如幻化人者，此有三讀，一者，連三句通成一段。二者譬如幻化人爲句，後兩句相著也。三者，譬如幻化人非無幻化人爲句，已後爲一段。今且從初也，幻化異者，從無起有爲化，從有起有爲幻也。非無幻化人，幻化人非眞人者。非無即非無也，非眞即非有也。

夫以名求物，物無當名之實下，第五就名實以明空也，文中有二，前正明空，後引經論證成。今初也，將名取物，物非是名，故云物無當名之實也。以物求名，名無得物之功者，將物取名，名非是物，故云名無得物之功也。物無當名之實下，覆疏前句也。是爲名不當實下，又覆疏上句，直明名非實，實非名耳。名實無當，萬物安在者，名不當實，則名非名矣。實不當名，則實非實矣。名實不當，萬物皆空。故云安在，安在者何在也。

故《中觀》云下，第二引經論證成也。先引《中觀論》，後引《成具》等經。今云物無彼此者，通是《中論》意也。亦可別指《觀苦品》一偈，偈云，自作若不成，云何彼作苦，若彼人作苦，是亦名爲作，今取此意反證也。此彼莫定乎一名下，此不定此，彼不定彼，而惑者謂爲定有此彼也。必然者，決定也。志者，志意，意有記錄故名爲志耳。然則彼此初非有，惑者初非無者，彼此無定性，故育你非有，於惑者則元不無也。既悟此彼之非有，又何物而可有哉者，彼此在物既無，彼此又無物也。

故知萬物非眞，假號久矣者，號名也，以非眞是假，故名爲空。是以《成具》立釋名之文下，引《成具》及《大品經》證成也。先引《成具經》及《莊子》，後引《大品》。今引《成具經》，兼引《莊子》，助成此義也。《成具光明定意經》云，是法無所有，強爲其名也。《莊子》云，以指喻指之非指，不若非指喻指之非指，以馬喻馬之非馬，不若非馬喻馬之非馬。此意云，此以此指爲指，將彼指爲非指，彼亦以彼指爲指，將此指爲非指，于馬亦然。各有一彼此，則彼此無定，各有一是非，則是非無定也。而言園林者，《莊子》爲膝園吏，故云爾也。如此則深遠之言，于何而不在者，無彼無此，此是深言，《成具》固已有之，《莊子》亦作此說也。是以聖人乘千化而不變下，以萬法是空，故聖人變之，而不染也。千化萬變者，意言多也，變化非一，故云千化，惑倒非一，故云萬惑。雖乘千化，出生入死，而不爲生死所染，故云不變。雖履萬惑，無所不爲，而不爲倒惑所壅，故云常通也。

必以其即萬物之自虛下，以法自空，不假將空觀，本空法也。經云，甚奇世尊下。引《大品經》證成也。彼經云，如來建立衆生于實際，古本云立處，今引古《大品》文也。明一切諸法是實際，能令衆生知諸法皆是眞際，故云爲諸法立處也。非離眞而立處下，非是離眞際，別建立衆生於眞際，即明衆生是眞際，故云立處即眞也。

然則道遠乎哉下，第六會結以明空也，道謂無生眞理也，聖謂般若眞智也。道遠乎哉者，言不遠也，觸事皆是道，更無別道耳。聖遠乎哉，言不遠也，體悟即是聖，更無別有聖人。

**宗密《注華嚴法界觀門》** 空有三義，以破於色。一，無邊際義。謂空若有邊，則有色法在空界外，空既無有際畔，則占盡十方邊量，無有其外，更於何處而有色等法耶。

二無壞義。諸惑者云：空雖無外，何妨色等只在空界之中。故以無壞義破之，謂若有物入於空中，則隨此物大小分量，穿破於空以容其物。如橛入地中，釘錐之類入於木中，皆隨橛等大小分量穿於地等，若地等不破，則不容橛等而入。救曰：如水不可穿破，而容物入水中，何妨虛空亦爾。破曰：水雖不破，然物入時，隨物大小分量，排之以容其物，以水性至柔，不妨流動移轉故，虛空豈同此水，被排之動轉耶。

三無雜義。謂惑者又云：空界無外，空體無壞，不妨萬物皆在空中，以空是虛通無罣礙故，能含容故。破曰：若物在空中，空又不壞不轉，其物與空應相混雜，如一團堅密之物，方亭一尺，此方尺分量之空，既不壞不轉，元在本方一尺分量之處，則與此方尺之物，豈非雜耶。若言不雜，則須一去一存。若言俱存又不雜者，則一尺之分，各占五寸之地，如此轉不相應也。若言俱存俱遍一尺之分，理亦不然。何者，以空與色有二相違，不應全體同遍當處。何者二違，一空是無物，色是有物。二空是虛通，色是質礙。不可方尺分中，言全是無物。複言全是有物，又不可言全是虛通。複言全是質礙，豈有此理耶。故上云青黃之相，非是眞空之理。此云青黃莫不皆空也，是知虛空既無邊無壞無雜，則空中必定無有色，故云即空也。良以青黃無體之空，非即青黃，故云不即空也。舉其無體之空，結非色相，明空非有，豈得色耶。

**延壽《宗鏡錄》卷八**　一，空有相害義。今初一眞空必盡幻有，即眞理奪事門。以事攬理成，遂令事相無不皆盡。唯一眞理，平等顯現。以離眞理外，無有少事可得故，如水奪波，波無不盡。《般若經》云，是故空中無色無受想行識等。

二，空有相作義。眞空必成幻有者，即依理成事門。謂事無別體，要因眞理而得成立。以諸緣起，皆無自性。由無性理，事方成故，如波攬水而成立故。亦是依如來藏，得有諸法。《法句經》云，菩薩于畢竟空中，熾然建立。

三，空有相違義。幻有必覆眞空，即事能隱理門。謂眞理隨緣，能成事法，然此事法，既違於理，遂令事顯理不現也。以離事外，無有理故，如波奪水，水無不隱，是則色中無空相也。

四，空有不相礙義。幻有必不礙眞空，即事能顯理門。謂由事攬理故，則事虛而理實，以事虛故，全事之理，挺然露現，如由波相虛，令水露現。《中論》偈云，若法從緣生，是則無自性。然此四義，即是前緣生故空等四義也。

一，眞空必盡幻有，是無性故空義。二，眞空必成幻有，是無性故有義。三，幻有必覆眞空，是緣生故有義。四，幻有必不礙眞空，是緣生故空義。前四總明空有所以。今四正說空有之相。然此空有，二而不二。須知四義，兩處名異。一，眞空必盡幻有，是眞空上空義。二，眞空必成幻有，是眞空上不空義。三，幻有必覆眞空，是幻有上有義。四，幻有必不礙眞空，是幻有上非有義。又須知有非有，空非空，各有二義。一，有上二義者，一是不壞有相義，二是遮斷滅義，則詺有爲非不有。二，非有上二義者，一離有相義，二即是空義。三，空上二義者，一不壞性義，二遮定有義，故詺空爲非不空。四，非空上二義者，一離空相義，二即有義。已知名義，今融合乃有五重，爲五種中道。一，謂有非有無二，爲一幻有者，此是有上二義自合。然取有上不壞相義，非有上離有相義，故合爲一幻有，是俗諦中道。二，空非空無二，爲一眞空者，即空上二義自合，然取空上不壞性義，非空上離空相義，故合爲一眞空，爲眞諦中道。前一爲即相無相之中道，此一爲即性無性之中道，亦是存泯無二義。三，非空與有無二，爲一幻有者。上二對，空有自合。此下一對，空有四義交絡而合。今此第三，而取眞空上非空義。幻有上有義，二義相順，明不二。然是非空上取即是有義，有上取遮斷滅義。故得共成幻有，爲非空非不有，存泯無礙之中道。四，空與非有無二，爲一眞空者，即第四取眞空上空義，幻有上非有義。二義相順，明其不二。然是空上遮定有義，非有上即是空義，故二義相順，得成眞空。爲非有非不空，存泯無礙之中道。第三是存俗泯眞，此是存眞泯俗。又三是空徹於有，今是有徹於空，皆二諦交徹。五，幻有與眞空無二，爲一味法界者，即第五總合前四，令其不二。然上各合交徹，並不出於眞空幻有，故今合之爲一味法界，爲二諦俱融之中道。然三四雖融二諦，而空有別融，今此空有無礙即是非空非有無礙，舉一全收。若以眞同俗，唯一幻有。若融俗同眞，唯一眞空。空有無二，爲雙照之中道。非空非有無二，爲雙遮之中道。遮照一時，存泯無礙，故云離相離性，無障無礙。無分別法門，以幻有爲相，眞空爲性。【略】

夫眞俗二諦，一切諸法，不出空有。空有之法，皆從緣生。緣生之法，本無自體。依心所現，悉皆無性。以緣生故無性，以無性故緣生。以此緣性二門，萬法一際平等。是以《華嚴記廣釋》云，謂緣生故有，是有義。無性故空，是空義。二義是空有所以，謂無性故有，是有所以。緣生故空，是空所以。所以即是因緣。謂何以無性，得成空義。由從緣生，所以無性。是故緣生，是無性空之所以也。何以緣生得爲有義，特由無定性故，方始從緣而成幻有。是故無性，是有所以。故《中論》偈云，若人不知空，不知空因緣，不知於空義，是故自生惱。如不善咒術，不善捉毒蛇。若將四句總望空有，則皆名所以。故云緣生故名有，緣生故名空。無性故名有，無性故名空。良以諸法起必從緣，從緣有故，必無自性。由無性故，所以從緣。緣有性無，更無二法。而約幻有，萬類差殊，故名俗諦。無性一味，故名眞諦。又所以四句，唯第三句引證成者。無性故有，理難顯故。若具證者，一緣生故有者。《法華經》云，但以因緣有，從顛倒生故說。《淨名經》云，以因緣故諸法生。《中論》偈云，未曾有一法，不從因緣生等。皆因緣故有義也。二緣生故空者，經云，因緣所生無有生。論偈云，若法從緣生，是則無自性，若無自性者，云何有是法。又偈在有時，常被有人欺，種種生分別，見聞多是非。後向無中坐，又被無人欺，一向看心坐，冥冥無所知。有無俱是執，何處是無爲，有無同一體，諸相盡皆離。心同虚空故，虚空無所依，若論無相理，唯有父王知。故知有無諸法，欲求究竟，唯心方證。若未歸心，盡成障礙。爲常爲斷，成是成非。纔入此宗，自然融即。謂先明其起處，知自心生。既從心生，則萬法從緣，皆無體性。必無心外法，能與心爲緣。悉是自心生，還與心爲相。但論空有，則廣明諸法。何者，以空有管一切法故。此空有二門，亦是理事二門，亦是性相二門，亦是體用二門，亦是眞俗二門。乃至總別同異，成壞理量，權實卷舒，正助修性遮照等。或相資相攝，是相非相，遍相成相，害相奪相，即相在相，覆相違，一一如是，各各融通。今以一心無性之門，一時收盡，名義雙絶，境觀俱融，契旨忘言，咸歸宗鏡。是以須明行相名義差別，方能以體性融通。若不先横竪鋪舒，後何以一門卷攝。故《還原觀》云，用就體分，非無差別之勢。事依理現，自有一際之形。如上微細剖析，廣照空有二門，可謂得萬法之根由，窮諸緣之起盡。此有無二法，迷倒所由，九十六種之邪師因茲而起，六十二見之利使從此而生。菩薩尚未盡其原，凡夫安能究其旨。所以《寶性論》云，空亂意菩薩于此眞空妙有猶有三疑，一疑空滅色取斷滅空，二疑空異色取色外空，三疑空是物取空爲有。故《華嚴經》中善財，曆事諸佛，已證法門，尚猶于諸法中無而計有。若究竟遠離，唯大菩薩之人。《大智度論》偈云，有無二見滅無餘，諸法實相佛所說。《淨名經》云，有無二見，無複余習。又偈云，說法不有亦不無，以因緣故諸法生。何者，若時機因緣執有，則說空門。若時機因緣著空，遂談有教。爲破有，故不存空。因治空，故不立有。故說有而不有，言空而不空。或雙亡而雙流，或雙照而雙寂。破立一際，遮照同時。【略】

如《肇論鈔》云，今就論文總有四意，以顯周圓之旨。一者破實顯空，二者破空顯假，三者破唯空唯假，顯亦空亦假，四者破亦空亦假。顯非空非假，則是中道，方謂周圓也。然四論皆有周圓，今既一一辯之，且約四義，一約境，二約智，三約果，四約境智果。初約境者，《不眞空論》云，即物順通，故物莫之逆。此破實顯空，遣凡夫執。即僞即眞，故性莫之易。此破空顯假，遣聲聞執。性莫之易，故雖無而有。物莫之逆，故雖

云，以有空義故，一切法得成者。由前論中，諸品以空遣有。小乘便爲菩薩立過云，若一切法無生無滅者，如是則無有四聖諦之法。菩薩反答云，若一切不空，無生無滅者，如是則無有四聖諦之法。謂小乘以空故無四諦，菩薩以不空故則失四諦。若有空義，四諦方成。故偈云，以有空義故，一切法得成，若無空義者，一切則不成。又《般若經》云，若諸法不空，則無道無果。即無性故有也。【略】

我及涅槃，是二皆空。以何爲空，但以名字故空。如此二法，無決定性，得是平等，無有餘病。唯有空病，空病亦空。無性緣生故空者，雙牒前四句中兩種空也。此二種空，並離斷見，謂定有則著常，定無則著斷。今緣生故空，非是定無，無性故空，亦非定無。定無者，一向無物，如龜毛兔角。今但從緣生無性，故非定無。無性緣生故有者，亦雙牒前四句中二有。並非常見，常見之有，是定性有。今從緣有，非定性有。況由無性有，豈定有耶。從緣無性，如幻化人，非無幻化人，幻化非眞故。亦云幻有，亦名妙有，以非有爲有，故名妙有。又幻有即是不有有。《大品經》云，諸法無所有，如是有故，非有非不有，名爲中道，是幻有義。眞空是不空空者，謂不空與空無障礙故。是故非空非不空，名爲中道，是眞空義。經云，空不空不可說，名爲眞空。《中論》偈云，無性法亦無，一切法空故。《庵提遮女經》偈云，嗚呼眞大德，不知實空義，色無有自性，豈非如空也。空若自有空，則不容衆色。空不自空故，衆色從是生。【略】

《不眞空論》云：夫至虚無生者，蓋是般若玄鑒之妙趣，有物之宗極者也。自非聖明特達，何能契神於有無之間哉。是以聖人通神心於無窮，窮所不能滯。極耳目於視聽，聲色所不能制者，豈不以其即萬物之自虚，故物不能累其神明者也。是以聖人乘眞心以理順，則無滯而不通。審一氣以觀化，故所遇而順適。無滯而不通故，能混雜致淳，所遇而順適故，則觸物而一。如此則萬像雖殊，而不能自異，不能自異故，知像非眞像，像非眞像，則雖像而非像。然則物我同根，是非一氣，潛微幽隱，殆非群情之所盡。

故知若乘眞心而體物，則何物而不歸。齊一氣以觀時，則何時而不會。何時而不會，則知觸境之無生。何物而不歸，則見物性之自虚矣。若任情所照，曷能盡其幽旨乎。若不悟宗，難逃見迹。如龐居士偈云，昔日

有而無。此則破有破無，顯亦空亦假，辯菩薩境。雖有而無，所謂非有。雖無而有，所謂非無。此破亦空亦假，遣菩薩執，顯中道第一空佛之境。此則境周圓也。二約智者，則《般若論》也。若以般若智一一曆然，空假等境則成心量。但是有智，不得無智意。今則約前智，知凡是一境。即須周圓也。論云，言知非爲知，欲以通其鑒。此破凡夫執相知，辯無知也。不知非不知，欲以辯其相。此破聲聞無知，辯無種不知也。辯相不爲無，通鑒不爲有。此破亦知亦不知，顯非知非不知也。非有故，知而無知。非無故，無知而知。此破非知非不知，辯亦知亦無知。前來四義說，雖前後並在一心。不即不離，可謂佛智周圓矣。三約果辯者，即《涅槃論》文云，存不爲有，破有餘涅槃。遣聲聞常執，亡不爲無，破無餘涅槃，遣聲聞斷執。亡不爲無，雖無而有，存不爲有，雖有而無，此雙破有無，顯亦有亦無。雖有而無，所謂非有。雖無而有，所謂非無。此破亦有亦無，顯非有非無，以顯中道佛之境，無住涅盤果周圓矣。四約境智果三合辯者，則是總收前諸論文也。前二論則眞諦無相之境爲眞空，般若能觀眞智，即萬行之本爲妙有。猶境發智，由智顯境。境智互顯，爲亦空亦有。即《涅槃論》中三德相冥，境智不二。不斷不常，爲非空非有，可謂涅槃極果也，即如來一化之意，並周圓故，則罄盡佛法之淵海也。故知眞空難解，應須妙得指歸。若隨空有之文，皆墮邪見。如《鴦崛魔羅經》偈云，譬如有愚夫，見雹生妄想，謂是琉璃珠，取已執持歸，置之瓶器中，守護如眞寶，不久悉融消，空想默然。住于餘眞琉璃，亦複作空想。文殊亦如是。修習極空寂，常作空思惟，破壞一切法，解脫實不空。而作極空想。猶如見雹消，濫壞餘眞實。汝今亦如是，濫起極空想，見於空法已，不空亦謂空，有異法是空，有異法不空。一切諸煩惱，譬如彼雨雹，一切不善壞，猶如雹融消。如眞琉璃寶，謂如來常住。如眞琉璃寶，謂是佛解脫。虛空色是佛，非色是二乘。解脫色是佛，非色是二乘。云何極空相，而言眞解脫。文殊宜諦思，莫不分別想。譬如空聚落，川竭瓶無水，非無彼諸器，中虛故名空。如來眞解脫，不空亦如是。出離一切過，故說解脫空。如來實不空，離一切煩惱，及諸天人陰，是故說名空。嗚呼蚊蚋行，不知眞空義。

**文才《肇論新疏》卷上**　即色者明色不自色，故雖色而非色也。東晉支道林作《即色遊玄論》。初句牒，次二句敘彼所計。彼謂青黃等相非色自能，人名爲青黃等。心若不計，青黃等皆空。以釋經中色即是空。

夫言色者，但當色即色，豈待色（計也）色而後爲色哉。齊此論主破辭，此且先出正理，初句牒名，次句示依他。謂凡是質礙之色，緣會而生者，心雖不計，亦色法也。受想等法亦應例同。意云，豈待人心計彼謂青黃等，然後作青造等色耶，以青黃亦緣生故。

此直（但也）語色不自色，未領（解也）色之非色也。初句明所待，後句顯所失，未達緣起性空。然緣起之法，亦心之相分。能見之心，隨相而轉。取相立名，名青黃等。名屬遍計相即依他。支公已了名假，未了相空。名相俱空圓成顯現。由未了此，所以被破。【略】

夫以（依也）物物（名）於物，則所物而可物。若依相立名，隨名取物，則凡是所名之物皆可爲物，此謂妄心所計名相俱有。

以物（名）物（相）非物，故雖物（名）而非物（名）。初句相空，後句名空。以二法皆事，故通名爲物。意以所名之物，但依他起，元無自性，況名依相有，豈有實體也。故《密嚴》云，世間衆色法，但相無有餘，唯依相立名，是名無實事。

是以物不即名而就實，名不即物而履（行）眞（實）。釋此有二，一通，二局。通者，名相二法該盡俗諦，然性各異，互推無在，顯兩虛也。初句，物不在於名中，以名非物，故召火不燒其口。次句名不在於物也，以物非名故，見物不知其名，應知因物立名，以名名物。俗假施設，竟不相到，故不能互顯其眞實，如火以熱爲實等。局者，但屬此論，名謂名教，相謂義相。所以空者，方便安立，各無自性，能所詮異故不即。就論意雖通，其旨實局。以下云眞諦獨靜於名教之外，故爲此釋。【略】

夫以名求物，物無當名之實。以物求名，名無得物之功。物無當名之實，非物也。名無得物之功，非名也。此與論初大旨無殊，文小變爾。名自情生，好惡何定。或於一物立多名，或以一名召多物，物雖應名，亦無當名之實理，如以地龍木賊等名藥也，又名雖召物，亦無得物之實功，如談水濡唇言穢不涴口。應知名是假號，物爲幻化，但順世俗不入實相。

是以名不當實，實不當名，名實無當，萬物安在。一切諸法不出名相，此二既空，萬物不立。已上名相境寂，下辯妄想心虛。

故《中觀》云，物無彼此，而人以此爲此，以彼爲彼。彼亦以此爲彼，以彼爲此。初句論文，彼論第四云，諸法實相，無有此彼。而人下釋也，如二人相向，彼此互執也。

此彼莫定乎一名，而惑者懷必然之志。然則彼此初非有，惑者初非無。正舉妄計也。彼此互指，既無定在，柰何惑者必然而執我定名此，他定名彼。妄想之心，依然取著。然則下，名相元空，迷夫妄執。亦可名相無暫始有，妄想無暫始無。以無暫始無之妄情，執無暫始有之名相，病眼花生，病耳蟬鳴，蟬花恆無，病根常執。

既悟彼此之非有，有何物而可有(執)哉，故知萬物非眞，假號久矣。初句遍計性空，次句名隨相遣翳差花亡，耳聰蟬喪。後二句結成經義。此中雖帶名相而言，意顯妄執本空，況後引《成具》等，又唯約妄情說邪。

是以《成具》立強名之文，園林托指馬之況。《成具》經云，是法無所有，強爲其名。園林即漆園也，曹州地名，莊周曾爲此吏，故以目之。彼《齊物》云，以指喻指之非指，不若以非指喻指之非指也。以馬喻馬之非馬，不若以非馬喻馬之非馬也。指謂手指，馬謂戲籌。若今雙六之馬也。如二人相向，各以己指是指，他指非指。是非互在，本無實也。喻曉也。馬可例之。【略】

然則道遠乎哉，觸事而眞。聖遠乎哉，體之即神。初二句明境，初句舉體而核。道謂如如。下句指屬觸謂六觸。事即名相，事相既近，體虛即眞，眞豈太遠。後二句明心，亦初句舉聖而核。聖即智也。下句屬體，謂體究神心也。即神者，即我之心爲神聖矣，豈太遠乎。《仁王經》云，菩薩未成佛，以菩提爲煩惱。菩薩成佛時，以煩惱爲菩提。今詳論意。自《放光》已下，乃《密嚴》《楞伽》五法相翻之義。故《密嚴》云，名從於相生，相從依他起，此二生分別，諸法性如如，於斯善觀察，是名爲正智。名爲遍計性，相是依他起。名相二俱遣，是爲第一義。略解云，五法者，一名，二相，三妄想，四正智，五如如。此五約迷悟配之，謂迷時即如如，以成名相，即正智以成妄想。悟時翻名相爲如如，翻妄想成正智。經中初三句如次名相妄想，次三句說正智，後一偈約三性顯如如也。略示如此，論意謂依彼名相，顯示論旨。苟識相等體虛，不舍一論，能詮之名，所詮之義，即境而會如，即解而成智。故先舉聖人證法爲式，然後示以即眞之理。但在文甚隱，致令難求。若前後冥搜，義如指掌。

# 般若智覺等分部

## 頓漸

**求那跋陀羅譯《楞伽阿跋多羅寶經》卷一** 佛告大慧：漸淨非頓。如菴羅果，漸熟非頓。如來淨除一切衆生自心現流，亦復如是，漸淨非頓。譬如陶家造作諸器，漸成非頓。如來淨除一切衆生自心現流，亦復如是，漸淨非頓。譬如大地漸生萬物，非頓生也。如來淨除一切衆生自心現流，亦復如是，漸淨非頓。譬如人學音樂書畫種種伎術，漸成非頓。如來淨除一切衆生自心現流，亦復如是，漸淨非頓。譬如明鏡，頓現一切無相色像。如來淨除一切衆生自心現流，亦復如是，頓現無相、無有所有清淨境界。如日月輪，頓照顯示一切色像，如來爲離自心現習氣過患衆生，亦復如是，頓爲顯示不思議智最勝境界。譬如藏識，頓分別知自心現及身安立受用境界。彼諸依佛，亦復如是，(依胡本云津膩，謂化佛是眞佛氣分也)頓熟衆生所處境界。

**智顗《佛說觀無量壽佛經疏》** 漸頓悟入，此即頓教，正爲韋提希及諸侍女，並是凡夫未證小果，故知是頓，不從漸入。

**智顗《妙法蓮華經玄義》卷一上** 如日初出，前照高山。厚殖善根，感斯頓說。頓說本不爲小。小雖在座，如聾如瘂。良由小不堪大，亦是大隔於小。此如《華嚴》約法被緣，緣得大益，名頓教相。約說次第，名從牛出乳味相。次照幽谷，淺行偏明，當分漸解。此如三藏。三藏本不爲大。大雖在座，多跢婆和小所不識。此乃小隔於大，大隱於小。約法被緣，名漸教相。約說次第，名酪味相。次照平地，影臨萬水，逐器方圓，隨波動靜，示一佛土，令淨穢不同。示現一身，巨細各異。一音說法，隨類各解。恐畏歡喜，厭離斷疑，神力不共故。見有淨穢，聞有褒貶。嗅有薝蔔不薝蔔，華有著身不著身，慧有若干不若干。此如《淨名》方等，約法被緣，猶是漸教。約說次第，生蘇味相。

復有義：大人蒙其光用，嬰兒喪其睛明。夜遊者伏匿，作務者興成故。文云，但爲菩薩說其實事，而不爲我說斯眞要。雖三人俱學二乘，取證具如《大品》。若約法被緣，猶是漸教。約說次第，名熟蘇味相。復有義：日光普照，高下悉均平。土圭測影，不縮不盈。若低頭，若小音，若散亂，若微善，皆成佛道。不令有人獨得滅度，皆以如來滅度而滅度之。具如今經。若約法被緣，名漸圓教。若說次第醍醐味相，當知《華嚴》之譬與《涅槃》義同。三子三田三馬等譬，皆先菩薩，次及二乘，後則平等凡聖（云云）。

問：既以五味分別，那同稱漸。答：約漸得明五味耳。又若小不聞大，大一向是頓。若大不用小，小一向是漸。若以大破小，是漸頓並陳。若帶小明大，是漸頓相資。若會小歸大，是漸頓泯合故。《無量義》云，漸頓二法，三道四果不合。今時則合即此義也。問：云何相資。答：小聞於大，恥小而慕大，是爲頓資小。佛命善吉轉教大益菩薩，是爲漸資頓。如前分別，但約顯露明漸頓五味之相。若論不定，義則不然。雖高山頓說，不動寂場，而遊化鹿苑。雖說四諦生滅，而不妨不生不滅。雖爲菩薩說佛境界，而有二乘智斷。雖五人證果，不妨八萬諸天獲無生忍。當知，即頓而漸，即漸而頓。《大經》云：或時說深，或時說淺。應問即遮，應遮即問。一時一說，一念之中，備有不定不同舊義。專判一部味，味中悉如此。此乃顯露不定。祕密不定其義不然。如來於法得最自在，若智若機若時若處，三密四門，無妨無礙。此座說頓，十方說漸說不定。頓座不聞十方，十方不聞頓座。或十方說頓說不定，此座說漸，各各不相知聞，於此是顯，於彼是密。或爲一人說頓，或爲多人說漸，說不定。或爲一人說漸，爲多人說頓。各各不相知，互爲顯密。或一座默十方說，十方默一座說，或俱默俱說。各各不相知，互爲顯密。雖復如此，未盡如來於法自在之力。但可智知，不可言辨。雖復甚多，亦不出漸頓、不定、祕密。今《法華》是顯露，非祕密。是漸頓，非漸漸。是合，非不合。是醍醐，非四味。是定，非不定。如此分別此經，與眾經相異也。又異者，餘教當機益物，不說如來施化之意。此經明佛設教元始，巧爲眾生。作頓漸、不定、顯密種子。中間以頓漸五味，調伏長養而成熟之，又以頓漸五味而度脫之。並脫並熟並種，番番不息。大勢威猛，三世益物。具如《信解品》中說，與餘經異也。又眾經咸云，道樹師實智始滿，起道樹始施權智。今經明師之權實在道樹前，久久已滿。諸經明二乘弟子不得入實智，亦不能施權智。今經明弟子入實甚久，亦先解行權。又眾經尙不論道樹之前師之與弟近近權實，況復遠遠。今經明道樹之前權實長遠，補處數世界，不知況其塵數。經云，昔所未曾說，今皆當得聞。殷勤稱讚，良有以也。當知，此經異諸教也。

**慧遠《大乘義章》卷一** 劉虬所云，佛教無出頓漸二門。是言不盡。如佛所說《四阿含經》、五部戒律，當知非是頓漸所攝。所以而然，彼說被小，不得言頓。說通始終，終時所說，不爲入大，不得言漸。又設餘時所爲，眾生聞小取證，竟不入大。云何言漸。是故頓漸攝教不盡（此是一非）。

又復五時七階之言，亦是謬浪。若言初時爲提謂等說人天法，不論出道。何所依據人天教門。如來一化，隨諸眾生，有宜便說，豈局初時。又《提謂經》說，諸眾生吾我本淨。吾我本淨，是眾生空。又說諸法皆歸本無。諸法本無，即是法空。又復提謂爲眾懺悔五逆等罪，悟解四大五陰本淨。陰大本淨，亦是法空。二空即是出世直道，云何名爲人天教門。又說法時，提謂波利聞法，獲得不起法忍時，四天王得柔順忍，三百賈人得成信忍，三百龍王得信忍根，阿須輪等發菩提心，山神樹神水火神等皆得十善，作菩薩道。二百賈人得須陁洹。不起法忍者，是七地已上無生忍也。柔順忍者，四地已上所得忍也。信忍在於初二三地。信忍之根，當應在彼解行終心。菩提心者，解行之初。言得十善作菩薩者，當應在彼種性已上，亦可在彼賢首已去。須陁洹者，小乘初果。此皆成就出世正道，云何名爲人天教門。又《普曜經》，明佛與彼提謂波利二人授記，當得作佛，號曰密成。明知所說非人天教。又提謂等，聞法已去，不向鹿苑。憍陳如等，未豫斯會。云何以此與後作漸。是大難解。

第二階，云如來於彼十二年中，唯說三乘差別教門。依何文證。經中但云求聲聞者爲說四諦，求緣覺者爲說因緣，求大乘者爲說六度。何曾說言在十二年。又若眾生於餘時中樂聞是法，或在此時樂聞餘法。佛豈不說。判無斯理。然實別教，如來一化有宜便說，不得定言在十二年。云何得知如《四阿含》、五部戒律是小乘法。《戒經》說言釋迦如來於十二年中，爲無事僧略說《戒經》。從是已後，廣分別說。《增一阿含》亦同此說。明知戒律始終通制。又《長阿含·遊行經》者，佛涅槃時，方始宣說。明知經法始終通說，不止在於十二年中。又佛於彼五年之中，說十萬偈摩訶般若，明諸法空。七年之中，爲諸菩薩說《般周經》，亦說色心一切法空。云何而言十二年中未明空理。以斯準驗，人言定謬。

第三階，云三十年中，宣說《大品》空宗般若、《維摩》、《思益》，未曾破三以歸一，又未宣說眾生有佛性，言義未了，是故彼《法華》爲漸。然《般若經》，佛成道已五年便說，云何定言在三十年。又《大品經·往生品》中，諸比丘等，聞說般若讚歎檀度，遂脫三衣，以用布施。龍樹釋言，佛制三衣，不畜得罪。何故不重尸波羅蜜，犯戒行施。以此在於十二年前佛未制戒，是故不犯，以是證文，非局在於三十年中。《維摩》、《思益》三十年者，依何文證。故知但是妄情安置時分且爾。若言般若說三同觀淺《法華》者，《涅槃經》中亦言，此經出聲聞故名聲聞藏，出辟支佛故名緣覺藏，出菩薩故名菩薩藏。又《師子》中說十二緣，下智觀故聲聞菩提，中智觀故緣覺菩提，上智觀故菩薩菩提，上上智觀阿耨菩提。彼經亦說三乘同觀，應淺《法華》。又《勝鬘》中說，摩訶衍出生一切聲聞緣覺、世及出世間一切善法。彼經亦應淺於《法華》。彼既是深，《大品》同觀，何爲獨淺。若言般若不破三乘，淺《法華》者，《大品經》中舍利弗問，若都不退，空復不異。何故得有三乘差別。不唯一乘須菩提答無二無三，若聞不怖，能得菩提，此與《法華》無二無三，其言何別。而言非是破三歸一，又龍樹云，當知般若於《華手經》、《法華經》等無量經中，最以爲大。云何言淺。若言般若不說佛性，淺於涅槃者，經說佛性，亦名般若波羅蜜，亦名第一義空。《大品》所說般若及空，即是佛性。云何說言不明佛性。又《大品》中，宣說眞如實際法性。龍樹釋言：法名涅槃不戲論法，性名本分。猶如黃石金性，白石銀性。一切眾生，有涅槃性。此與佛性有何差別。而言不說佛性，既齊淺深之言，無宜暫施。又《維摩經》以不思議解脫爲宗，斯乃十解脫中初解脫門。當知此是頓教法輪，云何言是不了義經。《思益》亦爾。

第四階，云四十年後宣說《法華》，破三歸一，未明佛性。又說如來前過恆沙未來倍數，猶是無常，是故與彼涅槃爲漸。經中實說，佛成道已過四十年說《法華經》。然與《大品》前後難定。何故如是。龍樹菩薩釋《大品經》云，須菩提聞說《法華》，舉手低頭，皆成佛道。是故今問退不退義，以此文證，前後不定。若言《法華》破三歸一，深於《大品》，此如前破。若言《法華》未說佛性，淺於涅槃，是義不然。如經說性即是一乘，《法華經》中辨明一乘，豈爲非性。又《法華》中不輕菩薩。若見四眾，高聲唱言，汝當作佛，我不輕汝。以知眾生有佛性。故稱言皆作，但言皆作，即顯有性。若言如來前過恆沙未來倍數，未明常者，是義不然。當知，彼說踴出菩薩所見之應，前過恆沙未來倍數，不論眞身。若論眞身，畢竟無盡。云何得知是應非眞。經言，我成佛已來，說法敎化，踴出菩薩。復言，我常在靈鷲山及餘住處，天人所見。明知是應。此應何故未來倍數，以其所化踴出菩薩，於未來世過倍數劫，皆悉作佛，不假佛化。如來爾時息應歸眞，故言倍數，理實佛化，畢竟無盡。問曰：若言前過恆沙是應非眞，何故論中說爲報佛。釋言：約化顯實，故爾化來多時，明眞久矣。彼既說應未來倍數，何得報。此疑眞不了。又《涅槃》中，嘆《涅槃經》有大利益。如《法華》中八千聲聞，得授記莂，成大果實。得益既齊，所明寧異。如龍樹實云，《法華經》者，最爲甚深，以說聲聞得作佛故。是故餘經，皆付阿難。唯《法華經》獨付菩薩。準驗斯文，不得言淺。

第五階，云如來垂終說《大涅槃》，獨爲究竟了義之唱。然實涅槃垂終所說未必垂終。偏是了義。如雙林前宣說《勝鬘》、《楞伽》、《法鼓》、《如來藏經》、《鴦掘摩羅》、《寶女經》等，皆是圓滿究竟了義。何獨《涅槃》偏是了義。如佛初年說《寶女經》及尼揵子，二年宣說《廣博嚴淨》、《法鼓經》，十年宣說《如來藏經》。如是等經，皆是圓滿究竟了義。何獨《涅槃》偏是了義。誕公所言頓漸之言，義同前破。然佛一化，隨諸眾生，應入大者，即便爲說。隨所宣說，門別雖異，無不究竟。何獨《涅槃》偏是了義。菩提流支言，佛一音以報萬機，判無漸頓。是亦不然。如來雖復一音報萬，隨諸眾生，非無漸頓。自有眾生，藉淺階遠，佛爲漸說。或有眾生，一越解大，佛爲頓說，寧無頓漸。辨非如是。

**善導《依觀經等明般舟三昧行道往生讚》**：

或漸或頓明空有，人法二障遣雙除。

根性利者皆蒙益，鈍根無智難開悟。

《瓔珞經》中說漸教，萬劫修功證不退。《觀經彌陀經》等說，即是頓教菩薩藏。

**實叉難陀譯《大乘入楞伽經》卷二**　佛言：大慧！漸淨非頓。如菴羅果，漸熟非頓。諸佛如來淨諸眾生自心現流，亦復如是，漸淨非頓。如陶師造器，漸成非頓。諸佛如來淨諸眾生自心現流，亦復如是，漸而非頓。譬如大地生諸草木，漸生非頓。諸佛如來淨諸眾生自心現流，亦復如是，漸而非頓。大慧！譬如人學音樂書畫種種伎術，漸成非頓。諸佛如來淨諸眾生自心現流，亦復如是，漸而非頓。譬如明鏡頓現眾像而無分別，諸佛如來淨諸眾生自心現流，亦復如是，頓現一切無相境界而無分別。如日月輪一時遍照一切色像，諸佛如來淨諸眾生自心過習，亦復如是，頓爲示現不可思議諸佛如來智慧境界。譬如藏識頓現於身及資生國土一切境界，報佛亦爾，於色究竟天，頓能成熟一切眾生令修諸行。譬如法佛頓現報佛，及以化佛光明照曜自證聖境，亦復如是，頓現法相而爲照曜，令離一切有無惡見。

**澄觀《大方廣佛華嚴經隨疏演義鈔》卷二一**　《楞伽經》中有四漸四頓，今唯用一。彼經大慧白佛言：世尊！云何淨除自心現流，爲頓爲漸。答中先明四漸，後說四頓。漸，經云：佛告大慧，漸淨非頓。一如菴羅果漸熟非頓。如來漸除眾生自心現流，亦復如是，漸淨非頓（此喻十信）。二如陶家作器，漸成非頓（十住）。三如大地漸生非頓（十行）。四如習藝漸就非頓（十向）。上之四漸，約於修行未證理故。下之四頓，約已證理故。一明鏡頓現喻。經云：譬如明鏡頓現一切無相色像，如來淨除一切眾生自心現流，亦復如是，頓現無相無所有清淨法界（喻初地至七地）。二日月頓照喻云：如日月輪頓照，顯示一切色像。如來爲離自心現流習氣過患眾生，亦復如是，頓爲顯示不思議勝智境界（喻八地已上）。三藏識頓知喻云：譬如藏識頓分別知自心現流及身安立受用境界。彼諸依持佛亦復如是，頓熟眾生所處境界。以修行者安處於彼色究竟天（此喻報佛）。四佛光頓照喻云：譬如諸佛所化依佛光明照耀，自覺聖趣亦復如是。被於法相有性無性，惡見妄想，照令除滅（亦喻法報前喻頓成此喻頓照）。

今疏唯取頓中一日光頓照喻。雖舉鏡喻，非是明鏡頓照，自取拂鏡之喻。正同大通時時勤拂拭，莫遣惹塵埃，而復自融通。又上四漸四頓多依地位，古今同爲此釋，亦順經文。今釋通於橫竪，則位之中皆有頓義。然約橫論，頓復有多義。

一頓悟漸修，如見九層之臺，則可頓見，要須躡階而後得昇。今亦如是，頓了心性，即心即佛，無法不具，而須積功，遍修萬行。此約解悟。

二者頓修漸悟。即如磨鏡，一時遍磨，明淨有漸。萬行頓修，悟則漸勝。此約證悟。

三頓修頓悟。如利劍斬絲，千莖齊斬，一時齊斷。亦如染千絲，一時齊染，一時成色。故萬行齊修，一時朗悟。

四漸修漸悟。猶如斬竹，節節不同。此今非用。今言悟如日照，即解悟證悟，皆悉頓也。即頓修頓悟，功如拂鏡，亦非頓悟漸修，是頓修漸悟義。言明是本明，漸爲圓漸者，此融上二。恐人謂拂鏡非頓，明鏡本來淨，何用拂塵埃。故爲會之。此是六祖直顯本性，破其漸修。今爲順經，明其漸證，修隨漸明，皆本明矣。故云明是本明。即無念體上，自有眞知，非別有知知心體也。言漸爲圓漸者，即天台智者意。彼有言云，漸漸非圓，圓非漸圓。謂漸家亦有圓漸，圓家亦有圓漸。漸家漸者，如江出岷山，始於濫觴。漸家圓者，如大江千里。圓家漸者，如初入海，雖則漸深，一滴之水，已過大江，況濫觴耶。圓家圓者，如窮海無涯底。故今云漸是圓家漸，尙過漸家之圓，況漸家之漸。

**澄觀《貞元新譯華嚴經疏》卷二**　定學者有漸頓不同。性相二學，會釋如前。漸頓不同，今當略說。謂說漸者，則看心修淨方便通經，或頓悟漸修，或漸修漸悟。說頓者，直指心體。或頓毀語言，或頓悟頓修，或無修無悟。雖此不同，竝欲識心，俱期見理。得意則雙美，殊途同歸。失旨則兩傷，亡羊不異。今寄言以筌理，令得月於指端。然其所悟，或言心體離念，本性清淨，不生不滅。多約漸也。或云無住空寂，眞如絕相。或妄空眞有，或妄有眞空，或即心即佛，非心非佛。本具佛法，多屬頓門。然皆不離心之性相，竝可通用。若明能悟入法，千門不離定慧。故定慧二門，若天之日月，《易》之乾坤。何者。夫心猶水火，澄之聚之，其用則全，攪之散之，其用則薄。故波搖影碎，水濁影昏。清明止澄，巨細斯鑒。無定無慧，是狂是愚。偏修一門，是漸是近。若並運雙寂，方爲正門，成兩足尊，非比不可。若言不起心爲修道，定爲門也。若云看心、觀心、鉢心、覺心、求心、融心，皆慧爲門也。若云無念無修，定爲門也。若云知心空寂，知見無念，朗徹照寂，慧爲門也。若云寂照，或知無念，則雙明定慧門也。若云揚眉瞪目，皆稱爲道，即此名修，此通二意。一令知其觸目爲道，即慧門也。二令心無所當，即定門也。餘可類知，不出定慧。若明悟相，不出二種。一者解悟，謂明了性相。二者證悟，謂心造玄極。若明漸頓者，乃有多門。

若云頓悟漸修，此約解悟。謂豁了心性，後漸修學，令其契合，則悟如月照，頓朗萬法。修如拂鏡，漸瑩漸明。若云漸修頓悟，謂初攝境唯心，次視心本淨，後心境雙寂，瞥起不生，前後際斷，湛猶停海，曠若虛空。此約證名悟，則修如瑩鏡，悟似鏡明。若云漸修漸悟，亦是證悟，則修之與悟，並如登臺，足履漸高，所鑒漸遠。若云頓悟頓修，此通三義。若先悟後修，謂廓然頓了，名之爲悟。不看不證，不收不攝，曠然合道，名之爲修。此則解悟，此定爲門，亦猶不拂不瑩而鏡自明。若云先修後悟，謂依前而修，忽見心性，名之爲悟。此爲證悟，則修如服藥，悟如病除。若云修悟一時，謂無心忘照，任運寂知。則定慧雙運，如明鏡無心，頓照萬像，則悟道解證。若云本具一切佛法，名之爲頓。一念具足十度萬行，名之爲修。則修如飲大海水，悟如得百川味，亦通解證。若云非心非佛，名之爲頓。無念無修，名之爲修。此約拂迹顯理名頓，以定門修。以此爲悟，亦通解證。若云無漸無頓，名之爲頓。無悟不悟，名之爲悟。此亦拂迹約理名頓，約定門修，亦通解證。苟若得意，皆成定慧。如其失旨，不成妄想，即墮無記。若云夫稱頓者，明理不可分悟，悟極照以頓明悟，義不容二。不二之悟，符不分之理。此則理智兼釋，謂之頓悟。則唯證稱悟，信解名修。若云立有階位，名之爲漸，不立爲頓，亦通解證，是頓教中意通前頓義。若依《楞伽》，說四漸四頓。言四漸者，一如菴羅菓漸熟非頓，二如陶家作品漸成非頓，三如大地漸生非頓，四如習藝漸就非頓。此四即約地前十信三賢。言四頓者，一如明鏡頓現一切，二如日月頓照色像，三如藏識頓知諸境，四如佛光頓能照曜。此四即約登地已上無分別智。初地八地報身法身，以分爲四。此則行修爲漸，證理名頓。若指《華嚴》以爲圓頓，餘皆漸者，約所詮義理，謂初心頓具名之爲頓，具德莊嚴名之爲圓。有證深觀，義如前說。若云初說《華嚴》名之爲頓。後說小乘乃至大乘，名之爲漸。此約化儀及與化法。初頓用一乘，後漸說三乘故。若云初說無常，後說常等，名之爲漸。一時具說，名之爲頓。唯約化儀，所說之法，漸頓不異。若云從小入大，名之爲漸。直入大乘，名之爲頓。此約以機就法有殊，所說之法不出三乘。上之三義，並非修行觀行漸頓，隨一漸頓，略此多門，豈得趣執一言欲該佛法。或師己見，或毀眞筌。願諸後學，無勇於知，無執於石，無輕於聖，無滯於言，無得自欺，無競說嘿。廣如經文。

**宗密《圓覺經大疏釋義鈔》卷三** 疏上之諸宗下，第三束宗就法。但就頓漸悟修之法，和會自然，會得諸宗，諸宗不離此故。然定慧正是所修之道，頓漸是悟修之儀式。所修之道，有正有助。定慧是正道，餘萬行是助道，助定慧故。故《華嚴》云，譬如有力王，率土咸戴仰，定慧亦如是。菩薩所依賴等，諸教非一。悟修多是解行，頓漸通於悟修。無定下，明互闕之失。謂無定之慧，慧是狂慧，如風中燈，如搖動水。無慧之定，定是愚定，如悶絕無心，如枯杌無識。又偏修定，增長無明。偏修慧，增長邪見。故《涅槃》云，聲聞定力多故，不見佛性。菩薩慧力多故，見性不了了。此二雙運下，明等學之益，亦如《涅槃》說也。兩足尊者，福智圓滿。定是福體，慧爲智本故也。止觀者，《摩訶止觀》十卷，《小止觀》二卷者。序云：止乃伏結之初門，觀是斷惑之正要。止是養心識之善資，觀是照察神解之妙術。止是禪定之勝因（由止萬緣故止定也），觀是智慧之由藉（由觀察諸法，故慧力成就）。廣如威德章三觀之初標本門中所引。

疏其頓漸下，第四總釋法門。然悟與修，皆通頓漸。又悟有解悟、證悟。修有隨相、離相。謂初因解悟，依悟修行，行滿功圓，即得證悟。此爲眞正。若各隨根性，及諸善友，方便施設，先後無定。今文九對，一、五解悟，二、三、四、六、九證悟，七、八通二悟。

疏頓悟者，慧日頓出。（圓明覺性）霜露之惑漸銷。又如孩子初生，六根四支百節頓具（性上恆沙功德），乳哺飲食養育，漸漸成長。出身入仕（萬行資莊，報化圓滿。舉二喻者，斷惑證理，二相別也。後亦例此。）此悟在初，故屬解悟。悟後之修，即具隨相離相，理事雙修，故功行圓滿，必有證後悟，即屬後對。

疏漸修頓悟下，次三對證悟也。初言漸修頓悟者，此有二意。一者，即前解悟之漸修，修極故證。二則，從初便漸，如諸聲聞因四十年漸。前修三乘教行故，靈山會中，聞《法華經》，疑網頓斷，心安如海，授記成佛。如人伐木，千斧萬斧漸斫，倒即一樹頓倒。（喻斷惑也）又如從邊遠來於京都，數月步步漸行，入大城門之日，一時頓到。（喻證理也）天台數年修練百日，加功用行，忽然證得《法華》三昧旋陁羅尼門，於一切法悉皆通達，即其事也。北宗漸門之教，意見如此。然多入二乘之境，難得圓通證。故漸悟者，謂雖聞圓教信圓法，而根性遲鈍，不得頓悟。雖不得頓悟，而樂欲情殷，深宗頓理，頓發大心，頓絕諸緣，頓伏煩惱。由此加行，漸漸得悟。悟即是證，不唯會解。如人磨鏡，一時遍磨一面，終不從一分一寸致功，塵埃則微微而盡，（漸淨）明相漸漸而著。（漸照）又如學射，初把弓矢，便注意在的，（喻發無上菩提心也）終不故作親疎節級，（不先發十信擇十住等）。然千百日，射億萬箭，方漸漸親近，乃至百發百中。（前喻已其斷證，後喻唯證成。）

疏漸悟者，謂信本性圓滿，而猶計有業惑障覆，故勤拂鏡塵，漸悟心性。如注所引喻也。足履喻修行，所鑒喻證悟也。（若對下頓斷煩惱斬絲之喻，此如斷竹節不同。）

疏并爲證悟者，總結上三對也。疏若云頓悟頓修下，三對悟修皆頓，但以惑互先後，或同時故，成解證之異。初標頓悟頓修，以斬染綟絲爲喻者，斬如頓悟。頓悟煩惱本無，即名爲斷。如一綟之絲。不勝一劍而頓斷故。（此是荷澤所舉之喻）染如頓修。頓稱性上恆沙功德。念念無間而修，如染一綟之絲，千條萬條，一時成色。故清涼大師《心要》云：心心作佛，無一心而非佛心。處處道成，無一塵而非佛國。又《行願疏》云：行則頓修，位分因果，皆是頓修之義。

疏謂先悟後修等者，初對也。如注所釋，謂由頓了身心塵境皆空故，不著諸相，不證心性，心性本不動故。又由頓了恆沙功德皆備故，念念與之相應，名爲合道。由悟於先，故當解也。

疏先修後悟等者，次對也。謂頓由絕諸緣等云云，（如上所引）故得心地豁開。以根欲俱勝故，不同前頓修漸悟也。注以修如服藥者，一服頓契也。悟如病除者，熱病得汗，四肢百節一時輕清也。不取漸漸平復之意。以悟在修後，故當於證。然此證解前無二相。疏修悟一時者，後對也。謂以無相爲修，分明爲悟，悟即慧也，用也。修即定也，體也。荷澤云，即體而用自知等。注中取意，引《心要》也。具云，無心於忘照，則萬累都捐，任運以寂知，則衆行爰起。今但各取上句故，一喻悟一喻修。若全用後二句，自有修悟。謂上句悟，下句修也。《心要》又云：一念不生，前後際斷。（即頓修也）照體獨立，物我皆如。（即頓悟也）荷澤云：一切善惡都不思量，言下自絕念相。（修也）正無念想，心已自知。（悟也）

疏即通解證者，此有二意。一者，如上釋云，證解亦無二相，故二皆通。謂即證即解，即解即證。二者，或是證，或是解。謂頓了頓息等，即爲解悟。頓盡頓覺，即爲證悟。如大夢覺，覺即頓覺，夢必頓盡故。（如《佛地論》說，下當具釋）

疏若本具下，第八一對也。結云通解證也，亦含二意。如次上說，初義可知，後義應釋。約解釋者，但取無漏本覺爲悟，不加覺了之心，但取性上功德爲行，不待息心爲行。注中飲字得字皆喻，與之相應。約證釋者，即始覺合本之時，無別始覺之異故。《華嚴疏》云：新成舊佛，舊佛新成。成時但是本本之眞，不見新新之相，悟修皆爾。故《華嚴》說，成時必與一切衆生同體俱成。又云，成與不成無差別者，正由不取新成之虛相也。

疏若約《楞伽》下，第九對之證悟也。此雖漸頓各四，而非四對。謂以地前四漸，對地上四頓故。彼經，大慧白佛言：世尊！云何淨除自心現流，爲頓爲漸。答中，先明四漸，後說四頓。漸經云：佛告大慧，漸淨非頓，如一菴羅果，漸熟非頓。如來漸除衆生自心現流，亦復如是，漸淨非頓。（一此喻十信）二如陶家作器，漸成非頓。（十住）三如大地漸生非頓。（十行）四如習藝漸就非頓。（十向）上之四漸，約於修行，未證理故。下之四頓，約已證理故。一明鏡頓現喻。經云，譬如明鏡，頓現一切無相色像。如來淨除一切衆生自心現流，亦復如是，頓現無相無所有清淨法界。（喻初地至七地）二日月頓照喻，云如日月輪，頓照顯示一切色像。如來爲離自心現流習氣過患衆生，亦復如是，頓爲顯示不思議勝智境界。（喻八地已上）三藏識頓知喻，云譬如藏頓分別知自心所現身相及安立受用境界。彼諸佛亦復如是，頓熟衆生所處境界，以修行者安處於色究竟天。（此喻報身）四佛光頓照喻，云譬佛所作，依佛光明照曜自覺聖趣，亦復如是。彼於法相有性無，惡見妄想，照令除滅。（亦喻法報，前喻頓成，此喻頓照）今注中取意，撮略標之。但看上引經文，自當見耳。然一向鑒配地位者，古今同爲此釋，亦順經文。若準清涼大師《華嚴疏鈔》所釋，則通於橫竪，則位位中皆有頓義。且約橫論頓，復有多義。謂頓悟漸修等四句云云，亦不出上來九對頓漸。如別卷引。然頓與圓，若約究竟眞實性德，出體則同未圓，不名爲頓故。若約釋名義及教門，施設則別，謂頓約時竪說，圓約法橫說，不妨有頓而非圓。如初地頓斷二障分別種子，未斷俱生故。又不妨圓而非頓，如信華嚴宗中所顯一切衆生全同佛德，一向發心學之，更不習權教小乘。此名聞圓法起圓信。然根性遲鈍，習之多時，漸漸方解，故非頓也。天台云，漸漸非圓漸，圓圓非漸圓。謂善漸家亦有圓漸，圓寂亦有圓漸。漸家漸者，如江出岷山始於濫觴。漸家圓者，如大江千里。圓家漸者，如初入海，雖則漸深，一滴之水已過大江。況濫觴耶。圓家圓者，如窮海濾底故。今云漸是圓家漸，尙過漸家之圓，況漸家之漸。故五教中，判頓教圓教不同。上來多段不同，總當第一。敘禪宗竟。

**延壽《宗鏡錄》卷三六**　問：如何是頓漸四句。答：一漸修頓悟，二頓悟漸修，三漸修漸悟，四頓悟頓修。《楞伽經》中有四漸四頓。經云：大慧白佛言，世尊，云何淨除自心現流，爲頓爲漸。答中先明四漸，後說四頓。漸經云：佛告大慧，漸淨非頓。一如菴羅果，漸熟非頓。如來漸除衆生自心現流，亦復如是，漸淨非頓。二如陶家作器，漸成非頓。三如大地，漸生非頓。四如習藝，漸就非頓。上之四漸，約於修行，未證理故。下之四頓，約已證理故。一明鏡頓現喻。經云：譬如明鏡，頓現一切無相色像。如來淨除一切衆生自心現流，亦復如是，頓現無相無所有清淨法界。二日月頓照喻。經云：如日月輪，頓照顯示一切色像。如來爲離自心現習氣過患衆生，亦復如是，頓爲顯示不思議勝智境界。三藏識頓知喻。經云：譬如藏識，頓分別知自心現，及身安立受用境界。彼諸報佛，亦復如是，頓熟衆生所處境界。以修行者，安處於彼色究竟天。四佛光頓照喻。經云：譬如法佛所作，依佛光明照耀，自覺聖趣，亦復如是。於彼法相有性無性，惡見妄想，照令除滅。

今取頓悟漸修，深諧教理。《首楞嚴經》云：理雖頓悟，承悟併消。事在漸修，依次第盡。如大海猛風頓息，波浪漸停。猶孩子諸根頓生，力量漸備。似曦光之頓出，霜露漸消。若即文之頓成，讀有前後。或頓悟頓修，正當宗鏡。如華嚴宗，取悟如日照，即解悟證悟，皆悉頓也。又如磨鏡，一時遍磨，明淨有漸。今論，明是本明，漸爲圓漸。明是本明者，恐謂拂鏡非頓。明鏡本來淨，何用拂塵埃。此是六祖，直顯本性，破其漸修。今爲順經，明其漸證，隨漸漸明，皆本明矣。故云，明是本明，即無念體上自有眞知，非別有知，知即心體也。

漸爲圓漸者，即天台智者意。彼云，漸漸非圓漸，圓圓非漸圓。謂漸家亦有圓漸，圓家亦有圓漸。漸家漸者，如江出岷山，始於濫觴。漸家圓者，如大江千里。圓家漸者，如初入海，雖則漸深，一滴之水已過大江，況濫觴耶。圓家圓者，如窮海涯底故。今云，漸是圓家漸，尙過漸家之圓，況漸家之漸。《禪原集》云：頓門有二，一逐機頓，二化儀頓。一逐機頓者，遇凡夫上根利智，直示眞法，聞即頓悟，全同佛果。如《華嚴》中，初發心時，即得阿耨菩提。《圓覺》中，觀行即成佛。二化儀頓者，謂佛初成道，爲宿世緣熟上根之流，一時頓說性相事理，衆生萬惑，菩薩萬行，賢聖地位，諸佛萬德。因該果海，初心即得菩提。果徹因原，位滿猶同菩薩。此唯《華嚴》一經，名爲頓教。其中所說諸法，是全一心之諸法。一心是全諸法之一心，性相圓融，一多自在。又約機頓漸不同。有云：先因漸修功成，而豁然頓悟。如伐木片片漸斫，一時頓倒。亦如遠詣皇城，步步漸行，一日頓到。有云：先因頓修，而後漸悟。如人學射，頓者箭箭直注意在的，漸者久始漸親漸中。此說運心頓修，不言功行頓畢。有云：漸修漸悟，如登九層之臺，足履漸高，所見漸遠。已上皆證悟也。有云：先須頓悟，方可漸修。此約解悟。若約斷障說者，如日頓出，霜露漸消。若約成德說者，如孩初生，即具四支六根，長即漸成志氣功用。如《華嚴經》云，初發心時，即成正覺。三賢十聖，次第修證。若未悟而修，非眞修也。良以非眞流之行，無以稱眞，何有飾眞之行，不從眞起。經云，若未聞此法，多劫修六度萬行，竟不證眞。有云，頓悟頓修者，此說上上智根性，樂欲俱勝，一聞千悟，得大總持。一念不生，前後際斷。若斷障說，如斬一籰絲，萬條頓斷。若修德說，如染一籰絲，萬條頓色。荷澤云，見無念體，不逐物生。又云，一念與本性相應，八萬波羅蜜行，一時齊用。又頓悟者，不離此生，即得解脫。如師子兒，初生之時，是眞師子。即修之時，即入佛位。如竹春生筍，不離於春，即與母齊。何以故，心空故。若除妄念，永絕我人，即與佛齊。經云，不壞世間而超世間，不捨煩惱而入涅槃。不修頓悟，猶如野干隨逐師子，經百千劫，終不得成師子。故知若不直了自心，豈成圓頓，隨他妄學，終不成眞。此《宗鏡錄》是圓頓門，即之於心，了之無際，更無前後，萬法同時。所以《證道歌》云，是以禪門了卻心，頓入無生慈忍力。又若用悟而修，即是解悟。若因修而悟，即是證悟。

**宗泐、如玘《楞伽阿跋多羅寶經註解》卷一** 佛告大慧：漸淨非頓。如菴羅果，漸熟非頓。如來淨除一切眾生自心現流，亦復如是，漸淨非頓。譬如陶家造作諸器，漸成非頓。如來淨除一切眾生自心現流，亦復如是，漸淨非頓。譬如大地漸生萬物，非頓生也。如來淨除一切眾生自心現流，亦復如是，漸淨非頓。譬如人學音樂、書畫種種伎術，漸成非頓。如來淨除一切眾生自心現流，亦復如是，漸成非頓。譬如明鏡，頓現一切無相色像。如來淨除一切眾生自心現流，亦復如是，頓現無相無有所有清淨境界。如日月輪頓照，顯示一切色像。如來爲離自心現習氣過患眾生亦復如是，頓爲顯示不思議智最勝境界。譬如藏識頓分別知自心現，及身安立受用境界。彼諸依佛亦復如是，頓熟眾生所處境界，以修行者安處於彼色究竟天。譬如法佛所作依佛光明照耀，自覺聖趣亦復如是。彼於法相，惡見妄想，照令除滅。此段示漸頓淨相。佛告大慧下，示漸淨相，文凡四喻。有法有喻有合，文皆可見。

**德清《觀楞伽阿跋多羅寶經記》卷二** 佛告大慧：漸淨非頓。如菴羅果，漸熟非頓。如來淨除一切眾生自心現流，亦復如是，漸淨非頓。譬如陶家造作諸器，漸成非頓。如來淨除一切眾生自心現流，亦復如是，漸淨非頓。譬如大地漸生萬物，非頓生也。如來淨除一切眾生自心現流，亦復如是，漸淨非頓。譬如人學音樂書畫種種技術，漸成非頓。如來淨除一切眾生自心現流，亦復如是，漸成非頓。

記曰：上明四漸，下明四頓。

譬如明鏡，頓現一切無相色像。（唐譯云，譬如明鏡，頓現眾相，而無分別）如來淨除一切眾生自心現流，亦復如是，頓現無相無有所有清淨境界。如日月輪，頓照顯示一切色像。如來爲離自心現習氣過患眾生，亦復如是，頓爲顯示不思議智最勝境界。譬如藏識，頓分別知自心現及身安立受用境界。彼諸依佛亦復如是，頓熟眾生所處境界。以修行者安處於彼色究竟天。（唐譯云，譬如阿黎耶識，分別現境自身資生器世間等，一時而知，非是前後。大慧！報佛如來亦復如是。一時成熟諸眾生界，置究竟天淨妙宮殿修行清淨之處）譬如法佛所作依佛，（唐譯云，譬如法佛頓現報佛）光明照耀，自覺聖趣，亦復如是。彼於法相有性無性，惡見妄想，照令除滅。

記曰：此約化法頓漸，以明理須頓悟，事須漸除之意也。舊以頓漸皆約佛，然諦觀喻中，漸取成熟義，頓取顯現照用義。是頓單約佛，漸單約機耳。蓋如來圓滿自覺聖智，安住海印三昧，照明法界，平等顯現。譬如明鏡現像，纖悉不遺。鑑機說法，如日月升天，雲雨普潤，但山有高下，故蒙光有先後。根有大小，故成熟有遲速。所謂法本不異，異自機耳。故如來說法，如師子調兒，雖顧盻頻呻，皆盡全力。此所以化法有祕密不定義也。然此皆約佛以明頓漸者，以依三身說法，頓漸有四義，謂頓頓，頓漸，漸頓，漸漸。良以眾生各各自心，本是自覺聖智，但以無明熏習，變爲現業流識。今轉識成智，因無明有厚薄，故法有頓漸不同。若有眾生，一念頓悟本有法身智慧，照明自心本無身心世界之相，永離攀緣，一切根量相滅，一念頓證，自覺聖智。所謂法佛說頓法，頓淨眾生自心現流，此頓頓也。若有眾生，因師教熏習之力，雖能了悟自心，以無明習氣力，不能頓離心意意識妄想境界，但觀一切諸法緣生無性，一切身心世界如幻不實，唯自心現，漸斷無明，證自覺聖智。先解，次行，後證。此乃報佛說頓漸法，淨眾生現流，此頓漸，漸頓也。若諸眾生，雖遇外緣，不能頓悟自心，但依如來權敎大乘所說施戒忍進禪定智慧，漸次觀察，漸離心境，得正知見。此化佛說漸漸法，漸淨眾生自心現流，此漸漸也。由是觀之，在佛雖漸亦頓，以平等顯現故，故頓單約佛，在機亦頓亦漸。以因多生久積善根成熟，今始一念頓悟，雖頓亦因漸，故漸單約機。故下隨舉三佛說法之式，釋成頓漸義。然化佛雖說漸法，以三身一體，故雖漸亦頓。故經云，更以異方便，助顯第一義也。

**智旭《楞伽阿跋多羅寶經疏義》卷一**　佛告大慧：漸淨非頓。如菴羅果，漸熟非頓。如來淨除一切衆生自心現流，亦復如是，漸淨非頓。譬如陶家造作諸器，漸成非頓。如來淨除一切衆生自心現流，亦復如是，漸淨非頓。譬如大地，漸生萬物，非頓生也。如來淨除一切衆生自心現流，亦復如是，漸淨非頓。譬如人學音樂書畫種種技術，漸成非頓。如來淨除一切衆生自心現流，亦復如是，漸淨非頓。

疏曰：此即《大佛頂經》所謂事非頓除，因次第盡，乃頓家之漸也。夫菴羅樹初生果時，即菴羅果，必非他果。可喻初發心時，便成正覺，非權果也。而一切種智之果，必以漸熟。智果漸熟，則妄想現流自漸淨矣。夫陶家作器，如作瓶時，初作即瓶，非待後時方改爲瓶。可喻初修行時，便作無上佛器，非小器也。而一切佛器，漸次精好，畢竟堅固。譬如瓶壞，先粗次細，後乃燒成。佛器精堅，則現流自除淨矣。夫大地生物，如生稻時，初生即稻，非以稗等而改爲稻。可喻初發菩提芽時，即由大菩提種，非他種也。而菩提莖葉華果，必以漸次增長。菩提增長，則現流自消滅矣。夫人學諸技術，如學書必宗鍾王，學射必宗於羿。可喻初發意時，便學如來十力無畏不共法等，非學作意神通道術也。而如來力無畏等，必以漸成。力無畏等既成，則現流自永淨矣。

二約能淨明頓義。

譬如明鏡，頓現一切無相色像。（魏云，譬如明鏡，無分別心，一時俱現一切色像。唐云，譬如明鏡，頓現衆像而無分別）如來淨除一切衆生自心現流，亦復如是，頓現無相無有所有清淨境界。（魏云，如來亦復如是，無有分別。淨諸衆生自心現流，一時清淨，非漸次淨，令住寂靜無分別處。唐云，諸佛淨除衆生自心現流，亦復如是，頓現一切無相境界，而無分別）如日月輪，頓照顯示一切色像。（魏加句云，非爲前後）如來爲離自心現習氣過患衆生，亦復如是，頓爲顯示不思議智最勝境界。（魏云，爲令衆生遠離自心煩惱見熏習氣過患，一時示現云云。唐云，如來淨諸衆生自心過習，亦復如是，頓爲示現不可思議諸佛如來智慧境界）譬如藏識，頓分別知自心現及身安立受用境界。（魏云，譬如阿梨耶識，分別現境自身資生器世間等，一時而知，非是前後。唐云，譬如藏識，頓現於身及資生國土一切境界）彼諸依佛，亦復如是，頓熟衆生所處境界。以修行者，安處於彼色究竟天。（魏云，報佛如來，亦復如是，一時成熟諸衆生界，置究竟天淨妙宮殿修行清淨之處。唐云，報佛亦爾，於色究竟天，頓能成熟一切衆生，（念）修諸行）譬如法佛所作依佛，光明照耀。（魏云，譬如法佛報佛，放諸光明。有應化佛，照諸世間。唐云，譬如法佛，頓現報佛及以化佛光明照耀）自覺聖趣，亦復如是。彼於法性有性無性，惡見妄想，照令除滅。（魏云，內身聖行光明法體，照除世間有無邪見，亦復如是。唐云，自證聖境亦復如是，頓現法身，而爲照耀，令離一切有無惡見）。

疏曰：此明如來四智，一時普能頓淨一切衆生自心現流，兼顯理則頓悟，乘悟併銷義也。明鏡者，譬如來大圓鏡智也。無相色像者，如鏡中色像，有即非有，非有而有，當體如如也。頓現無相清淨境界者，令諸衆生頓悟圓成實如如理也。日月輪者，譬如來平等性智也。淨諸衆生習氣過患者，破其我法二執也。顯示不思議智者，令諸衆生頓階圓成實正智也。藏識者，譬如來妙觀察智也。衆生藏識，雖在迷時，亦惟現量。能於根身器界種子三類性境，一時覺了。如來妙觀察智，亦復如是，頓分別知法界衆生所有根性，方便令其從因尅果也。安處於彼色究竟天者，令諸衆生頓捨染分緣起，頓證淨分緣起也。法佛所作依佛光明者，譬如來成所作智也。照耀世間者，譬報化佛說法開示衆生也。自覺聖智者，指衆生聞法所獲始覺智也。照除惡見妄想者，頓破分別我法二執也。然此漸頓二義，雖約能所，實不相離。是故所淨雖漸，而未嘗無頓也。能淨雖頓，而未嘗無漸也。且如菴羅雖以漸熟，而一樹非不頓生多果。諸器雖以漸成，而陶家非不頓作諸器。萬物雖漸生長，而大地非不頓生萬物。技術雖以漸成，而巧人非不頓學衆技。此即漸中有頓也。如明鏡雖頓現像，而胡來則胡現，漢來則漢現，次第來則仍次第現也。日月雖頓照顯，而先照高山，次照幽谷等，亦可說次第也。藏識雖頓覺了三類性境，而因緣變力，一任先業種子次第生果，亦未嘗無先後也。法佛所作報化，雖遍法界，而有緣者見，無緣者不見，緣熟者先見，緣生者後見，亦未嘗無次第也。此即頓中有漸也。至於衆生稟頓漸教，起頓漸行，獲頓漸益。一往雖以一乘爲頓，三乘爲漸，而於四教之中，細論各有頓漸，亦可各作四句料簡。末世學人，不依於義，但著言說，聞頓即喜，聞漸即怒。誰知偏小雖有頓名，亦何足重。圓實雖有漸義，亦安可輕。故不避繁，聊爲拈出。用破隨悟生解之迷情，用顯頓漸圓融之妙理。

言四句料簡者，一漸漸，二漸頓，三頓漸，四頓頓也。三藏教四句者，如鈍根聲聞，先以五停漸調煩惱而階見道，後復徧歷諸禪空處而出三界，是漸漸也。先歷諸見而後見諦，即於此生得愛盡者，是漸頓也。聞法即證須陁洹果，或經七返，或一往來，或歷諸禪而漏盡者，是頓漸也。善來得戒，即成無學者，是頓頓也。通教四句者，先析後體而登見地，更歷多時而尅上地者，是漸漸也。先觀生滅而悟無生，既悟無生，便盡餘惑者，是漸頓也。創觀四性，即悟無生，以無生覺，漸斷餘惑者，是頓漸也。一念不生即如如佛，不歷階位而自崇最者，是頓頓也。

別教四句者，先從藏通轉入，或從通教按位接者，是漸漸也。若從通教勝進接者，是漸頓也。先信中道，乃修次第三觀者，是頓漸也。登地以後，證道同圓，是頓頓也。圓教四句者，從前三教方便轉入，或通別教按位接入，是漸漸也。從通別教勝進接入，或從法華開顯會入，是漸頓也。具縛即知秘密之藏，歷劫修行華嚴海空，是頓漸也。狂心頓歇，歇即菩提，如是乃超信住行向加行地等，入於如來妙莊嚴海，圓滿菩提，歸無所得，是頓頓也。又藏通雖各四句，束之皆名爲漸。但詮眞故，別圓雖各四句，束之皆名爲頓，正詮中故。又藏教拙門，是界內漸。通教巧門，是界內頓。別教歷別，是界外漸。圓教圓融，是界外頓。又藏教近通化城，其路屈曲，雖有四句，總爲漸漸。通教直通化城，遙通寶所，雖有四句，總爲漸頓。別教雖通寶所，其路迂迴，雖有四句，總爲頓漸。圓教直通寶所，無委曲相，雖有四句，總爲頓頓。又藏教析觀拙，開會難，則先後皆漸，應名漸漸。通教體觀巧，而利受接，鈍不受接，則先頓後漸，應名頓漸。別教歷別修觀，而證道同圓則，先漸後頓，應名漸頓。圓教六而常即，則始終皆頓，應名頓頓。又藏通之頓頓，猶故不如圓家之漸漸。當知，以名定義，萬無一得，以義定名，萬無一失。後世徒鶩圓頓之名，安知頓漸皆不思議乎。初正答漸頓二義竟。

# 圓教

**智顗《觀音玄義》卷下**　圓教者，此正顯中道，遮於二邊。非空非假，非內非外，觀十法界衆生，如鏡中像，水中月，不在內不在外，不可謂有不可謂無。畢竟非實，而三諦之理，宛然具足。無前無後，在一心中。即一而論三，即三而論一。觀智既爾，諦理亦然。一諦即三諦，三諦即一諦。《大品》云：有菩薩從初發心，即坐道場，轉法輪，度衆生。即於初心，具觀三諦，一切佛法，無緣慈悲，於一心中，具修萬行諸波羅蜜。入十信，鐵輪已能長別苦輪海。四住惑盡，六根清淨，名似解。進入十住，銅輪初心即破無明。開發實相，三智現前，得如來一身無量身，湛然應一切，即是開佛知見，示悟入等。文云，正直捨方便，但說無上道。又云，今當爲汝說最實事，即是圓教一實之諦，三觀在一心中也。《大品》云，若聞阿字門，則解一切義。《大經》云，發心畢竟二不別，如是二心前心難。是故敬禮初發心，即是義也。此中知見但稱爲佛知佛見，即是一切種智知佛眼見。佛眼見佛智知，非不照了餘法，從勝受名。譬如衆流入海，失本名字。《大論》云，十智入如實智，無復本名，但稱如實智。眼亦如是，五眼具足成菩提，而今但稱爲佛眼。《大經》云，學大乘者，雖有肉眼，名爲佛眼。若例此語，學小乘者，雖有慧眼，名爲肉眼也。若能如是解者，名圓教人法。約無作四諦，起無緣慈悲，修不二定慧，成眞應二身。眞遍法界藥，珠普應一切。橫竪逗機，冥顯兩益。以無缺寶藏金剛般若，拔根本究竟解脫。以《首楞嚴》法界健相，與三點涅槃大自在樂，是名中道第一義諦。觀一切種智。是名圓教觀世音義也。

**知禮《觀音玄義記》卷三**　圓教者，眞善妙有，及畢竟空，雙遮雙照，名豈異前。但以別人不知三諦體是三德，不縱不橫，一一互具。以此三諦而爲四門，失此意故，隨門各解，名有四之四。今圓得旨，乃於彼四融即而觀，故得名爲不四之四。雖立行位，皆不思議。三次論下，明權實。偏眞爲權，中道爲實。前之二教，能詮能觀，共十六門。所詮所證，但在偏眞，故皆是權。別教教道，能詮能觀，皆次故權。見所詮理，及所證地，同圓故實。圓教教觀，能詮所詮，能行所到，始終俱圓，故皆是實。

# 方便

**曇無讖譯《菩薩地持經》卷四**　云何菩薩方便不施。不忍直言，必定不與。要以軟語，開解發遣，作是方便，有而不施。菩薩本來所畜眾具一切施物，以清淨心，於一切十方諸佛菩薩，捨作淨施已。譬如比丘以己衣物於和上阿闍梨所捨作淨施，如是作淨施因緣故，得畜種種無量財物，故名住聖種菩薩，亦得無量功德。常自憶念如是功德，於一切時常隨增長。凡是淨施所畜之物，爲諸佛菩薩受寄護持，見彼來求，觀察其人有成就相。先所捨物作淨施者，取以與之。諸佛菩薩於一切眾生無不捨之物，作如是知。滿求者意觀察彼人無成就相，以淨施法而開解之，稱言賢首，此物先捨，已有所屬。軟語發遣，不令致恨。若以餘物兩三倍施，作是方便，令知菩薩不以慳故而不惠施。當以不自在故，不以施我。如是經法則不施與。菩薩作如是法施者，名智慧施。

**吉藏《淨名玄論》卷四**　方便者，是善巧之名。此義多門，今略論十對。

一者，直照空有，名爲般若。行空不證，涉有無著，故名方便。此之照巧，更無二體。以巧而照，故名爲實。以照而巧，故名方便。問：能照之智，共名實智。所照之境，同稱實境。實智之中，有空智有智。實境之中，有眞境俗境。此爲例也。問：既有眞俗，云何皆名實境。答：是如實智境，故名實境，從智受名。又實是眞俗，非妄稱之，當體名實。

二者，照空爲實，涉有爲方便。如釋論云，般若將入畢竟空，方便將出畢竟空。是實相名爲實。般若照空，故名爲實。雖復照空，即能涉有。此用既巧，名爲方便。問：若爾，雖復照有，即能鑒空。此用亦巧，應是方便。答：此照雖巧，但實智爲體，故隱其巧名，與其實稱也。

三者，以內靜鑒爲實，外變動爲權。問：此義與前何異。答：此明若照若巧，靜鑒之義，皆名爲實。以外變動，故名爲權。

四者，般若爲實，五度爲方便。所以然者，般若爲空解，空解故名實。五度爲有行，有行故名權。問：此與上照空爲實，涉有爲權，何異。答：前明照空照有，皆是智慧，故以二解分權實。今約解行以開二門，空解爲實，有行爲權，與上異也。問：有行何故爲權。答：雖復照空，即能起行。此義既巧，故名爲權。

五者，照空爲實，知空亦空，即能不證空，故名爲權。所以然者，二乘不知空亦復空，以空爲妙極，故名但空，所以證空。菩薩知空亦空，名不可得空，故不證空。即能涉有，故名爲權。此明重空義，明空義爲實。實義即劣，知空亦空，即能涉有，此用既勝，故名爲權。就此二慧，更無異體。初觀心未妙，故但能照空。既轉精巧，即知空亦空。既知空亦空，而不壞假名，即能涉有。始終論之，猶是一慧。約巧未巧，故分權實。

六者，知身苦空無常，故名爲實。而不取滅，名爲方便。以生死身實是苦空無常遇患之法，如實照其，故名爲實。二乘知此，即滅之，故無方便。菩薩雖知，而安身所疾，自行化人，故方便。

七者，直知身病，非故非新，故爲實。而不厭離，稱爲方便。此但就有行分權實。

八者，《淨名》託迹毘耶，不疾之身爲實，現病之跡爲權。此據虛實之義，以明權實也。

九者，以上照空有二，爲方便。照非空有不二爲實。非空非有，即一實諦。照一實諦，故名爲實。雖非空有，而空有宛然。不動不二，善巧能二，故名方便。

十者，空有爲二，非空有爲不二。照二與不二，皆名方便。照非二非不二，淨名杜言，釋迦掩室，乃名爲實。權實多門，略開十對。此之十對，即一塗次第。並有經論，可隨文用之。

**吉藏《法華義疏》卷三**　一者，就理教釋之，理正曰方，言巧稱便。即是其義深遠，其語巧妙。文義合舉，故云方便。此釋通於大小，不專據三乘。二者，眾生所緣之域爲方，如來適化之法稱便。蓋欲因病授藥，籍方施便，機教兩舉，故名方便。此亦通於大小，非專據於三乘。三者，履嶮得安稱方，稟教獲利稱便。五濁之嶮，非三乘則不安，故云履嶮得安。

稟三乘教則便獲利，故以教爲方以益爲便。教益雙擧，故云方便。此亦通於大小，非專據三乘。次合釋者，凡有三義。一者，方便是善巧之名，善巧者智用也。理實無三，以方便力是故説三，故名善巧。

**智顗《妙法蓮華經文句》卷三上**　方者法也，便者用也。法有方圓，用有差會。三權是矩是方，一實是規是圓。若智詣於矩，則善用偏法逗會眾生。若智詣於規，則善用圓法逗會眾生。譬如偏擧指以目偏處，是擧偏法以目智，宜用法以釋方，將用以釋便。若總擧指以目圓處，宜將祕以釋方，妙以釋便也。擧偏法釋方便，蓋隨眾生欲，非佛本懷。如經令離諸著，出三界苦，是故如來殷勤稱歎方便。此義可釋他經，非今品意。又方便者，門也。門名能通，通於所通，方便權略，皆是弄引，爲眞實作門。眞實得顯，功由方便。從能顯得名，故以門釋方便。如經開方便門，示眞實相。此義可釋他經，非今品意。又方者祕也，便者妙也。妙達於方即是眞祕。點內衣裏，無價之珠，與王頂上唯有一珠，無二無別。指客作人是長者子，亦無二無別。如斯之言，是祕是妙。如經，唯我知是相，十方佛亦然，止止不須説，我法妙難思。故以祕釋方，以妙釋便，正是今品之意，故言方便品也。料簡者，初番釋者是體外方便，化物之權，隨他意語。次釋亦是體外方便，自行化他之權，亦是隨自他意語。後釋是同體方便，即是自行權隨自意語。初釋方便，非能入非所入。次釋方便，是能入非所入。後釋方便，是所入非能入。故知名同，其義大異。世人多不見此意，浪釋《方便品》(云云)。

**智顗《妙法蓮華經文句》卷三上**　問：方便與權云何。

答：四句分別。自有方便破權，權破方便，方便修權，權修方便。方便即權，權即方便。方便破權者，四種皆是祕妙之方便，此方便破隨他意權也。權破方便者，權是同體之權，破於體外之方便也。相修者亦可解，相即者亦可解（云云）。三句可釋他經。第四句今品意也。故《正法華》名《善權品》。權即方便，無二無別。低頭擧手，皆成佛道。方便善權，皆眞實也。廣釋者，先出舊解五時權實。十二年前，照無常事爲權，照無常理爲實，指《阿毘曇》。今謂釋論破無常是對治法，皆屬三悉檀，云何有實耶，非今所用。十二年後，般若照假有爲權，照假有即空爲實。釋論亦破此義。念想觀已除，言語法皆滅。照假有即空者，猶是觀想耳。非今所用。次《淨名》《思益》，內諍鑒空有二境爲實智，外變動應用爲權智。今謂內鑒外用爲二，非入不二門，非今所用。次《法華》照三三爲權，照四一爲實。今謂三權一向不會實，一實不關三權，非今所用。次《涅槃》《金剛》前無常爲權，金剛後常爲實。今謂道前眞如亦是常，道後如量智亦是權。此五時權實，非今所用。乃至半滿四宗所明權實二智，亦非今所用。復有人解，方便是權爾，實是審實。又方便是權巧，實是智慧。又方便是權假，假三車於門外。又方便是權宜，宜説三乘故。又權是譬名，譬如秤錘前之則重，卻之則輕，處中則平。合於佛智照察稱量。如是等釋，各取一途。權爾權假約處所，權宜約法門，權巧秤錘約智能。各不包含，義不融妙。不可用此釋今品。又有人以四種二慧，初一是權一是實，次空有二智。觀空不證，離二乘涉有，無染出凡夫。次空有內靜爲實，外用爲權。次金剛前後，常無常爲權實。初二慧令生信，次二慧令生解，次二慧令化他，後二慧是果。此諸二慧，凡有三轉。初以有爲俗，空爲眞。次空有爲俗，非空非有爲眞。次空有爲二，非空非有爲不二。二不二皆爲俗，非二非不二爲眞。教智亦然，何故爾，爲人悉檀故。自有人聞前不悟，聞後即悟，是故二諦不同。又如來常依二諦説法，故二諦有三門。又佛教雖多，不出三門。又漸引眾生故，凡夫計心形是實，蓋非實也，法性空乃眞耳。凡夫即捨有取空，故説空有皆是俗，非空非有乃是眞。或者捨二邊，復滯中道。故第三遠離二邊，不著中道，乃是眞。此爲五乘人，初引凡夫生信出有，次引二乘令入中，次引菩薩令中偏俱捨。又爲學中者，謂三假爲世，三假空爲眞，此但得初意。次非三假空有皆俗，非空非有爲眞（云云）。今詳彼釋，乃是傍五時顯己意，卻漸次梯隥之非耳。可釋他經，非今品意。經云咸令眾生皆得覩見，何時前後開悟不同。又云正直捨方便，那用漸次會於圓妙。又初引生信解化果等，何關今經悟入之意耶。如天親列十七名，第十三名大巧方便。又《大乘方便經》明方便十種，第九名善巧，移二乘，令入大乘方便波羅蜜。當知今品乃是如來方便，攝一切法，如空包色，若海納流。豈可以諸師一枝一派，釋法界之大都耶。今明權實者，先作四句。謂一切法皆權，一切法皆實，一切法亦權亦實，一切法非權非實。一切法權者，如文云，諸法如是性、相、體、力、本末等。介爾有言，皆是權也。一切法實者，如文，如來巧説諸法，悦可眾心，眾心以入實爲悅。又諸法從本來，常自寂滅相。又云，如來所說，皆悉到於一切智地。又云，皆實不虛。又《大經》四句，皆不可說也。一切法亦權亦實者，如文所謂諸法如實相，是雙明一切亦權亦實。

**玄奘譯《瑜伽師地論》卷三八** 云何菩薩方便所攝身語意業。當知略說菩薩所有四種攝事，是名方便。如世尊言，菩薩成就四種攝事所攝方便，方名菩薩。復何因緣惟四攝事說名方便，謂諸菩薩略由如是攝事所攝四種方便，於諸有情普能攝受調伏成熟，除此無有，若過若增。何等名爲四種方便。一隨攝方便，二能攝方便，三令入方便，四隨轉方便。若諸菩薩先行布施，當知是名隨攝方便。何以故。先以種種財物布施，饒益有情，爲欲令彼聽受所說，奉教行故。若諸菩薩次行愛語，於彼彼處有愚癡者，爲欲除彼所有愚癡，令無餘故。令其攝受，瞻察正理。如是愛語，當知名爲能攝方便。若諸菩薩知彼有情攝受，瞻察正道理已，次行利行，拔彼有情出不善處，於其善處，勸導調伏，安處建立。如是利行，當知名爲令入方便。若諸菩薩如是方便，令諸有情得趣入已，最後與其於正事業，同共修行，令彼隨轉。由是因緣，令所化者不作是說。汝自無有圓滿淨信、圓滿尸羅、圓滿惠捨、圓滿智慧，何賴於善勸導於他，諫誨呵擯，與作憶念。是故菩薩所行第四同事攝事，當知是名隨轉方便。如是菩薩四種方便，若總若別，所攝身業語業意業，是名方便。所攝三業，於諸有情，能正攝受，調伏成熟。

**玄奘譯《瑜伽師地論》第三九** 云何菩薩方便不施。謂諸菩薩不忍直言遣來求者，謂我不能惠施於汝，要當施設方便善巧，曉喻發遣。云何施設方便善巧，謂諸菩薩先於所畜一切資具一切施物，爲作淨故，以淨意樂捨與十方諸佛菩薩。譬如苾芻於已衣物爲作淨故，捨與親教軌範師等。如是菩薩淨施因緣，雖復貯畜種種上妙一切資具一切施物，猶得名爲安住聖種，生無量福，常於此福多思惟故。於一切時隨逐增長，恆於一切作淨施物。如佛菩薩可寄護持，見來求者，即應觀察。若隨所欲，作淨施物，惠施彼時，稱當正理，應作是念，諸佛菩薩無有少物，於諸眾生而不施者。如是知已，取淨施物。施來求者，令所願滿。若觀施時，不稱正理，即應念先作淨施法，告言賢首，如是等物是他所有，不許汝施。軟言曉喻，方便發遣。或持餘物，二倍三倍，恭敬施與，然後發遣，令彼了知菩薩於此非慳貪故，不欲施我。定當於此經卷等法，不自在故，不施於我，當知是名菩薩巧慧而行法施。

**玄奘譯《瑜伽師地論》卷四五** 云何菩薩方便善巧。當知略說有十二種。依內修證一切佛法，有其六種。依外成熟一切有情，亦有六種。

云何依內修證一切佛法六種方便善巧。一者，菩薩於諸有情，悲心俱行，顧戀不捨。二者，菩薩於一切行，如實遍知。三者，菩薩恆於無上正等菩提所有妙智，深心欣樂。四者，菩薩顧戀有情爲依止故，不捨生死。五者，菩薩於一切行，如實遍知爲依止故，輪轉生死而心不染。六者，菩薩欣樂佛智爲依止故，熾然精進。當知是名菩薩依內修證一切佛法六種方便善巧。云何依外成就一切有情六種方便善巧。一者，菩薩方便善巧，能令有情以少善根感無量果。二者，菩薩方便善巧，能令有情少用功力，引攝廣大無量善根。三者，菩薩方便善巧，於佛聖教憎背有情，除其恚惱。四者，菩薩方便善巧，於佛聖教處中有情，令其趣入。五者，菩薩方便善巧，於佛聖教已趣入者，令其成熟。六者，菩薩方便善巧，於佛聖教已成熟者，令得解脫。云何菩薩方便善巧，令諸有情以少善根感無量果。謂諸菩薩方便善巧，勸諸有情，捨微劣物乃至最下焦麨團，施鄙穢田乃至蠢動傍生之類。作是施已，迴求無上正等菩提。如是善根物田雖下，由迴向力感無量果。

**玄奘譯《佛地經論》卷六** 經曰：又如眾生方便語業，由是眾生展轉指授，務專所作，毀惡讚善，更相召命。如是如來成所作智，所起方便，語變化業。由是如來立正學處，毀諸放逸，讚不放逸。又復建立隨信行人隨法行等。以是善巧方便力故，引諸眾生，令入聖教，成熟解脫。

論曰：此中顯示方便語化，化語業相。如諸世間方便語業，更相教示。諸所應作，不應作事，利益親友。放逸眾生加行起作，故名方便。如是如來由大悲故，爲諸有情安立學處，令伏諸惡，修世間善，安立聖道。分位差別，令入正道，出離三界。成所作智，能發化語，成辦斯事。謂息諸惡，發起諸善，是此語用。

經曰：又如眾生辯揚語業，由是眾生，展轉開示所不了義，宣諷諸論。如是如來成所作智，辯語化業。由是如來斷諸眾生無量疑惑。以是善巧方便力故，引諸眾生令入聖教，成熟解脫。

論曰：此中顯示辯揚語化，化語業相，成所作智，隨諸眾生意樂差別，現化語業。說種種義，斷諸疑惑。謂發一音，表一切義。令諸有情，隨類獲益。如契經言，佛以一音演說諸法，眾生隨類各得開解。或有怖畏，或有歡喜，或生厭離，或復斷疑。此是如來本願所引不思議力所發化語，一音能斷一切眾疑。若作化身，亦令眾生一質異見，利樂事成。

**玄奘譯《大乘阿毗達磨雜集論》卷一四** 方便善巧者，略有四種。一成熟有情善巧，二圓滿佛法善巧，三速證神通善巧，四道無斷善巧。成熟有情善巧者，謂四攝事。由攝受彼，令處善法故。圓滿佛法善巧者，謂慧波羅蜜多。如經言，若菩薩摩訶薩，欲得圓滿施波羅蜜多，乃至一切種妙智性，當學般若波羅蜜多故。速證神通善巧者，謂日夜六時，發露諸惡，隨喜功德，勸請諸佛，迴向善根等。廣說如聖者《彌勒所問經》。道無斷善巧者，謂無住處涅槃，由此數數究竟無斷，周遍十方一切世界，隨所應化，示現一切佛菩薩行。

**法成《瑜伽師地開釋分門記》** 第二，依以少功力，引攝廣大善根，明成熟一切有情善巧方便，分三。一總問，二廣答，三總結。廣答分十四。一，依捨非學處，受正學處，明少功力，成熟一切有情善巧方便，分四。一立因，二立所化，三立化法，四顯果二，依捨無義自苦，住於中道，明少功力，成熟有情善巧方便，分二。一立所化，二立能化三，依捨邪方便，修其正因，獲現法樂及得生天，明少功力，成熟有情善巧方便，分二。一立所化，二立化法四，依捨諸外論，受持聖教，明少功力，成熟有情善巧方便，分二。一立所化，二立化法。五，依宣揚甚深空法，攝受廣大善根，明少功力，成熟有情善巧方便，分三。一立因，二顯果，三明結勸六，依增上意樂，供養三寶，明少功力，成熟有情善巧方便，分三。一列供具，二明自作，三勸他七，依隨喜供養，增上意樂，明少功力，成熟有情善巧方便，分三。一立所緣，二自作，三勸他作。八，依六隨念，明少功力，成熟有情善巧方便，分二。一明自修，二明勸他。九，依意言分別，禮敬三寶，明少功力，成熟有情善巧方便，分二。一自修，二勸他十，依隨喜福業，明少功力，成熟有情善巧方便，分二。一自修，二勸他。十一，依入廣大悲增上意樂，明少功力，成熟有情善巧方便，分二。一明自行，二明勸他。十二，依發露所犯，明少功力，成熟有情善巧方便，分四。一立所犯，二明還淨，三明勸他，四顯勝利十三，依已具神通，得心自在，供養三寶，施諸有情，明少功力，成熟有情善巧方便，分三。一立因，二明作業處，三顯果十四，依常修四無量，明少功力，成熟有情善巧方便，分二。一明自行，二明勸他。

**窺基《妙法蓮華經玄贊》卷三** 方便智有三或四。一進趣方便，謂見道前七方便智，進趣向果，名爲方便。所學有則曰方，隨位修順宜曰便。二施爲方便，謂方便善巧波羅蜜多，後智妙用能行二利，故名方便。此由有三。一教行方便，言音可則曰方，稟教獲安名便。二證行方便，空理正直曰方，智順正理名便。三不住方便，莅眞入俗曰方，自他俱利名便。上三皆是第二施爲。三集成方便，諸法同體，巧相集成，故名方便。且眞如中，具恆沙佛法。以智爲門，以識爲門，皆攝一切故。《菩薩地》云，此法善巧成，是故名方便。《十地》云，總同成別異壞，以總對別之方便也。苞總有則曰方，以少含多名便。四權巧方便，實無此事，應物權現，故言方便。謂以三業方便化也。此對實智，名爲方便。利物有則曰方，隨時而濟名便。此體即於施爲中出，更無別義，故體唯三。今此有三。一接下方便，唯引於下。二顯上方便，唯顯深妙。三通彰方便，遍於上下。一接下方便者，此經下云，十方佛土中，唯有一乘法，無二亦無三，除佛方便說。又云，正直捨方便，但說無上道。於前四中，權巧方便也。此乃有三。一身方便，執持糞器而著垢衣，伽耶成道等是。二語方便，下云我此九部法，入大乘爲本，又趣波羅奈，轉四諦法輪等是。三意方便，下云尋念過去佛所行方便力，我今所得道，亦應說三乘等。是上同古佛，下順有情。《佛地經》云，成所作智，起三業化，正與此同。依此解云，施爲可則曰方，善逗機宜曰便。《往生論》云，正直曰方，外已爲便，方是方術，便謂穩便，便之方名方便。

二顯上名方便者，《無垢稱》云，有方便故解，無方便故縛。此經下云，我設是方便，令得入佛慧。一切諸如來，以無量方便，度脫諸眾生。入佛無漏智，初設方便，顯後佛智故，即四方便中施爲方便。理妙可則曰方，巧用能顯曰便。其義深遠，其語巧妙。便通教理，方之便名方便。三通彰方便，下經大眾疑云，何故世尊慇懃稱歎方便而作是言。佛所得法，甚深難解，有所言說，意趣難知。方便是總，下二句別。佛所得法是顯上，明今一實有所言說是接下，彰昔三權。又云，佛悉知是已，以諸緣譬喻言辭方便力，令一切歡喜。接下顯上，二皆通故。即十二種方便喜巧波羅蜜多，隨應配攝。方者統情機之法軌，便者濟物理之要宜。方謂方軌方法，便謂要便宜便。情謂有情，機謂機要。統攝機情機要之軌法名方，貫人貫法故。物謂人物，理謂道理。濟益人物道理之要宜名便，濟人益法故。此言意顯濟人益法之軌則故言方便，亦方亦便，故名方便。由此義推，乃通三釋。三種合是十二種方便善巧波羅蜜多，隨應配攝。《瑜伽》四十五說，十二種中，初六依內脩證，後六依外成熟。內六種者，悲心顧戀，了知諸行，欣佛妙智，不捨生死，輪迴不染，熾然精進。外六種者，令以少施等善，感無量果。令以少戒等力，引大善根。憎聖教者，除其恚惱。處中住者，令其趣入。已趣入者，令其成熟。已成熟者，令得解脫。此中接下，即外成熟。此中顯上，即內成熟。此中通彰，合是內外一十二種。十二種中，爲成後四，復脩六種方便善巧。一隨順會通，將爲說法。先現軟美可愛身語，令生愛敬。於法起樂，漸次爲說。彼不解空，密意言教。一切諸法無性、無事、無生、無滅，如幻夢等，如理和會。彼經不說一切法體都無所有，但無所執，可說自性。據第一義，非其自性，既彼性事都無所有，有何生滅。又如幻夢，非如顯現。又非彼事，都無所有，故說如幻，令彼了知。二共立要契，見有來求，先共立契，令知恩德，供養恭敬，持淨戒等，然後與之。三異分意樂，共立契已，彼不速行，以利益意，先許不與。先爲親友，隨順化導。彼不依學，現憤恚相。所作乖違，詐不隨益。此等權時，外現棄捨，非內意樂，不爲救拔。四逼迫所作，有自在力，於親屬等，能正教誡。不知恩德毀戒等者，或斷所求，驅擯訶捶，令正脩習。五施恩報恩，於曾彼所有大恩德，彼期酬報，勸令脩善，名大報恩。六究竟清淨，果道滿已，住知足天，乃至下生成等正覺，令生欣樂。往生隨下，請轉法輪，廣爲饒益。此中方便，即是六中隨順會通。會昔三權，通今一實。決擇唯識，又說有二種。一拔濟方便善巧，即外六種。二迴向方便，善巧，即內六種。如其所應，皆此所攝。

**湛然《法華文句記》卷三**　方者法也者。《說文》云，法，術也。正當今文。《爾雅》云，則也。即法家之則。又云，正也。今亦如是。其法正故，方可逗機。雖未開顯，不得不正。次法有下，釋義。雖俱法用，以偏望圓，偏差圓會。會雖勝差，然會非差，用顯非妙。三三權下，釋相又二。初釋法方圓，以對規矩而分偏圓，用顯非妙。三方一圓者，雖即四教俱名法用，正以偏法名爲方便。次若智下，釋用差會。所以俱置法用言者，各契機耳。非俱會圓，故並云逗。又法用者，法名雖通，用既適時，未爲純一。爲以何法，逗何等機，故以四法赴機，差會不等。權實相待，是非俱非，如前釋法，意既未融，逗物未暢，規矩仍別。且云善用，詣謂所趣，正是用也。智詣不同，用法不等。

**法雲《翻譯名義集》卷一二**　方便。什曰：智度雖以明照爲體，成濟萬行。比其功用，不及方便爲父。梵音中有父義。方便有二種。一，解深空而不取相受證。二，以實相理深莫能信受。要須方便，誘引群生，令其漸悟。方便義深而功重，故爲父也。《淨名疏》云：方是智所詣之偏法，便是菩薩權巧用之。能巧用諸法，隨機利物，故云方便。荊溪云，《法華疏》中，爲顯實故，分爲三釋，謂法用及門并祕妙也。【略】

或問：妙樂記云：即權而實，爲所依體。即實而權，爲當體體。不審第三祕妙之名，爲從所依立號，爲從當體得名。答：此由當體即所依體，故云彼祕被開，於今成妙。又云：第三文者，亦開前二，非能非所。及以能通，並開成所，所中善巧，名爲方便。故妙方便，異於方法及能通門。又云：故隔偏之圓，亦有體內方便，故名祕妙。祕妙之名，似同第三。然其意則別。何者。第三乃以開顯爲妙，此中乃以獨圓爲妙。此揀今昔祕妙義異，諦思吾祖崇建三釋。若無初二，豈彰爲蓮。故華以施權，苟缺第三，烏顯華開蓮現而顯實。體遍一化，妙彰七軸。非發總持，誰唱斯義。鑽仰堅高，嗟歎不足。

**傳燈《維摩詰所說經無我疏》卷四**　《法華文句》釋《方便品》題，其義有三。初約字訓釋，方者法也，便者用也。法有方圓，用有差會。三權是矩是方，一實是規是圓。若智詣於矩，則善用偏法，逗會衆生。若智詣於規，則善用圓法，逗會衆生。譬如偏舉指以目偏處，是舉偏法以目智。宜用法以釋方，將用以釋便。若總舉指以目圓處，宜用祕以釋方，妙以釋便也。舉偏法釋方便，蓋隨衆生欲，非佛本懷。如經令離諸著，出三界苦，是故如來殷勤稱歎方便。此義可釋他經，非《法華》意。又方便者，門也。門名能通，通於所通。方便權略，皆是弄引，爲眞實作門。眞實得顯，功由方便。從能顯得名，故以門釋方便。如經開方便門，示眞實相。此義可釋他經，非《法華》意。又方者秘也，便者妙也。妙達於方，即是眞秘。點內衣裏無價之珠，與王頂上唯有一珠，無二無別。指客作賤人，是長者子，亦無二無別。如斯之言，是秘是妙。如經，唯我知是相，十方佛亦然，止止不須說，我法妙難思。故以秘釋方，以妙釋便，正是《法華》之意，故言《方便品》也。

料簡云：初番釋者，是體外方便，化物之權，隨他意語。次釋，亦是體外方便，自行化他三權，亦是隨自他意語。後釋是同體方便，即是自行權，隨自意語。（文）今用此三義，以釋此品方便，非前第一種化他之權，隨他意語，正是第二種自行化他之權，亦是隨自他意語。亦兼第三種自行之權，隨自意語。如下經云，善於智度通達方便。又云，其以方便現身有疾，非以方便權略，而爲弄引，爲眞實作門乎。又如下文，對眾說法，指婬怒癡即是解脫，煩惱生死即是菩提涅槃。非妙達於方，即是眞秘乎。但與《法華》不同者，此點內衣無價之珠，與王頂上惟有一珠，無二無別。是正因佛性之珠，在婬怒癡衣裏，與佛輪王頂上之珠是同，不與大通智勝佛所繫《法華》了因之珠同。亦非指二乘客作賤人，是長者子，無二無別。是以此經但云，高原陸地，不生蓮華，焦芽敗種，不成法器。此之所以與《法華》異也。

**袾宏《修設瑜伽集要施食壇儀補註》** 方者法也，便者宜也。謂將善巧方法，隨順眾生之機宜，如現身不定也。以妙體本來離相，爲諸眾生而現諸相。所有之相，皆一期隨緣之方便耳。此方便自性之體，如金不變，如剛堅利。混塵鑛不壞其體，入大冶不變其色。不爲物所壞，能壞一切物。以此自性之體，雖不變而能隨緣。示生三界，與民同患。又能斷眾生之癡網，破煩惱之牢城。

**靈棻《地藏菩薩本願經綸貫》** 第四論不思議方便用者。準經，佛告地藏菩薩云：吾於五濁惡世，教化剛強眾生。令心調伏，分身千百億，廣設方便。又告四天王云：如是菩薩，於娑婆世界閻浮提中，百千萬億方便而爲教化。又告地藏，汝須百千方便，勸是等人。又云，菩薩以方便力，拔出根本業緣。又菩薩方便力故，使令解脫。地藏自云，我亦百千方便，度脫是人等。故以方便爲今經之用也。梵語漚和俱舍羅，此翻方便。吾祖智者，以三意釋之。一曰：方者、法也。便者，用也。巧用諸法，隨機利物。二曰：方便者，門也。門名能通，通於所通。方便權略，爲眞實作門。眞實得顯，功由方便。三曰：方者，秘也。便者，妙也。妙達於方，即是眞秘。

**大義《妙法蓮華經大成》卷二** 今品名《方便》者。一品之中，方便文字，共有三十三處。經家據若干文義，因而諸品。大意是指，昔日三乘方便。至今《法華》開捨方便，顯會眞實，亦只名方便耳。方便字面雖同權小，方便義意迥然言外。問：最上一乘，究竟圓滿，何於正宗分首。便云方便，與昔三乘方便，何所揀別。答：經不云乎，正直捨方便，但說無上道。又云，開方便門，示眞實相。今名方便者，意含前後權實二義。前權方便者，乃於一佛乘分別說三。後實方便者，乃開權顯實，會三歸一之第一方便也。

問：何不名眞實品。答：此經大義，開顯會歸之旨。若盡廢昔日之方便，卻將何等會顯眞實。所以仍標方便，先分後合，即權即實。圓融活潑，善巧無加，故名《方便品》。方便者，法用也。法有方圓，用有差會。蓋隨眾生樂欲，非佛本懷。文云，令離諸著，出三界苦。是故如來稱歎方便，非今品意。以是體外方便，化物之權，隨他意語故。又方便者，門也。門名能通，通於所通。方便權略，皆是弄引，爲眞實作門。文云，開方便門，示眞實相，非今品意。亦是體外方便，自行化他之權，隨自他意語故。又方便者，秘妙也。妙達於方，即是眞秘。點內衣裏無價珠，與王頂上唯有一珠，無二無別。指客作人是長者子，亦無二無別。如斯之言，是秘是妙。文云，唯我知是相，十方佛亦然，止止不須說，我法妙難思。正是今品之意。是同體方便，自行之權，隨自意語故。以自文殊答彌勒，今相如本瑞是諸佛方便。則說經入定放光動地，皆方便矣。經云，吾從成佛已來，種種因緣譬喻，廣演言教無數方便。則方便不止於今經放光動地，乃從成佛已來，種種言教皆方便也。文云，過去無數劫，無量滅度佛，種種緣譬喻，無數方便力。則方便又不止於釋迦一佛，乃十方三世諸佛出世說法，皆方便也。又云，更以異方便，助顯第一義。則方便又不止於三乘六度萬行之正經，乃至舉手低頭，沙爲塔，爪畫像。或出於誠敬，或出於戲樂，無非一大事因緣之方便也。如此則降迹皇宮，六年苦行。多子塔前拈華，雙樹林中入滅。以及德山棒，臨濟喝。無往而非方便也。正宗分首，置此二言。則知七卷經文，無非方便，一切衆生本有佛知佛見故也。

## 宗通　說通

**求那跋陀羅譯《楞伽阿跋多羅寶經》卷三**　佛告大慧：一切聲聞、緣覺、菩薩，有二種通相，謂宗通及說通。大慧！宗通者，謂緣自得勝進相。遠離言說文字妄想，趣無漏界，自覺地自相。遠離一切虛妄覺想，降伏一切外道衆魔，緣自覺趣光明暉發。是名宗通相。云何說通相。謂說九部種種教法，離異不異，有無等相，以巧方便，隨順衆生如應說法，令得度脫，是名說通相。大慧！汝及餘菩薩，應當修學。

**澄觀《大方廣佛華嚴經隨疏演義鈔》卷八八**　說通者，謂隨衆生心之所應，爲說種種契經，是名說通。自宗通者，謂修行者離自心現種種妄想。謂不墮一異俱不俱品，超度一切心意意識，自覺聖境，離因成見相故。一切外道聲聞緣覺墮二邊者，所不能知。我說是名自宗法通。

**延壽《宗鏡錄》卷三**　十方諸大菩薩來求法者，親說此二通。一宗通，二說通。宗通爲菩薩，說通爲童蒙。祖佛俯爲初機童蒙少垂開示，此約說通。只爲從他覓法，隨語生解，恐執方便爲眞實，迷於宗通，是以分開二通之義。宗通者，謂緣自得勝進相，遠離言說文字妄想，乃至緣自覺趣光明輝發。若親到自覺地，光明發時，得云如人飲水，冷暖自知。如群盲眼開，分明照境，驗象眞體。

**宗泐、如玘《楞伽阿跋多羅寶經註解》卷三**　一切聲聞、緣覺、菩薩，有二種通相，謂宗通及說通。欲善化導，必宗說俱通，方能誘物而底于道。蓋宗者道之本，說者教之跡。宗以明趣，趣不明則失其所歸。教以詮理，理或昧則迷其所入。故宗通而說不通，理雖精而不顯。說通而宗不通，言雖辯而非要。而二者實相須爲用，不可偏廢也。大慧請說宗通相，而不及說者，舉其要耳。宗通則說在其中矣。答中兼言者，必二而後備也。

大慧！宗通者，謂緣自得勝進相。遠離言說文字妄想，趣無漏界自覺地自相。遠離一切虛妄覺想，降伏一切外道衆魔。緣自覺趣光明輝發。是名宗通相。宗通者，即自證殊勝之相也。謂依教思修得意忘言，離於文字分別，趣入地住，悟無生忍。度越三乘證智，自然降伏魔外。至於佛地究竟覺智，朗然獨耀。此宗通至極之相也。【略】

云何說通相。謂說九部種種教法，離異不異有無等相。以巧方便，隨順衆生。如應說法，令得度脫。是名說通相。大慧！汝及餘菩薩，應當修學說通相者，說法逗機之相也。九部者，十二部中之九部也。然有大小不同。若小乘九部，無方廣、無無問自說、無授記之三部。如經云，我此九部法，隨順衆生說是也。若大乘九部，無因緣譬喻論議之三部。如妙玄所云，此從別說答。通論皆有十二部，亦云十二分教。此中言九部，既云以巧方便隨衆生說，乃從小入大也。言離異不異有無者，謂離四句已無妨四說。又云，如應說法者，應即當也。言當以何法說者，即爲說之令其得度。此如來果後說通之相，爲菩薩者不可不學也。

**德清《觀楞伽阿跋多羅寶經記》卷五**　大慧！宗通者，謂緣自得勝進相，遠離言說文字妄想，趣無漏界自覺地自相，遠離一切虛妄覺想，降伏一切外道衆魔，緣自覺趣，光明輝發，是名宗通相。

記曰：此示宗通相也。魏譯云：能取無漏正戒，證諸地修行相法。離諸外道虛妄覺觀諸魔境界，降伏一切外道諸魔，顯示自身內證之法。唐譯云：超過一切不正思覺，伏魔外道，生智慧光。由是觀之，修行之士，初心入禪，五蘊未破，則所見境界皆非實證。故《楞嚴》詳辯五十重魔境。是則前三陰未破，而所現境界，即此經所云虛妄覺想。後三陰未破，所起諸見，即此經一切外道衆魔。今欲離之伏之，方名緣自覺，趣正行，而自性本有智慧光明，自然輝發也。然欲離之伏之，非金剛心秉自性金剛無漏寶戒，斷斷不能。故魏譯云：能取無漏正戒，證諸地相也。故《楞嚴》云：識陰若盡，則汝現前諸根互用。從互用中，能入菩薩金剛乾慧，圓明精心於中發化。如是乃超十信、十住、十行、十迴向，乃至十地等覺，入於如來妙莊嚴海。此所謂取無漏正戒，證諸地修行相，方名緣自得勝進相也。彼撥無者，既不能了達自心，即有志修行，又不能善達如來所說眞修行門，故不能遠離妄想覺觀，隨諸魔境界，而自以爲得者，以未秉無漏正戒，而爲惡習所使故。無怪乎所作所爲，以魔業爲正行也。

云何說通相。謂說九部種種教法，離異不異有無等相。以巧方便，隨順衆生如應說法，令得度脫。是名說通相。

記曰：此示說通相也。佛說十二部經。此云九部者，以大小通該故。然說通者，非是但能通曉九部大小教法，而善講說已也。蓋要了達本來無說無示，離異不異有無等相，乃依如來所證自得離妄想無言說處。而以善巧方便，隨順衆生希望之心，各隨所應，稱機而說，令彼得度。如渡河之筏，既已得度，即便捨之，非實法也。觀者若能了達無說之說，則自當離言觀義，不取法相，亦不取非法相矣。彼撥無者，不了自心，故不善於義。但執言說以爲實法，將如來了義大乘迴爲己見，恣其貪瞋，所謂醍醐返成毒藥耳。佛云，我所說法，如標月指。故凡學者，聞教自合觀心，離指方能識月。所謂了法不在言，善入無言際，而能示言說，如響偏世間，如此方名說通相也。

**智旭《楞伽阿跋多羅寶經義疏》卷三**　蓋宗通者，秖是通達自心現量。說通者，秖是開示令達自心現量。若夫愚夫妄想分別有無一異俱不俱等，並無實義。縱求解脫，終非解脫法也。苟不達唯心，但觀察有爲生滅相續，則見生處徒增有見。逮見滅處，徒增無見。是以顛倒，終無所知。而不知一是乃爲眞諦，無罪即爲涅槃。是故一切世法，悉屬妄想。似有貪恚癡及人，實無貪恚癡及人。雖云從愛生陰，但如幻夢而已。悟此之謂宗通，示此之謂說通也。

## 慧

**佛陀耶舍、竺佛念譯《佛說長阿含經》卷一五**　又問：云何爲慧。佛言：若比丘以三昧心清淨無穢，柔軟調伏，住不動處。乃至得三明，除去無明，生於慧明，滅於闇冥，生大法光，出漏盡智。所以者何。斯由精勤，專念不忘，樂獨閑居之所得也。婆羅門！是爲智慧具足。

**鳩摩羅什譯《發菩提心經論》卷下**　云何方便，云何爲慧。入禪定時，生大慈悲，不捨誓願，心如金剛。觀諸佛世界，莊嚴菩提道場。是名方便。其心永寂，無我無衆生。思惟諸法，本性不亂。見諸佛界，同於虛空。觀所莊嚴，同於寂滅。是名爲慧。

**求那跋陀羅譯《雜阿含經》卷四**　云何爲慧具足。謂善男子苦聖諦如實知，習、滅、道聖諦如實知，是名善男子慧具足。若善男子在家行此四法者，能得後世安、後世樂。

**智嚴、寶雲譯《大方等大集經》卷三〇**　云何爲慧。是慧修道，入於諸法無我無人衆生壽命。如是智慧，分別諸陰如幻如化。諸界平等，入如空聚。分別諸諦，皆悉明了。隨順觀知十二因緣，分別諸見因果果證。所謂分別者，於一切法能得正見，如實而見、眞見空見、無相願見。又分別者，無分別故分別。所謂見者，亦無所見，無所別知。如是見者，爲眞實見。見眞實者，即得方便。是菩薩如是慧見，不隨無爲。修行諸善，心無所住。是名爲慧。舍利弗！是名菩薩修行定靜而不可盡。

**玄奘譯《阿毗達磨大毗婆沙論》卷九五**　云何爲慧。答：六識相應慧，此有三種。謂善、染汚、無覆無記，廣如前說。有差別者，無漏八忍亦是慧攝，擇法通故，一切心俱皆得有慧。已說見智慧三種自性。復應分別此三雜不雜相。諸見是智耶。答：應作四句。見與智自性，互有廣狹故，有見非智，謂眼根及無漏忍。問：何故眼根不名爲智。答：眼根是色，智非色故。復次，眼根不相應，無所依，無所緣，無行相，無警覺。智不爾故。問：何故無漏忍非智耶。答：以無漏忍於所觀諦，雖忍而未決，雖觀而未審，雖尋求而未究竟，雖伺察而未了知，雖現觀而未重審。唯作功用，加行不息。故不名智。復次，決定義是智義。忍與所斷疑得俱生，於所見境未極決定，故不名智。尊者世友作如是說。忍於聖諦，雖正堪忍，而未審知，故不名智。大德說曰：見事究竟乃立智名，非初忍時見事究竟。故無漏忍，雖不名智而實是智。霧尊者曰：重觀名智，從無始來於四聖諦，未有一念聖慧曾觀忍起創觀，故未名智。五識俱慧，雖於所緣不能重觀，而色等境從無始來，已起無量有漏慧觀。依種類說，既名重觀，故亦名智。餘有漏智不重緣者，準此應知，不應爲難。

**玄奘譯《成唯識論》卷五**　云何爲慧。於所觀境，簡擇爲性，斷疑爲業。謂觀德失，俱非境中。由慧推求，得決定故。於非觀境愚昧，心中無簡擇故，非遍行攝。有說，爾時亦有慧起，但相微隱，天愛寧知。對法說爲大地法故，諸部對法展轉相違，汝等如何執爲定量。唯觸等，五經說遍行。說十非經，不應固執。然欲等五非觸等故，定非遍行，如信貪等。

**大覺《四分律鈔批》卷一四本**　修無我人，寂然無變，稱之爲定。從智照約觀，用無方智照現前，目之爲慧。舉喻如鏡，鏡體是定，能照物像，則名爲慧。慧名雖殊，其體無二，故曰義別體同。故《法華疏》云，照而常寂曰定，寂而常照曰慧。又云，攝心一境曰定，推求諦理名之爲慧。

**玄奘譯《瑜伽師地論》卷三**　慧云何。謂即於所觀察事，隨彼彼行，簡擇諸法性。或由如理所引，或由不如理所引，或由非如理非不如理所引。

**玄奘譯《瑜伽師地論》卷五五**　慧云何。謂於彼彼境界，隨順趣向，簡擇諸法。或如理觀察，或不如理觀察，或非如理非不如理觀察。

**玄奘譯《瑜伽師地論》卷四三**　謂九種相慧，名爲菩薩慧波羅蜜多。一者自性慧。二者一切慧。三者難行慧。四者一切門慧。五者善士慧。六者一切種慧。七者遂求慧。八者此世他世樂慧。九者清淨慧。

云何菩薩自性慧。謂能悟入一切所知，及已悟入一切所知簡擇諸法，普緣一切五明處轉，一內明處，二因明處，三醫方明處，四聲明處，五工業明處。當知即是菩薩一切慧之自性。

云何菩薩一切慧。當知此慧略有二種。一者世間慧，二者出世間慧。此二略說復有三種。一能於所知眞實隨覺通達慧。二能於如所說五明處及三聚中，決定善巧慧。三能作一切有情義利慧。若諸菩薩於離言說法無我性，或於眞諦將欲覺悟，或於眞諦正覺寤時，或於眞諦覺寤已後所有妙慧，最勝寂靜明了現前，無有分別，離諸戲論，於一切法悟平等性，入大總相，究達一切所知邊際，遠離增益損減二邊，順入中道，是名菩薩能於所知眞實隨覺通達慧。若諸菩薩於五明處決定善巧，廣說如前力種性品，應知其相，及於三聚中決定善巧，謂於能引義利法聚，能引非義利法聚，能引非義利非非義利法聚，皆如實知，於是八處所有妙慧善巧攝受，能速圓滿廣大無上妙智資糧，速證無上正等菩提，能作一切有情義利，慧有十一種，如前應知。即於彼位所有妙慧，當知是名饒益有情慧。

云何菩薩難行慧。當知此慧略有三種。若諸菩薩能知甚深法無我智，是名第一難行慧。若諸菩薩能了有情調伏方便智，是名第二難行慧。若諸菩薩了知一切所知境界無障礙智，是名第三最難行慧。

云何菩薩一切門慧。當知此慧略有四種。謂於聲聞藏及菩薩藏所有勝妙聞，所成慧思，所成慧，於能思擇菩薩所應作應隨轉中，及菩薩所不應作應止息，思擇力所攝慧，及修習力所攝三摩呬多地無量慧。

云何菩薩善士慧。當知此慧略有五種。一聽聞正法所集成慧。二內正作意俱行慧。三自他利行方便俱行慧。四於諸法住法安立無顛倒中，善決定慧。五捨煩惱慧，復有異門。一微細慧，悟入所知，如所有性故。二周備慧，悟入所知，盡所有性故。三俱生慧，宿智資糧所集成故。四具教慧，能於諸佛已入大地諸菩薩衆所聞法義具受持故。五具證慧，從淨意樂地，乃至到究竟地所攝受故。

云何菩薩一切種慧。當知此慧六種七種，總十三種。六種慧者，謂於諸諦，苦智、集智、滅智、道智，於究竟位盡智、無生智，是名六慧。七種慧者，謂法智、類智、世俗智、神通智、相智、十力前行智、四道理中正道理智。

云何菩薩遂求慧。當知此慧略有八種。一依法異門智，所謂菩薩法無礙慧。二依法相智，所謂菩薩義無礙慧。三依法釋詞智，所謂菩薩釋詞無礙慧。四依法品類句差別智，所謂菩薩辯才無礙慧。五菩薩一切摧伏他論慧。六菩薩一切成立自論慧。七菩薩一切正訓誨爲家屬家產慧。八菩薩一切善解種種王正世務慧。

云何菩薩此世他世樂慧。當知此慧略有九種。謂諸菩薩於內明處，能善明淨善安住慧。於醫方明處、因明處、聲明處、世工業明處，能善明淨非安住慧。一切菩薩即用如是於五明處，善明淨慧，以爲依止。於他愚癡放逸怯弱，勤修正行，所化有情，如其次第示現教導讚勵慶慰慧。

云何菩薩清淨慧。當知此慧略有十種。於眞實義有二種慧。謂由盡所有性，及如所有性取眞實義故。於流轉義有二種慧，謂取正因果故。於執受義有二種慧，謂顛倒不顛倒如實了知故。於方便義有二種慧，謂一切所應作，所不應作，如實了知故。於究竟義有二種慧，謂雜染如實了知雜染故，清淨如實了知清淨故。如是菩薩五義十種差別淨慧，當知是名最勝淨慧。

如是菩薩極善決定無量妙慧，能證菩薩大菩提果。菩薩依此能圓滿慧波羅蜜多，速證無上正等菩提

**玄奘譯《瑜伽師地論》卷八二**　此中慧者，是智見明現觀等名之差別。簡擇法相心所有法，爲其自性。訓詞者，簡擇性故，治無智故，名之爲慧。又各品別能了知故，名之爲慧。又能顯了諸聰慧者是聰慧性故，名爲慧。

**玄奘譯《顯揚聖教論》卷一**　慧者，謂即於所觀境，簡擇爲體。如理不如理，非如理非不如理，悟入所知爲業。如經說簡擇諸法，最極簡擇，極簡擇法，遍了近了，黠了通達，審察聰叡，覺明慧行毘鉢舍那。

**玄奘譯《阿毗達磨界身足論》卷上**　慧云何。謂於法簡擇、最極簡擇、極簡擇，法了相、近了相、等了相。聰叡通達，審察決擇，覺明慧行毘鉢舍那，是名慧。

**玄奘譯《阿毗達磨品類足論》卷二**　慧云何。謂於法簡擇極簡擇，最極簡擇。解了、等了、遍了、近了。機黠通達，審察聰叡，覺明慧行毘鉢舍那，是名爲慧。

**明昱《成唯識論俗詮》卷五**　簡擇諸法，慧之性也。決斷疑情，慧之用也。

**王肯堂《成唯識論證義》卷五**　云何爲慧。於所觀境簡擇諸法而爲體性。由簡擇法得決定故，斷除猶豫而爲業用。謂觀得失俱非境中，由以慧心推求簡別，後方決定，心無疑惑。故定與慧，如車兩輪，如鳥兩翼，缺一不可。必由定而發慧，由慧而得決定。依斯永斷所有疑惑，於非所觀境及愚昧心中，無決擇智，故非偏行。下揀異。有說，於非觀境。愚昧心中，亦有慧起，但相微隱，難了知故。

# 般若

**鳩摩羅什譯《大智度論》卷四三**　般若者，秦言智慧，一切諸智慧中最爲第一，無上、無比、無等，更無勝者，窮盡到邊。如一切衆生中無爲第一，一切諸法中涅槃爲第一，一切衆中比丘僧第一。

**僧肇《肇論・般若無知論》**　夫般若虛玄者，蓋是三乘之宗極也，誠眞一之無差。然異端之論，紛然久矣。有天竺沙門鳩摩羅什者，少踐大方，研機斯趣，獨拔於言象之表，妙契於希夷之境，齊異學於迦夷，揚淳風於東扇，將爰燭殊方而匿耀涼土者，所以道不虛應，應必有由矣。弘始三年，歲次星紀，秦乘入國之謀，舉師以來之。意也，北天之運，數其然也。大秦天王者，道契百王之端，德洽千載之下，游刃萬機，弘道終日，信季俗蒼生之所天，釋迦遺法之所仗也。時乃集義學沙門五百余人於逍遙觀，躬執秦文，與什公參定方等。其所開拓者，豈謂當時之益，乃累劫之津梁矣。余以短乏，曾廁嘉會，以爲上聞異要，始于時也。然則聖智幽微，深隱難測，無相無名，乃非言象之所得。爲試罔象其懷，寄之狂言耳，豈曰聖心而可辨哉。

試論之曰：《放光》云：般若無所有相，無生滅相。《道行》云：般若無所知，無所見。此辨智照之用，而曰無相無知者，何耶。果有無相之知，不知之照，明矣。何者。夫有所知，則有所不知。以聖心無知，故無所不知。不知之知，乃曰一切知。故經云：聖心無所知，無所不知。信矣。是以聖人虛其心而實其照，終日知而未嘗知也。故能默耀韜光，虛心玄鑒，閉智塞聰，而獨覺冥冥者矣。然則智有窮幽之鑒，而無知焉，神有應會之用，而無慮焉。神無慮，故能獨王於世表。智無知，故能玄照於事外。智雖事外，未始無事。神雖世表，終日域中。所以俯仰順化，應接無窮，無幽不察，而無照功。斯則無知之所知，聖神之所會也。然其爲物也，實而不有，虛而不無，存而不可論者，其唯聖智乎！何者。欲言其有，無狀無名，欲言其無，聖以之靈。聖以之靈，故虛不失照，無狀無名，故照不失虛。照不失虛，故混而不渝，虛不失照。故動以接粗。是以聖智之用，未始暫廢，求之形相，未暫可得。故《寶積》曰：以無心意而現行。《放光》云：不動等覺而建立諸法。所以聖跡萬端，其致一而已矣。是以般若可虛而照，眞諦可亡而知，萬動可即而靜，聖應可無而爲。斯則不知而自知，不爲而自爲矣。複何知哉。複何爲哉。

難曰：夫聖人眞心獨朗，物物斯照，應接無方，動與事會。物物斯照，故知無所遺，動與事會，故會不失機。會不失機，故必有會於可會，知無所遺，故必有知于可知。必有知于可知，故聖不虛知，必有會於可

會，故聖不虛會。既知既會，而曰無知無會者，何耶。若夫忘知遺會者，則是聖人無私于知會，以成其私耳。斯可謂不自有其知，安得無知哉。

答曰：夫聖人功高二儀而不仁，明逾日月而彌昏，豈曰木石瞽其懷，其於無知而已哉。誠以異於人者神明，故不可以事相求之耳。子意欲令聖人不自有其知，而聖人未嘗不有知。無乃乖於聖心，失于文旨者乎。何者。經云：眞般若者，清淨如虛空，無知無見，無作無緣。斯則知自無知矣，豈待返照然後無知哉。若有知性空而稱淨者，則不辨于惑智。三毒四倒亦皆清淨。有何獨尊於般若。若以所知美般若，所知非般若。所知自常淨，故般若未嘗淨，亦無緣致淨，歎於般若。然經云般若清淨者，將無以般若體性眞淨，本無惑取之知，本無惑取之知，不可以知名哉。豈唯無知名無知，知自無知矣。是以聖人以無知之般若，照彼無相之眞諦。眞諦無兔馬之遺，般若無不窮之鑒。所以會而不差，當而無是，寂怕無知，而無不知者矣。

難曰：夫物無以自通，故立名以通物。物雖非名，果有可名之物當於此名矣。是以即名求物，物不能隱。而論云聖心無知，又云無所不知。意謂無知未嘗知，知未嘗無知，斯則名教之所通，立言之本意也。然論者欲一於聖心，異于文旨，尋文求實，未見其當。何者。若知得於聖心，無知無所辨，若無知得於聖心，知亦無所辨。若二都無得，無所複論哉！

答曰：經云：般若義者，無名無說，非有非無，非實非虛。虛不失照，照不失虛，斯則無名之法，故非言所能言也。言雖不能言，然非言無以傳。是以聖人終日言，而未嘗言也。今試爲子狂言辨之。夫聖心者，微妙無相，不可爲有，用之彌勤，不可爲無。不可爲無，故聖智存焉，不可爲有，故名教絕焉。是以言知不爲知，欲以通其鑒，不知非不知，欲以辨其相。辨相不爲無，通鑒不爲有。非有，故知而無知，非無，故無知而知。是以知即無知，無知即知。無以言異，而異於聖心也。

難曰：夫眞諦深玄，非智不測。聖智之能，在茲而顯。故經云：不得般若，不見眞諦。眞諦則般若之緣也。以緣求智，智則知矣。

答曰：以緣求智，智非知也。何者。《放光》云：不緣色生識，是名不見色。又云：五陰清淨，故般若清淨。般若即能知也，五陰即所知也。所知即緣也。夫知與所知，相與而有，相與而無。相與而無，故物莫之有，相與而有，故物莫之無。物莫之無，故爲緣之所起，物莫之有，故則緣所不能生。緣所不能生，故照緣而非知，爲緣之所起，故知緣相因而生。是以知與無知，生於所知矣。何者。夫智以知所知，取相故名知。眞諦自無相，眞智何由知。所以然者，夫所知非所知，所知生於知。所知既生知，知亦生所知。所知既相生，相生即緣法。緣法故非眞，非眞，故非眞諦也。故《中觀》云：物從因緣有，故不眞，不從因緣有，故即眞。今眞諦曰眞，眞則非緣。眞非緣，故無物從緣而生也。故經云：不見有法無緣而生。是以眞智觀眞諦，未嘗取所知。智不取所知，此智何由知。然智非無知，但眞諦非所知，故眞智亦非知。而子欲以緣求智，故以智爲知。緣自非緣，于何而求知。

難曰：論云不取者，爲無知故不取。爲知然後不取耶。若無知故不取，聖人則冥若夜遊，不辨緇素之異耶。若知然後不取，知則異於不取矣。

答曰：非無知故不取，又非知然後不取。知即不取，故能不取而知。

難曰：論云不取者，誠以聖心不物於物，故無惑取也。無取則無是，無是則無當。誰當聖心，而云聖心無所不知耶。

答曰：然無是無當者，夫無當則物無不當，無是則物無不是。物無不是，故是而無是，物無不當，故當而無當。故經云：盡見諸法而無所見。

難曰：聖心非不能是，誠以無是可是，雖無是可是，故當是於無是矣。是以經云：眞諦無相，故般若無知者，誠以般若無有相之知。若以無相爲無相，有何累於眞諦耶。

答曰：聖人無無相也。何者。若以無相爲無相，無相即爲相。舍有而之無，譬猶逃峰而赴壑，俱不免於患矣。是以至人處有而不有，居無而不無，雖不取於有無，然亦不舍於有無。所以和光塵勞，周旋五趣，寂然而往，怕爾而來，恬淡無爲而無不爲。

難曰：聖心雖無知，然其應會之道不差。是以可應者應之，不可應者存之。然則聖心有時而生，有時而滅，可得然乎。

答曰：生滅者，生滅心也。聖人無心，生滅焉起。然非無心，但是無心心耳。又非不應，但是不應應耳。是以聖人應會之道，則信若四時之質。直以虛無爲體，斯不可得而生，不可得而滅也。

難曰：聖智之無，惑智之無，俱無生滅，何以異之。

答曰：聖智之無者，無知，惑智之無者，知無。其無雖同，所以無者異也。何者。夫聖心虚靜，無知可無，可曰無知，非謂知無，惑智有知，故有知可無，可謂知無，非曰無知也。無知，即般若之無也，知無，即眞諦之無也。是以般若之與眞諦，言用即同而異，言寂即異而同。同故無心於彼此，異故不失於照功。是以辨同者同於異，辨異者異於同，斯則不可得而異，不可得而同也。何者。内有獨鑒之明，外有萬法之實。萬法雖實，然非照不得。内外相與以成其照功，此則聖所不能同，用也。内雖照而無知，外雖實而無相，内外寂然，相與俱無，此則聖所不能異，寂也。是以經云：諸法不異者，豈曰續凫截鶴，夷嶽盈壑，然後無異哉。誠以不異於異，故雖異而不異也。故經云：甚奇世尊，於無異法中而説諸法異。又云：般若與諸法，亦不一相，亦不異相。信矣！

難曰：論云：言用則異，言寂則同，未詳般若之内，則有用寂之異乎。

答曰：用即寂，寂即用。用寂體一，同出而異名，更無無用之寂，而主於用也。是以智彌昧，照逾明，神彌靜，應逾動，豈曰明昧動靜之異哉。故《成具》云：不爲而過爲。《寶積》曰：無心無識，無不覺知。斯則窮神盡智，極象外之談也。即之明文，聖心可知矣。

**吉藏《仁王般若經疏》卷上** 般若者，《大智論》有二釋。第四十三卷解，般若，秦言智慧。開善藏師並用此翻。佛國土語般若，此翻智慧。又第七十卷解，般若不可稱。般若定實相甚深極重，智慧輕薄，是故不可稱。莊嚴旻師以此文云，般若名含五義，智慧止是一條，非正翻譯。二師各執即成論，皆不得般若意。問：論既有二文，今云何通釋。答：且依論解般若有二種。一方便門，二實相門。所言翻者，約方便門，翻爲智慧。言不可翻者，般若非愚非智，故云不可翻也。但解智慧，經論不同。《淨名經》云：分二字解云，知一切衆生心念如應説法起於智業，不取不捨入一相門起於慧業。舊釋此文，智是有解，慧是空解。今則不爾。衆生心念何必是有，入實相門何必是空。謂善得此意也。《成實論》合解智慧二字。文云，眞慧名智。此意言慧即是智。又云，慧義經中説解智是慧義，故名智慧合釋也。【略】

次釋波羅蜜者，名彼岸到。波羅名彼岸，蜜名爲到。捨相會實，名到彼岸。又因能達果，名到彼岸。應言到彼岸，而存胡本，名波羅蜜。

**吉藏《淨名玄論》卷四** 智即波若，度謂波羅蜜也。但翻波若不同。或云智慧，如叡法師云，秦言智慧。或翻爲遠離，出《放光經》，即釋道安用。或翻明度，出《六度集經》。或翻清淨，此出《大品》，叡法師用之。但般若具含智慧、明淨、遠離等義。譯經之人，唯取其一，以用翻之。般若能斷衆惑，遠離生死名相之法，故云遠離。明了無暗，故稱爲明。體絶穢染，名爲清淨。達照解知，名爲智慧。雖有諸義，多用智慧。智慧單複，又各不同。或單名爲智，如《釋論》及此經稱爲《智度》。或但名爲慧，如《釋論》云，波若，秦言慧。或是具翻智慧，經論多爾。今詳會此意，義各有由。通而言之，即智爲慧，指慧爲智。廣略不同，體無異也。

翻爲慧者，凡有四義。一欲分十度不同。二開空有義異。三明因果差別。四就凡聖爲異。十度不同者，第六名般若，此翻爲慧。第十云闍那，此名爲智。問：闍那爲智，術闍翻爲何物。答：此云明，猶是智見之流耳。空有義異者，照空名慧，鑒有爲智。故此經云：入一相門，起於慧業。知一切衆生心念，起於智業。因果差別者，論云：因名波若，果變名薩波若，薩波若名一切智，則知波若名之爲慧。慧名既劣，宜在因中，智則決了，故居果地。又佛照空有皆盡，加以一切菩薩未究，但名慧也。不得云，因中名智，果名一切智。亦不得云，因名智慧，果名一切智。但應言，因名爲慧，果名爲智。則於因果，優劣義彰。凡聖異者，如《涅槃》云：般若者，一切衆生，名此爲慧。慧名既通，則凡聖並有。如十大地中定慧之數。毘婆舍那，目之爲見，謂一切聖人明見理也。闍那爲智，通達決了也。

次翻爲智，凡有三義。一者，慧名既劣，智則爲勝。今欲稱難波若，故名爲智。二者，欲顯其名語便，云智度，若言慧度，言不便也。三者，欲明智即是慧，名異體同，故隨舉其一。

次合稱智慧，亦具三義。一，明波若具鑒有無，故含智慧。慧則照空，智便鑒有。二，顯波若通果及因，因中般若爲慧，果地波若爲智，故三德中有般若德。三者，欲明六度義含於十。經中但明六度，不明十者，以般若之名旣含智慧。第十智度，蘊在其中。問：旣具三名，以何翻爲正。答：慧爲正翻，餘皆義立。所以知然，從多論也。此經云，慧與方便。釋論云，般若道方便道。《涅槃》云：般若者，一切衆生，闍那爲智，則配諸佛菩薩，故智非波若。又第六名慧，第十爲智，皆有彼此二名。故知以慧爲正。又論云：波若不屬佛，亦不屬二乘，但屬菩薩。菩薩則道慧、道種慧。佛具一切智、一切種智。又云，波若名諸法實相慧。如是等諸文非一，故以慧爲正翻矣。問：若以慧爲正翻，何故經中多云智慧。答：經中多說六度，故多云智慧。小說十度，故小明慧也。又六度中，皆有複翻。如布施等，不單名施。般若亦爾，雖複是慧，欲對上五，亦存複名，故言智慧。

次翻無翻義。有人言：般若名含五義，不可正翻，宜以慧當其名。如《釋論》七十二卷云：般若定實相，甚深極重。智慧輕薄，故不能稱於般若。此格提用之。今謂不然。《釋論》乃明不可稱義，非不可翻也。問：稱與翻何異。答：稱則天竺已明，翻則成於振旦。反彼爲此，前後不同，義門各異。又論云：般若定實相，故不可稱。不言多含故，不可稱故。此釋爲謬矣。復有人言：般若不可稱者，此明觀照智慧，不能稱實相般若。實相般若，性相常住。觀照智慧，會境始生。故實相爲深重，觀照智爲輕薄。北人釋也，是亦不然。經以五歎，歎於般若，不歎實相，云何言實相深重耶。又言：般若定實相，則實相爲所定，般若爲能定。若言實相爲深重者，可以實相還定實相耶。

復有人言：智慧輕薄，不能稱般若者，此是世間智慧，離生智慧。二乘智慧，不能稱量菩薩大智慧耳。何者。大智慧照實相理，導成衆行。餘淺智慧，豈能稱耶。此南方人釋也，今謂不然。唯云智慧，不能稱於般若，則不言淺慧，不稱深慧。又淺深俱名爲慧，則俱是輕薄，並不能稱般若也。今依論釋之。論云，般若定實相，故深重，智慧不能稱也。所言定者，定是契會之名。夫萬化非無宗，而宗之者無相虛宗，非無契，而契之者無心。故聖人以無心之妙慧，契彼無相之虛宗，則內外並冥，緣智俱寂，智慧是知照之名，豈能稱絕觀般若。

問：般若云何能契會實相。答：由實相生般若，故般若能契會實相也。問：依此釋者，猶是淺智，不能稱於深智。答：深則愚智皆絕，淺則猶有知照，故非淺智不稱深智也。問：定實相旣是契會之名，與舊辨冥會，義何異耶。答：語同而意異，但釋冥會，自有二師。一云，即會是冥，以符合故冥，冥契不乖故會，無優劣也。此莊嚴龍光之義。二云，會是符合之名，冥是混一之義，則冥勝而會劣也。何者。因中有四義，故未冥。一或未盡，二體有生滅，三智未周圓，四體依方所。故但稱會佛果，離此四義。故所以談冥，冥與無生爲一，則境智不分，無應照異。而無生不乖俗，冥亦不妨會。佛果舉體冥，舉體會。會故應照滿十方，冥故一切皆絕。今總問之：冥旣與境混一者，智爲成境，爲不作境耶。若不作境，云何言一。若智作境者，境旣無知，智亦無知，智旣有知，則境亦應爾，以其一故也。若言與法性同絕，故言冥會，猶與法性異者，即於會冥之日，猶見境智爲二。何得經云菩薩般若相應，不見應與不應，合與不合耶。又具四義故方成冥者，般若敎佛智猶有生滅，則不得稱冥照無等法性義，故無冥實相之義也。

問：云何名甚深極重。答：夫論可稱，則不名極重。良由極重，故不可稱。論主欲釋經不可稱義，故云深也。問：但應言重，何故復云甚深。答：爲欲簡擇重義，非如重物重乃是甚深，故云重耳。問：但言深重，何故復云極耶。答：三乘同觀，並契實相。但二乘猶如兔馬，未盡其原，故不得般若之名，不名甚深極重。今欲簡二乘，明菩薩照盡其原，得名般若，故云甚深極重也。問：智慧何故云輕薄耶。答：般若體絕緣觀，智慧名定於觀。般若體絕愚智，智慧名主知照。般若體絕名字，智慧則猶涉名言。故對般若之重，明智慧之輕。對般若之深，辨智慧之淺。淺猶薄也。問：般若體絕愚智，何故立智慧名耶。答：不知何以目之，強名智慧。雖立智慧之名，實不稱般若之體。問：但應言般若體深重，般若名輕薄。智慧體深重，智慧名輕薄。云何乃言波若深重、智慧輕薄。答：今依梵本，則云般若體深重，般若名輕薄。但用此音，則應云智慧體深重、智慧名輕薄。恐此義難顯，故譯經之人借此方智慧，不能稱梵文般若也。問：不可稱與不可量，何異。答：經有五歎。謂大事故起，不可稱事起、不可量事起、無等等事起、不可思議事起。旣別有無量事起，則稱非量也。不可量，則取無有邊際。不可稱，明甚深至重。例如《法稱品》明舍利不能稱般若經卷。今智慧名義，不能稱絕觀般若也。問：論云，智慧小，般若多，故不能稱。云何爲多小耶。答：有人言，實相則無法不自在故多，智慧局之於心故小。今謂不然。前就定實相故，明不可稱。今約多含義，明不可稱。般若體非愚智，能愚能智。智慧唯主於智，故般若多，智慧小。又般若定實相，實相既遍，般若亦多，智慧不爾，故云小也。問：已知般若翻不翻義，方便復云何。答：常啼云漚和俱舍羅大師方便力。漚和爲方便，俱舍羅名爲勝智。般若之巧，名爲漚和，其用既勝，名勝智也。《淨名》以方便爲父，取其生成之能。《大品》以漚和爲師，明有訓誨之德。善巧化物，不證二乘，皆大師之力也。

**吉藏《淨名玄論》卷四** 通而言之，二智皆如實而照，並名爲實。皆有善巧，悉稱方便。就別言之，則般若名實，漚和稱方便者。略有八義。一者般若照實相境，從所照爲名，故稱實。二者般若從實相生，從能生受名，故稱爲實。三者如實而照，故當體名實。論云，般若波羅蜜，實法不顛倒，體離虛妄。非顛倒慧，故名爲實。四者對凡夫顛倒不實之慧，故難波若爲實。五者對二乘未實謂實，故明波若爲實。六者對方便之用，以波若爲體，故名爲實。七者對虛故明實，未是好實，非虛非實，乃名妙實。八者虛義爲二，非虛實爲不二。二與不二，皆名不實。非二不二，乃名爲實。是故論云，念相觀已除，言語法亦滅也。

**吉藏《大乘三論略章》卷一** 般若義。問云，何爲般若。答，依釋論，凡有八解。今略解述六家。第一解云：般若但是眞無漏慧，位在何處。答：大乘爲論，初地以上，即是眞無漏慧。三十心名相似，小乘爲論，從苦忍以上，名眞無漏。自爾之前，名爲有漏。第二般若但是有漏慧，以菩薩除煩惱得般若，故知是有漏也。第三云：有漏無漏二種智慧，皆是般若，所以是有。菩薩從發心至坐道場，皆是般若，故智通也。第四云：般若非有漏非無漏，非有爲非無爲，不可言說，離諸戲論。龍樹菩薩出世，評兩解云：有人言，前之四說，皆有道理，皆出佛口，隨眾生故，作種種說。有人言，最後解者是，以過語言道，離諸戲論，依無所得，是眞般若也。

問：六解中今用何解耶。答：若隨緣方便，並皆有此義。如其爲執，悉非般若。秦言智慧，故可翻。實相宗重，智慧輕薄，故不可以智慧秤量，般若不可翻。《大論》云：般若有二種。一者有爲般若，有生有滅，故是無常。二者無爲般若，無有生滅，是故有常。實相般若者，道超四句，理絕百非。《大論》云：般若般若波羅蜜，實行不顛倒，念慧想觀已除，言語法亦滅。此方便般若者，有生有滅，有智有愚。般若無智、無行、不知。以般若無智，即是愚方便。此無所不知，即是智方便。文字般若者，即佛說波若，說名字及小經卷也。實相般若，既非愚智，所以爲體。方便般若者，有愚智，即是用也。實相般若爲當體受名，爲從境受秤，具有此義。自有智實境，故名爲實相，亦當般若體即是實相也。般若未曾因果。一往爲論，宜名爲因。《釋論》云：般若不屬般若二乘，但屬菩薩，故智慧因也。若至果即反名薩般若。薩般若悉爲一切智，亦得爲果。如涅槃三德中般若，涅槃既是果三德，般若豈非果耶。問：《涅槃經》云：般若者，一切眾生毗婆舍那。一切聖心闍那者，諸佛菩薩。是事云何。答：此無淺深中作淺深。般若宜翻爲慧，其義劣。毗婆舍那翻之爲智，其義小勝故，是一切聖闍那。此翻爲見，其義最勝，故在諸佛菩薩。般若波羅蜜者，道安法師翻爲度無強。《大智論》云，彼岸到也。然常有二說。般若，從有相此岸，至無相彼岸。若是涅槃，從生死此岸，至涅槃彼岸。今說如此釋度，非究竟也。若然彼此乖勉，方是究竟度義。

**智顗《法界次第初門》卷下** 六般若波羅蜜。（般若，秦言智慧。照了一切諸法，皆不可得，而能通達一切無礙，名爲智慧。智慧有三種。一者聲聞智慧，二者辟支佛智慧，三者佛智慧。一求聲聞智慧有三種，學無學、非學、非無學。非學非無學智慧者，如乾慧地不淨觀、安那般那、欲界繫四念處、暖法、頂法、忍法、世第一法等。學智者，苦法忍慧，乃至阿羅漢第九無間中金剛三昧慧。無學智者，阿羅漢第九解脫智。從是已後，一切無學，如盡智無生智等，是爲聲聞智慧。求辟支佛道智慧，亦如是。但以是人無漏善根純熟，雖生無佛之世，不從他聞，自然覺悟得禪定，三界漏盡，所得三明六通等功德，小勝聲聞，是爲辟支佛智慧。又以觀十二因緣，智慧深利，能侵除習氣，勝於聲聞，從四諦觀門斷結。此爲異也。求佛道智慧者，菩薩從初發心已來，行六波羅蜜，破魔軍眾及諸煩惱，得一切智成佛道乃至入無餘涅槃。隨本願力，從是中間所有智慧，總相別相，一切盡知，是爲佛智。若菩薩以質直清淨心，修此三種智慧，故名爲般若。波羅蜜者，翻名如前。若菩薩隨所修智慧中，能具足五種心者，是時般若名波羅蜜也。何等爲五？一者了知智慧實相，非境非智，心無所得，而能遍學三乘智慧及一切世間知見。餘四心類，如檀中分別。菩薩能如是於所修智慧中具此五心者，隨所得智慧，因中說果，皆具三義。是以菩薩所修智慧，皆名行般若波羅蜜。若至無上菩提佛果，方是般若波羅蜜具足成就也。）

**慧遠《大乘義章》卷一〇**　三種般若義。三種般若，出《大智論》。言般若者，是外國語，此翻名慧。於法觀達，目之爲慧。慧義不同，一門說三。三名是何？一文字般若，二觀照般若，三實相般若。此三種中，觀照一種是般若體，文字實相是般若法。法體合說，故有三種。言文字者，所謂《般若波羅蜜經》。此非般若，能詮般若，故名般若。如《涅槃經》詮涅槃故，說爲涅槃。此亦如是。又此文字能生般若，亦名般若。如食生命，說食爲命。言觀照者，慧心鑒達，名爲觀照。即此觀照，體是般若，名觀照般若。如眼是目，名爲眼目。於中具辨，開合不定。總唯一智，或分爲二。二有多門：一，約境分二，謂世諦智，第一義智。世諦智者名一切種，於世法中種別智故。第一義智名一切智，以知一切諸法如故。二，眞妄分別。六七識中，緣照分別，是其妄智。第八識中，體照之慧，是其眞智。是義云何？如來藏中，恆沙佛法集成心事。是心性淨，而爲客塵煩惱所染，相似不淨。後息妄染，淨相始顯。始顯淨識，普照法界，說爲眞智。三，大小分二。方便觀解，緣別彼此，不能滅想，普照一切，名之爲小。故龍樹云，十八空觀，名小智慧。滅觀般若，絕其緣想，而能普照一切法界，名之爲大。故龍樹言，般若波羅蜜是大智慧。或分爲三，三有多門。一觀入分三，謂聞、思、修。二約境分三，謂世諦智、第一義智及一實諦智。三隨義分三，謂清淨智、一切智、無礙智。義如後釋。四隨人分三，一一切智二乘所得，二道種智菩薩所得，三一切種智如來所得。亦如後釋。五隨識分三，一事識中分別之智，二妄識中分別之智，三眞識中分別智。或分爲四，謂聞、思、修、證。或分爲五。一聞。二思。三修。四報生識智，變易聖人報無漏心生便見法，名報生智。此四是妄。五是證智，謂眞識中無分別慧。或分十一，所謂十智及如實智。此義如後十一智中具廣分別，廣則無量。

問曰：此之觀照般若，體性云何？如龍樹辨，人說不同，凡有六種。第一家說：唯有漏慧是般若體。何故如是？如小乘中，佛道樹下，方斷煩惱。自斯已前，所修智慧，皆名般若，故知有漏。第二家說：無漏聖慧是般若體，有漏則非。見理之心，名般若故。如此說者，小乘法中，佛最後身所修無漏方便是般若，已前悉非。第三家說：從初發心至坐道樹，所修智慧，莫問有漏及與無漏，悉是般若。至佛轉名薩波若智。如此說者，般若在因，不通於果。第四家說：菩薩所修一切智慧，通名有漏，通名無漏，悉是般若。論自釋言：以觀涅槃行佛道故，通名無漏。未斷結盡，通名有漏。第五家說：菩薩慧中，無漏無爲，不可覩見。無對常智，是般若體。無常緣智，一切悉非。第六家說：般若之體，不可取得。非有非無，非常非無常，非空非實，非陰界入，非有非無，無生無滅，無取無捨。猶如火炎，不可嘗觸，觸則燒人。般若如是，不可取執，取皆破遣。向前所取，一切悉非。問曰：此門與前第五有何差別？釋言：向前第五門者，從緣方便修，生眞智爲般若體。此說無始佛性眞心從緣修顯，得證通望從來體外畢竟無緣。緣既不有，眞亦亡對。絕對眞心，說爲菩薩般若正體，餘者悉非。問曰：此六何者爲是？論有兩判。一言皆是，如諸比丘各說彼此中間之義。佛言皆是，此亦如是。一言第六所說者是，前五皆非般若正體，故說爲非。觀照如是。言實相者，是前觀照所知境界。諸法體實，名之爲實。實之體狀，目之爲相。何者是乎？開合不定，總爲一實，或分爲二。如《地持》說，一事法性世諦實也，二實法性眞諦實也。或分爲三。如《涅槃》說，一者世諦，二第一義諦，三一實諦。或分爲四，一者事實陰界入等，二者法實苦無常等，三者理實空無我義，四者性實佛性眞法。又《地持》說四眞實義亦是四實。一世間所知，二學所知，三煩惱障淨所行處法，四智障淨所行處法。如上廣辨，此諸法中通而論之，皆是實相。於中別分，唯第一義名實相耳。此之實相，體非般若，能生般若，故名般若。如色香等體非是欲，能生欲心，說爲五欲。問曰：聖智非直知實，亦知虛妄。何故所知唯名實相？釋言：聖人如法而知，知實知虛，皆稱前法，故通名實。又知實時達本無妄，故唯言實。問曰：觀照即是般若，此之三種俱名般若，何故不得通名觀照？釋言：亦得但彼論中爲辨般若文字觀照實相別之，是故一種偏名觀照。若復就彼觀照門中以辨其義，亦得說爲三種觀照。一文字觀照，二般若觀照，三實相觀照。義既均齊，不得偏取。三種般若辨之略爾。

**智顗《妙法蓮華經玄義》卷五上**　三般若者，眞性是實相般若，觀照是觀照般若，資成是文字般若。具如上釋境智行三妙之相。故下文云，止止不須說，我法妙難思。又云，是法不可示，言辭相寂滅，即實相般若，我及十方佛，乃能知是相，唯佛與佛乃能究盡。又云，我所得智慧微妙最第一。即觀照般若。又云，我常知衆生，行道不行道，隨應所可度，爲說種種法。若干言辭，隨宜方便，即是文字般若。又云，如來知見廣大深遠。廣大深遠，即實相般若。如來知見稱廣大深遠，即觀照般若。若言方便知見皆已具足，即文字般若。故知三軌亦三般若之異名耳。若三智在三心屬三人，是則爲麤。三智在一心中，不縱不横，是則理妙。五品觀行三般若六根淨，相似三般若。四十心分眞三般若，妙覺究竟三般若也。

**法雲《翻譯名義集》卷一〇**　般若。《法界次第》云：秦言智慧，照了一切諸法皆不可得，而能通達一切無閡，名爲智慧。《大論》云：般若定實相，甚深極重。智慧輕薄，是故不能稱。此生善故不翻。此六度法祖引經論，以辨其相，共立五義。一，對治。《善戒經》云，謂慳惡瞋怠亂癡，是所破之蔽。二，相生。《善戒經》云：謂捨家持戒，遇辱須忍，忍已精進。精進已調五根，根調故知法界。又《解深密經》云：能爲後後引發故。謂諸佛菩薩，若於身財無所顧恡，便能受持清淨禁戒。爲護戒故，便修忍辱。修忍辱已，能發精進。發精進已，能辨靜慮。辨靜慮已，便能獲得出世間慧。是故我說波羅蜜多如是次第。三，果報。《善戒經》云：富具色力壽安辯。又餘經云：施報富，戒報善道，忍報端正，進報神通，禪報生天，智破煩惱。無著論云：有二種果，謂未來、現在。未來果者，檀得大福，尸羅得自身具足。謂釋梵等羼提得大伴助大眷屬，毘梨耶得果報等不斷絕，禪得生身不損壞，般若得諸根猛利及多諸悅樂，於天人大衆中，得自在等。現在果者，得一切信敬供養及現法涅槃等。四，互攝者。彌勒頌云，檀義攝於六，資生無畏法，是中一二三，名爲修行住。此檀攝六度也。又《菩提資糧論》云：既爲菩薩母，亦爲諸佛母。般若波羅蜜，是覺初資糧，（覺是菩提，六度是菩提資糧，般若爲初耳。）施戒忍進定，及此五之餘，方便願智力，皆由智度，故波羅蜜所攝。此乃般若攝於六度，初後既爾，中四例知。五，譬喻。《華嚴》云：菩薩摩訶薩，以般若波羅蜜爲母，方便善巧爲父。檀波羅蜜爲乳母，尸羅波羅蜜爲養母，忍波羅蜜爲莊嚴具，勤波羅蜜爲養育者。禪波羅蜜爲浣濯人。善知識爲教授師。一切菩提分爲伴侶。一切善法爲眷屬。一切菩薩爲兄弟。菩提心爲家。如理修行爲家法。諸地爲家處。諸忍爲家族。大願爲家教。滿足諸行，爲順家法。勸發大乘，爲紹家業。法水灌頂，一生所繫菩薩爲王太子。成就菩提，爲能淨家族。六分開者，六度通大小，十度唯在大。一往亦通藏通兩教，以權立三智故。言十度者，於禪中有願智力，故開願度。有神通智，開出力度。根本定守禪度名。般若中有道種智，開出方便度。有一切種智，開出智度。一切智守本般若名。

**通理《金剛新眼疏經偈合釋》**　般若，正翻爲慧。《智度論》云：因位名般若，果位名智。是則慧爲智之因，智爲慧之果。《纂要疏》云：若依《大品經》，若字通智慧二義。故智與慧，名義少殊，體性無別。《刊定記》釋云：此明字界字緣，若字是字界，般那都爲緣。若以般爲緣，助於若字，則名爲慧。若以那爲緣，助於若字，則名爲智。常途亦有不分，以智即是慧，慧即是智。故般若二字，一往翻爲智慧。如《法華》云：我所得智慧，微妙最第一，是果中亦名爲慧。又云，色力及智慧，斯等皆減少。是因中亦名爲智。既有教可憑，今亦不分。然譯主不翻。仍存梵言者。以尊重故。

《金剛錍》云：般若者，衆生之心，有實相、觀照之殊。實相者，心本無相，以遠離虚妄，眞實有體，不可破壞，無相之相，強名實相。此亦即是心體，可同金剛之堅。觀照者，心本非照，以遠離分別，眞明皎然，有執皆破，無照之照，強名觀照。此亦即是心用，可同金剛之利。法喻合明，故云金剛般若。以斯命名，蓋欲衆生即金剛之堅利，識般若之體用。因中破執，依實相而起觀照。果中證理，依觀照而契實相。如珠發光，光照珠體。故知下之涅槃彼岸，即是究竟實相，曾無一法從外來者。《楞嚴》云，圓滿菩提，歸無所得。於此可見。

# 般若波羅蜜

**鳩摩羅什譯《摩訶般若波羅蜜經》卷五**　云何名般若波羅蜜。須菩提！菩薩摩訶薩以應薩婆若心，不著一切法，亦觀一切法性，以無所得故，亦教他不著一切法，亦觀一切法性，以無所得故。是名菩薩摩訶薩般若波羅蜜。

**鳩摩羅什譯《大智度論》卷一八**　云何名般若波羅蜜。答曰：諸菩薩從初發心求一切種智，於其中間，知諸法實相慧，是般若波羅蜜。

**玄奘譯《解深密經》卷四**　觀自在菩薩復白佛言：世尊！菩薩以何等波羅蜜多，取一切法無自性性。佛告觀自在菩薩曰：善男子！以般若波羅蜜多，能取諸法無自性性。世尊！若般若波羅蜜多，能取諸法無自性性，何故不取有自性性。善男子！我終不說以無自性性取無自性性。然無自性性，離諸文字。自內所證，不可捨於言說文字而能宣說。是故我說般若波羅蜜多，能取諸法無自性性。

觀自在菩薩復白佛言：世尊！如佛所說波羅蜜多，近波羅蜜多，大波羅蜜多。云何波羅蜜多，云何近波羅蜜多，云何大波羅蜜多。佛告觀自在菩薩曰：善男子！若諸菩薩經無量時，修行施等，成就善法，而諸煩惱猶故現行，未能制伏，然爲彼伏。謂於勝解行地軟中，勝解轉時，是名波羅蜜多。復於無量時修行施等，漸復增上成就善法，而諸煩惱猶故現行，然能制伏非彼所伏，謂從初地已上，是名近波羅蜜多。復於無量時修行布施等，轉復增上成就善法，一切煩惱皆不現行，謂從八地已上，是名大波羅蜜多。

**玄奘譯《瑜伽師地論》卷七八**　世尊！菩薩以何等波羅蜜多取一切法無自性性。善男子！以般若波羅蜜多，能取諸法無自性性。

世尊！若般若波羅蜜多能取諸法無自性性，何故不取有自性性。善男子！我終不說以無自性性取無自性性。然無自性性，離諸文字，自內所證，不可捨於言說文字而能宣說。是故我說般若波羅蜜多能取諸法無自性性。

世尊！如佛所說波羅蜜多，近波羅蜜多，大波羅蜜多。云何波羅蜜多，云何近波羅蜜多，云何大波羅蜜多。善男子！若諸菩薩經無量時，修行施等，成就善法，而諸煩惱猶故現行，未能制伏。然爲彼伏，謂於勝解行地軟中勝解轉時，是名波羅蜜多。復於無量時修行施等，漸復增上成就善法，而諸煩惱猶故現行，然能制伏，非彼所伏。謂從初地已上，是名近波羅蜜多。復於無量時修行施等，轉復增上成就善法，一切煩惱皆不現行。謂從八地已上，是名大波羅蜜多。

**玄奘譯《攝大乘論本》卷下**　般若波羅蜜多，與無分別智無有差別。如說菩薩安住般若波羅蜜多非處相應，能於所餘波羅蜜多修習圓滿。云何名爲非處相應修習圓滿，謂由遠離五種處故。一，遠離外道我執處故。二，遠離未見眞如菩薩分別處故。三，遠離生死涅槃二邊處故。四，遠離唯斷煩惱障生喜足處故。五，遠離不顧有情利益，安樂住無餘依涅槃界處故。

聲聞等智，與菩薩智有何差別。由五種相應知差別。一，由無分別差別。謂於蘊等法無分別故。二，由非少分差別。謂於通達眞如，入一切種所知境界，普爲度脫一切有情，非少分故。三，由無住差別。謂無住涅槃爲所住故。四，由畢竟差別。謂無餘依涅槃界中無斷盡故。五，由無上差別。謂於此上無有餘乘勝過此故。

**玄奘譯《攝大乘論釋》卷八**　釋曰：般若波羅蜜多，與無分別智無有差別者，性相等故。謂諸所有無分別智，即是般若波羅蜜多故。彼經中作如是說。菩薩安住般若波羅蜜多，非處相應，能於所餘波羅蜜多修習圓滿。此義云何。謂由遠離五種處故，即是遠離外道我執處等五處差別。此中可居，故名爲處。遠離外道我執處者，謂諸外道安住我執，作是念言，我能了知此是我慧。菩薩遠離如是處所，不計執我及以我所而起波若。菩薩遠離如是處所，是故說名非處相應。遠離未見眞如菩薩分別處者，謂未見眞諸菩薩眾，於其般若波羅蜜多無分別智起諸分別，此是般若波羅蜜多。

**玄奘譯《攝大乘論釋》卷九**　論曰：般若波羅蜜多與無分別智無有差別。如說菩薩安住般若波羅蜜多，非處相應。能於所餘波羅蜜多修習圓滿。云何名爲非處相應修習圓滿，謂由遠離五種處故。一，遠離外道我執處故。二，遠離未見眞如菩薩分別處故。三，遠離生死涅槃二邊處故。四，遠離唯斷煩惱障生喜足處故。五，遠離不顧有情利益安樂，住無餘依涅槃界處故。

釋曰：無分別智即是般若波羅蜜多。由彼經中說：諸菩薩安住般若波羅蜜多，非處相應，能於所餘波羅蜜多修習圓滿。爲欲令知如是義故，顯示彼文。遠離外道我執處者，謂如外道住般若中執我我所，作如是念，我能住般若，般若是我所。菩薩不爾，遠離如是諸外道輩我執處故，應知說名非處相應，安住般若波羅蜜多。遠離未見眞如菩薩分別處者，謂如未見眞如菩薩，於無分別般若波羅蜜多中，分別此是般若波羅蜜多。菩薩遠離如是分別，應知說名非處相應，安住般若波羅蜜多。遠離生死涅槃二邊處者，謂如世間安住生死，諸聲聞等安住涅槃。菩薩不爾，遠離二邊，應知說名非處相應，安住般若波羅蜜多。遠離唯斷煩惱障生喜足處者，如聲聞等唯斷煩惱障，便生喜足。菩薩不爾。由此意趣，應知說名非處相應，安住般若波羅蜜多。遠離不顧有情利益安樂，住無餘依涅槃界處者，謂如聲聞等不顧有情利益安樂，於無餘依般涅槃界而般涅槃。菩薩不爾，不住聲聞所住之處，應知說名非處相應，安住般若波羅蜜多。

**宗密、子璿《金剛般若經疏論纂要》卷上**　波羅蜜者，此云彼岸到。應云到彼岸。謂離生死此岸，度煩惱中流，到涅槃彼岸。涅槃，此云圓寂，亦云滅度。一切衆生即寂滅相，不復更滅。但以迷倒妄見生死，名在此岸。若悟生死本空，元來圓寂，名到彼岸。若兼般若迴文，應云到彼岸慧。經者，梵音修多羅，義翻爲契經。契者，詮表義理契合人心，即契理契機也。

**弘贊《般若波羅蜜多心經添足》**　梵語般若，華言智慧。智乃實相無分別之智，慧是無分別智中之妙慧，亦名淨慧，亦名無相慧。又慧即智，故《成實論》云，眞慧名智。此之智慧，體性圓融，照用自在，能窮諸法實性之邊底，是超情離見玄妙之絕稱，非同世智之智、聰慧之慧。世之智慧，從識心生，分別塵境，執取名言，發妄知見，爲有漏根、生死株，不能破無明惑、顯實相理。恐人濫此，故存梵音，而不直翻華言。究其實，則無物可當其體，無法可字其名，乃強名爲般若也。

梵語波羅蜜多，此翻彼岸到。若順此方之文，則云到彼岸，是究竟諸法實際無餘之義。以生死爲此岸，煩惱妄念爲苦海中流，眞空之際爲彼岸。般若如般筏，故其行深般若者，照蘊空、無明滅，見煩惱即實相，生死即涅槃，越二死海，至三德岸，名到彼岸。其迷般若者，種種分別，妄執身心爲有，遂失慧光，不了諸法實相，名住此岸。故《華嚴》云：我觀一切衆生，俱有如來智慧德相，但以妄想執著而不證得。以要言之，但有纖情未盡，便隔彼岸，凡聖情忘，即彼岸到，無別以爲到也。

## 實相般若　觀照般若　文字般若

**鳩摩羅什譯《摩訶般若波羅蜜經》卷一三**　世尊！是求菩薩道善男子、善女人，用字書般若波羅蜜，自念：我書是般若波羅蜜。以字著般若波羅蜜，當知亦是菩薩魔事。何以故。世尊！是般若波羅蜜無文字，禪那波羅蜜、毘梨耶波羅蜜、羼提波羅蜜、尸羅波羅蜜、檀那波羅蜜，無有文字。世尊！色無文字，受想行識無文字，乃至一切種智無文字。世尊！若求菩薩道善男子、善女人，著無文字般若波羅蜜，乃至著無文字一切種智，當知是亦菩薩魔事。讀誦說、正憶念、如說修行，亦如是。

**智顗《金剛般若經疏》**　用譬三種般若。實相般，若理性常住。觀照般若，破五住惑。文字般若，解脫自在。如此三法，不縱不橫，非並非別，成祕密藏。

**吉藏《大乘三論略章》卷一**　文字般若者，即佛說波若，說名字及小經卷也。

**吉藏《十二門論疏》卷上**　實相即是中道也。道場謂正觀也。宣之於口謂之論也。又實相即實相波若，道場之照觀照般若，宣此二義謂文字般若也。

**慧遠《大乘義章》卷一〇**　言文字者，所謂《般若波羅蜜經》，此非般若，能詮般若，故名般若。如《涅槃經》詮涅槃，故說爲涅槃。此亦如是，又此文字能生般若，亦名般若。如食生命說食爲命。

**慧遠《大乘義章》卷一九**　文字般若，謂般若經，此非般若，能詮般若，能生般若，故名般若。

**窺基《大般若波羅蜜多經般若理趣分述讚》卷二**　文字般若即菩薩句義，求此學此名爲句故，餘四般若名菩薩義。

**李師政《法門名義集》**　文字般若，以音聲言教詮提爲體。文字非般若，何以名般若。一能生般若，二能詮般若。因中說過果，故立般若也。

**宗密、子璿《金剛般若經疏論纂要》卷一〇**　文字般若即是經體。文字即含聲名句文。文字性空，即是般若，無別文字之體故，皆含攝理無不盡，統爲教體。

**子璿《金剛經纂要刊定記》卷一**　文字般若，以文字能詮顯彰，明實相觀照令顯現故。

**德清《紫栢老人集》卷之一**　凡佛弟子，不通文字般若，即不得觀照般若。不通觀照般若，必不能契會實相般若。實相般若，即正因佛性也。觀照般若，即了因佛性也。文字般若，即緣因佛性也。今天下學佛者，必欲排去文字，一超直入如來地，志則高矣。吾恐畫餠不能充饑也。且文字，佛語也。觀照，佛心也。由佛語而達佛心，此從凡而至聖者也。由佛心而達佛語，則聖人出無量義定，放眉間白毫相光，而爲文字之海。使一切衆生，得沾海點，皆得入流亡所。以至空覺極圓，寂滅現前而後已。若然者，即語言文字如春之花，或者必欲棄花覓春，非愚即狂也。有志於入流亡所者，當深思我釋迦文以文設教所以然之意。如其明之，即文字語言可也，離文字語言可也。如其未明，即文字與離文字，皆不可也。非即非離，亦不可也。【略】

娑婆界中，苟無文字般若，則觀照般若無有開發。觀照般若既不開發，則將何物了知正因般若。所以《金剛般若波羅蜜經》五千餘言，字字放光，句句日月。又若明燈，日月照不及處，燈能繼焉。是故若人能持《金剛般若經》者，終必見性。如曹溪六祖，本是賣柴窮漢，一聞《金剛般若經》應無所住而生其心，便即開悟。

**智旭《絶餘編》卷三**　一實相般若，二觀照般若，三文字般若。此三非三，亦非定一。以一切皆實相，一切皆觀照，一切皆文字故。是故六百卷全帙而非多，二百六十餘言而非少。乃至後賢述作無慮數十百家。了得，即字字解粘去縛。不了，則字字加縛增粘。

**智旭《般若波羅蜜多心經釋要》**　今但直約心法，顯示般若。然大部雖廣明佛法及衆生法，未嘗不即心法。今文雖直明心法，未嘗不具佛法及衆生法，故得名爲三無差也。以吾人現前一念介爾之心，虛明洞徹，了了常知，不在内外中間諸處，亦無過現未來形迹，即是觀照般若。以吾人現前一念介爾之心，炳現根身器界，乃至十界，假實國土，平等印持，不前不後，同時頓具，即是文字般若。蓋山河大地明暗色空等一切諸境界性，無非文字，不但紙墨語言爲文字也。以吾人現前一念介爾之心，所有知覺之性，及與境界之性，無分無劑，無能無所，無是非是，統惟一法界體，即是實相般若。實相般若，非彼岸非此岸。達此現前一念之實相，故生死即涅槃，名波羅蜜。觀照般若，亦非彼岸非此岸，照此現前一念即實相，故即惑成智，名波羅蜜。文字般若，亦非彼岸非此岸，顯此現前一念即實相，故即結業是解脫，名波羅蜜。是故此心，即三般若。三般若，祇是一心。此理常然，不可改變，故名爲經。依此成行，三世諸佛菩薩之所共遵，故名爲經。說此法門，天魔外道不能亂壞，故名爲經。

**弘贊《般若波羅蜜多心經添足》**　般若之義有三，謂實相，觀照，文字。

實相般若者，謂法身眞空之體，元無名相，今於無名相中，建立假名而談實相，故名實相。以心源湛寂，無相而相，名爲實相。是所觀之眞性，即吾人虛靈不昧本覺眞心，非寂非照，理性常住，體離生滅染淨虛妄等法。

觀照般若者，乃實相體所起之用，即能觀之妙慧。良由法性幽玄，非此莫鑒。諸佛以此而妙契法身，菩薩以此而頓證眞空。即吾人無分別智，非照而照，照了一切諸法皆即眞空，無明即是實相，故云色即是空。

文字般若者，文字是諸佛詮理之教。而文字性空，性空之體，即是般若。故台教云，文字是色，是色即實相。《天王般若經》云，總持無文字，文字顯總持。是以能顯了實相、觀照二種般若之德。般若雖三，原同一相，所謂無相。無相即是大覺圓常，眞空之體。具此三名，如世∴字。若能一念正觀圓修，照了諸法皆空，是爲圓證究竟涅槃。

# 共般若　不共般若

**吉藏《大品經遊意》**　《釋論》云：有二種波若。一者共，二者不共。有二種釋。一云：共者，《大品》云三乘通教是也。不共者，別第十地行聞波若，非九地行所聞也。一云：只就大品中，亦有共不共。何者。經云，欲得菩薩果乃至聲聞果當學者。此是共般若。復有菩薩所對，名爲不共也。今則無別深般若，但二乘分亦得聞，謂之共。菩薩之殊於二乘，名爲不共。此就有方便無方便，簡聖共不共，無別深波若也。復有三種波若，一者上，二中，三下。上者，《光讚波若》是也。若具翻者，應是五十卷。而存長時遺少唯翻十卷，即竺法護所翻也。中者，是《大品》也，而卷數不定，或二十七卷，併什法師翻也。《放光波若》是二十卷，是朱士行取於于闐國，即是《大品》也。下者，小品是也。有七卷，則是隨行也。復有四種般若，謂上、中、下與《金剛波若》也。一云，上中下與不共波若也。

**智顗《妙法蓮華經玄義》卷五上**　共般若意，如上說。不共般若意，則有不廢（云云）。故知，《成論》《地論》師秖見共般若意，不見不共意。《中論》師得不共意，失共意。通敎既具兩意，於通菩薩及方便聲聞，即是廢義。

**智顗《妙法蓮華經玄義》卷一〇上**　無相者，此得共般若，失不共般若。共般若有四門。如幻如化即有門，幻化即無是空門，幻化有而不有，是亦空亦有門，雙非幻化即非空非有門。若言般若無相者，秖得共般若一空門，全失三門，亦失七門。尚不是因中正遍知，況果上正遍知，其失則去，其得則取（云云）。

**智顗《觀音玄義》卷下**　如《大品》，明三乘之人同以第一義諦無言說道，斷煩惱，入涅槃，共緣一理用觀斷惑通也，亦名共般若教。此事與三藏異。

**智顗《維摩經玄疏》卷六**　一約共二乘說般若，明法性實相，有同有異。二約不共二乘說般若，明法性實相，但異非同。一約共般若，明法性實相爲大乘經體，有同有異者，即爲三意。一約通教，二約別教，三約圓教。一約通教明同異者，所言同者，即是同入偏眞之法性也。所言異者，三乘雖同入法性，而不無深淺之異。但斷正使，侵習習盡。如前通教分別。聲聞入淺，但斷正使。緣覺小深，侵除習氣。菩薩能窮法性之底，習氣都盡也。譬如三獸渡河，水雖是一，兔馬象腳有短長，故入水不無淺深之別，水雖是一而深淺有異也。二約共說般若別教，明空不空辨法性同異者，《涅槃經》云：第一義空名爲智慧。智者見空及與不空。聲聞辟支佛但見於空，不見不空。不空即是智慧之性，名見佛性，即是異也。菩薩能見不空。聲聞菩薩同見於空。是則法性理一，名之爲同。【略】

明共般若，共二乘說，而上中下根，利鈍不同。故於一法性，通別圓三種之異也。譬如石有金性，有人破石得金，而不能作種種釵璫環釧，有人得金能用作種種釵璫環釧而不能變金爲丹，有人能變金成丹，服之得仙，五通無閡也。金性是一，而得者三種不同也。二約不共說般若，明法性實相爲大乘經體。一向異者，二乘所見偏眞不得言同也。就此爲二意，一別教，二圓教。一約不共般若別教，明法性實相，斷除二障，離生死涅槃二邊。別以不空之理、自性清淨心、如來藏理爲法性實相，是則聲聞在座如聾如瘂也。譬如破鑛得眞金，異頗梨也。眞金不可破壞，隨意作種種器。頗梨易破，不得迴轉作種種器也。二約不共般若圓教，明法性實相爲大乘經體者，一切諸法即是佛性涅槃如來藏也。

**智顗《禪門章》**　般若即指《大品》，而《大品》有共不共。今當料簡，自有共般若共二乘說，即是《大品》。又有共般若不共二乘說，即是《大品》。教未與時，但用三藏逗諸聲聞，聲聞爾時不聞通教，自有不共般若共聲聞說，即是《大品》。命轉教，自有不共般若不共二乘說，如《華嚴》。

**澄觀《貞元新譯華嚴經疏》卷三**　般若有二，一共般若，二不共般若。共般若智斷皆忍，不共般若故彼不聞。《智論》自指不思議經爲不共故。

**道亭《華嚴一乘分齊章義苑疏》卷一**　釋曰：梵語般若，此云智。若云那若，此云慧。波羅密，此云到彼岸。體具權實。權故，三乘共聞名共般若。實故，一乘頓悟名不共般若。故指如《不思議經》，謂超越圖度，迴出言象矣。不與聲聞共者，深不可窺。

**傳燈《永嘉禪宗集註》卷上** 般若有共、不共。共則三人同修，即下及諦緣等觀通理。不共，則獨菩薩法，非但六度有別，亦乃道觀雙流。

**性權《天台四教儀註彙補輔宏記》卷七之上** 儀文云：般若方等部內共般若等者，非是局指般若中三乘共聞者爲共般若，意取方等般若二時部內，三乘共聞者俱名共般若耳。如《輔行》云：雖無別部共般若文，但取方等般若中，或一時、一會、一章，獨明共意。其流亦多。今觀此文，則知方等部內亦有共般若者，即此教所屬之文也。註中引釋籤以證成。言不同三藏等者，以三藏之教，有《四阿含》等爲部帙。今此通教，無別部帙，是故於二時中三乘共聞者，判屬於通。而今不曰共方等，而曰共般若者，蓋方等重在彈斥，共義稍疏。而般若之空宗，正當教之妙旨。以是則曰共般若者，盡善也已。

## 聖智

**曇摩耶舍、曇摩崛多等譯《舍利弗阿毘曇論》卷九** 云何聖智。智若無漏，是名聖智。云何非聖智，智若有漏，是名非聖智。

**僧肇《注維摩詰經》卷一** 夫聖智無知，而萬品俱照。法身無象，而殊形並應。至韻無言，而玄籍彌布。冥權無謀，而動與事會。

**僧肇《注維摩詰經》卷五** 經曰：聖智無知，以虛空爲相。諸法無爲，與之齊量也。故以空智而空於有者，即有而自空矣。豈假屏除，然後爲空乎。上空智空，下空法空也。直明法空，無以取定，故內引眞智，外證法空也。

**求那跋陀羅譯《楞伽阿跋多羅寶經》卷一** 復次，大慧！菩薩摩訶薩建立智慧相住已，於上聖智三相，當勤修學。何等爲聖智三相當勤修學。所謂：無所有相、一切諸佛自願處相、自覺聖智究竟之相。修行得此已，能捨跛驢心慧智相，得最勝子第八之地，則於彼上三相修生。大慧！無所有相者，謂聲聞、緣覺及外道相，彼修習生。大慧！自願處相者，謂諸先佛自願處修生。大慧！自覺聖智究竟相者，一切法相無所計著，得如幻三昧身，諸佛地處進趣行生。大慧！是名聖智三相。若成就此聖智三相者，能到自覺聖智境界。是故，大慧！聖智三相，當勤修學。

**慧遠《維摩義記》卷三** 我、無我，二反立三相，分別有三。一，凡夫人取陰爲我，聖智觀察知陰非我。此一五陰於凡爲我，於聖非我，故名爲二。二，五陰和合成假人，凡夫於中立有定性，名之爲我，聖智觀察但假無性，名爲無我。三，妄相諸法，集成人相，名之爲我。聖智深觀人相空無，名爲無我。

## 眞智

**般若譯《大乘理趣六波羅蜜多經》卷一〇** 能知生苦體即無生，名苦中眞智。知生集起集無和合，名集中眞智。知生本無即無有滅，名滅中眞智。知出苦道離有離無，是名道中眞智。

**法雲《翻譯名義集》卷一二** 多伽梢，或多伽羅。此翻根智。《維摩》云，智度，菩薩母。《淨名疏》云，智度即是實智。實智有能顯出法身之力故，如母能生。實智亦名如理智，正觀眞諦如理，而知則無顛倒。《攝論》云，順理清淨名如理智。《十八空論》云，如理智即無分別智，亦名正智。又名眞智，又名根本智。

**法雲《翻譯名義集》卷一三** 《寶藏論》云：智有三種。一曰眞智，謂體解無物，本來寂靜，通達無涯，淨穢不二。二曰內智，謂自覺無明，割斷煩惱，心意寂靜，滅無有餘。三曰外智，謂分別根門，識了塵境，博鑒古今，皆通俗事。又《大品》明三智見薩婆若。

**法雲《翻譯名義集》卷一八** 智體無二，境亦無二。智無二者，只是一智，義用有殊。約知眞處名爲眞智，約知俗處名爲俗智。境無二者，謂色即是空爲眞境，空即是色爲俗境。由是證眞時必達俗，達俗時必證眞，了俗無性即是眞空，豈有前後耶。

**許元釗《雲門麥浪懷禪師宗門設難》** 所言眞知者，即常住眞心，亦名實相般若，是諸法自性，聖凡本具。非中外而徹十方，無去來而通三際，爲一切眾生本來面目，一而不二者也。其體絕相絕稱，纖塵不立。

《易》曰，寂然不動，感而遂通天下之故。感而遂通者，眞知之用也。故曰，聖心無知而無所不知，是以聖人虛其心而實其照，終日知而未嘗知。良有以也。先德云：智有窮幽之鑒而無知焉，神有應會之用而無慮焉。神無慮，故能獨王於世表。智無知，故能玄照於事外。知雖事外，未始無事。神雖世表，終日域中。所以俯仰順化，應接無窮，無幽不察，而無照功。是爲無知之所知，神聖之所會也。子亦曰，吾有知乎哉，無知也。

# 大圓鏡智

**玄奘譯《佛說佛地經》** 復次，妙生大圓鏡智者，如依圓鏡衆像影現。如是依止如來智鏡，諸處境識衆像影現。唯以圓鏡爲譬喻者，當知圓鏡如來智鏡平等平等，是故智鏡名圓鏡智。

如大圓鏡，有樂福人懸高勝處，無所動搖。諸有去來，無量衆生，於此觀察自身德失，爲欲存德，捨諸失故。如是如來懸圓鏡智，處淨法界無間斷故，無所動搖。欲令無量無數衆生觀於染淨，爲欲取淨，捨諸染故。

又如圓鏡，極善磨瑩，鑒淨無垢，光明遍照。如是如來大圓鏡智，於佛智上，一切煩惱所知障垢永出離故。極善磨瑩，爲依止定，所攝持故，鑒淨無垢。作諸衆生利樂事故，光明遍照。

又如圓鏡，依緣本質，種種影像相貌生起。如是如來大圓鏡智，於一切時依諸緣故，種種智影相貌生起。

如圓鏡上，非一衆多諸影像起，而圓鏡上無諸影像，而此圓鏡無動無作。如是如來圓鏡智上，非一衆多諸智影起，圓鏡智上無諸智影，而此智鏡無動無作。

又如圓鏡與衆影像，非合非離，不聚集故，現彼緣故。如是如來大圓鏡智，與衆智影非合非離，不聚集故，不散失故。

又如圓鏡周瑩，其面於一切處，爲諸影像遍起依緣。如是如來大圓鏡智，不斷無量衆行善瑩，爲諸智影遍起依緣。謂聲聞乘諸智影像，獨一覺乘諸智影像，無上大乘諸智影像，爲欲令諸聲聞乘人依聲聞乘而出離故，獨一覺人依獨覺乘而出離故，大乘之人依無上乘而出離故。

如圓鏡中，大影可得。所謂大地大山大樹大宮舍影，而是圓鏡不等彼量。如是如來圓鏡智上，從極喜地乃至佛地智影可得，及與一切世出世法智影可得，而圓鏡智非彼分量。

又如圓鏡，非處障質影像起緣。如是如來大圓鏡智，非惡友攝聞不正法，障礙衆生智影起緣，彼非器故。

又如圓鏡，非處闇質影像起緣。如是如來大圓鏡智，非處樂惡愚暗衆生智影起緣，彼非器故。

又如圓鏡，非處遠質影像起緣。如是如來大圓鏡智，非處不淨感匱法業，不信衆生智影起緣，彼非器故。

**玄奘譯《佛地經論》卷三** 大圓鏡智者，謂離一切我、我所執、一切所取、能取分別。所緣行相不可了知。不愚不忘一切境界，不分別知境相差別，一切時方無間無斷。永離一切煩惱障垢有漏種子。一切清淨無漏功德種子圓滿。能現能生一切境界諸智影像、一切身土影像所依。任持一切佛地功德，窮未來際，無有斷盡。如是名爲大圓鏡智。【略】

轉第八識得大圓鏡智相應心，能持一切功德種子，能現能生一切身土智影像故。轉第七識得平等性智相應心，遠離二執自他差別，證得一切平等性故。轉第六識得妙觀察智相應心，能觀一切皆無礙故。轉五現識得成所作智相應心，能現成辦外所作故。復有義者，轉第六識得成所作，轉五現識得妙觀察。此不應爾，非次第故。說法除疑，周遍觀察，非五用故。如是轉去生死位中四相應品心及心法，轉得佛果四相應品心及心法，皆說名智。

**玄奘譯《佛地經論》卷五** 如是略說大圓鏡智，有九種相勝所餘智。謂訓詞相、無分別相、障清淨相、依止因緣生智影相、無有我所無攝受相、不忘一切所知境相、遍處恆時生智影相、能生一切智根本相、於非法器不能生相。此有三種非聖法器。一者，親近不善知識，聞不正法，暫時有障，非聖法器。二者，煩惱癡障所障，非聖法器。三者，極重業障所障及無出世聖道種子，久時畢竟非聖法器。如是三種，總名第九於非法器不能生相。

**玄奘譯《成唯識論》卷一〇** 一大圓鏡智相應心品，謂此心品離諸分別，所緣行相微細難知。不妄不愚，一切境相性相清淨，離諸雜染。純淨

圓德，現種依持。能現能生身土智影，無間無斷，窮未來際，如大圓鏡現眾色像。【略】

大圓鏡智相應心品，有義但緣眞如爲境，是無分別，非後得智。行相所緣，不可知故。有義此品緣一切法。《莊嚴論》說，大圓鏡智於一切境不愚迷故。《佛地經》說，如來智鏡諸處境識眾像現故。又此決定緣無漏種及身土等諸影像故，行緣微細，說不可知。如阿賴耶亦緣俗故，緣眞如故，是無分別。緣餘境故，後得智攝。其體是一，隨用分二。了俗由證眞，故說爲後得。餘一分二，準此應知。

**法雲《翻譯名義集》卷一三** 一，大圓鏡智者，如依圓鏡，眾像影現。如是依止如來智鏡，諸處境識眾像影現。（《地論》云，大圓鏡智，離一切我，我所執，乃至能現能生一切境界。又云，此智是如來第八淨識。資中云，離倒圓成，周鑒萬有，名大圓鏡智。）二，平等性智者，證得一切領受緣起，平等法性，圓滿成故。三，妙觀察智者，住持一切陁羅尼門、三摩地門，無礙辯才，說諸妙法故。四，成所作智者，勤身化業，示現種種，摧伏諸伎，引諸眾生，令入聖教成解脫故。（然《涅槃》云，依智不依識。在聖名成所作智，在凡名五識。在聖名妙觀察智，在凡名六識。在聖名平等性智，在凡名七識。在聖名大圓鏡智，在凡名八識。雖聖凡體一，而迷悟名異故。）

**明昱《成唯識論俗詮》卷一〇** 大圓鏡智者，如依圓鏡，眾像影現。如是依止如來智鏡，諸處境識眾像影現。唯以圓鏡爲譬喻者，當知圓鏡，如來智鏡，平等平等。是故智鏡，名圓鏡智。謂此心品離諸分別者，顯此智體，一切煩惱所知障垢永出離故。所緣行相微細難知者，非愚昧等智可知故。不妄不愚一切境相者，《莊嚴論》云，大圓鏡智，普於一切所知障境，不愚迷故。性相清淨離諸雜染者，智體光明，鑑淨無垢故。純淨圓德現種依持者，唯無漏德，所依止故。能現能生身土智影者，一切身土，此智能現，餘三種智，是此智影，故云能生。無間無斷，窮未來際者，顯寂常義，如大圓鏡。現眾色像者，顯光明義。

# 妙觀察智

**玄奘譯《佛說佛地經》** 復次，妙生妙觀察智者，譬如世界持眾生界，如是如來妙觀察智，任持一切陁羅尼門三摩地門，無礙辯說諸佛妙法。

又如世界是諸眾生，頓起一切種種無量相識因緣。如是如來妙觀察智，能爲頓起一切所知，無礙妙智種種無量相識因緣。

又如世界種種可玩，園林池等之所莊嚴，甚可愛樂。如是如來妙觀察智，種種可玩波羅蜜多菩提分法，十力無畏不共佛法之所莊嚴，甚可愛樂。又如世界洲渚，日月四天王天，三十三天及夜摩天，覩史多天樂變化天，他化自在梵身天等，妙飾間列。如是如來妙觀察智，世及出世衰盛因果，聲聞獨覺菩薩圓證，無餘觀察妙飾間列。

又如世界爲諸眾生廣大受用。如是如來妙觀察智，示現一切諸佛眾會，雨大法雨，爲令眾生受大法樂。如世界中五趣可得，所謂地獄、餓鬼、畜生、人趣、天趣。如是如來觀察智上，無邊因果，五趣差別，具足顯現。如世界中，欲、色、無色諸界可得。如是如來觀察智上，無邊因果三界差別，具足顯現。如世界中蘇迷盧等，大寶山王顯現可得。如是如來觀察智上，諸佛菩薩威神所引，廣大甚深教法可得。如世界中廣大甚深不可傾動大海可得。如是如來觀察智上，一切天魔外道異論，所不傾動甚深法界教法可得。又如世界大小輪山之所圍繞。如是如來妙觀察智，不愚一切自相共相之所圍繞。

**玄奘譯《成唯識論》卷一〇** 妙觀察智相應心品，謂此心品善觀諸法自相共相無礙而轉，攝觀無量總持之門及所發生功德珍寶。於大眾會能現無邊作用差別，皆得自在。雨大法雨，斷一切疑，令諸有情皆獲利樂。四成所作智相應心品，謂此心品爲欲利樂諸有情故，普於十方示現種種變化，三業成本願力所應作事。如是四智相應心品，雖各定有二十二法能變所變種現俱生，而智用增以智名顯，故此四品總攝佛地一切有爲功德皆盡。此轉有漏八七六五識相應品，如次而得。智雖非識，而依識轉，識爲主故，說轉識得。又有漏位智劣識強，無漏位中智強識劣，爲勸有情依智捨識，故說轉八識而得此四智。

**玄奘譯《佛地經論》卷三**　妙觀察智者，謂於一切境界差別，常觀無礙，攝藏一切陀羅尼門三摩地門諸妙定等，於大眾會能現一切自在作用，斷一切疑，雨大法雨。如是名爲妙觀察智。

**明昱《成唯識論俗詮》卷一〇**　妙觀察者，從攝持所觀境立名。《佛地經》云，如是如來妙觀察智，住持一切陀羅尼門、三摩地門。無礙辯說諸佛妙法。又云，能爲頓起一切所知無礙妙智，種種無量相識因緣。又云，種種可翫波羅蜜多、菩提分法、十力無畏、不共佛法之所莊嚴，甚可愛樂。言攝觀者，攝者藏也，觀即觀察。以此智品，於總持門，善能觀察，亦能攝藏，不忘失故。

**智旭《楞伽阿跋多羅寶經疏義》卷一**　了知一切諸法無性無生，當體即空，舉體即假，亦即中道。以唯心故，心非有無。故一切法皆非有無。如是思惟，如是分別，即是妙觀察智。

## 平等性智

**玄奘譯《佛說佛地經》**　復次妙生平等性智者，由十種相圓滿成就，證得諸相增上喜愛。平等法性圓滿成故，證得一切領受緣起。平等法性圓滿成故，證得遠離異相非相。平等法性圓滿成故，弘濟大慈。平等法性圓滿成故，無待大悲。平等法性圓滿成故，隨諸眾生所樂示現。平等法性圓滿成故，一切眾生敬受所說。平等法性圓滿成故，世間寂靜皆同一味。平等法性圓滿成故，世間諸法苦樂一味。平等法性圓滿成故，修殖無量功德究竟。

**玄奘譯《成唯識論》卷一〇**　平等性智相應心品，謂此心品觀一切法自他有情悉皆平等。大慈悲等，恆共相應。隨諸有情所樂，示現受用身土影像差別。妙觀察智不共所依，無住涅槃之所建立。一味相續，窮未來際。

**玄奘譯《佛地經論》卷三**　平等性智者，謂觀自他一切平等，大慈大悲，恆共相應，常無間斷。建立佛地，無住涅槃，隨諸有情所樂，示現受用身土種種影像。妙觀察智不共所依，如是名爲平等性智。【略】

平等性智相應心品。有義，唯緣大圓鏡智，如染污意緣阿賴耶爲境界故。有義，唯緣眞如實際，緣平等性爲境界故。如實義者，此智亦緣一切爲境，普緣一切平等性故。《莊嚴論》說，平等性智緣一切有情，自他平等故，隨諸有情勝解，示現佛影像故。此經中說，證得十相平等性故。此平等性通眞及俗，故緣一切亦無過失。若不緣俗，即不能隨一切有情勝解示現諸佛影像。

**窺基《大般若波羅蜜多經般若理趣分述讚》卷一**　平等性智，能調眾惡，降伏煩惱，普勝一切，名曰金剛，如於金剛能摧壞故。言住持者，至法王位能爲一切三界勝主，世間所有勝法皆是此智之所住持。令其不壞名住，助其生長名持。又此平等智是諸智藏，一切福智以此爲因。此能住持一切佛德，能滅諸惑，名金剛住持。此是平等性智之作用也。內能住持，外能摧壞。平等性智者，非是四智中第二平等性智也。畢竟空寂，平等法性，能證之智，名平等性智。即無分別智，正能斷惑爲無間道，猶若金剛，即妙觀智中之正智也。若爲住持眾德之本，爲能摧壞之根本，智即圓鏡中平等性智。若能摧壞著生死涅槃，住無所住，即第七識所成平等性智。若能摧壞二乘異生一切煩惱，住於慈悲利他功德，即成所作平等性智。今以正義，即諸智中隨其所應證性平等，皆能壞分別及二障等，諸德之本，名爲金剛住持平等性智。一切菩薩根本所求，如灌頂位之寶冠也。

**明昱《成唯識論俗詮》卷一〇**　言平等者，從所證得名。《佛地經》云，復次妙生平等性智者，由十種相圓滿成就。所謂證得諸相增上喜愛平等，一切領受緣起平等，遠離異相非相平等，弘濟大慈平等，無待大悲平等，隨諸眾生所樂示現平等，一切眾生敬愛所說平等，世間寂靜皆同一味平等，世間諸法苦樂一味平等，修植無量功德究竟平等。證此十相，故名平等。故論云，謂此心品等。妙觀察智不共所依者，所依即根。以智各有所依之根，名不共依。妙觀智以平等智爲不共依。平等亦以圓鏡爲依。故云無住涅槃之所建立，一味相續，窮未來際者，顯常住義。

# 成所作智

**玄奘譯《佛說佛地經》** 復次，妙生成所作智者，如諸眾生勤勵身業，由是眾生趣求種種殉利務農勤工等事。如是如來成所作智勤身化業，由是如來示現種種工巧等處，摧伏諸伎傲慢眾生。以是善巧方便力故，引諸眾生，令入聖教，成熟解脫。又如眾生受用身業，由是眾生受用種種色等境界。如是如來成所作智受身化業，由是如來往諸眾生種種生處，示同類生而居尊位。由其示現同類生故，攝伏一切異類眾生。以是善巧方便力故，引諸眾生，令入聖教，成熟解脫。

又如眾生領受身業，由是眾生領受所作善惡業果。如是如來成所作智領身化業，由是如來示現領受本事本生難修諸行。以是善巧方便力故，引諸眾生令入聖教成熟解脫。

又如眾生慶慰語業，由是眾生展轉談論遞相慶慰。如是如來成所作智慶語化業，由是如來宣暢種種隨所樂法文義巧妙，小智眾生初聞尚信。以是善巧方便力故，引諸眾生令入聖教成熟解脫。

又如眾生方便語業，由是眾生展轉指授，務專所作，毀惡讚善，更相召命。如是如來成所作智，所起方便語變化業，由是如來立正學處，毀諸放逸，讚不放逸。又復建立隨信行人隨法行等，以是善巧方便力故，引諸眾生令入聖教成熟解脫。

又如眾生辯揚語業，由是眾生展轉開示所不了義，宣諷諸論。如是如來成所作智，辯語化業，由是如來斷諸眾生無量疑惑。以是善巧方便力故，引諸眾生令入聖教成熟解脫。

又如眾生決擇意業，由是眾生決擇可作及不可作。如是如來成所作智決意化業，由是如來決擇眾生八萬四千心行差別。以是善巧方便力故，引諸眾生令入聖教成熟解脫。

又如眾生造作意業，由是眾生造作種種諸所起業。如是如來成所作智造意化業，由是如來觀諸眾生所行之行，行與不行，若得若失，爲令取捨，造作對治。以是善巧方便力故，引諸眾生令入聖教成熟解脫。

又如眾生發起意業，由是眾生發起諸業。如是如來成所作智發意化業，由是如來爲欲宣說彼對治故，顯彼所樂名句字身。以是善巧方便力故，引諸眾生令入聖教成熟解脫。

又如眾生受領意業，由是眾生受領苦樂。如是如來成所作智受意化業，由是如來於定不定，反問置記爲記別故，隨其所應，受領去來現在等義。以是善巧方便力故，引諸眾生令入聖教成熟解脫。

**玄奘譯《佛地經論》卷三** 成所作智者，謂能遍於一切世界，隨所應化應熟有情，示現種種無量無數不可思議佛變化事，方便利樂一切有情，常無間斷，如是名爲成所作智。【略】

成所作智相應心品。有義，唯緣五種現境。《莊嚴論》說，如來五根，一一皆於五境轉故。如實義者，成所作智亦緣一切，於一切境皆無障故。《莊嚴論》說，成所作智於一切界起種種化，無有數量，不可思議，作諸有情一切義利。此經中說，成所作智起作三業諸變化事，決擇眾生八萬四千心行差別。

**玄奘譯《佛地經論》卷六** 論曰：成所作智，應知成立如來化身。此復三種，一者身化，二者語化，三者意化。第一身化復有三種，一現神通化，二現受生化，三現業果化。第二語化亦有三種，一慶慰語化，二方便語化，三辯揚語化。第三意化復有四種，一決擇意化，二造作意化，三發起意化，四受領意化。成所作智，能起如是三業化用。此化三業即是化身。應知此中以用顯體，非此三業即是智體，但是智上所現相分。成所作智增上緣力，擊發鏡智相應淨識，令現如是三業化用自亦能現。

**通潤《成唯識論集解》卷一〇** 成所作智者，謂成就如來應作事業故。《佛地經》云：由是如來勤身化業，示現種種工巧等處，摧伏諸技傲慢眾生。以是善巧方便力故，引諸眾生令入聖教，成熟解脫。由是如來慶語化業，宣揚種種隨所樂法，文義巧妙，小智眾生初聞尚信。以是善巧方便力故，引諸眾生令入聖教，成熟解脫。由是如來決意化業，決擇眾生八萬四千心行差別。以是善巧方便力故，引諸眾生令入聖教，成熟解脫。如是三業成所作事，曲成萬物，無所遺漏。

# 分別

**慧遠《大乘義章》卷三**　言分別者，就妄論妄，妄心虛搆，集起情相，隨而取捨，故曰分別。此《楞伽經》及《地持論》說爲妄想，所取不眞，故名爲妄。妄心取捨，故說爲想。《攝大乘論》亦說，以爲意言分別。覺觀心中，言有色等，名爲意言。分別自心所起境界，故曰分別。分別之體，故說爲性。分別體狀，因之爲相。

**慧立本　釋彥悰《唐大慈恩寺三藏法師傳》卷七**　菩薩以分別爲煩惱，而分別之惑，堅類金剛，唯此經所詮無分別慧乃能除斷，故曰能斷金剛般若。

**玄奘譯《成唯識論》卷一**　分別我執，亦由現在外緣力故非與身俱。要待邪教及邪分別然後方起，故名分別。唯在第六意識中有。此亦二種。一緣邪教所說蘊相起自心相分別計度執爲實我。二緣邪教所說我相。起自心相分別計度執爲實我。

**玄奘譯《成唯識論》卷二**　分別法執亦由現在外緣力故非與身俱。要待邪教及邪分別。然後方起。故名分別。唯在第六意識中有。此亦二種。一緣邪教所說蘊處界相。起自心相分別計度執爲實法。二緣邪教所說自性等相。起自心相。分別計度執爲實法。此二法執麁故易斷。入初地時觀一切法法空眞如。即能除滅。

**靈泰《成唯識論疏抄》卷七**　菩薩以分別爲煩惱者，分別者，菩薩分別男相女相。此分別心，不是煩惱，是煩惱之因，因分別心即智煩惱。今學法空，斷此分別心，令煩惱不起，即是顯示毗尼伏滅義也。又解分別者，即是法執所智障。

**玄奘譯《阿毗達磨發智論》卷一**　於契經，應分別義。如世尊說：猷歸林藪，鳥歸虛空，聖歸涅槃，法歸分別。

**窺基《成唯識論述記》卷七**　言分別者，有漏三界心、心所法，以妄分別爲自體故。

**玄奘譯《瑜伽師地論》卷一**　云何分別所緣。由七種分別，謂有相分別、無相分別、任運分別、尋求分別、伺察分別、染污分別、不染污分別。有相分別者，謂於先所受義諸根成就善名言者所起分別。無相分別者，謂隨先所引及嬰兒等不善名言者所有分別。任運分別者，謂於現前境界，隨境勢力任運而轉所有分別。尋求分別者，謂於諸法觀察尋求所起分別。伺察分別者，謂於已所尋求，已所觀察，伺察安立所起分別。染污分別者，謂於過去顧戀俱行，於未來希樂俱行，於現在執著俱行所有分別，若欲分別，若恚分別，若害分別。或隨與一煩惱，隨煩惱相應所起分別。不染污分別者，若善若無記，謂出離分別，無恚分別，無害分別。或隨與一信等善法相應，或威儀路工巧處及諸變化所有分別。如是等類名分別所緣。

**玄奘譯《成唯識論》卷七**　是諸識轉變，分別所分別。由此彼皆無，故一切唯識。

論曰：是諸識者，謂前所說三能變識及彼心所，皆能變似見相二分，立轉變名。所變見分，說名分別，能取相故。所變相分，名所分別。

**延壽《宗鏡錄》卷七二**　言分別者，即第六識能與前五爲分別依，同緣境時，起分別故。此是第六自體與五識爲分別依。《瑜伽論》云，有分別無分別，同緣現在境故。即第六名有分別，前五名無分別。

**通潤《成唯識論集解》卷一**　言分別者，思慮計度而生起故。俱生我執下，正顯俱生異於分別也。

**失名《攝大乘義章》卷四**　分別性，釋有兩義。一，虛妄境，生虛妄心，說彼境界，名分別性。《攝大乘》云，似塵顯現，名分別性。二，能取妄心顚倒分別，說彼妄心，名分別性。《攝大乘》云，諸菩薩以分別爲煩惱。《攝論》復云，識以分別爲性也。

# 無分別智

**眞諦譯《轉識論》**　如此識轉不離兩義，一能分別，二所分別。所分別既無，能分別亦無。無境可取，識不得生。以是義故，唯識義得成。何者立唯識義。意本爲遣境遣心。今境界既無，唯識又泯，即是說唯識義成也。此即淨品煩惱及境界並皆無故。又說唯識義得成者，謂是一切法種子識，如此如此造作迴轉。或於自於他，互相隨逐，起種種分別及所分別。由此義故，離識之外，諸事不成。此即不淨品，但遣前境未無識故。

**真諦譯《攝大乘論》卷下** 佛說一切法，自性無分別。所分別無故，彼無無分別。

此中無分別有三種。一加行無分別，二無分別智，三無分別後智。加行無分別有三種，謂因緣引通數習力生起差別故。無分別智亦有三種，謂知足，無顛倒，無戲論，無分別差別故。無分別後智有五種，謂通達憶持成立相雜如意顯示差別故，爲成立無分別智。

**笈多共行矩等譯《攝大乘論釋》卷八** 論曰：此無分別智自性離五種相，離非思惟故，離過覺觀地故，離滅受想定故，離色自性故，離計度眞實義種種相故。離此等五種相，是無分別智應知。

釋曰：五種相中，若不作意是無分別者，則重睡耽淫極醉等，應是無分別智。復次，若過覺觀地是無分別者，則二禪已上皆應是無分別知。若爾，世間人亦應得無分別智。復次，若心及心法不行故，是無分別智者，住滅受想定等應是無分別智。此智不成，何以故，以住滅定等時無有心故。復次，若智體性如色者，如色頑鈍無知，智亦如是，頑鈍無知。復次，若於眞實義中，取種種相是無分別者，此取即是分別，以分別言此是眞實故。若智離此五種相緣眞實義，於眞實義中，若不起種種相言，此是眞實，此是無分別智相故。緣眞實義時，如眼識緣色無種種相，此是其義。

**玄奘譯《攝大乘論本》卷下** 如是已說增上心殊勝。增上慧殊勝，云何可見，謂無分別智，若自性若所依，若因緣若所緣，若行相若任持，若助伴若異熟，若等流若出離，若至究竟，若加行無分別後得勝利。若差別，若無分別後得譬喻。若無功用作事，若甚深。應知無分別智名增上慧殊勝。此中無分別智，離五種相以爲自性。一離無作意故，二離過有尋有伺地故，三離想受滅寂靜故，四離色自性故，五離於眞義異計度故。離此五相，應知是名無分別智。

於如所說無分別智成立相中，復說多頌：

諸菩薩自性，遠離五種相，是無分別智，不異計於眞。
諸菩薩所依，非心而是心，是無分別智，非思義種類。
諸菩薩因緣，有言聞熏習，是無分別智，及如理作意。
諸菩薩所緣，不可言法性，是無分別智，無我性眞如。
諸菩薩行相，復於所緣中，是無分別智，彼所知無相。
相應自性義，所分別非餘，字展轉相應，是謂相應義。
非離彼能詮，智於所詮轉，非詮不同故，一切不可言。
諸菩薩任持，是無分別智，後所得諸行，爲進趣增長。
諸菩薩助伴，說爲二種道，是無分別智，五到彼岸性。
諸菩薩異熟，於佛二會中，是無分別智，由加行證得。
諸菩薩等流，於後後生中，是無分別智，自體轉增勝。
諸菩薩出離，得成辦相應，是無分別智，應知於十地。
諸菩薩究竟，得清淨三身，是無分別智，得最上自在。
如虛空無染，是無分別智，種種極重惡，由唯信勝解。
如虛空無染，是無分別智，解脫一切障，得成辦相應。
如虛空無染，是無分別智，常行於世間，非世法所染。
如瘂求受義，如瘂正受義，如非瘂受義，三智譬如是。
如愚求受義，如愚正受義，如非愚受義，二智譬如是。
如五求受義，如五正受義，如末那受義，三智譬如是。
如未解於論，求論受法義，次第譬三智，應知加行等。
如人正閉目，是無分別智，即彼復開目，後得智亦爾。
應知如虛空，是無分別智，於中現色像，後得智亦爾。
如末尼天樂，無思成自事，種種佛事成，常離思亦爾。
非於此非餘，非智而是智，與境無有異，智成無分別。
應知一切法，本性無分別，所分別無故，無分別智無。

此中加行無分別智有三種，謂因緣引發數習生差別故。根本無分別智亦有三種，謂喜足無顛倒、無戲論，無分別差別故。後得無分別智有五種，謂通達、隨念、安立、和合、如意，思擇差別故。

**玄奘譯《攝大乘論釋》卷一** 無分別智說名此中增上慧體者，若諸聲聞離四顛倒分別，名無分別。若諸菩薩離一切法分別，名無分別。二無分別差別如是。

**玄奘譯《大乘阿毗達磨雜集論》卷一四**　如理觀察，唯有色等法時，便得出世間智，通達無我性，是名無顛倒無分別。由諸菩薩知色等法唯戲論已，遂能除泯一切法相，得最極寂靜出世間智，通達遍滿眞如，是名無戲論無分別。此無分別智復離五相，謂非無作意故，非超過故，非寂止故，非自性故，非於所緣作加行故，名無分別。所以者何。若無作意，故名無分別。熟眠醉等，應是無分別智，由彼不思惟諸法相故。若超過故，名無分別。從第二靜慮已上一切地，應是無分別智。由彼超過尋伺故。若爾三界心、心法是分別體，言即爲相違。若寂止故，名無分別。滅受想定，應是無分別智，分別心、心法於彼寂止故。若爾，智亦應無。若自性故名無分別，色等應是無分別智，彼非分別自性故。若於所緣作加行故名無分別，即分別性應是無分別智。若謂此是無分別，此加行相即分別相故。是故無分別智，非彼五相。若爾，當云何觀無戲論無分別相，謂於所緣不起加行。此復云何。若諸菩薩過隨順教觀察諸法，若性若相，皆不眞實。由此觀察串習力所持故，不由加行，於如實無戲論界，一切法眞如中內心寂定。如是乃名無戲論無分別智。

**窺基《辯中邊論述記》卷下**　由此無分別智，斷除分別故，即《金剛》句中無分別智句。以於地前觀三性境，入於初地，由無分別智斷除分別，此智必不孤起，必有所緣，即於此眞如上得無分別，即十句中本性清淨句。第四幻等喩釋妨難，故在後方明。

論曰：如次應知至及無分別。

述曰：總解前三自性境及後二無分別。前三是境，後二是智。謂三性故是境，無分別故是智。據實而言，於此無分別體即眞如，不應名智。智實性故，由此智生故，亦名智。即是《智度論》智及智度皆名般若。正與此同。若爾，圓成實應智非境。答曰：不然。若時觀行未能起無分別智，未與智合，但立境名，據實而言，亦得名智。若時觀行境與心合，能起正智，故立智名。

**延壽《宗鏡錄》卷八八**　《攝論》云：無分別智自性，應知離五種相。一離非思惟故，二離非覺觀地故，三離滅想受定寂靜故，四離色自性故，五於眞實義離異分別故。此智若由離思惟故，名無分別智。熟眠、放逸、狂醉，同離思惟，應得此智。若由過覺觀地故，名無分別智。從二定以上，已過覺觀，應得此智。若依此二義，凡夫應得此智。是處能離心及心法，應說名無分別智。謂想受滅定等，若人在此位中得無分別智，此則不成智。何以故。於滅定等位，無心及心法故。若言如色自性，智自性亦如此。如色鈍無知，此智應鈍無知。若於眞實義，由已分別顯現，是分別應成無分別智。何以故。此分別能分別眞實義，謂此義眞實，若智離五相，緣眞實義起。若不異分別眞實義，謂此法眞實，但緣眞實義。如眼識不以分別爲性，是名無分別智。無分別智，眾行中最爲上首。更以偈顯：諸菩薩自性，五種相所離，無分別智性，於眞無分別。菩薩以無分別智爲體，無分別智與菩薩不異。無分別智自性，即是菩薩自性。由於眞無分別故，離五相，得無分別名。又三智總以喩顯，頌曰：如五求受塵，如五正受塵，如非五受塵，三智譬如是。釋曰：譬如人在眼等五識中求覓五塵，或緣實，或緣虛。意識與五識相間起故，加行無分別智亦爾。或證一分爲實，或不證爲虛。譬如人正在五識中得眞實境，無分別，無言說。根本無分別智亦爾，得眞實境，無分別，無言說。譬如人在意識中，但緣先所受塵，名緣虛境，有分別，有言說。無分別後智亦爾，緣虛境，有分別，有言說。又偈云：如人初閉目，是名加行智。如人正閉目，是無分別智。即彼復開眼，後得智亦爾。應知如虛空，是無分別智。於中現色像，後得智亦爾。

問：此無分別智從何而成。答：了一切名義無所有故，能成無分別智。《攝論》頌云：鬼畜人天等，各隨其所應。一切意有異，故知義不成。過去等及夢，幷餘二影像。無有爲攀緣，然彼攀緣成。釋曰：若義成於境，無無分別智。此智若不有，佛果無可得。於一物中，各隨其意，見有差別。是故應知義無所有故，彼等所取既不成就。

**波頗蜜多羅譯《般若燈論釋》卷八**　若有一法是不空者，此是有分別智境界，此是無分別智境界。若有一物是空，此名空智境界而無此物。以無一物是不空者，此謂一切法皆空。

**波頗蜜多羅譯《般若燈論釋》卷一一**　無分別者，謂無一境界可見分別。以分別無境界故，名無分別。無種種義者，謂一味故，無體義故，無差別故，是名無種種義，此謂眞實相也。復次，由無分別故，戲論所不能說。由寂滅故，是無分別智境界。復名無他緣，由無他緣，是故過言語道。眞實自體，我不能說。復次此遮一切體，自體言說能得眞實，自體能起無分別智。

**玄奘譯《攝大乘論釋》卷八**　諸菩薩所依，非心而是心，是無分別智，非思義種類。

釋曰：如是所說無分別智，當言依心爲依非心。若言依心能思量故，說名爲心依心而轉，是無分別，不應道理。若依非心，則不成智。爲避如是二種過失，故說此頌。此智所依，不名爲心，不思義故。亦非非心，心所引故。此生所依是心種類，亦名爲心因彼而生。次頌當顯。論曰：諸菩薩因緣，有言聞熏習，是無分別智，及如理作意。

釋曰：諸菩薩因緣者，謂此智因。有言聞熏習者，謂由他音正聞熏習。及如理作意者，謂此熏習爲因意。言如理作意，無分別智因此而生。

**玄奘譯《攝大乘論釋》卷八**　論曰：非於此非餘，非智而是智，與境無有異，智成無分別。

釋曰：非於此非餘者，此智不緣分別爲境。無分別故，不緣餘境，即緣依他。諸分別法眞如法性爲境界故，法與法性若一若異不可說故。此說根本無分別智，不緣分別，亦不緣餘。又此根本無分別智爲智爲非，若爾何失。若是智者，云何是智而是無分別。若非智者，云何說爲無分別智。答此問言，非智而是智。此顯根本無分別智，非定是智，似於加行分別智中此不生故。亦非非智，以從加行分別智因而得生故。復有別義，非於此非餘非智而是智者，以非於此分別轉故，說名非智。以非於餘即於分別法性轉故，而亦是智。前後二句，互相解釋。與境無有異智成無分別者，非如加行無分別智。有其所取、能取性轉，名無分別。與所取境無差別轉，平等平等，名無分別。此智不住所取、能取二種性中，如薄伽梵餘契經中說。一切法皆無分別，爲欲顯示無分別義，復說頌言。

論曰：應知一切法，本性無分別，所分別無故，無分別智無。

釋曰：應知一切法本性無分別者，是一切法本來自性無分別義。何以故。所分別無故，此即顯示所分別事無所有故。諸法本性無有分別，若所分別無所有故。諸法本性無分別者，何故本來一切有情不得解脫。答此問言，無分別智無此顯彼無無分別智。雖一切法本來自性無有分別，而不解脫。若於諸法無分別理眞證智生，現見諸法無分別性，即得解脫。此未生故未得解脫。眞證智者，應知即是無分別智，今當顯此三智差別。【略】

論曰：諸菩薩出離，得成辦相應，是無分別智，應知於十地。

釋曰：諸菩薩出離者，進趣究竟，故名出離。即是進趣大涅槃義得成辦相應，是無分別智者。初護此智，名得相應。次後無量百千大劫成辦相應。應知於十地者，謂從初地乃至第十。如是次第，此智初地唯名爲得，爾後多時乃名成辦。是故菩薩經無數劫乃證涅槃。由爾所時，方到究竟。無分別智誰爲究竟，而次前說次第獲得。

論曰：諸菩薩究竟，得清淨三身，是無分別智，得最上自在。

**玄奘譯《因明入正理論》卷一**　有分別智，於義異轉，名似現量。謂諸有智了瓶衣等分別而生，由彼於義不以自相爲境界故，名似現量。若似因智爲先所起諸似義智，名似比量。似因多種，如先已說。用彼爲因，於似所比諸有智生，不能正解，名似比量。

**延壽《宗鏡錄》卷一四**　一切諸法即是佛道故。所以先德云：夫大道唯心，即心是佛。只依一心而修，即是根本之智，亦是無分別智。即能分別無窮，自具一切智故，不同起心遍計。故知凡有心者，悉皆成佛。

**通潤《成唯識論集解》卷九**　一師言，此無分別智，相見俱無。一師言，此無分別智，相見俱有，以無分別智，變帶眞如之相，爲所緣故。先破無相云，若如如智上無眞如相名緣如智者，則應色等智上無聲等相，亦名緣聲智。次破無見云，若無見分而能緣者，眞如性亦名能緣，勿有眞如名能緣者。一師出正義云，此智見有相無，說無所取故，雖有見分而無分別故，說無能取，非謂全無能取也。

**王肯堂《成唯識論證義》卷三**　智有二。曰如理、如量。曰根本、後得。曰一切、道種。如理、根本、道種，即無分別智。如量、後得，一切，即有分別智。無分別智，不依於心，不緣外境。了一切法皆是眞如，境智無異。故依大乘勤修行者，乃能引得此智。此時起時，乃能正對治根隨煩惱，非佛所說，其孰能之。

# 菩提

**鳩摩羅什譯《大智度論》卷四四**　菩爲一字，提爲一字，是二不合則無語，若和合，名爲菩提，秦言無上智慧。

薩埵，或名衆生，或是大心。爲無上智慧故，出大心，名爲菩提薩埵。願欲令衆生行無上道，是名菩提薩埵。

**僧肇《注維摩詰經》卷四**　肇曰：自此下大明菩提義也。道之極者，稱曰菩提。秦無言以譯之。菩提者，蓋是正覺無相之眞智乎。其道虛玄，妙絕常境。聽者無以容其聽，智者無以運其智，辯者無以措其言，像者無以狀其儀。故其爲道也，微妙無相不可爲有，用之彌勤不可爲無。故能幽鑑萬物而不曜，玄軌超駕而弗夷。大包天地而罔寄，曲濟群惑而無私。至能導達殊方，開物成務，玄機必察，無思無慮。然則無知而無不知，無爲而無不爲者，其唯菩提大覺之道乎。此無名之法，固非名所能名也。不知所以言，故強名曰菩提。斯無爲之道，豈可以身心而得乎。生曰：若見有菩提可得者，則有相情也。苟以相爲情者，豈能不以之起身心行乎。若以身心行求菩提者，則求之愈遠者也。

**慧遠《維摩義記》卷三**　菩提胡語，此翻名道。圓通之道，説爲菩提。慈行圓通，故名菩提。

**慧遠《大乘義章》卷九**　第一釋名，辨其體相。發菩提心者，菩提胡語，此翻名道。果德圓通，故曰菩提。於大菩提起意趣求，名發菩提心。然此發心，經亦名願。要大菩提令來屬己，故名爲願。名義如是，體相云何。隨義不同，略有三種。一者相發，二息相發，三者眞發。言相發者，行者深見生死之過、涅槃福利，棄捨生死，趣向涅槃，隨相厭求，名相發心。言息相者，行者深悟諸法平等，知其生死本性寂滅，涅槃亦如。生死寂故，無相可厭。涅槃如故，無相可求。返背前相，歸心正道，故名爲發。良以取相，違背正道，故名捨相以爲發也。蓋乃廢外以歸其內，故名爲發。亦可離相平等之心始起，名發。故經說，言滅諸發不發，是發菩提心。言滅發者，滅諸相發。言不發者，不起相發。是發心者，是無相發。無相心起，名爲發矣。言眞發者，菩提眞性由來己體，妄想覆心，在而不覺，謂之在外。向外推求，後息妄想，契窮自實，知菩提性由來己體，無異趣求。知菩提性是己體故，菩提即心無異求，故心即菩提。捨彼異求，歸心自實，故名發心。良以外求，違背正道，是故捨彼，歸心自實，説爲發心。此亦廢外以歸其內，故名爲發。亦可眞證菩提之心始起，名發。體相如是。

**慧遠《大乘義章》卷一六**　言道品者，經中亦名爲菩提分，亦名覺支。道者，外國名曰末伽，此翻名道。菩提，胡語，此亦名道。外國名多，故於一道立種種名，或名菩提，或曰末伽。此方名少，同名爲道。如外國人於一滅中立種種名，或名涅槃，或名毘尼，或復說之爲彌留陁。此通名滅。道亦如之。云何名道，通義名道，解有四義。一對人釋，通人至果，名之爲道。如世行處，名爲道也。二對障釋，能除壅障，行時無礙，名之爲通，通故名道。如似世間無壅障處，説爲道矣。第三約就行義辨釋，戒定慧等，行數各別。道如跡乘，四義寬通，通故名道。第四約就行體分別，於眞德中，諸行同體，虛融無礙，名之爲通，通故名道。菩提、末伽，兩道何別。通釋是一，而立異名。其猶眼目，別則顯法，非無差異。異有三種。一因果分別，因中之道名爲末伽，果中之道說爲菩提。二通局分別，末伽之道通因及果，故四諦中末伽之道說通因果，菩提之道局唯在果。三事理分別，通理之道說爲末伽，事別之道說爲菩提。其義云何。戒定慧等，三十七品，各各別異，名爲事道。道如迹乘，四義齊通，說爲理道。又復道品名爲事道，空無我等諸法實性，名爲理道。所言覺者，覺知一切諸煩惱過，故名爲覺。又能覺知一切法義，亦名爲覺。所言品者，經亦名分，亦名爲支，亦名爲具，亦云助道法。品謂品別，道行差異，故名爲品。分者分別，道行分異，故名爲分。與品義同，亦可分者，因之別稱。如藥多分，共成一治。此亦如是。所言支者，名兼胡漢。胡語名支，此翻名因。如辟支迦，此名因緣。漢語名枝，是其枝別。別義如前。所言具者，是其因義。如米麵等，名爲食具。彼念處等，成道之具，故名爲具。言助法者，是其緣義。資助果德，故名爲助。又復諸行共相資助，亦名爲助。

**慧遠《大乘義章》卷一八**　第一釋名。菩提，胡語，此翻名道。果德圓通，名之爲道。道義有五。一，對障分別，障累斯盡，德體無壅，名之爲通，通故名道。二，就體分別，證實返望，從來無染，自體清淨，無壅自在，名之爲通，通故名道。故經說言，諸佛聖道自性常寂。非先有染後時離矣。三，就德分別，菩提道中，諸德同體，緣起相成，一成一切，一切成一，虛融無礙，名之爲通，通故名道。四，就義分別，戒定慧等，行數各異，道如跡乘，四義寬通，通故名道。五，約人分別，能通行人至涅槃處，因之爲通，通故名道。故《地論》言，道者是因，修行此道能到聖處，名爲聖道。

問曰：經說第一義諦亦名爲道，亦名菩提，亦名涅槃。道與菩提，義應各別。今以何故宣說菩提翻名道乎。釋言：外國說道名多，亦名菩提，亦曰末伽。如四諦中所有道諦，名末伽矣。此方名少，是故翻之，悉名爲道。與彼外國涅槃毘尼，此悉名滅，其義相似。經中宣說第一義諦名爲道者，是末伽道。名菩提者，是菩提道。良以二種俱名道，故得翻菩提而爲道矣。

問曰，菩提與彼末伽，有何差別。通釋是一，共猶眼目，名別而已。於中別分，非無差異。異如向前道品中說。今更論之，異有四種。一，因果分別，一切因道名爲末伽，一切果道說爲菩提。故《地持論》云，得方便者，一切菩薩所修學道。言得義者，無上菩提。二，通局分別，末伽之道通因及果，是故道諦有道皆收。菩提之道偏在果中，良以菩提偏在果故。證成佛道，名得菩提。三，通別分別，戒定慧三事別之道，名曰菩提。即此事上道如跡乘，諸義運通，說爲末伽。末伽通故，見道諦者，通斷一切迷道煩惱。菩提別故，雖復觀之，不能通斷迷道之結。此亦名爲事理分別。四，行法分別。一切道法，悉名末伽。四諦論法，非彰行故，一切道行名爲菩提。就人論德，非辨法故。菩提如是。言無上者，嘆勝之辭。菩提有三，一聲聞所得，二緣覺所得，三佛所得。如來所得，超過前二。前二不如，故曰無上。

問曰：菩提名爲無上，體即是無明住地，名曰無明而體非明，其義何也。釋言：說有說無有其二種。一對他說無。二就體說無。無上菩提對他說無。我外更無上於我者，名爲無上，非是就體故是上。言無明者，就體說無。體非慧明，名曰無明，故體是闇，不類在斯。

問曰：經說，諸佛菩薩所行之道，不上不下，故名中道。今以何故宣說菩提體是上乎。釋言：所對不同故爾。《涅槃》宣說不上不下名中道者，彼中宣說：倒惑之心下有三塗可以趣向，名爲下道。上有菩提可以趣向，名爲上道。佛所行道，不可退下趣向三塗，又不退下爲凡所得，故不名下。上無所向，故不名上。不上不下，故說爲中。今言上者，對下二乘所得菩提，佛德殊勝故名上矣。名義如是。

**玄奘譯《瑜伽師地論》卷一三**　云何菩提，謂三種菩提。一聲聞菩提，二獨覺菩提，三阿耨多羅三藐三菩提。

**玄奘譯《瑜伽師地論》卷三八**　云何菩提。謂略說二斷二智，是名菩提。二斷者，一煩惱障斷，二所知障斷。二智者，一煩惱障斷故，畢竟離垢，一切煩惱不隨縛智，二所知障斷故，於一切所知無礙無障智。復有異門，謂清淨智、一切智、無滯智。一切煩惱幷諸習氣，無餘永害。遍一切種，不染無明，無餘永斷，是名無上正等菩提。

**窺基《成唯識論述記》卷一**　梵云菩提，此翻爲覺，覺法性故。末伽言道，遊履義故，古云菩提道者，非也

**法雲《翻譯名義集》卷一二**　如《淨名》云，菩提者，不可以身得，不可以心得。今安以心而爲道耶。答：究乎菩提非身心者，如肇師云，無爲之道，豈可以身心而得乎。故《度一切佛境界經》云，菩提者，不可以身覺，不可以心覺。何以故。身是無知，如草木故。心者虛誑不眞實故，是故菩提非身心也。

**失名《菩提心義》**　菩提之心，成佛之本。發起之相，具在衆經。大事因緣，莫過於此。欲正修覺，不可不知。隨所見聞，略辨其相。菩提心義，五門分別。一釋名義，二識體性，三辨一異，四明相狀，五述行願。

初釋名義者。梵云菩提，此翻名覺。衆生迷覆，名爲不覺。今遇善友開發無明，省除迷覆，求覺之心，名菩提心。發求菩提之心，名菩提心。依主釋也。若悟名覺，迷爲不覺。譬如迷人，依方故迷。衆生爾耳，依覺故迷，若離於覺，則無不覺。猶是言之，菩提與心，不得爲二。菩提與心，相違釋也。

二釋體性者，如義府說。

三辨一異者。心與菩提，性無有二。由無二故，不可分別。此就理體

無差別門，故《華嚴》云，如心佛亦爾，如佛衆生然，心佛與衆生，是三無差別。《虛空藏經》第四亦云，世尊常演説法無盡，有情及虛空，菩提心佛法。若依進修起行願門，即發起妄心求菩提，故名菩提心。故《起信》云：云何熏習。起淨法不斷，所謂以有眞如法故，能熏習無明。以熏習因緣力故，則令妄心厭生死苦，樂求涅槃。以妄心有厭求因緣故，即熏習眞如。自信已性，知心妄動，無前境界。修遠離法，以如實知無前境界故，種種方便起隨順行，不取不念，乃至久遠熏習力故，無明則滅。以無明滅故，心無有起。心無起故，境界隨滅。以因緣俱滅故，心相皆盡，名得涅槃，成自然業等。此則棄妄成眞，發起妄心，求起眞覺，即眞妄爲異也。而實離眞無妄，妄體即眞。以不覺者即本覺故，是非異也。

四明相狀者，發菩提心之相狀有二，一明行位相，二辨功用相。行位相狀者，長耳三藏云，初習種性發心有三，一假想發，二輕想發，三信想發。初假想發者，由三種力。一善友力，謂善知識。二行力，謂受律儀。三法力，通別二因。通謂如來藏内熏之性，別謂信等五根。由此三力，假起求菩提想，自利利他，漸次修習。譬如輕毛，無所倚著，名輕想發。後漸漸修，信心澄淨，得入十住，名信想發。《起信論》云，發心有三。一者信成就發心，二者解脱發心，三者證發心。初信成就發心者，謂不定聚衆生，有熏習善根力故，信業果報，能起十善，厭生死苦，欲求無上菩提。乃至云，經一萬劫，信心成就故，諸佛菩薩教令發心。或以大悲，能自發心。或因正法欲滅，以護法因緣，能自發心得入十住。此則同前信想發心也。《本業經》云，是信想菩薩，於十千劫，行十戒法，當入十信心，入初住位，即發心住也。《仁王經》云，習種性有十信，已超二乘一切善地。《起信》又云，發何等心，略説有三。一者直心，正念眞如法故。二者深心，樂集一切諸善行故。三者大悲心，欲拔一切衆生苦故。乃至云，菩薩發是心故，則得少分見於法身。以見法身故，隨其願力，能現八種利益衆生等。二解行發心者，當知轉勝，以是菩薩從初正信已來，於第一阿僧祇劫，將欲滿故。於眞如法中，深解現前所修離相等。三證發心者，從淨心地，乃至菩薩究竟地，證何境界，所謂眞如。乃至云，又是菩薩發心相者，有三種心微細之相。一者眞心，無分別名。二者方便心，自然遍行，利益衆生故。三者業識心，微細起滅故等。二辨功用相者，《維摩經》

云，欲得佛身，斷一切衆生病者，當發阿耨多羅三藐三菩提心。

《華嚴》七十八云：菩提心者，由如種子，能生一切諸佛法故。菩提心者，由如良田，能長衆生白淨法故。菩提心者，由如大地，能持一切諸世間故。菩提心者，由如淨水，能洗一切煩惱垢故。菩提心者，由如大風，普於世間無所礙故。菩提心者，由如盛火，能燒一切諸見薪故。菩提心者，由如淨日，普照一切諸世間故。菩提心者，由如盛月，諸白淨法悉圓滿故。菩提心者，由如明燈，能放種種淨光明故。菩提心者，由如淨目，普見一切安危處故。菩提心者，由如大道，普令得入大智城故。菩提心者，由如正濟，令其得離諸邪法故。乃至云：善男子！若有發阿耨多羅三藐三菩提心者，則已出生無量功德，普能攝取一切智道。善男子！譬如有人得無畏藥，離五恐怖。何等爲五。所謂，火不能燒，毒不能中，刀不能傷，水不能漂，煙不能熏。菩薩摩訶薩亦復如是，得一切智菩提心藥，貪火不燒，瞋毒不中，惑刀不傷，有流不漂，諸覺觀煙，不能熏害。善男子！譬如有人得解脱藥，終無横難。菩薩摩訶薩，亦復如是。得菩提心解脱智藥，永離一切生死横難。善男子！譬如有人持摩訶應伽藥，毒蛇聞氣，即皆遠去。菩薩摩訶薩，亦復如是。持菩提心大應伽藥，一切煩惱諸惡毒蛇，聞其氣者，悉皆散滅。

第五明行願者。《顯揚》云，世俗發心者，爲對智者前，發弘誓願。乃至云，我從今日發無上菩提心，爲欲饒益諸有情故。從今已往，凡我所修六波羅蜜，皆爲證得無上菩提故，我今與諸菩薩摩訶薩和合出家，願尊證知我是菩薩。《毘盧遮那疏》云：發菩提心者，謂生決定誓願，一向志求一切智智，必當普度法界衆生。此心由如幢旗，是衆行導首。由如種子，是萬德根本。若不發此心，亦如未託歌羅羅，則大悲胎藏，何所養育。又云：日喻本淨菩提心，即是毘盧遮那自體。月喻菩提行，白月十五日衆行圓滿，喻成菩提。黑月十五日衆行皆息，喻般涅槃。中間與時昇降，喻方便善巧等。《發菩提心經》云：若菩薩親近善知識，供養諸佛，修習善根，志求勝法，心常柔和，遭苦能忍，慈悲淳厚，深心平等，信樂大乘，求佛智慧。若人能具如是十方，乃能發於無上菩提之心。復有四緣能發是心，一者思惟諸佛，二者觀身過患，三者慈愍衆生，四者求最勝果。一思惟諸佛者，三世諸佛，初始發心具煩惱性，亦如我今發大明慧，於無明㲉建立勝心，積集苦行，度生死海，捨身命財，求一切智，今皆成就。若此菩提是可得法，我亦應得，故發菩提心。二觀身過患者，自觀我身，九孔常流，臭穢不淨，生厭離故。又觀五陰四大，俱能興造無量惡業，具貪瞋癡無量煩惱，如泡如沫，念念無常。求捨離故，發菩提心。三慈愍衆生者，見諸衆生無明所縛，衆苦所纏，集不善業，受大劇苦，捨離正法，信受邪道，沒煩惱河，不求解脫，轉造衆惡。愍念彼故，發菩提心。四求最勝果者，見諸如來相好莊嚴，有戒定慧，知見清淨，十力無畏，大悲三念，具一切智，憐愍衆生，常住法身，清淨無染。爲修習故，發菩提心。又云：發菩提心者，先當堅固發於正願，所謂四弘誓等。立志堅強，作大要誓，常修正行，所謂六波羅蜜等。故此《佛剎經》中，虛空王立誓云：對於大衆前，我發菩提心。誓度諸群生，皆離於衆苦。願從今已後，若我有染污，瞋恚嫉妬心，並我慢貪愛。是欺誑十方，及現在諸佛。乃至云：由斯誠實言，地動六種，我若不實語，四大互遷易等。又《發菩提心經》云：立決定誓，有五事持故。一者能堅固其心，二者能制伏煩惱，三者能遮放逸，四者能破五蓋，五者能勤修行六波羅蜜等。若具如是誓願，堅固勇猛，修施戒忍進定慧，慈悲喜捨，無有退轉，是名眞發菩提心也。《維摩經》云，發阿耨多羅三藐三菩提心者，是即出家是即具足也。

## 覺 本覺　始覺　究竟覺

**筏提摩多譯《釋摩訶衍論》卷三** 平等虛空，一相無相。無初念故，以遠離微細念故，得見心性心。即常住名究竟覺者，即是顯示始覺般若圓滿之相，而得到於無生覺故。

**筏提摩多譯《釋摩訶衍論》卷三** 本曰：所言覺義者，謂心體離念相。離念相者，等虛空界。無所不遍，法界一相，即是如來平等法身。依此法身，說名本覺。何以故。本覺義者對始覺說，以始覺者即同本覺。始覺義者，依本覺故而有不覺，依不覺故說有始覺。又以覺心原故，名究竟覺。不覺心原故，非究竟覺。

論曰：於此文中即有二門。云何爲二。一者，略說本覺安立門。二者，略說始覺安立門。本覺門中即有二門。云何爲二。一者，清淨本覺門。二者，染淨本覺門。始覺門中又有二門。云何爲二。一者，清淨始覺門。二者，染淨始覺門。云何名爲清淨本覺。本有法身，從無始來，具足圓滿，過恆沙德，常明淨故。云何名爲染淨本覺。自性淨心，受無明熏，流轉生死，無斷絕故。云何名爲清淨始覺。無漏性智，出離一切無量無明，不受一切無明熏故。云何名爲染淨始覺。始覺般若，受無明熏，不能離故。如是諸覺皆智眷屬，當證何理以爲體分。謂性眞如及虛空理。如是二理各有幾種，各有二故。云何名爲二種眞如，一者清淨眞如，二者染淨眞如。虛空之理亦復如是。云何名爲清淨眞如，二種淨覺所證眞如，離熏習故。云何名爲染淨眞如，二種染淨覺所證眞如，不離熏故。虛空之理亦復如是。以何義故強名本覺，字事差別其相云何。頌曰：本覺各有十，體雖同字事，各各差別故，謂根鏡等義。

論曰：本覺各十，云何十本。一者，根字事本。本有法身，能善住持一切功德。譬如樹根，能善住持一切枝葉及花果等不壞失故。二者，本字事本。本有法身，從無始來，自然性有，不始起故。三者，遠字事本。本有法身，其有德時，重重久遠，無分界故。四者，自字事本。本有法身，我自成我，非他成我故。五者，體字事本。本有法身，爲諸枝德作依止故。六者，性字事本。本有法身，不轉之義，常建立故。七者，住字事本。本有法身，住於無住，無去來故。八者，常字事本。本有法身，決定實際，無流轉故。九者，堅字事本。本有法身，遠離風相，堅固不動，若金剛故。十者，總字事本。本有法身，廣大圓滿，無所不遍，爲通體故。是名爲十。

云何十覺。一者，鏡字事覺。薩般若慧清淨明白，無塵累故。二者，開字事覺。薩般若慧通達顯了，無障礙故。三者，一字事覺。薩般若慧獨尊獨一，無比量故。四者，離字事覺。薩般若慧自性解脫，出離一切種種縛故。五者，滿字事覺。薩般若慧具足無量種種功德，無所少故。六者，照字事覺。薩般若慧放大光明，遍照一切無量境故。七者，察字事覺。薩般若慧常恆分明，無迷亂故。八者，顯字事覺。薩般若慧清淨體中，淨品眷屬悉現前故。九者，知字事覺。薩般若慧於一切法，無不窮故。十者，覺字事覺。薩般若慧所有功德，唯有覺照，無一一法而非覺故。是名爲十。如是十種本覺字義，唯依一種大性法身隨義異釋，據其自體無別而已。此中所説二本覺中，當何本覺。謂清淨本覺，非染淨本覺，染淨本覺。字義差別，其相云何。頌曰：染淨本覺中，或各有十義，前説十事中，各有離性故。

論曰：此本覺中，或各有十義。所以者何。前十義中，各有不守自性義故。字事配屬依向應知。如是二覺同耶異耶。非同同故，非異異故。以此義故，或同或異。或非是同，或非是異。是故皆是皆非而已。以何義故，強名始覺。字事差別，其相云何。頌曰：

從無始已來，無有惑亂時，今日始初覺，故名爲始覺。

論曰：從無始來，始覺般若，無有惑亂時，而無惑時今始初覺，故名始覺。如是始覺前惑後覺，即非始覺。而無惑時理常，今常初故，名爲始覺。如是始覺二始覺中，當何覺耶。謂清淨始覺，非染淨始覺。染淨始覺，字事差別，其相云何。頌曰：

清淨始覺智，不守自性故，而能受染熏，故名染淨覺。

論曰：清淨始覺，雖無惑時，而不守自性故，能受染熏，隨緣流轉。以此義故，是故名爲染淨始覺。【略】

般若波羅蜜中，作如是説。若覺者，是始覺。若不覺者，即是無明。若離此二者，即名爲本覺。以何義故，作如是説。本有法身自性德中，而作歸依，説名本覺。故言何以故，本覺義者，對始覺説者，直決彼疑。謂馬鳴師自通而言，清淨本覺。從本已來不生不滅，非建立有，非誹謗無。或非過患，或非功德。言語道絕，心行處滅。而有言説：具足圓滿，過於恆沙無量性德名本覺者，當知從無始來，而有清淨始覺，發大智力，發大定力，於一切時於一切處，常恆對治過於恆沙無量無邊過患之海，具足圓滿，過於恆沙無量無邊功德淨品，對此清淨始覺者故，立彼清淨本覺之稱。以始覺者即同本覺者，作其所由。謂以自然始覺與彼本覺同故，得對始覺示本覺故。如是二覺熏習差別，其相云何。頌曰：

清淨本始覺，從無始已來，遠離一切染，湛明若虛空。
是故此門中，無能熏染法，無所熏淨法，唯有自家德。

論曰：如是二覺，無有能熏所熏差別，唯有自家眞實功德故。此門中，不應建立能熏所熏。若如是者，於此門中有何熏義。所謂有熏，染法淨法不相待成。所謂即是具足轉熏，此熏云何。謂白白故，三身本有，契經中作如是説。本有本覺，本有始覺，唯有德熏無患德熏，唯有滿轉無分轉事故。已説清淨始覺，次説離性二覺。始覺義者，依本覺故而有不覺，依不覺故，説有始覺者。通示二種離性本始，謂依本覺故而有不覺者，即是離性本覺。依不覺故説有始覺者，即是離性始覺。此義云何。本覺般若不守自性故，善受染熏，彼諸染法，令得住止，即是本覺離性之義。始覺般若不守自性故，依諸染法，如今方起，被彼染誑，即是始覺離性之義。始覺般若，能斷諸障，證諸功德，何故説言始覺之智被染誑耶。於無過法立諸過患、斷除障故，於無德法立諸功德、證得理故。若爾，始覺於何時中而得離妄。極解脱道時，方得究竟離。

**眞諦譯《大乘起信論》** 阿梨耶識，此識有二種義，能攝一切法、生一切法。云何爲二。一者覺義，二者不覺義。所言覺義者，謂心體離念。離念相者，等虛空界無所不遍，法界一相即是如來平等法身，依此法身説名本覺。何以故。本覺義者，對始覺義説，以始覺者即同本覺。始覺義者，依本覺故而有不覺，依不覺故説有始覺。又以覺心源故名究竟覺，不覺心源故非究竟覺。此義云何。如凡夫人覺知前念起惡故，能止後念令其不起，雖復名覺，即是不覺故。如二乘觀智、初發意菩薩等，覺於念異，念無異相，以捨麤分別執著相故，名相似覺。如法身菩薩等，覺於念住，念無住相，以離分別麤念相故，名隨分覺。如菩薩地盡，滿足方便一念相應，覺心初起心無初相，以遠離微細念故得見心性，心即常住，名究竟覺。是故修多羅説：若有眾生能觀無念者，則爲向佛智故。又心起者，無有初相可知，而言知初相者，即謂無念。是故一切眾生不名爲覺，以從本來念念相續未曾離念故，説無始無明。若得無念者，則知心相生住異滅。以無念等故，而實無有始覺之異，以四相俱時而有皆無自立，本來平等同一覺故。

**曇延《大乘起信論義疏》卷上** 依此法身，説名本覺者，以此法身無始法爾，照性不改。故約此體，説名本覺。何以故者，第二問答解釋。一切眾生，何故已有本覺。本覺義者下答。對始覺義説者，以此本覺是始覺本，始覺是此本覺末，相對故，得此名也。若以本對始，不可爲一。以何義故同名覺也。以始覺即同本覺者，本由不覺故非異。謂既得覺已，則無有異，故同得覺名也。若以始覺同本覺義可爾，未審云何有此始覺與本覺同。始覺義者，舉始覺也。依本覺故而有不覺者，以依不了自心故，而有無明妄念不覺也。依不覺故說有始覺者，以依不覺生於妄心，能知名義，遇善知識爲說本覺，方始覺知始覺之義。因此始覺知者也，如人竊心依有睡心也。次釋第三辨覺分齊之內有二。初總釋究竟不究竟義。此義云何而不別釋。又覺心原故者，覺心體性之根原也。名究竟覺者，覺功成就，同於本覺也。又不覺心原故者，謂不觀本性六七識生滅之根原也。非究竟覺者，以末同本覺故，但名加行非究竟也。

**法藏《大乘起信論義記》卷中**　究竟覺者，前未至心源，夢念未盡。求滅此動，望到彼岸。今既夢念都盡，覺了心源，本不流轉。今無始靜，常自一心，平等平等，始不異本，名究竟覺。

**不空譯《仁王護國般若波羅蜜多經》卷上**　自性清淨，名本覺性，即是諸佛一切智智，由此得爲衆生之本，亦是諸佛菩薩行本，是爲菩薩本所修行五忍法中十四忍也。

**良賁《仁王護國般若波羅蜜多經疏》卷中**　經：自性清淨，名本覺性，即是諸佛一切智智。

解曰：自性清淨名本覺性者，即眞如也。依《起信論》，上句絕待，下句對待。對不覺等，說名本覺，即是諸佛一切智智。此有二義。有說：眞如是佛法身，法身智身，性相平等。體相相從，亦得名爲一切智智，如實非智。有說：眞如即一切智，心歸本原，冥合不異，相用非無別體也。即以眞如爲一切智智。二智二身，隨應悉故。

**延壽《宗鏡錄》卷六**　言覺義者，謂心第一義性，離一切妄念相。離一切妄念相故，等虛空界，無所不遍，法界一相，即是一切如來平等法身。依此法身，說一切如來爲本覺，以待始覺立爲本覺。然始覺時即是本覺，無別覺起。立始覺者，謂依本覺有不覺。依不覺故，說有始覺。又以覺心原故，名究竟覺。不覺心原故，非究竟覺。乃至爲有妄想心故，能知名義，爲說眞覺。若無不覺之心，則無眞覺自相可說。疏釋云：若隨染隨流成於不覺，則攝世間法。若不變之本覺，及返流之始覺，則攝出世間法。鈔解云：於本始二覺中論攝法者，若本覺所攝，即是大智慧光明義，遍照法界義，眞實識知義等。若始覺所攝，即是三明八解脫，五眼六神通，十力四無畏，十八不共法等。然此據實即同，義言且異。故疏云：於生滅門中，隨流不覺，返流始覺。於義用，則攝法不同。若眞如門中，則鎔融含攝，染淨不殊。謂以一眞如理融之，使染即非染，淨即非淨，即染即淨，深爲一味，故不殊也。如論云：一切諸法從本已來，離言說相，離名字相，離心緣相，畢竟平等，無有變異，不可破壞，唯是一心，故名眞如。是知隨覺不覺之緣，似生染淨。緣生無性，染淨俱虛。又云：離言說相，豈可以言談。離心緣相，豈可以心度。實謂心言路絕，唯證相應耳。且夫凡言說者，從覺觀生，是共相和合而起。分別者，因意識生，是計度比量而起。以要言之，皆因不覺，敎觀隨生。若無不覺之心，一切諸法，悉無自相可說。除方便門而爲開示，究竟指歸無言之道。故論云：若離不覺之心，則無眞覺自相可說。以覺對不覺說，共相而轉。若無不覺，覺無自相。如獨掌不鳴，思之可見。乃至染淨諸法，悉亦如是，皆相待有，畢無自體可說。如離長何有短，離高何有低。若入宗鏡中，自然絕待。【略】

本覺者，以對始故，說之爲本。言離念者，離於妄念，顯無不覺也。等虛空等者，非唯無不覺之闇，乃有大智慧光明義等故也。虛空有二義，以況於本覺。一周遍義，謂橫遍三際，竪通凡聖，故云無所不遍也。二無差別義，謂在纏出障，性恆無二，故法界一相也。欲明覺義，出纏相顯，故云即是如來平等法身。既法身之覺，理非新成，故云依此法身，說名本覺。無性《攝論》云，無垢無罣礙智，名爲法身。《金光明經》名大圓鏡智爲法身等。皆此義也。何以故者，責其立名。有二責意。一云，上開章中直云覺義，何故今結乃名本覺。二云，此中既稱本覺，何故論中直云覺耶。進退責也。釋云：以對始故，說之爲本。答初意也。以始即同本，以至心原時，始覺即同本覺，無二相故。是故論中但云其覺，答後意也。良以本覺隨染，生於始覺。還待此始覺，方名本覺。故云本覺者，對始覺說也。然此始覺，是本覺所成，還契心原，融同一體，方名始覺。故云，以始覺即同本也。

問：若始覺異本，即不成始也。若始同本，即無始覺之異。如何說言對始名本。

答：今在生滅門中，約隨染義，形本不覺，說於始覺。而實始覺至心原時，染緣既盡，始本不殊，平等絕言，即眞如門攝也。是故本覺之名，在生滅門中，非眞如門也。第二始覺者，牒名。依本覺有不覺者，明起始覺之所由。謂即此心體，隨無明緣，動作妄念，而以本覺內熏習力故，漸有微覺厭求乃至究竟，還同本覺，故云依本覺。是以依本覺有不覺，依不覺有始覺也。論云，本覺隨染，生智淨相者。即此始覺也。此中大意，明本覺成不覺，不覺成始覺，始覺同本覺。同本覺故，即無不覺。無不覺故，即無本覺。無本覺故，平等平等，離言絕慮。是故佛果圓融，蕭然無寄。尚無始本之殊，何有三身之異。但隨物心現，故說報化之用耳。又今約眞如，則是本覺，無明則是不覺。眞如有二義，一不變，二隨緣。無明亦二，一無體即空，二有用成事。此隨緣眞如，及成事無明，各有二義。一違自順他，二違他順自。無明中，初違自順他。有二，一能返對詮示性功德，二能知名義而成淨用。違他順自亦二，一覆眞理，二成妄心。眞如中，違他順自有二，一翻對妄染顯自德，二內熏無明起淨用。違自順他亦二，一隱自眞體，二顯現妄法。由無明中返對詮示義，及眞如中翻妄顯德義，從此二義，得有本覺。又由無明中能知名義，及眞如中內熏義，從此二義，得有始覺。又由無明中覆眞義，眞如中隱體義，得有根本不覺。又由無明中成妄義，及眞如中現妄義，得有枝末不覺。覺與不覺，若鎔融總攝，唯在生滅一門也。眞如門約體絕相說，本覺門約性德說。大智慧光明義等，名覺。本者，性義。覺者，是智慧心。鈔釋云：眞中不變，妄中體空，成眞如門。眞中隨緣，妄中成事，成生滅門。乃至一切淨緣分劑法相，屬於二覺。一切染緣分劑法相，屬二不覺。又於中淨法之體屬於本覺，淨法之用屬於始覺。又染法之體屬根本不覺，染法之相屬枝末不覺。又始覺是末，不離本覺之本。論云，始覺者，即同本覺。又云，而實無有始覺之異。乃至平等同一覺故，枝末不覺，不離根本不覺。論云，當知無明能生一切染法，以一切染法皆是不覺相故。然斯二覺，但是體用之異。本末二不覺，但是麁細之異。豈可離體有用，離細有麁者哉。又衆生根本迷有二。一迷法，謂無明住地，迷覆法體。所言法者，謂衆生心，名爲蔽意。故此無明迷眞之初，妄惑之本。二迷義，通四住惑，由前癡故，迷覆因緣無我之義，妄立諸法。所迷諸法，有內有外。謂憍慢邪見，此依迷內，妄立我法。自高陵物，愛念邪見，此依迷外。妄謂我所及外境界，而生貪愛。如渴鹿馳焰，癡猿捉月，無而橫計，枉入苦輪。總自迷心，更非他咎。杜正倫云：心是如來之言，高推聖地。身即菩提之說，自隔凡倫。不悟夫功德無量，唯在方寸之中。相好宛然，不出陰界之外。又碑詞云：法性平等，實慧虛通。我同於異，人異於同。不壞於有，無取於空。道非心外，佛即心中。

**延壽**《宗鏡錄》卷五一　謂依本覺有不覺，依不覺說有始覺。又以覺心原故，名究竟覺。不覺心原故，非究竟覺。乃至不覺義者，謂從無始來，不如實知眞法一故。不覺心起而有妄念，自無實相，不離本覺。猶如迷人，依方故迷。迷無自相，不離於方。衆生亦爾。依於覺故，而有不覺，妄念迷生。然彼不覺，自無實相，不離本覺。復待不覺，以說眞覺，不覺既無，眞覺亦遣。

**延壽**《宗鏡錄》卷七七　從無分別智覺盡無始妄念，名究竟覺。始覺即本覺，悟本之覺，得本覺名。論云：於眞如門，名爲性覺。於生滅門，名爲本覺。由迷此性覺，而有妄念。妄念若盡，而立本覺。以性覺不從能所而生，非假修證而起，本自妙而常明，故云性覺妙明。以始覺般若，明性覺之妙，故云本覺明妙。又眞如之性，性自了故，則性覺妙明。始覺之智，了本性故，則本覺明妙。又《摩訶衍論》有四種覺。一清淨本覺，二染淨本覺，三清淨始覺，四染淨始覺。若論本始明昧之事，皆依染淨之覺得名。若清淨覺原，愚智俱絕，非迷悟之所得，豈文義之能詮。經中佛常說，眞如爲迷悟依。故如萬像依虛空，虛空無所依。所以滿慈領言，我常聞佛宣說斯義。此二覺義，亦同《起信論》所立一心，分眞如生滅二門。以本性清淨是性覺義，但以性中說覺，如木中火性，未具因緣，有而無用。非是悟已而更起迷，悟時始立本覺之號。悟本覺已，更不復迷。諸佛重爲凡夫，無有是處。佛問：汝稱覺明。爲復覺性自明，名爲覺明。爲復覺體不明，能覺於明。富樓那意：必有所明當情，爲其所覺，若無所覺之明，則無覺明之號，但可稱覺，而無所明。故云則無所明。佛意，性覺體性自明，不因能覺所明，方稱覺明。《起信論》云，眞如自體有大智慧光明義，遍照法界義等。只緣迷一法界，強分能所，故成於妄。若要因所明方稱覺明者，此乃因他而立，非自性覺，故云有所非覺。如緣塵分別而有妄心，離塵則無有體。不可將斷滅之心，以爲本來眞覺故。若以無體之法爲究竟者，故經云，法身則同龜毛兔角，其誰修證無生法忍。又釋，若以不明名爲覺者，則無所明者，故知覺體本無明相。佛證眞際，實不見明。若見於明，即是所明。既立所明，便有能覺。但除能所之明，方稱妙明。

**延壽《宗鏡錄》卷八五** 問：本始二覺，從何立名。答：本覺者，因始得名。始覺者，從本而立。如《起信鈔》云：未審始覺從何而生，爲本所對，故此云也。元其始覺，是本所生。斬新而有，故名爲始。反照其體，元來有之。敵對於始，故名爲本。苟無其始，何所待耶。如母生子，對子稱母。

乃至問：始覺本覺既殊，何因無二。又既同本覺，因何名始。答：即是本覺初顯相用，名爲始覺相用，非別外來，故得融同一體。又若非本覺舉體之相用，即不是始覺，以心外有法故。若不然者，但名相似覺，亦名隨分覺。是知直待合同本體，方得名眞始覺也。既合於本，始即非始。既無於始，即無於本。本始之名既喪，但可名爲覺焉。如上所釋，若入宗鏡，方爲究竟之覺。未入宗鏡，但稱相似覺耳。此雖稱覺，乃是不覺。故論云，又以覺心原故名究竟覺，不覺心原故非究竟覺。即其義矣。

**延壽《註心賦》卷三** 大約經論，有二種覺。一性覺，二本覺。有二種般若，一本覺般若，二始覺般若。有二種心，一自性清淨心，二離垢清淨心。有二種眞如，一在纏眞如，二出纏眞如。此八種名，隨義分異，體即常同。今一切衆生，祇具性覺。本覺般若、自性清淨心、在纏眞如等，於清淨本然中，妄忽生於山河大地。以在纏未離障故，未得出纏眞如等。若十方諸佛，二覺俱圓，已具出纏眞如等，無有妄想塵勞，永合清淨本然，則不更生山河大地諸有爲相。如金出礦，終不更染塵泥。似木成灰，豈有再生枝葉。將此二覺，已豁疑情。如《疏釋》云，世界相續文中有三。一先辯二眞，二明其三相，三明其四輪。且第一先辯二眞者，經曰：佛言：富樓那！如汝所言，清淨本然，云何忽生山河大地。汝常不聞如來宣說性覺妙明，本覺明妙。富樓那言：唯然。世尊！我常聞佛宣說斯義。釋曰：言二眞者，一性覺妙明，二本覺明妙也。性覺妙明者，是自性清淨心，即如來藏性，在纏眞如等，本性清淨，不爲煩惱所染，名爲性覺。本覺明妙者，出纏眞如也。從無分別智，覺盡無始妄念，名究竟覺。始覺即本覺，悟本之覺，名爲本覺。故《起信論》於眞如門名爲性覺，於生滅門名爲本覺。由迷此性覺，而有妄念。妄念若盡，而立本覺。以性覺不從能所而生，非假修證而得，本自妙而常明。以眞如之性，性自了故，故云性覺妙明。以始覺般若，明性覺之妙，故云本覺明妙。又以始覺之智，了本性故，則本覺明妙。故經中常說，眞如爲迷悟依。故言我常聞佛宣說斯義。以本性清淨，是性覺義，但以性中說覺，如木中火性。非是悟已而更起迷，故悟時始立本覺之號。悟本覺已，更不復迷，故將二覺之名，以答富樓那難訖。

上來雖於迷悟二門，說二覺相，而未廣辯起妄因由。先眞後妄，故次下明。即當第二明三相門，文分爲二。初立因相，次立果相。即《起信論》三細義。初立因相，文又分三。第一總問覺明之號，第二別答能所斯分，第三同異發明。結成三相。且初總問覺明之號者，經曰：佛言，汝稱覺明，爲復性明稱名爲覺，爲覺不明稱爲明覺。釋曰：何故作此問耶。謂前標二覺之號，性體即是覺明，妄起必託於眞。故使依眞起問。且佛問意，汝稱覺明，爲復覺性自明名爲覺明，爲復覺體不明能覺於明。故稱覺明是明之覺。第二別答能所斯分者，經曰：富樓那言，若此不明名爲覺者，則無所明。釋曰：準富樓那答意，必有所明當情爲其所覺。若無覺之明，則無覺明之號。但可稱覺，而無所明。故云則無所明。據佛本意，性覺體性自明，不因能覺所明方稱覺明，以眞如自體有大智慧光明義故。祇緣迷一法界，強分能所，故成於妄。第三同異發明，結成三相者，經曰：佛言：若無所明，則無明覺。有所非覺，無所非明。無明又非覺湛明性。性覺必明，妄爲明覺。覺非所明，因明立所。所既妄立，生汝妄能。無同異中，熾然成異。異彼所異，因異立同。同異發明，因此復立無同無異。釋曰：此文正釋迷眞起妄之相也。若無所明，則無明覺者，牒富樓那語也。有所非覺，無所非明者，正破也。若要因所明，方稱覺明者，此乃因他而立，非自性覺。故言有所非覺，如緣塵分別，而有妄心。離塵則無有體，豈成眞覺。又釋：若以不明名爲覺者，則無所明者。故知覺體本無明相。佛證眞際，實不見明。若見於明，即是所明。既立所明，便有能覺。但除能所之明，方稱妙明。

**子璿《金剛經纂要刊定記》卷二** 然此論明本覺心體性離諸念。今此引釋果佛者，以果佛之體即是本覺，元自離念。因果雖分，離念無別。故以本覺離念，即是佛體。故經云，大乘因者諸法實相等。是故在纏名本覺，出纏名究竟覺，始終體一，更無別法。故論云，即是如來平等法身，依此法身說名本覺。

**通潤《大乘起信論續疏》卷上** 此釋覺義。以心體離念爲覺，則知動念是迷。以離念則偏，則知動念即隔。以離念爲法界一相，則知動念爲十法界差別相。以離念爲如來，則知動念爲衆生。以離念爲平等，則知動念爲不平等。以離念爲法身，則知動念爲業識身矣。是故一切衆生皆依妄念，故謂之迷。若了妄念無有根本，非內非外，亦非中間，三世推求，悉不可得，便是智體。由此智體，便證如來平等法身。即此法身，即是衆生本來面目，亦名清淨覺地，亦名本覺。

問：既曰本覺原是本有，即不覺時，亦未曾失。何故必待親見，始名本覺。答：此雖本有，但一向爲無明所覆。由不知故，不名本覺。今以自覺聖智照破無明，識得此物本來舊有，不是新成，故名本覺。此本覺義，是對始覺言也。

問：本覺理有，始覺修生。此二覺心，是同是異。答：本覺始覺，本非二物。由自覺智，照惑無本，即是智體。照體無自，即是證如，非有智外如爲智所證，亦無如外智能證於如。是故本覺因始覺而得名，始覺因本覺而立號，非有異也。故《大經》云，如因日光照，還見于日輪，以佛智慧光，見佛所行道。以依本覺而有不覺，由不覺故，復以聖智照破不覺而合本覺，故名始覺。故知始本合一，名究竟覺。不然，但名相似隨分覺也。昔忠國師問紫璘供奉云，佛是何義。答，是覺義。師曰，曾迷否。奉曰，不曾迷。師曰，用覺作麼。故知對迷說覺，若無迷，亦無覺也。問，始本二覺，攝何等法。答，本覺所攝，即大智慧光明義等。始覺所攝，即三明八解乃至十力四無畏十八不共法等。又云，淨法之體屬本覺，淨法之用屬始覺。問，本覺與眞如何別。答：本覺之名對始覺義說，故在生滅門中收，非眞如門。殆至染緣既盡，始本不殊，平等絕言，即眞如相矣。此中大意，明依本覺而有不覺，因不覺故而成始覺。如因地而倒，因方故迷。又因地而起，因方故悟。故直見者，如開藏取寶，剖蚌得珠，光發襟懷，影含法界。如經頌云：如人獲寶藏，永離貧窮苦。菩薩得佛法，離垢心清淨。或不悟者，自生障礙。

又以覺心源故，名究竟覺。不覺心源故，非究竟覺。

上以本始合一覺，此以究竟不究竟分二覺也。以登峯造極，無可進步處，名究竟覺。以路途之樂，未到家者，名相似隨分，總名不究竟覺。

**德清《大乘起信論直解》卷上** 何以故。本覺義者，對始覺說，以始覺者即同本覺。始覺義者，依本覺故而有不覺，依不覺故說有始覺。又以覺心源故，名究竟覺。不覺心源故，非究竟覺。

此蓋本覺得名，以顯始覺爲返流還淨之智也。由前明妄依眞起，故說依黎耶有覺不覺，此迷妄之通相也。今就一覺而分本始二義，蓋別顯從迷返悟，要依始覺之智爲張本也。然此覺性，若約不迷，但直名覺。今因在迷中，一向不覺，特因始覺而顯，然非新生，乃是衆生之本有，故云本覺。今日方覺，故云對始覺而說也。且此始覺亦不從外來，特由本覺內熏之力而發，更無二體，故云即同本覺。是則始本不二，元一覺也。又今言始覺義者，亦非創起。蓋依迷本覺之無明心中而發，一向不覺。今始覺之者，要顯實由本覺內熏之功，故云依本覺等。譬如醒人而有睡夢，從夢覺者，即本醒人，非他人也。原此覺性元無二義，今就三細六麤迷源既遠，若返流還淨，要始覺有功，本覺乃顯。然依四相，始覺滅相，漸漸覺至生相。生相既破，歸一心源，法身全顯，名究竟覺。其在中路，未至心源，皆非究竟也。故下約四相，以明始覺之漸。

## 境 性境　獨影境　帶質境

**玄奘譯《佛地經論》卷四** 言諸境者，謂外六境，即是色等。此內六處、外六境界，即十二處。

**玄奘譯《阿毗達磨俱舍論》卷一** 言五境者，即是眼等五根境界，所謂色、聲、香、味、所觸。

**窺基撰《成唯識論掌中樞要》卷上** 總攝諸境，有其三類。一者，性境。諸眞法體，名爲性境。色是眞色，心是實心。此眞實法不定隨心，三性不定。如實五塵，唯無記性，不隨能緣五識通三性故，亦不隨心同於一繫。如第八識是一界繫，所緣種子通三界繫。身在下界起二通時，緣天眼耳。身在上地，眼耳二識見欲界境。二禪已上，眼耳身識緣自地境。識初禪繫，境自地繫。如是等類，亦不隨心一種所生。由見相種各別體故

二者，獨影之境，唯從見分。性繫種子，皆定同故。如第六識緣龜毛、空花、石女、無爲、他界緣等所有諸境。如是等類皆是隨心，無別體用，假境攝故，名爲獨影

三者，帶質之境。謂此影像有實本質。如因中第七所變相分，得從本質是無覆無記等。亦從見分是有覆所攝，亦得說言從本質種生，亦得說言從見分種生。義不定故性種等隨應者，隨應是不定義，有二隨應。一者，義顯三境，諸心聚生。有唯有一，有二二合，有三同聚。有一者，如前已說有二合者，如第八識緣自地散境。心王所緣是初性境，心所所緣是獨影境，五識所緣自地五塵，是初性境，亦得說是帶質之境。如第六識緣過未五蘊，得是獨影。亦得說是帶質之境，熏成種子生本質故。有三合者，如四第八緣定果色，心所所緣唯是獨影，心王所緣是實性境。亦得說爲帶質之境，第六所變定果之色爲本質故。二者，又性種等隨應者，顯上三境，隨其所應。或性雖同而繫種不同。如在下地緣上界天眼耳，或繫雖同性種不同。如五識緣自界五塵，或種雖同而繫不同。

**道通《華嚴法相槃節》** 奘法師頌，善唯識解：性境不隨心，獨影唯從見。帶質通情本，性種等隨應。

一，性即境。爲五塵根境從實種生，有實體用。能緣之心得彼自性，爲自住自性，不隨能緣通三性，有二。一眞性境，爲前五識緣自界因中五塵，親得體，八識各自證分緣見分。二似性境，第六識緣前念中心及緣自身五根疎得體，名似。

二，帶質境。見能變相，相能帶質，是質之帶。能帶即相分，中間相分攝歸本質，唯無記攝歸。能緣見分通三性。若離見別談，與本質種同有二。一眞帶質，以心緣心，有實本質。如第七識緣第八識自證分爲我，中間相分不熏種子。二似帶質。前六識心緣外境時，中間相分定熏種子，名似帶質。

三，獨影境。第六識見分變三際境。獨頭意識影像相分，唯從見分生，有二。一有體，第六識緣過未五蘊，性繫種三定同能熏相分種，後生本質。二無體，第六識緣遍計實我實法，龜毛兔角不熏種，遍計色収。

四，性種等。隨應者，不定義。二合有三。一第八緣散地境，心王緣是性境。心所緣是獨影，不熏種子。二前五緣自他根塵，是性境，亦帶質熏種子。三第六緣過未五蘊，是獨影境。能緣見分上有相分，亦名帶質。三合有一因中，第八緣定果色，聖境界也。心王緣性境，心所緣獨影。仗他聖境爲質，亦帶質。或性種繫不同能緣，如下界緣上界天眼耳等。或繫同種性不同，如緣當界自他五塵。或心種同、繫性不同，如第八緣上界天眼耳心所，直緣相從見生獨影境，心王緣之帶質，雖繫性不同，心王與心所，同是心種也。

**延壽《宗鏡錄》卷六八** 凡聖通論，都有幾境。答：大約有三境。頌云，性境不隨心，獨影唯從見，帶質通情本，性種等隨應。性境不隨心者，性境者，性是實義，即實根塵四大，及實定果色等相分境。言不隨心者，爲此根塵等相分，皆自有實種生，不隨能緣見分種生故。獨影唯從見者，影爲影像，是相分異名。爲此假相分，無種爲伴，但獨自有，故名獨影。即空華兔角，過去未來，諸假影像法是。此但從能緣見分變生，與見分同種，故名獨影唯從見。帶質通情本者，即相分。一半與本質同一種生，一半與見分同一種生，故言通情本。情即能緣見分，本即所緣本質。言性種等隨應者，隨應是不定義，謂於三境中名隨所應。有性、種、界繫、三科、異熟等，差別不定。

又《廣釋》云，性境者，爲有體實相分名性境。即前五識及第八心王，并現量第六識所緣諸實色，得境之自相，不帶名言，無籌度心，此境方名性境。及根本智緣眞如時，亦是性境，以無分別任運轉故。言不隨心者，都有五種不隨。一，性不隨者，其能緣見分通三性，所緣相分境唯無記性。即不隨能緣見分通三性。二，種不隨者，即見分從自見分種生，相分從自相分種生，不隨能緣見分心種生故，名種不隨。三，界繫不隨者，如明了意識緣香味境時，其香味二境唯欲界繫，不隨明了意識通上界繫。又如欲界第八緣種子境時，其能緣第八唯欲界繫所緣種子，便通三界。即六八二識，有界繫不隨。四，三科不隨者，且五蘊不隨者，即如五識見分是識種收，五塵相分即色蘊攝，是蘊科不隨。十二處不隨者，其五識見分是意處收，五塵相分五境處攝，是處科不隨。十八界不隨者，其五識見分

緣有漏位中，唯六七二識心心所爲體。又《成唯識論樞要誌》云，眞色眞心俱是所緣，所變相分俱名性境。或能緣心，而非妄執分別構畫，名爲眞心。眞心緣彼眞色等境，所變相分，方名性境。若心緣心所變相分，相分無實，但帶質故。性者，體也。體性是實，名爲性境。獨影者，獨者，單也。單有影像，而無本質，故相名獨。如緣龜毛石女等相。或雖有質相分，不能熏彼質種，望質無能，但有假影，亦名爲獨。如分別心緣無爲相，及第八識心所相及。餘準此知。帶質之境者，質者《周易》云形體也，帶者《說文》謂之紳也。紳也謂束。又方言云，帶謂行也。今云帶質，義通二也。若依《說文》，謂即挾帶逼附之義，如紳束也。若依方言，影仗質生。如因其路，行義方有。然此相分，雖有能熏自及質種，然無實用。如緣心相，相分之心無慮用故。通情本者，情謂見分，本謂質也。顯所變相，隨見隨質以判種性，二義不定。又境有二。一衆生遍計所執情境，心外見法，名之曰境。二諸聖自在德用智境，以從心現故，成其妙用智境。又二。一分劑境，廣大無邊故。二所知境，唯佛能盡故。又有二種。一是心境，唯心現故，張心無心外之境，張境無境外之心。常含一味故。二是境界之境，謂心境無礙，隱顯同時，體用相成，理事齊現。【略】

問：心外無境，境外無心。云何又說心說境。答：前已廣明，何須重執。一心四分，理教無差。有境有心，方成唯識。如心緣境時，必有相分故。如鏡照面時，有面影像也。量云，心緣境是有法，心上必帶境之影像。宗因云，心對外質，同喻，如鏡照面時。

問：智境各一，何分多種。答：智因境分，有眞俗之異。境從智立，標凡聖之殊。約用似多，究體元一。如《起信鈔》問云：境智爲一爲異。答云：智體無二，境亦無二。智無二者，只是一智，義用有殊。約知眞處，名爲眞智。約知俗處，名爲俗智。境無二者，謂色即是空爲眞境，空即是色爲俗境。由是證眞時必達俗，達俗時必證眞。了俗無性，即是眞空，豈有前後耶。況無心外之境，何有境外之心，是即心境渾融，爲一法界。

**智旭《八識規矩直解》** 統論所緣，凡有三境。一性境，二帶質境，三獨影境。一性境者，性是實義。謂相分色從相分種子所生，故名爲實。此復有二。一無本質，二有本質。一無本質者，即第八心王所緣根身器界是五識界收，五塵相分五境界攝。此是三科不隨。五，異熟不隨者，即如第八見分是異熟性，所緣五塵相分非異熟性，名異熟不隨。獨影境者，謂相分與見分同種生，名獨影唯從見。即如第六識緣空華兔角過未，及變影緣無爲，并緣地界法，或緣假定果，極逈極略等，皆是假影像。此但從見分變生，自無其種，名爲從見。獨影有二種。一者，無質獨影。即第六緣空華兔角，及過未等所變相分是。其相分與第六見分同種生無空華等質。二者，有質獨影。即第六識緣五根種現是，皆託質而起故。其相分亦與見分同種而生，亦名獨影境。三，帶質者。即心緣心是。如第七緣第八見分境時，其相分無別種生，一半與本質同種生，一半與能緣見分同種生。從本質生者，即無覆性。從能緣見分生者，即有覆性。以兩頭攝不定，故名通情本。質即第七能緣見分，本即第八所緣見分。又四句分別。一唯別種，非同種，即性境。二唯同種，非別種，即獨影境。三俱句，即帶質境。四俱非，即本智緣如。以眞如不從見分種生故，名非同種。又眞如當體是無爲，但因證顯得，非生因所生法故，名非別種。性種說隨應者，性即性境，種謂種類。謂於三境中，各有種類不同。今皆須隨應而說。又約八識分別者，前五轉識，一切時中皆唯性境，不簡互用不互用。二種變中，唯因緣變。又與五根同種故。第六意識有四類。一，明了意識，亦通三境，與五同緣實五塵。初率爾心中是性境。若以後念緣五塵上方圓長短等假色，即有質獨影，亦名似帶質境。二，散位獨頭意識，亦通三境，多是獨影，通緣三世有質無質法故。若緣自身現行心心所時，是帶質境。若緣自身五根，及緣他人心心所，是獨影境，亦名似帶質境。又獨頭意識，初刹那緣五塵，少分緣實色，亦名性境。三，定中意識，亦通三境。通緣三世有質無質法故，是獨影境。又能緣自身現行心心所故，是帶質境。又七地已前有漏定位，亦能引起五識，緣五塵故，即是性境。四，夢中意識，唯是獨影境。第七識，唯帶質境。第八識，其心王唯性境，因緣變故。相應作意等五心所，是似帶質眞獨影境。【略】

問：三境以何爲體。答：初性境，用實五塵爲體，具八法成故。八法者，即四大地水火風，四微色香味觸等。約有爲說。若能緣有漏位中，除第七識，餘七皆用自心心所爲體。第二，獨影境。將第六識見分所變假相分爲體，能緣即自心心所爲體。第三帶質，即變起中間假相分爲體。若能及諸種子，但是自變自緣，不假外質。然約器界及他人之浮塵根，既是共相識種所變，亦得說有外質也。根本智親證眞如，雖不變爲相分，亦名性境。二有本質者，即今五識所緣現在五塵，及明了意識初念幷定中獨頭意識所緣定果色等。皆托第八識之相分以爲本質，隨即變爲自識相分而爲所緣。猶如鏡中所現群像，雖約眞諦言之，則皆如幻如夢，了無眞實，而約俗諦言之，則五塵即是五識相分，從種子生，還熏成種。不同空華、鏡像、兔角、龜毛，亦復不同過去未來之不可得，故名性境也。帶質、獨影二境，下文方解。現量者，現謂顯現，量謂度量。五根對境，分明顯現，依之發識，緣慮度量。雖無隨念、計度二種分別，然有自性分別得彼性境，不錯不謬。任運了別，不帶名言也。三性者，善、惡、無記也。五識能助第六意識作善惡業，若與信等相應則善性攝，若與無慚等相應則惡性攝，俱不相應則屬無記性攝，故云通三性也。

**正誨《八識規矩頌略說》**　三境者，性境，獨影境，帶質境也。論云，性境不隨心，獨影唯從見，帶質通情本，性種等隨應。性境，乃八識由相分，不從見分心分別而起，故曰不隨心。蓋即本識心中，實有體相者，所謂體實相分境也。有二類，一離言，二假說。離言得其體，假說會其相也。獨影境者，獨從分別變起，有二。一，無質獨影。全無實體，獨有影相。如空華病夢等境，全是見分生起。二，有質獨影。因過去五塵落卸影子。如水月鏡相等境。此二獨影俱不離見分別心起，故曰獨影唯從見也。帶質境者，帶謂連帶，質謂形質。有眞似二類。心與心連帶而起者謂之眞，心與色連帶而起者謂之似。如第七識緣第八識，其能所皆心。以其二故，故有連帶之相。此相無體，全從能所二心兩頭連帶生起，故曰，以心緣心眞帶質，中間相分兩頭生。問：此與無質獨影何異。答：無質獨影不假所緣，唯於見分心上忽現病境空華等也。似者如第六識，緣過去境，是以心緣色。其中相分亦似能所二法連帶而起。然色境無知，實無生起，但從能緣之心一頭而起，故曰以心緣色似帶質，中間相分一頭生。此二帶質，通乎七八，故頌謂通情本也。情即末那，本即賴耶。性種等隨應者，性謂三性，種謂種子，等謂等界繫。三科，異熟，共有五法。一性境，是三性中無記性，故不隨見分心通三性。二性境是相分境，自有種生，故不隨見分種上。三性境是欲界五塵實境，故不隨見分心通上界七地。四性境是三科中五塵境，故不隨見分通三科。五性境是異熟中相分，故不隨見分通異熟心。是以五法，推性境不隨分別心也。獨影唯從見者，亦以五法推之。一謂獨影境有分別，唯從見分善惡二性起，不從無記性起。二謂獨影唯從見分種生，不從相分種生。三界繫，四三科，五異熟，皆約見分說獨影可知。帶質通情本者，亦於五法中，論其通義，故曰性種等五法，隨三境而應之也。第六通三境者，即與前五同時意識。一見境時，不假作解即得境相，是爲性境。緣心心所，是帶質境。緣無體法，是獨影境。三界輪時易可知者，意識是生死輪迴中作業主，於諸識中，動身發語，最爲殊勝。其相麤顯，於三界中易爲輪轉，故曰可知。具五十一心所，如前已出。此五十一心所，乃心之相應而起者。各有體性業用，隨三性善惡之境，臨時發現，與心相應，故曰各配之。其三性三界三受，及根本、隨眠、信等善十一，恆隨心所等轉易不常，相連而起，以第六動身發語獨爲最故也。引滿能招業力牽者，引謂牽引，滿謂滿足。第六有力能引起餘識造業，又能滿足餘識業因，又能將業招引後果至於果上。業力愈勝，牽而不息，故有輪迴，故曰引滿能招業力牽。

**通理《楞嚴經指掌疏》卷二**　前五識緣性境，第六識緣獨影境，第七緣帶質境，第八緣根器種子。

# 無明 不共無明　獨行無明　獨頭無明

**真諦譯《攝大乘論釋》卷一**　獨行無明，其相云何。若人未得對治道，能障實慧惑，名獨行無明。此無明於五識非有，何以故，若人在於五識，不能爲障。何以故。若是對治道生處，則是障處於染污意識，此亦非有。何以故。但由此惑心應染污故，與餘惑相應共行，獨行名則不成。若汝說第六識由獨行無明染污，則第六識一向不清淨。以此無明不暫息，云何施等心成善。以第六識恆與無明相應故。若有人說心與善相應生，此人則有過失。若第六識恆被染污，則不得引對治道生。若有人說染污心相應有別善心，此善心能引生對治道故，染污心即滅。若作此說，則無過失。

**笈多共行矩等譯《攝大乘論釋論》卷一**　何者是獨行無明。未起對治時，障眞如智。癡此與五識不相應，於此處不爲障礙故。若起對治處，則於彼爲障，亦不在染污意識。若即是染污意識，則有過失。非染污意識者，以與餘煩惱共行，獨行名則不成。

**慧影**《**智度論疏**》**卷二一**　不共無明者，是十使中不隨諸使別起無明也。及一切法中不了癡黑闇者，即是一切諸知見中分別無明以不達正理故，有分別說爲不了也。

**崇俊**《**法華玄贊決擇記**》**卷二**　無明有二，一相應，二不共。若貪等俱者，相應無明。非貪等俱者，名獨行無明。又不共無明，復有二種。一恆行不共，唯在第七。二獨行不共，即第六識中，獨頭起者是也。爲前二所依者，此無明漏，能爲前欲有二漏所依處也。

**普光**《**俱舍論記**》**卷四**　若依《正理論》意解不共無明，不與貪等本惑相應，名不共。即是獨頭無明，及忿等惡作相應無明，皆名不共。若作斯解，不共無明通見修斷。故《正理》第十一云，是故惡作是不善者唯無明俱，容在不共，忿等亦爾。若依《正理》解不共，不共無明容有二十一法俱生。又《婆沙》三十八解不共無明，具有兩解。一解意不與貪等忿等相應，自力而起，名不共。唯見所斷以修所斷忿等相應，非自力起故，不名不共。第二師解意，不與貪等本惑相應，皆名不共。應知即是忿等相應，及獨頭起。若作斯解通見修斷，此論同婆沙前師。《正理》同《婆沙》後說。各據一義釋不共名，竝無違害。應知諸論說不共無明，若說唯見所斷，據前師說，若言通見修所斷者，據後師說。

**玄奘譯**《**大乘阿毗達磨集論**》**卷四**　無明有二種。一，一切煩惱相應無明。二，不共無明。不共無明者，謂於諦無智。見不與瞋疑相應。疑不與貪慢見相應。忿等隨煩惱，更互不相應。無慚無愧，於一切不善品中恆共相應。惛沈、掉舉、不信、懈怠、放逸，於一切染污品中恆共相應。

**玄奘譯**《**攝大乘論釋**》**卷一**　不共無明者，謂於一切善、不善、無記、煩惱、隨煩惱位中，染污意相應，俱生無明。彼若無者，成大過失。常於苦等障礙智生，是其業用。此即顯無業用過失。

**玄奘譯**《**瑜伽師地論**》**卷五八**　無明總有二種。一，煩惱相應無明。二，獨行無明。非無愚癡而起諸惑，是故貪等餘惑相應所有無明，名煩惱相應無明。若無貪等諸煩惱纏，但於苦等諸諦境中，由不如理作意力故，鈍慧士夫補特伽羅諸不如實簡擇，覆障纏裹闇昧等心所性，名獨行無明。

**遁倫**《**瑜伽論記**》**卷一七**　不共無明者，不與餘識相應，故名不共。如十八不共法，不與二乘共，故名爲不共。又以恆行不同餘識所起無明，故名不共。……

言不共無明者，護月釋云：六識緣外境明了故，見愛等明了便強。無明力弱隨見愛起，具相應無明。末那內緣不明了境，無明力強，見愛慢弱。無明力用勝餘三惑，名不共。理實而言，見愛慢等應名相應，但以小乘無明中立相應不共二無明，故無明中說不共，見愛慢中不說相應名。戒賢師解云，末那無明與三性心。六識則不爾，不與六識共，故名不共。釋論中引十八不共法釋，不與二乘，故名不共。六識無明亦不與末那無明應得不共名也。十八不共法不與二乘共，然與同類德俱行。末那無明亦爾，不與六識無明共，名不共。然自類見愛使等俱行，不同小乘釋不與便共行名不共。依釋論引十八不共法釋，但可名不共無明，不應得獨行無明名。末那見愛慢等亦不與六識共，應名不共，亦不違小乘中立相應不共二名故。

**延壽**《**宗鏡錄**》**卷五二**　如何說不共無明。答：論云，應說四中，無明是主，雖三俱起，亦名不共。從無始際，恆內惛迷，曾不省察，癡增上故。乃至謂第七相應無明，無始恆行，障眞義智。如是勝用，餘識所無，唯此識有，故名不共。又不共無明，總有二種。一，恆行不共，餘識所無。二，獨行不共，此識非有。釋云：主是自在義，爲因依義，與彼爲依，故名不共。何故無明名爲不共。謂從無始際，顯長夜常起，恆內惛迷。明一切時不了空理，曾不省察，彰恆執我，無循反時。此意總顯癡主自在義。一，恆行不共者，此識俱是。今此所論，餘識無也。二，獨行不共者，則與忿等相應起故，名爲獨行。或不與餘俱起無明，獨迷諦理，此識非有。又不共無明者，無明是主故。名不共者，以主是不共義，不共即是獨一之義。謂無明是闇義。七俱無明，恆行不斷，是長闇義，由長闇故，名爲長夜。唯此無明爲長夜體。餘法皆無長夜之義，唯此獨有，故名不共。除此已外，餘法有一類長相續義，而無闇義。或有一類，雖有闇義，而無長相續義，應作四句分別。一者，有是長而非是夜，如七俱貪等三及妙平二智相應心品等。二者，有是夜而非是長，如前六識相應無明。

三是長亦是夜，七俱無明是。四者，非長非夜，前六識除無明，取餘貪等，及因中善等，并果中觀察成事。二智相應心品等，今此七俱無明。準此不但不與餘識共，兼亦不與自聚貪等三共。謂雖與同聚貪等俱起，而貪等無長夜闇義。貪等以染著等爲義，此以長闇爲義，與彼不同，故名不共。此以第七恆時迷闇名不共。六識中者，無恆時義，但有獨起之義，名爲不共。

問：恆行不共無明相應，有幾種義。答：有四義。古德云：一是主者，謂前六識無明是客，有間斷故。第七無明是主，無間斷故。二恆行者，有漏位中，常起現行不間斷，故名恆行。三不共者，不同第六識獨頭，名不共。第六不共但不與餘九煩惱同起，名爲不共。若第七名不共者，障無漏法勝故，又恆行不間斷故。四前六識通三性心時，此識無明皆起現行。謂前六識善性心時，於施等不能亡相者，皆是第七恆行不共無明內執我，令六識等行施時，不能達三輪體空。又以有不共無明，常能爲障，而令彼當生無漏智不生。此無明與第七識俱有故，至今不捨，故名俱行。又經云，眼色爲緣，生於眼識，乃至意法爲緣，生於意識。若無此識，彼意非有。眼根色境爲二緣，能發引得眼識。乃至意識法境爲二緣，能發得意識。若無第七識者，即應第六識唯有一法境爲緣，應無所依根緣也。既有俱有根者，明知即是第七識與第六識爲俱有根。小乘云：我宗取肉團，與第六識爲依，何要別執有第七識耶。論主破云：亦不可說第六依於色故。第六必依意有，說意非是色故。又說第六有三分別，隨念計度自性分別故。若許第六依色而住者，即同前五識，無隨念計度二種分別。救云：我宗五識，根先識後故。即前念五根，發後念五識。論主破云：但有根者，如葉依種起，芽種俱時。影藉身生，身影同有。識依根發，理必同時。無前念根發後念識故。既若五識有俱有根，將證第六亦須有俱有根，即第七識是也。引理證者，教中說有思量者，即是第七識。小乘云：但是第六等無間，名思量意，何要別說第七爲思量意耶。論主破云：且如第六意識現在前時，念等無間意，已滅無體，如何有思量用名意耶。且如第六識，若居現在時，雖有思量，恆名爲識，不名意故。要待過去，方名意故。須信有第七識，具恆審思量，方得名意。意者，依止義。若等無間意，依此第七假得意名，俱有依止思量用故。又第七識與四惑俱，名爲染汚。恆審思量，名之爲意。常有恆行不共無明，故名染汚，正是有覆性。即覆眞緣義，蔽淨妙智。恆審思量者，此揀第八前六識。恆者不間斷，審者決定執我法故。

**王肯堂《成唯識論證義》卷六**　癡即無明別名。不因境起，名獨頭無明。因境起者，名相應無明。獨頭無明，多迷諦理。相應無明，亦迷事相。謂於諦等不能明了，昏迷暗昧而爲體性。能障無癡善根，生煩惱業，故云一切雜染所依也。

**通潤《成唯識論集解》卷五**　一師言：此癡名不共無明者，如不共佛法，唯如來有，餘人所無。此亦如是。唯此識有，他識所無。第二師斥云：若謂唯此識有，他識所無名不共者，則應他識所有，此識所無者，亦名不共。然此不共，依殊勝立，非謂此有彼無名不共也。殊勝義者，謂此無明念念障彼當生無漏智令不起，有此勝用，餘識所無。唯此識有，故名不共。

問：既依第七有殊勝義立不共者，則此餘三亦依第七有障智用，應名不共，何得無明偏名不共。答：謂此第七相應無明，是障平等性智之主，故獨得此名。若餘三躭著高舉執我爲主時，彼亦得名不共，今但對彼餘識相應無明立不共名。

下明不共差別。一，恆行不共。謂與第七俱者，名爲恆行。不與第六間斷者共，名爲不共。故《攝論》云，謂能障礙眞智生愚，此於五識無容說有，是處無有能對治故。若處有能治，此處有所治，非五識中有彼能治，於此見道不生起故。非於不染意識中有，由彼此應成染性故。亦非染汙意識中有與餘煩惱共相應時，不共無明名不成故。若立意識由彼煩惱成染汙者，即應畢竟成染汙性，諸施等心應不成善，彼煩惱相恆相應故。若說善心俱轉有彼煩惱，是即一向與彼相應，餘不得有。此染汙意識引生對治，不應道理。若說染汙意俱，有別善心能引對治，能治生故，所治即滅，應正道理。故曰餘識所無。《宗鏡》又云：唯此無明爲長夜體，餘識皆無長夜之義。唯此獨有，故名不共。此有四句分別。一，有是長而無是夜，如七俱貪等三，及妙平二智相應心品等。二，有是夜而無是長，如前六識相應無明。三，亦長亦夜，即七俱無明。四，非長非夜，即前六識餘貪等。今此七俱無明，不但不與餘識共，兼亦不與自聚貪等三共。雖與同兩頭生，連帶生起，名眞帶質。似帶質者，以心緣色中間相分，唯從見分一頭生起，變帶生起，名似帶質也。獨影亦二。言無質獨影者，即第六緣空花兎角，及過未等所變相分。其相分與第六同種生，無空花等質。有質獨影者，即第六緣五根種現，是皆托質起。其相分亦與見分同種生，亦名獨影。境爲所緣，識爲能緣，各有其體。性境之體，見上註文。能緣者，除末那識餘七，皆用自心心所爲體。獨影境以第六見分所變假相分爲體，能緣即自心心所爲體。帶質境即變起中間假相分爲體，能緣者唯六七二識心心所爲體。此言六通三境者，五俱意識不作解時得境自相是爲性境，緣心心所乃帶質境，緣無體法是獨影境。此約有漏位中言之。若無漏位，八識皆緣三境以通緣假實。故頌曰，性境不隨心，獨影唯從見，帶質通情本，性種等隨應。（有云，第六有五種，除亂意識夢中意識，唯緣獨影。餘三皆緣三境。謂明了意識與前五緣實五塵，率爾心中，是性境。若以後念緣五塵上方圓長短等假色，即有質獨影，亦名似帶質。散位獨頭意識亦通三境，多是獨影。通緣三世有質無質法故。若緣自身現行心心所時，是帶質境。若緣自身五根及緣他人心心所，是獨影境。亦名似帶質。又獨頭意識初刹那緣五塵少分緣實色，亦名性境。定中意識亦通緣三境。謂通緣三世有質無質法故，是獨影境。又能緣自身現行心心所故，是帶境。又七地已前有漏定位，亦能引起五識緣五塵等，即是性境也。）

## 意識 獨頭意識、定中意識、獨散意識、夢中意識

**筏提摩多譯《釋摩訶衍論》卷四** 言意識者，即是相續識。依諸凡夫取著轉深，計我我所，種種妄執，隨事攀緣，分別六塵，名爲意識。亦名分離識，又復説名分別事識。此識依見愛煩惱增長義故。

**玄奘譯《大乘阿毗達磨集論》卷一** 何等意識。謂依意緣法，了別爲性。

**玄奘譯《顯揚聖教論》卷一** 意者，謂從阿賴耶識種子所生，還緣彼識。我癡、我愛、我我所執、我慢相應。或翻彼相應。於一切時恃舉爲行。或平等行與彼俱轉。了別爲性。如薄伽梵説，內意處不壞，外法處現

聚貪等共起，而貪等三，無長夜義，以貪等以染著等爲義故。此以長夜爲義，與彼不同，故名不共。二，獨行不共。此識非有者。宗鏡云。六識中者。無恆時義。有獨起義。亦名不共又云。不與貪等俱者。名爲不共。下引證瑜伽云。無明有二。一煩惱相應無明。二，獨行無明。非無愚癡而起諸惑，是故貪等餘惑相應所有無明，名相應無明。若無貪等諸煩惱纏，但於苦等諸諦境中，由不如理作意力故。鈍慧士夫補特迦羅諸不如實揀擇，覆障纏裹暗昧等心所性，名獨行無明。此又有二。一是主獨行，不與忿等小十俱者，名爲是主。何以故，忿等十法自類不俱，各自爲主。此之無明，既不與各自爲主者俱，獨自行時，自便爲主，故曰是主。此屬分別，故在見道一時頓斷。如契下，引證非主獨行者，與忿等俱，名爲非主。由忿等各自爲主，自無主故。此通見修二斷，以隨忿等通見所斷故。故結云，恆行不共，餘部所無。獨行不共，彼此皆有也。

**明昱《成唯識論俗詮》卷五** 不共無明有三。一，獨行不共，不與貪等俱。二，相應不共，恆與貪等俱。三，恆行不共，不與第六間斷者俱，唯與第七俱。獨行無明，復開二種。言是主者，自能分別也，故見所斷。復引經證。諸聖有學，斷見所斷分別起惑。不造業者，即是斷此是主獨行不共無明惑故。言非主者，不自爲主也。無分別義，顯是俱生，故修所斷。言亦修所斷者，意兼見所斷故，以共小隨，是分別起，故說忿等，通見所斷。言餘部者，即是主非主二部也。以非恆行不共，故曰所無。言此彼者，此即非主，彼即是主。以獨行不共，即此彼二，故云此彼俱有也。又古德云，獨行有二，一者是主獨行，二者非主獨行。不與小隨俱，名爲是主。不與貪等餘九俱，名爲獨行。若與小隨俱，名爲非主。以小隨十，自類不俱，各自爲主。既與彼俱，不得主故，亦不與餘九俱，亦名獨行，是主獨行。唯見所斷，非主獨行，通見修斷，以共小隨，見所斷故。

**普泰《八識規矩補註》卷上** 言三境者，性境已解，見上文。今因釋影質二境，故重解其義。性境者，即實根塵八法所成及實定果色，皆自有實種生，乃前五及第八現量第六所緣諸實色境。不帶名言，無籌度心，名爲性境。及根本智緣如，亦是此境。以無分別任運轉故。此有其二。第一類性境者，即前所言者。第二類都無前義，只約相分從質義邊，說爲性境。由假說故名。第二類帶質境亦二。眞帶質者，以心緣心中間相分，從

前，及彼所生作意正起。如是所生意識得生。意識者，謂從阿賴耶識種子所生。依於意根與彼俱轉，緣一切共不共法爲境了別爲性。

**玄奘譯《阿毗達磨界身足論》卷上** 意識云何，謂意及法爲緣，所生意識。此中意爲增上，法爲所緣。於意所識法所有了別，各別了別，是名意識。

**實叉難陀譯《大乘起信論》卷上** 意識者，謂一切凡夫依相續識，執我我所，種種妄取六種境界。亦名分離識，亦名分別事識。以依見愛等熏而增長故，無始無明熏所起識，非諸凡夫二乘智慧之所能知。

**延壽《宗鏡録》卷四九** 獨頭意識有三。一，散位獨頭，亦通三量，多是比非。若緣現量，此得五識引起獨散意識。説爲於第一念緣前來五識所緣五塵之境，得其自性，名現量。二，定中獨頭，唯是現量。三，夢中獨頭，唯是非量。若見分唯非量，内二分是現量。第七末那約有漏位中，唯是非量，妄執第八見分爲我爲法故。本來第八見分是白淨無記，然非是我，今被第七妄執爲我，不稱境知，故名非量。若第七内二分，唯現量。第八賴耶同五現量，如前已解。

**延壽《宗鏡録》卷五四** 獨頭意識有三。一，夢中獨頭。亦緣十八界法，唯是獨影境，非實。此夢中境，唯是法處收，亦無本質。二，覺寤獨頭。而緣一切法，有漏無漏，有爲無爲，世出世間，有體無體，空華兔角。三世一切法，皆悉緣得。問：此覺寤意識，一念緣十八界時，有幾相分，幾本質，幾見分。答：本質相分，各有十八箇，見分唯一。問：如何有十八相分。答：十八相分，從十八本質起，即有十八相分。如一面鏡中，觀無量人影，外邊有十八實人，鏡即是一。於鏡上現有十八人影像。見分亦爾，一見分能緣得十八相分。若質影有十八，以是所緣境則無過。若一念有十八見分，便有多心過。三，定中獨頭。亦緣十八界、一百法、過未境及眞如等。若假若實，皆能緣故。三量分別者，若是明了意識，前後念通三量。夢中獨頭，唯非量，以不稱境故。覺寤，通三量。若緣有體法時，緣五境界等，通現量故。若緣五根界、七心界等，是比量。若緣空華過未境等，通比量非量。若定中，唯是現量。雖緣假法，以不妄執，無計度，故唯現量。又獨頭意識，即獨生散意，緣影像門。影像者，諸有極微，是極迥極略二色，皆是假影色也。但於觀心，析麁色，至色邊際，假立極微。唯觀心影像，都無實體。

**延壽《宗鏡録》卷五五** 第六意識，都有五般，皆緣法境。一，定中獨頭意識。緣於定境，定境之中，有理有事。事中有極略極迥及定自在所生法處諸色。二，散位獨頭。緣受所引，及遍計所起諸法處色。如緣空華、兔角、鏡像、水月，構畫所生者，並法處攝。三，夢中獨頭。緣夢中境，遍計所執法處色。四，明了意識。依五根門，與前五識同緣五塵。明了取境，名明了意識。五，亂意識。是散意識，於五根中狂亂而起。然不與五識同緣，如患熱病，見青爲黄，非是眼識。是此緣故，緣遍計所執色。又若明了意識，於五根門與五同緣五塵境故，應以五識爲俱有依，除獨頭起。獨頭起者，總有四種。一，謂定中獨頭。緣於定境，不與五識同緣。二，夢中獨頭。緣法塵境，夢中諸相，亦遍計所起。三，散位獨頭。構劃境相，緣遍計所起色。四，亂意識，亦名獨頭。

**延壽《宗鏡録》卷六八** 第六意識，有四類。一，明了意識，亦通三境，與五同緣實五塵。初率爾心中是性境。若以後念緣五塵上方圓長短等假色，即有質獨影，亦名似帶質境。二，散位獨頭意識，亦通三境。多是獨影，通緣三世有質無質法故。若緣自身現行心心所時，是帶質境。若緣自身五根，及緣他人心心所，是獨影境。亦名似帶質境。又獨頭意識，初刹那緣五塵，少分緣實色，亦名性境。三，定中意識，亦通三境。通緣三世有質無質法故，是獨影境。又能緣自身現行心心所故，是帶質境。又七地已前有漏定位，亦能引起五識，緣五塵故，即是性境。四，夢中意識，唯是獨影境。第七識唯帶質境，第八識其心王唯性境，因緣變故。相應作意等五心所，是似帶質眞獨影境。

**智旭《大乘起信論裂網疏》卷三** 言意識者，謂一切凡夫，依相續識，執我我所，種種妄取六塵境界。亦名分離識，亦名分別事識。以依見愛等熏而增長故，前六種識總名了別境識。今舉第六，攝前五也。但言一切凡夫者，且約迷染因緣言也。依相續識者，以第七識爲染淨依，第七恆與第八俱轉，無始不斷，故名相續識也。執我我所者，第七但有俱生我執。第六依之，遍起分別俱生我及我所執也。種種妄取六塵境界者，第六或與前五俱起，名爲同時意識。則取現在色聲香味觸之境界，名爲五塵。或唯自起，名爲獨頭意識，則取過現未來一切境界。若於夢中，則取夢中所現境界。若入禪定，則取四禪四空所有境界。皆名爲法塵也。亦名分離識者，眼識但緣自所變色，乃至身識但緣自所變觸。意識雖能遍緣，而不能知諸塵無性唯是自心，故名分離識也。亦名分別事識者，六塵妄境，名之爲事，不知無性之理，故名分別事識也。以依見愛等熏而增長故者，愛即六識相應種種鈍使，見即第六相應種種利使。現行熏成種子，種子復起現行，故增長也。

**通潤《成唯識論集解》卷五**　第六意識，即比量意識。能緣三世法、三性法、三界法、一百法等。法爾皆是意識緣也。此意識有二。一，明了意識。通三境三量。謂初念與前五識同緣境時，率爾心中，唯是現量緣實五塵性境。若後念已去，作解行緣，其長短假色，即是比量。或於五塵上起執時，即是非量。即明了許通三量。若緣五塵實法，名性境。若後念緣五塵上長短等假色，即有質獨影，併似帶質。二，獨頭意識有三。一夢中獨頭，亦緣十八界，唯是獨影。此夢中境，唯是法處收而無本質。二覺寤獨頭，通三境。通緣一切有漏無漏、有爲無爲、世出世間、有體無體、空華兔角、三世法故，唯是獨影。若緣自身現行心心所，是帶質境。若緣自身五根，及緣他人心心所，是獨影，亦是似帶質。初刹那緣五塵少分實色，是性境。三定中獨頭，亦通三境。通緣十八界、一百法、三世境及眞如等。若假若實，皆能緣故，是獨影境。又能緣自身現行心心所故，是帶質境。又七地已前有漏定位，亦能引起五識緣五塵，即是性境。若明了意識前後念，通三量。夢中獨頭，唯非量，以不稱境故。覺寤獨頭，通三量。若緣有體法，通現量。若緣五根界七心界等，是比量。若緣空華過未等境，通比非二量。定中獨頭，唯是現量。雖緣假法，以不妄執，無計度故。

問：三境以何爲體。答：性境用實五塵爲體，具八法成故，即地水火風色香味觸也。若能緣有漏位中，除第七識，餘七皆用自心心所爲體。獨影是第六識見分所變假相分爲體。能緣即自心心所爲體。帶質即變起中間假相分爲體。若能緣有漏位中唯六七二識心心所爲體。故頌云，性境不隨心，獨影唯從見，帶質通情本，性種等隨應。言性境不隨心者，性境有五種不隨。一，性不隨，謂能緣見分通三性，所緣相分唯無記。即不隨能緣見分通三性故，名性不隨。二，種不隨，謂見分從自見分種生，相分從自相分種生，不隨能緣見分種生，名種不隨。三，界繫不隨。如明了意識緣香味境時，其香味二境唯欲界繫。明了意識通上界繫，以不隨能緣通上界繫，名界繫不隨。四，三科不隨。且五蘊不隨者，即如五識見分是識蘊收。五塵相分是色蘊攝，是蘊科不隨。十二處不隨者，五識見分是意處收，五塵相分是五境處攝，是處科不隨。十八界不隨者，五識見分是五識界收，五塵相分是五境界攝，是界科不隨。五，異熟不隨。第八見分是異熟性，五塵相分非異熟性，名異熟不隨。獨影唯從見者，謂相分與見分同種生。獨影有二。一有質獨影，即第六緣五根種現，是皆託質而生。其相分與見分同種生。二無質獨影。即第六緣空華兔角，及過未等所變相分，亦與見分同種生，自無其種名，爲從見。帶質通情本者，以心緣心。如第七緣第八見分爲境時，其相分無別種生。一半與本質同種生，一半與見分同種生。以兩頭攝故，名通情本。情即第七能緣見分，本即第八所緣見分也。次結示云，已上隨境立六識名，唯依有漏色根，未轉依位各別說故。若自在位，六根互用，一根發識，緣一切境。問：若一根發識緣一切境，則一識應名一切識，豈不相濫成大過耶。答：但可隨根，無相濫失。莊嚴下，引論難云：《莊嚴論》說如來五根，一一皆依五境而轉，何故此中說一切境耶。答：五根之境粗顯，意識之境微細。然前五境與意識境，皆屬同類。今依麤顯同類境故，作如是說。其實一識能緣一切也。

**普泰《八識規矩補註》卷上**　第六識有五種。一，定中獨頭意識，緣定境。定境有理事，事又有極略、極逈色，及定自在所生法處諸色。二，散位獨頭，緣受所引色，及遍計所起諸法處色。如緣空花鏡像彩畫所生者，並法處所攝也。三，夢中獨頭，緣夢中境。四，明了意識，與前五識同緣五塵。五，亂意識，即散意識。於五根中狂亂而起。如患熱病青爲黃見，非是眼識，是此意也。定中意識，唯現量。獨頭散意識，比非二量。夢中幷亂二識，皆非量也。明了意識，通三量，現多比非少也。

## 獨覺

**玄奘譯《阿毗達磨俱舍論》卷一二**　獨覺出現，通劫增減。然諸獨覺，有二種殊。一者部行，二麟角喻。部行獨覺，先是聲聞，得勝果時，轉名獨勝。有餘說，彼先是異生，曾修聲聞順決擇分，今自證道，得獨勝名。由本事中，說一山處，總有五百苦行外仙。有一獮猴，曾與獨覺相近而住，見彼威儀，展轉遊行，至外仙所，現先所見獨覺威儀。諸仙覩之，咸生敬慕，須臾皆證獨覺菩提。若先是聖人，不應修苦行。麟角喻者，謂必獨居。二獨覺中，麟角喻者，要百大劫，修菩提資糧，然後方成麟角，喻獨覺。言獨覺者，謂現身中離稟至教，唯自悟道。以能自調，不調他故。何緣獨覺，言不調他，非彼無能演說正法，以彼亦得無礙解故。又能憶念過去所聞諸佛所宣聖教理故。又不可說彼無慈悲，爲攝有情現神通故。又不可說無受法機，爾時有情亦有能起世間離欲對治道故。雖有此理，由彼宿習少欣樂勝解無說希望故。又知有情難受深法，以順流既久，難令逆流故。又避攝衆故，不爲他宣說正法，怖諠雜故。

**玄奘譯《阿毗達磨順正理論》卷三二**　言獨覺者，謂現身中，離稟至教，唯自悟道，以能自調，不調他故。何緣獨覺，言不調他。非彼無能演說正法，以彼亦得無礙解故。又能憶念過去所聞諸佛言詞，堪爲他說，得極遠境宿住智故。又不可說彼無慈悲，爲攝有情現神通故。又不可說無受教機，爾時有情，亦有能起世間離染，對治道故。雖有此理，而今測量，彼知爾時有情根欲，入見諦等，不藉他教，故不說法以調伏他。除此所餘，攝有情事，無勞設教，現通即成。又諸獨覺闕力無畏對，於我論堅執衆中欲說無我心便怯劣，故不說教以調伏他。有餘釋言，由彼獨覺長時數習少欲勝解，又避攝衆諠雜過失，故不說法以調伏他。若自有能，他有根欲，棄而不濟度，豈名有慈悲，是故應如前釋爲善。

**玄奘譯《瑜伽師地論釋》卷一**　獨覺地者，常樂寂靜，不欲雜居。修加行滿，無師友教，自然獨悟，永出世間，中行中果，故名獨覺。或觀待緣而悟聖果，亦名緣覺。如是獨覺種姓發心修行得果，一切總說爲獨覺地。

**玄奘譯《瑜伽師地論》卷三四**　云何獨覺習。謂有一類，依初獨覺道，滿足百劫，修集資糧。過百劫已，出無佛世，無師自能修三十七菩提分法，證法現觀，得獨覺菩提果，永斷一切煩惱，成阿羅漢。復有一類，或依第二，或依第三獨覺道，由彼因緣，出無佛世，無師自能修三十七菩提分法，或證法現觀，乃至得阿羅漢果，或得沙門果，至極究竟畢竟離垢，畢竟證得梵行邊際，證得最上阿羅漢果。當知此中由初習故成獨覺者，名麟角喻。由第二第三習故成獨勝者，名部行喻。【略】

云何獨覺道。謂由三相，應正了知。謂有一類，安住獨覺種姓，經於百劫，值佛出世，親近承事，成熟相續，專心求證獨覺菩提。於蘊善巧，於處善巧，於界善巧，於緣起善巧，於處非處善巧，於諦善巧，勤修學故，於當來世，速能證得獨覺菩提，如是名爲初獨覺道。復有一類，值佛出世，親近善士，聽聞正法，如理作意。於先所未起順決擇分善根，引發令起。謂煖頂忍，而無力能，即於此生，證法現觀得沙門果。復修蘊善巧，修處善巧，修界善巧，修緣起善巧，修處非處善巧，修諦善巧故，於當來世，能證法現觀，得沙門果。是名第二獨覺道。復有一類，值佛出世，親近善士，聽聞正法，如理作意。證法現觀，得沙門果。而無力能，於一切種至極究竟畢竟離垢，畢竟證得梵行邊際阿羅漢果。復修蘊善巧，修處善巧，修界善巧，修緣起善巧，修處非處善巧，修諦善巧故，依出世道，於當來世，至極究竟畢竟離垢，畢竟證得梵行邊際阿羅漢果。是名第三獨覺道。【略】

云何獨覺種姓。謂由三相，應正了知。一者，本性獨覺，先未證得彼菩提時，有薄塵種姓。由此因緣，於憒鬧處，心不愛樂。於寂靜處，深心愛樂。二者，本性獨覺，先未證得彼菩提時，有薄悲種姓。由是因緣，於說正法利有情事，心不愛樂。於少思務寂靜住中，深心愛樂。三者，本性獨覺，先未證得彼菩提時，有中根種姓，是慢行類。由是因緣，深心希願無師無敵而證菩提。

**玄奘譯《阿毗達磨大毗婆沙論》卷一八〇**　問：若獨覺，亦得無礙解者，何故不能爲他說法。答：彼愛寂靜，樂獨處故。怖畏喧雜，厭衆集故。見遠離功德，憒鬧過失故。心背徒衆，豈能說法。有說：一切獨覺，皆是奢摩他行。要毗鉢舍那行，方能說法。有說：一切獨覺，不樂安布名身等故。有說：彼審觀察，設我說法，彼即能入正性離生，得果離染，及漏盡者，我亦當說。然不能如是，我何能唐捐其功耶，是故不說。有說：一切獨覺，能審度量世間惟有二種所化。一者佛所化，二者聲聞所化，無有獨覺所化有情，故不說法。有說：夫說法者，由二因緣。一者力所引發，二者由隨他敎。獨覺無力，不隨他敎。又，一者無畏引發，二者由隨他敎。獨覺無無畏，不隨他敎。又，一者大悲引發，二者由隨他敎。獨覺無大悲，不隨他敎。是故彼不能說法。問：說法俱由一切佛法，何故但說力無畏大悲，非餘耶。答：力能安立自論，無畏能摧他論。大悲能起說法欲，更不待餘，故惟說此有。謂彼獨覺，作是思惟：能說法者，所謂法王及法王子，我非法王，亦非法王子，何能說法，是故不說。有說：彼獨覺作是念：我從昔來，不曾習學諸說法事，是故不說。有說：若自覺而於三種正調伏事得善巧者，乃能說法。獨覺不爾。有說：自覺如能具一切智，一切種智者，方能說法。獨覺不爾。有說：夫說正法，皆爲破我。獨覺出世時，眾生著我，堅固難破，故不說法。有說：彼自覺者，於說法時，心必依趣涅槃。獨覺若起趣涅槃心時，第二剎那，便入寂滅，極樂解脫故。如來不爾。雖樂解脫，而爲大悲大捨所持，能久住說。有說：自覺而能成就無忘失法，乃能說法。獨覺若在空閑林中，能以無礙解，安布蘊界處等名句文身。若入聚落行乞食時，前所安布，或有忘失。彼作是念：我既不得無忘失法，何用說法，是故不說。有說：獨覺種姓，法應如是。雖得無礙解，而不樂說法，欲有饒益，惟現神通，或但爲他受八齋戒。

**高麗、諦觀《天台四教儀》**　緣覺之人先觀集諦，所謂無明緣行，行緣識，乃至生緣老死。此則生起。若滅觀者，無明滅則行滅，乃至生滅則老死滅。因觀十二因緣，覺眞諦理，故言緣覺。言獨覺者，出無佛世，獨宿孤峯，觀物變易，自覺無生，故名獨覺。兩名不同，行位無別。此人斷三界見思，與聲聞同，更侵習氣，故居聲聞上。

**圓測《解深密經疏》卷四**　言獨覺者，常樂寂靜，不欲雜居，修加行滿，無師友敎，自然獨悟，永出世間，中行中果，故名獨覺。或觀待緣而悟聖果，亦名緣覺。

**均正《無依無得大乘四論玄義記》**　辟支佛亦名辟支迦也，此云獨覺。所以言獨覺者，出無佛之世，無師自覺。傍無法侶，下無□□□□□□眾生也。亦云緣覺者，至覺悟因緣也。至意者，偏明得道，身不須師敎，而能獨覺。觀因緣假有不有有，假無不無無，應假理覺。觀覩樹木摧折冰沫等，須與間滅無常苦空理，而覺悟，故名緣覺。獨是因名，因時不須師敎，亦得覺境名。即因緣境覺道，果名中乘無覺果道果覺也。《大論》云，辟支迦，亦言辟支客。今謂彼因輕重音也。如摩訶迦葉等，辟支佛根性人。故《大經・梵行品》上卷云，於王舍城中百摩訶迦葉，聞之說十二因緣，以無明乃至老死，即是觀因緣理而得道悟，故名緣覺。此意迦葉若不値佛，應作獨覺。而今値釋迦佛，聞具足說十二因緣悟道也。

# 我、佛等分部

## 我　人我　法我

**真諦譯《三無性論》卷下**　二能爲分別眞實二性依止者，謂依他性執爲人法我者，即爲分別性作依止。若知依他性由分別起，分別既無性相故，依他性不生。不生故，即爲眞實性依止也。三能起人法兩執名言依止者，謂名言必有所依。依他性起故，言能起人法兩執，名言依止也。四能爲人法兩執麁重依止者，謂能生上心麁重人法兩執也。

**慧遠《維摩義記》卷三**　我、無我，二反立二相，分別有三。一，凡夫人取陰爲我，聖智觀察知陰非我。此一五陰於凡爲我，於聖非我，故名爲二。二，五陰和合成假人，凡夫於中立有定性，名之爲我，聖智觀察但假無性，名爲無我。三，妄相諸法，集成人相，名之爲我。聖智深觀人相空無，名爲無我。

**玄奘譯《大般若波羅蜜多經》卷四**　舍利子！如我但有名，謂之爲我，實不可得。如是有情、命者、生者、養者、士夫、補特伽羅、意生、儒童、作者、使作者、起者、使起者、受者、使受者、知者、見者亦但有名。謂爲有情乃至見者，以不可得空故，但隨世俗假立客名。

**玄奘譯《成唯識論》卷一**　論曰：世間聖教說有我法，但由假立，非實有性。我謂主宰，法謂軌持。彼二俱有種種相轉。我種種相，謂有情命者等，預流一來等。法種種相，謂實德業等，蘊處界等。

**窺基《成唯識論述記》卷一**　述曰：我如主宰者，如國之主有自在故，及如輔宰能割斷故。有自在力及割斷力義同我故。或主是我體，宰是我所。或主如我體，宰如我用。法謂軌持。軌謂軌範，可生物解。持謂任持，不捨自相。

**良賁《仁王護國般若波羅蜜多經疏》第一**　我謂主宰。依《智度論》，即陰計我有五，離陰計我有五，和合計我有十，總二十也。即陰我者，指陰爲我。離陰計我，如將車人。和合有十者，如色中我色作窟宅，我在其中，四陰亦爾。我中色者，我作窟宅，色居其中，四陰亦爾。分別我故。依無著論，自體相續，總執五蘊相續爲我。計前際我是今世我所執取故。言人者，謂展轉趣、餘趣，取執趣、未來後生實趣。言知者，數論執我體即是思。受用諸法我爲知者，即現我故。言見者，謂即我執有身見也。如是四種，皆我倒矣。常樂等者，即法四倒住持自相，能生謬解。謂外道等不了五蘊有爲之法剎那不住，妄起常倒。有漏皆苦，妄起樂倒。實不自在，妄起我倒。自性不淨，妄起淨倒。第三我倒文無者，略。舊經具有。或前我故下一倒字，通上我法。由斯二執二障具生爲障既重先對治故，又報五蘊自性無記是所依故，我法二倒不善有覆分別俱生是能依故。唯無分別定慧能治故。此具明今對治也。

**澄觀《大方廣佛華嚴經疏》卷二二**　我謂主宰，諸蘊假者也。故《智論》三十五云，於五蘊中，我、我所心起故。《瑜伽》大同此說。此句爲總，但是一我隨事立下別名。然由迷緣生實性，計有即蘊異蘊之我。既了性空迷想斯寂，故云無也。

**澄觀《大方廣佛華嚴經隨疏演義鈔》卷四二**　論云，我謂主宰。彼《疏釋》云，主如君主，有自在故，宰如宰輔，能割斷故。諸蘊假者者，於諸蘊中假建立，故稱之爲我。《唯識論》云，世間聖教說有我法，但由假立，非實有性。解曰：假有二義。一無體隨情假，隨自執情名我法故，即外道等計。二有體強施設假，隨位隨緣，假施設故，即聖教所說。今於二義準下，《智論》及《瑜伽》文當初義也。

疏：故《智論》三十五等者。問曰，如我乃至見者，爲是一事，爲各各異。答曰，皆是一我，但以隨事爲異，於五陰中我、我所心起，故名爲我。

**窺基《成唯識論掌中樞要》卷上**　我謂主宰，法謂軌持。主是俱生我，無分別故。宰是分別我，有割斷故。主是第七我，宰是第六我。主是世間我，能作受故。宰是聖教我，依用辨故。並疏爲五解。聖教法名軌，依用辨故。世間法名持，執實自體能自持故。

**澄觀《五蘊觀》**　問：凡夫之人欲求解脫，當云何修。答曰：當修二觀。二觀者何，一人空觀，二法空觀。夫生死之本，莫過人法二執。迷身心總相，故執人我爲實有。迷五蘊自相，故計法我爲實有。計人我者，用初觀照之，知五蘊和合假名爲人。一一諦觀，但見五蘊，求人我相終不可得。云何名爲五蘊，色受想行識是。云何觀之，身則色蘊，所謂地水火風是。其相如何，堅則地，潤則水，煖則火，動則風。觀心則四蘊，所謂受想行識是。其相如何。領納爲受，取相爲相，造作爲行，了別爲識。若能依此身心相，諦觀分明，於一切處但見五蘊，求人我相終不可得，名人空觀。乘此觀，行出分段生死，永處涅槃，名二乘解脫。計法我者，用後觀照之，知一一蘊皆從緣生，都無自性，求蘊相不可得，則五蘊皆空，名法空觀。若二觀雙照，了人我法我，畢竟空無所有，離諸怖畏，度一切苦厄，出變易生死，名究竟解脫。問：夫求解脫，祗是了妄證眞，但能契眞如理寂。然無念則便離縛，何假興心觀蘊方求解脫，豈不乖理哉。答：離蘊眞妄，約何而立。且五蘊者，身心之異名。行人若不識身心，眞妄何能懸契。不達眞妄之本，諸行徒施。故經云，若於虛空，終不能成。斯之謂也。且計人我者，凡夫之執也。計法我者，二乘之滯也。故令修二觀，方能了妄證眞，豈可離也。

**法藏《大乘起信論義記》卷下**　云何說爲人我執耶。答：此有二釋。一云：此是初學凡夫有人我者作此執，故云人我執也。二云：由如來藏中有二義。一是本覺義，即是當人。於上妄計，故云人執。二是理實義，當所觀之法，今據初義故說人執。於此五中各有三。謂初修多羅說等，爲起執緣。二以不知等，正明執相。三云何對治等，辨對治相。初中執相內，言以不知破著等者，以眾生執佛色身之礙相故。說法身如空，迷說意故，執同太虛。

**延壽《宗鏡錄》卷四七**　世間聖教，說有我法。但由假立，非實有性。我謂主宰，法謂軌持。乃至云何應知實無外境，唯有內識似外境生。實我實法，不可得故。如何實我不可得耶。諸所執我，略有三種。一者執我體常周遍，量同虛空，隨處造業受苦樂故。二者，執我其體雖常而量不定，隨身大小有卷舒故。三者，執我體常至細，如一極微，潛轉身中作事業故。初且非理，所以者何。執我常遍量同虛空，應不隨身受苦樂等。又常遍故，應無動轉，如何隨身能造諸業。乃至中亦非理，所以者何。執我體常住，不應隨身而有舒卷。既有舒卷，如橐籥風，應非常住。乃至後亦非理，所以者何。我量至小，如何速巡身如旋火輪以轉動故。則所執我非一非常，諸有往來，非常一故。又所執我，復有三種。一者即蘊，二者離蘊，三者與蘊非即非離。初即蘊我，理且不然。我應如蘊非常一故。又內諸色，定非實我，如外諸色，有質礙故。心心所法，亦非實我，不恆相續，待眾緣故。餘行餘色，亦非實我，如虛空等，非覺性故。中離蘊我，理亦不然，應如虛空，無作受故。後具非我，理亦不然。許依蘊立，非即離蘊，應如瓶等，非實我故。又既不可說有爲無爲，亦應不可說是我非我故。彼所執實我不成，乃至如是所說一切我執，自心外蘊，或有或無。自心內蘊一切皆有，是故我執，皆緣無常五取蘊相，妄執爲我。然諸蘊相，從緣生故，是如幻有。妄所執我，橫計度故，決定非有。故契經說，苾芻當知，世間沙門婆羅門等所有我見，一切皆緣五取蘊起。

**子璿《起信論疏筆削記》卷一六** 云何反名人我執耶。此一向約所執以成難。一云下，約能執者以通。此則約有人我者作此執故，非約所執得名。二云下，約所執法以通。本覺是人者，以所執法中有一分覺照義，屬智故名爲人，執此爲我故，名人我也。

**延壽《宗鏡錄》卷六七** 我有六種。一執我，謂分別俱生，在於凡位。二慢我，謂但俱生，在有學位。三習氣我，謂二我餘習，在無學位。四隨世流布我，謂諸佛等，隨世假稱。五自在我，謂八自在等，如來後得智爲性。六眞我，謂眞如常樂我淨等，以眞如爲性。圓中稱我，通後三種。

**王肯堂《成唯識論證義》卷一** 世間我種種相，謂我有情、異生、摩納縛迦、養育者、數取趣、命者、生者、知者、見者，外道別執作者、受者、神我等也。聖教我種種相，謂預流等人、三賢、十地、三乘、五性、二十五有，是也。世間法種種相，謂勝論六句、數論二十五諦，及順世外道、七種外道，執梵王、執時、執方、執本際、執自然、執虛空、執我等，是也。

**智旭《成唯識論觀心法要》卷一** 世間說有我法，是無體隨情假。隨自執情，妄名爲我法故。如有情命者等，實德業等是也。聖教說有我法，是有體強設假，隨位隨緣，假施設故。如預流一來等，蘊處界等是也。主有自在力，宰有割斷力。又主是體，宰是用，約主宰義，故名爲我。軌範可生物解，任持不捨自相。約軌持義，故名爲法世間妄計爲實，聖教知由假立也。

**真界《大乘起信論纂註》卷下** 言人我見者，謂五蘊和合，假名爲人。我者，主宰義。以不達五蘊之中無實主宰，則於蘊中執有實我，而復依之妄起邪見，名人我見。此約初學凡夫未亡人我者言之，不就所執而論也。言法我見者，法謂五蘊等法。以不達此無實主宰，即執諸法以爲實有，而復依之起於法見，故名法我見也。

人我見者，依諸凡夫說有五種。云何爲五。一者聞脩多羅說，如來法身畢竟寂寞，猶如虛空。以不知爲破著故，即謂虛空是如來性。云何對治。明虛空相，是其妄法，體無不實，以對色故有，是可見相，令心生滅。以一切色法本來是心，實無外色。若無色者，則無虛空之相。所謂一切境界，唯心妄起故有。若心離於妄動，則一切境界滅，唯一眞心，無所不偏。此謂如來廣大性智究竟之義，非如虛空相故。

**通潤《大方廣圓覺脩多羅了義經近釋》卷五** 初執世法我者，謂取自體爲我，計我展轉趣於餘趣爲人，計我盛衰苦樂種種變易相續爲眾生，計我一報命根不斷而住爲壽者，此即迷世間法而執我也。由諸眾生認此四種顛倒我相以爲實體，由執我故，便於己生愛，於他生憎，順我者愛，逆我者憎。且四大五蘊本無有我，今執爲我，已是虛妄。今於虛妄我體，復起愛憎，則是妄上加妄，惑中添惑。由此二妄相依，遂興妄業。既造妄業，妄有果報輪轉生死。至於厭生死而欣滅道者，則妄見涅槃。由此我相不除，欣厭未盡，所以不能入清淨覺。非是清淨覺心拒人而不容入也，但是求入之人不由覺路而入故不能入耳。是故動念者，墮於生死，故不入。息念者，守乎涅槃，故不入。且動念者不入固矣，何故息念者亦不得入。良以無明有二，一根本，二枝葉。二乘但斷枝葉無明，尚有根本無明爲己主宰故也。一切眾生出母胎時，即與無明俱生。故初生時，即無慧目，不知四大身心有圓覺性。如生盲人，不識乳色。豈知此無明者即是衆生生死根本，但修行人不肯命根下手。譬如有人不肯自斷其命，處處護惜。是故當知有愛我者，我與隨順而愛之，有逆我者，便相違拂以憎之。由此憎愛二心，長養根本無明，不覺不知。故二乘者雖名息念，而無明未斷，暗長潛滋。以生滅心求不生不滅之果，是掘地覓天，烏可得哉。下復詳明迷出世法執我也。言不但凡夫小乘在四相中，即三賢十聖未斷生相無明已前，皆四相中攝。除佛一人四相方盡。故下文以證悟了覺分四相，始終唯以一我字貫之。若仲尼意必固我。雖分爲四，亦總一我之意。但彼約世間我，此約出世我故不同耳。

# 我人四相

**失名《大乘百法明門論開宗義記序釋》**　言人我者，五蘊假和合處，横計有人。離我我所，人無我矣。言法我者，執因緣法實爲起生，皆有自性，故稱爲我。因緣生法悉皆虚妄，本自不生，體無動摇，法無我矣。

**鳩摩羅什譯《金剛般若波羅蜜經》**　須菩提！若菩薩有我相、人相、衆生相、壽者相，即非菩薩。【略】無法相，亦無非法相。何以故。是諸衆生若心取相，則爲著我、人、衆生、壽者。若取法相，即著我、人、衆生、壽者。何以故。若取非法相，即著我、人、衆生、壽者，是故不應取法，不應取非法。以是義故，如來常説：汝等比丘，知我説法，如筏喻者，法尚應捨，何況非法。【略】其有衆生，得聞是經，信解受持，是人則爲第一希有。何以故。此人無我相、人相、衆生相、壽者相。所以者何。我相即是非相，人相、衆生相、壽者相即是非相。何以故。離一切諸相，則名諸佛。

**僧肇《金剛般若波羅蜜經注》**　何以故。須菩提！若有我相、人相、衆生相、壽者相，即非菩薩。釋：何故無滅者，若有我相，可言有滅。既無我人，其誰滅乎。但是假名，而横計我。執我爲非，忘我爲是，是非既彰，得失明矣也。

**菩提流支譯《金剛般若波羅蜜經論》卷上**　此義云何。明壽者相義故。何者是四種，一者我相，二者衆生相，三者命相，四者壽者相。我相者，見五陰差別，一一陰是我。如是妄取，是名我相。衆生相者，見身相續不斷，是名衆生相。命相者，一報命根不斷住故，是名命相。壽者相者，命根斷滅，復生六道，是名壽者相。

**菩提流支譯《金剛般若波羅蜜經》**　世尊！是實相者則是非相。是故如來説名實相實相。世尊！我今得聞如是法門，信解受持，不足爲難。若當來世其有衆生，得聞是法門信解受持，是人則爲第一希有。何以故。此人無我相、人相、衆生相、壽者相。何以故。我相，即是非相。人相、衆生相、壽者相，即是非相。何以故。離一切諸相，則名諸佛。【略】須菩提！如來説忍辱波羅蜜，即非忍辱波羅蜜。何以故。須菩提！如我昔爲歌利王割截身體。我於爾時，無我相、無衆生相、無人相、無壽者相，無相，亦非無相。何以故。須菩提！我於往昔節節支解時，若有我相、衆生相、人相、壽者相，應生瞋恨。須菩提！又念過去於五百世，作忍辱仙人，於爾所世，無我相、無衆生相、無人相、無壽者相。是故須菩提！菩薩應離一切相，發阿耨多羅三藐三菩提心。

**達摩岌多譯《金剛般若波羅蜜經論》卷上**　此我等想轉中，餘義猶未説。經言，若是菩薩有法相，即著我等者，於中取自體相續爲我想，我所取爲衆生想。謂我乃至壽住，取爲命想。展轉取餘趣，取爲人想。

**不空譯《大乘瑜伽金剛性海曼殊室利千臂千鉢大教王經》卷五**　若有菩薩及四部衆等諸善男子善女人，能除去我相、人相、衆生相、壽者相，於世能忍忠孝下心，則得遇此瑜伽金剛祕密三摩地法教。如此人者，則能棄捨身命，爲求菩提。是人先世罪業，當爲消滅。漸漸修學，當得成佛。

**智儼《佛説金剛般若波羅蜜經略疏》卷上**　上來文中我相等四種者，一者我相，見五陰差別，一一陰中，妄取是我。衆生相者，見身相續不斷相也。命相者，一報命根不斷住故，亦云人相。壽者相者，命根斷滅復生，受六道故也。

**曇曠《金剛般若經旨贊》卷上**　無我相者，謂無我性。以三世蘊，皆無實體，非主宰故。無人相者，其未來蘊，未生無體，非今至後可當得故。無壽者相者，現在諸蘊，念念不住，無有壽命性可得故。無衆生相者，其過去蘊，已滅無體，無有自性可至今故。

**法賢譯《佛説衆許摩訶帝經》卷一〇** 有生疑念者：世尊今説色、受、想、行、識本無者，云何有我相、人相、衆生相、壽者相，布棕誐羅相、摩拏嚩迦相、主宰承事等相。若此我、人、衆生、壽者等相亦實無者，云何知彼衆生所作善不善業二種因果，捨此蘊已復趣他蘊。

爾時，世尊知彼衆中起心念已，即謂迦葉等曰：諸苾芻！所有我、人、衆生、壽者等見，乃是凡夫愚人，若有是見當感其苦，若知苦生當求苦滅。諸苾芻！種種有爲因果之法，乃從種寂而轉生故，我自知已，欲令衆生於生滅法亦同我知。諸苾芻！佛眼清淨過於天等，所有衆生好相、惡相，及生貴、賤、善願、惡願，隨衆生業我今一一如實了知，衆生身業具如是事，口業具如是事，意業具如是事。畧説衆生邪見起於邪業，或於佛法而生毀謗，由斯業故命終之後，墮於惡趣備受衆苦。諸苾芻！若有衆生於其身口作諸善業，具正見、正行、正業，而於佛法常欣讚譽，由斯善故命終之後生善逝天。諸苾芻！我有如是知見，非不能知我相、人相、衆生相、壽者相、布棕誐羅相、摩拏嚩迦相乃至主宰承事等相，或諸所作善惡因果，捨此蘊已復趣他蘊，如是等事亦無所有。

**周琪《大方廣圓覺脩多羅了義經夾頌集解講義》** 執著我人四相，即是兩重虚妄。所以《楞嚴》云：汝等皆是迷中倍人。既不知是兩重虚妄，未免就此二妄之中，不過是憎是愛。於憎愛上，或毀或謗，更相殺害，互爲冤讐。於愛上被形體壞男根，爲地獄種，作無間業，生起造作種種無邊之業，牽入苦樂之趣。

**通潤《大方廣圓覺脩多羅了義經近釋》卷五** 善男子！云何我相。謂諸衆生心所證者。善男子！譬如有人百骸調適，忽忘我身，四肢紘緩，攝養乖方，微加針艾，即知有我。是故證取，方現我體。善男子！其心乃至證於如來，畢竟了知清淨涅槃皆是我相。

人我相易知，法我相難知，故約證悟了覺以顯。所謂我相者，謂諸衆生心所證者，即此證者便是我相。喻如有人百骸調適，不知有我。若四肢或紘或緩或攝養乖方，略加針砭艾火，則我相便露。現見世人跛跛挈挈一無所能者，胸中夷坦，即無我相。一有抱負，或文學，或智巧，或經濟，或技藝，或辨論，則磊磈不平，我相立現。是故纔有證取而見我爲能證，涅槃爲所證。此即四果聖人斷人我而現法我相，所謂即彼淨解爲自障礙是也。無論纔證小果存有所證是我相，即證如來究竟圓覺及清淨涅槃，而證相不忘，亦是我相。以圓滿菩提歸無所得故。問：《金剛經》云：四果聖人皆不作念我得須陁洹果等，何故此中説有我。答：二果三果斷欲界我，四果斷三界我，故曰無我。而有涅槃可證，法我未忘，故説有我。

善男子！云何人相。謂諸衆生心悟證者。善男子！悟有我者不復認我，所悟非我悟亦如是。悟已超過一切證者，悉爲人相。善男子！其心乃至圓悟涅槃俱是我者，心存少悟，備殫證理，皆名人相。

所謂人相者，謂諸衆生心悟證者爲非，而自謂我能悟證者之非，此即人相也。蓋菩薩發心自未得度而急於度人，故見有人不知有我。故釋之曰：由前取所證者爲我，悟其爲非，故不作證心不復認我，不知所悟非我即是人相，此人相者亦即是我。以悟得自己能超過一切證者故也。此即三賢位中，行六度行變化諸幻而開幻衆者，所現我相。所謂雖斷解礙，猶住見覺是也。不但悟得自己能超行度生、超過一切證者爲人相。其心乃至圓悟能證如來清淨涅槃，俱是我相已。若使存有一念悟心，自謂我能備盡證理，毫無取證，是去證心而存悟，皆名人相。故先德云，縱有妙悟，也須吐卻。

善男子！云何衆生相。謂諸衆生心自證悟所不及者。善男子！譬如有人作如是言，我是衆生。則知彼人説衆生者，非我非彼。云何非我，我是衆生，則非是我。云何非彼，我是衆生，非彼我故。善男子！但諸衆生了證了悟皆爲我人，而我人相所不及者，存有所了，名衆生相。

所言衆生相者，謂諸衆生了知自己超過前之證悟，而證悟之所不及者，即衆生相也。喻如有人作如是言，我是衆生。則知彼人説衆生者，決非是我，亦非是彼。所以決非是我者，以我是衆生，則知非我。所以説非彼者，以我是衆生，又非彼之我故。此即地上菩薩證寂滅時，所現我相也。非若小乘之獨斷我執而有證心，故曰非我。非若三賢雙伏二執而有悟心，故曰非彼我。由彼雙斷分別我法二執，故能了前證者爲我相，復了悟者爲人相。故能屏其證心，蕩其悟跡，不向證悟處垜根。自謂我人不及，但其常覺不住存有所了，即此了心名衆生相。

善男子！云何壽命相。謂諸衆生心照清淨覺所了者，一切業智所不自見，猶如命根。善男子！若心照見一切覺者皆爲塵垢，覺所覺者不離塵故。如湯消冰，無別有冰知冰消者。存我覺我，亦復如是。

所謂壽者相者，謂此菩薩覺心圓照，已得清淨覺相，但存一念覺前所了者爲非，未至無得無覺。即此覺者，名壽命相。此相最極微細，自人天以至等覺，業相未空，業識不轉者，皆不能見。唯是離念如空心無初相者，方能得見。此即根本生相無明也。正如人之命根，雖不自見，而使色身連持不斷。應立量云，壽命相是有法，覺所了是宗因，云一切業智所不見故。同喻如命根。由地上菩薩覺前前非，故常覺不住。至於等覺，能以清淨覺心照見十地常覺不住者，皆是塵垢，但存覺所了之覺相。即此覺相，亦未離塵。喻如湯之消冰，冰雖消而無別有冰。然而要知冰之所以消者，畢竟是湯。以冰與湯是對待法，非本然之水體故也。今以後覺而覺前非，是存我而覺我。上我是能覺，下我是所了之覺，亦是對待覺。以未忘覺相，亦非本來清淨覺體故。但併除覺相，方是圓滿菩提清淨覺相矣。故文殊章云，知虛空者，即空華也。

**通潤《大方廣圓覺脩多羅了義經近釋》卷五**　善男子！末世眾生不了四相，雖經多劫勤苦修道，但名有爲，終不能成一切聖果，是故名爲正法末世。何以故。認一切我爲涅槃故，有證有悟名成就故。譬如有人認賊爲子，其家財寶終不成就。何以故。有我愛者亦愛涅槃，伏我愛根爲涅槃相。有憎我者亦憎生死，不知愛者眞生死故，別憎生死，名不解脫。云何當知法不解脫。善男子！彼末世眾生習菩提者，以己微證爲自清淨，猶未能盡我相根本。若復有人，讚歎彼法，即生歡喜，便欲濟度。若復誹謗彼所得者，便生瞋恨。則知我相堅固執持，潛伏藏識，遊戲諸根，曾不間斷。善男子！彼修道者，不除我相，是故不能入清淨覺。

此明四相若存，不成聖果也。聖果二存若槩論。單斷人我執，不斷法我執，證二乘果。雙伏我法二執，證三賢果。雙斷分別我法二執，名斷人相而證初地果。雙斷俱生我法二執，名斷眾生相，而證八地果。若斷生相無明，名斷壽命相，證菩提果。若不了四相，雖多劫勤修，即有所得，但名有爲增上善果，未出三界，不成一切聖果。是故雖在如來正法，即名末世。良以正法之時，有教理行證。像法之時，有教理行而無證。末世則有教理而無行證。以彼認一我而爲涅槃，無實修實證故也。若剋定論，唯是十地已上菩薩爲聖果，二乘三賢皆是有爲法中所收。以有證悟，即名成就。正如認賊爲子，家寶日銷。豈有成就之理乎。何故有證悟者終不成就一切聖果，以地前菩薩及二乘小果，皆未斷法我，皆有我愛。既有我愛，亦愛涅槃。由彼但伏我愛之根爲涅槃相，實未曾斷法愛根故，但列三賢不入聖位，非眞涅槃。既有我愛，必有我憎。既有我憎，必憎生死。不知即此法愛眞生死本，乃不斷法愛而別憎生死，是處溷而憎穢。所以不得成就法解脫而名爲我也。云何當知有法愛者，不得成就法解脫而名我耶。謂彼習菩提者，但覺略有所證，自謂已得清淨，不知愛根潛伏在內。法愛不除，生死未出，故知不得法解脫也。然則以何爲驗，知其有我相而不得法解脫乎。若復有人讚歎彼所得法，彼即生愛心便欲濟度。若復誹謗彼所得法，彼即生憎心，則知我相堅固執持彼之種子則潛伏藏識，彼之現行則遊戲諸根。此則種現相生，曾無間斷，豈非認一切我爲涅槃乎。故《略疏》云：因對外境，驗得內心。我執猶堅，潛藏相續。雖慧軍數舉，魔眾頻摧。由阿賴城堅，難攻主宰。末那常侍，防護牢強。意識謀臣，經營內外。旁監五識之將，以鎮六根之門。由是賊主頻通遊戲，時時偷號，惑法王，往往侵疆，擾我觀境。雖外怯般若，晝行夜伏，而內挾無明，晝夜不斷，然則彼修道者，不除我相，故不能入清淨覺，非覺違拒也。

**行敏《金剛般若波羅蜜經註講》卷上**　且我人眾生壽者四相，即是貪、嗔、癡、愛四惡業。貪則惟思我富我貴，逞己之長，炫己之能，爭名奪利，只爲我身之計，是我相也。嗔則嫉人之有，妬人之能，攻人之短，吝人之來，訐人之私，皆人相也。癡則五蘊計其和合六塵，汩沒靈源，是眾生相也。愛則執法修因，希冀飛昇。或燒丹煉藥，期求增算。或舍義而貪生，或臨難而苟免。是壽者相也。有此四相，則貪嗔癡愛之心，纏綿固結，五蘊六塵之勞擾粘染。如此妄心之執迷，則與道相違，而沉淪無窮盡也。若離此四相，則一念不生，全體發現，妄心自伏，眞如自住，天地合德，日月合明，四時合序，而生生不息之機，與道合眞也。況佛說大乘無上菩提之法，總不外乎六度波羅蜜，一佈施，二持戒，三忍辱，四精進，五禪定，六智慧。若無此四相，則六度兼該。無我人等四相，則自然民胞物與爲懷，即是布施波羅蜜。無我人四相，則六根自無，而六塵污染不著，即是持戒波羅蜜。無我人四相，則不見有辱我之人受辱於我，即是忍辱波羅蜜。無我人四相，自能精進一乘，永不退轉，即是精進波羅蜜。無我人四相，則四大非有，五蘊全空，心心相續，湛然清淨，即是禪定波羅蜜。無我人四相，則自性常空，無有障礙，一眞顯露，光無不遍，照無不週，即是智慧波羅蜜。佛說經成藏，無非發明此四句之義。佛說也括無餘，故無我人等四相之法，不但爲金剛一部之骨髓，讀經者如此四句，爲金剛之全體，可謂眞能契般若經者也。學佛者，能遵此四句十一字而修行之，則無上菩提之眞心，何患彼岸之不到哉。

**雲峰《金剛般若波羅蜜經釋》** 夫至於化度已，則消融人我，在在皆佛，何有化度之心可留。故又言，菩薩欲化度人，倘有我人四相，即非菩薩地位。蓋以如來之心，空諸所有，毫無染著，不以所得之法存一得法心，故能證此無上正等正覺之心也。

## 補特伽羅

**玄奘譯《阿毗達磨集異門足論》卷九** 順流行等四補特伽羅者，一順流行補特伽羅，二逆流行補特伽羅，三自住補特伽羅，四到彼岸補特伽羅。

云何順流行補特伽羅。答：如世尊說，苾芻當知，世有一類補特伽羅，染習諸欲，造不善業，是名順流行補特伽羅。問，何故名順流行補特伽羅。答：愛是生死流。此補特伽羅順彼趣彼，臨至於彼，是彼道路，是彼行迹，故名順流行補特伽羅。

云何逆流行補特伽羅。答：如世尊說，苾芻當知，世有一類補特伽羅，於貪瞋癡爲性猛利，數數厭患，貪瞋癡生，作意憂苦。彼由厭患作意憂苦，乃至命終，常勤修習，純一圓滿，清白梵行，是名逆流行補特伽羅。問，何故名逆流行補特伽羅。答：愛是生死流。此補特伽羅於斷愛法，隨順趣向，臨至於彼，是彼道路，是彼行迹，故名逆流行補特伽羅。

云何自住補特伽羅。答：如世尊說，苾芻當知，世有一類補特伽羅，住阿練若，或居樹下，或處空閑。若習若修，若多所作，若正思惟，證得如是寂靜心定。隨此定心，斷五順下分結，當受化生。即於彼處得般涅槃，不復退還生此欲界。是名自住補特伽羅。問，何故名自住補特伽羅。答：此補特伽羅自住化生界，得般涅槃，不復退還生此欲界，故名自住補特伽羅。

云何到彼岸補特伽羅。答：如世尊說，苾芻當知，世有一類補特伽羅，住阿練若，或居樹下，或處空閑。若習若修，若多所作，若正思惟，證得如是寂靜心定。隨此定心，永盡諸漏，證得無漏，心慧解脫，於現法中自證通慧，具足領受，能正了知。我生已盡，梵行已立，所作已辦，不受後有。是名到彼岸補特伽羅。問，何故名到彼岸補特伽羅。答：生死有身，名爲此岸。愛盡離染，永滅涅槃，名爲彼岸。此補特伽羅，於彼愛盡離染永滅涅槃彼岸，能得能獲能觸能證故，名到彼岸補特伽羅。

**玄奘譯《阿毗達磨集異門足論》卷九** 自利行等四補特伽羅者：一，有補特伽羅有自利行，無利他行。二，有補特伽羅有利他行，無自利行。三，有補特伽羅有自利行，亦有利他行。四有補特伽羅無自利行，亦無利他行。

云何有補特伽羅有自利行，無利他行。答：如世尊說，苾芻當知，世有一類補特伽羅，自於諸善法，有速諦察忍。彼於諸法爲知義故，爲知法故，精勤修習法隨法行、和敬行、隨法行。而言詞不調，善語具不圓滿。亦不成就上首語、美妙語、顯了語、易解語、無依語、無盡語。乃至於義爲令他知，不能示現、不能教導、不能讚勵、不能慶慰，不能讚歎示現教導、讚勵慶慰。修善者不能勤爲四衆說法，是名有補特伽羅有自利行，無利他行。

云何有補特伽羅有利他行，無自利行。答：如世尊說，苾芻當知，世有一類補特伽羅，自於諸善法，無速諦察忍。彼於諸法不爲知義，不爲知法，不勤修習法隨法行、和敬行、隨法行。而言詞調善，語具圓滿，亦成就上首語、美妙語、顯了語、易解語、無依語、無盡語。乃至於義爲令他知，能示現能教導，能讚勵，能慶慰，亦能讚歎示現教導，讚勵慶慰。修善者者亦能勤爲四衆說法，是名有補特伽羅有利他行，無自利行。

云何有補特伽羅有自利行，亦有利他行。答：如世尊說，苾芻當知，世有一類補特伽羅，自於諸善法，有速諦察忍。彼於諸法爲知義故，爲知法故，精勤修習法隨法行、和敬行隨法行。言詞調善，語具圓滿，亦成就上首語、美妙語、顯了語、易解語、無依語、無盡語。乃至於義爲令他知，能示現，能教導，能讚勵，能慶慰，亦能讚歎示現教導讚勵慶慰。修善者者，亦能勤爲四衆說法，是名有補特伽羅有自利行，亦有利他行。

云何有補特伽羅無自利行，亦無利他行。答：如世尊說，苾芻當知，世有一類補特伽羅，自於諸善法，無速諦察忍。彼於諸法，不爲知義，不爲知法，不勤修習法隨法行、和敬行隨法行。言詞不調善，語具不圓滿，亦不成就上首語、美妙語、顯了語、易解語。乃至於義爲令他知，不能示現，不能教導，不能讚勵，不能慶慰，不能讚歎示現教導讚勵慶慰。修善者者，不能勤爲四衆說法，是名有補特伽羅無自利行，亦無利他行。

**玄奘譯《阿毗達磨集異門足論》卷一六**　七補特伽羅者，云何爲七。答：一隨信行補特伽羅。二隨法行補特伽羅。三信勝解補特伽羅。四見至補特伽羅。五身證補特伽羅。六慧解脫補特伽羅。七俱分解脫補特伽羅。

云何隨信行補特伽羅。答：此隨信行補特伽羅，先凡位中稟性多信、多愛、多淨、多勝解、多慈愍，少思惟、少稱量、少觀察、少簡擇、少推求。彼由多信、多愛、多淨、多勝解、多慈愍故，得遇如來或佛弟子宣說正法教授教誡。由遇如來或佛弟子宣說正法教授教誡，以無量門分別開示，苦眞是苦，集眞是集，滅眞是滅，道眞是道。便作是念：善哉善哉！所言諦實，定不虛妄。苦眞是苦，集眞是集，滅眞是滅，道眞是道。我於今者應勲觀察，諸行無常，有漏行苦，一切法空無我。作是念已，遂勤觀察諸行無常、有漏行苦、一切法空無我。由勤觀察諸行無常、有漏行苦、一切法空無我故，便於後時後分，修得世第一法。從此無間生苦法智忍相應聖道，觀欲界行爲無常，或苦或空或無我，隨一現前，乃至未起道類智現在前。爾時名隨信行，是名隨信行補特伽羅。

云何隨法行補特伽羅。答：此隨法行補特伽羅，先凡位中稟性多思惟，多稱量，多觀察多簡擇，多推求，少信少愛少淨少勝解少慈愍。彼由多思惟多稱量多觀察多簡擇多推求故，得遇如來或佛弟子宣說正法教授教誡。由遇如來或佛弟子宣說正法教授教誡，以無量門分別開示苦眞是苦、集眞是集、滅眞是滅、道眞是道。便作是念：善哉善哉！所言諦實，定不虛妄，苦眞是苦、集眞是集、滅眞是滅、道眞是道。我於今者應自審知，應自審見，應自審察，諸行無常，有漏行苦，一切法空無我。作是念已，便自審察諸行無常、有漏行苦、一切法空無我。由自審察諸行無常、有漏行苦、一切法空無我故，便於後時後分，修得世第一法。從此無間生苦法智忍相應聖道，觀欲界行爲無常，或苦或空或無我，隨一現前，乃至未起道類智現在前。爾時名隨法行，是名隨法行補特伽羅。

云何信勝解補特伽羅。答：即隨信行補特伽羅，得道類智故捨隨信行性，入信勝解數，是名信勝解補特伽羅。

云何見至補特伽羅。答：即隨法行補特伽羅，得道類智故，捨隨法行性，入見至數，是名見至補特伽羅。

云何身證補特伽羅。答：若補特伽羅雖於八解脫身已證具足住，而未以慧永慧諸漏，是名身證補特伽羅。

云何慧解脫補特伽羅。答：若補特伽羅雖於八解脫身未證具足住，而已以慧永盡諸漏，是名慧解脫補特伽羅。

云何俱分解脫補特伽羅。答：若補特伽羅於八解脫身已證具足住，而復以慧永盡諸漏，是名俱解脫分補特伽羅。問：何故名俱分解脫補特伽羅。答：有二分障，一煩惱分障，二解脫分障，是名俱分。此補特伽羅於彼二分障，心俱解脫，極解脫，永解脫，是名俱分解脫補特伽羅。

**玄奘譯《阿毗達磨集異門足論》卷一八**　八補特伽羅者，云何爲八。答：一證預流果向。二證預流果。三證一來果向。四證一來果。五證不還果向。六證不還果。七證阿羅漢果向。八證阿羅漢果。如是八種補特伽羅，如《法蘊論》廣說其相。

**玄奘譯《瑜伽師地論》卷五六**　補特伽羅者，在異生相續，起者先於此起，後於色界第四靜慮當受彼果。依已離無所有處，貪止息想，作意爲先，名滅分位，建立滅盡定。此復三種，自性者唯是善。補特伽羅者，在聖相續，通學無學，起者先於此起，後於色界重現在前，託色所依方現前故。此據未建立阿賴耶識教。若已建立，於一切處皆得現前。依已生無想有情天中，名滅分位，建立無想。此亦三種，自性者無覆無記。補特伽羅者，唯異生性。彼非諸聖者，起者謂能引發無想定思，能感彼異熟果。後想生已，是諸有情便從彼沒。

**玄奘譯《瑜伽師地論》卷八三**　補特伽羅者，謂能數數往取諸趣，無厭足故。

**玄奘譯《顯揚聖教論》卷一五** 復次，云何應知補特伽羅我無所有。若有我者，爲即蘊相，爲住蘊中，爲住餘處，爲非蘊相。頌曰：唯假過失故，蘊無我過故，我無身過故，三我不應理。

論曰：若所計我即是蘊相，應唯是假違。汝自宗故成過失，以即於諸蘊假立我故。若離諸蘊住餘處者，我應無蘊，是亦有過。於諸蘊中無有我故。若非蘊相者，所計之我有無身過，無身之我不應理故。是故三種不應道理。復次，若計實我住諸蘊中。是亦不然。何以故。頌曰：

如主火明空，形異依他過，無常無業用，非因非有我。

論曰：所計實我住諸蘊中，爲如主住舍，爲如火在薪，爲如明依燈，爲如虛空處種種物。如是一切皆不應理。何以故，有五種過失故。何者爲五。若如主住舍中者，形段應異舍主與舍形貌異故。若如火在薪者，有依他過，火依薪力不自在故。若如明依燈者，有無常過，隨燈有無明起滅故。又前二種亦有無常過失。不見舍主有常住者，舍雖久住而彼舍主或往餘處或死滅故。火隨薪力，有無不定，無常性故。若如虛空者，應有業用，顯然過失。虛空業用顯然可得，謂去來等業無障礙故。我即不爾，故成過失。又所計我與果爲因亦不可得。何以故。無我外物諸種子等，與果爲因亦可得故。是故計我住諸蘊中與果爲因，不應道理，亦無所計實我體性。

**澄觀《大方廣佛華嚴經疏》卷二二** 補特伽羅者，此云數取趣。《瑜伽》云，計有我人，數數往取諸趣無厭故。此名依一聲中呼一人，若依多聲中呼多人，即云補特伽羅。

**玄奘譯《大般若波羅蜜多經》卷七** 何以故。舍利子！諸菩薩摩訶薩修行般若波羅蜜多時，不起我想、有情想、命者想、生者想、養者想、士夫想、補特伽羅想、意生想、儒童想、作者想、使作者想、起者想、使起者想、受者想、使受者想、知者想、見者想故。所以者何。我、有情等畢竟不生亦復不滅。

**般若譯《大方廣佛華嚴經》卷三二** 菩薩若能遠離十法，得此解脫。何等爲十。一者遠離一切破諸禁戒補特伽羅。二者遠離一切破諸正見補特伽羅。三者遠離一切破正威儀補特伽羅。四者遠離一切破正活命補特伽羅。五者遠離一切雜說世論補特伽羅。六者遠離一切懈怠嬾惰補特伽羅。七者遠離一切貪著欲樂補特伽羅。八者遠離一切常樂親近在家白衣補特伽羅。九者遠離一切樂修邪福，不住正行，出家在家補特伽羅。十者遠離一切深重煩惱，身心放逸，不可諫止補特伽羅。若諸菩薩常能遠離如是十種諸不善人，而亦於彼不懷厭捨，亦不於彼生下劣心，但應慈念攝受調伏。菩薩復念一切衆生處生死中，由近如是不善人故，壞諸善根，墮於惡趣，常當遠離一切惡人。善男子！是爲菩薩遠離十法，即能證得如是解脫。

**慧琳《一切經音義》卷一二** 補特伽羅。梵語也。唐云法無我也。

**慧琳《一切經音義》卷二〇** 福伽。經論中或作富伽羅，或作富持伽耶。舊譯應云補特伽羅。此云數取趣也。

**慧琳《一切經音義》卷二二** 補伽羅。正云補特伽羅。此曰數取趣。謂造集不息，數數取苦果也。

**慧琳《一切經音義》卷二三** 補特伽羅。此翻爲數取趣，謂數造趣因，數取趣果也。舊翻爲人，隨方語便，非正刻字譯。

**慧琳《一切經音義》卷四七** 補特伽羅。梵語，此云數取，謂數數往來諸趣也。

**慧琳《一切經音義》卷四八** 補特伽羅。案梵本，補，此云數。特伽，此云趣。羅，此名取。云數取趣，謂數數往來諸趣也。舊亦作弗伽羅，翻名爲入。言捨天陰，入人陰。捨人陰，入畜生陰。近是也。經中作福伽羅，或言富伽羅，又作富特伽耶。梵音轉也。譯者皆翻爲人，言六趣通名人也。斯謬甚矣。人者，亦言有意，似多思義，有智慧，故名爲人也。鬼畜無此，何名人，斯皆譯者之失也。

**法雲《翻譯名義集》五** 補特伽羅，或福伽羅，或富特伽羅。此云數取趣，謂諸有情起惑造業，即爲能取當來五趣，名之爲趣。古譯爲趣向，中陰有情趣往前生故。《俱舍》云未至應至處。應至處即六趣也。又論云，死生二有中，五蘊名中有，故謂爲趣。《涅槃》云，中有五陰，非肉眼見，天眼所見。《瑜珈論》說八種人執，第六名補特伽羅，謂數數取諸趣故。或死於此，能生於彼。正能生者，即是人執。又翻有情，又翻人。《大毗婆沙論》佛言有二補特伽羅，能住持正法，謂說者、行者。若持教者相續不滅，能令世俗正法久住。若持證者相續不滅，能令勝義正法久住。持正法人有二。一持教法者，謂讀誦解說經律論等。二持正法者，謂能修證無漏聖道。

**施護譯《佛說大集法門經》卷上**　復次，四補特伽羅，是佛所說。有補特伽羅，謂我能修行、我持戒、我如法相應，非他能修行、非他持戒、非他如法相應。有補特伽羅，謂他能修行、他持戒、他如法相應，非我能修行、非我持戒、非我如法相應。有補特伽羅，謂我能修行、他亦能修行，我持戒、他亦持戒，我如法相應、他亦如法相應。有補特伽羅，謂我不能修行、他亦不能修行，我不持戒、他亦不持戒，我不如法相應、他亦不如法相應。如是等名爲四補特伽羅。

**延壽《宗鏡錄》卷六七**　梵云補特伽羅，唐言數取趣。謂諸有情起惑造業，即爲能取。當來五趣，名之爲趣。雖復數數起惑造業，五趣輪迴，都無主宰實自在用，故名無我。

**希麟《續一切經音義》卷三**　補特伽羅（舊經云富伽羅，亦云弗伽羅。舊翻爲數取趣，謂諸有情數造集因，數取苦果。又云或翻爲入，言捨天陰，入人陰等。）

**法護等譯《佛說大乘菩薩藏正法經》卷三五**　又復補特伽羅者，謂異生補特伽羅、善異生補特伽羅、順信補特伽羅、順法補特伽羅。八輩補特伽羅、入流補特伽羅、一來補特伽羅、不還補特伽羅、應供補特伽羅、緣覺補特伽羅、菩薩補特伽羅。若一補特伽羅出現世間，猶能引生多種妙樂。於彼世間天人衆會，極深憐愍，作諸善利。何況如來應供正等，正覺安住世俗，爲一切補特伽羅，令諸有情依如來所說音聲，入解義利。佛言此說是爲於法各各隨順樂欲，引趣有情於義安住。

**明昱《大乘百法明門論贅言》**　補特伽羅，云數取趣者，即我也。我謂主宰，主是我體，宰是我用。主有自在力，宰有割斷力。謂我爲主，由我自在，宰割其事，是體用義。今說補特伽羅無我，是我無我。故云，雖復數數起惑造業，五趣輪轉，而於其中，都無眞實主宰自在用故，故言無我。此所無之主宰即我，是爲我空。我空故，人智現前。智現前故，雖終日宰割其事，而實無我，故云補特伽羅無我。

# 我執

**玄奘譯《成唯識論》卷一**　然諸我執，略有二種。一者俱生，二者分別。俱生我執，無始時來，虛妄熏習內因力故，恒與身俱，不待邪教及邪分別任運而轉，故名俱生。此復二種。一，常相續，在第七識，緣第八識起自心相執爲實我。二，有間斷，在第六識，緣識所變五取蘊相，或總或別，起自心相，執爲實我。此二我執，細故難斷。後修道中數數修習勝生空觀，方能除滅。分別我執亦由現在外緣力故，非與身俱。要待邪教及邪分別，然後方起，故名分別。唯在第六意識中有。此亦二種。一，緣邪教所說蘊相，起自心相，分別計度，執爲實我。二，緣邪教所說我相，起自心相，分別計度，執爲實我。此二我執，麁故易斷。初見道時，觀一切法生空眞如，即能除滅。如是所說一切我執，自心外蘊或有或無，自心內蘊一切皆有。是故我執皆緣無常五取蘊相，妄執爲我。然諸蘊相從緣生故，是如幻有。妄所執我，横計度故，決定非有。故契經說：苾芻當知，世間沙門婆羅門等，所有我見，一切皆緣五取蘊起。實我若無，云何得有憶識誦習恩怨等事。所執實我既常無變，後應如前，是事非有，前應如後，是事非無，以後與前體無別故。若謂我用前後變易非我體者，理亦不然。用不離體，應常有故。體不離用，應非常故。然諸有情各有本識，一類相續任持種子，與一切法更互爲因熏習力故，得有如是憶識等事。故所設難，於汝有失，非於我宗。若無實我，誰能造業，誰受果耶。所執實我既無變易，猶如虛空，如何可能造業受果。若有變易，應是無常。然諸有情心心所法因緣力故，相續無斷，造業受果，於理無違。

我若實無，誰於生死輪迴諸趣，誰復厭苦求趣涅槃。所執實我既無生滅，如何可說生死輪迴。常如虛空，非苦所惱，何爲厭捨求趣涅槃。故彼所言常爲自害。然有情類身心相續，煩惱業力輪迴諸趣，厭患苦故求趣涅槃。由此故知，定無實我，但有諸識。無始時來，前滅後生，因果相續，由妄熏習似我相現，愚者於中妄執爲我。

**窺基《成唯識論述記》卷一**　煩惱障，品類衆多。我執爲根，生諸煩惱。若不執我，無煩惱故，證無我理，我見便除。由根斷故，枝條亦盡。

**玄奘譯《阿毗達磨俱舍論》卷二九**　由我執力，諸煩惱生，三有輪迴，無容解脫。

**玄奘譯《成唯識論》卷八**　我執習氣，謂虛妄執我、我所種。我執有二。一俱生我執，即修所斷我我所執。二分別我執，即見所斷我我所執。隨二我執所熏成種，令有情等自他差別。

**窺基《成唯識論述記》卷一**　從大生我執我執者，自性起用，觀察於我，知我須境，故名我執。初亦名轉異，亦名脂膩。

**延壽《宗鏡錄》卷六五**　論云：如是所說一切我執，自心外蘊或有或無者。釋云：能緣緣不著處，皆名心外。第七計我心外唯有，第六計我心外之蘊或是於無。論云：自心內蘊一切皆有者，親所緣也。不問即離，計爲我者，影像必有。故無有少法能取少法，唯有自心還取自心，故皆緣蘊。此皆辯我所依也。

論云：是故我執，皆緣無常五取蘊相。妄執爲我者，結成前義。影像相分必是蘊故。緣此爲我義，顯大乘親緣，於無心不生也。成所緣緣，必有法故。論云：然諸蘊相從緣生故，是如幻有。妄所執我，橫計度故，決定非有。又諸外道等，多於心王計爲主宰。作者受者，由不能知本無自性，隨緣流轉故。《大寶積經》佛言：迦葉！譬如咽塞病，即能斷命。如是迦葉，一切見中唯有我見，即時能斷於智慧命。故知法我見者，違現量境，障法空智。人我見者，爲生死根，斷智慧命，不入宗鏡，二患難消。

問：我法各以何爲義。答：我者，是主宰，二義。我有自在力，宰割斷力，義同我故。主是我體，宰是我所，或是我用。法者，則是軌持。軌謂軌範，可生物解。持謂任持，不捨自相。

問：我是主宰義者，主宰二義，各屬何識。須知有我之病原，方施無我之妙藥。答：主是俱生我，無分別故，屬第七識我。宰是分別我，有割斷故，屬第六識我。

問：凡有施爲，無非我爲主宰，云何言一切唯是識乎。答：西天外道，多執身有神我，故能使身動作。若無神我，誰使身耶。龍樹菩薩破云：心是識相，自能使身，不待神也。如火性能燒物，非假於人。《密嚴經》云：阿賴耶識恆與一切染淨之法而作所依。是諸聖人現法樂，住三昧之境。人天等趣，諸佛國土，悉以爲因，常以諸乘而作種性。若能了悟，即成佛道。一切眾生有具功德，威力自在，乃至有生險難之處，阿賴耶識恆住其中作所依止。此是眾生無始時界諸業習氣能自增長，亦能增長餘之七識。由是凡夫執爲所作能作內我。諸仁者，意在身中。如風速轉，業風吹種，遍在諸根。七識同時，如浪而起。外道所計勝性微塵自在等，悉是清淨阿賴耶識。諸仁者！阿賴耶識由先業力及愛爲因，成就世間若干品類，妄計之人執爲作者。《楞伽經》云：觀諸眾生，如死屍無知。以妄想故，見有往來。若離妄想，如彼死屍，無鬼入中。是知人亦如是，但有四大，無人入中。

**廣益《大乘百法明門論纂釋》**　按《識論》云：然諸我執。略有二種，一者俱生，二者分別。俱生我執，無始時來虛妄熏習內因力故，恆與身俱，不待邪教及邪分別，任運而轉，故名俱生。此復二種。一常相續，在第七識，緣第八識起自心相，執爲實我。二有間斷，在第六識，緣識所變五取蘊相，或總或別，起自心相。此二我執，細故難斷。後修道中數數修習勝生空觀，方能除滅。分別我執，亦由現在外緣力故，非與身俱。要待邪教及邪分別，然後方起，故名分別，唯在第六意識中有。此亦二種。一緣邪教所說蘊相，起自心相，分別計度，執爲實我。二緣邪教分說我相，起自心相，分別計度，執爲實我。此二我執，麤故易斷。初見道時，觀一切法生空眞如，即能除滅。

補義曰：按《識論》所說，俱生二種我執，單屬凡夫，分別我執，屬外道小乘。且凡夫我執，招分段生死者，故云數取趣。謂數數造業，取五趣生死也。如是若言登地乃斷，豈三賢未離分段生死耶。此與斷證位中，大難會合。從來所未明也。若約斷證，從初發心至七信位，同除四住，則已離分段生死，證我空矣。《楞伽》云：須陁洹俱生身見斷，何待登地。是則從八信已後，皆屬變易生死，豈有未得我空而能變易生死耶。此又大難會合也。然據論明文，豈敢妄議。但難會通，不無其說。然經論共說分段生死，煩惱障招，變易生死，所知障招。故今論云，數取趣者，是約煩惱障說。即憎愛煩惱，正屬分別二執。乃凡夫不了無我，於心外妄起分別，實有諸法。又執此法有實主宰，則與外道二乘邪分別同，是則論以俱生單在地上，分別單屬外道二乘。約多分說，其實分別二執，凡夫不無。

今言登地斷者，論云由内因力，是單約二執習氣種子而言，其凡夫分別乃煩惱耳。故論略之。又曰，梵語補特伽羅，此云數取趣。然此正明我無我而云數取趣者，此非敵體而翻，乃約義而翻者也。應的體云我，因執我故，數數造業，以取未來諸趣生死。蓋約我能造業，因我以取未來生死耳。今人但只講數取趣義，竟失我之名，故使學人難明也。然五趣生死，乃煩惱障招。若説此爲俱生我執，豈地上菩薩又招五趣生死耶。故予所言難會合者，此也。然云修道位中除種現，是知俱生但約習氣，而煩惱障猶屬分別。

**通潤《成唯識論集解》卷一**　由諸愚夫堅執諸法實有主宰，又執心外實有諸法，名我法二執。因有二執，遂生二障。由我執爲根，生煩惱障。法執爲根，生所知障。所謂我法生而障起也。

**明昱《成唯識論俗詮》卷一**　然諸我執略有二種，一者俱生，二者分別。總舉世間沙門婆羅門等所有我執，品數雖多，約而言之，不出俱生分別二種。一標數竟。下二正釋分三。

一俱生我執。俱生我執，無始時來，(至) 勝生空觀，方能除滅。

釋上標中俱生義。由無始來，不待邪教，由内因力，不待邪分別，恆與身俱，即任運而轉。具上諸義，故名俱生。此復二種者，總一俱生，隨能緣識，開爲相續、間斷二種。相續無間義，第七八識無始恆轉，故名相續。起自心相者，謂第七緣第八見分時，託彼見分爲本質，第七從自證體上，變起影相，執爲實我。此名眞帶質境。以唯緣心故，間斷不恆義。以第六識託眾緣生，緣闕則斷。又第六入無記時，不起我執，亦名間斷。第七雖是無記，彼是有覆，念念執我，故彼相續。此名間斷。識所變者，謂本識中，變現色心蘊法。第六意識，或總緣五蘊爲我，或別緣一蘊爲我。此中心相，釋義同前。或名獨影境，以兼緣色故。此二下，結顯難斷，内因力成，故名爲細，從無始來，故説難斷。於登地後，前七地中數修此觀。登八地時，我執永伏，不起現行，故名生空。言勝生者，對分別起，俱生爲勝。我空人空，即生空故。一俱生我執竟。下二分別我執。

分別我執，亦由現在。(至) 生空眞如，即能除滅。

釋上標中分別義。執有内外等從緣生，故曰亦由現在外緣即邪教分別，然後方起，故非身俱。唯在第六意識有者，簡前第七無分別義。此亦二種者，總一分別，隨所緣境，開爲二種。一者邪教蘊相，離心實有。不同依他起性，唯心所現，從因緣生。緣彼邪説，從自心上變起影相，復執爲實，故云計度。二者邪教我相，亦離心有。即僧佉等神我等類，緣邪教説，亦從自心變起影相，妄執爲實。此二下，結顯易斷。對前俱生，故名爲麤。初見道時，即能除滅，故名易斷。以分別惑地前漸伏，由加行力，頓斷證眞，一眞見道，邪見頓除，人空智生，我執永斷。二分別我執竟。下三總結内外。

如是所説一切我執，(至) 一切皆緣五取蘊起。

《宗鏡》云：心外執我執法者，有兩種。一者，如外道執離心等，別有一物，是常是一，名之爲我。此乃徧計所執，其體都無。二者，疎所緣緣本質之法，能緣之心親緣不著，亦名心外。此即依他起性，其體是有。又云自心外蘊，第七計我心外唯有。第六計我心外之蘊或是於無。自心内蘊，親所緣緣也。不問即離，計爲我者，影像必有。今詳《宗鏡》第二義，解内外蘊。從本質上説爲外蘊，以能緣之心，親緣不著，則本質是心外法，故名疎所緣緣。從影像上説爲内蘊，以是能緣之心自變自緣，則此影像不離能緣之心，故名親所緣緣。復推此段，總是結前外道餘乘所起我執，皆緣無常五取蘊起。但於所執蘊法，有内有外，故諸執者，於外蘊法或有或無，於内蘊法一切皆有。言外蘊者，即是邪教所説蘊相及彼所説我相。即《宗鏡》云：此乃徧計所執，其體都無，以邪教説，離心別有，故名心外。或有或無者，謂彼分別邪教蘊相。由論中云，唯在第六意識中有，第七無故。言内蘊者，即是緣自第八，及緣識變五取蘊相。即《宗鏡》云，此即依他起性，其體是有，以是俱生不離識故，故名心内。一切皆有者，謂此俱生，不離識蘊。一切有情，六七二識，皆共有故。然諸下，釋上諸蘊從緣，是依他起，故如幻有。妄所執下，釋上諸我從蘊横計，是徧計性，定非實有。故契經下，引聖言證，使知我見，必從蘊起。三總結内外竟。通上四總舉通執竟。下五外難内破有三章。

實我若無，云何得有。(至) 於汝有失，非於我宗。

釋上外人難。憶識誦習者，憶謂思量過去，識謂了別現在，誦習謂想引未來。益我爲恩，損我爲怨。彼謂益我損我，皆不離我。徧於三世，若無實我，恩怨等事，云何得有。所執下，言前後者，前即過去，是已滅無，故名非有。後即現在，是已生有，故名非無。論主牒彼常宗實我之義破云：所執實我，既是常宗，應無轉變。無轉變故，三世皆同。同則後應如前，即現在恩怨等事，如過去已滅非有。前應如後，即過去恩怨等事，如現在已生非無。何以故。以後與前，實常我體無差別故。若謂下，縱彼轉計，用即恩怨等事，體即所執實我。謂我用變易，非我體者，以遮前後相同之過。又破云：理亦不然。用不離體，用亦應常，何名變易。體不離用，體應變易，何得名常。然諸下，正明憶識等事生因，非由實我而後有也。謂由本識持熏習種，能生三世恩怨現行。於現行中，種種憎愛，憎愛生故，煩惱種生。由煩惱種，復起現行。展轉虛妄，原無實體，何必實我，方得恩怨。故所下。結成前難自招過失，非於大乘正教有損。上破外難一章竟。

若無實我，誰能造業。（至）造業受果，於理無違。

外人難：謂業是所造，果是所受。若無實我，誰能造業，誰能受果。所執下，論主破：造業受果，是轉變義。實我無轉變，如空非所作，何執我能造業受果。變易是非常義，若有變易，應是無常，又違汝宗是常一義。然諸下，結成正義。發業潤業，原於無明愛取，生果熟果，必由行有所招。業果從心，虛造妄受，何必實我作受方成。上破外難二章竟。

我若實無，誰於生死。（至）愚者於中，妄執爲我。

外人執難：謂我輪生死，我證涅槃。實我若無，誰輪誰證。所執下，論主破：謂汝宗執我，常無生滅。今謂我能生死輪迴，是害我體無生滅義。又我常如空，則非苦所惱。今謂我能捨苦求樂，是害常如空義。故彼所言，常爲自害。然有下，釋成正義。身滅身生，名身相續。心滅心生，名心相續。於相續中，貪愛心起有漏業生，成輪迴見。厭患心起，無漏業生，成涅槃想。故知生死涅槃，俱妄生滅，何待實我而後兩成。由此故知實我定無。然生死涅槃，唯從諸識妄生妄滅，熏成因果，亦幻相續耳。由妄所成，似我相現。愚者於中，妄生計度，執爲實有。破外難第三章竟。

**通潤《成唯識論集解》卷一**　然諸我執，（至）數數脩習勝生空觀，方能除滅。

此下略示二種我執生起之處，及脩斷之相。言俱生者，與身俱生，任運轉故。言分別者，思慮計度而生起故。俱生我執下，正顯俱生異於分別也。《十地論》云：遠隨現行不作意緣，無始至今，任運而有。不假作意分別尋伺。如小孩兒，見母生喜，是俱生貪。見人啼哭，是俱生瞋。不假別緣，任運起故。古德云，學道之人不識眞，秖爲從前認識神，無量劫來生死本，癡人喚作本來人。軻書所言赤子之心良知良能，皆此類攝。此有二種。一是第七托第八見分爲本質，自變影像爲相分境。緣此相分，執爲實我，名俱生執。此執念念無間，名常相續。二是第六緣五取蘊，或總緣爲我，或別緣爲我。言總緣者，謂第六託識所變蘊相而爲本質，自變影像爲相分境。緣此相分，執爲實我。別緣者，謂執色爲我、執受爲我等。皆是託質變影而爲所緣，執爲實我，亦名俱生。此執或起或滅，名有間斷。此二俱生，細故難斷，從無始來任運轉故。直至脩道位中，脩習勝生空觀，地地漸斷，至金剛心，方能斷盡。言勝生空者，揀異見道生空，故曰勝也。問云，何以不言我空人空，而言生空。答：若言人空，不該餘趣。若言我空，有執外法以爲我者，故言生空以混融之。

分別我執，（至）觀一切法生空眞如，即能除滅。

外緣者，對內因言，即邪教邪分別也。邪教所說蘊相我相，即前外道小乘所執心外實蘊實我。此二我執，麤故易斷。見道位中，初地初心生空徧行眞如現在前時，一時頓斷。

如是所說，一切我執，（至）五取蘊相，妄執爲我。

此結二種我執也。如是所說一切我執者，牒上二種我執也。自心外蘊或有或無者，《宗鏡》云：能緣緣不着處，即名心外疎所緣緣。第七計我心外之法或是於有，以第七未轉依位，必仗外質故。第六計我心外之法或是於無。此識行相猛利，於一切位能自在轉故。自心內蘊一切皆有者，能緣緣得著處，即名心內親所緣緣。不問即離計爲我者，影像相分必是有故。是故下結示。

然諸蘊相從緣生故，（至）一切皆緣五取蘊起。

問云：五取蘊相與所計我，孰有孰無。立量答云：然諸蘊相決定似有，仗因托緣而得生故，猶如幻事。又量云：妄所執我，決定非有。橫計度故，如畢竟無。故契經下，引證色等五法具攝有爲，眾緣積聚，共所作故。無有少法一緣所生，故名爲蘊。煩惱名取蘊，從取生故，名取蘊，如草穅火。或蘊屬取，故名取蘊，如帝王臣。或蘊生取，故名取蘊，如花果樹。

王肯堂《成唯識論證義》卷一　俱生我執，無始時來，（至）勝生空觀，方能除滅。

二正釋分三，一俱生，二分別，三總結。今初，由從無始來故，不待邪教，由內因力故，非邪分別。由恆與身俱，即任運而轉。具上諸義，故名俱生。此復二種。一者，第七執第八見分爲內自我，而親緣第八見分不著，但託彼見分爲本質，於自心上變起影相而緣，爲帶質境。故曰起自心相，執爲實我。此則常常相續，無有間斷。二者，第六緣第八所變色心蘊法，或總執內蘊爲我，外蘊爲所。或別執一蘊爲我，餘蘊爲所。於自心上，變起影相而緣，爲獨影境。故亦曰起自心相，執爲實我。此則有間斷時，不恆相續。此二我執，無始至今，任運而有，不假作意分別尋伺，細故難斷。直至修道位中，修習勝生空觀，地地漸斷，至金剛心，方能斷盡。言勝生空者，揀異見道生空，故名勝也。（生空，即眾生空。若觀生死苦果，但見名色陰界入實法從因緣生，新新生滅。是實法中空無我人眾生壽者等十六知見，如龜毛兔角，畢竟不可得。是名眾生空。）

## 法執

玄奘《成唯識論》卷二　外道餘乘所執諸法，異心心所，非實有性，是所取故。如心心所，能取彼覺，亦不緣彼，是能取故。如緣此覺，諸心心所依他起故，亦如幻事，非真實有。爲遣妄執心心所外實有境故，說唯有識。若執唯識真實有者，如執外境，亦是法執。然諸法執略有二種，一者俱生，二者分別。俱生法執，無始時來，虛妄熏習內因力故，恆與身俱，不待邪教及邪分別，任運而轉，故名俱生。此復二種。一常相續，在第七識緣第八識起自心相執爲實法。二有間斷，在第六識緣識所變蘊處界相，或總或別，起自心相，執爲實法。此二法執，細故難斷。後十地中，數數修習勝法空觀，方能除滅。分別法執，亦由現在外緣力故，非與身俱。要待邪教及邪分別，然後方起，故名分別。唯在第六意識中有。此亦二種。一緣邪教所說蘊處界相，起自心相，分別計度，執爲實法。二緣邪教所說自性等相，起自心相，分別計度，執爲實法。此二法執麤故易斷，入初地時觀一切法法空真如，即能除滅。如是所說一切法執，自心外法或有或無，自心內法一切皆有。是故法執皆緣自心所現似法，執爲實有。然似法相從緣生故，是如幻有。所執實法妄計度故，決定非有。故世尊說：慈氏當知，諸識所緣，唯識所現，依他起性如幻事等，如是外道餘乘所執，離識我法，皆非實有。故心心所，決定不用外色等法爲所緣緣，緣用必依實有體故。現在彼聚心心所法，非此聚識親所緣緣。如非所緣，他聚攝故，同聚心所，亦非親所緣，自體異故，如餘非所取。由此應知，實無外境，唯有內識似外境生。

窺基《成唯識論述記》卷二　護法云：法執寬故，人執俱時，必有法執。有法執時，可無人執。與前人執不同，性起體寬廣故。有唯法執種子生故，無有唯從人執種起。又俱所變似我法亦爾，故無妨難問曰：何故人執必帶法執，法執亦有不帶人。答：能持自體說名爲法，即一切法皆持自體。有常一用方名爲我，故非一切法皆是我。如計外境爲法非我，即顯內法有非一常。

延壽《宗鏡錄》卷六五　釋云：若執唯識真實有者，如執外境亦是法執者，由是理故，但應遣彼心外之境，同兔角無能緣彼心。如幻事有，故少分不同，非謂即心，亦名實有。又夫心外執我執法者，有其兩種。一者，如外道等，執離心等，別有一物，是常是一，名之爲我。此乃是妄計所執，其體都無。二者，疎所緣緣，本質之法，能緣之心親緣之不著，亦名心外，此是依他，其體是有。

通潤《成唯識論集解》卷二　然諸法執，略有二種。（至）依他起性，如幻事等。

此略示二種法執及修斷之相。此法執與前我執，若約大乘，分別我法二執，初地初心一時頓斷。俱生我法二執，地地皆斷一分，至金剛後心，一時頓盡。故云：分別我法極喜無，六七俱生地地除，第七修道除種現，金剛道後等皆無。若約小乘，初見道時，頓斷分別我執。即證初果，斷盡俱生我執。遂證四果，而法執始終不與焉。自心外法或有或無者，疎所緣緣，能緣或有也。自心內法一切皆有者，親所緣緣，能緣皆有也。是故一切法執，皆緣自心所現似法，而愚法者執以爲實。問云：所現似法，與所執法，執有執無。答：一是依他，一是偏計，有無不同。立量云，諸似法相，決定是有，從緣生故，喻如幻事。所執實法，決定非有，妄計度故，如畢竟無。

**王肯堂《成唯識論證義》卷二**　如是所說一切法執，（至）依他起性，如幻事等。

此總結內外法執。自心外法，即蘊處界等相本質之法。自心內蘊，即自心變起影像相分法。或有或無者，影像相分是有，分別計度假法是無。又第七是有，第六是無。一切皆有者，第六識上變起影像相分必是有故，如前已明。然雖許此心上變起似法之相一切皆有，以依他起故，亦如幻有耳。若所執實有，是偏計執。如石女兔角，決定非有。既立二量，又引聖教以證結之。《廣百論》云：一切所見皆識所爲，離識無有一法是實。爲無始來數習諸見，隨所習見，隨所遇緣，隨自種子成熟差別，變似種種法相而生。猶如夢中所見事等，皆虛妄現，都無一實，一切皆是識心所爲。

難：若爾，大乘應如夢啞，撥一切法皆悉是虛，不能辯說一切世間出世間法自性差別，是大苦哉。我等不能隨喜如是大乘所立虛假法義，以一切法皆可現見，不可撥無現見法故。答：奇哉，可愍。薄福愚人，不能信解大乘法義。若有能見，可見所見。能見既無，誰見所見。以諸能見不能自審，知自有體亦不審他。於審察時，能見所見皆無所有，是故不應執現見法決定有體。以回心時，諸所緣境皆虛假故。所以者何。起憶念時，實無見等種種境界，但隨因緣自心變似見等種種境相而生。以所憶念非眞實故，唯有虛假憶念名生。如曾更諸法體相，回心追憶，故名爲念。當憶念時，曾所更境皆無有故，能念亦無。而名念者，隨順慣習顛倒諸見，假名施設。由此念故，世間有情妄起種種分別諍論，競執諸法自性差別。沒惡見泥，不能自出。若無所見，亦無所聞，是則一切都無所有，云何今時編石爲筏。通上二破法執竟。

## 忍

**鳩摩羅什譯《坐禪三昧經》卷下**　云何名忍。觀五陰無常、苦、空、無我，心忍不退，是名忍。復次，觀諸世間盡苦空無有樂，是苦因習愛等諸煩惱，是習智緣盡，是名上法，更無有上。八直道能令行人得至涅槃，更無有上。如是信心，不悔不疑，忍是名忍。是中更有忍。種種結使，種種煩惱疑悔，來入心中，不能令破。譬如石山，種種風水不能漂動，是故名忍。

**僧肇《注維摩詰經》卷二**　得無生忍。什曰：慧明業也。如來已盡，則以智爲名。菩薩見而未盡，而能忍受不退，故以忍爲名也。肇曰：所以菩薩無生慧獨名忍者，以其大覺未成，智力猶弱，雖悟無生，正能堪受而已，未暇閑任，故名忍。如來智力具足，於法自在常有閑地，故無復忍名也。

**那連提耶舍譯《月燈三昧經》卷一〇**　云何名忍地。所謂忍於身心逼惱故。云何名攝受於忍。所謂於他所說麁惡語言，悉能棄捨，忍辱無減故。

**真諦譯《攝大乘論釋》卷八**　此諦通一切法，無有差別，故名非安立。無到無變異，故名諦忍。能符從此義，故名隨。亦以福德智慧二行爲忍體。菩薩已決了無外塵義，於無能取所取義中，心生信樂，故名忍。又能安受上品諦義，故名忍。於上品諦中，心無退失，故名忍。

**吉藏《法華義疏》卷一〇**　一依《智度論》二忍解之，住忍辱地者謂生忍也，後明觀空謂法忍也。論云：菩薩行生忍，得無量功德。行法忍，得無量智慧。生忍是違順等境，菩薩能安忍之，於違不瞋，於順下貪，故是功德。法忍不受一切諸法，知其空寂，故得智慧。此據空有二門，以分福慧。又生空位淺與功德之名，法空既深受智慧之稱，此約二空淺深以分福慧。又俱就有門，以明二忍。忍違順眾生爲生忍，忍眾生違順等法爲法忍。此二亦有淺深，眾生五情取之不得。又是假名，是故易忍。違順等法是見聞現事，是故難忍。以約忍有淺深以分福慧。然自有福慧不二，無有淺深。今約觀門階級，故分淺深也。初文四句。一住忍辱地者，總明三業也。忍辱名地有二種義。一者，不爲外緣所動，故名爲地。二者，能生如地。以能忍諸辱，得通大法，萬善便生，故名忍心以之爲地。柔和善順者，柔和其言，不逆誤物，謂口忍也。而不卒暴者，雖刀杖加之而身不妄動，以不加報，故是身忍。又是威儀庠序，名不卒暴。如《大品》云，菩薩一心安祥也，心亦不驚者。又但非身口不加報，亦不起一念嗔心謂意忍也。又能安同異故心不驚。又復於法無所行者，上辨生忍，今是法忍。二者上是觀方便，今是正觀體。以調身口，然後始得入實相觀也。三者，上明菩薩行，今明菩薩解。四者，住忍辱地是方便慧，觀空謂實慧也。五者，住忍辱地是外行處，觀空是內行處。六者，住忍辱地，然後觀空者。要前明有中行諸功德，以有資空，然後始得從空出有。不爾者，墮二乘地。七者，住忍辱地然後觀空者，欲簡異耶見觀空。《智度論》云，邪見空前作惡業，然後撥之。今言眞空者，前行施戒忍禪，然後觀空也。又復於法無所行者，以住忍辱地調柔身口，故得入空。以入空故，不行一切生死涅槃等法也。

**闍那崛多譯《商主天子所問經》** 云何名忍。如是無生，如是堪忍一切衆生，故名忍也。如是無生，如是於一切剎忍，故名忍也。如此無生，於一切學、無學、辟支佛能忍，故名忍也。如此無生，於一切佛法、一切菩薩行、一切諸佛能忍，故名忍也。如此無生，如是能忍一切諸法，故名忍也。然彼無者何故名無。無無，故無。空空，故無。無相無相，故無。如空無相，空相故無。若法是無，即不自在。若無自在，是則無欲。若無欲者，則是眞性。若是眞性，即名無性。一切法無，空無自在，遠離虛妄。若於一切法中，如是忍者，是名爲忍，是忍亦無，以忍無故，故無我也。

如是平等，菩薩當得授記，證無生法忍。然彼忍法不可得知。於中得者，謂何義也。若我也、若忍也，二得也，是名得也。若衆生也、若命也、若養育富伽羅也、若忍也、若一切知，是名得也。何者無得自性眞忍。忍彼眞性，於是義中不取能、所，二能證入是名無得。略說陰、界、諸入，於一切法所有本性，是名空性。若空性者，彼即無爲。如無爲性，凡所作者亦如是性。若於本性不見能、所，如是證知是名無得。天子！如是能忍具足成就，菩薩摩訶薩乃至阿僧祇劫行此忍行，此是菩薩大智通行。

說此忍時，三千大千世界六種震動，一切世間光明遍滿，百千音樂不鼓自鳴，雨大華雲。四萬衆生發阿耨多羅三藐三菩提心，九萬六千衆生得隨順忍，以佛神力及以法力故，令此一切世界猶如往昔然燈如來入蓮華城時，如本顯現。

**慧遠《無量壽經義疏》下卷** 彼國天人皆得三忍。總以標舉，慧心安法，名之爲忍。忍隨淺深差別爲三。次列三名。尋聲悟解，知聲如響，名音響忍。三地已還，捨詮趣實，名柔順忍。四五六地，證實離相，名無生忍。七地已上，下明衆生得忍所由，皆無量壽威神力者，由彼如來現在威力，故獲三忍。本願力等，由其過去本願之力，故獲三忍。本願是總，餘四是別。滿足願者，願心圓備。明了願者，求心顯著。堅固願者，緣不能壞。究竟願者，終成不退。以此願故，生彼國者悉得三忍。

**慧遠《大乘義章》卷一二** 五忍之義，出《仁王經》。慧心安法，名之爲忍。忍行不同，一門說五。五名是何，一者伏忍，二信忍，三順忍，四無生忍，五寂滅忍。言伏忍者，就能爲名。始習觀解，能伏煩惱，故名伏忍。言信忍者，從伴立稱，忍體是慧，與信相隨，故從伴說，稱爲信忍。是義云何。信有兩種。一者證信，從前伏後，觀心轉深，分證法性，於所證法證信清淨，故名信忍。二者玄信，以己所得，仰類上法，信解不疑，故曰信忍。言順忍者，就能爲名，依前信已，更修勝慧，趣順無生，以能上順，故名順忍。無生忍者，從境爲名，理寂不起，稱曰無生，慧安此理，名無生忍。亦得名爲遣相爲目。得此忍時，捨離生相，故曰無生。寂滅忍者，從境爲名，一切法界常寂不動，名爲寂滅。慧安此法，名寂滅忍。亦得名爲當相爲目。捨緣分別，心體寂滅，名寂滅忍。

**玄奘譯《瑜伽師地論》卷四二** 我今不應本於有情欲作義利，而當於彼不忍怨害作非義利。如是如理正思惟故，於有怨害諸有情所，滅除他想住攝受想。依攝受想，於諸怨害，悉能堪忍。云何名忍。自無憤勃，不報他怨，亦不隨眠流注恆續，故名爲忍。是名菩薩耐他怨害忍。

云何菩薩安受衆苦忍。謂諸菩薩應如是學：我從昔來依欲行轉，常求諸欲故，意思擇爲諸苦因，追求種種苦性諸欲。於追求時忍受無量猛利大苦，所謂種種殉利務農勤王等事。如是追求無義苦時，令我具受種種大苦，皆由無智思擇過失。我今爲求能引安樂最勝善品，尚應思擇忍受百千俱胝大苦，況少小苦而不忍受。如是如理正思惟故，爲求菩提悉能忍受一切事苦。云何名爲一切事苦。當知此苦略有八種。一依止處苦。二世法處苦。三威儀處苦。四攝法處苦。五乞行處苦。六勤勞處苦。七利他處苦。

八所作處苦。依止處苦者，依謂四依。由依此故，於善說法毗奈耶中，出家受具戒苾芻分。所謂衣服、飲食、臥具、病緣、醫藥、供身什物，菩薩於此若得麁弊尠少，稽留輕蔑不敬，不生憂悒，不由此緣精進懈廢，如是名爲菩薩忍受依止處苦。世法處苦者，當知世法略有九種。一衰。二毁。三譏。四苦。五壞法壞。六盡法盡。七老法老。八病法病。九死法死。如是世法，若總若別，會遇現前，能生衆苦，此即名爲世法處苦。菩薩觸對如是衆苦，思擇忍受，不由此緣精進懈廢，如是名爲菩薩忍受世法處苦。威儀處苦者，當知即是行住坐臥四種威儀，菩薩於中若行若坐，晝夜恒時從諸障法淨修其心，終不非時脇著床座草敷葉敷。菩薩於此疲所生苦，悉能忍受，不由此緣精進懈廢，如是名爲菩薩忍受威儀處苦。攝法處苦者，當知攝法略有七種。一供事三寶。二供事尊長。三諮受正法。四既諮受已，廣爲他說。五以大音聲，吟詠讚誦。六獨處空閑，無倒思惟，稱量觀察。七修習瑜伽作意所攝，若止若觀。菩薩於此七種攝法，勇猛劬勞，所生衆苦，悉能忍受，不由此緣精進懈廢，如是名爲菩薩忍受攝法處苦。乞行處苦者，當知此苦略有七種。一者自誓毁形剃鬚髮等，棄捨世俗諸相好故。二者自誓毁色，受持改變壞色衣故。三者進止云爲，皆不縱任遊涉世間。一切行住自兢攝故。四者依他活命，捨商農等世間事業，從他所得而存濟故。五者盡壽從他求衣服等，於所獲得非法珍財久所貯積，不受用故。六者盡壽遮止人間諸欲，離非梵行婬欲法故。七者盡壽遮止人間嬉戲，捨離觀聽歌舞笑戲倡伎等故，及離與己親友同齡笑戲歡娛攜從等故。如是等類，因乞求行所有艱辛所生衆苦，菩薩一切皆能忍受，不由此緣精進懈廢，如是名爲菩薩忍受乞行處苦。勤劬處苦者，謂諸菩薩勤修善品劬勞因緣，發生種種身心疲惱，悉能忍受，不由此緣精進懈廢，如是名爲菩薩忍受勤劬處苦。利他處苦者，謂諸菩薩修十一種利有情業，如前應知。由彼所生種種憂苦，菩薩一切皆能忍受，不由此緣精進懈廢，如是名爲菩薩忍受利他處苦。所作處苦者，謂諸菩薩或是出家，便有營爲衣鉢等業，或是在家便有無倒商估營農仕王等業。由此發生種種勤苦，菩薩一切皆能忍受，不由此緣精進懈廢，如是名爲菩薩忍受所作處苦。又諸菩薩雖觸衆苦，而於無上正等菩提，未正勤修能正勤修，已正勤修能無退轉，常勤修習，無變異意，無雜染心，是名菩薩安受衆苦忍。

云何菩薩法思勝解忍。謂諸菩薩於一切法，能正思擇。由善觀察勝覺慧故，能於八種生勝解處善安勝解。云何八種生勝解處。一三寶功德處。二眞實義處。三諸佛菩薩大神力處。四因處。五果處。六應得義處。七自於彼義得方便處。八一切所知所應行處。又此勝解由二因緣，於彼諸處能善安立。一長時串習故。二證善淨智故。是名菩薩法思勝解忍。如是菩薩依此二品一切忍故，當知廣開難行忍等諸相差別。

**玄奘譯《瑜伽師地論》卷四二**　云何菩薩難行忍。當知此忍，略有三種。謂諸菩薩能於羸劣諸有情所忍彼所作不饒益事，是名第一難行忍。若諸菩薩居尊貴位，於自臣隸不饒益事，堪能忍受，是名第二難行忍。若諸菩薩於其種姓卑賤有情所作增上不饒益事，堪能忍受，是名第三難行忍。

云何菩薩一切門忍。當知此忍略有四種。謂諸菩薩於親所作不饒益事，於怨所作不饒益事，於中所作不饒益事，悉能堪忍。及於彼三劣等勝品不饒益事，皆能忍受。

云何菩薩善士忍。當知此忍略有五種。謂諸菩薩先於其忍見諸勝利，謂能堪忍補特伽羅，於當來世無多怨敵無多乖離有多喜樂，臨終無悔。於身壞後，當生善趣天世界中，見勝利已，自能堪忍，勸他行忍，讚忍功德。見能行忍補特伽羅，慰意慶喜。

云何菩薩一切種忍。當知此忍六種七種，總十三種。云何六種。謂諸菩薩了知不忍非愛異熟，由怖畏故，勤修行忍。於諸有情，有哀愍心，有悲愍心，有親愛心。由親善故，勤修行忍。於其無上正等菩提猛利欲樂，爲圓滿忍波羅蜜多，由是因緣，勤修行忍。如世尊說，夫出家者具忍辱力，由是因緣，不應出家受具足戒而行不忍。由法受故，勤修行忍。種姓具足，先串習忍。於今現在安住自性，故能修忍。知一切法，遠離有情，唯見諸法無戲論性，諦察法故，能修行忍。云何七種。謂於一切不饒益忍，從一切忍。一切處忍，謂於屏處及大衆前皆能修忍。一切時忍，謂晝初分、若晝中分、若晝後分、若夜、若日、若去來今、若病不病、若臥若起，常能修忍。由身行忍不捶打故，由語行忍不出一切非愛言故，由意行忍不憤發故，不持污濁惡意樂故。

云何菩薩遂求忍。當知此忍略有八種。謂諸菩薩於諸有情來求索者要逼能忍。於極凶暴上品惡業諸有情所，依法大悲不損惱忍。於諸出家犯戒者所，依法大悲不損惱忍。

復有五種耐勤苦忍。謂能堪耐除遣有苦、有情衆苦、所有勤苦。又能堪耐求法勤苦。又能堪耐法隨法行所有勤苦。又能堪耐即於彼法廣爲他說所有勤苦。又能堪耐於諸有情所爲所作正與助伴所有勤苦。如是八種名遂求忍。若於有情有損惱者，由忍故離。若於有情是所求者，由忍故與、是故說此名遂求忍。

云何菩薩此世他世樂忍。當知此忍略有九種。謂諸菩薩住不放逸。於諸善法悉能堪忍。於諸寒熱悉能堪忍。於諸飢渴悉能堪忍。於蚊虻觸悉能堪忍。於諸風日悉能堪忍。於蛇蠍觸悉能堪忍。於諸劬勞所生種種，若身苦心，疲倦憂惱，悉能堪忍。於墮生死生老病死等苦有情現前，哀愍而修行忍。如是菩薩修行忍故，能令自身於現法中得安樂住，不爲一切惡不善法之所陵雜。能引後世安樂因緣，亦能令他修行種種現法後法安樂正行。是名此世他世樂忍。

云何菩薩清淨忍。當知此忍略有十種。謂諸菩薩遇他所作不饒益事，損惱違越，終不返報。亦不意憤，亦無怨嫌。意樂相續，恆常現前。欲作饒益，先後無異。非一益已捨而不益。於有怨者，自往悔謝。終不令他生疲厭已，然後受謝。恐其疲厭，纔謝便受。於不堪忍，成就增上猛利慚愧。依於堪忍，於大師所，成就增上猛利愛敬。依不損惱諸有情故，於諸有情成就猛利哀愍愛樂。一切不忍并助伴法皆得斷故，離欲界欲，由此十相。

當知菩薩所修行忍，清淨無垢。當知此中初自性忍，廣說乃至後清淨忍。如是能生廣博無量大菩提果。忍爲依止，是諸菩薩能圓滿忍波羅蜜多，能證無上正等菩提。

**遁倫《瑜伽論記》卷一〇**　《忍品》。對境情安，名之爲忍。此品廣明，故云《忍品》。文中初問，次釋，後結歎功能。釋中有二，初開九章，二依章釋。自性中云或思擇力爲所依止等者。景云：乃至堪忍怨害者，他不饒益忍體。此對一切苦，具能忍故，云遍於一切。對一切怨家等人能忍故，云普於一切。以此文勢偏解他不饒益，亦可思擇力等，明他不饒益忍。遍於一切已下，明安受苦忍。普於一切已下，明思惟解忍。言由無染心者，無恚善根也。純愍故者，衆生緣悲也。者此後文，順於前解。泰述四釋：一云，思慧忍名思擇力，修慧忍名自性，以修慧自性能堪忍故。二云，地前忍者思擇力，由作意故。地上忍名自性忍，任運起故。三云，初學忍名思擇力，久學成名自性忍，前忍遍一切皆能忍，後忍普一切皆能忍。又釋，遍一切衆生皆能忍，普於一切事皆能忍。一衆生中有多事，謂或打或罵等事，非一故也。基云，竪通三界名遍忍，橫潤四生是普忍。又總通有情是遍忍，通怨親是普忍。如是無量分別。由無染心能悲愍故者，依《地持》，無染心即無貪，以忍依無貪及悲心號忍。今無染心。染心即貪亦得，又即瞋亦得。測云，思擇力爲依者，明其忍因。或由自性者，對緣正出自性忍體，於中初正出忍體。遍於一切等者，對有情能忍。後普於一切等者，對法能忍。由無染心能悲愍故能忍者，釋成忍義。由貪染愛已身逢違即忿，故依無染心，能有堪忍。由瞋無悲憐物遇違便怒，故依悲愍，能有堪忍。一切忍中，初徵，次釋，後結前開後。釋中有二，初約人分二，後約境開三。於中無約二開三，後依章列釋。前中一耐他怨害忍。景云，用無恚及衆生緣悲爲性。測云，用無嘆及慧爲性。二安受苦忍，用精進及慧二數爲性。三法思勝解忍，景云，用智慧無緣大悲爲性。測云，用定慧二數爲性。依章釋中，初釋耐他怨害忍，文分有三，初問，次解，後結。解中有三，初舉忍境，次應知如是學下對境修忍，後云何名忍下釋忍者義。初云猛利者，是重苦。無間者，相續苦。種種者，是多苦。長時者，是久遠苦。從他所生衆苦現前者，則前四苦現前逼迫，對境修忍，中有二。先修三觀，後修五想。言三觀者，一自惟往業觀，二諸行性苦觀，三以小呪大觀。言於性苦上更增是苦者，一切有漏法以行苦爲性，即此性苦上增苦苦壞苦故云也。然五想中，初結前略標，第二廣釋。親教軌範尊似尊等者，和上名親教師，闍梨名軌範師。大同學及有德人，名尊。是此下，類名似尊。無常想中云諸有情若生若長者，基云，生謂化生類增長故，長謂餘三生漸增長故。今解，初生長大，終歸於死。釋名中景云，自無憤勃不報他怨者，於怨能忍也。亦不隨眠流注恆續者，設暫起瞋不久相續。測云，自無憤等明無上心，亦不隨眠等明種子斷。

**遁倫《瑜伽論記》卷一〇**　言五忍者。初於當來世無多怨敵爲一。無多卒難爲二。有喜樂爲三。臨終無悔爲四。於身壞後等爲五。《善戒經》中說：一者不著惡心瞋心，乃至五者死已受天人樂。第三明勝利所作中有四句，初是自利，後三是利他。今依後釋，即依見五利故生忍名爲五忍。一切種忍中六種七種。云何六種。一非愛異熟怖故行忍。二愍諸有情親善行忍。三於無上菩提起猛利心圓滿忍度而能行忍。四出家法受忍。言由法受故者，景云，謂爲欲法愛所正行，五已串習，今安住忍。六知法無戲論忍。云何七種。一不饒益忍，即耐他怨害忍。二從一切忍，即安受苦忍也。此之四種對境分別。三一切處忍，四一切時忍，此二時處分別。五身忍，六語忍，七意忍，此即三業分別。前六自分別行，後七勝進行，總十三種。遂求忍中先解八種，名遂求忍，後釋忍名義。八中，測云：前三是索者，要通能忍者，《善戒經》云：貧窮之人數從菩薩乞索，依法大悲不耐他怨害忍，唯除自惱。後五是安受苦忍，除自他惱。前中於諸有苦來求損惱忍者，由依教法及依大悲故能忍故也。謂能堪耐除遣有苦有情衆苦所有勤苦者，由彼有情有衆苦故，菩薩依彼不生於疲倦能忍受也。若於有情所損惱由忍故離者，舊論云所可之小堪忍饒益。此他世樂忍中有九者，測云：舊論師生老病死即四。寒熱飢渴合爲一。除前不放逸，故有九種。今解不然。初住不放逸爲一，於諸善法爲二，餘句可知。又解，住不放逸者是總句，若身若心即合爲二，餘句可知。景基同後釋。即於善能忍爲第一，次寒熱二，飢渴三，蚊虻四，風日五，蛇蠍六，身劬勞七，心劬勞八，生老等九。清淨忍中有十者，謂諸菩薩乃至終不返報爲一，亦不意憤二，亦無怨嫌三。意樂相續，乃至非一盡已捨而不益四。於有怨者自性悔謝五。終不令他乃至纔便受六。於不堪忍成就增上猛利慚愧七。依於堪忍乃至猛利故愛八。依不損悔乃至愛樂九。一切不忍下十。準舊《地持》中置一一等數。景云，一切不忍者，瞋恚也。並助伴法者，共瞋俱生身語業等。云並助伴法者，與瞋相應心心數法及根塵等法，皆得斷故。離欲界欲者，由前九種思擇忍爲因，所生等十修習力忍故，能斷欲界煩惱欲，入靜慮地。七十五說，復次忍波羅蜜多十清淨中，略有二種清淨。謂前九種名思擇力清淨，其第十種名修習力清淨。思擇力清淨復有四種。一遠離罪生清淨。二彼不現行清淨。三無罪生清淨。四遠離彼因緣清淨。一種二種三種四種如其次第。下第三結嘆功德。

**窺基《成唯識論述記》卷一〇**　云何名忍。自無憤勃，不報他怨，亦不隨眠流注相續，故名爲忍。是名菩薩耐怨害忍等。彼廣明此相。耐怨害忍以無嗔及所起三業爲性。彼卷又云，遇世法處苦有九種，謂衰、毀、譏、苦、壞法壞、盡法盡、老法老、病法病、死法死。若別若總，不由此緣精進懈廢等。乃至常勤修習，無變易意，無雜染心。是名菩薩安受苦忍。故此以精進，及彼所起三業爲性。彼卷又云，云何菩薩法思勝解忍，謂諸菩薩於一切法能正思惟，由善觀察勝覺惠故，能於八事生勝解處，善安勝解故。故諦察法忍，以審惠爲性。

**慧沼《勸發菩提心集》卷下**　忍九門者。

一，自性者。或思擇力，或由自性，堪忍怨害，由無染心，純悲愍故，能有堪忍，此名自性。

二，一切忍者。在家出家各具三忍，耐怨害忍，起念五想略如能斷疏。云何名忍，自無憤勃，不報他怨，亦不隨眠，流注恆續，故名爲忍。安受苦忍者，事有八。一依止處苦。二世法處苦。三威儀處苦。四攝法處苦。五乞行處苦。六勤勞處苦。七利他處苦。八所作處苦。依止處苦有四，即飲食等四事。世法苦有九，謂衰、毀、譏、苦、壞、盡、老、病、死。威儀處苦有四，即四威儀。攝法苦有七，一供養三寶，二供事尊長，三諮受正法，四諮受已廣爲他說，五以大音聲吟詠讚誦，六獨處思察，七修瑜伽所攝止觀。乞行處苦有七，一毀形捨俗，二壞色衣服，三進止不縱住自兢攝，四依他活命，五盡壽乞求非久積用，六盡壽離婬，七盡壽離觀、舞倡打歌、同齡攜從等法。思勝解忍者，能於八種生勝解故。一三寶功德處，二眞實義處，三佛菩薩大神力處，四因處五果處，六應得義處，七自於彼義得方便處，八一切所知所應行處，由二因緣於彼諸處善能安立。一長時串習故。二證善淨智故。

三難行忍者，有三。於劣有情所，忍彼所作不饒益，名第一難。居尊位，於自臣隷不饒益事，堪能忍受，名第二難。於其種姓婢賤有情所作增上不饒益事，堪能忍受，名第三難。

四一切門者，略有四種，一於親所作不饒益事，二於怨所作，三於中所作，四及於彼三劣等勝品，不饒益事皆能忍受。

五，善士忍者，略有五種。謂諸菩薩先於其忍見諸勝利。謂能堪忍補特伽羅，於當來世，無多怨敵，無多乖離，有多喜樂，臨終無悔。於身壞後，當生善趣天世界中，見勝利已，自能堪忍，勸他行忍，讚忍功德，見能行忍，慰意慶喜。

六，一切種忍，有六七種。六者，了知不忍受非愛異熟由怖故忍，於生哀憐心悲愍親愛心親善故忍，無上菩提爲忍圓滿故修行忍，夫出家者具忍辱力非不行忍，由法受故修行於忍，種姓串習住自性故修行於忍，一切有情唯見諸法故修行忍。七種，謂於一切不饒益忍，從一切所忍，一切處忍，一切時忍，一切身忍不捶打故，語忍不出非愛故，意忍不憤發故。

七，遂求忍者，略有八種。於諸有苦來求索者，要逼能忍。於極凶暴上品惡業諸有情類，悲不惱忍。於諸犯戒，悲不惱忍。復有五種耐勤苦忍，堪耐除有情苦勤苦，耐求法勤苦，耐法隨法行勤苦，耐爲他說法勤苦，耐爲有情所作正所有勤苦。

八，此世他世樂忍者，略有九種。謂諸菩薩住不放逸，於諸善法悉能堪忍，於寒熱能忍，於飢渴能忍，於蚊虻能忍，於風日能忍，於蛇蝎能忍，於劬勞憂惱能忍，於墮生老病死苦有情，哀愍而行能忍。如是能令自身於現法中得安樂住，不爲一切惡不善法之所陵雜。能引後世安樂因緣，亦能令他修行二世安樂行，名二世樂。

清淨忍者，略有十種。謂諸菩薩遇他所作不饒益事損惱違越，終不返報，亦不意憤，亦無怨嫌。意樂相續，恆常現前。欲作饒益，先後無異。非一益已捨而不益，於有怨者自往悔謝，終不令他生疲厭已然後受謝，恐其疾厭纔謝便受等。

**玄奘譯《攝大乘論釋》卷七**　又能滅盡忿怒怨讎，及能善住自他安隱，故名爲忍。

**道誠《釋氏要覽》卷下**　忍，《瑜珈論》云：何名忍，自無憤勃，不報他怨，故名忍。由二因緣，諸出家者，力勵受行，速能證沙門義利。何等爲二因緣，一忍辱，二柔和。言忍辱者，謂於他怨終無返報。柔和者，謂心無憤性不惱他。《攝論》云，忍能生自他平和事。謂自身不爲瞋恚過失所染，即是自平和。既不憤恨，不生他苦，即是他平和。《六度集經》云，夫忍者，萬福之源也。《正法念處經》云，忍者第一善法，第一清淨，佛所讚嘆。忍有二種。一法忍，緣法道行思惟，白法善道勝故能忍。二生忍，謂欲起瞋恚，忍令不起，知瞋過故。

以忍止諍。《中阿含經》云，佛告比丘，若以諍止諍，至竟不見止，唯忍能止諍，是法眞尊貴。《長阿含經》云，天帝釋偈云，我常言，智者不應與愚諍，愚罵而智默，則爲勝彼愚。

**道誠《釋氏要覽》卷下**　行忍五德。《雜寶藏經》云：若人行忍，則有五德。一無恨，二無訶，三眾人愛，四有好名，五生善道。治一切煩惱瀑

**德清《觀楞伽阿跋多羅寶經記》卷八**　記曰：此忍，度也。梵語羼提，此云安忍，又云忍辱。以心能安忍外所辱境，故名忍辱。謂即於彼持犯，妄想不生。以此無生法，忍可於心，乃無生忍，非忍辱之謂也。然無生非所可忍而之忍者，以知能取所取性空寂故，以此爲忍度也。論云，以知法性無苦，離嗔惱故，隨順修行羼提波羅蜜。

## 障

**慧遠《大乘義章》卷五**　能礙聖道，說以爲障。如是差別，無量無邊。今隨一義，且說爲障，名字麁爾。

**慧遠《大乘義章》卷五**　所言障者，隨義不同，乃有多種。或名煩惱，或名爲使，或名爲結，或名爲纏，或名爲縛，或名爲流，或名爲枙，或名爲取，或名爲漏，或名爲垢，或說爲惑，或說爲障。如是非一，勞亂之義，名曰煩惱。隨逐繫縛，稱之爲使。結集生死，目之爲結。結縛眾生，亦名爲結。能纏行人，目之爲纏。又能纏心，亦名爲纏。羈繫行人，故目爲縛。漂流行人，說之爲流。能令眾生爲苦所枙，故名爲枙。取執境界，說以爲取。流注不絕，其猶瘡漏，故名爲漏。染污淨心，說以爲垢。能惑所緣，故稱爲惑。能礙聖道，說以爲障。如是差別，無量無邊，今隨一義，且說爲障，名字麁爾。

**玄奘譯《辯中邊論》卷上**　論曰：具分障者，謂煩惱障及所知障，於諸菩薩種性法中具爲障故。一分障者，謂煩惱障，障聲聞等種性法故。增盛障者，謂即彼貪等行。平等障者，謂即彼等分行。取捨生死，能障菩薩種性所得無住涅槃，名於生死有取捨障。如是五障，隨其所應，說障菩薩及聲聞等二種種性。復次頌曰：

九種煩惱相，謂愛等九結。初二障厭捨，餘七障眞見。
謂能障身見，彼事滅道寶，利養恭敬等，遠離遍知故。

論曰：煩惱障相，略有九種。謂愛等九種結愛結障厭，由此於順境不能厭離故，恚結障捨，由此於違境不能棄捨故。餘七結障眞見，於七遍知如次障故。謂慢結能障僞身見遍知，修現觀時，有間無間我慢現起，由此勢力彼不斷故。無明結能障身見事遍知，由此不知諸取蘊故。見結能障滅諦遍知，由薩迦耶及邊執見怖畏滅故，由邪見謗滅故。取結能障道諦遍知，取餘法爲淨故。疑結能障三寶遍知，由此不信受三寶功德故。嫉結能障利養恭敬等遍知，由此不見彼過失故。慳結能障遠離遍知，由此貪著資生具故。復有別障，能障善等十種淨法。其相云何，頌曰：

無加行非處，不如理不生，不起正思惟，資糧未圓滿。
闕種性善友，心極疲厭性，及闕於正行，鄙惡者同居。
倒麁重三餘，般若未成熟，及本性麁重，懈怠放逸性。
著有著資財，及心性下劣，不信無勝解，如言而思義。
輕法重名利，於有情無悲，匱聞及少聞，不修治妙定。

論曰：如是名爲善等法障，所障善等，其相云何。頌曰：

善菩提攝受，有慧無亂障，迴向不怖慳，自在名善等。

論曰：如是善等十種淨法，誰有前說幾種障耶。頌曰：

如是善等十，各有前三障。

論曰：善有三障，一無加行，二非處加行，三不如理加行。菩提有三障，一不生善法，二不起正思惟，三資糧未圓滿。發菩提心，名爲攝受，此有三障，一闕種性，二闕善友，三心極疲厭性。有慧者，謂菩薩於了此性，有三種障，一闕正行，二鄙者共住，三惡者共住。此中鄙者，謂愚癡類樂毀壞他名爲惡者，無亂有三障。一顚倒麁重。二煩惱等三障中，隨一有餘性。三能成熟解脫慧未成熟。性障斷滅名無障，此有三障，一俱生麁重，二懈怠性，三放逸性。迴向有三障，令心向餘，不向無上正等菩提。一貪著諸有，二貪著資財，三心下劣性。不怖有三障，一不信重補特伽羅，二於法無勝解，三如言而思義。不慳有三障，一不尊重正法，二尊重名譽利養恭敬，三於諸有情心無悲愍。自在有三障，令不得自在。一匱聞生長，能感匱法業故。二少聞。三不修治勝三摩地。【略】

復次，如是諸障，於善等十，隨餘義中，有十能作。即依彼義，應知此名。十能作者：一生起能作，如眼等於眼識等。二安住能作，如四食於有情。三任持能作，謂能任持如器世間於有情世間。四照了能作，如光明於諸色。五變壞能作，如火等於所熟等。六分離能作，如鎌等於所斷等。七轉變能作，如金師等轉變金等成鐶釧等。八信解能作，如烟等於火等。九顯了能作，如因於宗。十至得能作，如聖道等於涅槃等。依如是義，故說頌言：

能作有十種，謂生住持照，變分離轉變，信解顯至得。
如識因食地，燈火鎌工巧，烟因聖道等，於識等所作。

於善等障，應知亦然。一生起障，謂於其善以諸善法應生起故。二安住障，謂於菩提以大菩提不可動故。三任持障，謂於攝受以菩提心能任持故。四照了障，謂於有慧以有慧性應照了故。五變壞障，謂於無亂轉滅迷亂名變壞故。六分離障，謂於無障此於障離繫故。七轉變障，謂於迴向以菩提心轉變相故。八信解障，謂於不怖無信解者有怖畏故。九現了障，謂於不慳於法無慳者，爲他顯了故。十至得障，謂於自在此是能得自在相故。所障十法次第義者，謂有欲證無上菩提，於勝善根先應生起，勝善根力所任持故，必得安住無上菩提。爲令善根得增長故，次應發起大菩提心。此菩提心與菩薩性爲所依止。如是菩薩由已發起大菩提心及勝善根力所持故，斷諸亂倒起無亂倒。由見道中無亂倒故，次於修道斷一切障。既斷障已，持諸善根，迴向無上正等菩提。由迴向力所任持故，於深廣法便無怖畏。既無怖畏，便於彼法見勝功德，能廣爲他宣說開示。菩薩如是種種功德力所持故，疾證無上正等菩提，於一切法皆得自在，是名善等十義次第。雖善等法即是覺分波羅蜜多，諸地功德而總別異。今應顯彼菩提分等諸障差別。頌曰：

於覺分度地，有別障應知

論曰：復於覺分波羅蜜多諸地功德各有別障，於菩提分有別障者。頌曰：

於事不善巧，懈怠定減二，
不植羸劣性，見麁重過失。

論曰：於四念住有於諸事不善巧障，於四正斷有懈怠障，於四神足有三摩地滅二事障。一於圓滿欲勤心觀，隨滅一故。二於修習八斷行中，隨滅一故。於五根有不植圓滿順解脫分勝善根障，於五力有羸劣性障。謂即五根由障所雜有羸劣性，於七等覺支有見過失障，此是見道所顯示故。於八聖道支有麁重過失障，此是修道所顯示故。於到彼岸有別障者，頌曰：

障富貴善趣，不捨諸有情，
於失德減增，令趣入解脫。
障施等諸善，無盡亦無間，
所作善決定，受用法成熟。【略】

論曰：此說十種波羅蜜多所得果障，以顯十種波羅蜜多自性之障。謂於布施波羅蜜多，說富貴自在障。於淨戒波羅蜜多，說善趣障。於安忍波羅蜜多，說不捨有情障。於精進波羅蜜多，說滅過失增功德障。於靜慮波羅蜜多，說令所化趣入法障。於般若波羅蜜多，說解脫障。於方便善巧波羅蜜多，說施等善無窮盡障。由此迴向無上菩提，令施等善無窮盡故。於願波羅蜜多，說一切生中善無間轉障。由大願力攝受，能順善法生故。於力波羅蜜多，說所作善得決定障。由思擇力及修習力，能伏彼障非彼伏故。於智波羅蜜多說自他受用法成熟障。不如聞言而覺義故，於地功德有別障者，頌曰：

遍行與最勝，勝流及無攝，
相續無差別，無雜染清淨。
種種法無別，及不增不減，
并無分別等，四自在依義。
於斯十法界，有不染無明，
障十地功德，故說爲十障。

論曰：於遍行等十法界中，有不染無知障。十地功德如次建立爲十地障，謂初地中，所證法界名遍行義，由通達此證得自他平等法性。第二地中，所證法界名最勝義，由通達此作是思惟。是故我今於同出離，一切行相應遍修治，是爲勤修相應出離。第三地中，所證法界名勝流義，由通達此知所聞法是淨法界最勝等流，爲求此法，設有火坑量等三千大千世界，投身而取，不以爲難。第四地中，所證法界名無攝義，由通達此乃至法愛亦皆轉滅。第五地中，所證法界名爲相續無差別義，由通達此得十意樂平等淨心。第六地中，所證法界名無雜染無清淨義，由通達此知緣起法無染無淨。第七地中，所證法界名種種法無差別義，由通達此知法無相，不行契經等種種法相中。第八地中，所證法界名不增不減義，由通達此圓滿證得無生法忍。於諸清淨雜染法中，不見一法有增有減。有四自在，一無分別自在，二淨土自在，三智自在，四業自在。法界爲此四種所依，名四自在所依止義。第八地中唯能通達初二自在所依止義。第九地中亦能通達智自在所依義，圓滿證得無礙解故。第十地中復能通達業自在所依義，隨欲化作種種利樂有情事故。復略頌曰：

已說諸煩惱，及諸所知障。許此二盡故，一切障解脫。

論曰：由此二種攝一切障故，許此盡時一切障解脫。前障總義有十一種。一廣大障，謂具分障。二狹小障，謂一分障。三加行障，謂增盛障。四至得障，謂平等障。五殊勝障，謂取捨生死障。六正加行障，謂九煩惱障。七因障，謂於善等十能作障。八入眞實障，謂覺分障。九無上淨障，謂到彼岸障。十此差別趣障，謂十地障。十一攝障，謂略二障。

# 結

**慧遠《大乘義章》卷五**　結集生死，目之爲結。結縛衆生，亦名爲結。能纏行人，目之爲纏。又能纏心，亦名爲纏。羈繫行人，故目爲縛。

**慧遠《大乘義章》卷九**　言斷結者，煩惱闇惑，結集生死，名之爲結。又復煩惱結縛衆生，亦名爲結。解生結盡，目之爲斷。宗別不同，說斷亦異。先依《毘曇》，分別解釋。於中先明所斷之結，後明治斷。結有二種，一者現起，二成就得。對緣現行貪瞋癡等，名爲起惑。是惑起已，謝入過去。種類當生，在於未來。於其中間有一非色非心惑得，在於心邊，得彼過去未來之惑。擊屬行人，名成就得。此得連持如繩繫物，是故世人說爲得繩。惑相如是。次辨治斷，治道有四。一方便道，學觀未成。二無礙道，觀心始熟。三解脫道，順舊純熟。四勝進道，發修上進。四中，初一遮伏現起，後三斷得。初無礙道，正斷惑得。此言斷者，與得同時，使不生後，故名爲斷，非令惑得不與道俱名之爲斷。彼無礙道與得同時謝往過去。解脫道起，證彼惑得盡處無爲。第三勝進遠令前得畢竟不起，持前無爲使之不失。有漏無漏斷結齊爾。

次就《成實》以辨治斷。於中亦先明所斷結，後明治斷。《成實》法中惑亦有二，一者現起，二成就得。現起煩惱與《毘曇》同，成就之得與《毘曇》異。《成實》不說別有非色非心得法，但說假人成就過未煩惱因果，名爲成就，亦名爲得。惑相如是。次辨治斷。先修八禪伏其現起。如修初禪伏欲界結，修第二禪伏初禪結，兼伏欲界。乃至修習非想地定，伏無所有兼伏下地。後修觀理，斷其所得。總分麁爾。於中細論理觀之中，有伏有永。是義云何。聖道有三。一方便道，學觀諦理而未能見。二無礙道，觀而正見，見中增進三解脫道，見中順舊。三中，初一與前禪定同伏現起，後二永斷所得煩惱。

**玄奘譯《乘阿毗達磨雜集論》卷一六**　結者，謂到究竟趣所有正說，由此道理極善成就，是故此事決定無異。結會究竟，是名結。已說立宗等相，今當就事略顯。如無我論者，即於此事對我論者先說諸法無我，此言是立宗。次說若於蘊施設四過可得故，此言是立因。所以者何。若於諸蘊施設實我者，此所計我爲即蘊相。爲於蘊中，爲於餘處，爲不屬蘊而施設耶。若即蘊相而施設者，蘊不自在，從眾緣生，是生滅法。若即彼相，我不成就，是名初過。若於蘊中而施設者，所依諸蘊既是無常，能依之我，亦應無常，是第二過。若離蘊於餘處施設者，我無所因，我亦無用，是第三過。若不屬蘊而施設者，我應獨存自性解脫，更求解脫唐捐其功，是第四過。次說如於現在施設過去，此言是立喻。所以者何。若同現在相施設實有過去者，此所計過去爲即現在相。爲於現在中，爲於餘處，爲不待現在而施設耶。若即現在相而施設者，已生未滅是現在相，過去法體亦應已生未滅爲相，是初過。若於現在中施設者，於未滅中施設滅體不相應故，不應道理，是第二過。若離現在於餘處施設者，除現在外餘實有爲事少分，亦不可得，云何於彼施設，是第三過。若不待現在而施設者，亦應施設無爲爲過去世，是第四過。然過去世相滅壞故，無相義成，若同現在施設，即成四過。是故過去相不成就諸法，無我亦爾。若於蘊施設即四過可得，故無我義成。次說如是遮破我顛倒已，即由此道理常等亦無。此言是合。後說由此道理，是故五蘊皆是無常乃至無我。此言是結。

**玄奘譯《大乘阿毗達磨集論》卷四**　結有幾種，云何結，何處結耶。結有九種，謂愛結、恚結、慢結、無明結、見結、取結、疑結、嫉結、慳結。

愛結者，謂三界貪愛結所繫，故不厭三界。由不厭故，廣行不善，不行諸善。由此能招未來世苦，與苦相應。

恚結者，謂於有情苦及順苦法心有損害。恚結所繫故，於恚境相，心不棄捨。不棄捨故，廣行不善，不行諸善。由此能招未來世苦，與苦相應。

慢結者，即七慢。謂慢、過慢、慢過慢、我慢、增上慢、下劣慢、邪慢。慢者，謂於下劣計己爲勝，或於不相似計己相似，心舉爲性。過慢者，謂於相似計己爲勝，或復於勝計己相似，心舉爲性。慢過慢者，謂於勝己計己爲勝，心舉爲性。我慢者，謂於五取蘊觀我我所，心舉爲性。增上慢者，謂於未得上勝證法，計己已得上勝證法，心舉爲性。下劣慢者，謂於多分勝計己少分劣，心舉爲性。邪慢者，謂實無德計己有德，心舉爲性。慢結所繫故，於我我所不能了知，不了知故，執我我所，廣行不善，不行諸善。由此能招未來世苦，與苦相應。

無明結者，謂三界無智無明結所繫故，於苦法集法不能解了。不解了故，廣行不善，不行諸善。由此能招未來世苦，與苦相應。

見結者，即三見。謂薩迦耶見、邊執見、邪見。見結所繫故，於邪出離，妄計追求，妄興執著。於邪出離，妄執著已，廣行不善，不行諸善。由此能招未來世苦，與苦相應。

取結者，謂見取、戒禁取。取結所繫故，於邪出離方便妄計執著。以妄執著邪出離方便故，廣行不善，不行諸善。由此能招未來世苦，與苦相應。

疑結者，謂於諦猶豫。疑結所繫故，於佛法僧寶妄生疑惑。以疑惑故，於三寶所不修正行。以於三寶所不修正行故，廣行不善，不行諸善。由此能招未來世苦，與苦相應。

嫉結者，謂耽著利養，不耐他榮，發起心妬。嫉結所繫故，愛重利養，不尊敬法。重利養故，廣行不善，不行諸善。由此能招未來世苦，與苦相應。

慳結者，謂耽著利養，於資生具，其心悋惜。慳結所繫故，愛重畜積，不尊遠離。重畜積故，廣行不善，不行諸善。由此能招未來世苦，與苦相應。

**玄奘譯《瑜伽師地論》卷八四**　復次，於五種事能和合故，說名爲結。五種事者，一所結事，二能結事，三罪過事，四等流事，五趣向事，諸結所緣，名所結事。所以者何。由愛恚等，各於所緣隨相差別而和合故。即彼諸結，展轉相引而和合故，名能結事。諸結因緣，於現法中能生過罪。乃至領受，從彼所生心法憂苦。由此因緣能和合故，名罪過事。爲當來世猛利貪等，生成之因而和合故，名等流事。能生五趣，於諸趣中能和合故，名趣向事。由此因緣自行惡行，遭他笞罰、縛錄訶罵、驅擯害等種種衆苦而生起故。

**玄奘譯《入阿毗達磨論》卷上**　結有九種，謂愛結、恚結、慢結、無明結、見結、取結、疑結、嫉結、慳結。愛結者，謂三界貪，是染著相，如融膠漆，故名爲愛。愛即是結，故名愛結。恚結者，謂五部瞋，於有情等，樂爲損苦，不饒益相，如辛苦種，故名爲恚。恚即是結，故是名恚結。慢結者，謂三界慢，以自方他德類差別，心恃舉相，說名爲慢。如傲逸者凌篾於他，此復七種。一慢，二過慢，三慢過慢，四我慢，五增上慢，六卑慢，七邪慢。謂因族姓、財位、色力、持戒、多聞、工巧等事，若於劣謂己勝，或於等謂己等。由此令心高舉，名慢。若於等謂己勝，或於勝謂己等，由此令心高舉，名過慢。若於勝謂己勝，由此令心高舉，名慢過慢。若於五取蘊執我我所，由此令心高舉，名我慢。若於未證得預流果等殊勝德中，謂已證得，由此令心高舉，名增上慢。若於多分族姓等勝中，謂己少劣，由此令心高舉，名卑慢。若實無德，謂己有德，由此令心高舉，名邪慢。如是七慢，總名慢結。

無明結者，謂三界無知，以不解了爲相。如盲瞽者違害明故，說名無明。此遮止言依對治義。如非親友不實等言，即說怨家虛誑語等。無明即是結，故名無明結。見結者，謂三見，即有身見、邊執見、邪見。五取蘊中無我我所，而執實有我我所相，此染污慧，名有身見。身是聚義，有而是身故名有身。即五取蘊於此起見，名有身見。即五取蘊非斷非常，於中執有斷常二相，此染污慧，名邊執見，執二邊故。若決定執無業、無業果、無解脫、無得解脫道，撥無實事，此染污慧，名邪見。如是三見，名見結。

取結者，謂二取，即見取、戒禁取。謂前三見及五取蘊，實非是勝而取爲勝，此染污慧名見取。取是推求及堅執義。戒謂遠離諸破戒惡，禁謂受持烏雞鹿狗露形拔髮斷食臥灰。或於妄執生福滅罪，諸河池中數數澡浴。或食根果草菜藥物以自活命。或復塗灰拔頭髮等，皆名爲禁。此二俱非能清淨道，而妄取爲能清淨道。此染污慧，名戒禁取。諸婆羅門有多聞者，多執此法以爲淨道，而彼不能得畢竟淨。如是二取，名爲取結。

疑結者，謂於四聖諦，令心猶豫。如臨岐路，見結草人，躊躇不決。如是於苦，心生猶豫，爲是爲非，乃至廣說。疑即是結，故名疑結。

嫉結者，謂於他勝事令心不忍。謂於他得恭敬供養財位多聞及餘勝法，心生妬忌。是不忍義。嫉即是結，故名嫉結。

慳結者，謂於己法財令心悋惜。謂我所有，勿至於他。慳即是結，故名慳結。結義是縛義。如世尊說，非眼結色，非色結眼。此中欲貪說名爲結。如非黑牛結白牛，亦非白牛結黑牛，乃至廣說。先所說結亦即是縛，以即結義是縛義故。然契經中復說三縛。一貪縛，謂一切貪如愛結相說。二瞋縛，謂一切瞋如恚結相說。三癡縛，謂一切癡如無明結相說。

**玄奘譯《阿毗達磨俱舍論》卷二一**　論曰：結有九種。一愛結，二恚結，三慢結，四無明結，五見結，六取結，七疑結，八嫉結，九慳結。此中愛結，謂三界貪。餘隨所應，當辯其相。見結謂三見。取結謂二取。依如是理故，有說言，頗有見相應法，爲愛結繫，非見結繫，非不有見隨眠隨增。曰有，云何。集智已生，滅智未生，見滅道所斷二取相應法。彼爲愛結，爲所緣繫，非見結繫。遍行見結已永斷故，非遍見結所緣相應二俱無故。然彼有見，隨眠隨增，二取見隨眠於彼隨增故。何緣三見別立見結，二取別立爲取結耶。三見二取，物取等故。謂彼三見有十八物，二取亦然，故名物等。三等所取，二等能取，故名取等。所取能取有差別故，立爲二結。何故纏中嫉慳二種建立爲結，非餘纏耶。二唯不善自在起故。謂唯此二兩義具足，餘皆不然，故唯立二。若纏唯八，此釋可然。許有十纏，此釋非理。以忿覆二種亦具兩義故。由此若許具有十纏，應言嫉慳過失尤重。謂此二種數現行故，又二能爲賤貪因故，遍顯感歡隨煩惱故，惱亂出家在家部故。

**玄奘譯《阿毗達磨順正理論》卷五四**　論曰：結有九種。一愛結，二恚結，三慢結，四無明結，五見結，六取結，七疑結，八嫉結，九慳結。

以此九種於境於生有繫縛能，故名爲結。如契經說，苾芻當知，非眼繫色，非色繫眼。繫謂此中所有欲貪。又契經說，諸愚夫類，無聞異生結縛故生，結縛故死。由結縛故，從此世間往彼世間。或有此故，令諸有情合眾多苦，故名爲結，是眾苦惱安足處故。此中愛結謂三界貪，此約所依及所緣故。所言貪者，謂有心所樂，可意想所攝受行。即於諸有及諸有具，所起樂著，說名爲貪。何緣此貪說名爲愛。此染心所隨樂境故。恚謂於違想及別離欲所攝，受行中令心增背。慢謂七慢，如前已釋。

言無明結者，謂三界無知。此約所依非所緣故，以諸無漏法不墮界故，無明亦用彼爲所緣故。此廣分別，如緣起中見結取結俱邪推度相。別顯彼相，廣如五見中。於前分別邊執見處，見計爲我有漏行中，計斷計常，名邊執見。於中斷見名何所因，謂執死後行不續生。【略】

此中三見名爲見結，見戒禁取名爲取結。依如是理，故有說言，頗有見相應法爲愛結繫，非見結繫，非不有見隨眠隨增。曰有云何。集智已生，滅智未生，見滅道所斷二取相應法，自部愛結爲所緣繫，非見結繫。遍行見結已永斷故，自部見結所緣相應二俱無故，非不有見隨眠隨增，二取見隨眠於彼隨增故。何緣三見，別立見結，二取別立爲取結耶。三見二取物取等故。謂彼三見有十八物，二取亦然，故名物等。說此物等，於義何益。於結義中，見有益故。此言意說，如貪瞋等，一一獨能成一結事。三見二取各十八物，和合各成一結事故。若異此者，應說五見各爲一結。如貪瞋等故，見及取各十八物，共立一結，方敵貪等。若爾身見邊見見取有十八物，戒取邪見十八亦然，豈非物等。不爾，本釋其理決定。所以者何。以取等故，三見等所取，二取等能取。所取能取，有差別故。謂於諸行計我斷常，或撥爲無，後起二取執見第一。或執爲淨不雜亂故，本釋爲善。有說，由物及聲等故。有說，貪著有及財者見結於彼繫用增上。若有貪著涅槃樂者，取結於彼，繫用增上。

疑結謂於四諦猶豫。此異於慧，有別法體。於四諦者，謂於苦諦，心懷猶豫，爲苦非苦。乃至於道，猶豫亦然。前四能牽正決定起，後四能引邪決定生。自外事中邪猶豫轉，非迷諦故，不名爲疑。已見諦者，彼猶未滅。簡彼，故言於諦猶豫。令心不喜，說名爲嫉。此異於瞋，有別法體。故有釋嫉，不耐他榮，謂此於他諸興盛事，專求方便破壞爲先。令心焦熱，故名不喜。是瞋隨眠等流果故，專心爲欲損壞他故，正隨憂根而現行故。唯欲界繫非色無色，欲界諸處皆通現成，唯除北洲成而不現。令心悋著，說名爲慳。謂勿令斯捨離於我，令心堅執，故名爲慳。耽著法財，以爲上首，不欲離己，故名悋著。此是欲貪等流性故，專心護己資具等故，唯欲界繫，非色無色。

何故纏中嫉慳二種，建立爲結非餘纏耶。若立八纏，應作是釋。二唯不善，自在起故，謂唯此二兩義具足。餘六無一具兩義者，無慚無愧，雖唯不善，非自在起。悔自在起，非唯不善，餘兩皆無。若立十纏，應作是釋。唯嫉慳二過失尤重，故十纏中立二爲結。由此二種數現行故，謂生欲界雖有九六三結無結，而經唯說嫉慳二結惱亂人天。以勝趣中二數行故，又二能爲賤貧因故，謂雖生在二善趣中，而爲賤貧重苦所軛。現見卑賤及諸乏財，乃至極親亦不敬愛。又二遍顯隨煩惱故，謂隨煩惱總有二種，一慼俱行，二歡俱行，嫉慳遍顯如是二相。又此二能惱二部故，謂在家眾於財位中，由嫉及慳極爲惱亂。若出家眾於教行中，由嫉及慳極爲惱亂。或能惱天阿素洛眾，謂因色味極相擾惱。或此能惱人天二眾，如世尊告憍尸迦言，由嫉慳結人天惱亂。或此二能惱自他眾，謂由嫉故惱亂他朋，由內懷慳惱亂自侶，故十纏內立二爲結。佛於餘處依差別門，即以結聲說有五種。

**澄觀《大方廣佛華嚴經隨疏演義鈔》卷七八**　結有九種，謂愛結、恚結、慢結、無明結、見結、取結、疑結、嫉結、慳結。應爲頌曰，愛恚慢無明見取疑嫉慳。論云：愛結者謂欲界貪。恚結者，謂於有情苦及順苦法心生損害。慢結者，即七慢等。無明結者，謂三界無知。見結者，即三見。謂薩迦耶見、邊執見、邪見。取結者，謂見取二戒禁取。疑結者，謂於諦理猶豫。嫉結者，謂耽著利養不耐他榮，發起心妬。慳結者，耽著利養，於資生具，其心悋惜。釋曰，云何結，何處結（二問），廣答如論。

## 地 另見四大　十地

**鳩摩羅什譯《大智度論》卷四九**　地有二種，一者但菩薩地，二者共地。共地者，所謂乾慧地乃至佛地。但菩薩地者，歡喜地、離垢地、有光地、增曜地、難勝地、現在地、深入地、不動地、善根地、法雲地。

**鳩摩羅什譯《大智度論》卷七五**　十地者，乾慧地等。乾慧地有二種，一者聲聞，二者菩薩。聲聞人獨爲涅槃故，勤精進持戒，心清淨堪任受道。或習觀佛三昧、或不淨觀，或行慈悲、無常等觀，分別集諸善法，捨不善法。雖有智慧，不得禪定水，則不能得道，故名乾慧地。於菩薩，則初發心乃至未得順忍。

性地者，聲聞人，從煖法乃至世間第一法。於菩薩，得順忍，愛著諸法實相，亦不生邪見，得禪定水。

八人地者，從苦法忍乃至道比智忍，是十五心。於菩薩，則是無生法忍，入菩薩位。

見地者，初得聖果，所謂須陁洹果。於菩薩，則是阿鞞跋致地。

薄地者，或須陁洹，或斯陁含，欲界九種煩惱分斷故。於菩薩，過阿鞞跋致地乃至未成佛，斷諸煩惱，餘氣亦薄。

離欲地者，離欲界等貪欲諸煩惱，是名阿那含。於菩薩，離欲因緣故，得五神通。

已作地者，聲聞人得盡智、無生智，得阿羅漢。於菩薩，成就佛地。

辟支佛地者，先世種辟支佛道因緣，今世得少因緣出家，亦觀深因緣法成道，名辟支佛。辟支迦，秦言因緣，亦名覺。

菩薩地者，從乾慧地乃至離欲地，如上說。復次，菩薩地，從歡喜地乃至法雲地，皆名菩薩地。有人言：從一發心來，乃至金剛三昧，名菩薩地。

佛地者，一切種智等諸佛法，菩薩於自地中行具足，於他地中觀具足，二事具故名具足。

**玄奘譯《成唯識論》卷九**　如是十地，總攝有爲無爲功德以爲自性。與所修行爲勝依持，令得生長故名爲地。

**玄奘譯《顯揚聖教論》卷一**　地有二種，一內，二外。內謂各別身內眼等五根，及彼居處之所依止，堅鞕所攝，有執受性。復有增上積集，所謂髮毛、爪齒、塵垢、皮肉、筋骨、脈等諸不淨物，是內地體形段，受用爲業。外謂各別身外色等五境之所依止，堅鞕所攝，非執受性。復有增上積集，所謂礫石、丘山、樹林、甎等、水等災起，彼尋壞滅，是外地體形段，受用爲業。依持受用爲業，破壞受用爲業，對治資養爲業。

**圓測《仁王經疏》上卷**　言十地者，諸說不同。一云，此中十解，名爲十住，即說十住以爲十地。一云，此文依共十地說。如《智度論》，地有二種。一不共，如極喜等地。二共十地，謂乾慧等。合說三乘地，乃成十地，故名爲共。故《大品經》云，若菩薩具乾慧等十地，速證菩提。言十地者，乾慧地。性地，八人地。見地，薄地。離欲地，已作地。辟支佛地，菩薩地，佛地，廣說如彼。故《智度論》七十八云，乾慧地有二種。一者聲聞，二者菩薩。聲聞人獨爲涅槃故，勤精進持戒，心清淨，堪任學道。或習觀佛三昧不淨觀，或行慈悲無常等觀。分別集諸善法，雖有智慧，不得禪定水，則不能得道，故名乾慧地。菩薩則初發心，乃至未得順忍。性地者，聲聞人從煖法，乃至世間第一法。於菩薩得順忍，愛著諸法實相。亦不生邪見，得禪定水。八人地者，從苦法忍，乃至道比忍，是十五心。於菩薩則無生法忍，入菩薩位。見地者，初得聖果，亦謂須陁洹果。於菩薩則是阿鞞跋致地。薄地者，或須陁洹，斯陁含，欲界九種煩惱分斷故。於菩薩過阿鞞跋地，乃至未成佛斷諸煩惱，餘習氣亦薄。離欲地者，離欲界等貪欲諸煩惱，是名阿那含。於菩薩離欲因緣，故得五神通。已作地者，聲聞人得盡智，無生智無著阿羅漢。於菩薩成就佛地。辟支佛地者，先世種辟支佛道因，今世得少因緣，初出家，亦觀深因緣法成道，名辟支佛。菩薩地者，從乾慧地乃至離欲地，如上說。復次，菩薩地從歡喜地乃至法雲地，皆名菩薩地。

有人言：從一發心來乃至金剛三昧，名菩薩地。佛地者，一切種智等。諸佛法菩薩，於自地行具足，於他地中觀具足。二事具足，故名具足。按此經文，有其三難。一，於已辦地，亦得成佛，如何經說具足十地速證菩提。二，菩薩不行辟支佛行，如何經說具足辟支佛地。三，已得佛地，更不重得，如何經說具足佛地乃至得菩提。解云：據實已辦地，早得成佛。經意，欲釋具足十地，故總相說而不別釋。通第二難。龍樹菩薩自作兩釋。一云，菩薩於自地中行具足，於他地觀具足。二事具足，故名具足。謂於二乘地，觀知二乘地法，而不行二乘地，於菩薩地具足行，菩薩地行故言具足十地。一云，菩薩能分別知眾生，可以辟支佛因緣度者，是故菩薩以智慧行辟支佛事。如《首楞嚴經》中，文殊師利七十二億返，作辟支佛。菩薩亦如是。通第三難。滿足九地，修習佛法十力四無所畏等，雖未具足，以修習佛道，故名具足。以是故言十地具足故得無上道。具說如彼。今解，於上共與不共十地門中，且說共十地，或可通說共與不共二種十地。於理無違，皆是阿羅漢所行地故。二云，依證契經，有四種十地。一聲聞十地，謂住三歸行地、隨信行地、隨法行地、善凡夫地、學戒地、第八人地、須陁洹地、斯陁含地、阿那含地、阿羅漢地。二獨覺十地，謂眾善資糧地、自覺深緣起地、四聖諦地、勝深利智地、八聖支道地、智法界虛空界眾生界地、證滅地、六通性地、入微妙地、習氣縛地。三菩薩十地者，謂歡喜地、無垢地、明地、焰地、極難勝地、現前地、遠行地、不動地、善慧地、法雲地。四者，如來十地，廣說如後。今此經意，通所三種。所以者何，今此賢者，依本性說即聲聞故，回心向大是菩薩故。究竟修習，必圓滿故。或如前說，度緣覺故。

**法藏《華嚴經探玄記》卷一〇**　十地有二種門。一，若約漸增之門名因分。十地是即可說，有分齊故。如月漸增，可說差別。二，若就圓滿時門名果分，十地是不可說，無分齊故。如月滿時無差別。故此二十地其體無別，但隨分滿假立二分。此亦未然，豈可未至法雲即歡喜可說。待剋十圓滿，方不可說。若前能起後爲因，後依前起爲果，亦少分可然，猶非文意。有說：十地有二種義。一者，教所安立十地法門，在聞者識上，似義顯現名爲因分，由此表彼離言義故。二者，亡詮證入十地正行，離諸言教所安立相，說名果分，由彼因分之所表故。是故因分可說，果分不可說。此說少順文意，猶非正當。今釋有兩重。一，此十地有二分。一就實十地，唯佛所知佛智所行名爲果分。上論云，此智是誰證。偈云，佛智所行故。又上文云，智起佛境界故。又上加分中言，不思議佛法。又如鳥跡所依太空爲果海等。二隨相十地，菩薩所知。菩薩所行名爲因分。是即果分玄絕，當不可說。因分約機，是即可說。此義通一部經中大意。問，若爾，菩薩證智豈可說耶。答，教說修中滿足修等是也。二言十地有二分。一約妙智，正證智如境故，離相離言故，名果分，即不可說。如彼鳥跡同於虛空，不可說也。二約方便寄法，顯地差別。如下文初二三地宮同世間，四五六地同二乘等。又寄禪支道品諸諦緣生以顯地別，令眾因此表解地義，故名因分。如空中跡，約鳥說異名爲因分，同空無別名爲果分。一跡通二，故爲二分。問，約鳥約空跡皆離相，云何有可說有不可說。答，跡雖離相，就鳥得說，就鳥得說，所說常離也。跡同虛空，理不可說。所況地智，準此可知。此釋局斯地品，故云雖爲難，即是一分也，此爲總句。

## 處

**玄奘譯《阿毗達磨俱舍論》卷一**　心、心所法生長門義，是處義。訓釋詞者，謂能生長心心所法，故名爲處，是能生長彼作用義。

**玄奘譯《瑜伽師地論》卷五六**　問，處名何義，爲顯何義建立處耶。答：諸心心所生長門義，緣義，方便義，和合性義，所依止義，居住處義，是名處義。爲欲顯示等無間所緣增上三種緣義故，建立處。廣分別處及次第，隨其所應如界當知。

又世尊言有八勝處，廣說如經。如是十遍處。又有四處，謂空無邊處等。又有二處，謂無想處，非想非非想處。如是等法處名說者，如所說相隨其所應當知，皆在十二處攝。又處依正如界應知。

**玄奘譯《瑜伽師地論》卷五七**　能生能廣諸心心法，是故名處。由眾緣故，速壞集起。由眾緣故速壞集起，故名緣起。等起理趣。等起理趣，是故名處。若非理趣，說名非處。於見等事自在相應。於見等事自在相應，是故名根。

**玄奘譯《辯中邊論》卷中**　已說界義，處義云何。頌曰：

能受所了境，用門義名處。

論曰，此中能受受用門義，謂六內處。若所了境受用門義，是六外處。

**玄奘譯《大乘阿毗達磨雜集論》卷二**　問：處義云何。答：識生長門義是處義。當知種子義，攝一切法差別義，亦是處義。

# 界

**浮陁跋摩共道泰等譯《阿毗曇毗婆沙論》卷三八** 何故名界，界是何義。答曰：性義是界義。叚義、分義、別義、種種相義、不相似義、分齊義，是界義。種種所依是界所作。聲論者說曰：趣義是界義，持養義是界義。性義是界義者，譬如一山之中，多有諸性，鐵性、白鑞性、鉛性、銅性、銀性、金性、石性、白塔性。如是一所依身，有十八界性。叚義是界義者，如諸材叚次第安置，名宮殿樓觀。次第安置竹篾，名扇名蓋。次第安置肉叚，名爲男女。分義是界義者，十八分是男，十八分是女。別義是界義者，男別有十八，女別有十八。種種相義是界義者，眼界相異乃至法界相異。不相似義是界義者，眼界於餘界不相似，乃至法界於餘界不相似。分齊義是界義者，眼界自有分齊，餘十七界亦有分齊，乃至法界自有分齊，餘十七界亦有分齊。種種所作是界所作者，眼界所作，乃至非法界所作。法界所作，乃至非眼界所作。聲論者說：趣義是界義者，趣諸界諸趣諸生。持養義是界義者，能持自性故。是故性義乃至持養義是界義。

**玄奘譯《阿毗達磨大毗婆沙論》卷七一** 界是何義。答：種族義，是界義。段義、分義、片義、異相義、不相似義、分齊義，是界義。種種因義，是界義。聲論者說：馳流故名界，任持故名界，長養故名界。應知此中種族義是界義者，如一山中有多種族，謂金銀、銅鐵、白鑞、鉛錫、丹青等石、白墡土等異類種族。如是於一相續身中，有十八界異類種族。段義是界義者，如有次第安布段物，得種種名。謂次第安布材木等段，名爲宮殿臺觀舍等。次第安布餘甘子等段，名阿摩洛迦。次第安布竹篾等段，名蓋扇等。次第安布骨肉等段，名男女等。如是次第安布眼等十八界段，名爲有情摩納婆等。分義是界義者，謂男身中有十八分，女等亦爾，即十八界。片義是界義者，謂男身中有十八片，女等亦爾，即十八界。異相義是界義者，謂眼界相異乃至意識界相異。不相似義是界義者，謂眼界不似餘界，乃至意識界不似餘界。分齊義是界義者，謂眼界分齊異餘十七界，乃至意識界分齊異餘十七界。種種因義是界義者，謂因此故有眼界，非即因此乃至有意識界。乃至因此故有意識界，非即因此乃至有眼界。聲論者說：馳流故名界者，謂此諸界馳流三界五趣四生，輪轉生死。任持故名界者，謂此諸界任持自性。長養故名界者，謂此諸界長養他性。是故種族義是界義，乃至長養故名爲界。

**玄奘譯《阿毗達磨俱舍論》卷一** 法種族義是界義。如一山中有多銅鐵金銀等族，說名多界。如是一身，或一相續，有十八類諸法種族，名十八界。此中種族是生本義，如是眼等誰之生本，謂自種類同類因故。若爾無爲，應不名界，心心所法生之本故。有說，界聲表種類義。謂十八法種類，自性各別，不同名十八界。

**玄奘譯《瑜伽師地論》卷三一** 謂依界差別增上正法，聽聞受持增上力故，能正解了一切界義。謂種姓義及種子義、因義、性義，是其界義。如是名爲尋思界義。又正尋思地等六界内外差別發起勝解，如是名爲尋思界事。

**玄奘譯《瑜伽師地論》卷五六** 問：何等是界義。答：因義、種子義、本性義、種性義、微細義、任持義，是界義。問：以何義故，涅槃虛空亦說名界。答：由彼能持苦不生義，持身眼等運動用義。

**玄奘譯《辯中邊論》卷中** 界義云何。頌曰：

能所取彼取，種子義名界。

論曰：能取種子義，謂眼等六内界。所取種子義，謂色等六外界。彼取種子義，謂眼識等六識界。

**玄奘譯《大乘阿毗達磨雜集論》卷二** 問：界義云何。答：一切法種子義。謂依阿賴耶識中諸法種子，說名爲界，界是因義故。又能持自相義是界義。又能持因果性義是界義。能持因果性者，謂於十八界中根境諸界及六識界。如其次第，又攝持一切法差別義是界義。攝持一切法差別者，謂諸經說地等諸界及所餘界，隨其所應，皆十八界攝。

**玄奘譯《瑜伽師地論》卷九六** 當知諸界略有二種，一住自性界，二習增長界。住自性界者，謂十八界墮自相續，各各決定差別種子。習增長界者，謂則諸法，或是其善，或是不善。於餘生中先已數習，令彼現行故。

**玄奘譯《解深密經》卷三** 言界義者，謂五種界，一者器世界，二者有情界，三者法界，四者所調伏界，五者調伏方便界。善男子，如是五義，當知普攝一切諸義。

## 纏 另見八纏　十纏

**玄奘譯《瑜伽師地論》卷五八**　現行現起煩惱，名纏。即此種子，未斷未害，名曰隨眠，亦名麁重。又不覺位名曰隨眠，若在覺位說名爲纏。

**玄奘譯《入阿毗達磨論》卷上**　纏有十種，謂惛沈、睡眠、掉舉、惡作、嫉、慳、無慚、無愧、忿、覆。身心相續，無堪任性，名爲惛沈，是昧重義。不能任持，身心相續，令心昧略，名爲睡眠。此得纏名，唯依染污。掉舉，謂令心不寂靜。惡所作體，名爲惡作。有別心所緣惡作生，立惡作名，是追悔義。此於果體，假立因名。如緣空名空，緣不淨名不淨。世間亦以處而說。依處者，如言一切村邑來等。此立纏名，亦唯依染。嫉、慳二相，結中已說。於諸功德及有德者，令心不敬，說名無慚，即是恭敬所敵對法。於諸罪中不見怖畏，說名無愧。能招惡趣，善士所訶，說名爲罪。除瞋及害，於情非情，令心憤發，說名爲忿。隱藏自罪，說名爲覆。此十纏縛身心相續，故名爲纏。

**玄奘譯《阿毗達磨順正理論》卷五四**　論曰：根本煩惱亦名爲纏，經說欲貪纏爲緣故。若異此者，貪等云何，可得名爲圓滿煩惱。然諸論者離諸隨眠，就勝說纏，或八或十。謂品類足，說有八纏。《毗婆沙》宗說纏有十，即於前八更加忿、覆。如是十種繫縛含識置生死獄，故名爲纏。或十爲因，起諸惡行，令拘惡趣，故名爲纏。

**玄奘譯《瑜伽師地論》卷八**　令於善行不隨所欲，故名爲縛。一切世間增上種子之所隨逐，故名隨眠。倒染心故，名隨煩惱。數起現行，故名爲纏。

**玄奘譯《大乘阿毗達磨集論》卷四**　纏有八種，謂惛沈、睡眠、掉舉、惡作、嫉、慳、無慚、無愧。數數增盛，纏繞於心，故名爲纏。謂隨修習止舉捨相，及彼所依梵行等所攝淨尸羅時，纏繞於心。

**澄觀《大方廣佛華嚴經隨疏演義鈔》卷四三**　疏：於相修中纏繞身心者，三釋總名，亦出偏說所以也。本論云，數數增盛，纏繞於心，故名爲纏。釋論中云，由此諸纏，數數增盛，纏繞一切觀行者心，於修善品爲障礙故。

疏：或說十纏者，即第四明十纏。《俱舍》頌第五《隨眠品》云，纏八，無慚、愧、嫉、慳，并悔、眠、掉舉與惛沈。或十，加忿、覆。論云八纏者，《品類足論》或十者。《毘婆沙》師言於被舉時爲重障者。忿以令心忿發爲性，覆以覆藏自罪爲性故。

**玄奘譯《大乘阿毗達磨雜集論》卷七**　纏有八種，謂惛沈、睡眠、掉舉、惡作、嫉、慳、無慚、無愧。數數增盛，纏繞於心，故名纏。由此諸纏，數數增盛，纏繞一切觀行者心，於修善品，爲障礙故。修善品者，謂隨修習止舉捨相，及彼所依梵行等所攝淨尸羅時。此復云何。謂修止時，惛沈睡眠爲障，於內沈沒故。修舉時，掉舉惡作爲障，於外引散亂故。修捨時，嫉慳爲障。由成就此，於自他利恪姤門中，數數搖動心故。修淨尸羅時，無慚無愧爲障。由具此二，犯諸學處，無羞恥故。

## 蓋 另見五蓋

**鳩摩羅什譯《禪法要解》卷上**　何故睡眠、掉悔二合爲蓋。答曰：睡雖煩惱勢力微薄，眠不助成則不覆心，掉戲無悔不能成蓋，以是故二合爲蓋。譬如以繩繫物，單則無力，合而能繫。復次，睡眠心法，因睡心重，以心重故，身亦俱重。因睡微覆，眠覆轉增，遮壞道法，是故二合爲蓋。眠既覺已，心不專一，馳念五欲，行諸煩惱，是名爲掉。譬如獼猴得出羈閉，自恣跳躑，戲諸林木。掉亦如是。已念五欲，行諸結使，身口意失而生憂悔。作是念言，不應作而作，應作而不作。是故掉悔相因，二合爲蓋。問曰，作惡能悔，不應爲蓋。答曰，如犯戒自悔，從今以往，不復更作，如是非蓋。若心作罪，常念不息，憂惱亂心，故名爲蓋。

**浮陁跋摩共道泰等譯《阿毗曇毗婆沙論》卷二〇**　覆義是蓋義。此五法覆勢用等無明覆勢用偏多。如一無明蓋覆勢用，勝於五蓋所覆勢用。復有說者，以無明體重故，不立無明蓋在五蓋中。

**浮陀跋摩共道泰等譯《阿毗曇毗婆沙論》卷二六**　何故名蓋，蓋是何義。答曰：障義是蓋義，破義是蓋義，壞義是蓋義，墮義是蓋義，臥義是蓋義。障義是蓋義者，障於聖道及聖道方便善根。如經説，比丘當知此五種樹，名爲大樹，種子雖小而枝體大，覆餘小樹，令餘小樹破壞墮臥。云何爲五，一名于千闍那，二名迦毗多羅，三名阿濕婆多，四名優曇跋羅，五名尼拘陁諸小樹，而此諸大樹所覆，不能生於花果。如是眾生欲界心樹，爲蓋所覆，不能生覺意花及沙門果。是故障義是蓋義。破義、壞義、墮義、臥義，是蓋義。

問曰：若障聖道及聖道方便善根是蓋義者，蓋所不攝餘煩惱，亦障聖道及聖道方便善根，亦應是蓋。此諸煩惱，有何異義，世尊獨立蓋耶。答曰：或有説者，此是世尊有餘之説，乃至爲受化者故。尊者波奢説曰，佛決定知法相，亦知勢用。餘人所不知，乃至廣説。尊者瞿沙説曰，佛知此五蓋，乃至障眾生聖道及聖道方便善根非餘煩惱。復次，此蓋亦障因時，亦障果時。因時障者，五蓋一一蓋現在前時，則不得生有漏善心及不隱沒無記心，何況聖道及聖道方便善根。果時障者，以五蓋果故，生惡趣中，則障一切諸善功德。復次，此五蓋欲界眾生數行，數行時微細。欲界所有眾生，行慢者甚少。如生地獄中，能起是慢，我受苦勝他耶。畜生中，如蝦蟇等以愚癡故，不能起諸見。是故尊者瞿沙作如是説，一切煩惱，盡障聖道，與聖道相違。但五蓋數行，數行時微細，世尊立蓋。復次，此蓋爲定及爲定果而作留難。復次，此蓋障三界離欲法，障九斷知無漏果，障四沙門果。復次，欲愛蓋，遠離欲愛寂滅法。恚蓋，遠離恚寂滅法。睡眠蓋，遠離慧法。掉悔蓋，遠離定法，遠離欲愛恚寂滅定慧故。

**智顗《摩訶止觀》卷四下**　蓋覆纏綿，心神昏闇，定慧不發，故名爲蓋。前呵五欲，乃是五根對現在五塵發五識。今棄五蓋，即是五識轉入意地。

**智顗《法界次第初門》卷上**　通名蓋者，蓋以覆蓋爲義。能覆蓋行者清淨善心，不得開發，故名爲蓋。而此五蓋既的爲在下所明諸禪正障，故須略辨其相。

一貪欲蓋。（引取心無厭足爲貪欲，分別體相。具如貪毒中説，三界五行中，十五貪使，即是貪欲蓋。）

二瞋恚蓋（忿怒之心名爲瞋恚。分別體相。具如前説。欲界五行五種瞋使。即是瞋蓋也。）

三睡眠蓋（意識惛熟曰睡。五情暗冥名眠。若心依無記則增長無明。故意識惛惛而熟。五情暗冥無所覺知。謂之睡眠也。數人説爲增心數法。猶屬見思所斷十五癡使攝也。）

四掉悔蓋（邪心動念曰掉。退思憂悴爲悔。若縱無明謬取。則戲論動掉心生。既所爲乖失。退思則有憂悔也。亦是增心數法。正屬見諦所斷三十二見使。攝思惟斷。亦有少分也。）

五疑蓋（癡心求理，猶預不決，名之爲疑。若修道定等法，無明暗鈍，不別眞僞，因生猶預，心無決斷，皆謂疑也。世間通疑，非一正論。障道之疑，即是見諦所斷三界四行十二疑使也。）

**玄奘譯《大乘阿毗達磨集論》卷四**　蓋有五種，謂貪欲蓋、瞋恚蓋、惛沈睡眠蓋、掉舉惡作蓋、疑蓋。能令善品不得顯了，是蓋義。謂於樂出家位、覺邪行位、止舉捨位。

**玄奘譯《阿毗達磨大毗婆沙論》卷三八**　問：無明是蓋亦是結，愛是結亦是蓋。何故此中説無明唯是蓋，説愛唯是結耶。答：無明亦應説是結愛，亦應説是蓋。而不説者，應知此是有餘之説。復次，欲現種種文、種種説故。若以種種文種種説者，義則易解，易可受持，餘便煩亂。復次，欲現二門，乃至廣説。如無明説蓋，愛亦應爾。如愛説結，無明亦應爾。爲現二門，乃至廣説。是故無明但説爲蓋，愛但名結。復次，無明蓋義多，結義少，故但説爲蓋。愛結義多，蓋義少，故但説爲結。復次，無明蓋義重，結義輕，故但説爲蓋。愛結義重，蓋義輕，故但説爲結。復次，覆義是蓋義。諸煩惱中，更無第二煩惱能覆有情慧眼如無明者，故説爲蓋。【略】以覆障義是蓋義故，一切煩惱，皆能覆障聖道及聖道加行善根，是故皆名爲蓋。

**玄奘譯《阿毗達磨大毗婆沙論》卷四八**　蓋是何義。答：障義、覆義、破義、壞義、墮義、臥義，是蓋義。此中障義是蓋義者，謂障聖道及障聖道加行善根，故名爲蓋。覆義乃至臥義是蓋義者，如契經説，有五大樹種子雖小，而枝體大覆餘小樹，令枝體等破壞墮臥，不生花果。云何爲五，一名建折那，二名劫臂怛羅，三名阿濕縛健陁，四名鄔曇跋羅，五名諸瞿陁。如是有情欲界心樹，爲此五蓋之所覆故，破壞墮臥，不能生長七覺支花、四沙門果故。覆等義是蓋義。問：若障聖道及障聖道加行善根是蓋義者，餘煩惱等亦有此義，世尊何故不說蓋耶。有作是說：此是世尊爲所化者，有餘略說。脇尊者言，佛知諸法性相勢用有蓋相者，便立爲蓋。無蓋相者，則不立之，故不應責。尊者妙音作如是說，佛知此五能障聖道及障聖道加行善根，勢用捷速，尤重親近，過所餘法，故偏立蓋。復次，如是五蓋，因時果時，俱能爲障，故偏立蓋。因時爲障者，此五隨一現在前時，心尚不能起有漏善無記，何況聖道。果時爲障者，由此五蓋墮諸惡趣，便總障礙一切功德。

**窺基《成唯識論述記》卷七**　覆蔽其心，令善不轉，是蓋義。

**玄奘譯《阿毗達磨法蘊足論》卷六**　障心纏心，隱心映心，裹心蓋心，故名爲蓋。蓋即貪欲，故名貪欲蓋。云何瞋恚蓋，謂於有情，欲爲損害內懷栽杌，欲爲擾惱，已瞋恚，當瞋恚，現瞋恚，樂爲過患，極爲過患，意極憤恚。於諸有情，各相違戾，欲爲過患，已爲過患，當爲過患，現爲過患。總名瞋恚。如是瞋恚，覆心蔽心，乃至裹心蓋心，故名爲蓋。蓋即瞋恚，故名瞋恚蓋。

云何惛沈睡眠蓋。謂身重性，心重性，身無堪任性，心無堪任性，身惛沈性，心惛沈性，瞢瞢憒悶，總名惛沈。染污心品，所有眠夢，不能任持，心昧略性，總名睡眠。如是所說，惛沈睡眠，覆心蔽心，乃至裹心蓋心，故名爲蓋。蓋即惛沈睡眠，故名惛沈睡眠蓋。

云何掉舉惡作蓋。謂心不寂靜掉舉等，掉舉心，掉舉性，總名掉舉。染污心品所有心，變心、懊心、悔我惡作、惡作性，總名惡作。如是所說掉舉惡作，覆心蔽心，乃至裹心蓋心，總名爲蓋。蓋即掉舉惡作故，名掉舉惡作蓋。

云何疑蓋。謂於佛法僧及苦集滅道，生起疑惑。二分二路，猶豫疑箭，不決定，不究竟，不審決，非已一趣，非當一趣，非現一趣，總說爲疑。如是疑性，覆心蔽心，乃至裹心蓋心，故名爲蓋。蓋即是疑，故名疑蓋。云何離惡不善法，謂於如是惡不善法，遠離極遠離，空不可得，故名離惡不善法。

**玄奘譯《阿毗達磨大毗婆沙論》卷四八**　蓋是何義。答：障義、覆義、破義、壞義、墮義、臥義，是蓋義。此中障義是蓋義者，謂障聖道及障聖道加行善根，故名爲蓋。覆義乃至臥義是蓋義者，如契經說，有五大樹，種子雖小而枝體大，覆餘小樹，令枝體等破壞墮臥，不生花果。【略】有瞋恚蓋，是瞋因緣，故成二蓋。自體者，謂有惛沈蓋，有睡眠蓋，有掉舉蓋，有惡作蓋。二分成四。善惡者，謂疑於善惡分成二蓋故。由三事分五爲十。此十，一一能障通慧菩提涅槃，故名爲蓋。問：七隨眠中慢無明見，世尊何故不立蓋耶。答：慢非蓋者，能隱覆心，故名爲蓋。慢能策心，令心高舉，故不立蓋。無明所以不立蓋者，等荷擔故，說名爲蓋。無明隱覆行相轉故，荷擔偏重不順等義故不立。在此蓋類中見非蓋者，能滅慧故，說名爲蓋。見即是慧，不可自性還滅自性，故慧非蓋。問：因論生論蓋能總滅有爲善法，何故但說蓋滅慧耶。答：以慧勝故，但說滅慧。即總說滅，有爲善法勝尚能滅，況餘劣者。如人能伏千人敵者，諸餘劣者豈不能伏。問：色無色界諸煩惱等，何故非蓋。答：彼無蓋相，故不立蓋。【略】復次，蓋唯不善，色無色界諸煩惱等皆是無記，故不立蓋。問：因論生論，何故唯立不善爲蓋非無記耶。答：障善法聚，故名爲蓋，由此蓋者唯是不善。

**玄奘譯《入阿毗達磨論》卷下**　蓋有五種，謂貪欲蓋、瞋恚蓋、惛沈睡眠蓋、掉舉惡作蓋、疑蓋。欲界五部，貪名初蓋。五部瞋名第二蓋。欲界惛沈及不善睡眠名第三蓋。欲界掉舉及不善惡作名第四蓋。欲界四部疑名第五蓋。覆障聖道及離欲染，并此二種加行善根，故名爲蓋。

**玄奘譯《瑜伽師地論》卷八**　覆眞實義，故名爲蓋

**道世《法苑珠林》卷七一**　夫論蓋者，是蔭覆義。謂覆障行者，令志性昏沈，定慧不明，隱沒善人，是修正道障，故名爲蓋。故《對法論》云：此蓋能令善品不得顯了，是蓋義。覆蔽其心，障諸善品，令不得轉，故名蓋義。前之五欲，從外五塵而生。此之五蓋，從內五根而發也。

**圓測《解深密經疏》卷七**　問：何故名蓋，蓋是何義。答：障義是蓋義，謂障聖道加行善根，故名爲蓋。廣說如彼。若依《雜集》第七卷云，能令善品不得顯了，是蓋義。（已上論本）覆蔽其心，障諸善品，令不轉故。若依《瑜伽》，說諸煩惱通名爲蓋。故第八云，覆眞實義，故名爲蓋。又八十四云，於所知事，能障智故，說名爲蓋。又依《瑜伽》第八十九釋

立蓋意，彼云，違背五處，當知建立五蓋差別。一爲在家諸欲境界所標論故，違背聖教，立貪欲蓋。二不堪忍諸同法者，呵諫驅擯教誡等故，違背所有可愛樂法，立瞋恚蓋。三由違背奢摩他故，立惛沉睡眠蓋。四由違背毗鉢舍那故，立掉舉惡作蓋。五由違背於法論義，無倒決釋審察諸法大師聖教涅槃勝解故，建立疑蓋。廣釋五蓋，如《大婆沙》第三十八四十八、《成實論》第十七、《雜集》第七、《瑜伽》十一，及如別章。

## 漏

**竺佛念譯《出曜經》卷一七**　漏義云何，以何故名爲漏義。答曰：住義爲漏義，漬爲漏義，滯爲漏義，增上爲漏義，非人所持爲漏義。住爲漏義者，欲界衆生以何制住。答曰：漏也。色無色界衆生以何制住。答曰：漏也，是故說住爲漏義。云何漬爲漏義。答曰：猶如以水漬，穀萌芽得生。此衆生類亦復如是，以三有水，漬宿行本結使，萌芽得生，是謂漬爲漏義也。滯爲漏義者，猶如涌泉屋漏，深渠溝澗，母人慈重自然流溢，是名滯爲漏義也。增上爲漏義者，猶如人間共相尊貴，尊卑貴賤各有所在，上有明主，下民不得東西縱逸，此衆生類亦復如是，爲結使所制持，不能得離三界四生五趣，是謂增上爲漏義。非人所持爲漏義者，猶如人爲非人所持，狂有所說，可避而不避，應離而不離，可持而不持，不可捉而捉。此衆生類亦復如是，爲結使非人所持，狂有所說，是故說非人所持爲漏義。能斷此諸漏者，於人天獨尊，意之所念必成不難，而獲斷智，拔苦根本至究竟處，不受當來有，得無生忍。是故說，能斷此諸漏也。

**那連提耶舍譯《阿毗曇心論經》卷一**：

若處生煩惱，是聖說有漏。
以彼漏名故，慧者說煩惱。

若處生煩惱是聖說有漏者，若依若聚若緣，若衆生數非衆生數生身見等煩惱，是法說有漏。問曰何故。答曰：以彼漏名故慧者說煩惱，觀察煩惱爲作漏名。故以彼法生於煩惱，依漏起故名爲有漏。如有怖道有毒食等，應如是說。若事屬漏，爲漏所攝，彼名有漏。此說無漏，緣生煩惱，非無漏法，屬於煩惱，爲煩惱攝。無漏法但緣生煩惱。問曰，漏義云何。答曰：從有頂下至無間獄，於其中間六入瘡漏，是故名漏猶如瘡漏。又留住生死故名爲漏。

**慧遠《大般涅槃經義記》卷一**　煩惱連注，其猶瘡漏，故名爲漏。漏別有三，所謂欲、有、無明漏等。

**慧遠《大乘義章》卷五**　取執境界，說以爲取。流注不絕，其猶瘡漏，故名爲漏。【略】言一切煩惱流注不絕，其猶瘡漏，故名爲漏。故經說爲諸漏瘡疣。漏別不同，一門說三。三名是何，所謂欲漏、有漏、無明漏。如《雜心》云：欲界地中一切煩惱，唯除無明，說爲欲漏。上二界中一切煩惱，唯除無明，說爲有漏。外道謂彼色無色界是其結盡無漏涅槃。對除彼見故，說爲有三界無明，名無明漏。問曰，何故三界無明合爲一漏。以彼無明迷理之心，理相平等，不可別分，故能迷心，從之說一。又問，四流四縛等中，皆說其見，何故漏中不說見漏。《雜心》釋言，連注之義，是其漏義。見心捷疾，於連注義，不相順故，不說見漏。雖不別說，當知攝在前二漏中。然此三漏，通攝二輪一切煩惱三漏之義。

**慧遠《大乘義章》卷二〇**　漏盡通者，結患斯已，稱曰漏盡。於此漏盡，照知無壅，名漏盡通。又無學智能盡諸漏，是故亦名漏盡智通。

**玄奘譯《阿毗達磨大毗婆沙論》卷一**　又如於漏具，立以漏名。如說七漏是損害，是燒然，是苦惱。根等實非漏，是漏具，故立以漏名。勝義漏唯三，謂欲漏、有漏、無明漏。

**玄奘譯《阿毗達磨大毗婆沙論》卷四七**　漏是何義。答：留住義、淹貯義、流派義、禁持義、魅惑義、醉亂義，是漏義。留住義是漏義者，謂令有情留住欲界色無色界，所謂諸漏。淹貯義是漏義者，如濕器中淹貯種子便能生芽。如是有情煩惱器中，淹貯業種，能生後有。流派義是漏義者，如泉出水，乳房出乳。如是有情從六處門諸漏流派。禁持義是漏義者，如人爲他所禁持，故不能隨意遊適四方。如是有情爲諸煩惱所禁持，故循環諸界諸趣諸生，不得自在趣涅槃界。魅惑義是漏義者，如人爲鬼之所魅惑，不應說而說，不應作而作，不應思而思。如是有情爲諸煩惱所魅惑故，起身語意三種惡行。醉亂義是漏義者，如人多飲根莖枝葉花果等酒，即便醉亂，不了應作不應作事，無慚無愧，顛倒放逸。如是有情飲煩惱洒，不了應作不應作事，無慚無愧，顛倒放逸。聲論者說阿薩臘縛者，薩臘縛是流義，阿是分齊義。如言天雨阿波吒梨，或施財食阿㫋荼羅阿言顯此乃至彼義。如是煩惱流轉有情乃至有頂，故名爲漏。

**玄奘譯《阿毗達磨大毗婆沙論》卷九四**　漏盡者，謂諸漏永盡。問：順諸漏法亦得永盡，何故但說彼漏盡耶。答：彼以漏盡而爲上首，應知亦說順漏法盡。復次，諸漏難斷難破難越，非順漏法，故偏說之。復次，諸漏過失多勝堅牢，非順漏法，故偏說之。復次，諸漏自性斷，斷已不成就，與聖道相違，故偏說盡。諸聖道起，正與一切煩惱相違，非有漏善，無覆無記。然諸聖道斷煩惱時，亦兼斷彼。如明燈起，與闇相違，非油炷器。然破闇時，亦令油盡炷燋器熱。問：何故但說漏盡，不說暴流軛等。答：三漏在前攝煩惱盡，是故偏說。暴流軛等，雖有攝煩惱盡而不在前。三結三不善根，雖在前而攝煩惱不盡。故阿羅漢但說漏盡，非暴流等。

**玄奘譯《入阿毗達磨論》卷上**　漏有三種，謂欲漏、有漏、無明漏。欲界煩惱并纏，除無明，名欲漏。有四十一物，謂三十一隨眠并十纏。色無色界煩惱并纏，除無明，名有漏。有五十四物，謂上二界各二十六隨眠，并惛沈掉舉同無記故。內門轉故，依定地故，二界合立一有漏名。三界無明名無明漏。有十五物，以無明是諸有本故，別立漏等。稽留有情久住三界，障趣解脫，故名爲漏。或令流轉從有頂天至無間獄，故名爲漏。或彼相續於六瘡門，泄過無窮，故名爲漏。

**玄奘譯《阿毗達磨俱舍論》卷二〇**　稽留有情，久住生死。或令流轉於生死中，從有頂天至無間獄，由彼相續於六瘡門，泄過無窮，故名爲漏。極漂善品，故名瀑流。和合有情，故名爲軛。能爲依執，故名爲取。若善釋者，應作是言，諸境界中流注相續，泄過不絕，故名爲漏。

**玄奘譯《瑜伽師地論》卷八**　邪行自性，故名惡行，流動其心，故名爲漏。

**玄奘譯《瑜伽師地論》卷五一**　如實了知自心雜染愛樂，速疾迴轉無譬喻性。又能善知如是雜染心有過患性，又能善知如是雜染心還滅方便。由如是故，心清淨行苾芻，速能證得無上心清淨性，所謂諸漏永盡。

**玄奘譯《瑜伽師地論》卷六九**　若一切結無餘永斷，名爲漏盡。即於此中世間盡智及無生智，名漏盡智。

**玄奘譯《瑜伽師地論》卷三七**　云何諸佛菩薩漏盡智通。謂佛菩薩如實了知煩惱盡，得如實了知，若自若他於諸漏盡已得未得。如實了知，若自若他所有能得漏盡方便。如能如實了知方便，於非方便亦如實知。如實知他於漏盡得有增上慢。如實知他於漏盡得離增上慢。又諸菩薩雖能如實了知一切漏盡功德能證方便而不作證，是故菩薩於有漏事及與諸漏不速捨離，雖行種種有漏事中而不染污。如是威力，於諸威力最爲殊勝。又佛菩薩由漏盡智自無染污，亦善爲他廣分別說壞增上慢，當知是名此所作業。

**玄奘譯《大乘阿毗達磨雜集論》卷七**　漏有三種，謂欲漏、有漏、無明漏。令心連注，流散不絕，故名爲漏。此復云何。依外門流注，故立欲漏。依內門流注，故立有漏。依彼二所依門流注，故立無明漏。令心連注流散不絕，是漏義。

**智儼《華嚴經內章門等雜孔目》卷三**　三漏，謂欲漏、有漏、無明漏。欲界煩惱，除無明，爲欲漏。上界煩惱，除無明，爲有漏。三界無明爲無明漏。此三連注不絕，故名爲漏。

**窺基《妙法蓮華經玄贊》卷一**　諸論皆云，煩惱現行，令心連注，流散不絕，名之爲漏。如漏器漏舍，深可厭惡。損污處廣，毀責過失，立以漏名。此唯現行，無復煩惱是種子故，據實通種。二列名。漏有三種，一欲漏，二有漏，三無明漏。

**宗密《圓覺經大疏釋義鈔》卷七**　漏者，煩惱現行，令心連注流蕩不絕，損污處廣，立以漏名。略如前釋。其三漏體，四漏義，漏出漏入損污等義，具有章門，在補闕卷中。今且略明八識皆通之義。謂凡夫識強智劣，八皆有漏。諸佛轉成四智，智相應識，皆唯無漏。若地上菩薩，證理及在觀即無漏，出觀散心即有漏。言轉識者，六七因位轉，五八果位轉。因轉者，地前皆是有漏，至初地見道，能斷分別二障，顯得二空眞如。六七齊轉成妙觀察智、平等性智，皆是無漏。若出觀時，還是有漏。第六至八地，二執永伏，永得無漏。第七我執亦永伏滅，捨賴耶名，名異熟識。五八果轉者，八是總報主，能持三界無漏三性種子及有漏根身故。十地滿心，最後解脫道中，方永棄捨，齊證般若解脫法身，純無漏界，大圓鏡智，盡未來際。前五者，由根是第八相分，第八因中有漏，有漏根不發無漏五識故。

**圓測《解深密經疏》卷五** 永盡諸漏，得慧解脫。永離定障，得心解脫。或可離三漏故，名永盡諸漏。永離貪故，心得解脫。依《大婆沙》九十四云，漏盡者，謂諸漏永盡。問，順諸漏法亦得永盡，何故但說彼漏盡耶。答：彼以盡而爲上首，應知亦說順諸法盡。復次，諸漏難斷難破難趣，非順漏法，故偏說之。復次，諸漏過失多勝堅牢，非順漏法，故偏說之。廣說如彼。《大智度論》第三卷云，三界中三種漏已盡無餘，故言諸漏盡也。

# 縛

**僧伽跋澄譯《鞞婆沙論》卷二** 四縛者，欲愛身縛、瞋恚身縛、戒盜身縛、我見身縛。問曰：四縛有何性。答曰：欲愛身縛欲界愛五種，瞋恚身縛恚五種，戒盜身縛三界六種，我見身縛三界十二種。此二十八是四縛性，此縛性已種相身所有自然。說性已當說行。何以故說縛，縛有何義。答曰：束義是縛義，連續義是縛義。束義是縛義者，如彼施設所說，此無明未盡未知已，彼彼身，彼彼依，彼彼得，已身亦是因亦是緣。束而束遍束，連續相連續。如巧鬘師鬘師弟子，繩長綖已，結作種種鬘。彼綖於彼華，亦是因亦是緣。結而結遍結，連續相連續。如是此無明未盡未知已，彼彼身，彼彼依，彼彼得，已身亦是因亦是緣。束而束遍束，連續相連續。是故說束義是縛義，連續義是縛義。相連續是縛義者，如彼契經說，當爾時香食（中陰也）二心中必有一。或愛相應，或恚相應。是故說連續義是縛義。

問曰：若此衆生生死中，束而束遍束是縛義者，一切結亦爾。衆生生死中束而束遍束，何以故立四縛，不立餘。答曰：是世尊餘言略言欲令行言，世尊爲教化故。或曰，爲人故，爲眷屬故，爲器故，爲教化故。尊者瞿沙說曰，世尊於法眞諦餘眞無能過，彼盡知法相，盡知行。若有縛相立縛中，無縛相不立縛中。或曰，謂極縛三界衆生，欲愛身縛，瞋恚身縛，極縛欲界衆生。戒盜身縛，我見身縛，極縛三界衆生。或曰，謂二事極縛白衣及學道者，欲愛身縛，瞋恚身縛，極縛白衣。戒盜身縛，我見身縛，極縛學道者，如白衣及學道，如出家及不出家，捨家妻子及不捨家妻子，有家無家，有畜財寶不畜財寶，盡當知。或曰，謂能起二諍，一者婬欲故諍，二者見欲故諍。如彼契經，持澡罐杖梵志，至尊者迦梅延所，而問迦梅延：何因何緣，王王共諍、梵志梵志共諍、居士居士共諍、縣縣共諍、國國共諍。答曰：此梵志因婬欲著故，令此王王共諍、梵志梵志共諍、居士居士共諍、縣縣共諍、國國共諍。重問曰：迦旃延，此沙門亦無家無所守，不畜財寶。迦梅延，何因何緣，沙門沙門共諍。答曰：見欲著故，此梵志沙門沙門共諍。謂彼能起二諍，一者婬欲，二者見欲，以故爾如諍。如是二邊二箭二轉二戲，盡當知。以是故，立四縛，不立餘。廣說四縛處盡。

**浮陀跋摩共道泰等譯《阿毗曇毗婆沙論》卷二六** 縛有何義。答曰：繫義是縛義，相續義是縛義。繫義是縛義者，此四縛等繫衆生，繫已復繫。【略】二邊二箭二戲論二道，當知亦如是。復次，此現門現略現始入。諸煩惱，或見道斷，或見道修道斷。若說戒取身縛、見取身縛，當知已說見道所斷諸煩惱。若說貪身縛、恚身縛，當知已說見道修道所斷諸煩惱。復次，諸煩惱，或是一切遍，或非一切遍。若說後二身縛，當知已說一切遍煩惱。若說前二身縛，當知已說非一切遍諸煩惱。復次，諸煩惱，或是見性，或非見性。若說後二身縛，當知已說見性諸煩惱。若說前二身縛，當知已說非見性諸煩惱。復次，諸煩惱，或凡夫人所行，或凡夫聖人所行。若說後二身縛，當知已說凡夫所行諸煩惱。若說前二身縛，當知已說凡夫聖人所行諸煩惱。復次，諸煩惱，或性欣踴，或性憂慼。若說恚身縛，當知已說憂慼諸煩惱。若說餘身縛，當知已說欣踴性諸煩惱。是故說爲現門現略現初入。

**曇無讖譯《大般涅槃經》卷二九** 有煩惱故，名爲繫縛。無煩惱故，名爲解脫。善男子！如說名色繫縛衆生。名色若滅，則無衆生。離名色已，無別衆生。離衆生已，無別名色。亦名名色繫縛衆生，亦名衆生繫縛名色。

**一行《大毗盧遮那成佛經疏》卷七** 梵云滿馱，此翻爲縛。如人爲縲紲所拘，不可得動轉，是縛義。若以方便解是結時，則名解脫。若離身繩，無別縛解法。如天帝釋，以微細縛縛阿脩羅王，置忉利天上，起念欲還時，五縛已在其身。若息念時，縛自除解。若波旬羂網，復過於此百千倍數，何況業煩惱無爲縛等耶。以要言之，若離諸因緣不墮諸法數者，乃謂無縛。是爲字義。《中論》云：離五陰別有眾生者，則應以陰縛眾生，而實離五陰無眾生。若離五陰別有煩惱者，別應以煩惱縛五陰，而實離五陰無別煩惱。以如是等種種因緣，當知無縛。無縛則無解，無縛解故，涅槃即生死，生死即涅槃。如《觀縛解品》中廣說。

**慧嚴等《大般涅槃經》卷二七**　若有名色是繫縛者，諸阿羅漢未離名色，亦應繫縛。善男子！解脫二種，一者子斷，二者果斷。言子斷者，名斷煩惱。阿羅漢等已斷煩惱眾結爛壞，是故子結不能繫縛，未斷果故名果繫縛。諸阿羅漢不見佛性，以不見故，不得阿耨多羅三藐三菩提。以是義故，可言果繫，不得說言名色繫縛。

**延壽《宗鏡錄》卷一一**　《魔逆經》云：魔請文殊解縛。文殊云，無人縛汝，汝自想爲縛也。魔即語云，我畢竟永不解脫。經云，本自無縛，其誰求解。若使法界有繫縛者，我即解脫。此眞實不生不滅也。

**廣莫《楞伽阿跋多羅寶經參訂疏》卷四**　縛名縛，不縛名解。謂妄想纏綿，難出離故，名縛不縛妄想。如士夫者，喻也。如宰官以人罪而繫之，以杻械枷鎖方便，名縛。又以校勘審鞫而出之，名解，解亦妄想。此以喻釋名也。然而外道凡夫，若解若縛，皆名爲縛，未離煩惱故。二乘聲聞解脫世網，乃名爲解。解非眞解，亦名妄想。故《法華》云，但盡生滅，名爲解脫。其實未得一切解脫。

## 妄念

**慧思《大乘止觀法門》卷三**　一切眾生皆有淨心，應悉自然除於妄念也。若言妄念前後自相抑止，久久即息。

**宗密《大方廣圓覺修多羅了義經略疏注》卷下**　居一切時，不起妄念。妄念者，攀緣取著外法也。念則違覺，故令不起。

**弘忍《最上乘論》**　三世諸佛，皆從心性中生。先守眞心，妄念不生。我所心滅，後得成佛。

**寶臣《注大乘入楞伽經》卷四**　何者是妄念，謂此二無我是妄念。何以故，爲對治二種我見故，說二種無我。以所治既不實，能治亦是妄，故言二無我虛妄念。若如實知如理平等，不起二無我妄念，是名緣眞如禪，一作正念眞如禪。

**智旭《大乘起信論裂網疏》卷四**　既熏習已生妄念心者，依生滅門，俗故相有別，則有八識及諸心所體用四分種現差別不同。然此差別，悉皆無性。由無明故，不達無性，生第六識相應之差別法執，名爲妄念心也。此妄念心復熏無明者，第八識中既本有無明種子，令第七識念念起於迷理無明現行。而此第六識之法執妄念現行，熏於第八本識，自成妄念種子。又能助彼無明種子勢力，故即名爲熏無明也。以熏習故不覺眞法者，從於法癡，更起我癡等也。以不覺故妄境相現者，由我癡故，乃現三界分段生死。六塵境也，以妄念心熏習力故，生於種種差別。執著者，即界內界外見思諸惑也。

## 客塵

**僧肇《注維摩詰經》卷五**　什曰：心本清淨，無有塵垢。塵垢事會而生，於心爲客塵也。

而起大悲。肇曰：心遇外緣，煩惱橫起，故名客塵。菩薩之法，要除客塵而起大悲。若愛見未斷，則煩惱彌滋，故應捨之。生曰：愛見是惑想所起爲客塵也，除之乃可以起大悲者矣。

**求那跋陀羅譯《楞伽阿跋多羅寶經》卷四**　大慧！此如來藏識藏，一切聲聞、緣覺心想所見。雖自性淨，客塵所覆故，猶見不淨，非諸如來。

**曇無讖譯《大般涅槃經》卷八**　所謂佛性，非是作法，但爲煩惱客塵所覆。若剎利、婆羅門、毘舍、首陀能斷除者，即見佛性，成無上道。譬如虛空震雷起雲，一切象牙上皆生花。若無雷震花，則不生，亦無名字。眾生佛性亦復如是，常爲一切煩惱所覆，不可得見。是故我說眾生無我。若得聞是《大般涅槃》微妙經典，則見佛性。

**吉藏《中觀論疏》卷五** 《地論》云，心性本淨，如日在天，本性清淨，客塵煩惱染故不淨。《成論》師云，心有得佛之理，不爲煩惱所染，故云清淨。而言客塵者，煩惱雖復牢固，始終可斷，非永安義，故云客。

**義淨譯《金光明最勝王經》卷一** 煩惱隨惑，皆是客塵。

**般刺密譯《大佛頂如來密因修證了義諸菩薩万行首楞嚴經》卷一** 一切衆生不成菩提及阿羅漢，皆由客塵煩惱所誤。汝等當時因何開悟，今成聖果。時憍陳那起立白佛：我今長老於大衆中獨得解名，因悟客塵二字成果。世尊！譬如行客投寄旅亭，或宿或食，食宿事畢，俶裝前途，不遑安住。若實主人自無攸往。如是思惟，不住名客，住名主人。以不住者名爲客義。又如新霽清暘昇天，光入隙中，發明空中諸有塵相。塵質搖動，虛空寂然。如是思惟，澄寂名空，搖動名塵。以搖動者名爲塵義。

**湛然《維摩經略疏》卷七** 客塵者，愛見即是無明，不有而有，名爲客塵，能覆自性之心。

**延壽《宗鏡錄》卷三七** 答：只爲佛之知見，蘊在衆生心。雖然顯現，而迷者不知。以客塵所覆，妄見所障，雖有如無。似世間寶藏，爲物所覆，莫有知者。

**子璿《首楞嚴義疏注經》卷一** 今言客塵者，即別指集諦。分別煩惱麤動如客，俱生微細難辨如塵。此俱喻煩惱障也。若下圓通陳如述證，即通大乘。客如煩惱，塵如所知。

**圓澄《大佛頂首楞嚴經臆說》** 客塵者，見惑處麤名客，思惑處細名塵。麤細雖異，不住是同。能惑眞性，同名煩惱。今以五科解釋。一約所顯。《成實》云，經言客塵者，以顯心性是常故。二約所修。《圓覺》云，修奢摩他者，覺識煩動，靜慧發生，身心客塵從此永滅。三約所證。《佛地》云，爲斷客塵，證淨法界。四約所離。《佛地》云，圓鏡智者，正淨無垢，離客塵故。五約所染。《勝鬘》云，如虛空淨，心常明淨，無轉變相，虛妄分別客塵煩惱所染。此經，不住名客，住名主人。澄霽名空，搖動名塵。即緣塵分別，爲客塵義。

**羅峯《方廣圓覺修多羅了義經句釋正白》卷下** 身心客塵者，地水火風，見聞覺知。屬明所妄能，相待搖立。幻化之法，非常住性，故云客塵。

**失名《無畏三藏禪要》** 一切衆生自性清淨心，名爲大圓鏡智。上自諸佛，下至蠢動，悉皆同等，無有增減。但爲無明妄想客塵所覆，是故流轉生死，不得作佛。

# 戲論

**鳩摩羅什譯《中論・觀因緣品第一》**：

不生亦不滅，不常亦不斷。
不一亦不異，不來亦不出。
能說是因緣，善滅諸戲論。
我稽首禮佛，諸說中第一。

**菩提流支譯《勝思惟梵天所問經》卷五** 問言：梵天！何等言語名爲義耶。梵天答言：所謂爲他令心取相，說彼言語。何以故。一切文字名爲戲論。而佛如來不住戲論，不依不說。

**菩提流支譯《佛說法集經》卷四** 知無分別、無戲論境界，證阿耨多羅三藐三菩提心。奮迅慧菩薩言：善男子！言菩提者，於何法而說。無所發菩薩言：善男子！言菩提者，無分別、無戲論法，即其言也。善男子！見我者，名爲戲論，此非菩提。遠離我見，無有戲論，名爲菩提。善男子！著我所者名爲戲論，此非菩提。遠離我所，無有戲論，名爲菩提。隨順老病死者，名爲戲論，此非菩提。不隨順老病死，寂靜無戲論名爲菩提。慳嫉、破戒、瞋恨、懈怠、散亂、愚癡、無智，戲論，此非菩提。布施、持戒、忍辱、精進、禪定、智慧，無戲論法，名爲菩提。邪見惡覺觀惡願，名爲戲論，此非菩提。空、無相、無願，無戲論法，名爲菩提。

**般若流支譯《順中論義入大般若波羅蜜經初品法門》卷上** 戲論等者，今應當說。答曰：汝聽！我今爲說，善意思念。言戲論者，所謂取著有得有物二，及不實取諸相等，是戲弄法，故名戲論。彼今略說，所謂取體。若取非體，取體非體。或取非體，非非體等。此偈於彼，一切皆斷。問曰，云何皆斷。答曰：偈言：

佛已說因緣，斷諸戲論法，
故我稽首禮，說法師中勝。

因緣生者，皆是戲論。問曰，因緣生者，云何戲論。答曰：因緣生者，世尊已於小乘中說。隨順次第得入法義，亦以對治外道取法。問曰，云何對治。答曰：外道惡見，彼有體見，有斷常見。如是樂著一切世界，摩醯首羅時節微塵勝，及自性斷滅等，生如是分別。彼外道人如是分別，則失因緣。彼人如是樂戲論故，名爲惡見。此之戲論，是諸外道取著之法。爲斷此故，世尊已說無明因緣而生於行，無明滅故，諸行滅等。以如是故，有世界生。以如是故，則世界滅。非餘法故，如是生滅。

問曰：摩醯首羅時節微塵勝者，自性及斷滅等。此等因緣能生世界滅世界者，此諸因緣，可是戲論。若因緣生因緣滅者，云何戲論。答曰：以取著故，次第乃至取著涅槃，如來亦遮。何況不遮，取著因緣。外道之人取著體故，失於善道，行於惡道，戲論不實。問曰，云何。答曰：摩醯首羅若作世界，彼爲是常爲是無常，爲爲他作不爲他作。彼爲生已而有所作，爲是未生。而有所作，爲有而作，爲無而作。彼如是等，皆悉不然。若作世界，爲常而作，無常而作，爲爲他作，不爲他作，爲生不生，爲有爲無。如是一切，皆不相應，無道理故。

**真諦譯《佛性論》卷三** 戲論有三，一貪愛，二我慢，三諸見。是三戲論，如來滅之已盡故，以無戲論爲事。戲論者有三義，一能違礙實理，二名虛誑世間，三障隔解脫。初違正境，次違正行，後違正得。合此三義，名爲戲論。又戲論有九種，一通計我、二的計是我、三計我應生、四計我不更生、五計我有色應生、六計我無色應生、七計我有想應生、八計我無想應生、九計我非想非非想應生。

一通計我者，於五陰中通執有我，而不能分別即離，但漫執故。二是我者，於現世五陰中，隨取一陰爲我而言是者，是的別義。定是二處，一定在現世有，二定在一陰上執，故名爲是。三計我應生者，一切諸見不出有無二種。由有見故，所以執常。於無見中復有二種。一邪見者，謂一切無因無果，並撥三世故。二斷見者，謂唯有現在，不信未來故。四計我不更生者，此計因斷見起。五計我有色應生者，於欲色二界中，以色爲我，此執則因常見故起。六計我無色應生者，於無色界中，計受心法爲我。觀色壞滅，此三法不滅，因常見故起。七計我有想應生者，於三界中，除無想及非想天，所餘諸處，並計有想爲我，因常見起。八計我無想應生者，計無想天及草木等爲我，以同無想心故，由因常見起。九計我非想非非想應生者，此計有頂處爲我，以觀想爲繫縛，計涅槃爲坑塹。若不除想，無由解脫，有繫縛故。若併除想，復恐失我墮涅槃塹。何以故，想與於我不得相離故。不得棄及與不棄。爲繫縛故，欲除於想，故名非想。恐失我故，不敢併除故，名非非想。由此散亂心，不得涅槃故，說此等名爲戲論。若能觀證法身，一切戲論並不復生。

**智顗《禪門章》** 《中論》云，能說是因緣，善滅諸戲論。滅有二種，一善滅，二不善滅。不善滅即是析法觀空，滅色故空。善滅即是體達即色是空，非色滅空，是爲善滅也。

**慧遠《大般涅槃經義記》卷一** 妄心分別，名爲戲論。得實除捨，故名爲證，無戲論邊。

**慧遠《維摩義記》卷三** 理外分別，名爲戲論。眞法離此，名無戲論。

**吉藏《中觀論疏》卷一** 善滅諸戲論者，第二破邪也。謂能說八不因緣，滅不八戲論。不八戲論者，即二乘人是也。令二乘人，迴小入大也。又破菩薩有所得生滅心，令菩薩悟入於大。即知說八不因緣破三乘人戲論，令三乘人皆悟入大乘也。又就《觀法品》明戲論有二。一者愛論，謂於一切法有取著心。二者見論，於一切法作決定解。又利根者起見論，鈍根人起愛論。又在家人起愛論，出家人起見論。又天魔起愛論，外道起見論。又凡夫起愛論，二乘起見論。今說此八不，滅二種戲論也。師又約漸捨義，明五種戲論。一者佛有誡勸二門。諸惡莫作，名爲誡門。諸善奉行，名爲勸門。惡有乖理府墜，損他感苦，故名戲論。善是符理清昇，利他招樂，故非戲論。二者善有二門。有所得善，不動不出，名爲戲論。無所得善，能動能出，故非戲論。三者得無得二，名爲戲論。如云明與無明，愚者謂二。諸有二者，無道無果。若有得無得，平等不二者，名不戲論。智者了達其性無二，無二之性即是實性。第四明二與不二是二邊，並是戲論。若能非二不二中道，則無戲論。次二不二非二非不二，並是名相，皆是戲論。言亡慮絕，則非戲論。第五若有戲論，若有不戲論，並是戲論。若無戲論，無不戲論，方是不戲論也。問，何故就戲論、不戲論明二智中道。答，戲論破慧眼，是皆不見佛，故名戲論。無戲論者，即是慧眼，故名爲中也。

**吉藏《大乘玄論》卷二** 若未應波若以來，應有所爲，莫非戲論。若解教體理，能滅於戲論。凡夫二乘心所行，無非戲論。理外行心，無非戲論，應須消滅損之。凡有三種相對，或時四種。一者，善惡相對。惡是墮墜，乖理無出功，故十惡爲戲論。善是清昇，扶理有出之義，故十善非戲論。《成實論》亦云，一等四執爲戲論。又言，三性中善惡非戲論，無記是戲論。何者，善惡二性有果可記，故非戲論。無記汎淡，無得果之功，故名爲戲論也。今依《華嚴經》云，唯善非戲論，惡無記並是戲論。明惡亦得苦果，但非是趣向歸理得佛義故，名爲戲論。唯善法能得佛果。故《大經》云，雖復疊華千斤，不如眞金一兩也。二者，有相無相對明之，亦言有漏無漏相對也。有相是分別，故爲戲論。無相無分別，故非戲論。有相善還屬戲論，故《大品經》云，相善不動不出不爲乘也。故《佛藏經》云：爲人說有相法，是衆生惡知識。爲衆生說無相法，是衆生善知識。有相乖理，故經云，寧起五逆，一念不起有相心。經所以作此語者，明相心傷理大故所以重，實是兩罪盡重。而起五逆者，五逆但損惱身，而不妨心用，得近理義。有相心傷理故，無得近理義。故求相善比丘則遠離於佛。所以相心現前，定無波若義也。五逆事雖起，而不妨用心見理義也。有漏即有相，無漏則是無相。有漏之善，唯得三有果報，未能出離生死，正是不動不出，故名戲論。無漏之法，破裂生死，故不名戲論也。

又地、攝、成、數等師，恐落求相善比丘宗，彼聞之驚怖，而聽大乘無所得宗。人見此意耳，彼師徒無有覺此意也。三者，一異相對。雖言有相是戲論，無相非戲論。若是有相異無相，便是戲論。見相無相不異，乃名非戲論。乃至善惡、生死、涅槃、解惑等，並類然。故《大經》云，明與無明，凡夫謂二，智者了達其性無二也。故《大品經·三慧品》云，諸有二者名有所得，無有二者名無所得也。又《大經》云，有所得者無道無果，無所得者有道有果也。若以異爲非，不二爲是。此則不識不二，還成戲論，復須遣之，無一無二故。有時就四法辨行四句是戲論，不行四句則非戲論也。故反折論云：若言諸法有，是增益謗。若言諸法無，損減謗。若言諸法亦有亦無，是相違謗。若言諸法非有非無，是戲論謗。若言諸法非非有非非無，是無慚愧謗也。故《思益經》云，一切法邪，一切法正也。又《大品經》云，菩薩無方便行色無常苦等，並是戲論。故凡厥有所得行心，於波若紛然乖則戲論師也。故因緣門中，一不可得，二亦不可得，亦一亦二、非一非二、非不一非不二，皆不可得也。如五句三昧，不與二乘共廣大之用也。故四對此三，無出無離。何者，諸有所得，別有住處論其出。今謂本自不住，今亦無出無住，無出故非戲論。若言有戲論可滅是無戲論，亦是戲論。亦是戲論故，今明八不不戲論，非止滅戲論，不戲論亦滅。滅者非是小乘斷德之滅，此是大乘摩訶衍淨悟。諸法本來不生，今亦不滅。畢竟淨名滅，故言善也。故戲論無戲論論，因緣具足，方便假名，不一不二，一道平等，戲論之善，是善巧權行，故名善。善者能也。問，戲論不戲論等皆滅，即前來所明記無記乃至二不二善惡等，望道悉非者，戲論既非，不戲論亦是戲論也。答：須識之。只八不不二善是非戲論，若是不二還成戲論。非謂不二不戲論，自非八不不者，則戲論不滅也。何異絕絕不絕，即無絕無不絕，豈可以言言絕不絕耶。

**玄奘譯《瑜伽師地論》卷一三** 云何戲論，謂一切煩惱及雜煩惱諸蘊。

**玄奘譯《瑜伽師地論》卷一九** 若諸在家異類白衣，爲諸戲論之所塗染，當知戲論略有三種。謂三種言事名爲戲論，於四種言說有所宣談亦名戲論，能發語言所有尋伺亦名戲論。若於過去未來現在三種言事，依四言說發起異類分別思惟，或違或順，是名塗染。若前戲論，若後塗染，諸在家者多分可得。是故說彼爲諸戲論之所塗染。此中，惡說法者無明所覆，善說法者放逸不顯，諸在家者戲論塗染。彼於現法苦因轉時，於此苦因不能如實知是苦因，於此苦因愛樂而住。由此因緣，生當來苦，即說此苦名大怖畏。又惡說法者，由無明門，從六處流漏泄衆苦。善說法者，由放逸門，從六處流漏泄衆苦。諸在家者由戲論門，從六處流漏泄衆苦。如是無明放逸戲論諸門流漏。

**玄奘譯《瑜伽師地論》卷九一** 復次，於六處滅究竟寂靜無戲論中，由戲論俱四種行相，不應思惟，不應分別，不應詰問。唯應依他增長覺慧，審諦觀察眞實意趣。云何爲四。謂或有無，或異不異。以彼六處有生有滅展轉異相施設可知。由生滅故，有無可得。有異相故，待他種類異性可得，待自種類前後無別不異可得。六處永滅，常寂靜相。是故由彼戲論俱行四種行，思惟觀察不應道理。當知此中能引無義思惟分別所發語言，名爲戲論。何以故。於如是事勤加行時，不能少分增益善法，損不善法，是故説彼名爲戲論。

**玄奘譯《大乘阿毗達磨雜集論》卷一〇**　一切遍行戲論麁重者，謂執眼等諸法習氣，無始時來，依附阿賴耶識，相續不斷，即此名爲戲論習氣。

**窺基《成唯識論述記》卷四**　有漏法名爲戲論，無漏法名不繫法，故非同戲論。

**窺基《成唯識論述記》卷一〇**　有分別者，戲論行相，即後得智亦名戲論。或有漏分別，説爲戲論。偏執增故，名爲戲論。

**玄奘譯《大般若波羅蜜多經》卷五七一**　無三毒故，離諸荊棘，不著色、聲、香、味、觸，故滅諸戲論。

**玄奘譯《大般若波羅蜜多經》卷五七二**　能如是説甚深般若波羅蜜多，無取、無著、無文、無字，滅諸戲論，離能分別及所分別。

**智圓《維摩經略疏垂裕記》卷五**　六明法無戲論，無愛見戲論之法者，愛心見心所有言談，不契實理，名爲戲論。肇法師云，具境無言，凡有言論皆是虚戲。

**袾宏《佛遺教經論疏節要補註》**　汝等比丘種種戲論，其心則亂，雖復出家，猶未得脱。戲論有二，一於眞實理生戲論，二於世間事生戲論。於眞實理，起四句執，是一非諸，名戲論。當知心之自性離四句故，起故定執則撓其性，故云其心則亂。求那跋摩云：諸論各異端修行理無二。執者有是非，達者無違諍。於法戲論尚已不可，得爲世間詼諧嘲謔耶。雖復出家者，形雖離俗，心未證理。由乎二種戲論所亂也。〔補註〕《信心銘》云，纔有是非，紛然失心。故戲論心亂，二勸修遠離（二）。初有對相遠離，二無對相遠離。初有對相遠離，是故比丘當急捨離亂心戲論，有彼彼功德相也。二無對相遠離，若汝欲得寂滅樂者，唯當善滅戲論之患，是名不戲論，無彼彼功德相也。結名不戲論者，示現行成就體性異故。〔補註〕見有戲論急捨離之，有彼彼功德相也。言語道斷，心行處滅。不見有戲論可捨離，無彼彼功德相也。四顯示畢竟甚深功德分（二），初略明，二廣釋。初略明（二），初菩薩常修功德，二如來説法功德。

# 染淨

**鳩摩羅什譯《成實論》卷三**　論者言：有人説，心性本淨，以客塵故不淨。又説，不然。問曰，何因緣故説本淨，何因緣故説不然。答曰：不然者，心非性本淨，客塵故不淨。所以者何，煩惱與心常相應生，非是客相。又三種心，善、不善、無記。善無記心，是則非垢。若不善心，本自不淨，不以客故。復次，是心念念生滅，不待煩惱。若煩惱共生，不名爲客。

問曰：心名但覺色等，然後取相。從相生諸煩惱，與心作垢，故説本淨。答曰：不然。是心心時即滅未有垢相，心時滅已，垢何所染。問曰：我不爲念念滅心故如是説，以相續心故説垢染。答曰：是相續心，世諦故有，非眞實義，此不應説。又於世諦是亦多過，心生已滅，未生未起，云何相續。是故心性非是本淨，客塵故不淨。但佛爲衆生謂心常在，故説客塵所染，則心不淨。又佛爲懈怠衆生，若聞心本不淨，便謂性不可改，則不發淨心，故説本淨。

**鳩摩羅什譯《成實論》卷五**　汝言，煩惱染心，故知相應。此無道理。若心先淨，貪等來污，是即淨法可污，則害法相。亦如先説心性本淨，客塵來污。彼應答此，若心本性淨，貪等何爲。如言心垢故衆生垢，心淨故衆生淨。然則衆生亦應相應。若衆生不可相應，貪等亦不相應。以心相續行中生垢等心污諸相續，故説染心。如説從染心得解脱，是心相續中，若淨心生，名得解脱。是事亦然。如雲霧等雖不與日月相應，亦能爲翳。貪等亦然。雖不與心相應，亦能染污。又煙雲霧等能蔽日月，故名爲翳。貪等亦爾，能障淨心，故名爲污。

**曇無讖譯《大般涅槃經》卷二五**　諸佛菩薩，不決定説心性本淨、性本不淨。

**無讖譯《方等大集經》卷二**　善男子！一切衆生心性本淨。性本淨者，煩惱諸結不能染著。猶若虛空，不可沾污。心性空性，等無有二。眾生不知心性淨故，爲欲煩惱之所繫縛。如來於此而起大悲，演說正法，欲令知故。

**曇無讖譯《大方等大集經》卷一三**：

一切眾生心本性，清淨無穢如虛空。
凡夫不知心性故，說客煩惱之所染。
若諸煩惱能污心，終不可淨如垢穢。
諸客煩惱障覆故，說言凡夫心不淨。
如其心性本淨者，一切眾生應解脫。
以客煩惱障覆故，是故不得於解脫。

**浮陀跋摩共道泰等譯《阿毗曇毗婆沙論》卷一五**　復次，或有說，心性本淨，爲客煩惱所覆。如毗婆闍婆提說，心性本淨，彼客煩惱生覆心，故不淨。問曰：若當心性本淨，客煩惱覆，故不淨可爾者。何不以本性淨心，令客煩惱亦淨耶。汝若不說以心淨故令客煩惱淨者，爲有何因緣。復次，爲心先生後客煩惱生，爲俱生耶。若心先生，後客煩惱生者，則心住待客煩惱。客煩惱生，然後覆心。若作是說，是則一心住二剎那。若當俱者，爲以何時言心性本淨，復無未來世，以住本性淨心。是故爲止他義，自顯己義，亦欲說法相相應義故，而作此論。

**湛然《法華玄義釋籤》卷一四**　法性之與無明，遍造諸法名之爲染。無明之與法性，遍應眾緣號之爲淨。濁水清水，波濕無殊。清濁雖即由緣而濁成本有，濁雖本有而全體是清。以二波理通，舉體是用，故三千因果，俱名緣起。迷悟緣起，不離剎那。剎那性常，緣起理一。一理之內而分淨穢。

**湛然《十不二門》**　染淨不二門者，若識無始，即法性爲無明，故可了今即無明爲法性。法性之與無明遍造諸法，名之爲染。無明之與法性遍應眾緣，號之爲淨。濁水清水，波濕無殊，清濁雖即由緣，而濁成本有。濁雖本有而全體是清。以二波理通，舉體是用，故三千因果俱名緣起。迷悟緣起不離剎那，剎那性常，緣起理一，一理之內而分淨穢。別則六穢四淨，通則十通淨穢。故知剎那染體悉淨，三千未顯，驗體仍迷。故相似位成，六根遍照，照分十界，各俱灼然，豈六根淨人謂十定十。分眞垂迹，十界亦然，乃至果成，等彼百界。故須初心而遮而照，照故三千恆具，遮故法爾空中。終日雙亡，終日雙照。不動此念，遍應無方。隨感而施，淨穢斯泯。亡淨穢故，以空以中，仍由空中，轉染爲淨。由了染淨，空中自亡，此以因果，不二門成。

**玄奘譯《成唯識論》卷四**　契經說：心雜染故，有情雜染。心清淨故，有情清淨。若無此識，彼染淨心不應有故。謂染淨法以心爲本，因心而生，依心住故。心受彼熏，持彼種故。然雜染法，略有三種。煩惱、業、果，種類別故。若無此識持煩惱種，界地往還，無染心後，諸煩惱起，皆應無因。餘法不能持彼種故。過去、未來，非實有故。若諸煩惱無因而生，則無三乘學無學果。諸已斷者，皆應起故。若無此識持業果種，界地往還，異類法後，諸業果起，亦應無因。餘種餘因，前已遮故。若諸業果，無因而生，入無餘依涅槃界已，三界業果，還復應生。煩惱亦應無因生故。又行緣識，應不得成。轉識受熏，前已遮故。結生染識，非行感故。應說名色，行爲緣故。時分懸隔，無緣義故。此不成故，後亦不成。諸清淨法亦有三種，世出世道斷果別故。若無此識，持世出世清淨道種，異類心後，起彼淨法，皆應無因。所執餘因，前已破故。若二淨道，無因而生，入無餘依涅槃界已，彼二淨道，還復應生。所依亦應無因生故。又出世道，初不應生，無法持彼法爾種故。有漏類別，非彼因故。無因而生，非釋種故。初不生故，後亦不生，是則應無三乘道果。若無此識持煩惱種，轉依斷果，亦不得成。謂道起時，現行煩惱及彼種子，俱非有故。染淨二心不俱起故。道相應心不持彼種，自性相違，如涅槃故。去來得等，非實有故。餘法持種，理不成故。既無所斷，能斷亦無，依誰由誰而立斷果。若由道力，後惑不生，立斷果者，則初道起，應成無學。後諸煩惱，皆已無因，永不生故。許有此識，一切皆成，唯此能持染淨種故。

**玄奘譯《說無垢稱經》卷二**　彼罪性不住內，不出外，不在兩間。如佛所說：心雜染故，有情雜染。心清淨故，有情清淨。如是心者，亦不住內，亦不出外，不在兩間。如其心然，罪垢亦然。如罪垢然，諸法亦然，不出於如。唯優波離！汝心本淨，得解脫時，此本淨心曾有染不。我言不也。無垢稱言，一切有情心性本淨，曾無有染亦復如是。唯優波離！若有分別，有異分別，即有煩惱。若無分別，無異分別，即性清淨。若有顛倒，即有煩惱。若無顛倒，即性清淨。若有取我，即成雜染。若不取我，即性清淨。

**玄奘譯《阿毗達磨大毗婆沙論》卷二七**　復次，爲止他宗顯正義故，謂或有執心性本淨。如分別論者，彼說心本性清淨，客塵煩惱所染污，故相不清淨。爲止彼執，顯示心性非本清淨，客塵煩惱所染污，故相不清淨。若心本性清淨，客塵煩惱所染污，故相不清淨者，何不客塵煩惱本性染污與本性清淨心相應，故其相清淨。若客塵煩惱本性染污，雖與本性清淨心相應而相不清淨，亦應心本性清淨，不由客塵煩惱相不清淨。義相似故。又此本性淨心爲在客塵煩惱先生，爲俱時生。若在先生，應心生已住待煩惱。若爾，應經二剎那住，有違宗失。若俱時生，云何可說心性本淨，汝宗不說有未來心可言本淨。爲止如是他宗異執，及顯自宗無顛倒理，故作斯論。

**玄奘譯《辯中邊論》卷上**：

此若無雜染，一切應自脫。
此若無清淨，功用應無果。

論曰：若諸法空，未生對治，無客雜染者，一切有情不由功用，應自然解脫。若對治已生亦不清淨，則應求解脫勤勞無果。既爾，頌曰：

非染非不染，非淨非不淨，
心性本淨故，由客塵所染。

論曰：云何非染非不染，以心性本淨故。云何非淨非不淨，由客塵所染故。是名成立空差別義。此前空義總有二種，謂相安立。相復有二，謂無及有，空性有相，離有離無，離異離一，以爲其相，應知安立即異門等。

**波羅頗蜜多羅譯《大乘莊嚴經論》卷六**：

譬如清水濁，穢除還本清。
息心淨亦爾，唯離客塵故。

釋曰：譬如清水，垢來則濁。後時若清，唯除垢耳。清非外來，本性清故。心方便淨亦復如是。心性本淨，客塵故染。後時清淨，除客塵耳。淨非外來，本性淨故。是故不應怖畏。偈曰：

已說心性淨，而爲客塵染。
不離心眞如，別有心性淨。

釋曰：譬如水性自清，而爲客垢所濁。如是心性自淨，而爲客塵所染。此義已成。由是義故，不離心之眞如別有異心。謂依他相說，爲自性清淨。此中應知，說心眞如名之爲心，即說此心爲自性清淨，此心即是阿摩羅識。

**玄奘譯《成唯識論》卷三**　雜染法者，謂苦集諦，即所能趣生及業惑。清淨法者，謂滅道諦。

**玄奘譯《阿毗達磨順正理論》卷七二**　如世尊言：貪等煩惱，雜染心故，令不解脫。由此證知貪等斷故，不染污心名得解脫。如濁水滅後水生時，離濁澄清，名爲淨水。如是與染俱行心滅。依淨相續，諸心轉時，離縛而生，名爲解脫。未離染者，不染污心。依有染身，似變異轉。如雜血乳，不名解脫。諸有學心，雖是無漏，而由相續不清淨故，非如無學心名相續解脫。如依病眼有昧識生，眼無病時，發明淨識，而無眼識自性轉過。如是煩惱所損，相續依之，雖有善淨識生，由煩惱力不明利轉，離煩惱時，識便明利。由彼相續順煩惱生，故能依心，不名解脫。若彼相續違煩惱生，此能依心，方名解脫。故離染者身相續中，不染污心所依相續。昔被貪等之所損害，今離貪等，故亦名今解脫。若與貪等相應之心，必不可令解脫貪等。故依正理諸論師言，唯離貪心，今得解脫。分別論者作如是言，唯有貪心今得解脫。如有垢器，後除其垢。如頗胝迦，由所依處，顯色差別，有異色生。如是淨心貪等所染，名有貪等，後還解脫。聖教亦說心本性淨，有時客塵煩惱所染。此不應理。剎那滅法，如器垢除，不應理故。謂垢與器，俱剎那滅，不可轉有垢即成無垢器。但緣合故有垢器滅，無垢器生名器除垢。又器與垢非互爲因，容可計爲垢除器在。

**澄觀《大方廣佛華嚴經疏》卷二一**　如佛五蘊，餘一切眾生亦然，皆從心造。然心是總相，悟之名佛，成淨緣起。迷作眾生，成染緣起。緣起雖有染淨，心體不殊。佛果契心，同眞無盡。妄法有極，故不言之。若依舊譯，云心佛與眾生，是三無差別，則三皆無盡。無盡即是無別之相。應云心佛與眾生，體性皆無盡。以妄體本眞，故亦無盡。是以如來不斷性惡，亦猶闡提不斷性善。又上三各有二義。總心二義者，一染二淨。

**知禮《十不二門指要鈔》卷下**　染淨不二門三。初標。以在纏心變造諸法，一多相礙，念念住著，名之爲染。以離障心應赴衆緣，一多自在，念念捨離，名之爲淨。今開在纏，一念染心，本具三千，俱體俱用，與淨不殊，故名不二。有人云，染即是惑，淨即是應。不解文旨，但對而已。須知此門指果後淨用，凡夫染心已具，乃令觀此染心顯於淨用，并後依正俱在能應，自他不二，方兼於感。

二若識下，釋二。初明所顯淨法二，初染淨體用，理無增減三。初法二，初明染淨體者，三千寂體即寂而照，既無能照，亦無所照，名爲法性。以本愚故，妄謂自他。三千靜明，全體暗動，即翻作無明。本來不覺，故名無始。若識此者，即照無明體本明靜，即翻爲法性。

二法性下，明染淨用者，體既全轉，用亦敵翻，法性既作無明，全起無明之用，用既縛著名之爲染。無明若爲法性，全起法性之用，用既自在名之爲淨。

問：他云，無二與字及將二之訓往，迷即法性往趣無明，悟即無明往趣法性。其義云何。答：二與有無，俱有其義，二之訓往，釋義稍迂。且之字者，乃是常用文字而多爲語助，雖《爾雅》訓往，用自有處，安於此中文似不便。如一理之內淨穢之土，豈皆訓往邪。若舊本無二與字，則之字不須訓往，但爲助辭其義自顯。何者。但云即法性之無明，其用則染，即無明之法性，其用則淨，其文既宛，其義稍明。

**法雲《翻譯名義集》卷二〇** 初曰染淨同居者，染淨三種。一，迷悟分。九界迷逆名染，佛界順悟名淨。如《妙樂》云，相約隨緣，緣有染淨故。又《不二門》云：法性之與無明，遍造諸法，名之爲染。無明之與法性，遍應衆緣，號之爲淨。二，情理分。《不二門》云，故知刹那染體悉淨。《指要》云，今之染淨，約情理說。三，凡聖分。《淨名疏》云，六道鄙穢故名染，三乘見眞故名淨。三六共住，染淨同居。

問：《不二門》云，一理之內而分淨穢，別則六穢四聖，通則十通淨穢。然此染淨淨穢。文心解云，染淨從迷悟體用而言淨穢，約凡聖界如而辨。今謂淨名染淨，正約凡聖而分。云何淨覺卻云，淨穢約凡聖界如而辨。又垂裕云，染淨之名約正，淨穢之名約依。二土凡聖共居，通名染淨。此土砂礫充滿，別受穢名。彼土金寶莊嚴，別受淨號。今謂《淨名疏》云，四趣共住名穢，無四惡趣名淨。此從正報立依報名。云何孤山卻云，染淨之名約正，淨穢之名約依。當知染淨從凡聖之心以立名，淨穢約依正之境而標號。

問：既從染淨立同居名，還許亦從淨穢立同居乎。答：染淨是通名，淨穢是別號。故垂裕云，此方即染淨穢土，安養即染淨淨土。故知同居正從染淨而立。若從通義，如《淨名》中身子見穢，梵王見淨。乃是娑婆淨穢同居。又《婆娑》云，若人種善根，疑則華不開。信心清淨者，華開即見佛。此是安養淨穢同居。雖通此義，名非正立。此染淨土亦名凡聖同居。故《淨名疏》云，染即是凡，淨即是聖。

**法雲《翻譯名義集》卷二〇** 《維摩經》云：欲得淨土，當淨其心。隨其心淨，即佛土淨。心如形聲，土如影響。祇須自淨其心，何假別求淨土。答初言心淨應辨理事，一者性淨，二者事淨。且性淨者，《大集經》云，一切衆生心性本淨，心本淨故，煩惱諸結不能染著，猶如虛空。

**延壽《宗鏡錄》卷七二** 言染淨者，即第七識。第七識能與五識爲染淨依。第七若在有漏位中，即與五識爲染依。若成無漏時，即與前五爲淨依。有此染淨依，前五方轉。若無，即不得生。

**延壽《宗鏡錄》卷四七** 十引染淨心，證有第八。《唯識論》云：又契經說，心雜染故有情雜染，心清淨故有情清淨。若無此識，彼染淨心不應有故。謂染淨法以心爲本，因心而生，依心而住。受彼熏，持彼種故。以心爲本者，即一切染淨有爲無爲法，皆以第八識爲根本。

**智旭《大乘止觀法門釋要》卷三** 所言如來藏具染淨者，有其二種。一者性染性淨，二者事染事淨。如上已明也。若據性染性淨，即無始以來俱時具有。若據事染事淨，即有二種差別。一者，一一時中俱有染淨二事。二者，始終方具淨染二事。

**王肯堂《成唯識論證義》卷四** 次立第八心爲染淨本。先總明以心爲本者，即一切染淨有爲無爲法，皆以第八識爲根本，因心而生。依心住者，謂能執持諸種子故，與現行法爲所依故，即變爲彼及爲彼依。即前七現行，皆依第八識而住。受彼熏者，即第八識受彼前七識熏。持彼種者，即第八能持前七三性染淨種子。由此義故，故說第八爲染淨心。

**失名《攝大乘論章》卷一** 三攝淨者，此障生滅門中，本識之中，攝淨不淨品，以能持染淨兩種種子故。故緣生章云，善惡種子二姓明了染淨爲二，業惑種子名之爲染，聞熏種子名之爲淨。

## 佛 佛陀

**波頗蜜多羅譯《般若燈論釋》卷一四**　佛者，謂自覺聖諦，復能覺他，故名爲佛。云何爲寶，謂難得故。如經偈言，應解我已解，應修我已修，應斷我已斷，由是故稱佛。此謂於一切法有自體中得平等覺，是故名佛。如修多羅中偈言：於無體法中，覺了盡無餘，諸法平等覺，是故名爲佛。

**鳩摩羅什譯《大智度論》卷七〇**　佛名爲覺，於一切無明睡眠中最初覺，故名爲覺。

**鳩摩羅什譯《佛説仁王般若波羅蜜經》卷上**　一切衆生斷三界煩惱果報盡者，名爲佛。

**鳩摩羅什譯《成實論》卷一**　何故名佛，成何功德故應禮耶。答曰：佛名自然人，以一切種智，知一切法自相差別，離一切不善，集一切善，常求利益一切衆生，故名爲佛。教化所説，是名爲法。行此法者，名之爲僧。

**窺基《觀弥勒菩薩上兜率天經題序》**　佛陁，梵音，此略云佛。有慧之主，唐言覺者，自覺覺他，覺行圓滿，故稱爲佛。如次不同凡夫、二乘菩薩三種，故以爲名也。《佛地論》云：具一切智、一切種智，能自開覺，亦能開覺一切有情，如睡夢覺，如蓮花開，故名爲佛。

**法雲編《翻譯名義集》卷一**　佛陀，《大論》云，秦言知者。知過去未來現在衆生非衆生數。有常無常等一切諸法。菩提樹下了了覺知。故名佛陀。《後漢・郊祀志》云：漢言覺也，覺具三義。一者自覺，悟性眞常，了惑虚妄。二者覺他，運無緣慈度有情界。三者覺行圓滿，窮原極底，行滿果圓故。《華嚴》云：一切諸法性，無生亦無滅，奇哉大導師，自覺能覺他。肇師云：生死長寢，莫能自覺。自覺覺彼者，其唯佛也。《妙藥記》云：此云知者、覺者，對迷名知，對愚説覺。《佛地論》云：具一切智、一切種智，離煩惱障及所知障，於一切法一切種相，能自開覺，亦能開覺一切有情，如睡夢覺，如蓮華開，故名爲佛。

**慧遠《大乘義章》卷二〇**　佛者，就德以立其名。佛是覺知，就斯立稱。覺有兩義。一，覺察名覺，如人覺賊。二，覺悟名覺，如人睡寤。覺察之覺，對煩惱障。煩惱侵害事等如賊，唯聖覺知，不爲其害，故名爲覺。故《涅槃》云：如人覺賊，賊無能爲。佛亦如是，能覺無量諸煩惱已，令諸煩惱無所能爲，故名爲佛。覺悟之覺，對其智障。無明昏寢事等如睡，聖慧一起，朗然大悟。如睡得寤，故名爲覺。既能自覺，復能覺他，覺行窮滿，故名爲佛。導言自覺，簡異凡夫。云言覺他，明異二乘。覺行窮滿，彰異菩薩。是故獨此偏名佛矣。

**裴休《黄檗山断際禪師傳心法要》**　師謂休曰：諸佛與一切衆生，唯是一心，更無別法。此心無始已來，不曾生不曾滅，不青不黄，無形無相，不屬有無，不計新舊，非長非短，非大非小。超過一切限量名言縱跡對待，當體便是，動念即乖。猶如虚空，無有邊際，不可測度。唯此一心即是佛。佛與衆生，更無別異。但是衆生著相外求，求之轉失，使佛覓佛，將心捉心，窮劫盡形，終不能得。不知息念忘慮，佛自現前。此心即是佛，佛即是衆生。爲衆生時，此心不減。爲諸佛時，此心不添。乃至六度萬行河沙功德，本自具足，不假修添。遇緣即施，緣息即寂。若不決定信此是佛，而欲著相修行以求功用，皆是妄想，與道相乖。此心即是佛，更無別佛，亦無別心。此心明淨，猶如虚空，無一點相貌。舉心動念，即乖法體，即爲著相。無始已來，無著相佛，修六度萬行，欲求成佛，即是次第。無始已來，無次第佛，但悟一心，更無少法可得，此即眞佛。佛與衆生，一心無異。猶如虚空，無雜無壞。如大日輪，照四天下。日升之時，明遍天下，虚空不曾明。日沒之時，暗遍天下，虚空不曾暗。明暗之境，自相陵奪。虚空之性，廓然不變。佛及衆生心亦如此。若觀佛作清淨光明解脱之相，觀衆生作垢濁暗昧生死之相，作此解者，歷河沙劫，終不得菩提，爲著相故。唯此一心，更無微塵許法可得，即心是佛。如今學道人，不悟此心體，便於心上生心，向外求佛，著相修行，皆是惡法，非菩提道。供養十方諸佛，不如供養一個無心道人。何故。無心者，無一切心也。如如之體，內如木石，不動不搖，外如虚空，不塞不礙。無能所，無方所，無相貌，無得失。趨者不敢入此法，恐落空無棲泊處故，望崖而退。例皆廣求知見，所以求知見者如毛，悟道者如角。文殊當理，普賢當行。理者眞空無礙之理，行者離相無盡之行。觀音當大慈，勢至當大智。維摩者，淨名也。淨者，性也。名者，相也。性相不異，故號淨名。諸大菩薩所表者，人皆有之，不離一心，悟之即是。今學道人，不向自心中悟，乃於心外著相取境，皆與道背。恆河沙者，佛說是沙，諸佛菩薩釋梵諸天，步履而過，沙亦不喜。牛羊蟲蟻踐踏而行，沙亦不怒。珍寶馨香，沙亦不貪。糞尿臭穢，沙亦不惡。此心即無心之心，離一切相。衆生諸佛，更無差別，但能無心，便是究竟。學道人若不直下無心，累劫修行，終不成道。被三乘功行拘繫，不得解脫。然證此心，有遲疾。有聞法一念，便得無心者。有至十信、十住、十行、十迴向，乃得無心者。長短得無心乃住，更無可修可證，實無所得，眞實不虛，一念而得。與十地而得者，功用恰齊，更無深淺，秖是歷劫枉受辛勤耳。造惡造善，皆是著相。著相造惡，枉受輪迴。著相造善，枉受勞苦，總不如言下便自認取本法。此法即心，心外無法。此心即法，法外無心。心自無心，亦無無心者。將心無心，心卻成有。默契而已，絶諸思議，故曰，言語道斷，心行處滅。此心是本源清淨，佛、人皆有之。蠢動含靈，與諸佛菩薩，一體不異。秖爲妄想分別，造種種業。果本佛上，實無一物。虛通寂靜，明妙安樂而已。深自悟入，直下便是，圓滿具足，更無所欠。縱使三秖精進修行，歷諸地位，及一念證時，秖證元來。自佛向上，更不添得一物。卻觀歷劫功用，總是夢中妄爲。故如來云，我於阿耨菩提，實無所得，若有所得，然燈佛則不與我授記。又云，是法平等，無有高下，是名菩提。即此本源清淨心，與衆生、諸佛、世界、山河、有相、無相，遍十方界，一切平等，無彼我相。此本源清淨心，常自圓明遍照。世人不悟，秖認見、聞、覺、知爲心，爲見、聞、覺、知所覆，所以不覩精明本體。但直下無心，本體自現。如大日輪昇於虛空，遍照十方，更無障礙。故學道人，唯認見聞覺知、施爲動作。空卻見聞覺知，即心路絶，無入處，但於見聞覺知處認本心。然本心不屬見聞覺知，亦不離見聞覺知。但莫於見聞覺知上起見解，亦莫於見聞覺知上動念，亦莫離見聞覺知覓心，亦莫捨見聞覺知取法。不即不離，不住不著，縱橫自在，無非道場。世人聞道，諸佛皆傳心法，將謂心上別有一法可證可取，遂將心覓法，不知心即是法，法即是心。不可將心更求於心，歷千萬劫，終無得日。不如當下無心，便是本法。如力士迷額內珠，向外求覓，周行十方，終不能得。智者指之，當時自見本珠如故。故學道人迷自本心，不認爲佛，遂向外求覓，起功用行，依次第證。歷劫勤求，永不成道。不如當下無心，決定知一切法，本無所有，亦無所得，無依無住，無能無所，不動妄念，便證菩提。及證道時，秖證本心。佛歷劫功用，並是虛修。如力士得珠時，秖得本額珠，不關向外求覓之力。故佛言，我於阿耨菩提，實無所得。恐人不信，故引五眼所見，五語所言，眞實不虛，是第一義諦。

**裴休集《黃檗山斷際禪師傳心法要》** 佛，唯直下頓了自心本來是佛，無一法可得，無一行可修。此是無上道，此是眞如佛。學道人，秖怕一念有，即與道隔矣。念念無相，念念無爲，即是佛。學道人若欲得成佛，一切佛法總不用學。唯學無求無著，無求即心不生，無著即心不滅，不生不滅即是佛。八萬四千法門，對八萬四千煩惱，秖是教化接引門。本無一切法，離即是法，知離者是佛。但離一切煩惱，是無法可得。學道人若欲得知要訣，但莫於心上著一物。言佛眞法身猶若虛空，此是喻法身即虛空，虛空即法身。常人謂法身遍虛空處，虛空中含容法身，不知法身即虛空，虛空即法身也。若定言有虛空，虛空不是法身。若定言有法身，法身不是虛空。但莫作虛空解，虛空即法身。莫作法身解，法身即虛空。虛空與法身無異相，佛與衆生無異相，生死與涅槃無異相，煩惱與菩提無異相。離一切相，即是佛。凡夫取境，道人取心。心境雙忘，乃是眞法。忘境猶易，忘心至難。人不敢忘心，恐落空無撈摸處。不知空本無空，唯一眞法界耳。此靈覺性，無始已來，與虛空同壽，未曾生未曾滅，未曾有未曾無，未曾穢未曾淨，未曾喧未曾寂，未曾少未曾老，無方所無內外，無數量無形相，無色像無音聲。不可覓不可求，不可以智慧識，不可以言語取，不可以境物會，不可以功用到。諸佛菩薩與一切蠢動含靈，同此大涅槃性。性即是心，心即是佛，佛即是法。一念離眞，皆爲妄想。不可以心更求于心，不可以佛更求於佛，不可以法更求於法。故學道人直下無心，默契而已，擬心即差。以心傳心，此爲正見。愼勿向外逐境。認境爲心，是認賊爲子。爲有貪嗔癡，即立戒定慧。本無煩惱，焉有菩提。故祖師云，佛說一切法，爲除一切心，我無一切心，何用一切法。本源清淨佛上，更不著一物。譬如虛空，雖以無量珍寶莊嚴，終不能住。佛性同虛空，雖以無量功德智慧莊嚴，終不能住。但迷本性，轉不見耳。所謂心地法門，萬法皆依此心建立，遇境即有，無境即無，不可於淨性上轉作境解。

## 佛母

**玄奘譯《大般若波羅蜜多經》卷三〇六**　善現！若一切如來、應、正等覺眞如，若一切有情眞如，若一切法眞如，無二、無別，是一眞如。如是眞如無別異故，無壞、無盡，不可分別。善現！一切如來、應、正等覺，依甚深般若波羅蜜多，證一切法眞如究竟乃得無上正等菩提，由此故說甚深般若波羅蜜多能生諸佛，是諸佛母，能示諸佛世間實相。善現！如是如來、應、正等覺，依甚深般若波羅蜜多，如實覺一切法眞如不虛妄、不變異。由如實覺眞如相故，說名如來、應、正等覺。

**無羅叉譯《放光般若經》卷一一**　須菩提！諸法無知無見。云何無知無見？以諸法無所入、無所著故。以是故，般若波羅蜜是如來母、世間之導。不見五陰，是故爲導。乃至薩云若亦無所，見是故爲導。以是故，般若波羅蜜是諸佛母、世間之導。

**鳩摩羅什譯《摩訶般若波羅蜜經》卷一四**　爾時佛告須菩提：般若波羅蜜是諸佛母，般若波羅蜜能示世間相，是故佛依止是法行，供養恭敬尊重讚歎是法。何等是法。所謂般若波羅蜜。諸佛依止般若波羅蜜住，恭敬供養尊重讚歎是般若波羅蜜。何以故，是般若波羅蜜出生諸佛。

**鳩摩羅什譯《大智度論》卷三四**　般若波羅蜜是諸佛母，父母之中母功最重，是故佛以般若爲母，般舟三昧爲父。三昧唯能攝持亂心令智慧得成，而不能觀諸法實相。般若波羅蜜能遍觀諸法分別實相，無事不達、無事不成，功德大故，名之爲母。

**鳩摩羅什譯《大智度論》卷七〇**　佛告須菩提：般若波羅蜜是諸佛母。般若波羅蜜能示世間相，是故佛依止是法住，供養、恭敬、尊重、讚歎是法。何等是法。所謂般若波羅蜜。諸佛依止般若波羅蜜住，恭敬、供養、尊重、讚歎是般若波羅蜜。何以故，是般若波羅蜜出生諸佛。

**三藏鳩摩羅什譯《大智度論》第一〇〇**　所謂有般若在世，則爲佛在。所以者何。般若波羅蜜是諸佛母，諸佛以法爲師。法者，即是般若波羅蜜。若師在，母在，不名爲失利。所以者何，利本在故，是故說若般若在世，佛亦在世。

**《大方便佛報恩經》卷六**　佛以法爲師，佛從法生，法是佛母，佛依法住。

## 佛性

**求那跋陀羅譯《大法鼓經》卷下**　迦葉當知，如來是誠實語者，以誠實語說有眾生，汝後當知，如彼學成，今當爲汝更說譬喻。如四種眾生界隱覆譬喻，所謂膚瞖覆眼，重雲隱月，如人穿井，瓶中燈焰，當知此四有佛藏因緣。一切眾生悉有佛性，無量相好莊嚴照明。以彼性故，一切眾生得般涅槃。如彼眼瞖是可治病，未遇良醫，其目常冥，既遇良醫，疾得見色，如是無量煩惱藏，瞖障如來性，乃至未遇諸佛聲聞緣覺，計我非我我所爲我，若遇諸佛聲聞緣覺，乃知眞我，如治病愈，其目開明，瞖者謂諸煩惱，眼者謂如來性。如雲覆月，月不明淨，諸煩惱藏覆如來性，性不明淨。若離一切煩惱雲覆，如來之性淨如滿月。如人穿井，若得乾土，知水尚遠，得濕土泥，知水漸近，若得水者，則爲究竟。如是值遇諸佛聲聞緣覺，修習善行掘煩惱土，得如來性水。如瓶中燈焰，其明不現，於眾生無用，若壞去瓶，其光普炤。如是諸煩惱瓶，覆如來藏燈，相好莊嚴則不明淨，於眾生無用，若離一切諸煩惱藏，彼如來性煩惱永盡，相好照明施作佛事，如破瓶燈眾生受用。如此四種譬喻因緣，如我有眾生界，當知一切眾生，皆亦如是，彼眾生界無邊明淨。

**曇無讖譯《大般涅槃經》卷七**　佛言：善男子！如汝所說，實不毀犯波羅夷也。善男子！譬如有人說言大海唯有七寶無八種者，是人無罪。若有說言九部經中無佛性者，亦復無罪。何以故，我於大乘大智海中說有佛性，二乘之人所不知見，是故說無不得罪也。如是境界諸佛所知，非是聲聞緣覺所及。善男子，若人不聞如來甚深祕密藏者，云何當知有佛性耶，何等名爲祕密之藏，所謂方等大乘經典。善男子，有諸外道，或說我常，或說我斷，如來不爾，亦說有我，亦說無我，是名中道。若有說言，佛說中道，一切衆生悉有佛性，煩惱覆故不知不見，是故應當勤修方便，斷壞煩惱。若有能作如是說者，當知是人不犯四重。若不能作如是說者，是則名爲犯波羅夷。若有說言，我已成就阿耨多羅三藐三菩提，何以故，以有佛性故，有佛性者必定當成阿耨多羅三藐三菩提，以是因緣我今已得成就菩提。當知是人則名爲犯波羅夷罪，何以故，雖有佛性以未修習諸善方便，是故未見，以未見故不能得成阿耨多羅三藐三菩提。善男子，以是義故佛法甚深不可思議。

**曇無讖譯《大般涅槃經》卷九**　一闡提者名爲無目，是故不見阿羅漢道，如阿羅漢不行生死險惡之道，以無目故誹謗方等，不欲修習，如阿羅漢勤修慈心，一闡提輩不修方等亦復如是。若人說言我今不信聲聞經典，信受大乘讀誦解說，是故我今即是菩薩，一切衆生悉有佛性，以佛性故，衆生身中即有十力三十二相八十種好，我之所說不異佛說，汝今與我俱破無量諸惡煩惱，如破水瓶，以破結故，即得見於阿耨多羅三藐三菩提。是人雖作如是演說，其心實不信有佛性，爲利養故隨文而說，如是說者名爲惡人，如是惡人不速受果，如乳成酪。譬如王使，善能談論巧於方便，奉命他國，寧喪身命，終不匿王所說言教。智者亦爾，於凡夫中不惜身命，要必宣說大乘方等如來祕藏，一切衆生皆有佛性。

**曇無讖譯《大般涅槃經》卷二七**　汝問云何爲佛性者，諦聽！諦聽！吾當爲汝分別解說。善男子！佛性者名第一義空，第一義空名爲智慧。所言空者，不見空與不空。智者見空及與不空、常與無常、苦之與樂、我與無我。空者一切生死，不空者謂大涅槃，乃至無我者即是生死，我者謂大涅槃。見一切空，不見不空，不名中道。乃至見一切無我，不見我者，不名中道。中道者名爲佛性。以是義故，佛性常恆，無有變易。無明覆故，令諸衆生不能得見。聲聞緣覺見一切空，不見不空，乃至見一切無我，不見於我。以是義故，不得第一義空。不得第一義空，故不行中道。無中道故，不見佛性。善男子！不見中道者，凡有三種。一者定樂行，二者定苦行，三者苦樂行。定樂行者，所謂菩薩摩訶薩憐愍一切諸衆生故，雖復處在阿鼻地獄，如三禪樂。定苦行者，謂諸凡夫。苦樂行者，謂聲聞緣覺。聲聞緣覺行於苦樂，作中道想。以是義故，雖有佛性而不能見。如汝所問，以何義故名佛性者。善男子！佛性者，即是一切諸佛阿耨多羅三藐三菩提中道種子。【略】

佛性者，有因、有因因、有果、有果果。有因者即十二因緣。因因者即是智慧。有果者即是阿耨多羅三藐三菩提。果果者即是無上大般涅槃。

……佛性者，即第一義空。第一義空名爲中道。中道者即名爲佛。佛者名爲涅槃。【略】

一切衆生所得一乘。一乘者名爲佛性。以是義故，我說一切衆生悉有佛性。一切衆生悉有一乘，以無明覆故，不能得見。善男子！如鬱單越三十三天，果報覆故，此間衆生不能得見。佛性亦爾。諸結覆故，衆生不見。復次，善男子！佛性者即首楞嚴三昧，性如醍醐，即是一切諸佛之母。【略】我亦不說一切衆生悉無有我，我常宣說一切衆生悉有佛性。佛性者豈非我耶。以是義故，我不說斷見。一切衆生不見佛性，故無常、無我、無樂、無淨。如是則名說斷見也。【略】

衆生若能聽受諮啟大般涅槃，則見佛性。十二部中雖不聞有，不可說言無佛性也。善男子！佛性者，亦色非色、非色非非色，亦相非相、非相非非相，亦一非一、非一非非一，非常非斷、非非常非非斷，亦有亦無、非有非無，亦盡非盡、非盡非非盡，亦因亦果、非因非果，亦義非義、非義非非義，亦字非字、非字非非字。云何爲色，金剛身故。云何非色，十八不共非色法故。云何非色非非色，色非色無定相故。云何爲相，三十二相故。云何非相，一切衆生相不現故。云何非相非非相，相非相不決定故。云何爲一，一切衆生悉一乘故。云何非一，說三乘故。云何非一非非一，無數法故。云何非常，從緣見故。云何非斷，離斷見故。云何非非常非非斷，無終始故。云何爲有，一切衆生悉皆有故。云何爲無，從善方便而得見故。云何非有非無，虛空性故。云何名盡，得首楞嚴三昧故。云何非盡，以其常故。云何非盡非非盡，一切盡相斷故。云何爲因，以了因故。云何爲果，果決定故。云何非因非果，以其常故。云何爲義，悉能攝取義無礙故。云何非義，不可說故。云何非義非非義，畢竟空故。云何爲字，有名稱故。云何非字，名無名故。云何非字非非字，斷一切字故。

緣覺所知。一切眾生不見佛性，是故常爲煩惱繫縛，流轉生死。見佛性故，諸結煩惱所不能繫，解脱生死，得大涅槃。【略】

若諸眾生有佛性者，何因緣故，一闡提等斷諸善根，墮于地獄。若菩提心是佛性者，一闡提等不應能斷。若可斷者，云何得言佛性是常。若非常者，不名佛性。若諸眾生有佛性者，何故名爲初發心耶。云何而言是毘跋致阿毘跋致。毘跋致者，當知是人無有佛性。世尊！菩薩摩訶薩一心趣向阿耨多羅三藐三菩提，大慈大悲，見生老病死煩惱過患，觀大涅槃無生老死煩惱諸過，信於三寶及業果報，受持禁戒。如是等法，名爲佛性。若離是法有佛性者，何須是法而作因緣。世尊！如乳不假緣，必當成酪。生蘇不爾，要待因緣。所謂人功水瓶攢繩。眾生亦爾。有佛性者，應離因緣，得阿耨多羅三藐三菩提。若定有者，行人何故見三惡苦、生老病死而生退心。亦不須修六波羅蜜，即應得成阿耨多羅三藐三菩提。如乳非緣而得成酪。然非不因六波羅蜜而得成於阿耨多羅三藐三菩提。以是義故，當知眾生悉無佛性。如佛先說僧寶是常。如其常者，則非無常。非無常者，云何而得阿耨多羅三藐三菩提。僧若常者，云何復言一切眾生悉有佛性。世尊！若使眾生從本已來無菩提心，亦無阿耨多羅三藐三菩提心，後方有者。眾生佛性亦應如是，本無後有。以是義故，一切眾生應無佛性。

佛言：善哉，善哉！善男子！汝已久知佛性之義，爲眾生故，作如是問。一切眾生實有佛性。汝言眾生若有佛性，不應而有初發心者。善男子！心非佛性，何以故。心是無常，佛性常故。汝言何故有退心者。實無退心。心若有退，終不能得阿耨多羅三藐三菩提。以遲得故，名之爲退。此菩提心實非佛性。何以故，一闡提等斷於善根墮地獄故。若菩提心是佛性者，一闡提輩則不得名一闡提也，菩提之心亦不得名爲無常也。是故定知菩提之心實非佛性。

**曇無讖譯《大般涅槃經》卷三二**　又有說言識爲佛性。識因緣故，獲得如來平等之心。眾生意識雖復無常，而識次第相續不斷，故得如來眞實常心。如火熱性，火雖無常，熱非無常。眾生佛性亦復如是，以是故說識爲佛性。又有說言，離陰有我，我是佛性。何以故，我因緣故，獲得如來八自在我。有諸外道說言，去來見聞悲喜語說爲我。如是我相雖復無常，而如來我眞實是常。善男子！如陰、入、界，雖復無常而名是常。眾生云何非苦非樂，斷一切受故。云何非我，未能具得八自在故。云何非非我，以其常故。云何非我非非我，不作不受故。云何爲空，第一義空故。云何非空，以其常故。云何非空非非空，能爲善法作種子故。善男子！若有人能思惟解了《大涅槃經》如是之義，當知是人則見佛性。佛性者不可思議，乃是諸佛如來境界，非諸聲聞緣覺所知。善男子！佛性者，非陰、界、入，非本無今有，非已有還無，從善因緣眾生得見。譬如黑鐵入火，則赤出冷還黑，而是黑色非内非外因緣故有。佛性亦爾。一切眾生煩惱火滅，則得聞見。善男子！如種滅已，芽則得生，而是芽性非内非外，乃至花果亦復如是，從緣故有。善男子！是大涅槃微妙經典，成就具足無量功德，佛性亦爾，悉是無量無邊功德之所成就。

**曇無讖譯《大般涅槃經》卷二八**　佛性二種，一者是色，二者非色。色者，阿耨多羅三藐三菩提。非色者，凡夫乃至十住菩薩。十住菩薩見不了了，故名非色。善男子！佛性者復有二種，一者是色，二者非色。色者謂佛菩薩，非色者一切眾生。色者名爲眼見，非色者名爲聞見。佛性者非内非外，雖非内外，然非失壞，故名眾生悉有佛性。

師子吼菩薩言：世尊！如佛所說一切眾生悉有佛性，如乳中有酪，金剛力士諸佛佛性如淨醍醐。云何如來說言佛性非内非外。

佛言：善男子。我亦不說乳中有酪。酪從乳生，故言有酪。世尊！一切生法各有時節。善男子！乳時無酪，亦無生蘇、熟蘇、醍醐。一切眾生亦謂是乳，是故我言乳中無酪。如其有者，何故不得二種名字。如人二能言金鐵師。酪時，無乳、生蘇、熟蘇及以醍醐。眾生亦謂是酪非乳，非生熟酥及以醍醐，乃至醍醐，亦復如是。善男子！因有二種。一者正因，二者緣因。正因者如乳生酪，緣因者如醪煖等。從乳生故，故言乳中而有酪性。【略】

一切諸法因緣故生，因緣故滅。善男子！若諸眾生内有佛性者，一切眾生應有佛身，如我今也。眾生佛性，不破不壞、不牽不捉、不繫不縛。如眾生中所有虛空，一切眾生悉有，虛空無罣礙故，各不自見有此虛空。若使眾生無虛空者，則無去來、行住、坐臥、不生不長。以是義故，我經中說一切眾生有虛空界。虛空界者是名虛空。眾生佛性亦復如是。十住菩薩少能見之，如金剛珠。善男子！眾生佛性，諸佛境界，非是聲聞佛性亦復如是。善男子！如彼盲人各各說象，雖不得實，非不說象。說佛性者亦復如是。非即六法，不離六法。善男子！是故我說衆生佛性非色，不離色。乃至非我，不離我。善男子！有諸外道雖說有我而實無我。衆生我者即是五陰，離陰之外更無別我。善男子！譬如莖葉鬚臺合爲蓮花，離是之外，更無別花。衆生我者，亦復如是。善男子！譬如牆壁草木和合，名之爲舍，離是之外，更無別舍。如佉陁羅樹波羅奢樹、尼拘陁樹、欝曇鉢樹，和合爲林。離是之外，更無別林。譬如車兵象馬步兵，和合爲軍，離是之外，更無別軍。譬如五色雜綖和合，名之爲綺，離是之外，更無別綺。如四姓和合，名爲大衆，離是之外，更無別衆。衆生我者亦復如是，離五陰外，更無別我。善男子！如來常住，則名爲我。如來法身無邊無礙，不生不滅，得八自在，是名爲我。衆生眞實無如是我及以我所，但以必定當得畢竟第一義空，故名佛性。

善男子！大慈大悲，名爲佛性。何以故。大慈大悲常隨菩薩，如影隨形。一切衆生必定當得大慈大悲，是故說言一切衆生悉有佛性。大慈大悲者名爲佛性，佛性者名爲如來。大喜大捨名爲佛性。何以故。菩薩摩訶薩若不能捨二十五有，則不能得阿耨多羅三藐三菩提。以諸衆生必當得故，是故說言一切衆生悉有佛性。大喜大捨者即是佛性，佛性者即是如來。佛性者名大信心。何以故。以信心故，菩薩摩訶薩則能具足檀波羅蜜乃至般若波羅蜜。一切衆生必定當得大信心故，是故說言一切衆生悉有佛性。大信心者即是佛性，佛性者即是如來。佛性者名一子地。何以故。以一子地因緣故，菩薩則於一切衆生得平等心。一切衆生必定當得一子地故，是故說言一切衆生悉有佛性。一子地者即是佛性，佛性者即是如來。佛性者名第四力。何以故。以第四力因緣故，菩薩則能教化衆生。一切衆生必定當得第四力故，是故說言一切衆生悉有佛性。第四力者即是佛性，佛性者即是如來。佛性者名十二因緣。何以故。以因緣故，如來常住。一切衆生定有如是十二因緣，是故說言一切衆生悉有佛性。十二因緣即是佛性，佛性者即是如來。佛性者名四無礙智。以四無礙因緣故，說字義無礙。字義無礙故，能化衆生。四無礙者即是佛性，佛性者即是如來。佛性者名頂三昧，以修如是頂三昧故，則能總攝一切佛法，是故說言頂三昧者名爲佛性。十住菩薩修是三昧，未得具足，雖見佛性，而不明了。一切衆生必定得故，是故說言一切衆生悉有佛性。善男子！如上所說種種諸法，一切衆生定當得故，是故說言一切衆生悉有佛性。

善男子！我若說色是佛性者，衆生聞已，則生邪倒。以邪倒故，命終則生阿鼻地獄。如來說法，爲斷地獄，是故不說色是佛性。乃至說識亦復如是。善男子！若有衆生了佛性者，則不須修道。十住菩薩修八聖道，少見佛性。況不修者而得見耶。善男子！如文殊師利諸菩薩等，已無量世修習聖道，了知佛性。云何聲聞、辟支佛等能知佛性。若諸衆生欲得了了知佛性者，應當一心受持讀誦、書寫、解說、供養、恭敬、尊重、讚歎是《涅槃經》。見有受持乃至讚歎如是經者，應當以好房舍、衣服、飲食、臥具、病瘦醫藥而供給之。兼復讚歎禮拜問訊。善男子！若有已於過去無量無邊世中，親近供養無量諸佛深種善根，然後乃得聞是經名。善男子！佛性不可思議。佛法僧寶亦不可思議。一切衆生悉有佛性而不能知，是亦不可思議。如來常樂我淨之法，亦不可思議。一切衆生能信如是大涅槃經，亦不可思議。

師子吼菩薩言：世尊！如佛所說，一切衆生能信如是《大涅槃經》不可思議者。世尊！是大衆中有八萬五千億人，於是經中不生信心，是故有能信是經者，名不可思議。善男子！如是諸人於未來世，亦當定得信是經典，見於佛性，得阿耨多羅三藐三菩提。

**真諦譯《佛性論》卷一**　爲此五義因緣，佛說佛性生五種功德。五功德者，一起正勤心，二生恭敬事，三生般若，四生闍那，五生大悲。由五功德，能翻五失。由正勤故，翻下劣心。由恭敬故，翻輕慢意。由般若故，翻妄想執。由生闍那俗智，能顯實智。及諸功德故，翻謗眞法。由大悲心，慈念平等故，翻我執。翻我執者，由佛性故，觀一切衆生，二無所有，息自愛念。觀諸衆生，二空所攝，一切功德而得成就，是故於他而生愛念。由般若故，滅自愛念。由大悲故，生他愛念。由般若故，捨凡夫執。由大悲故，捨二乘執。由般若故，不捨涅槃。由大悲故，不捨生死。由般若故，成就佛法。由大悲故，成熟衆生。由二方便，住無住處，無有退轉，速證菩提。滅五過失，生五功德，是故佛說一切衆生皆有佛性。

【略】

一切凡聖、衆生，並以空爲其本。所以凡聖、衆生，皆從空出，故空是佛性。佛性者即大涅槃。若依毘曇薩婆多等諸部說者，則一切眾生，無有性得佛性，但有修得佛性。分別眾生，凡有三種。一定無佛性，永不得涅槃，是一闡提犯重禁者。二不定有無，若修時即得，不修不得，是賢善共位以上人故。三定有佛性，即三乘人，一聲聞從苦忍以上即得佛性，二獨覺從世法以上即得佛性，三者菩薩十迴向以上是不退位時得於佛性。所以然者，如經說有眾生不住於性，永無般涅槃故。又《阿鋡》說，佛十力中，性力所照眾生境界，有種種性，乃至麁妙等界不同，故稱性力。所以者何。一切眾生有性無性異故。有佛性者則修種種妙行，無佛性者則起種種麁惡。是故學小乘人，見此二說，皆有道理，未知何者爲定，故起疑心。復次生不信心者，於二說中，各偏一執，故不相信。何者。若從分別部說，則不信有無性眾生。若薩婆多等部說，則不信皆有佛性。故明有佛性者，問執無性曰：汝云何有無性眾生，永不般涅槃。答曰：眾生既有種種麁妙不同，故知理有有性無性。汝若不信有無性眾生永不涅槃，而信有眾生有種種麁妙等界者，是義不然。何以故。執不平等故。

問曰：汝信有眾生種種麁妙等界，即令信有無性眾生者，亦應信有無根眾生耶。何以故。眾生由有根無根故，有種種麁妙等界。汝若不信有無根眾生者，云何信有麁妙等界。若謂有麁妙等界，不關有根無根者，我亦信有麁妙等界，不關有性無性之義，有何過失。若汝言無有無根眾生者，我亦說無有無性眾生。答曰：汝以有根無根，例我有性無性。是義不然。何以故。汝謂無根者，爲是眾生，爲非眾生。若是眾生，有二過失。一者，泰過過失。若無六根而是眾生者，則一切無情草木石等，皆是眾生，同無根故。二者，不及過失。本說六根以爲眾生，既無六根，更說何物爲眾生耶。而汝說無根眾生，是義不然。故知不爲有根無根，說麁妙等界，正爲有性無性說麁妙耳。

難曰：若汝謂我立無根眾生有二過失者，汝立犯重一闡提人無有佛性，永不得涅槃，亦有二失。一者，泰過過失。眾生本以我見無明爲凡夫法，尋此無明，由違人空故起，既起無明，故有業報。若不違人空，則無無明業報。既無無明業報等三輪，若爾，應是聖人作於凡夫。若謂眾生無佛性者，但聖爲凡，無凡得聖，此成泰過。二者，不及過失。若汝謂有眾生無佛性者，既無空性，則無無明。若無無明，則無業報。既無業報，眾生豈有，故成不及。而汝謂有眾生無佛性者，是義不然。何以故。汝既不信有無根眾生，那忽信有無性眾生。以二失同故。

問曰：汝說有眾生無佛性者，如刹底利種，爲具有四性及地獄人天等性，爲不具有。若言不具有者，人應常人，永無作諸道義。若具足有者，則違經。如經中說，如來性力能了種種麁妙等界。此眾生性，既其平等，經不證故。又若汝謂有眾生永不般涅槃者，義亦不然。如人先爲刹底利，後作婆羅門。或人或天，無決定相故。若汝說不具足者，則與立譬相違。何以故。俱不具故。汝說無佛性眾生永不得佛，如人無天性，則應永無天報。若無天性而得天報者，亦應有無佛性眾生而得涅槃。復次，若具足性與譬相似者，則無佛性眾生應具有佛性。若有有無二性，爲相違不。若相違者，則應一有一無，是義不可。若無涅槃性眾生，則不應有涅槃性。汝言具二性者，義亦不然。何以故。如刹底利無婆羅門性，二性相違，決定無故。後則不得爲婆羅門，乖世道故。又若俱有性義者，後時決得。若不具性義者，後決不得。若一人具此二義，定何所屬。

又問：汝立無佛性眾生，始終定無，爲不定無。譬如大地，初無金性，後時或有，有已更無。汝立無佛性，亦如是不。若如此者，則應得二乘性竟，後更不得。得大乘性竟，後應更失。得定性已，後更不定。雖修得通達解脫等功德，後還更失，則修道無用。決定立性，並成無用故。

又問：汝立無定性眾生如地，或時轉爲金寶等物。無佛性眾生住於下性，是人性不定故。能轉爲涅槃者，爲今生轉，爲未來轉。若汝謂今生轉者，云何得轉，爲值三寶得解脫三善根故轉，爲不值而能得轉。若言修功德分故現在轉者，何謂無佛性眾生永住下性。是義自壞。若汝謂今世雖修善根終不得轉，未來方轉故名住下性者，此性於未來中，爲修善故轉，不修故轉。若修故轉，今修何故不轉。若言未來不修善自然轉者，現在未修，何故不轉。又若汝謂無佛性，是定無者。如火定熱性，不可轉爲水冷性。佛性亦爾，有無應定，皆不可轉。若不可轉者，汝立此定，爲由因故定，不由因故定。若由因故定，此定不成定。何以故。本時未是定，由因方定故。若說不由因而定者，則無窮過失。是故我說此性亦復不定，不由因故，是義應成。如汝說定等共無因，若爾，非理之事並應得成。二者，不平等過失，如人謂石女生兩兒，一白一黑。亦如兔有兩角，一利一鈍。

若人不由因說，此不平等義，亦應得成。如汝所說，此若不成，汝亦不立。三者，失同外道。有本定有，無本定無，有不可滅，無不可生。此等過失，由汝邪執無性義生故。

問曰：若爾，云何佛說衆生不住於性，永無般涅槃耶。答曰：若憎背大乘者，此法是一闡提因，爲令衆生捨此法故。若隨一闡提因，於長時中，輪轉不滅。以是義故，經作是說。若依道理，一切衆生，皆悉本有清淨佛性。若永不得般涅槃者，無有是處。是故佛性決定本有，離有離無故。

**真諦譯《佛性論》卷二**　三種佛性者，應得因中具有三性，一住自性性，二引出性，三至得性。記曰：住自性者，謂道前凡夫位。引出性者，從發心以上，窮有學聖位。至得性者，無學聖位。

**真諦譯《十八空論》**　佛性者，即是諸法自性。何以故，自然有故。但自性有兩義，一無始，二因。譬如無始生死中，有心無心兩法，自然無因。若心有因，此因爲本，有爲始有。若本有因，此因即是自然。既是自然，亦應許心是自然。昔未有因，應無衆生。有時有因，方有衆生。如土石等。若有因時，應成衆生，故知自然一分作有心，一分作無心。故言，譬如無始生死中，有心無心兩法，自然無因也。佛性亦爾，自然無因。虛妄尚有自然義，何況眞實而不自然。故由無始佛性爲因，所以六入欲求解脫。若無佛性，解脫之果，不得成就。譬如淨珠能清濁水。以佛性無始故，生死無始。一異空，淨不淨空等，如上說。此空性爲離五失，顯五種功德。人法是分別性，從人法生分別是依他性。就分別性覓法，不可得。就依他性覓所分別之人法，亦不可得。即眞實性，眞實無體，無體故無相，無相故無生，無生故無滅，無滅故寂靜，寂靜即是自性涅槃。此自性空，除五種過失。一，除下劣心。不薄信佛性是有可得，得之有無量功德，則不能發菩提心。不發此心，常守下劣。佛性令其發心，故言能除下劣心也。二，除高心。若人不解佛性平等，謂我有佛性，我已發心，他無佛性，不能發心，故高慢。若體此理，無有此彼，高心即滅，故言能除高心也。三，除著虛妄，棄捨眞實。虛妄所以是生死過失者，如人來打拍罵詈毀辱等事，一非本有，二由心所作，虛妄所起，非是自然，即是虛妄。若不體眞實道理，謂此是眞實，則取著虛妄，皆棄眞實。故生三毒利等煩惱。若識生死虛妄，非是實有，則不見能拍所罵，不見衆生過失，不生煩惱，即棄虛妄。但見衆生皆有佛性，功德圓同，即是能取眞實。由此即生慈悲成菩薩者。四，能除我見。諸法本來自性眞實，若有若無，二皆平等。若人能作此解，即捨我見執相之心也。五，除怖畏。能令衆生信受甚深正法。正法有相與無相，體解佛性，則能信受無相正法，則不謗大乘也。次明此性空能引五種功德者，一除下劣、生正勤，二除高慢、生平等，三除虛妄、生慈悲，四除見、生般若，五除怖畏、受正法。故言性空，顯佛性理有五種功德，離五過失，治護性，令得清淨。即是自利因，故此第十二名爲性空，佛性即是空也。

**智顗《妙法蓮華經玄義》卷二下**　十二因緣名爲佛性者，無明、愛、取既是煩惱，煩惱道即是菩提。菩提通達，無復煩惱，煩惱既無，即究竟淨，了因佛性也。行有是業道，即是解脫，解脫自在，緣因佛性也。名色，老死是苦道，苦即法身。法身無苦無樂，是名大樂。不生不死是常，正因佛性故。言無明與愛是二，中間即是中道。無明是過去，愛是現在。若邊若中，無非佛性，並是常、樂、我、淨。無明不生，亦復不滅，是名不思議不生不滅十二因緣也。

**智顗《妙法蓮華經玄義》卷五下**　《大經》云：佛性者，亦一非一，非一非非一。亦一者，一切衆生悉一乘故，此語第一義諦。非一者，如是數法故，此語如來藏。非一非非一，數非數，法不決定故，此語第一義空。

**智顗《妙法蓮華經玄義》卷六下**　若衆生無佛性者，敎以佛道，過則屬佛。若衆生皆有佛性，迷惑不受敎，過屬衆生。一切有心皆當作佛。闡提不斷心猶有反復，作佛何難。

**智顗《觀音玄義》卷上**　《大經》云非因非果名佛性者，即是此正因佛性也。又云是因非果名爲佛性者，此據性德緣、了，皆名爲因也。又云是果非因名佛性者，此據修德緣、了皆滿，了轉名般若，緣轉名解脫。亦名菩提果，亦名大涅槃果。果皆稱爲果也。佛性通於因果，不縱不橫。

**慧遠《大乘義章》卷九**　佛性有二，一法佛性，二報佛性。法佛性者是性種因，報佛性者是習種因。二性何別。法佛性者，本有法體，與彼果時，體無增減，唯有隱顯，淨穢爲異。報佛性者，本無法體，但有方便可生之義。此二如前《佛性章》中具廣分別。是二佛性依至性地，名二種性。法佛之性，轉名性種。報佛之性，所生行德，名爲習種。是二種性至解行中，名得方便及清淨向。彼習種性至解行中，名得方便。彼性種性至解行中，名清淨向。彼得方便及清淨向，至初地上，轉名二道。彼得方便，轉名教道。彼清淨向，轉名證道。教道至果，轉名報佛方便、菩提方便涅槃。證道至果，轉名法佛性淨、菩提性淨涅槃。此等雖復隨時變改，其義不殊。

**吉藏《大乘玄論》卷三**　佛性義十門：一大意門。二明異釋門。三尋經門。四簡正因門。五釋名門。六本有始有門。七內外有無門。八見性門。九會教門。十料簡門。

甘蔗停山，由來已久。圓珠沈水，實自積時。而隨其流處，六味不同。競捉瓦石，三乘成異。謬言羊角之刀，復據如繩之像。敢承佛意，輕布弱言。庶得影現鏡中，面還得所。少失鄉土，名爲弱喪。不知反本，稱曰無明。蕩識還原，目爲佛性。

異釋第二。古來相傳釋佛性不同，大有諸師。今正出十一家，以爲異解。就十一師皆有名字。今不復據列，直出其義耳。

第一家云：以眾生爲正因佛性。故經言，正因者謂諸眾生，緣因者謂六波羅蜜。既言正因者謂諸眾生，故知以眾生爲正因佛性。又言一切眾生悉有佛性，故知眾生是正因也。

第二師，以六法爲正因佛性。故經云，不即六法，不離六法。言六法者，即是五陰及假人也。故知六法是正因佛性也。

第三師，以心爲正因佛性。故經云，凡有心者，必定當得無上菩提。以心識異乎木石無情之物，研習必得成佛，故知心是正因佛性也。

第四師，以冥傳不朽爲正因佛性。此釋異前以心爲正因。何者。今直明神識有冥傳不朽之性，說此用爲正因耳。

第五師，以避苦求樂爲正因佛性。一切眾生，無不有避苦求樂之性。實有此避苦求樂之性，即以此用爲正因。然此釋復異前以心爲正因之說。今只以避苦求樂之用爲正因耳。故經云，若無如來藏者，不得厭苦樂、求涅槃。故知避苦求樂之用爲正因佛性也。

第六師，以眞神爲正因佛性。若無眞神，那得成眞佛。故知眞神爲正因佛性也。

第七師，以阿梨耶識自性清淨心，爲正因佛性也。

第八師，以當果爲正因佛性，即是當果之理也。

第九師，以得佛之理爲正因佛性也。

第十師，以眞諦爲正因佛性也。

第十一師，以第一義空爲正因佛性。故經云，佛性者名第一義空。故知第一義空爲正因佛性也。【略】

尋經第三。既識佛性，應須遍讀眾經。由來舊辨《阿含經》中亦明佛性，但有小妨耳。故云，一切眾生悉有聲聞性，悉有辟支佛性，悉有佛性。《阿含》既爾，其餘諸經亦有說佛性語，但不甚分明。如是眾經明佛性，亦復何嫌。故新《金光明經》云，若了義說是身，即是大乘，即如來藏，即如來性也。《華嚴經》云，菩薩隨喜心，不斷如來性。又言，欲不斷佛種性者，當發菩提心。又《華嚴・性起品》，即是明佛性義。從寶王如來性，而起離世間因，得入法界果。結前因果，生後因果。故《華嚴》明佛性有因有果，而未作正因、緣因之名，亦未作果與果果之稱。至如具足明佛性義，即如《涅槃》中所辨。故具明有因、有因因、有果、有果果。今時一師每以《涅槃經》爲證。然此一教，處處皆明佛性，故《哀歎品》中瑠璃珠喻，亦是具足明佛性義。如是《如來性品》皆明佛性義，乃至《師子吼》、《迦葉》廣明佛性事。義乃顯然。故一師所引文句，以《師子吼》文爲正也。故師子吼菩薩問言，云何爲佛性，以何義故名爲佛性。如是凡有五問佛性。如來次第答。答第一問言，善男子！汝問云何爲佛性者。善男子！佛性者，名第一義空，第一義空名爲智慧。斯則一往第一義空以爲佛性，又言第一義空名爲智慧，豈不異由來義耶。【略】

簡正因第四。但正因難識，今作兩種檢之。一作車輪明義，無始終檢。二作三世明義，有始終檢也。無始終義，即如《涅槃》云，十二因緣不生不滅，不一不二，不常不斷，不來不去，不因不果。又言，佛性者，有因有因因，有果有果果也。是以無始終義，作四句明之。所言因者，即是境界因，謂十二因緣也。所言因因者，即是緣因，謂十二因緣所生觀智也。境界已是因，此之觀智。因因而有，故名因因。好體十二因緣，應是因因而有，故名因因。彼向望前，此即望後，皆是因因也。所言果者，即三菩提。由因而得，故名爲果。所言果果者，即是大般涅槃，由菩提故，得説涅槃以爲果果。菩提即是智，涅槃即是斷，由智故説斷也。此是無始終義。何者。如所生觀智因因而有，故名因因。十二因緣亦因因而有，又是因因。既互爲因與因因故，是無始終也。第二作三世有始終檢者，凡有三句。一者是因非果，即是境界因。故經言，是因非果如佛性。二者是果非因，即是果果性。故經言，是果非因名大涅槃。三者是因是果，即如了因及三菩提。斯即亦因亦果，望後爲因，望前爲果。既言境界是因非果，涅槃是果非因，所以名爲有始終義。【略】

釋名第五。釋名有二種，先釋通名，次釋別名。通名不同，有三家。第一解云，佛性兩字皆是果名。佛名覺者，此故宜非因。性以不改爲義，果體既常，所以不改也。因中暗識，故非覺者。既其遷改，不得名性。但衆生必有當得此佛性之理，故言悉有佛性也。第二師釋，佛性者，此是因中。難第一家云，經既言一切衆生悉有佛性，云何言因中無有此名。因中衆生有覺義故是佛，有必當之理不改名性也。第三家分字解釋，佛是果名，性是因名。還舉第一家爲難，衆生愚暗癡惑耳。然未有智慧，若有覺法，可許佛覺。而即衆生都無有覺，云何言衆生是佛。乃研生死小智，終成果地大覺。其果始名爲佛，故佛是果名。【略】

次釋別名。先言正因佛性，非因非果。非因而因，故有二因，謂境界因與了因。非果而果，故有二果，謂菩提與涅槃也。言境界因者，即是十二因緣能生觀智。以是觀智境界，故名境界因。以能生觀智之前緣故，亦名緣因。言了因者，觀智能了出佛果，故名了因。既了出佛果之緣因故，有時呼了因以爲緣因也。菩提者，此言正遍知道，是從智爲名。涅槃者，此言寂滅，是則從斷爲目也。前四句有因者，謂十二因緣。正言十二因緣，非菩提之正因。而言因者，以其能生觀智，與因作因，故名爲因。【略】

本有始有第六。問：佛性爲是本有，爲是始有。答：經有兩文。一云，衆生佛性。譬如暗室瓶瓫、力士額珠、貧女寶藏、雪山甜藥，本自有之，非適今也。所以如來藏經，明有九種法身義。二云，佛果從妙因生。責驊馬直，不責駒直也。明當服蘇，今已導臭。食中已有不淨，麻中已有油，則是因中言有之過。故知佛生是始有。經既有兩文，人釋亦成兩種。一師云：衆生佛性本來自有，理性眞神阿梨耶識故。涅槃亦有二種，性淨涅槃本來清淨，方便淨涅槃從修始成也。第二解云：經既説佛果從妙因而生，何容食中已有不淨，故知佛性始有。……但地論師云：佛性有二種，一是理性，二是行性。理非物造，故言本有。行藉修成，故言始有。【略】

辨内外有無第七。今辨佛性内外有無義，此重最難解。或可理外有佛性，理内無佛性。或可理内有佛性，理外無佛性。今先辨理内外，次説有無。然由來亦言有理内外凡夫及内道外道。故信等五根未立者，理外行心，名外凡夫。五根立者，理内行心，名内凡夫。故言理内行心、理外行心。既有此語，亦即是理内外義。但舊師等不甚分明，作此名教耳。經言：復次道有二種，一外，二内。外道道者，無常無樂。内道道者，有常有樂。菩提解脱亦復如是。聲聞菩提，無常無樂。諸佛菩薩，所有菩提，常樂我淨。解脱亦然也。……

《大集經》云，諸佛菩薩，觀一切諸法，無非是菩提。此明迷佛性故爲生死，萬法悟即是菩提。故肇法師云：道遠乎哉，即物而眞。聖遠乎哉，悟即是神也。若一切諸法無非是菩提，何容不得無非是佛性。又《涅槃》云，一切諸法中，悉有安樂性。亦是經文。《唯識論》云，唯識無境界。明山河草木皆是心想，心外無別法。此明理内一切諸法依正不二，以依正不二故，衆生有佛性，則草木有佛性。以此義故，不但衆生有佛性，草木亦有佛性也。若悟諸法平等，不見依正二相故。理實無有成不成相，無不成故，假言成佛。以此義故，若衆生成佛時，一切草木亦得成佛。故經云，一切諸法皆如也。【略】

明見性第八。迦葉問言：云何諸菩薩能見難見性。師子吼問言：若一切衆生有佛性者，何故不見一切衆生所有佛性。十住菩薩以何等眼不了了見佛，以何眼而了了見也。《性品》答：見有二種。一者，十地，或言十住，名爲慧眼見。舉珠喻釋。二者，外道凡夫，名爲信見。或如羊角，或如火聚等。《師子吼品》明慧眼見故，見不了了。佛眼見故，則了了。經文如此。判釋多言，十住菩薩方見佛性，猶如羅縠，九住以還未見佛性。但《華嚴經》云，初發心時，便成正覺。若如此者，初發心時則見佛性。故一師云，涅槃所明十地，應是地前，未得眞悟菩薩，故見性不明。而《華嚴》所明十地，從佛智慧出。此是眞悟菩薩，故云初發心時，便成正覺。但《地論》師據行位判，行通位別。《涅槃》辨位別義，故菩薩位智猶未極，故十地菩薩見性不明，九地猶未見。《華嚴》明行通義，故云初發心時，便成正覺也。又《涅槃經》云：十地菩薩，但見其終，不見其始。諸佛如來，始終俱見。諸師釋此文，種種不同。或言：十地菩薩未斷無明，故言不見其始。而伏惑已周，去佛近故，言見終也。又云：十地菩薩，去終近故云見終。去無明住地遠，故言不見其始。又云：十地去初地遠故，言不見其始，但見其終。佛既眾惑已盡，因圓果備，故云始終俱見。【略】

會敎第九。經中有明佛性、法性、眞如、實際等，並是佛性之異名。何以知之。《涅槃經》自說佛性有種種名。於一佛性，亦名法性涅槃，亦名般若一乘，亦名首楞嚴三昧師子吼三昧。故知大聖隨緣善巧，於諸經中說名不同。故於《涅槃經》中名爲佛性，則於《華嚴》名爲法界，於《勝鬘》中名爲如來藏自性清淨心。《楞伽》名爲八識。《首楞嚴經》名首楞嚴三昧。《法華》名爲一道一乘。《大品》名爲般若法性。《維摩》名爲無住實際。如是等名，皆是佛性之異名。故經云：無名相法，假名相說，於一法中，說無量名。於一名中，說無量門。以是義故，名義雖異，理實無二。

問：若理實無二，以何義故說種種名。答：若依名釋義，非無所以。何者。平等大道爲諸眾生覺悟之性，名爲佛性。義隱生死，名如來藏。融諸識性，究竟清淨，名爲自性清淨心。爲諸法體性，名爲法性。妙實不二，故名爲眞如。盡原之實，故名爲實際。理絕動靜，名爲三昧。理無所知，無所不知，名爲般若。善惡平等，妙運不二，名爲一乘。理用圓寂，名爲涅槃。如此諸義，如喻似何。譬如虛空，不動無礙，有種種名。雖有諸名，實無二相。以是故云，名字雖異，理實無二也。問：若言眞如法性，並是佛性之異名者，經說眞如法性亦是空之異名。今未知，佛性是二諦中第一義空不。若言是者，既言是空，那得以此爲佛性耶。會通諸經，使不相違，善則善矣，然新聞異響，未見深旨。一切諸人並皆同疑。願爲開示，以遣疑滯也。答：《涅槃經》云，佛性者名第一義空。豈非是空爲佛性耶。若以空爲空者，非佛性也。故下文云，所言空者，不見空與不空，名爲佛性。二乘之人，但見於空，不見不空，不見佛性。故知於有所得人，不但空非佛性，佛性亦非佛性也。若於無所得人，不但空爲佛性，一切草木並是佛性也。【略】

料簡第十。然料簡中，應論得失義。若本來清淨，何因緣故失。本既不失，今云何失。若後失者，先亦應失。先既清淨，後亦應淨。答此義者，如第九卷，說解純陁疑差別無差別義。若廣辨者，備舉《涅槃》一部來解釋，猶亦不可盡。此義不可卒了，且待後問也。

**法海集記《南宗頓教最上大乘摩訶般若波羅蜜經六祖惠能大師於韶州大梵寺施法壇經》** 弘忍和尚問惠能曰：汝何方人。來此山禮拜吾，汝今向吾邊復求何物。惠能答曰：弟子是領南人，新州百姓。今故遠來禮拜和尚，不求餘物，唯求佛法作。大師遂責惠能曰：汝是領南人，又是獦獠，若爲堪作佛！惠能答曰：人即有南北，佛性即無南北。獦獠身與和尚不同，佛性有何差別！【略】

菩提本無樹，明鏡亦無臺，佛性常清淨，何處有塵埃。

**智儼《華嚴經內章門等雜孔目》卷二** 佛性者，諸佛所師，所謂法也。其性平等，猶如虛空，於諸凡聖，無所限礙，名爲佛性。既無限礙，何故偏云佛性。佛性者，據覺時語。所以知者，爲隨其流處，成種種味。法身流轉五道，名曰眾生。據此因緣，不名佛性。今對聲聞淳熟人，說有其佛性。爲聲聞人先向無餘，不求作佛。今迴聲聞，並堪作佛，故說佛性。教興如此，略說佛性有三種。一自性住佛性，二引出佛性，三至得果佛性。自性住佛性，即是本性。引出佛性，即修得性。至得果性，修因滿足名至得果。又自性住性，即是本性。引出佛性，本性引出至得果性。本性至果，名至得果。又佛性有十種，如問答中辨。問：如來藏性亦說本性，何故如來藏性，不約位說差別之相。佛性義門，即約地位，論其明闇。答：如來藏差別，爲直進菩薩說故，不約位論。其差別佛性之義，爲根熟聲聞說，聲聞見增。今順彼見，故說差別。佛性義者，當三乘義，具辨差別，廣在抄中。若爲一乘所目，即入一乘圓教所攝。餘義可知。

**真諦譯《大乘唯識論》序** 眞如法空者，所謂佛性清淨體，古今一定。故經云，佛性者名爲第一義空，所言空者，體無萬相故。言其空無萬相者，無有世間色等有爲法，故無萬相，非是同於無性法。以其眞如法體。是故經云，去八解脫者名不空空，是故不同無法空也。若如是觀，是名解眞如法空。《唯識論》言唯識者，明但有內心，無色香等外諸境界。何以得知。如人目有膚翳，妄見毛輪、犍闥婆城等種種諸色。實無前境界，但虛妄見有如是諸眾生等外諸境界，故言唯識。若爾，但應言破色，不應言破心。此亦有義。心有二種，一者相應心，二者不相應心。相應心者，謂無常妄識虛妄分別，與煩惱結使相應，名相應心。不相應心者，所謂常住第一義諦，古今一相，自性清淨心。今言破心者，唯破妄識煩惱相應心，不破佛性清淨心，故得言破心也。

**慧嚴等《大般涅槃經》卷三〇**　佛性者非過去、非未來、非現在，是故佛性不可得斷。如朽敗子不能生牙，一闡提輩亦復如是。世尊！一闡提輩不斷佛性，佛性亦善，云何說言斷一切善。善男子！若諸眾生現在世中有佛性者，則不得名一闡提也。如世間中眾生我性，佛性是常，三世不攝。三世若攝，名爲無常。佛性未來以當見故，故言眾生悉有佛性。以是義故，十住菩薩具足莊嚴乃得少見。迦葉菩薩言：世尊！佛性者常猶如虛空，何故如來說言未來。如來若言一闡提輩無善法者，一闡提輩於其同學、同師、父母、親族、妻子，豈當不生愛念心耶。如其生者，非是善乎。佛言，善哉善哉！

# 佛性五義

**慧遠《大乘義章》卷一**　佛性義，五門五別（釋名一。辨體二。料簡有無，內外、三世、當現之義三。明因義四。就性所以五）。

第一，釋名。佛者，是其中國之言，此翻名覺，返妄契眞，悟實名覺。舉佛樹性，故明佛也。所言性者，釋有四義。一者，種子因本之義。所言種者，眾生自實如來藏性，出生大覺與佛爲本，稱之爲種。種猶因也。故經說言，云何名性，性者所謂阿耨菩提中道種子。《大智論》中亦云，性者，名本人分種。如黃石中所有金性、白石銀性。一切眾生，有涅槃性。斯文顯矣。二，體義名性。說體有四。一佛因自體，名爲佛性，謂眞識心。二佛果自體，名爲佛性，所謂法身。第三通就佛因佛果，同一覺性，名爲佛性。其猶世間麥因麥果，同一麥性。如是一切當知是性不異因果，因果恆別，性體不殊。此前三義，是能知性。局就眾生，不通非情。第四通說諸法自體，故名爲性。此性唯是諸佛所窮，就佛以明諸法體性，故云佛性。此後一義，是所知性。通其內外，斯等皆是體義名性。三，不改名性。不改有四。一因體不改，說之爲性。非謂是因常不爲果，說爲不改。此就因時，不可隨緣，返爲非因，故稱不改。故經說言，若殺眾生，喪滅佛性，無有是處。又復說言，因不改者，得果之時，因名雖改，因體不亡。因體即是如來藏性，顯爲法身，體無變易。非如有爲，得果因謝。就體以論，故名不改。二果體不改，說名爲性。一得常然，不可壞故。第三通就因果自體不改，名性。如麥因果，麥性不改。以不改故，種麥得麥，不得餘物。如是一切佛性亦爾，佛因佛果，性不改故。眾生究竟，必當爲佛，不作餘法。經說佛性旨要，在斯第四。通說諸法體實不改，名性。雖復緣別內外染淨，性實平等，湛然一味，故曰不改。此是第三不改，名性。四性別，名性。性別有四。一明因性，別異於果。二明果性，別異於因。第三通就因果體性，別異非情故。經說言，爲非佛性一切草木石等，說於佛性。四就一切諸法理實，別於情相虛妄之法，名之爲性。故經說言，如來藏者，非我眾生，非命非人。又復經言，佛性雖住陰、界、入中，而實不同陰、界、入也。以此界別，故名爲性。佛性名義，庶判如是。

第二，次辨性之體狀。然佛性者，蓋乃法界門中一門也。門別雖異，妙旨虛融，義無不在。無不在故，無緣而非性。無緣而非性故，難以定論。是以經中，或說生死以爲佛性，或說涅槃以爲佛性。或說爲因，或說爲果，或復說爲非因非果。或說爲空，或說爲有，或復說爲非空非有。或說爲一，或說爲異，或復說爲不一不異。或說爲有，或說爲無，或復說爲非有非無。或說爲內，或說爲外，或復說爲非內非外。或說爲當，或說爲現，或復說爲非當非現。或說色心以爲佛性，或復言非。或說一切善、惡、無記以爲佛性，或復言非。如是一切，無非佛性。雖復異論，莫不皆入一性門中。性義既然，執定是非，無不失旨。經說摸象，喻失在此。斯等諸法，云何名性。爲性之義，備如初門。良以諸法無不性故，詮題異辨，廣略難定。或立爲一，乃至眾多。所言一者，雖復緣別染淨之殊，性旨一味，湛然若虛空，故云一也。或分爲二，二有四門。一約緣分二，緣有染淨。染謂生死，淨謂涅槃。生死涅槃，體皆是性故。《涅槃》中，師子菩薩問於佛性，如來讚言，師子菩薩具二莊嚴。能問一二，佛具二嚴。能答一二，一謂涅槃，二謂生死。二體用分二。廢緣論性，性常一味，是其體也。隨緣辨性，性有淨穢，是其用也。三能所分二。一能知性，二所知性。能知性者，謂眞識心，以此眞心覺知性故。與無明合，便起妄知。遠離無明，便爲正智。如似世人，以有報心，覺知性故。與昏氣合，使起夢知。遠離昏氣，使起正智。若無眞心覺知性者，終無妄知，亦無正知。如草木等，無智性故，無有夢知，亦無悟知。此能知性，局在眾生，不通非情。故經說言，爲非佛性說於佛性。非佛性者，所謂一切牆壁瓦石。又經說言，凡有心者悉是佛性。此等皆是能知性也。所知性者，謂如法性、實際、實相、法界法經、第一義空、一實諦等。如經中說，第一義空，名爲佛性。或言，中道名爲佛性。如是等言，當知皆是所知性也。此所知性，該通內外。故經說言，佛性如空，遍一切處。四對果分二。一法佛性。二報佛性。法佛性者，本有法體，與彼法佛體無增減，唯有隱顯、淨穢爲異。如礦中金與出礦時，體無多少。亦如凍水與消融時，體無增減。報佛性者，本無法體，唯於第八眞識心中，有其方便可生之義。如礦中金，有可造作器具之義，非有器具已在現中。如樹子中未有樹體，唯有方便可生之義。若無生性，雖以無量百千方便，佛不可生。如燋種中樹不可生。如《勝鬘》說，如來藏中，具過恆沙一切佛法。《如來藏經》說，眾生中，具足如來一切種德。《馬鳴論》說，從本以來，具足一切性功德法。《華嚴經》說，一切眾生心微塵中，具無師智、無礙智、廣大智等。當知皆是法佛之性。如《涅槃》說，眾生身中未有德體，如樹子中未有樹體，箜篌之中未有聲體。如是等言，當知皆是報佛之性。【略】

第三門中，差別有四（一明有無，二明內外，三就世論，四辨當現）。言有無者，義有兩門。一約緣以論，二就體分別。言約緣者，經說有四。一、闡提人有，善根人無。二、善根人有，闡提人無。三、二人俱有。四、二人俱無。義如上辨，今重論之。闡提有者，有不善性。佛性緣起，爲不善故。不善之法，即是佛性。此不善性，闡提則有，善人無也。善根人有，闡提無者，謂善性也。佛性緣起，三乘無漏，名之爲善。善即是性，故名善性。此性聖有，闡提無也。二人有者，同有理性。二人無者，同無果性。言就體性辨有無者，佛性之體，亦得說有，亦得說無，亦得說爲非有非無。所言有者，如來藏中，緣起法界，恆沙佛法，說之爲有。所言無者，解有兩義。一、離相名無。如淨醍醐，體雖是有，而無青黃赤白等相。亦如一切眾生心，識體雖是有，無有大小長短等相。佛性亦爾，體雖是有，而無一相。無相之義，如後八識章中具辨。二、無性名無。如來藏中，恆沙佛法，同一體性，互相緣集，無有一法別守自性。如說諸法以之爲常，離諸法外，無別有一常性可得。諸法齊爾，故說爲無。有無如是。非有無者，非謂有無兩法，並說爲非有無。亦非無除捨有無二法，爲非有無。亦非有無合爲一法，爲非有無。亦非有無二法之中，別立一法，爲非有無。當知說彼無法爲有，有則非有。還即說此有法爲無，無則非無。是故爲名非有非無。故經說言，有無方便，入非有非無。遣相論之，妙絕四句。何等爲四，一者非有，二者非無，三者非有非無，第四非是非有非無。緣起諸法，皆無自性。以無性故，說無爲有。無爲有故，有即非有。無無性故，說有爲無。有爲無故，無即非無。還即說彼有無之法，爲非有非無。無有非無，亦無自性。故經說言，乃至如離性也。還即說此非有非無，爲有無故。有無之法，亦不可得，是即佛性。理絕形名，心言不及，無取無捨，正智所知，聖慧巧悟，妙在其中。

言內外者，義別兩門。一隨相以分，二情理相對。言隨相者，眾生爲內，山河大地非情物等，以之爲外。若當說彼因果之性，局在眾生，得言是內。若說理性，性通內外。雖復約彼內外相辨，而體平等，非內非外。言情理者，即彼妄想陰界入等，以說性故，得言在內。而眞平等，妙出情妄，名之爲外。故經說言，斷脫異外有爲法依持建立者是如來藏。又經復言，性雖住在陰、界、入中，而實不同陰、界、入也。以不同故，名之爲外，不同情取，亦得說爲非內非外。故經說言，眾生佛性，非內非外。

言就世者，論其性體，古今常湛。猶若虛空，非三世攝。故經說言，佛性非是三世攝也。隨緣辨性，有是三世，有非三世。相狀如何。今先就佛辨其性相。如來佛性，據因以望，得說未來。對因辨果，得爲現在。捨對論之，非三世攝。良以如來體窮眞性，悟法本如，非先有染後息爲淨，德同法性，故非三世。又復所得，常不生滅，故非三世。故《涅槃經·迦葉品》云：如來佛性，非是過去現在未來。後身佛性，據前以望，名爲未

來。就佛返望，名爲過去。形前對後，說爲現在。【略】

言當現者，若就凡說，因性在現，果性在當。若就佛論，果性在現，因性過去。語其理性，旨通當現，體非當現。

第四門中，就性辨因，於中兩門。一緣正分別，二生了分別。言緣正者，親而感果，名爲正因；疎而助發，名爲緣因。佛性望果，是何因攝。經說，正因其法佛性，還望法佛，以爲正因。如礦中金與出礦金爲正因矣。其報佛性，還望報佛，以爲正因。如彼樹子不腐不壞，有可生義，與樹作因，緣正因如是。若就菩提，總爲一果。佛性本體，起果義強，故說正因。諸度等行方便助發，說爲緣因。若分果德，性淨方便二種差別，是則緣正差互不定。若望性淨菩提涅槃，是則佛性同體相起，以爲正因。諸度等行，名爲緣因。若望方便菩提涅槃，諸度等行，同類生果，名爲正因。佛性理資，說之爲緣。緣正之義，麁呪如是。【略】

第五門中，辨明經論，說性所以。經多說空，破諸法性，說諸法空。今此何故宣說佛性。然彼清淨法界門中，備一切義。諸法緣起，互相集成。就空論法，無法不空。據性辨法，無法非性。空之與性，各是一門。門別既殊，所爲亦異。說空爲破執有衆生。說性所爲，經論不同。《涅槃經》云，爲令衆生不放逸故，宣說佛性，若不說性，總心自輕。謂已不能成大菩提，無心趣道，多起放逸，故說衆生悉有佛性，定必當成，令捨放逸，隨順趣向。《寶性論》中，所爲有五。一，爲衆生於已自身生怯弱心，謂已無性，自絕不求故，說佛性衆生同有，當必得果。如礦石中有其金性，消融必得。木有火性，攢之必生。乳有酪性，緣具便出。增其勇猛，求佛之心。此之一義，與《涅槃》同。二，爲輕慢餘衆生故，宣說佛性，彼當作佛，云何可輕。是以經中，不輕菩薩，若見四衆，高聲唱言，汝當作佛，我不輕汝。以知衆生有佛性故。三，爲妄執我衆生故，宣說佛性不同情取。故經說言，如來藏者，非我衆生，非命非人。四，爲執著虛妄法故，宣說佛性不同所取。五，爲誹謗眞如佛性，謂是則斷滅，故說佛性是眞是實、常樂我常。亦可爲於怖畏斷滅樂實衆生，故說佛性。佛性之義，略辨如是。

## 佛子

**鳩摩羅什譯《梵網經》卷下**：衆生受佛戒，即入諸佛位，位同大覺已，眞是諸佛子。

**鳩摩羅什譯《妙法蓮華經》卷二**　今日乃知眞是佛子，從佛口生，從法化生，得佛法分。

**眞諦譯《佛性論》卷二**　得至無上法身清淨波羅蜜，是名佛性清淨因。如是之人，得名佛子。是故佛子有於四義，一因，二緣，三依止，四成就。初言因者，有二。一佛性，二信樂。此兩法佛性，是無爲信樂，是有爲信樂。約性得佛性爲了因，能顯了正因性故。信樂約加行爲生因，能生起衆行故。二緣者，謂般若波羅蜜，能生菩薩身，是無爲功德家緣故。三依止者，破空定等，樂有之人執斷，無處有樂淨等故。菩薩修破空三昧，能除彼執，由此定力。是故菩薩法身堅固，則不羸弱。四成就者，菩薩大悲，利益他事無盡故。由眞如不盡，衆生無數故。利益事亦復無盡，是佛性爲應得家因故。一因如父身分，二緣如母，三依止如胞胎，四成就如乳母故。諸菩薩由此四義，名爲佛子。

**智顗《妙法蓮華經文句》卷九上**　一切衆生，皆有三種性德佛性即是佛子，故云其中衆生悉是吾子。

**玄奘譯《佛地經論》卷二**　由佛教力彼聖道生，故名佛子。如說皆從世尊口生，正法生故。有義皆是趣大聲聞，能紹佛種，令不斷絕，故名佛子。

## 佛法

**菩提流支譯《十地論》卷三**　經曰：諸佛子！彼菩薩作是念，諸佛正法如是甚深，如是寂靜，如是寂滅，如是空，如是無相，如是無願，如是無染，如是無量，如是無上。此諸佛法如是難得。

論曰：諸佛正法如是甚深者，有九種。一寂靜甚深。二寂滅甚深。三空甚深。四無相甚深。五無願甚深。六無染甚深。七無量甚深。八上甚深。九難得甚深。寂靜者，離妄計實有故，妄計正取故。寂滅者，法義定故。空無相無願者，三障對治，解脱門觀故。何者三障。一分別，二相，三取捨願故。無染者，離雜染法觀故。無量者，不可算數、不可思量生善根觀故。上者，依自利利他，增上智觀故。難得者，三阿僧祇劫證智觀故。

**菩提流支譯《金剛仙論》卷七**　是故如來説一切法皆是佛法者，偏成上。是故所得阿耨菩提理中，不有妄得語義故。如來所説一切果頭萬德之法，皆是諸佛法身妙有之法。亦應言，是故如來説一切法非佛法。明色等有爲萬相一切法，皆非果頭萬德一切法。以不作此説故，大衆乘如來説一切法皆是佛法，復更生疑。若言一切法皆是佛法者，而一切名濫。有有爲一切，有無爲一切。此二種一切，可皆是佛法耶。若皆是佛法者，那得上言法身菩提無萬相可得，眞如無爲法中實有菩提也。故經答言：所言一切法，一切法者即非一切法也。上一切法者，名有爲一切法。下一切法者，是無爲一切。即非一切法者，明上有爲一切，非無爲一切。亦得言無爲一切即非有爲一切法，是故名一切法者。此句雙結二種一切法，是故名有爲一切法，是故名無爲一切法也。雖復一切名同，有爲一切法，體是虛妄，故非菩提。無爲一切法，體是眞實，故是菩提。勿得以一切名同。便謂有爲一切亦是果頭一切萬德佛法也。

**鳩摩羅什譯《金剛般若波羅蜜經》**　如來所得阿耨多羅三藐三菩提，於是中無實無虛。是故如來説，一切法皆是佛法。須菩提！所言一切法者，即非一切法，是故名一切法。

**鳩摩羅什譯《大智度論》卷二**　佛法非但佛口説者，是一切世間眞實善語，微妙好語，皆出佛法中。如佛毘尼中説：何者是佛法，佛法有五種。人説，一者佛自口説，二者佛弟子説，三者仙人説，四者諸天説，五者化人説。

**鳩摩羅什譯《成實論》卷一**　故名佛法能到涅槃，能生正智者。所有佛法皆爲涅槃，是故能生正智。又佛法中有眞智果。如從聞慧生思慧，從思慧生修慧，故名佛法能生正智。能善將導者，佛法先自善成，後令他人住正法中，故名善導。復次，佛法有六，一曰善説，二曰現報，三曰無時，四曰能將，五曰來嘗，六曰智者自知。

善説者，佛説諸法如法實相。若不善法，説不善相，善説善相，故名善説。現報者，佛法能得現世果報。如經中説，晨朝受化，令夕得道。夕爲説法，令朝得利。又現報者，如《説現在沙門果經》中説，現得恭敬名聞、禪定、神通等利。復次，佛法皆有義理，故能致得恭敬現報、後報及涅槃報。諸外道法無義理故，尚無現報及後世報，何況涅槃。故曰現報無時者，佛法不待某日月歲星宿吉凶乃得修道，某日月歲不得修道。不如婆羅門法，初春婆羅門受火，春末刹利受火等。復有或待日出，或日未出而供養火。如見五穀，待時而種。或謂佛法亦當如是，故説無時。如經中説，佛法易行，行住坐臥，無時不得。能將者，以正行故，能將衆生至解脱處，故名能將。來嘗者，佛法應當自身作證，不但隨他。如佛語比丘：汝等莫但信我語也。當自思惟，是法可行，是不可行。不如外道語弟子言，捨是問答，如人淨洗，不喜塵土，當如聾瘂，但隨我語。故曰來嘗。智者自知者，是佛法利。智慧人乃能信解斷食等。麁愚者信樂。智者不受，以正智慧能破煩惱。如是等法，智者乃解。【略】

佛法甚深，開示則淺。斷除虛僞，流布天人。甚深者，佛法甚深。以不知因故，世間多見現果。不能知因故，説自在天等邪因。十二因緣深故難解。世間智淺，於佛法中不生深想，不能通達衆因緣法。乃至小草，以衆因緣，思惟觀察，其相轉深。如佛所説，衆因緣法，是事甚深，愛盡離滅及涅槃處，是亦難見。【略】

佛法皆空，是空甚深。佛以種種因緣譬喻宣示，義則易解，小兒亦知。如須陀耶沙彌等。復次，佛法堅固，諸言説中最爲眞實。不如婆羅陀羅摩延經等，但有語言，無有實義。如盧提梵志言：世尊！諸比丘等，於利益法眞實法中，精勤修學，所謂漏盡。復次，佛法爲利益一切世間故説。不如婆羅門言，婆羅門法但自得道，餘人不得。又佛法尊重，諸天王等五欲自恣，亦來信受。以是因緣，故應禮法。

**玄奘譯《大般若波羅蜜多經》卷五七七**　善現！如來現前等所證法，或所説法、或所思法，即於其中非諦非妄，是故如來説一切法皆是佛法。

善現！一切法一切法者，如來說非一切法，是故如來說名一切法一切法。

**菩提流志譯《大寶積經》卷四** 如來嘗說一切諸法皆是佛法。以於諸法能善了知，名爲佛法。諸法本性與佛法等，是故諸法皆是佛法。由能了知法非法故，說能了知一切諸法。

**慧淨《金剛般若波羅蜜經注疏》卷上** 佛是學者之名，法是菩提之目。菩提體唯佛之所能覺，故名佛法。餘人之所不覺，故云即非佛法。所謂佛法者，謂是大乘之佛法。即非佛法者，非是二乘之佛法。非二乘之佛法，此顯不共義。是大乘之佛法，此顯最勝義。受說此經，能出不共之佛法，故成最勝之深因也。

# 佛種

**僧肇《選注維摩詰經》卷七** 十不善道爲種，以要言之六十二見及一切煩惱，皆是佛種。

肇曰：塵勞眾生，即成佛道，更無異人之成佛，故是佛種也。生曰：夫大乘之悟本不近捨生死，遠更求之也。斯爲在生死事中，即用其實爲悟矣。苟在其事而變其實爲悟始者，豈非佛之萌芽起於生死事哉。其悟既長，其事必巧，不亦是種之義乎！

**佛馱跋陀羅譯《大方廣佛華嚴經》卷二五** 諸佛剎土不可思議，諸佛淨願不可思議，諸佛種姓不可思議，諸佛出世不可思議，諸佛法身不可思議，諸佛音聲不可思議，諸佛智慧不可思議，諸佛神力自在不可思議，諸佛無礙住不可思議，諸佛解脫不可思議。【略】

一切諸佛有十種究竟清淨。何等爲十。一切諸佛諸願究竟清淨，一切諸佛梵行禁戒究竟清淨，一切諸佛悉得捨離優婆提究竟清淨，一切諸佛佛剎究竟清淨，一切諸佛眷屬究竟清淨，一切諸佛種姓究竟清淨，一切諸佛色身相好究竟清淨，一切諸佛法身究竟清淨，一切諸佛無礙一切智身究竟清淨，一切諸佛解脫所作已作、永度彼岸究竟清淨。

**智顗《妙法蓮華經文句》卷五下** 斷世間佛種者，《淨名》以煩惱爲如來種，此取境界性也。《大品》以一切種智學般若，此取了因性爲佛種。《涅槃》用心性理不斷，此取正因性爲佛種。今《經》明小善成佛，此取緣因爲佛種。若不信小善成佛，即斷世間佛種也。

**吉藏《法華義疏》卷四** 佛種從緣起者，種子有三。一，以一乘教爲種子，故《譬喻品》云，斷佛種故，則是破教也。二，以菩提心爲種子，故《華嚴》云，下佛種子於眾生田，生正覺牙。三，以如來藏佛性爲種子。今初偈正以菩提心爲種子。上明無性，今辨因緣。佛種者，則是無所得菩提心爲佛種子也。此菩提心假緣而起，起則發也。是故說一乘者，以菩提心假緣而起故。佛爲說一乘，令發菩提心。一乘教則是發菩提心緣也。又明唯有一乘，無有二乘。則菩提心唯有進，無有退路也。是法住法位者，上明菩提心爲種子，今明本有佛性以爲佛種。若無佛性，雖說一乘教及發菩提心，終不得成佛，是故須明佛性也。

**吉藏《法華統略》卷上** 佛種者，菩提心爲佛種子，故《華嚴》彌勒百句歎菩提心。命初即云，菩提是佛種子，三世諸佛，由菩提心成正覺故。但菩提心，要藉緣而發，即一乘之教。以道理唯有佛乘，無有餘乘。眾生既聞此言，則不發餘心，但發佛心也。

**窺基《妙法蓮華經玄贊》卷四** 佛種從緣起者，無漏依他，報佛種子，因緣所生，從緣所起，因脩作故。由證真理，斷能執心，染分依他，知所執無，從於淨分，依他因緣，修佛種者，爲一乘故。何者。一乘重顯常法，即圓成實。

**宗密《圓覺經大疏釋義鈔》卷二** 佛種從緣起者，然有二義。一、約種，種即正因佛性故。涅槃之佛性者，即無上菩提中道種子，此種即前無性理故。涅槃之佛性者，即是第一義空，無性即空義也。緣即六度萬行，萬行是緣因佛性。起彼正因，令得成佛。是故說一乘者，唯以佛性起於佛性，更無餘性，故說一乘，稱理說也。體同曰性，相似名種。故關中云，如稻自生稻，不生餘穀，此屬性也。萌幹華粒，其類無差，此屬種也。二、果種性。關中云，佛報唯佛，其理不差，即性義也。說法度人類皆相似，即種義也。果之種性，緣真理生，故云從緣。故釋此偈云，佛緣理生，理既無二，是故說一乘耳。

# 佛教

**瞿曇僧伽提婆譯《增壹阿含經》卷一** 諸惡莫作，諸善奉行，自淨其意，是諸佛教。所以然者，諸惡莫作，是諸法本，便出生一切善法。以生善法，心意清淨。是故，迦葉！諸佛世尊身、口、意行，常修清淨。

迦葉問曰：云何，阿難！《增壹阿含》獨出生三十七品及諸法，餘四《阿含》亦復出生乎。

阿難報言：且置。迦葉！四《阿含》義，一偈之中，盡具足諸佛之教，及辟支佛、聲聞之教。所以然者，諸惡莫作，戒具之禁。清白之行，諸善奉行。心意清淨，自淨其意。除邪顛倒，是諸佛教，去愚惑想。云何，迦葉！戒清淨者，意豈不淨乎。意清淨者，則不顛倒。以無顛倒，愚惑想滅，諸三十七道品果便得成就。以成道果，豈非諸法乎。

**竺佛念譯《出曜經》卷二五** 諸惡莫作，諸善奉行，自淨其意，是諸佛教。

諸惡莫作者，諸佛世尊教誡後人三乘道者，不以脩惡而得至道，皆習於善自致道跡，是故說曰，諸惡莫作也。諸善奉行者，彼修行人普脩眾善，唯自瓔珞具足眾德，見惡則避恆脩其善，所謂善者，止觀妙藥燒滅亂想。是故說曰，諸善奉行。自淨其意者，心爲行本招致罪根，百八重根難解之結纏裹其心，欲怒癡盛憍慢慳嫉種諸塵垢，有此病者則心不淨，行人執志自練心意使不亂想，如是不息，便成道根，是故說曰，自淨其意也。是諸佛教者，如來演教禁戒不同，戒以檢形義以攝心，佛出世間甚不可遇，猶如優曇鉢花億千萬劫時時乃有。是故如來遺誡教化，聖聖相承，以至今日，禁誡不可不脩，惠施不可不行。吾所成佛王三千者，皆由禁誡惠施所致也。是故說曰，是諸佛教。

**智顗《妙法蓮華經玄義》卷三下** 《戒經》云，諸惡莫作，諸善奉行，自淨其意，是諸佛教。諸惡即七支過罪，輕重非違，《五部律》廣明其相。如是等惡，戒所防止。諸善者，善三業若散若靜，前後方便支林功德，悉是清升，故稱爲善。自淨其意者，即是破諸邪倒，了知世間、出世間因果正助法門，能消除心垢，淨諸瑕穢，豈過於慧。佛法曠海，此三攝盡。若得此意，四五六七乃至百千萬億法爲行，攝一切行亦如是，是名下智導行也。

**義淨譯《根本薩婆多部律攝》卷一四** 不毀亦不害，善護於戒經。飲食知止足，受用下臥具。勤修增上定，此是諸佛教

此頌意，明初遮口過，不毀訾他，次防意業，不欲害彼。善護戒經等者，爲對治彼不能證得沙門果故，令依教行，求妙涅槃。要由戒淨，捨諸欲樂，及以苦身，不同白衣諸外道輩，離二邊過，方契正修故。言飲食知止足下臥具者，諸在邊房，受麁臥具，及蘭若處常習定門，順教勤修，故云勤修增上定，此是諸佛教。

**湛然《法華玄義釋籤》卷四** 諸惡莫作，是戒淨。諸善奉行，是意淨。自淨其意，是除邪。是諸佛教，是去愚。當知一期廣教，不出此也。小乘既爾，例大亦然。

**道誠《釋氏要覽》** 阿難云，諸惡莫作，眾善奉行，自淨其意，是諸佛教。所以然者，諸惡莫作，戒具之禁，清白之行。眾善奉行，心意清淨。自淨其意，除邪顛倒。是諸佛教，去愚去想。夫戒淨者，意豈不淨。意淨者，則不顛倒。以無顛倒，愚惑想滅，三十七品果便成就。以成道果，豈非諸法乎！

# 佛學

**支婁迦讖譯《佛說阿闍世王經》卷上** 何所是佛學。其佛言：亦不作罪，亦不墮罪。亦不所與，亦無所持，亦無所不持。亦不持戒，亦無有戒。亦不忍辱，亦不惡意。亦不精進，亦無懈怠。亦不禪，亦不亂意。亦不智慧，亦無所知。亦無所學，亦不有所學。亦不所成，亦無有所成。亦不菩薩，亦不佛法。亦不自念有身，亦不念他人有身。其所見者，無有想，亦不法想，亦不無法想，不想無想。其佛言，曉了是者，菩薩當作是學。

**鳩摩羅什譯《摩訶般若波羅蜜經》卷九** 過去諸佛學是大明呪得阿耨多羅三藐三菩提。當來諸佛學是大明呪當得阿耨多羅三藐三菩提。今現在諸佛學是大明呪得阿耨多羅三藐三菩提。

**竺法護譯《菩薩十住行道品》** 何等爲十智中。一者，過去、當來、今現在無端亟從佛學。二者，諸佛法悉具足，從佛學。三者，諸法處無所罣礙，從佛學。四者，諸法處無邊幅無崖底，從佛學。五者，諸所有刹土，我悉當護持，是功德威神，從佛學。六者，不可復計刹土，處無邊幅，悉當明知，從佛學。七者，十方無央數佛刹，悉當安隱，從佛學。八者，十方人所行爲悉當從佛學。九者，諸法智慧悉入中從佛學。十者，佛所有智慧悉當知，從佛學。所以者何。悉具足知，皆曉了佛智慧，都無所復，從誰學道。是爲阿惟顔以十法菩薩行道如是。

**德清《憨山德清紫栢老人集》卷一三** 夫至重者，自心也。開明自心者，佛學也。傳佛學者，僧也。僧來而不喜，薄自心也。人爲萬物之靈，乃不知重心學，其可乎哉！

# 佛　乘

**鳩摩羅什譯《妙法蓮華經》卷一** 佛告舍利弗：諸佛如來但教化菩薩，諸有所作，常爲一事，唯以佛之知見示悟衆生。舍利弗！如來但以一佛乘故，爲衆生說法，無有餘乘，若二、若三。舍利弗！一切十方諸佛，法亦如是。

舍利弗！過去諸佛，以無量無數方便，種種因緣、譬喻言辭，而爲衆生演說諸法，是法皆爲一佛乘故。是諸衆生，從諸佛聞法，究竟皆得一切種智。

舍利弗！未來諸佛當出於世，亦以無量無數方便，種種因緣、譬喻言辭，而爲衆生演說諸法，是法皆爲一佛乘故。是諸衆生，從佛聞法，究竟皆得一切種智。

舍利弗！現在十方無量百千萬億佛土中，諸佛世尊多所饒益安樂衆生，是諸佛亦以無量無數方便，種種因緣、譬喻言辭，而爲衆生演說諸法，是法皆爲一佛乘故。是諸衆生，從佛聞法，究竟皆得一切種智。

舍利弗！是諸佛但教化菩薩，欲以佛之知見示衆生故，欲以佛之知見悟衆生故，欲令衆生入佛之知見故。

舍利弗！我今亦復如是，知諸衆生有種種欲，深心所著，隨其本性，以種種因緣、譬喻言辭，方便力而爲說法。舍利弗！如此皆爲得一佛乘、一切種智故。

舍利弗！十方世界中，尚無二乘，何況有三。舍利弗！諸佛出於五濁惡世，所謂劫濁、煩惱濁、衆生濁、見濁、命濁。如是，舍利弗！劫濁亂時，衆生垢重，慳貪嫉妬，成就諸不善根故，諸佛以方便力，於一佛乘分別說三。舍利弗！若我弟子，自謂阿羅漢、辟支佛者，不聞不知諸佛如來但教化菩薩事，此非佛弟子，非阿羅漢，非辟支佛。

又，舍利弗！是諸比丘、比丘尼，自謂已得阿羅漢，是最後身，究竟涅槃，便不復志求阿耨多羅三藐三菩提，當知此輩皆是增上慢人。所以者何。若有比丘，實得阿羅漢，若不信此法，無有是處。除佛滅度後，現前無佛。所以者何，佛滅度後，如是等經受持讀誦解義者，是人難得。若遇餘佛，於此法中便得決了。舍利弗！汝等當一心信解受持佛語。諸佛如來言無虚妄，無有餘乘，唯一佛乘。

**吉藏《大乘玄論》卷三** 第一文云：如來但以一佛乘故，爲衆生説法，無有餘乘，若二若三。此文次第列三乘也。但以一佛乘者，謂佛乘爲第一也。無有餘乘若二若三者，無有緣覺爲第二、聲聞爲第三。以此文詳之，則唯有三車，則執四爲謬矣。問曰：經常列三乘，不作次二次第，今何以然耶，答曰：以佛乘爲第一，緣覺爲第二，聲聞爲第三。此從上數至下，豈非次第耶。問曰：何故作此次第耶。答曰：此正判三乘有無義也。初句明唯有一佛乘，次句無二無三，明無餘乘。以唯有一佛乘故，佛乘爲實，無二無三，故二乘爲方便也。又《普門品》中。亦列佛乘爲初，次及緣覺，後明聲聞。與今同矣。第二文云：尚無二乘，何況有三。《大論》舉況者，皆舉勝以況劣。若言第三，是偏行六度菩薩者。昔三乘中，佛乘爲勝，二乘爲劣。若言第三，乃應舉三況餘二，云何舉二況第三耶。三者，偈云，唯此一事實，餘二則非眞。唯此一事者，即一佛乘實也，餘二則非眞。緣覺、聲聞，此二非眞也。

**遵式《注肇論疏》卷三**　《法華》云，於一佛乘，分別說三。故一乘法，是彼三乘所宗之至極也。彼一佛乘者，乃今即理之智。爲此論所宗，故權實不異理，乃曰般若虛玄，所謂佛之知見故也。故《涅槃》云，佛性名第一義空，第一義空名爲智慧。

**從義《止觀義例纂要》卷六**　《法華》於一佛乘分別說三，云一佛乘者即《華嚴經》也。會三歸一，即攝末歸本也。始見我身，聞我所說，即皆信受入如來慧，即指《華嚴》爲根本也。

# 佛智

**鳩摩羅什譯《大智度論》卷四六**　讚佛智慧有二種：一者，無上正智，名阿耨多羅三藐三菩提。二者，一切種智，名薩婆若。

**鳩摩羅什譯《佛說華手經》卷六**　如來慧者，正覺究盡，無有錯謬，故名佛慧。是佛智慧，無邊無量，阿僧祇劫求之乃得，故名爲覺。

**智顗《妙法蓮華經玄義》卷二上**　唯佛與佛，乃能究盡諸法實相，實相是佛智慧門。門即境也。又云，甚深微妙法，難見難可了，我及十方佛，乃能知是相。即境妙也。我所得智慧，微妙最第一。又以此妙慧，求無上道，無漏不思議，甚深微妙法。

**菩提流支譯《十地論》卷二**　於中佛智者，謂無上智知斷證修故。此佛智有九種業差別，爲求彼故，生如是心。一者力佛智，問記業。此如來是處、非處智力問記故，如修多羅中說。如經爲得十力力故。二者無畏佛智，破邪說業。如經爲得大無畏故。三者平等佛智，得人法無我，教授衆生，證入業。如經爲得佛平等法故。四者救佛智，以四攝法化衆生業。如經爲救一切世間故。五者淨佛智，是淨爲救攝因業。如經爲淨大慈悲故。六者無餘智佛智，常以佛眼觀世間衆生業。如經爲得十方無餘智故。七者無染佛智，一切世界無障無染，自然應化，令信作業，智心無礙。如經爲得一切世界無障淨智故。八者覺佛智，於一念中知三世衆生心、心數法業。如經爲得一念中覺三世事故。九者轉法輪佛智，解脫方便，善巧業故，於百億閻浮提，同時轉大法輪。如經爲得轉大法輪無所畏故。

**吉藏《法華義疏》卷三**　諸佛智慧者，標佛實智也。甚深無量者，歎佛實智。然凡夫二乘及以菩薩，不能測量佛智源底，故名甚深。亦不能測量佛智邊岸，故稱無量。如《無量壽經》云，如來智慧海，深廣無崖底，二乘非所測，唯佛獨明了。《法華論》明甚深有五種。一，義甚深。謂佛果德有無量義。二，體甚深。謂平等法身無有差別。三，內證甚深。謂佛證於法身，與法身相應，名內證也。四，依止甚深。十方佛同依止法身故。五，無上甚深。無上菩提是佛所證。果德要具此五也。又甚深者四句，莫得其底，故曰甚深，百非不測其邊，故曰無量。

問：應但言深，何故云甚深。答：深中之甚，故云甚深。然如來妙觀，未曾愚智。爲對二乘之愚，強歎爲智。亦非深淺量與無量，爲對二乘之流不能測量，故云無量。故《華嚴》云，法界非有量亦復非無量，牟尼悉超越有量及無量也。又偏歎佛二智者，意欲明唯佛智究竟，餘智未究竟。此是顯究竟，以密斥二乘非究竟也。《論》又云，爲諸大衆生尊重心，畢竟欲聞如來說故，所以歎佛智也。又說法有二門，一歎藥門，二授藥門。今略說是歎藥門，後廣說是授藥門。

問：佛德無窮，何故偏歎智慧。答：一乘以萬德爲體，於萬德之內，慧爲其主，故偏歎慧也。其智慧門，第二標權智，歎權智也。其智慧者，則牒上智慧也。門者，權智。說一切教爲通佛智，故以一切教爲佛智慧門，故正取一切教爲門。如《藥草喻品》云：於一切法，以智方便而演說之。其所說法，皆悉到於一切智地。則其證也。又教能通生觀解，爲解爲門。然教能生實解與實解爲門，亦令識權與權解爲門。難解難入者，始不能知爲難解，終不能悟爲難入。一切聲聞辟支佛所不能知者，出不解之人也。上歎佛智甚深，爲欲顯一也。其智慧門難解難入，乃至二乘不能知，爲欲斥二乘也。二乘所以不能知者，如來於一說三，爲令因三通一，故三爲一門，二乘遂住於三，不能因三以悟一，是故不能知三也。二乘既不解三，又不入一，則住在門外，故下偈云，在門外立。

# 佛知見

**鳩摩羅什譯《妙法蓮華經》卷一** 云何名諸佛世尊唯以一大事因緣故出現於世。諸佛世尊，欲令衆生開佛知見，使得清淨故，出現於世。欲示衆生佛之知見故，出現於世。欲令衆生悟佛知見故，出現於世。欲令衆生入佛知見道故，出現於世。舍利弗！是爲諸佛以一大事因緣故出現於世。

**智顗《妙法蓮華經文句》卷四上** 有人解，佛知見者，一切智總相爲知，一切種智別相爲見。此亦不然。釋論明一切智是聲聞智，道種智是菩薩智，一切種智是佛智。此是歷別一切種智，非三智在一心中，何以二乘之知別佛之見，釋圓佛知見耶？有人解，盡智煩惱清淨名知，無生智因果患累畢竟無生名見。此人取通家佛名教。解究竟佛，都不相應。如上諸師，漫取諸經中語，都不見《法華》大意。《法華論》云：一，無上義。除一切智，更無餘事。如經開佛知見，爲令衆生得清淨故，出現於世。二，同義。聲聞辟支佛，佛性法身平等故。如經欲示衆生佛知見故，出現於世。佛性法身，更無差別故。三，不知義。謂二乘人不知究竟唯一佛乘故。如經欲悟佛知見，出現於世。四，爲令證不退轉地現與無量智業故。如經欲令衆生入佛知見故。論言次第，初開佛知見爲無上，次示三乘同有佛性法身。雖明佛智無上，但恐佛獨有，故第二明三乘同有。雖三乘同有，而二乘不悟，示其令知。雖知而不得不退，故第四令得不退。

**智顗《妙法蓮華經文句》卷一〇下** 開權知見、顯佛知見者，則稱可聖心，諸佛護念。若佛知見開，則般若照明，是植衆德本。亦是入正定聚，不亂、不味、不取、不捨。亦是發救衆生。當知此四與開權顯實，名異體同，無二無別。又佛護念者，是開佛知見。植衆德本，是示佛知見。發救衆生，是悟佛知見。入正定聚，是入佛知見。迹門之要，此四收矣。

**智顗《四教義》卷一二** 《法華經》云：諸佛爲一大事因緣故，出現於世。爲令衆生開佛知見，示佛知見，悟佛知見，入佛知見道故。此之四義，南嶽師解云：開佛知見，即是十住。示佛知見，即是十行。悟佛知見，即是十迴向。入佛知見，即是十地及等覺地。皆言佛知見者，悉得一切種智也。皆言佛知見者，悉得佛眼也。

**吉藏《法華玄論》卷一** 佛知見者，謂佛性之異名。衆生本有知見，爲煩惱覆，故不清淨。《法華》教起，爲開衆生有佛知見。此即是佛性義，若無佛性者，教何所開耶。

**吉藏《法華玄論》卷五** 問：云何名佛知見。答：此是波若佛性之異名，正法涅槃之別目。未曾因果，亦非實權。百是不能是，百非不能非。不知何以目之，強名佛知見也。所以嘆美爲佛知見者，爲對二乘不知見故也。所以明無二乘知見唯佛見者，唯佛知見是實道，自非佛知見者皆非實也。欲顯實道，故明實知見也。以無照而無不照，故名爲知。知之分明，猶如眼見，故秤爲見。又知謂一切智，即如來總相智也。見謂一切種智，謂別相智。此之二智，攝佛智盡，故略明知見。又知即是盡智，二種生死，五住煩惱，皆悉清淨，故名爲盡智。見者即是無生智，因果患累，畢竟不生，故名見也。二乘之人亦無此二智，今始得開也。

**吉藏《法華義疏》卷一** 佛知見者，所謂四智，如來智、佛智、自然智、無師智。以知聞無所聞，則生如來智。無所聞而聞，則生佛智。斯二任運現前，名自然智。此三不從師得，謂無師智。聞既生四智，諸有所作，皆須精識因緣，並生四智，入佛知見也。

**窺基《妙法蓮華經玄贊》卷三** 佛知見者，如來能證如實知彼義故。此有三釋。一云：法性眞如，名爲如實。法眞性故，即是所證。義理、境界，俱名爲義。正智之體，名爲能證。能知義理，證眞境故。即此能證正智及所證眞如，能所知見，並名知見。如爲知見之性，智爲知見之用。知見性相，俱稱知見。無著《般若論》云，無上菩提是法身，正等菩提是報身。《解深密經》云，菩提、菩提斷，俱名爲菩提。《智度論》云，說智及智處，俱名爲般若故。或知謂正體智，見謂後得智，是二是用，能照眞俗二種境故。此二本性即是眞如，合名知見。將性就相，故名知見。欲令二乘求種智故。《勝鬘》云，一乘即佛乘，佛乘即大乘。《攝大乘》云，亦乘亦大，故名大乘，萬行是也。或乘大性，故名大乘，眞如是也。故知一乘佛果，乘體通理及智，契當宗義。火宅牛車，意在智用。說牛車等，我所作故。險途寶所，意在智性。稱化作城，非寶所故。由此合二，並名知見。……法身即是示佛知見。故論説言，三乘平等，佛性法身無差別故。解脱即是悟佛知見。二障俱亡，二死皆盡，是眞解脱。

**宗寶編《六祖大師法寶壇經》** 汝今當信，佛知見者，只汝自心，更無別佛。蓋爲一切衆生，自蔽光明，貪愛塵境，外緣內擾，甘受驅馳。便勞他世尊，從三昧起，種種苦口，勸令寢息，莫向外求，與佛無二，故云開佛知見。吾亦勸一切人，於自心中，常開佛之知見。世人心邪，愚迷造罪，口善心惡，貪瞋嫉妬，諂佞我慢，侵人害物，自開衆生知見。若能正心，常生智慧，觀照自心，止惡行善，是自開佛之知見。汝須念念開佛知見，勿開衆生知見。開佛知見，即是出世，開衆生知見，即是世間。

**延壽《宗鏡録》卷三五** 如來一代説法，欲令衆生悟佛知見。佛知見者，所謂平等眞心。諸法無二，無二之法，即是實性。實性之體，離有離無，不生不滅。理自恆眞，不由觀智所顯。道常顯露，實無翳障。平等眞心者，若法相宗，眞即是智，將智證眞。三乘無別，即是眞家之心。依主釋也。若法性宗，眞即是心，體同名別，眞心即平等。

**慧洪《妙法蓮華經合論》卷一** 欲令衆生開佛知見、示佛知見、悟佛知見、入佛知見者，則知衆生本自有之，不從他以得之也。雖不從他，以得之，必藉善知識爲之緣，以方便爲開示而使之悟入也。如世良醫之治目病者，目以翳故無所見，哀求目明良醫。笑曰，我能去翳耳。翳除則明自現，非有明持以相與也。明如可與，還應是翳。以是觀之，則佛於佛之知見一大事因緣，但曰開示，使之悟入者，法如是故。然此非佛自智，故言十方諸佛法亦如是。

**焦竑《大乘妙法蓮華經精解評林》卷上** 佛知見者，徹了實相，眞知眞見也。在法名一佛乘，在因名一大事，在果名一切種智。故曰，諸佛因一大事故出興，爲一佛乘故説法，欲令衆生開佛知見，而究竟皆得一切種知也。

# 佛土

**鳩摩羅什譯《大智度論》卷九二** 佛土者，百億日月，百億須彌山，百億四天王等諸天，是名三千大千世界。如是等無量無邊三千大千世界，名爲一佛土。

佛於此中施作佛事，佛常晝三時、夜三時，以佛眼遍觀衆生：誰可種善根，誰善根成就應增長，誰善根成就應得度。見是已，以神通力隨所見教化。衆生心隨逐外緣，得隨意事，則不生瞋惱。得不淨、無常等因緣，則不生貪欲等煩惱。若得無所有空因緣，則不生癡等諸煩惱。是故諸菩薩莊嚴佛土，爲令衆生易度故。國土中無所乏少，無我心故，則不生慳貪、瞋恚等煩惱。

有佛國土，一切樹木常出諸法實相音聲，所謂無生無滅，無起無作等。衆生但聞是妙音，不聞異聲。衆生利根故，便得諸法實相。如是等佛土莊嚴，名爲淨佛土。如《阿彌陀》等諸經中説。佛答：菩薩從初發意來，自淨麁身、口、意業，亦教他人淨麁身、口、意業。問曰：若菩薩淨佛土，是菩薩得無生法忍，住神通波羅蜜，然後能淨佛土。今何以言從初發意來，淨麁身、口、意業。答曰：三業清淨，非但爲淨佛土，一切菩薩道皆淨。此三業初淨身、口、意業，後爲淨佛土。

**鳩摩羅什譯《大智度論》卷九三** 淨佛土者，世世習行六波羅蜜、三解脱門，雖得五欲，亦不染著。如經中説，所謂菩薩摩訶薩行般若波羅蜜，作是念：我當自入初禪，亦當教化衆生入初禪。四禪、四無量心，乃至三十七品亦如是。是菩薩作是願：我作佛時，盡行四禪乃至三十七品。如是福德故，衆生雖受五欲，不能爲妨。是菩薩作無量阿僧祇願，隨爾所時行道，盡具足是願。是菩薩一切善法皆成就，及所成就衆生。一切善法成就故，得身端正，見者無厭，亦成就衆生，令得端正。

須菩提！菩薩應如是淨佛土。復次，淨佛土者，乃至無三惡之名，何況有三惡道！

**慧遠《維摩義記》卷一** 一，約大悲隨有之行，宣説衆生以爲佛土。二，眞心下約就出世，順菩提行，説直心等，而爲佛土。前中有三。一，總説衆生以爲佛土。二，所以上，釋前衆生爲佛土義。取土爲生，故名衆生以爲佛土。三，所以下，轉釋爲生，取佛土義。初中，衆生之類是佛土者，緣中説土。土因悲得，悲由生起。以有衆生，菩薩起悲，悲故得土，故名衆生爲佛土耳。無限大悲等衆生界情無分限，故名一切衆生之類悉爲佛土。第二釋中，所以者何，問前起後，土是已報，所以乃說他衆生類爲我佛土。下對釋之，釋意如前。菩薩取土，原爲衆生。得土由生，故名衆生而爲佛土。文中四句，前二爲於地前衆生，後二爲於地上衆生。前兩句中，化始調終。化者，化於種性已前，令生信解。調者，種性已上，令起行修。亦可化者，化令生善。善心先無，今忽令有，故名爲化。言調伏者，調令離過。離過順法，故名調伏。隨所化生而取佛土者，爲依淨土化人生善故，耶取佛土。如彌陁界，一生其中，永善不退。爲調衆生而取土者，爲依淨土調人離惡，故取佛土。如彌陁界，一生其中，永離諸過。後兩句中，入佛慧者，趣入佛果，起菩薩根，修起因行。亦可入慧，是慧莊嚴。起菩薩根，是福莊嚴。文中，初言應以何國入佛慧者，隨物所宜，故言應以。爲依淨土攝諸菩薩，修慧莊嚴，故取佛土。初地已上，皆入三世諸佛智地。爲敎衆生入是智地，故取佛土。應以何國起菩薩根而取土者，應以如前。爲依淨土，攝諸菩薩，修福莊嚴，故取佛土。

**湛然**《**維摩經略疏**》**卷二**　初文言，衆生之類是菩薩佛土者，菩薩虛通至寂，境智俱忘，無土不土。但爲化生而取佛土，故舉衆生之類是菩薩佛土。然土不在菩薩衆生，亦非共離，永寂如空，不可說示。以悉檀方便，隨意赴緣，自在無失。已如前說。今約所化，故言衆生之類是菩薩佛土。衆生義，如前辨十界中說。所言類者，即氣類也。氣類無邊，爾其正要，不出二種。一有爲緣集，二無爲緣集。言有爲者，即是界內染淨國土。迷眞滯有，而起結業，稟分段生死，皆其類也。二無爲者，即是界外有餘果報，及開中下寂光。此三土衆生，迷中道佛性，滯無爲緣集。起諸結業，受變易生死，皆是此類。

**慧遠**《**大乘義章**》**卷一九**　言佛土者，安身之處，號之爲土。約佛辨土，名爲佛土。若論其國，王領者有，不王者無。土即不爾，有身皆有。刹之與界，其義則通。此無雜穢，故悉名淨刹性海、蓮花須彌。諸如是等，寬狹別稱。問曰，國土衆生共俱，何故偏名佛國土乎。今明佛土，不說餘故。又佛是主故，名佛土，名義如是。

**玄奘譯**《**攝大乘論本**》**卷下**　如是現示清淨佛土。顯色圓滿，形色圓滿，分量圓滿，方所圓滿。因圓滿，果圓滿。主圓滿，輔翼圓滿。眷屬圓滿，住持圓滿。事業圓滿，攝益圓滿。無畏圓滿。住處圓滿。路圓滿，乘圓滿，門圓滿。依持圓滿。復次，受用如是清淨佛土，一向淨妙，一向安樂，一向無罪，一向自在。

# 佛　光

**佛馱跋陀羅譯**《**大方廣佛華嚴經**》**卷二七**　如來頂上有大人相，名佛光廣雲，伊那羅寶、如意王寶、摩尼王寶以爲莊嚴，普照一切世界法界菩薩光焰燈雲，普照一切如來妙色音聲海及世界海、淨佛力海。如來有大人相，名圓滿光明雲，種種寶華莊嚴，瑠璃摩尼寶王光明，讚歎法身及諸菩薩，一切十方世界海中，歎如來地，令一切衆生趣向如來諸力境界，普現無量無邊如來淨地離垢清淨，放大光明，普照一切諸佛世界。

**法護譯**《**佛說大乘菩薩藏正法經**》**卷八**　云何名爲如來微妙光明不可思議。住信菩薩，信解清淨，超越分別，離諸疑悔，後復生起身喜、心喜適悅之相，發希有想。謂佛如來應供正等正覺，於法界中善能覺了，所有光明，廣大微妙。而此三千大千世界，總攝一切。普遍光明，炎赫照曜。如無雲覆翳，日光高出。如來應供正等正覺，亦復如是。於此三千大千世界，廣大光明，炎赫照曜。映蔽大地所有一切星宿、山石藥木燈光及大火聚。超出最勝廣大微妙明焰熾盛，至于日月光明，及四大王天所化宮殿，身莊嚴具等諸光明。三十三天、夜摩天、兜率天、化樂天、他化自在天所化宮殿，身莊嚴具等諸光明。彼梵衆天、梵輔天、梵會天、大梵天所化宮殿，身莊嚴具等諸光明。超出最勝廣大微妙明焰熾盛。彼少光天、無量光天、光音天、少淨天、無量淨天、遍淨天、無雲天、福生天、廣果天、無想天、無煩天、無熱天、善見天、善現天、色究竟天所化宮殿，身莊嚴具諸光明中，如來應供正等正覺清淨光明，超出最勝廣大微妙明焰熾盛。何以故。如來圓滿廣大無量，戒定慧解脫，解脫知見故。

舍利子！若此三千大千世界，一切光明施設表示，比佛如來所有光明，百分不及一。乃至烏波尼殺曇分，皆不及一。譬如世間常等眞金，置於閻浮檀金聚中，而彼常金無有光明，亦不炎赫不能照曜。而此三千大千世界，所有一切光明施設表示，於佛如來最上光中，悉無光明炎赫照曜。如來光者，無有過上，廣大最勝，亦無分限。極善業報，現前隨轉。於此三千大千世界之中，廣大照曜，不以日月晝夜時分所照爲明。如來悲愍世間一切衆生，普令安住淨圓光中。如來應供正等正覺，乃於阿僧祇世界之中，廣大照曜。何以故，如來已得最上波羅蜜多及般若波羅蜜多故。

舍利子！我今復説譬喻，以明斯義。譬如有人取此三千大千世界大地諸土，盡末爲塵，持詣東方，過一世界下一塵點，第二世界復下一點。如是乃至南西北方，各各世界悉下塵點。舍利子！於汝意云何，而彼塵末於諸世界盡邊際不。舍利子言：不也，世尊。不也，善逝。佛言：舍利子！如來應供正等正覺，亦復如是。於彼一切世界之中，以淨光明廣大照曜，而諸光明比佛光明，百分不及一。乃至烏波尼殺曇分，皆不及一。何以故，如來應供正等正覺，已得最上波羅蜜多及般若波羅蜜多故。

又舍利子！大地所有草木樹林鐵圍諸山，乃至須彌山王，皆是如來大光明力所任持故，乃於三千大千世界，廣大照曜。然其下劣衆生不能信解。或有衆生，不能瞻見如來圓光。或有衆生，於圓光中廣大瞻覩。或有一俱盧舍見佛光者。或有一由旬內見佛光者。或有三千大千世界之內見佛光者。又舍利子！如來光明，何人能於百千世界悉瞻覩者。謂諸登地菩薩，能於無邊一切世界見佛光明。如來悲愍一切衆生，盡虛空界及衆生界，以淨光明普遍照曜。彼住信菩薩聞是説已，信解清淨，超越分別，離諸疑悔，後復生起身喜心喜適悅之相，發希有想。

爾時世尊重明斯義，說伽陀曰：

所有日月諸光明　帝釋梵王光明等　乃至色究竟天光　而悉不及佛光相
色究竟天等諸光　乃至三千大千界　比佛一毛孔中光　十六分中不及一
虛空光明爲廣大　衆生廣大亦復然　若覩如來淨光明　無邊無際虛空等
應化度者見佛光　不比世間生盲類　彼不能見日光明　返謂日光無所有
下劣衆生亦如是　佛以光明常照曜　自不能覩淨光明　返謂佛光無所有
諸有見佛圓光者　或俱盧舍或由旬　或復三千世界中　而能覩佛光明相
八地九地及十地　已登地位諸菩薩　悉能安住大地中　覩佛光明具大慧
菩薩趣向佛大慧　依止無邊光明輪

**施護譯《大乘寶月童子問法經》** 彼世界中，無其日月晝夜，唯有佛光普照一切，及照地獄、傍生、焰魔羅界一切衆生，令得解脫，無量衆生得無生法忍。

**法護譯《金色童子因緣經》卷一〇** 佛光普照，破諸昏暗。生老病死，爲三有籠。佛智慧力，悉能開決。佛已積集無數百千功德善力所成相好。佛光絜白，其猶白象、白花、白衣，如雪如藕，清淨可愛。佛光煥耀，如閻浮檀金。初出火焰，光明顯照。其類山峯，廣大熾盛，殊妙無比。佛諸相中，身毛潤澤，一一右旋，圓光縱任，自在照耀。眉間白毫，現殊妙相。面輪清淨，如蓮初開。

**智旭《蕅益大師宗論》卷九之一** 佛一心燈，百千分炷，苟可照長夜者，皆佛光也。不藉茲光覺自他，迺於燈檠分彼此，愚矣。夫火之所傳，雖不知其盡，推厥元始，各有攸承。儻知熟食除冥，功用無別，勤身等事，又奚擇焉。然欲廣祠，不勝其夥。由是每事止宗一人，依戒次爲先後。不唯尚名專尚實，不唯崇先亦崇盛。庶幾慧照熾然，永爍昏窈云爾。

## 佛印

**支婁迦讖譯《佛說般舟三昧經》** 當得佛印印之，當善供養。何謂佛印。所謂不當行，無所貪，無所求，無所想，無所著，無所願，無所向。生無所取，無所顧，無所住，無所礙，無所結，無所有。盡於欲，無所生，無所滅，無所壞，無所敗。道要道本是印，阿羅漢辟支佛所不能及，何況愚癡者。是印是爲佛印。

**窺基《說無垢稱經贊》卷六** 佛印所印，無相眞如，名爲佛印。餘證眞如，猶未圓故，獨名佛印。教爲理所印，故言佛印所印。舊云陁羅尼印，總持性印所印，亦即眞如無相理印。

**湛然**《**止觀輔行傳弘決**》**卷七之一**　佛印者，印謂印可。可謂稱可，事理相稱，故可聖心。爲聖冥印，障去理顯。既具衆失，又迷理觀，印無是處。

## 佛果

**吉藏**《**大乘玄論**》**卷一**　眞諦與佛果，三師不同。光宅云：此二皆不絶名。眞諦有眞如實際之名，佛果有常樂我淨之名，但絶麁名，不絶細名。莊嚴云：此二皆絶名。佛果出於二諦外，是故絶名。眞諦本來自虚，忘四句，絶百非，故絶名。開善云：眞諦絶名，佛果不絶名。眞諦之理，絶四句百非，故是絶名。佛果此世諦，所以不絶名。【略】

佛果爲眞諦所攝，而非俗諦。所以然者，佛果是眞實之法，無復虚假，舉體妙絶，故眞諦。舉譬如水本澄渟，以風潮因緣，故生波浪。若風息浪靜，還復本水之清。内合本唯眞諦之理顯。煩惱之風起，致生死之浪。生死既息，還一眞之理。故《大經》云，世諦生死時，名生不生。死者盡也。不生死，即是佛果。生滅，言世諦。今並不同。第一解，佛果出二諦外者，《大品》云，不見有法出法性者，是名與般若相應。今還有一法出二諦外，即非相應也。不同第二解者，若言佛果爲二諦攝，即佛果定在二諦之内，定是有無。《成論》云，佛雖在世，不攝有無，況滅後耶。《中論》云，如來在世，不言有與無，如來滅後，不言有與無。云何有無所攝也。不同第三解者，若言佛果唯是眞諦，無世諦者，即失機照之能也。

**灌頂**《**大般涅槃經玄義**》**卷上**　眞如、實際等，是眞諦名。佛果、涅槃、常樂我淨等，是俗諦名。而言涅槃無名者，無生死患累之名，而有美妙之名也。

# 思、行等分部

## 正覺

**竺法護譯**《**度世品經**》**卷四**　菩薩體有十事。何謂爲十。體能奉修六度無極，能行四恩。不捨衆生，修無蓋哀。代諸群萌，身自受之。五陰苦擔，不以勞惓。無極慈身，普護一切，而令得濟。以功德形，使諸人民皆得戴仰，而逮安脱。以聖慧事，一切諸佛同合體故，以得成就。棄捐一切諸凶危法。是謂法身善權方便。一切現門神足變化，皆能顯示。所爲感動菩薩體者，於道自在，便成正覺。是爲十體。菩薩住此，便能得入如來至眞無上大慧。

**佛馱跋陁羅譯**《**大方廣佛華嚴經**》**卷七**　又復修習增上十法。何等爲十。所謂是處非處智，去來現在諸業報智，一切諸禪三昧正受解脱垢淨起智，衆生諸根智，隨諸欲樂智，種種性智，至一切處道智，無障礙宿命智，無障礙天眼智，斷習氣智，是爲十。如是觀察如來十力甚深無量，具足長養大慈悲心，悉分别衆生而不捨衆生，亦不捨寂滅。行無上業，不求果報。觀一切法如幻、如夢、如電、如響、如化。菩薩摩訶薩如是觀者，以少方便，疾得一切諸佛功德。常樂觀察無二法相，斯有是處。初發心時，便成正覺，知一切法眞實之性，具足慧身，不由他悟。

**鳩摩羅什譯**《**妙法蓮華經**》**卷四**　智積菩薩言：我見釋迦如來，於無量劫難行苦行，積功累德，求菩提道，未曾止息。觀三千大千世界，乃至無有如芥子許非是菩薩捨身命處，爲衆生故，然後乃得成菩提道。不信此女於須臾頃便成正覺。

**曇無讖譯**《**佛所行讚**》**卷三**：

自悟甚深法，得人所不得。
人之所應覺，舉世無覺者，
我今悉自覺，是故名正覺。

**窺基《說無垢稱經贊》卷六**　佛陁，覺者也。應云正覺者，等覺者、正覺者，合名正等覺者。初正覺者，異凡夫，凡夫耶覺故。次等覺者，異二乘。二乘唯知生空無我，偏覺法故。後正覺者，簡異菩薩。菩薩雖正覺等覺，未正圓滿覺諸法故。兩正名同，合名正等覺。

**法賢譯《佛說四品法門經》**　又復阿難！若人不斷煩惱，而了四念處，證七覺支，盡苦邊際，趣向涅盤，成緣覺菩提，乃至無上正等正覺者，無有是處。若斷煩惱，了四念處，證七覺支，盡苦邊際，趣向涅盤，成緣覺菩提，乃至無上正等正覺者，斯有是處。

**法護譯《施設論》卷三**　如來應供正等正覺者，隨諸所作一切善法，普施世間一切眾生。廣發大願，如願所行。捨家出家，成等正覺。以是因故，轉輪聖王，如來應供正等正覺，皆具大丈夫相。

**延壽《宗鏡錄》卷一九**　正覺者，曾無有時不成正覺。故知一切眾生，皆住覺地。非是捨不覺而取正覺，則一覺一切覺，常成正覺。

**石成金《禪宗直指》**　佛法工夫，予有一句妙訣，只四字，曰堅持正覺。要知信力日堅，謂堅固而不更變也。念力日持，謂持執而不厭久也。正覺者，圓明普照，不偏不虧也。人能發此正覺，本性自然顯露，一切妄心不待驅除，而自降伏。譬如日光一照，黑暗盡明矣。此雖有四字，其實只一覺字，但此覺字，皆由定慧而致也。

**真貴《仁王護國般若波羅蜜多經科疏》卷上**　覺徹心源，不墮有無，故名正覺。

**溥畹《金剛般若波羅蜜經心印疏》卷下**　苟能了悟眞如，頓空四相，徹證三空，似蓮花開，如睡夢覺，即名正覺。

**弘贊《沙弥學戒儀軌頌註》**　言正覺者，說法無差謂之正，出生死夢謂之覺。又覺具三義，謂自覺，覺他，覺行圓滿。斯乃如來之德號，行滿果圓大覺之稱也。

**孫念劬《金剛經彙纂》**　發阿耨多羅三藐三菩提心，言菩薩初修行，皆發此廣大心。阿，無也。耨多羅，上也。無上，無以加也。三，正也。藐，等也。菩提，覺也。皆梵語也。無上正等正覺心，即是佛心，人之眞性也。眞性包含太虛，無得而上之，故云無上。然上自諸佛，下至蠢動。此性正相平等，故云正等。其覺圓明普照，無偏無虧，故云正覺。

## 遍行

**玄奘譯《阿毗達磨大毗婆沙論》卷一八**　遍行是何義。答：一切緣義是遍行義，緣力持義是遍行義。緣力持者，能廣緣故。復次本來一切，一切一切起，故名爲遍行。

**玄奘譯《阿毗達磨大毗婆沙論》卷四七**　遍行者，非以無明一刹那起，能緣五部，爲五部因，五部隨增，說名遍行。但由無明遍一切處，同類起故，說名遍行。謂與遍行隨眠俱起，即名遍行。與不遍行隨眠俱起，名不遍行。自界、他界、自地、他地、有漏、無漏、緣有、爲無爲緣，亦如是說。與諸煩惱俱起和合，如團中膩如麻中油，故名遍行。

**大乘光《大乘百法明門論疏》卷上**　言遍行者，於一切時恆相續起，遍八識有，名曰遍行。

**玄奘譯《阿毗達磨大毗婆沙論》卷一九**　何故名遍行耶。答：依彼種類相續而說，故無有過。然遍行隨眠，對遍行因，應作四句。有遍行隨眠，非遍行因，謂未來遍行隨眠。有遍行因，非遍行隨眠，謂過去現在遍行隨眠相應俱有法。有遍行隨眠，亦遍行因，謂過去現在遍行隨眠。有非遍行隨眠，亦非遍行因。若不依彼種類說者，應作是說，謂除前相。若即依彼種類說者，應言未來遍行隨眠相應俱有法。

**地婆訶羅譯《大乘廣五蘊論》卷一**　此遍一切善、不善、無記心，故名遍行。

**法藏《華嚴經探玄記》卷一〇**　法界眞如遍行之義。《唯識論》云，一遍行眞如，謂此眞如二空所顯，無有一法而不在故。解云，行謂有爲諸行，我法二空所顯眞如，遍於一切有爲諸行，故名遍行。梁《攝論》中名爲遍滿，遍滿一切有爲行故。世親《攝論》第七云，無有少法非無我，故名遍行。無性《攝論》第七亦云，無有少法非是空，故名爲遍行。

**普泰《大乘百法明門論解》卷上**　言遍行者，遍四一切心得行故。謂三性、八識、九地，一切時俱能遍故。

**明昱《八識規矩補註證義》**　名偏行者，偏四一切，心得行故。謂一切性（即善等三性），一切地（即凡聖諸地），一切時（即長短時），一切俱（即八種識），此皆徧故，立徧行名。

# 作　意

**道暹《涅槃疏私記》卷七**　作意者，作動於意。謂能令心驚覺爲性。

**玄奘譯《阿毗達磨界身足論》卷上**　作意云何。謂心引於隨引、等隨引，現作意、已作意、當作意，警覺心，是名作意。

**玄奘譯《阿毗達磨品類足論》卷一**　作意云何。謂心警覺性。此有三種，謂學作意，無學作意，非學非無學作意。

**玄奘譯《阿毗達磨品類足論》卷二**　作意云何。謂牽引心，隨順牽引，思惟牽引。作意造意，轉變心，警覺心，是名作意。

**玄奘譯《阿毗達磨藏顯宗論》卷一一**　作意有三，謂自、共相、勝解作意，有差別故。云何名爲自相作意，謂觀諸色變礙爲相，乃至觀識了別爲相，如是等觀相應作意。云何名爲共相作意，謂十六行相應作意。云何名爲勝解作意，謂不淨觀及四無量有色解脱勝處遍處，如是等觀相應作意。如是三種作意，無間聖道現前，聖道無間亦能具起三種作意。若作是説，便順此言不淨觀俱行修念等覺分。有餘師説：唯從共相作意無間聖道現前，聖道無間方能具起三種作意。若爾，何故契經中言，不淨觀俱行修念等覺分。由不淨觀調伏心已，方能引生共相作意。從此無間聖道現前，依此展轉密意而説，故無有過。有餘復言：唯從共相作意，無間聖道現前。聖道無間，亦唯能起共相作意。此言有失。所以者何。依未至等三地證入正性離生，聖道無間可生欲界共相作意，以欲界中共相作意，去彼聖道非極遠故。若依第二第三第四靜慮證入正性離生，聖道無間起何作意。非起欲界共相作意，以極遠故。又於彼地無容有故，以非彼地已有曾得，共相作意異於曾得順決擇分。非諸聖者順決擇分可復現前，非得果已，可重發生加行道故。彼今應説，此聖道後起，何共相作意現前，豈不繫屬順決擇分。亦修彼類共相作意，如觀諸行皆是無常，觀一切法皆是無我，涅槃寂靜，聖道無間，引彼現前。此救非理。繫屬加行所修作意，非得果後可引現前。是彼類故，前説聖道無間通三作意現前，於理爲善。若依未至定得阿羅漢果後出觀心，或即彼地或是欲界，依無所有處得阿羅漢果後出觀心。或即彼地或是有頂，若依餘地得阿羅漢果後出觀心，唯自非餘地。於欲界中有三作意，一聞所成，二思所成，三生所得。色界亦有三種作意，一聞所成，二修所成，三生所得。無思所成，舉心思時，即入定故。無色唯有二種作意，一修所成，二生所得。欲界聞思作意，無間聖道現前。聖道無間具起，三種作意現前。以諸聖道起，必繫屬加行道故，非生得善作意無間聖道現前。色界聞修作意，無間聖道現前。聖道無間亦唯起彼二種作意。無色唯修作意，無間聖道現起。聖道無間亦唯起修不起生得。若生第二靜慮已上，起初靜慮三識身時，諸有未離自地染者。彼從自地善染無記，作意無間三識現前。三識無間還生自地三種作意。諸有已離自地染者，除染作意。唯善無記作意無間三識現前。三識無間亦唯起此二種作意。

**玄奘譯《瑜伽師地論》卷一一**　作意差別者，謂七種根本作意，及餘四十作意。

云何七種作意。謂了相作意，勝解作意，遠離作意，攝樂作意，觀察作意，加行究竟作意，加行究竟果作意。

云何四十作意。謂：緣法作意。緣義作意。緣身作意。緣受作意。緣心作意。緣法作意。勝解作意。眞實作意。有學作意。無學作意。非學非無學作意。遍知作意。正斷作意。已斷作意。有分別影像所緣作意。無分別影像所緣作意。事邊際所緣作意。所作成辦所緣作意。勝解思擇作意。寂靜作意。一分修作意。具分修作意。無間作意。殷重作意。隨順作意。對治作意。順清淨作意。順觀察作意。力勵運轉作意。有間運轉作意。有功用運轉作意。自然運轉作意。思擇作意。内攝作意。淨障作意。依止成辦所行清淨作意。他所建立作意。内增上取作意。廣大作意。遍行作意。

緣法作意者，謂聞所成慧相應作意。緣義作意者，謂思修所成慧相應作意。緣身、受、心、法作意者，謂修念住者如理思惟身等作意。勝解作意者，謂修靜慮者隨其所欲，於諸事相增益作意。眞實作意者，謂以自相共相及眞如相，如理思惟諸法作意。有學作意，略有二種，一者自性，二在相續。自性者，謂有學無漏作意。在相續者，謂有學一切善作意。如有學作意，當知無學作意二種亦爾。非學非無學作意者，謂一切世間作意。遍知作意者，謂由此故遍知所緣而不斷惑。正斷作意者，謂由此故，俱作二事。已斷作意者，謂斷煩惱後所有作意。有分別影像所緣作意者，謂由此故，修緣分別體境奢摩他。無分別影像所緣作意者，謂由此故，修緣分別體境毗鉢舍那。事邊際所緣作意者，謂由此故，了知一切身受心法所緣邊際，過此更無身受心法。所作成辦所緣作意者，謂我思惟如此如此，若我思惟如是如是，當有如此如此，當辦如是如是。及緣清淨所緣作意，勝解思擇作意者，謂由此故，或有最初思擇諸法，或奢摩他而爲上首。寂靜作意者，謂由此故，或有最初安心於內，或毗鉢舍那而爲上首。一分修作意者，謂由此故，於奢摩他毗鉢舍那，隨修一分。具分修作意者，謂由此故，二分雙修。無間作意者，謂一切時無間無斷，相續而轉。殷重作意者，謂不慢緩加行方便。此中由勝解思擇作意故，淨修智見。由寂靜作意故，生長輕安。由一分具分修作意故，於諸蓋中，心得解脫。由無間殷重作意故，於諸結中，心得解脫。又由無間作意故，終不徒然而捨身命。由殷重作意故，速證通慧。隨順作意者，謂由此故，厭壞所緣，順斷煩惱。對治作意者，謂由此故，正捨諸惑，任持於斷，令諸煩惱遠離相續。順清淨作意者，謂由此故，修六隨念，或復思惟隨一妙事。順觀察作意者，謂由此故，觀諸煩惱斷與未斷，或復觀察自己所證，及先所觀諸法道理。力勵運轉作意者，謂修始業未得作意者所有作意。有間運轉作意者，謂已得作意，於上慢緩修加行者所有作意。有功用運轉作意者，謂即於此勇猛精進無有慢緩，修加行者所有作意。自然運轉作意者，謂於四時決定作意，一得作意時，二正入已入根本定時，三修現觀時，四正得已得阿羅漢時。思擇作意者，謂毗鉢舍那品作意。內攝作意者，謂奢摩他品作意。淨障作意者，謂由此故，棄捨諸漏永害麁重。依止成辦所行清淨作意者，謂由此故，依離一切麁重之身，雖行一切所緣境界，而諸煩惱不復現行。他所建立作意者，謂諸聲聞所有作意，要從他音，乃能於內如理作意故。內增上取作意者，謂諸獨覺及諸菩薩所有作意，以不從師而覺悟故。廣大作意者，謂諸菩薩爲善了知生死過失，出離方便發弘誓願，趣大菩提所有作意。遍行作意者，謂佛世尊現見一切無障礙智相應作意，若諸菩薩遍於三乘及五明處方便善巧所有作意。

此中了相作意，攝緣法緣義。餘六作意，唯攝緣義。緣身等境四種作意，遍在七攝。了相勝解加行究竟果作意，通攝勝解眞實作意。觀察作意，唯攝勝解。餘三作意，唯攝眞實。此就前門。就餘門者，當知隨應七種作意皆攝。有學及非學非無學二種作意，亦攝無學作意。謂清淨地了相作意，及加行究竟果作意。了相勝解觀察作意，攝遍知作意。餘三作意，攝正斷作意。加行究竟果作意，攝已斷作意。觀察作意，惟攝有分別影像所緣作意。餘六作意，通攝二種。事邊際所緣作意，遍一切攝。所作成辦所緣作意，若就初門，遍一切攝。就第二門，唯加行究竟果作意所攝。最初勝解思擇作意，皆所不攝。若奢摩他而爲上首，遍一切攝。若最初寂靜，若毗鉢舍那而爲上首，當知亦爾。前六作意，通攝一分及具分修。加行究竟果作意，唯攝具分修。無間作意，殷重作意，遍一切攝。隨順作意，初二所攝。對治作意，遠離加行究竟二作意攝，及攝樂作意一分所攝。順清淨作意，惟攝樂一分所攝。順觀察斷未斷作意，唯觀察作意所攝。此就斷對治說。若就所餘隨應當知。力勵運轉作意，皆所不攝。有間有功用運轉作意，乃至攝樂作意所攝。自然運轉作意，加行究竟，及此果二作意攝。思擇作意，了相所攝。內攝作意，勝解所攝淨障作意，遠離攝樂，觀察加行究竟作意所攝。依止成辦所行清淨作意，惟加行究竟果作意所攝。他所建立內增上取作意，一切作意所攝。廣大作意，皆所不攝。初遍行作意，加行究竟果攝。第二一切所攝。又了相作意，若他所建立作意攝者，以聞他音及內如理作意定爲其緣。若內增上取作意攝者，惟先資糧以爲其緣。所餘作意，前前後後傳爲其緣。

**玄奘譯《瑜伽師地論》卷二八** 云何作意，謂四作意。何等爲四，一力勵運轉作意，二有間運轉作意，三無間運轉作意，四無功用運轉作意。云何力勵運轉作意，謂初修業者令心於內安住等住，或於諸法無倒簡擇。乃至未得所修作意，爾時作意力勵運轉。由倍勵力折挫其心，令住一境，故名力勵運轉作意。云何有間運轉作意，謂得所修作意已後，世出世道漸次勝進。了相作意，由三摩地思所間雜，未能一向純修行轉，故名有間運轉作意。云何無間運轉作意，謂從了相作意已後，乃至加行究竟作意，是名無間運轉作意。云何無功用運轉作意，謂加行究竟果作意，是名無功用運轉作意。復有所餘四種作意，一隨順作意，二對治作意，三順清淨作意，四順觀察作意。云何隨順作意，謂於所緣深生厭壞起正加行，而未斷惑。云何對治作意，謂能斷惑。云何順淸淨作意，謂心下蹙取淨妙相，策令歡悅。云何順觀察作意，謂觀察作意，由此作意增上力故，順觀煩惱斷與未斷。

**玄奘譯**《**顯揚聖教論**》**卷一**　作意者，謂從阿賴耶識種子所生，依心所起，與心俱轉相應。動心爲體，引心爲業。由此與心同緣一境，故說和合非不和合。如經中說，若於此作意，即於此了別。若於此了別即，於此作意。是故此二恆和合非不和合。此二法不可施設離別殊異。復如是說，心心法行不可思議。又說，由彼所生，作意正起，如是所生，眼等識生。

**玄奘譯**《**成唯識論**》**卷三**　作意，謂能警心爲性。於所緣境，引心爲業。謂此警覺應起心種，引令趣境，故名作意。雖此亦能引起心所，心是主故，但說引心。有說，令心迴趣異境。或於一境持心令住，故名作意。彼俱非理，應非遍行不異定故。

**澄觀**《**大方廣佛華嚴經隨疏演義鈔**》**卷三九**　作意者，謂能警心爲性。於所緣境，引心爲業。謂此警覺應起心種，引令趣境故，名作意。雖此亦能引起心所，心是主故，但說引心。作即是意，持業釋也。或作俱時意隣近爲勝。

**延壽**《**宗鏡錄**》**卷四七**　論云：作意，謂能警心爲性。於所緣境，引心爲業。釋云：作意警心，有二功力。一者令心未起而起，二者令心起已趣境，故言警覺應起心種引令趣境。

# 想

**玄奘譯**《**阿毗達磨俱舍論**》**卷四**　受謂三種領納，苦、樂、俱非，有差別故。想謂於境取差別相。思謂能令心有造作。觸謂根境識和合生。

**大乘光**《**俱舍論記**》**卷四**　想謂於境取差別相者，想謂於境執取男、女等種種差別相，能於境中封疆畫界。此是男等非非男等，故名男等。

**法寶**《**俱舍論疏**》**卷四**　想謂於境取差別相，即是取男、女等差別之相。《正理論》云，安立執取男女等境差別相因說名爲想述曰，謂能爲因，令心心所安立男女等相而執取故。

**玄奘譯**《**成唯識論**》**卷三**　想謂於境取像爲性，施設種種名言爲業。謂要安立境分齊相，方能隨起種種名言。

思謂令心造作爲性，於善品等役心爲業。謂能取境正因等相，驅役自心令造善等。

**延壽**《**宗鏡錄**》**卷四七**　想謂於境取像爲性，施設種種名言爲業。謂要安立境分劑相，方能隨起種種名言。釋云，此中安立取像異名。謂此是青非青等，作分劑而取其相，名爲安立。由此取像，便起名言，此是青等。性類衆多，故名種種。

**延壽**《**宗鏡錄**》**卷五七**　想謂名句文身熏習爲緣，取相爲體，發言議爲業。又想能安立自境分劑。若心起時無此想者，應不能取境分劑相。於境取像爲性，施設種種名言爲業。種種名言，皆由於想，是想功能。

**玄奘譯**《**瑜伽師地論**》**卷三**　作意云何，謂心迴轉。觸云何，謂三和合。受云何，謂領納。想云何，謂了像。思云何，謂心造作。欲云何，謂於可樂事。

**玄奘譯**《**瑜伽師地論**》**卷五五**　作意云何，謂能引發心法。觸云何，謂三和合故能攝受義。受云何，謂三和合故能領納義。想云何，謂三和合故，施設所緣，假合而取。此復二種，一隨覺想，二言說隨眠想。隨覺想者，謂善言說人天等想。言說隨眠想者，謂不善言說，嬰兒等類乃至禽獸等想。思云何，謂三和合故，令心造作，於所緣境，隨與領納和合乖離。

**玄奘譯顯**《**揚聖教論**》**卷一**　想者，謂名句文身熏習爲緣，從阿賴耶識種子所生，依心所起，與心俱轉。相應取相爲體，發言議爲業。如經說有六想身，又說如其所想而起言議。思者，謂令心造作得失俱非，意業爲體。或爲和合，或爲別離，或爲隨與，或爲貪愛，或爲瞋恚，或爲棄捨，或起尋伺，或復爲起身語二業。或爲染污，或爲淸淨行。善不善非二爲業。如經說有六思身，又說當知我說。今六觸處即前世思所造故業。

**玄奘譯**《**阿毗達磨集異門足論**》**卷六**　四想者，一小想，二大想，三無量想，四無所有想。小想云何。答：作意思惟狹小諸色。謂或思惟青瘀，或思惟膿爛，或思惟破壞，或思惟膖脹，或思惟骸骨，或思惟骨鎖，或思惟地，或思惟水，或思惟火，或思惟風，或思惟青，或思惟黃，或思惟赤，或思惟白，或思惟諸欲過患，或思惟出離功德。與此俱行諸想等想，現前等想，已想當想，是名小想。大想云何。答：作意思惟廣大諸色而非無邊。謂或思惟青瘀，廣說如前，是名大想。無量想云何。答：作意思惟廣大諸色其量無邊。謂或思惟青瘀，廣說如前，是名無量想。無所有想云何。答：此即顯示無所有處想。

**玄奘譯《阿毗達磨集異門足論》卷一一** 云何名爲諸所有想。答：盡所有想。謂六想身，何等爲六。謂眼觸所生想，耳鼻舌身意觸所生想。如是名爲諸所有想。若過去，若未來，若現在者，云何過去想。答：若想已起已等起，已生已等生，已轉已現轉，已聚集已出現。落謝過去，盡滅離變。過去性，過去類，過去世攝，是名過去想。云何未來想。答：若想未已起未已等起，未已生未已等生，未已轉未已現轉，未聚集未出現。未來性，未來類，未來世攝，是名未來想。云何現在想。答：若想已起已等起，已生已等生，已轉已現轉，聚集出現，住未已謝，未已盡滅，未已離變，和合現前。現在性，現在類，現在世攝，是名現在想。若內若外者，云何內想。答：若想在此相續，已得不失，是名內想。云何外想。答：若想在此相續，或本未得或得已失，若他相續，是名外想。若麤若細者，云何施設麤想細想。答：觀待施設麤想細想。復如何等。答：若觀待無尋唯伺想，則有尋有伺想名麤。若觀待有尋有伺想，則無尋唯伺想名細。若觀待無尋無伺想，則無尋唯伺想名麤。若觀待無尋唯伺想，則無尋無伺想名細。若觀待色界想，則欲界想名麤。若觀待欲界想，則色界想名細。若觀待無色界想，則色界想名麤。若觀待色界想，則無色界想名細。若觀待不繫想，則無色界想名麤。若觀待無色界想，則不繫想名細。如是施設麤想細想，如是名爲若麤若細。若劣若勝者，云何施設劣想勝想。答：觀待施設劣想勝想。復如何等。答：若觀待有覆無記想，則不善想名劣。若觀待不善想，則有覆無記想名勝。若觀待無覆無記想，則有覆無記想名劣。若觀待有覆無記想，則無覆無記想名勝。若觀待有漏善想，則無覆無記想名劣。若觀待無覆無記想，則有漏善想名勝。若觀待無漏善想，則有漏善想名劣。若觀待有漏善想，則無漏善想名勝。若觀待色界想，則欲界想名劣。若觀待欲界想則色界想名勝，若觀待無色界想則色界想名劣。若觀待色界想，則無色界想名勝。若觀待不繫想，則無色界想名劣。若觀待無色界想，則不繫想名勝。如是施設劣想勝想，如是名爲若劣若勝。若遠若近者，云何遠想。答：過去未來想。云何近想。答：現在想。復次云何遠想。答：若想過去非無間滅，若想未來非現前起，是名遠想。云何近想。答：若想過去無間已滅，若想未來現前正起，是名近想。如是名爲若遠若近。如是一切略爲一聚者，云何一切略爲一聚。答：推度思惟稱量觀察，集爲一聚，是故名爲如是一切略爲一聚。說名想蘊者，云何說名想蘊。答：於此想蘊，顯想、顯蘊、顯身、顯聚，是故名爲說名想蘊。

**玄奘譯《阿毗達磨界身足論》卷上** 受云何。謂受、等受、各等受、已受當受。受所攝是名受。想云何。謂想、等想、現想、已想、當想，是名想。思云何。謂思等思、現思、已思、當思，思所攝造心意業，是名思。觸云何。謂觸等觸、現觸、已觸、當觸，是名觸。

**玄奘譯《阿毗達磨品類足論》卷一** 想云何。謂取像性。此有三種，謂小想、大想、無量想。

**玄奘譯《阿毗達磨品類足論》卷二** 受云何。謂受等受、各別等受、已受受類，是名爲受。想云何。謂想等想、增上等想、已想、想類，是名爲想。思云何。謂思等思、增上等思、已思思類，心作意業，是名爲思。觸云何。謂觸等觸、觸性、等觸性、已觸觸類，是名爲觸。

## 思

**慧远《大乘義章》卷二** 於境取相名想，於緣欲受稱欲。令根塵識和合名觸，於緣決定名慧。記識不忘名念，於善惡等思願造作名思。

**玄奘譯《顯揚聖教論》卷一** 思者，謂令心造作，得失俱非，意業爲體。或爲和合，或爲別離，或爲隨與，或爲貪愛，或爲瞋恚，或爲棄捨，或起尋伺，或復爲起身語二業。或爲染污，或爲清淨行，善不善非二爲業。如經說有六思身，又說當知我說。今六觸處即前世思所造故業。

**玄奘譯《阿毗達磨界身足論》卷上** 思云何。謂思等思、現思、已思、當思，思所攝造心意業，是名思。觸云何。謂觸等觸、現觸、已觸、當觸，是名觸。

**玄奘譯《阿毗達磨品類足論》卷二**　思云何。謂思等思、增上等思、已思、思類，心作意業，是名爲思。觸云何。謂觸等觸、觸性、等觸性，已觸觸類，是名爲觸。

**玄奘譯《成唯識論》卷三**　思謂令心造作爲性，於善品等役心爲業。謂能取境正因等相，驅役自心令造善等。

**知周《成唯識論演祕》卷三**　論：思謂令心造作爲性者。問：性業何別。答：有義令心總於善等法中而造作者，此思之性。於三性中改轉造作，說名爲業。故此業用亦非遍因。疏說三遍故未盡理。詳曰：夫言改轉易換異名。若也始終一類之事，應無思業，無改轉故。故今釋者，性但令作，業役令作，單重廣略行相有異。既云善等等惡無記，無記通於八識皆有。說思名遍，亦何爽理。若準《瑜伽》第三所說，思之行相是別非遍。如疏所述，彼可知也。

## 念

**僧伽婆羅譯《解脫道論》卷五**　云何爲念。念隨念彼念覺，憶持不忘。念者，念根，念力，正念，此謂念。問：念者何相，何味，何起，何處。答：隨念爲相，不忘爲味，守護爲起，四念爲處。

**玄奘譯《成唯識論》卷五**　云何爲念。於曾習境，令心明記不忘爲性，定依爲業。謂數憶持曾所受境，令不忘失，能引定故。於曾未受體類境中，全不起念。設曾所受，不能明記，念亦不生。故念必非遍行所攝。有說，心起必有念俱，能爲後時憶念因故。彼說非理。勿於後時有癡信等，前亦有故。前心心所或想勢力，足爲後時憶念因故。

**玄奘譯《顯揚聖教論》卷一**　念者，謂於串習境，令心明記不忘爲體，等持所依爲業。如經說，諸念與隨念別念，及憶不忘不失法心明記爲性。

## 欲

**求那跋陀羅譯《雜阿含經》卷四八**　欲生諸煩惱，欲爲生苦本，

**求那跋陀羅譯《雜阿含經》卷三二**　若衆生所有苦生，彼一切皆以欲爲本，欲生、欲集、欲起、欲因、欲緣而苦生。

**求那跋陀羅譯《雜阿含經》卷一八**　云何爲欲。舍利弗言：欲者，謂眼所識色可愛、樂、念，染著色。耳聲、鼻香、舌味、身所識觸可愛、樂、念，染著觸。

**求那跋陀羅譯《雜阿含經》卷二八**　云何爲欲。佛告迦摩：欲，謂五欲功德。何等爲五，謂眼識明色，可愛、可意、可念，長養欲樂。如是耳、鼻、舌、身識觸，可愛、可意、可念，長養欲樂，是名爲欲。然彼非欲，於彼貪著者，是名爲欲。

**玄奘譯《成唯識論》卷五**　云何爲欲。於所樂境，希望爲性，勤依爲業。有義所樂謂可欣境，於可欣事欲見聞等，有希望故。於可厭事，希彼不合。望彼別離，豈非有欲。此但求彼不合離時可欣自體非可厭事。故於可厭及中容境一向無欲。

**玄奘譯《大乘五蘊論》卷一**　云何爲欲，謂於可愛事，希望爲性。

**大乘光《俱舍論記》卷四**　欲謂希求所作事業者，欲謂於境能有希求所作事業。由有此欲，心等趣境。又《入阿毘達摩》云，欲謂希求所作事業，隨順精進，謂我當作如是事業。

**王肯堂《成唯識論證義》卷五**　云何爲欲。於所好樂境，希求冀望，是其體性。精進爲依，是其業用。世出世法，無不皆由好樂成故。何者名爲所樂之境，有三師異。有一師說，所樂者是可欣之境，於可欣境，欲見欲聞，有希望故。難云，於可厭事，若未合時，希彼不合。若已合時，望彼別離，亦是樂事，豈非是欲，何必可欣方爲欲哉。

## 別境

**智周《大乘入道次第》卷一** 言別境者，此所伏境而非是一，緣別別境，故名別境。

**大乘光《大乘百法明門論疏》卷上** 言別境者，別緣諸境，名爲別境。何者名別。且如其欲，希望前境名之爲欲，不希望境即無有欲。希望之欲與不希望，二種有異，名之爲別。乃至第五慧數，簡擇諸法名之爲慧，不簡擇法不名爲慧，簡擇之慧與不簡擇二種有異，名之爲別。

**智儼《華嚴五十要問答》初卷** 別境者別有二義。一自位相別，如欲非勝解等。有時有欲而無勝解，乃至慧等，互無亦然。二就別位，如善等位，有善而無欲，有欲無善，故是別也。仍此別境名從初義得也。別者，是各別非連之義也。境者，分齊也，非所緣境。此對前連之遍行，故得別境名。相貌者，五法相別行，是其相貌。分齊者，乃至不定等六位皆通別行，是其分齊。

**普泰《大乘百法明門論解》卷上** 言別境者，別別緣境，而得生故。所緣之境則有四，乃所樂之境、決定境、曾習境、所觀境，各緣不同，故云別境。

**德清《百法論義》** 言別境者，謂別別緣境，不同偏行，此乃作業之心耳。

**廣益《八識規矩頌》** 別境者，謂別別緣境而得生故。以欲等五法不偏心故，唯偏三性九地。以四境別名爲別境也。四境者，謂欲所樂境，所決定境，於慣習境，於所觀境。慧則於所觀境揀擇斷疑，是其體用也。

## 勝解

**玄奘譯《成唯識論》卷五** 云何勝解。於決定境印持爲性，不可引轉爲業。謂邪正等教理證力，於所取境審決印持。由此異緣不能引轉，故猶豫境，勝解全無。非審決心，亦無勝解。由斯勝解，非遍行攝。有說，心等取自境時，無拘礙故，皆有勝解。彼說非理。所以者何。能不礙者，即諸法故，所不礙者，即心等故。勝發起者，根作意故。若由此故，彼勝發起。此應復待餘，便有無窮失。

**玄奘譯《瑜伽師地論》卷三** 勝解云何，謂於決定事，隨彼彼行印可隨順性。

**玄奘譯《瑜伽師地論》卷四二** 由善觀察，勝覺慧故，能於八種生勝解處，善安勝解。云何八種生勝解處。一三寶功德處。二眞實義處。三諸佛菩薩大神力處。四因處。五果處。六應得義處。七自於彼義得方便處。八一切所知所應行處。又此勝解由二因緣，於彼諸處能善安立。一長時串習故，二證善淨智故，是名菩薩法思勝解忍。

**玄奘譯《瑜伽師地論》卷一一** 勝解者，由於是處不染污轉，於諸煩惱得離繫故。以於厭等棄背行中正流轉時，心無罣礙，又復於捨無有功用。

**玄奘譯《顯揚聖教論》卷一** 勝解者，謂於決定境，如其所應，印解爲體。不可引轉爲業。如經說，我等今者心生勝解，是內六處必定無我。

**玄奘譯《大乘阿毗達磨雜集論》卷一** 勝解者，於決定事，隨所決定，印持爲體。不可引轉爲業。隨所決定印持者，謂是事必爾，非餘決了勝解。由勝解故，所有勝緣不能引轉。

## 慈悲

**竺法護譯《佛昇忉利天爲母說法經》卷中** 行大慈者亦復如是，不惜身命在於五樂棄捐之。去於所樂欲，如遠大火。在於火中，悉能忍之，其身不燒。

**鳩摩羅什譯《大智度論》卷二七** 慈悲是佛道之根本，所以者何。菩薩見衆生老、病、死苦，身苦、心苦，今世、後世苦等諸苦所惱，生大慈悲，救如是苦，然後發心求阿耨多羅三藐三菩提。亦以大慈悲力故，於無量阿僧祇世生死中，心不厭沒，以大慈悲力故，久應得涅槃而不取證。以是故，一切諸佛法中，慈悲爲大。若無大慈大悲，便早入涅槃。

復次，得佛道時，成就無量甚深禪定、解脫、諸三昧，生清淨樂，棄捨不受。入聚落城邑中，種種譬喻因緣說法。變現其身，無量音聲，將迎一切，忍諸衆生罵詈誹謗，乃至自作伎樂，皆是大慈大悲力。

復次，大慈大悲大名，非佛所作，衆生名之。譬如師子大力，不自言力大，皆是衆獸名之。衆生聞佛種種妙法，知佛爲祐利衆生故，於無量阿僧祇劫難行能行。衆生聞見是事，而名此法爲大慈大悲。譬如一人二親友，以罪事因緣故，繫之囹圄。一人供給所須，一人代死。衆人言，能代死者，是爲大慈悲。佛亦如是，世世爲一切衆生，頭目髓腦盡爲一切衆生，聞見是事，即共名之爲大慈大悲。

如尸毗王，爲救鴿故，盡以身肉代之，猶不與鴿等，復以手攀稱，欲以身代之。是時地爲六種振動，海水波蕩，諸天香華供養於王。衆生稱言，爲一小鳥所感乃爾，眞是大慈大悲。佛因衆生所名，故言大慈大悲。如是等無量本生，是中悉應廣說。

問曰：禪定等諸餘功德，人不知故，不名爲大。智慧說法等，能令人得道，何以不稱言大。答曰：佛智慧所能，無有遍知者。大慈大悲故，世世不惜身命，捨禪定樂，救護衆生，人皆知之。於佛智慧，可比類知，不能了了知。慈悲心眼見耳聞，處處變化大師子吼，是故可知。

復次，佛智慧細妙，諸菩薩、舍利弗等尚不能知，何況餘人。慈悲相可眼見耳聞故，人能信受。智慧深妙，不可測知。

復次，是大慈大悲，一切衆生所愛樂。譬如美藥，人所樂服。智慧如服苦藥，人多不樂，人多樂故，稱慈悲爲大。

復次，智慧者，得道人乃能信受。大慈悲相，一切雜類皆能生信。如見像，若聞說，皆能信受，多所饒益故，名爲大慈大悲。

復次，大智慧名捨相、遠離相。大慈悲爲憐愍利益相，是憐愍利益法，一切衆生所愛樂，以是故名爲大。是大慈大悲，如《持心經》中說，大慈大悲有三十二種，於衆生中行。是大慈大悲攝相緣，如四無量心說。

復次，佛大慈大悲等功德，不應一切如迦旃延法中分別求其相。上諸論議師，雖用迦旃延法分別顯示，不應盡信受。所以者何。迦旃延說：大悲一切智慧，是有漏法，繫法，世間法。是事不爾。何以故。大慈悲名爲一切佛法之根本，云何言是有漏法、繫法、世間法

問曰：大慈悲雖是佛法根本，故是有漏。如淤泥中生蓮華，不得言泥亦應妙。大慈悲亦如是，雖是佛法根本，不應是無漏。答曰：菩薩未得佛時大慈悲，若言有漏，其失猶可。今佛得無礙解脫智故，一切諸法皆清淨，一切煩惱及習不盡。處處中疑不得無礙解脫智，煩惱習不盡，處處中疑不斷故，心應有漏。諸佛無是事，何以故說佛大慈悲應是有漏。

問曰：我不敢不敬佛，以慈悲心爲衆生故生，應是有漏。答曰：諸佛力勢不可思議，諸聲聞、辟支佛不能離衆生想而生慈悲，諸佛能離衆生想而生慈悲。所以者何。如諸阿羅漢、辟支佛，十方衆生相不可得，而取衆生相生慈悲。今諸佛十方求衆生不可得，亦不取衆生相而能生慈悲。如《無盡意經》中說，有三種慈悲，衆生緣、法緣、無緣。

復次，一切衆生中，唯佛盡行不誑法。若佛於衆生中取相而行慈悲心，不名行不誑法。何以故。衆生畢竟不可得故。聲聞、辟支佛，不名爲盡行不誑法，故聲聞、辟支佛，於衆生、於法，若取相，若不取相，不應難，不悉行不誑法故。一切智能斷一切諸漏，能從一切有漏法中出，能作無漏因緣，是法云何自是有漏。

問曰：無漏智各各有所緣，無有能悉緣一切法者。唯有世俗智能緣一切法。以是故說一切智是有漏相。答曰：汝法中有是說，非佛法中所說。如人自持斗入市，不與官斗相應，無人用者。汝亦如是，自用汝法，不與佛法相應，無人用者。無漏智慧，何以故不能緣一切法。有漏智是假名虛誑，勢力少故，不應眞實緣一切法，汝法中自說能緣一切法。

復次，是聲聞法中十智，摩訶衍法中有十一智，名爲如實相智。是十智入是如實智中，都爲一智，所謂無漏智。如十方水入大海水中，都爲一味。是大慈大悲，佛三昧王三昧、師子遊戲三昧所攝。如是略說大慈大悲義。

**菩提流支譯《佛說法集經》卷五（下）**　爲一切衆生，不爲自身，而不見衆生而不捨大慈大悲心，是名菩薩。世尊！何者是諸菩薩大慈大悲。世尊。若菩薩不見衆生，而不捨一切諸善根修行，彼諸善根迴向大菩提，是名大慈。若菩薩不捨諸衆生所作之事，是名大悲。若菩薩見世間法則是涅槃，而不捨集道精進，是名大慈。若不捨衆生，是名大悲。若自身發菩

提心，是名大慈。若教化諸衆生，是名大悲。若捨內外一切諸物，是名大慈。若捨內外善根，爲一切衆生得佛菩提迴向無上道，是名大悲。若淨持諸戒不毁不犯，是名大慈。若自持淨戒，增長衆生淨戒，是名大悲。若自修行安隱忍辱樂行，是名大慈。若以安隱樂與諸衆生，是名大悲。若於自身常能修行精進之行，爲得諸佛無上菩提，是名大慈。若以大精進行，令諸衆生得此精進，是名大悲。若於自身常行寂靜，是名大慈。若以寂靜行，令諸衆生得此寂靜，是名大悲。若爲自身修滿智慧，是名大慈。若以自智慧，增長一切衆生智慧，是名大悲。若不修行非不修行，是名大慈。若不作亦非不作，是名大悲。若生而不去，是名大慈。若去而不動，是名大悲。若說而無言，是名大慈。若著而不縛，是名大悲。若縛而不得，是名大慈。若入涅槃而不滅，是名大悲。若出自身舍利而無骨肉筋血，是名大慈。若彼修身骨不增不減，是名大悲。若捨施而不捨物，是名大慈。若護諸護而不成就，是名大慈。若增長而不高，是名大悲。

**菩提流支譯《佛說法集經》卷六**　何等名爲菩薩大慈。無所發菩薩言，若有菩薩能捨身命，及諸善根施與衆生而不求報恩，是名大慈。須菩提言，何等名爲菩薩大悲。無所發菩薩言，若菩薩先與衆生無上菩提，然後自證，是名大悲。

**曇無讖譯《大般涅槃經》卷一五**　慈有三緣，一緣衆生，二緣於法，三則無緣。悲喜捨心，亦復如是。若從是義，唯應有三，不應有四。衆生緣者，緣於五陰，願與其樂，是名衆生緣。法緣者，緣諸衆生所須之物而施與之，是名法緣。無緣者，緣於如來，是名無緣。慈者，多緣貧窮衆生。如來大師永離貧窮，受第一樂。若緣衆生，則不緣佛。法亦如是。以是義故，緣如來者，名曰無緣。世尊！慈之所緣一切衆生，如緣父母妻子親屬，以是義故名衆生緣。法緣者，不見父母妻子親屬，見一切法皆從緣生，是名法緣。無緣者，不住法相及衆生相，是名無緣。【略】

爲諸衆生除無利益，是名大慈。欲與衆生無量利樂，是名大悲。於諸衆生心生歡喜，是名大喜。無所擁護，名爲大捨。若不見我法相己身，見一切法平等無二，是名大捨。自捨己樂，施與他人，是名大捨。【略】

善男子！一切聲聞、緣覺、菩薩、諸佛如來，所有善根，慈爲根本。善男子！菩薩摩訶薩修習慈心，能生如是無量善根。所謂不淨、出息入息、無常生滅、四念處、七方便、三觀處、十二因緣、無我等觀。暖法、頂法、忍法、世第一法，見道修道，正勤如意，諸根諸力，七菩提分、八聖道，四禪、四無量心、八解脫、八勝處。一切入空無相願無諍三昧、知他心智及諸神通知本際智、聲聞智、緣覺智、菩薩智、佛智。善男子！如是等法，慈爲根本。善男子！以是義故，慈是眞實，非虚妄也。若有人問：誰是一切諸善根本。當言慈是。以是義故，慈是眞實，非虚妄也。

善男子！能爲善根者，名實思惟。實思惟者，即名爲慈。慈即如來。善男子，慈即大乘，大乘即慈，慈即如來。善男子！慈即菩提道，菩提道即慈，慈即如來。善男子！慈即大梵，大梵即慈，慈即如來。善男子！慈者能爲一切衆生而作父母。父母即慈，慈即如來。善男子！慈者乃是不可思議，諸佛境界不可思議，諸佛境界即是慈也。當知慈者即是如來。善男子！慈者即是衆生佛性。如是佛性，久爲煩惱之所覆蔽故，令衆生不得覩見。佛性即慈，慈即如來。善男子！慈即大空，大空即慈，慈即如來。善男子！慈即虚空，虚空即慈，慈即如來。善男子！慈即是常，常即是法，法即是僧，僧即是慈，慈即如來。善男子！慈即是樂，樂即是法，法即是僧，僧即是慈，慈即如來。善男子！慈即是淨，淨即是法，法即是僧，僧即是慈，慈即如來。善男子！慈即是我，我即是法，法即是僧，僧即是慈，慈即如來。善男子！慈即甘露，甘露即慈。慈即佛性，佛性即法，法即是僧，僧即是慈，慈即如來。善男子！慈者即是一切菩薩無上之道，道即是慈，慈即如來。善男子！慈者即是諸佛世尊無量境界，無量境界即是慈也。當知是慈，即是如來。

**曇無讖譯《大方等大集經》卷一七**　所謂大慈者，爲無礙心及於一切衆生等心所攝。大悲者，爲無厭倦及勤給足一切衆生所攝。

**智顗《妙法蓮華經文句》卷二**　中道正觀即是無緣大慈。慈善根力，令諸心數，皆入同體大慈法中，離諸不善，故稱慈氏。

**智顗《維摩經玄疏》卷二**　若無緣大慈，觀生死即涅槃，煩惱即菩提，與衆生此滅道之樂，名無緣大慈也。觀涅槃即生死菩提即煩惱，欲拔衆生此虚妄之苦，名無緣大悲也。

**慧遠《涅槃義記》卷五**　除無利益名大慈者，明能拔苦。欲與利樂名大悲者，明能與樂。餘處多說慈能與樂，悲能拔苦。今以何故說慈拔苦悲與樂乎。釋言：慈心正欲與樂，若不除苦，樂則不生，故說除苦。又與樂故，苦事不起，故說除苦。悲心正欲拔衆生苦，若不與樂，苦則不去，故說與樂。又除苦故，樂事得生，故說與樂。

**不空譯《大集大虛空藏菩薩所問經》卷三**　善男子！若菩薩於一切有情，起同體大悲，住於禪定。見來求者，悉皆捨施，以福無盡，得於寶手，令他受用意樂清淨心如平地離於高下，有所悕望豐饒利益。

**湛然《止觀輔行傳弘決》卷六之三**　無緣慈悲者，具足三慈方名無緣。此慈下，結成雙非三諦相也。《大經》十四《梵行品》文，品初云，慈有三種，一緣衆生，二緣於法，三者無緣。衆生緣者，緣一切衆生如父母親想。法緣者，見一切法皆從緣生。無緣者，不住法相及衆生相。《大論》二十亦云，慈有三種。衆生緣者，謂緣十方無量怨親中人。法緣者，謂緣無漏羅漢支佛諸佛聖人，破吾我相，但觀四緣空五衆法。無緣者，不住有無，唯諸佛有。

**懷信《釋門自鏡錄》卷下**　又食肉者斷大慈種。凡大慈者，令一切衆生同得安樂。若食肉者，一切衆生皆爲冤對，同不安樂。若食肉者，是遠離聲聞、辟支佛法，遠離菩薩、佛果法，遠離菩提、涅槃法。

**畺良耶舍譯《佛說觀無量壽佛經》**　佛心者，大慈悲是。以無緣慈，攝諸衆生。作此觀者，捨身他世，生諸佛前，得無生忍。

**延壽《万善同歸集》卷中**　又慈、悲、喜、捨，種種利益，度貧代苦，軫念垂哀。及施畜生一摶之食，皆是佛業，無緣慈因。《法句經》云：行慈有十一種利。佛說偈言：履行仁慈，博愛濟衆，有十一譽。福常隨身，臥安覺安，不見惡夢，天護人愛，不毒不兵，水火不喪。在所得利，死昇梵天，是爲十一。故經云：一切聲聞、緣覺、菩薩、諸佛，所有善根，慈爲根本。《毘沙論》云：若修慈者，火不能燒，刀不能傷，毒不能害，水不能漂，他不能殺。所以然者，慈心定是不害法故。有大威勢諸天擁護，害不能害。《像法決疑經》云：佛言：若人於阿僧祇劫，以身供養十方諸佛，并諸菩薩及聲聞衆，不如有人施與畜生一口之食，其福勝彼，百千萬倍無量無邊。《丈夫論》云：悲心施一人，功德如大地，爲己施一切，得報如芥子。救一厄難人，勝餘一切施。衆星雖有光，不如一月明。《華嚴經》云：菩薩乃至施與畜生之食，一摶一粒，咸作是願：當令此等，捨畜生道，利益安樂，究竟解脫。永度苦海，永滅苦受，永除苦蘊，永斷苦覺。苦聚苦行，苦因苦本，及諸苦處，願彼衆生，皆得捨離。菩薩如是，專心繫念一切衆生，以彼善根而爲上首，爲其迴向一切種智。《大涅槃經》云：佛過去惟修一慈，經此劫世七反成壞，不來生此。世界壞時，生光音天。世界成時，生梵天中，作大梵王。三十六反爲大帝釋，無量百千世，作轉輪聖王，乃至成佛。

又師子現指，醉象禮足。慈母遇子，盲則得明。城變金璃，石舉空界。釋女瘡合，調達病痊。皆是本師積劫熏修，慈善根力，能令苦者見如是事。今既承紹，合履玄蹤。乃至放生贖命，止殺興哀。斷燒煮之殃，釋籠罩之縶，續壽量之海，成慧命之因。遂得水陸全形，息陷網吞鉤之苦。飛沈任性，脫焚林竭澤之憂。免使穴罷新胎，巢無舊卵，脂消鼎鑊，肉碎刀砧。《梵網經》云：若佛子以慈心故，行放生業。一切男子是我父，一切女子是我母，我生生無不從之受生。故六道衆生，皆是我父母。而殺食者即殺我父母，亦殺我故身。一切地水，是我先身，一切火風，是我本體，故常行放生。乃至若不爾者，犯輕垢罪。故知有情、無情不可傷害。《華嚴經》云：佛子！菩薩摩訶薩作大國王，於法自在，普行教命，令除殺業。閻浮提內，城邑聚落，一切屠殺皆令禁斷。無足、二足、多足，種種生類，普施無畏，無欺奪心。廣修一切諸行，仁慈莅物，不行侵惱。發妙寶心，安隱衆生。於諸佛所，立深志樂。常自安住，三種淨戒。亦令衆生，皆如是住。菩薩摩訶薩，令諸衆生，住於五戒，永斷殺業，以此善根，如是迴向，所謂：願一切衆生發菩薩心，具足智慧，永保壽命，無有終盡。乃至見衆生，心懷殘忍，損諸人畜，所有男形，令身缺減，受諸楚毒。見是事已，起大慈悲，而哀救之。令閻浮提一切人民，皆捨此業。《涅槃經》云：一切惜身命，無不畏刀杖。恕己以爲喻，勿殺勿行杖。昔有禪僧鄧隱峯，未出家時，曾射一猿子，墮地而終。須臾，猿母亦墮而死，因剖腹開，見肝腸寸寸而斷。遂捨其射業，因此出家。是知人形獸質，受報千差，愛結情根，其類一等。所以失林窮虎，乃委命於廬中。鎩翮驚禽，遂投身於案側。至如楊生養雀，寧有意於玉環。孔氏放龜，本無情於金印。命既無於大小，罪豈隔於賢愚。三業施爲，切宜兢慎，誤傷誤殺，尚答餘殃，故作故爲，寧逃業迹。或受一日戒，或持八關齋，或不噉有情，或永斷葷血，不值三災之地，能昇六欲之天，既爲長壽之緣，又積大慈之種。經云：昔有迦羅越，興設大檀，請佛及僧。時有一人賣酪，主人駐食，勸令持齋聽經，至冥乃歸。婦語之言，我朝來不食，相待至今。遂破夫齋。半齋之福，猶生天上，七世人間，常得自然衣食。一日持齋，得六十萬歲自然之糧，又有五福：一者少病。二者身意安隱。三者少婬。四者少睡臥。五者命終之後，神得生天，常識宿命。

**周琪《大方廣圓覺修多羅了義經夾頌集解講義》** 自他不二，彼我無差。同體平等，更無有別。此謂之發同體大悲心。

**一松《妙法蓮華經演義》卷四之一** 慈悲有三種。謂法緣、生緣、無緣也。若生法二緣，雖亦名慈悲，而不得名大慈悲。今言大慈悲者，乃無緣慈悲也。言無緣者，無何不緣，而無所不緣。慈則遍與法界之樂，悲則遍拔法界之苦。如磁吸鐵，任運與拔。即無緣慈悲也。既遍與遍拔，則無有一眾生不在其覆蓋之下矣。

**智旭《妙法蓮華經台宗會義》卷七之一** 譬如磁石，不作心想，任運吸鐵。慈悲亦爾，不作眾生及以法想，任運拔苦與樂，故名無緣大慈

**智證《悲道場水懺法隨聞錄》** 聲聞智，緣覺智，菩薩智，佛智等法，皆與慈爲根本。以慈即如來，即大乘，即菩提道，即大梵，即一切眾生父母，即不可思議諸佛境界，即眾生佛性等。又慈即是常，常即是法，法即是僧，僧即是慈，慈即如來，即一切菩薩無上之道，即甘露。具如經中說。乃至云：多敎闍王放醉象蹹殺佛及弟子。佛入慈定，于五指出五師子。象見，心怖失糞，舉身投地，敬禮佛足。乃是修慈善根力，故令彼調伏

大悲者，悲能拔苦。其救苦之心，於時處眾生，悉皆無量。隨眾生所遭逆境，所欲脫者，悉皆拔之，如援溺之手，拔疔之藥。而此拔苦之心，常精常進，追斷眾生二種生死之苦而後已。眾生生死不息，悲心不休。眾生苦海甚大，故佛菩薩之悲心亦大也。苦言拔者，苦從前生惡惑種來。業水恆滋，苦根深入，徹骨徹髓，如油入麪，如釘入木。既久且紐，非大士無量悲心之力，何以拔而出之

世間父母，亦有慈悲，愛惜兒孫，止於一世。子若不孝，背恩違義，則心生恚恨，慈心薄少，故不名大。諸佛菩薩，慈心不爾。見苦眾生，悲心益重。乃至入于五無間獄，大火輪中，代諸眾生受無量苦。如是慈悲，過於父母無量無邊，故名爲大

愍眾生者，愍是哀愍，憐惜之謂。眾生，對諸佛言。十法界中，除佛法界，俱名眾生，唯佛不墮諸數故。菩薩正斷塵沙，即等覺地，尚有生相無明。聲聞緣覺，無明二字，尚未夢見。六道眾生，父母與己，三緣和合，乃至五陰四大，眾法共生，故名眾生。又土木金石等無情眾生，因宿生修偏枯死定，故墮無知。諸佛爲菩薩時，亦發願度之，成圓滿寶覺，故曰情與無情，同圓種智。

# 中道

**鳩摩羅什譯《中論》卷四：**

眾因緣生法，我說即是無。
亦爲是假名，亦是中道義。
未曾有一法，不從因緣生。
是故一切法，無不是空者。

眾因緣生法，我說即是空。何以故。眾緣具足和合而物生，是物屬眾因緣，故無自性。無自性故空。空亦復空，但爲引導眾生故，以假名說。離有無二邊，故名爲中道。是法無性，故不得言有。亦無空故，不得言無。若法有性相，則不待眾緣而有。若不待眾緣，則無法。是故無有不空法。

**鳩摩羅什譯《大莊嚴論經》卷一〇** 若有人能修中道者，不從他聞而能得解眞諦之義。佛爲現四諦，阿若憍陳如如應見諦，順於中道見四眞諦，

**寶亮《大般涅槃經集解》卷五四** 中道者名爲佛性。

案：僧亮曰，舉不偏之見，以顯照無不周，所以稱佛也。僧宗曰，指果地性也。寶亮曰，佛果佛性，方是解中道之理耳。

**曇無讖譯《大般涅槃經》卷二七** 空者，一切生死。不空者，謂大涅槃。乃至無我者即是生死，我者謂大涅槃。見一切空，不見不空，不名中

道。乃至見一切無我，不見我者，不名中道。中道者，名爲佛性。以是義故，佛性常恆，無有變易。無明覆故，令諸衆生不能得見。聲聞緣覺見一切空，不見不空，乃至見一切無我，不見於我。以是義故，不得第一義空。不得第一義空故，不行中道。無中道故，不見佛性。善男子！不見中道者，凡有三種。一者定樂行，二者定苦行，三者苦樂行。【略】非破非不破，故名中道。不度衆生，非不能度，是名中道。非一切成，亦非不成，是名中道。凡有所說，不自言師，不言弟子，是名中道。說不爲利，非不得果，是名中道。

**曇無讖譯《大般涅槃經》卷三五**　是故如來說於中道。衆生佛性，非內六入，非外六入，內外合故，名爲中道。是故如來宣說佛性即是中道，非內非外故名中道，是名分別答。復次，善男子！云何名爲非內非外。善男子！或言佛性即是外道，何以故。菩薩摩訶薩於無量劫在外道中，斷諸煩惱，調伏其心，教化衆生，然後乃得阿耨多羅三藐三菩提。是以佛性即是外道。或言佛性即是內道，何以故。菩薩雖於無量劫中修習外道，若離內道則不能得阿耨多羅三藐三菩提。是以佛性即是內道。是故如來遮此二邊，說言佛性非內非外，亦名內外，是名中道，是名分別答。復次，善男子！或言佛性即是如來金剛之身，三十二相八十種好。何以故，不虛誑故。或言佛性即是十力、四無所畏、大慈大悲及三念處首楞嚴等一切三昧。何以故。因是三昧生金剛身三十二相八十種好故。是故如來遮此二邊，說言佛性非內非外亦名內外，是名中道，是名分別答。復次善男子！或有說言佛性即是內善思惟。何以故。離善思惟，則不能得阿耨多羅三藐三菩提故。是故佛性即是內善思惟。或有說言佛性即是從他聞法，何以故。從他聞法則能內善思惟，若不聞法則無思惟。是以佛性即是從他聞法，是故如來遮此二邊，說言佛性非內非外亦名內外，是名中道。復次善男子！復有說言佛性是外。謂檀波羅蜜，從檀波羅蜜得阿耨多羅三藐三菩提，是以說言檀波羅蜜即是佛性。或有說言佛性是內謂五波羅蜜，何以故。離是五事當知則無佛性因果，是以說言五波羅蜜即是佛性。是故如來遮此二邊，說言佛性非內非外亦內亦外，是名中道。復次善男子！或有說言佛性在內，譬如力士額上寶珠，何以故。常樂我淨如寶珠故，是以說言佛性在外如貧寶藏，何以故。方便見故。佛性亦爾，在衆生外，以方便故而得見之。是故如來遮此二邊，說言佛性非內非外亦內亦外，是名中道。

**曇無讖譯《大方等大集經》卷二五**　不著常見，不著斷見，離是二見，行於中道。夫中道者，有二種法。一者不善念，二者無明。是二法中心不放逸，是名中道。復有二法，一行，二識。復有二法，一者名色，二者六入。復有二法，一觸，二受。復有二法，一愛，二取。復有二法，一有，二生。復有二法，一老，二死。是二法中不放逸者，是名中道。如是中道，世間智慧所不能見，不可宣說，不可顯示，無有相貌，無色無處，無取無捨，清淨寂靜。善男子！夫中道者，不可眼見，乃至不可觸觸。亦無至處，亦世出世，不可宣說非多非少，故名中道。善男子！我與無我名爲二邊，若有說言，非常非斷，非命非士，非想非非想，非覺非非覺，非實非虛，非此非彼，非有非無，非有爲非無爲，非行非非行，非生死非涅槃。不作如是，是名中道。

**吉藏《法華玄論》卷一**　不空不有，名爲中道。所以論云，遠離二邊，名爲中道，謂中道法師。又前明二句則二諦觀，後明無句謂中道觀。雖二諦而常中道，雖中道而常二諦。二諦不礙中道，中道不妨二諦。是故論云，因緣所生法，我說則是空，亦爲是假名，亦是中道義。則其事也。此之三觀，名諸三昧王。內具三觀，外說法者，名說法中王。謂諸王法師也。又二諦爲二，中道爲不二。經云，不著不二法，以無一二故。

**吉藏《中論序疏》**　折之以中道者，折之言齊。齊者，生死涅槃不二，衆生與佛平等，則是中道。又將中道之理折二際令齊，故言折之以中道

**吉藏《中觀論疏》卷一（本）**　就八不，明三種中道者，凡有三義。一者，爲顯如來從得道夜，至涅槃夜，常說中道。中道雖復無窮，略明三種，則該羅一切，故就此偈辨於三中，總申佛一切教。二者，此論既稱《中論》，故就八不明於中道。中道雖多，不出三種，故就此偈辨於三中。三者，爲學佛教人作三中不成，故墮在偏病，今對彼中義不成，欲成中義，故辨三種中也。

問云：何學佛教人三中不成。答：他云，實法滅故不常，假名相續故

不斷，不常不斷名世諦中道。今謂不常猶是斷，不斷猶是常。唯見斷常，何中之有。又言，因中未有果事，故言非有，有得果之理，故言非無，非有非無爲世諦中道。考而論之，非有猶是無，非無猶是有，亦無中矣。又云，眞諦四絶，故名爲中。今請問之，爲有四絶之理，爲無此理耶。若有四絶之理，則名爲有，不得稱中。若無四絶之理，則無眞諦，亦非中矣。又眞諦定絶，不可不絶，此乃是偏。何謂中道耶。又中是無礙，眞諦定絶，遂不得不絶。既其有礙，云何名中。又眞諦四絶，絶除四句，則是無於四句，故名爲斷。有此四絶之理，則名爲有，故是常見。故《成壞品》云，若有所受法，則墮於斷常，當知所受法，若常若無常。

彼二諦合明中道者，謂非眞非俗名爲中道。是亦不然。非眞猶是俗，非俗猶是眞。還是二諦，更無別中。以此推之，三中不成。爲對此三種中不成故，今明三種中道。

問云：何辨三種中耶。答：他有有可有，則有生可生，則有滅可滅。有生可生，生不由滅。有滅可滅，滅不由生。生不由滅，生非滅生。滅不由生，滅非生滅。生非滅生故，生是自生。滅非生滅故，滅是自滅。自生則是實生，自滅則是實滅。實生實滅，則是二邊，故非中道。今明，無有可有，以空故有，則無生可生，亦無滅可滅。無生可生，由滅故生，無滅可滅，由生故滅。由滅故生，生是滅生，由生故滅，滅是生滅。生是滅生，生不自生，滅是生滅，滅不自滅。生非自生，但世諦故，假說生。滅非自滅，但世諦故，假說滅。假生不生，假滅不滅。不生不滅，名世諦中道。對世諦生滅，明眞諦不生滅。以空有爲世諦，世諦假生假滅。有空爲眞諦，眞諦不生不滅。此不生不滅，非自不生不滅，待世諦假生，明眞諦假不生。待世諦假滅，明眞諦假不滅。非不生非不滅，爲眞諦中道。

二諦合明中道者，無生滅生滅爲世諦，生滅無生滅爲眞諦。無生滅生滅，豈是生滅。生滅無生滅，豈是無生滅。故非生滅非無生滅，名二諦合明中道。問：後明三中，與前何異。答：前明二諦中道，是因緣假名，破自性二諦，故名爲中。第三雙泯二假，稱爲體中。故前語有四重階級。一者，求性有無不可得，故云非有非無名爲中道。外人既聞非有非無，即謂無復眞俗二諦，便起斷見。是故次說而有而無，以爲二諦，接其斷心。次欲顯而有而無，明其是中道有無，不同性有無義。故次明二諦用中雙彈兩性。次欲轉假有無二，明中道不二，故明體中。此是攝嶺興皇始末，對由來義有此四重階級。得此意者，解一師立中假體用意也。又初非性有無以爲中者，此是假前中義。次而有而無名爲二諦，是中後假義。次假有非有假無非無二諦合明中道者，此是假後中義。問：破性中此是假前中，二諦表中道是假後中。云何是中前假、中後假耶。答：中前假者未說體中。而前明於假，則上而有而無是也。中後假者說體中，竟方說而有而無是也。又中前假，即從有無，入非有非無，從用入體。中後假，非有非無，假說有無，從體起用也。中假義內，具足明之。今略示大宗也。後意明漸捨義，則世諦破性生滅，以辨不生不滅明於中道。眞諦破假生滅，以辨不生不滅明於中道。二諦合明中則雙泯假性，欲同明二諦俱無生義，故與前異也。問：世諦不性生云不生，眞諦不假生明不生。此是釋八不。今二諦合明中道，則云非生滅非不生滅，即是非八不。非非八不，云何是釋八不義。答：八不言約意包。若有生滅無生滅猶是生滅義，非生滅非不生滅乃是無生滅義。故二諦理雖泯生無生，猶是釋八不義也。師又一時方言云，世諦即假生假滅，假生不生，假滅不滅，不生不滅爲世諦中道，非不生非不滅爲眞諦中道。

二諦合明中道者，非生滅非不生滅，則是合明中道也。問：此與上何異耶。答：此有二意。一者，則世諦生是不生，如色即是空，故不生即是世諦也。眞諦亦不生者，此則明相因義。因世諦生，故明眞諦不生。云此是師正意也。二者，欲示階漸明義者，世諦中不生不滅，即是眞諦之假。非是破性明中，乃明世諦假生雖生不起，世諦假滅雖滅不失。故生滅宛然，而未曾生滅。故世諦之中，即是眞諦之假。眞諦假不生滅，此是生滅無生滅。故不生不滅宛然，而未曾無生無滅。故是二諦合明雙泯二諦。大意如前。

問：云何乃取眞諦之假爲世諦中耶。答：師云，方等大意言以不住爲端，心以無得爲主。故說世諦爲令悟眞，故以眞諦假爲世諦之中。如《涅槃》云，欲令衆生深識第一義，故說世諦。又云，五受陰空名爲苦義，説苦爲令捨樂亦不住苦，故以空爲苦義。說俗不令住俗，乃令因俗悟不俗，故以眞諦爲俗義。眞諦之中亦爾，說不生爲明非生非不生，故非生非不生是不生義。乃至說眞俗二令悟不二，故不二以爲二義。《華嚴》云，一切有無法，了達非有無。即其事也。方言甚多，略明三種。至後重牒八不，廣料簡之。能說是因緣，善滅諸戲論下，第二明教用，即是辨二智中道。以佛智能說八不中道，滅諸戲論，即是敎之用也。又初一偈正說八不，此偈明說八不意。所以說八不者有二種意，一爲顯三種中道，二爲滅諸戲論。佛說八不既有二意。今標在論初申八不者亦有二意。故《摩耶經》云，龍樹燃正法炬，滅邪見幢。《楞伽》云，爲人說大乘，能破有無見也。既是佛智能說，故須明於二智。此二智由二諦中道而生。二諦既是中道，故二智亦是中道。二智謂方便及以實智，亦具三種中道。實方便不可定言方便，不可定言不方便，謂方便慧中道。方便實不可定言實，不可定言不實，名爲實智中道。此是二慧各明中道。實方便則非方便，方便實即非實，非實非方便，謂二智合明中道。非實非方便名一正觀，非眞非俗名一正境。境智是因緣之義。既稱境智是則非智，既稱智境是則非境。非智非境，泯然無際。前雖開境智，竟無所開。後雖合境智，亦未曾合。若遊此玄門，則戲論斯寂，故龍樹致敬。

問：二智二諦，皆是中道顯正性不。答：亦得也。問：與涅槃五性何異也。答：此中明二智與二諦，則二智是果性，以明佛二智故也。二諦是佛所照之境，但有此兩性。此境智皆開發正性，非境非智亦有正性義也。問：何故彼明五性，今明兩性。答：正明二智之能說，二諦之所說。不正明因果，故但有二性。彼經正明因果，開發正性，故明五性義也。若就論主悟二諦發生二智，亦是因因。開發正性故，亦得具五性也。師又釋，能說是因緣，開爲二雙，上半破邪顯正，下半敬人歎法。能說是因緣者，歎佛智能說三種中道因緣，即顯正也。善滅諸戲論者，第二破邪也。謂能說八不因緣，滅不八戲論。不八戲論者，即二乘人是也。令二乘人迴小入大也。又破菩薩有所得生滅心，令菩薩悟入於大。即知說八不因緣，破三乘人戲論，令三乘人皆悟入大乘也。又就《觀法品》明戲論有二。一者，愛論。謂於一切法有取著心。二者見論，於一切法作決定解。又利根者起見論，鈍根人起愛論。又在家人起愛論，出家人起見論。又天魔起愛論，外道起見論。又凡夫起愛論，二乘起見論。今說此八不滅二種戲論也。師又約漸捨義，明五種戲論。一者，佛有誡勸二門。諸惡莫作名爲誡門，諸善奉行名爲勸門。惡有乖理府墜，損他感苦，故名戲論。善是符理清昇，利他招樂，故非戲論。二者，善有二門。有所得善，不動不出，名爲戲論。無所得善，能動能出，故非戲論。三者，得無得二名爲戲論。如云，明與無明，愚者謂二，諸有二者，無道無果。若有得無得平等不二者，名不戲論。智者了達其性無二。無二之性即是實性。第四，明二與不二是二邊，並是戲論。若能非二不二中道，則無戲論。次二不二非二非不二，並是名相，皆是戲論。言亡慮絶，則非戲論。第五，若有戲論，若有不戲論，並是戲論。若無戲論無不戲論，方是不戲論也。問：何故就戲論不戲論明二智。答：戲論破慧眼，是皆不見佛，故名戲論。無戲論者，即是慧眼，故名爲中也。

我稽首禮佛者，此第三推功歸佛，論主致敬明向。能說是因緣，善滅諸戲論者，此是佛說，非是我說也。又稽首者，欲請佛加護。敢佛弟子有所說法，無不承於佛力。今欲申佛無生二諦，破於衆邪，故請佛加護。又龍樹未悟無生，欲自樹爲佛，從託迹海宮，得無生忍，方以佛爲師，已爲弟子。是故禮也。又論主因佛悟無生，今報佛恩，是故禮佛。又禮佛者，欲令後人於論生信，明八不者，此是佛說，非天魔外道調達等說，亦非我說，此是佛說。以小乘人不信一切法畢竟空，如刀傷心，故推功歸佛也。問：云何名諸說中第一。答：九十六種術名爲邪說，非是第一。諸佛正法，名爲第一。就佛說中有大乘小乘。小乘不了，不名第一。大乘了義，名爲第一。就大乘中，此之八不是方等中心諸佛要觀，是第一中之第一也。問：何故作此歎耶。答：欲明佛略說於前，龍樹廣敷於後。說之於前，既是第一之經。敷之於後，即是第一之論。學此論者，蓋是第一之人矣。又欲勸信，故作此言。小乘人云，生滅亦是佛說，無生滅亦是佛說，云何說無生以破生耶。是故明生滅是方便非第一之說，無生是眞實名第一之說也。

**波頗蜜多羅譯《般若燈論釋》卷一四：**

從衆緣生法，我說即是空。
但爲假名字，亦是中道義。

釋曰：眼等諸體從緣起者，諸緣中眼等非有非無非，亦有亦無非，非有非非無，非異非一，非自非他，亦非俱非不俱。所有從緣起者，第一義中自體無起，依世諦故有眼等起。我說此起空者，謂自體空故。如經偈言：從緣不名生，生法無自體。若有屬緣者，是即名爲空。世間出世間，但是假施設。其有解空者，名爲不放逸。如《楞伽經》說：自體無起。體無起者，如佛告大慧，我說一切法空。若言從緣生者，亦是空之異名。何以故。因施設故。世間出世間法，並是世諦所作。如是施設名字，即是中道。如《摩訶般若波羅蜜經》說：云何名中道。謂離有起、無起及有無等邊故，名爲中道。所謂諸體無起無不起，非有非無，非常非無常，非空非不空。修中道者，觀察之時，不見眼有體，不見眼無體。乃至色受想行識不見體，不見無體。又如《寶積經》說：佛告迦葉，有是一邊，無是一邊，離二中間，則無色無受想行識。如是中道，名爲得證實相方便。以是故，如論偈說：

未曾有一法，不從因緣生。
如是一切法，無不是空者。

**澄觀《大方廣佛華嚴經隨疏演義鈔》卷六**　《中論》偈云：因緣所生法，我說即是空，亦名爲假名，亦是中道義。即有多人解不同也。或云：既言因緣所生，那得即空，要須析因緣盡，方乃會空，呼十方空爲即空。亦名爲假名者，有爲虛弱，勢不獨立，假眾緣成，從緣故假，非施權之假。亦是中道義者，離斷常故名爲中道，非佛性中道。若作此解者，雖三句皆空，尚不成即空，況即假即中，此生滅四諦中義也。或云：因緣所生法，不須破滅，體即是空，而不得即假即中，設作假中，皆順入空。何者，諸法皆即空，無主宰故，假亦即空。假施設故，中亦即空，離斷常二邊故。此三番語異，俱順入空，退非二乘析法，進非別圓，乃是三獸度河之意耳。或謂，即空即假即中，三種邐迤，各各有異。三種皆空者，無主故空，虛設故空，無邊故空。三種皆假者，同有名字故假。三種皆中者，中眞中機中實故。謂空名中者，約眞諦故。假名中者，就機設化，不住化不化故。中名中者，約一實諦之中道故。此得別失圓。或謂即空即假即中，雖三而一，雖一而三，不相妨礙。三種皆空者，言思道斷故。三種皆假者，但有名字故。三種皆中者，即是實相故。但以空爲名，即具假中。悟空即悟假中，餘亦如是。是知隨聞一法，起種種解。圓機受教，無教不圓。偏機受教，圓亦偏矣。既隨一文異解，何須分判不同。疏：五多種說法成枝流者，上義亦傍該諸經。今正引當經立理。《法界品》云，法欲滅時，有千部異千種說法等。何不尋條以得根，便欲派本而爲末，渾純源之一味，成澆薄之枝流。

**澄觀《大方廣佛華嚴經疏》卷四九**　雖離二邊而不壞自乘之果，約密十二因緣，即是中道。中道者，名爲佛性，故曰甚深緣起，是爲上上智觀。

**澄觀《大方廣佛華嚴經隨疏演義鈔》卷七**　言不思議因緣二諦中道者，即論第四句，亦是中道義。而言不思議者，佛性中道故。又因緣即空故，不可作因緣思。即假故不可作空思，即中道故不可作二思。即一而三，即三而一，爲不思議。因緣二諦，即眞俗二諦。中道即第一義諦。三諦義也。又融二諦即是中道。

**宗密《圓覺經大疏釋義鈔》卷三**　言不思議因緣二諦中道者，即《中論》第四句亦是中道義。而言不思議者，佛性中道故。又因緣即空，不可作因緣思。即似故，不可作空思。即中故，不可作二思。即一而三，即三而一。爲不思議因緣二諦。爲欲成中道之義，故云二諦，即眞俗二諦。不云四諦。言中道者，即非一義諦，是爲三諦義也。又融二諦，即是中道。

**窺基《成唯識論述記》卷七**　唯識義成，契會中道，無偏執故。言中道者，正智也。理順正智，名契會中道。

**延壽《宗鏡錄》卷三六**　若觀無明見中道者，即是入不二法門，住不思議解脫。故《入不思議法門品》云，若知無明即是明，明亦不可得，是爲入不二法門。若入中道，即能雙照二諦，自然流入薩婆若海。

**延壽《宗鏡錄》卷四五**　中道者，欲令有相無相不二也。此皆破執除疑，言非盡理。若復有人，了相無相，平等不二，無取無捨，無彼無此，亦無中間，則不假聖人言說，理自通也。

**延壽《宗鏡錄》卷四六**　顯中道者有二，一假施設中道，二眞實中道。眞實中道有三。一者，能證淨分依他，是其妙有。智起惑盡，名曰眞空。妙有眞空，正處中道。二者，能證有爲，是其妙有。所證眞理，名曰眞空。妙有眞空，正處中道。三者，唯於法身上說本來實性，名爲妙有。即此實性，便是眞空。妙有眞空，正處中道。二假施設中道者，即佛於後得智中而假施設，亦有三種。一者，不斷不常中道。謂佛經中，說有異熟識爲總報主。此陰纔滅，彼陰便生，即不是斷。此破外道斷常二邊。又說生滅不定，名曰無常，即是不常。二者，不假不實中道者，謂佛經中，說一切色心從種而生者，即是不假。依此分位，或有相形，即是不實。稱實而談，正處中道。此破小乘假實二邊。三者，不有不無中道，即經說我法遍計，即是不有。依圓妙有，即是不無。離有離無，正處中道。此破大小乘空有二邊。是以欲執二邊之情，即背中道之理。纔作四句之解，便失一乘之門。須知非離邊有中，亦非即邊是中。若離邊求中，則邊見未泯。若即邊是中，中解猶存。是以難解難知，唯深般若。執之如大火聚，四邊不可觸之。了之若清涼池，諸門皆可入矣。故知法無定相，迴轉隨心，執即成非，達之無咎。

**延壽《宗鏡錄》卷六二** 言是則契中道者，謂非一向空，如清辯等。非一向有，如小乘等。故名中道。謂二諦有，不同清辯。二取我法無，不同小乘。故名中道。

**延壽《宗鏡錄》卷八六** 今言中道者，即菩薩道。離中無別道，離道無別中。即以道爲中，即以中爲道。此之中義，即是一心。道即是心，心即是道。以真心遍一切處故，所以云一色一香，無非中道。前辯所見不同，故論得失。若入宗鏡，則泯同平等。三乘五性，若內若外，無非一心中道矣。又中道者，以一真心不住有無二邊，故稱中道。若言其有，相不可尋。若言其無，性不可易。所以菩薩以行契理，觀一切法，雙遮雙照，雙亡雙流。台教明雙亡正入，常冥中道，無心亡照，任運寂知。雙亡即亡空亡假，故名爲寂。正入只是入中，故名爲照。而亡而照，故曰雙流。

**處元《止觀義例隨釋》卷二** 佛告比丘：莫求欲樂，爲凡夫行。亦莫自苦，苦非聖行。離此二邊，則有中道。不可以此妙中之妙爲不思議，當知此妙乃是身子說於事忍方便不損他境耳。不可以此中道爲佛性中，此中道者但是離苦離樂名爲中道。

## 中觀

**吉藏《淨名玄論》卷五** 不滯於無，不累於有，故常著氷消。不滯於無，故斷無見滅。寂此諸邊，故名中觀。是以二諦中道，還發生二智中觀。觀二智中觀，還照二諦中道。

**碩法師《三論遊意義》** 說我所行故名爲中論也，行我所說故名中觀也。問：此《中觀論》三字通別云何。答：通而爲論，三字皆中皆觀皆論也。所言三字皆中者，中既不生不滅，觀亦不生不滅，故即是中。中即所行不生不滅，觀即能行不生不滅。中即所照不生不滅，觀即能照不生不滅。論即是能論不生不滅。所論不生不滅，既是中能論不生不滅，亦是中也。三字皆觀者，中即是義相觀，觀即是心行觀，論即是名字觀□，故三字名觀也。三字皆論者，論則是能論故，能論既是所論，中觀亦是也。

**智顗《仁王護國般若經疏》卷二** 三假之中各有三觀。法假即虛，是空觀。空即假實，一色一香無非般若，是假觀。觀之一字是中觀。以空假是方便道，故不立觀名。得入中道，方獨稱觀。受及名等，類此可解。若圓說者，三法即空即假即中，雙照雙亡是也。

**智顗《金光明經文句文句記會本》卷五** 明本性不有不無是中觀境，妄想因緣和合而有此兩句是假觀境，無所有故兩句是空觀境。

**智顗《摩訶止觀》卷六下** 第三明中道止觀破法遍者，【略】就此爲四，一修中觀意，二修中觀緣，三正修中觀，四明位利益。

其意者，三藏中菩薩偏用世智照俗，二乘偏用析假入真，佛二諦周足異於弟子，假設第三觀，設作離有離無之說。秖是離有無二見，實無別理可觀，故不須第三觀也。通教二乘偏用體法入真，菩薩慈悲入假，唯佛俱照，道觀雙流異於弟子，亦假設第三觀，亦無別理異於真諦，開善所執佛果不出二諦外，即此義也。雖無別理而得有真如幻如化、不生不滅中道之名，亦得有中道之義者。佛滿字門通，通通別。鈍根止能通通，不能通別。故此教得有別接之義。利者被接更用中道，不被接者不須第三觀。別接義如顯體中說云云。

別教若作二諦三諦皆元知中道，若作三諦可解。若作二諦者，中道爲真，有無爲俗，照此二諦從容中當名中道。二用無偏名雙照，雖作二名，中理亦顯。此理玄深，根鈍障重，如眼闇者穿針不諦。云何穿針，爲常理故，先破取相，慧眼見空，次破無知，法眼見假，進修中道，破一分無，明開一分佛眼，見一分中，方是真因，因果圓滿，乃名爲佛。二諦非正意，故不名因。例如小乘方便伏惑不見眞，不名修道，發見諦後，具眞修道，始是眞因，無學爲眞果。別教例爾。二觀既是方便，必須於中，雖復必須，要前二觀。二觀若未辨，亦不暇第三觀也。圓教初知中道，亦前破兩惑，奢促有異。何以故，別除兩惑歷三十心，動經劫數然後始破無明。圓教不爾，秖於是身即破兩惑，即入中道，一生可辨。譬如賊有三重。一人器械鈍，身力羸智謀少，先破二重，更整人物，方破第三，所以遲迴日月。有人身壯兵利權多，一日之中即破三重，不待時節。以此喻之，其義可見。又如兩鐵，一種種燒治方有利用，一是古珠即燒即利。爲是義故，圓教初心即修三觀，不待二觀成，以是義故，即須明第三觀也。

○二修中觀因緣者，略爲五，一爲無緣慈悲，二滿弘誓願，三求佛智慧，四學大方便，五修牢強精進。

一無緣慈悲者，即如來慈悲也。此慈悲與實相同體，不取衆生相故非愛見，不取涅槃相故非空寂，非空寂故非法緣慈悲，非愛見故非衆生緣，無二邊相故名無緣。《大經》云：緣如來者名曰無緣，普覆法界，拔除苦本，與究竟樂。上兩觀慈，慈有邊表，如來慈者，即無齊限。上兩觀慈，與菩薩共，無緣慈者，獨在如來。上兩慈無所包含，如來慈者具一切佛法十力無畏，是如來藏諸法都海。故《大經》云，慈若有若無，非有非無。如是之慈乃是諸佛如來境界，當知慈具三諦也。迦葉讚云：今我欲以一法讚，所謂慈心遊世間。是慈即是大法聚，是慈即是眞解脱，解脱即是大涅槃。上慈作意乃成，此慈任運無請爲依。手出師子令彼調伏，如慈石吸鐵無心而取，夫鐵在障外，石不能吸。衆生心性即無緣慈，無明障隔，不能任運吸取一切。今欲破無明障，顯佛慈石，任運吸取無量佛法無量衆生，欲修此慈，非中道觀誰能開闢。如水生火，水不能滅，還用火滅。此無明障依兩觀生，兩觀所不能除，唯中道觀乃能破耳，爲是因緣修第三觀也。

二滿本弘誓者，初發心時起四弘誓，與虛空等。空假兩觀，知苦斷集，猶如枝葉，所未知斷，喻若根本，空假兩觀，修道證滅。猶如燈炬，諸山幽闇，力不能明，雖修兩觀，誓願未滿。譬如百川不能溢海，娑伽羅龍王所霔泉池一霔即滿。中道正觀亦復如是，知一切苦斷法界集，修無上道證究竟滅，爲滿本願，故須修第三觀。

三求佛智慧者，即是如來一切種智知，佛眼見廣大深遠，橫竪覺了，究竟具足。上兩觀眼智比於佛法，猶如盲人闇中想畫，不能睹見，墜落坑坎，云何得前。若修中道，如有目足到清涼池，除二邊熱悶，醒覺休息，飲服其水，冷滑香甘，是名佛智知見。其池相方圓深淺，水色清淨，是名佛眼見。欲得如來實相眼智，非止觀不成，故修第三觀。

四學大方便者，即是如來無謀善權無方大用，住首楞嚴種種示現，不可思議巧方便力，示諸衆生虛空中，風劫燒負草，令無燒害，此爲難事，故須善巧。如彌勒先爲天子說不退行，淨名即彈云，從如生得菩提耶，云云。無菩提勿起此見。既破見已，即說寂滅是菩提，不二是菩提，一切衆生即是菩提，云云。天子聞玄，悟無生忍。是二大士椎砧更扣，令難悟者悟難悟法。若無方便，云何利他。又如來初出不即說大，種種方便譬類言辭，引導衆生令離諸著，然後開佛知見示以一乘。是故殷勤稱歎方便，眞實得顯，功由善權。故言雖說種種道，其實爲一乘，更以異方便助顯第一義。佛智叵思議，方便隨宜說。佛意難可測，無有能得解。以百千方便，令鈍根者妙契寰中。上二觀智力用輕微。如富樓那化彼外道，反見蚩弄。文殊暫往，師徒靡風。欲得如來此方便者，若非中觀所不能成，故修第三觀也。

五大精進者，欲爲大事大用功力。《法華》云：如有勇健能爲難事，不動不退方名薩埵。不顧身命，何況財物。雖得菩提，猶尙不息，何況未得。上兩觀功微賞少，中觀功蓋天下，賞窮解髻，爲大精進修第三觀。修中道因緣甚多，爲對出假觀，略說五耳，云云。

又，三正修中觀者，此觀正破無明。無明懸絕，非眼慮見知，云何可觀。例如初觀觀眞，眞無色像亦無方所，但觀陰入界心三假之惑，四句推求，巧修止觀，得無漏發名爲見眞。次觀觀假，假復云何。但觀空智能令不空，於一心中點示萬行，即發法眼遍知藥病，故名假觀。今觀無明亦復如是。觀二觀智，當彼破惑，名之爲智。今望中道，智還成惑，此惑是中智家障，故言智障。又此智障於中智，中智不發，故名智障。前言智能障，後言智被障。例如六十二見，見名慧性，慧即世智，若望無漏，此慧性與見思合，能障於眞。此二諦智與無明合，障於中道，亦復如是。又能障是惑，所障是中智，能所合論，故言智障。云何觀此二智即是無明。若言是明，種智現前，洞識諸佛十力無畏一切諸法，圓足覺了，可得是明。

眞緣。
而今不爾，豈非無明。觀此無明，即爲三番，一觀無明，二觀法性，三觀
一觀無明者，空假之智與心相應，觀此二智爲從法性生，爲從無明
生，爲從法性無明合生，爲從離生。若從法性，法性無生。若從無明，無
明不實，亦不關中道。若合共生，則有二過。若從離生，則無因緣。《中
論》云諸法不自生，云云。如是廣破。如上因成中說。作此觀時，泯然清
淨，心無依倚，亦不住著，不覺不知。能觀所觀，猶若虛空，不可說示。
雖未發眞，於四句中決定不執。譬如闇中遙望株杌，不審人杌。人應六分
動相，杌無六分，是不動相。久住觀之心，謂是杌亦不明了。起四句執，
即喻動相，動喻無常相，不動喻常。久觀不已，定知是常，不起四執，而
無明未破，猶不了了。雖不了了，定知一常一切常，行大直道無留難故。
前見思塵沙久已穿徹，唯二觀智即喻金剛，觀破智障名觀穿觀，安心此
理，名觀達觀。此理不可思議，名第一義空。待二乘頑境之空，名爲智
慧。而此法性，非智非不智，是爲中觀具三義也。
復次，體達智障無明，無自他性共無因性，畢竟不可得。如持戒比丘
觀無蟲水，此中動者蟲耶塵耶。蟲即生相，塵無生相，諦觀不已，雖知是
塵，亦不明了。若謂無明有四性，性是生動。若無四性，無性無生動。雖
知不動，亦不決定。雖不決定，而決定觀常住不動。前生死涅槃二邊流
動，上兩觀已止，唯有無明迴轉未息。今達心本源，無明寂靜，名止息
止。安心此理，名停止止。常住之理，非止非不止。對無常動故言爲止，
即是非止非不止，是名中止具三義也。
復次智障心中，即有三假四句止觀，信法迴轉四悉檀巧修，皆例如前
說。如是四句即是觀門，若離此四，無修觀處。善巧方便因門而通得見中
道，見中道時非即四觀。若於一觀得入，餘句即融，不須更修。若未通
入，但勤修四句方便取悟。若執此四，即爲所燒，遮壅不通。若無執滯，
即是觀無明四句得悟也。
二約法性破無明者，上四句觀於智障，求無明生，決定叵得。或生一
種解，或發一定決，謂無明即是法性。如此計者，非是悟心，但發觀解。
如闇見塵杌決謂塵杌，即當移觀觀於法性。爲當無明心滅法性心生，爲當
不滅法性心生，爲當亦滅不滅法性心生，爲當非滅非不滅法性心生。若無
明滅而法性生者，滅何能生。不滅生者，明無明並。共生者即有二過，離
則不可。不自不他，不共不無因，如是四句，一一句中，信法迴轉四悉善
巧，即能得悟通四門池。雖未得悟，決定謂此中道觀智能破無明，常如是
學，更不餘修也。
三約眞緣破無明者，觀此觀智待誰得名，爲智爲非智。若橫待者，十
方諸佛是智是明，待我無智明也。若豎待者，我於將來破除盲冥而得大
明，待今是無智無明。如是智明，爲是緣修，爲是眞修，眞緣合修，離眞
離緣。若緣修者，緣是無常，云何生常。若是眞修，眞不應修。釋此有兩
家：一云緣修顯眞修，二云緣修滅眞自顯。眞自顯是自生，由緣顯是他
生，眞緣合是共生，離眞緣是無因生。四句求智不可得，亦不得無智。何
以故，待智說無智，智無故無所可待，故無智亦無。若執眞緣爲是者，不
能發中，俱是障智。若不執者，即是四門。若得契理，理非眞非緣，非共
非離，不可說示。若有機緣，亦可四說，悉檀方便，無復定執，隨緣異
說，聞即得道。所謂從無常生於常。《大經》云，因是無常而果是常。又
云，從伊蘭子生栴檀樹。或時云，從法王種性中生，即是眞修。或言，因
滅無明，則得菩提燈。或言，非內觀非外觀，而得是智慧。云云。無得之
得，以是得無所得入空意。無所得即是得，入假意。得無所得皆不可得，
雙照得無得，即中意。諸菩薩等或偏申一門，如天親明阿梨耶識爲世諦，
別有眞如，此是論之正主，禪定助道皆是陪從莊嚴耳。如《中論》申畢竟
空，空爲論主，其餘亦是助道耳。餘門亦應有菩薩作論申之。作論異說，
豈離四門。因門有殊，契會不異。若得此意，何所乖諍苦興矛盾。若用四
門修觀者，或樂或宜，或對或入，一門既爾，餘門亦然。觀行雖別，得道
何異。經論爲緣不同，古來諍競難可通處，用此解釋，冰冶雲銷。如此觀
行，契教根理，印會允合，有何是非。明眼之人，依義不依語。有智之
者，必不生疑。無目無解，徒勞愍怪，詎可益乎。
問：無明即法性，法性即無明。無明破時，法性破不。法性顯時，無
明顯不。答：然。理實無名，對無明稱法性。法性顯則無明轉變爲明，無
明破則無無明，對誰復論法性耶。
問：無明即法性，無復無明與誰相即。答：如爲不識水人指水是水。
指水是水，但有名字，寧復有二物相即耶。如一珠向月生水，向日生火，

不向則無水火，一物未曾二，而有水火之珠耳。

又，四修中觀位者，前兩止爲中道雙遮方便，兩觀是雙照方便，因此遮照，得入中道，自然雙流，自然雙照。修此雙流，凡有三處。若別接通者，七地論修八地論證，別教十迴向論修登地論證。如此修證，高遠迢遰，初心衆生尙不得修乾慧，云何能證八地耶。此中道觀於凡無益。又初心尙未入十信至迴向，若無迴向，豈得修中。無修則無證，此中道觀於凡夫人望崖無益。今明圓教五品之初，秖是凡地，即能圓觀三諦，修於中空，坐如來座，修寂滅忍，著如來衣，修佛定慧，以如來莊嚴而自莊嚴，修無緣慈，入如來室。始從初品，進入第五相似法起，見鵠知池，望煙驗火，即是相似位人入六根清淨也。例如外道不修念處，永無煖分。二觀亦爾，不修中道，似解不發。今五品修中，能生似解，轉入初住，即破無明。故《華嚴》解初住云，無染如虛空，清淨妙法身，湛然應一切。正使積習一時皆盡，無有遺餘。初發過牟尼，此之謂也。始自初品，終至初住，一生可修，一生可證，不待位登七地。爾乃修習，何暇歡喜始入雙流。前教所以高其位者，方便之說。圓教位下者，眞實之說。《法華》云，如此之事，是我方便，諸佛亦然。今當爲汝說最實事，即此意也。

**吉藏《三論玄義》** 既稱中觀，中離斷離常，觀亦離常離斷，是故既解中即是釋觀。雖然今時，復須解釋。中既有多種，觀亦復多途。如外道攀上厭下，下則苦麤障，上則勝妙出，亦是觀義。如《毘曇》總別念處五停心觀亦是觀義，《成論》人亦解觀義，不能具出。今迄陌爲論，凡有二種，一者有得小乘觀，二者無得大乘觀。若是有得小乘觀，則境無生滅，智有生滅，斷煩惱故即是滅，修智慧故即是生。煩惱則本有今無，智慧則本無今有，是則境智殊生滅異。若是無得大乘觀，不爾。境智無二，境無生滅，智亦無生滅，煩惱本自不生，今亦不滅，智慧本自不滅，今亦不生，是境智不二有無平等也。故言我觀如來，前際不來，後際不去，中亦不住。如此觀者，名爲正觀，異斯觀者，名爲邪觀也。

**吉藏《大乘玄論》卷五** 《中觀論》非是用中境，表觀智，欲明境智異。今明以中釋觀。此是何物觀。此是中觀。此觀是中，名爲中觀。體中實發生正觀，只以此正觀能淨斷常，是故名論。所以名《中觀論》。此論那得異於中觀。何故爾。若行生滅斷常，則非中觀。今不行生滅斷常，故是中觀。中觀宜之於口，是故名之爲論。故是中觀，亦是論中觀也。

**湛然《法華玄義釋籤》卷二** 言中觀者，謂觀中之觀，名爲中觀。

**元康《肇論疏》卷上** 中觀者，《中論》一名《中觀論》，以此論中明觀因緣等法故也。然彼論中，無有此語，應是取去來品意耳。

**湛然《維摩經略疏》卷七** 今初發心行生修乃至坐道樹下，故圓教初心即學中觀。文爲二，一正明中觀，二道觀雙流。初文二，一明觀體，二簡非。初文二，一明自觀，二觀衆生。如我此病非眞非有者，是初自觀法身有無明自體之病，非眞非空非有非假。又非眞者，非從假入空所治之病。非有者，非從空入假所治病也。故前二方便，非是正觀，因前二空，入今中道。四句撿無明畢竟不可得，即知無明性即是明，明亦不可得，是爲入不二法門。即見虛空實諦佛性，名中道觀，玄義具明。如是觀者，破迷實諦無明之疾，衆生疾亦非眞非有。次觀衆生，修此觀時非但自知疾非眞非有，知衆生亦然，是觀衆生根本疾也。何者，衆生本來與菩薩非眞非有，一如無二，不異不別。衆生迷故，墮二生死。菩薩觀照，了知十界皆有中道。無明之疾故，己他之疾同，是眞體一無明也。以此驗知，此經觀中則無假空而不中。

## 種子　現行

**寶亮《般涅槃經集解》卷五四** 今言種子者，通說因性，亦通是種矣。

**眞諦譯《攝大乘論釋》卷一** 釋曰：第一識或名質多。質多名有何義，謂種種義及滋長義。種種者自有十義。一增上緣。二緣緣。三解相。四共作。五染污。六業熏習。七因八果。九道十地。此義中各有多種義，故名種種。滋長有三義。一由此十法聚集，令心相續久住。二此心能攝持一切法種子。三是種種法熏習種子之所滋長。種子者，謂功能差別因。所滋長者，謂變異爲三界。由此義故，佛說第一識亦名質多。

**眞諦譯《攝大乘論釋》卷四** 論曰：共相者，是器世界種子。不共相者，是各別內入種子。復次，共相者，是無受生種子。不共相者，是有受生種子。

釋曰：本識與一切眾生同功能，是眾生所共用器世界生因。復次，共相是無受生種子者，此本識是無覺受法。謂外四大五塵等生因，若無如此相貌本識，是器世界眾生同用因則不成。不共相是各別內入種子者，各別是約自他立，境界不同，種類不同，取相不同，故言各別。又約自爲內，約他爲外，是內根塵等生因爲不共相。是有受生種子者，此本識是有覺受法生因。若無第二相貌，眾生世界不得成。若由別因得成，如木石等無覺無受。

**真諦譯《顯識論》卷一**　言種子者，此相續變異，能感未來果報，是名種子。相續無變異，亦非種子。若但變異無相續，亦非種子。相續變異不相離，故成種子。如螺白色，非一非異。若白色是螺，螺則無三塵。若白色異螺，則見白色不得螺故。不可言定異，以不異故，名白螺也。相續變異亦爾，故成種子。緣此熏習力，本識未來得生者。

**吉藏《法華義疏》卷四**　佛種從緣起者，種子有三。一，以一乘教爲種子，故《譬喻品》云斷佛種故，則是破教也。二，以菩提心爲種子，故《華嚴》云下，佛種子於眾生田生正覺牙。三，以如來藏佛性爲種子。今初偈正以菩提心爲種子，上明無性，今辨因緣。佛種者，則是無所得菩提心爲佛種子也。此菩提心假緣而起，起則發也。是故說一乘者，以菩提心假緣而起，故佛爲說一乘令發菩提心。一乘教則是發菩提心緣也。又明唯有一乘無有二乘，則菩提心唯有進無有退路也。是法住法位者，上明菩提心爲種子。今明本有佛性以爲佛種，若無佛性，雖說一乘教及發菩提心，終不得成佛，是故須明佛性也。

**慧遠《大乘義章》卷三**　今此先明阿陁那識共阿梨耶相熏習義。彼阿陁那執我之心，熏於本識成我種子。本識受彼陁那熏已還能引彼心中我性，生阿陁那。如是相熏，往來無窮。是則陁那望於本識，互爲因果。

問曰：此我何由可盡。由六識中聞無我教，修無我解，熏於本識，成無我種。本中眞心，受彼熏已，熏於本中無明令薄。無明薄故，令無明中我種轉薄。我種薄故，轉生陁那，執我亦薄。如是展轉乃至窮盡。次將六識對於本識，明相熏發。彼六識中，起染起淨，所起染過，熏於本識。彼本識中所有闇性，受性染熏，成染種子。種子成已，無明厚故，引生六識。於六識中，染過轉增。如是展轉積習無窮。於六識中所修善行，熏於本識。於本識中，佛性眞心，名爲解性。解性受彼淨法熏成淨種子。淨種成已，熏於無明，無明轉薄。無明薄故，變起六識，於六識中，起善轉勝。如是展轉乃至究竟。是則六識，望於本識，互爲因果，論說如是。

**玄奘譯《瑜伽師地論》卷一四**　略有四種內法種子，遍攝一切諸法種子。一世間種子，二出世種子，三不清淨種子，四清淨種子。世間種子者，謂欲、色、無色界繫諸行種子。出世種子者，謂能證三乘及三乘果八聖道等清淨種子。不清淨種子者，謂欲界繫諸行種子。清淨種子復有二種，一世間淨，二出世間淨。色無色繫諸行種子，名世間淨，能證三乘及三乘果，八聖道等所有種子，名出世淨。

**玄奘譯《瑜伽師地論》卷五一**　阿賴耶識，與諸轉識作二緣性。一爲彼種子故，二爲彼所依故。爲種子者，謂所有善、不善、無記轉識轉時，一切皆用阿賴耶識爲種子故。爲所依者，謂由阿賴耶識執受色根，五種識身依之而轉，非無執受。又由有阿賴耶識故，得有末那。由此末那爲依止故，意識得轉。譬如依止眼等五根五識身轉，非無五根。意識亦爾，非無意根。復次諸轉識與阿賴耶識作二緣性。一於現法中，能長養彼種子故。二於後法中，爲彼得生攝殖彼種子故。於現法中長養彼種子者，謂如依止阿賴耶識善不善無記轉識轉時，如是如是於一依止同生同滅，熏習阿賴耶識。由此因緣後後轉識善不善無記性轉，更增長轉，更熾盛轉，更明了而轉。於後法中爲彼得生攝殖彼種子者，謂彼熏習種類，能引攝當來異熟無記。阿賴耶識如是爲彼種子故，爲彼所依故，長養種子故，攝殖種子故。

**玄奘譯《瑜伽師地論》卷五二**　復次，若略說一切種子，當知有九種。一已與果，二未與果。三果正現前。四果不現前。五軟品。六中品。七上品。八被損伏。九不被損伏。若已與果，此名果正現前。若果正現前，此名已與果。若未與果，此名果不現前。若果不現前，此名未與果。若住本性，名軟品。若修若練善不善法未到究竟，名中品。若修若練已到究竟，名上品。損及不損如前應知。

復次，我當略說安立種子。云何略說安立種子。謂於阿賴耶識中，一切諸法遍計自性妄執習氣，是名安立種子。然此習氣是實物有，是世俗有，望彼諸法，不可定說異不異相。猶如眞如，即此亦名遍行麁重。

問：若此習氣攝一切種子，復名遍行麁重者，諸出世間法從何種子生。若言麁重自性種子爲種子生，不應道理。答：諸出世間法從眞如所緣緣種子生，非彼習氣積集種子所生。

問：若非習氣積集種子所生者，何因緣故建立三種般涅槃法種性差別補特伽羅，及建立不般涅槃法種性補特伽羅。所以者何。一切皆有眞如所緣緣故。答：由有障無障差別故，若於通達眞如所緣緣中，有畢竟障種子者，建立爲不般涅槃法種性補特伽羅。若不爾者，建立爲般涅槃法種性補特伽羅。若有畢竟所知障種子布在所依，非煩惱障種子者，於彼一分建立聲聞種性補特伽羅，一分建立獨覺種性補特伽羅。若不爾者，建立如來種性補特伽羅，是故無過。若出世間諸法生已即便隨轉，當知由轉依力所任持故。然此轉依與阿賴耶識互相違反，對治阿賴耶識，名無漏界離諸戲論。

**玄奘譯《成唯識論》卷二**　諸種子者，謂諸相名分別習氣。

**玄奘譯《成唯識論》卷七**　種子者，謂本識中善染無記諸界地等功能差別，能引次後自類功能，及起同時自類現果。此唯望彼是因緣性。現行者，謂七轉識及彼相應所變相見性界地等，除佛果善極劣無記，餘熏本識生自類種。此唯望彼是因緣性。

**玄奘譯《攝大乘論釋》卷三**　釋曰：相貌差別，多種不同。謂共相等種種差別，此中共相謂器世間種子者，是器世間影現識因。又共相者，所謂相似自業異熟增上力故。一切可有能受用者，皆有相似影現識生。又不共相謂各別內處種子者，我執所緣故，名各別。在內身中眼等諸處故名內處，即是各別內處因義故，名種子。共相即是無受生種子者，是能生起無苦樂等無損無益所依之因，非器世間有苦樂等損益事故。又不共相即是有受生種子者，是能生起苦樂受等所依因故。

**玄奘譯《攝大乘論釋》卷四**　此由名言熏習種子者，謂彼身等皆由名言熏習種子，識所變現無別事故。若自他差別識，此由我見熏習種子者，謂染污意我見熏習爲因變現。若善趣惡趣死生識，此由有支熏習種子者，謂由有支熏習爲因變現。

**玄奘譯《成唯識論》卷二**　諸法種子各有本有、始起二類。然種子義，略有六種。一，刹那滅。謂體纔生，無間必滅，有勝功力，方成種子。此遮常法，常無轉變，不可說有能生用故。二，果俱有。謂與所生現行果法俱現和合，方成種子。此遮前後及定相離現種異類互不相違。一身俱時有能生用，非如種子自類相生，前後相違，必不俱有。雖因與果有俱不俱，而現在時可有因用。未生已滅，無自體故。依生現果，立種子名，不依引生自類名種，故但應說與果俱有。三，恆隨轉。謂要長時一類相續，至究竟位，方成種子。此遮轉識，轉易間斷，與種子法不相應故。此顯種子自類相生。四，性決定。謂隨因力生善惡等功能決定，方成種子。此遮餘部執異性因，生異性果，有因緣義。五，待衆緣。謂此要待自衆緣合，功能殊勝，方成種子。此遮外道執自然因，不待衆緣，恆頓生果。或遮餘部緣恆非無，顯所待緣非恆有性。故種於果，非恆頓生。六，引自果。謂於別別色心等果，各各引生，方成種子。此遮外道執唯一因，生一切果。或遮餘部執色心等，互爲因緣。唯本識中功能差別，具斯六義，成種非餘。外穀麥等，識所變故，假立種名，非實種子。此種勢力生近正果，名曰生因。引遠殘果，令不頓絕，即名引因。內種必由熏習，生長親能生果是因緣性。外種熏習或有或無，爲增上緣辦所生果，必以內種爲彼因緣，是共相種所生果故。

依何等義立熏習名。所熏能熏各具四義，令種生長，故名熏習。何等名爲所熏四義。一，堅住性。若法始終一類相續，能持習氣，乃是所熏。此遮轉識及聲風等性不堅住故非所熏。二，無記性。若法平等，無所違逆，能容習氣，乃是所熏。此遮善染勢力強盛無所容納故非所熏。由此如來第八淨識，唯帶舊種，非新受熏。三，可熏性。若法自在，性非堅密，能受習氣，乃是所熏。此遮心所及無爲法依他堅密故非所熏。四，與能熏共和合性。若與能熏同時同處，不即不離，乃是所熏。此遮他身刹那前後無和合義故非所熏。唯異熟識具此四義，可是所熏，非心所等。

何等名爲能熏四義。一，有生滅。若法非常能有作用生長習氣，乃是能熏。此遮無爲前後不變無生長用故非能熏。二，有勝用。若有生滅勢力增盛能引習氣，乃是能熏。此遮異熟心心所等勢力羸劣故非能熏。三，有增減。若有勝用可增可減攝植習氣，乃是能熏。此遮佛果圓滿善法無增無減故非能熏。彼若能熏，便非圓滿。前後佛果，應有勝劣。四，與所熏和合而轉。若與所熏同時同處，不即不離，乃是能熏。此遮他身刹那前後無和合義故非能熏。唯七轉識及彼心所有勝勢用而增減者具此四義，可是能熏。如是能熏與所熏識，俱生俱滅，熏習義成。令所熏中種子生長如熏苣勝，故名熏習。能熏識等從種生時，即能爲因復熏成種。三法展轉，因果同時。如炷生焰，焰生焦炷。亦如蘆束更互相依。因果俱時，理不傾動。能熏生種，種起現行，如俱有因，得士用果。種子前後自類相生，如同類因，引等流果。此二於果是因緣性，除此餘法皆非因緣。設名因緣，應知假說，是謂略説一切種相。

此識行相所緣云何，謂不可知執受處了。了謂了別，即是行相。識以了別爲行相，故處謂處所。即器世間是諸有情所依處故。執受有二，謂諸種子及有根身。諸種子者，謂諸相名分別習氣。有根身者，謂諸色根及根依處。此二皆是識所執受，攝爲自體，同安危故。執受及處，俱是所緣。阿賴耶識因緣力故，自體生時，内變爲種及有根身，外變爲器。

**窺基《成唯識論述記》卷三** 論：然種子義，略有六種。述曰：十義廣種子中，自下第八具義多小。種有六義，遮餘非種。於中有三，初總標六義，次隨六別釋，後總結簡餘非實種子。此即初也。《瑜伽》第五説有七種子。今此言六，故云略也法有五聚，第一遮無爲，第三遮心心所等，即簡別盡。然簡自處，更立餘門。第二遮等自處分別，更不敘之。不遮色者，色法外種亦具此六義，故假名種子。若爾，如何與果俱有。復如何言常恆隨轉。無性《攝論》不簡差別，唯言内種有。世親即通。然彼一一皆自釋，言内法如此，外法如此。至果俱有，唯言内種，即不論外。勘彼一一次第明之。今釋外種，亦有果俱。如蓮華根，生蓮華等。非因滅位，其果方生。根莖同時，世極成故。此解稍好，可細尋之。

論：一剎那滅至方成種子。述曰：顯種子義，謂有爲法有生滅故，於轉變位能取與果，有勝功能，方成種子。

論：此遮常法至能生用故。述曰：此簡略也。無爲不然，無轉變故，無取與用，非能生也。亦顯大眾等四部、化地部十二緣起非是無爲無取無與無轉變故，即遮正量部長時四相非剎那滅故。若謂後時有勝功力，初位無者，初亦應有，體一故。如後時後應無，體一故。如前位故，體纔生，無間即滅，名爲種子，有勝功力，纔生即有，非要後時。又遮外道自性神我等常法爲因，無轉變故。《瑜伽》第五云，唯無常法爲因，非常法也。舊人云，眞如是諸法種子者。非也若爾，前種應與後念現行爲種，或雖同念他身，相望應爲種子。

論：二果俱有至方成種子。述曰：謂此種子要望所生現行果法，俱時現有。現者，顯現。現在現有三義名現。由此無性人第七識不名種子，果不顯現故。即顯現言，簡彼第七。現在簡前後，現有簡假法。體是實有，成種子故。顯現唯在果，現有唯在因。現在通因果。和合簡相離。即簡前法爲後法種。有説，種生現行之時，必前後念非此剎那。如何解此。彼師意説，如上座部心有二時，即因在生果在滅，故同在現在，亦不相違。此即勝軍假明上座，非實用之。第三卷中自當廣述。若爾，種望種亦應然。何爲料簡。《瑜伽》云，法與自性爲因，非即此剎那，此必異時，非果俱有。若因在滅，果在生相，仍名俱有，即有二趣並生之妨。由此故知，種生現時，定必同世。種生於種，世不必同。雖必同世，若與現行和合之位方成種子，簡與他身現行爲因不和合故。

論：此遮前後及定相離。述曰：此遮經部等因果異時。上座部等亦爾。種望現行定俱一身不相離故，得爲因也。外道説大自在天生一切有情，有情因緣者，皆不成也。問何故種望種因果，即言異時生，望現爲因果，乃許同時起。

論：現種異類至有能生用。述曰：現行與種各異類，故互不相違。於一身俱時現在有能生用故。且如色法，現行有礙，種子無礙。心緣慮等，準此應知。因果體性不相似，故名爲異類，不相違，故得同時有。

論：非如種子至必不俱有。述曰：種子望種，體性相似，名爲同類。以相違故，不得俱時一身和合。即第五卷《瑜伽論》云，與他性爲因，即種望現。亦與後念自性爲因，非即此剎那。此即是種，前後相生。種相生時，何故不許有同時義。難曰，見分緣於見自體同時緣，種子生於種自體同時。

有解云：種望於種爲因果。若許同時，非因緣。見分望見雖同時因果，即非因緣攝。若爾，種望現起類亦應然，故應更解種望於種許同時生，體便無窮，自類許有同時生故。即一剎那有多種生，都無因緣，不許後種更生果故。現行望種名爲異類，雖亦熏種，後種未生果，故非無窮。於一剎那無二現行自體並故，所生之種由此不可更生現行。種望於種，類亦應爾。問：若爾，如何本有同念得生新熏。體相違故，此不同時。如世第一法無漏，緣增本有種子，牽生後念任運自類法爾之種，復能爲因生於後念一新熏種。本新二種緣力既齊，同生一現，故無同念種生種失。此亦難解。若本有種更生種子，便一念中有四法也。謂一本有，二本有所生，三新現行所熏，四是現行。如何可說三法展轉。今釋不然，即本有種及現行爲因緣，生一新熏種故但三法。又解，本有種望新熏種，非其因緣，現行能熏爲因緣故。即是本有唯望現行，現行唯望新熏，爲因緣故。由此別脫戒體不增而用增，與道定戒相似。定道二戒既是現思，故唯念念是用增非體。前解即與別脫戒體用俱增義。此中雖顯與果俱有望現行說，可現在時說爲因義，種望於種，既許異時，若入過去，何者因義。

論：雖因與果至無自體故。述曰：其因與果有俱者，謂生現。不俱者，生自類。雖俱不俱而要現在，可有因用，以有體故。若入過去即無因用，體已滅故。未來亦爾。因用未生，體無有故。問：爲因既通種與有種，何故此言與果俱有。

論：依生現果至與果俱有。述曰：依生現行果之種子名爲俱有，不依引生自類名種，何故爾耶。能熏生故，望異類故，果現起故，相易知故。種望於種非能熏生，非異類故，非現起故，非易知也。此中不說，故《攝論》第二云，不生現行名爲種類，生現行時名爲種子。勝軍如何釋非即此剎那，以彼計執因果同世故。云何復釋無種已生，文如彼《抄會》。如《瑜伽論》第五十六。別抄有文及下第四可披解也。現行能熏轉識等，應名種子。

論：三恆隨轉至方成種子。述曰：謂要長時其性一類相續無斷，至得對治道，名至究竟位，各各究竟故。

論：此遮轉識至不相應故。述曰：遮七轉識及色等法，不得爲種子。此但言心，實亦遮色。經部六識等能持種子，亦此中破。以三受轉變，緣境易脫故。

論：此顯種子自類相生。述曰：即顯前種生後之義，此非俱有，俱種攝故。《攝論》無此。問：第七識亦至金剛心方斷，何不名種。答：十地等中以轉變故，緣境易脫故，未對治已即轉變故。種子不然。若爾，如何名有受盡相種子、無受盡相種子。名言無記種，生果無量無盡，可恆隨轉。善不善等種，生果有限，如何恆轉。答曰：彼據生果有分限，名有受盡相。非種子體未得對治，即滅無餘。又有分熏習名有受盡相，名言熏習名恆隨轉。此等種唯有自類生果恆隨轉，即是與果不俱有名種。此闕恆與果俱二義。若闕一義，得名種子。其第七識闕恆隨轉，應名種子。此不應爾。今於此中，正以生滅、恆轉二理顯種子義。餘但別遮，非正顯故。其第七識爲種不成。又說種子具有六義，非顯具六即是種子。又此自類亦非種子，不與果俱故。無性《攝論》說，非種子然名種類。此顯自類至對治位非得種名。生果之時可名種子，但若生果，必俱時故。若論其體，自類之時亦名種子，非現行故。此但任運牽生後果。若緣具勝，種子勢增，有勝與果用起之時，方名種子。無性顯此二位差別。果俱名種，不爾名爲種類。今此約非現行，談其體說，總名種子，亦不相違。又顯種子具斯六義。非說念念皆具六義故皆名種。然應分別。若具六義方名種子，闕一不成。無性有情第七，闕與現果俱故，非是種子。若爾，即未生果時，恆隨轉種，應不名種。由此應釋，對治道起。謂令不生現行等位，如見道中無想定等，據其體有，修道方除。據果不生種見道斷，以盡已來無與果俱義故。今言與果俱者，至對治道起已來有與現行果法，俱現和合之義，名爲種子。非要此念與現和合，方名種子。不爾，便於一界不成三界諸種子，種子成就義便不成。故知不約剎那而說，約後能有與果俱義以顯自性。無性所言不生果時名種類者，約畢竟不生當果爲論，如見道中無想定等。若恆隨轉得名種子，應善種等生不善等。

論：四性決定至方成種子。述曰：謂隨前熏時，現行因力故，生善惡等功能，決定非雜亂生。

論：此遮餘部至有因緣義。述曰：遮薩婆多等，善法等與惡無記等，爲同類因，有因緣義。夫因緣者，辨自體生，性相隨順。以善等不辨惡法等自體，又不相隨順，何義是因緣。又異熟因通善惡性，生無記果，遍行因等是異性果。俱有因取異熟，無間士用等果爲因亦然。若要善等種方爲善等因，種既恆有，應頓生果。

論：五待眾緣至方成種子。述曰：謂自種子要待眾緣和合，種子轉變起取現行等諸果作用。功能殊勝，方成種子。故種自類非因緣合，不名種子。

論：此遮外道至恆頓生果。述曰：謂外道執別有一法名曰自然，不待衆緣恆頓生果。此方外道爲計亦然。大梵時方等計亦爾。同此所遣。此中且舉一自然義。

論：或遮餘部至非恆頓生。述曰：三世有執。緣體一切時有，即恆非無。今言待緣種方生果故，遮彼執。若緣恆有，應恆生果。種既不許恆時生果，故緣恆無。問：若設有緣善等性定，應善色等種生善心等果。

論：六引自果至方成種子。述曰：謂於別色別心等果，各自引生，方名種子。非善等色種生善等心果可名種子，不相應故。

論：此遮外道至生一切果。述曰：即大自在爲因生一切果等，皆是此計。果應無別，以因一故。果既有異，因亦應殊，故非一因生一切果。

論：或遮餘部至互爲因緣。述曰：薩婆多等以善色望四蘊爲因，四望色蘊亦得爲因。此即不然。唯引自果因果隨順，功能同故，名爲因緣。若增上緣等義則可爾。如何色等與心爲因，不相隨順功能異故。

問言：恆隨轉名爲種子。第八識現行既恆隨轉，爲名種不。有說亦得，以名一切種子識故。若謂然者，此現行望自種既非因緣，非能熏故，如何名種。有說不得。言一切種子識含藏一切法，能生一切法，名一切種。非彼現行能生自種。種雖依識現行自體，是識所緣，不同於識。故識現行，非名種子。此闕何義也，與果不俱故。其無性人第七識亦具六義，應名種子。此亦不然。論自解言，與現行果俱現和合，方成種子。種子之法其相沈隱，所生果法其相麁顯，故與現俱方成種子。第七相顯，設所熏種，果乃沈隱，不與現行果法和合，不名種子。第八現識亦然，無所生果故。

第八門中以上明種，自下第三總結聊簡。

**靈泰《成唯識論疏抄》卷四** 疏云：二於後法攝植彼種者，即前七識爲能成第八識見相分種，種中攝得第八識現行，此種能生後法第八自體見分相分，前七識與第八識種子而作因緣。又所熏得種子生前七識種子，亦與前七識而作因緣也。若能前五識及與五識同時異識緣五塵境，即熏成第八識相分種。種子生時，即前五識同時意識緣五塵境，即熏成第八識相分種子。種子生時，即能生前六識相分及能生本識相分。若第六識第八識見分自證分時，即能熏成第八識見自證分種子。此種子生時，即能生第六識見分等，亦能生本識見分等。若約熏名言種子，即三性心中，皆熏成種子，皆得名言種子。若見分心中所熏得種子，此種子能有勢力爲善惡業，能感異熟果等。其無記名言種子不能能自熏，要藉他善惡心相分中熏成種子。此所熏得無記名言種子，必須隨世生現行。若善惡心所熏得種子，即前前云熏得種子，後念即能生現行。即如下文，許五後見緣前相等，即其事也。所生爲果，即顯互亦乃至影略顯也。然此頌中更互爲果性，其果即顯互亦能爲因，亦應頌云更互爲果因性。然頌中亦常爲因性者，意顯此種子現行二法，即能更互常爲果。顯離此種子現行外，更無少許法爲因緣也。故常上則有亦字，於果上有互字。即亦應云更互爲因性，性爲果性，影略也。第三釋頌顯前徵者，即釋前頌以顯前徵難也。既爲能熏亦所生故者，前七識亦爲能熏成種故。前七識亦爲所生，從種子生故。

**窺基《般若波羅蜜多心經幽贊》卷上** 所修有二，一現行，二種子。於初二位有漏三慧皆通二修，種修無漏。通達位中無漏修慧，通現種修，有漏唯種。在修習位七地已前，有漏無漏皆具三慧，通現種修。八地已上有漏唯種，無漏三慧，通現種修。於究竟位有漏皆捨，雖唯無漏，然具現種。所言修者，令觀種現展轉增勝生長圓滿。有自在者下亦修上，未自在者不能上修。此唯識修總攝諸行，諸行皆依唯識修故。

**窺基《瑜伽師地論略纂》卷一** 彼種子依，雖有二說，解前五識皆無異解。第七卷中解依止根本識中云：依止者謂前六轉識，以根本識，爲共親依，共即依現，親即依種。今此但說依八種子，或此但說依八現行，或復通取執受，有三文。如《唯識疏》，此文三解。一云：種子是所執，所執即所依，與現行爲依故，不離第八識，故名異熟。又變異而熟亦名異熟，阿賴耶識所攝。第二解云：由第八識得二種子名，一親因緣，即識中種，二增上緣，即持種識。依止根本，能生之義，亦名種子。彼論以二緣別故，說現行入俱有依中。此論以能生義故，說現行第八亦名種子，種子是所執，能依現行是能執所依故，亦不相違。第三解云：阿賴耶識與雜染法爲二緣，一爲種子，二爲所依，故今現種二法，皆爲彼俱有依。

二釋，唯於重釋三依中，眼有五義，一所造，二所依，三淨色，四無見，五有對。各有別義及有所簡，意謂眼識無間過去識。三釋，如前所引唯識之義種子識中，樂著戲論等者。一解云，即言說及分別皆名戲論，以現行爲因，所生種子異熟識，即名言熏習種子是。第二解云，即所生現行異熟識名種子，依熏習因是種故。

**窺基《瑜伽師地論略纂》卷一**　所隨依止性，所隨所依附。依止性者，此中初句，顯第八現識，與有漏種，爲所依止，故名所隨，隨成有漏等故。後句顯與無漏種子，爲所依附所隨依止性，雖復依止義同，無漏不等，故名依附。又初句，顯有漏種子，隨逐本識，成有漏無記，用依體義。後句顯此種子，雖依本識生善染等功能仍異，非唯全一，故名依附，用各別義。又初句，謂種子依於現行，名所隨依止性，種子性爲能隨，依止現識故。後句顯此現行所隨依止識，附於前種子能依止性，更互相依。二俱名心，由種子具積集義故名心，現行是種子所集起故名心。

**窺基《瑜伽師地論略纂》卷一**　二因力者，初是名言種子，唯無記，是第八識因緣。後是有支種子，通善不善，是第八識增上緣。謂由當來二因力故，現在命終。或由名言種子勢力盡故，現在不避不平等故死。或壽盡死，由有支種子勢力盡故，現在業盡故死。合由二因力故，福盡故死。

**窺基《瑜伽師地論略纂》卷一**　初文有十。一種子多少，二識與名色，漸增長相，三三熏習生果差別，四異熟受俱，五有受盡相，六三時報種子差別，七有染離染法界共同，八三性種子得名有異，九種子眾名，十轉捨差別相。前生中，云我愛無間已生故，戲論因熏習故，淨不淨業已成熟故，方得果生故。今廣種名色等增長，即前正生之體故。此重廣種多少中，一切種子皆具足等者，如《成唯識》第二卷說。釋此論文，準彼三義。涅槃法者，法謂道理，有入涅槃之道理故。一界之中成三界種者，攝在本識，性同無記，用歸體故。見相類別，界繫全殊，業果不同，報非報異。亦如《唯識》第二論疏：三熏習種生果別中，種子識自體，樂著戲論爲勝因者，名言種子也。於生族姓等淨不淨業爲勝因者，有支種子也。凡於自體計我慢等者，我執種子。即廣前三因於胎分中，有自性受不苦不樂等者，則阿賴耶識相應捨受是異熟主，擔負餘受，名自性受。異熟生者，從眞異熟所生，體非異熟。異熟之義，如《唯識疏》第二。

又種子體無始時來等者，護月云：種子本有，由新熏發方生，故名爲新。此文爲正。難陁云：此說名言，本識親種，無始新熏，不能自得異熟果，要由淨不淨業新熏招集，方乃能生，故名爲新。護法解云：名言種子，法爾舊成，無有支熏，不能得果，新舊合用，其果方生，望業招集，與其新名，非名言種。無始時無，要熏方生，故名言種。無受盡相，復數逢緣，數生果故。有支種子，名有受盡相，有頹歇故。若果未生，名未受果。若果已生，名已受果。

又諸種子未與果者，或順生，或順後受等者，此說種子未生果者，或順生受，或順後受，雖經多劫，而未得果。種不滅沒，後還能生。隨遂自體，雖餘果生，要由自種者。如異熟體，雖待餘業現餘緣等，其果方生，要由自名言種起親因緣故。又諸種子別於此身應受異熟緣差不受等者，此說現在順現受業中，報定時不定種子，緣差現在未得受果，雖於餘生方始受果，亦唯住在順現受位，不名順餘受種。即是順現報定時不定業，或是三時諸業種子，現身應熟，緣差不受，順不定受。故仍依舊位住，名三時不定業。是故一一身中，有三時業種。《顯揚論》說業有三，謂順現受、生受、後受。或分爲四，加不定受。或開爲五，不定受中，離時及報定與不定爲二業故。此文不說順現受者，意說，多時不受果種，雖經多劫，而不腐敗，故不說現。又從初爲名，亦有多時順現受種，雖不得果，亦不舊敗，唯別報故，三時通總，故不說現，順生受種，應次身受。而言經多劫雖未受果不腐敗者，如順生受業，應受人中多生，始受一生，便造惡業，生惡趣中，人果未受，惡趣果盡，還受人果。即是順生業雖經多劫，而不腐敗也。餘準可知。

**法藏《入楞伽心玄義》**　四，本識種子門者，有二義，一辨種子新熏本有，二辨種子與識同異。初者有說，種子皆是新熏，要是所生方能生故。或說皆是本有，以從無始無初際故。或說，諸種子熏非熏如無漏種子，無始來而有熏習故，若非本有初生無漏後無因故。此亦難解，以不離過故。過有三種。一，此種應常，以非所化故，猶如虛空。二，定不能生果，以不從因生故，猶如眞如。三，應同外道，從冥生初覺，冥非因生故。如是等過，皆不能離。

若爾，初無漏法從何因生，今總通釋。謂無始無明與如來藏合爲習氣海，通爲一切染淨法因，是故凡一種子皆有四義。一就所依用本非新，二據能依用新非舊，三由前二義合爲一種，四二義同體，形奪俱離。是則於一種子或熏非熏俱不俱等，隨說皆得，無所障礙。又由習氣海中有帶妄之眞，名本覺，爲無漏因，多聞熏習爲增上緣。或亦聞熏與習海合爲一無漏因。梁論云，多聞熏習與本識中解性和合，一切聖人以此爲因。又習氣海中有帶眞之妄，爲染法因，餘準同前。是故染淨等種各具四義，準上可知。

二種子與識同異者，或說種子是實非假，寄本識中不同識體。謂種通三性，識唯無記。或說假而非實，以離本識無別體故。或說通二，以體同本識用各別故。今釋，種子但是本識功能差別，更無別體，是故生起現行亦與本異。如海爲波因，隨風緣大小，起浪差別。然於海中求差別因，了不可得，而能隨緣起差別。識海亦爾，隨境界風，生諸識浪，識中浪因無若干狀，而能爲因生果差別。故論云，種子但是本識功能。準釋可知。

**窺基《成唯識論述記》卷七**　論曰：至功能差別。述曰：此種子識，即本識中能生一切有爲法種，各能生自果功能之差別，故名一切種。功能有二。一現行名功能，如言穀中功能能生芽等。二種子名功能，即本識中一切種子，此中隨說種子功能。

論：此生等流至名一切種。述曰：此生等流，謂有二解，一者種子前後自類相生，二者種生現行。雖復同時亦名等流，現行是種之同類故。於因緣中，唯除現親能熏之因緣，此明一切種故，餘因緣種體皆生等流。

【略】

論：種識二言至種非識故。述曰：種識二言，簡非種識。謂有識非種，即現起諸識，非內種子。有種非識即外麥等，非識自體分故。又有識非種，小乘所說諸識種非識者，僧佉所計自性，是諸法因，彼體非識，以有識非種，種非識故，不同此種亦種亦識，故俱簡彼立種識言。

**圓測《仁王經疏》卷中**　經：若生得善識本。釋曰：第二明善惡種子識。就種子識，若具分別，具三熏習。一名言熏習，二有支熏習，三我見熏習。初一通三性，以爲因緣，能生果法。次有支熏習，唯善惡性生，善惡趣後。我見唯是染污。此後二種，於所生果，作增上緣。然第八識，自有三相。一者因相，是種子識。二者果相，謂受生識。三者自相，合說二種，以爲自相。據實種子具有三性，就勝說故，不說無記。如是善惡，皆有二種，一者生得，二者方便。初受生時，但得生得，而非方便。或可此中且說生得，不說方便。若依本記，生得善惡者，由有如來藏故，有避苦求樂之心。此心從本性而有，不由外緣，故言生得。背理成妄，妄故興惡，惡亦生得，不由化也。

**惠沼《成唯識論了義燈》卷二**　且有爲中復有二種，一者自識變，二者他識變。自識變中復有二種，一者種子，二者現行。種子隱而難知，所以分之爲二，一種子成就，二自在成就。現行顯而易了，所以總合爲一，名現行成就。種子之中復有三種，一者善，二不善，三無記。善中有二，一無漏，二有漏。有漏善中復有二種，一方便，二生得。前無漏善及方便並名自在，以成就此者必於生死當得自在。又當引生必加功用，方始起故，即通本始，餘義準思。生得善者，生便即得，因循而生。無勝功能所有種子但名生得，不善之法亦但名爲種子成就。以有此法沈於生死，於解脫分無勝堪能故。雖《解深密經》云，十地菩薩所起煩惱，勝二乘人所起無漏。彼由菩薩無漏悲智，非彼煩惱自堪能，故不名爲自在成就。

無記法中復有二種，一者有覆，二者無覆。有覆性者，同煩惱說。無覆無記，復有四種。一異熟，二威儀，三工巧，四變化。異熟無記，唯種子成就。威儀工巧各具二種，如象行鹿驟，營田織薄等，名種子成就。若象王行，鵝王步，雕文廁畫等，名自在成就，加功始得，非因循起故。變化無記唯自在成，必功用起故。又成此者，得自在故。故《瑜伽論》云：若加行所生善，及一分無記增盛種子，名自在成。《對法》亦云：加行善法，謂世出世一切功能。一分無記，謂工巧處變化心等。故上說自識變亦通非情，有說成七寶故。若他識變，準第二中，變他根塵，論自二說。第七卷中解所緣緣，亦許緣他所變之種。復說輪王成就七寶，雖他所變不得名成，自識杖變，亦可假說三種成就。

然西明云：準《揚論》云，一諸行種子所攝相續差別性，二自在生起相續差別性，三自相生起相續差別性。云與《瑜伽》別，種但立一，現即分二。加行善等，名自在生起相。非加行生起，但名自相生起。今又解云：與《瑜伽》同，云二自在生起相續差別性者，以加行等善法種子，有勝功能起現行已，而得自在，名自在生起。若二現行，名自相生起。以起現行，名自相起。無爲之法立成就者，如本疏說。又助解云：準第二云，無爲有二，一依識變，二依如立，並立得不，亦有三不。答：既假立得二種俱有，亦有種子自在等別。且依識變無爲立得，各依彼見種子上立，種爲能起無爲相故，或依現見以心起時變彼相故。三差別者，方便善心變熏成種，名自在成。現行心變，即現成就。所餘心變種子成就，不名自在。若依如立，據能證說，依種即自在，現證即現行。若後得緣，即同前依識所變者說。然非擇滅雖非智證，若暫伏惑得非擇滅，同後得智說。若非伏惑，但緣闕顯，依不起種義說得，彼自在種等，準性可知。

**智儼《大方廣佛華嚴經搜玄分齊通智方軌》卷三**　問：如熏習義，應業爲種識，爲依地，云何今識爲種子。答：凡論業種，分別有二，一熏習成種時，二引生感果時。若熏習成種時，業爲種子，以識爲地。爲識未被熏時，未辨有種，今爲熏習，始說種生。即與上心能熏義親，與識義疏，故識爲地，種爲能依，即屬業也。二引生感果者，以識爲種，用業爲地。今言業者，是臨生時中陰求生業，心爲正業種，猶在本識未發。今此上心求生中陰是種子用相，此用相既非業體，但能引業，感得識支。如地引種，令得成果，説業爲地，種在識內，與彼本識同無記性，先造業識上心已謝。今種現與本識俱成，與識義親，與能薰疏，故判從識合爲種子。此有二義，一是即體，二是異體。此義如上料簡中說。

問：業力無明及諸見等，現今求生用識爲依，應從識爲種。云何別分爲所依地。答：理同依識，但有別義，不如種子，以種現同識無記性，一體二相，俱一不分。求生無明雖與識同現變成其色心等別，不如本識體相二義，不可從識爲種子也。餘文可知。

**法藏《華嚴經探玄記》卷四**　第三風喻熏習義者，此中風有二義。一有力能動他，喻轉識能熏成種子等。二無體義，謂此風不能自現動相，要吹物令動方知風相。此動乃是物動，故知風無自體。諸能熏法，不能自成種子。要熏本識成種子已，方顯能熏。此種乃是識種，故知能熏無性。

二俱不相知者，風物爲二，依物之動則風無性，隨風之物物無自性，亦二無二有不俱，一無一有無能所，故各不知也。識中亦爾準之，故云諸法亦如是。

第四地喻相依持義，如地輪依水輪，水輪依風輪，風輪依虛空，虛空無所依，心義亦爾，境界依妄心，妄心依本識，本識依淨心，淨心無所依。又釋現行依種子，種子依本識，本識依眞如，眞如無所依。不知者，空與風爲依，自無體故不知風，風與水爲依，自依空故無力能知水，水望地亦爾，識中亦準之。

**延壽《宗鏡録》卷四八**　問：種子識與阿賴耶識，爲一爲異。

答：非一非異。《攝論》云：是不淨品法種子在阿賴耶識中，爲有別體故異，爲無別體故不異，二俱有失，須明不一不異。此阿賴耶識與種子，如此共生，雖有能依所依，不由別體故異。乃至能是假無體，所是依是實。有體假實，和合異相，難可分別，以無二體故。此識先未有功能，熏習生後，方有功能，故異於前。前識但是果報，不得名一切種子。後識能爲他生因，說名一切種子。前識但生自相續，後識能生自他相續，故勝於前。譬如麥種生於自芽，有功能故，說麥是芽種子。麥若陳久，或爲火所損，則失功能。麥相不異，以功能壞故，不名種子。此識亦爾。若有生一切法功能，由與功能相應，說名一切種子。此功能若謝無餘，但說名果報識，非一切種子，是故非不異。

問：種子有幾多。答：《攝論》云：種子有二。一外種子，但是假名，以一切法唯有識故。二內種子，則是眞實，以一切法以識爲本。此二種子，念念生滅，刹那刹那，先生後滅，無有間故，此法得成種子。何以故。常住法不成種子，一切時無差別故。復次，云何外種子。如穀麥等，無熏習，得成種子，由內外得成。是故內有熏者，外若成種子，不由自能，必由內熏習感外，故成種子。何以故。一切外法離內則不成，是故於外不成熏習。一由內有熏習，得成種子。又第八識從種子生故，稱果報識。能攝持種子故，亦名種子識。又本識是集諦故名種子，是苦諦故名果報。又二果俱有與所生現行果法，俱現和合，方成種子。

釋云：謂此種子要望所生現行果法，俱時現有。現者，一顯現，二現在，三現有。三義名現。由此無性人第七識，不名種子，果不顯現故。即顯現言，簡彼第七。現在簡前後，現有簡假法。體是實有，方成種子。故顯現唯在果，現有唯在因。現在通因果，和合簡相離。

問：種子爲是本有，爲新熏生。答：《唯識論》云：一切種子皆本性有，不從熏生，由熏習力，但可增長。如契經說，一切有情，無始時來有種種界，如惡叉聚，法爾而有。界即種子差別名故。又經偈云，無始時來界，一切法等依。界是因義。《瑜伽》亦說，諸種子體，無始時來性雖本有，而由染淨新所熏發。諸有情類無始時來，若般涅槃法者，一切種子皆悉具足。不般涅槃法者，便闕三種菩提種子。如是等文，誠證非一。契經說心性淨者，說心空理所顯眞如，眞如是心眞實性故。或說心體，非煩惱故，名性本淨，非有漏心性是無漏，故名本淨。由此應信，諸有情無始時來，有無漏種，不由熏習。法爾成就，後勝進位，熏令增長，無漏法起。以此爲因，無漏起時，復熏成種。有漏法種，類此應知。釋云：心性者眞如也。眞如無爲，非心之因，亦非種子，能有果法，如虛空等故，非有漏心，性是無漏，名本性淨也。又若取正義，本有新熏合生現行，非有前後。一本有者，謂無始時異熟識內，法爾而生蘊處界等功能差別。世尊依此，說諸有情無始時來有種種界，如惡叉聚，法爾而有。一切種子與第八識，一時而有，從此能生前七現行。現行頭上又熏種子。二新熏者，謂無始時來，數數現行熏習而有，名新熏故。世尊依此，說有情心染淨諸法所熏習故，無量種子之所積習故。護法意云，有漏無漏種子，皆有新熏本有，合生現行，亦不雜亂。若新熏遇緣，即從新熏生。若本有遇緣，即從本有生。若偏執唯從新熏，或偏執但是本有，二俱違教。若二義俱取，善符教理。

古德問：此總未聞熏時，此本有從何而生。答：謂從無始時來，此身與種子，俱時而有。如外草木等種。又古德解熏種義，諸法雖有新舊二種，當生現時，或從新生，或從舊生，名爲二種。非謂二種於一念中，同生一現。若爾，即有多種共生一芽之過。以此準知色等相分種，並同於此。

又問：八識之中，既具本有新熏之義，何識是能熏因、所熏果。答：依經論正義，即是前七現行識，爲能熏因緣之因，熏生新熏種子。第八識，是前七現行識所熏生因緣之果。

又問：本識等雖無力能熏自種，而能親生自種，故現行本識等得自生種爲因緣者。既不熏自種，如何能生自種。又熏與生何別。答：熏者資熏，擊發之義。生者生起，從因生出之義。謂本識等，雖無力資熏，擊發自種之義，而有親生自種之義。如有種性者，法爾本有無漏種子，雖有生果之能，若不得資加二位有漏諸善資熏擊發，即不能生現。須假有漏諸善資熏，方能生現。又如本識中善染等種，能引次後自類種子，雖有生義，無自熏義。如穀麥等種，雖有生芽之能，若不得水土等資熏擊發，亦不能生其現行。本識雖有生種之能，然自力劣，須假六七與熏方生。由是義故，本識等雖非能熏，而能生種，故與親種得爲因緣。五根塵等諸根分亦應然。此解，今依因位現行，望自親所熏種，能爲二緣，即是因緣，增上緣。唯除第八及六識中極劣無記，非能熏故。今按此文，現於親種得爲因緣中，既除第八及六識中極劣無記，非能熏故，望自親種無因緣義。若言本識及六識中極劣無記，能生自種，得爲因緣者，便犯異熟有能熏過違聖教失。

又問：如前六識所變五塵相分，不能自熏新種。須假能變心緣，方能熏自種故。五塵相分得爲能熏，其極劣無記，亦假能變心緣，何故不同五塵相分得爲能熏。答：今按有爲法分爲三品。一者上品。如七轉識及相應等，一分能緣慮故力最強，悉有力自熏。二者中品。如五塵相分等，雖有熏力而力稍微，假心與力，彼方自熏。三者下品。即極劣無記，而極羸病無力之人不能自起，縱人與力扶持亦不能起。本識等類，亦復如是。本無熏力，謂心與力亦不能熏。由是義故，極劣無記一向無力，故非能熏。與五塵相分不同，彼自有力，但力稍劣不能獨熏。假心相助，自有半力，故是能熏。由是義故，今正解者，第八識聚及此所變異熟五根相分，并異熟扶根等，及異熟前六識等，並無新種。以其極劣，非能熏故，從本有舊種所生。其長養五根及此扶根，及等流五塵等相分前六識所變者，皆可各有新本二種。

問：淨法種子，從聞熏生。於本識中，與不淨種子熏發之義，有何同別。答：染淨種子皆具熏義，則增減有殊。若淨法熏，損本識。若染法熏，增本識。如《攝論》云：轉依名法身，由聞熏四法得成。一信樂大乘，是大淨種子。二般若波羅蜜，是大我種子。三虛空器三昧，是大樂種子。四大悲，是大常種子。此聞熏習及四法，爲四德種子。四德圓時，本識都盡。四德本來是有，不從種子生。從因作名，故稱種子。此聞熏習，非爲增益本識故生，爲欲滅損本識力勢故生。能對治本識，與本識性相違故，不爲本識性所攝。若不淨種子，則熏習生，增益本識，與淨種有異。

# 熏　習

**筏提摩多譯《釋摩訶衍論》卷五**　從上已來，生滅之相，決擇分已焉。自此已下，顯示染淨，相熏相生，不斷絕義。

本曰：復次有四種法熏習義故，染法淨法起不斷絕。云何爲四。一者淨法，名爲眞如。二者一切染因，名爲無明。三者妄心，名爲業識。四者妄境界，所謂六塵。熏習義者，如世間衣服實無於香，若人以香而熏習，故則有香氣。此亦如是。眞如淨法實無於染，但以無明而熏習故，則有染相。無明染法，實無淨業，但以眞如而熏習故，則有淨用。云何熏習起染法不斷，所謂以依眞如法故有於無明，以有無明染法因故即熏習眞如。以熏習故即有妄心。以有妄心故即熏習無明。不了眞如法故，不覺念起，現妄境界。以有妄境界染法緣故，即熏習妄心，令其念著造種種業，受於一切身心等苦。此妄境界熏習義即有二種。云何爲二，一者增長念熏習，二者增長取熏習。妄心熏習義有二種。云何爲二。一者業識根本熏習，能受阿羅漢、辟支佛、一切菩薩生滅苦故。二者增長分別事識熏習，能受凡夫業繫苦故。無明熏習義有二種。云何爲二。一者根本熏習，以能成就業識義故。二者所起見愛熏習，以能成就分別事識義故。云何熏習起淨法不斷，所謂以有眞如法故，能熏習無明。以熏習因緣力故，則令妄心厭生死苦，樂求涅槃。以此妄心有厭求因緣故，即熏習眞如。自信已性，知心妄動，無前境界，修遠離法。以如實知無前境界故，種種方便起隨順行不取不念，乃至久遠熏習力故，無明即滅。以無明滅故，心無有起。以心無起故，境界隨滅。以因緣俱滅故，心相皆盡，名得涅槃，成自然業。妄心熏習義有二種。云何爲二。一者分別事識熏習，依諸凡夫二乘人等，厭生死苦，隨力所能，以漸趣向無上道故。二者意熏習，謂諸菩薩發心，勇猛速趣涅槃故。眞如熏習義有二種。云何爲二，一者自體相熏習，二者用熏習。自體相熏習者，從無始世來具無漏法。用熏習者，備有不思議業作境界之性。依此二義恆常熏習，以有熏習力故，能令眾生厭生死苦，樂求涅盤。自信已身有眞如法，發心修行。

問曰：若如是義者，一切眾生悉有眞如等皆熏習，云何有信無信無量前後差別。皆應一時自知有眞如法，勤修方便等入涅盤。答曰：眞如本一，而有無量無邊無明。從本已來，自性差別，厚薄不同故。過恆河沙等上煩惱，依無明起差別。我見愛染煩惱，依無明起差別。如是一切煩惱，依於無明所起，前後無量差別，唯如來能知故。又諸佛法有因有緣，因緣具足，乃得成辦。如木中火性，是火正因。若人無知，不假方便，能自燒木，無有是處。眾生亦爾。雖有正因熏習之力，若不遇諸佛菩薩善知識等，以之爲緣能自斷煩惱入涅盤者，則無是處。若雖有外緣之力，而內淨法未有熏習力者，亦不能究竟厭生死苦，樂求涅盤。若因緣具足者，所謂自有熏習之力，又爲諸佛菩薩等慈悲願護故，能起厭苦之心，信有涅盤，修習善根，以修善根成就故，則值諸佛菩薩示教利喜，乃能進趣向涅盤道。用熏習者，即是眾生外緣之力。如是外緣有無量義，略說二種。云何爲二，一者差別緣，二者平等緣。差別緣者，此人依於諸佛菩薩等，從初發意始求道時，乃至得佛，於中若見若念，或爲眷屬父母諸親，或爲給使，或爲知友，或爲怨家，或起四攝，乃至一切所作無量行緣，以起大悲熏習之力，能令眾生增長善根，若見若聞得利益故。此緣有二種。云何爲二。一者近緣，速得度故。二者遠緣，久遠得度故。是近遠二緣分別復有二種。云何爲二，一者增長行緣，二者受道緣。平等緣者，一切諸佛菩薩皆願度脫一切眾生，自然熏習，恆常不捨。以同體智力故，隨應見聞而現作業。所謂眾生依於三昧，乃得平等見諸佛故。此體用熏習分別，復有二種。云何爲二。一者未相應，謂凡夫二乘初發意菩薩等，以意意識熏習，依信力故而修行。未得無分別心與體相應故，未得自在業修行與用相應故。二者已相應，謂法身菩薩得無分別心，與諸佛智用相應。唯依法力自然修行，熏習眞如，滅無明故。復次，染法從無始已來熏習不斷，乃至得佛後即有斷。淨法熏習即無有斷，盡於未來。此義云何，以眞如法常熏習故，妄心即滅，法身顯現，起用熏習，故無有斷。

**筏提摩多譯《釋摩訶衍論》卷五**　論曰：即此文中自有五門。云何爲五。一者總標綱要門，二者立名略示門，三者通釋熏習門，四者分剖散說門，五者盡不盡別門。第一門中自有六意。云何爲六。一者相待相成似有意。謂欲顯示染淨諸法。皆悉相待而得成立。無有唯自建立法故。二者本無性空非有意。謂欲顯示染淨諸法種種名字，於本無中權假建立，一切皆悉非自名故。三者相待相成顯空意。謂欲顯示染淨諸法由相觀故，從本已來無有自體自性空故。四者自然虛空無礙意。謂欲顯示一切諸法非有非有故，自然作空，非礙非礙故，常作無障礙義故。五者非作非造自然意。謂欲顯示一切諸法，有佛無佛，相熏相生無斷絶義，法爾道理性如是故。六者不守自性無住意。謂欲顯示一切諸法，作緣起陁羅尼義故。總標如是等無量義，故名爲總標綱要門。如本，復次有四種法熏習義故，染法淨法起不斷絶故。

已說總標綱要門，次說立名略示門。於此門中即有二門。云何爲二。一者淨眞法相門，二者染妄法相門。所言眞者，自性清淨本覺藏智。所言妄者，離脱體相本上無明。染妄門中即有三種。云何爲三。一者無明，二者業識，三者境界。一眞三妄，如是四法，能作熏事本數名字。今此文中舉一。後有并兼中有，應審觀察。所以者何。一切染法皆悉有熏習之事故。如本云何爲四，一者淨法名爲眞如，二者一切染因名爲無明，三者妄心名爲業識，四者妄境界所謂六塵故。

已說立名略示門，次說通釋熏習門。於此門中即有二門。云何爲二，一者比量譬喻善巧門，二者法喻合說安立門。比量譬喻善巧門者，譬如衣服從本已來，亦無芬香，亦無鄙香，一向無氣。而士夫衆入於班多伽耶娑叉提鄔林時，會末耶提以熏習故而有穢香。入於梵檀只多那林時，陁摩鍵多以熏習故而有香氣故。如本，如世間衣服實無於香，若人以香而熏習故，則有香氣故。法喻合說安立門者，勝義道理亦復如是。自性清淨，無漏性德，從無始來一向明白，亦無垢黑，亦無染污，而以無明而熏習故，則有垢黑。無明藏海，從無始來，一向闇黑，亦無智明，亦無白品，而以本覺而熏習故，則有淨用。如是染淨，但是假立，染非實染，淨非實淨，皆是幻化，無實自性。如本，此亦如是，眞如淨法實無於染，但以無明而熏習故，則有染相。無明染法實無淨業，但以眞如而熏習故，則有淨用故。

已說通釋熏習門，次說分剖散說門。於此門中即有四門。云何爲四，一者黑品相熏有力門，二者白品相熏有力門，三者發起問答決疑門，四者舉緣廣說開通門。第一門中即有二門，云何爲二，一者總問總答顯宗門，二者歸總作別散說門。第二門中，具此二門，應審觀察。第四門中，自有二門。云何爲二，一者總標軌則決定門，二者因緣各示生解門。如其次第說相可見。云何熏習起染法不斷者，即是總問：謂通總問一切黑品，相熏相生，不斷義故。自此已下，即總答分。就於即此答說分中，從淨妙藏乃至麁重，背本向末，漸次轉勝，說其次第。說相次第，應審觀察。根本無明不能自有，當依眞如方得止住。所以者何。眞如之性如虛空界，至部實主於障礙及無障礙中，爲作歸依無所礙故。如本，所謂以依眞如法故，有於無明故。如是無明，得自所已，氣力殊勝，功能自在，能熏眞如，令作妄法，增不了相，加闇鈍用。譬如愛父，生諸男女。如本，以有無明染法因故，即熏習眞如。以熏習故，則有妄心故。如是微細業識妄心，因無明故，自體生已，還熏無明，能令增長。譬如生子，養能生父。如是熏力更增長故，不能通達平等如理圓滿一心故，起轉識之惑念，生現相之妄境生死之海更深，涅盤之岸彌高。如本，以有妄心即熏習無明，不了眞如法故，不覺念起，現妄境界故。如是境界之風，還熏現識之海，起七識之波浪。此識樂著境界之塵，彼境面向識眼之前遍造諸惡之業，具受一切苦報。三有之輪環循，四毒之賊浪起。如本，以有境界染法緣故，即熏習妄心，令其念著，造種種業，受於一切身心等苦故。

已說總問總答顯宗門，次說歸總作別散說門。就此門中即有三重，云何爲三，一者境界，二者妄心，三者無明，是名爲三。如是三種，各有二故，即成六數。如其次第，初以爲後，後以爲初，漸次顯示。初重云何。此妄境界有如實熏習之力故，增法執念。有如有熏習之力故，長人執著。人法二執具足起故，過於恆沙上，煩惱類皆悉發起，是故名爲境界熏習。如本，此妄境界熏習義，則有二種。云何爲二，一者增長念熏習，二者增長取熏習故。中重云何。業識妄心有上熏之力故，已得出離三乘聖人，而能令受變易細苦。有下熏之力故，未得出離一切凡夫，而能令受分段麁苦。是故名爲妄心熏習。如本，妄心熏習義有二種。云何爲二，一者，業識根本熏習，能受阿羅漢、辟支佛、一切菩薩生滅苦故。二者，增長分別事識熏習，能受凡夫業繫苦故故。後重云何。無明住地自體本故，能熏初末令得成就。通達遍故，能熏事識令得成就。何故唯舉初後中間不顯，有二意故。云何爲二，一者有成就意，二者空成就意。云何名爲有成就意，舉邊得有現中有故。云何名爲空成就意，舉中空無顯邊空故。後義云何，於契經中如是說故。當何契經，謂熏習經。彼契經中如何說耶，謂熏習契經中作如是說，轉識現識末那三識，非從無明而得成就。所以者何。根本無明唯邊成就，非中成就。此文後義直釋彼經，是故明知此義得成。如本，無明熏習義有二種。云何爲二。一者根本熏習，以能成就業識義故。二者所起見愛熏習，以能成就分別事識義故。

已説黑品相熏有力門，次説白品相熏有力門。云何熏習起淨法不斷者，即是總問。謂通總問：一切白品相熏相生不斷義故。自此已下，即總答分。就於即此答説分中，自有二熏。云何爲二，一者無始自然熏，二者始有建立熏。無始熏者，從無始已來，有因果之二位故。始有熏者，因修力故，有因果之二位故。本因果者，其相云何。謂無始來有三賢十聖之位故，有三身四德之果故。始因果者，其相云何。今修行時方乃有無始之十地故，顯本有之因果故。本因果者，次第云何。從無始來以有十種本覺眞智，及十種如實法界故。能熏十種枝末無明，以有一種法界心故。能熏習根本無明故。是名本地。如本，所謂以有眞如法故，能熏習無明故。始因果者，次第云何。謂雖未得十信之位，而以本熏習之力故，則自心中厭生死苦，求涅槃樂。以此力故，即熏習眞如性，自信佛性入十信位，知心虛妄入十解位，知境界空入十行位，修出向法入十向位。以如實般若知境界空故，無量方便，發起隨順法界性行，不取涅槃，不念生死，入極喜地乃至金剛。自久遠熏習故，發解脱道，無明頓斷，根本盡故，枝末皆無。本末黑品無所有故，得法身涅槃。成應化業用故，是名始地。如本，以熏習因緣力故，則令妄心厭生死苦，樂求涅槃。以此妄心有厭求因緣故，即熏習眞如，自信己性，知心妄動，無前境界，修遠離法。以如實知無前境界故，種種方便起隨順行，不取不念。乃至久遠熏習力故，無明則滅。以無明滅故，心無有起。以無起故，境界隨滅。以因緣俱滅故，心相皆盡，名得涅槃，成自然業故。

已説總問總答顯宗門，次説歸總作別散説門。就此門中即有二門，云何爲二，一者妄染熏習門，二者淨法熏習門。染法門中即有二種，云何爲二，一者是麁，二者是細。所言麁者，即是意識。所言細者，十一末那。意識熏者，其相云何。四十心凡夫及諸二乘，以意識中本覺智分，熏意識中無明癡分，厭生死苦，欣涅槃樂，漸漸轉勝，向佛道故。如本，妄心熏習義有二種。云何爲二。一者分別事識熏習，依諸凡夫二乘人等，厭生死苦，隨力所能，以漸趣向無上道故。十一末那熏習義者，其相云何。從初聖地乃至金剛，如其次第，以清淨分熏染污分，證入無上菩提道故。以菩薩等斷無明故。如本，二者意熏習，謂諸菩薩發心，勇猛速趣涅槃故故。

已説妄染熏習門，次説淨法熏習門。就此門中自有二門，云何爲二，一者總標門，二者開釋門。總標門者，總標其名。如本，眞如熏習義有二種，云何爲二，一者自體相熏習，二者用熏習故。開釋門中有二門，云何爲二，一者法身自然熏習門，二者應化常恆熏習門。所言法身熏習門者，本覺性智從無始來，圓滿功德，具足智慧，自自作自無他力故。如本，自體相熏習者，從無始世來，具無漏法故。所言應化熏習門者，如是本覺發過恆沙無量無邊不可思議種種業用，一切眾生諸心相中隨應教化，斷一切惡，修一切善，具百行之因，滿萬德之果故。如本，用熏習者，備有不思議業，作境界之性故。如是二門不相捨離，於一切時於一切處，常恆熏習，起信生解，建立修行，造作不轉。到正後二地，達眞俗境，令無礙故。如本，依此二義恆常熏習，以有熏習力故，能令眾生厭生死苦，樂求涅槃。自信己身有眞如法，發心修行故。由此義故，三身本有理故顯了。

**真諦譯《大乘起信論》** 復次，有四種法熏習義故，染法淨法，起不斷絶。云何爲四。一者淨法，名爲眞如。二者一切染因，名爲無明。三者妄心，名爲業識。四者妄境界，所謂六塵。熏習義者，如世間衣服實無於香，若人以香而熏習故則有香氣。此亦如是，眞如淨法實無於染，但以無明而熏習故則有染相。無明染法實無淨業，但以眞如而熏習故則有淨用。云何熏習起染法不斷。所謂以依眞如法故有於無明，以有無明染法因故即熏習眞如。以熏習故則有妄心，以有妄心即熏習無明。不了眞如法故，不覺念起現妄境界。以有妄境界染法緣故，即熏習妄心，令其念著造種種業，受於一切身心等苦。此妄境界熏習義則有二種。云何爲二。一者增長念熏習，二者增長取熏習。妄心熏習義則有二種。云何爲二。一者業識根本熏習，能受阿羅漢、辟支佛、一切菩薩生滅苦故。二者增長分別事識熏習，能受凡夫業繫苦故。無明熏習義有二種。云何爲二。一者根本熏習，以能成就業識義故。二者所起見愛熏習，以能成就分別事識義故。云何熏習起淨法不斷。所謂以有眞如法故能熏習無明，以熏習因緣力故則令妄心厭生死苦，樂求涅槃。以此妄心有厭求因緣故，即熏習眞如。自信己性，知心妄動，無前境界，修遠離法。以如實知無前境界故，種種方便起隨順行，不取不念，乃至久遠熏習力故，無明則滅。以無明滅故心無有起，以無起故境界隨滅，以因緣俱滅故心相皆盡，名得涅槃成自然業。妄心熏習義有二種。云何爲二。一者分別事識熏習，依諸凡夫二乘人等，厭生死苦，隨力所能，以漸趣向無上道故。二者意熏習，謂諸菩薩發心勇猛速趣涅槃故。眞如熏習義有二種。云何爲二。一者自體相熏習，二者用熏習。自體相熏習者，從無始世來，具無漏法備，有不思議業，作境界之性。依此二義恆常熏習，以有力故，能令眾生厭生死苦，樂求涅槃，自信己身有眞如法，發心修行。

**眞諦譯《攝大乘論釋》卷二**　論曰：此法與彼相應，共生共滅後，變爲彼生因。此即所顯之義，譬如於麻以花熏習，麻與花同時生滅，彼數數生爲麻香生因。釋曰：此謂能受熏習法，彼謂能熏習法，共謂一時一處，同生同滅。若法有生滅，則有能熏所熏。若異此，則不然。能熏者相續短，所熏者相續長。是故能熏已謝，所熏恆在，後變爲彼生因。變即當彼，如彼生功能。此亦復爾。此即所顯之義，義即名所目，名即義所成。

論曰：若人有欲等行，有欲等習氣。釋曰：數起煩惱是名行。此行有習氣。習氣何相。

論曰：是心與欲等同生同滅。彼數數生，爲心變異生因。釋曰：同生滅義如前，彼者欲等行。數數生者，或約一生或約一時，先未有熏習，今變異爲彼生因，能變異心，是名熏習。於不淨品中是一類，謂煩惱濁。

**玄奘譯《攝大乘論釋》卷二**　阿賴耶識由彼雜染品類諸法熏習，所成功能差別爲彼生因，是名安立此識因相。此中安立果相者，謂即依彼雜染品法無始熏習，此識續生而能攝持無始熏習，是名安立此識果相。此中自相是依一切雜染品法，無始熏習爲彼生因，攝持種子識爲自性，果性因性之所建立。此中因相是彼雜染品類諸法熏習所成，功能差別爲彼生因，唯是因性之所建立。此中果相是依雜染品類諸法無始熏習，阿賴耶識相續而生，唯是果性之所建立。是三差別。

論曰：復次，何等名爲熏習，熏習能詮，何爲所詮。謂依彼法俱生俱滅，此中有能生彼因性，是謂所詮。如巨勝中有花熏習，巨勝與花俱生俱滅，是諸巨勝帶能生彼香因而生。又如所立貪等行者，貪等熏習依彼貪等俱生俱滅，此心帶彼生因而生。或多聞者多聞熏習，依聞作意俱生俱滅，此心帶彼記因而生。由此熏習能攝持，故名持法者。阿賴耶識熏習道理，當知亦爾。

釋曰：謂依彼法俱生俱滅，此中有能生彼因性，是謂所詮者。謂即依彼雜染諸法俱生俱滅，阿賴耶識有能生彼，諸法因性是名熏習。

**惠沼《成唯識論了義燈》卷三**　問：第八具義說爲所熏，三相熏何。答：或云熏果報識，即當果相。或云熏自相，是自體故。二解後正義依體立，無別性故。但以自相酬因，邊名果相，持種邊名因相，故唯自相是正所熏。能熏義中二有勝用。西明云：業感異熟心心所等，護法無異分別，門人分成兩釋。一云，業感定不能熏，唯法爾起必用業助。若依此說，異熟心心所等，取六識滿業所感心心所等。一云，業感有二，強者能熏，劣即不熏。若依此說，等取劣者。三藏意，取後解爲勝。又云，初釋不許影像熏本質種，今謂此說俱不應理。何者，初釋本質非影熏成轉識，不應與阿賴耶爲因緣性。違護法釋。第二解，若是業招名爲異熟，雖復引滿二果有別，爲業引同，俱名異熟。並不能熏，俱異熟故。論不簡故，無文證故。俱是滿果，何獨等劣，應勝劣俱等。若非業引，但分別生，即是能熏。性非異熟，是異熟生。異熟生寬，業非業感，俱異熟生。此簡異熟是業感者，性微劣故，不是能熏。不假業力強分別起者，此異熟生及威儀工巧非業引者，亦能熏攝。

**澄觀《大方廣佛華嚴經隨疏演義鈔》卷三二**　疏：以上八識爲能所熏，展轉爲因，常流轉等者，釋第三句也。前七爲能熏，第八爲所熏，故通云，八識爲能所熏，七熏八種七是八因，八含七種八是七因。故云展轉。又依種起現，現復持種，故展轉無窮。然此能熏所熏，通性相宗。先依法相宗說，唯識第二廣顯其義。論云：依何等義立熏習名（問也）。所熏能熏各有四義，令種生長故名熏習（此總答也）。

何等名爲所熏四義（別徵）。一堅住性。若法始終一類相續，能持習氣乃是所熏。此遮轉識及風聲等，性不堅住故非所熏。釋曰：轉識謂七轉識，兼含心所。若許七識能持種者，初地已破四惑，應失一切有漏種子，已轉七識成平等性。猶有有漏種者，明是八識能持。言風聲等者，此揀根塵，以間斷相顯，故偏語之。理實等字，等取根塵及法處所攝色等，一切皆揀。至無色界即無色故，入滅定等心亦無，故名不堅住。論云：二無記性。若法平等無所違逆，能容習氣乃是所熏。此遮善染勢力強盛，無所容納，故非所熏。由此如來第八淨識，唯帶舊種，非新受熏。釋曰：善染如沈麝韮蒜等，故不受熏。無記如素帛，故能受熏。佛第八識以極善故，亦非所熏。唯於因中曾所熏故，帶彼舊種。論曰：三可熏性。若法自在，性非堅密，能受習氣，乃是所熏。此遮心所及無爲法，依他堅密，故非所熏。釋曰：第八心王得自在故，自在故可是所熏。第八同時五種心所體非自在故，非所熏。無爲之法體，又堅密如金石等，故非所熏。論曰：四與能熏共和合性。若與能熏同時同處，不即不離，乃是所熏。此遮他身刹那前後無和合義，故非所熏。釋曰：他身即上同處無有，以他身識爲我所熏故。刹那前後即上同時，揀於經部，前念之識熏後念，故論唯異熟識具斯四義，可是所熏非心所等。釋曰：此總結也。非心所者，即第八同時心所。等取所餘，如上所揀。

論曰：何等名爲能熏四義。釋曰，徵也。論曰：一有生滅。若法非常，能有作用生長習氣，乃是能熏。此遮無爲前後不變無生長用，故非能熏。二有勝用。若有生滅勢力增盛，能引習氣，乃是能熏。此遮異熟心心所等勢力羸劣，故非能熏。釋曰：勝用有二：一能緣勝用。即揀諸色爲相分熏，非能緣熏。二強盛勝用。謂不任運起，即揀別類異熟心等有緣慮用，無強盛用，爲相分熏非能緣熏。由斯色等有強盛用，無能緣用。異熟心等有能緣用，無盛強用。諸不相應法，二用俱無，皆非能熏。論曰：三有增減。若有勝用，可增可減，攝植習氣乃是能熏。此遮佛果圓滿，善法無增無減，故非能熏。彼若能熏，便非圓滿。前後佛果應有勝劣。釋曰：有增減者，第七末那至無漏位亦有增減，唯除佛果。言有勝劣者，前佛應勝以熏無漏種子多故。論曰：四與所熏和合而轉。若與所熏同時同處，不即不離，乃是能熏。此遮他身刹那前後無和合義，故非能熏。釋曰：此第四義大同所熏。上二皆云共和合者，和合即是相應異名。論曰：唯七轉識及彼心所有勝勢用，而有增減者具此四義，可是能熏。釋曰：上結能熏。論云：如是能熏與所熏識，俱生俱滅，熏習義成，令所熏中種子生長。如熏苣勝，容名熏習。

上來皆是法相宗意，下經數數有熏習義，莫厭文繁。第二法性宗者，上法相宗所熏第三，能熏第一，正揀眞如受熏之義。今法性宗亦七識等而爲能熏，八爲所熏。其第八中以如來藏隨緣成立，含有生滅不生滅義。故熏第八即熏眞如。故《起信論》云：復次有四種法熏習義故，染法淨法，起不斷絕。云何爲四。一者淨法，名爲眞如。二者一切染因，名爲無明。三者妄心，名爲業識。四者妄境界，所謂六塵。熏習義者，如世間衣服實無於香。若人以香而熏習故，則有香氣。此亦如是。眞如淨法實無於染，但以無明而熏習故則有染相。無明染法實無淨業，但以眞如而熏習故則有淨用。云何熏習起染法不斷，所謂以依眞如法故有於無明，以有無明染法因故即熏習眞如。以熏習故則有妄心。以有妄心故則熏習無明。不了眞如法故，不覺念起現妄境界。以有妄境界染法緣故，即熏習妄心，令其念著，造種種業，受於一切身心等苦。廣如彼論。是則眞如亦爲能熏，亦能受熏。故《楞伽》云：不思議熏，不思議變，是現識因。謂不可熏而熏，故名不思議熏。眞如不變，而隨緣成立，名不思議變。亦即不染而染也。藏和尚云，妄心通業識及事識。今據其本言業識耳。言熏習故有染相者，眞如本無相，隨熏現相。又顯妄法無體，故但云相。此釋經中如來藏爲惡習所熏等。上即生滅門中眞如言有淨用者。此是生滅門中本覺眞如故有熏義。眞如門中則無此義。由此本覺內熏不覺，令成厭求反流順眞，故云用也。此釋經中由如來藏故，能厭生死苦，樂求涅槃也。《涅槃經》云：闡提之人佛性力故，還生善根。彼言佛性力者，即此本覺內熏之力耳。良以一識含此二義，更互相熏遍生染淨也。此中佛者是覺性者是本，故名本覺。

**窺基《成唯識論述記》卷三** 論：依何等義立熏習名。述曰：初問起也。

論：所熏能熏至故名熏習。述曰：此標具義，釋熏習名，略答所問。熏者發也。或由致也。習者，生也，近也，數也。即發致果於本識內，令種子生近，令生長故。此略標有三，一所熏四，二能熏四，三令種生長名熏習故。

論：何等名爲所熏四義。述曰：此廣辨也。於中有三。初辨所熏具緣多少。二辨能熏具緣少多。三釋熏習義等。初中有三，初問，次答，後結。此即初也。《攝論》第二亦有此文，然少不同，隨處應辨。然五聚法，第一簡色法及七識俱心所法等。第二簡佛果善等法。第三簡無爲及不相應，俱時心所。第四簡別異身同時許可熏義。《攝論》無者，一一披對方知差別。

論：一堅住性至乃是所熏。述曰：此第二答也。從無始之始，至究竟之終，一類之性相續不斷，能持習氣乃是所熏。

論：此遮轉識至故非所熏。述曰：遮七轉識及彼心所。此中識言攝心所故，即末那等皆名轉識。若許持種，初地見道無漏心時，應失一切有漏種子。聲風等者，即遮根塵法處色等。生無色界，色即無故，入滅定等，心亦無故，名性不堅。此中何故但言風及聲，簡斷相顯故，非謂色等此中不說。此《攝論》無。若堅故可熏，佛本識既堅，應是善等性許亦可熏。此簡經部色心可熏，不堅住故。

論：二無記性至乃是所熏。述曰：若法平等，無所違拒，善惡習氣乃可受熏，無記不違善惡品故。

論：此遮善染至故非所熏。述曰：如沈麝等，及如蒜薤等，皆不受熏。亦如捨行之人，體性寬容，即能納事。若聰明惡性，皆不能容。且如善性非直，唯違不善亦自違善。如沈不受檀等香故。惡等亦爾，故不可熏。而無記性不違善惡，如捨行人不違事故，亦遮識類善等受熏。第七識內並非所熏，此同於後，唯是無覆無記中釋。

論：由此如來至非新受熏。述曰：由此無記方受熏故。如來第八無漏淨識，唯在因中曾所熏習帶此舊種，非新受熏。以唯善故，違於善等，如沈香等故。此《攝論》無。簡與佛地同，說爲不熏。熏時何過，違拒法故，有增減故，善圓滿故，有優劣故，不可受熏。

若無記性，及唯堅故，即是所熏。本識同時想等五數及虛空等，應是所熏。

論：三可熏性至乃是所熏。述曰：若法爲王，而體自在，不依他起。性非堅密，體是虛疏，易可受熏。非如石等是可熏習。若不堅密，有虛疏故，可容種子。堅密不然。

論：此遮心所至故非所熏。述曰：本識俱時心所五數，體非自在，依他生起，故非所熏。王雖要有心所方起，不言依他，得名王故，是自在義。此《攝論》無。受熏何妨，如下觸等，亦如是中解，亦遮無爲。以堅密故，不受熏習，如堅石等，故虛空等不可熏習。若爾，識上生等假法，應可受熏。今依他攝自無實體，依實說假故。又此應言，若非堅密，有體自在，乃可受熏。初簡無爲，次簡假法，後簡心所。此遮無爲假法心所依他堅密，故非所熏。不是說者，擬今說故。又此不言實有體者，假法先無，更何須簡。若爾，空等無爲如何。若言眞如，即非無記。言非擇等假同生等假法不論。由此故應第一說善，無明簡眞如。由此知非也，亦遮熏於假識類等。若可熏習即是所熏，亦應異身得成熏習。

論：四與能熏至乃是所熏。述曰：所能和合，是相應義。若同一時，同一處所，所熏之體非即能熏，亦非全相離，在他身上識爲能熏等。

論：此遮他身至故非所熏。述曰：此遮他身許爲可熏，及刹那前後不相應故，無和合義故，非所熏。異經部師，前念之識，熏後念類。

論：唯異熟識至非心所等。述曰：第三結也。唯第八識具此四義可是所熏，非是同時五心所等及餘轉識。言異熟識者，正是熏位故。若言現行生種異時，如何釋此。故知即以此義爲正。其無性人，此第七識四義具足，何不受熏。以染無記，違善惡品。今言無記，唯無覆無記。此所熏中何故堅者乃名受熏，以諸色等生無色界，諸轉識等入無心定等，便無法持諸種子故。若二俱持，即成一種生二芽過。如後當破。何故善等不能受熏。不含容故，如沈香等。如文自解。何故假法心所無爲不能受熏。以無體故，不自在故，非可熏故，不能持種。問：如瓶能持物，假法何不然。答曰：不然。總假不能持，別色等能持。以別成總，說瓶能持，瓶體即是實色等故。諸不相應即色心等，故如色等不能持種，亦不受熏。若爾，本識上假物生等，應能受熏，實已受熏，何須假法。如礙於心，假法亦得。如受於熏，假法應得。若假說者，亦得受熏，唯自體分能受餘熏。如上心所不能受熏，如下觸等亦如是中說。何故不和合，不得爲所熏。若爾，便許有熏他身，熏他身有何過。即自作罪，令他受果。他身中有業等種子，自受果故。或凡夫熏阿羅漢等。故要四義簡持如右。此則《攝論》雖有，未能有此差別。唯能熏四義，諸論所無。

論：何等名爲能熏四義。述曰：依前標問。

論：一有生滅至乃是能熏。述曰：即前六義簡無爲因，以有作用故方能熏。猶如種子有生滅用，故能生果。

論：此遮無爲至故非能熏。述曰：此簡法也。

論：二有勝用至乃是能熏。述曰：勝用有二。一能緣勢用，即簡諸色，爲相分熏，非能緣熏。二強盛勝用，謂不任運起，即簡別類異熟心等，有緣慮用無強盛用，爲相分熏，非能緣熏。由斯色等，有強盛用，無能緣用。異熟心等，有能緣用，無強盛用。不相應法，二用俱無，皆非能熏。即勝勢用可致熏習，如強健人能致功効。故第八俱五心所等亦非能熏。若爲他緣，一切無過。此中總言，意說如此。

論：此遮異熟至故非能熏。述曰：心所等者，等彼相分。或六識中異熟生無記，此舉第八異熟心心所，等六識中業所引者。非謂一切異熟生心法執等類，皆不能熏。唯業所感異熟心等，二種所生，無勝用故。或此法爾，皆非能熏，以無用故。

論：三有增減至乃是能熏。述曰：第七末那至無漏位，亦有增減。因中無漏，爲例並然，可致上中下種子故。要如利根能斷於善，得果亦疾。餘則不然，或能剛能柔乃能致果，非餘中物及平等物。

論：此遮佛果至應有勝劣。述曰：佛四智品非能熏習。若佛能熏，有何過失。更增新種，便非圓滿。諸佛有勝劣，功德多少故。

論：四與所熏至乃是能熏。述曰：要同時處方是能熏，如所熏說。

論：此遮他身至故非能熏。述曰：非前後剎那及與他身能熏自識不和合故。和合即是相應異名。如生名起現行生種，若說異時，如何釋此。無性有情，此第七識畢竟無有動轉之時，闕無第三有增減故，應非能熏。此有二釋。一云，此亦不然，無始以來我執增長，剎那剎那現種增長，非是不增。如邪見等，雖言一品，亦有異故，四義具足。如無分別智入見以去漸漸增長，非謂體大名爲增長，但加明利。此亦如是。從無始來，行相轉闇堅執不捨，故名爲增，然極難也。二云，亦有增減。欲界爲麁，乃至非想爲細，地繫差別，麁細不同。生下上時，亦有轉動，有增減故。問曰：既爾，何故論說與有頂地下下品道，一時頓斷。答曰：不然。豈以斷同，便無九品。如三界中見道，煩惱一時頓斷，有九品故。此障見道，彼障非見，何以爲證。答曰：若爾，如修道中頓超二果，從預流者至阿羅漢，以欲界中初品煩惱，乃至與有頂初品煩惱，一時頓斷。豈品類同耶。問：彼由加行故令頓斷，此不然者。答曰：若爾，菩薩第十地一時頓斷修道煩惱，應無九品。若以煩惱不障地故，唯障無學作意留故。一時頓斷者，已前頓斷有得義不。今此第七唯障無學，不障有學，故金剛心一時頓斷，非無九品。問曰：若爾，應離此地即斷第七，以九品故。答曰：不然。如菩薩十地所斷所知障，一一地通三界所斷，豈無多品。又如菩薩生上，不斷下惑，不障彼者。此例應然，不障有學。雖離此地，故不能斷。要至無學，方卻斷下。問：若有九品，何故名一類。答：一類有多義。一三受不易，二三性不易，三境界不易，四相續不易。故末轉前名爲一類，非無九品名爲一類。由此義故，卻成無始乃至今日，今日爲增，前解方成。若以無性有情，第七是有性種類，故有增減者。不然。佛果七識因七之類，亦應能熏。若以有漏無漏爲論不可例者，亦可有性無性爲例，不應種類彼可名熏。論言第七與有頂地下下煩惱等者，同障無學，名勢力等。金剛心中一時頓斷故，名勢力等，非謂品同名勢力等。又如初地所斷所知障乃通三界，不妨欲界初品所知障通障十地。十地別斷，豈以多品斷。故障即品多，一品斷故，便無品類。故細但初能障此者，證此即斷，不須論品。此中前四準所熏中，一一皆應寄問徵起，然後牒論。

論：唯七轉識至可是能熏。述曰：總結也。即能緣中七轉識心所等爲能熏。若爲相分，何法爲障。即第八識爲六七識之所緣，故爲相分熏。何分爲能熏，唯自體分。如自體分唯受熏故，見分體故。

論：如是能熏至熏習義成。述曰：後釋熏習義，於中有三。初解熏習義，次顯法體多少，後明因果。此即初也，要俱生滅熏習義成。非如種生芽，許異時生故，不俱時有。故知色法無俱有義。

論：令所熏中至故名熏習。述曰：唯華熏苣勝同生同滅，故以爲喻。《攝論》喻如內熏習等。

**曇曠《大乘百法明門論開宗義記》** 八識更互爲緣，有力無力，義皆通故。初因緣中種子義者，種子即是習氣異名。習氣必由熏習而有，依何義故立熏習名，能熏所熏各具四義，令種子生長故名熏習。何等名爲能熏四義。一，有生滅。若法非常，能有作用，生長習氣，乃是能熏。此遮無爲。前後不變，無生長用，故非能熏。二，有勝用。若有生滅，勢力增盛，能引習氣，乃是能熏。此遮異熟心心所等，勢力羸劣，故非能熏。三，有增減。若有勝用，可增可減，攝植習氣，乃是能熏。此遮佛果，圓滿善法，無增無減，故非能熏。彼若能熏，便非圓滿。前後佛果，應有勝劣。四，與所熏和合而轉。若與所熏同時同處，不即不離，乃是能熏。此遮他身刹那前後無和合義，故非能熏。唯七轉識及彼心所有勝勢用而增減者，具此四義可是能熏。何等名爲所熏四義。一，堅住性。若法始終一類相續能受習氣，乃是所熏。此遮轉識及聲風等，性不堅住，故非所熏。二，無記性。若法平等，無所違逆，能容習氣，乃是所熏。此遮善染勢力強盛，無所容納，故非所熏。由此如來第八淨識，唯帶舊種，非新受熏。三，可熏性。若法自在，性非堅密，能受習氣，乃是所熏。此遮心所及無爲法，依他堅密，故非所熏。四，與能熏共和合性。若與能熏同時同處，不即不離，乃是所熏。此遮他身刹那前後無和合義，故非所熏。唯異熟識具此四義，可是所熏，非心所等。若爾，第八種是誰熏，第八唯是所熏識故。答即前七識而與熏生，說熏成彼相見種故。謂前五識所起相分，託第八識相分而生，故與第八熏相分種。若第七識託第八識見分而生，故與第八熏見分種。其第六識具緣第八所有相見熏相見種。此既無始常熏不絕，故無始來有異熟種。若爾，第八非唯無記，能熏七識通三性故。答：所杖本質是無記故，所起相分非善惡故，故所熏種性唯無記。更有問答：恐繁，止之。熏習雖齊，藉緣不等，故令八識斷常有殊。

**延壽《宗鏡錄》卷四八** 問：熏習以何爲義。答：熏者發也，或猶致也。習者，生也，近也，數也。即發致果於本識內，令種子生，近生長故。熏有二種。一習熏，謂熏心體，成染淨等事。二資熏，謂現行心境，及伽惑相資等。《楞經》云：大慧！不思議熏及不思議變，是現識因。取種種塵，及無始妄想熏，是分別事識因。是以無明能熏眞如，成其染法。本覺能熏無明，起其淨用。此皆不可熏處而能熏，名不思議熏。不可變異而變異，云不思議變。《勝鬘經》云：不染而染，難可了知，染而不染，難可了知。《顯識論》云：分別識者，若起安立熏習力，於第八識中熏習力故。譬如燒香熏習衣，香體滅，而香氣猶在衣中，名爲熏衣。此香不可言有，香體滅故。不可言無，香氣在故。如六識起善惡，留在熏力於本識中，能得未來報，名爲種子。

問：能熏所熏，各具幾義能成熏習。答：各具四義，令種子生長，故名熏習。《唯識論》云：先所熏四義者，一堅住性，二無記性，三可熏性，四和合性。古釋云，即此四義，各有所簡。論云：一堅住性。若法始終一類相續，能持習氣，乃是所熏。此遮轉識及聲風等性不堅住，故非所熏。釋云：夫爲所熏識者，且須一類堅住，相續不斷，能持習氣，乃是所熏。今前六轉識，若五位無心時，皆間斷故。既非堅住，非是所熏。此亦遮經部師將色心更互持種。論主云：且如於無色界入滅定時，色心俱間斷，此時將何法能持種。又如五根五塵，皆不通三界，亦非堅住，如何堪爲所熏性。又第七識，在有漏位雖不間斷，在十地位中亦有解脫間斷。謂得無漏時，不能持有漏種，以有漏無漏體相違故。以第八識雖是有漏，以在因中體無解脫，唯無覆性，即不妨亦能持無漏種，得名所熏。應立量云，前七轉識是有法，非所熏，宗。因云，不堅住故。同喻，如電光聲風等。

問：若言有堅住性即是所熏者，只如佛果第八，亦是堅住性，應名所熏。

答：將第二義簡。論云：二無記性。若法平等無所違逆，能容習氣，乃是所熏。此遮善染勢力強盛，無所容納，故非所熏。釋云：夫爲所熏者，須唯是一類無記，即不違善惡性，方受彼熏。今佛果第八既是善性，即不容不善及無記性，非是所熏。以佛果圓滿故，如似沈麝，不受臭穢物熏。若不善性者，即是煩惱。又不容信等心所熏，互不相容納故。其所熏性，如寬心捨行之人，能容納得一切善惡事。若惡心性人，即不中。第八識似寬心捨行之人，能容一切習氣。有此義故，方名所熏。若如來第八無漏淨識，唯在因中曾所熏習，帶此舊種，非新受熏。以唯善故，違於不善等。又云：善染如沈麝非穢等，故不受熏。無記如素帛，故能受熏。如善不容於惡，猶白不受於黑。若惡不容於善，如臭不納於香。唯本識之含藏，同大虚之廣納矣。

問：若言有堅住性及無記性二義，便名所熏者。且如第五心所，同心王具此二義，應是所熏。又如無爲亦有堅住性義，爲所熏何失。

答：將第三義簡。論云：三可熏性。若法自在，性非堅密，能受習氣，乃是所熏。此遮心所及無爲法無爲堅密，故非所熏。言自在者，正簡難陁許第八五心所變受熏。論主云：心所不自在，故依他生起，非所熏性。言性非堅密者，即簡馬鳴菩薩眞如受熏。論主云：無爲體堅密，如金石等，而不受熏。夫可熏者，且須體性虛疎，能容種子方得。馬鳴救云：我言眞如受熏者，以眞如是性，第八是相。性相不相離，若熏著相時，兼熏著性。或攝相歸性故，眞如受熏何失，如將金石作指鐶等。護法破云：熏相不熏性，如火燒世界，不燒虛空。今唯是第八心王，體性虛疎，方可受熏。如衣服虛疎，方能受香等熏。

問：若言有堅住性、無記性及可熏性三義，即是所熏者，應可此人第八識受他人前七識熏，以此人第八是可熏性故。

答：將第四義簡。論云：四與能熏等和合性。若與能熏同時同處，不即不離，乃是所熏。此遮他身刹那前後，無和合義，故非所熏。唯異熟識具此四義，可是所熏，非心所等。釋云：今將此人第八。望他人前七。無同時同處和合義故。非是所熏。亦遮經部師。將前念識體。熏後念識相，不同時，亦非所熏。次能熏四義者，一有生滅，二有勝用，三有增減，四與所熏和合。此四義亦各有所簡。

且外人問：無爲法，得名能熏不。

答：將第一義簡。論云：一有生滅。若法非常，能有作用生長習氣，乃是能熏。此遮無爲前後不變無生長用，故非能熏。釋云：今前七識有生滅，有生長作用，乃是能熏。

問：若爾者，且如業感異熟生心、心所及色法、不相應行等，皆有生滅，亦有作用。應是能熏。

答：將第二義簡。論云：二有勝用。若有生滅，勢力增盛能引習氣，乃是能熏。此遮異熟心心所等，勢力羸劣，故非能熏。釋云：其業惑異熟生心、心所等劣弱，無強盛作用。能熏色法，雖有強盛，又無緣慮勝用。不相應行，二用俱闕。此非能熏。又勢用有二。一能緣用，即簡諸色爲相分熏，非能緣熏。二強盛用，爲不任運起，即異熟心等，有緣慮用，無強盛用，爲相分熏，非能緣熏。內色等有強盛用，無能緣用。異熟心等，有能緣用，無強盛用。不相應法，二俱無，皆非能熏。即緣勢用，可致熏習。如強健人，能致功効故。

問：若有生滅及有勝用，即名能熏者，且如佛果前七識，亦具此二義，應是能熏。

答：將第三義簡。論云：三有增減。若有勝用，可增可減，攝植習氣，乃是能熏。此遮佛果圓滿善法，無增無減，故非能熏。彼若能熏，便非圓滿，前後佛果，應有勝劣。

問：若言具有生滅，有勝用，有增減三義，即名能緣者，且如他人前七識，亦有上三義，應與此人第八熏得種不。

答：將第四義簡。論云：四與所熏和合而轉。若與所熏同時同處，不即不離，乃是能熏。此遮他身刹那前後，無和合義，故非能熏。唯七轉識及彼心所，有勝勢用，而增減者，具此四義，可是能熏。如是能熏與所熏識，俱生俱滅，熏習義成。今所熏中種子生長，如熏苣勝，故名熏習。釋云：《攝論》云，苣勝本來是炭，多時埋在地中，便變爲苣勝。如苣勝與華，俱生俱滅。內熏習故生香氣。又種子是習氣之異名，習氣必由熏習而有。舉喻如麻香氣，華熏故生。即胡麻中所有香氣，必假華熏方得香也。西方若欲作塗身香油，先以華香取於苣勝子，聚爲一處，淹令極爛，後取苣勝壓油，油遂香氣芬馥。比來胡麻中無香氣，因華熏故生。熏習義者，要俱生滅，熏習義成。非如種生芽異時故，不同生滅故。以爲喻。

問：若言須與所熏和合一處，方名能熏者。且如生亡父母及先亡子孫等，後人爲作功德，此亦是熏他識以獲福故，如何不許。

答：此有二解。一云，此但爲增上，令亡者自發心，非熏他識。二云，七分之中，許獲一分，難只此所獲一分功德，便是此人造福，他人受果。應乖唯識義。

答：有五力，唯識不判。一定力，二通力，三借識力，四大願力，五法威德力。

問：七能熏中熏第八。四分之中約熏何分。

答：前五轉識，能熏阿賴相分種子。第六意識，能熏第八相見分種子。第七末那，唯熏第八見分種子。

問：前七識四分，何分能熏。

答：見相二分能熏種，以此二分有作用故。

問：相分是色，何能熏種。

答：但是見分與力，令相分熏種。如梟附塊而成卵轂。又見分是自證分與力。

問：前五識與第八熏相分種者。其第八相分有三境，今熏何相分種。

答：但熏內身及外器實五塵相分種，餘即不熏，以不能緣故。

問：五識於一切時，爲皆熏三種，爲有不爾。

答：皆熏三種。縱異界相緣時，五識須託自第八相而熏本質種。又如二禪已上，借初禪三識緣上地三境時，亦各熏三種。其相質種，二禪已上收。見分種，即屬初禪繫。以越界地地法無，故言借。若得諸根互用，緣自他五塵境，皆熏三種子。以是性境收，本質同是第八相分故。若第六緣第八見分時，熏得見質二種，皆是心種。即與第八熏得見分種，又自熏得第六見分種。中間相分即不熏。若第六緣第八相分時，或熏三種子。爲自熏得能緣見分種，若現量時，亦自熏得相分五塵種。又與第八熏得五根塵本質種，多分只熏見質二種。

問：第六緣第八三境相分時，皆與熏得三境種不。

答：只熏根身器界種。緣種子境，即不熏種，恐犯無窮過故。其第六緣五根及種子境時，皆是獨影境。有說，是性境者。即須相分是實，便有兩重五根現行。犯有情界增過，故知不可。

問：第六能緣第八四分，何言唯熏見相分種。

答：以內二分與見分，同是心種故，於見分中攝。

問：第六緣一百法時，皆熏本質種不。

答：若緣無爲，并不相應行，及心所中一分假者，皆不熏本質種。實者即熏，以緣假法時，但是獨影境故。亦不熏相分種，其能緣見分種即熏。若第七識緣第八見分熏種者，但熏見質二種，定不熏相分種。其中間相分，但從兩頭合起，仍通二性。一半從本質上起者，是無覆性。一半從能緣見分上生者，是有覆性。【略】

問：如前第三所熏中，護法難馬鳴眞如受熏義。夫熏習之義，熏相不熏性，如火燒世界，不燒虛空。此眞如受熏之義，如何會通。

答：夫能所之熏，約有二宗，一法相宗，二法性宗。前護法是依法相宗所難，今馬鳴是依法性宗。今法性宗亦七識等而爲能熏，八爲所熏。其第八中，以如來藏隨緣成立，含有生滅不生滅義故。今言熏者，是不熏之熏，不變之變。即熏生滅門中，眞如隨緣之相。若眞如門中即不熏，此熏變義，俱不可思議，以不染而染故。如《起信論》云：復次，以四種法熏習義故，染淨法起，無有斷絕。一淨，謂眞如。二染，謂無明。三妄心，謂業識。四妄境，謂六塵。熏習義者，如世衣服非臭非香，隨以物熏，則有彼氣。眞如淨法性非是染，無明熏故，則有染相。無明染法實無淨業，眞如熏故，說有淨用。云何熏習染法不斷，所謂依眞如故，而起無明，爲諸染因。然此無明即熏眞如。既熏習已，生妄念心。此妄念心，復熏無明。以熏習故，不覺眞法。以不覺故，妄境相現。以妄念心熏習力故，生於種種差別執著，造種種業，受身心等眾苦果報。妄境熏義，有二種別。一增長分別熏，二增長執取熏。妄心熏義，亦二種別。一增長根本業識熏，令阿羅漢辟支佛一切菩薩受生滅苦。二增長分別事識熏，令諸凡夫受業繫苦。無明熏義，亦二種別。一根本熏，成就業識義。二見愛熏，成就分別事識義。云何熏習淨法不斷，謂以眞如熏於無明，以熏習因緣力故，令妄念心厭生死苦，求涅槃樂。以此妄心壓求因緣，復熏眞如。以熏習故，則自信己身有眞如法，本性清淨，知一切境界唯心妄動，畢竟無有。以能如是如實知故，修遠離法，起於種種諸隨順行，無所分別，無所取著。經於無量阿僧祇劫，慣習力故，無明則滅。無明滅故，心相不起。心不起故，境界相滅。如是一切染因染緣，及以染界心相都滅，名得涅槃，成就種種自在業用。妄心熏義，有二種別。一分別事識熏，令一切凡夫二乘，厭生死苦，隨己堪能，趣無上道。二意熏，令諸菩薩發心勇猛，速疾趣入無住涅槃。眞如熏義，亦二種別，一體熏，二用熏。體熏者，所謂眞如從無始來，具足一切無量無漏，亦具難思勝境界用，常無間斷，熏眾生心。以此力故，令諸眾生厭生死苦，求涅槃樂。自信己身有眞實法，發心修行。用熏者，即是眾生外緣之力，有無量義，略說二種。一差別緣，二平等緣。差別緣者，謂諸眾生從初發心，乃至成佛，蒙佛菩薩等諸善知識，隨所應化而爲現身等。平等緣者，謂一切諸佛及諸菩薩，以平等智慧，平等志願，普欲拔濟一切眾生，任運相續，常無斷絕。以此智慧熏眾生故，令其憶念諸佛菩薩，或見或聞，而作利益。入淨三昧，隨所斷障，得無礙眼。於念念中，一切世界平等顯現，見無量諸佛，及諸菩薩。《華嚴記》云：是則眞如亦爲能熏，亦能受熏。故《楞伽經》云，不思議熏，不思議變，是現識因。謂不可熏而熏，故名不思議熏。眞如不變而隨緣成法，名不思議變。亦即不染而染也。藏法師云，妄心通業識及事識。今據其本，言業識耳。言熏習故有染相者，眞如本無相，隨熏現相。又顯妄法無體，故但云相。此釋經中，如來藏爲惡習所熏等，上即生滅門中眞如。言有淨用者，此是生滅門中本覺眞如，故有熏義。眞如門中，則無此義。由此本覺內熏不覺，令成厭求反流順眞，故云用也。此釋經中，由如來藏故，能厭生死苦，樂求涅槃也。《涅槃經》云，闡提之人，佛性力故，還生善根。彼言佛性力者，即此本覺內熏之力耳。良以一識含此二義，更互相熏遍生染淨也。此中佛者是覺，性者是本，故名本覺。【略】

問：佛種從緣起者，即是熏習義。約法報化三身中，是何佛種從緣起。

答：是報身佛，由熏成故，以智爲種。法身是無爲斷惑所顯，不從種子生。以法報具足，能起化現，即化身是法報之用。唯報佛性，即是一切眾生聞熏種子。且如世間甘露葉上，霧露潤濕，滴入土中，一滴成一連珠。又更濕潤，生長芽莖。報佛性亦爾。我等第六識見分及耳識見分，如同甘露葉。如來大乘教法，如似霧露。耳識第六識熏得大乘種子，似潤濕。落在第八識中，如入土中生得連珠。後數資熏，至成自受用報身佛。更遇濕潤，生起芽莖。故知佛種全自熏成。初學之人，爭不仗於聞法之力。且眾生雖有正因性，須假緣因發起。如《大智度論》云：如經中說二因緣，發起正見。一者外聞正法，二者內有正念。又如草木內有種子，外有雨澤，然後得生。若無菩薩，眾生雖有業因緣，無由發起。然欲弘揚佛法，剖析圓宗，應須性相雙明，總別俱辯。故《法華經》偈云，如是大果報，種種性相義，我及十方佛，乃能知是事。今宗鏡本意，要理事分明，方顯一心體用具足。若有體而無用，如有身而無手足。若有用而無體，如有手足而無身。若無身手，人相不具。若無體用，法身不圓。《釋摩訶衍論》云：自性清淨無漏性德，從無始來一向明白，亦無垢累，亦無染污。而以無明而熏習故，即有垢累。無明藏海，從無始來一向闇黑，亦無智明，亦無白品。而以本覺而熏習故，即有淨用。如是染淨，但是假立。染非實染，淨非實淨，皆是幻化，無實自性。故知染淨無體，隨熏所成。若離熏習之緣，決定無法可得。若無第八識所熏之體，萬法不成。以前眾多義門，成就唯識，即知無有一法，不從心化生，隨善惡以熏成，因修習而爲種。似裹香之紙染，芬馥以騰馨。如繫魚之繩近，鯹羶而作氣。況異熟本識，堅住眞心，聞善法熏，則淨種子增長。因惡法發，則染種子圓成。是以內則爲因，雖然本有，外爲緣助，須仗新熏，遂能起果酬因，爲凡作聖。故經云，佛種從緣起。故知無法不熏成。是以多聞熏習之功，須親道友，積學鍊磨之力，全在當人。不可虛度時光，不勤妙行。如木中火性，是火正因，未遇人工，不成火用。如身中佛性，是佛正因，不偶淨緣，難成妙用。

問：心識無形無對，云何說受熏之義。

答：經明，若熏若變，俱不思議。約隨緣鼓動，彰熏變之相。以根本無明熏本覺時，即本覺隨動，故說爲熏。又本覺之體，理雖不變，由隨緣故，說爲變。雖然熏變，染而不染。雖不熏變，不染而染。莫可以心意測，故云不思議熏。靡可以文句詮，故云不思議變。

**王肯堂《成唯識論證義》卷二** 何等名爲所熏四義，（至）可是所熏非心所等。

三，正釋分三，一所熏，二能熏，三總結。今初，何等名爲所熏四義，別徵也。一堅住性下，別釋也。所熏四義，唯第八具，所以第八獨爲所熏。四義者，一堅住性。從無始之始，至究竟之終，一類相續，爲堅住性。夫爲所熏識者，且須一類堅住，相續不斷，能持習氣，乃是所熏。今前六轉識，若五位無心時，皆間斷故，既非堅住，非是所熏。一云，轉識謂七轉識，兼含心所。若許七識能持種者，初地已破四惑，應失一切有漏種子。已轉七識成平等性，猶有有漏種者，明是八識能持。言風聲等者，此揀根塵，以間斷相顯，故偏語之。理實等字，等取根塵及法處所攝色等，一切皆揀。至無色界，即無色故，入滅定等，心亦無故，名不堅住。此亦遮經部師將色心更互持種。論主云：且如於無色界入滅定時，色心俱間斷，此時將何法能持種。又如五根五塵，皆不通三界，亦非堅住，如何堪爲所熏性。又第七識在有漏位雖不間斷，在十地位中亦有解脫間斷，謂得無漏時不能持有漏種，以有漏無漏體相違故。以第八識雖是有漏，以在因中體無解脫，唯無覆性，即不妨亦能持無漏種，得名所熏。應立量云，前七轉識是有法，非所熏宗。因云，不堅住故。同喻，如電光聲風等。

問：若言有堅住性即是所熏者，只如佛果第八亦是堅住性，應名所熏。答：將第二義簡，曰無記性。夫爲所熏者，須唯是一類無記。即不違善惡性，方受彼熏。今佛果第八既是善性，即不容不善及無記性，非是所熏。以佛果圓滿故，如似沉麝，不受臭穢物熏。若不善性者，即是煩惱。又不容信等心所熏，互不相容納故。其所熏性，如寬心捨行之人，能容納得一切善惡事，若惡心性人即不中。第八識似寬心捨行之人，能容一切習氣。有此義故，方名所熏。若如來第八無漏淨識，唯在因中曾所熏習，帶此舊種，非新受熏。以唯善故，違於不善等。又云：善染如沉麝韭蒜等，故不受熏。無記如素帛，故能受熏。如善不容於惡，猶白不受於黑。若惡不容於善，如臭不納於香。唯本識之含藏，同太虛之廣納矣。

問：若言有堅住性及無記性二義，便名所熏者。且如第五心所同心王，具此二義，應是所熏。又如無爲，亦有堅住性義，爲所熏何失。答：將第三義簡，曰可熏性。言自在者，正簡難陁許第八五心所能受熏。論主云：心所不自在故，依他生起，非所熏性。言性非堅密者，即簡馬鳴菩薩眞如受熏。論主云：無爲體堅密，如金石等，決不受熏。夫可熏者，且須體性虛踈，能容種子方得。馬鳴救云：我言眞如受熏者，以眞如是性，第八是相，性相不相離。若熏著相時，兼熏著性，或攝相歸性，故眞如受熏何失，如將金石作指鐶等。護法破云：熏相不熏性，如火燒世界，不燒虛空。今唯是第八心王體性虛踈，方可受熏。如衣服虛踈，方能受香等熏。

問：若言有堅住性，無記性，及可熏性，三義。即是所熏者，應可此人第八識，受他人前七識熏。以此人第八是可熏性故。答：將第四義簡，曰與能熏共和合性。今將此人第八，望他人前七，無同時同處和合義故，非是所熏。亦遮經部師前念之識熏後念義。他身即簡同處，無有以他身識爲我所熏故。刹那前後即簡同時，前念識體，與後念識相，不相及故。唯異熟識，具此四義。可是所熏，非心所等。此總結也。非心所者，即第八同時心所。等取所餘，如上所揀。

**明昱《八識規矩補註證義》**　頌第八識。既能受熏，復能執持種子根身，及緣器界之義。《唯識論》云，依何等義。立熏習名。問也。所熏能熏，各具四義，令種生長，故名熏習。答也。何等名爲所熏四義。

一堅住性。若法始終，一類相續，能持習氣，乃是所熏。此遮轉識，及聲風等。性不堅住，故非所熏。

二無記性。若法平等無所違逆，能容習氣，乃是所熏。此遮善染，勢力強盛，無所容納，故非所熏。由此如來，第八淨識，唯帶舊種，非新受熏。

三可熏性。若法自在，性非堅密，能容習氣，乃是所熏。此遮心所，及無爲法，依他堅密，故非所熏。

四與能熏共和合性。若與能熏，同時同處，不即不離，乃是所熏。此遮他身，刹那前後，無和合義，故非所熏。唯異熟識，具此四義，可是所熏，非心所等

何等名爲能熏四義。

一有生滅。若法非常，能有作用，生長習氣，乃是能熏。此遮無爲，前後不變，無生長用，故非能熏。

二有勝用。若有生滅，勢力增盛，能引習氣，乃是能熏。此遮異熟，心心所等，勢力羸劣，故非能熏。

三有增減。若有勝用，可增可減，攝植習氣，乃是能熏。此遮佛果，圓滿善法，無增無減，故非能熏。彼若能熏，便非圓滿，前後佛果，應有勝劣。

四與所熏和合而轉。若與所熏，同時同處，不即不離，乃是能熏。此遮他身，刹那前後，無和合義，故非能熏。

唯七轉識，及彼心所，有勝勢用，而增減者。具此四義，可是能熏。如是能熏，與所熏識，俱生俱滅，熏習義成。令所熏中，種子生長，如熏苣藤，故名熏習。問：能熏前七，王所俱能。所熏第八，何非心所。答：所熏唯王，心所非義。所若受熏，大過失生。不應齊責。問：前七能熏，第八四分，何熏何分。曰：前五轉識，唯熏第八相分種子。第七唯熏見分種子。唯第六識能熏第八相見分種。問：能熏前七，各有四分，何分能熏。曰：見相二分，能熏成種，以此二分，有作用故。問：相分是色，何能熏種。曰：但是見分與相分力。相即能熏，如梟附塊，能成卵殼。頌言持種根身器者，持乃執受，有四義故。一攝爲自體，同無記故。二持令不散，令不壞故。三領以爲境，親相分故。四令生覺受，同安危故。種子根身，四義皆具。器界唯有領以爲境一義，非有情故，無餘三義。

# 死語　活語

**惠洪《禪林僧寶傳》卷一二**　夫語中有語，名爲死句。語中無語，名爲活句。使問提婆宗，答曰外道是。問吹毛劍，答曰：利刃是。問祖教同异，答曰：不同。則鑒作死語，墮言句中。今觀所答三語，謂之語則無理，謂之非語則皆赴來機活句也。古非毀之過矣，二失也。何謂分二種自己，不知聖人立言之難耶。曰：世尊偈曰：陁那微細識，習氣如瀑流。眞非眞恐迷，我常不開演。以第八識言其爲眞也耶。則慮迷無自性，言其非眞也耶。則慮迷爲斷滅。故曰『我常不開演』。立言之難也。爲阿難指示即妄即眞之旨，但曰二種錯亂修習。一者，用攀緣心爲自性者。二者，識精圓明，能生諸緣，緣所遺者。然猶不欲間隔其辭，慮于一法中生二解。故古創建兩種自己，疑誤后學，三失也。

**宗杲《正法眼藏》卷二**　趙州和尚示眾云：法本不生，今則無滅。更不要道，纔語是生，不語是滅。諸人且作麼生是不生不滅底道理。僧問：艸是不生不滅麼。曰，遮漢只認得箇死語。問：如何是丈六金身。曰，袖頭打領，腋下剜襟。僧云，學人不會。曰，不會，倩人裁。問：如何是西來意。曰，版齒生毛。問：栢樹子還有佛性也無。曰，有。云，幾時成佛。曰，待虛空落地時。云，虛空幾時落地。曰，待栢樹子成佛時。【略】

德山圓明和尚示眾云：但參活句，莫參死句。活句下薦得，千劫萬劫永無疑滯。一塵一佛國，一葉一釋迦，是死句。揚眉瞬目，舉指豎拂，是死句。山河大地，更無誵訛，是死句。時有僧便問：如何是活句。曰，波斯仰面看。僧云，恁麼則不謬也。圓明便打。

雲門和尚問新到云：雪峯和尚道，開卻路，達磨來也。我問你作麼生。僧云：築著和尚鼻孔。門云：地神惡發，把須彌山一擲，勃跳上梵天，摻破帝釋鼻孔。你爲甚麼向日本國裏藏身。僧云：和尚莫謾人好。門曰：築著老僧鼻孔，又作麼生。僧無對。門曰：將知你只是學語之流。

妙喜曰：擔一擔懵懂，換得一檐骨董。無星秤子秤來，付與無知漆桶。且道無知漆桶將作何用。你若道得活脫句，許你親見雲門。

**惠彬《叢林公論》**　熙寧間有橫渠先生，張氏，名載，著書十卷，曰《正蒙》。其論性云：有無虛實，通爲一物者，性也。不能爲一，非盡性者，苾蒭。可俊曰：吁哉。如是論性，乃性之名字影響也，絕不言有自得之理。此吾宗指爲死語，輪扁謂之糟粕，焉能盡性乎。孟子曰，君子深造之以道，欲其自得之也。苟不以自得爲驗，天下異學邪正不分，何以別乎。伊川先生曰，橫渠立言誠有過者，乃在《正蒙》。公論曰，喚作一物則不中。

**祖慶《佛鑑佛果正覺佛海拈八方珠玉集》上**　佛鑑拈云：諸禪德！古人相見，差之毫釐，失之千里。龐公好語，舉似人不著，飜成死語。百靈向鬼窟裏，賣瘦一期也被賣得過。雖然如是，如人飲水，冷暖自知。

**頤藏主《古尊宿語錄》卷一之二**　如今祇是說破兩頭句。一切有無境法，但莫貪染及解縛之事，無別語句教人。若道別有語句教人，別有法與人者，此名外道，亦名魔說。須識了義教、不了義教語。須識遮語、不遮語。須識生死語。須識藥病語。須識逆順喻語。須識總別語。說道修行得佛，有修有證，是心是佛，即心即佛，是佛說，是不了義教語，是不遮語，是總語，是升合檐語，是揀穢法邊語，是順喻語，是死語，是凡夫前語。不許修行得佛，無修無證，非心非佛，佛亦是佛說，是了義教語，是遮語，是別語，是百石檐語，是三乘教外語，是逆喻語，是揀淨法邊語，是生語，是地位人前語。從須陁洹向上直至十地，但有語句，盡屬法塵垢。但有語句，盡屬煩惱邊收。但有語句，盡屬不了義教。了義教是持，不了義教是犯。佛地無持犯，了義、不了義教盡不許也。【略】

讀經看教，若不解他生死語，決定透他義句不過。莫讀最第一，亦云須看教，亦須參善知識。第一須自有眼，須辯他生死語始得。若辯白不得，決定透不過，祇是重增比丘繩索。所以教學玄旨人，不遣讀文字。如云說躰不說相，說義不說文。如是說者，名眞說。若說文字，皆是誹謗，是名邪說。菩薩若說，當如法說，亦名眞說。當令眾生持心不持事，持行不持法，說人不說字，說義不說文。說道欲界無禪，亦是帶一隻眼人語。

**頤藏主《古尊宿語錄》卷三**　師云：但息一切有無知見，但息一切貪求，箇箇透過三句外，是名除糞。祇如今求佛求菩提，求一切有無等法，是名運糞入，不名運糞出。祇如今作佛見，作佛解，但有所見、所求、所著，盡名戲論之糞，亦名麁言，亦名死語。如云大海不宿死屍，等閑說話不名戲論。說者辯清濁，名戲論。教文都總有二十一般空。

**子文编《佛果圓悟真覺禪師心要》卷上** 一切佛法端坐現前，遂契行坐皆禪，脫去生死根本，永離一切蓋纏，成箇灑灑無事道人，何須向紙上尋他死語。

**子文编《佛果圓悟真覺禪師心要》卷下** 所以道：向上一路，千聖不傳。若是箇漢，聊聞舉著便透徹去，終不守他窠臼、取他死語也。且行棒行喝，落在什麼處。若不明得，直取龍呑意，則又紛紛紜紜去也。大丈夫漢已靈猶不重，何況取他人路布爲自己胷襟。直須不受人瞞，昂藏特立，截卻從來依倚，擺撥理性玄妙動用作略，體本分事，既體得到本分處。

**祖琇《僧寶正續傳》卷七** 罪巴陵語不識活句者，此足下讀愚書未審耳。夫巴陵親見雲門者也，方雲門在世，氣宇如王，其肯以語句爲事。嘗曰，此事若在言句上，三藏十二分敎，豈是無言句。奈何巴陵未旋踵，而違戾師教，矜能暴美。求信於人，以謂將三轉語，足以報答雲門，更不爲其作忌。予故鄙其自屈宗風以爲語句，使後世泛爾之徒，矜馳言語，喪失道源，自巴陵始也。又曷嘗謂其語非活句乎。蒙示教曰，有問提婆宗，答曰外道，是可以鑑作死語。然則僧問德山，如何是佛。山云，佛是西天老比丘。亦應鑑作死句也，夫豈然哉。宗師臨機大用，要在悟物而已，詎若搜章摘句之學以工拙較耶。果以工爲活句，拙爲死句，則鳥窠吹布毛亦拙矣。侍者何由悟去哉。承論巴陵三語曰，謂之語則無理，謂之非語則赴來機活句也。嗚呼，此失之遠矣。夫死句活句，雖分語中有語，語中無語之異，然在眞實人分上，棒喝譏呵，戲笑怒罵，以至風聲雨滴，朝明夕昏，無非活句也，豈唯玄言妙句而已哉。必如足下以無理而赴來機爲活句，標爲宗門絕唱，則從上宗師答話，俱無準的。第臨時亂道，使人謂之，語則無理。謂之非語，則赴來機含胡模稜而已。於戲其以宗門事，當兒戲乎。且吾教經論，大義粲然。史氏猶以爲華人好譎者，攘莊列之語，佐其高層累駕，騰直出其表而不信。況足下自判宗門旨趣如此。使彼見之，能不重增輕薄。足下略不念此何耶。然則予所以罪巴陵者，以其銜語句慢師資而昧大體也。足下則愛珊瑚枝枝撐著月之句。夫罪昧大體，而矯弊公論也。泥好句而斥公論，天下其以爲當乎。

**紹隆等編《圓悟佛果禪師語錄》卷一一** 坐卻舌頭，別生見解。他參活句，不參死句。活句下薦得，永劫不忘。死句下薦得，自救不了。只如諸人，即今作麼生會他活句。莫是即心即佛是活句麼，沒交涉。莫是非心非佛是活句麼，沒交涉。不是心不是佛不是物是活句麼，沒交涉。莫是入門便棒是活句麼，沒交涉。入門便喝是活句麼，沒交涉。但有一切語言，盡是死句，作麼生是活句。還會麼。萬仞峯頭獨足立，四方八面黑漫漫。復云，一口吸盡西江，栗棘埊殺老龐。當陽若也呑得，管取海內無雙。

**紹隆等編《圓悟佛果禪師語錄》卷一三** 豈不見道：他參活句，不參死句。活句上薦得，與祖佛爲師。如李萬卷問歸宗和尙，須彌納芥子則不問：如何是芥子納須彌。宗云，爾身如椰子大，萬卷書著在甚處。歸宗老漢尋常一條白棒，打佛打祖。及乎李萬卷問著，不免曲順人情，放開一線。

**蘊聞编《大慧普覺禪師普說》卷一四** 夫參學者，須參活句，莫參死句。活句下薦得，永劫不忘。死句下薦得，自救不了。爾諸人每日上來下去，寮舍裏喫茶喫湯，莊上搬鹽搬麵，僧堂裏行益，長廊下擇菜，後園裏擔糞，磨坊下推磨。當恁麼時，佛眼也覷爾不見。且道，是死句是活句，是不死不活句。試定當看。直饒定當得出，也未免在三句裏。豈不見，僧問南泉和尙，即心是佛又不得，非心非佛又不得，師意如何。泉云，爾但信即心是佛便了，更說甚麼得與不得。只如大德喫飯了，從東廊上西廊下，不可總問人得與不得也。遮裏若識得南泉，方不被三句所使，便能使得三句。既使得三句，始與南泉同一眼見，同一耳聞，同一鼻嗅，同一舌嘗，同一身觸，同一意思，更無差別。只爲爾執藥爲病，舊病未除，新病復作，卻被死句活句使得來七顛八倒，將他古人徑截處，一時紆曲了。且那箇是古人徑截處，我更爲爾舉一兩則。只如南泉道：牽牛向谿東放，不免食他國王水草。牽牛向谿西放，不免食他國王水草。不如隨分納些些。

**妙源编《虛堂和尙語錄》卷之四** 古德道：心空境寂，只爲久滯不通。參禪須參活句，不參死句。死句下薦得，自救不了。此是新學比丘之程限也。

**克勤《佛果圓悟禪師碧巖錄》卷五** 古人道，他參活句，不參死句。雪竇道，活中有眼，還同於死漢相似。何曾死，死中具眼，如同活人。古人道，殺盡死人，方見活人，活盡死人，方見死人。趙州是活底人，故作死問。驗取投子，如藥性所忌之物，故將去試驗相似。

**德清《紫栢老人集》卷之三** 於暗嗚叱咤之間，棒喝雷霆之下，偷心頓死，活句縱橫。苟不得其人，所謂千七百則葛藤，翻成魔繞。一遭纏縛，萬劫難解。何以故，見刺入心故。古德有言曰：文字語言，葛藤閒具，本無死活，死活由人。活人用之，則無往不活，死人則無往不死。所患不在語言文字葛藤，顧其人所用何如耳。又外語言文字而求道者，即語言文字而求道者，世人謂之宗教。宗教既分，各相非是。一則以爲宗可以悟心，教惟義路，義路惡足明自心哉。殊不知精義則能入神，入神便能致用，悟心亦精義之別名。故宗門大老，有大機大用，苟不入神，機用何自。故曰解得佛語，祖師語自然現前，眞萬古之名言也。

**善遇編《天如惟則和尚語錄》卷之九** 又云：塵勞永脱事非常，緊把繩頭做一場。不是一番寒徹骨，爭得梅花撲鼻香。黄蘗此語，可謂十分切當。而今看來也，是過後死語，不足以活人。山僧別用一機爲他翻款，諸人試聽取。良久云，要得梅花香撲鼻，還他徹骨一番寒。

**許元釗《雲門麥浪懷禪師宗門設難》** 問曰：宗門下有死句活句，何以分別。

答曰：古人雖有死句活句之分，其實用處在人不在句也。智者用活句，自然是活句，又將死句作活句用。愚人用死句，自然是死句，又將活句作死句用。凡一句語，不落言詮，不墮理路，不入思惟，不容擬議，千變萬化，八面受敵者，謂之活句。落言詮理路思惟分別者，謂之死句。如古德問僧云，九峰和尚有何言句。僧云，某問九峰如何是學人自己，九峰云丙丁童子來求火。古德云，汝意如何。僧云，丙丁是火，即是以火求火。古德叱之。僧求示。古德厲聲云，丙丁童子來求火。僧豁然大悟。九峰所謂丙丁童子來求火，乃活句也。如僧之分別擬議，乃將活句作死句用也。如古德厲聲云丙丁童子來求火，乃將死句作活句用也。一千七百祖師，三千七百公案，其用處莫不如此。

# 衆　生

**鳩摩羅什譯《大智度論》卷三五** 五衆和合中生故，名爲衆生。命根成就故，名爲壽者命者。能起舉事，如父生子，名爲生者。乳哺、衣、食因緣得長，是名養育。五衆、十二入、十八界等諸法因緣，是衆法有數，故名衆數。

**鳩摩羅什譯《成實論》卷一六** 問曰：汝說見五陰中無衆生，因何五陰說名衆生，爲有漏爲無漏。答曰：亦有漏亦無漏。問曰：經中說，若見衆生皆是見五受陰。答曰：無漏法亦在衆生數，不在非衆生數木石等中，故知亦因無漏諸陰名爲衆生。

**藏鳩摩羅什譯《摩訶般若波羅蜜經》卷一** 衆生義即是法義。於意云何。所言衆生，衆生有何義。

釋提桓因言：衆生非法義，亦非非法義，但有假名。是名字無本無因，強爲立名，名爲衆生。

**佛陀耶舍共竺佛念譯《佛說長阿含經》卷二二** 或有是時，此世還成世間，衆生多有生光音天者，自然化生，歡喜爲食，身光自照，神足飛空，安樂無礙，壽命長久。其後此世變成大水，周遍彌滿。當於爾時，天下大闇，無有日月、星辰、晝夜，亦無歲月、四時之數。其後此世還欲變時，有餘衆生福盡、行盡、命盡，從光音天命終，來生此間，皆悉化生，歡喜爲食，身光自照，神足飛空，安樂無礙，久住此間。爾時，無有男女、尊卑、上下，亦無異名，衆共生世，故名衆生。

**笈提摩多譯《釋摩訶衍論》卷四** 言衆生者，當何法耶，謂意、意識。何故意及意識名爲衆生。意及意識，一切衆染合集而生，故名衆生。

**僧肇《注維摩詰經》卷二** 衆生者，衆事會而生，以名宰一之主也。

**求那跋陀羅譯《雜阿含經》卷六** 世尊！所謂衆生者，云何名爲衆生。

佛告羅陀：於色染著纏綿，名曰衆生。於受、想、行、識染著纏綿，名曰衆生。

**求那跋陀羅譯《雜阿含經》卷四五**：

汝謂有衆生，此則惡魔見，
唯有空陰聚，無是衆生者。
如和合衆材，世名之爲車，
諸陰因緣合，假名爲衆生。
其生則苦生，住亦即苦住，
無餘法生苦，苦生苦自滅。
捨一切愛苦，離一切闇冥，
已證於寂滅，安住諸漏盡。
已知汝惡魔，則自消滅去。

**曇無讖譯《大般涅槃經》卷三六**　世尊！一切衆生悉有煖法。何以故。如佛所説三法和合名爲衆生，一壽二煖三識。若從是義，一切衆生應先有煖。云何如來説言，煖法因善友生。佛言：善男子！如汝所問有煖法者，一切衆生至一闡提皆悉有之。如我今者所説煖法，要因方便，然後乃得本無今有。以是義故，非諸衆生一切先有。是故汝今不應難言一切衆生皆有煖法。

**闍那耶舍譯《大乘同性經》卷上**　以何義故名爲衆生。佛言：楞伽王！衆生衆生者，衆緣和合，名曰衆生。所謂地水火風空識、名色、六入、因緣生。又衆生者，猶如束竹緣業，故報緣業得果。我、人、衆生、壽命、畜養衆數，知者、見者、作、者觸者、受者，是名衆生。毘毘沙那楞伽王言：世尊！彼衆生者，以何爲本依何而住以何爲因。佛言：楞伽王！此衆生者，無明爲本，依愛而住，以業爲因。

**吉藏《涅槃經遊意》卷一**　顯衆生有佛性，則顯衆生是佛性根本。衆生是佛，故有佛性。非佛則不得有佛性。如人姓張郎則有張姓，非張則不得有張姓。佛性亦爾。故論云：非衆生身内有佛非密，身外有亦非密。四並非密，衆生則是佛爲密也。

**智顗《妙法蓮華經文句》卷四下**　《中阿含》十二云：劫初光音天下生世間，無男女尊卑，衆共生世，故言衆生。此據最初也。若攬衆陰而有假名衆生，此據一期受報也。若言處處受生故名衆生者，此據業力五道流轉也。《正法念》云十種衆生，謂長、短、方、圓、三角、青、黃、赤、白、紫。云何衆生生死長。在地獄時身受不可思議苦，心念無量無邊惡。在畜生時，身叠相呑噉，心叠相逼惱。在於鬼時，身若燒山心如沸鑊，邪見熾盛觝突癡兇。在人時，身口意常作不饒益事以自勞苦，身口意常念不饒益事以自牽纏。在天時，耽染六塵縱逸嬉戲，不聞正法杜塞福源。是名衆生生死長。云何衆生生死短。在地獄時，能一念寂靜心取戒。在畜生時，能一念靜心依三寶。在餓鬼時，能一念靜心靜諸根。在人時，能修六度養父母敬三寶，以善嚴身口意。在天時，捨天樂持戒樂禪，教化讀誦梵行少語。是爲衆生生死短。云何衆生方生死。如鬱單越，於一切物無我所，捨身必上天，從天上又上天。唯向升善處，是名生死方楞。云何衆生圓生死，唯在三途四趣中，團欒圓轉如旋火煙迴是也。云何三角生死，謂善業不善業無記等是也。云何衆生青生死，恆入闇地獄常怖怕是也。云何衆生黃生死，餓鬼饑羸萎黃是也。云何衆生赤生死，畜生叠相食噉流血赫然是也。云何衆生白生死，謂人中天中白業善道。如諸天臨死時，餘天語言，汝生人道去。若人臨死，知識語言，汝向天中去。當知兩處是白生死。又第五云，心畫地獄黑色鬼鴿色畜生黃人赤天白，此義云何。答：上説五道果報，今説五道造業，故其不同耳（云云）。如是等衆生若爲與佛相遇。衆生以苦惱自煎，諸佛以大悲濟物。悲與苦相對故言相遇。

**慧遠《大乘義章》卷一七**　悲有三種。一衆生緣悲，緣苦衆生欲爲濟拔。依如《地經》，觀諸衆生十二因緣生死流轉，而起悲心。依《地持論》，緣諸衆生百一十苦，而修悲心。二法緣悲，觀諸衆生倶是五陰因緣法數無我無人，而起悲心。觀無我人，云何起悲。釋有兩義：一念衆生妄爲我人之所繫縛，受生死苦，深可哀湣故起悲心。二爲衆生説如斯法，是則眞實拔衆生苦，故名爲悲。三無緣悲，觀諸衆生五陰法數畢竟空寂，而起悲心。觀法空寂，云何起悲。還有兩義：一念衆生妄爲有法之所纏縛，受生死苦，故起悲心。二念爲衆生説如斯法。是則眞實拔衆生苦，故名爲悲。慈亦有三。一衆生緣慈，緣諸衆生欲與其樂。二法緣慈，緣諸衆生但是五陰因緣法數無我無人，而起慈心。三無緣慈，觀一切法畢竟空寂，而起慈心。法緣無緣云何起慈，釋與悲同。捨有二種。一者内施，謂捨一切頭目支節手足耳鼻。二者外施，施餘資生。不倦有二。一世間行中精懃不倦，二出世行中精懃不倦。廣則無量。智論有四。如《地持》説：一於五明處成就聞慧，二成思慧，三成修慧，四成證行。知世智中有其二種。如《地持》說，一如世間知，二如世間轉。如世間知是其解也，如世間轉是其行也。知世知中有其二種。一知世間事，謂知眾生及器世間，二知世間義及第一義。謂於世間八行觀察。

**灌頂《觀心論疏》卷四**　經云，一切眾生即菩提相。豈非眾生有佛如是相耶。經云，一切眾生皆有佛性。豈非眾生有佛如是性耶。經云，煩惱即菩提。豈非眾生有佛如是力、如是作、如是因、如是緣，四如耶。經云，生死即涅槃。豈非眾生有佛如是體、如是果、如是報，三如耶。經云，一切眾生心是三十二相八十隨形好，是心是佛，是心作佛。又云，心佛及眾生是三無差別。斯則證眾生有本末佛法界十如。

**智顗《摩訶止觀》卷五上**　攬五陰，通稱眾生，眾生不同。攬三途陰，罪苦眾生。攬人天陰，受樂眾生。攬無漏陰，眞聖眾生。攬慈悲陰，大士眾生。攬常住陰，尊極眾生。

**智顗《妙法蓮華經文句》卷一下**　劫初大水，風吹結構，以成世界。光音天命盡，化生爲人。身有光，飛而行，歡喜爲食，無男女尊卑。眾共生中，呼爲眾生。自然地味，味如醍醐。色如生蘇，甜如蜜。多食失光憔悴，不能飛。少食者猶光澤。便有勝負，遂相是非，致失地味。食自然地皮，轉相輕慢。失皮，食地膚，轉生諸惡。失膚，食自然粳米。食米，則男女根生，遂爲夫婦。

**慧遠《大乘義章》卷六**　言眾生者，計有我人，依於五陰和合而生，故名眾生。問曰，佛法亦說五陰集成眾生，與彼何異。釋言，佛法說生，假名無其體實。彼說有體，是故不同。

**智顗說　湛然略《維摩經略疏》卷八**　言眾生者，即是陰入等法攬此爲身，名眾生也。毘曇明所成眾生是無，能成實法是有。犢子云我在第五不可說藏。成實云非但所成是假，能成亦假。故以三假爲世諦，有假眾生。若空入眞，即無眾生。非但無所成亦無能成。此折假明能成所成，以入空也。方廣明眾生實法皆如夢幻，不生不滅畢竟皆空。大論破此失衍意也。今經明體所成能以入空也，皆如幻化等。問：成若如幻即空，與方廣何異。答彼雖明如幻即空取空戲論破於慧眼，尚不得入眞豈得眞空入中。此經明觀三諦窮源盡性。義推即有三種眾生。一俗，二眞，三中。俗諦者，攬分段五陰成假名，眾生皆如幻夢。若見眞諦，即攬變易五陰以成眾生。若見中道，即是法性五陰以成眾生。故《大經》明眾生佛性不離六法，《大論》云眾生無上者佛是。法無上者涅槃是。今中道既是法性五陰，何以不得稱爲眾生。盡眾生源窮三眾生，即是菩薩觀眾生義。

**玄奘譯《瑜伽師地論》卷五七**　依命根說，有諸氣息，故名眾生。

**道世《法苑珠林》卷一**　劫初成時，諸天來下爲人，皆悉化生。身光自在，神足飛行，無有男女尊卑，眾共生世，故名眾生。

**法寶《俱舍論疏》卷一**　眾生何義。佛告楞伽主：眾生者，眾物和合。地、水、火、風、空、識，由如蘆束更轉相依，故言眾生。準此經文，說其有情名眾生者，爲破別有一物爲有情體。又準此文，有情，眾生，名異體同。眾生六界共成，有情亦爾。不可別指一法爲有情體。《唯識論》師，指一實物阿賴耶識爲有情體，即非六界合成，不顯有情，是假非實。

**智聰《大方廣圓覺修多羅了義經心鏡》卷五**　眾生者，眾共而生。故眾生者，五陰和合而生。如五指頭，束成一拳。此五成拳，故有拳名。五陰成身，假名眾生。

**法雲《翻譯名義集》五**　僕呼繕那，或薩多婆，或禪（是戰切）豆，或禪兜，此云眾生。《摩訶衍》云，謂意及意識，一切眾染合集而生，故名眾生。而別自體，唯依心爲體。《同性經》，佛言，眾生者，眾緣和合，名曰眾生。所謂地水火風空識名色、六入、因緣生。《楞伽》，王言，世尊！彼眾生者，以何爲本，依何而住，以何爲因。佛言，此眾生者，無明爲本，依愛而住，以業爲因。

**宗寶編《少室六門》卷一**　眾生與菩提，亦如水與冰。爲三毒所燒，即名眾生。爲三解脫所淨，即名菩提。爲三冬所凍，即名爲冰。爲三夏所消，即名爲水。若捨卻冰，即無別水。若棄卻眾生，則無別菩提。明知冰性即是水性，水性即是冰性。眾生性者，即菩提性也。眾生與菩提同一性。只如烏頭與附子共根耳，但時節不同。迷悟異境故，有眾生菩提二名矣。蛇化爲龍，不改其鱗。凡變爲聖，不改其面。但知心者智內照，身者戒外貞。眾生度佛，佛度眾生，是名平等。眾生度佛者，煩惱生悟解。佛度眾生者，悟解滅煩惱。非無煩惱，非無悟解。是知非煩惱無以生悟解，非悟解無以滅煩惱。若迷時佛度衆生，若悟時衆生度佛。何以故。佛不自成，皆由衆生度故。諸佛以無明爲父，貪愛爲母。無明貪愛，皆是衆生別名也。衆生與無明，亦如右掌與左掌，更無別也。迷時在此岸，悟時在彼岸。

**袁宏道《西方合論》卷二** 諸佛如來，因於衆生，而起大悲。因於大悲，生菩提心。因菩提心，成等正覺。譬如曠野沙磧之中，有大樹王。若根得水，枝葉華果，悉皆繁茂，生死曠野。菩提樹王亦復如是。一切衆生，而爲樹根。諸佛菩薩，而爲華果。以大悲水，饒益衆生，則能成就諸佛菩薩智慧華果。是故當知，一切諸佛，取佛果者，依於衆生，若無衆生，佛果不成。譬如漢王以救民故而有百戰。以百戰故，登大寶位。登寶位故，百姓樂業。若無百姓即無如上等事。究而論之，凡行一德一事一利一名者，若無衆生，皆悉不成。是故我無衆生，即不成我。衆生是依，我即是正。衆生是正，我即是依。人我平等，依正無礙。是法爾故。法爾者，即自然果德故。若向外建立，即不成果義。

一切衆生，皆有如是淨性。譬一精金，冶爲釵釧及溺器等。金性是一，溺器者是器，具穢非金穢故。若加銷治，爲種種玩好等物，金亦不易。生佛亦然，同一淨性。但以釵釧溺器，而有差別，非是性異。是故博地凡夫，十念即生者，以本淨故。阿彌陀佛，欲攝受是衆生，即攝受者，以衆生本淨故。如鏡中之光，不從磨得。生淨土者，非是行願及與念力，所能成就。何以故。念行如鑪錘等，但能銷金，無別有金生故。

# 生 死

**鳩摩羅什譯《中論》卷三**：

不離於生死，而別有涅槃。

實相義如是，云何有分別。

諸法實相第一義中，不說離生死別有涅槃。如經說，涅槃即生死，生死即涅槃。

**鳩摩羅什譯《成實論》卷七** 生者，五陰在現在世名生，捨現在世名滅。相續故住。是住變故，名爲住異。非別有法名生住滅。又佛法深義，謂衆緣和合有諸法生，是故無法能生異法。又說，眼色等是眼識因緣，是中不說有生，是故無生無咎。又說，生法等一時生，若法一時生即滅，是中生等何所爲耶。應思是事。又十二因緣中，佛自說生義。諸衆生處處生受諸陰名爲生，是故現在世中初得諸陰名生。亦說五陰退沒名死，亦說諸陰衰壞名老，無別有老死法。

**月婆首那譯《僧伽吒經》卷四** 云何名死，云何名生。佛言：善男子！識滅名死，福德因緣識起名生。

**菩提流支譯《金剛仙論》卷九** 小乘人斷三界煩惱盡分段生死，灰身滅智，入無餘涅槃，善惡因果一切俱捨，既見初地。菩薩斷四住煩惱，出於分段生死。意謂聞已滅於身智，亦捨因中萬行及失果報。故言說諸法斷滅相。復有一家，小乘曇無德人，計謂至五地六地，作十四諦觀，善學五明，及十種逆愼觀十二因緣，方得無生忍，斷三界煩惱，出分段生死，灰身盡智，無餘涅槃。爾時，同小乘斷滅，因果俱失。後有一家，薩婆多中日出道人，計第七地中始得無生忍，方盡三界煩惱，出分段生死。同已小乘捨於身智，亦無依報淨土。復有一家小乘，計至八地中，得大無生忍，無功用解。爾時方出三界，捨於身智，一切皆失。最後一家薩婆多人，計十地中始得阿那含，斷三界煩惱盡。金剛心後，出分段生死，得阿羅漢，即名爲佛，入無餘涅槃，捨諸功德，滅於身智，故說斷滅相也。

**求那跋陀羅譯《勝鬘師子吼一乘大方便方廣經》** 有二種死，何等爲二。謂分段死，不思議變易死。分段死者，謂虛僞衆生。不思議變易死者，謂阿羅漢、辟支佛、大力菩薩、意生身乃至究竟無上菩提。二種死中，以分段死故，說阿羅漢、辟支佛智，我生已盡，得有餘果證故。【略】

世尊！生死者依如來藏。以如來藏故，說本際不可知。世尊！有如來藏故說生死，是名善說。世尊！生死，生死者，諸受根沒，次第不受根起，是名生死。世尊！死生者，此二法是如來藏。世間言說故，有死有生。死者謂根壞，生者新諸根起。非如來藏有生有死。如來藏者離有爲相，如來藏常住不變。是故如來藏是依是持是建立。世尊！不離不斷，不脫不異，不思議佛法。世尊！斷脫異外有爲法依持建立者，是如來藏。世尊！若無如來藏者，不得厭苦樂求涅槃。何以故。於此六識及心法智，此七法刹那不住，不種衆苦，不得厭苦樂求涅槃。世尊！如來藏者，無前際不起不滅法，種諸苦得厭苦，樂求涅槃。世尊！如來藏者，非我非衆生非命非人。如來藏者，墮身見衆生顛倒衆生空亂意衆生，非其境界。

**智顗《妙法蓮華經玄義》卷九上**　若有爲門即生死之有，是實相之有。一切法趣有，有即法界。出法界外，更無法可論。生死即涅槃，涅槃即生死，無二無別，舉有爲門端耳。實具一切法圓通無礙，是名有門。三門亦如是。此即生死之法，是圓四門相也。【略】

體生死即涅槃，名爲定。達煩惱即菩提，名爲慧。於一心中巧修定慧，具足一切行也。四破法遍者，以此妙慧，如金剛斧，所擬皆碎，如無翳日，所臨皆朗。若生死即涅槃者，分段、變易苦諦皆破。若煩惱即菩提者，四住、五住集諦皆破。雖復能破，亦不有所破。何者。生死即涅槃，故無所破也。五識通塞者，如主兵寶，取捨得宜。強者綏之，弱者撫之。知生死過患名爲塞，即涅槃名爲通，煩惱惱亂名爲塞，即是菩提名爲通。始從外道四見乃至圓教，四門皆識通塞。節節執著即是塞，節節亡妙名爲通。若不識諸法夷嶮，非但行法不前，亦亡去重寶也。六善識道品者，觀生死即涅槃。十界生死色陰，皆非淨非不淨。乃至識陰非常非不常，能破八顛倒，即法性四念處，念處中具道品三解脱及一切法。又知涅槃即生死，顯四枯樹。知生死即涅槃，顯四榮樹。知生死涅槃不二，即一實諦，非枯非榮，住大涅槃也。七善修對治者，若正道多障，應須助道。觀生死即涅槃，治報障也。觀煩惱即菩提，治業障煩惱障也。八善知次位者，生死之法本即涅槃，理涅槃也。解知生死即涅槃，名字涅槃也。勤觀生死即涅槃，觀行涅槃也。善根功德生，即相似涅槃也。眞實慧起，即分眞涅槃也。盡生死底，即究竟涅槃也。觀煩惱即菩提亦如是。九善安忍者，能安内外，強軟遮障，不壞觀心。若觀生死即涅槃，不爲陰入境病患業魔禪二乘菩薩等境所動壞也。若觀煩惱即菩提，不爲諸見增上慢境所動壞也。十無法愛者，既過障難道根，成立諸功德生。觀生死即涅槃，故諸禪三昧功德生。觀煩惱即菩提故，諸陁羅尼無畏不共諸般若生。觀生死涅槃不二故，法身實相生，相似功德順理而生。喜起順道法愛生名愛法，不上不退名爲頂墮。此愛若起，即當疾滅。愛若滅，已破無明，開佛知見，證實相體。觀生死即涅槃，故證得解脱。煩惱即菩提，故證得般若。此二不二，證得法身。

**智顗《維摩經玄疏》卷三**　若言涅槃即生死，一實諦即是苦因緣。若言生死即涅槃，一實諦即是滅因緣。若言菩提即煩惱，一實諦即是集因緣。若言煩惱即菩提，一實諦即是道因緣也。是爲知不思議世間出世間因緣也。

二次明眞正發心者，即是無緣慈悲、無作四弘誓願也。若無緣大慈，觀生死即涅槃、煩惱即菩提，與衆生此滅道之樂，名無緣大慈也。觀涅槃即生死、菩提即煩惱，欲拔衆生此虚妄之苦，名無緣大悲也。無作四弘誓願者，知涅槃即生死，未度苦諦，令度苦諦也。知菩提即煩惱，未解集諦，令解集諦也。知煩惱即菩提，未安道諦，令安道諦也。知生死即涅槃，未得涅槃令，得涅槃也。菩薩如是慈悲誓願，無緣無念而覆一切衆生。猶如大雲不加功用，如磁石吸鐵，是名眞正菩提心也。

三明行菩薩道勤修止觀者，若知生死即涅槃，即是善修止也。若知煩惱即菩提，即是善修觀也。如陰陽調適，萬物長成。若巧修止觀，即能一心具萬行也。問曰：以何爲集。答曰：依此經及《涅槃經》，無明、愛、一切煩惱，爲集諦，業屬於苦。於今對義爲便也。

四明破諸法遍者，若知生死即涅槃，即破分段、變易二種生死皆遍。若知煩惱即菩提，則破一切界内界外煩惱遍也。譬如轉輪聖王能破一切強敵，亦不有所破。般若波羅蜜亦復如是，能破一切法，亦不有所破。

五善知通塞者，知生死即涅槃、煩惱即菩提，則一切皆通。知涅槃即生死、菩提即煩惱，則一切皆塞也。

六善修道品者，觀十法界、五陰，生死即是法性五陰，法性五陰即是性淨涅槃，即是四念處破八倒。知涅槃即生死，顯四枯也。知生死即涅槃，顯四榮也。知一實諦是見虚空佛性，住大涅槃也。因此四念處，修正勤、如意足、根、力、覺、道，即是道品善知識，由是成正覺，亦是莊嚴雙樹，是則煩惱即菩提。

七對治助修諸波羅蜜者，知菩提即是重惡煩惱，是以知生死即涅槃。對治諸波羅蜜諸度法等侶助煩惱，即菩提開三解脱門。對治若成，煩惱即菩提也。

八善識位次者，涅般即生死、菩提即煩惱，此是理即。若知生死即涅槃、煩惱即菩提，是爲名字即。因此觀行分明，成五品弟子，即是觀行即。得六根清淨，名相似即，成四十一地。即是分證眞實即，證妙覺果，即是究竟即。若能善解此之次位，即不起大乘增上慢大乘旃陁羅之過罪也。

九安忍成就者，若知生死即涅槃，即不爲陰界入境、病患境、業相境、魔事境、禪門境、二乘境、菩薩境之所壞也。若知煩惱即菩提，即不爲煩惱境、諸見境、增上慢境之所壞。能忍此無作苦集不爲所壞者，此如《大智論》説，能忍成道事，不動亦不退，是心名薩埵也。

十順道法愛不生者，觀生死即涅槃，生一切諸禪定三昧等功德。觀煩惱即菩提，生諸陁羅尼門四無所畏、十八不共法、四無閡智、一切種智。

**吉藏《大乘玄論》卷三** 答：他家生死在此，涅槃在彼，衆生在生死，佛在涅槃。今明：生死即涅槃。故《中論》云，若求如來性，即是衆生性。求涅槃性，即是世間性。故經云，明、無明，愚者謂二，智者了達其性無二。若捨生死別取涅槃，是爲愚人不離生死。若知生死與涅槃無有差別，方得涅槃。

**慧遠《大乘義章》卷八** 四，生義三段分別（辨相一、通局二、寬狹三）

言四生者，謂胎、卵、濕、化。言胎生者，如今人等。稟託精氣而受報者，名爲胎生。言卵生者，如諸鳥等。依於卵殼而受形者，名爲卵生。言濕生者，如今夏日濕生蟲等，不假父母，依濕受形名爲濕生。言化生者，如諸天等，無所依託，無而忽起，名曰化生。若無依託，云何得生。如《地論釋》，依業故生，生相如是。

次就五趣辨其通局。四生之中，化生一種全攝二趣及三少分。全攝二者，諸天地獄，一向化生。三少分者，人鬼及畜少分有之。如劫初時，人鬼及畜一切化生，今時多無，故曰少分。胎生一種，人鬼及畜少分有之，餘趣全無。卵濕二生，唯在人畜，餘趣皆無。人中卵生，如毘舍兒。毘舍法母生其肉卵，卵中有其三十二兒。如是等類，是卵生人。人濕生者，如頂生王。過去有王，名曰善住，頂生肉胞，十月滿足，中生一兒，因字頂生。如是等，此是濕生人。畜生道中，卵濕可知。

次辨寬狹。如《雜心》問：爲生攝趣，爲趣攝生。論自釋言，四生攝趣，非趣攝生。何故如是。一切五趣，無出四生，故生攝趣。五道中陰，皆是化生，五趣不收，是故五趣不攝四生。四生之義，略辨如是。

**吉藏《中觀論疏》卷六** 大乘明生死畢竟空義，故説此品。如小乘人自欲除生老病死，大乘人則兼除之義。今明：若見有生死，則不能除生死。知生死本畢竟空，方能離生死。如《智度論》云：生死人有生死，不生死人則無生死。問云：何是生死耶。答：小乘人但有一分段，大乘説者不同。依《勝鬘經》，明二種生死。有漏業因，四住爲緣，感分段生死。無漏業因，無明爲緣，感界外變易生死。問：無漏業，云何感生死耶。答：異釋云云。今明：望凡夫界內爲無漏耳，望法身實相猶是有漏，取其生心動念，即名爲業。不了了與實相相應，故云無明。此二因緣，生死未息也。

《成實》者言有四種生死。一分段。二變易。三中間，即七地所受生死。四流來生死。

依《攝大乘論》七種生死。三即三界，四方便生死，五因緣生死，六有有生死，七無有生死。今此品破大乘。小乘人謂有決定生死，不得脱生死。故下文云，若使初後共是皆不成者，何故而戲論，謂有生老病死。五者，欲釋經三際空。如《大品·十無盡品》發旨即云，菩薩先際不可得，中際後際皆不可得，故無菩薩。經直唱三際不可得，未廣釋不可得。今廣欲釋之，故説此品。六者，欲釋十八空中無始空義，故説此品。又《大品·四攝品》云，菩薩住二空攝取衆生，一畢竟空，二無始空。上明畢竟空，今辨無始空，故説此品。

問：生死定有始，爲無始耶。答：內外計者不同。外道人謂冥初自在，爲萬物之本，爲諸法始，稱爲本際。復有外道，窮推諸法邊不可得，故云世間無邊，名無本際。《老子》云，無名爲萬物始，有名爲萬物母。亦是有始。佛法內，小乘之人但明生死有終盡，在無餘涅槃不説生死根本之初際，名無本際。問：何故爾耶。答：佛説生死長遠本際不可知，令小乘人深生厭離，故不明始。令速滅煩惱早入無餘，故明生死之終。又上座僧祇同，不説生死有始。大乘人云，若總論六道，則不可説其始終，不知何者最初生，亦不測其最後滅故，故無有始終。若就一人則有始終，始自無明初念，託空而起，終斷五住，得成法身也。問：云何破之。答：生死有始，即世間有邊。無始即是無邊。有邊無邊，是十四難耶。大小乘經明佛不答。以是義故，不應定執有始無始也。又《智度論》云，若破有始，還說無始。譬如濟人以火，還著深水。以是義故，二俱有過。問：佛是一切智人，何故不答十四難耶。答：如來出世，本爲拔衆生老病死苦，若答十四難，則增諸結，故不答之。問：有始無始，二俱有過。何故十八空內有無始空，不明有始空耶。答：龍樹云，有始無始，俱爲邪見。而佛多破有始，明於無始。今說無始尙空，何況有始。故但說無始空，即知有始亦空。《智度論》明有始無始雖皆邪見。而佛多說無始。不應云，小乘明無始，大乘明有始。

問：《涅槃》云，十地菩薩見終不見始，諸佛如來見始見終。云何言大乘不說生死始終耶。答：《涅槃經》雖有此言，亦不分明辨生死之始。河西道朗對曇無讖翻《涅槃經》釋此語。但據十二因緣明其始終，無明細故，未觀其始。老死麁故，以鑒其終。佛則麁細俱明，則始終並見。問：本住與本際何異。答：本住是人名，本際爲法秤。又本際都是人法始起處也。品開爲二，前問：次答。問有二意，初引經，次問論主。問：品稱破本際，云何乃引《無本際經》。答：有二義。一云外人初立有本際，佛說《無本際經》破之。以不受此言，故問論主。二者外人疑於佛經言無本際，云何既說有生及以死應有本際。今申經無本際，破外人謂有本際。故云破本際品也。是中說有衆生有生死，第二外人引佛經難論主，經說有衆生者有人也，有生死者有法也。以何因緣而作是說者，疑經有衆生有生死何故無本際。二難論主上品末呵責之言。經既說有人法，何得呵云計有人法不得佛法味耶。若見有人法不得佛法味者，何因緣故經說有八法耶。答曰爲二，初破無生死本際，第二末後兩偈例破無一切法本際。初爲二，一破無生死始終中間，是故於此中下，第二破無生死。就初又二，前偈明無始終，次半偈辨無中間。上半明無始，下半辨無終。此則是申佛經明無始，以破外人計生死有始，即是破本際。

問：小乘人亦言生死無始，破於有始，與論主何異。答：論主解說無始有四意。一者，小乘人言有生死長遠始不可知。論主申佛意，佛經說無始者，非是有生死長遠故無始，明生死始不可得，即是生死無有根本。二者，佛意明無始者，即是兩捨明其無始者，辨其無有始非謂有無始。故始與無始，五句不行，即令悟入實相。三者，佛經明無始即無有終，亦無中間。如樹無根，亦無枝葉。以無始及中間故，無生死，亦無終，故無涅槃。即顯六道本不生，今不滅不生死不涅槃，而大小乘人不解此意。四者，復得說生死長遠，令大小乘起厭離，懃習觀行，斷諸煩惱也。問：云何是始終。答：大乘人云，無明初品爲生死之始，金剛心爲生死之終。然復有生死之始是涅槃之終，涅槃之始爲生死之終，生死之終爲大涅槃之始，涅槃之始爲生死之終。生死之始爲涅槃之終者，據迷情辨之。載起一念，有所得心，則是生死之始。而正觀不現故，是涅槃終。若得一念正觀，則是涅槃之始爲生死之終。今總問之：爲待終故言始爲不待耶。若待終爲始者，無明初念未有金剛心，何所待耶。若初念有金剛心，則始終便並，云何成始終耶。又金剛心無復無明初品，何所待耶。若有初品則無金剛心，令誰待耶。是故當知無有始終也。

第二半偈，破中間易知，即是破中義。本對偏病，是故有中。若無二邊，何中可得。如是生死涅槃，眞之與妄，義皆例然。然佛直唱無始一言。約今論文乃破四執，既言無始即破始也。二既言無始，始無故言無始，非謂有無始，即破無始見。三者，既始無而無始亦無，即無終破於終見。四者，二分既無，亦無中間往來，破中間見。既破四見，即令人悟入實相，得解脫生死也。龍樹申佛說無始意如此。而今大小乘學人，並不識佛說無始意，豈可與論主諍耶。《像法決疑經》云，末世法師如文取義，違背實相即其事也，是故於此中下第二段破生死。所以破生死，凡有二意。一，總釋無始終中間義。若有生死，可有始終中間。竟無生死，何有始終。二，正爲釋無中間義。《涅槃經》云，生死本際凡有二種，一者無明，二者有愛，是二中間則有生老病死，故今三門求生死不得。釋無中間也。就文爲三，初半偈總標三種無，次釋三無，後結三無呵外說有也。次三偈釋三無爲二，初二偈釋生死非前後義，次一偈釋生死非一時義。初偈破前生後死，上半牒，下半破。

問：云何爲生死。答：就四有明義，一本有，二死有，三中有，四生有。本有者，百年之陰也。死有，一刹那死陰也。中有者，中陰也。生有者，一刹那受正生也。二就十二因緣明生死者，識支一刹那爲生，第二刹那便屬老死也。識支是實生，坐草初出胎是世俗生。所以初破前生後死者，蓋是物之常理。如成實者云，無明初念，託空而起，此但是生，爾前未有死。《涅槃經》云：功德天喻生，生秤爲姊，故生在前。黑闇女譬死，死喻於妹，死在後故也。不老死有生者，法應先老死而後生。今不老死，云何有生耶。不生有老死者，若老死不因生有，亦此生之後應無老死。又得是並。若不老死而有於生，亦應不生而有老死也。次偈上半牒，下半破。初句明無因者，生是死因故也。第二句直呵之。既本來不生，何有老死。第三偈破一時，上半牒而總非，下半作無因果義。無因有二。一無兩法可以爲因，如生時有死，死時於生，則無生可爲死因。死亦爾。此是理奪明無因。二縱生死，一時並如牛二角，不相因。長行具二無因，初文是兩無爲無因。從若一時下，縱有明有不須相因也。若使初後共下，第三一偈結三無，而呵外謂有。上半結無，下半呵有。問：大小乘經俱明有生老死，論主何故呵之耶。答：論主申佛意。佛意說生老死者，如《三相品》，諸賢聖欲止其顛倒故說。語言雖同，其心則異。佛是不言有生死故生死，令其因生死悟不生死。而惑者封執定有生死，故不識佛意，所以呵之。復次下，第二兩偈例破諸法，爲二。初偈引法，次偈破法。破法二意，一明無始終中間，二例不得前後一時也。人謂因前果後，既未有果，前是誰因。人前法後等，亦作此破也。

**吉藏《法華玄論》卷八** 五百由旬義。論曰：佛法雖復深曠，而大要不出生死涅槃、迷悟二躅也。諸師盛引五百由旬廣證諸義，故須評其得失。此義若成，眾證皆立。斯義若壞，眾證皆謬矣。有人言生死有四種，一流來生死，二變易生死，三中間生死，四分段生死。今但明三種生死，以譬五百不說流來。流來是有識之初，今明反原之始，故不說也。三百謂分段生死，四百是七地，中間生死五百是，八地已上變易生死也。

評曰：此釋五義爲失。一者，四種生死，經論無據。《勝鬘》云，因五果二。果二者，一分段，二變易。因五者，謂五住地。離二生死，別立流來生死及中間生死，應離五住外別立煩惱，離漏無漏業別更立業也。二者，《法華》明五百，而不增爲六百減成四百者，經明二種生死亦不可增減。若二生死遂有增減，則五百義亦同然。三者，釋論云，菩薩有二種身，一肉身，二法性生身。肉身則分段生死，法身謂變易生死。若二生死外別有生死，應離二身外別更有身也。四者，論又云，阿羅漢捨三界肉身，受法性生身。故羅漢唯有二身，則但有二生死，離二之外無別生死也。五者，若以四百爲七地則三百爲六地，若爾，二乘斷惑便與六地齊功。若二乘斷惑齊六地者，無有是處。二乘極久，唯六十劫或百劫。菩薩至六地時，二十二大僧祇劫。略據一文詳之，則菩薩求佛道而迂迴。二乘望大覺爲直路，而眾經呵斥二乘便成妄說。又《大智論》云，二乘去佛道迂迴，不如直往菩薩。以經論詳之，不應作此說也。此義至有聲聞無聲聞中，當廣論之。有人言，但有二種生死，如《勝鬘》所說。但此中三百喻三界，四百喻七地。二國中間難可過度。五百喻八地已上。

**吉藏《法華義疏》卷八** 依《攝大乘論》，三界外有四種生死。三地以還，名方便生死。四地至七地，名因緣生死。八地至十地，名有有生死。金剛心一剎那，名無有生死。《佛性論》云：三地是世間地，宜名世諦，亦是福德。福德望智慧，則福德是緣義，名方便生死。四地至七地名出世間地，亦名眞諦，稱爲智慧。智慧是因，名因緣生死。論舉喻云，方便生死如無明生行，因緣生死如行生識，故知無明爲方便而行正是因也。有有生死者，有生亦有死也。無有生死者，但有一剎那生後則轉成法身。法身成佛，正是離無有生死。

**實叉難陀譯《大乘入楞伽經》卷二** 復次，大慧！諸聲聞畏生死妄想苦而求涅槃，不知生死涅槃差別之相，一切皆是妄分別有，無所有故。妄計未來諸根境滅以爲涅槃，不知證自智境界轉所依藏識爲大涅槃。彼愚癡人說有三乘，不說唯心無有境界。大慧！彼人不知去來現在諸佛所說自心境界，取心外境，常於生死輪轉不絕。

**玄奘譯《瑜伽師地論》卷八一** 生死者，謂即善趣、惡趣、退墮、昇進。

**玄奘譯《成唯識論》卷八** 復次生死相續，由內因緣，不待外緣，故唯有識。因謂有漏、無漏二業，正感生死，故說爲因。緣謂煩惱所知二障，助感生死，故說爲緣。所以者何。生死有二。一分段生死，謂諸有漏善不善業，由煩惱障緣助勢力所感三界麤異熟果。身命短長，隨因緣力有定齊限，故名分段。二不思議變易生死。謂諸無漏有分別業，由所知障緣助勢力所感殊勝細異熟果。由悲願力，改轉身命，無定齊限，故名變易。無漏定願，正所資感，妙用難測，名不思議。

**玄奘譯《瑜伽師地論》卷九〇** 復次，海有二種，一者水海，二生死海。

由三種相，當知水海與生死海而不同分。何等爲三。一者自性不同分故，二者淪沒不同分故，三者超渡不同分故。此中自性不同分者，謂水大海，用色一分爲自性故，有邊有量。生死大海，用一切行爲自性故。無邊無量。此中淪沒不同分者，謂若所有淪沒，若由此淪沒，若如是淪沒，皆不同分。謂水大海，或傍生趣，或有人趣，於中淪沒。生死大海，諸天世間亦常淪沒。又水大海唯由身故，於中淪沒。不由語故，不由意故，不由貪故，不由瞋故，不由癡故，不由生等衆苦法故，於中淪沒。此中宣說諸業煩惱，彼果三分，如其次第，應知彼相。生死大海，亦由身故。乃至亦由生等苦故，於中淪沒。諸出家者，由妄尋思，由妄觀察，由自所起諸邪分別，發起種種不正尋思，令心擾亂，於生死海，恆常淪沒。又餘外道，諸煩惱繫所纏繫故，於生死海，恆常淪沒。諸在家者，恆常無間衆苦逼切，煩惱燒然，而不能厭，故名淪沒。其餘依止諸業煩惱，於諸生處往還無絕，故名淪沒。其水大海，唯墮其中，暫時衰損。或傍生趣，由業煩惱一分勢力，而生其中，暫時淪沒，而非究竟。當知是名沒不同分。此中超渡不同分者，謂水大海，未離欲貪諸異生類，尚能越渡，何況其餘。生死大海，三分建立。未離欲者，由五可愛境差別故。已離欲者，由意所識可愛諸法境差別故。諸有學者，由內六處有差別故，其未離欲諸異生類，於五可愛境界大海，未能超渡。其已離欲諸異生類，於內各別六處大海，未能超渡。由彼於此未超渡故，於前二種境界大海，亦未超渡。其有學者，普於六處遍知爲苦，即於所緣修習止道。彼由安住如是住故，於未離欲、已離欲地二種境界所有心意所緣境相，明了現前。又由猛利觀察作意，於先所見等隨憶念。由此因緣，於彼速疾以慧通達，亦能除遣。又彼於其六處大海，速能超渡。能超渡故，於前二種境界大海，畢竟超渡。及能超渡，能發棄捨所學煩惱，能發尋思亂心煩惱，能發耽著世間利養恭敬煩惱，能發一切惡行煩惱。

**玄奘譯《阿毗達磨俱舍論》卷三〇**　若定無有補特伽羅，爲說阿誰流轉生死，不應生死自流轉故。然薄伽梵於契經中，說諸有情無明所覆，貪愛所繫，馳流生死故，應定有補特伽羅。此復如何流轉生死，由捨前蘊取後蘊故。如是義宗前已徵遣。如燎源火，雖剎那滅，而由相續，說有流轉。如是蘊聚假說有情，愛取爲緣，流轉生死。

**菩提流志譯《大寶積經》卷九〇**：

了知諸法如實相，　常行生死即涅槃。
於諸欲中實無染，　調伏衆生言離欲。

**波羅頗蜜多羅譯《大乘莊嚴經論》卷二**：

生死與涅槃，無二無少異。
善住無我故，生盡得涅槃。

釋曰：生死涅槃無有二，乃至無有少異。何以故，無我平等故。若人善住無我而修善業，則生死便盡而得涅槃。如是已遮顛倒。

**般剌蜜帝譯《大佛頂如來密因修證了義諸菩薩万行首楞嚴經》卷三**

阿難！如汝所言，四大和合，發明世間種種變化。阿難！若彼大性，體非和合，則不能與諸大雜和。猶如虛空不和諸色。若和合者，同於變化，始終相成，生滅相續。生死死生，生生死死，如旋火輪未有休息。阿難！如水成冰，冰還成水。

**窺基《妙法蓮華經玄贊》卷二**　開合者，六趣總爲一，謂一期生死。次開爲二，謂善趣、惡趣，分段生死、變易生死。或開爲三，謂三界。或開爲四，謂四生四有。四有者，一生有，二本有，三死有，四中有。及四種生死，謂方便生死，因緣生死，有有生死，無有生死。或開爲五，謂五趣除阿素洛。或開爲六，如此文等說有六趣。

**法海集記《南宗頓教最上大乘摩訶般若波羅蜜經六祖惠能大師於韶州大梵寺施法壇經》卷一**　五祖曰：吾向與說，世人生死事大，汝等門人終日供養，只求福田，不求出離生死苦海。汝等自性迷，福門何可救汝。

**玄覺《永嘉證道歌》**：

幾迴生幾迴死，生死悠悠無定止。自從頓悟了無生，於諸榮辱何憂喜。

**頤藏主編《古尊宿語錄》卷三〇**　舒州龍門佛眼和尚語錄，住南康雲居嗣法，善悟編。

上堂。永嘉一宿而悟。遂曰：幾回生，幾回死，生死悠悠無定止，自從頓悟了無生，於諸榮辱何憂喜。大衆！說有生死，亦是言詮。說無生死，亦是言詮。既涉言詮，則是事迹。且事麁易顯，理妙難彰。故言近而旨遠。如何以至近之言，明其至遠之旨，不其難哉。先聖道，得旨忘言，遺事觀理。後人不曉，便乃事外尋理，言外求旨。譬如以手撮摩虛空，徒自疲勞，終無所益。要知得力用意處麼。須即事無事，即言無言。悟入方親，解會不得。若如是，隱顯施爲，神用難測也。不見僧問首山，如何是佛法大意，首山曰，楚王城畔，汝水東流。便有人悟去。歸堂。

**般剌蜜帝譯《大乘本生心地觀經》卷三：**

勸發堅固菩提願，修行菩薩六度門，
永斷二種生死因，疾證涅槃無上道。

**日稱等譯《諸法集要經》卷六：**

解脱四瀑流，能滅諸罪垢。
修習八聖道，出二種生死。

**子璿《金剛經纂要刊定記》卷二** 前三句中，每句皆上法下喻。意明煩惱如大河，難可度故。生死如此岸，有情居故。涅槃如彼岸，諸佛住故。則慧是能離能度能到，生死等是所離所度所到。若欲離此到彼，必須渡於中流。此約四諦說之，理則明矣。知苦是離此岸，斷集、修道是渡中流，證滅是到彼岸也。此順小乘義說。下經令入大乘無餘涅槃，即須離二種生死此岸，乘六度船筏，度三障中流，到二涅槃彼岸。

**紹隆等編《圓悟佛果禪師語錄》卷六** 透生死關，出有無見。脱佛祖機，超格則量。須是利根上智，一聞千悟，直下承當始得。撒手那邊，更無餘事。所以道，幾回生幾回死，達者悠悠無定止，自從頓悟了無生，於諸榮辱何憂喜。諸人還識無生麼。劫火洞然毫末盡，青山依舊白雲中。

**成時編《靈峰蕅益大師宗論》卷四** 諸仁者，生死事大，無常迅速，生不知所從來，死不知所從去，是分段生死苦。念念遷流，刹那不住，是變易生死苦。此二種苦，但是生死枝流，未是生死根源。如何是二種生死根源。不了一眞法界，不覺念起，而有無明，妄於平等性中，分能分所，分色分心，分爲無爲，分漏無漏，分依正，分因果，分善惡，分苦樂，分內外，分大小，乃至種種虛妄分別，便是變易生死根源。不知一切法因緣無性，妄計我人眾生壽者等種種知見，妄起貪瞋癡慢等種種煩惱，便是分段生死根源。此二種根源，總不離現前一念，虛妄無明。而虛妄無明，正眼觀來，不在內，不在外，不在中間，不在過去，不在現在，不在未來，非青黃赤白，非長短方圓，非聲香味觸法，非眼耳鼻舌身意，當下即是眞空實相，但由眾生不了，自生迷倒，流轉無窮，所以諸佛出現，祖師西來，直指人心，見性成佛，無非破此二種根源。

**袾宏《淨土資糧全集》卷之三** 苦者生死也。生死有二種。一，分段生死。謂六道眾生，有形質分段之成壞。二，變易生死。謂羅漢、辟支及大力菩薩三種得意生身。雖無分段之麤報，猶有細微因轉果移，變易生成之所遷也。若一切未度二種生死苦者，菩薩發心，願令得度。即眾生無邊誓願度也。二，未解者令解。言未解集諦，令解集諦。集者，即是煩惱潤業，能招聚生死，亦有二種。一，四住地煩惱，潤分段生死業，能招集煩惱生死苦果也。二，無明住地煩惱，潤變易生死業，能招集變易生死苦果也。

**黎眉等編《教外別傳》卷四** 牛頭山法融禪師

遊江海，涉山川，尋師訪道爲參禪，自從認得曹溪路，了知生死不相干。行亦禪，坐亦禪，語默動靜體安然，縱遇鋒刀常坦坦，假饒毒藥也閒閒。我師得見然燈佛，多劫曾爲忍辱仙。幾回生，幾回死，生死悠悠無定止，自從頓悟了無生，於諸榮辱何憂喜。入深山，住蘭若，岑崟幽邃長松下，優游靜坐野僧家，闃寂安居實瀟灑。

# 解脱

**僧肇《注維摩詰經》卷一并序** 縱任無礙，塵累不能拘，解脱也。

**菩提留支譯《入楞伽經》卷七** 言解脱者，離於一切戲論、煩惱、無始熏習、分別心故，如實能知唯自心見，外所分別心迴轉故，是故我說名爲解脱。大慧！言解脱者，非是滅法，是故汝今問我，若不知本際，云何得解脱者。

**慧遠《維摩義記》卷一** 眞德絕累，無礙自在，故稱解脱。分別亦三。一就體論，眞心體淨性出塵染，自體無綺，故名解脱。二就相說，羈礙永除，淨德無累，故曰解脱。三就用辨，妙用無方，所爲自在，故稱解脱。

**吉藏《維摩經義疏》卷一** 既慮絕言忘，即繫縛斯淨，名爲解脱。《十四章經》，正爲聞於不二，故知不二是不思議解脱之本。二者，由體不二之理，故有無二之智。由無二之智，故能適化無方。既道貫雙流，即心無功用，故能不思而現形，不議而演教，名不思議。縱任無礙，不爲功用所拘，稱爲解脱。三者，内有權實之本，示形言之迹，並非下位菩薩二乘凡夫所能測量，名不思議。於内外自在，解脱於礙，稱爲解脱。

**慧遠**《**大乘義章**》**卷一八**　言解脱者，自體無累，名爲解脱。又免羈縛，亦曰解脱。相狀如何，開合不定。總之唯一，謂三事中一解脱門。或分爲二，二有兩門。一，有爲無爲相對分二。一切斷德名曰無爲，一切行德同名有爲。二，心慧分二。於此門中兩義分別。一，淺深分別。斷除四住，世諦心淨，名心解脱。於世諦中一切德脱用心爲體，故偏説心斷絶無明，眞諦慧明，名慧解脱。於眞諦中一切德脱用慧爲主，故偏説慧。如經中説，斷癡慧明，斷愛心脱。義當此門。二，體用分別。斷離五住性結煩惱，眞心體淨，名心解脱。如涅槃説。故彼文言，永斷一切貪恚癡等，名心解脱。又彼文言，是心本性雖與貪欲瞋痴等覆，而不與彼貪等和合。諸佛菩薩永斷貪等，名心解脱。故知。就體斷事無知，慧用自在，名慧解脱。如涅槃説。於彼文中，就慧解脱開出五通。明知就用亦得分三，有爲脱中有心有慧通無爲脱，是其三也。或分爲五，如涅槃説。謂色解脱及與受想行識解脱，是其五也。遠離生死繫縛五陰得佛自在無礙五陰名爲解脱，亦得説六。於此五上加無爲法，亦得説八，謂八解脱。

**玄奘譯**《**瑜伽師地論**》**卷八四**　言解脱者，由離貪故。一向安隱，於餘煩惱，心得解脱。遍解脱者，煩惱斷故，於生等苦普得解脱。

**窺基**《**成唯識論述記**》**卷一**　解謂離縛，脱謂自在。

**澄觀**《**大方廣佛華嚴經隨疏演義鈔**》**卷七**　言解脱者，眞解脱也。故第二經偈云，爲滅諦故修行於道，離諸苦縛名得解脱。是人於何而得解脱，但離虚妄名爲解脱，其實未得一切解脱。釋曰：一切解脱即眞解脱。眞解脱者，即一解脱味，故無二味，安有三乘。故又云，常寂滅相，即性淨涅槃，是上世間相常住也，故皆一性。

**澄觀**《**新譯華嚴經七處九會頌釋章**》**卷一**　言解脱者，所謂涅槃。離煩惱縛，名爲解脱。

**慧海**《**頓悟入道要門論**》**卷上**　問：欲修何法，即得解脱。答：唯有頓悟一門，即得解脱。云何爲頓悟。答：頓者，頓除妄念。悟者，悟無所得。

**慧海**《**頓悟入道要門論**》**卷上**　答：無解脱心，亦無無解脱心，即名眞解脱也。經云：法尚應捨，何況非法也。法者是有，非法是無也。但不取有無，即眞解脱。

**玄奘譯**《**阿毗達磨集異門足論**》**卷一八**　八解脱者，云何爲八。答：若有色觀諸色，是第一解脱。内無色想觀外諸色，是第二解脱。淨解脱身作證具足住，是第三解脱。超一切色想滅有對想，不思惟種種想，入無邊空空無邊處具足住，是第四解脱。超一切空無邊處，入無邊識識無邊處具足住，是第五解脱。超一切識無邊處，入無所有無所有處具足住，是第六解脱。超一切無所有處，入非想非非想處具足住，是第七解脱。超一切非想非非想處，入想受滅身作證具足住，是第八解脱。

**玄奘譯**《**顯揚聖教論**》**卷一三**　經言：解脱者，是永斷離繫清淨，盡滅離欲，如是等，名之差別。麁重永除，煩惱斷滅爲體。釋名者，能脱種種貪等繫縛，故名解脱。又復世尊爲種種牟尼説，此以爲牟尼體性故，名解脱。義門差別者，謂待時解脱、不動解脱、見所斷煩惱解脱、修所斷煩惱解脱、欲纏解脱、色纏解脱、無色纏解脱。如是等類，如前差別應知。

**施護譯**《**集大乘相論**》**卷下**　所言解脱者，即八解脱。謂内有色觀外色解脱，乃至滅受想解脱。此中初解脱者，謂内有色想，離外色貪，是名内有色觀外色解脱。復次，如其行相内無色想，離外色貪，是名内無色觀，外色解脱。復次，於色等清淨，住無貪行，是名淨解脱。復次，空無邊處解脱、識無邊處解脱、無所有處解脱、非想非非想處解脱。如是四無色處解脱，皆如其行相，住如實觀。復次，滅受想解脱行相，應知。如是略説名八解脱。

## 自由

**僧伽提婆譯**《**中阿含經**》**卷三七**　非愚非癡，亦非顛倒，心無顛倒，自由自在。

**窺基**《**大乘阿毗達磨雜集論述記**》**卷一**　解脱道生障習，皆盡親獲自在，故名證得一切法者，謂於諸境，了達無礙，不爲物拘，故名自在。又一切者，謂諸功德，由從十地聖行海中修證，斷除一切障習，超昇彼岸，證得菩提於功德法，得大自在。

**慧然集**《**鎮州臨濟慧照禪師語錄**》　道流！爾欲得如法見解，但莫受人惑。向裏向外，逢著便殺，逢佛殺佛，逢祖殺祖，逢羅漢殺羅漢，逢父母殺父母，逢親眷殺親眷，始得解脫。不與物拘，透脫自在。

**頤藏主**《**古尊宿語錄**》**卷四**　黄檗斷際禪師宛陵錄

如今但一切時中，行住坐臥，但學無心，亦無分別，亦無依倚，亦無住著。終日任運騰騰，如癡人相似。世人盡不識你，你亦不用教人識。不識之心，如頑石頭，都無縫罅，一切法透汝心不入，兀然無著。如此始有少分相應。透得三界境過，名爲佛出世。不漏心相，名爲無漏智。不作人天業，不作地獄業，不起一切心，諸緣盡不生，即此身心是自由人。不是一向不生，祇是隨意而生。經云菩薩有意生身，是也。忽若未會無心著相，皆屬魔業。乃至作淨土佛事，並皆成業，乃名佛障，障汝心故，被因果管束，去住無自由分。

**頤藏主**《**古尊宿語錄**》**卷一三**　池州南泉普願禪師語要

修行須解始得，若不解，即落他因果，無自由分。未審如何修行，即免落他因果。師曰：更不要商量。【略】你若一念異，即難爲修行。曰：云何一念異，難爲修行。師云：才一念異，便有勝劣二根。不是情見隨他因果，更有什麼自由分。【略】如今直須截斷兩頭句，透那邊，不被凡聖拘繫，心如枯木，始有少許相應。引經說義，皆是與他分疎，向他屋裏作活計，終無自由分。恰如水母得蝦爲眼，如何得自由。

**集成等編**《**宏智禪師廣錄**》**卷六**　向穩處著腳，淨處放身。獨孤標，亡伴侶，透威音那畔一路子，方能盡中邊徹頂底，殺活卷舒，有自由分。

**雪竇頌古、克勤評唱**《**佛果圜悟禪師碧巖錄**》**卷一**　不立文字，直指人心，見性成佛。若恁麼見得，便有自由分。不隨一切語言轉，脫體現成。

**道原**《**景德傳燈錄**》**卷六**　問：如何得自由。答：如今對五欲八風，情無取捨，垢淨俱亡。如日月在空，不緣而照，心如木石。亦如香象截流，而過更無疑滯。此人天堂地獄所不能攝也。又不讀經看教語言，皆須宛轉歸就自己。但是一切言教，只明如今覺性自己，俱不被一切有無諸法境轉，是導師。能照破一切有無境法，是金剛。即有自由獨立分。若不能恁麼得，縱令誦得十二韋陁經，只成增上慢，卻是謗佛，不是修行。讀經看教，若準世間，是好善事。若向明理人邊數，此是壅塞人。十地之人脫不去，流入生死河。但不用求覓知解語義句，知解屬貪，貪變成病。只如今但離一切有無諸法，透過三句外，自然與佛無差。既自是佛，何慮佛不解語。只恐不是佛，被有無諸法轉，不得自由。

**道原**《**景德傳燈錄**》**卷一八**　所以道：超凡越聖，出生離死，離因離果，超毗盧，越釋迦，不被凡聖因果所謾，一切處無人識得汝。知麼，莫只長戀生死愛網，被善惡業拘將去，無自由分。饒汝鍊得身心同空去，饒汝得到精明，湛不搖處，不出他識陰。

**智儼集**《**福州玄沙宗一大師廣錄**》**中**　師云：若是一分，且信本來具足，不生不滅，無去無來。一日相應，一日佛性。若是二分，知其自由自在，機鋒並無阻滯，應用隨方，喚作二分佛性。若是三分佛性，具足色相，名無得物之功。行絕離塵之用，應現自在，舒卷無妨。

**蘊聞編**《**大慧普覺禪師普說**》**卷一四**　只是怕人執著，若不執著，便是祖師心。要只要得是事，不著自由自在。非離眞而立處，立處即眞。

**師明**《**續刊古尊宿語要**》**第一集**　若是箇漢，一劃劃斷，多少自由自在。若也劃不斷，處處被愛之所縛。愛色被色縛，愛院被院縛，愛名被名縛，愛利被利縛，愛身被身縛。你何不退步思量，你這臭皮袋，有什麼好處。當時只爲你有一念愛心，便入母胎中，受父精母血，交搆成一塊膿團。母喫熱時，便受鑊湯地獄。母喫冷時，便受寒氷地獄。乃至撞從母胎裏出來，受寒受熱，受飢受飽，受病受苦，煎煎逼逼，直至今日。只爲你不能返觀，便有許多是非生滅。我生你死，你死我生，生生死死，死死生生。隨業受報，無有休時。

**宗寶編**《**六祖大師法寶壇經**》　心量廣大，遍周法界，用即了了分明，應用便知一切。一切即一，一即一切。去來自由，心體無滯，即是般若。

**宗寶編**《**六祖大師法寶壇經**》　善知識！內外不住，去來自由，能除執心，通達無礙。能修此行，與般若經本無差別。

**宗寶編**《**六祖大師法寶壇經**》　若悟自性，亦不立菩提涅槃，亦不立解脫知見。無一法可得，方能建立萬法。若解此意，亦名佛身，亦名菩提涅槃，亦名解脫知見。見性之人，立亦得、不立亦得，去來自由，無滯無礙，應用隨作，應語隨答；普見化身，不離自性，即得自在神通游戲三昧，是名見性。

**祖光等編《佛日普照慧辯楚石禪師語録》卷九**　未嘗昏昧，聲色籠罩不住。生死繫縛不得，自由自在，無得無失，一切處解脫，一切處圓滿。

**明耀等編録《普明香嚴禪師語録》**　解制，上堂云：盡大地是個解脫，了無一物間隔，空空蕩蕩，寂寂默默，自由自在，無拘無束。蓋以妄緣縈繞，不能解脫。

**錢伊庵《宗範》卷上**　佛只令人會道，體非凡聖，喚作還源返本，體解大道。無量劫六道去來眾生，爲無了因，故生貪欲，名爲在纏，不得自在，暫時岐路。今既如是會，卻向裏許行履，不同前時。爲了因會本果故，了陰界空，六波羅密空，所以得其自在。若不向裏許行履，如何摧挫得五種貪、二種欲。佛菩薩具福智二嚴，爲了因了六波羅密空，體者箇受用。所以不存知見，始得自在。若有知見，即屬地位，便有分劑心量，喚作酬因答果佛，不得自在。今行六波羅密，先用了因會本果故，了此是方便受用，始得自由。去住自在無障礙，亦云方便勤莊嚴，亦云微妙淨法身。只是不許分劑心量。若無如是心，一切行處，乃至彈指合掌，皆是正因萬行，皆同無作，始得自在。所以魔外求我不得，喚作無住心，亦云無滲智，不思議妙用自在，故云性海不是覺海。覺海涉緣，即須對物他便妙。如今更別求建立義句、覓勝負知解語言。言有佛救眾生，求佛菩提，皆貪欲破戒，與道懸隔。且法身無爲，不墮諸數。法無動搖，不依六塵。經云，佛性是常，心是無常。所以智不是道，心不是佛。今且莫喚心作佛，莫作見聞覺知會。者箇物本無許多名字，妙用自通，數量管他不得，是大解脫。所以道，人心無住處，蹤跡不可尋，故云無滲智不思議智。又云心如枯木，始有少分應。向那邊會了，卻來這邊行履，不證凡聖等位，實無少法可得。但是有因有果，盡屬無常生滅。但會取無量劫來性不變異，即是修行。妙用而不住，便是菩薩行。達諸法空，妙用自在。

**錢伊庵編《宗範》**　本不是凡聖、垢淨、空有、善惡。若垢淨心盡，不住繫縛，不住解脫。無一切有爲無爲縛脫心量，處於生死，其心自在。畢竟不與諸虛妄幻塵蘊界生死諸入和合，迥然無寄，一切不拘，往來生死，如門開相似。人遇種種稱意不稱意事，心無退屈。不貪名聞功德利養，不爲世法滯礙。苦樂平懷，衣食活命，兀兀如愚，稍有相應分。若廣學知解，求福智，皆生死，卻被知解境風漂溺生死海裏。佛是無求人，理是無求理，求之即乖。若著無求無爲，復同有求有爲。若能一生心如木石，不被五欲八風所漂，即生死因斷，去住自由，不爲一切有爲因果所縛，有漏所拘。他時還以無因縛爲因，同事利益，以無著心應一切物，以無礙慧解一切縛。努力猛究取，莫待老苦，整手腳不得。但隨貪愛重處，業識所引受生，都無自由分。

問：如何得自由分。師曰：如今得即得。對五欲八風不動，情無取捨，慳嫉貪愛，我所情盡，垢淨俱亡，如日月在空，不緣而照。心心如木石，念念如救頭然。亦如香象渡河，截流而過，更無疑滯。此人天堂地獄所不能攝。夫讀經教語言，皆須消歸自己。但一切言教，祇明如今鑒覺自性，但不被有無諸境縛，是汝導師。能照破有無境，是金剛慧，即有自由獨立分。但離一切聲色，亦離於離，亦不住於知解，是修行三乘教，皆治貪瞋等病。今若有貪瞋等，先須治之。不用求覓義句知解，知解屬貪，貪變成病。今但離有無諸法，亦離於離。透過三句外，自然與佛無差。既是佛，何愁佛不解語。只恐被有無縛，不自由。以理未立，先有福智，被福智載去，如賤使貴。不如先立理，若要福智，臨時作得。常歎今所依命，不食飢死，無水渴死，欠一日不生，欠一日不死，被四大把定。不如先達者，入火不燒，入水不溺，要燒溺便燒溺，要生即生，要死即死，去住有自由分。

# 菩薩、果、相等分部

## 不二

**佛馱跋陁羅譯《大方廣佛華嚴經》卷四**：

能見此世界，一切處無著，如來身亦然，是人疾成佛。
若於佛法中，其心隨平等，入不二法門，彼人難思議。

若見我及佛，安住平等相，彼住無所住，遠離一切有。

**實叉難陀譯《大方廣佛華嚴經》卷四三** 一切諸佛自在威神，衆生難聞，菩薩悉知入不二門，住無相法。雖復永捨一切諸相，而能廣說種種諸法，隨諸衆生心樂欲解，悉使調伏，咸令歡喜。

**鳩摩羅什譯《維摩詰所說經》卷中** 爾時，維摩詰謂衆菩薩言：諸仁者！云何菩薩入不二法門。各隨所樂說之。

會中有菩薩名法自在，說言：諸仁者！生滅爲二。法本不生，今則無滅，得此無生法忍，是爲入不二法門。

德守菩薩曰：我、我所爲二。因有我故，便有我所，若無有我，則無我所，是爲入不二法門。

不眴菩薩曰：受、不受爲二。若法不受，則不可得，以不可得，故無取無捨，無作無行，是爲入不二法門。

德頂菩薩曰：垢、淨爲二。見垢實性，則無淨相，順於滅相，是爲入不二法門。

善宿菩薩曰：是動、是念爲二。不動則無念，無念則無分別。通達此者，是爲入不二法門。

善眼菩薩曰：一相、無相爲二。若知一相即是無相，亦不取無相，入於平等，是爲入不二法門。

妙臂菩薩曰：菩薩心、聲聞心爲二。觀心相空，如幻化者，無菩薩心、無聲聞心，是爲入不二法門。

弗沙菩薩曰：善、不善爲二。若不起善、不善，入無相際而通達者，是爲入不二法門。

師子菩薩曰：罪、福爲二。若達罪性，則與福無異，以金剛慧決了此相，無縛無解者，是爲入不二法門。

師子意菩薩曰：有漏、無漏爲二。若得諸法等，則不起漏、不漏想，不著於相，亦不住無相，是爲入不二法門。

淨解菩薩曰：有爲、無爲爲二。若離一切數，則心如虛空，以清淨慧無所礙者，是爲入不二法門。

那羅延菩薩曰：世間、出世間爲二。世間性空，即是出世間。於其中不入、不出、不溢、不散，是爲入不二法門。

善意菩薩曰：生死、涅槃爲二。若見生死性，則無生死，無縛無解，不生不滅，如是解者，是爲入不二法門。

現見菩薩曰：盡、不盡爲二。法若究竟，盡若不盡，皆是無盡相，無盡相即是空，空則無有盡不盡相。如是入者，是爲入不二法門。

普守菩薩曰：我、無我爲二。我尚不可得，非我何可得。見我實性者，不復起二，是爲入不二法門。

電天菩薩曰：明、無明爲二。無明實性即是明，明亦不可取，離一切數，於其中平等無二者，是爲入不二法門。

喜見菩薩曰：色、色空爲二。色即是空，非色滅空，色性自空。如是受、想、行、識、識空爲二，識即是空，非識滅空，識性自空，於其中而通達者，是爲入不二法門。

明相菩薩曰：四種異、空種異爲二。四種性即是空種性，如前際、後際空，故中際亦空。若能如是知諸種性者，是爲入不二法門。

妙意菩薩曰：眼、色爲二。若知眼性，於色不貪、不恚、不癡，是名寂滅。如是耳聲、鼻香、舌味、身觸、意法爲二，若知意性，於法不貪、不恚、不癡，是名寂滅，安住其中，是爲入不二法門。

無盡意菩薩曰：布施、迴向一切智爲二。布施性即是迴向一切智性，如是持戒、忍辱、精進、禪定、智慧、迴向一切智爲二，智慧性即是迴向一切智性，於其中入一相者，是爲入不二法門。

深慧菩薩曰：是空、是無相、是無作爲二。空即無相，無相即無作若空、無相、無作，則無心意識。於一解脱門即是三解脱門者，是爲入不二法門。

寂根菩薩曰：佛、法、衆爲二。佛即是法，法即是衆，是三寶皆無爲相，與虛空等，一切法亦爾。能隨此行者，是爲入不二法門。

心無礙菩薩曰：身、身滅爲二。身即是身滅。所以者何。見身實相者，不起見身及見滅身，身與滅身無二無分別，於其中不驚、不懼者，是爲入不二法門。

上善菩薩曰：身、口、意善爲二。是三業皆無作相，身無作相，即口無作相。口無作相，即意無作相。是三業無作相，即一切法無作相。能如是隨無作慧者，是爲入不二法門。

福田菩薩曰：福行、罪行、不動行爲二。三行實性即是空，空則無福行、無罪行、無不動行。於此三行而不起者，是爲入不二法門。

華嚴菩薩曰：從我起二爲二。見我實相者，不起二法。若不住二法，則無有識。無所識者，是爲入不二法門。

德藏菩薩曰：有所得相爲二。若無所得，則無取捨。無取捨者，是爲入不二法門。

月上菩薩曰：闇與明爲二。無闇、無明，則無有二。所以者何。如入滅受想定，無闇、無明，一切法相亦復如是，於其中平等入者，是爲入不二法門。

寶印手菩薩曰：樂涅槃、不樂世間爲二。若不樂涅槃、不厭世間，則無有二。所以者何。若有縛，則有解。若本無縛，其誰求解。無縛無解，則無樂厭，是爲入不二法門。

珠頂王菩薩曰：正道、邪道爲二。住正道者，則不分別是邪是正，離此二者，是爲入不二法門。

樂實菩薩曰：實、不實爲二。實見者尚不見實，何況非實！所以者何。非肉眼所見，慧眼乃能見，而此慧眼，無見無不見，是爲入不二法門。

如是諸菩薩各各說已，問文殊師利：何等是菩薩入不二法門。

文殊師利曰：如我意者，於一切法無言無說，無示無識，離諸問答，是爲入不二法門。

於是文殊師利問維摩詰：我等各自說已，仁者當說何等是菩薩入不二法門。

時維摩詰默然無言。

文殊師利歎曰：善哉！善哉！乃至無有文字、語言，是眞入不二法門。

說是入不二法門品時，於此衆中，五千菩薩皆入不二法門，得無生法忍。

**智儼述《大方廣佛華嚴經搜玄分齊通智方軌》卷三** 經云，有無不二。言不二者，法不自住，應緣成起。復不是緣，故成果法。尋其諸法，不越自他，自他不住，即事辨空。若如見有無，此由不越自他兩際，故論云成壞故。所以但言成壞者，謂成壞即空，故不別求。當知不二平等之法，非除滅有無說爲不二，此即如實即驗。所謂有無，名爲戲論。亦非有無二法之中，別立一法以爲不二。不俱取同上，以因緣法有無同體，各非自性，說彼無法以爲有故。有即非有，還即說彼有法爲無。無則非無，有非有故，無外更無別有爲二。無非無故，有外更無無法爲二。故曰有無不二。又復說彼有無之法爲不二故，亦無不二自性可取。此破有無雙計。

**慧遠《大乘義章》卷一** 第一釋名。入不二門，如《維摩》說，言不二者，無異之謂，即是經中一實義也。一實之理，妙寂離相，如如平等，亡於彼此，故云不二。

問曰：諸法有一二三乃至衆多。翻彼說理，理應不一不二不三乃至不多。以何義故，偏言不二。釋言：不一乃至不多，經有說處。故《涅槃》云，除一法相，不可算數。《華嚴》亦云，衆多法中，無一法相，於一法中，亦無多相。但今且就一不二門而辨道理，餘略不論。良以二者，彼此通謂，是故偏對，而說不二。又復二者，別法之始。今此爲明理體無別，故偏對二而說不二。雖說不二，不一不三乃至不多悉入其中。是義云何。若立一相，以一對多，即是其二，翻對彼二，故名不二。若立多相，以多對少，還即是二，翻對彼二，故名不二。又立多相，於多法中彼此相對，亦即是二。翻對彼二，故爲不二。以是義故，遣多悉入不二。多少既然，遣染遣淨，遣縛遣解，遣有遣無，類亦同然。若立有相，以有對無，即是其二。翻對彼二，名爲不二。若立無相，以無對有，還即是二。翻對彼二，名爲不二。翻若當定立非有無相，以非有無，對有對無，即復是二。翻對彼二，名爲不二，乃至建立不二門相。不二對二，還復是二。翻對彼二，名爲不二。是故不二，有相皆遣，有理悉收，故偏名之理體名法。又爲心軌，亦名爲法。此不二法，形對佛性、空、如等義，門別不同，故名爲門。又能通人，趣入名門，捨相證會，名之爲入。名義如是。

第二辨相。此不二門，是法界中一門義也。門別雖一，而妙旨虛融，義無不在。無不在故，一切諸法，悉是不二。諸法皆是，豈有所局。但《維摩》中，且約三十三人所辨，以彰其異。所辨雖異，要攝唯二。一、遣相門，二相雙遣，名爲不二，非有所留。二、融相門，二法同體，名爲不二，非有所遣。遣相門中，曲復有三。一就妄情所取法中相對分二，翻除彼二，故名爲不二。如《維摩》說，我、我所二，因有我故，使有我所，若無有我，則無我所，是爲不二。如是等也。二情實相對以別其二，翻對此二，名爲不二。是義云何。據情望實，情外有實，將實對情，說之爲二。據實望情，情本不有，情既不有，實亦亡對，故云不二。如《維摩》說，實、不實二，其實見者尚不見實，何況非實。如是等也。三唯就實，離相平等，名爲不二。是義云何。就實論實，由來無異。異既不有，一亦亡對，故曰不二。維摩默顯義，應當此遣相。如是融相門中，義別亦三。一就妄情所起法中，義別分二。二法同體名爲不二。如經中說，無常即苦，苦即無常，是苦、無常體無別，名爲不二。如是一切二，眞妄兩別，名之爲二，相依不離，名爲不二。如《維摩》說，明、無明二，無明性即是明，名爲不二。如是一切。三、就眞中義別分二，二法同體，名爲不二。於此門中，曲分有四。一直就眞體，隨義分二。如來藏中，具過無量恆沙佛法，彼法同體，名爲不二。又如經說，空即無相，無相即無願，名爲不二。如是等也。二就眞中體用分二，如依眞心緣起，集成生死涅槃，用不離體，體用虛融，名爲不二。如經中說，佛性如來，無二無別。如是等也。三就眞體所起法中，相別分二。如經中說，佛性之性與不善，俱名爲無明。無明與善法，俱名之爲明。如是等輩，彼二同依一佛性體，名爲不二。故《涅槃》云，明與無明，生於二相，智者了達其性無二，無二之相即是實性。如是等也。又如經說，一實諦中開分二諦，二即一實。亦當此門。四就眞性所起法中，相別分二。如依佛性緣起，集成一切行德，德別名二。於彼德中，門別相即，名爲不二。如《維摩》說，佛、法、衆三，佛即是法，法即是衆，名爲不二。如是等也。不二雖衆，要不出此。言其入者，義別有四。一就信明入，於此不二，信順不違，故名爲入。二就解說入，於此不二，解觀相應，名之爲入。三就行論入，依定照見，明了現前，不見二相，可以住中，名入不二。不見二相，即是止也。明了不二，是其觀也。四就證辨入亡情契實，名之爲證。於得證時，不見如外有心能證。既無有心，寧復心外有如可證。不見能證，妄想不行，不見所證，虛僞不起。如不離心，妄想不行，心不離如，如心不異，是即眞名入不二門。

**勒那摩提譯《究竟一乘寶性論》卷二** 一者爲無。二者爲有，三者爲有無，四者爲二。偈言，非有亦非無，亦復非有無，亦非即於彼，亦復不離彼。故滅諦有三種法應知者，此明何義。滅諦非可知，有三種法，何等爲三。一者，非思量境界故。偈言，不可得思量，非聞慧境界故。二者，遠離一切聲響、名字、章句、言語、相貌故。偈言，出離言語道故。三者，聖人內證法故。偈言，內心知故。又滅諦云何不二法者，及云何無分別者，如《不增不減經》中如來說言，舍利弗如來法身清涼，以不二法故，以無分別法故，偈言清涼故。何者是二而說不二。所言二者，謂業煩惱。言分別者，所謂集起業煩惱因及邪念等。以知彼自性本來寂滅不二無二行，知苦本來不生，是名苦滅諦。

**湛然述《維摩經略疏》卷九** 淨名杜口，是眞入不二法門者，此就理釋也。若如向解二不二，約迷悟釋也。若就照中名不二者，即是照而雙寂，亦名爲入。雙照二諦，名之爲二，即是寂而雙照，亦名爲出。是則二不二入之與出，皆就悟論。法者，所照二不二之法也。門者，還是照二不二法。通達無滯，名爲門也。是則還是一法，約用處名異，故名入不二法門。又二者，俗諦、眞諦，生死、涅槃爲二。若偏存俗諦，是生死流動。若計有涅槃，是無爲灰寂。若依此眞俗，是則爲二。止住門外，宿彼草菴，不能得入不二之門見於中道。今明不二法門者，不住生死涅槃之二，亦不離生死涅槃之不二，雙捨二邊及不二邊，通至中道，稱爲入不二法門。

## 不可思議

**玄奘譯《大般若波羅蜜多經》卷五一一** 善現當知！以一切法皆不可思議、不可稱量、無數量、無等等故，一切如來、應、正等覺所有佛法、如來法、自然覺法、一切智法亦不可思議、不可稱量、無數量、無等等。善現當知！一切如來、應、正等覺所有佛法、如來法、自然覺法、一切智法皆不可思議，思議滅故。不可稱量，稱量滅故。無數量，數量滅故。無等等，等等滅故。由此因緣，一切法亦不可思議、不可稱量、無數量、無等等。善現當知！一切如來、應、正等覺所有佛法、如來法、自然覺法、一切智法皆不可思議，過思議故。不可稱量，過稱量故。無數量，過數量故。無等等，過等等故。由此因緣，一切法亦不可思議、不可稱量、無數量、無等等。

善現當知！不可思議者，但有不可思議增語。不可稱量者，但有不可稱量增語。無數量者，但有無數量增語。無等等者，但有無等等增語。由此因緣，一切如來、應、正等覺所有佛法、如來法、自然覺法、一切智法皆不可思議、不可稱量、無數量、無等等。善現當知！不可思議者，如虛空不可思議故，廣說乃至無等等者，如虛空無等等故。由此因緣，一切如來、應、正等覺所有佛法、如來法、自然覺法、一切智法皆不可思議、不可稱量、無數量、無等等。

善現當知！一切如來、應、正等覺所有佛法、如來法、自然覺法、一切智法，聲聞、獨覺、世間、天、人、阿素洛等，皆悉不能思議、稱量、數量、等等。由此因緣，故說如來、應、正等覺所有佛法、如來法、自然覺法、一切智法皆不可思議、不可稱量、無數量、無等等。

**僧伽婆羅譯《文殊師利所說般若波羅蜜經》** 爾時，文殊師利白佛言：世尊！若不可思議則不可說，若可說則可思議。不可思議者無所有。彼一切聲亦不可思議，不可思議者無聲。

佛言：汝入不思議三昧耶。文殊師利言：不也，世尊！我即不思議，不見有心能思議者，云何而言入不思議三昧。我初發心欲入是定，而今思惟，實無心相而入三昧。如人學射，久習則巧。後雖無心，以久習故，箭發皆中。我亦如是。初學不思議三昧，繫心一緣。若久習成就，更無心想，恆與定合。

**菩提流志譯《大寶積經》卷八六** 四種境界不可思議。一者，業境界不可思議。二者，龍境界不可思議。三者，禪境界不可思議。四者，佛境界不可思議。

**曇無讖譯《大般涅槃經》卷一八** 世尊！人中亦有可思議者不可思議者。世尊！人亦二種，一者聖人，二者凡夫。凡夫之人則不可思議，賢聖之人則可思議。善男子！我說凡夫，不說聖人。世尊！若凡夫人，實不可思議。善男子！凡夫之人實不能渡大海水也。如是菩薩實能渡於生死大海，是故復名不可思議。善男子！若有人能以藕根絲懸須彌山可思議不。不也，世尊！善男子！菩薩摩訶薩於一念頃悉能稱量一切生死，是故復名不可思議。善男子！菩薩摩訶薩已於無量阿僧祇劫，常觀生死無常無我、無樂無淨，而爲衆生分別演說常樂我淨。雖如是說，然非邪見，是故復名不可思議。善男子！如人入水，水不能漂，入大猛火，火不能燒。如是之事不可思議。菩薩摩訶薩亦復如是，雖處生死，不爲生死之所惱害，是故復名不可思議。

**玄奘譯《顯揚聖教論》卷六** 不可思議理趣者，略有六種不可思議事。一、我不可思議。二、有情不可思議。三、世間不可思議。四、一切有情業報不可思議。五、證靜慮者及靜慮境界不可思議。六、諸佛及諸佛境界不可思議。

**玄奘譯《大乘阿毗達磨雜集論》卷一三** 不思議如來者，謂且於欲界始從示現安住覩史多天妙寶宮殿，乃至示現大般涅槃，示現一切諸佛菩薩所行大行。一切菩薩所行者，謂從示現覩史多天宮，乃至現大神變降伏魔軍。諸佛所行者，謂從示現成等正覺，乃至示現大般涅槃。

**智顗《法華經文句》卷三下** 佛之所盡、已盡、所度、已度，皆不可思議。諸經諸論此例甚多，若就事中不可思議者，如《阿含經》明四不可思議，謂衆生、世界、龍、佛。衆生從何處來，向何處去，爲底而生，爲底而死。世界爲有邊無邊，爲可斷，不可斷，爲天龍人鬼誰所造耶。

**鳩摩羅什譯《大智度論》卷七〇** 不可思議者，所謂佛法、如來法、自然人法、一切智人法。

**鳩摩羅什譯《大智度論》卷一〇〇** 諸法不可思議者，色等一切法，不得決定，若常、若無常、若苦、若樂、若實、若空、若我、若無我，若生滅、若不生滅，若寂滅、若不寂滅，若離、若不離，若有、若無等種種門分別，亦如是不可得思議。

**僧肇《注維摩詰經》卷一** 不可思議者，凡有二種。一曰理空，非惑情所圖。二曰神奇，非淺識所量。若體夫空理則脫思議之惑，惑既脫矣，則所爲難測。

**智顗《妙法蓮華經玄義》卷二〇** 大名不可稱量、不可思議，故名爲大。譬如虛空不因小空名爲大也。涅槃亦爾，不因小相名大涅槃。妙亦如是，妙名不可思議，不因於麁而名爲妙。若謂定有法界廣大獨絕者，此則大有所有何謂爲絕。今法界清淨，非見聞覺知不可說示。文云，止止，不須說，我法妙難思。止止不須說，即是絕言。我法妙難思，即是絕思。又云，是法不可示，言辭相寂滅。亦是絕歎之文。不可以待示，不可以絕示。滅待滅絕，故言寂滅。又云，一切諸法常寂滅相，終歸於空，此空亦空，則無復待絕。《中論》云，若法爲待成，是法還成待，今則無因待，亦無所成。《法華》首云，既得無生忍，亦不生無生。無生即無生，是名絕待。降此已外，若更作者，絕何物，顯何理，流浪無窮，則墮戲論。乃是迷情分別，絕待不絕，非絕非待，待於亦待亦絕，言語相逐，永無絕矣。

**慧遠**《**維摩義記**》**卷三**　不可思者，經中亦名不思議也。通釋是一，於中分別，非無差異。異相如何，據實望情，名不思議。據情望實，名不可思。何故如然。據實望情，實外無情，爲是不思爲是不議。

**慧遠**《**無量壽經義疏**》**上卷**　智慧聖明不可思議者，明得如來智慧莊嚴，智慧深廣，情緣莫測，口量不及，名不思議。

**菩提留支譯**《**入楞伽經**》**卷二**　大慧！諸外道說常不可思議者，若因自相相應者，應成無常不可思議，以有因相故，是故不成常不可思議。大慧！我說常不可思議，第一義常不可思議，與第一義相因果相應。以離有無故，以內身證相故，以有彼相故，以第一義智因相相應，以離有無故，以非所作故，與虛空涅槃寂滅譬喻相應故，是故常不可思議。是故，大慧！我說常不可思議，不同外道常不可思議論。

## 不立文字

**宗密**《**中華傳心地禪門師資承襲圖**》　上已敘諸宗師資，今次辨所傳言教深淺得失。然禪門之旨，在乎內照，非筆可述，非言可宣。言雖不及，猶可強言。筆不可及，直難下筆。今不得已而書，望照之於心，無滯於文矣。

然達磨西來，唯傳心法，故自云，我法以心傳心，不立文字。此心是一切眾生清淨本覺，亦名佛性，或云靈覺。迷起一切煩惱，煩惱亦不離此心。悟起無邊妙用，妙用亦不離此心。妙用煩惱，功過雖殊，在悟在迷，此心不異。欲求佛道，須悟此心。故歷代祖宗唯傳此也。

**普濟**《**五燈會元**》**卷一**　世尊在靈山會上，拈華示眾。是時眾皆默然，唯迦葉尊者破顏微笑。世尊曰，吾有正法眼藏，涅槃妙心，實相無相，微妙法門，不立文字，教外別傳，付囑摩訶迦葉。世尊至多子塔前，命摩訶迦葉分座令坐，以僧伽梨圍之，遂告曰，吾以正法眼藏密付於汝，汝當護持，傳付將來。世尊臨入涅槃，文殊大士請佛再轉法輪。世尊咄曰：文殊！吾四十九年住世，未曾說一字。

**淨善**《**禪林寶訓**》**卷四**　懶菴曰：《涅槃經》云，若人聞說大涅槃一句一字，不作字相，不作句相，不作聞相，不作佛相，不作說相，如是義者，名無相相。達磨大師航海而來，不立文字者，蓋明無相之旨，非達磨自出新意別立門戶。近世學者不悟斯旨，意謂禪宗別是一種法門，以禪爲宗者非其教，以教爲宗者非其禪，遂成兩家之說。互相詆呰，譊譊不能自已。噫，所聞淺陋一至於此，非愚即狂，甚可歎息也。

**贊寧**《**宋高僧傳**》**卷一三**　達磨哀我群生，知梵夾之雖傳，爲名相之所溺，認指忘月，得魚執筌，但矜誦念以爲功，不信己躬之是佛。是以倡言曰，吾直指人心，見性成佛，不立文字也。此乃乘方便波羅蜜，徑直而度，免無量之迂迴焉。嗟乎，經有曲指，曲指則漸修也。見性成佛者，頓悟自心本來清淨，元無煩惱，無漏智性本自具足。此心即佛，畢了無異。如此修證，是最上乘禪也。不立文字者，經云，不著文字，不離文字，非無文字。能如是修，不見修相也。又達磨立法，要唯二種，謂理也、行也。然則，直而不迂，不速而疾。云不立文字，乃反權合道也。

**道誠**《**釋氏要覽**》**卷下**　昔者，菩提達磨觀此土機緣，一期繁紊，乃曰不立文字者，遣其執文滯相也。直指人心見性成佛者，明其頓了無生也。其機峻而理深，故漸修者篤加訕謗焉。

**善卿**《**祖庭事苑**》**卷五**　傳法諸祖，初以三藏教乘兼行，後達摩祖師單傳心印，破執顯宗，所謂教外別傳，不立文字，直指人心，見性成佛。然不立文字，失意者多，往往謂屏去文字，以默坐爲禪，斯實吾門之啞羊爾。且萬法紛然，何止文字不立者哉。殊不知，道猶通也，豈拘執於一隅。故即文字而文字不可得。文字既爾，餘法亦然。所以爲見性成佛也，豈待遣而後已。

宗鑑《釋門正統》卷三　所謂禪宗者，始菩提達磨遠越葱嶺，來乎此土，初無不立文字之說，（南泉普願始唱別傳不立文字，見性成佛。）惟面壁習禪而已。又以《楞伽》四卷授之慧可，謂可曰，籍敎悟宗。

# 不可說

**佛馱跋陀羅譯《大方廣佛華嚴經》卷九**　一切眾生，無性爲性。一切諸法，無爲爲性。一切佛刹，無相爲相。究竟三世，皆悉無性。言語道斷，於一切法而無所依。

**鳩摩羅什譯《佛說華手經》卷六**　佛所言說有出世間。出世間法則無言說，言語道斷，心行處滅。是故如來雖復言說而無所著。

**鳩摩羅什譯《大智度論》卷五四**　須菩提所說般若波羅蜜，畢竟空義，無有定相，不可取，不可傳譯得悟。不得言有，不得言無，不得言有無，不得言非有非無，非非有非非無亦無，一切心行處滅，言語道斷故。

**鳩摩羅什譯《中論》卷三**　問曰：若佛不說我非我，諸心行滅，言語道斷者，云何令人知諸法實相。答曰：諸佛無量方便力，諸法無決定相，爲度眾生或說一切實，或說一切不實，或說一切實不實，或說一切非實非不實。

**曼陀羅仙、僧伽婆羅譯《大乘寶雲經》卷四**　夫如如者，謂是內所證知之法，不可文字之所顯示。所以者何，是法一切言語道斷，文字章句所不能詮。過音聲界，離諸口業，絕諸戲論。不增不減，不出不入，不合不散，非可籌度，不可思量。過算數境，非心行處。無礙無想，過想境界。

**真諦譯《佛性論》卷三**　法界清淨爲相，此即心行處滅，言語道斷，不可詮諮，方是得無所得眞如理故。

**曇延《大乘起信論義疏》卷上**　言眞如者，亦無有相者，但一切名字，皆依差別諸相而立。此眞如既非有相，一切言說豈能名也。謂言說之極者，已離一切言說皆盡，唯此眞如名在，自此已後無復名也。因言遣言者，以此眞如言，遣一切言也。云何遣，以離名字，名爲眞如。以眞故遣虛名，如故遣異名。此眞如體無有可遣者，示垢累斯盡，遣所不及。以一切法悉皆眞故者，成前無可遣義。若法非眞，可須對治遣之。以皆眞故，無復須遣也。亦無可立者，凡言立者，本無法體，始欲施設，可名爲立。此如法爾，故無可立。以一切法皆同如故者，成前無可立義。若法不如，則有可立，以同如故，無可立也。當知一切法不可說者，勸諸學輩已言以尋眞。不可念者，示滅慮以求如。故名眞如者，顯此如名非可說可念之法，故不可以言說念慮，求此名義也。

**智顗《妙法蓮華經玄義》卷二下**　諸諦不可說者，諸法從本來，常自寂滅相，那得諸諦紛紜相礙。一諦尙無，諸諦安有，一一皆不可說，可說爲麤，不可說爲妙。不可說亦不可說是妙，是妙亦妙，言語道斷故。若通作不可說者，生生不可說，乃至不生不生不可說。前不可說爲麤，不生不生不可說爲妙。若麤異妙，相待不融，麤妙不二，即絕待妙也。

**玄奘譯《大般若波羅蜜多經》卷四七八**　勝義諦中，既無分別，亦無戲論，一切名字言語道斷。

**玄奘譯《瑜伽師地論》卷一六**　由四種不可說，故名不可說相。一無故不可說，謂補特伽羅於彼諸蘊不可宣說若異不異。二甚深故不可說，謂離言法性不可思議，如來法身不可思議。諸佛境界，如來滅後若有若無等，不可宣說。三能引無義，故不可說。謂若諸法非能引發法義梵行，諸佛世尊雖證不說。四法相法爾之所安立，故不可說。所謂眞如於諸行等不可宣說異不異性。

**玄奘譯《瑜伽師地論》卷五〇**　謂有非有不可說故，即色離色不可說故，即受離受不可說故，即想離想不可說故，即行離行不可說故，即識離識不可說故。所以者何。由此清淨眞如所顯一向無垢，是名無損惱寂滅。如是二種，總說爲一寂滅施設安立。

**不空譯《仁王護國般若波羅蜜多經》卷上**　波斯匿王言：觀身實相，觀佛亦然。無前際、無後際、無中際，不住三際，不離三際。不住五蘊，不離五蘊。不住四大，不離四大。不住六處，不離六處。不住三界，不離三界。不住方，不離方。明無明等，非一非異，非此非彼，非淨非穢，非有爲非無爲，無自相無他相，無名無相，無強無弱，無示無說，非施非慳，非戒非犯，非忍非恚，非進非怠，非定非亂，非智非愚，非來非去，非入非出，非福田非不福田，非相非無相，非取非捨，非大非小，非見非聞非覺非知，心行處滅，言語道斷。同眞際，等法性。我以此相而觀如來。

**法藏《華嚴經探玄記》卷一〇**　三明可說不可說者，先就義大，次約說大，後辨雙融。義中有三義。一約果海，可以總標，令人知有名爲可說，不可指斥示人名不可說。二約證處，既此所證離相離名，還云此法不可說聞。以此遣言之言，當彼法故，名爲可說。有言斯遣故，名不可說。三約本智，謂以遮詮令解，故名可說。直詮不逮，故不可說。《攝論》云，無分別智離五相，謂熟睡昏醉等。以直詮不到，故約遮詮，以示彼法。二就說大中亦三。約後得智，隨事行相，可以言分，是即可說。是出世間，故不可說。二約加行智，謂是意言觀故，是即可說。觀中行相，言不至故，名不可說。又諸法自相，皆不可說。諸法共相，皆是可說。此一門通一切法準之。三約所寄法，可以寄此表示令人解十地，故名爲可說。不可以此即爲十地，名不可說。三就雙融中，此上六中，各說即無說，無說即說無，二俱融準思可見。又果海離緣，故不可說。所證就緣，是即可說。二，所證非修，故不可說，能證修起，是則可說。三，正證離相，故不可說，後得帶相，是則可說。四，後得無分別相不可說，加行有意言故是則可說。五，加行觀無分別故不可說，寄法表地是即可說。此上不可說，皆各不異於可說。以眞理普遍，故可說，不異不可說。以緣修無性故，是故下文雖說一分義亦不少故。論云，如實滿足攝取，故意在於此。思之可見。

## 不退轉

**支謙譯《佛說菩薩本業經》卷一**　何謂不退轉。菩薩法住，有十事志牢強。一言有佛無佛不退轉，二言有法無法不退轉，三言有菩薩無菩薩不退轉，四言有求佛無求佛不退轉，五有得佛無得佛不退轉。六曰古有聖道無聖道不退轉，七今有聖道無聖道不退轉，八後有聖道無聖道不退轉，九言三塗同三塗異不退轉，十言佛智有盡佛智無盡不退轉。復有十學，開微慧，入大智，開大智，入微慧。現一法入眾經，現眾經入一法。解眾生入空要，解空要入眾生。釋有想入寂定，釋寂定入有想。說少淨入多想，說多想入少淨。是爲轉進不退之地。

**竺法護譯《文殊師利普超三昧經》卷中**　濡首童眞復於後夜，爲諸菩薩大士，廣宣講說不退轉輪金剛句跡，何謂不退轉輪。又族姓子，所以名曰不退輪者，如今菩薩說經法時，若來聽者，悉獲誼歸，不復迴還。便而講說不退轉輪，令其信樂。不退轉輪菩薩行者，不爲眾生造若干行，不爲諸法修若干行，不於諸國土興若干行，不於諸佛尊若干行，不於諸乘行若干行。一切所至而悉普見，轉於法輪不壞法界，是謂乃爲轉於法輪，是故名曰不退轉輪。彼所轉輪而無斷絕，其輪修理無有二輪，其輪如是如悲哀輪，其輪所趣自然之誼在己所至，其輪所趣法界場輪。

又族姓子，假使菩薩信樂於斯不退轉輪，則得解脫己身之患，則爲信樂一切所信，一切所想，如來所興，悉亦信之。以信得脫於如來者，無有二脫，亦不說二。如其如來，相好解脫。諸法之相，一切法想，信如來脫，則無有想，已離脫相，則至自然濟于己身。如是之行，莫能勝者，亦莫能踰於斯慧者，是故名曰不退轉輪。又族姓子，不退轉輪不退于色，色自然故，痛想行識亦復如是。識不退轉，識自然故。所以者何，則不退轉一切諸法，猶如無本，則爲法輪，是故名曰不退轉輪。其法輪者，無有邊限，無維無隅，無有斷絕，無常輪故。其法輪者，亦無有門，無有二故，則法輪門其法輪者無能轉者，無所轉故。其法輪者亦無所說，法輪無言故。其法輪者亦無名稱，無所顯曜，輪無獲故。又復計此不退轉輪，入於空無所遊相故。澹泊門者，無來相故，普有所至。爲空相故，一切等御本淨無相，是故名曰不退轉輪。又族姓子，不退轉輪有所遊行而有所至，是故名曰不退轉輪。有所放捨，徑有所至，是故名曰不退轉輪。

**澄觀《大方廣佛華嚴經疏》卷一八**　十皆言不退轉者，大同前位。然此位中，已入無生知所聞法畢竟空故。又前位會事入理令心不動，今此事理雙現，而心不退。後位從理向事，唯隨事行轉純熟故。

**窺基《阿弥陀經疏》**　經曰，是諸人等，皆得不退轉於阿耨多羅三藐三菩提。次釋現獲益也。由念佛發願故，一即彼佛冥加，二即此佛潛衛，遂令求道之心不退，願生之志不移，故言不退轉。問，已發願，今發願，可令得不退轉，當發願者既未發願，云何得言得不退轉。答，若已發願者已得不退，若今發願即現得不退，若當發願亦當得不退。

**僧伽提婆譯《增壹阿含經》卷三四**　爾時，諸比丘從佛受敎。世尊告曰：云何爲七不退轉之法。比丘當知，若比丘共集一處，皆共和順，上下相奉，轉進於上，修諸善法而不退轉，亦不爲魔所得便，是謂初法不退轉。

復次，衆僧和合順從其敎，轉進於上而不退轉，不爲魔王所壞，是謂第二之法不退轉也。

復次，比丘！不著事務，不修世榮，轉進於上，不爲魔天所得其便，是謂第三不退轉之法也。

復次，比丘！不諷誦雜書，終日策役其情意，轉進於上，不爲魔王得其便，是謂第四不退轉之法也。

復次，比丘！勤修其法，除去睡眠，恆自景寤，轉進於上，不爲弊魔而得其便，是謂第五不退轉之法。

復次，比丘！不學算術，亦不使人習之，樂閑靜之處，修習其法，轉進於上，不爲弊魔得其便也。是謂第六不退轉之法。

復次，比丘！起一切世間不可樂想，習於禪行，忍諸法敎，轉進於上，不爲魔所得其便，是謂七不退轉法也。若有比丘成就此七法，共和順者，便不爲魔得其便也。

**窺基《妙法蓮華經玄贊》卷二**　經論多說眞理名無上菩提體，以根本故。今此雙取佛果理、智，俱名無上菩提，於此二果俱不退轉。云何不退轉。由具下十因不退轉，故於佛果能不退轉。決定當證，念念進修，名不退轉。退者失也，轉者動也。八地以上任運進修，於大菩提修習不退，無煩惱故。亦復不爲一切有相功用所動，名不退轉。由此八地名不動地，相用煩惱不能動故。

不退有四。一信不退。十信第六，名不退心，自後不退生邪見故。二位不退。十住第七名不退位，自後不退入二乘故。三證不退。初地以上即名不退，所證得法不退失故。四行不退。八地已上名不退地，爲、無爲法皆能修故。今此菩薩皆八地已上故，言於無上正等覺不退轉，定當證故。故不退者非即不轉。

又不退有二。一已得不退，初地即得，二未得不退。八地方得無上正覺是未得法故。八地以上能不退轉。情祈正覺心進不動，法駛流中任運轉故，名不退轉。此不退者，即是不轉。

**窺基《阿弥陀經疏》**　阿鞞跋致者，阿之言無，鞞跋致言退轉。故《大品經》云，不退轉故名阿鞞跋致。問，阿鞞跋致有何勝用。答，《大品經》云，若至阿鞞跋致位，是人不爲諸魔所動，更無退轉。故《大論》曰，此入不退轉位菩薩，名入菩薩位。自知自證，不隨他語，不墮凡夫數，名爲得道人，一切世事不能動心，閉三惡趣門。若據彼論，與《彌勒問論》同。故彼論曰：菩薩未證初地正位，雖無量劫修集善根報，而未能得不退轉，未得畢竟無怖畏心。此二論即取初地爲不退轉位。故《彌勒問論》云，云何不退轉。答以諸菩薩得初地畢定因故，以見道力離身見等諸煩惱，如須陁洹人。菩薩初地斷菩提心相違退因，離身見等煩惱，方得名爲入菩薩位。自知自證二空眞如，過凡夫地。爾時有九種過。一入位過，謂初入菩薩位初得出世間心故。二家過，謂生在佛家，以依般若慧生故。三種姓過，種姓尊貴無可譏嫌，以大乘行生故。四出過，謂一切世間道所不能攝故。五入過，由入出世間道法故。六身過，以善住菩薩法中以大悲爲體故。七處過，以善住菩薩正修行處而不捨世間而不染故。八業過，謂入三世平等眞如法中，順空聖智生命相似法故。九畢竟過，謂入如來種中，令佛種不斷究竟證涅槃道故。是則不退轉位在於初地。若依《資糧論》，菩薩若得無生忍時，即住在不動地，必當作佛，更不退轉。是則不退轉位，在於八地。故彼自發問云，何故從初地乃至七地，皆決定向三菩提，而不說爲不退轉，唯說住不動地者。答，不動地菩薩所有信等，出世間善根，七地菩薩及二乘不能障礙令其退轉，是故彼地名不退轉。若據衆生生彼得至七八地者，其位太高。若至初地者，即與觀經相應。故彼經云，衆生生彼，有經一劫半劫得入歡喜地。若依《瓔珞本業經》十住位中，彼經云，若新發意菩薩，若進若退，多在第六住，欲入第七住中。何以故。若善男子一劫二劫乃至十劫修行六度，得入七住。是人爾時從初一住至第六住，若修般若波羅蜜，正觀現在前復值諸佛及諸菩薩善知識等所護念故，即得出到第七住中，即常不退。自七住已前，名爲退分。若衆生生彼得入七住，名不退轉。此事必然，以彼時長久修緣強故。又有釋者，彼無七種退緣故，故令生者皆不退轉。一無五退具在。《婆沙》云，一長病，二遠行，三常誦習經業，四常營事務，五恆和諍訟。此五因緣令心勞倦，是名五退具。二、壽長於無量劫供佛聽法陪隨勝人，即長時修道，故是名不退。三、無女人故無婬欲迷愛，而六塵境界見聞觸知，令心不染而發菩提心，即無染愛緣故，是名不退。四、無不善及不稱心，故不退轉。五、無惡友常見諸佛及一生補處菩薩故，心無慢惰，即恭敬修行，故心無退。六、由彼佛願力，故不退轉。《無量壽經》云，其有衆生一生我國乃至成佛，不受惡趣，除示現生，若不爾者，不取正覺。又《十住婆沙》云，若人欲得現身至不退轉者，當學般若波羅蜜，當稱念西方無量明佛。七、爲利益衆生，故不退轉。《智度論》云，阿鞞跋致有二種，一得無生法忍，二未得忍者即是衆生生死肉身結使未斷，佛知其人必當斷故，爲利傍人，如來亦記彼菩薩是阿鞞跋致。釋迦如來亦知我等衆生得生於彼必不退轉故遠記亦名不退，故言皆是阿鞞跋致。又縱生彼漸漸得至七地得無生忍，入於八地不動不退者，於理無妨。何以故。上言彼佛欲令十方衆生生彼悉得作佛，作佛已，更化衆生。彼所化衆生，復亦得佛乃至涅槃。此乃住經六大阿僧祇時，彼衆生爾許時修道，亦令生彼即至得佛，非但七八地也。

**吉藏撰《法華論疏》卷上**　釋上於三菩提不退轉。言不退轉者，一不退爲二乘，則上不同二乘功德，謂勉位退也。下功用不能動謂行不退也。亦得上無相行不能動，謂念不退也。以勉三退，故言於三菩提不退轉也。亦從不同二乘功德竟至自然而行，竝是釋八地功德。次第八地名爲不退轉地，以勉三退故也。於第九地中者釋九地功德，得勝進陁羅尼，則攝上皆得陁羅尼，具足四無礙智，攝上樂說辨才，則九地菩薩具足十種四無礙智。於第十地中者簡第十地功德，不退轉法轉者，攝上經文轉不退轉法輪。

**智顗《維摩羅詰經文疏》卷一六**　經言彌勒爲說不退轉地之行者，當是彼諸天子已經聞方便教大乘，發菩提心，天樂既重，彌勒恐有放逸退轉故，爲說不退轉之行也。所言不退轉者，見理之心即是不退轉也。此心住理不動，能生衆善，喻之如地，因中得理，有進趣向果之義，故云行也。但四教明不退轉地之行不同，各有三種不退轉地之行。所謂位不退、行不退、念不退也。若三藏教明菩薩三不退者，三阿僧祇行人入燸頂忍位，即是不退轉地之行也。

**湛然《維摩經略疏》卷五**　若三藏菩薩三不退者，三祇行行入煖頂忍，即是不退轉地。若約《數論》，以忍法三品分三不退。若傍《成論》約四念處爲位不退，煖頂爲行不退，忍法爲念不退。若通教者，從性地乃至羅漢六地齊功皆位不退。辟支佛地七地齊功，菩薩修方便即行不退。八地菩薩道觀雙流名念不退。若八地與支佛齊九地，始是念不退也。若別教者，十住是位不退，行向是行不退，登地三觀現前即念不退。若圓教者，十信初心爲位不退，中心已來爲行不退，初發心住即念不退。復次，十信相似三不退，初住分眞三不退，前三權，後一實。

**遇榮《仁王護國般若經疏法衡抄》卷四**　四不退者：一信不退，十信第六名不退心，自後不退生邪見故。二位不退，十住第七名不退住，自後不退入二乘故。三證不退，初地已上已證理智不退失故。四行不退，八地已上名不退地，有爲無爲皆修證故，法駛流中任運轉故。

**真嵩、槃譚《佛說阿弥陁經摘要易解》**　阿鞞跋致者，此云不退轉。又恐人疑彼國，頗多賢聖，皆是久修上土，皆不退轉。其新生者，未必不退，故言不論聖凡，但往生者，皆是不退轉，以決其疑。

## 輪迴

**鳩摩羅什奉譯《妙法蓮華經》卷一：**

以諸欲因緣，　墜墮三惡道，
輪迴六趣中，　備受諸苦毒。

**般若譯《大乘本生心地觀經》卷三：**

有情輪迴生六道，猶如車輪無始終，或爲父母爲男女，世世生生互有恩。

如見父母等無差，不證聖智無由識，一切男子皆是父，一切女人皆是母。

**般若譯《大乘本生心地觀經》卷六：**

世間凡夫亦如是，愛著一切受用香，
不知香能染著心，生死輪迴長夜苦。

**施護譯《佛說護國尊者所問大乘經》卷四：**

如是慈悲牟尼主，常愍輪迴六道中。
如蟻循環無了期，引彼愚盲得正路。

**玄奘譯《本事經》卷一：**

我觀諸有情，由貪之所染，
還來墮惡趣，受生死輪迴。
若能正了知，永斷此貪者，
定得不還果，不來生此間。

# 中有

**玄奘譯《瑜伽師地論》卷一**　云何生。由我愛無間已生故，無始樂著戲論因已熏習故，淨不淨業因已熏習故。彼所依體，由二種因增上力故。從自種子，卽於是處，中有異熟，無間得生。死生同時，如秤兩頭，低昂時等。而此中有，必具諸根。造惡業者所得中有，如黑羺光，或陰闇夜。作善業者所得中有，如白衣光，或晴明夜。又此中有，是極清淨天眼所行。彼於爾時，先我愛類，不復現行，識已住故。然於境界，起戲論愛，隨所當生，卽彼形類中有而生。又中有眼，猶如天眼，無有障礙，唯至生處。所趣無礙，如得神通，亦唯至生處。又由此眼，見己同類中有有情，及見自身當所生處。又造惡業者，眼視不淨，伏面而行。往天趣者，上。往人趣者，傍。又此中有，若未得生緣，極七日住，有得生緣，卽不決定。若極七日，未得生緣，死而復生，極七日住。如是展轉，未得生緣，乃至七七日住。自此已後，決得生緣。又此中有，七日死已，或卽於此類生。若由餘業可轉中有種子轉者，便於餘類中生。又此中有，有種種名。或名中有，在死生二有中間生故。或名健達縛，尋香行故，香所資故。或名意行，以意爲依，往生處故。此說身往，非心緣往。或名趣生，對生有起故。當知中有，除無色界，一切生處。又造惡業者，謂屠羊雞豬等隨其一類，由住不律儀眾同分故。作感那落迦惡不善業及增長已，彼於爾時，猶如夢中，自於彼業所得生處，還見如是種類有情，及屠羊等事。由先所習，喜樂馳趣，卽於生處境色所礙，中有遂滅，生有續起。彼將沒時，如先死有，見紛亂色。如是乃至生滅道理，如前應知。又彼生時，唯是化生，六處具足，復起是心而往趣之，謂我與彼、嬉戲受樂，習諸伎藝。彼於爾時，顛倒謂造種種事業，及觸冷熱。若離妄見，如是相貌，尙無趣欲，何況往彼。若不往彼，便不應生。如於那落迦，如是於餘似那落迦鬼趣中生。當知亦爾，如癭鬼等。又於餘鬼傍生人等及欲色界天眾同分中，將受生時，於當生處見己同類可意有情。由此於彼起其欣欲，卽往生處，便被拘礙。死生道理，如前應知。又由三處現前，得入母胎，一父母調適而復值時，二父母和合俱起愛染，三健達縛正現在前。

**玄奘譯《瑜伽師地論》卷五四**　問：從此沒已，何因何緣，中有色聚，續得生耶。答：當知此色，用自種子爲因，感生業爲緣。問：何因得知有中有耶。答：從此沒已，若無所依諸心心所，無有道理，轉至餘方故。不應如響，唯惑亂故。不應如影，彼不滅故。亦不應說如取所緣，非行往故。由如是等所說譬喻，不應道理，是故當知定有中有。如是等類，應當思惟色蘊生起。

**玄奘譯《大乘阿毗達磨雜集論》卷五**　中有初相續剎那，唯無覆無記。以是異熟攝故，從此已後，或善，或不善，或無記，隨其所應，除彼沒心。以中有沒心，常是染污，猶如死有。

**玄奘譯《大乘阿毗達磨雜集論》卷六**　又不淨行者中有生時，其相顯現如黑羊羔光，或如陰闇夜分。修淨行者，中有生時，其相顯現，如白練光，或如晴明夜分。又此中有，在欲色界正受生位，亦從無色界命終後位，亦名意生健達縛等。極住七日，或有中夭，或時移轉。言意生者，謂受化生身，唯心爲因故，香所引故，名健達縛，是隨逐於香往受生處義。極住七日或有中夭者，此約速得生緣者說。若過七日，不得生緣，必定命終，還生中有。如是展轉，乃至七返，更不得過。或時移轉者，謂於此位，往餘生處強緣現前。如得第四靜慮，起阿羅漢增上慢比丘，彼地中有生時，由謗解脫邪見故，轉生地獄中有。又住中有中，亦能集諸業，先串習力所引善等思現行故。又能覩見同類有情，謂先所共行善不善者，如於夢中，見已與彼現同遊戲。又中有形，似當生處，如當生處前時有形而起故。又此中有，所趣無礙，如具神通，往來迅速，仍於生處有所拘礙。又此中有，於所生處，如稱兩頭低昂道理，終沒結生時分亦爾。又住中有中，於所生處，發起貪愛，亦用餘煩惱爲緣助。此中有身，與貪俱滅，羯邏藍身，與識俱生，此唯是異熟。自此已後根漸生長，如緣起中說。於四生類，或受卵生，或受胎生，或受濕生，或受化生。

**玄奘譯《阿毗達磨俱舍論》卷八**　此中何法說名中有。何緣中有，非卽名生。

頌曰：死生二有中，五蘊名中有，未至應至處，故中有非生。

論曰：於死有後，在生有前，卽彼中間，有自體起。爲至生處，故起此身。二趣中間，故名中有。此身已起，何不名生。生謂當來所應至處，依所至義，建立生名。此中有身，其體雖起，而未至彼，故不名生。何謂當來所應至處。所引異熟，究竟分明，是謂當來所應至處。有餘部說，從死至生處容間絕，故無中有。此不應許。所以者何，依理教故。理教者何。頌曰：

如穀等相續，處無間續生，像實有不成，不等故非譬。

一處無二並，非相續二生，說有健達縛，及五七經故。

論曰：且依正理中有非無，現見世間相續轉法，要處無間，刹那續生，且如世間穀等相續。有情相續，理亦應然。刹那續生，處必無間。豈不現見有法續生而於其中處亦有間。如依鏡等從質像生。如是有情死有生有，處雖有間，何妨續生，實有諸像，理不成故。又非等故爲喻不成，謂別色生，說名爲像。其體實有，理所不成。設成非等，故不成喻。言像不成故非喻者，以一處所無二並故。謂於一處鏡色及像並見現前。二色不應同處並有，依異大故。又陋水上兩岸色形，同處一時，俱現二像。居兩岸者，互見分明。曾無一處並見二色，不應謂此二色俱生。又影與光未嘗同處，然曾見鏡懸置影中，光像顯然現於鏡面，不應於此謂二並生。或言一處無二並者，鏡面月像謂之爲二。近遠別見，如觀井水。若有並生，如何別見。故知諸像於理實無。然諸因緣和合勢力令如是見，以諸法性功能差別難可思議。已辯不成所以非喻。言非等故亦非喻者，以質與像非相續故。謂質與像非一相續，唯依鏡等有像現故，像與本質俱時有故。如死生有，是一相續，前後無間，餘處續生。質像相望，無此相續。以不相似，故不成喻。又所現像由二生故，謂二緣故諸像得生。一者本質，二者鏡等。二中勝者像依彼生。生有無容由二緣起，唯有死有，無別勝依。故所引喻非等於法，亦不可說以外非情精血等緣爲勝依性。由化生者，空中欻生，於中計何爲勝依性。已依正理，對破彼宗，從死至生，處容間絕。是故中有決定非無。

次依聖教，證有中有。謂契經言，有有七種，卽五趣有、業有、中有。若此契經彼部不誦，豈亦不誦《健達縛經》。如契經言，入母胎者要由三事俱現在前。一者母身是時調適，二者父母交愛和合，三健達縛正現在前。除中有身，何健達縛。前蘊已壞，何現在前。若此契經，彼亦不誦，復云何釋。《掌馬族經》如彼經言，汝今知不，此健達縛正現前者，爲婆羅門，爲刹帝利，爲是吠舍，爲戍達羅，爲東方來，爲南西北。前蘊已壞，不可言來。此所言來，固唯中有。若復不誦如是契經，五不還經，當云何釋。如契經說，有五不還，一者中般，二者生般，三無行般，四有行般，五者上流。中有若無，何名中般。有餘師執有天名中，住彼般涅槃，是故名中般。是則應許有生等天。既不許然，故執非善。又經說有七善士趣，謂於前五中般分三，由處及時近中遠故。譬如札火小星迸時纔起近即滅。初善士亦爾，譬如鐵火小星迸時起至中乃滅。二善士亦爾，譬如鐵火大星迸時遠未墮而滅。三善士亦爾，非彼所執別有中天。有此時處三品差別，故彼所執定非應理。

有餘復說，或壽量中間，或近天中間。斷餘煩惱，成阿羅漢，是名中般。由至界位，或想或尋而般涅槃，故有三品。或取色界眾同分已即般涅槃，是名第一。從是次後，受天樂已，方般涅槃，是名第二。復從此後，入天法會，乃般涅槃，是名第三。入法會已，復經多時，方般涅槃，是名生般。或減多壽，方般涅槃。非創生時，故名生般。如是所說，與火星喻皆不相應。所以者何。以彼處行無差別故。又無色界亦應說有中般涅槃，由彼亦有壽量中間般涅槃故。

**玄奘譯《阿毗達磨發智論》卷一九**　云何本有。答，除生分死分，諸蘊中間諸有。云何死有。答，死分諸蘊。云何中有。答，除死分生分，諸蘊中間諸有。云何生有，答生分諸蘊。

**玄奘譯《阿毗達磨俱舍論》卷九** 當往何趣，所起中有，形狀如何。

頌曰：此一業引故，如當本有形，本有謂死前，居生剎那後。

論曰：若業能引當所往趣，彼業卽招能往中有。故此中有，若往彼趣，卽如所趣當本有形。若爾，於一狗等腹中，容有五趣中有頓起。既有地獄中有現前，如何不能焚燒母腹。彼居本有，亦不恆燒，如暫遊園，況在中有。設許能燒，如不可見，亦不可觸。以中有身，極微細故。所難非理。諸趣中有，雖居一腹，非互觸燒，業所遮故。欲中有量，雖如小兒年五六歲，而根明利。菩薩中有，如盛年時，形量周圓，具諸相好。故住中有，將入胎時，照百俱胝四大洲等。若爾，何故菩薩母夢中見白象子來，入己右脇。此吉瑞相，非關中有。菩薩久捨傍生趣故，如訖栗枳王夢所見十事。謂大象井麨，栴檀妙園林，小象二彌猴，廣堅衣鬪諍。如是所夢，但表當來餘事先兆。非如所見。又諸中有，從生門入，非破母腹而得入胎。故雙生者，前小後大。法善現說，復云何通。白象相端嚴，具六牙四足，正知入母腹，寢如仙隱林。不必須通，非三藏故。諸諷頌言，或過實故。若必須通，如菩薩母所見夢相，造頌無失。色界中有，量圓滿如本有，與衣俱生，慚愧增故。菩薩中有，亦與衣俱，鮮白苾芻尼，由本願力故，彼於世世，有自然衣，恆不離身，隨時改變。乃至最後般涅槃時，卽以此衣纏尸焚葬。所餘欲界中有無衣，由皆增長無慚愧故。【略】

如是中有，爲住幾時。大德說言：此無定限，生緣未合，中有恆存，由彼命根，非別業引。與所趣人等眾同分一故。若異此者，中有命根，最後滅時，應立死有。設有肉聚，等妙高山，至夏雨時，變成蟲聚。應言諸中有漸待此時，爲說從何方，頓來至此。雖無經論，誠文判釋。然依正理，應作是言：有雜類生，數無邊際，貪著香味，壽量短促。彼諸有情，因嗅此氣，貪香味故，俱時命終，由愛覺先，感蟲身業，同時於此，受細蟲身。或多有情，應俱生此，多緣未合，住中有中。今遇多緣，方頓生此。應俱生者，定不異時。如有能招轉輪王業，要至人壽八萬歲時。或過此時，方頓與果，非於餘位。此亦應然。故世尊言，諸有情類，業果差別，不可思議。尊者世友言，此極多七日，若生緣未合，便數死數生。有餘師言，極七七日。《毗婆沙》說，此住少時。以中有中，樂求生有，故非久住，速往結生。其有生緣未卽和合，若定此處此類，應生業力，卽令此緣和合。若非定託此和合緣，便卽寄生餘處餘類。有說，轉受相似類生。且如家牛、及狗、熊、馬，欲增次屬夏秋冬春。野牛、野干、羆、驢，無定。前四中有，若不遇時，如次轉生後四同類。

**玄奘譯《阿毗達磨俱舍論》卷一〇** 諸趣生已，皆謂已生。復說求生，爲何所目。此目中有，由佛世尊以五種名，說中有故。何等爲五。一者意成，從意生故，非精血等所有外緣合所成故。二者求生，常喜尋察當生處故。三者食香，身資香食，往生處故。四者中有，二趣中間所有蘊故。五者名起，對向當生，暫時起故。如契經說，有壞自體起，有壞世間生。起謂中有。又經說，有補特伽羅，已斷起結，未斷生結。

**玄奘譯《阿毗達磨大毗婆沙論》卷六九** 有說中有非趣所攝。問：若爾，善通施設論等，尊者達羅達多所說，當云何通。答：彼不須通，非三藏故。文頌所說，或然不然。達羅達多，是文頌者，言多過實，故不須通。若必須通，應求彼意。謂諸中有，似所趣形，故說攝在所向諸趣。地獄中有，形如地獄，乃至人中有，形卽如人。而實中有，非趣所攝。評曰：此二說中，後說爲善，所以者何。趣謂所趣，卽所至處。中有趣彼，非所至處。猶如道路，故非趣攝。復次，趣非擾亂，中有擾亂，是故中有非趣所攝。復次，趣多安住，中有不住，如風陽焰，故非趣攝。復次，諸趣是果，中有是因，因不卽果，故非趣攝。如因非果，作非所作，取非所取，向非所向，應知亦爾。復次，諸趣相麁，中有相細，細不卽麁，故非趣攝。如細非麁，不現見，非現見，不明瞭，非明瞭，應知亦爾。復次，中有在彼二趣中間，故非趣攝。如田邑土世界中間，非田等攝。復次，趣是根本，善惡業招。彼加行業，招於中有。因既有異，故不相攝。

**玄奘譯《阿毗達磨大毗婆沙論》卷六九** 問：中有可轉不可轉耶。譬喻者說，中有可轉，以一切業，皆可轉故。彼說所造五無間業，尙可移轉，況中有業。若無間業不可轉者，應無有能出過有頂，有頂善業，最爲勝故。既許有能過有頂者，故無間業，亦可移轉。阿毗達磨諸論師言，中有於界、於趣、於處，皆不可轉。感中有業，極猛利故。

**玄奘譯《阿毗達磨大毗婆沙論》卷七〇** 問：中有形量大小云何。答：欲界中有，如五六歲小兒形量。色界中有，如本有時形量圓滿。問：若欲界中有如五六歲小兒形量，云何於父母起顚倒想，生愛恚耶。答：形量雖小，而諸根猛利，如本有時，能作諸事業。如壁等上畫老人形，其量雖小，而有老相。

問：菩薩中有，其量云何。答：如住本有盛年時量，三十二相，莊嚴其身，八十隨好，而爲間飾，身眞金色，圓光一尋。由此菩薩住中有時，照百俱胝四大洲等，如百千日，一時俱照。梵音深妙，令人樂聞，如美音鳥，其聲清亮。智見無礙，離諸雜染。

問：菩薩中有，若如是者，法善現頌，當云何通。如說白象相端嚴，具六牙四足，正知入母腹，寢如仙隱林。答：此不須通，非三藏故。文頌所說，或然不然。諸文頌者，言多過實。若必須通，應求彼意，隨現夢相，故作是說。謂彼國中，夢見此相，以爲吉瑞。故菩薩母夢見此事，欲令占相。諸婆羅門聞已，咸言此相甚吉。故法善現，作如是說，亦不違理。菩薩已於九十一劫，不墮惡趣，況最後身受此中有而入母胎，是故智者不應依彼所說文頌，而言菩薩所受中有，如白象形。

**玄奘譯《阿毗達磨大毗婆沙論》卷七〇** 問：住中有位，爲經幾時。答：經於少時，速求生故。謂住中有，於六處門，遍求生緣，速往和合。問：若受中有，卽遇生緣此彼和合，可速往彼，與彼緣會，於中結生。若遇生緣不和合者，如何彼住不經多時。如有父在迦濕彌羅國，母在至那。或有母在迦濕彌羅國，父在至那。如是生緣，難可和合。如何中有，速往結生。答：應知有情作父母業，有定不定。故於父母，有可轉義，不可轉義。若於父母俱可轉者，卽往餘父母和合處結生。若於父可轉，於母不可轉者，卽彼女人，性雖貞潔，受持五戒，具足威儀，而必與餘男子和合，令中有者速往結生。若於母可轉，於父不可轉者，卽彼男子，性雖賢良，受持五戒，威儀具足，而必與餘女人和合，令中有者速往結生。若於父母俱不可轉者，卽彼有情，未命終位，由業力故，令其父母雖有住緣，而不顧戀，必起相趣和合之心。彼相趣時，於所經處，毒不能害，刃不能傷，火不能燒，水不能溺，及餘種種夭橫因緣皆不能礙，必得和合，令彼有情旣命終已，適受中有，卽往結生。

問：若諸有情，欲常增者，可隨中有，速往結生。若有欲心，不常增者，如何中有，隨往結生。如馬春時，欲心增盛，餘時不爾。牛於夏時，欲心增盛，餘時不爾。狗於秋時，欲心增盛，餘時不爾。熊於冬時，欲心增盛，餘時不爾。如何有情，適受中有，令彼和合，而往結生。答：由彼有情，住中有位業增上力，令其父母非時欲心亦得增盛，相趣和合，彼得結生。有餘師說，相似類中，亦得結生，故無有失。謂馬春時，欲心增盛，餘時不爾。驢一切時，欲心增盛。應生馬中者，以非時故，轉生驢中。牛於夏時，欲心增盛，餘時不爾。野牛恆時，欲心增盛。應生牛中者，以非時故，轉生野牛中。狗於秋時，欲心增盛，餘時不爾。野干恆時，欲心增盛。應生狗中者，以非時故，轉生野干中。熊於冬時，欲心增盛，餘時不爾。羆一切時，欲心增盛。應生熊中者，以非時故，轉生羆中。雖彼形相與餘相似，而眾同分，如本不轉。以諸中有，不可轉故。如是中有，住經少時，必往結生，速求生故。尊者設摩達多說曰，中有極多住七七日四十九日，定結生故。尊者世友作如是說，中有極多住經七日，彼身羸劣，不久住故。

問：若七日內，生緣和合，彼可結生。若爾所生時，生緣未合，彼豈斷壞。答：彼不斷壞。謂彼中有，乃至生緣未和合位，數死數生，無斷壞故。大德說曰，此無定限。謂彼生緣速和合者，此中有身，卽少時住。若彼生緣多時未合，此中有身，卽多時住，乃至緣合，方得結生。故中有身，住無定限。

**玄奘譯《阿毗達磨大毗婆沙論》卷七〇** 問：中有諸根，爲具不具。答：一切中有，皆具諸根。初受異熟，必圓妙故。有作是說，中有諸根，亦有不具。隨本有位，所不具根，彼亦不具。如印印物，像現如印。如是中有，趣本有故。如本有時，有根不具。此中初說，於理爲善。謂中有位，於六處門，遍求生處，根必無缺。此說眼等，非女男根。色界中有，無彼根故。欲界中有，彼亦不定。當受卵胎二類生者，住中有位，有女男根。至卵胎中，方有不具。若不爾者，應無當受卵胎生義。

**玄奘譯《阿毗達磨大毗婆沙論》卷七〇** 問：一切中有形狀云何。答：中有形狀，如當本有。謂彼當生地獄趣者，所有形狀，卽如地獄，乃至當生天趣中者，所有形狀，卽如彼天。中有、本有，一業引故。有作是說，若此命終，受中有者，中有形狀，卽如此身。如印印物，像現如印。彼說非理。所以者何。無色界歿，受欲色界中有身者，何所似耶。豈有諸天所受中有，形如地獄。寧有地獄所受中有，形如諸天。又色界歿生欲界者所受中有，應非女男。欲界命終生色界者所受中有，應是女男。

**玄奘譯《阿毗達磨大毗婆沙論》卷七〇**　問：諸趣中有，行相云何。答：地獄中有，頭下足上而趣地獄。故伽他言，顛墜於地獄，足上頭歸下。由毀謗諸仙，樂寂修苦行，諸天中有，足下頭上。如人以箭仰射虛空，上昇而行，往於天趣。餘趣中有，皆悉傍行。如鳥飛空，往所生處。又如壁上畫作飛仙，舉身傍行，求當生處。

問：中有行相，皆如是耶。答：應作是說，不必皆爾。且依人中命終者說，若地獄死，還生地獄，不必頭下足上而行。若天中死，還生天趣，不必足下頭上而行。若地獄死，生於人趣，應首上昇。若天中死，生於人趣，應頭歸下。鬼及傍生二趣中有，隨所往處，如應當知。有餘師說，中有行相，一切皆爾。所以者何。表所造業，有差別故。謂地獄業，極穢下故，初受中有，頭必歸下。後隨所往，行相不定。生諸天業，極勝上故，初受中有，首必上昇。後隨所往，行相不定。餘三種業，非極上下。故彼中有，初皆傍行，後隨所往，行相不定。復有說者，一切中有，初受所造業異熟故，皆表所造業有差別。地獄中有，是極下業所得果故，隨行動時，足上頭下。諸天中有，是最上業所得果故，隨行動時，足下頭上。餘三中有，是處中業所得果故，隨行動時，首之與足，等無上下。雖彼所往上下不定，而行動時，頭足必爾。

**玄奘譯《阿毗達磨大毗婆沙論》卷七〇**　問：中有生時，爲有衣不。答：色界中有，一切有衣。以色界中，慚愧增故。慚愧即是法身衣服。如彼法身，具勝衣服，生身亦爾。故彼中有，常與衣俱。欲界中有，多分無衣。以欲界中，多無慚愧。唯除菩薩及白淨苾芻尼所受中有，恆有上妙衣服。有餘師說，菩薩中有，亦無有衣，唯有白淨苾芻尼等所受中有，常與衣俱。

問：何緣菩薩中有無衣，而白淨等中有有衣。答：由白淨尼，曾以衣服施四方僧，故彼中有，常有衣服。

問：若爾，菩薩於過去生，以妙衣服施四方僧，白淨尼等所施衣服碎爲微塵，猶未爲比，如何菩薩中有無衣，而彼中有常有衣服。答：由彼願力異菩薩故。謂白淨尼以衣奉施四方僧已，便發願言，願我生生常著衣服，乃至中有，亦不露形。由彼願力所引發故，所生之處，常豐衣服。彼最後身所受中有，常有衣服。入母胎位，乃至出時，衣不離體。如如彼身漸次增長，如是如是衣隨漸大。後於佛法正信出家，先所著衣，變爲法服，受具戒已，轉成五衣。於佛法中，懃修正行，不久便證阿羅漢果。乃至最後般涅槃時，即以此衣纏身火葬。菩薩過去三無數劫所修種種殊勝善行，皆爲迴向無上菩提，利益安樂諸有情故。由斯行願，於最後身，居諸有情最尊勝位。眾生遇者，無不蒙益。是故菩薩所受中有，雖具相好，而無有衣，願力有殊，不應爲難。諸有發願如白淨尼所受中有，亦有衣服。應知此中前說應理。菩薩功德，慚愧增上。諸餘有情，色界中有，所不及故，在中有位，必不露形。

**玄奘譯《阿毗達磨大毗婆沙論》卷七〇**　問：中有何處入於母胎。有作是說，中有無礙，隨所樂處，而便入胎。問：若中有身，無能障礙，如何依住此母胎中。答：業力所拘，故依此住。有情業力，不可思議，無障礙物，令有障礙。是故於此，不應爲難。應作是說，中有入胎，必從生門，是所愛故。由此理趣，諸雙生者，後生爲長。所以者何。先入胎者，必後出故。

問：菩薩中有，何處入胎。答：從右脇入，正知入胎，於母、母想，無婬愛故。復有說者，從生門入，諸卵胎生，法應爾故。

問：輪王獨覺先中有位，何處入胎。答：從右脇入，正知入胎，於母、母想，無婬愛故。復有說者，從生門入，諸卵胎生，法應爾故。有餘師說，菩薩福慧極增上故，將入胎時，無顛倒想，不起婬愛。輪王、獨覺，雖有福慧，非極增上，將入胎時，雖無倒想，亦起婬愛，故入胎位，必從生門。《施設論》說，若彼父母福業增上，子福業劣，不得入胎。若彼父母福業劣薄，子福業勝，不得入胎。要父母子三福業等，方得入胎。

問：若富貴丈夫與貧賤女合，或富貴女人與貧賤男合，如何中有亦得入胎。答：富貴男子與貧賤女人合時，必於自身起下劣想，於彼女人生尊勝想。富貴女人與貧賤男子合時，必於自身生下劣想，於彼男子起尊勝想。貧賤男子與富貴女人合時，必於自身生尊勝想，於彼女人起下劣想。貧賤女人與富貴男子合時，必於自身起尊勝想，於彼男子生下劣想。子於父母將入胎位，應知亦然，故入胎時皆有等義。

**玄奘譯《阿毗達磨大毗婆沙論》卷七〇**　如是中有，有多種名，或名
中有，或名揵達縛，或名求有，或名意成。
問：何故中有或名中有。答：居死有後，在生有前，二有中間，有自
體起，欲色有攝，故名中有。
問：餘有亦在二有中間有自體起，三有所攝，寧非中有。答：若有居
在二有中間，輕細難見，難明難了，立中有名。餘有雖在二有中間，麁重
易見，易明易了，不名中有。復次，若有居在二有中間，是界是生，非趣
所攝，名爲中有。餘有雖在二有中間，界生趣攝，故非中有。復次，若有
居在二有中間，已捨前趣，未至後趣，說爲中有。餘有雖在二有中間，而
未捨前趣，或已至後趣，故非中有。
問：何故中有，名健達縛。答：以彼食香而存濟故，此名唯屬欲界
中有。
問：何故中有名求有耶。答：於六處門，求生有故。如住中有，求後
有心，相續猛利。住餘不爾，故獨中有，立求有名。
問：何故中有復名意成。答：從意生故。謂諸有情，或從意生，或從
業生，或從異熟生，或從婬欲生。從意生者，謂劫初人及諸中有色無色界
并變化身。從業生者，謂諸地獄。如契經說，地獄有情，業所繫縛，不能
免離，由業而生，不由意樂。從異熟生者，謂諸飛鳥及鬼神等，由彼異
熟，勢輕健故，能飛行空，或壁障無礙。從婬欲生者，謂六欲天及諸人
等，諸中有身，從意生故，乘意行故，名爲意成。
**玄奘譯《阿毗達磨大毗婆沙論》卷七〇**　問：中有爲能互相見不。
答：能互相見。問：誰能見誰。有作是說：地獄中有，唯見地獄中有，乃
至天中有，唯見天中有。有餘師說：地獄中有，唯見地獄中有。傍生中
有，見二中有。鬼界中有，見三中有。人中有，見四中有。天中有，見五
中有。復有說者：地獄中有，見五中有，乃至天中有，亦見五中有。
問：諸本有眼，見中有不。有作是說：地獄、傍生、鬼、人趣眼，不
見中有，唯天趣眼能見中有。問：諸天趣眼，誰能見誰。有作是說：四大
王眾天眼，除自上處中有，見下中有。乃至他化自在天眼，除自上處中
有，見下中有。初靜慮天眼，除自上處中有，見下中有。乃至第四靜慮天
眼，除自上處中有，見下中有。復有說者：欲界天眼，不見中有。色界天
眼，能見中有。唯能見下，不見自上。若作是說，無生得眼，能見第四靜
慮中有。應作是說，住本有者，諸生得眼，皆無能見中有身者。唯極清淨
修得天眼，能見中有。
問：云何知然。答：契經說故。謂契經說：若男若女，具淨尸羅，修
諸善法。彼命終已，得意成身，如白衣光，或如明夜。極淨天眼，乃能見
之。若男若女，毀犯淨戒，作諸惡法。彼命終已，得意成身，如黑羺光，
或如闇夜。極淨天眼，乃能見之。由此故知住本有者，諸生得眼，皆無能
見中有身者。
毗奈耶說，度使魔羅、伽誅藥叉、提婆達多、毗盧宅迦，皆即此身，
陷入無間大地獄中，受諸劇苦。問：此等爲受中有身不。答：受中有身。
然以迅速，難可覺知，故作是說。初一剎那死有蘊滅中有蘊生，後一剎那
中有蘊滅生有蘊生。由此迅速，難可覺知。有作是說，彼於佛等起重惡
行，臨命終時，身極厚重。故此大地不能持彼，如油沃沙即便陷入。既入
地已，方乃命終。受中有身，後生地獄。是故說彼，皆即此身陷入無間大
地獄中。依初陷時而作是說。有餘師說，彼業猛利，未及命終，無間地獄
火焰上踴，纏縛彼身，牽入地獄。彼於中路方乃命終，受中有身。後至地
獄，捨中有身，方得生彼。依初去時而作是說，亦不違理。
**玄奘譯《阿毗達磨大毗婆沙論》卷七〇**　問：中有微細，一切牆壁山
崖樹等，皆不能礙。此彼中有，爲相礙耶。有作是說，此彼中有，亦不相
礙，以極微細，相觸身時，不覺知故。復有說者，此彼中有，亦互相礙，
以相遇時，此彼展轉，有語言故。
問：若爾，寧說中有無礙。答：於餘無礙，非謂中有。問：此彼中
有，皆相礙耶。答：自類相礙，非於餘類。謂地獄中有，但礙地獄中有，
乃至天中有，但礙天中有。有作是說，劣礙於勝，以麁重故，勝不礙劣，
以細輕故。謂地獄中有，礙五中有。傍生中有，礙四中有。鬼界中有，礙
三中有。人中有，礙二中有。天中有，唯礙天中有。
問：神境通力與中有位諸有所行，何者爲疾。有作是言，中有行疾。
所以者何，經說業力勝神通故。如是說者，神境通力行勢迅速，非諸中
有。問：若爾，何故經說業力勝神境通。答：依無障礙故，作是說，不依
行勢。謂佛神通，能礙一切有情神通。獨覺神通，除佛能礙諸餘神通。舍

利子神通，除佛獨覺能礙一切有情神通。大目乾連神通，除佛獨覺及舍利子能礙一切有情神通。諸利根者神通，能礙一切鈍根者神通。無佛獨覺一切聲聞，及餘有情呪術藥物，能礙中有，令不往趣應受生處。然必往彼隨類結生。由此契經說諸業力勝神通力，若依行勢而作論者，應說神通勝於中有。

## 戒法

**道宣《四分律刪繁補闕行事鈔》卷上** 且據《樞要》略標四種。一者戒法，二者戒體，三者戒行，四者戒相。言戒法者，語法而談，不局凡聖。直明此法必能軌成出離之道，要令受者信知有此。雖復凡聖通有此法，今所受者就已成而言，名爲聖法。但令反彼生死仰廁僧徒，建志要期高栖累外者，必豫長養此心，使隨人成就，乃可秉聖法在懷，習聖行居體，故得名爲隨法之行也。

**守一集《律宗會元》卷一** 私曰：言戒法者，諸佛所制，衆聖所傳，吾輩所受者是也。良以十界依正，全即心體。由不了故，造業輪回。是故如來稱其心境，制無邊戒。無論善惡，制有繩式，名之爲法。依制受持，軌成出離，乃法之功。然此戒法，教通權實。據教屬權，即聲聞法。苟究佛懷，及達開會，即一乘法。若戒法體量，於心境戒體文中，相因廣明，言極詳委。今此且據《事鈔》，標宗、釋相二篇，並明戒法功能，及顯軌成之義，錄之於後。請究前後諸文，或體或用，幸善明之。

**法藏集《弘戒法儀》上卷** 所言戒法者，即佛所制，禁防三毒，三千八萬無量律儀是也。

**讀體《壇傳戒正範》卷二** 所言戒法者，即世尊成道十二年中，觀有漏因緣事起，而爲諸無事比丘禁防三毒，調伏七支，金口所制二百五十淨戒、一百八十四種羯磨，乃至三千八萬無量律儀是也。

## 戒體

**道宣《四分律刪繁補闕行事鈔》卷上** 二明戒體者，若依通論，明其所發之業體。今就正顯直陳能領之心相，謂法界塵沙二諦等法，以己要期施造方便，善淨心器，必不爲惡。測思明慧，冥會前法。以此要期之心，與彼妙法相應。於彼法上有緣起之義，領納在心，名爲戒體。

**守一集《律宗會元》卷一** 私曰：此門唯明壇場白四受體，以如來隨機設教，四門乃殊。此方盛弘，通歸空有。空宗非二，有計假色。吾祖建立，迥異常倫。先依二宗，詳辨體相。後以圓教，融會諸計。假色非二，無非識種。識即具常性德，種乃無始本具。今依南山宗旨，圓導圓開，而彼受者，頓發圓解，了達諸法，清淨圓融，究竟一相，決誓要期。因緣構結，種從緣起，以成戒體。是則心大體大，心妙體妙。荊溪所謂戒無大小，由受者心期是也。餘有僧體羯磨體大戒體及七非體，並附此門。

**法藏集《弘戒法儀》上卷** 言戒體者，即以己心遍緣一切情與無情、空有二諦塵沙等境。於諸境上，發三種心。一者，誓斷一切惡，所謂婬盜殺妄身口非，爲一切過失，皆悉止斷，因斷成功，名爲斷德。將來果上，證法身佛。二者，誓修一切善，所謂世出世間一切善法。習行方便，無善不修。善由智修，因善成功，名爲智德。將來果上，證報身佛。三者，誓度一切衆生，前之二願是自利行。今者普度含識，皆悉令得無上佛果菩提涅槃，是利他行。以恩及物，名爲恩德。將來果上，證應身佛。心緣於境，境從心現。境即法體，體即戒因。未受以前，體是無繫。攬法於體，依於自心。戒爲能依，心是所依。心法和合，名爲戒體。如藥丸喻，可以知之。

**讀體撰《壇傳戒正範》卷一** 言戒體者，即汝等正受戒時，以現前第六意識心，運想三寶歸竟之時，偏緣一切情非情境。於此所緣境上，發起誓欲防惡，誓欲修善之功能是也。

**讀體撰《壇傳戒正範》卷二** 所言戒體者，即是來朝於十師座前，正秉羯磨時，爾等發上品心之思業力用，運想法界，偏緣一切塵境，而境從心現。然所現之境，非有表色，即是法界一切塵境之體，亦即得戒之因。若未緣想領受已前，此塵境體於汝無繫。但一發心緣想領受已後，此法界塵境體，恆依汝等自心，念念不忘，時時守護。是以戒爲能依，心是所依，心法和合，名爲戒體。如藥丸喻，可以例知。

## 戒行

**道宣《四分律刪繁補闕行事鈔》卷上**　三言戒行者，既受得此戒秉之在心，必須廣修方便，撿察身口威儀之行，克志專崇高慕前聖，持心後起義順於前，名爲戒行。故經云，雖非觸對，善修方便，可得清淨。

**守一集《律宗會元》卷一**　私曰：既已納體，必須奉行，使受隨相副，願行相應也。一言戒行，無非止作。止據《戒本》，持之則無違，受體作歸羯磨，行之順本願心。又據《事鈔》，行分三位，即衆自共衆。據僧法羯磨，必在同遵。自約持戒護體，常切自撿。共即四事所須，人皆共備。下文雖廣，無越於斯。苟一有違，律並結犯。若鈍根小器，教猶有開。上士圓機，微縱即犯。既發圓解，已納圓體，應脩圓行。用毗尼行相爲舟航，以唯識妙觀作帆楫，遊南山圓教之海，到如來涅槃之岸。

**法藏集《弘戒法儀》上卷**　三明戒行，行者依本受體，於日用處，參諸行業，名爲戒行。

**讀體撰《壇傳戒正範》卷一**　汝等莫不喜逸而憚勞，厭繁而思簡。今既入道初階，始則修事師之節，次則執僧伽之勞。以至晨昏動定，微細行業，皆依戒而行，故謂之曰戒行。

**讀體撰《壇傳戒正範》卷二**　所言戒行者，即依本所受之戒體，於日用處或讀誦。或安禪，或熏禮懺法，或修持淨業，乃至著衣受食等，皆不違越毗尼。所以一切行，盡名戒行。非謂一切行外而別有戒行。出世行業，悉以淨戒而爲本也。

## 戒相

**道宣《四分律刪繁補闕行事鈔》卷上**　四明戒相者，威儀行成，隨所施造，動則稱法，美德光顯，故名戒相。

**守一集《律宗會元》卷一**　私曰：諸文言相，大略有二。一曰行相，二曰法相。言行相者，據內心秉持，善相形外。威儀語默，不在用心，自然合法。即《鈔》云，美德光顯爲相者，是也。言法相者，約境則物物皆是，約文則《戒本》所列，及一大律藏，制之與聽，善惡事法，覽而可別，並歸相收。行法相濫，如文自明。問：戒行戒相，二門何別。答：行據行心秉持，相據形之身口，或列於文，目之可覩，狀之可分者，是也。

**法藏集《弘戒法儀》上卷**　所言戒相者，如諸戒檢，明持犯之相，此即法相。於四威儀日用行事，此行相也。

**讀體撰《壇傳戒正範》卷一**　汝等莫不生長於俗諦，形質等同於凡夫。今幸得登戒品，內則具慈和之德，外則著緇縵之衣。又復居止同乎大衆，行來皆尙雍容。出世道業，因戒方成。少有所違，即名干犯。故謂之曰戒相。

**讀體撰《壇傳戒正範》卷二**　所言戒相者，即佛所制二百五十具戒，一百八十四種羯磨。於一一戒相中，所明輕重開遮。於一一羯磨內，所攝成壞兩緣。此即法相也。於日用四儀間，常所行時事及非時事，此即行相也。

## 懺悔

**曇無讖譯《大般涅槃經》卷一九**　若覆罪者，罪則增長。發露慚愧，罪則消滅。是故諸佛說有智者不覆藏罪。

**智顗《摩訶止觀》卷七下**　懺名陳露先惡，悔名改往修來。佛智遍照，佛慈普攝。我以身口投佛足下，願世間眼證我懺悔。我無始無量，遮佛道罪，無明所傐，不識正眞。從三界繫，動身口意，起十惡罪。三寶六親，四生五道，作不饒益事，破發三乘心人，造五七逆，自作敎他，見作隨喜，應現生後，受諸苦惱。如三世菩薩求佛道時懺悔。我亦如是。傷已昏沈，無智慧眼，發是語時，聲淚俱下，至誠眞實，五體投地，如樹崩倒，摧折我人，衆惡傾殄。是名懺悔。

**法智譯《爲首迦長者說業報差別經》**：

若人造重罪，作已深自責，
懺悔更不造，能拔根本業。

**般若譯《大方廣佛華嚴經》卷四〇**：

我昔所造諸惡業，皆由無始貪恚癡，
從身語意之所生，一切我今皆懺悔。

**澄觀《大方廣佛華嚴經隨疏演義鈔》卷四八**　懺悔二字，古有二釋。今疏即天台釋，亦通漢梵二者。今釋即半梵半漢。懺悔者，梵云懺磨，此云請忍。悔即此方體是惡作，厭先過失，求請三寶，忍受悔過。單云悔者，非是六釋，合二即是依主。此上釋名。二云除惡業障，故須懺也。此辨懺益，亦懺意也。

**慧琳《一切經音義》卷五九**　懺悔。此言訛略也。書無懺字，應言叉磨。此云忍，謂容恕我罪也。半月叉磨，增長戒根。逋沙他，此云增長。戒名鉢羅帝提舍耶寐，此云我對說，謂相向說罪也。舊名布薩者，訛略也。譯爲淨住者，義翻也。

**義淨《南海寄歸內法傳》卷二**　舊云懺悔，非關說罪。何者。懺摩乃是西音，自當忍義。悔乃東夏之字，追悔爲目。悔之與忍，逈不相干。若的依梵本，諸除罪時，應云至心說罪。以斯詳察，翻懺摩爲追悔，似罕由來。西國之人，但有觸誤及身錯相觸著，無問大小。大者垂手相向，小者合掌虔恭。或可撫身，或時執膊，口云懺摩。意是請恕，願勿瞋責。律中云，提舍那矣，恐懷後滯，就他致謝，即說懺摩之言。必若自己陳罪，乃云提舍那矣。恐懷後滯，用啟先迷，雖可習俗久成，而事須依本。梵云鉢刺婆刺拏，譯爲隨意，亦是飽足義，亦是隨他人意，舉其所犯。

**定賓作《四分律飾宗義記》卷八**　興善罰惡，稱之爲懺等者。今三藏云：梵云痆鉢底鉢喇底提舍那。痆鉢底者，此之罪過也。鉢喇底提舍那，即是對他說也。說已之非，冀令清淨。舊云懺悔，非關說罪。懺摩，西音，此當忍義。悔是東語，追悔爲名。悔之與忍，逈不相干。若依梵本，諸除罪時，應云至心說罪。西國若有身誤相觸，大者垂手撫身，小者虔恭執膊，口云懺摩，意是請忍，願勿嗔責。律中就他致謝，即說懺摩之言。必若自己陳罪，乃云提舍那矣。雖可習倍久歲，而事須依梵本。今詳名言通得意之路意，既無求滅罪，亦可義通也。

**大覺撰《四分律鈔批》卷一二**　言懺者，《羯磨疏》云：懺摩，唐言悔往，亦云卑敬。今存二方言，故曰懺悔。懺存後立非此書也。取其義意，謂不造新。此則懺謂止斷未來非，悔謂恥心於往犯。由此善故，已起無緣，當生無續，雙礙緣續，說爲行除。又由斯善來感樂報，差彼苦緣，名爲報除。若欲懺者，略知此意。若依南山菩提三藏解云，懺是梵言，悔是漢語，已作之罪令除曰悔，未作之罪不起曰懺。有云，梵言懺摩，此翻爲忍，謂容恕忍可我罪也。若能專精不犯第一白法，犯已尋悔第二白法。經稱有二智人，即其義也。今文中廣明五篇七聚已起之非，對治儀軌聚在一處，故曰懺六聚法篇也。淨三藏言，梵云阿鉢底鉢羅提舍那。阿鉢底者，此云罪過也。鉢喇底提舍那，即是對他說也。說已之罪，冀令清淨。舊云懺悔，非關說罪。何者，懺摩乃是西音，此當忍義。悔是東語，追悔爲名。悔之與忍，逈不相干。若依梵本，謂除罪時。應云至心說罪。西國若有身誤相觸，大者垂手撫身，小有虔恭執膊，口云懺摩。意是請恕，願勿嗔責。故律中就他致謝，即說懺摩之言。必若自己陳罪，乃云提舍那矣。雖可習俗久成，而事須依於梵本也。

**義淨譯《根本說一切有部毗奈耶》卷一五**　苾芻衆請乞懺摩。（言懺摩者，此方正譯當乞容恕容忍首謝義也。若觸誤前人，欲乞歡喜者，皆云懺摩。無問大小，咸同此說。若悔罪者，本云阿鉢底提舍那。阿鉢底是罪，提舍那是說。應云說罪。云懺悔者，懺是西音，悔是東語，不當請恕，復非說罪，誠無由致。）

**道宣撰　宋　元照述《四分律含註戒本疏行宗記》**　悔是此土之言，懺是西方略語。如梵本音懺摩也。懺字非倉雅所陳，近俗相傳故耳。

**知禮《金光明經文句記》卷三**　《方等陁羅尼經》，明四衆懺法。《普賢觀法經》，明六根懺法。《大經》闍王懺逆，請《觀音經》銷伏三障。諸經觀門皆能滅罪。何法非懺。然菩薩行爲轉先業，作利他緣，乃論無生等三種懺法。聲聞自度，縱明懺悔，多在作法，求免三途。故今但對大乘諸經，明散明專。二正釋名五。初約伏首釋。然懺悔二字乃雙舉二音。梵語懺摩，華言悔過。以由悔過是首伏等五種之義。今既華梵二音並列，是故大師以首釋懺，以伏釋悔。乃至慚愧，對釋懺悔。欲令稟者，即於二字修首伏行及慚愧等。斯是善巧說法之相。故不可以華梵詁訓而爲責也。初約首伏釋。首音獸，自陳罪也，欵誠也。二約黑白釋。企，望也。尙，猶尊尙也。三約棄求釋。鄙，恥也。惡，烏路切，嫌也。四約露斷釋。發露過現，斷未來續。五約慚愧釋二。初總釋，直以慚愧釋於懺悔，未分五種人天之義，故名總釋。二慚則下別釋，乃分人天及以四教事理之別也。二初約人天釋。人是肉眼，但見其顯。諸天則有報得天眼，故見冥密。此人慚恥愧赧，名爲懺悔。

**法雲編《翻譯名義集》卷一**　懺摩，此翻悔過。義淨師云：懺摩，西音，忍義。西國人誤觸身云懺摩，意是請恕，願勿瞋責。此方誤傳久矣，難可改張。應法師云，懺訛略也。書無懺字。正言叉摩，此云忍，謂容恕我罪也。天台《光明》釋《懺悔品》，不辨華梵，但直釋云，懺者首也，悔者伏也。如世人得罪於王，伏款順從，不敢違逆。不逆爲伏，順從爲首。行人亦爾。伏三寶足下，正順道理，不敢作非，故名懺悔。又懺名白法，悔名黑法。黑法須悔而勿作，白法須企（去智切，望也）而尙之。取捨合論，故言懺悔。又懺名修來，悔名改往。往日所作不善法，鄙而惡之，故名爲悔。往日所棄一切善法，今日已去，誓願勤修，故名爲懺。棄往求來，故名懺悔。又懺名披陳衆失，發露過咎，不敢隱諱。悔名斷相續心，厭悔捨離。能作所作合棄，故言懺悔。又懺者名慚，悔者名愧，慚則慚天，愧則愧人。人見其顯，天見其冥，冥細顯麁，麁細皆惡，故言懺悔。《淨名疏》云，今明罪滅，有三。一作法懺，二觀相懺，三觀無生懺。作法懺，滅違無作罪，依毘尼門。觀相懺，滅性罪，此依定門。觀無生懺，滅妄想罪，此依慧門。復次違無作罪障戒，性罪障定，妄想罪障慧。作法懺者，如律所明。作法成就，能滅違無作罪，而性罪不滅。《大論》云，如比丘斬草害命，二罪同篇。作法懺二，無作滅，害命不滅，雖違無作滅，性罪未滅。觀相懺者，如諸方等經所明行法，見罪滅相。《菩薩戒》云：若見光華種種好相，罪便得滅。若不見相，雖懺無益。若見好相，無作及性，二罪俱滅。觀無生懺者，此觀成時，能除根本妄惑之罪。如拔樹根枝葉自滅。《普賢觀》云，一切業障海，皆從妄想生，若欲懺悔者，端坐念實相，衆罪如霜露，慧日能消除。

**弘贊《四分律名義標釋》卷九**　《金光文句》云：依字訓釋。懺者，鑑也，披陳發舒己之三業，不敢隱諱，令他委鑑。顏恧而口慼，心摧而意伏。身被鑑故，而顏恧。口被鑑故，而脣慼。心被鑑故，而意伏。故懺名鑑也。悔者廢也，內懷鄙恥，悔造衆非。悔身故，則三廢。悔口故，則四廢。悔心故，則十廢。故悔名廢也。意云，十廢者意如君主，身口如臣。君既克己，臣息暴虐。故意總十。恧，奴六切，音朒，慚也。如此依字訓釋，義雖無虧，原非本意。此中言懺悔者，正謂發露說罪除愆之義。譌言懺悔，懺悔說罪，二義全殊。應法師云：懺，譌略也。書無懺字。正言叉摩，此云忍，謂容恕我罪也。淨法師云：所言懺者，梵云懺摩，是謂容恕義。後人加悔，喚爲懺悔。此即與說罪義不同。何者。懺摩乃是西音，自當忍義。悔乃東夏之字，追悔爲目。悔之與忍，逈不相干。西國之人，但有觸誤，及身錯相觸著，無問大小。大者垂手相向，小者合掌虔恭。或可撫身，或可執膊。口云懺摩，意是請恕，願勿瞋責。律中就他致謝，即說懺摩之言。此方誤傳久矣，難可改張。必若自己陳罪，當以所犯，向他發露，如實說之。梵云阿鉢底鉢喇底提舍那。阿鉢底者，罪過也。鉢喇底提舍那，即對他說也。說己之非，冀令清淨。若總相談愆，非律所許。此中略述，廣如餘處。

**性權《天台四教儀註彙補輔宏記》卷九之上**　懺悔名。《光明文句》中云：懺者，首也。悔者，伏也。不逆爲伏，順從爲首。又懺名白法，悔名黑法。白法須尙，黑法須捨。又懺名修來，悔名改往。又懺名披陳衆失，悔名斷相續心。又懺者名慚，悔者名愧。慚則慚天，愧則愧人。《光明記》三云：然懺悔二字，乃雙舉二音。梵語懺摩，華言悔過。以由悔過是首伏等五種之義。今既梵華二音並列，是故大師以首釋懺，以伏釋悔。乃至慚愧，對釋懺悔。欲令稟者，修首伏行，及慚愧等。斯是善巧說法之相，故不可以華梵詁訓而爲責也。

此示懺悔名之正義也。先引《光明文句》，釋十番名總五義也。初四句，約首伏釋，但是略引。具足應云，懺者首也，悔者伏也。如世人得罪於王，伏款順從，不敢違逆。不逆爲伏，順從爲首。行人亦爾。伏三寶足下，正順道理，不敢作非，故名懺悔。此自陳罪也。次四句，約黑白釋，懺名白法，悔名黑法。謂黑法須悔而弗作，白法須企而尚之。此以取捨合論言懺悔也。三、二句約棄求釋，懺名修來，悔名改往。謂往日所作惡法，鄙而惡之，故名爲悔。往日所棄善法，從今已去，誓願勤修，故名爲懺。此以棄往求來云懺悔也。四、二句約露斷釋。謂懺名披陳眾失，發露所作過咎，不敢隱諱。悔名斷相續造業之心，厭悔捨離，此能作所作合棄，稱懺悔也。五、四句約慚愧釋。謂懺者名慚，悔者名愧。慚者慚天，愧者愧人。人見其顯，天見其冥。冥細而顯麤，麤細皆惡，故懺悔也。

此下釋懺悔，乃分人天，及以四教事理之別也。上約人天釋，次人是賢人，天是聖人。不逮聖賢之流，故懺悔也。此約三藏教中賢聖而釋也。次聖賢俱人，天是第一義大，第一義天是理，賢聖是事，不逮事理，俱懺悔也。此約三藏教中事理而釋也。次慚三乘之聖天，愧三乘之賢人，不逮此天人，故名慚愧。慚愧云懺悔也。此約通教中初賢聖而釋。但此教中，菩薩同二乘斷惑，故三乘皆聖也。次三乘賢聖尚非菩薩之賢，況菩薩之聖。今慚愧三十心之賢，十地之聖，總此賢聖皆是人，第一義理名爲天。約此人天論慚愧。以但中爲第一義天，不逮此人天，故慚愧懺悔。此約別教賢聖人天而釋也。次三十心去，自判聖人，十信是賢人，約此賢聖論慚愧懺悔。總此賢聖皆是人，第一義理名爲天。約此人天論慚愧懺悔。以具德中爲第一義天，不逮此人天，自生慚愧名懺悔。此約圓教聖賢人天而釋也。已上重重疊疊，皆釋懺悔名也。次引記約五義釋名之意。初一行，示華梵雙舉。次二句，明悔過五義。今既下正示以五義釋名。斯是下，讚天台巧釋，以遮外責。蓋由義淨法師，譯懺摩是西音，乃忍義。西國人，誤觸身云懺摩，意是請恕，願弗嗔責。此方誤傳久矣，難可改張。應法師云：懺，訛略也。書無懺字。正言叉摩，此翻求忍，意謂容恕我罪也。天台釋《光明懺悔品》，不辨華梵，但直云，懺者首也，悔者伏也。故此讚其巧釋，以遮其不辨華梵之責也。

**書玉《羯磨儀式》**　梵語懺摩，此翻悔過。謂犯罪之人，應如法悔過也。本云阿鉢底提舍那。阿鉢底，是罪。提舍那，是說。應云，說罪。謂自知有罪，當向清淨比丘傾心吐露，如實而說也。又云懺悔。懺，是西音。悔，是東語。此乃華梵雙眾也。天台《光明》釋《懺悔品》，不辨華梵。但直釋云：懺者，首也。悔者，伏也。如世人得罪於王，伏欵順從，不敢違逆，不逆爲伏。順從爲首，應云首伏。犯戒之人，亦復如是。必須生大慚愧，具大怖畏，伏欵三寶足下，直心發露，順從僧教，依法懺悔也。義淨律師云：懺摩者，西音忍義。西國人誤觸彼身云懺摩，意是請恕願勿嗔責。此方誤傳久矣，難可改張。謂順此土之方規，故即云懺摩。乃大同小異也。應法師云：懺，訛略也。書無懺字。正言叉摩，此云忍，謂容我恕罪也。律中正名懺悔，懺名白法，悔名黑法。謂黑法須悔而勿作，白法須企面尚之。取捨合論，故言懺悔。又懺名修來，悔名改往。謂往日所作不善法，鄙而惡之，誓不再作，故名爲悔。往日所棄一切善法，今日已去，誓願勤修，故名爲懺。棄往求來，故名懺悔。又懺名披陳眾失，發露過咎，不敢隱諱。悔名斷相續心，厭悔捨離。能作所作合棄，故言懺悔。又翻云浣染成淨，此乃以喻而顯法也。《大集經》云：譬如百年垢穢之衣，若能一日盡心浣潔，以人工力故，即得鮮淨。懺悔亦然，假使百劫世中，所集諸不善業，若能一日洗心發露，懇切懺悔者，以佛法力故，所有諸罪，即得消滅，故名浣染成淨也。又懺者名慚，悔者名愧。慚則慚天，愧則愧人。人見其顯，天見其冥。冥細顯麤，麤細皆惡，故當生重慚愧，至誠懺悔。《淨名疏》云：今明罪滅有三。一，依毗尼門，作法懺滅違無作罪。二，依定門，觀相懺滅性罪。三，依慧門，觀無生懺，滅妄想罪。復次違無作罪，障戒。性罪，障定。妄想罪，障慧。然慧由定發，定由戒生。今作法懺，雖性罪不滅，而得清淨尸羅，發生定慧，是故特須尊重於戒。而諸福中，懺悔爲最。故論云：大石雖重，假舟航力。彼岸可登，針芥雖微。不借人持，莫能遠去。犯者亦然。不怕罪重業深，但能慚愧改革，即得身心清淨。只恐小過微愆，不肯傾心吐露，而地獄罪苦，終不能除。故經云，有慚愧者，可名爲人。若不慚愧，與諸禽獸，不相異也。

# 福田

**鳩摩羅什譯《燈指因緣經》**　若種少善於勝福田，人天受樂，後得涅盤。是以智者，應當勤心修集善業。言福田者，即是佛也。佛身光明，如融金聚，功德智慧，以自莊嚴，得圓足眼。善能觀察眾生諸根、世間黑闇，爲作燈明。眾生愚癡，爲作親善。眾善悉備，名稱普聞。牟尼世尊，眾所歸依。是故人天，至心修福，無不獲報。

**僧肇《注維摩詰經》卷三**　肇曰，我受彼施，令彼獲大福，故名福田耳。

**鳩摩羅什譯《梵網經》卷一〇**　若佛子見一切疾病人，常應供養如佛無異。八福田中，看病福田第一福田。若父母師僧弟子疾病，諸根不具，百種病苦惱，皆養令差。而菩薩以惡心瞋恨，不至僧房中城邑曠野山林道路中，見病不救者，犯輕垢罪。

**鳩摩羅什譯《成實論》卷一**　問曰：以何等故，此諸賢聖名爲福田。答曰：斷貪恚等諸煩惱盡故，名福田。如說稊稗不去，害善穀苗。是故施無欲人，得報利大。又是人心空故，名福田。所以者何。以空相故，諸貪恚等煩惱不起，不生惡業。又諸賢聖得不作法故，名福田。又是人等所得禪定，皆悉清淨，永離大小諸煩惱故。又棄捨憂樂，故名福田。又能斷除五種心縛，心得清淨，故名福田。又成就八種功德田故。又以七定具善護心故。又能盡滅七種漏故，無諸漏失。又具足戒等七淨法故。又能成就少欲知足等八功德故。又能度彼岸及勤求度故，名福田。又經中說：但能發心欲行善法尚多利益，況修行耶。是諸賢聖常行善法，故名福田。又經中說：誰施主家有持戒比丘，受供養已，入無量定，是施主家得無量福。眾中有入無量三昧、無相三昧、無動三昧，能令施主得無量報，故名福田。又經中說：三事和合，故得大福。一曰有信，二曰施物，三曰福田。於眾僧中多功德人，功德人中，信心易生。又施眾僧具九因緣故，獲大果。又施眾僧以受者淨故，施必清淨。又施有八種，有清淨心少施物，亦少施破戒人。有清淨心少所施物，多施破戒人。有清淨心少施物，亦少施持戒人。有清淨心少所施物，多施持戒人。有清淨心多施四種物亦爾。於僧中施，必當成就，若二若三。一切善人，皆因眾僧增益功德，然後隨意回向菩提。又所施僧，此物皆當得解脫果，於生死中終不能盡。又所施眾僧皆爲嚴心。又若於一人生信淨心，或時可壞。於眾僧中信心清淨，終不壞敗。又於一人生愛敬心，或不能廣。於眾僧中生信敬心，緣無量故，心則廣大。又施爲一切入僧數人，以心大故果報亦大。以是等緣諸賢聖人，名爲福田。

**曇無讖譯《優婆塞戒經》卷三**　世間福田凡有三種，一報恩田，二功德田，三貧窮田。報恩田者，所謂父母、師長、和上。功德田者，從得煖法乃至得阿耨多羅三藐三菩提。貧窮田者，一切窮苦困厄之人。如來世尊是二種福田，一者報恩田，二功德田。法亦如是，是二種田。眾僧三種，一報恩田，二功德田，三貧窮田。以是因緣，菩薩已受優婆塞戒，應當至心勤供養三寶。

**吉藏撰《維摩經義疏》卷四**　以得一切智慧、一切善法，起於一切助佛道法，還總結福慧也。如是善男子，是爲法施之會。若菩薩住是法施會者，爲大施主，亦爲一切眾生福田。起行利物，名爲施主。堪受供養，故名福田。法施之人，具兼二德。行財施者，但是施主，非福田也。

**慧遠撰《無量壽經義疏》下卷**：生世福善，如田生物，故云福田。

**智顗說　灌頂記《菩薩戒義疏》卷下**　八福田者，一佛，二聖人，三和尚，四闍黎，五僧，六父，七母，八病人。

**法藏撰《梵網經菩薩戒本疏》卷五**　八福田者，有人云，一造曠路美井，二水路橋梁，三平治嶮路，四孝事父母，五供養沙門，六供養病人，七救濟危厄，八設無遮大會。未見出何聖教。有云，供養三寶爲三，四父母，五師僧，六貧窮，七病人，八畜生。亦未見教。《賢愚經》云，施五人得福無量。一知法人，二遠行來人，三遠去人，四飢餓人，五病人。足以三寶，亦爲八種。既言如佛無異，復言八中第一，明知非是後二種八。此應是初八之內方爲第一也。

**道世撰《法苑珠林》卷二一**　如《優婆塞戒經》云：佛言，世間福田凡有三種，一報恩田，二功德田，三貧窮田。報恩田者，所謂父母、師長、和上。功德田者，從得暖法乃至阿耨菩提。貧窮田者，一切窮苦困厄之人。世尊是二種田，一報恩田，二功德田。法亦如是。眾僧是三種田，一報恩田，二功德田，三貧窮田。以是因緣已受戒者，應當至心供養三寶。若人共施財物福田施心俱等，是二福德等無差別。有財心俱等，福田勝者得果報勝。有田心俱下，財物勝者，得果則勝。有田財俱下，施心勝者，得果亦勝。有田財俱勝，施心下者，得果不如。善男子，智者施時不爲果報。何以故，定知此因必得果故。

**智周撰《梵網經疏》卷四** 述曰：八福田者，有人云，一曠路造美井，二水路造橋梁，三平治險路，四孝養父母，五供養沙門，六供養病人，七救濟危厄，八設無遮會。（未審出何聖教）又有人云，三寶爲三，四父母，五師僧，六貧窮，七病人，八畜生。（亦未見聖教文）又《賢愚經》施五人得福無量，一知法人，二遠行來人，三遠去人，四飢餓人，五病人，加以三寶，亦名八種福田。今依本經戒中，自有八種福田。三寶爲三，四父母，五師僧，六弟子，七諸根不具，八百種苦。以此義故，從初舉佛子平等心看病人與佛無異者是也。又不受長者請，經云，佛自看病，洗浣病者及洗衣物曬褁訖，集諸比丘種種呵責說法已，告諸比丘，佛法僧寶無可須待，一切病人有所須待，要人看待然可得差。故看病福田，於八之中最爲第一。

**圓測撰《解深密經疏》卷一** 《成實論》第二卷《福田品》云：問曰，以何等故，此諸賢聖名爲福田。答曰，斷貪恚等諸煩惱盡，故名福田。如說，稊稗不去，害善穀苗。是故施無欲人，獲報利大，故名福田。廣說如彼。親光釋云，永離煩惱，如世良田，速能生長廣大果故。

**良賁《仁王護國般若波羅蜜多經疏》卷中** 所言田者，如《婆沙論》有其四種趣苦恩德，生長福義。實相非有，故非福田。實相非無，非不福田。又性空故而非福田，具衆德故非不福田。

**玄奘譯《阿毗達磨法蘊足論》卷三** 言福田者，如世尊告阿難陁言：我不見有諸天魔梵沙門婆羅門等天人衆中，堪受已惠施、善惠施、已供養、善供養、已祠祀、善祠祀如我僧者。阿難當知，若於我僧，已惠施，善惠施，已供養，善供養，已祠祀，善祠祀，作少功勞，獲大果利。……

若無量衆生，樂福脩布施，恆發至誠信，脩有依福者。
我今爲汝等，說眞勝福田。令無量衆生，少施獲大果，
若行四聖向，及住四聖果，是應供眞僧，具勝戒定慧。
此眞勝僧田，功德甚廣大，能無量潤益，猶如四大海。
調御勝弟子，已發法光明，堪受勝供養，及受勝祠祀。
於少僧行施，即施一切僧，必當獲大果，一切智稱讚。
於諸福田中，僧田最爲勝，諸佛所稱歎，施獲最上福。
於佛弟子衆，少施獲大果，故諸聰慧人，當供養僧衆。
聖衆持妙法，具明行等持，故於僧寶中，行施最爲上。
以三種淨心，施僧衣飲食，必獲殊勝報，成人天善士。
定於生生中，離塵垢毒箭，超過諸惡趣，受人天勝樂。
自正集珍財，自手而行施，爲利自他故，必獲於大果。
諸有聰慧人，淨信心行施，當生安樂界，受妙樂聰明。

由如是說，故名福田。

**玄奘譯《瑜伽師地論》卷八三：**

言福田者，攝受正見，軌範淨命，圓滿德故。

**弘贊述《佛說梵網經略疏》卷四** 八福田者，一諸佛田，二聖人田（菩薩、緣覺、聲聞），三衆僧田（是佛弟子、修出世行人），四和尚田，五阿闍黎田，六父田，七母田，八病田。諸佛、聖人、衆僧三種，名敬田。和尚、闍黎、父、母四種，名恩田。供養病人，施諸衆生，名悲田。若於此八中，供施，能生諸福善，如植嘉苗，秋獲成實，故名爲田。八田之中，諸佛最勝，供養即獲世出世間諸福善果，滅除無量諸惡罪業。今以看病爲第一者，謂大士以利生爲首要，拔苦與樂爲先務。故不擇親疎貴賤，惟以救濟爲心。故云，地獄未空，誓不成佛。又云，如有一衆生未成佛，終不於此取泥洹。所以大士歷事諸佛，求一切法門，皆爲利益一切衆生。是故菩薩，以悲田爲第一也。

**袾宏《修設瑜伽集要施食壇儀》** 八福田。一孝順父母，二恭敬沙門，三平修險隘，四市開義井，五水路船橋，六給事病人，七救濟厄難，八設齋賑濟。此是世間八福田。出世八福田者，一深信諸佛，二依經法修，三遵師訓誡，四明解因果，五遠惡近善，六受佛戒律，七轉誦大乘，八參禪。

**書玉《毗尼日用切要香乳記》卷下** 八福田者，謂佛、聖人、僧，三種，名敬田。和尚阿闍黎生我法身，父母生我色身，此四名恩田。救濟病人，名病田，亦名悲田。此八種皆堪種福，故名田也。若人能盡力從事此八種者，亦猶農之力田，則獲秋成之利也。一，佛田。謂覺道俱圓，位登極果，恭敬供養，罪滅福生，故名佛田。二，聖人田。謂菩薩、緣覺、聲

聞者登覺岸果，證無生，恭敬供養，即獲勝福，故名聖人田。三，僧田。謂處眾和同，敬順無諍，恭敬供養，即獲福利，故名僧田。四，和尚田。此云力生，謂力能生長法身，養智慧命，恭敬供養，即獲福利，故名和尚田。五，闍黎田。此云軌範，亦云正行。謂羯磨、教授等五種軌範後學，糾正修行，恭敬供養，即獲福利，故名闍黎田。六，父田。謂資形撫教，養育劬勞，恭敬供養。雖無求福之念，竭力盡心，自然獲福，故名父田。七，母田。謂懷躭乳哺，恩重山丘。固當竭力奉養，豈有求福之心。而盡心孝敬，自然獲福，故名母田。八，病田。謂見人有病，即當念其苦楚，用心救療給與湯藥，則能獲福，故名病田。如上七種，皆不及病田勝者，如來憐愍病苦故。

## 聲聞

**義淨譯《根本薩婆多部律攝》卷一**　言聲聞者，隨他聞也。隨他音聲而聽聞故，以斯成眾故。言聲聞眾，眾者，同心共集不可壞故。

**法藏述《花嚴經探玄記》卷一八**　言聲聞者，《佛地論》云，聞佛言音而入聖道，故曰聲聞。又《瑜伽》八十二云，從他聽聞正法言音，又能令他聞正法聲，故曰聲聞。

**澄觀述《大方廣佛華嚴經隨疏演義鈔》卷六〇**　言聲聞者，謂眾生我人，但有名故，名爲念聲。義說聞聲非要耳聞，應具二義故。《瑜伽》八十二云，從他聽聞正法音聲，又令他聞正法涅槃，故曰聲聞。即聲聞聲聞。又《瑜伽》八十四說四種聲聞。今是趣寂四聲聞義。玄中已明。疏，結成自乘者，論云，如是彼音聲解入故。眾生無我，非法無我。意云，唯生無故，但成聲聞乘。

**窺基《阿弥陀經疏》**　言聲聞者，《寶積經》云有四，一是應化，二增上慢，三定性，四發菩提心。言應化者，實是諸佛及大菩薩，爲度眾生示作聲聞，爲引接實聲聞故，即富樓那、羅睺羅等是。言增上慢者，未得謂得，未證謂證，名增上慢。言定性者，謂本少慈心，一向爲己，不爲眾生，怖畏世間，唯住涅槃，是名於小乘中決定性也。言發菩提心者，彼從本來，慈悲心少，親近於佛，所信心微，雖住涅槃，諸佛勸化方便誘引，遂發菩提心，然而遲鈍。問：彼國聲聞弟子皆是羅漢，其數甚多。四種之中有何聲聞也。答：準《觀經無量壽經》等，彼但有三種聲聞，無增上慢者。何以知之。準此土有增上慢者，或惡魔作佛，示與授記，即自念言，有何所得故謂證涅槃與大阿羅漢同。或有坐得四禪，言得四果，即將自身爲阿羅漢等想，悉受他供養。準《成實論》，此人後當憂惱。謂臨命終時，乃見三惡趣中陰相現，即生憂惱。彼國無此，故無也。《清淨覺經》云，其國菩薩羅漢自共語言，皆說經道，不說餘語。其聲如三百雷聲，皆悉相敬愛，無相憎嫉，悉存長幼上下。問：彼土何眾最多。答：《大論》云，菩薩僧多，聲聞少。

**窺基撰《大乘法苑義林章》卷二**　言聲聞者，聲謂音聲，即佛說法所有音聲，聞謂聽聞。若修行者聞佛說法，信受精進而出三界，名曰聲聞。故《法花經》第二卷初說，若有眾生內有智性，從佛世尊聞法信受，慇懃精進，欲速出三界，自求涅槃，是名聲聞乘。此依初入聲聞乘位，多分依教而入道故。後證果時，未必一切要依聲故。《瑜伽釋》言，諸佛聖教聲爲上首，從師友所聞此教聲，展轉修證，永出世間，故名聲聞。以聲爲聞，亦有財釋。又此但依住自乘解，唯自利行，以立其名。若不定性，理即不然。故《法花經》第二卷末說，以佛道聲，令一切聞，故名聲聞。即依迴心，住於佛乘，利他行說，以聲令他聞故，名聲聞，即有財釋。若聲之聞故，名曰聲聞，即依主釋。獨覺初入自乘之位，亦多分依佛音聲故。又教小故，從多爲藏。又所修證及與所斷得非廣大，合名聲聞。隨其所應，逗此二機。此二所知，所有法義，皆此所攝，即名菩薩聲聞之藏。

**志鴻撰述《四分律搜玄錄》卷一**　言聲聞者，謂佛說法，所謂音聲，聞聲悟道，故曰聲聞。即《法花》云，若有眾生，內有智性，從佛世尊，聞法信受，慇懃精進，欲速出三界，自求涅槃，是名聲聞乘。問：菩薩聲聞，各別立藏，如何緣覺不立藏耶。答：準《普耀經》，說有三種藏，一菩薩，二獨覺，三聲聞。若依《攝論》第一，不立緣覺藏。猶彼獨覺教理，少於聲聞，從多爲藏，俱名聲聞藏也。又獨覺者，唯證生空，斷其人執，契證與聲聞是同，攝入聲聞藏也。問：經立論不立者，豈非相違。答：論不立者，約其契證理同，攝入聲聞。經中立者，由機不同，根有利鈍，少分依教，教名乃別。但說十二因緣，故別立也。

**寶達集《金剛暎》卷上**　言聲聞者，因聲悟道，名曰聲聞。故《法花》云，從佛世尊聞法信受，經勤精進，欲速出三界，自求涅槃，是名聲聞乘也。

**慧苑述《續華嚴略疏刊定記》卷一**　言聲聞者，《成實》云，聞法得悟，曰聲聞。《佛地論》故云，聞佛言音而入聖道，故曰聲聞。《瑜伽》八十二云，從他聽聞正法言音，又能令他聞正法聲，故曰聲聞。《法華》第二云，以佛道聲令一切聞，故名聲聞。此上諸釋，或依他聲而自聞，或依自聲令他聞，皆依主釋。

**道宣撰集　清　讀體　續釋《曇無德部四分律刪補隨機羯磨》卷四**　所言聲聞者，謂聞佛聲教，依修悟入。有學謂前三果並四向是，無學謂四果阿羅漢，諸漏已盡，無復煩惱。

**圓測撰《解深密經疏》卷四**　一言聲聞者，諸佛聖教，聲爲上首。從師友所聞此教聲，展轉修證，永出世間。小行小果，故名聲聞。

# 菩薩

**吉藏《法華義疏》卷一**　言菩薩者，異彼凡夫。以凡夫不求於道，故非道眾生。摩訶薩者，簡異二乘，亦求於小道。今明求於大道，故名大眾生。《攝大乘論疏》，三義釋之。具般若，故名菩薩。具大悲，故名摩訶薩。具實慧，故名菩薩。具方便慧，故名摩訶薩。具智慧，故名菩薩。具福德，故名摩訶薩。

**達摩笈多譯《大寶積經》卷一〇三**　文殊師利言：世尊！云何名爲菩薩摩訶薩，言菩薩者義何謂也。

佛告文殊師利：汝問云何爲菩薩，菩薩有何義者。以能覺了一切法故，名爲菩薩摩訶薩也。文殊師利！彼一切法菩薩覺者，所謂言說。文殊師利！菩薩云何，覺一切法。所謂覺眼、覺耳、覺鼻、覺舌、覺身、覺意。文殊師利！云何菩薩覺眼覺耳，乃至覺意。文殊師利！所謂菩薩覺彼眼法本性空故。如是覺已，終不生念我能覺知。如是覺耳乃至覺意，皆本性空。如是覺已，亦不生念我能覺知。菩薩如是覺眼等已，復覺彼色本性自空。如是覺已，亦不分別我能覺知。如是覺聲乃至覺法，皆本性空，亦不分別我能覺知，是爲菩薩覺一切法也。復次，文殊師利！云何菩薩覺彼五陰。所謂菩薩觀見陰體本性自空。如斯覺故觀無相。如斯覺故觀無願。如斯覺故觀無欲。如斯覺故觀寂靜。如斯覺故觀遠離。如斯覺故觀無所有。如斯覺故觀無實。如斯覺故觀無動。如斯覺故觀無生。如斯覺故觀無來。如斯覺故觀無去。如斯覺故觀無眞。如斯覺故觀無主。如斯覺故觀無證。如斯覺故觀無知。如斯覺故觀無見。如斯覺故觀無人。如斯覺故觀無想。如斯覺故觀不可說。如斯覺故覺但有名。如斯覺故觀無我。如斯覺故觀分別起。如斯覺故觀從緣生。如斯覺故觀如幻。如斯覺故觀如化。如斯覺故觀如夢。如斯覺故觀如鏡像。如斯覺故觀如聲響。如斯覺故觀如芭蕉。如斯覺故觀不久住。如斯覺故觀不牢固。如斯覺故觀虛妄。如斯覺故觀無物。如斯覺故。是爲菩薩覺一切。

**慧遠《大乘義章》卷一七**　外國正名菩提薩埵，此方傳者，菩下去提，薩下略埵，故言菩薩。菩提，此翻名之爲道。薩埵，此翻名爲眾生。良以此人內心求道，備有道行，以道成人，名道眾生。

問曰：聲聞緣覺人等，斯皆求道，並有道行，同以道成。以何義故，不名菩薩。偏獨此人名菩薩乎。釋言：賢聖名有通局，通則義齊。故《涅槃》云，乃至須陁亦名菩薩，亦得稱佛。求索盡智無生智道，故名菩薩。正覺共道不共道，故說之爲佛。但經爲欲分別賢聖，是故偏名大乘眾生爲菩薩矣。等分賢聖，何故偏名此爲菩薩。辨有三義。一就願心望果解釋，唯此眾生求大菩提，餘悉不求，是故獨此名道眾生。故《地論》言，一上決定願大菩提，偏言菩薩。此據願心望果釋矣。二據解心望理解釋。凡夫住有，二乘著無。有無乖中，不會中道。唯有菩薩妙捨有無，契會中道，是故獨此名道眾生。三就行解釋。入佛法中，有三種門。一教，二義，三者是行。教淺義深，行爲最勝。聲聞鈍根，從教爲名。聲者是教，飡聲悟解，名聲聞矣。緣覺次勝，從義立稱，說爲緣覺。緣者是義，於緣得覺，故名緣覺。菩薩最上，就行彰名，以能成就自利利他俱利之道，故稱菩薩。故《地持》云，聲聞緣覺但能自度，菩薩不爾，自度度他，是名道勝。以道勝故，名道眾生。名義如是。

**玄奘譯《攝大乘論釋》卷一** 言菩薩者，菩提薩埵爲所緣境，故名菩薩。依弘誓語，立菩薩聲。亦見餘處用所緣境而説其名。如不淨等爲所緣境，二三摩地，説名不淨，説名爲空。或即彼心，爲求菩提，有志有能，故名菩薩。

**圓測《仁王經疏》上卷** 若具梵音，應言菩提薩埵摩訶薩埵。爲存略故，但言菩薩摩訶薩也。菩提名覺，薩埵名有情。或精進義，故《攝大乘》無性釋云，言菩薩者，菩提薩埵爲所緣境，故名菩薩，從境得名。如不淨觀等。或即彼心爲求菩提，有志有能，故名菩薩。親光三釋，故《佛地》云，所言菩薩摩訶薩者，謂諸薩埵，求菩提故。此通三乘，爲簡取大，故復須説摩訶薩言。又緣菩提薩埵爲境，故名菩薩。具足自利利他大願，求菩提，利有情故。又薩埵者，是勇猛義。精進勇猛求大菩提，故名菩薩。此通諸位。今取地上諸大菩薩，是故復説摩訶薩言（廣釋菩薩義，如《大品》及《大智度論》等）。

**窺基撰《大乘法苑義林章》卷二** 言菩薩者，梵語應云菩提薩埵。此語略故，但名菩薩。無性釋云，菩提薩埵爲所緣境，故名菩薩。依弘誓語，立菩薩聲。此意説言，有諸行者，發大誓願，求大菩提，度有情類，以此二種爲所緣境，立菩薩名。此有財釋，以彼二種爲所緣境，名菩薩故。或相違釋，亦菩亦薩，智、悲別故。又云，或即彼心爲求菩提，有志有能，故名菩薩。此意説言，菩提所求果也。薩埵，勇健義。行者之心，爲求無上正等覺故，有大志意，有所堪能，具此勝德，名爲菩薩。此依主釋，求大菩提之薩埵故。或薩埵者，此言有情，求大菩提之有情也。依士如前。《瑜伽釋》中，文雖小別，義亦同此。《十一面經》言，菩提即般若，薩埵謂方便。如是二法，利益安樂一切有情。

**圓測撰《解深密經疏》卷一** 所言菩薩摩訶薩者，若具梵音，應作是言，菩提薩埵摩訶薩埵。爲存略故，但言菩薩。菩提名覺。薩埵，此土翻爲有情。或精進義。由斯親光《佛地論》中釋有三義。故第二云，所言菩薩摩訶薩者，謂諸菩薩求菩提故。此通三乘，爲簡取大，故須復説摩訶薩言。又緣菩提薩埵爲境，故名菩薩。具足自利利他大願，求大菩提利有情故。又薩埵者，是勇猛義。精進勇猛求大菩提，故名菩薩。此通諸位。今取地上諸大菩薩，是故復説摩訶薩言。無性菩薩依後二義，故《攝大乘論》第一卷云，言菩薩者，菩提薩埵爲所緣境，故名菩薩。從境得名，如不淨觀等。或即彼心爲求菩提，有志有能，故名菩薩。又親光云，此中菩薩有三大事，名摩訶薩。一者數大，謂無量等。二者德大，住大乘等。三者業大，息災横等。依《十地論》，亦有三義。故第一云，有三大故，名摩訶薩。一者願大，二者行大，三者利益衆生大。

**玄奘譯《阿毗達磨大毗婆沙論》卷一七六** 齊何名菩薩，乃至廣説。問：何故作此論。答：爲欲分別契經義故。如契經言：有一有情，是不愚類，是聰慧類。謂菩提薩埵。雖作是説，而不分別。齊何名菩薩。得何名菩薩。彼契經是此論所依根本。彼所不説者，今應説之，故作斯論。復次爲斷實非菩薩，起菩薩增上慢故，而作斯論。所以者何。有諸有情，以一食施，或以一衣，或一住處，乃至或以一楊枝施，或受持一戒，或誦一伽他，或一攝心觀不淨等，便師子吼，作如是言，我因此故，定當作佛。爲斷如是增上慢故，顯雖經於三無數劫，具修種種難行苦行，若未修習妙相業者，猶未應言我是菩薩。況彼極劣增上慢者！是故菩薩，乃至初無數劫滿時，雖具修種種難行苦行，而未能決定自知作佛。第二無數劫滿時，雖能決定自知作佛，而猶未敢發無畏言，我當作佛。第三無數劫滿已，修妙相業時，亦決定知我當作佛，亦發無畏師子吼言，我當作佛。

齊何名菩薩。答：齊能造作增長相異熟業。問：若諸有情發阿耨多羅三藐三菩提心，能不退轉，從此便應説爲菩薩，何故乃至造作增長相異熟業，方名菩薩耶。答：若於菩提決定，及趣決定，乃名眞實菩薩。從初發心乃至未修妙相業來，雖於菩提決定，而趣未決定，未得名爲眞實菩薩。要至修習妙相業時，乃於菩提決定，趣亦決定。是故齊此，方名菩薩。復次修妙相業時，若人若天，共識知彼是菩薩故，名眞菩薩。未修妙相業時，唯天所知，是故未得名眞菩薩。復次修妙相業時，捨五劣事，得五勝事。一、捨諸惡趣，恆生善趣。二、捨下劣家，恆生貴家。三、捨非男身，恆得男身。四、捨不具根，恆具諸根。五、捨有忘失念，恆得自性生念。由此得名眞實菩薩。未修妙相業時，與此相違，是故不名眞實菩薩。

問：菩薩得此自性生念，有何利益耶。答：菩薩得此自性生念，離有情過，積集多聞，深信因果，善攝徒衆，所説教誡、終不唐捐。菩提資糧，轉復圓滿，是爲利益。得何名菩薩。答：得相異熟業。問：何故復作此論。答：欲令疑者得決定故。謂先作是說，齊能造作增長相異熟業，名爲菩薩。勿有生疑，雖齊此位，名爲菩薩。而菩薩名或由證得其餘勝法，欲顯卽由相異熟業，得菩薩名。不由餘法，故作斯論。

問：由阿耨多羅三藐三菩提，故名菩提薩埵。何故未證得時，此名隨轉，及證得已便不隨轉而更名佛陁耶。答：由此薩埵未得阿耨多羅三藐三菩提時，以增上意樂，恆隨順菩提，趣向菩提，親近菩提，愛樂菩提，尊重菩提，渴仰菩提。求證欲證，不懈不息，於菩提中心無暫捨。是故名爲菩提薩埵。彼既證得阿耨多羅三藐三菩提已，於求菩提意樂加行並皆止息，唯於成就覺義爲勝。一切染污不染污癡，皆永斷故。覺了一切勝義世俗諸爾焰故，復能覺悟。無量有情，隨根欲性，作饒益故。由如是等覺義勝故，名爲佛陁，不名菩薩。復次薩埵是勇猛者義，未得阿耨多羅三藐三菩提時，恆於菩提精進勇猛，求欲速證，是故名爲菩提薩埵。既得阿耨多羅三藐三菩提已，便於菩提勇猛心息，唯覺義勝，故名佛陁，以能成就最勝覺故。

**玄奘譯《瑜伽師地論釋》卷一**　菩薩地者，希求大覺，悲愍有情，或求菩提，志願堅猛，長時修證，永出世間，大行大果，故名菩薩。如是菩薩種姓，發心修行得果，一切總說爲菩薩地。

**玄奘譯《瑜伽師地論》卷三五**　若諸菩薩成就種姓，尙過一切聲聞獨覺，何況其餘一切有情。當知種姓無上最勝。何以故。略有二種淨，一煩惱障淨，二所知障淨。一切聲聞獨覺種姓，唯能當證煩惱障淨，不能當證所知障淨。菩薩種姓亦能當證煩惱障淨，亦能當證所知障淨。是故說言，望彼一切無上最勝。復由四事，當知菩薩勝於一切聲聞獨覺。何等爲四。一者根勝，二者行勝，三者善巧勝，四者果勝。言根勝者，謂諸菩薩本性利根，獨覺中根，聲聞軟根，是名根勝。言行勝者，謂諸菩薩亦能自利，亦能利他，利益安樂無量衆生，哀愍世間，令諸天人獲得勝義，利益安樂，聲聞獨覺唯行自利，是名行勝善巧勝者。聲聞、獨覺，於蘊界處緣起處非處中，能修善巧。菩薩於此及於其餘一切明處，能修善巧，是名善巧勝。言果勝者，聲聞能證聲聞菩提，獨覺能證獨覺菩提。菩薩能證阿耨多羅三藐三菩提，是名果勝。

**玄奘譯《瑜伽師地論》卷四五**　此中菩薩，卽於諸法無所分別，當知名止。若於諸法勝義理趣如實眞智，及於無量安立理趣世俗妙智，當知名觀。此中菩薩略有四行，當知名止。一、勝義世俗智前行。二、勝義世俗智果。三、普於一切戲論想中，無功用轉。四、卽於如是離言唯事，由無有相無所分別，其心寂靜，趣向一切法平等性，一味實性。由此四行，是諸菩薩止道運轉，漸次乃至能證無上正等菩提，智見圓滿。此中菩薩略有四行，當知名觀。謂卽四行止道前行，於一切法，遠離增益不正執邊，遠離損減不正執邊，及與隨順無量諸法差別安立理趣妙觀。由此四行，是諸菩薩觀道運轉，漸次乃至能證無上正等菩提，智見圓滿，是名略說菩薩止觀。

**玄奘譯《佛地經論》卷二**　論曰：所言菩薩摩訶薩者，謂諸薩埵求菩提故。此通三乘，爲簡取大故，須復說摩訶薩言。又緣菩提薩埵爲境故，名菩薩。具足自利利他大願，求大菩提利有情故。又薩埵者是勇猛義，精進勇猛，求大菩提，故名菩薩。此通諸位。今取地上諸大菩薩，是故復說摩訶薩言。何故讚說菩薩功德，爲捨衆生輕慢心故。有作是言，讚聲聞衆久修梵行，諸菩薩衆應當敬禮。又令衆生起淨信故，菩薩尙有如是功德，何況如來。於此讚說菩薩德中，顯諸菩薩有三大事，名摩訶薩。一者數大，以無量故。二者德大，謂住大乘遊大乘等。三者業大，謂息衆生諸苦惱故，利樂有情，是菩薩業。從諸佛土俱來集會者，謂從十方種種佛土，爲聽法故，俱來集會。亦應有此索訶世界菩薩來集。而結集者，但說他方菩薩來集，爲欲對治懈怠憍慢不來集會求聞法故。如是菩薩從彼方來，自求聞法，非他所引。一切皆具大威神力，尙從他界極遠方來，何況其餘而不來集。前聲聞衆不說來集，在此方故。今說他方俱來集會，故知亦有此方菩薩，但略不說。

就德大中，應知略說九種德大。一、精進大。謂皆住大乘，由精進力，安住大乘，拔濟有情，令離生死，及自發趣無上菩提。二、因大。謂遊大乘法，卽十地等，以聞思修等，漸次而遊。三、所緣大。謂於諸衆生，其心平等。卽於一切有情，得自他平等，以大慈等平等方便故。四、時大。謂離諸分別及不分別種種分別。卽於一切時，猶如一念，平等而轉。劫名分別，以於一切劫與非劫，分別斷故。以不分別劫與非劫，故能長時修行無厭。五、無染大。謂摧諸魔怨。以捨一切所攝受故，能伏魔怨。如說菩薩若於一切所攝受事，知不堅實，心不貪求，即能摧伏一切魔怨。六、作意大。謂遠離一切聲聞獨覺繫念分別，即是遠分斷除一切二乘作意。七、任持大。謂廣大法味喜樂所持，即用大乘法味喜樂爲食。八、清淨大。謂超五怖畏，即三業清淨，出諸怖畏，無犯戒等諸惡趣等怖畏因故。五怖畏者：一、不活畏。二、惡名畏。三、死畏。四、惡趣畏。五、怯衆畏。如是五畏，證得清淨意樂地時，皆已遠離。九、證得大。謂一向趣入不退轉位，即得一切智。記別地時，一向不退。前七地中，猶有加行功用運轉，未得不退無功用道。其餘諸地，得無加行功用運轉，一向趣入不退轉地。以不退地，無功用道，一向趣入，是故說名一向趣入不退轉地。

**玄奘譯《大般若波羅蜜多經》卷四八三**　如是，善現！諸菩薩摩訶薩修行般若波羅蜜多時，於一切法應如實覺名假、法假。

善現！是菩薩摩訶薩於一切法名假、法假，如實覺已，不取著色，不取著受、想、行、識，不取著眼處、色處，不取著耳處、聲處，不取著鼻處、香處，不取著舌處、味處，不取著身處、觸處，不取著意處、法處。【略】不取著有爲界，不取著無爲界。不取著布施波羅蜜多。不取著淨戒、安忍、精進、靜慮、般若波羅蜜多。不取著名，不取著相。不取著菩薩身。不取著肉眼，不取著天眼、慧眼、法眼、佛眼。不取著智波羅蜜多，不取著神通波羅蜜多。不取著內空，不取著外空、內外空、空空、大空、勝義空、有爲空、無爲空、畢竟空、無際空、無散空、本性空、相空、一切法空、無性空、無性自性空。不取著眞如，不取著實際、法界。不取著成熟有情，不取著嚴淨佛土。不取著方便善巧。所以者何？善現！以一切法若能取著，若所取著，若取著時，若取著處，皆無所有。

如是，善現！諸菩薩摩訶薩於一切法無所取著，修行般若波羅蜜多時，增長布施波羅蜜多，增長淨戒、安忍、精進、靜慮、般若波羅蜜多，趣入菩薩正決定位，能住菩薩不退轉地，圓滿菩薩殊勝神通。如是神通得圓滿已，從一佛國至一佛國，供養恭敬，尊重讚歎諸佛世尊。爲欲成熟諸有情故，爲欲嚴淨自佛土故，爲見如來、應、正等覺，引發種種殊勝善根。既能引發勝善根已，隨所樂聞諸佛正法皆得聽受。既聽受已，乃至安坐妙菩提座終不忘失，所受法門亦無間斷，普於一切陀羅尼門、三摩地門，皆得自在。如是，善現！諸菩薩摩訶薩修行般若波羅蜜多時，於一切法，能如實覺名假法假，無所取著。

**玄奘譯《大般若波羅蜜多經》卷五五六**　佛告善現：學一切法無著無礙，覺一切法無著無礙，求證菩提，故名菩薩。

**玄奘譯《大般若波羅蜜多經》卷五九四**　復次，善勇猛！菩薩摩訶薩若能於法如是覺知，乃可名爲眞實菩薩。言菩薩者，謂能隨覺有情無實無生增語。又菩薩者，於一切法亦能如實如佛而知。云何菩薩如佛而知？謂如實知一切法性無實無生亦無虛妄。又諸菩薩於諸法性，非如愚夫異生所執，非如愚夫異生所得，如實而知故名菩薩。何以故？善勇猛！夫菩提者，無所執著、無所分別、無所積集、無所得故。

又，善勇猛！非諸如來、應、正等覺於菩提性少有所得，以一切法不可得故，於法無得說名菩提。諸佛菩提應如是說而不如說，離諸相故。

又，善勇猛！若諸菩薩發菩提心，作如是念，我於今者發菩提心，此是菩提，我今爲趣此菩提故發修行心。是諸菩薩有所得故，不名菩薩，但可名爲狂亂薩埵。何以故？善勇猛！由彼菩薩決定執有發起性故，決定執有所發心故，決定執有菩提性故。若諸菩薩發菩提心有所執著，但可名爲於菩提心有執薩埵，不名眞淨發心菩薩。彼由造作發菩提心，是故復名造作薩埵，不名菩薩。彼由加行發菩提心，是故復名加行薩埵，不名菩薩。何以故？善勇猛！彼諸菩薩由有所取發菩提心，但可名爲發心薩埵，不名菩薩。

**圓測撰《解深密經疏》卷四**　言菩薩者，悕求大覺，悲愍有情。或求菩提，志願堅猛，長時修證，永出世間，大行大果，故名菩薩。

**志鴻撰述《四分律搜玄錄》卷一**　言菩薩者，是略梵音也。具足應言菩提薩埵。此無其人對番，故存梵語。秦言好略，菩下除提，薩下除埵，故云菩薩。菩提者，此番爲道。薩埵者，此曰有情，蓋是求道之有情。故《攝論》云：菩提是所緣境，即所求果。薩埵者，謂能求人，發大誓願，求大菩提，是求菩提之薩埵。依主釋也。又云：菩提是所求境，薩埵是所度有情。以智上求菩提，以悲下救衆生，從境立名，謂菩提薩埵也。

**良賁《仁王護國般若波羅蜜多經疏》卷一**　菩薩摩訶薩者，梵云菩提薩埵，此中略云菩薩。梵云菩提，此翻爲覺。梵云薩埵，此云有情。菩薩之行，略有二門。一者自利，大智爲先。二者利他，大悲爲首。菩提云覺，智所求果。薩埵有情，悲所度生。故《攝論》中無性釋士。依四弘誓語，名菩薩。以彼二種俱屬於境，名菩薩者，是有財釋。又復覺者是所求果，言有情者目能求人。求菩提之有情，名爲菩薩。又復菩提正是所求。言薩埵者，此云勇猛。不憚時處，求大菩提，有志有能，故名菩薩。此後二解，並依《攝論》親光所釋，皆依主也。又復菩提即是般若。言薩埵者，亦名方便。由此二法能利能樂一切有情，是故假者名爲菩薩。亦即菩提亦即薩埵，皆持業釋。廣如《不空羂索經》也。梵云摩訶，此翻云大。薩謂薩埵，義如前釋。如《佛地論》第二云，菩薩摩訶薩者，謂諸薩埵求菩提故。此通三乘，爲簡二乘，故復言大，皆摩訶薩。

**窺基撰《妙法蓮華經玄贊》卷二** 梵云菩提薩埵摩訶薩埵，略云菩薩摩訶薩。菩薩修行，略有二門。一自利，大智爲首。二利他，大悲爲先。菩提覺義，智所求果。薩埵有情義，悲所度生。依弘誓語，故名菩薩。以二爲境，名爲菩薩，有財釋也。又覺是所求果，有情是自身。求三菩提之有情者，故名菩薩。或菩提是所求果，薩埵者勇猛義。不憚處時，求大菩提，有志有能，故名菩薩。二皆依主。又菩提即般若，薩埵謂方便。如是二法能利能樂一切有情，故名菩薩。亦菩提亦薩埵。或及初解，皆持業釋。摩訶，大也。薩埵如前。今此菩薩位居八地已上，爲簡前小及二乘位，故言摩訶薩。無著《般若論》云，諸菩薩有七種大故，此大衆生名摩訶薩埵。

**窺基撰《阿弥陁經通贊疏》卷上** 梵云菩提薩埵摩訶薩埵，略云菩薩摩訶薩。菩薩修行，略有二門。一自利，大智爲首。二利他，大悲爲先。菩提覺義，智所求果。薩埵有情義，悲所度生。依弘誓語，故名菩薩。以二爲境，名爲菩薩，有財釋也。又覺是所求果，有情是自身。求三菩提之有情，故名菩薩，依主釋也。云摩訶薩者，今此等菩薩名振十方，位居八地。揀小菩薩，表異二乘，故云摩訶薩也。

**法雲編《翻譯名義集》卷二** 菩薩。肇曰，正音云菩提薩埵。菩提，佛道名也。薩埵，秦言大心衆生。有大心入佛道，名菩提薩埵。無正名譯也。安師云，開士始士。荊溪釋云，心初開故，始發心故。《淨名疏》云：古本翻爲高士。既異翻不定，須留梵音。但諸師翻譯不同。今依《大論》釋，菩提名佛道，薩埵名成衆生。天台解云，用諸佛道，成就衆生故，名菩提薩埵。又菩提是自行，薩埵是化他。自修佛道，又化他故。賢首云：菩提，此謂之覺。薩埵，此曰衆生。以智上求菩提，用悲下救衆生。

**菩提流志譯《不空羂索神變真言經》卷一** 又菩薩者，恆爲有情，勤修善法，是故得名眞是菩薩。言菩提薩埵者，何謂也。菩提名智，薩埵名悲。溥示方便之衆義也。因此二法荷濟有情，乃得名爲菩提薩埵。

**慧淨《般若波羅蜜多心經疏》** 菩提薩埵者，西域名菩提是道，質諦薩埵名衆生，即是道心衆生。道者，通達義理。通爲虛通，達爲了達。虛通了達，心境俱空，而無鄣礙。譬如世間之道，有荊棘聚林，坑穽等境，鄣人來往，不名爲道。菩薩若見有心外等境，而起貪瞋，六度不通，一切俱礙，亦不名爲道。菩提名智，薩埵名人，有智人。菩提言慧，薩埵名人，有慧人。智能鑒有即無有，慧能達空即無空。空有遣，名爲智慧。有智慧者，名菩提薩埵。今以菩下卻提，薩下除埵。義略而言之，故名菩薩。

# 菩薩行

**支謙譯《佛說維摩詰經》卷上** 菩薩住不高不卑，於其中無所處，是菩薩行。不凡夫行，不賢夫行，是菩薩行。在生死行，不爲汚行，是菩薩行。觀泥洹行，不依泥洹，是菩薩行。行於四魔，過諸魔行，是菩薩行。博學慧行，無不知時之行，是菩薩行。於四諦行，不以諦知行，是菩薩行。觀無生行，不謂難至，是菩薩行。在緣起行，於諸見而無欲，是菩薩行。在諸人衆無勞望行，是菩薩行。在閑居行，不盡身意，是菩薩行。於三界行，不壞法情，是菩薩行。爲空無行，一切衆事淸德皆行，是菩薩行。行六度無極，爲衆人意行而度無極，是菩薩行。行六神通，不盡漏行，是菩薩行。受道之行，不興小道，是菩薩行。以止觀知魔行，不滅迹行，是菩薩行。於弟子緣一覺所不應不現行，不爲毀佛法行，是菩薩行。

**鳩摩羅什譯《維摩詰所說經》卷中** 是故菩薩不當住於調伏，不調伏心，離此二法，是菩薩行。在於生死，不爲汚行，住於涅槃，不永滅度，是菩薩行。非凡夫行，非賢聖行，是菩薩行。非垢行，非淨行，是菩薩行。雖過魔行，而現降眾魔，是菩薩行。求一切智，無非時求，是菩薩行。雖觀諸法不生，而不入正位，是菩薩行。雖觀十二緣起，而入諸邪見，是菩薩行。雖攝一切眾生，而不愛著，是菩薩行。雖樂遠離，而不依身心盡，是菩薩行。雖行三界，而不壞法性，是菩薩行。雖行於空，而植眾德本，是菩薩行。雖行無相，而度眾生，是菩薩行。雖行無作，而現受身，是菩薩行。雖行無起，而起一切善行，是菩薩行。雖行六波羅蜜，而遍知眾生心、心數法，是菩薩行。雖行六通，而不盡漏，是菩薩行。雖行四無量心，而不貪著生於梵世，是菩薩行。雖行禪定解脫三昧，而不隨禪生，是菩薩行。雖行四念處，而不永離身受心法，是菩薩行。雖行四正勤，而不捨身心精進，是菩薩行。雖行四如意足，而得自在神通，是菩薩行。雖行五根，而分別眾生諸根利鈍，是菩薩行。雖行五力，而樂求佛十力，是菩薩行。雖行七覺分，而分別佛之智慧，是菩薩行。雖行八聖道，而樂行無量佛道，是菩薩行。雖行止觀助道之法，而不畢竟墮於寂滅，是菩薩行。雖行諸法不生不滅，而以相好莊嚴其身，是菩薩行。雖現聲聞、辟支佛威儀，而不捨佛法，是菩薩行。雖隨諸法究竟淨相，而隨所應爲現其身，是菩薩行。雖觀諸佛國土永寂如空，而現種種清淨佛土，是菩薩行。雖得佛道轉于法輪，入於涅槃，而不捨於菩薩之道，是菩薩行。

**闍那崛多譯《商主天子所問經》** 又復問言：云何菩薩行不可思議。答言：天子！欲不可思議故，菩薩行亦不離欲行。瞋恚行不可思議故，菩薩行亦不離恚行。愚癡行不可思議故，菩薩行亦作般若行。不嫉妬行是菩薩行，亦不念施行。遠離破戒行是菩薩行，亦不念戒行。不瞋恚行是菩薩行，亦不念忍行。不懈怠行是菩薩行，亦不念精進行。不亂行是菩薩行，亦不念禪行。非無智行是菩薩行，亦不念般若行。不惱行是菩薩行，亦不念離惱行。無慈行是菩薩行，內物施故。無悲行是菩薩行，施男女妻子故。不樂行是菩薩行，諸欲功德不厭故。常不瞋行是菩薩行，聚集諸善根故。不棄捨行是菩薩行，捨身命故。不惜行是菩薩行，憎愛捨故。不恐怖行是菩薩行，不近生死煩惱行故。大重任行是菩薩行，一切眾生荷重擔故。不逼迫行是菩薩行，往昔立誓度彼故。不悔行是菩薩行，無退悔故。最上行是菩薩行，一切上最勝上故。金剛鎧行是菩薩行，善立誓願不缺減故。自心滅行是菩薩行，一切眾生心滅故。不失行是菩薩行，作業不失故。不起分別行是菩薩行，一切眾生平等心故。勇健行是菩薩行，降伏怨敵故。不雜行是菩薩行，親友禪定更隨順故。歡喜行是菩薩行，於一切惡者令歡喜故。歡喜踴躍行是菩薩行，見佛聞法，承事尊者歡喜故。莊嚴行是菩薩行，身、口、心意佛刹莊嚴故。不被降伏行是菩薩行，平等益助故。不毀謗行是菩薩行，智者讚歎故。不逼迫行是菩薩行，正觀諸煩惱故。善丈夫行是菩薩行，擔負重任至彼岸故。饒益行是菩薩行，堅固精進不懈退故。法行是菩薩行，助道諸法善修習故。知恩報恩行是菩薩行，不斷諸佛種性故。珍寶行是菩薩行，歎說三寶故。智慧方便行是菩薩行，不斷諸攝故。

**菩提流志譯《大寶積經》卷八六** 爾時淨莊嚴王白法速疾菩薩言：願爲我說菩薩正行。法速疾言：大王！捨諸所有，是菩薩行。眾生平等，無分別故。頭陁學戒，是菩薩行。戒性平等，無所行故。離瞋熱惱，是菩薩行。忍性平等，無心相故。堅固勇猛，是菩薩行。精進平等，離心行故。三昧解脫，是菩薩行。禪定平等，無所緣故。聞慧資糧，是菩薩行。慧性平等，無所念故。生於梵住，是菩薩行。染淨平等，二俱離故。起諸神通，是菩薩行。神通平等，不生念故。具足辯才，是菩薩行。法義平等，離心相故。成就勝解，是菩薩行。法界平等，無所動故。修七覺分，是菩薩行。觀照平等，不懈怠故。起四攝法，是菩薩行。諸法平等，同其事故。等心眾生，是菩薩行。心性平等，無分別故。莊嚴佛土，是菩薩行。清淨平等，如虛空故。三十二相，是菩薩行。觀法無相，入平等故。淨身口意，是菩薩行。離於三業，性平等故。隨喜眾生，是菩薩行。一切眾生，等無我故。不厭生死，是菩薩行。了知如夢，性平等故。常修善業，是菩薩行。知業平等，無業報故。堅固修行，是菩薩行。觀一切法，如幻化故。安忍眾苦，是菩薩行。了知平等，苦不生故。親近善友，是菩薩行。於友非友，心平等故。勤修深心，是菩薩行。果報平等，無所求故。多聞無厭，是菩薩行。說法聽法，俱平等故。不慳恪法，是菩薩行。平等說法，不希求故。攝受正法，是菩薩行。平等成熟，諸佛法故。常求實智，是菩薩行。第一義諦，性平等故。謙下其心，是菩薩行。等心謙下，諸眾生故。普攝一切，諸善功德，是菩薩行。功德平等，無所念故。

**菩提流志譯《大寶積經》卷八七**　爾時商主天子，白文殊師利言：願爲我說諸菩薩行。文殊師利言：天子！菩薩行者，不可思議。天子言：云何菩薩行不可思議。文殊師利言：貪行是菩薩行，貪不可思議故。瞋行是菩薩行，瞋不可思議故。癡行是菩薩行，癡不可思議故。慳悋是菩薩行，無施想故。不毀戒是菩薩行，不取戒相故。不恚害是菩薩行，無忍想故。不懈怠是菩薩行，離精進念故。不散亂是菩薩行，不住定故。離愚癡是菩薩行，不作智想故。無煩惱是菩薩行，無所斷故。無貪愛是菩薩行，離身相故。悲愍心是菩薩行，捨女人慈故。無染污是菩薩行，呵責五欲故。離非法是菩薩行，積集善根故。無悋惜是菩薩行，捨身命故。滅諸惡是菩薩行，無熱惱故。無所著是菩薩行，離愛非愛故。無所壞是菩薩行，正觀煩惱故不怖畏是菩薩行，入無邊生死故。大精進是菩薩行，荷負一切眾生故。不退轉是菩薩行，成滿昔願故。眾寶行是菩薩行，攝三寶故。一切行是菩薩行，勤修助道法故。無障礙是菩薩行，離二邊故。無過失是菩薩行，智者所讚故。安住心是菩薩行，念一切眾生故。無分別是菩薩行，等觀一切故。善丈夫是菩薩行，荷擔無倦故。勇猛是菩薩行，摧破一切煩惱故。堅固是菩薩行，所作不中廢故。勝出是菩薩行，精進不退故。隨順是菩薩行，於諸同侶無違逆故。歡喜是菩薩行，於行惡者令歡喜故。信樂是菩薩行，見佛聞法事師欣悅故。金剛甲冑是菩薩行，不毀律儀故。莊嚴佛土是菩薩行，淨其心故。超過一切是菩薩行，入最上乘故。知恩報恩是菩薩行，不斷佛種故。智慧方便是菩薩行，攝受無斷故。說此菩薩行時，五百菩薩得無生法忍。

**施護譯《佛說大乘不思議神通境界經》卷下**　普華幢天子復白妙吉祥菩薩言：願爲我等略說菩薩行法。妙吉祥言：天子當知，無行是菩薩行。又復一切法是菩薩行。普華幢天子言：云何一切法是菩薩行。妙吉祥菩薩言：天子當知，所言一切法者，謂四念處、八正道、五根、五力、七覺支，略說此等爲菩薩行。若廣說者，其數無量。諸菩薩摩訶薩若得此法，是即名爲眞菩薩行。

**惟淨譯《大乘寶要義論》卷九**　云何是菩薩行。所謂非凡夫行，非賢聖行，是菩薩行。在於生死不爲染污，在於涅槃不永寂滅，是菩薩行。雖求四諦智，亦不非時取證涅槃，是菩薩行。雖觀內空而常思念，於三有中示現受生，是菩薩行。雖觀無生而不入正位，是菩薩行。雖攝一切有情而不染著，是菩薩行。雖行於空而常勤求諸相功德，是菩薩行。雖行無作而勤修一切善行，獲得輕安，是菩薩行。雖修止觀之行而不畢竟墮於寂滅，是菩薩行。雖轉法輪，示現大般涅槃，而不捨菩薩所行之行，是菩薩行。凡如是等皆是菩薩所行之行。

# 菩薩道

**佛馱跋陀羅譯《大方廣佛華嚴經》卷三四**　佛子！菩薩摩訶薩有十種道。何等爲十。所謂：一道是菩薩道，不捨菩提心故。二道是菩薩道，出生智慧方便故。三道是菩薩道，空方便無相際、無願三昧，三界無染故。四行是菩薩道，悔過除罪，隨喜功德，恭敬勸請無量諸佛，善知迴向故。長養五根是菩薩道，住有信根不可沮壞，發大精進，究竟一切事而不退轉，安住正念，除滅亂想三昧，方便決定了知智慧境界，善巧分別故。六通自在是菩薩道，天眼悉見一切世界有色眾生，死此生彼。天耳悉聞一切諸佛所說經法，皆能受持，廣爲一切眾生解說。出生無礙，知他心智，悉知一切眾生心念。宿命智通，悉知過去一切阿僧祇劫。長養善根身通自在，隨其所應，現大神變。漏盡智通，知見實際生菩薩道不斷絕故。七念是菩薩道，念佛，於一毛道見一切佛教化眾生。念法，不離一如來眾，於一切佛所對面聞法悉能受持，隨應眾生諸根希望而度脫之。念僧，見不退轉菩薩大眾，令一切眾生常見菩薩大眾。念施，行一切菩薩布施，正念長養菩薩布施功德。念戒，不離菩提心，一切善根迴向眾生。念天，念兜率陁天一生補處菩薩。念一切眾生，善巧方便智慧敎化，悉令安隱隨順無上菩提故。八正道分是菩薩道，所謂：正見，遠離邪見。正思惟，正念一切智遠離虛妄。正語，隨順聖敎，離口四過。正業，饒益敎化一切眾生未曾失時。正命，安住四聖種成頭陁功德，具足淨威儀，遠離一切惡。正精進，勤修一切菩薩苦行，修佛十力無所罣礙。正念，悉能憶持一切音聲，除滅世間一切亂想。正定，善巧方便，於一三昧，出生菩薩不可思議法門一切三昧故。九次第定是菩薩道，所謂：離欲惡不善法因，覺觀起一切口業無所障礙。說法教化一切衆生，令得一切智喜悅，遠離退過休息喜悅，離世苦樂，常見諸佛，逮得無上菩提快樂。不動三昧出生四無色定，亦不離欲界、色界受生。正受滅盡三昧，而亦不息菩薩行故。如來十力是菩薩道，所謂：巧方便，善知是處非處。善知一切衆生去、來、現在業因果報。善知一切衆生種種諸根，隨彼諸根而爲說法。善知衆生無量諸性。善知一切衆生種種欲樂，隨應說法。菩薩淨身，皆悉充滿一切衆生、一切刹、一切世、一切劫，普現如來具足威儀，而亦不捨菩薩所行善巧方便。知一切禪三昧解脫垢淨起。知時、非時出生菩薩無量法門。善知一切衆生死此生彼，於一念中，善知三世一切阿僧祇劫。善知一切衆生除滅一切煩惱結使及諸習氣，而亦不捨菩薩行故。佛子！是爲菩薩摩訶薩十種道。若菩薩摩訶薩安住此道，則得一切諸佛無上巧方便道。

**佛馱跋陀羅譯《大方廣佛華嚴經》卷三四**　佛子！菩薩摩訶薩有無量道、無量道具、無量修道、無量莊嚴道。何以故。菩薩摩訶薩有十種無量道故。何等爲十。所謂：虛空界無量、法界無量、衆生界無盡無量、世界無分齊無量、阿僧祇劫無盡、究竟無量、衆生語法無量、如來身無量、佛音聲無量、如來力無量、一切智無量。

佛子！是爲菩薩摩訶薩十種無量道。何以故。如虛空界無量，菩薩積集道具亦復如是。如法界無量無邊，菩薩積集道具亦復如是。如衆生界無盡無量，菩薩積集道具亦復如是。如世界無分齊無量，菩薩積集道具亦復如是。如一切劫算數不可盡，菩薩積集道具亦復如是。一切衆生悉共算數所不能盡。如一切衆生語言無量，菩薩積集道具出生智慧諸語言法亦復如是。如如來身無量，菩薩積集道具充滿一切衆生、一切刹、一切世、一切劫亦復如是。如佛音聲無量，出一言音皆悉充滿一切法界，一切衆生無不聞知，菩薩積集道具亦復如是。如如來力無量，菩薩積集道具長養如來力亦復如是。如一切智無量，菩薩積集道具亦復如是。佛子！是爲菩薩摩訶薩十種道具。若菩薩摩訶薩安住此法，則得一切諸佛無量無邊智慧。

【略】佛子！菩薩摩訶薩有十種修道。何等爲十。所謂：不著、不出修，身、口、意無忘失故。無增減修，知諸法眞實故。非有、非無修，入非有、非無性故。如幻、如夢、如電、如響、如鏡中像、如熱時焰、如水中月，修於一切法無所著故。空、無相、無願修，見三界不捨長養諸善根故，不可言說修，不著法施設故，不壞法界修，決定了知一切法故，如實際不可壞修，如如虛空際平等至一切故，菩薩智修，不捨勇猛精進力故，如來十力、四無所畏、一切智平等修，於一切法悉除疑惑故。佛子！是爲菩薩摩訶薩十種修道。若菩薩摩訶薩安住此法，則得一切諸佛無上、一切智、巧方便修。【略】

佛子！菩薩摩訶薩有十種莊嚴道。何等爲十。所謂：菩薩摩訶薩不離欲界，悉能正受色、無色界禪定解脫，亦不因此於彼受生，是爲第一莊嚴道。菩薩摩訶薩入聲聞道，亦不乘此道出於三界，是爲第二莊嚴道。菩薩摩訶薩入緣覺道，亦不捨大悲，是爲第三莊嚴道。菩薩摩訶薩雖百千天女眷屬圍遶，端嚴殊特、顏容無倫、技術悉備、音樂巧妙，菩薩聞此妙音，未曾暫捨諸禪解脫三昧，是爲第四莊嚴道。菩薩摩訶薩與一切衆生設衆妓樂共相娛樂，乃至一念不捨諸禪解脫三昧，是爲第五莊嚴道。菩薩摩訶薩不著一切世間諸法，究竟世間得到彼岸，度脫衆生，是爲第六莊嚴道。菩薩摩訶薩安住正智修習正道，趣於邪道欲令衆生遠離邪道，於此邪道不取眞實清淨之相，是爲第七莊嚴道。菩薩摩訶薩遠離身、口、意惡業，常持淨戒，一向正求如來淨戒，示現一切凡愚童蒙衆生持戒威儀，爲教化成熟犯戒衆生故。菩薩具足成滿一切清淨功德，正趣菩薩趣而現受生彼趣，是爲第八莊嚴道。菩薩摩訶薩於一切佛法不由他悟，得無礙辯、明淨智慧，普照一切諸佛正法。安住一切諸佛自在，共一切佛清淨法身，具足成就一切堅固大人明淨正法。安住一切平等諸乘，向一切佛境界法門，一切衆生所應讚歎、恭敬、供養。爲一切衆生作無上師，專求正法未曾捨離，示現於法有疑，示現師受恭敬供養和尚、阿闍梨，而實爲一切天人無上法師。何以故。菩薩摩訶薩善知方便住菩薩道，隨其所應方便示現，是爲第九莊嚴道。菩薩摩訶薩具足成就甚深智慧，究竟菩薩一切無上法行，一切如來以甘露法而灌其頂，究竟一切法自在彼岸。離垢無礙清淨法繒以冠其首，於一切世界普現如來無礙法身，轉不可壞清淨法輪。清淨法身於一切世界，無處不至。究竟一切法自在彼岸，具足成就一切菩薩自在之法。巧妙方便，於一切刹示現受生，與三世佛共一境界而亦不斷菩薩所行。不捨菩薩法，不轉菩薩業，不捨菩薩道，未曾廢捨菩薩威儀，不捨菩薩熾然，不捨善巧方便，不離菩薩事，修菩薩行，心無疲厭，不離菩薩受持法行。何以故。菩薩摩訶薩欲速成阿耨多羅三藐三菩提故，不捨菩薩行，觀察眾生，是爲第十莊嚴道。佛子！是爲菩薩摩訶薩十種莊嚴道。若菩薩摩訶薩安住此道，則得一切諸佛無上道寶莊嚴，而不捨菩薩道。

# 菩薩戒

**寶亮《大般涅槃經集解》卷二七**　僧亮曰：戒有五，分身業、口業。五戒、十戒、二百五十戒，是根本三乘通行也。餘四者，是菩薩戒也。

**藏曇無讖譯《菩薩戒本》卷一**：

歸命盧舍那，十方金剛佛。亦禮前論主，當覺慈氏尊。

今說三聚戒，菩薩咸共聽。戒如大明燈，能消長夜闇。

戒如眞寶鏡，照法盡無遺。戒如摩尼珠，雨物濟貧窮。

離世速成佛，唯此法爲最！是故諸菩薩，應當勤護持。

諸大士！此四波羅夷法，是菩薩摩訶薩得勒伽和合說。

若菩薩爲貪利故，自歎己德，毀呰他人，是名第一波羅夷處法。

若菩薩自有財物，性慳惜故，貧苦眾生，無所依怙，來求索者，不起悲心，給施所求。有欲聞法，悋惜不說。是名第二波羅夷處法。

若菩薩瞋恚，出麤惡言，意猶不息，復以手打，或加杖石，殘害恐怖，瞋恨增上。犯者求悔，不受其懺，結恨不捨。是名第三波羅夷處法。

若菩薩謗菩薩藏，說相似法，熾然建立於相似法，若心自解，或從他受，是名第四波羅夷處法。

**智顗《菩薩戒義疏》卷上**　菩薩戒者，運善之初章，却惡之前陣，直道而歸，生源可盡。聲聞小行尚自珍敬木叉，大士兼懷，寧不精持戒品。內外二途，咸皆敬奉。王家庶眾，委質虔恭。斯乃趣極果之勝因，結道場之妙業。然經論所載戒相有於多種，記傳所辨受法不無同異。良以機悟偏圓，宜聞詳略。辭無雙舉，事不並行。今謹按什師所述法相，出自《梵網經・律藏品》。什師秦弘始三年來達漢境，光顯大乘匡維聖教，傳譯經論三百餘卷。《梵網》一本最後誦出，誓願弘宣。是故殷勤一言三復，特爲文義幽隱，旨趣深玄，所以指掌曉示，令後生取悟爲易。經稱梵網者，欲明諸佛教法不同，猶如梵王網目。品言心地者，菩薩律儀遍防三業，心意識體一異名。三業之中，意業爲主，身口居次。據勝爲論，故言心地也。

**玄奘譯《攝大乘論本》卷下**　別殊勝者，謂菩薩戒有三品別。一律儀戒。二攝善法戒。三饒益有情戒。此中律儀戒、應知二戒建立義故。攝善法戒，應知修集一切佛法，建立義故。饒益有情戒，應知成熟一切有情，建立義故。

共不共學處殊勝者。謂諸菩薩一切性罪不現行故，與聲聞共相。似遮罪有現行故，與彼不共。於此學處有聲聞犯，菩薩不犯。有菩薩犯，聲聞不犯。菩薩具有身語心戒。聲聞唯有身語二戒。是故菩薩心亦有犯，非諸聲聞。以要言之，一切饒益有情無罪身語意業，菩薩一切皆應現行，皆應修學。如是應知說名爲共不共殊勝。

**般若譯《大方廣佛華嚴經》卷五**　善男子！我唯知此普遍速疾，勇猛不空，供養諸佛，成熟眾生無礙解脫門。如諸菩薩摩訶薩具足受持大慈悲戒，波羅蜜戒，住大乘戒，不離菩薩道戒，不著一切法戒，不捨菩提心戒，不墮二乘地戒，常以佛法爲所緣戒，心常憶念一切智戒，所發志樂等虛空戒，一切世間無所依戒，不缺漏戒，不濁亂戒，無遺失戒，不雜染戒，不追悔戒，無厭怠戒，清淨戒，離塵戒，無垢戒，如是菩薩戒行，功德無量無邊。

**智旭《佛說梵網經菩薩心地品合註》卷三**　三聚戒法者，《瓔珞經》云：律儀戒，謂十波羅夷。攝善，謂八萬四千法門。攝生，謂慈、悲、喜、捨，化及眾生，令得安樂。今明此三，並是菩薩戒法。亦並以無作爲體，律儀備列重輕諸相。而止言十波羅夷者，以四十八輕，皆是十重戒之等流眷屬。十重戒法，攝一切戒罄無不盡，是故名爲十無盡戒也。八萬四千法門，即無作體所具眾善。慈悲喜捨，即無作戒妙用功能。所以同名爲戒。又菩薩戒法，弘誓無盡。若不攝善攝生，即是戒體有缺。故八萬四千法體，慈悲喜捨定體，總皆攬之以爲戒體。戒爲法界，一切法趣戒也。律儀戒是法身德，攝善戒是般若德，攝生戒是解脫德。攝律儀能成法身，攝善法能成報身，攝眾生能成化身。又繇律儀戒成於斷德，繇攝善戒成於智德，繇攝生戒成於恩德。小乘心希自度，見苦斷集，故但有律儀，不慕佛地稱性功德，故無攝善法戒。不思濟度一切眾生，故無攝眾生戒。菩薩初發心時，便以上求下化爲懷。上求攝善，下化攝生。三聚淨戒，一時圓發，更非先後也。

**一行《大毗盧遮那成佛經疏》卷一七**　菩薩戒略有二種，一在家，二出家。此二眾中復有二種戒，一自性修行，二是制戒。今此十戒，是菩薩修行戒也。以是善性故，一切菩薩應行之。即《涅槃》所謂性自能持戒，或云自性戒也。所以謂持者，以生謗故，須將護彼意。又隨順彼意，故又須持也。所以然者，一切世間諸天輪王，亦有十善法。一切外道亦有十善戒。一切二乘亦有十善戒。若菩薩不如是持者，彼等即生輕慢非毁之心，我等皆有如是善法。今此人自云大士行尊妙行，而無淨戒，當知所學非眞也。以生彼等疑惑不善心故，即爲前人作無義利，非善知識。以是故，須持此戒也。二佛所制戒者，即是自具方便也。如聲聞法中，爲欲修梵行盡苦原故，佛爲設此方便以防護之。以是故，速得成果。今大乘中亦有制戒，所謂具方便智善巧也。以有善巧方便故，今此十善成不共戒，不與聲聞外道等共。故經云，善巧修行也。此經十萬偈大本，具有授此戒等方便。今未到此土。然《金剛頂》中自有授法，與彼不殊，當出之耳。

**一行《大毗盧遮那成佛經疏》卷一七**　次佛告其戒相，謂不殺生命，不得不與而取、欲邪行、誑語、惡口、兩舌語、綺語，及貪瞋邪見等，即是菩薩戒也。此中不殺者，謂於一切有命之類。乃至不生一念殺心。以無殺心，故名不殺戒。餘效此而說也。

## 真身

**鳩摩羅什譯《大智度論》卷三〇**　而佛有二種，一者眞身，二者化身。眾生見佛眞身，無願不滿。佛眞身者，遍於虛空，光明遍炤十方，說法音聲亦遍十方。無量恒河沙等世界滿中大眾，皆共聽法，說法不息，一時之頃，各隨所聞而得解悟。如劫盡已，眾生行業因緣故，大雨澍下，間無斷絕，三大所不能制，惟有劫盡十方風起，更互相對，能持此水。如是法性身佛有所說法，除十住菩薩，三乘之人皆不能持，惟有十住菩薩不可思議方便智力，悉能聽受。眾生其有見法身佛，無有三毒及眾煩惱，寒熱諸苦一切皆滅，無願不滿。如如意珠，尚令眾生隨願皆得，豈況於佛！珠與一切世間之願，佛與一切出世間願！若言佛不能悉滿眾生所願，是語不然！

**佛陁扇多譯《攝大乘論》卷下**　以三種佛身故，說智勝事。一眞身，二報身，三應身。是中諸佛眞身者，謂法身依一切法得自在故。報身若以種種諸佛眾會中顯明法身。所依佛世界清淨依。受大乘法樂故，所有依法身者，從兜率天中託身生受欲出家，親近外道，苦行成道，轉法輪，示大涅槃。

**普覺《金剛般若波羅蜜經》卷下**　如來者，即無相法身是也。非肉眼所見。慧眼乃能見之。慧眼未明具足，生我人等相，以觀三十二相爲如來者，即不名爲具足也。慧眼明徹，我人等相不生，正智光明常照，是名諸相具足。三毒未泯，言見如來眞身者，固無此理。縱能見者，祇是化身，非眞實無相之法身也。

## 涅槃

**曇無讖譯《大般涅槃經》卷四**　滅諸煩惱，名爲涅槃。猶如火滅，悉無所有。滅諸煩惱，亦復如是，故名涅槃。云何如來爲常住法不變易耶。如佛言曰，離諸有者乃名涅槃，是涅槃中無有諸有。云何如來爲常住法不變易耶。如衣壞盡，不名爲物。涅槃亦爾，滅諸煩惱，不名爲物。云何如來爲常住法不變易耶。如佛言曰，離欲寂滅，名曰涅槃。如人斬首，則無有首。離欲寂滅，亦復如是。空無所有，故名涅槃。

**曇無讖譯《大般涅槃經》卷二五**　善男子！涅者言不，槃者言織。不織之義，名爲涅槃。槃又言覆，不覆之義乃名涅槃。槃言去來，不去不來乃名涅槃。槃者言取，不取之義乃名涅槃。槃言不定，定無不定乃名涅槃。槃言新故，無新故義乃名涅槃。槃言障礙，無障礙義乃名涅槃。善男子！有憂羅迦毗羅弟子等言，槃者名相，無相之義乃名涅槃。善男子！槃者言有，無有之義乃名涅槃。槃名和合，無和合義乃名涅槃。槃者言苦，無苦之義乃名涅槃。善男子！斷煩惱者不名涅槃，不生煩惱乃名涅槃。善男子！諸佛如來煩惱不起是名涅槃。

**慧遠《大乘義章》卷一八**　第一釋名。涅槃是其天竺人語，依彼具言，名爲摩訶般涅槃那。摩訶名大，大義有六。一者常義。故《涅槃》云，所言大者名之爲常。譬如有人壽命無量，名大丈夫。二者廣義。故《涅槃》云，所言大者其性廣博，猶如虛空無所不至。涅槃如是，故名爲廣。三者多義，能別非一。故《涅槃》云，譬如大藏多諸珍異。涅槃如是，多有種種妙法珍寶，故名爲大。四者深義，淵奥難測。故《涅槃》云，大者名爲不可思議，一切世間、聲聞、緣覺，不能測量涅槃之義，故名爲大。五者高義。位分高出，餘人不至。故《涅槃》云，譬如大山，一切世人不能得上，故名爲大。涅槃如是，凡夫二乘及諸菩薩不能窮到，故名爲大。六者勝義。如世間中勝上之人，名爲大人。涅槃如是，諸法中勝，故名爲大。大義如是。何者是大，大有三種。一者體大。性淨涅槃，體窮眞性，義充法界。二者相大。方便涅槃，過無不盡，德無不備。三者用大。應化涅槃，妙用曠博，化現無盡。故《涅槃》云，大般涅槃，能建大義。義猶用也。所言般者，此翻名入。入義有三。一就實論入，息妄歸眞，從因趣果。二眞應相對，息化歸眞，故名爲入。三唯就應現，捨有爲過，趣入無爲，故名入。

言涅槃者，人釋種種。有人釋言：涅槃之名，非胡非漢，直是佛語。若論佛語，一切皆是，豈獨涅槃。故《涅槃》云，種種異論文章呪術，皆是佛說。雖是佛說，不離方言。若離方言，佛則無說。涅槃之體非名字，故非音聲。故有人復言，涅槃胡語，名總萬德，此方更無一名能翻，故存胡本，說爲涅槃。涅槃之體，實備萬德。涅槃一名，非盡萬德。若使涅槃名盡萬德，是則宣說萬德之時，不應隨德更立名字。欲說常義，更立常名，以名彼義。如是一切，明知涅槃名不盡德。又設涅槃名總萬德，此方還以萬德總名翻彼涅槃，何爲不得而言叵翻。又《涅槃》云，隨其類音，普告衆生。今日如來將欲涅槃，隨類異告。云何叵翻若正相翻名之爲滅。隨義傍翻，名別種種。或言不生，或曰不出，或謂無作，或謂無起，或名無爲，或字無相，或言不燃，或曰不識，或稱寂滅，或云安穩，或名解脫，或字彼岸。如是種種，悉如經說，云何得知是滅非總。

今此且以四義驗之。一，準昔以求。如來昔於餘契經中，每常宣說煩惱滅無，身亡智喪，以爲涅槃。今日涅槃名不異昔，何忽是總。二，據終以驗。如來垂滅，大音普告，今日如來將欲涅槃。時諸衆生聞佛涅槃，咸皆悲惱，詣佛請住。若使涅槃名含萬德，是則宜唱萬德示人，衆生應喜。何故悲惱詣佛請住。聞佛涅槃悲惱請住，明知涅槃是滅非總。三，準定方言。外國之人見人死滅，咸皆稱言，某甲涅槃。世人死滅，何德可總，亦稱涅槃。世人死滅名涅槃，故明知涅槃是滅非總。四，取文爲證。如《涅槃》中，佛嘆純陁，善哉善哉，能知如來示同衆生方便涅槃。世間衆生何曾有彼萬德涅槃。如來示同此說，如來同世盡滅，名同涅槃，明知涅槃是滅非總。又《法華》說，日月燈佛說法華竟，於後夜分入於涅槃。下文重頌佛此夜滅度如薪盡火滅，長行之中云言涅槃，偈言滅度。明知涅槃是滅非總。問曰：若使涅槃是滅，何故經言諸結火滅名爲滅度，離覺觀故稱曰涅槃。釋言：外國滅有多名，略有三別。一者涅槃，翻名爲滅。二彌留陁，此亦名滅。三者毘尼，此亦名滅。其猶外國菩提末伽，此通名道。外國說滅有多名，故諸結火滅名彌留陁，離諸覺觀名曰涅槃。《涅槃經》中彌留陁滅翻爲漢言，涅槃之滅仍存胡語。似若是別若具翻之此方名少。彼彌留陁，此翻名滅。彼中涅槃此亦名滅。是故得言，外國涅槃，此翻名滅。滅煩惱故，滅生死故，名之爲滅。離衆相故，大寂靜故，亦名爲滅。那者名息，究竟解脫，永蘇息故。息何等事，息煩惱故，息生死故，又息一切所行事故。《涅槃》云，雖得禪定智慧解脫，不名畢竟。若能斷除三十七品所行之事，方得名爲畢竟涅槃。以息如是三十七品所行事故，亦名爲息。名義如是。

**慧遠《大乘義章》卷一八**　次第二門彰滅分齊。分齊有四。一是事滅。斷生死因，滅生死果，名爲涅槃。二者能滅。諸佛涅槃，圓備萬德，雖具衆德，妙寂離相，稱之爲滅。又復離性亦說爲滅。言離相者，如下文說。譬如一切衆生心識，體雖是有，而無一相。亦如醍醐，體雖是有，而無青黃赤白等相。涅槃亦爾，體雖實有，而無一相，故稱爲滅。無何等相。謂無他相及無自相。無他相者，如經中說，離於十相名爲涅槃。謂離色聲香味觸相、生住滅相、男相女相。經中復說，離十三相名爲涅槃。離前十相及離苦樂不苦樂相。又經復言，大涅槃中無有日月星辰諸宿寒熱風雨、生老病死、二十五有及諸憂苦。此等皆是無他相也。無自相者，大涅槃中雖有色身而無色相，雖有覺知而無知相，雖有一切無一切相。備如經說。言離性者，諸德同體，緣起相成，無有一法別守自性。如就諸德宣説常義，離諸德外無別常性。我樂淨等類亦同爾。又就常等宣說法身，離常等外無別身性。餘亦如是。故經說言，又性別異故成涅槃。由非別異名無別性，故成涅槃。

問曰：涅槃體既是有，說有稱當，何勞說滅。滅門解義，故就障滅。此是第二德寂之滅。三者應滅。應滅有二。一現斷有因盡生死果，名之爲滅。二息化歸眞，用息稱滅。四者理滅。如經中說，一苦滅諦，一切眾生即涅槃相。如是等也。理滅有二。一者相虛妄情所起一切諸法相有體無，名之爲滅。此即經中空如來藏。二者眞空。眞如來藏離相離性，名之爲滅。言離相者，如馬鳴說，謂非有相，非無相，非非有相，非非無相，非有無俱相，非異相。非非一相，非非異相，非一異俱相。非自相，非他相，非非自相，非非他相，非自他俱相。如是一切妄心分別悉不相應，唯證境界。言離性者，如來藏中具過一切恆沙佛法，是諸佛法同一體性緣起相成，不離不斷，不脫不異。以同體故，無有一法別守自性。雖無一性而無不性，無有一性法如也，而無不性法界別也。今說如是。以之爲滅，滅如是。此四相望亦有本末，理滅爲本。由見理中相空之滅，成前事滅。悟理捨情，離生死故。由證理中眞空之滅，成前德滅，如彼眞法離性相故。依德起用故有應滅。此四種中分相言之，說前三種以爲涅槃。攝相論之，四滅俱是涅槃爲門，統攝諸義，成涅槃故。【略】

涅槃體中德別無量，要唯有三。一是色法，二是心法，三非色心法。言色法者，如《涅槃》說：滅無常色，獲得常色。離苦色，獲得樂色。乃至滅於不寂靜色，獲得眞實寂靜之色。故知涅槃用色爲體。又《涅槃》云，言不空者，謂有善色，常樂我淨。

又《涅槃》中說，大涅槃以爲解脫。迦葉白佛，如是解脫爲色爲非色。佛言，二乘解脫非色，諸佛如來解脫是色。以斯驗求，明知涅槃體性是色。又如六卷《泥洹》之中，純陁嘆佛，妙色湛默常安隱，不隨時節劫數遷，大聖曠劫行慈悲，獲得金剛不壞身。故知是色。又《勝鬘》中嘆佛色身，世無與等，又嘆如來妙色無盡。明知是色。色相云何。佛有三身，一是應身，二是報身，三是法身。此三身中皆悉有色。應身色者，現化隨物。或時似天，或復似人。如是一切，隨其所現，同世色像。是故亦名共世間身。報身色者，於彼應身一一相處，各有無量塵數相好。如《華嚴經·相海品》說，雖具眾相而不可見。如梵天王頂上寶珠，有而叵見，雖不可見而實有之。名字不同，作業各異。如《華嚴》說，法身色者，如來藏中。色性法門，顯成佛體。體雖是色，而無色相。如似比丘，無作戒法。亦如陰陽五行等法，雖無色相而是色性。諸佛證得，成就法界。諸根相好，即法身故。又此法中出生法界無盡色，故名像色法。有人說言：涅槃無色，唯一靈智。設言色者，是應非眞。何故非色。色性質礙，爲是無之。若色質礙，全佛無者，心是攀緣慮知之法，佛亦應無。佛無緣心，而有無緣覺知之心，色亦應爾。佛無礙色，而有無礙自在之色，何爲不得。人復爲難，礙故名色，佛身無礙，云何名色。此應返質，緣義爲心，佛智無緣，何得名心。人復釋言，無緣而照故得名心，此應類之，無礙是身，無礙是形，何爲非色。又雖無礙而有光明諸根相好，何得非色。又若無礙即全無色，若言有色即令礙者，此應並報。如來無緣，即應是癡，即應無知。佛若有知，即是攀緣，可如是不。此既不可，彼亦同然，何勞致疑。又若說言色皆是應，都無眞實者，此應並難。眞處亡情，有覺有知，應悉是應。應化之知，從眞知生，眞中立知。應化之色，從眞色起，眞中存色，竟有何妨。又經宣說，滅無常色，獲得常色，云何是應。經復宣說眞實善色，常樂我淨，云何是應。又經嘆佛：妙色湛然常安穩，不隨時節劫數遷。大聖曠劫行慈悲，故得金剛不壞身。云何名應。又《地經》中說，佛相好爲實報身。云何是應。又若相好悉是應者，經中宣說相好之業，應是應修，非是實修，修得是實，果寧不眞。人復釋言，滅無常色，獲常色等，此實是心。心法顯現義說爲色。此應反難。若心顯現義說爲色，實無色者，色法不顯，義說爲心，實應無心。又若心現義說色者，他亦應言色光照明，義說爲心。佛實無心色光照明，不得名心，心法顯現，何得名色。以斯驗求佛眞有色，不得言無色。義如是。

次論心義。經中宣說，滅無常識，獲得常識，受想行等亦復如是。明知涅槃以心爲體。又說彼若成大涅槃，明知涅槃用心爲體。心相云何。如前八識章中具辯。今略論之，心有三種。一是事識，謂六識心，向外取緣。二是妄識，謂七識心，內迷眞性，妄取自心所起境界。如人昏夢迷覆實事，妄取自心所起境界。三是眞識，謂八識心。如來藏中，過恆沙法緣起集成覺知心事，以此眞心覺知性故，與無明合，便起妄知。息去無明，便爲正知。如人報心與昏睡合，便起夢知。息去昏睡，便爲寤知。始覺眞心說之以爲一切種德。今此就其涅槃門說故，說此心以爲涅槃。妄事兩心，情有體無。未窮似有，研之即盡。不成涅槃故。《楞伽》云，妄想爾炎慧，彼滅我涅槃。又彼經言，滅七種識，唯有藏識。唯藏識故，眞識之心得成涅槃，非六非七。有異論，如前八識章中廣破。問曰：眞心是知非滅，云何得說爲涅槃乎。釋言，此心體是知性而無分別，無分別故照而常寂，是知性故寂而恆照。以恆照故能滅癡闇，以常寂故能滅妄想。癡妄既除，不復隨緣集起生死。以不起故，無爲體寂，故名涅槃。心法如是。

次明非色非心之義。如經中說，菩提不可身得、心得。涅槃亦爾，故非色心。相狀如何，分別有二。一數滅無爲。斷離一切色心等相，名非色心。如《涅槃》說，滅無常色，名爲非色。滅於無常受想行識，名曰非心。如是一切。又如《涅槃・梵行品》說，入於無色大般涅槃，名爲非色。又無諸大陰界入等，亦是非色。意滅識亡，心亦寂等，名爲非心。又滅妄想爾炎慧等，亦是非心。二眞法體如。色即無色，心即無心，名非色心。如經中說，大般涅槃實非有色，隨世說有。又經中說，菩提涅槃一切皆空。又《地經》說，自體本空，智自空等，皆是眞空，非色心義。彼云何空，義如上解，離相離性。言離相者，佛雖有色而無色相。如無作戒，雖復是色而無形相。佛雖有心而亦無心相，如鏡照物，無分別相。言離性者，大涅槃中，諸德同體，緣起相成，無有一德別守自性，故名爲空。以是空故，色無色性，名爲非色。心無心性，稱曰非心。

問曰：若此皆無自性，即是自性，不成無常，與生死法有何差別。釋言：緣起無性空義，生死涅槃，其理齊等。是故經中說，生死空乃至涅槃，生死無我乃至涅槃。所言異者，生死之法一向無常，以其性相俱無常故，生滅流轉名相無常。虛集無性，名性無常。涅槃之體，亦常無常而非一向。故《涅槃經》初德中說，涅槃非常亦非無常。是義云何。大涅槃中萬德同體，分相論之，各守自相，無爲不動，故非無常。攝相言之，互以相成，相成不壞，亦非無常。非無常故，經說爲常。將別分總，總相不立。以不立故，無空性常。無性常故，名爲無常。涅槃體性，其理定爾。有人宣說，一苦滅諦，顯成涅槃，苦滅唯空，顯此空理，以成涅槃。是故涅槃一向唯空，無色無心。此外道空，不應受持。若說苦滅唯是空者，佛自對破。如《涅槃經・四諦章》說。【略】

所言常者，體恆不變目之爲常。又復隨緣化用不絕，亦名爲常。如《涅槃》說，假使烏與鵄，同共一樹栖，猶如親兄弟，爾乃永涅槃。如來視一切，猶如羅睺羅，常爲衆生尊。云何永涅槃。如是等義，是其用常。相狀如何。常義有二，一者無爲，二者不變。如《涅槃》說，無爲不生，不變無滅。又復無爲，明離分段。言不變者，明離變易。隨義別分，開合不定，總之一常。……佛自釋言，涅槃之體，非因非果，非去來今，常住無爲。諸衆生假於莊嚴，往見涅槃，非大涅槃。假於莊嚴，方始成立，故得名常。言可修見名無常者，所謂衆生無明覆心，不見涅槃，後除闇障，始見涅槃。非見始有，如人治眼，始見日月。非始有故，故得名常。言有名字名常者，佛自釋言，涅槃無名，強爲立名，故得稱常。涅槃無名，何故強立。爲求知故，性淨如是。若論方便，斷離生死無常法故，以常法性而爲體故，以是常義。

次解樂義。涅槃之體，寂滅永安，稱之爲樂。又用自在，所爲稱心，亦名爲樂。樂隨義別，一門說四。如《涅槃》說。一斷受樂。二寂靜樂，亦名寂滅。三覺知樂。四不壞樂，亦名常樂。言斷受者，五受斷已，稱曰斷受。良以諸苦皆集受中，是故斷受，得名爲樂。如《地持》中說，滅盡定爲斷受樂。今說涅槃以爲斷受，滅盡暫滅，此永斷故。問曰：經說滅無常色獲得常色，受想行識亦復如是。滅離苦色獲得樂色，受想行識亦復如是。是則涅槃具有受樂，云何名斷。釋言：經說斷受樂者，斷離凡夫分別之受、取相之受、顛倒之受，非無證法平等正受。故有受陰，亦有受樂。餘陰亦爾。寂靜樂者，滅煩惱故，不造業故，息生死故，名爲寂靜。又息一切所行事故，亦名寂靜。不寂則苦，靜名爲樂。由滅諸過故，復名爲寂滅樂矣。覺知樂者，照達諸法，名爲覺知。愚闇則苦，覺知名樂。不壞樂者，德體牢固，不爲緣惱，稱曰不壞。破壞則苦，是故不壞得名爲樂，以不壞故亦名常樂。此四樂中分相論之，寂滅一種是涅槃樂，斷受一種是滅定樂，覺知一種是其智慧菩提之樂。不壞是常。今據攝相通說以爲涅槃樂矣。

次解我義。我有二種，一者就體自實名我。如《涅槃經》哀嘆中說，是眞是實，是主是依。常不變者，是名爲我。二者就因，自在名我。如《涅槃經》初功德說，自在有八。一，多少自在。聚集一身以爲多身，身數多少，身之大小，猶如微塵，充滿十方無量世界。如來之身實非微塵，以自在故，現微塵身。二，充滿自在。亦得名爲大小自在。亦一塵身滿於三千大千世界。佛身無邊，實不滿於大千世界，以自在故滿大千界。三，輕舉自在。以滿三千大千之身輕舉飛空，過無量界而無障礙。如來之身實無輕重，以自在故能爲輕重。四，自自在，亦得名爲所作自在。於中有三。一如來心安住不動，化無量身各令有心。二造一事而令眾生各各異辨。三住一界能令他一切悉見。具此三種，名爲自在。五根自在，如來一根，見色、聞聲、嗅香、別味、覺觸、知法。六知法自在，得一切法而無得想。七說自在，如來演說一偈之義，逕無量劫義不盡。謂戒定等，雖有所說，不生說想。八遍滿自在，如來之身遍一切處，猶如虛空，不可得見。具斯八種名之爲我。

次解淨義。體無垢染，稱之爲淨。又復隨化，處緣不污，亦名爲淨。淨義不同，一門說四。四有兩門。一則如彼《涅槃經》說。四名是何。一是果淨，永斷二十五有之果。二是業淨，亦名因淨。謂離凡夫一切諸業，此二斷德。三者身淨，遠離生滅，常住不變。四者心淨，絕離諸漏。此二行德，一義如是。次門四者，如《地持》說。一者身淨，煩惱習身，捨離無餘，得最上身，生滅自在，名爲身淨。煩惱習身，捨離無餘，得最上身，身體淨也。生滅自在，身用淨也。二境界淨，種種現化及所言說，一切境界自在無礙，名境界淨。種種現化是身境界，及所言說是口境界。又復種種現化境者是事境界，及所言說一切境者是法境界。於中自在，名境界淨。三者心淨，煩惱悉離，善根成就。煩惱悉離，四住永亡。善根成就，功德備也。功德依心，就主以彰，故名心淨。四者智淨，捨離一切無明穢污，一切所知，無礙自在。捨離一切無明穢污，離無明地，眞諦智淨。一切所知無礙自在，除事無知，眞諦智淨。具此四種名之爲淨。【略】

大乘涅槃備具四義，已如上釋。小乘涅槃四義不定，據小說小。小乘涅槃有常樂淨，唯無有我。何故如是。涅槃無爲，四相不遷，故說爲常。又復所斷永滅不起，故亦名常。寂滅永安，故次名樂。絕離垢染，故得稱淨。小乘涅槃以空爲體，未證有性，故不名我。彼涅槃中，身智俱亡，用不自在，故不名我。

問曰：《涅槃》初德中說，聲聞之人說佛涅槃，但有常淨而無我樂，名煩惱習。彼聲聞人自見涅槃具常樂，何故說佛涅槃。釋曰：聲聞自見涅槃有寂滅樂，類佛亦然。據斯以論，不言如來涅槃無樂。但彼自見涅槃之中身智永亡，無覺智樂。謂佛亦無，故說無樂。據小說小，其義如是。據大說小，義則不定。或時全奪，四義悉無。故《涅槃經》初德中言，聲聞所得無常、無樂、無我、無淨，是故不得名大涅槃。諸佛涅槃常樂我淨，故得名大。於此門中，聲聞所得少，故稱無。如河水少，名之無水。又得非眞，故亦名無。如得物名，爲非物。如來或復隨別奪之，宜說二乘所得涅槃但有樂淨而無我常。如《涅槃經》第七德說，聲聞緣覺以得無漏八聖道故，故有樂淨。又滅惑因，故說有淨。離分段苦，故言有樂。彼小涅槃體不眞實，用不自在，故不名我。所滅身智，當復更生，故不名常。【略】

次論生死涅槃一異。一異如何，分別有三。一，就緣說緣，斷生死體，得涅槃性。生死涅槃，體性全別。如經中說，本有今無，本無今有。三世有法，無有是處。正當此門。又經中說，涅槃互無，亦當此門。二，約緣論實，轉生死體，即是涅槃。非全別體，良以迷時迷涅槃性爲生死故，是故解時解生死體即是涅槃。如人迷時正方爲邪，及至解時邪方即正。亦如夜闇見繩爲蛇，及後明時蛇即是繩。故經說言，凡夫未成佛菩提爲煩惱，聖若成佛時煩惱即菩提。菩提既然，涅槃亦爾。三，就實論實生死之體即是涅槃，不得還轉。如蛇是繩，豈待至明。生死涅槃一異如是，不得偏取。【略】

次明諸佛涅槃一異。涅槃若一，一人得時，餘亦應得。又若定一，一人得已，餘應無分。涅槃若別，別則不同。便有彼此、多少、增減、邊畔可數，即是無常。其義云何。如《涅槃》中，解佛性義不一不異。涅槃亦爾，不一不異。此修此得，彼修彼得，故非定一。所得無別，故非定異。譬如一經學者便解，不學不解。故經不一，及其所解體不殊，得言不異。此亦如是。又復約緣以論，其實緣別，彼實從異，故非定一。就實論實，實外無人知，復從誰說彼說此爲是不異。涅槃義深，難以測窮，且尋詮況，粗述云爾。

**玄奘譯《阿毗達磨大毗婆沙論》卷二八**　問：以何義故，名曰涅槃。答：煩惱滅故，名爲涅槃。復次，三火息故，名爲涅槃。復次，三相寂故，名爲涅槃。復次，離臭穢故，名爲涅槃。復次，離諸趣故，名爲涅槃。復次，槃名稠林，涅名爲出，出蘊稠林故，名涅槃。復次，槃名爲織，涅名爲不，以不織故，名爲涅槃。如有縷者，便有所織。無則不然。如是若有業煩惱者，便織生死。無學無有業煩惱故，不織生死，故名涅槃。復次，槃名後有，涅名爲無。無後有故，名爲涅槃。復次，槃名繫縛，涅名爲離，離繫縛故，名爲涅槃。復次，槃名一切生死苦難，涅名超度。超度一切生死苦難，故名涅槃。

問：厭與離染、解脫、涅槃，有何差別。答：厭惡違逆名厭，無所希求名離染，心無垢穢名解脫，永捨重擔名涅槃。復次，毀呰煩惱名厭，毀呰惡行名離染，於緣離繫名解脫，諸蘊永寂名涅槃。復次，訶毀欲界名厭，離色界名離染，脫無色界名解脫，證永寂靜名涅槃。復次，厭見所斷名厭，離修所斷名離染，至無學果名解脫，證永寂滅名涅槃。尊者妙音作如是說。厭謂薄地，離染謂離欲地，解脫謂無學地，涅槃謂諸地果。尊者迦多衍尼子隨順經義作是言。根律儀、戒律儀、無悔、歡喜安樂等持，是修行地。如實智見是見地，厭是薄地離染是離欲地，解脫是無學地，涅槃是諸地果。是厭、離染、解脫、涅槃四種差別。

**玄奘譯《阿毗達磨大毗婆沙論》卷三二**　槃名爲趣，涅名爲出。永出諸趣，故名涅槃。復次，槃名爲臭，涅名爲無。永無臭穢諸煩惱業，故名涅槃。復次，槃名稠林，涅名永離。永離一切三火三相諸蘊稠林，故名涅槃。復次，槃名爲織，涅名爲不。此中永無煩惱業縷，不織生死異熟果絹，故名涅槃。

**玄奘譯《成唯識論》卷一〇**　涅槃義別，略有四種。一，本來自性清淨涅槃。謂一切法相眞如理，雖有客染而本性淨，具無數量微妙功德，無生無滅，湛若虛空。一切有情平等共有，與一切法不一不異，離一切相一切分別。尋思路絕，名言道斷。唯眞聖者，自內所證。其性本寂，故名涅槃。二，有餘依涅槃。謂即眞如出煩惱障，雖有微苦所依未滅，而障永寂，故名涅槃。三，無餘依涅槃。謂即眞如出生死苦，煩惱既盡，餘依亦滅，衆苦永寂，故名涅槃。四，無住處涅槃。謂即眞如出所知障，大悲般若常所輔翼。由斯不住生死涅槃，利樂有情，窮未來際，用而常寂，故名涅槃。一切有情皆有初一，二乘無學容有前三，唯我世尊可言具四。如何善逝有有餘依，雖無實依而現似有。或苦依盡，說無餘依。非苦依在，說有餘依。是故世尊可言具四。若聲聞等有無餘依，如何有處說彼非有。有處說彼都無涅槃，豈有餘依彼亦非有。然聲聞等身智在時，有所知障。苦依未盡，圓寂義隱，說無涅槃。非彼實無煩惱障盡所顯眞理有餘涅槃。爾時未證無餘圓寂故，亦說彼無無餘依。非彼後時滅身智已無苦依盡無餘涅槃。或說二乘無涅槃者，依無住處，不依前三。又說彼無無餘依者，依不定性二乘而說。彼纔證得有餘涅槃，決定迴心求無上覺，由定願力，留身久住，非如一類入無餘依。謂有二乘深樂圓寂，得生空觀，親證眞如。永滅感生，煩惱障盡，顯依眞理有餘涅槃。彼能感生煩惱盡故，後有異熟無由更生。現苦所依，任運滅位，餘有爲法，既無所依與彼苦依，同時頓捨，顯依眞理無餘涅槃。爾時，雖無二乘身智，而由彼證，可說彼有。此位唯有清淨眞如，離相湛然，寂滅安樂。依斯說彼與佛無差，但無菩提利樂他業。故復說彼與佛有異。諸所知障既不感生，如何斷彼得無住處。彼能隱覆法空眞如，令不發生大悲般若，窮未來際，利樂有情故，斷彼時顯法空理。此理即是無住涅槃，令於二邊俱不住故。若所知障亦障涅槃，如何斷彼不得擇滅，擇滅離縛彼非縛故。既爾斷彼，寧得涅槃，非諸涅槃皆擇滅攝。不爾，性淨應非涅槃。能縛有情住生死者，斷此說得擇滅無爲。諸所知障不感生死，非如煩惱能縛有情，故斷彼時，不得擇滅。然斷彼故，法空理顯，此理相寂，說爲涅槃。

**僧肇《肇論·涅槃無名論》**　涅槃之道，蓋是三乘之所歸，方等之淵府。渺漭希夷，絕視聽之域。幽致虛玄，殆非群情之所測。肇以人微，猥蒙國恩，得閑居學肆，在什公門下十有餘載。雖衆經殊致，勝趣非一。然涅槃一義，常以聽習爲先，但肇才識闇短，雖屢蒙誨喻，猶懷疑漠漠。爲竭愚不已，亦如似有解。然未經高勝先唱，不敢自決。不幸什公去世，諮參無所，以爲永慨。而陛下聖德不孤，獨與什公神契。目擊道存，快盡其中方寸，故能振彼玄風，以啟末俗。一日遇蒙答安城侯姚嵩書，問無爲宗極。何者。夫衆生所以久流轉生死者，皆由著欲故也。若欲止於心，即無復於生死。既無生死，潛神玄默，與虛空合其德，是名涅槃矣。既曰涅槃，復何容有名於其間哉。斯乃窮微言之美，極象外之談者也。自非道參文殊，德慈侔氏，孰能宣揚玄道，爲法城塹，使夫大教卷而復舒，幽旨淪而更顯。尋玩殷勤，不能暫捨。欣悟交懷，手舞弗暇。豈直當時之勝軌，方乃累劫之津梁矣。然聖旨淵玄，理微言約。可以匠彼先進，拯拔高士，懼言題之流。或未盡上意，庶擬孔易十翼之作。豈貪豐文，圖以弘顯幽旨，輒作《涅槃無名論》。論有九折十演，博采衆經，託證成喻，以仰述陛下無名之致。豈曰關詣神心，窮究遠當。聊以擬議玄門，班喻學徒耳。論末章云，諸家通第一義諦，皆云廓然空寂，無有聖人。吾常以爲太甚徑庭，不近人情。若無聖人，知無者誰。實如明詔，實如明詔。夫道恍惚窈冥，其中有精。若無聖人，誰與道遊。頃諸學徒，莫不躊躇道門，怏怏此旨，懷疑終日，莫之能正。幸遭高判，宗徒懽然，扣關之儔，蔚登玄室。眞可謂法輪再轉於閻浮，道光重映於千載者矣。今演論之作旨，曲辨涅槃無名之體寂。彼廓然排方外之談，條牒如左，謹以仰呈。若少參聖旨，願勅存記。如其有差，伏承指授。僧肇言，泥曰、泥洹、涅槃，此三名前後異出。蓋是楚夏不同耳，云涅槃，音正也。

《無名》曰：經稱有餘涅槃、無餘涅槃者，秦言無爲，亦名滅度。無爲者，取乎虛無寂寞，妙絕於有爲。滅度者，言其大患永滅，超度四流。斯蓋是鏡像之所歸，絕稱之幽宅也。而曰有餘無餘者，良是出處之異號，應物之假名耳。余嘗試言之。夫涅槃之爲道也，寂寥虛曠，不可以形名得。微妙無相，不可以有心知。超群有以幽升，量太虛而永久。隨之弗得其蹤，迎之罔眺其首。六趣不能攝其生，力負無以化其體。潢漭惚恍，若存若往。五目不覩其容，二聽不聞其響。冥冥窈窅，誰見誰曉。彌綸靡所不在，而獨曳於有無之表。然則言之者失其眞，知之者反其愚，有之者乖其性，無之者傷其軀。所以釋迦掩室於摩竭，淨名杜口於毗耶。須菩提唱無說以顯道，釋梵約聽而雨華。斯皆理爲神御，故口以之而默。豈曰無辯，辯所不能言也。經云，眞解脫者，離於言數。寂滅永安，無始無終。不晦不明，不寒不暑。湛若虛空，無名無說。論曰，涅槃非有，亦復非無，言語道斷，心行處滅。尋夫經論之作，豈虛構哉。果有其所以不有，故不可得而有。有其所以不無，故不可得而無耳。何者。本之有境，則五陰永滅。推之無鄉，而幽靈不竭。幽靈不竭，則抱一湛然。五陰永滅，則萬累都捐。萬累都捐，故與道通洞。抱一湛然，故神而無功。神而無功，故至功常存。與道通洞，故沖而不改。沖而不改，故不可爲有。至功常存，故不可爲無。然則有無絕於內，稱謂淪於外。視聽之所不暨，四空之所昏昧。恬焉而夷，怕焉而泰。九流於是乎交歸，衆聖於是乎冥會。斯乃希夷之境，太玄之鄉，而欲以有無題榜，標其方域，而語其神道者，不亦邈哉。【略】

覈體第二。有名曰：夫名號不虛生，稱謂不自起。經稱有餘涅槃、無餘涅槃者。蓋是返本之眞名，神道之妙稱者也。請試陳之。有餘者，謂如來大覺始興，法身初建，澡八解之清流，憩七覺之茂林。積萬善於曠劫，蕩無始之遺塵。三明鏡於內，神光照於外。結僧那於始心，終大悲以赴難。仰攀玄根，俯提弱喪。超邁三域，獨蹈大方。啟八正之平路，坦衆庶之夷途。騁六通之神驥，乘五衍之安車。至能出生入死，與物推移，道無不洽，德無不施。窮化母之始物，極玄樞之妙用。廓虛宇於無疆，耀薩雲於幽燭。將絕朕於九止，永淪太虛，而有餘緣不盡，餘迹不泯，業報猶魂，聖智尚存。此有餘涅槃也。經曰：陶冶塵滓，如鍊眞金，萬累都盡，而靈覺獨存。

無餘者，謂至人教緣都訖，靈照永滅，廓爾無朕，故曰無餘。何則。夫大患莫若於有身，故滅身以歸無。勞勤莫先於有智，故絕智以淪虛。然則智以形倦，形以智勞，輪轉修途，疲而弗已。經曰，智爲雜毒，形爲桎梏。淵默以之而遼，患難以之而起。所以至人灰身滅智，捐形絕慮。內無機照之勤，外息大患之本。超然與群有永分，渾爾與太虛同體。寂焉無聞，怕爾無兆。冥冥長往，莫知所之。其猶燈盡火滅，膏明俱竭。此無餘涅槃也。經云，五陰永盡，譬如燈滅。

然則有餘可以有稱，無餘可以無名。無名立，則宗虛者欣尚於沖默。有稱生，則懷德者彌仰於聖功。斯乃誥典之所垂文，先聖之所軌轍。而曰有無絕於內，稱謂淪於外，視聽之所不暨，四空之所昏昧。使夫懷德者自絕，宗虛者靡託。無異杜耳目於胎殼，掩玄象於雲霄外，而責宮商之異，辯玄素之殊者也。子徒知遠推至人於有無之表，高韻絕唱於形名之外，而

論旨竟莫知所歸，幽途故自蘊而未顯。靜思幽尋，寄懷無所，豈所謂朗大明於冥室，奏玄響於無聞者哉。【略】

位體第三。無名曰：有餘、無餘者，蓋是涅槃之外稱，應物之假名耳。而存稱謂者封名，志器象者耽形。名也極於題目，形也盡於方圓。方圓有所不寫，題目有所不傳。焉可以名於無名，而形於無形者哉。難序云：有餘、無餘者，信是權寂致教之本意，亦是如來隱顯之誠跡也。但未是玄寂絕言之幽致，又非至人環中之妙術耳。子獨不聞正觀之說歟。維摩詰言：我觀如來無始無終，六入已過，三界已出，不在方，不離方，非有爲，非無爲，不可以識識，不可以智知，無言無說，心行處滅。以此觀者，乃名正觀。以他觀者，非見佛也。《放光》云，佛如虛空，無去無來，應緣而現，無有方所。然則聖人之在天下也，寂莫虛無，無執無競。導而弗先，感而後應。譬猶幽谷之響，明鏡之像。對之弗知其所以來，隨之因識其所以往。恍焉而有，總焉而亡。動而逾寂，隱而彌彰。出幽入冥，變化無常。其爲稱也，因應而作，顯迹爲生，息迹爲滅，生名有餘，滅名無餘。然則有無之稱，本乎無名。無名之道，於何不名。是以至人居方而方，止圓而圓，在天而天，處人而人。原夫能天能人者，豈天人之所能哉。果以非天非人，故能天能人耳。其爲治也，故應而不爲，因而不施。因而不施，故施莫之廣。應而不爲，故爲莫之大。爲莫之大，故乃返於小成。施莫之廣，故乃歸乎無名。經曰：菩提之道，不可圖度。高而無上，廣不可極。淵而無下，深不可測。大包天地，細入無間。故謂之道。然則涅槃之道，不可以有無得之，明矣。而惑者覩神變因謂之有，見滅度便謂之無。有無之境，妄想之域，豈足以標榜玄道，而語聖心者乎。意謂至人寂怕無兆，隱顯同源，存不爲有，亡不爲無。何則。佛言，吾無生不生，雖生不生，無形不形，雖形不形。以知存不爲有。經云，菩薩入無盡三昧，盡見過去滅度諸佛。又云，入於涅槃而不般涅槃。以知亡不爲無。亡不爲無，雖無而有。存不爲有，雖有而無。雖有而無，故所謂非有。雖無而有，故所謂非無。然則涅槃之道，果出有無之域，絕言象之徑，斷矣。子乃云：聖人患於有身，故滅身以歸無。勞勤莫先於有智，故絕智以淪虛。無乃乖乎神極，傷於玄旨者也。經曰，法身無象，應物而形，般若無知，對緣而照。萬機頓赴而不撓其神，千難殊對而不干其慮。動若行雲，止猶谷神。豈有心於彼此，情係於動靜者乎。既無心於動靜，亦無象於去來。去來不以象，故無器而不形。動靜不以心，故無感而不應。然則心生於有心，象出於有象。象非我出，故金石流而不燋。心非我生，故日用而不動。紜紜自彼，於我何爲。所以智周萬物而不勞，形充八極而無患。益不可盈，損不可虧。寧復痾癘中逵，壽極雙樹，靈竭天棺，體盡焚燎者哉。而惑者居見聞之境，尋殊應之迹。秉執規矩而擬大方。欲以智勞至人，形患大聖，謂捨有入無，因以名之。豈謂採微言於聽表，拔玄根於虛壤者哉。【略】

徵出第四。有名曰，夫渾元剖判，萬有參分。有既有矣，不得不無。無自不無，必因於有。所以高下相傾，有無相生。此乃自然之數，數極於是。以此而觀，化母所育，理無幽顯。恢恑憰怪，無非有也。有化而無，無非無也。然則有無之境，理無不統。經曰，有無二法，攝一切法。又稱三無爲者，虛空、數緣盡、非數緣盡。數緣盡者，即涅槃也。而論云，有無之表，別有妙道，妙於有無，謂之涅槃。請覈妙道之本，果若有也，雖妙非無。雖妙非無，即入有境。果若無也，無即無差。無而無差，即入無境。總而括之，即而究之，無有異有而非無，無有異無而非有者，明矣。而曰有無之外別有妙道，非有非無謂之涅槃。吾聞其語，未即於心也。【略】

超境第五。無名曰：有無之數，誠以法無不該，理無不統。然其所統，俗諦而已。經曰，眞諦何耶，涅槃道是。俗諦何耶，有無法是。何則。有者有於無，無者無於有。有無所以稱有，無有所以稱無。然則有生於無，無生於有，離有無無，離無無有。有無相生，其猶高下相傾。有高必有下，有下必有高矣。然則有無雖殊，俱未免於有也。此乃言象之所以形，是非之所以生。豈是以統夫幽極，擬夫神道者乎。是以論稱出有無者，良以有無之數，止乎六境之內。六境之內，非涅槃之宅，故借出以祛之。庶悕道之流，髣髴幽途，託情絕域，得意忘言，體其非有非無。豈曰有無之外，別有一有而可稱哉。經曰三無爲者，蓋是群生紛繞，生乎篤患。篤患之尤，莫先於有。絕有之稱，莫先於無。故借無以明其非有，明其非有，非謂無也。【略】

妙存第七。無名曰：夫言由名起，名以相生。相因可相，無相無名，無名無說，無說無聞。經曰，涅槃非法，非非法，無聞無說，非心所知。吾何敢言之，而子欲聞之耶。雖然，善吉有言，衆人若能以無心而受，無聽而聽者，吾當以無言言之。庶述其言，亦可以言。《淨名》曰，不離煩惱而得涅槃。天女曰，不出魔界而入佛界。然則玄道在於妙悟，妙悟在於即眞。即眞即有無齊觀，齊觀即彼己莫二。所以天地與我同根，萬物與我一體。同我則非復有無，異我則乖於會通。所以不出不在，而道存乎其間矣。何則。夫至人虛心冥照，理無不統。懷六合於胸中，而靈鑒有餘。鏡萬有於方寸，而其神常虛。至能拔玄根於未始，即群動以靜心。恬淡淵默，妙契自然。所以處有不有，居無不無。居無不無，故不無於無。處有不有，故不有於有，故能不出有無，而不在有無者也。然則法無有無之相，聖無有無之知。聖無有無之知，則無心於內。法無有無之相，則無數於外。於外無數，於內無心。彼此寂滅，物我冥一，怕爾無朕，乃曰涅槃。涅槃若此，圖度絕矣。豈容可責之於有無之內，又可徵之有無之外耶。【略】

動寂第十五。無名曰：經稱聖人無爲而無所不爲。無爲，故雖動而常寂。無所不爲，故雖寂而常動。雖寂而常動，故物莫能一。雖動而常寂，故物莫能二。物莫能二，故逾動逾寂。物莫能一，故逾寂逾動。所以爲即無爲，無爲即爲。動寂雖殊，而莫之可異也。《道行》曰，心亦不有亦不無。不有者，不若有心之有。不無者，不若無心之無。何者。有心則衆庶是也，無心則太虛是也。衆庶止於妄想，太虛絕於靈照。豈可止於妄想，絕於靈照，標其神道，而語聖心者乎。是以聖心不有，不可謂之無。聖心不無，不可謂之有。不有，故心想都滅。不無，故理無不契。理無不契，故萬德斯弘。心想都滅，故功成非我。所以應化無方，未嘗有爲。寂然不動，未嘗不爲。經曰，心無所行，無所不行。信矣。儒僮曰：昔我於無數劫，國財身命，施人無數，以妄想心施，非爲施也。今以無生心，五華施佛，始名施耳。又空行菩薩，入空解脫門，方言今是行時，非爲證時。然則心彌虛，行彌廣，終日行，不乖於無行者也。是以《賢劫》稱無捨之檀，《成具》美不爲之爲。禪典唱無緣之慈，《思益》演不知之知。聖旨虛玄，殊文同辯。豈可以有爲便有爲，無爲便無爲哉。菩薩住盡不盡平等法門，不盡有爲，不住無爲，即其事也。而以南北爲喻，殊非領會之唱。【略】

窮源第十六。有名曰：非衆生無以御三乘，非三乘無以成涅槃。然必先有衆生，後有涅槃。是則涅槃有始，有始必有終。而經云，涅槃無始無終，湛若虛空。則涅槃先有，非復學而後成者也。【略】

通古第十七。無名曰：夫至人空洞無象，而萬物無非我造。會萬物以成己者，其唯聖人乎。何則。非理不聖，非聖不理。理而爲聖者，聖不異理也。故天帝曰，般若當於何求。善吉曰，般若不可於色中求，亦不離色中求。又曰，見緣起爲見法，見法爲見佛。斯則物我不異之效也。所以至人戢玄機於未兆，藏冥運於即化，總六合以鏡心，一去來以成體。古今通，始終同，窮本極末，莫之與二。浩然大均，乃曰涅槃。經曰，不離諸法而得涅槃。又曰，諸法無邊故，菩提無邊。以知涅槃之道，存乎妙契。妙契之致，本乎冥一。然則物不異我，我不異物，物我玄會，歸乎無極。進之弗先，退之弗後。豈容終始於其間哉。【略】

考得第十八。有名曰，經云衆生之性，極於五陰之內。又云，得涅槃者五陰都盡，譬猶燈滅。然則衆生之性，頓盡於五陰之內。涅槃之道，獨建於三有之外。邈然殊域，非復衆生得涅槃也。果若有得，則衆生之性不止於五陰。必若止於五陰，則五陰不都盡。五陰若都盡，誰復得涅槃耶。【略】

玄得第十九。無名曰：夫眞由離起，僞因著生。著故有得，離故無名。是以則眞者同眞，法僞者同僞。子以有得爲得，故求於有得耳。吾以無得爲得，故得在於無得也。且談論之作，必先定其本。既論涅槃，不可離涅槃而語涅槃也。若即涅槃以興言，誰獨非涅槃，而欲得之耶。何者。夫涅槃之道，妙盡常數，融治二儀，蕩滌萬有，均天人，同一異。內視不已見，返聽不我聞。未嘗有得，未嘗無得。經曰，涅槃非衆生，亦不異衆生。維摩詰言，若彌勒得滅度者，一切衆生亦當滅度。所以者何。一切衆生，本性常滅，不復更滅。此名滅度，在於無滅者也。然則衆生非衆生，誰爲得之者。涅槃非涅槃，誰爲可得者。《放光》云：菩提從有得耶。答曰不也。從無得耶。答曰不也。從有無得耶。答曰不也。離有無得耶。答曰不也。然則都無得耶。答曰不也。是義云何。答曰無所得故爲得也。是故得無所得也。無所得謂之得者，誰獨不然耶。然則玄道在於絕域，故不得以得之。妙智存乎物外，故不知以知之。大象隱於無形，故不見以見之。大音匿於希聲，故不聞以聞之。故能囊括終古，導達群方，亭毒蒼生，疏而不漏。汪哉洋哉，何莫由之哉。故梵志曰，吾聞佛道，厥義弘深，汪洋無涯，靡不成就，靡不度生。然則三乘之路開，眞僞之途辯，賢聖之道存，無名之致顯矣。

**法藏撰《大乘法界無差別論疏》**　涅槃，此云圓寂。謂德無不備曰圓，障無不盡稱寂。

**宗密述《金剛般若經疏論纂要》**　涅槃，此云圓寂，亦云滅度。一切眾生即寂滅相，不復更滅。但以迷倒妄見生死，名在此岸。若悟生死本空，元來圓寂，名到彼岸。

**圓測撰《佛說般若波羅蜜多心經贊》**　梵音名爲涅槃或云泥洹，此土翻譯名爲寂滅。大唐三藏曰波利匿縛喃，此云圓寂。究竟離障生死喧動，故曰圓寂。謂欲存舊，名爲涅槃。第二出體，諸說不同。薩婆多宗，有餘、無餘，皆用擇滅無爲爲體，有實自性。依經部宗，煩惱滅處，名有餘依，苦果盡處，名無餘依。假而非實，自有兩釋。一曰，滅諦爲體，惑業滅處，滅諦攝故。一曰，皆用道諦爲性，於道建立，惑等滅故。

**圓測撰《解深密經疏》卷二**　言涅槃者，若具梵音，應言波利暱縛喃。此云圓寂。今順舊說，故言涅槃。於此涅槃，有其二義。一，永斷一切見等表示。二，薩迦邪滅，究竟涅槃。此即是其無餘涅槃，究竟永滅五蘊身故，名爲究竟涅槃。問：此涅槃依何乘說。解云：依彌勒宗，三乘皆有無餘涅槃，後當分別。（《解節經》云絕四事處滅離身見是般涅槃者，譯家謬也。《深密經》云，內身寂滅，離見聞覺知樂。解云：《深密》意同此經配五樂中何樂。）此中意說，於生死長夜，由表示勝解，樂著世間諸表示故，不能了知永寂之樂。如是有尋思者，但行表示境界，不能尋思勝義諦相，絕表示境。

**窺基撰《妙法蓮華經玄贊》卷二**　贊曰：此覩滅後行化，有二。一入滅，二起塔。梵云波利抳縛諵，此云圓寂。即是圓滿體寂滅義。涅槃，訛也。涅槃以六門分別。一體、二名、三得時、四得人、五能障、六入意。體者，涅槃有四。一自性清淨涅槃，二有餘依涅槃，三無餘依涅槃，四無住處涅槃。此四之體，即大般涅槃，有三。一，總四之體，皆一眞如。眞如具三，方成涅槃。能生圓覺，名摩訶般若，體覺性故。在二乘身不生圓覺，非爲覺性，不名般若。《大智度論》云，說智及智處，皆名爲般若。故《華嚴》云，自性清淨心，亦名無師智。二，出所知障名爲法身。《勝鬘》云，在纏名如來藏，出纏名法身。在二乘等不名法身，非功德法所依止故。三，眾苦都盡離二死，故名爲解脫。在二乘等，分段死盡。雖離二縛，非圓解脫。然二乘者亦微得此。三乘同坐解脫之床。由此二乘亦名得涅槃，然非大涅槃，義不具足故。又依《涅槃經》第二卷，大涅槃要三事具足，名入大涅槃。般若能證二空之智，法身即是所證二理，解脫即是由智證理。障盡所得假擇滅體，如伊字三點。涅槃亦爾。由智證法身而得擇滅，法身爲本依之有二故。如伊字二點在上一點在下。別不成者，三事條然，有其別體。許別時得理亦不成。三事涅槃不異不一，要俱時得方名入故。縱不成者，般若爲最下品，解脫爲次中品，法身爲次上品。三法俱時，三品而得，此亦不成。竪上下名縱，傍前後名橫。若三別體，前後證之，理亦不成。由起大智，證法身理，離縛解脫。三事不一不異，名入大涅槃。非如二乘執三別體有其三品。前後別得，或俱時得，成入涅槃。餘別出體釋名等義，如《唯識》第十卷抄。今明彼佛示入無餘，非入大涅槃。初得成佛，彼已得故。所應度者，此已度訖，故入涅槃。其未得度者，亦皆爲作得度因緣，故起寶塔供養舍利。

**窺基撰《成唯識論述記》卷一**　西域梵音云波利暱縛（去聲呼之）喃（奴緘一反）。波利者，圓也。暱縛喃，言寂。即是圓滿體寂滅義。舊云涅槃，音訛略也。今或順古亦云涅槃。此有多名，如《佛地》第五下轉依中說。由煩惱障縛諸有情，恆處生死，證圓寂已，能離彼縛，立解脫名。非解脫體即勝解數。解謂離縛，脫謂自在。障即煩惱，名煩惱障。此持業釋。障蔽涅槃，令不趣證。凡夫所修諸行暫滅，外道苦行計證涅槃。乃至有頂諸惑暫斷，所顯之理執爲圓寂。

**窺基撰《說無垢稱經贊》卷四**　般涅槃，此云圓寂。涅槃有四。一，自性清淨涅槃，謂一切法相眞如理。二，有餘依涅槃，謂苦因盡所顯眞理。三，無餘依涅槃，謂苦果盡所顯眞理。四，無住處涅槃，謂所知障盡，大悲般若所轉眞理。今以性淨，難餘三種。難意云，非一切有情不當般涅槃。佛說眞如爲性淨涅槃。性淨涅槃，既本具有，餘三義顯，何當不有。舊云佛智衆生畢竟寂滅，現有性淨，即知當來有涅槃相，離此眞如，不須更滅，今已滅故。

**澄觀撰《大方廣佛華嚴經疏》卷五〇**　涅槃，正名爲滅。取其義類，乃有多方。總以義翻，稱爲圓寂。以義充法界，德備塵沙，曰圓。體窮眞性，妙絶相累，爲寂。而言大者，横無不包，竪無初際。此約三德涅槃。若約義開，略明三義。一者體大，自性清淨故。二者相大，方便修淨累亡德備故。三者用大，化用無盡故。般者，入義，性入、眞入、示現入故。若圓融無礙，即大涅槃。

**宗密撰《圓覺經大疏釋義鈔》卷五**　《智論》云，魚歸於水，鳥歸於林。聖歸涅槃，法歸分別。疏寂寥無爲者，深也。廣大悉備者，借《周易》文，以顯廣也。形名下，拂深廣之跡。朕者，跡也。彼論云：涅槃之爲道也，寂寥虚曠，不可形名得。微妙無相，不可以有心知。故《淨名》云，不可以智知，不可以識識矣。疏無名之名者，二十一云，善男子！是大涅槃無有名字，強立名字。彼論名字云，有餘無餘者，蓋是《涅槃》云外稱應物之假名耳。而存稱謂者封於名，志器像者耽於形。名也極於題目，形也盡於方圓。方圓有所不寫，題目有所不傳。焉可以名於無名而形於無形者哉。疏正名寂滅者，彼論云：泥曰、泥洹、涅槃，此三名前後異出，蓋是楚夏不同。云涅槃者，正也。秦言無爲，亦名滅度。無爲者，取乎虚無寂寞妙絶於有爲。滅度者，言乎大患永滅超度四流。斯蓋是鏡像之所歸，絶稱謂之幽宅。今但云正名寂滅者，寂即唐三藏，滅即羅什三藏。故肇公《宗本論》云，泥洹盡諦者，豈直結盡而已，則生死永滅，故謂之盡矣，無復別有一盡處也。又《法華》云，佛於中夜入無餘涅槃。次即云，佛滅度後。偈頌中又云，佛此夜滅度。又金剛云云。故肇公、生公、遠公，皆正翻爲滅。又四諦中同爲滅諦。故今通用新舊三藏，故云寂滅也。疏多名者，亦生公、遠公等釋。謂或云不生，或不作，或不起，或無相，不殘，寂靜，安穩，安樂，解脱，皆是義翻矣。疏總以義翻者，即前云唐三藏翻者，正也。前但取寂字，然彼具云圓寂，故是義翻，在義周圓矣。若具足，梵云摩訶迦葉般涅槃那。具翻爲大圓寂入。謂那即入義，應迴在上。疏義充法界下，即彼論凡流支歸等。又云彌綸靡所不在等。妙絶相累者，彼論云涅槃之道，妙盡常數，融治二儀，滌蕩萬有，均天人，同一異，内視不己見，外聽不我聞，未嘗有得，未嘗無得等。

**灌頂撰《大般涅槃經玄義》卷上**　初出言涅槃，涅槃即生也。將逝言涅槃，涅槃即滅也。但此無密語翻彼密義，故言無翻也。……既可得翻，且舉十家。一，竺道生，時人呼爲涅槃聖，翻爲滅。引文云，聞佛唱滅，悲哀請住。魔王所以勸令速滅（云云）。二，莊嚴大斌，翻爲寂滅。引文云，生滅滅已，寂滅爲樂。前家止滅於生，後家滅生，復滅於滅，故言寂滅（云云）。三，白馬愛，翻爲祕藏。引文云，皆悉安住祕密藏中（云云）。四，長干影，翻爲安樂。引文云，如人病差，名爲安樂，安樂名涅槃。五，定林柔，翻爲無累解脱。既無創疣，即無累也。六，太昌宗，翻爲解脱。引四相品云，涅槃名解脱。迦葉品云，慈悲即眞解脱，解脱即大涅槃。七，梁武，翻爲不生。引文云，斷煩惱者，不名涅槃，不生煩惱乃名涅槃。八，《肇論》云，無爲亦云滅度。九，會稽基，偏用無爲一義爲翻也。十，開善光宅，同用滅度。引文云，大覺世尊將欲涅槃。引六卷云堅固林。又引《法華》長行云，中夜當入涅槃。後偈云，佛此夜滅度。云，大牟尼尊今當滅度。彼此兩存，正是翻也。例大本稱娑羅雙樹。六卷又引《華嚴》云，古來今佛無般涅槃，除化衆生方便滅度。又引《遺教》，佛臨涅槃，略説教誡。又云，時將欲過，我欲滅度。是爲十家明有翻也。

**懷素撰《四分律開宗記》卷二**　涅槃，是梵言（此云圓寂）。《婆沙》二十八，有多解。問云，以何義故，名曰涅槃。答，煩惱盡故，名爲涅槃。復次三火息故，名爲涅槃。復次三相寂故，名爲涅槃。復次離臭穢故，名爲涅槃。

**復禮《十門辯惑論》卷下**　夫無住涅槃者，眞如妙性爲之體，大悲般若爲之助。般若故不住生死，大悲故不住涅槃。不住涅槃故，雖證而不取。不住生死故，雖在而不著。證而不取，故有感所以即興。在而不著，故無緣所以即謝。斯則寂然不動，形遍十方。澹爾無思，智周萬物。應現不疲而寂滅，隱顯無恆而常住。豈若聲聞離苦永入無餘，緣覺厭身長辭有患，形同槁木遽已燒然，心類死灰曾微覺了，均絶聖之獨善，違博施之兼仁乎。故《涅槃經》云，我以久住大般涅槃，種種示現神通變化。又云，大般涅槃能建大義。斯無住涅槃之用也，豈乖眞常之義哉。

**宗密《圓覺經大疏釋義鈔》卷一三**　言般涅槃者，般者入也。涅槃三，無餘依涅槃。謂即眞如出生死苦，煩惱既盡，餘依亦滅，衆苦永寂，故名涅槃。身智都泯，永無三界苦因苦果。即此所顯眞如之性，依義假名無餘依涅槃也。

四，無住處涅槃。謂即眞如（兼復）出所知障，大悲般若常所輔翼。由斯不住生死涅槃，利樂有情，窮未來際，用而常寂，故名涅槃。

**明昱《成唯識論俗詮》卷一〇**　梵語涅槃，此云圓寂。寂則不與諸法一，以諸法相各顯現故。圓則不與諸法異，異諸法者不圓滿故。離一切相一切分別者，釋體清淨。尋思路絶名言道斷者，釋離分別。唯眞見道入聖位者，自内所證。其性本寂，非使能寂，故云本來自性涅槃。有餘依者，謂有分段生死苦所依也。以諸聖者，最後苦身未曾滅故。唯煩惱障種現永寂，即名涅槃。《瑜伽》云，住有餘依，墮在衆數，猶有衆苦。所得轉依，猶與六處而共相應。言衆數者，即五蘊身。身爲苦聚，故名衆苦。有微苦者，彼雖出障，未離最後分段生死，故有微苦。無餘依者，無最後身苦所依也。故云眞如，出生死苦，障盡苦滅，顯眞如體圓滿寂滅，故名涅槃。《瑜伽》云，住無餘依，不墮衆數，永無衆苦。而於六處，永不相應。無住處者，不住生死及涅槃故。若住涅槃，無度生用。若住生死，無斷障用。又能斷障，及能度生，故名無住。雖有無涯，利生大用，其體本寂，名爲涅槃。

**王肯堂《成唯識論證義》卷一〇**　本來自性清淨涅槃，此即一切法中所具眞如實理，本性無染，謂之清淨，本性寂然，故曰涅槃。梵語涅槃，此云圓寂。寂故與一切法不一，諸法自鬧，此自寂故。圓故與一切法不異，無有一法而不徧故。離一切相，故不可名言。離一切分別，故不可尋思。眞見道入聖位者，自内所證。其性本寂，非聖者能使之寂也。此其爲本來自性者乎。二，有餘依涅槃，謂即眞如出煩惱障，尙有分段生死苦所依故。以諸聖者最後苦身未曾滅故。《喻伽》云，住有餘依，墮在衆數，猶有衆苦。所得轉依，猶與六處而共相應。言衆數者，謂五蘊身。身爲苦聚，故名衆苦。有微苦者，彼雖出障，未離最後分段生死，故有微苦。問：既有微苦，何名涅槃。答：雖有微苦相應，而障永滅，亦名涅槃。以果縛雖存，子縛已盡故。三，無餘依涅槃者，是無最後分段生死苦，故名涅槃。《瑜伽》云，住無餘依，不墮衆數，永無衆苦，而於六處永不相應。

者，寂滅也。

**窺基《大乘法苑義林章》卷五**　問云，何名般涅槃。答言，般涅槃者，謂得果義。謂般命而得羅漢故，名般涅槃。

**普瑞《華嚴懸談會玄記》卷一九**　涅槃四德者，即常、樂、我、淨四德。

**德清《肇論略注》卷五**　言涅槃者，梵語也。此云圓寂，謂五住究盡爲圓，二死永亡爲寂。乃寂滅一心之異稱，清淨法身之眞體，非死之謂也。以三世諸佛曠劫修因，證此一心之體，名爲法身。以酬廣大之因，名爲報身。隨機益物，名爲化身。一切諸佛皆具三身。法身爲體，化身爲用。有感即現，無感即隱。隱而不現，圓歸一心。攝用歸體，名爲入滅，是稱涅槃，非生死之謂也。以此一心，五住煩惱不能覆，故曰圓。二種生死不能羈，故云寂。故教約出處，說有四種。一，自性涅槃。謂即此一心，名爲法身，偏一切處，爲諸法體，名爲自性本來寂滅。所謂有佛無佛性相常住，一切衆生本來滅度，不復更滅，故云自性涅槃。二，有餘涅槃。謂三乘所證，無明未盡，變易未亡，證理未圓，三皆有餘，故亦稱涅槃。三，無餘涅槃。即修成之佛，妄盡眞窮，體用不二。亦名所證無上大涅槃果，故名無餘。四，無住涅槃。謂一切聖人，不處有爲，不住無爲。二邊不住，中道不安，動靜爲二，總名涅槃，故云無住。此四種名，但約體用之稱。其實一心，名相俱寂，故云無名。所謂生死及涅槃，二俱不可得，故云無名。是爲不生不滅，常住一心之都稱耳。前不遷不眞爲所觀之境，般若爲能觀之智。三皆是因，以此涅槃乃所證之果，故以爲論。

**智旭《成唯識論觀心法要》卷一〇**　涅槃義別，略有四種。一，本來自性清淨涅槃，謂一切（陰處界等。）法相（所依）眞如（之）理。雖有客染，而本性淨，具無數量微妙功德，無生無滅，湛若虛空。一切有情，平等共有。與一切法不一不異，離一切相一切分別。尋思路絶，名言道斷。唯眞聖者自内所證，其性本寂，故名涅槃。……一切衆生即涅槃，雖聖所證，非是聖所獨有，故云一切衆生即涅槃相，不可復滅也。

二，有餘依涅槃。謂即眞如出煩惱障，雖有微苦所依未滅，而障永寂，故名涅槃。三乘無學斷煩惱障，證得生空所顯眞如。即此眞如，依義假名涅槃。以其身智果縛尙在，未滅苦依，故名有餘依也。

四，無住處涅槃者，上二是斷煩惱障所顯涅槃，此是斷所知障所顯涅槃也。謂生死涅槃，二皆不住，名無住處。用而常寂，故名涅槃。大悲般若常所輔翼者，一則悲智輔乎眞如，一則悲智二互相輔。悲輔智故，不住生死。智翼悲故，不住涅槃。不住涅槃，故常用。不住生死，故常寂。若住生死，便同凡夫。若住涅槃，便同小乘。由不住生死涅槃，故常在生死而又常在涅槃也。此四涅槃，初一自性，衆生等有，而無後三，住生死故。二乘無學容有前三，無後一者住涅槃故。唯我世尊，可言具四，圓滿證故。此無住涅槃，即是諸佛菩薩所住處也。

**王肯堂《成唯識論證義》卷二**　般涅槃者，此云入圓寂。

## 受用身

**真諦譯《攝大乘論》卷下**　受用身者，諸佛種種土，及大人集輪依止所顯現。此以法身爲依止，諸佛土清淨，大乘法受樂受用因故。

**玄奘譯《佛地經論》卷七**　受用身者，一切功德圓滿爲相，一切佛法共所集成，能起一切自在作用。一切白法增上所起，一切如來各別自體，微妙難測。居純淨土，任運湛然。盡未來際，自受法樂。現種種形，說種種法。令大菩薩亦受法樂。

**王肯堂《成唯識論證義》卷一〇**　受用身者，具有二分。一自受法樂分，謂三無數劫，修自利行，滿足所證色等實身，令自受用微妙喜樂。二他受法樂分，謂三無數劫，修利他行，滿足所證色等化身。爲入大地諸菩薩衆，現種種形，說種種法。令諸菩薩，受大法樂。由此二分，或說此身唯自利攝，或說此身唯利他攝。或說俱攝，皆不相違。

## 相

**鳩摩羅什譯《大智度論》卷八九**　何等爲相。須菩提！有二種相，凡夫人所著處。何等爲二。一者色相，二者無色相。須菩提！何等名色相。諸所有色，若麁若細、若好若醜，皆是空。是空法中憶想分別著心，是名爲色相。

何等是無色相。諸無色法，憶想分別，著心取相故生煩惱，是名無色相。

**慧遠撰《大乘義章》卷一**　相謂相狀。一切諸法，各有相狀，故名爲相。

**慧遠撰《大乘義章》卷三**　六種相者，出《華嚴經・十地品》也。諸法體狀，謂之爲相。

**玄奘譯《瑜伽師地論》卷一三**　何等爲相。謂二種相。一所緣相，二因緣相。所緣相者，謂分別體。由緣此故，能入諸定。因緣相者，謂定資糧，由此因緣，能入諸定。謂隨順定教誡教授，積集諸定所行資糧，修俱行欲，厭患有心，於亂不亂審諦了知，及不爲他之所逼惱。或人所作，或非人所作，或音聲所作，或功用所作。

**玄奘譯《顯揚聖教論》卷一九**　云何名相。答：相有二種。一者境相，二者因相。境相者，謂分別相。由緣此故，而入於定。因相者，謂能入定所有資糧。如隨順言教，定具積集，修俱樂欲厭離之心，極善了知亂不亂相，及不爲他之所觸惱，或人非人，或聲所作，或用所作。

**窺基撰《成唯識論述記》卷二**　體，謂體性。相，謂相狀。自證見相，俱名爲識。

**窺基撰《成唯識論述記》卷三**　述曰：此解行相，識自體分以了別爲行相故。行相，見分也。類體亦然。相者體也。即謂境相。行於境相，名爲行相。或相謂相狀，行境之相狀，名爲行相。前解通無分別智，後解除彼。或行境之行解相貌，此解亦非無分別智，以無相故。然本但是行於相義，非是行解義。

**窺基撰《成唯識論述記》卷九**　述曰：心上變如，名爲少物。此非無相，故名帶相。相謂相狀，若證眞時，此相便滅。相者，即是空所執相。有依他相，名空有相。謂有空相，是彼唯識眞勝義性。眞者，勝義之異名。第四勝義，簡前三故。由有此相，未證眞理。滅空有相，即能入眞。

**窺基撰《成唯識論掌中樞要》卷下**　若以相性別故不得緣者，相性別故，應相分緣，彼無相故，不可爲例。又應無分別故，說非能取實有見分。亦應無差別故，名爲無相實有相分。相謂相狀、狀貌，無此狀貌體相之法，非無境體。以無分別差別相故，名無相分。見分之言，通非分別，故彼智有。

**靈泰《成唯識論疏抄》卷五**　或相謂相狀，行境之相狀，名爲行相者。此第二解云，其行字即平聲呼之，即相謂相狀，即能緣見分。行於所緣境之相狀上，名爲行相也。或行境之行解相貌者，此第三解。其行字，應去聲呼之。即解也。相謂相貌，即見分緣境時，其能緣心上而行解也。

# 自相

**鳩摩羅什譯《大智度論》卷三七**　一切離自相者，如火離熱相等，如相空中廣說。

**菩提流支譯《十地論》卷之三**　自相者有三種。一者報相。名色共阿黎耶識生。如經於三界地復有芽生，所謂名色共生故。名色共生者，名色共彼生故。二者彼因相。是名色不離彼依彼共生故。如經不離故。三者彼果次第相，從六入乃至於有。

**菩提流支譯《十地論》卷九**　論曰：是中自相者，有四種。一生法自相，二差別自相，三想堅固自相，四彼想差別自相。如經是菩薩用法無礙智，知諸法自相故。以義無礙智，知諸法差別相故。

**那連提耶舍譯《阿毗曇心論經》卷三**　問曰：何者是身實相。答曰：自相及共相。彼自相者，謂十色入及法入中少分色也。彼共相者，所謂無常、苦、空、無我。

**真諦譯《攝大乘論》卷上**　此識相云何可見，此相略說有三種，一立自相，二立因相，三立果相。立自相者，依一切不淨品法習氣，爲彼得生攝持種子依器，是名自相。立因相者，此一切種子識，爲生不淨品法恆起爲因，是名因相。立果相者，此識因種種不淨品法無始習氣方乃得生，是名果相。

**玄奘譯《阿毗達磨大毗婆沙論》卷七**　先觀察十八界。彼觀察時，立爲三分，謂名故、自相故、共相故。名者，謂此名眼界乃至此名意識界。自相者，謂此是眼界自相，乃至此是意識界自相。共相者，謂十六行相。所觀十八界、十六種共相，彼緣此界修智修止。於十八界修智止已，復生厭倦，作如是念，此十八界即十二處，故應略之入十二處。謂十色界即十色處，七心界即意處，法界即法處。彼觀察此十二處時，立爲三分，謂名故、自相故、共相故。名者，謂此名眼處，乃至此名法處。自相者，謂此是眼處自相，乃至此是法處自相。共相者，謂十六行相。所觀十二處、十六種共相。彼緣此處修智修止。於十二處修智止已，復生厭倦作如是念；此十二處除無爲即五蘊故，應略之入於五蘊。謂十色處，及法處所攝色即色蘊。意處即識蘊。法處中受即受蘊。想即想蘊。餘心所法不相應行即行蘊。彼觀察此五蘊時，立爲三分，謂名故、自相故、共相故。名者，謂此名色蘊，乃至此名識蘊。自相者，謂此是色蘊自相，乃至此是識蘊自相。共相者，謂十二行相。所觀五蘊、十二種共相，彼緣此蘊修智修止。於五蘊修智止已，復生厭倦，作如是念，此五蘊并無爲，即四念住故，應略之入四念住。謂色蘊即身念住，受蘊即受念住，識蘊即心念住，想行蘊并無爲即法念住。彼觀察此四念住時，立爲三分，謂名故、自相故、共相故。名者，謂此名身念住，乃至此名法念住。自相者，謂此是身念住自相，乃至此是法念住自相。共相者，謂十六行相。所觀四念住、十六種共相。彼緣此念住，修智修止。於四念住修智止已，復生厭倦作如是念，此四念住除虛空非擇滅，即四聖諦故，應略之入四聖諦。謂有漏法果分即苦諦，因分即集諦，擇滅即滅諦，對治即道諦。彼觀察此四聖諦時，立爲三分，謂名故、自相故、共相故。名者，謂此名苦諦，乃至此名道諦。自相者，謂此是苦諦自相，乃至此是道諦自相。共相者，謂四行相，所觀苦諦四種共相，一苦、二非常、三空、四非我。四行相所觀集諦，四種共相，一因、二集、三生、四緣。四行相所觀滅諦，四種共相，一滅、二靜、三妙、四離。四行相所觀道諦，四種共相，一道、二如、三行、四出。彼緣此諦修智修止，於四聖諦修智止時，如見道中，漸次觀諦。謂先別觀欲界苦，後合觀色無色界苦。先別觀欲界集，後合觀色無色界集。先別觀欲界滅，後合觀色無色界滅。先別觀欲界道，後合觀色無色界道。如是觀察四聖諦時，猶如隔絹觀諸色像。齊此修習，聞所成慧，方得圓滿。依此發生思所成慧。修圓滿已，次復發生修所成慧，即名爲煖。煖次生頂，頂次生忍，忍次生於世第一法。世第一法次生見道，見道次生修道，修道次生無學道，如是次第，善根滿足。

**玄奘譯《阿毗達磨大毗婆沙論》卷三九**　自相有二種，一者主自相，二者客自相。此有爲相是有爲法客自相，非主自相。故一法有四相亦無有失。復次自相有二種，一者本性自相，二者他合自相。此有爲相是有爲法，他合自相，非本性自相。故一法有四相，亦無有失。有餘師說，此是共相。問：若爾，云何一切有爲法各各別有四相耶。答：以相似故名爲共相。如一法上有生等四。餘法亦然。非如一縷貫在衆花故名共相。復有說者，此非自相，亦非共相。諸有爲法生住異滅名義同故，體各別故。然此生等是法標印，若有此者，知是有爲。如大士相於彼大士，不名自相，亦非共相，但是標印。若有此者，知是大士。生等亦然。評曰：應作是說，此是共相。然共相有二種。一者自體共相，謂一一有爲法自體，各有生等四義。二者和合共相，謂一一有爲法各與生等四相和合。此四但是和合共相。問，生相復有餘生相不，設爾何失。若有者，此復有餘。此復有餘，如是展轉，應成無窮。若無者，誰生此生而生他耶。

**玄奘譯《阿毗達磨大毗婆沙論》卷七八**　若觀自相諸法，自相差別無邊。應無觀諦得究竟者，且地自相無邊差別。觀未窮盡而便命終，況更能觀諸餘自相。若觀共相，如何四諦不頓現觀，復於何時以如實智觀諦自相。於諦自相若不能觀，云何名爲現觀諦者。答，應作是說觀於共相。問，如何四諦不頓現觀。答，現觀諦時，雖觀共相而不現觀一切共相。謂但現觀少分共相。然自共相差別無邊，且地大種亦名自相亦名共相。名自相者，對三大種。名共相者，一切地界皆堅相故。大種造色，合成色蘊。如是色蘊亦名自相亦名共相。名自相者，對餘四蘊。名共相者，諸色皆有變礙相故。即五取蘊合成苦諦，如是苦諦亦名自相亦名共相。名自相者，對餘三諦。名共相者，諸蘊皆有逼迫相故。思惟如是，共逼迫相。即是思惟苦及非常空非我相，亦即名爲苦諦現觀。如是現觀，若對諸諦，名自相觀，若對諸蘊，名共相觀。由對諸蘊，名共相觀。故現觀時，名觀共相。由對諸諦，名自相觀。

**玄奘譯《瑜伽師地論》卷五四**　色蘊略由六相應知。一自相。二共相。三能依所依相屬相。四受用相。五業相。六微細相。自相者，謂地等以堅等爲相，眼等以各別清淨色爲相。共相者，謂一切色皆變礙相。能依所依相屬相者，大種爲所依，造色是能依。受用相者，爲內色處有所受用增上力故。外色境界差別而生。或有色聚唯有堅生。或唯有濕或唯有煖。或唯有動或和合生。爲欲隨順內諸色處受用差別故。業相者，謂地等諸大種，以依持攝受成熟增長爲相。復有餘業，後當廣說。微細相者，謂極微相。

**玄奘譯《瑜伽師地論》卷五九**　問，諸煩惱有幾相。答，略有三相，一自相，二共相，三差別相。自相者，謂貪瞋等各自性所攝相。共相者，謂諸煩惱無有差別，一切皆同不寂靜相。差別相者，復有二種，一門差別相，二轉差別相。門差別相者，謂結縛隨眠隨煩惱纏等。如本地分已說。轉差別相者，謂隨眠轉故，所緣轉故，現行轉故，品差別轉故，力無力轉故，因果轉故，迷行轉故。

**玄奘譯《顯揚聖教論》卷五**　相建立者，色蘊相略有五種。一自相，二共相，三所依能依相屬相，四受用相，五業相。自相者，謂堅等是地等相，各別清淨是眼等相。共相者，謂一切色變壞相。所依能依相屬相者，謂大種是所依，造色是能依。【略】

受用相者，謂內處受用增上力故，各別外色境界得生。或有色聚，唯有堅生。或唯有濕，或唯有煖，或唯有動，或復雜生，由隨順內處受用故。業相者，如地等大種有依持攝受成熟增長相。

**澄觀撰《大方廣佛華嚴經疏》卷三一**　三同智者，即自相、同相及不二相。自相者，色心等殊故。同相者，同無常苦無我故。不二相者，即一實理。又自相即俗諦，同相即眞諦，不二即中道第一義諦。

**澄觀撰《大方廣佛華嚴經疏》卷三三**　論云，慧者，自相、同相、差別觀故。此約了二諦通理爲慧。復是一門別義，言自相者，因緣之有是法自體故。同相者，二空眞如等一味故。

# 共相

**笈多、行矩等譯《攝大乘論釋論》卷三**　論曰：於中相貌差別者，此識有共相，有不共相，無受生種子相，有受生種子相。共相者，是器世界種子故。不共相者，是各別內入種子故。此共相是無受生種子。若對治起時不共相障礙滅故。共相者，他分別所持，觀行者於中見淸淨。如於一切物中種種樂欲種種見成故。

**玄奘譯**《**瑜伽師地論**》**卷一六**　何等名爲共相有法，當知此相復有五種。一種類共相，二成所作共相，三一切行共相，四一切有漏共相，五一切法共相。種類共相者，謂色受想行識等各別種類，總名爲一種類共相。成所作共相者，謂善有漏法，於感愛果，由能成辦所作共相，說名共相。如善有漏法於感愛果，如是不善法於感非愛果。念住正斷，神足根力，覺支道支，菩提分法，於得菩提，由能成辦所作共相，說名共相。當知亦爾。一切行共相者，謂一切行無常性相。一切有漏共相者，謂有漏行者皆苦性相。一切法共相者，謂一切法空無我性相。如是一切總說爲一共相有法。

**窺基**《**成唯識論述記**》**卷二**　言共相者，如言色時遮餘非色。一切色法皆在所言，乃至言青遮非青，一切青皆在所言。貫通諸法，不唯在一事體中，故名共相說爲假也。遮得自相，名得共相。若所變中有共相法，是可得者即得自體。應一切法可說可緣故，共相法亦說緣不及。然非是執，不堅取故。如五蘊中以五蘊事爲自相，空無我等理爲共相。分蘊成處，色成於十。處名自相，蘊名共相。一色蘊該十故，於一處中青黃等類別。類名自相，處名共相。於一青等類中，有多事體，菓青非華等，以類爲共相，事名爲自相。一事中有多極微，以事爲共相，以極微爲自相。如是展轉至不可說爲自相，可說極微等爲共相。故以理推，無自相體。且說不可言法體名自相，可說爲共相。以理而論，共既非共，自亦非自。爲互遮故，但各別說。說空無我等是共相者，從假智說。此但有能緣行解，都無所緣眞實共體。入眞觀時，則一一法皆別了知，非作共解。

**玄奘譯**《**攝大乘論釋**》**卷三**　論曰：此中相貌差別者，謂即此識有共相，有不共相，無受生種子相，有受生種子相等。共相者，謂器世間種子。不共相者，謂各別內處。種子共相，即是無受生種子。不共相即是有受生種子，對治生時唯不共相。所對治滅共相，爲他分別所持，但見淸淨。如瑜伽師於一物中種種勝解，種種所見，皆得成立。

**遁倫**《**瑜伽論記**》**卷五**　共相中，文亦有三，謂標、釋、結。種類共相者，五蘊種類，雖體各別，積聚義同，總名爲蘊，蘊爲共相。成所作共相者，景云，因雖善惡，漏無漏別。辨果義同，俱名一種成所共相。基云，謂三業六識，思體雖殊，善有漏同，皆感愛果，名所作共相。如是等類，一切行共相者，謂無常者。

**窺基**《**成唯識論述記**》**卷二**　諸法中自相、共相，體非是遍。有是自相非共相，如青色等相。有是共相非自相，如空無我等，其自性差別。體即遍通。自相共相皆有自性。自相共相皆有差別。何以知者。如《因明》云，有法言自性，法是差別，如五蘊中思數，體是自性。有漏無漏，我無我是差別。數論師立我是思，即以我爲自性，以是有法故。思爲差別，以是法故。是我非我之共相，亦有自性。思之自相亦有差別。今此中言不同於彼。諸法自相，非名等詮，唯現量證，名唯詮共相。今言詮自性者，即是共相之自性。自性者體義。差別者，體上差別義。即自相共相，皆有體性及差別義故

問曰：何故名自相共相。答曰：法自體唯證智知，言說不及，是自相。若法體性，言說所及，假智所緣，是爲共相。問曰：如一切法皆言不及，而復乃云言說及者，是爲共相，一何乖返。答曰：共相是法自體上義，更無別體。且如名詮火等法時，遮非火等。此義即通一切火上，故言共相得其義也。非苦空等之共相理。若爾，即一切法不可言。不可言言，亦不稱理。遮可言故，言不可言。非不可言，即稱法體。法體亦非，不可言故。而今乃言名得自性者，共相爲自性。故今應解，此非法體，其義可然。言名等詮共相，非謂即得共相體。但遮得自相故，言名詮共相。

問曰：若爾，即名不詮自性，不得共相之自性故。又準五根、五塵、心心法得。此義應思。然不得共相之別義名得自性，非詮稱共相之自體也

問曰：如色蘊是自相，漏無漏是共相，色蘊之中色處等是自相。色蘊是共相，色處中青等是自相，色處是共相。又青等是共相，隨一樹等是自相。樹等是共相，枝等是自相。枝等是共相，極微爲自相。今言不得自相，爲是不得色蘊色總自相，爲不得青等色別自相。答曰：俱不得色及青等，皆詮不及故問曰：若爾，即漏無漏等，豈詮得及。如佛言有漏，佛言非有漏。凡夫言無漏，凡夫言非無漏。如詮火時亦不燒口。豈得漏、無漏耶。

而言名得共相之自性，此義但遮得自相，非謂名即得共相。然法體不可說自相共相，以假言詮也。謂有定量且名共相，非謂自共相者。名言所及，何故不立頌爲不相應，以離名句文無別用故。詮法體義名句以周，爲二所依文用已足，故頌不立。進不及名等，退不如文故。此雖有多字未了有名如悉曇章等，有多字名未了有句。如《雜心》云，眼耳及與鼻等，雖有名字無句，顯義未圓故。

**李通玄撰《新華嚴經論》卷二七**　共相者，三乘共一體無生相。不共相者，具慈悲無慈悲名不共相。又共相者，凡聖一體具如來智。又不共相者，有迷悟不同故。

**窺基撰《說無垢稱經贊》卷二**　佛後得智，能善分別法自共相。自相者，色受想等。共相者，苦無常等。

**玄奘譯《佛地經論》卷六**　如來妙觀察智，遍知一切自相共相，能斷世間一切疑惑自共相愚。是疑惑因知自共相，無此愚故，自無疑惑能斷他疑。大圓鏡智永離二障不愚。一切自相共相能生此智。攝護此智，故名圍繞。鏡智雖能知一切法自相共相，無分別故，不能爲他說法斷疑。此智能知有分別故，能爲一切說法斷疑。又此智體能知諸法自相共相，二種行相之所圍繞。自相行相如小輪山，共相行相如大輪山。鏡智能持如風持下。如來淨智現量所攝，云何能知諸法共相。若共相境現量所知，云何二量依二相立。有義，二量在散心位依二相立，不說定位。若在定心，緣一切相，皆現量攝。有義，定心唯緣自相，然由共相方便所引，緣諸共相。所顯理者，就方便說，名知共相。不如是者，名知自相。由此道理，或說眞如名空無我諸法共相，或說眞如二空所顯非是共相。如實義者，彼因明論立自共相。與此少異，彼說一切法上實義，皆名自相。以諸法上自相共相，各附己體不共他故。若分別心立一種類能詮所詮，通在諸法，如縷貫花，名爲共相。此要散心分別，假立是比量境。一切定心，離此分別，皆名現量。雖緣諸法，苦無常等，亦一一法各別有故，名爲自相。眞如雖是共相所顯，以是諸法自實性故，自有相故，亦非共相。不可以其與一切法不一不異即名共相自相，亦與一切共相不一異故。是故彼論說諸法上所有實義，皆名自相。

**玄奘譯《阿毗達磨大毗婆沙論》卷七八**　問，如何四諦不頓現觀。答，現觀諦時，雖觀共相，而不現觀一切共相。謂但現觀少分共相。然自共相差別無邊，且地大種亦名自相亦名共相。名自相者，對三大種。名共相者，一切地界皆堅相故。大種造色，合成色蘊。如是色蘊亦名自相亦名共相。名自相者，對餘四蘊。名共相者，諸色皆有變礙相故。即五取蘊合成苦諦，如是苦諦亦名自相亦名共相。名自相者，對餘三諦。名共相者，諸蘊皆有逼迫相故。思惟如是共逼迫相，即是思惟苦及非常空非我相，亦即名爲苦諦現觀。如是現觀若對諸諦名自相觀，若對諸蘊名共相觀。由對諸蘊名共相觀，故現觀時名觀共相。由對諸諦名自相觀，故於四諦不頓現觀。

**窺基撰《成唯識論述記》卷一〇**　一一法各別有故，名爲自相。眞如雖是共相所顯，以是諸法自實性故，自有相故，亦非共相。不可以其與一切法不一不異即名共相，自相亦與一切共相不一異故。是故彼論與此不同。由此義故，對法等說緣共相智能斷惑者，依分別心，於一種類眞如之上，通在諸法說名共相。或眞如體諸法皆有義名共相。緣此之智，名共相智。論實眞如法實性故，非是共相。據實而言，即別相智能斷惑也。

**玄奘譯《佛地經論》卷六**　如來淨智，現量所攝，云何能知諸法共相。若共相境，現量所知，云何二量依二相立。有義，二量在散心位，依二相立，不說定位。若在定心，緣一切相，皆現量攝。有義，定心唯緣自相，然由共相方便所引。緣諸共相所顯理者，就方便說，名知共相。不如是者，名知自相。由此道理，或說眞如名空無我諸法共相，或說眞如二空所顯，非是共相。如實義者，彼因明論立自共相，與此少異。彼說一切法上實義，皆名自相。以諸法上自相共相，各附己體，不共他故。若分別心，立一種類能詮所詮，通在諸法，如縷貫華，名爲共相。此要散心分別假立，是比量境。一切定心，離此分別，皆名現量。雖緣諸法苦無常等，亦一一法各別有故，名爲自相。眞如雖是共相所顯，以是諸法自實性故，自有相故，亦非共相。不可以其與一切法不一不異，即名共相。自相亦與一切共相，不一異故。是故彼論說諸法上所有實義，皆名自相。此經不爾。故無相違。

**延壽集《宗鏡錄》卷五三**　又遮得自相，名得共相。若所變中，有共相法是可得者，即得自體。應一切法可說可緣故。共相法亦說緣不及。然非是執，不堅取故。如五蘊中，以五蘊事爲自相，空無我等理爲共相。又以理推，無自相體。且説不可言法體名自相，可説爲共相。以理而論，共既非共，自亦非自。爲互遮故，但各別説。説空無我等是共相者，從假智説。此但有能緣行解，都無所緣空實共體。入眞觀時，則一一法皆別了知，非作共解。言説，若著自相者，説火之時，火應燒口，火以燒物爲自相故。緣亦如是，緣火之時，火應燒心。今不燒心，及不燒口，明緣及説，俱得共相。若爾，喚火何不得水，不得火之自相故，如喚於水。此理不然。無始慣習共呼故。今緣於青，作青解者，此比量智，不稱前法。如眼識緣色，稱自相故，不作色解。後起意識，緣色共相，不著色故，遂作青解。遮緣非青之物，遂作青解。非謂青解，即稱青事。故《唯識頌》云，現覺如夢等，已起現覺時，見及境已無，寧許有現量。此謂假智，唯緣共相而得起故。法之自相，離分別故。言説亦爾。不稱本法，亦但只於共相處轉。今大乘宗，唯有自相體，都無共相體。假智及詮，但唯得共，不得自相。若説共相，唯有觀心。現量，通緣自相共相。若法自相，唯現量得。共相亦通比量所得。乃至故言唯於諸法共相而轉。此之自相，證量所知，非言説等境故。

又疏問云：何故名自相共相。答曰：若法自體，唯證智知，言説不及，是爲自相。若法體性，言説所及，假智所緣，是爲共相。

問曰：如一切法，皆言不及。而復乃云，言説及者是爲共相。一何乖返。

答曰：共相是法自體上義，更無別體。又此名詮火等法時，遮非火等。此義即通一切火上，故言共相，即其義也，非苦空等之共相理。若爾，即一切法不可言，不可言亦不稱理。遮可言故言不可言，非不可言即稱法體，法體亦非不可言故，而今乃言名得共相之自性故。今應解此非法體，其義可然。言名等詮共相，非謂即得共相體，但遮得自相，故言名詮共相。又自相者，即諸法之自體相。如火以煖爲自相，喚火之時，不得煖故，不得自相。此煖自相，唯身識現量證故，非名所得。共相者，此以名下所詮之義名共相。共相有二。一者共自類相，二者共異類相。如言火時，不該於水等，但遍一切火上，故名共自類相。若言苦空無常等，則不唯在一類法上，及遍一切水火等法上，故名共異類相。又自相者，唯五根五塵，心心所得，謂五根，是第八現證。五塵是五八心心所現量證自體性，獨散意識等尚不得自體性，何況名詮得自體性也。五識緣五塵境時，具四義故，名得法自相。一任運故，二現量故，三不帶名言故，四唯緣現在境故，得名自相。意識所緣境有二。若是獨頭意識所緣境，即於法處收。若明了意識所緣境，即於色處攝。且如眼識明了意識，初一念率爾同緣色時，但緣色之自相。後念明了意識，分別所緣色上長等假色，即是共相。雖然長等假色是明了意識所緣境，亦在於色處收，爲是假，故眼識不緣也。乃至聲亦耳。且如耳識初剎那，率爾與明了意識同緣聲時，亦是得法自相。

**寶臣《注大乘入楞伽經》卷三** 言自共相者，且以四諦中苦諦言之。如苦諦下三界依正、蘊界處等一切諸法，各各不同，名自相。苦諦即名共相。謂苦諦四門中，無常爲一切有爲法共相，苦爲一切有漏法共相，空與無我通爲一切法共相。又如五陰不同，名自相。共成人身，名共相。界處等亦爾，乃至一切諸法各各又有自共相也。

## 實相

**鳩摩羅什譯《中論》卷三：**

諸法實相者，心行言語斷。無生亦無滅，寂滅如涅槃。

一切實非實，亦實亦非實。非實非非實，是名諸佛法。

自知不隨他，寂滅無戲論，無異無分別，是則名實相。

若法從緣生，不即不異因，是故名實相。

**曇摩伽陁耶舍譯《無量義經》** 無量義者，從一法生，其一法者，即無相也。如是無相，無相不相，不相無相，名爲實相。菩薩摩訶薩安住如是眞實相已，所發慈悲明諦不虛，於衆生所，眞能拔苦。苦既拔已，復爲説法，令諸衆生受於快樂。

**曇無讖譯《大般涅槃經》卷四〇** 云何名爲實相。善男子！無相之相名爲實相。世尊！云何名爲無相之相。善男子！一切法無自相、他相及自他相。無無因相，無作相，無受相。無作者相，無受者相。無法、非法相。無男女相，無士夫相。無微塵相，無時節相。無爲自相，無爲他相，無爲自他相。無有相，無無相。無生相，無生者相。無因相，無因因相。無果相，無果果相。無晝夜相，無明闇相。無見相，無見者相。無聞相，無聞者相。無覺知相，無覺知者相。無菩提相，無得菩提者相。無業相，無業主相。無煩惱相，無煩惱主相。善男子！如是等相，隨所滅處，名眞實相。善男子！一切諸法皆是虛假，隨其滅處是名爲實，是名實相。是名法界，名畢竟智，名第一義諦，名第一義空。

**智顗《妙法蓮華經玄義》卷八下**　《無量義》云：無量義者，從一法生。其一法者，所謂實相。實相之相，無相不相。不相無相，名爲實相。此從不可破壞眞實得名。又此實相諸佛得法，故稱妙有。妙有雖不可見，諸佛能見，故稱眞善妙色。實相非二邊之有，故名畢竟空。空理湛然，非一非異，故名如如。實相寂滅，故名涅槃。覺了不改，故名虛空。佛性多所含受，故名如來藏。寂照靈知，故名中實理心。不依於有，亦不附無，故名中道。最上無過，故名第一義諦。如是等種種異名，俱名實相。種種所以，俱是實相功能。其體既圓，名義無隔，蓋是經之正體也。復次，諸法既是實相之異名，而實相當體。又實相亦是諸法之異名，而諸法當體。妙有不可破壞，故名實相。

諸佛能見故，名眞善妙色。不雜餘物，名畢竟空。無二無別，故名如如。覺了不變，故名佛性。含備諸法故，名如來藏。寂滅靈知故，名中實理心。遮離諸邊故，名中道。無上無過，名第一義諦。隨以一法當體，隨用立稱，例此可知。【略】

入實相門者，夫實相幽微，其理淵奧，如登絕壑，必假飛梯，欲契眞源，要因教行。故以教行爲門。下文云，以佛教門出三界苦，佛子行道已來，世得作佛。門名能通，此之謂也。略爲四意，一略示門相，二示入門觀，三示麤妙，四示開顯。示門相者，夫佛法不可宣示，赴緣說者，必以四句詮理，能通行人入眞實地。《大論》云，於如是法說第一義悉檀，所謂一切實一切不實，一切亦實亦不實，一切非實非不實。如是皆名諸法之實相。

**吉藏《法華論疏》卷中**　言實相者，謂如來藏法身之體不變義故。如來藏者，在煩惱之內名如來藏，亦名如來胎。法身之體不變義故者，雖在煩惱不爲煩惱所染，故名不變。

**湛然《法華文句記》卷四**　言實相者，應云非虛故實，非相爲相，故名實相。

**慧海《頓悟入道要門論》卷上**　法性空者，即一切處無心是。若得一切處無心時，即無有一相可得。何以故，爲自性空故，無一相可得。無一相可得者，即是實相。實相者，即是如來妙色身相也。

**子璿《金剛經纂要刊定記》卷五**　所言實相者，即無相之相也。謂無我法之相，以要言之，離一切相名爲實相。故下文云離一切相即名諸佛。

言餘教所無者，謂人天教中具足二執，小乘教內法相猶存，不可以二執之相而爲實相，故言餘者非實相。非猶無也。

言此有者，謂頓除二執，雙顯二空，空病亦空，二邊皆離，中道斯顯，名實相焉，故云此中有也。

問：實相之理，教但能詮，云何信心便生實相。答：謂能信此經必無二執，無二執處即是實相，非謂別有實相生也。

《佛跡經》意云：此實相者，體當勝義但唯無相，名依世諦故言實相。

## 行相

**玄奘譯《阿毗達磨大毗婆沙論》卷七九**　有十六行相，緣四聖諦起。謂緣苦諦，有四行相，一苦、二非常、三空、四非我。緣集諦有四行相，一因、二集、三生、四緣。緣滅諦有四行相，一滅、二靜、三妙、四離。緣道諦有四行相，一道、二如、三行、四出。

問：十六行相名有十六，實體有幾。有作是說，名有十六，實體有七。謂緣苦諦四種行相，名有四種，實體亦四。緣餘三諦各四行相，名雖有四，實體唯一。問：何故緣苦有四行相，名有四種，實體亦四。緣餘三諦而不爾耶。答：緣苦行相，是四顛倒近對治故，如四顛倒，名體各四。緣餘三諦所起行相，非四顛倒近對治，故名雖有四，實體唯一。評曰：應作是說，十六行相名與實體，俱有十六。如名與體，名施設體施設，名異相體異相，名異性體異性，名差別體差別，名建立體建立，名覺了體覺了。應知亦爾。問：言行相者，自性是何。答：自性是慧，應知此中慧是行相，亦是能行亦是所行。與慧相應，心心所法，雖非行相，而是能行亦是所行。與慧俱，有不相應行。及餘有法，雖非行相，亦非能行而是所行。有作是說，言行相者，總以一切心心所法爲其自性。若作是說，諸心心所皆是行相，亦是能行亦是所行。餘一切法，雖非行相，亦非能行而是所行。復有說者，所言行相以一切法爲其自性。若作是說，諸相應法亦是行相，亦是能行亦是所行。不相應法，雖是行相，亦是所行而非能行。評曰：應作是說，言行相者，自性是慧，如初所說，如是名爲行相自性，我物自體相分本性。

**普光《俱舍論記》卷一** 言行相者，謂心、心所，其體清淨。但對前境，不由作意，法爾任運，影像顯現。如清池明鏡，眾像皆現。

三會釋行相名者。問：如前所引，無慚四句所說行相，彼論應言行解，何故乃言行相。又若義同，即無差別，何故相對辨差別耶。解云：若言行解，唯是心等作用差別。若言行相，有其二種，一影像名行相，二行解名行相。前爲相對辨差別故，作用名行解。影像與行相名，據義不同，實有差別。論行相名，兼通行解。無慚四句言行相者，即是行解相故，名爲行相。更有餘文，準此通釋。如是名爲二種差別。

四辨得一行名者。問：行解行相，據何名爲同一行相。解云：據行相同名一行相。心心所法，其體明淨，隨對何境，法爾相現，同有此相，名同一行相。故《入阿毗達磨》第二云，如眼識等依眼等生，帶色等義，影像而現，能了自境（已上論文）。由此準知，但約行相名爲一行。問：心等行解，有說亦同，如何不名同一行相。解云：行解異說不同，理非決定。行相同說，故約此明。又解，心等行解，有說同家，亦得名爲同一行相。此言行相即行名相。

**普光《俱舍論記》卷四** 如心意識至等和合故者。心、心所法有四異名。一名有所依，必託依根故。二名有所緣，必杖境起故。三名有行相，即於所緣一切諸法，品類差別，種種不同。心、心所法，隨緣何法等起行相故，名有行相。謂心、心所法其體明淨，隨對何境，法爾前境，皆悉現於心、心所上。此所現者，名爲行相。即由此現帶境義邊，似前境邊，說爲能緣。然此行相無有別體，不離心等。即心等攝，非是所緣。猶如明鏡對眾色相，皆現鏡面，此所現像而非所照。然約像現，說鏡能照。此亦應然言行相者，謂有境界像貌，故名行相。又解，有所行境家相，故名行相。又解，遷流名行，心等上現名相，即行名相故名行相又解，行謂行解，如了別等，相謂相貌，如影像等。行家相故，名爲行相。釋此行相，廣如前釋。四名相應，等和合故。

**普光《俱舍論記》卷二六** 慧是簡擇，名爲行相。能取境故，名能行。爲他緣故，是所行。餘心、心所能取境，故是能行。爲他緣故，是所行。非簡擇故，不名行相。諸餘有法爲他緣，故名所行。不能取境，故非能行。不能簡擇，故非行相。若據通名行相，諸心、心所皆名行相。

**法寶《俱舍論疏》卷四** 言行相者，行解之相，名爲行相。或名相應，等和合故。

**圓暉《俱舍論頌疏論本》卷四** 三名有行相，謂同有一行相也。如緣青境心及心所，皆帶青上影像。此識上相，名爲行相。行謂行解，即能緣心也。相謂影像，即行上相也。行解之相，名爲行相。依主釋也。心與心所，皆有青相。青相雖多，同一青故，名同有一行相也，或名有行相。論云，即於所緣品類差別等起行相故。

**窺基《瑜伽師地論略纂》卷一** 行相者，謂行解相狀。唯有爲緣，非無爲緣，無分別智，無相狀故。如識自影，有二行相。一影像相分，取本質境，行解相故。二即見分，取親相分，行解相分。若取通義，行境體相，名爲行相。通無爲緣，理無妨矣。有爲緣中，準前有二。幷自證分等，各望所緣。思準應悉。若影像名行相，即本質爲所緣，體一名同，行相體別，故名不同。若見分名行相，即親相分，體雖各別，相似名同一，見分體解，各各異故，名爲不同。如《唯識》第二第三疏解。

**玄奘譯《成唯識論》卷二** 執有離識所緣境者，彼說外境是所緣，相分名行相，見分名事，是心心所自體相故。心與心所，同所依緣行相相似。事雖數等而相各異，識受想等相各別故。達無離識所緣境者，則說相分是所緣，見分名行相。相見所依自體名事，即自證分。此若無者，應不自憶心心所法，如不曾更境，必不能憶故。心與心所，同所依根，所緣相似，行相各別。

**窺基《成唯識論述記》卷三** 述曰：此解行相，識自體分以了別爲行

相故。行相，見分也。類體亦然。相者，體也，即謂境相。行於境相，名
爲行相。或相謂相狀，行境之相狀名爲行相。前解通無分別智，後解除
彼。或行境之行解相貌。此解亦非無分別智，以無相故。然本但是行於相
義，非是行解義。【略】

以彼小乘行相，爲大乘相分。大乘心得自緣，別立自體分即以爲事，
故以見分名行相。即小乘事體是見分，不立自證分，無返緣故。大小二乘
所說各別。

**玄奘譯《成唯識論》卷二**　此識行相所緣云何，謂不可知執受處了。
了謂了別，即是行相。識以了別爲行相故。

**惠沼《成唯識論了義燈》卷三**　以無分別智不作諸境別行相故，雖後
得智及分別心，緣境之時作諸行解，不取此釋識之行相，以不遍故。今本
論意，但取心起行於境相，名爲行相，即通一切。不取行解名爲行相，不
通一切故。又此正釋本識了言，若以行解相貌以爲行相，深乖論旨，本識
任運無行解故。若局後得及分別心釋行相者，得約行解名爲行相。

**延壽《宗鏡錄》卷五三**　第三能變者。《唯識論頌》云，次第三能變，
差別有六種，了境爲性相，善不善俱非。此三能變，是了別境識。自證分
是了別性，見分是了別相，有覆有記。識以了境爲自性，即復用彼爲行相
故。則了境者，是識自性，亦是行相，行相是用。

## 相分

**玄奘譯《成唯識論》卷四**　五識種各有能生，相、見分異，爲執何等
名眼等根。若見分種，應識蘊攝。若相分種，應外處攝。

**玄奘譯《成唯識論》卷七**　論曰：是諸識者，謂前所說三能變識及彼
心所，皆能變似見、相二分，立轉變名。所變見分，說名分別，能取相
故。所變相分，名所分別，見所取故。由此正理，彼實我法離識所變，皆
定非有。離能所取無別物故，非有實物離二相故。是故一切有爲無爲，若
實若假，皆不離識。

**玄奘譯《攝大乘論釋》卷四**　由二性者，謂相及見。於一識中有相有
見，二分俱轉相見二分，不即不離。始從眼識，乃至身識，隨類各別，變
爲色等種種相識，說名相分。眼等諸識了別境界，能見義邊，說名見分。
又所取分名相，能取分名見，是名二性。由種種者，種種行相而生起故。
於一識中一分變異似所取相，一分變異似能取見。此之二分各有種種差別
行相，俱時而起。若有不許一識一時有種種相應，無一時覺種種境。若意
識以一切眼爲最初等者，謂彼意識有能一時取一切義。增上勢力，眼識爲
初，法識爲後。所安立相，是其相分。即此意識了別義邊，說名見分，由
此意識遍分別故，似一切識而生起故。是故意識說名相名見，亦名種種。
於伽陁中諸瑜伽師能入唯識，二性種種，遣外境界竟，爲伏離能取之心所
緣無故，能緣之識亦不得有。了別無故，了者亦無，非無了別而有了者。

**法藏述《華嚴經探玄記》卷四**　第四約親疎不相知。謂種子爲因，所
依本識爲緣，以相待無性，謂不自不他不共等故。親疎相盡，故不相知。
因緣既離，心生何在。第五約境智不相知。智謂能知，即諸識見分。法謂
所知，即諸識相分。俱依一心，各無自體。自體無矣，誰共相知。心境既
亡，能所斯寂。心生種種，其義安在。又釋境法是心變，故不知心。心託
境生，故不知法。無有境外心能取心外境，是故俱不相知，相無不盡也。

**窺基《成唯識論述記》卷四**　述曰：若通佛說，非見分等爲相分所緣
緣，一切相分是親所變，名爲相分。相分必無能緣用故。如化心等亦爾，
化心不緣故。故此第三、四亦非相所緣，見分攝故。文中唯有見分，非相
分境也。不除同聚心心所相緣，以得緣故。即顯自證分亦見所緣，現作相
分緣故。如無分別智，唯是現量無外境，故不緣。不同後得智。後得智見
分返緣自證，作影像緣，仍是相分。不爾，即與證自證無別，何須四分。
由是一切心皆具四分。今緣相應法見分，緣自證分，亦能緣證自證分，證
自證分亦能緣見分相分者，唯在佛位，餘者不能。此中但遮見分，非相所
緣。義遮第三四分，亦非相所緣。意顯餘三分，互緣一切法名遍緣故。雖
作此解，三分何別，各相似故。如前所得者親得，餘新所得影說，故成差
別又解，然今但遮相爲能緣，及遮見分不緣自證，非顯餘二得緣一切，此
不及前解。

**延壽集《宗鏡錄》卷六一**　四分義，以何爲體性。答：相分，所變色，心爲體性。若內三分，即用現行心所爲體。問：果位之中，親證眞如，無有境界。若四智緣境之時，爲具四分不。答：定有見分照前境故，有自證分，通照見分。亦有證自證分，照自證分故。相分者，《佛地論》云：如是所說四智相應心品，爲有相分見分等耶。若無，應無所緣，應不名智。答：無漏心品，無障礙故，親照前境。無逐心變，似前境相。以無漏心，說名無相無分別故，又說緣境不思議故。有義，眞實無漏心品，亦有相分。諸心心法，法爾似境，顯現名緣。非如鉗等動作取物，非如燈等舒光照物。如明鏡等，現影照物，由似境現。分明照了，名無障礙，不執不計，說名無相，亦無分明，妙用難測，名不思議，非不現影。若言無相，則無相分。言無分別，應無見分。都無相見，應如虛空兔角等。應不名智，無執計故。言無能取所取等相，非無似境緣照義用。若無漏心全無相分，諸佛不應現身土等種種影像。乃至如是分別，但就世諦言說道理。若就勝義，離言絕慮。既無相見，不可言心及心法等，離諸戲論，不可思議。有義，無分別智，無分別故，所緣眞如不離體故。如照自體，無別相分。此無分別，若變相分，於眞如境，便非親證。若後得智，有分別故，所緣境界，或離體故。如有漏心，似境相現，分明緣照，名緣前境。是故此後得智，定有相分。

**智旭《成唯識論觀心法要》卷八**　圓鏡平等觀察，皆具本後二智。成所作智，唯是後得。根本實智，但緣眞如。後得權智，徧緣假實色心、有漏無漏、有爲無爲，過現未來一切諸法。是故自他展轉，皆得有所緣緣義也。且約同體四分相望，有十二重。一，見分緣相分，以現量證故，即是變帶。二，見分緣見分。三，見分緣自證分。四，見分緣證自證分，以無迷隔故，了了自知故，皆是挾帶。五，自證分緣相分。以從自體所現故，亦是變帶。若約性宗，元是菩提妙淨明體，云何於中有是非是，亦是挾帶。六，自證分緣見分。與本染時不異故。七，自證分緣自證分，當體無迷故。八，自證分緣證自證分。亦與染時不異故，皆是挾帶。九，證自證分緣相分，即心之相故。十，證自證分緣見分，即心之見故。十一，證自證分緣自證分，與本染時不異故。十二，證自證分緣證自證分，當體無迷故，變帶挾帶。準自證分可知，唯有相分，終不能緣見分。以既名爲相分，則是心所變影，決定無有能緣之用。若謂能緣，不應理故。夫至佛果位中，相分尚無能緣之用，況染位哉。今浮塵勝義兩種五根，與器世界四大五塵，同是第八識之相分。

# 無相

**鳩摩羅什譯《維摩詰所說經》卷中**　善眼菩薩曰：一相、無相爲二。若知一相即是無相，亦不取無相，入於平等，是爲入不二法門。

**僧肇《注維摩詰經》卷五**　雖行無相而度衆生，是菩薩行。

肇曰：行無相欲除取衆生相，而方度衆生也。

**僧肇《注維摩詰經》卷八**　一相、無相爲二，若知一相即是無相，亦不取無相，入於平等，是爲入不二法門。

肇曰：言一欲以去二，不言一也。言無欲以去有，不言無也。而惑者聞一，則取一相，聞無則取無相，故有二焉。

**僧肇《寶藏論》**　夫以相爲無相者，即相而無相也。故經云，色即是空，非色滅空。譬如水流風擊成泡，即泡是水，非泡滅水。夫以無相爲相者，即無相而相也。經云，空即是色，色無盡也。譬如壞泡爲水，水即泡也，非水離泡。夫愛有相畏無相者，不知有相即無相也。愛無相畏有相者，不知無相即是相也。是故有相及無相，一切悉在其中矣。覺者名佛，妄即不生。妄若不生，即本眞實。夫無相之相謂之離，離體無相也。相即無相謂之微，微體非無相也。是以爲道者，生而不喜，死而不憂。何以故。以生爲浮，以死爲休，以生爲化，以死爲眞。故經云，起唯法起，滅唯法滅。又此法者各不相知，起時不言我起，滅時不言我滅。

**曇無識譯《大般涅槃經》卷三〇**　師子吼言：世尊！無相定者名大涅槃，是故涅槃名爲無相。以何因緣名爲無相。善男子！無十相故。何等爲十，所謂色相、聲相、香相、味相、觸相、生住壞相、男相、女相，是名十相。無如是相，故名無相。

**劉虬《無量義經序》**　無量義者，從一法生。其一法者，即無相也。如是無相，無相不相，不相無相，名爲實相。菩薩摩訶薩安住如是眞實相已，所發慈悲明諦不虛，於眾生所，眞能拔苦。苦既拔已，復爲說法，令諸眾生受於快樂。

**慧遠《大乘義章》卷二**　三解脫門者，謂空、無相及與無願。所言空者，就理彰名，理寂名空。言無相者，釋有兩義。一就理彰名，理絕眾相，故名無相。二就涅槃法相解釋，涅槃之法，捨離十相，故曰無相。

**慧遠《大乘義章》卷二**　言無相者，釋有兩義。一就理彰名，理絕眾相，故名無相。二就涅槃法相解釋，涅槃之法，捨離十相，故曰無相。

**杜順《華嚴五教止觀》**　無相觀者，相即無相也。何以故，法離相故。經云，法離於相，無所緣故。又經云，一切法皆空，無有毫末相。空無有分別，由如虛空有門。論云，無性法亦無，一切皆空故。觀如是法，離情執故，故名爲觀。問：一切法皆空，云何成觀耶。答：只以一切法皆空故，是故得成觀也。若不空者，即是顛倒，何成觀也。

**吉藏《維摩經義疏》卷五**　善眼菩薩曰，一相、無相爲二。若知一相，即是無相，亦不取無相，入於平等，是爲入不二法門。一相爲有法也，無相謂空法也。如柱爲圓相，無圓名無相。又空爲一相，空法亦無，故云無相。

**澄觀《大方廣佛華嚴經隨疏演義鈔》卷三七**　信心銘云，至道無難，唯嫌揀擇，但不憎愛，洞然明白。疏，後二顯無相觀者，正修三無性中初無性也。

疏，一離所取者，謂二偈中初一偈所取，即遍計所執也。上半知於情有者，即遍計中二義，謂情有理無。今知情有即是理無，則知此性即無相也。

**法藏《華嚴遊心法界記》**　入諸法皆空相無不盡之方便者。於中復分爲二觀，一者無生觀，二者無相觀。言無生觀者，即法無自性，相由故生，生非實有，是即爲空。空無毫末，故曰無生。以性自不生故，此云何知。按《大品》等經云，一切法皆空，無有毫末相。空無有分別，同若如虛空一等。又《三論》云，因緣所生法，我說即是空，等是也。二無相觀者，相即無相也。何以故，此法離相故。此云何知。按《維摩經》云，法離於相，無所緣故等。又《般若經》云，無法相亦無非法相等。言觀者觀智，是法離諸情計，故名爲觀也。問，一切法即既空無相，云何成觀耶。答，只以法即空無相，是故得成爲觀。何者，能觀是慧，所觀是無相。今慧照彼無相之境，故名爲觀也。若也不見諸相，即無是即，還成倒執，何成觀類耶。

**宗密《方廣圓覺經大疏》中卷之二**　解曰：一切實相者，即無相也。夫有相者，皆歸無常。緣生之法，性本虛假。言實相者，即是非相。是故知來說名實相，無遷無變，究竟常住。《無量義經》云，如是無相不相，不相無相，是名實相。《智論》云，照色等空，即名實相。性空實理，離於顛倒，非虛僞故。於空見空，亦名顛倒。於空無著，乃至實法。又《楞伽經》云，一切妄息，是名如實。如實即實相也。性清淨者，此實相從本已來，自性清淨，一切妄法所不能染。比迷似染，今悟本淨，名性清淨。一身清淨者，由前悟得根識塵大、世出世間諸法，皆歸實相清淨，方始成就。

**圓測《解深密經疏》卷二**　《解節經》云，我說眞實非相行處。眞諦記云，相行處者，謂十八界。相即六塵，行即六識，處即六根。此根塵識，但覺觀境。眞如非覺觀境，是故非十八界攝。今唐本云，無相所行。然此無相，諸說不同。一云，能觀無分別智，名爲無相，遠離能取所取相故。若依此說，無相觀智之所行故，名無相所行。是依主釋。一云，無相即是眞如涅槃。此是無相三昧所行。《俱舍》、《佛地》第一，皆作是說。無十相故，名爲無相。謂五境男女及生老無常。若依此釋，無相即是智所行故，名無相所行。是六釋中持業釋也。一云，平等眞如法性，離諸相故，名爲無相。如《無量義經》說，無量義者，從一法生，其一法者，即無相也。如是無相，無相不相，不相無相，名爲實相。諸處所說眞如無相，依此而說。又《廣百論》云，又眞空理，離有無等一切法相，故名無相。又《瑜伽》七十三云：問，如是五事，當知幾種取所行義。答，略有三種，一有言有相取所行義，二無言有相取所行義，三無言無相取所行義。此中，最初是言說隨覺者取所行境，第二是言說隨眠者取所行境，第三是於言說離隨眠者取所行境。又初二是世俗諦取，最後是勝義諦取。又《廣百論釋》云，初於名言能有覺悟，次於名言雖有隨眠而無覺悟，後於名言隨眠覺悟，一切永無。初二緣世俗，後一緣勝義。復有永離言說後所得心，通緣二諦。問：《大般若》等云，蘊界處等乃至菩提皆無所得，即是無相。此説何義。解云：經意所説不同。依清辨宗，通約三性，説無所得。護法等宗，唯違所執。《無自性品》當廣分別。尋思但行有相境者，尋思即用分別爲體，是故不證無相眞如。

**圓測《解深密經疏》卷一**　無住涅槃名爲無相，不住生死涅槃相故。親光釋云，顯示世尊調化方便殊勝功德。謂無相法，即是涅槃。佛善知了三乘有情，隨彼堪能調化方便。如實爲説，令彼趣證無相法故。親光後釋，亦同世親。如是諸論，總有三釋。一者，眞如名爲無相，遠離有無二種相故。二，無住涅槃，名爲無相，不住生死涅槃相故。三者，三乘涅槃，名爲無相，以無色等十種相故。

**圓測《仁王經疏》上卷**　言無相者，非但無所照，亦無能照，照無所照，是了義説。故《大品經》名眞實般若。言有相者，攝引凡聖，無量教門，有十地可修，佛果可得。無照説照，是不了義。故《大品經》云名相似般若。

**圓測《仁王經疏》下卷**　言無相者，遣第三句亦有亦無相，及第四句非有非無相。今解，無自他者遣我相，即顯生空理無。無無相者，顯法空理非無相故言無無，非有相故言無相。

**良賁《仁王護國般若波羅蜜多經疏》卷中**　言無相者，相謂諸法無相即空。悟相即空，故云無相。無無相者，非謂遣相住於無相，無相亦遣故無無相。

**澄觀《大方廣佛華嚴經疏》卷三九**　言無相者，論云，自性無相故。謂十二入緣成之相，有來即無，非推之使無，故云自性無也。故《瑜伽》云，由有勝義自性無相平等性故，亦同《淨名》不念内外行於平等。

**澄觀《大方廣佛華嚴經隨疏演義鈔》卷六五**　今言無相者，相實無故。下正義云，彼所緣緣，非全不有，内識如外現爲識所緣緣，許彼相在識及能生識故。釋曰，長行内識似外境現，爲所緣緣，許眼等識帶彼相起及彼生識故。結云，諸識唯内境相，爲所緣緣理極成也，則非全無相，相全屬識。

**湛然《維摩經略疏》卷九**　一相無相爲二者，他解有三。或言一相勝無相。何故爾。生死是有相，涅槃是無相。對有相説無相，猶成有相。中道不對有相，故名一相。或言無相勝一相，生死生滅爲二相，涅槃不生滅爲一相。此一相亦是對二得名，猶名二相。中道無二相亦無一相。或言是齊。何故爾。眞諦中自有一相無相，中道中自有一相無相，故言是齊。又《毘曇》云，一法二相。一法者，隨約一法，或是心法，或非心法。但將心約此一法，即有生滅二相。或住或異，或大或小等。若約四法，是有八相。八相皆約一法而起，故名一法。以約法故，則有二法，乃至八法，故名二相。若不得此一法，亦不得八法。八法既無，即是無相。雖有此解，今皆不用。今取釋論破一時中云，相與法一亦不可，相與法異亦不可，非一非異中而論一異。亦如一切數中但有一法，更無有二。如心是一法來約於瓶，故言一瓶。更足一名二，三一名三，四一名四。如是百千無量，不出於一，故云一相無相爲二。若不得一相，亦不得無相。一相無相皆無，故名不二門。又《阿含增一》明義云：諸比丘唯有一法，所謂心是。更有二法，即開心爲色。更有三法，即開心爲四，乃至無量。皆約一心中生。若不得心之一相，亦不得一切從心所生之相。達此二邊，知心相非一相，從心生非多相，而能爲一相爲多相。此之一多，無一無多，畢竟清淨。俱泯一二，名爲平等。平等故是入不二法門。又約三脱門，以十八空破一切法，猶有空在，故云一相。次破空病，空病亦空，是名無相。不得空相，亦無無相。故云一相無相不可得，名入不二法門。

**傳燈《維摩詰所説經無我疏》卷一〇**　始則會萬法之衆相，歸心之一相。然雖相歸乎一，猶有一之相在，未忘緣也。必須併一而無之，始絶乎相縁。雖云無之，非是離一之外而別有其無。即一心相，體本無相，故曰若知一相，即是無相。既一相即無相，則一相亦不捨，無相亦不取。不捨不取，入於平等，是爲入不二法門也。

# 名相

**鳩摩羅什譯《摩訶般若波羅蜜經》卷二一**　世尊！若一切有爲法但名相者，菩薩摩訶薩爲誰故發阿耨多羅三藐三菩提心，受種種勤苦。菩薩行道時，布施，持戒，行忍辱，勤精進，入禪定，修智慧。行四禪、四無量心、四無色定、四念處乃至八聖道分，行空、行無相、行無作，行佛十力乃至具足大慈悲。

佛言：如須菩提所說，若一切有爲法但有名相者，菩薩摩訶薩爲誰故行菩薩道。須菩提！若有爲法但有名相，等是名相，名相亦空。以是故，菩薩摩訶薩行菩薩道，得一切種智。得一切種智已，轉法輪。轉法輪已，以三乘法度脱眾生，是名相亦無生無滅，無住異。

**鳩摩羅什譯《大智度論》卷六一**　假名相者，如車、如屋、如林、如軍、如眾生，諸法和合中，更有是名。無明力故，取是假名相，起諸煩惱業。

**鳩摩羅什譯《大智度論》卷八四**　佛答：世俗法語言名相故可分別，第一法中無分別。何以故。第一義中一切語言道斷，以一切心所行斷故，但以諸聖人結使斷故，說有後際。後際者，所謂無餘涅槃。

**鳩摩羅什譯《大智度論》卷八九**　佛告須菩提：若諸法根本定有，非但名相者，菩薩行般若波羅蜜時，不能自益，亦不能利益他人。

須菩提！諸法無有根本實事，但有名相，是故菩薩行般若波羅蜜時，能具足禪波羅蜜，無相故。毘梨耶波羅蜜、羼提波羅蜜、尸羅波羅蜜、檀波羅蜜，無相故。具足四禪波羅蜜，四無量心波羅蜜，四無色定波羅蜜，無相故。具足四念處波羅蜜，無相故。乃至具足八聖道分波羅蜜，無相故。具足內空波羅蜜，無相故。乃至具足無法有法空波羅蜜，無相故。具足八解脱波羅蜜，無相故。具足九次第定波羅蜜，無相故。具足佛十力波羅蜜，無相故。乃至具足十八不共法波羅蜜，無相故。是菩薩無相故，自具足是善法，亦教他人令具足善法，無相故。

**杜順《華嚴五教止觀》**　生即無生門者，就此門中，先簡名相，後入無生門。今初簡名相者，且就世間，隨取一物徵即得。今且就一枕上徵。問：不違世間，喚作何物。答：是枕。問：復是何。答：是名。又問：此是何枕。答：是木枕。又問：木枕復是何。答：不是名。又問：既不是名，喚作何物。答：是句。又問：枕喚作何物。答：不是句。又問：既不是句，喚作何物。答：是名。又問：名將何用。答：名將呼事。又問：素將來。答：枕到來也。即指到來者是何，止不須語，此是默答。更問：定是何物。答：不是枕。又問：既不是枕，枕向何處去。答：是名。又問：名在何處。答：口中言說者是。又問：此既不是枕，喚作何物。答：離言。又問：何以得知離言。答：由眼見故假言詮。又問：若假言詮，喚作言何物。答：是事。又問：事有多種，或是相事，或是色事，或是理事。答：此是相事。又問：相亦有多種，或邪，或方圓等相。答：此是方相。又問：方相有多種，言多種者，名同事別。答：此是枕名下方相。又問：名相事，八識之中是何心攝。答：眼識門中，第六意識心中名相事。又問：從何處得此名相事，忽然於意識心中現耶。答：從種子來。問：何以得知。答：此枕名相不得作席名相，故得知從種子來也。問：種子從何處得。答：從邪師邊得。又問：當得之時云何得。答：由於見聞熏成種子故。又問：此名相事既在意識心中，即合心內看，何故心外向前看。答：向前看時，此名相全在心裏。又問：何以得知。答：眼識但見色，名相事在意識心內。又問：我迷人唯見名相，汝智者既見色者，相貌云何。何者是色，卻問迷人。汝見名相，相貌云何。迷人答曰：四稜六面者是智人。問曰：向稜處看，當見稜耶見色耶。迷人審諦觀察答云，唯見色不見稜。餘稜面上亦同此問答。迷人問曰：既全是色者，名相何在。智人答曰：名相在汝心中。迷人不伏。智人問曰：有何所以不伏。迷人答曰：如我現見佛授記寺門樓名相是我心中向前看者，名相亦遂在我心中，何故一人取得，一人取不得。智人卻問曰：汝取名相來。迷人答言，已取得訖。智人問曰：取得何物。迷人答曰：取得名相。又問：名相軟耶硬耶。答云：硬。智人云，放著硬但取名相，莫取硬來。迷人答，硬及名相俱得。又問：便可見耶。答：不可見。更問：見何物。答：但見名相。迷人卻問：既取名相得，唯取得名相何在。智人答云：名相在迷人心裏。迷人不伏名相在心中。智人問曰：何以不伏。迷人答：既種種名相俱在我心中，何故不齊得硬。答：得硬。若得硬者，是現名相。不得硬者，以是過去名。又難曰：意識不得現量境，云何得有過去現量境耶。答：二種名俱在過去，於中有獨行不觸行差別故。又問曰：既二種名相皆是妄識，經云，何有獨影像，有帶質影像。答：言帶質者亦是獨影心緣方相，是比量境，故不是現量。故今說別，以共眼識不共故說別也。又問：分別何故不同。答曰：分別有顯了、有憶持二種不同，是故有託質影，有不託質影，分別不同故也。迷人又問曰：我唯見二種名相，汝智者見何法。答曰：智人唯見色法，不見名相。此簡名竟。

**智顗《摩訶止觀》卷一〇上**　夫聽學人誦得名相，齊文作解，心眼不開，全無理觀。據文者生，無證者死。夫習禪人，唯尙理觀，觸處心融，闇於名相，一句不識，誦文者守株，情通者妙悟。

**玄奘譯《顯揚聖教論》卷一七**　論曰：一切者，謂三輪。一所知境，二能知智，三能知者。一切種者，謂三相。一名相，二染淨，三俱非。名者，謂假立等十二種。名相者，謂自相及共相。染者，謂染污法。淨者，謂諸善法。俱非者，謂無覆無記法。

**玄奘譯《大般若波羅蜜多經》卷五三二**　佛告善現：若諸法中有少實事，非但假立有名相者，則諸菩薩摩訶薩行深般若波羅蜜多時，應於善法自不增進，亦不令他增進善法。

**窺基《妙法蓮華經玄贊》卷七**　解法體相空，但有假名，故名名相。或名與相二義俱空，故名名相。名即名假，相即受法二種相假。

**玄奘譯《瑜伽師地論》卷七三**　問，諸相是名耶，設名是相耶。答，諸名皆是相，有相而非名。謂除名相餘四相，餘隨所應，當知亦爾。問，諸相皆相相耶，設相相皆相耶。答，諸相相皆是相，有相非相相，謂名等四相。問，若分別相相，一切名相，相合相依而分別耶。設分別名相，一切相相，相合相依而分別耶。答，應作四句。有分別相相，非名相相合相依而起分別，謂分別不了其名所有相相。又於諸相已狀名隨眠，有分別名相，非相相相合相依而起分別，謂分別不了其事所有名相。

**玄覺《永嘉證道歌》**：

吾早年來積學問，亦曾討疏尋經論。
分別名相不知休，入海算沙徒自困。
卻被如來苦訶責，數他珍寶有何益。

**宗曉《四明尊者教行錄》卷四**　滯名相者，封之於言句。豈教不能明心，而藥弗能瘳疾耶。良由積瘵增痾，夥言惑性，是以祖師西來，直指人心見性成佛，亦方便之一揆耳。

# 善、惡、諦、業分部

## 善惡

**竺佛念譯《出曜經》卷二五**：

諸惡莫作，諸善奉行，自淨其意，是諸佛教。

諸惡莫作者，諸佛世尊教誡後人三乘道者，不以脩惡而得至道，皆習於善自致道跡，是故說曰，諸惡莫作也。諸善奉行者，彼修行人普脩眾善，唯自瓔珞具足眾德，見惡則避，恆脩其善，所謂善者，止觀妙藥，燒滅亂想。是故說曰，諸善奉行。自淨其意者，心爲行本，招致罪根，百八重根難解之結，纏裹其心，欲怒癡盛，憍慢慳嫉，種諸塵垢，有此病者則心不淨。行人執志，自練心意，使不亂想，如是不息，便成道根，是故說曰，自淨其意也。是諸佛教者，如來演教禁戒不同，戒以檢形，義以攝心，佛出世間甚不可遇，猶如優曇鉢花，億千萬劫時時乃有。是故如來遺誡教化，聖聖相承以至今日，禁誡不可不脩，惠施不可不行，吾所成佛王三千者，皆由禁誡惠施所致也。是故說曰，是諸佛教。

**鳩摩羅什譯《成實論》卷一**　諸惡莫作，諸善奉行，自淨其意，是諸佛教。故名具足。淸淨調柔者，二種淸淨故，名淸淨調柔。語淸淨故，名曰淸淨。義淸淨故，名曰調柔。

**鳩摩羅什譯《維摩詰所說經》卷中**　弗沙菩薩曰：善、不善爲二。若不起善、不善，入無相際而通達者，是爲入不二法門。

**僧肇《注維摩詰經》卷八**　什曰：一切有漏善心，及善身口業，無漏乃至涅槃，名爲善。一切煩惱所作身口業，名不善也。

**竺佛念譯《菩薩瓔珞本業經》卷下**　順第一義諦起名善，背第一義諦起名惑。以此二爲住地故，名生得善生得惑。因此二善惑爲本，起後一切善惑。從一切法緣生善惑名。作以得善，作以得惑，而心非善惑。從二得名故善惑二心。

**鳩摩羅什譯《十住毘婆沙論》卷一**　善根者，不貪、不恚、不癡。一切善法，從此三生，故名爲善根。如一切惡法，皆從貪恚癡生，是故此三名不善根。

**智顗《摩訶止觀》卷二下**　唯圓法名爲善。善順實相，名爲道，背實相名非道。若達諸惡非惡皆是實相，即行於非道，通達佛道。若於佛道生著不消甘露，道成非道。如此論善惡，其義則通。今就別明善惡，事度是善，諸蔽爲惡。

**吉藏《維摩經義疏》卷五**　弗沙菩薩曰：善不善爲二。若不起善不善，入無相際而通達此者，是爲入不二法門。二十八宿内，鬼星名弗沙。生時所值，因以爲名。十善爲善，十不善爲不善。若爾，凡夫起十善，至佛，皆爲善。餘爲不善。此攝法盡也。又順出世道爲善，即三乘聖人。違出世名不善，凡夫三性，皆爲不善。又求小乘爲不善，求大乘爲善。又求小大二，亦爲不善，不二名善。

**慧遠《大乘義章》卷二**　就三性分別，性謂善、惡、無記法也。義別有五。一，就體分別，數滅唯善，餘二無記。二，對人分別，順益名善，違損稱惡。非損益者，説爲無記。若從是義，數滅唯善，以順益故。虛空無爲，一向無記，非損益故。非數無爲，義合三性。三塗苦報非數滅者，有順益義，義説爲善。未來樂果非數滅者，有違損義，義説爲惡。餘非損益，義説無記。三，對理分別，順理名善，違理名惡。非違順者，説爲無記。若從是義，數滅唯善，以其離相順理成故。餘二無記也，非違順故。四，對因分別。善因得者，名之爲善。不善因得，名爲不善。不爲違順二種因得，名爲無記。若從是義，數滅無爲，一向是善，善因得故。虛空無爲，一向無記，不爲善惡二因得故。非數無爲，義通三性。戒施等故，令惡不起，名之爲善。邪見等故，令善不生，名之爲惡。餘名無記。五，對果分別。能生樂報，名之爲善。生苦名惡。餘名無記。若從是義，三無爲法，俱是無記，不作生因記得果故。

**慧遠《大乘義章》卷七**　辨其相，相別有五。一，約世法以爲三性。一切凡聖身口意中，止作兩善，斯名爲善。止作兩惡，齊名不善。報生威儀，工巧變化，通名無記。二，約出家道法分別。一切凡聖身口意中，止作兩善，名之爲善。止作兩惡，齊名不善。報生無記威儀，工巧及與變化，義別有三。如律中説：順法所作，斯名爲善。違法所作，通名不善。非違順者，説爲無記。三，對果分別。生樂名善，生苦不善。不能生者，説爲無記。於此門中，凡夫學人身口意中，止作兩善，名之爲善，能生樂故。止作兩惡，齊名不善，能生苦故。報生威儀，工巧變化，説爲無記，不能生故。無學聖人，一切所作，通名無記，不能記得未來果故。故《地持》中，羅漢所犯名爲無記突吉羅罪，罪既無記，善等亦然。四，對理分別。理謂空理，順理名善，違理不善。非違非順，説爲無記。於此門中，凡夫所作善惡無記，悉名不善，取性心起，違空理故。三乘聖人順理之行，名之爲善。三乘聖人隨事所作，説爲無記。五，對實分別。實謂不空如來藏性，於此實性，順名爲善，違名不善。非違非順，説爲無記。於此門中，諸佛菩薩眞證行德，名之爲善。凡夫二乘一切所作，悉名不善。菩薩法中緣修無漏，亦善不善。相順名善，以性違故，説爲不善。餘非情法，説爲無記。

**慧遠《大乘義章》卷一二**　五品十善，出《地經論》。順義名善，順有三種。一，順益上昇，名之爲善。若從是義，下極三有人天善法，齊名爲善。二，順理名善。謂無漏行。若從是義，下極二乘所修善法，皆名爲善，同順理故。三，體順名善。謂眞識中所成行德。相狀如何。法界眞性是已自體，體性緣起集成行德。行不異性，還即本體。即如不乖，稱曰體順。若從是義，唯佛菩薩體證眞行，是其善也。良以所對惡有三故，善分此三。言三惡者。一，違損名惡。若從是義，唯三塗因及人天中別報苦業，是其惡也。翻對此故，宣説初善。二，違理名惡。取性心中所造諸業，皆違法理，同名爲惡。若從是義，上極凡夫有漏善業，猶名爲惡。翻對此故，説第二善。三，體違名惡。一切妄心所起諸業，違背眞體，同名爲惡。若從是義，上至三乘緣照無漏，齊名爲惡。妄心起故。翻對此故，説第三善。名義如是。

**玄奘譯《成唯識論》卷五**　能爲此世、他世順益，故名爲善。人天樂果，雖於此世能爲順益，非於他世，故不名善。能爲此世、他世違損，故名不善。惡趣苦果，雖於此世能爲違損，非於他世，故非不善。於善不善益損義中，不可記別，故名無記。

**澄觀《大方廣佛華嚴經隨疏演義鈔》卷五一**　順第一義諦，名之爲善。背第一義諦，名之爲惡。

**湛然《維摩經略疏》卷九** 善、不善爲二者，取十善十惡爲二。泯此善惡，除分段業，只成通教不二門。今取三界之心爲不善，以乖理故。取二乘出生死入眞諦爲善。以此爲二，達善不善，即是實際。實際即是空。空中尚不見起善。何況不善。其性寂滅，善不善雙亡，是爲入不二法門。

**道世《法苑珠林》卷四八** 諸惡莫作，諸善奉行，自淨其意，是諸佛教。

所以然者。諸惡莫作，戒具之禁清白之行。諸善奉行，心意清淨。自淨其意，除邪顛倒。是諸佛教，去愚惑想。云何迦葉！戒清淨者，意豈不淨乎。清淨者，則不顛倒。以無顛倒，愚惑想滅，諸三十七道品果便得成就，以成道果。豈非諸法乎。

**從義《金光明經玄義順正記》卷下** 善惡等者，四趣爲惡，人天爲善。四聖乃是非惡非善。又《止觀》云：善惡無定。二乘無漏雖名爲善，不能兼濟三教。菩薩迭論善惡，唯圓名善。又《輔行》中，亦以十界互爲善惡。今文既云種種推畫，必約十界以明善惡。何者。三界皆惡，二乘菩薩俱名爲善。佛界乃是非善非惡。又復分別生死有邊，名之爲惡。涅槃空邊，名之爲善。非有非無乃是非善非惡也。言強謂者，猶假設也。言是非者，即善惡等也。

**法雲《翻譯名義集》卷一三** 陀摩，秦言善。《大品》陀字門。諸法善心生故，亦施相故。論曰，即知一切法善相。《華嚴》唱柁（輕呼）字門，名不退轉方便。疏云：悟一切法，調伏寂靜，眞如平等，無分別故，方爲不退轉方便。南山云：策勤三業，修習戒行，有善起護，名之爲作。作而無犯，稱之曰持。《音義指歸》云：持者執也。執持所受之法，猶若捧珠執玉也。犯者干也。謂干犯所受之法，略無護惜，如珠落玉墮也。善者順也。《起信》云：以知法性體，無慳貪故，隨順修行檀波羅蜜。以知法性無染，離五欲過，隨順修行尸波羅蜜。乃至以知法性體，明離無明，故隨順修行般若波羅蜜。以善是順義，積善之家，必有餘慶。故太戊之時，桑穀生朝一暮大如栱。王懼。伊陟曰：臣聞妖不勝德。帝德有闕，太戊從而桑穀枯死，殷道中興。積不善之家必有餘殃。故帝辛之時，有雀生烏，在城之隅。太史占曰：以小生大，國家必昌。帝辛驕暴，不修善政，殷國遂亡。經云：勿謂小罪以爲無殃，水滴雖微，漸盈大器。然或執自然之道，專非報應之說。蓋爲善而召禍，此亦多矣。爲惡以致福，斯不少焉。故《佛名經》云：行善者觸事轗軻，行惡者是事諧偶。致使世間愚人謂之善惡不分。如堯帝德化而值洪水，湯王善政而遭久亢。閔損行孝，以家貧。顏回修仁，而壽夭。遂謂貴賤自因命致，愚智盡由天賦，妍醜本出自然，貧富非是業感。乃曰：誰尖荊棘盡禽獸，誰鑿江海與川源，暴風卒起還自止，萬物須知是自然。不省聲和響順，奚曉影直形端。不了三種之報差殊，焉悟萬劫之行有異。故云：行惡得樂，爲惡未熟，至其惡熟，自見受苦。修善遇苦，爲善未熟，至其善熟，自見受樂。故《大涅槃經》明三種報。一，順現報。明主孝慈訓世，則祥雲布、壽星現。仁君恩德及物，則醴泉涌、嘉苗秀。善既有徵，惡亦可驗。樵客指熊而臂落，酒客啖肉以皮穿。二，順生報。今世雖行善惡之因，次生方受苦樂之果。缾沙轉報於四天，有相改生於六欲。三，順後報。因造今身，報終後世。伽吒七反而享餘慶，那律久劫以受遠福。此三種報，皆名定業。又《涅槃》云：未入我法，名決定業，若入我法，則不決定。《大品》云：菩薩行般若故，所有重罪，現世輕受。《智論》釋云：又如王子，雖作重罪，以輕罰除之，以是王種中生故。菩薩亦如是，能行般若得實智慧故，即入佛種中生，雖有重罪，云何重受。青龍疏云：不定有三，謂時定報不定，報定時不定，時報俱不定。此中所轉，是第二句。何者，由報定故，轉重令輕。由時不定，故墮惡道業，人間現受。其餘二句，一切都滅。是故釋氏指虛空世界，悉我自心。考善惡報應，皆我自業。則知三界循環，斯皆妄識四生磐泊，並是惑心。故古德云，皆本一心而貫諸法。

**傳燈《維摩詰所説經無我疏》卷一〇** 弗沙菩薩曰：善不善爲二。若不起善不善，入無相際而通達者，是爲入不二法門。

什公曰：一切有漏善心，及善身口業無漏，乃至涅槃，名爲善。一切煩惱所作身口業，名不善也。

燈曰：若起不善念，則爲三界六道輪迴生死因。若起善念，則爲出三界二乘菩提涅槃果。求佛道者，不惟不起不善念，即善念亦不起，方與大道相應。六祖云，不思善，不思惡，阿那箇是明上座本來面目。亦知言也。

約教判者。若以眞空爲無相際，雙非善不善念，則屬通教菩薩不二法門。若以但中圓中爲無相際，雙非善不善，空有二邊，則屬別圓入不二法門。

**傳燈《性善惡論》卷之三**　客問曰：魔王以惡意加佛，佛未嘗以毫惡向之。何足以爲性惡。余對曰：即世尊以惡向之，無非慈善根力，令彼自然潰散。雖謂之惡，實非惡也。況性之善惡，體本融通，於彼因善得益，謂之性善，於惡得益，謂之性惡。夫惡以不順爲義。如今之降魔，令其箭鏃成花，變魔逆境以爲順境。化諸天女老獎，變魔順境以爲逆境，惱亂其心，皆性惡邊事也。

## 慚愧

**鳩摩羅什譯《大莊嚴論經》卷四**　汝今莫自謂有慚愧，覩汝所爲，未得脫於諸見之網。夫慚愧者，定不入於諸見之網，若不起惡覺，是名慚愧。

**曇無讖譯《大般涅槃經》卷一九**　有二白法，能救衆生，一慚，二愧。慚者，自不作罪。愧者，不教他作。慚者，內自羞恥。愧者，發露向人。慚者，羞人。愧者，羞天。是名慚愧。無慚愧者，不名爲人，名爲畜生。有慚愧故，則能恭敬父母師長。有慚愧故，說有父母兄弟姊妹。

**玄奘譯《瑜伽師地論》卷四四**　云何名爲菩薩慚愧。當知慚愧，略有二種。一者自性，二者依處。言自性者，謂諸菩薩於罪現行，能正覺知我爲非法，內生羞恥，是名爲慚。即於其中能正覺知，於他敬畏外生羞恥，是名爲愧。菩薩羞恥本性猛利，況復修習如是。應知名爲菩薩慚愧自性。言依處者，略有四種。若諸菩薩於應所作，不隨建立，而生羞恥，當知是名第一依處。若諸菩薩於不應作，隨順建立，而生羞恥，當知是名第二依處。若諸菩薩於覆己惡而生羞恥，當知是名第三依處。若諸菩薩，於自所生惡作有依，隨逐不捨而生羞恥，當知是名第四依處。如是應知，名爲菩薩慚愧依處。

**玄奘譯《阿毗達磨發智論》卷二**　云何慚。答：諸有慚，有所慚，有異慚。有羞，有所羞，有異羞。有敬，有敬性。有自在，有自在性。於自在者，有怖畏轉，是謂慚。

云何愧。答：諸有愧，有所愧，有異愧。有恥，有所恥，有異恥。於諸罪中，有怖有畏，深見怖畏，是謂愧。慚愧何差別。答：於自在者，有怖畏轉是慚。於諸罪中，深見怖畏是愧。如是差別。

**玄奘譯《阿毗達磨集異門足論》卷一**　慚愧者，慚云何。答：如世尊說，諸有慚者，於可慚法而生於慚。可慚法者，謂諸惡不善法，乃至順當來生老死。彼於如是惡不善法生時，有慚，有所慚，有別慚。有羞，有所羞，有別羞。有崇敬，有所崇敬。有隨屬，有所隨屬。於自在者，有怖畏轉，是謂慚。愧云何。答：如世尊說，諸有愧者，於可愧法而生於愧。可愧法者，謂諸惡不善法，乃至順當來生老死，彼於如是惡不善法生時，有愧，有所愧，有別愧。有恥，有所恥，有別恥。於諸罪中，有怖有畏，能見怖畏，是謂愧。

**道世《法苑珠林》卷二三**　《涅槃經》云：有二白法能救衆生，一慚，二愧。慚者，自不作惡。愧者，不教他造。慚者內自羞恥，愧者發露向人。慚者羞人，愧者羞天，是名慚愧。有慚愧故，則能恭敬父母、師長、一切道俗人及非人，便能敬重三寶滅諸惡業。

**通潤《妙法蓮華經大窾》**　慚者，言我巍巍堂堂大丈夫相，如何甘爲下劣之事。愧者，見人授記作佛時，即自念云，彼既丈夫，我胡不爾。有慚愧者，即是尋常自咎自責。如舍利弗者是也。無法相曰清，無非法相曰淨。既有慚愧，又不著相，而志求佛道，不樂餘乘。如此等人，心專志一，的是大乘法器。

## 輕安

**玄奘譯《成唯識論》卷六**　安謂輕安，遠離粗重，調暢身心，堪任爲性。對治惛沈，轉依爲業。謂此伏除能障定法，令所依止，轉安適故。

**地婆訶羅譯《大乘廣五蘊論》卷一**　云何輕安。謂粗重對治，身心調暢，堪能爲性。謂能棄捨十不善行，除障爲業。由此力故，除一切障，轉偏滿身中，狀如充溢。彼初起時，令心踴躍，令心悅豫，歡喜俱行，令心喜樂。所緣境性，於心中現。從此已後，彼初所起輕安勢力，漸漸舒緩。有妙輕安，隨身而行，在身中轉。由是因緣，心踴躍性，漸次退減。由奢摩他所攝持故，心於所緣，寂靜行轉。從是已後，於瑜伽行初修業者，名有作意。始得墮在有作意數。何以故。由此最初獲得色界定地所攝少分微妙正作意故。由是因緣，名有作意。

**玄奘譯《顯揚聖教論》卷一**　輕安者，謂遠離麤重，身心調暢爲體，斷麤重障爲業。如前乃至能增長輕安爲業，如經說適悅於意身及心安。

**普光《俱舍論記》卷四**　輕安者，謂心堪任性者。輕安，謂能令心於善有所堪任。故《正理》云，正作意轉，身心輕利安適之因。心堪任性，說名輕安。又《入阿毘達摩》云：心堪任性，說名輕安。違害惛沈，隨順善法。豈無經亦說有身輕安耶者。經部難，豈無經亦說有身輕安，何故但說心輕安耶。經部計身輕安是觸事輕安。觸用風爲體爲輕安，名通輕觸，故以爲難。彼宗心輕安是心所，身輕安是輕觸。雖非無說至應知亦爾者，說一切有部通經。經雖說有身輕安性，此如身受。受雖心所，若五識相應名身受，若意識相應名心受。應知輕安亦爾。雖是心所，若五識相應名身輕安，若意識相應名心輕安。

**法寶《俱舍論疏》卷四**　輕安者，謂心堪任性。《正理論》云，正作意轉，身心輕利安適之因。心堪任性，說名輕安。述曰，正作意轉，明所依位。即如理作意，正現起時，能爲身心輕利安適之因。舉作用也。心堪任性，指其體也。

**窺基《大乘百法明門論解》卷上**　言輕安者，遠離麤重，調暢身心，堪任爲性，對治昏沈，轉依爲業。離重名輕，調暢身心名安，謂此伏除能障定法，令所依止轉安適故。

**玄奘譯《阿毘達磨俱舍論》卷四**　輕安者，謂心堪任性。豈無經亦說有身輕安耶。雖非無說。此如身受應知亦爾。如何可立此爲覺支。應知此中身輕安者，身堪任性。復如何說此爲覺支。能順覺支，故無有失。以身輕安能引覺支心輕安故。於餘亦見有是說耶。有如經說：喜及順喜法，名喜覺支。瞋及瞋因緣，名瞋恚蓋。正見、正思惟、正勤，名慧蘊。思惟及勤，雖非慧性，隨順慧故，亦得慧名。故身輕安順覺支故得名無失。

捨粗重。

**玄奘譯《俱舍論》卷四**　輕安者，謂心堪任性。豈無經亦說有身輕安耶。雖非無說，此如身受，應知亦爾。如何可立此爲覺支。應知此中身輕安者，身堪任性。復如何說此爲覺支。能順覺支，故無有失。以身輕安，能引覺支心輕安故。於餘亦見有是說耶。有。如經說：喜及順喜法，名喜覺支。瞋及瞋因緣，名瞋恚蓋。正見、正思惟、正勤、名慧蘊。思惟及勤，雖非慧性，隨順慧故，亦得慧名。故身輕安，順覺支故，得名無失。

**玄奘譯《阿毗達磨法蘊足論》卷九**　云何輕安覺支。謂世尊說：慶喜當知，入初靜慮時，語言靜息。由此爲緣，餘法亦靜息，此名第一順輕安相。入第二靜慮時，尋伺靜息，由此爲緣，餘法亦靜息，此名第二順輕安相。入第三靜慮時，諸喜靜息，由此爲緣，餘法靜息，此名第三順輕安相。入第四靜慮時，入出息靜息，由此爲緣，餘法亦靜息，此名第四順輕安相。入滅想受定時，想受靜息，由此爲緣，餘法亦靜息，此名第五順輕安相。慶喜當知，復有第六上妙輕安，是勝、是最勝，是上、是無上。如是輕安，最上最妙，無餘輕安，能過此者。此復是何。謂心從貪離染解脫，及從瞋癡離染解脫。此名第六順輕安相。思惟此相，所有無漏，作意相應，諸身輕安，心輕安，輕安性，輕安類，總名輕安，亦名輕安覺支。是聖出世，無漏無取，道隨行道俱有道隨轉，能正盡苦，作苦邊際。諸有學者，如所見諸行，思惟觀察，令至究竟。於諸行中，深見過患，於永涅槃，深見功德。若阿羅漢，如解脫心思惟觀察，令至究竟，所有無漏作意相應，諸身輕安、心輕安、輕安性、輕安類。是名輕安覺支。

**玄奘譯《瑜伽師地論》卷三二**　先發如是正加行時，心一境性，身心輕安，微劣而轉，難可覺了。復由修習勝奢摩他毗鉢舍那，身心澄淨，身心調柔，身心輕安。卽前微劣心一境性身心輕安，漸更增長，能引強盛易可覺了心一境性身心輕安。謂由因力，展轉引發方便道理。彼於爾時，不久當起強盛易了，身心輕安，心一境性。如是乃至有彼前相，於其頂上，似重而起，非損惱相。卽由此相，於內起故，能障樂斷諸煩惱品心麄重性，皆得除滅。能對治彼心調柔性，心輕安性，皆得生起。由此生故，有能隨順起身輕安，風大偏增，眾多大種，來入身中。因此大種入身中故，能障樂斷諸煩惱品，身麄重性皆得除遺。能對治彼身調柔性，身輕安性，

**雲峰**《**唯識開蒙問答**》**卷上** 問：云何輕安。答：遠離麤重，調暢身心，堪任爲性，對治惛沉，轉依爲業。名輕安者，離重名輕，調暢名安。言堪任者，有所堪可，有所任受。言轉依者，令所依身心去麤重，得安隱故。

**通潤**《**成唯識論集解**》**卷六** 言輕安者，遠離麤重惛沉，故輕。能令身心調適暢悅，故安。使行人堪能任事而爲其性，對治昏沉，轉依而爲業用。次轉釋，謂此伏除昏沉障定之法，令所依止麤重身心，轉爲輕安暢適故。

# 行捨

**鳩摩羅什譯**《**成實論**》**卷一三** 行捨者，以離喜故，心得寂滅。行者，先深著喜，心多散亂。今得離故，其心寂滅。故說行捨。

**智儼**《**大方廣佛華嚴經搜玄分齊通智方軌**》**卷三** 言行捨者，是其捨支。行心調停，捨彼喜過，故名爲捨。此是捨數，簡異捨受，故彰行也。

**澄觀**《**大方廣佛華嚴經隨疏演義鈔**》**卷六一** 言行捨者，即精進三根，令心平等正直，無功用住爲性。對治掉舉、不寂靜住爲業。

**窺基**《**大乘百法明門論解**》**卷上** 言行捨者，精進三根，令心平等、正直，無功用住爲性。對治掉舉，靜住爲業。言行捨者，乃行蘊中捨，簡受蘊捨故。

**曇曠**《**大乘百法明門論開宗義記**》 言行捨者，精進三根，令心平等正直，無功用住爲性，對治掉舉，靜住爲業。平等正直，無功用住，初中後位辯捨差別。由不放逸，先除雜染，捨後令心寂靜而住。

**德清**《**百法論義**》 行捨者，由精進力，捨貪嗔癡，則令心平等正直，任運入道。以念念捨處，即念念入處。如人行路，不捨前步，則後步不進，故名行捨。以有此捨，令心不沉掉，故平等耳。言行蘊中捨者，以行陰念念遷流者，乃三毒習氣熏發妄想不覺，令心昏沉掉舉。若無此捨，不但昏掉，將發現行。若能念念捨之，則昏掉兩捨，自然令心平等正直矣。初用力捨，名有功用。若捨至一念不生，則任運無功，自然合道矣。

故予教人參禪做工夫，但妄想起時，莫與作對，亦不要斷，亦不可隨。但撇去不顧，自然心安。葢撇即捨耳。不害者，謂慈愍眾生，不爲損惱，此專治嗔。不嗔則外不傷生，内全慧命，故爲至善。如儒之仁，而善法繫之終焉。

**廣益**《**大乘百法明門論**》 言行捨者，即是精進三根，能令自心平等正直，不假功用，自然安住。以此爲體，由此能令心遠離掉舉等障而得靜住，是其業用，故名爲捨。以其能捨麁重沉掉，故心得靜住。此即四禪之捨定也。是善性攝，非是無記。言平等正直無功用行，初中後位辨捨差別者，謂初捨掉舉行，心得平等，中捨邪曲行，心得正直，後捨有功用行，心得無功用住。此捨之差別相也。然此行捨離四法外，亦無別體。如不放逸，離四無有別相用故。

**明昱**《**大乘百法明門論贅言**》 言行捨者，精進三根，令心平等正直，無功用住爲性。對治掉舉，靜住爲業。言行捨者，乃行蘊中捨，簡受蘊捨故。言令心平等等者，由捨令心離昏掉時，初心平等，次心正直，後無功用。

**智旭**《**大乘百法明門論直解**》 行捨者，亦即精進，及三善根，能令其心平等正直，無功用住而爲體性。對治掉舉，寂靜而住，以爲業用。此與五受中之捨受不同，故名行捨。

**明昱**《**成唯識論俗詮**》**卷六** 言行捨者，不居功也。此行蘊捨，非受蘊捨。以捨受唯無記，行捨是善性，是故揀之。平等爲初，離沉掉故。正直爲次，於染不怯故。無功用住爲後，即寂靜住，亦曰無動安住。自能靜住，能治掉舉，是彼業用。謂即四法下，重釋體用四法。即精進三根，令心遠離等名行。即前不放逸，靜住名捨。即此位本名，故言行捨，令心以前行捨故。平等正直下，辨捨三位差別。復自釋云，由不放逸，先除雜染。此即令心離沉掉也。捨復令心寂靜而住，即靜住名捨。此無別體下，釋成無體，依四假立。能令下，復以能所，顯四法爲實有，行捨爲假立。

**王肯堂**《**成唯識論證義**》**卷六** 言行捨者，行蘊中捨，揀受蘊捨。爲彼捨受唯是無記，非善性故。行捨善性，故今揀之。此亦以彼四法爲體。四法令心平等正直，無功用住而爲自性。對治掉舉，寂靜安住而爲業用。次轉釋。精進三根，令心遠離掉舉等障而得靜住，故名爲捨。由捨令心離沉掉時，初心平等，次心正直，後無功用。故清涼《鈔》云：平等爲初，離沈掉故。正直爲次，於染不怯故。無動安住爲後，即寂靜住，即此論中無功用住。由不放逸，除雜染已，捨復令心寂靜而住，故此如彼，無別自性。問：何故行捨同不放逸亦即四法。曰：離彼四法，無相用故。何知無別。曰：若能令靜，即四法故。若所令靜，即心等故。既即四法，何須別立。曰：若不別立，隱此能故。

**大惠《成唯識論自攷》卷六**　行捨者，此即行蘊中捨，唯善性故。簡非受中捨，屬無記故。四法令心平等正直，無功用住而爲自性。對治掉舉，寂靜安住而爲業用。謂即下，轉釋。此約四法離障立名。先後有別。四法令心遠離掉舉惛沉，寂靜安住名捨。初離沉掉，次無邪曲，後心任運安隱。如次名爲平等正直無功用住，捨差別相。

**明昱《八識規矩補註證義》**　行捨者，精進三根，令心平等正直，無功用住爲性。對治掉舉，靜住爲業，此名行捨。於五蘊中，捨行蘊故，故名靜住。令心等義。由捨令心離沈掉時，初心平等，次心正直，後無功用。此之一法，亦即四法。蓋能令靜，即是四法。所令靜，即心平等等義。

## 不害

**玄奘譯《顯揚聖教論》卷一**　不害者，謂由不惱害諸有情故，悲哀惻愴愍物爲體，能斷害障爲業。如前乃至增長不害爲業，如經說由不害故，知彼聰叡乃至廣說。

**玄奘譯《大乘阿毗達磨雜集論》卷一**　不害者，無瞋善根一分，心悲愍爲體，不損惱爲業。當知不害不離無瞋，故亦是假。

**玄奘譯《阿毗達磨品類足論》卷三**　不害云何。謂於有情不毀不損，不傷不害，不惱不觸，不令墮苦，是名不害。

**玄奘譯《成唯識論》卷六**　云何不害。於諸有情不爲損惱無瞋爲性，能對治害，悲愍爲業。謂即無瞋，於有情所，不爲損惱，假名不害。無瞋，翻對斷物命瞋。不害，正違損惱物害。無瞋與樂，不害拔苦。是謂此二麁相差別。理實無瞋，實有自體。不害依彼一分假立，爲顯慈悲二相別故。利樂有情彼二勝故。有說不害非即無瞋，別有自體，謂賢善性。

**地婆訶羅譯《大乘廣五蘊論》卷一**　云何不害。謂害對治，以悲爲性。謂由悲故，不害群生。是無瞋分，不損惱爲業。

**法藏《華嚴經探玄記》卷一二**　不害者，不損有情，皆於靜慮無隨順義。

**法寶《俱舍論疏》卷四**　言不害者，謂無損惱。《正理論》云：與樂損惱有情相違，心賢善性，說名不害。

**廣益《大乘百法明門論》**　言不害者，即是無嗔。於有情處不爲傷損，不爲觸惱，假立此名。問：何故一體而立二名。答：以對治有異故。無嗔，翻對傷物命之瞋。不害，正違損物命之害。無嗔是慈，故能與樂。不害是悲，故能拔苦。是顯無嗔與不害麤相之差別也。以嗔則現行身口，甚則能傷物命故。今若以理細推，無嗔有體，不害但不損惱，未必現於行事，故爲假立。問：不害既即是，無嗔何須別立。答：爲顯慈悲二相有別，亦顯利益彼二勝故。

**通潤《成唯識論集解》卷六**　不害即是無瞋，於有情處不爲傷損，不爲觸惱，假立此名。問：何故一體而立二名。答：以對治有異故。無瞋，翻對斷物命之瞋。不害，正違損物惱物之害。無瞋是慈，故能與樂。不害是悲，故能拔苦。是顯瞋與不害麤相之差別也。若以理細推，則無瞋有體，不害假立。問：不害既即是無瞋，何須別立。答：爲顯慈悲二相有別，亦顯利益。彼二勝故下揀異。有師云：不害非即無瞋，別有自體，謂賢善性。論主詰云：何謂賢善。答：謂不損惱即是賢善。彼賢善者，即是其性。論主云：唯無瞋亦是不損惱，亦是慈悲賢善，故離無瞋，別無不害。

## 梵行

**竺法護譯《持心梵天所問經》卷四**　舉要言之，假於諸法不習諸法，是乃名曰淨修梵行。又問，所言淨修梵行爲何謂乎。答曰，淨修梵行，不住二道，此之謂也。

**僧伽跋陀羅譯《善見律毗婆沙》卷四** 問曰：何謂爲梵行。答曰：梵天人所行此法，故名梵行。何以故。開示梵行初善，有因緣故中善，義不顛倒後善，聞者歡喜而隨，是名開示梵行。

**鳩摩羅什譯《成實論》卷一** 隨梵行者，八直聖道名爲梵行。梵名涅槃是道，能到故名梵行。法寶成就如是功德，是故應禮。

**鳩摩羅什譯《成實論》卷一四** 空即是聖行，故名聖行。爲生淨天，故名天行。爲到寂滅，故名梵行。爲得學法，故名學行。爲無學故，名無學行。

**鳩摩羅什譯《大智度論》卷二〇** 斷婬欲天，皆名爲梵，說梵皆攝色界。以是故，斷婬欲法，名爲梵行。離欲亦名梵。若說梵，則攝四禪、四無色定。

**鳩摩羅什譯《大智度論》卷八** 有人行十善業道，不斷婬。今更讚此行梵天行，斷除婬欲故，言淨修梵行。

**僧肇《注維摩詰經》卷二** 示有妻子，常修梵行。肇曰，梵行，清淨無欲行也。

**法雲撰《妙法蓮華經義記》卷二** 梵行之相者，此是第七善。梵名涅槃行者，是涅槃家因也。此即是道諦也。相即是標相也。猶如見烟知火，見鶴知池。執攬此經，知有梵行之因果。此經則爲因果作相，故言梵行之相也。

**吉藏《維摩經義疏》卷二** 示有妻子，常修梵行。此有二句，明人權實。同人者之五請，故示有妻子。異人者之神明，故常修梵行。梵翻爲淨，謂清淨無欲行也。

**吉藏《法華義疏》卷二** 梵行之相者，梵名涅槃，即根本法輪大涅槃也。行即萬行，到大涅槃也。若依小乘，名小涅槃。行謂八正，修於八正，能到涅槃。而此八正爲涅槃家相，故云梵行之相。又梵名涅槃，行涅槃行爲梵行。行義顯彰爲相，教是梵行之緣，緣中說果，故云梵行之相。又釋教能詮梵行，即是梵行家相也。

**吉藏《法華義疏》卷七** 有人言，通取一切戒爲梵行，別名斷婬爲梵行。故《大品》云，婬欲障生梵天，何況菩提。

**智顗《妙法蓮華經玄義》卷四上** 慈既是行本，故言梵行。若依圓語，亦如《大經》，慈即如來，慈即佛性。慈若不具，佛十力、四無所畏、三十二相者，是聲聞慈。若具足者，是如來慈。是慈即是大法聚，是慈即是大涅槃。慈力弘深，具一切福德莊嚴，故名梵行。

**慧遠《大乘義章》卷一二** 言梵行者，當相爲名。梵名爲淨。利他之行，能爲一切不善對治，離過清淨，故名爲梵。亦可此行從果爲名。初禪已上，離欲果報，名之爲梵。四無量等能生梵果，故名梵行。又復涅槃亦名梵果，此行能得說爲梵行。

**慧遠《大乘義章》卷一九** 梵行已立，是修道智。梵名爲淨。無漏聖道，能除垢染，出障清淨，故名梵行。

**智儼《大方廣佛華嚴經搜玄分齊通智方軌》卷二** 行中上淨，故名梵行也。要論梵有二，謂報及方便。始修爲淨，成就爲梵。若據報者，欲天爲淨，色天爲梵。若約自利利他，自利爲淨，利他爲梵。故《涅槃經》云，三學爲勝聖行，四無量爲梵也。

**澄觀《大方廣佛華嚴經疏》卷一九** 梵是西域之音，具云勃嚂摩。此翻爲淨。揀上淨行，立梵行名。離染中極，故名爲梵。即梵爲行，故名梵行。持業釋也。亦有云：眞境爲梵，智契爲行。或涅槃爲梵，修因爲行。此二依主釋。梵行以何爲體，體略有三：一者即戒，戒能防非，故得稱梵。二者四等。三者是慧。《涅槃》五行中，梵行即四無量，亦七善知。今此品中具含三義，然此三各二。戒有二者，一隨相，二離相。今文即相無相。依如來教，染衣出家，乞食正命，是隨相也。於修無所著，則戒相如虛空，即離相也。四等二者，一有緣，二無緣。生緣法緣皆名爲有。今即緣無緣，觀察衆生，而不捨離是有緣也。了知境界，如幻如夢，即無緣也。慧有二者，一有分別，二無分別。今即分別是無分別。謂於十法一一推徵，是分別也。觀無相法，了知平等，離念契玄，即無分別也。上三中二義，各初義通凡小，後義唯大乘。此二不二，爲實教梵行。若一行具一切佛法，方是華嚴之梵行也。梵即是淨，但以性淨故即行淨。行淨故則智慧淨，智慧淨故則心淨，心淨故一切功德淨。乃至成佛功歸於行，故云淨行。

**遁倫《瑜伽論記》卷二二** 言梵行者，至習婬欲法者。謂涅槃離染名梵，八支聖道與梵爲行。又煩惱名非梵，八支聖道離彼，故名梵行。又此八支從彼如來梵音而生，故名梵行。

**智周**《**法華玄贊攝釋**》**卷二**　梵行者，復有二釋。一云，煩惱等法，名爲非梵。八聖道支，能離彼故，故名梵行。二云，此八道支，從彼如來梵音而生，故名梵行。

**栖復**《**法華經玄贊要集**》**卷一四**　梵行體是八支聖道，道諦也。此純一等四法，便是道諦向上證理斷惑之義用。道諦具有此四種相，故名梵行之相。

**懷素**《**四分律開宗記**》**卷一**　何謂梵行。答：梵天人所行，故名梵行。又解，佛、辟支佛、聲聞所行名梵。往修佛道，今成菩提，故曰修習梵行。

**松大師**《**妙法蓮華經演義**》**卷二之一**　言淨修梵行者，即六度梵行也。如行布施，若見有能施所施，及所受者，不名淨修。今行施時，了達三輪體空，故名淨修也。布施既爾，餘皆例然。

**松大師**《**妙法蓮華經演義**》**卷三之一**　言淨修梵行者，梵行雖多，不出六度。能了知無布施可修，而不妨終日修於布施，乃至了知無般若可修，而不妨終日修於般若，乃名淨修梵行也。

# 自恣

**道宣**《**四分律比丘尼鈔**》**卷中之上**　夫九旬修道，精練身心。人多迷己，不自見過。理宜仰憑清衆垂慈誨示，縱宣己罪，恣僧治舉，內彰無私隱，外現有純淨，故曰自恣也。

**道宣**《**四分律删繁補闕行事鈔**》**卷上**　九旬修道，精練身心。人多迷己，不自見過。理宜仰憑清衆垂慈誨示，縱宣己罪，恣僧舉過，內彰無私隱，外顯有瑕疵，身口託於他人，故曰自恣。故《摩得伽》云：何故令自恣，使諸比丘不孤獨故，各各憶罪發露悔過故，以苦言調伏得清淨故，自意喜悅無罪故也。

**大覺**《**四分律鈔批**》**卷六本**　言自恣者，縱宣己罪，恣僧舉過，故曰自恣。又云，恣己身心，任僧舉罰故曰也。言宗要者，此明自恣是懺罪之宗要也。又云：宗者尊也。由能尊此自恣之法，使道風常舉，目之爲要，故曰自恣宗要也。注云：迦絺那等者，此是梵音。翻爲功德衣也。以其九旬修道，坐夏有功。僧別無愆，任其受利。德衣蔭大，功被行人。故此法附也。釋名者，以坐夏有功，五利賞德，故曰功德衣也。

九旬精練身心等者，立謂一夏之中，修習定慧，精進懃苦，研練身心也。（此解恐不著）。礪羯磨疏云：以其九旬修道，迭相諳練，將欲告離，故須恣僧舉，覺彰己夏，未有皎潔之美故也。意云據此礪意。言精練者，謂大衆熟相諳，委其身心也。言人多迷己不自見過者，立明，世人但見餘人之過，不見自過。故《法律三昧經》云：世人無知，但見人過，不見己過。但見己善，不見人善。即其證也。身口托於他人者，此明造過，不出身口二業。將恐身口所犯，三根外現，自迷不見，故委托他人，舉我之過。他人者即五德也，亦可通指大衆也。

**法雲**《**翻譯名義集**》**卷一一**　鉢刺婆刺拏，《音義指歸》云，譯爲隨意。《寄歸傳》云，凡夏罷歲終之時，此日應名隨意。即是隨他於三事之中，任意舉發説罪除愆之義。舊云自恣者，是義翻。然則自恣之言，涉乎善惡。今局善也。故《事鈔》曰：九旬修道，精練身心。人多迷己，不自見過。理宜仰憑清衆垂慈誨示，縱宣己罪，恣僧舉過。內彰無私隱，外顯有瑕疵，身口託於他人，故云自恣。《摩得勒伽論》云：何故令自恣。使諸比丘不孤獨，故各各憶罪發露悔過故，以苦言調伏得清淨故，自意喜悅無罪故也。所以制在夏末者，若論夏初創集，將同期款，九旬立要，齊修出離。若逆相舉發，恐成怨諍，遞相沿及，廢道亂業，故制在夏末者。以三月策修，同住進業，時竟云別，各隨方詣。必有惡業，自不獨宣，障道深過，義無覆隱，故須請誨，良在茲焉。故律聽安居竟自恣。此是自言恣他舉罪，非爲自恣爲惡。前明時節，謂有閏月者，依閏安居，七月十五日自恣。不依閏者，依《摩得伽》中，數滿九十日自恣。若閏七月者，取前月自恣。非前夏安居者，過潤已數滿九十日自恣。若修道安樂，延日自恣，得至八月十五日。然律中但明十四日十五日自恣。及至給施衣中次第增中，十六日自恣。增三中三日自恣。《四分》中云，安居竟自恣，則七月十六日爲定。律又云，僧十四日自恣，尼十五日自恣。此謂相依問罪，故制異日。及論作法，三日通用。克定一期十六日定。若有難者，如五百問中，一月自恣。《事鈔》問，十五日自恣已，得出界不。答：不得破夏離衣，由夜分未盡故。問：此界安居，餘處自恣得不。答：僧祇不得結罪。又安居篇云，四月十六日結者，至七月十五日夜分盡訖，名夏竟。

**儀潤《百丈叢林清規證義記》卷八** 休夏自恣，誠佛門之要道。懺愆悔過，實僧行之良謀。善因培植，樂果圓證。不憑戒定之航，曷到涅槃之岸。茲者七月十六日，屆當我佛解制休夏之辰，雲集眾僧，登臨寶殿，諷演秘章，解開期制。自今已後，破四重，蹈十惡，恣任自陳。起三毒，犯七遮，隨從他說。若見，若聞，若疑，一一須悔。或身，或口，或意，重重當懺。根塵纏縛，聲色牽連，積諸罪累，障閉心源。若不宣揚，何由雪淨。特開懺摩之門，廣滌自他之罪。懺則懺於已往，悔則悔其將來。故云：已作之罪，願乞消滅。未作之罪，不敢更作。故今解制，自恣懺悔。（白竟一拜，維那歸位，悅眾鳴引磬。大眾齊唱云。）大德！一心念，眾僧今日自恣，我比丘某甲亦自恣。若見聞疑罪，大德長老哀愍故，語我若見聞疑罪，當如法懺悔。（三唱竟，或一二說竟，大眾念大悲呪三遍繞殿。念畢，各歸本位。維那舉懺悔偈。大眾唱云。）往昔所造諸惡業，皆由無始貪瞋癡，從身語意之所生，一切罪根皆懺悔。

唵。三陁囉伽陁娑婆訶。（三唱已。跪念大懺悔文畢。舉回向贊云。）自恣休夏，佛果圓成，一切業障頓冰清。覺海性圓澄，智慧光明，法界盡蒙恩。南無求懺悔菩薩摩訶薩。（三稱，次舉回向偈云）。解夏功德殊勝行。（云云）（唱偈時，住持禮佛三拜。問訊偈畢，即回方丈。大眾鳴引磬，禮佛三拜，上方丈頂禮和尚，若免，即回堂。）是日晚課畢，解制。維那鳴引磬，上方丈巡寮。告假等事，與解冬同例。（若不據蘭盆勝會，十五日解制告假）。

《證義》曰：解夏自恣者，蓋比丘當初夏時，結制安居，不令乞食，名休夏。今朝滿期解制，自知有過，恣其自陳，自不知過，恣任僧舉，故名自恣。或問蓮池師曰，許僧自恣，何謂也。師答曰：有過如病人，舉過如醫王，諱病而惡醫，是名大愚癡。則知有過而舉之，之為是矣。或又曰，自舉或可，他人舉之，不畏起爭端乎。答曰：律載僧有過，傍僧白佛。佛召本僧，種種呵責。因制為律，叢林逐日直言，據此也。此遵佛制，非出私意，何有爭端。且世法猶云，君有爭臣，父有爭子，士有爭友。故曰，興王賞直諫之臣，聖主立誹謗之木。況為僧脩出世法，可不須友以成其德乎。若惡直言，則讒諂面諛之人至矣。拒諫飾非，損德敗業，非小失也。因復作頌曰，古自恣，協金蘭，今自恣，生棘刺。口談他過忿起諍，目對毗尼盲不視。何恠乎正法衰，魔軍熾，雲棲主人發長嘆。一則傷我心，一則慰我志。君不見，愛禮故存羊，宣尼曾告端木賜。《禪宗秘要》云：昔闍夜多尊者，至羅閱城，敷揚頓教，謂遍行曰，吾適對眾抑挫，仁者得無惱於衷乎。曰，我憶念七劫前，生常安樂國，師於智者月淨記我，非久當證斯陁含果。時有大光明菩薩出世，我以老故，策杖禮謁。師叱我曰，重子輕父，一何鄙哉。時我自謂無過，請師示之。師曰，汝禮大光明菩薩，以杖倚壁畫佛面。以此過慢，遂失二果。我責躬悔過以來，聞諸惡言，如風如響。況獲飲無上甘露，而反生熱惱耶。噫，此可謂自恣之龜鏡矣。

# 煩惱

**鳩摩羅什譯《大智度論》卷三** 諸煩惱有二種。一種屬愛，一種屬見。屬愛煩惱斷，故名所作。屬見煩惱斷，故名已辦。

**鳩摩羅什譯《大智度論》卷七** 煩惱者，能令心煩，能作惱故，名為煩惱。煩惱有二種，內著，外著。內著者，五見、疑、慢等。外著者，婬、瞋等。無明內外共。復有二種結，一屬愛，二屬見。復有三種，屬婬，屬瞋，屬癡。是名煩惱。纏者，有人言十纏，有人言五百纏。

煩惱名一切結使。結有九，使有七，合為九十八結。如《迦旃延子阿毘曇義》中說：十纏，九十八結，為百八煩惱。餘阿毘曇中結使亦同，纏有五百。如是諸煩惱，菩薩能種種方便自斷，亦能巧方便斷他人諸煩惱。

**鳩摩羅什譯《大智度論》卷二七** 斷一切煩惱習者，煩惱名，略說則三毒，廣說則三界九十八使，是名煩惱。

煩惱習名煩惱殘氣，若身業，口業不隨智慧，似從煩惱起。不知他心者，見其所起，生不淨心，是非實煩惱，久習煩惱故，起如是業。

**鳩摩羅什譯《大智度論》卷六五**　無煩惱即是淨，淫欲、瞋恚等諸煩惱名爲污。是般若波羅蜜，一切垢法所不污。六情是諸煩惱處。六情及一切法，諸煩惱緣處、住處皆不可得故，名不污波羅蜜。

**鳩摩羅什譯《大智度論》卷八〇**　諸煩惱有二分。一者，外道邪見人名爲邊。二者，餘衆生煩惱名爲顛倒。觀十二因緣，是二種煩惱皆滅。

**鳩摩羅什譯《大智度論》卷八八**　諸煩惱有二分。一者屬見，二者屬愛。若但有一事，則不能成大罪。三毒人得邪見力，能盡作重惡。邪見人得貪欲、瞋恚，能大作罪事。如須陁洹雖有三毒，無邪見故，不作墮三惡道重罪。是故人中多有三毒、邪見。

**僧肇《注維摩詰經》卷二**　什曰，煩惱即涅槃，故不待斷而後入也。肇曰：七使九結惱亂群生，故名爲煩惱。煩惱眞性即是涅槃。慧力強者，觀煩惱即是入涅槃，不待斷而後入也。生曰：既觀理得性，便應縛盡泥洹。若必以泥洹爲貴而欲取之，即復爲泥洹所縛。若不斷煩惱即是入泥洹者，是則不見泥洹異於煩惱，則無縛矣。

**求那跋陀羅譯《勝鬘師子吼一乘大方便方廣經》**　煩惱有二種。何等爲二，謂住地煩惱，及起煩惱。住地有四種。何等爲四，謂見一處住地，欲愛住地，色愛住地，有愛住地。此四種住地，生一切起煩惱。起者，刹那心刹那相應。世尊！心不相應，無始無明住地。世尊！此四住地力，一切上煩惱依種。比無明住地，算數譬喻所不能及。

**曇無讖譯《大般涅槃經》卷一一**　煩惱障者：貪欲、瞋恚、愚癡。忿怒纏蓋，焦惱，嫉妬，慳悋，奸詐，諛諂，無慚、無愧、慢、慢慢，不如慢，增上慢，我慢，邪慢，憍慢、放逸、貢高、懟恨，諍訟、邪命、諂媚，詐現異相，以利求利，惡求多求，無有恭敬，不隨教誨。親近惡友，貪利無厭，纏縛難解。欲於惡欲，貪於惡貪。身見、有見及以無見。頻申憙睡，欠呿不樂。貪嗜飲食，其心夢瞢。心緣異想，不善思惟。身口多惡，好憙多語。諸根闇鈍，發言多虛。常爲欲覺、恚覺、害覺之所覆蓋。是名煩惱障。

**那連提耶舍譯《阿毗曇心論經》卷三**　煩惱者，相續煩勞衆生，故名煩惱。衆怖獷者，謂是一切苦惱因義。

**真諦譯《攝大乘論釋》卷一四**　煩惱有二相，一以喜爲相，二以憂爲相。欲慢見等，以喜爲相。瞋疑無明等，以憂爲相。喜相惑爲染，憂相惑爲著。二惑皆滅盡，故名無染著。

**智顗《摩訶止觀》卷八上**　煩惱是昏煩之法，惱亂心神。又與心作煩，令心得惱。即是見思利鈍。

**法藏《大乘法界無差別論疏》**　又釋爲本際煩惱等者，是動法身之緣也，以無始故云本際也。謂本際已來，無邊煩惱所纏故也。又此煩惱是生死之本際故名也。又迷本實際起此惑故，以此住地煩惱，能生一切起煩惱故，是故名爲煩惱藏也。

**窺基《成唯識論述記》卷一**　如《瑜伽論》五十九，說一切煩惱皆能續生，即是發業潤生煩惱。今此論中並皆名續，煩是擾義，惱是亂義，擾亂有情，故名煩惱。唯煩惱障發業潤生，體是縛法。其所知障義即不然，故續生言但在煩惱。

**菩提流志譯《大寶積經》卷一一九**　煩惱有二，謂住地煩惱，及起煩惱。住地有四。何等爲四，謂見一處住地、欲愛住地、色愛住地、有愛住地。世尊！此四住地，能生一切遍起煩惱。起煩惱者，刹那刹那與心相應。世尊！無明住地，無始時來，心不相應。世尊！四住地力，能作遍起煩惱所依。比無明地，算數譬喻所不能及。

**玄奘譯《阿毗達磨俱舍論》卷一七**　煩惱有二。一者數行，謂恆起煩惱。二者猛利，謂上品煩惱。應知此中唯數行者名煩惱障，如扇搋等。煩惱數行難可伏除，故說爲障。上品煩惱雖復猛利，非恆起故，易可伏除。於下品中數行煩惱，雖非猛利，而難伏除，由彼恆行難得便故。謂從下品爲緣生中，中品爲緣復生上品，令伏除道無便得生，故煩惱中隨品上下，但數行者名煩惱障。

**玄奘譯《佛地經論》卷七**　言二障者，一煩惱障，二所知障。惱亂身心，令不寂靜，名煩惱障。覆所知境，無顛倒性，令不顯現，名所知障。煩惱障者，謂執實我薩迦耶見以爲上首，百二十八根本煩惱，及隨煩惱。若所發業若所得果，皆攝在中，皆以煩惱爲根本故。

**不空譯《受菩提心戒儀》卷一**　貪瞋癡等種種煩惱，及忿恨等諸隨煩惱，惱亂身心，廣作一切身業不善殺盜邪婬、口業不善妄言綺語惡口兩舌、意業不善貪瞋邪見。種種煩惱，無始相續，纏染其心，令身口意造罪無量。

**玄奘譯《瑜伽師地論》卷二九**　煩惱障者，謂猛利煩惱，長時煩惱。由此煩惱於現法中，以其種種淨行所緣，不能令淨，是名煩惱障。

**玄奘譯《成唯識論》卷九**　煩惱障者，謂執遍計所執實我薩迦耶見而爲上首，百二十八根本煩惱，及彼等流諸隨煩惱。此皆擾惱有情身心，能障涅槃，名煩惱障。

**袾宏《佛說阿弥陀經疏鈔》卷四**　疏：煩惱濁者，五鈍使爲體。廣之乃至爲十，爲百八，爲八萬四千，及恒河沙等。三灾感召，即其相也。鈔：五鈍使者。一貪。謂遇順情境，起於愛著，不能捨離故。二瞋。謂遇違情境，起於恚恨，不能容忍故。三癡。謂於非違非順境，起於愚暗，不能覺察故。四慢。謂於一切衆生，起驕傲心，上陵下忽，不能恭遜故。五疑。謂於諸善法，起猜貳心，欲進欲退，不能決定故。此五者，亦能使人趨入生死，故名曰使。較前稍爲重滯，故名鈍使。廣之者，謂合五利爲十煩惱，又分之爲九十八，加十纏，成百八煩惱。又細推之，則八萬四千，乃至恒沙，多多無量。勞煩我心，不得安隱。熱惱我心，不得清涼。又喧煩之法，逼亂心神，使眞明不朗，故名煩惱。三灾感召者，貪感饑饉，瞋感刀兵。癡感疾疫。乃至水火風之大難，皆以類從，故名濁也。反顯極樂國中，人悉智慧，非煩惱濁故。

**濟時《大佛頂如來密因修證了義諸菩薩万行首楞嚴經正見》卷九**　所言煩惱者，即無始妄想憶識誦習，擾動淸心，故名煩惱。今以覺明圓照，觀得生滅之由，與妄想之本，便是超過煩惱濁矣。

## 根本煩惱

**玄奘譯《阿毗達磨俱舍論》卷二〇**　論曰：欲界煩惱并纏除癡四十一物，總名欲漏，謂欲界繫根本煩惱三十一并十纏。色無色界煩惱除癡五十二物，總名有漏，謂上二界根本煩惱各二十六。

**玄奘譯《瑜伽師地論》卷六六**　雖有衆多煩惱及隨煩惱，然佛世尊但立三種根本煩惱，謂貪、瞋、癡。

**玄奘譯《成唯識論》卷四**　四根本煩惱相應。其四者何，謂我癡、我見、并我慢、我愛，是名四種。我癡者，謂無明。愚於我相，迷無我理，故名我癡。我見者，謂我執。於非我法，妄計爲我，故名我見。我慢者，謂倨傲。恃所執我，令心高舉，故名我慢。我愛者，謂我貪。於所執我，深生耽著，故名我愛。并表慢愛有見慢俱，遮餘部執無相應義。此四常起，擾濁內心，令外轉識，恒成雜染。有情由此，生死輪迴，不能出離，故名煩惱。

**大乘光《大乘百法明門論疏》卷下**　論云：根本煩惱六：一貪，二瞋，三無明，四慢，五見，六疑。

**李通玄《新華嚴經論》卷一七**　根本煩惱有十，隨煩惱總有六。其十種根本煩惱者：一欲。二色。三無色，此是三界根本所縛處。四憍慢。五諸趣。六愛。七愚癡。八貪。九恚。十心魔王。爲十。又隨煩惱總有六者：一諂，二誑，三疑惑，四慳，五嫉，六憍盈。

**窺基《成唯識論述記》卷九**　言二種根本煩惱者，無明及愛也。

**窺基《妙法蓮華經玄贊》卷三**　煩惱障者，一百二十八根本煩惱，及彼等流諸隨煩惱。

**窺基《成唯識論述記》卷九**　百二十八根本煩惱者：見道所斷欲界四十，上界各三十六，并修道十六，有一百二十八種。

**法賢譯《佛說決定義經》**　無明爲根本煩惱，無明爲隨煩惱本。無明是顛倒處，無明爲黑闇室，無明是癡闇。如是等義，名爲無明。

**施護譯《佛說法集名數經》**　云何四根本煩惱，所謂貪、瞋、癡、我慢。

**通潤《成唯識論集解》卷九**　言一百二十八根本煩惱者，《演義》云：欲界四諦，各有根本十惑爲四十，上二界四諦之下各除瞋有七十二，三界合爲百一十二，並是見道所斷根本惑。然疑及三見，唯是見所斷。脩道位中，欲界唯六，上二界除瞋，唯十，合爲十六。是脩所斷，見脩合說，故有一百二十八也。見所斷中，是分別惑，別迷四諦，故於四諦各別取數，故有一百一十二。脩所斷中是俱生惑，總迷四諦，唯取三界總數，故但十六。如是見脩位中，斷煩惱時，亦斷隨煩惱惑，故曰及彼等流等。

此等根隨皆能擾亂身心，長處生死，能障涅槃，名煩惱障。

**智旭《大乘百法明門論直解》**　煩惱六者，一貪，二瞋，三慢，四無明，五疑，六不正見。

煩躁擾動，惱亂身心，故名煩惱。一，貪者，於有有具染著爲性，能障無貪善根，生苦爲業。二，瞋者，於苦苦具憎恚爲性，能障無瞋善根，不安隱性惡行所依爲業。三，慢者，恃己所長，於他有情心生高舉爲性，能障不慢，生苦爲業。四，無明者，亦名爲癡，於諸理事迷闇爲性，能障無癡善根，一切雜染所依爲業。五，疑者，於諸諦理猶豫爲性，能障不疑及諸善品爲業。六，不正見者，亦名惡見，於諸諦理顛倒推求，染慧爲性，能障善見，招苦爲業。復有五種。一，薩迦耶見。薩迦耶，義翻積聚，亦名身見。謂於五蘊執我我所，一切見趣所依爲業。二，邊執見。謂即於身見隨執斷常，障出離行爲業。三，見取。謂於諸見之中，隨執一見及所依蘊，執爲最勝能得清淨，一切鬬諍所依爲業。四，戒禁取。謂於隨順諸見之戒禁及所依蘊，執爲最勝，能得清淨，無利勤苦所依爲業。五，邪見。謂謗無因果，謗無作用，謗無實事，及非前四所攝諸餘邪執。皆此邪見所攝。

# 隨煩惱

**玄奘譯《瑜伽師地論》卷五五**　隨煩惱依處，當知略有九種。一展轉共住。二展轉相舉。三利養。四邪命。五不敬尊師。六不忍。七毀增上戒。八毀增上心。九毀增上慧。

復次，隨煩惱自性云何。謂忿恨、覆惱、嫉慳、誑諂、憍害、無慚、無愧、惛沈、掉舉、不信、懈怠、放逸，忘念、散亂、不正知、惡作、睡眠、尋、伺。如本地分已廣詮說。如是等類，名隨煩惱自性。

**玄奘譯《瑜伽師地論》卷五五**　隨煩惱云何展轉相應。當知：無慚無愧，與一切不善相應。不信、懈怠、放逸、忘念、散亂、惡慧，與一切染污心相應。睡眠、惡作，與一切善不善無記相應。所餘當知互不相應。

復次，隨煩惱幾世俗有、幾實物有。謂忿恨、惱、嫉、害，是瞋分故，皆世俗有。慳、憍、掉舉，是貪分故，皆世俗有。覆、誑、諂、惛沈、睡眠、惡作，是癡分故，皆世俗有。無慚、無愧、不信、懈怠，是實物有。放逸是假有。如前說，忘念、散亂、惡慧，是癡分故，一切皆是世俗有。尋、伺二種，是發語言加行分故，及慧分故，俱是假有。

**玄奘譯《瑜伽師地論》卷五八**　云何名隨煩惱。略由四相差別建立。一，通一切不善心起。二，通一切染污心起。三，於各別不善心起。四，善不善無記心起。非一切處，非一切時。謂無慚無愧，名通一切不善心起。隨煩惱放逸、掉舉，惛沈、不信，懈怠、邪欲，邪勝解、邪念，散亂，不正知，此十隨煩惱，通一切染污心起，通一切處三界所繫。忿、恨，覆、惱、嫉、慳、誑、諂、憍、害，此十隨煩惱各別，不善心起。若一生時，必無第二。如是十種，皆欲界繫。除誑諂憍，由誑及諂至初靜慮憍通三界。此并前二，若在上地，唯無記性。尋伺惡作睡眠，此四隨煩惱，通善不善無記心起。非一切處，非一切時。若有極久尋求伺察，便令身疲念失，心亦勞損，是故尋伺名隨煩惱。此二乃至初靜慮地，惡作睡眠唯在欲界。又有定地諸隨煩惱，謂尋、伺、誑、諂、惛沈、掉舉，憍、放逸、懈怠等。初靜慮地有初四種，餘通一切地。若《雜事》中，世尊所説諸隨煩惱廣說，乃至愁歎憂苦隨擾惱等，及攝事分廣所分別。如是一切諸隨煩惱，皆是此中四相差別，隨其所應相攝，應知。

復次，諸隨煩惱若在欲界，略於十二處轉。何等十二。謂執著惡行處，鬬訟諍競處，毀犯尸羅處，受學隨轉非善人法處，邪命處，耽著諸欲處，如所聞法義心諦思惟處，於所思義內心寂止方便持心處，展轉受用財法處，不相雜住處，遠離臥具房舍處，眾苦所集處。此十二處以爲依止。如先所說貪著，乃至隨擾惱等諸隨煩惱差別而轉。謂貪著、瞋恚、愚癡，依初處轉。忿等乃至諂，依第二處轉。無慚無愧，依第三處轉。誑等乃至謀害，依第四處轉。矯詐等乃至惡作，依第五處轉。不忍耽嗜等乃至不平等貪著，依第六處轉。薩迦耶見、有見、無有見，依第七處轉。貪欲等乃至不作意，依第八處轉。顧悅纏綿，依第九處轉。不質直性、不柔和性、不隨同分轉性，依第十處轉。欲尋思等乃至家生繫屬尋思，依第十一處轉。愁歎等，依第十二處轉。

復次，此五見是慧性，故互不相應。自性自性不相應故，貪恚慢疑更相違，故互不相應。貪染令心卑下，憍慢令心高舉，是故貪慢更互相違。

復次，如所說諸隨煩惱，當知皆是煩惱品類。且如放逸是一切煩惱品類。所以者何。於染愛時多生放逸，乃至疑時亦有放逸。貪著、慳恪、憍高、掉舉等，皆貪品類，皆貪等流。忿、恨、惱、嫉、害等，是瞋品類，是瞋等流。誑諂是邪見品類，邪見等流。覆是諂品類。當知即彼品類等流。餘隨煩惱是癡品類，是癡等流，唯除尋伺。當知尋伺，慧思爲性，猶如諸見。若慧依止意言而生，於所緣境慞惶推究，雖慧爲性而名尋伺。於諸境界遽務推求，依止意言麁慧名尋。即於此境不甚遽務而隨究察，依止意言細慧名伺。是名建立煩惱雜染自性差別。

**玄奘譯《瑜伽師地論》卷八九**　隨煩惱者，謂貪不善根、瞋不善根、癡不善根。若忿若恨，如是廣說諸雜穢事。當知此中能起一切不善法。貪名貪不善根，瞋癡亦爾。若瞋恚纏，能令面貌慘裂奮發，說名爲忿。內懷怨結，故名爲恨。隱藏眾惡，故名爲覆。染污驚惶，故名熱惱。心懷染污，不憙他榮，故名爲嫉。於資生具深懷鄙悋，故名爲慳。爲欺誷彼，內懷異謀，外現別相，故名爲誑。心不正直，不明不顯，解行邪曲，故名爲諂。於所作罪，望己不羞，故名無慚。於所作罪，望他不恥，故名無愧。於他下劣，謂己爲勝，或復於等，謂己爲等，令心高舉，故名爲慢。於等謂勝，於勝謂等，令心高舉，故名過慢。於勝謂勝，令心高舉，名慢過慢。妄觀諸行，爲我我所，令心高舉，故名我慢。於其殊勝，所證法中，未得謂得，令心高舉，名增上慢。於多勝中，謂己少劣，令心高舉，名下劣慢。實無其德，謂己有德，令心高舉，故名邪慢。心懷染污，隨恃榮譽，形相疎誕，故名爲憍。於諸善品，不樂勤修，於諸惡法，心無防護，故名放逸。於諸尊重及以福田，心不謙敬，說名爲傲。若煩惱纏，能令發起執持刀仗，鬭訟違諍，故名憤發。心懷染污，爲顯己德，假現威儀，故名爲矯。心懷染污，爲顯己德，或現親事，或行軟語，故名爲詐。心懷染污，欲有所求，矯示形儀，故名現相。現行遮逼，有所乞匃，故名研求。於所得利，不生喜足，說獲他利，更求勝利，是故說名以利求利。自現己德，遠離謙恭，於可尊重而不尊重，故名不敬。於不順言，性不堪忍，故名惡說。諸有朋疇引導，令作非利益事，名爲惡友。耽著財利，顯不實德，欲令他知，故名惡欲。於大人所欲，求廣大利養恭敬，故名大欲。懷染污心，顯不實德，欲令他知，名自希欲。於罵反罵，名爲不忍。於瞋反瞋，於打反打，於弄反弄，當知亦爾。於自諸欲，深生貪愛，名爲耽嗜。於他諸欲，深生貪著，名遍耽嗜。於勝於劣，隨其所應，當知亦爾。於諸境界，深起耽著，說名爲貪。於諸惡行，深生耽著，名非法貪。於自父母等諸財寶，不正受用，名爲執著。於他委寄所有財物，規欲抵拒，故名惡貪。妄觀諸行，爲我我所，或分別起，或是俱生，說名爲見。薩迦耶見爲所依止，於諸行中發起常見，名爲有見。發起斷見，名無有見。當知五蓋，如前定地已說其相。不如所欲，非時睡纏之所隨縛，故名夢瞢。非處思慕，說名不樂。麁重剛強，心不調柔，舉身舒布，故曰頻申。於所飲食，不善通達，若過若減，是故名爲食不知量。於所應作而便不作，非所應作而更反作，如所聞思修習法中，放逸爲先，不起功用，名不作意。於所緣境深生繫縛，猶如美睡隱翳其心，是故說名不應理。轉自輕蔑，故名心下劣。爲性惱他，故名抵突。性好譏嫌，故名諱詆。欺誑師長，尊重福田及同法者，名不純直。身語二業，皆悉高疎，其心剛勁，又不清潔，名不和軟。於諸戒見軌則正命皆不同分，名不隨順。同分而轉心懷愛染，攀緣諸欲，起發意言，隨順隨轉，名欲尋思。心懷憎惡，於他攀緣不饒益相，起發意言，隨順隨轉，名恚尋思。心懷損惱，於他攀緣惱亂之相，起發意言，餘如前說，名害尋思。心懷染污，攀緣親戚起發意言，餘如前說，是故說名親里尋思。心懷染污，攀緣國土起發意言，餘如前說，是故說名國土尋思。心懷染污，攀緣自義推託遷延，後時望得起發意言，餘如前說，是故說名不死尋思。心懷染污，攀緣自他，若劣若勝，起發意言，餘如前說，是名輕蔑相應尋思。心懷染污，攀緣施主，往還家勢，起發意言，隨順隨轉，是名家勢相應尋思。愁歎等事，如前應知。

復次，一切煩惱皆有其纏，由現行者悉名纏故。然有八種諸隨煩惱，於四時中數數現行，是故唯立八種爲纏。謂於修學增上戒時，無慚無愧數數現行，能爲障礙。若於修學增上心時，惛沈睡眠數數現行，能爲障礙。若於修學增上慧時，簡擇法故，掉舉惡作數數現行，能爲障礙。若同法者，展轉受用財及法時，嫉妬慳恪數數現行，能爲障礙。

**玄奘譯《成唯識論》卷六**　諸隨煩惱，其相云何。頌曰：

隨煩惱謂忿，恨覆惱嫉慳。誑諂與害憍，無慚及無愧。

掉舉與惛沈，不信幷懈怠。　放逸及失念，散亂不正知。

論曰：唯是煩惱分位差別等流性故，名隨煩惱。此二十種，類別有三。謂忿等十各別起故，名小隨煩惱。無慚等二遍不善故，名中隨煩惱。掉舉等八遍染心故，名大隨煩惱。云何爲忿。依對現前不饒益境，憤發爲性，能障不忿執仗爲業。謂懷忿者，多發暴惡身表業故。此即瞋恚一分爲體，離瞋無別忿相用故。云何爲恨。由忿爲先，懷惡不捨，結怨爲性，能障不恨熱惱爲業，謂結恨者不能含忍，恆熱惱故。此亦瞋恚一分爲體，離瞋無別恨相用故。云何爲覆。於自作罪，恐失利譽，隱藏爲性，能障不覆悔惱爲業，謂覆罪者後必悔惱不安隱故。有義，此覆癡一分攝，論唯說此癡一分故，不懼當苦覆自罪故。有義，此覆貪癡一分攝，亦恐失利譽覆自罪故。論據麄顯，唯說癡分，如說掉舉是貪分故。然說掉舉遍諸染心，不可執爲唯是貪分。云何爲惱。忿恨爲先，追觸暴熱很戾爲性，能障不惱蛆螫爲業。謂追往惡，觸現違緣，心便很戾。多發囂暴，凶鄙麄言，蛆螫他故。此亦瞋恚一分爲體，離瞋無別惱相用故。云何爲嫉。徇自名利，不耐他榮，妬忌爲性，能障不嫉憂慼爲業。謂嫉妬者聞見他榮，深懷憂慼，不安隱故。此亦瞋恚一分爲體，離瞋無別嫉相用故。云何爲慳。耽著財法，不能慧捨，祕悋爲性，能障不慳鄙畜爲業。謂慳悋者心多鄙澁，畜積財法，不能捨故。此即貪愛一分爲體，離貪無別慳相用故。云何爲誑。爲獲利譽，矯現有德，詭詐爲性，能障不誑邪命爲業。謂矯誑者心懷異謀，多現不實，邪命事故。此即貪癡一分爲體，離二無別誑相用故。云何爲諂。爲網他故，矯設異儀，險曲爲性，能障不諂教誨爲業。謂諂曲者爲網帽他，曲順時宜，矯設方便，爲取他意，或藏己失，不任師友正教誨故。此亦貪癡一分爲體，離二無別諂相用故。云何爲害。於諸有情，心無悲愍，損惱爲性，能障不害逼惱爲業。謂有害者逼惱他故。此亦瞋恚一分爲體，離瞋無別害相用故。瞋害別相，準善應說。云何爲憍。於自盛事，深生染著，醉傲爲性，能障不憍染依爲業。謂憍醉者生長一切雜染法故。此亦貪愛一分爲體，離貪無別憍相用故。云何無慚。不顧自法，輕拒賢善爲性，能障礙慚生長惡行爲業。謂於自法無所顧者，輕拒賢善，不恥過惡，障慚生長，諸惡行故。云何無愧。不顧世間崇重暴惡爲性，能障礙愧生長惡行爲業。謂於世間無所顧者，崇重暴惡，不恥過罪，障愧生長諸惡行故。不恥過惡，是二通相。故諸聖教，假說爲體。若執不恥爲二別相，則應此二體無差別。由斯二法應不俱生，非受想等有此義故。若待自他立二別者，應非實有，便違聖教。若許此二實而別起，復違論說，俱遍惡心。不善心時隨緣何境，皆有輕拒善及崇重惡義故。此二法俱遍惡心，所緣不異，無別起失。然諸聖教說不顧自他者，自法名自，世間名他。或即此中拒善崇惡，於己益損名自他故。而論說爲貪等分者，是彼等流非即彼性。云何掉舉。令心於境不寂靜爲性，能障行捨奢摩他爲業。有義，掉舉貪一分攝，論唯說此是貪分故，此由憶昔樂事生故。有義，掉舉非唯貪攝，論說掉舉遍染心故。又掉舉相，謂不寂靜，說是煩惱共相攝故，掉舉離此無別相故。雖依一切煩惱假立，而貪位增說爲貪分。有義，掉舉別有自性，遍諸染心，如不信等，非說他分體便非實，勿不信等亦假有故。而論說爲世俗有者，如睡眠等隨他相說。掉舉別相，謂即囂動，令俱生法不寂靜故。若離煩惱無別此相，不應別說障奢摩他。故不寂靜非此別相。云何惛沈。令心於境無堪任爲性，能障輕安毗鉢舍那爲業。有義，惛沈癡一分攝，論唯說此是癡分故，惛昧沈重是癡相故。有義，惛沈非但癡攝。謂無堪任是惛沈相，一切煩惱皆無堪任，離此無別惛沈相故。

**玄奘譯《大乘阿毗達磨集論》卷四**　隨煩惱者，謂所有諸煩惱皆是隨煩惱。有隨煩惱非煩惱，謂除煩惱，所餘染污行蘊所攝一切心所法。此復云何。謂除貪等六煩惱，所餘染污行蘊所攝忿等諸心所法。又貪瞋癡名隨煩惱。心所法由此隨煩惱隨惱於心，令不離染，令不解脫，令不斷障，故名隨煩惱。如世尊說，汝等長夜爲貪瞋癡隨所惱亂，心恆染污。

**玄奘譯《阿毗達磨品類足論》卷一**　隨煩惱云何，謂諸隨眠，亦名隨煩惱。有隨煩惱不名隨眠，謂除隨眠諸餘染污。行蘊心所纏有八種，謂惛沈、掉舉、睡眠、惡作、嫉、慳、無慚、無愧。

**玄奘譯《阿毗達磨俱舍論》卷二一**　論曰：隨眠有六，或七或十或九十八，如前已說。隨眠既已說，隨煩惱云何。

頌曰，隨煩惱此餘，染心所行蘊。

論曰：此諸煩惱亦名隨煩惱，以皆隨心爲惱亂事故。復有此餘異諸煩惱染污心所，行蘊所攝。隨煩惱起故，亦名隨煩惱。不名煩惱，非根本故。廣列彼相，如《雜事》中。後當略論。纏煩惱垢攝者，且應先辯。纏相云何。頌曰：

纏八無慚愧，嫉慳并悔眠，
及掉舉惛沈，或十加忿覆，
無慚慳掉舉，皆從貪所生。
無愧眠惛沈，從無明所起。
嫉忿從瞋起，悔從疑覆諍。【略】

頌曰：煩惱垢六惱，害恨諂誑憍。
誑憍從貪生，害恨從瞋起。
惱從見取起，諂從諸見生。

論曰：惱謂堅執諸有罪事，由此不取如理諫悔。害謂於他能爲逼迫，由此能行打罵等事。恨謂於忿所緣事中，數數尋思，結怨不捨。諂謂心曲，由此不能如實自顯。或矯非撥，或設方便，令解不明。誑謂惑他。憍前已釋。如是六種，從煩惱生，穢污相麁，名煩惱垢。於此六種煩惱垢中，誑憍是貪等流，害恨是瞋等流，惱是見取等流，諂是諸見等流。如言何曲謂諸惡見，故諂定是諸見等流。此垢并纏從煩惱起，是故皆立隨煩惱名。

**玄奘譯《阿毗達磨順正理論》卷五四**　隨煩惱云何。頌曰：隨煩惱此餘，染心所行蘊。

論曰：能爲擾亂，故名煩惱。隨諸煩惱轉，得隨煩惱名。有古師言：若法不具滿煩惱相，名隨煩惱。如月不滿，得隨月名。然諸隨眠名爲煩惱，即此亦得隨煩惱名。以是圓滿煩惱品故，由此故說即諸煩惱。有結縛隨眠隨煩惱纏義。所餘染污心所行蘊。隨煩惱起隨惱心，故得隨煩惱名，不得名煩惱，以闕圓滿煩惱相故。若爾染污思等心所，一切應是隨煩惱攝，理實應然。若爾，何故別說行蘊，勿如思等受想，亦應隨煩惱攝。此彼何別。非無別義。謂煩惱相應煩惱同蘊法，由二義相似，得隨煩惱名。染心所言顯染思等，得名隨煩惱。由煩惱相，應說行蘊言。爲簡受等要煩惱同蘊，名隨煩惱故。由此本論作如是言。除諸煩惱餘染心所，行蘊所攝，名隨煩惱。或若有法從煩惱起煩惱相，應行蘊所攝。與諸煩惱相極相隣，方可建立名隨煩惱。然兼爲遣隨煩惱中，有異論師謬作是解。慳即是愛，沈即無明，忿即瞋等。說此餘言，顯彼皆是此之餘義。有於此義，仍復生疑。謂此餘言亦應攝受。爲遮彼故，說行蘊言。不爾，但應言此餘染心所。本論不應說行蘊所攝言。以決定無餘蘊所攝，從煩惱起，是故於此說行蘊言。還顯此義。由此若法與諸煩惱要三義相似，得隨煩惱名。一是煩惱垢。二煩惱相應。三煩惱同蘊故，我於此明見頌中有如是義。謂此煩惱亦名隨煩惱。及此之餘染心所行蘊。此之餘者，顯相屬義。意顯若餘是此所起，方可建立隨煩惱名。然兼爲遮慳即愛等，若爾，何故說行蘊言。說此餘言，義已成故。不爾，遮濫說行蘊言。謂貪瞋癡如次所起染樂苦捨，容濫此餘，故行蘊言。還爲顯示無餘蘊攝是煩惱垢。若不爾者，但說此餘，以何言遮前所說濫。故復須說行蘊攝言。隨煩惱名爲目幾法，經種種說，故有眾多。謂憤發不忍及起惡言類，如世尊告婆羅門言，有二十一諸隨煩惱能惱亂心，乃至廣說。後當略辯。纏煩惱垢攝者，且應先辯。纏相云何，頌曰：

纏八無慚愧，嫉慳并悔眠，
及掉舉惛沈，或十加忿覆，
無慚慳掉舉，皆從貪所生。
無愧眠惛沈，從無明所起，
嫉忿從瞋起，悔從疑覆諍。

論曰：【略】令心昧略，惛沈相應，不能持身，是爲眠相。眠雖亦有，惛不相應。此唯辯纏，故作是說。於此頓說眠三相者，此三與眠義相順故。解字義者，作是釋言。眠謂於身能爲滋潤，即是有力能長養身，由心安眠身增益故。此善等別，略有四種，謂善、不善、有覆、無覆。諸瑜伽師久善思擇。諸誦習者勞役長時。施主多時行益他事。此等加行憩息位中，所引睡眠皆名爲善。然於加行聞思善心，眠不現行，性相違故。此於加行修所成心亦不現行，彼能治故。唯於一類生得善心。眠可現行，性羸劣故。諸屠羊等不律儀人，專心久行，不善加行。諸耽欲者，於欲境中，專心久行，不善加行。諸餘一切習惡行者，長時數起不善加行。此等加行憩息位中，所引睡眠，皆名不善。一切煩惱於睡位中，無不皆容現在前故。有覆無記，準此應釋。無覆無記，唯異熟生。起工巧等，眠便壞故。有餘師說，於眠位中亦威有儀工巧心起。然非初位彼可即行，於後夢中方可行故。因自友損怨益而生，瞋恚爲先，心憤名忿。有餘師說，因處非處，違逆而生力，能令心無顧而轉。乃至子上，令心憤發，說名爲忿。隱藏自罪，說名爲覆。罪謂可訶，即是毀犯尸羅軌則。及諸淨命隱藏，即是匿罪欲因。有餘釋言，拕拭名覆。謂內懷惡，拕拭外邊，是欲令他不覺察義。前說若法從煩惱起，方可建立名隨煩惱。此中何法何煩惱起。無慚慳掉舉是貪等流，要貪爲近因方得生故。無愧眠惛沈，是無明等流，此與無明相極相隣近故。嫉忿，是瞋等流，由此相同瞋故。悔，是疑等流，因猶豫生故。覆，有説是貪等流，有説是無明等流，有説是俱等流。諸有知者，因愛生故。諸無知者，因癡生故。即由此相故，有説言，心著稱譽，利養恭敬，不了惡行，所招當果。是於自罪隱匿欲因，爲愛無明二等流果。隨惱心法，說名爲覆。如是十種從煩惱生，是煩惱等流，故名隨煩惱。

**玄奘譯《入阿毗達磨論》卷上**　隨煩惱者，即諸煩惱亦名隨煩惱。復有隨煩惱，謂餘一切行蘊所攝染污心所，與諸煩惱同蘊攝故。此復云何。謂誑憍害惱恨諂等，有無量種。如聖教說，誑謂惑他。憍謂染著自身所有色力、族姓淨戒、多聞巧辯等已，令心傲逸，無所顧性。害謂於他能爲逼迫。由此能行打罵等事。惱謂堅執諸有罪事，由此不受如理諫誨。恨謂於忿所緣事中，數數尋思結怨不捨。諂謂心曲。如是六種從煩惱生。穢污相麁，名煩惱垢。於此六種煩惱垢中，誑憍二種是貪等流，貪種類故。害恨二種是瞋等流，瞋種類故。惱垢即是見取等流，執已見勝者惱亂自他故。諂垢即是諸見等流，諸見增多諂曲故。如説諂曲，謂諸惡見。此垢及纏幷餘染污，行蘊所攝。諸心所法從煩惱生，故皆名隨煩惱。

**澄觀《大方廣佛華嚴經隨疏演義鈔》卷三四**　隨煩惱者，謂所有諸煩惱皆是隨煩惱，有隨煩惱非是煩惱。釋曰：非煩惱者，所謂忿等。但隨本惑名隨煩惱，而非根本名非煩惱。而貪嗔癡名隨煩惱者，心法由此隨煩惱故。隨惱於心，令不離染，令不解脫，令不斷障，故名隨煩惱。如世尊說，汝等長夜爲貪嗔癡，隨所惱亂心恆染污。釋曰：論意云，一切煩惱根本隨惑隨逐衆生，令心心所隨順染污，故皆名隨。是以疏云，隨他生故。他即衆生。由惑隨生，故生隨惑，正是經意。謂諸行人心隨貪等。

**智旭《大乘百法明門論直解》**　隨煩惱二十者：一忿。二恨。三惱。四覆。五誑。六諂。七憍。八害。九嫉。十慳。十一無慚。十二無愧。十三不信。十四懈怠。十五放逸。十六昏沉。十七掉舉。十八失念。十九不正知。二十散亂。

或無別體，惟是煩惱分位差別。或有別體，性是煩惱同等流類，故名爲隨煩惱。一忿者。依對現前逆境，憤發爲性，能障不忿，執仗爲業。此即瞋恚一分爲體。二恨者。由忿爲先，懷惡不捨，結怨爲性，能障不恨，熱惱爲業。此亦瞋恚一分爲體。三惱者。忿恨爲先，追念往惡，觸現逆境，暴熱狠戾爲性，能障不惱。多發凶鄙麤言蛆螫於他爲業。此亦瞋恚一分爲體。四覆者。於自作罪，恐失利養名譽，隱藏爲性，能障不覆，悔惱爲業。謂覆罪者，後必悔惱，不安隱故。此以貪癡一分爲體。恐失現在利譽，是貪。不懼當來苦果，是癡也。五誑者。爲獲利譽，矯現有德，詭詐爲性，能障不誑。邪命爲業。此亦貪癡一分爲體。六諂者。爲罔他故，矯設異儀，險曲爲性，能障不諂。不任師友眞正教誨爲業。此亦貪癡一分爲體。七憍者。於自盛事深生染著，醉傲爲性，能障不憍。生長雜染爲業。此以貪愛一分爲體。八害者。於諸有情心無悲愍，損惱爲性，能障不害，逼惱爲業。此亦瞋恚一分爲體。九嫉者。殉自名利，不耐他榮，妬忌爲性，能障不嫉，憂慼爲業。此亦瞋恚一分爲體。十慳者。耽著財法，不能慧捨，秘吝爲性，能障不慳。鄙澁畜積爲業。此亦貪愛一分爲體。此十各別起故，名爲小隨煩惱。十一無慚者。不顧自法，輕拒賢善爲性，能障礙慚。生長惡行爲業。十二無愧者。不顧世間，崇重暴惡爲性，能障礙愧。生長惡行爲業。此二遍不善故，名爲中隨煩惱。十三不信者。於實德能不忍樂欲，心穢爲性，能障淨信。懈怠所依爲業。十四懈怠者。於斷惡修善事中，懶惰爲性，能障精進，增染爲業。設于染事而策勤者，亦名懈怠退善法故。十五放逸者。於染不防，於淨不修，肆縱流蕩爲性，障不放逸。增惡損善所依爲業。即以懈怠及貪瞋癡四法爲體。十六昏沉者。令心於境無堪任爲性，能障輕安毗鉢舍那爲業。十七掉舉者。令心於境不寂靜爲性，能障行捨奢摩他爲業。十八失念者。於諸所緣不能明記爲性，能障正念，散亂所依爲業。即以念及癡各一分爲體。十九不正知者。於所觀境謬解爲性，能障正知，多所毀犯爲業。此以慧及癡各一分爲體。二十散亂者。於諸所緣，令心流蕩爲性，能障正定。惡慧所依爲業。此八徧於不善及有覆無記之。二種染心故，名爲大隨煩惱。

# 信

**鳩摩羅什譯《發菩提心經論》卷下**　云何爲信。信觀四諦，除諸煩惱妄見結縛，得阿羅漢。信觀十二因緣，滅除無明生起諸行，得辟支佛。信修四無量心、六波羅蜜，得阿耨多羅三藐三菩提。是名信忍。

**鳩摩羅什譯《大智度論》卷四二**　云何爲信。信般若波羅蜜，分別解知，稱量思惟，不以相法，不以無相法。如是先尼梵志，不取相，住信行中。用性空智，入諸法相，不受色，不受受、想、行、識。何以故。諸法自相空故，不可得受。

**鳩摩羅什譯《成實論》卷六**　信品第八十九。必定是信相。問曰：必定是慧相，必定名斷疑，是名慧相。答曰：未自見法，隨賢聖語心得清淨，是名爲信。問曰：若然者，自見法已，不應有信。答曰：然阿羅漢名不信者，如《法句》中說不信者不知恩者，名爲上人。又經中說：世尊！我於是事隨佛語信，若自見法心得清淨，是名爲信。先聞法，後以身證，作如是念，此法眞實諦不虚誑，心得清淨，是名爲信。在四信中，譬如病人先信師語服藥差病，然後於師生清淨心，是名爲信。是信二種，一從癡生，一從智生。從癡生者，不思善惡，於富蘭那等惡師所生淨心。從智生者，如四信中，於佛等生淨心。是信三種，善、不善、無記。問曰：是不善信即是煩惱。大地中不信法非是信也。答曰：非不信法信是淨相，是不善信亦是淨相。若不爾，則不善受不應名受。而實不然，故有三種差別。若信在根數，隨順解脫，在三十七品，則定是善。

**竺佛念譯《菩薩瓔珞本業經》卷下**　若一切衆生初入三寶海，以信爲本。住在佛家，以戒爲本。

**鳩摩羅什譯《大智度論》卷一**　佛法大海中，信爲能入，智爲能度。如是義者，即是信。若人心中有信清淨，是人能入佛法。若無信，是人不能入佛法。不信者言：是事不如是，是不信相。信者言：是事如是。譬如牛皮未柔，不可屈折，無信人亦如是。譬如牛皮已柔，隨用可作，有信人亦如是。

復次，經中說：信如手，如人有手，入寶山中，自在取寶。有信人亦如是，入佛法無漏根、力、覺、道、禪定寶山中，自在所取。無信如無手，無手人入寶山中，則不能有所取。無信亦如是，入佛法寶山，都無所得。佛自念言：若人有信，是人能入我大法海中，能得沙門果，不空剃頭染袈裟。若無信，是人不能入我法海中，如枯樹不生華實，不得沙門果，雖剃頭染衣，讀種種經，能難能答，於佛法中空無所得。以是故，如是義在佛法初，善信相故。

**佛馱跋陀羅譯《大方廣佛華嚴經》卷五：**

深心淨信不可壞，恭敬供養一切佛，尊重正法及聖僧，信敬三寶故發心。
深信諸佛及正法，亦信菩薩所行道，正心信向佛菩提，菩薩因是初發心。
信爲道元功德母，增長一切諸善法，除滅一切諸疑惑，示現開發無上道。
淨信離垢心堅固，滅除憍慢恭敬本，信是寶藏第一法，爲清淨手受衆行。
信能捨離諸染著，信解微妙甚深法，信能轉勝成衆善，究竟必至如來處。
清淨明利諸善根，信力堅固不可壞，信永除滅一切惡，信能逮得無師寶。
信於法門無障礙，捨離八難得無難，信能超出衆魔境，示現無上解脫道。
一切功德不壞種，出生無上菩提樹，長養最勝智慧門，信能示現一切佛。
是故演說次第行，信樂最勝甚難得，譬如靈瑞優曇華，亦如隨意妙寶珠。
若信恭敬一切佛，則持淨戒順正教，若持淨戒順正教，諸佛賢聖所讚歎。
戒是無上菩提本，應當具足持淨戒，若能具足持淨戒，一切如來所讚歎。

若信恭敬一切佛，則能奇特供最勝。　若能奇特供最勝，彼信佛心難思議，

若信如來正眞法，則常樂聞無厭足。　樂聞法無厭足，欣悟不可思議法，

若信恭敬清淨僧，則信堅固不可壞。　若信堅固不可壞，彼人信力不可動，

若信堅固不可動，諸根明利悉清淨。

**寶亮《大般涅槃經集解》卷五三**　云何爲信，菩薩摩訶薩，（至）脩大涅槃成就初事。

案：僧亮曰，信三寶者，知歸處也。然歸必須行，以施爲行始，次說施也。行即是乘，乘有實假。次說二諦，以一乘是第一，二乘是世諦。下釋云，速得解脱者，小乘是遲。今說爲速，於小者是速。若不說小，則永處生死。說則離故，故名速也。聖人性者，不壞信也。寶亮曰：夫信有三品。從外凡夫，訖聞慧中人，悉通名爲信。

**曇無讖譯《大般涅槃經》卷二六**　云何爲信。菩薩摩訶薩，信於三寶，施有果報，信於二諦一乘之道，更無異趣。爲諸衆生速得解脱，諸佛菩薩分別爲三。信第一義諦，信善方便，是名爲信。如是信者，若諸沙門若婆羅門，若天魔梵，一切衆生所不能壞。因是信故，得聖人性。修行布施，若多若少，悉得近於大般涅槃，不墮生死。戒聞智慧亦復如是。是名爲信。雖有是信而亦不見，是爲菩薩修大涅槃成就初事。

**慧遠《大乘義章》卷二**　於三寶等，淨心不疑，名信。

**灌頂《大般涅槃經疏》卷二三**　信何等法，凡舉五種，一信三寶，二信因果，三信二諦，四信一乘，五信三諦。一師云：信第一義是信眞，信善方便是信俗。一師云：前已二諦竟，何容重說。依《華嚴經》云，若歎菩薩作二智名，若歎佛者作二身名，只是一體隱顯爲異。有言：第一義諦善方便者，即是二身亦是二智。今明此文自稱第一義諦，何容改諦爲智，復改爲身。今作三諦自異二諦，不成重說。而文約一乘，顯其信意。爲衆生故，分別說三。知無異趣，是故說一。準此一條，例通四法。三寶亦爾，爲衆生故，分別二體。知歸至極，故說一體。因果亦爾。

**吉藏《法華義疏》卷一**　佛法大海，信爲能入，智爲能度。如是者即是信也。以信故言如是。若不信，即言不如是。所以佛經初標如是也。

問：如之與是何異。答：如名如實不虛，是謂至當，無非爲義。以信佛法如實不虛非邪是正故，故信稱如是也。

問：如是爲據信體，爲因信相。答：如是名爲信相，非信體也。以外發言稱此事如是，即表內心有誠信。故論云，如是者是信相也。

問：如是爲據能信，爲因所信。答：論云，佛法大海，信爲能入。即知佛法爲所入，故知是據能信也。若言此事如是，則此事屬於所信，則如是言具含能所。

問：如是爲是通信，爲是別信。答：信佛法之正，即不信外道之邪。蓋是分邪正之始，樹衆德之基，屬通信也。然經有大小，教有權實。信大之信，非信小之信，即是別信也。

問。爲明阿難信，爲明餘人信。答：有信心者即入佛法，蓋是通勸一切信受，非局在阿難也。

問：何人能信一乘。答：有六種人不能生信。一者，起愛衆生，深著世樂，不能信受。二者，起見之流，自是非他，又不生信。三者，求二乘之人，執魚目爲眞珠，投夜光而按釰。故外國大小乘人，分河飲水。故說一乘不生信受。四者，謂法華教猶是無常，聞說常住，不生信受。五者，謂於此經覆相明常，聞顯了說常，不生信受。六者，謂此經顯了明常，執成常見。聞說寂滅之道，非常非無常，又不生信。故《見塔品》云，手把虛空，不足爲難。信受書持，乃稱不易。斯言驗矣。今若離上過失心無所依，乃能信受也。我聞者，如是一句謂所生信果，此下五事謂能生信因。以阿難見三譏嫌具八功德，親侍如來二十餘載，傳於佛語，物必信之，故是生信因也。

**玄奘譯《成唯識論》卷六**　云何爲信。於實德能，深忍樂欲，心淨爲性，對治不信樂善爲業。然信差別略有三種。一，信實有，謂於諸法實事理中深信忍故。二，信有德，謂於三寶眞淨德中深信樂故。三，信有能，謂於一切世出世善，深信有力，能得能成起希望故。由斯對治彼不信心。愛樂證修世出世善。忍謂勝解，此即信因。樂欲謂欲，即是信果。確陳此信，自相是何。豈不適言，心淨爲性，此猶未了彼心淨言。若淨即心，應非心所。若令心淨，慚等何別。心俱淨法，爲難亦然。此性澄清，能淨心

等。以心勝故，立心淨名。如水清珠，能清濁水。慚等雖善，非淨爲相。此淨爲相，無濫彼失。又諸染法，各別有相。唯有不信，自相渾濁，復能渾濁餘心心所。如極穢物，自穢穢他。信正翻彼，故淨爲相。有説信者，愛樂爲相，應通三性，體應即欲。又應苦集，非信所緣。有執信者，隨順爲相，應通三性，即勝解欲。若印順者，即勝解故。若樂順者，即是欲故。離彼二體，無順相故。由此應知，心淨是信。

**良賁**《仁王護國般若波羅蜜多經疏》一上　信者，《智度論》云，説時方人令生信故。又云，如是我聞，生信也。信受奉行，生智也。信爲能入智，爲能度。文無繁約，非信不傳。由起信心，所言理順。即由理順，即師資道成。於所説法，皆順從故。云何爲信。信是心所善十一中最初信也。令心心所澄淨爲性。如水精珠，能清濁水。對治不信渾濁之心，樂善爲業，衆行本矣。何緣經首最初生信，五根之中先列信根。有信根故，能生萬善。五力之中，先陳信力。有信力故，魔不能動。故《華嚴》云，信爲道原功德母故。又趣三乘有善法欲，由有信故，起善希望。信爲欲依最初生故。又此經中伏忍最初標十信心。

**湛然**《大般涅槃經疏》卷二三　初信體者，信何等法。凡舉五種，一信三寶，二信因果，三信二諦，四信一乘，五信三諦。一師云，信第一義是信眞，信善方便是信俗。

**圓暉**《俱舍論頌疏論本》卷四　信者，澄淨也。如水清珠，能清濁水。心有信珠，令心澄淨。有説於四諦三寶善惡業果，忍許名信。

**實叉難陀譯**《大方廣佛華嚴經》卷一四：

深信於佛及佛法，亦信佛子所行道，及信無上大菩提，菩薩以是初發心。

信爲道元功德母，長養一切諸善法，斷除疑網出愛流，開示涅槃無上道。

信無垢濁心清淨，滅除憍慢恭敬本，亦爲法藏第一財，爲清淨手受衆行。

信能惠施心無吝，信能歡喜入佛法，信能增長智功德，信能必到如來地。

信令諸根淨明利，信力堅固無能壞，信能永滅煩惱本，信能專向佛功德。

信於境界無所著，遠離諸難得無難，信能超出衆魔路，示現無上解脱道。

信爲功德不壞種，信能生長菩提樹，信能增益最勝智，信能示現一切佛。

是故依行説次第，信樂最勝甚難得，譬如一切世間中，而有隨意妙寶珠。

若常信奉於諸佛，則能持戒修學處，若常持戒修學處，則能具足諸功德。

戒能開發菩提本，學是勤修功德地，於戒及學常順行，一切如來所稱美。

若常信奉於諸佛，則能興集大供養，若能興集大供養，彼人信佛不思議。

若常信奉於尊法，則聞佛法無厭足，若聞佛法無厭足，彼人信法不思議。

若常信奉清淨僧，則得信心不退轉，若得信心不退轉，彼人信力無能動。

若得信力無能動，則得諸根淨明利，若得諸根淨明利，則能遠離惡知識。

**玄奘譯**《大乘阿毗達磨雜集論》卷一　信者，於有體有德有能，忍可清淨，希望爲體，樂欲所依爲業。謂於實有體，起忍可信。於實有德，起清淨行信。於實有能，起希望行信。謂我有力能得能成。

**地婆訶羅譯**《大乘廣五蘊論》卷一　云何信。謂於業果諸諦寶等，深正符順，心淨爲性。於業者，謂福、非福，不動業。於果者，謂須陁洹、斯陁含、阿那含、阿羅漢果。於諦者，謂苦、集、滅、道諦。於寶者，謂佛、法、僧寶。於如是業果等，極相符順，亦名清淨，及希求義，與欲所依爲業。

**玄奘譯**《阿毗達磨品類足論》卷三　信云何。謂信性增上信性，忍可欲作，欲爲欲造，心澄淨性，是名爲信。

**玄奘譯**《入阿毗達磨論》卷上　信謂令心於境澄淨，謂於三寶因果相屬有性等中，現前忍許，故名爲信。是能除遣心濁穢法，如淸水珠置於池內，令濁穢水皆即澄淸。如是信珠在心池內，心諸濁穢皆即除遣。

**續法《觀自在菩薩如意心陁羅尼呪經略疏》卷下**　《華嚴》云：信爲道元功德母，長養一切諸善根。信能必到如來地，信爲功德不壞種。信能增益最勝智，信能示現一切佛。《唯識》云：云何爲信，於實德能，深忍樂欲，心淨爲性。對治不信，樂善爲業。然信差別，略有三種。一信實有，謂於諸法實事理中，深信忍故。二信有德，謂於三寶眞淨德中，深信忍故。三信有能，謂於一切世出世善，深信有力能得能成起希望故。由斯對治不信彼心。愛樂證修世出世善。今此信亦有三。一，信呪有大神力求必如意。二，信佛所語不虛依之稱心。三，信觀自在菩薩具大悲願常加護持。

# 慢

**鳩摩羅什譯《成實論》卷一〇**　云何爲慢。答曰：以邪心自高名慢。是慢多種。若於卑自高名慢，於等計等，亦名爲慢。以此中有取相我心過故。於等自高，名爲大慢。於勝自高，是名慢慢。於五陰中取我相，名爲我慢。我慢二種，示相，不示相。示相是凡夫我慢，謂見色是我見有色是我，見我中色見色中我。乃至識亦如是。示是二十分故名示相，不示相是學人我慢。如長老差摩伽說，不說色是我，說受想行識是我，但五陰中有我慢我欲我使，未斷未盡，是名我慢。若未得須陁洹等諸果功德，自謂爲得，名增上慢。

問曰：若未得，何故生得心耶。答曰：於習禪中得少味故，能遮結使不行於心中，故生此慢。又聞思慧力，常近善師，樂遠離行，少知五陰相，故生須陁洹等果想，名增上慢。

問曰：增上慢有何等咎。答曰：後當憂惱。如經中說：若比丘言我斷疑得道，即應現前說甚深因緣出世間法。若是比丘實不得道，聞是法時則生悔惱。故應勤斷此增上慢。又增上慢人，諸佛世尊有大慈悲，猶尙捨遠不爲說法，是故應斷。又增上慢人住邪法，故無實功德。猶如賈客深入大海而貪僞珠，是人亦爾。入佛法海，得少禪悅，謂爲眞道而生貪著。又增上慢人，後老死時不任受道，故當勤求眞實智慧。又增上慢人，自失己利亦增益愚癡，以實未得想謂得故，是故不應自誑其身，當速棄捨。若於大勝人謂少不如，名不如慢。是人自高亦自下身。若人無德自高，名爲邪慢。又以惡法自高，亦名邪慢。若於善人及所尊中，不肯禮敬，名爲傲慢。如是等名爲憍慢相。

問曰：慢云何生。答曰：不知諸陰實相則憍慢生。如經中說：若人以無常色自念是上是中是下，是人正以不知如實相故。乃至識亦如是。若知陰相，則無憍慢。又善修身念，則無憍慢。如牛恃角，則爲暴慢，若去其角則不能也。身爲不淨九孔流惡，何有智者恃此自高。以如是等念身因緣，則無憍慢。又智者知一切眾生若貧若富若貴若賤，皆以骨肉筋脈五臟糞穢合而成身，俱有生老病死憂悲苦惱。亦有貪恚等諸煩惱罪福等諸業，及地獄等諸惡道分。云何當起憍慢。又見內外心從因緣生，知念念滅，則無憍慢。又善修空心，則無憍慢。所以者何。隨逐相故，則憍慢生，若無相者，何處起慢。又智慧者，若實有戒等功德，則不生慢。所以者何。戒等功德皆爲盡此諸煩惱故。若無功德，何有智者於無事中而起憍慢。又觀無常等相，則滅憍慢。何有智者以無常苦不淨之物而爲憍慢。

問曰：憍慢有何等過。答曰：從慢有身，從身生一切苦。如經中佛說：若我弟子不能如實知慢相者，我與受記當生某處，以有餘慢不斷故。又一切煩惱皆隨取相，我是相中之大，故知從慢有身。又此憍慢即是癡分，所以者何，以眼見色謂我能見。又此憍慢生不以道理，所以者何，一切世間皆無常苦無我，云何以此而生憍慢。是故於貪恚癡最無道理。又從慢起業亦利亦重，以貪著深故，從貪起業。不能如是。又憍慢力故，貪等熾盛。即此貪得種姓等慢，則增長熾盛。又我慢因緣生卑賤家，亦於師子虎狼中生，從此因緣則墮地獄。憍慢有如是等無量過咎。問曰：云何名多憍慢相。答曰：是人所執堅固難可與語，無恭敬心，少於怖畏，喜自在行，自大難教。所有薄少，自以爲多。喜輕蔑人，此過難除。故有智者，所不應行此慢，爲破一切功德故生。

**僧伽提婆共竺佛念譯《阿毘曇八犍度論》卷三**　云何慢，云何憍。慢云何，答曰：於卑謂妙（自謂勝也）。於妙相似，從此起慢，作慢心熾盛，是謂慢。憍云何，答曰：我生勝姓色族，伎術業富端正。從此起憍作憍，一一憍一一作憍，是謂憍。慢憍何差別。

**慧遠《大乘義章》卷五** 八慢之義，出《涅槃經》。《成實論》中，具廣解釋。自舉陵他，名之爲慢。慢別不同，離分爲八。一直名慢，二名大慢，三名慢慢，四不如慢，五名憍慢，亦名傲慢，六名我慢，七增上慢，八名邪慢。八中前五對人以分，後三就其所恃以別。就前五中，初之一慢，於下境界及等處生。次有一慢，唯等處生。後之三種，上境處生。初言慢者，於下自高，於等計等。此過輕故，直名爲慢。此無所陵，何故名慢。《成實》釋言，是中有其執我相過故，說爲慢。言大慢者，於等自大，名爲大慢。言慢慢者，於上境處，謂己勝彼。此過最重，名爲慢慢。不如慢者，他實過己，玄絕非伴，謂己少劣，名不如慢。陵他多邊，故說慢矣。言傲慢者，有人於彼父母師長，不能恭敬，名爲傲慢。此前五種，對人辨也。後三就其所恃以別。言我慢者，有人於陰橫計有我，執我自高，故名我慢。此諸慢中，執我心也。然此我慢，通於凡聖，在凡名爲示相我慢，在學心中名不示相。迷見諦故，說示相慢。不迷見諦，名不示相。增上慢者，實不得聖，而謂己得，名增上慢。以其聖法是增上故。言邪慢者，無德自高，恃惡陵人，名爲邪慢。就此八中，我慢是通，餘者是別。八慢之義，辨之麁爾。

**玄奘譯《阿毗達磨法蘊足論》卷九** 云何慢，謂於劣，謂己勝。或於等，謂己等，由此起慢。已慢當慢，心舉恃，心自取，總名爲慢。云何過慢，謂於等，謂己勝。或於勝，謂己等。由此起慢。乃至心自取，總名過慢。云何慢過慢，謂於勝，謂己勝，由此起慢。乃至心自取，總名慢過慢。云何我慢，謂於五取蘊等，隨觀見我或我所，由此起慢。乃至心自取，總名我慢。云何增上慢，謂未得謂得，未獲謂獲，未觸謂觸，未證謂證，由此起慢。乃至心自取，總名增上慢。云何卑慢，謂於多勝，謂己少劣，由此起慢。乃至心自取，總名卑慢。云何邪慢，謂己無德，而謂有德，由此起慢。乃至心自取，總名邪慢。云何憍，謂有一類，作是思惟，我之種姓，家族色力，工巧事業。若財若位，戒定慧等，隨一殊勝。由此起憍極憍，醉極醉，悶極悶，心傲逸，心自取，起等起，生等生，高等高，舉等舉，心彌漫性，總名爲憍。

**玄奘譯《阿毗達磨發智論》卷二** 云何慢。答：諸慢、已慢、當慢。心舉恃，心自取，是謂慢。憍、慢何差別。答：若不方他，染著自法，心傲逸相，名憍。若方於他，自舉恃相，名慢。是謂差別。若起增上慢，我見苦是苦，或見集是集，此何所緣。答：如有一類，親近善士，聽聞正法，如理作意。由此因緣，得諦順忍。苦現觀邊者，於苦忍樂，顯了是苦。集現觀邊者，於集忍樂，顯了是集。彼由此忍，作意持故。或由中間不作意故。見疑不行，設行不覺，便作是念：我於苦見是苦，或於集見是集，由此起慢，已慢當慢。心舉恃，心自取，名增上慢。此即緣苦，或即緣集。若起增上慢，我見滅是滅，或見道是道，此何所緣。答：如有一類，親近善士聽聞正法，如理作意。由此因緣，得諦順忍。滅現觀邊者，於滅忍樂顯了是滅。道現觀邊者，於道忍樂顯了是道。彼由此忍，作意持故。或由中間不作意故，見疑不行，設行不覺，便作是念：我於滅見是滅，或於道見是道，由此起慢，已慢當慢。心舉恃，心自取，名增上慢。此即緣彼心心所法。若起增上慢，我生已盡，此何所緣。答：如有一類，作是念言：此是道，此是行。我依此道此行，已遍知苦，已永斷集，已證滅，已修道，我生已盡。由此起慢，已慢當慢，心舉恃，心自取，名增上慢。此即緣生。若起增上慢，我梵行已立，此何所緣。答：如有一類，作是念言：此是道此是行，我依此道此行，已遍知苦，已永斷集，已證滅，已修道，我梵行已立，由此起慢，已慢當慢，心舉恃，心自取，名增上慢。此即緣彼心心所法。若起增上慢，我所作已辦，此何所緣。答：如有一類，作是念言：此是道此是行，我依此道此行，已遍知苦，已永斷集，已證滅，已修道。我已斷隨眠，已害煩惱，已吐結，已盡漏，所作已辦。由此起慢，已慢當慢，心舉恃，心自取，名增上慢。此即緣彼心心所法，若起增上慢，我不受後有，此何所緣。答：如有一類，作是念言：此是道此是行，我依此道此行，已遍知苦，已永斷集，已證滅，已修道。我生已盡，梵行已立，所作已辦，不受後有，由此起慢，已慢當慢。心舉恃，心自取，名增上慢。此即緣有。云何自謂卑而起慢耶。答：如有一類，見他勝己，種姓族類，財位技藝，及田宅等。作是念言：彼少勝我，我少劣彼。然劣於他，多百千倍。由此起慢，已慢當慢。心舉恃心自取，是名自謂卑而起慢。

**玄奘譯《阿毗達磨大毗婆沙論》卷五〇**　云何慢結，謂七種慢。一慢，二過慢，三慢過慢，四我慢，五增上慢，六卑慢，七邪慢。慢，謂於劣謂己勝，於等謂己等，令心高舉。過慢，謂於等謂己勝，於勝謂己等，令心高舉。慢過慢，謂於勝謂己勝，令心高舉。我慢，謂於五取蘊，謂我我所，令心高舉。增上慢，謂未得勝德，謂己已得，令心高舉。卑慢，謂於他多勝，謂己少劣，令心高舉。邪慢，謂實全無德，謂己有德。如是七慢，總名慢結。

**玄奘譯《大乘阿毗達磨集論》卷四**　慢結者，即七慢。謂慢、過慢、慢過慢、我慢、增上慢、下劣慢、邪慢。慢者，謂於下劣計己爲勝，或於不相似計己相似，心舉爲性。過慢者，謂於相似計己爲勝，或復於勝計己相似，心舉爲性。慢過慢者，謂於勝己計己爲勝，心舉爲性。我慢者，謂於五取蘊，觀我我所，心舉爲性。增上慢者，謂於未得上勝證法，計己已得上勝證法，心舉爲性。下劣慢者，謂於多分勝計己少分劣，心舉爲性。邪慢者，謂實無德計己有德，心舉爲性。慢結所繫故，於我我所，不能了知，不了知故，執我我所。廣行不善，不行諸善，由此能招未來世苦，與苦相應。

**玄奘譯《瑜伽師地論》卷八**　慢者，謂由親近不善丈夫，聞非正法，不如理作意故，及由任運失念故。於外及内，高下勝劣。若分別不分別，高舉爲體。

**玄奘譯《瑜伽師地論》卷五八**　慢者，謂令心舉心所爲性。此復四種，謂於諸見，於諸有情，於受用欲，於諸後有處起。又此慢略有二種，一惑亂慢，二不惑亂慢。於有情處慢者，謂三慢類，已如前説。於受用欲處慢者，謂由大財大族大徒衆等現在前故，心遂高舉。於後有處慢者，謂由計我當有不有，廣説乃至我當非想非非想等。若動不動戲論造作諸愛趣中，現前轉故，心遂高舉。不惑亂慢者，謂於下劣計己爲勝，於等計等而生憍慢。惑亂慢者，謂餘六慢。又由受用鄙劣資具，自謂富樂，名惑亂慢。若由受用勝妙資具，自謂富樂，名不惑亂慢。又由邪行謂後有勝，名惑亂慢。若由正行謂後有勝，名不惑亂慢。

**玄奘譯《瑜伽師地論》卷六三**　所言慢者，謂懷慢故。慢所制伏，爲性於法，不生恭敬。於諸師範，尊重福田，不能時時身心卑屈敬問諮請。

**玄奘譯《瑜伽師地論》卷九三**　略有二種增上慢者，一於有學增上慢者，二於無學增上慢者。若於有學增上慢者，彼告他言，我已度疑，永斷三結。我於所證，有學解脱。已離猶豫，已拔毒箭，已能永斷薩迦耶見以爲根本一切見趣。若於無學增上慢者，彼告他言，我無有上，所應作事，所應決擇，我皆已作。如是二種，或依緣起，或依涅槃。又依聖説而起説時，謂説甚深出離世間空性相應緣性緣起順逆等事。於其所説，不能覺了，不隨悟入。由此二種因及緣故，於如實覺發起狐疑。於自相續煩惱永斷，涅槃作證，亦生猶豫，所以者何。由於有學增上慢者，計我我所，常所隨逐隨入作意，微細我慢，間無間轉不能了達。又奢摩他任持相續，防麁煩惱，令不雜亂。由是因緣，彼於未得生已得想，於未防護生已護想，便告於他。又於無學增上慢者，彼自謂言：我已寂靜，我已涅槃，我已離愛，我已離取。於此未斷微細現行諸增上慢，不能了達。於所未得生已得想，於未防護生已護想，便告於他。又於無學增上慢者，當知決定先於有學起增上慢，無有實義。諸有學者，於上無學起增上慢。所以者何。非彼相續煩惱現行，如是纏心堅牢而住。由此因緣，於所未得生已得想，起增上慢。

**玄奘譯《成唯識論》卷四**　我慢者，謂倨傲，恃所執我，令心高舉，故名我慢。

**玄奘譯《顯揚聖教論》卷一**　慢者，謂以他方己計我爲勝我等我劣，令心恃舉爲體。或是俱生，或分別起能障無慢爲業。如前乃至增長慢爲業。如經説三種慢類，我勝慢類，我等慢類，我劣慢類。

**窺基《妙法蓮華經玄贊》卷三**　慢者，《玉篇》，輕悔也，不畏也，倨也。或爲嫚字切韻，欺爲謾，緩爲慢。恃己陵他，高舉爲相。《瑜伽》等説慢有七種。一慢，二過慢，三慢過慢，四我慢，五增上慢，六卑慢，七邪慢。初慢者，謂於劣計己勝，或於等計己等。過慢者，謂於等計己勝，或於勝計己等。慢過慢者，謂於勝計己勝。我慢者，恃所執我，高舉爲相。增上慢者，己實少德，謂己多德。卑慢者，謂他多分勝己，計己少分劣他。邪慢者，己全無德，謂己有德。今增上慢，即是第五已實少德，謂己多德。得世間涅槃禪定等故，未多得，謂多德，未多證，謂多證。得謂有爲道，證謂無爲滅。此是增上慢相。非全未得而今謂得。若不爾者，便非增上慢相，乃是第七邪慢相。故有此煩惱障及前法障二種力故，不堪聞法。

**玄奘譯《瑜伽師地論》卷八九** 令心高舉，故名爲慢。於等謂勝，於勝謂等，令心高舉，故名過慢。於勝謂勝，令心高舉，名慢過慢。妄觀諸行，爲我我所，令心高舉，故名我慢。於其殊勝所證法中，未得謂得，令心高舉，名增上慢。於多勝中，謂己少劣，令心高舉，名下劣慢。實無其德，謂己有德，令心高舉，故名邪慢。

**玄奘譯《成唯識論》卷六** 云何爲慢，恃己於他，高舉爲性。能障不慢，生苦爲業。謂若有慢，於德有德，心不謙下。由此生死輪轉無窮，受諸苦故。

**般若共牟尼室利譯《守護國界主陀羅尼經》卷三** 傷哉衆生，多起諸慢。爲慢、過慢、及慢過慢、我慢、增上慢、卑慢、邪慢。云何爲慢，謂於下劣衆生計我勝彼。言過慢者，於己等者言我過彼。慢過慢者，於他勝己計我勝彼。言我慢者，於色計我乃至於識亦計於我，令心高舉。言增上慢者，增上聖法曾未獲得，向他人說我得聖法。言卑慢者，於彼多分勝己之人，言我少劣。言邪慢者，於己邪見無德之中謂己爲正，翻詔他人以之爲邪。如是等慢，我當爲彼說甚深法，令其除斷住於平等。

**澄觀述《大方廣佛華嚴經隨疏演義鈔》卷三四** 云何爲慢，恃己於他，高舉爲性，能障不慢，生苦爲業。謂若有慢於彼有德，心不謙下。由此生死輪轉無窮，受諸苦故。然根本有六，疑及惡見。

**窺基《成唯識論述記》卷六** 論：云何爲慢，至生苦爲業。述曰：能障不慢。不慢者何，如善中說。

論：謂若有慢，至受諸苦故。述曰：於勝德法及有德者，心不謙下，故受衆苦。顯令厭捨，勿復輪迴。然對法中，但由有我，故心高舉。此中所謂我見相應，及等流生，或遠從根本說。

論：此慢差別，至我德處生。述曰：有七、九種，不過於五法上生，謂上中下三品及我，并勝德處生。此義云何。如《五蘊論》說，謂七慢中，於下品及中品起第一慢，謂於劣計己勝，於等計己等。於中品於上品起過慢，謂於等計己勝，於勝計己等。於上品起慢過慢，謂於勝計己勝。於我蘊起我慢，自恃高舉。於未證勝德，起增上慢，雖得少分，於所未得謂己已得。於上品起卑慢，謂他多分勝己，謂己少分不及，己於無德。謂己有德起邪慢，此邪慢者全無謂有。其增上慢己得少勝，謂多殊勝。此即二別也。然於三品起四，滅起一。於德起二，於五處起七慢也。九慢者，大乘中不見文。《顯揚》第一云，如經說三慢類，我勝，我等，我劣慢類。《婆沙》等第一百九十九，及俱舍第十九，說有九慢。前三爲三，有勝，有等，有劣爲三。無勝，無等，無劣爲三。過慢，慢，卑慢如次初三。卑慢，慢，過慢如次中三。慢，過慢，卑慢如次後三。依本論及《品類足》兩說大廣。然九依我見後生，三品處起，此與諸見相應無失。

論：一切皆通至起亦無失。述曰：彼小乘中通見修斷，聖有而不行，無修道我慢故。今大乘修道既得有我慢，是故聖者現行。《顯揚》及八十八等云，七慢或俱生或分別，故知九慢修起無失，五十八稍廣作差別說。

**圓測《解深密經疏》卷三** 然此所說懷增上慢，諸說不同。若依薩婆多宗，有四種人起增上慢，所謂異生及下三果。如《大婆沙》四十三云：起增上慢，三說不同。有說：異生起五，謂四善根及四果，預流起四，除第一。一來起三，除前二。不還起二，除前三。阿羅漢無增上慢。有說：異生起九，謂有漏善根四向四果。預流果起七，除前二。一來向起六，除前三。一來果起五，除前四。不還向起四，除前五。不還果起三，除前六。阿羅漢向起二，除前七。阿羅漢無增上慢。預流向無起增上慢義。

評曰：聖者亦於勝有漏善，起增上慢故。六聖者，如前所起，各復增一，廣說如彼。依經部宗，同薩婆多，於理無違。於彼部中，有多計故。今依大乘，大同二宗。慢通異生有學聖者，故《成唯識》第六卷云：云何爲慢，恃己於他，高舉爲性，能障不慢生苦爲業。此慢差別，有七、九種。謂於三品我德處生，一切皆通見脩所斷，聖位我慢既得現行，慢類由斯起亦無失。

解云：言七慢者，《五蘊論》云：云何爲慢，謂慢、過慢、慢過慢、我慢、增上慢、卑慢、邪慢。慢，謂於劣計己勝，或於等計己等，心高舉爲性。過慢，謂於等計己勝，或於勝計己等。慢過慢，謂於勝計己勝。我慢，謂於五取蘊隨觀爲我或我所，心高舉爲性。增上慢，謂於未得增上殊勝所證法中，謂我已得。卑慢，謂於多分殊勝計己少分下劣。邪慢，謂實無德計己有德，心高舉爲性。《集論》第四，《雜集》第六，《瑜伽》八十九，皆同五蘊。若依《智度論》五十六云：增上人者，是佛弟子，得禪定未得聖道，自謂已得。

言九慢者。《發智論》第二十云：有九慢類。謂我勝、我等、我劣、有勝我、有等我、有劣我、無勝我、無等我、無劣我。《顯揚》第一，但列三種慢類。故彼論云，如經說三種慢類，我勝慢類，我等慢類，我劣慢類。解云：義準說九，於理無違。此七、九慢，依《成唯識》於五處生故。彼第六云，此慢差別，有七、九種，謂於三品我德處生。解云：且七慢中，慢，過慢，慢過慢，卑慢，依三品起。我慢一種，依我處生。邪慢增上，依德處生。故《雜集論》第六卷云：於下中二品處生慢，依中上品處生過慢，依上品處生慢過慢，依上品處生劣慢。於五邪蘊執我我所，由此起我慢。於未得勝德計已得勝德，起增上慢。於實無德計已有德，即是邪慢。若辨九慢，自有兩說。若依《發智論》，如《俱舍》第十九說，如是九種從前七慢三中離出，謂從前慢、過慢、卑慢如是三種。若依見生行次有殊成三三類。初三如次即過慢慢卑慢，中三如次即卑慢慢過慢，後三如次即慢過慢卑慢。廣如《婆沙》。若依《品類足》釋慢類者，且我勝慢勝從三慢生。謂慢、過慢、慢過慢三。由觀劣等勝境別故，故《婆沙》第百九十九云，依《品類足論》，我勝慢中攝三種慢。若於劣謂己勝即是慢，若於等謂己勝即是過慢，若於勝謂己勝即慢過慢。餘八慢類，如理應說。解云：餘八慢類如理應說者，我等慢類，依中上品攝二種慢，於等計等此即是慢，於勝謂等即是過慢。我劣慢類，但依上品攝一種慢。謂於多勝計己少劣，即是卑慢。有勝無劣，同我劣說。有等無勝，同我等說。有劣無等，同我勝說。如此九中，三依三品，三依中上，三依上品。如前可知。而今此中說有慢者，七九慢中但約增上，於中三說不同。眞諦三藏，但說異生以爲有慢。依有所得觀以爲眞觀，起上慢故。有說，此中通說異生二乘有學爲有慢者，羅漢已斷煩惱障故。故《法華經》第一卷說，實得阿羅漢。若不信此法，無有是處。有說，亦通羅漢，所以者何，雖無煩惱慢，有所知慢故。

**圓暉《俱舍論頌疏論本》卷一九**　執我我所，令心高舉，名爲我慢。恃我起故，未得謂得，名增上慢。於多分勝，謂已少劣，名爲卑慢。於無德中，謂已有德，名爲邪慢。成就惡行，名爲無德，恃惡高舉，名爲邪慢也。慢九者，《發智論》說，慢類有九。一，我勝慢類。二，我等慢類。三，我劣慢類。四，有勝我慢類。五，有等我慢類。六，有劣我慢類。七，無勝我慢類。八，無等我慢類。九，無劣我慢類。從三者，此九慢類，從前七慢中三慢流出。其三慢者，謂慢、過慢、卑慢也。初我勝慢類，從過慢出。第二我等慢類，從前慢出。第三我劣慢類，從卑慢出。第四有勝我慢類，亦從卑慢出。第五有等我慢類，從前慢出。第六有劣我慢類，從過慢出。第七無勝我慢類，從前慢出。第八無等我慢類，從過慢出。第九無劣我慢類，從卑慢出。

問：無劣我慢，高處是何。答：謂自愛樂勝有情聚，返顧已身，雖知極劣，而自尊重，得成無劣我慢也，皆通見修斷者。七慢，九慢，皆見修斷，緣見所斷。起者，名見所斷。緣事起者，名修所斷，修所斷慢。聖未斷時，雖復成就，或有現行，或不現行。不現行者，我慢一也。所餘六慢。聖可現行。前九慢類。聖亦不現行。故頌言有修斷不行者。即九慢類。及我慢也。聖如殺纏等者，舉例釋也。如殺生纏，是修所斷。聖雖未斷，必不現行。殺纏既爾，慢類亦然。殺生纏者，謂瞋是也。等者，等取盜婬誑纏無有愛全有愛一分。言無有者，謂三界非常，於此貪求名無有愛。一類眾生，被苦所逼，作如是念，願我死後，斷壞無有，故於無有而起愛也。

**雲峰集《唯識開蒙問答》卷上**　問：云何爲慢。答：恃己於他，高舉爲性，能障不慢，生苦爲業。

問：云何生苦。答：謂若有慢，於德有德心不謙下，由此生死輪轉無窮，受諸苦故。

問：慢有其幾。答：七體九類。

問：七體者何。答：謂單、過、慢、增、邪、我、卑。

問：云何單慢。答：於劣計己勝，於等計己等，稱境爲單，不敬爲慢。雖理本等，恃己評他，故爲慢也。

問：云何過慢。答：於勝計己等，於等計己勝，單加一等，故成過慢。

問：云何慢過慢。答：於勝計己勝，單上加二，名慢過慢。

問：何名增上。答：未得謂己有得，計劣爲多，爲增上慢。

問：云何邪慢。答：自全無德，謂己有德。

問：云何我慢。答：於自執我，稱量高舉。

問：卑劣慢。答：謂於多勝，計己少劣。

問：於勝計劣，此應是謙，何得成慢。答：如自恃云，汝雖勝我，終不汝敬，故是此慢。

問：九類者何。答：謂於我勝、等劣有勝、等劣無勝、等劣於勝等。劣下計此九句，隨意配之，是何慢類。

問：請示一途。答：如於勝計我勝，是慢過慢類。於勝計我等，是過慢類。於勝計我劣，是卑慢類。

問：更示於等。答：於等計我勝，過慢類。於等計我等，單慢類。

問：再示於劣。答：於劣計我勝，單慢類。

問：計有勝等。答：於勝計有勝，慢過慢類。於勝計有等，過慢類。於勝計有劣，卑慢類。於等計有勝，過慢類。於等計有等，單慢類。

問：計無勝等。答：於勝計無勝，單慢類。於勝計無等，卑慢類。於勝計無劣，此有兩類。若下無劣計等，過慢類。若下無劣計勝，慢過慢類。若於等計無勝，單慢類。於等計無劣，此亦二類。若下無劣計等，單慢類。若無劣計勝，過慢類。

問：於計二字，何屬自他。答：於字屬他，計字屬自。

問：何以故。答：於猶向也，向他勝劣，計自勝劣故。倣此作法，自易見矣。

問：云何爲疑。答：於諸諦理，猶豫爲性，能障不疑，善品爲業。

問：障善品。答：謂猶豫者，善不生故。

問：云何惡見。答：於諸諦理，顛倒推度，染慧爲性，能障善見，招苦爲業。謂惡見者，多受苦故。

問：惡見有幾。答：有五見。謂身。邊。邪。見取。戒禁取。

**通潤《成唯識論集解》卷六**　恃己尊勝，貢高輕舉，藐視一切，是其自體，生苦是用。次轉釋。謂彼平生不以德業爲事，而故慢德。故於一切有尊德者，不生謙恭，不自卑下，自高自大，輕陵蔑裂。由斯生死無窮，受苦不盡。下顯差別。此慢差別有七九種者，謂此慢有七體九種也。言七體者，謂於下劣計己爲勝，於等謂己爲等，令心高舉，名之爲慢。雖理本等，恃己評他，故爲慢也。於等謂己勝，於勝謂己等，令心高舉，名過慢。加慢一等故。謂於勝己，計己爲勝，令心高舉，名慢過慢。卑上加二故。妄執諸行爲我我所，令心高舉，爲我慢。於自執我，稱量高舉故。於眞殊勝所得法中，未得謂得，未證謂證，令心高舉，名增上慢。於多勝中，謂己少劣，令心高舉，名卑劣慢。實無其德，謂己有德，令心高舉，名邪慢。九種者，謂於三品我德處生。三品者，勝等劣也。《俱舍》云：慢類有九，一我勝慢類，二我等慢類，三我劣慢類。我勝慢類者，如於勝計我勝，是慢過慢。於勝計我等，是過慢。於勝計我劣，是卑劣慢。我等慢類者，如於等計我勝，是過慢類。於等計我等，是卑慢類。我劣慢類者，如於劣計我劣，是卑慢類。四有勝我慢類，五有等我慢類，六有劣我慢類，七無勝我慢類，八無等我慢類，九無劣我慢類。如是九種，從前七慢三中離出故。此七種慢屬俱生者，在聖位中亦得現行，故通二斷。

**明昱《唯識三十論約意》**　我慢者，謂倨傲。恃所執我，令心高舉，故名我慢。慢即倨傲，憍倨自傲，是爲慢義。以恃我故，心自高舉，謂之我慢。

**明昱《成唯識論俗詮》卷六**　謂有慢者，於諸無德及有德人，俱不謙下，人我相陵，集業輪轉，衆苦從生。七慢者，謂單、過、慢、增、邪、我，卑，爲七種。單慢者，於劣計己勝，於等計己等，稱境爲單，不敬爲慢。理雖相等，將己評他，故爲慢也。過慢者，於勝計己等，於等計己勝，單加一等，故成過慢。慢過慢者，於勝計己勝，單加二等，名慢過慢。增上慢者，於他劣等勝三，計己展轉得增上故。邪慢者，於己無德，妄計有德，於他有德，言彼非德。我慢者，於自執我，稱量高舉，陵蔑他故。卑劣慢者，於他多勝，計己少劣，情雖似謙，不敬彼故，故名爲慢。九種慢者，謂我、德、處，各有三品，故爲九種。一於我勝等劣。二有我勝等劣。三無我勝等劣。勝謂強勝，我勝彼故。等謂齊等，等於他故。劣謂卑劣，我劣彼故。我既如此，德處亦然。我即所執之我，德即所修之德，處即受用處所。已上七慢九種，一切皆通見修所斷。聖位下，結顯我慢，凡聖皆具。於一切時，不可不察。然於聖位，起亦無失。以菩薩乘，利生爲本，故於敬慢，起必有爲。爲隨所宜，運大悲故，故不爲失。言慢類者，將我德處有無，及勝等劣，類前七種，有三。一於勝等劣，各計我勝等劣。二於勝等劣，各計有勝等劣。三於勝等劣，各計無勝等劣。今，一計我者，於勝計我勝，是慢過慢類。於勝計我等。是過慢類。於勝計我劣。單慢類。此從他勝計我也。於等計我勝。過慢類。於等計我等，單慢類。於等計我劣，單慢類，此從他等計我也。於劣計我勝，單慢類。於劣計我等，於劣計我劣，俱是單慢類。此從他劣計我也。二計有者，於勝計有勝，慢過慢類。於勝計有等，過慢類。於勝計有劣，單慢類。此從彼勝計有也。於等計有勝，過慢類。於等計有等，單慢類。於等計有劣，單慢類。此從彼等計有也。於劣計有勝，單慢類。於劣計有等，於劣計有劣，俱是單慢類。此從彼劣計有也。三計無者，於勝計無勝，於勝計無等，俱是單慢類。於勝計無劣，言無劣者，非勝即等，故有二類。於勝計等，是過慢類。於勝計勝，慢過慢類。此從他勝計無也。於等計無勝，單慢類。於等計無等，亦有二類。言無等者，非勝即劣。於等計勝，是過慢類。於等計無劣，亦有二類。言無劣者，非勝即等，於等計劣，是卑慢類。於等計無劣，亦有二類。言無劣者，非勝即等，於等計勝，是過慢類。於等計等，是單慢類。此從他等計無也。於劣計無勝，是卑慢類。於劣計無等，亦有二類。言無等者，非勝即劣。於劣計勝，單慢類。於劣計無劣，亦有二類。言無劣者，非勝即等，於劣計勝，單慢類。於劣計等，卑慢類。此從他劣計無也。

**智旭《成唯識論觀心法要》卷六**　云何爲慢，恃己（所長），於他（有情心生）高舉爲性，能障不慢，生苦爲業。謂若有慢，於（三寶眞淨）德（中及一切）有德（之人），心不謙下（競生人我）。由此生死輪轉無窮，受諸苦故。此慢差別，有七、九種。謂於三品我、德、處生。一切皆通見修所斷，聖位（之中俱生）我慢既得現行（則凡），慢（之流）類由斯（于聖位中。容得現）起（義）亦無失。

七種慢者：一慢。謂不敬等類，藐視劣類。二過慢。謂於等類妄視爲劣，及於勝類妄視爲等。三慢過慢。謂於勝類，反視爲劣。四我慢。謂妄執有我而生貢高。五增上慢。謂少有所得，自謂滿足，如妄認四禪爲四果等。六卑劣慢。謂自實甚劣，妄謂少劣。或雖知彼勝，不肯起敬。七邪慢。謂自實無德，妄謂有德也。九種慢者，約我、德、處，各有勝等劣三品。我即所執虛妄假名之體，德即所修之德，處即受用處所。或我勝我等我劣，或德勝德等德劣，或處勝處等處劣，是名九種。依之起于或慢、或過慢、或慢過慢，或卑劣慢。可以意知。是中不論七種九種，若依分別煩惱起者，即見所斷。若依俱生煩惱緣事生者，即修所斷也。

**智素《成唯識論音響補遺》卷六**　七種慢者，準《瑜伽》釋曰：於他下劣，謂己爲勝。或復於等，謂己爲等。令心高舉，故名爲慢。於等爲勝，於勝爲等，令心高舉，故名過慢。於勝爲勝，令心高舉，名慢過慢。妄觀諸行，爲我我所，令心高舉，故名我慢。於其殊勝所證法中，未得謂得，令心高舉，名增上慢。於多勝中，謂己少劣，令心高舉，名卑劣慢。實無其德，謂己有德，令心高舉，故名邪慢。《雜集》釋意，大同於此。九種類者，《雜集》先標列云：一我勝慢類。二我等慢類。三我劣慢類。四有勝我慢類。五有等我慢類。六有劣我慢類。七無勝我慢類。八無等我慢類。九無劣我慢類。次釋曰：此九種類，從前七慢中三種中生。從三者，一慢，二過慢，三卑慢。此中初三慢類，依止見起。如次即是過慢、慢卑慢也。次三慢類，初二即慢，後一即過慢也，後三慢類。亦如次即慢、過慢、卑慢也。廣如彼說。三品我德處生者，謂依六事而生慢也。一劣有情，二等有情，三勝有情即是三品，四內取蘊，五已得未得顛倒，六妄謂功德顛倒。七中慢者，依劣等二品有情事生。過慢者，依等勝二品有情事生。慢過慢卑慢者，此二依勝品有情事生。邪及增上二慢，依顛倒起，即德處生。我慢者，妄計取蘊，爲我我所，即我處生也。一切下，次明斷攝。依見起者，名見所斷。緣事生者，名修所斷。

# 疑

**慧遠《大乘義章》卷六**　所言疑者，於境不決。猶預曰疑。疑有二種。一者疑事，如夜觀樹疑，爲是人，爲非人等。二者疑理，疑諸諦等。小乘法中，唯取疑理，說爲疑使。大乘通取皆須斷，故十使名相。辨之麁爾。

**玄奘譯《瑜伽師地論》卷五八**　疑者，猶豫二分，不決定心所爲性。當知此疑，略由五相差別建立。謂於他世、作用、因果、諸諦、寶中，心懷猶豫。

**玄奘譯《顯揚聖教論》卷一** 疑者，謂於諸諦猶豫不決爲體，唯分別起能障無疑爲業。如前乃至增長疑爲業。如經說猶豫者疑。

**玄奘譯《大乘阿毗達磨雜集論》卷一** 疑者，於諦猶豫爲體，善品不生依止爲業。於諦猶豫者，亦攝於實猶豫。如其所應，滅道諦攝故。善品不生者，謂由不決不造修故。

**玄奘譯《成唯識論》卷六** 云何爲疑。於諸諦理猶豫爲性，能障不疑善品爲業。謂猶豫者，善不生故。有義，此疑以慧爲體，猶豫簡擇說爲疑故，毗助末底是疑義故，末底般若義無異故。有義，此疑別有自體，令慧不決，非即慧故。《瑜伽論》說六煩惱中見世俗有，即慧分故。餘是實有，別有性故。毗助末底執慧爲疑，毗助若南智應爲識。界由助力義便轉變，是故此疑非慧爲體。

**窺基《成唯識論述記》卷六** 論：云何爲疑，至善不生故。述曰：此中說疑迷於諦理猶豫。五十八中依五相別，謂他世、作用、因果、諦、寶。此中言諦亦攝彼盡。如理應思，即緣理事俱是疑也。然疑杌爲人，非此疑惑，或異熟心等。

論：有義，此疑至說爲疑故。述曰：疑以慧爲體。何以故。《大論》五十八說猶豫簡擇說爲疑也。《大論》第八異覺爲體。覺即是慧，決斷名慧。然簡擇猶豫異，決斷覺說爲疑故。此以文證。

又訓釋中。論：毗助末底至義無異故。述曰：所謂末底是慧異名，與般若無別體。於慧上加毗字助之，毗是種種義，即種種慧也。《大論》言異慧疑。異者是種種義，故知疑體即慧。以末底般若俱慧異名，以毗助之，豈別有體。此是大乘異師，非是別部。

論：有義，此疑至非即慧故。述曰：別有自體。然說猶豫簡擇者，由同時疑，或異時疑，令慧不決，故非是慧。

論：《瑜伽論》說至別有性故。述曰：五十五說六煩惱中，見是世俗有。又彼自釋言即慧分故，餘五實有，彼亦自釋別有性故，故知疑體非即是慧。若即慧者，應同五見說世俗有。應立量云，疑體非即慧。六煩惱中，不說世俗有，故如貪等四。

論：毗助末底至智應爲識。述曰：訓釋辭中，汝以末底是慧毗助之故，說慧體爲疑。亦應若南是智，毗助之故，說智爲識。毗是種種義，由助智故，變名爲識，體非即智。何以助末底疑體即慧。又如職吉蹉是治療義，毗職吉蹉是疑義。豈以毗言助之。疑體即治療。

**知周撰《成唯識論演祕》卷五** 論：云何爲疑等者。問：《瑜伽》五十八云：當知此疑略由五相差別建立，謂於他世、作用、因果、諸諦、寶中，心懷猶預。此中何唯云諦理耶。答：即此諦中攝彼五盡。相攝云何。答：寶滅道收，作用謂業，即是其因，及於皆過去集諦攝。總相而言，過爲現因，未來及果苦諦所攝。故《雜集論》第一云，諦猶豫者，亦攝於寶猶預，如其所應，滅道諦攝。

**明昱《成唯識論俗詮》卷六** 不疑，即餘善心所。以有疑故，障善品中不疑爲業。何障善品，謂猶豫者，善不生故。有義下，執疑無體，依慧假立。猶豫是疑，簡擇是慧。謂正疑時，有慧簡擇，故說爲體。毗者，益也，益助於慧。梵語末底，秦言慧，故名簡擇。此引梵語，證慧爲體。般若云智，亦是例同。

有義，此疑別有自體，（至）是故此疑非慧爲體。此義正理，謂疑有體，令慧不決。復引論證。六根本中，惡見是假，即慧爲體。餘貪瞋癡慢疑五所，俱實有故，何偏執疑，以慧爲體。毗助末底下，論主例難。梵語若南，若字音惹，秦言智。謂若執慧爲疑，亦可智爲識。界由助力義便轉變者，反顯義無轉變。界是因義，謂由識助，智因義轉，疑慧亦然。是故此疑，非慧爲體，以顯慧不轉變爲疑也。

**王肯堂《成唯識論證義》卷六** 疑，於諸諦理，狐疑不決而爲自性，能障不疑，不修善品而爲業用。一云，於諦猶豫不決爲體，唯分別起。善品不生依止爲業。於諦猶豫者，亦攝於實猶豫。如其所應，滅道諦攝故。善品不生者，謂由不決，不造修故。此疑依六事生，一聞不正法，二見師邪行，三見所信受意見差別，四性自愚魯，五甚深法性，六廣大教法。由此六種，疑方生故。下揀異。一師言：此疑無體，依慧假立。謂正猶豫時，有慧簡釋。正簡擇時，復生猶豫。猶豫簡擇，二俱不定，故說爲疑。疑能毗益輔助末底，末底即是般若。既曰疑能助智，故以慧爲體也。有師言：此疑別有自體，令慧不決，名之爲疑，非即是慧。論說惡見是假，餘皆實有。疑與慧既各自有性，何故偏執以慧爲體。梵語若南，此云智。梵語毗若底，此云識。梵語末底，此云慧。末般二字，是慧義。若字是智義。故梵語般若，此翻智慧。前師以末般二字皆是慧義，執慧爲疑。故第二師破云：若以毗末底之毗字，爲助慧之力，故執慧爲疑者，則應毗若南之毗字，亦有助智之力。智亦應爲識乎。此既不然，彼云何爾。縱使疑能助慧，亦非由助力，便能轉變其體，是故此疑，非慧爲體。

## 忿

**玄奘譯《成唯識論》卷六**　云何爲忿，依對現前不饒益境，憤發爲性。能障不忿，執仗爲業。謂懷忿者，多發暴惡身表業故。此即瞋恚一分爲體，離瞋無別忿相用故。

**玄奘譯《大乘五蘊論》卷一**　云何爲忿，謂遇現前不饒益事，心損惱爲性。

**地婆訶羅譯《大乘廣五蘊論》卷一**　云何忿，謂依現前不饒益事，心憤爲性。能與暴惡執持鞭杖所依爲業。

**玄奘譯《顯揚聖教論》卷一**　忿者，謂於現在違緣，令心憤發爲體。能障無瞋爲業，乃至增長忿爲業。

**玄奘譯《大乘阿毗達磨集論》卷一**　何等爲忿，謂於現前不饒益相，瞋之一分心怒爲體。執杖憤發所依爲業。

**玄奘譯《大乘阿毗達磨雜集論》卷一**　忿者，依止現前不饒益相，瞋之一分，心怒爲體。執仗憤發所依爲業。當知忿等是假建立　離瞋等外無別性故。

**玄奘譯《阿毗達磨法蘊足論》卷九**　云何忿，謂忿有二種。一屬愛忿，二屬非愛忿。屬愛忿者，謂於父母兄弟姊妹妻妾男女，及餘隨一親屬朋友，所發生忿怒。有忿言：如何不與我此物，而與我如是物。如何不與我作此事，而與我作如是事。由此發生諸忿，等忿、遍忿、極忿、已忿、當忿、現忿。熱極熱，烟極烟，焰極焰。凶勃麁惡，心憤發，起惡色，出惡言。是名屬愛忿。屬非愛忿者，謂有一類，作是思惟：彼今於我欲爲無義，欲爲不利益，欲爲不安樂，欲爲不滋潤，欲爲不安隱。然彼於我已作無義，當作無義，現作無義。諸有於我欲爲無義，乃至不安隱。而復於彼欲爲有義，欲爲利益，欲爲安樂，欲爲滋潤，欲爲安隱。然復於彼已作有義，當作有義，現作有義。諸有於我欲爲有義，乃至安隱。而復於彼欲爲無義，乃至不安隱。由此發生諸忿，等忿乃至起惡色出惡言。是名屬非愛忿。此屬愛非愛，總名爲忿。

**玄奘譯《阿毗達磨界身足論》卷上**　忿云何，謂忿等忿、遍忿、極忿、已忿、當忿，是名忿。

**延壽集《宗鏡錄》卷五七**　忿，謂於現在違緣，令心憤發爲體，能障無瞋爲業。

**通潤《成唯識論集解》卷六**　忿者，怒發也。謂依對目前不饒益境，憤怒發起是其性，執持器仗是其用，謂忿怒多發暴惡身表業故。《瑜伽》云：若瞋恚纏，能令面貌慘烈奮發。若煩惱纏，能令發起執持刀杖，鬪訟違諍。故名憤發。瞋一分攝。若一朝之忿，忘其身以及其親，此忿不可有。若一怒而安天下，一怒而超出世間，此忿不可無。

云何爲恨，由忿爲先，（至）離瞋無別恨相用故。由先有忿懷惡不捨，遂成冤結。每一思之，身熱心惱，以結恨者，皆由不能含容忍耐。如火燒心，恆熱惱故。瞋一分攝。此恨不可有。若恨未全道力，恨已不如聖賢，此恨不可無。

**智旭《成唯識論觀心法要》卷六**　云何爲忿，依對現前不饒益境，憤發爲性，能障不忿，執仗爲業。謂懷忿者，多發暴惡身表業故。此即瞋恚一分爲體，離瞋無別忿相用故。

## 恨

**般若流支譯《正法念處經》卷三三**　云何名瞋，其心麁惡，故名爲瞋。云何名恨，其心結縛，轉成怨結，故名爲恨。

**玄奘譯《阿毗達磨法蘊足論》卷九**　云何恨，謂有一類，作是思惟：彼既於我欲爲無義。廣說如前。我當於彼亦如是作。此能發忿，從瞋而生。常懷憤結諸恨，等恨、遍恨、極恨。作業難迴，爲業纏縛，起業堅固。起怨起恨，心怨恨性，總名爲恨。

**玄奘譯《入阿毗達磨論》卷上**　恨，謂於忿所緣事中，數數尋思結怨不捨。諂謂心曲。如是六種從煩惱生，穢污相麁，名煩惱垢。於此六種煩惱垢中，誑憍二種是貪等流，貪種類故。害恨二種是瞋等流，瞋種類故。惱垢即是見取等流，執己見勝者，惱亂自他故。諂垢即是諸見等流，諸見增多諂曲故。如說諂曲，謂諸惡見。此垢及纏并餘染污，行蘊所攝。諸心所法，從煩惱生，故皆名隨煩惱。

**玄奘譯《成唯識論》卷六**　云何爲恨。由忿爲先，懷惡不捨，結怨爲性。能障不恨，熱惱爲業。謂結恨者，不能含忍，恆熱惱故。此亦瞋恚一分爲體，離瞋無別恨相用故。

**地婆訶羅譯《大乘廣五蘊論》卷一**　云何恨，謂忿爲先，結怨不捨爲性。能與不忍所依爲業。

**玄奘譯《大乘阿毗達磨雜集論》卷一**　恨者，自此已後，即瞋一分，懷怨不捨爲體。不忍所依爲業。自此後者，謂從忿後。不忍者，謂不堪忍不饒益事。

**玄奘譯《大乘五蘊論》卷一**　云何爲恨，謂結怨不捨爲性。

**王肯堂《成唯識論證義》卷六**　恨，由先有忿，懷惡不捨，遂成冤結。每一思之，身熱心惱。以結恨者，皆由不能含容忍耐。如火燒心，恆熱惱故。一云，於過去違緣，懷怨不捨爲體。能障無瞋，不忍所依爲業。謂不堪忍不饒益事，亦瞋一分。

**明昱《唯識三十論約意》**　云何爲恨，由忿爲先，懷惡不捨，結怨爲性。能障不恨，熱惱爲業。

## 惱

**玄奘譯《瑜伽師地論》卷一一**　惱者，謂由此因，若事變壞，便生愁歎，憂苦惱故。

**玄奘譯《瑜伽師地論》卷八四**　能令愁歎，憂苦惱故，說名爲惱。

**玄奘譯《顯揚聖教論》卷一**　惱者，謂於過犯，若他諫誨，便發麁言，心暴不忍爲體。能障善友爲業，乃至增長惱爲業。

**玄奘譯《成唯識論》卷六**　云何爲惱。忿恨爲先，追觸暴熱，佷戾爲性。能障不惱，蛆螫爲業。謂追往惡，觸現違緣，心便佷戾，多發囂暴，凶鄙麁言，蛆螫他故。此亦瞋恚一分爲體，離瞋無別惱相用故。

**玄奘譯《大乘五蘊論》卷一**　云何爲惱，謂發暴惡言，尤蛆爲性。

**玄奘譯《大乘阿毗達磨集論》卷一**　何等爲惱，忿恨居先，瞋之一分，心戾爲體。高暴麁言所依爲業，生起非福爲業，不安隱住爲業。

**玄奘譯《大乘阿毗達磨集論》卷四**　惱有三種，謂貪惱，瞋惱，癡惱。由依止貪瞋癡故。隨彼彼處，愛樂耽著。彼若變壞，便增愁歎，種種憂苦熱惱所觸，故名爲惱。

**地婆訶羅譯《大乘廣五蘊論》卷一**　云何惱，謂發暴惡言，陵犯爲性，忿恨爲先，心起損害，暴惡言者。謂切害麁獷，能與憂苦，不安隱住所依爲業。又能發生非福爲業，起惡名稱爲業。

**玄奘譯《阿毗達磨法蘊足論》卷九**　云何惱。謂有一類，於僧等中，因法非法，而興鬪訟。諸苾芻等爲和息故，勸諫教誨，而固不受。此不受勸諫性，不受教誨性，極執性，極取性，左取性，不右取性，難勸捨性，拙應對性，師子執性，心蛆螫性，心佷戾性，總名爲惱。

**日稱等譯《福蓋正行所集經》卷四**　云何爲惱，譬如枯木中以火燒，令彼有情煩惋懆擾，與意識身相應領納，是名爲惱。

**明昱《成唯識論俗詮》卷六**　惱心所體性業用。戾，勢也。蛆螫，音疽釋，乃蜂蠆行毒也。謂追往惡下，重釋體用。往惡現緣，皆是違境，囂暴凶鄙，總名毒言。緣瞋有三相，忿緣現在，恨緣過去，惱兼上二。故云謂追往惡，觸現違緣。又忿發身業，云身表業故。恨發意業，云結怨爲性。惱發口業，云凶鄙麤言也。又忿與恨，正對所瞋。惱則施之於諫勸者，故但發麤言拒之，與忿恨不同。

**通潤《成唯識論集解》卷六**　此惱亦由忿恨在先，於是追思往惡，觸現違緣，心發暴熱，兇狠乖戾，多出喧囂暴惡麤俗鄙陋之言。螫他人故。蛆，謂蝍蛆，即蜈蚣也。螫，謂奮毒也。此亦瞋一分攝。

**王肯堂《成唯識論證義》卷六**　惱，一云，謂於過犯，若他諫誨，便發麤言，心暴不忍爲體，能障善友爲業。《集論》則云，忿恨居先，瞋之一分，心戾爲體。高暴麤言所依爲業，生起非福爲業，不安穩住爲業。高暴麤言者，謂語現凶疎，切人心府。何謂追觸等耶，謂追往惡，觸現違緣，心便狠戾，多發囂暴凶鄙麤言，蛆螫他故。此亦瞋分。瞋分三種別相，忿緣現在，恨緣過去，惱緣現在而觸過去。又忿發身業，恨專意業，惱發口業。又忿恨正對所瞋而發，惱則施之於諫誨者，故但發麤言拒之而已，與忿恨不同矣。

**智旭**《**成唯識論觀心法要**》**卷六**　云何爲惱，忿恨爲先，追觸暴熱，狠戾爲性。能障不惱，蛆螫爲業。謂追往惡，觸現違緣，心便狠戾，多發囂暴凶鄙麤言，蛆螫他故。此亦瞋恚一分爲體，離瞋無別惱相用故。

蛆，知列切。螫，施隻切。蟲行毒以傷人也。由此惱惑，起惡口業。毒逾蛇虺，乃至死後受毒蟲身，無有出期。修心者宜深戒之。又忿恨惱，皆瞋爲體。忿緣現在，恨緣過去，惱追過去而觸現在。忿發身業，恨專在意，惱發口業。是謂三種差別之相。

**明昱**《**唯識三十論約意**》　云何爲惱，忿恨爲先，追觸暴熱，狠戾爲性。能障不惱，蛆螫爲業。云何爲嫉，殉自名利，不耐他榮，妬忌爲性。能障不嫉，憂慼爲業。

**智素**《**成唯識論音響補遺**》**卷六**　忿恨爲先者，謂忿觸不饒益境，恨懷不捨，而爲先導。狠戾者，謂凶狠乖戾。謂追下轉解。蛆螫者，蟲行毒也。凶鄙麤言，傷害他人，如蜂蝎之行毒。故瞋一分攝。

## 覆

**玄奘譯**《**瑜伽師地論**》**卷八九**　隱藏眾惡，故名爲覆。

**窺基**《**成唯識論述記**》**卷三**　覆者，覆蔽也。蔽心令不淨故，名爲覆。

**玄奘譯**《**顯揚聖教論**》**卷一**　覆者，謂於過犯，若他諫誨，若不諫誨，祕所作惡爲體。能障發露悔過爲業，乃至增長覆爲業。

**玄奘譯**《**成唯識論**》**卷六**　云何爲覆。於自作罪，恐失利譽，隱藏爲性。能障不覆悔惱爲業。謂覆罪者，後必悔惱，不安隱故。有義，此覆癡一分攝，論唯說此癡一分故。不懼當苦，覆自罪故。有義，此覆貪癡一分攝，亦恐失利譽覆自罪故。

**玄奘譯**《**大乘阿毗達磨雜集論**》**卷一**　覆者，於所作罪，他正舉時，癡之一分，隱藏爲體。悔不安住所依爲業。法爾覆藏，所作罪者，心必憂悔。由此不得安隱而住。

**玄奘譯**《**大乘五蘊論**》**卷一**　云何爲覆，謂於自罪，覆藏爲性。

**玄奘譯**《**阿毗達磨法蘊足論**》**卷九**　云何覆。謂有一類，破戒破見，破淨命，破軌範，於本受戒不能究竟，不能純淨，不能圓滿。彼既自覺所犯已久，作是思惟：我若向他宣說開示，施設建立所犯諸事，則有惡稱惡譽，被彈被厭，或毀或舉，便不爲他恭敬供養。我寧因此墮三惡趣，終不自陳上所犯事。彼既怖得惡稱惡譽，乃至怖失恭敬供養。於自所犯，便起諸覆等覆遍覆，隱等隱遍隱，護等護遍護，藏等藏遍藏，已覆當覆現覆，總名爲覆。

**地婆訶羅譯**《**大乘廣五蘊論**》**卷一**　云何覆。謂於過失，隱藏爲性。謂藏隱罪故，他正教誨時，不能發露。是癡之分。能與追悔，不安隱住所依爲業。

**延壽集**《**宗鏡錄**》**卷五七**　覆，謂於過犯，若他諫誨，若不諫誨，祕所作惡爲體，能障發露悔過爲業。

**通潤**《**唯識論集解**》**卷六**　覆，藏護也。謂於平生所作過惡，恐失利養名譽，隱藏遮護，唯恐人知，是其性也。若覆罪而不發露，後時必自悔惱，不得安隱。故悔惱是其業用。是以大人之心，光風霽月，毫無藏護。有過則人人皆見，改過則人人皆仰。若爲人隱惡，此覆不可無。一師言：此覆是癡一分攝。以覆過者，但顧現前，不肯發露，不懼當來受地獄苦，是癡人故。一師言：此覆是貪癡各一分攝，以恐失現前利養，是貪所使，藏護不露，是癡所使。

**智旭**《**成唯識論觀心法要**》**卷六**　云何爲覆。於自作罪，恐失利（養名）譽。隱藏爲性，能障不覆（後必），悔惱爲業。謂覆罪者，後必悔惱不安隱故。有義，此覆（乃是）癡一分攝，論唯說此癡一分故。不懼當（來）苦（果。）覆自罪故。有義，此覆（應是）貪癡（各）一分攝，亦恐失利譽（乃），覆自罪故。論據麤顯，唯說癡分。如說掉舉是貪分故。然（又）說掉舉偏諸染心，不可執爲唯是貪分。

罪無大小，發露則消滅，覆藏則增長。譬如樹根，露則樹枯，埋則樹茂。是故有智慧者，發露懺悔，能因重罪而悟無生。諸愚癡人，貪惜覆藏，每因小愆而招劇苦。《大佛頂經》云，菩薩觀覆，如戴高山履于巨海。修心之士，可不慎哉。

**王肯堂《成唯識論證義》卷六** 覆，藏護也。謂於過犯，若它諫誨，若不諫誨，但以恐失利養名譽，隱藏遮護，是其體性。能障發露悔惱爲業。何謂悔惱。曰，法爾覆藏所作罪者，心必悔惱，由此不得安隱而住。問：覆是何分。答：一師言，此覆是癡一分攝。以覆過者，但顧現前，不肯發露，懼當來受地獄苦，是癡人故。一師言，此覆是貪癡各一分攝。何知爾耶。曰：若不懼當苦，覆自罪者，是癡分也。若恐失利譽，覆自罪者，是貪分也。論說唯癡，據偏染說。亦如掉舉偏諸染心，論唯說彼是貪分攝。

**明昱《八識規矩補註證義》** 云何爲覆。於自作罪，恐失利譽隱藏爲性。能障不覆，悔惱爲業。謂覆罪者，後必悔惱，不安隱故。此即貪癡二分爲體。

## 誑

**玄奘譯《瑜伽師地論》卷八九** 爲欺誑彼，內懷異謀，外現別相故，名爲誑。

**玄奘譯《顯揚聖教論》卷一** 誑者，謂爲惑亂他，現不實事，心詭爲體。能障愛敬爲業，乃至增長誑爲業。

**玄奘譯《大乘阿毗達磨集論》卷一** 何等爲誑，謂耽著利養貪癡一分，詐現不實功德爲體，邪命所依爲業。

**玄奘譯《成唯識論》卷六** 云何爲誑，爲獲利譽，矯現有德，詭詐爲性。能障不誑邪命爲業。謂矯誑者，心懷異謀，多現不實，邪命事故。此即貪癡一分爲體，離二無別誑相用故。

**玄奘譯《大乘五蘊論》卷一** 云何爲誑，謂爲誑他，詐現不實事爲性。

**地婆訶羅譯《大乘廣五蘊論》卷一** 云何誑。謂矯妄於他，詐現不實功德爲性。是貪之分，能與邪命所依爲業。

**玄奘譯《阿毗達磨法蘊足論》卷九** 云何誑。謂於他所以，僞斗、僞斛、僞秤，詭言施訖誑誘，令他謂實。諸誑、等誑、遍誑、極誑，總名爲誑。

**玄奘譯《阿毗達磨集異門足論》卷一三** 誑云何。答：僞斗、僞秤、僞函、僞語，於他罔帽、極罔帽、遍罔帽，罔帽業，欺弄迷惑，皆名爲誑。無如是誑，故名無誑。淳直性類者，謂重顯了，無諂誑性。是故復說淳直性類。

## 諂

**玄奘譯《瑜伽師地論》卷八九** 心不正直，不明不顯，解行邪曲，故名爲諂。

**玄奘譯《顯揚聖教論》卷一** 諂者，謂爲欺彼故，詐現恭順，心曲爲體。能障愛敬爲業，乃至增長諂爲業。如經說忿、恨、覆、惱、嫉、慳、誑、諂。

**玄奘譯《大乘阿毗達磨集論》卷一** 何等爲諂。謂耽著利養，貪癡一分，矯設方便，隱實過惡爲體。障正教授爲業。矯設方便隱實過惡者，謂託餘事以避餘事。障正教授者，由不如實發露所犯，不任教授故。

**玄奘譯《大乘五蘊論》卷一** 云何爲諂，謂覆藏自過，方便所攝，心曲爲性。

**地婆訶羅譯《大乘廣五蘊論》卷一** 云何諂。謂矯設方便，隱己過惡，心曲爲性。謂於名利，有所計著，是貪癡分。障正教誨爲業。復由有罪，不自如實發露歸懺，不任教授。

**玄奘譯《阿毗達磨法蘊足論》卷九** 云何諂，謂心隱匿性，心屈曲性，心迴復性，心沈滯性，心不顯性，心不直性，心無堪性，總名爲諂。

**王肯堂《成唯識論證義》卷六** 諂，一云爲欺彼故，詐現恭順，心曲爲體，能障愛敬爲業。《集論》云，躭著利養，貪癡一分，矯設方便，隱實過惡爲體，障正教授爲業。矯設方便隱實過惡者，謂託餘事以避餘事。障正教授者，由不如實發露所犯，不任教授故。問：何謂不任教授耶。曰：謂諂曲者，欺罔他人，不知不見，曲順時宜，矯設方便。或取他意，而逢迎之。或藏己失，而覆護之。不任師友正教誨故。

## 憍

**浮陀跋摩共道泰等譯《阿毗曇毗婆沙論》卷一三**　云何憍。我生處勝、族姓勝、色勝、種勝、巧勝、財勝、端正勝。因如是等勝，故起憍豪，乃至廣說，是名憍。

慢、憍有何差別。問曰：何故復作此論。答曰：此二法相似。雖說體性，亦應說其差別。憍慢有何差別。答曰：緣他故自計勝，是慢相。不緣他，自於法中，心生染污，是憍相。問曰：慢體性是何。答曰：或有說者，體性是憍。問曰：若然者，憍慢有何差別。答曰：慢有二種，一緣他生，二緣自生。緣他生者是慢，緣自生者是憍。復有說者，體性是愛。所以者何，如說自於法中，心生染污。復有說者，有心數法名憍。與心相應，在意地修道所斷愛後生。問曰：若然者，憍慢有何差別。答曰：有多差別，慢是煩惱，憍非煩惱。慢是結縛使惱纏，憍非結縛使惱纏，是煩惱垢。復有說者，慢是見道修道所斷，憍是修道所斷。問曰：無色界慢，見道所斷慢，云何緣他生耶。答曰：本於此間，修行廣布，後生彼間，以因力故，亦現前行。復有說者，雖生彼間而不現行，於此間因入定起慢心。我於定善，他則不善。我能速入，他則不能。我能久住，他則不能。云何見道所斷慢緣他生耶。答曰：如我見者，聚在一處。更相問言：汝我有何相耶。答曰：我我有如是相，他人聞已，作如是念。彼說我相相則不如我，因身見後生如是慢。復有說者，無始已來，常習此法，不必因他而生。如尊者阿泥盧頭，生如是慢。詣尊者舍利弗所，作如是言，我以天眼觀千世界，不多用功。乃至廣說。尊者舍利弗而語之言，此是汝慢。如此慢則不因他生。然慢多分因他生，故言因他生。亦有因自生者。

**玄奘譯《瑜伽師地論》卷八九**　心懷染污，隨恃榮譽，形相疏誕，故名爲憍。

**玄奘譯《顯揚聖教論》卷一**　憍者，謂暫獲世間興盛等事，心恃高舉，無所忌憚爲體。能障厭離爲業，乃至增長憍爲業。如經說，無正聞愚夫，見少年無病，壽命等暫住，而廣生憍逸。乃至廣說。

**玄奘譯《大乘阿毗達磨雜集論》卷一**　憍者，或依少年無病長壽之相，或得隨一有漏榮利之事，貪之一分，令心悅豫爲體。一切煩惱及隨煩惱所依爲業。長壽相者，謂不死覺爲先，分別此相，由此能生壽命憍逸。隨一有漏榮利事者，謂族姓、色力、聰叡、財富、自在等事。悅豫者，謂染喜差別。

**玄奘譯《大乘五蘊論》卷一**　云何爲憍。謂於自盛事，染著倨傲，心恃爲性。

**地婆訶羅譯《大乘廣五蘊論》卷一**　云何憍。謂於盛事，染著倨傲，能盡爲性。盛事者，謂有漏盛事。染著倨傲者，謂於染愛，悅豫矜恃。是貪之分。能盡者，謂此能盡諸善根故。

**玄奘譯《阿毗達磨法蘊足論》卷九**　云何憍。謂有一類，作是思惟：我之種姓、家族、色力、功巧、事業，若財若位、戒定慧等，隨一殊勝，由此起憍，極憍、醉、極醉、悶、極悶、心傲逸、心自取、起、等起、生、等生、高、等高、舉、等舉、心彌漫性，總名爲憍。

**玄奘譯《阿毗達磨大毗婆沙論》卷四三**　云何憍。答：諸憍、醉、極醉，悶、極悶，心傲逸，心自取，是謂憍。此中憍等，名雖有異，而體無別，皆爲顯了憍自性故。

**玄奘譯《入阿毗達磨論》卷上**　憍，謂染著自身所有身力、族姓、淨戒、多聞、巧辯等已，令心傲逸，無所顧性。

**玄奘譯《阿毗達磨品類足論》卷三**　憍云何。謂憍醉、極憍醉、迷悶、極迷悶、慢緩、極慢緩、心傲誕性，是名爲憍。

**玄奘譯《阿毗達磨界身足論》卷上**　憍云何。謂如有一，作如是念：我具妙色、財位、技藝、淨命功德，形貌端嚴，眾所樂見。由此因緣，便起憍傲，極憍傲，醉悶、等醉悶，瞑眩、等瞑眩，心倨傲性，是名憍。

**澄觀《大方廣佛華嚴經隨疏演義鈔》卷二〇**　云何爲憍。於自盛事，深生染著，醉傲爲性。能障不憍染依爲業故。疏云，憍爲染法所依。論云，云何放逸，謂於染淨品，不能防修，縱蕩爲性。障不放逸，增惡損善所依爲業故。疏云，放逸即是縱蕩。餘可思準。

**窺基《成唯識論述記》卷六** 論：云何爲憍，至憍相用故。

述曰：憍中於自盛事者，《顯揚》云，謂暫獲世間興盛等事，心恃高舉。《對法》云，隨一榮利之事，謂長壽相等，即是此興盛事也。然已聞思，或已證得諸無漏法，豈不恃耶。聖者不緣已證生恃，生恃唯緣有漏事故。異生於所聞思無漏，可恃生憍。然此有義但恃知見，即是有漏。有義恃所知諸法，亦通無漏。後解爲勝。此中通言諸所知法亦名盛事。《顯揚》雖復引經，及《對法》唯據修道，通小乘相多分之憍，亦不違也。於此等中，深生染著，耽醉遨逸爲性而恃之也。醉者，惛迷異名也。生長一切染者，《對法》云一切煩惱等所依，故不憍者即無貪也。然《對法》中言一分者，必彼體也。檻彼成故。分者是氣分。等流品類義，非即彼體。如懈怠依四法，非即唯貪以爲依，亦瞋等爲依故。

**智旭《成唯識論觀心法要》卷六** 云何爲憍。於自盛事，深生染著，醉傲爲性。能障不憍，染依爲業。謂憍醉者，生長一切雜染法故，此亦貪愛一分爲體，離貪無別憍相用故。

盛必有衰，何可憍醉。所恃盛事，未必長保。而所生雜染，則相隨不離矣。不亦悲夫。

**通潤《成唯識論集解》卷六** 憍者，矜高自恃也。於自盛事，謂足於己者，如富貴、才能、言語、政事、文學、名勢之類。由此數者，深生染著。或以富貴，淩人傲物。乃至或以文學名勢等，淩人傲物。眼空四海，傍若無人。如醉酒人，爲酒所弄，故曰醉傲爲性。一切染法，依之而起。《書》曰：無若丹朱傲。《語》曰，如有周公之才之美，使驕且吝。其餘不足觀也已。憍傲，正障謙卑。此亦貪一分攝。由愛自盛事，方生傲故。《瑜伽》云，此有七種，謂無病憍、少年憍、長壽憍、族姓憍、色力憍、富貴憍、多聞憍等。

# 害

**玄奘譯《瑜伽師地論》卷八四** 害者，謂顯示攝受上品怨嫌故。

**玄奘譯《顯揚聖教論》卷一** 害者，謂逼惱有情，無悲、無愍、無哀、無憐、無惻，爲體。能障不害爲業，乃至增長害爲業。如經說，諸有害者，必損惱他。

**玄奘譯《成唯識論》卷六** 云何爲害。於諸有情、心無悲愍，損惱爲性。能障不害，逼惱爲業。謂有害者，逼惱他故。此亦瞋恚一分爲體，離瞋無別害相用故。瞋害別相，準善應說。

**玄奘譯《大乘阿毗達磨集論》卷一** 何等爲害。謂瞋之一分，無哀無悲無愍爲體，損惱有情爲業。

**玄奘譯《大乘五蘊論》卷一** 云何爲害。謂於諸有情，損惱爲性。

**地婆訶羅譯《大乘廣五蘊論》卷一** 云何害。謂於衆生損惱爲性，是瞋之分。損惱者，謂加鞭杖等，卽此所依爲業。

**玄奘譯《阿毗達磨界身足論》卷上** 害云何。謂於有情，樂爲捶打諸損惱事，是名害。

**玄奘譯《阿毗達磨品類足論》卷三** 害云何。謂於有情，能爲毀損傷害惱觸，逼令墮苦，是名爲害。

**明昱《成唯識論俗詮》卷六** 釋害心所體性業用。不害即悲，能拔苦也。性自損惱，故能障之。何名逼惱。答：謂有害者逼惱他故。逼迫於人，令他苦惱，害之業用也。

**王肯堂《成唯識論證義》卷六** 害，一云，逼惱有情，無悲無愍，無哀無憐，無惻爲體。能障不害爲業。《集論》云，瞋之一分，無哀無悲，無愍爲體，損惱有情爲業。問逼惱義。曰，謂有害者，逼惱他故，瞋一分攝。問害與瞋差別之義。曰，害障不害，正障於悲。瞋障無瞋，正障於慈。又瞋能斷命，害但損他，故別也。

# 嫉

**慧遠**《**大乘義章**》**卷五**） 言嫉結者，忌他勝己故，名爲嫉。

**玄奘譯**《**阿毗達磨法蘊足論**》**卷九** 云何嫉。謂有一類，見他獲得恭敬、供養、尊重、讚歎、可愛、五塵衣服、飲食臥具、醫藥，及餘資具，作是思惟：彼既已獲恭敬等事，而我不得。由此發生諸慼、極慼，苦、極苦，妬、極妬，嫉、極嫉，總名爲嫉。

**玄奘譯**《**阿毗達磨界身足論**》**卷上** 嫉云何。謂心不忍他之榮利。

**玄奘譯**《**瑜伽師地論**》**卷八九** 心懷染污，不憙他榮，故名爲嫉。

**玄奘譯**《**顯揚聖教論**》**卷一** 嫉者，謂於他所有功德、名譽、恭敬、利養，心妬不悅爲體。能障慈仁爲業，乃至增長嫉爲業。

**玄奘譯**《**成唯識論**》**卷六** 云何爲嫉。徇自名利，不耐他榮，妬忌爲性。能障不嫉憂慼爲業。謂嫉妬者聞見他榮，深懷憂慼，不安隱故。此亦瞋恚一分爲體，離瞋無別嫉相用故。

**玄奘譯**《**大乘五蘊論**》**卷一** 云何爲嫉，謂於他盛事，心妬爲性。

**窺基**《**成唯識論述記**》**卷六** 《顯揚》云，謂於他所有功德、名譽、恭敬、利養，心妬爲嫉。然實見聞覺知之後，皆得起嫉。此中據勝，但言見聞。能障不嫉者，《顯揚》第一云，能障慈仁爲業。《顯揚》第二四無量中云，喜是不嫉，善根爲體。《瑜伽》皆云，瞋之等流一分。故不嫉者即是無瞋，非別有體。

**地婆訶羅譯**《**大乘廣五蘊論**》**卷一** 云何嫉，謂於他盛事，心妬爲性。爲名利故，於他盛事，不堪忍耐，妬忌心生，自住憂苦所依爲業。

**淨覺集**《**楞伽資記**》**卷一** 云何嫉妬，見他人修道，達理達行，多有歸依供養，即生嫉妬心。即生憎嫌心，自恃聰明，不用勝己，是名嫉妬。

**玄奘譯**《**大乘阿毗達磨集論**》**卷一** 何等爲嫉，謂耽著利養，不耐他榮，瞋之一分，心妬爲體。令心憂慼不安隱住爲業。

**王肯堂**《**成唯識論證義**》**卷六** 嫉，一云，謂於他所有功德名譽，心妬不悅爲體。能障仁慈爲業。《集論》云，躭著利養，不耐他榮，瞋之一分，心妬爲體。令心憂慼，不安隱住爲業。何謂憂慼耶。曰，謂嫉者聞見他榮，深懷憂慼，不安隱故。

**明昱**《**成唯識論俗詮**》**卷六** 釋嫉心所體性業用。殉者，從也。以身從物曰殉。謂於他有功德名譽，心妬不悅。不嫉者，仁慈也。嫉妬不仁，故能障之。謂嫉妬者下，釋憂慼爲業。此亦下，釋嫉是假，依瞋有故。

**通潤**《**成唯識論集解**》**卷六** 以身從物曰殉。謂嫉妬人，聞見他人榮貴，深衷常懷憂慼，不得安隱。故曰，女無妍醜，入宮見妬。士無賢不肖，入朝見嫉。此亦瞋一分攝。

**智旭**《**成唯識論觀心法要**》**卷六** 《大乘理趣經》云，彼人富貴，皆宿福生。以我貪嫉，豈能侵奪。若不斷嫉，常受貧窮，無復威力。若能于他富貴，起隨喜心，不捨毫釐，獲大功德。

# 慳

**慧遠**《**大乘義章**》**卷五** 言慳結者，於己身財，慳惜不捨，故名爲慳。

**玄奘譯**《**瑜伽師地論**》**卷八九** 於資生具，深懷鄙悋，故名爲慳。

**玄奘譯**《**阿毗達磨順正理論**》**卷五四** 令心悋著，說名爲慳。謂勿令斯捨離於我，令心堅執，故名爲慳。耽著法財以爲上首，不欲離己，故名悋著。

**玄奘譯**《**顯揚聖教論**》**卷一** 慳者，謂積聚悋著爲體，能障無貪爲業，乃至增長慳爲業。

**玄奘譯**《**大乘阿毗達磨集論**》**卷一** 何等爲慳，謂耽著利養，於資生具，貪之一分。心悋爲體，不捨所依爲業。

**玄奘譯**《**大乘五蘊論**》**卷一** 云何爲慳，謂施相違，心悋爲性。

**窺基**《**成唯識論述記**》**卷六** 論：云何爲慳，至慳相用故。述曰：財法者資具、妻子、榮位等事，皆名爲財。理、教、行、果，皆名爲法。至下當知。祕者，藏也。吝者，惜也，慳之異目。鄙謂鄙惡。畜謂畜積，積集異名。鄙悋慳澁，名不能捨。正出慳也。文易可知。《對法》唯約慳財。《五蘊》云，謂施相違，施既通法，慳亦爾也。

**地婆訶羅譯《大乘廣五蘊論》卷一**　云何慳，謂施相違，心悋爲性。謂於財等，生悋惜故，不能惠施，如是爲慳。心遍執著利養衆具，是貪之分。與無厭足，所依爲業。無厭足者，由慳悋故，非所用物，猶恒積聚。

**玄奘譯《阿毗達磨法蘊足論》卷九**　云何慳，謂慳有二種，一財慳，二法慳。財慳者，謂於諸所有可愛五塵衣服、飲食臥具、醫藥及餘資具，障礙遮止，令他不得。於自所有可愛資具，不施不遍施，不隨遍施，不捨不遍捨，不隨遍捨，心悋惜性，是名財慳。法慳者，謂所有素怛纜、毗奈耶、阿毗達磨，或親教軌範、教授教誡，或展轉傳來諸祕要法，障礙遮止，令他不得，於自所有。如上諸法，不授與他，亦不爲説。不施不遍施，不隨遍施，不捨不遍捨，不隨遍捨，心悋惜性，是名法慳。此財法慳，總名爲慳。

**玄奘譯《阿毗達磨俱舍論》卷二一**　慳，謂財法巧施相違，令心悋著。

**玄奘譯《阿毗達磨順正理論》卷五四**　令心悋著，説名爲慳。謂勿令斯捨離於我，令心堅執，故名爲慳。耽著法財以爲上首，不欲離己，故名悋著。此是欲貪等流性故，專心護己資具等故。

**一行《大毗盧遮那成佛經疏》卷二**　云何慳心。謂隨順爲己，亦與他法者，謂此人諸有所作，皆悉爲自身。故財物伎藝乃至善法，皆好祕惜，不以惠人。有此相者，知是慳心。以念施及無常等，爲所對治。當念財物伎能，設無常時，無有隨我去者。然今此身，念念不可自保，何惜此耶。

**失名《唯識三十論要釋》**　云何爲慳，耽著財法，不能惠捨。祕悋爲性，能障不慳鄙畜爲業。謂慳悋者，心多鄙澁，畜積財法，不能捨故。

**潤《成唯識論集解》卷六**　慳，護惜也。耽，謂沉湎。著，謂固執。財，謂資財。法，謂道法。有財不捨，謂之守錢虜。有法不施，謂之啞羊僧。祕，謂藏於密處。悋，謂懷於此中。鄙畜者，唯鄙澁故能畜積也。貪一分攝。

**王肯堂《成唯識論證義》卷六**　慳，謂吝嗇也。耽謂沉湎，著謂固執。祕謂藏於密處，悋謂懷於此中。一云，謂積聚悋著爲體，障無貪爲業。《集論》云，耽著利養，於資生具，貪之一分，心吝爲體，不捨所依爲業。不捨者，由慳吝故，非所用具，亦恆聚積。此中心多鄙澀等，正釋鄙畜不捨義也。悋財悋法，皆謂之慳。然有情中悋財爲甚，故《集論》但云於資生具。

## 懈　怠

**求那跋陀羅共菩提耶舍譯《衆事分阿毗曇論》卷二**　云何懈怠，謂心下劣，不勤勇猛，意不捷疾。

**僧伽婆羅譯《解脱道論》卷一**　云何懈怠。懈怠有三處。思計欲得，惡他四事。假肅威儀，普自稱説。若比丘心懷惡欲，貪樂財利，讓勝衣食，趣求麁弊，如不欲得，有若愍他。如此四事，此謂緣計懈怠。若有比丘，惡欲貪利，詐現威儀，我入禪定，要引供施，讀誦經典。此謂威儀懈怠。若有比丘，貪欲諂誑，向人有言：我得聖法，栖止閑寂，有若禪習，所説深微，示過人相，貪利向己，廣自宣揚，是謂懈怠。

**般若流支譯《正法念處經》卷三三**　云何懈怠，捨離精進，故名懈怠。

**玄奘譯《阿毗達磨集異門足論》卷一七**　云何懈怠。答：諸下精進性，劣精進性，怯精進性，懼精進性，廣説乃至心懈怠懈怠性，心不勇悍性，是名懈怠。

**玄奘譯《瑜伽師地論》卷六二**　云何懈怠，謂執睡眠偃臥爲樂，晝夜唐捐捨衆善品。

**玄奘譯《成唯識論》卷六**　云何懈怠。於善惡品修斷事中，懶惰爲性。能障精進，增染爲業。謂懈怠者滋長染故，於諸染事而策勤者，亦名懈怠。退善法故，於無記事而策勤者，於諸善品無進退故，是欲勝解，非別有性。如於無記，忍可樂欲，非淨非染，無信不信。

**玄奘譯《大乘五蘊論》卷一**　云何懈怠，謂精進所治，於諸善品，心不勇猛爲性。

**地婆訶羅譯《大乘廣五蘊論》卷一**　云何懈怠，謂精進所治，於諸善品，心不勇進爲性，能障勤修衆善爲業。

**玄奘譯《阿毗達磨界身足論》卷上**　懈怠云何，謂不精進性，劣精進性，味精進性，障礙精進，止息精進，心不勇悍，不已勇悍，不當勇悍，是名懈怠。

**玄奘譯《阿毗達磨品類足論》卷三**　懈怠云何。謂下劣精進，微弱精進，羸惙精進，退怯精進，憩息精進，心不勇悍性，是名懈怠。

**明昱《成唯識論俗詮》卷六**　釋懈怠體性業用。善品不修，惡品不斷，是懶墮性。能障精進，性自懶墮，染法隨增，故云增染爲業。謂懈怠者下，釋增染爲業。策勤者，精進也。於染事中，勤行精進，染法增長，善法退墮，亦名懈怠。

**王肯堂《成唯識論證義》卷六**　懈怠者，於善不修，於惡不斷，百體俱解，百事俱廢之謂，故曰懶惰爲性。唯其不肯奮力於善，故令諸染漸漸增長，故曰增染爲業。故《瑜伽》云，謂執睡眠偃臥爲樂，晝夜唐捐，捨衆善品。一云，心不勉勵爲體，能障發起正勤爲業。《集論》云，謂愚痴分，依著睡眠倚臥爲樂，心不策勵爲體，障修方便善品爲業。問，善事懶惰，名爲懈怠，惡事策勵，名爲何也。曰，亦是懈怠。云何亦是懈怠。曰，退善法故，亦名懈怠。

**通潤《成唯識論集解》卷六**　問：戴星而出，戴星而入，孳孳於利，汲汲於名者，豈非精進。答：此雖策勤染事，亦是懈怠，勤於染而怠於善故，染法進而善法退故。唯日用孳孳爲善，方名策勤。若策勤無記沒要緊事，於善品中無進無退者，亦名懈怠。

**智旭《成唯識論觀心法要》卷六**　云何懈怠，於善惡品修斷事中，懶墮爲性，能障精進，增染爲業。謂懈怠者，滋長染故。於諸染事而策勤者，亦名懈怠，退善法故。

## 放逸

**求那跋陀羅譯《雜阿含經》卷三〇**　佛告難提：若於此五根一切時不成就者，我說此等爲凡夫數。若聖弟子不成就者，爲放逸，爲不放逸。難提！若聖弟子於佛不壞淨成就，而不上求，不於空閑林中，若露地坐，晝夜禪思，精勤修習，勝妙出離，饒益隨喜。彼不隨喜已，歡喜不生，歡喜不生已，身不猗息，身不猗息已，苦覺則生，苦覺生已，心不得定，心不得定者，是聖弟子名爲放逸。於法、僧不壞淨，聖戒成就亦如是說。如是，難提！若聖弟子成就於佛不壞淨，其心不起知足想。於空閑林中，樹下露地，晝夜禪思，精勤方便，能起勝妙出離隨喜。隨喜已，生歡喜，生歡喜已，身猗息，身猗息已，覺受樂，覺受樂已，心則定。若聖弟子心定者，名不放逸，法、僧不壞淨，聖戒成就亦如是說。

**求那跋陀羅共菩提耶舍譯《衆事分阿毗曇論》卷二**　云何放逸，謂捨正方便，作不應作，於諸善法，不勲修習。

**玄奘譯《入阿毗達磨論》卷上**　不修善法，名爲放逸。違前所說，不放逸性，即是不能守護心義。

**玄奘譯《瑜伽師地論》卷八九**　於諸善品不樂勤修，於諸惡法心無防護，故名放逸。

**玄奘譯《阿毗達磨法蘊足論》卷九**　云何放逸，謂於斷不善法集善法中，不脩不習，不恆作，不常作，捨加行，總名放逸。

**玄奘譯《瑜伽師地論》卷九五**　云何放逸。謂略而言，若邪思惟，若邪尋思，若邪戲論，是名放逸。當知若於不應思處，而強思惟，名邪思惟。謂或思惟，我於過去世爲曾有邪，乃至廣說。於未來世於內猶豫，我爲是誰，誰當是我。今此有情從何而來。於是沒已，當往何所。或思世間，謂世間常，乃至廣說。如是或謂世間有邊，乃至廣說。或思有情，謂命即身，乃至廣說。或思有情業果異熟，謂妄思惟此作此受，乃至廣說。或復思惟諸靜慮者靜慮境界，或思諸佛諸佛境界，如來滅後若有若無，乃至廣說。彼由世俗勝義善巧，於是一切二因緣故，不應思惟。一非思惟所緣境故。二由其事無所有故。若有思求非思境事，或有思求無所有事。如是一切皆無所得，唯有令心轉增迷亂。若於此中，不如正理，強思惟者，雖有一類由宿因力，或起厭離，或起厭離相應作意。緣實境界，於其中間暫爾現行，而復於彼見爲過患，生不實想。如是思惟世間等法，能引無義。邪尋思者，當知即是欲等尋思。邪戲論者，復有六種。謂顛倒戲論、唐捐戲論、諍競戲論、於他分別勝劣戲論、分別工巧養命戲論、耽染世間財食戲論。如是一切，總名放逸。爲欲斷除此放逸故，如來親自爲教誨者。爲堪受化，補特伽羅聞已，速能斷諸放逸。

**玄奘譯《成唯識論》卷六**　云何放逸，於染淨品不能防修，縱蕩爲性。障不放逸，增惡損善所依爲業。謂由懈怠及貪瞋癡，不能防修染淨品法，總名放逸，非別有體。雖慢疑等亦有此能，而方彼四勢用微劣障三善根遍策法故。推究此相，如不放逸。

**玄奘譯《大乘五蘊論》卷一**　云何放逸，謂即由貪瞋癡懈怠故，於諸煩惱心不防護，於諸善品不能修習爲性。

**地婆訶羅譯《大乘廣五蘊論》卷一**　云何放逸，謂依貪瞋癡懈怠故，於諸煩惱心不防護，於諸善品不能修習爲性。不善增長，善法退失，所依爲業。

**澄觀《大方廣佛華嚴經隨疏演義鈔》卷二〇**　云何放逸，謂於染淨品不能防修，縱蕩爲性。障不放逸，增惡損善所依爲業，故疏云放逸即是縱蕩。

**玄奘譯《阿毗達磨順正理論》卷三八**　言放逸者，不顧應作趣不應作，故名放逸。是放逸因名放逸處。有作是說：麴食成酒，名爲窣羅。麴餘物所成，名迷麗耶酒。即前二酒未熟已壞，不能令醉，不名末陁。若令醉時，名末陁酒。簡無用位，重立此名。然以檳榔及稗子等亦能令醉。爲簡彼故，須說窣羅迷麗耶酒。雖是遮罪而令放逸，廣造衆惡，墮諸惡趣。爲顯彼是聖所遠離惡行，應斷言放逸處。若飲酒已，不吐未消，彼必不能受律儀等，酒是放逸所依處故。

**通潤《成唯識論集解》卷六**　放謂放蕩，逸謂縱逸，不撿束也。經云，暫時不在，猶如死人，豈可放乎。學問無他，求其放心，豈可縱乎。纔一縱放，不能防修，惡長而善消矣。故涅槃以不放逸爲食，此離懈怠三不善根，無別有體。

**王肯堂《成唯識論證義》卷六**　放逸，放蕩縱逸，不檢束也。一云，謂總貪瞋痴懈怠爲體，障不放逸爲業。《集論》云：依止懈怠及貪瞋癡，不修善法。於有漏法，心不防護爲體，增惡損善所依爲業。由縱蕩故，惡業增長，故善根損壞。問：此放逸以何爲體。曰：懈怠三根，不能防修染淨等法，總名放逸。離上四法，別無體性。問：彼慢疑等亦有此能，何不依此立放逸耶。曰：慢等方四，勢用微劣，故不依立。問：此四法，徧何勝餘慢疑等耶。曰：貪瞋癡三，障無貪等三善根故。懈怠一法，障彼精進偏策法故。餘無此能，故不勝耳。

**智旭《成唯識論觀心法要》卷六**　云何放逸。於染淨品，不能防修。縱（恣流）蕩爲性，障不放逸，增惡損善所依爲業。謂由懈怠及貪瞋癡，不能防修染淨品法，總名放逸，非別有體。雖慢疑等，亦有此能，而方彼（貪瞋癡懈）四（法則）勢用微劣（惟彼四法），障三善根（及障），偏策法故。推究此（放逸。更無別）相，如不放逸（中可例）。

**元峯《八識規矩論議》**　放逸者，如馬無繩，如鳥無籠，故放而逸之。放者，不收心也。逸者，野也。以任性而爲之也，故放逸。是破戒之根，造業之首領。故放逸者，障精進之善也。論云：於染淨品中，不能防修，縱逸爲性。障不放逸善，增惡損善爲業。不能防修者，謂不能防護身口意三業過非，故不能修身口意三業持戒行，故名放逸。

**失名《唯識三十論要釋》**　云何放逸，於染淨品不能防修，縱蕩爲性。障不放逸，增惡損善，所依爲業。謂由懈怠及貪瞋癡於染淨品，不能防修，總名放逸，無別自性。

## 惛沈

**玄奘譯《瑜伽師地論》卷一一**　惛沈者，謂或因毀壞淨尸羅等，隨一善行，不守根門，食不知量，不勤精進，減省睡眠，不正知住，而有所作。於所修斷，不勤加行隨順，生起一切煩惱，身心惛昧，無堪任性。

**玄奘譯《顯揚聖教論》卷一**　惛沈者，謂依身麤重，甘執不進，以爲樂故，令心沈沒爲體。能障毗鉢舍那爲業，乃至增長惛沈爲業。如經說此人生起身意惛沈。

**玄奘譯《大乘阿毗達磨雜集論》卷一**　惛沈者，謂愚癡分，心無堪任爲體，障毗鉢舍那爲業。

**曇曠《大乘百法明門論開宗義記》**　言惛沈者，令心於境無堪任爲性，能障輕安毗鉢舍那爲業。謂由惛沈，自性瞢重，令俱生法無堪任故。此與癡相有差別者，謂癡於境迷闇爲性，正障無癡非瞢重故。

**玄奘譯**《**大乘阿毗達磨集論**》**卷一**　何等惛沈，謂愚癡分，心無堪任爲體，障毗鉢舍那爲業。

**玄奘譯**《**阿毗達磨集異門足論**》**卷一二**　云何惛沈。答：所有身重性心重性，身不調柔性，心不調柔性。身惛沈，心惛沈，夢瞢憒悶，是名惛沈。

**玄奘譯**《**成唯識論**》**卷六**　云何惛沈。令心於境無堪任爲性，能障輕安毗鉢舍那爲業。有義，惛沈癡一分攝，論唯說此是癡分故，惛昧沈重是癡相故。有義，惛沈非但癡攝。謂無堪任是惛沈相，一切煩惱皆無堪任，離此無別惛沈相故。雖依一切煩惱假立而癡相增，但說癡分。

有義，惛沈別有自性。雖名癡分而是等流，如不信等非即癡攝。隨他相說，名世俗有，如睡眠等是實有性。惛沈別相，謂即瞢重，令俱生法無堪任故。若離煩惱，無別惛沈相。不應別說障毗鉢舍那，故無堪任非此別相。此與癡相有差別者，謂癡於境迷闇爲相，正障無癡而非瞢重。惛沈於境瞢重爲相，正障輕安而非迷闇。

**玄奘譯**《**大乘五蘊論**》**卷一**　云何惛沈謂心不調暢，無所堪能，蒙昧爲性。

**玄奘譯**《**阿毗達磨俱舍論**》**卷四**　云何惛沈，謂身重性心重性，身無堪任性，心無堪任性，身惛沈性，心惛沈性，是名惛沈。此是心所。如何名身，如身受言，故亦無失。

**玄奘譯**《**阿毗達磨發智論**》**卷二**　云何惛沈。答：諸身重性、心重性、身不調柔、心不調柔、身夢瞢、心夢瞢、身憒悶、心憒悶、心惛重性，是謂惛沈。

**地婆訶羅譯**《**大乘廣五蘊論**》**卷一**　云何昏沈，謂心不調暢，無所堪任，蒙昧爲性。是癡之分，與一切煩惱及隨煩惱所依爲業。

**普泰**《**大乘百法明門論解**》**卷下**　言惛沈者，令心於境無堪任爲性，能障輕安，毗鉢舍那爲業。或曰：惛沈與癡何別。曰：癡於境迷暗爲性，正障無癡，而非瞢董，惛沈於境，瞢董爲相，正障輕安而非迷暗，故二不同。

# 掉舉

**玄奘譯**《**瑜伽師地論**》**卷一一**　掉舉者，謂因親屬尋思，國土尋思，不死尋思，或隨憶念昔所經歷戲笑歡娛所行之事，心生諠動騰躍之性。

**玄奘譯**《**顯揚聖教論**》**卷一**　掉舉者，謂依不正尋求，或復追念曾所經見戲樂等事，心不靜息爲體。能障奢摩他爲業，乃至增長掉舉爲業。如經說，汝爲掉動，亦復高舉。乃至廣說。

**玄奘譯**《**大乘阿毗達磨雜集論**》**卷一**　掉舉者，謂貪欲分，隨念淨相，心不寂靜爲體。障奢摩他爲業。隨念淨相者，謂追憶往昔隨順貪欲戲笑等，故心不寂靜。

**玄奘譯**《**成唯識論**》**卷六**　云何掉舉。令心於境不寂靜爲性，能障行捨奢摩他爲業。有義，掉舉貪一分攝，論唯說此是貪分故，此由憶昔樂事生故。有義，掉舉非唯貪攝，論說掉舉遍染心故。又，掉舉相謂不寂靜，說是煩惱共相攝故，掉舉離此無別相故。雖依一切煩惱假立，而貪位增說爲貪分。有義，掉舉別有自性，遍諸染心，如不信等，非說他分體便非實。勿不信等，亦假有故。而論說爲世俗有者，如睡眠等隨他相說，掉舉別相謂即囂動，令俱生法不寂靜故。若離煩惱，無別此相，不應別說障奢摩他，故不寂靜，非此別相。

**玄奘譯**《**阿毗達磨集異門足論**》**卷一二**　云何掉舉。答：諸有令心不寂不靜，掉舉等掉舉，心掉舉性，是名掉舉。

**玄奘譯**《**阿毗達磨發智論**》**卷二**　云何掉舉。答：諸心不寂靜，不止息，輕躁掉舉。心躁動性，是謂掉舉。

**玄奘譯**《**阿毗達磨大毗婆沙論**》**卷四二**　云何掉舉。答：諸心不寂靜，不止息，躁動掉舉。心躁動性，是謂掉舉。不寂靜等，名雖有異而體無差別，皆爲顯了掉舉自性故。

**地婆訶羅譯**《**大乘廣五蘊論**》**卷一**　云何掉舉，謂隨憶念喜樂等事，心不寂靜爲性。應知憶念先所遊戲歡笑等事，心不寂靜，是貪之分，障奢摩他爲業。

**曇曠**《**大乘百法明門論開宗義記**》　言掉舉者，令心於境不寂靜爲性，能障行捨奢摩他所依爲業。謂由掉舉自性囂動，令俱生法不寂靜故。

**明昱**《**成唯識論俗詮**》**卷六**　釋掉舉體性業用。奢摩他，此云止，即寂靜義。掉舉囂動，能障彼止。有義，掉舉貪一分者，未正。謂掉舉無體，依貪假立。憶昔樂事掉舉生者，顯是貪分。有義，掉舉非唯貪者，亦偏。謂掉舉相不寂靜者，是諸煩惱共相攝故。問：如何論說唯貪分。答：雖依一切煩惱，而貪位增，故說貪分。有義，掉舉別有自性，正理。雖論中說偏諸染心，如不信等，體實有故。論說世俗及隨他相者，既隨他相豈是實說。如睡眠等，體雖實有，隨他無明，說爲癡分。掉舉別相即囂動者，破前義執是不寂靜。謂由囂動，令與掉舉俱生心心所法，不寂靜故。若離煩惱，無掉舉相。論不應說障奢摩他。由有囂動，令不寂靜，故不寂靜，非此別相。

**通潤**《**成唯識論集解**》**卷六**　掉舉者，謂掉弄輕舉。俛仰四海，頃刻九州，令心不得暫時寂靜，是其體性。能障行捨及止，是其業用。一師言，掉舉是貪分攝，由憶昔日樂事而得生故。第二師言，掉舉偏諸染心，非獨貪攝。又說掉舉無別有性，此十煩惱中共相所攝。第三師立量破云，掉舉別有自性，偏諸染心，非是煩惱共相所攝。如不信等，不說他分所攝便無實體，非不信等亦是假故。問：若爾，如何論說煩惱是共相攝，是世俗有。答：如睡眠等，說世俗有，是隨他相說。下出其性云，掉舉別相，即是喧囂妄動，令俱生法，不得寂靜，是其別相。若謂離十煩惱，別無自體，不應別說障奢摩他是其業用，必有體而後有用故。故不寂靜，非此別相，而囂動即是其性也。

**廣益**《**大乘百法明門論**》　掉舉者，謂令心於境不寂靜爲性，能障行捨奢摩他爲業。由憶昔樂事生故。掉舉別相，謂即囂動，令俱生法不寂靜故。

掉舉者，謂掉弄輕舉，俛仰四海，頃刻九州，令心不得暫時寂靜是其體性。能障行捨及止，是其業用。掉舉之別相，即是囂喧妄動，令俱生心心所法不寂靜故。障捨摩他是其業用。奢摩他，此云止，即寂靜義。由有囂動，令不寂靜故。以掉舉有三，身掉舉亂動，口掉舉亂言，意掉舉亂思。

**王肯堂**《**成唯識論證義**》**卷六**　掉舉，一云，謂依不正尋求，心不寂靜爲體，能障奢摩他爲業。《集論》云，謂貪欲分，隨念淨相，心不寂靜爲體。業同前說。隨念淨相者，謂追憶往昔，隨順貪欲戲笑等故，心不寂靜。此中所舉三義。初即《集論》安慧義。第二義，以掉舉非唯貪攝，偏諸染心是矣。而以不寂靜爲掉舉別相，以掉舉是依一切煩惱假立。其義未正。故護法立量破云：掉舉別有自性，偏諸染心，非是煩惱共相所攝。如不信等，不說他分所攝便無實體，非不信等亦是假故。問：若爾，如何論說煩惱是共相攝，是世俗有。答：如睡眠等說世俗有，是隨他相說。下出其性云，掉舉別相即是囂動。謂由囂動，令與掉舉俱生心心所法，不寂靜故。若離煩惱，無掉舉相。論不應說障奢摩他。奢摩他，此云止，即寂靜義也。由有囂動，令不寂靜，故不寂靜，非此別相。

**智旭**《**成唯識論觀心法要**》**卷六**　云何掉舉，令心於境不寂靜爲性，能障行捨奢摩他爲業。有義，掉舉（乃是）貪一分攝，論唯說此是貪分故，此由憶昔樂事生故。有義，掉舉非唯貪攝，論說掉舉偏染心故。又掉舉相，謂不寂靜，說是煩惱共相攝故，掉舉離此（煩惱共相）無別相故。雖依一切煩惱假立。而貪位增說爲貪分。有義，掉舉別有自性，遍諸染心。如不信等，非（因假）說他分體便非實，勿不信等亦假有故。而論說（此掉舉以）爲世俗有者（例），如睡眠等（雖實有體而），隨他（無明）相說。掉舉別相，謂即囂動（能），令（與彼）俱生（之心心所）法不寂靜故。若離（諸）煩惱，無別此（掉舉）相，不應別說障奢摩他，故不寂靜，非此（掉舉）別相。

**普泰**《**大乘百法明門論解**》**卷下**　言掉舉者，令心於境不寂靜爲性，能障行捨，奢麼他爲業。

## 失　念

**玄奘譯**《**瑜伽師地論**》**卷七〇**　失念者，謂雖修習亦多修習，然或有時不正了知而有所行。亂念者，謂即於彼非雜染中生雜染想，雜染中生非雜染想。

**玄奘譯《成唯識論》卷六** 云何失念。於諸所緣不能明記爲性，能障正念散亂所依爲業，謂失念者心散亂故。

有義，失念，念一分攝，說是煩惱相應念故。有義，失念，癡一分攝，《瑜伽》說此是癡分故，癡令念失，故名失念。有義，失念俱一分攝，由前二文影略說故，論復說此遍染心故。云何散亂，於諸所緣令心流蕩爲性，能障正定惡慧所依爲業，謂散亂者發惡慧故。

**玄奘譯《顯揚聖教論》卷一** 失念者，謂於久所作、所說、所思、若法、若義，染污不記爲體。障不忘念爲業，乃至增長失念爲業。如經說，謂失念者，無所能爲。

**玄奘譯《大乘五蘊論》卷一** 云何失念，謂染污念，於諸善法，不能明記爲性。

**地婆訶羅譯《大乘廣五蘊論》卷一** 云何失念，謂染污念，於諸善法不能明記爲性。染污念者，謂煩惱俱。於善不明記者，謂於正教授，不能憶持義，能與散亂所依爲業。

**廣益《大乘百法明門論纂釋》** 失念者，忘失正念也。煩惱相應念爲體，散亂所依爲業。何謂散亂所依耶，謂失念者心散亂故。

**智旭《大乘百法明門論直解》** 失念者，於諸所緣不能明記爲性，能障正念，散亂所依爲業。即以念及癡各一分爲體。

**通潤《成唯識論集解》卷四** 失念者，令彼發起，遂生惡慧。由惡慧故，方起貪等四種根本煩惱。煩惱起時，心必流逸放蕩，皆由於境起散亂故，故知此識必與六隨相應。

**通潤《成唯識論集解》卷六** 失念者，忘失正念也。經云，制之一處，無事不辦。莊生云，用志不分，乃凝於神。正念遺忘，內無主宰，便散亂矣。一師言，失念是念一分攝。一師言，失念是癡一分攝。一師言，念癡各一分攝。

**明昱《大乘百法明門論贅言》** 失念者，於諸所緣，不能明記爲性。能障正念，散亂所依爲業。言散亂所依者，失念則心散亂故。此失念者，有云念一分攝，是煩惱相應念故。有云癡一分攝，《瑜伽》說此是癡分故，癡令念失，故名失念。有云，俱一分攝。

**明昱《八識規矩補註證義》** 六失念者，於諸所緣，不能明記爲性。能障正念，散亂所依爲業。蓋失念者，心散亂故。有義，失念，念一分攝，說是煩惱相應念故。有義，失念，癡一分攝，《瑜伽》說此是癡分故，癡令念失，故名失念。有義，失念，俱一分攝。

**王肯堂《成唯識論證義》卷六** 失念，謂於曾習境而忘之也。一云，染汙不記爲體，障不妄念爲業。《集論》云，煩惱相應念爲體，散亂所依爲業。何謂散亂所依耶，謂失念者心散亂故。有義，失念，念一分者。有義，失念，癡一分者。理俱未盡。有義，失念俱一分者。此義正理。前二義中，引證論文俱影略說。說念略癡，非實無癡。說癡略念，非實無念。故論復說徧染心者，應知失念，是假非實。

**失名《唯識三十論要釋》** 謂失念者，心散亂故。癡令念失，故名失念，故以癡念而爲自性。

# 散亂

**玄奘譯《大乘阿毗達磨集論》卷一** 何等散亂。謂貪、瞋、癡分，心流散爲體。此復六種。謂自性散亂、外散亂、內散亂、相散亂、麤重散亂、作意散亂。云何自性散亂，謂五識身。云何外散亂，謂正修善時，於五妙欲其心馳散。云何內散亂，謂正修善時，沈掉味著。云何相散亂，謂爲他歸信矯示修善。云何麤重散亂，謂依我我所執，及我慢品麤重力故。修善法時，於已生起所有諸受，起我我所，及與我慢執受間雜取相。云何作意散亂，謂依餘乘餘定，若依若入。所有流散，能障離欲爲業。

**玄奘譯《成唯識論》卷六** 云何散亂。於諸所緣，令心流蕩爲性。能障正定，惡慧所依爲業。謂散亂者，發惡慧故。有義，散亂，癡一分攝，《瑜伽》說此是癡分故。有義，散亂，貪瞋癡攝，《集論》等說是三分故，說癡分者遍染心故。謂貪瞋癡，令心流蕩，勝餘法故，說爲散亂。有義，散亂別有自體，說三分者是彼等流。如無慚等，非即彼攝，隨他相說，名世俗有。亂亂別相，謂即躁擾，令俱生法皆流蕩故。若離彼三，無別自體。不應別說障三摩地。掉舉散亂二用何別。彼令易解，此令易緣。雖一剎那解緣無易，而於相續有易義故。染污心時，由掉亂力，常應念念易解易緣。或由念等力所制伏，如繫猨猴，有暫時住故，掉與亂俱遍染心。

**地婆訶羅譯《大乘廣五蘊論》卷一**　云何散亂，謂貪瞋癡分，令心心法流散爲性，能障離欲爲業。

**明昱《成唯識論俗詮》卷六**　釋散亂體性業用。馳散外緣，故名流蕩。以流蕩故，正定全無，說彼能障正定爲業。問，云何惡慧所依。答，謂散亂者發惡慧故。有義，散亂，癡一分者。未正。謂此散亂，無自體故，故說癡分。有義，散亂，貪瞋癡者。亦偏。謂貪瞋癡，共爲此體，由癡偏染心，故論說癡分，令心流蕩。唯三法勝，說爲散亂。有義，別有自體正理。餘論所說，或隨等流，或隨他相，非即彼性，散亂別相。即躁擾者，破第二義，執流蕩是散亂別相。由躁擾故，令與散亂齊生心心所法，皆流蕩故。若離貪等，無散亂體，論不應說別障正定。以三摩地，翻爲正定。問，掉舉、散亂，二用何別。答：彼掉舉令心易解，乃境現於心。此散亂令心易緣，乃心遊於境。問，一刹那頃，何有易耶。答：雖一刹那解緣無易，而於解緣互相續生，有轉易故。又云，易解境從心，易緣心從境，是二別相。染汙心下，釋二心所。定有轉易，無長時住，故於染心，念念解緣。若制伏時，唯得暫住。由此掉亂，俱偏染心，非無自體。

**通潤《成唯識論集解》卷六**　流蕩爲性者，謂如水之流而亡反，如波之蕩而不息也，故能障正定。既無正定，惡慧依之而生矣。《集論》云：散亂有六種。一，作意心散亂。謂諸菩薩棄捨大乘相應作意，退習聲聞獨覺相應下劣作意。二，外心散亂。謂正修善時，於外妙五欲及憒鬧相，尋思隨煩惱外境界中，縱心流散。三，內心散亂。謂正脩善時，或由昏沉睡眠下劣，或由味著諸定，或由種種定中隨煩惱故，惱亂其心。四，相心散亂。謂依止外相作意，思惟內境相貌。五，麤重心散亂。謂內作意爲緣，生起諸受。由麤重身故，計我我所。六，自性心散亂。謂五識身，由彼自性，於內靜定無功能故。一師言，此散亂是癡分攝。第二師言，三不善根攝，無別有體。第三師言，此散亂別有自體。謂即躁擾，由彼躁動煩擾，故令俱生法皆流蕩。問，掉舉散亂二用何別。答：掉舉令心易解，散亂令心易緣。易解者，謂纔合而即解。易緣者，謂纔解而即緣。言易者，念念遷變故。問，一刹那心本無變易，何容於此易解易緣。答：雖一刹那解緣無易，而於解緣相續之時有變易義。何以故，染汙心生時，悉由掉舉散亂之力，常應念念易解易緣，無刹那住。或由念定慧力所制，如繫猿猴，有暫時住。以由此義，故說掉亂俱遍染心。

**王肯堂《成唯識論證義》卷六**　散亂，令心易緣。易者，念念返變義。解以心言，緣以境言。如正坐禪時，或耳聞聲，或眼見色，心即馳逐，失其正念，此爲散亂。若初無見聞，而瞥起別念，此爲掉舉。問，既掉舉有心無境者，論中何言於境不寂靜耶。曰：境雖寂靜，心不寂靜，是掉舉相。況掉舉多緣過去，散亂唯緣現在。故散亂言於諸所緣，而掉舉不言。又言掉舉追憶往昔，蓋可見矣。問，一刹那心本無變易，何容於此易解易緣。答：雖一刹那解緣無易，而於解緣相續之時有變易義。又問：染心生時，由掉亂力。常應念念易解易緣，無刹那住。而今現有住不易時，其故安在。答云：或由念定慧力所制。如繫猿猴，有暫時住。以由此義，故說掉亂，俱遍染心。

**智旭《成唯識論觀心法要》卷六**　云何散亂。於諸所緣，令心流蕩爲性。能障正定，惡慧所依爲業。謂散亂者，發惡慧故。有義，散亂（乃是）癡一分攝，《瑜伽》說此是癡分故。有義，散亂（乃是）貪瞋癡攝，《集論》等說是三分故（《瑜伽》）。說（此是）癡分者，遍染心故。謂貪瞋癡，令心流蕩，勝餘法故，說爲散亂。有義，散亂別有自體（《集論》）。說三分者，是彼（貪瞋癡之）等流。如無慚等，非即彼（貪瞋癡所）攝（但以）。隨他相說，名世俗有。散亂（自有）別相，謂即躁擾，令（與彼）俱生（之心心所）法皆流蕩故。若離彼（貪瞋癡）三（法），無別自體，不應別說障三摩地。

# 不　定

**慧遠述《大乘義章》卷七**　言不定者，亦有三種。一，時不定。現生後時，無定在故。二，報不定。遇緣則受，無緣不受。三，處不定。於六道中，得受便受，無定所故。

**窺基《大乘百法明門論解》卷上**　言不定者，由不同前五位心所，於善染等皆不定故，非如觸等定遍心故，非如欲等定遍地故，不立定名也。

**大乘光《大乘百法明門論疏》卷上**　言不定者，謂此四法，於三界中不定一處，如尋、伺二數色界中有，餘二即無，不定相隨，故名不定。

**延壽《宗鏡錄》卷五八**　不定者，於善染等皆不定故。釋云：一解，顯不定義。此於界性識等皆不定故。二解，簡前信等貪等，此通三性，性不定故。

# 眠

**曇摩耶舍共　曇摩崛多等譯《舍利弗阿毘曇論》卷一三**　云何睡眠。煩惱未斷，身不樂不調不輕不軟不除，是名睡。云何眠，煩惱未斷，心夢懵覆蔽，是名眠。

**僧伽跋摩等譯《雜阿毗曇心論》卷二**　眠名身心昏昧，略緣境界名爲眠。彼一切五品心俱生，即彼心品增眠，若悔眠俱生，於三品中增二。

**吉藏撰《法華義疏》卷二**　身心昏昧，略緣境界，曰眠。大乘以一切住著昏闇，皆名睡眠。菩薩心無染著，名未嘗睡眠。

**慧遠《大乘義章》卷五**　言睡眠者，論釋不同。依如《毘曇》，一切煩惱，睡著境界，不能堪忍，名之爲睡。身心昏昧，略緣境界，說之爲眠。五識無用，名身昏昧。意識沈沒，名心昏昧。昏心少不知，能廣緣一切境界，故曰略緣。若依《成實》，心重欲眠，說之爲睡。攝心離覺，目之爲眠。

**玄奘譯《成唯識論》卷七**　眠，謂睡眠。令身不自在，昧略爲性，障觀爲業。謂睡眠位，身不自在，心極闇劣，一門轉故。昧簡在定，略別寤時。令顯睡眠非無體用，有無心位，假立此名，如餘蓋纏心相應故。有義，此二唯癡爲體，說隨煩惱及癡分故。有義，不然亦通善故，應說此二染癡爲體，淨即無癡。論依染分，說隨煩惱及癡分攝。有義，此說亦不應理，無記非癡，無癡性故。應說惡作思慧爲體，明了思擇所作業故。睡眠合用，思想爲體，思想種種夢境相故

**澄觀《大方廣佛華嚴經隨疏演義鈔》卷三九**　眠謂睡眠，令身不自在。昧略爲性，障觀爲業。謂睡眠位，身不自在，心極暗劣，一門轉故。昧揀在定，略別悟時。今顯睡眠非無體用，有無心位，假立此名。如餘蓋纏心相應故。釋曰：謂睡眠位下，釋上不自在言，謂令身不自在，坐亦睡眠故，他搖動時亦不覺等故。此令心極暗昧，輕略爲性，不能明利沈審故。

**地婆訶羅譯《大乘廣五蘊論》卷一**　云何睡眠。謂不自在轉，昧略爲性。不自在者，謂令心等不自在轉，是癡之分。又此自性不自在故，令心心法極成昧略。此善不善，及無記性，能與過失所依爲業。

**玄奘譯《阿毗達磨集異門足論》卷一二**　云何睡眠。答：染污心中所有眠夢，不能任持，心昧略性，是名睡眠。云何惛沈睡眠蓋。答：由此惛沈睡眠，障心、蔽心、鎮心、隱心、蓋心、覆心、纏心、裹心，故名惛沈睡眠蓋。

**道世撰《法苑珠林》卷三二**　云何睡眠相應。答曰，染污心眠夢，是謂睡眠相應。云何不睡不眠。答曰，除上爾所事。問，眠當言善、不善、無記耶。答曰，眠或善，或不善，或無記。云何爲善。答曰，善心眠夢。云何不善。答曰，不善心眠夢。云何無記。答曰，除上爾所事。如夢中施與作福、持戒守齋，如善心眠時所作福，當言餘福迴，是名善。云何眠時所作不福當言迴耶。答曰，如夢中殺盜等。如不善心眠餘不福心迴，是名不善。云何眠時所作福不福不當言迴。答曰，如眠時，非福心非不福心迴。如無記，心眠時，所作福非福不當言迴，是名無記。問，夢名何等法。答曰，是五蓋中無明蓋也。

**德清《百法論義》**　眠，謂睡眠，則令身不自在，心極暗昧。此非善惡，故名不定。即眠中作夢，亦不定善惡。論說眠能障觀，以眠爲心所者，能令身心昏重之用，但非一定善惡耳。

**通潤《成唯識論集解》卷七**　意識昏熟曰睡，五情暗冥名眠。昧，謂暗昧。略，謂簡略。言此心所一起之時，能令此身肢節廢懈。坐亦睡眠，他搖動時，亦不覺故。又令此心暗昧簡略，不能明利精審，此睡眠之體也。由其昧略，故能障觀而爲業用。言心極闇劣一門轉故者，闇劣釋昧字，一門釋略字。謂意識於寤時內外門轉，若在此位，唯內門轉故。下復釋暗劣一門之義。謂睡眠未起，此心正在定時，惺惺歷歷，未曾昏闇。睡眠一起，則此心昧然不知矣，故曰昧簡在定。睡眠未起，此心正在寤時，

千聲萬色，無不奔赴。睡眠一起，則此心略然而不能廣緣矣，故曰略別寤時也。如此推審，令顯睡眠，非無體用，必依於心。雖立睡眠爲無心位，此亦假借無心位以顯睡眠非即無心，而能令彼至無心者爲睡眠。故以睡眠爲無心，非實睡眠無心也。以眠必與心相應故。如餘蓋纏心相應故者，《瑜伽》云：蓋謂五蓋。一貪欲蓋，二瞋恚蓋，三昏沉蓋，四掉舉惡作蓋，五疑蓋。纏謂十纏，無慚、無愧、睡眠、昏掉、惡作、嫉妒、慳恪、忿、覆也。立量云：睡眠昧略，非無體用、心相應故。如餘蓋纏，蓋纏既與心相應，睡眠亦與心相應故。一師言：惡作睡眠，唯癡爲體，無別有性，說是隨煩惱及癡分攝故。一師言：此二不唯通染，亦通善故，非隨煩惱及癡分攝。應說此二染分以癡爲體，淨分以無癡爲體。一師言：不然。睡眠是無記性，不是癡與無癡二性攝。應說惡作以思慧爲體，睡眠以思想爲體。立量破云：染汙隨眠，說爲癡分，是癡等流。如不信等，此二是無記，故非癡分。一師言：此說亦不然。若以思慧思想爲惡作睡眠性者，豈思慧纏縛而爲悔性乎，抑思想纏縛而爲眠性乎。無是理也。出正義云，應說此二各別有體，非思慧思想爲體，以與餘心所行相各別故。然論說爲世俗有者，是隨癡相說，非是無別體而名世俗有也。

**大惠《成唯識論自攷》卷七**　六情惛闇曰睡，四肢放解曰眠。先二句出體用。觀體惺察，闇劣障之。謂睡下，轉釋。身不自在者，身通四儀，眠唯局臥故。心極闇劣，釋昧。寤時六識靈明照了，眠位心智昏闇狹劣。

**智旭《成唯識論觀心法要》卷七**　眠，謂睡眠，令身不自在（心極闇）。昧略（緣境界）爲性，障觀爲業。謂睡眠位，身不自在，心極闇劣，一門轉故。昧簡在定（之惺惺），略別寤時（之周悉），合顯睡眠非無體用。（雖）有（于五）無心位（中。亦），假立此（極重睡眠之）名，（似無別體。然而）如餘蓋纏（與），心相應故（故亦定有體用也）。

此次釋眠也。心極闇劣故名昧，唯一門轉故名略。蓋同時意識，遍向內外六根門轉。今獨頭意識，唯向內一門轉，略無外五門也。此通三性者，由眠心所與第六識相應，作種種夢。若于夢中修行十善六度等事，即名爲善。若於夢中造作殺盜貪瞋等事，即名不善。非善不善之夢，即名無記。然眾生無始以來，不善無記習氣偏熟，善習偏生，故睡眠時，能障正觀。又復夢中作惡，是任運惡習故。不實損惱眾生故，雖名不善，不因此而招苦報。若于夢中作善，是善根成熟故，復能熏長善根故，雖不實益眾生，亦因此而獲功德。良以惡雖從性所起，由違性故，其力則弱。善亦從性所起，由順性故，其力則強也。如餘蓋纏者。蓋謂五蓋，一貪欲、二瞋恚、三睡眠、四掉悔、五疑。覆障定慧，故名爲蓋。今眠既是蓋，即應如貪等，亦自有體用。纏謂十纏，一無慚、二無愧、三睡眠、四惛沉、五掉舉、六惡作、七嫉妒、八慳恪、九忿、十覆。束縛有情，令不解脫，故名爲纏。今眠既是纏，即如無慚等，亦自有體用。

# 惡作

**玄奘譯《大乘五蘊論》卷一**　云何惡作，謂心變悔爲性。

**地婆訶羅譯《大乘廣五蘊論》卷一**　云何惡作，謂心變悔爲性。謂惡所作故，名惡作。此惡作體，非即變悔。由先惡所作，後起追悔故。此即以果從因爲目，故名惡作。譬如六觸處說爲先業，此有二位，謂善不善。於二位中，復各有二。若善位中，先不作善，後起悔心，彼因是善，悔亦是善。若先作惡，後起悔心，彼因不善，悔即是善。若不善位，先不作惡，後起悔心，彼因不善，悔亦不善。若先作善，後起悔心，彼因是善，悔是不善。

**義淨譯《根本薩婆多部律攝》卷九**　心生惡作者，於愛非愛應作不作。心生悔恨，名爲惡作。由惡作故，熱惱害心，名爲惱悔。

**玄奘譯《阿毗達磨俱舍論》卷四**　惡作者何。惡所作體，名爲惡作。應知此中緣惡作法，說名惡作。謂緣惡作，心追悔性。如緣空解脫門，說名爲空。緣不淨無貪，說爲不淨。又見世間約所依處，說能依事。如言一切村邑國土，皆來集會。惡作即是追悔所依，故約所依，說爲惡作。又於果體假立因名。如說此六觸處，應知名宿作業。若緣未作事，云何名惡作。於未作事，亦立作名。如追悔言，我先不作如是事業，是我惡作。何等惡作，說名爲善，謂於善惡不作作中，心追悔性。與此相違，名爲不善。

**玄奘譯《阿毗達磨集異門足論》卷一二**　云何惡作。答：染污心中，所有令心變悔惡作惡作性，是名惡作。云何掉舉惡作蓋。答：由此掉舉惡作，障心、蔽心、鎮心、隱心、蓋心、覆心、纏心、裹心，故名掉舉惡作蓋。

**玄奘譯《阿毗達磨法蘊足論》卷九**　云何惡作，謂心變、心懊、心悔我惡作、惡作性，總名惡作。

**玄奘譯《阿毗達磨發智論》卷二**　云何惡作。答：諸心燋灼，懊變惡作，心追悔性，是謂惡作。諸心有掉舉，彼心惡作相應耶。答：應作四句。有心有掉舉，非惡作相應，謂無惡作心，有躁動性。有心有惡作，非掉舉相應，謂無染污心，有追悔性。有心有掉舉，亦惡作相應，謂染污心，有追悔性。有心無掉舉，亦非惡作相應。

**玄奘譯《阿毗達磨順正理論》卷一一**　言惡作者，悔以惡作爲所緣故，立惡作名，如無想定。有說，無相及身念住，有處名身。若爾，有緣所未作事，心生追悔，應非惡作。不爾，未作亦名作故，如追悔言，我先不作如是事業，是我惡作。然此惡作，通善不善，不通無記，隨憂行故。離欲貪者，不成就故。非無記法，有如是事。然有追變。我頃何爲不消而食，我頃何爲不畫此壁。如是等類，彼心乃至未觸憂根，但是省察未起惡作。若觸憂根，便起惡作。爾時惡作，理同憂根，故說惡作。有如是相，謂令心感惡作心品。若離憂根，誰令心感。

**玄奘譯《瑜伽師地論》卷一一**　惡作者，謂因尋思親屬等故，心生追悔。謂我何緣離別親屬，何緣不往如是國土，何緣棄捨如是國土。來到於此，食如是食，飲如是飲，唯得如是衣服臥具、病緣醫藥、資身眾具。我本何緣少小出家，何不且待至年衰老。或因追念昔所曾經戲笑等事，便生悔恨。謂我何緣於應受用戲樂嚴具朋遊等時，違背宗親朋友等意，令其悲戀涕淚盈目，而強出家。由如是等種種因緣，生憂戀心，惡作追悔。由前掉舉與此惡作處所等故，合說一蓋。又於應作不應作事，隨其所應，或已曾作，或未曾作，心生追悔。云何我昔應作不作，非作反作。除先追悔所生惡作，此惡作纏猶未能捨。次後復生相續不斷憂變之心，惡作追悔。此又一種惡作差別。次前所生非處惡作，及後惡作雖與掉舉處所不等。然如彼相騰躍諠動，今此亦是憂變之相，是故與彼雜說一蓋。

**玄奘譯《瑜伽師地論》卷一六**　惡作者，顯示於諸小罪，見大怖畏。如其出離，亦無惡作。如其惡作，亦無有犯。

**玄奘譯《顯揚聖教論》卷一**　惡作者，謂於已作未作善不善事，若染不染，悵怏追變爲體，能障奢摩他爲業，乃至增長惡作爲業。如經說，若懷追悔則不安隱。乃至廣說。

**玄奘譯《大乘阿毗達磨集論》卷一**　何等惡作。謂依樂作、不樂作、應作、不應作，是愚癡分，心追悔爲體。或善，或不善，或無記，或時，或非時，或應爾，或不應爾，能障心住爲業。

**玄奘譯《大乘阿毗達磨雜集論》卷一**　惡作者，依樂作、不樂作、應作、不應作，是愚癡分，心追悔爲體。或善，或不善，或無記，或時，或非時，或應爾，或不應爾，能障心住爲業。樂作者，樂欲爲先造善惡行。不樂作者，由他勢力及諸煩惱之所驅逼，令有所作如其所應。愚癡分者，隨煩惱所攝。時者，乃至未出離。非時者，出離已後。應爾者，於是處。不應爾者，於非處。

**玄奘譯《阿毗達磨大毗婆沙論》卷三七**　云何惡作。答諸心燋灼，懊變惡作，心追悔性，是謂惡作。如是諸名義，如前說。諸心有掉舉，彼心惡作相應耶。答應作四句，此二互有寬狹義故。有心有掉舉，非惡作相應。謂無惡作心，有躁動性，即色無色界五部染污心，欲界見所斷四部心及修所斷染污五識，惡作不相應染污意識。有心有惡作，非掉舉相應。謂無染污心，有追悔性。即苾芻等護學處者，多有此心。如應收舉床幾等物而不收舉，及應閉門而不閉等。依福非福亦有此心。此中惡作總有四句。一有惡作是善，於不善處起。二有惡作是不善，於善處起。三有惡作是善，於善處起。四有惡作是不善，於不善處起。第一句者，謂如有一作惡事已，心生追悔。我所作者，非爲好作，何因作此不善事耶。如護學處諸苾芻等，有所違越，便生悔恨。第二句者，謂如有一作善事已，心生追悔。我所作者，非爲好作，何因作此無用事耶。如勝家長者，施獨覺食已，心生追悔。我寧以此食與奴婢作使，何乃施彼髡頭沙門。第三句者，謂如有一作少善已，心生追悔。我所作者，非爲善作，何不多作此善事耶。如尊者無滅言，我若知彼有此威德，應更多施，何大少耶。第四句者，謂如有一作少惡已，心生追悔。我所作者，非爲好作，何不多作如是事耶。如屠膾等作少惡已，悔不多作。此四句中，第一第三名有惡作，非掉舉相應心。有心有掉舉，亦惡作相應。謂染污心有追悔性。即前四句中，第二第四句是此所說。問：此中何故不說有躁動心有追悔性，而但言染污心有追悔性耶。答：但是染污心，必有躁動，不說自成。若說有躁動心者，則疑染污心中有無躁動者，故但說染污心。即由此故，前第二句說無染污心有追悔性。無躁動義，亦不說自成。若說無躁動心有追悔性者，則疑無染污心。或有躁動故，前但說無染污心。有心無掉舉，亦非惡作相應。謂除前相，此中所名以相聲說。若法已立名已，稱說者作前三句。未立名未稱說者，作第四句。故言除前相。此復云何，謂識蘊中作此四句，初句取無惡作有掉舉心，第二句取無掉舉有惡作心，第三句取有掉舉有惡作心。除此所餘，無掉舉無惡作心，作第四句。

**窺基《大乘百法明門論解》卷下**　言惡作者，惡所作業，追悔爲性，障止爲業（即奢麼他）。此即於果，假立因名。先惡所作業，後方追悔故。悔先不作，亦惡作攝。如追悔言，我先不作，如是事業，是我惡作言。有義，此二各別有體，與餘心所行相別故，隨癡相，說名世俗有。

**曇曠《大乘百法明門論開宗義記》**　言惡作者，惡所作業，追悔爲性，障止爲業。惡作與悔，互爲因果。先惡所作業，後方追悔故。此由惡作而有於悔，悔先不作，亦惡作攝。如追悔言，我先不作如是事業，是我惡作。此即因悔有惡作也。

**廣益《大乘百法明門論纂釋》**　如悔先不作善，亦可謂之惡作否。答：亦惡作攝。以不作善，故追悔言，我先不作如是事業，是我惡先不曾作故。《瑜伽》云，謂於已作未作善不善事，追變爲體，亦惟悔心，故多不定，障止爲業。今言悔者，是借果以明因耳。

**圓暉《俱舍論頌疏論本》卷四**　問：何等惡作，說名爲善。答：謂於善惡作不作中，心中追悔性。謂於先時，於善不作，於惡而作，後生追悔，名善惡作也。與此相違，名爲不善。謂先作善而不作惡，後生追悔，名不善惡作也。故此二惡作，各依善惡二處而起

# 尋伺

**玄奘譯《瑜伽師地論》卷五八**　當知尋伺，慧思爲性。猶如諸見，若慧依止意言而生。於所緣境，慞惶推究，雖慧爲性，而名尋伺。於諸境界遽務推求，依止意言麁慧，名尋。即於此境不甚遽務而隨究察，依止意言細慧，名伺。是名建立煩惱雜染自性差別。

**玄奘譯《大乘阿毗達磨集論》卷一**　何等爲尋，謂或依思或依慧，尋求意言，令心麁轉爲體。何等爲伺，謂或依思或依慧，伺察意言，令心細轉爲體。如是二種，安不安住所依爲業。

**玄奘譯《成唯識論》卷七**　尋謂尋求，令心忽遽於意言境，麁轉爲性。伺謂伺察，令心忽遽於意言境，細轉爲性。此二俱以安不安住身心分位所依爲業，並用思慧一分爲體。於意言境不深推度，及深推度義類別故。若離思慧，尋伺二種體類差別不可得故。

**玄奘譯《阿毗達磨俱舍論》卷四**　論曰：尋伺別者，謂心麁細。心之麁性名尋，心之細性名伺。云何此二一心相應，有作是釋。如冷水上浮以熟酥，上烈日光之所照觸。酥因水日，非釋非凝。如是一心有尋有伺。心由尋伺不遍細麁，故於一心俱有作用。若爾，尋伺是麁細因，非麁細體。如水日光是凝釋，曰體非凝釋。又麁細性相待而立，界地品別，上下相形。乃至有頂，應有尋伺。又麁細性無別體類，不可依之以別尋伺。復有釋言：尋伺二法是語言行。故契經言，要有尋伺方有語言。非無尋伺此語言行。麁者名尋，細者名伺。於一心內，別法是麁，別法是細，於理何違。若有別體類，理實無違。然無別體類，故成違理。一體類中，無容上下俱時起故。若言體類亦有差別，應說體類別相云何。此二體類別相難說，但由上下顯其別相，非由上下能顯別相。一一類中有上下故。由是應知，尋伺二法定不可執一心相應。

**玄奘譯《阿毗達磨順正理論》卷一一**　論曰：尋伺別者，謂心麁細。心之麁性，說名爲尋。心之細性，說名爲伺。若爾，尋伺體不異心，經即就心說二性故。此言非理，由不了達經義意故。經言所有心麁細性名尋伺

者，由有此法，心起便麁，此法爲尋，由有此法，心起便細，此法名伺。或作異釋，故體異心，謂我不言心之麁性名心麁性，心之細性名心細性。若爾云何。依心麁性名心麁性，依心細性名心細性。若爾，麁細性相違故，不應尋伺一心俱生。雖一心中二體可得，用增時別，故不相違。如水與酢等分和合，體雖平等而用有增。麁心品中，尋用增故，伺用被損，有而難覺。細心品中，伺用增故，尋用被損，有而難覺。若謂酢用一切時增故非喻者，此言非理。我不定說以酢喻尋，伺喻於水，但有用增者即說如酢故。若心品中，尋伺二法隨用增者，即說如酢微便喻水。由是尋伺雖一心中體俱可得，用時別故，而無一心即麁即細。

**玄奘譯《瑜伽師地論》卷五**　應知此相略有七種。一體性，二所緣，三行相，四等起，五差別，六決擇，七流轉。尋伺體性者，謂不深推度所緣，思爲體性。若深推度所緣，慧爲體性，應知。尋伺所緣者，謂依名身句身文身義爲所緣。尋伺行相者，謂即於此所緣尋求行相是尋，即於此所緣伺察行相是伺。尋伺等起者，謂發起語言。尋伺差別者，有七種差別。謂有相無相，乃至不染污，如前說。尋伺決擇者，若尋伺即分別耶，設分別即尋伺耶。謂諸尋伺必是分別，或有分別非尋伺。謂望出世智，所餘一切三界心心所，皆是分別而非尋伺。尋伺流轉者，若那落迦尋伺，何等行，何所觸，何所引，何相應，何所求，何業轉耶。如那落迦，如是傍生、餓鬼、人、欲界天、初靜慮地天，所有尋伺，何等行，何所觸，何所引，何相應，何所求，何業轉耶。謂那落迦尋伺唯是慼行，觸非愛境，引發於苦與憂相應，常求脫苦，嬈心業轉。如那落迦尋伺，一向受苦。餓鬼尋伺亦爾。傍生人趣大力餓鬼所有尋伺，多分慼行，少分欣行。多分觸非愛境，少分觸可愛境。多分引苦，少分引樂。多分憂相應，少分喜相應。多分求脫苦，少分求遇樂。嬈心業轉。欲界諸天所有尋伺，多分欣行，少分慼行。多分觸可愛境，少分觸非愛境。多分引樂，少分引苦。多分喜相應，少分憂相應。多分求遇樂，少分求脫苦。嬈心業轉。初靜慮地天所有尋伺，一向欣行，一向觸內可愛境界，一向引樂，一向喜相應。唯求不離樂，不嬈心業轉。

**窺基《大乘百法明門論解》卷下**　言尋伺者，尋謂尋求，令心怱遽，於意言境麁轉爲性。伺謂伺察，令心怱遽，於意言境細轉爲性。二法業用，俱以安、不安住身心分位所依爲業。謂意言境者，意所取境，多依名言名意言境。或曰，尋伺二法，身假爲實。曰：並用思之，與慧各一分爲體，若令心安，即是思分，令心不安，即是慧分。蓋思者，徐而細故，慧則急而麁故。是知令安，則用思無慧，不安則用慧無思。若通照大師釋有兼正，若正用思，則急慧隨思能令心安，若正用慧，則徐思隨慧亦令不安。是其並用也。

**曇曠《大乘百法明門論開宗義記》**　尋謂尋求，令心怱遽於意言境，麁轉爲性。伺謂伺察，令心怱遽於意言境，細轉爲性。此二俱以安不安住身心分位所依爲業，並用思慧一分爲體。於意言境不深推度及深推度，義類別故。四中尋伺定是假有，思慧合成無別體故。睡眠惡作定是實有，與餘心所行相別故。尋伺二種互不相應，體類是同，麁細異故。俱與前二容互相應，前二亦有互相應義。四皆容與五受相應，意識得與五受俱故。四皆容與五別境俱，行相所緣不相違故。睡眠但與十善容俱，此唯在欲無輕安故。尋伺容與十一善俱，初靜慮中輕安俱故。惡作容與無明相應，此行相麁貪等細故。睡眠尋伺十煩惱俱，此彼展轉不相違故。惡作中大隨惑相應，非忿等十各依主故。睡眠尋伺二十容俱，眠等位中皆起染故。此四皆通善等三性，於無記業亦追悔故。與二種善皆得相應，聞等位中有追悔故。餘三皆通染淨無記，惡作非染解麁猛故。四無記中悔唯中二，行相麁猛非定果故。眠除第四非定引生，異熟生心亦得眠故。尋伺除初彼解微劣，不能尋察名義等故。惡作睡眠唯欲界有，尋伺在欲及初靜慮，餘界地法皆妙淨故。悔非無學，離欲捨故。睡眠尋伺皆通三種。求解脫者，有爲善法皆名學故。學究竟者，有爲善法皆無學故。悔眠唯通見修所斷，亦邪見等勢力起故，非無漏道親引生故。尋伺雖非眞無漏道，而能引彼從彼引生，故通見修非所斷攝，即此尋伺非所斷故。於五法中通其二種，尋伺即是七分別故。說正思惟是無漏故。又說彼是言說因故。後智說法有尋伺故。非如佛地無功用故。故此尋伺亦通無漏，諸餘門義如論廣明。

**圓測《解深密經疏》卷二**　尋思所行，即是異生依他言說，非內所證，故言展轉。問：解節深密，皆作是言，過覺觀境，此本即云過尋思境，如何會釋。答：有兩釋。一云，舊諸經論皆云覺觀。大唐三藏翻爲尋伺。尋謂尋求，伺即伺察。如《瑜伽論》等，皆用思慧爲體。而此經言名尋思者，通說尋伺，皆名尋思，皆有推求思量義故。然此尋伺，諸說不同。薩婆多宗，離心以外別有心所，實有體性。始從欲界至初靜慮，一切心中，皆有尋伺。中間靜慮，無尋有伺。第二靜慮以上諸地，皆名無尋無伺，通於六識有漏無漏。若廣分別，如《俱舍》等。依經部宗，離心已外無別自性，亦非一心尋伺俱起。故《成實論・覺觀品》云，有說覺觀在一心者，此事不然。解云：經部大同大乘。然差別者，成實論宗以心爲體。依大乘宗，思慧爲體。又經部宗三地別者，如《大毗婆沙》，欲界乃至有頂地具有尋伺，而說三地有差別者：欲界初定一切善染無覆無記，靜慮中間乃至有頂染汙心等，名有尋有伺地。靜慮中間善及無覆無記心等，名無尋唯伺地。第二靜慮乃至有頂善及無覆無記等，名無尋無伺地。今依大乘，如《成唯識》第七卷說：尋求令心忽遽，於意言境，麤轉爲性。伺謂伺察，令心忽遽於意言境，細轉爲性。此二俱以安不安住身心分位所依爲業，並用思慧一分爲體，非一剎那二法相應，一類麤細前後異故。若廣分別，如《瑜伽》《顯揚》《成唯識》等。三地別者，大唐三藏云：《瑜伽論》意，自性離欲，建立三地。謂欲界乃至初靜慮中諸有爲法，未能遠離自性欲故，名有尋伺。中間靜慮，諸有爲法，已離下地自性欲故，名無尋唯伺地。第二靜慮已上乃至非想諸有爲法，已離尋伺自性欲故，名無尋無伺地。若廣分別，如《瑜伽釋論》第一卷說。今此所說。超尋思者，依此尋伺而說。一云：此中尋思即用三界有漏心心所法，以爲尋思。即五法中分別所攝。然尋思言，自有兩種。一者，四尋思用慧爲體，推求名等未決定故。二者，此中所說尋思，即用三界有漏心等。故今但言尋思，不名尋伺。

**普泰《八識規矩補註》卷上** 尋者尋求，令心怱遽於意言境，麁轉爲性。伺謂伺察，令心怱遽於意言境，細轉爲性。二法業用，俱以安不安身心分位所依爲業。言意言境者，意所取境多依名言，故云意言境。此二並用思慧一分爲體。若令心安即是思分，令心不安即是慧分。蓋思者，徐而細故。慧者，急而麁故。若然，則令安則用思無慧，不安則用慧無思。何云並用。通照大師釋有兼正。若正用思，急慧隨思，能令心安。若正用慧，徐思隨慧，亦令不安。是說不違並用。此相應之義有五，謂時、依、行、緣、事也。王所同時起同所依根見分，行相各同，同一所緣，同一體事，故得相應也。

**通潤《成唯識論集解》卷七** 尋求者，逐於外而麁求。伺察者，伺於內而細察。忽遽者，草忽急遽也。意言者，意所取境，多依名言故。麁轉細轉爲性者，麁者聊且之辭，細者綿密之謂。言尋伺二者，總於一境分麁細而立二性也。此二於意言境深推曰思，淺推曰慧。深推則神凝，故身心舉安。淺推則躁動，故身心不安。若離思慧，此二差別便不可得。問：徐而細者爲思，急而麤者爲慧，何爲並用。答：若正用徐思，則急慧隨思，能令身心皆安。若正用急慧，而徐思隨慧，能令身心不安。故可並用。

**明昱《八識規矩補註證義》** 尋謂尋求，令心怱遽於意言境，麤轉爲性。伺謂伺察，令心怱遽於意言境，細轉爲性。此二俱以安不安住身心分位所依爲業，並用思慧一分爲體。於意言境，不深推度及深推度，義類別故。若離思慧，尋伺二種體類差別不可得故。何名意言境。曰，意所取境多依名言，故名意言境。悔眠尋伺，何假何實。曰，悔眠是實，尋伺是假。何得爲假。曰：並用思慧一分爲體。若令心安，即是思分。令心不安，即是慧分。何以故。思者，徐而細故。慧者，急而麤故。若如是者，令安則用思無慧，不安用慧無思。何云並用。曰：通照大師釋，有兼有正。若正用思，急慧隨思，能令心安。若正用慧，徐思隨慧，令心不安。若如是說，不違並用。

# 不正知

**玄奘譯《成唯識論》卷六** 云何不正知。於所觀境，謬解爲性。能障正知，毀犯爲業。謂不正知者，多所毀犯故。有義，不正知，慧一分攝。說是煩惱相應慧故。有義，不正知，癡一分攝。《瑜伽》說此，是癡分故。令知不正，名不正知。有義，不正知，俱一分攝。由前二文，影略說故。論復說此遍染心故。

**地婆訶羅譯《大乘廣五蘊論》卷一** 云何不正知。謂煩惱相應慧，能起不正身語意行爲性。違犯律行所依爲業。謂於去來等，不正觀察故，而不能知應作不應作，致犯律儀。

**玄奘譯《阿毗達磨界身足論》卷上**　不正知云何，謂非理所引慧。非理作意云何，謂染污作意。

**玄奘譯《大乘五蘊論》卷一**　云何不正知。謂於身語意現前行中，不正依住爲性。

**玄奘譯《阿毗達磨大毗婆沙論》卷四三**　云何不正知。答，非理所引慧。問，此中何故問少答多。謂不正知唯染污慧。非理所引慧，通染及不染。云何知然，如業蘊說，諸意惡行皆是非理所引意業，有是非理所引意業非意惡行。謂一切有覆無記意業，及一分無覆無記意業，故知非理所引慧名通染不染。答此中非理所引慧者，應知唯攝諸染污慧。所以者何。非理所引略有二種，一者世俗，二者勝義。今說勝義非理所引，故知唯攝諸染污慧。唯染污法名爲勝義，非理所引。無覆無記但由世俗得彼名故。

**玄奘譯《顯揚聖教論》卷一**　不正知者，謂於身語意行，不正了住，染污慧爲體。能障正知爲業，乃至增長不正知爲業。如經說，有失念者，住不正知。乃至廣說。

**玄奘譯《大乘阿毗達磨雜集論》卷一**　不正知者，煩惱相應慧爲體。由此慧故，起不正知身語心行，毀犯所依爲業。不正知身語心行者，謂於往來等事不正觀察，以不了知應作不應作故，多所毀犯。

**曇曠《大乘百法明門論開宗義記》**　不正知者，於所觀境謬解爲性，能障正知毀犯爲業。謂不正知者，多所毀犯故。知即是慧。謂由癡故，令知不正，名不正知，故以癡慧合爲自性。

**智旭《大乘百法明門論直解》**　不正知者，於所觀境謬解爲性，能障正知。多所毀犯爲業。此以慧及癡各一分爲體。

**明昱《成唯識論俗詮》卷六**　釋不正知體性業用。於所觀境，起謬解者，顯是慧分。問，云何毀犯爲業。答，由不正知，於善不善，律不律儀，皆不辯故，故多毀犯。有義，不正知，慧一分攝。有義，不正知，癡一分攝。俱未盡理。有義，不正知，俱一分者正理。影略說者，說慧略癡，非實無癡，說癡略慧，非實無慧。故論復說，偏染心故，應知無體，依二假立。

**王肯堂《成唯識論證義》卷六**　不正知，於所觀境，起謬解即邪慧也。一云，謂於三業不正了，住染污慧爲體，能障正知爲業。《集論》云：煩惱相應慧爲體。由此慧故，起不正知身語心行，毀犯所依爲業。不正知身語心行者，謂於往來等事，不正觀察。以不了知應作不應作故，多所毀犯。此中三義，以第三爲正。俱一分者，慧與癡俱各一分也。問，云何毀犯爲業。答，由不正知，於善不善，律不律儀，皆不辨故，故多毀犯。

**智旭《成唯識論觀心法要》卷六**　云何不正知。於所觀境，謬解爲性，能障正知，毀犯爲業。謂不正知者，多所毀犯故。有義，不正知（乃是）慧一分攝，說是煩惱相應慧故。有義，不正知（乃是）癡一分攝。《瑜伽》說此是癡分故，令知不正，名不正知。有義，不正知（乃是慧癡）俱一分攝。

## 諦

**鳩摩羅什譯《十住毗婆沙論》卷一**　諦者，一切眞實名之爲諦。一切實中，佛語爲眞實。

**吉藏《二諦義》卷上**　諦是實義。有於凡實，空於聖實，是二皆實。諸佛依此二實說法，是故諸佛所說皆實也。

**吉藏《大乘玄論》卷一**　諸法性空，世間顚倒，謂有，於世人爲實，名之爲諦。諸賢聖眞知顚倒性空，於聖人是實，名之爲諦。此即二於諦。諸佛依此而說，名爲教諦耳。問，教若爲名諦耶。答，有數意。一者，依實而說，故所說亦實，是故名諦。二者，如來誠諦之言，是故名諦。三者，說有無教實能表道，是故名諦。四者，說法實能利緣，是故名諦。五者，說不顚倒，是故名諦。

**窺基《大般若波羅蜜多經般若理趣分述讚》卷二**　諦者，實義。苦眞是苦，更無異苦，故名爲諦。凡夫不知唯聖所識。聖者之諦故名聖諦。

**窺基《妙法蓮華經玄贊》卷七**　諦者，實義。唯聖知實，故名四聖諦。

**窺基《大乘法苑義林章》卷二**　諦者，實義。有如實有，無如實無，有無不虛，名之爲諦。世俗即諦，持業釋也。世俗之諦，依士釋也。

**窺基**《大乘法苑義林章》卷二　諦者，實義。事如實事，理如實理，理事不謬，名之爲諦。

**道世**《法苑珠林》卷七二　生滅無常，理實是苦。逼迫行者，名爲苦諦。諦是實義，審爾不謬，故稱爲諦。下三諦義同此一釋。有漏善惡，皆能生果。理是因集，名爲集諦。煩惱盡處，名之爲滅。理實不生，名爲滅諦。觀理除壅，此實不虛，名爲道諦。

**李通玄**《新華嚴經論》卷二五　諦者，實也，眞也。如實知見不虛，名之爲諦。

**道誠集**《釋氏要覽》卷中　諦者，實義。眞義，如義，不顛倒義，無虛誑義。

## 於諦　教諦

**吉藏**《淨名玄論》卷六　諦有二種，一於諦，二教諦。於諦者，色未曾有無，而於凡是有，名俗諦。於聖是空，名眞諦。以於凡是有，名俗諦故，萬法不失。於聖是空，名眞諦故，有佛無佛性相常住。教諦者，諸佛菩薩了色未曾有無，爲化衆生故，說有無爲二諦。欲令因此有無，悟不有無，是教。而舊義明二諦是理者，此是二於諦耳。於諦望教諦，非但失不二理，亦失能表之教耳。

問：於凡是有既失者，於聖是無，亦是失不。答：一對凡夫，明聖爲得。若望教諦，皆是失也。以色未曾有無，而作有無作解，豈非失也。

問：經云，一切世諦，若於如來，即是第一義諦。亦是失。答：一往對凡之有爲失，歎聖之空爲得。若望教諦者，於諦非但不得表不二理，亦不得能表之教，但是謂情所見耳。然如來了色實未曾空有也。若識兩種二諦，則五難自竝。

問：雖有此通，猶未可見。今說色有無是教諦者，不說色有無教諦。

答：以說爲教者，佛不說則無教諦也。

問：若爾者，唯恒有二於諦，則無因緣有無。答：一切法常是二於有無，亦恒是因緣有無。若於二緣即是二於諦有無，諸佛菩薩了此色即是因緣有無。然於與教，未曾二。於二緣則教成，於了悟即於成教。

問：若於二緣即是二於有無，望佛菩薩即是因緣有無。此因緣有無，此因緣即是因緣境，云何言是教。答：因緣有無，未曾有無，故雖是有無，而不有不無。如此有無，能開不二，即是教義。

問：佛若不說恒有因緣有無，因緣有無豈是教耶。答：非但取說義爲教，經中明六塵皆是教。

問：若爾境教何異。答：此因緣有無，可兩望論之。發智即境，能開不有不無不二理，即是教也。此據佛不說自有境教也。就說義明境教者，佛照有無，有無名境。佛說有無，有無是教。

問：他亦云照有無有無是境，說有無有無亦是教，與今何異。答：他但得二於定性有無，此有無不得開不有不無，故非教也。又因緣有無是境耳。定性有無非境也。何者。有不自有，由無故有。無不自無，由有故無。由有故無，無是有無。由無故有，有是無有。了此因緣有無，能生二慧。識有是無有，生實方便慧。了無是有無，生方便實慧。既是定性有無，則生斷常二見，故不得名境也。

**吉藏**《大乘玄論》卷一　能依是教諦，所依是於諦。問：於諦爲失教諦爲得不。答：凡夫於爲失如來於爲得，聖人於亦得亦失。而師云，於諦爲失教諦爲得者，乃是學教成迷。本於是通迷學教於別迷，通迷是本別迷末，本是前迷末是後迷。

問：何意開凡聖二於諦耶。答云：示凡聖得失，令轉凡成聖。問：於諦爲失者，何以言諦耶。答：論文自解。諸法性空，世間顛倒謂有，於世人爲實，名之爲諦。諸賢聖眞知顛倒性空，於聖人是實名之爲諦，此即二於諦。諸佛依此而說，名爲教諦耳。

問：教若爲名諦耶。答：有數意。一者，依實而說故，所說亦實，是故名諦。二者，如來誠諦之言，是故名諦。三者，說有無教實能表道，是故名諦。四者，說法實能利緣，是故名諦。五者，說不顛倒，是故名諦。

與他家異有十種異。一者，理教異。彼明二諦是理，三假是俗，四絕是眞。今明二是教，不二是理。他家有理無教。今明有教有理。二者，相無相異。他家住有無，故是有相。今明有表不有，無表不無，不住有無，故名無相。三者，得無得異。他家住有無，故名有得。今明不住有無，故名無得。四者，理內外異。他家住有無，故名理外。今明不住有無，故名理內。五者，開覆異。他有住有，無住無，此有無覆如來因緣有無。今明二諦是教，是有表不有，無表不無。即開如來教，無有壅滯。六者，半滿異。他家唯有二無不二，故唯教無理，名爲半字。今明具足理教，名爲滿字。七者，愚智異。《涅槃》云，明無明愚者謂二，智者了達無二，眞俗二者即愚，不二者即智。故知不二是理二是教。八者，體用異。彼有用無體。今即具有體用。九者，本末異。不二是本，二是末，他但有末無本。今具有本末。十者，了不了異。他家二諦，住有無，故名不了。今明說有欲顯不有，說無欲顯不無，有無顯不有不無，故名了義。他但以有爲世諦，空爲眞諦。今明若有若空，皆是世諦。非空非有，始名眞諦。三者，空有爲二，非空有爲不二，二與不二皆是世諦，非二非不二名爲眞諦。四者，此三種二諦皆是教門。說此三門，爲令悟不三，無所依得，始名爲理。

問：前三皆是世諦，不三爲眞諦。答：如此。

問：若爾，理與教何異。答：自有二諦爲教，不二爲理，皆是轉側適緣，無所防也。

問：何故作此四重二諦耶。答：對毘曇事理二諦，明第一重空有二諦。二者，對成論師空有二諦，汝空有二諦是我俗諦，非空非有方是眞諦，故有第二重二諦也。三者，對大乘師依他分別二爲俗諦，依他無生分別無相不二眞實性爲眞諦。今明，若二若不二，皆是我家俗諦。非二非不二，方是眞諦。故有第三重二諦。四者，大乘師復言，三性是俗，三無性非安立諦爲眞諦。故今明，汝依他分別二眞實不二是安立諦，非二非不二三無性非安立諦皆是我俗諦，言忘慮絕方是眞諦。文含多義，後文當釋。

問：若以有無爲教，表非有非無理者，何不以非有非無之教，表非有非無之理。必以有無之教表，非有非無理耶。答：不可以月指月，應以指指月。若利根菩薩，應如是說。但凡夫著有無故，以有無表非有非無。

問：若以於諦爲眾生說者，更增其患。何以依二於諦說法耶。答曰：凡夫著有二乘滯空。今明，如來因緣有無假有假無，假有故不有，假無故不無。云何增患耶。

問：成論師云，十六知見非二諦所攝，十六知見道理無。此出自外道横計，故非世諦。既非世諦，其即空亦非眞諦。此義云何。答：若言十六知見出外道横計非二諦所攝者，陰界入等亦出凡夫横計，何得云二諦所攝。若凡夫所見即是世諦者，凡夫人應是聖人。

**吉藏《中觀論疏》卷一〇**　問云：何是二於諦，云何是教諦。答：所依即是二於諦，以於凡聖皆是實，故秤二於諦，亦是於二諦。謂色未曾空有，於二解是實，故云二於諦。《百論》引棗棕望芃皆不虛。《智度論》引無名指形有名指皆實也。能依即是教諦。佛依此二諦爲物說法，皆是誠諦之言，故稱爲實也。

問：能依有異不。答：依第一義說，此是眞實說。依俗說者，此是方便隨宜說也。

問：說人天及二乘是方便說，今說大乘人法等，云何依俗說法皆是方便。答：實相不可說方是眞實，凡一切言說皆是方便也。

問：二於諦爲是失爲是得。答：一往二於俱是得，於凡是實，故於凡爲得。於聖是實故，於聖稱得。若以凡聖相望，則凡失聖得也。

**吉藏《二諦義》中卷**　問：何意說於諦、教諦耶。解云：二意。一者，爲釋經讀論，經論中竝有此言也。二者，爲對他。他明二諦是天然之境，有此二理，而二諦名境。復名理者，會二諦生二智，名之爲境，而道理有二諦故，名之爲理。道理有此二理，道理有此二境。今對彼，明此是於二理，此是於二境，非道理有此理有此境也。若爾，今時有兩境兩理。兩境者，一於境，二教境。兩理者，一於理，二教理。爲是義故，明於諦、教諦也。然如來直說二於諦，凡有三句。謂得、失、亦得亦失。直作此說，若爲得解耶。今佛直說二於諦，云何得解。

答：今明，佛說於諦有三句，一皆得，二皆失，三亦得亦失。言亦得亦失者，即是前二於諦。諸法於凡是有，此有爲失。諸賢聖眞知諸法空，此空爲得。示其空有，令識得失，令其捨有學空，改凡成聖也。二皆失者，二皆是於，故二皆失。於凡有，有既失。於聖空，空亦失。何者，諸法未曾空有，於凡謂有，於聖謂空。如一色未曾空有，有見之人謂色有，空觀之人謂色空。一色於空有兩緣成空有故，此空有竝是失也。兩皆得者，只知於二，即知不二。此下五句皆淨，於緣二，豈是二。

問：於二非是二，可是非二不二耶。解云：於二非是二，明非是二，非謂是非二。既非二非不二，五句皆淨。斯則上拂霄漢，下漏淵泉也。從來只云二於諦皆失，不知有此三句。然此三句，有兩種諦。前二句即於諦，後一句即教諦。前二句即於境，後一句即教境。於境即不轉境，教境即轉境。言前兩句是於諦不轉境者，諸法於凡是實有，有佛無佛，常有此境。有境既常有，空境亦常有。諸賢聖常知諸法空，亦常有此空境。今時亦有天然之境，亦有天然之智。常有此境，常有此智。此之境智，竝是於緣境智，非是轉悟境智也。言轉悟境者，只說於緣有，即知於有不有，說於緣空，即知於空不空。識於有無不有無。識教悟理，悟理即生權實二智。生二智時，空有之教即轉名境，故是轉悟境也。

問：猶有一疑妨。何者，前明二於諦一得一失，失是所化，得是能化。今那得云說於空令悟不空。若說於空令悟不空者，此乃所化，何謂能化耶。解云：前明二於諦，空是能化者，引凡令學聖。凡夫顛倒謂有，諸賢聖眞知諸法空，明能化空，令其捨有。若玄變之徒，既知有不有，即知空不空，不須爲說空令悟不空。但鈍根之人，捨其所見有，學能化空。既學得能化空，作於空解。爲此人故，說導於汝是空，諸法實非空也。此約漸悟爲論。前令悟有不有，次令悟空不空也。

## 苦

**鳩摩羅什譯《大智度論》卷一九**　二種苦，內苦，外苦。內苦有二種，身苦，心苦。身苦者，身痛、頭痛等四百四種病，是爲身苦。心苦者，憂、愁、瞋、怖、嫉妬、疑，如是等是爲心苦。二苦和合，是爲內苦。外苦有二種：一者，王者、勝己、惡賊、師子、虎狼、蚖蛇等逼害。二者，風雨、寒熱、雷電、礔礰等。是二苦，名爲外受。

**佛陀耶舍共竺佛念譯《佛說長阿含經》卷八**　有三法，謂三苦，行苦、苦苦、變易苦。

**灌頂《大般涅槃經疏》卷一四**　苦苦者，心緣苦境，苦境偪心，心境合舉，故是苦苦。樂不長有，暫時而住。樂緣既謝，即是壞苦。無常所侵，即是行苦。

**玄奘譯《佛地經論》卷五**　逼惱身心名苦，適悅身心名樂。

**求那跋陀羅譯《雜阿含經》卷一八**　云何爲苦。舍利弗言：苦者，謂生苦、老苦、病苦、死苦、恩愛別離苦、怨憎會苦、所求不得苦。略說五受陰苦，是名爲苦。

**日稱等譯《福蓋正行所集經》卷四**　云何爲苦。磣辣荼毒，與樂相違。同五識身，相應領納，是名爲苦。

**求那跋摩譯《菩薩善戒經》卷五**　饒財巨富，如轉輪王，尚有三苦。況復餘人。三苦者，謂復變苦、生死苦、苦苦。作是觀時，若使眾生有此三苦，我不應瞋。我若瞋者，云何當能救彼眾生是三苦耶。我若瞋者，則爲增長眾生三苦。作是觀時，樂想滅，苦想生。以能修集苦想因緣故，修八正道得阿耨多羅三藐三菩提。

**圓覺解、楊嘉祚刪合《華嚴原人論合解》卷下**　言眾苦者，即三苦、四苦、五苦、八苦等。言三苦者，謂苦受苦苦、樂受壞苦、捨受行苦。言四苦者，謂生、老、病、死。五苦者，前四苦上，加五陰盛苦。言八苦者，前五之上，加愛別離，怨憎會，求不得。三爲八苦也。

**無相《法華大意》卷上**　三苦者，一死苦，二刀杖苦，三不如意苦。不如意苦者，以不悟色聲香味等，具爲夢幻。種種取著，取之不得，故名爲苦。刀杖苦者，以貪色聲香味等，貪之不遂，遂生嗔怒，加以刀杖。作既有自，報亦必然。受他刀杖凌逼百種，故名爲苦。死苦者，以有父母所生之形，必然有死。死則與世永別，不能後活此身，故名爲苦。如是三苦三著，俱是不悟本具清淨法身，著於諸境，苦受百端。故諸佛大聖人種種方便，教化令離著脫苦也。

**德玉順硃《佛說梵網經順硃》卷上**　苦諦中有三種苦相，一行苦相，二苦苦相，三壞苦相也。一行苦者，四相遷流，無常不定，不得自在，爲行苦相。二苦苦者，身爲苦本，因身得刀杖苦，而意地生煩惱苦，苦上加苦，爲苦苦相。三壞苦者，風刀解體，耳聾眼瞶，四肢不隨，爲壞苦相。是則名爲三苦相也。

# 愛

**曇無讖譯《大般涅槃經》卷一三**　愛有二種，一愛己身，二愛所須。復有二種。未得五欲，繫心專求。既求得已，堪忍專著。復有三種，欲愛、色愛、無色愛。復有三種，業因緣愛、煩惱因緣愛、苦因緣愛。出家之人有四種愛，何等爲四，衣服、飲食、臥具、湯藥。復有五種，貪著五陰，隨諸所須，一切愛著，分別挍計，無量無邊。善男子！愛有二種，一者善愛，二不善愛。不善愛者，惟愚求之。善法愛者，諸菩薩求。善法愛者，復有二種，不善與善。求二乘者，名爲不善。求大乘者，是名爲善。善男子！凡夫愛者，名之爲集，不名爲諦。菩薩愛者，名之實諦，不名爲集。何以故。爲度衆生所以受生，不以愛故而受生也。

**慧遠《大乘義章》卷四**　所言愛者，染境名愛。現在世中煩惱非一，以何義故，偏名爲愛。未來生死，由愛牽起，愛力功強，故偏說之。雖但說愛，餘結皆隨。亦如世間王來王去，餘衆皆隨。於中分別，略有二種，一愛己身，二愛所須。廣分有五。一，於順情未得法中起欲得愛。二，於順情已得法中起不失愛。三，於違情未得法中起不得愛。四，於違情已得法中起求捨愛。五，於非違非順法中起處中愛。非極違情，不生厭故。所言取者，前愛增上。

**慧遠《大乘義章》卷五**　言愛結者，於順境界，貪染名愛。

**般剌蜜帝譯《大佛頂如來密因修證了義諸菩薩万行首楞嚴經》卷四**　異見成憎，同想成愛。

**佛陀多羅譯《大方廣圓覺修多羅了義經》**　一切衆生從無始際，由有種種恩愛、貪欲，故有輪迴。若諸世界一切種性，卵生、胎生、濕生、化生，皆因婬欲而正性命，當知輪迴愛爲根本。由有諸欲，助發愛性，是故能令生死相續。欲因愛生，命因欲有，衆生愛命還依欲本。愛欲爲因，愛命爲果。由於欲境起諸違順，境背愛心而生憎、嫉，造種種業，是故復生地獄、餓鬼。知欲可厭，愛厭業道，捨惡樂善，復現人天。又知諸愛可厭惡故，棄愛樂捨，還滋愛本，便現有爲增上善果，皆輪迴故，不成聖道。是故衆生欲脫生死，免諸輪迴，先斷貪欲及除愛渴。

善男子！菩薩變化示現世間非愛爲本，但以慈悲，令彼捨愛，假諸貪欲而入生死。若諸末世一切衆生能捨諸欲，及除憎愛永斷輪迴，勤求如來圓覺境界，於清淨心便得開悟。

**宗密撰《圓覺經大疏釋義鈔》卷三**　一切衆生，從無始際，由有種種恩愛貪欲，故有輪迴。乃至當知輪迴，愛爲根本。（正當第二相續相義，兼第一智相。智相是分別愛與不愛。愛與不愛皆愛爲本。其相續相，但依前愛不愛境。生苦樂覺，心起念不斷故，亦同住中。但依金剛藏章於輪迴之見，故有此章種種恩愛矣。）又云：欲因愛生，命因欲有。衆生愛命，還依欲本。愛欲爲因，愛命爲果。由於欲境，起諸違順。境背愛心而生憎嫉。（上皆三執取相四計名字相也。但依總相，同此分齊。不有一一配對其文。言境背愛心而生憎嫉。但釋違境，皆對愛心。）造種種業，（五起業相）是故復生地獄餓鬼。（六業繫苦相。次說人天因果。上二界同果，皆例此配之。當第五第六麤相。）釋曰：然此注配雖在標文之下，講者即須先說六塵之相說，然後依引經配之，義則易見。或一一相便配釋亦得，一任隨便矣。

**玄奘譯《阿毗達磨俱舍論》卷九**：

在婬愛前受，貪資具婬愛。
爲得諸境界，遍馳求名取。
有謂正能造，牽當有果業。
結當有名生，至當受老死。

**子璿《首楞嚴義疏注經》卷四**　見明色發，明見想成。異見成憎，同想成愛。見謂妄見，明即所明。因見有明，明能發色。因明起見，見能生想。境與想異，異即違也，乃成於憎。色同於心，同則順也，遂生於愛。異則但想無愛，同則想愛俱行，由是受胎，須資想愛。

**周琪《大方廣圓覺脩多羅了義經夾頌集解講義》**　一切輪迴，皆是愛起。

西蜀復菴暉禪師曰：二約受生，即欲界六天，及六趣雜居之中。正者，受也。古云：愛不重，不生娑婆。念不一，不生淨土。娑婆者，皆因愛欲之心重也。止如忉利天，以交抱爲行欲。兜率天，以執手爲行欲。化樂天，以戲笑爲行欲。他化自在天，以相視爲行欲。以至鴉以觜傳氣，鵲以枝傳繞，此皆因婬欲受身命也。凡世間之人，臨命終時，若一生作十善法之人，先從下冷上至齊，自腰以上，煖氣後盡者，即生人道。若至頭面熱後盡者，此人即生天道也。若一生造十惡者，與此相返。從上至腰熱後盡者，墮於鬼趣中。從腰至膝熱氣後盡者，墮於畜生中。從膝已下乃至脚熱氣後盡者，墮地獄中。

**智聰《大方廣圓覺修多羅了義經心鏡》卷三**　若諸世界一切種性（至）當知輪迴愛爲根本。

受生別者，且言六道輪迴，最初一念，於大覺性熏起迷妄，無明宿業，順六道性，處處受生。因風火二大，馳我神識，酬其宿債，作福相似，來生我家。皆由起自貪欲貪屬愛，愛欲爲因，愛命爲果，遂攬父母遺棄，成五蘊色身。故有胎、卵、濕、化，四生之始。殼中生曰卵，胞胎生曰胎，潤濕而生曰濕，無而倏有曰化。天道地獄，純是化生。脩羅具四生，人亦具四生。

**通理《圓覺經析義疏》卷三**　異見成憎，（男見父則成憎，女見母則成憎。）同想成愛。（男見母則成愛，女見父則成愛）流愛爲種，（流愛染於父母，則爲愛生之種。）納想爲胎，（納妄想於精血，則爲養形之胎。）是即爲和合滋也。其和合氣，和合煖，和合觸等，例此可知。如是則一切衆生，凡有性體，有形命者，莫不以婬愛之因爲正成，故曰皆因婬欲而正性命。當知者，既已詳示，驚覺令知也。四生皆在輪迴，莫不以婬欲而爲正成，故曰愛爲根本。

# 取

**曇無讖譯《大般涅槃經》卷一七**　何故取著名爲凡夫，一切凡夫取著於色乃至著識，以著色故，則生貪心。生貪心故，爲色繫縛，乃至爲識之所繫縛。以繫縛故，則不得免生老病死憂悲大苦一切煩惱，是故取著名爲凡夫。

**吉藏撰《勝鬘寶窟》卷中**　取者，是其愛之別稱，愛心取著，故名爲取，助業牽生。因之爲緣，理實諸結，皆名爲緣。愛力增強，故偏說也。古疏多云，取支之取，起有漏業。如十二緣中，取緣有也。馥師註且爾。斯則通說，諸使助業取果，非止四取也。《中論》云，若取者不取，則解脫無有。又言，取者謂四取，欲取，戒取，見取，我語取。欲界一切煩惱，除戒見，名欲取。上二界一切煩惱，除戒見，名我語取。三界見，名見取。三界戒，名戒取。執受境界，名之爲取。熾然發業亦名。又《佛性論》云，取有二。一受資糧。受取者，如因受生愛。受資糧者，貪此受故，取四種資糧。四種資糧者，即四取也。一欲取者，貪欲界六塵。二見取者，於欲界中，唯除戒取。所餘四見，名之爲見。貪著此見，名爲見取。三戒取者，於三界取世間邪正二道，爲離苦得樂，是名爲戒。貪著此戒，故名爲戒取。四我語取者，緣內身故。一切內法，名爲我語。貪著內法，名我語取。言緣內法者，色無色界定，緣內法成，故名我語。貪著此定，名之爲取。此四，前二屬斷見，但執現在，謂無未來。後二屬常見，執有未來故。又前二是在家人起，後二出家人起。又前出家在家鬭諍因，後二是在家出家人修行因。又前二欲取爲所成，見取爲能成。後二我語爲能成，戒取爲所成。緣謂緣助，業爲正主，牽生苦樂二受，故名有漏業因。

**澄觀述《大方廣佛華嚴經隨疏演義鈔》卷四三**　取即是著。《唯識》第八釋三熏習中云，惑苦名取，能取所取故。取是著義，業不得名取著。《智論》取增名著。七十四云，初染曰取，生愛名著。

**玄奘譯《阿毗達磨大毗婆沙論》卷四八**　以三事故，說名爲取。一執持故，二收採故，三選擇故。又以二事，故名爲取。一能熾然業，二行相猛利。能熾然業者，取令五趣有情業火恆熾然故。行相猛利者，諸取行相極勇捷故。問：取是何義。答：薪義是取義。如緣薪故，火得熾然。有情亦爾。煩惱爲緣，業得熾盛。復次，纏裹義是取義。如蠶作繭，自纏自裹，乃至於中而自取死。有情亦爾，起諸煩惱，自纏自裹而於其中傷失慧命，展轉乃至墮諸惡趣。復次，傷害義是取義。如利毒刺數刺其身，身便損壞。有情亦爾，煩惱毒刺數刺法身，法身便壞。

**玄奘譯《阿毗達磨大毗婆沙論》卷七五**　問：何故名取蘊。取蘊是何義。答：此從取生，復能生取，故名取蘊。復次，此從取轉，復能轉取，故名取蘊。復次，此由取引，復能引取，故名取蘊。復次，此由取長養，復能長養取，故名取蘊。復次，此由取增廣，復能增廣取，故名取蘊。復次，此由取流派，復能流派取，故名取蘊。復次，此蘊屬取，故名取蘊。如臣屬王，故名王臣。諸有漏行，都無有我。設有問言：汝屬於誰。應正答言：我屬於取。復次，諸取於此，應生時生，應住時住，應執時執，故名取蘊。復次，諸取於此，增長廣大，故名取蘊。復次，諸取於此，長養攝受，故名取蘊。復次，諸取於此，染著難捨，猶如塵垢，染著衣服，故名取蘊。復次，諸取於此，深生樂著，如魚鱉等，樂著河池，故名取蘊。復次，此是諸取巢穴舍宅，故名取蘊。謂依此故，貪瞋癡慢見疑纏垢，皆得生長。應知此中依同分取，立取蘊名。謂依欲界取，名欲界取蘊。依色界取，名色界取蘊。依無色界取，名無色界取蘊。如依三界同分取，立取蘊名，依九地取，應知亦爾。此於界地無雜亂故。若於相續，容有雜亂。謂依自取他蘊名取蘊，亦依他取自蘊名取蘊。若於相續無雜亂者，一切外物，應非取蘊。以外物中，無諸取故。然諸外物，依有情取，立取蘊名，互生長故。

**玄奘譯《大乘阿毗達磨雜集論》卷七** 取有四種，謂欲取，見取，戒禁取，我語取。執取諍根，執取後有，是取義。所以者何。由貪著欲，繫縛躭染爲因，諸在家者，更相鬥諍，此諍根本，是第一取。由貪著見，繫縛躭染爲因，諸出家者，更相鬥諍，此諍根本，是後三取。六十二見趣，是見取。各別禁戒，多分苦行，是戒禁取。彼所依止薩迦耶見，是我語取。由見取，戒禁取，諸外道輩，更相諍論。以於是處，見不一故。由我語取，諸外道輩，互無諍論。於我有性，皆同見故。然由此取，諸外道等，與正法者，互有諍論。由彼不信有無我故。如是執著諍論根本，復能引取後有苦異熟，故名爲取。

**玄奘譯《大乘阿毗達磨雜集論》卷四** 取有二種業。一，爲取後有，令諸有情，發有取識。二，與有作緣。爲取後有發有取識者，爲那落迦趣等差別後有相續不斷，令業習氣，得決定故。與有作緣者，由此勢力，諸行習氣，得轉變故。

# 觸

**佛陀耶舍共竺佛念譯《佛說長阿含經》卷一〇** 知受由觸，緣觸有受。

**玄奘譯《阿毗達磨俱舍論》卷四** 觸謂根境識和合生，能有觸對。

**波頗蜜多羅譯《般若燈論釋》卷八** 如佛所說，有根塵識三種和合，名之爲觸。

**澄觀《大方廣佛華嚴經隨疏演義鈔》卷六五** 觸謂觸對者，即根、境、識三和所生。能有觸對，故名爲觸。《俱舍頌》云，觸六三和生，觸雖是一，據識分六。小乘有難云，五識根境許同時起，可得三和。意根過去識，居現在法或未來，何得三和。彼有二釋。一云意法爲因發識爲果，即三和義。二云意法識三同一觸果，即三和義。上之二釋不約同世，而說三和。若大乘宗，七爲意根，俱得同世。然薩婆多離三和外，別有觸法，是心所法。若經部師，三和即觸。正順今文。然此六觸攝之爲二。前五名爲觸對，意觸名增語觸。觸雖無對，所依眼等是有對故。依主受名。增語是名，名能詮表，增勝於語。眼等五識，唯緣青等，不緣青名。意識能緣青等，亦緣於名，從境立名，名增語觸。

**普光述《俱舍論記》卷四** 觸謂根境，至能有觸對者。根、識、境三和合而生。舉因以辨，能有作用，觸對前境，舉業以明。又解，能令心等觸對前境。雖心心所對境義邊，竝應名觸。觸對強故，偏得觸名。故《入阿毘達摩》云，觸謂根、境、識和合生，令心觸境。

**圓暉《俱舍論頌疏論本》卷一〇** 觸六者，是眼等六識，相應觸也。謂眼識相應觸，乃至意識相應觸。觸體雖一，據識分六。三和生者，釋觸義也。謂根、境、識，三和所生。能有觸對，故名爲觸。論云，且如五觸生，可三和合，許根境識俱時起故。意根過去法，或未來意識，現在如何和合。解云，此文難也。法或未來者，緣未來法也。言或者，不定也。且據緣未來，亦通緣餘世，故言或也。此難意者。謂意法識三，各居一世，豈名和合。論云，此即名和合。謂因果義成，或同一果，故名和合。謂根境識三，同順生觸故。解云，答（前問也）此有兩釋。初釋者，意法爲因，意識爲果。因果義成，即名和合。第二解者，根境識三同。一觸果，同一果故，故名和合。此上兩釋，不約同世名和合也。依薩婆多，離三和外，別有觸體，是心所法。若是經部，三和即觸，更無別體。論有相破，煩而不敘。

從此第二，大明二觸。論云，即前六觸，復合爲二。所以者何。頌曰：

五相應有對，第六俱增語。

釋曰：五相應有對者，眼等五觸，名有對觸。有對之觸，依主釋也。觸雖無對，謂依眼等是有對故。從所依爲名，名有對觸。第六俱增語者，第六意觸，名增語觸。所以然者，增語是名，名能詮表，增勝於語，故名增語。名是意觸所緣長境，故偏就此名，名增語觸。問：何故名是意識長境。答：謂如眼識但能了青，不了青名。意識了青，亦了青名。故青上名稱之爲長。長者，餘長也。增語是境，觸是能緣。緣增語故，名增語觸。增語之觸，依主釋也。故論云，增語觸名，就所緣立。有說意識名爲增語，以此意識語爲增上，方於境轉。五識不然。是故意識獨名增語。觸與增語意識相應，名增語觸。故論云，增語觸名就相應立。

從此第三，明八觸。論云，即前六觸，隨別相應，復成八種。頌曰：

明無明非二，無漏染污餘。
愛恚二相應，樂等順三受。

釋曰：明無明非二者，此有三觸，一明觸，二無明觸，三非明非無明觸。頌言非二者，是第三觸也。無漏染污餘者，釋上三觸也。餘者，謂無漏染污外，餘有漏善無記也。無漏相應觸，名爲明觸。染污相應觸，名無明觸。與有漏善無記相應觸，名非明非無明觸。愛恚二相應者，此有二觸。一愛觸與貪相應也。二恚觸，謂與瞋相應也。謂煩惱中，此二數起故，無明觸外，別立此二也。樂等順三受者，爲約三受攝一切觸，總爲三觸。一與樂受相應，名順樂受觸。二與苦受相應，名順苦受觸。三與捨受相應，名順不苦不樂受觸。問：何故此觸，名爲順受。答：論有三釋。一云，此三能引樂等三受故。解云，此則能引順所引也。二云，或是樂等受所領故。解云，受領於觸，觸名順受。此約所領順能領也。三云，或能爲受行相依故。解云，受之行相，依觸而生，名爲順受。此據所依順能依也。又論云，如何觸爲受所領行相依，（問第二第三釋也。）行相極似觸，依觸而生故（答也）。解云，行相極似觸者，答觸是受所領也。如世子孫媚好似父，名能領父。受似觸相，說領觸也。依觸而生故者，明觸受所依也，如是合成十六種觸也。初明六觸，次明二觸。又說明等三觸，其次愛恚二觸，後說順樂等三觸，故成十六。

**玄奘譯《阿毗達磨法蘊足論》卷一〇**　云何觸處。謂觸爲身，已正當覺，及彼同分，是名觸處。又觸爲身增上發身識，已正當了別及彼同分，是名觸處。又觸於身，已正當礙及彼同分，是名觸處。又觸爲身，已正當行及彼同分，是名觸處。如是過去未來現在，諸所有觸，名爲觸處。亦名所知，乃至所等證。此復云何。謂四大種，及四大種所造滑性、澁性、輕性、重性、冷煖、飢渴，及餘所有身根所覺，身識所了。所有名號，異語增語，想等想，施設言說，謂名觸，名觸界，名觸處，名彼岸。如是觸處，是外所攝。

**玄奘譯《阿毗達磨大毗婆沙論》卷一三**　觸處有十一種，謂四大種、滑性、澁性、輕性、重性、冷性、飢性、渴性。問：爲緣一觸生於身識，爲緣多觸生身識耶。有說，但緣一觸生於身識。謂或緣堅性，乃至或緣渴性。有說，乃至有緣五觸生一身識。謂滑性及四大種，乃至渴性及四大種。有說，乃至有緣十一種觸生一身識。如乃至有緣二十種色生一眼識。問云：何身識緣共相境，以五識身緣自相故。答：自相有二種，一事自相，二處自相。若依事自相說者，五識身亦緣共相。若依處自相說，則五識唯緣自相，故不相違。問：於嗅嘗覺香味觸時，爲嗅嘗覺執受香等，爲嗅嘗覺非執受香等耶。若嗅嘗覺執受香等者，云何名受用施主所施。又應一切時有嗅嘗覺，若嗅嘗覺非執受香等者，外香味觸於內香味觸，都無有因，云何受用。有說，嗅嘗覺執受香味觸。問云：何名受用施主所施，又應一切時有嗅嘗覺。答：外香味觸於內香味觸，是覺發因故無有失。有說，嗅嘗覺非執受香味觸。問：外香味觸於內香味觸，都無有因，云何受用。答：如聲故無失。有說，於執受非執受香味觸，俱嗅嘗覺，然不一時。問：內香味觸既無增減，云何嗅嘗覺耶。答：由外緣故，亦有增減。

**玄奘譯入阿毗達磨論》卷上**　觸一分有七種，謂滑性、澁性、重性、輕性、及冷、飢、渴。柔軟名滑，是意觸義。麤強名澁。可稱名重，翻此名輕。由此所逼，煖欲因名冷。食欲因名飢。飲欲因名渴。此皆於因立果名，故作如是說。如說諸佛出現樂等。大種聚中，水火增故有滑性，地風增故有澁性，地水增故有重性，火風增故有輕性，水風增故有冷。風增故有飢，火增故有渴。

**玄奘譯《五事毘婆沙論》卷下** 所觸一分，乃至廣說。滑性者，謂柔軟。澁性者，謂麁強。輕性者，謂不可稱。重性者，謂可稱。冷者，謂彼所逼便起暖欲。飢者，謂食欲。渴者，謂飲欲。如是七種，是觸處攝。以所造色而爲自性，前四大種雖觸處攝，非所造色而爲自性。是故觸處有十一種，今七所造故名一分，身所觸者謂身根境，餘如前釋。

**玄奘譯《阿毗達磨俱舍論》卷一** 觸有十一，謂四大種，滑性、澁性、重性、輕性、及冷、飢、渴。此中大種後當廣說。柔軟名滑。麁強爲澁。可稱名重，翻此爲輕。煖欲名冷。食欲名飢。飲欲名渴。此三於因立果名故，作如是說。

**玄奘譯《阿毗達磨順正理論》卷一** 觸謂所觸十一爲性，即十一實以爲體義。謂四大種，及七造觸，滑性、澁性、重性、輕性、及冷、飢、渴。若爾身根應成所觸，此既能觸彼，彼定觸此故。有說，身根唯能觸，非所觸，譬如眼根唯能見，非所見。復有說者，無有少法能觸少法。所依所緣無間生時，立觸名想。若依此識能得彼境，此於彼境假說能觸。境非識依，故非能觸。即由此因，唯說地等名爲所觸。依彼色等，定非所觸。此中意顯依身根識，不緣彼境而生起故。若彼色等非所觸者，如何華等由身觸時色等變壞。由彼所依被損壞故，現見所依有損益，故能依損益，非此相違。如地方所甘澤潤沃，稼穡叢林鮮榮滋茂。烈日所迫，與此相違。故知所依大種被損，能依色等變壞非餘。如是義言，後當廣辯。此中大種，至次當說。今應略釋滑澁等相。滑即是性，故言滑性。如別即性，故言別性。訓釋詞者，可相逼觸，故名爲滑。即是軟煖堪執持義，此有澁用，故名有澁。如有毛者，說爲有毛。澁即是性，故言澁性。是力麁燥堅硬異名，能爲鎮壓，故名爲重。是能成辦，摧伏他義。重即是性，故言重性。《毗婆沙》說，令稱權昇，故名爲重。易可移轉，故名爲輕。現見世間，物形雖大，而有輕故，易令遷動。輕即是性，故言輕性。《毗婆沙》說，不令稱首墜，故名輕。由彼所逼希煖欲生，故名爲冷。又令凝結及易了知，故名爲冷。是彼損益疾可知義。食欲名飢，飲欲名渴，豈不欲是心所法故違觸相耶。以於因中立果名故，無相違失。如言河樂，階隥亦樂。食爲人命，草爲畜命。餘所未說。悶力劣等，攝在此中，故不別說。悶不離滑，力即澁重，劣在軟煖，輕性中攝。如是其餘所觸種類，隨其所應。隨一一增。此有無過。或復悶者，是滑差別。不唯滑性，應知此因，亦有差別。是故滑性，或因水風界增故起，或因水火界增故生，所以二言無相違失。風界增故生飢，火界增故生渴。餘隨所應，皆當配釋。如是所造，離大種外。十二中攝。何緣滑等展轉差別，所依大種增微別故。水火界增，故生滑性。地風界增，故生澁性。地水界增，故生重性。火風界增，故生輕性。故死身内重性偏增。水風界增，故生於冷。由是亦說此所生悶。若爾，云何言不離滑，別有體性，後當廣辯。

**玄奘詔譯《阿毗達磨藏顯宗論》卷二** 觸謂所觸十一爲性。即十一實以爲體義，謂四大種，及七造觸，滑性、澁性、重性、輕性，及冷、饑、渴，有差別故。此中能觸所觸者誰，應知都無能觸所觸。相觸則失，剎那性故。但於身識所依所緣無間生時，立觸名想。依此根識得彼境時，假說此根能觸彼境。觸非身識所依止故，不說彼觸能觸身根，觸與身根極相隣近，故說所觸能觸非餘。色等雖非所觸法性，所依壞故而亦有損。已說境相，唯餘無表，此今當辯。

**玄奘譯《瑜伽師地論》卷一** 彼所緣者，謂觸，無見有對。此復多種，謂地、水、火、風、輕性、重性、滑性、澁性、冷、飢、渴、飽、力、劣、緩、急、病、老、死、蛘、悶、粘、疲、息、軟、怯、勇。如是等類，有衆多觸。此復三種，謂好觸惡觸，捨處所觸、身所觸。又觸者，謂所摩所觸。若鞕、若軟、若動、若煖，如是等差別之名，是身所行，身境界。身識所行，身識境界，身識所緣。意識所行，意識境界，意識所緣。

# 受

**求那跋陁羅譯《雜阿含經》卷二** 有六受身，眼觸生受，耳、鼻、舌、身、意觸生受，是名受，如是受如實知。云何受集如實知。觸集是受集，是受集如實知。云何受味如實知。緣六受生喜樂，是名受味，如是受味如實知。云何受患如實知。若受無常、苦、變易法，是名受患，如是受患如實知。云何受離如實知。於受調伏欲貪、斷欲貪、越欲貪，是名受離，如是受離如實知。

**求那跋陀羅譯《雜阿含經》卷一七** 佛告優陁夷：我有時說一受，或時說二受，或說三、四、五、六、十八、三十六，乃至百八受，或時說無量受。云何我說一受。如說所有受，皆悉是苦，是名我說一受。云何說二受。說身受、心受，是名二受。云何三受。樂受、苦受、不苦不樂受。云何四受。謂欲界繫受、色界繫受、無色界繫受，及不繫受。云何說五受。謂樂根、喜根、苦根、憂根、捨根，是名說五受。云何說六受。謂眼觸生受。耳、鼻、舌、身、意觸生受。云何說十八受。謂隨六喜行、隨六憂行、隨六捨行受，是名說十八受。云何三十六受，依六貪著喜、依六離貪著喜、依六貪著憂、依六離貪著憂、依六貪著捨、依六離貪著捨，是名說三十六受。云何說百八受。謂三十六受，過去三十六、未來三十六、現在三十六，是名說百八受。云何說無量受。如說此受彼受等，比如是無量名說，是名說無量受。

**慧遠《大乘義章》卷四** 所言受者，領納名受。於中分別廣略不定。或總爲一，或分爲二。一是身受，二是心受。五識相應，名爲身受。意識相應，名爲心受。或說爲三，所謂苦、樂、不苦不樂。或說五受，所謂苦、樂、憂、喜及捨。或說六受，謂六根中所生受也。或說十八，謂六根中，各分苦、樂、不苦不樂三種受故。或復宣說三十六受，前十八中染淨分故。或說百八，如龍樹說。前三十六三世分之，故有百八。

**玄奘譯《阿毗達磨順正理論》卷二** 論曰：隨觸而生領納可愛、及不可愛，俱相違觸，名爲受蘊。領納即是能受用義。此復三種。謂樂及苦、不苦不樂。能益身心，故名爲樂。能損身心，故名爲苦。有所領納而非苦樂，名不苦不樂。

**玄奘譯《顯揚聖教論》卷一** 受者，謂領納爲體，愛緣爲業。如經說有六受身，又說受爲愛緣。

**施護譯《佛說大生義經》** 阿難！受法有其三種，謂樂受、苦受、非苦樂受。言樂受者，所謂受者及所受法，於此二種，若能了達是滅壞法，即無樂受，是故無所受法。何以故。當知樂受是無常法，樂受滅已即離我相，我相既無，何爲受者。復次，苦受，所謂受者及所受法，於此二種，若能了達是滅壞法，即無苦受，是故無所受法。何以故。當知苦受是無常法，苦受滅已即離我相，我相既無，何爲受者。

復次，非苦樂受亦復如是。所謂受者、受法有其二種，若能了達此二是滅壞法，即於苦於樂及非苦樂，三法平等，即無所受。何以故。此三受法皆是無常竟無有實，此受滅已即離我相，我相既無，何有受者。

**施護譯《佛說大集法門經》卷下** 復次六受，是佛所說，謂眼觸爲緣所生諸受、耳觸爲緣所生諸受、鼻觸爲緣所生諸受、舌觸爲緣所生諸受、身觸爲緣所生諸受、意觸爲緣所生諸受。

## 業

**鳩摩羅什譯《十住毗婆沙論》卷一四** 七業亦業道，三業道非業。煞生、劫盜、邪婬、妄語、兩舌、惡口、散亂語七，是業即業道。貪取、瞋惱、邪見，是業道非業。此三事相應思是業。問曰：前七事何故亦是業亦是業道。答曰：習行是七事轉增故，至地獄、畜生、餓鬼，以是故名爲業道。是七能作，故名業。三是業道非業者，是不善業根本，以是故名三業道非業。善中亦如是。所謂離煞生、劫盜、邪婬、妄語、兩舌、惡口、散亂語亦業亦業道。餘三，不貪取、不瞋惱、正見是業道非業。此三相應思是業。問曰：前七事何故是業亦業道。答曰：常修習此事故，能至人天好處名爲道。是七能作故名爲業。問曰：餘三何故但業道非業耶。答曰：三是諸善業根本，諸善業從中行故，名爲業道非業。

**那連提耶舍譯《大寶積經》卷七三** 所謂身三、口四、意三種業，造彼業已，即便謝滅。是業滅已，不依東方而住，亦復不依南西北方四維上下而住。如是之業，乃至命根欲盡臨死之時，最後識滅。

**慧遠《大乘義章》卷二〇** 造作名業，能作果故。爲簡外道所說無因、顛倒因等業故，說爲自明。善是其樂家自業，不善是其苦家自業。

**玄奘譯《瑜伽師地論》卷八**　業因云何。應知有十二種相。一貪，二瞋，三癡，四自，五他，六隨他轉，七所愛味，八怖畏，九爲損害，十戲樂，十一法想，十二邪見。

業位云何。應知略說有五種相。謂輭位、中位、上位、生位、習氣位。由輭不善業故，生傍生中。由中不善業故，生餓鬼中。由上不善業故，生那落迦中。由輭善業故，生人中。由中善業故，生欲界天中。由上善業故，生色無色界。何等名爲輭位不善業耶。謂以輭品貪瞋癡爲因緣故。何等名爲中位不善業耶。謂以中品貪瞋癡爲因緣故。何等名爲上位不善業耶。謂以上品貪瞋癡爲因緣故。若諸善業，隨其所應，以無貪無瞋無癡爲因緣，應知。何等生位業。謂已生、未滅、現在前業。何等習氣位業。謂已生、已滅、不現前業。

**玄奘譯《瑜伽師地論》卷一八**　云何業縛。謂樂諸業故，由業重故。於業果報，不自在故。樂諸業者，謂如有一，串習惡故，愛樂諸惡。由此因緣，於諸善法，心不能入，是初業縛。由業重者，謂如有一，於無間業，或有具造，或不具造。由此因緣，雖有欣樂，於佛所證善說正法毗奈耶中，暫時出家，尚不能得，況當能獲沙門果證。如是名爲第二業縛。於業果報不自在者，謂如有一，由身語意惡行因緣，生諸惡趣。生彼處已，不得自在，不能自任長夜受苦。或生邊地，於彼絕無四賢善眾。所謂苾芻，廣說乃至鄔波斯迦。如是名爲第三業縛。

**玄奘譯《瑜伽師地論》卷五五**　問：何等名業縛。答：樂著事業，名爲業縛。又於三處爲障礙業，亦名業縛。謂於出離心，於得出離喜樂，於得聖道。又順異熟障業，亦名業縛。又邪願業，亦名業縛。如是四種，別開有六，總合爲四。

**玄奘譯《阿毗達磨俱舍論》卷一七**　言無間障，謂五無間業。其五者何。一者害母，二者害父，三者害阿羅漢，四者破和合僧，五者惡心出佛身血。如是五種，名爲業障。

**玄奘譯《阿毗達磨大毗婆沙論》卷一一五**　云何業障。謂五無間業。何等爲五。一害母，二害父，三害阿羅漢，四破僧，五惡心出佛身血。

問：如前所說，能礙聖道及聖道加行善根，故名爲障。除五無間業，復有其餘妙行惡行，所謂決定第八有業，及上瞋恚纏害捃多蟻等。由此爲障，不能於現法中趣入聖道。何故不說爲業障耶。答：亦應說此以爲業障。而不說者，當知此義有餘。此中三障，皆有餘說。復有說者，五無間業，定能爲障，是故偏說。餘妙行惡行，或能爲障，或不爲障，是故不說。復有說者，五無間業，具五因緣，易見易知，是故偏說。何等爲五。一自性故，二趣故，三生故，四果故，五補特伽羅故。自性故者，謂此五種性是決定極重惡業。趣故者，此五決定於地獄受，不於餘趣。生故者，此五決定順次生受，非順現法受，非順後次受，非順不定受。果故者，謂此五種定感世間極不愛果。補特伽羅故者，謂能造此五補特伽羅，易見易知。謂此能害母，此能害父，乃至此能出佛身血。除此五種，所餘一切妙行惡行，皆無如是五種因緣，易見易知，是故不說。

問：諸無間加行能滿彼果業，此於彼果，爲定不定。若言定者，此中何故不說。又尊者指鬘室利毱多，云何能轉。若不定者，害生命納息所說云何通。如說頗有未害生殺生未滅，此業異熟定生地獄耶。答：有。如作無間業加行時命終。或有說者，此業於彼果定。

問：害生命納息，則爲善通，而此中何故不說。若此中應說五無間業及彼加行，而不說者，有何意耶。答：此已說在五無間中。五無間業用，此爲加行故。若說果，當知已說加行。

問：尊者指鬘，云何能轉。答：彼猶未作無間加行，是故彼說：我今且未殺母，且當飯食。

問：豈非欲害一切智耶。答：爾時彼於非一切智，起害加行，非於一切智。由是因緣，世尊化作凡流苾芻，入踏婆林。勿彼尊者，於一切智，起殺加行，不可救療。若諸有情，於一切智，起殺加行。如殑伽沙數如來應正等覺，亦不能救令脫地獄。故知彼於非一切智起殺加行，非於一切智。

問：室利毱多，云何能轉。答：彼亦不作無間加行。是故彼雖密設火穽及雜毒風，而心念言：如來若是一切智者，自當避之。若非一切智者，便當殄滅，勿令幻惑，食噉世間。故彼非於一切智所，起殺加行。是以可轉。復有說者，此業於彼果不定。

問：此中不說，則爲善通。尊者指鬘室利毱多，業亦可轉。害生命納息，當云何通。答：諸無間加行，能滿彼果業，此於彼果，有定，有不定。害生命納息，說彼定者。尊者指鬘室利毱多，所可轉易，是不定者。如是二說，俱爲善通。

**玄奘譯《成唯識論》卷一**　起身語思，有所造作，說名爲業。是審決思所遊履故，通生苦樂異熟果故，亦名爲道。故前七業道，亦思爲自性。或身語表，由思發故，假說爲業，思所履故，說名業道。

**玄奘譯《大乘成業論》卷一**　何得名業道。思有造作，故名爲業。復與善趣惡趣爲道，通生彼故，得業道名。或所動身，是思業道。三種思業，依彼轉故。

**玄奘譯《阿毗達磨俱舍論》卷一七**　依何義名業道。

頌曰：此中三唯道，七業亦道故。

論曰：十業道中，後三唯道。業之道故，立業道名。彼相應思，說名爲業。彼轉故轉，彼行故行。如彼勢力而造作故。前七是業，身語業故，亦業之道。思所遊故，由能等起身語業思，託身語業爲境轉故，業業之道，立業道名。故於此中言業道者，具顯業道。業業道義，雖不同類，而一爲餘。於世典中，俱極成故。離煞等七，無貪等三，立業道名。類此應釋。此加行後起，何緣非業道。爲此依此，彼方轉故。又前說此，攝粗品故。又若由此有減有增，令內外物有增有減，立爲業道。異此不然。譬喻論師，執貪瞋等，即是意業。依何義釋，彼名業道。應問彼師。然亦可言，彼是意業，惡趣道故，立業道名。或互相乘，皆名業道。

**玄奘譯《瑜伽師地論》卷九**　業顛倒云何。此有三種，應知。一，作用顛倒。二，執受顛倒。三，喜樂顛倒。作用顛倒者，謂如有一，於餘衆生，思欲殺害，誤害餘者。當知此中，雖有殺生，無殺生罪。然有殺生種類，殺生相似，同分罪生。若不誤殺其餘衆生，然於非情加刀杖已，謂我殺生，當知此中無有殺生，無殺生罪。然有殺生種類，殺生相似，同分罪生。如殺生業道，如是不與取等一切業道，隨其所應，作用顛倒，應知。執受顛倒者，謂如有一，起如是見，立如是論，無施無受，乃至廣說一切邪見。彼作是執，畢竟無有能殺所殺，若不與取，乃至綺語。亦無施與、受齋、修福、受學尸羅。由此因緣，無罪無福。又如有一，起如是見，立如是論，若有衆生、憎梵、憎天、憎婆羅門，若彼憎惡，唯應殺害，殺彼因緣，唯福無罪。又於彼所，起不與取，乃至綺語，唯獲福德，無有非福。喜樂顛倒者，謂如有一，不善業道現前行時，如遊戲法，極爲喜樂。

**玄奘譯《瑜伽師地論》卷九**　業過患云何。當知略說有七過患。謂殺生者，殺生爲因，能爲自害，能爲他害，能爲俱害，生現法罪，生後法罪，生現法後法罪，受彼所生身心憂苦。云何能爲自害。謂爲害生，發起方便，由此因緣，便自被害。若被繫縛，若遭退失，若被訶毀，然彼不能損害於他。云何能爲他害。謂即由此所起方便，能損害他。由此因緣，不自被害，乃至訶毀。云何能爲俱害。謂即由此所起方便，能損害他，由此因緣，復被他害，若被繫縛，乃至訶毀。云何生現法罪。謂如能爲自害。云何生後法罪。謂如能爲他害。云何生現法後法罪。謂如能爲俱害。云何受彼所生身心憂苦。謂爲害生，發起方便，而不能成六種過失，又不能辦隨欲殺事。彼由所欲不會因緣，便受所生身心憂苦。

**玄奘譯《瑜伽師地論》卷九**　業增上云何。謂猛利極重業。當知此業有六種相。一加行故，二串習故，三自性故，四事故，五所治一類故，六所治損害故。加行故者，謂如有一，由極猛利貪瞋癡纏，及極猛利無貪無瞋無癡加行，發起諸業。串習故者，謂如有一，於長夜中，親近修習，若多修習，不善善業。自性故者：謂於綺語，粗惡語爲大重罪。於粗惡語，離間語爲大重罪。於離間語，妄語爲大重罪。於欲邪行，不與取爲大重罪。於不與取，煞生爲大重罪。於貪欲、瞋恚爲大重罪。於瞋恚、邪見爲大重罪。又於施性、戒性無罪爲勝。於戒性、修性無罪爲勝。於聞性、思性無罪爲勝。如是等。事故者，謂如有一，於佛法僧，及隨一種尊重處事，爲損爲益，名重事業。所治一類故者，謂如有一，一向受行諸不善業，乃至壽盡，無一時善。所治損害故者，謂如有一，斷所對治諸不善業，令諸善業，離欲清淨。

**玄奘譯《瑜伽師地論》卷八**　業分別云何。謂由二種相，應知。一，由補特伽羅相差別故。二，由法相差別故。此復二種，即善不善十種業道。所謂殺生，離殺生，不與取，離不與取，欲邪行，離欲邪行，妄語、離妄語，離間語，離離間語，麁惡語，離麁惡語，綺語，離綺語，貪欲、離貪欲，瞋恚，離瞋恚，邪見，離邪見。

**玄奘譯《瑜伽師地論》卷一五**　業比量者：謂以作用比業所依。如見遠物，無有動搖，鳥居其上。由是等事，比知是杌。若有動搖等事，比知是人。廣跡住處，比知是象。曳身行處，比知是蛇。若聞嘶聲，比知是馬。若聞哮吼，比知師子。若聞咆勃，比知牛王。見比於眼，聞比於耳，齅比於鼻，嘗比於舌，觸比於身，識比於意。水中見礙，比知有地。若見是處，草木滋潤，莖葉青翠，比知有水。若見熱灰，比知有火。叢林掉動，比知有風。瞑目執杖，進止問他，蹎蹶失路。如是等類，比知是盲。高聲側聽，比知是聾。正信、聰叡、離欲、未離欲、菩薩、如來、如是等類，以業比度，如前應知。

**玄奘譯《阿毗達磨大毗婆沙論》卷四七**　由煩惱業爲種子故，生死難斷，難破，難滅。有人八歲或十歲時，斷煩惱盡，得阿羅漢。但由業力，仍住生死。或九十歲，有至百年。何故唯說煩惱爲漏，不說業耶。答：應說而不說者，當知此義有餘。復次業不定故。謂或有業，留諸有情，久住生死。或復有業，令諸有情，對治生死。煩惱不爾，故獨名漏。復次，業以煩惱爲根本故，謂定無有不斷煩惱而捨諸業，是故唯說煩惱爲漏。復，次業由煩惱勢力引故，但說煩惱是漏，非業。有煩惱盡而壽住者，亦由煩惱餘勢力故。如以泥團擲壁，雖乾而不墮者，應知此是濕時餘力。復次，煩惱盡故而般涅槃，非由業盡，故業非漏。諸阿羅漢業積如山，後蘊不續，般涅槃故。

**玄奘譯《顯揚聖教論》卷一九**　此業差別，復有十三種。一身業，二語業，三意業，四律儀所攝業，五不律儀所攝業，六俱非所攝業，七福業，八非福業，九不動業，十黑黑異熟業，十一白白異熟業，十二黑白黑白異熟業，十三非黑白無異熟業能盡諸業。

**玄奘譯《阿毗達磨俱舍論》卷一六**　又經中說，業有四種。謂或有業，黑黑異熟。或復有業，白白異熟。或復有業，黑白黑白異熟。或復有業，非黑非白無異熟，能盡諸業。其相云何。

頌曰：依黑黑等殊，所說四種業。惡色欲界善，能盡彼無漏。應知如次第，名黑白俱非。

論曰：佛依業果性類不同，所治能治殊，說黑黑等四。諸不善業，一向名黑，染污性故。異熟亦黑，不可意故。色界善業，一向名白，不雜惡故。異熟亦白，是可意故。何故不言無色界善。傳說，若處有二異熟，謂中生有，具三種業。謂身、語、意，則說非餘。然契經中，有處亦說欲界善業，名爲黑白，惡所雜故。異熟亦黑白，非愛果雜故。此黑白名，依相續立，非據自性。所以者何。以無一業及一異熟，是黑亦白，互相違故。豈不惡業果善業果雜故，是則亦應名爲白黑。不善業果，非必應爲善業果雜。欲善業果，必定應爲惡業果雜。以欲界中，惡勝善故。諸無漏業，能永斷盡前三業者，名爲非黑，不染污故。亦名非白，以不能招白異熟故。此非白言，是密意說。以佛於彼大空經中，告阿難陁，諸無學法，純善純白，一向無罪。本論亦言，云何白法，謂諸善法，無覆無記，無異熟者，不墮界故，與流轉法性相違故。

**玄奘譯《攝大乘論釋》卷七**　業自在等依止義者，謂此法界是身等業自在所依，及陁羅尼三摩地門自在所依。若如是知，得入十地。無性釋七卷十七頁云，第十地中由業自在等依止義者，謂隨所欲，得身語意業用自在。依五神通，隨自作業，皆能成辦。得文義持諸陁羅尼自在力故，能持一切佛所宣說文義無忘。得三摩地自在力故，於諸等至能持能斷。隨其所欲，虛空藏等諸三摩地三摩鉢底而能現前。第十地中所證法界，是如此等自在所依。了知此義，得入十地。

**圓暉《俱舍論頌疏論》卷一三**　言身業者，以思爲體。謂能種種運動身思，依身門行，故名身業。身之業故，故名身業。言語業者，亦思爲體。謂發語思，依語門行，故名語業。語之業故，故名語業。言意業者，謂審慮思，及決定思，爲意業體。故此三業，皆思爲體，隨門異故，立差別名。依意門行，名爲意業。依身門行，名爲身業。依語門行，名爲語業。總有四思，一審慮思，二決定思，三動身思，四發證思。前二意業，第三身業，第四語業。以經部宗身語二表，色性鈍故，唯無記性。不同有宗身語二業，以色爲體，身業形色，語業意聲，俱色攝也。故論云，謂前加行，起思惟思，我當應爲，如是如是。所應作事，名爲思業。既思惟已，起作事思。謂隨所思作所作事，能發身語，名思已業。（解云，經部釋經二業也。欲明二業，皆思爲體。思惟者，謂審慮思，決定思是也）。語表許言聲者，此明語業，謂即言聲爲語表業。此身語意，皆有無表。

**慧沼《大乘法苑林章補闕》卷八**　造作名業，通生遊履二義名道。故《成業論》云，思復云何得名業道，思有造作，故名爲業。復與善趣惡趣爲道，通生彼故，得業道名。

**玄奘譯《阿毗達磨大毗婆沙論》卷一一三** 問：何故名業，業有何義。答：由三義故，說名爲業。一作用故，二持法式故，三分別果故。作用故者，謂即作用，說名爲業。持法式者，謂能任持七眾法式。分別果者，謂能分別愛非愛果。

問：若爾者，彼俱有相應法、亦能分別愛非愛果，悉名業耶。答：此中唯說勝者名業。此三種業，於諸俱有相應法中，最爲勝故。譬如世間，於種種勝處，得種種名。此亦如是。如世間說，樂師作樂。此中非無樂具樂器及樂人等，但於其中樂師最勝，故得其名。又如書者，非無種種紙墨筆等，及勤方便，和合成字。然隨最勝，人得其名。染者鍛者，喻亦如是。今此亦然。雖有種種自性俱有及相應法，一切皆能感異熟果。然於其中，能分別果，業爲最勝，是故偏說。復有說者，由三義故，說名爲業。一有作用故，二有行動故，三有造作故。有作用者，即是語業。如是評論我當如是如是所作。有行動者，即是身業。雖實無動，如往餘方。有造作者，即是意業。造作前二，由此義故，說名爲業。十業道者，謂身三業道，語四業道，意三業道。

**玄奘譯《阿毗達磨大毗婆沙論》卷六九** 二種業者，一順中有受業，二順生有受業。復有二種，一順起受業，二順生受業。復有二種，一順起異熟業，二順生異熟業。復有二種，一順細果業，二順麁果業。無色界中，唯受一種業異熟果，故無中有。一種業者，謂順生有受業，乃至順麁果業。復次，若界地處受加行根本二種業異熟果者，便有中有。無色界中，唯受根本業異熟果，故無中有。復次，若界地處受二種業異熟果者，便有中有。二種業者，一有色業，二無色業。復有二種，一相應業，二不相應業。復有二種，一有所依業，二無所依業。復有二種，一有所緣業，二無所緣業。復有二種，一有行相業，二無行相業。復有二種，一有警覺業，二無警覺業。無色界中，唯受一種業異熟果，故無中有。一種業者，謂無色業乃至有警覺業。復次，若界地處受能趣所趣業異熟果者，便有中有。無色界中，唯受所趣業異熟果，故無中有。如能趣所趣、能續所續，應知亦爾。復次，若界地處受身語意三種業異熟果者，便有中有。無色界中，唯受一種意業異熟果，故無中有。復次，若界地處受善五蘊異熟果者，便有中有。無色界中，唯受善無色四蘊異熟果，故無中有。復次，若界地處受十善業道異熟果者，便有中有。無色界中，唯受後三善業道異熟果，故無中有。復次，若界地處受黑黑，或白白，或黑白黑白業異熟果者，便有中有。無色界中，不受此三業異熟果，故無中有。復次，若界地處有鮮白因及鮮白果者，便有中有。無色界中，雖有鮮白因，而無鮮白果，故無中有。復次，若界地處有去有來，便有中有。無色界中，無去無來，故無中有。

問：若此處死還生此處，如聞有死生自屍中既無去來，何須中有，連續二有，令不斷耶。答：有情死已，或生惡趣，或生人中，或生天上，或般涅槃。生惡趣者，識在腳滅。生人中者，識在臍滅。生天上者，識在頭滅。般涅槃者，識在心滅。諸有死已，生自屍中，爲蟲等者，彼未死時，多愛自面，故彼死已，生自面上。既從彼腳來生自面，若無中有，誰能連續。無此處死，還生此處，捨身受身，必移轉故。設有是事，無色亦無，故無色界定無中有。問：無色界歿生欲色界者，既隨當生處中有現前，彼無往來，何用中有。答：彼先已造感中有業，雖無往來，亦受中有業力所引，必應起故。

**大覺撰《四分律鈔批》卷一一本** 用心爲體，身口是具者，持犯業體，要由心使，身口但是造善惡之具。縱有身口，而非心使，不能成業。案《涅槃經》明三業義，呼身口業，名爲期業。謂由先發，故名意業，從意業生身口業。疏家解云，因果相應，有同契約，故曰期業也。謂心業前發，與身口業爲期。所以身口業後來，應前心業也。論云者，《成實論》也。三種業者，身口意也。身是造善惡具，業不自成，必由意地，能成身口之本也。

**求那跋陀羅譯《雜阿含經》卷七** 六十千六百五業、三業、二業、一業、半業。

## 業力

**義淨譯《根本說一切有部毘奈耶》卷四六** 不思議業力，雖遠必相牽。

果報成熟時，求避終難脫。

**玄奘譯《阿毗達磨大毗婆沙論》卷一五三**　問：何故生色界中，能初起靜慮，無色而非滅定耶。答：靜慮由三緣故初起。一由因力，二由業力，三由法爾力。由因力者，謂於餘生曾近起滅此靜慮故。由業力者，謂彼地順決定受業，已造作增長將與果故。由法爾力者，謂世界壞時下地有情必生上故。

**李師政撰《法門名義集》**　一切眾生三世諸業，造業之處，受報之所，皆如實知，是名業力。

**宗曉編《四明尊者教行錄》卷三**　若眾生業力者，蓋眾生自造其業，而感依正差別之報。故曰，瓦礫七珍，由生所感，非佛所作矣。若定執眾生業力所感，非佛變現，則顯諸佛無度生之功。若定執諸佛變現，非眾生業力，則墮外道無因果之論。以是義故，諸佛變現，由眾生業力，眾生業力，全諸佛變現。二義相須依正成立。

## 表業

**玄奘譯《阿毗達磨順正理論》卷三四**　如何可言思所造業，名由身語所造業耶。是故應知。契經即說身語二表，爲身語業。不應如是取此經義。此經所言，由身由語，此造業者，是由依身及依語思所造業義。無如是義。所以者何，曾不說故，又不遮故。謂若有經曾作是說，依身語思，所造諸業，名身語業，非即身語。又若有經遮身語表，即是身語二業自性。容可於此，無差別言。準彼契經，作差別釋。然曾無處有如是言。又我引經不違正理，故彼非理。頻率己情，釋破諸經，令乖實義。理應名曰壞經部師，非了義經爲定量故。又伽他說：

由內心麁惡，外動身發語。

因此能感苦，翻此便招樂。

此中說思及身語表，能感愛果，非愛果義。餘經又言，諸邪見者，所有身業語業意業，一切皆能感非愛果。感愛果者，與此相違。由此證知，伽他中說，因身語二表，感愛非愛果，即是經中，說身語業能感愛果非愛果。義亦不應。謂依身語思名身語表，由彼自說形爲身表，假非實故。然思不應是形非實。又契經說，起迎合掌恭敬禮拜，是身表業。餘經又言，表即是業，由此證知欲作意等，展轉所起。手等別形，名爲身表，即是身業。故對法宗，立身語業。符教順理，無雜亂過。

**玄奘譯《瑜伽師地論》卷五三**　云何表業，謂略有三種。一染污，二善，三無記。若於身語意十不善業道，不離現行增上力故，所有身語表業，名染污表業。若即於彼誓受遠離，所有身語表業，名善表業。若諸威儀路工巧處，一分所有身語表業，名無記表業。若有不欲表示於他，唯自起心內意思擇，不說語言，但發善染污無記法現行意表業，名意表業。此中唯有身餘處滅於餘處生，或即此處唯變異生，名身表業。唯有語音，名語表業。唯有發起心造作思，名意表業。何以故，由一切行皆剎那故，從其餘方徙至餘方，不應道理。又離唯諸行生餘實作用，由眼耳意皆不可得，是故當知一切表業，皆是假有。

**澄觀《大方廣佛華嚴經隨疏演義鈔》卷七〇**　《瑜伽》五十三云：云何表業，略有三種，一染污，二善，三無記。若於身語意十不善業道，不離現行增上力，有身語表業，名染污表業。所治三也。若即於彼誓受遠離，所有身語表，名善表業。此身語善表也。若諸威儀路工巧處，一分所有身語表，名善表業。此身語無記表業。若有不欲表示於他，唯自起心，內意思擇，不說語言，但發善染污無記法，現行意表業，名意業。釋曰：此顯意業亦具三性，自能曉了。我今造作如是事業別表於後意俱之表，名爲意表，意爲無表，如理思之。釋曰：故知大乘三皆有表。廣如別章。大乘法師法苑中，十門分別。一辨名，二出體，三假實分別，四具支多少，五得捨分齊，六依他有無，七四大造性，八應成差別，九先後得捨，十釋諸妨難。廣如彼說。疏方便差別者，心爲起業之方便故。經云，與心同生不離者，業共心生，生已不離。此言業行常依心王也。

**遁倫《瑜伽論記》卷一四**　云何表業，謂略有三種等者。景補闕云，此三表業中身語二業，若隨相分出體，謂從三性意思變起色聲，爲身語業體。彼意業者，取根本身語同時意思，是意業體。若遣相分，就見分出體，即取根本意思依身語門，名身語表業。前方便思，名意表業。

智素《成唯識論音響補遺》卷一　云何表業，謂略有三種，一染汙，二善，三無記。若於身語意十不善業道，不離現行增上力故，所有身語表業，名染汙表業。若即於彼誓受，遠離所有身語表業，名善表業。若諸威儀工巧處，一分所有身語表業，名無記表業。

# 無表業

玄奘譯《阿毗達磨大毗婆沙論》卷三〇　問：無表業云何知。答：從果入因，從麁入細。從現見入不現見。從近入遠。如是知。

玄奘譯《阿毗達磨大毗婆沙論》卷一二二　說表無表業，無實體性，所以者何。若表業是實，可得依之，令無表有。然表業無實，云何能發無表令有。且表業尚無，無表云何有。而言有者，是對法諸師矯妄言耳。如人遇見美女，爲染近故語言，汝可解去人服，吾衣汝天衣。女聞，歡喜如言爲解。彼人即前，種種摩觸，恣心意已，語言，天衣已爲汝著。女言，我今體露如是，寧死不露，天衣何在。彼答之言，天服微妙，唯我見之，非汝能見。如是愚人本無天衣，況爲他著。諸對法者，所說亦爾。本無表業，況有依表所起無表。故對法者，妄興此論。又表無表若是色者，青黃赤白爲是何耶。復云：何成善不善性。若因搖動成善惡性，花劍等動何故不爾。爲止如是譬喻者意，顯自所宗，表無表業，皆是實有，故作斯論。若諸表業無實體者，則與契經相違。如契經言，愚夫希欲說名爲愛，愛所發表說名爲業。又契經言，在夜尋伺，猶如起煙，旦動身語，猶如發焰。若無表業無實體者，則亦與契經相違。如契經說，色有三，攝一切色。有色有見有對，有色無見有對，有色無見無對。若無無表色者，則應無有三種建立，無第三故。又若撥無表無表色，吠題四字，未生怨王，應當不觸害父無間。謂發表位，父命猶存。父命終時，表業已謝。由先表力，得後無表故，未生怨觸無間業。又彼杖髻出家外道，亦應不觸害應無間。謂發表位，目連命猶存。目連涅槃時，表業已謝，由先表力得，後無表故。彼外道觸無間業。又若撥無表無表業，應無建立三品有異，謂住律儀品，住不律儀品，住非律儀非不律儀品。然彼所言此表無表體，若是色青黃赤白，爲是何耶。此責不然，非顯色外無別色故。當知身表是形非顯，語表是聲，亦非顯色二種。無表法處色攝故，不可責以同青等。然諸色處總有四種。一，有色處唯顯可了非形。二，有色處唯形可了非顯。三，有色處顯形俱可了。四，有色處顯形俱不可了。顯可了非形者，謂青黃赤白影光明闇。形可了非顯者，謂身表色。顯形俱可了者，謂所餘若顯若形，俱可了色。顯形俱不可了者，謂空界色。又如所說，若身搖動成善惡性，花劍等動何不爾者。此亦不然。有根法異，無根法異。身是有情數攝，由心運動能表有善惡心心所法，花劍等不爾故。表無表，決定實有。然表無表依身而起有依一分，如彈指舉足等。一分動轉作善惡業有依具分，如禮佛逐怨等。舉身運動作善惡業，此中隨所依身，極微數量。表業亦爾。如表數量，無表亦爾。

問：隨彼彼業若有表，即有無表耶。若有無表，即有表耶。或有說者，七根本業道決定具有表與無表。加行後起表業定有，無表不定。唯猛利纏及殷重信，所作發無表非餘。有說，七根本業道無表定，有表則不定。若自作者有表，若遣他作唯得無表。加行後起，如前說。評曰，應作是說，除欲邪行餘根本業道，無表定有，表則不定。若自作即時究竟者，彼有表業。若遣他作或究竟時，表已息者，則唯有無表。若欲邪行，表亦定有，加行位決定有表，無表不定，如前說。後起位，定有無表，表則不定，若作則有，不作則無。當知此說散心所作。若隨支分定散差別，有表無表如理，應思。

普光《俱舍論記》卷一三　於思種子假建立，故名爲無表。此有何過。言釋名者，此思種子不能動身發語，表示內心，名無表業。依經部宗，身語二表是無記性。思通三性故，唯思業能熏成種，表不能熏。故正理三十四云，彼許身語唯無記故。此應名爲至心俱轉故者，復難。若思種子名無表者，其思種子常依附心，此應名爲隨心轉無表業，如定共無表隨心俱轉故。

遁倫《瑜伽論記》卷一四　無表業者，有其二義。一就現起身語，隨其善惡，以相表示，當性自表，名爲表業。若望異性，不能相表，亦名無表。如善不表惡，惡不表善等。二就身語業種，假立業性，不能表示善惡等事，名爲無表。道定律儀，依心起滅，不能隨事有所表示，名無表業。

此中但說有表業，略無無表道理，必有以有種子故。意表業者，若望表了自境，名爲表業，即功能爲號。善惡性異，善不代惡有所表了，惡不代善有所表了，亦稱無表。若就種子立意，無表業者，雖就種子假立，現行不能表了所有境界，名意無表。

**窺基《大乘法苑義林章》卷三** 《瑜伽》言：若自然受者，唯有意表業。縱有傍人見其自受，非是師長慚愧緣故立定無表業。或亦有表，論說傍邊一人亦無自然受者，唯有無表業。

# 白業　黑業

**慧遠《大乘義章》卷七** 言黑黑者，是不善業。不善鄙穢，名之爲黑。因果俱黑，名黑黑業。言白白者，是其善業。善法鮮淨，名之爲白。因果俱白，名白白業。言黑白者，是其雜業。善惡交參，名黑白業。所言不黑不白業者，是無漏業。如《涅槃》云，無漏寂靜，離黑白相，是故名爲不黑不白。

**慧遠述《大乘義章》卷七** 黑白四業義，兩門分別（釋名一　辨相二）

第一釋名。四業之義，衆經通說名字是何。一黑黑業，二白白業，三黑白業，四不黑不白業。言黑黑者，是不善業。不善鄙穢，名之爲黑。因果俱黑，名黑黑業。言白白者，是其善業。善法鮮淨，名之爲白。因果俱白，名白白業。言黑白者，是其雜業。善惡交參，名黑白業。所言不黑不白業者，是無漏業。如《涅槃》云，無漏寂靜，離黑白相，是故名爲不黑不白。

問曰：無漏白中最勝，以何義故名爲不白。《成實》釋言，一切世人重有漏善，故名彼善以之爲白。無漏捨彼，故名不白。又得涅槃寂靜之果，離於白相，從其所得，故云不白。又無漏業，白中最勝，過於餘白，故云不白。如轉輪王，體實是人，以殊勝故，世間咸言轉輪聖王，清淨過人。無漏亦爾，故云不白。龍樹釋云，是無漏業，與空無相無作相應，離分別相，是故名爲不黑不白。又有漏業，黑白相待。無漏離待，故名不黑不白業也，名字如是。

次辨其相，論釋不同。若依《毘曇》，色界善業名爲白白。三塗所受一切惡業，名爲黑黑。鬼畜之中別報善業，欲界人天一切所受善惡二業，名黑白業，亦名雜業。此前三種，對治無漏，是第四業。故《雜心》云，色有中善業，是白有白報，黑白在欲中，俱黑說不淨，若有思能斷，是諸業無餘，當知第四業。

問曰：何故色界善業偏名爲白，白相顯故，離無慚愧及瞋恚故。欲界善業，何故非白，雜不善故。無色善業，何故非白。彼實是白，白相不顯，是以不說。云何不顯。造因之時，不具三業十善道相。受報之時，但有生陰而無中陰。又生陰中，但有四陰而無色陰。以如是等，白相不具，故不名白。何故三塗一切惡業皆爲黑黑，以其因果一向黑故。故彼《成實》破《毘曇》云：有人宣說，色界善業以爲白白，三塗之業以爲黑黑。欲界人天所受之業，以爲黑白。十七學思，爲不黑不白。是義不然。準彼以驗，故知《毘曇》三塗惡業以爲黑黑。何故宣說，鬼畜之中別報善業以爲雜業。彼作因時，與惡和雜。得報之時，與苦參受。故說爲雜。

問曰：何故別報善業偏在鬼畜，不通地獄。地獄苦重，能感之因，唯不善故。鬼畜報輕，能感之因，得雜善故。此云何知。如《雜心》中辨明現報、生報、後報、不定報業，此四善業。地獄有三，除現報業，以地獄中無善果故。餘四趣中，具造四業。明知鬼畜有善業果，以其得造現報善故。又如經說，阿修羅等受報如天，明有善業。

**慧遠《大乘義章》卷七** 色界無色界業，一向是白。及欲界中純善之業，亦名爲白。阿鼻之業，一向是黑。自餘地獄及鬼畜中純苦之業，亦名爲黑。欲界人天，非純樂業。及下三趣非純苦業，通名爲雜。一切無漏，通名不黑不白業也。就無漏中別而論之，唯取思心以爲業體。故彼《成實・九業品》云，意思名業，通則俱是。《大智論》中，地獄之業，鬼畜少分，是其黑業。論自釋言：是中衆生，大苦悶極故名爲黑。一切天業，是其白業。論自釋言：三界諸天所受樂報，自在明了，故名爲白。人及修羅八部神等所受之業，名黑白雜。以此業中有善有惡受報之時，苦樂雜故。一切無漏，能破不善及有漏善，并拔衆生善惡之果，名不黑不白。《涅槃經》中，三塗之業名之爲黑，上二界業說之爲白，欲界地中人天之業以之爲雜，一切無漏爲不黑不白。四業如是。

**義淨譯《根本說一切有部毗奈耶雜事》卷八**　大王當知：白業白報，黑業黑報，雜業雜報。是故應捨黑雜二業，當修白業。

## 業報

**鳩摩羅什譯《成實論》卷八**　問曰：經中佛說三種業，樂報、苦報、不苦不樂報業。何者是耶。答曰：善業得樂報，不善業得苦報，不動業得不苦不樂報。此業不必定受，若受則受樂報非苦等，餘二亦爾。

問曰：是諸業亦得色報，何故但說受耶。答曰：於諸報中受爲最勝，受是實報，色等爲具。又於緣中說受，如說火苦火樂。或有因中說果，如人施食名施五利，亦如言食錢等。

問曰：從欲界至三禪中，得受不苦不樂報耶。答曰：得受。

問曰：是何業報。答曰：是下善業報，上善業則受樂報。

問曰：若爾，何故第四禪及無色定中說耶。答曰：彼是自地。所以者何，彼中但有是報更無異受，以寂滅故。

問曰：有人言，憂非業報，是事云何。答曰：何故無耶。

問曰：憂但從想分別生，業報不應是想分別故。又若憂是業報，業報則輕，故非報也。又此憂離欲時斷，業報不爾。離欲時不斷，是故憂非業報。答曰：汝言憂從想分別生，故非報者，樂亦是業報，是樂二種，一樂二喜。

**《大寶積經》卷一一二**　若無有心、心數法者，則無有業亦無業報。若無有業無業報者，則無苦樂。若無苦樂，即是聖性。

**慧遠《勝鬘義記》卷下**　觀業報者，觀因果也。集因名業，苦果秤報。

**玄奘譯《顯揚聖教論》卷一七**　論曰：於業報中不應思議，修福行者定往善趣，爲惡行者定往惡趣，不決定故。又過去世淨不淨業，若處若事若因若報等，不可思議。



## 共業　不共業

**曇摩耶舍共曇摩崛多等譯《舍利弗阿毗曇論》卷七**　云何共業界。若法隨業轉，共業生，共住，共滅，是名共業界。云何不共業界，若法不隨業轉，不共業生，不共住，不共滅，是名不共業界。

**曇摩耶舍共曇摩崛多等譯《舍利弗阿毗曇論》卷二一**　何謂共業法。若法隨業轉，共業生，共住共滅，是名共業法。何謂非共業法。若法不隨業轉，不共生，不共住不共滅，是名不共業法。

**玄奘譯《大乘阿毗達磨集論》卷四**　如契經言，有共業，有不共業，有強力業，有劣力業。云何共業，若業能令諸器世間種種差別。云何不共業，若業能令有情世間種種差別。或復有業，令諸有情展轉增上。由此業力，說諸有情更互相望，爲增上緣。以彼互有增上力故，亦名共業。是故經言，如是有情與餘有情互相見等，而不受用，不易可得。

**澄觀《大方廣佛華嚴經疏》卷四九**　言共業者，謂多有情應生此界，共業同變。於中有四句，謂共中共等。

**遁倫《瑜伽論記》卷一三**　有二業，謂共，不共。然共中有二，謂共中共，共中不共。如一外器世界，他共緣受用故，名共中共。如衣物等，唯自所用，他雖有用義名共，然自受用業勝，名共中不共。不共中亦二，謂不共中不共，不共中共。謂如自眼根，他識不依，唯自識依，名不共中不共。其扶根塵等，自不共業招，然亦他第八變，即不共中共。

問：如自身中眼識所變，亦非意等所見者，何況他人。如何名共中共不共中共。敘曰：然以理唯無共者，皆自第八所變，他即不受用。今據相似，如彼唯自受用義，他無用，名不共中不共。其外器世間，雖自變者非他用。然受用中有相似義，謂言共用，故名共業。餘之二句，準此應釋。

**通潤《成唯識論集解》卷二**　諸種子總有二種，一是共相，二不共相。言共相者，多人所感故。問云：此器世界既諸有情共業所感，則應在此器界同受一果。今諸有情總在一界，而有染淨麤妙苦樂之境，受用不同。何得名爲共業所感。答：雖諸有情共業所感，共生一界，處所無異。然必隨自不共業力，故所變受用苦樂染淨麤妙之境，各各有異。然器界之相，則未有不同者，故得說名共業所感。言處所無異者，共中共也。言所變各別者，共中不共也。喻如燈明各偏似一者，燈喻有情，明喻處所無異。各偏喻所變各別，似一喻而相相似。立量云：雖諸有情是有法，處所無異，是宗。因云，所變各別，相相似故。喻云，如衆燈明，各偏似一。

問云：山河大地共業所感，亦何所據。答：經云，譬如三千大千世界，非以一緣非以一事而得成就，以無量緣無量事方得成就。所謂大地依水輪，水輪依風輪，風輪依空輪，空輪無所依。如是皆由衆生共業，及諸菩薩善根所起，令諸有情各隨所宜而得受用。又云，一切有情增上業力種成熟故，大虛空中起金藏雲，乃至世界次第成就。染淨麤妙，隨共業力，受用各別。又云，斷截妄想大種，生內外地界等。又云，覺明空昧相待成搖，故有風輪執持世界等。故知皆是衆生業感。若離心外，無別有法。

## 定業　不定業

**鳩摩羅什譯《成實論》卷七**　業有二種，定報，不定報。定報業者，若多若少必當受報。不定業者，可令都盡。問曰：云何名定報業，何等是不定報業。答曰：經中說五逆罪是定報業。問曰：但五逆罪是定報業，更有餘耶。答曰：餘業中亦有定報分，但不可得示。或以事重故有定報，如於佛及佛弟子。若供養，若輕毀，或以心重故，有定報。如人以深厚纏殺害蟲蟻，重於殺人。如是等餘業亦有定報。

**曇無讖譯《大般涅槃經》卷三一**　一切衆生不定業多，決定業少。以是義故，有修習道。修習道故，決定重業可使輕受，不定之業非生報受。善男子！有二種人。一者，不定作定報，現報作生報，輕報作重報，應人中受在地獄受。二者，定作不定。應生受者迴爲現受，重報作輕，應地獄受人中輕受。如是二人，一愚二智。智者爲輕，愚者令重。

**慧遠《大乘義章》卷七**　大乘法中，三塗惡業未起之者，至種姓時，畢竟不起。已起之者，有重有輕，重爲定繫，輕爲不定。所言定者，有三種定。一者時定，現生後時定受報故。二者報定，定得果故。三者處定，定於三塗受果報故。言不定者，亦有三種。一時不定，現生後時無定在故。二報不定，遇緣則受無緣不受。三處不定，於六道中，得受便受，無定所故。彼定業者，種姓時斷，不復用之，受惡果報。以種姓上生自在故，彼不定業，初地時斷。

**玄奘譯《阿毗達磨大毗婆沙論》卷一一五**　欲界繫善不善不定業，色界繫善不定業。

**栖復《法華經玄贊要集》卷一六**　若不定業者，有三種。有時定報不定，時不定報定，俱不定。

**志鴻《搜玄錄解四分律刪繁補闕行事鈔錄》卷一**　凡業有定不定，故受苦有止不止。若作業必定，聖所不免。不定業者，無緣則受，有緣便止。

**子璿《金剛經纂要刊定記》卷二**　不定業，以此對時應成四句。謂：時定報不定，報定時不定，俱定俱不定。若此經說者則不然，以未入我法名決定業，若入我法名不決定業。所言不定者，或輕或重、或受或不受也。

**慧洪《妙法蓮華經合論》卷七**　涅槃經曰，未入佛法，名決定業，已入佛法，名不定業。

## 善業　惡業

**佛陀耶舍共竺佛念譯《佛說長阿含經》卷二一**　或有人不殺生，不盜，不邪婬，不兩舌、惡口、妄言、綺語，不貪取，不瞋恚、邪見，以此因緣，善心歡喜。猶如四衢道頭有大浴池，清淨無穢，有人遠行，疲極熱渴，來入此池，澡浴清涼，歡喜愛樂。彼十善者，善心歡喜，亦復如是。其人身壞命終，爲日天子，居日宮殿，有千光明，以是因緣故，名善業光明。

**求那跋陀羅共菩提耶舍譯《衆事分阿毗曇論》卷五**　云何善業。謂善身口業，及善思業。云何不善業，謂不善身口業，及不善思業。云何無記業，謂無記身口業，及無記思業。

**求那跋陀羅譯《雜阿含經》卷三七**　云何爲善業。謂離殺生、不樂殺生，乃至不綺語，是名善業。

**湛然《維摩經略疏》卷四**　其出家見空得道，兼修慈心，得無諍三昧。是以常能將護物心，故名善業。

**傳燈《性善惡論》卷之二**　佛界順性之行名善業，九界逆性之行名惡業。

## 業障

**那連提耶舍譯《阿毗曇心論經》卷二**　業障者，五無間業。所謂殺母、殺父、殺阿羅漢、破僧、惡心出佛身血。作此業已，必定次生無間地獄。

**玄奘譯《瑜伽師地論》卷二九**　言業障者，謂五無間業，及餘所有故思造業諸尤重業。彼異熟果若成就時，能障正道，令不生起，是名業障。

**窺基《妙法蓮華經玄贊》卷三**　業障者，依《薩遮尼乾子經》有五種逆。一，破塔壞寺，焚燒經像，竊盗及用三寶財物。二，謗三乘法，言非聖法，障礙留難，隱弊覆藏。三，於一切出家人所，若有戒無戒、持戒破戒，打罵訶責，説其過失，禁閉牢獄。或脱袈裟，逼令還俗。責役驅使，債其發調，斷其命根故。《大集經》言説一破戒比丘過失，過出萬億佛身血。四，殺父、害母、殺阿羅漢、出佛身血、破和合僧。五，起大邪見，謗無因果，長夜常行十不善業。此之五種，唯於大乘名五逆業障，亦有説七等不過此五。

**新羅　義寂《菩薩戒本疏》卷上**　業障者有二種。一，七逆二十重。七逆者，一出佛身血，二殺父，三殺母，四殺和上，五殺阿闍梨，六破羯磨轉法輪僧，七殺聖人。

# 性、如、空、際分部



## 性

**鳩摩羅什譯《大智度論》卷三一**　性名自有，不待因緣，若待因緣，則是作法，不名爲性。諸法中皆無性，何以故。一切有爲法，皆從因緣生，從因緣生，則是作法。若不從因緣和合，則是無法。如是一切諸法性不可得故，名爲性空。

**慧思《大乘止觀法門》卷一**　問曰：云何名此淨心以爲法性。答曰：法者一切法，性者體別義。以此淨心有差別之性故，能與諸法作體也。又性者，體實不改義，以一切法皆以此心爲體。諸法之相自有生滅，故名虚妄。此心眞實不改不滅，故名法性也。

**慧思《大乘止觀法門》卷三**　問曰：無垢眞實性，與清淨依他性，竟有何異。答曰：無垢眞實性者，體顯離障爲義，即是體也。清淨依他性者，能隨熏力淨德差別起現爲事，即是相也。清淨分別性者，對緣施設爲能，即是用也。所言染濁依他性者，即彼淨心雖體具違順二用之性，但爲分別性中所有無明染法所熏故。性違之用，依熏變現虚狀等法，所謂流轉生死輪迴六趣，故言染濁依他性法也。

**眞諦譯《顯識論》卷一**　所言性者，自有五義。一，自性種類義。一切瓶衣等，不離四大種類義，同是四大性，是自性義。二者，因性義。一切四念處聖法所緣道理，起此道理，能生聖法，亦是因義。三者，生義。若物無生，則性不可見。生義可見，故性訓生。五分法身，是生性義。如來正説眾生信樂，生三種信。一信有實道理。二信得五分法身功德。三自利利他德備修五分身。五分身生則顯至得性故，故五分法身生，以此爲性義。四，不壞義。此性在凡夫不染，在聖不淨，故名不壞。五，祕密藏。親近則行淨，乖違則遠離。此法難得幽隱，故名祕密，即名藏義。

**慧遠《大乘義章》卷八**　言性者，是法無性。無是一切法之實性，故名爲性。此有無性皆能善照，故名爲覺。

**慧遠《大乘義章》卷一**　所言性者，釋有四義。一者種子因本之義。所言種者，眾生自實如來藏性，出生大覺，與佛爲本，稱之爲種。種，猶因也。故經說言，云何名性，性者所謂阿耨菩提中道種子。《大智論》中亦云，性者，名本人分種，如黃石中所有金性白石銀性。一切眾生，有涅槃性。斯文顯矣。二體義名性，說體有四。一，佛因自體，名爲佛性，謂眞識心。二，佛果自體，名爲佛性，所謂法身。第三，通就佛因佛果，同一覺性，名爲佛性。其猶世間麥因麥果，同一麥性。如是一切當知，是性不異因果。因果恆別，性體不殊。此前三義，是能知性，局就眾生，不通非情。第四，通說諸法自體，故名爲性。此性唯是諸佛所窮，就佛以明諸法體性，故云佛性。此後一義，是所知性，通其內外。斯等皆是體義名性。三，不改名性，不改有四。一因體不改，說之爲性。非謂是因常不爲果說爲不改，此就因時，不可隨緣，返爲非因，故稱不改。故經說言，若殺眾生，喪滅佛性，無有是處。又復說言，因不改者，得果之時，因名雖改，因體不亡。因體即是如來藏性顯爲法身，體無變易，非如有爲得果因謝。就體以論，故名不改。二，果體不改，說名爲性。一得常然，不可壞故。第三，通就因果自體不改名性。如麥因果麥性不改，以不改故，種麥得麥，不得餘物。如是一切佛性亦爾，佛因佛果，性不改故。眾生究竟必當爲佛，不作餘法。經說佛性旨要，在斯第四，通說諸法體實不改名性。雖復緣別內外染淨，性實平等，湛然一味，故曰不改。此是第三不改名性。四，性別名性，性別有四。一明因性別異於果。二明果性別異於因。第三通就因果體性別異非情故。經說言，爲非佛性一切草木石等說於佛性。四就一切諸法理，實別於情相虛妄之法，名之爲性。故經說言，如來藏者，非我眾生，非命非人。又復經言，佛性雖住陰界入中，而實不同陰界入也。以此界別故，名爲性。佛性名義，庶判如是。

**吉藏《金光明經疏》**　一切法如性者，謂眞諦理。理無有二，故名爲如。不改曰性，亦是性者體也。

**玄奘譯《瑜伽師地論》卷一三**　云何性。謂諸法體相，若自相，若共相，若假立相，若因相，若果相等。

**圓暉《俱舍論頌疏論本》卷五**　生住異滅性者，出體也。此中於法，能起名生，能安名住，能衰名異，能壞名滅。性者，體義。謂薩婆多宗，四相有實故也。

**遁倫《瑜伽論記》卷一**　界者，因義、性義。種姓者，類別義。自性者，體義。

**窺基《成唯識論述記》卷二**　今言詮自性者，即是共相之自性。自性者，體義。差別者，體上差別義，即自相，共相，皆有體性及差別義故

**窺基《成唯識論述記》卷三**　性者，體也。體即本識，種子是用，如前已說。諸法體用，理應爾故。用是體攝又，言性者，謂是性類，其並有漏。以類同故，不相違背，得爲所緣又，性者，性也。若住本識同無記性，故能緣之。然是識之相分所攝。

**延壽《宗鏡錄》卷八三**　古德云，覺性是理，覺了屬事。如無情中，但有覺性，而無覺了。如水中但有火性，亦無火照。今言性者，但據理本，誰論枝末。又覺智緣慮名情，自性不改名性。愚人迷性生情，故境智不一。智者了情成性，故物我無二。

## 真性

**寶唱《名僧傳抄》**　問曰，何故謂佛性爲我。答曰：所以謂佛性爲我者，一切眾生皆有成佛之眞性，常存之性。唯自己之所寶，故謂之爲我。

**眞諦譯《佛性論》卷二**　三性所攝者，所謂三無性，及三自性。三無性者，一無相性，二無生性，三無眞性。此三性攝如來性盡。何以故。以此三性通爲體故。無相性者，一切諸法但名言所顯，自性無相貌故，名無相性。無生性者，一切諸法由因緣生故，不由自能生，自他並不成就故，名無生性。無眞性者，一切諸法離眞相故，無更別有實性可得故，名無眞實性。復次三種性者，一分別，二依他，三眞實。別有十種義，應知。何等爲十，一分別名，二緣成，三攝持，四體相，五應知，六因事說，七依境，八通達，九若無等，十依止。

**般若流支譯《正法念處經》卷五〇**：　觀察身性者，即是一切性。欲得涅槃者，調身性非餘。

若捨離身性，貪著於餘性。彼人迷眞性，不得脫苦惱。

金性則不能，除捨諸苦惱。諦知眞性者，得脫苦不疑。

一切苦生苦，此苦難得脫。財於王賊火，一切皆怖畏。

是故應捨物，如本來無物。捨離則受樂，攝取則受苦。

諦知於身性，復諦知性相。喜樂於禪誦，能燒煩惱山。

是故黠慧者，觀察身攝性。衆生知自相，則得涅槃樂。

有智之人，如是勤心觀此身性，不樂經營金銀等性。此是一切在家之人怖畏根本，況出家人。

**曇無讖譯《大方等大集經》卷八**　若見無生、無滅、無作、無一、無二、無瞋、無諍、無有，如爾不動不轉，知於法性，是名眞性，是名法性，是名實性。

**曇無讖譯《大般涅槃經》卷七**　不識如來微密寶藏，修學無我，喻如非聖。雖說有我，亦復不知我之眞性。我諸弟子亦復如是，不知親近善知識故，修學無我，亦復不知無我之處。尙自不知無我眞性，況復能知有我眞性。善男子！如來如是說諸衆生皆有佛性，喻如良醫示彼力士金剛寶珠，是諸衆生爲諸無量億煩惱等之所覆蔽，不識佛性。若盡煩惱，爾時乃得證知了了。如彼力士於明鏡中見其寶珠。善男子！如來祕藏如是無量不可思議。

**曇無讖譯《大方等大集經》卷一二**　若能知見無文字，一切諸法無生滅。若作如是觀見者，是即名爲大智慧。

雖復口說於智慧，智慧亦不住口聲，若知口聲實無聲，即是智慧之眞性。

**智顗《維摩經玄疏》卷六**　第二正辨經體者。此經以不思議眞性解脫爲體也。眞性解脫義，如前廣辨。就此略爲二意，一者正辨此經體，二明須知經體。一，正明不思議眞性爲此經體者。若他明此經多用權實爲體，體即是宗。今但以不思議眞性解脫爲體者，如天無二日，國無兩主。若權實爲體者，權實既是二法，是則一教便有兩體。今但用不思議眞性解脫爲體者，眞性即是一實之理。若用一實之理爲體，即無兩體之過也。所言眞性解脫者，此經云淫怒癡性即是解脫。今言淫怒癡性即是眞性，眞性即是實相一實諦之異名也。《大涅槃經》明一實諦即是眞法，若法非眞，不名實諦。問曰：上說眞諦即是思議解脫之理，今何故說眞實之性即是不思議解脫之理。答曰：上是偏眞之眞。今依《大涅槃經》以明實諦。實諦者，即是不思議圓眞，圓眞法性即是眞性解脫。眞性解脫即無八倒，無八倒者即是眞性解脫。眞性解脫無有虛妄，無虛妄者即是眞性解脫。眞性解脫即是大乘，大乘即是眞性解脫。眞性解脫即非八魔，非八魔即是眞性解脫。眞性解脫即是一道清淨，一道清淨即是眞性解脫。眞性解脫即是常樂我淨，常樂我淨即是不可思議眞性解脫。

**慧遠《大乘義章》卷一**　言立性者，小乘中淺，宣說諸法各有體性。雖說有性，皆從緣生，不同外道立自然性。此宗當彼《阿毘曇》也。言破性者，小乘中深，宣說諸法虛假無性，不同前宗立法自性。法雖無性，不無假相。此宗當彼《成實論》也。破相宗者，大乘中淺，明前宗中虛假之相，亦無所有。如人遠觀陽炎爲水，近觀本無。不但無性，水相亦無。諸法像此，雖說無相，未顯法實。顯實宗者，大乘中深，宣說諸法妄想故有，妄想無體，起必託眞。眞者，所謂如來藏性。恆沙佛法，同體緣集，不離不脫，不斷不異。此之眞性緣起，集成生死涅槃。眞所集故，無不眞實。辨此實性，故曰眞宗。

**闍那崛多譯《大威德陁羅尼經》卷七**　如意有實性有眞性者，何者是意自性，何者意眞性。若意有眞性自性，彼即無物，即爲是虛，即是爲空，即爲自在。乃至略說故。言本性清淨心，若有本性即是涅槃，何因緣故言有本性。無作者故言本性，是爲沙門釋子所印。

**不空譯《大乘密嚴經》卷下**　五種習所纏，生諸惡分別，見此微妙法，清淨如眞金。

得於清淨者，即住佛種性。如來性微妙，非外道聲聞。

一切國土中，密嚴爲最上。

**澄觀《大方廣佛華嚴經隨疏演義鈔》卷一四**　幻法從緣生，幻法空無性。有爲從緣生，有爲空無性。此中因喻前卻，或迴文不盡。而言眞性者，即有爲性，亦合言有爲眞性空。

**玄奘譯《瑜伽師地論》卷九三**　無始時來，展轉安立，名爲法性。由現在世，名爲法住。由過去世，名爲法定。由未來世，名法如性。非無因性，故名如性。非不如性，如實因性，故名實性。如實果性，故名諦性。

所知實性，故名眞性。由如實智，依處性故，名無倒性。非顛倒性，由彼一切緣起相應文字，建立依處性故，名此緣起順次第性。

**窺基**《**因明入正理論疏**》**卷中**　如《掌珍》言，眞性有爲空，如幻緣生故。無爲無有實，不起似空花。

**可思議**《**大毗盧遮那經供養次第法疏**》**卷上**　夫眞性至理，離言絕像，應機示現，無相非顯。所謂阿字等門，妙明其理。今此經者，理蘊於詞，意絕文外。是故以如來加持神力，對以祕印，導以眞言。所以若不從師受學，禁入其門。非其人者，制妄授傳。未經灌頂，禁其輒聞。若得見聞頂禮者，滅除恆沙之罪。如說奉行者，德海集於其身也。

**般剌蜜諦譯**《**大佛頂如來密因修證了義諸菩薩万行首楞嚴經**》**卷五**：

眞性有爲空，緣生故如幻。無爲無起滅，不實如空花。
言妄顯諸眞，妄眞同二妄。猶非眞非眞，云何見所見。
中間無實性，是故若交蘆。

**新羅　元曉**《**金剛三昧經論**》**卷下**　論曰：眞如之法，具諸功德，與諸行德而作本性，故言眞性。如是眞性，絕諸名相，以之故言眞性空也。又此眞性，離相離性。離相者離妄相，離性者離眞性。離妄相故，妄相空也。離眞性故，眞性亦空。以之故言眞性空也。

**戒環**《**大佛頂如來密因修證了義諸菩薩万行首楞嚴經要解**》**卷三**　前問云，何得知是我眞性。此示萬境差別，見無差別。無差別者，即汝眞性。此之眞性，覽麤濁而不雜精也，涉萬殊而不異妙也，極遠近而同矚明也。

**智圓**《**閑居編**》　夫眞性元寂，一法寧存。妄心潛動，萬境斯立。於是乎，苦樂升降，堅乎取捨。凡聖高下，重乎去就。方求出離，反致顛墜。是故或溺於凡，或沈於小，或滯於偏。云云九界可勝言哉。大聖人俯察而哀之，將欲指彼妄心，復乎眞性。

**子璿**《**首楞嚴義疏注經**》**卷五**　言眞性有爲空者，眞性之言正是標宗揀法。通下第二量轉，謂一眞中道第一義諦也。應立量云，眞性有爲，元空不有，從緣生故，猶如幻事。眞性無爲，本來不實，無起滅故，猶如空華。由此二量三支，無闕標揀，分明無諸過，非《掌珍論》中取爲善立。

**子璿**《**起信論疏筆削記**》**卷六**　體大疏言眞性者，眞謂揀非僞妄，獨顯圓成。性謂自體常住，不變不異。即揀諸法空性也。

**如惺**《**得遇龍華修證懺儀**》**卷四**　夫眞性湛然，本無生佛之名。靈心閴爾，曷有根塵之迹。特由迷悟之一心，遂感昇沉之十界。因善惡之殊途，受安危之異趣。所以輪迴永劫，解脫無期。

**智旭**《**大乘起信論裂網疏**》**卷一**　《楞伽經》云，諸識有三種相，謂轉相，業相，眞相。《宗鏡》釋云：起心名轉，八俱起故。皆有生滅，故名轉相。動則是業，八識皆動，盡名業相。八之眞性，盡名眞相。

**陸西星**《**大佛頂如來密因修證了義諸菩薩万行首楞嚴經述旨**》**卷五**　言眞性之中，有爲之法皆空，則根塵本空，而緣生之法皆如幻矣。緣生之法如幻，則起滅之法亦無起滅之法。既無可見，妄識元無，故識性虛妄，猶如空華。亂起亂滅，實無自性。

**徐發**《**金剛般若波羅蜜經郢說**》　言眞性與佛無異。非不衆生，不修眞性，便與佛異耳。若能學佛，自空衆生之相。此眞得衆生之性，完衆生之實者，《楞嚴》所謂根塵同源，縛脫非二也。蓋佛法與儒理，只是一性。此性亘天地而不變，豈以世之久遠而有異乎。故佛答只就衆生之名號上闡發，而未來不必言，其理自見矣。

# 自性

**窺基**《**成唯識論述記**》**卷一**　自性者，冥性也。今名自性，古名冥性。今亦名勝性。未生大等，但住自分，名爲自性。若生大等，便名勝性，用增勝故。我知者，神我也。中爲四者，一本而非變易，謂即自性能生大等，故名爲本。不從他生，故非變易。

《**成唯識論述記**》**卷一**　自性本有，無爲常住，唯能生他，非從他生。

**玄奘譯**《**瑜伽師地論**》**卷八一**　此中自性差別者，謂色自性，有十色處差別。受自性，有三受差別。想自性，有六想差別。行自性，有三行差別。識自性，有六識差別。如是等類，當知諸法自性差別。

**玄奘譯**《**瑜伽師地論**》**卷一六**　云何自性清淨，謂九種相，應知。一者，謂如有一，獨處空閑，審諦思惟，如其所聞，如所究達諸法道理。二者，遠離一切不思議處，審諦思惟所應思處。三者，能善了知黑說大說。四者，凡所思惟，唯依於義，不依於文。五者，於法少分，惟生信解，於法少分，以慧觀察。六者，堅固思惟。七者，安住思惟。八者，相續思惟。九者，於所思惟，能善究竟，終無中路厭怖退屈。由此九相，名爲清淨善淨思惟。

**玄奘譯《攝大乘論釋》卷五**　自性清淨者，謂此自性，本來清淨。卽是眞如自性實有，一切有情平等共相。由有此故，說一切法，有如來藏。

**玄奘譯《攝大乘論釋》卷五**　自性清淨者，謂此自性，異生位中，亦是清淨。謂眞如者，性無變故，是一切法平等共相。卽由此故，聖教中說，一切有情，有如來藏。空者，謂於依他起上，遍計所執，永無所顯眞實理性。言實際者，眞故名實，究竟名際。際聲，卽是邊際言故。如弓邊際。言無相者，永離一切色等相故。言勝義者，卽是勝智所證義故。言法界者，謂是一切淨法因故。此法界聲，是法界因言。如金界等離垢清淨。其文易了，不須重釋。得此道清淨者，是能證得離垢眞如清淨道義。言菩提者，永斷煩惱及所知障，無垢無礙智爲自性。

**玄奘譯《阿毗達磨大毗婆沙論》卷九**　問：何緣自性不知自性。答：勿有因果，能作所作、能成所成、能引所引、能生所生、能屬所屬、能轉所轉、能相所相、能覺所覺，無差別過，是故自性不知自性。有說：自性於自性，無益無損，無養無害，無成無壞，無增無減，無聚無散，無因，無等無間，無所緣，無增上。諸法自性，不觀自性，但於他性，能作諸緣。是故自性不知自性。有說：世間現見指端不自觸，刀刃不自割，瞳子不自見，壯士不自負，是故自性不知自性。尊者世友說曰：何故自性不知自性。答：非境界故。復次，若自性知自性者，世尊不應安立二緣生於六識。謂眼及色爲緣，生眼識。乃至意及法爲緣，生意識。復次，若自性知自性者，世尊不應安立三和合觸。謂眼及色爲緣，生眼識。三和合故觸。乃至廣說。復次，若自性知自性者，世尊不應安立邪見。謂彼邪見，若能自知我是邪見，便爲正見。如說：邪見若能自觀是邪見者，應名正見，非謂邪見。復次，若自性知自性者，不應建立惡心遍體皆是不善，以了自體非邪僻故。復次，若自性知自性者，不應建立能取所取，能知所知，能覺所覺，境有境，行相所緣，根、根義等。復次，若自性知自性者，則四念住，應無差別。以身念住，卽法念住，乃至心念住，卽法念住故。復次，若自性知自性者，四聖諦智，應無差別。以苦智卽道智，乃至滅智卽道智故。復次，若自性知自性者，則宿住隨念智，應不說有，以彼卽知現世事故。復次，若自性知自性者，則他心智，應不說有，以彼亦知自心所故。大德說曰：若自性知自性者，則應不知他性，於自性轉故。若自性知他性者，則應不知自性，於他性轉故。若知自性及他性者，云何而知。如知自性是自性，知他性亦爾耶。如知他性是他性，知自性亦爾耶。若如知自性是自性，知他性亦爾者，則知自性是自性可是正，知他性是自性應是邪。若如知他性是他性，知自性亦爾者，則知他性是他性可是正，知自性是他性應是邪。若爾，應無邪正二智體相差別。若一時知自性是自性，知他性是他性者，則應一智有二解用。解用別故，體亦應別。體既各別，應非一智。一有情身，二智并起，不應正理。勿有此失。是故自性不知自性。

**玄奘譯《阿毗達磨大毗婆沙論》卷二〇**　問：何故自性於自性，非能作因耶。答：若自性於自性爲能作因者，則應因、果，能作所作，能生所生，能引所引，能相所相，能轉所轉，能續所續，皆無差別。因果等二，既有差別，故於自性，非能作因。復次，自性於自性，無益無損，無增無減，無成無壞，無進無退，故非能作因。復次，自性於自性，非因，非等無間，非所緣，非增上，故非能作因。復次，若自性於自性，爲能作因，便違世間諸現見事。謂指端不自觸，眼不自見，刀不自割，諸有力人，不能自負。如是一切。復次，自性於自性，無有自在。無觀待故，非能作因。復次，自性不依自性，故非能作因。如人依杖得起，去杖便倒。自性於自性，無如是義。復次，無障礙分，是能作因。諸法自性，障礙自性，故非能作因。障礙有二種。一者世俗，如人在牀，障閡餘者。二者勝義，如自性障礙自性，令不自在。復次，若自性於自性，爲能作因，應說無明緣無明等，非無明緣行等。應說眼識爲緣，生眼識等，非眼色爲緣，生眼識等。是故自性於自性，非能作因，其義決定。

**玄奘譯《顯揚聖教論》卷一四**　復次，執有自性常住爲因，不應道理。何以故。頌曰：自性變異相，有無不應理。無差別無常，有差別五失。無相亦無因，非自性恆變。先無有變異，我應常解脫。論曰：若計自性是常，則應非變異因。所以者何。所計自性，非有變異相，亦非無變異相。故不應理。若此自性，與餘變異相無差別者，應是無常，若有差別，成五種過。一，無相過。離變異相，餘自性相，少分亦不可得故。二，非因過。世間不見常住之法，是生因體故。三，非自性過。世間不見非彼種類爲彼自性故。四，常住自性，於一切時，起變異過。以不待餘因故。五，此自性未生變異之前，我解脱過。若如是者，後時不應起諸變異。

**玄奘譯《瑜伽師地論》卷三九**　云何菩薩自性施。謂諸菩薩於自身財，無所顧惜，能施一切所應施物，無貪俱生思。

**玄奘譯《瑜伽師地論》卷四〇**　云何菩薩自性戒。謂若略説，具四功德，當知是名菩薩自性戒。何等爲四。一從他正受，二善淨意樂，三犯已還淨，四深敬專念，無有違犯。由諸菩薩從他正受故，於所學戒，若有違犯，卽外觀他，深生愧恥。由諸菩薩善淨意樂故，於所學戒，若有違犯，卽内自顧，深起慚羞。由諸菩薩，於諸學處，犯已還淨，深敬專念，初無違犯，二因緣故，離諸惡作。如是菩薩，從他正受，善淨意樂，爲依止故，生起慚愧。由慚愧故，能善防護所受尸羅。由善防護所受戒故，離諸惡作。又於是中，從他正受，善淨意樂，此二是法。犯已還淨，深敬專念無有違犯，此二是前二法所引。又於是中，從他正受，善淨意樂，深敬專念，無有違犯，由此三法，應知能令不毀菩薩所受淨戒。犯已還淨，由此一法，應知能令犯已還出。如是菩薩具四功德自性尸羅。應知卽是妙善淨戒。正受隨學，能利自他，利益安樂無量衆生，哀愍世間諸天人等，令得義利利益安樂故，應知卽是無量淨戒。攝受無量菩薩所學故，應知卽是饒益一切有情淨戒。現前能作一切有情利益安樂故，應知卽是能獲大果勝利淨戒。攝受隨與無上正等菩提果故，是名菩薩自性戒。

**玄奘譯《瑜伽師地論》卷四三**　云何菩薩自性慧。謂能悟入一切所知，及已悟入一切所知，揀擇諸法，普緣一切五明處轉。一内明處，二因明處，三醫方明處，四聲明處，五工業明處。當知卽是菩薩一切慧之自性。

**慧遠《大乘義章》卷三**　三種自性，亦出《楞伽》。言自性者，諸法自體，故爲自性。此猶是其法之異名。然性得不同，離分爲三。一者妄想。二者緣起，後翻經中名爲因緣。三者爲成，後翻經中，名第一義。三中前二，是生死法，後一涅槃。

**慧遠《大乘義章》卷五**　言自性者，取法自體，名爲自性。法實無性，妄謂有之，故云妄想。言差別者，於自性處，取諸法相，相別彼此，故云差別。

**慧遠大乘義章卷八**　知法有性，知法無性，名爲覺法自性性身。前自性者，是法有性。有法之中，色爲礙性，心爲知性。如是一切名爲自性。復言性者，是法無性。無是一切法之實性，故名爲性。

**玄奘譯《解深密經》卷四**　如實了知有自性義，謂遍計所執，若依他起，若圓成實，三種自性。如實了知無自性義，謂相生勝義三種無自性性。

**玄奘譯《攝大乘論釋》卷五**　自性清淨者，謂此自性本來清淨，卽是眞如自性。實有一切有情平等共相。由有此故，説一切法有如來藏。離垢清淨者，卽此眞如遠離煩惱所知障垢。卽由如是清淨眞如，顯成諸佛。得此道清淨者，謂能得此眞如聖道卽是清淨。謂念住等菩提分法，及以一切波羅蜜多。生此境清淨者，生此能證菩提分法所緣境界，生此境界卽是清淨，故名生此境淨。

**菩提流志譯《大寶積經》卷三四**：

以無分別故，彼能善説法，不了眼性空，亦迷眼自性。
以不了知故，是不應説法，若了眼性空，即知眼自性。
以能了知故，是人應説法，不了眼性空，亦迷句自性。
以不了知故，是不應説法，若了眼性空，即知句自性。
以能了知故，是人應説法，不了眼性空，亦迷文自性。
以不了知故，是不應説法，若了眼性空，即知文自性。
以能了知故，是人應説法，不了眼性空，亦迷名自性。
以不了知故，是不應説法，若了眼性空，即知名自性。
以能了知故，是人應説法，不了眼性空，亦迷色自性。
以不了知故，是不應説法，若了眼性空，即知色自性。
以能了知故，是人應説法。

**遁倫《瑜伽論記》卷一**　界者，因義，性義。種姓者，類別義。自性者，體義。因者，能生他義。

**法雲編《翻譯名義集》卷一三**　自性者，以舊經云覺，一切佛法緣自得樂相故。智者立爲自性意生，以別教中道是諸法之自性故。《淨名記》云，若不見中，則不見於諸法自性。

**施護譯《佛說了義般若波羅蜜多經》** 何以故，色自性空，空離性故。色體即空，離色無別空。空體即色，離空無別色。是義云何，名分別故。舍利子！當知色法自性，不生不滅、非染非淨。彼名自性，亦非緣法，離諸疑惑，無所從來亦無所住，如實所生，離三際故。色法如是，受、想、行、識亦復如是。

# 無自性

**玄奘譯《大般若波羅蜜多經》卷六七** 何緣故說諸法亦爾，都無自性者。舍利子！諸法都無和合自性。何以故，和合有法，自性空故。時，舍利子問善現言：何法都無和合自性。善現答言：

舍利子！色都無和合自性，受、想、行、識都無和合自性。

舍利子！眼處都無和合自性，耳、鼻、舌、身、意處都無和合自性。

舍利子！色處都無和合自性，聲、香、味、觸、法處都無和合自性。

舍利子！眼界都無和合自性，色界、眼識界，及眼觸、眼觸爲緣所生諸受，都無和合自性。

舍利子！耳界都無和合自性，聲界、耳識界，及耳觸、耳觸爲緣所生諸受，都無和合自性。

舍利子！鼻界都無和合自性，香界、鼻識界，及鼻觸、鼻觸爲緣所生諸受，都無和合自性。

舍利子！舌界都無和合自性，味界、舌識界，及舌觸、舌觸爲緣所生諸受，都無和合自性。

舍利子！身界都無和合自性，觸界、身識界，及身觸、身觸爲緣所生諸受，都無和合自性。

舍利子！意界都無和合自性，法界、意識界，及意觸、意觸爲緣所生諸受，都無和合自性。

舍利子！地界都無和合自性，水、火、風、空、識界，都無和合自性。

舍利子！無明都無和合自性，行、識、名色、六處、觸、受、愛、取、有、生、老死愁歎苦憂惱，都無和合自性。

舍利子！內空，都無和合自性。外空、內外空、空空、大空、勝義空、有爲空、無爲空、畢竟空、無際空、散空、無變異空、本性空、自相空、共相空、一切法空、不可得空、無性空、自性空、無性自性空，都無和合自性。

舍利子！布施波羅蜜多都無和合自性，淨戒、安忍、精進、靜慮、般若波羅蜜多，都無和合自性。

舍利子！四靜慮都無和合自性，四無量、四無色定，都無和合自性。

舍利子！八解脫都無和合自性，八勝處、九次第定、十遍處，都無和合自性。

舍利子！四念住都無和合自性，四正斷、四神足、五根、五力、七等覺支、八聖道支，都無和合自性。

舍利子！空解脫門都無和合自性，無相、無願解脫門，都無和合自性。

舍利子！五眼都無和合自性，六神通，都無和合自性。

舍利子！佛十力都無和合自性，四無所畏、四無礙解、大慈、大悲、大喜、大捨、十八佛不共法，都無和合自性。

舍利子！一切智都無和合自性，道相智、一切相智，都無和合自性。

舍利子！無忘失法都無和合自性，恆住捨性，都無和合自性。

舍利子！一切陁羅尼門都無和合自性，一切三摩地門，都無和合自性。

舍利子！極喜地都無和合自性，離垢地、發光地、焰慧地、極難勝地、現前地、遠行地、不動地、善慧地、法雲地，都無和合自性。

舍利子！異生地都無和合自性，種姓地、第八地、具見地、薄地、離欲地、已辦地、獨覺地、菩薩地、如來地，都無和合自性。

舍利子！聲聞乘都無和合自性，獨覺乘、大乘，都無和合自性。

舍利子！由此緣故我作是說：諸法亦爾，都無自性。【略】

舍利子！內空非常亦無散失，外空、內外空、空空、大空、勝義空、有爲空、無爲空、畢竟空、無際空、散空、無變異空、本性空、自相空、共相空、一切法空、不可得空、無性空、自性空、無性自性空，非常亦無散失。

**玄奘譯《大般若波羅蜜多經》卷四二二**　善現對曰：舍利子！如色名唯客所攝，受、想、行、識名亦唯客所攝。所以者何，色非名，名非色。受、想、行、識非名，名非受、想、行、識。色等中無名，名中無色等，非合非散，但假施設。何以故，以色等與名，俱自性空故。自性空中，若色等、若名，俱無所有，不可得故。舍利子！菩薩摩訶薩名亦復如是，唯客所攝，由斯故說：諸菩薩摩訶薩但有假名，都無自性。

舍利子！如眼處名唯客所攝，耳、鼻、舌、身、意處名亦唯客所攝。所以者何，眼處非名，名非眼處。耳、鼻、舌、身、意處非名，名非耳、鼻、舌、身、意處。眼處等中無名，名中無眼處等。非合非散。但假施設。何以故，以眼處等與名，俱自性空故。自性空中，若眼處等、若名，俱無所有，不可得故。舍利子！菩薩摩訶薩名亦復如是，唯客所攝，由斯故說，諸菩薩摩訶薩但有假名，都無自性。

舍利子！如色處名唯客所攝，聲、香、味、觸、法處名亦唯客所攝。所以者何。色處非名，名非色處。聲、香、味、觸、法處非名，名非聲、香、味、觸、法處。色處等中無名，名中無色處等，非合非散，但假施設。何以故，以色處等與名俱自性空故。自性空中，若色處等、若名，俱無所有，不可得故。舍利子！菩薩摩訶薩名亦復如是，唯客所攝，由斯故說，諸菩薩摩訶薩但有假名，都無自性。

舍利子！如眼界名唯客所攝，耳、鼻、舌、身、意界名亦唯客所攝。所以者何。眼界非名，名非眼界。耳、鼻、舌、身、意界非名，名非耳、鼻、舌、身、意界。眼界等中無名，名中無眼界等，非合非散，但假施設。何以故，以眼界等與名俱自性空故。自性空中，若眼界等、若名，俱無所有，不可得故。舍利子！菩薩摩訶薩名亦復如是，唯客所攝，由斯故說，諸菩薩摩訶薩但有假名，都無自性。

舍利子！如色界名唯客所攝，聲、香、味、觸、法界名亦唯客所攝。所以者何。色界非名，名非色界。聲、香、味、觸、法界非名，名非聲、香、味、觸、法界。色界等中無名，名中無色界等，非合非散，但假施設。何以故，以色界等與名俱自性空故。自性空中，若色界等、若名，俱無所有，不可得故。舍利子！菩薩摩訶薩名亦復如是，唯客所攝，由斯故說，諸菩薩摩訶薩但有假名，都無自性。

舍利子！如眼識界名唯客所攝，耳、鼻、舌、身、意識界名亦唯客所攝。所以者何。眼識界非名，名非眼識界。耳、鼻、舌、身、意識界非名，名非耳、鼻、舌、身、意識界。眼識界等中無名，名中無眼識界等，非合非散，但假施設。何以故，以眼識界等與名俱自性空故。自性空中，若眼識界等、若名，俱無所有，不可得故。舍利子！菩薩摩訶薩名亦復如是，唯客所攝，由斯故說，諸菩薩摩訶薩但有假名，都無自性。【略】

舍利子！如內空名唯客所攝，外空、內外空、空空、大空、勝義空、有爲空、無爲空、畢竟空、無際空、散無散空、本性空、自共相空、一切法空、不可得空、無性空、自性空、無性自性空名，亦唯客所攝。所以者何，內空非名，名非內空。外空乃至無性自性空非名，名非外空乃至無性自性空。內空等中無名，名中無內空等，非合非散但假施設。何以故，以內空等與名俱自性空故。自性空中，若內空等、若名，俱無所有不可得故。舍利子！菩薩摩訶薩名亦復如是唯客所攝，由斯故說，諸菩薩摩訶薩但有假名，都無自性。

舍利子！如四念住名唯客所攝，四正斷、四神足、五根、五力、七等覺支、八聖道支名亦唯客所攝。所以者何。四念住非名，名非四念住。四正斷乃至八聖道支非名，名非四正斷乃至八聖道支。四念住等中無名，名中無四念住等，非合非散，但假施設。何以故，以四念住等與名俱自性空故。自性空中，若四念住等、若名，俱無所有不可得故。舍利子！菩薩摩訶薩名亦復如是唯客所攝，由斯故說，諸菩薩摩訶薩但有假名，都無自性。

舍利子！如是乃至如佛十力名唯客所攝，四無所畏、四無礙解、大慈、大悲、大喜、大捨、十八佛不共法名亦唯客所攝。所以者何。佛十力非名，名非佛十力。四無所畏乃至十八佛不共法非名，名非四無所畏乃至十八佛不共法。佛十力等中無名，名中無佛十力等，非合非散，但假施設。何以故，以佛十力等與名俱自性空故。自性空中，若佛十力等、若名，俱無所有不可得故。舍利子！菩薩摩訶薩名亦復如是唯客所攝，由斯故說，諸菩薩摩訶薩但有假名，都無自性。【略】

舍利子！色都無和合自性，受、想、行、識亦都無和合自性。眼處都無和合自性，耳、鼻、舌、身、意處亦都無和合自性。色處都無和合自性，聲、香、味、觸、法處亦都無和合自性。眼界都無和合自性，耳、鼻、舌、身、意界亦都無和合自性。色界都無和合自性，聲、香、味、觸、法界亦都無和合自性。眼識界都無和合自性，耳、鼻、舌、身、意識界亦都無和合自性。眼觸都無和合自性，耳、鼻、舌、身、意觸亦都無和合自性。眼觸爲緣所生諸受都無和合自性，耳、鼻、舌、身、意觸爲緣所生諸受亦都無和合自性。布施波羅蜜多都無和合自性，淨戒、安忍、精進、靜慮、般若波羅蜜多亦都無和合自性。四念住都無和合自性，四正斷、四神足、五根、五力、七等覺支、八聖道支亦都無和合自性。乃至佛十力都無和合自性，四無所畏、四無礙解、大慈、大悲、大喜、大捨、十八佛不共法亦都無和合自性。乃至聲聞乘都無和合自性，獨覺乘、大乘亦都無和合自性。舍利子！由此因緣我作是說，諸法亦爾畢竟不生，但有假名都無自性。

**玄奘譯《大般若波羅蜜多經》卷四九七**　舍利子！以要言之，若善法、非善法，若有記法、無記法，若有罪法、無罪法，若有漏法、無漏法，若有染法、無染法，若世間法、出世間法，若雜染法、清淨法，若生死法、涅槃法，若有爲法、無爲法，如是一切皆非常非壞。何以故，本性爾故。舍利子！由此因緣，我作是說，諸法亦爾，畢竟不生，但有假名，都無自性。

**波頗蜜多羅譯《般若燈論釋》卷一**　自我等諸體，內入等衆緣。一一皆不有，以無自性故。

**惟淨等譯《大乘中觀釋論》卷九**　諸法無自性，見有異性故。釋曰：若見有法變異之性，彼即無我。無我即無常，無常即不有。如是所說，是爲虛妄。此法如是，故下頌言：

無性法亦無，一切法空故。釋曰：雖說諸法皆空，即彼諸法猶如空花，亦非有彼無自性法。又或無所成故。復次頌言：

若法無自性，法云何有異。釋曰：若法有異，自性亦異。若彼諸法無自性者，即不和合。是故若見諸法各各自性有別異者，云何不說此爲虛妄，故下頌言：

若法有自性，亦復何有異。釋曰：若其無者，即無法可有異性和合。計有性者，即墮過失。

**鳩摩羅什譯《十二門論》**　衆緣所生法，是即無自性。若無自性者，云何有是法。

衆緣所生法有二種，一者內，二者外。衆緣亦有二種，一者內，二者外。外因緣者，如泥團、輪繩、陶師等和合，故有瓶生。又如縷繩、機杼、織師等和合，故有疊生。又如治地、築基、梁椽、泥草、人功等和合，故有舍生。又如酪器、鑽搖、人功等和合，故有酥生。又如種子、地水火風、虛空、時節、人功等和合，故有芽生。當知外緣等法皆亦如是。

內因緣者，所謂無明、行、識、名色、六入、觸、受、愛、取、有、生、老死，各各先因而後生。如是內外諸法，皆從衆緣生。從衆緣生故，即非是無性耶。若法自性無，他性亦無，自他亦無。何以故。因他性，故無自性。若謂以他性故有者，則牛以馬性有，馬以牛性有。梨以柰性有，柰以梨性有。餘皆應爾。而實不然。若謂不以他性故有，但因他故有者，是亦不然。何以故。若以蒲故有席者，則蒲席一體，不名爲他。若謂蒲於席爲他者，不得言以蒲故有席。又蒲亦無自性。何以故。蒲亦從衆緣出，故無自性。無自性故，不得言以蒲性故有席。是故席不應以蒲爲體。餘瓶酥等外因緣生法，皆亦如是不可得。內因緣生法，皆亦如是不可得。

**玄奘譯《攝大乘論釋》卷五**　自然自體無者，依衆緣故名自然無。前生剎那已故非新，名自體無自性。不堅住者，一剎那後，性滅壞故。此無自性理共聲聞。如執取不有故許無自性者，此是不共無自性理，如有顛倒執有我等。如是愚夫所執諸法，都無所有故。大乘中許一切法皆無自性。由無性故成者，由無自性無生滅等道理成立。後後所依止者，由無自性故無有生。由無生故，即無有滅。無生滅故，本來寂靜。本寂靜故，自性涅槃。

**真諦譯《佛性論》卷一**　有外道說：一切諸法，皆有自性，等有不空，性各異故。若諸法悉空，無自性者，則水火色心，生死涅槃，並無自性。自性既無，應可轉火爲水，轉於涅槃更作生死。何以故，等無自性故。現見火性定熱，不可爲水。水性定濕，不可爲火。涅槃生死，亦復如是。不可互相轉作。如此二法，並有自性故。若互可轉，則修道無用。故知諸法各有自性，是故不空。

復次，爲破外道自性義應知。難曰：汝說諸法各有自性不空，性定異者。是義不然。何以故，自性決定不可得故。決定者，離此泰近泰遠八種不可見因外，若物定有，則應可見。若物定無，則不可見。譬如兔角及蛇耳等，以決定智，依道理覓，決不可得，定永無故。諸法自性，亦復如是。故知諸法無自性，故空。若汝說瓶等諸物更互各異，如瓶異衣等者。是義不然。何以故。瓶與色等，爲即自性，爲離自性。若定即離者，義皆不可。若是一者，則不應有八。瓶與數相違故，一義不立。若定異者，緣色則不應得瓶。如人緣牛曾不見馬。故瓶等即離自性，皆不可得。若汝說有性有故諸法有，自性不空者。是義不然。何以故。有性無自性故。有性若是自性有者，則不離空有二處。若有中有者，則二有相並無能所用。法既以有，何勞復須自性有耶。若無中有者，那不能令兔角龜毛等有。故知二處不立。

復次問曰：汝說自性與瓶等，爲一爲異。若一者，則不應有八性。若有八者，一數即乖。若言異者，則不通有便無言智。何以故。汝言由自性有故有言說，及生智慧。今既是異故，知無言說。無言說故，智慧不生。有無即離，皆不可得故，自性定無。又若汝說，汝言亦空，是故一切諸法不空者。此義不然。何以故。如是語言入諸法攝故。語言亦空，故知諸法皆空。若汝說語言可聞故不空者。是義不然。何以故。語言自性不可得故，語言因緣種種異故。異相者有八事：一覺。二觀。三功用。四風氣。五八處。八處者，臍、胸、喉、舌根、項、齒、鼻、脣。六音聲。七名字。八開閉。具此八義故，言聲得生。分別語言，並入一切諸法攝，故知同皆是空。又汝言，若汝說空平等者，云何於八種因緣，但生語言，不生餘法。是義不然。何以故。汝不識他義本故。若有人立不從因緣，能出語言。汝對此人可施此難。我今說因果決定，不無因緣。因果定者，如從因生果。若果不從因生，則應本來有果。若因不生果，果何緣有。若因果俱無性者，則自他同無。云何自生不生於他，爲自果生，他果不生故，不得無性。由因生故，不可說有。從他生故，不可說無。以是義故，我說因果決定。

**泰等譯《入大乘論》卷上**　問曰：因緣生法，即是體相。答曰：事不然。何以故。若有體相，若無體相，非汝所及。如汝所說，以因緣爲體相者，因緣從他生故，云何有體。言體相者，自性而起，不屬因緣。若屬因緣，則無自性。譬如假借，自有也。是故因緣假他而成，無有自體。如尊者龍樹所說偈：

因緣所生法，是即無自性，若無自性者，云何有體相。

**澄觀《嚴法界玄鏡》下**　觀曰：八事法即理門。謂緣起事法，必無自性。無自性故，舉體即眞。故說衆生即如，不待滅也。如波動相，舉體即水，故無異相也。

釋曰：事望理也，亦有法喩。《中論》曰，若法從緣生，是則無自性，若無自性者，云何有是法。無自性者，是眞理也。故事即理。

## 本性

**真諦譯《金七十論》卷上**　本性者，能生一切，不從他生，故稱本性。本性能生於大等，是故得本名。不從他生故，是故非變異。大我慢五塵，此七亦本亦變異。大從本性生，故變異。能生我慢故，是本。我慢從大生，故變異。能生五唯，故稱本。五唯種從慢生，故變異。能生大及根，故名本。

**闍那崛多譯《佛本行集經》卷二二**　凡衆生者，此有二義，一者本性，二者變化，合此二種，總名衆生。言本性者，即是五大，其五大者，所謂地、大、水、火、風、空。我及無相，名本體性。言變化者，諸根境界，手足語言，動轉來去，及以心識，此名變化。

**吉藏《百論疏》卷上**　問言：云何分別本性反異及知者。答：偈云，本性非變異，大等亦本反，十六但反異，知者非本反。本性者，能生一切，不從他生，故稱本性。本性能生大等，是故偈本名不從他生，是故非反異。覺與我心五塵，此七亦本亦反異。大從本性生故反異，能生我慢故名本。我慢從本大生故反異，能生五塵故名本。塵從慢生故反異，能生五大及諸根故秤本。聲塵生空及耳根故名本，乃至香生地及鼻根，如是七亦反異。十六但反異者，五大、五作根、五知根及心。此十六但從他生，不能生他，故但反異。知者非本非反異。知者是我，我以知爲體。我不從他生，又不能生他，故非本非反異。問：五大生十一根，五大何故非本。答：詳彼義，直明五塵生五大及十一根，不復明五大生十一根，是故五大不名爲本。

**玄奘譯《大寶積經》卷五二**　心本性者，如水中月，究竟遠離積集之相。是心法性而能發起一切正勤，迴向成熟無量佛法，是則名爲善根積集。

又舍利子！心本性者，不可取得，不可覩見。是心法性而能修習一切靜慮解脫三摩地三摩鉢底，迴向諸佛勝三摩地，是則名爲善根積集。又舍利子！觀此心性，本非色相，無見無對，不可了知。是心法性而能修習一切慧句差別說智，迴向圓滿諸佛智慧，是則名爲善根積集。

**玄奘譯《佛地經論》卷三**　如佛自心眞實清淨，本性光潔，本性淨故。一切衆生心性亦爾。本性眞實，本性清淨。心本性者，即是眞如。一切衆生心平等性。如說由何說心平等，由空性故說心平等。如是廣說。心本性者，即心法性遍在一切衆生心性，是故說名心平等性。

**玄奘譯《阿毗達磨大毗婆沙論》卷一〇一**　問：前所說本性念生智，以何爲自性。答：以慧爲自性，是謂本性念生智自性、我物自體相分本性。已說自性，所以今當說。問：何故名本性念生智，本性念生智是何義耶。答：生謂前生諸有漏法，智謂此生能知彼智，念謂此智俱生勝念。言本性者，簡別修得。即本性智，由勝念力，知過去生諸有漏法故，名本性念生智。復次，住本性心，由勝念力發起此智，知過去生諸有漏法，故名本性念生智。本性心者，謂善染汚無覆無記，不由修得，故名本性。復次本性者，謂諸法自性，即過去生諸有漏法自性。智由念力知本性生，故名本性念生智。復次本性者，謂前際法性，即過去生有漏法性。智由念力知本性生，故名本性念生智。

**智周《成唯識論演祕》卷二**　問：大乘極微，豈無本質。答：聖教既云以假想惠分折建立，何有本質。有義，極微有二，一者本性，二影像相。言本性者，佛大菩薩以神通力，折彼大地而爲極微，故名本性。問：《瑜伽》等論，但說惠折以爲極微。此即影像，何有本質。答：對敵申宗，略故不說，稍同外故。故《順正理》三十二云，極微有二，一實，二假。實謂極成色等自相，於和集位現量所得，假由分折比量所知。恐濫有宗，故但說假。理實大乘亦有二也。而言聚色無極微者，亦準此知，豈於自宗無細礙色。又大乘中，非由散微集成聚色，說聚色無，折聚成微，義不違也。

**慧沼《勸發菩提心集》卷下**　一切門戒者，略有四種。一者正受戒，二本性戒，三串習戒，四方便相應戒。正受者，受先所受三聚淨戒。本性者，住種姓位。本性仁賢，身語二業恆清淨轉。串習者，多生修習三種淨戒。

**慧沼《能顯中邊慧日論》卷一**　《善戒經》云，性有二種，一者本性，二者客性。言本性者，陰界六入次第相續，無始無終，法性自爾，是名本性。即是前云，是故當知非因發心有菩薩性。《地持》云，雖不發心，不修加行方便，猶得名爲種性持，所修一切善法即爲客性。《瑜伽論》云，從無始世，展轉傳來，法爾所得，名性種性。若從先來，修善所得，是名習姓。法性自爾，即是本性故。

**澄觀《貞元新譯華嚴經疏》卷五**　彼識自性本性者，即根本依，謂第八識。若離第八，餘不轉故。自性即是第八識體，謂集起賴耶。重言本性者，即是眞識如來藏性。以《楞伽》、《起信》眞妄和合成第八故。

**澄觀疏　宋　淨源注《大方廣佛華嚴經疏》卷一四**　如來藏身，身即體也、依也。此有二種，一者修成，二者本性。本性者，凡聖俱成。修成者，唯諸佛有。諸佛有者，慈悲無邊，故名爲廣。智慧無上，故稱爲大。生相已盡，故云生息。《涅槃》云：離有常住，故名如來。萬德含攝，是謂藏身，即是出纏之法身也。言本性者，謂即藏識，包含種子，建立趣生，故名爲廣。本覺現量，與佛等故，名之爲大。

**宗密《圓覺經大疏釋義鈔》卷四**　本性者，將心息妄，亦乖本性。性本自寂，性本自知，方名眞佛故。隨樂者，如理觀察，隨心所見，無非是佛。

**玄奘譯《大般若波羅蜜多經》卷四一三**　云何本性空，本性謂，若有爲法性、若無爲法性，如是一切皆非聲聞、獨覺、菩薩、如來所作，亦非餘所作，故名本性。當知此中本性，由本性空，非常非壞。何以故，本性爾故。善現！是爲本性空。

**玄奘譯《大般若波羅蜜多經》卷四八八**　云何本性空。本性謂，一切法若有爲性、若無爲性，如是本性非聲聞作、非獨覺作、非菩薩作、非諸佛作、亦非餘作，其性法爾，故名本性。當知本性由本性空，非常非壞。所以者何，本性爾故，是爲本性空。

**慧海《頓悟入道要門論》卷上**　妄念不生爲禪，坐見本性爲定。本性者，是汝無生心。定者，對境無心，八風不能動。八風者，利、衰、毀、譽、稱、譏、苦、樂，是名八風。

**慧沼《大乘法苑林章補闕》卷四**　《大般若》言，有無爲法，非三乘聖，亦非所餘作，此本性故，名本性。非自他俱之所作，故名本性空。《顯揚》等云，本性即是無漏種姓。爲此種姓得清淨故，而觀於空，名本性空。

## 性相

**鳩摩羅什譯《大智度論》卷三一**　以是種種因緣，性不可得，名爲性空。自相空者，一切法有二種相，總相，別相。

是二相空，故名爲相空。

問曰：何等是總相，何等是別相。答曰：總相者，如無常等。別相者，諸法雖皆無常，而各有別相，如地爲堅相，火爲熱相。

問曰：先已說性，今說相，性相有何等異。答曰：有人言，其實無異，名有差別。說性則爲說相，說相則爲說性。譬如說火性即是熱相，說熱相即是火性。有人言，性相小有差別。性言其體，相言可識。如釋子受持禁戒，是其性，剃髮、割截染衣，是其相。梵志自受其法，是其性，頂有周羅，執三奇杖，是其相。如火，熱是其性，烟是其相。近爲性，遠爲相。相不定，從身出，性則言其實。如見黃色爲金相而內是銅，火燒石磨，知非金性。如人恭敬供養時，似是善人，是爲相。罵詈毀辱，忿然瞋恚，便是其性。性相，內外、遠近、初後等，有如是差別。是諸相皆空，名爲相空。如說一切有爲法，皆是無常相。所以者何。生滅不住故，先無今有，已有還無故，屬諸因緣故，虛誑不眞故，無常因緣生故，衆合因緣起故。如是等因緣故，一切有爲法是無常相。

**鳩摩羅什譯《大智度論》卷八二**　法性相者，佛說無分無非分。無分者，不可示此示彼，無分別，無相無量。無非分者，不著是無相無量等，破量相。法性二事妨故不見，一有相有量，二無相無量。有相有量爲麁，無相無量爲細，是故說，法性相無分無非分。

**僧伽跋摩等譯《雜阿毗曇心論》卷七**　喜無量是喜根性，隨生法是五陰性。相者，以安饒益是慈相，除不安是悲相。隨喜是喜相，任放是捨相。

**智顗《妙法蓮華經玄義》卷二上**　諸法如是相、如是性、如是體、如是力、如是作、如是因、如是緣、如是果、如是報、如是本末究竟等。南岳師讀此文，皆云如故，呼爲十如也。天台師云，依義讀文，凡有三轉。一云，是相如，是性如，乃至是報如。二云，如是相，如是性，乃至如是報。三云，相如是，性如是，乃至報如是。若皆稱如者，如名不異即空義也。若作如是相如是性者，點空相性名字施設邐迤不同，即假義也。若作相如是者，如於中道實相之是，即中義也。分別令易解，故明空假中。

**智顗《妙法蓮華經玄義》卷五上**　如是性，性以據內，即是觀照軌。如是相者，相以據外，即是福德，是資成軌。

**吉藏《法華義疏》卷三**　如是相如是性者，波若以無著爲相，無著之相體不可改，故稱爲性。

**智顗《法界次第初門》卷下**　十三自相空。（自相空者，一切法有二種相，一總相，二別相。總相者，如無常等。別相者，諸法雖無常，而各有別相。如地有堅相，火有熱相。如是二種相皆空，故名相空。分別性相不同，或言名異體同，或云名體俱異。所以者何。性言其體，相言其識。性以據內，相以據外。相如見黃色爲金相，而內是銅火燒石磨。知非金相性，故別明相空。）

**般若譯《大乘本生心地觀經》卷三**：

常觀諸佛妙法身，體性如空不可得。一切諸罪性皆如，顛倒因緣妄心起，如是罪相本來空，三世之中無所得。非内非外非中間，性相如如俱不動，眞如妙理絕名言，唯有聖智能通達。

**一行《大毗盧遮那成佛經疏》卷七**　梵云邏吃灑，此翻爲相。有人言，性相無有差別，如說火性即是熱相。或言少有差別，性言其體，相言可識。如釋子受持禁戒是其性，剃髮割截染衣是其相。若見邏字門，即知一切法皆悉有相。相復二種。一者總相，謂無常、苦、空、無我相。別謂諸法雖無常無我，而有各各相。如地堅、水濕、火熱、風動等。捨爲施相。不悔不惱爲持戒相。心不變異爲忍相。發勤爲精進相。攝心爲禪相。無所著爲慧相。能成事爲方便相。織作生死爲世間相。無織爲涅槃相等。今觀有爲無爲法，體性皆空。此相與誰爲相耶。如《中論・三相品》及《十二門》中廣說。

**《別譯雜阿含經》卷一〇**　佛告犢子：若能知色，解其性相，如斯等人，不起是見，不作是論。言世界常無常，亦常亦無常，非常非非常見，亦復如是。世界有邊無邊，亦有邊亦無邊，非有邊非非有邊，亦復如是。身一命一，身異命異。我死此生彼，死此不生彼，亦生彼亦不生彼，非生彼非非生彼，亦復如是。受想行識，亦如上說。若了知識，解其性相，如斯等人，不起是見，不作是論。言識是常，此見爲是，餘見爲非。識爲無常，亦常亦無常，非常非非常見，亦復如是。識有邊無邊，亦有邊亦無邊，非有邊非非有邊，亦復如是。身一命一，身異命異。我死此生彼，死此不生彼，亦生彼亦不生彼，非生彼非不生彼，亦復如是。不知者，如知者說。見者不見者，如知者說。解不解，亦如上說。通徹不通徹，亦如上說。有相無相，亦如上說。其義深淺，亦如上說。

**法雲《妙法蓮華經義記》卷二**　如是相者，表異爲義。覽觀三乘教，皆有異相。聲聞乘教異緣覺乘教異菩薩乘教異，故言如是相也。如是性，性是不改爲義也。但昔日聲聞教不可改作緣覺教，緣覺教不可改作菩薩教，故言如是性。如是體，體體別爲義。

**延壽集《宗鏡錄》卷四八**　以眞如是性，第八是相，性相不相離。若熏著相時，兼熏著性。或攝相歸性故，眞如受熏何失。如將金石作指鐶等。護法破云，熏相不熏性，如火燒世界，不燒虛空。

**延壽集《宗鏡錄》卷八六**　如是性者，性以據内，不改名性。又性名性分，種類之義，分分而不同，各各不可改。如火以熱爲性，水以濕爲性等。不改約理，種類約事。又性是實性，實性即是理性。極實無過，即一心佛性之異名耳。又《無行經》云，稱不動性，即不改義。今明内性不可改。如竹中火性，雖不可見，不得言無。燧人乾草，遍燒一切。心亦如是，具一切五陰性，雖不可見，不得言無。以智眼觀，具一切性。如是體者，體是主質義。此十法界陰入，俱用色心爲體質也。

# 性起

**佛馱跋陀羅譯《大方廣佛華嚴經》卷一三**　彼有菩薩，解虛空法界等一切諸法，爲諸眾生於一切世界中，現爲如來出興於世，示現至一切處智，無量無邊自在受生法身，遍至不壞法界，平等普入，同佛身藏，不生不滅。普應一切善巧方便，出現世間。從眞實法性起，堅固不轉，無礙所持，諸佛無礙功德所生。

**佛馱跋陀羅譯《大方廣佛華嚴經》卷二八**　爾時，普賢菩薩摩訶薩答如來性起妙德菩薩言：佛子！如我惟忖，如我所見，過去如來、應供、等正覺，放大光明，必說如來性起正法。是故今佛放大光明，顯自在力，必說如來性起正法。時，如來性起妙德菩薩聞如來性起正法名已，一切大地六種震動，出生無量論難光明。

**菩提流志譯《大寶積經》卷二五**　諸菩薩摩訶薩，應入無尋無伺無言說印門，以無種種自性之印，印一切法。以一自性起作之相，斷除種種自性想故。

**法藏《花嚴經探玄記》卷一六**　宗趣者，明性起法門，即以爲宗。分別此義，略作十門。一分相門。二依持門。三融攝門。四性德門。五定義門。六染淨。七因果。八通局。九分齊。十建立。

初分相者，性有三種，謂理、行、果。起亦有三。謂理性得了因顯現，名起。二行性由待聞熏，資發生果，名起。三果性起者，謂此果性更無別體。即彼理行兼具，修生至果位時，合爲果性。應機化用，名之爲起。是故三位各性各起，故云性起。今此文中正辨後一，兼辨前二也。

二依持門者。一行證理成，即以理爲性，行成爲起。此約菩薩位。以凡位有性而無起故。二證圓成果，即理行爲性，果成爲起。此約佛自德。三理行圓成之果爲性，赴感應機之用爲起。是即理行徹至果用故起，唯性起也。

三融攝門者。既行依理起，即行虛性實，虛盡實現，起唯性起。乃至果用唯是眞性之用。如金作鐶等，鐶虛金實，唯是金起，思之可見。

四性德門者。以理性即行性，是故起唯理性起。此與前門何別者。前約以理奪行說，今約理本具行說。問：理是無爲，行是有爲。理顯爲法身，行滿爲報身。法報不同，爲無爲異。云何理性即行耶。答：以如來藏中，具足恆沙性功德故。《起信論》中，不空眞如有大智慧光明義、遍照法界義等。《涅槃》云，佛性者名第一義空，第一義空名爲智慧。解云：此即無爲性中，具有有爲功德法故。《如來藏經》模中像等，及《寶性論》眞如爲種性等，皆是此義。是故藉修引至成位名爲果性，果性赴感名爲性起。

五定義門者。問：下文云，非少因緣成等正覺，此乃是緣起，何故唯言性起耶。釋云：有四義。一，以果海自體當不可說。不可說性，機感具緣，約緣明起。起已違緣而順自性，是故廢緣，但名性起。二性體不可說。若說即名起。今就緣說起，起無餘起，還以性爲起。故名性起，不名緣起。三起雖攬緣，緣必無性。無性之理，顯於緣處。是故就顯，但名性起。如從無住本立一切法等。四若此所起似彼緣相，即屬緣起。今明所起唯據淨用，順證眞性，故屬性起。

六染淨門者。問：一切諸法皆依性立，何故下文性起之法。唯約淨法，不取染耶。答：染淨等法雖同依眞，但違順異故，染屬無明，淨歸性起。問：染非性起，應離於眞。答：以違眞故，不得離眞。以違眞故，不屬眞用。如人顛倒帶靴爲帽，倒即是靴，故不離靴。首帶爲帽，非靴所用。當知此中道理亦爾。以染不離眞體，故說眾生即如等也。以不順眞用故，非此性起攝。若約留惑有淨用，亦入性起收。問：眾生及煩惱，皆是性起不。答：皆是。何以故，是所救故，所斷故，所知故，是故一切無非性起。

七因果門者。問：菩薩善根亦順性而起，何故下文唯辨佛果。答：以未圓故不辨耳。若約爲性起因義，及眷屬義，皆性起攝。如下文藥樹王生牙時，一切樹同生等。若從此義，初發菩提心已去，皆性起攝。唯除凡小，以二處不生牙故。若據爲緣令彼生善，亦性起攝。如日照生盲等。

八通局門者。問：此性起唯據佛果，何故下文菩薩自知身中有性起菩提。一切眾生心中亦爾。答：若三乘教眾生心中但有因性無果用相，此圓教中盧舍那果法該眾生界，是故眾生身中亦有果相。若不爾者，則但是性而無起義。非此品說。文意不爾，以明性起唯果法故。但以果中具三世間，是故眾生亦此所攝。問：既局佛果，何故下文通一切法。答：若三乘教眞如之性通情非情，開覺佛性唯局有情故。《涅槃》云，非佛性者，謂草木等。若圓教中佛性及性起皆通依正，如下文辨。是故成佛具三世間，國土身等皆是佛身。是故局唯佛果，通遍非情。

九分齊門者。既此眞性融遍一切故，彼所起亦具一切，分圓無際，是故分處皆悉圓滿。無不皆具無盡法界，是故遍一切時一切處一切法等，如因陁羅網無不具足。

十建立門者。問：法門無涯，何故下文唯辨十種。答：顯無盡故。何等爲十。一總辨多緣以成正覺。二正覺身。三語業。四智。五境。六行。七菩提。八轉法輪。九入涅槃。十見聞恭敬供養得益。此十略收佛果業用，故不增減。此十義通前九位，皆具準之。餘義下文當現。

**法藏**《**華嚴經義海百門**》 四通性起者。謂塵體空無所有，相無不盡，唯一眞性。以空不守自性，即全體而成諸法也，是故而有萬像繁興。萬像繁興而恆不失眞體一味。起恆不起，不起恆起。良以不起即起，起乃顯於緣生。起即不起，不起乃彰於法界。是故此塵即理即事即滅即生，皆由不起而起也。此塵亦空理亦壞亦隱，由起而不起，是故終日繁興，而無施設也。

**善喜**《**斥謬**》 云《圓覺》亦談性起者，《行願鈔》第一云，性起門即別教義，逈異諸教緣起門。即同教義，普攝諸教。又云，云全揀諸宗，即別教性起義，全収諸宗即同教緣起義。今《圓覺》亦談性起，何以逈異餘宗耶。問：圭山敘萬法虛僞已下，直至性起等，豈非《圓覺》談性起耶。答：《大鈔》第一配攝諸教後三句，但是一心初終教心寂而知，次頓教目之圓覺，最後一句結成經宗義當圓教。以此經分同《華嚴》，故不的配，則知圭山經旨教眼不亂矣。

又曰：頓教不談性起，《圓覺經》乃談性起。此亦非也。儻說性起自屬《華嚴》，非《圓覺》所談也。《圓覺疏》云，染淨俱融，合法界性起。唯性起故，無斷盡，如《華嚴》說。若《圓覺》所談，豈云如《華嚴》說耶。如何便謂《圓覺》談性起耶，豈不礙教門宗旨乎。

**延壽集《宗鏡錄》卷八二** 問：一切衆生，皆同法性。故《思益經》云，衆生如，即是漏盡解脫如。云何衆住不具性起功德。答：性有二種。一種性義，因所起故。二法性義，若眞若應皆此性故。若是法性，凡聖皆同。若是種性，須萬善熏修，以淨奪染，性方起故。妄雖即性，不順性故。清涼記云：如來出現義，亦名緣起，亦名性起。若八相覺緣出現，故名緣起。謂由衆生業感，如來大悲而出現故。八相成道從法性，故名性起。今以從緣無性，緣起即名性起。又淨緣起常順於性，亦名性起，故云應雖從緣，不違性故。即無不從此法界流，即相成門，明性成於緣故。此性起自有二義。一從緣無性，而爲性起。二法性隨緣，故名性起，無不還證此法身故。此乃緣起能成性起，即是相成門也，以淨奪染。性即起故者，明相奪門，亦是通妨。謂有問言，性起唯淨，緣起即是性起，故爲此通。謂起有二，一染，二淨。淨謂如來大悲，菩薩萬行等。染謂衆生惑業等。若以染奪淨，則屬衆生，故唯緣起。今以淨奪染，唯屬諸佛，故名性起。乃至萬法出興，皆是眞性中緣起。所以菩薩凡有施爲，皆順法性。衆生以無明根本未盡，我執情見不亡，所有施爲，皆違法性。但成有爲生滅之行，不成性起功德之門。

**清遠《圓覺疏鈔隨文要解》卷二** 以諸事相全性起故，不異於圓明覺性，一一事法隨所依性遍滿法界，良由覺性遍滿故。事法亦然。下文云，身心寂滅，平等本際。又云，覺性遍滿圓無際故，當知六根遍滿法界，乃至六塵遍滿法界。性起之義，異說紛紜。或云，性起唯是《華嚴》，今經不說，但以顯理一科，未落教道，故說也。今謂不然。鈔中結指所詮歸當部矣。或云，終頓俱說性起，以鈔中但以法性爲能簡通終頓故。此亦不然。祖云，性起唯別教也。或云，性起唯是《華嚴》，此經不說，但顯覺性極處，顯華嚴性起。此亦不然。若爾，何故疏鈔引當經證之邪。或云，直論性起，與《華嚴》同，但《圓覺》約證所起，唯論於淨，不同《華嚴》染淨交徹。此亦不然。疏中自云，染淨俱融合法界性。或云，《圓覺》法體與《華嚴》法體同故，敘《圓覺》極處，說於性起。或云，《華嚴》稱性極談法爾常起。今經離過，然後說於性起，儀式不同，性起無別。或云，此經不妨亦說性起，但是依緣顯性，不同華嚴法爾常起。此義與次前二義竝相近，然亦未合疏鈔之意耳。或云，此經迥顯眞性，故是性起妄上立法故。即是緣起與《華嚴》不同。或云，《華嚴》約法，法爾常起，不妨約機，以淨翻染，起唯性起。圓覺但得約機一門，華嚴二俱融即。然上所說，或全失旨，或似近宗。既非的當，指歸難從去取。今謂疏抄明言炳燭，寧假傍求。祖師既判此經兼含圓別說，亦何乖大旨。然經云，幻從諸覺性（染緣起也），幻滅覺圓滿（淨緣起也）。疏云，翻染以爲淨，緣無自性，染淨俱融，合法界性，（迷眞起妄，悟眞翻妄，離自眞性，無別染淨。故染與淨，即體同眞，故云合法界性。）起唯性起。

# 性海

**實叉難陀譯《大方廣佛華嚴經》卷六七** 善男子！我唯得此大悲幢行，若有見我及以聞我，與我同住，憶念我者，皆悉不空。如諸菩薩摩訶薩，善能遊涉生死大海，不染一切諸煩惱海，能捨一切諸妄見海，能觀一切諸法性海，能以四攝攝衆生海，已善安住一切智海，能滅一切衆生著海，能平等住一切時海，能以神通度衆生海，能以其時調衆生海，而我云何能知能說彼功德行。

**般若譯《大方廣佛華嚴經》卷一四** 善男子！我將大船如是往來，從昔至今未曾損壞，若有衆生得見我身聞我法者，令其永不怖生死海，必得入於一切智海，必能竭盡諸愛欲海，能以智光照三世海，能盡一切衆生苦海，能淨一切衆生心海，速能嚴淨一切刹海，普能往詣十方佛海，普知一切衆生根海，普了一切衆生行海，普順一切衆生性海。

善男子！我唯得此大悲幢行，若有眾生見聞憶念與我同住，皆悉不空，如諸菩薩摩訶薩，善能遊涉生死大海，能不染著諸煩惱海，能捨一切諸妄見海，能觀一切諸法性海，能以四攝攝眾生海，能善安住一切智海，能滅一切眾生著海，能平等住一切時海，能以神通度眾生海，能以其時調眾生海，而我云何能知能說彼功德行。

**不空譯《大乘瑜伽金剛性海曼殊室利千臂千鉢大教王經》卷一**　金剛性海，總攝一切法金剛五頂五智尊，現大聖曼殊室利菩薩，顯千臂千手千鉢化千釋迦灌頂曼荼羅，一切諸佛修證如來金剛菩提，具足一切法入毗盧遮那五金剛界聖智玄通，入如來佛心三密三十支金剛智鏡聖道性海故。【略】

若有眾生當於我法，若我有緣若我無緣，同我大願，則是我身共我無別。行四無量心，心等虛空，廣度有情無有休歇，願達菩提登正覺路。大聖曼殊以聖性願力，不入三界亦不出三界。心如虛空，常在如來清淨性海眞如藏中，安住法界，遍在眾生心識體性。

**不空譯《大乘瑜伽金剛性海曼殊室利千臂千鉢大教王經》卷四**　如是普明菩薩等，稽首如來言：願佛加被，則得入於毗盧遮那如來三昧性海法藏法身之中。我等諸菩薩依如來言，則入觀門。亦同得見自身中平等體性法界虛空，示現於我自性法界平等體性中。廓周法界，自在無礙，出入神用無邊性海。普皆包納十方三世一切世界，法界眾生悉皆顯現。復現諸佛三昧大智光明無相性海。皆從此三昧，出現十方所有諸安立法海，悉能含藏一切諸佛智力解脫聖性菩提及諸菩薩智願，能令一切國土微塵數佛刹互相隱沒，普能容受無邊法界而無障礙，成就一切諸佛功德法藏，顯示如來諸大願海故。

**法藏《華嚴經探玄記》卷一**　五圓教中所說，唯是無盡法界。性海圓融，緣起無礙。相即相入，如因陁羅網，重重無際，微細相容，主伴無盡。

**法藏《華嚴經探玄記》卷三**　法中亦二，一約義理，二約教事。亦各有體相用義。理中性海爲體，別德爲相，應教爲用。此三不二，唯一義理。教事中本分內，五海十智爲體，十世界及華藏界爲相，益機爲用。

**法藏《華嚴經義海百門》**　夫性海無涯，眾德以之繁廣。緣生不測，多門由是圓通。莫不迴轉，萬差卷舒之形，隨智鎔融一際。開合之勢，從心照不生機，縱差別而恆順。用非乖體，雖一味而常通。

**一行《大毗盧遮那成佛經疏》卷七**　夫心性海者，即是法界。法界者，即是勝義涅槃。若能如是見時，雖復洪波震蕩，作種種普現色身，亦不壞澄清之性也。

**武則天《大周新譯大方廣佛華嚴經序》**　《大方廣佛華嚴經》者，斯乃諸佛之密藏，如來之性海。視之者，莫識其指歸。挹之者，罕測其涯際。有學、無學，志絕窺覦。二乘、三乘，寧希聽受。最勝種智，莊嚴之迹既隆。普賢、文殊，願行之因斯滿。一句之內，包法界之無邊，一毫之中，置刹土而非隘。

**覺岸《釋氏稽古略》**　祖曰，汝盡神力，化性海得乎。魔曰，何謂性海。祖曰，性海者，山河大地皆依建立，三昧六通由茲發現。

# 如來性

**法顯譯《大般泥洹經》卷五**　苦滅諦者，若修行空一切盡滅壞如來性，若修行空名滅諦者，彼諸外道相違義者，亦修行空得滅諦耶。當知一切皆有如來常住之性，滅諸結縛煩惱永盡，顯現如來常住之性，起於一心便得妙果，常樂自在名法自在王，是爲修行苦滅聖諦。若復修行於如來性作空無我相，當知是輩如蛾投火。名滅諦者，是如來性，是如來實，滅除一切無量煩惱。所以者何。是如來性因故，如是知者爲知如來平等滅諦。

**法顯譯《大般泥洹經》卷五**　佛告迦葉：眞實我者，是如來性，當知一切眾生悉有，但彼眾生無量煩惱覆蔽不現。譬如貧家舍內有珍寶藏而不能知。時有一人善知寶相語貧子言：汝爲我作，我當與汝錢財寶物。貧子答言：我不能去。所以者何。我先家中有珍寶藏不能捨去。彼人復言：汝愚癡人不知寶處，且與我作，給汝珍寶用之無盡。便從其語。然後彼人出其宅中珍寶與之，貧人歡喜起奇特想，知彼士夫實可依怙。一切眾生亦復如是，各各皆有如來之性，無量煩惱覆蔽隱沒不能自知，如來方便誘進開化，令知自身有如來性歡喜信受。【略】若使一切皆有如來性者，應無有異。而今現有長者、梵志、刹利、居士、旃陀羅等，諸衆生類，種種異業，受身不同，若使衆生有如來性者，應當同等。而今不同，故知無有如來之性。若復眞實有如來性，不應煞盜作諸種種不善惡業。若當衆生有如來性，聾者應聽，盲者應視，啞者應言。若使各有如來性者，爲住何所。彼和合身青黄赤白，於種種色，爲住一處爲遍身中。

**法顯譯《大般泥洹經》卷五**　善男子！如來性者，多種之味，無量煩惱愚癡覆蔽，是故衆生不得上味。如來之性，種種行業處處受身。彼如來性無可煞害，其諸死者名爲壽短，如來之性名爲眞壽，不斷不壞乃至成佛。如來之性無害無煞，唯長養身。有害有煞，如諸病人作衆邪業，種種報應，刹利梵志，乃至生死。二十五有不得眞實如來性故。

復次，善男子！如人穿地求金剛寶，手執利鑿鑿堅土石，悉能令碎，唯有金剛莫能斷截。如來之性亦復如是，天魔利劍所不能傷，唯長養身。受其傷壞，非如來性。是故當知如來之性無害無煞，是爲如來決定之教，方等契經甘露毒藥。

**求那跋陀羅譯《央掘魔羅經》卷二**　諸佛如來所不得者，謂過去一切諸佛世尊，極方便求如來之藏作不可得。如來性是無作，於一切衆生中無量相好，清淨莊嚴。現在一切諸佛世尊，極方便求如來之藏作不可得。如來性是無作，於一切衆生中無量相好，清淨莊嚴。未來一切諸佛世尊，極方便求如來之藏作不可得，無作是如來性，於一切衆生中無量相好，清淨莊嚴。

**菩提留支譯《入楞伽經》卷九**

離於諸法體，是諸如來性。身口及意業，彼不作白法。
如來性清淨，離於諸修行。自在淨諸通，三昧力莊嚴。
種種意生身，是淨如來性。內身智離垢，離於諸因相。
八地及佛地，是諸如來性。遠行善慧地，法雲與佛地。

**菩提留支譯《大薩遮尼乾子所説經》卷九**　大王當知！一切煩惱諸垢藏中，有如來性，湛然滿足。如石中金，如木中火，如地下水，如乳中酪，如麻中油，如子中牙，如藏中寶，如摸中像，如孕中胎，如雲中日。是故我言，煩惱身中有如來藏。

**曇無讖譯《大般涅槃經》卷四**　善男子！我雖在此閻浮提中，數數示現入於涅槃。然我實不畢竟涅槃，而諸衆生皆謂如來眞實滅盡，而如來性實不永滅，是故當知是常住法不變易法。

**曇無讖譯《大般涅槃經》卷八**　善男子！譬如仰觀虛空鵝鴈，爲是虛空，爲是鵝鴈。諦觀不已，髣髴見之。十住菩薩於如來性知見少分，亦復如是。況復聲聞緣覺之人能得知見。善男子！譬如醉人欲涉遠路，矇矓見道。十住菩薩於如來性知見少分，亦復如是。善男子！譬如渴人行於壙野，是人渴逼，遍行求水，見有叢樹，樹有白鶴，是人迷悶，不能分別是樹是水。諦觀不已，乃見白鶴及以叢樹。善男子！十住菩薩於如來性知見少分，亦復如是。善男子！譬如有人在大海中，乃至無量百千由旬，遠望大舶樓櫓堂閣，即作是念，彼是樓櫓，爲是虛空。久視乃生必定之心，知是樓櫓。十住菩薩於自身中見如來性，亦復如是。善男子！譬如王子身極懦弱，通夜遊戲，至明清旦，目視一切，悉不明了。十住菩薩雖於己身見如來性，亦復如是，不大明了。

復次，善男子！譬如臣吏，王事所拘，逼夜還家，電明暫發，因見牛聚。即作是念，爲是牛耶聚雲屋舍。是人久視，雖生牛想，猶不審定。十住菩薩雖於己身見如來性未能審定，亦復如是。復次善男子！如持戒比丘觀無蟲水而見蟲相，即作是念，此中動者爲是蟲耶，是塵土耶。久視不已，雖知是塵，亦不明了。十住菩薩於己身中見如來性，亦復如是，不大明了。復次善男子！譬如有人於陰闇中遠見小兒，即作是念，彼爲是牛鷲鳥人耶。久觀不已，雖見小兒，猶不明了。十住菩薩於己身分見如來性，亦復如是，不大明了。復次善男子！譬如有人於夜闇中見畫菩薩像，即作是念，是菩薩像、自在天像、大梵天像，成染衣耶。是人久觀，雖復意謂是菩薩像，亦不明了。十住菩薩於己身分見如來性，亦復如是，不大明了。善男子！所有佛性，如是甚深，難得知見。唯佛能知，非諸聲聞、緣覺所及。善男子！智者應作如是分別知如來性。迦葉菩薩白佛言：世尊！佛性如是微細難知，云何肉眼而能得見。

佛言：迦葉，善男子！如彼非想非非想天，亦非二乘所能得知。隨順契經，以信故知。善男子！聲聞緣覺信順如是《大涅槃經》，自知己身有如來性，亦復如是。善男子！是故應當精勤修習《大涅槃經》。善男子！如是佛性，唯佛能知，非諸聲聞、緣覺所及。

**玄奘譯《大般若波羅蜜多經》卷七八**　憍尸迦！預流、預流性空，一來、不還、阿羅漢、獨覺、菩薩、如來、一來，乃至如來性空。菩薩摩訶薩、菩薩摩訶薩性空。若預流性空，若一來、不還、阿羅漢、獨覺、菩薩、如來性空，若菩薩摩訶薩性空。如是一切皆無二無二分。憍尸迦！菩薩摩訶薩於般若波羅蜜多應如是住。

**玄奘譯《大般若波羅蜜多經》卷三〇八**　善現！一切如來、應、正等覺，所有佛性、如來性、自然法性、一切智智性，皆是不可思議事，甚深般若波羅蜜多，爲此不可思議事故而現於世。

世尊！云何甚深般若波羅蜜多，爲不可稱量事故而現於世。善現！一切如來、應、正等覺，所有佛性、如來性、自然法性、一切智智性，無有情類而能稱量，甚深般若波羅蜜多，爲此不可稱量事故而現於世。

世尊！云何甚深般若波羅蜜多，爲無數量事故而現於世。善現！一切如來、應、正等覺，所有佛性、如來性、自然法性、一切智智性，無有如實知其數量，甚深般若波羅蜜多，爲此無數量事故而現於世。

世尊！云何甚深般若波羅蜜多，爲無等等事故而現於世。善現！一切如來、應、正等覺，所有佛性、如來性、自然法性、一切智智性，無與等者，況有能過！甚深般若波羅蜜多，爲此無等等事故而現於世。

具壽善現復白佛言：世尊！爲但如來、應、正等覺，所有佛性、如來性、自然法性、一切智智性，不可思議、不可稱量、無數量、無等等，爲更有餘法耶。佛言：善現！非但如來、應、正等覺，所有佛性、如來性、自然法性、一切智智性，不可思議、不可稱量、無數量、無等等。

**玄奘譯《大般若波羅蜜多經》卷五七九**　舍利子！最極清淨廣大妙法，謂如來性、自然覺性、無上正等菩提之性。若諸菩薩已發無上正等覺心，不復退轉，定當成就如是清淨廣大妙法。

**菩提流志譯《大寶積經》卷五**　如來非戲論者，超過戲論，亦無超過。如來無有超過，超過亦無如來。如是如來與如來性，非即非離。不虛妄性，不變異性，亦復如是，如是稱揚如來體性。無有少法開示演說，亦無示現。如來證得一切諸法如實本性。然一切法所有本性不可宣說，一切諸法無所有故。

**菩提流志譯《大寶積經》卷六**　如來之性，不一不異，非不一異。無所有故，非有非無，無有自性，非無自性，應如是知如來之性。乃至無有少法可得。如是見者，亦復無有少法可見。若不可見，則無所有，亦無所取，無邊莊嚴。如來之性，無少眞實，少不眞實。若少眞實，少不眞實，是則應言有如來性、無如來性。如來之性離有離無，亦不曾離，無邊莊嚴。一切諸法自性本性，猶如虛空。

**紹德　慧詢等譯《菩薩本生鬘論》卷八**　煩惱力用，如來永斷，根本智心，爲最上品。勝義寂靜，如來性義，是處菩薩，無垢清淨。諍訟邊際，無因自息，損減義邊，求不可得。

## 佛種性

**佛馱跋陀羅譯《大方廣佛華嚴經》卷二五**　一切諸佛，爲一切衆生故，受無量苦，皆欲建立諸佛種性，悉令衆生樂求菩提，超出生死，得十力地。

**智顗《摩訶止觀》卷五下**　如《地持》四種成熟，謂聲聞種性、緣覺種性、佛種性、菩薩種性。無此四性以善趣熟之。佛種性即此圓機，菩薩種性即此別機。彼文云，菩薩種子有佛無佛，堪能次第斷煩惱障及智障，豈非別機。聲聞種性當開之。別異善根即三藏機。退大取小種性即通機。彼四成熟即此四種機緣義也。

**玄奘譯《阿毗達磨大毗婆沙論》卷一〇〇**　常見論者，有三乘種性差別。若有聲聞種性者，彼能憶知二萬劫。若有獨覺種性者，彼能憶知四萬劫。若有佛種性者，彼能憶知八萬劫。是謂三種別憶知緣。

**實叉難陀譯《大方廣佛華嚴經》卷二七**　布施之時，親附乞者，專心修習諸菩薩行。具佛種性，生如來家，念諸菩薩所修施行，常勤發起諸佛菩提，清淨諸根功德智慧。

**實叉難陀譯《大乘入楞伽經》卷七：**

五法二無我，自性心意識，於佛種性中，皆悉不可得。
遠離心意識，亦離於五法，復離於自性，是爲佛種性。
若身語意業，不修白淨法，如來淨種性，則離於現行。

神通力自在，三昧淨莊嚴，種種意生身，是佛淨種性。
內自證無垢，遠離於因相，八地及佛地，如來性所成。
遠行與善慧，法雲及佛地，皆是佛種性，餘悉二乘攝。

**地婆訶羅譯《大乘密嚴經》卷中**　諸仁者，若欲作佛，當淨佛種性。淨種性已，必爲如來之所授記，成無上覺。

**玄奘譯《攝大乘論釋》卷九**　種性異故者，謂本因性有差別故，非唯一佛。種性有二。一本性住種性，謂無始來六處殊勝，展轉相續，法爾所得。二習所成種性，謂從先來善友力等數習所成。本性住性有差別故，習所成性有其多種。種性多故，執唯一佛，更無餘佛，不應道理。

**玄奘譯《攝大乘論釋》卷一〇**　性不同故者，謂諸聲聞不定種性有差別故。謂迴向菩提聲聞身中，具有聲聞種性及佛種性。由此道理故說一乘。

**法藏《華嚴經探玄記》卷一**　《瑜伽論》第三十七云，補特伽羅成就者，略說四種。有聲聞種性，以聲聞乘而成就之。有獨覺種性，以獨覺乘而成就之。有佛種性，以無上乘而成就之。無種性者，即以善趣而成就之。《善戒》《地持》皆同此說。

**法藏《華嚴一乘教義分齊章》卷二**　若依小乘種性有六種，謂退、思、護、住、昇進、不動。不動性中有三品，上者佛種性，中者獨覺性，下者聲聞性。如舍利弗等，雖於此中說佛一人有佛種性，然非是彼大菩提性，以於佛功德，不說盡未來際起大用等故，是故當知於此教中，除佛一人，餘一切眾生皆不說有大菩提性。

**師會《華嚴一乘教義分齊章復古記》卷二**　科：不動性中有三品，上者佛種性，中者獨覺性，下者聲聞性，如舍利弗等。此就利根忍位中分三品也。上者佛種性，仁恕慈愛，異二乘故。中者獨覺性，其根小利故。下者聲聞性，其性厭沒欣出故。舍利弗等即下品根性也。要問曰，小乘教於一時中俱菩薩一人慈悲愛行，依三十三心次第作佛，餘現行者並不作佛，但得二種涅槃住無餘也。

科：雖於此中說佛一人有佛種性，然非是彼大菩提性，以於佛功德，不說盡未來際起大用等故。

## 和合性　不和合性

**玄奘譯《大般若波羅蜜多經》卷五一**　佛言：善現！自性謂諸法能和合自性。此自性由自性空。何以故，非常非壞，本性爾故。善現！是爲自性空。

善現白佛言：世尊！云何無性自性空。佛言：善現！無性自性謂諸法無能和合性，有所和合自性。此無性自性由無性自性空。何以故，非常非壞本性爾故。善現！是爲無性自性空。

**玄奘譯《阿毗達磨品類足論》卷一**　觸云何，謂三和合性。此有三種，謂順樂受觸，順苦受觸，順不苦不樂受觸。

**普光《俱舍論記》卷四**　心不相應行，但有十四。若依《正理》，加和合性。故《正理》十二云，等者等取句身、文身及和合性。二論既說不同，無容竝是。假興賓主問答研尋。《俱舍》師問云，此和合性如何證知。《正理》師解云，如破僧時捨和合性，明知別有。

**懷素《四分律開宗記》卷八**　和合體者，依一切有宗，不相應行中，別有和合性。此和合性，即是僧體。以僧破時，捨此性故。或此和合性，即眾同分收。僧破不和合，是非得所攝。

**普光《俱舍論記》卷一八**　問：不和合性以何爲體。古德空法師解云：不和合性以聖法上非得爲體。由此起故，不得入聖。雖異生性，先於聖法，亦有非得，容得入聖。空法師意說：無漏八正是和合體，以是聖僧和合德故。若能破此，名破法輪僧。而諸論但言破凡僧者，破有近遠。由近破凡事和合僧，故不得入聖。遠破聖僧，是故聖僧是正所破。由破此重獲無間罪。難云：諸論但言破凡非聖，而言破聖與論相違。夫論破僧，破和合性。若得聖已即不可破，若未得聖何所破耶。此即違理。今解云：不和合性以和合上非得爲體。謂僧未破有和合性，同共和合許有聖道。僧由有此和合性故，容得入聖。若僧被破，捨和合性，有不和合性起，由彼破此和合性故，不得入聖，故成無間。既不成就彼和合性，即以和合體上非得爲不和合性。

**延壽集《宗鏡錄》卷三二**　猶如世間諸相，雜和成一體者，名和合性。非和合者，稱本然性。本然非然，和合非合。合然俱離，離合俱非。此句方名無戲論法。

**延壽集《宗鏡錄》卷四八**　論云：四與能熏等和合性。若與能熏同時同處，不即不離，乃是所熏。此遮他身刹那前後，無和合義，故非所熏。唯異熟識具此四義。可是所熏，非心所等。釋云：今將此人第八，望他人前七。無同時同處和合義故，非是所熏。亦遮經部師。將前念識體，熏後念識相，不同時亦非所熏。次能熏四義者，一有生滅，二有勝用，三有增減，四與所熏和合。此四義亦各有所簡。

## 異生性

**玄奘譯《阿毗達磨俱舍論》卷四**　如本論言，云何異生性。謂不獲聖法。不獲、卽是非得異名。非說異生性是無漏應理。不獲何聖法，名異生性。謂不獲一切，不別說故。此不獲言，表離於獲。若異此者，諸佛世尊亦不成就聲聞獨覺種姓聖法，應名異生。若爾，彼論應說純言。不要須說。此一句中，含純義故。如說此類食水食風。有說：不獲苦法智忍，及俱生法，名異生性。不可難言道類智時，捨此法故，應成非聖。前已永害彼非得故。若爾，此性既通三乘，不獲何等名異生性。此亦應言不獲一切。若爾，此應同前有難，此難復應如前通釋。若爾，重說唐捐其功。如經部師所說爲善。經部所說，其義云何。謂曾未生聖法相續分位差別，名異生性。

**玄奘譯《阿毗達磨發智論》卷二**　云何異生性。答：若於聖法、聖暖、聖見、聖忍、聖欲、聖慧，諸非得、已非得、當非得，是謂異生性。此異生性，當言善耶、不善耶、無記耶。答：應言無記。何故異生性非善耶。答：善法，或由加行故得，或由餘緣故得。無設加行求作異生，又斷善時，善法皆捨，得諸善法不成就性。若異生性是善性者，斷善根者應非異生。何故異生性非不善耶。答：離欲染時，不善皆捨，得不善法不成就性。若異生性是不善者，諸異生離欲染，應非異生。此異生性當言欲界繫耶、色界繫耶、無色界繫耶。答：應言，或欲界繫，或色界繫，或無色界繫。何故異生性，非唯欲界繫耶。答：欲界沒生無色界時，欲界法皆捨，得欲界法不成就性。若異生性唯欲界繫者，諸異生欲界沒生無色界，應非異生，何故異生性非唯色界繫耶。答：色界沒生無色界時，色界法皆捨，得色界法不成就性。若異生性唯色界繫者，諸異生色界沒生無色界，應非異生，何故異生性非唯無色界繫耶。答：入正性離生，先現觀欲界苦，後合現觀色無色界苦。聖道起先辦欲界事，後合辦色無色界事。是故異生性非唯無色界繫。此異生性，當言見所斷耶、修所斷耶。答：應言修所斷。何故異生性非見所斷耶。答：見所斷法皆染污，異生性不染污故。又世第一法正滅，苦法智忍正生。爾時捨三界異生性，得彼不成就性，非於爾時見所斷法而有捨故。異生性名何法。答：三界不染污，心不相應行，諸法邪見相應。

**窺基《成唯識論述記》卷二**　述曰：五十二說三界見所斷種子，唯未永害量，名異生性。卽通二障不善、無記二法之上，假施設之。異生性者，或五四蘊成有情法，性唯染污。異生之性名異生性故。異有二義。一別異名異，謂聖唯生人天趣。此通五趣故。又變異名異，此轉變爲邪見等故。生謂生類，異聖人之生類，名爲異生。生者是總，性者是別。異生之性，並依主釋。以變異名異，聖非異生。又如《婆沙》廣解名字。

**玄奘譯《阿毗達磨大毗婆沙論》卷三**　如是心、心所法，爲等無間捨異生性得聖性，捨邪性得正性。能入正性離生，故名世第一法。捨異生性者，謂此心心所法能捨異生性。問：誰正能捨異生性耶。爲世第一法，爲苦法智忍，設爾何失。若世第一法正能捨異生性者，云何住彼能捨彼耶。若苦法智忍正能捨異生性者，此在何位，爲生時捨，爲滅時捨。若生時捨者，云何未來能有所作。若滅時捨者，彼性已捨，復何所捨。有作是說，世第一法，正能捨異生性。問：此既是異生法，云何住彼而能捨彼。答：住彼捨彼亦無有過。如調御者乘象調象，乘馬調馬，乘船御船，乘車御車。如勝怨士昇怨害怨。如伐樹人昇樹伐樹。世第一法亦復如是，依異生性而能捨之。或有說者，苦法智忍正能捨異生性。謂正生時捨異生性，於正滅位能斷欲界見苦、所斷十種隨眠。如燈生時發明破闇，滅時燒炷熱器盡油。問：云何未來能有所作，一法二用，理豈應然。答：於義無違許亦何失。謂一切法能於未來有作用者，總有三類。一者內法，如苦法智忍。二者外法，如日等光明。三者內外法，如諸生相。一燈多用世所共知，苦法智忍二用何失。有餘師言，世第一法苦法智忍，更互相資捨異生性。謂世第一法，與異生性雖恆相違，而力劣故不能獨捨。由此引生苦法智忍，共相助力捨異生性。譬如羸人依因健者，更相助力能伏怨家。由此因緣，世第一法如無間道，苦法智忍如解脫道，捨異生性。是故世第一法，與異生性成就得俱滅。苦法智忍，與異生性不成就得俱生得聖性者。謂此心心所法，能得苦法智忍，以能任持一切聖法，故且說彼以為聖性。又餘聖道雖亦聖性攝，然非此所得故不說之。有說，見道皆是聖性。有餘師說，一切聖道皆是聖性。若不爾者，修道無學道中應不成就聖性，是則不應名為聖者。問：世第一法，唯能引得苦法智忍，於苦法智尚不能得，況能得餘。云何乃言此得聖性。答：一切聖道能成聖者，皆名聖性。種類同故世第一法得彼一分，亦名為得。

**玄奘譯《阿毗達磨大毗婆沙論》卷四五** 云何異生性，乃至廣說。

問：何故作此論。答：為止他宗顯正義故。謂或有執欲界見苦、所斷十隨眠是異生性。如犢子部，彼說異生性是欲界繫，是染污性是見所斷，是相應行蘊攝。為遮彼執顯異生性是三界繫，是修所斷，是不染污，是不相應行蘊所攝。或復有執異生性無實體。如譬喻者為遮彼執顯異生性自體實有，為遮此等諸部異執，顯示正理故作斯論。此本論中說異生性。《品類足論》說異生法。如說，云何異生法，謂地獄、傍生、鬼界比俱盧洲無想天。彼業彼生是謂異生法。問：何故此本論中，說異生性非異生法。《品類足論》說異生法非異生性耶。答：是作論者意欲爾故。復次此彼皆是有餘說故。復次此彼二論各說一種互相顯故。復次異生性勝，非異生法。此本論中且就勝說。此論已說異生性，故《品類足論》不重說之。此論未說異生法故，《品類足論》說異生法。此顯彼論在此後造。有作是說，彼論已說異生法故，此不重說。彼論未說異生性，故此論說之。此顯彼論在此先造。

問：何故名異生性。尊者世友作如是說：能令有情起異類見、異類煩惱、造異類業、受異類果、異類生故，名異生性。復次，能令有情墮異界故，往異趣故，受異生故，名異生性。復次，能令有情信異師故，作異相故，受異法故，行異行故，求異果故，名異生性。大德說曰，能令有情依止異類界趣生有，發起種種顛倒煩惱，造作增長感後有業，輪轉生死無分限故，名異生性。《阿毗達磨》諸論師言，異生分故，異生體故，名異生性。尊者妙音作如是說，異生類故，名異生性。脅尊者言，異生依故，障聖性故，名異生性。

問：何故名異生法。答：諸異生者有此法故，名異生法。譬如世間王法臣法。問：諸異生法，聖者亦有，何故但立異生法名。答：諸異生法聖者多無，設有少者，不名聖法。以聖者於彼得而不在身成就不現前故，唯異生於彼得而亦在身成就亦現前，故名異生法。復次，異生成就彼法，能令彼法取果與果故，名異生法。聖者雖成就彼法，而不爾故，不名聖法。復次，異生成就彼法，能令彼法往異趣異界、異處異生、受異果故，名異生法。聖者雖成就彼法，而不爾故，不名聖法。復次，異生性是有漏，彼法亦有漏故，名異生法。聖性是無漏，彼法非無漏故，不名聖法。復次，異生為彼所覆蔽故，所纏縛故，所誑惑故，名異生法。聖不爾，故不名聖法。復次，諸異生類隨順彼法生長彼法故，名異生法。聖不爾，故不名聖法。

問：異生性、異生法，何差別。答：異生性唯非色，異生法通色非色。異生性唯無見，異生法通有見無見。異生性唯無對，異生法通有對無對。異生性唯不相應，異生法通相應不相應。異生性唯無所依、無所緣、無行相，異生法皆通二種。異生性唯不染污，無罪無異熟，異生法皆通二種。復次，異生性唯無記，異生法通善不善無記。異生性通三界繫，異生法唯欲色界繫。異生性唯修所斷，異生法通見修所斷。復次，異生性是因，異生法是果。如因果、能作、所作亦爾。復次，異生性法界法處行蘊所攝，異生法十八界十二處五蘊所攝。復次，異生性苦法智忍時捨，異生法餘時捨。如是等門，是謂差別。如世尊說，隨信隨法行，超異生地，未得預流果，定不命終。

問：何故名異生地。答：一切聖者皆名同生。此異於彼，故名異生。容受異生，名異生地。問：若爾，聖者異異生故，應名異生。答：一切聖者同會眞理，同見同欲，故名同生。異生不爾。可厭賤故，立異生名，不應為難。尊者世友作如是說，容起異見異類煩惱，容造異業，容墮異界，往異趣等而受生故，名異生地。復次，容信異師，廣說乃至求異果故，名異生地。大德說曰，異於正法及毘奈耶而受生故，名爲異生。是諸異生生長依處，名異生地。云何異生性。答：若於聖法、聖暖、聖見、聖忍、聖欲、聖慧，諸非得、已非得、當非得，是謂異生性。問：爲不得苦法智忍是異生性，爲不得一切聖法是異生性耶。設爾何失。若不得苦法智忍是異生性者，道類智已生捨苦法智忍，爾時苦法智忍非得，應是異生性。是則住修道無學道者，亦應名異生。若不得一切聖法是異生性者，則應一切有情皆名異生。無聖者成就一切聖法故，謂乃至佛亦不成就二乘聖法，及自乘學法，亦應名異生。

有作是說，不得苦法智忍，是異生性。問：若爾，道類智已生捨苦法智忍，爾時苦法智忍非得，應是異生性。是則住修道無學道者，亦應名異生。答：苦法智忍生時，害彼非得，令於自相續，永不復生故。住修道無學道者，於苦法智忍雖不成就，而不名不得，亦不名得。如眼根生時，害彼非得，令於自相續永不復生。眼根滅已雖不成就，而不名不得，亦不名得。此亦如是，故無前過。復次，道類智已生，苦法智忍雖不成就，而成就彼等流果故，不名異生。復有說者，不得一切聖法是異生性。問：若爾，則應一切有情皆名異生，無聖者成就一切聖法故。答：雖無聖者具足成就一切聖法，而非異生。以彼非得雜聖得故。謂若身中聖法非得不雜得者，是異生性。聖者身中聖法非得雜聖得，故非異生性。彼得非得恆俱生故。

**玄奘譯《阿毗達磨大毗婆沙論》卷四五**　尊者妙音說：異生性即眾同分。如牛羊等諸眾同分，即說名爲牛羊等性。如是異生眾同分體，名異生性。有餘師言：別有一法是不染污，心不相應行蘊所攝。如命根等名異生性。爲遮彼執前說，異生性名不得聖法，不得即是不成就性。問：何緣不許即異生眾同分，及有別法名異生性，而許聖法不成就性名異生性耶。答：異生眾同分，非親違聖法故，別有一法不可知故，非如聖法不成就性。親違聖法，有相可知，名異生性。理善成立諸法邪見相應，彼法邪思惟相應耶，乃至廣說。問：何故異生性後說邪支耶。答：此二展轉相扶持故。謂異生性扶持邪支，此邪支復能扶持異生性。復次，行者厭異生性及八邪支，而修聖道故，異生性後復分別邪支，諸法邪見相應。彼法邪思惟相應耶。答：應作四句。此中邪見一切地有，非一切染污心，有身見等聚中無故。邪思惟一切染污心有，非一切地，靜慮中間以上無故。

**玄奘譯《阿毗達磨順正理論》卷一二**　云何異生性。謂不獲聖法，不獲即是非得異名。如何無漏法可名異生性，不獲何聖法名異生性耶。爲總不獲一切聖法，爲唯不獲苦法智忍。有說，不獲一切聖法，若爾，豈不無非異生，無一總成諸聖法故。若有不獲不雜於獲，是異生性。若雜獲者，非異生性，故無有失。若爾，本論應說純言。不爾，雜言見義有故。如說此類食水食風，雖無純言，而亦知彼純食水風，不雜餘故。有說，不獲苦法智忍。然非後捨復成異生，前已永害，彼非得故。經主於此復作是言，若曾未生聖法相續，分位差別，名異生性。何緣經主復作是言。謂異生性都無實物。若爾，是誰相續分位。謂眼耳等相續分位。豈一刹那眼等分位非異生性，而言眼等相續方是異生性耶。非一刹那可名相續，刹那便有非實過故。此非唯有言違義失，亦復有餘違契經過。故世尊說，如是名爲隨信行者，入正性離生，超越異生地。此異生地，即異生性。

**惠沼《成唯識論了義燈》卷二**　此異生性，三門分別。一釋名，二出體，三明差別。言釋名者，先離後合。異者有二。一別異名異。謂聖唯生人天二趣。此通五趣，不同於聖。此約趣異，亦攝四生，四生不同。二變異名異。此轉變爲邪見等故，聖者皆同有正見故，此約見異。此亦攝境緣境有別。生謂生起生類，即趣見類別異生起。性者體性。由此性故令趣見異。上離釋也。異聖之生類名爲異生。生者是總，性者是別。異生之性名異生性，並依主釋。又新《婆沙》四十五大同此說。故彼尊者世友作如是說，能令有情起異類見，異類煩惱，造異類業，受異類果，異類生故，名爲異生。二，出體者。初敘異說，後敘大乘。敘異說者，犢子部說，欲界見道所斷十煩惱以爲體性，一切有部別有體性，唯是無記。通三界繫，不相應。經部不立有別體性，但於曾未生聖法相續分位差別，假立名異生性。大乘雖亦在不相應，非異色心有別體性。但於是斷二障種上未永斷位，假立異生性。不是唯約能障自乘所有聖法，不生現位，立異生性。無種姓人無別障故，但約未斷見惑種立。由不成就於聖法故。若用若體，俱得云不成。有種姓人不成功用。無種姓者亦不成體。故《瑜伽》五十二說，三界見所斷種子，唯未永害量名異生性，即通二障種上假立。此論亦云，而於三界見所斷種未永害位，假立非得名異生性。

# 性空

**無羅叉譯《放光般若經》卷一八**　以是空性說法，若內空、外空及有無空，是性不空者，菩薩終不以空性說法。若內空、外空及有無空，非是性空者，爲壞敗空矣！空不可壞，亦不可上尊。何以故。空亦無有處，亦不無處，亦不來，亦不往，是故法常住無有增減，無有起滅，無著無斷。菩薩住是法者，爲成阿耨多羅三耶三菩，亦不見法有所逮，亦不不有所逮，亦不無所逮，是爲法之常住。菩薩行般若波羅蜜者，見諸法性皆空，於阿耨多羅三耶三菩終不轉還。何以故，不見諸法罣礙，當何從有狐疑。

**鳩摩羅什譯《摩訶般若波羅蜜經》卷二五**　諸善男子！諸法性空中，無懈怠法、無懈怠者、無懈怠事。是一切法性皆空，無過性空者。汝等生身精進、心精進，爲生善法故莫懈怠。善法者，若布施、若持戒、若忍辱、若精進、若禪定、若智慧，若諸禪定、解脫、三昧，若四念處乃至八聖道分，若空解脫門、無相、無作解脫門，乃至十八不共法，莫懈怠。諸善男子！是一切法性空中當知無礙相。無礙法中無懈怠者，無懈怠法。如是，須菩提！菩薩摩訶薩行般若波羅蜜時，教衆生令住性空，不墮二法。何以故。是性空中無二無別故，是無二法，則無可著處。

**鳩摩羅什譯《大智度論》卷三六**　性空者，一切諸法性本末尚自空，何況現在。因緣尚空，何況果報。自相空者，諸法總相、別相盡觀其空，心則遠離。用是二空，諸法皆空，是名諸法空。從性空故有相，相空故諸法皆空。諸法空故，更無所得，是名不可得空。用是四種空破一切有法。若以有法、有相爲過者，取於無法，是故說無法空。若以無法爲非，還欲取有法，是故說有法空。先說四空雖破有法，行者心則離有而存於無，是則說無法空。

**鳩摩羅什譯《大智度論》卷九〇**　諸善男子！諸法性空中無懈怠法、無懈怠者、無懈怠事。是一切法性皆空，無過性空者。汝等生身精進、心精進，爲生善法故，莫懈怠。善男子！若布施，若持戒，若忍辱，若精進，若禪定，若智慧，若諸禪定、解脫、三昧，若四念處乃至八聖道分，若空解脫門，無相、無作解脫門，乃至十八不共法，莫懈怠。諸善男子！是一切法性空中，當知無礙相，無礙法中無懈怠者、無懈怠法。如是，須菩提！菩薩摩訶薩行般若波羅蜜時，教衆生令住性空，不墮二法。何以故。是性空無二無別故，是無二法，則無可瞋處。

**鳩摩羅什譯《大智度論》卷九四**　若一切衆生自知諸法自性空者，菩薩不發阿耨多羅三藐三菩提意，亦不於六道中拔出衆生。何以故。衆生自知諸法性空，則無所度。譬如無病則不須藥，無闇則不須燈明。

**鳩摩羅什譯《中論》卷三**　若法性空者，誰當有成壞。若性不空者，亦無有成壞。若諸法性空，空何有成壞。若諸法性不空，不空則決定有，亦不應有成壞。

**鳩摩羅什譯《大智度論》卷三一**　性空者，諸法性常空，假業相續故，似若不空。譬如水性自冷，假火故熱，止火停久，水則還冷。諸法性亦如是。未生時空無所有，如水性常冷。諸法衆緣和合故有，如水得火成熱。衆緣若少若無，則無有法，如火滅湯冷。如經說：眼空，無我、無我所。何以故。性自爾！耳、鼻、舌、身、意，色乃至法等，亦復如是。

問曰：此經說：我、我所空，是爲衆生空，不說法空，云何證性空。

答曰：此中但說性空，不說衆生空及法空。性空有二種：一者，於十二入中無我、無我所。二者，十二入相自空。無我、無我所，是聲聞論中說。摩訶衍法說：十二入我、我所無故空，十二入性無故空。復次，若無我、無我所，自然得法空。以人多著我及我所故，佛但說無我、無我所。如是應當知一切法空。若我、我所法尚不著，何況餘法！以是故，衆生空、法空，終歸一義，是名性空。復次，性名自有，不待因緣，若待因緣，則是作法，不名爲性。諸法中皆無性，何以故。一切有爲法，皆從因緣生；從因緣生則是作法，若不從因緣和合，則是無法。如是一切諸法性不可得故，名爲性空。

問曰：畢竟空無所有，則是性空，今何以重說。答曰：畢竟空者，名爲無有遺餘。性空者，名爲本來常爾。如水性冷，假火故熱，止火則還冷。畢竟空如虛空，常不生不滅、不垢不淨。云何言同！復次，諸法畢竟空，何以故，性不可得故。諸法性空，何以故，畢竟空故。復次，性空多是菩薩所行。畢竟空多是諸佛所行。何以故。性空中，但有因緣和合，無有實性、畢竟空，三世清淨。有如是等差別。

復次，一切諸法性有二種，一者總性，二者別性。總性者，無常、苦、空、無我，無生無滅，無來無去，無入無出等。別性者，如火熱性，水濕性，心爲識性。如人喜作諸惡，故名爲惡性，好集善事，故名爲善性。如《十力經》中說：佛知世間種種性。如是諸性皆空，是名性空。何以故。若無常性是實，應失業果報。所以者何。生滅過去不住故，六情亦不受塵，亦不積習因緣。若無積習，則無誦經、坐禪等。以是故，知無常性不可得。無常尚不可得，何況常相！

**鳩摩羅什譯《大智度論》卷三一**　若熱性與火異，火則非熱，若熱與火一，云何言熱是火性。餘性亦如是。是總性、別性無故，名爲性空。復次，性空者，從本已來空。如世間人謂：虛妄不久者是空。如須彌、金剛等物，及聖人所知，以爲眞實不空。欲斷此疑故，佛說，是雖堅固相續久住，皆亦性空。聖人智慧，雖度衆生，破諸煩惱，性不可得故，是亦爲空。又人謂：五衆、十二入、十八界，皆空。但如、法性、實際，是其實性。佛欲斷此疑故，但分別說五衆，如、法性、實際皆亦是空，是名性空。復次，有爲性三相，生、住、滅。無爲性亦三相，不生、不住、不滅。有爲性尚空，何況有爲法！無爲性尚空，何況無爲法！以是種種因緣，性不可得，名爲性空。

**僧肇《肇論·宗本義》**　本無、實相、法性、性空、緣會，一義耳。何則。一切諸法，緣會而生。緣會而生，則未生無有，緣離則滅。如其眞有，有則無滅。以此而推，故知雖今現有，有而性常自空。性常自空，故謂之性空。性空故，故曰法性。法性如是，故曰實相。實相自無，非推之使無，故名本無。言不有不無者，不如有見常見之有，邪見斷見之無耳。若以有爲有，則以無爲無。夫不存無以觀法者，可謂識法實相矣。雖觀有而無所取相。然則法相爲無相之相。聖人之心爲住無所住矣，三乘等觀性空而得道也。性空者，謂諸法實相也。見法實相，故云正觀。若其異者，便爲邪觀。設二乘不見此理，則顛倒也。是以三乘觀法無異，但心有大小爲差耳。漚和般若者，大慧之稱也。諸法實相，謂之般若。能不形證，漚和功也。適化衆生，謂之漚和。不染塵累，般若力也。然則般若之門觀空，漚和之門涉有。涉有未始迷虛，故常處有而不染。不厭有而觀空，故觀空而不證。是謂一念之力，權慧具矣。

**慧思《隨自意三昧行威儀品》卷一**　無始空者，是名性空。性空者，是眞實衆生。眞實衆生，無有生死。衆生若能解，即是無生智。爾時生死即是涅槃，更不別有涅槃之法。是故佛言，衆生涅槃，本自有之，非適今也。

**智顗《法界次第初門》卷下**　十二性空。（性空者，性名自有，不待因緣。若待因緣，則是作法，不名爲性。今諸法中皆無性。何以故。一切有爲法，皆從因緣生。因緣生則是作法。若不從因緣和合，則是無法。如是一切諸法性不可得，故名爲性空。）

**灌頂《大般涅槃經疏》卷一八**　性空者，三諦體性，本來自空，故名性空。

**慧遠《維摩義記》卷三**　言性空者，汎解有二。一，因緣法中，無其定性，名爲性空。如《成實》說。二，妄相諸法，自性空寂，不假因緣分段爲空，故名性空。如陽炎水，自性非水，不待塵大分爲無水。

**智顗《摩訶止觀》卷五下**　當知無生之心，不自不他不共不離，無四性。無四性故，名性空。性空即無心，而言心者，但有名字。名字不在內外，是名相空。乃至十八空，如上說。是爲從假入空見第一義。

**慧遠《涅槃義記》卷六**　言性空者，觀法虛假，無有自性，名爲性空。上來七門是無性空。無所有者，見因緣相亦無所有，名無所有空。此無相空。是以下言如人無子，名之爲空，非是就子明無性空。亦如貧人無物名空，非是就物明無性空。

**吉藏《中觀論》疏卷二**　問：世諦破此性實生滅，是性空義以不。答：即是性空也。以如是等性，畢竟空寂，五眼不見，故名性空。問：爲是本性空，爲是破性空。答：具二義也。此性本來空寂，非破故空名本性空。如謂炎爲水，水本性空。若據妄謂之情名爲性執，就其求此性執不可得名破性空也。問：既是性空，云何稱中道耶。答：空無二邊，故稱中道。問：即此亦得明非有非無中道以不。答：以空無性實故，不可爲有。有因緣假名，故不可爲無。此即合中與假皆是中道。問：此出何處。答：

《涅槃經》云，亦有亦無名爲中道，即是其事。又《涅槃》云，無生死不可爲有，有常樂我淨不可爲無。如此之類，其義非一。問：云何用此以爲中道。答：中是正義，明無性實有於假名。在義始正，故稱爲中。

問：性空有幾種。答：論性空有四種。一者，計有空性名爲性空。此從所執立名。二者，破外人性實故名性空。三者，此性執本自空名本性空。四者，因緣本性自空名爲性空。此性空即是佛性波若實相之異名耳。二乘人不見性空者，不見此性空。此以體爲性，非性執之性。問：二諦俱不生，俱不説，俱如俱絕，俱性俱空，性空何異。答：猶一義耳。

**吉藏《中觀論疏》卷九** 如是性空中，第二明如來滅度，非是有無。上半正明如來是性空。性空者，體性畢竟清淨，橫絕萬非，竪超四句也。是故不可作有無思惟。《波若·實際品》云，前際亦性空，中際亦性空，後際亦性空。常性空無，不性空時。故如來在世及滅後，常畢竟清淨。汝云何於性空中思惟佛是有無耶，故言思惟則不可。又諸法性常内外並冥，緣觀俱寂，猶不容思惟，何況起有無諸見，故云思惟則不可。又此偈是舉本況末。佛本來絕四句，況滅後是四句，故不可作四句思惟。問：今此品正明如來法身，云何乃言性空耶。答：《大品》云，性空名諸佛道，故知是法身異名，亦名寂滅實相及以法身也。問：今何故作性空耶。答：惑者聞上來破謂遣着耳，而終有如來。是故今云，如來從本來畢竟清淨，故名性空也。問：《成論》二世有無品云，如來在世不攝有無。與今何異。答：生法二空有二種。一小乘二空，二大乘二空。有無不攝亦有二種，一小乘四句不攝，二大乘有無不攝。即以此破開善義。佛不攝有無，何得言二諦攝耶。彼答云，非是自性之有，非是數滅之無，此有無不攝佛耳。

**慧遠《大乘義章》卷二** 自法空中，唯攝性空。彼性空者，明其諸法體性自空，不由觀力，故名性空。

**慧遠《大乘義章》卷四** 言性空者，觀法虛假，無有自性，名爲性空。前七破性，下一破相。破遣眾生及諸法相，見因緣相亦無所有。是以經言：無所有者，如人無子，名之爲空，非是子明無性空。又如貧人無物名空，亦非就物明無性空。如人無子，遣眾生相。如貧無物，破遣法相。此前八空，以無遣有。第一義空，以有遣無。名前八空，爲第一義。彼第一義，亦皆空寂。是故名爲第一義空。是以經言：云何名爲第一義空。是眼生時無所從來，及其滅時去無所至。推其實法，了不可得，名第一義。云何名爲第一義空，有業有報，不得作者，故名爲空。良以宣説因緣業報，爲第一義故。因緣外無別有彼第一義諦，性不可得，故名爲空

**慧遠《大乘義章》卷四** 性空者，如論釋言，一切諸法性自空故，名爲性空。如世間水體無熱性，雖假大熱暫時爲熱者，停還冷。諸法必是。雖假眾緣和合似有，若離眾緣性不可得。故知諸法體性是空。問曰：前説畢竟空者即是性空。今此何故重説性空。論自釋言：今性空者，破諸法性。如彼水中無其熱性，不無水相。畢竟空者，破諸法相，乃至因緣法相亦無。又性空者，菩薩所行。畢竟空者，是佛所行。

**玄奘譯《大般若波羅蜜多經》卷五二二** 觀内空乃至無性自性空尚不可得，況有住内空乃至無性自性空者可得！觀眞如乃至不思議界尚不可得，況有住眞如乃至不思議界者可得！觀苦、集、滅、道聖諦尚不可得，況有住苦、集、滅、道聖諦者可得！觀空、無相、無願解脱門尚不可得，況有修空、無相、無願解脱門者可得！

**慧沼《大乘法苑林章補闕》卷四** 《大般若》言：有無爲法，非三乘聖，亦非所餘作，此本性故，名本性。非自他俱之所作，故名本性空。《顯揚》等云，本性即是無漏種姓。爲此種姓得清淨故，而觀於空，名本性空。

**元康《肇論疏》卷上** 性空者，諸法實相也。見法實相，故爲正觀。若其異者，便爲耶觀。安法師作《性空論》，什法師作《實相論》，皆究盡玄宗。何由可勝。叡法師作《大智度論序》云：夫萬有本於生生，而生生者無生。變化肇於物始，而始始者無始。然則無生無始者，物之性也。生始不動於性，而萬有陳於外，悔恪生於内者，其唯邪思乎。正覺有以見邪思之自起，故《阿含》爲之作。知滯有之由惑，故《般若》爲之鑒。然鑒本希夷，津涯浩汗，理超文表，趣絕思境。以言求之，則乖其深。以智測之，則失其旨。二乘所以顛沛於三藏，新學所以曝鰓於龍門者，豈不然乎。謝靈運文章秀發，超邁古今。如涅槃元來質樸本言，手把腳蹈得到彼岸。謝公改云，運手動足截流而度。又如作詩云，白雲抱幽石，碧篠媚清漣。又，雲日相暉映，空水共澄鮮。此復何由可及。直以肇師兼文兼理，故名勝耳。有人云，肇法師語，超叡公謝公，故云超語。默同安公什公，

亦可然也。標本則句句深達佛心，明末則言言備通衆教者，本謂《宗本義》，末謂《涅槃論》也。諒是大乘懿典、方等博書者。諒，信也。《小雅》：懿，深也。謂此論是深典博大之書耳。自古自今著文著筆者，此應言自古及今，不應言自今。而今云爾者，欲對下著文著筆故也。文家以有韻爲文，無韻爲筆。劉氏《文心調龍》非此語云：孔子曰，文王既沒，文不在茲乎，可有韻乎，固不然也。詳汰名賢所作諸論者，此言支法詳。作《實相論》有二家。一者是什法師作，今無此本。二者是支法詳問，釋慧儀答。此乃是慧儀法師作，非支法詳作也。或六家七宗爰延十二者，江南本皆云六宗七宗。今尋記傳，是六家七宗也。梁朝釋寶唱作《續法論》一百六十卷云，宋莊嚴寺釋曇濟，作六家七宗論。論有六家，分成七宗。第一本無宗。第二本無異宗。第三即色宗。第四識含宗。第五幻化宗。第六心無宗。第七緣會宗。本有六家，第一家分爲二宗，故成七宗也。言十二者，《續法論》文云，下定林寺釋僧鏡作《實相六家論》，先設客問二諦一體，然後引六家義答之。第一家以理實無有爲空，凡夫謂有爲有，空則眞諦，有則俗諦。第二家以色性是空爲空，色體是有爲有。第三家以離緣無心爲空，合緣有心爲有。第四家以心從緣生爲空，離緣別有心體爲有。第五家以邪見所計心空爲空，不空因緣所生之心爲有。第六家以色色所依之物實空爲空，世流布中假名爲有。前有六家，後有六家，合爲十二家也，故曰爰延十二也。並判其臧否，辨其差當。臧否差當即是非也。前六家論中，判第四家爲臧，餘五家爲否。後六家論中，辨前五家爲差，後一家爲當也。唯此憲章無弊斯咎者，憲，法也。十二家皆有是非之弊。今肇法師所作無有此弊，但是而無非也。良猶襟情泛若不知何係者，良，信也。襟是胸襟，情是性，泛然無所係滯也。若是不計義。《周易》云，出涕沱若，溝者不計若寄。以其無有別義故，不計之耳。匹彼淵海數越九流者，淵海廣博，越九流之數。肇法師襟懷廣博，越詳汰諸人也。淵海者，《小雅》，深也。九流者，江有九江，河有九河，皆是九流也。九江者，《尋陽記》云：一者烏江，二者蚌江，三者烏土江，四者嘉靡江，五者畎江，六者汚江，七者稟江，八者提江，九者菌江。九河，《爾雅》云：一者徒駭河，二者大史河，三者馬頰河，四者覆鬴河，五者胡蘇河，六者簡河，七者潔河，八者鉤盤河，九者鬲津河也。挺拔清虛蕭然物外者，挺，出也。蕭然謂蕭條然也。肇法師才思挺出，清雅虛通，蕭然在物之外也。知公者希歸公採什者，知肇公之者希，歸向肇公者，則收採其文什也。如曰，不知則公貴矣者。曰者語端。老子云，知我者希，則我貴矣。今用此語也。有人云，如日月日用而不知者，殊非理也。

**延壽集《宗鏡錄》卷一二**　是以萬法從緣，無自體耳。體而無自，故名性空。性之既空，雖緣會而非有。緣之既會，雖性空而不無。是以緣會之有，有而非有。性空之無，無而不無。何者。會則性空，故言非有。空則緣會，故曰非無。今言不有不無者，非是離有別有一無也，亦非離無別有一有也。如是則明法非有無故，以非有非無名耳。不是非有非無，既非有無，又非非有非非無也。如是則何獨言語道斷，亦乃心行處滅也。如是則名體既空，言思自絕。可謂萬機泯跡，獨朗眞心矣。

**延壽集《宗鏡錄》卷一七**　性空者，諸法性常空。假來相續故，似若不空。譬如水性自冷，假火故熱。止火停久，水則還冷。如經說，眼空無我、無我所。何以故，性自爾耳。

**延壽集《宗鏡錄》卷九四**　《大般若經》云：一切如來，同在一處，自性清淨，無漏界攝。又云：三世諸佛住十方界，爲諸有情宣說正法，無不皆用本性空爲佛眼。離本性空，無別方便。釋曰：本性空者，即是自性清淨心。本性即自性，空即清淨義。此心則凡聖本有，今古常然。衆生不知，諸佛因茲指授。含靈現具，祖師爲此相傳。故云離此別無方便。

**延壽《万善同歸集》卷中**　約眞即無，隨俗即有。論云：佛答須菩提：若一切衆生，自知諸法自性空者，菩薩不發阿耨多羅三藐三菩提意，亦不於六道中拔出衆生。何以故。衆生自知諸法性空，則無所度。譬如無病則不須藥，無暗則不須燈。今衆生實不知自相空法，故隨心取相生著。以著故染，染故隨於五欲。隨五欲故，爲貪所覆。貪因緣故，乃至作生死業，無復窮已。是知因凡立聖，凡聖皆空，從惡得善，善惡無性。以無性故，萬善常興，以皆空故，一眞恒寂。

**李遵勖《天聖廣燈錄》卷八**　以身空故，名法空。以心空故，名性空。身心總空，故名法性空。乃至千途異說，皆不離爾之本心。

**文才《肇論新疏》卷上**　性空者，謂諸法實相也。等謂平等。道謂自乘菩提。所以約人辨者，恐疑實相之外別有三乘異證，而不知三乘機器隨熏有差，所觀性空無異。故身子云，我等同入法性，佛讚迦葉同一解脫，亦如三獸渡河，河無異水。

## 畢竟空

鳩摩羅什譯《大智度論》卷三一　畢竟空者，以有爲空、無爲空破諸法，令無有遺餘，是名畢竟空。如漏盡阿羅漢，名畢竟清淨，阿那含乃至離無所有處欲，不名畢竟清淨。此亦如是，內空、外空、內外空、十方空、第一義空、有爲空、無爲空，更無有餘不空法，是名畢竟空。

復次，若人七世、百千萬億無量世貴族，是名畢竟貴，不以一世、二、三世貴族爲眞貴也。畢竟空亦如是，從本已來，無有定實不空者。有人言：今雖空，最初不空，如天造物始，及冥初微塵，是等皆空。何以故。果無常，因亦無常。如虛空不作果，亦不作因，天及微塵等亦應如是。若是常，不應生無常。若過去無定相，未來、現在世亦如是。於三世中無有一法定實不空者，是名畢竟空。

問曰：若三世都空，乃至微塵及一念無所有者，則是大可畏處！諸智慧人以禪定樂故捨世間樂，以涅槃樂故捨禪定樂。今畢竟空中乃至無有涅槃，依止何法得捨涅槃。

答曰：有著吾我人，以一、異相分別諸法。如是之人，則以爲畏。如佛說：凡夫人大驚怖處，所謂無我、無我所。復次，有爲法有三世，以有漏法故生著處。涅槃名一切愛著斷，云何於涅槃而求捨離。復次，如比丘破四重禁，是名畢竟破戒，不任得道！又如作五逆罪，畢竟閉三善道。若取聲聞證者，畢竟不得作佛。畢竟空亦如是，於一切法畢竟空，無復有餘。

問曰：一切法畢竟空，是事不然。何以故。三世十方諸法，乃至法相法住，必應有實。以有一法實故，餘法爲虛妄。若無一法實者，亦不應有諸虛妄法，是畢竟空。

答曰：無有乃至一法實者，何以故。若有乃至一法實者，是法應有，若有爲、若無爲。若是有爲，有爲空中已破。若是無爲，無爲空中亦破。如是世間、出世間，若世間，內空、外空、內外空、大空已破。若出世間，第一義空已破。色法、無色法，有漏、無漏法等，亦如是。復次，一切法皆畢竟空，是畢竟空亦空，空無有法故，亦無虛實相待。復次，畢竟空者，破一切法令無遺餘，故名畢竟空。若小有遺餘，不名畢竟。若言相待故應有，是事不然。

鳩摩羅什譯《大智度論》卷三一　問曰：諸法不盡空，何以故。因緣所生法空，而因緣不空。譬如梁椽因緣和合，故名舍，舍空而梁椽不應空。答曰：因緣亦空，因緣不定故。譬如父子，父生故名爲子，生子故名爲父。復次，最後因緣，無所依止故。如山、河、樹木、衆生之類皆依止地，地依止水，水依止風，風依止虛空，虛空無所依止。若本無所依止，末亦無所依止。

以是故，當知一切法畢竟空。

問曰：不然，諸法應有根本。如神通有所變化，所化雖虛，而化主不空。答曰：凡夫人見所化物不久故謂之爲空，化主久故謂之爲實。聖人見化主復從前世業因緣和合生，今世復集諸善法，得神通力，故能作化。如《般若波羅蜜後品》中說：有三種變化，煩惱變化、業變化、法變化（法，法身也）。是故知化主亦空。

問曰：諸不牢固者，不實故應空，諸牢固物及實法不應空。如大地、須彌山、大海水、日、月、金剛等色實法，牢固故不應空。所以者何，地及須彌常住竟劫故。衆川有竭，海則常滿，日月周天，無有窮極。又如凡人所見，虛妄不眞，故應空。聖人所得如及法性、眞際、涅槃相，應是實法，云何言畢竟皆空。復次，有爲法因緣生，故不實，無爲法不從因緣生，故應實。復云，何言畢竟空。

答曰：堅固、不堅固不定，故皆空。所以者何。有人以此爲堅固，有人以此爲不堅固。如人以金剛爲牢固，帝釋手執，如人捉杖，不以爲牢固。又不知破金剛因緣，故以爲牢固，若知著龜甲上，以山羊角打破，則知不牢固。如七尺之身，以大海爲深。羅睺阿修羅王立大海中，膝出水上，以兩手隱須彌頂，下向觀忉利天喜見城，此則以海水爲淺。若短壽人以地爲常久牢固，長壽者見地無常不牢固。如佛說《七日喻經》，佛告諸比丘：一切有爲法，無常變異，皆歸磨滅。劫欲盡時，大旱積久，藥草樹木，皆悉焦枯。有第二日出，諸小流水，皆悉乾竭。第三日出，大河流水，亦都涸盡。第四日出，閻浮提中四大河及阿那婆達多池，皆亦空竭。第五日出，大海乾涸。第六日出，大地、須彌山等，皆悉煙出，如窯燒器。第七日出，悉皆熾然，無復煙氣，地及須彌乃至梵天，火皆然滿。爾時，新生光音天者，見火怖畏言：既燒梵宮，將無至此。先生諸天慰喻後生天言：曾已有此，正燒梵宮，於彼而滅，不來至此。燒三千大千世界已，無復灰炭。佛語比丘：如此大事，誰信之者，唯有眼見，乃能信耳。又比丘過去時，須涅多羅外道師，離欲行四梵行，無量弟子亦得離欲。須涅多羅作是念：我不應與弟子同生一處，今當深修慈心。此人以深思慈故，生光音天。佛言：須涅多羅者，我身是也。我是時眼見此事。以是故當知，牢固實物皆悉歸滅。

問曰：汝說畢竟空，何以說無常事。畢竟空今即是空，無常今有後空。

答曰：無常則是空之初門，若諦了無常，諸法則空。以是故，聖人初以四行觀世間無常。若見所著物無常，無常則能生苦，以苦故心生厭離。若無常、空相，則不可取，如幻如化，是名爲空。外物既空，內主亦空，是名無我。復次，畢竟空是爲眞空。有二種衆生，一多習愛，二多習見。愛多者，喜生著，以所著無常，故生憂苦。爲是人說：汝所著物無常壞故，汝則爲之生苦，若此所著物生苦者，不應生著，是名說無作解脫門。見多者，爲分別諸法，以不知實故而著邪見，爲是人故直說諸法畢竟空。復次，若有所說，皆是可破，可破故空，所見既空，見主亦空，是名畢竟空。汝言：聖人所得法應實者，以聖人法能滅三毒，非顛倒虛誑，能令衆生離老病死苦，得至涅槃。是雖名實，皆從因緣和合生故，先無今有，今有後無故，不可受不可著故，亦空非實。如《佛說栰喻經》，善法尙應捨，何況不善。復次，聖人有爲無漏法，從有漏法緣生。有漏法虛妄不實，緣所生法，云何爲實。離有爲法，無無爲法。如先說，有爲法實相，即是無爲法。以是故，一切法畢竟不可得故，名爲畢竟空。

**鳩摩羅什譯《大智度論》卷八〇** 若有取畢竟空者，亦言非也。何以故，若畢竟空是定相可取，是非畢竟空。

**鳩摩羅什譯《摩訶般若波羅蜜經》卷五** 何等爲畢竟空。畢竟名諸法畢竟不可得，非常非滅故。何以故，性自爾，是名畢竟空。

**那連提耶舍譯《大方等大集經》卷五四** 何者名爲畢竟空。畢竟名諸法至竟不可得，非積聚，不可壞，不可取。何以故。諸法性爾。是名畢竟空。

**慧遠《大乘義章》卷四** 畢竟空者，如論釋言：以有爲空及無爲空破，畢竟無有遺餘，名畢竟空。譬如羅漢永盡諸漏，名畢竟淨。此空亦爾。無始空者，法起非今，名爲無始。無始法空，名無始空。何故不說有始空乎。論自釋言：有始大惑，說有始故。最初之身，則無因緣。是故菩薩先捨是過，觀法無始。觀無始時，有始已捨。是故不須說有始空。但於所觀無始法中，取相未捨故，今宣說無始法空。言散空者，如論釋言：散名別離。如似五陰和合爲人。若分五陰，離張破散，人不可得，故名爲空。如是一切。言性空者，如論釋言：一切諸法性自空，故名爲性空。如世間水體無熱性，雖假大熱暫時爲熱者，停還冷。諸法必是。雖假衆緣和合似有，若離衆緣，性不可得，故知諸法體性是空。問曰：前說畢竟空者，即是性空。今此何故重說性空。論自釋言：今性空者，破諸法性。如彼水中無其熱性，不無水相。畢竟空者，破諸法相，乃至因緣法相亦無。又性空者，菩薩所行。畢竟空者，是佛所行。

**智顗《法界次第初門》卷下之上** 九畢竟空。（畢竟空者。以前八空，破諸法畢竟盡淨，名爲畢竟。若無諸法，亦無畢竟之可著，故名畢竟空。又解畢竟名爲終竟觀，是終竟之法，亦不可得。則不執有究竟之法，名爲畢竟空。故《法華經》云，乃至究竟涅槃，常寂滅相，終歸於空。）

**吉藏《法華統略》卷下** 畢竟空者，佛了達橫竪畢竟清淨，名畢竟空。故畢竟是無遺餘之名，宜約於佛。菩薩雖習畢竟空觀，但照猶未盡，但有性空之稱也。彼佛得此畢竟空觀，因以爲名，故云空王佛也。釋迦與阿難，亦初習畢竟空觀，故名初發心。則初後不二，但初習畢竟空，破有所得難，後去則易，其猶破竹初節也。《大品》云：從初發心，則行無所得。無所得者，不得一切法。謂橫竪一切法，皆不可得，名不可得。《華嚴》云，初發心時，則是佛心故。亦是此意。

問曰：畢竟空云何乃是發菩提心。答曰：一切法不生。彼若則生，不發一切諸心，即是發心。佛若發生、死、涅槃、有、無四句內外一豪心，則佛心不發也。

**吉藏《中觀論疏》卷一**　畢竟空者，若有生有不生，則非畢竟空，以一切無生，名畢竟空。問：何故言畢竟空耶。答：《涅槃經》云，菩薩猶如香象，徹十二因緣河底。所言底者名爲空相。今欲簡異兎馬，故有此言。

**吉藏《中觀論疏》卷一**　小乘法中不說畢竟空，唯大乘法有畢竟空。故言聞大乘法，說畢竟空也。不知何因緣故空下，第二明不識教意。經中所以說畢竟空者，凡有四義。一爲對破有病，所以說空。有病既息，空藥亦除，乃至五句無所依止。而捨有著空，故不識佛意。故《行品》云，大聖說空法，爲離諸見故，若復見有空，諸佛所不化。第二，經說畢竟空者，此明第一義諦畢竟空，不明世諦畢竟空。而《方廣》之流謬取佛意，謂世諦亦畢竟空，故不知說空因緣。如《智度論》初卷云：明人等世諦故有，第一義諦故無。如實際等第一義故有，世諦故無。即其證也。三者，道門非空非不空，無名相中，爲衆生故，假名相說，稱之爲空。非空非不空即是中道，空不空即是假名。而學教之流不識中假，謂實有空，故不知說空因緣。故《四諦品》云，因緣所生法，我說即是空，亦爲是假名，亦是中道義。長行釋云：因緣所生法，無自性故空。空亦復空，但爲教化衆生故，假名說。即其證也。四者，因緣有宛然即畢竟空，雖畢竟空，宛然因緣有，即是不壞假名而說實相，不動眞際建立諸法。而稟教之流聞因緣有，即失畢竟空。聞畢竟空，即失因緣有。故不知說空意也。即生疑見下，第三正辨起迷。功學畢竟空，即發生二慧。無方便學畢竟空，即生見疑。如《涅槃經》云，或有服甘露壽命得長存，或有服甘露傷命而早夭。即其事也。就文爲二，初列見疑二章門，次釋二章門。偏執一理名見，猶預二途秤疑也。若都畢竟空下，第二釋二章門也。前釋於疑，後釋於見，迷教之心，必先疑後見。故前釋疑，後釋見也。然空有具得二疑。一者，以空疑有。若實畢竟空，即不應有罪福。二者，以有疑空。若實有罪福，則不應都畢竟空。今此文是學大乘人，謂畢竟空爲實，故信畢竟空而疑於罪福，正是以空疑有也。如是則無世諦第一義下，第二釋上見義也。既是學大乘人即信大畢竟空是盡理之說，故無有罪福。既無罪福，故即無世諦。因世諦故，有第一義諦。既無世諦，亦無第一義。作此牽文出《智度論》。

問：小乘人聞畢竟空云何耶。答：大乘執畢竟空，排撥有法。小乘人執決定有，斥畢竟空。故《智度論》云，五百部聞畢竟空，如刀傷心。即其證也。問：上執有中云但著文字，何故不生疑耶。答：有則符情，故直起見。空既反情，所以生疑。問：前執有亦失二諦不。答：亦失。執性有乖假有，失世諦尚失世諦。何況第一義耶。取是空相而起貪著下，第四總結過失。前明於空生見，此辨於空起愛見。愛見是煩惱，煩惱即有業苦也。於畢竟空生種種過者，初生疑，次起見，後從見起愛，故名種種過也。龍樹菩薩爲是等故下，第四明論主出世造論，可具三意。一者，總對前大小二人，破先計有，令有不有，故令有見息。破前執空，令空不空，故空見便息。即是中道。問：非有非無是愚癡論，云何是中道。答：不取非有非無爲中，乃明離有無見乃名爲中耳。若離有無而著非有非無者，即非中也。二者，別對上小乘人。一往小乘人計諸法有，得於世諦，不知諸法空，即失第一義。然既不識第一義，亦不識世諦，故俱失二諦。今申二諦中道，令小乘人識二諦中道，發生正觀，戲論斯滅。故龍樹造此《中論》也。三者，對上學大乘人。一往大乘人得諸法畢竟空，得第一義，失於世諦。然既不識世諦，亦不識第一義。雖畢竟空，宛然而有，故不滯空。雖因緣有，常畢竟空，故不著於有。即是二諦中道。今爲破斷常二邊，申於二諦，令學大乘人識。人識中道，發生正觀，故言爲是等故造此《中論》。

**法藏《華嚴一乘教義分齊章》卷四**　《智論》云：觀一切法從因緣生，從因緣生即無自性，無自性故即畢竟空。畢竟空者，是名般若波羅蜜。此則由緣生故，即顯無性也。《中論》云，以有空義故，一切法得成者。此則由無性故，即明緣生也。《涅槃經》云，因緣故有，無性故空。此則無性即因緣，因緣即無性，是不二法門故也。非直二義，性不相違，亦乃全體相收，畢竟無二也。所執性中，雖復當情稱執現有，然於道理畢竟是無，以於無處橫計有故。如於木杌橫計有鬼，然鬼於木畢竟是無。

**良賁《仁王護國般若波羅蜜多經疏》卷中**　畢竟空者，謂諸法究竟不可得。此畢竟由畢竟空，世非世空故。

**法藏《華嚴經義海百門》**　畢竟空者，謂塵不泯事相，而常空寂，是爲畢竟空也。今事相雖存，即相不可得，名亦不可得。理義不可得，以一切不可得，名爲畢竟空，非無表說也。然畢竟空，空時不礙塵法宛然，塵法宛然恆畢竟空。

**窺基《大般若波羅蜜多經般若理趣分述讚》卷一**　《中邊論》解二十空中畢竟空云：爲於有情常作饒益而觀空，故名畢竟空。此意說言，爲有情故，別觀於空，或觀所爲有情爲空。此觀有情等畢竟不可得，畢竟即空，名畢竟空。此畢竟空寂，一切有情一切法中，皆悉平等。是諸人法平等之性，印定諸法定畢竟空。若計所執若二空理皆畢竟空故，此解即是第一一切法甚深微妙、清淨法門之大義也。

**延壽集《宗鏡錄》卷一七**　若除有爲，則無無爲。有爲實相，即是無爲。如有爲空，無爲亦空。以二事不異故。畢竟空者，一切法皆畢竟空。是畢竟空亦空，空無有法故，亦無虛實相待。復次畢竟空者，破一切法，令無遺餘故，名畢竟空。若有少遺餘，不名畢竟空。

## 惡取空

**曇無讖譯《菩薩地持經》卷二**　惡取空者，於所知戒又復誹謗一切所知，以是緣故，墮於惡道。亦壞他信樂、離苦解脫。亦作留難，於戒慢緩謗實法，故破壞佛法。云何爲惡取空。若沙門婆羅門，謂此彼都空，是名惡取空。何以故。若言此空無彼性，若言此空有此性。是義應爾。若一切無性，何處何法空。亦不應言此即此空。

**玄奘譯《瑜伽師地論》卷三六**　惡取空者，亦於所知境界迷惑，亦謗一切所知境界。由此因故，墮諸惡趣。於他求法求苦解脫，能爲虛誑，亦作稽留。於法於諦，不能建立。於諸學處，極生慢緩。如是損減實有事者，於佛所說法毘奈耶甚爲失壞。云何名爲惡取空者。謂有沙門或婆羅門，由彼故空亦不信受，於此而空亦不信受，如是名爲惡取空者。何以故。由彼故空彼實是無，於此而空此實是有。由此道理可說爲空。若說一切都無所有，何處何者何故名空。亦不應言由此於此即說爲空，是故名爲惡取空者。

**圓測《解深密經疏》第五**　惡取空者，於依他上所執性無，及於依他圓成性有，俱不信受，而作此執。一切諸法都無所有，是惡取空。

**圓測《解深密經疏》第五**　依世俗諦，有空不空。依勝義，無法不空。若執著空，名惡取空。

**圓測《仁王經疏》上卷**　若說依他，都無自性，便撥染淨二法皆無，名惡取空。

## 邪空

**吉藏《中觀論疏》卷一〇**　小乘人不解佛因緣有成性有，大乘人不解佛大乘空成邪空。既迷大小，俱惑二諦。論主明慧內充，慈風外扇，救濟此大小乘人，故破彼兩迷，明無如此空有，故云非空非有即是中實。中實者，實無如此有無也。即中佛因緣有無，方是假名，假名故有中道。如下云，亦是假名，亦是中道。又破此大小，明無如此大小。是中實方是因緣，假名大小，即是假名。因此大小令識道未曾大小也。又觀論始末意，從因緣品至四諦之前，外人執有難論主。此品初外人執空難論主，初執有難顯外人不識空，今執空難明外人不識有。即迷二諦也。亦是初執小乘難論主，今執大乘難論主。顯外人不識大小。又初已來執性有難論主，顯外人不識因緣有，今執邪空難論主。顯外人不識正空，論主憐愍如此迷倒，是故破此空有，明畢竟無如此空有。

**吉藏《百論疏》卷下**　若如外道空者，則法亦同外道。今破除外道邪空，申空義，故破空也。

**吉藏《三論玄義》**　學大乘者，名方廣道人。執於邪空，不知假有，故失世諦。既執邪空，迷於正空，亦喪眞矣。

**遁倫《瑜伽論記》卷二三**　正見圓滿乃至修習空性者，有說分別依他圓成實性，一切皆空，不稱正理，名爲邪空。今觀遍計所執人法皆空，依他因緣及圓成實，離有無法，實有不空，名越邪空。其義云何，謂於此處彼非有故，正觀爲空者，遍計執空也。

**延壽集《宗鏡錄》卷七〇**　若不立世諦，亦不得眞諦。何者，以了俗無性故，即成眞諦。若擬無二諦，是惡取邪空，非善通正理。

**延壽**《**万善同歸集**》**卷上**　雖觀能念所誦皆空，空非斷空，不閡能誦所持爲有。有非實有，不空不有，中理皎然。執無則墮其邪空，沒有則成其偏假。是以一心三觀，三觀一心。即一而三相不同，即三而一體無異。

## 空　空

**無羅叉譯**《**放光般若經**》**卷四**　何等爲空空。諸法之空，持諸法空空於空，是爲空空。

**鳩摩羅什譯**《**摩訶般若波羅蜜經**》**卷五**　何等爲空空，一切法空，是空亦空，非常非滅故。何以故，性自爾，是名空空。

**吉藏**《**仁王般若經疏**》**卷上**　空空故空者，釋論云：空空者，先以法空破内外等法，後以此空破是諸空，是名空空。問：空與空空有何等異。答：空破五陰，空空破空。如服藥能破病，病破已，藥亦應出。若藥不出，即復是病。以空滅諸煩惱病，恐空復爲患，是故以空捨空，故名空空也。

## 如

**鳩摩羅什譯**《**大智度論**》**卷三二**　諸法如，有二種，一者各各相，二者實相。各各相者，如地堅相、水濕相、火熱相、風動相，如是等分別諸法，各自有相。實相者，於各各相中分別，求實不可得，不可破，無諸過失。

**鳩摩羅什譯**《**大智度論**》**卷三二**　佛弟子如法本相觀，是時不見常，是名無常。不見樂，是名苦。不見淨，是名不淨。不見實，是名空。不見我，是名無我。若不見常而見無常者，是則妄見，見苦、空、無我、不淨亦如是，是名爲如。如者，如本，無能敗壞。

**僧肇**《**注維摩詰經**》**卷四**　夫如者，不二不異。肇曰，凡聖一如，豈有得失之殊哉。生曰，夫如者，無得與不得異也。既無得與不得異而彌勒得者，是假以不得爲得也。

**慧遠**《**大乘義章**》**卷一**　第一釋名。如、法性、實際義，出《大品經》。此三乃是理之別目。故龍樹言，如法性等，實相異名。所言如者，是其同義。法相雖殊，理實同等，故名爲如。言法性者，自體名法。法之體性，故云法性。言實際者，理體不虛，目之爲實。實之畔齊，故稱爲際。名義如是。

**曇無讖譯**《**大方等大集經**》**卷五**　實者即如，如者即法。法即無二，無二即義。

**吉藏**《**淨名玄論**》**卷一**　如即是佛也。一切衆生本來是如，亦本來是佛。故此經云，夫如者不二不異。不異者，三世豎論。故《大品》云，如名爲實，不虛如教。中後亦爾。以三世雖殊，如體無改變，故云不異。不二者，此則横論。雖有凡聖，同皆一如，名爲不二。故云彌勒亦如也，衆生亦如也。以無二故，衆生是佛。問，既凡聖同一如，一人得見如，一切亦應見。答，雖復同一如，有悟有未悟，是故有見有不見。問，迷悟異於如，可有見有未見，迷悟既同如，亦應得同見。答，如常不異迷，迷常與如異，故迷不見如。

## 如　如

**李師政**《**法門名義集**》　一切衆生皆如也。一切法亦如也。夫如者，不二不異。如此道相無不融，故曰如相迴向。九無著無縛解脫迴向。衆生即如，本來無縛也。如如即衆生，則如無可著也。

**鳩摩羅什譯**《**大智度論**》**卷一**　第一悉檀是眞實，實故名第一，餘者不應實。

答曰：不然。是四悉檀各各有實，如如、法性、實際，世界悉檀故無，第一義悉檀故有。人等亦如是，世界悉檀故有，第一義悉檀故無。所以者何。人五衆因緣有故有是人等。譬如乳，色、香、味、觸因緣有故有是乳。若乳實無，乳因緣亦應無。今乳因緣實有故，乳亦應有。非如一人第二頭、第三手，無因緣而有假名。如是等相，名爲世界悉檀。

**曼陀羅仙共僧伽婆羅譯《大乘寶雲經》卷四**　佛言：善男子！非是虛妄，名不顛倒。世尊！何者是非虛妄。佛言：即是如如無變異法。世尊！何者名如如。佛言：夫如如者，謂是內所證知之法，不可文字之所顯示。所以者何，是法一切言語道斷，文字章句所不能詮。過音聲界，離諸口業，絕諸戲論，不增不減，不出不入，不合不散，非可籌度，不可思量。過算數境，非心行處。無礙無想，過想境界。過諸嬰兒一切境界，一切嬰兒所不行處。過一切魔境界，過一切煩惱境界，過識境界，無所住處。無住寂靜，聖智行處。如是如是內所證。無垢無污，無染清淨。微妙第一，畢竟最勝。常恆湛然，無生滅法。如來出世及不出世，法界常爾。善男子！菩薩爲是法故，精勤不懈，修行精進，忍種種苦。如是苦行，證是法界。於是法中，復加安立一切眾生。善男子！是名如如，是名實際，是名一切智，是名一切種智，是名不可思議界，是名無二界。降伏一切障礙菩薩言。

**真諦譯《佛性論》卷二**　佛說約住自性如如，一切眾生是如來藏。言如者，有二義。一如如智，二如如境。並不倒故名如如。言來者，約從自性來，來至至得，是名如來。

**真諦譯《佛性論》卷三**　復次，分別相義應知。分別者，是如來性。明一切法，如如清淨，是其通相。如《般若》等經中所說：一切法者，即三性法。如如者，俗如即眞如。眞如即俗如，眞俗二如，無別異故。清淨者，有二種。一者因中如如，未得無垢果地如如。

**真諦譯《佛性論》卷四**　譬如如者，如如有三義故。取金爲譬，一者性無變異，二者功德無窮，三者清淨無二。自性亦如，無變異故。功德亦如，無增減故。清淨亦如，無染污故。故曰如如是眞如。如在一切邪定聚及一闡提諸眾生中，本無差別。若至客塵滅後，說名如來藏，故說一切眾生爲如來藏。

**真諦譯《三無性論》卷上**　眞實性者，謂法如如。法者即是分別依他兩性，如如者即是兩性無所有。分別性以無體相，故無所有。依他性以無生，故無所有。此二無所有，皆無變異，故言如如。故呼此如如爲眞實性。

**真諦譯《三無性論》卷上**　如如者，謂法空所顯聖智境界。無分別智者，由此智故一切聖人能通達如如。【略】

七種如如甚多義生。如如中明分別依他用，因果生滅無前後義。眞諦者，謂七種如如。一生，二相，三識，四依止，五邪行，六清淨，七正行。一生如如者，謂有爲法，無前無後。有爲法者但兩性攝，謂分別、依他。此法無前無後，凡有三種。一約二性辨無前後。若說依他性在前，無有分別性，依他不成。若說分別性在前，無有依他性，分別性不成。是故二性遞互相須，無有前後，以相生故。分別性既無，依他性不有。一俱無故，即是如如也。二約因果辨無前後。若因定在前，更無所因，則不成因。若無因緣，自然有因者，因則無量。若果定在前，既無有因則不成果。若無因緣，自然有果，果則無窮。是故因果無定，前後轉轉相望。望前則爲果，望後則爲因故。生死無初，如是因果體即分別依他。分別既無，依他不有。即是如如也。三約生滅辨無前後。若生在前滅在後者，有二過失。一則未有老死已便得生。二則未捨此生，便得彼生。若爾，又有兩失。一者生則無用。此既已生，何用彼生，未捨報故。二者生則無窮，已生復生，轉轉而討，豈得有窮也。若爾，復有兩失。一者但生不滅，則應是常。二者若有多生，是多眾生。若爾，則因果無有相發生義。又若恆生，則無涅槃也。若滅在前，生在後者，既未有生滅，何所滅。又應先涅槃，後受生死。先有滅故，是則解脫已，還受繫縛。是故生滅無有前後，亦不離分別依他，故曰如如也。

二相如如者，謂人法二空。此二空相所以名如如，有三義。一離戲論。戲論者，謂執眞與俗，或一或異等四謗，通稱戲論。若執眞與俗定一，則不勞修道，並皆解脫。悉見眞故，皆是聖人。又若眞俗定是一，則眞不能遣俗，義既不能遣俗，俗惑不除，無解脫義。但唯凡夫，無有聖人也。若執眞定異俗，則依俗不能通眞，眞即不可會無方便故。是故二空離此戲論，故名如如。二是無分別智境界。此智無顛倒，無有俗諦堪爲境者，是故此智所會即是如如。三是眞實性。若違此性，則成生死。若順此性，則得涅槃。此性爲一切法眞性，故名如如。是故二名相如如，非言相空，乃以相空爲相也。

三識如如者，謂一切諸行但唯是識。此識二義，故稱如如。一攝無倒，二無變異。攝無倒者，謂十二入等一切諸法但唯是識。離亂識外，無別餘法故。一切諸法皆爲識攝。此義決定故稱攝無倒，無倒故如如。無倒如如，未是無相如如也。無變異者，明此亂識即是分別依他似塵識所顯，由分別性永無故，依他性亦不有。此二無所有，即是阿摩羅識。唯有此識獨無變異，故稱如如。前稱如如，但遣十二入。小乘所辨一切諸法，唯十二入非是顛倒。今大乘義破諸入，並皆是無，唯是亂識所作故。十二入則爲顛倒，唯一亂識則非顛倒，故稱如如。此識體猶變異。次以分別依他，遣此亂識。惟阿摩羅識是無顛倒，是無變異，是眞如如也。前惟識義中亦應作此識說。先以唯一亂識遣於外境，次阿摩羅識遣於亂識故，究竟唯一淨識也。

四依止如如者，所謂苦諦。苦諦有三，一苦類，二苦諦，三苦聖諦。苦類者，謂五取陰。依止此五，說名衆生。苦所依止，不出此五，故稱苦類。苦諦者，謂不顛倒，明此苦類決定違逆聖意，此義是實，故名苦諦。聖人緣此決生捨離，不起染著。苦聖諦者，謂苦一味，明此苦諦以無體性故空。空故無相，無相故無願，無一法可願求者，此約通相。辨三解脫體，惟是一。一切諸法不離於此，故稱一味。聖是正義，此一味無到無變，故名聖諦。初苦類即是俗諦，次苦諦即眞諦。以無顛倒是安立眞諦，後一即是第一義諦。無到無變異，是非安立諦，後去三諦亦爾。

五邪行如如者，所謂集諦。倒苦亦三。一集類，謂六種貪愛，依六塵所起，能令生死相續，不出此類。二集諦者，謂不顛倒知，此六貪愛決定能令諸有相續，眞實無倒，名爲集諦。三集聖諦者，謂集一味不異於前四諦，同以三解脫門爲一味故。

六清淨如如者，所謂滅諦亦有三種。一滅類者，謂四沙門果，即是見思兩惑滅盡不生，是其類也。二滅諦者，謂不顛倒。此滅類決定寂靜，是其諦義。三滅聖諦者，謂滅一味，亦不異前。

七正行如如者，所謂道諦，亦有三種。一道類者，謂八聖道分，是其類也。二道諦者，謂不顛倒。此八決定能出離集，是其諦義。三道聖諦者，謂道一味亦不異前也。復次依止如如者，所謂苦諦。苦諦者，所謂行苦，以無常故。無常有三義。一無有無常，謂苦分別性永無所有，此無所有是無常義眞實有，此無所有，名眞如如。若以前無後無爲無常者，此乃俗諦不顛倒，名爲如如，非眞如如也。二生滅無常，謂苦依他性，此依他性既非實有，亦非實無。異眞實性，故非實有。異分別性，故非實無。非實有故是滅，非實無故是生。如此生滅是無常義。而生非實生，滅非實滅，是眞如如。三離不離無常，謂苦眞實性，此性道前未離垢，道後則離垢。約位不定，故說無常。體不變異，名爲如如。復次邪行如如者，所謂集諦。集諦者，謂眞似兩集。眞集者，謂諸煩惱能令五陰相續是有。似集者，謂諸業能得諸道差別。集有三種。一熏習集，謂分別性類惑能熏起集。何以故。由分別類惑能作集家因。二發起集，謂煩惱及業。何以故。由此生起成故。釋曰：此發起集即是依他性。依他性體即是煩惱及業，由此性能生起未來五陰自體。又爲分別性所生即是自生生他，故名發起集也。

論曰：三不相離集，謂集如如。此如如體未離障說名集。何以故。此如如是集家性故，集所障故，說集如如。此三即三無性，故名如如。復次清淨如如者，所謂滅諦，亦有三義。一體相無生滅，謂分別類惑，本無體相，故名爲滅。二能執無生滅，謂但亂識類，或由因由緣，本無有生，故名爲滅。三垢淨二滅，謂本來清淨，無垢清淨。約分別性說本來無垢，約依他性說無垢清淨。何以故。此性有體，則能染污。由道除垢，故得清淨。本來清淨，即是道前道中。無垢清淨即是道後。此二清淨亦名二種涅槃。前即非擇滅，自性本有，非智慧所得。後即擇滅修道所得。約前故說本有，約後故說始有。始顯名始有，故名清淨如如。復次正行如如者，所謂道諦，亦有三義。一知道，謂約分別性，此性無體，但應須知無有可滅，故名知道。二除道，約依他性，此性有體，是故應知是煩惱，類所以須滅，故名除道。三證得道，約眞實性，此性是二空故，應知除滅故應得，故名正行如如也。

此七種眞諦體，即三無性，故通名如如。於此七中，前三種是非安立諦。何以故，此三但有別名無別體故。生如如所以在先者，爲可除滅故。相如如所以居次者，同是生家滅故。識如如所以在後者，是滅家方便故。後四如如是安立諦。何以故，此四約用立名用有四故。不約體立名，體惟一味故。依止所以最先者，應知見故。二義應知一所知境多，二但應須知無更餘義。所知境多者，於苦諦中，有無常、苦、空、無我四種義故。所餘集等三諦，但有四名，無四義異。何以故。集諦但因義爲實，滅諦但以寂靜爲實，道諦但以出離爲實。所餘有緣等九義，皆是假名。二但應須知無更餘義者，苦是業果報，非煩惱故，不可除。非勝德故，不須證。非正行故，不須修。但爲厭離，所以須知，是故更無斷證修等義也。若知此即能滅除諸惑，是故邪行在第二。由惑滅故證得清淨，故清淨在第三。由證得清淨具足，故正行圓滿。何以故。道有三用，一見眞實義，二除惡法，三能至寂靜。此三若具足，則道用圓滿，故說正行在第四也。此七如如，即是眞實性。

**慧遠《大乘義章》卷三**　言如如者，是前正智所契之理。諸法體同，故名爲如。就一如中，體備法界恒沙佛法，隨法辨如，如義非一，彼此皆如，故曰如如。如非虛妄，故復經中亦名眞如。

**慧遠《無量壽經義疏》下卷**　從如來生解法如如，是其理解。解由如來教化出生，是故說之從如來生。空同曰如，解知一切萬法皆如，名解如如。

**宗密《圓覺經大疏釋義鈔》卷五**　佛說約住自性如如，一切衆生是如來藏。如如者有二，一如如智，二如如境。並不倒故，名如如。言來者，約從自性來來，至至得，是名如來故。雖因果，其體不二。但在因時，違二空故，起無明，而爲煩惱所雜故，名染濁。至果時，與二空合，說名爲清。如水體非清濁，但由穢不穢故，有清濁云云。所言藏者，一切衆生，悉在如來智內，故名爲藏。以如如智稱如如境故。一切衆生，決無有出如如境者，普爲如來之所攝持，故名所藏衆生爲如來藏。藏有三義。一顯正境無此，離如如境，無別一境出此境故。二顯正行無此，離此智外無別勝智過此智故。三顯正果無此，無別一果勝此果故，故曰無此。由此果能攝藏一切衆生故，說一切衆生爲如來藏。

**澄觀《貞元新譯華嚴經疏》卷九**　一，如如者，示法身體。然有二意，一即眞如爲法身體。重言如者，一如是理如，一如是事如。事理同如，故名如如。二者理智契合，爲法身體。故《金光明》云，唯如如及如如智獨存，名爲法身。則上如是智如，下如是理如。智如於理，故曰如如。下四句即法身之義。一者常義，云不變異。二者體不可分，非唯染淨不殊。實亦自他平等，云無二體，故下廣說諸佛菩薩法身無二。三者出義，非唯於諸法中最爲第一，於佛體中亦爲尊勝，故云勝義。四顯非虛妄，故云諦義。諦即實義，即勝義諦，故無二體。體無二故，便不變異。不變異故，名曰如如。如如即是法身之體，身即體義，亦兼依義，萬德依故。

**慧海《頓悟入道要門論》卷上**　問：如如者云何。答：如如是不動義。心眞如故，名如如也。是知過去諸佛行此行亦得成道，現在佛行此行亦得成道，未來佛行此行亦得成道。三世所修證道無異，故名如如也。《維摩經》云：諸佛亦如也，至於彌勒亦如也，乃至一切衆生悉皆如也。何以故。爲佛性不斷有性故也。

**延壽《宗鏡錄》卷三三**　《三無性論》云：識如如者，謂一切諸行，但唯是識。此識二義，故稱如如。一攝無倒者，謂十二入等一切諸法，但唯是識，離亂識外，無別餘法。故一切諸法，皆爲識攝。此義決定，故稱攝無倒如如。二無變異者，明此亂識，即是分別依他。似塵識所顯，由分別性永無故。依他性亦不有。此二無所有，即是阿摩羅識。唯有此識，獨無變異，故稱如如。

**宗鏡《銷釋金剛科儀會要註解》卷三**　言如如者，即事即理，故稱之爲如如也。眞妙理者，即法身無妄之理矣，亦本覺眞心，即般若實相也。

# 真如

**筏提摩多譯《釋摩訶衍論》卷六**　心眞如者，即是一法界大總相法門體。所謂心性不生不滅，一切諸法，唯依妄念而有差別。若離心念，則無一切境界之相。是故一切法，從本已來，離言說相，離名字相，離心緣相，畢竟平等，無有變異，不可破壞。唯是一心，故名眞如。自相大義，決擇分中，作如是說。從本已來，性自滿足一切功德。所謂自體有大智慧光明義故，遍照法界義故，眞實識知義故，自性清淨心義故，常樂我淨義故，清涼不變自在義故。具足如是過於恒沙不離不斷不異不思議佛法，乃至滿足無有所少義故，名爲如來藏，亦名如來法身。如是相違，故以爲難。如本問曰，上說眞如，其體平等，離一切相，云何復說體有如是種種功德故。

已說發起略問難違門。次說發起廣答解釋門。就此門中，即有二門。云何爲二，一者是總，二者是別。於總門中，即有二種。云何爲二，一者眞如總，二者生滅總。如其次第說相可見。答曰：雖實有此諸功德義，而無差別之相，等同一味，唯一眞如者，即是眞如，總謂雖自相大義門中作如是說，具種種德過於恆沙，而是生滅門之界量，非眞如門。眞如門中無差別相，平等平等，一相一味，獨存眞如淨法界故。

**眞諦譯《大乘起信論》** 一切法從本已來，離言說相、離名字相、離心緣相，畢竟平等、無有變異、不可破壞。唯是一心，故名眞如，以一切言說假名無實，但隨妄念不可得故。言眞如者，亦無有相。謂言說之極，因言遣言，此眞如體，無有可遣，以一切法悉皆眞故。亦無可立，以一切法皆同如故。當知一切法不可說、不可念故，名爲眞如。

問曰：若如是義者，諸衆生等云何隨順而能得入。

答曰：若知一切法雖說，無有能說可說。雖念，亦無能念可念，是名隨順。若離於念，名爲得入。復次，眞如者，依言說分別有二種義。云何爲二。一者，如實空，以能究竟顯實故。二者，如實不空，以有自體，具足無漏性功德故。所言空者，從本已來一切染法不相應故，謂離一切法差別之相，以無虛妄心念故。當知眞如自性，非有相、非無相、非非有相、非非無相、非有無俱相，非一相、非異相、非非一相、非非異相、非一異俱相。乃至總說，依一切衆生以有妄心念念分別，皆不相應故說爲空，若離妄心實無可空故。所言不空者，已顯法體空無妄故，即是眞心常恆不變淨法滿足，故名不空，亦無有相可取，以離念境界唯證相應故。

**慧思《大乘止觀法門》卷一** 此心即是自性淸淨心，又名眞如，亦名佛性，復名法身。又稱如來藏，亦號法界，復名法性。如是等名無量無邊，故言衆名。

**玄奘譯《成唯識論》卷九** 此諸法勝義，亦即是眞如。眞謂眞實，顯非虛妄。如謂如常，表無變易。謂此眞實於一切位，常如其性，故曰眞如。即是湛然不虛妄義。亦言顯此復有多名，謂名法界及實際等。如餘論中隨義廣釋。此性即是唯識實性，謂唯識性略有二種。一者虛妄，謂遍計所執。二者眞實，謂圓成實性。

**窺基《大般若波羅蜜多經般若理趣分述讚》卷二** 此眞如等體雖即空寂之所顯，名字既別，所以別立。此中八名，體一眞如。眞謂眞實，顯非虛妄。如謂如常，表無變異。即是湛然不虛妄義，遮妄顯常，名眞如也。法界者，三乘妙法所依相故。法性者，一切諸法眞實本體。不虛妄性者，離妄顛倒不妄性也。不變異性者，謂一切時不改轉故。平等性者，遍諸法故。離生性者，生謂生梗如生食等，此即虛妄有漏諸法，離此生梗堅強之性。又生者生滅，離生滅體，名離生性。實際者，無倒所緣故。實謂無顛倒，此處究竟，故名爲際。過無我性，更無所求故。此中文略，但舉八名。

**澄觀《大方廣佛華嚴經疏》卷三〇** 眞謂眞實，顯非虛妄。如謂如常，表無變易。此法相宗。若法性宗，云不變爲眞，順緣曰如。由不變故，與有爲法有非一義。由順緣故，與有爲法有非異義。而《起信》云，無遣曰眞，無立曰如。唯就遮詮，頓彰眞理。二明種類，或唯一味無有差別，或分爲二，即生空眞如、法空眞如。又安立、非安立二。又空、不空二。並如常釋。或分爲三，約三性辨如瑜伽等。或分爲七，謂一流轉眞如，即諸行流轉實性。二實相眞如，謂思惟諸法無二我性。三唯識眞如，即唯識性。四安立。五邪行。六淸淨。七正行。

**宗密《大方廣圓覺修多羅了義經略疏註》卷上** 圓覺自性，本無僞妄變異，即是眞如。眞謂眞實，顯非虛妄。如謂如常，表無變易。謂此眞實於一切位，常如其性故。又眞者體非僞妄，如者性無改異。僞是詐僞。鍮如眞金。妄是虛妄。影如本質。異就橫說，多物同時而各殊；改約竪論，一體先後而變易。今皆離此，故曰眞如。謂此實體於未來常如過去，於色中常如受中。眞實相如，非爲妄似。論云：心眞如者，即是一法界大總相法門體。所謂心性不生不滅，乃至竟無變壞，唯是一心，故名眞如。又云：眞如用者，諸佛因地攝化衆生。不取相者，以如實知衆生及與己身，眞如平等無別盡故。以有如是大方便智，除滅無明，見本法身，自然而有不思議業種種之用。

**澄觀《貞元新譯華嚴經疏》卷一** 第四，眞如隨緣凝然別者。若權宗說，眞謂眞實，顯非虛妄。如謂如常，表無變易。故眞如者，凝然不變，不許隨緣。若隨緣者，是遷變義，同無常故。若實教宗，則許眞如有其二義，一不變義，二隨緣義。由體不變，故能隨緣，成一切法。雖成諸法，不失自性，故云不變。如水遇風而成波浪，雖成波浪，不失濕性。故《勝鬘》云：依如來藏故有生死，依如來藏故有涅槃。離如來藏，一切諸法皆不成立。是故當知，眞如隨緣能成諸法。

**宗密《大方廣圓覺經大疏》上卷之三**　初眞如中一釋名者，眞謂眞實，顯非虛妄。如謂如常，表無變易。謂此眞實，於一切位，常如其性故。又眞者，體非僞妄，如者，性無改異。僞是詐僞。鍮如眞金。妄是虛妄。影如本質。異就橫說，多物同時而各殊改。約竪論，一體前後而變易。今皆離此，故曰眞如。謂此實體，於未來際，常如過去（釋竪）。於色中，常如受中（釋橫）。眞實相如，非爲妄似。二出體者，若約法數即眞如無爲。今依《起信》，以一心爲體。論云：心眞如者，即是一法界大總相法門體，所謂心性不生不滅，乃至竟無變壞，唯是一心，故名眞如等。三辨種類者，或唯一如體中說，或二安立非安立。故依言離言故。或說有七，顯於染淨中，常如其性故。或立十種，對十重障，辯其德故。四明業用者，論云，眞如用者，諸佛因地攝化衆生。不取相者，以如實知衆生及與己身眞如平等，無別異故。以有如是大方便智，除滅無明，見本法身，自然而有不思議業種種之用。即與眞如等，徧一切處。釋曰，依眞如故發智斷惑，證體起用。若不依之，則取我我所相，無由修證故。知萬德萬行，皆是眞如用也。

**圓測《解深密經疏》卷三**　言眞如者，如《成唯識》第九卷云：眞謂眞實，顯非虛妄。如謂如常，表無變異。謂此眞實，於一切位，常如其性，故曰眞如。即是湛然不虛妄義。問：豈不前說眞勝義諦，離諸名言，如何於此說名眞如。解釋此難，如《成唯識》第二卷說：眞如亦是假施設名，遮撥爲無，故說爲有。遮執爲有，故說爲空。勿謂虛幻，故說爲實。理非妄倒，故名眞如。言勝義者，勝謂勝智，義即境義。謂此眞如，二種勝智所緣境義，故名勝義。是故《顯揚》第十六云：論曰，此勝義諦，當知即是圓成實性。問：何因緣故，七種眞如名勝義諦。答：由是二最勝智所行故。謂出世智及後所得世間智，由此勝義無戲論故，非餘智境，自餘別義。

**窺基《成唯識論述記》卷二**　論：理非妄倒，故名眞如。

述曰：眞以簡妄，如以別倒。初簡所執，後簡依他。或眞以簡有漏，非虛妄故。如以別無漏，非有爲故。眞是實義，如是常義，故名眞如。若爾，此與化地部計實有善等眞如，有何差別。

論：不同餘宗，至名曰眞如。

述曰：我部所言，與色等法非一異故，亦非是實，非不實故。不同於餘化地部離色心等定實有法。

論：故諸無爲非定實有。

述曰：此即第三總結非也。然此無爲四門分別，一諸部增減，二出體性，三釋名，四釋妨難。第一諸部增減者，大衆部、一說部、說出世部、雞胤部，立有九種。一釋滅，二非擇滅，三虛空，四空無邊處，五識無邊處，六無所有處，七非想非非想處，八緣起支性，九聖道支性。化地部舊云正地部，亦立有九。一擇滅，二非擇滅，三虛空，四不動，舊云無我謬也，五善法眞如，六不善法眞如，七無記法眞如，八道支眞如，九緣起眞如。正量及譬喻師，立三無爲，無有體性。毘婆闍婆提，說三滅中立無常滅，亦是無爲。薩婆多部亦立三種。然是實有，乃至虛空。或說唯一，或說爲多。然大乘中，此及《百法》但唯說六。《瑜伽》五十三說二，謂空、非擇。《五蘊論》。說有四，不說不動等二，即擇滅故。又《瑜伽論》、《對法》、《顯揚》等論，說有八種。於此六中眞如爲三，約詮約理所望別故。

第二出體性者。一實體，八無爲體皆是眞如。由此論中，依於眞如，立虛空等。二假體，即隨有漏、無漏心中，所現空等無爲之相，名虛空等。或依障斷，所得滅處，假立擇滅、不動，想受無色之處，假說虛空。法緣闕時，義名非擇。約詮爲論，名善等如，即依假體皆可說假。實亦可然，皆可說實。若通三性，體遍有無。

三釋名者，無別釋名。虛空之體，即是無爲。乃至眞如，此即無爲。皆持業釋。

四釋妨難者，何故擇滅外別立不動及想受滅，唯於二受滅，立不動無爲。捨受滅時，立想受滅。非餘受滅，亦立無爲。且依勝定障說，據實，一切染污等法無不障定。今約別行障定者說，不障一法，得多無爲故。又斷所知障得無爲不及釋諸論相違等妨，皆如此論第十卷說。於中復有內外善等三性，依他等攝，安立非安立，世俗勝義，苦集滅道及七眞如體相攝等，得非得等體性一多。

五果。凡聖得之多少，其擇非擇滅，隨有漏事，爲隨煩惱類數多少等諸門分別。如別章說，《大般若經》、《辨中邊論》說眞如名有十二種，謂眞如、法界、法性、不虛妄性、不變異性、平等性、離生性、法定、法住、虛空界、實際、不思議界。《對法》第二、《佛地論》等，雖釋此名，然少於彼。

**法藏《華嚴經探玄記》卷八**　釋眞如義，作四門。

一釋名者。不壞曰眞，無異稱如。前則非四相遷，後則體無差別。此約始教。又不變曰眞，順緣稱如。由前義故，與有爲法非一。由後義故，與有爲法非異。二義合爲一法，名曰眞如。

二種類者。或唯一味，謂約實無差別故。或二，謂安立諦眞如。非安立眞如。又二空所顯亦二，即生空所顯眞如，法空所顯眞如。又二，謂空眞如，不空眞如。染法不染名空，具性功德名不空。或三，謂約三無性，即無相如、無生如、無性如等。又有善法眞如，不善法如，無記法如，出《雜集論》。此約詮辨也。或七，《顯揚論》云：一者，流轉眞如，謂思惟諸行流轉實性。二，實相眞如，謂思惟諸法無二我性。三者，唯識眞如，謂思惟諸法唯識之性。四者，安立眞如，謂染污法體思惟苦諦。五，邪行眞如，謂染法因思惟集諦。六清淨眞如，謂淨法體思惟滅諦。七者，正行眞如，謂清淨行思惟道諦。或十眞如，謂約十地中所證眞如有十重等。或百門，謂十十無盡，應於圓通無礙法門也，或通一切法也。

三明德用者。一成依持用，謂染淨法依持而立。二成觀境，謂入證用。三依《起信論》有三大。一體大，謂眞如平等不增減故。二相大具足無量性功德故。三用大，能成一切世間出世間善因果故。問：不善等法，既非眞用，應離如體。答：由違眞故不離眞，由違眞故非如用。此論意以諸善法順眞，故並是眞用。問：經說如來藏興造一切世間，猶如伎兒作種種伎兩等。準此，染法亦是所造，所以言非。答：理實染淨，俱是所持而得建立，但違順異不同也。何者，如觀施行三事空，令施福廣大，等於虛空。若觀罪體空，則令罪障滅，何以不亦令罪廣大。是知罪違於眞，入如則滅。善順於眞，入如則廣，故不齊也。此則遍興染淨，順用非違。此上約始終教說。又別隨緣通一切法，總是眞用。具帝網微細，重重無盡，自在圓融，即相不待會，即性不待隨。如此《百門》所辨，約圓教顯耳。

四約教顯者。眞如有二門。一乘眞如，三乘眞如。一乘亦二門。一別教。謂圓通諸事，統含無盡，如因陁羅網及微細等。廣此，百句如中說。二同教者，則與三乘義同，但由智迴向，故入一乘攝。二者三乘眞如亦有二門。一頓教，如維摩直默，以顯玄意者是。此如絕於教義，相想俱不及。如《大般若經》那伽室利分說。二漸教者，略有三門，一終，二始，三世間所知。初終教中，復有二種。一始，如三十二菩薩顯不二法門者是。二終，即文殊所顯不二者是。此始終兩門並具無分別教義空有二門。二始教中亦二。一始，如《百法論》六無爲屬一切法攝。顯人法二空，得知眞如不及二空爲上。此門通分別、無分別教義。二終者，如維摩爲迦旃延說不生不滅是無常義等。又《金剛般若》，微塵則非微塵等。又《對法論》開六無爲成八，則三種眞如屬無爲攝，得知眞如成無爲上。此初教始終並通分別、無分別教義。無分別義者，謂證眞如。無分別教者，謂比觀意言無分別境，悟大乘言教故。分別義者，謂教義則空故。今初教中，眞如但是空義，不同終教也。三世間所知眞實者，復有二種。一始，謂人天正善根及愚法二乘等入眞實性攝故。《中邊論》云，世間所知眞實，入眞實性攝。準彼論文，世間唯除虛誑妄語等，餘並入眞實。由許是菩提遠方便故。二終者，故論云，一切法但有名。謂分別名思惟名得知，不同遠方便法。此義唯局二種十名中，爲是大乘近方便故。眞如者，乃至流在十名，理不可壞，故同是眞如也。

**玄奘譯《大般若波羅蜜多經》卷三八四**　善現！云何菩薩摩訶薩修行般若波羅蜜多時，如實知色眞如。善現！若菩薩摩訶薩修行般若波羅蜜多時，如實知色眞如無生無滅、無來無去、無染無淨、無增無減，常如其性不虛妄、不變易故名眞如。善現！是名如實知色眞如。

善現！云何菩薩摩訶薩修行般若波羅蜜多時，如實知受。善現！若菩薩摩訶薩修行般若波羅蜜多時，如實知受相，如實知受生，如實知受滅，如實知受眞如，是爲如實知受。

**筏提摩多譯《釋摩訶衍論》卷二**　心眞如者，即是一法界大總相法門體，所謂心性不生不滅。一切諸法，唯依妄念而有差別。若離心念，則無一切境界之相。是故一切法從本已來，離言說相，離名字相，離心緣相，畢竟平等，無有變異，不可破壞。唯是一心，故名眞如。以一切言說，假名無實，但隨妄念不可得故。言眞如者，亦無有相。謂言說之極，因言遣言。此眞如體，無有可遣，以一切法悉皆眞故。亦無可立，以一切法皆同如故。當知一切法，不可說，不可念故，名爲眞如。問曰：若如是義者。諸衆生等云何隨順而能得入。答曰：若知一切法。雖說無有能說可說。雖念亦無能念可念。是名隨順。若離說念名爲得入。復次，眞如者，依言說分別有二種義。云何爲二。一者如實空，以能究竟顯實故。二者如實不空，以有自體具足無漏性功德故。所言空者，從本已來，一切染法不相應故。謂離一切法差別之相，以無虛妄心念故。當知眞如自性，非有相，非無相，非非有相，非非無相，非有無俱相，非一相，非異相，非非一相，非非異相，非一異俱相。乃至總說，依一切衆生以有妄心，念念分別，皆不相應，故說爲空。若離妄心，實無可空故。所言不空者，已顯法體空無妄故。即是眞心常恆不變，淨法滿足，則名不空，亦無有相可取，以離念境界唯證相應故。論曰：即是廣說分。此中有三門，云何爲三。一者，根本體性眞如門。二者，發起問答決疑門。三者，假說開相眞如門。第一門中，即有三門。云何爲三。一者，建立名字門。二者，直詮眞體門。三者，解釋名字門。心眞如者，即是一法界大總相法門體者，即是建立名字門。謂隨功能立其名故，一心眞如各有十名。

**澄觀《大方廣佛華嚴經疏》卷二四**　六，法性住者，即眞如也。謂非妄倒，故名眞如。又眞實如常，揀妄揀事，於一切位，恆如其性。而云住者，離遷變故。與法爲性，是隨緣義。復云住者，是不變義。即妄即眞，事皆如矣。若準《智論》，法性法住各是一義（云云）。即爲七法。然小乘說三，虛空則就外空，復計三皆實有。若大乘說，非唯數增，義亦有異。《唯識論》中，二義建立，一唯心變故，二依法性假施設。有謂此諸義，但一眞如隨義假設。一無相義，二所證義，三惑盡義，四性淨義，五隨緣義，六隨緣即不變義。此中法性即是眞如。然法性眞如亦假施設。遮撥爲無，故說爲有。遮執爲有，故說爲空。勿謂虛幻故說爲實。理非妄倒，故名眞如。爲法之性，名爲法性，非離色心別有實體。

**澄觀《大方廣佛華嚴經隨疏演義鈔》卷九**　心生即種種法生，心滅即種種法滅。故《起信論》云：一切諸法，唯依妄念而有差別。若離心念，則無一切境界之相。是故一切諸法，從本已來，離言說相，離名字相，離心緣相，畢竟平等，無有變異。唯是一心，故名眞如。以一切言說假名無實，但隨妄念不可得故。故疏云，一切所有，唯是妄想。疏，一切法界唯是絕言者。又拂前眞性，辯離言眞如。故《起信論》次文即云：言眞如者，亦無有相。謂言說之極，因言遣言。此眞如體，無有可遣，以一切法悉皆眞故。亦無可立，以一切法皆同如故。當知一切諸法，不可言說，不可思念，故名眞如。故疏云，皆是絕言也。

**澄觀《大方廣佛華嚴經隨疏演義鈔》卷四五**　論云：此五皆依眞如假立，眞如亦假施設。有下至故名眞如，皆是論文。爲法之性，故名法性。是疏義加，亦即前文《唯識論》意。非離色心別有實體者，取論意結。《具足論》云，不同餘宗離色心等有實常法名曰眞如，故諸無爲非定實有。釋曰，言眞如亦是假者，不得體故。遮空見者，說如違有。遮小乘中化地部等執定實有，故說爲空，非言無爲體即空也。勿謂虛有者，虛揀遍計，幻揀依他。即顯眞如是圓成實，以無虛妄顚倒法，故名眞如也。

**澄觀《大方廣佛華嚴經隨疏演義鈔》卷四七**　法性即是眞如。眞如隨緣，故能成事。不失不變，故而不改。

**洪蓮《金剛經註解》卷之三**　眞性又名眞如者，謂外物皆妄，唯性爲眞。其言如者，乃上文所謂眞性自如，而無所不可現之意也，故以眞實之性爲眞如，而又謂之如來也。僧若訥曰：如來者即眞如也。眞如不離諸法，故云即諸法如義。陳雄曰：佛辯論如來膺釋迦尊號者，何故。蓋以了諸法空，得如如之義也。如者，眞如也。《楞伽經》云，離不實妄想，是名如如。住如如者，得無所有境界。故《維摩經》云，如者，不二不異，一切法亦如也，衆聖賢亦如也，至於彌勒亦如也。

## 眞際

**無羅叉譯《放光般若經》卷一八**　佛告須菩提：菩薩信眞際故，念般若波羅蜜。眞際及衆生際有異者，菩薩終不念般若波羅蜜。以眞際衆生際等無有異故，菩薩欲益衆生故，念行般若波羅蜜。

復次，須菩提！菩薩摩訶薩行般若波羅蜜，亦不分流分別眞際，而建立衆生於眞際。

須菩提白佛言：若建立衆生於眞際者，則爲建立眞際於眞際。若建立眞際於眞際者，俱無所有，云何持無所有建立於無所有。世尊！如是者菩薩云何建立衆生於眞際。

佛告須菩提：不可以眞際建立於眞際，不可以所有建立於所有，亦不可以無所有建立於無所有。須菩提！菩薩行般若波羅蜜，以漚恕拘舍羅建立衆生於眞際，眞際及衆生際一際無有二。

**無羅叉譯《放光般若經》卷二〇** 善男子！眞際者，亦不知來時，亦不知去時，眞際者則如來。虛空者，亦無來，亦無去，空者則如來。眞諦者，亦不知來時，亦不知去時，眞諦者則如來。無爲者，亦不來，亦不去，無爲者則如來。滅盡者，亦無來，亦無去，滅盡者則如來。

**無羅叉譯《放光般若經》卷一六** 佛言：觀眞際故便知諸法多少世尊！云何爲觀眞際。佛言：眞際者非際，菩薩於非際學，便知諸法多少。以知法性，便知諸法多少。知色性法性無有斷絕，便知諸法多少。【略】

云何如如。佛言：如眞際。云何如眞際。佛言：如法性、如衆生性、如壽性、如命性。

**無羅叉譯《放光般若經》卷二** 法性、法住、眞際、佛薩云若，亦不有、亦不可得見，以內外空、有無皆空故。舍利弗！菩薩摩訶薩行般若波羅蜜，若作是觀，作是念，意不惓不厭，不恐不怖，當知是菩薩終不離般若波羅蜜。

舍利弗問尊者須菩提：何以當知菩薩不離般若波羅蜜。

須菩提報言：如色之狀貌離色，如痛想行識狀貌離痛想行識，如檀波羅蜜狀貌離檀波羅蜜，乃至般若波羅蜜狀貌離般若波羅蜜，乃至佛十八法、乃至眞際，亦復如是。

舍利弗問須菩提言：五陰狀貌何類。六波羅蜜、佛十八法，狀貌何類。法性及如、眞際，其狀貌何類。

須菩提報言：五陰無所有之狀貌，六波羅蜜、佛十八法、眞際，亦無所有之狀貌。其類非物之類。舍利弗！是故當知五陰狀貌離五陰，如六波羅蜜狀貌離六波羅蜜，乃至眞際亦復如是。五陰離五陰相，乃至眞際亦離其相，相亦離其眞際。

**慧遠、鳩摩羅什《鳩摩羅什法師大義》卷中** 如是諸法性性自爾，是名法性也。更不求勝事，爾時心定，盡其邊極，是名眞際。是故其本是一義，名爲三如。道法是一，分別上中下，故名爲三乘。初爲如，中爲法性，後爲眞際。眞際爲上，法性爲中，如爲下。

**《鳩摩羅什法師大義》卷中** 眞際義者，唯大乘法中說。以法性無量，如大海水，諸聖賢隨其智力所得。二乘人智力劣故，不能深入法性，便取其證。證知如實之法微妙理極，深厭有爲，決定以此爲眞，無復勝也。而諸菩薩有大智力，深入法性，不隨至爲證。雖放深入，亦更無異事。如飲大海者，多少有異，更無別事。又諸菩薩其乘順忍中，未得無生法忍，觀諸法實相，爾時名爲如。若得無生法忍已，深觀如故，是時變名法性。若坐道場，證於法性，法性變名眞際。若未證眞際，雖入法性，故名爲菩薩，未有聖果。

**鳩摩羅什譯《維摩詰所說經》卷下** 非有相，非無相，同眞際，等法性。不可稱，不可量，過諸稱量。非大非小，非見非聞，非覺非知，離衆結縛。

**不空譯《仁王護國般若波羅蜜多經》卷上** 以諸法性即眞實故，無來無去，無生無滅，同眞際，等法性，無二無別猶如虛空，蘊、處、界相無我我所。是爲菩薩摩訶薩修行般若波羅蜜多。

**眞貴述《仁王護國般若波羅蜜多經科疏》卷二** 謂以諸法性，即眞實性故。既即眞實，故觀相是有，觀如是空，各墮一邊，豈是眞實性哉。所謂世間相常住，寧容一毫增減於其間乎。無來下，明眞實體性之妙也。無來去，謂三際莫能易也。無生滅，謂四相所不遷也。同眞際而無相，迥超邊表，豈方隅之所能拘。等法性而隨緣，泯絕一多，非大小之可爲限。混法界以爲體，妙契寰中，故無二。總萬有以成身，玄同物內，故無別。故知諸法之性也，如空普遍，似空普容。既如空離相，則三科二執，何有一法可當情哉。開心合色，開色合心。心色俱開，爲愚色心者，說三科之廣略。如常所明，我即能執，我所即所執。

**通理《楞嚴經指掌疏》卷一** 眞際者，眞心實際。是即以妄識爲眞心，以所在爲實際。實不知別有眞心實際耳。

# 如是

**吉藏《勝鬘寶窟》卷上**　如是者，謂指牒法辭。如經中說，如是等功德，如是菩薩等。今亦爾，如是所說教門，我皆得聞，故云如是我聞。亦是印述之辭，如是如是，誠如聖教。如是如是，如汝所說。今亦爾，印定佛法，使人生信，故言如是。有人言：依《智度論》意，如是者是信義。要具三，一是所信之法，二明信心，三明信相。內心信可是法，口如是言。言是法稱合道理，故言如是。

**窺基《大般若波羅蜜多經般若理趣分述讚》卷一**　第一如是，弟子之信。如是之言，今說不虛。第二我聞，顯非傳受。第三一時，聞法有時也。《智度論》云：說時方人，令生信故。

**窺基《大般若波羅蜜多經般若理趣分述讚》卷一**　言如是者，《法花注》云，如是感應之瑞，如以順機受名，是以無非立稱。衆生以無非爲感，如來以順機爲應。傳經者以名教出於感應，故云如是。此應肇公解也。又《注無量義經》言，至人說法，但爲顯如。唯如爲是，故言如是。瑤公云：以離五謗，名爲如是。前四句離增益等謗，第五如是，此經因果非非有非非無，名戲論謗。第四句名愚癡謗。光宅云：如是將傳所聞，前題舉一部也。如是一部經義，我親從佛聞，即爲我聞作呼徹也。梁武帝云：如是如斯之言，是佛所說，故言如是。上來五解，竝是吉藏法師之所引也。眞諦及長耳皆云：如是有三。一就佛，三世諸佛共說不異，名如。以同說，故稱是。由斯可信，以同說故。二就理明。諸法實相，古今不異，故名爲如。如如而說，故稱爲是。既稱理言，不增不減，決定可信，故稱如是。三就人。以阿難望佛教所傳不異，故名爲如。無非，曰是。此上三解，淨法師等之所引也。又解：如是之言，標一部之玄宗，即眞俗二諦。眞爲如，俗爲是。欲顯所詮不異二故。又所言順理，曰如。遮其虛妄，爲是。又顯詮於二智教爲二智之因。如所有性爲如，盡所有性爲是。故下云，一切智、道相智、一切相智是也。又標福智，顯是二嚴之因，福爲如，智爲是也。又教順於理曰如，依教修行爲是。又境爲如，智爲是。所乘能乘實相觀照以標首也。又如是者，吉祥詞也。欲顯經首，皆致此言。異外道等一切經，初置阿憂二字。又如是者，指斥詞也，指下一部之所明也。上來八解，皆此方先德之所傳釋。又如是言依四義轉。一依譬喻。如有說言，如是富貴，如毘沙門。如是所傳所聞之法，如佛所說，定爲利樂方便之因。或當所說，如是文句，如我昔聞。二依教誨。如有說言，汝當如是讀誦經論。此中如是，遠即佛之教誨，近即傳法者之教誨也。或告時衆，如是當聽，我昔所聞。三依問答。如是我聞，如是演說。謂有問言，汝當所說，昔定聞耶。故此答言，如是我聞。四依許可。如有說言，我當爲汝如是而思，如是而作，如是而說。謂結集時，諸菩薩衆咸共請言。如汝所聞，當如是說。傳法菩薩便許可言。如是當說，如我所聞。或信可言，是事如是。謂如是法，我昔曾聞。此事如是，齊此當說，定無有異。上來四解，竝《佛地論》親光菩薩等解。又如是者，信順之辭。故《智度論》云：如是我聞，生信也，信受奉行生智也。信爲能入，智爲能度。信爲入法之初基，智爲究竟之玄術。信即所言之理順，順即師資之道成。由信故所說之法，皆可順從。

# 如實

**佛陀耶舍共竺佛念譯《佛說長阿含經》卷一**　爾時，菩薩逆順觀十二因緣，如實知，如實見已，即於座上成阿耨多羅三藐三菩提。

**佛陀耶舍共竺佛念譯《佛說長阿含經》卷九**　諸比丘！是爲七十法，如實不虛，如來知已，平等說法。

**吉藏《大乘玄論》卷四**　三者，如實而照故，當體名實。論云，波若波羅蜜，實法不顛倒。體離虛妄，非顛倒慧，故名爲實。

**慧遠《大乘義章》卷一五**　如實智者，汎釋有二。一者獨法，二者共法。緣攝諸智爲一如實，名爲獨法。約對餘智說爲十一，名爲共法。獨法如實，知法寬通。知一切法，悉名如實。不唯知於如實理，故名如實智。若此不唯知如實理，云何得名如實智乎。如《地持釋》，離增上慢智，名如實智。是義云何。增上慢者，於一切法不知謂知，故非如實。諸佛菩薩於一切法實知言知，故曰如實。

**慧遠**《**大乘義章**》**卷二〇**　如實智者，諸佛菩薩離增上慢，於一切法悉知如實知，非是不知妄稱知，故名如實智。

**智顗**《**妙法蓮華經文句**》**卷九上**　《成論》云：乘如實道，來成正覺，故名如來。乘是法如如智，實是法如如境，道是因，覺是果。若單論乘者，如如無所知。單明實者，如如無能知。境智和合，則有因果。照境未窮名因，盡源爲果。道覺義成，即是乘如實道來成正覺。此眞身如來也。以如實智，乘如實道，來生三有示成正覺者，即應身如來也。三如來者，《大論》云：如法相解，如法相說，故名如來。如者，法如如境，非因非果。有佛無佛，性相常然。遍一切處而無有異，爲如。不動而至，爲來。指此爲法身如來也。法如如智，乘於如如眞實之道，來成妙覺。智稱如理，從理名如，從智名來。即報身如來。故論云，如法相解，故名如來也，以如如境智合故。

**玄奘譯**《**大般若波羅蜜多經**》**卷五一〇**　善現！以一切法皆無盡故，一切如來、應、正等覺證得一切法無盡眞如故，獲得無上正等菩提，爲諸有情顯示分別一切法眞如相，由此故名如實說者。

**遁倫**《**瑜伽論記**》**卷一二**　遠離一切增上慢智，說名如實者。世尊遠離未得，謂得增上慢智，故名如實。此即釋上諸有所說一切如實，故名如來。

## 實際

**鳩摩羅什譯**《**大智度論**》**卷三二**　實際者，以法性爲實證，故爲際。如阿羅漢，名爲住於實際。

問曰：如、法性、實際，是三事爲一、爲異。若一，云何說三。若三，今應當分別說。

答曰：是三皆是諸法實相異名。

**僧肇**《**注維摩詰經**》**卷二**　肇曰：如、法性、眞際，此三空同一實耳。但用觀有深淺，故別立三名。始見法實，如遠見樹知定是樹，名爲如。見法轉深，如近見樹知見是何木，名爲法性。窮盡法實，如盡知樹根莖枝葉之數，名爲實際。此三未始非樹，因見爲異耳。所說眞法同此三空也。

**慧遠**《**大乘義章**》**卷一**　言法性者，自體名法。法之體性，故云法性。言實際者，理體不虛，目之爲實，實之畔齊，故稱爲際。名義如是。

**慧遠**《**維摩義記**》**卷二**　第三句中，法住實際，當相正辨。際謂際畔，處之別稱。窮實之處，名爲實際。所辨眞法，即於實際名之爲住。

**吉藏**《**維摩經義**》**卷三**　如近見樹，知是何木，名爲法性。窮盡知樹根莖枝葉之數，名爲實際。此三未始非樹，因見爲異耳。入諸法者，諸法萬相，誰能遍入。諸法者，其唯法性乎。諸邊不動者，有無諸邊，不能動於實際。又解，邊是際之異名，法既住於實際，則邊不復動。

**窺基**《**說無垢稱經贊**》**卷三**　贊曰：動者亂動，眞實邊際，名爲實際。無倒所緣義，空理義云。俗有所動，不住實際。眞無所動，故住實際。俗依六境，故法動搖。眞如不依六，故無動搖。動搖者，可壞可毀可倒。應理義云，依他住眞際，隨於實際，竟不動故。

**玄奘譯**《**攝大乘論釋**》**卷五**　言實際者，眞故名實，究竟名際。際聲即是邊際言故，如弓邊際。

**義淨譯**《**金光明最勝王經**》**卷一**　實際之性，無有戲論，唯獨如來證實際法，戲論永斷，名爲涅槃。

**玄奘譯**《**攝大乘論釋**》**卷四**　無自性性，法無我性，實際之性，是名法性。

**不空譯**《**大集大虛空藏菩薩所問經**》**卷五**　勝義際中雜染清淨，皆不可得。勝義際者，名爲無際。即彼無際，名爲實際。是實際即空際，是空際即我際，是我際即一切法際。若知一切法際、空際、寂靜際、極寂靜際所有際門，則於一切諸法，無所取著，獲無礙智。

**不空譯**《**大集大虛空藏菩薩所問經**》**卷六**　無所住際是一切法際，住一切法際，名爲實際。亦名邊際，際遍一切處故。由是證得一切法實際，猶如虛空平等，無有限齊。彼法實際亦無限齊。若限齊際者，不名一切法實際。如是平等一切法實際則我際，知我際則知一切有情際，若知一切有情際則知一切法實際。是實際是我際，是一切有情際，是一切法際，是名盡際。夫盡際者，涅槃之謂也。

**玄奘譯《大乘阿毗達磨集論》卷一**　何故眞如名爲空性，一切雜染所不行故。何故眞如名爲無相，以一切相皆寂靜故。何故眞如名爲實際，以無顚倒所緣性故。

**施護譯《集大乘相論》卷下**　所言實際者，即菩提性，一切如量如實，離諸分別。此中應知，如佛所說，於我蘊等性畢竟無所得，復於他量而不可言說，如是名爲實際。

**施護譯《集諸法寶最上義論》卷上**　此清淨性即諸法性，是性亦復名爲眞如，名爲實際，亦名爲空。

# 本際

**安世高譯《佛說寶積三昧文殊師利菩薩問法身經》**　文殊問佛：本際法身有中有外有內，當從何所得。佛言不可得。答言：本際以無際。

**竺法護譯《大寶積經》卷一二**　適俱平等，本際無二。又問密迹，若無本際，彼誰受決。答曰，本際無生，亦無所滅，無有二際，以是本際今日受決。又問，住何本際而受決也。住於自然，無二本際。無我本際，無人壽命。住於自然，乃曰受決。又問，吾我本際，住在何所。答曰，如來所住。

**竺法護譯《正法華經》卷一**　欲知衆生，本際之行，從其過去，志性、所猗。

**竺法護譯《光讚經》卷六**　所謂恒薩阿竭法，無本之法，諸法之界，其法寂然及於本際。其本際者，亦不可得，亦無所起。

**僧肇《寶藏論》**　夫本際者，即一切衆生無礙涅槃之性也。……然其本際自性清淨，微妙甚深，體無塵垢。是以千聖萬賢，種種言論，皆是化說，於眞非眞，說化非化。是以本際無名，名於無名。本際無相，名於無相。名相既立，妄惑遂生。眞一理沈，道宗事隱。是以無名之樸，通遍一切，不可名目。過限量界，一體無二。故經云，森羅及萬象，一法之所印。印即本際也。然本際之理，無自無他，非一非異，包含一氣，該入萬有。若復有人自性清淨，含一而生，中無妄想，即爲聖人。

**菩提留支譯《入楞伽經》卷七**　大慧！言解脫者非是滅法。是故汝今問我，若不知本際云何得解脫者，此問不成。大慧！言本際者，是分別心一體異名。大慧！離分別心更無衆生，即此分別名爲衆生。大慧！眞實智慧觀內外法，無法可知能知故。大慧！以一切法本際來寂靜。大慧！不如實知唯自心見虛妄分別，是故生於分別之心，如實知者不生分別。

**慧觀《法華宗要序》（僧祐《出三藏記集》卷八）**　夫本際冥湛，則神根凝一。涉動離淳，則精麁異陳。於是心轡競策，塵想諍馳。翳有淺深，則昏明殊鏡。

**宗密《大方廣圓覺修多羅了義經略疏註》卷上之一**　身心寂滅，平等本際。凡聖身心，取相似異。相皆虛妄，當體寂滅。寂滅故平等，皆同一際，即圓覺本際。

**延壽《宗鏡錄》卷七八**　有天名曰幢英，問文殊師利，所言本際，爲何謂乎。文殊答曰，衆生之原，名曰本際。又問，衆生之原，爲何謂乎。答曰，生死之本，爲衆生原。又問，於彼何謂爲生死本。答曰，虛空之本，爲生死原。

**延壽《宗鏡錄》卷九四**　《圓覺經》云：一時婆伽婆，入於神通大光明藏，三昧正受。一切如來光嚴住持。是諸衆生清淨覺地，身心寂滅，平等本際，圓滿十方，不二隨順。於不二境，現諸淨土。

**德清《觀楞伽阿跋多羅寶經記》卷八**　記曰：此明生死涅槃本來平等，以顯佛界如、衆生如，一如無二如也。唐譯云：若生死本際不可知者，云何衆生在生死中而得解脫。大慧意謂離生死外，別求解脫也。佛言：生死本際即涅槃故，以衆生迷本際而爲生死，故有無始虛僞過惡妄想習氣因。此所以妄見心外實有諸法。今但滅彼妄想習氣，則能了知心外無法，即此妄想便是涅槃，非離此妄想外別有涅槃也。故云妄想身轉，解脫不滅。是故無邊，非都無所有，以本際全成妄想，即此妄想乃本際之異名耳。故魏譯云：本際者是分別心。一體異名，離分別心，更無衆生。斯則本際即妄想，妄想即衆生，故本際如而衆生亦如也。以皆如故，以智觀察內外諸法，知與所知皆悉寂滅。但以不了妄想，說自心生，故妄想生。若了唯心，即妄想頓滅。由是觀之，生死涅槃本無二致，惟在迷悟之間。悉由自心轉變耳，豈更有他哉。

# 如來

**佛陁耶舍共竺佛念譯《佛說長阿含經》卷一一** 沙門、婆羅門以此緣故，言無因出，唯佛知之，過是亦知，知已不著苦、集、滅、味、過、出要，如實知之，已平等觀，無餘解脫，故名如來。

**佛陁耶舍共竺佛念譯《佛說長阿含經》卷一二** 佛於初夜成最正覺，及末後夜，於其中間有所言說，盡皆如實，故名如來。復次，如來所說如事，事如所說，故名如來。

**佛陁耶舍共竺佛念譯《佛說長阿含經》卷一四** 唯佛能知此見處，如是持，如是執，亦知報應。如來所知又復過是，雖知不著，已不著，則得寂滅，知受集、滅、味、過、出要，以平等觀無餘解脫，故名如來。是爲餘甚深微妙大法光明，使賢聖弟子眞實平等讚嘆如來。

**鳩摩羅什譯《金剛般若波羅蜜經》** 須菩提！若有人言：如來若來若去、若坐若臥。是人不解我所說義。何以故。如來者，無所從來，亦無所去，故名如來。

**鳩摩羅什譯《大智度論》卷二四** 如實道來故，名爲如來。

**竺佛念譯《出曜經》卷二〇** 如來天人尊者，何故名爲如來。如過去等正覺來，吾從彼來，於三阿僧祇劫執行勤苦，或施國財妻子頭目髓腦，能自拔濟，從中來故名如來。

**鳩摩羅什譯《成實論》卷一** 復次，經中說如來等十種功德，謂如來、應供、正遍知、明行足、善逝、世間解、無上調御、天人師、佛、世尊。如來者，乘如實道來成正覺，故曰如來。有所言說，皆實不虛。如佛問阿難，如來所言頗有二不。不也，世尊。故名如說。復次，如來從得道夜至涅槃夜，於其中間所說皆實，不可破壞，故名如說。又以一切種智知前後際，然後說故，所言皆實。

**毗目智仙譯《轉法輪經憂波提舍》** 以何義故名如來者。彼義今說，如實而來，故名如來。何法名如，涅槃名如。眾生與法，彼二不如。如世尊說，諸比丘，第一聖諦不虛妄法，名爲涅槃。知故名來。異聲論界，知字論界。如世人說，此人來生。此明何義，此明智慧具足。來義如是。涅槃名如，知解名來。正覺涅槃，故名如來。又空、無相、無願，名如。如彼一切行，故名如來。又四聖諦，此名爲如。非餘人見彼一切行故名如來。又復一切如是佛法，此名爲如。彼來此人，故名如來。又復如名六波羅蜜，布施、持戒、忍辱、精進、禪定、般若，正覺彼來，故名如來。實捨寂慧，安住是如。如彼無上正遍知來，故名如來。一切如是菩薩諸地。歡喜、離垢、明焰、難勝、現前、遠行、不動、善、慧、法雲等十，此名爲如。如彼無上正遍知來，故名如來。如八道來，故名如來。以有般若波羅蜜足方便足來，故名如來。或名如去。言如去者，或以如說故名如去。又如去者，去不復來，故名如去。

**求那跋陁羅譯《雜阿含經》卷三二** 尊者摩訶迦葉語舍利弗言：若說如來後有生死者，是則爲色。若說如來無後生死，是則爲色。若說如來有後生死、無後生死，是則爲色。若說如來非有後、非無後生死，是則爲色。如來者，色已盡，心善解脫。言有後生死者，此則不然。無後生死、有後無後、非有後非無後生死，此亦不然。如來者，色已盡，心善解脫，甚深廣大，無量無數，寂滅涅槃。

舍利弗！若說如來有後生死者，是則爲受、爲想、爲行、爲識、爲動、爲慮、爲虛誑、爲有爲、爲愛，乃至非有非無後有亦如是說。如來者，愛已盡，心善解脫，是故說後有者不然。後無、後有無、後非有非無者不然。如來者，愛已盡，心善解脫，甚深廣大，無量無數，寂滅涅槃。舍利弗！如是因、如是緣，故有問世尊：如來若有、若無、若有無、若非有非無後生死，不可記說。

**慧遠《大乘義章》卷二〇** 初如來者，外國名爲多陁阿伽度，亦云多陁阿伽馱也。此云如來，斯乃就德以立其名。德中不定，解有兩義。一約佛解。如《涅槃》釋，如三世佛所說不變，故名爲如。佛如而來，故名如來。若從此釋，就義立名。二約理釋。如者如理，來者是德。故龍樹云，乘如實道來，成正覺，故曰如來。《涅槃》宣說乘六波羅蜜十一空來，故曰如來。當知此亦約理釋矣。若從是義，如來之名，境德合目。又就此等分爲異釋。遵言乘如來成正覺名如來者，就其證道解如來義。非不如說名如來者，就其教道解釋如來。乘六波羅蜜十一空來名如來者，就不住道以解如來。分相且然。究尋此等共成一義。佛依理成，故說乘如來成正覺。乘如猶行，行謂六度，故復宣說乘六波羅蜜十一空來。十一空義，如上廣辨。此猶如也。內證難彰，寄言以顯。是以復言，非不如說。

**吉藏《勝鬘寶窟》卷上**　體如而來，故名如來。又如諸佛，故名如來。問，體如而來，故名如來。此是應身可有來義，眞如法身云何有來。答，如本隱今顯，亦得稱來。

**慧遠《維摩義記》卷四**　佛陀名覺，名爲多陀阿伽度者，此名如來。乘如實道來成正覺，故名如來。又復如後諸佛而來，亦名如來。

**玄奘譯《瑜伽師地論》卷三八**　又諸如來略有十種功德名號隨念功德。何等爲十。謂薄伽梵，號爲如來、應、正等覺、明行圓滿、善逝、世間解、無上丈夫調御士、天人師、佛、薄伽梵。言無虛妄，故名如來。已得一切所應得義，應作世間無上福田，應爲一切恭敬供養，是故名應。如其勝義覺諸法故，名正等覺。明謂三明。行如經說，止觀二品，極善圓滿，是故說名明行圓滿。上昇最極，永不退還，故名善逝。善知世界及有情界一切品類染淨相故，名世間解。一切世間唯一丈夫，善知最勝調心方便，是故說名無上丈夫調御士。爲實眼故，爲實智故，爲實義故，爲實法故，與顯了義爲開導故，與一切義爲所依故，與不了義爲能了故，與所生疑爲能斷故，與甚深處爲能顯故，令明淨故，與一切法爲根本故，爲開導故，爲所依故，能正教誡教授天人，令其出離一切衆苦，是故說佛名天人師。於能引攝義利法聚，於能引攝非義利法聚，於能引攝非義利非義利法聚，遍一切種現前等覺，故名爲佛。能破諸魔大力軍衆，具多功德，名薄伽梵。

**慧苑《續華嚴略疏刊定記》卷三**　言無虛妄，故名如來，《涅槃》三十亦同此說。三，理智合說。《轉法輪》云，第一義諦名如，正覺名來，正覺第一義諦，故名如來。又《成實》云，乘如實道，來成正覺，故名如來。

**遁倫《瑜伽論記》卷一〇**　言無虛妄名如來者，舊論云，非有如說故名如來。若如《智度論》、《成實》云，乘如實道來成正覺，故曰如來。《涅槃》說云，乘六波羅蜜十一空來，故曰如來。《大品般若》云，乘薩般若來化衆生，故名如來。《金剛般若》云，無所從來，亦無所去，故名如來。

**玄奘譯《大般若波羅蜜多經》卷三〇六**　佛告天子：甚深般若波羅蜜多亦復如是，不應爲問。然諸法相，有佛無佛法界法爾，佛於此相如實現覺，故名如來。

**菩提流志譯《大寶積經》卷九〇**　唯有如來智慧解脫，究竟涅槃，更無餘乘而得度脫，以是義故，名爲如來。如來如實覺了如故，名爲如來。知諸衆生種種欲樂，悉能示現，故名如來。成就一切善法根本，斷於一切不善根本，故名如來。能示衆生解脫之道，故名如來。能令衆生遠離邪道住於正道，故名如來。演說諸法眞實空義，故名如來。

**宗密《圓覺經略疏之鈔》卷五**　言無虛妄，故名如來。《涅槃》第三十亦同此說。（即樹提長者父之知識讚佛云，如來世尊於一切法知見無礙，故名爲佛。發言無二，故名如來。斷煩惱故，名阿羅訶。世尊所說，終無有二）三，理智合說。《轉法輪論》云，第一義諦，名如。正覺名來正覺。第一義諦故，名如來。此與《成實》大同。（彼論云，乘如實道來成正覺，以如實道亦通萬行，故言大同，即非全同也。）四，離相說。《般若》云，如來者，無所從來，亦無所去，故名如來。五，融攝說。謂一如無二如，若理（第一解）若智（當第二義），若開若合（合即第三義開即四義各說）無不皆如，故名爲如。如外無法，來亦即如，如是來者，是眞如來。

**栖復《法華經玄贊要集》卷一四**　《大論》云，如來總序也。《出曜經》四義解如來。一者，依過去佛來。過去諸佛皆勤修苦行中來，故名如來。今釋迦如來如彼過去諸佛，還從三大阿僧祇劫勤苦行中來，故名如來。二者，從二利中來，故名如來。經云，或施國城妻子頭目髓腦，能自拔濟，從中來故，名如來。三者，從法性中來。經云，復從法性，成就世間義故，故名如來。四者，如諸世尊，依德而來。經云，如過去諸佛，具足十力四無所畏十八不共殊勝之法，慈悲廣度一切，不離如性。我今亦爾，故名如來（上依論）。

**法賢譯《佛說決定義經》**　復何名爲四無所畏，謂如來應供正等正覺，於大衆中，唱如是言，我以自智，乘如實道，來成正覺，作師子吼，轉妙法輪，無有沙門婆羅門天人魔梵而能等者，是名如來一切智無畏。如來已得安樂寂靜無上勝處功德果法，諸漏已盡，種習俱亡，是名如來漏盡無畏。如來復爲諸聲聞衆開示苦道，說離煩惱，盡苦邊際，是名如來出苦道無畏。如來復爲諸聲聞說所有障法，令彼出離，是名如來障道無畏。

**法雲《翻譯名義集》一**　多陀阿伽陀，亦云怛闥阿竭。後秦翻爲如來。《金剛經》云，無所從來，亦無所去，故名如來。此以法身釋。《轉法輪論》云，第一義諦名如，正覺名來。此以報身釋。《成實論》云，乘如實道，來成正覺，故名如來。此約應身釋。

**書玉《大懺悔文略解》卷上**　如來者，《十號經》云，如過去諸佛，行六波羅密，得諸法如相來至佛道，今佛亦如是道而來，故號如來也。又具三義，謂法、報、應也。《般若經》云，無所從來，亦無所去，故名如來。此以法身釋。《轉法輪論》云，本覺名如，始覺名來，始本不二，故名如來。此以報身釋。《成實論》云，乘如實道，來成正覺。此約應身釋。三身圓顯，故名如來。

# 如來藏

**佛陀跋陀羅譯《大方等如來藏經》**　佛見衆生如來藏已，欲令開敷爲說經法，除滅煩惱顯現佛性。善男子！諸佛法爾，若佛出世，若不出世，一切衆生如來之藏，常住不變。但彼衆生煩惱覆故，如來出世廣爲說法，除滅塵勞，淨一切智。

**筏提摩多譯《釋摩訶衍論》卷二**　六者，名爲如來藏。此中有二，云何爲二。一者，遠轉遠縛如來藏。二者，與行與相如來藏。《實際契經》中作如是說。佛子如來藏者，唯有覺者，唯有如如，離流轉因，離慮知縛，一一白白，是故名爲如來之藏。《楞伽契經》中作如是說。如來藏者，爲善不善因，受苦樂與因俱，若生若滅。

**筏提摩多譯《釋摩訶衍論》卷二**　先說初門。心生滅者，唱上立故。依如來藏故者，所依一心。彼多一心，亦名如來藏故。則是上心字下降建立異名故。有生滅心者，能依法門，謂生滅門故。今當依經如來藏門分明顯示。如來之藏其數幾有。今如來藏何所攝耶。頌曰：

如來藏有十，契經異說故。
此中如來藏，與行與相攝。

論曰：如來藏有十種，於契經中別別說故。云何爲十。一者，大總持如來藏，盡攝一切如來藏故。諸佛無盡藏契經中作如是說。佛告文殊：有如來藏，名曰大寶無盡殊勝圓滿陁羅尼，盡攝諸藏，無所不通，無所不當，圓滿圓滿，平等平等。一切所有諸如來藏，無有以此非爲根本。何以故。此如來藏，如來藏王，如來藏主，如來藏天，如來藏地，以此義故，名曰大寶無盡殊勝圓滿陁羅尼如來藏故。此經文明何義。所謂顯示陁羅尼藏所依總相，餘契經中諸如來藏能依別相故。以何義故名如來藏，謂攝持故。

二者，遠轉遠縛如來藏，一淸一滿故。《實際契經》中作如是說。佛子如來藏者，唯有覺者，唯有如如，離流轉因，離慮知縛，一一白白，是故名爲如來之藏故。此經文明何義。所謂顯示眞如門一心，無有惑因，無有覺因，無有惑果，無有覺果，一眞一如，唯有淨妙如來體故。以何義故名如來藏，謂無雜故。

三者，與行與相如來藏，與流轉力法身如來令覆藏故。《楞伽契經》中作如是說。如來藏者，爲善不善因，受苦樂與因俱，若生若滅。猶如伎兒故。此經文明何義。所謂顯示生滅門一心，於惑與力，於覺與力，出現生死涅槃之法。譬如非幻幻人於諸幻事，隨其所應與力用故。以何義故名如來藏，謂令覆故。

四者，眞如眞如如來藏，唯有如故。眞修契經中作如是說。如理如理如來藏，非建立非誹謗，非常非無常，非正體智之所證得，亦非意識之所緣境界。何以故。唯有理理無彼彼故。此經文明何義。所謂顯示眞如門中性眞如理，唯理自理非智自理故。以何義故名如來藏，謂無他故。

五者，生滅眞如如來藏，不生不滅，被生滅之染故。《楞伽契經》中作如是說。大慧！愚癡凡夫不覺不知，執著諸法刹那不住，墮在邪見而作是言。無漏之法亦刹那不住，破彼眞如如來藏故。復次大慧！金剛如來藏如來證法，非刹那不住者，一切聖人不成聖人故。此經文明何義。所謂顯示生滅門中性眞如理，遠離無常之相不生不滅之法故。以何義故名如來藏，謂被染故。

六者，空如來藏，一切諸空覆藏如來故。《勝鬘契經》中作如是說。世尊！空如來藏，若離若脱若異，一切煩惱藏故。此經文明何義。所謂顯示生滅門中一切染法，隱覆自相本覺無量性功德故。以何義故一切染法總名爲空。所謂一切染法幻化差別，體相無實，作用非眞，故名爲空。而能隱覆法身如來實德眞體，是故名爲如來之藏。從能藏染立其名故。

七者，不空如來藏，一切不空被空染故。《勝鬘契經》中作如是說。世尊！不空如來藏，過恆沙不離不脱不異不思議佛法故。此經文明何義。所謂顯示生滅門中自相本覺，備過恆沙一切功德，被過恆沙一切染法之所染故。以何義故一切淨法總名不空，所謂一切淨法自體中實作用勝妙，遠離虛假超越巧僞，故名不空。被染之覆，名如來藏。於出現時名爲法身，於隱覆時名如來藏故。從所藏淨立其名故。

八者，能攝如來藏，無明藏中自性淨心，能攝一切諸功德故。《不增不減契經》中作如是說。如來藏本際相應體及清淨法，此法如實不虛妄，不離不脱智不思議法。無始本際來，有此清淨相應法體故。此經文明何義。所謂顯示一切諸眾生自性清淨心，從無始已來具足三智圓滿四德無所闕失故。以何義故名如來藏，由顛倒心不知不覺故，從能所淨立其名故。

九者，所攝如來藏，一切染法無明地藏。既乃出離圓滿覺者爲所攝故。《不增不減契經》中作如是說。如來藏本際不相應體，及煩惱纏不清淨法。此本際離脱不相應，煩惱纏不清淨法，唯有如來菩提智之所能斷故。此經文明何義。所謂顯示始覺滿佛，斷一切障，具一切智。智明爲外，障闇爲內。一切染法智所攝持故。以何義故名如來藏，謂攝持故。

十者，隱覆如來藏，法身如來煩惱所覆隱沒藏故。《不增不減契經》中作如是說。如來藏未來際平等恆及有法，則是一切諸法根本，備一切法具一切法，於世法中不離不脱故。此經文明何義。所謂顯示多一心體，等於法界，遍於三際，具足圓滿染淨諸法，無所不通，無所不至故。復次，顯示隨緣門中自性淨心，於染法中隱藏沈沒，法身如來未出現故，是名爲十。如是十中，今如來藏與行與相，已說如來藏門。

**求那跋陀羅譯《勝鬘師子吼一乘大方便方廣經》** 聖諦者，說甚深義，微細難知，非思量境界，是智者所知，一切世間所不能信。何以故。此說甚深如來之藏，如來藏者，是如來境界，非一切聲聞緣覺所知。如來藏處，說聖諦義。如來藏處甚深故，說聖諦亦甚深，微細難知，非思量境界，是智者所知，一切世間所不能信。

**求那跋陀羅譯《楞伽阿跋多羅寶經》卷四** 大慧！若無識藏名如來藏者，則無生滅。大慧！然諸凡聖悉有生滅，修行者自覺聖趣現法樂住，不捨方便。大慧！此如來藏識藏，一切聲聞、緣覺心想所見。雖自性淨，客塵所覆故，猶見不淨，非諸如來。大慧！如來者，現前境界，猶如掌中視阿摩勒果。大慧！我於此義，以神力建立，令勝鬘夫人及利智滿足諸菩薩等，宣揚演說如來藏及識藏名，與七識俱生。聲聞計著，見人法無我。故勝鬘夫人承佛威神，說如來境界，非聲聞、緣覺及外道境界。如來藏識藏，唯佛及餘利智依義菩薩智慧境界。是故汝及餘菩薩摩訶薩，於如來藏識藏，當勤修學，莫但聞覺作知足想。

爾時，世尊欲重宣此義而說偈言：

甚深如來藏，而與七識俱，
二種攝受生，智者則遠離。

**求那跋陀羅譯《央掘魔羅經》卷二** 諸說法者，應如是說，稱揚如來常住眞實。若說法者不如是說，是則棄捨如來之藏，是人不應處師子座，如旃陀羅不應服乘大王御象。一切諸佛極方便求如來之藏生不可得，不生是佛性，於一切眾生所，無量相好清淨莊嚴。一切諸佛極方便求自性不實不可得，眞實性是佛性，於一切眾生所，無量相好清淨莊嚴。一切諸佛極方便求自性無常不可得，常性是佛性，於一切眾生所，無量相好清淨莊嚴。一切諸佛極方便求如來之藏無恆不可得，恆性是佛性，於一切眾生所無量相好清淨莊嚴。一切諸佛極方便求如來之藏變易不可得，不變易性是佛性，於一切眾生所無量相好清淨莊嚴。一切諸佛極方便求如來之藏不寂靜不可得，寂靜性是佛性，於一切眾生所無量相好清淨莊嚴。一切諸佛極方便求如來之藏壞不可得，不壞性是佛性，於一切眾生所無量相好清淨莊嚴。一切諸佛極方便求如來之藏破不可得，不破性是佛性，於一切眾生所無量相好清淨莊嚴。一切諸佛極方便求如來之藏病不可得，無病性是佛性，於一切眾生所無量相好清淨莊嚴。一切諸佛極方便求如來之藏老死不可得，不老死性是佛性，於一切眾生所無量相好清淨莊嚴，一切諸佛極方便求如來之藏垢不可得，無垢性是佛性，於一切眾生所無量相好清淨莊嚴。如油雜水不可得，如是無量煩惱覆如來性，佛性雜煩惱者無有是處，而是佛性煩惱中住。如瓶中燈瓶破則現，瓶者謂煩惱，燈者謂如來藏。說如來藏者，或是如來，或是菩薩，或是聲聞。能演說者，隨其所堪，或有煩惱，或無煩惱，滿願當知。我說是人即是正覺，能破受者億煩惱瓶，然後則能自見其性，猶如掌中見阿摩勒果。譬如日月密雲所覆光明不現，雲翳既除光明顯照。如來之藏亦復如是，煩惱所覆性不明顯，出離煩惱大明普照，佛性明淨猶如日月。

**菩提留支譯《入楞伽經》卷七**　佛告大慧：如來之藏是善不善因故，能與六道作生死因緣。譬如伎兒出種種伎，眾生依於如來藏故，五道生死。大慧！而如來藏離我我所，諸外道等不知不覺，是故三界生死因緣不斷。大慧！諸外道等妄計我故，不能如實見如來藏，以諸外道無始世來虛妄執著種種戲論諸熏習故。大慧！阿梨耶識者，名如來藏，而與無明七識共俱，如大海波常不斷絕身俱生故，

**菩提流支譯《佛說不增不減經》**　第一義諦者即是眾生界，眾生界者即是如來藏，如來藏者即是法身。舍利弗！如我所說法身義者，過於恆沙，不離不脫，不斷不異。

**菩提留支譯《入楞伽經》卷三**　大慧！我說如來藏者，爲諸外道執著於我，攝取彼故說如來藏，令彼外道離於神我妄想見心執著之處，入三解脫門，速得阿耨多羅三藐三菩提。大慧！以是義故，諸佛、如來、應、正遍知，說如來藏，是故我說有如來藏，不同外道執著神我。是故大慧！爲離一切外道邪見，諸佛如來作如是說，汝當修學如來無我相法。

**勒那摩提譯《究竟一乘寶性論》卷一**　舍利弗言，第一義諦者，即是眾生界。舍利弗言，眾生界者，即是如來藏。舍利弗言，如來藏者，即是法身故。

**勒那摩提譯《究竟一乘寶性論》卷三**　此偈明何義明此三法。老病死火於不淨時中不能變異彼如來藏。是故《聖者勝鬘經》言：世尊！生死者，依世諦故說有生死。世尊！死者諸根壞。世尊！生者新諸根起。世尊！而如來藏不生不死，不老不變。何以故。世尊！如來藏者，離有爲相境界。世尊！如來藏者，常恆清涼不變故。

**勒那摩提譯《究竟一乘寶性論》卷四**　一切眾生有如來藏，此示何義。以諸佛如來有三種身，得名義故。此五種喻，能作三種佛法身因。以是義故，說如來性因。此以何義，此中明性義。以爲因義以是義故。經中偈言：

無始世來性，作諸法依止。
依性有諸道，及證涅槃果。

此偈明何義，無始世界性者。如經說言，諸佛如來依如來藏，說諸眾生無始本際不可得知故。所言性者，如《聖者勝鬘經》言：世尊！如來說如來藏者是法界藏、出世間法身藏、出世間上上藏、自性清淨法身藏、自性清淨如來藏故。作諸法依止者，如《聖者勝鬘經》言：世尊！是故如來藏是依、是持、是住持、是建立。世尊！不離不離智、不斷不脫、不異無爲、不思議佛法。世尊！亦有斷脫異外離智有爲法，亦依亦持亦住持亦建立。依如來藏故，依性有諸道者。如《聖者勝鬘經》言：世尊！生死者依如來藏。世尊！有如來藏，故說生死，是名善說故。及證涅槃果者，如《聖者勝鬘經》言：世尊！依如來藏故有生死，依如來藏故證涅槃。世尊！若無如來藏者，不得厭苦，樂求涅槃。不欲涅槃，不願涅槃故。此明何義。明如來藏究竟如來法身不差別，眞如體相畢竟定佛性體，於一切時一切眾生身中皆無餘盡應知。此云何知依法相知。是故經言：善男子！此法性法體性自性常住，如來出世若不出世，自性清淨，本來常住，一切眾生有如來藏。此明何義。依法性依法體，依法相應依法方便。此法爲如是，爲不如是，不可思議。一切處依法，依法量依法信，得心淨，得心定。彼不可分別爲實爲不實，唯依如來信。是故偈言：

唯依如來信，信於第一義。
如無眼目者，不能見日輪。

此偈明何義。略說一切眾生界中，有四種眾生，不識如來藏，如生盲人。何等爲四。一者凡夫，二者聲聞，三者辟支佛，四者初發菩提心菩薩。如《聖者勝鬘經》中說言：世尊！如來藏者，於身見眾生非其境界。世尊！如來藏者，於取四顛倒眾生非其境界。世尊！如來藏者，於散亂心失空眾生非其境界故。此明何義。身見眾生者，謂諸凡夫。以彼凡夫實無色等五陰諸法而取以爲有我我所，虛妄執著我我所慢，於離身見等滅諦

無漏性甘露之法，信亦不能。何況出世間一切智境界如來藏能證能解。無有是處。又取四顛倒諸眾生者，所謂聲聞辟支佛人，以彼聲聞辟支佛等應修行如來藏常，而不修行如來藏以爲常。以顛倒取一切法無常，修行如來藏無常，樂無常修行。以不知不覺故，應修行如來藏樂，而不修行如來藏以爲樂。以顛倒取一切法皆苦，修行如來藏苦，樂苦修行。以不知不覺故，應修行如來藏我，而不修行如來藏以爲我。以顛倒取一切法無我，修行如來藏無我，樂無我修行。以不知不覺故，應修行如來藏淨，而不修行如來藏以爲淨。以顛倒取一切法不淨，修行如來藏不淨，樂不淨修行。以不知不覺故，如是聲聞辟支佛等，一切不能如實隨順法身修行。以是義故，第一彼岸常樂我淨法，非彼聲聞辟支佛等所知境界。如是樂顛倒無常苦無我不淨相等，彼如來藏非其境界。如是之義大般涅槃修多羅中，池水譬喻，廣明此義，應知。彼經中言：迦葉！譬如春時有諸人等在大池浴乘船遊戲，失琉璃寶沒深水中。是時諸人悉共入水求覓是寶，競捉瓦石草木沙礫，各各自謂得琉璃珠，歡喜持出，乃知非眞。是時寶珠猶在水中，以珠力故，水皆澄清，於是大眾乃見寶珠故在水下，猶如仰觀虛空月形。是時眾中有一智人，以方便力安徐入水，即便得珠。汝等比丘，不應如是修集無常、苦、無我想、不淨想等以爲眞實。如彼諸人各以瓦石草木沙礫而爲寶珠。汝等應當善學方便，在在處處常修我想常樂淨想。復應當知，先所修集四法相貌悉是顛倒，欲得眞實修諸想者，如彼智人巧出寶珠，所謂我想常樂淨想故。又散亂心失空眾生者，謂初發心菩薩，離空如來藏義，以失變壞物修行，名爲空解脫門。此以何義。初發心菩薩起如是心，實有法斷滅，後時得涅槃。如是菩薩失空如來藏修行。又復有人以空爲有物，我應得空。又生如是心，離色等法別更有空，我應修行，令得彼空。彼人不知空，以何等法是如來藏。偈言：

　不空如來藏，謂無上佛法。
　不相捨離相，不增減一法。
　如來無爲身，自性本來淨。
　客塵虛妄染，本來自性空。

此偈明何義。不減一法者，不減煩惱。不增一法者，眞如性中不增一法。以不捨離清淨體故，偈言不相捨離相，不增減一法故。是故《聖者勝鬘經》言：世尊！有二種如來藏空智。世尊！空如來藏，若離若脫若異一切煩惱藏。世尊！不空如來藏，過於恒沙，不離不脫不異。不思議佛法故。如是以何等煩惱，以何等處無，如是如實見知，名爲空智。又何等諸佛法，何處具足有。如是如實見知，名不空智。如是明離有無二邊，如實知空相。此二偈中明如是義。又眾生若離如是空智，彼人則是佛境界外，名不相應，不得定，不得一心。以是義故，名散亂心，失空眾生。何以故。以離第一義空智門無分別境界，不可得證，不可得見。是故《聖者勝鬘經》言：世尊！如來藏智名爲空智。世尊！如來藏空智者，一切聲聞辟支佛等，本所不見，本所不得，本所不證，本所不會。世尊！一切苦滅，唯佛得證，壞一切煩惱藏，修一切滅苦道故。如是此如來藏，以法界藏故，身見等眾生不能得見。已說以身見相對治眞實法界未現前故，又如是出世間法身如來藏，非顛倒眾生境界。已說以無常等世間法對治出世間法界未現前故，又如是自性清淨法界如來空藏，非散亂心失空眾生境界。已說以煩惱垢客塵染，空自性清淨功德法不相捨離，出世間法身得名故。此明何義。又依一味等味法界無差別智門，觀察出世間自性清淨法身，是名如實知見眞如。是故經說，十住菩薩唯能少分見如來藏，何況凡夫二乘人等。

**吉藏《淨名玄論》卷一**　六道異法身，故六道覆法身，名爲如來藏。如來藏者，謂如來胎，以失於不二，故起二見，由斯二見，纏裹不二。不二道不得現前，故此二見爲不二之胎。又不二之道，隱於二見，名如來藏。……問：既得互覆應得互藏，如來爲所藏故，名如來藏者，亦如來是能藏。眾生爲所藏，應名眾生藏。答：亦有斯義。以眾生無二橫謂二，故二覆於無二。無二隱橫二，故眾生是能藏，如來爲所藏，名爲如來藏。雖復橫謂二，不出於無二。二常在無二，無二恆覆二，故如來爲能藏，眾生爲所藏，故名眾生藏。問：二覆於不二，不二覆於二，不二既不現。二亦應不現。答：二覆於不二，隱覆故名覆，故不二不現。不二覆於二，廣大故名覆，於緣二常現。問，於緣二常現，二可覆不二，於道未嘗二，應不覆於二。答，二常在不二，故不二恆抱二，如虛空含萬像，法性外無法。

**吉藏《法華論疏》卷中**　言實相者，謂如來藏法身之體不變義故。如來藏者，在煩惱之內名如來藏，亦名如來胎。法身之體不變義故者，雖在煩惱，不爲煩惱所染，故名不變。

**慧遠《大乘義章》卷三**　阿梨耶者，此方正翻名爲無沒，雖在生死，不失沒故。隨義傍翻，名別有八。一名藏識，如來之藏爲此識故。是以經言，如來之藏名爲藏識，以此識中涵含法界恆沙佛法故，名爲藏。又爲空義所覆藏故，亦名爲藏。

**慧遠《大乘義章》卷三**　故《涅槃》云，我者即是如來之藏，藏是佛性。一切眾生，皆有佛性，即是我義。

**慧遠《大乘義章》卷一五**　知苦實性，名知苦實，此實即是如來之藏。故《勝鬘》云，於聖諦處說如來藏，亦是法身。故《涅槃》云，不知如來祕藏法身，是名爲苦，不名聖諦。

**吉藏《涅槃經遊意》**　何故名如來藏。爲當眾生藏如來名如來藏，爲當如來自藏名如來藏耶。然只此間，則是解竟，然具此二義。一者，眾生性顛倒隱覆如來性，故名如來藏。二者，眾生不堪聞如來之性，隱而不說，亦名如來藏。

今教顯一切眾生皆有佛性，佛性是我義。眾生依方等大教臨度，斷除顛倒，則顯如來藏。藏顯則名法身，顯眾生有佛性，則顯眾生是佛性根本。眾生是佛故有佛性，非佛則不得有佛性。如人姓張，郎則有張姓，非張則不得有張姓，佛性亦爾。

**吉藏《勝鬘寶窟》卷下**　上已明佛有聖諦，今就諦說藏深。欲舉藏深，歎諦深義，是故說如來藏也。又一乘由於藏成，故須藏。遠而言之，由如來藏故，一切顛倒及不顛倒，其義得成。言由如來藏顛倒成者，眾生失佛性，故輪轉苦海。如《涅槃》云：是一味藥，隨其流處，成六道味。又如來藏爲生死作依持建立，是故顛倒由藏而成。言不顛倒由藏成者，若無佛性，雖起大行大願，不得成佛。如龍樹云：鐵無金性，雖復鍛煉，終不成金。要由來有佛性，然後起大行大願，然後成佛。如龍樹云：如黃白石有金銀性，由人功鑪冶，故有金銀，故不顛倒法由藏而成。又顛倒由藏而成，故有苦集。不顛倒由藏而成，故有滅道。故四諦義成，由如來藏，故就四諦明藏義也。又破二乘執，自謂究竟，故說如來藏。唯如來藏，無有餘乘。又爲破外道，故說如來藏。如《楞伽》云：大慧！我說如來藏者，爲諸外道執著於我。攝取彼故，令彼外道離於神我妄想見心執著之處，入三解脫門，得成菩提，故說如來藏。又爲斷見眾生，謂眾生之性同於草木，盡在一期，無復後世。爲破此故，是故今明如來藏，必當作佛，不同草木，盡在一期。故《涅槃》云，佛性者，非如牆壁瓦石也。如《法華》常不輕菩薩，爲令增上慢人發菩提心，故說眾生悉有佛性。又令眾生知自身中有於佛性，發菩提心，修行成佛，故說佛性。又令眾生知他心身中悉有佛性，不行殺等十惡業罪。又於眾生不起二乘等見，既唯有佛性，則無復二乘，故於眾生不起二乘之見。又欲說波若，故說佛性。波若即是中道智慧。中道智慧者，令眾生遠離有無二見，令知生死之中，無虛妄我，故息其有見，有如來藏息於無見。如攝論云。爲破外道邪我，故說波若爲我因。以如是等諸因緣故，說如來藏。此是佛法之大意也。

第二釋名門者，言如來者，體如而來，故名如來。依《佛性論》，藏有三種。一所攝藏，二隱覆藏，三能攝藏。所攝藏者，約自性佛性，說一切眾生無有出如如境者，並爲如如之所攝，故名藏也，則眾生爲如來所藏也。隱覆藏者，如來性住在道前，爲煩惱隱覆，眾生不見，故名爲藏。前是如來藏眾生，後是眾生藏如來也。能攝藏者，謂果地一切過恆沙功德，住應得性時，攝之以盡，故能攝爲藏也。第一句以實攝妄，第二句以妄攝實，第三句以實攝實。問：既得以實攝實，亦得以妄攝妄不。答：亦有。以一切煩惱並攝在五住之中，前文云斷一切煩惱藏也。又此文中，出生如來，是故亦名如來藏。雖有諸義，今此文中如來在隱不現也，故名如來藏。三藏云：亦言如來胎，如來藏在煩惱之中，名如來藏。如來藏即是佛性。佛性有三，一自性住佛性，二引出佛性，三至得佛性。引出佛性，從初發意至金剛心，此中佛性名爲引出。引出者，凡出五住。一出闡提，二出外道，三出聲聞，四出緣覺，五出菩薩。無明住地位，諸佛三身，即是至得佛性。以前二爲本。此語出《佛性論》。就文爲二，一就諦明藏，二從如來藏處說聖諦下，就藏明諦。初有四。第一，言聖諦者說甚深義下，第一總標甚深。微細難知下，第二顯甚深之相。何以故下，問答，釋如來藏者如來境界。第四寄人顯深聖諦者，說甚深義。第一文也。此文從上生，上結云是名聖諦。今續此文，即名明聖諦甚深。明聖諦甚深者，爲成上佛有聖諦，二乘無聖諦，故有此文。言甚深者，此藏中出如來法身，微妙難知。又如來藏爲煩惱所隱，非二乘所知，故言甚深也。又三義故甚深。一生死即如來藏，故甚深。如《華嚴》云，心佛及衆生，是三無差別。《法華論》云，衆生界則涅槃界，不離衆生界有如來藏性故。二衆生身即法身，故甚深。如《中論》，如來身絶四句，衆生身亦絶四句。《維摩》云，觀身實相，觀佛亦然，是故衆生身即法身，故甚深。三明聖諦即一實諦，故甚深。深中之極，是故言甚。一實諦者，非苦非集非滅道，故名一實諦。又言聖諦者，通舉八諦說甚深義。甚深有三。一則十地不能見，當體爲甚深。此即是自性住佛性甚深。二者佛性即是極滅，隱而未彰，須萬行了出，所了既深，能了亦深，是則道諦甚深。謂引出佛性甚深也。三者四諦俱深，謂苦集能覆甚深之藏，彰甚深之道，故苦集爲深。如因緣之理，皆性下墜，唯佛能見其始，故極深。斯則四諦俱深，原由佛性，故將明八諦，舉之致歎。微細者，第二顯甚深相細中之妙，故言微細也。非聞慧境，故言微細。非思慧境，故言難知。非世間修慧境界，故言非思量。非報趣生識智境界，以是眞證智境界，故言是智者所知。又解：微細難知，此非聞慧境。非思量者，非思慧境。是智者所知，是修慧境。依《勝天王波若經》，有四種慧，謂聞、思、修、證慧也。證慧者，是修慧後分，故從微細等，即是三慧。智者所知，是其證慧。一切世間不能信者，有三慧者不知，無三慧者不信。又亦得爲三，初明非二乘所知，是智者所知，明唯佛能知。佛名智者、覺者、見者。一切世間，明凡夫不知，應有四句。一，凡夫不知不信不見故下，以生盲者爲譬。二，二乘信而不知，菩薩知而未見。佛則知見了了。第三，何以故下，解釋甚深。何以故者，問也。四諦唯染淨因果，此義淺麁，何故言深。下次釋之。以此諦處說如來藏，是故言深。第四，如來藏者如來境界下，寄人顯之，是如來境，就勝顯深。非聲聞緣覺境者，就下顯深。問，何故唯說非二乘境界耶。答，凡夫全不觀諦，非彼境界，故不說凡夫。問，何故不言菩薩。答，地前菩薩能信，地上菩薩能知，是故不說。如來藏處說聖諦義下，第二就藏說諦，句別有三。初言藏處說聖諦者，如來藏不染而染爲苦集諦，非淨而淨爲滅道諦，故就藏處說聖諦矣。如來藏處甚深故下，第二以藏甚深類顯諦亦深，顯就藏說諦之意也。將諦攝藏，藏即諦實，故諦深也。藏即諦實者，四諦通虛實，佛性即滅諦，故言藏即諦實。微細難知下，第三顯甚深相，還同上非三界境界，是智者所知也。若於無量煩惱藏煩惱所纏者，若鉤鎖相生者，即是第二舉藏類身。欲將身藏類諦，故有此章來也。既言法身，亦得釋法身義。作二門釋。一來意門。前明如來藏，藏義則隱。法身是顯，藏義既隱，此則難明。法身居顯，斯則易辨。欲以出纏易顯之身，顯彼隱時難明之藏。此則爲成藏義，故辨法身也。二者就正道論之，言亡慮絶。身未曾隱顯，但於顛倒衆生不了，是故名隱。約緣了悟，所以言顯。上已論緣迷成隱。今次辨了悟名顯，是故名法身也。然如來藏之與法身，更無有二，只是隱顯之名。隱法身故名如來藏，顯如來藏故名法身。斯則隱於顯故明隱，顯於隱故名顯也。隱於顯故名隱，隱實無所隱。顯於隱故名顯，顯亦無所顯。故就正道，未曾隱顯，隨緣迷悟，故稱隱顯耳。復須了迷悟之義，雖隨緣迷名隱，然迷實無所迷。雖隨緣悟名顯，然悟實無所悟也。故《華嚴》云：如來深境界，有量齊虛空。一切衆生入，眞實無所入。入者悟也，對入辨出，出者迷也。入既無所入，則知悟者無所悟。出既無所出，當知迷者無所迷。故知法實非隱非顯，不迷不悟也。若言實有隱有顯，有迷有悟，還是有所得義。《涅槃經》云：有所得者，是魔眷屬，非佛弟子。又須識無增減義。若隱名如來藏，則在隱不減。顯名法身，則顯亦不增。故經云，有佛無佛，性相常住。又隱名如來藏，如來藏不減。

**吉藏《勝鬘寶窟》卷下**　答：欲明佛知如來藏義，所以名如來藏者，有能藏所藏，故名如來藏。佛了了知能藏之法，從本已來，無生畢竟空。如大藏云：菩薩知衆生所著虛無毛髮許所有，佛照能藏之法畢竟空故，名空如來藏智。佛知所藏中道佛性，具一切德，故名不空。此如《涅槃》云：智者見空及以不空。空者二十五有，不空大般涅槃。以明佛照能藏所藏，故有空不空二智。

問：二乘之人，可無不空智。二乘知空，應有空智。答：二乘人亦不知一切煩惱，從本已來畢竟空，是故亦無空智。又空如來藏，即是明如來藏，是中道義。空藏明煩惱畢竟空，故不可爲有。不空藏具一切功德，故不可爲無。非有非無，即是中道。故《涅槃經》云：佛性者，是三菩提中道種子。中道種子者，此舉隱時爲言，故名種子。中道顯現，即是佛也。故《涅槃經》云：中道之法，名之爲佛。得空不空二智，即是得於中道。故《涅槃經》云：得中道故，名大法師。

問：妄法云何名藏。答：以能藏故。問：云何名空。答：以妄法無所有故。問：眞實之法，云何名藏。答：以前所藏故。問：知藏智空智，云何俱名空。答：以二智體無相及無性故。問：何故明二智體絕一切相。答：衆生聞佛知空不空二智，則謂智體是有，故今明智體絕於四句。如云：波若波羅蜜，法不轉倒，念想觀已除，言語法亦滅。又如馬鳴說：是眞如法，從本已來，離一切相。謂非有相，非無相，非非有相，非非無相，非有無俱相。非一相，非異相，非非一相，非非異相，非非一異俱相。如是一切妄心分別，皆不與眞如相應，故說無相。

問：云何名無性。答：如來藏中，恆沙佛法，同一體義分。如就諸德，說名爲常，離諸德外，無別有一常性可得。我樂淨等，類亦同然。又就常等，說爲解脫，離常等外，無別有一解脫自性。法身波若，類亦同然。如是一切，是故諸德，皆無自性。無此性相，故說爲空。

問：世法緣集無性，則是無常。眞法緣集，以何義故，非是無常。答：世法別體緣集，以別體故，可離可脫，可斷可異，故是無常。如來藏中，雖具諸法，同體義分，以同體故，不離不脫，不斷不異，故非無常。如世虛空，無爲，無礙，無有，不動，同體義分，不可易脫，故非無常。

問：上來所引馬鳴說，乃是明如來藏離於性相耳。何關證佛智離於性相。答：如來藏顯成於佛智，如來藏既離性相，當知佛智亦離性相。世尊空如來藏者，上雙標，此下雙釋。標謂能照智。雙釋中，明智所照境。釋二即二。前明空藏，次辨不空藏。空如來藏即是妄，不空如來藏即是眞也。世尊空如來藏者，將欲釋故前牒也。釋有二種。一妄法中空無眞實如來藏，此是互無空也。二妄法虛誑，故名爲空。此當體明空，以此空義，能藏如來，故名空如來藏。若離若脫，此辨釋其相。妄法別起，其體不一，是故言離。可以對治，因緣易脫，故名爲脫。始終變改，目之爲異。一切煩惱者，指示其體。煩惱業苦，皆是空藏。就本以說，偏言煩惱。世尊不空如來藏者，牒也。恆沙佛法，體有不空，故名不空。過恆河沙，列其數也。不離脫等，辨其相也。言佛法者，指示其體。此佛本法，非果法矣。江南師釋云：二種如來藏空智者，一是照隱，二者照顯也。下兩句，還釋隱顯。從世尊空如來藏若離若脫，此釋空如來藏。謂脫離衆惑煩惱藏無累，故云空。蘊萬德，故云藏。此則法身也。此大意明法身顯時，空無諸果，故言空如來藏。世尊不空如來藏者，此明隱時之藏。隱時未脫離，異於煩惱，爲不空如來藏。以其深隱，故云不思議佛法。以未脫衆累，故云不空。隱而未彰，名之爲藏。大意，明隨時佛性爲煩惱所覆，故云不空。今謂此釋二事不可。一者，正明如來藏空，云何乃明法身及如來藏空不空耶。二者，文云一切煩惱，此乃明煩惱爲如來藏，不應取於法身。次明不空如來藏，此明佛性具於萬德，不應言具於衆累。世尊此二空智者，上來第三廣明如來有二智，此下第四廣明餘人無二智。文有三句，一舉如來二智，二明有能信之人，三正明被覆之者。世尊此二空智者，總牒二智也。知空不空二種藏義，名二種空智。諸大聲聞能信如來，寄人顯深。佛智深故，唯大聲聞能信如來。如來有此二智，能知二藏。有人言，諸大聲聞，猶是前大力菩薩，受教得智，故名聲聞。前據不見不得處同，故三人通擧。今就不起轉倒，能信有異，故別擧也。有人言，地前菩薩，阿含行成，名大聲聞。依教信佛，能知二藏，名信如來。今謂不同此二釋。上來明大力菩薩，乃是初地，不應稱爲聲聞，故不同第一。經自言是聲聞，不應言地前菩薩。今明如身子等，大利根聲聞，聞佛說教，則信佛也。一切阿羅漢下，第三明被覆之者，就文爲二。一辨不得所以，二是故羅漢下，結不得也。羅漢辟支，擧能覆人。言空智是能覆心，所解不解不信，故名空智。又二乘智，隨分離相，故名空智。又執著於空，於四不轉倒境界轉者，正明覆眞也。如來藏性，常樂我淨，說爲四種不轉倒境。二乘妄謂無常苦無我不淨，目之爲轉。又於常等四境，轉爲無常等四，故名爲轉。又轉之言起，於常起無常倒也。是故下，結也。是二乘人，於四不轉倒轉，故於如來藏不見不得。凡夫二乘，地前菩薩，智不見得。今偏說二乘者，二乘尚不見，何況凡夫。又二乘於如來藏起四轉倒，過障深重，是故偏說。地前菩薩，信佛語故，起常樂相，無四轉倒。

問：空如來藏、不空如來藏，二乘於何藏起倒。答：正於不空如來藏起四倒也。不空藏具常樂我淨四德，而彼謂苦無常空無我也。故《涅槃經》云，二乘人但見於空，不見不空。又於不空藏而見空，故是轉倒。苦無常實非有，而見爲有，又是倒也。一切苦下，明知苦滅有三，一略釋，二廣釋，三總結。今是第三也。但上來就廣中，即明空義隱覆。既明空義隱覆竟，即是於滅諦，是故今總結也。

問：何故就滅諦體中，明空義隱覆眞實。答：通別二義。言通義者，眞實即是滅諦。此眞爲空義隱覆，故就滅諦，明空義隱覆。言別義者，上滅諦體中明二法，一法身，二如來藏體。如來藏體，即是眞實。此眞實爲空隱覆，故接於藏體，明空義隱覆。壞一切煩惱藏者，上來明佛三諦究竟，今第四釋佛知道諦究竟，悟煩惱本來不起，故名爲壞，非前有今無，故稱爲壞也。

**吉藏《勝鬘寶窟》卷下**　如來藏即是隱，能爲生死顯法作依。生死依如來藏者，爲對外道小乘人及餘大乘人，不依如來藏有生死故，今明依如來藏有生死。外道有二人，一執邪因，二執無因。執邪因中，一計人爲因，次計法爲因。計人爲因者有二種，一計自在天爲生死之因，二計神我爲生死因。計法爲因，或計世性，或計塵微，爲生死因。言無因者，謂自然而有生死。今爲對彼邪因無因，故說生死依如來藏，故如來藏爲其本因。二小乘及餘大乘人，但知依結業而有生死。此但得末，未窮本。今爲對彼故，明依如來藏故有生死。又欲明一切衆生有佛性義，故說依如來藏有生死。以如來藏故說本際不可知者，此是第二句釋上依義。既明由如來藏有生死，如來藏本際無始不可知，依藏有生死。生死亦無始，本際不可知。若不依藏有生死，則不可無始來有生死也。有人言：佛性無始，生死有始。始應可知，但與佛性合用，故云本際不可知。又釋佛性無始，生死有始。背佛性故有生死。須見佛性，方了生死之始。唯佛能見其始，十地亦不知其始，故云本際不可知。

問：龍樹云，生死有始無始，皆是邪見。今何故偏言生死無始。答：雖二俱邪見，但爲破衆生有始，故說無始。無始者，欲明其有因義。又《中論》中，佛說無始者，欲明空義。既其無有始，亦無中間，亦無有終。無中無終，故無生死。有言，其無始者，欲明無有始，非謂有無始。是故無始辨生死實，不作此解，則是邪見。世尊如來藏故說生死是名善說者，此第三句，能如是上說信依如來藏有生死，此是當理之言，名爲善說，即是眞實。若如外道二乘所說者，名不善說。又舉能說是善，顯所說不虛。世尊生死生死者，此第二廣辨依相。就文亦三，一明能依所依不二，二明能依所依不一，三明重論不一。初文又二，前敘能依之相，次明能依即是所依。今前辨能依之相。上云生死依如來藏，又云有如來藏故說生死，故今解釋生死之義。有人言，生死生死者，總以標舉生死非一，故重言之。又生死中，其有二種。一生死生死，凡夫所起。二涅槃生死，如《涅槃》說，住大涅槃，能建大義種種示現。今爲簡後涅槃生死，偏舉初門，是故說言生死生死也。今明釋生死中有三，謂標、釋、結。初生死兩字，標生死也。生死者，此三字將能解釋，故牒之也。諸受根沒者，釋生死也。眼耳等六根生識，領納六塵，故云諸受。又此六根，能容受識住，故名爲受。此六能生識，故名根。沒者，死也。生分已謝，死分次起，故云次第也。不受根起者，雖有根相，不能生識領納前塵，故云不受根。又不容受六識，故言不受根也。是名結也。

問：此句何等爲生，何等爲死。答：有人言，諸受根沒是死，次第不受根起是生也。今謂如前釋也。諸受根，此敘生識領納六塵，故是生。從沒已下，釋其死也。若受根前念滅，次念滅次念受生根，此猶是生也。今受根滅壞，次念生不受根，故名爲死也。

問：若其不受，亦應非根。云何言不受根起。答：《成實論》文云，同性不依時，皆名爲根。是就體爲言，然其實非根。論又云，根童子滅，非根童子在名根。又一義就五受作之，諸受根者，謂五受根。五受者，憂喜苦樂捨也。若五根後所生受名苦樂，意根後所生受名憂喜。不苦不樂不憂不喜，通從六根後生也。明此諸受能生煩惱，故名受根。五受是根，名諸受根。衆生若命未盡，受根常在，隨何受念念不住，一一受根，隨有幾念，或多或少，同類異類，受受相續，不得斷絕。四受心強，不得命終。命終之時，要在捨根。一報盡時，捨受滅盡，名沒也。次第不定根起者，應言受根不起。此言無有受根次第續起，此云生者已死，故言是名生死也。世尊生死者，上明生死，今辨生死與如來藏不二。生死者，牒前生死也。此二法者，生死二法也。是如來藏者，明生死即是如來藏也。就理而言，若體性者，知生死即是涅槃。《仁王經》云，菩薩未成佛時，以菩提爲煩惱，菩薩成佛時，以煩惱爲菩提。故肇法師云：道遠乎哉，觸事而眞。聖遠乎哉，體之即神。《華嚴》云，心佛及衆生，是三無差別。《中論》云，生死之實際，及以涅槃際，如是二際者，無毫釐差別。《法華經》云，如來如實知見三界之相。天親釋云，衆生界即涅槃界，不離衆生界有如來藏性也。

問：是相云何。答：如人夜中見繩爲蛇，蛇是繩欺。亦知迷南爲北，北是南也。有人言，此二法是如來藏者，此空如來藏耳。前明生死，此明死生也。若生便歸死者，衆生便成灰滅，誰得成佛。正以生者死，死者生，相續不斷，至菩提乃盡，故得修行求於佛果。生死煩惱隱藏法身有成之理，故名如來藏。亦能生如來，故名藏。今謂道理難知，且用前解。世間言說故有死有生下，此第二明不一義。亦先明生死，次辨不一。第一義中本來無有生死，何故聖人說有生死。是故今明於顛倒衆生故有生死，佛隨顛倒故說有生死。龍樹云，於生死人有生死，於不生死人則無生死。死者諸根壞，前牒生死與藏不異，故須辨生死。今欲牒生死與藏不一，故須辨生死。前後有此二意異，故兩處生死，非生死義異也。又既隨顛倒世間說有生死，故今示生死之相。諸根壞者，眼等諸根壞，五受中捨受根壞。生者新諸根起，由業煩惱力，未來還生爲起。五受根中是喜受根起，四識住中喜潤故，亦是十二緣中識支也。非如來藏有生有死者，此正明不一義。顛倒故有生死，非如來藏體有生死。《法華經》云，無有生死，若退若出。天親云，如來藏性清淨。故《法華經》兩句，還是此經初句，明衆生界即涅槃界。此是二不二義。如來藏體性清淨，無有生死故，是明不二二義。若不見《法華》論，釋此二句，便不分明。

問：何故有不二二，二不二義。答：於佛未始二，六道常法身，於緣未始一，法身常六道。譬如病眼人，於空常見華，是故空成華，如不病眼人，知華常是空。以有此二義，故明二不二，不二二義也。若依前第二師，初明生死二即如來藏，此是空如來藏。今明非如來藏有生死，此明不空如來藏。今且依前釋。離有爲相者，釋成不一。以離有爲故非死，常住不變。釋離有爲。約凡夫有三不變，一不爲煩惱水漬變，二不爲業風吹變，三不爲生老死火燒變故。菩薩不變有二，一不爲變易陰生所變，二不爲變易陰滅所變。佛不變有四。以常故不生，以悼相故不死，清淨故不病，不變故不老也。是故如來藏是依是持是建立也。結也。以體是無爲常住，故能爲衆生作依持建立。是所依處名依。持者，連持令不斷絶。建立者，始終令得成佛。三藏師意，依者即自性住佛性不從緣有，名爲自性，體是常法，故名爲住，以是常住爲生死作依也。持者即引出佛性。由有佛性，故得修行顯出本有之法，故名爲持。建立者，即至得果性。以有佛性，故成果德，名爲建立。世尊不離不脱下，第三重釋不一。所以重明不一者，正欲成能依義。就文爲二，一當相明所依，二斷脱異外下，對能依辨所依。不離者，體是無爲，不可離也。非煩惱繫縛之法，不可斷。非是有爲，不可脱也。千變萬化，其體不改，故言不異也。出三乘地行外，故云不可思議。世尊斷脱異外者，生死是斷脱異法也。藏體異之，是故言外，而能爲妄本，名有爲法依持建立。有人言，斷脱異外者，並目生死，斷脱異。如上釋，外者，生死出在理外，故名爲外。分明不然，如上解空亂意二種顛倒，明不顛倒。第二破外道顛倒，明不顛倒。第三總結顛倒也。世尊若無如來藏者，上明眞實，今明顛倒。就文亦三，一，破二乘及人，明不知如來藏。初又三，一破其謂無如來藏，二破其七法有依持之義，三對顯如來藏爲正依。若無如來藏，不得厭苦樂求涅槃者，此第一破其不立如來藏爲依持義。破意云，若不依眞，妄不孤立，故無厭苦樂求涅槃。如人睡時，若無報心，則無夢中向河求水。此亦如是。又此文是反解，反解者以無顯有，若無藏不得厭苦求涅槃。當知厭苦樂求涅槃，要由於藏。又《勝鬘》爲破小乘等人不知有佛性者，尚無厭苦求涅槃之因，云何有離生死苦得涅槃之果。是故應當信有佛性也。靈味淳師云，是理知厭苦求樂，故終能反異於木石。由有佛性故爾。用此厭苦求樂之心爲正因佛性，由之得佛。于時猶有光宅師，以厭苦求樂爲正因，但厭苦求樂是功德性，極至金剛心得佛時則無。今謂文意悉不爾。但明有佛性，故得厭苦求樂。無佛性，不得厭苦求樂。不用厭樂以爲佛性也。何以故下，第二破其七法自能作依持之義。小乘及餘大乘人云，妄心自能造於善惡，何須依藏。下對破之，破中有三。一此六識及心法智者，牒小乘人七法。二此七法剎那不住者，第二正破。三不能種衆苦下，正明不能起於染淨。於此六識及心法智者，有人言：六識者，六是事識，及心法智是第七識，迷時名心，解名法智。第八名藏識，是阿利耶。此造疏人，不見《攝論》謂第七識名法智，《攝論》第八識名阿陁那。此云無解識，豈得稱法智耶。今所明者，六識不異舊及心法智，能厭苦樂求涅槃，何須佛性。此七法剎那不住者，第二破，以念念不住，故不能起於染淨也。不種衆苦者，明六七心不能種有生死苦也。不厭苦求涅槃者，明六七心不能厭苦樂求涅槃得解脱也。舊法師多作此釋。今謂不爾。所以舉此七法者，舉六識，明不能起染淨及以種苦。舉心法智，明不能厭苦樂涅槃。故《楞伽》說六七不受苦樂非涅槃因也。六七不受苦樂者，猶是不種苦。非涅槃因，猶是不厭苦求涅槃也。待至後釋。然經論中釋染淨緣起要有四別，一約緣不約佛性，二約佛性不約緣，三亦約緣亦約佛性，四不約緣不約佛性。一約緣不約佛性者，只由六七妄緣，不由如來藏。此小乘教及大乘教相中，彰染淨緣中因果自招感故有，都不言由藏實而有。如是一切。二明約佛性不約緣。染淨之興，只由藏實，不言從緣而有。此如《楞伽》說。六七非受苦樂，非涅槃因。藏識受苦樂，是涅槃因。如是一切。今此說二同彼也。三明亦約緣亦約佛性者，此亦如《楞伽》說，藏識海常住，境界風所轉，種種諸識浪，騰躍而轉生。如海水起波浪，非異非不異。佛性亦爾。心俱和合生，亦非異非不異。如是一切，故知眞妄和合，方起染淨。海水起波浪非異非不異者，彰不可水外求波，波外求水，故言不異。而波息水靜，故言非不異也。佛性亦爾。心俱和合生非異非不異者，彰佛性與六七妄心和合生時，不可眞外求妄，妄外求眞，故言不異。而妄盡眞顯，故言非不異。亦可在緣常靜，故言非不異。《法華論》云，不即衆生界，不離衆生界，有如來藏性。故經言，佛性雖在陰界入中，而不同陰界入也。四不約緣不約佛性者，實相之外無緣故，無染淨法可起。此如《金剛波若論》說，平等眞法界，佛不度衆生，以無佛爲能度，無衆生爲所度。又如《佛地論》說，煩惱妄想中，無一法可滅。清淨法中，無一法可增。泯上三門，歸乎一絕。世尊如來藏者，此第二對邪顯正，即是對顛倒明眞實。舉如來藏，明有如來藏，故得厭苦樂求涅槃。有三。一如來藏者舉法實體。二無前際下，辨能起染淨所以，良由藏體無前際等，故能起染淨。無前際，明本有義。以本有故，無始起修滅，能爲染淨因也。三種衆苦下，正明能起染淨。

問：由佛性故得厭苦樂求涅槃。此事可爾。若由佛法性種衆苦者，豈非佛性力故令衆生種生死苦。若言不由佛性力種生死苦，亦應不由佛性力樂求涅槃。又若不由佛性力種衆苦者，即是七法種苦，云何言七法一念不住不得種衆苦耶。答：須解此章大意，此章爲破外道二乘人不知有佛性，欲勸一切衆生信有佛性，故說由佛性故得厭衆苦樂求涅槃。

問：勸信之言有餘，而釋經意不足。若由佛性得種衆苦，即是佛性令物受苦。此乃是同於魔性，何名佛性。答：此乃明有佛性衆生，故得種衆苦，非是佛性令其種苦。亦明佛性衆生令其厭苦，非是佛性令其厭苦。如有海水風吹成浪，非是海水令其成浪者。亦應非佛性種苦及厭苦，但顛倒妄緣種苦及厭苦，則違前文。答：雖因風成浪，終由有海。雖因妄心種苦及厭苦，終由有佛性。故說佛性爲本，故說由佛性故種苦厭苦也。如來藏乃至墮身見下，江南諸師及北土有師，並以此章屬前，是明顛倒眞實。今直簡所依之藏，不同陰內之我，明藏體絕離衆相，故有此章來耳。今明上章，對破小乘及餘大乘人不立如來藏境。今第二次破外道。上來辨一切衆生有如來藏爲生死作依持，疑者云，若爾，與外道何異。龍樹《中論・本住品》云：衆生身中有神我，名爲本住。本住者，神爲諸根之本。苦樂等諸根，依神得住。又我本來已有，體是常法，苦樂等法依之得住，故名本住。若爾，與如來藏異有得何。今欲簡此義，故有此文來也。如來藏者，牒眞實也。非我非衆生非命非人者，正破外道也。

問：我等四，有何異。答：經論釋不同。如經云：觀內無我，外無衆生，內外和合無命，畢竟清淨無人。陰非神主，名爲無我。離陰亦無，名外無衆生。陰與假名衆生相續名命，無別命體，故言內外和合無命。諸陰和合宰用名人，無別人體，故名畢竟清淨。《智度論》云，於五陰起我我所心，故名爲我。五陰等衆法和合生，故名衆生。命根成就，故名受者命者，能行人法，故名爲人。《金剛波若論》具釋此四，可尋之。今明如來藏並異此四法，故不同外道也。此但明藏體一同人我，佛性正是人體，故須簡人。不明是法體，略不辨不同法我也。

問：顛倒眞實與空義隱覆眞實何異。答：前章明佛有二智，知能藏畢竟空，知所藏不空，故能藏覆所藏。此章明所藏之體空無諸相。而衆生不了成三種顛倒衆生，故成藏。然前章明能藏空所藏有，此章明所藏空能藏有也。亦得俱有。解此四句者，是人解如來藏者也。如來藏者下，第三明如來藏非三種衆生境界。三種衆生者：一墮身見衆生。此是凡夫外道，於五陰身內而見有我，明名身見衆生。顛倒衆生者，二乘人也。於法身常樂我淨，起無常等四顛倒也。空亂意衆生者，初學大乘人，多習空觀，妨亂眞解，名空亂意衆生。《涅槃》云，十地菩薩爲無我論之所惑亂。今文無乃非十地。但學大乘人，爲空見惑，不知佛性。非境界者，總明如來藏非此三種人之境界也。如來藏非我人眾生，橫計我人眾生，不識如來藏。如來藏非是無常無我。計無常無我者，不識如來藏。如來藏非空非有，若計空有者，亦不識如來藏。是故如來藏言亡慮絕，不可思議。豈得言有如來藏一初爲生死作依持建立。若言有如來藏爲生死作依持建立者，是有見眾生。又若言有能藏所藏作有見解者，皆是能藏無所藏故。有所得眾生，生死涅槃皆是眞實生死所得人。眾生與佛皆是眾生。故《中論》云，若不受諸法，我當得佛涅槃。當知是人，還爲受所縛，故受此無受。無受還成受，即其證也。有人言，意散亂失空解眾生，明眞實法體即是空。此人不解，而於有解外別求於空，故失空解也。不得禪定，不得一心，名爲亂意，故名散亂失空意眾生。亦三種眾生，出《佛性論》。撿《佛性論・無差別品》爲四種人。爲身見眾生，故論法身。身見眾生不了我我所，爲對治此，故說法身。二爲對二乘顛倒眾生故，說名如來。二乘於常眞如中，計無常等四倒，爲對此故，說眞如常無有四倒。三爲散動眾生，說名眞諦。始行菩薩有二種人。一見諸法，折之故空。二謂有實法，名之爲有。第一人執空，第二人執有。故此二人並迷如來藏中道之法。爲對此故，說於眞諦。世尊如來藏者，第十三自性清淨隱覆章，作三門釋之。一來意門，所以有此一章來者，上顛倒眞實章，明依如來藏說有生死，是眞實說。三種眾生不依如來藏說有生死，是顛倒。今次論能依所依染淨之義，能依生死，此即是染，所依之藏，此即是淨。淨不應有染，染不應有淨。此事難明，唯佛能了。今欲論此義，有此章來也。又前如來藏章中，但云不離煩惱藏是如來藏，未知云何不離。今此中正明如來藏客塵煩惱染，名爲不離，故有此章來也。又近從顛倒章來生疑者云，三種眾生有如來藏，何因緣故非其境界。爲釋此疑，言三種眾生雖皆有藏。以諸煩惱覆故，非其境界也。又上顛倒眞實，明下情不及。今此自性清淨難知，是佛境界。顯唯上智能知，故次明也。又上釋如來藏一名一義，此章明多名多義。所以然者，其此章明如來藏究竟，故其此廣辨。又論佛法根本大事，大事謂佛性，佛性即自性清淨心。此事應須論辨，故有此章也。第二同異門，此經始終明如來藏凡有六處。一如來藏章，明如來藏甚深，非三慧境竟。此明諦處說藏深，以藏深類諦深。二空義隱覆章，明佛知能藏是空，所藏非空，佛具空不空二智。此就一滅諦中辨空不空，爲成一滅諦義。三顛倒眞實章，明如來藏爲一切染淨作依持用義。四顛倒眞實章，未明如來藏絕一切相，即是明所藏是空義。於緣不了，故成顛倒，即是能藏不空。五明如來藏有五藏義。六明如來藏自性清淨爲煩惱染。

**慧遠《涅槃義記》卷三**　如來藏者，乃是一切凡佛之體。據佛以望，本來常淨，藏外無一生死可得，故如來藏即是佛身，即是佛德。就凡以論，彼如來藏爲妄所覆，所覆之藏與後顯時法身爲本，說爲佛因，說爲佛性。

**慧遠《涅槃義記》卷三**　如來藏者是眞識心，是眞心中具有一切恒沙佛法。所謂智慧三昧神通解脫等法，如妄心中具有恒沙諸煩惱法，是心與法同一體性，不離不異。如來藏中具有是義，故名爲有。藏體雖有，而爲惑隱不可得見，斷煩惱已，定必得之，故知是有。

如來藏者，佛性異名。論其體也，是眞識心。於此心中該含法界恒沙佛法，故名爲藏。又爲無量煩惱所藏，亦名爲藏。如來法身蘊此藏中，名如來藏。又此藏中出生如來，是故亦名爲如來藏。二一切下，明眾生有。一切眾生有如來藏，能爲佛因，名有佛性。如睡心中有覺悟性。亦如礦石有金銀性。如是一切。此性是其眾生自實，故名爲我。以是我故，一切有性即名有我。

**菩提流志譯《大寶積經》卷一一九**　此說甚深如來之藏。如來藏者，是佛境界，非諸聲聞、獨覺所行。於如來藏說聖諦義，此如來藏甚深微妙，所說聖諦亦復深妙，難見難了，不可分別，非思量境。一切世間所不能信，唯有如來應正等覺之所能知。若於無量煩惱所纏如來之藏不疑惑者，於出一切煩惱之藏。如來法身亦無疑惑。世尊！若有於此如來之藏及佛法身，不可思議佛祕密境。心得究竟。

**菩提流志譯《大寶積經》卷一一九**　世尊！如是法身不離煩惱，名如來藏。世尊！如來藏者，即是如來空性之智。如來藏者，一切聲聞獨覺所未曾見，亦未曾得，唯佛了知及能作證。世尊！此如來藏空性之智。復有二種。何等爲二。謂空如來藏，所謂離於不解脫智一切煩惱。世尊！不空如來藏，具過恒沙佛解脫智不思議法。

**菩提流志譯《大寶積經》卷一一九**　如來藏者，則不生不死，不昇不墜，離有爲相。世尊！如來藏者，常恒不壞。是故世尊！如來藏者，與不離解脫智藏，是依是持，是爲建立。亦與外離不解脫智諸有爲法，依持建立。世尊！若無如來藏者，應無厭苦樂求涅槃。何以故。於此六識及以所知如是七法，刹那不住，不受眾苦，不堪厭離，願求涅槃。如來藏者，無有前際，無生無滅。法受諸苦，彼爲厭苦，願求涅槃。世尊！如來藏者，非有我人眾生壽者。如來藏者，身見有情，顛倒有情，空見有情，非所行境。世尊！如來藏者是法界藏，是法身藏，出世間藏，性清淨藏，此本性淨。如來藏者，如我所解，縱爲客塵煩惱所染，猶是不可思議如來境界。

**實叉難陀譯《大乘入楞伽經》卷六**　大慧！如來藏者，生死流轉及是涅槃苦樂之因，凡愚不知妄著於空。大慧！變化如來，金剛力士常隨衛護，非眞實佛。眞實如來離諸限量，二乘外道所不能知，住現法樂成就智忍，不假金剛力士所護。

**提雲般若等譯《大乘法界無差別論》**　即此如來法身，未離煩惱藏，說名如來藏。世尊！如來藏智，是如來空智。世尊！如來藏者，一切聲聞獨覺，本所不見，本所不證。唯佛世尊，永壞一切煩惱藏，具修一切苦滅道之所證得。……世尊！此是如來藏，未脫煩惱㲉，名如來藏。世尊！如來藏者，是諸如來空智。世尊！如來藏，一切聲聞緣覺所不能見，先未曾見，昔未曾得。唯有如來得證。

**窺基《大般若波羅蜜多經般若理趣分述讚》卷三**　讚曰：自下第二正陳所說於中有四。此即第一。一切有情皆如來藏者，如來藏者即是眞如在纏之名。出纏之時，名法身故。藏謂庫藏，諸佛所有一切功德，皆在其中，名如來藏。現行功德未能起故，不名法身。又此眞性正實如來藏在纏中，名如來藏。一切眾生皆有眞理故。《勝鬘》云：夫生死者是如來藏。普賢菩薩自體遍故者，賢謂賢善，遍體三業一切賢善，故名普賢。菩薩證此普賢善理。又其自體普皆賢善，三業等法一切皆賢。由是菩薩所證眞理，能證有爲自體等法，一切調順竝皆賢善。又由此性體遍三業，能令三業普皆賢善，故名普賢。然今菩薩普賢本性即如來藏，故說普賢。菩薩自體遍有情體故，有情者皆如來藏，廢用顯體，名普賢遍。經曰：一切有情，皆金剛藏，以金剛藏所灌灑故。

讚曰：此即第二。一切有情皆金剛藏，即如來藏堅實難壞，能有破裂生死之德，名金剛藏。金剛藏菩薩，能證於此金剛藏理。亦能獲得金剛藏智，名金剛藏。然今一切有情本體皆金剛藏。然以般若金剛藏教灌灑身心，悉得堅實，破裂生死堅固之法，故知有情皆金剛藏。灌者，入身心之義。灑者，破生死之業。以彼展轉金剛藏教所灌灑時破生死故。

**新羅元曉《大慧度經宗要》**　諸佛如來依如來藏，說諸眾生無本際不可得知。所言性者，如《聖者勝鬘經》云：世尊！如來藏者，是法界藏，出世間法身藏，出世間上上藏，自性清淨法身藏，自性清淨如來藏。依此五句，《攝大乘論》及《佛性論》以五義釋無相。論云：所言性者，自有五義。一自性種類義，二因義，三生義，四不壞義，五祕密義。乃至廣說。今此經云：一切有情，皆如來藏。普賢菩薩自體遍故者，謂此菩薩意爲一切有情，唯一法界無別有情。由此道理，長時熏修，是故自心變異，遍諸有情，以爲自體。如是菩薩隨分觀心，尙能如是，況諸如來圓滿觀心。是故諸有情，皆爲如來藏所攝，名如來藏。如是釋也。如《佛性論》云：一切眾生皆在如來智內，皆爲如來之所攝持故。說所攝眾生爲如來藏，如來所攝名如來藏故。以金剛藏所灌灑故者，謂佛地所有大圓鏡智，相應淨識所攝。種子變異爲諸有情，以爲等流果，故言所灌灑故。皆隨正語轉故者，普賢菩薩變爲諸有情時，隨自正語變異生故，諸有情皆是正法也。皆妙業藏者，以如來藏自內熏習力故，生諸有情二種業。謂避苦求樂，諸善事業一切加行善心，皆依此二業生故。言一切事業加行依故，由此道理名爲妙業。

**窺基《妙法蓮華經玄贊》卷三**　不思議如來藏，煩惱有漏，虛妄不實，能覆眞如，名空如來藏。涅槃無漏體是無爲，非虛妄法。由近善緣，斷諸煩惱，漸次智起，方便顯證，名爲涅槃。體性非空，因空所顯，空之性故，煩惱覆位，名不空如來藏。藏是覆隱因性義故，故在煩惱纏裹之位，名如來藏。出煩惱時，名爲法身。即此法身，因空所顯，空本性故，亦名空如來藏。如刀提耶掘寶顯得。阿賴耶識及諸煩惱名如來藏者，即《涅槃》云未得阿耨多羅三藐三菩提時，善不善法皆名佛性。

**窺基《妙法蓮華經玄贊》卷一〇**　佛本性住種姓故，此敬報身如來藏也。皆行菩薩道當得作佛者，有種姓者，若起習性，發心修行必得佛故。又依法身如來藏故，一切皆有我深敬汝。若行菩薩道，發起修習報身如來藏者，當得作佛。

**元曉《金剛三昧經論》卷上**　三種藏義，略述如之。言二門者，如《夫人經》言：空如來藏者，若離若脫若異一切煩惱藏。不空如來藏者，不離不脫不異不思議佛法。案云：諸煩惱法皆是虛妄，由境不實故虛，由體散亂故妄。妄故無眞，虛故無實。無眞實故，說名爲空。能覆如來，名如來藏，即是空義，隱覆眞也。諸煩惱境不實之相，法身所離，故曰若離。諸煩惱體妄執之縛，法身所脫，故言若脫。言若異者，即前虛妄差別分別乖，於法身平等性故。以此三義不相應故，是無眞實即是空義也。言不空者，一切功德與體相應，體非妄故眞，境非虛故實，由眞實故說名不空。如來被覆，名如來藏。不離不脫等句，是釋不空之義。義如三種藏門已說。然此中不空如來藏體，即前三中第一之法。此中空義是彼第二。而彼三種如來藏中，隱覆之義，合在第三，故前二中別顯能攝所攝二義。今此二種如來藏門，欲顯空義，隱覆眞實，故別能覆所覆二義。又此二經互顯別義，所以二三兩門異釋，且止乘論還釋本文。

經曰：佛言，如來藏者，生滅慮知相，隱理不顯，是如來藏性寂不動。

論曰：生滅慮知相者，即是空如來藏。但此文中顯能隱義而不名此爲如來藏。言隱理不顯是如來藏者，是不空如來藏。約所隱義，名如來藏。言性寂不動者，顯此藏性雖隱不改。此性有五義，如《無相論》說。一，種類義，是性義。如瓶衣等一切色法，不離四大種類，皆以四大爲性。如是衆生不出一界，皆用一界爲種類故。《攝大乘論》名體類義。《佛性論》中名自性義。言有左右，意無異也。二者，因義是性義。如木中有火性，與火作因，故名爲性。如是聖人諸無漏法，以此爲因而得成故。彼二論中，同名因義也。三者，生義是性義。如鍊眞金，生莊嚴具，莊嚴具生以金爲性。此界亦爾，能生果地五分法身，法身之生，此界爲性。《攝大乘》中亦名生義。《佛性論》中名至得義。爲別因義是在果前故，就已生名至得義。四者，不改義是性義。猶如金剛寶性，一劫等住，無增無減。如是此界三世等住。世間不壞，出世不盡。彼二論中，名眞實義。眞實義者，是不壞義。所以言異而意同也。五者，密藏義是性義。如黃石中有眞金性，若不破鑛，無所利益。隨順鍊治，即有寶用。是故彼性是隱藏義。如來藏性，當知亦爾。

**法藏《華嚴經探玄記》卷一四**　如來藏者，法陀羅尼。謂所知眞如蘊積恆沙如來功德，名如來藏總持法也。

**法藏《華嚴經探玄記》卷一五**　《楞伽》云：如來藏不在阿梨耶識中，是故七識有生有滅。如來藏者，不生不滅，此之謂也。

**澄觀《大方廣佛華嚴經隨疏演義鈔》卷九**　通如來藏者，如來藏即不生滅，揀異前教唯生滅識故。《楞伽》第一云：譬如巨海浪，由斯猛風起，洪波鼓溟壑，無有斷絕期。藏識海常住，境界風所動，種種諸識浪，騰躍而轉生。既言體即常住，明非唯生滅，常住即如來藏。

**澄觀《大方廣佛華嚴經隨疏演義鈔》卷三一**　如經說言：諸佛如來依如來藏，說諸衆生無始本際不可得知故。所言性者，如《聖者勝鬘經》言：世尊！如來說如來藏者，是法界藏，出世間法身藏，出世間上上藏，自性清淨法身藏，自性清淨如來藏故。作諸法依止者，如《聖者勝鬘經》言：是故如來藏，是依，是持，是住持，是建立等。次論云依性有諸道者，如《聖者勝鬘經》言：世尊！生死者，依如來藏。世尊！有如來藏故說生死，是名善說故。及證涅槃果者，如《聖者勝鬘經》言：世尊！依如來藏故有生死，依如來藏故證涅槃。世尊！若無如來藏者，不得厭苦樂求涅槃，不欲涅槃不願涅槃故。此明何義。明如來藏究竟如來法身不差別，眞如體相畢竟云佛性體，於一切時，一切衆生身中，皆無餘盡，應知。疏以此等文下，第三雙結二宗。於中先正結，以上諸教皆如來藏爲識體故，知心體性即如來藏，此外無法，故爲深也。又唯識下，引唯識文結同法性。故論云，此諸法勝義，亦即是眞如，常如其性故，即唯識實性。釋曰：既用眞如爲識實性，明知天親亦用如來藏而成識體。但後釋論之人，唯立不變，故云過歸後輩。況世親造《佛性論》，廣用《勝鬘疏》。又妄心之性等者，此下一對成上二義。然有二意。一如次成上，謂妄心之性成心之性，以性相不同故。眞心之性成上即性，眞心即性故。二者通成，謂此之二性別名二藏，前之二性皆具二藏，但爲妄覆名如來藏。

**灌頂《大般涅槃經疏》卷一一**　又人執云，如來藏者不得不有。是義不然。佛性非有非無，非亦有亦無，非非有非無，那得獨言是有。雖非此四，有因緣時，於一門中作四悉說，故言如來藏者不得不有。以有接斷，以有破常，以有令悟，悟佛性時，佛性非有。

**窺基《說無垢稱經疏》卷一**　一切有爲無爲等法，體即眞如，眞如爲本。故《大般若》言，一切有情，皆如來藏。《勝鬘》亦言，夫生死者，是如來藏。若無如來藏者，不能厭苦樂求涅槃。是故如來藏，是依，是持，是建立。《無垢稱》言，一切有情皆如也，一切法亦如也。

**宗密《大方廣圓覺修多羅了義經略疏註》卷上之一**　論指一心云如來藏故。《楞伽》亦云，寂滅者，名爲一心，一心者，名如來藏。此經下云，圓覺妙心涅槃即名佛性。今此一句總標，次二句空藏，後三句不空藏。通云如來藏者，由三義故。一隱覆義，謂覆藏如來故云藏也。故《理趣般若經》云，一切衆生皆如來藏。《勝鬘》云，生死二法名如來藏。如來法身不離煩惱藏，名如來藏。《如來經藏》云，一切衆生貪瞋癡諸煩惱中有如來身，乃至常無染污，德相備足，如我無異。便以九喻喻之。一萎華佛身。二巖蠭淳密。三糠糩粳米。四墮穢眞金。五貧家寶藏。六菴羅內實。七弊物金像。八貧女輪王。九焦模鑄像。二含攝義，謂如來法身含攝身相國土神通大用無量功德故。又亦含攝一切衆生，皆在如來藏內故。三出生義，謂此法身既含衆德，了達證入即能出生故。《十地論》云，地智能生無漏因果，亦能生起人天道行。此三義者，初約迷時，後約悟時，中間克體。然約眞妄和合，總有二種行相。謂此經下云，如來藏自性差別。論云，眞如生滅。然眞妄各有二義。眞謂不變隨緣，妄謂體空成事。眞中不變，妄中體空，即眞如自性也。眞中隨緣，妄中成事，即生滅差別也。初眞如性中，復有二相。《勝鬘》云：有二種如來藏空智。所謂空如來藏，脫離一切煩惱藏。不空如來藏，具過恆沙不思議佛法。論中亦說如實空，如實不空，義全同此。後生滅中亦有二相，謂漏、無漏。無漏復二，有爲、無爲。有漏亦二，謂善、不善。此等行相，皆有業用。初眞性者，有其二業。一能持自體恆沙功德，從本已來，不失不壞。二能禦客塵恆沙煩惱，無始時來，不染不污。後生滅亦有二業，一能起惑治業，曠劫長受六趣生死。故《楞伽》云，如來藏者，是善不善因，能遍興造一切趣生，乃至若生若滅。二能知眞達妄，發心修行，證三乘果。如前所引《十地論》等。由是二業故。《寶性論》引經偈云，無始世來性，作諸法依止，法性有諸道，及證涅槃果。長行引《勝鬘》釋云：性者如來藏，依止者如來藏，是依是持是建立。諸道者，有如來藏故說生死，是名善說。證涅槃者，若無如來藏者，不得厭苦樂求涅槃。既諸佛因果始終依之，故入道行人先須信解，離此別信，信則墮邪。故《密嚴經》訶爲惡慧。《華嚴》亦云，不能了自心，云何知正道，彼由顛倒慧，增長一切惡。據此則了之方知正道。故《勝鬘》云，若於無量煩惱所纏如來藏不疑惑者，於出纏無量煩惱藏法身亦無疑惑。《華嚴》初會普賢即入如來藏身三昧，意在此也。然雖此心凡聖等有，但果顯易信，因隱難明，故淺識之流輕因重果，願諸道者深信自心。

**遁倫《瑜伽論記》卷一三**　景師云，阿楞伽云，阿陁那識是如來藏者，據賴耶識有一煩惱種故。能藏彼如來法身，名如來藏。又賴耶中有彼如來無染種子，能藏多果，名如來藏。

**智周《成唯識論演祕》卷二**　按《勝鬘經》云，如來藏者，是法界藏，法身藏，出世間上上藏，自性清淨藏。此自性清淨如來藏，而客煩惱上煩惱所染。

**法藏《大乘法界無差別論疏》**　舍利弗言，如來藏者，即是法身。故彼論中釋此四義。一約與恆沙功德法爲依止不相離義，名爲法身。二約得了因引出義，名爲如來。三約法體離虛妄義，名第一義諦。四約障盡德圓義，名爲涅槃。然此四義無別異性。

**元曉《大乘起信論別記》**　如來藏者，即是藏識，雖不離轉，而體不轉故。如來藏不生不滅故，言不離不轉名如來藏識等。十卷意者，欲明七識是浪不非海相，在梨耶識海中，故有生滅。如來藏者，是海非浪，不在阿梨耶識海中，故無生滅。故言如來藏不在阿梨耶識中。是故七識有生有滅等，以如來藏即是阿梨耶識，故言不在。若使如來藏不在生滅梨耶識中者，即應下云，是故八種識有生有滅。何故但言是故七識有生滅耶。當知此二經文，其本是一，但翻譯者異故，致使語有不同耳。又四卷經云，阿梨耶識名如來藏，而與無明七識共俱離無常過，自性清淨。餘七識者，念念不住，是生滅法。如是等文，同明梨耶本覺不生滅義。又四卷經云，剎那者，名爲識藏。十卷云，如來藏阿梨耶識，共七識生名轉滅相。如是等文，是顯梨耶生滅不覺之義。

**法藏《大乘起信論義記》卷中本**　經云，甚深如來藏，而與七識俱。

又經云，何梨耶識名如來藏，而與無明七識共俱，如大海波常不斷絕。又論云，唯眞不生，單妄不成，眞妄和合，方有所爲。此則本末鎔融，際限不分，故云不異也。第二不一義者，即以前攝末之本，唯不生滅故。與彼攝本之末，唯生滅法而不一也。依是義故，經云，如來藏者不在阿梨耶中。是故七識有生有滅，如來藏者不生不滅。解云：此中唯生滅是七識，唯不生滅是如來藏。二義既分，遂使梨耶無別自體，故云不在中。此約不一義說，非謂不和合。何以故。此中如來藏不生滅，即七識生滅之不生滅，故與自生滅不一也。七識生滅即如來藏不生滅之生滅，故與自不生滅亦不一也。此中非直不乖不異以明不一，亦乃由不異，故成於不一。何以故。若如來藏隨緣作生滅時，失自不生滅者，則不得有生滅。是故由不生滅得有生滅，是則不異故不一也。又此中眞妄和合，諸識緣起。以四句辨之。一以如來藏唯不生滅，如水濕性。二七識唯生滅，如水波浪。三梨耶識亦生滅亦不生滅，如海含動靜。四無明倒執非生滅非不生滅，如起浪猛風非水非浪。此四義中，隨舉一義，即融體全攝。緣起義理無二相故。此中且約濕性不失義邊，動靜不二，故說水不在於浪中，豈可此浪離水之外別有體也。餘義準此思之。

**實叉難陀譯《大乘起信論》卷上**　復次，眞如自體相者，一切凡夫聲聞、緣覺、菩薩、諸佛無有增減。非前際生，非後際滅，常恆究竟。從無始來，本性具足一切功德，謂大智慧光明義，遍照法界義，如實了知義，本性清淨心義，常樂我淨義，寂靜不變自在義。如是等過恆沙數，非同非異，不思議佛法，無有斷絕。依此義故，名如來藏，亦名法身。

**澄觀《大方廣佛華嚴經隨疏演義鈔》卷一三**　此品中說如來藏，乃有三義。今是其一。言三義者，論云：復次如來藏義有三種應知。何者爲三，一所攝藏，二隱覆藏，三能攝藏。此中疏引，即第一所攝藏也。以爲如來之所攝故，名如來藏。故彼論云，一所攝名藏者，佛說約住自性如如，一切眾生是如來藏。……二隱覆爲藏者，道前猶爲煩惱所覆，眾生不見故。三能攝爲藏，果地之中一切功德應得性時攝之已盡，故今取果攝。

**窺基《大乘法苑義林章》卷七**　十卷《楞伽》第八卷初說，阿梨耶識名空如來藏，具足無漏熏習法故，名不空如來藏。彼經意說：阿賴耶識能含淨種，名之爲藏。爲當佛因，名如來藏。又未得菩提皆佛性，故名如來藏。性虛妄故，亦破壞故，不實名空。所含無漏淨法種子報身因故，名如來藏。

**延壽《宗鏡錄》卷二七**　六者，名爲如來藏。此中有二，一者遠轉遠縛如來藏，二者與行與相如來藏。實際契經中作如是說。佛子！如來藏者，唯有覺者，唯有如如，離流轉因，離慮知縛，一一白白，是故名爲如來之藏。《楞伽契經》中作如是說。如來藏者，爲善不善因，受苦樂與因俱，若生若滅，猶如技兒故。

**延壽《宗鏡錄》卷八〇**　問：此一心門，理無異轍。約機對法，教有多門。於一法中，名字差別，或名佛性，或稱如來藏。云何成藏義，云何名佛性。

答：如來藏者，是眞識心。是眞心中，具有一切恆沙佛法。如妄心中，具有恆沙染法。是心與法，同一體性，故名如來藏。即一切眾生有如來藏，能爲佛因，名有佛性。如睡心中有覺悟性，如黃石中有金性，白石中有銀性。如是一切世間法中，皆有涅槃性。此性即是眾生自實，故名爲我。我即佛性，隱則名爲如來藏，顯則名爲法身。

**延壽《宗鏡錄》卷八二**　問：法界群機，以何智證悉入平等一心究竟如來之藏。

答：約《佛性論》，有五種如來藏。《釋摩訶衍論》列十種如來藏。且《佛性論》云，藏有五種。一如來藏，在纏含果法故。二自性清淨藏，在纏不染。三法身藏，果位爲功德所依。四出世間上上藏，出纏超過二乘菩薩。五法界藏，通因徹果。外持一切染淨，故名法界。內含一切恆沙性德，故名藏。次《釋摩訶衍論》云，如來藏有十種，於契經中別別說故。

【略】

今取《佛性論》中第五法界藏，及《釋摩訶衍論》中第一大總持如來藏。此義弘通，總攝一切。以實相智，當能證入，如星拱北，似海會川。猶太虛空，無一塵而不入。若宗鏡內，無一法而不歸。眾聖之所乘，諸佛之同證。其餘諸藏，隨染淨緣，成眞如生滅二門。功德過患，隱顯對治故。以不差而差，不守自性故。以差而不差，不失自性故。則總別同原，本末一際。如《究竟一乘寶性論》偈云，法身遍無差，皆實有佛性，是故說眾生，常有如來藏。此偈明何義，有三種義。是故如來說一切時，一切眾生，有如來藏。何等爲三。一者如來法身，遍在一切眾生心識，偈言法身遍故。二者眞如之體，一切眾生平等無差別，偈言無差故。三者一切眾生，皆悉等有眞如佛性，偈言皆實有佛性故。

**子璿《起信論疏筆削記》卷四**　法身者，約果。如來藏者，據因。以體不二，故雙舉也。藏約含攝，身名積聚。所攝所積，皆性功德。如下文云，二者相大。謂如來藏具足無量性功德故，所謂自體有大智慧光明義，遍照法界義，眞實識知義。乃至云，無有所少義，故名爲如來藏，亦名如來法身。

**子璿《起信論疏筆削記》卷八**　初標體論如來藏者，具三種義，謂隱覆、含攝、出生義。隱覆之中，復有二義。一者藏如來故，名如來藏。即煩惱爲能藏，如來爲所藏，藏於如來。如來之藏依主釋也。如櫃中有金，名爲金櫃，櫃不是金。故《理趣般若》云，一切眾生皆如來藏。《勝鬘》及《如來藏經》，具有此說。二者，如來自隱不現，名如來藏。法身無相，不可以智知識識，況眼見耶。斯如來即藏持業釋也。如《佛性論》說，含攝之中復有三義。一體含用，謂法身中有身土相用等。二聖含凡，謂一切眾生皆在如來智內。亦如《佛性論》說。三因含果，謂因位已攝果位功德，此則以因爲藏，藏果佛故。前二持業釋，後一依主釋。出生者，謂十地證眞名藏，能成佛果名如來，亦持業釋。今論於六義中，除於四六，餘者皆通。

**子璿《起信論疏筆削記》卷一〇**　如來藏者，彼二在纏故，通名如來藏，但以空不空異耳。今明不空等者，與前不空義同。法身者，與前如來藏義異體同。彼隱此顯，故前云依法身說本覺，後云名如來藏，亦名如來法身。然法身但屬第三鏡，其後一鏡即是報化身也。寶性下引證。同相者，通凡聖故。勝相者，勝於因故。然初淨即前二義，後淨即後二義。出法體者，即前爲二因之法也。故前云，謂如實不空等。今明離障，故重指之。

**知禮《觀音玄義記》卷一**　所詮森羅萬像之法，皆爲迷於如來藏性而起。然此藏性雖不具九，而能隨緣變造諸法。性隨染緣，則起世間無量苦集。性隨淨緣，則起出世無量道滅。故妙玄明別教如來藏者，名爲妙有，爲一切法而作依持，從是妙有出生諸法等。

**智旭《大乘起信論裂網疏》卷一**　二者相大，謂如來藏本來具足無量無邊性功德故。此謂眾生現前介爾之心，即是如來藏也。夫眞如不變隨緣，舉體而爲眾生介爾之心，則介爾心便是眞如全體。今又名爲如來藏者，是約生滅門中，隱名如來藏，顯名法身故也。然法身與如來藏，雖有二名，終無二體。故不唯顯名法身之時，具足無量無邊性功德相。即正在隱名如來藏時，本來具足無量無邊性功德也。

**寶臣《注大乘入楞伽經》卷三**　證無上菩提，應知無我如來藏義。然言如來藏者，通有三義一隱覆義，謂覆藏如來故云藏也。故《理趣般若經》云，一切眾生皆如來藏。《勝鬘經》云，如來法身不離煩惱藏，名如來藏。二含攝義，謂如來法身含攝一切身相國土，神通大用無量功德故。亦謂含攝一切眾生，皆在如來藏內故。三出生義，謂此法身既含眾德，了達證入，即能出生。故《十地論》云，地智能生無漏因果，亦能生成人天道行。此三義者，初約迷時，後約悟時，中間剋體。故《勝鬘經》云，若於無量煩惱所纏如來藏不疑惑者，於出纏無量煩惱藏法身亦無疑惑。但果顯易信，因隱難明故。淺識之流，輕因重果。願諸學者深信自心。

**寶臣《注大乘入楞伽經》卷八**　如來藏者，自性清淨心在纏之名也。佛言陰、界、入中雖無我，而有如來藏，能受善不善因，故能遍興造六道生死法。譬如伎兒依呪術故，變起六道形色法，無我我所。凡夫依如來藏起六道生死，無我我所亦如是。

# 如來地

**真諦譯《三無性論》卷下**　五者究竟轉依，謂如來地至得圓滿，故名究竟，是名轉依也。

**寶貴《合部金光明經》卷一**　如來地者，爲三種淨故，得極清淨。何者爲三，一者煩惱淨，二者苦淨，三者相淨。譬如有金鎔銷鍊治，既燒打已，無復塵垢。爲顯金體本清淨故，是金清淨不爲無金。譬如水界澄渟清淨無復穢濁，爲顯水性清淨，不爲無水。如是法身煩惱本起悉皆清淨，是法身清淨不爲無體。譬如空中煙雲塵霧皆悉已淨，是空清淨，不爲無空。

如是法身一切諸苦悉皆滅盡，故説清淨，不爲無體。

**義淨譯《金光明最勝王經》卷二** 於此地中，除所知障，除根本心，入如來地。如來地者，由三淨故，名極清淨。云何爲三。一者煩惱淨，二者苦淨，三者相淨。譬如眞金鎔銷治鍊，既燒打已，無復塵垢，爲顯金性本清淨故，金體清淨，非謂無金。譬如濁水，澄渟清淨，無復滓穢，爲顯水性本清淨故，非謂無水。如是法身，與煩惱離，苦集除已，無復餘習，爲顯佛性本清淨故，非謂無體。

**窺基《大乘法苑義林章》卷七** 準《金光明》説，入如來地者，爲三種淨故，得極清淨。一煩惱淨，能起化身，由無鬭諍隨類化故。二者苦淨，能起應身，由離諸苦現等覺故。三者相淨，能顯法身，離能所執證理智故。前二惑障，後一智障。

**玄奘譯《大般若波羅蜜多經》卷三六** 欲學如來地者，當於般若波羅蜜多應勤聽習、讀誦、受持、如理思惟，令其究竟。何以故。如是般若波羅蜜多中，廣説開示三乘法故。若菩薩摩訶薩學般若波羅蜜多，則爲遍學三乘，亦於三乘法皆得善巧。

**求那跋摩譯《菩薩善戒經》卷九** 如來具足一百四十不共之法，如是九事能作佛事，是名如來行，是名如來地，是名如來畢竟地。何以故，爲如來行、如來地、如來畢竟地。

**子璿《金剛經纂要刊定記》卷三** 第十八住從第二地已去，乃至佛位，通名如來地也。又以諸家明地位或廣或略，廣則五十二位，略則泯之全無。今則均於廣略，去其太甚，説三地五位矣。

**法賢譯《佛説佛母寶德藏般若波羅蜜經》卷上** 佛告善現：汝諦聽！凡夫聲聞緣覺地，斯即名爲如來地，一切如一彼無疑。

**玄奘譯《瑜伽師地論》卷七二** 謂從勝解行地，乃至第十地，所有發心，已成果發心者，謂如來地所有發心。

**玄奘譯《辯中邊論》卷下** 九有上果，謂菩薩地，超出餘乘未成佛故。十無上果，謂如來地。此上更無餘勝法故。

**波羅頗蜜多羅譯《大乘莊嚴經論》卷二** 菩薩發心，依諸地有四種差別。一信行發心，謂信行地。二淨依發心，謂前七地。三報得發心，謂後三地。四無障發心，謂如來地。

# 禪、觀、緣、因等分部

## 禪 禪那

**鳩摩羅什譯《大智度論》卷一七** 禪，秦言思惟修。言禪波羅蜜，一切皆攝。

復次，禪最大如王，説禪則攝一切，説餘定則不攝。何以故。是四禪中智、定等而樂，未到地、中間地，智多而定少，無色界定多而智少，是處非樂。譬如車一輪強，一輪弱，則不安隱。智、定不等，亦如是。

復次，是四禪處有四等心、五神通、背捨、勝處、一切處、無諍三昧、願智、頂禪、自在定、練禪、十四變化心、般舟般、諸菩薩三昧。《首楞嚴》等，略説，則百二十。諸佛三昧，不動等，略説，則百八，及佛得道、捨壽，如是等種種功德、妙定，皆在禪中。以是故，禪名波羅蜜。

**慧遠《大乘義章》卷一三** 第一釋名，辨其體性。先辨其名，名別不同，略有七種。一名爲禪，二名爲定，三名三昧，四名正受，五名三摩提，六名奢摩他，七名解脱，亦名背捨。禪者，是其中國之言。此翻名爲思惟修習，亦云功德叢林。思惟修者，從因立稱，於定境界審意籌慮名曰思惟。思心漸進，説爲修習。從剋定名思惟修寂。亦可此言當體爲名。禪定之心，正取所緣，名曰思惟。思心增進，説爲修習。功德叢林者，從果爲名。智慧神通四無量等，是其功德。衆德積聚，説爲叢林。定能生之，因從果目，是故説爲功德叢林。所言定者，當體爲名。心住一緣，離於散動，故名爲定。言三昧者，是外國語，此名正定。定如前釋，離於邪亂，故説爲正。言正受者，正同前釋，納法稱受。三摩提者，是外國語。三摩三昧，本是一名，傳之音異，此名正定。定用現前，名三摩䟦。奢摩他者，亦外國語。此翻名止，攝心住緣，目之爲止。言解脱者，絶縛之稱。言背捨者，背離下過，故云背捨。又捨，龍樹云，背淨五欲，捨離著心，名爲背捨。

問曰：此等所名之法，爲一爲異。釋有通別。通而論之，一切禪定皆具此名。於中別分，經論不等。依如《毘曇》，四禪名禪，八解脫者名爲背捨。四無色定滅盡無想通名正受，空無相無願名三摩提。故彼論言，諸禪及背捨，正受三摩提。用此四名，表別諸定。若依《成實》，四禪名禪，四空名定，八解脫者名爲解脫，一切禪定用現在前名三摩提。以此四名，名別諸定。若依《地論》，四禪名禪，四無色定說爲解脫，四無量心名爲三昧，五神通者名三摩提。用此四名，名別諸行。又更分別，四禪名禪，四空名定，空無相無願名爲三昧，得理相應名正定故。滅盡無想名爲正受，是處無心身納法故。四無量心名三摩提，眾生緣中用現前故。八解脫者名爲解脫，絕下縛故。又背下過故，云背捨。一切禪定，始習方便，止意住緣，名奢摩他。名字如是。（此一門竟）。

次辨體性。宗別不同，所說各異。若依《毘曇》，此八禪定，定數爲體。餘心心法，與定相應，是定眷屬，故通名定。若依《成實》，唯心爲體，不說心外別有定數。故彼論言，若由定數令心住者，定數亦應由他故住。然彼定數自能住緣，不從他住。心亦如是，自能住緣，何從定數。故知彼論，唯心爲體。大乘法中，心有麁細，隨心辨定，差別不等。云何不等，心有三種。一者事識，二者妄識，三者眞識。事識中定，定數爲體，與《毘曇》同。故龍樹云：譬如池水，象入則濁。明珠置中，水得澄淨。心亦如是，煩惱入中，心則渾濁，定數在中，心則澄清。《涅槃》亦云，十大地中心數之定數。明同《毘曇》。眞識中定，唯心爲體，更無別數。故《維摩》云，若離一切數，心如虛空。妄識中定，義有兩兼。麁則用彼定數爲體，細則唯用心識爲體。此云何知。如馬鳴說，第七識中義別六種。從無明地至相續識，此六重中，根本四重，心外無數。於中辨定，指心爲體。後之兩重，心與數異。就中辨定，定數爲體，體性如是。

第二門中，義別有三。一辨禪地相，二明味淨無漏等別，三就禪地明味淨等通局之義。禪地云何宗別不同，所辨各異。依如《毘曇》，攝末從本，禪地有八，所謂四禪、四無色定，分末異本，禪地有十門，所謂八禪、未來、中間。八禪可知。未來禪者，是初禪家方便之定。從欲界地向初禪時，修九無礙、九解脫道，斷欲界結，然後證得初禪定體。彼九無礙、九解脫道，未來至彼根本定體，故名未來。以其未至根本定故，論中亦名未至禪矣。中間禪者，從初禪地向二禪時，除覺觀在，名中間禪。問曰：是中除覺之時，用何爲治。釋言：是中用彼二禪方便內淨，以爲治耳。故《地論》云，內淨對治滅覺觀禪也。問曰：是中有初禪觀，復有二禪方便內淨，正用何者爲中間禪。釋言：正用初禪殘觀爲中間體，與初禪定同在一處受果報故。問曰：若用初禪殘觀爲中間禪，不以二禪方便內淨爲中間者，是則初禪方便覺觀斷欲界結，應當用彼欲界殘結爲未來禪，不以初禪方便覺觀爲未來禪。釋言：不類欲界殘結非定法故，不得說之爲未來禪。初禪殘觀是禪法故，說爲中間。問曰：未來及中間禪，八禪地中，何地攝乎。釋言：此二是初禪家眷屬定故，攝屬初禪。問曰：何故初禪地中獨分此二，餘不如是。釋言：初禪創背下過多用功力，故立未來以爲息處，餘不如是，故廢不立。又復初禪向二禪時，有覺有觀。二種過患除覺觀在，故立中間。餘禪相向單有一過，除之盡處即是後地，故無中間。若依《成實》，攝末從本，禪地有九。所謂八禪，及欲界中如電三昧。故《成實》云，如《須尸摩經》說，欲界更有如電三昧。分末異本，禪地有十，於初禪中分出中間，通餘十也。故《成實》云，初禪梵王能至中間，如電三昧《毘曇》不論，未來禪者《成實》不說。見別故爾。大乘法中攝末從本，禪地有九，與《成實》同。所言異者，《成實》唯說欲界地中有電光定，無餘三昧。大乘宣說欲界地中有無量定故。龍樹云，佛常住於欲界定中，名無不定。此與電光有何差別。釋言：聲聞暫得彼相說爲電光，更無別法。分末異本，禪有十一，所謂八禪、未來中間及欲界定。禪地如是。

**智顗《法界次第初門》卷下**　五，禪波羅蜜（禪秦言思惟修。一切攝心繫念，學諸三昧，皆名思惟修也。禪有二種，一者世間禪，二者出世間禪。世間禪者，謂根本四禪。四無量心，四無色定，即是凡夫所行禪。出世間禪，復有二種。一出世間禪，二出世間上上禪。出世間禪者，謂六妙門。十六特勝，通明九想，八念十想，八背捨，八勝處。十一切處練禪，十四變化願智頂禪，無諍三昧，三三昧師子奮迅超越三昧，乃至三明六通如是等禪，皆是出世間禪，亦名二乘共禪。二出世間上上禪者，謂自性等九種大禪。《首楞嚴》等百八三昧，諸佛不動等百二十三昧，皆出世間上上禪，亦名不共禪，不與凡夫二乘共也。若菩薩以質直清淨心，修如是等禪，名之爲禪。波羅蜜者，翻名如前。若菩薩能於諸禪中，具修五種心者，是時禪定名波羅蜜。何等爲五。一者知禪實相，不亂不味，而能遍修諸禪。餘四心類如檀中分別。菩薩若能如是於所得禪中，具修此五心者，隨所入禪，因中說果，皆具三義。是以菩薩所修禪定，皆名行禪波羅蜜。若至無上菩提佛果，方是禪波羅蜜，具足成就也。）

**慧遠**《大乘義章》卷一二　言禪那者，此名思惟修，亦名功德叢林。上界靜法審觀，方成名思惟修。能生諸德，故復說爲功德叢林。

**法雲**《翻譯名義集》卷一〇　禪那，此云靜慮。《智論》云，秦言思惟修，言禪波羅蜜，一切皆攝。《法界次第》云，禪有二種，一者世間禪，二者出世間禪。世間禪者，謂根本四禪。四無量心，四無色定，即是凡夫所行禪。出世間禪，復有二種，一出世間禪，二出世間上上禪。出世間禪者，謂六妙門、十六特勝、通明九想、八念十想、八背捨、八勝處、十一切處練禪、十四變化願智頂禪，無諍三昧、三三昧、師子奮迅超越三昧，乃至三明六通。如是等禪，皆是出世間禪。出世間上上禪者，謂自性等九種大禪。《淨名疏》云：佛心智鑒圓明，豈煩思惟。究竟無學，豈得言修。又翻棄惡，如來純淨之智，何惡可棄。故思惟等義，皆是因也。《楞伽經》明四種禪。愚夫所行禪，謂聲聞緣覺外道修行者，觀人無我性，自相共相骨鏁，無常、苦、不淨相。計著爲首。如是相不異，觀前後轉進，想不除滅，是名愚夫禪。觀察義禪，謂人無我，自相共相、外道、自他，俱無性。已觀法無我，彼地相義，漸漸增進，是名觀察義禪。攀緣如禪。謂妄想，二無我妄想，如實處不生妄想，是名攀緣如禪（《入楞伽》名觀眞如禪）。如來禪，謂入如來地。行自覺聖智三種樂住，成辦眾生不思議事，是名如來禪。頌曰，凡夫所行禪，觀察相義禪，攀緣如實禪，如來清淨禪。

**慧苑**《一切經音義》卷二一　禪那。此云靜慮，謂靜心思慮也。舊翻爲思惟修者，略也。

**澄觀**《大方廣佛華嚴經疏》卷一二　梵云禪那，此云靜慮，即以等持爲性。亦有三種，謂安住，引發，辦事。既引起神通，辦利生事，故見者深喜。現法樂住，諸惑不行，又資慧斷惑，故見者惑滅。

**澄觀**《大方廣佛華嚴經疏》卷三六　禪那，西音，此云靜慮。靜謂寂靜，慮謂審慮。故《瑜伽》三十三云，於一所緣，繫念寂靜，而審思慮，故名靜慮。是以靜能斷結，慮能正觀。諸無色定，有靜無慮，雖能斷結，不能正觀。欲界等持，有慮無靜，雖能正觀，不能斷結。故唯色界，獨受斯稱。次無色定者，《婆沙》百四十一云，此四地中，超過一切有色法故，違害一切有色法故，色法於彼無容生故。《俱舍》云，無色謂無色。若大眾部及化地部，亦許有色細故名無。《俱舍論》中廣破有色。次釋別名者，初四禪者，一有尋有伺靜慮，二無尋無伺靜慮，三離喜靜慮，四離樂靜慮。《俱舍·定品》云，初具伺喜樂，後漸離前支，即斯義也。無色別名，至文當釋。三體性者，《婆沙》云，四靜慮有二種。一修得，《俱舍論》云，是善性攝心一境性，以善等持爲自性故。若兼助伴，五蘊爲性。二生得隨地所繫，五蘊爲性，皆有色者定共戒故。無色體性，但除於色，餘義同前。故《俱舍》云，無色亦如是。四蘊離下地，大乘宗中亦無異轍。若會相歸性，則八定支林一切皆空。若事盡理現，皆如來藏。泯絕無寄，則定亂兩亡。若事理圓融，一即一切。第四釋文。初明四禪，後說四空。四禪之中，雖支有多少，論主並勸爲四。一離障，二對治，三利益，四彼二依止三昧。四中後三是支，初一非支。雖後後所離是前前支，望於當地，並皆非支。然四禪通說，有十八支。謂初三各五，二四皆四。爲欲惡難除，第二禪喜深難拔故。初三各五。初三不然，故二四唯四。其間除重則唯有十。謂一覺二觀，此唯初禪。三捨四念，此通後二。五喜局於前兩。六樂該於前三。七者一心遍於諸地。八內淨唯二。九正知唯三。十捨受唯四。若分二樂，則有十一。若內淨無別體，則唯有九。此等皆爲順益於禪故立支名。故《瑜伽》十一云，諸靜慮中，雖有餘法，然此勝故，於修定者爲恩重故，偏立爲支。今初初禪一即離欲惡不善法者，此明離障。

**惠沼**《成唯識論了義燈》卷五　論遮等引故者，定有七名。一名三摩呬多，此云等引。三摩云等，呬多云引。二云三摩地，此云等持。三云三摩鉢底，此云等至。四云馱那演那，此云靜慮。五云質多翳迦阿羯羅多，此云心一境性。質多云心，翳迦云一，阿羯羅云境，多云性。六奢摩他，此云心也。七云現法樂住。等引通有無心，唯定非散。《瑜伽》十一云，非於欲界心一境性。

等持，有心通定及散。然經論中就勝且說空、無相、願名三摩地。等至，通目有無心定。然經論中就勝唯說五現見等相應諸定名爲等至。靜慮，通攝有無心定、漏及無漏、染與不染。依色四地非餘處有。諸處據勝多說色地有心清淨功德名爲靜慮。

心一境性，即等持也，以心一境性釋等持故。奢摩他者，唯有心淨定，不通散位。

現法樂住，唯在靜慮。根本非餘，淨不通散。然等引寬通，攝一切有無心位諸功德。故《瑜伽論》中偏立地名，等至不爾。

**實叉難陀譯《大乘入楞伽經》卷三**　復次，大慧！有四種禪。何等爲四。謂愚夫所行禪，觀察義禪，攀緣眞如禪，諸如來禪。大慧！云何愚夫所行禪，謂聲聞緣覺諸修行者，知人無我，見自他身骨鎖相連，皆是無常苦不淨相。如是觀察堅著不捨，漸次增勝至無想滅定，是名愚夫所行禪。云何觀察義禪。謂知自共相人無我已，亦離外道自他俱作，於法無我諸地相義，隨順觀察，是名觀察義禪。云何攀緣眞如禪。謂若分別無我有二是虛妄念，若如實知彼念不起，是名攀緣眞如禪。云何諸如來禪。謂入佛地住自證聖智三種樂，爲諸眾生作不思議事，是名諸如來禪。

**元曉《金剛三昧經論》卷上**　定名不同，略有八種。一名三摩呬多，此云等引。遠離惛沈掉舉之偏，故名爲等。引發神通等諸功德，故名爲引。又此等引無悔，歡喜安樂所引，故名等引。由此不同欲界定故。二名三摩地，此云等持。等義同前，能制持心，令不馳散，故名等持。又定慧平等，令不相離，故名等持。舊云三摩提，亦即等持。三名三摩鉢提，此云等至。等持之中，能至勝位，故名等至。四名馱演那，此云靜慮。寂靜思慮故，又能靜散慮故。舊云禪那，或云持阿那。方俗異語，同謂靜慮也。五名奢摩他，此譯云止。令心止境，故名爲止。六名心一境性，令心專一於境之性，故名心一境性。舊云一心，是略故也。七名爲定。審定所緣，故名爲定。八名正思，義如前說。

**湛然《維摩經略疏》卷二**　《大論》云，禪，此言思惟修。佛心智鑒圓明，豈發思惟。究竟無學，豈得言修。又翻棄惡。如來純淨之智，何惡可棄。故《大經》云，有所斷者名有上士，無所斷者名無上士。故思惟等義，皆是因也。約教者三藏佛心無習故，故名心淨。四禪四空觀練薰修，永離法愛，故名已度。但力無畏不能等照，通教佛心，照極眞諦之源。界內習盡於諸禪定無礙自在，十力無畏一時照境，故名已度。別教緣修智顯自性清淨之心，十二品無明究竟永滅。《地持》明九種大禪。菩薩依第九清淨禪，得大菩提果，出過清淨，故言已度。此約地前修自性禪，登地得一切禪，乃至等覺住清淨禪。斷十一品無明，入重玄門，名清淨禪。佛果出過，故言已度。圓教六根清淨，即自性禪。初發心住即一切禪，已究竟離虛妄顯自性清淨之心。如是乃至清淨禪，破四十一品無明住無垢地。如來心淨，度此禪定，登妙覺果，故言已度。故《金光明》云，是時如來遊於無量甚深法性，過諸菩薩所行清淨。《瓔珞》明昔在，《華嚴》明集八禪眾，即前八禪爲說《華嚴》，得入清淨禪住無垢地。常徒舊解，但取四禪四空，說《華嚴》時，聲聞尙如聾啞，八禪外道何足可集。若約觀心，一心三觀，一一眾生心即如來心，本性清淨，故言心淨，能度事禪，故言已度。

**道誠《釋氏要覽》卷下**　禪，《智度論》云，秦言思惟修。《阿毘曇論》云，斷結故名禪。《禪要序》云，無禪不智，無智不禪。然則禪非智不照，照非禪不成。大哉禪智之業，可不務乎。《鞞婆沙論》云，禪者，此云普智。謂可得道，亦能棄結，此是禪用。若有禪名無禪用，號之泥。梁慧遠大師《禪修行方便經序》云：夫三業之興，以禪智爲宗。雖精麁異分，而階藉有方。是故發軫分逵，途無亂轍，革俗成務，功不待積。靜復所由，則幽緒告微。淵博難究，然理不云昧。庶旨統可知，試略而言。禪非智，無以窮其寂。智非禪，無以深其照。則禪智之要，照寂之謂。其相濟也，照不離寂，寂不離照。感則俱遊，應必同趣，功玄在於用，交養於萬法。其妙總也，運群動以至一而不有，廓大象（於未）形而不無。無思無爲而無不爲。是故洗心靜亂者，以之研慮。悟徹入微者，以之窮神也。《僧史略》云，禪者，即是定惠之通稱，明心達理之趣也。昔者菩提達磨，觀此土機緣，一期繫紊，乃曰不立文字者，遣其執文滯相也。直指人心見性成佛者，明其頓了無生也。其機峻而理深，故漸修者篤加訕謗焉。

**子璿《起信論疏筆削記》卷一七**　禪者，具云禪那，此云靜慮。即慧之定，定即無亂。論離無明等者，本覺明中本無不覺故。般若，此云智慧。智慧即是明，明即離無明也。即定之慧，故此與第五是自性定慧。本是一法，但約體用，義分異爾。

**正受《楞伽阿跋多羅寶經》卷二** 復次，大慧！有四種禪。云何爲四。謂愚夫所行禪，觀察義禪，攀緣如禪，如來禪。云何愚夫所行禪。謂聲聞緣覺外道修行者，觀人無我性，自相共相骨瑣無常、苦、不淨相，計著爲首。如是相不異觀，前後轉進，相不除滅，是名愚夫所行禪。（註云：二乘觀人空，又觀陰界入自共相，作無常苦不淨觀。如是相不異，如是觀自共相等，觀無常等行，雖有勝進，然不離相，是名愚夫所行禪。）云何觀察義禪。謂人無我，自相共相，（實叉於謂下有知字。）外道自他俱無性。已觀法無我，彼地相義漸次增進，（實叉云，於法無我，諸地相義，隨順觀察。）是名觀察義禪。云何攀緣如禪。（流支、實叉於如上並有眞字。）謂妄想二無我，妄想如實處，不生妄想，是名攀緣如禪。（註云：何者是妄想，謂此二無我是妄想。何故二無我是妄想，爲對除二種妄想我見故，說二種無我。以所治既不實，能治亦是妄，故言二無我。妄想若如實知，如理平等，不起二無我妄想，是名攀緣如禪。）云何如來禪。謂入如來地得自覺聖智相三種樂住。（流支云，入內身聖智相三空三種樂行故。實叉云，住自證聖智三種樂。註云，禪定菩提涅槃也，成辦衆生不思議事，是名如來禪。）

**王肯堂《成唯識論證義》卷九** 梵云禪那，此云靜慮。靜揀散心，慮揀無慧。止觀均故，即離癡亂行。一安住靜慮。經名無分別寂靜，極寂靜無罪故，對治煩惱衆苦。樂住靜慮，此云安住者，安住現法樂住故。無性云，離見慢等，得清淨故。二引發靜慮。經名引發功德靜慮，此言引發者，引神通故。三辨事靜慮。經名引發饒益有情靜慮。此言辨事者，辦利有情事，（故六）般若勝行，即善現行。

**成時編《明靈峰蕅益大師宗論》卷五之一** 或問蕅益子曰：參禪敎觀，與念佛法門，同邪異邪。答曰：同異皆戲論也，即亦同亦異，非同非異，亦戲論也。以三種法門，無不離四句故。若知一切法，無非即心自性，仍可四句而詮顯之。何者，梵語禪那，此云靜慮。靜即是定，慮即是慧，靜即止，慮即觀，靜即寂，慮即照，是故定慧也，止觀也，寂照也，皆一體而異名也。或謂寂照約性，餘二約修，止觀約因，定慧約果，不過一往語耳。夫吾人現前一念心性，雖昏迷倒惑，靈知終不可滅，雖流轉紛擾，本體終未嘗動，此豈非寂照眞源，止觀血脈，定慧根據乎。究此現前一念心性，名爲參禪，達此現前一念心性，名爲止觀，思惟憶持此現前一念心性，名爲念佛。蓋念者始覺之智，佛者本覺之理也。就此念佛法門，有念自佛他佛自他佛之不同。若單念自佛，與參禪止觀全同。若單念他佛，與參禪止觀，亦異亦同。若雙念自他佛，與參禪止觀，非異非同。夫念自佛者，是四念處觀，所謂觀身，觀受，觀心，觀法。若一切法門，不爲四念處所攝，即外道法。故知與禪觀同也。夫念他佛者，或念相好，或法門，或實相，或不能作此三種念者，則但持名號。若念相好，一往似與禪觀異，然必止息異緣，專觀彼佛，則仍與止觀同，亦仍與靜慮同也。念法門者，例此可知。若念實相，雖托他果佛爲異，然終無兩種實相，究竟是同。若持名號，一往亦與禪觀異，然無論解與不解，而所持之名，當體無非一境三諦，能持之心，當體無非一心三觀。故曰，明珠投於濁水，濁水不得不清，佛號投於亂心，亂心不得不一。是則心無異緣即是靜是止，名號歷歷，即是慮是觀，亦究竟同也。夫雙念自他佛者，了知心佛衆生三無差別，乃托他佛，助顯本性，由悟本性，故與禪觀非異，由托他佛，故與禪觀非同。是謂勝異方便，無上法門。《文殊般若經》、《般舟三昧經》、《觀無量壽佛經》等皆明此圓頓了義，而妙宗鈔申之爲詳。凡棲心淨土之士，不可不熟究而力行之也。

**智旭《楞伽阿跋多羅寶經疏義》卷二** 云何愚夫所行禪。謂聲聞緣覺外道修行者，（唐無外道二字）觀人無我性，自相共相骨鎖無常、苦、不淨相，（唐云，知人無我，見自他身骨鎖相連，皆是無常、苦、不淨相）計著爲首。如是相不異觀前後轉進，相不除滅。（唐云，如是觀察，堅著不捨，漸次增勝至無想滅定。魏云，次第上上，乃至非想滅盡定解脫。）是名愚夫所行禪。

疏曰：觀人無我及骨鎖常無等，本是愚法二乘所修，故唐譯無外道字。然設修至滅定解脫，則是觀練二法滿足，名爲聲聞緣覺。若誤取無想及非想證，則便成外道矣。故宋魏二譯，皆有外道二字也。

云何觀察義禪。謂人無我自相共相。外道自他俱無性已，觀法無我，彼地相義，漸次增進。（唐云，謂知自共相人無我已，亦離外道自他俱作，於法無我諸地相義，隨順觀察。）是名觀察義禪。

疏曰：知人無我及離外道自他俱作，所謂諸法不自生，亦不從他生，不共不無因，是故知無生。正是通教及別十住體空觀門，於法無我諸地相義，隨順觀察。即別十行十向，修於相似假觀及中觀也。

云何攀緣如禪。謂妄想二無我妄想，如實處不生妄想。（唐云，謂若分別無我有二，是虛妄念。若如實知，彼念不起。）是名攀緣如禪。

疏曰：《唯識頌》云，現前立少物，謂是唯識性，以有所得故，非實住唯識。即今妄想二無我妄想之謂也。又頌云，若時於所緣，智都無所得，爾時住唯識，離二取相故。即今如實處不生妄想之謂也。此別教通達位也。

云何如來禪。謂入如來地，得自覺聖智相三種樂住，（魏云，入內身聖智相三空三種樂行故。）成辦眾生不思議事，是名如來禪。

# 禪定

**那連提耶舍譯《月燈三昧經》卷六**　童子！菩薩摩訶薩，住於宴坐，有十種利益。何等爲十。一者其心不濁，二者住不放逸，三者諸佛愛念，四者信正覺行，五者於佛智不疑，六者知恩，七者不謗正法，八者善能防禁，九者到調伏地，十者證四無礙。童子！是爲菩薩摩訶薩住於宴坐十種利益。

**真諦譯《佛性論》卷四**　大禪定者，無作意是其體相。

**真諦譯《佛性論》卷四**　恆在禪定故常者，世間有人得禪定者，尚能不爲水火燼溺刀箭所傷，何況如來，常在禪定，而應可壞，是故名常。

**曇無讖譯《優婆塞戒經》卷七**　云何禪定。善男子！禪定即戒慈悲喜捨，遠離諸結，修集善法，是名禪定。善男子！若離禪定尚不能得一切世事，況出世事。是故應當至心修集。菩薩欲得禪波羅蜜，先當親近眞善知識，修集三昧方便之道。

**曇無讖譯《菩薩地持經》卷二**　云何禪定四事。一者，禪定對治煩惱，言語亂覺喜樂色想煩惱悉滅。二者，成菩提具。三者，依諸禪定，同利攝取，成就眾生。住現法樂，以自攝取。其心寂靜，離於貪欲。是名自攝。於諸眾生不瞋不惱，是名攝他。四者，以是因緣，於未來果報，生於天上，智惠清淨，神通清淨，是名禪定四功德力，無餘無上。

**慧远《大乘義章》卷一三**　住法不亂，名曰禪定。起聞思修，說爲智慧。

**法海集記《南宗頓教最上大乘摩訶般若波羅蜜經六祖惠能大師於韶州大梵寺施法壇經》卷一**　何名座禪。此法門中一切無礙，外於一切境界上念不去爲座，見本性不亂爲禪。何名爲禪定，外離相曰禪，內不亂曰定。外若有相，內性不亂。本自淨自定，只緣境觸，觸即亂，離相不亂即定。外離相即禪，內外不亂即定。外禪內定，故名禪定。

**不空譯《大集大虛空藏菩薩所問經》卷二**　復次，善男子！菩薩以專注心禪定清淨。云何專注。於法名字不除不加，無變異，無差別，無損無益，無取無捨，無暗無明，無分別非不分別，無想無作意，無一無二，亦無無一二，無動無思無戲論，無積聚亦無無積聚，不思惟一切相，心無所住，名爲專注。專注心不流散，於色眼色識遠離，故自相清淨。觀行專注心不流散，於聲耳聲識遠離，故自相清淨。專注心不流散，於香鼻香識遠離，故自相清淨。專注心不流散，於味舌味識遠離，故自相清淨。專注心不流散，於觸身觸識遠離，故自相清淨。專注心不流散，於法意法識遠離，故自相清淨。善男子！譬如虛空，於劫燒時不爲所燒，於水災時不爲所濕。如是菩薩修習禪定，不爲一切諸煩惱火之所焚燒，一切解脫等持等至諸禪定水之所漂溺。常無間雜，令散動有情安住禪定，而於禪定不生愛味。出定亦然，無復障礙。於諸聖人常現寂靜，非聖人所勤成就之。常令定心，住於平等。不平等者，說法化導，不見平等及不平等，於等不等亦不相違。心無有礙，猶如虛空。是故名爲修禪定者，亦名勝慧修禪定者，亦名不住識修禪定者。由此定故，而彼菩薩獲得如是無住禪定，猶若虛空。

**實叉難陁譯《大寶積經》卷五九**　舍利弗！菩薩樂住寂靜入禪定者，獲十種功德利益。何等爲十。一者得念，二者得慧，三者修行，四者迅辯，五者得陁羅尼，六者善知法生，七者善知法滅，八者戒聚無犯，九者諸天供養，十者不貪他好。是名爲十。

**法護譯《佛說大乘菩薩藏正法經》卷三三**　復次，舍利子！云何禪定。謂諸菩薩於彼禪定，無所耽著，能於如來三摩地而得圓滿。又復不樂禪悅之味，諸菩薩雖復於身適悅，而無取著。復於禪定，常樂大悲。以是緣故，留諸惑染。又於禪定不退等持，以是緣故，厭離欲界。復於禪定修神通業，以是緣故，了知一切有情心行。又於禪定通達實際，以是緣故，得心智自在。復於禪定得等至智，以是緣故，普遍一切色無色界。又於禪定至極寂靜，以是緣故，於聲聞緣覺三摩鉢底，而求增長。復於禪定而無動亂，以是緣故，住極究竟。又於禪定常行對治，以是緣故，而不住彼相續習氣。復於禪定得最勝慧，以是緣故，於諸世間而爲第一。又於禪定先通解有情心意，以是緣故，諸有情中而爲最上。復於禪定，而常自在隨樂三寶，以是緣故，獲得如來無盡功德。又於禪定得極高勝，以是緣故常住三摩四多。復於禪定得自在轉，以是緣故，而能圓滿一切事業。又於禪定悉無所受，以是緣故，得大智慧。舍利子！是爲菩薩摩訶薩禪定。

**惟淨譯《佛說除蓋障菩薩所問經》卷四**　復次，善男子！菩薩若修十種法者，即得禪定具足。何等爲十。一者廣集福德，二者多生厭患，三者發起精進，四者具於多聞，五者無顛倒教授勤行修習，六者隨正法行，七者根性明利，八者具純善心，九者善了止觀，十者不著禪相。云何是廣集福德。謂若菩薩於大乘法中久積善根，彼彼生中善修戒行，爲善知識之所攝受。隨所生處，常生婆羅門大族姓家，或刹帝利大族，或長者大族，皆具正信。於彼生中，以其因緣，轉復廣大增長善根，而常不離於善知識。何者是善知識，所謂佛及菩薩，而能增長宿世善根。由慣習力故，作是思惟，世間大苦世間災患，世無暫停久受縈纏癡暗所覆。彼等皆由貪欲爲因，貪欲爲緣，了此因緣，是爲菩薩廣集福德。

云何是多生厭患。謂若菩薩以是緣故，乃起思惟，我今不應於此世間合會相中，染著親近諸欲境界，而諸欲者虚妄分別。如世尊言，常以多種因緣毀呰貪欲，所謂欲如利叉，欲如利戟，欲如劍鋒，欲如刀鋒，欲如毒蛇，欲如聚沫，欲如癰疽，欲極臭穢。如是欲境，心生厭惡。乃剃除鬚髮，被袈裟衣，發正信心，捨家出家，是爲菩薩多生厭患。

云何是發起精進。謂若菩薩由出家故發起精進，未得法者皆令得法，未悟者令悟，未證者令證，是爲菩薩發起精進。

云何是具於多聞。謂若菩薩由此因緣，能聽能受諸有所説世俗諦法及勝義諦法，是爲菩薩具於多聞。

云何是無顛倒教授勤行修習。謂若菩薩，於其世俗勝義二種法中，能正教授勤行修習無顛倒法，是爲菩薩無顛倒教授勤行修習。

云何是隨正法行。謂若菩薩於正見、正思惟、正語、正業、正命、正勤、正念、正定此等正法中，菩薩如是行，即覺了正道，是爲菩薩隨正法行。

云何是根性明利。謂若菩薩由行正法故，辯慧明了利根轉勝，是爲菩薩根性明利。

云何具純善心。謂若菩薩利根勝故，多生厭患，遠離大衆一切憒閙，及世雜語欲覺瞋覺害滅等覺，皆悉遠離。亦復不著知識親愛名聞利養所欲等事，身心寂靜，得純善心。由善心故，作是觀察：今我此心於何法中行，若善、若不善、若無記邪。若行善法，即得歡喜清淨心生。何者是善法，所謂三十七菩提分法。若行不善法者，當起厭患，多種觀察，勤行斷除不善之法。何者是爲不善之法，謂貪瞋癡。

貪有三種，上、中、下品。上品貪者，若身若心極其分位，而生染著無離貪心。由染著故，於一切處不生慚愧。何者是無慚，謂獨止一處作是思惟，而起尋求諸所欲事，稱讚欲境自現有德，是爲無慚。何者是無愧，由彼貪欲因緣，於父母等前，違背很戾及生惱害，於餘師尊之所亦無恥忸，自現有德，是爲無愧。以是因緣，命終之後，墮惡趣中。此名上品貪。中品貪者，謂若親近諸欲境時，自初至末雖復暫有所成，旋起離貪之心即生變悔，此名中品貪。下品貪者，謂若親近諸欲境時，或身相觸或共語言或瞻視間，旋起即滅，此名下品貪。總要而言，一切濟命受用資具，有所欲者，皆名下品貪。

瞋有三種，上、中、下品。上品瞋者，隨於所起諸瞋境中，生極瞋恚而復暴惡，遍造五無間罪，或隨造一無間罪，或謗正法。凡如是等，總聚五無間罪。算分數分及譬喻分，乃至烏波尼殺曇分，皆不能及。由此因緣，身壞命終，墮大地獄。此因緣故，還墮地獄。若或暫得生於人間，身相黑色，其目赤惡，性多恚暴。此名上品瞋。中品瞋者，隨於諸瞋境中，若暫起已，或微分造不善罪業，即速變悔，旋起對治，而令止息。此名中品瞋。下品瞋者，謂於親愛和合境中，隨以瞋緣，輒生輕謗，雖復暫起於剎那間即生變悔，旋起對治而令息滅。此名下品瞋。

癡有三種，上、中、下品。上品癡者，謂一切處若行若止，悉無善作，亦無憂戚，不生變悔，此名上品癡。中品癡者，若起少分不善之業，雖有所成，即速變悔，於同梵行，人所懺謝其罪，不現己德，此名中品癡。下品癡者，謂於如來所制戒中，不越性罪，違犯初篇戒學之罪，此名下品癡。菩薩離是染法，即得心善寂靜。由是善故，能離欲愛欲貪諸欲染著。何以故，隨心善故。若行無記法者，謂即想念勤行伺察。何等是無記，若心不緣外，亦不緣內，不緣善不緣不善，不住止法，不行觀法，其心沈下著於睡眠，如人睡覺，目視不明。若無記心現前，心不明利，亦復如是。是故菩薩若行善心，即得心生歡喜，其心安住，是爲菩薩具純善心。云何是善了止觀，謂若菩薩由具如是純善心，故能觀諸法，此法如幻，此法如夢，此法不善，此法是善，此法出離，此法非出離。菩薩作是思惟，彼一切法，心爲依止，心爲先導，應當善攝其心，善調伏心，善覺了心。由此即能善攝諸法，亦善調伏及善覺了。如是即能正觀諸法，此因緣故，得心寂止。以心繫心，以心止心，以心住心。如是策勤，心寂止故，即得心一境性。心一境故，即成三摩地。三摩呬多，由是現前，得離生喜樂。由喜樂心故，即能遠離罪不善法，乃能成就有尋有伺，離生喜樂初禪定法。次復於諸尋伺，悉無對礙，於其喜樂不生味著。作無常觀已，還從初禪定心漸次而起，遠離尋伺有所著心，即能成就無尋無伺，定生喜樂二禪定法。次復於樂觀苦作苦觀已，即得捨行捨念行成，如聖所觀，能正覺了，妙樂現前，即能成就離喜妙樂三禪定法。次復於三禪定中，作空觀已，引四禪心，彼四禪中除去我執，我執離故，苦樂悉斷。苦樂斷故，如先所起，悅意惱意亦悉捨離，即能成就捨念清淨四禪定法。次復於自身相與虛空相等，作一解脫，觀如是解脫故，於一切處一切種類，過諸色想及離障礙。由過色想離障礙故，彼種種想悉無作意緣，無邊虛空而爲行相，即能成就空無邊處定法。次復於空無邊處，俱時觀彼識無邊處而爲行相，即能成就識無邊處定法。次復過彼識無邊處，緣無所有處而爲行相，即能成就無所有處定法。次復過彼無所有處，緣非想非非想處而爲行相，即能成就非想非非想處定法。次於上心無復行相，滅諸想受，離諸發悟，名滅盡定。如是等法，是爲菩薩善了止觀。云何是不著禪相，謂若菩薩雖入滅定，亦不樂著寂滅，即能俱時發起慈心，悉離怨親違順等境，運心廣大，先於一方起慈無量行，普遍觀察作解脫已，南西北方四維上下亦復如是。慈心起已，悲喜捨心亦悉如前，遠離怨親違順等境，運心廣大，周遍十方起悲喜捨無量之行，普遍觀察，悉作解脫。菩薩如是，即能起五神通。亦不以自足，不著禪相，而復進求上法圓滿菩提勝行，是爲菩薩不著禪相。善男子！菩薩若修如是十種法者，即得禪定具足。

**延壽《宗鏡録》卷三〇** 禪定者，大菩薩定。謂觀唯識不見境時，心無緣念，則是眞定。

**延壽《宗鏡録》卷三六** 修禪定者，譬如有人自塞其耳，高聲大叫，求人不聞。此等名爲欲隱彌露，若不斷偷。修禪定者，譬如有人水灌漏卮，欲求其滿，縱經塵劫，終無平復。

**延壽《宗鏡録》卷四四** 若能修定，如密室中燈，能破巨闇，金鎞抉膜，空色朗然，一指二指三指皆了。大雨能淹囂塵，大定能靜狂逸。止能破散，虛妄滅矣。善巧方便，種種緣喻，廣讚於止，破其睡散，是名對治以止安心也。又善男子，心若在定，能知世間生滅法相，亦知出世不生不滅法相，如來成道，猶尚樂定，況諸凡夫。有禪定者，如夜見電光，即得見道。破無數億洞然之惡，乃至得成一切種智。善巧方便種種緣喻，廣讚於止，即會眞如，是名隨第一義，以止安心也。

**延壽《万善同歸集》卷上** 禪定一法，乃四辨六通之本，是革凡蹈聖之因。攝念少時，故稱上善，然須明沈、掉消息。《知時經》云：如坐禪昏昧，須起行道念佛，或志誠洗懺，以除重障，策發身心，不可確執一門以爲究竟。故慈愍三藏云：聖教所說正禪定者，制心一處，念念相續。離於昏掉，平等持心。若睡眠覆障，即須策動，念佛誦經、禮拜行道、講經說法、教化衆生，萬行無廢。所修行業，迴向往生西方淨土。若能如是修習禪定者，是佛禪定與聖教合，是衆生眼目，諸佛印可。一切佛法，等無差別，皆乘一如，成最正覺，皆云念佛，是菩提因。何得妄生邪見。故台教行四種三昧，小乘具五觀對治，亦有常行、半行種種三昧，終不一向而局坐禪。《金剛三昧經》云：不動不禪，離生禪想。《法句經》云：若學諸三昧，是動非是禪，心隨境界生，云何名爲定。《起信論》云：若人唯修於止，則心沈沒，或起懈怠，不樂衆善，遠離大悲。乃至於一切時，一切處，所有衆善，隨己堪能，不捨修學，心無懈怠，惟除坐時，專念於止。若餘一切，悉當觀察，應作不應作。若行、若住、若臥、若起，皆應止觀俱行。是以若能通達，定散俱得入道。若生滯閡，行坐皆即成非。南嶽《法華懺》云：修習諸禪定，得諸佛三昧，六根性清淨。菩薩學《法華》，具足二種行，一者有相行，二者無相行。無相安樂行，甚深妙禪定，觀察六情根。有相安樂行，此依勸發品，散心誦《法華》，不入禪三昧，坐立行一心，念《法華》文字，行若成就者，即見普賢身。是以智者修《法華懺》，誦至《藥王焚身品》云：是眞精進，是名眞法供養如來。頓悟靈山如同即席。乃至密持神呪，靈貺照然，護正防邪，降魔去外。制重昏之巨障，滅積劫之深痾。現不測之神通，示難思之感應。扶其廣業，殄彼餘殃。仰憑法力難思，遂致安然入道。是以或因念佛而證三昧，或從坐禪而發慧門，或專誦經而見法身，或但行道而入聖境。但以得道爲意，終不取定一門，惟憑專志之誠，非信虛誕之說。

**智祥《禪林重刻寶訓筆說》卷上** 禪林寶訓四字，作兩對法喻，喻法釋。禪字是法，林即喻也。寶字是喻，訓即法也。梵語禪那，此云靜慮，以寂靜爲義。又云思惟修。所謂禪定者，定對亂言，稍亂則非禪矣。林者，多木爲林。譬諸禪師，嘉言善行，說非一人，故喻如林也。比此諸老，皆深修禪定之人，所集之言甚多，故曰禪林。寶者，有貴重義。世人以財帛爲寶，君子以文言爲寶，至人以道德爲寶。故先舉喻，使人知先德之文言，字字可珍可惜也。訓者，誨也，教誡也。謂諸禪師之法言，皆訓誨教誡之辭。此四字乃一書之題名，得其名，可以知三百篇之義。序者，頭緒也。凡書有序，如衣之有領，網之有綱也。又曰序，謂述此一書之原由也。

**錢伊庵《宗範》卷上** 云何坐禪。此法門無障無礙，於一切善惡境，心念不起，名坐。明見自性不動，名禪。何名禪定，外離相名禪，內不亂名定。若著相，心即亂。離相，心即不亂。本性自淨自定，只爲見境思境即亂。若見諸境心不亂者，是眞定也。於念念自見本性清淨，自修自行，自成佛道。

**失名《維摩經疏》** 言禪定者，禪那，胡語，此翻名爲思惟修。習上界靜法審觀，方成名思惟修。又亦名爲功德叢林。此乃從其所生爲名，能生多德，是故名爲功德叢林。

**失名《南天竺國菩提達摩禪師觀門》** 問曰：何名禪定。答曰：禪爲亂心不起，無動無念，爲禪定。端心止念，無生無滅，無去無來，堪然不動，名之爲禪定。何名爲禪觀。答曰：心神澄淨，名之爲禪。照理分明，名之爲觀。禪觀自達，無有錯謬，故名禪觀。心神澄淨，不生不滅，不來不去，湛然不動，名之爲禪。問曰：何名禪定。答曰：禪定者梵音，此名功德聚林。三界諸佛皆說禪坐，故名功德聚林。又問：何名禪法。答曰：禪法從通有次第。初學時從始終有七種觀門。第一住心門，第二空心門，第三無門，第四心解脫門，第五禪定門，第六眞妙門，第七智慧門。住心門者，謂心散動，攀緣不住，專攝念住，更無去動，故名住心門。空心門者，謂看心轉追，覺心空寂，無去無來，無有住處，無所依心，故云空心門。心無相門，謂心澄淨，無有相貌，非青非黃非赤非白，非長非短非大非少，非方非圓，湛然不動，故名無相門。心解脫門者，知心無繫無縛，一切煩惱不來上心，故名心解脫門。禪定者，西域梵音，唐言靜慮。覺心寂靜，行時住時坐時臥時，皆悉寂靜，無有散動，故名寂靜。眞如門者，覺心無心，等同虛空，遍周法界，平等不二，無千無變，故名眞如門。智慧門者，識了一切名之爲智，契達空源名之爲慧，故名智慧門。亦名究竟道，亦名大乘無相禪觀門，則是修禪學道故。禪有七種觀門，大聲念佛，得十種功德。一者不聞惡聲，二者念佛不散，三者排去睡眠，四者勇猛精進，五者諸天歡喜，六者魔軍怖畏，七者聲振十方，八者三途息苦，九者三昧現前，十者往生淨土。

## 禪智

**慧遠《廬山出修行方便禪經統序》（僧祐《出三藏記集》卷九）** 夫三業之興，以禪智爲宗。雖精麄異分，而階藉有方，是故發軫分逵，塗無亂轍。革俗成務，功不待積。靜復所由，則幽緒告微。淵博難究，然理不云昧，庶旨統可尋。試略而言：禪非智無以窮其寂，智非禪無以深其照。則禪智之要，照寂之謂。其相濟也，照不離寂，寂不離照。感則俱遊，應必同趣。功玄於在用，交養於萬法。其妙物也，運群動以至壹而不有，廓大象於未形而不無，無思無爲而無不爲。是故洗心靜亂者，以之研慮。悟微入微者，以之窮神也。若乃將入其門，機在攝會。理玄數廣，道隱於文。則是阿難曲承音詔，遇非其人，必藏之靈府。何者，心無常規，其變多方，數無定像，待感而應。是故化行天竺，緘之有匠，幽關莫開，罕闚其庭。從此而觀，理有行藏，道不虛授，良有以矣。如來泥曰未久，阿難傳其共行弟子末田地，末田地傳舍那婆斯。此三應眞，咸乘至願，冥契于昔，功在言外，經所不辨。必闇軌元匠，孱焉無差。其後有優波崛，弱而超悟。智終世表，才高應冥，觸理從簡，八萬法藏，所在唯要。五部之分，始自於此。因斯而推，固知形運以廢興自兆，神用則幽步無跡。妙動難尋，涉麁生異。可不愼乎，可不察乎。自茲已來，感於事變懷其舊典者，五部之學並有其人。咸懼大法將頹，理深其慨，遂各述讚禪經以隆盛業。其爲教也，無數方便以求寂然。寂乎唯寂，其揆一耳。而尋條求根者衆，統本運末者寡。或將暨而不至，或守方而未變。是故經稱滿願之德，高普事之風。原夫聖旨，非徒全其長，亦所以救其短。若然五部殊業存乎其人，人不繼世，道或隆替。廢興有時，則互相升降。小大之目，其可定乎。又達節善變，出處無際，晦名寄跡，無聞無示。若斯人者，復不可以名部分。既非名部之所分，亦不出乎其外，別有宗明矣。每慨大教東流，禪數尤寡，三業無統，斯道殆廢。頃鳩摩耆婆宣馬鳴所述，乃有此業。雖其道未融，蓋是爲山於一簣。欣時來之有遇，感寄趣於若人。捨夫制勝之論而順不言之辯，遂誓被僧那，以至寂爲己任，懷德未忘，故遺訓在茲。其爲要也，圖大成於未象，開微言而崇體，悟惑色之悖德，杜六門以寢患，達忿競之傷性，齊彼我以宅心。於是異族同氣，幻形告疎，入深緣起，見生死際。爾乃闢九關於龍津，超三忍以登位，垢習凝於無生，形累畢於神化。故曰，無所從生，靡所不生，於諸所生而無不生。今之所譯，出自達磨多羅與佛大先。其人西域之俊，禪訓之宗，搜集經要，勸發大乘，弘教不同，故有詳略之異。達磨多羅，闔衆篇於同道，開一色爲恆沙。其爲觀也，明起不以生，滅不以盡。雖往復無際，而未始出於如。故曰，色不離如，如不離色，色則是如，如則是色。佛大先以爲澄源引流，固宜有漸。是以始自二道開甘露門，釋四義以反迷，啟歸塗以領會。分別陰界，導以正觀，暢散緣起，使優劣自辨。然後令原始反終，妙尋其極。其極非盡，亦非所盡。乃曰，無盡入于如來無盡法門，非夫道冠三乘智通十地，孰能洞玄根於法身，歸宗一於無相，靜無遺照，動不離寂者哉。

**延壽《宗鏡錄》卷四五** 夫已上是引台教，明定慧二法安心。次依華嚴宗釋。《華嚴經》云：於眼根中入正定，於色塵中從定出，示現色性不思議，一切天人莫能知。於色塵中入正定，於眼起定心不亂。說眼無生無有起，性空寂滅無所作。疏釋云：定慧雖多，不出二種，一事，二理。制之一處，無事不辦，事定門也。能觀心性，契理不動，理定門也。明達法相，事觀也。善了無生，理觀也。諸經論中，或單說事定，或但明理定。二觀亦然，或敵體事理，止觀相對。或以事觀，對於理定。如《起信論》云，止一切相，乃至心不可得爲止。而觀因緣生滅爲觀，或以理觀，對於事定。此經云，一心不動入諸禪，了境無生名般若是也。或俱通二，此經云，禪定持心常一緣，智慧了境同三昧是也。或二俱泯，非定非散。或即觀之定，但名爲定。如觀心性名上定是也。或即定之觀，但名爲觀，如以無分別智觀名般若是也。或說雙運，謂即寂之照是也。所以局見之者，隨矚一文，互相非撥。偏修之者，隨入一門，皆有剋證，然非圓暢。

今此經文，巧顯無礙，略分五對。第一對，根境無礙。謂觀根入定，應從根出。而從境出者，爲顯根境，唯是一心。緣起無二，理性融通，是故根入境出耳。境入根出亦然。第二對，理事二定無礙。謂分別事相，應入事定，而入理定。欲觀性空，應入理定，而入事定。以契即事之理而不動故，入理即是入事，制心即理之事。而一緣故，入事即是入理。而經文但云，入正定，不言事理，及乎出觀，境中即云分別色相。斯事觀也。根中即云性空寂者，理觀也。亦合將根事對於境理，以辯無礙。第三對，事理二觀無礙。謂欲分別事相，應從事觀起，而反從理觀起。以所觀之境，既眞俗雙融，法界不二故。分別事智，即是無生之智，二觀唯是一心故。亦應將境事理，對根事理以辯無礙。第四，出入無礙。以起定即是入定故，起定而心不亂。若以事理相望，應成四句。謂事入事起，事入理起，理入理起，理入事起。若以根境相望，又成四句。謂根事入，境事起等。一一思之，皆有所由。又或以理觀對於事止，謂契理妄息也。或事觀對於理寂，謂無念知境也。或事觀對於事寂，謂觀於一境，心不動搖也。或理觀對於理寂，亡心照極也。如《百門義海》云：明出入定者，謂見塵性空、十方一切眞實之理，名爲入定也。然此見塵無性空理空時，乃是十方之空也。何以故。由十方之心，見於一塵，是故全以十方爲塵。定亦不礙，事相宛然。是故起與定俱，等虛空界。但以一多融通，同異無礙，是故一入多起，多入一起，差別入一際起，一際入差別起，皆悉同時一際成立，無有別異。當知定即起，起即定，一與一切，同時成立，出入無礙也。第五對，二利體用無礙。謂於深根起，定心不亂，是體也。自利也，而不礙理。舒於廣境，是用也。人天不能知，利他也。良以體用無二故，自利即是利他。

**延壽《宗鏡錄》卷四五** 《大涅槃經》云：定慧等學，明見佛性。又云：先以定動，後以智拔。《大智度論》云：禪定爲父，智慧爲母，能生一切導師。又云：以業力故入生死，以定力故出生死。故云：禪非智無以窮其寂，智非禪無以發其照。何者。謂禪無智，但是事定，若得智慧，觀於心性，即爲上定。若智不得禪，乃爲散善分別。慧若有定，如密室燈，寂而能照。離動分別，成實慧故。若定慧雙運，動寂融通，則念念入三昧之門，寂寂運無涯之照。如上種種開示，種種證明，如是調停，如是剖析，削繁簡要，去僞存眞，以無數萬億諸方便門，皆令一切含生，盡入此宗鏡。如囊中有寶，不探示之，誰有知者。猶室中金藏，未遇智人，何由發掘。若珠蔽內衣裏，弗因親友所示，爭致富饒。似窮子之家珍，非長者之誘引，曷能承紹。設或明了，信入無疑，更在當人，尅己成辦。鍊磨餘習，直取相應。一切時中，不得忘照。自量生熟，各逐便宜。此是修定時，此是修慧時。若掉散心，須行三昧。若惛沈意，宜啟慧門。若處見修位中，此是行時，非是證時。若居究竟即內，此是證時，非是行時。不可如二乘忽忽取證，沈實際之海，溺解脫之坑。又不可傚無聞比丘，妄指無生，求昇反墜。似苦行外道，唯投見網，期悟遭迷。斯定慧門，是眞修路。照宗門之皎日，泛覺海之迅航，駕大白牛車之二輪，昇第一義天之兩翼。等學而明見佛性，莊嚴而可度衆生。爲法國土之王，因茲二力，出生死海之底，全假雙修。散妄亂而似風吹雲，破愚闇而如日照世。動邪見之深刺，拔無明之厚根，爲大覺海之陰陽，作寶華王之父母。備一乘之基地，堅萬行之垣牆。以此相應，能入宗鏡。前據台教，明五百番安心法門，皆爲逗機，對病施藥。今依祖教，更有一門，最爲省要，所爲無心。何者。若有心則不安，無心則自樂。故先德偈云，莫與心爲伴，無心心自安。若將心作伴，動即被心謾。《法華經》云，破有法王，出現世間。《淨名經》云，除去所有，唯置一床，即是除妄心之有。外境本空，以心有法有，心空境空。故《起信論》云：是故當知，一切世間境界之相，皆依衆生無明妄念而得建立。如鏡中像，無體可得，唯從虛妄分別心轉。心生則種種法生，心滅則種種法滅故。是以但得無心，境自不現。既無對待，逆順何生。以逆境故生瞋惱，強賊千懷。以順境故牽愛情，華箭入體。能令心動，故稱不安。今若無心，坦然無事，則萬機頓赴而不撓其神，千難殊對而不干其慮。所以阿難執有而無據，七處茫然。二祖體無而自安，言下成道。若不直了無心之旨，雖然對治折伏，其不安之相，常現在前。若了無心，觸途無滯，絕一塵而作對，何勞遣蕩之功。無一念而生情，不假忘緣之力。又無心約教有二，一者澄湛令無，二者當體是無。澄湛令無者，則是攝念安禪，蠲消覺觀，虛襟靜慮，漸至微細。當體是無者，則直了無生，以一念起處不可得故。經云，一念初起，無有初相，是眞護念。《寶藏論》云：夫離者無身，微者無心。無身故大身，無心故大心。大心故，則智周萬物。大身故，則應備無窮。是以執身爲身者，則失其大應。執心爲心者，則失其大智。故千經萬論，莫不說離身心，破於執著，乃入眞實。譬如金師，銷鑛取金，方爲器用。若有身者，則有身礙。有身礙故，則法身隱於形殼之中。若有心者，則有心礙，有心礙故，則眞智隱於念慮之中。故大道不通，妙理沈隱，六神內亂，六境外緣，晝夜惶惶，無有止息矣。夫不觀其心者，而不見其微。不觀其身者，而不見其離。若不見其離微者，則失其道要。故經云，佛說非身，是名大身。心亦如是。此謂破權歸實，會假歸眞。譬如金師，銷鑛取金，方爲器用。滅相混融，以通大冶。大冶者，謂大道。此大道冶中，造化無窮，流出萬宗，若成若壞，體無增減。故經云，有佛無佛，性相常住。所言混融相者，但爲愚夫著相，畏無相也。所以說相者，爲彼外道著於無相，畏有相。所以說中道者，欲令有相、無相不二也。此皆破執除疑，言非盡理。若復有人了相無相，平等不二，無取無捨，無彼無此，亦無中間，則不假聖人言說，理自通也。如上所述，皆爲有心成障。若乃無心，自然合道，即是離其妄心，眞心不動。如《釋摩訶衍論》云，離心緣相者，心量有十。一者眼識心。二者耳識心。三者鼻識心。四者舌識心。五者身識心。六者意識心。七者末那識心。八者阿賴耶識心。九者多一識心。十者一一識心。如是十中，初九種心，不緣眞理，後一種心，得緣眞理而爲境界。今據前九，作如是說。離心緣相，本有契經中作如是說。甚深眞體，非餘境界，唯自所依緣爲境界故。《楞伽經》云。非心之心量，我說爲心量者，謂以非心量爲遣心量，若以非心量爲是，斯即心量。今謂非心量即不思議之心量者，不礙心量，故。如《華嚴經》云：菩薩住是不思議，即非心量。於中思議不可盡，即之心量，以二相即奪故，思與非思俱寂滅。又云，於非心處示生於心者，人多誤解。情作非情，非情作情。若執於非心處示生於心，是非情爲情者。既言示生，非眞無情爲有情矣。《大寶積經》云：佛言，文殊！汝入不思議三昧耶。文殊師利言：不也，世尊。我即不思議，不見有心能思議者。云何而言入不思議三昧，我初發心欲入是定，而今思惟，實無心相而入三昧。如人學射，久習則巧，後雖無心，以久習故，箭發皆中。我亦如是，初學不思議三昧，繫心一緣。若久習成就，更無心想，恆與定俱。又先德云，一念妄心纔動，即具世間諸苦。如人在荊棘林，不動即刺不傷。妄心不起，恆處寂滅之樂。一念妄心纔動，即被諸有刺傷。故經云，有心皆苦，無心乃樂。當知妄心不起，始合法身寂滅樂也。

# 定慧

**康僧鎧譯《佛說無量壽經》卷上**　如來定慧究暢無極，於一切法而得自在。

**慧遠《無量壽經義疏》上卷**　如來定慧，究暢無極，明其所修，成滿故勝。定止、慧觀，此二行主。以是偏舉，餘皆從之，故隱不論。定慧究竟，故名爲究。通暢自在，故名爲暢。寬廣無邊，稱曰無極。

**子璿《金剛經纂要刊定記》卷六**　如《涅槃》云：聲聞定多慧少，不見佛性。菩薩慧多定少，雖見佛性猶不明了。諸佛如來定慧等故，了了見性，如觀掌中菴摩勒果。斯不亦圓極之義乎。

問：菩薩、聲聞定慧互闕，於其佛性則何以聲聞不見，菩薩分見耶。答：以定慧望於佛性，慧是因、定是緣，因親緣疎故使然也。又聲聞但有偏空慧無中道慧，故云慧少，菩薩有中慧故見佛性也。又此五中，唯第三持業釋，餘皆依主釋也。

**契嵩《六祖大師法寶壇經贊》**　《壇經》曰，定慧爲本者，趣道之始也。定也者，靜也。慧也者，明也。明以觀之，靜以安之，安其心可以體心也，觀其道可以語道也。一行三昧者，法界一相之謂也。謂萬善雖殊，皆正於一行者也。無相爲體者，尊大戒也。無念爲宗者，尊大定也。無住爲本者，尊大慧也。夫戒定慧者，三乘之達道也。夫妙心者，戒定慧之大資也。以一妙心而統乎三法，故曰大也。無相戒者，戒其必正覺也。

**宗寶編《六祖大師法寶壇經》**　師示衆云：善知識！我此法門，以定慧爲本。大衆！勿迷，言定慧別。定慧一體，不是二。定是慧體，慧是定用。即慧之時定在慧，即定之時慧在定。若識此義，即是定慧等學。諸學道人，莫言先定發慧、先慧發定各別。作此見者，法有二相。口說善語，心中不善。空有定慧，定慧不等。若心口俱善，內外一如，定慧即等。自悟修行，不在於諍。若諍先後，即同迷人，不斷勝負，卻增我法，不離四相。善知識！定慧猶如何等。猶如燈光。有燈即光，無燈即闇。燈是光之體，光是燈之用，名雖有二，體本同一。此定慧法，亦復如是。

**曾鳳儀《楞嚴宗通》**　六祖示衆云：我此法門，以定慧爲本。大衆勿迷言定慧別。定慧一體，不是二。定是慧體，慧是定用。即慧之時定在慧，即定之時慧在定。若識此義，即是定慧等學。諸學道人，莫言先定發慧、先慧發定，各別。作此見者，法有二相，口說善語，心中不善，空有定慧，定慧不等。若心口俱善，內外一種，定慧即等，自悟脩行，不在於靜。若諍先後，即同迷人，不斷勝負，卻增我法，不離四相。善知識！定慧猶如燈光，有燈即光，無燈即暗。燈是光之體，光是燈之用。名雖有二，體本同一。此六祖雖明定慧一體，中云心口俱善，內外一種，定慧即等，而戒亦在其中矣。他日語志誠曰，吾所說法，不離自性，離體說法，名爲相說，自性常迷。須知一切萬法，皆從自性起用，是眞戒定慧法。聽吾偈曰，心地無非自性戒，心地無癡自性慧，心地無亂自性定，不增不減自金剛，身去身來本三昧。誠聞偈有省，乃呈一偈，五蘊幻身，幻何究竟，迴趣眞如，法還不淨。祖然之，是最上乘所說戒定慧。總是屋裏話，與他門外語不啻霄壤。

# 止觀

**元照《修習止觀坐禪法要序》** 天台《止觀》有四本：一曰《圓頓止觀》，大師於荊州玉泉寺說，章安記爲十卷。二曰《漸次止觀》，在瓦官寺說，弟子法愼記本三十卷，章安治定爲十卷，今《禪波羅蜜》是。三曰《不定止觀》，即陳尙書令毛喜請大師出，有一卷，今《六妙門》是。四曰《小止觀》，即今文是，大師爲俗兄陳鍼出，寔大部之梗概，入道之樞機。曰止觀、曰定慧、曰寂照、曰明靜，皆同出而異名也。若夫窮萬法之源底，考諸佛之修證，莫若止觀。天台大師靈山親承，承止觀也。大蘇妙悟，悟止觀也。三昧所修，修止觀也。縱辯而說，說止觀也。故曰說己心中所行法門，則知台教宗部雖繁，要歸不出止觀。舍止觀不足以明天台道，不足以議天台教。故入道者不可不學，學者不可不修。奈何叔世寡薄，馳走聲利，或膠固於名相，或混肴於闇證，其書雖存，而止觀之道蔑聞於世，得不爲之痛心疾首哉。今以此書命工鏤板，將使聞者見者皆植大乘緣種，況有修有證者，則其利尙可量耶！予因對校乃爲敘云。時紹聖二年仲秋朔，餘杭郡釋元照序。

**智顗《修習止觀坐禪法要》卷上** 若夫泥洹之法，入乃多途。論其急要，不出止觀二法。所以然者，止乃伏結之初門，觀是斷惑之正要。止則愛養心識之善資，觀則策發神解之妙術。止是禪定之勝因，觀是智慧之由藉。若人成就定慧二法，斯乃自利利人，法皆具足。故《法華經》云：佛自住大乘，如其所得法，定慧力莊嚴，以此度衆生。當知此之二法，如車之雙輪，鳥之兩翼。若偏修習，即墮邪倒。故經云：若偏修禪定福德，不學智慧，名之曰愚。偏學知慧，不修禪定福德，名之曰狂。狂愚之過，雖小不同，邪見輪轉，蓋無差別。若不均等，此則行乖圓備，何能疾登極果。故經云：聲聞之人，定力多故，不見佛性。十住菩薩，智慧力多，雖見佛性，而不明了。諸佛如來，定慧力等，是故了了見於佛性。以此推之，止觀豈非泥洹大果之要門，行人修行之勝路，衆德圓滿之指歸，無上極果之正體也！

若如是知者，止觀法門實非淺，故欲接引始學之流輩，開矇冥而進道，說易行難，豈可廣論深妙。今略明十意，以示初心行人，登正道之階梯，入泥洹之等級。尋者當愧爲行之難成，毋鄙斯文之淺近也。若心稱言旨，於一晌間，則智斷難量，神解莫測。若虛搆文言，情乖所說，空延歲月，取證無由。事等貧人數他財寶，於己何益者哉。

具緣第一，訶欲第二，棄蓋第三，調和第四，方便第五，正修第六，善發第七，覺魔第八，治病第九，證果第十。今略舉此十意，以明修止觀者，此是初心學坐之急要。若能善取其意而修習之，可以安心免難，發定生解，證於無漏之聖果也。

**慧遠《大乘義章》卷一〇** 止觀捨義八門分別，（釋名一，定體二，辨相三，制立四，修起次第五，約境分別六，就位分別七，就人分別八）。

第一釋名。止觀捨者，經中亦名定慧及捨，此乃修中之差別也。修義不同，一門說三。止者，外國名奢摩他，此翻名止。守心住緣，離於散動，故名爲止。止心不亂，故復名定。觀者，外國名毘婆舍那，此翻名觀。於法推求，簡擇名觀，觀達稱慧。捨者，外國名憂畢叉，此翻名捨。行心平等，捨離偏習，故名爲捨。(此一門竟)。

次辨體性。唯依《毘曇》，義釋有二。一就同時心法以論。止者，正用定數爲體。觀者，或用觀數爲體，或復用彼慧數爲體。伺求之觀，觀數爲體。照法之觀，慧數爲體。捨者，或用捨數爲體，或用定慧二數爲體。捨過之捨，捨數爲體。定慧平等，捨離偏習，名之爲捨。還即用彼定慧爲體。二就前後修義分別。止者，正用定行爲體，定數爲主。諸心心法相從住緣，通名爲止。觀者，或用觀行爲體，觀數爲主。諸心心法相隨伺求，通名爲觀。或復用彼慧行爲體，慧數爲主。諸心心法相隨照境，通名爲觀。捨者，或用捨行爲體，捨數爲主。諸心心法相隨捨過，通名爲捨。或用定慧二行爲體。定慧兩數，以爲正主。諸心心法隨此定慧，通名爲捨。若依《成實》義釋亦二。一就同體同時法中隨義分別。一心體中住義名止，照義名觀，調停曰捨。不同《毘曇》諸數別體。二就前後修義分別。作意住緣名之爲止，作止照境，說名爲觀。作意捨相，方名爲捨。通皆是心，無別主伴。大乘法中，義別有三。一事識中修，二妄識中修，三眞識中修。事識中修與《毘曇》同。心數別故，妄識中修麁同《毘曇》，細同《成實》。此云何知。如馬鳴說，第七識中麁細六重，根本四重心數無別，故同《成實》。末後兩重心與數別，共心相應，故同《毘曇》。眞識中修義別有三。一就同時同體法中隨義別分，寂義名止，照義稱觀，離相名捨。二就同時同體法中，異門相攝。止義爲門，諸行隨之通名爲止。觀義爲門，諸行隨之齊名爲觀。捨義爲門，諸德隨之俱名爲捨。三約修義前後別分，始心住法離妄名止，正見名觀，終證捨相故說爲捨。體性如是。以此類餘，諸行齊然。（此二門竟）。

次辨其相，於中兩門，一通就諸行開合辨相，二別就諸行開合辨相。初通就諸行開合辨者，此之三行開合不定。總之唯一，謂聞思修三行之中修行所收。或分爲二，謂止與觀。如《地持》說：於一切法不起妄想名之爲止，知第一義離言自性，及知世諦無量處法，說以爲觀。或分爲三，謂止、觀、捨。此三猶前止觀所攝，止觀別修分爲前二，止觀雙修合爲後一，故有三種。或分爲四，如《地持》說，一者修止，二者修觀，三者修習止觀，四者樂住止觀。此四猶前止觀及捨三行所攝。捨中分二。初爲修習終爲樂住，更無別行。所言止者，於事於義繫心安住，遠離一切虛僞輕躁及諸憶想，是名爲止。事謂世諦，義謂眞諦離輕躁者，息除事中輕亂心也。離憶想者，遠離理外分別想也。所言觀者，於事於義憶念選擇，名之爲觀。修止觀者，於前止觀常修頓修。樂止觀者，於前止觀以久修故不勤方便，熾然不動，隨義廣分修乃無量。通就諸行開合如是。次就諸行別相論之。先就止行開合辨相，如《涅槃說》，總唯一定，或分無二。一者世間八禪事定，二者出世合理之靜。或分爲三，謂上中下。下謂凡夫人禪事定，中謂二乘合理之靜，上者所謂諸佛菩薩離妄眞定。或分爲四，一者退分，二者住分，三勝進分，四決定分。此決定分，《涅槃》名爲能作大益，義如下解。或分爲五，所謂凡夫、聲聞、緣覺、菩薩，及佛所得三昧。又《涅槃》中更分五種。一無食三昧，所謂初禪。彼離揣食，故曰無食。二無過三昧，亦是初禪。彼離欲惡，故名無過。三身意清淨一心三昧，謂第二禪。離六識中覺觀之過，名身意淨。內淨一處，故曰一心。四因果俱樂，謂第三禪，彼樂勝故。五常念三昧，謂四禪乃至生非想。彼免三災，絕於四受，離出入息，定心不動，故曰常念。或分爲六，謂五停心及觀生滅。五停如下，或分爲七。謂須陁洹所得三昧，斯陁那含、羅漢、辟支、菩薩，及佛所得三昧。或分爲八，於前七上加凡所得。又八解脫八禪定等亦得分八，並如下釋。亦得分九，謂九次第定，根本八禪及滅盡定，轉相趣入，名九次第。或分爲十，謂一切入，亦如下釋。廣則無量。

次就慧行開合辨相。總唯一慧，或分爲二。一是世間世俗等智，二是出世。謂無漏智亦得分三。一者般若，此翻名慧。二毘婆舍那，此翻名觀。三者闍那，此翻名智。此三何異，經中兩釋。一約人以分。言般若者，一切眾生，一切凡夫同有慧數，故名般若。毘婆舍那一切聖人，此名聲聞緣覺爲聖。彼能觀察苦無常等，故名爲觀。言闍那者，諸佛菩薩，彼知一切諸法差別，故名爲智。二隨境別。言般若者，是別想觀，別知世諦。毘婆舍那是總相觀，總知眞諦。言闍那者，是破相觀，破離有無知一實諦。亦得分四。謂四無礙，四諦觀等。亦得分五，謂法住智、泥洹智、願智、無諍智、邊際智等。廣如下釋。又復五種無量之智亦是五種，亦如下釋。亦得分六，謂知生死無常、苦、空、無我、不淨、涅槃寂滅。亦得分七，所謂知法、知義、知時、知足、知自知眾、知尊卑，亦如下釋。或分爲八，知生死法無常與苦、無我、不淨。知涅槃法常、樂、我、淨。亦得分九。知前八種及第一義。亦得分十，所謂十智義，如下釋。又復十力亦是十也。或分十一，所謂十智及如實知，亦如下釋。廣則無量。捨中有二。一定慧雙修，離於偏習名之爲捨，義如前二，更無別行。二住空捨相，名之爲捨。義則不定，總唯一捨。或分爲二。一生空觀，於人平等。二法空觀，於法平等。或分爲三，謂三空觀。或分爲四，謂四空觀。有法空、無法空、自法空、他法空，是其四也。廣如上釋。或分爲五，謂空、無相、無願、無作及無起觀。如《無量壽經》中所說：於空理中無相可取，名爲無相。無願樂心，說爲無願。無果可爲，名爲無作。無因可起，故曰無起。或分爲七，謂七空觀，亦如上釋。或分十一，觀十一空，如《涅槃》說。或分十八，如《大品》說。廣則無量。辨相如是。（此三門竟）。

次辨制立。以何義故立此三行不增不減。解有八義。一行性不同，定數是止，慧數是觀，捨數爲捨。二行相不同，住緣是止，知法是觀，調停是捨。三功能不同，止能息亂，觀能斷惑，捨能違治。四修時不同，如《涅槃》說，心慢修止。煩惱增強，戒律羸損，諸根不調，於善疑悔，則宜修觀。定慧不等，則須修捨。又經宣說，定慧平等，則宜修捨。五行門不同，如《涅槃》說：彼空三昧名之爲止，以心住空離分別故。無願三昧說之爲觀，慧觀生死能斷捨故。無相三昧說爲捨行，證入涅槃捨衆相故。六根依境不同，多門如後。今此且依一相論之，依事修止，如世八禪。住事中故，依法修觀，觀察諸法苦無常等名爲觀故。依理修捨，證空平等捨衆相故。七隨人不同，多門如後。今此且依一相辨之。如《涅槃》說，聲聞緣覺定多慧少，菩薩之人慧多定少，諸佛如來定慧平等，說之爲捨。八所爲不同，如《涅槃》說，爲三義故，所以修止，一爲離煩惱依禪伏結，二莊嚴大智依禪發慧，三爲得自在依禪發通。爲三義故，所以修觀，一爲觀生死果報過故依慧滅苦，二爲增善法依慧離業，三爲破煩惱依慧除惑。爲三義故，所以修捨，一爲調定慧其令平等，二爲證空捨離有相，三爲得中道故離有無。制立如是。（此四門竟）。

次明修起次第之義。於中次第略有四階。一制發捨，二止舉捨，三止觀捨，四定慧捨。此之四門，通釋是一。於中別分前之兩階行修方便，後二修成得法相應。前方便中有始有終，得法亦爾，故有四階。制發捨者，方便之始對治昏覺。昏謂昏睡，覺謂八種惡覺煩惱。言八覺者，所謂欲覺恚、害，親里、國土、不死、族姓、輕，侮。若有惡覺，則便制之，制心住於數息門等。昏則發之，念身無常，三惡道苦，佛法欲滅。以此鞭心，令去睡昏。昏覺俱離，修心得中，是時名捨。止舉捨者，方便之終對治沈掉。沈謂沈沒，掉謂掉動。心志濁悶，名之爲沈。心數異緣，說以爲掉。掉則修止，止心鼻端，眉間足指，隨在何處。沈則修舉，念身無常、苦、無我等。沈掉俱離，修心得中，是時名捨。止觀捨者，得法之始，所治有三。一對愛見以明修治。四住煩惱分爲愛見，初一是見，後三是愛。於此門中，修止治愛，所謂世俗八禪方便。修觀治見，所謂出世無漏方便。止觀雙修，離於偏習，是時名捨。二對癡愛以明修治。五住煩惱分爲癡愛，無明名癡，餘四名愛。於此門中修止治愛，修觀治癡，癡愛俱離，止觀雙修，是時名捨。三對癡妄以辨修治，直就無明住地之中有闇有妄。迷覆諸法名之爲闇，妄有所取說以爲妄。如《地持》說，如是如實凡愚不知是其闇也。起八妄想，是其妄也。於此門中修止治妄。如《地持》中，佛爲訕大迦旃延說，不依地等一切法想而修禪定。馬鳴論中，亦同此說。離一切想名爲修止，修觀對治癡闇之心。故《地持》云：於一切法，不起妄想，名之爲止。知離言性，及知無量世諦方便，名之爲觀。雙修離於偏習，是時名捨。定慧捨者，得法之終，更無別治。於前止觀所除煩惱究竟盡處所成行德，爲定慧捨。修起如是。（此五門竟）。

次約境界分別三行，於中義別略有三階。一，三法相對，以辨三行。二，兩行相對以辨三行。三，歷就一法以辨三行。初就三法相對之中別有二門。第一約就事法及理以分三行。事者，所謂陰界入等，依之修止，如世八禪。法者，所謂苦無常等，依之修觀。理者，所謂第一義空，依之修捨，捨離衆相。二約三諦以分三行。言三諦者，一是世諦謂法有相，二第一義諦謂法無相，三一實諦謂法非有非無之相。此三門中，起修不定。從事入理，依世修止，如世八禪。故依眞修觀，觀諸法空。從寂起用，依眞修止，離分別故。依世修觀，觀諸法故。依一實諦，修習捨行，捨有無故。故《地持》中，隨事取者名平等觀，隨如取者名平等心。等猶止也。捨離有無，名第一捨。上來約就三境辨行，故約二境。言二境者，一世諦法，二眞諦法。通而論之，於此二中不起妄想，通名爲止。照見二諦，俱名爲觀。故《地持》中，不起妄想說名爲止，了知二諦同名爲觀，止觀雙修調停名捨。於中別分起行各異。若就觀入，依世修止，依眞修觀。若論起用，依眞修止，依世修觀。止觀雙修，調停名捨。次就一法以辨三行，隨於何法何事之中，攝止安住即名爲止，照察名觀，止觀調停名之爲捨。約境如是。（此六門竟）。

次就位論。位別有五。一外凡位，二內凡位，三見道，四修道位，五無學位。通而論之，一一位中，皆具三行。於中別分進退有三。一義分別外凡位中修世八禪，名之爲止。內凡位中學觀諦理，名之爲觀。見道已上證理平等，同名爲捨。第二義者，內凡位中，安心諦理而未能見，說之爲止，故見諦前名爲定淨，見道位中始見諦理名之爲觀。修道已去，定慧調停，說名爲捨。第三義者，見道已前同名爲止，見修二道照理名觀，無學位中得涅槃果，捨離十相，故名爲捨。位別如是。（此七門竟）。

**梁肅《天台止觀統例》** 夫止觀何爲也，導萬法之理而復於實際者也。實際者何也，性之本也。物之所以不能復者，昏與動使之然也。照昏者謂之明，駐動者謂之靜。明與靜，止觀之體也。在因謂之止觀，在果謂之智定。因謂之行，果謂之成。行者行此者也，成者證此者也。原夫聖人有以見惑足以喪志，動足以失方。於是乎止而觀之，靜而明之，使其動而能靜，靜而能明。因相待以成法，即絕待以照本。立大車以御正，乘大事而總權。消息乎不二之場，鼓舞於說三之域。至微以盡性，至頤以體神。語其近則一毫之善可通也，語其遠則重玄之門可闚也。用至圓以圓之，物無偏也。用至實以實之，物無妄也。聖人舉其言所以示也，廣其目所以告也。優而柔之使自求之，擬而議之使自至之。此《止觀》所由作也。

**德清《大乘起信論直解》卷下**　云何修行止觀門。所言止者，謂止一切境界相，隨順奢摩他觀義故。所言觀者，謂分別因緣生滅相，隨順毗鉢舍那觀義故。云何隨順，以此二義，漸漸修習，不相捨離，雙現前故。此釋止觀相也。六度應云定慧二門。今云止觀者，以在因曰止觀，在果曰定慧。今欲雙修並運，正在因行，故合爲一門。言奢摩他者，義當空觀。今修止門而云隨順空觀義者，意顯即止之觀，而正意在觀。謂由止以入觀也。天台立有三止三觀。一謂體眞止，當空觀。謂體合眞空，諸緣自寂，一心朗照，萬法如如，故爲即止之觀。故順奢摩他空觀義，此觀眞如門，成根本智。所言觀者，謂分別等，隨順毗鉢舍那觀義故者。二方便隨緣止，當假觀。謂雖心境如如，不妨觀察生滅諸法因緣幻有，雖有而性常自空，故雖觀諸法因緣，不捨萬行。即一道常閑，故爲即觀之止。故云順毗鉢舍那假觀義。此觀生滅門，成後得智也。三息二邊分別止，當中道觀。謂居空而不捨萬行，涉有而一道清淨。二邊不住，理事齊彰，中道一心，朗然齊鑑。此融會空有，妙契一心也。故由三止而成三觀，是則三觀一心，本無差別。今此中止觀合明雙修，雖未明言三觀，而理實具足。以但了空假二門，則一心中道自顯。此爲趣大乘之要門。故此五門，前四但是助成方便，而論意正在止觀一門，故下備顯修相。在天台大小止觀，義有多門。其修行之要，獨此論所明，最爲簡要直捷。學者可不盡心焉。

下明修止觀之方。若修止者，住於靜處，端坐正意，不依氣息，不依形色，不依於空，不依地水火風，乃至不依見聞覺知。一切諸想，隨念皆除，亦遣除想。以一切法，本來無想，念念不生，念念不滅。亦不得隨心外念境界後以心除心。心若馳散，即當攝來住於正念。是正念者，當知唯心，無外境界。即復此心亦無自相，念念不可得。

## 禪心

**鳩摩羅什譯《大智度論》卷一七**　復次，餘人知菩薩入出禪心，不能知住禪心所緣所到知諸法深淺。阿羅漢、辟支佛尚不能知，何況餘人。譬如象王渡水，入時出時，足跡可見，在水中時，不可得知。若得初禪，同得初禪人能知，而不能知菩薩入初禪。有人得二禪，觀知得初禪心，了了知，不能知菩薩入初禪心，乃至非有想非無想處亦如是。

**浮陁跋摩共道泰等譯《阿毗曇毗婆沙論》卷一四**　入出息是欲界，從欲界心迴，即是彼心所觀境界。若初禪心現在前，身是欲界，入出息是初禪。從初禪心迴，即是彼心所觀境界。若第二第三禪心現在前，身在欲界，入出息是第二第三禪。從第二第三禪心迴，即是彼心所觀境界。生初禪中，初禪心現在前，身是初禪，入出息是初禪。從初禪心迴，即是彼心所觀境界。

**浮陁跋摩共道泰等譯《阿毗曇毗婆沙論》卷四二**　達摩多羅說曰：行者入第二禪時，於彼禪心，則寬博信樂，堪忍久住，樂觀彼法，心不移動，住於一處。有是處所，有是體性，我得第二禪心。

**曇摩耶舍共、曇摩崛多等譯《舍利弗阿毘曇論》卷一〇**　云何轉定方便。於初禪心起，入二禪心住。於初禪心起，入三禪心住。於初禪心起，入四禪心住。於二禪心起，入三禪心住。於二禪心起，入四禪心住。於三禪心起，入四禪心住。

**智顗《摩訶止觀》卷九下**　又觀禪心即空即假，雙照二諦而不動眞際，名隨緣止。通達藥病稱適當會，名即假觀。又深觀禪心，禪心即空即假即中，無二無別，名無分別止，達於實相如來藏第一義諦。

**志寧《大方廣佛華嚴經合論》卷六四**　心境無性，無可動移，名之爲禪心。亡即諸繫滅，名之解脫。

**幻敏編《慶忠鐵壁機禪師語錄》卷之一四**　月到疏窗點點金，清光恆映照禪心，禪心不爲愛明月，爲愛禪心照月明。

# 禪法

《禪要經》訶欲品第一。行者求道，欲修定時。爾時法師，應隨根相，行四攝道，示教利喜廣淨信戒。淨信戒已，次除六欲，所謂色欲，形容欲，威儀欲，言聲欲，細滑欲，人相欲。著上五欲，令觀可得不淨之相。著人相欲，令觀骨人分分斷相，觀彼全尸，能斷二欲，威儀欲、言聲欲。若觀壞屍，悉斷六欲，可得不淨，有二種觀。一即死屍臭爛不淨，我身不淨亦復如是。如是觀已，心生厭患。取是相已，至閑靜處，山澤塚間、空舍樹下，自觀不淨，處處可得。繫心身中，不令馳散。二者聞法憶想，分別自觀身中三十六物，髮毛爪齒涕淚涎唾、汗垢肪𦙄皮膜肌肉，筋脈髓腦心肝脾腎、肺胃腸肚胞膽痰癊、生藏膿血屎尿諸蟲，臭穢不淨，聚以爲身。往來五道，熾然衆苦。猶如浮屍，隨流東西。所至之處，物皆可傴。又念我身以骨爲柱，以肉爲泥，筋纏血澆，如創如毒，皮毛九孔，以爲門戶。腸胃胞膜，以爲庫藏。妬慢惡心，謂以爲身。貪求無厭，猶如溪壑。是故行者，除三欲想，受信施時，如火毒想，救諸蟲想，繫死屍想，涎沫齒垢污滋味想，我無空慧壞白淨想，貪愛因緣成惡露想。如是思惟，慚愧具足，能度生死爲世福田。

若觀骨人二足甲骨，指骨趺骨踝骨脛骨，膝骨髀骨胯骨腰骨，脊骨頸骨頭骨頷骨，兩手甲骨指骨掌骨，腕骨臂骨肘骨膊骨，胸骨心骨齒骨肋骨，左右思惟，皆如目見。所著外身，亦如是觀。三百二十骨相拄在內，皮囊九孔惡漏於外。如是觀身，猶如死屍，爲鬼所起。行來語默，常是死屍。即於我身，作死屍想。青瘀想、膖脹想、膿爛想、破壞想、血塗想、食殘想、蟲出想、骨鏁想、分離想、腐敗想、世界衆生無可樂想。若心恐怖，應作因緣虛妄空觀，猶如幻化無所有觀，第一義空清淨智觀。

若心懈怠，當自責言：老病死苦甚爲至近，命如電逝，須臾難保。人身難得，善師難遇，佛法欲滅，正言似反。如曉時燈，雖有無用。惡人出家，助俗毀法。貪婬邪濁，令道衰酢。惡法增長，大闇將至。破定因緣，衆患甚多。內諸煩惱，外魔魔民。鬼疫行災，世間空荒。惡對揚謗，諸惱萬端。八苦輪迴，晝夜無捨。我身可哀，屬當斯禍。於煩惱賊，未有微損。於禪定法，未有所得。雖服法衣，猶思欲味。內實虛空，俗人無異。諸惡趣門，一切皆開。諸善法中，未入正定。於諸惡法，未畢不作。我今云何著是屎囊而生憍恣。不能精勤制伏其心，如此弊身，賢聖所呵。不淨可傴，九孔流出。若貪此身，與畜生同死，投大黑闇，當復何依。今得人身，不能出要。若生惡趣，解脫何由。如是鞭心，還攝本處。又時勸發，令心喜悅。解脫法王，慧命常住。神通光明，恆照五道。直說道教，易解易行。既是我師，我得歸命。香華讚嘆，心安喜悅。如依天帝，遊空無畏。諸大菩薩阿羅漢等，皆我同伴。以能伏心，如貓制鼠。諸根調順，六通自在。我亦如是，應自伏心，求出生死。如囚在獄，四顧牢密，唯有廁孔，更無異路。如人中毒，唯糞能治，更無餘藥。思惟是已，諦觀不淨。復作是念，初習行時，心多進退，八法惡風，吹破我心。我若得道，心安若山，上妙五欲尚不能壞，何況弊欲。

**鳩摩羅什譯《坐禪三昧經》卷上** 學禪之人初至師所，師應問言，汝持戒淨不，非重罪惡邪不。若言五衆戒淨無重罪惡邪，次教道法。【略】婬欲多人，習不淨觀。從足至髮，不淨充滿。髮毛、爪齒、薄皮、厚皮、血肉、筋脈、骨髓、肝肺、心脾、腎胃、大腸、小腸、屎尿、洟唾、汗淚、垢坋、膿、腦胞、膽水、微膚、脂肪、腦膜，身中如是種種不淨。復次，不淨漸者，觀青瘀、膖脹、破爛、血流、塗漫、臭膿、噉食不盡、骨散燒焦，是謂不淨觀。復次，多婬人，有七種愛。或著好色，或著端正，或著儀容，或著音聲，或著細滑，或著衆生，或都愛著。若著好色，當習青瘀觀法，黃赤不淨色等，亦復如是。若著端正，當習膖脹身散觀法。若著儀容，當觀新死血流塗骨觀法。若著音聲，當習咽塞命斷觀法。若著細滑，當習骨見及乾枯病觀法。若愛衆生，當習六種觀。若都愛著，一切遍觀。或時作種種，更作異觀，是名不淨觀。【略】

若瞋恚偏多，當學三種慈心法門。或初習行，或已習行，或久習行。若初習行者，當教言慈及親愛，云何親及願與親樂。行者若得種種身心快樂，寒時得衣，熱時得涼，飢渴得飲食，貧賤得富貴，行極時得止息。如是種種樂願親愛，得繫心在慈，不令異念。異念諸緣，攝之令還。若已習行，當教言慈及中人，云何及中人而與樂。行者若得種種身心快樂，願中人得繫心在慈，不令異念。異念諸緣，攝之令還。若久習行，當教言，慈及怨憎，云何及彼而與其樂。行者若得種種身心快樂，願怨憎得，得與親同，同得一心，心大清淨。親中怨等，廣及世界，無量衆生，皆令得樂。周遍十方，靡不同等。大心清淨，見十方衆生皆如自見。在心目前，了了見之，受得快樂。是時即得慈心三昧。【略】

若愚癡偏多，當學三種思惟法門。或初習行，或已習行，或久習行。若初習行，當教言，生緣老死無明緣行。如是思惟，不令外念。外念諸緣，攝之令還。若已習行，當教言，行緣識，識緣名色，名色緣六入，六入緣觸，觸緣受，受緣愛，愛緣取，取緣有。如是思惟，不令外念。外念諸緣，攝之令還。若久習行，當教言，無明緣行，行緣識，識緣名色，名色緣六入，六入緣觸，觸緣受，受緣愛，愛緣取，取緣有，有緣生，生緣老死。如是思惟，不令外念。外念諸緣，攝之令還。【略】

若思覺偏多，當習阿那般那三昧法門。有三種學人，或初習行，或已習行，或久習行。若初習行，當教言，一心念數入息出息。若長若短，數一至十。若已習行，當教言，數一至十，隨息入出，念與息俱，止心一處。若久習行，當教言，數隨止觀，轉觀清淨。阿那般那三昧六種門十六分，云何爲數。一心念入息，入息至竟數一，出息至竟數二。若未竟而數，爲非數。若數二至九而誤，更從一數起。譬如算人，一一爲二，二二爲四，三三爲九。【略】

第五法門，治等分行，及重罪人求索佛。如是人等，當教一心念佛三昧。念佛三昧有三種人，或初習行，或已習行，或久習行。若初習行人，將至佛像所，或教令自往諦觀佛像相好。相相明了，一心取持，還至靜處。心眼觀佛像，令意不轉，繫念在像，不令他念。他念攝之，令常在像。

**僧叡《關中出禪經序》**（**僧祐《出三藏記集》卷九**） 禪法者，向道之初門，泥洹之津徑也。此土先出《修行大小十二門》、《大小安般》。雖是其事，既不根悉，又無受法。學者之戒，蓋闕如也。究摩羅法師以辛丑之年十二月二十日，自姑臧至常安。予即以其月二十六日，從受禪法。既蒙啟授，乃知學有成準，法有成修。《首楞嚴經》云，人在山中學道，無師道終不成。是其事也。尋蒙抄撰衆家禪要，得此三卷。初四十三偈，是究摩羅羅陀法師所造。後二十偈，是馬鳴菩薩之所造也。其中五門，是婆須蜜僧伽羅叉、漚波崛僧伽斯那勒比丘馬鳴《羅陀禪要》之中，抄集之所出也。六覺中偈，是馬鳴菩薩修習之，以釋六覺也。初觀婬恚癡相及其三門，皆僧伽羅叉之所撰也。息門六事，諸論師說也。菩薩習禪法中，後更依《持世經》益十二因緣一卷，要解二卷，別時撰出。夫馳心縱想，則情愈滯而惑愈深。繫意念明，則澄鑒朗照而造極彌密。心如水火，擁之聚之，則其用彌全。決之散之，則其勢彌薄。故論云，質微則勢重，質重則勢微。如地質重故，勢不如水。水性重故，力不如火。火不如風，風不如心。心無形，故力無上。神通變化，八不思議，心之力也。心力既全，乃能轉昏入明。明雖愈於不明，而明未全也。明全在于忘照，照忘然後無明非明。無明非明，爾乃幾乎息矣。幾乎息矣，慧之功也。故經云，無禪不智，無智不禪。然則禪非智不照，照非禪不成。大哉禪智之業，可不務乎。出此經後，至弘始九年閏月五日，重求撿挍，懼初受之不審，差之一毫，將有千里之降。詳而定之，輒復多有所正，既正既備，無間然矣。

**智顗《摩訶止觀》卷九上** 禪門無量，且約十門。一根本四禪，二十六特勝，三通明，四九想，五八背捨，六大不淨，七慈心，八因緣，九念佛，十神通。此十門與五門十五門，云何同異，但有開合之異耳。開五爲十者，開數息出特勝通明，開不淨出背捨大不淨。慈心因緣守本，念佛門毘曇名界方便。禪經稱念佛，此亦守本。神通約九禪上發不專據一法。合十五門爲十者，數息不淨各有三則不合，慈心有三但合爲一，即衆生慈也。沒二名者，禪是門戶詮次事法，法緣是二乘入理觀，無緣是大乘入理觀。

**曇摩蜜多譯《五門禪經要用法》** 坐禪之要法有五門，一者安般，二不淨，三慈心，四觀緣，五念佛。安般不淨二門觀緣，此三門有內外境界，念佛慈心緣外境界。所以五門者，隨衆生病。若亂心多者，教以安般。若貪愛多者，教以不淨。若瞋恚多者，教以慈心。若著我多者，教以因緣。若心沒者，教以念佛。

**從義《止觀義例纂要》卷五** 如圭峯《禪源詮》云：達磨未到，古來諸家所解，皆是四禪八定。南嶽天台，依三諦理，修三止觀。教義雖圓，終成次第。唯達磨所傳最上乘禪，亦名如來禪，頓同佛體，迥異諸門。又云，講者偏談漸義，禪徒多示頓門。

**超溟《万法歸心錄》卷中** 問：禪有幾種。師曰，五種。問，云何五種。師曰：一者作異見計，忻上厭下而修，是外道禪。二者正信因果，亦以忻厭而修，是凡夫禪。三者了生空理，偏證眞道而修，是小乘禪。四者人法二空恆住中理而修，是大乘禪。五者超諸異見，諸法平等而證，是如來禪。問，如何謂之如來。師曰，寂照不二名如，悲願不捨名來。凡夫來而不如，小乘如而不來。唯有佛乘，如而能來。

## 禪宗

**澄觀《大方廣佛華嚴經隨疏演義鈔》卷八** 禪宗者，達磨以心傳心，正是斯教。若不指一言，以直說即心是佛，何由可傳。故寄無言以言，直詮絕言之理，教亦明矣。故南北宗禪，不出頓教也。

**宗鑑《釋門正統》卷三** 所謂禪宗者，始菩提達磨遠越葱嶺，來乎此土。初無不立文字之說，（南泉普願始唱別傳，不立文字，見性成佛）。惟面壁習禪而已。又以《楞伽》四卷授之慧可，謂可曰，籍教悟宗。又曰，我觀漢地惟有此經，仁者依行，自可度世，可持之以爲心要。隨行不爽，遺委洎黄梅，五祖弘忍易以《金剛》，傳授曹溪慧能，是謂六祖。爾後南北分宗，五家析派，始各闢戶庭，侈大其道。於是稱禪宗者類以掃蕩掀翻爲尚。凡經論所詮事理解行，一切斥爲紙上之談。詰其所以然，則曰，我宗無修無證。吁！安得天台六即之義，以藥其病乎。蓋能有二弟子，一曰南嶽讓，二曰清原思。南嶽下分潙仰、臨濟二宗。潙仰雖絕，臨濟獨盛。迨至石霜，又分黄龍、楊龍楊岐。今黄龍弱矣，而楊岐三佛最爲競爽。清原下分曹洞、雲門、法眼三宗。法眼當五季時，高麗國王遣沙門三十六人傳永明之道，相次以歸。遂以開寶八年絕乎中國，而傳乎高麗。（令）〔今〕僅存曹洞、雲門二家焉。然啟禪關者，雖分宗不同，挹流尋源，亦不越乎經論之禪定。

**世宗皇帝《御選語錄》卷一二** 夫禪宗者，教外別傳，可以無言，可以有言。古德云：窮諸玄辨，若一毫置於太虛。竭世樞機，若一滴投於巨海。如是言者，言言從本性中自然流出。如三藏十二部、千七百則公案，何一非從本性中自然流出，從無一實法繫綴人天。

## 靜慮

**玄奘譯《瑜伽師地論》卷三三** 言靜慮者，於一所緣，繫念寂靜，正審思慮，故名靜慮。

**玄奘譯《大般若波羅蜜多經》卷一三七** 佛言：憍尸迦！若善男子、善女人等爲發無上菩提心者，說色若常若無常，說受、想、行、識若常若無常。說色若樂若苦，說受、想、行、識若樂若苦。說色若我若無我，說受、想、行、識若我若無我。說色若淨若不淨，說受、想、行、識若淨若不淨。若有能依如是等法修行靜慮，是行靜慮波羅蜜多。復作是說：行靜慮者，應求色若常若無常，應求受、想、行、識若常若無常。應求色若樂若苦，應求受、想、行、識若樂若苦。應求色若我若無我，應求受、想、行、識若我若無我。應求色若淨若不淨，應求受、想、行、識若淨若不淨。若有能求如是等法修行靜慮，是行靜慮波羅蜜多。

**玄奘譯《大般若波羅蜜多經》卷一三九** 行靜慮者，應求一切智，若常若無常。應求道相智、一切相智若常若無常。應求一切智若樂若苦。應求道相智、一切相智若樂若苦。應求一切智若我若無我。應求道相智、一切相智若我若無我。應求一切智若淨若不淨。應求道相智、一切相智若淨若不淨。若有能求如是等法修行靜慮，是行靜慮波羅蜜多。

**玄奘譯《大般若波羅蜜多經》卷三二四** 善現！若菩薩摩訶薩，欲得無上正等菩提，應自修初靜慮，亦勸他修初靜慮，恆正稱揚修初靜慮法，歡喜讚歎修初靜慮者。應自修第二、第三、第四靜慮，亦勸他修第二、第三、第四靜慮，恆正稱揚修第二、第三、第四靜慮法，歡喜讚歎修第二、第三、第四靜慮者。

**般若譯《大乘理趣六波羅蜜多經》卷八** 復次，慈氏！菩薩摩訶薩修靜慮者，有五種障，一切有情皆被覆翳，所謂五蓋。一者貪欲，二者瞋恚，三者掉悔，四者昏眠，五者疑蓋。除此五蓋，方得禪定身心不動。

**玄奘譯《阿毗達磨集異門足論》卷六**　四靜慮者，謂初靜慮，第二靜慮，第三靜慮，第四靜慮。云何初靜慮。答，初靜慮所攝善五蘊，是名初靜慮。云何第二靜慮。答，第二靜慮所攝善五蘊，是名第二靜慮。云何第三靜慮。答，第三靜慮所攝善五蘊，是名第三靜慮。云何第四靜慮。答，第四靜慮所攝善五蘊，是名第四靜慮。

**玄奘譯《阿毗達磨法蘊足論》卷七**　在此定中，諸心意識，名初靜慮。俱有之心，諸思等思，現前等思，已思當思，造心意業，名初靜慮。俱有意業，諸心勝解，已勝解，當勝解，名初靜慮。俱有勝解，在此定中，若受若想，若欲若作意，若念若定，若慧等名初靜慮俱有諸法。如是諸法，亦得名初靜慮。此靜慮名，依何義立，謂能寂靜惡不善法及餘雜染，後有熾然，當苦異熟生老死等諸有漏法，故名靜慮。復次，寂靜種種惡不善法及餘雜染，後有熾然，當苦異熟生老死等有漏法已，此靜慮起等起，生等生，趣入出現，故名靜慮。復次，寂靜種種惡不善法及餘雜染，後有熾然，當苦異熟生老死等有漏法已，此靜慮明盛遍照，故名靜慮。

**玄奘譯《阿毗達磨大毗婆沙論》卷八〇**　問，何故名靜慮。爲能斷結，故名靜慮。爲能正觀，故名靜慮。若能斷結，故名靜慮，則無色定亦能斷結，應名靜慮。若能正觀，故名靜慮，則欲界三摩地亦能正觀，應名靜慮。有作是說，以能斷結故名靜慮。問：諸無色定亦能斷結，應名靜慮。答：若定能斷不善無記二種結者，名爲靜慮。諸無色定，唯斷無記非不善故，不名靜慮。問：若作是說，唯未至定，可名靜慮，上地不斷不善結故。答：上地雖無彼斷對治，而有不善厭壞對治，以能厭壞，亦名能斷。問：若作是說，上地滅道法智品，及彼一切類智品，應非靜慮。皆非欲界斷及厭壞二對治故。答：彼於欲界雖無全界全地對治，而彼界地容有不善厭壞對治。由此勢力，餘亦得名。復次，四靜慮中有能對治不善結者，無色全無，故靜慮名不通無色。尊者妙音作如是說：色界六地於欲界結，皆有斷對治及厭壞對治，然未至定，已斷彼結。餘地對治，無彼可斷。雖無彼可斷而有對治用，如日三分皆能破暗。初分已破，餘無可破。又如六人共一怨家，一人已殺，餘無可殺。又如六燈皆能破暗，持一入室，其暗已除，餘五入時無暗可破。如是六地於欲界結，皆有斷能，非唯未至。若不爾者，依上五地入見道時，應不證得。欲見所斷諸結離繫，既能證得，故知六地於欲界結有斷對治。復次，若定能斷見修所斷二結盡者，名爲靜慮，諸無色定唯能斷修所斷結盡，故非靜慮。復次，若能斷結五蘊俱生，能爲所依起多功德，能具攝受四支五支，能發六通具四通行。三種變現三明三根三道三地、四沙門果、九遍知道、見修二道法類二智及忍智者，名爲靜慮。諸無色定雖能斷結，而不具上所說功德，故非靜慮。

復有說者，以能正觀故名靜慮。

問：若爾，欲界有三摩地，亦能正觀，應名靜慮。答：若能正觀亦能斷結，名爲靜慮。欲界三摩地雖有能正觀，而不能斷結，故不名靜慮。復次，若能正觀，堅固難壞，相續久住，於所緣境，長時注意而不捨者，名爲靜慮。欲界三摩地，無如是德，故非靜慮。復次，若三摩地具有定名定用能正觀者，名爲靜慮。欲界三摩地雖有定名，而無定用。如泥椽梁，有名無用，故非靜慮。復次，若三摩地非散亂風之所搖動，如密室燈，能正觀者，名爲靜慮。欲界三摩地，多散亂風之搖動，如四衢燈，故非靜慮。如是說者，要具二義方名靜慮，謂能斷結及能正觀。欲界三摩地雖能正觀而不能斷結，諸無色定雖能斷結，而不能正觀，故非靜慮。復次，若能遍觀遍斷結者，名爲靜慮。欲界三摩地雖能遍觀而不能遍斷結，諸無色定二義俱無，故非靜慮。復次，若能靜息一切煩惱，及能思慮一切所緣，名爲靜慮。欲界三摩地雖能思慮一切所緣，不能靜息一切煩惱，諸無色定兩義都無，故非靜慮。復次，諸無色定有靜無慮，欲界三摩地有慮無靜，色定俱有，故名靜慮。靜謂等引，慮謂遍觀，故名靜慮。

**玄奘譯《阿毗達磨俱舍論》卷二八**　論曰：一切功德，多依靜慮，故應先辯靜慮差別。此總有四種，謂初、二、三、四。四各有二，謂定及生。生靜慮體，世品已說。謂第四八，前三各三。定靜慮體，總而言之，是善性攝心一境性，以善等持爲自性故。若并助伴五蘊爲性，何名一境性。謂專一所緣，若爾，即心專一境位，依之建立三摩地名，不應別有餘心所法。別法令心於一境轉名三摩地，非體即心。豈不諸心刹那滅故皆一境轉，何用等持。若謂令心於第二念不散亂故須有等持，則於相應等持無用。又由此故，三摩地成，寧不即由斯心於一境轉。又三摩地是大地法，應一切心皆一境轉。不爾，餘品等持劣故。有餘師說，即心一境相續轉時名三摩地，契經説此爲增上心學故，心清淨最勝即四靜慮故。

依何義故立靜慮名，由此寂靜能審慮故。審慮即是實了知義。如説心在定能如實了知，審慮義中置地界故。此宗審慮以慧爲體。若爾，諸等持皆應名靜慮。不爾，唯勝方立此名。如世間言發光名日，非螢燭等亦得日名。靜慮如何獨名爲勝，諸等持內唯此攝支，止觀均行，最能審慮，得現法樂住及樂通行名，故此等持獨名靜慮。若爾，染污寧得此名，由彼亦能邪審慮故。是則應有太過之失，無太過失，要相似中方立名故。如敗種等，世尊亦説有惡靜慮。若一境性是靜慮體，依何相立初二三四。具伺喜樂建立爲初，由此已明亦具尋義，必俱行故。如煙與火，非伺有喜樂而不與尋俱。漸離前支，立二三四。離伺有二，離二有樂，具離三種，如其次第，故一境性分爲四種。

**法寶《俱舍論疏》卷二八**　論，依何義故立靜慮名。問也。論，由此寂靜至以慧爲體。有部答也。由此寂靜是定，能審慮是慧。審慮即是實了知義。了知是慧。如説心在定，能如實了知。審慮義中置地界故者，審慮梵云振多，是字緣。於此字緣置其地界，變前振多成馱南。馱南，此云靜慮。馱南舊云禪那，訛也。《正理論》云：依何義故立靜慮名，由依此寂靜方能審慮故。審慮即是實了知義。如説心在定，能如實了知，審慮義中置地界故。依訓釋理，此是凝寂。思度境處，得靜慮名。定令慧生，無濁亂故。有説此定持勝遍緣，如理思惟，故名靜慮。勝言簡欲界，遍緣簡無色。如理思惟，簡異顛倒。能持此定，是妙等持。此妙等持，名爲靜慮。此言顯示止觀均行，無倒等持，方名靜慮。又《婆沙》一百四十一，問此四何緣説名靜慮。答，靜謂寂靜，慮謂籌慮。此四地中，定慧平等，故稱靜慮。

**圓暉《俱舍論頌疏論本》卷二八**　釋曰：靜慮四各二者，四種靜慮，各有二種。一生靜慮，二定靜慮。於中生已説者，於二靜慮中四種靜慮體，《世間品》已説。謂《世間品》説色界中有十七天，是生靜慮也。定謂善一境幷伴五蘊性者，定靜慮體，謂唯善性。心一境性，剋體言之。以善等持，爲自性故。若幷助伴，五蘊爲體（有色蘊者定共戒也）。

問：何等名心一境性。答：謂能令心專注一所緣。問：何等名靜慮。答：由定寂靜，能審慮故。慮體是慧，定有靜用。及生慧慮，故名靜慮。問：無色等持，亦能靜慮，應名靜慮。答：無色等持，不名靜慮。謂就勝義，立靜慮名。色界定勝，獨名靜慮。如世間説發光名日，螢燭雖光不得名日。問：何故色界定，獨名爲勝。答：一謂諸等持內，攝十八支。二止觀均行，最能審慮。三名現法樂住。四名樂通行。故色界定，獨名靜慮。問：色界染定，寧得此名。答：由彼亦能邪審慮故，世尊亦説有惡靜慮。問：心一境性，是靜慮體，依何相立初二三四。答：頌言初具伺喜樂，後漸離前支。謂初定內，具伺喜樂，名初靜慮。後之三定，漸離前支，謂唯離伺有喜樂支，立第二靜慮。若離伺喜，唯有樂支，立第三靜慮。具離三種，立第四靜慮。故一境性，分爲四種。

**圓測《解深密經疏》卷六**　問：此四何緣説爲靜慮。答：靜謂寂靜，慮謂籌慮。此四地中，定慧平等，故稱靜慮。餘隨有闕，不得此名。若依《正理》第七十三，自有兩釋。彼云：依何義故，立靜慮名。答：由依此寂靜，方能審慮故。審慮即是實了知義。《俱舍》第二十八亦同。一云，此定持勝遍緣如理思惟，故名靜慮。勝言簡欲界，遍緣簡無色。如理思惟，簡妄顛倒。能持此定，是妙等持，説名靜慮。此言顯示止觀均行，無倒等持，方名靜慮。依《大婆沙》第八十卷，自有三釋。一能斷結，二是正觀，三具二義。故彼論云，以何義故，名爲靜慮。有作是説：以能斷結，故名靜慮。問：諸無色定，亦能斷結，應名靜慮。答：若定能斷不善無記二種結者，名爲靜慮。諸無色定，唯斷無記，非不善故，不名靜慮。（斷結中更有兩釋，恐繁不述。）復有説者，以能正觀，故名靜慮。問：若爾，欲界三摩地亦能正觀，應名靜慮。答：若三摩地具有定名定用，能正觀者名爲靜慮。欲界三摩地雖有定名，而無定用。如涅椽梁，有名無用，故非靜慮。（能正觀中，更有三釋。恐繁不述。）如是説者，要具二義，方名靜慮。謂能斷結及能正觀。欲界三摩地雖能正觀而不能斷結。諸無色定雖能斷結而不能正觀，故非靜慮。復次，諸無色定有靜無慮，欲界三摩地有慮無靜。色定俱有，故名靜慮。靜謂等引，慮謂遍觀，故名靜慮。（是二義中，更有兩釋，恐繁不述。）若依大乘，意同正理。初復次釋。故《瑜伽》三十三云，言靜慮者，於一所緣，繫念寂靜，正審思慮，故名靜慮。言別名者，初二三四名爲別名。故《順正理》七十七云，諸定靜慮總相無別，爲顯地異，就數標名，故説爲初乃至第四。問：若善性攝心一境性，幷伴立爲四靜慮者，依何相立初二三四。答：具伺喜樂建立爲初，漸離前支，立二三四。離伺有二（第二靜慮，離伺，有喜樂二），離二有樂（第三靜慮，離伺喜二，但有其樂），具離三種（第四靜慮離伺喜樂三）。如是次第，故一境性分爲四種。問：豈諸靜慮無如慈等不共名相，而今但就初等四數建立別名。答：此中非無不共名相。然無唯遍攝一地名，故但就數，以爲別名。《俱舍》亦同。又《俱舍頌》云，初具伺喜樂，後漸離前支。問：如何頌中不說具尋。解云：如《俱舍論》，由此已明亦具尋義，必俱行故。如煙與火。非伺有喜樂而不與尋俱。若依《婆沙》百四十一云，四靜慮者，謂初靜慮，乃至第四靜慮。有說，尋喜樂捨相應靜慮，如次爲四。今依大乘，就數列名，同《順正理》。故《瑜伽》云，依順次數，說名爲初乃至第四。

**定賓《飾宗義記》卷七**　梵云馱演那，此云靜慮，舊名禪那者訛也。翻爲思惟脩，或翻功德聚林者，並義譯也。《婆沙》八十云：問，何故名靜慮支，靜慮支是何義。答，寂靜思慮故名靜慮，隨順此靜慮，故名靜慮支。《俱舍》云：依何義故立靜慮名。答云，由此寂靜能審慮故，審慮即是實了知義。述曰：定體寂靜，慧復審慮，由定及慧，名爲靜慮。梵本云振多，此云審慮，即爲字緣也。梵云地，即是字界也。此謂振多，字緣之中，若置地爲字界相助，名爲馱演那，此云靜慮也。《俱舍》難云，若爾，諸等持皆應名靜慮。難意云，寂靜慧即名靜慮者，八地諸定亦皆慧俱，悉應名爲靜慮。解云，諸等持中，唯此建立五支四支，止觀均行，故唯就勝，獨名靜慮。如世間言，發光名日，非螢燭等，亦得日名。

**懷素《四分律開宗記》卷六**　言釋名者，梵曰馱南，此云靜慮。《俱舍》二十八云：依何義故立靜慮名。答，由此寂靜能審慮故。寂靜是定，審慮是慧。爾者，諸無色定應名靜慮，以皆寂靜能審慮故。答，就勝立名，非餘定等。如世間說，發光名日，非螢燭等亦得日名。問，靜慮如何獨名爲日。答，諸等持內，唯此攝支止觀均行，極能審慮，是故唯此獨得勝名。

**施護譯《集大乘相論》卷下**　所言靜慮者，即四靜慮。謂離生喜樂名初靜慮，定生喜樂名第二靜慮，離喜妙樂名第三靜慮，捨念清淨名第四靜慮。如是等四，皆寂止相。欲界等貪心不流動，是名靜慮。然諸菩薩亦不味著諸靜慮樂，畢竟不捨衆生，圓滿菩薩道法，成就無量行。如是略說名四靜慮。

# 禪波羅蜜

**無羅叉譯《放光般若經》卷一**　佛告舍利弗：菩薩摩訶薩行般若波羅蜜者，未曾不布施，有財、有施、有受者，爲行檀波羅蜜。知罪、知福，爲行尸波羅蜜。不起恚意，爲行羼提波羅蜜。身口常精進意不懈怠，爲行惟逮波羅蜜。於六情無所味，爲行禪波羅蜜。

**鳩摩羅什譯《大智度論》卷八一**　取禪波羅蜜者，是菩薩忍辱力故，其心調柔。心調柔故，易得禪定。於禪定中，得慈、悲等諸清淨心、心數法，皆以是不著心迴向阿耨多羅三藐三菩提。

**菩提流支譯《佛說法集經》卷三**　修行禪波羅蜜者，得一切聲中自在，及一切所作業中自在。

**智顗《釋禪波羅蜜次第法門》卷一**　今明菩薩修禪波羅蜜，所爲有二。一者簡非，二者正明所爲。第一簡非者，有十種行人，發心修禪不同，多墮在邪僻，不入禪波羅蜜法門。何等爲十。一爲利養故，發心修禪，多屬發地獄心。二邪僞心生，爲名聞稱歎故，發心修禪，多屬發鬼神心。三爲眷屬故，發心修禪，多屬發畜生心。四爲嫉妬勝他故，發心修禪，多屬發修羅心。五爲畏惡道苦報，息諸不善業故，發心修禪，多屬發人心。六爲善心安樂故，發心修禪，多屬發六欲天心。七爲得勢力自在故，發心修禪，多屬發魔羅心。八爲得利智捷疾故，發心修禪，多屬發外道心。九爲生梵天處故修禪，此屬發色無色界心。十爲度老病死苦疾得涅槃故，發心修禪，此屬發二乘心。就此十種行人，善惡雖殊，縛脫有異。既並無大悲正觀，發心邪僻，皆墮二邊，不趣中道。若住此心，修行禪定，終不得與禪波羅蜜法門相應。

第二正明菩薩行人修禪波羅蜜大意，即爲二意。一先明菩薩發心之相，二正明菩薩修禪所爲。第一云何名菩薩發心之相，所謂發菩提心。菩提心者，即是菩薩以中道正觀以諸法實相，憐愍一切，起大悲心，發四弘誓願。四弘誓願者，一未度者令度，亦云衆生無邊誓願度。二未解者令解，亦云煩惱無數誓願斷。三未安者令安，亦云法門無盡誓願知。四未得涅槃令得涅槃，亦云無上佛道誓願成。此之四法，即對四諦。故《纓絡經》云，未度苦諦令度苦諦，未解集諦令解集諦，未安道諦令安道諦，未證滅諦令證滅諦。而此四法，若在二乘心中，但受諦名，以其緣理審實不謬故。若在菩薩心中，即別受弘誓之稱。所以者何，菩薩雖知四法畢竟空寂，而爲利益衆生，善巧方便。緣此四法，其心廣大，故名爲弘。慈悲憐愍，志求此法，心如金剛，制心不退不沒，必取成滿，故名誓願。行者若能具足發此四願，善知四心，攝一切心，一切心即是一心，亦不得一心而具一切心，是名清淨菩提之心。因此心生，得名菩薩。故《摩訶衍論》偈說：

若初發心時，誓願當作佛。
已過於世間，應受世供養。

第二正明菩薩行人修禪所爲者。菩薩摩訶薩既已發菩提心，思惟爲欲滿足四弘誓願，必須行菩薩道。所以者何。有願而無行，如欲度人彼岸，不肯備於船筏。當知常在此岸，終不得度。如病者須藥得而不服，當知病者必定不差。如貧須珍寶見而不取，當知常弊窮乏。如欲遠行而不涉路，當知此人不至所在。菩薩發四弘誓，不修四行，亦復如是。復作是念：我今住何法門修菩薩道，能得疾滿如此四願。即知住深禪定，能滿四願。何以故。如無六通四辯，以何等法而度衆生。若修六通，非禪不發。故經言：深修禪定，得五神通。欲斷煩惱，非禪不智。從禪發慧，能斷結使。無定之慧，如風中燈。欲知法門，當知一切功德智慧並在禪中。如《摩訶衍論》云：若諸佛成道，起轉法輪，入般涅槃，所有種種功德悉在禪中。復次菩薩入無量義處三昧，一心具足萬行，能知一切無量法門。若欲具足無上佛道，不修禪定，尚不能得色無色界及三乘道，何況能得無上菩提。當知欲證無上妙覺，必須先入金剛三昧，而諸佛法乃現在前。菩薩如是深心思惟，審知禪定，能滿四願。如《摩訶衍》偈說：

禪爲利智藏，功德之福田。
禪如清淨水，能洗諸欲塵。
禪爲金剛鎧，能遮煩惱箭。
雖未得無爲，涅槃分已得。
得金剛三昧，摧碎結使山。
得六神通力，能度無量人。
囂塵蔽天日，大雨能淹之。
覺觀風動之，禪定能滅之。

此偈所說，即證因修禪定，滿足四願。

**不空譯《金剛頂瑜伽略述三十七尊心要》**　禪波羅蜜者，凡人修行，心多散亂爲計屬，即備六種散動，纏繞身心，念不安，不得解脫。所以須住心一境，更不緣異緣。於四種禪法中，住如來清淨禪中，永除妄想。須住無住之住，常依離念之心。實相圓明，廓周法界，大菩提路由此致焉。此禪波羅蜜也。

**延壽《宗鏡錄》卷四〇**　一切悉捨，心無貪著，是檀波羅蜜。心善寂滅，畢竟無惡，是尸波羅蜜。知心盡相，於諸塵中而無所傷，是羼提波羅蜜。勤觀擇心，知心離相，是毘梨耶波羅蜜。畢竟善寂，調伏其心，是禪波羅蜜。觀心知心，通達心相，是般若波羅蜜。

**延壽《宗鏡錄》卷八六**　若不取色相，即是具足檀波羅蜜。若除色相，即是具足尸波羅蜜。若觀色盡，即是具足羼提波羅蜜。若見色寂滅，即是具足毘梨波羅蜜。若不行色相，即是具足禪波羅蜜。若不戲論色相，即是具足般若波羅蜜。

**德清《紫栢老人集》卷之八**　凡修禪波羅蜜者，有十意焉。一大意，二釋名，三明門，四辨詮次，五簡法心，六別方便，七釋修證，八顯示果報，九從禪起教，十結會歸趣。今於大意中，以初心行人發心不同，故有簡非正明之辨。簡非者，行人發心修禪不同，多墮邪僻。一爲利養故，發心修禪，多屬發地獄心。二爲名聞稱嘆故，發心修禪，多屬發餓鬼心。三爲眷屬故，發心修禪，多屬發畜生心。四爲嫉妬勝他故，發心修禪，多屬發修羅心。五爲畏惡道苦報，息諸不善業故，發心修禪，多屬發人心。六爲善心安樂故，發心修禪，多屬發六欲天心。七爲得力自在故，發心修禪，多屬發魔羅心。八爲得利智捷故，發心修禪，多屬發外道心。九爲生梵天處故，發心修禪，此屬發色無色界心。十爲度老病死苦，速得涅槃故，發心修禪，此屬發二乘心。即此十種行人，善惡雖殊，縛脫有異。既並無大悲正觀，發心邪僻，皆非佛種，故簡非之。若夫正明菩薩行人，修禪波羅蜜，大意有二，姑置弗論者。蓋恐常人聞而駭怖，怖則驚，驚則疑，疑則不信，不信則生謗，生謗則受苦，受苦則爲怨，怨深則結業，結業則不可解，不可解則終仇對。於是且置之耳。嗚呼！發心修禪，豈易易哉。最初發心，若不遇明眼知識，正其因地，縱使不食如夷齊，忍苦如墨翟，勞勤萬劫，於佛菩提有障無礙。故曰戒緩乘急不是緩，戒急乘緩眞是緩。吾於水齋中，作慧行行，調治情習，宛轉種種方便，互相資用。大抵慧行爲正，行行爲助，未及一七，即覺身心輕利。舊於經教中所聞，有疑難而未釋者，自然皆豁爾無滯，并一切情習，亦大廓落。及以行行爲正，慧行爲助，磨礪多日，終不若慧行爲正，行行爲助，得益之多。既而自愧慧行薄劣，於陰界入境，藉觀入止，資止入觀，猶障礙多端，相狀蒙昧。遂復探討天台智者大師所說《禪波羅蜜》、《摩訶止觀》并《輔行》等書，以昭廓慧行，且多識行行深淺顯末。蓋非獨便自己進修之補，亦乃爲後之喫水齋者，示其最初發心，務須先審因地端正，則不負聖人所誡。是以掇綴十種發心邪僻者爲殷鑒。然水齋緣起，考諸大藏，未見所據。即其方法相傳，一晝夜芝蔴三抄，棗三七二十一枚，分三飡服之。終南伏牛，皆以此爲定式。或以念佛爲話頭，持呪爲話頭。次者水齋雖服，惟隨自意，昏散延日而已。所謂慧行行行，名尚不聞，安知其義。義既不知，憑何作觀。觀既不作，焉能入止。止既不入，攀緣豈息。攀緣不息，則心地不清。心地不清，則煩惱熾然。煩惱熾然，則我相堅固。我相堅固，則於臭皮袋上生大執著。是以身心自相矛盾，一動一靜，護刺萬態，言無好惡。順情，則雖無益於己，欣然而樂聞。逆情，則雖有益於己，勃然而不喜聞。殊不知凡學佛者，必須先達患累緣於有身，不存身以息患，知生生由於稟化，不順化以求宗。若然者，如於臭皮袋上生大執著，於熱惱心中起諸護刺，是存身耶，是稟化耶。若是存身，則患累終無期脫。若是稟化，則情識不枯乾。患累既無期脫，則生死難逃。情識既不枯乾，則煩惱苦海何時可出。如是過失，患在知見不明。知見即慧行，具慧行則行行可資無漏。若無慧行，終屬有漏。有漏則同前簡非中。九種發心邪僻，難昇易墜，斷非出苦津梁，甚可怖畏。是故若不解慧行行行，即小乘見諦尚未知，況始終頓圓之見諦乎。故服水齋，不以見諦爲本，終非正因。雖盡形壽服之，於己躬下事了無交涉。雖然，若較諸奢侈自縱，而不甘枯淡者，良亦可敬也。又服水齋，北地多寒，薑可隨意服之。設大便不甚通利，則服蜜水。由是觀之，身心開遮，惟如來大人體悉至當。故於律部中，雖則就情檢制，逢緣亦可開遮。如靴履裘毳，遮比丘不許服。既以多寒國土，仍爲開之。後之喫水齋者可法也。或曰，師所謂有菩薩行人，修禪大意，恐眾人聞而不信，以至終作怨對者，寧有是事。對曰，吾初祖菩提達磨，梯山航海，不遠數萬里而來此土，別無所求，不過自既悟心。悲他未悟，所以勿憚寒暑，專爲度生而來。然邪師魔外，百計千套，毒至於六。即南嶽思大禪師，生身已證六根清淨之位，亦遭中毒，幾死而復生。彼皆聖人，以弘法之故，尚不能免。況吾見思未斷，分段猶存，設不卷口縮舌，裝癡賣顛，則這條窮性命斷送久矣。

## 奢摩他

**曇無讖譯《大般涅槃經》卷三〇**　奢摩他者，名爲能滅，能滅一切煩惱結故。又奢摩他者，名曰能調，能調諸根惡不善故。又奢摩他者，名曰寂靜，能令三業成寂靜故。又奢摩他者，名曰遠離，能令眾生離五欲故。又奢摩他者，名曰能清，能清貪欲瞋恚愚癡三濁法故。以是義故，故名定相。毗婆舍那，名爲正見，亦名了見，名爲能見，名曰遍見，名次第見，名別相見，是名爲慧。憂畢叉者，名曰平等，亦名不諍，又名不觀，亦名不行，是名爲捨。善男子！奢摩他者有二種，一者世間，二者出世間。復有二種，一者成就，二不成就。成就者，所謂諸佛菩薩。不成就者，所謂聲聞辟支佛等。復有三種，謂下中上。下者謂諸凡夫，中者聲聞緣覺，上者諸佛菩薩。復有四種，一者退，二者住，三者進，四者能大利益。復有五種，所謂五智三昧。何等爲五。一者無食三昧，二者無過三昧，三者身意清淨一心三昧，四者因果俱樂三昧，五者常念三昧。復有六種，一者觀骨三昧，二者慈三昧，三者觀十二因緣三昧，四者阿那婆那三昧，五者正念覺觀三昧，六者觀生滅住異三昧。復有七種，所謂七覺分。一者念處覺分，二者擇法覺分，三者精進覺分，四者喜覺分，五者除覺分，六者定覺分，七者捨覺分。復有七種，一者須陁洹三昧，二者斯陁含三昧，三者阿那含三昧，四者阿羅漢三昧，五者辟支佛三昧，六者菩薩三昧，七者如來覺知三昧。復有八種，謂八解脫三昧。一者內有色相外觀色解脫三昧。二者內無色相外觀色解脫三昧。三者淨解脫身證三昧。四者空處解脫三昧。五者識處解脫三昧。六者無所有處解脫三昧。七者非有想非無想處解脫三昧。八者滅盡定處解脫三昧。復有九種，所謂九次第定，四禪四空及滅盡定三昧。復有十種，所謂十一切處三昧。何等爲十。一者地一切處三昧。二者水一切處三昧。三者風一切處三昧。四者青一切處三昧。五者黃一切處三昧。六者赤一切處三昧。七者白一切處三昧。八者空一切處三昧。九者識一切處三昧。十者無所有一切處三昧。復有無數種，所謂諸佛菩薩。善男子！是名三昧相。善男子！慧有二種，一者世間，二者出世間。復有三種，一者般若，二者毗婆舍那，三者闍那。般若者，名一切眾生。毗婆舍那者，一切聖人。闍那者，諸佛菩薩。又般若者，名爲別相。毗婆舍那者，名爲總相。闍那者，名爲破相。復有四種，所謂觀四眞諦。善男子！爲三事故修奢摩他。何等爲三，一者不放逸故，二者莊嚴大智故，三者得自在故。復次爲三事故，修毗婆舍那。何等爲三，一者爲觀生死惡果報故，二者爲欲增長諸善根故，三者爲破一切諸煩惱故。

**曇無讖譯《大方等大集經》卷二二**　奢摩他者，名之爲滅，能滅貪心、瞋心、亂心，名奢摩他。云何名爲奢摩他相，能滅貪相及瞋癡相，名奢摩他相。云何名爲隨奢摩他入於決定，若能隨修舍摩他行，尊重讚歎，向奢摩他方便莊嚴，是則名爲奢摩他相。

**慧遠《大乘義章》卷一〇**　止者，外國名奢摩他，此翻名止。守心住緣，離於散動，故名爲止。止心不亂，故復名定。

**玄奘譯《瑜伽師地論》卷一一**　奢摩他者，謂九種住心，及奢摩他品所攝諸法。謂於自他，若衰若盛可厭患法，心生厭離，驚恐惡賤，安住寂靜

**玄奘譯《大乘阿毗達磨集論》卷五**　奢摩他者，謂於內攝心，令住等住、安住近住，調順寂靜最極寂靜，專注一趣，平等攝持。

**宗密《圓覺經大疏釋義鈔》卷一一**　奢摩他者，名爲能滅，能滅一切煩惱結故。（此前亦云，身心客塵從此永滅）又奢摩他者，名曰能調，能調諸根惡不善故。（此前云，內發輕安。輕安是善法攝故）又奢摩他者，名曰寂靜，能令三業成寂靜故。（此文全同）又奢摩他者，名曰遠離，能令眾生離五欲故。又奢摩他者，名曰能清，能清貪欲瞋恚愚癡三濁法故。以是義故，故名定相。

**玄奘譯《瑜伽師地論》卷三八**　云何奢摩他。謂諸菩薩由八種思善依持故，於離言說，唯事唯義所緣境中繫心令住，離諸戲論，離心擾亂想作意故。於諸所緣而作勝解，於諸定相令心內住安住等住。廣說乃至一趣等持，是名奢摩他。

**義淨譯《六門教授習定論》卷一**　此據奢摩他法，明其定義，說無異緣等。此明無差異義，但緣其字而心得住，名無異緣。亦名無相，但緣其字，於觀義相所有作意非彼相故，此住名奢摩他。奢摩是寂止義，他是處義。非獨奢摩得盡於事，謂據其心寂止之處，心得凝住，依止於定。此定即是凝心住處，故名奢摩他。

**玄奘譯《瑜伽師地論》卷六四**　復次，由五種相立奢摩他。一近分定所攝世間奢摩他。二根本色定所攝世間奢摩他。三根本無色定所攝世間奢摩他。四聲聞獨覺作意所攝出世奢摩他。五菩薩作意所攝出世奢摩他。

**玄奘譯《大乘阿毗達磨雜集論》卷一〇**　奢摩他者，謂於內攝心令住、等住、安住、近住。調順寂靜，最極寂靜。專注一趣，平等攝持。如是九行，令心安住，是奢摩他。令住者，攝外攀緣，內離散亂最初繫心故。等住者，最初繫縛麁動心已，即於所緣相續繫念微細漸略故。安住者，或時失念於外馳散，尋復斂攝故。近住者，從初已來爲令其心於外不散，親近念住故。調順者，從先已來，於散亂因色等法中，起過患想增上力故，調伏其心，令不流散故。寂靜者，於擾動心散亂惡覺隨煩惱中深見過患，攝伏其心，令不流散故。最極寂靜者，或時失念散亂覺等率爾現行，即便制伏令不更起故。專注一趣者，精勤加行無間無缺，相續安住勝三摩地故。平等攝持者，善修習故。不由加行遠離功用，定心相續離散亂轉故。

# 三　昧

**竺法護譯《光讚經》卷六**　住是定意時，不見一切諸三昧有震動者，

是謂不動三昧。

**求那跋陀羅譯《雜阿含經》卷二九**　佛告諸比丘：若比丘依止聚落，晨朝著衣持鉢，入村乞食已，還精舍，舉衣鉢，洗足已，入林中，若閑房、露坐，思惟繫念，乃至息滅觀察善學，是名三昧。若比丘端坐思惟，身心不動，住勝妙住。

**鳩摩羅什譯《大智度論》卷七**　諸菩薩禪定心調，清淨智慧方便力故，能生種種諸三昧。何等爲三昧，善心一處住不動，是名三昧。復有三種三昧，有覺有觀，無覺有觀，無覺無觀三昧。復有四種三昧，欲界繫三昧，色界繫三昧，無色界繫三昧，不繫三昧。

**鳩摩羅什譯《大智度論》卷二三**　一切禪定攝心，皆名爲三摩提，秦言正心行處。是心從無始世界來，常曲不端，得是正心行處，心則端直。譬如蛇行常曲，入竹筒中則直。是三昧三種：欲界未到地、初禪，與覺觀相應故，名有覺有觀。二禪中間但觀相應故，名無覺有觀。從第二禪乃至有頂地，非覺觀相應故，名無覺無觀。

**鳩摩羅什譯《大智度論》卷二八**　復次，展轉爲門，如持戒清淨，一心精進初夜、後夜懃修思惟離五欲樂，繫心一處，行是方便得是三昧，是名三昧門。

**鳩摩羅什譯《大智度論》卷四七**　不動三昧者，有人言：第四禪是不動。欲界中五欲故動，初禪中覺觀故動，二禪中喜多故動，三禪中樂多故動，四禪離出入息，無諸動相故不動。有人言：四無色定是不動，離諸色故。有人言：滅盡定是不動，離心心數法故。有人言：知諸法實相，畢竟空智慧相應三昧故不動。得是三昧已，於一切三昧，一切法，都不戲論。

**鳩摩羅什譯《摩訶般若波羅蜜經》卷二七**　是時薩陁波崙菩薩摩訶薩即於坐處得諸三昧，所謂諸法等三昧、諸法離三昧、不動三昧、無念三昧、諸法無畏三昧、諸法一味三昧、諸法無邊三昧、諸法無生三昧、諸法無滅三昧、虛空無邊三昧、大海水無邊三昧、須彌山莊嚴三昧、虛空無分別三昧、色無邊三昧、受想行識無邊三昧、地種無邊三昧、水種火種風種空種無邊三昧、如金剛等三昧、諸法無分別三昧、諸法不可思議三昧，如是等得六百萬諸三昧門。

**智顗《法界次第初門》卷中**　通言三昧者，三摩提，秦言正心行處。是心從無始已來，常曲不端，得是直故，故名三昧。

一有覺有觀三昧。（若以空無相無作相應心入諸定，觀初禪及方便中，則一切覺觀俱禪，皆悉正直，故名有覺有觀三昧。）

二無覺有觀三昧。（若以空無相無作相應心入諸定，觀中間禪，則一切無覺有觀禪，皆悉正直，故名無覺有觀三昧。）

三無覺無觀三昧。（若以空無相無作相應心入諸定，觀無覺無觀禪中，則從二禪乃至滅受想定一切定，觀諸無覺無觀，皆悉正直，故名無覺無觀三昧也。）

**慧远《大乘義章》卷二**　三昧者，就行名也。前三是數，後三胡語。言三昧者，此言正定。以心合法，離於邪亂，故曰三昧。此等差別，故名爲門。亦可通入趣入名門。名義如是。

第二辨性。三脫三治及與三空，以此法爲體。三三昧者，以行爲體。但就行中用慧爲主，若論眷屬，是五陰性。心王是識，想數爲想，受數爲受，餘數爲行。隨生無作，即是色陰。問曰，此三用慧爲主，何故經中說爲三昧。釋言：一切諸心心法，更相受名。如四念處，體實是慧而名爲念。此亦如是。又龍樹言，此三智慧若不住定，則是狂慧，多墮邪疑，無所能爲。以住定故，能破煩惱，故從所依說爲三昧。又三昧者，名爲正定。一切禪定，若無此三，退轉不定，不名三昧。由此三故，正定不退。就能爲目，故名三昧，體性如是。

**慧远《大乘義章》卷九**　言三昧者，是外國語，此云正定。心體寂靜，離於邪亂，故曰三昧。名義如是（此一門竟）。

次辨體性，於中有二。一就心法分別，二就心體分別言心法者，所謂一切諸心數法。今此三昧諸心法中，用慧爲體。觀理斷結，唯慧能故。是何等慧。小乘法中四諦之慧，緣覺法中十二緣慧，大乘法中了達法界如實慧也。體性如是。若論眷屬，曠備法界一切種德。問曰，若此體是慧者，何故經中說爲三昧。釋有四義：一諸心數法更相受名，如四念處體實是慧，而名爲念。此亦如是。二從伴稱，是金剛慧共定相隨，故從伴目說爲三昧。良以散慧無所成辦，即定之慧堪有所能故。此金剛從伴名矣。三就能爲名，是金剛慧能令諸行正定不動，故從功能名曰三昧。四隨義受稱，是金剛慧，體含多義。於中含有正定、安固、不動之義，故曰三昧。

**智顗《釋禪波羅蜜次第法門》卷一〇**　三昧今當分別。一切禪定攝心，皆名爲三摩提。秦言正心行處。是心從無始已來，常曲不端，得是正心行處心則端直，故名三昧。譬如蛇行常曲，入筒則直。

**慧琳《一切經音義》卷九**　三昧。莫蓋反，或此言三摩提，或云三摩帝，皆訛也。正云三摩地，此譯云等持。等者，正也，正持心也，謂持諸功德也。或云正定，謂任緣一境離諸邪亂也。

**地婆訶羅譯《大乘廣五蘊論》卷一**　云何三摩地。謂於所觀事，心一境性。所觀事者，謂五蘊等，及無常苦空無我等。心一境者，是專注義，與智所依爲業，由心定故，如實了知。

**玄奘譯《阿毗達磨法蘊足論》卷四**　三摩地者，謂欲增上所起，心住等住，近住安住，不散不亂，攝止等持心一境性，是名三摩地。

**延壽《宗鏡錄》卷一八**　海印三昧有十義。根器是所現，菩薩定心是能現，無不空心，故名三昧。一無心能現。經云，無有功用無分別。二現無所現，經云，如光影故。三能現與所現非一。四非異。經云：大海能現，能所異，故非一。水外求像不可得，故非異。顯此定心，與所現法，即性之相故能所宛然，即相之性故物我無二。五無去來。現萬法於自心，彼亦不來。羅身雲於法界，未曾暫去。六廣大，經云，普悉包容無所拒。明三昧心周于法界，則眾生色心皆定心中物。用周法界，亦不離此心。七普現，經云一切皆能現，又云菩薩普印諸心行。此與廣大異者，此約所現不簡巨細，彼約能現其量普周。八頓現，經云，一念現故，謂無前後，如印頓成。九常現，非如明鏡有現不現時。十非現現，如明鏡對至，方現四天之像。不對而現，故云非現現。以不待對，是故常現該三際也。

**如惺《得遇龍華脩證懺儀》卷二**　又復諸經三昧，雖曰萬異千殊，約之不出四種而已。一常行，二常坐，三半行半坐，四非行非坐。常行三昧者，出《般舟經》，亦云佛立三昧。九十日爲期，常坐三昧，出《文殊問般若經》。亦云一行三昧，亦九十日爲期，半行半坐三昧，即《方等》《法華》等經。或七日，或十日，或三七日爲期，而無定限，非行非坐三昧，即請《觀音》等經。亦云隨自意三昧。凡不專於行坐者，並屬此攝。今此懺法，即第三半行半坐三昧攝也。依《彌勒上生經》，當七日爲期。經言一日乃至七日(云云)。若依《法華》，當三七日爲期。經言，於三七日中，應一心精進。然所立之期限，雖延促有所不齊，亦乃隨行人心量優劣之何如耳。或如思大禪師六年常坐，或有一生脩常不輕行，及四安樂行等。此以促爲延也。或如智者大師，初入普賢道場，便見靈山儼然未散。又如慈雲尊者，脩般舟三昧，期限未終，即能悟入。此以延爲促也。

## 般舟三昧

**智顗《摩訶止觀》卷二上**　常行三昧者，先方法，次勸修。方法者，身開遮，口說默，意止觀。此法出《般舟三昧經》，翻爲佛立。佛立三義，一佛威力，二三昧力，三行者本功德力。能於定中見十方現在佛在其前立，如明眼人清夜觀星。見十方佛亦如是多，故名佛立三昧。《十住婆沙》偈云：是三昧住處，少中多差別。如是種種相，亦應須論議。住處者，或於初禪二三四中間，發是勢力，能生三昧，故名住處。初禪少，二禪中，三四多。或少時住名少，或見世界少，或見佛少，故名少。中多亦如是，身開常行。

**灌頂《觀心論疏》卷三**　常行三昧者，亦爲三。一事相，二觀法，三勸修。初事相者，行者欲觀一念自生之心，依常行三昧者。此法出《般舟三昧經》，名爲佛立三昧。佛立有三事，一佛威力，二三昧力，三本功德力。能於定中見十方現在佛在前而立，如明眼人夜仰觀星，見十方佛亦如是。多行此法時，須避惡知識及癡人，亦避親屬離鄉里。常獨處止，不得希望他方有所求索。常乞食，不受別請。嚴治道場，備須具辦眾餚膳甘果香華。又盥沐清淨，出入左右，改換衣服如常法。唯行旋無三威儀，須好明師善能開導，解內外律除諸妨障。於所聞三昧處，敬師如世尊。若見師短，求是三昧，終不可得。

**善導《依觀經等明般舟三昧行道往生讚》卷一**　問曰：般舟三昧樂者，是何義也。答曰：梵語名般舟，此翻名常行道。或七日九十日，身行無間，總名三業無間，故名般舟也。

# 安般

**慧遠《大乘義章》卷一二**　數息觀者，觀自氣息，繫心數之，無令妄失，名數息觀。於中分別，略有四種。一者增數，以一爲二。二者減數，以二爲一。三者亂數，出作入想，入作出想。四者等數，以一爲一。心散亂者，爲前三數。心不亂者，爲後一數。數之至幾，極不過十。於彼十中不滿心忘，還從一起。若心不亂，至十便迴。何故唯十不增不減。論自釋言：畏心散故，不得過十。懼心聚故，不得減十。出入息中，數何爲十，是義不定。內氣增者，偏數出息。內氣小者，偏數入息。氣息調者，入出俱數。如《雜心》說，入五出五，合爲十也。出入息中，先數何者。如論中說，先數入息，後數出息。良以生時入息在前，故先數入。命終之時出息在後，故後數出。相狀麁爾（此一門竟）。

**玄奘譯《阿毗達磨俱舍論》卷二二**　論曰：言息念者，即契經中所說阿那阿波那念。言阿那者，謂持息入，是引外風令入身義。阿波那者，謂持息出，是引內風令出身義。慧由念力，觀此爲境，故名阿那阿波那念。以慧爲性而說念者，念力持故，於境分明所作事成如念住故。通於五地，謂初二三靜慮近分中間欲界，此念唯與捨相應故。謂苦樂受能順引尋，此念治尋故不俱起，喜樂二受能違專注，此念於境專注故成。由此相違故不俱起。有說，根本下三靜慮中亦有捨受。彼說依八地上定現前息無有故。此定緣風，依欲身起，唯人天趣，除北俱盧。通離染得及加行得，唯與眞實作意相應。正法有情，方能修習，外道無有，無說者故，自不能覺微細法故。此相圓滿，由具六因，一數，二隨，三止，四觀，五轉，六淨。數謂繫心緣入出息，不作加行，放捨身心，唯念憶持入出息數，從一至十，不減不增。恐心於現極聚散故。然於此中容有三失。一數減失，於二謂一。二數增失，於一謂二。三雜亂失，於入謂出，於出謂入。若離如是三種過失，名爲正數。若十中間心散亂者，復應從一次第數之。終而復始，乃至得定。隨謂繫心緣入出息，不作加行，隨息而行。念息入出時，各遠至何所。謂念息入，爲行遍身，爲行一分。隨彼息入，行至喉心臍髖髀脛，乃至足指，念恆隨逐。若念息出離身爲至一磔一尋，隨所至方，念恆隨逐。有餘師說，息出極遠，乃至風輪或吠嵐婆。此不應理。此念眞實作意俱故。止謂繫念，唯在鼻端，或在眉間，乃至足指。隨所樂處，安止其心。觀息住身，如珠中縷。爲冷爲煖，爲損爲益。觀謂觀察，此息風已，兼觀息俱大種造色，及依色住心及心所。具觀五蘊以爲境界。轉謂移轉，緣息風覺，安置後後勝善根中乃至世間第一法位。淨謂昇進入見道等。有餘師說，念住爲初金剛，喻定爲後名轉，盡智等方名淨，爲攝六相故。說頌言：

持息念應知，有六種異相，
謂數隨止觀，轉淨相差別。

**玄奘譯《阿毗達磨順正理論》卷六〇**　論曰：言息念者，即契經中所說阿那阿波那念。言阿那者，謂持息入是引外風令入身義。阿波那者，謂持息出，是引內風令出身義。如契經說：苾芻當知，持息入者，飲吸外風令入身內。持息出者，驅擯內風令出身外。慧由念力觀此爲境，故名阿那阿波那念。有餘師說：言阿那者，謂能持來。阿波那者，謂能持去。此言意顯入息出息，有能持義。慧由念觀此，故得此念名。辯屬身風，略有六種。一入息風，二出息風，三發語風，四除棄風，五隨轉風，六動身風。謂諸有情處胎卵位，先於臍處業生風起，穿身成穴，如藕根莖。最初有風來入身內，乘茲口鼻，餘風續入。此初及後名入息風。此入息風，適至身內，有風續出，名出息風。如鍛金師開橐囊口，自然風入。風性法爾，但有孔隙，必隨入故。入已，按之其風還出。入息出息次第亦然。理實此風無入無出，但如是轉，能損益身，相續道中，假名入出。入息轉位，能逐身中腐敗污垢諸臭穢物，增長火界，令身輕舉。出息轉時，能除欝蒸，損減火界，令身沈重。發語風者，謂有別風，是欲爲先，展轉所引，發語心起。所令增盛，生從臍處，流轉衝喉，擊異熟生，長養大種，引等流性。風大種生，鼓動齒脣舌腭差別，由此勢力，引起未來顯名句文，造色自性。此居口內，名語。亦業流出外時，但名爲語。心生大種，其理極成。謂見貪瞋癡心起者，面有潤慘，亂色異常。又亦傳聞懷瞋毒者，面門生焰，非有慈心。貪引火生，焚身等故。

除棄風者，謂有別風隨便路行，能蠲二穢。由穢內逼，有苦受生。由苦受生，發除棄欲。由除棄欲，引起風心。此心起風，成除棄業。又此風力，令身安隱。隨轉風者，謂有別風遍隨身支諸毛孔轉，由此故得隨轉風名。此不依心，但依業力，隨身孔隙自然流行。由此能除依孔隙住腐敗污垢諸臭穢物。

動身風者，謂有別風能擊動身引起表業。應知此起以心爲因，遍諸身支，能爲擊動。因顯風義，乘辯六風。然於此中正明二息。此中意辯持息念故，此念自性是慧非餘。以契經說了知言故，此品念勝，故得念名。由念力記持入出息量，故爲顯緣息定慧得成。由念功能，故說爲念。并隨行性，應準前門。此念所依唯通五地，謂依欲界靜慮中間，及初二三靜慮近分。由此但與捨根相應，爲對治尋。修此念故，樂苦等受能順引發親里等尋，故對治尋。要任運受現在前位。若爾，何故辯息念中言覺喜樂。此亦無過，以諸勤修持息念位中間有彼無色相生。諸瑜伽師雖覺彼相，於持息念不名乖越。約此密說覺喜樂言，不可由斯執持息念。亦容得與餘受相應。理實，此中亦覺餘法以身念住，加行位中亦說觀於多六法故。謂若諸法隨屬於身，於彼法相如理觀察，亦名於身住循身觀。或彼行者轉緣風覺，暫時觀察喜受樂受，是故說言覺喜覺樂。由此故說諸聖弟子，爾時於受住循受觀。豈不此位出持息念。不爾，彼加行意樂不息故，速復更起緣風念故。若爾，何故唯覺喜樂不覺餘受，由此二受爲貪染因力最勝故。行者欲令心於貪染速解脫故，偏觀喜樂。

有餘師說：此非息念，是彼加行所生功德，故覺喜樂立息念名。有說，下三根本靜慮，正在定位，亦有捨受。彼說此念通依八地，上定現前，息便無故。此念但緣息風爲境，非通緣上所說六風。此念初依欲界身起，唯人天趣，除北俱盧。唯加行得，非離染得。未離染者，定由加行現在前故，非離染得地所攝故。已說皆是近分地攝，非根本故。又此念，唯是勝加行引故，不應說此有離染得。此唯眞實作意相應。有說亦通勝解作意，正法有情方能修習，外道無有無說者故，彼不能覺微細法故。此與我執極相違故，彼我執有，故此念無。由具六因，此相圓滿。何等爲六。一數，二隨，三止，四觀，五轉，六淨。數謂繫心，數入出息，從一至十，不減不增，恐心於境極聚散故。然於此中，容有三失。一數減失，二數增失，三雜亂失。數減失者，於二等謂一等。數增失者，於一等謂二等。雜亂失者，於五入數爲出，於五出數爲入，是於入謂出，於出謂入義。離此三失，名爲正數。或三失者，一太緩失，二太急失，三散亂失。太緩失者，謂由加行太慢緩故，便有懈怠惛睡纏心，或復縱心馳散外境。太急失者，謂由加行太躁急故，便令身心不平等起。若時力勵數入出息，息被逼迫，便令身中不和風起。由此風故，初令身支諸脈洪數。此風增位，能引病生。以身支病生，名身不平等。或由力勵數入出息，心被逼切，便致狂亂，或爲重憂之所摧伏，如是名曰心不平等。故有說言，諸有一切美妙飲食長養身支，無如有方便調入出息者。諸有一切毒刺刀火烈灰坑等損壞身支，無如無方便調入出息者。散亂失者，謂由心散，便爲一切煩惱摧伏。若十中間心散亂者，復應從一次第數之。終而復始，乃至得定。凡數息時，應先數入。以初生位入息在先，乃至死時出息最後，如是覺察死生位故，於無常想漸能修習。隨謂繫心，隨入出息。念入出息。爲短爲長，爲遠至何。復還旋返，且念入息。爲行遍身，爲行一分，隨彼息入，行至喉心臍髖髀膝脛踝足指，念恆隨逐。

有餘師言：念此入息，從足下出。穿度金輪，下至風輪，復還旋返。若念出息，離身爲至，一磔一尋，隨所至方，念恆隨逐。有餘師說：念出息風至吠嵐婆，復還旋返。經主於此斥彼師言，此念眞實作意俱起，不應念息至風輪等。彼言息念本根，雖與實作意俱，中間有餘勝解作意相應起者，爲令眞實作意速成。故於中間起斯假想，雖爾無有出息念失，以息念加行意樂不歇故。止謂繫念，唯在鼻端，或在眉間，乃至足指。隨所樂處，安止其心。觀息住身，如珠中縷，爲冷爲煖，爲損爲益。觀謂觀察，此息風已，兼觀息俱大種造色及依色住心及心所。具觀五蘊，以爲境界。轉謂移轉，緣息風覺，安置後後勝善根中。

**玄奘譯《瑜伽師地論》卷三一**　云何勤修阿那波那念者，尋思六事差別所緣毘鉢舍那。謂依入出息，念增上正法，聽聞受持增上力故，能正了知於入出息所緣境界。繫心了達，無忘明記，是阿那波那念義。如是名爲尋思其義。又正尋思，入息出息在內可得，繫屬身故，外處攝故，內外差別，如是名爲尋思其事。又正尋思，入息有二，出息有二。若風入內，名爲入息。若風出外，名爲出息。復正了知，如是爲長入息出息，如是爲短入息出息，如是息遍一切身分，是名尋思諸息自相。又正尋思，入息滅已，有出息生，出息滅已，有入息生，入出息轉繫屬命根及有識身，此入出息及所依止皆是無常，是名尋思諸息共相。又正尋思，若於如是入息出息，不住正念，爲惡尋思，擾亂其心，便爲顛倒，黑品所攝，是有諍法，廣說如前。與上相違，便無顛倒，白品所攝，是無諍法，廣說如前，如是名爲尋思其品。又正尋思，去來今世，入出息轉，繫屬身心，身心繫屬入息出息，如是名爲尋思其時。又正尋思，此中都無，持入息者，持出息者，入息出息，繫屬於彼，唯於從因從緣所生諸行，發起假想施設言論，說有能持入出息者，如是名依觀待道理尋思其理。又正尋思，若於如是入出息念，善修善習，善多修習，能斷尋思。又正尋思，如是道理，有至教量，有內證智，有比度法，有成立法性，難思法性，安住法性，不應思議，不應分別，唯應信解。如是名依作用道理，證成道理，法爾道理，尋思其理，是名勤修阿那波那念者，尋思六事差別所緣毘鉢舍那。如是依止淨行所緣，尋思六事差別觀已，數數於內令心寂靜，數數復於如所尋思。以勝觀行審諦伺察，彼由奢摩他爲依止故，令毘鉢舍那速得清淨。復由毘鉢舍那爲依止故，令奢摩他增長廣大。若依止善巧所緣及淨惑所緣，尋思六事差別所緣毘鉢舍那，於其自處，我後當說。

**道暹《涅槃經疏私記》卷六**　經云阿那者，謂持息入也，是引外風令入身義也。波那者，謂持息出也，是引內風令出身義也。慧由念力，觀息爲境，故名阿那波那念也，亦名數息觀也。

**法雲《翻譯名義集》卷一七**　阿那，亦云安那，此云遣來，入息也。般那，此云遣去，出息也。《安般守意經》云：安爲身，般爲息。安爲生，般爲滅。安爲念道，般爲解結。所以先數（所矩切，計也。下幷同。）入者，外有七惡，內有三惡，用少不能勝多，先數入也。安名出息，般名入息。息有四事，一爲風，二爲氣，三爲息，四爲喘（昌兗切）。有聲爲風，無聲爲氣，出入爲息。氣出入不盡，爲喘也。出息爲生死陰，入息爲思想陰。或云，先數出息，氣則不急，身不脹滿，身心輕利，三昧易成。或云，先數入息，隨息內斂，易入定故。或云，當隨便宜，以數出入。若心輕浮，繫心丹田，當數入息。若心昏沈，繫心鼻端，當數出息。此皆不許出入俱數。提婆菩薩云，佛說甘露門，名阿那波那，於諸法門中，第一安隱道。

**弘贊《四分律名義標釋》卷五**　阿那般那三昧，亦云阿那波那，又云安那般那。阿那，此云遣來（入息也）。般那，此云遣去（出息也）。《正理論》云阿那阿波那。言阿那者，謂轉息入，是引外風令入身義。阿波那者，謂轉息出，是引內風令出身義。如契經說：苾芻當知，持息入者，飲吸外風令入身內。持息出者，驅擯內風令出身外。《安般守意經》云：安爲身，般爲息。安爲生，般爲滅。安爲念道，般爲解結。所以先數入者，外有七惡，內有三惡，用少不能勝多，先數入也。數者，從一至十，不多不少，令心不散。安名出息，般名入息，息有四事。一爲風，二爲氣，三爲息，四爲喘。《止觀》云：有聲曰風，守之則散。結滯曰氣，守之則結。出入不盡曰喘，守之則勞，不聲不滯。出入俱盡曰息，守之則定。出息爲生死陰，入息爲思想陰。或云，先數出息，氣則不急，身不脹滿，身心輕利，三昧易成。或云，先數入息，隨息內斂，易入定故。或云，當隨便宜，以數出入。若心輕浮，繫心丹田，當數入息。若心昏沈，繫心鼻端，當數出息。不許出入俱數，恐生病故。此阿那波那，即是三世諸佛入道初門，通於三乘四教。又用息明六妙門，謂一數，二隨，三止，四觀，五還，六淨。《法界次第》云：攝心在息，從一至十，名之爲數。細心依息，知入知出，故曰爲隨。息心靜慮，名之爲止。分別推析之心，名之爲觀。轉心返照，名之爲還。心無所依，妄波不起，名之爲淨。今是聲聞助道，但名數息。提婆菩薩云，佛說甘露門，名阿那波那，於諸法門中，第一安隱道。

## 不淨觀

**竺法護譯《修行道地經》卷五**　何謂爲不淨觀。初當發心慈念一切皆令安隱，發是心已，便到塚間坐觀死人，計從一日乃至七日，或身膖脹其色青黑，爛壞臭處爲蟲見食，無復肌肉，膿血見洿，視其骨節筋所纏裹，白骨星散甚爲可惡，或見久遠若干歲骨，微碎在地色如縹碧。存心熟思，隨其所觀行步進止，臥起經行懷之不忘，若詣閑居寂無人處，結跏趺坐，省彼塚間所見屍形，一心思惟。於是頌曰：

欲省惡露至塚間，往到塚間觀死屍，
在於空寂無人聲，自觀其身如彼屍。

**鳩摩羅什譯《坐禪三昧經》卷下** 行菩薩道者，於三毒中若婬欲偏多，先自觀身骨肉、皮膚、筋脈、流血、肝肺、腸胃、屎尿、涕唾，三十六物九想不淨。專心內觀，不令外念。外念諸緣，攝之令還。如人執燭入雜穀倉，種種分別，豆麥黍粟，無不識知。復次，觀身六分，堅爲地分，濕爲水分，熱爲火分，動爲風分，孔爲空分，知爲識分。亦如屠牛，分爲六分，身首四支各自異處。身有九孔，常流不淨，革囊盛屎。常作是觀，不令外念。外念諸緣，攝之令還。若得一心，意生厭患，求離此身。欲令速滅，早入涅槃。是時當發大慈大悲，以大功德拔濟衆生，興前三願。以諸衆生不知不淨起諸罪垢，我當拔置於甘露地。復次，欲界衆生樂著不淨，如狗食糞，我當度脫至清淨道。復次，我當學求諸法實相，不有常不無常，非淨非不淨。我當云何著此不淨，觀不淨智從因緣生。如我法者，當求實相。云何厭患身中不淨而取涅槃，當如大象度駛流水，窮盡源底，得實法相滅入涅槃。豈可如獼猴諸兎，畏怖駛流，趣自度身。我今當學如菩薩法，行不淨觀，除卻婬欲，廣化衆生令離欲患，不爲不淨觀所厭沒。復次，既觀不淨則厭生死，當觀淨門，繫心三處，鼻端、眉間、額上。當於是中開一寸皮淨除血肉，繫心白骨，不令外念。外念諸緣，攝之令還。著三緣中，恆與心鬪，如二人相撲，行者若勝心，則不如制之令住，是名一心。若以厭患起大悲心，愍念衆生爲此空骨遠離涅槃入三惡道，我當懃力作諸功德，教化衆生令解身相空。骨以皮覆，實聚不淨。爲衆生故，徐當分別此諸法相。有少淨想，心生愛著。不淨想多，心生厭患。有出法相，故生實法。諸法實相中，無淨無不淨，亦無閉亦無出觀諸法等，不可壞不可動，是名諸法實相。（出過羅漢法也）

行菩薩道者，若瞋恚偏多，當行慈心，念東方衆生，慈心清淨，無怨無恚，廣大無量。見諸衆生，悉在目前。南西北方四維上下，亦復如是。制心行慈，不令外念。外念異緣，攝之令還。持心目觀一切衆生，悉見了了，皆在目前。若得一心，當發願言。我以涅槃實清淨法，度脫衆生，使得實樂。行慈三昧心如此者，是菩薩道。住慈三昧，以觀諸法實相清淨，不壞不動。願令衆生得此法利，以此三昧慈念東方一切衆生使得佛樂，十方亦爾。

**鳩摩羅什譯《思惟畧要法》** 不淨觀法。貪欲瞋恚愚癡，是衆生之大病。愛身著欲，則生瞋恚。顛倒所惑，即是愚癡。愚癡所覆故，內身外身愛著浮相。習之來久，染心難遣。欲除貪欲，當觀不淨。瞋恚由外，既爾可制。如人破竹，初節爲難。既制貪欲，餘二自伏。不淨觀者，當知此身生於不淨，處在胞胎，還從不淨中出，薄皮之內純是不淨。外有四大變爲飲食，充實其內。諦心觀察，從足至髮，從髮至足，皮囊之裏，無一淨者。腦膜、涕唾、膿血、屎尿等，略說則三十六，廣說則無量。譬如農夫開倉，種種別知麻米豆麥等。行者以心眼開是身倉，見種種惡露、肝肺、腸胃、諸蟲動食，九孔流出不淨，常無休止。眼流眵淚，耳出結聹，鼻中涕流，口出涎吐，大小便孔，常出屎尿。雖復衣食障覆，實是行廁。身狀如此，何由是淨。又觀此身假名爲人，四大和合，譬之如屋，脊骨如棟，脇肋如椽，骸骨如柱，皮如四壁，肉如泥塗，虛僞假合，人爲安在。危脆非眞，幻化須臾。脚骨上脛骨接之，脛骨上髀骨接之，髀骨上脊骨接之，脊骨上髑髏接之。骨骨相拄，危如累卵。諦觀此身，無一可取。如是心則生厭惡，常念不淨三十六物，如實分別。內身如此，外身不異。若心不住，制之令還，專念不淨。心住相者，身體柔軟，漸得快樂。心故不住，當自訶心。從無數劫來，常隨汝故，更歷三惡道中苦毒萬端。從今日去，我當伏汝，汝且隨我，還繫其心，令得成就。若極厭惡其身，當進白骨觀，亦可入初禪。行者志求大乘者，命終隨意生諸佛前。不爾，必至兜率天上得見彌勒。

**慧远《大乘義章》卷一二** 不淨觀中略有二種，一厭他身觀他不淨，二厭自身觀自不淨。觀他身中，有其九相。一者死相。二者脹相。三青瘀相。四膿爛相。五者壞相。六者血塗相。七蟲敢相。八骨鎖相。九離壞相。《大智論》中加一燒相，少一死相。此義如後九相章中具廣分別。觀自身中有五不淨，如《大智論》說。一種子不淨，是身過去結業爲種，現以父母精血爲種。二住處不淨，在母胎中生藏之下，熟藏之上，兩界之間，安置己體。三自相不淨，是身具有九孔常流，眼出眵淚，耳出結聹，鼻中出洟，口出延吐，大小便道流出屎尿。四自體不淨，是身具有三十六物所共合成。如《大智論》說，一髮、二毛、三爪、四齒、五皮、六肉、七骨、八髓。九筋、十脈、十一脾、十二腎、十三心、十四肝、十五肺、十六大腸、十七小腸、十八胃、十九胞、二十屎、二十一尿、二十二垢、二十三汗、二十四淚、二十五結膶、二十六洟、二十七唾、二十八膿、二十九血、三十黄陰、三十一白陰、三十二肪、三十三肕、三十四腦、三十五膜、三十六精。於此門中、要唯二種、一皮等觀、二除去皮肉爲白骨觀。骨觀有三，如《毘曇》說。一者，始業觀察自身。從頭至足，除去皮肉，作其骨相。二，已習行觀彼骨鎖以漸寬廣，周滿大地。又觀彼骨展轉相對，大風飄搏，變爲雪聚。修此骨相，極令純熟，不作心想，任運現前。三，思惟已度於彼骨鎖以漸略之還至自身，於其所緣，清淨寂靜，唯觀一色。此是第四自體不淨。五終竟不淨，此身死已，埋則成土，蟲噉成糞，火燒成灰。究竟推求，無一淨相，名終竟不淨。

**玄奘譯《阿毗達磨俱舍論》卷二二**　論曰：修不淨觀，正爲治貪。然貪差別，略有四種，一顯色貪，二形色貪，三妙觸貪，四供奉貪。緣青瘀等，修不淨觀，治第一貪。緣彼食等，修不淨觀，治第二貪。緣蟲蛆等，修不淨觀，治第三貪。緣屍不動，修不淨觀，治第四貪。若緣骨瑣，修不淨觀，通能對治如是四貪。以骨瑣中無四貪境，故應且辯修骨瑣觀。此唯勝解作意攝故，少分緣故，不斷煩惱，唯能制伏，令不現行。然瑜伽師修骨瑣觀，總有三位。一初習業，二已熟修，三超作意。謂觀行者，欲修如是不淨觀時，應先繫心於自身分，或於足指或額或餘，隨所樂處心得住已，依勝解力，於自身分假想思惟，皮肉爛墮，漸令骨淨，乃至具觀全身骨瑣，見一具已，復觀第二。如是漸次廣至一房一寺一園一村一國，乃至遍地以海爲邊，於其中間骨瑣充滿。爲令勝解得增長故，於所廣事，漸略而觀。乃至唯觀一具骨瑣，齊此漸略不淨觀成，名瑜伽師初習業位。爲令略觀勝解力增，於一具中，先除足骨，思惟餘骨，繫心而住，漸次乃至除頭半骨，思惟半骨，繫心而住。齊此轉略不淨觀成，名瑜伽師已熟修位。爲令略觀勝解自在，除半頭骨，繫心眉間，專注一緣，湛然而住，齊此極略不淨觀成，名瑜伽師超作意位。有不淨觀由所緣小非自在小，應作四句。此由作意，已熟未熟，未熟已熟，及由所緣自身至海有差別故。此不淨觀何性，幾地緣何境，何處生，何行相，緣何世，爲有漏，爲無漏，爲離染得，爲加行得。

**玄奘譯《阿毗達磨順正理論》卷五九**　論曰：修不淨觀，正爲治貪。然貪差別略有四種，一顯色貪，二形色貪，三妙觸貪，四供奉貪。對治四貪，依二思擇，一觀內屍，二觀外屍。利根初依前，鈍根初依後。謂利根者先於內身，皮爲邊際，足上頂下，周遍觀察，令心厭患。爲欲伏治顯色貪者，應專隨念內身分中膿血脂精涎洟髓腦大小便等變異顯色，及應隨念衆病所生內身皮上變異顯色，黄白青黑如雲如煙，斑駁黧黯不明不淨。由此令心極生厭患，便能伏治緣顯色貪。以知此身爲如是等，非愛顯色所依止處，故於一切皆得離染。

爲欲伏治形色貪者，應別觀察諸內身支，是髮毛等三十六物聚集安立和合所成，離此都無毛等形色。復以勝解分割身支爲二或多，散擲於地，種種禽獸爭共食噉，骨肉零落，支體分離。由此令心極生厭患，便能伏治緣形色貪。

爲欲伏治妙觸貪者，應以勝解除去皮肉，唯觀骸骨澁如瓦礫。由此令心極生厭患，便能伏治緣妙觸貪。

爲欲伏治供奉貪者，應以勝解觀察內身，如眠醉悶癲癇病等，不能自在運動身支。如老病時，或至未至，被如是事纏縛其身。又觀內身不自在行，無不繫屬衆緣故生，於中都無少許身分可爲供奉威儀所依。徒妄執爲能供奉者，彼決定有能供奉事。然供奉名所目義者，謂以彼身分爲緣，決定能爲儛歌笑睇，含啼戲等威儀事業。觀彼事業都無定性，如箜篌等所發音曲，一切皆類幻化所爲。由此令心極生厭患，便能伏治緣供奉貪。是名利根初習業者，思所成慧，觀察內身，能伏四貪，令不現起。若鈍根者，由根鈍故，煩惱猛利，難可摧伏，藉外緣力，方能伏治。故先明了觀察外屍，漸令自心煩惱摧伏。謂彼初欲觀外屍時，先起慈心，往施身處。如世尊說，初修行者，欲求方便，速滅欲貪，當起慈心之澹泊路，精勤修觀，乃至廣說。至彼處已，爲欲伏治四種貪故，應如四種澹泊路經，修不淨觀，觀外屍相。以況內身，彼相既然，此亦應爾。由此方便，漸能令心亦於內身深生厭患，便能伏治前說四貪。由於內身見自性故，爲不淨觀，速得成滿，應修八想，伏治四貪。爲欲伏治顯色貪故，修青瘀想及異赤想。爲欲伏治形色貪故，修被食想及分離想。爲欲伏治妙觸貪故，修破壞想及骸骨想。爲欲伏治供奉貪故，修膖脹想及膿爛想。許緣骨鎖，修不淨觀，通能伏治如是四貪。以一骨瑣中具離四貪境故，應且辯修骨瑣觀。然於引發諸善根時，補特伽羅約所修行，說有三位，一初習業，二已熟修，三超作意。且觀行者欲修如是不淨觀時，應先繫心於自身分，或於足指，或於眉間，或鼻頞中，或於額等，隨所樂處，專注不移，爲令等持得堅牢故。從入已去，名初習業。入言爲顯最初繫心，假想自身足指等處，下至能見錢量白骨。由勝解力，漸廣漸增，乃至具見全身骨瑣。謂於此位諸瑜伽師，假想思惟皮肉爛墜，漸令骨淨，初量如錢，乃至遍身皆成白骨。彼於此位有多想轉，想轉言顯，不捨所緣，數數轉生，餘勝解想。有餘師說：觀行未成作意，但由想力故轉。觀行成已，便由慧力。此位未成，故由想轉。應知此中所言作意，總顯一切心心所法，皆由想力相續而轉。見全身已，復方便入緣外白骨不淨觀門。謂爲漸令勝解增故，觀外骨瑣在己身邊，漸遍一牀一房一寺、一園一邑一田一國，乃至遍地以海爲邊。於其中間，骨瑣充滿。爲令勝解漸復增故，於所廣事漸略而觀，乃至唯觀自身骨瑣。齊此漸略不淨觀成，名瑜伽師初習業位。爲令略觀勝解轉增，於自骨中復除足骨，思惟餘骨繫心而住，漸次乃至除頭半骨，思惟半骨，繫心而住。齊此轉略不淨觀成，名瑜伽師已熟修位。爲令略觀勝解自在，除半頭骨繫心眉間，專注一緣，湛然而住。齊此極略不淨觀成，名瑜伽師超作意位。應知至此不淨觀成，諸所應爲皆究竟故。住空閑者作如是言，此觀爾時有究竟相，謂有淨相欻爾現前，由此或令入息減少，或令發起不欣樂心，了知所修地究竟故，淨色相起擾亂心故。如人溫誦所熟誦文，又由得先所未得故，進證得餘勝善根故，如畦中水汎溢漫流，如是相名，爲此觀究竟相。

有餘師說。若於爾時不於外緣起加行覺，名不淨觀。究竟圓滿所緣自在，若小若大，應作四句。如理應思，今應思擇。此不淨觀，既是勝解作意所攝，理應名爲顛倒作意，則應此觀體非是善。非此所緣，體皆是骨，皆作骨解，豈非顛倒。此不淨觀，且不可言，皆是勝解作意所攝。以不淨觀總有二種，一依自實，二依勝解。依自實者，謂由作意相應慧力。如實觀察自內身支所有不淨，若形若顯差別諸色，如九仙骨三商佉等。或如身中髮毛爪等，廣說具有三十六物。此等名爲依自實觀。由與自相作意相應，是故不能永斷煩惱。依勝解者，謂勝解力，假想思惟諸不淨相，此非顛倒，作意所攝，以與煩惱性相違故。夫顛倒者，本所欲爲不能成辦，此隨所欲能伏煩惱。如何顛倒，若謂此境非皆是骨，謂皆是骨寧非倒者，理亦不然，如應解故。謂諸於杌起人覺者，不作是解。我今於杌以人相觀，故是顛倒。今觀行者作如是思，諸境界中雖非皆骨，我今爲伏諸煩惱故，應以勝解遍觀爲骨。既隨所欲，如應而解，能伏煩惱，寧是顛倒。此觀勢力能伏煩惱，令暫不行。既有如斯巧方便力，如何非善。是故無有如所難失。此不淨觀何性幾地緣，何境何處生何行相，緣何世爲有漏爲無漏，爲離欲得，爲加行得。頌曰：

無貪性十地，緣欲色人生。
不淨自世緣，有漏通二得。

論曰：如先所問，今次第答。謂此觀以無貪爲性，違逆作意爲因所引。厭惡棄背，與貪相翻，應知此中名不淨觀。名不淨觀應是慧者，理亦不然。觀所順故，謂不淨觀能近治貪故，應正以無貪爲性。貪因淨相，由觀力除，故說無貪爲觀所順。諸不淨觀，皆是無貪，非諸無貪皆不淨觀。唯能伏治顯色等貪，方說名爲此觀體故。此約自性。若兼隨行，具以四蘊五蘊爲性，通依十地，謂四靜慮及四近分中間欲界。唯爾所地此容有故，此觀唯緣欲界色處境，欲界顯形，爲此觀境故。若爾，何故契經中言，耳根律儀所防護者，住不淨觀乃至廣說。此言爲說諸爲色貪所摧伏者，彼必由爲緣聲等貪之所摧伏故。欲摧伏緣色貪者，必先應住耳根律儀，由此方能住不淨觀。有說，此觀唯依意識能引，所餘違逆行相故。若有住耳根律儀，彼必應先住不淨觀。此不淨觀力能遍緣欲界所攝一切色處。若謂尊者阿泥律陁，不能觀天以爲不淨。舍利子等，於佛色身亦不能觀以爲不淨。如何此觀遍緣欲色。此難不然。勝無滅者，能觀天色爲不淨故。佛能觀佛微妙色身爲不淨故。由是此觀定能遍緣欲色爲境。由此已顯緣義非名，亦已顯成通緣三性。初習業者，唯依人趣能生此觀，非北俱盧。天趣中，無青瘀等故不能初起。先於此起，後生彼處，亦得現前。此觀行相，唯不淨轉。是善性故，體應是淨。約行相故，說爲不淨。是身念住攝加行非根本，雖與喜樂捨三根相應，而厭俱行。如苦集忍智，隨在何世緣自世境。若不生法，通緣三世，此觀行相非無常等十六行攝。故唯有漏通加行得及離染得。離彼彼地染得彼彼定時，亦即獲得彼地此觀。離染得已於後後時，亦由加行令得現起。未離染者，唯加行得。此中一切聖最後有異生皆通未曾餘唯曾得。

# 無想定

**玄奘譯《瑜伽師地論》卷三三**　若諸異生，作如是念：諸想如病，諸想如癰，諸想如箭。唯有無想，寂靜微妙。攝受如是背想作意，於所生起一切想中，精勤修習不念作意。由此修習爲因緣故，加行道中，是有心位，入定無間，心不復轉。如是出離想作意爲先，已離遍淨貪，未離廣果貪，心諸法滅，是名無想定。由是方便，證得此定。

**玄奘譯《瑜伽師地論》卷五三**　復次，云何無想定。謂已離遍淨貪，未離上貪，由出離想作意爲先故，諸心心所，唯滅靜，唯不轉，是名無想定。此是假有，非實物有。當知差別，略有三種。一下品修，二中品修，三上品修。若下品修者，於現法退，不能速疾還引現前。若生無想有情天中，所得依身，不甚清淨威光赫奕，形色廣大，如餘天衆，定當中夭。若中品修者，雖現法退，然能速疾還引現前。若生無想有情天中，所感依身，雖甚清淨光明赫奕，形色廣大，然不究竟最極清淨。雖有中夭，而不決定。若上品修者，必無有退。若生無想有情天中，所感依身，甚爲清淨威光赫奕，形色廣大。又到究竟，最極清淨，必無中夭，窮滿壽量，後方殞沒。復次，若由此因此緣所有生得心心所滅，是名無想。

**玄奘譯《瑜伽師地論》卷五六**　依何分位，建立無想定。答：依已離遍淨貪，未離上貪，出離想作意爲先，名滅分位，建立無想定。此復三種。自性者，唯是善。補特伽羅者，在異生相續。起者，先於此起，後於色界第四靜慮，當受彼果。

**玄奘譯《顯揚聖教論》卷一**　無想定者，謂已離遍淨欲，未離上地欲，觀想如病如癰如箭，唯無想天，寂靜微妙。由於無想天，起出離想作意前方便故，不恆現行心心法滅性。

**玄奘譯《成唯識論》卷七**　無想定者，謂有異生，伏遍淨貪，未伏上染，由出離想作意爲先，令不恆行心心所滅，想滅爲首，立無想名。令身安和，故亦名定。修習此定，品別有三。下品修者，現法必退，不能速疾還引現前。後生彼天，不甚光淨形色廣大，定當中夭。中品修者，現不必退。設退，速疾還引現前。後生彼天，雖甚光淨形色廣大，而不最極。雖有中夭，而不決定。上品修者，現必不退。後生彼天，最極光淨形色廣大，必無中夭，窮滿壽量，後方殞沒。此定唯屬第四靜慮。又唯是善，彼所引故。下上地無，由前說故。四業通三，除順現受。有義，此定唯欲界起，由諸外道說力起故。人中慧解，極猛利故。有義，欲界先修習已，後生色界，能引現前。除無想天，至究竟故。由此厭想，欣彼果入，故唯有漏，非聖所起。

**玄奘譯《大乘阿毗達磨雜集論》卷二**　無想定者，謂已離遍淨欲，未離上欲，出離想作意爲先故，於不恆行心心所滅，假立無想定。已離遍淨欲者，已離第三靜慮貪。未離上欲者，未離第四靜慮已上貪。出離想作意爲先者，解脫想作意爲前方便。不恆行者，轉識所攝。滅者，謂定心所引，不恆現行，諸心心法暫時間滅所依位差別，以能滅故名滅。

**地婆訶羅譯《大乘廣五蘊論》卷一**　云何無想定。謂離遍染，未離上染，以出離想作意爲先，所有不恆行心心法滅爲性。

**玄奘譯《阿毗達磨俱舍論》卷五**　初無想定，其相云何。

頌曰：如是無想定，後靜慮求脫。善唯順生受，非聖得一世。

論曰：如前所說，有法能令心心所滅，名爲無想。如是復有別法，能令心心所滅，名無想定。無想者定，名無想定。或定無想，名無想定。說如是聲，唯顯此定滅心心所，與無想同。此在何地。謂後靜慮，即在第四靜慮，非餘。修無想定，爲何所求。謂求解脫，彼執無想，是眞解脫。爲求證彼，修無想定。前說無想，是異熟故，無記性攝，不說自成。今無想定，一向是善。此是善故，能招無想有情天中五蘊異熟。既是善性，爲順何受，唯順生受。非順現後，及不定受。若起此定，後雖退失，傳說現身，必還能起，當生無想有情天中。故得此定，必不能入正性離生。又許此定，唯異生得，非諸聖者。以諸聖者，於無想定，如見深坑，不樂入故。要執無想爲眞解脫，起出離想而修此定。一切聖者，不執有漏爲眞解脫，及眞出離，故於此定，必不修行。若諸聖者，修得第四靜慮定時，爲如靜慮，亦得去來無想定不。餘亦不得。所以者何。彼雖曾習，以無心故，要大加行方便修得。故初得時，唯得一世，謂得現在。如初受得別解脫戒，得此定已，第二念等，乃至未捨，亦成過去。以無心故，無未來修。

**玄奘譯《入阿毗達磨論》卷下**　已離第三靜慮染，未離第四靜慮染，第四靜慮地心心所滅，有不相應法，名無想定。惟滅一切心心所法而起此定，專爲除想，故名無想。如他心智，此無想定，是善第四靜慮所攝。唯非聖者相續中起，求解脫想，起此定故。聖者於此，如惡趣想，深心厭離。此唯順定受，謂順次生受，是加行得，非離染得。

**玄奘譯《阿毗達磨大毗婆沙論》卷一五二**　問：無想定，自性云何。答：不相應行蘊爲性，是彼攝故。界者在色界，地者在根本第四靜慮地。問：何故下地無此定耶。答：非田非器，乃至廣說。又無想定滅心心所故，得下地不順心心所滅。問：何故第四靜慮順心心所滅，非下地耶。答：諸欲入彼定者，先起欲界善心，次入初靜慮，次入第二靜慮，次入第三靜慮，後入第四靜慮。於第四靜慮上中下心，從上入中，從中入下。下品心斷，入無想定。譬如女人績毛爲縷，除去麁者，緝績細者，乃至將盡，以手絕之。入無想定，當知亦爾。從麁入細，乃至都滅故。此唯在第四靜慮。又下諸地有歡慼受，行相麁動，難可除滅。第四靜慮，唯有處中受，行相微細，易可斷滅，故下地中，無無想定。

問：何故無色界無彼定耶。答：唯有異生計習此定，以爲能證無想涅槃，無色界中無有無想異熟可計故，無想定於彼亦無。又諸異生怖畏斷滅，彼界無色若更滅心便爲斷滅。是彼所怖故彼界中無無想定。問：此無想定何處能起。有作是說，唯欲界起，欲界心猛。有說力故。有餘師說，通欲界三靜慮起，由念曾修加行勢力亦能起故。復有說者，第四靜慮亦能現起，除無想天，勿果與因極相逼故，彼歿定當生欲界故。

問：此無想定誰所起耶。答：唯異生起，由作出離想故。聖於有法無出離想。問：起此定後有能入見道不。有說不能，由此定是異生定故。若起此定後能入見道，便有聖者成就此定，不應名異生定。有說，起此定後，亦能入見道。問：若爾，云何名異生定。答：聖雖成就而不現行，彼依現行名異生定。是故尊者妙音說曰，得此定補特伽羅，有能入正性離生者，應言退失此定，於彼極厭不現行故。命終生於第四靜慮，於彼處所有容受故。評曰：應知前所說好。

問：此無想定爲加行得，爲離染得。答：是加行得，非離染得，離第三靜慮染時不得故。若離染得者，聖離第三靜慮染時亦應得。然則不應名異生定。問：此無想定亦得過去修未來耶。有說不然，唯有心定可有是事，非於無心有得修義。若作是說，定初刹那唯成就現在，定餘刹那成就過去。現在出此定已，但成就過去。有說，此定有未來修，以加行得法有未來修故。此定必由極作意力加行而得，云何無未來修耶。若作是說，定初刹那成就未來現在，定餘刹那成就三世，出此定已成就過去未來。

問：若如有心有得修者，聖離第三靜慮染第九無間道時，如得第四靜慮幷眷屬亦應得此定，是則不應名異生定。答：前說此定唯加行得，是故異生聖者，離第三靜慮染時，皆悉不得。唯諸異生離彼染已，以加行力，方乃得之。是故無過。如是說者，應如初說，以有心定可未來修，此定無心無未來修義。由此過去亦無得理。如別解脫律儀。此亦如是。

問：此無想定有退轉不。答：此無退轉。云何知然。曾聞有苾芻得無想定，出此定已，諸根寂然。進止威儀，語言衣著，受諸飲食，皆悉詳審。有阿羅漢先得願智，見已念言，此善男子，必獲勝法，我當觀其所證邊際。念已入定，以願智力，見彼苾芻得無想定。便從定起而語之言：汝之所證極爲非善，如何遇佛功德寶藏。捨而謬取外道，所學糞壞定耶，汝今宜應疾疾棄捨。苾芻聞已，作意捨之。此定隨逐不能捨離，乃至休道還家，亦不能捨。後命終已，生無想天。故知此定不可退轉。譬喻者說，此有退轉，以一切業皆可轉故。乃至無間業，若遇勝緣，亦有轉義。若無間業不可轉者，應無有能越第一有。評曰，應知前所說好。

問：此無想定於衆同分，爲能牽引，爲但圓滿。答：但能圓滿，不能牽引，以衆同分唯業所引此非業故。問：此無想定，爲順現法受，爲順次生受，爲順後次受，爲順不定受耶。答：唯順生法受，非順現法受等。非順現法受者，以於餘處修此定已，生無想天，方與果故。非順後次受者，此定猛利速與果故。非順不定受者，不可退轉故。

問：此於何處受何異熟果。答：於無想天受五蘊異熟果。入滅盡定幾根滅，乃至廣說。問：何故作此論。答：爲止他宗顯己義故。謂譬喻者分別論師，執滅盡定，細心不滅。彼說無有有情而無色者，亦無有定而無心者。若定無心，命根應斷，便名爲死，非謂在定。爲止彼意，顯滅盡定，都無有心。有執此定雖無有心，但離色染，即能現起以界同故。爲止彼意，顯滅盡定，要離無所有處染方得現前。非想非非想處心，爲等無間緣故。由此尊者世友說言，云何滅盡定，謂已離無所有處染，止息想作意爲先，心心所法滅，是名滅盡定。由此因緣，故作斯論。入滅盡定幾根滅。答：七，謂意捨信等五根。何繫心心所滅。答：無色界繫。此依界類總相而說。然唯非想非非想處繫，出滅盡定幾根現前。答：或七或八，有漏心七，無漏心八。謂若非想非非想處心出者，七根現在前。如前說，若無所有處心出者，八根現在前。謂前七及已知具知根隨一。何繫心心所現前。答：或無色界繫，或不繫。謂若非想非非想處心出者，無色界繫。若無所有處心出者，不繫。由此所說，證滅盡定，決定無心。以入定時，但說諸根心心所法滅，而不說起。於出定時但說諸根心心所法起，而不說滅故。

# 滅盡定

**曇摩耶舍共、曇摩崛多等譯《舍利弗阿毘曇論》卷一七**　何謂離一切非想非非想處成就滅受想定是第八解脫。如比丘依戒住戒，增修二法定慧，依定慧滅受想。若滅受想，是名滅盡定。

**曇摩耶舍共、曇摩崛多等譯《舍利弗阿毘曇論》卷二一**　何謂無想定法。若離果實天，若心心數法寂靜入定，是名無想定法。何謂非無想定法，除無想定若餘法，是名非無想定法。何謂得果法，若證果是名得果法。何謂非得果法，除得果若餘法，是名非得果法。何謂滅盡定法，若離非想非非想處，若心心數法寂靜出世法，是名滅盡定法。何謂非滅盡定法，除滅盡定若餘法，是名非滅盡定法。

**求那跋陀羅共菩提耶舍譯《衆事分阿毗曇論》卷一**　云何無想定，謂遍淨天離欲，上地未離欲，作出要想思惟先方便，心及心法滅，是名無想定。云何滅盡定，謂無所有處離欲，上地未離欲，作止息想先方便，心及心法滅，是名滅盡定。

**慧遠《大乘義章》卷二**　無想定者，諸外道等，謂無想報以爲涅槃。爲求彼報，修無想定，學滅心想。依第四禪，滅諸心法。心想滅已，得一有爲非色心法，領補心處，名無想定。《成實》法中，不存此義。故彼論言，凡夫不能滅心心法，但心寂靜微細難覺，故云無想，非謂全無。今依《毘曇》宣說無想。無想報者，依前定因，生四禪中廣果天處。初生有心，中間無心。逕五百劫，是心滅時，得一有爲非色心法，領補心處，名無想報。命欲終時，心想還生，以彼因時前後有心，中間無心，是故得報，還與因同，前後有心，中間無心。報欲盡時，心想還生。心想生故，見未來世受生中陰，便謗涅槃。作如是念，我本謂呼寶有涅槃，懃苦求之，今見未來還有生處，定知一切無有涅槃，以是謗故死入地獄。以是過故，佛諸弟子都無求者。此無想報，《成實論》中說爲心法，但無麁想。

滅盡定者，謂諸聖人患心勞慮，暫滅心識，得一有爲非色心法，領補心處，名滅盡定。若依《成實》，是無爲法非不相應。此義廣釋，如滅盡章。

**慧遠《大乘義章》卷九**　滅盡定義，九門分別。（釋名辨體一，出入之相二，時節分齊三，就界分別四，就地分別五，有漏無漏分別六，就人分別七，對第八解脫辨其同異八，釋文九）。

第一門中。先釋其名，後辨體性。名別不同，乃有四種。一名無心定，二名斷受定，三名滅受想定，四名滅盡定。通釋是一，於中別分非無差異。無心定者，偏對心王以彰其名。心識盡謝，故曰無心。離於有心分別散動，名無心定。斷受定者，《地持論》中名斷受樂。此對受數以彰其名。五受皆亡，故曰斷受。離受散動，名斷受定。良以諸苦皆在受中，故斷此受，名斷受樂。故《地持》言，隨所有受是眞實苦，住定受滅名斷受樂。滅受想者，偏對受想二陰彰名。想絕受亡，名滅受想。滅盡定者，通對一切心心數法，以彰名也。心及心法一切俱亡，名曰滅盡。又復三界緣心都盡，亦名滅盡。如初禪中，雖滅欲惡，覺觀猶在。乃至非想，雖滅下過，自地心在。以是義故，不名滅盡。至此定中，一切斯亡，故曰滅盡。定如前釋。名字如是，體性云何。論者不同，所說各異。如彼佛陁提婆所說，心法爲體。彼人何故作如是說。入滅定者，猶名衆生。若全無心，不名衆生。是衆生故，明知有心。體雖是心，絕離麁想，故云滅盡。毘曇所說，非色心法爲滅定體。是義云何。彼論宣說，絕去心慮，得一非色非心之法，在於身中須補心處，故說非色非心爲體。

問曰：是中滅去心慮，心得滅不。釋言：不滅。何故不滅。能滅所滅，同地法故。如欲界善，雖滅欲惡，不滅彼得。此亦如是。問曰：若此能滅所滅同地法故不滅得者，斷善根時，以欲界惡斷欲界善，何故斷得。釋言：闡提斷善根時，具以方便無礙解脫三道斷善，極違善故，通斷其得。滅定唯以方便滅心，故不捨得。《毘曇》如是。《成實》宣說，心識盡處數滅無爲爲滅定體。

問曰：若說心識盡處爲滅定體，是滅定中便無心識，應非衆生。又若無心，草木何別。《成實》釋言：心得在故，猶名有心。以有心故，亦名衆生，不同草木。何者，心得入滅定者，成就過去未來世心，故名心得。不同《毘曇》別立非色非心得也。大乘法中，尋名取義，心識盡處爲滅定體，以實具論，滅盡定中亦得有心亦得無心。言無心者，聲聞滅定，無六識心，菩薩滅定，全無六識分有妄識。諸佛滅定，六七全無。言有心者，聲聞菩薩滅定之中，猶有本識，眞妄和合爲本識故。佛滅定中，猶有眞心。若有心識，云何滅盡。滅麁心故，體性如是(此一門竟)。

次辨出入滅盡定相。先就《毘曇》以辨出入。入時云何。依彼論中先得八禪，極令純熟，次於八禪六種入定調練其心。故經說言，欲入滅定，必先調心。何者六種。一者順入，從初禪入次第上昇，乃至非想。二者逆入，從非想入次第下轉，至初禪出。三逆順入，從初禪入至第二禪，卻入初禪，次第上昇，至第三禪。劫入二禪，次第上昇，至第四禪。如是卻入而復上昇，乃至非想。四者順超，從初禪入超第二禪入第三禪，超第四禪入於空處。如是上超，乃至非想。問曰：何故唯超一地。聲聞超禪不過一故。五者逆超，從非想定，超無所有，入於識處，超於空處。入第四禪，超第三禪。入二禪中，超於初禪起欲界心。六逆順超，從初禪地超入三禪，卻入二禪超入四禪，卻入三禪超入空處。如是卻入而復上超，乃至非想。然此六種皆就有漏，根本定中轉次相入，不入無漏，不由方便。問曰：上入至非想地即得出定入散心不。釋言：不得。何故不得。若從彼出赴於欲界散亂之心，便超八地。聲聞禪定無如是義。如人極上善心之後，不起重惡。彼亦如是。

問曰：若言至非想定不得即出起散心者，向前六中第三第六至非想定云何得出。釋言：彼還次第下入至於初禪或至二禪，然後出定起欲界心。若爾便有八種調心，何得言六。彼逆入者，同第二門。逆次第收，故合說六。調心如是。如是六種調心已竟。次起要期作滅心意，又復要期其時當出。作是念已，方入滅定。先入初禪根本定中滅欲界心，次入二禪滅初禪心，乃至轉入非想定中滅無所有心。非想心後，以本要期心心數法忽然而滅。問曰：有人一世之中數入滅定，爲當一一別須六種入定調心，爲當一調能多入定。彼宗如來一調已後，能多入定。聲聞之人，隨別須調。入時如是，出時云何。在滅定中，隨時多少，至本要期欲出之時，以本要期欲出之力心心數法忽然而生。《毘曇》如是。次就《成實》以辨出入。成實法中趣入滅定，有二次第。一種次第，先得八禪，次修聖道斷欲界中修道煩惱。上至非想非想地結，或盡不盡。斷此惑已，次起要期作滅心意，并起要期其時當出。生此要期，後然後滅心。先入初禪根本定中，滅欲界心。乃至轉入非想定中，滅無所有心。非想心後，以本願力，一切心想，忽然而滅。

問曰：《成實》得八禪已，別修無漏，斷修道惑，然後滅心。《毘曇》法中何不如是。釋言：《毘曇》禪定斷結，得八禪時，無所有下煩惱已盡，不須更修無漏斷結然後滅心。設修無漏但斷悲想一地煩惱，故異《成實》。此《成實》一種次第。第二次第，先依電光，修習聖道，斷欲界中修道煩惱乃至非想。次修八禪得八禪已，次起要期，作滅心意，并起要期，其時當出，然後滅心從初禪入乃至滅定。問曰：《毘曇》亦得如是先斷修惑後得禪不。釋言：不同。《毘曇》法中，依未來禪發無漏觀，斷除三界修道惑時，即得八禪。同治修故，雖得八禪，不能現前。更起方便修乃現前。問曰：向說《毘曇》法中欲入滅定，先作六種入定調心，《成實》法中亦如是不。釋言：不須，但得八禪，則能滅心。何故如是。彼論宣說，得此禪已，別用無漏斷諸煩惱。無漏調心，是故不假。故彼《成實·六三昧品》云，得八禪已，即能滅心，不假六種。問曰：欲入滅盡定時，爲作意滅，爲不作意。《成實》兩釋。一義釋云，意滅心是心方滅，若不作意更緣餘法，不名滅心。良以行者斷煩惱來恆常制心，以制心故欲滅即滅。故彼《成實》引經說言，欲入滅定，必先調心。第二釋云，不作滅意而心自滅。如人眠時不念而現。以常修故，入時如是，出同《毘曇》。問曰：出時前無意根，定後心識依何得生。釋言：定前最後之心爲意根，故後心得生。問曰：前心滅謝已久，何能生後說爲意根。《成實》釋言，因義成故，雖滅生後，如業雖滅能生後果。《成實》如是。

次就大乘以辨出入。大乘法中，義別有四。一據修始，與《毘曇》同，先得八禪，六種調心，要期方便後乃出入。二據修終，相同《成實》，直得八禪，要期方便即能出入，不假六種入定調心。三據修純，始從欲界乃至非想，隨何地心欲入即入，欲出即出，不假先作要期方便。又復不須從初禪入乃至滅定次第滅心。四據德成，無時不入，以常寂故，無時不出，以常用故。故經說言，不起滅定而現威儀，爲宴坐也。問曰：菩薩何因緣故，獨能常入復能常出。釋言：菩薩畢竟不取一切心相，故能常入。不取滅相，故能常出。又復菩薩善入法界差別法門，法界門中有其寂靜滅心法門，菩薩住之畢竟不捨，故常滅心，復有分別不滅心門。菩薩住之無時暫捨，故常不滅，出入定相，辨之麁爾。（此二門竟）

次辨滅定時節分齊。《毘曇》法中，欲界眾生所入滅定時，雖能久而不久入。於中極遠不過七日。若過七日，出定即死。何故如是。欲界眾生段食養身，段食之勢不過七日。故過七日，出定即死。上界眾生離段食，故入滅定者能經多時。雖經多時，不得過於彼報分齊，過出即死。《成實》法中，破毘曇家欲界眾生段食養身七日須出，彼說一切入滅定者，正受持身，縱逕多劫，出亦不死。於中或有出而死者，以本命根垂盡之時而入滅定，是故出時即便命終，不由在定多時故死。大乘法中，諸佛菩薩所入滅定時無限齊。問曰：經說，摩訶迦葉在鷄足山待彌勒出，從山而起，禮覲彌勒現十八變，然後滅身。彼今在山爲般涅槃，爲入滅定。釋有兩義。若依《成實》，彼入滅定正受持身，故後能出禮佛現化。若依《毘曇》，彼入涅槃，非是滅定。若是滅定，出即身壞，何能詣佛禮事供養廣現神化。又復依如《阿育王經》宣說，迦葉欲涅槃時，往辭世王，云入涅槃。定知所入非是滅定。又復世尊《付法藏》中說：佛滅後，迦葉持法經二十年。摩訶迦葉般涅槃後，阿難持法復二十年。如是次第，故知彼今入般涅槃。問曰：若彼入涅槃者，後時何能詣佛禮覲廣現神變。釋言：彼是留化神力，故能如是。如佛世尊般涅槃時，摩訶摩耶來至佛所，佛爲起坐。亦如舍利目揵連等，化火燒身。此等皆是留化力也。時分如是。（此三門竟）

次就界論。界謂三界，於中別以三門分別。一明得處，二明入處，三明成處。言得處者，修得之所名爲得處。小乘法中，最初修得要在欲地，非上二界，藉說起故。欲界地中有佛宣說滅心之法，故得修起。上二界中無佛宣說，故不修起。問曰：上界無佛說法，得修諸禪。何爲不得修起滅定。釋言：凡夫過去已來曾得諸禪，以是凡夫常所得法，故上修起。凡夫本來不得滅定，以非凡夫常得法，故上不修起。若退重修上界亦得。問曰：上界修得之時，爲得已得，爲得未得。釋言：斯乃得於未得非得已得。何故如是。彼非心法，不得冥通三世成故。如人得戒，念念之中，皆得未得。彼亦如是。大乘法中，始同聲聞欲界修得，終則不爾，三界皆得，於一切處滅心法門常現前故。言入處者，隨身所在，堪能入中，名爲入處。小乘法中，欲色兩界堪能現入，非無色界。何故如是。入滅定者，斷絕心慮。欲色界中滅心色在，命根猶存，故得現入四空無色。復絕心慮，命根不立，故不入矣。大乘法中，諸佛菩薩隨身何處，皆能現入。問曰：無色滅心即死，云何大乘一切處入。釋言：大乘說無色界猶有形，故雖滅心命根猶存。又大乘中說，有眞心常而不滅，無色界中入滅定時，雖息心用，心體猶存，故不命終。言成處者，隨身所在成就不失名爲成處。修得已後，於三界中隨身何處，皆得成就。依如《毘曇》滅定是其非想法，故三界皆成。《成實》、大乘宣說，滅定不繫法故三界皆成。處別如是（此四門竟）。

次就地論。地謂欲界乃至非想。就此諸地以明滅定。先明定體，次論入心，後辨出心。滅定之體，宗別各異。《毘曇》法中宣說，滅定是非色非心有爲法，故繫屬非想，與非想定同招一果。《成實》說爲無爲法，故不屬三界。大乘法中，義則不定。若說六識七識心滅爲滅定體，是無爲故，不屬三界。若說第八眞心體寂爲滅定體，亦非三界。若說第七妄識心寂爲滅定體，繫屬三界。總相繫屬，不別諸地。次論入心。聲聞滅定非想心入，餘心麁強，難可滅故。菩薩法中，始同聲聞。成則不同。云何不同。始從欲界乃至非想一切地，心皆能入故。次論出心。《毘曇》法中或非想出，或無所有出，次第正受，非想心出，超越正受，無所有出。聲聞超禪不過一故餘地不出。問曰：滅定非想地攝，從滅定起無所有心應是次第，以何義故說爲超越。釋言：就地應非超越，論家約就九次第說，中間隔於非想定故。《成實》法中，雖無文證，以義推之，與《毗曇》同。《毗曇》所立，彼不非故。大乘法中，諸佛菩薩於禪自在，一切地心皆悉得出。地別如是。（此五門竟）

次就有漏無漏分別。先論定體，次辨入心，後明出心。滅定之體，諸論不同。《毗曇》法中一向有漏，體是非想有漏法故。《成實》法中，一向無漏，體是數滅無爲法故。大乘法中，總相論之，體是無漏故。《地持》中說爲聖住，於中分別亦有有漏無漏之義。若說六識七識心滅爲滅定體，一向無漏。若說第八眞識體寂爲滅定體，亦是無漏。若說第七妄識心寂爲滅定體，相似無漏，性是有漏。次論入心。《毗曇》法中入心有漏，非想入故。《成實》入心，一向無漏。問曰：滅定非想心入。《成實論》家無漏唯依四禪三空，欲界電光不依非想，云何說言入心無漏。釋言：《成實》非想地中亦有無漏，有何無漏。謂有順舊遊觀無漏，何者是乎。先依下禪發無漏觀，觀非想地苦無常等，斷非想結。然後用彼非想地心，觀非想地苦無常等，名非想地遊觀無漏，依此無漏入滅盡定。大乘法中，有漏無漏，皆悉得入。次明出心。《毗曇》法中，出定之心或是有漏，或是無漏，非想心出一向有漏。無所有處，或漏無漏，無所有中具有有漏無漏心故。《成實》法中出唯無漏，云何得知。如彼《成實·滅定品》中。破《毗曇》云：有人宣說入心有漏，出心或漏或是無漏，是義云何。答曰，非漏，以其行者欲入滅定，先破一切有爲行已，然後入中故入無漏。出緣泥洹，故出無漏。大乘法中，諸佛菩薩有漏無漏，皆悉得出。（此六門竟）

次就人論。總相論之，唯是三乘賢聖所得。別相論之，小乘人唯有那含羅漢人得。就彼那含羅漢人中，論說不同。《毗婆沙》中十人得之。謂非想地九品惑中，從斷一品乃至九品，即爲九人。非想地中，具縛爲一，令爲十人。此十人中，始從具縛乃至斷除八品惑來是阿那含，斷第九品是阿羅漢。《成實》法中無有非想具縛能得。要分斷除，方乃得云分斷幾品。論中不辨。有人釋言，於非想地九品惑中斷前八品，唯一品在。患心勞慮，故入滅定。或可如此，或斷一二三四品等亦能滅心，斷之未盡，是阿那含盡，是羅漢。大乘法中，種性已上一切皆得。若復通論，十信已上，亦漸得之。（此七門竟）

次對經中第八解脫，以辨同異。《毗曇》法中，正用滅定爲第八解脫。《成實》法中，滅定與彼第八解脫一向別體。第八解脫偏在果中。滅盡定者，通因及果。故《成實》言，滅盡定者，學人亦得，第八解脫唯無學得。又彼論言，滅盡定者滅心心法，第八解脫滅諸煩惱。彼論復言，滅盡定者滅想受等，第八解脫滅無明愛。故知全別。大乘所說，與《毗曇》同。故《大品經·六度攝品》中宣說，菩薩第八解脫滅定爲體，涅槃亦爾。（此八門竟）

次釋其文。如經中說：過一切非想非非想處，想受滅身作證，名滅盡定。言過非想非非想者，論釋不同。《毗曇》釋云：過者名到，到非想地，名過。故彼論言，學人能見非想地中一切行空，斷非想結，名之爲過，但即能滅心，故名爲過。非謂要斷非想煩惱超出名過。《成實》釋云，超出斷未盡，不能不生，故名學人。非是始到說之爲過。大乘法中，文無定判，唯義判之，與《毗曇》同。菩薩雖未斷非想惑，隨分亦得滅盡定故。想受滅者，依如《毗曇》理實通滅一切心法，但想及受二數強，故偏說滅之。此云何強。如論中說，煩惱法中受爲愛根，想爲見本。淨法之中受修諸禪，想修無色，故說爲強。《成實》非此。若說想受二數強故偏言滅者，心王最強，何故經中不說心滅。又復想受皆依心王，何不說心。若欲釋通，就主而言，應云心滅。但彼滅定滅八禪心。八禪定中受修諸禪，想修無色，故對想受以彰滅矣。《成實》所立滅盡定中，滅一切心，滅一切法，通名爲受。受有二種，一者想受，二者慧受。有爲緣心名爲想受，無爲緣心名爲慧受。言滅想者，明有爲緣想受滅也。隱受在想，故云滅想。言滅受者，明無爲緣慧受滅也。隱慧彰受，故說滅受。問曰：心滅通攝空有，何不就通說心滅乎。爲彰空有二心滅，故餘經論中多同《毗曇》。身作證者，是中無心，唯有色身，定與身合，名身作證。故《成實》言，八解脫等皆是身證。何故獨說滅定身證。答曰：是中更無有心，唯有身故。滅定如是。

**道液《淨名經集解關中疏》卷上**　小乘滅受想心，名爲滅定，故滅而無用也。菩薩體心性常寂滅，名滅盡定，故寂而常用。肇曰：小乘人入滅盡定則形猶枯木，無運用之能。大士入實相定，心智寂滅而形充八極，順機而作，應會無方，舉動進止不捨威儀。其爲宴也，亦以極矣。

**玄奘譯《阿毗達磨大毗婆沙論》卷一五二**　云何滅盡定，謂已離無所有處染，止息想作意爲先，心心所法滅，是名滅盡定。

**玄奘譯《阿毗達磨俱舍論》卷五**　論曰：如無想定滅定亦然。此亦然，聲爲例何義。例無想定心心所滅，如說復有別法能令心心所滅，名無想定。如是復有別法，能令心心所滅，名滅盡定。如是二定差別相者，前無想定爲求解脫，以出離想作意爲先。此滅盡定爲求靜住，以止息想作意爲先。前無想定在後靜慮，此滅盡定唯在有頂，即是非想非非想處。此同前定性，唯是善，非無記染。善等起故，前無想定唯順生受。此滅盡定，通順生後及不定受。謂約異熟有順生受，或順後受，或不定受，或全不受。謂若於下得般涅槃。此定所招何地幾蘊，唯招有頂四蘊異熟。前無想定唯異生得，此滅盡定唯聖者得。

**玄奘譯《阿毗達磨順正理論》卷一二**　論曰：如前無想定，滅盡定亦然。謂如已離第三靜慮貪者，有法能令心心所滅，名無想定。如是已離無所有處貪者，有法能令心心所滅，名滅盡定。如是二定差別相者，前無想定。爲求解脫厭壞於想，以出離想作意爲先而得證入。今滅盡定，爲求靜住厭壞散動，以止息想作意爲先而得證入。前無想定，在色界邊地。今滅盡定，在無色邊地。以在非想非非想處所受生身，是最上業所牽引故，說名有頂。或有邊際，故名有頂。如樹邊際說名樹頂。唯此地中有滅盡定。何緣下地無此定耶。厭背一切心及邊際心斷，方能得此勝解脫故。謂由二緣，立此解脫，一者厭背一切心故，二者邊際心暫斷故。若於下地有此定者，便非厭背一切種心，以未能厭上地心故。亦不名爲邊際心斷，以上地心猶未斷故。應名厭背少分諸心，亦復應名中際心斷。於三性中，此滅盡定，同前唯善，非染無記。非諸聖者，厭怖散動取染無記爲寂靜住。前無想定能順生受及不定受，今滅盡定通順生後及不定受。謂約異熟，有順生受，或順後受及不定受。或全不受，謂若下地起此定已，不生上地便般涅槃。此滅盡定，能招有頂四蘊異熟。前無想定，唯異生得。此滅盡定，唯聖者得，非諸異生能起滅定。彼有自地，起滅定障，猶未斷故。未超有頂見所斷惑，於起滅定畢竟無能，非諸異生能超有頂見所斷惑，故唯聖者得滅盡定。

**玄奘譯《瑜伽師地論》卷三三**　於所生起一切想中，精勤修習，不念作意。由此修習爲因緣故，加行道中是有心位。入定無間，心不復轉。如是出離想作意。爲先已離遍淨貪，未離廣果貪，心諸法滅，是名無想定。由是方便，證得此定。若諸聖者已得非想非非想處，復欲暫時住寂靜住，從非有想非無想處心求上進，心上進時，求上所緣，竟無所得，無所得故，滅而不轉。如是有學已離無所有處貪。或阿羅漢求暫住想作意，爲先諸心心法滅，是名滅盡定。由是方便證得此定。復次，依止靜慮，發五通等。

**玄奘譯《瑜伽師地論》卷五三**　復次，云何滅盡定。謂已離無所有處貪未離上貪，或復已離由止息想作意爲先故，諸心心所唯滅靜唯不轉，是名滅盡定。此定唯能滅靜轉識，不能滅靜阿賴耶識。當知此定亦是假有，非實物有。此定差別，略有三種。下品修等如前已說。若下品修者，於現法退，不能速疾還引現前。中品修者，雖現法退，然能速疾還引現前。上品修者，畢竟不退。有學聖者能入此定，謂不還身證。無學聖者亦復能入，謂俱分解脫。前無想定非學所入，亦非無學。何以故。此中無有慧現行故，此上有勝寂靜住及生故。又復此定不能證得所未證得諸勝善法，由是稽留誑幻處故。

**玄奘譯《顯揚聖教論》卷一**　滅盡定者，謂已離無所有處欲。或入非想非非想處定。或復上進。或入無想定。或復上進由起暫息想作意前方便故，止息所緣，不恆現行諸心心法，及恆行一分諸心心法滅性。無想天者，謂先於此間得無想定。由此後生無想有情天處，不恆現行諸心心法滅性。

**玄奘譯《成唯識論》卷七**　滅盡定者，謂有無學，或有學聖，已伏或離無所有貪，上貪不定。由止息想作意爲先。令不恆行恆行染污心心所滅，立滅盡名。令身安和，故亦名定。由偏厭受想，亦名滅彼定。修習此定，品別有三。下品修者，現法必退，不能速疾還引現前。中品修者，現不必退，設退速疾，還引現前。上品修者。畢竟不退。此定初修。必依有頂。遊觀無漏。爲加行入。次第定中最居後故，雖屬有頂而無漏攝。若修此定，已得自在，餘地心後亦得現前。雖屬道諦，而是非學非無學攝，似涅槃故。此定初起，唯在人中，佛及弟子說力起故，人中慧解極猛利故。後上二界亦得現前，《鄔陁夷經》是此誠證，無色亦名意成天故。於藏識教未信受者，若生無色，不起此定，恐無色心成斷滅故。已信生彼，亦得現前，知有藏識不斷滅故。要斷三界見所斷惑，方起此定，異生不能伏滅有頂心心所故。此定微妙，要證二空，隨應後得所引發故。有義下八地修所斷惑中，要全斷欲，餘伏或斷，然後方能初起此定。欲界惑種二性繁雜障定強故，唯說不還。三乘無學及諸菩薩得此定故，彼隨所應，生上八地，皆得後起。有義要斷下之四地修所斷惑，餘伏或斷，然後方能初起此定。變異受俱煩惱種子障定強故，彼隨所應生上五地，皆得後起。若伏下惑，能起此定，後不斷退生上地者，豈生上已，卻斷下惑，斷亦無失。如生上者，斷下末那，得生惑故。然不還者，對治力強，正潤生位，不起煩惱。但由惑種潤上地生，雖所伏惑，有退不退，而無伏下生上地義，故無生上卻斷下失。若諸菩薩先二乘位已得滅定後迴心者，一切位中能起此定。若不爾者，或有乃至七地滿心，方能永伏一切煩惱。雖未永斷欲界修惑，而如已斷，能起此定。論說已入遠地菩薩，方能現起滅盡定故。有從初地即能永伏一切煩惱，如阿羅漢彼十地中皆起此定。經說菩薩前六地中亦能現起滅盡定故。

**玄奘譯《瑜伽師地論》卷一二** 問：滅盡定中，諸心心法，并皆滅盡，云何說識不離於身。答：由不變壞諸色根中，有能執持轉識種子阿賴耶識，不滅盡故，後時彼法、從此得生。

**玄奘譯《成唯識論》卷四** 又契經說：住滅定者，身語心行，無不皆滅，而壽不滅，亦不離煖，根無變壞，識不離身。若無此識，住滅定者，不離身識，不應有故。謂眼等識，行相粗動，於所緣境，起必勞慮。厭患彼故，暫求止息，漸次伏除，至都盡位。依此位立住滅定者，故此定中，彼識皆滅。若不許有微細一類恆遍執持壽等識在，依何而說識不離身。

**玄奘譯《阿毗達磨大毗婆沙論》卷一五二** 問：何故二無心定中，惟滅盡定立爲解脫，非無想定。脅尊者言：佛於諸法體相作用，了達究竟，餘不能知。若法有解脫相者，便即立之，無者不立。復次，滅盡定惟內法有，故立解脫。無想定惟外法有，故不立解脫。如內法外法，聖法異生亦爾。復次，滅盡定惟背雜染向清淨者相續中可得，故立解脫。無想定惟背清淨向雜染者相續中可得，故不立解脫。如背雜染向雜染，背生死向生死，背流轉向流轉，當知亦爾。復次滅盡定，惟背我見向無我見者相續中可得，故立解脫。無想定，惟背無我見向我見者相續中可得，故不立解脫。復次，滅盡定，惟背薩迦耶見向空觀者相續中可得，故立解脫。無想定，惟背空觀向薩迦耶見者相續中可得，故不立解脫。復次，前說滅盡定，由二因緣，立爲解脫，一背一切所緣，二邊際心斷。無想定、二事俱無，是故不立。復次滅盡定，惟障諸界諸趣諸生者相續中可得，故立解脫。無想定，惟不障諸界諸趣諸生者相續中可得，故不立解脫。復次，棄背諸有，名爲解脫。滅盡定，棄背諸界諸趣諸生生死流轉覺。無想定不爾。由此等緣，二無心定中，惟滅盡定立爲解脫，非無想定。

**惟淨譯《佛說除蓋障菩薩所問經》卷四** 過彼無所有處，緣非想非非想處而爲行相，即能成就非想非非想處定法。次於上心無復行相，滅諸想受，離諸發悟，名滅盡定。如是等法，是爲菩薩善了止觀。

**明昱《大乘百法明門論贅言》** 註：無想定者，想等不行，令身安和，故亦名定。或云此定，想等心聚，悉皆不行。而云無想者，想滅爲首。謂此外道，厭想如病，忻求無想，以爲微妙，立此定名。滅盡定者，令不恆行心心所滅（六識），及染第七恆行心聚，皆悉滅盡，乃此定相。蓋修無想，則作出離想。而滅盡，乃作止息想。又無想唯凡，滅盡唯聖，乃二定之差別也。大抵於厭心種上，遮礙轉識，不生功能，立此二定也。

**智旭《大乘百法明門論直解》** 五，無想定者，外道厭惡想心，作意求滅。功用淳熟，令前六識心及心所一切不行，惟第七識俱生我執，與第八識仍在，不離根身，依此身心分位假立。

六，滅盡定者，三果以上聖人，欲暫止息受想勞慮，依於非想非非想定，遊觀無漏以爲加行，乃得趣入。入此定已，前六識心及心所一切不行，第七識俱生我執及彼心所亦皆不行。惟第七識俱生法執，與第八識仍在，不離根身，依此身心分位假立。

**方澤《大方廣佛華嚴經合論纂要》卷中** 脩於八禪入九次第定爲正定，九次第定亦名滅盡定。此之滅定，約有四種。以四諦觀識心滅，現行煩惱併智都滅，爲聲聞滅定。以十二緣滅現行煩惱併智亦滅，爲緣覺滅定。性相空寂，都無所縛，行六波羅蜜，生於淨土。或以隨意生身住於娑婆，或以一分慈悲留惑住世。設入寂定，但隨無相理滅，爲權教菩薩滅定。了達根本無明，即是普光明智，以此爲體，位位增明，起諸願行，至寂用自在，是一乘之滅定也。

**普泰《大乘百法明門論解》卷下**　無想定者，想等不行，令身安和故，亦名定。或云：此定想等心聚悉皆不行，而云無想者，想滅爲首，謂此外道厭想如病，忻求無想，以爲微妙，立此定名。滅盡定者，令不恆行心心所滅（六識），及染第七恆行心聚皆悉滅盡，乃此定相。蓋修無想，則作出離想而滅盡，乃作止息想。又無想唯凡，滅盡唯聖，乃二定之差別也。大抵於厭心種上，遮礙轉識不生功能，立此二定也。

**明昱《成唯識論俗詮》卷七**　釋滅盡定。無所有貪者，無色界中第三定也。即九地中第八地思，彼地思惑，無學遠離，有學已伏。上貪不定者，有學出定，還起現行。由彼作意，唯在滅想，故名止息。不恆同前，恆行染汙，即第七識。六七俱滅，身得安和，名滅盡定。由偏厭受想，亦名滅彼定者，釋成別名滅受想定。

# 如來禪

**支謙譯《佛說法律三昧經》**　如來禪者，無意無想，無見無得。不熟曉了那中繫意守淨無爲，不曉權慧法意以成得禪見空因緣解便得道。

**竺法護譯《阿差末菩薩經》卷三**　以濟眾苦，無有煩惱，是如來禪。如來禪者，了一切法，永不貪欲，不想塵勞。知諸情樂，除眾法想，名曰禪思，是爲菩薩所生地慧。

**竺佛念譯《菩薩瓔珞經》卷五**　如來禪定非世俗禪，亦非羅漢辟支佛禪，亦非一地二地乃至十地禪。何以故，餘禪有限如來禪者，亦無有限。

**菩提留支譯《入楞伽經》卷三**　大慧！何者觀察如來禪。謂如實入如來地故，入內身聖智相三空三種樂行故，能成辦眾生所作不可思議。大慧！是名觀察如來禪。

**求那跋陀羅譯《楞伽阿跋多羅寶經》卷二**　云何如來禪。謂入如來地，行自覺聖智相三種樂住，成辦眾生不思議事，是名如來禪。

爾時，世尊欲重宣此義而說偈言：

凡夫所行禪，　觀察相義禪。
攀緣如實禪，　如來清淨禪。

**那連提耶舍譯《大方等大集經》卷五一**　諸仁者！於彼何者是禪清淨平等。有禪聲聞緣覺如來共。有禪緣覺如來共，不共聲聞。有如來禪，不共聲聞緣覺。有如來禪，共聲聞緣覺一切眾生。

**《金剛三昧經》序品卷一**　大力菩薩言：何謂存三守一入如來禪。佛言：存三者，存三解脫。守一者，守一心如。入如來禪者，理觀心淨，如是心地，即入實際。

**闍那崛多譯《大乘大集經賢護分》卷五**　如來禪定力者，如來於一切禪定解脫三昧，生起煩惱及以滅除。斯以正智如實知故。賢護，如是一切禪定解脫三摩跋提，生起煩惱乃至清淨。如來皆以正智如實知者，是則如來禪定力也。

**玄覺《永嘉證道歌》**　頓覺了如來禪，六度萬行體中圓，夢裏明明有六趣，覺後空空無大千。

**宗密《禪源諸詮集》卷一**　若頓悟自心本來清淨，元無煩惱，無漏智性本自具足，此心即佛，畢竟無異。依此而修者，是最上乘禪，亦名如來清淨禪，亦名一行三昧，亦名眞如三昧。此是一切三昧根本。若能念念修習，自然漸得百千三昧。達摩門下展轉相傳者，是此禪也。

**延壽《宗鏡錄》卷二七**　如入如來禪者，理觀心如，入如是地，即入實際。

**知納《註證道歌》**　頓覺了如來禪。不歷位次一超直入故謂頓覺。圓融具足無欠無餘謂如來禪。

六度萬行體中圓。布施、持戒、忍辱、精進、禪定、智慧，名六度。總爲六度，廣爲萬行，其實一心也，故曰體中圓。

夢裡明明有六趣，覺後空空無大千。夢中萬事紛紜，覺來豁然無一。六趣大千，皆是妄心變。妄心是妄，則諸世間無實義。

**契嵩《傳法正宗記》卷五**　夫達磨之道者，乃四禪中諸佛如來之禪者也。經曰，觀如來禪者，謂如實入如來地故，入內身聖智相三空三種樂行故，成辦眾生所作不可思議。

**德清《觀楞伽阿跋多羅寶經記》卷三**　云何如來禪。謂入如來地，得自覺聖智相三種樂住，成辦眾生不思議事，是名如來禪。

記曰：此最上一乘行相也。所言如來禪者，非如來所行禪，乃以如來果地覺爲本因心，所謂以不生滅心爲本修因，故云入如來地，得自覺聖智，即前云修行者大方便也。

# 因緣　次第緣　緣緣　增上緣

**魏譯失名《阿毗曇甘露味論》卷上**　因緣、次第緣、緣緣、增上緣。一切有爲法，從是四緣生。云何因緣，五因相應，共有自然遍報因，是謂因緣。云何次第緣，諸法中心心數是，是法滅是法起，是爲次第緣。云何緣緣，緣塵故心心數法生，是謂緣緣。云何增上緣，一切萬物不相障礙，是謂增上緣。六因，相應因、共有、自然、遍、報、所作因。

**鳩摩羅什譯《摩訶般若波羅蜜經》卷一**　菩薩摩訶薩欲知諸法因緣、次第緣、緣緣、增上緣，當學般若波羅蜜。

**僧肇《注維摩詰經》卷二**　什曰：力強爲因，力溺爲緣。肇曰：前後相生因也，現相助成緣也。諸法要因緣相假，然後成立。若觀法不在緣，則法不屬因也。生曰：因謂先無其事而從彼生也，緣謂素有其分而從彼起也。因本以生爲義，今也不能不生，豈曰能生哉，是則因不成因矣。因近故難曉，緣遠故易了。今以所易釋所難，則易也。因親故言屬，緣疎故言在也。

**鳩摩羅什譯《坐禪三昧經》卷下**　當自思惟，欲入深觀十二因緣，知因緣是何法。復更思惟，是四種緣。因緣，次第緣，緣緣，增上緣。五因爲因緣。除過去現在阿羅漢最後心，餘過去現在心心數法，是次第緣。緣緣增上緣，緣一切法。復自思惟，言若法先因緣中有，則不應言是法因緣生。若無，亦不應言因緣中生。生有半無亦不應因緣生。云何有因緣。若法未生，若過去心心數法失，云何能作次第緣。若佛法中妙法無緣，涅槃云何爲緣緣。若諸法實無性，有法不可得。若因緣果生，因此有彼，是說則不然。若因緣中各各別，若和合一處，是果不可得。云何因緣邊出果，因緣中無果故。若因緣中先無果而出者，何以不非因緣邊出果。二俱無故。果屬因緣因緣邊出，是因緣不自在屬餘因緣。是果屬餘因緣，云何不自在。因緣能生果，是故果不從因緣有。亦不從非因緣有，則爲非果。果無故，緣與非緣亦無也。

**鳩摩羅什譯《大智度論》卷三二**　一切有爲法，皆從四緣生，所謂因緣、次第緣、緣緣、增上緣。

因緣者，相應因、共生因、自種因、遍因、報因，是五因名爲因緣。復次，一切有爲法，亦名因緣。

次第緣者，除阿羅漢過去、現在末後心心數法，諸餘過去、現在心心數法，能與次第，是名次第緣。

緣緣增上緣者，一切法。

復次，菩薩欲知四緣自相、共相，當學般若波羅蜜。問曰：如般若波羅蜜中，四緣皆不可得。所以者何。若因中先有果，是事不然。因中先無，亦不然。若先有，則無因。若先無，以何爲因。若先無而有者，亦可從無因而生。復次，見果從因生，故名之爲因。若先無果，云何名因，復次，若果從因生，果則屬因，因不自在，更屬餘因。若因不自在者，云何言果但從此因生。如是種種，則知無因緣。

又過去心心數法都滅，無所能作，云何能爲次第緣。現在有心則無次第，若與未來欲生心次第者，未來則未有，云何與次第。如是等則無次第緣。如一切法無相、無緣，云何言緣緣。若一切法無所屬，無所依、皆平等，云何言增上緣。

**僧伽跋澄譯《鞞婆沙論》卷八**　因緣、次第緣、增上緣、所緣緣。彼雖一痛說四緣，但若事因緣非此事乃至增上緣。若事增上緣非此事乃至因緣。如是一痛說六因，相應因、共有因、自然因、一切遍因、報因、所作因。彼雖一痛說六因，但若事相應因非此事乃至所作因，若事所作因非此事乃至相應因。

**鳩摩羅什譯《中論・觀因緣品第一》**　因緣次第緣，緣緣增上緣，四緣生諸法，更無第五緣。

一切所有緣，皆攝在四緣。以是四緣，萬物得生。因緣，名一切有爲法。次第緣，除過去現在阿羅漢最後心心數法，餘過去現在心心數法。緣緣、增上緣，一切法。

**菩提留支譯《入楞伽經》卷三**　因緣，次第緣，所緣緣，增上緣等，能生諸法。

**般若流支譯《奮迅王問經》卷上**　一切諸法，因緣平等。如是因緣，則非因緣。彼因緣中，無少法生，故名因緣。若知不生亦是因緣，名因緣智。

**曇無讖譯《菩薩地持經》卷三**　諸因，二因所攝。一者生因，二者方便因。若種諸種子生，是名生因。諸餘因，是名方便因。

復次有四緣，因緣、次第緣、緣緣、增上緣。生因者，是因緣。方便因者，是增上緣。次第緣、緣緣者，是心心數法。謂前生心心數法，開導攝受，緣攝受生。是故二緣攝因所攝。

**曇無讖譯《大般涅槃經》卷二一**　因有五種。何等爲五，一者生因，二者和合因，三者住因，四者增長因，五者遠因。云何生因。生因者，即是業煩惱等，及外諸草木子，是名生因。云何和合因。如善與善心和合，不善與不善心和合，無記與無記心和合，是名和合因。云何住因。如下有柱屋則不墮，山河樹木因大地故而得住立，內有四大無量煩惱，衆生得住，是名住因。云何增長因。因緣衣服飲食等故令衆生增長。如外種子，火所不燒，鳥所不食，則得增長。如諸沙門婆羅門等，依因和上善知識等而得增長。如因父母，子得增長。是名增長因。云何遠因。譬如因呪，鬼不能害，毒不能中。依憑國王，無有盜賊。如芽依因地水火風等。如水攢及人爲蘇遠因。如明色等爲識遠因。父母精血爲衆生遠因。如時節等悉名遠因。善男子！涅槃之體，非是如是五因所成。云何當言是無常因。復次善男子！復有二因，一者作因，二者了因。如陶師輪繩，是名作因。如燈燭等照闇中物，是名了因。善男子！大涅槃者，不從作因而有，唯有了因。了因者，所謂三十七助道法六波羅蜜，是名了因。善男子！布施者是涅槃因，非大涅槃因，檀波羅蜜乃得名爲大涅槃因。三十七品是涅槃因，非大涅槃因。無量阿僧祇助菩提法，乃得名爲大涅槃因。

**浮陁跋摩共道泰譯《阿毗曇毗婆沙論》卷三〇**　一切諸法亦無體。所以者何。一切有爲法，盡是因緣、次第緣。除過去現在阿羅漢最後心，餘過去現在一切心心數法。境界緣、威勢緣，一切法是。

**慧遠《維摩義記》卷一**　經名因緣，亦稱緣起，亦曰緣集。藉因託緣，諸法得生，故名因緣。法藉緣起，故曰緣起。法從緣集，故稱緣集。

**吉藏《中論序疏》**　問云：何名爲因緣。答：依下偈云，因緣所生法，我說即是空，亦爲是假名，亦是中道義。略明因緣，凡有三義。一者因緣是空義。以因緣所生法即是寂滅性，故知因緣即是空義。二者因緣是假義。既無自性，故不得言有。空亦復空，故不得言空。爲化衆生故，以假名說，故因緣是假義。三者因緣是中道義。即此因緣，離於二邊，故名爲中道。蓋是論文自以三義釋之。四者依名釋義，亦有三種。一者種子親而能生爲因，水土疎而助發故爲緣。二者本無互體，辨之令有，故稱爲因。有可生之義，假緣助發，故目爲緣。故互具有無二義、種受因緣兩名，故曰因緣。三者毘曇人云，攝因爲緣，故名因緣。又經有三說。一者但作因名，如六因十因之例。六因如《雜心》說，十因《地持論》明。二者但作緣名，如四緣十緣之流。四緣經論皆備，十緣如舍利弗毘曇敍。三者因緣兩說，皆如十二因緣。此皆適化不同，故立名非一也。破申門第四。問：上云破因緣名《因緣品》，破何等人耶。答：異執乃多，略標四種。一摧外道，二折《毘曇》，三排《成論》，四呵大執。總談外道，凡有二計。一計邪因，二執無因。言邪因者，略明三種。一者即一因外道，謂自在天等之一因緣能生萬類之果。二者宿作外道，謂萬法之果，但由往業，無有現緣。三者現緣外道，謂四大和合能生外法，男女交會，能生衆生。二者無因外道，謂萬法自然而生，不從因生。所言《毘曇》因緣者，本有果性，假六因四緣辨之令生，即二世有義。所言《成實》因緣者，雖不明因中本有果性，但果有可生之理，故假三因四緣，辨之得生，即二世無義。所言大乘因緣者，如《成論》大乘明世諦有三假。假是不自，而世諦三假名爲因緣。如舊《地論》師等辨四宗義，謂《毘曇》云是因緣宗，《成實》爲假名宗，《波若》教等爲不眞宗，《涅槃》教等名爲眞宗。如斯等類，並是學於因緣而失因緣。故正因緣，成邪因緣。如服甘露，反成毒藥。亦如入水求珠，謬持瓦礫。此論破洗如此因緣，故云《破因緣品》。以破如此邪執因緣，申明大乘無得因緣，故以目品。問：龍樹菩薩對緣云何。答：有四種人學因緣而失因緣。一者犢子云，因緣謂性，五隱因緣別有人法生，四大因緣別有眼法生。二者《毘曇》因緣，無有人法，而有眼法。三者《成實》因緣，明世諦因緣俱有假人法，眞諦即俱無。四者方廣云，都無世諦人法因緣。如此四人，並學因緣失因緣。

**吉藏《中觀論疏》卷三**　偏破因緣，凡有五義。一者因緣在初。二者因緣攝因廣，謂攝五因。一者相應因，心王與心數同起同緣，不相違背。二者共有因，心王心數與四相等同時共起，名共有因。三自分因，善還生善，惡無記亦然。四遍因，十一偏使生一切煩惱，故名爲遍。五報因，善惡之法能生苦樂果報，爲報爲因。攝此五因爲緣，故言因緣廣也。三者因緣親密，三緣即疎。四者因緣事顯。五者衆生多計。是以四偈破之。下三緣不爾，故但一偈破也。問：青目何所見聞，開於總別。答：見下文云，廣略衆緣中，即知結於總別。又見三偈各破三緣，即知一偈別破因緣。影師云，青目勇於取類，劣於尋文。今撿《智度論》應如影師所説。影師又言，假令有總別意者，因緣一偈入於總中，下三偈各破也。今且依青目以三偈爲總，四偈爲別。四偈破四緣爲四章。第一偈就有無門破，第二三時門破，第三實相門破，第四無性門破。然此四門可有二義，一者互用，二者合用。合用者，四門共破一也。互用者，既得有無門破因緣。亦得有無門破次第緣。既得三時破次第緣，亦得三時破因緣。但逐義便，彼計泥能生瓶穀能生牙，是因緣義，故宜以有無責之。彼計前心滅後心生爲次第緣義，宜以三時責之。彼計凡之與聖，並以心是能緣境是所緣，宜以實相絕於能所責之也。彼計萬法有性能爲他作緣，故以無性門破所言因緣者，品初以釋。又解云，攝五因爲因緣，故名因緣。有人言，親者爲因如穀子，疎者爲緣如地水，故名因緣。又言，即因是緣，但約義異，無而辨有。於果有親生力故爲因，果可生之義故緣也。

**慧遠《大乘義章》卷四**　此之十二，迭相因由，互相緣藉，故名因緣。如四諦中論因緣者，業能親生，説之爲因。煩惱疎助，説之爲緣。今此不然，莫問一切煩惱業苦，從前生後，斯名因緣。

**智顗《摩訶止觀》卷五上**　如是因者，招果爲因，亦名爲業。十法界業起自於心，但使有心，諸業具足，故名如是因也。如是緣者，緣名緣由，助業皆是緣義。無明愛等，能潤於業，即心爲緣也。

**慧遠《大乘義章》卷三**　第一釋名。所言緣者，由籍之義，緣別不同，故分爲四。一者因緣，二次第緣，三者緣緣，四增上緣。言因緣者，親生之義，目之爲因，用因爲緣，故曰因緣。次第緣者，籍前心法，次第生後，所生之心，次前後起，故名爲次。以後生故，説之爲第。前心與後，次第爲緣，名次第緣。言緣緣者，六塵境界，爲心所緣，故名爲緣。由彼所緣，與心作緣，故名緣緣。亦可疎助名之爲緣，以緣故名緣緣。增上緣者，起法功強，故曰增上。以此增上爲法緣，故名增上緣。於中亦有非增上者，從勝受名，故曰增上。此一門竟。

次辨其相。四緣之義，諸論不同。《成實論》中，宣説三因以爲因緣。一者生因，所謂一切善惡等業，能生一切苦樂等報，故名生因。二者依因，所謂色心互相依立，故曰依因。其猶尼乾立拒舉瓶相假而立，彼亦如是。三者習因，如人習善增長善法，習惡增長惡法。如是一切，後起增前，故名爲習。用習作因，名爲習因。用此三因，以爲因緣，心法續起，爲次第緣。六塵生識，以爲緣緣。六根生識，爲增上緣。故《成實論》云：言緣緣者，所謂色等。增上緣者，所謂眼等。若依《毗曇》，就彼六因離合爲四。何等爲六，一所作因，二共有因，三自分因，四者遍因，五相應因，六者報因。所作因者，諸法起時，除其自體，萬法不障，令其得生，名所作因。如空生色，如是等也。共有因者，諸法起時，同時同性，共有之法，展轉爲因，名共有因。自分因者，同類之法，籍前生後，名自分因。言遍因者，苦集諦下疑見無明，增上一切染污法，故名爲遍因。於中差別乃有十一。苦下有七，所謂五見疑及無明。集下有四，邪見見取疑及無明。相應因者，止在心法。如心起時，同時即有諸心數法，與心相應。是相應法，展轉相助，能有所作，名相應因。前共有因，相扶體立。此相應因，相扶有用。言報因者，一切有漏善不善法，能生一切苦樂等報，名爲報因。此義廣釋，如六因章。於中自分遍因、報因、相應、共有，此之五因合爲因緣。

**吉藏《大乘玄論》卷二**　是因緣是同是異。答：既云兩處，寧得是同。復是假名因緣，那得異，而意同也。今大乘明因緣義。因者，如依因習因生因等，並是説緣爲因。若如四緣等，皆是説因爲緣。若緣緣於因，因即是緣，緣義爲因。若因因於緣，緣義亦因，故因緣義通。而言八不不生不滅等爲因緣。但因緣義無差別，差別開爲三義。一者當體得因緣名，只八不是因緣故。何者，因不生故不滅，不滅故不生。則八不是因緣，只八不不生等。是言説故，無非因緣故。云當相是因緣，名八不爲因緣佛八不不一切故也。二者八不是因緣本，故名因緣。則因緣空壞因緣故，八不非因緣。既八不不一切不生不滅等亦不因緣，與不不因緣，豈得當體是因緣。是故因緣本也。三者破因緣已得名，如毘曇辨六因等明諸法等也。今明，八不不一切，辨無因緣法，破外道因緣義，故名因緣。

**李師政《法門名義集》** 十因。隨說因（諸法名想言說，是名隨說因）。以有因（以有事故有所作，是名以有因。以有手故有所作，以有足故有遊行，以有飢渴故求飲食。如此之類名因）。種殖因（種諸種子，名種殖因）。攝因（水土潤澤，是名攝因）。生因（種子於芽，是名生因）。長因（芽莖相續乃至成熟，名長因也）。自種因（種種種子各各生子，是自種因）。共事因（彼以有因、種殖因、攝因、生因、長因、自種因，總此因名共事因）。相違因（障礙於生，名相違因）。不相違因（不障礙者，名不相違因）。

四緣，因緣、次第緣、緣緣、增上緣。因緣親生名因，就因辨緣故名因緣。次第緣，後心是前心次第子，次第法爲緣，故名次第緣。緣緣，六識能緣六塵，名之爲緣。六塵與彼緣法作緣，故名緣緣。增上緣，六根等法生識中，強名爲增上用。增上法爲緣，故名增上緣。

十二因緣，無明緣行、行緣識、識緣名色、名色緣六入、六入緣觸、觸緣受、受緣愛、愛緣取、取緣有、有緣生、生緣老死。

**實叉難陀譯《大乘入楞伽經》卷二** 佛言：大慧！一切法因緣生，有二種，謂內及外。外者，謂以泥團水杖輪繩人功等緣和合成瓶。如泥瓶縷疊草席種牙酪蘇，悉亦如是，名外緣前後轉生。內者，謂無明愛業等生蘊、界、處法，是爲內緣起，此但愚夫之所分別。

**般剌蜜帝譯《大佛頂如來密因修證了義諸菩薩万行首楞嚴經》卷二** 彼外道等常說自然，我說因緣，非彼境界。

**宗密《大方廣圓覺經大疏》上卷之二** 統論佛教，因緣爲宗。謂古來諸德，皆判儒宗五常，道宗自然，釋宗因緣。因緣有二，一內，二外。外謂穀子水土人時而芽得生，泥團輪繩陶師而器得成。內謂十二因緣，外由內變，本末相收，爲一緣起。故佛教從淺至深，說一切法不出因緣二字。然有四重一因緣，故生死成壞。《涅槃》云：我觀諸行生滅無常。云何知耶。以因緣故，二因緣故即空，謂不自佗共生等，故無生也。三因緣故，即假。如鏡像水月之流，緣會不得不現。四因緣故，即中。若言不從因緣，即是定有定無斷常二過故。《中論》云：因緣所生法，我說即是空，亦謂是假名，亦是中道義。（四句如次配前四重）《涅槃》亦說聲聞等四品菩提皆由觀之而得。故佛教之宗，因緣收盡然。

**玄奘譯《五事毘婆沙論》卷上** 造是因義。雖四大種於所造色無相應等五種因義，而更別有生等五因。即是生依立持養五。復有說者，造是緣義，雖所造色除其自性，餘一切法皆增上緣。

**玄奘譯《阿毗達磨俱舍論》卷一** 《毗婆沙》說，造是因義。謂作生等五種因故，顯立名因，故言由此。

**普光《俱舍論記》卷七** 造是因義。問，此於造色五因皆無如何因義。答，雖同類等，五因皆無，而別有餘五種因義。謂生因、依因、立因、持因、養因。由此能造。

**玄奘譯《顯揚聖教論》卷一八** 相者，謂若由此爲先，此爲建立，此和合故，彼彼諸法，或生或得，或成立或成辦，或起作用，當知說此即是彼因。……。內因力爲建立，外因力爲和合故。證得煩惱，離繫涅槃。此中內因力者，謂如理作意少欲知足等內分善法。又得人身生在聖處，諸根無缺無諸業障。於如來所，具淨信心。如是等法，是名內因力。外因力者，謂諸佛出世宣說妙法，住正法者，共爲伴侶。具悲信者，以爲施主。如是等法，名外因力。

**澄觀《貞元新譯華嚴經疏》卷一** 親能發起目之爲因，疎而助發名之爲緣。

**湛然《止觀輔行傳弘決》卷一之一** 親生爲因，疎助爲緣。

**窺基《說無垢稱經贊》卷二** 一切皆待因緣立者，法所藉因，法所藉緣，因即是緣，故名因緣。

**延壽《宗鏡錄》卷八六** 如是因者，招果爲因，亦名爲業。十法界業，起自於心，但使有心，諸業具足。若無於心，即無諸業。以一切善惡凡聖等業，唯心造故。如是緣者，緣名緣由，助業皆是緣義。無明愛等能潤於業，即心爲緣，離心緣不起故。

**子璿《首楞嚴義疏注經》卷一** 統論佛教，因緣爲宗。以佛聖教自淺至深，說一切法不出因緣二字。

**智旭《成唯識論觀心法要》卷七** 感果名因，助生名緣。有爲法者，簡非無爲，指色心等。親辨自果爲因，兼有助生之義。因即是緣，故名因緣。

《佛說大乘稻芊經》　問曰：何故名因緣。答曰：有因有緣，名爲因緣。非無因無緣故，是故名爲因緣之法。世尊略說因緣之相，彼緣生果。如來出現，若不出現，法性常住。乃至法性、法住性、法定性，與因緣相應性、眞如性、無錯謬性、無變異性、眞實性、實際性、不虛妄性、不顛倒性等，作如是說。此因緣法，以其二種而得生起。云何爲二。所謂因相應，緣相應。彼復有二，謂外及內。此中何者，是外因緣法因相應。所謂從種生芽，從芽生葉，從葉生莖，從莖生節，從節生穗，從穗生花，從花生實。若無有種，芽即不生。乃至若無有花，實亦不生。有種芽生，如是有花，實亦得生。彼種亦不作是念，我能生芽。芽亦不作是念，我從種生。乃至花亦不作是念，我能生實。實亦不作是念，我從花生。雖然，有種故而芽得生，如是有花故，實即而能成就。應如是觀外因緣法因相應義。應云，何觀外因緣法緣相應義，謂六界和合故。以何六界和合，所謂地、水、火、風、空、時界等和合，外因緣法而得生起。應如是觀外因緣法緣相應義。

# 緣起

**慧遠《鳩摩羅什法師大義》卷下**　遠問曰：大智論以色香味觸爲實法有，乳酪爲因緣有。請推源求例，以定其名。夫因緣之生，生於實法。又問實法爲從何生，經謂色香味觸爲造之色。色則以四大爲本，本由四大，非因緣如何。若是因緣，複如何爲實法。尋實法以求四大，亦同此疑。何者，論云一切法各無定相，是故得神通者，令水作地，地作水，是四大之相，隨力而變。由以此觀，故知四大與造色，皆是因緣之所化明矣。若四大及造色非因緣，則無三相。無三相，世尊不應說以非常爲觀。非常則有新新生滅，故曰不見有法無因緣而生，不見有常生而不滅。如此則生者皆有因緣。因緣與實法，複何以爲差。尋論所明，謂從因緣而有異，於即實法爲有二者。雖同於因緣，所以爲有則不同。若然者，因緣之所化，應無定相。非因緣之所化，宜有定相。即此論神通章中說四大無定相。定相無故，隨滅而變，變則舍其本。色香味觸出於四大，則理同因緣之所化。化則變而爲異物。以此推，實法與因緣未爲殊異。論意似旨有所明。非是窮崖本極之談，故取於君。

什答曰：有二種論。一者大乘論，說二種空。衆生空，法空。空者，小乘論說衆生空。所以者何，以陰入界和合假爲衆生，無有別實。如是論者，說乳等爲因緣有，色等爲實法。又以于諸法，生二種著。一者著衆生，二者著法。以著衆生故，說無我法。準名色爲根本，而惑者於名色取相分別。是衆生，是人，是天，是生，是舍，是山林，是河等。如是見者，皆不出於名色。譬如泥是一物，作種種器，或名盆，或名瓶。盆破爲瓶，瓶破爲盆，然後還複爲泥，於盆無所失，於瓶無所得，但名字有異。於名色生異相者亦如是。若求其實當，但有名色，聞是說已，便見一切諸法，無我無我所。即時舍離，無複戲論。修行道法，有人於名色不。或衆生相，或於法相，貪著法故，戲論名色。爲是人故，說名色虛誑。色如幻如化，畢竟空寂。同如衆生因緣而有，無有定相。是故當知，言色等爲實有，乳等爲因緣有。小乘論意，非甚深論法。何以故，以衆生因此義故，得於解脫。若言都空，心無所寄，則生迷悶。爲是人故，今觀名色二相無常苦空，若心厭離，不待餘觀。如草藥除患，不須大藥也。又令衆生離色等錯謬。若二相若異相，若常相若斷相，以是故說色等爲實有，乳等爲假名有。如是觀者，即知衆生緣法，非有自性，畢竟空寂。若然者，言說有異，理皆一致。又佛得一切智慧，其智不可思議。若除諸佛，無複有人。如其實理，盡能受持。是故佛佛隨衆生所解，於一義中三品說道。爲鈍根衆生故，說無常苦空，是衆生聞一切法無常苦已，即深厭離，即得斷愛得解脫。爲中根衆生故，說一切無我，安穩寂滅泥洹。是衆生聞一切法無我，準泥洹安穩寂滅，即斷愛得解脫。爲利根者，說一切法從本已來，不生不滅，畢竟空，如泥洹相。是故於一義中，隨衆生結使心錯，便有深淺之異。如治小病，名爲小藥。治大病，名爲大藥。隨病故，便有大小。衆生心有三毒之病，輕重亦複如是。憂恚力等，愚癡則漏。所以者何，愛小罪而難離，恚大罪而易離，癡大罪而難離。以愛難離故，是惡相。以小罪故非惡，以恚大罪故是惡相。易離故非惡相，是二力等故，遣之則易。所謂不淨慈悲無常苦觀，癡心若發，即生身見等十二見。于諸法中，深墮錯謬。爲此病故，演說無我。衆緣生法，則無自性，畢竟常空。從本以來，無生相，是故佛或說衆生空，或說法空。言色等爲實法，乳等爲因緣有，無咎。

**鳩摩羅什譯《妙法蓮華經》卷一**：

諸佛兩足尊，知法常無性，
佛種從緣起，是故說一乘。

**鳩摩羅什譯《維摩詰所說經》上卷**　深入緣起，斷諸邪見，有無二邊，無復餘習。

**浮陁跋摩共道泰譯《阿毗曇毗婆沙論》卷一三**　以何等故名緣起法。答：曰或有說者，體性可起，待緣而起，故名緣起。復有說者，各各從異緣起，故名緣起。復有說者，等從緣生，故名緣起。問曰：諸法或從四緣生，或從三緣生、二緣生。云何等從緣生，是緣起義耶。答曰：即以是事故，等從緣生，是緣起義。若法應從四緣生者，三緣二緣則不能生。從三緣生者，二緣四緣則不能生。從二緣生者，三緣四緣則不能生。以是事故，等從緣生，是緣起義。復有說者，法生時，除其自體，餘一切法與威勢緣。以是事故，等從緣生，是緣起義。復有說者，等生是緣起義，如說一切衆生心等生等住等滅。復有說者，一切衆生等同此緣，故名緣起法。

**沈約《因緣義》**　凡含靈之性，莫不樂生。求生之路，參差不一。一爾流遷，塗徑各異。一念之間，衆緣互起。一因一果，内有差忒。好生之性，萬品斯同。自然所稟，非由緣立。固知樂生非因緣，因緣非樂生也。雖復俱宅形骸，而各是一物。一念既召衆緣，衆緣各隨念起。善惡二念，誠有不同。俱資外助，事由一揆。譬諸非水非土，穀牙不生。因緣性識，其本既異。因果不惑雖則必然。善惡獨起，亦有受礙。雖云獨起，起便成因。内因外緣，寔由乎此。

**杜順《華嚴五教止觀》卷一**　但法界緣起，惑者難階，若先不濯垢心，無以登其正覺。故《大智論》云，如人鼻下有糞臭，沈麝等香亦爲臭也。故《維摩經》云，無以生滅心行說實相法故，須先打計執，然後方入圓明。若有直見色等諸法從緣，即是法界緣起也，不必更須前方便也。如其不得直入此者，宜可從始至終一一徵問，致令斷惑盡迷，除法絕言，見性生解方爲得意耳。

問曰：云何見色等諸法，即得入大緣起法界耶。答曰：以色等諸事本眞實亡詮，即妄心不及也。故經云，言說別施行，眞實離文字，是故見眼耳等事，即入法界緣起中也。何者，皆是無實體性也，即由無體幻相方成，以從緣生非自性有故，即由無性得成幻有，是故性相渾融全收一際，所以見法即入大緣起法界中也。問：既言空有無二即入融通者，如何復云見眼耳等即入法界中耶。答：若能見空有如是者，即妄見心盡方得順理入法界也。何以故，以緣起法界，離見亡情，繁興萬像故。

**智顗《摩訶止觀》卷五上**　問：心起必託緣，爲心具三千法，爲緣具，爲共具，爲離具。若心具者心起不用緣，若緣具者緣具不關心，若共具者未共各無共時安有，若離具者既離心離緣那忽心具。四句尚不可得，云何具三千法耶。

答：地人云：一切解惑眞妄依持法性，法性持眞妄，眞妄依法性也。攝大乘云，法性不爲惑所染，不爲眞所淨，故法性非依持。言依持者阿黎耶是也，無沒無明盛持一切種子。若從地師，則心具一切法。若從攝師，則緣具一切法。此兩師各據一邊。若法性生一切法者，法性非心非緣，非心故而心生一切法者，非緣故亦應緣生一切法，何得獨言法性是眞妄依持耶。若言法性非依持，黎耶是依持，離法性外別有黎耶依持，則不關法性。若法性不離黎耶，黎耶依持即是法性依持，何得獨言黎耶是依持，又違經。經言，非内非外亦非中間，亦不常自有，又違龍樹。龍樹云，諸法不自生，亦不從他生，不共不無因。更就譬檢，爲當依心故有夢，依眠故有夢，眠法合心故有夢，離心離眠故有夢，若依心有夢者，不眠應有夢，若依眠有夢者，死人如眠應有夢，若眠心兩合而有夢者，眠人那有不夢時，又眠心各有夢合可有夢，各既無夢，合不應有，若離心離眠而有夢者，虛空離二應常有夢，四句求夢尚不得，云何於眠夢見一切事。心喻法性，夢喻黎耶，云何偏據法性黎耶生一切法。當知四句求心不可得，求三千法亦不可得，既横從四句生三千法不可得者。應從一念心滅生三千法耶，心滅尚不能生一法，云何能生三千法耶。若從心亦滅亦不滅生三千法者，亦滅亦不滅其性相違，猶如水火二俱不立，云何能生三千法耶。若謂心非滅非不滅生三千法者，非滅非不滅非能非所，云何能所生三千法耶，亦縱亦横求三千法不可得，非縱非横求三千法亦不可得，言語道斷心行處滅，故名不可思議境。大經云，生生不可說，生不生不可說，不生生不可說，不生不生不可說，即此義也。當知第一義中一法不可得，況三千法，世諦中一心尚具無量法，況三千耶。如佛告德女，無明內有不。不也。外有不。不也。內外有不。不也。非內非外有不。不也。佛言，如是有。龍樹云，不自不他，不共不無因生。大經生生不可說，乃至不生不生不可說，有因緣故亦可得說，謂四悉檀因緣也。雖四句冥寂，慈悲憐愍於無名相中假名相說，或作世界說心具一切法，聞者歡喜，如言三界無別法唯是一心造，即其文也。或說緣生一切法，聞者歡喜，如言五欲令人墮惡道，善知識者是大因緣，所謂化導令得見佛，即其文也。或言因緣共生一切法，聞者歡喜，如言水銀和真金能塗諸色像，即其文也。或言離生一切法，聞者歡喜，如言十二因緣非佛作，非天人修羅作，其性自爾，即其文也。此四句即世界悉檀，說心生三千一切法也。

**慧遠《大乘義章》卷三** 四緣義，四門分別（釋名一　辨相二　就法分別三　大小同異四）

第一釋名。所言緣者，由籍之義，緣別不同，故分爲四。一者因緣，二次第緣，三者緣緣，四增上緣。言因緣者，親生之義，目之爲因，用因爲緣，故曰因緣。次第緣者，籍前心法，次第生後，所生之心，次前後起，故名爲次。以後生故，說之爲第。前心與後，次第爲緣，名次第緣。言緣緣者，六塵境界，爲心所緣，故名爲緣。由彼所緣，與心作緣，故名緣緣。亦可疏助，名之爲緣。以緣故名緣緣。增上緣者，起法功強，故曰增上。以此增上爲法緣，故名增上緣。於中亦有非增上者，從勝受名，故曰增上。此一門竟。

次辨其相。四緣之義，諸論不同。成實論中，宣說三因，以爲因緣。一者生因，所謂一切善惡等業，能生一切苦樂等報，故名生因。二者依因，所謂色心互相依立，曰依因。其猶尼幹立拒舉瓶相假而立，彼亦如是。三者習因，如人習善增長善法習惡增長惡法，如是一切，後起增前，故名爲習。用習作因，名爲習因。用此三因，以爲因緣。心法續起，爲次第緣。六塵生識，以爲緣緣。六根生識，爲增上緣。故成實論云，言緣緣者，所謂色等。增上緣者，所謂眼等。若依毗曇，就彼六因離合爲四。何等爲六，一所作因，二共有因，三自分因，四者遍因，五相應因，六者報因。所作因者，諸法起時，除其自體，萬法不障，令其得生，名所作因。如空生色，如是等也。共有因者，諸法起時，同時同性，共有之法，展轉爲因，名共有因。自分因者，同類之法，籍前生後，名自分因。言遍因者，苦集諦下疑見無明，增上一切染汙法，故名爲遍因。於中差別乃有十一，苦下有七。所謂五見疑及無明。集下有四，邪見見取疑及無明。相應因者，止在心法。如心起時，同時即有諸心數法，與心相應。是相應法。展轉相助，能有所作，名相應因。前共有因，相扶體立。此相應因，相扶有用。言報因者，一切有漏善不善法，能生一切苦樂等報，名爲報因。此義廣釋如六因章。於中自分遍因報因相應共有。此之五因合爲因緣，所作因中離爲三緣，以彼所作寬通故爾。就所作中，分取心法生後之義，爲次第緣。【略】

次就諸法辨定其緣。若生心法，具籍四緣，心法必有相應共有。如是等事，即是因緣。心籍前生，是次第緣。心籍塵生，是其緣緣。心依根起，是增上緣。若依毗曇，無想正受滅盡正受，從三緣生。彼宗宣說，無想滅盡是有爲法。同時共有生住滅等，互相扶助，是其因緣。籍前心起，是次第緣。萬法不障，是增上緣。以非心法故，無緣緣。自餘一切非心之法，悉二緣生，所謂因緣及增上緣。所有自分共有法等，是其因緣。萬法不障，是增上緣。不籍前心開導生故，無次第緣。以非心法不能緣境故，無緣緣。故雜心云，心及諸心法，是從四緣生。二正受從三，謂餘說於二。若依地持，唯心心法，從四緣生。自餘一切非心之法，但二緣生。皆無次第緣緣之義。故彼論云，次第緣緣，是心心數法，籍前開導故有次第，籍彼六塵緣攝受生故有緣緣。大智論中，亦同此釋。故彼文言，心心數法相續無間，名次第緣。心心數法，緣塵生故，名爲緣緣。準驗斯文，次第緣緣，局生心法，不生非心。有人釋言，非心之法，亦籍緣緣，經論無文，直是人語。此言謬浪，無宜輒受。此三門竟。

次約大小辨其同異。同異之相，如大智論說，所言同者，四緣名義，與毗曇同。所言異者，小乘法中，隨相執言。菩薩了知猶如幻化如水中月，但無定性不無幻相。故彼文言，如水中月雖可眼見，不可手捉。聖人破者，破可捉月，不破可見。四緣亦爾，相有體無，不可定取，故異二乘。四緣名義，略辨如是。

**吉藏《中觀論疏》卷一〇**　所言緣起者，體性可起待緣而起，故名緣起。又一切衆生等從此緣起，故名緣起。

**智者《妙法蓮華經玄義》卷二下**　一明思議生滅十二因緣，二明思議不生不滅十二因緣，三明不思議生滅十二因緣，四明不思議不生不滅十二因緣。思議兩種因緣，爲利鈍兩緣辨界内法也。《中論》云，爲鈍根弟子說十二因緣生滅相，此簡異外道。外道邪謂：諸法從自在天生，或言世性，或言微塵，或言父母，或言無因。種種邪推不當道理。此正因緣不同邪計，唯是過去無明顛倒心中造作諸行，能出今世六道苦果好惡不同。《正法念》云，畫人分布五彩，圖一切形，端正醜陋，不可稱計，原其根本，從畫手出。六道差別，非自在等作，悉從一念無明心出。無明與上品惡行業合即起地獄因緣，如畫出黑色。無明與中品惡行業合起畜生道因緣，如畫出赤色。無明與下品惡行合起鬼道因緣，如畫青色。無明與下品善行合即起修羅因緣，如畫黄色。無明與中品善行合即起人因緣，如畫白色。無明與上品善行合即起天因緣，如畫上上白色。當知，無明與諸行合故，即有六道。名色、六入、觸、受、愛、取、有、生、老、病、死等，隨上中下差別不同，人天諸趣苦樂萬品。以生歸死，死已還生。三世盤迴，車輪旋火。故經言，有河洄澓沒衆生無明所盲不能出。經又稱，爲十二牽連，更相拘帶，亦名十二重城，亦名十二棘園。此十二因緣，新新生滅，念念不住，故名生滅十二因緣也。料簡者，《纓珞》第四云，無明緣行生十二，乃至生緣老死亦生十二，是則一百二十因緣。初是癡，乃至老死亦是癡，不覺故癡。初亦不覺，至老死亦不覺。癡故生，癡故死。若能覺因緣，因緣即不行。癡不行故，則將來生死盡名爲黠，黠即隨道。

又十二緣起，十二緣生爲同爲異。此同是一切有爲法，故無異亦有差別。因是緣起，果是緣生，則二緣起五緣生，三緣起二緣生。又無明是緣起，行是緣生。乃至生是緣起，老死是緣生。又四句緣起非緣生，未來二支法是也。緣生非緣起，過去二支，現在阿羅漢，最後死陰是也。緣起緣生者，除過去現在羅漢死五陰，諸餘過去現在法是也。非緣起非緣生者，無爲法是也。《法身經》說：諸無明決定生行，不相離，常相隨逐，是名緣起非緣生。若無明不決定生行，或時相離，不相隨，是名緣生非緣起，乃至老死亦如是。尊者和須蜜說：因是緣起，從因生法是緣生，和合是緣起，從和合生是緣生。十二因緣支，二是過去則止常，二是未來則止斷，現在則顯中道。推現三因則說未來二果，推現在五果，則說過去二因。三世皆有十二支，爲推因果故作如是說。十二時者，無明是過去諸結時，行是過去諸行時，識者相續心及眷屬時。名色者，已受生相續，未生四種色根，六入未具。一歌邏羅，二阿浮陁，三卑尸，四伽那，五波羅奢訶。如是等時名名色。六入已生四種色根，具足六入。此諸根未能爲觸作所依，是時名六入。此諸根已能爲觸作所依，未別苦樂不能避危害，捉火觸毒，把刃不淨，是時名觸。能分別苦樂避危害等，能生貪愛不起婬欲，於一切物不生染著，是時名受。具上三受是時名愛。以貪境故四方追求，是時名取。追求之時起身口意，是時名有。如現在識在於未來，是時名生。如現在名色六入觸受，於未來是時名老死。一刹那十二緣者，若以貪心殺生，彼相應愚是無明，相應思是行，相應心是識，起有作業必有名色，起有作業必有六入，彼相應觸是觸，彼相應受是受，貪即是愛，彼相應纏是取，彼身口作業是有，如此諸法生是生，此諸法變是老，此諸法壞是死。

問：何不說病爲支。答：一切時一切處盡有者立支。自有人從生無病，如薄拘羅。生來不識頭痛況餘病，是故不立。問：憂悲是支不。答：非也，以終顯始耳，如老死必憂悲。問：無明有因不，老死有果不，若有應是支，若無則墮無因無果法。答：有而非支，無明有因，謂不正思惟。老死有果，謂憂悲。又無明有因，謂無明。老死有果，謂老死。現在愛取是過去無明，現在名色六入觸受。此四若在未來名老死，如說受緣愛，當知，說老死緣無明也，猶如車輪更互相因也。欲界胎生者，具十二支。色界者，十一無名色也。無色界有十，除名色六入。又言具有，色界初生諸根，未猛利時是名名色。無色界雖無色而有名。當知，悉具十二支也。

問：無明行與取有何異。答：過現新故，已與果未與果等異。二思議不生不滅十二者，此以巧破拙。中論云，爲利根弟子說十二不生不滅。癡如虛空，乃至老死如虛空。無明如幻化，不可得故，乃至老死如幻化不可得。《金光明》云，無明體相本自不有，妄想因緣和合而有。不善思惟心行所造，如幻師在四衢道，幻作種種象馬纓珞人物等。癡謂眞實智知非眞，無明幻出六道依正。當知，本自不有無明所爲。如知藤本非蛇，則怖心不生。不生故不滅，是名思議不生不滅十二因緣相也。三不思議生滅因緣者，破小明大，爲利鈍兩緣說界外法也。華嚴云，心如工畫師，作種種五陰，一切世間中莫不從心造。畫師即無明心也。一切世間即是十法界假實國土等也。諸論明心出一切法不同。或言阿黎耶是眞識出一切法，或言阿黎耶是無没識。無記無明出一切法。若定執性實。墮冥初生覺從覺生我心過，尚不成界內思議因緣，豈得成界外不思議因緣。惑既非不思議境，翻惑之解豈得成不思議智。破此如止觀中說。今明無明之心，不自不他不共不無因，四句皆不可思議。若有四悉檀因緣，亦可得說。如四句求夢不可得，而說夢中見一切事。四句求無明不可得，而從無明出界內外一切法。出界內十二因緣如前說。出界外十二因緣者，如寶性論云，羅漢支佛空智，於如來身本所不見。二乘雖有無常等四對治，依如來法身復是顛倒。顛倒故即是無明。住無漏界中有四種障，謂緣相生壞。緣者，謂無明住地與行作緣相者，無明共行爲因也。生者，謂無明住地共無漏業因，生三種意生身也。壞者，三種意生身緣不可思議變易死也。還如界內十二因緣從無明至老死也。緣者，即無明支也。相者，行支也。生者，即名色等五支也。愛取有三支，例前可知也。壞即生死支也。此十二支數同界內義意大異。彼論云，三種意生身。未得離無明垢，未得究竟無爲淨。無明細戲論未永滅，未得究竟無爲我。無明細戲論集因無漏業生。意陰未永滅，未得無爲樂。煩惱染業染生染，未究竟滅，未證甘露究竟常。以緣煩惱道故，不得大淨。以相業道故，不得八自在我。以生苦道故，不得大樂。以壞老死故，不得不變易常者。由不思議生滅十二因緣也，是爲界外不思議生滅十二因緣相（云云）。【略】

四觀心者，觀一念無明即是明。《大經》云，無明明者，即畢竟空。空慧照無明，無明即淨。譬如有人覺知有賊，賊無能爲，既不爲無明所染，即是煩惱道淨。煩惱淨故則無業，無業故無縛，無縛故是自在我。我既自在，不爲業縛，誰受是名色。觸受無受則無苦，既無苦陰，誰復遷滅，即是常德。一念之心既具十二因緣，觀此因緣恆作常樂我淨之觀，其心念念住祕密藏中，恆作此觀，名託聖胎。觀行純熟，胎分成就。若破無明，名出聖胎（云云）。

**智者《妙法蓮華經玄義》卷三上**　四種四諦合四種十二因緣者。生滅無生兩苦集，即是兩種思議十二因緣。生滅無生兩種道滅，即是兩種思議十二因緣。無明滅乃至老死滅也。無量無作兩苦集，即是兩不思議十二因緣也。無量無作兩道滅，即是兩不思議十二因緣。無明滅乃至老死滅此可解。

**李師政《法門名義集》卷一**　十二因緣：無明緣行，行緣識，識緣名色，名色緣六入，六入緣觸，觸緣受，受緣愛，愛緣取，取緣有，有緣生，生緣老死（諸經說十二因緣。其言如此）。無明緣行，於緣不了名爲無明，以無明故發生於行。無明與行，二種是過去二因也。行者生死業也。行緣識，以有過去行業，發起現在生識。神初受生之時，名之爲識。識緣名色，以有受生之識，發起名色。名色者，五陰也。受想行識四陰名爲名，色之一陰稱爲色。受等四陰總爲名者，以心道冥隱，無形可見，但可障其名字，故謂之名也。此謂在胎之時，六根未用，五陰初具，故云名色。名爲入。此謂出胎在外六根開顯時也。六入緣觸，由六入故，發生於觸。根塵識等之事和合，觸對前境，名之爲觸。觸緣受，由觸境故，發生受。於境領納，名爲受也。從識至受五種，是現在果也。受緣愛，由受納故，發生於愛。於緣起染，名爲愛也。此是現在第一因。愛緣取，由染愛故，發生於取。緣染入有所執惑，名爲取也。此是現在第二因。取緣有，由取著故，發起於有。身口造作，能招來有。以果自因故，名有也。此是現在第三因。有緣生，由現在起有，令未來受生。於法始起，名之爲生。生緣老死，由有生故，起於老死。是老死之緣，故云生緣老死。餘皆類此。生與死是未來二報。夫十二因緣者，生死繫縛之因緣也，必須滅此因緣，乃得免於生死。是故經云，無明滅則行滅，乃至生滅則老死滅是也。若三世分之，過去二種，中間有八，未來有二。過去唯因，未來唯果。中間，現在，因果合說。

**玄奘譯《大般若波羅蜜多經》卷五九三**　由諸緣故，諸法得起，故名緣起。如是緣起，都無所有。如是名爲通達緣起，即此名爲遍知緣起。謂能顯示如實無起，以無起故說名緣起。平等無起，故名緣起，謂於是處起尚非有，況當有滅。隨覺緣起，若順若違，皆不可得，無等起故，說名緣起。

**玄奘譯《阿毗達磨大毗婆沙論》卷二三**　問：何故名緣起，緣起是何義。答：待緣而起，故名緣起。待何等緣，謂因緣等。或有說者，有緣可起，故名緣起。謂有性相可從緣起，非無性相非不可起。復有說者，從有緣起，故名緣起，謂必有緣，此方得起。有作是說，別別緣起，故名緣起，謂別別物從別別緣和合而起。或復有說，等從緣起，故名緣起。問：有法從四緣生，謂心心所有法從三緣生，謂滅盡無想定有法從二緣生，謂一切色及餘不相應行。云何等從緣起，故名緣起耶。答：即以此事故名爲等。謂應從四緣生者，皆四緣生，非三非二。應從三緣生者，皆三緣生，非四非二。應從二緣生者，皆二緣生，非三非四。是故名等。

**玄奘譯《瑜伽師地論》卷一〇**　問：何故緣起說爲緣起。答：由煩惱繫縛往諸趣中，數數生起，故名緣起。此依字釋名。復次，依託衆緣，速謝滅已，續和合生，故名緣起。此依刹那義釋。復次，衆緣過去而不捨離，依自相續而得生起，故名緣起。如說此有故彼有，此生故彼生，非餘。依此義故，釋名應知。復次，數數謝滅，復相續起，故名緣起。此依數壞數滅義釋。復次，於過去世覺緣性已，等相續起，故名緣起。如世尊言，我已覺悟，正起宣說。即由此名展轉傳說，故名緣起。

**窺基《妙法蓮華經玄贊》卷七**　釋名者，《瑜伽》有五釋。一云由煩惱繫縛往諸趣中，數數生起，故名緣起。依緣字起字釋名。二依託衆緣速謝滅已，續和合生，故名緣起。此依刹那義釋名。簡大衆部等十二緣起是無爲法，亦簡正量部一期四相。三衆緣過去而不捨離，依自相續而得生起，故名緣起。如說此有故彼有，此生故彼生，非餘。今依此義，以釋緣起。此有故彼有者，顯無作緣生義。此生故彼生者，顯無常緣生義。非餘者，唯由有緣果法得有，非緣有實作用能生果法，亦非無生法爲因故，少所生法而得成立。四數數謝滅，復相續起，故名緣起。此依數壞數滅義釋。五於過去世覺緣性已，等相續起，故名緣起。如世尊說，我已覺悟等起宣說。即由此名展轉傳說故名緣起。又云，離有情義，無自然我故，乃至自業所作義，是緣起義，於餘相續不受果故。又《對法》及《緣起經》各十一釋。

**澄觀《大方廣佛華嚴經隨疏演義鈔》卷六七**　論云：問，何故說爲緣起。答云：由煩惱繫縛往諸趣中，數數生起，故名緣起。此依字釋名。謂依緣字起字，二字別故，而緣非起。即是今疏第二釋也。二云，復次，依託衆緣速謝滅已續和合起，故名緣起。此依刹那義釋。三云，復次衆緣過去而不捨離，依自相續而得生起，故名緣起。如說此有故彼有，此生故彼生，非餘。依此義故，釋名應知。四云，復次，數數謝滅，復相續起，故名緣起。此依數壞數起義。釋曰，此上三釋，皆是今疏第一義。前前爲緣，令後後起，前前爲緣，故不捨離，即第三義。前若不滅，復何由起，即含第四。前後不同，必有刹那，即第二義。故其三意，大同小異。疏合爲一。五云，復次，於過去世覺緣性已等相續起，故名緣起。如世尊言，我已覺悟正起宣說，即由此名展轉傳說，故名緣起。釋曰：《瑜伽》五義。初一緣非是起，以因爲緣以果爲起。二緣即是起，刹那刹那從緣而起。此揀大乘部十二因緣。是無爲法亦揀正量部。三即無間因果，前因爲緣而後緣起。四無始因果，前已謝滅，後更起因，招果不斷。然通因果即緣即起。五緣是所覺起是教法，依悟說教，故名緣起。

**玄奘譯《阿毗達磨俱舍論》卷九**　論曰：諸支因分說名緣起，由此爲緣能起果故。諸支果分，說緣已生，由此皆從緣所生故。

**玄奘譯《阿毗達磨順正理論》卷二八**　論曰：諸支因分，說名緣起，所以者何。由此爲緣，能起果故。以於因果相繫屬中，說緣起故。此緣起義，但以緣聲而成立故。如契經說，云何緣起，謂依此有彼有，及此生故彼生。即無明緣行，至生緣老死。如是說已，復作是言，此中法性，乃至最後無顛倒性，是名緣起。何等名爲此中法性，謂於因果相繫屬中，有因功能，皆名法性。要有因故，因果方有，更相繫屬，非無有因。如是性言顯能生義。唯有爲法性，得此法性名。雖此經中非正顯示，於因果相屬因性名緣起，而以緣聲顯緣起義，故知因性得緣起名。以緣聲但於能顯義轉，故因能顯果，故說名緣。由是阿羅漢最後心心所，非等無間緣，無所顯果故。即由此義，證緣起名定於因果相屬中立。故佛於彼勝義空，經說此中法假，謂無明緣行，廣說乃至生緣老死。以非勝義，故立假聲。即目因果更相屬義，諸支果分，說緣已生。所以者何。由此皆從緣已生故，果是諸法成辦名故。要已生法，此義成故，涅槃成辦。由得已生故，彼亦由已生名果。或復於此說緣起門，涅槃於中無容爲難。若有爲法，果義決定，是此所明，如沙門果。諸過現法，果義決定，名緣已生。法在未來，果義非定，廢而不說。此略義者，是起法性，說名緣起。過現諸法，名緣已生，果義定故。謂於因果相繫屬中，據爲因分說名緣起。定爲果者，名緣已生。又此中因名緣起者，以能爲緣起諸果故。於此中果法名緣已生者，以過去現在離緣不生故。

**圓暉《俱舍論頌疏論》卷九**　此經中意，諸支因分說名緣起，由因有緣，能起果故。故知因分名爲緣起。諸支果分說緣已生，由果皆從緣所生故。

**地婆訶羅譯《方廣大莊嚴經》卷五**　深入緣起，覺悟眞實，恆自了知，不因他解。遊三脫門，了知諸法如幻如夢如影，如水中月，如鏡中像，如熱時焰，如呼聲響。

**般若譯《大乘理趣六波羅蜜多經》卷二**　深入緣起，能離有無，行於中道，離我我所、有情壽命、養育士夫、補特伽羅、意生儒童、作者受者、知者見者、斷見常見，遠離一切妄執諸見，得陁羅尼素呾纜王，以如來印之所印也。

**般若譯《大乘理趣六波羅蜜多經》卷九**　深入緣起，了本無生，則無死畏。

**元康《肇論疏》卷上**　萬物若無則不應起者，無若定無，則不應緣會而起也。起則非無者，以緣起而生，故知非無也。以明夫緣起故不無也者，明知緣起故非無也。

**法藏《華嚴經義海百門》卷一**　夫緣起萬有，有必顯於多門，無性一宗，宗蓋彰於衆德，分其力用，則卷舒之趣易明。覽其玄綱，則理事之門方曉。今就體用而言，略分十義。

一明緣起，二入法界，三達無生，四觀無相，五了成壞，六示隱顯，七發菩提，八開涅槃，九推去來，十鑑動靜。

初明緣起者，如見塵時，此塵是自心現，由自心現，即與自心爲緣。由緣現前，心法方起，故名塵爲緣起法也。經云：諸法從緣起，無緣即不起。沈論因緣，皆非外有。終無心外法，能與心爲緣。縱分別於塵，亦非攀緣。然此一塵圓小之相，依法上起，假立似有，竟無實體，取不可得。捨不可得。以不可取捨，則知塵體空無所有。今悟緣非緣，起無不妙，但緣起體寂，起恆不起，達體隨緣，不起恆起，如是見者，名實知見也。

二入法界者，即一小塵緣起是法，法隨智顯，用有差別，是界此法，以無性故，則無分齊，融無二相，同於眞際，與虛空界等，遍通一切，隨處顯現，無不明了。然此一塵，與一切法各不相知，亦不相見。何以故。由各各全是圓滿法界，普攝一切，更無別法界。是故不復更相知相見，縱說知見，莫非法界知見，終無別法界可知見也。經云，即法界無法界，法界不知法界。若性相不存，則爲理法界。不礙事相宛然，是事法界。合理事無礙，二而無二，無二即二，是爲法界也。

三達無生者，謂塵是心緣，心爲塵因，因緣和合，幻相方生。由從緣生，必無自性。何以故。今塵不自緣，必待於心，心不自心，亦待於緣。由相待故，則無定屬緣生，以無定屬緣生，則名無生，非去緣生說無生也。論云：因不自生，緣生故生。緣不自生，因生故生。今由緣生，方得名生。了生無性，乃是無生。然生與無生，互成互奪。奪則無生，成則緣生。由即成即奪，是故生時無生。如是了者，名達無生也。

四觀無相者，如一小塵圓小之相，是自心變起，假立無實。今取不得，則知塵相虛無，從心所生，了無自性，名爲無相。經云：諸法本性空，無有毫末相。然相雖取不得，詮無之義非絕。以相無體，性法即立，以法爲無相之佐由不失法相故，相即非相，非相即相，相與無相，實無差別也。此無相義，如繩上蛇，全言無蛇，當知繩是無蛇之依。今法是無相之法，全以法爲無相之相也。

五了成壞者，如塵從緣起立是成，即體不作，於塵是壞。今由了緣非緣，乃名緣成，了壞非壞，乃名緣壞。以壞不妨，始成於法，是故壞時正是成時。以成無所有，是故成時，正是壞時。皆同時成立，無先無後。若無壞即成，是自性有，若無成即壞，是斷滅空。成壞一際，相由顯現也。

六示隱顯者，若觀塵相不可得時，即相盡而空現，由見相時不即於理，是故事顯而理隱。又此塵與諸法，互相資相攝，存亡不同。若塵能攝彼，即彼隱而此顯，若彼能攝塵，即塵隱而彼顯，隱顯一際。今但顯時，已成隱也，何以故，由顯時全隱而成顯，隱時全顯而成隱，相由成立，是故隱時正顯顯時正隱也。【略】

然上諸義，緣生既立，理不合孤，窮萬有以爲同，括無盡而成總。若尋其奧，雖處狹而常寬。欲究其淵，縱居深而逾淺。緣起之義其大矣哉。

**法藏《華嚴經義海百門》卷一**　初觀十二因緣者，謂於塵上名相所惑，不了無體，是無明緣。於塵上心計生起，是行緣。於塵上分別之心恆轉流注，是識緣。於塵上妄識依止成種，是名色緣。於塵上六根受入，是六入緣。於塵上根塵相對，是觸緣。於塵上領納塵境，是受緣。於塵上樂受自潤，是愛緣，於塵上不了即空，是取緣。於塵上愛集成業，是有緣。於塵上業熟起五蘊身，是生緣。於塵上名相變壞，是老死緣。今了塵名相空寂，則心不緣，隨了之時，緣自寂滅。

**李師政《法門名義集》卷一**　四緣：因緣，次第緣，緣緣，增上緣。因緣，親生名因，就因辨緣，故名因緣。次第緣，後心是前心次第子。次第法爲緣，故名次第緣。緣緣，六識能緣六塵，名之爲緣。六塵與彼緣法作緣，故名緣緣。增上緣，六根等法生識中，強名爲增上用。增上法爲緣，故名增上緣。

**湛然《止觀輔行傳弘決》卷八之三**　如佛所說言四緣者，但說少分。無智之人著於四緣而生戲論。爲破著故，說諸法實相空無所有，破此諸心如夢如幻。故知四緣非爲深極，複是般若諸法少分。是故雖說，應知離著。何等爲著，謂爲究竟，是則名著，今爲明於事度事蔽。善惡相發。是六因中四因所攝，四緣之中多少不同，是故略明四因及以六因。若下修觀，應觀因緣即是法界。

欲知四緣，先明六因。所作因者，不礙於他。相應因者，心心數法。同相同緣，以心心法共相應故，名相應因。心心數法以心相應爲因，名相應因，如親友知識和合成事。共因者，一切有爲法各共生因，以共生故，更相佐助，如兄弟同生互相成濟。自種因者，過去善法與現在善法爲因，現在善法與未來善法爲因，惡無記法亦複如是，一切各各有自種因。遍因者，苦集諦下十一遍使名爲遍因。報因者，行善惡因得善惡報，名爲報因。

言四緣者，如上五因名爲因緣。心心數法次第無間，相續而起，名次第緣。心心數法托緣生故，名爲緣緣。諸法生時不生障礙，名增上緣。複次，心心數法從四緣生，無想滅定從三緣生，除於緣緣。諸餘心數不相應行及色從二緣生，除次第緣及緣緣。餘有爲法劣故，無有從於一緣生者。報生心心數法從五因生，除於遍因。無漏心心數法從三因生。謂相應共及無障礙。成論但應三因四緣，具如《玄釋籤》第十記。今業相發屬習報兩因。習因者自種因，文兼釋于習果報因。因於前世前念善惡，後世後念善惡得起，並名習因。既心心數法共相因依，亦得名爲相應因也。不障礙故，亦得名爲所作因也。俱有助作故亦名共因。若蔽相起亦名遍因。以此習因未能招報，不名報因。言報果者，亦但四因。所作，自種，共因，報因。當果相現故，云報果。據理實是報因而已，不與五部染法爲通因故，非遍行因。非心心所無相應因。若以習因對四緣中，得是因緣等三。不托緣而起無所緣緣。習因起時亦有增上及有無間相續之義，亦名次第。報果但在增上因緣。

**延壽《宗鏡錄》卷七二**　問：般若無相，不受一塵，云何廣辯四緣及諸因果。

答：夫佛道正法，皆從緣生。故云心法四緣生，色法二緣起。若執不從緣生者，皆非正法，悉屬外道自然邪見。且心之一法，若無第一因緣者，無有親生現行果之義，則諸法不成立。若無第二等無間緣者，則無開導引後生義，無有相續，全成間斷。若無第三所緣緣者，則心無所慮處，不能牽心用，心無所托，乃心境俱成斷滅。若無第四增上緣者，雖具前三緣，若無增上，即成障礙，法亦不生。四緣具足，方成心法。若能明瞭世間因緣所生之法，方乃見無生之旨。以即生法達無生故。且生法尚不知正因，云何能了無生妙理。所以華嚴鈔云。緣起深義，佛教所宗。自古諸德多云三教之宗。儒則宗于五常，道宗自然，佛宗因緣。

然《老子》雖云，道生一，一生二，二生三，三生萬物。似有因緣，而非正因緣。言道生一者，道即虛無自然故。彼又云，人法地，地法天，天法道，道法自然。謂虛通曰道，即自然而然。是雖有因緣，成自然之義耳。佛法雖有無師智，自然智，而是常住眞理。要假緣顯，則亦因緣矣。故教說三世，修因契果，非無善因惡因故。《楞伽經》大慧白佛：佛說常不思議，彼諸外道，亦有常不思議，何以異耶。佛言，彼諸外道，無有常不思議，以無因故，我說常不思議有因，因於內證，豈得同耶。是則眞常，亦因緣顯。淨名經云：說法不有亦不無，以因緣故，諸法生。法華經云：諸佛兩足尊，知法常無性，佛種從緣起，是故說一乘。又經云：一切諸法，因緣爲本。中論云：未曾有一法，不從因緣生，是故一切法，無不是空者。則眞空中道，亦因緣矣。若爾，涅槃經云：我觀諸行，悉皆無常，云何知耶，以因緣故。若一切法從緣生者，則知無常，是諸外道。無有一法不從緣生，是故無常，則外道有因緣矣。

釋曰：此明外道在因緣內，執于緣相以爲常住，是故破之，言無常耳。今明教詮因緣妙理，具常無常，豈得同耶。況複宗者，從多分說，所以因緣是所宗，不應致疑，故知唯是一心緣起法門。以法無自性，隨心所現。所現之法，全是自心，終無心外法。能與心爲緣，所以本末相收，皆歸宗鏡。何者，內即是本，外即是末。以唯心義，則內收外。托境生心，則末亦收內。若以法性爲本，法性融通，緣起相由，則塵包大身，毛容刹土，故合爲一大緣起也。故知有智慧無多聞，有多聞無智慧，俱不達實相。聞慧具足，眞見心原。又經云，若欲學般若，應學一切法。以色無邊故，般若無邊。又經云，若欲了達因緣，等無間緣，所緣緣，增上緣者，應當學般若。智論釋云，不破四緣之義，唯破四緣之執。如水中之月，不破所見，只破所取。故知但有能取執情，則非幻而成幻法。若成無所得慧，則非幻尚自不生。執喪情虛，萬法無咎，般若眞性，何所滯乎。如大涅槃經云，菩薩善知諸緣，菩薩摩訶薩，不見色相，不見色緣，不見色體，不見色生，不見色滅，不見一相，不見異相，不見見者，不見相貌，不見受者。何以故，了因緣故。如色，一切法亦如是。

又前十因四緣等義，是約法相宗說，略明行相。今依法性宗自在無礙法門，說明其體性。據華嚴法界緣起無盡宗，亦有因門六義，緣起十義。今且釋因門六義者，一空，有力，不待緣，是刹那滅義。由刹那滅故，即無自體，是空也，由此滅故，果法得生，是有力也。然此謝滅，非由緣，力故不待緣。二空，有力，待緣，是俱有義。由俱有故，方有即顯是不有，空義也。俱故能成有，是有力也。俱故非散，是待緣也。三空，無力，待緣，是待緣義。由無自性故，是空也。因不生緣生故，是無力也。四有，有力，不待緣，是決定義。由自類不改故，是有義。然自不改而生果故，果有力義，然此不改，非由緣力，故不待緣。五有，有力，待緣，引自果義。由引現自果，是有義。雖得緣方生，然不生緣果，是有力義。即由此故，是待緣義。六有，無力，待緣，恆隨轉義。由隨他，故無力，是故待緣，正因對緣，唯有三義。一因，有力，不待緣，全能生故，不雜緣力故。二因，有力，待緣，相資發故。三因，無力，待緣，全不作故，用緣故。又由上三義，因中各有空有二義，二門各三，唯有六故，不增減也。何故不立第四句無力不待緣義者，以彼非因義，故不立。

問：果中有六義不。

答：果中唯空有二義。謂從他生無體，故是空義。酬因故，是有義。若約互爲因果說，即爲他因時，具斯六義。與他作果時，即唯有二義。是故六義唯在因中。待緣者，待因事之外增上等三緣也。若緣起秘密義，皆具此六義。六義，約體用各有四句。一約體，有無四句。一是有，謂決定義故。二是無，謂刹那滅義故。三亦有亦無，謂合彼引自果及俱有，無二是也。四非有非無，謂合彼恆隨轉及待衆緣，無二是也，二就用四句。一由合彼恆隨及待衆緣無二故，是不自生。二由合彼刹那滅及決定義無二故，是不他生。三由合彼俱有及引自果無二故，不共生也。四由具三句合其六義因義方成故，非無因生也。中觀八不，據遮詮。六義，約表詮。八不約反，情理自現。六義據現，理情自亡，有斯左右耳。六義開合者，或約體唯一，以因無二體故。或約義分二，謂空有，以無自性故。緣起現前故，或約用分三，一有力，不待緣。二有力，待緣。三無力，待緣。初即全有力，後即全無力。中即亦有力亦無力。第四句，無力，不待緣。非因，故不論。六義據緣起自體，六相據緣起義門。六義，由空有義，故有相即門。由有力無力義，故相入門。由有待緣不待緣義，故有同體異體門。由諸義門，故得有毛容刹海等事也。若論相入相持，皆因有力無力。即此二義，不得同時。若俱有力，無無力者，即成多果過。一一各生故，若俱無力，無有力者，即成無果過，俱不生故。論云。因不生緣生故，緣不生因生故。以一有力能持多，以多無力即入一中。以多有力能持一，以一無力即入多中。是以一塵有力，能含刹海。刹海無力，潛入一中。

**法藏《華嚴經問答》卷二**　問：三乘緣起，一乘緣起有何別耶。答：三乘緣起者，緣集有，緣散即無。一乘緣起即不爾，緣合不有，緣散不無。

問：一乘緣起法，若緣集不有，緣散不無者，何用爲緣合及散乎。

答：雖法無增減，而隨順處以說，故非無益空言。不知緣散之人中，即言爲緣集有言。不知緣合之人中，即言爲緣散。散門以生解人中，即言散，而非方散，以昔無非散時故。於合門以生解人中，即言合，而非方合，以昔無非合時故。

問：若爾，法古定爲無合散耶。答：不爾，若定無合散者，何亦言方爲合散乎。

問：若爾，法亦可緣合有緣散無耶。答：亦得隨緣有無，雖言有無而既言隨緣，故即可知。非有定有，非無定無，故即知非非定有無。以非有無故，隨緣時非增減。以非非定有無故，隨緣時即非有無。如是諸義能隨緣，言無不當，亦無所當。無所當故，即無自處。無自處故，無是非處。一乘緣起之法非計情所及，雖非計情所及而不遠求，返情即是也。

**法藏《華嚴一乘教義分齊章》卷四**　第二緣起因門六義法，將釋此義六門分別。一釋相，二建立，三句數，四開合，五融攝，六約教。

第一門中有二，初列名，次釋相。初列名者，謂一切因皆有六義，一空有力不待緣，二空有力待緣，三空無力待緣，四有有力不待緣，五有有力待緣，六有無力待緣。二釋相者，初者是刹那滅義，何以故，由刹那滅故，即顯無自性，是空也，由此滅故果法得生，是有力也。然此謝滅非由緣力故，云不待緣也。二者是俱有義，何以故，由俱有故方有，即顯是不有是空義也，俱故能成有是有力也，俱故非孤是待緣也。三者是待衆緣義，何以故，由無自性故是空也，因不生緣生故是無力也，即由此義故是待緣也。四者決定義，何以故，由自類不改故是有義，能自不改而生果故，是有力義，然此不改非由緣力故，是不待緣義也。五者引自果義，何以故，由引現自果，是有力義，雖待緣方生，然不生緣果，是有力義，即由此故是待緣義也。六者是恆隨轉義，何以故，由隨他故不可無，不能違緣故無力用，即由此故是待緣也。是故攝論爲顯此六義而說偈言，刹那滅、俱有、恆隨轉，應知決定待衆緣唯能引自果。

第二建立者，問：何以故定說六義不增至七，不減至五耶。答：爲正因對緣，唯有三義。一因有力不待緣，全體生故，不雜緣力故。二因有力待緣，相資發故。三因無力待緣，全不作故，因歸緣故。又由上三義，因中各有二義，謂空義有義。二門各有三義，唯有六故不增減也。問：何故不立第四句無力不待緣義耶。答：以彼非是因義故不立，思之可見。問，待緣者待何等緣。答：待因事之外增上等三緣，不取自六義更互相待耳。問：因望緣得有六義，未知緣對因亦有六義不。答：此有二義，增上緣望自增上果得有六義，以還是親因攝故，望他果成疏緣故不具六，親因望他亦爾。問：果中有六義不。答：果中唯有空有二義，謂從他生無體性，故是空義，酬因有故是有義，若約互爲因果義說，即此一法爲他因時具斯六義，與他作果時即唯有二義，是故六義唯在因中。問：若爾，現行爲種因，豈得有六義。答：隨勝緣不具，如論說種子有六義。此約初教。若緣起祕密義，皆具此六義。約終教，以此教中六七識等，亦是如來藏隨緣義，無別自性。是故六七識亦具本識中六義也，思之可見。

第三句數料揀者有二種，一約體，二約用。初約體有無而有四句。一是有，謂決定義。二是無，謂刹那滅義。三亦有亦無，謂合彼引自果及俱有無二是也。四非有非無，謂合彼恆隨轉及彼待衆緣無二是也。就用四句者，由合彼恆隨轉及待衆緣無二故，是不自生也。由合彼刹那滅及決定無二故，不他生也。由合彼俱有及引自果無二故，不共生也。由具三句合其六義因義方成故，非無因生也。是則由斯六義，因緣全奪顯緣起勝德。故《地論》云：因不生，緣生故。緣不生，自因生故。不共生，無知者故。作時不住故，不無因，生隨順有故。又《集論》云：自種有故，不從他生。待衆緣故非自生。無作用故不共生。有功能故非無因生。問：此六義與八不分齊，云何。答：八不據遮，六義約表。又八不約反，情理自顯，六義據顯，理情自亡，有斯左右耳。

第四開合者，或約體唯一，以因無二體故。或約義分二，謂空有，以無自性故，緣起現前故。或約用分三，一有力不待緣，二有力待緣，三無力待緣。初即全有力，後即全無力，中即亦有力亦無力。以第四句無力不待緣非因，故不論也。是故唯有三句也。或分爲六，謂開三句入二門故也。如前辯，或分爲九，謂於上三義，隨一皆具彼三故。何以故，若非有力即無無力，是故隨一具三故有九也。或分十二，謂於上六義，空有二門不相離故，隨空即有隨有即空，有空有六，空有亦六，故有十二也。或分十八，謂於上六義中，一一皆有三義故，一體有無，二力有無，三約待緣不待緣，三六成十八也。或分爲三十六，謂於上六義，隨一皆具六。何以故，以若無一餘皆無故，餘門思而準之。

第五融攝者。然此六義以六相融攝取之，謂融六義爲一因是總相，開一因爲六義是別相，六義齊名因是同相，六義各不相知是異相。由此六義，因等得成是成相，六義各住自位義是壞相。問：六相六義分齊云何。

答：六義據緣起自體，六相據緣起義門，以法體入義門遂成差別。如以六義入四句，顯是去非故，順三乘入六相，顯自德故。順一乘，是故四句與六相，俱爲入法方便也。

第六約教辨者，若小乘中法執因相，於此六義名義俱無，若三乘賴耶識如來藏法無我因中，有六義名義，而主伴未具。若一乘普賢圓因中，具足主伴無盡緣起方究竟也。又由空有義故，有相即門也。由有力無力義故，有相入門也。由有待緣不待緣義故，有同體異體門也。由有此等義門故，得毛孔容刹海事也。思之可解。

**法藏《華嚴經明法品內立三寶章》卷二** 夫法界緣起爲礙容持，如帝網該羅，若天珠交涉，圓融自在，無盡難名，略以四門指陳其要。一緣起相由門，二法性融通門，三緣性雙顯門，四理事分無門。初緣起相由門者，於中曲有三門。

一諸緣互異門，即異體也。二諸緣互應門，即同體也。三應異無礙門，即雙辨同異也。此三門中各有三義，一互相依持力無力義，由此得相入也。二互相形奪體無體義，由此得相即也。三體用雙融有無義，由此即入同時自在也。初緣起互異門者，謂於無盡大緣起中，諸緣相望體用各別，不相參雜故云異也。依持義者，一能持多，一有力是故能攝多，多依一故多無力，是故潛入一，此即無有不容多之一。以無不能持故，無有不入一之多，以無不能依一，如多依一持既爾。一依多持亦然。是故亦無不攝一之多，亦無不入多之一。是故由一望多，有持有依，全力無力故，能攝能入，無有障礙。多望於一，有依有持無力全力故，能入能攝，亦無有障礙。俱存雙泯，二句無礙，亦準思之。相入義竟。二諸緣相奪體無體者，多緣無性，爲一所成，是故多即一，由一有體能攝多，由多無性潛同一，故無不多之一，亦無不一之多。一無性爲多所成，多有一空即多亦爾。是故一望於多，有有體無體故，能攝他同己，廢己同他，無有障礙。多望於一，有無體有體，亦能廢己同他，攝他同己，亦無障礙。亦同他己亦同己他，非同他己非同己他，二句無礙圓融自在，思之可見，相即義竟。三體用雙融有無門者有六句，一以體無不用故，舉體全用，即唯用而無體，但有相入無相即故。二以用無不體故，全用歸體，唯體而無用，但有相即無相入也。三歸體之用，不礙其用，全用之體，不失其體，是故體用不礙雙存，即亦入亦即，無有障礙，鎔融自在。四全用之體體泯，全體之用用亡，是則體用交徹，形奪兩非，即入同源，圓融一味。五合前四句，同一緣起無礙俱存。六泯前五句，絕待離言，應可去情如理思，攝緣起異體門竟。

二諸緣互應門者，謂衆緣之中，以於一緣應多緣故，各與彼多全爲其一，是故此一具多箇一。然此多一雖由本一，應多緣故有此多一。然與本一體無差別，是故名爲同體門也。依持容入者，謂此本一有力能持彼多箇一，故本一中容彼多一，多一無力，依本一故，是故多一入本一中，是即無不容多一之本一，亦無不入本一之多一。如本一有力爲持，多一無力爲依，容入既爾。多一有力爲持，本一無力爲依，容入亦爾。是即無不容本一之多一，無不入多一之本一，是即由本一望多一，有持有依有力無力故，能容能入，無有障礙。多一望本一，有依有持，無力有力故，能入能容，亦無障礙，俱存雙泯，二句無礙，亦準思之。同體門中容入義竟。二互相形奪體無體者，謂多一無性，爲本一成多一，舉體即是本一，是則本一爲有體，能攝多一，多一無體，融同本一故，無不攝多一之本一，亦無不即本一之多一。如本一有體，多一無體，攝即既爾，多一有體本一無體，攝即亦然。是故亦無不攝本一之多一，亦無不即多一之本一，是即本一望多一，有有體無體，故能攝他同己，廢己同他，無有障礙。多一望本一，亦體無體攝即可知，亦攝不攝亦即無即，非攝不攝，非即不即，二句無礙，思之可見。同體門中相即義竟。三體用俱融，即入無礙者，亦六句無礙，準前思之可見。同體門竟。

三應異無礙，雙辨同體異體門者，以此二門，同一緣起，不相離故。若無異體，則諸緣雜亂，非緣起故。若無同體，緣不相資，亦非緣起故。要由不雜，方有相資，是故若非同體無異體故，若非異體無同體故。是故通辨亦有四句。一或舉體全異具入即俱。二或全體是同亦具入即俱，以法融通各全攝故。三或俱，以同異無礙雙現前故。四或俱非，以相奪俱盡故雙非也。餘入即等，準思知之。上來第一緣起相由門竟（餘未作）。

**窺基《大乘法苑義林章》卷二** 生等五因以辨造者，《對法》第一說：所造者，謂以四大種爲生依立持養因義，即依五因說名爲造。生因者即是起因，謂離大種色不起故。諸所造色雖自種生，若離大種必不能起。

《瑜伽》第三問云：諸法皆從自種而起，寧說大種能生諸色，乃至長養耶。彼自答云：由諸內外大種造色種子，皆悉依附內相續心，諸大種子未生，諸大造色種子終不能生。要大種子先生大種，造色種子方生造色。爲前導故，說彼能生，故名生因。第六十六說此同之。今應問曰：若爾，別解脫及定道俱戒，既離大種應不得生，此隨所遊、所防名色，亦隨彼二假說大造。不離義有二，一定同處，二必假藉，別解脫戒等必藉大生，非定同處，亦名不離，離質聲、光皆亦如是。《瑜伽論》五十四說：勝定果色唯依勝定，不依大種，彼如何通。彼自解云：然從緣彼種類影像三摩地發，說彼大造，非依彼生，說名爲造，法處色章當具陳述。或復五因非遍一切，如離輪光等無所依因故。依因者，《對法》云即是轉因。謂捨大種諸所造色，無有功能據別處，故諸所造色依據大種方乃得生，故捨大種無別處住。《瑜伽》第三云：由造色生已不離大種處而轉故，名依因。若爾，如何五十四，說離輪光明，大種香等皆不可得。今依即質以辨依因，離質光等無依因義，故不相違。或說，彼光亦有大造，隨有光處有大造故。此釋不然，聲、香離質，何大所造，故前說善。立因者，即隨轉因，由大變異，能依造色隨變異故，能造、所造，安危必同，故大變時造隨變異。《瑜伽》第三云：由大種損益，彼同安危故，別解脫戒後相續生。表業變異如何相續，或說後時所依猶有，故不變異。如實義者，此隨所遊、所防大造。不爾，無色定道俱戒，無所依故應無此因。若爾，所防久已斷滅，既無能造，應無立因，不可防他說名爲色，將他四大造自無表，此唯是彼遠分對治，義名爲造，曾有類故。二定已上，無表並然，論說防他，他四大造，此義不然。非已過故，防不得故，應非對治。此義名色，假名爲造，遠分對治，故無有失。遠防自身曾有惡戒，即從過去大造今色，或無表戒等無立因義，依質實色，具立因故。若取依身大種名造，無色聖者應無無表，便非大乘，亦違顯揚。諸律儀色依不現行法建立色性，故以隨彼所防大造。持因者，即是住因，謂由大種諸所造色，相似相續生，持令不絕故。造色續生由大持力，不爾造色應有間斷。瑜伽第三說，由隨大種等量不壞故，名持因。又聲光等大小有異，如何但說等量不壞，對法依全分總說持因，瑜伽依小分故作是說，彼依即質造色說故。或瑜伽言等量不壞，非是大造二量齊等。等者前後相似之義，前說爲善。養因者，即是長因，謂由大種養彼造色令增長故。由大親養造色增長，或長即因，或長之因，故名長因。《瑜伽》第三云：由因飲食，睡眠修習梵行，三摩地等，依彼造色倍復增廣，故說大種爲彼養因。能養造色有因有緣，大爲養因，彼爲養緣，各據一說，故不相違。又由彼緣先養大種，令造色增故無有失。或彼通養大及造色、心心所等一切法因，此唯造色能養別因，由造性鈍不如心等，故藉二養，心等不爾。五十四，問諸行皆從自種而起，如何說大造所造耶。由彼變異而變異故，彼所建立及任持故。《顯揚》第五說：謂依大種有餘造色，攝在一處，名大所造。此義即顯相依而有，是爲造義，非辨體者，現行相望增上緣故。

依因緣辨造者，初辨因造，後辨緣造。因造有二，一十因，二六因。十因造者，大望造色總有七因：一牽引因。二生起因，無記因中未潤已潤，外穀麥等望芽等故。三攝受因，士用依處所攝受故。四引發因。五定異因，引同類起及自性故。六同事因。七不相違因，攝前諸因爲此二故。其相違因互能相損，而爲因故。無相違因，大非言說，無隨說因，觀待因疏無觀待因，有義爲八，唯除隨說及相違因。亦通觀待立此二故。有義，或九加相違因。造色望大能爲八因。一隨說因，音聲言說詮辨大故。二觀待因，疏相待故。三牽引因。四生起因，染淨因中，律不律儀，及定俱戒，未潤、已潤爲此二故。五攝受因，作用依處所攝受故。六定異因，定別能招自異熟故。七同事因。八不相違因，除引發者能引自類同品、勝品爲彼因故。除相違者不相順故。或說有九加引發因，義亦得成，相引發故。或爲十因，有相違故。六因造者現行六因，《顯揚》十八說皆增上緣。《對法》第四云：當知一切因皆能作因所攝，爲顯差別義，復別建立餘五因。若依因緣辨六因者，《攝大乘論》《唯識》等說，種子望現爲能作、俱有、相應、遍行。種望於種，亦爲同類，然無異熟，非因緣故。大望造色，皆非六因，造望大種，爲異熟因感彼果故。今依增上緣，辨六因造者，大望造色唯有三因。一能作因，能與彼力不障礙故。二同類因，令增長故，對法文中依前熏種引後果生，亦依現行相望而說，非種望種。三俱有因，對法第四說，大種造色，必俱生故爲俱有因，非是同得一果義故。非心心所無相應因，非善惡業無異熟因，非煩惱性故無遍行因。造色望大亦爲三因。一能作因，此因寬故。二俱有因，不相離故。三異熟因，律不律儀及定俱戒能招大故。或爲四因，加同類因如引發故，無餘可知。此說同世非別世造，依處而有非異世故。唯律儀色，依不現行法，建立色性，亦異世造過去大種造現色故。有漏色聲唯無記性。若無漏位，大造俱善，故但應如此中所說，應如是說。過爲現因，非過未因。現爲現因及未來因。未非未因，過未無故。此中不說過爲未因，因果俱無故。亦非後際爲前際因，倒因果故。辨因造已，緣造云何。大造相望，爲一增上，現行相望，非辨體故，非是因緣，生等五因增上緣故，非心等故，無餘二緣。此因緣造依總相說，依有無漏及十二處、三性、三界，綺互相望，以大望大，或造望造，因緣多小皆如理思。

**延壽《宗鏡錄》卷七一**　問：因緣與緣起，二義同別。

答：古德云，因緣者，隨俗差別，即是因緣相望，顯無自性義，正是俗諦體也。緣起者，順性無分別，即是相即相融，顯平等義，正順第一義諦體也

問：染淨諸法，有因有緣，因親緣疏，成其二義，緣義已顯，因理如何。廣略備陳，都有幾種。

答：經論共立有六因十因。

且六因者，一能作因，除自餘能作者，除自體外，餘一切法，不障有爲法生，總名能作因。因是一切有爲無爲法，是體，體上有能作之用，能作即因，持業釋。持即任持，業即業用，因是體，能作是用，攝用歸體，名持業釋。

二俱有因，俱有互爲果，心於心隨轉，俱時而有，果與因俱，名俱有因。互爲果者有三，一四大種互爲俱有因，互爲士用果。二如能相所相法，能相爲因，所相爲果，所相爲因，能相爲果。三心心所法，心王爲因，心所爲果，心所爲因，心王爲果。

三同類因，即因似果，果似因。如染性五蘊中，色蘊能引色蘊，色蘊引餘四蘊，四蘊引色蘊，雖心色不同，同是染性故。

四相應因，決定心心所同依，即心王心所具五義。一同一所依根，二同一所緣境，三同一時，四同一事，五同一行相。具足五義，名相應。相應之因，且如心所引起心王時，心王是相應法是果，即勝，心所是因，即劣，依主釋也。

五遍行因，爲同地染因，即十一遍使，遍行即因，遍行即十一遍使，是體上有遍行五部爲因之用，持業釋也。

六異熟因，有漏善不善業爲異熟因，因通善惡，果唯無記，異熟即因，因即善不善業，是體上有異熟之用，持業釋也。

十因者，《瑜伽論》云：五明中，諸佛語言名內明。云何內明。論云：顯示正因果相，謂有十種因，當知建立無顛倒因，攝一切因，或爲雜染，或爲清淨，或爲世間彼彼稼穡等無記法轉。

云何十因。一隨說因，謂一切法名爲先，故想，想爲先，故說，是名彼諸法隨說因。二觀待因，觀待此故，此爲因故，於彼彼事若求若取，此名彼觀待因。如觀待手故，手爲因故。有親待業，觀待足故，足爲因故有往來業。三牽引因，一切種子望後自果，名牽引因。四攝受因，除種子外所餘諸緣，名攝受因。五生起因，即諸種子望初自果，名生起因。六引發因，即初種子所生起果，望後種子所牽引果，名引發因。七定異因，種種異類，各別因緣，名定異因。八同事因，從隨說因，至定異因。如是諸因總攝爲一，名同事因。九相違因，於所生法能障礙因，名相違因。十不相違因，此障礙因若闕若離，名不相違因。

此一切因，二因所攝，一能生因，二方便因。當知此中牽引種子，生起種子，名能生因。所餘諸因，名方便因。當知此中若能生因，是名因緣。若方便因，是增上緣。若等無間緣及所緣緣，唯望一切心心法說，由彼一切心及心法，前生開導所攝受故，所緣境界所攝受故，方生方轉，是故當知，等無間緣及所緣緣，攝受因攝。

**延壽《宗鏡錄》卷七**　佛種從緣起者，然有二義。一約因種，因種即正因佛性。故《涅槃經》云，佛性者，即是無上菩提中道種子。此種即前常無性理，故《涅槃經》云，佛性者，即是第一義空。無性即空義也，緣即六度萬行。是緣因佛性，起彼正因，令得成佛。是故說一乘者，唯以佛性起於佛性，更無餘性，故說一乘，稱理說也。體同曰性，相似名種，故關中云，如稻自生稻，不生餘穀，此屬性也。萌稈華粒，其類無差，此屬種也。二果種性，關中云，佛報唯佛，其理不差，即性義也。說法度人，類皆相似，此種義也。果之種性，緣眞理生，故云從緣。故釋此偈云，佛緣理生，理既無二。是故說一乘耳。

子睿《金剛經纂要刊定記》卷二　然一代佛教通宗因緣，雖小乘生滅，大乘無性，淺深有異，大約統論皆因緣也。然有二種，一世間，二出世間。世間有二，一內二外。外複有二，一謂種子爲因，水土人時等爲緣而芽得生。又泥團爲因，輪繩陶師等爲緣而器得成。二內謂無明爲因，行支爲緣，而生識等五支及生老死二支。前二器世間，後一即有情世間。故知成此三界世間，只由因緣二字。二者，出世間有三種，一則本覺內熏爲因，師教外熏爲緣，而始覺得生。二始覺爲因，施等五度爲緣，而佛果得成。三則大悲爲因，衆生爲緣而應化得興。故知出世間一切淨妙等事，不出因緣二字。故《法華》云，佛種從緣起，是故說一乘。《中論》云，未曾有一法，不從因緣生。又云，我說是因緣，能滅諸戲論。然統收世出世間一切諸法，有義空義假義中義，雖淺深不同，皆墮因緣也。言有者，有生有滅也。謂諸法緣會而生，緣離則滅。如馬勝比丘爲舍利弗說偈曰，諸法從緣生，緣離法即滅。如是滅與生，沙門如是說。空者既屬因緣，則知無體，無體即空義也。故中論云，因緣所生法，我說即是空。假者如鏡像水月，雖則不實，緣會不得不現。故淨名云，是身如影，從業緣現。中者，以假故非空，空故非假，非空非假，即空即假，名爲中義。故《淨名》云，說法不有亦不無，以因緣故諸法生。又如《中論》都明有等四義，云因緣所生法，我說即是空，亦名爲假名，亦名中道義。即三乘教中所說，空有中假等義，並不出因緣，故云佛教統宗因緣也

法雲《翻譯名義集》卷一〇　尼陁那，此云因緣。什曰，力強爲因，力弱爲緣。肇曰，前緣相生因也，現相助成緣也。生曰，因謂先無其事而從彼生也，緣謂素有其分而從彼起也。故因親而緣疏。緣覺根利，通觀三世，有因有緣，是名因緣。初觀過去無明緣行。言無明者，不了法界，邪見妄執，常在闇冥，故曰無明。因煩惱惑，起於三業，造作諸法，故名爲行。由茲惑業，感現五果。識緣名色，六入觸受，所謂從行生心。投入母腹，流愛爲種，納想在胎。分別諸法，此名曰識，識但有名。凝滑屬色，四七漸堅，故號名色。六根開張，名爲六入。從出母胎，至三四歲，對緣取塵，未別苦樂，名之爲觸。從五六歲，至十二三受，覺苦樂中庸三境，既能了別，故名爲受。復從果報，起愛取有三支惑業，成現在因。從十四五至十八九，貪種種境，如渴求飲，故名爲愛。十九已後，年既長大，貪欲轉盛，不藉身命，能有所取，故名爲取。愛取體同，勝劣有異，馳求諸境，起善惡業，牽生三有，故名爲有。由此因故，感於未來二種果報，謂生老死。後陰始起，故名爲生。住世衰變，故名爲老。最後敗壞，故名爲死。是十二法展轉能感果，故名因。互相由藉而有曰緣，因緣相續則往還無際。若了無明，生死自息，是爲緣覺出世之要術也。

淨源《金師子章雲間類解》　明緣起第一。

謂金無自性，隨工巧匠緣。

金喻眞如，不守自性。匠況生滅，隨順妄緣。

遂有師子相起。

喻眞妄和合，成阿賴耶識。此識有二義。一者覺義，爲淨緣起。二者不覺義，作染緣起。

起但是緣，故名緣起。

經云，諸法從緣起，無緣即不起。即理事無礙門，同一緣起也。上句示緣，中句辨起，下句總結。然釋此初章，非獨摭起信申義，亦乃採下文爲準。

承遷《華嚴經金師子章註》卷一　第一明緣起者，謂萬法無體，假緣成立。若無因緣，法即不生。故經云：諸法從緣起，無緣即不起，謂以金無自性，喻眞理不變也。隨巧匠之緣，遂有師子相起，喻眞理隨緣成諸事法也。起但是緣，故名緣起。結眞理不動動即事也。金喻一眞之性，師子喻緣起事法。理本無生，隨諸緣法成差別相。相起繁興，理即無生。故清涼云，理隨事變，則一多緣起之無邊。

智旭《楞伽阿跋多羅寶經義疏》卷一　疏曰，一切色心諸法，皆是仗因托緣而生，故名緣起。

德清《紫栢老人集》卷之一一　夫緣起無生者，謂心不自生，生必由塵，塵不自顯，顯必由心。惟不自生，心無性也。惟不自顯，塵無性也。心塵無性，則無生現前。無性心塵，則緣生不廢。心塵既爾，萬法皆然矣。此旨在於《華嚴》則謂之法界，在《法華》則謂之實相。

王夫之《相宗絡索》　九緣明：日月鐙之光。眼不緣此，則色不別白，識亦不生。餘七識不緣此緣。空：眼耳與境，相去中間空處。若逼近無空，及中間障隔，則眼不能取色，耳雖不受中間障礙，而空能逮聞，以

生其識。餘六識不緣此緣。

根：眼耳鼻舌身，皆依根發識。其結成形體者，爲浮塵根。眼能見色，耳能聞聲，鼻能辨香，舌能知味，身能覺觸者，爲勝用根。餘三識不緣此緣。

境：色聲香味觸，皆現在實境，前五所緣。法乃過去五塵卸落影子，六識緣此境生，十八界爲境。七八二識，不緣此緣。

作意緣：即八識心所中作意品。有識則自然相應，有此作意。前五待作意，識乃發生。若不作意，根雖映境，而不與己相關，見如不見，乃至觸如不觸。第六以此機爲意所自生，八識本其相應心所而作意，則識體現。七識不緣此緣。

分別依：即第六識。前五與同時意識和合，乃生可忻可拒之見。六識即其現行，非所緣。七八本無分別，不緣此緣。

染淨依：即第七識。染固爲染，此淨亦法執之擇，緣來那而成前五有淨有染，皆緣此生。第六具諸染淨，皆此決志，引爲自己。

現行：第七即其本體，不名爲緣。第八緣此而不受染，名曰根緣，不名染淨依，以無染無淨故。

根本依：即第八識。前六皆從此五偏行而生起，爲其根本所依。七識與第八，互相爲根，非藉八識而有，名爲根緣，不名根本。第八乃其現行，非所緣。

種子緣：八識皆有。種子者，親生自類種子也。過去現行，爲現在種子。現在現行，爲未來種子。故眼恆見色，耳恆聞聲，各各稟成人種境界。

四緣此四緣，八識皆具，即前九緣緣生之機用。合說其相，緣有三種：因法而加，等無同緣，爲生滅不停之因。

親因緣：即九緣中種子，乃其自類相演，親生此識之本因。若無此緣，雖具後三緣，其識不生。如眼不合聲，耳不見色等，非親因故。

所緣緣：識本無境無量，緣彼以爲境量，曰所緣。有此所緣，識乃成就，即九緣中之境緣也。前六綠色聲香味觸法，而生同異、成毀、總別、愛憎、取捨諸識，見綠相也。第七以八識相分有所光明之體，爲所緣之境量。第八以根身器界爲可了之境，緣之而起偏行之心所。

增上緣：謂明、空、根、作意、分別、染淨，根本七緣也。八位識中，雖各有自類種子，不待增而自有其識。然必得此七緣，爲之增長，其覺了精審之勝用，乃益成就善染諸心所，令具種種功過。如眼本辨色，若遇天日清朗，蹬燭輝煌，愈增詳察。余識餘緣，例此可知。其作意緣，但能發起初念，無所增長，故不在此緣

等無間緣：八識自類識中，前念方滅，後念即生，謂之無間。然必待前念之滅，後念即生，各各相等相待。如瀑流之前波去，而後後波乘之，無一刹那間兩念妓存之理。前念已往，空其位以待後念，後念即嗣次而發，無刹那之間隙，乃至三有身，生生死死，分段變易，必滅此乃生彼，滅此則必生彼，皆等無間也。此緣在九緣之外，別有一㈡緣，由有前，故有後，前滅故後生，生滅之門，惟識之宗也。八識皆有，故曰若加等無間，從頭各增一，眼十，耳九、鼻舌身八，意六，末那四，阿賴耶五。

# 緣生

**曇摩耶舍共、曇摩崛多等譯《舍利弗阿毘曇論》卷一二**　云何緣生法。老死無常，有爲緣生盡法、變異法、離欲法、滅法，乃至無明無常有爲緣生法、盡法、變異法、離欲法、滅法，是名緣生法。

**那連提耶舍譯《阿毗曇心論經》卷六**　此是有爲法名，彼彼緣和合得生，故名緣生。

**浮陁跋摩共道泰等譯《阿毗曇毗婆沙論》卷一三**　問曰：緣起法，緣生法，有何差別。答曰：或有說者，無有差別。所以者何。如《波伽羅那經》所說：云何緣起法，一切有爲法。云何緣生法，一切有爲法。此義可爾。然亦應更求差別相。因是緣起，果是緣生。如因果，事所事，相所相，成所成，續所續，生所生，取所取，當知亦如是。復有說者，過去是緣起，未來現在是緣生。復有說者，過去是緣起，未來是緣生。復有說者，無明是緣起，行是緣生，乃至生是緣起，老死是緣生。復有說者，無明是緣起，老死是緣生，餘十支是緣起緣生。復有說者，二在過去是緣起，二在未來是緣生，餘支是緣起緣生。尊者富那奢說曰：此中應作四

句，或有緣起非緣生，或有緣生非緣起，乃至廣作四句。緣起非緣生者，未來法是也。緣生非緣起者，過去現在阿羅漢最後死陰是也。緣起緣生者，除過去現在阿羅漢死五陰，諸餘過去現在法是也。非緣起非緣生者，無爲法是也。如《法身經》所說：諸無明決定生行，不相離，常相隨，是名緣起緣生。若無明不決定生行，或時相離，不相隨，是名緣生，非緣起。乃至生老死，亦應如是說。尊者和須蜜說曰：因是緣起，從因生法是緣生。復次，和合是緣起，從和合生是緣生。復次，起所起，生所生亦如是。緣起緣生，是謂差別。

**玄奘譯《瑜伽師地論》卷八三**　言緣生者，謂依現世衆因緣力所生起故。

**良賁述《仁王護國般若波羅蜜多經疏》一上**　言緣生者，緣謂衆緣，生者起也。諸有爲法，皆從緣生。

**玄奘譯《大乘掌珍論》卷上**　所立有法，皆從緣生。爲立此因，說緣生故。因等衆緣，共所生故。說名緣生。

**玄奘譯《瑜伽師地論》卷一〇**　云何緣起，云何緣生。謂諸行生起法性，是名緣起。即彼生已，說名緣生。

**遁倫《瑜伽論記》卷二三**　待緣而起，故名緣起。藉緣而生，故名緣生。又釋，因是緣起，果是緣生。謂無明是緣起，行是緣生等。

**玄奘譯《阿毗達磨法蘊足論》卷八**　云何緣生法。謂緣起法及緣已生法，總名緣生法。彼於如是緣生法，以如實正慧，簡擇極簡擇，遍尋思，遍伺察，審諦伺察，是名能如實知緣生法。

**玄奘譯《大乘阿毗達磨集論》卷二**　云何緣生，幾是緣生。爲何義故，觀緣生耶。謂相故，分別支故，略攝支故，建立支緣故，建立支業故，支雜染攝故，義故，甚深故，差別故，順逆故，是緣生義。一切皆是緣生，唯除法界法處一分諸無爲法。爲捨執著無因不平等因我法故，觀察緣生。

**玄奘譯《瑜伽師地論》卷五六**　復次，云何名緣生法。謂無主宰、無有作者、無有受者，無自作用，不得自在，從因而生，託衆緣轉，本無而有，有已散滅，唯法所顯，唯法能潤，唯法所潤，墮在相續。如是等相，名緣生法。



**施護譯《集大乘相論》卷上**　所言緣生者，云何行相。即十二緣生。何等十二，所謂無明乃至老死。

## 緣　覺

**慧遠《大乘義章》卷一四**　辟支，胡語，此方翻譯名因緣覺。藉現事緣而得覺悟，不假他教，名因緣覺。又於十二因緣法中而得覺悟，亦名緣覺。

**慧遠《大乘義章》卷一七**　言緣覺者，外國正音，名辟支佛。此翻辟支，名曰因緣。佛名爲覺。緣覺名義，解有兩種。一約所觀法門以釋。緣者是其十二緣法，始從無明，乃至老死，觀斯悟解，從緣得覺，故號緣覺。二就得道因緣以釋。如《辟支佛得道因緣經》中廣說。如拂迦沙，思風動樹而得悟道。如是等，皆藉現事緣而得覺悟，故曰緣覺。

**慧遠《大乘義章》卷一七**　次對小分別，於中有二。一對小辨相，二明同異。言辨相者，經說聲聞緣覺之別有其兩門。一約所觀法門以別。觀察四諦而得道者，悉名聲聞。觀十二緣而得道者，齊稱緣覺。若從是義，於今現在，值佛爲說十二緣法而得道者，亦緣覺收。故經說言，爲教聲聞說四眞諦，爲教緣覺說十二緣。此緣覺中，細分有二。一緣覺緣覺，是人本來求緣覺道，常樂觀察十二緣法成緣覺性。於最後身不值佛世，藉現事緣而得悟道。本緣覺性，今藉事緣而得覺故，說之以爲緣覺緣覺。二聲聞緣覺。是人本來求緣覺道，亦樂觀察十二緣法成緣覺性。於最後身值佛爲說十二緣法而得悟解，從佛聲聞而得覺故，說之以爲聲聞緣覺。摩訶迦葉即其人也。經中所云爲諸緣覺說十二緣，正當斯耳。此亦名爲緣覺聲聞。故上聲聞人中辨之。此前一門約法以別。二約得道因緣以別，從他聞聲而得道者悉字聲聞，是故摩訶迦葉之流，雖復觀察十二緣法而得悟道，以從佛聞得悟解故，經中說爲聲聞衆矣。藉現事緣而得道者，齊號緣覺。若從是義，乃至七生須陁洹人，於最後身不值佛世，藉現事緣而得道者，亦緣覺攝。此緣覺中細分亦二。一緣覺緣覺，義如上解。二聲聞緣覺，是人本來求聲聞道，觀察四諦道悟初果，以根鈍故，於現在世，不得涅槃。天上人中，七返受生，於最後身不值佛世，藉現事緣而得緣覺故，說爲緣覺，是故名爲聲聞緣覺。此亦名爲緣覺聲聞。故上聲聞人中辨之，是中應作四句分別。一是聲聞而非緣覺，所謂聲聞聲聞人，是義如上解。二是緣覺而非聲聞，所謂緣覺緣覺人，是亦如上釋。三是聲聞亦是緣覺，所謂七生須陁洹人，於最後身不值佛世獨悟者是。四者緣覺亦是聲聞，謂最後身值佛爲說十二緣法悟解者是。辨相如是。

次論同異。前四人中，先就初果二以辨同異。先論同義，同有五種。一見理同，見生空故。《地持》云，聲聞緣覺見陰離陰我不可得，陰與離陰無我人性。二斷障同，同斷四住，不受分段。如《勝鬘》說。三修行同，同修三十七道品法故。《地持》云，道同聲聞。四得果同，同得盡智無生智果故。《地持》云，於最後身，無師自悟，得羅漢果，說爲緣覺。五證滅同，同證有餘、無餘涅槃。此五細論，非不少異。大況麁論，一切聲聞緣覺人等，皆悉同矣。次論異義，異有六種。一者根異，聲聞鈍根緣覺利根。問曰：緣覺見理，與聲聞同，云何利根。釋言：見理雖同，聲聞明淨速疾，故得稱利。又斷煩惱雖同，聲聞精進速疾。又不退轉，故亦名利。二所依異，聲聞依師，緣覺不依。三藉緣異，聲聞藉於教法爲緣而得悟道，緣覺藉於事相現緣而得悟解。四所觀異，聲聞觀察四眞諦法，緣覺觀察十二因緣法。問曰：《勝鬘》宣說，聲聞緣覺之人，初觀聖諦。彼文復言，聲聞緣覺當得世尊爲彼宣說四依。言四依者，謂四聖諦。是則緣覺亦觀四諦，云何說言緣覺偏觀十二緣乎。釋言：緣覺雖觀因緣，亦別因緣作四諦觀，是故經中說之觀諦。是義云何。彼煗頂前別觀三世十二因緣事作別念觀，觀十二緣苦無常等作總念觀。煗頂已上，就十二緣作其四十四智之觀，名爲觀，名爲觀諦。何者是其四十四智。十二因緣因果相屬，有十二對。先就後對爲四諦觀，謂老死苦、老死集、老死滅、老死道。初則苦觀，第二集觀，第三滅觀，第四道觀。如是逆推，乃至初對各爲四觀。是故通合有四十四，是故緣覺得名觀諦。問曰：經說十二因緣下智觀故，聲聞菩提中智觀故，緣覺菩提乃至上上阿耨菩提，是則聲聞亦觀因緣。今云何言聲聞偏觀四眞諦乎。釋言：聲聞雖觀四諦四中苦集，正是生死十二緣法，是故亦名觀十二緣。通相如是。於中分別聲聞正觀四諦法門，緣覺正觀十二緣門。此第四異。五向果異，聲聞人中四向四果，緣覺人中一向一果。何故如是。聲聞鈍根，不能一觀相續究竟，數出劬息。故判多果，以果多故，趣向亦別。緣覺利根，一入聖觀相續無間乃至究竟，無中息處，故無多果。無多果故，不立多向。但於相續一觀之中，不滿之處判爲一向，滿足之處說爲一果。故《地經》中說十聖性，聲聞多分八，緣覺立二。六通用異，如《地持》說：聲聞之人，二千國土爲通境界。緣覺之人，三千國土爲通境界。又復如彼《大智論》說：小聲聞中不作意者，一千國土爲通境界。其作意者，二千國土爲通境界。大聲聞中不作意者，二千國土爲通境界。其作意者，三千國土爲通境界。緣覺人中有大有小。小緣覺人不作意者，二千國土爲通境界。其作意者，三千國土爲通境界。大緣覺者，莫問作意及不作意，皆以三千大千國土爲通境界。此等名爲通用異也。又復如彼《成實論》說：聲聞欲知須陁初心至第十六心方始得知，緣覺之人欲知初心至第六心即便知之。此亦是其通用別矣。問曰：何故欲知初心至第六心方始知乎。緣覺作意，欲知須陁苦法忍心凝心觀察。彼忍已謝，入苦法智，尋後觀之。彼智已謝，緣上界苦入苦比忍及苦比智。緣覺即於欲界有漏法中伺之。彼捨上苦緣欲界集，忍時未知，至集法智方始知之。是故說知第六心矣。初之二人同異如是。次將第三約對前二以辨同異。彼須陁中七返受生，於最後身，不值佛世，獨覺之者，望前聲聞，聲聞之人，九同二異。言九同者，一見理同，二斷障同，三修行同，四得果同，五證滅同，六根性同，七觀法同，八向果同，九通用同。悉如上辨。言二異者，一依止異，於最後身不依師故，二藉緣異，不藉言教而得果故。望前緣覺，緣覺之人七同四異。言七同者，一見理同，二斷障同，三修行同，四得果同，五證滅同，準前可知。六依止同，於最後身不依師教故。七藉緣同，同藉事緣而得道故。言四異者，一者根異，此人鈍根。二觀法異，此覺四諦。三向果異，此人具足四向四果。四通用異，此人通劣。次將第四望初二人以辨同異，於最後身，值佛爲說十二緣法而得覺者。望前聲聞聲聞之人，七同四異。言七同者，一見理同，二斷障同，三修行同，四得果同，五證滅同。悉如上辨。六依止同，依師得度。七藉緣同，同藉言教。言四異者，一根性異，此人利根。二覺法異，此覺因緣。三向果異，此無四果四向之別。四通用異，此人通勝。望前緣覺緣覺之人九同二異。言九同者，一見理同，二斷障同，三修行同，四得果同，五證滅同，六根性同，七觀法同，八向果同，一向一果，九通用同。悉如上辨。言二異者，一依止異，此人依師，二藉緣異，此藉言教，對小如是(此二門竟)。

**慧遠《大乘義章》卷一七**　次對大分別，於中有二。一對大辨相，二明同異。言辨相者，緣覺有二。一種性緣覺，是人本來習緣覺道，成緣覺性。於最後身，觀因緣法，證緣覺果。二退轉緣覺，是人過去曾習大乘，後退住中亦得分三。前二如上，更加一種應化緣覺，謂佛菩薩應現爲之故。《天女》云：以因緣法化衆生，故我爲辟支。《法華》亦云，知衆樂小而畏大智，是故菩薩作聲聞緣覺。如是等也，相別如是。次對大乘辨其同異。言其同者，彼辟支佛一入聖道，永更不退，與菩薩同，不如聲聞得聖而退。何故緣覺一向不退。以利根故，純用無漏而斷漏結故，良以不退同菩薩故。《涅槃經》中說辟支佛與諸菩薩合爲熟蘇。所言異者，略有十種。一者因異，彼辟支佛過去所修狹劣善根以爲本，不廣化生，故名爲狹，不求佛智，說以爲劣。不知菩薩因行廣大。二者根異。緣覺鈍根，菩薩利根。緣覺所解狹淺不速，故名爲鈍。菩薩所解深廣峻疾，故名爲利。三者心異。緣覺畏苦，疾求取滅。菩薩不畏，常樂處世。四所解異。緣覺但觀十二緣法，悟解生空。菩薩普觀一切諸法，具解二空。五起行異。緣覺但修自利之道，菩薩俱利。又復菩薩修行六度，緣覺不修。六斷障異。緣覺但能斷煩惱障，菩薩之人二障雙除。二障之義，廣如上辨。七得果異。緣覺正得緣覺，菩薩能善有大般涅槃。小大涅槃義，如後釋。八起化異。如《涅槃》說：緣覺化人，但現神通。終日默然，無所宣說。菩薩不爾，能現能說。何故緣覺不能說法。緣覺出世，無九部經，無可宣說。又復緣覺無悲方便，故不能說。以無悲故，不起心說。無四無量，礙方便智，故不堪說。九通用異。如後六通義中，廣說。十體義異。緣覺所有身智功德，悉無常、苦、無我、不淨。菩薩眞德，常樂我淨。又復緣覺所得涅槃，唯有樂淨而無我常。菩薩涅槃，常樂我淨。此之十種，亦異聲聞。然今且就緣覺說之。緣覺如是。

次解菩薩於中，曲有三門分別。一釋名義，二對小分別，三當相分別。初釋名義，菩薩之名是外國語，外國正名菩提薩埵。此方傳者，菩下去提，薩下略埵，故言菩薩。菩提，此翻名之爲道。薩埵，此翻名爲衆生。良以此人內心求道，備有道行，以道成人，名道衆生。問曰：聲聞緣覺人等，斯皆求道，並有道行，同以道成，以何義故不名菩薩，偏獨此人名菩薩乎。釋言：賢聖名有通局，通則義齊。故《涅槃》云，乃至須陁亦名菩薩，亦得稱佛。求索盡智、無生智道，故名菩薩。正覺共道、不共道故，說之爲佛。但經爲欲分別賢聖，是故偏名大乘衆生爲菩薩矣。等分賢聖，何故偏名此爲菩薩。辨有三義。一就願心望果解釋，唯此衆生求大菩提，餘悉不求，是故獨此名道衆生。故《地論》言：一上決定願大菩提，偏言菩薩，此據願心望果釋矣。二據解心望理解釋。凡夫住有，二乘著無。有無乖中，不會中道。唯有菩薩妙捨有無，契會中道。是故獨此名道衆生。三就行解釋。入佛法中，有三種門。一教，二義，三者是行。教淺義深，行爲最勝。聲聞鈍根，從教爲名。聲者是教，飡聲悟解名聲聞矣。緣覺次勝，從義立稱，說爲緣覺。緣者是義，於緣得覺，故名緣覺。菩薩最上，就行彰名，以能成就自利利他俱利之道，故稱菩薩。故《地持》云，聲聞緣覺但能自度，菩薩不爾，自度度他，是名道勝。以道勝故，名道衆生。名義如是(此一門竟)。

**智顗《四教義》卷六**　辟支迦羅，是天竺之言，此土翻爲緣覺。此人宿世福德神根勝利，學十二因緣以悟道也。二解釋者，《大智論》云：緣覺有二種，一獨覺，二因緣覺。一明獨覺辟支佛迦羅者，若佛不出世，佛法已滅，是人先世因緣，能獨出智慧，不從他聞，自以智慧得道，故名獨覺。如《大智度論》明，有一國王出園遊戲，清旦見樹林華果，蔚茂甚可愛樂。時王食已即便偃臥，王諸婇女皆競採華毀折樹林。時王覺已見樹林壞，內心覺悟。一切世間無常變壞，皆亦如是。且思惟是已，無漏道心朗然開發，斷諸結使，成辟支迦羅，具六神通，即飛到閑靜處，山林清且曠，入深禪定，受無爲樂。二明因緣覺者，是人道根淳熟，藉小因緣而能覺悟。如見林壞，因此覺悟，成辟支佛。《大智度論》意，似用此爲因緣覺也。今明因緣覺者，因聞十二因緣，覺悟成辟支佛也。

**吉藏《法華義疏》卷六**　《俱舍論》明緣覺有二種。一部行緣覺，謂有部黨眷屬，是小緣覺。二犀角喻緣覺，則是獨覺名大緣覺。

**吉藏《法華義疏》卷六**　樂獨善寂者，《俱舍論》明緣覺有二種。一部行緣覺，謂有部黨眷屬，是小緣覺。二犀角喻緣覺，則是獨覺，名大緣覺。其人獨靜山間，即是今文樂獨善寂也。深知諸法因緣，此出所知之境，謂異聲聞，但知四諦也。

**志鴻《搜玄錄解四分律刪繁補闕行事鈔錄》卷一**　言緣覺者，緣謂所觀，覺者能觀智。此人體緣而悟道，故名緣覺。此有二種。一者獨覺辟支，出無佛世。故《瑜伽》云，常樂寂靜，不欲雜居，脩加行滿，無師自悟，永出三界，故名獨覺。此人以多生種解脱分，善根猶利，但見世間草木，春生夏長，秋衰冬落，便悟無常，自然契證，故不假教。二部行辟支，出有佛世，聞佛説法，方得覺悟。故經云，爲求緣覺者，説應十二因緣法也。

**玄奘譯《瑜伽師地論釋》卷一**　獨覺地者，常樂寂靜，不欲雜居，修加行滿，無師友教，自然獨悟，永出世間，中行中果，故名獨覺。或觀待緣，而悟聖果，亦名緣覺。如是獨覺種性，發心修行得果，一切總説爲獨覺地。

**遁倫《瑜伽論記》卷八**　獨覺地，若依梵語，名鉢剌翳迦佛陁。舊云辟支，訛也。此云獨覺。初發心時，亦值佛世間法思惟，後得道身出無佛世。性樂寂靜，不欲雜居，修加行滿，無師友教，自然獨悟。永出世間中行中果，故名獨覺。或觀待緣而悟聖果，亦名緣覺。

**志鴻《搜玄錄解四分律刪繁補闕行事鈔錄》卷一**　言緣覺者，緣謂所觀，覺者能觀智。此人體緣而悟道，故名緣覺。此有二種。一者獨覺辟支，出無佛世。故《瑜伽》云，常樂寂靜，不欲雜居，脩加行滿，無師自悟，永出三界，故名獨覺。此人以多生種解脱分，善根猶利，但見世間草木，春生夏長，秋衰冬落，便悟無常，自然契證，故不假教。二部行辟支，出有佛世，聞佛説法，方得覺悟。故經云，爲求緣覺者，説應十二因緣法也。

**李師政《法門名義集》**　二種辟支佛。一者出無佛世，獨悟非常，思惟得道，名爲緣覺辟支。二者値佛爲説十二因緣之法，觀因緣之理而得悟道，名爲聲聞辟支。於三乘中，此爲中乘，亦得有餘無餘二種涅槃。辟支佛者，此云緣覺。辟支者，此言緣。佛者，此言覺。

**窺基《大乘法苑義林章》卷二**　獨覺藏者，《法花經》説：若有衆生，從佛世尊聞法信受，慇懃精進，求自然慧，樂獨善寂，深知諸法因緣，是名辟支佛乘。《瑜伽論》言：常樂寂靜，不欲雜居，修加行滿，無師友教，自然獨悟，永出世間，故名獨覺。獨證者，覺名爲獨覺，依主釋也。或觀待緣而悟聖果，亦名緣覺。待緣而覺，亦依主釋。獨覺者，藏依主釋，如前素呾纜等三藏者。《成實論》云，修多羅者，直説語言。《雜心論》云，經有五義，謂出生、涌泉、顯示、繩墨、結鬘五義。今大乘解，梵言素呾纜，此名契經。故《瑜伽》二十五，及《顯揚》第六云：云何素呾纜。由二十四事，略攝一切契經。契者，契當至合之義。所言經者，天親論解云，謂能貫穿依故、相故、法故、義故，名素呾纜。謂於是處，由此爲此而有所説，名之爲依。眞俗諦相，名之爲相。十善巧法等，名之爲法。義者，謂隨密意等以説諸法，名之爲義。以四種義，釋素呾纜。《瑜伽論》第二十五，《顯揚》第二十説：謂佛世尊，於彼方所爲彼有情，依彼所化諸行差別，宣説無量蘊相應語，乃至廣説。

**湛然《止觀輔行傳弘決》卷九之三**　《大論》二十一云：迦羅，此翻因緣覺，亦云獨覺。出値佛世，聞因緣法，名爲緣覺。出無佛世，自然得悟，名爲獨覺。此二各有大小之別。若七生初果，値無佛世，名小迦羅。百劫種相，名之爲大。種相不同，或三十相二十九八，乃至一相。此獨覺大小也。又若七生盡値佛出世，名之爲小。種相修福，直佛聞教，名之爲大。此緣覺大小也。

**圓測《解深密經疏》卷四**　言獨覺者，常樂寂靜，不欲雜居，修加行滿，無師友教，自然獨悟，永出世間，中行中果，故名獨覺。或觀待緣而悟聖果，亦名緣覺。

**窺基《妙法蓮華經玄贊》卷五**　樂獨善寂者，是獨覺義。出無佛世，得能證道，獨自善證寂滅理故。又以此慧深知諸法因緣者，是緣覺義。故《瑜伽》云，或觀待緣而證聖果，故名緣覺，觀十二緣起而證果故。

辟支佛者，此名獨覺。此有二類，一部行，二麟角。初可見佛，後必不見。故《華嚴》云菩薩在兜率天，將下生時，有十相現。第三於右手掌放大光明，名嚴淨世界。三千界中若有獨覺，遇斯光已，速入涅槃。若不入者，佛光力故，移置他方諸佛國土，不得見佛。明知獨覺滿百劫者，成於麟角，不爾部行。若從聲聞解脱分位作獨覺者，成麟角喻，可得百劫時猶長故。入四善根作獨覺者，乃成部行。時餘少故，獨證者覺待緣而覺。

皆依主釋。

**清覺《初學記》**　辟支佛是略梵語，具云辟支迦羅，此翻緣覺。下文與此唐梵影略也。言緣覺者，觀察十二因緣而悟道故。《法華經》云，爲求緣覺者，說應十二因緣法。是此義也。或曰，因緣起覺，故名緣覺。即是觀緣悟道之意，亦翻獨覺。出無佛世，無師自悟故。

**通潤《楞伽阿跋多羅寶經合轍》卷二**　緣覺有二種，出無佛世，觀物變易，自覺無生者，爲獨覺。出有佛世，依教而修，觀緣悟道者，爲緣覺。雖根有利鈍，類皆從緣悟入。

**通潤《妙法蓮華經大竅》卷二**　樂獨善寂者，單丁自守，不求友也，此獨覺也。深知諸法因緣者，觀察十二因緣也，此緣覺也。辟支根利於聲聞，而劣於菩薩，名二乘，亦名中乘。

**元粹《天台四教儀備釋》下**　次明緣覺，亦名獨覺。

《輔行》（九下十五）引《大論》二十一云：迦羅，此翻緣覺，亦名獨覺（文）。《四教義》二（十八）標云：辟支迦羅，此翻緣覺。釋中開二。謂緣覺、獨覺。《新華嚴音義》云：二名各有梵語也。畢勒支底迦，此曰各各獨行。佛者，覺也。鉢羅底迦，此翻緣覺（《翻譯名義》亦開二名）。今謂梵音奢切難以考論，恐迦羅名通大論義，翻二種音義分二。恐梵語復有別名故也。緣覺者，觀內因緣，禀佛教法。獨覺者，觀外因緣，無師自悟。《文句》（四七）引《大論》云，獨覺者，出無佛世。緣覺者，願生佛世（文）。《俱舍》明獨覺自有二種，一麟喩，二部行。

## 生因　了因

**曇無讖譯《大般涅槃經》卷二一**　云何生因，生因者，即是業煩惱等，及外諸草木子，是名生因。【略】

一者作因，二者了因。如陶師輪繩，是名作因。如燈燭等照闇中物，是名了因。善男子！大涅槃者，不從作因而有，唯有了因。了因者，所謂三十七助道法、六波羅蜜，是名了因。

**曇無讖譯《大般涅槃經》卷二八**　因有二種，一者生因，二者了因。能生法者，是名生因。燈能了物，故名了因。煩惱諸結，是名生因。衆生父母，是名了因。如穀子等，是名生因。地水糞等，是名了因。復有生因，謂六波羅蜜阿耨多羅三藐三菩提。復有了因，謂佛性阿耨多羅三藐三菩提。復有了因，謂六波羅蜜佛性。復有生因，謂首楞嚴三昧阿耨多羅三藐三菩提。復有了因，謂八正道阿耨多羅三藐三菩提。復有生因，所謂信心六波羅蜜。

**曇無讖譯《大般涅槃經》卷三九**　婆羅門言，一者生因，二者了因。佛言，云何生因，云何了因。婆羅門言，生因者如泥出瓶，了因者如燈照物。佛言，是二種因，因性是一，若是一者可令生因作於了因，可令了因作生因不。不也，瞿曇。佛言，若使生因不作了因，了因不作生因，可得說言是因相不。婆羅門言，雖不相作，故有因相。

**遁倫《瑜伽論記》卷三**　去果相遠，俱名引因。能生與果，二世別故。親近能生，獨名生因。《成唯識》說，生近正果名曰生因，引遠殘果說名引因。

**大瓌《金剛經疏記科會》卷九**　了因者，了有二義。一了斷義，以般若能了煩惱空故。二顯了義，能顯法身故。

## 正因　緣因

**曇無讖譯《大般涅槃經》卷二八**　因有二種，一者正因，二者緣因。正因者，如乳生酪。緣因者，如醪煖等。……衆生佛性亦二種因，一者正因，二者緣因。正因者謂諸衆生，緣因者謂六波羅蜜。

**澄觀《大方廣佛華嚴經疏》卷一七**　衆生佛性有二種因，一者正因，二者緣因。正因者，謂諸衆生，是故五陰即正因也。緣因者，謂六波羅蜜，非蘊相生，名緣因也。今以了因了彼正因，故曰於此性了知。了即般若，亦緣因也。

**均正《無依無得大乘四論玄義記》卷七**　經言正因者，謂諸衆生。此意者，衆生實是緣因性，但約能御所御明之。衆生是能御，故名爲正因。如對偏明中，實非正中，非偏非中，乃名爲正中。非耶非正，方是正中。

今衆生亦爾，能御故名正因。

**德清《紫柏老人集》卷之四**　道不能自聞，又必假緣因爲之汲引，乃可聞耳。夫緣因者，誠諸佛之母，衆生之資。以相好爲緣因者，如觀德人之容，而鄙吝自消之類是也。以音聲爲緣因者，如一言之下，心地開通之類是也。又以聖教爲緣因，大善知識爲緣因，善友法侶爲緣因，以逆境爲緣因，以順境爲緣因。或以精進勇猛，剝皮爲紙，析骨爲筆，刺血爲墨，寫大乘聖典爲緣因。故曰，佛種從緣起，如是種種緣因，雖皆聞道之助。唯最後刺血爲墨，書經緣因，最爲超勝。

**大璸《金剛經疏記科會》卷九**　緣因者，即施戒等五與彼般若爲資緣故。助即資也。資彼正因之力，斷煩惱，成菩提也。猶燈能破暗顯空，必藉心油爲助緣也。

# 因果

**僧肇《物不遷論》**　果不俱因，因因而果。因因而果，因不昔滅。果不俱因，因不來今。不滅不來，則不遷之致明矣。復何惑於去留，踟躕於動靜之間哉。然則乾坤倒覆，無謂不靜。洪流滔天，無謂其動。苟能契神於即物，斯不遠而可知矣。

《肇論》徐梵澄譯注本　社會科學出版社年

**僧伽跋澄譯《鞞婆沙論》卷八**　有漏者，有因有果。謂有漏因，彼立一諦習諦是。謂有漏有果，立二諦苦諦是。無漏種者，亦有因有果。謂無漏有因有果者，立一諦道諦是。謂無漏有果無因者，立二諦盡諦是。

**鳩摩羅什譯《十住毘婆沙論》卷一二**　因以得知，得者成就。以是法故，名成就是法。修名得修行修。常念果者，從因有事成名爲果。

**僧肇《肇論》**　果不俱因，因因而果。因因而果，因不昔滅。果不俱因，因不來今。不滅不來，則不遷之致明矣。

**浮陀跋摩共道泰等譯《阿毗曇毗婆沙論》卷二八**　有因有果者，如百億劫前造因雖滅，爲後生法作因。此法於因雖遠而名有因，彼法於果雖遠而名有果。

**智顗《摩訶止觀》卷五上**　招果爲因，亦名爲業。十法界業起自於心，但使有心，諸業具足，故名如是因也。如是緣者，緣名緣由，助業皆是緣義。無明愛等能潤於業，即心爲緣也。如是果者，剋獲爲果，習因習續於前，習果剋獲於後。

**般若譯《大乘本生心地觀經》卷二**　深信因果，常發善願，隨其過犯，悔除業障。當知是人信三寶力，勝諸外道百千萬倍。

**玄奘譯《大般若波羅蜜多經》卷四七九**　深信因果，應學般若波羅蜜多。

**元康《肇論疏》卷上**　何者，夫果不俱因，因因而果者，因果不同處，故曰不俱。由因而得果，故云因因而果也。因不昔滅者，在昔不滅。因不來今者，昔因不來至今果也。

**吉藏《三論玄義》卷一**　夫至妙虚通，目之爲道，心遊道外，故名外道。外道多端，略陳其二，一天竺異執，二震旦衆師。總論西域九十六術，別序宗要則四執盛行。一計邪因邪果，二執無因有果，三立有因無果，四辨無因無果。

問：云何名爲邪因邪果。答：有外道云，大自在天能生萬物，萬物若滅，還歸本天，故云自在。天若瞋，四生皆苦，自在若喜，則六道咸樂。然天非物因，物非天果，蓋是邪心所畫，故名邪因邪果（自在既爾，七計例然）。難曰：夫善招樂報，惡感苦果，蓋是交謝之宅，報應之場，以不達義理，故生斯謬。又夫人類生人，物類生物，人類生人則人還似人，物類生物物還似物，蓋是相生之道也，而謂一天之因產萬類之報，豈不謬哉。

問：云何名爲無因有果。答：復有外道窮推萬物，無所由籍，故謂無因。而現睹諸法，當知有果，例如莊周魍魎問影，影由形有，形因造化，造化則無所由，本既自有，即末不因他，是故無因而有果也。

問：無因自然此有何異。答：無因據其因無，自然明乎果有，約義不同，猶是一執。難曰，夫因果相生，猶長短相形，既其有果，何得無因，如其無因，何獨有果，若必無因而有果者，則善招地獄，惡感天堂。

問曰：有人言，自然有因，自然無因，萬化不同，皆自然有，故無同前過。答曰：蓋未審察之，故生斯謬，如其精究，理必不然。夫論自者，謂非他爲義，必是因，他則非自矣，故自則不因，因則不自，遂言因而復自，則義成杅楯。

問：云何名爲有因無果。答：斷見之流，唯有現在更無後世，類如草木，盡在一期。難曰，夫神道幽玄，惑人多昧，義經丘而未曉，理涉旦而猶昏，唯有佛宗乃盡其致。經云：如雀在瓶中，羅縠覆其口，縠穿雀飛去，形壞而神走。匡山慧遠釋曰，火之傳於薪，猶神之傳於形，火之傳異薪，猶神之傳異形，前薪非後薪，則知指窮之術妙，前形非後形，則悟情數之感深，不得見形朽於一生，便謂識神俱喪，火窮於一木，乃曰終期都盡矣。後學稱黃帝之言曰，形雖糜而神不化，乘化至變無窮，雖未彰言三世，意已明未來不斷。

問曰：云何名爲無因無果。答：既撥無後世受果，亦無現在之因故。六師云，無有黑業，無有黑業報，無有白業，無有白業報，四邪之問最爲尤弊，現在斷善，後生惡趣。

問：斯之紛謬起自何時。答：釋迦未興盛行天竺，能仁既出，殄斯謬計。佛滅度後，柯條更繁，龍樹後興，重加剪伐。

**吉藏《百論疏》卷下** 因中有多果者，乳中有酪，此酪中即有蘇。一時之中，頓具五味。乃至五味之中，即應有糞，糞中亦具五味，故果中多因。如《涅槃》云：女有兒性，兒有孫性。又如買馬之人，應責駒直。因中無果多者，如乳中無五味，應頓生五味，醍醐中無五味，亦應頓生。又乳中無一物而生一物，無一切物，應生一切。外曰：因果不破，故生可生成。第五舉因果證生可生。此文來有遠近。遠來者，從破因中有果品竟，於此文外云，汝雖種種破生可生，而因果道理終不可無。若無因果，則成邪見。次近生者，從上三破生，汝雖作一多等破，但不許定有定無及合一因多果、多因一果，而終不破因果。若有因果，必有生可生。

**澄觀《貞元新譯華嚴經疏》卷一〇** 一因多果，一果多因，一因一果，多因多果，無有障礙。

**智儼《方廣佛華嚴經搜玄分齊通智方軌》卷三** 因緣生理，因有決定用。緣有發果能方得法生。若但因力無緣發果能者，其因六義不現在前。何者爲六義。一念念滅，此滅是空。有力不待外緣，所以有力不待緣。爲因體未對緣事，自遷動故。二俱有是空，有力待緣。所以者，爲得外緣，唯顯體空俱成力用也。三隨逐至治際是有無力待緣。所以知爲隨他，故不可無，不能違緣，故無力也。四決定是有有力不待緣。所以知外緣未至性不改自成故。五觀因緣，是空無力待緣。所以知者，爲待外緣，唯顯親因，非有無力能生果也。六如引顯自果，是有有力待緣。所以知得外緣時，唯顯自因，得自果故。

**法藏《華嚴經義海百門》卷一** 五辯因果者，塵即是緣起，事相現前爲因，即事體空不可得是果。果不異因，全以因滿稱爲果也。由因不異果，全以果圓稱之爲因也。若因不得果，果亦非果也，若果不得因，因亦非因也。皆同時成立，無別異故。是故初發心時，便成正覺，成正覺已，乃是初心。經云：初發心時便成正覺，悉與三世諸如來等。

**智儼《華嚴五十要問答》卷一** 問：菩薩初起修行，先觀如實因果，成入道方便，其義云何。

答：凡佛法大綱有其二種，所謂眞俗，隨順觀世諦則入第一義故，觀相云何，法有多門，且依同時，如實互爲因果義。入因果義有二重，第一重內有三門，一明護分別過，二明其義，三明違之成過。初護義者，略依燈光及燋炷明之，身心諸事，準之可解。問曰：燋炷生光炎耶。答：不也，炷從炎生故。又問，炎生炷耶。答：不也，炎從炷生故。又問：炎從炷生耶。答：不也，炎能生炷故。又問，炷從炎生耶。答：不也，炷能生炎故。又問：可是不生耶。答：不也，去炷炎隨無故。又問，生不生俱耶。答，不也，相違故。又問，非生非不生耶。答：不也，違其因果如實生理故。解第一門竟。第二義者，炷因生炎果，因是有義，由有力故，炎果從因生，是無義，依炷因生故，炎生其炷，返前可知。炎果從炷因生，是非有義，無體故，炷生光炎，炷因是非無義，爲有力故，餘句準可知。第二門竟。第三違之成過者，若言炷因生果亦可恆生，常能生炎果故，增益故，若言炷不生亦可恆不生炎果，無因不有故，損減故，炎生炷如前可知，若亦生不生相違故，若言非生非不生戲論故，餘義準之。第三門竟。第二重者，三門同前，第一門者初約因明，後約果論。

問：因是有耶。答：不也，果因故，緣成故。又問，因是無耶。答：不也，生果故。又問，因有無俱耶。答：不也，相違故。又問，非有無耶。答：不也，現見生果法故。二約果論者，問：果是有耶。答：不也，是他果無體故。又問，果是無耶。答：不也，由是果故。又問，亦有亦無耶。答：不也，一果故不相違故。又問，非有非無耶。答：不也，現有果所生故。解第一門竟。第二義者，因是有義，由能生故，因是無義，果緣因故。緣成故因，是亦有亦無義，因成故因，是非有非無義，隨定取一義不可得故，果義四門準前知之。第二門竟。

第三執成過者，問：因生果何失。答：若生者亦可恆生，亦可恆不生，所以知之，若生者即常生故，又若生者現所有炎果，是能生炷因即無所生，故是斷也。又問：因不生果有何失。答：亦有二失。若炷因不生者，即光炎無因，故是常也。又若炷不生者，既炎無自生，因復不生不可得有，故是斷也。亦生不生，非生非不生，準以思之，餘義準可知。

又一切因有六種義。一空有力不待緣，念念滅故。二有有力不待緣，決定故。三有有力待緣，如引顯自果故。四無無力待緣，觀因緣故。五有無力待緣，隨逐至治際故。六無有力待緣，俱有力故。問，未知待緣待何緣。答，此待爐油水土等外緣，不取因事及自六義也。又經文云，因因亦因因，果果亦果果者，簡別因果親疏，有無力用分齊。初因者親因也，復因者緣因也。亦因因者二因相由也，果果等者準因二果相由成也，餘因果相望則無用耳。又增上緣望自增上果還爲親因，故雜集論會疏緣入親因攝。又成唯識論因緣

謂有爲法親辨自果，此體有二，一種子，二現行。種子者，謂本識中善染無記諸界地等功能差別，能引次後自類功能及起同時自類現果，此唯望彼是因緣。現行者，謂七轉識及彼相應所變相見性界地等，除佛果善極劣無記，餘熏本識，生自類種。此唯望彼是因緣性，第八心品無所熏，故非簡所依，獨能熏故，極微圓故，不熏成種。現行同類展轉相望，皆非因緣，自種生故。一切異類展轉相望，亦非因緣，不親生故。有說，異類同類現行展轉相望爲因緣者，應知假說，或隨轉門。有唯說種是因緣性，彼依顯勝非盡理說。聖說，轉識與阿賴耶展轉相望爲因緣，故此顯因果親疏分齊極明善也。其六義及前因果理事相成，更以六法顯之，所謂總成因果也。二別義別成總故，三同自同成總故，四異諸義自異顯同故，五成因果理事成故，六壞諸義各住自法不移本性故。所述緣起並悉遍通，隨有事成，驗思可解耳。此文在三乘一乘方究竟，何以故，稱法界故。

**法藏《華嚴策林》卷一** 問：因果相依，其猶函蓋，若從因獲果，即果成異於因時，若即因是果，衆生同於佛地，不得稱爲斷德，茲又落常，幸旨迷方開斯正路。私對曰：因果二位，同一緣起，相因成立，義不孤興。因徹果源，果究因末，普賢行願，方號圓因，舍那十身，遂稱滿果。然則法無前後，隨了處而因圓，佛雖斷常，遂悟時而理現。果果非是得，因亦不亡，猶是發心方驗，果究因際，菩薩已成正覺，即知因源果位相望，自招斷常之失，同體一解，復招體用之識，自可緣起門中，許因相即，法界證處，果異預談。

**李師政《法門名義集》卷一** 隨說因（諸法名想言說，是名隨說因），以有因（以有事故有所作，是名以有因，以有手故有所作，以有足故有遊行，以有飢渴故求飲食，如此之類名因），種殖因（種諸種子，名種殖因），攝因（水土潤澤，是名攝因），生因（種子於芽，是名生因），長因（芽莖相續乃至成熟，名長因也），自種因（種種種子各各生子，是自種因），共事因（彼以有因種殖因攝因生因長因自種因，總此因名共事因），相違因（障礙於生，名相違因），不相違因（不障礙者，名不相違因）。

**法藏《華嚴經明法品内立三寶章》卷二** 《師子吼品》云：佛性者有因，有因因，有果，有果果。因者十二因緣。因因者即是智慧（通法已去）。果者阿耨菩提。果果者無上大般涅槃。後四句者，是因非果如佛性，是果非因如大涅槃，是因是果如十二因緣所生之法（此中具智慧及菩提二句），非因非果名爲佛性（中道正性謂法身理也，開第三句即爲五種佛性也）。或有佛性闡提人有善根人無（是前因性），或有佛性善根人有闡提人無（是曰因性），或有佛性二人俱有（非因非果性），或有佛性二人俱無（果與果果二性）。十二因緣名佛性者，且如無明是佛性，有二義。一當體淨故，是法身性。二是能知名義成反流，故名報身性。餘支準此。又初四句中，初者謂染淨緣起門，二内熏發心，三始覺圓，四本覺現。又，初隨染隱體，二微起淨用，三染盡淨圓，四還源顯實。又初與第四俱是理性，但染淨異。中間二俱是行性，但因果異。又，初染而非淨，第二淨而非染，第三亦染亦淨，第四非染非淨。又，初是自性住，二是引出，三四是至得果。又，初二因，後二果。又，轉初爲四，轉二爲三。又，依初起二，以二成三，以三證初，冥合不二。是故四義唯一心轉，若離無明，此

四相皆盡也。

**法藏《華嚴經明法品內立三寶章》卷一**　第八因果門中亦四位。一無，二有，三俱，四泯。初中謂此一念法，前因已滅對誰稱果，後果未生對誰說因，當念不住非因非果。二假有因果者，如論云：觀現在法有引後用，假立當果，對說現因，觀現在法有酬前相，假立曾因，對說現果，因果不無。三俱者，由有引後義故有因，由有酬前義故有果，由滅壞義故非因，由背前義故非果，由引後不異滅壞故，亦因亦非因，由酬前不異背前故，亦果亦非果，由四義合成一流轉，故具存亡二義也。四俱泯者，由滅壞不異引後故，非因非非因，背前不異酬前故，非果非非果，此二門復不異故，非因果非非因果，又若因果先存可得對之說，非既因果，先自不成今亦無，非因果之可立，思之。

**畺良耶舍譯《佛說觀無量壽經》**　發菩提心，深信因果。讀誦大乘。

**延壽《宗鏡錄》卷六**　法藏法師依《華嚴經》，立因果緣起理實法界，以爲宗趣。釋云：法界因果，雙融俱離，性相渾然，無礙自在，有十義門。一由離相故，因果不異法界，即因果非因果也。此即相爲宗，離相爲趣，或離相爲宗，亡因果爲趣，下九準思。二由離性故，法界不異因果，即法界非法界也。三由離性不泯性故，法界即因果時，法界宛然，則以非法界爲法界也。四由離相不壞相故，因果即法界時，因果歷然，則以非因果爲因果也。五離相不異離性故，因果法界，雙泯俱融迴超言慮。六由不壞不異不泯故，因果法界俱存，現前煥然可見。七由五六存泯復不異故，超視聽之妙法，無不恆通見聞，絕思議之深義，未嘗礙於言念。八由法界性融不可分故，即法界之因果，各同時全攝法界，無不皆盡。九因果各全攝法界時，因果隨法界各互於因果中現，是故佛中有菩薩，普賢中有佛也。十因果二位，各隨差別之法，無不該攝法界，故一一法，一一行，一一位，一一德，皆各總攝無盡無盡，帝網重重諸法門海。是謂華嚴無盡宗趣。以華嚴之實教，總攝群經，標無盡之圓宗，能該萬法，可謂周遍無礙，自在融通，方顯我心，能成宗鏡。

**集成《宏智禪師廣錄》卷二**　舉：百丈上堂，常有一老人聽法，隨眾散去。一日不去。丈乃問：立者何人。老人云：某甲於過去迦葉佛時，曾住此山，有學人問，大修行底人還落因果也無，對他道不落因果。墮野狐身五百生。今請和尚代一轉語。丈云，不昧因果。老人於言下大悟。頌曰：一尺水一丈波，五百生前不奈何。不落不昧商量也，依前撞入葛藤窠。阿呵呵會也麼。若是爾灑灑落落，不妨我哆哆和和，神歌社舞自成曲，拍手其間唱哩囉。

**文才《肇論新疏游刃》卷上**　因因而果者，顯果自因招也。果非因招，應是自然，亦無窮過。又果不俱因，顯因非常。因因而果，知因不斷。

**普瑞《華嚴懸談會玄記》卷三六**　若乳中有酪酥等，則一因多果。若酥有酪乳等，則一果中多因。如是先後因果一時，俱有過。若因中無果，亦如是過。是故因中有果無果，是皆無生。又云：若瓶與泥團不異者，瓶生時泥團不應滅，泥團亦不應爲瓶因。若泥團與瓶異者，瓶不應生瓶，亦不應爲泥團果。是故若因中有果，若因中無果，物不應生物（以上無生破彼執也）。又云：外曰：若諸法空無相者，世間人盡不信受。內曰：是因緣法，世人信受。所以者何，因緣生法則是無相。汝謂乳中有酪酥等，童女已妊諸子，食中已有糞。又除梁椽等，別有屋。除縷，別有布。或言因中有果，或言因中無果，或言離因緣諸法生。其實空不應言說，世事是人所執，誰當信受。我法不爾，與世人同故，一切信受。

**行秀《万松老人評唱天童覺和尚頌古從容庵錄》**　師云：洪州百丈山大智禪師每至陞座，常有一老人聽法，迦葉佛時曾住此山，錯對學人一轉語，至今墮野狐身，良由自己倚牆貼壁，送人墮坑落塹，見大智有抽釘拔楔手段，便舍已從他，請大智代一轉語。大智施無畏辯，輕輕撥轉道，不昧因果。老人言下大悟。據實而論，不落因果是撥無斷見，不昧因果是隨流得妙。稍解教乘者，舉著便見，要且難脫毛衣，猶披鱗甲。不見道圓禪師在南禪師會中聞二僧舉此話，一僧曰，只如不昧因果也未脫得野狐身，一僧應聲曰，便是不落因果亦何曾墮野狐身耶。師悚然異其語。

**鎮澄《物不遷正量論》**　因因而果，因不昔滅。果不俱因，因不來今。不滅不來，不遷之致明矣。愚謂：若昔因不滅不化者，則眾生永無成佛之理，修因永無得果之期。大小乘經，俱無此說也。一切聖教，皆言因滅果生，種子爛壞，果方熟。故《涅槃》（二十九）云：如日垂沒，山陵堆阜，影現東移，理無西逝。眾生業果，亦復如是。此陰滅時，彼陰續生。如燈生暗滅，燈滅暗生。又如蠟印印泥，印與泥合，印滅文成，而是蠟印，不變在泥。文非泥出，不餘處來，以印因緣，而生是文。現在陰滅，中陰陰生，中陰陰滅，後陰陰生，亦若是也。故四緣中有等無間緣，若前念不滅，後念決定不生。若謂如來昔因不化，則常菩薩安能至佛果耶。以此乃知，肇師昔物不化之説，有同常見矣。

問曰：彼云因不滅故墮常，今云因滅，豈不墮斷。答曰：今言因滅則果生。《唯識》云：因滅故非常，果生故非斷。肇公許果生，不許因滅，故墮常也。因因而果，許果生也。因不昔滅，不許因滅也。問曰：彼云成山假就於始簣，修途託至於初步，豈非昔因不滅，集因成果耶。答曰：《涅槃》（十三）出外道常計云，若筭數之法，從一至二以成百千。若無常者，初一應滅。一若滅者，誰復至二，乃至百千。以是義故，諸法是常，正與此同。如來總舉異色異心無非無常，已破之矣。愚謂：初步非後，後步非初，異作異時，是無常法，非不遷也。又初步不滅，常應在初，終不至二，況千里耶。積簣例知，皆無常也。況佛金口所印，又何疑哉。問曰：肇公引經云，三災彌綸，業行湛然。非業因常耶。答曰：常有二義。一凝然常，眞如不遷之義也。《楞嚴》云：性眞常中，求於迷悟，生死去來，了無所得。二相續常，業果不失之謂也。《華嚴》云，因自相剎那壞而次第集果不失相。偈云，因壞果集皆能了。以八識藏中，等無間緣熏習力故，前念滅時，熏起後念，雖劫火洞然而業果不失也。故謂之相續常，則雖曰湛然，乃屬有爲遷變之法。肇師以證眞如不遷，於義左矣。

問：若因滅者，云何善因得樂果，惡因得苦果耶。答曰：《涅槃》云，如燈雖念念滅而光明破暗，食雖念念滅而能合饑得飽，藥雖念念滅而能愈病，日月光明雖念念滅亦能增長草木。是故因滅，果得生也。請觀蠟印之喻，於理自明。謂印之高者，厥文必下。印之下者，厥文必高。雖印不作文，而文常肖印，毫髮不爽，要待印滅而文始成也。善惡因果亦若是矣。謂因能熏果，因滅果生。雖因不至果，以熏習力故，果常肖因。善惡苦樂，毫髮不忒也。《涅槃》又云，如人服甘露，甘露雖化，以其力故，能合不死。亦其義也。或問，昔物既化，如佛本生之事，如何可說。答曰：以名字故，可得說也。如人夢中見種種物，覺已皆空，夢物雖滅，歷然可說也。若謂實有夢物住於過去而不化者，則爲愚執。《中論》云，若諸法滅時，是則不應住，法若不滅者，則無有是處。安得有物住於過去而不化哉。然縱使昔因不化，致得今果，亦是無常，非不遷也。故《涅槃》云：常住之法，無因無果。虛空常故，無有因果。蓋凡有因果即是可作，空非可作，故無因果。肇師以可作證不遷，故違宗矣。問曰：肇師約俗物明不遷，故即因果。《涅槃》約實性顯常住，故簡因果。宗趣不同，不應爲難。答曰：除諸法實相而以異因異果爲常者，法王法中無是義也。故《入楞伽》云：大慧！妄法是常，相不異故。非諸妄法有差別相，以分別故而有別異。是故妄法其體是常，是以不異因成常住宗也。《涅槃》亦云：一切異法皆無常故，所言異者謂因時非果，果時非因。因時非果，果則先無。果時非因，因則後斷。《涅槃》云：本無今有，已有還無，是無常故。見不異者，達性空也。因果性空，體無二故，不二之體何可遷乎。今肇師以異因異果證不遷，是以無常之因欲成常住之宗，豈可得耶。（問曰：般若諸法無來去，涅槃常住非因果，如何會通。答曰：般若蕩相名空，故說法無去來。謂求去來相不可得，故非謂顯常也。《涅槃》直示實性，故說常住非因果。故經云，無常者生死，常爲大涅槃，空者生死，不空爲大涅槃。此言有爲因果是生死法，故皆無常。無常之法無有自性，徹底唯空。是則無常即空，空即無常。無常與空一有爲法，故皆屬生死，非涅槃佛性也。是則涅槃以因果爲無常，即般若諸法空義。般若法無去來即涅槃空者，謂生死也。其涅槃常住不空之體，是如來藏佛性眞我，堅凝不變，則非無常，眞實有體，則非空也。《般若經》中言未及此。昧者以般若法無去來，類涅槃實性常住，則二宗皆失矣）。其曰：人謂少壯同體百齡一質，徒知年往，不覺形隨。是以梵志出家白首而歸，鄰人見之曰，昔人尚存乎。志曰，我猶昔人，非昔人也。鄰人愕然，非其言。此中梵志意者，謂昔人少年也。今則白首，安得謂之昔人哉。故《涅槃》云，一切諸法，前滅後生，相似相續。凡夫見已，計以爲常，實非常也。然少年因也，白首果也。雖依少年而得老狀，要待少顏既化老狀方現。若少壯不化，安得有白首人哉。以少顏既化，老相始生，而因果相似，故曰吾猶昔人非昔人也。此正無常相續義。肇師以證不遷，計亦左矣。然此中梵志、鄰人、肇師三人所見不同。學者應知，其梵志謂，昔人已化，不來於今。以有爲法前滅後生，相似相續，故曰我猶昔人，非昔人也。此固合聖教正因緣義也。鄰人謂，昔人不滅不化，可以遷到今日，故曰昔人猶在。肇師謂，昔人不滅不化，性住於昔，但不來今耳。今日之身原自住今，不從昔來。此二俱是常見。但鄰人以今昔一質爲常，故昔日之身可到今日。肇師以今昔異質，各住本世，不動爲常。是則肇師與鄰人俱在梵志所破之中矣。

問曰：世間可有自昔不滅不化之物至于今日者乎。曰：有。何者是耶。曰：非剎那行者是也。何物非剎那耶。曰：金、金剛佛舍利、虛空等是也。曰：虛空是無爲法，無剎那行，信矣。金剛舍利是有爲法，何非剎那。曰：現量可見故，有聖言故，現見金銀之性經千萬年不變不殞故。《楞伽經》云：復次，大慧！如金、金剛佛舍利，得奇特性，終不損壞。大慧！若得無間有剎那者，聖應非聖，而聖未曾不聖。如金、金剛，雖經劫數，稱量不減。云何凡愚不善於我隱覆之說，於一切法作剎那想。釋曰：此明聖人於無間道所證無爲，非剎那行，不屬生滅，舉金剛佛舍利爲類也。問曰：世間頗有一物性，住於昔而不滅不來者乎。曰：未之有也。何則。世間諸法不出二類。謂有剎那行者，前滅後生，非前不滅後得生故，有情等是也。非剎那行者，昔時之質，不變不易，得至後時，金剛佛舍利等是也。何有一法住於過去而不滅乎。是則世人之見，物或有之。肇師之見，物理皆無也。思之。問：《涅槃・梵行》廣說一切異色異心，莫非無常。金與金剛佛舍利，既有異形，那非無常。矧二經相違，如何會通。曰：二皆聖言，實難通會。愚意思之，《楞伽》在先，是有餘意。《涅槃》居後，是無餘意。譬如後勑能破前勑，況金剛寶等劫水所成，如來舍利熏鍊而有，本無今有，故是無常。金與金剛可分析故，亦無自性。如來舍利應此人天劫國而有，劫盡界空，理應當盡。經約其長時堅住，以爲非剎那類耳，非畢竟不壞也。如來應化，有起盡故。唯眞無爲，性是剎那，際非是剎那。堅凝常住，畢竟不壞。然肇公不遷，所以總之，不出四計，謂有無一異。求向物於向，於向未嘗無，是有計。責向物於今，於今未嘗有，是無計。昔物自在昔，今物自在今，是異計。唯闕一計耳。四計乃般若之大病。有一於此，則與般若之理背矣。尙何不遷哉。愚固所謂肇師不遷，有宗而無因也。

**智旭《佛說梵網經菩薩心地品合註》卷七**　佛性非因非果，而因果不離佛性。故曰，大乘因者，諸法實相，大乘果者，亦諸法實相，實相即佛性異名。今因亦佛性，果亦佛性。佛性常住，則因果亦皆常住。通則一切諸法，皆名因果佛性常住之藏。

**通潤《成唯識論集解》卷三**　因果之法，復三世不斷，方成因果。過去爲因，現在爲果。現在爲因，未來爲果。今大乘因果，既約現在一重生滅滅生爲因果義，不立過未。若過未既非實法，現在亦爾，可立非常。既曰非常，便成斷滅，安得非斷。斷豈得成緣起正理。大乘答云，汝言過去未來皆是實有，可名非斷。既曰非斷，便是死常，安得非常。常亦豈成緣起正理。論主復云，我非好爲辯說，斥他過以成己義，但邪說不摧，正理不顯，不得已耳。且汝不解大乘現在因果相續緣起正理，執爲斷滅。我更爲汝重明梗槩。然我前言因滅果生，是約現在前因滅位。即有後果，非謂待因滅，盡而後果生也。若待因滅而後果生，可成斷滅。今因果同時，種現相生，更無前後，安得斷滅。正如秤之兩頭，低昂時等。秤喻本識，兩頭喻因果，低昂喻生滅，時等喻剎那不異。如是現在因果，如暴流然，無有間斷。何假去來因果方成非斷。

因現有位，後果未生，（至）諸有智者，應順脩學。

小乘復難云：若因果不約三世，唯立現在因滅果生爲因果者，若謂因是現在因者，後果未生，此現在因爲誰作因。若謂果是現在果者，前因已滅，此現在果是誰之果。既因中無果，果中無因，是成斷滅，安得謂之離斷離常。大乘答云：若非同時因滅果生，而執因時已有後果，果既本有，則應是常，何待前因，然後有果。且因本詶果，既不待因，果從何有。因果既無，豈離斷常。故《顯揚論》云：若謂因中有果者，我今問汝，因果二相爲異不異。若不異者，即無決定因果二體，由此二相無差別故，而言因中有果，不應道理。若異相者，因中果體爲未生相，爲已生相。若未生相者，於彼因中果猶未生而說是有，不應道理。若已生相者，則果體已生，復從因生，不應道理。是故因中非先有果。然要有因，故待緣而生。由斯理趣，汝義不成。若欲因果義成，必依現在有法作用而得顯示。故我前云果生因滅，相續如流，如秤兩頭，低昂時等。今汝以三世因果而生詰難，此非預我大乘緣起唯識正宗。所以者何。由汝執體用因緣皆是本來實有，墮在死常，常無轉變，因果定無，是故應信大乘現在生滅緣起正理。

然此正理，本無言說，豈有因果。即彼因果亦是假設，不似汝等定爲實有。假說云何。謂觀現在法有引生後果之用，假立當來果，以對現在因。觀現在法有，詶答前因之相。假立過去因，以對現在果。是則因果不離現在，而何定立三世爲哉。問：此假因果依何建立。答：謂依生滅現識，似有因果相現。然非心外實有因果法也。若離現識生滅而別立因果，此便是心外取法，便落斷常矣。故《楞伽》云，譬如明鏡，現諸色像，現識處現，亦復如是。如斯因果，理趣昭然，遠離斷常，契合中道。智者當學，大都二義。小乘約三世二期因果異時說，大乘約現在一念因果同時說。此與前文有爲四相相似。然此二義，俱不可廢。若約心心所法，因果決定同時。若約色等諸法，三世因果，未爲不是。

## 果報

**求那跋陀羅譯《過去現在因果經》卷四**　有造作善惡受果報者，大王諦聽，當爲王說。大王！但以情塵識合，於境生染，累想滋繁。以是緣故，馳流生死，備受苦報。若於境無染，息其累想，則得解脫。以情塵識三事因緣，共起善惡，及受果報，

**曇無讖譯《優婆塞戒經》卷七**　一者現報，二者生報，三者後報，四者無報。業有四種，一者時定果報不定，二者報定時不必定，三者時定果報亦定，四者時果二俱不定。時定者，所謂現在、次生、後世。若時不定，果報不定，是業可轉。若果報定應後受者，是業可轉現在受之。何以故。善心智慧因緣力故，惡果定者亦可轉輕。何因緣故名果報定，常作無悔故，專心作故，樂喜作故，立誓願故，作已歡喜故。是故是業得果報定。除是之外，悉名不定。眾生行業，有輕有重，有遠有近，隨其因緣，先後受之。如有修身、修戒、修心、修慧，定知善惡，當有果報。

**智顗《禪門章》**　果報與修證若爲異，修是修習名因，證是尅獲名果。此果是習果，得報之時，名爲報果。從阿鼻去乃至於佛，皆須一一顯示果報。若是二乘，明但有習果，無有報果，灰身滅智，無受生處故。若大乘所明，此人受法性身亦有報果。若是明菩薩者，三賢十聖住果報，何容不得辨果報。佛亦得言報，《涅槃》云，願得無上報。又云，因滅是色獲得常色，亦得明報也。

**闍那崛多譯《佛本行集經》卷二一**　凡人欲依諸境界住受果報者，猶如有人造立屋舍，欲蔽日光，或避風雨。如人以渴故求於水，又如人飢故求覓食，如人垢穢欲洗浴身，如人露形求衣覆體，如人困乏故求乘騎，欲得除寒故求於暖，欲得除熱故求於涼，欲去疲勞故坐床鋪。如是等事，諸所求者，皆爲以苦來逼身故，所以推求。如似病人，爲患重故，方覓良醫。世間之人，一切悉皆如是悕望。

**闍那崛多譯《佛本行集經》卷二四**　凡夫求於後世果報，祭祀諸天并及火神，必須煞害他眾生命，此則非理。所以者何。若人行慈，應不損害他身命根，假使祭祀一切諸天及於火神，煞害眾生，得彼常樂定果報者，猶尚不可煞害於命而用祭祀，況復一切所得果報，皆是無常，破壞盡滅，非牢固法。

**智旭《在家律要廣集》卷三**　果報者，偷盜之罪，亦令眾生墮三惡道。若生人中，得三種果報。一者貧窮。二者共財不得自在。共財者，世間財物，五家所共，謂王，賊，水，火，不肖子孫。惟功德法財，乃不共他有也。《十善業道經》云：若離偷盜，即得十種可保信法。一，資財盈積，王賊水火及非愛子，不能散滅。二，多人愛念。三，人不欺負。四，十方讚歎。五，不憂損害。六，善名流布。七，處眾無畏。八，財命色力安樂辯才，具足無缺。九，常懷施意。十，命終生天。若能迴向菩提，後成佛時，得證清淨大菩提智。

**智旭《在家律要廣集》卷三**　果報者。妄語之罪，亦令眾生墮三惡道。若生人中，得二種果報，一者多被誹謗，二者爲他所誑。綺語之罪，亦令眾生墮三惡道。若生人中，得二種果報，一者言無人受，二者語不明了。

**西宗《慈悲道場水懺科註》卷中**　果報者，既有惡業，必招惡果。不修出世，縱有福如聖王，如四空天，福盡還應墮落

# 諸無分部

## 無

**支婁迦讖譯《道行般若經》卷五**　何謂所本無。世間亦是本無。何所是本無者。一切諸法亦本無。如諸法本無，須陁洹道亦本無，斯陁含道亦本無，阿那含道亦本無，阿羅漢道、辟支佛道亦本無，怛薩阿竭亦復本無，一本無無有異，無所不入，悉知一切。是者，須菩提！般若波羅蜜即是本無。

**竺法護譯《普曜經》卷三**　其言無者，宣於無常、苦、空、非我之音。

**竺法護譯《光讚經》卷九**　須菩提謂舍利弗：人無所有故，過去菩薩而不可得，衆生悉空，是故過去菩薩而無所受。衆生怳忽，是故過去菩薩而無所受。色無所有，是故菩薩不受過去痛癢思想生死識。空無所有，是故菩薩不受過去受。過去色空，痛癢思想生死識亦空。色怳忽，痛癢思想生死識怳忽。色自然，痛癢思想生死識自然，是故菩薩不受過去。檀波羅蜜、尸波羅蜜、羼波羅蜜、惟逮波羅蜜、禪波羅蜜、般若波羅蜜，悉無所有，是故菩薩不得過去。所以者何。舍利弗！其以空者不可得過去當來中間，無有異空、無有菩薩，無有過去空菩薩及過去事，皆悉無二、無若干也。是故菩薩不受過去，當來中間亦復如是。取要言之，檀波羅蜜亦復怳忽，檀波羅蜜自然，尸波羅蜜、羼波羅蜜、惟逮波羅蜜、禪波羅蜜、般若波羅蜜亦復悉空，般若波羅蜜亦復怳忽，則無自然，是故菩薩不受過去。是故，舍利弗！其以空者無有過去當來中間，空與菩薩及已過去，亦無有二，亦無有若干。是故，舍利弗！菩薩不受過去。其七空者亦無所有，是故菩薩不受過去。

復次，舍利弗！其意止、意斷、神足、根、力、七覺、八道、三十七品，亦復爲空，亦復怳忽。其七空者亦復如是，是故菩薩不受過去。十力、無畏、十八不共諸佛之法，悉空怳忽，是故菩薩不受過去。六波羅蜜亦無所有，亦復怳忽，亦無自然，是故菩薩不受過去。

復次，舍利弗！一切三昧悉無所有，陁羅尼門皆無所有。諸三昧門、陁羅尼門，亦復悉空，亦復怳忽。諸三昧門、陁羅尼門，皆無所有。諸三昧門、陁羅尼門，亦復悉空，亦復怳忽。諸三昧門、陁羅尼門，皆無自然。是故菩薩不受過去。六波羅蜜亦復如是。

復次，舍利弗！及諸法界亦無所有，法界悉空，法界怳忽，法界自然，法界亦無七空，是故菩薩不受過去。

復次，舍利弗！怛薩阿竭亦無所有，亦悉無本，無本怳忽，無本亦空，其本無者亦無自然，是故菩薩不受過去。其本際者亦無所有，本際悉空，本際怳忽，亦無自然，不可思議，一切諸界亦無自然，是故菩薩不受過去。

復次，舍利弗！諸聲聞、辟支佛、怛薩阿竭亦無所有，怛薩阿竭則空怳忽，亦無自然，是故菩薩不受過去。

**僧伽提婆譯《中阿含經》卷四九**　若彼中無者，以此故，彼見是空，若彼有餘者，彼見眞實有。阿難！是謂行眞實空。不顛倒也。【略】若彼中無者，以此故，彼見是空。若彼有餘者，彼見眞實有。阿難！是謂行眞實空。不顛倒也。謂漏盡、無漏、無爲，心解脱。

**竺佛念譯《出曜經》卷二三**　外道梵志自相謂言：世無因緣，亦無本末。有者自然而有，無者自然而無。何以知其然。猶若曠野荊棘生其棘鍼，豈有巧匠削利鍼乎。如鹿百獸群鳥樹栖，衣毛雜色形像不同，豈復有人彩畫其體乎。論其品類受性不同，地性素耎，石性素堅，豈復有人造堅耎耶。斯皆無因緣而自然生。如此之類，執迷來久，共相教授，至今不絕。

**鳩摩羅什譯《大智度論》卷一五**　若諸法無者，有二種：一者常無，二者斷滅故無。若先有今無，若今有後無，是則斷滅。若然者，則無因緣。無因緣者，應一物中出一切物，亦應一切物中都無所出。

**鳩摩羅什譯《大智度論》卷三七**　著有者，事若無常，則生憂惱。若著無者，作諸罪業，死墮地獄受苦。不著有無者，無有如是等種種過失，應捨是則得實。

**鳩摩羅什譯《大智度論》卷九一** 性無者，是色從一切四大和合，假名爲色。是中無定一法名爲色。如先破色中説。是色從因緣和合生故，即是無性。若無性，即是性空。

**鳩摩羅什譯《中論·觀因緣品》** 於因緣中，本末推求，相可相決定不可得。是二不可得故，一切法皆無。一切法皆攝在相可相二法中。或相爲可相，或可相爲相。如火以烟爲相，烟亦復以火爲相。問曰：若無有有，應當有無。答曰：若使無有有，云何當有無。有無既已無，知有無者誰。

凡物若自壞，若爲他壞，名爲無。無不自有，從有而有。是故言若使無有有，云何當有無。眼見耳聞尚不可得，何況無物。問曰，以無有有故無亦無，應當有知有無者。答曰，若有知者，應在有中應在無中，有無既破，知者亦同破。

**僧肇《肇論·宗本義》** 本無、實相、法性、性空、緣會，一義耳。何則。一切諸法，緣會而生。緣會而生，則未生無有，緣離則滅。如其眞有，有則無滅。以此而推，故知雖今現有，有而性常自空。性常自空，故謂之性空。性空故，故曰法性。法性如是，故曰實相。實相自無，非推之使無，故名本無。言不有不無者，不如有見常見之有，邪見斷見之無耳。若以有爲有，則以無爲無。夫不存無以觀法者，可謂識法實相矣。雖觀有而無所取相。然則法相爲無相之相。聖人之心爲住無所住矣。三乘等觀性空而得道也。性空者，謂諸法實相也。見法實相，故云正觀。若其異者，便爲邪觀。設二乘不見此理，則顛倒也。是以三乘觀法無異，但心有大小爲差耳。漚和般若者，大慧之稱也。諸法實相，謂之般若。能不形證，漚和功也。適化衆生，謂之漚和。不染塵累，般若力也。然則般若之門觀空，漚和之門涉有。涉有未始迷虛，故常處有而不染。不厭有而觀空，故觀空而不證。是謂一念之力，權慧具矣。好思，歷然可解。泥洹盡諦者，直結盡而已，則生死永滅，故謂盡耳，無復別有一盡處耳。

**僧肇《肇論·不真空論》** 夫至虛無生者，蓋是般若玄鑒之妙趣，有物之宗極者也。自非聖明特達，何能契神於有無之間哉。是以至人通神心於無窮，窮所不能滯，極耳目於視聽，聲色所不能制者，豈不以其即萬物之自虛，故物不能累其神明者也。是以聖人乘眞心而理順，則無滯而不通，審一氣以觀化，故所遇而順適。無滯而不通，故能混雜致淳，所遇而順適，故則觸物而一。如此，則萬象雖殊而不能自異。不能自異，故知象非眞象。象非眞象故，則雖象而非象。然則物我同根，是非一氣，潛微幽隱，殆非群情之所盡。故頃爾談論，至於虛宗，每有不同。【略】

夫以名求物，物無當名之實。以物求名，名無得物之功。物無當名之實，非物也。名無得物之功非名也。是以名不當實，實不當名。名實無當，萬物安在。故《中觀》云：物無彼此，而人以此爲此，以彼爲彼。彼亦以此爲彼，以彼爲此。此彼莫定乎一名，而惑者懷必然之志。然則彼此初非有，惑者初非無。既悟彼此之非有，有何物而可有哉。故知萬物非眞，假號久矣。是以《成具》立強名之文，園林托指馬之況。如此則深遠之言，于何而不在。是以聖人乘千化而不變，履萬惑而常通者，以其即萬物之自虛，不假虛而虛物也。故經云：甚奇世尊，不動眞際爲諸法立處。非離眞而立處，立處即眞也。然則道遠乎哉，觸事而眞。聖遠乎哉，體之即神。

**元康《肇論疏》卷上** 雖無而非無，無者不絕虛者。雖是無而非定無，則此無不同大虛永絕。

## 無生

**鳩摩羅什譯《佛説仁王般若波羅蜜經》卷上** 一切法性眞實空，不來不去，無生無滅，同眞際，等法性，無二無別，如虛空。是故陰入界無我，無所有相，是爲菩薩行化十地般若波羅蜜。

**鳩摩羅什譯《梵網經》第一〇卷上** 伏空假會法性，登無生山，而見一切有無，如有如無。大地青黃赤白一切入，乃至三寶智性，一切信進道空，無生無作無慧。

**智顗《摩訶止觀》卷一下** 若聞無生，謂二乘無三界生，菩薩未無生。若聞無生，謂三乘皆無三界生。若聞無生，二乘非分，但在菩薩。菩薩先無分段生，次無變易生。若聞無生，一無生一切無生。

**智顗《摩訶止觀》卷五下** 若上根人聞觀於生，知生無生，破執得悟。中根執輕成伏，見方便善，有漏五陰。下根執重，猶懷取著，聞破生不得生。謂無生是實，更起無生見，又當總別破之。總破者，如《大品》云：識無生尚不可得，何況識生。又識生尚不可得，何況識無生。生與無生俱不可得。《楞伽經》中又廣破無生見。

**吉藏《中觀論疏》卷三**　萬物無生，總標也。問：何故唱萬物無生。答：稟教之流安置無生義謬。今欲周正無生，故唱萬物不生。問：何人謬耶。答：五義。一者，小乘不得法空，謂無爲無生，有爲有生。又小乘人計有爲無爲異。《智度論》云：聲聞法中不說生死即是涅槃，唯大乘中說即是耳。今破此病，故云有爲無爲，一切不生。二者，昔有不空假義，謂性實法是空，故不生耳。因緣假不空，故有生。今破此病，故性之與假一切不生。三者，心無之論，謂心法不生耳，外萬物有生。今破此病，故云萬物無生。初周約人辯無生，可是心無生。今明外物無生，故知心之與境一切物不生。四者，空假名義，謂二諦異體，世諦自是生爲體，眞諦以無生爲體，但不相離，故言即耳。今對此病，故云一切物即是不生，非是眞不生也。五者，眞俗一體者，終起二見。若聞有生，安世諦三假之中。若聞無生，即入眞諦四絶之中。今泯其二見，若聞生即須知無生，聞無生即須知宛然生。故肇師云：道遠乎哉，觸事而眞。聖遠乎哉，體之即神。

何以故下，第二總釋無生也。乃舉世間現見者，上標萬物舉境也。今釋舉智也，凡有三義。一無生之言難信，故舉現釋之，令其易解。然論主見無生者，此是現見生者無生。既見生無生即見無生生。見生無生是方便波若，見無生生是波若方便。外人不見生無生，亦不見無生生，故無二慧也。二者，《智度論》云：諸論義師利智巧言，有能令無，無能令有。恐龍樹同之實是有生而言無生，是故今明現見無生非妄談也。三者，稟教之流，聞說無生，望崖不習。是故舉近世事即是無生，令取信，爲易習而行之。故云即目所見，皆是無生，汝可諦觀察之。如《大品》云，菩提易得耳。以一切法無生即得菩提也。

問：爲是波若眼故見不生，爲是世間顚倒眼故見不生。答：釋此語始終，凡有五轉。一者且開二轍。一者，波若世間眼，故見萬物無生。顚倒世間眼，自見穀生。故以無生滅智，照無生滅境。生滅智，照生滅境。無生滅智，不見生滅境。生滅智，不見無生滅境。故師舊語云：聖見凡所不見，不見凡所見。凡見聖所不見，不見聖所見。第二，轉意稟教之流，聞於此言，便起二見。是故今明，波若之與世間更無有二。若見世間不生即名波若，見波若生便名世間。故波若、世間，更無二也。第三，轉意稟教之流，聞向所說，便作一解，同於外道。猶如一人亦父亦子。亦同《地論》師義。猶如一舍，若有相心取，則成妄想之舍。若無相心取，則畢竟空舍。是故今對此病，明萬物未曾是波若及以顚倒，亦何嘗生與無生。約了悟名曰無生，於不了者目之爲生。外道有一人兩望成父子。《地論》有一物兩觀成眞妄。今不同此說也。第四，轉意稟教之流便謂，若約了不了故成波若之與世間，若然，終有一物可從二性。今對此病，故明未曾有物及以不物。於物者爲物，不物者爲不物耳。第五，轉意境既如此，在心亦然。未曾心，未曾不心。心者爲心，不心者爲不心。故肇師云，心生於有心，像出於有像。肇又云，聖人了達諸法於外無數，於内無心，彼已寂滅，浩然大均，乃曰涅槃。

問：經中何處有世間眼見語，而青目引之。答：《華嚴》云世間淨眼品，即是事也。世間眼見劫初穀不生者，第二別標別釋，即是舉別釋總也。問：現見眼見，此有何異。答：亦得言異，亦得不異。言不異者，現見如此，眼見如此。欲令分明，故重說也。言異者，現見語總，眼見語別。又現見語賒，眼見語切。又現見舉境就心，眼見偏就於心。又現見簡因緣。故《成論》云：現見事中因緣無用，現見諸法無生，不假因緣證據方無生也。眼見簡傳聞眼親，見無生非傳聞所說。問：既言現見無生，只應眼見現穀無生，何故遠舉劫初。答：有二義。一，欲窮生之本。本在劫初，本既不生，末豈生耶。二者，欲顯諸法先來無生，非今始無生也。問：何故舉穀耶。答：世間共知。如云禾者，二月種，八月就。以調和時生就故也。季歲稔祀載，並就禾立之。如禾下于爲年，以一年知禾故也。歲者，穢也。一年必爲禾所穢，故禾邊作之。一年念得禾爲稔，一年得禾以爲祀，一年載禾爲載。又禾是資身本，顯無生是成法身本。何以故，離劫初穀今穀不可得者，前總標無生，此別釋無生。又開三別。初明不離故不生，第二縱離即應生，第三明奪離故不生。此文難明，講者多加以私意，遂不釋文致成紛謬。今直釋之，使煥然可領，不復得從諸異解也。此文正是釋劫初穀不生，而舉今穀者，將今穀顯劫初穀不生耳。離劫初穀，今穀不可得者。此是因劫初穀有今穀耳。故不離，即是因義。既因劫初有今穀，則今穀有因，故今穀有生。則知劫初無因，故劫初不生。意正爾也。若劫初有因，則不名初。既其稱初，則無所因。無所因，故不生也。問：云何釋眼見劫初不生耶。答：眼見今穀有因，故今穀有生。亦眼見劫初無因，故劫初無生。此零然可解。第二句，縱離則應生者，離劫初穀只是不因劫初耳。若今穀不因劫初而今穀得生者，亦劫初無所因，而劫初應得生也。而實不爾。第三句，奪離眼見，今穀不因劫初，而今穀畢定不生者，亦眼見劫初無所因，則劫初亦畢竟不生也。問：若爾論主乃不許劫初生，許其今穀生耶。答：今因劫初，劫初尚不生，今豈得生耶。蓋是借今以破古。古既去，今亦不存耳。是故古今畢竟無生矣。

**吉藏《中觀論疏》卷三**　論主引經明八不無生，外人亦引經明法從四緣生。生與無生，俱是佛說。破則俱破，申則俱申。若偏破生而申無生，亦應偏破無生而申生。是故經云，寧起身見，不惡取空，不以是身見墮惡道中。又若破生則無世諦，無世諦，云何有第一義耶。二者從上如諸法自性不在眾緣中生。外人云：以眾緣中有自性，故假緣得生。若無自性，雖復假緣終不得生。如《涅槃經》答瑠璃光難云：有漏之法，以有生性，故生能生。無漏之法，無有生性，故生不能生。佛大乘經親說，有性假緣得生。汝何故言性不在眾緣中耶。三者，從最後長行末生，若言四句求生不得故無生者，今亦明諸法從四緣生，故應有生也。

**佛陀多羅譯《大方廣圓覺修多羅了義經》**　一切眾生於無生中，妄見生滅，是故說名輪轉生死。

**義淨譯《金光明最勝王經》卷一**　無生是實，生是虛妄。愚癡之人漂溺生死。如來體實，無有虛妄，名爲涅槃。

**不空譯《大乘瑜伽金剛性海曼殊室利千臂千鉢大教王經》卷七**　於心法性，照見寂靜。登無生山，入無爲道。而見一切內外之性，諸法性空，空無所有，如有如無。於四大性空，一切色相亦復如空。於外有爲境界，一切色相青黃赤白及一切色，性同空故。菩薩達空，而不觀一切色作有爲相。

**湛然《止觀大意》**　眾教諸門，大各有四，乃至八萬四千不同，莫不並以無生爲首。今且從初，於無生門遍破諸惑，復以無生度入餘門。

**澄觀《大方廣佛華嚴經隨疏演義鈔》卷七**　若聞無生，知從緣生故無生，從緣滅故無滅。無生無滅，因緣之理。如是學者，成緣覺乘。若聞無生，便知一切諸法，本自不生，今則無滅。即生滅而無生滅故，不礙於生滅，滅惡生善，悲智兼濟，成菩薩乘。同學一無生而成三乘故。若欲成自乘，當學無生般若。

**湛然《維摩經略疏》卷九**　無生之理不殊，而入門不同。觀法各異，故有三十三種。如云泥洹眞法寶眾生，以種種門入。三就化他爲語，即是隨四悉檀機悟不同，約物有異，致有差別。實行之者，未入無生，樂聞無生無滅，即是隨世界。或執生滅即用無生無滅，即斥其生滅，即是隨對治。或有人聞餘法不生善心，若聞無生無滅，雙亡二邊，善心即進，即是爲人隨得悟處。亦五千之觀悟無生忍者，即第一義也。

**澄觀《貞元新譯華嚴經》卷四**　《問明品》云：法性本無生，示現而有生。此中無能現，亦無所現物。有無諸法，本不生者，從無之有曰生，自有還無稱滅。無本自無，何能生耶。有若已有，復云何生。有法從緣，自他共中求生叵得。無法無因，何得名生。無法若生，龜毛兔角悉應名生。有不生無，無不生有。無若生有，空華應生乳酪等法。有若生無，龜兔應常生毛生角。是知有無本自不生。猶如駝驢兔馬等類，決定無角。故忉利偈云：一切法無來，是故無有生。以生無有故，滅亦不可得。心法遷流，假說三世。色心之體，無生性空。三世之名，依何而立，如兔無角。

**性權《天台四教儀註彙補輔宏記》卷一〇之上**　謂眾生有八萬四千煩惱塵勞，諸佛有八萬四千波羅密門是也，莫不並以無生爲首者。《止觀》云：無生門，能通止觀，到因到果。又能顯無生，使門光揚。止觀是行，無生門是教。依教修行，通至無生法忍。因位具足。今且從初于無生門徧破諸惑者，《止觀》云：一無生門，從始至終，盡其源底，豎破法徧是也。以無生度入諸門者，《止觀》云，二歷諸法門，當門從始至終，盡其源底，橫破法徧是也。

# 無生界

**竺法護譯《持人菩薩經》卷二**　法界無生無能者，無合會處，無合無散。法無所造，亦不成就。以能如是觀法界者，則察意識而無有識。當作何觀。無生界則曰識界。所以者何。計其意識無所有故，虛僞不實，合于顛倒。從意念有，故曰意識。由因愚冥凡夫所行，唯賢聖達見知之耳。

**曇無讖譯《大方等大集經》卷一五**　善男子！云何菩薩入法界性門，見一切法平等性。若菩薩見諸法界，無處不至，無來無去，無生無滅，無相無起，無戲無行。菩薩作如是思惟，此諸法等皆同法界。如法界，是離欲界，離塵垢界故，是無生界不可作故，是無滅界無滅盡故，是無來界不入根門故，是無去界無所至故，是不可安界無形質故。

**玄奘譯《大般若波羅蜜多經》卷四九一**　善現當知！其有欲令無相之法有出住者，則爲欲令斷界、離界、滅界、安隱界、寂靜界、無生界、無滅界、無性界、無相界、無作界、無爲界亦有出住。所以者何。斷界乃至無爲界，皆不能從三界中出，亦不能至一切智智中住。何以故。斷界，斷界自性空。乃至無爲界，無爲界自性空故。

**玄奘譯《大般若波羅蜜多經》卷四九三**　善現！若斷界、離界、滅界、安隱界、寂靜界、無生界、無滅界、無染界、無淨界、無作界、無爲界，是實有性，非非有性。則此大乘非尊非勝，不超一切世間天、人、阿素洛等。以斷界乃至無爲界，非實有性，是非有性故，此大乘普超一切世間天、人、阿素洛等，最尊最勝。

**玄奘譯《大般若波羅蜜多經》卷四九四**　善現！斷界、離界、滅界、安隱界、寂靜界、無生界、無滅界、無染界、無淨界、無作界、無爲界，無來無去，亦復不住。斷界乃至無爲界本性，無來無去，亦復不住。斷界乃至無爲界眞如，無來無去亦復不住。斷界乃至無爲界自性，無來無去，亦復不住。斷界乃至無爲界自相，無來無去，亦復不住。何以故。以斷界乃至無爲界本性、眞如、自性、自相，若動若住，不可得故。

**圓暉《俱舍論頌疏論本》卷七**　三界諸心，皆可無間生。欲界染心，故能生四心者。謂自界四，餘無生理。謂欲界染心，不生上定及往彼界，故無生界理

# 無住

**鳩摩羅什譯《維摩詰所說經》卷中**　問：顛倒想孰爲本。答曰：無住爲本。又問：無住孰爲本。答曰：無住則無本。文殊師利！從無住本，立一切。

**鳩摩羅什譯《摩訶般若波羅蜜經》卷二六**　佛言：二因緣故，不住是中。何等二。一者諸道果性空，無住處，亦無所用法，亦無住者。

**僧肇《注維摩詰經》卷六**　問，顛倒想孰爲本。答曰，無住爲本。

什曰：法無自性，緣感而起。當其未起，莫知所寄。莫知所寄，故無所住。無所住故，則非有無。非有無而爲有無之本，無住則窮其原更無所出，故曰無本。無本而爲物之本，故言立一切法也。肇曰：心猶水也。靜則有照，動則無鑒。癡愛所濁，邪風所扇，湧溢波蕩，未始暫住。以此觀法，何往不倒。譬如臨面湧泉而責以本狀者，未之有也。倒想之興，本乎不住，義存於此乎。一切法從衆緣會而成體。緣未會則法無寄，無寄則無住，無住則無法。以無法爲本，故能立一切法也。生曰：所謂顛倒，正反實也，爲不實矣。苟以不實爲體，是自無住也。既不自住，豈他住哉。若有所住，不得爲顛倒也。

又問，無住孰爲本。答曰，無住則無本。

肇曰：若以心動爲本，則因有有相生，理極初動，更無本也。生曰，無住即是無本之理也。若以無法爲本，則有因無生，無不因無，故更無本也。

**曇無讖譯《大般涅槃經》卷三〇**　佛言：善男子！一切諸法性無住。汝云何言願如來住。善男子！凡言住者名爲色法，從因緣生故名爲住。因緣無處故，名不住住。如來已斷一切色縛，云何當言如來住耶。受想行識亦復如是。善男子！住名憍慢，以憍慢故不得解脫。不得解脫故名爲住。誰有憍慢，從何處來。是故得名爲無住住。如來永斷一切憍慢，

云何而言願如來住。住者名有爲法，如來已斷有爲之法，是故不住。住名空法，如來已斷如是空法，是故獲得常樂我淨，云何而言願如來住。住者名爲二十五有，如來已斷二十五有，云何而言願如來住。住者即是一切凡夫。諸聖無去無來無住，如來已斷去來住相，云何言住。夫無住者名無邊身。身無邊故，云何而言惟願如來住娑羅林。若住此林，則是有邊身。若有邊則是無常。如來是常，云何言住。夫無住者，名曰虚空。如來之性同於虚空，云何言住。又無住者名金剛三昧。金剛三昧壞一切住，金剛三昧即是如來，云何言住。又無住者，則名爲幻。如來同幻，云何言住。又無住者，名無始終。如來之性無有始終，云何言住。又無住者，名無邊法界。無邊法界即是如來，云何言住。又無住者名首楞嚴三昧。首楞嚴三昧知一切法而無所著，以無著故，名首楞嚴。如來具足首楞嚴定，云何言住。又無住者名處非處力。如來成就處非處力，云何言住。又無住者名檀波羅蜜。檀波羅蜜若有住者，則不得至尸波羅蜜乃至般若波羅蜜。以是義故，檀波羅蜜名爲無住。如來乃至不住般若波羅蜜，云何願言如來常住娑羅樹林。又無住者名修四念處。如來若住四念處者，則不能得阿耨多羅三藐三菩提，是名不住住。又無住者名無邊衆生界。如來悉到一切衆生無邊界分，而無所住。又無住者名無屋宅。無屋宅者名爲無有。無有者名爲無生。無生者名爲無死。無死者名爲無相。無相者名爲無繫。無繫者名爲無著。無著者名爲無漏。無漏即善善即無爲。無爲者即大涅槃。

**曇無讖譯《大方等大集經》卷七**　無住者名爲無作，若無作者，云何可住。須菩提言：若無住者，何故如來常作是言，住如是法，得無生忍。不眴菩薩言：大德！無所住者亦名爲住，是故如來亦説住貪而得解脱，而智慧性不能壞貪作於解脱。若有菩薩能知如是不住之住，是名無生智慧。住是無生智慧中已，則能獲得無生法忍。

**智顗《妙法蓮華經玄義》卷七上**　從無住本立一切法。無住之理，即是本時實相眞諦也。一切法，即是本時森羅俗諦也。由實相眞本垂於俗迹，尋於俗迹即顯眞本。本迹雖殊，不思議一也。

**智顗《妙法蓮華經文句》卷三上**　從無住本立一切法。無住者理也，一切法者事也。理事故有教，由教故有行，由行故有縛脱，由脱故成因果，由果故體顯能用，故有漸頓之化。

**吉藏《維摩經義疏》卷五**　問：顛倒想孰爲本。答曰：無住爲本。非有謂有，名爲顛倒。故非有謂有本，非有即是無住。又問：無住孰爲本。答曰：無住則無本，非有謂有故。非有爲有本，而非有是無所有，是故無本。問：有由於無，無爲有本。無由能有，何故無本。答：有無相由，得之爲本。但今示有，有差别故有本。無無異相，故無無有本。問：由非有非無故有有無，此則無益有本，何無本。答：今文既稱無往，則絶四句，妄百非，言斷慮窮，即是諸法實體，爲一切法本。而此實相，更無有本。問：既絶四句，何故稱無住耶。答：不知何以目之，強名無住。對有法有本，亦強名無本。以理言之，不可説無與不無，亦不可言其本與無本。文殊師利從無住本立一切法。由無住故想倒，想倒故分别，分别故貪欲，貪欲故有身。既已有身，則善惡並陳，善惡既陳，則萬法斯起。若了達其本，則衆末可除。

**湛然《維摩經略疏》卷八**　以無住爲本，無住即是無始無明爲顛倒有愛無色界之本。所以然者，若斷顛倒想，有愛無色界盡，猶有無明住地。二乘通教菩薩所不能斷，《攝大乘》説阿梨耶識是一切世間生死之本。故彼論云，是識無始時一切之所依。此無明更無所依，故言無住無本。即是無始無明其力最大，佛菩提智之所能斷。【略】

無住則無本者，正言無明依法性。法性即無明，無二無别。豈得性還依性。當知無明無本故，十住見終，不見其始。諸佛如來見終見始。若觀衆生入空，至無住本，此則徹底窮源至中道理。既言無住無本，即是衆生虚空佛性，上來三諦皆空。又云，從無住本立一切法，即是世間出世間、有爲無爲一切諸法，皆從無住本立。何者。若迷無住，則三界六道紛然而有，則立世間一切諸法。若解無住即是無始無明，反本還源，發眞成聖，故有四種出世聖法。故因無住立一切法。今用此六番問答，窮覈本源，徹至無住，成上觀衆生三諦。

**湛然《法華文句記》卷一**　從無住本立一切法。無明覆理，能覆所覆，俱名無住。

**窺基《金剛般若論會釋》卷下**　論名不住生死涅槃。若依世親《攝論》等，悲智所輔，名爲無住，以簡二凡。若依《大品》及此經意，不但二行輔，亦由般若不見有生死涅槃可住，故名無住。

**元康《肇論疏》卷上** 聖人之心爲住無所住者，此謂般若也。安住無爲，名之爲住。住無所住故，名無住也。

**法藏《大乘起信論義記》卷上** 夫眞心寥廓，絕言象於筌蹄。沖漠希夷，亡境智於能所。非生非滅，四相之所不遷。無去無來，三際莫之能易。但以無住爲性，隨派分岐，逐迷悟而升沈，任因緣而起滅。雖復繁興鼓躍，未始動於心源。

**澄觀《大方廣佛華嚴經隨疏演義鈔》卷四二** 上約法相，常不住言，是刹那生滅。今明不者，即是無義。常不住者，即常無住。無住即實相異名，故從無住本立一切法。斯法性宗，眞心隨緣成萬有故。

**法海集記《南宗頓教最上大乘摩訶般若波羅蜜經六祖惠能大師於韶州大梵寺施法壇經》** 我此法門，從上已來，頓漸皆立無念爲宗、無相爲體、無住爲本。何明爲相。無相，於相而離相。無念者，於念而不念。無住者，爲人本性，念念不住。前念，今念，後念。念念相續，無有斷絕。若一念斷絕，法身即是離色身。念念時中，於一切法上無住。一念若住，念念即住，名繫縛。於一切法上念念不住，即無縛也。以無住爲本。

**延壽集《宗鏡錄》卷八** 問，欲貪孰爲本。答曰，虛妄分別爲本。又問，虛妄分別孰爲本。答曰，顛倒想爲本。又問，顛倒想孰爲本。答曰，無住爲本。又問，無住孰爲本。答曰，無住則無本。文殊師利！從無住本，立一切法。叡公釋云：無住，即實相異名。實相，即性空異名。故從無性，有一切法。

**延壽集《宗鏡錄》卷八三** 無處者，即是無住。無住者，即是一切諸法之性。一切諸法若無性者，即是實相。實相者，非常非斷，名畢竟節。《金剛三昧經》云：無住菩薩言，尊者，我從無本來，今至無本所。佛言：汝本不從來，今亦不至所。汝得本利，不可思議。乃至色無處所，清淨無名，不入於內。眼無處所，清淨無見，不出於外。心無處所，清淨無上，無有起處，清淨無動，無有緣別，性皆空寂。乃至如彼心王，本無住處。

**知禮《觀音玄義記》卷四** 從無住本立一切法者，欲明順修是佛界作也。九界因果皆違本立，唯佛因果順本而作。以本覺性元離住著，即無住本。若不順本無住而作，則非佛界因緣果報。

**施護譯《集諸法寶最上義論》卷下** 諸有爲法即生即滅，故名無住。若有住者，應有所得。以無住相無所得故，彼無住法是故相應。一切行中諸差別行。若彼彼性有所得者，於無差別行，云何對治。是故差別行中無性可生。

**宗寶編《六祖大師法寶壇經》** 我此法門，從上以來，先立無念爲宗，無相爲體，無住爲本。無相者，於相而離相。無念者，於念而無念。無住者，人之本性。於世間善惡好醜，乃至冤之與親，言語觸刺欺爭之時，並將爲空，不思酬害，念念之中不思前境。若前念今念後念，念念相續不斷，名爲繫縛。於諸法上念念不住，即無縛也。此是以無住爲本。

**智旭《金剛般若波羅蜜經破空論》** 言無住者，不住生死，不住涅槃，不住二邊，不住中道，故名無住。

**洪蓮《金剛經註解》卷之三** 但於一切時中，隨其辨及止習無住之住足矣。僧肇五論云，聖人之心，住無所住。內解註云，安住無爲，名之爲住。住無方所，故名無住。又《六祖壇經》云，我此法門，無住爲本。又司馬子微《坐忘論翼》云，不依一物而心常住。又云，出世之法，以無著爲本。《華嚴》云：一切境界，不生染著。淨身口意，住無礙行，滅一切障。世間受生，皆由著我。若離此著，則無生處。《涅槃經》云：凡夫著色，乃至著識。以著識故，則生食染心，故爲色縛，乃至爲識之所繫縛。以繫縛故，則不得免生老病死憂悲大苦一切煩惱。

# 無作

**無羅叉譯《放光般若經》卷五** 五陰所有，無有作者。六情內外至于十二緣起所有，亦無作者。六波羅蜜所有，亦無作者。以是因緣，舍利弗！諸法亦不有亦不無。

**無羅叉譯《放光般若經》卷一一** 如來之所逮法者，亦無作者，作者不可見故。如來盡逮是法，得無作法者，是爲無諍法。須菩提！如來知恩報恩，因般若波羅蜜於無作之法得逮覺法。

**無羅叉譯《放光般若經》卷一六** 諸法無有作者，般若波羅蜜亦無有作者，亦無成者。道亦無作者亦無成者，菩薩亦無有作者亦無有成者。菩薩當作是行般若波羅蜜，應無所作、應無所成。

**鳩摩羅什譯**《**大智度論**》**卷四三**　不出不生故，名不可得。不可得故，名無作無起。

**鳩摩羅什譯**《**持世經**》**卷二**　知是識陰無生者、無作者、無起者、無受者、無所受者。但以衆緣生，衆緣合故有。緣見聞覺識法故繫有，從本已來，常畢竟空。

**鳩摩羅什譯**《**大智度論**》**卷三一**　内空，於内法中無我、無我所、無常、無作者、無知者、無受者，是名内空。外空亦如是。

**鳩摩羅什譯**《**大智度論**》**卷九五**　若衆生法無所屬，亦無作者。若無作者，亦無作法，無縛無解。

**求那跋陀羅譯**《**雜阿含經**》**卷一三**　云何爲第一義空經。諸比丘！眼生時無有來處，滅時無有去處。如是眼不實而生，生已盡滅，有業報而無作者，此陰滅已，異陰相續，除俗數法。

**曇無讖譯**《**佛所行讚**》**卷四**：

不見我作事，云何説我作。　我既無所作，亦無作我者。
無此二事故，眞實無有我。　無作者知者，無主而常遷，
生死日夜流，汝今聽我説。

**曇無讖譯**《**大般涅槃經**》**卷三一**：

無因緣故，故名無生。以無爲故，故名無出。無造業故，故名無作。

**曇無讖譯**《**大般涅槃經**》**卷二七**　衆生業行不常不斷而得果報。雖念念滅而無所失，雖無作者而有作業，雖無受者而有果報。受者雖滅，果不敗亡。

**地婆訶羅譯**《**方廣大莊嚴經**》**卷一一**　一切法從因緣生，無有體性，離常離斷，猶如虚空，雖無作者及以受者，善惡之法而不敗忘。

**菩提流志譯**《**大寶積經**》**卷八七**：

非先有生，後説無生。本自不生，故名無生。非先有起，後説無起。本來不起，故名無起。非先有相，後説無相。本來無相，故名無相。非先有作，後説無作。本自無作，故名無作。

**澄觀**《**大方廣佛華嚴經隨疏演義鈔**》**卷五三**：

言無作者，即是證行。性出自古，不由緣造，故名無作。

**湛然**《**維摩經略疏**》**卷六**　爲化衆生如前空門，示現受生而起無作。二乘無業，不更受生，故名無作解脱。

**吉藏**《**中觀論疏**》**卷一〇**　如分段苦後，更有變易苦可觀，名爲有作。變易苦後，無復餘苦可觀，故名無作。

**玄奘譯**《**大般若波羅蜜多經**》**卷一二九**　云何名爲無爲法性。謂一切法無生無滅、無住無異、無染無淨、無增無減、無相無爲無性自性。云何名爲無性自性。謂無我性，無有情性，無命者性，無生者性，無養育者性，無士夫性，無補特伽羅性，無意生性，無儒童性，無作者性，無受者性，無知者性，無見者性。

**玄奘譯**《**大般若波羅蜜多經**》**卷三四七**　是菩薩摩訶薩自觀一切法無我，無有情、無命者、無生者、無養者、無士夫、無補特伽羅、無意生、無儒童、無作者、無受者、無知者、無見者。亦教他觀一切法無我乃至無見者。由是因緣善根增長，若於無上正等菩提有退轉者，無有是處。

**玄奘譯**《**大般若波羅蜜多經**》**卷三六五**　諸法皆以無性爲性，如是無性，本性自爾，非佛所作，非獨覺作，非聲聞作，亦非餘作。以一切法皆無作者，離作者故。

**惟淨等譯**《**佛説如來不思議祕密大乘經**》**卷一六**　一切法緣生故，無主宰、無作者、無受者。因緣故轉，然於是中無法可轉，亦非無轉亦無異法。隨轉和合，施設三界，但以煩惱業轉，故有施設。

**智旭**《**佛説梵網經菩薩心地品玄義**》　言無作者，只是一作之後，不俟再作。所謂憑師秉受，直至未來。任運止惡，任運行善，故名無作。與無作四諦之義不同，以此無作戒體，乃是無漏色法，受之則得，不受則無。持之則堅，毁之則失。故屬事不屬理，屬修不屬性。

## 無我

**鳩摩羅什譯**《**金剛般若波羅蜜經**》　若菩薩通達無我法者，如來説名眞是菩薩。

**鳩摩羅什譯《大智度論》卷三一**　無常、苦、空故無我，不自在故無我，無主故名爲無我。諸法無不從因緣生，從因緣生故無我。無相無作故無我。假名字故無我。身見顛倒故無我。斷我心得道故無我。以是種種，名爲無我。

**菩提流支等譯《十地論》卷一**　無我智者有二種，我空法空。

**菩提流支譯《金剛仙論》卷三**　衆生五陰因緣法中，無有定實神我及以我所，故曰無我相也。

**菩提流支譯《金剛仙論》卷六**　以此五陰，如幻如化，即體自空。此明能成五陰體空故，所成衆生亦不實也。如是明法無我、人無我者，結二無我名也。何以故者，何以得知此衆生五陰體空不實也。釋云，一切諸佛離一切相等，明諸佛離故，證衆生五陰體空也。

**寶亮《大般涅槃經集解》卷七**　道生曰，生死不得自在，故曰無我。

**智顗《摩訶止觀》卷七下**　無智慧故，計言有我。以慧觀之，實無有我。我在何處，頭足支節一一諦觀，了不見我。何處有人及以衆生。業力機關，假爲空聚。從衆緣生，無有宰主。

**慧遠《涅槃義記》卷四**　生死無實，又不自在，故名無我。煩惱是其生死之緣，以有煩惱所受不實，不得自在，從果立稱，故曰無我。亦可無我從本以名，說爲煩惱。又此煩惱性是不實、不自在法，故名無我。是故無我即是煩惱。

**慧遠《勝鬘義記。卷下**　我、無我，通局不定，凡有四種。一就解惑，二情相對。生死有我，涅槃無我，以著我故。世間受生，故說有我。離我不生，便證涅槃，故說無我。故《地經》言，世間受生，皆以著我，若離著我，則無有生。斯文顯矣。二就法相，虛實相對。生死無我，涅槃有我。生死之法，虛誑不實，又不自在，故名無我。涅槃眞實，具八自在，故說有我。故經說言：生死無常，無我樂淨。涅槃之法，常樂我淨。三據如理，二俱無我。故經說言，凡夫我空，乃至諸佛生死法空，乃至涅槃。四就假用及實以論，生死涅槃，二俱有我。生死我者，有其二種。一者世諦假名之我，謂五陰法和合爲人。故經說言。衆生佛性不離六法。六者所謂五陰及我。二實性之我。故經說言，廿五有有我不耶。佛言，有我。我者，所謂如來藏性，生死之中，具斯二我，涅槃亦爾。諸諸德和合，名之爲佛，是其假我。窮其軆實，即是性我。我無我義，通局如是。

**慧遠《大乘義章》卷一**　二無我者，一人無我，二法無我。人無我者，經中亦名衆生無我，亦名生空，亦名人無我，亦名人空，亦名我空。衆法成生，故曰衆生。生但假有，無其自性。是故名爲衆生無我。衆生性相，一切皆無，說之爲空，寄用名人，無我與空，義同前釋。性實名我，陰中無我，故曰我空。法無我者，亦名法空。自體名法，法無性實，名法無我。諸法性相，一切皆無，名爲法空。此即二種，俱名爲空，齊號無我。若別分之，空與無我，隱顯互彰。若依《毘曇》，陰非是我，名爲無我，陰非我所，說之爲空。《成實》法中，衆生空者，名之爲空。法體空者，名爲無我。故彼論中，觀生空者，名爲空行。觀法空者，名無我行。

問曰：何故衆生空者，說爲空行，不名無我。釋言：衆生着我之中，有十六種。所謂我、人、衆生、壽命、養育、知見。如是一切，若說空行，通攝十六我人等空，故名空行。若言無我，不攝餘空，爲是不論。若依《維摩》，衆生空者名爲無我，法體空者名之爲空。故彼經言：衆生是道場，知無我故，一切法是道場。知法空故，空與無我，眼目之異，左右名之，皆得無傷。名義如是。

第二門中，生法二空。相對辨異，各有四門。一辨惑情，二對情彰理，三顯法實，四對實彰用。先就生空四門分別。言惑情者，計我心也。計我之心，開合不定。或總爲一，謂五見中，我見心也。或分爲二，二有兩門。一總別分二，總就衆生計有我人，名爲總計。別計諸陰以爲我人，名爲別計。二即離分二。就陰計我，名之爲即。計有常我，遍一切處，名之爲離。又就向前即陰計中，復有即離。指色爲我，名之爲即。餘爲我所，名之爲離。如是一切，或分爲四。一者即陰，如優樓佉所計我也。指陰爲我，陰滅我亡。二者離陰，如僧佉人所計我也。離陰有我，陰滅我存。若說離陰計我者，何故經言衆生計我終不離陰。彼起傍陰，故說不離。然不指陰以爲我，故說爲離也。三亦即亦離。如先尼計常我離陰，猶如虛空遍一切處。陰滅我存，作我即陰，陰滅我亡。四不即不離。如彼犢子道人所計，五陰和合，更有我生。就陰辨我，故云不離。而我非陰，故曰不即。然今世人，建立有體，假名之我。大況似此。彼亦取其佛經之言，故爲此計。如經中說，衆生佛性，不即六法，不異六法。言六法者，所謂五陰及與我也。彼依此言，故說有我。然佛法中所說我者，諸陰和合，假名集用，故名爲我。彼立定實，所以是患。或隨陰別說之爲五，人計不同。或有宣說色陰爲我，或受、或想、或行、或識。或說十六。如《大品》說。一我、二衆生、三壽者、四命者、五生者、六養育、七衆數、八人、九作者、十使作者、十一起者、十二使起者、十三受者、十四使受者、十五知者、十六見者。此義如後十六我中具廣分別。又隨陰別所立不同分爲二十。如一色中，人計不同，差別有四。有人計云，即色是我。此是一也。或有計云，色非是我，色是我所。此是二也。說何爲我，而云色者是其我所，彼乃指其受等四陰，以之爲我。未須分別我所起處。分別起處，在後六十五種我中。今此且可總相言耳。或有計云，色者是其我之窟宅，我居其中。此是三也。或有計云，我者是其色之窟宅，色住其中。此是四也。四中初一是其我見，餘三是其我所見也。如色既然，受想行識，類亦齊爾。五陰各四，四五便有二十種計。此二十中，五是我見，十五是其我所見也。若具分別所起處者，便有六十五種計我。如一色中有其十三，即色是我。以之爲一，色是我所，離分爲四。有人計彼受陰爲我，色陰是彼受我所有，如人有物。如是差別，乃至有人計識爲我，說色以爲識我所有。如是說色與彼受想行識之我以爲所，故便分四種。通前爲五，或有說色，與彼受想行識之我以爲窟宅。復分爲四，通前爲九。或有宣說受想行識四陰之我爲色窟宅。復分爲四，通前十三。此十三中，初一我見，後之十二是我所見。如色十三，乃至行識類亦同然。五陰之上，各有十三，通合有其六十五種。六十五中，五是我見，即陰而計。六十我所，異陰計也。綺互相望，以爲異陰，非全陰外。多人別計有六十五，非是一人。惑情如是。

**玄奘譯《大乘廣百論釋論》卷一〇**　世俗名我，由勝義故，亦名無我。我無我別，而不相違。二法一時，有無亦爾。雖無境別而不相違。此亦不然，我無我義不相違故。所以者何，一刹那心不自在故，名爲無我。

**玄奘譯《阿毗達磨俱舍論》卷二六**　違我所見故空，違我見故非我。【略】內離士夫故空，不自在故非我。【略】於此無我故空，自非我故非我。

**實叉難陀譯《大方廣佛華嚴經》卷七三**　了達一切諸法自性，善能觀察一切諸法，得無我智，證無我法，

**玄奘譯《大乘阿毗達磨雜集論》卷六**　無我相者，謂如我論者所立我相，蘊界處非此相，由蘊界處我相無故，名無我相。我論外道，計度諸行爲我。彼諸行非此相，故名無我。故薄伽梵密意說言，一切法皆無我。如世尊說，此一切非我所，此非我處，此非我我。於如是義，應以正慧如實觀察。此言何義。謂於外事，密意說此一切非我所。於內事，密意說此非我處。此非我我所。所以者何。以於外事唯計我所相，是故但遣我所。於內事通計我我所相，是故雙遣我我所。

**玄奘譯成唯識論卷八**　無我三者，一無相無我，我相無故。二異相無我，與妄所執我相異故。三自相無我，無我所顯爲自相故。

**玄奘譯《瑜伽師地論》卷八八**　云何名爲無我論者。謂有二種。一，破我論。二，立無我。破我論者，若計實我，能有作用，於愛非愛諸果業中，得自在者。此我恆時欣樂厭苦，是故此我，唯應生福，不生非福。又我作用，常現在前。內外諸行，若變異時，不應發生愁憂悲歎。又我是常，以覺爲先，凡所生起，常應隨轉，無有變易，然不可得。如是名爲破有我論。立無我者，以一切行，從衆緣生，若遇福緣，福便生起。與此相違，生起非福。由此爲緣，能招一切愛非愛果。依衆緣故，皆是無常。唯於如是因果所攝諸行流轉，假立我等。若依勝義，一切諸法，皆無我等。如是名爲立無我論。

**玄奘譯《瑜伽師地論》卷九二**　復次無我論師，略有三種正所作事。何等爲三。謂於苦集諦所攝行自相、共相，應正顯了，安立無我。當知此中，顯各各別衆多性故，顯了自相。開示生滅相似性故，顯了共相。是名第一正所作事。復於無我唯有因行，如其所有雜染清淨，如實顯了。當知此中，於三種受、緣生三種煩惱隨眠，未能永斷。於其見道我見隨眠，未能除遣。於其修道我慢隨眠，未能除遣。於見慢品能起無明，亦未永斷。未能生起彼對治明。是故不能作苦邊際。如是名爲顯示雜染。與此相違，當知即是顯示清淨。是名第二正所作事。復於諸行斷增益我薩迦耶見，依能取實無我正見，如清淨相，應實顯了。此無我見，在異生位，能正攝受聖諦現觀。又能證得諸聖慧眼。在有學位，能得上位盡無生智。在無學位，能令一切學與無學見修所斷所有煩惱，無餘永斷。是故當知此無我

見，能令清淨，故應顯了。是名第三正所作事。

**圓測《解深密經疏》卷三** 言法無我者，如《集論》第三說：何等無我相。謂如我論者，所立我相蘊界處非此相，由蘊界處我相無故，故名無我相。《雜集》第八亦同此說。問：空與無我，二種何別。答：諸教不同。依《俱舍論》，四說不同。故第二十六云，違我所見故空，違我見故非我。又云，內離士夫故空，不自在故非我。又云，於此無我故空，自非我故非我。又云，爲治我所見故脩空行相，爲治我見故脩非我行相。《大毗婆沙》第七十九，亦有兩說，同《俱舍》初二釋。《順正理論》第七十四云，無主宰故空，違我相故非我。又云，爲治我所見故脩空行相，爲治我見故脩非我行相。（此同《俱舍論》第四釋）依《智度論》第三十二云，不見實是名空，不見我是名無我。依《集論》第三云：何等空相，謂若於是處此非有，由此理正觀爲空。若於是處餘是有，由此理如實知有，是名善入空性。於何處誰非有。於蘊界處，常恆凝住，不變壞法，我、我所等非有。由此理，彼皆是空，於何處誰餘有。即此處無我性，此無我性，無我有性，是謂空（《成實論》第二十五云：如《法印經》中說，行者觀色無常空虛。無常者，謂色體性無常。空虛者，如瓶中無水名曰空瓶。如是如是。五蘊中無神我故，名爲空。又《聖行品》云，有二行，空行、無我行。於五陰中不見眾生，是名空行。見五陰亦無，是無我行也）。

**宗密《原人論》** 小乘教者，說形骸之色、思慮之心，從無始來因緣力故，念念生滅，相續無窮。如水涓涓，如燈焰焰，身心假合，似一似常。凡愚不覺，執之爲我。寶此我故，即起貪（貪名利以榮我）、瞋（瞋違情境恐侵害我）、癡（非理計校）等三毒。三毒擊意，發動身口，造一切業。

**湛然《維摩經略疏》卷三** 一，眾生名空，陰名無我。即是內離人故空，法不自在故無我。二，陰名空，眾生名無我。陰但是法故名爲空，眾生是人故名無我。三，俱名空，猶如二空。四，俱名無我，如三無我。今經前明空門，多是二空。今明無我，約法無我。問：上明空行，就二敎入空。今無我行，亦爲二不。答：文雖是一，亦得兩釋。何者。如言無主爲如地，若分別破地得無主。三藏無我，若體法性，我性皆如。我及諸法畢竟無有，即通教無我。

**法藏《大乘密嚴經疏》卷四** 就眞諦理，示其無我。文復二句。一示眞諦殊勝道理。二者諸佛菩薩以下諸大聖人，方能證會。初文中，言此中者，眞如名此。此眞如中，無有一法別守自性，故名無我，亦無生者。外道計云，我者能生一切諸法。然一切諸法，本來叵有，妄計爲有。如夢中事，非有而計有，故言無我。

**法藏《華嚴遊心法界記》** 問：既云觀法即以人無我者，云何觀察人無耶。答：且如今之色等法、眼等識，得時實無分別。不是不得，雖得而無分別。此即是法。眼等識親證如色等無異，及其意識不了謂實我人，妄緣分別謂實人我。於一事中有眞妄齊致。何者，意識分別不稱法也。言眞妄者，即眼等識親證是眞，意識妄緣爲妄。眞妄既玄，差別不等，是故證法人無也。

**延壽集《宗鏡錄》卷六五** 是故諸法因緣故生，若離因緣，則不得生。因因緣生，因因緣滅。如是因緣，名相續法。是故當知，實無有我，而是因緣。亦無作者，無有受者，無有起者，無他起者，是故無我。若無我者，我既是空，我所亦空。何以故，然體性爾故。

**寶臣《注大乘入楞伽經》卷三** 人無我者，梵云補特伽羅，此言數取趣。謂諸有情，起惑造業，即爲能取。當來五趣，名之爲趣。雖復數數起惑造業，五趣輪迴，都無主宰實自在用，故言無我。經云，無我無造無受者，善惡之業亦不亡。法無我者，謂諸法體，雖復任持軌生物解，亦無勝性實自在用，故言無我。此二種執我，或有有情總執補特伽羅爲我，或有有情別執色受想行識等爲我。故《瑜伽》云：補特伽羅無我者，謂離一切緣生行外，別有實我不可得故。法無我者，謂即一切緣生諸行，性非實我，是無常故。是故經云，當善觀察。上略通釋竟。下文即別廣釋。

大慧，何者人無我相（至）皆是藏心之所顯現。云何人無我，謂離我。云何離我，謂於我所陰界入中分別觀察，但是無明業愛等生。於眼識等諸根，妄取自心現妄想境界，皆是藏心妄想施設，彼無有我也。此即就陰界入中，以示無我。

剎那相續變壞不停（至）躁動不安如猿猴。自下約喻，舉五觀門以明無我。此舉無常門也。夫我謂常義，今既無常，故無有我。文標六喻，上五喻幻身，下一喻妄心。如水奔流，種牙變易，燈藉眾緣，飄風不住，浮雲起滅。以上諸喻，刹那變壞。此身亦爾，豈有常耶。又妄心躁動等若猿猴，既不能令身心常住，我義焉在。

樂不淨處如飛蠅。舉不淨門，明其無我。然一切世間貪著此身不淨之聚，三十六物穢惡之軀，如彼飛蠅翫於臭處。我謂淨義，故知無我。

不知厭足如猛火。舉苦門以破我。一云如風火，我者樂義，今貪欲無厭，如風中猛火，逢薪轉熾，追求不得，爲苦所惱。既無有樂，故知無我。

無始虚僞習氣，爲因諸有趣中流轉不息，如汲水輪。舉不自在門，以示無我。謂無始虚僞習業所熏，往來三有。如汲井輪，循環不息。爲愛水故，溉灌業因。即業因所推，豈有實我。

種種色身威儀進止（至）亦如木人因機運動。此舉空門以破我。謂觀陰界入種種身色，如機關木人呪術所起死屍。雖若云爲，實非我也。

若能於此善知其相，是名人無我智。上以法喻推詰，善知陰界入中，悉無有我。如機關木人等，是名人空智。

大慧，云何爲法無我智，謂知蘊界處，是妄計性言，菩薩知緣起陰界入法。若執爲實者，是妄計自性，本來非有。故《寶積經》云：了色不堅如聚沫，思惟諸受等浮泡，想如熱時陽焰動，芭蕉諸行應觀察。如世善幻舞戲者，刹那便現諸色像。了知識用亦如是，智者於此皆無願。此破凡夫執有五蘊也。《大般若》云：苦惱聚沫是蘊相，如來覺爲無相。《寶積》又云：内外十二處，我説心爲主。彼復因業生，業由思久住。眼色俱爲緣，而生起於識。緣闕則不生，譬無薪之火。如是生諸法，和合互相生。無作無受者，現作用如幻。一切内外法，我已知空幻。愚夫顛倒執，分别我我所。此破凡夫執有十二處十八界也。《大般若》云：生長門是處相，如來覺爲無相。多毒害是界相，如來覺爲無相。《楞嚴》亦云，根塵同源，縛解無二，識性虚妄，猶如空花。

**延壽集《宗鏡録》卷六七**　問：云何是無二我義。答：人我見，如六陰七情，畢竟無體。法我見，猶乾城焰水，徹底唯空。如經論明二無我者，一人無我者，梵云補特伽羅，唐言數取趣。謂諸有情起惑造業，即爲能取。當來五趣，名之爲趣。雖復數數起惑造業，五趣輪迴，都無主宰實自在用，故名無我。二法無我者，謂諸法體，雖復任持軌生物解，亦無勝性實自在用，故言無我。

問：執有我見，雖順所緣，是顛倒體。無我之心，成何勝善。答：了二無我理，證會眞如，則成佛之正宗，超凡之妙軌。若論法利，功德難量。古德云，無我之心，雖不稱境，違於緣故，名非顛倒。如緣眞如，作有如解，即是法執。若作無解，雖不稱如，仍因成聖。

釋曰：若作如解，即是法執者。若起能解之心，即立所證之理。所境既立，迷現量心，知解纔生，便成比量，皆爲法執，失唯識宗。所以《華嚴經》云：智外無如，爲智所入。如外無智，能證於如。則心境如如，一道清淨。《廣百門論》云：識能發生諸煩惱，業能牽後有。如是識心，緣色等起。無所緣境，識必不生。若能正觀，境爲無我。所緣無故，能緣亦無。能所既亡，衆苦隨滅。證寂無影，清淨涅槃。至此位時，名自利滿。諸有本願，爲利益他。住此位中，化用無盡，亦令有識，住此涅槃。是故欲求自他勝利眞方便者，應正勤修空無我理。

問：《涅槃經》佛説有眞我佛性之理。諸菩薩等，皆申懺悔。我等無量劫來，常被無我之所漂流。今廣説無我者，莫不違《涅槃》之教不。答：今言無我者，謂破凡夫外道迷唯識理，妄執心外實有我法。如外道所執，略有三等。一僧佉等，執我體常周遍，量同虚空，隨處造業，受苦樂等。二尼乾子，執我其體雖常而量不定，隨身大小，有卷舒故。三遍出執我體常，至細如一極微，潛轉身中，作事業故。餘九十種所計我等，不異此三故。此等妄執，俱無道理。唯成五見之邪思，豈同四德之眞我。如《涅槃經》云：外道言，如瞿曇説無我我所，何緣復説常樂我淨。佛言：善男子！我亦不説内外六入及六識意常樂我淨。我乃宣説滅内外入。所生六識，名之爲常。以常故，名之爲我。有常我故，名之爲樂。常我樂故，名之爲淨。夫眞我者，是佛性義，常恒不變，非生因之所生，具足圓成，唯了因之所了。又如經云：爾時世尊讚諸比丘，善哉善哉！汝等善能修無我想。時諸比丘即白佛言：世尊！我等不但修無我想，亦更修習其餘諸想，所謂苦想、無常無我想。世尊！譬如人醉，其心愐眩。見諸山河、石壁、草木、宫殿、屋舍、日月、星辰，皆悉迴轉。世尊！若有不修苦無常想、無我等想，如是之人不名爲聖，多諸放逸，流轉生死。世尊！以是因緣，我等善修如是諸想。爾時佛告諸比丘言：諦聽諦聽！汝向所引醉人喻者，但知文字，未達其義。何等爲義。如彼醉人，見上日月，實非迴轉，生迴轉想。眾生亦爾。爲諸煩惱無明所覆，生顛倒心，我計無我，常計無常，淨計不淨，樂計爲苦，以爲煩惱之所覆故。雖生此想，不達其義。如彼醉人，於非轉處，而生轉想。我者，即是佛義。常者，是法身義。樂者，是涅槃義。淨者，是法義。汝等比丘云何而言有我想者。憍慢貢高，流轉生死。汝等若言，我亦修集無常苦無我等想。是三種修，無有實義。我今當說勝三修法，苦者計樂，樂者計苦，是顛倒法。無常計常，常計無常，是顛倒法。無我計我，我計無我，是顛倒法。不淨計淨，淨計不淨，是顛倒法。有如是等四顛倒法，是人不知正修諸法。汝諸比丘，於苦法中，生於樂想。於無常中，生於常想。於無我中，生於我想。於不淨中，生於淨想。世間亦有常樂我淨，出世亦有常樂我淨。世間法者，有字無義。出世間者，有字有義。何以故。世間之法，有四顛倒，故不知義。所以者何。有想倒、心倒、見倒。以三倒故，世間之人樂中見苦，常見無常，我見無我，淨見不淨，是名顛倒。以顛倒故，世間知字而不知義。何等爲義。無我者，名爲生死。我者，名爲如來。無常者，聲聞緣覺。常者，如來法身。苦者，一切外道。樂者，即是涅槃。不淨者，即有爲法。淨者，諸佛菩薩所有正法。是名不顛倒。以不倒故，知字知義。若欲遠離四顛倒者，應知如是常樂我淨。

釋曰：夫迷四眞實，起八顛倒者。無非人法二我之見，爲生死之樞穴，作煩惱之基坰，成九結之樊籠，開十使之業道。二乘雖斷人我，常被無我之所漂流。外道謬認識神，恆爲妄我所之輪轉。所以上云，無我者，名爲生死者，以昧一眞我之門，無大自在之力。我者名爲如來者，達佛性之妙理，承如實之道來。無常者，聲聞緣覺者，修生滅之妄因，證灰斷之小果。常者如來法身者，入不動之眞宗，契圓常之妙體。苦者一切外道者，運無益之苦行，墮生滅之邪輪。樂者即是涅槃者，斷二死之妄原，入四德之祕藏。不淨者即有爲法者，積雜染之情塵，成夢幻之虛事。淨者諸佛菩薩所有正法者，乃究竟之圓詮，履無爲之至道。是以外道執有我見，如蒸砂作飯，認妄爲眞。二乘證無我門，似捉石爲珠，以常爲斷，俱不達無我之中而有眞我。又常樂我淨者，但是一法。以心性不變異故常。常故樂，樂故我，我故淨。以不了心性常住故，心外別求妄有所作，作故無常。無常故無樂，無樂故無我，無我故無淨。何者。以無常遷變，純受其苦，寧有樂乎。既不得樂，恆俱繫縛，不得自在，豈成我乎。既不見眞我佛性，長隨染緣，豈得淨耶。如上剖析，皆屬一期教門，不可於此定執有無，迷於方便。如《廣百論》云：爲止邪見，撥無涅槃，故說眞有常樂我淨。此方便言，不應定執。既不執有，亦不撥無，如是乃名正智解脫。

**延壽集《宗鏡錄》卷六七**　如經論明二無我者。一，人無我者。梵云補特伽羅，唐言數取趣。謂諸有情起惑造業，即爲能取。當來五趣，名之爲趣。雖復數數起惑造業，五趣輪迴，都無主宰實自在用，故名無我。二，法無我者。謂諸法體，雖復任持軌生物解，亦無勝性實自在用，故言無我。

**通潤《大方廣圓覺脩多羅了義經近釋》卷五**　二果三果斷欲界我，四果斷三界我，故曰無我。而有涅槃可證，法我未忘，故說有我。

## 無念

**菩提流志譯《大寶積經》**　文殊師利言：世尊！何等是無爲境界。佛言：無念是無爲境界。文殊師利言：世尊！若無爲等是佛境界。爲無念者，依何而說。無所依故，則無所說。無所說故，則不可說。

**鳩摩羅什譯《大智度論》卷六五**　一切法畢竟空故，無憶、無念相。無憶、無念相故，名無念波羅蜜。

**《三慧經》**　無意、無念，萬事自畢。意有百念，萬事皆失。

**法海集記《南宗頓教最上大乘摩訶般若波羅蜜經六祖惠能大師於韶州大梵寺施法壇經》**　我此法門，從上已來，頓漸皆立無念爲宗，無相爲體，無住爲本。何明爲相。無相，於相而離相。無念者，於念而不念。無住者，爲人本性，念念不住。前念、今念、後念，念念相續，無有斷絕。若一念斷絕，法身即是離色身。念念時中，於一切法上無住。一念若住，念念即住，名繫縛。於一切法上念念不住，即無縛也。以無住爲本。善知識！外離一切相是無相，但能離相，性體清淨是，是以無相爲體。於一切境上不染，名爲無念。於自念上離境，不於法上念生。莫百物不思，念盡除卻。一念斷即死，別處受生。學道者用心，莫不息法意。自錯尚可，更勸他人迷，不自見迷，又謗經法。是以立無念爲宗。即緣迷人於境上有念，念上便起邪見。一切塵勞妄念從此而生。然此教門立無念爲宗。世人離見，不起於念。若無有念，無念亦不立。無者無何事，念者何物。無者離二相諸塵勞。眞如是念之體，念是眞如之用。性起念，雖即見聞覺知，不染萬境而常自在。

**慧海《頓悟入道要門論》卷上**　問：此頓悟門以何爲宗，以何爲旨，以何爲體，以何爲用。答：無念爲宗，妄心不起爲旨，以清淨爲體，以智爲用。

問：既言無念爲宗，未審無念者無何念。答：無念者，無邪念，非無正念。

云何爲邪念，云何名正念。

答：念有念無，即名邪念。不念有無，即名正念。念善念惡，名爲邪念。不念善惡，名爲正念。乃至苦樂、生滅、取捨、怨親、憎愛，並名邪念。不念苦樂等，即名正念。

問：云何是正念。答：正念者，唯念菩提。

問：菩提可得否。答：菩提不可得。

問：既不可得，云何唯念菩提。答：只如菩提假立名字，實不可得，亦無前後得者。爲不可得故，即無有念。只箇無念，是名眞念。菩提無所念。無所念者，即一切處無心，是無所念。只如上說如許種無念者，皆是隨事方便，假立名字，皆同一體，無二無別。但知一切處無心，即是無念也。得無念時，自然解脫。

**宗密《禪源諸詮集》卷二**　頓悟空寂之知，知且無念無形，誰爲我相人相。覺諸相空，心自無念。念起即覺，覺之即無。修行妙門，唯在此也。故雖備修萬行，唯以無念爲宗。但得無念知見，則愛惡自然淡泊，悲智自然增明，罪業自然斷除，功行自然增進。既了諸相非相，自然無修之修。煩惱盡時，生死即絕。生滅滅已，寂照現前，應用無窮，名之爲佛。

**延壽集《宗鏡錄》卷八**　正念者，無念而知。若總無知，何成正念。

**延壽集《宗鏡錄》卷九一**　若能觀自心識，性無所有，即是開善趣門。若不起心想，即是閉惡趣門。若得自在智現前，即現身生五道，入地獄餓鬼畜生等界，救苦衆生。故禪門中，立無念爲宗，以爲要學。故經偈云，勤念於無念，佛法不難得。何謂不難得，以無念故，萬境不生，當處解脫。若有念起，非獨開惡趣之門，二十五有一時俱現，故知萬質皆從念異。

**延壽集《宗鏡錄》卷九九**　《顯宗論》云：我此禪門一乘妙旨，以無念爲宗，無住爲本，眞空爲體，妙有爲用。夫眞如無念，非念想能知。實相無生，豈色心能見。眞如無念，念者即念眞如。實相無生，生者即生實相。無住而住，常住涅槃。無行而行，能超彼岸。如如不動，動用無窮。念念無求，常求無念。用而常空，空而常用。用而不有，即是眞空。空而不無，便成妙有。妙有即摩訶般若，眞空即清淨涅槃。般若無見，能見涅槃。涅槃無生，能生般若。

**遵式《注肇論疏》卷三**　六祖以無念爲宗，神秀以離念爲宗。雖分頓漸，皆明智體無知。所謂如珠發光，光還自照。本覺起照，還契本覺，即理智不二之義。

**頤藏主《古尊宿語錄》卷四**　黄檗斷際禪師宛陵錄：

無心即便是行此道，更説什麼得與不得。且如瞥起一念便是境，若無一念便是境忘心自滅，無復可追尋。【略】一念不起，即十八界空，即身便是菩提花果，即心便是靈智，亦云靈臺。若有所住著，即身爲死屍，亦云守死屍鬼。

**宗寶編《六祖大師法寶壇經》**　我此法門，從上以來，先立無念爲宗，無相爲體，無住爲本。無相者，於相而離相。無念者，於念而無念。無住者，人之本性。於世間善惡好醜，乃至冤之與親，言語觸刺欺爭之時，並將爲空，不思酬害，念念之中不思前境。若前念今念後念，念念相續不斷，名爲繫縛。於諸法上念念不住，即無縛也。此是以無住爲本。善知識！外離一切相，名爲無相。能離於相，即法體清淨。此是以無相爲體。善知識！於諸境上，心不染，曰無念。於自念上，常離諸境，不於境上生心。若只百物不思，念盡除卻，一念絕即死，別處受生，是爲大錯。學道者思之。若不識法意，自錯猶可，更誤他人。自迷不見，又謗佛經，所以立無念爲宗。善知識！云何立無念爲宗。只緣口說見性，迷人於境上有念，念上便起邪見，一切塵勞妄想從此而生。自性本無一法可得，若有所得，妄説禍福，即是塵勞邪見，故此法門立無念爲宗。善知識！無者無何事。念者念何物。無者無二相，無諸塵勞之心。念者念眞如本性。眞如即是念之體，念即是眞如之用。眞如自性起念，非眼耳鼻舌能念。眞如有性，所以起念。眞如若無，眼耳色聲當時即壞。善知識！眞如自性起念，六根雖有見聞覺知，不染萬境，而眞性常自在。故經云：能善分別諸法相，於第一義而不動。

**曾鳳儀《楞嚴宗通緣起》** 飯千億三世諸佛，不如飯一無念無住、無修無證之者。大略相同。有僧問洛浦：供養百千諸佛，不如供養一無心道人。百千諸佛有何過，無心道人有何德。浦云：一片白雲横谷口，幾多歸鳥盡迷巢。

## 無明

**竺佛念譯《菩薩瓔珞本業經》卷上** 無明者，名不了一切法，迷法界而起三界業果。是故我言，從無明藏起十三煩惱，所謂邪見、我見、常見、斷見、戒盜見、果盜見、疑見、七見。見一切處求故説見，從見復起六著心，貪、愛、瞋、癡、欲、慢。

**慧遠《大乘義章》卷四** 第一釋名，并辨其體性。十二因緣者，謂從無明乃至老死，是其名也。言無明者，癡闇之心體無慧明，故曰無明。過去世中煩惱非一，以何義故偏説故明。釋有兩義。一彰通隱別，故説無明。過去世中一切煩惱，皆有闇惑迷理之義，就斯通義，故説無明。二舉強攝弱，故説無明。無明煩惱，迷於本際，集起生死，其力最強，從強以名，故説無明。但説無明，當知一切餘結皆隨。譬如世間王來王去，餘眾皆隨主得其名。此亦如是。釋名既然，體相云何。於中差別乃有四種。一迷理無明，所謂迷於二諦之理。故經説言，不知諸諦第一義故，名爲無明。如是等也。二發業無明，所謂三根三道煩惱。三根煩惱，能發思業。三道煩惱，發身口業。三覆業無明，謂造業已，重於前境起貪瞋等，覆助前業，令其增長。四潤生無明，亦名受生。謂受生時，諸煩惱等。若依《毘曇》，九十八使一切煩惱，皆能潤生。斯則潤生，受生無別。若依《成實》，唯愛能潤，餘但遠助。若據斯義，潤生則狹，局唯在愛。受生則寬，通於餘結。《地經》亦然，故經言，愛水爲潤，無明覆弊，我心溉灌。如是等也。

**玄奘譯《阿毗達磨俱舍論》卷一〇** 無明何義。謂體非明。若爾，無明應是眼等。既爾，此義應謂無明。若爾，無明體應非有。爲顯有體，義不濫餘。

頌曰：明所治無明，如非親實等。

論曰：如諸親友所對怨敵，親友相違，名非親友。非異親友，非親友無。諦語名實。此所對治虚誑言論，名爲非實。非異於實，亦非實無等言，爲顯非法非義非事等性，非異非無。如是無明，別有實體，是明所治，非異非無。云何知然。説行緣故，復有誠證。

頌曰：説爲結等故，非惡慧見故，與見相應故，説能染慧故。

論曰：經説無明，以爲結縛隨眠，及漏扼瀑流等，非餘眼等及體全無，可得説爲結縛等事。故有別法，説名無明。如惡妻子，名無妻子。如是惡慧，應名無明。彼非無明，有是見故。諸染污慧，名爲惡慧。於中有見，故非無明。若爾，非見慧應許是無明。不爾，無明見相應故。無明若是慧，應見不相應。無二慧體，共相應故。又説，無明能染慧故。如契經言：貪欲染心，令不解脱。無明染慧，令不清淨。非慧還能染於慧體。如貪異類，能染於心。無明亦應異慧能染。如何不許諸染污慧，間雜善慧，令不清淨，説爲能染。如貪染心，令不解脱，豈必現起與心相應，方説能染。然由貪力，損縛於心，令不解脱。後轉滅彼貪熏習時，心便解脱。如是無明，染污於慧，令不清淨，非慧相應，但由無明損濁於慧。如是分別，何理相違。誰復能遮自所分別。然異慧類，別有無明，如貪異心。此説爲善。有執煩惱皆是無明，此亦應同前理遮遣。若諸煩惱皆是無明，於結等中不應別説，亦不應與見等相應。見等不應自相應故。或亦應説無明染心。若謂此中就差別説，應於染慧不説總名。既説無明，別法爲體，應説此體，其相云何。謂不了知諦實業果，未測何相名不了知，爲異了知，爲此非有。二俱有過。如無明説。此謂了知所治別法。此復難測，其相是何。此類法爾，應如是説。如餘處言：云何爲眼。謂清淨色，眼識所依。無明亦然，唯可辯用。大德法救，説此無明，是諸有情恃我類性，異於我慢。類體是何。經言：我今如是知已，如是見已。諸所有愛，諸所有見，諸所有類性，諸我我所執我慢執隨眠，斷遍知故，無影寂滅。故知類性，異於我慢。寧知類性卽是無明，不可說爲餘煩惱故。

**玄奘譯《瑜伽師地論》卷六〇**　問：何等爲無明業。答：於不現見義，而生迷惑，是無明業。如是於現見義，劣義、中義、勝義、利益義、不利益義，眞義、邪義，因義、果義，而生迷惑，是無明業。【略】

又此無明，於五處所，能爲障礙。一、能障礙眞實智喜。二、能障礙煩惱滅得。三、能障礙聖道成滿。四、能障礙往於善趣。五、能障礙世間現法諸吉祥事。

**玄奘譯《瑜伽師地論》卷六〇**　問：何等名無明法。答：或有由無明故，墮無明趣，說名愚癡。非癡所嬈，不爲癡垢，非癡所媚，謂住隨眠無明。或有愚癡，爲癡所嬈，不爲癡垢，非癡所媚，謂由纏所攝無明。或有愚癡，爲癡所嬈，爲癡所垢，非癡所媚，謂由發業無明。發惡業已，於此惡行而生羞恥。或有愚癡，爲癡所嬈，爲癡所垢，爲癡所媚，謂因無明，發起種種惡不善業。於此惡行，無有羞恥。此中由前三種，說名愚癡，墮無明趣，不名癡人。由後一種，說名癡人。或有闇法無明，謂在欲界。或有味法無明，謂在色界。或有翳法無明，謂在無色界。

**玄奘譯《瑜伽師地論》卷六〇**　問：何等爲無明相。答：貪瞋慢相，是無明相。計我我所相，無慚無愧相，多放逸相，性羸鈍相，饒睡眠相，心愁慼相，種種惡業現行等相，是無明相。

**玄奘譯《瑜伽師地論》卷五六**　如是無明，能生五種雜染。謂疑雜染、愛雜染、信解雜染、見雜染、增上慢雜染。由疑雜染所雜染故，一切愚夫獲得疑惑，信順於他，引趣異路。於現法中，多受苦惱，不安隱住。由愛雜染所雜染故，引生後有生老病等一切大苦。由信解雜染所雜染故，或謂無因，或計自在天等，不平等因，謂爲正因。撥無一切士用而住。由見雜染所雜染故，隨意造作一切惡行，能感當來諸惡趣苦。由增上慢雜染所雜染故，令士夫用異果無果。

**玄奘譯《阿毗達磨大毗婆沙論》卷三八**　如世尊說：無明蓋所覆，愛結所繫縛。愚智俱感得，如是有識身。

問：無明是蓋亦是結，愛是結亦是蓋。何故此中說無明唯是蓋，說愛唯是結耶。答：無明亦應說是結，愛亦應說是蓋。而不說者，應知此是有餘之說。復次欲現種種文種種說故。若以種種文種種說者，義則易解，易可受持。餘便煩亂。復次欲現二門，乃至廣說。如無明說蓋，愛亦應爾。如愛說結，無明亦應爾。爲現二門，乃至廣說。是故無明但說爲蓋，愛但名結。復次無明，蓋義多，結義少故，但說爲蓋。愛結義多，蓋義少故，但說爲結。復次無明蓋義重，結義輕故，但說爲蓋。愛結義重，蓋義輕故，但說爲結。復次覆義是蓋義。諸煩惱中，更無第二煩惱，能覆有情慧眼如無明者，故說爲蓋。繫義是結義。諸煩惱中，更無第二煩惱繫縛有情久處生死如貪愛者，故說爲結。諸有情類，爲無明蓋所盲，愛結所縛故，不能棄捨生死，趣向涅槃。譬如有人遭二怨賊，一縛其手足，二以土坌眼。是人被縛，眼無所見，不能逃避至安隱處。有情亦爾。無明所覆，貪愛所結，不能捨離生死，趣向涅槃。此中應說二怨賊喻。昔有二賊，一名伊利，一名捨耆，恆共遊止。若遇財主，一縛手足，一坌其目，取財而去。其人被縛，目無所見，卽於是處困苦至死。有情亦然。無明貪愛所覆繫故，沈淪生死。是故尊者妙音說曰：諸有情類，無明所盲，貪愛所縛，久處生死，增長惡法，是故無明偏說爲蓋，愛偏名結。其義善立。然無明蓋，勢用偏重，一勝前五，故佛不說在五蓋中。五蓋勢力，皆齊等故。

**玄奘譯《阿毗達磨法蘊足論》卷一一**　云何無明爲緣造福行。謂有一類，於人趣樂，繫心悕求。彼作是念：願我當生人趣同分，與諸人衆同受快樂。因此悕求，造能感人趣身、語、意妙行。此三妙行，名爲福行。由此因緣，身壞命終，生於人趣，與諸人衆同受快樂。但由無明蔽動心故，於彼復造諸福行等，是名無明爲緣造福行。有不繫心悕求人樂，但由無明蔽動心故，造身語意三種妙行。此三妙行，名爲福行。由此因緣，身壞命終，生於人趣，於彼復造諸福行等，是名無明爲緣造福行。如說人趣，四大王衆天、三十三天、夜摩天、覩史多天、樂變化天、他化自在天，應知亦爾。復有一類，於梵衆天，繫心悕求。彼作是念：願我當生梵衆天衆同分中。因此悕求，勤修加行，離欲惡不善法，有尋有伺，離生喜樂，初靜慮具足住。於此定中，諸身律儀、語律儀、命清淨，名爲福行。由此因緣，身壞命終，生梵衆天衆同分中。於彼復造諸福行等，是名無明爲緣造福行。有不繫心悕求生彼，但由無明蔽動心故，勤修加行，離欲惡不善法，有尋有伺，離生喜樂，初靜慮具足住。於此定中，諸身律儀、語律儀、命清淨，名爲福行。由此因緣，身壞命終，生梵眾天眾同分中。於彼復造諸福行等，是名無明爲緣造福行。如說梵眾天、梵輔天、大梵天、少光天、無量光天、極光淨天、少淨天、無量淨天、遍淨天、無雲天、福生天、廣果天，隨其所應，廣說亦爾。復有一類，於無想天，繫心悕求。彼作是念：願我當生無想天眾同分中。因此悕求，勤修加行，思惟諸想是麁苦障，思惟無想是靜妙離。由此思惟，能滅諸想，安住無想。彼諸想滅住無想時，名無想定。入此定時，諸身律儀、語律儀、命清淨，名爲福行。由此因緣，身壞命終，生無想天眾同分中。於彼亦能造少福行，是名無明爲緣造福行。有不繫心悕求生彼，但由無明蔽動心故，勤修加行，思惟諸想是麁苦障，思惟無想是靜妙離。由此思惟，能滅諸想，安住無想。彼諸想滅住無想時，名無想定。入此定時，諸身律儀、語律儀、命清淨，名爲福行。由此因緣，身壞命終，生無想天眾同分中。於彼亦能造少福行，是名無明爲緣造福行。

**玄奘譯《瑜伽師地論》卷六〇**　問：何等是無明自性。答：自性總相，如前已說。自性差別，今當顯示。謂或有隨眠無明，或有覺悟無明，或有煩惱共行無明，或有不共獨行無明，或有蔽伏心性無明，或有發業無明，或有不染污無明，或有離羞恥無明，或有堅固無明。謂無般涅槃法者，所有無明。

**玄奘譯《阿毗達磨大毗婆沙論》卷二三**　問：此經中說無明緣行，何故不說無明因行耶。答：餘經亦說無明因行。如《大因緣法門經》說，佛告阿難，老死有如是因，有如是緣。有如是說，謂生。如說生爲老死因，乃至說無明爲行因。問：一經雖說無明因行，而多經說無明緣行，有何意耶。答：若說無明因行，則但說染污行。若說無明緣行，則通說染污不染污行。復次若說無明因行，則但說罪行。若說無明緣行，則通說罪福不動行。復次若說無明因行，則但說因緣。若說無明緣行，則通說四緣。故多經說無明緣行

**玄奘譯《阿毗達磨大毗婆沙論》卷四八**　如契經說：無明蓋所覆，愛結所繫縛，愚智俱感得如是有識身。問：無明能覆亦能縛，愛結能縛亦能覆。何故但說無明所覆，愛結縛耶。答：俱應說二，而不說者，應知彼是有餘之說。復次欲令所說義易解故，以種種語種種文說。復次彼經欲現二門，二略，二階，二蹬，二明，二炬，二文，二影。如說無明所覆，愛結亦應爾。如說愛結所縛，無明亦應爾。欲現二門乃至二影，互相顯照，故作是說。復次先作是說：覆是蓋義。無餘煩惱覆障慧眼，如無明者。是故但說無明所覆。縛是結義。無餘煩惱繫縛有情流轉生死，如愛結者。是故但言愛結所縛。諸有情類，無明所盲，愛結所縛，不能趣入究竟涅槃。此中應說二狂賊喻。昔有二賊，恆在嶮路。若捉得人，一窐其眼，一縛手足。彼人既盲，又被繫縛，不能逃避。有情亦爾。無明所盲，愛結所縛，不能趣入究竟涅槃。流轉生死，恆受苦惱。尊者妙音亦作是說：無明所盲，愛結所縛，便容造作惡不善業。復次依增上義，故作是說。謂無明覆用增上，愛結縛用增上。復次依多分義，故作是說。謂無明多分能覆，愛結多分能縛。

**玄奘譯《分別緣起初勝法門經》卷上**　彼於色界或無色界有過患身，起有功德作意想見，或依教法，或依誨法，發起如是非理作意，能爲彼界不動行緣。如是所起非理作意，無明所引。如是無明，由此所起非理作意及果爲伴，能爲彼界不動行緣。是故應知彼不動行，亦唯無明以爲勝緣。復有一類，依無有愛，造諸福行，或不動行。彼由如是無有愛故，既於諸有見多過患，豈更悕求當來諸有。然於無有不如實知。由無知故，不得諸有眞對治道。又無知故，於非對治，起對治想，造諸福行或不動行。由是道理，如是諸行，應知唯用無明爲緣，非愛及取爲諸行緣。

**玄奘譯《瑜伽師地論》卷一〇**　何因緣故，福行不動行，由正簡擇功力而起，仍說用無明爲緣耶。答：由不了達世俗苦因爲緣，起非福行。由不了達勝義苦因爲緣，生福及不動行。是故亦說彼以無明爲緣。問：如經中說：諸業以貪瞋癡爲緣，何故此中唯說癡爲緣耶。答：此中通說福非福不動業緣。貪瞋癡緣，唯生非福業故。問：身業語業，思所發起，是則行亦緣行，何故但說無明緣行。答：依發起一切行緣而說故，及依生善染污思緣而說故。

**玄奘譯《阿毗達磨俱舍論》卷九**　謂諸愚夫，於緣生法，不知唯行，妄起我見及我慢執，爲自受樂非苦樂故，造作身等各三種業。謂爲自身受當樂故，造諸福業。受當來樂非苦樂故，造不動業。受現樂故，造非福業。如是名爲無明緣行。

**玄奘譯《阿毗達磨法蘊足論》卷一一**　云何無明緣行。謂世尊說：苾芻當知，無明爲因，無明爲緣故，貪瞋癡起。此貪瞋癡性，是名無明緣行。復次如世尊說：苾芻當知，無明爲前行，無明爲幖幟故，起無量種惡不善法。謂無慚無愧等，由無慚無愧故，起諸邪見。由邪見故，起邪思惟。由邪思惟故，起邪語。由邪語故，起邪業。由邪業故，起邪命。由邪命故，起邪勤。由邪勤故，起邪念。由邪念故，起邪定。此邪見、邪思惟、邪語、邪業、邪命、邪勤、邪念、邪定，是名無明緣行。復次如世尊說：苾芻當知，起無量種惡不善法，一切皆以無明爲限，無明爲集，是無明類，從無明生。墮無明趣者，不如實知善不善法，有罪無罪法，應脩不應脩法，下劣勝妙法，黑白法，有敵對法，緣生諸法。不如實知此諸法故，便起邪見，邪思惟，乃至邪念、邪定，是名無明緣行。又云：如是福非福不動行，無明爲緣，無明爲依，無明爲建立故，起等起，生等生，聚集出現，故名無明緣行。

**玄奘譯《阿毗達磨大毗婆沙論》卷二三**　問：無明爲緣，通生十二。何故但說無明緣行。答：亦應說餘，而不說者，當知此是有餘之說。復次無明緣行，勢用強勝。餘則不爾。復次無明緣行，勢用隨順。餘則不爾。復次無明於行，能作近緣，是故偏說。於識等十，但作遠緣，是故不說。如近、遠，在此、在彼，現前、不現前，此眾同分、餘眾同分，亦爾。復次無明與行，作不共緣，是故偏說。與識等十，但作共緣，是故不說。復次此經中說時分緣起，前後次第，展轉相生。若說無明緣無明，便無前後。若說無明緣識等，便非次第。是故但說無明緣行。

**玄奘譯《瑜伽師地論》卷五五**　無明依七事起。一世事。二世間安立事。三運轉事。四最勝事。五眞實事。六雜染清淨事。七增上慢事。依此七事，起七無知，或復十九。當知於初事，由三種門，生疑惑。於第二事，由內六處，若外若俱，生我我所怨親等見。於第三事，由業、異熟、及俱生、作者、受者、無因、惡因見。於第四事，誹謗三寶。於第五事，誹謗諸諦。於第六事，起邪解行。於第七事，依得自義，起增上慢。

**玄奘譯《瑜伽師地論》卷五六**　復次當知無明，智所對治，別有心所，覆蔽爲性。非唯明無，亦非邪智。何以故。若彼無明唯明無者，應不可立輭中上品。由無性法，都無輭中上品異故。又不可立無明隨眠與纏差別。由無性法，於一切時，其相相似，現行、隨轉，不可建立。又異生心，善染無記，於一切處，常離慧明。若此無性是無明者，應一切心皆成染污。

又無性法，非有爲攝，非無爲攝。既非有爲無爲所攝，不能爲染，亦不爲淨。又於離明心相續中，應一切時，明不得起。又不應說無明滅故，明得生起。所以者何。無有無法而可滅故。若唯邪智是無明者，爲除慧明所攝諸智，餘一切智，皆邪智耶。爲唯染污邪執性智，是邪智耶。爲諸煩惱相應邪智，是邪智耶。若言初智是邪智者，一切異生相續中智，皆應邪智。若善，若無記。此不應道理。若唯染污邪執性智是邪智者，唯應五見薩迦耶等，名染性智。此中如實不了行相，是名無明。由有如實不了行故，邪執事相，是名爲見。謂薩迦耶見，由無明力執我我所。如是餘見，各於自事，邪執行轉。然彼諸見，不離愚癡。由癡與見，行相各別，是故此五染污性智名爲無明，不應道理。

又若無明與諸見相無差別者，世尊不應七隨眠中，於無明外，立見隨眠。又佛世尊，曾無一處，於諸見上，示無明名。若諸煩惱相應邪智是無明者，薩迦耶等五種邪見智爲自性，無二智體俱有相應，是則諸見應與無明常不相應。又若貪等煩惱力故，令相應智成愚癡性。卽應貪等增上力故，得有愚癡。非癡增上癡爲導首，故有貪等一切煩惱。又應可說如餘煩惱相應之慧，由相應故，得成染污。非彼自性，非愚癡體可成癡性。又如諸餘煩惱相應，非煩惱性諸心心所。是故當知別有無明，是心所性與心相應。

**玄奘譯《分別緣起初勝法門經》卷上**　世尊！云何無明因緣殊勝。世尊告曰：如是無明，普於一切煩惱雜染、諸業雜染、諸生雜染，能作因緣根本依處。云何一切煩惱雜染。謂略有三煩惱品類，普攝一切煩惱雜染。謂無知煩惱、猶預煩惱、顛倒煩惱。云何一切諸業雜染。謂略有三自相差別，身、語、意業，及三障礙對治差別。謂福非福及不動業，普攝一切諸業雜染。云何一切諸生雜染。謂略有三，依止三受，謂樂、及苦、不苦不樂。所起三苦，壞苦、苦苦及以行苦。普攝一切諸生雜染。云何無明普於一切煩惱雜染、諸業雜染、諸生雜染，能作因緣根本依處。謂於諸諦，有二種愚：能令一切煩惱雜染，未生而生，生已增廣。及令一切諸業雜染，未生而生，生已積集。亦令一切諸生雜染，未生而生，生已不轉。是故我說如是無明，普於一切煩惱雜染、諸業雜染、諸生雜染，能作因緣根本依處。是名無明因緣殊勝。

**玄奘譯《分別緣起初勝法門經》卷下**　世尊！云何無明轉異殊勝。世尊告曰：略有四種轉異無明。何等爲四。一者，隨眠轉異無明。二者，纏縛轉異無明。三者，相應轉異無明。四者，不共轉異無明。復言：世尊！誰有何等轉異無明，而說無明爲緣生行。世尊告曰：外法異生，非理作意所引四種轉異無明。由此爲緣，生福非福及不動行。如是所說外法異生所有福行及不動行相應善心，一切皆是非理作意所引等流。內法異生，若放逸者，彼除一種不共無明，所餘無明，引發放逸爲緣生行。內法異生，若不放逸，勤修學者及聖有學，三種無明引發妄念，爲非福緣。然此非福不能爲緣招三惡趣。故此非福，我不說爲無明緣行。如是所說不共無明，內法異生，雖不放逸而修學者，亦未能斷。諸聖有學，應知永斷。又不放逸內法異生，若造福行及不動行，彼是正法如理作意相應善心之所引發，解脫爲依，迴向解脫而引發故。雖於善趣感殊勝生，而非無明起增上緣。然能作彼四種無明斷增上緣。諸聖有學，不共無明，已永斷故，不造新業。所有故業，由隨眠力，未永斷滅，暫觸還吐。如是所有無明緣行，生生漸滅，不復增長。由此道理，應知內法諸有學者，不緣無明更造諸行。是故惟依外法異生，我說順次雜染緣起，最極圓滿，非住內法，是名無明轉異殊勝。

復言，世尊！云何無明邪行殊勝。世尊告曰：彼四無明，於諸諦中，皆能發起增益損減二種邪行。復言：世尊！如何名爲增益損減二種邪行。世尊告曰：由四顛倒，謂於非法，見爲是法。或於是法，見爲非法。或於生天解脫道中，非方便者，見是方便。是方便者，見非方便。如是名爲增益邪行。諸有誹謗一切邪見，如是名爲損減邪行。是名無明邪行殊勝。

世尊！云何無明相狀殊勝。世尊告曰：應知無明有二種相。一者，微細自相殊勝。二者，遍於可愛、非愛、俱非境界、共相殊勝。所以者何。纏縛無明，尚爲微細，難知難了，況彼所有隨眠無明。相應無明，尚爲微細，難知難了，況彼所有不共無明。遍於一切可愛非愛俱非境界，覆眞實相，顯虛妄相，共相而轉。非餘煩惱有如是相，是故殊勝。餘身見等共相煩惱，亦用無明爲依而轉。是名無明相狀殊勝。

世尊！云何無明作業殊勝。世尊告曰：應知無明略有二種所作事業。一者，無明普能造作一切流轉所依事業。二者，世尊！云何無明相狀殊勝。世尊告曰：明普能造作一切寂止能障事業。復言：世尊！何等名爲一切流轉。世尊告曰：若是處轉，若是事轉，若如是轉，我總說爲一切流轉。復言：世尊！是何處轉。世尊告曰：於三世處，由我分別。復言：世尊！是何事轉。世尊告曰：內外六處，由我取執。復言：世尊！云何而轉。世尊告曰：諸業異熟相續流轉，由我分別，由邪分別。復言：世尊！云何名爲一切寂止。世尊告曰：一切寂止，略有四種。一者，寂止所依。二者，寂止所緣。三者，寂止作意。四者，寂止果成。是名無明作業殊勝。

世尊！云何無明障礙殊勝。世尊告曰：應知無明障礙勝法，障礙廣法。復言：世尊！如何無明障礙勝法。世尊告曰：言勝法者，能攝五根，令其和合，所謂慧根。障礙此者，即是無明。是故說名障礙勝法。復言：世尊！如何無明障礙廣法。世尊告曰：言廣法者，聞所成智，思所成智，修所成智。障礙此者，即是無明。是故說名障礙廣法。復言：世尊！如說無智名爲無明。此唯智無名無明耶。世尊告曰：非唯智無名爲無明。復言：世尊！若唯智無名爲無明，斯有何過。世尊告曰：若爾，無明應不可立決定體相。所以者何。聞所成智體上，無有思所成智。思所成智體上，無有修所成智。一切世間修所成智體上，無有一切出世修所成智。出世有學智上，無有諸無學智。無學聲聞智上，無有如來等智。若如是者，應即是智，即是無智。如是無明應不可立決定體相。又我於彼三善根中，說有無癡。應但癡無，說名無癡。然非癡無說名無癡。故非明無說名無明。而別有一心所有法，不知眞實，說名無明。如別有一心所有法，了知眞實，說名爲智。又唯明無名無明者，應無如是一切無明十一殊勝。是故應知非唯明無說名無明，是名無明障礙殊勝。

世尊！云何無明隨縛殊勝。世尊告曰：乃至有頂三界有情，於諸諦中所有無智隨眠隨縛，未缺未滅。由彼有情，說名具縛。又此無智，善趣惡趣因果差別。無色有情，有其下品。色界有情，有其中品。欲界有情，有其上品。如是成就三品無明。諸有情類，當來可生。一一法爾，三品隨縛。此説異生。若諸聖者，漸次永斷。若具上中，定有中下。或有中下，而無上中。又阿羅漢雖盡諸漏，脱煩惱障。應知尚有所知障攝無明隨縛。如是無明，應知極遠隨逐有情。唯除諸佛，餘皆隨縛。是名無明隨縛殊勝。

**玄奘譯《阿毗達磨大毗婆沙論》卷二四**　云何無明緣行，云何取緣有。答：無明緣行者，此顯示業，先餘生中，造作增長得。今有異熟，及已受異熟。取緣有者，此顯示業，現在生中，造作增長，得當有異熟。此顯示業者，今佛世尊，顯了開示已造今造一切不善有漏業。先餘生中者，顯示此業，在先世餘衆同分中，已盡、已滅、已離、已變。造作增長者，顯示此業，發起圓滿，從煩惱生，能得果故。得今有異熟者，顯示此業，感得此生諸果異熟。及已受異熟者，顯示此業，已受前生諸異熟果所有前生造作增長善不善業，彼異熟果。若今熟若已熟者，當知皆在行支分中。現在生中者，顯示此業，唯在此生衆同分中，造作增長，非餘生中。得當有異熟者，顯示此業，得未來生諸果異熟；所有今生造作增長善不善業，彼異熟果。於此生中果未熟者，當知皆在有支分中。

問：何故過去生所造業果異熟者，名行。現在生所造業於此生中果未熟者，名有耶。答：過去生所造業果已熟者，已衰朽，已受用，已與果，已辦事，無勢力，不能更引後有異熟。然已造作，已遷變故，説名爲行。現在生所造業於此生中果未熟者，與彼相違，説名爲有。有作是説：過去生所造業果已熟者，是故業故，説名爲行。現在生所造業於此生中果未熟者，是新業故，説名爲有。有餘師説：過去生所造業果已熟者，已與果故，説名爲行。現在生所造業於此生中果未熟者，未與果故，説名爲有。

**玄奘奉詔譯《阿毗達磨大毗婆沙論》卷二五**　無明緣行，取緣有，有何差別。答：無明緣行者，廣説如前。此業緣，世尊説一煩惱，謂無明。取緣有者，廣説如前。此業緣，世尊説一切煩惱，謂諸取。是謂差別。問：何故復作此論。答：前雖説所發業自性差別，謂前業在過去生，後業在現在生。前業已與果，後業未與果。前業是故，後業是新。而未説能發緣自性差別。今欲説之，故作此論。問：何故過去業緣，但説無明，現在業緣，説一切煩惱耶。答：造過去業時，於多種事，不現見故，不可知故，但説無明爲緣。謂於界趣生洲分位依處加行等起相續所緣，皆不可知。界者三界，不知過去於何界造此業。趣者五趣，不知過去於何趣造此業。生者四生，不知過去於何生造此業。洲者四洲，不知過去於何洲造此業。分位者，羯剌藍等十種分位，不知過去於何分位造此業。依處者，十善不善業道依處，不知過去於何依處造此業。加行者，有情數非有情數所起加行，不知過去由何加行造此業。等起者，貪瞋癡等，不知過去由何等起造此業。相續者，男女等，不知過去依何相續造此業。所緣者，過去未來現在，或色聲香味觸法，不知過去心緣何等造此業。雖不現見，亦不可知，而發業位，皆有無明，故總説彼無明爲緣。造現在業時，於多種事，皆現見故，皆可知故，具説一切煩惱爲緣。復次過去業，已衰朽，已受用，已與果，是故業無勢用，不明了故，但説無明爲緣。現在業，未衰朽，未受用，未與果，是新業有勢用，極明了故，説一切煩惱爲緣。復次過去業，微細難覺，若自若他，俱不現見，不知何等煩惱所發。然煩惱起，必有無明，是故但説無明爲緣。現在業，麤顯易覺，若自若他，俱能現見，知是彼彼煩惱所發，故説一切煩惱爲緣。復次過去業，性不猛利，其相暗昧，順無明故，但説無明爲緣。現在業，性猛利，其相明顯，順諸取故，具説一切煩惱爲緣。

**玄奘譯《阿毗達磨發智論》卷一**　如世尊説，無明緣行，取緣有。云何無明緣行。云何取緣有。答：無明緣行者，此顯示業，先餘生中，造作增長，得今有異熟，及已受異熟。取緣有者，此顯示業，現在生中造作增長，得當有異熟。無明緣行，取緣有，何差別。答：無明緣行者，廣説如前。此業緣，世尊説一煩惱，謂無明。取緣有者，廣説如前。此業緣世尊説一切煩惱，謂諸取。是謂差別。

**玄奘譯《瑜伽師地論》卷八**　無明者，謂由親近不善丈夫，聞非正法，不如理作意故，及由任運失念故，於所知事，若分別不分別，染污無知爲體。

**玄奘譯《瑜伽師地論》卷八四**　無明者，於所知事，不能善巧。於彼彼處，不正了知。謂於彼彼所説義中，及於名句文身，不能解了。

**玄奘譯《顯揚聖教論》卷一**　無明者，謂不正了眞實爲體。或是俱生，或分別起。能障正了爲業。如前乃至增長無明爲業。如經説，諸有愚癡者，無明所伏蔽。

**玄奘譯《大乘阿毗達磨雜集論》卷一**　無明者，謂三界無智爲體。於諸法中，邪決定疑雜染生起所依爲業。邪決定者，謂顛倒智。疑者，猶豫。雜染生起者，謂貪等煩惱現行。彼所依者，謂由愚癡，起諸煩惱。

**玄奘譯《大乘五蘊論》卷一**　云何無明。謂於業果及諦寶中，無智爲性。此復二種。所謂俱生，分別所起。又欲纏貪瞋，及欲纏無明，名三不善根。謂貪不善根，瞋不善根，癡不善根。

**地婆訶羅譯《大乘廣五蘊論》卷一**　云何無明。謂於業果諦寶，無智爲性。此有二種。一者俱生，二者分別。又欲界貪瞋及以無明，爲三不善根。謂貪不善根，瞋不善根，癡不善根。此復俱生、不俱生，分別所起。俱生者，謂禽獸等。不俱生者，謂貪相應等。分別者，謂諸見相應，與虛妄決定疑煩惱所依爲業。

**玄奘譯《阿毗達磨法蘊足論》卷一一**　云何無明。謂於前際無知，後際無知，前後際無知，於內無知，外無知，內外無知，於業無知，異熟無知，業異熟無知，於善作業無知，惡作業無知，善惡作業無知，於因無知，因所生法無知，於佛法僧無知，於苦集滅道無知，於善不善法無知，於有罪無罪法無知，於應脩不應脩法無知，於下劣勝妙法無知，於黑白法無知，於有敵對法無知，於緣生無知，於六觸處如實無知。如是無知、無見、非現觀、黑闇、愚癡、無明、盲冥、罥網纏裹、頑騃渾濁、障、蓋、發盲、發無智、發無明、發劣慧、障礙善品、令不涅槃、無明漏、無明瀑流、無明軛、無明毒根、無明毒莖、無明毒枝、無明毒葉、無明毒花、無明毒果、癡、等癡、極癡、很、等很、極很、癡類、癡生，總名無明。

**玄奘譯《阿毗達磨大毗婆沙論》卷二五**　問：何故名無明。無明是何義。答：不達，不解，不了，是無明義。問：若爾，除無明，諸餘法，亦不達，不解，不了。何故不名無明。答：若不達不解不了，以愚癡爲自相者，是無明。餘法不爾，故非無明。

**玄奘譯《阿毗達磨大毗婆沙論》卷四三**　云何無明。答：三界無智。此說應理。謂三界繫無智，具攝諸無明故。若作是說，不知三界名無明者，則應不攝緣滅道諦二種無明，彼不緣三界故。

**玄奘譯《瑜伽師地論》卷五八**　無明者，謂於所知眞實覺悟能覆能障心所爲性。此略四種，一無解愚，二放逸愚，三染污愚，四不染污愚。若於不見聞覺知所知義中，所有無智，名無解愚。若於見聞覺知所知義中，散亂失念，所有無智，名放逸愚。於顛倒心所有無智，名染污愚。不顛倒心所有無智，名不染污愚。又此無明，總有二種。一煩惱相應無明，二獨行無明。非無愚癡而起諸惑，是故貪等餘惑相應所有無明，名煩惱相應無明。若無貪等諸煩惱纏，但於苦等諸諦境中，由不如理作意力故，鈍慧士夫補特伽羅，諸不如實簡擇，覆障纏裹闇昧等心所性，名獨行無明。

**道世撰《法苑珠林》卷七二**　若依《毘曇》，癡暗之心體無慧明，故曰無明。若依《成論》，邪心分別無正慧明，故曰無明。又《毘曇論》說，無明使有其二種，一者不共，二者相應。言不共者，於四諦理及於色聲香味觸等，緣而不了，則是無明。此獨無明，不與一切諸使和合，名不共無明。二相應無明者，除前不共，自餘一切諸煩惱中無知之心，名爲無明。與諸使合，名爲相應無明。若依《成論》，無明亦二，一是取性，二是現起。言取性者，直是任運迷法，假集暗心取性，唯是違理，性惡不善。此細無明，諸凡常有。是故得在善無記中。要觀無性，方得漸除。故行善時，須觀無性。迷事取性，則成有漏。

## 無記

**鳩摩羅什譯《大寶積經》卷九四**　云何無記界。除善不善，若有餘法，是名無記界。

**弗若多羅譯《十誦律》卷五一**　佛言：有無記心殺母，犯波羅夷幷逆罪。有無記心殺母，不犯波羅夷不得逆罪。云何無記心殺母，犯波羅夷幷逆罪。云何無記心殺母，不犯波羅夷非逆罪。若作方便欲殺母，自眠時母死，是名犯波羅夷是逆罪。若射壁樹誤射母殺，不犯波羅夷非逆罪。

**弗若多羅譯《十誦律》卷三五**　無記者，若諸比丘，不以善心不善心，共諍出他罪。有殘作有殘不作，有殘作不作。無殘作無殘不作，無殘作不作。有殘無殘作，有殘無殘不作。有殘無殘作不作，是名無記犯罪事。爲善爲不善爲無記耶。犯罪事，或不善或無記。不善者，若諸比丘知佛結戒故犯，是名不善。無記者，不故犯佛所結戒，是名無記。常所行事，爲善爲不善爲無記。或善或不善或無記。善者，若諸比丘善心，作白羯磨，白二羯磨，白四羯磨，布薩自恣，立十四人羯磨，是名善。不善者，若諸比丘以不善心，作白羯磨，白二羯磨，白四羯磨，布薩自恣，立十四人羯磨，是名不善。無記者，若諸比丘不以善心不善心，作白羯磨，白二羯磨，白四羯磨，布薩自恣，立十四人羯磨，是名無記。

**僧伽跋澄譯《鞞婆沙論》卷七**　此無記者，不受善報，亦不受不善報，以是故說無記。

**鳩摩羅什譯《成實論》卷七**　無記業者，若業非善不善，於他衆生無益無損，是名無記。問曰：何故名無記。答曰：此是業名字，若業非善非不善者，名曰無記。又善不善業皆能得報，此業不能生報，故名無記。所以者何。善不善業堅強，是業力劣弱。譬如敗種不能生牙。又報有二種，善得愛報，不善得不愛報，無記無報。問曰：有此中取非愛非憎，是無記報，有何咎。答曰：佛說報有二種。邪身行得不愛報，正身行得愛報。不說有中，有福德果報得愛念如意，罪則與此相違。又苦樂是罪福報，不苦不樂亦是善行果報，故知無記無報。

**菩提流支譯《大寶積經論》卷三**　無記者，離意識境界故。無著者，無煩惱事故。

**求那跋陀羅共菩提耶舍譯《衆事分阿毗曇論》卷一**　云何無記根。有四無記根，謂無記愛，無記見，無記慢，無記無明。

**那連提耶舍譯《阿毗曇心論經》卷一**　無善不善可記，故名無記。無果可記，亦名無記。

**慧遠《大乘義章》卷七**　非違非順，說爲無記。解有兩義。一對果分別，中容之業，不能記得苦樂兩報，故名無記。二就說分別，中容之業，如來不記爲善爲惡，故名無記。

**玄奘譯《成唯識論》卷五**　於善不善損益義中，不可記別，故名無記。

**玄奘譯《大乘阿毗達磨集論》卷二**　云何無記，幾是無記。爲何義故，觀無記耶。謂自性故，相屬故，隨逐故，發起故，勝義故，生得故，加行故，現前供養故，饒益故，受用故，引攝故，對治故，寂靜故，等流故，是無記義。八界八處全，及餘蘊界處一分，是無記。爲捨執著，離法非法我故，觀察無記。何等自性無記。謂八色界處意相應品命根衆同分，名句文身等。何等相屬無記。謂懷非穢非淨心者，所有由名句文身所攝受心心所法。何等隨逐無記。謂卽彼戲論習氣。何等發起無記。謂彼所攝受諸心心所法所發身業語業。何等勝義無記。謂虛空，非擇滅。何等生得無記。謂諸不善，有漏善法，異熟。何等加行無記。謂非染非善心者所有威儀路、工巧處法。何等現前供養無記。謂如有一想對歸依隨一天衆，遠離殺害意邪惡見，建立祠廟，興供養業，令無量衆，於如是處不生長福非福。何等饒益無記。謂如有一於自僕使妻子等所，以非穢非淨心而行惠施。何等受用無記。謂如有一以無簡擇無染汚心，受用資具。何等引攝無記。謂如有一於工巧處串習故，於當來世，復引攝如是相身。由此身故，習工巧處，速疾究竟。何等對治無記。謂如有一爲治疾病，得安樂故，以簡擇心，好服醫藥。何等寂靜無記。謂色無色界諸煩惱等，由奢摩他所藏伏故。何等等流無記。謂變化心俱生品。

**玄奘譯《瑜伽師地論》卷三**：　無記法者略有四種。謂異熟生及一分威儀路，工巧處，及變化。若諸工巧，但爲戲樂，不爲活命，非習業想，非爲簡擇。此工巧處業，是染汚。餘是無記。如工巧處，威儀路亦爾。變化有二種，謂善及無記。

**玄奘譯《瑜伽師地論》卷五五**　諸無記法依處，當知略有四種。謂業所引生生已若行住，若養命，若三摩地差別。復次彼自性云何。謂異熟生蘊，若中庸加行所攝威儀路，及工巧處，若爲嬉戲加行所攝變化。問：彼云何展轉相應耶。答：威儀路，工巧處，或於一時展轉相應。如說：或有事業，行時易作，非住非坐，亦非偃臥。乃至或有事業，若行若住，若坐若臥，皆悉易作。如經廣說。所餘無有展轉相應。問：是諸無記，幾實物有。幾是假有。答：於異熟所攝諸蘊，及心加行差別中，而施設故，當知一切，皆世俗有。

云何彼成輭中上品。謂異熟生，及威儀路，不猛利故，俱是輭品。諸工巧處，性猛利故，說名中品。當知變化，性極猛利，故是上品。又四種類，各有差別。謂無色界異熟，是輭品。色界異熟，是中品。欲界異熟，是上品。若坐，若臥，是輭威儀。住是中威儀。行是上威儀。初習業者，是下工巧。已串習者，是中工巧。堪爲師者，是上工巧。下品修三摩地所得，是輭變化。中品修三摩地所得，是中變化。上品修三摩地所得，是上變化。如是等類，輭中上品，差別應知。問：是諸無記，依何事生。答：當知略說依十二事。如聞所成地已說。

云何諸無記差別。謂異熟生，五趣別故，五種差別。若威儀路，威儀別故，四種差別。若工巧處，十二事差別故，即十二種差別。異生聲聞，獨覺，菩薩，如來，差別故。爲嬉戲，爲利他，身語變化差別故。當知變化，八種差別。由此差別，卽攝餘事，故不別說。又異熟生，一向無記。二、三可得。一有二種。若依伎樂，以染污心，發起威儀，是染污性。若依寂靜，卽是善性。若依染著，發起工巧，是染污性。若善加行所起工巧，卽是善性。爲引導他，或爲利益諸有情故，而起變化，當知是善，此無染污。

**玄奘譯《瑜伽師地論》卷六六**　由五相建立無記諸法差別。何等爲五。一、異熟生無記。二、威儀路無記。三、工巧處無記。四、變化無記。五、自性無記。此中自性無記，謂諸色根是長養者，及外諸有色處等非異熟等所攝者，除善染污色處聲處。

**玄奘譯《阿毗達磨大毗婆沙論》卷一一五**　問：何故無記及無漏業，不感樂受等異熟耶。答：諸無記業，自性羸劣，勢不堅住，故無異熟。諸無漏業，離諸煩惱，非三界繫，故無異熟。所以者何。若所起業，自性堅強，煩惱所繫者，能感異熟。譬如外種，若體堅實，有水所潤，糞土所覆，乃能生芽。若不堅實，雖有水潤，糞土所覆，不能生芽。若雖堅實，無水所潤，糞土所覆，亦不生芽。內業亦爾。若體堅強，愛水所潤餘煩惱覆，能感異熟。諸無記業，雖愛水潤，餘煩惱覆，而性劣不堅，不感異熟。諸無漏業，雖體堅強，無愛水潤，餘煩惱覆，不感異熟。諸不善業，有漏善業，具足二義，能感異熟。是故無記，及無漏業，非前所攝。

**玄奘譯《阿毗達磨大毗婆沙論》卷一一九**　問：何故不善善有漏法，有異熟果，無記無漏法，無異熟果耶。答：自性眾緣，有具有闕，三種不同，如外種故。如堅實種，置良田中，以水溉灌，覆之糞壤，因緣力具，卽便生芽。如是不善善有漏法，自性堅實，置有田中，溉之愛水，覆以餘結，因緣力具，便生有芽。如堅實種，置於倉中，水糞緣闕，不能生芽。如是無漏善有爲法，體雖堅實，而闕愛水餘結潤覆，有芽不生。如朽敗種，雖置良田，以水溉灌，覆之糞壤，而因力闕，不能生芽。如是無記諸有爲法，雖以愛水餘結潤覆，而體羸劣，有芽不生。問：復何緣故，諸無漏法，無異熟果。答：非田非器，乃至廣說。復次若法能令諸有諸趣生老病死恒相續者，有異熟果。無漏能令諸有諸趣生老病死究竟斷故，無異熟果。復次若法能令諸有諸趣漸增長者，有異熟果。無漏能令諸有諸趣漸損減故，無異熟果。復次若法是苦，諸有世間生老病死趣集行者，有異熟果。無漏是苦，諸有世間生老病死趣滅行故，無異熟果。復次若法是身見事，是顛倒事，是貪愛事，是隨眠事，有垢有毒，有穢有濁，隨苦集諦，墮三有者，有異熟果。諸無漏法，不同彼故，無異熟果。復次若無漏法有異熟者，則爲勝因得下劣果。因是無漏善有爲法，果是有漏無記法故。復次若無漏法有異熟者，則爲聖道令有相續。聖道續有，與理相違。復次若無漏法有異熟者，何處當受。若在欲界，則不應理。無漏法非欲界繫故。如色無色界業，若在色界，亦不應理。無漏法非色界繫故。如欲無色界業，若在無色界，亦不應理。無漏法非無色界繫故。如欲色界業，若在三界外，亦不應理。以三界外無別處故。復次無漏聖道，對治異熟及異熟因。若復能感異熟果者，復須對治。對治此者，是無漏故，復感異熟。爲對治彼，復修聖道，卽彼聖道，復感異熟。如是展轉，便爲無窮。是則應無解脫出離，勿有此過，故無漏法，無異熟果。復次若無漏法感異熟者，則應畢竟不得涅槃。聖者不應精勤修習，是招生死輪轉法故。由此無漏無異熟果。問：復何緣故，諸無記法無異熟果。答：非田非器，乃至廣說。復次若無記法，有異熟果，此異熟果，爲是無記。爲善不善。若是無記，何故名異熟。非異類熟故。若善不善，亦非異熟。以異熟果是無記故。復次若無記法，有異熟者，此異熟果，是無記故，應有異熟。卽彼異熟，復應能感餘異熟果。如是展轉，便爲無窮。是則應無解脫出離，勿有此過。故無記法無異熟果。由如是等種種因緣，唯諸不善善有漏法是異熟因。

**玄奘譯《阿毗達磨俱舍論》卷一九**　於上所說無記惑中，幾是無記根。幾非無記根。

頌曰：無記根有三，無記愛癡慧。非餘二高故，外方立四種。中愛見慢癡，三定皆癡故。

論曰：迦濕彌羅國諸毗婆沙師說無記根亦有三種。謂諸無記愛癡慧三。下至異熟生，亦無記根攝。何緣疑慢非無記根。疑二趣轉，慢高轉故。彼師謂疑二趣相轉，性動搖故，不應立根。慢於所緣，高舉相轉，異根法故，亦不立根。爲根必應堅住下轉，世間共了，故彼非根。外方諸師，立此有四，謂諸無記愛見慢癡。無記名中，遮善惡故。何緣此四立無記根。以諸愚夫脩上定者，不過依託愛見慢三。此三皆依無明力轉，故立此四爲無記根。

**道世《法苑珠林》卷三二**　如眠時，非福心、非不福心迴，如無記心。眠時，所作福、非福不當言迴，是名無記。

**玄奘譯《入阿毗達磨論》卷上**　於善不善義俱不記，故名無記。又不能記愛非愛果，故名無記，以不能招異熟果故。是無記性亦能生餘無記染法，或諸無記法，故名無記根。

**達摩流支譯《佛說寶雨經》卷二**　云何無記。謂起心時，心不在內，亦不在外。非住於善，非住不善。不住毘鉢舍那，亦復不住於奢摩他。而心下劣引起睡眠，令心昧略，猶如士夫極重睡眠。初覺之時，根識惛昧，不能明了。住無記心亦復如是。

**玄奘譯《大般若波羅蜜多經》卷四六**　具壽善現白佛言：世尊！云何有記法。佛告善現：即諸善法及不善法，名有記法。

具壽善現白佛言：世尊！云何無記法。佛告善現：謂無記身業、無記語業、無記意業、無記四大種、無記五根、無記六處、無記無色法、無記五蘊、無記十二處、無記十八界、無記異熟法。善現！此等名無記法。

**玄奘譯《阿毗達磨俱舍論》卷二**　不可記爲善、不善性，故名無記。有說，不能記異熟果，故名無記。若爾，無漏應唯無記。其餘十界，通善等三。謂七心界與無貪等相應名善，貪等相應名爲不善，餘名無記。法界，若是無貪等性相應等起擇滅名善，若貪等性相應等起名爲不善，餘名無記。色界聲界，若善、不善心力等起身語表攝，是善、不善，餘是無記。

**玄奘譯《阿毗達磨發智論》卷三**　九十八隨眠中，三十三不善，六十四無記，一應分別。

**智旭《唯識三十論直解》**　能爲此世他世順益，名爲善性。能爲此世他世違損，名不善性，亦名惡性。於善不善損益義中不可記別，名爲無記。就無記性，復分爲二。若與染汙相應，名爲有覆無記。若無染汙，其性白淨，名爲無覆無記。今第八識，是善惡所招苦樂之果，體非善惡，又不與根隨煩惱相應，故是無覆無記也。

# 無常

**支謙譯《佛說維摩詰經》卷上**　諸仁者！是身無常，爲無強，爲無力，爲無堅，爲苦，爲老，爲病，爲多痛畏。諸仁者！如此身，明智者所不怙。

**竺法護譯《大寶積經》卷一一七**　菩薩觀身，了無身已，得淨三法。何謂爲三，一見無常，二察有常。是身無常，不得久立，老病俱合，會當歸死。已達此義，不用身故而造邪業。以不會身，則修堅要行三堅法，一曰身要，二曰命要，三曰財要。此身無常，一切衆生以爲貴重，何所益乎。

**法顯譯《大般涅槃經》卷下**　過去與未來，及以今現在，無有諸衆生，不歸無常者。

如來天人尊，金剛身堅固，猶不免無常，而況於餘人。

**僧伽提婆譯《中阿含經》卷四二**　若有爲者，則是無常，若無常者，即是苦也。

**鳩摩羅什譯《大智度論》卷二三**　觀一切有爲法無常，智慧相應相，是名無常想。一切有爲法無常者，新新生滅故，屬因緣故，不增積故。復次，生時無來處，滅亦無去處，是故名無常。復次，二種世間無常，故說無常，一者衆生無常，二者世界無常。

**《別譯雜阿含經》卷一**　諸行無常，迅速不停，無可恃怙，是敗壞法，應當速離，趣解脱道。

**求那跋陀羅譯《雜阿含經》卷六**　佛告羅陀：色爲常耶，爲無常耶。答曰：無常，世尊！

復問：若無常者，是苦耶。答曰：是苦。世尊！

受、想、行、識，爲常、爲無常耶。答曰：無常，世尊！

復問：若無常者，是苦耶。答曰：是苦，世尊！

**求那跋陀羅譯《楞伽阿跋多羅寶經》卷四** 爾時，大慧菩薩摩訶薩復白佛言：世尊！一切外道，皆起無常妄想。世尊亦說一切行無常，是生滅法。此義云何，爲邪爲正，爲有幾種無常。

佛告大慧：一切外道有七種無常，非我法也。何等爲七。彼有說言，作已而捨，是名無常。有說形處壞，是名無常。有說即色是無常。有說色轉變中間，是名無常。無間自之散壞，如乳酪等轉變，中間不可見，無常毀壞，一切性轉。有說性無常。有說性無性無常。有說一切法不生無常，入一切法。大慧！性無性無常者，謂四大及所造自相壞。四大自性不可得不生，彼不生無常者，非常無常。一切法有無不生，分析乃至微塵不可見，是不生義非生，是名不生無常相。若不覺此者，墮一切外道生無常義。大慧！性無常者，是自心妄想，非常無常性。所以者何。謂無常自性不壞。大慧！此是一切性無性無常事。除無常，無有能令一切法性無性者。如杖瓦石，破壞諸物。現見各不異，是性無常事，非作所作有差別。此是無常，此是事。作所作無異者，一切性常無因性。大慧！一切性無性有因，非凡愚所知，非因不相似事生。若生者，一切性悉皆無常。是不相似事。作所作無有別異，而悉見有異。若性無常者，墮作因性相。若墮者，一切性不究竟。一切性作因相墮者，自無常應無常。無常無常故，一切性不無常應是常。若無常入一切性者，應墮三世。彼過去色與壞俱，未來不生。色不生故，現在色與壞相俱。色者，四大積集差別。四大及造色自性不壞，離異不異故。一切外道，一切四大不壞，一切三有四大及造色，在所知有生滅。離四大造色，一切外道於何所思惟無常。四大不生，自性相不壞故。離始造無常者，非四大。復有異四大，各各異相。自相故，非差別可得，彼無差別。斯等不更造。二方便不作，當知是無常。彼形處壞無常者，謂四大及造色不壞，至竟不壞。大慧！竟者，分析乃至微塵觀察壞。四大及造色形處異見長短不可得，非四大。四大不壞，形處壞現，墮在數論。色即無常者，謂色即是無常。彼則形處無常，非四大。若四大無常者，非俗數言說。世俗言說非性者，則墮世論。見一切性，但有言說，不見自相生。轉變無常者，謂色異性現，非四大。如金作莊嚴具，轉變現，非金性壞，但莊嚴具處所壞。如是餘性轉變等亦如是。如是等種種外道無常見妄想。火燒四大時，自相不燒。各各自相相壞者，四大造色應斷。大慧！我法起非常非無常。所以者何。謂外性不決定故。惟說三有微心，不說種種相有生有滅。四大合會差別，四大及造色，故妄想二種事攝所攝。知二種妄想，離外性無性二種見，覺自心現量。妄想者，思想作行生，非不作行。離心性無性妄想，世間出世間上上一切法，非常非無常。

**曇無讖譯《大般涅槃經》卷四** 凡夫之人，雖滅煩惱，滅已復生，故名無常。如來不爾，滅已不生，是故名常。

**曇無讖譯《大般涅槃經》卷一** 是身無常，念念不住。猶如電光、暴水、幻炎，亦如畫水，隨畫隨合。是身易壞，猶如河岸臨峻大樹。是身不久，當爲狐狼、鴟梟、鵰鷲、烏鵲、餓狗之所食噉。誰有智者當樂此身。

**慧遠《大乘義章》卷二** 念無常者，有爲之法，一念之頃，具有四相。初生、次住、終異、後滅。前後遷變，故曰無常。

**慧遠《大乘義章》卷六** 常無常中，四種見者。一，神及世間二俱是常。二，神及世間二俱無常。三，神及世間亦常無常。四，神及世間非常非無常。今先就神分別其相，後就世間。所言神者，謂諸凡夫顛倒憶想，橫計我人，名之爲神。言神常者，有諸外道說神是常。於中有二，一鈍二利。鈍根之者，爲是神故，修持所行，未來受報。又爲苦行，令神得脫。利根之者，說神定常，苦樂不變，則無罪福，多起邪見。言無常者，有諸外道說神無常。計無常故，爲今世樂多起放逸。所言亦常無常者，有諸外道說神有二，一細，二麁。細者是常，身死神在。麁者無常，身死神滅。如仙尼說，所言非常非無常者，有人見彼常與無常二俱有過。云何有過。若神是常，則無罪福苦樂等報，猶如虛空風雨不變。若神無常，便爲苦樂之所變改，猶如牛皮風雨在中則便爛壞。以是過故，說神非常亦非無常。雖復宣說非常無常，以我心故，必說有神。就神如是。

次就世間，明常無常。言世間者，論說有三。一衆生世間，二五陰世間，三國土世間。於此三中，隨人取別，亦有常等四種異見。言世常者，有人說，彼三種世間自然而有，不從因起，名之爲常。言無常者，有人宣說，一切世間終歸斷滅，更無後續，故曰無常。所言亦常亦無常者，有人說言，世間之中麁者無常，微塵是常，是故名爲亦常亦無常。所言非常非無常者，有人見彼常與無常二俱有過，是故宣說非常無常。此等四種，執定不捨，故名爲邪。問曰：神者本來無法，於中妄取可名爲邪。世間是有，設令取之，云何名邪。論自釋言：但破世間定執常等，不破世間。如人見蛇妄謂瓔珞，有明眼者語言，是蛇非是瓔珞。佛亦如是，破彼常等，不破世間。現見世間，無常生滅，云何定常。業報不失，云何說言定是無常。前二既非，寧有第三亦常無常。有爲生滅業果不失，寧得定說非常無常。以是義故，常等四種，皆悉是邪。

**吉藏《法華統略》卷下**　常、無常門：化身常說法化緣，故名爲常。而用未具足，故名無常。應身亦常化緣，故常。而用具足，異於化身，但非本，故名無常。而法身則常。

**玄奘譯《瑜伽師地論》卷五六**　問：依何分位，建立無常。此復幾種。答：依生已壞滅分位，建立無常。此復三種，謂壞滅無常，轉變無常，別離無常。

**玄奘譯《成唯識論》卷八**　無常三者：一，無性無常，性常無故。二，起盡無常，有生滅故。三，垢淨無常，位轉變故。

**玄奘譯《瑜伽師地論》卷八三**　言無常者，顯現生身，及與剎那，皆展轉故。剎那展轉者，由彼彼觸起盡故。彼彼受起盡，此相續見。由非不現見，非緣他智故。

**玄奘譯《大乘阿毗達磨雜集論》卷二**　無常者，謂於衆同分諸行相續變壞性，假立無常。相續變壞者，謂捨壽時。當知此中，依相續位，建立生等，不依剎那。

**玄奘譯《大乘五蘊論》卷一**　云何無常，謂即如是諸行，相續謝滅爲性。

**玄奘譯《阿毗達磨大毗婆沙論》卷三八**　云何無常。答：諸行散壞破沒亡退，是謂無常。此中文句，雖有多種，義亦無別，皆共顯了無常義故。問：云何無常散壞諸行。答：非如散壞穀豆等物，但令諸行，無復作用，故名散壞。謂一剎那，作所作已，第二剎那，不復能作。

**玄奘譯《阿毗達磨大毗婆沙論》卷三一**　云何無常滅。答：諸行散壞破沒亡退，是謂無常滅。此中散壞、破沒、亡退，文字雖有差別，而同顯無常滅。又諸行散等言，非如散穀豆等，令往異處，但顯由無常滅，無復作用。又散等言，不顯諸行自性滅壞，但顯諸行，由無常滅，無復作用。謂有爲法，自性恆有。由生相故，有作用起，由滅相故，無復作用，名爲散壞、破沒、亡退。

**玄奘譯《顯揚聖教論》卷一四**　世尊說：諸無常者，皆悉是苦。有何意耶。頌曰：諸無常皆苦，衆苦所雜故。迷法性愚夫，得爲害不覺。論曰：由麁重若所雜無常，此無常性是行苦故苦，及由變壞苦所依止故苦。是故道諦非苦。以非苦相所雜無常義故。於此法性迷惑愚夫，不能了達常無常義，又爲已得現前無常之所惱害。

**玄奘譯《大乘阿毗達磨雜集論》卷六**　何故經說若無常者即是苦耶。由三分無常爲緣，苦相可了知故。謂生分無常，滅分無常，俱分無常。生分無常爲緣故，苦苦性可了知。生分無常者，謂本無今有，苦品諸行，體是逼迫。由此無常爲緣，苦苦性可了知。滅分無常爲緣，壞苦性可了知。滅分無常者，謂已有還無，樂品諸行，不可愛樂。由此無常爲緣，壞苦性可了知。俱分無常爲緣，行苦性可了知。俱分無常者，謂麁重諸行，相續流轉，若生若滅，俱不可樂。由此俱分無常爲緣，行苦性可了知。即依此義，薄伽梵說：諸行無常，諸行變壞。又依此義，言諸所有受，我說皆苦。當知此中，於不苦不樂受及樂受，密意故說。苦苦受苦性，世間共了，故不復密意說。又於生滅二法所隨諸行中，有生等八苦性可了知，故佛說言，若無常者即是苦。又於無常諸行中，有生等苦可了者，如來依此，密意說言，由無常故苦，非一切行。若不爾，聖道無常故，亦應是苦。

**玄奘譯《大乘阿毗達磨集論》卷三**　何等無常相。略有十二。謂非有相、壞滅相、變異相、別離相、現前相、法爾相、剎那相、相續相、病等相、種種心行轉相、資産興衰相、器世成壞相。何等非有相。謂蘊界處，於一切時，我我所性，常非有故。何等壞滅相。謂諸行生已即滅，暫有還無故。何等變異相。謂諸行異生，由不相似相續轉故。何等別離相。謂於諸行失增上力，或他所攝，執爲己有。何等現前相。謂正處無常，由因隨逐，今受無常故。何等法爾相。謂當來無常，由因隨逐，定當受故。何等剎那相。謂諸行剎那後，必不住故。何等相續相。謂無始時來，諸行生滅相續不斷故。何等病等相。謂四大時分受命變異故。何等種種心行轉相。

謂於一時，起有貪心，或於一時，起離貪心。如是有瞋離瞋，有癡離癡，若合若散，若下若舉，若掉離掉，若不寂靜、若寂靜，若定、不定，如是等，心行流轉故。何等資產興衰相。謂諸興盛，終歸衰變故。何等器世成壞相。謂火水風三種成壞，有三災頂。謂第二第三第四靜慮。第四靜慮，外宮殿等，雖無外災成壞，然彼諸天與宮殿等，俱生俱滅，說有成壞。

**玄奘譯《瑜伽師地論》卷五二**　無常差別，當知亦有多種。謂壞滅無常、生起無常、變易無常、散壞無常、當有無常、現墮無常。若一切行，生已尋滅，名壞滅無常。若一切行，本無今有，名生起無常。若可愛諸行，異相行起，名變易無常。若不變壞可愛眾具，及增上位，離散退失，名散壞無常。卽四無常，在未來時，名當有無常。卽現在世，正現前時，名現墮無常。若受用欲塵，多放逸者，但能思惟變易無常、散壞無常、現墮無常，廣起悲歎愁憤憂悴。然於諸行，不能厭離。若諸外道，卽於如是諸無常性，多起思惟，少能方便厭患離欲。但於諸行一分厭離，不能究竟。若聖弟子，圓滿思惟諸無常性，於一切行，究竟厭患，乃至解脫。

**玄奘譯《顯揚聖教論》卷一四**　論曰：無常性見，當知六種。一，世俗智，謂乃至順決擇分位。二，勝義智，謂乃至出世道位。三，聲聞智，謂除無性無常義。四，菩薩智，謂於一切無常義。五，不善清淨，謂彼二學智。六，善清淨，謂彼二無學智。

**玄奘譯《瑜伽師地論》卷六七**　問：若無常，是苦耶。設苦，是無常耶。答：諸苦，皆無常。有無常，非苦，謂道諦。所以者何。道非苦受等所攝，故非苦苦。道非變壞，何有變時當生壞苦。道能解脫一切雜染品麤重故，能違一切生相續故，是故亦非行苦所攝。

問：若無常苦，皆空無我耶。設空無我，皆無常苦耶。答：諸無常苦皆空無我，有空無我非無常苦。謂於此中苦集諦具四種，道諦有三，滅諦有二，非無常非苦。

問：若無常苦者，皆無常故是苦耶。答：或無常故，或自性故。謂所有行，壞苦故苦。彼無常故是苦，若苦苦故苦，行苦故苦。彼自性故是苦，損惱性故，苦所揉故。

**玄奘譯《顯揚聖教論》卷一四**　何因緣故，於無常性，無智起耶。頌曰：由放逸懈怠，見昧乏資糧，惡友非正法，當知無智因。論曰：無常無智，有七種因。一放逸。二懈怠。三倒見。四愚昧。五未多積集菩提資糧。六由惡友。七聞非正法。以於境界樂及靜慮樂，起放逸故，於無常性，不如實知。設不放逸，而復懈怠。設不懈怠，而復倒見。設無倒見，而復愚昧。設不愚昧，而未積集菩提資糧。設已修習菩提資糧，而隨惡友。又復從彼聞非正法故，於無常不如實知。

**玄奘譯《辯中邊論》卷中**　頌曰：無性與生滅垢淨三無常，所取及事相和合苦三種。空亦有三種，謂無異自性，無相及異相自相三無我。如次四三種，依根本眞實。論曰：無常三者：一，無性無常，謂遍計所執，此常無故。二，生滅無常，謂依他起，有起盡故。三，垢淨無常，謂圓成實，位轉變故。苦三種者：一，所取苦，謂遍計所執，是補特伽羅法執所取故。二，事相苦，謂依他起三苦相故。三，和合苦，謂圓成實，苦相合故。空有三者：一，無性空，謂遍計所執，此無理趣，可說爲有。由此非有，說爲空故。二，異性空，謂依他起，如妄所執，不如是有，非一切種姓全無故。三，自性空，謂圓成實，二空所顯爲自性故。無我三者：一，無相無我，謂遍計所執，此相本無，故名無相。卽此無相，說爲無我。二，異相無我，謂依他起。此相雖有，而不如彼遍計所執，故名異相。卽此異相，說爲無我。三，自相無我，謂圓實成，無我所顯，以爲自相。卽此自相，說爲無我。如是所說無常苦空無我四種。

**般若譯《大乘本生心地觀經》卷六**　我觀身心猶如幻夢，中無有實，念念衰老，其息出已更不復入，由善惡因隨業受報，是身無常速起速滅，是身虛假終不久停。如是身中，無我我所，無有情，無命者，無養育者，無士夫者，無補特伽羅者，無作業者，無童兒者。如是等相本來空寂，猶如虛空，亦如泡沫。常應念念作如是觀，一切恐怖皆得解脫，如彼樹木無有恐怖。

**菩提流志譯《大寶積經》卷一一二**　是身無常，無有決定，壞敗之相，不得久住，終歸磨滅。

**宗密《圓覺經大疏釋義鈔》卷二**　如經說無常，或有解者，以生滅代謝故云無常。或云，無彼常故名爲無常。或云，不生不滅名爲無常。或即無法可常。或云眞如一法，隨染淨緣轉變不常，故名無常。或云無常便知對常以說無常，非常非無常，以爲中道等。明知隨人解不同也。

**義淨譯《佛說無常經》**：

大海深無底，亦復皆枯竭，大地及日月，時至皆歸盡。
未曾有一事，不被無常吞，上至非想處，下至轉輪王。
七寶鎮隨身，千子常圍遶，如其壽命盡，須臾不暫停。

**實叉難陀譯《大乘入楞伽經》卷五**　爾時，大慧菩薩摩訶薩復白佛言：世尊！一切外道妄說無常，世尊亦言諸行無常是生滅法。未知此說是邪是正。所言無常復有幾種。

佛言：大慧！外道說有七種無常，非是我法。何等爲七。謂：有說始起即捨是名無常，生已不生無常性故。有說形處變壞是名無常。有說色即無常。有說色之變異是名無常，一切諸法相續不斷，能令變異自然歸滅，猶如乳酪前後變異，雖不可見然在法中壞一切法。有說物無常。有說物無物無常。有說不生無常，遍住一切諸法之中。其中物無物無常者，謂能造所造，其相滅壞，大種自性，本來無起。不生無常者，謂常與無常有無等法，如是一切皆無有起。乃至分析至於微塵，亦無所見。以不起故，說名無生。此是不生無常相。若不了此，則墮外道生無常義。有物無常者，謂於非常非無常處，自生分別。其義云何。彼立無常，自不滅壞能壞諸法。若無無常壞一切法，法終不滅成於無有。如杖搥瓦石能壞於物而自不壞。此亦如是。大慧！現見無常與一切法，無有能作所作差別。云此是無常，此是所作無差別故。能作所作應俱是常，不見有因能令諸法成於無故。大慧！諸法壞滅實亦有因，但非凡愚之所能了。

大慧！異因不應生於異果。若能生者，一切異法應竝相生。彼法此法、能生所生，應無有別。現見有別，云何異因生於異果。大慧！若無常性是有法者，應同所作自是無常，自無常故，所無常法皆應是常。大慧！若無常性住諸法中，應同諸法墮於三世，與過去色同時已滅，未來不生現在俱壞。一切外道計四大種體性不壞色者，即是大種差別大種造色，離異不異故，其自性亦不壞滅。大慧！三有之中能造所造，莫不皆是生住滅相，豈更別有無常之性，能生於物而不滅耶。始造即捨無常者，非大種互造大種，以各別故。非自相造，以無異故。非復共造，以乖離故。當知非是始造無常。形狀壞無常者，此非能造及所造壞，但形狀壞。其義云何。謂分析色乃至微塵，但滅形狀長短等見，不滅能造所造色體。此見墮在數論之中。色即是無常者，謂此即是形狀無常非大種性。若大種性亦無常者，則無世事。無世事者，當知則墮盧迦耶見，以見一切法自相生惟有言說故。轉變無常者，謂色體變非大種變，辟如以金作莊嚴具，嚴具有變而金無改，此亦如是。

大慧！如是等種種外道，虛妄分別見無常性。彼作是說，火不能燒諸火自相，但各分散，若能燒者，能造所造則皆斷滅。大慧！我說諸法非常無常。何以故。不取外法故，三界唯心故，不說諸相故，大種性處種種差別不生不滅故，非能造所造故，能取所取二種體性一切皆從分別起故，如實而知二取性故，了達惟是自心現故，離外有無二種見故，離有無見則不分別能所造故。大慧！世間及出世間上上諸法，惟是自心非常非無常，不能了達，墮於外道二邊惡見。大慧！一切外道不能解了此三種法，依自分別而起言說著無常性。大慧！此三種法，所有語言分別境界，非諸凡愚之所能知。

**延壽《宗鏡錄》卷九〇**　《淨名經》云，畢竟不生不滅，是無常義。遠大師云：實相理窮，名爲畢意。體寂無爲，名不生滅。此不生滅，是彼無常眞實性故，名無常義。肇法師云：畢竟者，決定之詞也。小乘觀法，以生滅爲無常義。大乘之士，以不生滅爲無常義。無常名同，而幽致殊絕。其道虛微，故非常情之所能測。妙得其旨，其唯《淨名》乎。遺常，故言無常，非謂有無常，無常與常俱無故。云畢竟不生不滅，是無常義。又非常者，性徹相故。非無常者，相徹性故。如《庵提遮女經》云，生滅與不生滅，交絡而釋。經中答文殊師利言：若知諸法畢竟生滅，變易無定，如幻相，而能隨其所宜有所說者，是爲常義。以諸法生不自得生，滅不自得滅故。云何無常，謂若知諸法畢竟不生不滅，隨如是相，而能隨其所宜而有所說，是無常義。以諸法自在，變易無定。明不自得隨如是知說者，爲常義也。釋曰：此意正顯性相交徹，二義相成，生滅相盡，無常即常故。不生不滅是無常義，隨緣變易，常即無常，則生滅是常義也。又性即相故，不生不滅是無常義。相即性，故生滅是常義。互奪則雙非，互成則雙立。雙樹中間入涅槃者，即斯意矣。常無常既爾，我樂淨等，乃至一切諸法皆然。即處處而入大涅槃，非獨雙林之下。若不了此旨，悉墮邊邪。即塵塵而盡成生死，豈止閻浮之中。若入宗鏡，即一切法趣無常。無常攝法無遺，義理無盡，方眞無常。總收諸義，以爲一致。

**法雲編《翻譯名義集》卷一七**　薩迦耶薩，此云無常。荀卿曰，趨舍無定，謂之無常。唐《因明正理論》云：本無今有，暫有還無，故名無常。淨住法云：生不可保，唯欲營生，死必定至，不知顧死。況此危命，凶變無常。俄頃之間，不覺奄死。《內德論》云：百齡易盡，五福難常。命川流而電逝，業地久而天長。三塗極迍（株倫切，厚也）而杳杳，四流無際而茫茫。憑法舟而利濟，謝信翮（下革切）以高翔。宜轉咎而爲福，何罔念而作狂。《正法念》云：有於胎藏死，有生時命終。有纔行便亡，有能走忽卒。《智論》云：無常有二種，一相續法壞無常，二念念生滅無常。

**鮮演《大方廣佛華嚴經疏談玄決擇》卷四**　言生滅代謝者，由生待滅，非常滅，由滅待生，非常生，故名無常。

言無彼常故者，此依他法，無彼遍計常無相，無彼圓成常有相，名無常。

言不生滅者，謂但空眞理，本來不生名無，畢竟不滅名常。或俗諦門中，常有生滅。眞諦無彼，故名無常。又準下疏義，引《菴提遮經》云，不生不滅是無常義，生滅即是常義。《鈔》釋曰，此意正顯性相交徹，二義相成。生滅相盡，無常即常。故不生不滅是無常義。隨緣變易，常即無常，則生滅是無常義也。又性即相故，不生不滅是無常義。相即性故，生滅是常義。又遠公用《中邊論》意，解曰，不生不滅是彼無常實性，故名無常。又生公釋云，常之爲無，乃所以無無常故，即不生不滅矣。即諸行而不可得，故入中道，非常非無常也。又肇公釋《淨名》云：小乘觀法，以生滅爲無常義。大乘之士，以不生滅爲無常義。無常名同，而幽致殊絶矣。其道虛徹，故非常情之所能測。妙得其旨，其唯《淨名》乎。遣常故者，無常非謂有無常，無常常無，故云不生不滅是無常義。又大乘法師云：小乘以生滅爲無常，謂不生滅爲常。故今折彼，汝見有不生滅爲常者，此常還是無常，故云不生不滅是無常義。

言無法可常者，絶待眞理，無彼對待可常，故名無常。是故眞門隨順，但具非常非無常之言念。今遮可常，故名無常。言非常非無常者，約圓融義，更互相即。故乃雙非，不滯一邊，以爲中道。

**宗寶編《六祖大師法寶壇經》**　覺曰：生死事大，無常迅速。師曰：何不體取無生，了無速乎。曰：體即無生，了本無速。

**德清《觀楞伽阿跋多羅寶經記》卷七**　大慧！以二法故，有常無常，非不二。不二者，寂靜。一切法無二生相故，是故如來應供等正覺，非常非無常。大慧！乃至言說分別生，則有常無常過。分別覺滅者，則離。愚夫常無常見，不寂靜。慧者永離常無常，非常無常熏。

記曰：此釋如來眞常之所以也。謂如來所以眞常，而衆生所以無常者，以如來所得聖智，乃從般若實智所熏，不從心意識陰界入處妄想所熏，故如來得名爲常。彼一切三有衆生所以無常者，以彼皆是不實妄想所熏，故名無常。而如來不從彼妄想生。且彼凡愚心行，又豈能知如來之常法耶。以見眞妄兩異，故涅槃、生死爲二，故有常無常之說。此非不二寂滅之法也。若眞妄兩忘，寂滅不二，則一切法皆悉平等，無二無別，無生無起。以如來所得寂滅不二之法，故不可說言常無常耳。以寂滅不二法中，言思路絶，乃至起心動念，但有言說分別心生，則墮常無常過，何況種種妄計耶。唯有分別妄想歇滅者，則頓離彼過。外道愚夫常無常見，故不寂靜。離二見者，則名大智慧人也。以慧者永離不寂靜見，故不被彼常無常妄見所熏，乃以眞常智慧而熏之也。

**宗泐、如玘同註《楞伽阿跋多羅寶經註解》卷四**　彼形處壞無常者，謂四大及造色不壞至竟不壞。大慧！竟者分析乃至微塵觀察壞四大及造色形處異見長短不可得，非四大。四大不壞，形處壞現，墮在數論。形處即形狀，乃四大造色不壞者，外道計此能造所造至竟不壞。至竟猶極也，盡也。謂分析造色至於微塵猶不可壞。但觀察滅壞形狀長短等見，不壞能造所造色體。此乃俗數言語，故云墮在數論也。

色即無常者，謂色即是無常。彼則形處無常非四大。若四大無常者，非俗數言說。世俗言說非性者，則墮世論。見一切性，但有言說，不見自相生。色即無常，謂此即是形處無常。非四大，謂非四大種性。若是大種亦無常者，於俗數言說有違有墮。違則非俗，墮則乖眞。進退俱失，皆非正論。又言世俗言說非性者，是結前過。世論即彼外道盧伽耶見，以彼妄見諸法，但有言說，無自性相也。

轉變無常者，謂色異性現，非四大。如金作莊嚴具轉變現，非金性壞，但莊嚴具處所壞。如是餘性轉變等亦如是。色異性現者，色即四大所造之色。謂色體變異故，無常性現。以現處爲壞，非四大種壞。如金作具，具有變壞而金性不改。言無常事壞性不壞，亦如是也。如是等種種外道無常見妄想。火燒四大時，自相不燒。各各自相相壞者，四大造色應斷。此總結斥外道七種無常。凡彼諸見，皆約四大爲言。既非正見，故云妄想。《入楞伽》云，彼作是說，火不能燒諸大自相，但各分散。若能燒者，能造所造則皆斷滅。謂四大種不壞是常見，四大分散是斷見。彼種種妄計，不出此二見也。

## 無著

**竺佛念譯《出曜經》卷二〇**　世者有三，一者陰世，二者器世，三者衆生世。何以故名爲無著者。三義故名爲無著：一者，斷結故謂無著。二者，堪受人施故謂無著。三者，三界無種亦無根本，亦不復生，故謂無著。是故說，我爲無著也。

**鳩摩羅什譯《摩訶般若波羅蜜經》卷二**　不著三十二相，不著菩薩身，不著菩薩肉眼，乃至不著佛眼，不著智波羅蜜，不著神通波羅蜜，不著內空，乃至不著無法有法空，不著成就衆生，不著淨佛國土，不著方便法。何以故。是諸法無著者，無著法，無著處，皆無故。

**鳩摩羅什譯《大智度論》卷三八**　佛法不著有，不著無，有無亦不著，非有非無亦不著，不著亦不著。

**真諦譯《佛性論》卷三**　此二智有二種相，一者無著，二者無礙。言無著者，見衆生界自性清淨，名爲無著，是如理智相。無礙者，能通達觀無量無邊界故，是名無礙。

**曇無讖譯《大般涅槃經》卷三〇**　無著者名爲無漏，無漏即善，善即無爲。無爲者即大涅槃。

**吉藏《法華統略》卷上**　學佛四智，即超凡越聖，不著生死，不染涅槃。

**慧思《隨自意三昧行威儀品》卷一**　無著者，以聖慧根，覺知六根空無有主，覺知六塵無色，覺知六識無名無相。如是三六無滅，無取無捨，斷一切受，故名無著。

**玄奘譯《大寶積經》卷三五**　勿於一法而生取著。何以故，若有取著則有怖畏，若無著者則無怖畏。

**波羅頗蜜多羅譯《大乘莊嚴經論》卷九**　無著者，不求報恩及以果報故。

**波羅頗蜜多羅譯《大乘莊嚴經論》卷一三**　無著者，於諸資財無所染故。

**玄奘譯《大般若波羅蜜多經》卷五九七**　言無著者，謂著遍知，著不可得，著如實性。遍知一切顛倒執著，故名無著。非諸著中有著可得，由斯故說著如實性，著不可得。又，舍利子！言無著者，即是般若波羅蜜多，此即說爲無著相智。又，舍利子！諸法皆以無著爲相，以諸法相不可得，故名無著相。無有少法爲起相故而現在前，以於此中無相可得，故名無相。以無相故，說名無著。若一切法有少相者，應於此中有著可得，以一切法衆相都無，是故此中無著可得，故說諸法無著爲相。雖作是說而不如說，以無著相不可說故。所以者何。以無著相無所有故，性遠離故，不可得故。又舍利子！法無著相，不可示現，無能顯了。然爲有情方便示現，此無著相，故不應執。

**玄奘譯《大般若波羅蜜多經》卷六〇〇**　善勇猛，言無著者，謂於此中著不可得。著無著性，著無實性，故名無著。以於此中能著所著，由此爲此、因此屬此，皆不可得，故名無著。

**法藏《華嚴經探玄記》卷八**　無著者，依前起後也。謂心染於境名爲著，境纏心爲縛。《楞伽》云，心縛於境界，覺想智隨轉。此之謂也。由貪著境深，是故心被境縛，不得自在。今皆無也。

**法藏《華嚴經探玄記》卷一七**　有十無著者，前行德超昇故。今於境無執，故云無著也。又前即行高殊勝，今即下離染著。此十皆是自心顯現，意言所作，是故智慧於中不著。初於化處不著。二於所化不著。三於化法不著。四正作化業不著。五化所成善不著。六應機受生不著。七於自本願不著。八於所行不著。九於因不著。十於果不著。由自安住此無著智，即能速轉異念衆想，得佛無上智無著。

**澄觀《貞元新譯華嚴經疏》卷六**　寄無著行，方便涉有，不迷於空，事理無滯，不捨不受，故名無著。

**菩提流志譯《大寶積經》卷一一二**　不住生死，不著涅槃。知一切法本來寂滅，不見有縛，不求解脫，是名實行沙門。

**鮮演《大方廣佛華嚴經疏談玄決擇》卷四**　言無著者：安住世間故，不著涅槃。成正覺故，不著生死。乘無住道，示成正覺。故名無著。稱此而見，是見正覺。

**佚名《大乘經纂要義》卷一**　大菩薩眾不著生死，不住涅槃，自利利他，具足成就。

# 無碍

**鳩摩羅什譯《大智度論》卷四八**　義無礙者，知諸法實相義。法無礙者，知諸法名。辭無礙者，言辭中無礙。樂說無礙者，審諦言無盡。

**鳩摩羅什譯《大智度論》卷八五**　有人言：無礙解脫名菩提，何以故。得是解脫，於一切法皆通達。有人言：四無礙智是菩提。何以故。佛知諸法實相，是義無礙。知諸法名相分別，是名法無礙。分別種種語言，使眾生得解，是名辭無礙。有所說法教化無窮無盡，是名樂說無礙。以四無礙具足，利益眾生故，名菩提。

**鳩摩羅什譯《自在王菩薩經》卷下**　菩薩得慧自在，能知諸法解釋章句，得四無礙智力故。【略】又達一切法義，亦名義無礙智。云何法無礙智，菩薩依於法不依非法，依於法者不見非法。何以故，知一切法離相但有名故。又法無礙者，雖說三乘，不壞法性。何以故，法性是一性，謂無相是。菩薩以語說法，即知語同響相。有所說法信解，皆同法性，於智於語而無所礙，是名法無礙智。云何辭無礙智，知諸天言辭，知龍、夜叉、乾闥婆、阿修羅、迦樓羅、緊那羅、摩睺羅伽、人、非人言辭，知帝釋、梵天王、護世者言辭，知一言、二言、多言、略言、廣言、男言女言、非男言非女言、過去言未來言、現在言。隨以方便言辭，令其得解。自以淨妙言辭，亦不輕毀他語。何以故，知一切法無有言辭。菩薩作是念：以言辭說法，令其得解，是法於言辭中不可得，言辭於法中亦不可得。從本已來無有言辭。若有言辭，不應以善言辭說不善法。是故當知，言辭能示善惡。又辭無礙者，即以眾生言辭而使行法。何以故。法不行法，能如是行一切法，以言辭說此行使彼得解，是名辭無礙智。云何樂說無礙智，若菩薩於一切文字皆能樂說，於一切音聲亦能樂說，一切名字亦能樂說，是名樂說。云何為樂，菩薩若說法時，樂法樂實樂諦。

**鳩摩羅什譯《十住毗婆沙論》卷一一**　法無礙智者，善能分別諸法名字，通達無礙。義無礙者，於諸法義通達無礙。解無礙者，眾生類，以諸言辭，令其解義，通達無礙。樂說無礙者，問答時，善巧說法，無有窮盡。餘賢聖不能究盡，唯有諸佛能盡其邊，是故名無礙智波羅蜜。

**鳩摩羅什譯《十住毗婆沙論》卷一五**　無礙者，菩薩以五因緣故，悲心有礙。一以地獄苦故。二以畜生苦故。三以餓鬼苦故。四以惡人無返復故。五以生死過惡故。若此五事不障其心，是名無礙大悲。

**鳩摩羅什譯《十住經》卷二**　一切菩薩諸世間方便中，心無瞋礙故，名為心無礙者。

**曇無讖譯《大般涅槃經》卷一七**　迦葉菩薩白佛言：世尊！菩薩摩訶薩能如是知得何等利。佛言：善男子！菩薩摩訶薩能如是知得四無礙，法無礙、義無礙、辭無礙、樂說無礙。法無礙者，知一切法及法名字。義無礙者，知一切法所有諸義，能隨諸法所立名字而為作義。辭無礙者，隨字論正音論闡陁論世辯論。樂說無礙者，所謂菩薩摩訶薩凡所演說無有障礙，不可動轉，無所畏省，難可摧伏。善男子！是名菩薩能如是見知，即得如是四無礙智。復次，善男子！法無礙者，菩薩摩訶薩遍知聲聞緣覺菩薩諸佛之法。義無礙者，乘雖有三，知其歸一，終不謂有差別之相。辭無礙者，菩薩摩訶薩於一法中作種種名，經無量劫說不可盡。聲聞緣覺能作是說，無有是處。樂說無礙者，菩薩摩訶薩於無量劫，為諸眾生演說諸法。若名若義，種種異說，不可窮盡。復次善男子！法無礙者，菩薩摩訶薩雖知諸法，而不取著。義無礙者，菩薩摩訶薩雖知諸義，而亦不著。辭無礙者，菩薩摩訶薩雖知名字，亦不取著。樂說無礙者，菩薩摩訶薩雖知樂說，如是最上而亦不著。何以故。善男子！若取著者，不名菩薩。

迦葉菩薩復白佛言：世尊！若不取著則不知法，若知法者則是取著，若知不著則無所知。云何如來說言知法而不取著。佛言：善男子！夫取著者不名無礙，無所取著乃名無礙。善男子！是故一切諸菩薩等，有取著者則無無礙，若無無礙不名菩薩。當知是人名爲凡夫。何故取著名爲凡夫。一切凡夫取著於色乃至著識，以著色故則生貪心，生貪心故爲色繫縛，乃至爲識之所繫縛。以繫縛故，則不得免生老、病死、憂悲、大苦一切煩惱。是故取著名爲凡夫。以是義故，一切凡夫無四無閡。善男子！菩薩摩訶薩已於無量阿僧祇劫知見法相，以知見故，則知其義。以見法相及知義故，而於色中不生繫著，乃至識中亦復如是。以不著故，菩薩於色不生貪心，乃至識中亦不生貪。以無貪故，則不爲色之所繫縛，乃至不爲識之所縛。以不縛故，則得脫於生老病死憂悲大苦一切煩惱。以是義故，一切菩薩得四無礙。善男子！以是因緣，我爲弟子十二部中說繫著者，名爲魔縛。若不著者，則脫魔縛。譬如世間有罪之人爲王所縛，無罪之人王不能縛。菩薩摩訶薩亦復如是。有繫著者爲魔所縛，無繫著者魔不能縛。以是義故，菩薩摩訶薩而無所著。

復次，善男子！法無礙者，菩薩摩訶薩善知字持而不忘失。所謂持者，如地如山如眼如雲如人如母。一切諸法亦復如是。義無礙者，菩薩雖知諸法名字而不知義，得義無礙則知於義。云何知義。謂地持者，如地普持一切衆生及非衆生。以是義故，名地爲持。善男子！謂山持者，菩薩摩訶薩作是思惟，何故名山而爲持耶。山能持地，令無傾動，是故名持。何故復名眼爲持耶。眼能持光，故名爲持。何故復名雲爲持耶。雲名龍氣，龍氣持水，故名雲持。何故復名人爲持耶。人能持法及以非法，故名人持。何故復名母爲持耶。母能持子，故名母持。菩薩摩訶薩知一切法名字句義亦復如是。辭無礙者，菩薩摩訶薩以種種辭演說一義亦無有義。猶如男女、舍宅、車乘、衆生等名。何故無義。善男子！夫義者，乃是菩薩諸佛境界。辭者凡夫境界。以知義故，得辭無礙。樂說無礙者，菩薩摩訶薩知辭知義故，於無量阿僧祇劫說辭說義而不可盡，是名樂說無礙。善男子！菩薩摩訶薩於無量無邊阿僧祇劫修行世諦，以修行故，知法無礙。復於無量阿僧祇劫修第一義諦故，得義無礙。亦於無量阿僧祇劫習毘伽羅那論故，得辭無礙。亦於無量阿僧祇劫修習說世諦論故，得樂說無礙。善男子！聲聞緣覺若有得是四無閡者，無有是處。

**曇摩流支譯《信力入印法門經》卷三**　有五種法，則能清淨初歡喜地，得大無畏安隱之處。何等爲五。一謂菩薩生如是心，我已得住義無礙故，生安隱心，爲令他住義無礙故，起安慰心。有言義無礙者，謂入如實法故。二謂菩薩生如是心，我已得住法無礙故，生安隱心，爲令他住法無礙故，起安慰心。有言法無礙者，謂入一切佛法智故。三謂菩薩生如是心，我已得住辭無礙故，生安隱心，爲令他住辭無礙故，起安慰心。有言辭無礙者，謂入一切諸字名聲智故。四謂菩薩生如是心，我已得住樂說無礙故，生安隱心，爲令他住樂說無礙故，起安慰心。有言樂說無礙者，謂入一切法文句差別方便智故。五謂菩薩生如是心，我已得住無障礙智故，生安隱心，爲令他住無障礙智故，起安慰心。有言無障礙智者，所謂說一切佛法不休息智故，取一句法於無邊劫住持演說而不起心故。文殊師利！是名五法。諸菩薩摩訶薩得此五法故，能清淨初歡喜地，得大無畏安隱之處。

**曇無讖譯《大方等無想經》卷二**　言無礙者，所謂身得無礙，遍生諸佛淨妙世界。又無礙者，得宿命智，爲諸衆生轉於五有。又無礙者，不貪著業而得果報。又無礙者，若一見佛心生歡喜，則於後世得端嚴身衆所愛身、無貪身、無惡身、大身、上族身、大富身、眷屬不壞身、不破壞身、不退身、不滅身。所修行願念喜作業，悉向阿耨多羅三藐三菩提。成就慚愧，破諸憍慢。勤修精進，慈悲喜捨。空無相願，以熏其心。又無礙者，願生他土即得往生，諸邪異見所不能壞。

**般若流支譯《奮迅王問經》卷下**　義無礙者，於一切字，惟取於義，而不取字。所言義者，正知一切諸法之義。又復義者不可說義。於種種字，皆悉不忘知前後聲，此名爲義。非取語故得隨順義。若能如是語義平等，則隨順義。若如是知名義無礙，於一切義皆無礙故，名義無礙。

法無礙者，謂法隨順不順非法。隨順法者，不念非法。何以故，彼一切法離名字智。法無礙者，若乘若法，不異法說，於法界相，不壞法界。何以故，法界一相，所謂無相。彼於何者說法言語。聞彼語已，響聲平等，隨順信解。信說法語，法界平等。隨世俗知而不取著，以是諸義名法無礙。

辭無礙者，謂知字語。若龍夜叉，若乾闥婆，若阿修羅，若迦樓羅，若緊那羅，摩睺羅伽，人，非人等，諸字語智。釋提桓因，梵世界主，諸字語智。一語多語，略語廣語。女語男語，若內官語，若過去語，若未來語，若現在語，一切皆知如法字語。若以字語令他衆生自意知解，如是而說自語他語，彼此不障亦不取著。何以故，知一切法無字無語。彼如是念何者字語，若說何法。彼如是法字語中無，故不可得，亦不可說。又彼字語於法中無，故不可得，亦不可說。若說字語，字語無聲。若當眞實，有此言辭。善法言辭，惡法言辭，則不可得。應知此辭不在於法。辭無礙者，於一切法皆不障礙，諸法不行。何以故，法不行故，一切諸法畢竟不行。如是知已而爲他說，教他令知，名辭無礙。

何者名爲樂說無礙。若一切語皆悉樂說，於一切聲皆悉樂說，於一切名皆悉樂說。云何樂說，於義樂說，於法樂說，於眞樂說，於實樂說。若有衆生於修多羅語聲信解，爲彼衆生修多羅語，響聲樂說。若於祇夜語聲信解，則爲祇夜響聲樂說。如是伽他，和伽羅那，若憂陁那，若尼陁那，阿波陁那伊帝曰多伽。若闍多迦。若裴不略阿浮陁達摩語聲信解，爲裴不略阿浮陁達摩，響聲樂說。若於前修語聲信解，則爲前修響聲樂說。一切衆生諸根樂說，謂於信者信根樂說，於精進者進根樂說，於有念者念根樂說，於有定者定根樂說，於有慧者慧根樂說。如是廣說一切諸根，二萬一千菩薩樂說。

**慧遠《大乘義章》卷一一** 第一釋名。四無礙者，起說智也。說智不同，一門說四。四名是何，一法無礙，二義無礙，三辭無礙，四樂說無礙。所言法者，汎釋有二，一軌則名法，二自體名法。知法無滯，名法無礙。義無礙者，汎釋有四。一所以名義，二義用名義，三義利名義，四德義名義。知義無滯，名義無礙。辨法之言，目之爲辭。於辭自在，名辭無礙。語稱物情，名爲樂說。於樂自在，名樂說無礙。此四經中亦名四辨。若別分之無礙是智，辨是口業，智於諸法知無滯礙，故名無礙。言辭辨了，故稱爲辨。通即心口，俱名無礙。齊稱爲辨。智於諸法知無滯礙，故名無礙。知法辨了，故復名辨。口於諸法說無障礙，名爲無礙。言辭辨了，故復稱辨。

**玄奘譯《佛地經論》卷二** 所行無礙者，顯示世尊降伏魔怨殊勝功德。謂所行者，即色等境。此所行境，擾亂心故，障礙善故，說名魔怨。諸佛世尊心善安定，極悅意境，亦不能亂。所有功德，極善成滿。一切惡境，不能爲礙。以能摧伏一切境界，一切所行不能拘礙，是故說名所行無礙。

**玄奘譯《阿毗達磨發智論》卷二〇** 無礙者，礙有三種，謂貪、瞋、癡。彼於此三，已斷遍知，故名無礙。過者出也，彼無礙故，出過三界，永除惡法。

**法藏《華嚴經探玄記》卷一四** 四無礙者法義詞辯。由法無礙自在，了知一切名句。由義無礙自在，通達一切義理。由詞無礙自在，分別一切言詞。由辯無礙，遍於十方，隨其所宜，自在辯說。

**澄觀《大方廣佛華嚴經隨疏演義鈔》卷三六** 所以無礙者，略有三義。一唯心現故，二緣起相由故。

**實叉難陀譯《大方廣佛華嚴經》卷四七** 佛子！諸佛世尊有十種無礙解脫。何等爲十。所謂：一切諸佛，能於一塵，現不可說不可說諸佛出興於世。一切諸佛，能於一塵，現不可說不可說諸佛轉淨法輪。一切諸佛，能於一塵，現不可說不可說衆生受化調伏。一切諸佛，能於一塵，現不可說不可說諸佛國土。一切諸佛，能於一塵，現不可說不可說菩薩授記。一切諸佛，能於一塵，現去、來、今一切諸佛。一切諸佛，能於一塵，現去、來、今諸世界種。一切諸佛，能於一塵，現去、來、今一切神通。一切諸佛，能於一塵，現去、來、今一切衆生。一切諸佛，能於一塵，現去、來、今一切佛事。是爲十。

**實叉難陀譯《大方廣佛華嚴經》卷五六** 佛子！菩薩摩訶薩有十種無礙用。何等爲十。所謂：衆生無礙用，國土無礙用，法無礙用，身無礙用，願無礙用，境界無礙用，智無礙用，神通無礙用，神力無礙用，力無礙用。

**智儼《大方廣佛華嚴經疏》卷一** 無礙辯者，謂法無礙、義無礙、辭無礙、樂說無礙。知名字智，名法無礙。知義之智，名義無礙。言音辯略，名辭無礙。令他樂說無礙通達無滯故，名無礙。

**延壽《宗鏡録》卷二八** 約華嚴宗，有十種無礙。一性相無礙。二廣狹無礙。三一多無礙。四相入無礙。五相即無礙。六隱顯無礙。七微細無礙。八帝網無礙。九十世無礙。十主伴無礙。今於事法上，辯此十無礙，例餘法準知。一，性相無礙者。如經云，此蓮華葉，即具此十義。謂此華葉，即同眞性，不礙事相宛然。二，廣狹無礙。即此華葉，其必普周無有邊際，而恆不捨本位分劑。此則分即無分，無分即分。經云，此諸華葉，普覆法界。三，一多無礙。即此華葉，具無邊德，不可言一，融無二相，不可言多。四，相入無礙。此一華葉舒已，遍入一切差別法中，復能攝取彼一切法令入己內。是故即舒恆攝，同時無礙。五，相即無礙。此一華葉，必廢己同他，舉體全是彼一切法，而恆攝他同己，令彼一切即是己體。是故己即是他，己不立。他即是己，他不存。他己存亡，同時顯現。六，隱顯無礙。此華葉既遍一切，彼一切法亦皆普遍。此能遍彼，則此顯彼隱。彼能遍此，則彼顯此隱。如是此彼各有隱顯無礙。七，微細無礙。又此華葉中，悉能顯現微細刹土，炳然齊現，無不具足。經云，一塵中微細國土，曠然安住。八，帝網無礙。又此華葉，一一塵中，各有無邊諸世界海。世界海中復有微塵，此微塵內復有世界。如是重重不可窮盡，非是心識思量境界。九，十世無礙。此一華葉，橫遍十方，豎該九世。以時無別體，依華以立。華既無礙，時亦如之。十，主伴無礙。又此華葉，理無孤起，必攝無量眷屬圍繞。經云，此蓮華有世界海微塵數蓮華以爲眷屬。此經所有眷屬，互爲主伴，具德圓滿。是故見此華葉，即是見於無盡法界，非是託此別有所表。經云，此華葉等，皆從無生法忍所起。此一華葉，既具十種無礙。餘一切事皆亦如是。

**澄觀《大方廣佛華嚴經疏》卷一**　言無礙者，略有十義。一，用周無礙。謂於上念劫刹塵等處，遮那佛現法界身雲，業用無邊，悉周遍故。經云，如於此處見佛坐，一切塵中亦如是等。其文非一。二，相遍無礙，謂於上差別用中，各攝一切業用故。三，寂用無礙。無私成故。四，依起無礙，無心頓現，海印力故。五，眞應無礙，應即同法一味平等故。六，分圓無礙，一一身分即具全身故。七，因果無礙，不礙現因故。八，依正無礙，不礙現依故。九，潛入無礙，入眾生界，如如來藏雖作眾生，不失自性故。故《出現品》云，佛智潛入眾生心。又云，眾生心中有佛，成正覺等。又亦攝一切眾生，在一毛孔。善化天王云，汝應觀佛，一毛孔一切眾生悉在中等。十，圓通無礙。謂此佛身即理即事，即一即多，即依即正，即人即法，即此即彼，即情即非情，即深即廣，即因即果，即三身即十身。

**玄奘譯《俱阿毗達磨俱舍論》卷二七**　無礙解者，

頌曰：無礙解有四，謂法義詞辯，名義言說道，無退智爲性。法詞唯俗智，五二地爲依。義十六辯九，皆依一切地。但得必具四，餘如無諍說。

論曰：諸無礙解，總說有四。一、法無礙解。二、義無礙解。三、詞無礙解。四、辯無礙解。此四總說，如其次第，以緣名義言及說道不可退轉智爲自性。謂無退智，緣能詮法，名句文身，立爲第一。緣所詮義，立爲第二。緣方言詞，立爲第三。緣應正理無滯礙說，及緣自在定慧二道，立爲第四。此則總說無礙解體，兼顯所緣。於中法詞二無礙解，唯俗智攝。緣名身等，及世言詞，事境界故。法無礙解，通依五地。謂欲界四靜慮，以於上地無名等故。詞無礙解，唯依二地，謂欲界初靜慮，以於上地無尋伺故。義無礙解，十六智攝，謂若諸法，皆名爲義。義無礙解則十智攝。若唯涅槃名爲義者，義無礙解，則六智攝，謂俗法類滅盡無生。辯無礙解，九智所攝。謂唯除滅，緣說道故。此二通依一切地起，謂依欲界乃至有頂。辯無礙解，於說道中，許隨緣一皆得起故。

# 無諍

**僧肇《注維摩詰經》卷三**　什曰：無諍有二。一，以三昧力將護眾生，令不起諍心。二，隨順法性，無違無諍。善業常自謂深達空法，無所違諍。今不順平等而云無諍者，則與眾生無差也。

**僧伽提婆譯《中阿含經》卷四三**　有諍法、無諍法。云何諍法。云何無諍法。若欲相應與喜樂俱，極下賤業，爲凡夫行，此法有諍。以何等故此法有諍。此法有苦、有煩、有熱、有憂慼邪行，是故此法則有諍也。若自身苦行，至苦非聖行，無義相應，此法有諍。以何等故此法有諍。此法有苦、有煩、有熱、有憂慼邪行，是故此法則有諍也。離此二邊，則有中道，成眼成智，自在成定，趣智、趣覺、趣於涅槃，此法無諍。以何等故此法無諍。此法無苦、無煩、無熱、無憂慼正行，是故此法則無諍也。有結不盡，此法有諍。以何等故此法有諍。此法有苦、有煩、有熱、有憂慼邪行，是故此法則有諍也。有結滅盡，此法無諍。以何等故此法無諍。此法無苦、無煩、無熱、無憂慼正行，是故此法則無諍也。

不求內樂，此法有諍。以何等故此法有諍。此法有苦、有煩、有熱、有憂慼邪行，是故此法則有諍也。求於內樂，此法無諍。以何等故此法無諍。此法無苦、無煩、無熱、無憂慼正行，是故此法則無諍也。於中若有樂，非聖樂是凡夫樂，病本、癰本、箭刺之本，有食有生死，不可修、不可習、不可廣布，我說於彼則不可修，此法有諍。以何等故此法有諍。此法有苦、有煩、有熱、有憂慼邪行，是故此法則有諍也。於中若有樂，是聖樂、無欲樂、離樂、息樂、正覺之樂，無食無生死，可修、可習、可廣布，我說於彼則可修也，此法無諍。以何等故此法無諍。此法無苦、無煩、無熱、無憂慼正行，是故此法則無諍也。

於中若有導說不眞實、虛妄、無義相應，此法有諍。以何等故此法有諍。此法有苦、有煩、有熱、有憂慼邪行，是故此法則有諍也。於中若有導說眞實，不虛妄、無義相應，此法有諍。以何等故此法有諍。此法有苦、有煩、有熱、有憂慼邪行，是故此法則有諍也。於中若有導說眞實、不虛妄、與義相應，此法無諍。以何等故此法無諍。此法無苦、無煩、無熱、無憂慼正行，是故此法則無諍也。

無齊限說者，此法有諍。以何等故此法有諍。此法有苦、有煩、有熱、有憂慼邪行，是故此法則有諍也。齊限說者，此法無諍。以何等故此法無諍。此法無苦、無煩、無熱、無憂慼正行，是故此法則無諍也。

隨國俗法，是及非，此法有諍。以何等故此法有諍。此法有苦、有煩、有熱、有憂慼邪行，是故此法則有諍也。隨國俗法，不是不非，此法無諍。以何等故此法無諍。此法無苦、無煩、無熱、無憂慼正行，是故此法則無諍也。是謂諍法。汝等當知諍法及無諍法，知諍法及無諍法已，棄捨諍法，修習無諍法，汝等當學。

**吉藏**《**金剛般若經義疏**》**卷三**　問云，何名爲無諍。答：有人言，以慈心爲無諍，以慈心故不與物諍。有人言，第四禪名無諍，以此定離三災免四受故也。有人言，空解爲無諍定。有人言，即以無諍智爲無諍定。今依論釋。論云：依彼善吉者，遠離二種障。斷煩惱故得羅漢，斷三昧鄣得無諍定。故知此別是方法定，非是空解亦非四禪亦非慈心也。

**窺基**《**說無垢稱經贊**》**卷三**　贊曰：此中一句無諍有二，一理無諍，二事無諍。事無諍者，凡所舉意，皆類觀彼勿同見我煩惱暫生。須菩提得最第一，恆令眾生不起煩惱。理無諍者，無想眞如，由證理無諍，事方無諍。此二無諍，一切有情及與尊者，若時皆得，仍俱不名清淨田，不見實有福田性故。

**玄奘譯**《**阿毗達磨大毗婆沙論**》**卷一七九**　問：無諍名何法。答：令他相續，無雜穢轉。謂諸煩惱能爲津潤垢膩雜穢，得無諍者不爲他相續中煩惱之所津潤垢膩雜穢，即是遠離他相續中諸煩惱義。有說：此文應言於他相續無遺餘轉。謂得無諍者，如於自相續煩惱永斷無餘。如是於他相續煩惱，亦能遮制，令無有餘。即是遍遮他相續中，應令彼起諸煩惱義。有說：此文應言於他相續無差別轉，謂得無諍者，如能遮親相續中煩惱，令其不生。

**玄奘譯**《**阿毗達磨俱舍論**》**卷二七**　論曰：言無諍者，謂阿羅漢觀有情苦由煩惱生，自知己身福田中勝，恐他煩惱復緣己生，故思引發如是相智。由此方便令他有情不緣己身生貪瞋等，此行能息諸有情類煩惱諍故，得無諍名。

**玄奘譯**《**大乘阿毗達磨集論**》**卷七**　無諍者，謂依止靜慮，於防護他所應起煩惱，住具足中，若定若慧及彼相應諸心心所。

**玄奘譯**《**大乘阿毗達磨雜集論**》**卷一四**　無諍者，謂依止靜慮，於防護他所應起煩惱住具足中，若定若慧及彼相應諸心心法。所以者何。住無諍者，若欲往詣一切有情所應見處，先於自所住處，以願智力，觀彼有情，爲於我身當來煩惱現前行不。如是觀已。若知於我所當起愛恚慳嫉等煩惱，即便不往。若不當起乃往其所，以能護他諸煩惱諍令不當起，故名無諍。

**慧能**《**金剛般若波羅蜜經解義**》**卷上**　何名無諍三昧，謂阿羅漢心無生滅去來，唯有本覺常照，故名無諍三昧。三昧，梵語。此云正受，亦云正見。遠離九十五種邪見，是名正見。然空中亦有明暗諍，性中有邪正諍。念念常正，無一念邪心，即是無諍三昧。修此三昧，人中最爲第一。若有一念得果之心，即不名無諍三昧。

**玄奘譯《大乘阿毗達磨集論》卷二**　云何有諍，幾是有諍，爲何義故觀有諍耶。謂依如是貪瞋癡故，執持刀杖發起一切鬪訟違諍。彼自性故，彼相屬故，彼所縛故，彼所隨故，彼隨順故，彼種類故，是有諍義，乃至有漏有爾所量。有諍亦爾，爲捨執著諍合我故，觀察有諍。

云何無諍，幾是無諍，爲何義故觀無諍耶。謂有諍相違是無諍義，乃至無漏有爾所量。無諍亦爾，爲捨執著離諍我故，觀察無諍。

**沙羅巴譯《彰所知論》卷下**　無諍者，謂依第四靜慮心，願諸有情勿緣己身生諸煩惱，思惟等持，故名無諍。

**宗泐、如玘《金剛般若波羅蜜經註解》**　梵語阿蘭那，華言無諍。無諍者，謂離二障。一者惑障，二者智障。離惑則不著有相，離智則不著無相，故無諍也。

**孫念劬《金剛經彙纂》**　諍者，爭也。塵念欲行，道念欲遣，猶如水火不相和合，兩念相爭也。無諍，則理欲俱忘。一念不起，是爲三昧。疏云：無諍者，離智惑二障也。離惑，則不著有相。離智，則不著無相。一念不生，諸法無諍。又心無生滅去來，惟有本覺常照，故名無諍三昧。

**無是道人《金剛經如是解》**　無諍者，即解脫義也。諍是勝負心。無諍則無我無人，無高無下，無聖無凡，一相平等。蓋凡有對待，即成諍端，長繫死生，何由能脫。故《涅槃經》曰：須菩提住虛空地。若有衆生嫌我立者，我當終日端坐不起。嫌我坐者，我當終日立不移處。如此不起一煩惱，謂之無諍。無諍則正定，正定則離欲，離欲即解脫。阿羅漢即般若也。樂者好也。阿蘭那，梵語，無諍也。樂阿蘭那行，猶云好無諍人也。

## 無漏

**求那跋陀羅譯《雜阿含經》卷二**　云何無漏法。諸所有色無漏、非受，彼色若過去、未來、現在，彼色不生愛、恚。如是受、想、行、識，無漏、非受，彼識若過去、未來、現在，不生貪、恚，是名無漏法。

**求那跋陀羅譯《雜阿含經》卷八**　云何無漏法。謂出世間意，若法、若意識、意觸，意觸因緣生受，內覺若苦、若樂、不苦不樂，出世間者，是名無漏法。

**求那跋陀羅譯《雜阿含經》卷四三**　云何無漏法經。多聞聖弟子眼見色，於可念色不起樂著，不可念色不起憎惡，繫念而住，無量心解脫、慧解脫如實知，於彼已起惡不善法無餘滅盡。耳、鼻、舌、身、意亦復如是。

**菩提流支譯《弥勒菩薩所問經論》卷四**　何者無漏法。謂於過去、未來、現在色中不生瞋愛，乃至識中不生瞋愛。以是義故，名無漏法。

**曇無讖譯《大方等大集經》卷二**　云何無漏，云何無取。無漏者，遠離四流。四流者，欲流、有流、無明流、見流。無取者，遠離四取。四取者，欲取、有取、見取、戒取。

**慧遠《大乘義章》卷八**　就有漏無漏分別。依如《毘曇》，就向九種五陰之中，第三無漏，餘八有漏。《成實》法中，義有兩兼。若斷漏故名爲無漏，唯在行心，餘皆有漏。若不生漏名爲無漏，無學五陰，一向無漏。凡夫五陰，一向有漏。學人不定，若斷結處，是其無漏，結未盡處，是其有漏。大乘法中，眞德五陰一向無漏。分段因果一向有漏。變易因果，隨相無漏，體性有漏。以相順理，故名無漏。以性違故，名爲有漏。

**慧遠《大乘義章》卷一一**　就有漏無漏分別。《毘曇》法中，四無量心一向有漏，衆生緣故。《成實》法中，義釋不定。若言觀空斷於漏，故名爲無漏。四無量心齊是有漏，非是觀空斷結心故。若言所行不生漏故名無漏者，四無量心通漏無漏，凡夫所行一向有漏取性心中修此行故。學人所起或漏無漏，未斷結處名爲有漏，斷處無漏。無學所起一向無漏，名用心中起此行故。大乘法中隱顯互論。小無量心一向有漏，大無量心一向無漏。證眞成故。隨義通論，大小皆有漏無漏義。小無量中，衆生緣者是其有漏，法緣無緣是其無漏。大無量中，衆生緣者用隨世轉相似漏故名之爲漏。與經中說功德莊嚴有爲有漏，其義相似。法緣無緣德體寂滅，說爲無漏。

**慧遠《大乘義章》卷一二**　就有漏無漏分別，法住泥洹毘曇法中，通漏無漏。等智觀者，是其有漏。聖智觀者，是其無漏。《成實》法中，泥洹無漏。法住不定，在見道前說爲有漏，在見道上義有兩兼。一切聖人名用心起不生漏，故名爲無漏。非是現觀空斷漏行，故名爲有漏。大乘法中，義別有二。一約境分別，於此二中知世諦者是其有漏，知眞諦者是其無漏。二就心分別，心中有三。一等智觀，二俱有漏。二者緣照無漏智觀，亦漏無漏。緣修治障名爲無漏。性是妄想分別心法，名爲有漏。三眞智觀一向無漏。後之三智毘曇法中，一向有漏，等智攝故。《成實》法中，亦漏無漏。無學聖人名用心起不生漏，故名爲無漏。非是觀空斷漏行，故名爲有漏。大乘法中義別有二。一約境分別，此三知於世諦法故一向有漏。二約心分別，心有眞妄，分相論之妄心所起一向有漏，性是妄想煩惱法故。眞心所起一向無漏，體非妄想煩惱法故。隨義通論妄心所起亦漏無漏。與《成實》同。名用心起故名無漏，非是觀空斷漏行故名爲有漏。眞心所起亦漏無漏，體出妄想名爲無漏。作用隨世名爲有漏，有漏無漏辨之麁爾。

**玄奘譯《大般若波羅蜜多經》卷四六**　世尊！云何無漏法。佛告善現：謂出世間四靜慮、四無量、四無色定、四念住、四正斷、四神足、五根、五力、七等覺支、八聖道支、三解脫門、六到彼岸、五眼、六神通、佛十力、四無所畏、四無礙解、大慈、大悲、大喜、大捨、十八佛不共法、一切智、道相智、一切相智。善現！此等名無漏法。

**般若牟尼室利譯《守護國界主陀羅尼經》卷四**　善男子！菩提無漏無煩惱蘊。此中云何爲漏無漏。漏有四種，謂欲漏、有漏、無明漏、見漏。於此四漏皆悉遠離，故名無漏。

**窺基《勝鬘經述記》卷下**　古解漏有二，謂煩惱漏，二過失漏。二乘但斷煩惱漏盡，作所作已辦，以不能滅過失漏，名無。彼漏不盡故，不得自在也。今基法師云不然。無漏者，只道淨故名無漏。無漏有二。若生空無漏，二乘證得。以不得法空無漏，名證無漏不盡，故不得自在，亦不作證也。

**玄奘譯《瑜伽師地論》卷六五**　復次由五相故，建立無漏諸法差別。何等爲五。一、有諸法，離諸纏故，說名無漏。謂一切善無記心心所，所依所緣諸色及善無記，諸心心所。二、有諸法、隨眠斷故，說名無漏。謂已永斷見修所斷一切煩惱所有諸善，及一分無記造色，若諸無記，若世間善諸心心所。三、有諸法，由斷滅故，說名無漏。謂一切染污心心所，彼不轉故，說名無漏。由彼不轉，顯了涅槃。卽此涅槃，說名無漏。四、有諸法，是見所斷斷對治故，自性解脫故，說名無漏。謂一切見道。五、有諸法，是修所斷斷對治故，自性相續解脫故，說名無漏。謂出世間一切修道，及無學道。當知是名由五相故，建立無漏諸法差別。

**元曉《菩薩瓔珞本業經疏》**　凡聖一切善皆名無漏者，是釋唯受常果之由。由其隨順寂靜之性，違逆諸漏，故名無漏。所以然者，由因緣故。言由因者，謂生得善隨順本覺，正從性淨本覺而來。從是轉成諸作得善。所以凡夫一切善法，皆順本覺寂靜之性，違返諸漏，故名無漏。是義分明出受學覺品也。言由緣者，凡諸世間所有善根，皆依諸佛無緣大悲平等福田而生長。所以隨順如來福田，違逆諸漏，故名無漏。

**窺基《成唯識論別抄》卷九**　一切皆是正智所攝，卽唯無漏。七十二說，五事中相通有漏無漏。二唯有漏，名及分別。二唯無漏，謂眞如正智。眞如是正智所緣，名無漏，非漏盡相義。正智漏盡對治義，故名無漏。然今此位，唯是有漏。但約地前，依教決定，名如實智。未能眞證，故唯有漏。地上眞證，卽是無漏也。

**玄奘譯《阿毗達磨大毗婆沙論》卷一六二**　問：無漏等至是勝義，淨何故不名爲淨。有說：應說而不說者，當知有餘。有說：無漏名淨，共所了知。有漏名淨，非所共知。是以偏說。有說：立名依差別義。善有漏定初違染法，淨義爲勝，故說名淨。聖道斷漏，無漏義勝，故名無漏。

**玄奘譯《瑜伽師地論》卷七二**　眞如漏盡所緣義故，名無漏。非漏盡相義故，正智漏盡對治義故，名無漏。

**延壽《宗鏡錄》卷五七**　問：八識之中，約因位初地已去，幾識成無漏。答：古德釋云，唯六七二識成無漏。六即第六識，初地門中二十二心所，成妙觀察智。七即第七識，二十二心所，成平等性智。此二智品相應，俱離障染，故名無漏。若五八等識，定是有漏。

問。云何第六得成無漏耶。答。謂初地入無漏心時。斷分別二障種現習氣。故無漏。

問。第六能斷惑。斷惑成無漏。第七不能斷惑。何故亦成無漏。答。

謂第七識是第六所依根。第六是能依識。能依識既成無漏。第七所依亦成無漏。謂第六入生法二空觀時。第七識中俱生我法二執。現行。伏令不起故。第七成無漏。

問。何故第八是有漏耶。答。第八是總報主。持種受熏。若因中便成無漏。即一切有漏雜染種子皆散失故。即便成佛。何用更二劫修行耶。問。前五既非是總報主。何故不成無漏。答。前五根是第八親相分。能變第八既是有漏。所變五根亦有漏。五根是所依尚有漏。能依五識。亦成有漏也。

## 無貪

**曇無讖譯《大方等大集經》卷一二** 無貪者即是性淨。性淨者不合煩惱。不合煩惱者即不顛倒。不顛倒者即是平等。平等者即是眞實。眞實者不生不滅。

**慧遠《大乘義章》卷一三** 云何無貪。釋言：此乃相近說之。無貪善根與慧相隨方能離貪，故從強伴說之爲觀。雖說爲觀，無貪爲主，壞貪欲故。問曰：初二是不淨觀，壞貪可爾。第三，淨觀云何壞貪。釋言：是中雖作淨觀，爲壞貪欲，故名無貪。問曰：不淨壞貪是得，何須淨觀。論言：行者爲欲自試。若見不淨不生貪欲，未足爲奇。見淨不貪，方乃爲奇。故爲此觀。又復行者若不觀淨，就之除貪，復見淨色，或容起貪，爲防是過故，先觀淨就之調心。問曰：不淨能破貪欲。復須淨觀助破貪者，親想治瞋，何故不作怨想助之。釋言：淨想非一向過。如觀佛身寶色等相，不生欲染，故作淨想，助破貪欲。怨想唯過，故不爲之。又貪難斷，故須淨觀助而破之，瞋恚易除，故唯親想獨能破遣。

**玄奘譯《大乘廣五蘊論》卷一** 云何無貪，謂貪對治，令深厭患，無著爲性。謂於諸有，及有資具，染著爲貪。彼之對治，說爲無貪。此即於有，及有資具，無染著義。遍知生死諸過失故，名爲厭患。惡行不起所依爲業。

**玄奘譯《阿毗達磨集異門足論》卷七** 無貪者，謂於欲境諸不貪不等貪。廣說乃至非貪類非貪生，是名無貪。

**達摩流支譯《佛說寶雨經》卷二** 云何上貪。謂此貪欲遍滿身心，隨順下劣，心常染著，於一切時無有慚愧。云何無慚。謂貪欲者恆起思惟尋求欲境，心生愛重，耽著讚美，是名無慚。云何無愧。謂貪欲者爲欲因緣，能於父母及餘尊者起於諍論，輕欺損害，重彼貪欲，是名無愧。謂貪欲者由是因緣生於惡處，是故說名增上貪欲。云何中貪。謂貪欲者行貪欲已，即生厭離，起變悔心，不復隨順，是名中貪。云何下貪。謂貪欲者起貪欲時，或摩觸身、纔共語言、或時見已，欲心便息，是名下貪。所有一切活命資具，心若執著總說名貪。

**玄奘譯《成唯識論》卷六** 云何無貪。於有有具無著爲性，對治貪著，作善爲業。

## 無慚 無愧

**竺佛念譯《出曜經》卷二〇** 無慚無愧者，人之恚盛，不別尊卑，無有慚恥。如顛惑狂，眾人圍繞，終日嗤弄，不自覺知，匿事發露，誑言無本。是故說無慚無愧也。

**僧伽提婆、竺佛念譯《阿毘曇八犍度論》卷二** 云何無慚，云何無愧。云何無慚。答曰：可慚不慚，可避不避，亦不避他不恭敬。不善恭敬，不善往來。是謂無慚。云何無愧。答曰：若不愧、不善愧、不愧他，可羞不羞、不羞他，不畏惡事，惡事不見畏。是謂無愧。無慚無愧，有何差別。答曰：不善往來無慚。惡事不見畏無愧。無慚無愧是謂差別。云何慚，云何愧。云何慚。答曰：可慚慚，可避避。可避他恭敬、善恭敬善往來。是謂爲慚。云何爲愧。答曰：可愧愧，可羞羞，可羞他。惡事畏見惡事畏。是謂愧。慚愧有何差別。答曰：善往來慚，惡事見惡事怖愧，慚愧是謂差別。

**達摩流支譯《佛說寶雨經》卷二** 云何無愧。謂貪欲者爲欲因緣，能於父母及餘尊者起於諍論，輕欺損害，重彼貪欲，是名無愧。

**玄奘譯《阿毗達磨俱舍論》卷四** 論曰：此中無慚無愧別者，於諸功德及有德者，無敬無崇，無所忌難，無所隨屬，說名無慚。卽是恭敬所敵對法，爲諸善士所訶厭法，說名爲罪。於此罪中，不見怖畏，說名無愧。有餘師說：於所造罪，自觀無恥，名曰無慚。觀他無恥，說名無愧。若爾，此二所觀不同，云何俱起。不說此二。一時俱起，別觀自他。然有無恥，觀自時勝，說名無慚。復有無恥，觀他時增，說爲無愧。慚愧差別，翻此應知。謂翻初釋，有敬有崇，有所忌難，有所隨屬，說名爲慚。於罪見怖，說名爲愧。翻第二釋，於所造罪，自觀有恥，說名爲慚。觀他有恥，說名爲愧。

**玄奘譯《阿毗達磨大毗婆沙論》卷三四**　無慚、無愧、有何差別。答：於自在者無怖畏轉，是無慚。於諸罪中，不見怖畏，是無愧。如是差別。問：何故復作此論。答：《阿毗達磨》說此二法，展轉相應，其相相似。今欲分別無慚無愧性相差別，故作此論。謂於自在者無怖畏轉是無慚，於諸罪中不見怖畏是無愧。復次不恭敬是無慚，不怖畏是無愧。復次，不厭賤煩惱是無慚，不厭賤惡行是無愧。復次，作惡不自顧是無慚，作惡不顧他是無愧。復次，作惡不自羞是無慚，作惡不恥他是無愧。復次，作惡不羞恥是無慚，作惡而傲逸是無愧。復次，獨一造罪而不羞恥是無慚，對他造罪而不羞恥是無愧。復次，若對少人造罪而不羞恥是無慚，若對眾人造罪而不羞恥是無愧。復次，若對惡趣有情造罪而不羞恥是無慚，若對善趣有情造罪而不羞恥是無愧。復次，若對愚者造罪而不羞恥是無慚，若對智者造罪而不羞恥是無愧。復次，若對卑者造罪而不羞恥是無慚，若對尊者造罪而不羞恥是無愧。復次，若對在家者造罪而不羞恥是無慚，若對出家者造罪而不羞恥是無愧。復次，若對非親教軌範造罪而不羞恥是無慚，若對親教軌範造罪而不羞恥是無愧。復次，若作惡時不羞天者是無慚，若作惡時不恥人者是無愧。復次，於諸惡因不能訶毀是無慚，於諸惡果不能厭怖是無愧。復次，貪等流是無慚，癡等流是無愧。是謂無慚、無愧差別。

**玄奘譯《成唯識論》卷六**　不恥過惡，是二通相。故諸聖教，假說爲體。若執不恥爲二別相，則應此二體無差別。由斯二法，應不俱生。非受想等有此義故。若待自他立二別者，應非實有，便違聖教。若許此二實而別起，復違論說俱遍惡心，不善心時，隨緣何境，皆有輕拒善，及崇重惡義。故此二法俱遍惡心。所緣不異，無別起失。然諸聖教說不顧自他者，自法名自，世間名他。或卽此中拒善崇惡，於己益損，名自他故。而論說爲貪等分者，是彼等流，非卽彼性。

**玄奘譯《阿毗達磨集異門足論》卷一**　復有二法，謂無慚無愧者。無慚云何。答：如世尊說，有無慚者，於可慚法而不生慚。可慚法者，謂諸惡不善法，順雜染順後有。有熾然苦異熟，順當來生老死。彼於如是惡不善法生時，無慚，無所慚，無別慚。無羞，無所羞，無別羞。無崇敬，無所崇敬。無隨屬，無所隨屬。於自在者，無怖畏轉。是謂無慚。無愧云何。答：如世尊說，有無愧者於可愧法而不生愧。可愧法者，謂諸惡不善法。乃至順當來生老死。彼於如是惡不善法生時，無愧無所愧，無別愧。無恥，無所恥，無別恥。於諸罪中，不怖不畏，不見怖畏，是謂無愧。

**玄奘譯《阿毗達磨發智論》卷二**　云何無慚。答：諸無慚，無所慚，無異慚。無羞，無所羞，無異羞。無敬，無敬性。無自在，無自在性。於自在者，無怖畏轉。是謂無慚。

云何無愧。答：諸無愧，無所愧，無異愧。無恥，無所恥，無異恥。於諸罪中，不怖不畏，不見怖畏。是謂無愧。無慚無愧，有何差別。答：於自在者，無怖畏轉，是無慚。於諸罪中，不見怖畏，是無愧。如是差別。

云何慚。答：諸有慚，有所慚，有異慚。有羞，有所羞，有異羞。有敬，有敬性。有自在，有自在性。於自在者，有怖畏轉，是謂慚。

云何愧。答：諸有愧，有所愧，有異愧。有恥，有所恥，有異恥。於諸罪中，有怖有畏，深見怖畏。是謂愧。慚愧何差別。答：於自在者，有怖畏轉是慚。於諸罪中，深見怖畏是愧。如是差別。

**玄奘譯《成唯識論》卷六**　云何無慚。不顧自法，輕拒賢善爲性。能障礙慚，生長惡行爲業。謂於自法無所顧者，輕拒賢善，不恥過惡。障慚生長諸惡行故。云何無愧。不顧世間崇重暴惡爲性，能障礙愧生長惡行爲業。謂於世間無所顧者，崇重暴惡，不恥過罪。障愧生長諸惡行故，不恥過惡。

**玄奘譯《大乘五蘊論》卷一**　云何無慚，謂於所作罪不自羞恥爲性。云何無愧，謂於所作罪不羞恥他爲性。

**地婆訶羅譯《大乘廣五蘊論》卷一** 云何爲慚，謂所作罪，不自羞恥爲性。一切煩惱及隨煩惱，助伴爲業。

云何無愧，謂所作罪，不羞他爲性，業如無慚說。

**玄奘譯《本事經》卷四：**

無慚無愧者，懈怠不精進。　多惛沉睡眠，去結盡爲遠。
有慚有愧者，常無有放逸。　樂靜慮深定，去涅槃不遙。

**道世《法苑珠林》卷二三** 《迦延論》云：何名無慚。答曰：可慚不慚，可避不避，不善恭敬，不善往來。此謂無慚。云何名無愧。可羞不羞，可畏不畏，惡事不畏，故稱無愧。又不善往來名無慚，惡事不見畏稱無愧。翻此前名，故云慚愧。又《新婆沙論》云：世間有情見無慚者，言是無愧。見無愧者，言是無慚。到謂此二，其體是一。今欲顯示性相差別，令彼疑者得決定解。

問：無慚無愧，有何差別。答：於自在者無怖畏轉，是無慚。於諸罪中，不見怖畏，是無愧。復於自在者無怖畏轉，是無慚。於諸罪中不見怖畏，是無愧。復不恭敬是無慚，不怖畏是無愧。復不厭賤煩惱是無慚，不厭賤惡行是無愧。復作惡不自顧是無慚，作惡不顧他是無愧。復作惡不自羞是無慚，作惡不恥他是無愧。復作惡不羞恥是無慚，作惡而傲逸是無愧。復獨一造罪而不羞恥是無慚，對他造罪而不羞恥是無愧。復若對少人造罪而不羞恥是無慚，若對衆人造罪而不羞恥是無愧。復若對惡趣有情造罪，而不羞恥，是無慚。若對善趣有情造罪，而不羞恥，是無愧。復若對愚者造罪而不羞恥，是無慚。若對智者造罪而不羞恥，是無愧。復若對卑者造罪而不羞恥，是無慚。若對尊者造罪而不羞恥，是無愧。復若對在家者造罪而不羞恥，是無慚。若對出家者造罪而不羞恥，是無愧。復若對非親教軌範造罪而不羞恥是，無慚。若對親教軌範造罪而不羞恥，是無愧。復若作惡時不羞天者，是無慚。若作惡時不恥人者，是無愧。復若於諸惡因不能訶毁，是無慚。於諸惡果不能厭怖，是無愧。復貪等流是，無慚。於癡等流，是無愧。是謂無慚無愧差別。如是二法，唯欲界繫，唯是不善。一切不善心心所法，皆遍相應，唯除自性（各翻前惡是名慚愧）。又《瑜伽論》云：云何無慚無愧，謂觀於自他無所羞恥，故思毁犯。犯已，不能如法出離，好爲種種鬭訟違諍。是名無慚無愧也。又《遺教經》云：慚如鐵鉤，能制人非法。是故比丘常當慚愧，無得暫替。若離慚愧，則失諸功德。有愧之人則有善法，若無愧者，與諸禽獸無相異也。

# 無癡

**鳩摩羅什譯《大智度論》卷六五** 一切法中，無明黑闇破故，名無癡波羅蜜，非是滅癡故名無癡。

**曇摩耶舍、曇摩崛多譯《舍利弗阿毘曇論》卷二三** 何謂無癡。若明，是名無癡。復次無癡，若堪忍離癡心，是名無癡。復次，若知苦集滅道，知前際後際，知前後際，知內知外，知六觸入集滅大過患出要，知因緣，知業報，知緣生、善不善無記、黑白、有緣無緣、有明無明、可作不可作、可親近不可親近。若於彼法，無癡無闇，無忘無失。正念，無障礙，無覆蓋，無闇蔽，無荒無纏，無濁。明焰術光炤知見解射方便。慧眼、慧根、慧力、擇法、覺、正見，及餘癡法中，無癡無闇無忘無失。正念，無障礙，無覆蓋，無闇蔽，無荒、無纏、無濁，明焰術光炤知見解射方便，慧眼慧根慧力擇法覺正見。是名無癡。

**玄奘譯《成唯識論》卷六** 云何無癡。於諸理事明解爲性，對治愚癡作善爲業。有義，無癡即慧爲性。《集論》說此報教證智決擇爲體，生得聞思修所生慧。如次皆是決擇性故。此雖即慧，爲顯善品有勝功能，如煩惱見故復別說。有義，無癡非即是慧。別有自性，正對無明。如無貪瞋，善根攝故。論說大悲，無瞋癡攝。非根攝故。若彼無癡，以慧爲性，大悲如力等，應慧等根攝。又若無癡，無別自性，如不害等，應非實物。便違論說十一善中三世俗有，餘皆是實。然《集論》說慧爲體者，舉彼因果，顯此自性。如以忍樂表信自體，理必應爾。以貪瞋癡，六識相應，正煩惱攝，起惡勝故，立不善根。斷彼必由通別對治，通唯善慧，別卽三根，由此無癡，必應別有。

**玄奘譯《大乘廣五蘊論》** 云何無癡，謂癡對治，如實正行爲性。如實者，略謂四聖諦，廣謂十二緣起。於彼加行，是正知義。

**曇曠《大乘百法明門論開宗義記》** 言無癡者，於諸理事明解爲性，對治無愚癡作善爲業。有説愚癡以慧爲性，不遇癡者即有慧故。故《俱舍論》不立無癡，是通大地慧數攝故。故善大地唯説十種。有説，無癡別有自性，非慧爲體，正對無明。

**大惠《成唯識論自攷》卷六**　云何無癡於諸理事明解爲性，對治愚癡作善爲業。

**明昱《唯識三十論約意》**　云何無癡，於諸理事明解爲性，對治愚癡，作善爲業。癡即無明，迷暗事理，謂之無明。今云無癡，是無無明，即能明解，爲此體性。

**明昱《成唯識論俗詮》卷六**　何名無癡。答：此雖即慧，於善品中，屬三善根，功能勝故，無癡唯善。

## 無瞋

**鳩摩羅什譯《大智度論》卷九一**　一切法性皆空無所有，汝所瞋因緣亦皆虛誑無定，汝云何以虛誑事故，瞋罵、加害，乃至奪命。起此重罪業故，墮三惡道，受無量苦。汝莫以虛誑無實事故，而受大罪！

**曇摩耶舍、曇摩崛多等譯《舍利弗阿毘曇論》卷二七**　云何無瞋，若人離瞋恚，心不欲令此眾生傷害繫閉受種種苦，是名無瞋。

**玄奘譯《成唯識論》卷六**　云何無瞋。於苦、苦具，無恚爲性。對治瞋恚，作善爲業。善心起時，隨緣何境，皆於有等無著無恚。觀有等立，非要緣彼。如前慚愧，觀善惡立，故此二種，俱遍善心。

**玄奘譯《阿毗達磨集異門足論》卷七**　無瞋者，謂於有情不欲損害，不懷栽杌，不欲擾惱。廣説，乃至非已爲過患，非當爲過患，非現爲過患。是名無瞋。

**玄奘譯《顯揚聖教論》卷一**　無瞋者，謂於諸有情，心無損害，慈愍爲體，能斷瞋障爲業。如前乃至增長無瞋爲業，如經説無瞋善根。

**玄奘譯《大乘阿毗達磨雜集論》卷一**　無瞋者，於諸有情苦及苦具無恚爲體，惡行不轉所依爲業

**普光《俱舍論記》卷四**　於情、非情，無恚害性，説名無瞋。瞋相違也。

**窺基《大乘百法明門論解》卷上**　言無瞋者，於苦、苦具，無恚爲性，對治瞋恚，作善爲業。言苦、苦具者，苦謂三苦。苦具者，苦因。

**曇曠《大乘百法明門論開宗義記》**　言無瞋者，於苦、苦具，無恚爲性，對治瞋恚作善爲業。善心起時，隨緣何境，皆於有等無著無恚。

**玄奘譯《阿毗達磨集異門足論》卷三**　無瞋云何。答：謂於有情，不欲損害，不懷栽杌，不欲擾惱非已瞋、非當瞋、非現瞋。不樂爲過患，不極爲過患，意不憤恚。於諸有情，不相違戾，不欲爲過患、非已爲過患、非當爲過患、非現爲過患。總名無瞋。

## 無學

**鳩摩羅什譯《金剛般若波羅蜜經註解》**　梵語阿羅漢，華言無學。此聲聞第四果也。此位斷三界煩惱俱盡，究竟眞理，無法可學，故名無學。

**求那跋陀羅、菩提耶舍譯《眾事分阿毗曇論》卷二**　云何學，謂學意思惟相應意入。云何無學，謂無學意思惟相應意入。云何非學非無學，謂有漏意思惟相應意入，法入，或學，或無學，或非學非無學。云何學，謂學身口業、學受陰想陰行陰。云何無學，謂無學身口業、無學受陰想陰行陰。

**智顗《妙法蓮華經文句》卷八上**　研眞斷惑，名爲學。眞窮惑盡，名無學。研修眞理，慕求勝見，名之爲學。學位在三果四向眞無漏慧也。阿羅漢果，研理已窮，勝見已極，無所復學，故名無學。約教釋品者，析法研眞名之爲學，惑盡眞窮名爲無學。三藏意也。體法研眞，名之爲學。無眞無惑，名爲無學。通意也。自淺之深，名之爲學。通別惑盡，權實理窮，名爲無學。此別意也。研如來藏有學無學，法性實相，非學非無學，而學而無學

**智顗《四教義》卷六**　言學人者，始從苦法忍發得眞智，自爾方有聖人也。有聖諦具有漏無漏二種五陰，見聖迹，故名爲學人。於諦不推求，故名無學人也。又無學人者，眞智見理既極三界，正使已盡，無惑可治，

不須更學四眞智也。

**玄奘譯《大乘阿毗達磨集論》卷二**　云何無學。幾是無學。爲何義故，觀無學耶。謂於諸學處，已得究竟者，所有善法，是無學義。以阿羅漢等於增上戒心慧學處，已得究竟故，名無學。十界四處諸蘊一分，是無學。爲捨執著已脫我故，觀察無學。

**玄奘譯《大乘阿毗達磨集論》卷三三**　云何無學戒蘊。答：無學身律儀、語律儀、命清淨。謂契經說無學支中正業，即此中身律儀。正語，即此中語律儀。正命，即此中命清淨。經說此三，總名戒蘊。問：離身語業，無別正命，云何此中建立三種。答：以黑白二法，相對建立故。謂前七不善業道中，瞋癡所起身業，名邪業。瞋癡所起語業，名邪語。貪所起身語業，名邪命。邪活命故。遠離此三，名正業、正語、正命。有說：若爲活命故，作戲樂事，起不善身語業，名邪命。若爲餘事，故起不善身語業，名邪業邪語。遠離此三，名正命等。有說：若爲活命故，作醫呪事，起不善身語業，名邪命。若爲餘事，起不善身語業，名邪業邪語。遠離此三，名正命等。有說：若由四種愛，故起不善身語業，名邪命。若由餘事，起不善身語業，名邪業邪語。遠離此三，名正命等。有說：若由諂誑等五，起不善身語業，名邪命。若由餘事，起不善身語業，名邪業邪語。遠離此三，名正命等。有說：遮罪身語業，名邪命。性罪身語業，名邪業邪語。遠離此三，名正命等。有說：加行後起不善身語業，名邪命。根本業道不善身語業，名邪業邪語。遠離此三，名正命等。問：云何此蘊名曰尸羅。答：尸羅者，是清涼義。遠離破戒熱惱事故。復次尸羅者，是習學義。於三學中，此在初故。如說持戒故無悔，乃至廣說。無學相續中無漏身語業，名無學戒蘊。

**玄奘譯《大乘阿毗達磨集論》卷三三**　云何無學定蘊。答：無學三三摩地。謂空、無願、無相。問：定體唯一。謂心所法中三摩地。云何建立三種差別。答：以近對治三種障故。謂空三摩地，近對治有身見。無願三摩地，近對治戒禁取。無相三摩地，近對治疑。復次行相別故。謂空三摩地，三行相俱，即空、非我。無願三摩地，十行相俱，即苦、非常，集、道、各四。無相三摩地，四行相俱，即緣滅四。復次以三事故。一、以對治故。二、以意樂故。三、以所緣故。以對治故，建立空三摩地。謂非我行相，對治我見。空行相，對治我所見。如我見、我所見，已見、已所見，五我見、十五我所見，亦爾。復次非我行相，對治我愛，空行相，對治我所愛。如我愛、我所愛，我慢、我所慢，亦爾。以意樂故，建立無願三摩地。謂諸賢聖。由意樂故，不願有及聖道。所以者何。以諸賢聖，由意樂故，不願流轉及蘊世苦。聖道依流轉及蘊世苦，故亦不願。緣道行相，雖非不願，而意樂故，立無願名。問：聖者何故修聖道耶。答：爲涅槃故。謂除聖道，更無異法，能得涅槃，故修習之，非本意樂。以所緣故，建立無相三摩地。謂滅諦中，無有十相，故名無相。五塵、男、女、三有爲相，說名十相。復次以滅諦中，無上中下及蘊世相，故名無相。滅四行相，此爲所緣，故名無相。

**玄奘譯《大乘阿毗達磨集論》卷三三**　云何無學慧蘊。答：無學正見智。此誦爲善。有異誦言：無學八智。謂四法類。彼誦太總。盡無生智，亦此攝故。有別誦言：無學作意相應極簡擇法，最極簡擇，廣說乃至毘鉢舍那。復有誦言：無學智見明覺現觀。彼亦太總，盡無生智，亦此攝故。

**玄奘譯《阿毗達磨大毗婆沙論》卷一四八**　無學勝解，復有二種。謂時心解脫，不時心解脫。時心解脫者，謂五種阿羅漢身中無漏勝解。不時心解脫者，謂不動法阿羅漢身中無漏勝解。此二亦名心解脫、慧解脫。離貪故，名心解脫。離無明故，名慧解脫。問：若此勝解，離貪故名心解脫，離無明故名慧解脫者，《集異門》等所說，當云何通。如說，云何離貪故心得解脫。答：無貪善根，對治貪故。云何離無明故慧得解脫。答：無癡善根，對治癡故。由此說故，二解脫體，即是善根，非是勝解。答：彼文應作是說。云何離貪故心得解脫。答：無貪善根相應心，勝解印可，即此名爲時心解脫。云何離無明故慧得解脫。答：無癡善根相應心，勝解印可，即此名爲不動心解脫。而不作是說者，有何意耶。答：此就依處，以顯勝解。謂依無貪故，心解脫貪。依無癡故，心解脫癡。然心解脫，體是勝解。

**玄奘譯《阿毗達磨發智論》卷二**　云何無學解脫智見蘊。答：盡智、無生智。無學慧蘊，與解脫智見蘊，有何差別。答：無學苦集智，是無學慧蘊。無學滅道智，是無學解脫智見蘊。復次，無學苦集滅智，是無學慧蘊。無學道智，是無學解脫智見蘊。復次，無學苦集道智，是無學慧蘊。

無學滅智，是無學解脱智見蘊。是謂差別。

**玄奘譯《阿毗達磨發智論》卷七**　云何無學見。答：盡無生智所不攝無學慧。云何無學智。答：無學八智。云何無學慧。答：無學見、無學智，總名無學慧。諸無學見，是無學智耶。答：諸無學見，亦無學智，有無學智，非無學見。謂盡無生智。諸無學見，是無學慧耶。答：諸無學見，亦無學慧。有無學慧，非無學見。謂盡無生智。諸無學智，是無學慧耶。答：如是。設無學慧，是無學智耶。答：如是。無學見攝無學智，無學智攝無學見耶。答：無學智攝無學見，非無學見攝無學智。不攝何等。謂盡無生智。無學見攝無學慧，無學慧攝無學見耶。答：無學慧攝無學見，非無學見攝無學慧。不攝何等。謂盡無生智。無學智攝無學慧，無學慧攝無學智耶。答：展轉相攝。諸成就無學見，彼無學智耶。答：如是。設成就無學智，彼無學見耶。答：如是。諸成就無學見，彼無學慧耶。答：如是。設成就無學慧，彼無學見耶。答：如是。諸成就無學智，彼無學慧耶。答：如是。設成就無學慧，彼無學智耶。答：如是。

**玄奘譯《阿毗達磨大毗婆沙論》卷九八**　已説此三自性，雜不雜相今當説。諸無學見，是無學智耶。答：諸無學見，亦無學智。無學位中，能推度者，必審決故。有無學智，非無學見。謂盡無生智。此智息求，不推度故。諸無學見，是無學慧耶。答：諸無學見，亦無學慧。有無學慧，非無學見。謂盡無生智。此智唯有擇法審決二種相故。諸無學智，是無學慧耶。答：如是。設無學慧，是無學智耶。答：如是。無學智慧，俱遍無學無漏心故。

**玄奘譯《阿毗達磨大毗婆沙論》卷三三**　無學慧蘊，與解脱智見蘊，有何差別。答：無學苦集智，是無學慧蘊。緣繫縛法故。無學滅道智，是無學解脱智見蘊。緣解脱法故。復次，無學苦集滅智，是無學慧蘊。此緣有漏無爲解脱，不緣緣解脱無漏智故。無學道智，是無學解脱智見蘊。此緣無漏有爲解脱，亦緣緣解脱無漏智故。復次，無學苦及道智，是無學慧蘊。不緣離繫法故。無學滅智，是無學解脱智見蘊。緣離繫法故。是謂差別者，是謂世俗麁相差別。若説勝義眞實差別，應如前説。謂無學正見智，是無學慧蘊。盡智無生智，是無學解脱智見蘊。復次，對治邪慧，是無學慧蘊。對治無智，是無學解脱智見蘊。復次，若慧猛利推求尋覓，加行不息，是無學慧蘊。若慧不猛不利，不推不求，不尋不覓，加行止息，是無學解脱智見蘊。

**玄奘譯《阿毗達磨集異門足論》卷二〇**　十無學法者，云何爲十。答：一無學正見。二無學正思惟。三無學正語。四無學正業。五無學正命。六無學正勤。七無學正念。八無學正定。九無學正解脱。十無學正智。

云何無學正見。答：盡智無生智，盡所不攝無學慧，是名無學正見。

云何無學正思惟。答：諸聖弟子於苦思惟苦，於集思惟集，於滅思惟滅，於道思惟道，無學作意相應所有思惟，等思惟、近思惟、尋求、等尋求、近尋求、推覓、等推覓、近推覓，令心於法麁動而轉，是名無學正思惟。

云何無學正語。答：諸聖弟子，於苦思惟苦，於集思惟集，於滅思惟滅，於道思惟道，無學作意相應簡擇力故，除趣邪命語四惡行。於餘語惡行所得無學遠離、勝遠離、近遠離、極遠離、寂靜律儀、無作、無造、棄捨、防護、不行、不犯、船筏、橋樑、堤塘、牆塹。於所制約，不踰不踰性，不越不越性，無表語業。是名無學正語。

云何無學正業。答：諸聖弟子，於苦思惟苦，於集思惟集，於滅思惟滅，於道思惟道，無學作意相應簡擇力故，除趣邪命身三惡行，於餘身惡行所得。無學遠離、勝遠離、近遠離、極遠離、寂靜律儀、無作、無造、棄捨、防護、不行、不犯、船筏、橋梁、隄塘、牆塹。於所制約，不踰不踰性，不越不越性，無表身業。是名無學正業。

云何無學正命。答：諸聖弟子，於苦思惟苦，於集思惟集，於滅思惟滅，於道思惟道，無學作意相應簡擇力故，於趣邪命身語惡行所得。無學遠離、勝遠離、近遠離、極遠離、寂靜律儀、無作、無造、棄捨、防護、不行、不犯、船筏、橋梁、隄塘、牆塹。於所制約，不踰不踰性，不越不越性，無表身語業。是名無學正命。

云何無學正勤。答：諸聖弟子，於苦思惟苦，於集思惟集，於滅思惟滅，於道思惟道，無學作意相應所有勤精進，勇健勢猛熾盛難制勵意不息。是名無學正勤。

云何無學正念。答：諸聖弟子，於苦思惟苦，於集思惟集，於滅思惟

滅，於道思惟道，無學作意相應所有念隨念專念憶念，不忘不失不遺不漏，不失法性心明記性。是名無學正念

云何無學正定。答：諸聖弟子，於苦思惟苦，於集思惟集，於滅思惟滅，於道思惟道，無學作意相應所有心住等住近住安住。不散不亂攝止等持心一境性。是名無學正定。

云何無學正解脫。答：諸聖弟子，於苦思惟苦，於集思惟集，於滅思惟滅，於道思惟道，無學作意相應所有心勝解，已勝解，當勝解。是名無學正解脫。

**玄奘譯《阿毗達磨集異門足論》卷三**　云何學。答：學無貪善根相應心，已勝解，當勝解，今勝解，是謂學。

云何無學。答：無學無貪善根相應心，已勝解，當勝解，今勝解，是謂無學。

云何非學非無學。答：有漏無貪善根相應心，已勝解，當勝解，今勝解，是謂非學非無學。慧解脫或學或無學，或非學非無學。

云何學。答：學無癡善根相應心，已勝解當勝解今勝解，是謂學。云何無學。答：無學無癡善根相應心，已勝解當勝解今勝解，是謂無學。云何非學非無學。答：有漏無癡善根相應心，已勝解當勝解今勝解，是謂非學非無學。無爲解脫，唯非學非無學，是名明解脫。

**玄奘譯《阿毗達磨法蘊足論》卷一一**　云何學界。謂學五蘊，是名學界。云何無學界。謂無學五蘊，是名無學界。云何非學非無學界。謂有漏五蘊，及虛空擇滅非擇滅，是名非學非無學界。

**玄奘譯《阿毗達磨品類足論》卷二**　云何學，謂學作意相應意處。云何無學，謂無學作意相應意處。云何非學非無學，謂非學非無學作意相應意處、法處、或學或無學、或非學非無學。云何學，謂學身語業及學受想行蘊。云何無學，謂無學身語業，及無學受想行蘊。云何非學非無學，謂法處所攝有漏身語業，及有漏受想行蘊，并無爲法。

**玄奘譯《阿毗達磨品類足論》卷一〇**　云何無學，謂無學作意相應證佛淨。法僧證淨亦爾。聖所愛戒證淨，或學或無學。云何學，謂學身語業。云何無學，謂無學身語業。

**玄奘譯《阿毗達磨品類足論》卷一一**　云何無學，謂有爲阿羅漢果。云何非學非無學，謂無爲阿羅漢果。

**玄奘譯《大乘阿毗達磨集論》卷二**　云何無學，幾是無學，爲何義故觀無學耶。謂於諸學處，已得究竟者所有善法，是無學義。爲捨執著已脫我故，觀察無學

**玄奘譯《大乘阿毗達磨雜集論》卷四**　云何無學，幾是無學，爲何義故觀無學耶。謂於諸學處，已得究竟者所有善法，是無學義。以阿羅漢等，於增上戒心慧學處，已得究竟，故名無學。十界四處諸蘊一分，是無學。爲捨執著已脫我故，觀察無學。

云何非學非無學，幾是非學非無學，爲何義故觀非學非無學耶。謂諸異生所有善不善無記法，及諸學者染污無記法，諸無學者無記法并無爲法，是非學非無學義。諸異生者，謂除求解脫者，以彼於諸學處求修學故，即名有學。有學染污無記者，如其所應不善及有覆無記是染污，無覆無記是無記，八界八處全及餘蘊界處一分，是非學非無學。爲捨執著不解脫我故，觀察非學非無學。

**慧沼《大乘法苑林章補闕》卷七**　《雜集》第四云，於諸學處已得究竟者，所有善法，是無學義。以阿羅漢等，於增上戒定慧學處，已得究竟，故名無學。

**李師政《法門名義集》**　於小乘法，果行未滿，進趣未息，故名學人。唯阿羅漢於小乘果滿，更無進趣之學，故名無學。若大乘法中，唯佛是無學。

**宗鏡述《銷釋金剛科儀會要註解》卷四**　梵語阿羅漢，華言殺賊，名含三義。其一殺煩惱惑使。其二後報不來。其三應受人天供養。又名無學。以三界內見思煩惱已盡，究竟眞理，無法可學，故名無學，即第四果阿羅漢也。

**來舟《大乘本生心觀經淺註》卷一本**　謂眞窮惑盡，更無所學，故名無學。以研眞斷惑，正在學位，故名有學。

**仲之屏《金剛經註正訛》**　阿羅漢，此言無學，謂無法可學也。較之第三果則更進矣。何故名無學，諸漏已盡，無復煩惱。

**儀潤《百丈叢林清規證義記》卷五**　證義曰：《三藏法數》云，梵語阿羅漢，華言無學。謂其生死已盡，無法可學。又云無生，謂其斷見思惑

盡，無復三界受生。又云應供，謂其應受人天供養。又云殺賊，謂其能殺煩惱之賊。以其皆具三明六通無量功德，故稱爲大。

# 無間業

**佛陀耶舍、竺佛念譯《佛說長阿含經》卷一九**　無間地獄，其中罪人，舉目所見，但見惡色，耳有所聞，但聞惡聲，鼻有所聞，但聞臭惡，身有所觸，但觸苦痛，意有所念，但念惡法。又其罪人彈指之頃，無不苦時，故名無間地獄。

**曇無讖譯《大般涅槃經》卷一九**　汝今已造阿鼻地獄極重之業，以是業緣，必受不疑。大王！阿者言無，鼻者名間。間無暫樂，故名無間。

**浮陀跋摩、道泰等譯《阿毗曇毗婆沙論》卷七**　復有說者，泥犁迦，秦言無去處。所以者何，生彼眾生，無有去處，無有依處，無有救處，故名無去處。復以何故名阿毗至。阿毗至，秦言無間，亦名淳受苦痛，亦名百釘釘身，亦名六苦觸。復有說者，眾生生彼者，多無處容受，故言無間。不應作是說，所以者何。生餘地獄者多，生阿毗至者少。何以知之。作增上身口意惡業，生阿毗至中眾生少。有作增上身口意惡業者，如眾生少作增上善行，生有頂中。彼亦如是。復有說者，無有暫樂，故名無間。

**慧遠《大乘義章》卷七**　言五逆者，謂殺父、殺母、殺阿羅漢、出佛身血、破和合僧。此之五種，經名爲逆，亦名無間。何故此五偏名爲逆，以其背恩違福田故。殺父殺母，背恩故逆。餘三違於福田，故逆。殺阿羅漢破和合僧，違僧福田。出佛身血，違佛福田。

問曰：三寶皆是福田，以何義故不說違法。釋言：謗法重於五逆，是故不入五逆罪中。其猶五逆不入四重，此五何故名無間業。釋有四義。一，趣果無間，故曰無間。故《成實》言，捨此身已，次身即受，故名無間。二，受苦無間。五逆之罪，生阿鼻獄。一劫之中，苦苦相續，無有樂間。因從果稱，名無間業。三，壽命無間。五逆之罪，生阿鼻獄。一劫之中，壽命無絕。因從果因，名爲無間。四，身形無間。五逆之罪，生阿鼻獄。阿鼻地獄，縱曠八萬四千由旬。一人入中，身亦遍滿。一切人入，身亦遍滿。不相障礙。因從果號，名曰無間。

**吉藏《法華義疏》卷六**　入阿鼻獄者，阿鼻者無間也，苦道相續，無樂間之，故名無間。又一人多人身，俱遍滿八萬由旬，間無空處，故言無間。又起謗法華業，直入地獄，無餘業間之，故言無間。

**玄奘譯《阿毗達磨俱舍論》卷一七**　此無間名爲目何義。約異熟果，決定更無餘業餘生能爲間隔，故此唯目無間隔義。或造此業補特伽羅，從此命終，定墮地獄中，無間隔故，名無間。彼有無間，得無間名。與無間法合，故名無間。

**玄奘譯《阿毗達磨大毗婆沙論》卷一一九**　無間業有五種。一害母。二害父。三害阿羅漢。四破和合僧。五起惡心出佛身血。

問：此五無間業以何爲自性。答：以身語業爲自性。前三後一身業爲自性，第四一種語業爲自性。是故此五，三界三處，一蘊所攝。三界者色聲法界。三處者色聲法處。一蘊者色蘊。是名無間業自性。已說自性。所以今當說。

問：何故名無間。答：由二緣故說名無間。一遮現後，二遮餘趣。遮現後者。此五但是順次生受，非順現法受及順後次受，故名無間。遮餘趣者，謂此決定於地獄受。非雜餘趣，故名無間。由二因緣建立無間，一背恩養，二壞德田。背恩養者，謂害母害父。壞德田者，謂餘三種。

**玄奘譯《阿毗達磨大毗婆沙論》卷一一九**　問：五無間業何者最重。答：破和合僧壞法身故，次出佛身血，次害阿羅漢，次害母，後害父。母之恩養於父爲重，德田勢力於恩田爲勝故。

**玄奘譯《瑜伽師地論》卷九**　五無間業者，一害母，二害父，三害阿羅漢，四破僧，五於如來所惡心出血。

**如理《成唯識論演秘釋》卷一**　小乘無間業者，第一煞父，第二害母，第三殺阿羅漢，第四破和僧，第五出佛身血。此是小乘無間業也。然大乘五無間業者，依《薩遮尼乾子經》云，所謂起大邪見，撥無因果。

**玄奘譯《阿毗達磨大毗婆沙論》卷一一五**　何名無間。答：依異熟果，說名無間。以諸有情，造大惡業，生彼地獄，得廣大身，一一身形悉皆廣大，遍彼多處，中無間隙，故名無間。

**窺基《妙法蓮華經玄贊》卷二**　梵云阿鼻至，此云無間。無間地獄，八地獄中此最下故，受苦不輟，故名無間。

**窺基**《**說無垢稱經贊**》**卷五**　五無間者，謂殺父害母等五重逆業，此通三乘。若唯大乘，破塔寺等，無間生彼。既生彼已，受苦無間，故名無間。生五無間，必是極惡，多起恚惱忿恨毒心。

**普光**《**俱舍論記**》**卷七**　言無間者，或屬於緣，或屬於果，或通緣、果。總而言之，前心、心所，生後心、心所。中間無有餘心間起，故名無間又解無有等法於中間起，名等無間。

**普光**《**俱舍論記**》**卷一一**　阿名爲無，毘旨名間。此論兩釋。《正理》更有一說云，有說無隙立無間名，雖有情少而身大故。又《婆沙》一百一十五云，答，依異熟果，說名無間。以諸有情造大惡業，生彼地獄，得廣大身，一一身形悉皆廣大，遍彼多處，中無間隙，故名無間。（解云，遍彼多處者，非是一一身形皆遍彼處，隨生多少遍彼處所。）又《婆沙》一百七十二，一說雖亦有間，假說無間。有說，彼處恆受苦受，無喜樂間，故名無間。有說，眾多有情，造作惡業，相續生彼，滿彼處所，故名無間。評曰：不應作是說。生餘地獄多，生無間者少。所以者何。以造作增長上品身語意惡業者，乃生彼處。有情造作增長上品惡業，生彼處者少。造作增長中下品惡業，生餘地獄者多。如造作增長上品善業，生有頂者少。造作增長中下品善業，生餘處者多故。應作是說，由造作增長上品不善業，生彼所得，身形廣大，一一有情據多處所，中無間隙，故名無間

**宗密**《**圓覺道場修證禮懺廣文**》**卷一六**　此獄間無暫樂，故名無間。不聞八熱地獄，暫遭涼風，寒地獄中，熱風暫至，各得少樂。餘諸地獄，數死數活，亦得暫樂。阿鼻地獄，都無此事，故名無間。假使一人，獨墮此獄，其身長大，八萬由旬，徧滿其中，間無空處。其身周徧，受種種苦。設有多人，亦各徧滿，不相妨礙，故名無間。

**弘贊**《**四分律名義標釋**》**卷三〇**　無間罪者，謂若墮在㮈落迦中，受罪之時，曾無間隙。若取正譯，應云無隙。無間業者，謂從人道，更無間隔，垂墮泥犁。無間之字雖同，其義條然自別。梵云阿毗止，此言無間隙。梵云阿難咀利耶，此言無間墜墮。無間，即生墮地獄中。無隙，或餘身方受。有斯差別，故致句分不同也

**徐昌治**《**醒世錄**》**卷一**　間無空處，東西馳走，燒炙其身，皮肉焦爛，苦痛辛酸，彈指之頃，無不苦時，故名無間。

## 無間道

**玄奘譯**《**大乘阿毗達磨雜集論**》**卷九**　無間道者，謂由此道無間，永斷煩惱，令無所餘。所以者何，由此道無間，能永除遣此品煩惱所生品類麁重，令無有餘。又轉麁重，依得無麁重，是名修道中無間道。

**玄奘譯**《**阿毗達磨俱舍論**》**卷二五**　無間道者，謂此能斷所應斷障。解脫道者，謂已解脫所應斷障最初所生。

**玄奘譯**《**阿毗達磨俱舍論**》**卷二三**　十六心中，忍是無間道。約斷惑得，無能隔礙故。智是解脫道，已解脫惑得，與離繫得，俱時起故。具二次第，理定應然。猶如世間，驅賊閉戶。若謂第二唯無間道與離繫得，俱時而生，則此位中，於彼彼境，應定不起，已斷疑智。若謂見位，唯忍斷惑，則與本論說九結聚相違。此難不然，諸忍皆是智眷屬故。如王眷屬所作事業，名王所作。

**澄觀**《**大方廣佛華嚴經隨疏演義鈔**》**卷六二**　無間道者，謂斷惑道也。解脫道者，無間道後名解脫道。

## 無想天

**求那跋陀羅、菩提耶舍譯**《**眾事分阿毗曇論**》**卷一**　云何無想天，謂眾生生無想天，心及心法滅，是名無想天。

**曇無讖譯**《**大般涅槃經**》**卷八**　無想天者，名爲無想。若無想者，則無壽命。若無壽命，云何而有陰界諸入。以是義故，無想天壽不可說言有所住處。

**慧遠**《**涅槃義記**》**卷四**　言無想天者，舉其喻事，名爲無想，明其非有。若無想下，彰其非無。以是義下，結無定處。以其無想而有壽命，故無定處。

**慧遠**《**大乘義章**》**卷八**　第四禪中，隨其別脩，更有六天，謂無想天及五淨居。無想天者，與前廣果同在一處。有諸外道，取此無想以爲涅槃，修無想定，趣求斯報，是人命終，生廣果處。初後有心，中間無心，經五百劫，以此別得無心法故，別爲一天。

**玄奘譯**《**成唯識論**》**卷七**　無想天者，謂修彼定，厭麁想力，生彼天中，違不恆行心及心所，想滅爲首，名無想天。故六轉識於彼皆斷。有義，彼天常無六識，聖教說彼無轉識故，說彼唯有有色支故，又說彼爲無心地故。有義，彼天將命終位，要起轉識，然後命終。

**玄奘譯**《**顯揚聖教論**》**卷一**　無想天者，謂先於此間得無想定，由此後生無想有情天處。

**湛然**《**大般涅槃經疏**》**卷八**　云無想天者，數師云，無想初念，猶有心起，從生愛結，無想樂成。即便滅心則有，非色非心。補處論師云，心不可滅而言無想者，爾時心細如蟄蟲氷魚，似無細心。而言無色想者，不復緣於麁色。

**道世**《**法苑珠林**》**卷七〇**　無想天者，謂彼天中悉得定壽，五百大劫無心之報。外道人等於此不達，而復計爲眞實涅槃。是故樂修無想之定，求生彼處。

**地婆訶羅譯**《**大乘廣五蘊論**》**卷一**　云何無想天，謂無想定所得之果，生彼天已。所有不恆行，心心法滅爲性。

**玄奘譯**《**阿毗達磨俱舍論**》**卷五**　無想者何。

頌曰：無想無想中，心心所法滅，異熟居廣果。

論曰：若生無想有情天中，有法能令心心所滅，名爲無想。是實有物，能遮未來心心所法，令暫不起，如堰江河。此法一向是異熟果。誰之異熟，謂無想定。無想有情居在何處，居在廣果。謂廣果天中有高勝處，如中間靜慮，名無想天。

**玄奘譯**《**阿毗達磨大毗婆沙論**》**卷一五四**　問：無想天在何處攝。外國師說，第四靜慮處別有九此是一處。迦濕彌羅國諸論師言，即廣果天攝。然以高勝寂靜，故別立名。猶如村邊阿練若處。

**楊嘉祚**《**華嚴原人論合解**》**卷下**　言無想天者，即無想異熟。謂此天中，是第六識心心所等所不行處。此之五位，皆意識不行也。

# 無想定

**曇摩耶舍、曇摩崛多等譯**《**舍利弗阿毘曇論**》**卷三〇**　云何有想定。若定有境界，是名有想定。云何無想定，若定無境界，是名無想定。復次，除無想定、滅盡定，若餘定，是名有想定。若無想定、滅盡定，是名無想定。

**玄奘譯**《**阿毗達磨大毗婆沙論**》**卷一五一**　云何無想定。謂已離遍淨染，未離上染，出離想作意爲先，心心所法滅，是名無想定。

**玄奘譯**《**瑜伽師地論**》**卷三三**　入定無間，心不復轉。如是出離想作意爲先，已離遍淨貪，未離廣果貪，諸心心法滅，是名無想定。

**玄奘譯**《**瑜伽師地論**》**卷三三**　若諸異生，作如是念：諸想如病，諸想如癰，諸想如箭。唯有無想，寂靜微妙。攝受如是背想作意，於所生起一切想中，精勤修習不念作意。由此修習爲因緣故，加行道中，是有心位。入定無間，心不從轉。如是出離想作意爲先，已離遍淨貪，未離廣果貪，諸心心法滅，是名無想定。由是方便，證得此定。

**玄奘譯**《**瑜伽師地論**》**卷五六**　依何分位，建立無想定。答：依已離遍淨貪，未離上貪，出離想作意爲先，名滅分位，建立無想定。此復三種。自性者，唯是善。補特伽羅者，在異生相續。起者，先於此起，後於色界第四靜慮，當受彼果。

**玄奘譯**《**顯揚聖教論**》**卷一**　無想定者，謂已離遍淨欲，未離上地欲，觀想如病如癰如箭，唯無想天，寂靜微妙。由於無想天，起出離想作意前方便故，不恆現行心心法滅性。

**玄奘譯**《**大乘阿毗達磨雜集論**》**卷二**　無想定者：謂已離遍淨欲，未離上欲，出離想作意爲先故，於不恆行心心所滅，假立無想定。已離遍淨欲者，已離第三靜慮貪。未離上欲者，未離第四靜慮已上貪。出離想作意爲先者，解脫想作意爲前方便。不恆行者，轉識所攝。滅者，謂定心所引，不恆現行，諸心心法暫時間滅所依位差別，以能滅，故名滅。

**玄奘譯**《**阿毗達磨俱舍論**》**卷五**　初無想定，其相云何。

頌曰：如是無想定，後靜慮求脫。善唯順生受，非聖得一世。
論曰：如前所說，有法能令心心所滅，名爲無想。如是復有別法，能
令心心所滅，名無想定。無想者定，名無想定。或定無想，名無想定。說
如是聲，唯顯此定滅心心所，與無想同。此在何地。謂後靜慮。卽在第四
靜慮，非餘。修無想定，爲何所求。謂求解脫。彼執無想，是眞解脫。爲
求證彼，修無想定。前說無想，是異熟故，無記性攝。不說自成。今無想
定，一向是善。此是善故，能招無想有情天中五蘊異熟。既是善性，爲順
何受。唯順生受。非順現後，及不定受。若起此定，後雖退失，傳說現身
必還能起，當生無想有情天中。故得此定，必不能入正性離生。又許此
定，唯異生得，非諸聖者。以諸聖者，於無想定，如見深坑，不樂入故。
要執無想爲眞解脫，起出離想而修此定。一切聖者，不執有漏爲眞解脫
及眞出離，故於此定，必不修行。若諸聖者，修得第四靜慮定時，爲如靜
慮，亦得去來無想定不。餘亦不得。所以者何。彼雖曾習。以無心故。要
大加行方便修得。故初得時，唯得一世。謂得現在。如初受得別解脫戒。
得此定已，第二念等，乃至未捨，亦成過去。以無心故，無未來修。

**玄奘譯《入阿毗達磨論》卷下** 已離第三靜慮染，未離第四靜慮染，
第四靜慮地心心所滅，有不相應法，名無想定。惟滅一切心心所法而起此
定，專爲除想，故名無想。如他心智，此無想定，是善第四靜慮所攝。唯
非聖者相續中起，求解脫想，起此定故。聖者於此，如惡趣想，深心厭
離。此唯順定受。謂順次生受，是加行得，非離染得。

**玄奘譯《阿毗達磨俱舍論》卷五** 如是二定差別相者，前無想定，爲
求解脫，以出離想作意爲先。此滅盡定，爲求靜住，以止息想作意爲先。
前無想定，在後靜慮。此滅盡定，唯在有頂。卽是非想非非想處。此同前
定，性唯是善非無記染。善等起故。前無想定、唯順生受。此滅盡定，通
順生後及不定受。謂約異熟，有順生受，或順後受，或不定受，或全不
受。謂若於下得般涅槃，此定所招，何地幾蘊。唯招有頂四蘊異熟。前無
想定，唯異生得。此滅盡定，唯聖者得，非異生能起。怖畏斷滅故。唯聖
道力所能起故。現法涅槃，解脫入故。

**玄奘譯《阿毗達磨大毗婆沙論》卷一五二** 問：無想定、滅盡定，有
何差別。答：名卽差別。名無想定，名滅盡定。復次，界亦差別。謂無想
定，色界繫，滅盡定，無色界繫。復次地亦差別。無想定，在第四靜慮。
滅盡定，在非想非非想處。復次，相續亦有差別。無想定，在異生相續。
滅盡定，在聖者相續。復次，入無想定時，作出離想，入滅盡定時，作止
息想。復次，入無想定時，唯厭於想，入滅盡定時，通厭想受。復次，入
無想定時，唯欲滅想，入滅盡定，欲滅受想。復次，入無想定時，滅色界
繫心心所法，入滅盡定時，滅無色界繫心心所法。復次，入無想定時，滅
第四靜慮心心所法，入滅盡定時，滅非想非非想處心心所法。復次，無想
定，招色界異熟，滅盡定，招無色界異熟。復次，無想定，招第四靜慮異
熟，滅盡定，招非想非非想處異熟。復次，無想定，唯順生受異熟，滅盡
定，順生後不定受異熟。故有差別。尊者世友作是問言：無想定、滅盡
定，何差別。答：一名無想定，一名滅盡定，故有差別。又界、地、相
續、想、厭、欲、業、所滅、異熟，皆有差別。廣說如上。又異生入無想
定，感無想處果。聖者入滅盡定，感有頂處果。又無想定，令諸異生、受
色界異熟果。滅盡定，令諸學者受無色界異熟果，令無學者受無色界等流
果。是謂無想定、滅盡定差別。

**玄奘譯《阿毗達磨大毗婆沙論》卷一五四** 問：無想定、無想事，何
差別。答：名卽差別。此名無想定，此名無想事。復次，因是無想定，果
是無想事。復次，異熟法是無想定，異熟是無想事。復次，無想定是善，
無想事是無記。復次，無想定是定，無想事是生。復次，無想定，加行功
用作意所起，無想事，非加行功用作意所起。復次，無想定，通在此彼
得，此彼現在前。無想事，唯在彼得，彼現在前。復次，無想定，是加行
得。無想事、是生得。

**曾鳳儀《楞嚴經宗通》** 先捨麤心，入於微心。復捨微心，入微
心。從微微心，相續無間。以至心想一切皆捨，心慮灰凝此妄想相也，是
名無想定。

## 無心定

**那連提耶舍譯《阿毗曇心論經》卷六** 無心定者，無想定、滅盡定。

無想定名厭於生死解脱想，第四禪力心相續次第中間滅。滅盡定名厭散亂心寂滅想，初住想心思念，非想非非想過惡心心數次第滅。

**慧遠《大乘義章》卷九** 無心定者，偏對心王，以彰其名。心識盡謝，故曰無心。離於有心分別散動，名無心定。

**玄奘譯《成唯識論》卷一** 無心定，無想異熟。異色心等，有實自性。若無實性，應不能遮心心所法令不現起。若無心位有別實法異色心等能遮於心，名無心定。

**玄奘譯《成唯識論》卷四** 滅定等無心位中，如有心位定實有識，具根壽煖有情攝故。由斯理趣住滅定者，決定有識實不離身。若謂此位有第六識，名不離身，亦不應理。此定亦名無心定故。若無五識名無心者，應一切定皆名無心。

**窺基《成唯識論述記》卷七** 彼心、心所滅，名滅定。恆行染污心等滅故。即此亦名滅受想定。義以此定若實總滅爲論，即滅盡定。若但從主爲名，名無心定。前即通約心、心所名。若據增強所厭別名，如此中說滅受想定。如名無想定，以修禪無色義各勝故。如別立蘊，故偏厭之。又以受是根爲首等，餘是根者亦滅。以想非根法爲首等，餘非根法亦滅。如是等無量門。又解，二乘七地以前別觀，修禪無色各有偏勝。須別厭之，可名滅受想定。自在菩薩及如來，無有漏第六，無修禪無色勞慮，何勞偏厭。一，由心行以得其名滅受想定。二，由內止息故入，即總名無心定。

**王肯堂《成唯識論證義》** 無心定者，謂已離淨欲，未離上地欲，由於無想天起出離想。《雜集論》云：於不恆行心心所滅，假立無想定，不恆行者轉識所攝。滅者，謂定心所引，不恆現行，諸心心所暫時間滅。滅盡定者，謂已離無所有處欲，或入非想非非想處定。又云，欲超過有頂，作止息想，作意爲先。故於不恆行諸心心所及恆行一分心心所滅，假立滅盡定。此中所以不言未離上欲者，爲顯離有頂欲阿羅漢等亦得此定故。

# 無漏定

**鳩摩羅什譯《大智度論》卷一七** 初禪無漏定，次第生六種定：一初禪淨，二無漏。二禪、三禪亦如是。

二禪無漏定，次第生八種定：自地淨無漏，初禪淨無漏。三禪、四禪亦如是。

三禪無漏定，次第生十種，自地二，下地四，上地四。

第四禪、空處亦如是。

識處無漏定，次第生九種，自地二，下地四，上地三。

無所有處無漏定，次第生七種，自地二，下地四，上地一。

**曇摩耶舍、曇摩崛多等譯《舍利弗阿毘曇論》卷三〇** 言無色定名超色，無漏定名超無色。此二名爲寂靜解脱故。今爲說無色界定非爲樂住。色四靜慮名寂靜解脱，是現法樂住。有釋，超色無色者，非過外故云超，以至極處故云超也。

**曇摩耶舍、曇摩崛多等譯《舍利弗阿毘曇論》卷三〇** 云何聖定，若定無漏，是名聖定。云何非聖定，若定有漏，是名非聖定。

云何有漏定，若定有染，是名有漏定。云何無漏定，若定無染，是名無漏定。

**僧伽提婆譯《三法度論》卷中** 無漏定者，空、無願、無相。無漏禪無漏，無色定無漏。

**慧遠《大乘義章》卷一三** 禪有三種，一者淨定，二無漏定，三者味定。依世俗道斷除下結，而得上靜，名曰淨定。即理定靜，名無漏定。【略】無漏定者，一修得已後，於三界中隨身何處皆悉成就。若論味定，毘曇法中身在下地，於上地中所未斷處，皆悉成就。

**玄奘譯《阿毘達磨俱舍論》卷一三** 無漏定者，即說爲無漏。有餘師言：無學身色及諸外色皆是無漏。非漏依故，得無漏名。何故經言有漏法者，諸所有眼乃至廣說。此非漏對治故，得有漏名。是則此應言有漏亦無漏。

**玄奘譯《阿毘達磨順正理論》卷七七** 無漏定者，謂出世定。愛不緣故，非所味著。如是所說八等至中，靜慮攝支，非諸無色。以諸無色極寂靜故。

**普光《俱舍論記》卷七** 言無漏定者，若學心能生四心。謂色、無色有漏定心，及學、無學心。從三心生，除無學心。

**定賓《飾宗義記》卷七**　無漏定者，即是無漏心。作十六行相觀。若依大乘，不局十六行也。於中淨與無漏，隨應具足四支五支，味相應定不具立支。廣如《俱舍》、《婆沙》等。《瑜伽》《顯揚》《對法》等亦釋之。

## 無垢識

**慧遠《大乘義章》卷三**　淨識，亦名無垢識，體不染故，故經說爲自性淨心。

**玄奘譯《成唯識論》卷三**　或名無垢識，最極清淨諸無漏法所依止故。此名唯在如來地有。菩薩二乘及異生位持有漏種可受熏習，未得善淨第八識故。如契經說，如來無垢識，是淨無漏界，解脫一切障，圓鏡智相應。

**圓測《解深密經疏》卷三**　無垢識者，即是淨分第八識也。

**圓測《解深密經疏》卷三**　第九阿摩羅識，此云無垢識，眞如爲體。於一眞如，有其二義。一所緣境，名爲眞如及實際等。二能緣義，名無垢識，亦名本覺。具如九識章引決定藏論九識品中說。三大唐三藏，依《楞伽》等及護法宗，唯立八識，不說第九。

**廣益《八識規矩纂釋》**　菴摩羅，此云白淨無垢識。謂如來藏清淨眞心，雖在生死，本來無染，返流還淨，從證佛果，盡未來際，名無垢識。

**智旭《靈峰蕅益大師宗論》卷三之一**　第八識中有漏種盡，轉與大圓鏡智相應，名無垢識。從此淨識所變五根相分，純無漏故，依之發識，亦成無漏。

**明昱《成唯識論俗詮》卷三**　無垢識者，依淨相立名。識既無垢，能依諸法，皆是最極清淨無漏。

**通理《楞嚴經指掌疏》卷五**　陁那微細識，習氣成暴流，眞非眞恐迷，我常不開演。

承上根選擇圓即許其入流成覺者，以根中之性即是陁那識故。陁那即賴耶異名，具云阿陁那，此翻執持，有三義。一，執持根身，令不壞爛。二，執持種子，令不散失。三執取結生相續。或有翻爲無垢識者，非今經意。言微細者，非同前六行相麤顯，凡小皆知故。習氣即指無明。無明稱習者，無始與俱故。正以無始與俱，展轉熏變，生滅不停，漸起諸結。如暴流水故云成也。然成結既由以妄熏眞，而解結只須以眞熏妄。眞妄同在此識，結解易如翻掌，所謂入流成正覺信矣。

## 無漏智

**佛陀耶舍、竺佛念譯《佛說長阿含經》卷一三**　以定心清淨，住無動地，得無漏智證，乃至不受後有。此是比丘得第三明。斷除無明，生於慧明，捨離闇冥，出大智光，是爲無漏智明。

**竺佛念譯《出曜經》卷二一**　分別慧明，欲盡有漏，至無爲處，亦無造作，成就賢聖無漏智。

**鳩摩羅什譯《妙法蓮華經》卷一**　一切諸如來，以無量方便，度脫諸眾生，入佛無漏智，

若有聞法者，無一不成佛。

**菩提留支譯《大薩遮尼乾子所說經》卷二**　欲修無漏智，出離欲淤泥，滅除諸業障，禪定最第一。

**鳩摩羅什譯《大智度論》卷一一**　復有人言：菩薩有漏、無漏智慧，總名般若波羅蜜。何以故。菩薩觀涅槃，行佛道，以是事故，菩薩智慧應是無漏。以未斷結使，事未成辦故，應名有漏。

**鳩摩羅什譯《大智度論》卷一九**　無漏樂上妙而智慧多，智慧多故能離此著。有漏樂中愛等結使多，愛爲著本，實智慧能離，以是故不著。

復次，無漏智慧，常觀一切無常。觀無常故，不生愛等諸結使。譬如羊近於虎，雖得好草美水而不能肥。如是諸聖人雖受無漏樂，無常空觀故，不生染著脂。

復次，無漏樂不離三三昧、十六聖行，常無眾生相。若有眾生相，則生著心。以是故，無漏樂雖復上妙而不生著。

**鳩摩羅什譯《大智度論》卷二三**　無常、苦、無我想，與無漏智慧相應。食厭等四想，與有漏智慧相

**鳩摩羅什譯《大智度論》卷二三**　苦智者，五受衆無常、苦、空、無我，觀時得無漏智。集智者，有漏法因，因、集、生、緣，觀時無漏智。滅智者，滅、止、妙、出，觀時無漏智。道智者，道、正、行、達，觀時無漏智。

**般若譯《大乘本生心地觀經》卷七**　能滅一切煩惱，得無障礙無漏智、善巧方便、神通清淨。

**法天譯《毘婆尸佛經》卷下**　得佛清淨身，世間無有上，出生無漏智，盡苦生死。

# 無生忍

**鳩摩羅什譯《思惟畧要法》**　於一切衆生忍辱不瞋，是名衆生忍。得衆生忍已，易得法忍。法忍者，所謂諸法不生不滅，畢竟空相。能信受是法忍，是名無生忍。

**鳩摩羅什譯《大智度論》卷二七**　如是觀諸法，於三界得脱，不以空，不以非空，一心信忍十方諸佛所用實相智慧，無能壞、無能動者，是名無生忍法。無生忍法，即是阿鞞跋致地。

**鳩摩羅什譯《大智度論》卷五〇**　無生法忍者，於無生滅諸法實相中，信受通達無礙不退，是名無生忍。

**鳩摩羅什譯《大智度論》卷七七**　佛語須菩提：若菩薩於是法中通達無疑，信力、智慧力故，能住是法中，是名無生忍。

**鳩摩羅什譯《大智度論》卷八六**　無生忍者，佛後品中自說：乃至作佛，常不生惡心，是故名無生忍。論者言：得是忍，觀一切法畢竟空，斷緣心心數不生，是名無生忍。又復言：能過聲聞、辟支佛智慧，名無生忍。

**鳩摩羅什譯《摩訶般若波羅蜜經》卷二三**　須菩提白佛言：世尊！云何爲無生法忍。是忍何所斷。何所知。佛告須菩提：得法忍，乃至不生少許不善法，是故名無生忍。一切菩薩所斷煩惱盡，是名斷。用智慧知一切法不生，是名知。

**曇無讖譯《大方等大集經》卷七**　大德！若有菩薩觀二種界，一衆生界，二者法界。以法界性觀衆生性，以衆生性觀法界性。若離法界，無衆生界。法界衆生界無生無滅。若能如是通達知者，名無生智。無生智者，即無生忍。復次大德！菩薩摩訶薩知從十二因緣生法，從六境界作六因緣。若善不善，是善不善，即無生滅。何以故。境界之性不能生法，六入亦爾不能生法。何以故。無生性故。如其六入能生法者，則應常生，不須外緣。若外境界性能生者，亦應常生，不假於内。若俱生者，則有二相。二相之法，性無眞實。通達了知如是等者，名無生忍。若得如是眞智慧者，是名菩薩得無生忍。復次大德！若有菩薩具足成就二種莊嚴功德智慧，觀是二事平等無二，雖如是知，不言我知，亦於此知不生貪著，是名無生忍。復次大德！菩薩摩訶薩身意寂靜，觀法寂靜。法寂靜已，觀菩提靜。菩提靜已，觀忍寂靜。亦不隨他，不著内外。是名菩薩無生法忍。

**吉藏《十二門論疏》卷下之本**　《智度論》云：何爲無生忍。謂一切法不生不滅，非不生非不滅，不共非不共，是名無生忍。

**慧遠《無量壽經義疏》下卷**　次列三名。尋聲悟解，知聲如響，名音響忍。三地已還，捨詮趣實，名柔順忍。四五六地，證實離相，名無生忍。七地已上，下明衆生得忍所由。皆無量壽威神力者，由彼如來現在威力，故獲三忍。

**吉藏《淨名玄論》卷一**　不生不滅，不不生不不滅，不共非不共，名無生忍。

**慧遠《大乘義章》卷一二**　信解不疑，故曰信忍。言順忍者，就能爲名，依前信已，更修勝慧，趣順無生。以能上順，故名順忍。無生忍者，從境爲名，理寂不起，稱曰無生。慧安此理，名無生忍。亦得名爲遣相爲目。得此忍時，捨離生相，故曰無生。寂滅忍者，從境爲名。一切法界常寂不動，名爲寂滅，慧安此法，名寂滅忍。

**良賁《仁王護國般若波羅蜜多經》疏卷中**　言無生者，謂即眞理。智證眞理，名無生忍。《解深密經》《瑜伽》《唯識》皆說三性名曰無生。本性無生，自然無生，惑苦無生。若能證智，名無生忍。兼所證如，名無生法忍。

**法藏《華嚴經探玄記》卷一三**　地前名伏忍，初二三地寄在世間，名爲信忍。四五六地，寄二乘位，名爲順忍。七八九地，是菩薩位，名無生忍。十地及佛地因果究竟，名寂滅忍。

**善卿《祖庭事苑》卷六**　《五門禪經》云：於一切衆生忍辱不嗔，是名衆生忍。得衆生忍者，易得法忍。得法忍者，所謂諸法不生不滅，畢竟空相。能信受是法忍者，是名無生忍。

**子璿《首楞嚴義疏注經》卷一**　了法無生，印可決定，名無生忍。得此忍時，通達一切法門，成就一切佛法。

**子璿《首楞嚴義疏注經》卷八**　是人即獲無生法忍，結能證也。眞如實相名無生法，無漏眞智名之爲忍。得此智時，忍可印持法無生理，決定不謬，境智相冥，名無生忍。

**元粹《大方廣圓覺修多羅了義經集註》上**　實相者，離虛妄也，生死涅槃俱寂滅故。無生忍者，忍是印可決定之義，證得諸法常住，名無生忍

**陳實《大藏一覽集》卷三**　是法本自無，畢竟空。佛語須菩提，若菩薩於生是法中，通達無疑，信力智慧力故，能住是法中，是名無生忍，是行般若波羅蜜。

## 無分別智

**菩提流支譯《大寶積經論》卷二**　無常是二邊，無我是二邊。所有此二邊中間，是名無分別智。

**眞諦譯《攝大乘論釋》卷一二**　由依慧學差別，應知無分別智差別。

釋曰：謂由無分別智自性，應知依慧學差別。由依慧學差別，應知無分別智差別者，若是次第說十九義，悉須作此語。今爲存略故，以一由無分別智摽初，次例出十九義竟，後總云應知依慧學差別。由依慧學差別，應知無分別智差別。以十九義成立無分別智。此智即是慧學體，慧學差別即是此智差別。應作如此知。無分別智自性云何。

論曰：無分別智自性，應知離五種相。釋曰：若具離五相，則是無分別智。若不具離五相，則非無分別智。

論曰：五相者。一離非思惟故。二離非覺觀地故。三離滅想受定寂靜故。四離色自性故。五於眞實義離異分別故。釋曰：此智若由離思惟故，名無分別智。熟眠放逸，狂醉同離，思應得無分別智。若由過覺觀地故，名無分別智。從二定以上已過覺觀地，應得無分別智。若依此二義，凡夫應得無分別智。是處能離心及心法，應說名無分別智。謂想受滅定等，若人在此位中得無分別智，此則不成智。何以故。於滅定等位，無心及心法故。若言如色自性智自性亦如此，如色鈍無知，此智應鈍無知。若於眞實義，由已分別顯現，是分別應成無分別智。何以故。此分別能分別眞實義，謂此義眞實。

論曰：是五相所離智，此中應知是無分別智。釋曰：若智離五相，緣眞實義起。若不異分別眞實義，謂此法眞實但緣眞實義，如眼識不以分別爲性，是名無分別智相。

論曰：於此中如所說，無分別智性中，故說偈言。釋曰：於此依慧學中，如前說十九義所顯無分別智性，更說偈成立此義。此偈欲何所顯。欲顯無分別智最勝，於所修衆行中最爲上首。

論曰：諸菩薩自性，五種相所離，無分別智性，於眞無分別。釋曰：菩薩以無分別智爲體，無分別智與菩薩不異。無分別智自性，即是菩薩自性。無分別智離五相，即是菩薩離五相。由於眞無分別故，離五相得無分別名。衆生是假名，法是實有。若離此智，無有別法應菩薩名。盡無生智是菩提。此衆生以菩提爲體，菩提即是無分別智。無分別智即是菩薩，欲示無分別智即是菩薩故。說菩薩自性離五相，不言無分別智後得例爾。如此說菩薩自性已，由此依止是性得生。今當說此依止。前說此智名無分別，此智爲依止心生，爲不依止心生。若依止心生，能思故名心，思即是分別。此智若依分別生，非謂無分別。若不依止心生，則同色等法，復不應名智。欲顯離此二失，故重說偈。

論曰：諸菩薩依止，非心非非心，是無分別智，非思疾類故。釋曰：此智不以心爲依止，由此智不思議故。亦不以非心爲依止，由以心疾利類相續爲依止故。疾利類是心種性，既以此爲依止故，不可說非心爲依止。爲顯因緣生起此智，故重說偈。

論曰：諸菩薩因緣，有言聞熏習，是無分別智，如理正思惟。

**波羅頗蜜多羅譯《大乘莊嚴經論》卷六**　然於諸地各有二智，一無分別智，二地建立智。菩薩若在正觀，於刹那刹那得爾所法而不分別，是名無分別智。菩薩出觀後，分別觀中，所得法如是如是分數，是名地建立智。

**玄奘譯《佛地經論》卷三**　內緣自體功德種子，外緣一切。若眞若俗，所知境界，現身土等一切影像。緣眞義邊，名無分別智。緣俗義邊，名後得智。

**窺基《唯識二十論述記》卷下**　離世分別及事分別，名無分別。此爲無間道，對治世間，契眞如理，名無分別智。

**玄奘譯《攝大乘論本》卷下**　應知無分別智名增上慧殊勝。此中無分別智離五種相以爲自性。一離無作意故。二離過有尋有伺地故。三離想受滅寂靜故。四離色自性故。五離於眞義異計度故。離此五相。應知是名無分別智。

**玄奘譯《攝大乘論釋》卷一**　無分別智，說名此中增上慧體者，若諸聲聞，離四顚倒分別，名無分別。若諸菩薩，離一切法分別，名無分別。二無分別，差別如是。

**玄奘譯《攝大乘論釋》卷八**　論曰：如是已說增上心殊勝。增上慧殊勝，云何可見。謂無分別智，若自性，若所依，若因緣，若所緣，若行相，若任持，若助伴，若異熟，若等流，若出離，若至究竟，若加行無分別後得勝利，若差別，若無分別後得譬喻，若無功用作事，若甚深，應知無分別智，名增上慧殊勝。釋曰：今正至說增上慧時，此中意說無分別智名增上慧。此復三種。一，加行無分別智，謂尋思慧。二，根本無分別智，謂正證慧。三，後得無分別智，謂起用慧。此中悕求慧，是第一增上慧。內證慧，是第二增上慧。攝持慧，是第三增上慧。今且成立無分別智。由唯此智，通因果故。其尋思智，是此智因。其後得智，是此智果。所以成此，兼成餘二。

**玄奘譯《攝大乘論釋》卷八**　無分別智所有自性，此中體相，說名自性。謂諸菩薩無分別智，離五種相以爲自性。離五相者：若無作意，是無分別智。睡醉悶等，應成無分別智。若過有尋有伺地，是無分別智。第二靜慮已上諸地，應成無分別智。若如是者，世間應得無分別智。若想受滅等位中，心心法不得，是無分別智。滅定等位，無有心故，智應不成。若如色自性，是無分別智。如彼諸色頑鈍無思，此智應成頑鈍無思。復有餘義。若如色性，智不應成。若於眞義異計度轉，無分別智，應有分別。謂分別言，此是眞義。若智遠離如是五相，於眞義中，不異計度，此是眞義。無分別智，有如是相。緣眞義時，譬如眼識，不異計度，此是其義。

**玄奘譯《攝大乘論釋》卷八**　無分別智，當言依心，爲依非心。若言依心，能思量故，說名爲心。依心而轉，是無分別、不應道理。若依非心，則不成智。爲避如是二種過失，故說此頌：此智所依，不名爲心。不思義故，亦非非心。心所引故，此生所依，是心種類，亦名爲心。

**玄奘譯《攝大乘論釋》卷八**　論曰：諸菩薩所緣，不可言法性，是無分別智，無我性眞如。

釋曰：不可言法性者，謂由遍計所執自性。一切諸法，皆不可言。何等名爲不可言性。謂無我性所顯眞如。遍計所執補特伽羅及一切法，皆無自性，名無我性。卽此無性所顯有性，說名眞如。勿取斷滅，故說此言。

**玄奘譯《攝大乘論釋》卷八**　論曰：諸菩薩行相，復於所緣中，是無分別智，彼所知無相。

釋曰：菩薩行相，於所緣中所現無相。謂卽此智，於眞如中，平等平等，生起無異無相之相，以爲行相。如眼取色，見青等相，非此青等，與色有異。此亦如是。智與眞如，無異行相。

**玄奘譯《攝大乘論釋》卷八**　論曰：諸菩薩助伴，說爲二種道，是無分別智，五到彼岸性。

釋曰：二種道者，一資糧道，二依止道。資糧道者，謂施戒忍及與精進波羅蜜多。依止道者，卽是靜慮波羅蜜多，及由前所說波羅蜜多所生諸善，及依靜慮波羅蜜多，無分別智，卽得生長。此智，名慧波羅蜜多。

**玄奘譯《攝大乘論釋》卷八**　無分別智，誰爲究竟。而次前說，次第獲得。論曰：諸菩薩究竟，得清淨三身，是無分別智，得最上自在。釋曰：得清淨三身者，是得如來淨三身義。言清淨者，謂初地中唯得三身至第十地乃善清淨。得最上自在者，無分別智，非唯證得清淨三身以爲究竟，而復獲得十種自在。此如後說，應知其相。無分別智有何勝利。此中三種無分別智。一者，加行無分別智。二者，根本無分別智。三者，後得無分別智。此中加行無分別智，謂諸菩薩初從他聞無分別理。次雖未能自見此理，而生勝解。次此勝解爲所依止，方便推尋無分別理。是名加行無分別智。由此能生無分別智，是故亦得無分別名。如是加行無分別智無染勝利。

**玄奘譯《攝大乘論釋》卷八**　未得佛果已來，無分別智，於何處所感異熟果。諸菩薩異熟，於佛二會中，是無分別智。由加行證得。於佛二會中者，謂受用身會中，及變化身會中。若無分別加行轉時，於變化身會中，受生、受異熟果。若已證得無分別智，於受用身會中，受生、受異熟果。爲顯此義，故復説由加行證得。

**玄奘譯《攝大乘論釋》卷八**　無分別智，誰爲等流。論曰：諸菩薩等流，於後後生中，是無分別智，自體轉增勝。釋曰：諸菩薩等流於後後生中者，於次前説二身大會後後生中，是無分別智。自體轉增勝者，卽彼所修無分別智，展轉增勝，應知卽是彼等流果。

**玄奘譯《攝大乘論釋》卷八**　若以如是無分別智，修成佛果，既離功用作意分別。云何能成利益安樂諸有情事。如末尼天樂，無思成自事，種種佛事成，常離思亦爾。如離分別，所作事成。於此頌中，末尼天樂譬喻顯示。如如意珠，雖無分別，而能成辦隨諸有情意所樂事。又如天樂無擊奏者，隨生彼處有情意樂，出種種聲。如是應知諸佛菩薩無分別智，雖離分別，而能成辦種種事業。

**玄奘譯《攝大乘論釋》卷八**　依智自性，説離五相。由遮詮門，説智體相。以表詮門，不可説故。遣分別門，無分別智，其相可了。若異此智，應有分別。何等分別。謂後廣説無作意等。若無作意，是無分別智。熟眠醉等，無所作意，應成無分別智。然不應許。由離功用，應得無顛倒故。若過尋伺地，是無分別智。第二靜慮已上諸地，一切異生及聲聞等，應成無分別智。然彼無有無分別智。若想受滅，是無分別智，此智體相，難可成立。無想等中，離心無有諸心法故。由意識滅，説彼無心。如前已説。若如其色，是無分別智，應不得成無分別智，譬如大種所造色故。若於眞義異相計度，是無分別智，此智不成無分別性，以於眞義異相計度，言此是眞，是無分別，有分別故。

**玄奘譯《大乘阿毗達磨雜集論》卷一四**　此無分別智，復離五相。謂非無作意故，非超過故，非寂止故，非自性故，非於所緣作加行故，名無分別。所以者何。若無作意故，名無分別。熟眠醉等，應是無分別智，由彼不思惟諸法相故。若超過故名無分別，從第二靜慮已上一切地，應是無分別智，由彼超過尋伺故。若爾，三界心心法，是分別體言，卽爲相違。若寂止故名無分別，滅受想定，應是無分別智，分別心心法於彼寂止故。若爾，智亦應無。若自性故名無分別，色等應是無分別智，彼非分別自性故。若於所緣作加行故名無分別，卽分別性，應是無分別智。若謂此是無分別，此加行相，卽分別相故。是故無分別智，非彼五相。若爾，云何觀無戲論無分別相。謂於所緣不起加行。此復云何。若諸菩薩過隨順教，觀察諸法若性若相，皆不眞實。由此觀察串習力所持故，不由加行，於如實無戲論界一切法眞如中，內心寂定。如是乃名無戲論無分別智。

**玄奘譯《攝大乘論釋》卷八**　論曰：諸菩薩所依，非心而是心，是無分別智，非思義種類。

釋曰：智是心法，故應依心。依止於心而無分別，不應道理。心聲卽是思想相故。若依非心，譬如衆色，不應成智。爲解如是雙結過失，故説半頌。非思義種類者，謂無分別智所依非心。非思義故，亦非非心。爲所依止，心種類故。以心爲因，數習勢力，引得此位，名心種類。此卽顯示智所依心，出過一切思量分別。

**玄奘譯《攝大乘論釋》卷八**　無分別智出離云何。論曰：諸菩薩出離，得成辦相應，是無分別智，應知於十地。釋曰：諸菩薩出離者，進趣究竟，故名出離。卽是進趣大涅槃義。得成辦相應是無分別智者，初護此智，名得相應。次後無量百千大劫，成辦相應。應知於十地者，謂從初地，乃至第十。如是次第，此智初地唯名爲得，爾後多時乃名成辦。是故菩薩經無數劫乃至涅槃，由爾所時，方到究竟。

**玄奘譯《成唯識論》卷九**　有義，此智二分俱無，説無所取能取相故。有義，此智相見俱有，帶彼相起，名緣彼故。若無彼相，名緣彼者，應色智等，名聲等智。若無見分，應不能緣。寧可説爲緣眞如智，勿眞如性亦名相緣，故應許此定有見分。有義，此智見有相無，説無相取，不取相故。雖有見分，而無分別，説非能取，非取全無。雖無相分，而可説此帶如相起，不離如故。如自證分，緣見分時，不變而緣，此亦應爾。變而緣者，便非親證。如後得智，應有分別，故應許此有見無相。

**延壽《宗鏡錄》卷八八**　夫證唯識理而登佛果，從初資糧位至究竟位，具幾智而得成就。

答：唯一無分別智。約初後有三種。一，加行無分別，謂尋思等智，即是道因。二，無分別智，即是道正體。三，無分別後智，即是出觀智，謂道果。

問：此三智行相如何。

答：《攝論》云：無分別智自性應知離五種相。一，離非思惟故。二，離非覺觀地故。三，離滅想受定寂靜故。四，離色自性故。五，於眞實義離異分別故。此智若由離思惟故，名無分別智。熟眠放逸狂醉，同離思惟，應得此智。若由過覺觀地故，名無分別智。從二定以上，已過覺觀，應得此智。若依此二義，凡夫應得此智。是處能離心及心法，應說名無分別智。謂想受滅定等。若人在此位中得無分別智，此則不成智。何以故。於滅定等位，無心及心法故。若言如色自性，智自性亦如此。如色鈍無知，此智應鈍無知。若於眞實義，由已分別顯現，是分別應成無分別智。何以故。此分別能分別眞實義。謂此義眞實。若智離五相，緣眞實義起。若不異分別眞實義，謂此法眞實，但緣眞實義。如眼識不以分別爲性，是名無分別智。無分別智，衆行中最爲上首。更以偈顯：諸菩薩自性，五種相所離，無分別智性，於眞無分別。菩薩以無分別智爲體，無分別智與菩薩不異。無分別智自性，即是菩薩自性。由於眞無分別故，離五相得無分別名。又三智總以喻顯。頌曰：如五求受塵，如五正受塵，如非五受塵，三智譬如是。釋曰：譬如人在眼等五識中求覓五塵，或緣實，或緣虛，意識與五識相間起故。加行無分別智亦爾。或證一分爲實，或不證爲虛。譬如人正在五識中得眞實境，無分別，無言說。根本無分別智亦爾，得眞實境，無分別，無言說。譬如人在意識中但緣先所受塵，名緣虛境，有分別，有言說。無分別後智亦爾，緣虛境，有分別，有言說。又偈云：如人初開目，是名加行智，如人正閉目，是無分別智。即彼復開眼，後得智亦爾。應知如虛空，是無分別智。於中現色像，後得智亦爾。

問：此無分別智從何而成。答：了一切名義無所有故，能成無分別智。

**普泰《八識規矩補註》卷上**　言體者，即以無分別智正解心心所謂體也。謂現量緣境時，離名言種類及邪妄分別，名無分別智。此智爲現量體理門論有四種，一前五識，二同時意識，三諸心心所自證分，四一切定心此四皆實證境而無分別也

# 根、識、世、土分部

## 根

**求那跋陀羅譯《雜阿含經》卷二六**　有五根，何等爲五。謂信根、精進根、念根、定根、慧根。信根者，當知是四不壞淨。精進根者，當知是四正斷。念根者，當知是四念處。定根者，當知是四禪。慧根者，當知是四聖諦。

**慧遠《大乘義章》卷四**　第一釋名，辨其體性。能生曰根。根義不同，廣略難定。今據一門說二十二。名字是何。所謂眼、耳、鼻、舌、身、意，即以爲六。男根女根及以命根，通前說九。苦、樂、憂、喜、捨，通前十四。信、進、念、定、慧，通前十九。未知根、知根及無知根，通前合有二十二也。

初六根者，對色名眼，乃至第六對法名意。此之六種，能生六識，故名爲根。男女根者，剛決爲男，柔弱爲女。身形小分，能別男女。從其所別，名男女根。根體即是身根小分。所生之識，即是身識少分。言命根者，若依《成實》，現在時中，色心相續，名之爲命。過去之業，能生於命，與命作根，故曰命根。若依《毘曇》，別有非色非心命報，此之命報，能持色心，相續不斷，故名爲根。《地持論》中，亦同此說。故彼文言：生理不壞，是其命根增上果也。言苦根者，五識地中，逼惱名苦，能生瞋結，故名爲根。言樂根者，五識地中，適悅名樂，能生貪結，故名爲根。言憂根者，意識地中，逼惱名憂，憂能生瞋，故名爲根。言喜根者，意識

地中，慶悅名喜，能生貪結，故名爲根。言捨根者，六識地中，中容受心，捨前四受，故名爲捨，能生癡結，目之爲根。若在淨中，喜樂及捨，能生淨法，故名爲根。言信根者，於境決定，名之爲信，信能生道，故名信根。精進根者，練心於法，名之爲精，精心上達，目之爲進。根同前釋。言念根者，守境名念，根同前釋。言定根者，住緣不亂，名之爲定。根同前釋。言慧根者，於法觀達，目之爲慧。根同前釋。

問曰：善法差別無量，以何義故偏說此五，以之爲根。釋言：此五遍生諸善，其力功強，故偏說之。又是五種，大煩惱地之對治故，偏說爲根。此義如後道品中釋。未知根者，《毗曇》名也。《成實》名爲未知欲知。此見道中無漏慧也。《毗曇》何故說爲未知，釋有三義。一義釋云：在於見道十五心中，解脫之智，知諦未遍，故名未知。無道比智知上界道，故云未也。第二義者，在於見道十五心中，未曾有知重知諦理，故名未知。問曰：若言未重知故名未知者，彼見道中一一諦下，皆有忍智。忍爲初知，智爲後知，云何不重。論自釋言，忍非智故，所以無過，何故非智。忍雖觀諦與疑得，俱不能決了，是故非智。故論說言，諸忍非智。良以諸忍非是智，故不名重知。問曰：若使忍非智者，亦應非見。釋言：不類見者，是其推求之義，忍心推求，故得名見。智者是其決斷之義。忍不決斷，故不名智。第三義者，智望忍心，得名重知。重知未遍，故名未知。上界道諦，未重知故。《毗曇》如是。彼《成實》中，名爲未知欲知根者，見道位中，未有容豫解脫智知，故名未知。爲欲簡去解脫道故，說爲未矣。以解脫道，修道攝故。言欲知者，去解脫中知之不遙，故名欲知。此言即是簡前之謂。見道已前，去解脫中知之玄隔，不得名欲。今爲簡彼，故說欲耳。此見道中無漏聖慧，能生於後，故名爲根。

言知根者，是修道中無漏慧也。準依《毗曇》，釋有三義。第一義者，修道門中，用解脫智，知諦周遍，故名爲知。第二義者，修道門中，於彼諦理，有智重知，故名爲知。第三義者，彼見道中智，望諸忍得名爲重，重知未遍，故名未知。今修道中道比智，起重知周遍，故名爲知。若依《成實》，釋有兩義。一義釋云，修道門中，有解脫智知於諦理，故名爲知。此之一義，名當初果。第二義者，以修道智重觀諦理，故名爲知。此之一義，名當斯陀那含果也。此能生後，故名爲根。

無知根者，《成實》說爲已知根也。若依《毗曇》，無學果中，觀諦已窮，不求更知，故曰無知。若依《成實》，先已知竟，故曰已知。無學果慧，能生後善同類相起，故名爲根。問曰：信進念定慧根，及三無漏所生善法，於五果中，是何果乎。《地持》宣說是增上果，二十二根，望其所生，皆悉名爲增上緣故。此望何善，說爲增上。謂望下善，若望同類及與上善，能生名爲自分因，故因緣所收。所生善法，名爲依果。何者是其三無漏根所生下善。謂學等見無學等見，聖人順舊遊觀無漏，名等見矣。

問曰：經說貪瞋癡等爲不善根，無貪瞋等爲三善根。二十二中，何故不說。釋言：略故，所以不論，更無餘義。如六通中，無法智通聖自在通。此亦如是。名義且爾，體狀云何。初眼根者，依如《毗曇》，以彼四大造色爲體，體異四大。若依《成實》攬大成眼，眼即四大。離大之外，無別造色以爲眼體。耳鼻舌身，類亦同爾。意根體者，依如《毗曇》，心王爲體，想受行等，皆非意根，法入收故。若依《成實》，無別心數，識想受行能生後義，皆是意根。然《成實》中，行末之心生五識者，不名意根，以其所生非意識故。自斯以外，一切心識，悉是意根。若依《毗曇》，一切六識，迭互相生，皆是意根。男女二根與身根同。身根少分。爲此二故，良以此二既變心識，其力功強，別人相顯故，就身中分出此二。命根體者，依如《毗曇》，現在世中，別有非色非心命法，爲命根體。若依《成實》，過去世中善惡之業，爲命根體。五受根者，依如《毗曇》，心數法中受數爲體。若依《成實》，受心爲體，更無別數。信等五根，論說不同。若依《毗曇》，善大地中，信數爲信根體，精進數爲精進根體。通大地中，念數爲念根體，定數爲定根體，慧數爲慧根體。若依《成實》，用彼信心爲信根體，乃至慧心爲慧心慧根體，無別數法。後之三根，若依《毗曇》，是智慧性，論其眷屬，是五陰性。同時心王，即爲識陰。同時受數，即爲受陰。同時想數，即爲想陰。自餘教法，以爲行陰。道共無作，即爲色陰。若依《成實》，慧心爲體，更無餘法，體性如是。

**慧遠《大乘義章》卷五**　言三根者，謂貪、瞋、癡。染境名貪，忿怒曰瞋，闇惑名癡。此三乃是思前煩惱，發生思業，故名爲根。言三道者，所謂貪瞋及與邪見。貪瞋同前。言邪見者，謬執乖理，目之爲邪。邪心推求，說之爲見。以何義故，前三根中第三名癡，此三道中說名邪見。《成實》釋言，癡中增上說名邪見。暢思煩惱，必是增上，故說邪見。此三乃是思後煩惱。通暢前思，故名爲道。言三毒者，名同三根。以何義故，不同三道，乃同三根。三根之中，癡名是寬，故此同之。三道之中，邪見義狹，故此不同。然此三毒，通攝三界一切煩惱。一切煩惱，能害衆生。其猶毒蛇，亦如毒龍。是故就喻說名爲毒，名義如是。

**慧遠《大乘義章》卷二〇**　言根力者，信進念等宿習，今成能生於後，故名爲根。知根大小利鈍等，別名爲根力。

**玄奘譯《大乘阿毗達磨雜集論》卷五**　云何根。幾是根。爲何義故，觀根耶。謂取境增上故，種族不斷增上故，衆同分住增上故，受用淨不淨業果增上故，世間離欲增上故，出世離欲增上故，是根義。取境增上者，謂眼等六。由此增上力，於色等境，心心所轉故。種族不斷增上者，謂男女根。由此增上力，子孫等胤，流轉不絕故。餘如增上緣中說。受識蘊全，色行蘊一分，十二界六處全，法界法處一分，是根。色蘊一分者，謂眼耳鼻舌身男女根。行蘊一分者，謂命信勤念定慧根。十二界全者，謂六根六識界。六處全者，謂內六處。法界法處一分者，謂命及樂等信等五根。爲捨執著增上我故，觀察根。

**玄奘譯《瑜伽師地論》卷五七**　問：何等是根義。答：增上義是根義。問：爲何顯義。答：爲顯於彼彼事，彼彼法最勝義。

**玄奘譯《辯中邊論》卷中**　如是已說處非處義，根義云何。頌曰：根於取住續用二淨增上。論曰：二十二根，依於六事增上義立。謂於取境，眼等六根，有增上義。命根於住，一期相續，有增上義。男女二根，於續家族，有增上義。於能受用善惡業果，樂等五根，有增上義。於世間淨，信等五根，有增上義。於出世淨，未知等根，有增上義。

**玄奘譯《五事毗婆沙論》上**　問：此中所說根義云何。答：增上最勝現見光明喜觀妙等，皆是根義。問：若增上義是根義者，諸有爲法，展轉增上，無爲亦是有爲增上，則一切法皆應是根。答：依勝立根，故無斯過。謂增上緣，有勝有劣，當知勝者建立爲根。問：何根於誰有幾增上。答：五根各有四事增上。一莊嚴身，二導養身，三生識等，四不共事。

**玄奘譯《瑜伽師地論》卷五四**　問：由幾因緣，說諸根壞及不壞耶。答：由二因緣，一由羸損故，二由全壞故。與此相違，當知不壞。又略由四緣，諸根變異。一、由外緣所生。謂由受用攝受損壞外境界故，或由他輩所損益故。二、由內緣所生。謂由各別不如理作意所生貪等諸纏煩惱故，或由如理作意所生三摩鉢底等故。三、由業緣所生。謂由先業增上緣力，感得端正醜陋等故。四、由自體變異所生。謂彼諸根自相差別故。問：由幾因緣，意根壞耶。答：由四因緣。一、由蓋所作。謂於五蓋中，隨由一蓋，覆蔽其心。二、由散亂所作。謂由鬼魅，嬈亂其心。三、由未證所作。謂彼內心，猶未證得靜慮無色勝品功德，然於其中強發作意。四、由未解所作。謂於多聞工巧等事，心未純熟，強施方便。

**玄奘譯《顯揚聖教論》卷一四**　云何根善巧。頌曰：於能取生住，及染汙清淨，無理我觀餘，於彼果增上。於如是方便，名爲根善巧。謂於取生住染淨增上故。論曰：若不見我於能取等，是增上故，名根善巧。何以故。非所計我，觀餘因緣，於能取等，增上自在。卽餘因緣，於能取等，是增上故。是故計我，不應道理。所言諸根，於能取等是增上者，謂眼等六根，於取六境，是增上。男女二根，於能生相續，是增上。命根一種，於相續住，是增上。五受根，於染汙，是增上。信等八根，於清淨，是增上。此中顯示根善巧自體，及彼障斷勝利，是名根善巧。

**玄奘譯《阿毗達磨大毗婆沙論》卷四七**　問：多處說根。謂有處說有身見爲根。或有處說世尊爲根。或有處說欲爲根。或有處說不放逸爲根。或有處說自性爲根。此諸根名義何差別。答：若有身見爲根者，依諸見趣。謂執我我所故，六十二見趣生長。說世尊爲根者，依所說法，謂唯佛能說雜染清淨、繫縛解脫、流轉還滅等諸妙法門。說欲爲根者，依集善法，謂要有欲，能集諸善。說不放逸爲根者，依守善法，謂不放逸，故能守護諸善。諸放逸者，雖有善法，而復退壞。說自性爲根者，依不捨自體，謂一切法，以自性爲根，不失自體。

**玄奘譯《阿毗達磨大毗婆沙論》卷一三**　問：眼根極微，云何而住。爲傍佈住。爲前後住耶。設爾，何失。若傍佈住者，云何風吹不散。若前後住者，云何前不障後耶。有作是說：黑瞳子上，傍佈而住，對治色境，如胡荽花。或如滿器，水上散麨。問：若爾，何緣風吹不散。答：淨色覆持，故吹不散。有餘師說，黑瞳子中，前後而住。問：若爾，何故前不障後。答：體清淨故，不相障礙。謂如是類所造淨色，雖多積集，而不相障。如秋池水，以澄淨故，細針墮中，而亦可見。耳根極微，住耳孔中。鼻根極微，住鼻孔中。如是三根，繞頭而住，如冠花鬘。舌根極微，住在舌上，猶如半月。然於其中，如毛端量，無有舌根。身根極微，隨身內外，次第而住。復有餘師以喻顯示諸根極微，次第住相。眼根極微，黑瞳子上，如藥杵頭。耳根極微，住耳孔中，猶如燈器。鼻根極微，住鼻孔中，猶如人爪。舌根極微，住在舌上，猶如剃刀。身根極微，隨身而住，猶如戟矟。女根極微，住女形中，猶如鼓顙。男根極微，住男形上，猶如指環。佛於經中，亦以此喻，說諸根相。

**玄奘譯《阿毗達磨俱舍論》卷二**　若此宗說，眼見耳聞乃至意了；彼所取境，根正取時，爲至不至。

頌曰：眼耳意根境，不至三相違。

論曰：眼耳意根，取非至境。謂眼能見遠處諸色。眼中藥等，則不能觀。耳亦能聞遠處聲響。逼耳根者，則不能聞。若眼耳根，唯取至境；則修定者，應不修生天眼耳根。如鼻根等。若眼能見不至色者；何故不能普見一切遠有障等不至諸色。如何磁石吸不至鐵，非吸一切不至鐵耶。執見至境，亦同此難。何故不能普見一切眼藥籌等、至眼諸色。又如鼻等，能取至境；然不能取一切與根俱有香等。如是眼根，雖見不至，而非一切。耳根亦爾。意、無色故，非能有至，有執耳根通取至境及不至境。自耳中聲，亦能聞故。所餘鼻等三有色根，與上相違，唯取至境。如何知鼻唯取至香。由斷息時，不嗅香故。云何名至。謂無間生。

**窺基《大乘法苑義林章》卷三**　釋名者，諸論同說。根者，增上義，出生義，是根義。與眼等識爲威勢增上，爲因出生，故名爲根。五是數名，即帶數釋。眼者照了導義，名之爲眼。《瑜伽》第三云，屢觀眾色觀而復捨，故名爲眼。梵云斫芻。斫者行義，芻者盡義。謂能於境行盡見行，盡見諸色，故名行盡。翻爲眼者，體用相當。依唐言譯，耳者能聞之義。梵云戍（輸聿反）縷多，此云能聞。如是我聞，亦云戍縷多。故《瑜伽》云，數數於此聲至能聞，故名爲耳。翻爲耳者，體用相當。依唐言譯，鼻者能嗅義。梵云揭邏拏，此云能嗅。故《瑜伽》云，數由此故，能嗅於香，故名爲鼻。翻爲鼻者，體義相當。依唐言譯，舌者能嘗、能吮、能除飢渴義。梵云時乞縛，此云能嘗，除飢渴。故《瑜伽》云，能除飢羸，數發言論，表彰呼召，故名爲舌。然由世俗發言論者，是舌依處。故《瑜伽》中通以勝義。世俗二義俱名爲舌。翻爲舌者，義相當故。依唐言譯，身者積聚義。依止義，雖諸根大造竝皆積集，身根爲彼多法依止。積集其中，獨得身稱。梵云迦耶，此云積聚。故《瑜伽》云，諸根所隨周遍積集，故名爲身。雖復迦耶是積聚所依義。翻爲身者，體義相當。依唐言譯，此中眼體即是其根，乃至身根，皆持業釋，皆有出生言增上義故。

**窺基《大乘阿毗達磨雜集論述記》卷七**　順益名善，能生名根。

**通理《圓覺經析義疏》卷二**　五根者：第一信根，謂初發心時，即具信心，尚屬不定。今既修念處正勤神足，信心乃定，故名爲根。（如樹生根，不能搖拔）第二進根，謂修正勤時，即具精進，尚或有間。今既修神足中勤，進乃無間，故名爲根。（根義如上釋）第三念根，謂修念處時，即能繫念，尚有四境。今既修神足中欲，於菩提心猛利樂欲，念乃循元，故名爲根。（此下根義，俱如上說）第四定根，謂修念處時，即有定義，（念有所住）尚屬輕微。今既修神足中心，專注一境，故名爲根。第五慧根，謂修正勤時，即具慧照。（揀別善惡）今既修神足中慧，正觀破魔，故名爲根。又由此五者，菩提心可以植立，如栽一樹，已生五條根矣。

## 塵

**慧遠《大乘義章》卷八**　第一釋名。眼等六根，色等六塵，及與六識，是其十八。能生曰根，能生識故。能坌名塵，坌污心故。然此色等，當法立名名六境界。而言塵者，偏對染心以彰名也。良以淨心多緣理生，染依事起，故偏對染以名塵矣。

**慧遠《維摩義記》卷三（本）**　煩惱坌污，名之爲塵。有能勞亂，說以爲勞。

**智顗《仁王護國般若經疏》卷二**　如頭足腹脊和合故，假名爲身。如髮眼耳鼻口皮骨和合故，假名爲頭。諸毛和合，假名爲髮。分分合故，假名爲毛。諸泥塵和合故，假名爲分。亦和合諸分故，名爲塵。此即名假也。

**宗密《大方廣圓覺經大疏》下卷之一**　塵者，六塵。勞謂勞倦，由塵成勞，故名塵勞。又染心勤苦，亦是塵勞。

**文才《肇論新疏游刃》卷下**　色聲等法是識所緣，故名爲境。坌汙淨心，故名爲塵。

**慧洪《玅法蓮華經合論》卷一**　夫塵爲心緣，心爲塵因，因緣和合，幻相方生。由從緣生，必無自性，此一佛乘知見也。

**子璿《首楞嚴義疏注經》卷一**　心目是本，塵勞爲末。若迷本之依處，群末難除。染污故名塵，擾惱故名勞。

**弘贊《佛説梵網經菩薩心地品下略疏》卷八**　謂色聲香味觸法之六塵，能染污眼耳鼻舌身意之六根，故名爲塵。

**劉道開《楞嚴説通》卷一**　佛言：汝心若在根塵之中者，此之心體，爲兼根塵二者。如父母合而共生子耶。爲不兼二者，如不因父母而自生子耶。夫塵即物也，根即體也。若兼二者，則根塵混合，物體雜亂。物非有知，體是有知。

**通理《楞嚴經指掌疏》卷六**　淫欲爲衆苦之本也。淫欲以染污爲性故名爲塵。

**失名《法華經玄贊釋》**　又如六塵，眼能見色，故名爲塵。餘聲香等，亦是於色，亦是於塵。

## 扶塵根

**遇榮《仁王護國般若經疏法衡抄》卷四**　根有二種。一者勝義根，根體勝玅，唯聖智所知故。二者世俗根，根依處故，亦名扶塵根。其勝義根在扶塵根内，如珠瑩淨照境發識，説名根也。

**延壽《宗鏡録》卷五三**　根者，即五根，有增上出生義故，名之爲根。於中有清淨五色根，有扶塵五色根。若清淨五色根，即是不可見，有對淨色，以爲體性。能發生五識，有照境用故。若扶塵五色根者，即扶清淨根，能照其境。自體即不能照境，爲扶塵根，是麁顯色故。不妨與清淨根爲所依。

## 勝義根

**玄奘譯《阿毗達磨大毗婆沙論》卷一四二**　唯意一種是勝義根，是内是遍有所緣故。是内者，内處攝故。是遍者，從無間獄至有頂故。有所緣者，緣一切法故。餘眼等根不具斯義，是故不立爲勝義根。

**德清《大佛頂如來密因修證了義諸菩薩万行首楞嚴經通議》卷四**　五根既就，而初結肉團居中，名肉團心。故此屬四大，名浮塵根。而有一竅識精從此以奔法塵，乃無明殼最初所結清淨四大，名勝義根，以裹藏識。意根處此杳冥之中，故如幽室見，聖人之心有七竅，言其虚而明耳。

**一松《大佛頂首楞嚴秘録》卷三**　淨色根，亦名勝義根。然不離乎浮塵。蓋發勝義居乎浮塵之中也。勝義者，乃天眼所見勝乎浮塵耳。於第八阿賴耶識相分之上，一作所緣，又能發識。乃一體而有二用，大似蝸牛兩角生，必同生者也。六根皆具有者，若曰勝義與浮塵稱蝸牛兩角者，非也。吸此塵象之吸如磁石吸鋏也。石與鋏或氣分相似，或天性相關，不見則已，一見則吸。今根與塵義亦然耳。此見離彼等，謂其由塵而有，離塵無體也。

**錢謙益《大佛頂首楞嚴經疏解蒙鈔》卷四**　最初所結清淨四大，名勝義根，以裹藏識。意識處此暗中，故如幽室見。

**廣益《八識規矩頌》**　言依淨色根者，《楞嚴》云，元依一精明，分成六和合，以見精映色，結色成根等。根元目爲清淨四大，故名淨色。以此淨色即無明殼也，亦名勝義根。謂於眼等一八淨色如淨醍醐。有此性故，眼等識生，無即不生。照境發識，以成根用，故名勝義。不同浮塵虚假損壞。此無損壞，故亦名勝義。不同浮塵無見聞等。此能覺知，故亦名勝。如眼能見色，耳能聞聲，鼻能嗅香，舌能嘗味，身能覺觸是也。問：淨色根畢竟是何物。答：此無見有對色，雖有質礙而非眼所得見。比量所知，非現量得，如何可指。然此識精圓映五門，隨浮根之照用，是知浮根則有五，而淨色唯一，故曰元依一精明耳。

**劉道開《楞嚴説通》卷之三**　勝義根者，爲鼻乎。若取肉形，肉質乃身，身知即觸。鼻轉爲身，知轉爲觸，是失其鼻之實矣。且名身即非鼻，名觸即是塵，是失其鼻之名矣。名實皆非，則鼻尚無名，從何立界。是則不因浮塵根生明矣。

**溥畹《大佛頂首楞嚴經寶鏡疏》卷三** 勝義根者，爲鼻耶。若取肉形，則肉質乃屬身根，非鼻根也。且能知者，即是身之觸知，不屬鼻之齅知。而所知者，即是觸塵，不屬香塵。既名身根，則非鼻根。既名觸塵，則非香塵。若是則鼻根香塵尚且無名，云何以鼻而立識之界乎。此計浮根爲識之界者，妄也。

# 識

**慧遠《大乘義章》卷三** 所言識者，乃是神知之別名也。隨義分別，識乃無量。今據一門，且論八種。八名是何。一者眼識。二者耳識。三者鼻識。四者舌識。五者身識。六者意識。七者阿陁那識。八阿梨耶識。八中前六，隨根受名。後之二種，就體立稱。根謂眼、耳、鼻、舌、身、意，從斯別識，故有六種。

**智顗《摩訶止觀》卷二上** 對境覺知，異乎木石名爲心。次心籌量名爲意，了了別知名爲識。

**玄奘譯《大乘阿毗達磨集論》卷一** 何等爲識，謂六識身，眼識、耳識、鼻識、舌識、身識、意識。何等眼識，謂依眼緣色了別爲性。何等耳識，謂依耳緣聲了別爲性。何等鼻識，謂依鼻緣香了別爲性。何等舌識，謂依舌緣味了別爲性。何等身識，謂依身緣觸了別爲性。何等意識，謂依意緣法了別爲性。

**玄奘譯《阿毗達磨順正理論》卷三** 論曰：識謂了別者。是唯總取境界相義。各各總取彼彼境相。名各了別。謂彼眼識雖有色等多境現前。然唯取色不取聲等。唯取青等。非謂青等。亦非可意不可意等。非男女等。非人杌等。非得失等。如彼眼識。於其自境。唯總取相。如是餘識。隨應當知。

**玄奘譯《成唯識論》卷一** 識謂了別，此中識言亦攝心所，定相應故。

**窺基《成唯識論述記》卷一** 論，識謂了別。述曰：釋識名義，今舉行相顯識自體。心、意、識、了，名之差別，故以了別釋識之義。

**玄奘譯《成唯識論》卷五** 識以了境爲自性故，即復用彼爲行相故。由斯兼釋所立別名，能了別境名爲識故。如契經說，眼識云何，謂依眼根了別諸色。廣說乃至意識云何，謂依意根了別諸法。

**玄奘譯《大乘五蘊論》卷一** 云何識蘊。謂於所緣境，了別爲性。亦名心意。由採集故。意所攝故。最勝心者：謂阿賴耶識。何以故。由此識中，諸行種子，皆採集故。又此行緣，不可分別，前後一類，相續隨轉。又由此故；從滅盡等至無想等至無想所有起者，了別境名轉識還生。待所緣緣差別轉故。數數間斷，還復轉故。又令生死流轉旋還故。阿賴耶識者：謂能攝藏一切種子故。又能攝藏我慢相故。又復緣身爲境界故。即此亦名阿陁那識。能執持身故。最勝意者：謂緣阿賴耶識爲境，恒與我癡我見我慢及我愛等相應之識。前後一類，相續隨轉。除阿羅漢果及與聖道滅盡等至現在前位。

**地婆訶羅譯《大乘廣五蘊論》卷一** 云何識蘊。謂於所緣，了別爲性。亦名心。能採集故。亦名意。意所攝故。若最勝心；即阿賴耶識。此能採集諸行種子故。又此行相，不可分別，前後一類，相續轉故。又由此識，從滅盡定無想定無想天起者，了別境界轉識復生。待所緣緣差別轉故；數數間斷，還復生起。又令生死流轉迴還故。阿賴耶識者：謂能攝藏一切種子。又能攝藏我慢相故。又復緣身爲境界故。又此亦名阿陁那識。執持身故。最勝意者：謂緣藏識爲境之識。恒與我癡我見我慢我愛相應。前後一類，相續隨轉。除阿羅漢聖道滅定現在前位。如是六轉識、及染污意、阿賴耶識、此八名識蘊。

**玄奘譯《阿毗達磨俱舍論》卷一** 已說受等三蘊處界，當說識蘊，幷立處界。頌曰：識謂各了別，此卽名意處，及七界應知，六識轉爲意。論曰：各各了別彼彼境界，總取境相，故名識蘊。此復差別，有六識身。謂眼識身，至意識身。應知如是所說識蘊，於處門中立爲意處，於界門中立爲七界。謂眼識界，至意識界，卽此六識，轉爲意界。

**玄奘譯《阿毗達磨集異門足論》卷一一** 云何識蘊。答：諸所有識，若過去，若未來，若現在，若內，若外，若麁，若細，若劣，若勝，若遠，若近。如是一切，略爲一聚，說名識蘊。諸所有識者，云何名爲諸所有識。謂六識身。何等爲六。謂眼識、耳鼻舌身意識。如是名爲諸所有識。若過去、若未來、若現在者，云何過去識。答：若識，已起已等起，已生已等生，已轉已現轉，已聚集已出現，落謝過去，盡滅離變，過去性，過去類，過去世攝，是名過去識。云何未來識。答：若識，未已起，未已等起，未已生，未已等生，未已轉，未已現轉，未聚集，未出現，未來性，未來類，未來世攝，是名未來識。云何現在識。答：若識，已起已等起，已生已等生，已轉已現轉，聚集出現，住未已謝，未已盡滅，未已離變，和合現前，現在性，現在類，現在世攝，是名現在識。若內若外者，云何內識。答：若識，在此相續，已得不失，是名內識。云何外識。答：若識，在此相續，或本未得，或得已失，若他相續，是名外識。若麁若細者，云何施設麁識細識。答：觀待施設麁識細識。復如何等。答：若觀待無尋唯伺識，則有尋有伺識名麁。若觀待有尋有伺識，則無尋唯伺識名細。若觀待無尋無伺識，則無尋唯伺識名麁。若觀待無尋唯伺識，則無尋無伺識名細。若觀待色界識，則欲界識名麁。若觀待欲界識，則色界識名細。若觀待無色界識，則色界識名麁。若觀待色界識，則無色界識名細。若觀待不繫識，則無色界識名麁。若觀待無色界識，則不繫識名細。如是施設麁識細識。如是名爲若麁若細，若劣若勝者，云何施設劣識勝識。答：觀待施設劣識勝識。復如何等。答：若觀待有覆無記識，則不善識名劣。若觀待不善識，則有覆無記識名勝。若觀待無覆無記識，則有覆無記識名劣。若觀待有覆無記識，則無覆無記識名勝。若觀待有漏善識，則無覆無記識名劣。若觀待無覆無記識，則有漏善識名勝。若觀待無漏善識，則有漏善識名劣。若觀待有漏善識，則無漏善識名勝。若觀待色界識，則欲界識名劣。若觀待欲界識，則色界識名勝。若觀待無色界識，則色界識名劣。若觀待色界識，則無色界識名勝。若觀待不繫識，則無色界識名劣。若觀待無色界識，則不繫識名勝。如是施設劣識勝識，如是名爲若劣若勝。若遠若近者，云何遠識。答：過去未來識。云何近識。答：現在識。復次云何遠識。答：若識過去，非無間滅，若識未來，非現前起，是名遠識。云何近識。答：若識過去，無間已滅，若識未來，現前正起，是名近識。如是名爲若遠若近。如是一切略爲一聚者，云何一切略爲一聚。答：推度思惟稱量觀察，集爲一聚，是故名爲如是一切略爲一聚。說名識蘊者，云何說名識蘊。答：於此識蘊，顯識顯蘊顯身顯聚，是故名爲說名識蘊。

**玄奘譯《阿毗達磨大毗婆沙論》卷七五**　問：識界云何。答：五識身及有漏意識。問：何故無漏識不立識界耶。答：與識界相，不相應故。若法能長養諸有，攝益諸有，任持諸有者，立六界中。無漏意識，能損減諸有，散壞諸有，破滅諸有，是故不立在六界中。復次若法，能令諸有相續，生老病死流轉不絕者，立六界中。無漏意識，與此相違，是故不立在六界中。復次若法，是趣苦集行，亦是趣有世間生老病死集行者，立六界中。無漏意識，與此相違，是故不立在六界中。復次若法，是有身見事、顛倒事、愛事、隨眠事、與貪瞋癡爲安足處，有垢、有毒、有穢、有刺、有過、有濁，墮在諸有，苦集諦攝者，立六界中。無漏意識，與此相違，是故不立在六界中。尊者世友作是問言：此六界中，何故不攝無漏意識。卽自答言：如是六界從諸漏生，無漏意識不從漏生。復作是說，如是六界能生諸漏，無漏意識不生諸漏。復作是說，如是六界是我執緣，無漏意識非我執緣。復作是說，如是六界是有情依，無漏意識非有情依。復作是說，如是六界是異熟依，無漏意識非異熟依。復作是說，如是六界是入胎緣，無漏意識非入胎緣。復作是說，如是六界無始來有，無漏意識非無始有。大德說曰，如是六界是自體分，無漏意識非自體分。脇尊者言：如是六界是生死依，無漏意識非生死依。由如是等種種因緣，無漏意識不立識界。

**玄奘譯《入阿毗達磨論》卷下**　識句義者，謂總了別色等境事，故名爲識。卽於色等六種境中，由眼等根，伴助而起現在作用，唯總分別色等境事，說名爲識。若能分別差別相者，卽名受等諸心所法。識無彼用，但作所依。識用但於現在世有，一刹那頃，能有了別。此亦名意，亦名爲心。亦是施設有情本事。於色等境，了別爲用。由根境別，說有六種。謂名眼識，乃至意識。佛於經中，自說彼相，謂能了別，故立識名。由此故知了別爲相

**玄奘譯《阿毗達磨集異門足論》卷二〇**　問：識遍處定，加行云何。

修觀行者，由何方便而能證入識遍處定。答：初修業者，創修觀時，於此身中，或取清淨眼識相，或取清淨耳識相，或取清淨鼻識相，或取清淨舌識相，或取清淨身識相，或取清淨意識相。於此諸識，隨取一相，以勝解力，繫念思惟，假想觀察安立信解是某識相。彼由於此，以勝解力，繫念思惟，假想觀察，安立信解是某識故，心便散動，馳流諸相，不能一趣繫念一境，思惟此境是識非餘。彼心散動馳流諸相，不能一趣繫念一境思惟此境定是識故，未能證入識遍處定。爲攝散動馳流心故，於一識相，繫念思惟。謂此是識，非爲空等，思惟此相，精勤勇猛，乃至令心相續久住。由斯加行，能入識定。精勤數習此加行已，復進修行此定方便。謂於加行所引生道，數習數修數多所作。既於加行所引生道，數習數修數多所作，心便安住，等住，近住，相續一趣，繫念一境，思惟此境定是識相。由心安住等住近住，相續一趣繫念一境，思惟此境定是識相，無二無轉，能入識定，而未能入識遍處定。

問：若此未能入識遍處定者，識遍處定，加行云何。修觀行者，由何方便，乃能證入識遍處定。答：即依如前所入識定，令心隨順調伏趣向，漸次柔和，週徧柔和。一趣定已，復想此識，漸次增廣，東南西北，遍皆是識。彼想此識漸次增廣，東南西北遍是識故，心便散動，馳流諸相，不能一趣繫念一境，思惟此境遍皆是識。彼心散動馳流諸相，不能一趣繫念一境，思惟此境遍皆識故，未能證入識遍處定。爲攝散動馳流心故，於遍識相，繫念思惟，是遍是識，非遍空等。思惟此相，精勤勇猛，乃至令心相續久住。由斯加行，乃漸能入識遍處定。精勤數習此加行已，復進修行此定方便。謂於加行所引生道，數習數修數多所作。既於加行所引生道，數習數修數多所作，方便安住，等住近住，相續一趣繫念一境，思惟此境遍皆是識。由心安住等住近住，相續一趣，繫念一境，思惟此境遍皆是識，無二無轉，從此乃入識遍處定。言上下者，謂上下方。言傍布者，謂東南等。言無二者，謂無間雜。無邊無際者，謂邊際難測。是第十者，謂諸定中漸次順次相續次第，數爲第十。言遍處者，謂此識無邊處定中所有善受想行識，皆名遍處。

**玄奘譯《成唯識論》卷五** 論曰：次中思量能變識後，應辯了境能變識相。此識差別，總有六種。隨六根境，種類異故。謂名眼識，乃至意識。隨根立名，具五義故。五謂依、發、屬、助、如根。雖六識身，皆依意轉。然隨不共，立意識名。如五識身，無相濫過。或唯依意，故名意識。辯識得名，心意非例。或名色識，乃至法識。隨境立名，順識義故。謂於六境了別名識。色等五識，唯了色等，法識通能了一切法。或能了別法，獨得法識名。故六識名，無相濫失。此後隨境立六識名，依五色根未自在說。若得自在，諸根互用。一根發識，緣一切境。但可隨根，無相濫失。

**玄奘譯《成唯識論》卷一** 如是諸相，若由假說，依何得成。彼相皆依識所轉變而假施設。識謂了別。此中識言，亦攝心所，定相應故。變謂識體轉似二分，相見俱依自證起故。依斯二分，施設我法。彼二離此，無所依故。或復內識轉似外境，我法分別熏習力故，諸識生時，變似我法。此我法相，雖在內識，而由分別，似外境現。諸有情類，無始時來，緣此執爲實我實法。如患夢者，患夢力故，心似種種外境相現，緣此執爲實有外境。

**玄奘譯《阿毗達磨法蘊足論》卷一一** 云何識緣名色。謂有一類，貪瞋癡俱生識爲緣故，起貪瞋癡俱生身業語業，名爲色。即彼所生受想行識，名爲名。是名識緣名色。復有一類，無貪無瞋無癡，俱生識爲緣故，起無貪無瞋無癡，俱生身業語業，名爲色。即彼所生受想行識，名爲名。是名識緣名色。復次教誨那地迦經中，佛作是說：若那地迦所愛親友，變壞離散，便生愁歎苦憂擾惱。此愁俱生識爲緣故，起愁俱生身業語業，名爲色。即彼所生受想行識，名爲名。是名識緣名色。復次教誨頞勒窶那經中，佛作是說：頞勒窶那，識爲食故，後有生起。此識云何。謂健達縛最後心意識增長堅住，未斷未徧知，未滅未變吐。此識無間，於母胎中，與羯剌藍自體和合。此羯剌藍自體和合，名爲色。即彼所生受想行識，名爲名。是名識緣名色。復次教誨莎底經中，佛作是說：三事和合，入母胎藏。云何爲三。謂父母和合，俱起染心。其母是時調適及健達縛，正現在前。如是三事和合，入母胎藏。此中健達縛最後心意識增長堅住，未斷未徧知，未滅未變吐，此識無間，入母胎藏。此所託胎，名爲色。即彼所生受想行識，名爲名。是名識緣名色。復次《大因緣經》中，尊者慶喜，問佛：名色爲有緣不。佛言：有緣。此緣謂識。佛告慶喜：識若不入母胎藏者，名色得成羯剌藍不。阿難陁曰：不也，世尊。識若不入母胎藏者，名色得生此界中不。不也，世尊。識若初時已斷壞者，後時名色，得增長不。不也，世尊。識若全無，爲可施設有名色不。不也，世尊。是故慶喜，一切名色，皆識爲緣。是名識緣名色。如是名色，識爲緣，識爲依，識爲建立故，起等起，生等生，聚集出現，故名識緣名色。

**玄奘譯《阿毗達磨大毗婆沙論》卷八四**　云何識無邊處。如契經說：超一切空無邊處，入無邊識，識無邊處具足住。是名識無邊處。問：此何故名識無邊處。爲以自性爲以所緣。設爾，何失。二俱有過。所以者何。若以自性，識無邊處，以四蘊爲自性，不應但名識無邊處。若以所緣，識無邊處緣四聖諦及虛空非擇滅，亦不應但名識無邊處。答：應作是說：此不以自性，亦不以所緣，但以加行名識無邊處。如《施設論》說：以何加行，修識無邊處定。由何加行，入識無邊處定。謂初業者，先應思惟淸淨眼等六種識相。取此相已，假想勝解，觀察照了，無邊識相。以先思惟無邊識相，而修加行，展轉引起第二無色定。故說此名識無邊處。復次依等流故，說此定名識無邊處。謂瑜伽師，從此定出，必起相似識相現前。謂於識相，歡悅而住。具足住者，謂得獲成就識無邊處善四蘊。於得獲成就，說具足住聲。是故名爲識無邊處。

**玄奘譯《阿毗達磨集異門足論》卷一八**　超一切空無邊處，入無邊識識無邊處具足住，是第五解脫。超一切空無邊處者，云何超一切空無邊處。答：將欲趣入識無邊處時，於一切空無邊處想，皆能超越，平等超越，最極超越，是故說爲超一切空無邊處。入無邊識識無邊處具足住者，問：此識無邊處解脫加行云何。修觀行者，由何方便，入識無邊處解脫定。答：初修業者，創修觀時，先應思惟空無邊處爲麁苦障，後應思惟識無邊處爲靜妙離。彼既思惟空無邊處爲苦麁障，亦復思惟識無邊處爲靜妙離故，心便散動，馳流諸相，不能一趣，繫念一境，相續思惟識無邊處。彼心散動馳流諸相，不能一趣繫念一境、相續思惟識無邊處故，未能住心入識無邊處解脫定。爲攝散動馳流心故，專繫念思惟識無邊處相。思惟此相，精勤勇猛，乃至令心相續久住。由斯加行，入識無邊處解脫定。精勤數習此加行已，復進修行此定方便。謂於加行所引生道，數習數修數多所作。既於加行所引生道，數習數修數多所作，心便安住等住近住相續一趣繫念一境，思惟此是識無邊處。由心安住等住近住相續一趣繫念一境，思惟如是識無邊處，無二無轉，便能證入識無邊處解脫定。

**明昱《成唯識論俗詮》卷一**　識謂了別，詮有內心。以顯境空心有，故合名唯識。

**通潤《成唯識論集解》卷一**　識謂了別者，了謂了達，別謂分別。諸識皆能了達分別自分境故。問：心所亦能了別，何以不及。答：此中識言，亦攝心所，定相應故。此中者，指頌中說。言頌中但言識所變，而不及心所者，以心所恆依心起，與心相應，故但言識，必該心所也。

**王肯堂《成唯識論證義》卷一**　識謂了別。別釋頌中識字義，顯了分明辨別境相，故名爲識。凡所言識，必攝心所。以心所與心王同一所依根，同一所緣境，同一時，同一事，同一行相。具足五義，故曰定相應也。

**大惠《成唯識論自攷》卷一**　識謂了別。眼等諸識，各各皆能了別自分所緣境故。若合釋者，以唯言遮境非有，識言表心不無。心有境無，故名唯識。

**智旭《成唯識論觀心法要》卷一**　八識皆是了別之義。謂眼識了別色，耳識了別聲，乃至第八識了別根身器界種子也。識之爲言，亦攝心所，以心王決定與諸心所恆相應故。

## 根本識

**真諦譯《攝大乘論釋》卷二**　論曰：是應知依止阿陁那阿梨耶。質多，根本識，窮生死陰等。

釋曰：此三是大乘中所立名，質多是通大小乘所立名。根本識是摩訶僧祇部所立名。窮生死陰是彌沙塞部所立名。等者正量部立名。

**真諦譯《攝大乘論釋》卷三**　云何得成本識。能執持五根。本識若捨，依止身隨所捨處，冷觸次第起所捨之處，則成死身。

**笈多、行矩等譯《攝大乘論釋論》卷一**　論曰：摩訶僧祇阿含中，亦以別道理說此識，名爲根本識，譬如樹依根。

釋曰：根本識如樹依根者，彼根本識爲一切識因體故。譬如樹根爲枝莖等衆物因。若無根枝莖等，不可得故。若有阿梨耶識，爲諸識根本亦爾。

論曰：彌沙塞中亦以別道理說此識，名爲窮生死聚。有處有時見色心斷絕。阿梨耶識中種子無有斷絕。

**玄奘譯《唯識三十論頌》** 依止根本識，五識隨緣現，或俱或不俱，如濤波依水。

意識常現起，除生無想天，及無心二定，睡眠與〕悶絕。

**玄奘譯《成唯識論》卷三** 餘部經中亦密意說阿賴耶識有別自性，謂大衆部阿笈摩中密意說此名根本識。是眼識等所依止故。譬如樹根是莖等本，非眼等識有如是義。上坐部經分別論者俱密意說此名有分識。有謂三有。分是因義，唯此恆遍爲三有因。化地部說此名窮生死蘊。離第八識無別蘊法。窮生死際無間斷時，謂無色界諸色間斷，無想天等餘心等滅。不相應行離色心等，無別自體，已極成故。唯此識名窮生死蘊。說一切有部《增壹經》中亦密意說此名阿賴耶，謂愛阿賴耶、樂阿賴耶、欣阿賴耶、憙阿賴耶。謂阿賴耶識是貪，總別三世境，故立此四名。有情執爲眞自內我，乃至未斷恆生愛著故，阿賴耶識是眞愛著處。

**玄奘譯《成唯識論》卷七** 論曰：根本識者，阿陀那識，染淨諸識生根本故。依止者，謂前六轉識，以根本識爲共親依。

**玄奘譯《攝大乘論釋》卷二** 大衆部中名根本識。如樹依根者，謂根本識爲一切識根本因故。譬如樹根莖等總因。若離其根莖等無有。阿賴耶識名根本識，當知亦爾。

**延壽《宗鏡錄》卷四七** 小乘《增一阿含經》云：有根本識，是諸識所依。此根本識，即是第八識。以第八識能發起前六轉識故。

**延壽《宗鏡錄》卷五五** 根本識者，阿陀那識，染淨諸識生根本故。依止者，謂前六轉識，以根本識爲共依。

# 藏識

**慧遠《大乘義章》卷三** 阿梨耶者，此方正翻名爲無沒。雖在生死，不失沒故。隨義傍翻，名別有八。一名藏識，如來之藏爲此識故。是以經言，如來之藏名爲藏識。以此識中涵含法界恆沙佛法，故名爲藏。又爲空義所覆藏故，亦名爲藏。二名聖識，出生大聖之所用故。三名第一義識，以殊勝故。故《楞伽經》說之以爲第一義心。四名淨識，亦名無垢識，體不染故。故經說爲自性淨心。五名眞識，體非妄故。六名眞如識。論自釋言：心之體性無所破故，名之爲眞。無所立故，說以爲如。七名家識，亦名宅識，是虛妄法所依處故。八名本識，與虛妄心爲根本故。

**實叉難陀譯《大乘入楞伽經》卷五** 大慧！若無如來藏名藏識者，則無生滅。然諸凡夫及以聖人悉有生滅，是故一切諸修行者，雖見內境界住現法樂，而不捨於勇猛精進。大慧！此如來藏藏識本性清淨，客塵所染而爲不淨，一切二乘及諸外道，臆度起見不能現證，如來於此分明現見，如觀掌中菴摩勒果。

大慧！我爲勝鬘夫人及餘深妙淨智菩薩，說如來藏名藏識，與七識俱起，令諸聲聞見法無我。大慧！爲勝鬘夫人說佛境界，非是外道二乘境界。大慧！此如來藏藏識是佛境界，與汝等比淨智菩薩隨順義者所行之處，非是一切執著文字外道二乘之所行處。是故汝及諸菩薩摩訶薩，於如來藏藏識當勤觀察，莫但聞已便生足想。

**宗密《圓覺經大疏釋義鈔》卷一二** 藏識者，含藏一切染淨種子，即阿賴耶識也。此識自體，即如來藏。如來藏則唯含無量無邊恆沙勝妙功德。

**延壽《宗鏡錄》卷四七** 此阿賴耶識，即是眞心不守自性，隨染淨緣，不合而合，能含藏一切眞俗境界，故名藏識。如明鏡不與影像合，而含影像。此約有和合義邊說。若不和合義者，即體常不變，故號眞如。因合不合，分其二義。本一眞心，湛然不動。若有不信阿賴耶識即是如來藏，別求眞如理者，如離像覓鏡，即是惡慧，以未了不變隨緣隨緣不變之切種子阿賴耶識，亦名異熟識，亦名阿陁那識。以能積集諸習氣故。習氣者，謂由現行蘊等，令彼種子皆得增益。一切種子識者，謂能生蘊等諸法種子所積集故。阿賴耶識者，謂能攝藏諸法種子故。又諸有情取爲我故。異熟識者，先業所生故。阿陁那識者，謂能數數令生相續，持諸根等令不壞故。又言心者，謂能積集一切法習氣故。

**宗密《圓覺經大疏釋義鈔》卷二**　異熟識，由過去煩惱及薰習成種，招此識果，酬引業故。其前六識酬滿業者，彼異熟起名異熟生不名異熟，有間斷故。故其八識皆業惑生。偈云：由諸業（福非福不動即有漏善不善思業。此雖纔起，無間即滅。無義能招當異熟果，而熏本識起。自功能也。）習氣，（即此功能說爲習氣，是業氣分。薰習所成，如是習氣展轉相續，至成熟時，招異熟果。此即有支習氣。）二取（相分、見分也。或名、色爲二。或心王、心所爲二。或分本、末爲二）習氣（彼所薰發，親能生彼本識上功能，名爲二習氣。即是我執名言二種習氣，取我我所，及取名言，而薰習故也。）俱，（謂業種二取種，俱是疎親緣互相助義，業招生顯故。偈先說也。）前異熟既盡（前前生業異熟果），復生餘異熟。（後後生業異熟果，受用盡時，復別能生餘異熟果。）疏依生滅識等者，《攝論》第一云，無始時來界一切法等依，由此有諸趣及涅槃證得。界即因義，謂種子識等。

**澄觀《大方廣佛華嚴經疏》卷三四**　《攝論》云：本識有三相。一自相，謂本識自體。二因相，謂種子識。三果相，謂異熟識。

**窺基《成唯識論述記》卷三**　論：或名異熟識，至異熟果故。

述曰：此意顯是引果義故。有漏無記名爲異熟，與因異故，從異熟因所生起故。無漏是善非名異熟，非與因異，及異熟因生故。

**曇曠《大乘百法明門論開宗義記》**　二名毘播迦，此名異熟識。謂此識體性唯無記，乃是能引善不善業界趣生等生死果體。名異熟者，異時而熟，變異而熟，異類而熟。具此三義，故名異熟。若前二義名異熟者，前七識等亦得此名。因時異果，由因變異而果方熟，義皆遍故。依後一義名異熟者，唯第八識獨得此名。以善惡因感無記果，異類熟義非餘識故。異義通因，熟唯在果。果熟有二。種子現行，若異屬因是異之熟，若異屬果異即是熟。異熟即識熟屬現行，異熟之識熟屬種子。故餘轉識不得此名，義，而生二執。

**智旭《成唯識論觀心法要》卷三**　第八攝藏雜染種子以起現行，即能藏義。雜染現行，熏成第八識中種子，即所藏義。有情執藏爲自內我，即執藏義。具此三義，故名藏識。

## 異熟識

**玄奘譯《成唯識論》卷三**　然第八識雖諸有情皆悉成就，而隨義別立種種名。謂或名心，由種種法熏習種子所積集故。或名阿陁那，執持種子及諸色根令不壞故。或名所知依，能與染淨所知諸法爲依止故。或名種子識，能遍任持世出世間諸種子故。此等諸名通一切位。或名阿賴耶，攝藏一切雜染品法令不失故，我見愛等執藏以爲自內我故。此名唯在異生有學，非無學位不退菩薩有雜染法執藏義故。或名異熟識，能引生死善不善業異熟果故。此名唯在異生二乘諸菩薩位，非如來地猶有異熟無記法故。或名無垢識，最極清淨諸無漏法所依止故，此名唯在如來地有。

**宗密《圓覺經大疏釋義鈔》卷七**　或名異熟識，能引生死善不善業異熟果故。（此意顯是引果義故。有漏無記名爲異熟，與因異故。從異熟因，所生起故。無漏是善非名異熟，非與因異及異熟因生故。）

**圓測《解深密經疏》卷三**　或名異熟識，能引生死善不善業異熟果故。解云：異熟有三。一轉變而熟，故名異熟。二異時而熟，故名異熟。三異類而熟，因是善惡。果唯無記，故云異熟。三中唯取第三異類，以前二名通餘果故。或名無垢識，最極清淨，諸無漏法所依止故。解云：梵音阿末羅識，此云無垢識，即妙覺位。大圓鏡智相應心體，名無垢識，最極清淨。諸智定等無漏道法，爲依止故。故《如來功德莊嚴經》云，如來無垢識，是淨無漏界，解脫一切鄣，圓鏡智相應。廣如《唯識疏》第三卷說。

**玄奘譯《大乘阿毗達磨集論》卷一**　一切種子阿賴耶識，亦名異熟識。亦名阿陁那識，以能積集諸習氣故。

**玄奘譯《大乘阿毗達磨雜集論》卷二**　心者，謂蘊界處習氣所熏。一此名唯在異生二乘諸菩薩位。

**曇曠《大乘百法明門論開宗義決》** 彼緣無垢識等者，等即等取異熟識也。若至佛身平等性智緣異熟識，菩薩第八未得轉依但名異熟。有此差別，故置等言。

謂前七識皆是種生等者，七識是果，種子是因。然因與果皆名體相。體即是相，無差別也。凡因與果，雖非定一，不可定異，無別性故。即攬此種爲第八識者，如《唯識論》第二卷云：阿賴耶識有其三相。一者因相，謂所持種能生染淨法故。二者果相，即現識體是善惡業異熟果故。三者自相，即此種現攝持因果爲自相故。言自相者，即自體義。既攝因果以爲自體，故用種子爲第八識。

異時而熟變異而熟者，謂諸種子有二因義。一牽引因，謂未潤時，以能牽引自遠果故。二生起因，謂被潤時，以能生起近自果故。依牽引因，立異時熟，未被潤時與所生果時不同故。依生起因立變異熟，既被潤以由因變異果方熟故。

異類而熟者，由異性因異性果熟。謂諸種子復有二種。一者異熟，即是所熏善惡二種，此望第八無記種子而爲因性，若無此種第八種子必不生故。二者名言，即通一切三性種子，各能親辨自所生果，各望自果爲因緣性。由善惡種，令第八識名言種熟生五趣果故。善惡種名異熟因，是故說名由異性因異性果熟名爲異熟。

異義通因熟唯在果者，因謂識中善惡種子，果謂第八種子現行。此善惡因望無記果，因果各別，皆得名異。不偏在果，故言通因。及成熟時，唯在第八種及現行言唯在果。

異熟有二種子現行者，種子謂即親生第八名言種子，現行謂即從此種生第八現識。此二皆是善惡業種之所招感異熟並名爲果。

若異屬因是異之熟者，此下四句約其六釋釋異熟二字因果四句名也。此之二句辨依主釋。謂既前言異義通因，若將異義屬善惡者，因熟唯在果，第八種子現行即是善惡。異家之熟依主釋也。

若異屬果異即是熟者，既知異義亦在果上，熟唯在果。故異與熟二體無殊，異即是熟名爲異熟。持業釋也。

異熟即識熟屬現行者，此分四句又約六釋釋異熟三字名也。此中所言異熟識者，若異熟屬於現行，現行是識。異熟與識，既無別體，異熟即識，名異熟識。持業釋也。

異熟之識熟屬種子者，若以異熟屬種子上，種與現識體既不同，乃是異熟種家之識故名異熟。依主釋也。

**子璿《起信論疏筆削記》卷八** 第八識名阿賴耶，此云執藏也。二善惡業果位，即通一切異生，至十地滿心，二乘無學等位。由善惡因感無記果，果異於因，名異熟識。

**法雲《翻譯名義集》卷一六** 或名異熟識，能引生死善不善業異熟果故。（《宗鏡》云：又第八識本無阿賴耶名，由第七執第八見分爲我，令第八得阿賴耶名。若不執時，但名異熟識者，此是善惡業果位。以善惡業爲因，即招感得此引果故。前世業爲因，因是善惡。今世感第八識是無記。異熟即果，果異於因，故名異熟。又具四義，一實，二常，三遍，四無雜，是名眞異熟識。問：第八眞異熟識，如何名引果。答：爲善惡業爲能引，第八爲所引，是能引家之果，故名引果，故是總報主。前六識名爲滿果，有一分善惡別報來滿故。此滿業所招名異熟生，非眞異熟也，不具四義。唯第八是引果眞異熟識。眞異熟心一切時相續，酬牽引業，非同滿業，有間斷故。以餘轉識不能引業，但來滿善惡之業果，引果之識，遍三界有。六識不遍無色界無心定等。）

# 阿陁那識

**菩提流支譯《深密解脫經》卷一** 廣慧，彼識名阿陁那識。何以故，以彼阿陁那識取此身相應身故。廣慧，亦名阿梨耶識。何以故，以彼身中住著故，一體相應故。廣慧，亦名爲心。何以故，以彼心爲色聲香味觸法增長故。廣慧，依彼阿陁那識能生六種識，所謂眼耳鼻舌身意識身。

**玄奘譯《瑜伽師地論》卷五一** 阿陁那識甚深細，一切種子如瀑流，我於凡愚不開演，恐彼分別執爲我。

**玄奘譯《瑜伽師地論》卷七六** 此識亦名阿陁那識。何以故，由此識於身隨逐執持故。亦名阿賴耶識。何以故，由此識於身攝受藏隱同安危義故。亦名爲心。何以故，由此識色聲香味觸等積集滋長故。

**延壽**《**宗鏡錄**》**卷四七**　阿陁那者，此云執持。爲此識能執持諸法種子，及能執受色根，及根依處，亦能執取結生相續故，說此識名阿陁那。

**延壽**《**宗鏡錄**》**卷五五**　根本識者，阿陁那識，染淨諸識生根本故。

## 阿摩羅識

**真諦譯**《**決定藏論**》**卷上**　斷阿羅耶識，即轉凡夫性。捨凡夫法，阿羅耶識滅。此識滅故，一切煩惱滅。阿羅耶識對治故，證阿摩羅識。阿羅耶識是無常，是有漏法。阿摩羅識是常，是無漏法。得眞如境道故，證阿摩羅識。阿羅耶識爲麁惡苦果之所追逐。阿摩羅識無有一切麁惡苦果。阿羅耶識而是一切煩惱根本，不爲聖道而作根本。阿摩羅識亦復不爲煩惱根本，但爲聖道得道得作根本。阿摩羅識作聖道依因，不作生因。阿羅耶識於善無記不得自在，阿羅耶識滅時有異相貌。謂來世煩惱不善因滅，以因滅故，則於來世五盛陰苦不復得生。現在世中一切煩惱惡因滅故，則凡夫陰滅。此身自在即便如化。捨離一切麁惡果報，得阿摩羅識之因緣故，此身壽命便得自在。壽命因緣能滅於身，亦能斷命，盡滅無餘，一切諸受皆得清淨，乃至如經廣說。一切煩惱相故，入通達分故，修善思惟故，證阿摩羅識。故知阿羅耶識與煩惱俱滅。如是分別眞實解釋心意識義。因此解釋心意識故，於三界中得知一切煩惱之法諸清淨法。餘處所說心意識者，爲欲教化諸眾生故。爲諸眾生未有深智易生信解，但說六識。問曰：有人有阿羅耶識有六識不，有人有六識無阿羅耶識不。答曰：此有四句。一者，如人無心眠時，迷悶心時，入無想定，生無想天。阿那含人入滅盡定。此五種人有阿羅耶識，則無六識。二者，阿羅漢及辟支佛，不退菩薩，如來世尊。此四種人以有心處有於六識，無阿羅耶識。三者，凡夫之人，須陁洹，斯陁含，阿那含，以有心處有六識，有阿羅耶識。四者，諸阿羅漢及辟支佛，菩薩，世尊，入滅盡定。又世尊入無餘涅槃，無阿羅耶，亦無六識。

**真諦譯**《**十八空論**》　阿摩羅識是自性清淨心，但爲客塵所污，故名不淨。爲客塵盡，故立爲淨。

**真諦**《**三無性論**》**卷上**　惟阿摩羅識是無顛倒，是無變異，是眞如如也。前唯識義中亦應作此識說。先以惟一亂識遣於外境，次阿摩羅識遣於亂識故，究竟唯一淨識也。

**慧遠**《**大乘義章**》**卷三**　阿摩羅識，此云無垢，亦曰本淨。就眞論眞，眞體常淨，故曰無垢。此猶是前心眞如門。二阿梨耶識，此云無沒，即前眞心隨妄流轉，體無失壞，故曰無沒。故《起信論》言，如來之藏，不生滅法，與生滅合，名爲阿梨耶。

**吉藏**《**大乘玄論**》**卷三**　問：《地論》師性淨涅槃。《成論》師本有涅槃，今日正法涅槃有何異耶。答曰：《地論》師阿梨耶識，《攝論》師阿摩羅識，《成論》師成佛理顯現名爲法身。

**圓測**《**仁王經疏**》**卷中**　言眾生識者，總標諸識。自有兩釋。一眞諦三藏，總立九識。一，阿摩羅識。眞如本覺爲性。在纏名如來藏，出纏名法身。阿摩羅識，此云無垢識。如九識章。餘之八識，大同諸師。二，慈恩三藏，但立八識，無第九識。而言阿摩羅者，第八識中淨分第八。然諸教立識不定。有處但說六識，不說七八，如諸《般若》。或說八識，如《金光明》等。

**澄觀**《**大方廣佛華嚴經隨疏演義鈔**》**卷四二**　若依眞諦三藏，此佛淨識稱爲第九，名阿摩羅識。唐三藏云：此翻無垢，是第八異熟。謂成佛時，轉第八成無垢識，無別第九。若依《密嚴》文具說之。經云，心有八識，或復有九。又下卷云，如來清淨藏亦名無垢智。即同眞諦所立。第九以出障故，不同異熟爲九有由。又眞諦所翻《決定藏論》九識品云，第九阿摩羅識。三藏釋云，阿摩羅識有二種。一者所緣，即是眞如。二者本覺，即眞如智。能緣即不空藏，所緣即空如來藏。若據通論此二，並以眞如爲體。釋曰：此二即《起信》一心二門。本覺在生滅門，一心即眞如故。故論云，唯是一心，故名眞如。無論八九，俱異凡識，即淨識所造四智三身等也。

**澄觀**《**大方廣佛華嚴經隨疏演義鈔**》**卷四三**　淨體即是自心，心即眞如，此自性淨心即如來藏，亦是本來淨識故。眞諦三藏說有九識，第九名阿摩羅識。若唐三藏，此翻無垢，即第八異名。謂成佛時，轉第八識以成此識，無別第九。若依《蜜嚴經》，心有八種，或復有九。又下卷云，如來清淨藏，亦名無垢智。即同眞諦所立第九。又眞諦三藏所翻《決定藏論》九識品云，第九阿摩羅識。三藏釋云，阿摩羅識有二種，一者所緣即是眞如，二者本覺即眞如智。能緣即不空如來藏，所緣即空如來藏。若據通論，此二並以眞如爲體。故《起信》一心二門生滅門中，說其本覺即眞如門，體無二也。餘名隨釋可知。

**窺基《說無垢稱經疏》卷一**　阿之言無，摩羅云垢。如云阿摩羅識，此云無垢識。

**窺基《成唯識論述記》卷三**　述曰：唯無漏依，體性無垢。先名阿末羅識，或名阿摩羅識。古師立爲第九識者，非也。然《楞伽經》有九種識，如上下會。此無垢識，是圓鏡智相應識名，轉因第八心體得之。

**善無畏譯《佛頂尊勝心破地獄轉業障出三界祕密三身佛果三種悉地眞言儀軌》**　阿字如阿摩羅識。阿摩羅識體阿梨耶識。用阿字含藏萬法，猶如藏識含諸法也

**延壽《宗鏡錄》卷三三**　問：萬法唯識者，於諸識中，何識究竟。答：唯阿摩羅識，此云無垢淨識，無有變異，可爲究竟。《三無性論》云：識如如者，謂一切諸行，但唯是識。此識二義，故稱如如。一攝無倒者，謂十二入等一切諸法，但唯是識，離亂識外，無別餘法。故一切諸法，皆爲識攝。此義決定，故稱攝無倒如如。二無變異者，明此亂識，即是分別依他。似塵識所顯，由分別性永無故，依他性亦不有。此二無所有，即是阿摩羅識。唯有此識，獨無變異，故稱如如。又云：一切世出世間境，不過唯識，是如量境界。此唯識由外境成，外境既無，唯識亦無。境無相，識無生，是一切諸法平等。通以如理故，以理量二門，一切性相收盡。以識相妙有，是如量門。以識性眞空，是如理門。若理量雙消，則唯眞性。又阿摩羅識有二種。一所緣，即是眞如。二本覺，即眞如智。能緣即不空如來藏，所緣即空如來藏。《十二門論》明唯識眞實，辯一切諸法，唯有淨識，無有能疑，亦無所疑。唯識有二。一方便，謂先觀唯有阿賴耶識，無餘境界。現得境智二空，除妄識已盡，名爲方便唯識。二正觀唯識，遣蕩生死虛妄識心及以境像，一切皆淨盡，唯有阿摩羅清淨心也。

**延壽《宗鏡錄》卷七九**　境識俱泯，即是實性。實性即是阿摩羅識。所以《唯識論》亦名破色心論。

# 末那識

**筏提摩多譯《釋摩訶衍論》卷四**　彼末那識，即是意識微細分位，無別體耳。

**玄奘譯《唯識三十論頌》**　次第二能變，是識名末那，依彼轉緣彼，思量爲性相。

四煩惱常俱，謂我癡我見，并我慢我愛，及餘觸等俱。

有覆無記攝，隨所生所繫，阿羅漢滅定，出世道無有。

**玄奘譯《成唯識論》卷四**　阿賴耶識俱有所依，亦但一種，謂第七識，彼識若無定不轉故，論說藏識恆與末那俱時轉故。又說藏識恆依染污，此即末那。而說三位無末那者，依有覆說。

**不空譯《大樂金剛不空眞實三昧耶經般若波羅蜜多理趣釋》卷上**　第七無漏末那，與第八淨阿賴耶識中無漏種子，能緣所緣，平等平等。離能取所取故，證得平等性智，流出隨其衆生愛樂身。

**湛然《法華玄義釋籤》卷一二**　末那識即是第七，執持藏識所持諸法。即此執持名爲資成，以助藏識持諸法故。

**法藏《華嚴經探玄記》卷一四**　心意識六種差別者，心謂賴耶，意是末那，識即六識。以心意各一，識中具六故。

**窺基《大乘百法明門論解》卷上**　七，末那識，華言意識，如藏識名識，即意故。第六意識，如眼識名識，異意故。然諸聖教，恐此濫彼故，於第七但立意名。又以簡心之與識，以積集了別劣餘識故。或欲顯此與彼意識爲近所依故，但立意名爾。

**大乘光《大乘百法明門論疏》卷上**　末那者，末那梵音，此翻爲意，意以思量爲義，此即隨義立名。

**法藏《大乘起信論義記》卷中**　問：三細屬賴耶，六麤屬意識，何故不說末那識耶。答：有二義意。一前既說賴耶，末那必執相應，故不別說。故《瑜伽》云，賴耶識起，必二識相應故。又由意識緣外境時，必內

依末那爲染污根方得生起。是故次說六麁，必內依末那故，亦不別說。二以義不便故，略不說之。不便相者，以無明住地動本靜心，令起和合成梨耶。末那既無此義，故前三細中略不說。又由外境牽起事識，末那無緣外境義故，六麁中亦略不說。亦可計內爲我屬前三細，計外爲我所屬後六麁，故略不論也。《楞伽》中亦同此說。故彼經云：大慧！略說有三種識，廣說有八相。何等爲三，謂眞識、現識、分別事識。乃至廣說。經中現識，即是三細中現相也。分別事識，即是下六麁也。所以知者，彼經下釋分別事識中乃云，攀緣外境界起於事識等。故知事識非是末那。

**法藏《大乘起信論別記》** 問：三細六麁中，何以不說末那識耶。答：以義不便故。何者，以根本無明，動彼眞如，成於三細，名爲梨耶。末那無此義，故不論。又以境界緣故，動彼心海，起於六麁，名爲意識。末那無此從外境生義，故不論也。雖是不說，然義已有。何以知。《瑜伽》云，梨耶起必二識相應，故說三細賴耶，即已有末那執相應故也。又意識得緣外境，必內依末那，故說六麁意識。已有末那爲依止根也，故雖不說，而實有之。

**智儼《華嚴經內章門等雜孔目》卷一** 第二明末那識者，略作八門。一列名。二明體性。三辨建立。四辨相應。五約對治道辨有無，並辨斷之位分。六對三性分別。七約遍計等三性明分齊。八還原顯實。初辨名者，西方名末那，此云染污意，此從過立名。二體性者，從三法出體，則以心聚爲體。三明建立者，《攝論》云，舉六過失證有末那。一，若無末那，則意識不與五識相似不成過。由大乘佛語意詮下含同時依止根，若無末那，意識則無同時依止根。不與五識相似不成同時過。二，若無末那，第六識得意識名，即無意義過，爲意義是次第滅現無體故。三，若無末那，無想滅心，定無差別過。若有末那，無想有，末那滅心無，末那二定則有異。四，若無末那，自然成無流過。何以故。意識起解脫分善時，即須是無流，由無我見及我慢等。五，若無末那，我執不遍三性過。若無末那識，意識起解脫分善時，即須無我執。六，若無末那，獨行無明不成過。若有末那無意識時，末那地中無明即成獨行。若無末那，意識行時，末那常爲染污依止，意識無明即不成獨行。若有末那，即有六德。翻前即是。四相應者：末那一起相續不廢，與我見我慢我愛無明四使相應，及與遍行五數相應，總有九數。問：《攝論》何故不明心所有法但與四使相應。答：《攝論》教興在其熟教。所以知之，如下論智差別文，舉十二甚深，顯甚深義。不共聲聞，當知。教高非是初教。若立心數，即有所妨。於道無益，故不明之。五約對治道辨有無并斷之位分者：末那識於無漏道，即說無有識。何以故。於無我理成其妨故。若說滅時，初見道位，即滅末那。何以故，障見無我理故。故無性《攝論》云：轉染污末那故，得平等性智。初現觀時，先已證得。於修道位轉，復清淨轉。清淨者，即滅習氣。人言，在修道中滅俱生我，末那俱生并無明心煩惱修道斷者。此義不然。末那一起，相續緣我不廢，因何得改境起其法執。若起法執，何名緣一類我塵。問：末那何故唯是俱生。答：末那不緣於外緣義，不緣名故，不得起分別我見。問：論云，俱生我修道斷，因何末那是俱生我非修道斷。答：俱生修道斷者，是寄位語。如初僧祇斷皮，第二僧祇斷肉，第三僧祇斷心。此可爾也。今將分別俱生麁細之相，寄顯見修，非言實斷。六，三性分別者，末那識是染污故，有覆無記性攝。七，遍計等三性者，末那識是遍計，是依他，是圓成實，是三無性。此約初教。若終教即眞如，若圓教即具一切。何以故，由末那識得是心故。八還原顯實者，由末那識本是生死初無，今以智求，即空無實故。一切法皆如也，眾聖賢亦如也。

**智昭《人天眼目》卷之五** 《楞伽》云：末那者，此云染污意，恆審思量，故亦名傳送識。佛與大惠謂，廣說有八，略說有二。內現識計爲我屬賴耶，外分別事識計爲我屬前六識。眞即識實性，亦屬賴耶淨分。故有麁細者，謂三細六麁。麁細二識者，皆依無明住地而起。以根本無明，動彼靜心，而起細識。依此細識，轉起麁心。以無明爲本，依無明爲因，生三細不相應心。依境界爲緣，生三麁相應心。故云，麁細二識，各具二因，方得生住。現識者，《起信》云，不相應心也。依不思議熏故得生，依不思議變故得住。此現識所現境界，動彼心海，起諸事識之浪也。分別事識者，《起信》云，相應心也。依境界故得生，依海心故得住也。此二識者，皆是無明，熏習眞如，成染緣起也。論曰，當知無明能主一切染法，一切染法皆是不覺相故。《諸經要集》云：識自下上至臍已上滅者，生人中。上至心滅者，不失人身。上至頭面滅者，生天。至頂滅者，永斷輪迴。自上下至腰滅者，鬼趣。下至足滅者，地獄。論曰：若離妄念，則無一切境界之相，惟一眞心矣。

**智旭《大乘起信論裂網疏》卷三** 此義云何。以依阿賴耶識，有無明不覺起，能見、能現、能取境界，分別相續，說名爲意。謂阿賴耶識中，法爾有第七識種子，及有根本無明種子。由無始來，第七與第八識恆俱轉故。第七識與恆行不共無明，定相應故，於一眞如無相體上，令心心所分體分用，分見分相，起諸取著，相似相續。皆以第七識爲染污依故，說此第七識名爲意也。意者，依義，依第七識，方令第八受賴耶名及異熟名，方令前六成有漏義，故名染依。若第七識之人我執斷，則第八識捨賴耶名，第六生空智果恆得現前，前五不起諸有漏業。若第七識之法我執斷，則第八識捨異熟名，轉爲大圓鏡智相應心品，自亦平等性智恆共相應。第六法空智果恆得現前，前五轉爲成事智品，故又名淨依也。如《釋摩訶衍論》，引顯了契經云：種種心識，雖有無量，唯末那轉，無有餘法。所以者何，是末那識，具足十一義，無所不作故。此之謂也。

此意復有五種異名。一名業識謂無明力。不覺心動，由第七識，恆與法癡相應。不如實知眞法一故，令自與第八無始恆轉，令前六識依之得轉。心實無動，由不覺故。謂之爲動，動即是現行轉。現行之體，即自證分，名爲業相。是則一切心王心所業相，皆依第七無明而起，名爲依他起性。故直名此第七爲業識也。若觀動心即不生滅，即得入眞如門。

二名轉識。謂依動心，能見境相。由第七識恆行不共無明，不如實知眞法一故，令諸心王心所法爾各有能見境相，名爲見分，故直名此第七爲轉識也。若觀一切境界無是見者，則見無見相，即得入眞如門。

三名現識，謂現一切諸境界相，猶如明鏡，現眾色像。現識亦爾。如其五境，對至即現，無有前後，不由功力。由第七識不共無明，不如實知眞法一故，令心心所起現行時，法爾各有所現境界，名爲相分。諸心心所之體，猶如明鏡。見分如光。相分如所現像。若非第七執藏之力，則第八何由幻現三界三類性境。若非第七爲第六不共親依，則第六何由遍現一切假實諸法。若非第七爲前五染淨共依，則前五何由如其五境。對至即現，無有前後，不由功力，故直名此第七爲現識也。若觀一切境界無非見者，則境無境相，即得入眞如門。

四名智識，謂分別染淨諸差別法，由第七識不共無明，不如實知眞法一故，令心心所現行轉時，幻成見相二分。復由第七人我法我二見力故，自既妄執第八見分以爲實我實法，成染分別。復爲第六識之不共親依，爲前五識之染淨依。令前六識分別染淨諸差別法。故直名此第七爲智識也。若觀分別及所分別皆無自性，則智無智相，即得入眞如門。

五名相續識，謂恆作意相應不斷，任持過去善惡等業，令不失壞，成熟現未苦樂等報，使無違越。已曾經事，忽然憶念。未曾經事，妄生分別。由第七識不共無明，不如實知眞法一故，於眞常中，妄見生滅。又不能知刹那不住，當體寂滅。於生滅中，妄見相續。是故念念內執第八爲自我法，令其受熏持種，招異熟果。念念爲外六轉識依，令其憶念過去，分別未來。若非第七俱生法執爲前六依，則第八識便不受前七熏。持有漏種以無能熏之前七，即無所熏之第八故。第六識亦不憶念過去、分別未來。以無所依之七八，即無能依之第六故。故直名此第七爲相續識也。如釋論中，引法門契經云：第七識有殊勝力故，或時造作持藏之用，或時造作分別之依。此之謂也。若觀心性刹那不住，當體寂滅，則相續無相續相，即得入眞如門。

**智旭《唯識三十論直解》** 一名末那者，此翻爲意。二云依彼轉者，彼指第八識。第八識之現行，是此識之根本依。第八識中所藏第七識之種子，是此識之種子依。轉謂相續生起也。三云緣彼者，謂此第七識，即緣彼第八識之見分而起微細我法二執也。四云思量爲性。五云思量爲相者，此識以恆審思量而爲體性，即以恆審思量而爲行相，是故名末那也。六云四煩惱常俱等者，謂此識從無始來，若未轉與平等性智相應，則任運恆緣藏識見分，與四根本煩惱相應。一者我癡，即是無明。愚於自識所變我相，迷於無我眞如之理。二者我見，即是妄執。謂第八識之見分，本非成法，妄執爲我。三者我慢，謂恃所執我，倨傲高舉。四者我愛，謂於所執我深生貪著也。七云及餘觸等俱者，謂遍行五心所，定得相應。及八種大隨煩惱別境中慧，亦得相應。共有十八心所也。大隨煩惱，釋現《百法論》中。八云有覆無記攝者，由與四煩惱等相應，隱蔽眞理，故名有覆。非善不善，故名無記也。九云隨所生所繫者，謂隨其所生三界九地，即繫屬于此界此地也。十云阿羅漢滅定出世道無有者，謂此我執相應之末那。

二乘無學，方得永斷。菩薩八地以上，方得永伏。故阿羅漢無有。那含聖者，登地菩薩，入滅盡定，亦暫伏滅，故云滅定無有。聲聞初果以上，菩薩登地以上，眞無我解及後得智。二無漏道若現前時，亦暫伏滅，故云出世道無有也。

**通潤《成唯識論集解》卷四**　末那，此翻染汙。與四煩惱恆共相應，雜染所依故。餘識皆有染汙，而此獨名染汙者，以恆審思量勝餘識故。問：第八亦無間斷，第六亦有思量，何不名意。答：有四句。一恆而非審，謂第八雖無四斷，不審思量我法故。二審而不恆，第六雖審思量而不恆故。三非恆非審，前五俱非故。四亦恆亦審，故獨得意名。問：此末那意識與第六意識有何簡別。答：有三義別。一，此末那意識是持業釋，以彼識體親持恆審思量業用故，識即是意。即如第八得藏識名，以彼第八識體亦能親持含藏業用故，識即是藏。立量云，末那意識是持業釋，識即意故，喻如藏識。彼第六識名意識者，是依主釋。謂意識爲能依，以第七意識爲所依，是依彼生，故不同也。立量云，第六意識是依主釋，識異意故，如眼識等。問：若爾，何不即名染汙意識，而獨名染汙意者何故。答：然諸聖教名染汙意不名意識者，恐濫第六意識之名，故於第七名染汙意。二名意者，爲簡第八名心。前六名識，以積集劣於第八，了別劣於前六故。三名意者，顯此第七與彼第六意識爲俱有依故。具此三義，故名意也。

依彼轉者，顯此所依（至）恆依彼識取所緣故。此釋所依門也。彼指第八。言七以八爲俱有依者，聖說此識依藏識故。問：七依第八，爲依現行，爲依種耶。一師言：第七依藏識種子爲俱有依，不依現行。以彼執第八種子爲自內我，亦恆亦審，無間斷故。不依現行方得生故。一師言：第七以彼藏識種子現行俱爲所依。以彼第七雖無間斷，然亦有時轉變改易，轉識攝故。既有轉易，亦依現行爲俱有依，此義方足。轉謂流轉者，流是相續義，轉是生起義。謂依第八或種或現，相續生起，取所緣故。

# 阿賴耶識

**玄奘譯《唯識三十論頌》**：

初阿賴耶識，異熟一切種。　不可知執受，處了常與觸。
作意受想思，相應唯捨受。　是無覆無記，觸等亦如是。
恆轉如瀑流，阿羅漢位捨。

**般若譯《大方廣佛華嚴經》卷九**　彼阿賴耶終不自言我生七識，七識不言從賴耶生，但由自心執取境相，分別而生。如是甚深阿賴耶識行相微細究竟邊際，唯諸如來住地菩薩之所通達，愚法聲聞及辟支佛、凡夫、外道悉不能知。

**玄奘譯《解深密經》卷一**　彼彼有情墮彼彼有情眾中，或在卵生，或在胎生，或在濕生，或在化生身分生起。於中最初一切種子，心識成熟，展轉和合，增長廣大，依二執受。一者有色諸根及所依執受，二者相名分別言說戲論習氣執受。有色界中具二執受，無色界中不具二種。廣慧！此識亦名阿陁那識，何以故，由此識於身隨逐執持故。亦名阿賴耶識，何以故，由此識於身攝受藏隱同安危義故。亦名爲心，何以故，由此識色聲香味觸等積集滋長故。

**地婆訶羅譯《大乘密嚴經》卷上**　阿賴耶識在於世間亦復如是。無始習氣猶如瀑流，爲境界風之所飄動，起諸識浪，恆無斷絕。仁主！是八種心雖無如是若干體異，而隨緣漸起或一時生，心生之時取諸境界，亦有如是漸頓差別。若於屋宅及諸星宿、軍眾、山林、枝葉、花果，如是等處，多是一時或次第取。若在眠夢見昔所更，或想念初生至于老死，及算數眾物尋思句義，觀異文彩受好飲食，於是境界次第了知。或有一時頓取之者。仁主！心性本淨，不可思議。是諸如來微妙之藏，如金在礦。意從心生，餘六亦然。如是多種於世法中而爲差別。仁主！阿賴耶識雖與能熏及諸心法乃至一切染淨種子，而同止住性恆明潔。如來種姓應知亦然。定不定別，體常清淨。如海常住，波潮轉移。阿賴耶識亦復如是。

**地婆訶羅譯《大乘密嚴經》卷中**　一切眾生阿賴耶識，本來而有，圓滿清淨，出過於世，同於涅槃。譬如明月現衆國土，世間之人見有虧盈，而月體性未嘗增減。藏識亦爾，普現一切衆生界中，性常圓潔，不增不減，無智之人妄生計著。若有於此能正了知，即得無漏轉依差別。此差別法得者甚難。如月在雲中，性恆明潔。藏識亦爾。於轉識境界習氣之中而常清淨。如河中有木隨流漂轉，而木與流體相各別。藏識亦爾。諸識習氣雖常餘俱，不爲所雜。諸仁者！阿賴耶識恆與一切染淨之法而作所依。是諸聖人現法樂住三昧之境。人天等趣，諸佛國土，悉以爲因。常與諸乘而作種性。若能了悟，即成佛道。諸仁者！一切衆生有具功德威力自在，乃至有生險難之處。阿賴耶識恆住其中，作所依止。此是衆生無始時界，諸業習氣能自增長，亦能增長餘之七識。由是凡夫執爲所作能作内我。諸仁者！意在身中，如風速轉，業風吹動，遍在諸根。七識同時，如浪而起。外道所計勝性微塵自在時等，悉是清淨阿賴耶識。諸仁者！阿賴耶識由先業力及愛爲因，成就世間若干品類，妄計之人執爲作者。此識體相微細難知，未見眞實，心迷不了，於根境意而生愛著。

**地婆訶羅譯《大乘密嚴經》卷下**　諸仁者！阿賴耶識從無始來，爲戲論熏習諸業所繫，輪迴不已。如海因風，起諸識浪，恆生恆滅，不斷不常。而諸衆生不自覺知，隨於自識現衆境界。若自了知，如火焚薪，即皆息滅，入無漏位，名爲聖人。諸仁者！阿賴耶識變似衆境，彌於世間，染意攀緣，執我我所，諸識於境，各各了別。諸仁者！心積集業，意亦復然。意識了知種種諸法。五識分別現前境界。如瞖目者，見似毛輪，於似色心中非色計色。諸仁者！如摩尼寶，體性清淨，若有置於日月光中，隨其所應，各雨其物。阿賴耶識亦復如是。是諸如來清淨之藏，與習氣合，變似衆色，周於世間。若無漏相應，即雨一切諸功德法。如乳變異而成於酪乃至酪漿。阿賴耶識亦復如是，變似一切世間衆色。如瞖目者，以瞖病故，見似毛輪。一切衆生亦復如是，以習氣瞖住藏識眼生諸似色。此所見色，譬如陽焰，遠離有無，皆阿賴耶之所變現。諸仁者！依於眼色有似色識。如幻而生住於眼中，其相飄動，如熱時焰。諸仁者！一切衆色皆阿賴耶，與色習相應，變似其相，非別有體。同於愚夫妄所分別。諸仁者！一切衆生若坐若臥若行若立，惛醉睡眠，乃至狂走，莫不皆是阿賴耶識。譬如盛日，舒光燭地，氣蒸飄動。猶如水流，渴獸迷惑，向之奔走。阿賴耶識亦復如是。體性非色，而似色現。分別之人妄生取著。如磁石力，令鐵轉移。雖無有心，似有心者。阿賴耶識亦復如是。爲生死法之所攝持，往來諸趣，非我似我。如水中有物，雖無思覺，而隨於水，流動不住。阿賴耶識亦復如是。雖無分別，依身運行。如有二象，捔力而鬪。若一被傷，退而不復。阿賴耶識應知亦然。斷諸染分，更不流轉。譬如蓮花，出離淤泥，皎潔清淨，離諸塵垢，諸天貴人見之珍敬。阿賴耶識亦復如是，出習氣泥而得明潔，爲諸佛菩薩大人所重。如有妙寶，世所希絕，在愚下人邊，常被污賤。智者得已，獻之於王。用飾寶冠，爲王所戴。阿賴耶識亦復如是。是諸如來清淨種性，於凡夫位恆被雜染。菩薩證已斷諸習氣，乃至成佛常所寶持。如美玉在水，黿衣所覆。阿賴耶識亦復如是，在生死海，爲諸惡習覆而不現。

諸仁者！阿賴耶識有能取、所取，二種相生。如蛇有二頭，所樂同往。此亦如是。與色相俱，世間之人取之爲色，或計我我所，若有若無，能作世間，於世自在。諸仁者！阿賴耶識雖種種變現而性甚深，無智之人不能覺了。譬如幻師幻作諸獸，或行或走，相似衆生，都無定實。阿賴耶識亦復如是，幻作種種世間衆生而無實事。凡愚不了，妄生取著，起微塵勝性自在丈夫有無等見。諸仁者！意能分別一切世間。是分別見，如畫中質，如雲中形，如瞖夢者所見之物，如因陁羅弓，如乾闥婆城，如谷響音。有陽焰水，如川影樹，如池像月。分別之人，於阿賴耶如是妄取。若有於此能正觀察，知諸世間皆是自心，是分別見即皆轉滅。諸仁者！阿賴耶識是意等諸法習氣所依，爲分別心之所擾濁。若離分別，即成無漏。無漏即常，猶如虚空。若諸菩薩於阿賴耶而得三昧，則生無漏禪定解脫方便力自在神通。如是等諸功德法，十究竟願意生之身，轉於所依識界常住，同虚空性，不壞不盡。諸仁者！如來普見一切世間無有增減。般涅槃者，非是壞滅，亦無非衆生而今始生。十方國土同一法性。諸佛出世不出世間，一切諸法住於法性，不常不斷。若解脫者，衆生界滅，即壞如來一切智性、去來今佛所知之法，不得平等。又若涅槃衆生滅者，誰離於苦，有餘無餘，降魔等事，皆是妄說。是故當知，諸觀行者，證於解脫，其身常住，離衆有蘊，滅諸習氣。譬如熱鐵投之冷水，熱勢雖除，而鐵不壞。此亦如是。

諸仁者！阿賴耶海爲戲論麁重所擊，五法三性諸識波浪相續而生，所有境界，其相飄動，於無義處中，似義而現。諸仁者！阿賴耶識行於諸蘊稠林之中，意爲先導。意識決了色等眾境，五識依根了現境界。所取之境，莫不皆是阿賴耶識。諸仁者！阿賴耶識與壽命煖觸和合而住。意住於此識復住意。所餘五識亦住自根。諸仁者！心意及識住於諸蘊，爲業所牽，流轉不息。諸所有業，因愛而起，以業受身，身復造業。捨此身已，更受餘身，如步屈蟲行。心及心法，生於諸趣，復更積集稠林之蘊。諸仁者！壽煖及識，若捨於身，身無覺知，同於木石。諸仁者！藏識是心，執我名意，取諸境界，說之爲識。諸仁者！心能持身，意著諸趣，意識遍了五現分別。諸仁者！藏識爲因，生於諸識。意及意識，又從所緣，無間而起。五識復待增上緣生，以同時自根爲增上故。諸仁者！身如起屍，亦如陽焰，隨於諸行，因緣而轉，非是虛妄，亦非眞實，爲愛所牽，性空無我。諸仁者！意等諸識與心共生，五識復與意識同生。如是恆時，大地俱轉。諸仁者！阿賴耶識爲愛所熏而得增長。自增長已，復增餘識，如輪不絕。以諸識故，眾趣得生。於諸趣中，識復增長。識與世間，更互爲因。如河中流，前後不斷。如芽與種，相續而生。各各差別，分明顯現。識行亦爾，三和合已，復更和合，差別而生，無有斷絕。內外眾法，因茲而起。一切凡夫，不了自心。汝諸佛子，應勤觀察。

**不空譯《普賢金剛薩埵略瑜伽念誦儀軌》** 由結此印誦密語，三密相應。阿賴耶識中所有雜染種子，以此金剛智火，焚燒悉盡，一切外障不能爲障難。

**玄奘譯《佛地經論》卷三** 如有漏位阿賴耶識，恆與末那一識俱起。無漏位中大圓鏡智，亦應常與平等性智一時而起故。

**玄奘譯《佛地經論》卷四** 阿賴耶識，定與末那一識俱轉。若起意識，定與二識一時俱轉。若五識中隨起一識，定與三識一時俱轉。乃至一時若起五識，定與七識一時俱轉故。

**玄奘譯《佛地經論》卷六** 阿賴耶識共不共相種子，變生三界因果差別可得。此中世界，通情非情，謂有情世界及器世界。

**玄奘譯《瑜伽師地論》卷五一** 阿陁那識甚深細，一切種子如瀑流，我於凡愚不開演，恐彼分別執爲我。

復次嗢拕南曰：執受初明了，種子業身受。無心定命終，無皆不應理。

由八種相，證阿賴耶識決定是有。謂若離阿賴耶識依止執受不應道理，最初生起不應道理。有明了性，不應道理。有種子性，不應道理。業用差別，不應道理。身受差別，不應道理。處無心定，不應道理。命終時識，不應道理。

**玄奘譯《瑜伽師地論》卷五一** 阿賴耶識是一切雜染根本。所以者何。由此識是有情世間生起根本，能生諸根、根所依處及轉識等故。亦是器世間生起根本、由能生起器世間故。亦是有情互起根本、一切有情相望互爲增上緣故。所以者何。無有有情與餘有情互相見等時，不生苦樂等更相受用。由此道理，當知有情界互爲增上緣。又即此阿賴耶識，能持一切法種子故，於現在世是苦諦體，亦是未來苦諦生因，又是現在集諦生因。如是能生有情世間故，能生器世間故，是苦諦體故，能生未來苦諦故，能生現在集諦故。當知阿賴耶識是一切雜染根本。

**玄奘譯《攝大乘論本》卷上** 世尊何處說阿賴耶識名阿賴耶識。謂薄伽梵，於《阿毗達磨大乘經》伽他中說。無始時來界，一切法等依，由此有諸趣及涅槃證得。卽於此中，復說頌曰：

由攝藏諸法，一切種子識，故名阿賴耶，勝者我開示。

如是且引阿笈摩證。復何緣故此識說名阿賴耶識。一切有生雜染品法，於此攝藏爲果性故，又卽此識於彼攝藏爲因性故，是故說名阿賴耶識。或諸有情，攝藏此識爲自我故，是故說名阿賴耶識。

**玄奘譯《顯揚聖教論》卷一** 阿賴耶識者，謂先世所作增長業煩惱爲緣，無始時來戲論熏習爲因，所生一切種子異熟識爲體。此識能執受了別色根、根所依處、及戲論熏習。於一切時，一類生滅，不可了知。又能執持了別外器世界，與不苦不樂受等相應。一向無覆無記，與轉識等作所依因，與染淨轉識受等俱轉，能增長有染轉識等爲業，及能損減清淨轉識等爲業。云何知有此識。如薄伽梵說，無明所覆，愛結所繫，愚夫感得有識之身。此言顯有異熟阿賴耶識。又說，如五種子，此則名爲有取之識。此言顯有一切種子阿賴耶識。又說，阿陁那識甚深細，一切種子如瀑流。我於凡愚不開演，恐彼分別執爲我。

**玄奘譯《大乘五蘊論》卷一**　阿賴耶識者，謂能攝藏一切種子，又能攝藏我慢相故。又復緣身爲境界故。即此亦名阿陁那識，執持身故。

**玄奘譯《瑜伽師地論》卷五一**　復次阿賴耶識所攝持順解脱分及順決擇分等善法種子，此非集諦因。由順解脱分等善根，與流轉相違故。所餘世間所有善根，因此生故，轉更明盛。由此因緣，彼所攝受自類種子，轉有功能，轉有勢力，增長種子，速得成立。復由此種子故，彼諸善法，轉明盛生。又復能感當來轉增轉勝，可愛可樂，諸異熟果。復次依此一切種子阿賴耶識故，薄伽梵說：有眼界、色界、眼識界，乃至有意界、法界、意識界。由於阿賴耶識中有種種界故。又如經說：惡叉聚喻。由於阿賴耶識中，有多界故。

復次此雜染根本阿賴耶識，修善法故，方得轉滅。此修善法，若諸異生，以緣轉識爲境作意方便住心，能入最初聖諦現觀。非未見諦者，於諸諦中未得法眼，便能通達一切種子阿賴耶識。此未見諦者，修如是行已，或入聲聞正性離生，或入菩薩正性離生。達一切法眞法界已，亦能通達阿賴耶識。當於爾時，能總觀察自內所有一切雜染，亦能了知自身，外爲相縛所縛，內爲麁重縛所縛。

復次修觀行者，以阿賴耶識是一切戲論所攝諸行界故，略彼諸行，於阿賴耶識中，總爲一團、一積、一聚。爲一聚已，由緣眞如境智，修習多修習故，而得轉依。轉依無間，當言已斷阿賴耶識。由此斷故，當言已斷一切雜染。當知轉依由相違故，能永對治阿賴耶識。

**玄奘譯《瑜伽師地論》卷五一**　又阿賴耶識斷滅相者，謂由此識，正斷滅故，捨二種取，其身雖住，猶如變化。所以者何。當來後有苦因斷故，便捨當來後有之取。於現法中，一切煩惱因永斷故，便捨現法一切雜染所依之取。一切麁重永遠離故，唯有命緣，暫時得住。由有此故，契經中言，虞我詐時但受身邊際受，命邊際受。廣說乃至卽於現法，一切所受，究竟滅盡。

**玄奘譯《瑜伽師地論》卷五一**　何故若無阿賴耶識，有種子性不應道理。謂六識身展轉異故。所以者何。從善無間，不善性生。不善無間，復善性生。從二無間，無記性生。劣界無間，中界生。中界無間，妙界生。如是妙界無間，乃至劣界生。有漏無間，無漏生。無漏無間，有漏生。世間無間，出世生。出世無間，世間生。非如是相有種子性應正道理。又彼諸識長時間斷，不應相續長時流轉，是故此亦不應道理。何故若無諸識俱轉，業用差別不應道理。謂若略說有四種業，一了別器業，二了別依業，三了別我業，四了別境業。此諸了別剎那剎那俱轉可得，是故一識於一剎那，有如是等業用差別，不應道理。

何故若無阿賴耶識，身受差別不應道理。謂如有一或如理思或不如理，或無思慮或隨尋伺，或處定心或不在定。爾時於身諸領受，起非一衆多種種差別，彼應無有然現可得。是故定有阿賴耶識。何故若無阿賴耶識，處無心定不應道理。謂入無想定或滅盡定，應如捨命識離於身，非不離身。如世尊說當於爾時識不離身故。何故若無阿賴耶識，命終時識不應道理。謂臨終時或從上身分，識漸捨離冷觸漸起，或從下身分，非彼意識有時不轉。故知唯有阿賴耶識能執持身，此若捨離，即於身分冷觸可得，身無覺受。意識不爾。是故若無阿賴耶識不應道理。

復次嗢拕南曰：所緣若相應，更互爲緣性，與識等俱轉，雜染污還滅。

若略說阿賴耶識，由四種相建立流轉，由一種相建立還滅。云何四相建立流轉。當知建立所緣轉故，建立相應轉故，建立互爲緣性轉故，建立識等俱轉轉故。云何一相建立還滅。謂由建立雜染轉故，及由建立彼還滅故。云何建立所緣轉相。謂若略說阿賴耶識，由於二種所緣境轉。一由了別內執受故，二由了別外無分別器相故。了別內執受者，謂能了別遍計所執自性妄執習氣，及諸色根、根所依處。此於有色界。若在無色，唯有習氣執受了別。了別外無分別器相者，謂能了別依止緣內執受阿賴耶識故，於一切時無有間斷器世間相。譬如燈燄生時，內執膏炷，外發光明。如是阿賴耶識，緣內執受，緣外器相，生起道理，應知亦爾。

復次阿賴耶識，緣境微細。世聰慧者亦難了故。復次阿賴耶識，緣境無廢，時無變易。從初執受剎那，乃至命終，一味了別而轉故。

復次阿賴耶識，於所緣境，念念生滅。當知剎那相續流轉，非一非常。

復次阿賴耶識，當言於欲界中，緣狹小執受境。於色界中，緣廣大執受境。於無色界，空無邊處，識無邊處，緣無量執受境。於無所有處，緣微細執受境。於非想非非想處，緣極微細執受境。如是了別二種所緣故，於所緣境微細了別故，相似了別故，刹那了別故，了別狹小執受所緣故，了別廣大執受所緣故，了別無量執受所緣故，了別微細執受所緣故，了別極微細執受所緣故，應知建立阿賴耶識所緣轉相。

**玄奘譯《瑜伽師地論》卷五一**　云何建立相應轉相。謂阿賴耶識與五遍行心相應法，恒共相應。謂作意、觸、受、想、思。如是五法，亦唯異熟所攝，最極微細。世聰慧者亦難了故。亦常一類緣境而轉。又阿賴耶識相應受，一向不苦不樂，無記性攝。當知餘心法，行相亦爾。如是遍行心所相應故，異熟一類相應故，極微細轉相應故，恒常一類緣境而轉相應故，不苦不樂相應故，一向無記相應故，應知建立阿賴耶識相應轉相。

**玄奘譯《瑜伽師地論》卷五一**　云何建立阿賴耶識與轉識等俱轉轉相。謂阿賴耶識，或於一時，唯與一種轉識俱轉，所謂末那。何以故。由此末那，我見慢等，恒共相應，思量行相。若有心位，若無心位，常與阿賴耶識一時俱轉。緣阿賴耶識以爲境界，執我起慢，思量行相。或於一時，與二俱轉，謂末那及意識。或於一時與三俱轉，謂五識身隨一轉時。或於一時與四俱轉，謂五識身隨二轉時。或時乃至與七俱轉，謂五識身和合轉時。【略】

又如諸心所，雖心所性，無有差別。然相異故，於一身中，一時俱轉，互不相違。如是阿賴耶識與諸轉識，於一身中，一時俱轉，當知更互亦不相違。又如於一暴流，有多波浪，一時而轉，互不相違。又如於一清淨鏡面，有多影像，一時而轉，互不相違。如是於一阿賴耶識，有多轉識，一時俱轉，當知更互亦不相違。又如一眼識，於一時間，於一事境，唯取一類無異色相。或於一時，頓取非一種種色相。如眼識於眾色，如是耳識於眾聲，鼻識於眾香，舌識於眾味，亦爾。又如身識，或於一時，於一事境，唯取一類無異觸相。或於一時，頓取非一種種觸相。如是分別意識，於一時間，或取一境相，或取非一種種境相。當知道理亦不相違。

**玄奘譯《瑜伽師地論》卷五一**　云何建立互爲緣性轉相。謂阿賴耶識、與諸轉識、作二緣性。一、爲彼種子故，二、爲彼所依故。爲種子者：謂所有善不善無記轉識轉時，一切皆用阿賴耶識爲種子故。爲所依者：謂由阿賴耶識，執受色根，五種識身，依之而轉；非無執受。又由有阿賴耶識故；得有末那。由此末那、爲依止故；意識得轉。譬如依止眼等五根，五識身轉；非無五根。意識亦爾。非無意根。復次諸轉識與阿賴耶識，作二緣性。一、於現法中，能長養彼種子故；二、於後法中，爲彼得生，攝植彼種子故。於現法中長養彼種子者：謂如依止阿賴耶識，善不善無記轉識轉時，如是如是，於一依止，同生同滅，熏習阿賴耶識。由此因緣，後後轉識，善不善無記性，轉更增長，轉更熾盛，轉更明了而轉。於後法中爲彼得生攝植彼種子者：謂彼熏習種類，能引攝當來異熟無記阿賴耶識。如是爲彼種子故，爲彼所依故，長養種子故，攝植種子故；應知建立阿賴耶識與諸轉識互爲緣性轉相。

**玄奘譯《瑜伽師地論》卷五一**　復次阿賴耶識，或於一時，與苦受、樂受、不苦不樂受，俱時而轉。此受與轉識相應，依彼而起。謂於人中，若欲界天，若於一分鬼傍生中，俱生不苦不樂受，與轉識相應。苦受、樂受、不苦不樂受，相雜俱轉。若那落迦等中，他所映奪不苦不樂受，與純苦無雜受，俱時而轉。當知此受被映奪故，難可了知。如那落迦等中一向苦受俱轉，如是於下三靜慮地，一向樂受俱轉，於第四靜慮地乃至有頂，一向不苦不樂俱受轉。

**玄奘譯《攝大乘論本》卷上**　如是已說阿賴耶識安立異門。安立此相，云何可見。安立此相，略有三種。一者安立自相，二者安立因相，三者安立果相。此中安立阿賴耶識自相者，謂依一切雜染品法所有熏習，爲彼生因，由能攝持種子相應。此中安立阿賴耶識因相者，謂卽如是一切種子阿賴耶識，於一切時，與彼雜染品類諸法現前爲因。此中安立阿賴耶識果相者，謂卽依彼雜染品法，無始時來所有熏習阿賴耶識相續而生。

**玄奘譯《成唯識論》卷三**　阿賴耶識，爲斷爲常，非斷非常，以恒轉故。恒謂此識無始時來，一類相續，常無間斷。是界趣生施設本故。性堅持種，令不失故。轉謂此識無始時來，念念生滅，前後變異，因滅果生，非常一故。可爲轉識熏成種故。恒言遮斷，轉表非常，猶如暴流。因果法爾。如暴流水，非斷非常，相續長時，有所漂溺。此識亦爾。從無始來，生滅相續，非常非斷，漂溺有情，令不出離。又如暴流，雖風等擊，起諸波浪，而流不斷。此識亦爾。雖遇眾緣，起眼識等，而恒相續。又如暴流，漂水下上魚草等物，隨流不捨。此識亦爾。與內習氣，外觸等法，恒相隨轉。如是法喻，意顯此識，無始因果，非斷常義。謂此識性，無始時來，刹那刹那，果生因滅。果生故非斷，因滅故非常。非斷非常，是緣起理。故說此識，恆轉如流。

**玄奘譯《成唯識論》卷三**　法有四種，謂善、不善、有覆無記，無覆無記。阿賴耶識，何法攝耶。此識唯是無覆無記，異熟性故。異熟若是善染汙者，流轉還滅，應不得成。又此識是善染依故。若善染者，互相違故，應不與二俱作所依。又此識是所熏性故。若善染者，如極香臭，應不受熏。無熏習故，染淨因果俱不成立。故此唯是無覆無記。覆謂染法，障聖道故。又能蔽心，令不淨故。此識非染，故名無覆。記謂善惡，有愛非愛果及殊勝自體，可記別故。此非善惡，故名無記。

**玄奘譯《成唯識論》卷三**　此識無始恆轉如流，乃至何位，當究竟捨。阿羅漢位，方究竟捨。謂諸聖者，斷煩惱障究竟盡時，名阿羅漢。爾時此識煩惱麤重，永遠離故，說之爲捨。又云，然阿羅漢斷此識中煩惱麤重究竟盡故，不復執藏阿賴耶識爲自內我。由斯永失阿賴耶名，說之爲捨，非捨一切第八識體。勿阿羅漢無識持種，爾時便入無餘涅槃。

**玄奘譯《成唯識論》卷二**　論曰：初能變識，大小乘教名阿賴耶。此識具有能藏、所藏、執藏義故。謂與雜染互爲緣故，有情執爲自內我故。此即顯示初能變識所有自相，攝持因果爲自相故。此識自相分位雖多，藏識過重，是故偏說。此是能引諸界趣生善不善業。異熟果故，說名異熟。離此命根眾同分等，恆時相續勝異熟果不可得故。此即顯示初能變識所有果相。此識果相雖多位多種，異熟寬不共，故偏說之。此能執持諸法種子，令不失故，名一切種。離此餘法能遍執持諸法種子不可得故。此即顯示初能變識所有因相。此識因相雖有多種，持種不共，是故偏說。初能變識體相雖多，略說唯有如是三相。

**玄奘譯《攝大乘論釋》卷二**　阿賴耶識，與彼雜染諸法同時，更互爲因。云何可見。譬如明燈，焰炷生燒，同時更互。又如蘆束，互相依持，同時不倒。應觀此中更互爲因，道理亦爾。如阿賴耶識爲雜染諸法因，雜染諸法亦爲阿賴耶識因。唯就如是安立因緣，所餘因緣不可得故。……釋曰：阿賴耶識與一切法，於一切時互爲因果，展轉相生。若於此時阿賴耶識爲諸法因，即於爾時諸法爲果。若於此時阿賴耶識爲諸法果，即於爾時諸法爲因。

**窺基《大乘百法明門論解》卷上**　阿賴耶識，華言藏識，能含藏諸種故。又具三藏義故，謂能藏、所藏、執藏也。與雜染互爲緣故，有情執爲自內我故。由斯三義，而得藏名，藏即識也。

**大乘光《大乘百法明門論疏》卷上**　阿賴耶識者，阿賴耶識，西國梵音，此翻爲藏，亦名爲宅。宅即攝持諸法，藏即貯積無遺，藏宅之名，此皆從義立名。

**延壽《宗鏡錄》卷二**　夫過去、未來、現在三世境界，元是第八阿賴耶識親相分，唯本識所變。若現在之境，是明了意識分別。若過去未來之境，是獨散暗意識思惟。夢覺之境雖殊，俱不出於意識。則唯心之旨，比況昭然。

**延壽《宗鏡錄》卷四七**　第二頌云，由攝藏諸法，一切種子識，故名阿賴耶。勝者我開演者，即第八識自證分，能持種故，名種子識。《解深密經》頌云：阿陀那識甚深細，一切種子如瀑流，我於凡愚不開演，恐彼分別執爲我。阿陀那者，此云執持。爲此識能執持諸法種子及能執受色根及根依處，亦能執取結生相續故，說此識名阿陀那。一切種子如瀑流者，謂第八識中一切種子，若遇緣鼓擊，便生轉識現行。或種子有生住異滅不停，如似瀑流。《楞伽經》頌云：譬如巨海浪，斯由猛風起，洪波鼓溟壑，無有斷絶時。藏識海常住，境界風所動，種種諸識浪，騰躍而轉生。又小乘《增一阿含經》云，有根本識，是諸識所依。此根本識，即是第八識。此以第八識能發起前六轉識故。二，上座部說，有有分識，便是第八識。此有分識體，常不間斷，遍三界有。有謂三有。分者因義。即三有之因，皆由此識。三，化地部中說，有窮生死蘊。緣此第八，遍三界九地，恆常有故。但有生死處，即常遍爲依。直至大乘金剛心末，煩惱盡時方捨故，名窮生死蘊。若諸轉識，即無此功能，以第六識體多間斷故。入五位無心時，六識皆間斷不行。此時應不名有情，以無識任持故，即應爛壞。四，一切有部說，此識名阿賴耶，有愛樂欣喜四種阿賴耶。愛是總句，總緣三世爲境。餘三是別句，別緣三世。樂是現在，欣是過去，喜是未來。即此第八識。是諸有情常執爲自內我，是眞愛著處，故名阿賴耶。眞正理有十。一者，持種心。《唯識論》云：謂契經說，雜染清淨諸法種子之所集起，故名爲心。若無此識，彼持種心不應有故。謂諸轉識在滅定等，有間斷故。根境作意善等，類別易起故。如電光等，不堅住故。非可熏，皆不能持種。非染淨，種所集起故。二，異熟心。《唯識論》云：如契經說，有異熟心，善惡業感，若無此識，彼異熟心不應有故者，即第八識。謂前世中，以善不善業爲因，招感得今生第八異熟心是果。論云：定應許有眞異熟識，酬牽引業，遍而無斷，變爲身器，作有情依。身器離心，理非有故。三，界趣生體。《唯識論》云：契經說，有情流轉五趣四生，若無此識，彼趣生體不應有故。須信有第八識爲三界九地五趣四生之體。若無此識，即一切有情不應得有。四，有執受。《唯識論》云：又契經說，有色根身是有執受。若無此識，彼能執受不應有故。其有色界中有情，有五色根及內五塵，是第八親相分，唯第八識能執受。若是餘識，即無此能。五，壽煖識，三證有第八識。《唯識論》云：又契經說，壽煖識三更互依持，得相續住。若無此識，能持壽煖令久住，識不應有故。六，生死時有心。證有第八識。《唯識論》云：又契經說，諸有情類受生命終，心住散位作無心定。若無此識，生死時心不應有故。又將死時，由善惡業，上下身分冷觸漸起。若無此識，彼事不成。第七，引緣起依，證有第八識。《唯識論》云：又契經說，識緣名色，名色緣識。如是二法，展轉相依。譬如束蘆，俱時而轉。若無此識，彼識自體不應有故。小乘云，我將六識，爲名色依，何要第八。論破云，眼等轉識，攝在名中，此識若無，說誰爲識。論主云，眼等六識，已攝在名中。爲識蘊故，須得第八爲名外識支，與名色爲依。又如此界人生時，中有初念心執取。結生時，由未有前六識，爲名中識蘊。名色唯具三蘊。此三蘊名色，一念間依何而住。故知信有第八識，是名外識支，與名色爲依。八，引識食，證有第八識。《唯識論》云：又契經說，一切有情，皆依食住。若無此識，彼識食體不應有故。所以佛告外道言，所爲一切有情，皆依食住。此是正覺正說，餘不能知。汝外道自餓己身，終無有益。食是資益義，任持義。九，引滅定有心，證有第八識。《唯識論》云：又契經說，住滅定者，身語心行無不皆滅。而壽不滅，亦不離煖，根無變壞，識不離身。若無此識，住滅定者，識不離身，不應有故。論主云，入滅定聖人，身語心行無不皆滅，即出入息，是身加行，受想是心加行，尋伺是語加行。此三加行與第六識相應，在滅定中皆悉滅故。而壽不滅者，即第八識種上，有連持一報色心不斷功能，名壽。言亦不離識者，煖觸是第八識相分。即此二法，皆不離第八識。既在滅定中，六識身語心加行皆悉不行。而有壽煖在者，明知即是第八識與壽煖爲依。十，引染淨心，證有第八。《唯識論》云：又契經說，心雜染故，有情雜染，心淸淨故，有情淸淨。若無此識，彼染淨心不應有故。謂染淨法以心爲本，因心而生，依心而住。受彼熏，持彼種故。以心爲本者，即一切染淨有爲無爲法，皆以第八識爲根本。依心而住者，即前七現行，皆依第八識而住。言受彼熏者，即第八識受彼前七識熏。言持彼種者，即第八能持前七三性染淨種子。所以《密嚴經》云：是身如起屍，亦如熱時焰，隨行因緣轉，非妄亦非實。爲受之所牽，性空無有我。意等識所識，與心而共生。五識復更依，意識而因起。如是一切時，大地而俱轉。賴耶爲於愛，所熏而增長。既自增長已，復增於餘識。展轉不斷絕，猶如於井輪。以有諸識故，眾趣而生起。於是諸趣中，識復得增長。識與世間法，更互以爲因。譬如河水流，前後而不斷。亦如芽與種，相續而轉生。各各相差別，分別而顯現。識行亦如是，既三和合已，而復更和合，差別相而生。如是而流轉，常無有斷絕。內外一切法，皆因此而起。愚不了唯心，汝等勤觀察。《華嚴經》云：善男子！諸業虛妄積集名心。末那思量，意識分別。眼等五識，了境不同。愚癡凡夫，不能知覺。怖老病死，求入涅槃。生死涅槃，二俱不識。於一切境，妄起分別。又由未來諸根，五塵境界斷滅，凡愚之人以爲涅槃。諸佛菩薩自證悟時，轉阿賴耶得本覺智。善男子！一切凡愚迷佛方便，執有三乘，不了三界由心所起，不知三世一切佛法自心現量。見外五塵，執爲實有。猶如牛羊，不能知覺。生死輪中，無由出離。善男子！佛說諸法無生無滅，亦無三世。何以故。如自心現五塵境界，本無有故。有無諸法，本不生故。聖者自悟境界如是。善男子！愚癡凡夫妄起分別，無中執有，有中執無。取阿賴耶種種行相，墮於生滅二種見中。不了自心而起分別。善男子！當知自心即是一切佛菩薩法。由知自心即佛法故，則能淨一切剎，入一切劫。是以藏識頓變根身器世間故，爲甚深之義，現量比量，俱不能量。又過量無量故，如經偈云：法界非有量，亦復非無量。牟尼悉超越，有量及無量。故知識性，淺智難明。究竟窮通，唯佛能了。

**延壽《宗鏡錄》卷五一**　問：阿賴耶識，以何爲因，以何爲緣，以何爲體。答：《顯揚論》云：阿賴耶識者，謂先世所作增長業煩惱爲緣，無始時來戲論熏習爲因，所生一切種子異熟爲體。此識能執受了別色根、根所依處。及戲論熏習，於一切時，一類生死，不可了知。又能執持了別外器世界，與不苦不樂受等相應。一向無覆無記，與轉識等作所依因。經云：無明所覆，愛結所繫，愚夫感得有識之身。此言顯有異熟阿賴耶識。

問：阿賴耶識，當體是自相。酬善惡因故是果相。受熏持種故是因相。第八既是因果相，於六因中屬何因，向五果中是何果。答：六因中有四，能持種子義邊，是持種因。若因種子俱時而有，即俱有因。若望自類種子前後相引，即是同類因。若望同時心所等，即相應因。無餘二因者，異熟因是善惡性。此識是無記。若遍行因是染，謂見疑無明等，此識非染。於五果中具四，唯除離繫。望自種子，是等流果。望作意等心所，是士用果。望第七識，爲增上果。望善惡因，即異熟果。

問：諸心識中，何識堅牢，不爲諸緣之所飄動。答：世間無有一法不從緣生。緣生之法，悉皆無常。唯有根本心，不從前際生，不從中際住，不於後際滅，實爲萬有之根基，諸佛之住處。是以喻之如鏡，可以精鑒妍醜。深洞玄微，仰之爲宗。猶乎巨浸納川，太虛含像。《密嚴經》云：心有八種，或復有九。與無明俱，爲世間因。世間悉是心心法現。是心心法及以諸根，生滅流轉，爲無明等之所變異。其根本心，堅固不動。世間因緣有十二分，若根若境，能生所生，刹那壞滅。從於梵世至非非想，皆因緣起。唯有如來，離諸因緣。內外世間，動不動法，皆如瓶等，壞滅爲性。又頌云：汝等諸佛子，云何不見聞，藏識體清淨，眾身所依止。或具三十二，佛相及輪王。或爲種種形，世間皆悉見。譬如淨空月，眾星所環遶。諸識阿賴耶，如是身中住。譬如欲天主，侍衛遊寶宮。江海等諸神，水中而自在。藏識處於世，當知亦復然。如地生眾物，是心多所現。譬如日天子，赫奕乘寶宮。旋遶須彌山，周流照天下。諸天世人等，見之而禮敬。藏識佛地中，其相亦如是。十地行眾行，顯發大乘法。普與眾生樂，常讚於如來。在於菩薩身，是即名菩薩。佛與諸菩薩，皆是賴耶名。佛及諸佛子，已受當受記。廣大阿賴耶，而成於正覺。密嚴諸定者，與妙定相應，能於阿賴耶，明了而觀見。佛及辟支佛，聲聞諸異道，見理無怯人，所觀皆此識。種種諸識境，皆從心所變。瓶衣等眾物，如是性皆無。悉依阿賴耶，眾生迷惑見，以諸習氣故，所取能取轉。此性非如幻，陽焰及毛輪。非生非不生，非空亦非有。譬如長短等，離一即皆無。智者觀幻事，此皆唯幻術。未曾有一物，與幻而同起。幻焰及毛輪，和合而可見。離一無和合，過未亦非有。幻事毛輪等，在在諸物相。此皆心變異，無體亦無名。世中迷惑人，其心不自在。妄說有能幻，幻成種種物。幻師甎瓦等，所作眾物類。種種若去來，此見皆非實。如鐵因磁石，所向而轉移。藏識亦如是，隨於分別轉。一切諸世間，無處不周遍。如日摩尼寶，無思及分別。此識遍諸處，見之謂流轉。不死亦不生，本非流轉法。定者勤觀察，生死猶如夢。是時即轉依，說名爲解脫。此即是諸佛，最上之教理。審量一切法，如秤如明鏡。又如大明燈，亦如試金石。遠離於斷滅，正道之標相。修行妙定者，至解脫之因。永離諸雜染，轉依而顯現。

問：本識與諸識和合，同起同滅。至轉依位，諸煩惱識滅，唯本識在。如何分別滅不滅之異。答：《攝大乘論》云：若本識與非本識，共起共滅，猶如水乳和合，云何本識不滅，非本識滅。譬如於水，鵝所飲乳。釋云：譬如水乳雖和合，鵝飲之時，唯飲乳，不飲水。故乳雖盡，而水不竭。本識與非本識亦爾，雖復和合，而一滅一在。

問：此根本識心既稱爲一切法體，又云常住不動。只如萬法，即此心有，離此心有。若即此心，萬法遷變，此心云何稱爲常住。若離此心，復云何得爲一切法體。

答：開合隨緣，非即非離。以緣會故合，以緣散故開。開合但緣，卷舒無體。緣但開合，緣亦本空。彼此無知，能所俱寂。《密嚴經》偈云：譬如金石等，本來無水相，與火共和合，若水而流動。藏識亦如是，體非流轉法，諸識共相應，與法同流轉。如鐵因磁石，周迴而轉移。二俱無有思，狀若有思覺。賴耶與七識，當知亦復然。習繩之所繫，無人而若有。普遍眾生身，周行諸險趣。如鐵與磁石，展轉不相知。

**延壽《宗鏡錄》卷五一**　問：第八藏識，當有幾種。

答：《釋摩訶衍論》云：阿賴耶識，總有十種。所以者何。於契經中別別說故。

一者，名爲大攝主阿賴耶識。所謂即是總相大識，義如前說。

二者，名爲根本無明，別立以爲阿賴耶識，故十種妄想。契經中作如是說。剎闍只多提王識，直是妄法，不能了達一法界體。一切染法，阿賴耶識以爲根本，出生增長，無斷絕時。若無提王識，黑品眷屬，永無所依，不能生長故。此阿賴耶識，當何決擇攝。於本論中，作如是說。所言不覺義者，謂不如實知眞如法一故。不覺心起而有其念，乃至廣說故。

三者，名爲清淨本覺阿賴耶識。所謂自然本智，別立以爲阿賴耶。故本覺契經中，作如是說。自體淨佛阿賴耶識，具足無漏圓滿功德，常恆決定，無受熏相，無變異相，智體不動，具足白品，是故名爲獨一淨識。故此阿賴耶識，當何決擇攝。於本論中，作如是說。復次覺體相者，有四種大義，與虛空等，猶如淨鏡，乃至廣說故。

四者，名染淨本覺阿賴耶識。所謂不守自性陁羅尼智，別立以爲阿賴耶識。故本因緣起契經中，作如是說。爾時，光嚴童子即白佛言：尊者！以何因故，難入未曾有會中作如是說。隨他緣起陁羅尼智，名爲楞伽王識。云何名爲楞伽王以之爲喻，示彼緣起陁羅尼智。於是尊者告光嚴言：童子！此楞伽王，常在大海摩羅山中，率十萬六千鬼神之衆，以爲眷屬。如是諸眷屬，乘華宮殿，遊於諸剎，皆悉承賴彼楞伽王，方得遊行。所謂諸鬼神衆作如是言：我等神衆，無有威德，無有氣力，於諸所作，無有其能。如宜大王，我等衆中，與堪能力。彼楞伽王，即隨其時，與殊勝力，不相捨離而共轉。謂楞伽王，雖非分身，而能遍滿諸神衆中，各各令得全身之量。於一切時，於一切處，共轉不離。不守自性智，亦復如是。能受一切無量無邊煩惱染法，鬼神衆熏，不相捨離而俱轉故。以此因緣故，我難入中。作如是說，隨轉覺智，名爲楞伽王識。故此阿賴耶識，當何決擇攝。於本論中，作如是說。自性清淨心，因無明風動，心與無明俱無形相，不相捨離。乃至廣說故。

五者，名爲業相業識阿賴耶識。所謂根本業相，及與業識，別立以爲阿賴耶。故本性智契經中，作如是說。阿賴耶識，無能了作，無所了作，不可分析，不可隔別。唯由精動隱流義故，名爲鍵摩。故此阿賴耶識，當何決擇攝。於本論中，作如是說。復次依不覺故，生三種相，與彼不覺，相應不離。云何爲三。一者無明業相，以依不覺故心動，說名爲業。覺則不動，動則有苦，果不離因故。

六者，名爲轉相轉識阿賴耶識。所謂能見境界之相，及與轉識，別立以爲阿賴耶。故大無量契經中，作如是說。阿賴耶識，有見見轉，無見見起。故此阿賴耶識，當何決擇攝。於本論中作如是說。二者能見相，以依動故能見，不動則無見故。

七者，名爲現相識阿賴耶識。所謂境界之相，及與現識，別立以爲阿賴耶。故實際契經中作如是說。別異別異，現前地轉，相異相，具足行轉，是故名爲阿賴耶識。復次此阿賴耶識，眞是異熟無記之法，白淨相故，或名成就。故此阿賴耶識，當何決擇攝。於本論中，作如是說。三者境界相，以依能見故。境界妄現，離見則無境界故。

第八者，名爲性眞如理阿賴耶識。所謂正智所證清淨眞如，別立以爲阿賴耶故。故諸法同體契經中作如是說。有識是識，非識識攝，所謂如如阿賴耶識。故此阿賴耶識，當何決擇攝。所謂清淨般若質境眞如攝故。

九者，名爲清淨始覺阿賴耶識。所謂本有清白始覺般若，別立以爲阿賴耶，故果圓滿。契經中作如是說。佛告菩提樹王言：自然始覺阿賴耶識，常當不離清淨本覺。清淨本覺常當不離，始覺淨識隨是彼有。隨彼是有，或非同種，或非異種故。此阿賴耶識，當何決擇攝。於本論中，作如是說。本覺義者，對始覺者，即同本覺故。

十者，名爲染淨始覺阿賴耶識。所謂隨緣始覺般若，別立以爲阿賴耶，故果圓滿。契經中作如是說。復次樹王，如始覺淨識及自本覺，說染淨始覺阿賴耶識，不守自性。緣起本覺，亦復如是。故此阿賴耶識，當何決擇攝。於本論中，作如是說。始覺義者，依本覺故而有不覺，依不覺故而有始覺。又以覺心原故，名究竟覺。不覺心原故，非究竟覺。乃至已說藏識剖字別相門，次說總識攝生圓滿門。此識有二種義，能攝一切法，生一切法。一者覺義，二者不覺義者，而總顯示大識殊勝圓滿相故。此義云何。所謂具足二種圓滿故。一者功德圓滿，二者過患圓滿。功德圓滿者，覺義字句，能攝一切無量無邊，過於恆沙不離不斷諸功德故。能生一切無量無邊，過於恆沙不離不斷諸功德故。過患圓滿者，不覺義字句，能攝一切無量無邊，過於恆沙若離若脫諸過患故。能生一切無量無邊，過於恆沙若離若脫諸過患故。

**智旭《八識規矩直解》** 此識有種種名。一，名阿賴耶識，以其被第七識執爲我故。此名至不動地前我執永伏即便先捨。二，名爲異熟識，以是善惡漏無漏業至成熟時所招感故。此名直至金剛道後圓滿佛果方得捨之。三，名一切種識。通于因果凡聖等位，但至成佛之後則惟持圓滿無漏善種。盡未來際利樂有情，更不受熏。以其一切有漏種子及一分劣無漏種皆永斷故，名之爲無垢淨識。以其與極善無漏之慧心所恆相應故，名之爲大圓鏡智。此識一轉，此智一發，則法界洞朗，眞俗等觀，故云普照十方塵刹中也。

**正誨《八識規矩頌略說》** 一切種子識，故名阿賴耶，勝者我開示。《深密經》云：阿賴耶識甚微細，一切種子如瀑流。我於凡愚不開演，恐彼分別執爲我。《楞伽》云：如海遇順風，起種種波浪，現前作用轉，無有間斷時。藏識海亦然，境界風所擊，恆起諸識浪，現前作用轉。此識有三義，謂能藏、所藏、我愛執藏。其深如淵，不可窺測。前七如浪，六塵境界如風。波浪相繫相熏習故，使此白淨無記性，能受熏持種。內根身，外器界，業力持故，相續不斷。生死去來，唯此一識而已，非謂前七異此識而有先後去來。若前七先去者，去至何所。前七後來者，從何所來。以前七種子，皆在此識中也。生則從此識中發現，死則歸復此識。此識業相隨前七似有去來。此識之性，元是白淨，自無生滅。悟之即如來藏，迷之即輪迴海。故頌曰，眞非眞恐迷，我常不開演。自凡夫至於八地，我執方空。故捨藏識之名，無我愛執藏也。從八地至等覺，爲金剛道，法執方空，故無善惡異熟果也。從等覺至佛果位中，相續執持業性方空，始能得大圓滿。無二隨順，方證大圓無垢清淨心也。清淨心者，是契經所謂第九白淨識也。前八雖無明黑業染而非淨，悟之即在纏如來藏。九則淨而非染，故曰白，悟之即出纏如來藏也。是以深密明第九者，即八中之淨分。而古德亦云，約諸識門，雖一多不定，皆是體用緣起本末相收。本是九識，末是八識。從本向末，寂而常用。攝末歸本，用而常寂。寂而常用，故靜而不結。用而常寂，故動而不亂。靜而不結，故眞如是緣起。動而不亂，故緣起是眞如。眞如是緣起故，無眞如不生死。即九爲八，緣起是眞如故，無生死不眞如。即八爲九，無生死不眞如故，法界無生死。無眞如不生死故，法界無眞如。法界無生死故，生死非雜亂。法界無眞如故，眞如非寂靜。生死非雜亂，眾生即是佛。眞如非寂靜，佛即是眾生。是以法界違故，說眞如是生死，即理隨情變也。法界順故，說生死即眞如，即情成理用也。如此明時，即情顯理。理本無生，即理蕩情。情自無性，無性則八相元空，無生則一眞不住。不住故，含藏妙有。本空故，白淨現前。是謂大圓，是謂無垢。即《法華》之實相，《華嚴》之法界，《楞嚴》之妙心。非大覺尊，其孰能證乎此。

**正誨《八識規矩頌略說》** 無明與本體混雜，不二而二，即名阿賴耶識。此云含藏，以含藏根身器界諸種子故。法爾有四分。一，相分，即前五根六塵。二，見分，即前六種識。三，自證分，即諸識之本體。四，證自證分，即能證此本體者。含藏爲總，前七爲別。由第七末那妄執第八中見分爲自內我故，向外轉變，爲六種識心。又執第八中相分爲自外境故，轉變爲五根六塵等法。是第七識，內則依第八以爲我體，外則依第六以爲我用。自無體用，故曰傳送識。又則前七俱名轉識，如波浪故。第八獨名含藏，如大海故。海與波，非一非異故。前七轉識，與第八藏識，亦非一非異。故《楞伽》云：藏識海常住，境界風所動，種種諸識浪，騰躍而轉生。問：既前七如波，第八如海，只是體一而用殊，何故八種識心，各各不同。答：體一用殊，亦不可說。

## 識無邊處

**玄奘譯《阿毗達磨集異門足論》卷六** 識無邊處云何。答：識無邊處略有二種，一定，二生。若定若生所有受想行識，是名識無邊處。

**玄奘譯《阿毗達磨法蘊足論》卷八** 超一切種空無邊處者，謂彼爾時，於空無邊處想超越等超越，故名超一切種空無邊處。入無邊識無邊處具足住者，云何識無邊處定加行。修何加行，入識無邊處定。謂於此定，初修業者，先應思惟空無邊處，爲麁苦障。次應思惟識無邊處，爲靜妙離。餘廣說如空無邊處。超一切識無邊處者，謂彼爾時，於識無邊處想超越等超越，故名超一切種識無邊處。

**玄奘譯《阿毗達磨大毗婆沙論》卷八四** 云何識無邊處。如契經說，超一切空無邊處，入無邊識，識無邊處具足住，是名識無邊處。問：此何故名識無邊處，爲以自性，爲以所緣，設爾何失。二俱有過，所以者何。若以自性識無邊處以四蘊爲自性，不應但名識無邊處。若以所緣識無邊處緣四聖諦及虛空非擇滅，亦不應但名識無邊處。答：應作是說。此不以自性，亦不以所緣，但以加行名識無邊處。如《施設論》說：以何加行修識無邊處定。由何加行入識無邊處定謂初業者，先應思惟清淨眼等六種識相，取此相已假想勝解，觀察照了無邊識相。以先思惟無邊識相而修加行，展轉引起第二無色定故，說此名識無邊處。復次依等流故，說此定名識無邊處。謂瑜伽師從此定出，必起相似識相現前。謂於識相歡悅而住。具足住者，謂得獲成就識無邊處善四蘊，於得獲成就說具足住聲，是故名爲識無邊處。

**玄奘譯《大般若波羅蜜多經》卷三五〇**　超一切空無邊處定，入無邊識，識無邊處定具足住，是第五解脫。超一切識無邊處定，入無少所有，無所有處定具足住，是第六解脫。超一切無所有處定，入非想非非想處定具足住，是第七解脫。超一切非想非非想處定，入滅想受定具足住，是第八解脫。【略】

超一切空無邊處定，入無邊識，識無邊處定具足住，是第六次第定。超一切識無邊處定，入無少所有，無所有處定具足住，是第七次第定。超一切無所有處定，入非想非非想處定具足住，是第八次第定。超一切非想非非想處定，入滅想受定具足住，是第九次第定。是菩薩摩訶薩能於如是九次第定，若順若逆，入出自在。

**窺基《大乘法苑義林章》卷四**　識無邊處者，謂緣無邊虛空之識。今緣此識而爲境界，十方諸相不可知，故名識無邊。處即能緣義，如前說。無所有處者，謂於識處上境界，推求之時無少所得。除無所有無別境界，由唯見此境極寂靜故，無所有此細超前。觀已上境無少所有，少亦無故。餘義如前。非想非非想處者，非想者謂超過無所有想。無所有處，猶有麁想故。非非想者，謂於無所有處上境界推求之時，唯得緣無所有極細心心所。由唯見此極寂靜故，前無所有處。唯緣識處已上諸境少分亦無。此有頂地，唯緣無所有處，能緣心心所，不同彼地有麁想故，名爲非想。仍有唯無此極寂靜心在故，名非非想。

**宗密《圓覺經大疏釋義鈔》卷一〇**　《俱舍》云：空無邊等三名，從加行立。謂修定前起加行位，厭壞色故，作勝解想。加行成時，名空無邊處。又於加行，厭無邊空，起勝解想，思無邊識，加行成時，名識無邊處。又於加行，厭無邊識，起勝解想，捨諸所有，寂然而住，加行成時，名無所有處。

**玄奘譯《阿毗達磨集異門足論》卷一八**　超一切空無邊處，入無邊識識無邊處具足住，是第五解脫。超一切空無邊處者，云何超一切空無邊處。答：將欲趣入識無邊處時，於一切空無邊處想，皆能超越，平等超越，最極超越，是故說爲超一切空無邊處。入無邊識識無邊處具足住者，問：此識無邊處解脫加行云何。修觀行者，由何方便，入識無邊處解脫定。答：初修業者，創修觀時，先應思惟空無邊處爲麁苦障，後應思惟識無邊處爲靜妙離。彼既思惟空無邊處爲苦麁障，亦復思惟識無邊處爲靜妙離故，心便散動，馳流諸相，不能一趣，繫念一境，相續思惟識無邊處。彼心散動馳流諸相，不能一趣繫念一境相續思惟識無邊處故，未能住心入識無邊處解脫定。爲攝散動馳流心故，專繫念思惟識無邊處相。思惟此相，精勤勇猛，乃至令心相續久住。由斯加行，入識無邊處解脫定。精勤數習此加行已，復進修行此定方便。謂於加行所引生道，數習數修數多所作。既於加行所引生道，數習數修數多所作，心便安住等住近住，相續一趣，繫念一境，思惟此是識無邊處。由心安住等住近住，相續一趣，繫念一境，思惟如是識無邊處，無二無轉，便能證入識無邊處解脫定。第五者，謂諸定中漸次順次相續次第數爲第五。解脫者，謂此定中所有善受想行識，皆名解脫。

**施護譯《佛說大生義經》**　若無色無衆生，彼一切處離於空想，都惟一識，所謂識無邊處天，是爲第六識所住處。若無色無衆生，彼一切處離識無邊，都無所有，所謂無所有處天，是爲第七識所住處。

## 受持

**吉藏《勝鬘寶窟》卷上**　始則領受在心，曰受。終則憶而不忘，曰持。

**吉藏《維摩經義疏》卷一**　受持正法，外有護法之功，內有受持之固。始則領受在心，終則秉持不忘。能師子吼，名聞十方，內秉妙法在心，外能師子震吼。

**知恩《金剛般若經依天親菩薩論贊略釋秦本義記》**　言受持者，受謂領納聽聞，持謂任持不忘。受持者，令自成佛。

**智顗《仁王護國般若經疏》卷五**　言受持者，《大論》云，信力故聞而奉行爲受，念力故久久不失爲持。此品中正明十三法師受持般若，又令他人受持，故名受持品。

**達照整理《金剛經注頌釋》**　萬法在性，名之爲受。法清淨故，目之爲持。故名受持。

## 受　記

**菩提流支譯《勝思惟梵天所問經》卷三**　世尊言受記。受記者，以何等法名爲受記。佛言：梵天！離諸法二相名爲受記，不分別生滅名爲受記，離身口意業相名爲受記。

**鳩摩羅什譯《摩訶般若波羅蜜經》卷一七**　我不見是人受記，亦不見法可受記者，亦不見受記處，是一切法皆無二無別。

**《鳩摩羅什法師大義》卷上**　什答曰：說菩薩受記者，各各不同。或有人言，爲利衆生故，與其受記。或以肉身菩薩，於無量劫久行菩薩道，爲彼受記，示其果報，安慰其心耳。或云變化身中有受記義。義於法身，則無此事。或有人言，受記是實事，唯應與法身受記，不應爲變化身也。復此何功德者，如來智德無量無邊，利益十住。其功最勝，以彼利根所受彌廣故也。如《般若》中說，供養無量阿惟越致，不如一人疾作佛者。言無師自覺者，但不目外道爲師耳。此義上以明。若如實諸者，諸佛威儀麁事，尚不可知，何況受記深奧義乎。有衆生未發心，而佛與受記。有人現前發心，不與受記。有人發心時，便與受記。於生死身得無生法，而爲受記。有捨生死身受法身，而得受記。如文殊師利等是也。有菩薩從無量諸佛受記，如釋迦牟尼從燃燈佛。蓮華上佛，華上名佛。乃至迦葉佛，皆從受記。有天王佛，與釋迦牟尼眞身受記。或於大法身菩薩衆中，是菩薩於大衆中，佛先受記。不以爲說，何以故。自知處處身受記故，不以一身受記爲喜，亦不可見喜事故。譬如阿那婆達多龍王受記時，阿闍世王言，汝得大利，於大衆中受記爲佛。龍王言：誰受記者，若身也，身如瓦石。若心也，心如幻化。離此二法，無受記者，當知有何利而生歡喜也。若我受記，一切衆生亦當受記，其相同故。如是無量不可思議，不應以事迹爲難。

**曼陁羅譯《大寶積經》卷二七**　菩薩記者，一切諸法無有所屬，名爲受記。一切法不取，是名受記。一切法無處，是名受記。一切法無居，是名受記。一切法無出，是名受記。一切諸法無有妄想，是名受記。大德阿難！夫菩薩者如是受記。

**失名《法華問答》**　如來談與記名之爲授，弟子領記名之爲受。

**失名《佛說觀弥勒菩薩上生兜率天經述贊》**　授亦云受，受是弟子，授是如來。如來授與，記其必得，故名授記。弟子領意，信得不虛，故名受記。將講授記，略作五門。一授記意，二授記者，三授記人，四時差別，五釋文。第一授記意。如來授記，自有五意。一大師逆照。二因必得果。三令他人起敬。四不捨衆生，有作佛義。五行位已高。由此五義，故須授菩提之記也。第二授記者。佛有三身。有說：若授二乘及地前菩薩記，唯是化身。若授大地菩薩記，通有報身。故《攝論》云，化身爲二乘及地前菩薩說法，應身爲地上菩薩說法。《楞伽經》說，應化佛爲應化聲聞授記，報法佛而授記別。《智論》說，法性生身佛說法，十位菩薩能受。此解不然。化身既化大地菩薩，應身亦應化二乘凡夫故。若不許然，便違《佛地論》。神力加而令暫見故。法身雖復說法與授記，義有異故。應說諸能授者，必是化身及他受用身。思之可解。第三受記人，有五故。《資糧論》云，一未發心，二共發心，三隱覆，四現前，五密意。前四授大乘人，後一授小乘人。初未發心者。有說，當十信位，由得增上信故。不然，十信已前，尙已發心，況亦十信而未發心。今解，無始之來，至未發菩提之心故，《莊嚴論》判爲性地，即性種姓故。如《首楞嚴經》云，是人往來五道，諸根猛利，好樂大法，佛知是人過此若干百千萬億阿僧祇劫，當得阿耨菩提心。次共發心者。有說，十解十行位，由得增上行故。

不然，十信亦已發心故。今解，善法欲去，名爲發心故。彼論云，成熟善根，種菩提種，得增上行。但欲解脫諸衆生故，即發心時，入不退轉，無墮落法，離八不閑（即八難也）次隱覆者，始從十向至七地位，若聞自授記，於六度行不發精進，不聞更發，欲使斷他念。此菩薩懃心精進，幾時得菩提疑，故與授記。有說，乃至七地未得，法爾不退，於行有時退故。不然，初地已行，必不退故。次現前者，若菩薩成就，出世五根，得無生忍，住不動地，時非前後。諸佛現前，授記作佛故。

## 行解

**普光《俱舍論記》卷一**　問：行解、行相，差別云何。解云：言行解者，謂心、心所行解不同。於諸境中取總、別相，即是心，心所法作用差別。此之行解於所緣境，或起正解，或起邪解。如上四說，即行名解，故名行解。言行相者，謂心心所，其體清淨，但對前境不由作意，法爾任運，影像顯現，如清池明鏡衆像皆現。

**道誠《釋氏要覽》卷下**　《宗鑑錄》云：禪僧行解有十。一，了了見性，如晝觀色。二，逢緣對境，見色聞聲舉足下足，開眼合眼，悉得明宗，與道相應。三，覽一代時教及從上祖師言句，聞深不怖，皆得諦了無疑。四，因差別問難種種詰責，能斷他疑。五，於一切時一切處，智照無滯，不見一法能爲障礙。六，於逆順境盡識得破。七，心境起時，了知起處，不爲生死根塵所惑。八，行住坐臥四威儀中，欽承祇對，著衣喫飯，與道相應。九，聞說有佛無佛有無衆生，或讚或毀，一心不動。十，於差別智，皆能明達，性相俱通，理事無滯，無有一法不鑒其原。

**延壽《宗鏡錄》卷三六**　一心之旨，義理昭彰，解雖分明，行須冥合。因解成行，行成解絕。不可一向執解，背道述宗。行解相應，方明宗鏡。如《首楞嚴經》所明，全爲見性修行，不取多聞知解。所以如來訶阿難言，非汝歷劫辛勤證修，雖復憶持十方如來十二部經清淨妙理如恆河沙，只益戲論。

**延壽《宗鏡錄》卷四五**　又見解圓明是目，行解相應是足。目足更資，理行扶助，可趣涅槃之域，能到清涼之池。

**契嵩《傳法正宗記》卷五**　明佛心宗，寸無差誤，行解相應，名之曰祖。

**失名《小室六門》**　外息諸緣，內心無喘，心如牆壁，可以入道。明佛心宗，等無差誤，行解相應，名之曰祖。

## 行願

**吉藏《法華玄論》卷一〇**　觀音名有二，一行，二願。行者觀名救苦，願者過去發願也。

**證觀《貞元新譯華嚴經疏》卷二**　菩薩發大願，決定修諸行。此二相扶，如車二輪，如鳥二翼，翔空致遠罔不由之。

**靈棨《地藏菩薩本願經綸貫》**　第三明不思議行願爲宗者，準經，文殊問佛云：地藏菩薩因地作何行，立何願，而能成就不思議事。又大士於過去不可說劫前，身爲大長者子，因見師子奮迅具足萬行如來相好莊嚴，因問彼佛，作何行願而得此相。又《如來自結經》名，一名《地藏本願》，一名《地藏本行》。故知行，願二法，乃一經之宗要也。釋願如前。梵語遮梨耶，此云行。二法必雙立者，《智論》問：諸菩薩行業清淨，自得淨報，何以要須立願，然後得之。譬如田家得穀，豈復待願。答：作福無願，無所樹立，願爲導御，能有所成。今乃莊嚴佛界事大，獨行功德，不能成故，要須願力。譬如牛力雖能挽車，要須御者。

## 執受

**玄奘譯《大乘阿毗達磨集論》卷三**　云何執受，幾是執受，爲何義故觀執受耶。謂受生所依色故，是執受義。色蘊一分五有色界處全及四一分，是執受。爲捨執著身自在轉我故，觀察執受。

**玄奘譯《大乘阿毗達磨雜集論》卷五**　云何執受，幾是執受，爲何義故觀執受耶。謂受生所依色故，是執受義。若依此色受得生，是名執受。色蘊一分，五有色界處全及四一分，是執受。色蘊一分者，謂根根居處所攝。五有色界處全者，謂眼等。四一分者，謂不離根色香味觸，爲捨執著身自在轉我故，觀察執受。

**窺基**《成唯識論述記》卷三　執受義者，執是攝義，持義。受是領覺義。攝爲自體，持令不壞，安危共同，而領受之，能生覺受，名爲執受。領爲境也。如《瑜伽論》第五十一、五十三、七十六卷同此義釋。《對法》第五說執受者，但唯五根、四塵一分，不說種子及與聲處。五十六說，五根全、五塵一分，名爲執受。二文不同。五十三說，執受有二。一若識依執名有執受。謂識所託安危事同，即顯依持而領受義。領受義者，謂以爲境。二以此爲依能生諸受。此義即顯執令不壞，能生覺受。

**窺基**《成唯識論述記》卷四　若望種子即名執持，令種子不失，無覺受故。色根依處名爲執受，令根不壞，生覺受故。若初結生後生相續，名爲執取，取諸有故。或爲種依持領以爲境，名曰執持。執色根等，令生覺受，名爲執受。攝初結生，名爲執取。若望外依處不名阿陁那，無執持等義。

**圓測**《解深密經疏》卷三　心心所法，共所執持，攝爲依處，名爲執受。

**定賓**《四分律疏飾宗義記》　新譯名爲執受大種爲因聲也。謂心心所，執受四大，以爲所依，故云執受大種也。

**靈泰**《成唯識論疏抄》卷五　疏而領受之，能生覺受，名爲執受等者。由第八識領五根爲境，執持五根令不壞，即依身根上而起身識。

**慧沼**《大乘法苑林章補闕》卷七　《雜集》第五云：謂受生所依色故，是執受義。若依此色，受得生起，是名執受。若《成唯識論》第二卷云，爲識執受，攝爲己體，同安危故，名爲執受。《雜集》隨轉門，《唯識》實義說。或受生者，是生覺受，由識執持，令不爛壞，生覺受故，名爲執受。

**蘇軍整理**《阿毗達磨俱舍論實義疏》卷三　論：有執受者，此言何義。心、心所法共所執持，攝爲依處，名有執受，損益展轉更相隨故。即諸世間說有覺觸眾緣，所觸覺樂等故。與此相違，名無執受。

釋曰：何以起問。有爲之法無我、我所，無有主宰。眼等諸根，云何可得名有執受。故有斯問。問云：有執受者，此言何義。本論中說：已身所攝名有執受。此復云何。論主釋云：心、心所法共所執持，攝爲依處，名有執受，損益展轉更相隨故等。心、心所法共所執持，攝爲依處，義應已備，何用更言損益展轉更相隨故等。心、心所法，非色，無有方所，依處難知，是故論主復言損益展轉更相隨故。如何名爲損益展轉。如眼等根，以安善那等藥塗之，眼根爽朗，發識明利，此即名爲根益於識。翻此名損。若時識與樂受相應，能益於根，名識益根。翻此名損。此即名爲展轉損益。即諸世間說有覺觸眾緣，所觸覺樂等故者，以世間說，若所依損即有苦受，以常妨護茅灰火刺霜雹等緣，及內貪瞋怖憂悲等。因如是事，即便變異，因若火刺等煩惱所依，即有苦受。若喜悅事意遍所依，即有樂受。世間說此，名爲執受。

問：前於聖教已說執受，何用更依世俗說耶。答：眼等諸根是所執受，心、心所法是能執受。今有執義唯在諸根，非於心所。若更不依世俗說者，遇緣所依有苦樂等，同所依根，是有執受。是以更依世俗釋之，令其了知心、心所等非有執受。《毗婆沙》師說：若諸色法逼迫斷壞，便能生苦；與此相違，即能生樂。是己身攝，名爲執受。有餘師說：若我執執爲我所有，名爲執受苦。若爾，即濫心、心所法爲有執受。以於心所亦執我故。此難不然，無如是失。以心、心所與我執俱執彼根等爲我所有，故唯九界通有執受。諸心、心所與我執俱爲能執，非能執法爲有執受我。復心所爲能、所執，義不定故，非有執受。復有餘云：不離身根名有執受。此應思擇前所說義，如言心、心所法共所執持，攝爲依處者，色等四法體非是根，不能與心、心所爲依處，應爲無執。

藏外佛教文獻

# 同分

**玄奘譯**《阿毗達磨俱舍論》卷五　同分者何，頌曰：同分有情等。

論曰：有別實物名爲同分，謂諸有情展轉類等。本論說此名衆同分，此復二種。一無差別，二有差別。無差別者，謂諸有情有情同分，一切有情各等有故。有差別者，謂諸有情界地趣生、種姓男女、近事苾芻、學無學等各別同分。一類有情各等有故。復有法同分，謂隨蘊處界，若無實物無差別相名同分者，展轉差別諸有情中，有情有情等無差別。覺及施設不應得有。如是蘊等，等無差別，覺及施設如理應知。頗有死生不捨不得有情同分，應作四句。第一句者，謂是處死還生是處。第二句者，謂入正性離生位時，捨異生同分，得聖者同分。第三句者，謂是趣死生餘趣等。第四句者，謂除前相，若別有實物名異生同分，何用別立異生性耶，非異人同分別有人性故。又非世間現見同分，以非色故，亦非覺慧所能了別無別用故，世雖不了有情同分，而於有情謂無差別。故設有體亦何所用。又何因不許有無情同分，諸穀麥豆金鐵菴羅半娜婆等，亦有自類互相似故。又諸同分展轉差別，如何於彼更無同分，而起無別覺施設耶。又應顯成勝論所執，彼宗執有總同句義，於一切法總同言智由此發生。彼復執有同異句義，於異品類同異言智由此發生。《毗婆沙》師作如是說。彼執與此義類不同，以說一物於多轉故。又縱於彼若顯不顯。然此同分必有實物，契經說故。如世尊言若還來此得人同分，乃至廣說。雖有是說而不說言別有實物名爲同分。若爾，所說同分是何。即如是類諸行生時，於中假立人同分等，如諸穀麥豆等同分。此非善說，違我宗故。

**玄奘譯《阿毗達磨順正理論》卷六**　十八界中，幾同分幾彼同分。

頌曰，法同分餘二，作不作自業。

論曰：法同分者，謂一法界唯是同分。今應先辨境同分相。若境與識定爲所緣，且如法界，與彼意識爲定所緣，是不共故。識於其中已生生法，此所緣境，說名同分。意能遍緣一切境故，於三世境及非世中，無一法界不於其中已正當生無邊意識。二念意識，即能普緣一切法故，由是法界恆名同分。餘二者，謂餘十七界皆有同分及彼同分。何名同分彼同分耶。謂作自業不作自業。若作自業名爲同分，不作自業名彼同分。如何眼等說爲同分彼同分耶。且同分眼，說有三種，謂於色界，已正當見。彼同分眼，說有四種，謂此相違及不生法。西方諸師說有五種彼同分眼。謂不生法，復開爲二，有識無識相差別故。如眼耳鼻舌身亦然。各於自境，應說自用。意界同分，說有三種，謂於所緣，已正當了。彼同分意，唯有一種，謂不生法。色界同分，說有三種，謂眼所見，已正當滅。彼同分色，說有四種，謂此相違及不生法。廣說乃至觸界亦爾，各對自根，應說自用。眼等六識依生不生，立二分故。如意界說，眼若於一是同分，於餘一切亦同分。此若於一是彼同分，於餘一切亦彼同分，廣說乃至意界亦爾。色即不然，於見者是同分，於不見者是彼同分。或有諸色，在妙高等山中而住，於一切有情，皆是彼同分。有天眼者，以無用故亦不觀彼。或有諸色，唯於一有情名爲同分，如獨於私隱已正當觀。或有諸色，於百千有情名爲同分，如共觀月舞相撲等色。復有何緣，說眼同分及彼同分異於色耶。容多有情同見一色，無用一眼二有情觀聲，如色說，是共境故。香味觸三，如內界說，非共境故。然諸世間，依假名想。有言我等同嗅此香，同嘗此味，同覺此觸，云何同分彼同分義。分謂交涉。同有此分，故名同分。云何交涉。謂根境識更相交涉，即是展轉相隨順義。或復分者，是已作用更相交涉。故先說言，若作自業名爲同分，或復分者，是所生觸依根境識交涉生故。同有此分，故名同分。即同有用同有觸義，與此相違名彼同分，由非同分與彼同分種類分同，名彼同分。云何與彼種類分同，謂此與彼同見等相，同處同界，互爲因故，互相屬故，互相引故，種類分同。

**玄奘譯《阿毗達磨順正理論》卷一二**　同分者何。

頌曰，同分有情等。

論曰：有別實物，名爲同分。謂諸有情，展轉類等。本論說此名衆同分。一趣等生諸有情類，所有身形，諸根業用，及飲食等，互相似因，并其展轉相樂欲因，名衆同分。如鮮淨色業心大種，皆是其因。故身形等，非唯因業。現見身形，是更相似業所引果。諸根業用及飲食等，有差別故。若謂滿業有差別故，此差別者，理不應然。或有身形，唯由相似引業所起，以衆同分有差別故，業用等別。若身形等。唯業果者，隨其所樂業用等事，若捨若行，應不得有。此中身形業用樂欲，展轉相似，故名爲同。分是因義，有別實物是此同因，故名同分。如是同分，世尊唯依諸有情說，非草木等。故契經言，此天同分，此人同分。乃至廣說。就界趣生處身等別，有無量種有情同分。復有法同分，謂隨蘊處界，異生同分入離生時捨，有情同分入涅槃時捨。豈不異生性即異生同分。此不應然，所作異故。謂彼身形業用樂欲，互相似因，名爲同分。若與聖道成就相違，是異生因，名異生性。入離生時，於衆同分，亦捨亦得。於異生性，捨而不得，同分非色，如何得知。有用能生無別事類，由見彼果，知有彼故。如見現在業所得果，知有前生曾所作業。又觀行者，現證知故，何不許有無情同分。不應如是責，有大過失故。汝亦許有人天等趣胎卵等生，何不亦許菴羅等趣菉豆等生。又佛世尊曾不説故，但應思擇。何故世尊唯於有情説有同分，非於草等。復云何知如是同分別有實物。且我於中作如是解，由彼草等無有展轉業用樂欲互相似故，於彼不説別有同分。又必因有情，草等方生故。唯於有情，説有同分。又因先業及現勤勇，此法得生。於彼草等，二事皆無，故無同分。即由此事，證有實物。又木素漆彫畫等像及彼眞形，雖有色形展轉相似，而言一實。由此非唯見彼相似，即言是實，要於相似差別物類，方起實言。故知實有此差別法。此實言説，由此法生。又前説故。前説云何。謂見身形，是更相似，業所引果，諸根業用及飲食等，有差別故。是諸同分，展轉差別。如何於彼，更無同分，而起無別覺施設耶。由諸同分是同類事等因性故，即爲同類展轉相似覺施設因。如眼耳等由大種造，方成色性。大種雖無餘大種造，而色性成。此應顯成勝論所執，總同句義同異句義。若勝論執此二句義，其體非一，刹那無常，無所依止，展轉差別，設令同彼，亦無多過。非勝論者執眼等根能行色等，即令釋子捨如是見。別作餘解，故彼所難。是朋黨言，求正理人，不應收採。

**普光《俱舍論記》卷二**　由不共故，一起用時，名爲同分。所餘一切不起用者，望此眼亦同分。彼同分亦爾。

由色共故，於此色等起見等者名同分。不見等者，名彼同分。

**普光《俱舍論記》卷五**　有體類等名同，簡異經部。彼計同分體是假故。分是別義。雖復類同而體各別，簡異勝論有句義等。彼執一物貫多法故，即分名同，故名同分。持業釋也。有情簡異非情，舉所依法也。等簡不等，正顯能依同分體也。又解身形等同故，名爲同，顯所生果。分是因義，故名爲分，顯能生因。同之分故名爲同分。依主釋也。此從果及因爲名，故《正理》十二云，此中身形、業用、樂欲，展轉相似，故名爲同。分是因義，有別實物。是此同因，故名同分。

**靈耀《大佛頂如來密因修證了義諸菩薩万行首楞嚴經觀心定解》卷二**　一國衆生共所感者，名爲同分。

## 衆同分

**玄奘譯《阿毗達磨大毗婆沙論》卷一七**　云何衆同分。謂有情同分，猶如命根，體是一物，遍與一切身分爲依。是不相應行蘊所攝。唯無覆無記性唯有漏通三界。

問：此衆同分，爲長養，爲等流，爲異熟。答：是異熟及等流，非長養，非色法故。異熟者，謂趣同分等。如地獄趣有情展轉相似，乃至天趣等有情亦然。等流者，謂界同分等。如欲界有情展轉相似，乃至無色界等有情亦然。有説異熟者，謂初生時得，如與父母等展轉相似。等流者，謂後時方得，如與沙門婆羅門等展轉相似。洲渚方土及族姓等有情同分，如理應知。有餘師説，有情同分通善不善無記性攝。謂四向四果有情同分是善性攝，造五無間業有情同分不善性攝，諸餘同分無記性攝。評曰：彼不應作是説。法雖有三種而有情同分，唯無記攝，由此應知前説爲善。問：若得衆同分彼捨衆同分耶。答：應作順前句。謂若得衆同分彼定捨衆同分，有捨衆同分而不得衆同分，謂阿羅漢般涅槃時。問：若死此生彼時定捨衆同分得衆同分耶。答：應作四句。有死此生彼而不捨衆同分不得衆同分。如地獄死還生地獄，乃至天死還生天等。有捨衆同分得衆同分，而非死此生彼，謂入正性離生等位。有死此生彼，亦捨衆同分亦得衆同分，謂地獄等死生異趣等。有不死此生彼亦不捨衆同分不得衆同分，謂除前相。

**玄奘譯《瑜伽師地論》卷五二**　復次云何衆同分。謂若略説，於彼彼處受生有情，同界、同趣、同生、同類位性形等，由彼彼分互相似性，是名衆同分，亦名有情同分。此中或有有情由界同分説名同分，謂同生一界。或有有情由趣同分説名同分，謂同生一趣。或有有情由生同分説名同分，謂同生一生。或有有情由類同分説名同分，謂同一種類。或有有情由分位體性容色形貌音聲覆蔽養命同分，説名同分。或有有情由過失功德同分，説名同分。如殺生者望殺生者。廣説乃至諸邪見者望邪見者。離殺生者望離殺生者。乃至正見者望正見者。從預流者乃至阿羅漢獨覺望預流等。菩薩望菩薩。如來望如來。如是更互說名同分。

**法成譯《薩婆多宗五事論》** 云何衆同分，謂諸有情自類相似。

**玄奘譯《大乘五蘊論》卷一** 云何衆同分，謂諸有情自類相似爲性。

**玄奘譯《入阿毗達磨論》卷下** 諸有情類同作事業同樂欲因，名衆同分。此復二種，一無差別，二有差別。無差別者，謂諸有情皆有我愛，同資於食樂欲相似，此平等因名衆同分，一一身內各別有一。有差別者，謂諸有情界地趣生，種姓男女近事苾芻，學無學等種類差別，一一身內有同事業，樂欲定因名衆同分。此若無者，聖非聖等世俗言說應皆雜亂。

**法寶《俱舍論疏》卷五** 同是其界，分是其因。同之分故名爲同分。故《正理》云，此中身形、業用、樂欲展轉相似，故名爲同。分是因義，有別實物。是此同因故名同分。論既此釋，徒煩異解，亦名衆同分。同法非一名爲衆同，與彼爲因名之爲分。

# 時

**玄奘譯《瑜伽師地論》卷五二** 復次云何時。謂由日輪出沒增上力故，安立顯示時節差別。又由諸行生滅增上力故，安立顯示世位差別。總說名時。此時差別復有多種，謂時、年、月、半月、晝、夜、刹那、臘縛、牟、呼栗多等位，及與過去、未來、現在。

**玄奘譯《瑜伽師地論》卷五六** 問，依何分位建立時，此復幾種。答，依行相續不斷分位建立時，此復三種，謂去、來、今。

**玄奘譯《顯揚聖教論》卷一** 時者，謂諸行展轉新新生滅性。

**玄奘譯《大乘阿毗達磨雜集論》卷二** 時者，謂於因果相續流轉，假立爲時。何以故，由有因果相續轉故。若此因果已生已滅，立過去時。此若未生，立未來時。已生未滅，立現在時。

**惠沼《成唯識論了義燈》卷三** 《雜集》第二云，時者，謂於因果相續流轉，假立爲時。又第三云，依止現在，假立去、來。故約當得，假立未來。約曾得，假立過去又此論云，表此後無。又云，滅表有法後是無。

**道世《法苑珠林》卷一** 《仁王經》云，一念有九十刹那，一一刹那中復有九百生滅。又《菩薩處胎經》云：一彈指頃有三十二億百千念，念念成形，形形皆有識。佛之威神入微識中，皆令得度。又《毘曇論》合有十二重。一名刹那。二名怛刹那。三名羅婆。四名摩睺羅。五名日夜。六名半月。七名一月。八名時。九名行。十名年。十一名雙。十二名劫。一刹那者，翻爲一念。百二十刹那爲一怛刹那，翻爲一瞬。六十怛刹那爲一息。一息爲一羅婆。三十羅婆爲一摩睺羅，翻爲一須臾。三十摩睺羅爲一日夜，計有六百三十八萬刹那。《僧祇律》云：二十念爲一瞬。二十瞬名一彈指。二十彈指名一羅預。二十羅預名一須臾。一日一夜有三十須臾。日極長時晝有十八，夜有十二。極短時，晝有十二，夜有十八，春秋分便等。又《智度論》云：晝夜六分有三十時。春秋分時晝夜各十五時。餘時增減。五月晝時有十八，夜有十二。十月夜時有十八，晝有十二。

**明昱《大乘百法明門論贅言》** 時者，過、現、未來，成住壞空，四季三際，年月日夜，六明十二隨方制立，故名爲時。方者，色處分齊。人法所依，或十方上下，六合四極，亦隨所制。

# 方

**玄奘譯《瑜伽師地論》卷五六** 問：依何分位，建立方。此復幾種。答：依所攝受諸色分位，建立方。此復三種，謂上、下、傍。

**玄奘譯《顯揚聖教論》卷一** 方者，謂諸色行，遍分齊性。

**玄奘譯《大乘阿毗達磨雜集論》卷二** 方者，謂即於東西南北四維上下因果差別，假立爲方。何以故，即於十方因果遍滿假說方故。當知此中唯說色法所攝因果，無色之法遍布處所無功能故。

**玄奘譯《大乘成業論》卷一** 即於和合諸聚色中，見一面多便起長覺，見一面少便起短覺，見四面等便起方覺，見諸面滿便起圓覺，見中凸出便起高覺，見中坳凹便起下覺，見面齊平起於正覺，見面參差起不正覺。如旋轉輪觀錦繡時，便生種種異形類覺。

## 數

**玄奘譯《瑜伽師地論》卷五二**　復次云何數，謂安立顯示各別事物，計算數量差別，是名爲數。此數差別，復有多種。謂一數二數，從此已去，皆名多數。又數邊際，名阿僧企耶。自此已去，一切算數所不能轉。是故數之邊際，名不可數。

**玄奘譯《瑜伽師地論》卷五六**　問，依何分位建立數，此復幾種。答，依法齊量表了分位建立數，此復三種，謂一數、二數、多數。

**玄奘譯《顯揚聖教論》卷一**　數者，謂諸行等各別相續體相流轉性。

**玄奘譯《大乘阿毗達磨雜集論》卷二**　數者，謂於諸行一一差別，假立爲數。一一差別者，於一無別二三等數不應理故。

**玄奘譯《阿毗達磨大毗婆沙論》卷一二六**　數名何法。答：如理轉變意業，及此所依諸巧便智。此中數者，非謂所數稻麻等物百千等數，但是所有能數之法。此能數法，故說爲數。佛弟子中，尊者慶喜，善解數法，餘所不過。曾於一時，爲乞食故，執持衣鉢，趣廣嚴城。時城門前有一外道，遥見慶喜，竊作念言：承此沙門，解數第一。吾今當試，爲實爾耶。時城門邊有一大樹，枝葉繁茂，名諾瞿陁。外道趣前，指樹而問，汝今知此葉數幾何。尊者仰顧，尋答之曰，今此樹葉，若干百千。言已，入城。於後外道，作是思惟，何理驗知彼言虛實。便取少葉而藏匿之。慶喜出城，外道重問，仁向所數，爲定幾何。慶喜報言，吾前已說。外道復曰，請重陳之。尊者看樹，尋復答曰，先有爾所，今少若干。外道欣然，謝而嘆曰，知數第一，信惟其人。又如波羅衍拏，纔見佛頷，便言，此決定有妙齒四十。如斯解數，其類實多。如理轉變意業者，顯所起果。所依巧便智者，顯能起因。如是四蘊，爲數自性。

**玄奘譯《阿毗達磨發智論》卷一二**　數名何法。答，如理轉變意業及此所依諸巧便智。算名何法。答，如理轉變語業及此所依諸巧便智。

**明昱《大乘百法明門論贅言》**　數者，度量諸法之名，或一、十、百、千，至不可轉也。言和合性者，謂於諸法，不相乖反。

## 由旬

**僧肇《注維摩詰經》卷六**　肇曰：由旬天竺里數名也。上由旬六十里，中由旬五十里，下由旬四十里也。

**玄奘《大唐西域記》卷二**　夫數量之稱，謂踰繕那，舊曰由旬，又曰踰闍那，又曰由延，皆訛略也。踰繕那者，自古聖王一日軍行也。舊傳一踰繕那四十里矣，印度國俗乃三十里。聖教所載惟十六里，窮微之數，分一踰繕那爲八拘盧舍。拘盧舍者，謂大牛鳴聲所極聞稱拘盧舍，分一拘盧舍爲五百弓，分一弓爲四肘，分一肘爲二十四指，分一指節爲七宿麥。

**道世《法苑珠林》卷一**　依奘法師《西國傳》云：夫數量之稱，謂踰繕那（舊云由旬，又曰踰闍那，又曰由延。皆訛略）。踰繕那者，自古聖王一日運行也。舊傳一踰繕那四十里矣。印度國俗乃三十里。聖教所裁唯十六里。故《毗曇論》，四肘爲一弓，五百弓爲一拘盧舍，八拘盧舍爲一由旬。一弓長八尺，五百弓長四百丈，四百丈爲一拘盧舍。一里有三百六十步，一步有六尺，合有二百一十六丈爲一里。二里有四百三十二丈。計前五百弓有四百丈爲一拘盧舍。猶欠三十二丈，不滿二里。計一拘盧舍減有二里。計八拘盧舍減十六里爲一由旬。若依《雜寶藏經》一拘盧舍有五里計，《毗曇》八拘盧舍爲一由旬，合有四十里。

**慧琳《一切經音義》卷九**　俞旬，又作由旬，或作由延，又作踰闍那。皆訛也。此言踰繕那，此譯云合也、應也。計合應爾許度量，同此方驛邏也。

**法雲《翻譯名義集》卷八**　《西域記》云：夫數量之稱踰繕那者，舊曰由旬，又曰踰闍那，又曰由延。皆訛略也。踰繕那者，自古聖王一日軍行。舊傳，一踰繕那四十里。印度國俗乃三十里。聖教所裁，唯十六里。《大論》云：由旬三別，大者八十里，中者六十里，下者四十里。謂中邊山川不同，致行里不等。窮微之數，分一踰繕那爲八拘盧舍。分一拘盧舍爲五百弓，分一弓爲四肘，分一肘爲二十四指，分一指節爲七宿麥。乃至虱蟣隙塵，牛毛羊毛，兔毫同水，次第七分，以至細塵。細塵七分爲極細塵。極細塵者，不可復析，析即歸空，故曰極微也。《俱舍》頌曰：極微微至水，兔羊毛隙塵，蟣虱麥指節，後後增七倍。二十四指肘，四肘爲弓量，五百俱盧舍，此八踰繕那。

**弘贊《四分律名義標釋》卷九**　言踰繕那者，既無正翻義，當東夏一驛可三十餘裡，舊云由旬者訛略。若準西國俗法，四俱盧舍爲一踰繕那，計一俱盧舍可有八里，即是當其三十二里。若準內教，八俱盧舍爲一踰繕那，一俱盧舍有五百弓，弓有一步數，準其步數纔一里半餘，將八倍之當十二里，此乃不充一驛。親驗當今西方踰繕那可有一驛，故今皆作一驛翻之，遮無遠滯。

# 流轉

**玄奘譯《瑜伽師地論》卷四四**　流轉苦中，復有六種輪轉生死不定生苦。一、自身不定。二、父母不定。三、妻子不定。四、奴婢僕使不定。五、朋友宰官親屬不定。六、財位不定。自身不定者，謂先爲主，後爲僕隸。父母等不定者，謂先爲父母乃至親屬，後時輪轉，反作怨害，及惡知識。財位不定者，謂先大富貴，後極貧賤。

**玄奘譯《瑜伽師地論》卷五一**　若略說阿賴耶識，由四種相建立流轉，由一種相建立還滅。云何四相建立流轉？當知建立所緣轉故，建立相應轉故，建立互爲緣性轉故，建立識等俱轉轉故。

**玄奘譯《瑜伽師地論》卷五二**　復次云何流轉，謂諸行因果相續不斷性，是謂流轉。又此流轉差別多種。或有種子流轉，謂有種子不現前諸法。或有自在勢力流轉，謂被損種子現行諸法。或有種果流轉，謂有種子種不被損現行諸法。或有名流流轉，謂四非色蘊。或有色流流轉，謂諸內外十有色處及與法處所攝諸色。又有欲界流流轉，謂欲纏諸行。又有色界流流轉，謂色纏諸行。又有無色流流轉，謂無色纏諸行。又有樂流流轉，謂樂受及彼所依處。如是苦流流轉、不苦不樂流流轉，當知亦爾。又有善流流轉，謂諸善行。又有不善流流轉，謂諸不善行。又有無記流流轉，謂諸無記行。又有順流流轉，謂順緣起。又有逆流流轉，謂逆緣起。

**玄奘譯《瑜伽師地論》卷五六**　問：依何分位建立流轉，此復幾種。答：依因果相續分位建立流轉。此復三種，謂刹那展轉流轉，生展轉流轉，染污清淨展轉流轉。

**玄奘譯《瑜伽師地論》卷八六**　又於生死由五種相，一切愚夫流轉不息。一、由愛因故。二、由愛果故。三、由愛自性故。四、由因展轉故。五、即因展轉，依止前際無窮盡故。此中無明是名愛因，能往善趣惡趣諸業是名愛果。由往善趣業故，愛結所繫愚夫，自然樂往。由往惡趣業故，愛鎖所繫愚夫，雖不欲往，強逼令去。愛自性者，略有三種。一、後有愛。二、喜貪俱行愛。三、彼彼喜樂愛。如是三愛，略攝爲二。一者有愛，二者境愛。後有愛者，是名有愛。喜貪俱行愛者，謂於將現前境界及於已得未受用境，并於現前正受用境所有貪愛。彼彼喜樂愛者，謂於未來所希有求境所有貪愛。當知此中，由喜貪俱行愛故，名愛結繫。由後有愛及彼彼喜樂愛故，名愛鎖繫。若於彼事愛結所繫，名爲馳走。若於彼事，愛鎖所繫，名爲流轉。又於長世因展轉來，諸行相續，前際難知，後無窮盡。

**玄奘譯《瑜伽師地論》卷八六**　由是五相流轉愚夫，當知復由五相所縛。一、於彼處縛。二、由彼而縛。三、正是能縛。四、依彼故縛。五、有所領受。於彼處縛者，謂由能往善趣業故，於善趣杙而繫縛之。或由能往惡趣業故，於惡趣撅而繫縛之。又由喜貪俱行愛故，於自事杙而繫縛之。由彼彼喜樂愛及後有愛故，於自事撅而繫縛之。由彼而縛者，謂愚夫異生爲無明縛。正是能縛者，謂自同類於苦無厭相似法故。依彼故縛者，謂依後蘊而被縛故。有所領受者，謂領受彼生等眾苦。

**玄奘譯《瑜伽師地論》卷八八**　流轉故者，復有三種。一後有因故，二品類別故，三現在因故。後有因者，謂如有一，願樂當來造作諸業。彼作是念，願我來世、當成此行。由是因緣，能引後有諸行生因，不引現在。彼於現在，不能引故，施設諸行、唯有二種。品類別者，謂十一種諸行品類，如前應知。現在因者，謂所造色，因四大種，受等心法，以觸爲緣，所有諸識，名色爲緣。

**玄奘譯《瑜伽師地論》卷一〇〇**　云何流轉雜染品事。謂六識身自性所依所緣助伴事。若蘊界處事。若諸緣起、處非處事。若三受事。若三世事。若四緣事。若諸業事。若煩惱事。若三界事。謂欲界等。若十有事。

謂欲有、色有、無色有、那落迦有、傍生有、鬼有、天有、人有、業有、中有。由別離欲善趣惡趣招引趣向有差別故。若十一識住事。謂四識住與七識住總合說故。若有九情居事。如經廣說。若五趣事。若四生事。若四入胎事。若四得自體事。若四食事。若四言說事。若四法受事。若四顛倒事。若苦諦事。若集諦事。如是等類，名爲略序流轉雜染品事。

**玄奘譯《顯揚聖教論》卷一**　流轉者，謂諸行因果相續不斷性。

**玄奘譯《顯揚聖教論》卷一四**　復次流轉作者，增上義及染汙清淨愚者，謂計有各別住持身者我已。頌曰：從此生死處，計有流轉者。法非法作者，及彼果增上。於修習邪行，計爲染汙者。於修習正行，妄計解脫者。論曰：彼愚癡者，於彼彼生死處，計有實我生死流轉。卽此實我造作後世法非法因，卽爲此實我於彼果自在受用故，彼果法生。卽此實我依於果法，習行邪行，計爲染者。修行正行，計爲解脫者。

**玄奘譯《大乘阿毗達磨雜集論》卷二**　流轉者，謂於因果相續不斷，假立流轉。所以唯於相續不斷立流轉者，於一剎那或於間斷無此言故。

**窺基《大乘百法明門論解》卷下**　流轉者，因果不斷，相續前後。

**遁倫《瑜伽論記》卷一五**　流轉中，念念生滅斷還謝，名剎那流轉。三界往還，名生展轉流轉。三性等法起流轉，名染淨展轉。

**曇曠《大乘百法明門論開宗義記》**　言流轉者，謂有爲法因果相續不斷絕故。《顯揚論》云，謂即諸行因果相續不斷性也。

**明昱《成唯識論俗詮》卷四**　流轉者，謂第八識，隨善惡業，流轉諸趣。

**通潤《成唯識論集解》卷四**　轉謂流轉者，流是相續義，轉是生起義。謂依第八或種或現，相續生起，取所緣故。

## 定異

**玄奘譯《瑜伽師地論》卷五二**　復次云何定異。謂無始時來種種因果決定差別無雜亂性。如來出世，若不出世，諸法法爾。又此定異差別多種。或有流轉還滅定異，謂順逆緣起。或有一切法定異，謂一切法十二處攝無過無增。或有領受定異，謂一切受三受所攝無過無增。或有住定異，謂一切內分乃至壽量，一切外分經大劫住。或有形量定異，謂諸有情於彼彼有色生處，所受生身形量決定，及諸外分四大洲等形量決定。

**玄奘譯《瑜伽師地論》卷五六**　問：依何分位建立定異，此復幾種。答：依法別相分位建立定異。此復三種，謂相定異，因定異，果定異。

**玄奘譯《顯揚聖教論》卷一**　定異者，謂諸行因果各異性。

**玄奘譯《大乘阿毗達磨集論》卷一**　何等定異，謂於因果種種差別，假立定異。何等相應，謂於因果相稱，假立相應。

**遁倫《瑜伽論記》卷一五**　景云：言相定異者，如青黃等。因定異者，善惡別故。果定異者，苦樂別。基云：相定異，謂因果中體相等。

**曇曠《大乘百法明門論開宗義記》**言定異者，無始時來因果種子決定差別無雜亂相。故《顯揚》云，謂諸因果各決定性。

**延壽《宗鏡錄》卷六二**　非定異者，《楞伽經》說：識如大海水波，無有差別相。又若定異，應非因果，更互爲因果故。法爾因果，非定異，如麥不生豆等芽故。又一切法如幻等，故知無定異性。

**明昱《大乘百法明門論贅言》**　定異者，善惡因果，互相差別。

## 相應

**浮陀跋摩共道泰等譯《阿毗曇毗婆沙論》卷一〇**　問曰：云何是相應義。答曰：等義是相應義。問曰：若等義是相應義者。此數法於心，或多或少。於善心多，於染污心少。於染污多，於不隱沒無記少。於欲界繫多，於色界繫少。於色界繫多，於無色界繫少。於有漏多，於無漏少。如是者，云何等義是相應義。答曰：以體等故，言等義是相應義。若當一心中有二受一想，如是不名爲等，非相應義。一心一受餘數法亦爾。以是故等義是相應義。復有說者，等不相離義，是相應義。復有說者，等不別異義，是相應義。復有說者，等同受義，是相應義。如車載時，諸分皆載，無不載者。如是心車受緣時，諸大地於緣等受，無不受者。復有說者，等同受義，是相應義，非前後故。如秋時群鴿一時詣場，一時食，一時起。

如是心心數法，於緣一時造，一時所作，一時滅。復有說者，合義是相應義。如水乳不相妨故共合。如是此法與彼法，不相妨故相應。復有說者，等相愛義，是相應義。如人更相隨順言是相愛。如是此法與彼法，更相隨順言是相應。尊者婆已說曰：有四事等故，是相應義。所謂時、所、依、行境界。時者，同一刹那。所依者，同一所依。行者，同於一行。境界者，同行一境界。以是事故，是相應義。復有說者，葦束義是相應義。如葦二束多束相依而住。如是心心數法，性羸劣故，一一不能生，不能取緣。心與十大地合，能行世能取果，能知境界，能有所作。復有說者，繫材義是相應義。如一斤麻不能繫材，若多合爲索則能繫材。如是心大地法，廣說如上。復有說者，相牽渡河義，是相應義。相牽者，展轉相牽手。如山谷中駛河，一人則不能渡，若與多人更相牽手，然後能渡。如是心與大地，廣說如上。復有說者，同伴義是相應義。如曠野道，多諸盜賊惡獸，一人則不能過。若集多人，展轉相因，然後能過。如是心與大地，廣說如上。尊者和須蜜說曰：云何是相應義，相生義是相應義。

問曰：若然者，眼識能生意識，彼是相應耶。答曰：所依異。若同所依能相生者，是相應義。復次，不別異義，是相應義。問曰：若然者，四大亦不別異，是相應耶。答曰：四大無有所依。若有所依，不別異者，是相應義。復次，有所緣義是相應義。問曰：若然者，五識亦有所緣，是相應耶。答曰：所依各異。若同所依，同所緣，是相應義。復次，同一緣義，是相應義。問曰：若然者眼識意識。同於一緣是相應耶。今現見多人俱共生心。同觀初月。是相應耶。答曰：所依各異。若同所依。同於一緣。是相應義。復次合義是相應義。問曰：若然者壽命煖氣識，合在一處是相應耶。答曰：彼二無所依。若有所依，亦有合相，是相應義。復次，一時生義是相應義。問曰：若然者，四大一時生是相應耶。答曰：四大無所依。若有所依，一時俱生，是相應義。復次，俱生俱住俱滅，是相應義。問曰：若然者，心迴轉，色心不相應行，俱生俱住俱滅，則相應耶。答曰：無有所依。若有所依，俱生俱住俱滅，是相應義。復次，同一所依，同一行，同一所緣，是相應義。問曰：何以知同一所依同一行同一所緣是相應耶。答曰：復何以知同一所依同一行同一所緣非是相應義耶。復次，同作一事義是相應義。問曰：若然者，忍智同作一事是相應耶。答曰：彼不同時生。若同時生，同作一事是相應義。尊者佛陁提婆說曰：同伴義是相應義。如識隨所緣事，爲諸數名，離於俱生，是相應義。尊者瞿沙說曰：同一依同一行同一緣，是相應義。所以者何，有爲法性羸劣，展轉相因力生，不見有一大地獨行世者，是故說名相應。此相應因，於三世中，決定能生功用果。

**玄奘譯《阿毗達磨大毗婆沙論》卷五一**　謂或有執，諸法生時，漸次非頓。如譬喻者。大德說曰：諸法生時，次第而生，無幷起義。如經狹路，有多商侶，一一而過，尙無二人一時過義，況得有多。諸有爲法，亦復如是。一一從自生相而生，別和合生，理不俱起。《阿毗達磨諸論》師言：有因緣故，說有爲法，別和合生，一一從自生相生故。有因緣故，說有爲法，一和合生。不相離者，一時生故。謂依生相，說有爲法，別和合生。若依刹那，說有爲法，一和合生。不相離者，必俱起故。或復有執力無力義，是名相應不相應義。謂若此法由彼力生，卽說此法與彼相應。若法不由彼力生者，雖俱時起，無相應義。如由彼心力，此心生故，得說此心與彼心相應。又由心力，心所生故，得說心所與心相應。又由心所力，心所生故，得說心所與心所相應。不由心所力，心得生故，不可說心與心所相應。爲遮彼意，顯示心與心所相應，心所亦與心所相應，心所又得與心相應。唯心與心，無相應義。一身二心，不俱起故。或復有執，諸法各與自性相應，不與他性。彼作是說，相愛重義，是相應義。無法與法極相愛重，如自性者。是故唯與自性相應。爲遮彼意，顯示唯與他性相應。相應名義，異體相望而建立故。如心心所，展轉相望，同一所依，一所緣等，互不相捨，名相應故。或復有執。諸法與自性無相應義，亦非不相應。無相應義者，諸法不待自性而生故。非不相應者，極相愛重，是相應義故。爲遮彼意，顯示諸法不亂相應。故作斯論。

**玄奘譯《瑜伽師地論》卷五二**　復次云何相應，謂彼彼諸法爲等、言說爲等、建立爲等，開解諸勝方便，是謂相應。又此相應差別分別有四道理，謂觀待道理，作用道理，因成道理，法爾道理。此諸道理，當知如聲聞地等，已廣分別。

**玄奘譯《瑜伽師地論》卷一三**　云何相應，當知此相略有五種。一、與他性相應，非自性。二、於他性中，與不相違相應，非相違。三、於不相違中，輭中上品，與輭中上品自相應，非餘品。四、於輭中上品中，同時相應，非異時。五、於同時中，同地相應，非異地。

**玄奘譯《顯揚聖教論》卷一** 云何相應，所謂前後功德法義相符順故。云何義善，謂能引發世出世利無顛倒故。又此相應論者，復由九種差別相故，語具圓滿應知。一不雜亂。二不麁礦。三辯了。四限量。五與義相應。六以時。七決定。八顯了。九相續。以此足前總名，語具圓滿。

**玄奘譯《大乘阿毗達磨集論》卷三** 云何相應，略說相應有六種。謂不相離相應，和合相應，聚集相應，俱有相應，作事相應，同行相應。

何等不相離相應，謂一切有方分色與極微處互不相離。何等和合相應，謂極微已上，一切有方分色更互和合。何等聚集相應，謂方分聚色展轉集會。何等俱有相應，謂一身中諸蘊界處，俱時流轉同生住滅。何等作事相應，謂於一所作事展轉相攝，如二苾芻隨一所作更互相應。何等同行相應，謂心心所於一所緣展轉同行。此同行相應復有多義。謂他性相應非己性，不相違相應非相違，同時相應非異時，同分界地相應非異分界地。復有一切遍行同行相應，謂受想思觸作意識。復有染污遍行同行相應，謂於染污意四種煩惱。復有非一切時同行相應，謂依止心，或時起信等善法，或時起貪等煩惱隨煩惱法。復有分位同行相應，謂與樂受諸相應法，與苦受不苦不樂受諸相應法。復有無間同行相應，謂在有心位。復有有間同行相應，謂無心定所間。復有外門同行相應，謂多分欲界繫心心所。復有內門同行相應，謂諸定地所有心心所。復有曾習同行相應，謂諸異生所有心心所，及有學者一分心心所。復有未曾習同行相應，謂出世間諸心心所，及初後時出世後所得諸心心所。於相應善巧得何勝利，能善了悟唯依止心。有受想等染淨諸法相應不相應義。由此了悟，即能捨離計我能受能想能思能念染淨執著，又能善巧速入無我。

**玄奘譯《瑜伽師地論》卷一五** 相應者，謂前後法義相符不散。

**玄奘譯《瑜伽師地論》卷五六** 問：依何分位建立相應，此復幾種。答：依因果相稱分位建立相應。此復三種，謂和合相應，方便相應，稱可道理所作相應。

**玄奘譯《大乘阿毗達磨雜集論》卷一一** 何等相應。謂互爲助伴。於所緣行，平等解了。由心心法，互爲助伴，於契經等所緣境界，以蘊等相應義行，平等解了故。

**玄奘譯《阿毗達磨俱舍論》卷四** 謂心心所，皆名相應，等和合故。依何義故名等和合，有五義故。謂心心所五義平等，故說相應。所依，所緣，行相，時，事，皆平等故。事平等者，一相應中，如心體一，諸心所法，各各亦爾。

**玄奘譯《阿毗達磨大毗婆沙論》卷一四五** 何故名相應，相應是何義。答：等義，是相應義。問：諸心品中心所法，有多有少，云何名等。謂欲界多，色界少。色界多，無色界少。善多，不善少。不善多，無記少。有覆無記多，無覆無記少。云何等義，是相應義。答：以事等故，說名爲等。謂一心品中，若有二受一想等者，可說非等。然一心品中，如受有一，想等亦爾。故名爲等。有說，五種等義，是相應義。謂所依等，所緣等，行相等，時等，事等，餘廣說如結蘊初納息。

**玄奘譯《阿毗達磨大毗婆沙論》卷一六** 云何相應因，乃至廣說。問：何故作此論。答：爲止他宗顯正理故。謂或有執心心所法，前後而生，非一時起。如譬喻者，彼作是說：心心所法依諸因緣前後而生，譬如商侶涉嶮隘路，一一而度無二並行。心心所法亦復如是。衆經和合，一一而生，所待衆緣各有異故。阿毗達磨諸論師言，心心所法有別因故，可說衆緣和合有異。有別因故，可說衆緣和合無異。謂心心所各各別，有生住異滅和合而生，是故可說和合有異。同依一根，同緣一境而得生故，可說一切和合無異。是故一切心心所法，隨其所應，俱時而起。或復有執諸法各與自性相應，非與他性。彼作是說，相喜樂義是相應義，無法與法共相喜樂。猶如自性與自性者。阿毗達磨諸論師言：二事和合可說相應，非於一物有相應義。亦無自體喜樂自體，能緣所緣有差別故。或復有執自性於自性非相應，非不相應，彼作是說，要與他合，方名相應。自於自性無他義故，不名相應。互相憙樂，是相應義。自於自性深喜樂故，非不相應。阿毗達磨諸論師言，無有自性憙樂自性，義如前說。

或復有執，力任持義是相應義。彼作是說。若法由彼法力任持生，此法與彼法相應。是故心與心相應，心力持心，令得生故。心所法與心相應，心力持彼，令得生故。心不與心所法相應，非彼力持而得生故。心所法不與心所法相應，非互相持而得生故。阿毗達磨諸論師言：心與心所，心所與心，心所皆展轉力持而得生故。更互相應，一身二心，不並起故，無相應義。爲遮此等種種異執，顯示正理，故作斯論。云何相應因。答：受與受相應法爲相應因。受相應法與受爲相應因。想、思、觸、作意、欲、勝解、念、三摩地，慧與慧相應法爲相應因。慧相應法與慧爲相應因。是謂相應因。

問：此中何故不說心耶。答：是作論者意欲爾故，乃至廣說。或有說者，亦應說心而不說者，應知此中是有餘說，說六因義皆不盡故。若作盡理無餘說者，應作是說。云何相應因，謂一切心心所法。云何俱有因，謂一切有爲法。云何同類因，謂一切過去現在法。云何遍行因，謂一切過去現在遍行隨眠，及彼相應俱有法。云何異熟因，謂一切不善及善有漏法。云何能作因，謂一切法。有作是說，設作是說，亦不盡理。不知何位誰與誰爲因故。若說此中是有餘說於理爲勝，諸作論者略標少法爲根本故。有餘師說，心已說在此所說中，謂受相應慧相應法亦攝心故。問：何故不說心之自相。答：平等相似是相應義。

**玄奘譯《阿毗達磨大毗婆沙論》卷一六** 問：相應是何義。答：等義是相應義。問：諸心所法或多或少。謂善心多，不善心少。不善心多，有覆無記心少。有覆無記心多，無覆無記心少。欲界心多，色界心少。色界心多，無色界心少。有漏心多，無漏心少。云何等義是相應義。答：依體等義說名爲等。若一心中二受一想可不名等。然一心中一受一想餘亦如是。故說等義是相應義。復次，等不相離是相應義。復次，等不別異是相應義。復次，等運轉義是相應義。如車轉時，眾分皆轉，共辦一事。如是心車於境轉時，心所亦轉，共成一事，故名相應。復次，等所作義是相應義。如秋鴿等，一時詣場，一時食，一時起，非前非後。心心所法亦復如是。一時趣境，一時受境，一時捨境，故名相應。復次，等相順義是相應義。如人相順即名相應。心心所法相順亦爾。復次，等和合義是相應義。如水乳合說名相應。心心所法和合亦爾。霧尊者曰：四事等故說名相應。一，時分等。謂心心所同一刹那而現行故。二，所依等。謂心心所同依一根而現行故。三，所緣等。謂心心所，同緣一境而現行故。四，行相等。謂心心所，同一行相而現行故。

復次，五事等故說名相應。即前四事及物體等，謂心心所各唯一物，和合而起，故名相應。復次，如束蘆義是相應義。如一一蘆不能獨立，要多共束方能得住。心心所法亦復如是，要多相依方能行世，取果與果及取所緣。復次，如合索義是相應義。如一一縷不能牽材木，多縷相合乃有牽用。心心所法亦復如是，廣如前說。復次，如連手義是相應義。如河漂急獨不能渡，多人連手乃能渡之。心心所法亦復如是，廣如前說。復次，如商侶義是相應義。如多商人共爲伴侶，能過險路。心心所法亦復如是，廣說如前。尊者世友作如是說，相引生義是相應義。

問：若爾，眼識意識，亦互相引，彼相應耶。答：彼所依異。若同所依，互相引者，乃是相應。復次，不相離義是相應義。問：若爾，四大種亦不相離，彼相應耶。答：彼無所依。若有所依，亦不相離，乃是相應。復次，有所緣義，是相應義。問：若爾，六識皆有所緣彼相應耶。答：彼所依異。若同所依有所緣者，乃是相應。復次，同所緣義是相應義。問：若爾，五識各與意識同一所緣，應說相應。又多眼識，應說相應。如多有情，共觀初月等。答：彼所依異。若同所依同所緣者，乃是相應。復次，常和合義是相應義。問：若爾，壽煖識三亦常和合，彼相應耶。答：不爾，壽煖二法無所依故。若有所依，亦常和合，乃是相應。復次，恆俱生義是相應義。問：若爾，四大種恆俱生，彼相應耶。答：彼無所依。若有所依，恆俱生者，乃是相應。復次，俱生住滅是相應義。問：若爾，隨心轉色，隨心轉心。不相應行亦俱生住滅，彼相應耶。答：彼無所依。若有所依俱生住滅，乃是相應。復次，同一所依同一所緣，同一行相轉義是相應義。問：云何知然。答：寧知不然。復次，同作一事義是相應義。問：若爾，諸忍與智，同作一事，彼相應耶。答：彼不俱生。若俱時生同作一事，乃是相應。大德說曰：同伴侶義是相應義。識與心所互相容受，俱時而生，同取一境，乃是相應。尊者妙音作如是說。所依所緣行相，所作一切同義，是相應義。所以者何，諸有爲法性羸劣故。展轉力持方能起作，曾不見有一大地法獨起作故。此相應因，定通三世有士用果。

**玄奘譯《阿毗達磨大毗婆沙論》卷一六** 問：相應俱有，二因何異，有說無異。一刹那，受與想等法爲二因故，是故於此應作是說。若相應因即俱有因，有俱有因，非相應因，謂不相應俱有因是。如是說者，二因有異，雖依一法而義別故。問：若爾，二因有何差別。答：名即差別。謂名相應因，名俱有因。復次，爲伴侶義是相應因，同一果義是俱有因。復次，同一所依一行相一所緣義是相應因，同一生一老一住一滅一果一等流一異熟義是俱有因。復次，如執杖義是相應因，如執杖已有所作義是俱有因。復次，如連手義是相應因，如連手已渡暴河義是俱有因。復次，相隨順義是相應因，不相離義是俱有因。云何俱有因。答：心與心所法爲俱有因，心所法與心爲俱有因。問：何故前相應因中不說心，今俱有因中即說心耶。答：平等義是相應因義。

**玄奘譯《攝大乘論釋》卷八**　論曰：相應自性義，所分別非餘，字展轉相應，是謂相應義。非離彼能詮，智於所詮轉，非詮不同故，一切不可言。

釋曰：若一切法皆不可言，復以何等爲所分別。爲釋此故，說如是言。相應自性義所分別非餘，謂即相應爲自性義，是所分別非離於此，故言非餘。此云何成，爲重成立，復說是言字展轉相應，是謂相應義。謂別別字相續宣傳，以成其義，是相應義。如言斫芻，二字不斷，說成眼義，是相應義爲所分別。

**玄奘譯《五事毘婆沙論》卷下**　如世尊說，見爲根信證智相應，故知心所有相應義。問：言相應者是何義耶。答：阿毗達磨諸大論師咸作是說，言相應者是平等義。問：有心起位心所法多，有心生時心所法少，云何平等是相應義。答：依體平等作如是說。若一心中二受一想，可非平等，是相應義。然一心中一受一想，思等亦爾，故說平等是相應義。復次，等不乖違，是相應義。等不離散，是相應義。平等運轉，是相應義。如車眾分，故名相應。復次，同一時分，同一所依，同一行相，同一所緣，同一果，同一等流，同一異熟，是相應義。

**玄奘譯《瑜伽師地論釋》卷一**　依五識身建立此地，故名相應。如律中說王相應論，賊相應論。謂依王賊而興言論。此亦如是。雖此地中，分別多法；五識爲主，是故遍說。又五識身相應心品，總名相應。於此地中，雖明多法；以心心所勝故，別說。又相應者，是攝屬義。謂此地中說五識身所攝屬法。卽是自性，所依，所緣，助伴，作業，故名相應。

**玄奘譯《成唯識論》卷三**　此觸等五與異熟識行相雖異，而時依同所緣事等，故名相應。此識行相極不明了，不能分別違順境相，微細一類相續而轉，是故唯與捨受相應。

**僧伽跋摩等譯《雜阿毗曇心論》卷二**　一切心生時，是生聖所說。同共一緣行，亦復常相應。

此十法一切善不善無記心，俱生大地可得故說大地。同共一緣行者，一切心同一緣轉不相離無二決定。亦復常相應者，展轉共俱及與心俱常相應辦一事故。問：相應有何義。答：等義是相應義。問：心法或多或少，云何等義是相應義。答：事等故。若一心中一想二受者，非相應義。以一心一想生，餘心法亦爾。以是故等義是相應義。復次，時依行緣等義是相應義。時等者，一剎那時生故。依等者，若心依眼生，心法亦爾。行等者，若心行青生，心法亦爾。緣等者，若心緣色生，彼亦緣色。是故說常相應。

**明昱《成唯識論俗詮》卷七**　相應者，必得同時、同境、同根、同體。具此四義，故名相應。

**明昱《大乘百法明門論贅言》**　相應者，因果事業，和合而起。或曰此之總，名不相應行法。今名相應者，何耶。蓋名不相應者，簡前相應心所而已。此相應者，乃前三法上事業和合之謂，豈相濫乎。

## 勢速

**玄奘譯《瑜伽師地論》卷五六**　問：依何分位，建立勢速。此復幾種。答：依迅疾流轉分位，建立勢速。此復三種。謂諸行勢速，士用勢速，神通勢速。

**玄奘譯《瑜伽師地論》卷五二**　復次，云何勢速。謂諸行生滅相應速運轉性，是謂勢速。又此勢速差別多種。或有諸行流轉勢速，謂諸行生滅性。或有地行有情輕健勢速，謂人象馬等。或有空行有情勢速，謂諸飛禽空行藥叉及諸天等。或有言音勢速，謂詞韻捷利。或有流潤勢速，謂江河等迅速流注。或有燒然勢速，謂火焚燎猛焰飈轉。或有引發勢速，謂放箭轉丸等。或有智慧勢速，謂修觀者簡擇所知迅速慧性。或有神通勢速，謂大神通者所有運身意勢等速疾神通。

**玄奘譯《顯揚聖教論》卷一**　勢速者，謂諸行流轉迅疾性。

**玄奘譯《大乘阿毗達磨雜集論》卷二**　勢速者，謂於因果迅疾流轉，假立勢速。

**窺基《大乘百法明門論解》卷下**　勢速者，有爲法游行迅疾飛行運迮，皆此所攝。

**曇曠《大乘百法明門論開宗義記》**　言勢速者，諸行因果流轉速疾性。故《顯揚》云，謂即諸行流轉迅疾性。

**延壽《宗鏡錄》卷七四**　準二十四不相應行，中有勢速一法。於勢速中，有士用勢速。古釋云，士用勢速者，如中有身往當受生處迅疾，名士用勢速。

**廣益《大乘百法明門論纂釋》**　言勢速者，謂有爲法上遊行迅疾之義。如日月往來，無情變壞。有情遷謝，自少而壯，壯而老。心念生滅，鳥之飛，獸之走，月運電奔。皆此所攝故。

**明昱《大乘百法明門論贅言》**　勢速者，有爲法，遊行迅疾，飛行運奔，皆此所攝。

## 和合

**玄奘譯《瑜伽師地論》卷五二**　復次，云何和合。謂能生彼彼諸法，諸因諸緣，總略爲一，說名和合。即此亦名同事因。又此差別者，或有領受和合，謂六處緣觸。或色等緣，或作意等緣，或觸緣受。或有引生後有和合，謂無明緣行等，受緣愛、愛緣取，廣說乃至生緣老死。或有六處住和合，謂四食及命根。或有工巧處成辦和合，謂工巧智及彼相應業具士夫作用。或有清淨和合，謂十二種無雜集會，即自他圓滿等。又有世俗和合，謂諸有情依等意樂增上力故互不相違，無諍無訟亦不乖離。

**玄奘譯《瑜伽師地論》卷五六**　問：依何分位建立和合，此復幾種。答：依所作支無闕分位建立和合，此復三種。謂集會和合，一義和合，圓滿和合。問：依何分位建立不和合，此復幾種。答：與和合相違，應知不和合，若分位，若差別。

**窺基《成唯識論述記》卷一**　和合體者，能令實等不相離而相屬，此能詮緣因名和合。有能體者。實德業三，或時共一，或時各別，造各自果，因定所須。因若無此者，應不能造果。無能體者，實德業三，或時共一，或時各別。不造餘果。

**玄奘譯《大乘阿毗達磨雜集論》卷二**　和合者，謂於因果衆緣集會，假立和合。因果眾緣集會者，且如識法，因果相續，必假眾緣和合。謂根不壞，境界現前，能生此識作意正起。如是於餘一切，如理應知。

**義淨譯《根本薩婆多部律攝》卷四**　言和合者，謂同一味，有其六種。謂形、相、作業、戒見、軌儀及以活命。

**曇曠《大乘百法明門論開宗義記》**　言和合者，《五蘊論》云，謂有爲法緣會之際。《顯揚》亦云，諸行緣會性不和合者。《五蘊論》云，謂即諸行因果乖離。《顯揚論》云，諸行緣乖性。

**道誠《釋氏要覽》卷上**　僧以和合爲義。言和合者，有二種。一理和，謂同證擇滅故。二事和，此別有六義。一戒和同修，二見和同解，三身和同住，四利和同均，五口和無諍，六意和同悅。

**乘旹《大佛頂如來密因修證了義諸菩薩万行首楞嚴經講錄》卷三**　凡言和合者，必待眾物相褋一處，始成和合。今月珠相遠，元非和合。不應水精無從自有，必待敷設陰燧等物而後有水。又非不和合。然汝但知非和合、非不和合，尙不知如來藏中性水眞空，性空眞水（云云）。

**通潤《成唯識論集解》卷一**　言和合者，謂諸法和聚。由和合句，如鳥飛空，忽至樹枝，住而不去。由和合故，令有住等。

**明昱《大乘百法明門論贅言》**　不和合性者，謂於諸法，相乖反故。前如相順因，此如相違因。

**明昱《觀所緣緣論會釋》**　或執和合者，彼許極微，合聚爲相，而有所緣。所緣實有，必能生識。故識生時，帶彼相起，是執和合爲所緣緣也。

## 次第

**真諦譯《攝大乘論釋》卷一〇**　云何次第製立諸地差別。由此住故，菩薩修行十度通別二行。因此住修別行故，次第製立十地差別。

**玄奘譯《瑜伽師地論》卷一三**　云何次第。謂六種次第。一流轉次第，二成所作次第，三宣說次第，四生起次第，五現觀次第，六等至次第。

**玄奘譯《瑜伽師地論》卷五二**　復次云何次第。謂於各別行相續中，前後次第一一隨轉，是謂次第。又此次第差別多種。或有流轉次第，謂無明緣行，廣說乃至生緣老死。或有還滅次第，謂無明滅故行滅，乃至生滅故老死滅。或有在家出家行住次第，謂陵旦而起，澡飾其身，被帶衣服，修營事業，調暢沐浴，塗飾香鬘，習近食飲，方乃寢息，是在家者行住次第。若整衣服爲乞食，故入聚落等，巡次而行。受如法食，還出安坐。食訖澡手，盪鉢洗足。入空閑室，讀誦經典，如理思惟。晝則宴坐經行，淨修其心，斷滅諸障。至夜中分，少當寢息。於夜後分，速復還起，整服治身，歸所習業。是出家者行住次第。或入僧中，隨其長幼，修和敬業，敷設床座，次第受籌分其臥具，處所利養及營事業。或有增長次第，謂嬰孩童子等八位，次第生起。或有現觀次第，謂於苦等四聖諦中，次第現觀。或有入定次第，謂次第入九次第定。或有修學次第，謂增上戒學爲依，次生增上心學。增上心學爲依，後生增上慧學。

**明昱《大乘百法明門論贅言》**　次第者，編列有敘，令不紊亂。尊卑上下，左右前後。有規矩者，皆此攝也。

## 世界

**般剌蜜帝譯《大佛頂如來密因修證了義諸菩薩万行首楞嚴經》卷四**　阿難云：何名爲衆生世界。世爲遷流，界爲方位。汝今當知東、西、南、北、東南、西南、東北、西北、上下，爲界。過去、未來、現在，爲世。位方有十，流數有三。

**道世《法苑珠林》卷二**　夫三界定位，六道區分，麁妙異容，苦樂殊跡。觀其源始，不離色心，檢其會歸，莫非生滅。生滅輪迴，是曰無常，色心影幻，斯謂苦本。故《涅槃》喻之於大河，《法花》方之於火宅。聖人啟悟，息駕反源，超出三有，漸逾十地也。尋世界立體，四大所成，業和緣合，與時而作，數盈災起，復歸于滅。所謂短壽者謂其長壽，長者見其短矣。夫虛空不有，故厥量無邊，世界無窮，故其狀不一。於是大千爲法王所統，小千爲梵王所領，須彌爲帝釋所居，鐵圍爲蓄牆之城，大海爲八維之浸，日月爲四方之燭。總總群生，於茲是宅，瑣瑣含識，莫思塗炭。沈俗而觀，則迂誕之奢言，大道而察，乃掌握之近事耳。但世宗周孔，雅伏經書，然辯括宇宙，臆度不了，易稱玄天，蓋取幽深之名，莊說蒼天，近在遠望之色。於是野人信明，謂旻青如碧，儒士據典，謂乾黑如漆。青黑誠異，乖體是同，儒野雖殊，不知是一。然則俗尊天名而莫識實，豈知六欲之嚴麗，十梵之光明哉。嗟夫，區界現事，猶莫之知，不思妙義，固其已矣。竊惟方等大典，多說深空，尋長含樓炭，辯章世界，而文博偈廣，卒難撿究，今簡要略用摽厥致耳。

【略】

會名部第二。《長阿含·起世經》等，四洲地心即是須彌山，山外別有八山圍，如須彌山下大海深八萬四千由旬，其邊八山。大海初廣八千由旬，中有八功德水（依《順正理論》云，一甘、二冷、三軟、四輕、五清淨、六不臭、七飲時不損喉、八飲已不傷腹也）。如是漸小至第七山下，水廣一千二百五十由旬，其外鹹海廣於無際，海外有山即是大鐵圍山，四周圍輪，并一日月，晝夜迴轉，照四天下，名爲一國土。即以此爲量數，至滿千鐵圍繞訖，名一小千。復至一千鐵圍繞訖，名爲中千世界。即數中千復滿一千鐵圍繞訖，名爲大千世界。其中四洲山王日月，乃至有頂，各有萬億（舊云百億者錯算也）。成則同成，壞則同壞，皆是一化佛所統之處，名爲三千大千世界，號爲娑婆世界。

依《自誓三昧經》，云娑訶世界者（漢言忍界，謂此土人物剛強，難忍事故，立名號爲忍），其佛號曰能仁，以別東廣名曰三界，一欲界，二色界，三無色界。初欲界者，欲有四種，一是情欲，二是色欲，三是食欲，四是婬慾。二色界有二，一是情欲，二是色欲。無色界有一情欲。初具四欲，強色微故，云欲界。第二色界，色強欲微，故號色界。第三無色界，色絕欲劣，故名無色界（更依《華嚴》辯三千大千世界，乃有多種，不煩廣述也）。

【略】

地量部第三。依《華嚴經》云，三千大千世界以無量因緣乃成，且如大地依水輪，水輪依風輪，風輪依空輪，空輪無所依，然衆生業感世界安住，故智度論云，三千大千世界，皆依風輪爲基。又新翻《菩薩藏經》云，諸佛如來成就不思議智故，而能得知諸風雨相，知世有大風，名烏盧博迦，乃至衆生諸有覺受，皆由此風所搖動故。此風輪量高三拘盧舍。於此風上虚空之中，復有風起，名曰雲風輪，此風輪量高五拘盧舍。於此風上虚空之中，復有風起，名瞻薄迦，此風輪量高十踰繕那。於此風上虚空之中，復有風起名，吠索縛迦，此風輪量高三十踰繕那。又此風上虚空之中，復有風起，名曰去來，此風輪量高四十踰繕那。如是舍利子，次第輪上，六萬八千拘胝風輪之相，如來應正等覺，依止大慧悉能了知。舍利子，最上風輪名爲周遍，上界水輪之所依止。其水高量六十八百千踰繕那，爲彼大地之所依止，其地量高六十八千踰繕那。舍利子，是地量表有一三千大千世界。

又《樓炭經》云，此地深二十億萬里，下有金粟亦二十億萬里，下有金剛亦二十億萬里，下有水際八十億萬里，下有無極大風，深五百二十億萬里。此雖六重，前四是地輪，第五是水輪，第六是風輪。《金光明經》云，此地深十六萬八千由旬，下有金沙，金沙正是金粟，下有金剛地。釋云，前風輪堅固不可沮壞，有大洛那力人以金剛杵擊之，杵碎風輪無損。大洛那力者，是第四梵王那羅延力，是佛身力，亦名那羅延風輪，風輪上次有水輪，水輪者。依立世經云，深一百一十三萬由旬，減風輪三十八萬由旬，以衆生業力水不流散，如食未消不墮熟藏，又如倉貯米內外物持，水輪亦爾，外由有風持不散，如世間攢酪爲蘇，此風力順轉，此水成金水，深一百一十三萬由旬，既順成金水但厚八十萬由旬，所略三十三萬由旬皆屬金地，金地輪中從少向多，應厚十二洛沙，一洛沙有十萬由旬，此輪縱廣一等。【略】

山量部第四。今據三千大千世界之中，諸佛世尊，皆垂化現，現生現滅，導聖導凡。約一四天下，即以一日月所照臨處，以蘇迷盧山爲中（唐云，妙高山，舊名須彌山，又曰迷留，亦云彌婁山，此皆訛略耳）。高三百三十六萬里，四寶所成，東面黃金，南面琉璃，西面白銀，北面玻璃。在大海中亦深三百三十六萬里，據金輪上。如起世經云，須彌山下有八重山，初山名佉提羅，高四萬二千由旬，上闊亦爾，七寶所成，其須彌山、佉提羅山，二山之間闊八萬四千由旬，周匝無量。佉提羅山外有山，名曰伊沙陁羅，高二萬一千由旬，上闊亦爾，七寶所成。二山之間闊四萬二千由旬，周匝無量。伊沙陁羅山外有山，名曰遊乾陁羅，高一萬二千由旬，上闊亦爾，七寶所成，二山之間二萬一千由旬周匝無量。遊乾陁羅山外有山，名曰善見，高六千由旬，上闊亦爾，七寶所成，二山相去一萬二千由旬周匝無量。善見山外有山，名曰馬半頭，高三千由旬，上闊亦爾，七寶所成，二山之間闊六千由旬周匝無量。馬半頭山外有山，名曰尼民陁羅，高一千二百由旬，上闊亦爾，七寶所成，二山之間闊二千四百由旬周匝無量。尼民陁羅山外有山，名毘那耶迦，高六百由旬，上闊亦爾，七寶所成，二山之間闊一千二百由旬周匝無量。毘那耶迦山外有山，名斫迦羅（隋言輪圍，即鐵圍山是也），高三百由旬，上闊亦爾，七寶所成，二山之間闊六百由旬周匝無量。上列諸山中間皆是海水，水皆有憂鉢羅華，鉢頭摩華，拘牟陁華，奔茶利迦華等，諸妙香物遍覆於水，去斫迦羅山其間不遠，亦有空地，青草遍布，即是大海。於大海北有大樹王，名曰閻浮樹，身周圍有七十由旬，根下入地二十一由旬，高百由旬，乃至枝葉四面垂覆五十由旬。《長阿含經》云，其山空地中有大海水，名鬱禪那，此水下轉輪聖王道，廣十二由旬，俠道兩邊有七重牆，七重欄楯，七重羅網，七重行樹，周匝交飾七寶所成。閻浮提地輪王出時，水自然去其道平現。去海不遠有山名鬱禪山，去此山不遠有山名金壁。過此山已，有山名雪山，縱廣五百由旬，深五百由旬。雪山中間有寶山，高二十由旬，雪山埵出高百由旬，其山頂上有阿耨達池，縱廣五十由旬，其水清冷澄淨無穢，七寶砌壘，其池底金沙充滿，華如車輪根如車轂，華根出汁色白如乳，味甘如蜜。池東有殑伽河，從牛口出，從五百河入于東海。池南有新頭河，從師子口出，從五百河入于南海。池西有博叉河，從馬口出，從五百河入于西海。池北有斯陁河，從象口出，從五百河入于北海。

**李師政《法門名義集》卷一**　三千大千世界：一須彌山一四天下。下阿鼻地獄，上至非想非非想天，此爲一段。三界衆生如是次第有千須彌山四天下，乃至千非想非非想天，有一大鐵圍山繞之，名爲小千世界。即以小千鐵圍爲數至千，復有大鐵圍繞之，名爲中千世界，亦名二千世界。即以中千名數數之至千，復有大鐵圍山繞之，名爲三千大千世界。此諸鐵圍山次第倍高，初一四天下鐵圍倍高須彌，次小千鐵圍倍高於初，次中千鐵圍倍高小千，次三千鐵圍最爲高大。與色界等一切衆生在此四重鐵圍之中，流轉生死不能得出，名爲牢獄。此等一段衆生善惡萬差，苦樂雜糅，故名娑婆世界。釋迦如來於中純化，令得出世。從化主爲名亦名佛世界，猶如西方無量壽國。十方無量無邊盡虚空法界亦名如是。然其多少不同，或以恆沙三千大千世界爲一佛土，或復清淨無三惡道。

**子璿《首楞嚴義疏注經》卷四**　起爲世界，靜成虚空。虚空爲同，世界爲異。彼無同異，眞有爲法，起即是動，動即異相。異名差別，爲世界體。世爲遷流，界爲方位。前後改轉，隔別不同，故名世界。皆由内有異相爲本，故云起爲世界。

**道誠《釋氏要覽》卷中**　世爲遷流，界爲方位。又云，東西南北四維上下名界，過去未來現在名世。又《文殊問經》云：有二世。一衆生世，即一切衆生也。二行世，即衆生住處。《長阿含》并《起世因本經》等云，四洲地心，即須彌山（梵音正云蘇迷盧，此名妙高）。此山有八山遶外，有大鐵圍山，周迴圍繞，并一日月晝夜回轉照四天下，名一國土。積一千國土，名小千世界。積千箇小界，名中千世界。積一千中千界，名大千界。以三積千故，名三千大千世界。

**法雲《翻譯名義集》卷七**　《楞嚴》云，世爲遷流，界爲方位。汝今當知，東西南北，東南西南，東北西北，上下，爲界。過去未來現在，爲世。世界有二種。一衆生世界，是正報。二器世界，是依報。故《楞嚴》云，由此無始衆生世界，生纏縛故，於器世間不能超越。《大論》明三種世間，一者五陰，二者衆生，三者國土。間之與界，名異義同。間是隔別間差，界是界畔分齊。界有二種，一者十界，二者三界。言十界者，所謂地獄、餓鬼、畜生、修羅、人、天，此名六凡。聲聞、緣覺、菩薩、佛，此名四聖。《指月鈔》，問：十界之名，有何顯據。答：《大論》云，衆生九道中受記，所謂三乘道六趣道，是知九道即九界也，受記作佛。十界明矣。二、三界者。一欲界，欲有三種，一飮食，二睡眠，三婬欲。於此三事，希須名欲。若有情界，從他化天至無間獄。若器世界，乃至風輪。皆欲界攝。二色界者，形質清淨身相殊勝，未出色籠，故名色界。三無色界者，於彼界中，色非有故。又此三界總舉則六道，别分乃二十五有。荊溪頌曰，四洲四惡趣，六欲并梵天，四禪四空處，無想五那含。又此三界通有三種，謂小千、中千、大千也。如《俱舍》云：四大洲日月，須彌盧欲天，梵世各一千，此名小千界。此小千千倍，說名一中千。此千倍大千，皆同一成壞。昔南山尊者，問韋天將軍曰：余聞一佛化境三千國土日月歲數，或言百億，或言千百億。答曰：如師問百億千百億者，經文分明。千百億化身釋迦牟尼佛，一佛化一日月下。何得百分，秖言其一。但時語訛惑，略致斯爾。總要言之，萬億日月爲一大千。熏聞云，恐西天數，億有大小，應以一百小億爲一大億，乃成百億日月。如是大千，皆是釋尊所化之境。

**思坦《大佛頂如來密因修證了義諸菩薩万行首楞嚴經集注》卷四**　阿難：云何名爲衆生世界。世爲遷流，界爲方位。汝今當知，東西南北、東南西南東北西北、上下，爲界。過去未來現在，爲世。方位有十，流數有三。

孤山云：上示兩種世界，一衆生世界是正報，二器世界是依報。以由正報纏縛，故於依報不能超越，故今但約正報而明。

補遺云：尋常正報，明世界義。世謂差別，異謂五陰界分。今以三世十方爲正報之世界也。此中正明衆生六根正報。而經文約三世十方者，爲示六根所有功德，本與依報世界相涉而成故也。

一切衆生織妄相成，身中貿遷，世界相涉。

貿遷者，交易遷移也。世界相涉，是貿遷相。謂以世涉界，以界涉世也。

補遺云：指十類正報與根塵十法交相遷動。故曰身中等，又亦可身中二字的指十類，貿遷二字的指根塵。世界二字即三四四三也。此文總示變疊之體也。

而此界性設雖十方定位可明，世間秖目東西南北，上下無位，中無定方。四數必明，與世相涉，三四四三宛轉十二。

熏聞云：此於十界簡六取四，中謂四維，在四方中間故。言無定方者，且如東南維，既屬兩向，是無定方。

補遺云：上下二方無的指其方位，自何爲上，自何爲下。

流變三疊，一十百千。

纂註云：疊，重也。以少增多，凡有三重。謂一、十、一百、一千。纔言一十，便該十二矣。以過去現在未來，涉東西南北，既成三四十二。以東西南北涉過去現在未來，亦成四三十二。蓋方三疊。初則爲十惡所依之處。次則正論十惡所起。俱偏十二，故成百二十。眼等三根只成八十。蓋所依方世元缺一分故耳。若約性中相知爲言，則亦成百二十矣。故總結云，六根功德各千二百。三則明乎十惡互嚴，謂一惡爲所嚴九惡爲能嚴，故成千二百。

**戒環《大佛頂如來密因修證了義諸菩薩万行首楞嚴經要解》卷八**　衆生世界亦具四方，即左右前後是也。世者，三際迭遷。界者，各有定位。界位有十，世數有三。一身所具，理自互涉，故曰身中貿遷世界相涉。

**唯心《翻譯名義集》卷七**　索訶，《西域記》云，索訶世界三千大千國土，爲一佛之化攝也，舊曰娑婆，又曰娑訶，皆訛。《楞伽》翻能忍。《悲華》云，何名娑婆，是諸衆生，忍受三毒及諸煩惱，忍斯惡，名忍土。《如來獨證自誓三昧經》云，沙訶，漢言忍界。眞諦三藏云，劫初梵王名忍，梵王是世界主，故名忍土。一云雜會世界，長水云，大千界之都名。《感通傳》云，娑婆則大千總號。孤山云，舉其通名，非指大千也。

東弗于逮。《西域記》云，海中可居者，大略有四焉，東毘提訶洲，舊曰弗婆提。又曰弗于逮，訛也。此云勝，勝南洲故。又云前，一在諸方之前也。又翻爲初，謂日初出處也。《俱舍》云，東毘提訶洲，其相如半月，身長八肘，壽二百五十。

閻浮提，訛云剡浮，此云勝金。《大論》云：閻浮樹名，其林茂盛，此樹於林中最大，提名爲洲。此洲上有此樹林，林中有河，底有金砂，名閻浮檀金。以閻浮樹故，名爲閻浮洲。此洲有五百小洲圍繞，通名閻浮提。《刊正》云，此則河因樹立稱，金因河得名。長水云，或云閻浮果汁點物成金，因流入河，染石爲金，其色赤黃，兼帶紫焰。《西域記》云，南瞻部洲，舊曰閻浮提洲，又曰剡（以冉切）浮洲，訛也。《藏鈔》云：南瞻部，此土無相當故不翻。唯西域記音中，翻爲穢樹。南瞻部洲，北廣南狹，三邊量等，其相如車。《俱舍》云：瞻部洲人身多長三肘半，人壽無定限。

西瞿耶尼，此云牛貨，亦翻取與。《藏疏》云，以彼多牛以牛爲貨。《俱舍鈔》云，劫初時，因高樹下有一寶牛，爲貨易故。《西域記》云，西瞿陀尼洲，舊曰瞿耶尼，又云劬伽尼訛。《俱舍》云：西牛貨洲，壽五百歲，相圓無缺，長十六肘。

北鬱單越，或鬱怛越，此云勝處，亦云勝生。於四洲中，有情處貨皆最勝故。亦云高上，出餘三方故。形如方座，四面量等，長三十二肘，壽滿一千歲。故《俱舍》云，諸處有中夭。除北俱盧洲，以壽定故，以樂極故，以執堅故，聖人不生，八難中一。若論値佛聞法，南洲最上。故《大論》云，南洲三事尙勝諸天，況北洲乎。一能斷婬，二識念力，三能精進，所以諸佛唯出南洲。西域記云，北拘盧洲，舊曰鬱丹越。又曰鳩樓，訛也。金輪王乃化被四天下。銀輪王則政隔北拘盧。銅輪王則除北拘盧及西瞿陁尼。鐵輪王則唯瞻部洲。夫輪王者，將即大位，隨福所感，有大輪寶浮空來應，感有金銀銅鐵之異。

**智旭《佛說四十二章經解》**　世爲遷流，界爲方位。世固念念不停，界亦互對無定。於中豈有實我實法。

## 世間

**慧遠《十地義記》卷一本**　一切言世間者，汎論有二，一衆生世間，二器世間。今此所說是生世間，世名爲時，間者名中，所化衆生無出時中舉時統攝故云世間。

**慧遠《大乘義章》卷六**　言世間者，論說有三。一衆生世間，二五陰世間，三國土世間。於此三中，隨人取別。亦有常等四種異見。言世常者，有人說，彼三種世間自然而有，不從因起，名之爲常。言無常者，有人宣說，一切世間終歸斷滅，更無後續，故曰無常。所言亦常亦無常者，有人說言，世間之中麁者無常，微塵是常，是故名爲亦常亦無常。所言非常非無常者，有人見彼常與無常二俱有過，是故宣說非常無常。此等四種，執定不捨，故名爲邪。問曰：神者本來無法，於中妄取可名爲邪。世間是有，設令取之，云何名邪。論自釋言：但破世間定執常等，不破世間。如人見蛇妄謂瓔珞，有明眼者語言是蛇非是瓔珞。佛亦如是，破彼常等，不破世間，現見世間，無常生滅。

**智顗《摩訶止觀》卷五上**　夫一心具十法界，一法界又具十法界百法界，一界具三十種世間，百法界即具三千種世間，此三千在一念心，若無心而已，介爾有心，即具三千。亦不言一心在前一切法在後，亦不言一切法在前一心在後。例如八相遷物，物在相前，物不被遷，相在物前，亦不被遷，前亦不可，後亦不可，秖物論相遷，秖相遷論物。今心亦如是，若從一心生一切法者，此則是縱。若心一時含一切法者，此即是横。縱亦不可，横亦不可，秖心是一切法，一切法是心故，非縱非横，非一非異，玄妙深絶，非識所識，非言所言，所以稱爲不可思議境意在於此（云云）。

**智儼《華嚴經内章門等雜孔目章》卷三**　三世間者，於淨佛國土中，有三種自在行。一器世間自在行，二衆生世間自在行，三智正覺世間自在行。器世間自在行者，有五種自在。一，隨心所欲彼能現及不現。二，隨何欲彼能現。三，隨時欲彼即時現。四，隨闊狹欲彼能現。五，隨心幾許欲彼能現。名器世間自在。云何衆生世間自在行，是菩薩隨衆生差別信，隨決定信差別。彼彼佛國土中，彼彼大會中，如是如是自身示現。是菩薩若於沙門衆中，示沙門形色。如是等彼彼國土中，如是自身差別示現。云何智正覺自在行，第一義諦智、世諦智等。經曰，是菩薩遠離一切身相分別，得身平等。是菩薩知衆生身，知國土身，知業報身，知聲聞身，知辟支佛身，知菩薩身，知如來身，知智身，知法身，知虚空身，是菩薩。如是知衆生深心起信樂。若以衆生身作自身，或以自身作衆生身，如是等九身如是，是菩薩。如是知衆生深心起信樂，展轉自在成，廣如地論説。此義是一乘、三乘、小乘人天中見聞。餘義如別章

**玄奘譯《瑜伽師地論》卷一七**　今此頌中，始從欲界乃至有頂諸薩迦耶，皆名世間。此中義者，意在欲界有樂有苦有情世間。若諸有情十資身具之，所攝養無所匱乏，身康無病。年未衰老，名爲有樂有情世間。與此相違，當知有苦有情世間。世間衆生少分有樂，多分有苦。諸有有樂有情世間，常懷恐怖，勿我財寶王所侵奪。

**普光《俱舍論記》卷三〇**　問者若執我爲世間，而問世尊：世間常耶，無常耶，亦常亦無常，非常非無常耶。以彼問者實我世間。我體都無故，四答皆非理，故佛不答。若復執言生死五蘊皆名世間，佛四經答亦皆非理，故亦不答

**玄奘譯《瑜伽師地論》卷二**　云何世間成。謂過如是二十中劫已，一切有情業增上力故，世間復成。爾時，最初於虚空中，第三靜慮器世間成。

**玄奘譯《大乘阿毗達磨雜集論》卷三**　云何世間，幾是世間，爲何義故觀世間耶。謂三界所攝，及出世智後所得，似彼顯現，是世間義。似彼顯現者，謂似三界所攝相顯現，似眞如等所現相貌，是出世間未曾得故。如是諸蘊一分十五界十處全，及三界二處一分，是世間。一分者，謂除正智所攝及後所得似出世間相顯現，并無爲法。爲捨執著世依我故觀察世間。

**玄奘譯《阿毗達磨法蘊足論》卷二**　世間解者，謂五取蘊，名爲世間。如來於彼，知見解了正等覺，故名世間解。又説五趣名爲世間。如來於彼，知見解了正等覺，故名世間解。又説六處名爲世間。如來於彼，知見解了正等覺，故名世間解。又説三界所攝諸處，名爲世間。從彼而生，從彼而起，從彼而出，因彼而生，因彼而起，因彼而出。如來於彼，知見解了正等覺，故名世間解。

**菩提流志譯《大寶積經》卷八六**　言世間者，名爲五蘊。凡夫於此妄生執著，或説蘊常，或説無常。以是義故，一切世間妄見蘊常。

**澄觀《大方廣佛華嚴經疏》卷二四**　言世間者，準《大品》中通三世間，謂衆生世間、五蘊世間及器世間。今此文意，正顯衆生世間，兼明五蘊世間。以衆生是總主假者外道計以爲我故。

**明昱《成唯識論俗詮》卷九**　云何世間道。謂世間四禪四空。由四種相，應廣分別。謂雜染故，清白故，建立故，清淨故等。云何出世間道。謂於修道中，法智類智品所攝苦智集智滅智道智。及彼相應諸三摩地者。

# 諸天

**玄奘譯《瑜伽師地論》卷四**　復次諸天受其廣大天之富樂，形色殊

妙，多諸適悅。於自宮中而得久住。其身內外，皆悉清淨，無有臭穢。又人身內，多有不淨，所謂塵垢筋骨脾腎心肝，彼皆無有。又彼諸天，有四種宮殿，所謂金銀頗胝琉璃所成。種種文綵，綺飾莊嚴。種種臺閣，種種樓觀，種種層級，種種窓牖，種種羅網，皆可愛樂。種種末尼，以爲綺鈿，周匝放光，共相照曜。復有食樹，從其樹裏，出四食味，名曰蘇陁，所謂青黃赤白。復有飲樹，從此流出甘美之飲。復有乘樹，從此出生種種妙乘，所謂車輅輦輿等。復有衣樹，從此出生種種妙衣，其衣細輭，妙色鮮潔，雜綵間飾。復有莊嚴具樹，從此出生種種微妙莊嚴之具，所謂末尼臂印耳璫環釧，及以手足綺飾之具。如是等類，諸莊嚴具，皆以種種妙末尼寶而間飾之。復有熏香鬘樹，從此出生種種塗香，種種熏香，種種華鬘。復有大集會樹，最勝微妙，其根深固，五十踰繕那，其身高挺，百踰繕那，枝條及葉，遍覆八十踰繕那。雜華開發，其香順風熏百踰繕那，逆風熏五十踰繕那。於此樹下，三十三天雨四月中，以天妙五欲，共相娛樂。復有歌笑舞樂之樹，從此出生歌笑舞等種種樂器。又有資具之樹，從此出生種種資具，所謂食飲之具，坐臥之具，如是等類種種資具。又彼諸天，欲受用時，隨欲隨業，應其所須，來現手中。

又諸非天隨其所應，受用種種宮殿富樂，應知。又北拘盧洲有如是相樹，名曰如意。彼諸人眾所欲資具，從樹而取，不由思惟，隨其所須，自然在手。復有秔稻，不種而穫，無有我所。又彼有情，竟無繫屬，決定勝進。又天帝釋，有普勝殿，於諸殿中最爲殊勝。仍於其處有百樓觀，一一樓觀有百臺閣，一一臺閣有七房室，一一房室有七天女，一一天女有七侍女。又彼諸天所有地界，平正如掌竟無高下，履觸之時，便生安樂。下足之時，陷便至膝。舉足之時，隨足還起。於一切時，自然而有曼陁羅華遍布其上。時有微風吹去萎華，復引新者。又彼天宮四面各有大街，其形殊妙，軌式可觀，清淨端嚴，度量齊整。復於四面有四大門，規模宏壯，色相希奇，觀之無厭，實爲殊絕。多有異類妙色藥叉，常所守護。復於四面有四園苑，一名繢車，二名麁澁，三名和雜，四名喜林。其四園外有四勝地，色相殊妙，形狀可觀，端嚴無比。其宮東北隅有天會處，名曰善法。諸天入中，思惟稱量，觀察妙義。近此園側，有如意石，其色黃白形質殊妙，其相可觀嚴麗無比。又彼天身自然光曜，闇相若現，乃知晝去夜分方來。便於天妙五欲遊戲之中嬾墮睡眠，異類之鳥不復和鳴。由此等相，以表晝夜。又彼諸天眾妙五欲甚可愛樂，唯發喜樂。彼諸天眾恆爲放逸之所持行，常聞種種歌舞音樂鼓噪之聲，調戲言笑談謔等聲。常見種種可意之色，常齅種種微妙之香，恆甞種種美好之味，恆觸種種天諸婇女最勝之觸。恆爲是樂，牽引其意，以度其時。又彼諸天多受如是眾妙欲樂，常無疾病，亦無衰老，無飲食等匱乏所作俱生之苦，無如前說於人趣中有餘匱乏之苦。

# 淨土

**慧影《大智度論疏》卷二四**　淨土之義，雖有無量。今且論眞應二十三種淨土，攝一切國，亦無不盡。若使實智法身報佛則住實相淨土，無量色像，無量光明，無量音聲，純無生法忍菩薩以爲徒眾。如十地菩薩受佛職時，如《華嚴》云，其菩提樹圍十萬億微塵數佛土等，則是實報功德淨土。若如去伽耶城不遠道樹，及西方淨國等，則皆是應土。今此中正論果報，法佛既非因非果，自性清淨，故所不論也。然感應淨國，大有三種，一者是行所致，二者是願力，三者是眾生善根行願。雖復亦由眾生善力，而菩薩自行願力滿。復外化眾生，方得成辦此國。眾生得往中生，是故篇名淨佛國土，不名眾生國也。三聚者，大小兩乘俱有。若忍法已上，是小乘正定聚。暖頂之中，是小乘不定聚。故《八乾度》《毗婆沙》皆云，暖法退斷善根，暖法已前，名爲耶聚。大乘繫珠之前，名爲耶聚。繫珠之中，名不定聚。種性已上，名正定聚。今此中所明淨土，皆是正定眾生得生其國，故名淨土。故《淨名・佛國品》云：宜心布施忍辱持戒禪定智慧等，是菩薩淨土。菩薩成佛時，不諂大富長壽端正不亂智慧等眾生，來生其國也。若如《無量壽經》云，生彼國者，盡往定聚。若如《無量觀經》，佛爲韋提希，現二百億淨土。乃云三輩九品四重五逆皆生彼國。就上輩中有三品，謂上品上生，中品中生，下品下生。中輩上亦有三品，謂中品上生，中品中生，中品下生。下輩中三品者，謂下品上生，下品中生，下品下生。唯上品上生最難得。若犯四重五逆，能至心悔過者，只可得下品下生。若上品上生者，亦入華中，即開即見佛，即住正定聚。若下品下生之流，一往華中，動逕劫數，不能得見佛。逕劫數已，始華開見佛，得住正定聚。

**慧遠《大乘義章》卷一九** 淨土義，六門分別（釋名一，辨相二，明因三，約身明土四，凡聖有無五，質之同異六）。

第一釋名。言淨土者，經中或時名佛剎，或稱佛界，或云佛國，或云佛土。或復說爲淨剎淨界、淨國淨土。剎者，是其天竺人語，此方無翻。蓋乃處處之別名也。約佛辨處，故云佛剎。佛世界者，世謂世間國土境界，盛衆生處名器世間。界是界別。佛所居處，異於餘人，故名界別。又佛隨化住處各異，亦名界別。約佛辨界，名佛世界。言佛國者，攝人之所，目之爲國。約佛辨國，故名佛國。言佛土者，安身之處，號之爲土。約佛辨土，名爲佛土。若論其國，王領者有，不王者無。土即不爾，有身皆有。剎之與界，其義則通。此無雜穢，故悉名淨剎性海蓮花須彌。諸如是等，寬狹別稱。問曰，國土衆生共俱，何故偏名佛國土乎。今明佛土不說餘故。又佛是主故，名佛土。名義如是（此一門竟）。

次辨其相。爲明佛土，兼辨餘義。分別有三，一事淨土，二相淨土，三眞淨土。事淨之中三門分別，一總辨相，二別顯之，三約諦以定。總相云何。言事淨者，是凡夫人所居土也。凡夫以其有漏淨業得淨境界，衆寶莊嚴飾，事相嚴麗，名爲事淨。然此事淨，修因之時，情有局別。受報之時，土有分限，疆畔各異。又此修時，取相執定。受報之時，國土莊嚴，諸相各定。總相如是。次別顯之，事淨有二。一是凡夫求有淨業所得之土，如上諸天所居等是。由從求有善業得故，受用之時，還生三有煩惱結業，不生出道。有生者，別由善友教化之力，所以能起，非是所受境界之力。二是凡夫求出善根所得淨土，如安樂國衆香界等。由從出世善業得故，受用之時，能生出道。如衆香飯，其有食者，滅惑生道。如是等也。

【略】

自在淨者。泛論淨義，有二種。一是相淨，諸寶莊飾，清淨嚴麗。如安樂界衆香國等。二自在淨，猶如淨珠，美惡斯現，所現無礙，故曰自在。由土體淨故，能如是無礙自在。舉用顯體，名自在淨。今此所論義當後門。故經說言，一切國土平等清淨。淨相之土，彼穢此淨，不名平等。自在淨者，染淨圓通，法界齊等，故曰平等。此二土體。莊嚴淨者，是其土相，泛論有三。一，人莊嚴，勝善衆生，居住其中，土名淨矣。下五住處衆生淨者，即其義也。二，法莊嚴，具諸佛法，其土名淨。故《地論》言，人及諸法莊嚴。三，事莊嚴，五欲殊妙。此三種中，《地經》偏說一事莊嚴，爲莊嚴淨土，中有三。一神通莊嚴，一切境界變現無礙。二光明莊嚴，常有光明滅除闇冥。三相莊嚴，衆寶莊飾。故經說云，神通莊嚴，光相具足。受用淨者，是其用。淨土境界，受用之時，能滅煩惱出生道。此前四種，明土體相。第五住處衆生淨者，寄人顯勝。無量功德智慧衆生，悉滿其中，故土勝矣。又以善人居住其中，故土清淨。後兩門中，初因淨者，舉因顯果。因有二種。一淨土行業，所謂布施持戒。行業如《維摩》說。二淨土德業，所謂淨土三昧法門。得此門同故，一切境界，隨心迴轉。如金剛藏所入佛國體性三昧。如是等也。住中之中，偏據後門故。彼又言，入佛土妙平等境界，名爲因淨。諸佛淨土法門，名爲上妙平等境界。菩薩證入，能有異現，說爲因淨。言果淨者，對因明果，泛論有二。一相淨果。菩薩曠修淨土行，得妙淨土，諸相莊嚴，能淨無穢。二自在淨果。依前淨土三昧德業，種種異現。《地經》所說義，當後門故。彼經中隨諸衆生心之所樂，與爲示現名爲果淨。隨別廣論，亦可無量。辨相如是。

次第三門，辨定其因。且約三土，以定其因。先約法報二土辨因，應後別說。法報二土因相云何。分相論之，無始法性是法土因，諸度等行是報土因。攝相言之，二土並用無始法性諸度爲因。於中義分，有緣有正。緣正相對，曲有兩門。一別相說。法性之土，無始法性以爲正因，諸度行以爲緣因。實報之土，諸度等行以爲正因，以親生故，法性爲緣。二通相說。二土並用，無始法性以爲正因。雖俱法性以爲正因，與別名因。法土之因，本有法體與後顯時，體無增減，隱顯爲異。報土因者，本無法體，但於向前法土因上，從本已來，有其緣起可生之義，遇緣便生。如礦中金有可造作莊嚴具義，遇緣便作，非先有法以在其中。二土齊用諸度業行，以爲緣因。雖俱諸度以爲緣因，於中細分，其義亦異。異相如何。諸度等行有能生義，說之以爲報土之緣。如地水等能生諸物。諸度等行有能了義，說之以爲法性土之緣。前二如是。次論應土。應土之因，有無不定。

攝用從體，更無別因。譬如世人因形有影，影無別物。業見土異，非我爲故。分用異體，亦說有因，以是果故。因二種。一同類因，還以應行而爲應因。諸佛如來得土已久，現修諸行，莊嚴國。如彌陀佛國現修四十八弘誓願及諸所行，莊嚴西方世界。如是等也。二異類因，實行眞法爲應土因。然就應中義別有二。一是法應淨土三昧法門力故，現種種刹。二是報應，以本大悲願力因緣，現種種土。義別如是。此二別分法應之土。如來藏中淨土法門，以之爲因。報應之土，大悲願力以之爲因。悲願爲主，統攝諸行，皆爲因矣。分相如是。攝相言之，二應並用淨土法門悲願爲因。於義別分，有緣有正，緣正不定。若論法應，淨土法門以爲正因，大悲願等以爲緣因。若無悲願，彼法不能獨生應土。譬如火珠雖能出火，要因見日。亦如水珠雖能出水，要須見月。故經說言，異法有故異法出生，異法無故異法滅壞。報應之土，大悲願等以爲正因，淨土法門以爲正緣因。若無彼法，雖有悲願應土不生。譬如音聲雖能發響，必依澗谷。面能生像，必依水鏡。問曰，應土從實悲願法門力起，何不名眞，乃說爲應。釋言，大悲願力行等，正得眞土，增上緣力兼生應土。由非正起，故不名眞。緣力兼生，令人見聞，故說爲應。辨因如是。

次第四門。約身明土，於中由有三門分別。一明身土相依本末，二明身土相依廣狹，三明身土相依總別。言本末者，隨相言之，身報依土，窮實論之，國土依身。故《花嚴》云，寶花雲香諸莊嚴具，皆從如來法身中出。又彼亦言，三世劫數及諸佛刹，於一佛身一切悉現。此即是其土依身也。佛土既然，凡土亦爾。隨相論之，身報依土，窮實亦是國土依身。故經云，宣說三界虛妄，唯一心作。本末如是。次明廣狹，其義不定，分別有四。一土寬身狹。如常所見，良以身是自己別報，所以局狹。土是共果，彼此同依，所以寬廣。二身寬土狹。如經中說，或有佛土，在佛菩薩毛孔中住，或在菩薩衣文中住，或在菩薩天冠中住。如是等也。三身土俱寬。據實以論，身如虛空，土亦如之。四身土俱狹，隨化眾生，或現小身，或居方便土。廣狹如是。次明身土相依總別。總相論之，三身一身三土。以一佛身依一佛土，隨義別分，用彼三身別依三土。法性之身，依法性土。實報之身，依實報土。應化之身，還依應土。問曰，法身與法性土有何差別，與說相依。釋言：身土性雖無別，隨相分異，故得相依。身之實性名法性身，土之實性名法性等。此亦同體，義別相依。如海十相同體相依。問曰：應身還依應土，能依應身，初時現凡，後則現聖。所依之土，何不如是，初穢後淨，始終恆定。釋言：爲化差別不等，或土隨身。如彌陀佛未成佛前，國土鄙穢。成佛後，國界嚴淨，彼佛現居不定境故。如是一切，或身隨土。如此釋迦雖久成佛，而於過去無量世中，身居穢國，示爲凡俗，不取正覺。如是一切，或身異土。如今釋迦身居穢國而現成佛，土現爲報，報定難改，故始終恆穢。如佛色身，現爲報故，始終恆定。智行功德，方便非報，所以後轉，故初現凡，後轉爲聖，身土相對分別麁爾。

次第五門。明其凡聖有無之義。昔來諸家所說各異。如生公說，佛無色身亦無淨土，但爲化物，應現住於眾生土中。如是說者，眾生有土，諸佛則無。什公所異，諸佛有土，眾生全無，但佛隨化現土不同。故《維摩》云，爲化眾生故，現此土爲不淨耳。又人復說，佛與眾生各別有土，各別住於自業果故。此等所說，義有兼通，不可偏定。是義云何，分別有三。一攝實從相。眾生有土，諸佛無土，隨化現居眾生處故。故經說言，普賢菩薩依於如如，不依佛國。普賢既爾，諸佛亦然。生公所立義當此門。二攝相從實。諸佛有土，眾生無土。於一佛土，隨其業行，種種異見。如佛一身，眾生異見，故經說言，佛土清淨如摩尼珠，隨諸眾生種種異現。《維摩》亦云，我此國土常淨。若此爲欲度斯下劣人故，示是眾惡不淨土耳。什公所云，義當於此。經說既然。生公所立，佛無色身，全無淨土。義不然。佛無色身，如前涅槃章中廣破。身既非無，土寧不有。又經中說，菩薩修習一切種行爲淨土因。經說有因，云何無果。人亦救言，非全無界，但應非眞。若使土果唯應非眞。如《維摩》說，一切種行爲淨土因，應是應修。修因既實，果寧不眞。若自不解，唯應訪諸，何宜輒謗。謗佛果德，其罪至重，勿後更言。此是第二攝相從實。三分相異實。眾生與佛，各別有土。是義云何，以業攝果，果隨業別，故凡與佛各異有土。如恆河水，餓鬼見火，如來見水。餓鬼火業自見於火，佛以水業自見於水。各自見自業果執非見他事。佛土亦爾。螺髻心淨，見土清淨。舍利心垢，見土不淨。如是一切，凡聖有無辨之略爾。

次第六門。明其所見質之同異。於中有二，一就處分別，二就事分別。言就處者，分別有四。一同處異見。如一世界隨業不同，種種異見。如恆河中，世人見水，餓鬼見火，或見虛坑。如是一切。二異處同見。如娑婆界，百億天下處所雖別，所見相似。三同處同見。同業眾生，於一處中共見一事。如恆河無量，眾生同知見水。如是一切。四異處異見。如娑婆界及安樂土，所見各別。如是一切，就處如是。次就事論，於一處中，隨義分四。一者是其一質異見。如此娑婆一土地事，眾生於中種種異見。或見爲水，或復見火，或見諸寶，或見虛空。如是一切。二者是其異質同見。於一處中，隨人所見種種異土。一段眾生見之，唯一土田世界。如是一切。三一質一見。同類眾生共見一事，質體無別。四異質異見。如此娑婆異種眾生各別見。如經中說，眾生見劫盡大火所燒時，我此土安穩，天人常充滿。如是一切，良以諸法，諸佛隨心所現，無定性故，見有種種淨土之義。雖以具攝，且隨其要，略辨如是。

**吉藏《大乘玄論》卷五** 淨土第三有二義，一通，二別。淨土者，蓋是諸佛菩薩之所栖域，眾生之所歸。總談佛土，凡有五種，一淨，二不淨，三不淨淨，四淨不淨，五者雜土。所言淨者，菩薩以善法化眾生，眾生具受善法，同搆善緣，得純淨土。言不淨者，若眾生造惡緣感穢土也。淨不淨者，初是淨土，此眾生緣盡，後惡眾生來，則土變成不淨也。不淨淨者，不淨緣盡，後淨眾生來，則土變成淨。如彌勒與之釋迦也。言雜土者，眾生具起善惡二業，故感淨穢雜土。此五皆是眾生自業所起，應名眾生土。但佛有王化之功，故名佛土。

**懷感《釋淨土群疑論》卷一** 問曰：佛有幾身，淨土有幾種。

釋曰：佛有三身，土有三土。三身者，一法性身，二受用身，三變化身。土有三種者，一法性土，二受用土，三變化土。法性身居法性土，受用身居受用土，變化身居變化土。法性身土，俱以眞如清淨法界以爲體性。如《般若》說，彼如來妙體即法身。《諸佛如法界體性經》文殊師利禮云，無色無形相，無根無住處，不生不滅故，敬禮無所觀等。《維摩經》云，如自觀身實相，觀佛亦然。法性土者，如《般若》云，莊嚴佛土者，即非莊嚴。又《維摩經》云，雖知諸佛國及與眾生空。又云，諸佛國土亦復皆空。又云，十方佛國皆如虛空，雖知身土並一眞如。夫如者不一不異，而言法性身居法性土者，此以覺照性義名身，法眞理體名土，是施設安立諦門說。二受用身土者，此有二種，一自受用身土，二他受用身土。自受用身土，以菩薩行八萬四千波羅蜜行，修習圓滿恆沙果德。自利利他，四智周圓淨五蘊等，爲自受用身體。即以智上所現微細周遍廣大清淨四塵，唯佛與佛乃能知見。自受用身所依止處，爲自受用土體。他受用身土者，爲初地已上諸大菩薩，平等性智，擊發鏡智利他功德，隨其所應現一分細相，爲他受用身土體性。變化身土者，爲於地前菩薩及二乘凡夫，以成所作智，擊發鏡智利他功德，隨其所應現一分麤相，爲變化身土體性。此受用變化二土體性者有三，一攝事歸眞體，二攝相歸心體，三本末別明體。攝事歸眞體者，一切眾法皆以眞如爲體。此報化二土，即以眞如爲體。二攝相歸心體者，此報化二土，皆如來等淨心所現。故《維摩經》云，隨其心淨即佛土淨。即《唯識論》及《攝大乘論》等明一切萬法皆不離自心。三本末別明體者，此二淨土，俱以眾寶莊嚴爲體。

**道世《諸經要集》卷一** 問曰：何名淨土。答曰：世界皎潔，目之爲淨。即淨所居，名之爲土。故《攝論》云，所居之土無於五濁，如頗梨柯等，名清淨土。《法華論》云，無煩惱眾生住處，名爲淨土。淨土不同，有其四種。一，法性土，以眞如爲體故。梁《攝論》云，以蓮華王爲淨土所依，譬法界眞如爲淨土所依體故。二，實報土，依《攝論》云，以二空爲門，三慧爲出入路，奢摩他毗鉢舍那爲乘，以根本無分別智爲用。此皆約報功德，辯其出體。三，事淨土。謂上妙七寶是五塵色性，聲香味觸爲其土相故。《攝論》云，佛周遍光明七寶處也。又《華嚴經》云，諸佛境界相中，種種間錯莊嚴。故《淨土論》云，備諸珍寶性，具足妙莊嚴。又新翻《大菩薩藏經》云，假使如上世界，乃至大火洞然，如來在中若依經行。若住坐臥其處，自然八功德水出現於地。四，化淨土。謂佛所變七寶五塵，爲化土體故。《涅槃經》云，以佛神力地皆柔軟，無有丘墟土沙礫石，乃至猶如西方無量壽佛極樂世界等。又《大莊嚴論》云，由智自在，隨彼所欲，能現水精瑠璃等清淨世界。又《維摩經》云，佛以足指案地，現淨等事。又《十地經》云，隨諸眾生心所樂見爲示現故。此諸經論所明，並約化爲淨土。由佛神力現故有攝故即無，故名化土。

述曰：上來雖土有四種，然經要有二，一報土，二化土。此二即攝理事二土。初報土者，謂佛如來出世，諸善體是無漏，非三界所攝故。《淨土論》云，觀彼世界相，勝過三界道。又《智度論》云，有妙淨土出過三界。然佛所居無處爲處，過在十方世界。或依法身而安淨土故，論云，釋迦牟尼佛更有清淨世界。如阿彌陀國，其彌陀佛亦有嚴淨不嚴淨世界。

**懷感**《釋淨土群疑論》卷一　問曰：今此西方極樂世界，三種土中是何土攝。

釋曰：此有三釋。一是他受用土。以佛身高六十萬億那由他恒河沙由旬。其中多有一生補處，無有衆苦，但受諸樂等故，唯是於他受用土。二言，唯是變化土，有何聖教。言佛高六十萬億那由他恒河沙由旬等，即證是於他受用身土。何妨淨土變化之身，高六十萬億那由他恒河沙由旬。以《觀經》等皆說爲凡夫衆生往生淨土，故知是變化土。三通二土，地前見變化土，地上見他受用土。同其一處，各隨自心所見各異，故通二土。由此經言，是阿彌陀佛非凡夫境，當作丈六觀也。

問曰：前第一釋。若是他受用土者，云何地前凡夫生。若變化土者，云何地上聖人生。

釋曰：計彼地前菩薩聲聞凡夫，未證遍滿眞如，未斷人法二執。識心麁劣，所變淨土，不可同於地上諸大菩薩微細智心所變微妙受用淨土。然以阿彌陀佛殊勝本願增上緣力，令彼地前諸小行菩薩等，識心雖劣，依託如來本願勝力，還能同彼地上菩薩所變淨土，微妙廣大清淨莊嚴亦得見，故名生他受用土。《佛地論》等說，初地已上生他受用土，地前菩薩生變化土。此據自力，分判地前地上居二土別，不據他力別願勝緣而說。只如肉眼論言，唯見障內色，唯見欲界，不見色界。唯是離中知，不是合中知。然《法華經》說，父母所生清淨肉眼，見於內外彌樓山等，乃至阿迦尼吒天色。豈不是肉眼能見障外等色，及見色界諸天色耶。又《解深密經》及《攝大乘論》等說，如人照鏡，自見本面，以彼鏡中無有面像，當見自面黑白之精。此扶根塵與眼根合，何見彼扶根色塵，此豈不是合中知。若言見障外色界及自扶根色塵者，便與論文相違。若不見者，復與經文相違。故知《佛地論》師，據大分自因而說，不據他殊勝力別緣而說。而定自在所生色，非是色塵，不合爲眼所見。若得大威德定，所變定自在所生色，即能令凡夫人眼所見。今此亦爾，以本願力，令彼地前菩薩等生受用土，不可一向判令不生也。又如《觀經》第九觀云：阿彌陀佛眞金色身，高六十萬億那由他恒河沙由旬，八萬四千相好，唯是他受用身佛，非是地前所能觀見。下文言：然彼如來宿願力故，有憶想者必得成就。故知乘宿願力，觀見受用之身。亦乘宿願之力，生受用土。《佛地論》中亦作是問。前說淨土最極自在淨識爲相，云何會中有聲聞等而不相違。有何相違。諸聲聞等同菩薩見，同菩薩見故，聞說妙法。一論師言，或復如來神力加被，令暫得見聞說妙法。此是如來不思議力，不可難以根地度等。此師意明，說《佛地經》時，在他受用土。諸聲聞等見彼淨土，聞佛地經。此由如來不思議力，彼是一時化緣，令暫得見。今此是不可思議本願力，令亦得生，斯有何過也。

問：若然者，此亦有過。地前不合生他受用土，以乘本願，得生亦可。地上不合生自受用土，應乘本願得生。

答：自受用土名爲自，不可乘願令他用。他受用土既爲他，乘彼勝緣亦得往生。又自受用土極微妙，不可乘願而得生。他受用土爲他現，縱有微妙令下見。又他受用土有本願，乘其本願凡夫得生。自受用土無本願，爲此不令菩薩見。

問：若自受用土名爲自，他亦若得，生自義不成。自受用土佛同見，他佛得見無自義。

答：佛是究竟解脱身，圓證一如應他自，菩薩惑障未除盡，不可生佛自土中。如是等衆多問答，不可一一具說。諸有智者，隨義應思也。又縱令地前菩薩等，自識相分見麁相淨土，不見微妙清淨國土，同諸菩薩所見微妙清淨寶土。然以諸大菩薩受用法樂，無有一切身心憂苦，唯有無量清淨喜樂，無有恐怖。或喜樂，或生厭離，或斷疑。故亦得名爲生他受用土。又《起信論》云，從初發意乃至菩薩究竟地心所見者，名爲報身。此之論文已通地前，得見他受用身。若得見他受用身，何妨得生他受用土。此以一義，通《佛地論》一師所解。或《起信》文，據初地已上證發心説見佛。言變化土地上菩薩生者，此有現一身理通報化。隨宜見者，凡聖各別何妨。下不得生上受用土，以下不能見勝妙之土。又業劣弱不得往生。上能見下，爲欲接引地前凡夫，生變化土，有何妨廢。又地上菩薩生變化土者，皆是化身，亦無有過。

**懷感**《釋淨土群疑論》卷一　問曰：極樂世界既許凡夫得生，未知爲是有漏土，爲是無漏土。

釋曰：如來所變土，佛心無漏，土還無漏。凡夫之心未得無漏，依彼如來無漏土上，自心變現作有漏土，而生其中。若約如來本土而說，則亦得名生無漏土。若約自心所變之土而受用者，亦得說言生有漏土。雖有漏以託如來無漏之土，而變現故，極似佛無漏，亦無衆惡過患。

**懷感《釋淨土群疑論》卷一** 若是凡夫，得生淨土。是人天趣者，若是人趣，人趣有四。爲是南閻浮提人，爲是東西二洲及北鬱單越人趣耶。若是天趣，爲是四天王天乃至色界阿迦尼吒天耶。若是四天下人趣者，彼北鬱單越，應是八難之中鬱單越難。若是色界等，應是長壽天難。此是難處，云何名淨土勸衆生生耶。若言是人趣而不得名四天下人等，亦得名天趣，而非四天王天等。若然者，四天下外別有人趣耶，四天王天等外別有天趣等耶。若言有者，何即淨土衆生是人天，非四天下等人天耶。亦有淨土有漏非三界有漏，其義何妨。若言四天下人趣等外無別人趣，四天王天等外無別天趣，淨土凡夫亦得名凡夫，不得名人趣天趣者，何妨淨土亦得名有漏，不得名三界也。以彼五趣例此三界，其義顯然，不可迷執也。又諸法相中，有寬有狹。只如世間名寬，有漏名局。有漏名寬，三界名局。三界名寬，四生名局。四生名寬，五趣名局。何者只如如來所變穢惡國土。雖似三界非如三界，雖是無漏而名世間。此則世間名寬，有漏名局。有漏名寬，三界名局者，即是凡夫等有漏識心所現淨土，亦得名有漏，不得名三界。故《大智度論》言，淨土非三界，無欲故非欲界，地居故非色界，有形故非無色界。此論義意，非是淨土無漏識心所現淨土名出三界，但有漏識心所變淨土器世間相布置法用安立有情利樂等事，不同於此三界等相名非三界也。三界名寬，四生名局者，四生唯取異熟五蘊有情世間，三界通三性及器世間。故三界名寬，四生名局也。四生名寬，五趣名局者。中有是化生而非是五趣，及淨土衆生等是化生非趣。如是等名字寬狹，體性差別。此經論等有此不同，豈得有漏識心所變淨土之言，則令是三界攝也。又如第八識有三名，一名阿賴耶，二名阿陁那，三名異熟。若得阿羅漢辟支佛果，及入八地諸菩薩等，所有第八識，但名阿陁那及名異熟，不得名阿賴耶。豈依無阿賴耶名，即遣阿羅漢無第八識執持諸法種子耶。豈以無三界名而令凡夫衆生生於淨土，有漏識心不變化淨佛國土，受用種種大乘法樂也。又託如來無漏淨土，雖以有漏心現其淨土，而此淨土從本性相土，土亦非緣縛相應縛，不增煩惱。如有漏心緣滅道諦煩惱不增，猶如觀日輪損減眼根也。故非三界，非三界繫煩惱增也。

**懷感《釋淨土群疑論》卷一** 問曰：凡夫衆生所生淨土，凡夫未得無漏淨心，隨心所變土還有漏。有漏之土即名穢國，何得亦言生淨土。

釋曰：淨有多種，有眞實淨，有相似淨，有究竟淨，有非究竟淨。眞實淨者，謂無漏善心。相似淨者，謂有漏善心。究竟淨者，謂諸佛世尊。非究竟淨者，謂十地已下乃至凡夫。有體淨相穢，有體穢相淨，有體相俱淨，有體相俱穢。體淨相穢者，謂佛心無漏清淨，故所現之土亦復清淨。然所現土現於穢相名體淨相穢，故《維摩經》言，爲欲度斯下劣人，故示是衆惡不淨土耳。體穢相淨者，如十地已還本識及有漏六七識，并地前凡夫，一切有漏心所現淨土，是有漏故，名爲體穢。以依如來清淨佛土，自識變似淨土相現，故名相淨也。體相俱淨者，如佛及十地已還無漏心中所現淨土，名體相俱淨。體相俱穢者，如有漏心所現穢土等是也。今此得生西方，雖是凡夫，然前第二句體穢相淨也。

問曰：如《維摩經》說，若菩薩欲得生淨土，當淨其心，隨其心淨即佛土淨。此之心淨經文，乃約十地菩薩方名淨心。如何凡夫即欲生於淨土。若言得生淨土，應言已淨其心，且具縛凡夫見修諸惑，紛綸競起，無暫時停。今既不淨其心，如何得生淨土。

釋曰：淨土有多種，非是一途。有究竟淨心，有未究竟淨心，有有漏淨心，有無漏淨心，有有相淨心，有無相淨心，有伏現行淨心，有斷種子淨心，有自力淨心，有他力淨心。其義非一，不可爲難。諸佛如來逗機説法，或就究竟作語，或就未究竟爲語。如是等說，其義不定。不可唯依《維摩經》說究竟淨心，十地之位心淨土淨之文，不信《觀經》伏現行惑，依藉他力得生西方。云心不淨，不生淨土，譬如得通之人方能陵空，何妨未得通人依得通者亦陵空也。又彼言淨，謂究竟淨心能爲他有情現無漏淨土。今往生淨土，謂依佛淨相而現其淨土。彼本此末，依他他依。師弟道殊，遂分勝劣。彼據勝說，此約下論，不相妨也。

**懷感《釋淨土群疑論》卷一** 問曰：彼西方淨土之處，爲亦有穢土不。若有者，如何名淨土。若無者，亦如盧舍那佛千葉蓮花一花上有百億國，此一一國皆是穢土，如何蓮花藏世界盧舍那佛所坐花王之座淨葉之上而有穢土。又身子見穢，梵王見淨，此並淨穢二土同處而現，何故極樂唯有淨土，而無穢土耶。

釋曰：此有二釋。一云，極樂世界唯有淨土，於彼方處無穢土相，以是淨土極淨妙故。如其有者，即有亦淨亦穢之過。又色法質礙不可同處，穢淨二相俱時現行不相容故，雜亂過故，《觀經》等文曾不說故，四十八願無斯願故。如其有者，往生眾生應亦生故，亦應得見，不生不見，故知無也。有說，亦有穢土，同處同時，不相障礙。言二色法不相容受，此是小乘不了之教。淨穢兩土皆遍十方無邊限故，如此穢土即有淨土。如盧舍那淨花王座即有千百億穢土之相，皆悉淨處有穢，穢處有淨，不相雜染，不相障礙。各隨所見淨穢不同，各隨所生淨土穢土。如前所難，並是小乘，非大乘宗。作如是說，廣如《攝大乘論》等及諸大乘經所說，不煩廣述。雖知同處淨穢可成，然彼西方唯淨非穢，心穢眾生不生彼故，經唯說淨不說穢相，令餘方眾生欲生彼故。

**懷感《釋淨土群疑論》卷一**　問曰：如安法師《淨土論》說，淨穢二土爲一質異見，爲異質異見，爲無質而見。彼釋言：一質不成故淨穢虧盈，異質不成故搜玄即冥，無質不成故緣起萬形。雖有此釋，文義幽隱，請爲開示，廣陳玄旨。

釋曰：安法師慧悟開明，神襟俊爽，制造斯論，妙窮深旨。于時大乘經論文義未周，已能作此推尋，實爲印手菩薩。可謂，鑿荒途以開轍，標玄旨於性空。然且文隱義深，讀者罕知其趣。今當爲子廣宣其義。淨穢兩土，由淨穢二業，令其自心變現，作淨穢相。此淨穢相是淨穢心現，心淨土淨，心穢土穢，各由自心。心既有殊，土寧稱一。故曰：一質不成故，淨穢虧盈。佛未足指按地，穢盈而淨虧。佛已足指按地，淨盈而穢虧。如《維摩經》說，故知身子梵王二心各異，所現之土淨穢有殊，不可言其一。故曰，一質不成故，淨穢虧盈。雖復淨穢兩心現淨穢二土，心有兩體，土成二相。然同處同時，不相障礙。不可言有淨處無穢，有穢處無淨，別處而現而有障礙。以同處同時現淨穢故，故曰異質不成故搜玄即冥。搜者搜求也。玄者幽玄者。搜其幽玄旨趣，淨穢兩相冥，然同在一處，不可分成二所也。計此應言異質雖成搜玄即冥。此法師猶未全解唯識義，故以同一處言異質不成也。亦可淨穢相殊，其體無二，搜其實體，唯是一如。故言搜玄即冥。無質不成故緣起萬形者，此淨穢土雖同處現，而二相別，皆由淨穢兩業因緣差別，變現種種棘林瓊樹瓦礫珠璣。從緣所生，依他起性，方成土相。不同於彼空花、龜毛、兔角，遍計所執性，情有體無，無形質體，故曰無質不成故緣起萬形也。

問曰：淨穢二土如同處者，此二土相，雖珠璣瓦礫淨穢有殊，莫不皆是四塵色香味觸、四大所造地水火風，八微合成，質礙爲性。如何同處同時，諸微不障。壞彼色性，無質礙能。既法相違，義難通釋。請除此滯，以顯微言。

釋曰：唯執極微有質礙性，此乃是薩婆多宗部執異計，豈是大乘通相妙旨。只如大乘時節，長短世界大小皆悉不定時，即演七日爲其一劫，促千載而爲片時，量即納須彌於芥子，內巨海於毛孔。豈限長短巨細者哉。質礙亦爾，礙無定礙，其礙即以木礙木，以石礙石也。不礙者，人水鬼火天珠魚宅，本同一處，何有異方。以茲類，彼義可知矣。故身子丘坑本無別處，梵王淨剎豈指殊方。蓋由萬境萬心，隨心淨穢，唯識妙旨，豈局質礙者哉。

問曰：有漏之心體既是穢，穢心所現諸器世間，只應能現穢土之相，如何能現淨土之相。如彼無漏淨心所現出過三界淨土相耶。若彼穢心能現淨相。維摩經何故說言。眾生罪故不見如來佛國嚴淨也。

釋曰。體既是淨。得現穢相。何妨體是其穢而得現其淨相。故一心之上有種種淨穢等相。心有多功能，現眾多相，又由以本願與眾生，令爲現淨土。眾生宿於佛所有生大願，深厭穢心，修清淨行，託彼如來淨土相上，雖是有漏，而能現彼清淨佛土。還如世尊所現無漏清淨佛土，此由他力爲增上緣，令此有漏之心現其淨土相也。又佛有大神力，能令上人見穢不見淨。如眾香世界九百萬菩薩來此娑婆，唯見穢國，不見淨土。或能令下人見淨不見穢，如以足指按地，令舍利弗等見三千世界純是珍寶莊嚴。或令淨穢俱見，如寶蓋之中現十方淨土及此穢國也。今此得生淨土者，蓋是諸佛之力，不可以凡夫之智測量大聖，作此疑難，但須依教修行也。

**懷感《釋淨土群疑論》卷一**　問曰：如《大品經》等，說內空外空內外空等。今淨土即是外空，眾生即是內空。既爾，有何眾生爲能生，有何淨土爲所生。又《維摩經》言，諸佛國土亦復皆空。又問，以何爲空。答曰，以空等。又言，菩薩云何觀於衆生。維摩詰言，如第五大第六陰第七情十三入十九界等法。《法花經》言，諸法從本來常自寂滅相。《般若經》言，如來說莊嚴佛土者，即非莊嚴。又言，實無衆生得滅度者。如是等諸大乘經究竟了教，咸言諸法空寂。何因今日說有西方淨土，爲所生之土，衆生爲能生之人。勸人著相起行，依不了義經，此乃不得諸佛深義。取著有相，不名習學大乘法也。

釋曰：如向所說，大乘空義究竟了教，深生敬信，不敢誹謗。究竟出離二種生死，斷人法執，證大涅槃，唯此一門，更無二路。小行菩薩、二乘凡夫，修菩薩行，欲求佛果，未證無生法忍，不免退轉輪迴。非無種種法門句義，依之修學，趣求出世，如何所引諸大乘經，說畢竟空，破人法相。唯此等教，是眞佛說。今《觀經》等所說西方淨佛國土，勸諸衆生往生其國，此亦是於眞佛言教。既俱佛說，並爲眞語。何爲將彼空經，難斯淨教。信彼謗此，豈成理也。然佛說法，不離二諦，一俗諦，二第一義諦。俗諦是因緣生法，依他起性，非有似有。第一義諦是無相眞法，圓成實性，諸聖內證，妙有眞有。然其二諦，非一非異。以眞統俗，無俗不眞，即一切諸法皆歸寂滅。若不以眞攝俗，即一切諸法緣會故有，緣離故無，萬法宛然，不可言無也。佛或破衆生相，令歸無相，欲除人法二執、見修兩惑，偏明第一義諦。說一切皆空，欲令衆生捨凡成聖，斷惡修善。欲求淨土，厭離穢土，具說種種法界因果差別，凡聖兩位淨穢二土。今遣捨穢歸淨，隔凡成聖，即於此門中，說種種諸法。皆爲成就佛法利益衆生，化宜方便，逗機善巧，理宜如此，故教有二門。不可讀第一義諦之經畢竟無相之理，即謂淨土因果等教將非是佛眞言，不爲究竟之說，便謗而不信也。不可讀種種因果差別言教，不信說一切空寂，甚深般若波羅蜜多無相玄宗，便毀而不持也。此即於諸大乘經三藏聖教，有讚有毀，懷疑懷信，亦修善法，亦造重罪，信不具足，名一闡提。如《十輪經》具明其罪，可須俱生敬信，善會二宗旨趣也。故《維摩經》言，能善分別諸法相，於第一義而不動。能善分別諸法相者，此依世諦門說也。於第一義而不動者，此依第一義諦門說也。又言，諸法不有亦不無，以因緣故諸法生。不有不無者，第一義諦，離有離無等四句也。諸法生者，世諦從因緣等世間出世間種種諸法生也。又言，雖觀諸佛國永寂皆空，而不畢竟墮於寂滅，是菩薩行。雖成就一切諸法，而離諸法相。成就一切諸法者，世諦法也。而離諸法相者，第一義諦無相也。又言，雖知諸佛國及與衆生空，而常修淨土，教化於群生。上兩句第一義諦，下兩句世諦。《大品經》等雖說內外空等第一義諦也，而言淨佛國土教化衆生世諦也。如是等衆多大乘言教，皆說畢竟空寂法門，即言淨佛國土教化衆生。子須具讀經文，上下參綜，自相和會，除其信謗之心。爲人宣說，勿有讚毀之語。此即自利利他，同得離苦解脫。而乃披尋聖教，文義不同。自信不具，毀陷其身。令他聽徒成闡提業，自損損他也。《解深密》《楞伽經》及《瑜伽論》《攝大乘論》《唯識論》等三性三無性義，一圓成實性，二依他起性，三遍計所執性。圓成實性，離相眞實。依他起性，非有似有。遍計所執性，情有理無，猶如龜毛兔角等物。汝引《大品經》等，或約圓成實性畢竟空理，佛說爲空，實非空也。或約遍計所執猶如空花，佛說無法。今說淨土等，教約依他起性，從因緣生法，非有似有，因果之義，萬法宛然。而子但見說圓成實性，無相之教，破遍計所執畢竟空無之文，遂不信說依他起性因緣之教法也。即是不信因果之人，說於諸法斷滅相者。故經文寧起我見如須彌山，不起空見如芥子許。斯言誠可誡也。

**懷感《釋淨土群疑論》卷一** 問曰：淨佛國土，離衆穢惡。一得往生，超絕生死。永離三惡道，無復五燒苦。皆是正定之聚，悉是阿鞞跋致。《無量壽經》言，次如泥洹之道。若爾者，不可著相凡夫具衆罪業，心有所得而得往生。當須依諸大乘經文及《中》《百》等論，廣學無所得法，方可往生淨土。今乃勸人依《觀經》等，作十六觀寶樹池等及佛菩薩相好色身。或稱名號，存心住相，豈非是有所得心住著諸相成於病也。既是有病，未免輪迴，如何得生西方淨佛土也。

釋曰：若能觀一切諸法畢竟空寂，無能觀所觀，離諸分別及不分別。作此觀察，得生西方，咸爲上輩生也。如《觀經》中說，上品生等於第一義，心不驚動。此人臨命終時，阿彌陀佛與諸聖衆來迎行人。讚言：法子由汝解第一義諦，我來迎汝，即生西方無量壽國。然凡愚之人在俗紛擾，不能廣習諸大乘經，觀第一義諦，作無所得觀。或復淨持禁戒，孝養尊親。或修行十善，專稱念佛。雖有所得，亦是不可思議殊勝功德。皆得往生西方淨土。如經具説，但往生淨土行門非一，往生之人九品差別。豈得唯言無所得法而得往生，不信三福十六觀等往生淨土也。又有所得心通於三性，善不善業咸能感報。今三福等悉是善業，經言是三世諸佛善業正因。既是善業，寧容不感淨土之報。子今云何唯以無所得而得往生，有所得心不得生者，出何經教。既無聖典，何所依憑。今《觀經》等具明三福十六觀等，作此相業，説得往生。文義顯然，不可誹謗。寧容不依聖教，自率凡情。言有所得心不得生於淨土，以有所得心是善性有殊勝福，能滅娑婆重罪，得生西方淨土。如《地觀》等言，作是觀者，除八十億劫生死重罪，捨身他世，必生淨土，心得無疑。此豈不是作有相觀等生西方也。若不信如是等言教，便成不信受佛語輪，成就十惡輪罪也。又言，稱佛名故，於念念中滅八十億劫生死之罪，得生西方極樂世界。如此等經文，誠證非一，不可非廢衆多聖教。言不得生唯言學無所得而得往生也。以往生衆生有凡有聖，通小通大，有相無相，或定或散，利根鈍根，長時短時，多修少修，咸得往生，而有三輩九品差別。花開早晚有異，悟道遲速不同。故知往生既有品類差殊，修因亦有淺深各別。不可但言唯修無所得而得往生，有所得心不得生也。以往生者，非唯聖人，凡夫亦生也。又佛淨土，有理有事，有報有化。故修彼因有種種異，生理淨土修無相因，生事淨土修有相因，生報淨土修無漏因，生化淨土修有漏因。土既有本末，因亦有勝劣，故非無相一因得生一切淨土也。

**懷感《釋淨土群疑論》卷二**　問曰：準依《法華》《維摩經》等，此方即有淨土，何須遠求西方耶。

釋曰：雖有聖教言於此處即有淨土，同處同時不相障礙。然維摩足按地，雖現淨土，《法華經》中雖説常在靈鷲山及餘諸住處。而此二經盡於品末，竟無處勸往生其國。豈得以有淨言即云我生其國。細詳其義，恐理不然。

**懷感《釋淨土群疑論》卷六**　問曰：爲一切衆生求生淨土，悉得生耶，爲亦有不得生耶。若悉得生，衆生界無窮，何因極樂國土有終盡日，阿彌陁佛有涅槃時。又花聚菩薩及山海慧菩薩不應發願，若有一衆生生阿彌陁佛國未盡，若我先生者我終不取正覺。亦不得言衆生生盡我最後生也。若有不令生者，何因五逆十惡誹謗正法罪之極重而得往生。何有罪人更過此者不得生也。又經言亦令一切衆生得生淨土，不得生者，應非衆生。又大悲世尊慈心普遍，何因獨隔一數，而不令其生耶。無限大悲有不平等過也。

釋曰：此有二釋。一釋。一切衆生悉令得生，以佛大悲心無限量，等起慈心，咸與利益，弘誓大願，不簡怨親，故一切有情無不生也。若爾，前所設難復云何通。答：雖盡令生而衆生志願種種差別，或不信正法，或樂著小乘，或愛處穢方，或大悲拔苦，住茲穢土，拯救含生。或樂往生佗餘佛國修行供養。如是種種異行異心，不可並令俱生極樂。雖並得生無盡生者，譬如一切衆生皆有佛性，雖當成佛，未必盡成。如也盡成，衆生界盡。此亦如是，前義不妨且觀一類樂生西方機緣略盡，菩薩發願如來滅度也。二釋。亦有不令生西方者，如經説言，應度者皆已度訖。又言，化緣既盡遷神涅槃。以此準知，約有緣説，不據一切衆生總論，雖佛廣大心盡衆生界，然其受化唯度有緣，故往生有終盡之機，如來有滅度之日。菩薩致最後往，觀音成補處之位也。故此往生之徒，非遍一切者也。

**懷感《釋淨土群疑論》卷六**　問曰：既言淨土無女人。如何《鼓音聲王陁羅尼經》説，阿彌陁佛其國號曰清泰，聖王所住其城，縱廣十千由旬。於中充滿剎利之種，父名月上轉輪聖王，其母名曰殊勝妙顏，子名月明，奉事弟子名無垢稱，智慧弟子名曰攬光，神足精勤名曰大化，魔王名曰無勝，提婆達多名曰寂意。若無女人，如何有母耶。

釋曰：今爲三釋。一釋云：佛有受用身變化身。《觀經》説者，是受用身。《鼓音聲王經》説者，是變化身也。又受用身中化分段生死，諸位菩薩現胎生身，有父母等。化變易位，現化生身，便無父母。二釋云：此父母城邑等並是諸功德法。如《維摩經》説，智度菩薩母，方便以爲父等。亦以諸功德作種種人名，説種種法。如文殊師利於覺城東遇善財童子，此覺城東還是功德名也。此亦如是，以諸功德爲父母等名也。言國清泰者，此顯如來最清淨法界也。性淨曰清，體寛稱泰。萬德依止，故言國也。其城縱廣十千由旬者，此顯如來大圓鏡智也。其智具含十智，能有十力。因十度成故，名十千由旬也。於中充滿剎利種者，剎利種王種也。鏡智之中有於法王恆沙功德諸法種子，故言充滿剎利種也。父名月上者，此金剛三昧也。夫月以破闇爲能，三昧除惑爲用也。轉輪聖王者，夫金輪王尊諸粟散，金剛喻定勝餘三昧也。殊勝妙顔者，夫一身之中顔面第一，六度之内般若稱尊，般若殊勝爲大師之母也。子名月明者，佛喻於日，光明第一菩薩功德名之曰子，次稱月明也。奉事弟子名無垢稱者，此顯如來平等性智，常觀鏡智名爲奉事，不與惑俱號無垢稱。智慧弟子名攬光者，此顯如來妙觀察智。一切諸法無不明了，故曰攬光。神足弟子名大化者，此顯如來成所作智。起身語意種種變現，故名神足。此三智也，居鏡智之後名弟，從鏡智而生曰子也。魔王名無勝者，此顯如來大悲功德也。佛以大悲憐愍含識，常在生死拔苦有情。魔樂生死，故曰魔王。此大悲超二乘之悲上，故名無勝也。提婆達多名曰寂意者，煩惱喧動，惱亂行人，喻於調達。如來觀諸煩惱即是涅槃，故提婆達多名爲寂也。此乃約諸功德，以立父母等名，非是淨土之中阿彌陁佛別有胎生父母也。三釋云：如《悲華經》等說，諸佛成道於淨穢土，所現成道種種不同。或有菩薩，於彼國生修菩薩行，即於彼國成等正覺。世界不變，名號與劫亦無有異。或有菩薩，於彼國土生，即於彼國成等正覺。世界不變，名號與劫更別立稱。或有菩薩，於彼國生修菩薩行，即於彼國成等正覺。當成佛時，世界即變勝前世界，名號與劫悉皆改轉。如《觀音授記經》中具說。或有菩薩，於此世界生已，往他世界成等正覺。具如《悲華經》說，此並菩薩因中發願不同，故有如是差别。又如諸經中，或有菩薩，童子出家，成等正覺。或有菩薩，納妻生子，棄捨五欲，成等正覺。或有此世界生於中成道，有他世界生他世界成道。如《法華經》說，如龍女於此娑婆世界畜生道生，後往南方無垢世界，捨彼女身即成男子，成等正覺。又花光如來是於胎生，於淨土中成等正覺。故經言，佛爲王子時，棄國捨世榮，於最末後身出家成佛道。以此準知，花光佛於他世界受於胎生，於淨土中成等正覺。若非胎生，寧爲王子，棄國捨世榮也。今阿彌陁佛亦爾，於清泰國受彼胎生，於極樂國成等正覺也。

**宗曉《樂邦文類》卷二** 如是我聞：西方有佛名阿彌陁，一名無量光，一名無量壽。又有觀音勢至二菩薩，助佛揚化。皆以大願力，濟度諸衆生。其國以七寶莊嚴，清淨自然，無諸雜穢，故名淨土。其人皆蓮華化生，壽命無量，衣食受用，隨念而至。更無諸苦，亦無輪轉故，又名極樂世界。以此返觀我等見今所受之身所處之世，較彼國土，淨穢壽量苦樂生死，豈止天地之相遠耶。而昧者不知，或知而不信，自作障礙，顛倒執迷，不思解脱，捨此生彼，豈不哀哉。故我今者勸諸有緣，結此蓮社，假使難知難辨，猶當勉力精勤。况佛號甚易持，淨土甚易往。八萬四千法門，無如是之捷徑。但能輟清晨俛仰之暇，遂可爲永劫不壞之資。是則用力甚微，而收功乃無有盡。衆生亦何苦自棄而不爲乎。噫！夢幻非眞，壽夭難保。呼吸之頃，即是來生。一失人身，萬劫不復。此時不悟，佛如衆生何。願深念於無常，勿徒貽於後悔。

**王龍舒《淨土全書》卷上** 經言：西方淨土以七寶莊嚴，常清淨自然，無一切穢雜，故名淨土。其人皆蓮華中生，長生不老。其景序常春，無復寒暑。大受快樂，無一切苦惱，故名極樂世界。其佛梵語，名阿彌陁者。此云無量，以我佛光明，照見十方世界，無有限量。凡念佛衆生，無不知之故。又名無量光佛，我佛壽命，與其國中人民壽命，皆無有限量，雖恒河沙劫，亦無有盡故。又名無量壽佛，我佛有大誓願（誓願見後）度人，其威神不可思議故。至心信向念其名號者，西方七寶池中，即生蓮華一朵。他日於其中託生，直脱輪迴之外。更得阿鞞跋致（華言不退轉）。《彌陁經》云：極樂國土，七重欄楯，七重羅網，七重行樹，皆是四寶周帀圍繞。又有七寶池，八功德水，充滿其中。池底純以金沙布地。四邊階道，金銀琉璃玻瓈合成。上有樓閣，亦以金、銀、琉璃、玻瓈、硨磲、赤珠、碼碯，而嚴飾之。池中蓮華，大如車輪，青色青光，黄色黄光，赤色赤光，白色白光，微妙香潔。又常作天樂，黄金爲地。晝夜六時，雨天曼陁羅華。又有種種奇妙雜色之鳥，白鶴孔雀，鸚鵡舍利，迦陵頻伽，共命之鳥。是諸衆鳥，晝夜六時，出和雅音。其音演暢五根五力，七菩提分，八聖道分。如是等法，其土衆生，聞是音已，皆悉念佛念法念僧。是諸衆鳥，非罪報所生，皆是阿彌陁佛欲令法音宣流，變化所作。又微風吹動諸寶行樹，及寶羅網，出微妙音。譬如百千種樂同時俱作。聞是音者，自然皆生念佛念法念僧之心。

**王日休《龍舒增廣淨土文》卷二** 統言大藏，不止有十餘經言西方淨土事，其大略謂：彼處以七寶莊嚴，無地獄餓鬼禽畜以至蜎飛蠕動之類，常清淨自然，無一切穢雜，故名淨土。其人皆蓮華中生，長生不老。衣食宅宇，隨意化成。其景序長春，無復寒暑。大受快樂，無一切苦惱。故名極樂世界。其佛名阿彌陀者，梵語也，此云無量。以此佛光明照見十方三界，無有限量，凡念佛衆生無不知之，故人名無量光佛。此佛壽命與其國中人民壽命皆無有限量，雖恆河沙劫亦無有盡，故又名無量壽佛。此佛有大誓願度人，其威神不可思議。故至心信向念其名號者，現世必消除災難，禳卻冤鬼，安靜形神，增迎福壽。西方七寶池中則生蓮花一朵，他日於其中託生，直脱輪迴之外。若此者，皆有事跡，非虛言也。其説甚易行。盡大藏中八萬四千法門，無如此之要捷者。而人或不知，可痛惜或。知而不行，尤可痛惜也。

**仁潮《法界安立圖》卷下之上** 西方淨土。何名淨土。世界皎潔，目之爲淨。即淨所居，名之爲土。《攝論》云，所居之土，無有五濁，如頗梨等，名清淨土。《對法論》云，無煩惱衆生住處名爲淨土，十方國土雖復清淨，惟西方極樂世界最爲殊勝故。

《阿彌陀經》云，從是西方過十萬億佛土（大本百萬），有世界名爲極樂。彼土何故名爲極樂。其國衆生無有衆苦，但受諸樂，故名極樂。（大本云，有自然清淨之音、自然快樂之事）。

**仁潮《法界安立圖》卷下之上** 東方淨土。《佛功德經》云：東方去此，過四兢伽河沙佛土，有世界名曰無勝，佛號善，名稱吉祥王如來，亦是寶嚴之土蓮華化生。次東方過五兢伽沙佛土，有世界名曰妙寶，佛號寶月智嚴光音自在王如來。次東方過六兢伽沙佛土，有世界名曰圓滿香積，佛號金色寶光妙行成就王如來。次東方過七兢伽沙佛土，有世界曰名無憂，佛號無憂最勝吉祥王如來。次東方過八兢伽沙佛土，有世界名曰法幢，佛號法海雷音王如來。次東方過九兢伽沙佛土，有世界名曰善住寶海，佛號法海勝慧遊戲神通王如來。東方去此過十兢伽沙佛土，有世界名淨瑠璃，佛號藥師瑠璃光王如來。如是諸佛世界，皆如西方極樂世界功德莊嚴，等無差別。（兢伽，或恆河，此河濶四十里，沙細如麵，一沙計一佛刹，計盡一河之沙，名一恆河沙佛刹）。

**袁宏道《西方合論》卷之一** 夫一眞法界，身土交參，十佛刹海，淨穢無別。秖因衆生行業有殊，諸佛化現亦異，或權或實、或偏或圓、或暫或常、或漸或頓，一月千江，波波具涵淨月。萬燈一室，光光各顯全燈。理即一諦，相有千差。若非廣引靈文，衆生何所取則。爰約諸教，略敘十門。一、毘盧遮那淨土。二、惟心淨土。三、恆眞淨土。四、變現淨土。五、寄報淨土。六、分身淨土。七、依他淨土。八、諸方淨土。九、一心四種淨土。十、攝受十方一切有情不可思議淨土。

一、毘盧遮那淨土者，即諸佛本報國土。十蓮華藏世界海，一一蓮華藏最下世界，皆有十佛世界微塵數廣大刹，清淨莊嚴。一一廣大刹，復有十佛世界微塵數諸小刹圍遶，倍倍增廣。一一華藏世界，皆滿虛空，互相徹入，淨穢總含，重重無盡。如法而論，一草一木、一毛一塵，各各皆具此無盡法界，佛及衆生，無二無別。

或曰：此是衆生實報莊嚴，不同權敎，推淨土於他方，是爲實敎。或曰：衆生雖具此實報，爭奈眞如無性，不能自證。漫漫長夜，無見日期，波波劫海，無到岸期。雖云地獄起妙覺之心，佛果現泥犁之界，其如眼前鑊床銅柱何哉。辟之餓鬼，渴死於海邊！貧人數錢於金窟，秖見其虛，何名爲實。若非假之方便，由權入實，衆生豈有證毘盧之日也。

答曰：若約諸佛化儀則可，實相土中無此戲論。夫毘盧遮那，此云遍一切處。遍一切處，即無量壽。表義豈有勝劣。秖因如來爲一分取相凡夫故，説有阿彌陀，在於西方。亦如《大雲經》中，阿彌陀佛告一菩薩言，有釋迦在於娑婆世界也。未當釋迦爲生，則釋迦遍一切，而阿彌陀爲所遍之一處。當阿彌爲主，則阿彌遍一切，而釋迦牟尼爲所遍之一處。如一人之身，當自自時，不妨爲一切人之他。當他他時，不妨爲一切人之自。以是義故，自他不成。自他不成，即自亦遍一切處，他亦遍一切處，豈定有他方可執。是故西方毘盧，非自他故。何以故。毘盧無不遍故。若言權、言方便，即有不遍，有不遍者，毘盧之義不成。

二、惟心淨土者，直下自證，當體無心，即是淨土。如《維摩經》云：寶積當知，直心是菩薩淨土；菩薩成佛時，不諂衆生，來生其國。深心是菩薩淨土，菩薩成佛時，具足功德衆生，來生其國。大乘心是菩薩淨土，菩薩成佛時，大乘衆生，來生其國。經文繁多，不能廣引，大約謂欲得淨土，當淨其心，隨其心淨，則佛土淨。夫心是即土之心，土是即心之土，心淨土淨，法爾如故。此語豈非西方註腳。多有執心之士卑此法門，以爲單接鈍根者，由於心外見土故也。夫念即是心，念佛豈非心淨。心本含土，蓮邦豈在心外。故知，約相非乖惟心；稱心實礙普度矣！

三、恆眞淨土者，即靈山會上所指淨土，引三乘中權教菩薩，令知此土，即穢恆淨，諸眾信而未見。夫穢性本寂，俗相恆空。本寂故，菩薩居穢常寂。恆空故，菩薩入俗常空，正顯淨義。但以眾生執海難清，識繩易縛。言業本空，則恣情作業。言行無體，即肆意冥行。犯永嘉之所呵，墮善星之所墜。以至生遭王難，死爲魔眷者，往往而是。嗟夫！使盡大地皆菩薩，則斯言誠爲利益。天下之菩薩少而凡夫多，則斯言之利天下也少，而害天下多矣！

四、變現淨土者，如《法華經》三變淨土，移諸人天置於他方。《維摩經》世尊以足指按地，即時三千大千世界，若百千珍寶嚴飾。此是如來暫令顯現，亦是法爾。然智如鶖子，尚且如盲，劣根眾生，無緣復見。且人天置諸方外，全無接引之緣，神力暫現還無，詎是恆常之土。豈若安養淨邦，塵劫常住，阿彌慈父，十惡不遺者哉！國土勝劣，居然可知。

五、寄報淨土者，如摩醯首羅天，如來於彼成等正覺，此爲實報淨土。《起信論》云：菩薩功德成滿，於色究竟處，示一切世間最高大身。謂以一念相應慧，無明頓盡，名一切種智。自然有不思議業，能現十方，利益眾生。藏和尚云：何故受用報身在此天者。以寄報十王，顯別十地。第十地寄當此天王，即於彼身示成菩提。然彼天雖云無漏，未若蓮邦直出三界。何以故。在色究竟故。

六、分身淨土者，如《涅槃經》佛答高貴德王云：善男子，西方去此娑婆世界，度三十二恆河沙佛土，有世界名曰無勝，猶如西極樂世界，我於彼土出現於世。爲化眾生故，於此世界現轉法輪。又《央崛經》佛謂央崛曰：我住無生際，而汝不覺知。央崛云：若住無生際，何以生於此土。佛云：東方有佛，汝往問之。央崛往問，彼佛答言：釋迦者，即是我身。大意謂彼淨土是佛實報，此是分身。雖彰一佛之報境，未具攝化之義。佛分上即有，眾生分上即無，未爲殊勝。

七、依他淨土者，如《梵網經》云：我今盧舍那，方坐蓮華臺，周匝千花上，復現千釋迦，一花百億國，一國一釋迦。等者，以初地化百佛剎，則有百葉之花。二地化千佛剎，故花有千葉。若至三地應見萬葉。四地億葉，次第倍增。爲是依他受用身，分示報境，入地乃見；非如蓮池會上，十念眾生，頓見淨佛國土故。

八、諸方淨土者，如東方藥師佛、南方日月燈佛、上方香積佛，佛佛各有淨土。諸經所迷不可具載，皆是諸佛實報莊嚴。經中或有以佛神力，暫令顯現；或諸大菩薩，詣彼供養，緣彼佛未言攝生故，諸眾生亦無緣生彼。即如妙喜世界，釋迦雖記有往生者，未聞無動有普引之言。且其國有鐵圍須彌諸山，及鬼神婦女，當知嚴淨不如安養也。又如藥師如來以十二大願，度諸有情，經中亦言有信心者，應當來生，稽彼願力，多是解脫一切憂苦，究竟安樂。未若阿彌如來，純以念佛，攝一切人往生彼土。

九、一心四種淨土者，一曰凡聖同居土，二曰方便有餘土，三曰實報無障礙土，四曰常寂光土。一、凡聖同居土者，自分二類，初同居穢土，次同居淨土。穢土之中，凡居、聖居各二。凡居二者：一惡眾生，即四趣也。二善眾生，即人天也。聖居二者：一實聖，即四果辟支、通教六地、別十住、圓十信，後心通惑雖盡，報身猶在，皆名實也。二權聖，謂方便、實報、寂光土中法身菩薩及妙覺佛，爲利有緣應生同居，皆是權也。是等與四趣共住，故名穢土。次同居淨土者，如極樂中有眾生，妙喜國中，有鐵圍男女之類。以無四惡趣，故名淨土。余按同居穢土之中，既有諸聖，亦可名同居淨土。如娑婆世界，在華藏世界第十三重，亦云華藏也。二、方便有餘土者，二乘、三種菩薩，破見思惑，證方便道，塵沙別惑無明未斷，捨分段身，而生界外，名曰有餘。故《釋論》云：出三界外有淨土，聲聞辟支佛出生其中，受法性身，非分段也。三、實報無障礙土者，無有二乘，純諸法身菩薩所居。盡塵沙惑，分破無明，得眞實果。而無明未盡，潤無漏業，受法性報身，亦名果報國。故《仁王經》云三賢十聖住果報。以觀實相發眞無漏，感報殊勝，七寶莊嚴，且淨妙五塵，故名爲實。色心不二，毛剎相容，故名無障礙。《華嚴》明因陀羅網世界是也。四、常寂光土者，妙覺極智所照如如法界，名之爲國，亦名法性土。但一眞如佛性，非身非土，而說身土，離身無土，離土無身，諸佛如來所遊居處。妙宗曰：經論中言寂光無相，乃是已盡染礙之相，非如大虛空無一物。良由三惑究竟淸淨，則依正色心，究竟明顯。《大經》曰：因滅是色，獲得常色，受想行識亦復如是。《仁王》稱爲法性五陰，是爲極果。然十方剎土，隨心異見，七寶砂礫，當處差別。故霅川曰：極樂國土，四土不同。何則。約人天二乘，即前二種土；約菩薩佛，即後二種土。故知六十萬億那由他恆河沙由旬等身，不妨更有丈六之身。華藏海會無邊佛土，不妨更有尼連河土。何以故。是法爾故，非是神力變現故。

十、攝受十方一切有情不可思議淨土者，即阿彌陀佛西方淨土。其中所有大功德海、大悲智海、大願力海，若具說者，假使盡十方世界諸佛菩薩、聲聞辟支、天人鬼畜，下至蜎飛蠕動，及一切無情，草木瓦礫、隣虛微塵之類，一一具無量口，口中一一具無量舌，舌中一一出無量音聲，常說、倍說、熾然說、無間說，經百億萬塵沙阿僧祇劫，亦不能盡。今且略釋：一、身土不思議義。二、性相不思議義。三、因果不思議義。四、往來不思議義。五、畢竟不可思議不思議義。

**德清《憨山老人夢遊集》卷一〇** 一問淨土法門，爲何而設。因佛設三乘之法，要人修行，不是一生可以成就。恐落生死苦海，難頓出離。若要參禪，可一生了悟，得出生死。又因妄想紛紛，習氣深厚，不能參究。若若未悟明此心，不免輪迴。故別設西方淨土一門。此不論上中下根，及貧富貴賤，但肯依而修之，一生可以成就。所謂惟有徑路修行，但念阿彌陀佛，更無巧妙。何以如此，以我今現住世界，名爲娑婆，乃極苦之處。謂生苦、老苦、病苦、死苦，乃至求不得苦，冤家聚會，種種諸苦，說不能盡。雖是王侯將相，富貴受用，種種樂事，都是苦因。以此極苦，難得出離，故說西方淨土，名爲極樂世界。以此國中，但受諸樂，故名極樂。以彼佛國絕無穢污，故名淨土。無有女人，蓮華化生，故無生苦。壽命無極，故無老死苦。衣食自然，故無求不得苦。諸上善人，俱會一處，故無冤家聚會之苦。以彼國土，七寶莊嚴，故無瓦礫荊棘便利不淨。種種清淨，全不同此世界。《彌陀經》中所說，一一皆是實事。今一切人，求生彼國者，更無別法。但一心念佛，以爲正行，日日回向。又心想蓮華，身坐其中，故臨命終時，即見阿彌陀佛放光接引，見大蓮華湧現在前，見自己身坐於花上，一念往生，既生彼國。從此永不復墮生死苦趣，名不退地菩薩。此便一生修行結果，後世下落，如此分明。除此之外，別說臨終有甚境界，皆是邪說。若不念佛，及臨命終時，隨造惡業惡境現前，悔之晚矣。此是最省要直捷修行法門，是佛別設接引方便也。

一修淨土，不必求悟明心性，專以念佛觀想爲正行。又以布施齋僧，修諸福田功德，以爲莊嚴佛土之助。其念佛心中，雖發願往生，然必要知先斷生死之根，方有速效。如何是生死之根，即今貪著世間，種種受用，及美色淫聲，滋味口體，一切皆是苦本。及一切瞋怒忿恨之心，及執著癡愛之心，與一切邪魔外道，邪師所說，邪教之法。即如今一類邪人，妄稱圓頓達磨等教，及妄立南陽淨空無爲等教，歸家等偈，一一皆是近代邪人，望空捏作。此等言語，惑亂世人之法，俱要盡情吐卻。乃至全真，採取陰陽等術，內丹外丹之說，都是邪法，皆不可信。單單只是篤信念佛一門。每日誦《彌陀經》兩卷，念佛若干，或不計數。只是心心不忘佛號，即此便是話頭，就是性命根宗，更不必問如何是性命。當人本來面目，及三魂七魄元辰之說，者些全是在血肉軀上，妄認妄指之談，俱無下落。若問在生怎麼樣，沒後怎麼樣。在生造惡的，沒時惡境現前。在生念佛求淨土的，沒時淨土佛境現前。以遂我所求，乃是好事。若不是所求善心中來，都是邪魔之事。決不可錯信，誤了百劫千生也。但看《楞嚴經》中，說的分明。若說有相皆妄，此言是參禪門中的話。單單只求清淨眞心，不容一物，故說有相皆妄。以念佛淨土，原是想心成就。經云，想澂成國土。以參禪要斷妄想心最難，故今以淨想換去染想耳。其蓮華現前，正是觀想成就。又何以妄相推之，修行各有門路不同，不可一槩論也。已上所答，皆依佛祖經教中一一考正，不比妄談。若參禪，則以明心見性爲主。若念佛，求生淨土一門，不必明心見性，單單只是念佛。佛者，覺也。若念念不忘佛，即念念明覺。自心若忘了佛，便是不覺。若念至夢中能念，即是常覺不昧。現在若此心不昧，則臨終時，此心不昧。即此心不昧處，便是下落。賢王如今國事萬機，決不能參禪，惟有念佛最好。不拘閑忙動靜，一切處都念得。只是一心不忘，更無別巧法。

**張師誠《徑中徑又徑》卷一** 龍舒淨土文曰：統言大藏，不止有十餘經言西方淨土事。其大略謂，彼處以七寶莊嚴，無地獄餓鬼禽畜，以至蜎飛蠕動之類，常清淨自然，無一切穢雜，故名淨土。其人皆蓮華中生，長生不老。衣食宅宇，隨意化成。其景序長春，無復寒暑。大受快樂，無一切苦惱，故名極樂世界。其佛名阿彌陀者，梵語也。此云無量，以此佛光明，照見十方世界，無有限量。凡念佛衆生，無不知之。故又名無量光佛。此佛壽命，與其國中人民壽命，皆無有限量。雖恆河沙劫，亦無有盡。故又名無量壽佛，此佛有大誓願度人，其威神不可思議。故至心信向，念其名號者，現世必消除災難，禳卻冤鬼，安靜形神，增延福壽。西方七寶池中則生蓮華一朵，他日於其中託生，直脫輪迴之外。若此者，皆有事跡，非虛言也。其說甚易行，盡大藏中八萬四千法門，無如此之要捷者。而人或不知，可痛惜哉。知而不行，尤可痛惜也。

## 佛土

**慧遠《大乘義章》卷一九**　佛世界者：世謂世間國土境界，盛眾生處名器世間。界是界別。佛所居處，異於餘人，故名界別。又佛隨化住處各異，亦名界別。約佛辨界，名佛世界。言佛國者，攝人之所，目之爲國。約佛辨國，故名佛國。言佛土者，安身之處，號之爲土。約佛辨土，名爲佛土。若論其國，王領者有，不王者無。土即不爾，有身皆有。剎之與界，其義則通。此無雜穢，故悉名淨剎性海蓮花須彌。諸如是等，寬狹別稱。問曰，國土眾生共俱，何故偏名佛國土乎。今明佛土不說餘故，又佛是主故名佛土。名義如是。

**吉藏《維摩經義疏》卷二**　總談佛土，凡有五種。一淨，二不淨，三不淨淨，四淨不淨，五雜土。所言淨者，菩薩以善法化眾生，眾生具受善法，同搆善緣，得純淨土。言不淨者，若眾生造惡緣，感穢土也。淨不淨者，初是淨土，此眾緣盡，後惡眾來，則土變成不淨也。不淨淨者，不淨緣盡，後淨眾來，則土變成淨。如彌勒興之也。言雜土者，眾生具起善惡二業，故感淨穢雜土。此五皆是眾生自業所起，應名眾生土。但佛有生化之功，故名佛土。然報土既五，應土亦然。報據眾生業感，應就如來所現，故合有十土。就淨土中，更開四位。一凡聖同居土，如彌勒出時，凡聖共在淨土內住。亦西方九品往生爲凡，復有三乘賢聖也。二大小同住土，謂羅漢辟支，及大力菩薩，捨三界分段身，生界外淨土中也。三獨菩薩所住土，謂菩薩道過二乘，居土亦異。如香積世界，無二乘名。亦如七寶世界，純諸菩薩。四諸佛獨居土，如仁王云，三賢十聖住果報，唯佛一人居淨土。諸淨土住，不出此四。即是從劣至勝爲次第，並有文證也。問：以何爲土體。答：土體有三。一橫論其體有五，謂化處淨，化主淨，教門淨，徒眾淨，時節淨，無力兵等。二若就三世間作明國土世間，則以七珍爲體。三者竪論義，望道而言，土以不土爲體。要由不二，方得有土。即是以有空義故，一切法得成也。就文爲二，初明修淨土意，次正答淨土因果。所以開此二者，夫有所說，必須前序來意，然後方得訓其問耳。來意有二，初明取報土意，次明取應土意。取土之意，唯此二也。眾生之類是菩薩佛土者，此標取土意也。菩薩取土，由大悲起。大悲由眾生起，眾生是取土之緣。緣中說果，故言眾生之類是菩薩佛土。緣中說果者，如人言食金，金不可食，因金得食，故言食金。又眾生是菩薩佛土者下，佛自釋之。所以者何，菩薩隨所化眾生而取佛土。釋上義也。疑者云，土是已報，云何乃說他眾生類爲我佛土。是故釋云，菩薩取土，本爲眾生，因眾生故，詺眾生以爲佛土。隨所化眾生而取佛土者，此明生善義也。隨以何法化於眾生，若施若戒，各隨彼所行，來生其國。若因持戒，則其地平生。若因行施，則七珍具足。略舉二法，餘皆類然。又云，隨所化眾生之多少，取佛土是闊狹也。是以佛土或如四天下，或以三千，或以恆沙爲一國也。什公亦有此意。今謂具含二義，一隨生善之淺深，二隨人之多少也。隨所調伏眾生而取佛土，前句明生善之淺深，此文滅惡之多少，故取佛土之精麤也。隨諸眾生應以何國入佛智慧而取佛土，隨諸眾生應以何國起菩薩根而取佛土。前之兩句，明取報土意。今亦二句，明取應土意。應以何國者，若應見淨土以得悟故，示之以寶玉。若應見穢國以受道故，現之以土沙。入佛慧者，依肇公，七地所得無生慧也。故《大品》云，七地名佛眼地。起菩薩根者，六住已下菩提心也。有人言，初地得於眞解，生在佛家，爲入佛慧。此心乃至十信，爲菩薩根。有人言，隨所化眾生，化外凡夫，令生信解。隨所調伏，教內凡夫令修起眾行。此二句，化地前人取佛土也。今文二句，化登地已上，入佛智慧。謂入佛果，起菩薩根，正辨修因。此之四句，攝所爲之緣，始自外凡，終起佛果。但明取佛土意，不判報應不同也。所以者何，菩薩取於淨國，皆爲饒益諸眾生故。釋上取土意，就文爲三，謂法、譬、合。此法說也。應有問發起云，菩薩成佛，得土自安，何故偏言爲眾生耶。所以者何，即答問也。夫法身無像，豈有土耶。而今取淨國者，皆爲益物耳。譬如有人欲於空地造立宮室，隨意無礙，若於虛空終不能成。此譬說也。應有疑云，觀空之慧，能治感染，可得淨土。爲衆生是取有之心，云何能得淨土。是故舉譬之。夫造立宮室，要須二，一者虛空，二者依地，宮室始成。菩薩空心，依衆生地，方得淨土。若但空無有地者，室終不成。二乘但修空觀，不爲衆生，故無淨土。菩薩如是爲成就衆生故，願取佛國。願取佛國者，非於空也。此合譬也。寶積當知直心是菩薩淨土。自上已來，明取土意竟。從此已後，正答淨土因果問也。又上明菩薩爲衆生取佛土，是大悲門。今明淨土因果，是修行門也。又上願門，今是行門。願門者，故文云，願取佛土。今正明修行。又上明衆生是佛土，緣中說果。今直心是佛土，因中說果。凡有七章。如去章中釋之，就文爲二。初正明淨土因果，第二釋疑。前章又兩，初明行體，初辨修行次第。初有十七句文，一一句內具訓因果二問。前舉因答其因問，次舉果訓其果問。前明衆生之類是菩薩佛土，就緣說果名。直心是淨土因，即因說果名。所以就因之與緣明淨土者。夫取淨土，要具二義。一者要先起大悲爲衆生，二由菩薩修直心等行。具此二條，方得佛土。是以前文就緣說果，此章就因說果。直心者，凡夫滯有，二乘偏滯空，並爲邪曲，菩薩行正觀，名正直心。此心爲衆生之本，淨土之基，故命初說也。菩薩成佛時，不諂衆生來生其國。上明直心，訓淨土因問。此答淨土果問。寶積前問果，後問因。據說問也。前答因，後答果，謂修行次第也。菩薩成佛時，此句答上願聞得佛之言也。不諂衆生來生其國，此答上國土清淨也。

**胡吉藏《維摩經義疏》卷二**　隨成就衆生則佛土淨。衆生既淨，則無穢土。隨佛土淨則說法淨。既處淨土，則不說雜教，名說法淨。隨說法淨則智慧淨。既有淨說，則有法智慧生。隨智慧淨則其心淨。淨智既生，則心淨也。智慧之本，則是其心，故云心淨。隨其心淨則一切功德淨。心淨是本，以本淨故，一切淨也。是故寶積，若菩薩欲得淨土，當淨其心，隨其心淨則佛土淨。上來雖明衆行爲淨土因果，原其大歸，則心爲其本。故《地經》云，三界五道，皆由心作，故欲得淨土，宜淨其心。

問：隨其直心，終訖一切功德淨。可約位明不。答：略擬宜之。外凡初起十信，名爲直心。既有信心，則應修行。故內凡夫，名爲發行。初地已上，修治地業，名爲深心。二地持戒防惡，名爲調伏。三地依聞修定，名如說行。四地至六地，修於順忍。趣向無生，名爲迴向。七地習於十方便故，能成就衆生。八地修淨佛國土，名佛土淨。九地辨才，爲人說法，名說法淨。十地成就智波羅蜜，名智慧淨。等覺地，即金剛心，名爲心淨妙覺地。行願既圓，故一切功德淨。爾時，舍利弗承佛威神，作是念，若菩薩心淨，則佛土淨者，我世尊本爲菩薩時，意豈不淨，而是佛土不淨若此。此下第二，次明釋疑。就文爲二，初明生疑，次辨釋疑。初文三句，一生疑所由，二生疑之處，三正生疑。承佛聖旨者，此辨生疑之所由也。然淨佛國土，成就衆生，蓋是大士法門，本非小乘之事。但今欲明佛土常淨，善惡出自兩緣，故以威神發其疑念，以生言論之端也。若菩薩心淨者，此騰上文，辨生疑處也。我世尊下，正生疑也。以土徵心，用心決定土。在土既穢，心不應淨。在心既淨，則土非穢也。猶預不決，所以成疑。佛知其念，即告之言，於意云何，日月豈不淨耶，而盲者不見，對日不也。世尊！是盲者過，非日月咎。舍利弗！衆生罪故，不見如來佛國嚴淨，非如來咎。此下第二釋疑也。就文爲三，一佛自釋，二梵王助通，三佛重釋。佛爲化主，故前釋之。佛雖說淨土，若無人證見，猶爲難信。故次梵王釋明有能見之人，證佛不虛。梵王雖見，身子不覩，猶謂有言無事。故如來變土，成上佛說及梵王所見。又初番說淨得聞知，次梵王覩淨，生其信解。三隱穢現淨，令其證見，則悟入云次第也。

問：日月常淨，盲者不見。是盲人過，非日月咎。合喻應云，土實清淨，而汝不見，是汝等咎，非是土咎。何故云非佛咎耶。答：土因土果，普屬於佛，故云非佛咎也。問：佛無何等咎耶。答：佛因無不淨咎，果無穢土咎。又身子疑佛，謂心不淨，故土不淨，所以云佛咎。舍利弗！我此土淨而汝不見。向明不淨，屬身子。今明淨，則歸佛，故云我也。而云此土者，身子向見此土不淨，言佛別有淨土在於他方。而身子不見，故今明此土淨也。爾時螺髻梵王語舍利弗，勿作是意，謂此佛土以爲不淨。所以者何，我見釋迦牟尼佛土清淨，譬如自在天宮。此第二梵王證釋，就文爲三，一呵身子而自陳所見，二身子述己所見以答梵王，三梵王斷其得失。言自在天宮者，有人言，是欲界他化自在天宮，故《無量壽經》云，其寶猶如第六天寶。有人言，是色界大自在天宮。有人言，是初禪之上，即中間禪自在天宮。以大梵王統領千世界，於千世界住中間禪自在，名自在天宮。問：何故但言自在天宮。答：然佛土眞淨，超絕人天。身子在人，而見爲人土。梵王居天，而見爲天宮。蓋是齊其所見，而爲言耳。舍利弗言，我見此土丘陵坑坎荊棘沙礫土石諸山穢惡充滿。此下第二身子自陳所見，以答梵王。所以自陳所見者，欲顯二乘是罪垢之人。以小心之流，令欣大道也。螺髻梵王言，仁者心有高下，不依佛慧，故見此土爲不淨耳。舍利弗！菩薩於一切衆生悉皆平等，深心清淨，依佛智慧，則能見此佛土清淨。第三梵王判其得失，萬事萬形，皆由心起。二乘心既不淨，故見土不淨。大士得於淨觀故，則見土清淨。然總論得失，凡有四門。一者二人俱得，身子得穢方便，梵王得淨方便。二者二人俱失，身子偏執穢失淨，梵王偏執淨失穢。三身子失梵王得，符合淨土教門。四身子得梵王失，有時須現穢土，不宜現淨。於是佛以足指案地，即時三千大千世界，若干百千珍寶嚴飾，譬如寶莊嚴，佛無量功德寶莊嚴土，一切大衆歎未曾有，而皆自見坐寶蓮華。此第三佛顯淨重答。就文爲二，初明實淨，次辨悟道。什公云，淨穢二土，同處而不相礙。今隱穢而現淨，以證佛語不虛。梵王見實，又顯二乘爲生盲，彰凡夫是罪垢。佛告舍利弗，汝且覩是佛土嚴淨。舍利弗言：唯然，世尊！本所不見，本所不聞，今佛國土嚴淨悉現。佛告舍利弗，我佛國土常淨若此，爲欲度斯下劣人，故示是衆惡不淨土耳。我此土常淨者，爲欲釋疑，故有此章。時衆疑云，土本非淨，今始變成淨耳，則知見穢實。是故釋云，我此國土，本來常淨，非始變成淨也。時衆復疑，如其常淨，何故常不現淨土而處穢耶。故復釋云，爲欲度斯下劣人故，示是衆惡不淨土耶。然穢土有二，一報，二應。據報土答者，自佛而言，是故常淨，爲度下劣，現居衆生不淨土耳。就應土答者，佛眞土常淨，爲度下劣，作不淨土耳。譬如諸天共寶器食，隨其福德，飯食有異。如是舍利弗，若人心淨，便見此土功德莊嚴。有此喻來者，上雖以事驗，而時衆未解。何因緣故實是淨土，而我等見穢。故舉此喻，重以曉之。始生天者，欲共試知其功德多少。要共一寶器，而食天飯。天飯極白，無白爲喻。其福多者，舉飯向口，飯色不異。若福少者，舉飯向口，飯色便異。依什公意，一器之内，有二種食，應二種衆生。如是一處有淨穢二土，應於二緣故，是異質同處，不相礙也。吉藏謂，什公此釋，於文不便。唯是一白飯，福德厚者則見其白，福德薄者則見其赤。合喻云，實是一淨土，菩薩依佛慧故則見土淨，二乘不依佛慧故見土不淨。不得云器内本有二飯。若本有二飯，何猶得試於天。

**湛然《維摩經略疏》卷一** 此名世界海，亦名世界無盡藏。別教初地入此世界，有七種淨義。一同體淨，如一即一切，一切即一。二自在淨，一切國土平等清淨。三莊嚴淨，一切佛土神通莊嚴。四受用淨，離一切惑成清淨道。五住處淨，大智衆生悉滿其處。六因淨，入佛土妙平等境界。七果淨，隨物所宜而爲示現。前五是體滿，有體相用。六是因圓。七是果滿。初住生彼悉成就此七淨義。問：出何經論。答：《仁王》云，三賢十聖住果報，當知即是果報爲土也。《法華》云，娑婆世界坦然平正，其諸菩薩咸處其中。《大論》云，法性身佛爲法身菩薩說法，其國無聲聞支佛之名。《華嚴》明因陁羅網世界，《攝大乘》明華王世界，皆明果報土無障礙相。四明寂光土者，妙覺極智所照如如法界之理，名之爲國。但大乘法性即是眞寂智性，不同二乘偏眞之理。故《涅槃》云，第一義空名爲智慧。此經云，若知無明性即是明。如此皆是常寂光義。不思議極智所居故云寂光，亦名法性土。但眞如佛性非身非土，而說身土。離身無土，離土無身。其名土者，一法二義。故《金剛般若論》云，智集唯識通，如是取淨土。非形第一體非莊嚴莊嚴。問，出何經論。答：《仁王》云，唯佛一人居淨土。此經云心淨則佛土淨，心淨之極極於佛也。《普賢觀》云，釋迦牟尼名毘盧遮那，遍一切處，其佛住處，名常寂光。問，經論散明可如向說，不見四土一處出之。答：經論度此，本自不多。尋讀之者，又不備悉。四土共出，何必無文。正如此經答長者子，即是其意。文云，隨所化衆生而取佛土，隨所調伏衆生而取佛土，隨諸衆生應以何國入佛智慧，隨諸衆生應以何國起菩薩根。若對四土，宛然相似。名目既異，佛意難量。在下對文，別當解釋。問，此經未明開權顯實，何得明二乘生有餘土。答：經云，佛以一音演說法，衆生隨類各得解。何妨二乘通教菩薩並得橫解，別圓兩教橫竪無礙。問，《華嚴》明十種佛土，此四攝盡以不。答：何但攝十，乃至有人言經明二十七品佛土，無量壽土止是第六。見文對四，攝無不盡。

**洪蓮《金剛經註解》卷之二** 《疏鈔》云：佛土者，佛之妙性也，衆生之眞心也。如是心土，還可以相好莊嚴不。又云不也者，即善現從理以答之。何故自心之土，不在莊嚴。何故爲性無相，體等虛空。如何莊嚴，何名莊嚴。答：六度萬行，布施戒定慧等，一切善法，皆是莊嚴。又云，若染斷常，即非淨土。經云，欲淨其土，先淨其心淨故，即淨土也。問，心云何淨。答，外不染六塵，內無我人，不著斷滅，故名淨土。

王日休曰，既曰菩薩，而言莊嚴佛土，何也。蓋一大世界，必有一佛設化。如此間大世界，乃釋迦佛設化之所。東方有大世界，乃不動佛設化之所是也。唯其一大世界，有一佛設化。故凡大世界，皆謂之佛土。而菩薩莊嚴者，蓋有菩薩於其佛土之中，作種種善事，以變易其世界。如阿彌陁佛，爲菩薩時，作無量善事。故其善緣福業，能變其世界。皆以黃金爲地，七寶爲樹林樓臺，是爲莊嚴也。佛於此又自問何以故者，謂何故菩薩言我當莊嚴清淨佛土者，爲非眞實語也。乃自答云，莊嚴佛土者，即非莊嚴，是名莊嚴者。爲眞性中，非有此莊嚴，故此莊嚴，但爲虛名而已，非是眞實。唯眞性爲眞實故也。陳雄曰，《維摩經》云，隨其心淨，則佛土淨。蓋此心清淨，便是莊嚴佛土，奚以外飾爲哉。七寶宮殿，五采棟宇，皆外飾也。此凡夫之所謂莊嚴，非菩薩之所謂莊嚴。欲知菩薩莊嚴，當於非莊嚴中求之，則萬行莊嚴，是乃所以名其爲莊嚴也。

李文會曰，莊嚴佛土者，謂造寺寫經，布施供養，此是著相莊嚴。若人心常清淨，不向外求，任運隨緣，一無所得，行住坐臥，與道相應，是名莊嚴佛土。龐婆看藏經，維那請迴向，婆於面前取梳子就腦後插去，迴向了也。此是無能所心。傳大士頌曰，莊嚴絕能所，無我亦無人，斷常俱不染，頴脫出囂塵。

## 穢土

**宗曉《樂邦文類》卷三**　穢土者，丘陵坑坎之高低，刀兵飢疫之苦惱。淨土者，寶池金地之莊嚴，法喜禪悅之安樂。

**如則《淨土或問》**　初同居穢土者，娑婆之類是也。居其中者有凡有聖，而凡聖各二。凡居二者，一者惡眾生即四趣也，二善眾生即人天也。

**袁宏道《西方合論》卷之一**　一心四種淨土者，一曰凡聖同居土，二曰方便有餘土，三曰實報無障礙土，四曰常寂光土。一、凡聖同居土者，自分二類，初同居穢土，次同居淨土。穢土之中，凡居聖居各二。凡居二者：一惡眾生即四趣也，二善眾生即人天也。聖居二者：一實聖，即四果辟支、通教六地、別十住、圓十信，後心通惑雖盡，報身猶在，皆名實聖。二權聖，謂方便、實報、寂光土中法身菩薩，及妙覺佛，爲利有緣應生同居，皆是權也。是等與四趣共住，故名穢土。次同居淨土者，如極樂中有眾生，妙喜國中，有鐵圍男女之類。以無四惡趣，故名淨土。余按同居穢土之中，既有諸聖，亦可名同居淨土。

**大佑《淨土指歸集》卷下**　吾佛爲示堪忍穢土，五濁八苦，荊棘泥沙，惡道充滿，壽命短促，而折伏之。令其有所厭惡也。彼佛爲示極樂淨土，七珍九品，寶地花池，清淨光明，壽量長遠，而攝受之。令其有所欣慕也。

**觀衡《紫竹林顓愚衡和尚語錄》卷四**　眾生不了六塵境界本自心光，妄生分別，憎愛取捨，於輪迴中自取生滅，故名穢土。是淨穢之名，但因眾生之念有分別無分別耳。眾生妄起分別，即淨土名穢土。眾生一念不生前後際斷，即穢土名淨土。是淨穢但轉其名而性無移異也。

# 因明分部

## 因明

**窺基《因明入正理論疏》卷上**　第一敘所因者。因明論者，源唯佛說，文廣義散，備在眾經。故《地持》云：菩薩求法，當於何求，當於一切五明處求。求因明者，爲破邪論，安立正道。劫初足目，創標眞似。爰暨世親，咸陳軌式。雖綱紀已列，而幽致未分。故使賓主對揚，猶疑立破之則。有陳那菩薩，是稱命世，賢劫千佛之一佛也。匿跡巖藪，棲慮等持，觀述作之利害，審文義之繁約。于時，崖谷震吼，雲霞變彩，山神捧菩薩足，高數百尺。唱云：佛說因明，玄妙難究，如來滅後，大義淪絕。今幸福智悠邈，深達聖旨，因明論道，願請重弘。菩薩乃放神光，照燭機感。時彼南印度，案達羅國王，見放光明，疑入金剛定，請證無學果。菩薩曰：入定觀察，將釋深經，心期大覺，非願小果。王言：無學果者，諸聖攸仰，請尊速證。菩薩撫之，欲遂王請。妙吉祥菩薩，因彈指警曰：何捨大心，方興小志。爲廣利益者，當傳慈氏所說《瑜伽論》，匡正頹綱，可制因明，重成規矩。陳那敬受指誨，奉以周旋。於是，覃思研精，作《因明正理門論》。正理者，諸法本眞之體義。門者，權衡照解之所由。商羯羅主，即其門人也。豈若蘇張之師鬼谷，獨擅縱橫，游夏之事宣尼，空聞禮樂而已。既而善窮三量，妙盡二因，啟以八門，通以兩益。考覈前哲，規模後顯，總括綱紀，以爲此論。大師行至北印度境迦濕彌羅國法救論師寺，逢大論師僧伽耶舍。此云眾稱，特善薩婆多，及因聲明論，創從考決，便曉玄猷。後於中印度境摩揭陁國，復遇尸羅跋陁菩薩等，重討幽微，更精厥趣。披枝葉而窮其根柢，尋波瀾而究其源穴。雖前修而桂梧，未烈我師之芳閑。旋踵弘揚，因訓初學，庶使對揚邪正，司南有軌，斯乃此論之因起也。

第二解題目者。梵云醯都費陁（次上二字並舌頭輕聲呼之）那耶鉢羅吠奢奢薩怛羅。醯都言因，費陁云明，那耶稱正理，鉢羅吠奢翻入，奢薩怛羅論也。唐云《因明正理入論》。今順此方言，稱《因明入正理論》。依此標名，合爲五釋。一云：明者，五明之通名。因者，一明之別稱。入正理者，此論之別目。因體有二，所謂生、了。二各有三，廣如下釋。今明此因義，故曰因明。所明者因，能明者教。因之明故，號曰因明。依主釋也。入者，達解。正理者，諸法本眞自性差別。時移解昧，旨多沈隱。餘雖解釋，邪而不中。今談眞法，故名正理。由明此二因，入解諸法之眞性，即正理之入，亦入正理之因明。並依主釋也。明體是教，因明即論，持業釋也。簡藏爲名，無重言失。二云：因明者，一明之都名。入正理者，此軸之別目。因謂立論者言。建本宗之鴻緒，明謂敵證者智。照義言之嘉由，非言無以顯宗。含智義而標因稱，非智無以洞妙。苞言義而舉明名，立破幽致，稱爲正理。智解融貫，名之爲入。由立論者立因等言，敵證智起，解立破義，明家因故，名曰因明。依主釋也。由言生智，達解法之幽致名入。正理之入，亦入正理之因明。並依主釋。三云：因者言生因，明者智了因。由言生故，未生之智得生。由智了故，未曉之義今曉。所曉宗稱正理，所生智名爲入。因與明異，俱是因名。正理入殊，咸爲果稱。由言生因故，敵者入解所宗。由智了明故，立者正理方顯。應云正理之入。入正理之因明，並依主釋也。立論雖假言生，方生敵論之智，必資智義始有言生。敵者雖假智了，方解所立之宗，必藉義言方有智了。故雖但標言生智了，即已兼說二了二生。攝法已周，略無餘也。四云：因明者，本佛經之名。正理者，陳那論之稱。陳那所造四十餘部，其中要最，《正理》爲先。入論者，天主敎之號。因謂智了，照解所宗。或即言生，淨成宗果。明謂明顯，因即是明，持業釋也。故《瑜伽論》第十五言：云何因明處。謂於觀察義中，諸所有事，所建立法名觀察義，能隨順法名諸所有事。諸所有事即是因明。爲因照明觀察義故，正理簡邪，即諸法本眞自性差別。陳那以外道等妄說浮騈，遂申趣解之由，名爲門論。天主以旨微詞奧，恐後學難窮，乃綜括紀綱，以爲此論。作因明之階漸，爲正理之源由，窮趣二敎，稱之爲入。故依梵語，《因明正理入論》，依主釋也。五言：因明正理，俱陳那本論之名。入論者，方是此論之稱。由達此論，故能入因明正理也。或因明者，即入論名。正理者，陳那敎稱。由此因明論，能入彼正理故。或因明者，能入所入論之通名。入正理者，能入所入論之別稱。由此因明能入論故，達解所入因明正理。或此應云，因即是明，正者即理，並持業釋。此五釋中，第一因之明，第二明之因，第三因與明異，第四因即是明，第五屬在何敎。正理亦五，一諸法眞性，二立破幽致，三所立義宗，四陳那本論，一一總通前四。由此一一別配，但爲五解。綺互釋之，合成二十五釋。恐文繁廣，故略不述。然依初解，敎亦因明。依後四釋，敎是彼具，亦名因明。論者，量也。議也，量定眞似。議詳立破，決擇性相，敎誡學徒，名之爲論。依後四釋，既是所詮，論者是敎，即因明入正理之論，依主釋也。欲令隨證，因生之明，而入正理，故說此論，如《中觀論》。或此辨說因明正理之能入，立此論名，如《十地經》。或依能入正理因明而說此論，如水陸花，故以爲號。商羯羅主菩薩造者，梵云商羯羅塞縛彌菩提薩埵訖栗底。商羯羅者，此云骨瑣。塞縛彌者，此云主。菩提薩埵，義如常釋。訖栗底者，造。唐音應云，骨瑣主菩薩造。外道有言，成劫之始，大自在天人間化導，二十四相，匡利既畢，自在歸天。事者顧戀，遂立其像，像其苦行，悴疲飢羸，骨節相連，形狀如瑣，故標此像名骨瑣天。劫初雖有千名，時減猶存十號，此骨瑣天即一名也。菩薩之親，少無子息，因從像乞，便誕異靈。用天爲尊，因自立號，以天爲主，名骨瑣主。即有財釋。此論是彼之所造也。

第三明妨難者。一問：何故不名宗明喻明，但稱因明。答：因有三相，名義寬故。又諸能立，皆名爲因，非唯一相。宗由此立，總名因明。二問：眞因眞明，可說因明。似因似明，應非因明。答：舉眞攝似，或已攝故，或兼明之，非正明故。三問：量立量破，可名因明。過破似破，應非因明。答：是因明類故，或似眞俱因明，名略已攝故。四問：立破有言智，可是因明。現比無智言，應非因明。答：見因亦明，見因證明，自證亦因，故皆因明。五問：智生智了，可名因明，二了二生非智，應因非是明。答：是明之因，或皆順照成宗義故。六問：因喻能立，可說因明。宗非能立，應非因明。答：由不決定，故所立非。從定爲名，故無有失。又能因能明，正是因明。所因所明，兼亦因明。又今者所立唯宗，能立雖唯因喻，言不違古，宗亦因明。七問：何故不名果明，但名因明。答：果有果之明，非果皆即明。因有因之明，是因皆即明。果明不定，義亦有濫。因明兩定，義亦無濫，故名因明。本欲以因成果義故，不欲以果成因義故。

**神泰《理門論述記》**　初言因明者，五明論中論，即是諸因明論之通名也。正理門論者，此論之別目也。初言因者，有其二種，一者生因，二者了因。今此所辨正說了因，兼辨生因。就了因中復有三種。一者義因，謂通是宗法，所作性義。二者言因，立論云者，所作性言。三者智因，諸敵論之者及證義人，解前義因及言因。心心數法，通名爲智。此之三因，並能顯照聲無常。如燈照物，故名明也。此即因是境名，明是智稱。又即此明智，能照因境，了得本宗，故云因明。此即因即是明爲言說。名因明者，一從因明生，即因明其名因明。二生因明故名因明，從果名因明也。若因義即因明境，故名因明。又釋：因者即前智境具，明者辨也。謂此論辨明此因，故名因明。此因明二字，法比量論云物名。言正理者，智能照理，從名理因。理者起言故，言亦名理。智所照境，亦名爲理。理有耶正，簡耶云正。理此正理，用此論爲門，方能悟解，故名正理門。又解：正理者，即集量等五十餘教名也。此論爲彼門故，名正理門。天主所造入正理者，此論名正理，彼能入此，名入正理。略無門字。其猶昇階趣門，即天主所制之號。復猶因門入室，即此論云名也。又解：正理者，即法法道理，有正不邪。今以此論爲門，通生正智悟至正理，故名正理門也。言正理者，陳那菩薩所造集量等，辨諸法正理，此論與彼論，爲趣入方便門也。

**智周《因明疏抄》**　由因及明，生彼入解宗之智。智入正理，由因明生智故，名入正理之因明也。問：如前釋，因是所明，教是能明，因之明故，故名因明。明知因明兩字別，如何此中合因明兩字，而云入正理之因明。答：如前輩解因明，因明二字即別。今時通解題目，故云入正理之因明。

**延壽《宗鏡錄》卷五一**　求因明者，爲破邪論，安立正道。劫初足目，創標眞似。爰暨世親，再陳軌式。雖紀綱已列，而幽致未分。故使賓主對揚，猶疑立破之則。有陳那菩薩，是稱命世，賢劫千佛之一佛也。匿跡巖藪，栖巒等持，觀述作之利害，審文義之繁約。于時巖谷振吼，雲霞變彩，山神捧菩薩足，高數百尺，唱言：佛說因明，玄妙難究。如來滅後，大義淪絕。今幸福智攸邈，深達聖旨，因明論道，願請重弘。菩薩乃放神光，照燭機感。時彼南印土，按達羅國王，見放光明，疑入金剛喻定，請證無學果。菩薩曰：入定觀察，將釋深經，心期大覺，非願小果。王言：無學果者，諸聖攸仰，請尊速證。菩薩撫之，欲遂王請。妙吉祥菩薩，因彈指警曰：何捨大心，方興小志。爲廣利益者，當轉慈氏所說瑜伽，匡正穨綱，可製因明，重成規矩。陳那敬受指誨，奉以周旋。於是覃思研精，乃作《因明正理門論》。正理者，諸法本眞之體。義。門者，權衡照解之所由。又《瑜伽論》云：云何名因明處，爲於觀察義中，諸所有事，所建立法，名觀察義。能隨順法，名諸所有事。諸所有事，即是因明。爲因照明觀察義故。且如外道執聲爲常，若不以量比破之，何由破執。如外道立量云，聲是有法，定常爲宗。因云，所作性故。同喻，如虛空。所以虛空非所作性，則因上不轉，引喻不齊，立聲爲常不成。若佛法中，聲是無常。立量云：聲是有法，定無常爲宗。因云，所作性故。同喻，如瓶盆。異喻，如虛空等。是知若無此量，曷能顯正摧邪。所以實際理地，不受一塵。佛事門中，不捨一法。若欲學諸佛方便，須具菩薩遍理門論》。正理者，諸法本眞之體義。門者，權衡照解之所由。又《瑜伽論》云：云何名因明處，爲於觀察義中諸所有事（是也）。所建立（之宗）法，名觀察義。能隨順（之因）法，名諸所有事（是中）。諸所有事，即是因明（以此）爲因，（則能）照明觀察義故。且如外道執聲爲常，若不以量比破之，何由破執。如外道立量云：聲是有法，定常爲宗。因云：所作性故。同喻，如虛空。所以虛空非所作性，則因上不轉，引喻不齊，立聲爲常不成。若佛法中，聲是無常。立量云，聲是有法，定無常爲宗。因云，所作性故。同喻，如瓶盆。異喻，如虛空等。是知若無此量，曷能顯正摧邪。所以實際理地，不受一塵。佛事門中，不捨一法。若欲學諸佛方便，須具菩薩徧行，一一洞明，方成大化。

**王肯堂《因明入正理論集釋》** 科文分四，初釋題。

因明者，《地持論》云：菩薩求法，當於一切五明處求。云何五明處，謂內明處，醫方明處，因明處，聲明處，工業明處。詳具《瑜伽師地論》本地分中聞所成地。其解因明處云：謂於觀察義中諸所有事，所建立法，名觀察義。能隨順法，名諸所有事。諸所有事，即是因明，爲因照明觀察義故。又說此中略有七種。一論體性，二論處所，三論所依，四論莊嚴，五論墮負，六論出離，七論多所作法。今此論中八門二益，即七種中論所依一種也，而體性等六種已在其中矣。因明能入，正理所入。入者，能所契合，解證相應之謂也。因有二種，謂生因，了因。生因如種生芽，了因如燈照物。然此二因，各有三種。生因三者，一言生因，二智生因，三義生因。了因三者，一智了因，二言了因，三義了因。因具三相，名爲正因。明即正智，通乎因果。因智即始量度者，果智即終決了者。正理者，謂世出世法，眞俗二諦，各有自然當然之理，離諸邪倒，故名爲正。如以初三攝眼所不攝爲因，成立色定不離眼識，三相無缺，便顯唯識正理（量云，眞故極成色是有法，定不離眼識宗。因云，自許初三攝，眼所不攝故。同喻如眼識。釋見後文）。以緣生爲因，成立有爲空無性宗，便顯有爲正理（量云，有爲是有法，定空無性是宗。因云，從緣生故。同喻云，如幻法。幻法從緣生，幻法空無性。有爲從緣生，有爲空無性）。以不起爲因，成立無爲非實有，便顯無爲正理（量云，無爲是有法，定無實故，是宗法。因云，不起故。同喻云，如空華。空華無有

行，一一洞明，方成大化。如上廣引藏識之文，祖佛所明，經論共立。第八本識，眞如一心，廣大無邊，體性微細，顯心原而無外，包性藏以該通。擅持種之名，作總報之主。建有情之體，立涅槃之因。居初位而總號賴耶，處極果而唯稱無垢。備本後之智地，成自他之利門。隨有執無執而立多名，據染緣淨緣而作衆體。孕一切而如太虛包納，現萬法而似大地發生。則何法不收，無門不入。但以迷一眞之解，作第二之觀。初因覺明能了之心，發起內外塵勞之相。於一圓湛，析出根塵。聚內四大爲身，分外四大爲境。內以識情爲垢，外因想相成塵。無念而境貫一如，有想而眞成萬別。若能心融法界，境豁眞空，幻翳全消，一道明現。可謂裂迷途之緻網，抽覺戶之重關。惛夢醒而大覺常明，狂性歇而本頭自現。

**智旭《唐奘師眞唯識量略解》** 問：今談宗顯性，云何廣引三支比量之文。答：諸佛說法，尙（須）依（於）俗諦（不廢俗而獨詮眞，又），況（此）三支比量，理貫五明（所謂內明，因明，聲明，醫方明，工巧明，非止文字語言。乃是），以破立爲宗。言生智了爲體（可以），摧凡小之異執（即能），定佛法之綱宗。所以教無智而不圓（譬如），木非繩而靡直（今既）。比之（則）可以生誠信，伏邪倒之疑心（又復）。量之（則）可以定眞詮，杜狂愚之妄說。故得正法之輪永轉，唯識之旨廣行，則（知）事有顯理之功，言有定邦之力。如慈恩大師云：因明論者，元唯佛說，文廣義散，備在衆經。故《地持論》云，菩薩求法，當於何求，當於一切五明處求。求因明者，爲破邪論，安立正道。劫初足目，創標眞似。爰暨世親，再陳軌式。雖綱紀已列，而幽致未分。故使賓主對揚，猶疑立破之則。有陳那菩薩，是稱命世，賢劫千佛之一佛也。匿迹巖藪，栖巒等持，觀述作之利害，審文義之繁約。于時巖谷振吼，雲霞變彩。山神捧菩薩足，高數百尺，唱言：佛說因明，玄妙難究，如來滅後，大義淪絕。今幸福智攸邈，深達聖旨，因明論道，願請重弘。菩薩乃放神光，照燭機感。時彼南印土按達羅國王，見放光明，疑入金剛喻定，請證無學果。菩薩曰：入定觀察，將釋深經，心期大覺，非願小果。王言：無學果者，諸聖攸仰，請尊速證。菩薩撫之，欲遂王請。妙吉祥菩薩因彈指警曰：何捨大心，方興小志。爲廣利益者，當轉慈氏所說瑜伽，匡正頹綱，可製因明，重成規矩。陳那敬受指誨，奉以周旋，於是覃思研精，廼作《因明正

起，空華無有實。無爲無有起，無爲亦無實。□出《大乘掌珍論》，一論唯釋此二種比量）。是皆由因發明，得入正理，故曰《因明入正理》也。量有三支，獨曰因明者，因有力故。宗非因不顯，喻非因不立故。因中三相，偏是宗法，則攝宗也。同品定有，異品偏無，則攝喻也。又此三支，若望所生智果，總名爲因。故後文云，由彼爲因，於所比義，有正智生。故知舉因，三支備矣。古疏問：夫論立量，三支圓滿，果明不舉，獨唱因明。答：有二解。一者，對敵申量，即能立三支具足。敵者起智所由，並得稱因。所生敵者，即號爲明。理智合舉，故説因明。二者，就比量中，有許未許。爲成未許，必有能成。即能成是因，所成是果。宗由因顯，義得分明。此即因果雙彰，理無違妨。慈恩大師云：《因明論》者，元唯佛説，文廣義散，備在眾經。劫初足目，創標眞似。爰暨世親，再陳軌式。雖紀綱已列，而幽致未分，故使賓主對揚，猶疑立破之則。有陳那菩薩者，賢劫千佛之一佛也。匿跡巖藪，棲巒等持。觀述作之利害，審文義之繁約。於時巖谷振吼，雲霞變彩，山神捧菩薩足高數百尺，唱言：佛説因明，玄妙難究。如來滅後，大義淪絶。今幸福智攸邈，深達聖旨，因明論道，願請重弘。菩薩乃放神光，照燭機感。時彼南印度按達羅國王，見放光明，疑入金剛喻定，請證無學果。菩薩曰：入定觀察，將釋深經。心期大覺，非願小果。王言：無學果者，諸聖攸仰，請尊速證。菩薩撫之，欲遂王請。妙吉祥菩薩因彈指警曰：何捨大心，方興小志，爲廣利益者，當轉慈氏所説瑜伽，匡正頽綱，可製因明，重成規矩。陳那敬受指誨，奉以周旋，於是覃思研精，乃作《因明正理門論》。正理者，諸法本眞之體義。門者，權衡照解之所由。據此，則似此論爲能入，陳那論爲所入也。藏中有因明正理門論兩譯，乃大域龍樹菩薩造，而陳那之論，莫可攷見矣。

**智旭《因明入正理論直解》**　因明二字，是能入。正理二字，是所入。因者，諸法所以然之故，乃三支比量中之一支。三支，謂宗、因、喻也。宗非因不顯，喻非因不立。因最有力，故標因明。因既明，則能立能破。能破，則邪無不摧。能立，則正無不顯。摧邪，則偏計之我法俱破。顯正，則依圓之眞俗並立。眞俗二種正理，由因明而得入，故名《因明入正理》也。論者，辯明判決之謂，而有二種。若疏決經文，名爲釋論。若依經立義，名爲宗論，今是宗論也。

# 宗

**慧遠《大乘義章》卷二**　言悉檀者，是中國語。此方義翻，其名不一。如《楞伽》中子注釋言，或名爲宗，或名爲成，或云理也。所言宗者，釋有兩義。一對法辨宗。法門無量，宗要在斯，故説爲宗。二對教辨宗。教別雖眾，宗歸顯於世界等四，故名爲宗。故彼論云，四種悉檀，總攝一切十二部經八萬四千無量法藏，皆是眞實，無相違背。準驗斯文，望教説宗。

**玄奘譯《瑜伽師地論》卷一五**　立宗者，謂依二種所成立義，各別攝受自品所許。或攝受論宗，若自辯才，若輕蔑他，若從他聞，若覺眞實。或爲成立自宗，或爲破壞他宗，或爲制伏於他，或爲摧屈於他，或爲悲愍於他，建立宗義。

**玄奘譯《因明入正理論》卷一**　此中宗者：謂極成有法，極成能別，差別性故，隨自樂爲所成立性，是名爲宗。如有成立聲是無常。

**玄奘譯《大乘阿毗達磨雜集論》卷一六**　立宗者，謂以所應成自所許義，宣示於他，令彼解了。所以者何，若不言以所應成者，自宗已成而説示他，應名立宗。若不言自所許義者，説示他宗所應成義，應名立宗。若不言他者，獨唱此言，應名立宗。若不言宣示者，以身表示此義，應名立宗。若不言令他解了者，聽者未解此義，應名立宗。若如所安立無一切過量故，建立我法自性，若有若無，我法差別遍不遍等，具足前相，是名立宗。

**明曠《天台菩薩戒疏》上**　所言宗者，要也，趣也。從始至末，依體護持，趣期圓果，名爲宗也。

**真界《因明入正理論集解》**　此中宗者，謂極成有法，極成能別，差別性故。隨自樂爲所成立性，是名爲宗。如有成立聲是無常。此中者，眞能立宗中也。宗者，崇也主也。謂己所崇義，以爲其主，形於言表，能啟悟他，名爲宗也。故《襍集論》云，謂以所應成自所許義，宣示於他，令彼解了故，名爲宗等。極成有法極成能別者，有法即前陳，謂色等法也。

以色等有法與宗爲依，亦名宗依。對能別宗，此即所別也。能別即後陳，謂所立宗體也。以依體之上，悉離諸過，故云極成有法極成能別也。差別性故者，釋成上義。謂宗唯是一，而言有法能別者，以依體性差別故。又解，釋成宗義，謂此眞能立宗，有法能別二俱極成。由與似能立中性差別故，名眞能立宗也。隨自下，結成宗義也。謂將前陳後陳和合一處，隨其立者，自意樂許所成立性，則名爲宗。故龍樹云，是中唯隨自意樂爲所成立，說名宗。問，能別與宗體何異。答，奘師云，雖能別爲宗，立者即許，敵者未諍，猶是宗依，未名宗體。若前陳後陳和合爲宗了，立者即許，敵者不許，立敵共諍，名爲宗體。若立敵未諍，猶是宗依。故《起信記》云，依有能別所別，即斯義也。如有下舉例立宗也。如云聲是有法（此即極成有法），定無常爲宗，（即極成能別）。若三支具足，應云所作性故，同喻如瓶，異喻如空。此則立者定許無常以爲宗體。若準《瑜伽》破壞他宗之意，此宗正破敵者聲常之論。敵者量云，聲是有法，定常爲宗（此犯能別不極成過）。因云，所作性故（此犯法自相相違過）。喻如虛空（此犯能立法不成過）。此敵者意許常爲宗體，以敵立者無常之論。敵者不知虛空是非所作，則於因上不轉。引喻不齊，聲常之論不成矣。

**王肯堂《因明入正理論集釋》**　此中宗者，謂極成有法，極成能別，差別性故，隨自樂爲所成立性，是名爲宗。如有成立聲是無常。此中，眞能立中也。宗有二訓。所宗名宗，主也。能宗名宗，尙也。隨自愛樂所崇尙義，以爲其主，啟悟於他，故名爲宗。宗有依有體。極成有法，前陳宗依也。極成能別，後陳宗體也。宗體所依，故名宗依。宗體爲能別，則宗依爲所別矣。言有法者，如色聲等，有體當情，故名有法。言極成者，此能所別，須要立敵兩家共許，方曰極成。問：立敵共諍，名爲宗體，何要共許方極成耶。答：一開口時，便被敵者遮曰，世間本無如是道理，何用諍爲，則立義不成矣。故先泯諍之迹，以爲入諍之路耳。如唐三藏立唯識量云：眞故極成色，是有法。此極成言，即簡自他兩般不極成色。諸小乘說最後身菩薩染污諸色，一切佛有漏之色，大乘不許有故，此是他法自不許者。若立爲唯識，便犯一分自所別不極成，亦有一分違宗之失。大乘宗說十方佛色，及佛無漏色，小乘不許有故，此是自法他不許者。若立爲唯識，便犯他一分所別不成。其此二因，皆有隨一一分所依不成。說極成言，爲簡於此。今者立二所餘兩家共許諸色爲唯識故，宗後陳言，定不離眼識，是極成能別。問：小乘既不許色不離眼識，何不犯能別不極成過耶。答：今此是有法宗依，但他宗中有不離義便得。以小乘許眼識緣色，親取其體，有不離義，兼許眼識當體亦不離眼識，故無能別不極成過。問：既共許有，豈無相符過耶。答：大乘但許境不離心，外無實境，若前陳後陳和合爲宗了。立者即許，敵者不許，立敵共諍，名爲宗體，故無相符之過。此中但諍言陳耳，未推意許也。差別性故者，謂宗依宗體之上，有此種種差別性故。所以定須置極成言以簡別之，方不犯似立宗中相違五過不極成四過也。隨自樂三句，前已釋訖。對因能成，故名所成。如有成立聲是無常，立宗式也。九種宗法，皆以聲爲有法者，聲體微妙，不在四微之數。四大於四微，有具不具，唯聲皆具，故或計常，或計無常。夫常與無常，皆爲邊見。而此以無常立爲宗式，至後出過屢舉常宗，蓋有意焉。常住事勝，衆生欣樂，多生耽著，無常事劣。能引諸苦，易生厭離。是以經論廣破常見，屢言無常。能了此義，則於此論思過半矣。

**明昱《因明入正理論直疏》**　此中宗者，謂極成有法，極成能別，差別性故，隨自樂爲，所成立性，是名爲宗。如有成立聲是無常。

法不孤起，仗境方生。凡所立宗，須前陳一法爲宗依，法中無過，故云極成有法。推尋此法，是眞是妄，常無常等，立爲宗旨。以能辯別此法無謬，故云極成能別。後陳宗體既爲能別，則前陳宗依爲所別也。又宗者，本也，導也，崇也。立宗爲本，則導引衆義崇之。故立無常爲宗，因喻亦宜無常。立常爲宗，因喻亦宜爲常。是立宗無過，故云極成能別也。差別性故隨自樂爲者，謂前陳有法中有差別義，隨自意樂取一義爲宗。如以玉爲前陳有法成立宗依，論玉之質爲堅，玉之色爲白，是爲差別性。於差別中，立堅立白，隨自樂爲也。所成立性是名爲宗者，釋成宗體也。所成立者，即宗之名。對後因說，名所成立。以宗爲所成，由因爲能成，謂雖立宗。其理未確，必舉因成，宗義方定。故以因爲能成立，宗爲所成立也。復舉例云，如立聲爲前陳有法，是無常爲宗。聲有生滅，理必無常，是爲極成。

**智旭《因明入正理論直解》**　此中宗者，謂極成有法，極成能別，差別性故，隨自樂爲所成立性，是名爲宗。如有成立聲是無常。謂此眞能立門三支之中所言宗者，即是前陳極成有法以爲宗依，後陳極成能別以爲宗體，及自意許差別性故，故名爲宗。以要言之，但隨其自意樂爲所成立性，即名爲宗。譬如有人成立聲是無常。舉一例諸，凡所成立，若不違理，即是眞能立宗也。聲之一字，即前陳有法。無常二字，即後陳宗體。或指明論聲無常，或指餘聲論無常，或總指一切聲皆無常。口雖不言，心有所指，即意許差別性也。言極成者，謂道理決定成就，無有互不相許之過。言有法者，不同龜毛兎角，但是名字。言能別者，正是宗體，爲顯前陳有法宗依是所別故。斷常二見，倶是外道所計。今云無常，以破常見。其實非常亦復非斷，即小乘之正印，大乘之初門。故舉此一宗，略顯能立。然三界依正，總皆無常。今獨舉聲者，以聲塵初生即滅，不容稍停，尤易顯於無常義故。若知聲是無常，便可例知一切無常。既皆無常，亦決無我，豈非顯二空之要訣耶。又明論及聲顯論，皆計聲常，故對彼立聲是無常。

**延壽《宗鏡錄》卷一**　或言宗者，尊也。以心爲宗，故云，天上天下，唯我獨尊。

## 宗　體 總宗

**延壽《宗鏡錄》卷一**　宗體者，杜順和尚依《華嚴經》，立自性清淨圓明體。此即是如來藏中法性之體，從本已來，性自滿足，處染不垢，修治不淨，故云自性清淨。性體遍照，無幽不矚，故曰圓明。又隨流加染而不垢，返流除染而不淨，亦可在聖體而不增，處凡身而不減。雖有隱顯之殊，而無差別之異。煩惱覆之則隱，智慧了之則顯。非生因之所生，唯了因之所了。斯即一切衆生自心之體，靈知不昧，寂照無遺。非但華嚴之宗，亦是一切教體。《佛地論》立一清淨法界體。論云：清淨法界者，一切如來眞實自體，無始時來，自性清淨，具足種種過十方界極微塵數性相功德，無生無滅，猶如虛空，遍一切有情，平等共有，與一切法不一不異，非有非無，離一切相，一切分別，一切名言，皆不能得。唯是清淨聖智所證，二空無我所顯，眞如爲其自性。諸聖分證，諸佛圓證。此清淨法界，即眞如妙心。爲諸佛果海之源，作群生實際之地。此皆是立宗之異名，非別有體。或言宗者，尊也，以心爲宗，故云，天上天下，唯我獨尊。或言體者，性也，以心爲體，故云，知一切法，即心自性。或言智者，以心爲智，即是本性寂照之用。所以云，自覺聖智，普光明智等。若約義用而分，則體宗用別。若會歸平等，則一道無差。

**延壽《宗鏡錄》卷五一**　今大乘但取境不離心，外無實境。若前陳後陳和合爲宗，了立者即許，敵者不許。立敵共諍，名爲宗體。

**真界《因明入正理論解》**　以色等有法與宗爲依，亦名宗依。對能別宗，此即所別也。能別即後陳，謂所立宗體也。以依體之上，悉離諸過，故云極成有法，極成能別也。差別性故者，釋成上義。謂宗唯是一，而言有法能別者，以依體性差別故。又解：釋成宗義，謂此眞能立宗，有法能別二倶極成，由與似能立中性差別故，名眞能立宗也。隨自下，結成宗義也。謂將前陳後陳和合一處，隨其立者自意樂許所成立性，則名爲宗。故龍樹云，是中唯隨自意樂爲所成立，說名宗。問：能別與宗體何異。答：奘師云，雖能別爲宗，立者即許，敵者未諍，猶是宗依，未名宗體。若前陳後陳和合爲宗了，立者即許，敵者不許，立敵共諍，名爲宗體。若立敵未諍，猶是宗依。故《起信記》云：依有能別所別，即斯義也。如有下舉例立宗也。如云聲是有法（此即極成有法），定無常爲宗（即極成能別）。若三支具足，應云所作性故，同喻如瓶，異喻如空。此則立者定許無常以爲宗體。若準《瑜伽》破壞他宗之意，此宗正破敵者聲常之論。敵者量云，聲是有法，定常爲宗（此犯能別不極成過）。因云，所作性故（此犯法自相相違過）。喻如虛空（此犯能立法不成過）。此敵者意許常爲宗體，以敵立者無常之論。敵者不知虛空是非所作，則於因上不轉，引喻不齊，聲常之論不成矣。

**王肯堂《因明入正理論集釋》**　宗有依有體。極成有法，前陳宗依也。極成能別，後陳宗體也。宗體所依，故名宗依。宗體爲能別，則宗依爲所別矣。言有法者，如色聲等。有體當情，故名有法。言極成者，此能所別。須要立敵兩家共許，方曰極成。

**王肯堂《因明入正理論集釋》**　聲是所聞，立敵共許，是相符也，是極成也，何亦爲過。蓋極成之法，雖立敵共許，而前陳後陳和合爲宗了，立者即許，敵者不許，立敵共諍，是名宗體。

**明昱**《**因明入正理論直疏**》　一同法者，法即宗因。宗依名有法，宗體但名法。因名宗法，故宗因俱名法。以喻必同品宗因，故名同法。二異法者，謂異品喻雖同異品之宗因，必不同於同品之法，故名異法。

六釋能別宗體帶過。能別者，謂能辯別宗依之義，立爲宗體，故說宗體，名爲能別。不極成者，以立宗體，敵者不許，名帶過故。原佛弟子，立聲滅壞，是無常義，其理極成。但對數論師立，便不極成。以數論師執一執有爲宗，俱是常義，不許滅壞。今以聲爲所別有法，滅壞爲能別宗體。彼既不許，是不極成。以因明之法，立敵共許，方成宗體。苟非其制，便爲帶過。所別不極成者，如數論師，對佛弟子，說我是思。

七釋所別宗依帶過。言所別者，是前陳宗依，以帶過故，名不極成。數論師以神我爲宗依，立思爲宗體。雖則不違自教，對佛弟子，便不極成。以佛說法，一切無我，故佛弟子，不許有我，則所別我，爲不極成。

九釋相符極成之過。言相符者，於聲有法，立所聞爲宗，則諸世間，及與聖教，皆同此義，故名相符。問：若謂相符，於理極成，何名爲過。答：因明之法，立敵共諍，是爲宗體。今既相符，無共諍義，亦是帶過。

**明昱**《**三支比量義鈔**》　眞故極成四字，是寄言簡過之辭。下文自釋。色之一字，正是有法，以前陳有法，名爲宗依。定不離眼識者，是後陳宗體。以推有法之色，原爲眼識自證分所變。既從識變，本不離識，故立宗云，定不離眼識。因云，自許初三攝眼所不攝故者，是能成立法名因。謂所立之宗色不離識，則宗之因，唯除眼根是顯色不離識義。攝者，持也。謂根塵識三，各有六界。言初三攝者，且取眼家三界。眼所不攝者，謂眼根不攝，以眼識不見眼根，是許離義。唯取二界，以顯色識不離。同喻如眼識者，謂眼謂見分緣色時親取色體，是不離義。喻宗中眼識自證分，與所變色不離。合云下，合成宗體。合則先因，次宗，然後引喻，以成比量軌式。異喻如眼根者，是因中眼所不攝之眼根。以識不見眼根，是遠離義，異於同品宗因喻中色識皆不相離，故名異喻。聲香味觸若爲有法宗依，宗體因喻，取法同前。

**明昱**《**三支比量義鈔**》　牒比量中，所成立之宗體，顯是極成能別。復申問答，以明立宗之意。謂小乘不許色不離識，則所立不離眼識之宗，是不極成。答意：謂小乘說色離眼識者，色是比量有法宗依，未合宗體，無所簡別。小乘唯於本質色推，故說離識。大乘意，許是相分色，故定不離。但他下，明小乘宗有不離義，便得將言就意立宗。兼許下，謂小乘許眼識，本有爲體，緣色爲用，以緣色時，不離其體。縱不緣色，亦不離用。彼既兩許不離，故定不離眼識之宗，無有能別不極成過。

問：既許眼識取所緣色，有不相離義。後合成宗體，應有相扶過耶。答：無相扶失。今大乘但取境不離心，外無實境。若前陳後陳和合爲宗了，立者即許，敵者不許，立敵共諍，名爲宗體。此中但諍言陳，未推意許。辯宗竟。

## 宗依　別宗

**惠沼**《**成唯識論了義燈**》**卷二**　以極成有法，及法俱極成，可爲宗依。以差別性是宗體故，依彼有法及法上，立是名爲宗。

**窺基**《**因明入正理論疏**》**卷上**　宗爲所立，自性差別，二並極成，但是宗依，未成所諍，合以成宗。

**窺基**《**因明入正理論疏**》**卷上**　又顯宗依，先須至於理極究竟，能依宗性，方是所諍，故言極成，而不言共。問：宗依須兩許言，成簡不成。因、喻必共成，言極簡不。極何因因喻不標極成，獨於宗依致極成簡。答有四義。一宗依極成宗不極，爲簡不極言極成。因喻依體並須極成，無所簡故不說極。二因喻能立皆須極，無不極故不須簡。宗是所立非共成，爲有所簡須言極。因喻之中自比言許，他比言執，而簡別之，故無不極。三因喻成中無不成，無濫簡故，不言極成宗之中有不成，有濫簡故獨言極。四因不成等攝非極，從寬爲名不名極。宗不成中無別攝，故說極成簡不極。

**真界**《**因明入正理論解**》　立者即許，敵者未諍，猶是宗依，未名宗體。若前陳後陳和合爲宗了，立者即許，敵者不許，立敵共諍，名爲宗體。若立敵未諍，猶是宗依。

**王肯堂**《**因明入正理論集釋**》　宗體所依，故名宗依。宗體爲能別，則宗依爲所別矣。

**明昱《因明入正理論直疏》** 凡所立宗，須前陳一法爲宗依。

# 因

**玄奘譯《瑜伽師地論》卷一五** 辯因者，謂爲成就所立宗義，依所引喻，同類異類，現量比量，及與正教，建立順益道理言論。

**玄奘譯《分別緣起初勝法門經》卷下** 復言世尊！此因緣由三種別義，云何應知。世尊告曰：諸能引發後生種子，是其因義。若興此生作依作持令得生起，是其緣義。既命終已，導引近生令得生起，是其由義。如是應知三義差別。

**玄奘譯《瑜伽師地論》卷五** 又建立因，有五種相。一能生因，二方便因，三俱有因，四無間滅因，五久遠滅因。能生因者，謂生起因。方便因者，謂所餘因。俱有因者，謂攝受因一分，如眼於眼識，如是耳等於所餘識。無間滅因者，謂生起因。久遠滅因者，謂牽引因。又建立因有五種相。一可愛因，二不可愛因，三增長因，四流轉因，五還滅因。又建立因有七種相。謂無常法是因，無有常法能爲法因。謂或爲生因，或爲得因，或爲成立因，或爲成辦因，或爲作用因。又雖無常法爲無常法因，然與他性爲因，亦與後自性爲因，非即此刹那。又雖與他性爲因，及與後自性爲因。然已生未滅方能爲因，非未生已滅。又雖已生未滅能爲因，然得餘緣方能爲因，非不得。又雖得餘緣，然成變異方能爲因，非未變異。又雖成變異，必與功能相應方能爲因，非失功能。又雖與功能相應，然必相稱相順方能爲因。非不相稱相順。由如是七種相，隨其所應諸因建立，應知。

**玄奘譯《因明入正理論》卷一** 因有三相，何等爲三。謂遍是宗法性，同品定有性，異品遍無性。云何名爲同品異品，謂所立法均等義品，說名同品。如立無常瓶等無常，是名同品。異品者，謂於是處無其所立，若有是常見非所作，如虛空等。此中所作性，或勤勇無間所發性，遍是宗法性。同品定有性，異品遍無性，是無常等因。

**玄奘譯《大乘阿毗達磨雜集論》卷一六** 立因者，謂即於所成未顯了義，正說現量可得不可得等信解之相。信解相者，是信解因義。所以者何。由正宣說現量可得不可得等相故，於所應成未顯了義信解得生，是故正說彼相名立因。現量可得不可得者，謂依自體及相貌說。

**澄觀《大方廣佛華嚴經隨疏演義鈔》卷三〇** 所言因者，所由所以順益待籍之義相也。爲由有此所由所以順益待籍，宗果方明，故說此等名爲因也。此即要是宗之所由，亦是宗之所以等。由此即顯與所立宗，一向一味能建立宗，故名因也。

又因有三相。一遍是宗法性，二同品定有性，三異品遍無性。如立聲是無常缾等，爲同品，虛空等爲異品。於同品定有，異品遍無，是無常等因。同喻異喻，皆名喻也。言自他共等三種比量者，《因明》第二疏中廣說。今略示之。如薩婆多立無表色自立量云，我無表色，定是實色，許色性故。如許色聲等此即自比量，謂自立義，令他解了。二他比量者，於他立中出宗因過。如大乘破薩婆多云，汝無表色，非定實色，許無對故。如心心所三共比量者，於他立中，出比量過。

疏：因爲量主者，此即彼中三支有闕妨問。夫論立量三支圓滿，果明不舉，獨唱因明。答有二解。一云：對敵申量即能立，三支具足。敵者起智所由，並得稱因所生敵。智即號爲明。理智合舉，故說因明。二云：就比量中有許未許爲成未許必有能成，即能成是因，所成是宗，宗由因顯，義得分明。此即因果雙彰，理無違妨。上之二義，正以後義因爲量主。又經中云世間諸因量者，亦可世間相違求過不得也。

**真界《因明入正理論解》** 因有三相，何等爲三，謂徧是宗法性，同品定有性，異品徧無性。

因者，即所由所以，順益待藉之義相也。謂於所立宗，說其自體及其相貌，是名爲因。故《大鈔》云：爲由有此所由，所以顯宗法性，宗果方明。由此即顯與所立宗。一向一味，能建立宗，名爲因也。三相者，謂同、異、偏也。偏相是總，同、異爲別。何等下，徵列三相。偏是宗法性者，謂能立因，全是宗法。如所作因，全是無常。以是宗法故，則因偏宗法，名決定因。若纖毫不是，即猶豫因矣。同品定有性者，謂因與宗齊，則宗由因有。故龍樹論云，宗無因不有，少有不齊，則非定有矣。如無常以所作爲因，方得定有。異品偏無性者，謂於立處全無同品所立。若絲毫偏無，俱顯因性。因有三相者，謂俱品、同品、異品也。言偏是宗法性者，是顯俱品義。以同品之因，唯徧同品之宗，異品之因，唯徧異品之宗，名徧是宗法。故龍樹以偏是宗法爲俱品。同品定有性異品徧無性者，謂同品之因定有，於異品中徧無。以同品之因不轉異品，是爲無過。云何下，雙徵。謂所下，別釋。言所立法者，即是所成立之宗。謂宗與因，其義均平，是同品義。如立下，舉例。謂立無常爲宗，瓶等爲喻，以瓶等是無常義故，是名同品者，結成所立之宗。同於瓶等，喻也。異品下，別釋異品。謂於是處無其所立者，謂異品因處，無同品所立之宗。若有是常者，謂異品處若有所立，定是常法。故立異品三支云，是常爲宗，見非所作爲因，如虚空等喻。以常宗異無常，非所作性異於所作，虚空等喻異於瓶等，故名異品。此中下，結成因義。言所作性者，謂有爲法是所作性，殷勤勇猛無間所發，亦是所作義故。偏是宗法者，謂上所作性，於無常宗爲同品，於常宗爲異品，故名偏是宗法。於同品定有性、異品偏無性者，意謂無常爲宗，則所作性同有異無，若常爲宗，則所作性同無異有。同品有故，偏於同品。異品有故，偏於異品。故論云無常等者，等於常宗。結顯此因，偏無常宗之同品，亦偏常宗之異品，故云偏是宗法。

**智旭**《因明入正理論直解》　因有三相，何等爲三。謂偏是宗法性，同品定有性，異品偏無性。

因者，所由也，所以也。譬如凡所作性，定屬無常，故用所作性三字，爲所由所以之因，成立無常之宗而爲其果也。只此一因，對於宗喻，便有三相。一者，須要偏是宗及有法之性。如所作性三字，望于聲之有法，無常之宗，決定皆有所作性義，故名偏是宗法性。舉一例諸，凡所出因，不得與宗法相違也。二者於同品喻中，須是定有之性。如瓶等無常，名同品喻，定有所作性義也。三者於異品喻中，須是偏無之性。如虚空等非是無常，名異品喻。周偏推求，決無所作性義也。

二別釋二品。云何名爲同品、異品。謂所立法均等義品，説名同品。如立無常，瓶等無常，是名同品。異品者，謂於是處無其所立。若有是常，見非所作，如虚空等。言同品者，謂與所立宗法均平齊等之義品也。如立無常爲宗，而瓶等無常，是名同喻。言異品者，謂於是異喻處，無自所立無常之宗，是名異喻。所謂若有是常，見非所作，如虚空等。若有是常句，有，則不偏無矣。如立常以非所作爲因，方得偏無。故龍樹云，此中唯有二種名因，謂同品一切偏有，異品一切偏無也。嗟夫，同異之説，紛然久矣。而惑者竟以異法遣同，良由不知立同異意也。蓋立法於因喻，必須同異者，其意有三。一恐所立法有所混濫故，以同不假異，恐濫異，則不能定有。異不假同，恐濫同，則不能偏無。既彼此相濫，而所立法不極成矣。二立異。蓋爲成同，是以同品定有則成，異品偏無則遣，遣即是無，非以異法遣同也。故異品偏無，則同品極成矣。如説常爲成無常，非欲顯常也。三同異。若立三支無過，則於自所立法極成，能破他宗，他宗不能壞也。

**王肯堂**《因明入正理論集釋》　因有三相，何等爲三。謂偏是宗法性，同品定有性，異品偏無性。

《華嚴鈔》云：所言因者，所由所以順益待籍之義相也。由有此所由，所以順益待籍，宗果方明，故説此等名爲因也。此即要是宗之所由，亦是宗之所以等。由此即顯與所立宗一向一味，能建立宗，名爲因也。此因通乎生了，生了各有三種。如前已説。據智覺言，三支比量，理貫五明，以破立爲宗。言生智了爲體，則生了二因，各取三種中第一種爲因，明矣。同異二品，釋見下文。宗法即因，以如是因，成如是宗，名宗法也。或云，如舉聲言，未立宗時，但詮聲之自性，名爲有法。若云是無常者，即詮聲之差別。謂是無常聲，非是其常。今言宗法，即差別法也。此中三相，即隨舉一因，望於三處，立三相名。如立聲是無常，所作性故，同喻如瓶，異喻如空等。即此所作性，望於無常聲法之上，決定有性，名偏是宗法性。望於瓶等同品法上，定有所作，名同品定有性。望於空等異品法上，偏無所作，名異品偏無性。此所作性，具三相已，方眞成無常因也。此三相，翻下似因一十四過。

**明昱**《因明入正理論直疏》　因有三相，何等爲三。謂偏是宗法性，同品定有性，異品偏無性。云何名爲同品異品，謂所立法均等義品，説名同品。如立無常，瓶等無常，是名同品。異品者，謂於是處，無其所立。若有是常，見非所作，如虚空等。此中所作性，或勤勇無間所發性，偏是宗法，於同品定有性，異品偏無性，是無常等因。

因是宗之法性，故以宗法爲因。品是一切義名，都以三支名品。定有遣無常宗。見非所作句，遣所作因。如虛空等句，番瓶等喻。故上文云異品偏無性也。龍樹云，若所立無說名異品，非但與同品相違，或異而已。

三結成因性。此中所作性，或勤勇無間所發性，偏是宗法。於同品定有性，異品偏無性，是無常等因。謂假如此立聲是無常，宗中或云所作性故以爲其因，或云勤勇無間所發性故以爲其因。則偏是宗及有法之性，亦是同品定有性，亦是異品偏無性。是故得爲無常宗及同喻異喻家之因也。文中舉二因者，所作性因，以對明論，勤勇無間所發性因，對聲顯論。

**王肯堂《因明入正理論集釋》** 先釋同異二品。尚未明因性，至此方結示因之三性也。如舉所作性因，此因要具三性，方是無常之因。偏是宗法者，謂凡是一切所作性者，皆是無常宗法。少有不是此宗法者，則所作因爲不成過。同品定有者，此所作性，要於無常同品法中，決定有性，方爲正因。設於無常同品法中或不定有，爲不定過，即似因也。異品偏無者，此所作性，要於虛空異品法中，皆無其性。如於異中少有所作，此因則寬，相違不定。故此三性，翻十四過。

《因明正理門論》九種宗法。謂立聲常，所量性故。或立無常，所作性故。或立勤勇無間所發，無常性故。或立爲常，所作性故。或立爲常，所聞性故。或立爲常，勤勇無間所發性故。或非勤勇無間所發，無常性故。或立無常，勤勇無間所發故。或立爲常，無觸對故。此中立式顯過之宗因，不出此九種中。此似楷定以所作性，與勤勇無間所發性，爲無常正因，三相具足。然所作性即可爾，其勤勇無間所發性，於無常宗亦非正因。故龍樹云，如前成立聲是無常，勤勇無間所發性故。現見勤勇無間所發，或顯或生，故成猶豫。今所成立爲顯爲生，是故不應以如是因證無常義。又異品非勤勇無間所發，如電光等，及樹聲水聲風聲，亦是無常，則非偏無，又缺第三相矣。此但借爲例耳。或謂於多因中檢此二因，爲此論中能立之因性者誤也。

## 喻

**玄奘譯《瑜伽師地論》卷一五** 引喻者，亦爲成就所立宗義，引因所依，諸餘世間串習共許易了之法比況言論。

**玄奘譯《因明入正理論》卷一** 喻有二種，一者同法，二者異法。同法者，若於是處顯因同品決定有性。謂若所作見彼無常，譬如瓶等。異法者，若於是處說所立無，因遍非有。謂若是常見，非所作如虛空等。此中常言表非無常，非所作言表無所作，如有非有說名非有。

**玄奘譯《瑜伽師地論》卷一五** 同類者，謂隨所有法望所餘法，其相展轉少分相似。此復五種。一相狀相似，二自體相似，三業用相似，四法門相似，五因果相似。相狀相似者，謂於現在，或先所見相狀，相屬展轉相似。自體相似者，謂彼展轉其相相似。業用相似者，謂彼展轉作用相似。法門相似者，謂彼展轉法門相似。如無常與苦法，苦與無我法，無我與生法，生法與老法，老法與死法。如是有色無色，有見無見，有對無對，有漏無漏，有爲無爲。如是等類，無量法門，展轉相似。因果相似者，謂彼展轉，若因若果，能成所成，展轉相似，是名同類。

**玄奘譯《大乘阿毗達磨雜集論》卷一六** 立喻者，謂以所見邊與未所見邊和會正說。所見邊者，謂已顯了分。未所見邊者，謂未顯了分。以顯了分顯未了分令義平等，所有正說名立喻。

**澄觀《大方廣佛華嚴經疏》卷三三** 然喻有二種。一是譬事爲喻，如下節節引金莊嚴具，大海珠寶等。二借法相事況出於理，曉喻時聽，亦名爲喻。

**《大智度論》卷三五** 譬喻有二種：一者假以爲喻，二者實事爲喻。

**玄奘譯《因明正理門論本》** 喻有二種，同法、異法。同法者，謂立聲無常，勤勇無間所發性故，以諸勤勇無間所發皆見無常，猶如瓶等。異法者，謂諸有常住見非勤勇無間所發，如虛空等。前是遮詮，後唯止濫。由合及離比度義故，由是雖對不立實有太虛空等，而得顯示無有宗處無因義成。復以何緣，第一說因宗所隨逐，第二說宗無因不有，不說因無宗不有耶。由如是說，能顯示因同品定有。異品遍無，非顛倒說。

**《因明入正理論》卷一** 似同法喻有其五種，一能立法不成，二所立法不成，三俱不成，四無合，五倒合。似異法喻亦有五種，一所立不遣，二能立不遣，三俱不遣，四不離，五倒離。能立法不成者，如說聲常，無質礙故，諸無質礙見，彼是常猶如極微。然彼極微所成立法常性是有，能成立法無質礙無，以諸極微質礙性故。所立法不成者，謂說如覺，然一切覺能成立法無質礙有，所成立法常住性無，以一切覺皆無常故。俱不成者，復有二種。有及非有，若言如瓶。有俱不成，若說如空。對無空論，無俱不成。無合者，謂於是處無有配合，但於瓶等雙現能立所立二法，如言於瓶見所作性及無常性。倒合者，謂應說言諸所作者皆是無常，而倒說言諸無常者皆是所作，如是名似同法喻品。

**慧沼《因明入正理論義纂要》** 喻有二種。第一即同喻。何故同喻，即先明因，顯所立隨逐。即此論中，謂若所作，見彼無常。第二類此可知。此牒論主宗，不說因無宗不有者，申難影顯難同喻，何不說有無常故所作。答云：由如是說，能顯示因同品定有，異品遍無，非顛倒說。此意同品有所作，欲將所作成無常。於無常上，見有所作故。聲上有所作，明非是常。於餘常上，不見所作，故於同喻。舉有所作，無常隨故。若云以無常故所作者，便以無常，成其所作，非本所爭，是故同喻等作如是說。但知偏引局文，不解遠尋深意，其類猶執指求兔，於自豈不誤哉。又有解云：言說因宗所隨者，立喻宜說次第，非正明體，故同於前，顯第二相。此亦不然。《理門論》云：如是已辨，因及似因，喻今當說，說因宗所隨，宗無因不有。此二名譬喻，餘皆此相似。此正出體，豈依立說。若依者說，應云此二說譬喻。又明喻體是非，豈直明其言說。又正明喻，喻具二立，方名正喻。若唯明因第二者，豈唯一立即爲正喻。又云：既言顯因同品，同品即宗相對。若所作相類，應名同法定有性。故下云，此因以樂以瓶，爲同法故。此亦不爾，若言同法，唯因相望者，云何理門及此論中俱云喻有二種，一者同法，二者異法。豈可二喻唯望因耶。

**慧沼《因明入正理論義纂要》** 喻者，西方云烏播磨。此譯爲喻。今因明中後同異支，準西方云達利瑟致案多。此云見邊，爲順此方故義言喻。問，同異二喻，爲即因耶，爲當有別。答：設爾何失。二俱有失。若即是因，因唯所作，喻中何故兼說無常。若與因別，《理門論》中不應難古於因分外別立二喻。他不應難。若爾喻言，應非異分，顯因義故。又復論主不應答言，事雖實爾，如前廣引。答應言，二喻體，即是因後之二相。如前道理。問後難善釋，前難何通。答因言所作，體含無常。非離所作，唯在餘法。然所作言，無常義隱，故舉喻體及於喻依，雙顯因中作無常義。以瓶之上，有其所作，即無常隨。故此因言所作，明無常隨，是故成宗。聲既即所作，明無常亦隨。又解因唯初相，二喻即後二相。故《理門》云，雖一切分皆能爲因顯了所立，然唯一分且說爲因，但以初相顯因猶隱，故約二品有無不同。及二品依，重彰因義。故此二品，即是同有異無，二相方得成因。二喻之中，顯因有處必有果，隨無果不成能立。果若無處，因即不有，明因有無有果，即不成離別。即前因相，雙顯有無，即是二喻。《理門》說即因約二相說故，二解任情。問：因中二品有之與無，與此二喻，體性何別。答：即此二喻，前總因體具顯三相，及分因喻，且說初相。以之爲因，復有無相即同異喻。《理門》云，然唯一分且爲因故。更有異釋，繁不能敘。當知言喻與因體別，準論知非，不可依信。問：因云何別法於別亦轉。此難意。云何聲上所作，於別瓶上轉。論主答云，由與二喻，所依各別，云何因喻即名爲一。答：所依雖殊，所作無常其義相似，故合爲一。因言含故，不同別指瓶空喻依，約依言別故。《理門》云，彼相似，不說異名。言即是此，故無有失。問，同喻即因相，因同於瓶作無常。異喻亦因相，因同於空常非作。答，同喻順成因，所作故因。同瓶作無常，異喻反顯以明因。因不同空常非作。問，因言所作亦無常，因喻相似可言一。異空是常非所作，不同於因體性殊。答，第三因相異遍無，取遮於宗因，不有異喻常空非所作，取遮非表故即因。問，同喻作無常，異喻常非作，俱不取彼所依，彼二何收。答，隨二能依，亦同二攝。若爾，即應取彼瓶體爲同喻耶。答，依無常門，瓶無別體，故亦同喻。瓶依別門，故非同喻。義別不可一準。異喻所依，亦同此解。有言，陳那不以相似及異爲異喻，如何舉空常非作。解云，通有無體舉空非作，非據體說。此解問答不相應也。論文自釋，何繁異計。

**真界《因明入正理論解》** 喻有二種，一者同法，二者異法。

喻者，比曉也。謂即以近事比類，令於深法得曉了故。故《金剛論》云：喻者見邊義，謂以所見邊，與未所見邊，和合正說，名之爲喻。釋云：所見邊者，謂已顯了分。未見邊者，未顯了分。以顯了分顯未顯了分，令義平等，所有正說，名能立喻。言同法異法者，謂在因名品，在喻名法也。以喻與宗因法同，則名同法。異法反此。然喻有體依，如云瓶者即是依也。以無常作義，證無常宗，名之爲體。下皆倣此。

二依標別釋分二，初釋同喻。同法者，若於是處，顯因同品決定有性。謂若所作，見彼無常，譬如瓶等。同法者，謂所引喻與宗因法同，故名同法。若於下釋同法義，謂於喻處與因相同，故得決定有性。謂若下立量顯同也。蓋以所作爲因，無常爲宗，瓶等爲喻。三支滔然，故云同也。

二釋異喻。異法者，若於是處，說所立無，因徧非有。謂若是常，見非所作，如虛空等。此中常言，表非無常。非所作言，表無所作。如有非有，說名非有。異法者，異同法也。

若於下，釋異義。謂於喻處說所立無，同宗說因，徧無同因，故名異法。

**王肯堂《因明入正理論集釋》** 喻有二種，一者同法，二者異法，具云譬喻。譬，比也。喻，曉也。即以近事比類，令於深法得曉了故。無著云：喻者見邊義。謂以所見邊與所未見邊和合正說，名之爲喻。師子覺云：所見邊者，謂已顯了分。未所見邊者，謂未顯了分。以顯了分，顯未顯了分，令義平等，所有正說，名爲立喻。龍樹云：然此因言，唯爲顯了是宗法性。非爲顯了同品異品有性無性，故須別說同異喻言。若唯因言所詮表義說名爲因，斯有何失，復有何得。別說喻分，是名爲得。應如世間所說方便，與其因義都不相應。若爾何失。此說但應類所立義，無有功能，非能立義。由彼但說所作性故。所類同法，不說能立所成立義。又因喻別，此有所立同法異法，終不能顯因與所立不相離性。是故但有類所立義，然無功能。何故無能。以同喻中不必宗法，宗義相類，此復餘譬所成立故，應成無窮。又不必定有諸品類，非異品中不顯無性有所簡別能爲譬喻。故說頌言，若因唯所立，或差別相類，譬喻應無窮，及遮遣異品。世間但顯宗因異品同處有性爲異法喻，非宗無處因不有性，故定無能。若唯宗法是因性者，其有不定應亦成因，云何具有所立能立及異品法二種譬喻而有此失。若於爾時所立異品非一種類，便有此失。如初後三，各最後喻，故定三相，唯爲顯因。由是道理，雖一切分，皆能爲因顯了所立。然唯一分且說爲因。

二牒釋二，初同喻。同法者，若於是處，顯因同品決定有性，謂若所作見彼無常，譬如瓶等，是處同喻處也。顯因同品者，謂立同法喻者，要當顯此喻，先與前因同品合其定有之所作性，則無能立不成過。而後合其所立之宗法，則無所立不成過及俱不成過。謂若下，引喻式也。於中初八字，是先因後宗之合詞。如此則無無合倒合二過，譬如瓶等，正舉喻體。喻亦有依有體，瓶等是喻依，各有所作性是喻體。今取喻體，不取喻依。不應分別聲瓶有異，但取無常義相似爲因也。故龍樹云，所作相似乃有三種。若難瓶等所作性於聲上無，此似不成。若難聲所作性於瓶等無，此似相違。若難即此常上亦無，是不共故，便似不定。或似喻過，引同法故。何以故。唯取總法建立比量，不取別故。若取別義，決定異故，比量應無。此所謂總法即是喻體，所謂別義即是喻依也。若有所缺，則是似同法喻過。

次異喻四。初正立異喻。異法者，若於是處說所立無，因徧非有。謂若是常，見非所作，如虛空等，是處異喻處也。說所立無者，謂前所立無常之宗在此異喻中無有，則無所立不遣過。因徧非有者，謂前同品定有之因於此異喻中要全非有，則無能立不遣過及俱不遣過。謂若是常，先遣宗也。見非所作，後遣因也。如是則無無離倒離二過。如虛空等，正舉喻體。若有所缺，則是似異法喻過。合離宗因，前後不同，其故難曉。若謂比量之法宗藉因明，是以先合因而宗自順，則離詞何獨不然。只是舉因成宗，引法類喻，揀異立同，語勢如此。如合云，諸所作性，見彼無常，喻如瓶。即離云，若是常者，見非所作，喻如空也。云何知所作性得成無常。曰，我見一切所作性者皆是無常，如彼瓶等之類是也（此合也）。云何此因不成常宗。曰，若是常者，自非所作，如虛空等是也（此離也）。由是合詞因先宗後爲正，離詞宗先因後爲正，其勢然也。

次申釋異喻。此中常言，表非無常，非所作言，表無所作。如有非有，說名非有。釋異品云，謂於是處，無其所立。釋異法云，若於是處，說所立無。其於偏無之性，不啻明晰矣。恐人仍作相違別異會去，故於離詞之後，復申明以常遣無常以非作遣所作之故。以見異法之異，乃以所立無故爲異，而非相違別異之異也。問，相違別異與無何別。曰：兩法對立，可言相違，可言別異。今直言是法無耳，何得無別。如有非有說名非有者，如有一法，以其無故，名之曰無。豈別有一無，與有相違與有別異而謂之無哉。相違別異，名似同法，不名異法。在龍樹論中，前已具引矣。

**智旭《因明入正理論直解》** 三釋喻。喻有二種，一者同法，二者異法。同法者，若於是處顯因同品決定有性。謂若所作，見彼無常，譬如瓶等。異法者，若於是處說所立無，因徧非有。謂若是常，見非所作，如虛空等。此中常言，表非無常，非所作言，表無所作，如有非有，說名非有。

先雙標，次各釋。先釋同法者，若於是喻處，顯示因之同品決定有性。謂若所作之因，見彼無常之宗，則以譬如瓶等而爲同喻。瓶亦所作，瓶亦無常。故名爲同法也。次釋異法又二，先正釋，次揀非。先正釋異法者，若於是喻處，說所立宗法決定是無，所出因性亦徧非有，乃名異法。謂若是常，則無所立無常宗法。見非所作，則徧非有所作性因，如虛空等，則無瓶等可爲同喻，故名爲異法也。次復揀非，謂此中所言常者，但爲表示非無常耳，不是立常爲宗以與無常相對也。此中所言非所作者，但爲表示無所作耳，不是立非所作爲因以與所作相對也。譬如有決非有，所以說名非有耳，豈可謂更有一箇非有以與有相對哉。此正顯示但借虛空常非所作爲異喻，以表無常正宗，決不立虛空爲常宗也。若計虛空定有定常，即是外道故。

**明昱《因明入正理論直疏》** 喻有二種，一者同法，二者異法。同法者，若於是處，顯因同品，決定有性。謂若所作，見彼無常，譬如瓶等。異法者，若於是處，說所立無，因徧非有。謂若是常，見非所作。如虛空等。此中常言，表非無常。非所作言，表無所作。如有非有，說名非有。

一同法者，法即宗因。宗依名有法，宗體但名法，因名宗法，故宗因俱名法，以喻必同同品宗因，故名同法。二異法者，謂異品喻，雖同異品之宗因，必不同於同品之法，故名異法。同法者下，釋成同喻之義。若於是處者，即同法喻處也。顯因同品者，顯能成立之因，同於喻也。決定有性者，謂同法喻中，決定有同品之因性。謂若下，舉例。以所作性故之因，見彼無常之宗，譬如瓶等爲喻。異法者下，釋成異喻。是處者，即異喻之處。說所立無者，謂無同品所立之宗。因徧非有者，謂同品之因。於異品中，徧非有故。復立異品云，謂若是常爲宗，見非所作爲因，如虛空等爲喻。此中不釋成異品異於同品之義，謂此異品中常宗之言，表非同品無常之宗，非所作言，表無同品所作之因。如有下，舉例釋成同品異品義。謂如有有，必有非有。言有即同品，非有即異品。以異品中非有同品之義，故說異品名爲非有。故下論云，對彼有論，有即同品，對非有論，即對異品。

## 合

**真諦譯《如實論反質難品》卷一** 五分義中，一分不具，是名不具足分。五分者，一立義言，二因言，三譬如言，四合譬言，五決定言。譬如有人言聲無常，是第一分。何以故，依因生故，是第二分。若有物依因生，是物無常，譬如瓦器依因生故無常，是第三分。聲亦如是，是第四分。是故聲無常，是第五分。是五分若不具一分，是名不具足墮負處。

**玄奘譯《大乘阿毗達磨雜集論》卷一六** 合者，爲引所餘此種類義，令就此法正說理趣。謂由三分成立，如前所成義已，復爲成立餘此種類所成義故，遂引彼義令就此法，正說道理，是名合。

**窺基《因明入正理論疏》卷中** 合結總陳，若所作者，即前總顯因之同品，見彼無常，亦則前顯決定有性。諸有生處，決定有滅。母牛去處，犢子必隨。因有之處，宗必隨逐。此爲合也。若有所作，其立敵證等，見彼無常。如瓶等者，舉其喻依有法結也。前宗以聲爲有法，無常所作爲法。今喻以瓶等爲有法，所作無常爲法。正以所作無常爲喻，兼舉瓶等喻依，合方具矣。

## 結

**玄奘譯《大乘阿毗達磨雜集論》卷一六** 結者，謂到究竟趣所有正說，由此道理，極善成就，是故此事決定無異，結會究竟，是名結。已說立宗等相，今當就事略顯。如無我論者，即於此事對我論者，先說諸法無我，此言是立宗。次說若於蘊施設四過可得故，此言是立因。所以者何，若於諸蘊施設實我者，此所計我爲即蘊相，爲於蘊中，爲於餘處，爲不屬蘊而施設耶。若即蘊相而施設者，蘊不自在，從衆緣生，是生滅法。若即彼相，我不成就，是名初過。若於蘊中而施設者，所依諸蘊既是無常，能依之我亦應無常，是第二過。若離蘊於餘處施設者，我無所因，我亦無用，是第三過。若不屬蘊而施設者，我應獨存，自性解脫，更求解脫，唐捐其功，是第四過。次說如於現在施設過去，此言是立喻。所以者何，若同現在相施設實有過去者，此所計過去爲即現在相，爲於現在中，爲於餘處，爲不待現在而施設耶。若即現在相而施設者，已生未滅是現在相，過去法體亦應已生未滅爲相，是初過。若於現在中施設者，於未滅中施設滅體不相應故，不應道理，是第二過。若離現在於餘處施設者，除現在外餘實有爲事少分亦不可得，云何於彼施設，是第三過。若不待現在而施設者，亦應施設無爲爲過去世，是第四過。然過去世相滅壞故，無相義成。若同現在施設，即成四過。是故過去相不成就諸法，無我亦爾。若於蘊施設即四過可得故，無我義成。次說如是遮破我顛倒已，即由此道理常等亦無，此言是合。後說由此道理是故五蘊，皆是無常，乃至無我，此言是結。

# 量

**窺基《唯識二十論述記》卷下** 量者量度，如以尺丈。量綾錦等，尺爲能量，綾等所量，知其量數是其量果。諸心心所，緣諸法時，說有四分。見分能量，相分所量，自證，量果。如是自證，緣見分時，見分所量，自證能量，證自證爲量果。如證自證，緣自證時，自證所量，證自證分爲其能量，即此自證亦爲量果，能返緣故。若以第三緣第四時，第四所量，第三能量，其第四分即爲量果，能返緣故。陳那以前，古内外道，大小乘師，皆說三量。一現量，二比量，三聖言量。今依梵音，云阿弗多阿笈摩，此云至教。至教量者，非得但聖者說，名爲至教。但是世間言無差二可信者語，皆至教量，契至理故，合實事故。如八語品，四聖言等。言比量者，比附量度，名爲比量。即以衆相而觀於義，緣此義智，名爲比量。

**窺基《因明入正理論疏》卷上** 諸量之中，古說或三。現量，比量，及聖教量。亦名正教及至教量，或名聲量，觀可信聲而比義故。或立四量，加譬喻量。如不識野牛，言似家牛，方以喻顯故。或立五量，加義準量。謂若法無我，準知必無常，無常之法，必無我故。或立六量，加無體量。入此室中見主不在，知所往處。如入鹿母堂，不見苾芻，知所往處。陳那菩薩廢後四種，隨其所應，攝入現比。故《理門》云，彼聲喻等，攝在此中。由斯論主，但立二量。此上略明古今同異，別義所以。至下當知。辨八義同異者，有是能立而非能破。如眞能立，建立自宗。有釋無此，能立自宗，即能破敵，必對彼故。有是能破而非能立，如顯過破。有釋無此，但破他宗，自便立故。有是能立，亦是能破。如眞立破，他所不成。有釋無此，立謂能申自，破謂就他宗。有非能立，亦非能破，謂似立破。有是能立，而非似立，謂眞能立。有是似立，而非能立，除決定相違，所餘似立。有是能立，亦是似立，謂決定相違。有釋無此，此唯似立，非能立故。立者雖具言，他智不決故。有非能立，亦非似立，謂妄破他所成立義。有是能立而非似破，如無過量。有是似破而非能立，如十四過類等。有是能立亦是似破，如決定相違。有釋無此，此但似破，非眞立故。有非能立亦非似破，謂顯過破。有釋無此，顯他過非，自便立故。能破定非似立，亦非似破，眞似異故。有是似立而非似破，謂有過量建立自宗。有釋無此，自宗義成，即是眞破，自既不立，即似破他。有是似破而非似立，謂妄顯他非十四過類。有釋無此，妄謂破他，即妄立故。有似能立亦是似破，如以過量破他不成。有非似立亦非似破，謂眞能立，或眞能破，似現似比，總入非量。由此可言現量非比及非非量，比量亦是非非量攝。有是現量非比非量，謂證自相眞現量智。有比非量非眞現量，即證共相，比量智及諸非量，此依見分。若依心體，見分通比非，自證必現故。是故八義，體唯有七。雖就他宗，眞能立體，即眞能破，有顯過破，非眞能立。雖似能立，則似能破。妄出過破，非似能立。故能立外，別顯能破。似立之外，別顯似破。眞現眞比，似現似比，智了因攝，二智了故。由斯八義，體唯七種。眞似相明，故義成八。釋體相同異者，即解論文辨八體相之同異也

**栖復《法華經玄贊要集》卷七** 量有四種。一現量，二比，三非，四

聖教量。如眼見青黃等色，即是現量。二如眼見遠煙必有火，是比量。三空華龜毛兔角等，即非量。若與前五，同取五塵境，即現量。此即散位而言。若定心中，第六唯現量。

**法雲《翻譯名義集》卷一三**　相宗明三種量。一現量，唯約佛果，起後得智，見實相理，有二。一定位定心澄湛境皆明證，故名現量。現者，明也。二散心現量，如五識緣色等時，親明而取局附境體分明顯現。現者，親也。二比量，通約凡夫至等覺，比量生解。如遠見煙，比知有火。雖不見火，言非虛故。三證言量，諸佛經教以爲證。準《因明論》云，能立與能破及似唯悟他，現量與比量及似唯自悟。明義有八。一能立三支，譬喻宗因。由此譬況，喻曉宗因。宗者，所宗所主之義。因者，所以義，建立義。世親已前宗等皆爲能立。陳那已後，唯以一因二喻爲能立，宗是所立。二能破。三似能立。四似能破。五現量。六比量。七似現量。八似比量。《因明疏》云：刊定法體，要須二量。現量則得境親明，比量亦度義無謬，度共相境無邪謬矣。《宗鏡》云：教無智而不圓，木匪繩而靡直。比之可以生誠信，量之可以定眞詮，杜狂愚之妄說。故得正法之論永轉，唯識之旨廣行，則事有顯理之功，言有定邪之力。

**寶臣《注大乘入楞伽經》卷四**　言三種量者，一曰現量，二曰比量，三曰聖言量。量者，是楷定義。譬夫升斗量物也。現量者，現即顯現。謂分明證境，不帶名言，無籌度心，親得法體，離妄分別，而非錯謬。比量者，比即比類，謂以因由譬喻，比類量度而得知故。如遠見煙，必知有火。隔牆見角，必知是牛。雖不親見，亦非虛妄。聖言量者，謂以如來聖教爲準繩故。故古德曰，吾佛滅後，以經論爲繩墨，知識爲指南，以防閑魔外是也。

**焦竑《楞伽阿跋多羅寶法經精解評林》**　註曰：三種量者，謂現量，比量，聖言量也。量如斗量物也。現量者，現即顯現，親得法體，離妄分別，而非錯謬也。比量者，比即比類，比類量度，而知其然。如隔山見煙，必知有火。隔牆見角，必知是牛。雖非親見，亦非虛妄。聖言量者，謂以如來正教爲準繩故。五分論者，一宗，二因，三喻，四合，五結。宗因喻三亦云三支，比量合結，但成此三義耳。

**宗泐、如玘《楞伽阿跋多羅寶經註解》卷二**　三種量者，謂現量，比量，聖言量也。量即楷定義，譬升斗量物也。現量者，現即顯現，親得法體，離妄分別，而非錯謬也。比量者，比即比類，比類量度而知其然。如隔山見煙，必知有火，隔牆見角，必知是牛。雖非親見，亦非虛妄。聖言量者，謂以如來正教爲準繩故。

**廣益《八識規矩頌纂釋》**　其能緣之心，具有三量，謂現量，比量，非量。言現量者，現謂顯現，量謂量度。以第一念現前明了，不起分別，不帶名言，無籌度心，親得法體，如鏡現像。又如見山便知是山，見水便知是水，不假分別，故名現量。言比量者，比擬量度而知其然。如隔牆見角知彼有牛，隔山見烟知彼有火。以同時率爾意識，隨見隨即分別，即屬比量。以有比度，故名比量。言非量者，若心緣境時，於境錯謬虛妄分別，不能正知，境不稱心，名爲非量。此三量乃能緣之心也。而所緣之境亦有三，謂性境，帶質境，獨影境。

# 現量

**玄奘譯《大乘阿毗達磨雜集論》卷一六**　現量者，謂自正明了，無迷亂義。自正義言顯自正取義。如由眼正取色等，此言爲簡世間現所得瓶等事，共許爲現量所得性。由彼是假，故非現量所得明了，言爲簡由有障等不可得因故。不現前境，無迷亂，言爲簡旋火爲輪幻陽焰等。

**玄奘譯《因明入正理論》卷一**　現量謂無分別。若有正智，於色等義離名種等所有分別，現現別轉，故名現量。言比量者，謂藉衆相而觀於義。相有三種，如前已說。由彼爲因，於所比義有正智生，了知有火或無常等，是名比量。於二量中即智名果是證相故。如有作用而顯現故，亦名爲量。有分別智於義異轉，名似現量。謂諸有智了瓶衣等分別而生，由彼於義不以自相爲境界故，名似現量。若似因智爲先所起諸似義智，名似比量。似因多種，如先已說。用彼爲因，於似所比諸有智生，不能正解名似比量

**窺基《瑜伽師地論略纂》卷六**　名現量者，《入正理》說：此中現量，謂無分別。若有正智，於色等義，離名種等所有分別，現現別轉，故名現

量。諸部不同。此論與因明亦別，皆如彼疏。觀此文說，世間亦有清淨現量，故淨定心，亦現量攝。非要得境體，五俱意等名現量體。

**玄奘譯《瑜伽師地論》卷一五** 現量者，謂有三種。一非不現見，二非已思應思，三非錯亂境界。

非不現見現量者，復有四種。謂諸根不壞，作意現前，相似生故，超越生故，無障礙故，非極遠故。相似生者，謂欲界諸根於欲界境，上地諸根於上地境，已生已等生，若生若起，是名相似生。超越生者，謂上地諸根於下地境已生等如前說，是名超越生。無障礙者，復有四種。一非覆障所礙，二非隱障所礙，三非映障所礙，四非惑障所礙。覆障所礙者，謂黑闇，無明闇，不澄清色闇所覆障。隱障所礙者，謂或藥草力，或呪術力，或神通力之所隱障。映障所礙者，謂少小物，爲廣多物之所映奪，故不可得，如飲食中藥，或復毛端。如是等類，無量無邊，且如小光大光所映，故不可得。所謂日光映星月等，又如月光映奪眾星，又如能治映奪所治，令不可得。謂不淨作意，映奪淨相。無常苦無我作意，映奪常樂我相。無相作意，映奪一切眾相。惑障所礙者，謂幻化所作，或色相殊勝，或復相似。或內所作，目眩惛夢，悶醉放逸，或復顛狂。如是等類，名爲惑障。若不爲此四障所礙，名無障礙。非極遠者，謂非三種極遠所遠。一處極遠，二時極遠，三損減極遠。如是一切，總名非不現見，非不現故，名爲現量。

非已思應思現量者，復有二種。一纔取便成取所依境，二建立境界取所依境。纔取便成取所依境者，謂若境能作，纔取便成取所依止。猶如良醫授病者藥，色香味觸，皆悉圓滿，有大勢力，成熟威德。當知此藥色香味觸，纔取便成取所依止。藥之所有大勢威德，病若未愈，名爲應思。其病若愈，名爲已思。如是等類，名纔取便成取所依境。建立境界取所依境者，謂若境能爲建立境界取所依止。如瑜伽師於地思惟水火風界，若住於地思惟其水，即住地想，轉作水想。若住於地，思惟火風，即住地想，轉作火風想。此中地想，即是建立境界之取。地者，即是建立境界取之所依。如住於地，住水火風，如其所應，當知亦爾，是名建立境界取所依境。此中建立境界取所依境，非已思惟，非應思惟。地等諸界，解若未成，名應思惟。解若成就，名已思惟。如是名爲非已思應思現量。非錯亂境界現量者，謂或五種或七種。五種者，謂非五種錯亂境界。何等爲五。一想錯亂，二數錯亂，三形錯亂，四顯錯亂，五業錯亂。七種者，謂非七種錯亂境界。何等爲七。謂即前五，及餘二種遍行錯亂，合爲七種。何等爲二，一心錯亂，二見錯亂。想錯亂者，謂於非彼相，起彼相想。如於陽焰鹿渴相中，起於水想。數錯亂者，謂於少數起多數增上慢。如瞖眩者，於一月處見多月像。形錯亂者，謂於餘形色，起餘形色增上慢。如於旋火見彼輪形。顯錯亂者，謂於餘顯色，起餘顯色增上慢。如迦末羅病損壞眼根，於非黃色悉見黃相。業錯亂者，謂於無業事，起有業增上慢。如結拳馳走，見樹奔流。心錯亂者，謂即於五種所錯亂義，心生喜樂。見錯亂者，謂即於五種所錯亂義，忍受顯說生吉祥想，堅執不捨。若非如是錯亂境界，名爲現量。

問：如是現量誰所有耶。答：略說四種所有。一色根現量，二意受現量，三世間現量，四清淨現量。色根現量者，謂五色根所行境界，如先所說現量體相。意受現量者，謂諸意根所行境界，如先所說現量體相。世間現量者，謂即二種總說爲一世間現量。清淨現量者，謂諸所有世間現量，亦得名爲清淨現量。或有清淨現量，非世間現量，謂出世智於所行境，有知爲有，無知爲無，有上知有上，無上知無上。如是等類，名不共世間清淨現量。

**窺基《唯識二十論述記》卷下** 言現量者，諸部說異。且薩婆多用世友說，以根名見，根體是現量，以顯現義是根義故。此能量境，故名現量。是持業釋。法救說識名見，能量境故，識名現量。持業如前。妙音慧名見，能量法勝慧，名現量。正量部說，心心所法，和合名見，心心所法，合名現量。經部師說，根識和合，假名爲見，假能量境，假名現量。吠世史迦，德句義中，覺爲現量。數論師說，十一根中，五根是現量，若歸於本，自性是現量。大乘師說，根名爲現，依發屬助如根五義勝餘故。然是色法，不能量境，唯心心所，能量度故。心心所法，正是量體，依現之量，名爲現量。此依士釋。若無著以前，但說二分。唯一見分，爲現量體。無著以後陳那菩薩立三分者，見、自、證分爲現量體。護法以後，見分自證，證自證分，爲現量體。安慧，諸識雖皆有執，然無隨念計度分別，明現取境，名爲現量。無漏皆現量，如說善等性。小乘有五，外道有二，大乘有四，合有十一種。出現量體，廣如餘處，此略顯示。陳那以後，其聖言量攝入此中。此體除此，外更無故。如《因明疏》。今者世親，說有三量，故論說言一切量中，現量爲勝，取現境故，證自相故。大小二乘，外道內道，皆共許爾。故今總敘貶議諸量，現量勝餘。

**窺基《因明入正理論疏》卷上**　五者現量，行離動搖，明證眾境，親冥自體，故名現量。（能緣行相，不動不搖。因循照境，不籌不度。離分別心，照符前境。明局自體，故名現量。然有二類，一定位，二散心。定心澂湛，境皆明證，隨緣何法，皆名現量。一切散心，若親於境，冥得自體，亦皆現量。）

**玄奘譯《顯揚聖教論》卷一一**　現量者有三種相，一非不現見相，二非思搆所成相，三非錯亂所見相。

非不現見相者，復有四種應知。謂由諸根不壞作意現前時，同類生異類生無障礙不極遠。同類生者，謂欲纏諸根於欲纏境，上地諸根於上地境，已生已等生，若生若起，是名同類生。異類生者，謂上地諸根於下地境，若已生等，是名異類生。無障礙者，復有四種。一非覆障所礙，二非隱障所礙，三非映障所礙，四非惑障所礙。覆障所礙者，謂黑闇無明闇不澄淨色之所覆隔。隱障所礙者，謂或藥草力，或呪術力，或神通力之所隱蔽。映障所礙者，謂少爲多物之所映奪，故不可見。或飲食等爲諸毒藥之所映奪，或髮毛端爲餘麁物之所映奪。如是等類，無量無邊。且如小光爲大光所映，不可得見，所謂日光映星月等。又如能治映奪所治，令不可得。謂不淨觀映奪淨相，無常苦無我觀，映奪常樂我相無相觀力映奪眾相。惑障所礙者，謂幻化所作，或相貌差別，或復相似。或內所作目眩惛夢，悶亂酒醉，放逸癲狂。如是等類，名爲惑障。若不爲此四障所礙，名無障礙。不極遠者，謂非三種極遠。一處極遠，二時極遠，三推折極遠。如是總名非不現見，由非不現見，故名現量。

非思搆所成相者，復有二種。一纔取便成取所依境，二建立境界取所依境。纔取便成取所依境者，謂若境能作纔取，便成取之所依。猶如良醫授病者藥，色香味觸悉皆具足，有大勢力成熟威德。當知此藥色香味觸，纔取便成取所依境藥之所有大勢熟德。病若未愈，思搆所成。若病愈時，便非思搆。如是等類，名爲纔取便成取所依境。建立境界取所依境者，謂若境能爲建立境界取之所依，如瑜伽師假想思搆地界水界火界風界。若於地界假爲水解，即依地想建立水想。若於地界假爲火風二解，即依地想建立火風二想。此中地想即是建立境界，取地界即是建立境界取之所依。如於地想如是，於水火風想如其所應，盡當知，是名建立境界取所依境。此中建立境界取所依境，非是思搆所成假想所解地等諸界。若解未成，是名思搆所立。解若成就，即非思搆。如是名爲非思搆所成，由非思搆之所成故，名爲現量。

非錯亂所見相者，當知或五種，或七種。五種者，謂非五種錯亂所見。五種錯亂者，一想錯亂，二數錯亂，三形錯亂，四顯錯亂，五業錯亂。七種者，謂非七種錯亂所見。七種錯亂者，即此五種錯亂，及餘二種遍行錯亂，合爲七種。二種錯亂者，一心錯亂，二見錯亂。想錯亂者，謂於非彼相起彼相想。如於陽焰鹿渴想起於水想。數錯亂者，謂於少數起多增上慢。如瞖眩者，於一月處見多月像。形錯亂者，謂於餘形起餘形增上慢。如於旋火，見彼輪形。顯錯亂者，謂於餘顯色起餘顯色增上慢。如爲迦末羅病損壞眼根，於非黃色悉見黃相。業錯亂者，謂於無業起有業增上慢。如執拳馳走，見樹奔流。心錯亂者，謂即於五種所錯亂義心生喜樂。見錯亂者，謂即於五種所錯亂義忍受顯說，安立寶重妄想堅執。若非如是錯亂所見，名爲現量。

問：如是現量，誰所有耶。答：略說四種所有。一色根現量，二意受現量，三世間現量，四清淨現量。色根現量者，謂色相五根所行境界，如前所說現量體相。意受現量者，謂諸意根所行境界，如前所說現量體相。世間現量者，謂即前二種總名世間現量。清淨現量者，謂若世間現量亦是清淨現量，有清淨現量非世間現量。謂出世智於所行境，有知爲有，無知爲無，有上知有上，無上知無上，不共世間，名清淨現量。

**延壽《宗鏡錄》卷四九**　問：前說第八具四義，故成現量。未審三量行相如何。又八識各具幾量。

答：古德釋云：現量者，現謂顯現，即分明證境，不帶名言，無籌度心，親得法體，離妄分別，名之爲現。言量者，量度，是指定之義。謂心於境上度量指定法之自相，不錯謬故，名量。比量者，比謂比類，量即量度。以比類量度而知有故，名爲比量。非量者，謂心緣境時，於境錯亂，虛妄分別，不能正知，境不稱心，名爲非量。《顯揚論》云：現量者，有三種相。一非不現見相，二非思構所成相，三非錯亂所見相。一非不現見相者，復有四種，應知。謂由諸根不壞，作意現前時，同類生，異類生，無障礙，不極遠。同類生者，謂欲塵諸根於欲塵境，上地諸根於上地境，已生等，若生若起，是名同類生。異類生者，謂上地諸根於下地境，若已生等，是名異類生。無障礙者，復有四種。一非覆障所礙，二非隱障所礙，三非映障所礙，四非惑障所礙。覆障所礙者，謂黑闇無明闇，不澄淨色之所覆隔。隱障所礙者，謂或藥草力，或呪術力，或神通力之所隱蔽。映障所礙者，謂少爲多物之所映奪，故不可見。或飲食等，爲諸毒藥之所映奪。或髮毛端，爲餘麁物之所映奪。如是等類，無量無邊。且如小光爲大光所映，不可得見，所謂日光映星月等。又如能治映奪所治，令不可得。謂不淨觀，映奪淨相。無常苦無我觀，映奪常樂我相。無相觀力，映奪衆相。惑障所礙者，謂幻化所作，或相貌差別，或復相似，或內所作目眩惛夢，悶亂酒醉，放逸顛狂。如是等類，名爲惑障。若不爲此四障所礙，名無障礙。不極遠者，謂非三種極遠，一處極遠，二時極遠，三推析極遠。如是總名非不現見。由非不現見，故名現量。二非思構所成相者，謂建立境界，取所依境，纔取便成，非思構之所成，故名爲現量。三非錯亂所見相者，當有七種。一想錯亂，二數錯亂，三形錯亂，四顯錯亂，五業錯亂，六心錯亂，七見錯亂。想錯亂者，謂於非彼相，起彼相想。如於陽焰鹿渴相，起於水想。數錯亂者，謂於少數，起多增上慢。如瞖眩者，於一月處，見多月像。形錯亂者，謂於餘形，起餘形增上慢。如於旋火，見彼輪形。顯錯亂者，謂於餘顯色，起餘顯色增上慢。如爲迦末羅病損壞眼根，於非黃色，悉見黃相。業錯亂者，謂於無業，起有業增上慢。如執捲馳走，見樹奔流。心錯亂者，謂即於五種所錯亂義，心生喜樂。見錯亂者，謂即於五種所錯亂義，忍受顯說，安立寶重，妄想堅執。若非如是錯亂所見，名爲現量。又云：現量者，如五塵色法，是第八識所變相分。前五轉識并明了意識，緣此之時，最初遇境，未起分別，不帶名言，能緣之智親證境體，得法自性，名爲現量得自相也。若前五識及第八識，於一切時皆是現量得法自相，不簡因果漏無漏位，一切皆爾。若第六識，緣彼五塵境時，於彼法體生分別心而起言說。言說所及，不能親證。以是假智所緣，名得共相。不簡因中果位，但於境體起分別心，及起詮之時，皆名得於共相。及佛後得智緣事境時，起分別故，起言說故，亦是假智，非是得彼共相法體，但是得彼共相之義也。因此更依因明，解現量義。準《因明疏》略有二解。一現之量，謂前五識，依所依根，於現在世緣現有境根亦與識同照前境，有發識用，根義顯勝，得顯現名。雖照於境，以體是色，無緣慮用不能量度，但有現義，不得量名。唯心心所量度於境，緣慮用增，體具現義，亦有量境之能。今從能發之根，顯所發識，名現之量。依士釋也。二現即量，謂明了意識一分，除餘散意識及獨頭起者，并取定意識及第八識能緣見分，親緣現境作用顯現，而彼所依意根界體非顯現故，故不取之。但就能緣見分，現即是量。持業釋也。

**延壽《宗鏡錄》卷四九** 《因明論》云，此中現量，謂無分別。釋云，即顯能緣行相，不籌不度，任運因循，照符前境故也。五現謂明現，謂諸定心澄湛，隨緣何境，皆明證故。即明證衆境，名爲現量。六現謂親現，即親冥自體。若一切散心，若親於境明異自體，皆名現量。第五明現，第六親現，此二種義，簡諸邪智等。如病眼見空華毛輪等，雖離分別任運而緣。然不能明證衆境，親冥自體，故非現量也。

**延壽《宗鏡錄》卷四九** 眞現量者，如一合相，相不可得。《金剛經》云：如來說一合相，即非一合相。以從緣合，即無性故。無性之性，是所證理。如是知者，是正智生。是自相處轉，名眞現量。又拂能所證跡，爲眞現量。謂若有如外之智與如合者，猶有所得，非眞實證。能所兩亡，方爲眞現。《唯識論》云：若時於所緣，智都無所得，爾時住唯識，離二取相故。經云，亦無如外智能證於如，乃是爲眞現量也。

## 似現量

**玄奘譯《因明入正理論》卷一** 有分別智，於義異轉，名似現量。謂諸有智了瓶衣等分別而生，由彼於義不以自相爲境界故，名似現量。若似因智爲先所起諸似義智，名似比量。似因多種，如先已說。用彼爲因，於似所比諸有智生，不能正解，名似比量。

窺基《因明入正理論疏》卷上　七者似現量，行有籌度，非明證境，妄謂得體，名似現量（散心有二，一有分別，二無分別。諸似現量，遍在二心。有分別心，妄謂分明得境自體。無分別心，不能分明冥證境故。名似現量。論據決定，唯說分別，非無分別心，皆唯現量故。）

延壽《宗鏡錄》卷四九　似現量者，準理而言，有五種智，皆名似現量。一散心緣過去，二獨意緣現在，三散意緣未來，四緣三世疑智，五緣現在諸惑亂解。此等諸心，能緣行相，有籌度故，皆不以自相爲境故，又隨先所受分別轉故，名似現量。然有二種。一無分別心，謂愚癡人類，及任運見於空華等。雖無分別，然不分明冥證境故，名似現量。二有分別心，現帶名言，不得法之自相，妄謂分明，得境自體，名似現量。又云，男女天地等，見一合相，名似現量。此以眾緣合故，如攬眾微以成於色，合五陰以成於人，名一合相。如是見者，是有分別智，於義異轉，故名似現量。

明昱《因明入正理論直疏》　有分別智，於義異轉，名似現量。謂諸有智，了瓶衣等，分別而生。由彼於義，不以自相爲境界故，名似現量。智有分別，於諸法中不證自相，隨起名言，名爲異轉。由不了知無常等義，又非比量，但於見聞隨起名言種子所有分別，名似現量。故釋云，謂諸有智，了瓶衣等，分別而生。何以故，由彼於義，不以自相爲境界故。

真界《因明入正理論解》　此似現量智，即似立破中之智也。言似現量者，謂有分別智，不能親證諸法自相。但於諸法義上，分別異轉，故於似立破中而致諸咎，名似現量也。異轉者，《大鈔》云，謂男女天地等見一合相，名似現量。一合相者，眾緣和合故。攬眾微以成色，合五陰以成人，名一合相。如是見者，是有分別智於義異轉。若一合相不可得，即眞現量不可得者。即《金剛經》云，如來說一合相，即非一合相。以從緣合，即無性故。無性之性，是所證理。如是知者，是正智生，是自相處轉，名眞現量也。

王肯堂《因明入正理論集釋》　智覺云：似現量者，準理而言，有五種智，皆名似現量。一散心緣過去，二獨意緣現在，三散意緣未來，四緣三世疑智，五緣現在諸惑亂解。此等諸心，能緣行相，有籌度故，皆不以自相爲境故，又隨先所受分別轉故，名似現量。然有二種。一無分別心，謂愚癡人類。及任運見於空華等，雖無分別，然不分明冥證境故，名似現量。二有分別心，現帶名言，不得法之自相，妄謂分明，得境自體，名似現量。又云，男女天地等見一合相，名似現量。此以眾緣合故，如攬眾微以成於色，合五陰以成於人，名一合相。如是見者，是有分別智於義異轉，故名似現量。眞現量者，如一合相，相不可得。《金剛經》云，如來說一合相，即非一合相。以從緣合，即無性故。無性之性，是所證理。如是知者，是正智生。是自相處轉，名眞現量。

智旭《因明入正理論直解》　世人現見瓶衣等種種假物，妄謂亦是現量。其實皆由分別而生，以彼有分別智，於色等義不得自相，但是於義異轉，與上所云現現別轉者不侔，故名似現量也。

## 比量

玄奘譯《因明入正理論》卷一　有分別智，於義異轉，名似現量。謂諸有智了瓶衣等分別而生，由彼於義不以自相爲境界故，名似現量。若似因智爲先所起諸似義智，名似比量。似因多種，如先已說。用彼爲因，於似所比諸有智生，不能正解，名似比量。

窺基《瑜伽師地論略纂》卷六　比量者，謂藉眾相而觀於義智。於二量中，即智名果等，皆如《因明》說。執持自相比知道俗者，執持衣鉢等相，比知是道，持冠冕等，比知是俗。

澄觀《大方廣佛華嚴經隨疏演義鈔》卷五三　比量者，謂與思擇，俱已思、應思所有境界。此復有五。一相比量，如見煙比知有火等（云云）。二體比量，謂現見彼自體性，比類彼物不現見體。如以現比過未等。又如飲食衣服等現見一分得失之相，比知一切等（云云）。三業比量，謂以作用比業所依。如見遠物無有動搖，鳥居其上，比知機等。唯聞哮吼，比知師子等（云云）。四法比量，謂以相鄰相屬之法，比餘相鄰相屬之法。如屬無常，比知有苦。以屬苦故，比空無我（云云）。五因果比量，謂以因果，展轉相比。如見有行，比至餘方。見至餘方，比先有行。見善作業，比知當有大富等（云云）。

**窺基《因明入正理論疏》卷上**　六者比量，用已極成，證非先許，共相智決，故名比量。（因喻已成，宗非先許。用已許法，成未許宗。如縷貫花，因義通被，共相智起，印決先宗，分別解生，故名比量。雖將已許，成未許宗，智生不決，非比量攝。）

**窺基《因明入正理論疏》卷中**　一相比量，如見火相煙，知下必有火。二言比量，聞師所說，比度而知。於此二量，自生決定。他比處在師主之位，與弟子等，作其比量。

**玄奘譯《大乘阿毗達磨雜集論》卷一六**　比量者，謂現餘信解。此云何，謂除現量所得，餘不現事決定俱轉，先見成就。今現見彼一分時，於所餘分正信解生。謂彼於此決定，當有由俱轉故。如遠見烟，知彼有火。是名現量爲先比量。

**玄奘譯《瑜伽師地論》卷一五**　比量者，謂與思擇俱已思應思所有境思。此復五種，一相比量，二體比量，三業比量，四法比量，五因果比量。

相比量者，謂隨所有相狀相屬，或由現在，或先所見，推度境界。如見幢故，比知有車。由見烟故，比知有火。如是以王比國，以夫比妻，以角犎等比知有牛。以膚細軟髮黑輕躁容色姸美，比知少年。以面皺髮白等相，比知是老。以執持自相，比知道俗。以樂觀聖者，樂聞正法，遠離慳貪，比知正信。以善思所思，善說所說，善作所作，比知聰叡。以慈悲愛語，勇猛樂施，能善解釋，甚深義趣，比知菩薩。以掉動輕轉，嬉戲歌笑等事，比未離欲。以諸威儀，恆常寂靜，比知離欲。以具如來微妙相好智慧寂靜正行神通，比知如來應等正覺具一切智。以於老時見彼幼年所有相狀，比知是彼。如是等類，名相比量。

體比量者，謂現見彼自體性故，比類彼物不現見體。或現見彼一分自體，比類餘分。如以現在比類過去，或以過去比類未來，或以現在近事比遠，或以現在比於未來。又如飮食衣服嚴具車乘等事，觀見一分得失之相，比知一切。又以一分成熟，比餘熟分。如是等類，名體比量。

業比量者，謂以作用比業所依。如見遠物，無有動搖，鳥居其上。由是等事，比知是杌。若有動搖等事，比知是人。廣跡住處，比知是象。曳身行處，比知是蛇。若聞嘶聲，比知是馬。若聞哮吼，比知師子。若聞咆勃，比知牛王。見比於眼，聞比於耳，嗅比於鼻，嘗比於舌，觸比於身，識比於意。水中見礙，比知有地。若見是處草木滋潤莖葉青翠，比知有水。若見熱灰，比知有火。叢林掉動，比知有風。瞑目執杖，進止問他，蹎蹶失路，如是等事，比知是盲。高聲側聽，比知是聾。正信聰叡，離欲未離欲，菩薩如來，如是等類，以業比度，如前應知。

法比量者，謂以相鄰相屬之法，比餘相鄰相屬之法。如屬無常，比知有苦。以屬苦故，比空無我。以屬生故，比有老法。以屬老故，比有死法。以屬有色有見有對比有方所及有形質，屬有漏故，比知有苦。屬無漏故，比知無苦。屬有爲故，比知生住異滅之法。屬無爲故，比知無生住異滅法。如是等類，名法比量。

因果比量者，謂以因果展轉相比。如見有行，比至餘方。見至餘方，比先有行。若見有人如法事王，比知當獲廣大祿位。見大祿位，比知先已如法事王。若見有人備善作業，比知必當獲大財富。見大財富，比知先已備善作業。見先修習善行惡行，比當興衰。見有興衰，比先造作善行惡行。見豐飮食，比知飽滿。見有飽滿，比豐飮食。若見有人食不平等，比當有病。現見有病，比知是人食不平等。見有靜慮，比知離欲。見離欲者，比有靜慮。若見修道，比知當獲沙門果證。若見有獲沙門果證，比知修道。如是等類，當知總名因果比量，是名比量。

**玄奘譯《顯揚聖教論》卷一一**　比量者，謂與思擇俱推度境界。此復五種，一相，二體，三業，四法，五因果。

相比量者，謂隨其所有相貌相屬，或由現在及先所見推度境界。如以見幢故，比知有車。以見煙故，比知有火。如是以王比國，以夫比妻，以角犎比牛。以形軟髮黑輕舉色美，比知是少。以面皺髮白等，比知是老。以執自相，比道比俗。以樂見聖者，樂聞正法，遠離憍慢，比正信者。以善思所思、善說所說、善作所作，比聰叡者。以慈悲、愛語、勇猛、樂施、善能解釋甚深義意，比知菩薩。以掉動、輕轉、嬉戲、歌笑等，比未離欲。以諸威儀恆寂靜故，比知離欲。以具如來微妙相好、智慧、寂靜、勝行、辯才，比知如來應正等覺具一切智。見彼幼年所有相貌，比知老時當有是事。諸如是等，名相比量。

體比量者，由現見彼自體性故，比類彼物不現見體。或現見彼一分自體，比類餘分。如以現在，比類去來。或以過去，比未來事。或以現近事，比現遠事。又如衣服飲食嚴具車乘等事，觀見少分得失之相，比知一切。又以一分成熟，比餘熟分。如是等類，名體比量。

業比量者，謂以作用，比業所依。如見遠物，無有動搖，鳥集其上，如是等事，比知是杌。若有動搖等事，比知是人。若見跡步寬長，比知是象。身曳地行，比知是蛇。若聞嘶聲，比知是馬。哮吼，比師子。咆吼，比牛王。見比於眼，聞比於耳，嗅比於鼻，甞比於舌，觸比於身，識比於意。以杖尋水礙杖，比地。若見是處草木滋潤，莖葉青翠，比知有水。若見熱灰，比知有火。若見草木搖動，比知有風。若見瞑目執杖，蹎蹷失路等，比知是盲。高聲側聽，比知是聾。以所作業，比知正信聰叡菩薩未離欲離欲如來。如前應知。

法比量者，謂於一切相屬著法，以一比餘。如屬無常，比知有苦。以屬苦故，比空無我。以屬生故，比有老法。以屬老故，比有死法。以屬有色有見有礙，比有處所及有形質。屬有漏故，比知有苦。屬無漏故，比知無苦。屬有爲故，比知生住異滅之法。屬無爲故，比知反彼。如是等類，名法比量。

因果比量者，謂因果相比，如見物行，比有所至。見有所至，比先有行。若見有人如法事王，比知當獲廣大祿位。見大祿位，比知先已如法事王。若見有人備善作業，比知必當獲大財富。見大財富，比知先已備善作業。見善惡行，比當興衰。見有興衰，比先善惡。若見豐饒飲食，比知飽滿。見有飽滿，比豐飲食。若見有人食不平等，比知有病。若見有病，比知食不平等。見有靜慮，比知離欲。見離欲者，比有靜慮。若見修道，比知必獲四沙門果。若見有獲四沙門果，比知修道。如是等類，當知是名因果比量。如是總名比量。

**慧沼《大乘法苑林章補闕》卷八** 比量體中，且剋勝體，除現量體及以非量，餘所有智，皆名比量。故《理門》云，謂智□是前智，餘從如所說，能立因生。《雜集》亦言，比量者，謂餘信解。師子覺釋云，此云何，謂除現量所得，餘不現事，決定俱轉等，故似非量，皆非比量。《顯揚》《瑜伽》，比量各五，謂相體業法及因果。相謂相貌，如見烟知火等。體謂自體，如見此物體，比餘不見體。業謂業用，如見樹動，知有風等。法謂相屬法，如見無常，比知無我等。因果者，謂因果相比，如見得果，比知修道等。此舉比因，顯所生果。第二相從者，現量智境，及比量境，幷知其因。遍宗等智，生比量合。若先若俱，皆名比量。故《理門》云，審觀察智，從現量生。或比量生及憶此因與所立宗不相離念，由是成前舉所說，力念因同品定有性等故。是近及遠，比度因故，俱名比量。現量智境及比量境，幷知因智，爲遠因。憶因之念，爲近因。《理門》名爲作具作者，作具疎緣，作者近緣，皆名比量。此說自比若從立者，智方得起。即以立者言，及現比量，幷自智因智，憶因之念。故《理門》云，應知悟他比量所不離此得成能立故。第三具攝體者，亦因一切王所皆比，不唯是智。現量既通，比非獨智。

**延壽《宗鏡録》卷四九** 比量者，此復五種。一相，二體，三業，四法，五因果。一相比量者，謂隨其所有相貌相屬，或由現在及先所推度境界。如以見幢故，比知有車。以見煙故，比知有火等。二體比量者，由現見彼自體性故，比類彼物不現見體。或現見彼一分自體，比類餘分。如以現在，比類去來等。三業比量者，謂以作用，比業所依。如見遠物無有動搖，鳥集其上。如是等事，比知是杌。若有動搖等事，比知是人等。四法比量者，謂於一切相屬著法，以一比餘。如屬無常，比知有故。以屬苦故，比空無我。以屬生故，比有老法。以屬老故，比有死法等。五因果比量者，謂因果相比。如見物行，比有所至。見有所至，比先有行。若見有人如法事王，比知當獲廣大祿位。見大祿位，比知先已如法事王等。三量八識分別者，前五轉識，唯是現量，以前五識顯現證境，不作行解心，得法自性任運轉故。第六意識遍通三量有二。一明了意識。與五同緣。通三量。初念得五塵自性。是現量。第二念至作解心時。若量境不謬。是比量，若心所不稱境知即是非量。二獨頭意識有三。一散位獨頭，亦通三量，多是比非。若緣現量，此得五識引起獨散意識。說爲於第一念，緣前來五識所緣五塵之境，得其自性，名現量。二定中獨頭，唯是現量。三夢中獨頭，唯是非量。若見分唯非量，內二分是現量。第七末那，約有漏位中，唯是非量。妄執第八見分爲我爲法故，本來第八見分是白淨無記，然非是我，今被第七妄執爲我，不稱境知，故名非量。若第七內二分唯現量，第八賴耶同五現量。如前已解。

**王肯堂《因明入正理論集釋》** 比量者，比謂比類，量即量度。以比類量度而知有故，名爲比量。眾相即三種相。三種相，即徧是宗法同品、定有異品、徧無之三相也。由彼三相爲因，於三支比量之義，有正智生。了知等者，當知比量有五種。一相，二體，三業，四法，五因果。一相比量者，謂隨其所有相貌相屬，或由現在及先所推度境界。如以見幢故，比知有車。以見煙故，比知有火等。二體比量者，由現見彼自體性故，比類彼物不現見體。或現見彼一分自體，比類餘分。如以現在，比類去來等。三業比量者，謂以作用比業所依。如見遠物，無有動搖，鳥集其上，比知是杌。若有動搖，比知是人等。四法比量者，謂於一切相屬著法，以一比餘。如屬無常，比知有苦。以屬苦故，比空無我。以屬生故，比有老法。以屬老故，比有死法等。五因果比量者，謂因果相比。如見物行，比有所至。見有所至，比先有行。若見有人如法事王，比知當獲廣大祿位。見大祿位，比知先已如法事王等。了知有火，即相比量。了知無常，即法比量。等者，等餘體業因果也。窺言云，上眞現量一門，即題中正理二字。此眞比量一門，即題中因明二字。故比量之法，全是現量體上之智用。從體起用，所以標因攝用歸體，故云入理。應知此眞比量，即前正能立中因三支三相之法所分出也。

**明昱《因明入正理論直疏》** 言比量者，牒科標舉。謂藉眾相而觀於義者，釋比量二字。眾相釋比，觀義釋量。相有下，釋成眾相。言三種者，即宗、因、喻。如前已說者，能立門中已說三支。問，此中三相與因中何異。答，因中三相，唯屬於因，與宗爲因，名能成立。此中三相，總攝三支，與智爲因，名爲比量，是故不同。由彼下，釋比量。謂由無過三支爲因，比之生智爲果。故云於所比義，有正智生。正智既生，了知有火。或無常等，是比量義。於二量中即智名果者，謂現比量，皆以生智爲果，比量以三支爲因，生有分別正智爲果，能證所比義故。現量以色等爲因，生無分別正智爲果，能證色等自相，故云是證相故。如有作用而顯現故，亦名爲量者，別明世妏等量。謂遷流作用顯現世量，塵點作用顯現數量，質礙作用顯現色量。頑虛作用顯現空量，屈曲作用顯現形量，光明作用顯現影量。如是等量，皆以作用而顯現故。

# 似比量

**玄奘譯《因明入正理論》卷一** 若似因智爲先，所起諸似義智，名似比量。似因多種，如先已說。用彼爲因，於似所比諸有智生，不能正解，名似比量。

**澄觀《大方廣佛華嚴經隨疏演義鈔》卷三七** 無常計常，即是第八。如色是無常，知從緣生，剎那滅故，故是無常。此藉因緣，相應智起，是眞比量。今以相續覆故，即似因智起，計之爲常，即相違解起，名似比量，故爲顛倒。今云於法不顛倒故，是揀似比量。

**窺基《成唯識論述記》卷四** 言似比量者，謂約我宗眞性有爲無爲、非空不空，有法一分非極成過，汝不許有我勝義故，四種世俗勝義之中各隨攝故。若隨小乘彼轉實有，便違自宗。若隨汝自宗勝義空者，我不許汝空勝義故，亦非極成。又以我說，若約世俗，無爲有爲二俱是有。若約勝義，非空不空。汝今說空，即有違自教之失。名似比量。

**窺基《成唯識論掌中樞要》卷下** 破清辨似比量，宗有一分所別不成。如論中道勝義，亦有一分違宗之失，不成如疏中解。同喻如幻者，依俗諦如幻有二徵。如幻實事，非緣生故，能立不成。如幻似事，此宗非空，所立不成。依勝義諦，彼此二宗一切法皆不可言。非空非不空，非緣生非不緣生，何得以空華等爲喻，同喻亦有，俱不成失，名似比量。

**窺基《因明入正理論疏》卷上** 八者似比量，妄興由況，謬成邪宗，相違智起，名似比量（妄起因喻，謬建邪宗。順智不生，違解便起。所立設成，此彼乖角，異生分別，名似比量）。

**王肯堂《成唯識論證義》卷三** 似比量者，即非量也。論主破云：眾生著相，迷眞實理。佛說空法，遣彼着心。愚者不知爲對治故，執遣相空爲究竟法，依似比量不能正解。撥無此識及一切法，違害前引諸大乘經，便謂無能斷之智，無所斷之惑，無所證之果，無能脩之因。但有言說，都不可得。豈不違害聖教，成大邪見。何以故。以外道毀因謗果，亦不謂全無如兔角然，但執因果非實有。若謂生死涅槃一切諸法皆非實有，菩薩不應爲斷幻化生死，勤集夢影資糧，期證空花佛果。譬如有人欲除幻敵，用石女兒以爲軍旅。誰有智者行此事耶。故應下勸信。《宗鏡》云：不達眞異熟正唯識人，多執俗有眞無，強生異見，不知諸佛密意，執遣相空理以爲究竟。此乃破徧計情執，是護過遮詮，便撥依他圓成，悉作空花之相。若無依圓本識及一切法，皆則無體，既非實有，成大邪見。

**明昱**《因明入正理論直疏》　若似因智，爲先所起諸似義智，名似比量。似因多種，如先已說。用彼爲因，於似所比，諸有智生，不能正解，名似比量。

似因智者，因是比量。謂似比量所生之智，名似因智。爲先所起諸似義智名似比量者，即前帶過三支，於諸義中，似有所知，不能正了無常等義，但名相似比量。似因多種下，釋成。謂前已說三十三過，名爲多種。即是多言用彼多過爲因，於所比義，雖有智生，不能正解，故說名似。

# 自比量　他比量　共比量

**澄觀**《大方廣佛華嚴經隨疏演義鈔》卷三〇　言自、他、共等三種比量者，《因明》第二疏中廣說，今略示之。如薩婆多立無表色，自立量云：我無表色定是實色，許色性故，如許色聲等。此即自比量。謂自立義，令他解了。二他比量者，於他立中出宗因過。如大乘破薩婆多云，汝無表色非定實色，許無對故。如心心所三共比量者，於他立中，出比量過。

**窺基**《因明入正理論疏》卷中　凡因明法所能立中，若有簡別，便無過失。若自比量，以許言簡，顯自許之，無他隨一等過。若他比量，汝執等言簡，無違宗等失。若共比量等，以勝義言簡，無違世間自教等失。隨其所應，各有標簡。此比量中，有所簡別，故無諸過。有法言眞，明依勝義，不依世俗，故無違於非學世間。

**窺基**《因明入正理論疏》卷中　然諸比量，略有三種。一他，二自，三共。他比量中略有三共。自比共比，各三亦然，合有九共。今此舉三，恐文繁故，下皆準知。一他共，二自共，三共共。如以佛法破數論，云汝我無常，許諦攝故，如許大等。此他比量無常之宗。二十三諦爲同品，以自性爲異品。許諦攝因，於同異品皆悉遍有，故是他共。若不爾者，宗因喻等，皆有違於自教等失。數論計我我是常，許諦攝故。如許自性，此自比量立我常宗，自性爲同，大等爲異。許諦攝因，二皆遍轉，故是自共。如論所說，即是共共也。

**慧沼**《因明義断》　有人云：共比量唯他不定。非不定者，其義云何。答：此義應思。所以者何。共量爲生他解，因唯自許，尙得成因。以正翻邪，唯他不定。何故非過。又如唯立自量，於他不定非過，以自定故。今者共量，雖復共定，於他宗中，因有不定。何得非過。或可他喩非自所許，是故非過。或可立量，欲令他解，喻自雖不許，是他宗所許故。他情疑亦說爲過。準此，他共二量之中，三種不定，俱說爲過。唯自比量，於他不定，不說爲過。非對於他令他解故。或自共量，唯他不定，非不定過，爲違於他，立自共故。

**延壽**《宗鏡錄》卷五一　答：夫立比量，有自他共，隨其所應，各有標簡。若自比量，自許言簡。若他比量，汝執言簡。若共比量，勝義言簡。今此共比量，有所簡別。眞故之言，表依勝義，即依四種勝義諦中，體用顯現諦立。

**文軌**《廣百論疏》卷一　比量有三種，一共相，二自，三他。有法喩因，立敵俱許，名共比量。有法因喻，唯自所許，非他所許，名自比量。有法因喻，唯他所許，非自所許，名他比量。今文中，初三句約依他起性，立其比量。次三句約遍計所執性，立他比量。後兩句，牒宗結破。初三句立共比量者，謂彼所立時方物類，皆是識心所現相分，是他依起性。今立此等，並從緣生，是共比量。時方物等定從緣生（宗），以有性故（因），諸有性者，皆從緣生，如苦樂等（同喩）。若非緣生，即非有性，如空花等（異喩）。次三句立他比量者，謂就外人，非依他起時方物上，横計實有常時方物是遍計所執性。今立此等，皆無有性，是他比量。時方物等，定無有性（宗），非緣生故（因），諸非緣生皆無有性，如空花等（同喩）。若有性者，即從緣生，如苦樂等（異喩）。後兩句牒宗結破者，此時方物若依他起是有性者，應從緣生也。略不結他比量宗也。二釋云，此中但破外人妄執一切常法，亦不勞律以依他遍計二性別破。文中初三句是同喻，次三句是異喻，次一句是立因，後一句是立宗。如前釋中，破依他性，比量作之。

**王肯堂《因明入正理論集釋》**　夫立比量，有自、他、共。隨其所應，各有標簡。若自比量（謂自立義令他解了），自許言簡（顯自許之言無他隨一等過）。若他比量（於他立中出宗因過），汝執言簡（無違宗等失）。若共比量（於他立中出比量過），勝義言簡（無自教等失）。今此共比量有所簡別，眞故之言，表依勝義，即依四種勝義諦中，體用顯現諦立。問，不違世間非學即可爾，又如世尊於小乘《阿含經》亦許色離識有，學者小乘共計心外有其實境，豈不違於阿含等教學者小乘。答，但依大乘殊勝義立，不違小乘之教學者世間之失。

## 聖教量　正教量　至教量　聖言量

**玄奘譯《大乘阿毗達磨雜集論》卷一六**　聖教量者，謂不違二量之教。此云何。謂所有教現量比量，皆不相違，決無移轉，定可信受，故名聖教量。

**玄奘譯《瑜伽師地論》卷一五**　正教量者，謂一切智所說言教，或從彼聞，或隨彼法。此復三種，一不違聖言，二能治雜染，三不違法相。

不違聖言者，謂聖弟子說，或佛自說經教，展轉流布，至今不違正法，不違正義。

能治雜染者，謂隨此法善修習時，能永調伏貪瞋癡等一切煩惱及隨煩惱。

不違法相者，謂翻違法相，當知即是不違法相。何等名爲違法相耶。謂於無相增爲有相。如執有我有情命者生者等類，或常或斷，有色無色。如是等類，或於有相減爲無相，或於決定立爲不定。如一切行皆是無常，一切有漏皆性是苦，一切諸法皆空無我。而妄建立一分是常一分無常、一分是苦一分非苦、一分有我一分無我，於佛所立不可記法，尋求記別，謂爲可記。或安立記，或於不定建立爲定。如執一切樂受皆貪所隨眠，一切苦受瞋所隨眠，一切不苦不樂受癡所隨眠，一切樂受皆是有漏，一切樂俱故思造業，一向決定受苦異熟。如是等類，或於有相法中，無差別相建立差別，有差別相立無差別。如於有爲無差別相，於無爲中亦復建立。於無爲法無差別相，於有爲法亦復建立。如於有爲無爲，如是於有色無色，有見無見，有對無對，有漏無漏，隨其所應，皆當了知。又於有相不如正理立因果相，如立妙行感不愛果，立諸惡行感可愛果。計惡說法毘奈耶中，習諸邪行能得清淨。於善說法毘奈耶中，修行正行謂爲雜染。於不實相以假言說立眞實相。於眞實相以假言說種種安立。如於一切離言法中，建立言說，說第一義。如是等類，名違法相。與此相違，當知即是不違法相，是名正教。

**寶臣《注大乘入楞伽經》卷四**　聖言量者，謂以如來聖教爲準繩故。故古德曰，吾佛滅後，以經論爲繩墨，知識爲指南，以防閑魔外是也。

**窺基《因明入正理論疏》卷上**　聖教量，亦名正教及至教量。或名聲量，觀可信聲而比義故。

**慧沼《大乘法苑林章補闕》卷八**　問：彌勒菩薩、無著天親，皆立現比及聖言量。陳那天主，後習於前，云何各二。

答：陳那菩薩，取緣心及以所緣境，無過自共。此中自相，即爲自體。共相即貫通餘法。緣自相心，名爲現量。緣共相心，名爲比量。離此二外，無別所緣可更立量。故但立二。故《理門》云，爲自開悟，唯有現量及與比量，彼聲喻等，攝在此中，故唯二量。由此能了自共相故，非離此二別有所量。爲了知彼，更立餘量。天主菩薩，陳那之門人，師資相順，故亦不立彼聖教量，取聖教之量由教生故。若定心緣，名爲現量，以分明各證故。若散心緣，名爲比量，籌度比類貫餘義故。攝在境智別說，故分三量。教境能詮故，從於智亦立量名。今據所生，量唯立二。教從於智，亦名爲量。由此聖教，亦名二量，生二智故。更有異解，如抄中說。問，諸外道等，或立譬喻，義準無體等量，並何量收。答，隨其所應，比量所攝，是故自悟及以悟他，量唯有二，更不增減。

## 眞唯識量　唯識比量

**窺基《因明入正理論疏》卷中**　時戒日王，王五印度，爲設十八日無遮大會，令大師立義，遍諸天竺，簡選賢良，皆集會所。遣外道小乘，競申論詰。大師立量，時人無敢對揚者。大師立唯識比量云：眞故極成色，不離於眼識，宗。自許初三攝，眼所不攝故，因。猶如眼識，喻。何故不犯世間相違，世間共說色離識故。答：凡因明法，所能立中，若有簡別，便無過失。若自比量，以許言簡，顯自許之無他隨一等過。若他比量，汝執等言簡，無違宗等失。若共比量等，以勝義言簡，無違世間自教等失。隨其所應，各有標簡。此比量中，有所簡別，故無諸過。有法言眞，明依勝義，不依世俗，故無違於非學世間。又顯依大乘殊勝義立，非依小乘，亦無違於《阿含》等敎色離識有，亦無違於小乘學者世間之失。極成之言，簡諸小乘後身菩薩染污諸色，一切佛身有漏諸色。若立爲唯識，便有一分自所別不成，亦有一分違宗之失。十方佛色及佛無漏色，他不許有。立爲唯識，有他一分所別不成。其此二因，皆有隨一一分所依不成。說極成言，爲簡於此，立二所餘共許諸色爲唯識故。因云初三攝者，顯十八界六三之中初三所攝。不爾，便有不定，違宗。謂若不言初三所攝，但言眼所不攝故，便有不定言。極成之色爲如眼識，眼所不攝故，定不離眼識。爲如五三眼所不攝故，極成之色定離眼識。若許五三眼所不攝故，亦不離眼識，便違自宗。爲簡此過，言初三攝。其眼所不攝言，亦簡不定及法自相決定相違。謂若不言眼所不攝，但言初三所攝故，作不定言。極成之色，爲如眼識初三攝故，定不離眼識。爲如眼根初三攝故，非定不離眼識。由大乘師說彼眼根，非定一向說離眼識。故此不定云，非定不離眼識，不得說言定離眼識。作法自相相違言。眞故極成色，非不離眼識，初三攝故，猶如眼根。由此復有決定相違。爲簡此三過，故言眼所不攝故。若爾，何須自許言耶。爲遮有法差別相違過，故言自許，非顯極成色。初三所攝，眼所不攝。他所不成，唯自所許。謂眞故極成色，是有法自相，不離於眼識。是法自相，定離眼識色，非定離眼識色，是有法差別。立者意許是不離眼識色，外人遂作差別相違言。極成之色非是不離眼識色，初三所攝眼所不攝故，猶如眼識。爲遮此過，故言自許。與彼比量作不定言，極成之色，爲如眼識，初三所攝眼所不攝故，非不離眼識色。爲如自許他方佛等色，初三所攝眼所不攝故，是不離眼識色。若因不言自許，即不得以他方佛色而爲不定，此言便有隨一過故。汝立比量，既有此過，非眞不定。凡顯他過，必自無過，成眞能立必無似故。明前所立無有法差別相違，故言自許。

然有新羅順憬法師者，聲振唐蕃，學苞大小，業崇迦葉，每稟行於杜多，心務薄俱，恆馳誠於小欲。既而蘊藝西夏，傳照東夷，名道日新，緇素欽挹。雖彼龍象不少，海外時稱獨步，於此比量作決定相違。乾封之歲，寄請師釋云，眞故極成色定離於眼識，自許初三攝眼識不攝故，猶如眼根。時爲釋言，凡因明法，若自比量，宗因喻中皆須依自，他共亦爾。立依自他共，敵對亦須然。名善因明，無疎謬矣。前云唯識，依共比量。今依自立，即一切量皆有此違。如佛弟子對聲生論，立聲無常，所作性故，譬如瓶等。聲生論言聲是其常，所聞性故。如自許聲性，應是前量決定相違。彼既不成，故依自比，不可對共而爲比量。又宗依共已言極成，因言自許，不相符順。又因便有隨一不成，大乘不許。彼自許眼識不攝故，因於共色轉故。又同喻亦有所立不成。大乘眼根，非定離眼識。根因識果，非定即離故。況成事智，通緣眼根，疎所緣緣，與能緣眼識有定相離義。又立言自許，依共比量，簡他有法差別相違。敵言自許，顯依自比眼識不攝，豈相符順。又彼比量宗喻二種皆依共比，唯因依自，皆相乖角。故雖微詞通起，而未可爲指南。幸能審鏡前文，應亦足爲理極。上因傍論廣說師宗，宗中既標眞故，無違世間之失。上說名爲非學世間。二學者世間，眾多學人所共知故。若違深淺二義，俱得名違自教。若唯違於淺義，亦得名違世間。深義幽懸，非是世間所共知故。亦有全分一分四句，是過非過，皆如自教相違中釋。違學者世間必違自教故。論中但有違非學世間全分俱句，餘準定然。凡若宗標勝義，如掌珍言。眞性有爲空，如幻緣生故。無爲無有實，不起似空花，亦無違自教世間等過失。

**延壽《宗鏡錄》卷五一**　眞唯識量者，此量即大唐三藏，於中印土曲女城，戒日王與設十八日無遮大會，廣召五天竺國解法義沙門婆羅門等，幷及小乘外道，而爲對敵。立一比量，書在金牌。經十八日，無有一人敢破斥者。故《因明疏》云：且如大師周遊西域，學滿將還。時戒日王，王五印土，爲設十八日無遮大會，令大師立義。遍諸天竺，揀選賢良，皆集會所，遣外道小乘，競生難詰。大師立量，無敢對揚者。大師立唯識比量云：眞故極成色是有法，定不離眼識宗。因云，自許初三攝，眼所不攝故。同喻，如眼識。合云，諸初三攝眼所不攝故者，皆不離眼識。同喻，如眼識。異喻，如眼根。

問：何不合自許之言。答：非是正因，但是因初寄言簡過。亦非小乘不許，大乘自許。因於有法上轉，三支皆是共故。初明宗因，後申問答。初文有二，初辯宗，次解因。且初宗前陳言眞故極成色五箇字，色之一字正是有法，餘之四字但是防過。且初眞故二字防過者，簡其世間相違過，及違教等過。

外人問云：世間淺近，生而知之色離識有。今者大乘立色不離眼識，以不共世間共所知故，此量何不犯世間相違過。答：夫立比量，有自他共。隨其所應，各有標簡。若自比量，自許言簡。若他比量，汝執言簡。若共比量，勝義言簡。今此共比量，有所簡別。眞故之言，表依勝義。即依四種勝義諦中，體用顯現諦立。

問：不違世間非學即可爾。又如世尊於小乘《阿含經》，亦許色離識有。學者小乘共計心外有其實境，豈不違於阿含等教、學者小乘。答：但依大乘殊勝義立，不違小乘之教、學者世間之失。

問：眞故之言，簡世間及違教等過。極成二字，簡何過耶。答：置極成言，簡兩般不極成色。小乘二十部中，除一說部、說假部、說出世部、雞胤部等四，餘十六部皆許最後身菩薩染污色及佛有漏色。大乘不許是一般不極成色，大乘說他方佛色及佛無漏色。經部雖許他方佛色，而不許是無漏。餘十九部皆不許有。并前兩師不極成色。若不言極成，但言眞故色是有法，定不離眼識是宗。且言色時，許之不許，盡包有法之中。在前小乘許者，大乘不許。今若立爲唯識，便犯一分自所別不極成，亦犯一分違宗之失。又大乘許者，小乘不許。今立爲有法，即犯他一分所別不極成，及至舉初三攝眼所不攝因，便犯自他隨一一分所依不成。前陳無極成色爲所依故，今具簡此四般故，置極成言。

問：極成二字，簡其兩宗不極成色，未審三藏立何色爲唯識。答：除二宗不極成色外，取立敵共許。餘一切色，總爲唯識。故《因明疏》云：立二所餘共許諸色爲唯識故，宗後陳言，定不離眼識，是極成能別。

**贊寧《宋高僧傳》卷四**　傳得奘師眞唯識量，乃立決定相違不定量。於乾封年中，因使臣入貢附至。于時，奘師長往向及二年，其量云：眞故極成色，定離眼識，自許初三攝。眼所不攝故，猶如眼根。良以三藏隱密周防，非大智不明。璟爲宗云：不離於眼識，自許初三攝。眼所不攝故，猶如眼識也。如此善成他義。時大乘基覽此作，便見璟所不知。雖然終仰邊僧識見如此，故歎之曰，新羅順璟法師者，聲振唐蕃，學包大小，業崇迦葉。唯執行於杜多，心務薄拘，恆馳聲於少欲。既而蘊藝西夏，傳照東夷，名道日新，緇素欽揖。雖彼龍象不少，海外時稱獨步，於此量作決定相違基師念。遠國之人，有茲利慧，搪突奘師，暗中機發，善成三藏之義，惜哉。璟在本國稍多著述，亦有傳來中原者。其所宗法相，大乘了義教也。見《華嚴經》中始從發心便成佛已，乃生謗毀不信。或云，當啟手足命弟子輩，扶掖下地，地則徐裂，璟身俄墜，時現生身陷地獄焉。于今有坑，廣袤丈餘，實坎窞然，號順璟㮈落迦也。

**明昱《三支比量義鈔》**　眞唯識量者，此量即大唐三藏，於中印土曲女城。戒日王與設十八日無遮大會，廣召五天竺國解法義沙門婆羅門等，并及小乘外道而爲對敵。立一比量，書在金牌。經十八日，無有一人敢破斥者。

按本傳云：大師名振五天，有東印土鳩摩羅王，三遣書達戒賢法師，欲迎供奉。初云，弟子願見支那大德，乞師遣臨，慰我欽恩。次云，必願垂顧，勿復致違。二書不報，三發書云，弟子凡夫，喜怒無恆，因聞外國僧名，身心歡喜，堅求一面。若再不來，弟子分是惡人，恐興夙染。又當整理象軍，踏那爛陁寺，使碎如塵。此言如日，師好試看。戒賢法師得書，謂奘師曰：彼王善心素薄，況境內佛法未甚流行，自聞仁名，故深發意。若違不去，或有魔事。是宜隨順，勿憚小勞。奘師如命，辭師與使俱往。及與王會，一見甚喜，延入內宮供養月餘。戒日王知，發使語鳩摩羅王，急送支那僧來。王曰，我頭可得，法師不可得也。戒日王怒，更遣責曰，頭可得者，即付使來。鳩摩羅王，深懼言失，即命象軍二萬乘，水軍三萬艘共師同發。泝殑伽河，以赴王所。王出境迎師，深生慶慰，躬陳珍膳，作樂散花。復請云，聞師作制惡見論何在。奘師即出所立比量與王。王觀，歡喜讚歎不已。然後遍示百寮，及諸淨行。尋謂師曰，此立甚正，弟子及諸師並皆信伏。但思餘國小乘外道，尚守愚迷，欲於曲女城，作一勝會，集諸國義學，觀法師高論，立敵同許，取信當世，師爲何如。法師然之。遂聞諸國，定日建會。奘師共王，自冬初逆殑伽河而上，至臘盡，方到會所。先有五印土十八國王，幷大小乘僧三千餘人，婆羅門及尼乾外道二千餘人，那爛陁寺千餘僧，普集已久。斯皆博蘊文義，富贍辯才。思聽法音，咸來赴會。兼有侍從，象輿能旛，雲興霧湧。雖六齊之舉袂成帷，三吳之揮汗如雨，未足方其盛也。王遣內外施設食器等畢，別設寶狀，請奘師坐爲論主，稱揚大乘，敘作論意。仍請戒賢法師讀示大眾，別寫一本，懸於門外。竟十八日，無人發論。王舉奘師袈裟遍唱曰：支那法師，立大乘義，破諸異見，自十八日來，無敢論者。汝宜知之，一眾歡喜，皆稱奘師爲大乘天。

**智旭《唐奘師真唯識量略解》**　言比量中所立前陳有法，或是自立，或是他立，或是自他共立。有此三種不同。若是自立，則標自許之言以簡別之。若是他立，則標汝執之言以簡別之。若是自他共立，則標勝義之言以簡別之。今此色之一字，是自他共立之比量。而外人不知色不離識，故以眞故之言表依勝義。不依凡俗妄見也。四種勝義諦者。一世間勝義，亦名體用顯現諦，謂蘊處界等，不同外道所執我法故。二道理勝義，亦名因果差別諦，謂苦等四諦，世出世間因果眞實不虛謬故。三證得勝義，亦名依眞顯實諦謂二空眞如，約能證之智而言。四勝義勝義，亦名廢詮談旨諦，謂一眞法界，約所證之理而言也。

**真界《因明入正理論解》**　唐三藏立唯識比量云：定不離眼識，宗。是極成能別。蓋指後陳宗法爲能別。又云，大乘說佛無漏色，小乘說佛有漏色。若將此二種色，立爲唯識，則彼此不共許。便犯自他一分所別不極成。蓋指前陳有法，爲所別。近有以外道不許佛弟子所立宗，爲能別不極成。以佛弟子不許外道所立宗，名所別不極成者，謬也。

俱不極成者，如勝論師，對佛弟子，立我以爲和合因緣。此明能別所別俱不極成也。謂勝論師於我有法上，立和合因緣宗。內教皆不定許，故云俱不極成。蓋外以神我爲我，非眞常之我，則所別有法不成。以我爲和合因緣，非佛所說正因緣義，則能別宗不成也。

相符極成者，如說聲是所聞。奘師云，相扶銘爲扶宗之過。今云，符者如立者於聲有法上立所聞宗。意欲別彼成自宗義，而反與彼相符，故名相符極成。

三結過歸宗。如是多言，是遣諸法自相門故，不容成故，立無果故，名似立宗過。結前九過之言，以歸宗也。夫立比量，必先以智達萬法因。則凡所立量，隨自相而不違，宗必成，果必有也。今此所立，既與現量等相違，是違諸法自相，則宗不成，而無果故，名似立宗也。遣即違義。

# 非　量

**玄奘譯《阿毗達磨順正理論》卷二六**　言非量者，有太過失。謂聖教中，何處顯了定說樹等皆無有命、定說諸行皆剎那滅、定說瓶等非別實有、定說過去非未來爲因、定說有情非本無今有。又佛世尊，曾於何處，定釋密說殺父等言。謂有漏業，名爲父等。又自所執，舊隨界等。佛於何處，曾說此言。設爲證成，引相似教，非正顯故，可作餘釋。由是所言，無經說故，便非有者，非決定因。

**窺基《因明入正理論疏》卷上**　似現、似比，總入非量。由此可言，現量非比及非非量，比量亦是非非量攝。有是現量非比非量。謂證自相眞現量智，有比非量非眞現量，即證共相，比量智及諸非量。

**窺基《因明入正理論疏》卷下**　問：此緣瓶等智，即名似現。現比非量三中何收。答：非量所攝。問：如第七識，緣第八執我，可名非量。汎緣衣瓶，既非執心，何名非量。答：應知非量不要執心，但不秤境，別作餘解，即名非量。以緣瓶心，雖不必執，但惑亂故，謂爲實瓶，故是非量。

**延壽《宗鏡錄》卷四九**　非量者，謂心緣境時，於境錯亂，虛妄分別，不能正知，境不稱心，名爲非量。

**普泰《八識規矩補註》卷上**　茲正解比非二量。先釋名。若獨散意識度境無謬，故名比量。比度不著，謂之非量。謂量者，即能緣之心體。若心心所緣境爲因比度生者，總名比量。若比屬境，量屬心，所比之量，依士釋。若俱屬心，能比即量，持業釋也。非量者，非不也，邪謬之異名。若心心所緣境之時，不稱境知而邪謬生解者，名爲非量。非即量，持業釋也。次釋體者，比量即有分別智正解心心所爲體，非量者即以邪妄謬解心

心所爲體也

正誨《八識規矩頌略説》 非量者，謬生量度也。以意識有五，故通三量。五者。一定中獨頭意識，緣定中性境。二散位獨頭意識，緣受所引色，是帶質境。三夢中獨頭意識，緣夢中獨影境。四明了意識，與前五識同緣五塵性境。五亂意識，緣病中獨影境。定中明了是現，餘皆比非。

## 論體

**玄奘譯《瑜伽師地論》卷一五** 云何論體性，謂有六種。一言論，二尙論，三諍論，四毀謗論，五順正論，六教導論。言論者：謂一切言說，言音，言詞，是名言論。尙論者：謂諸世間，隨所應聞，所有言論。諍論者：謂或依諸欲所起。若自所攝諸欲，他所侵奪。若他所攝諸欲，自行侵奪。若所愛有情所攝諸欲，更相侵奪，或欲侵奪。若無攝受諸欲，謂歌舞戲笑等所攝，若倡女僕從等所攝，或爲觀看，或爲受用。於如是等諸欲事中，未離欲者，爲欲界貪所染污者，因堅執故，因縛著故，因耽嗜故，因貪愛故。發憤乖違喜鬪諍者，興種種論，興怨害論，故名諍論。或依惡行所起。若自所作身語惡行，他所譏毀。若他所作身語惡行，自行譏毀。若所愛有情所作身語惡行，互相譏毀。於如是等行惡行中，願作未作諸惡行者，未離欲界貪瞋癡者，重貪瞋癡所拘蔽者，因堅執故，因縛著故，因耽嗜故，因貪愛故，更相發憤，懷染污心，互相乖違。喜鬪諍者，興種種論，興怨害論，故名諍論。或依諸見所起，謂薩迦耶見，斷見，無因見，不平等因見，常見，兩眾見等種種邪見，及餘無量諸惡見類。於如是諸見中，或自所攝，他所遮斷。或他所攝，自行遮斷。或所愛有情所攝，他正遮斷，或已遮斷。或欲攝受所未攝受。由此因緣，未離欲者，如前廣說。乃至興種種論興怨害論，是名諍論。毀謗論者：謂懷憤發者，以染污心，振發威勢，更相擯毀，所有言論。謂粗惡所引，或不遜所引，或綺言所引。乃至惡說法律中，爲諸有情，宣說彼法，研究決擇，教授教誡。如是等論，名毀謗論。順正論者：謂於善說法律中，爲諸有情，宣說正法，研究決擇，教授教誡。爲斷有情所疑惑故，爲達甚深諸句義故，爲令知見畢竟淨故，隨順正行，隨順解脫。是故此論，名順正論。教導論者：謂教修習增上心學增上慧學補特伽羅。心未定者，令心得定。心已定者，令得解脫。所有言論，令彼覺悟眞實智故，令彼開解眞實智故，是故此論，名教導論。問：此六論中，幾論眞實，能引義利，所應修習。幾不眞實，能引無義，所應遠離。答：最後二論，是眞是實，能引義利，所應修習。中間二論，不眞不實，能引無義，所應遠離。初二種論，應當分別。

**玄奘譯《大乘阿毗達磨集論》卷七** 論軌決擇，略有七種。一論體，二論處，三論依，四論莊嚴，五論負，六論出離，七論多所作法。

第一論體復有六種。一言論，二尙論，三諍論，四毀論，五順論，六教論。言論者，謂一切世間語言。尙論者，謂諸世間所隨聞論，世智所尙故。諍論者，謂互相違返所立言論。毀論者，謂更相憤怒發麁惡言。順論者，謂隨順淸淨智見所有決擇言論。教論者，謂教導有情心未定者令其心定，心已定者令得解脫所有言論。

第二論處。謂或於王家，或於執理家，或對淳質堪爲量者。或對善伴，或對善解法義沙門婆羅門等，而起論端。

第三論依。謂依此立論，略有二種。一所成立，二能成立。所成立有二種，一自性，二差別。能成立有八種，一立宗，二立因，三立喩，四合，五結，六現量，七比量，八聖教量。所成立自性者，謂我自性或法自性。差別者，謂我差別或法差別。立宗者，謂以所應成自所許義，宣示於他，令彼解了。立因者，謂即於所成未顯了義，正說現量，可得不可得等，信解之相。立喩者，謂以所見邊與未所見邊，和會正說。合者，爲引所餘此種類義，令就此法正說理趣。結者，謂到究竟趣所有正說。現量者，謂自正明了無迷亂義。比量者，謂現餘信解。聖教量者，謂不違二量之教。

第四論莊嚴。謂依論正理而發論端，深爲善美，名論莊嚴。此復六種，一善自他宗，二言音圓滿，三無畏，四辯才，五敦肅，六應供。

第五論負。謂捨言言屈言過。捨言者，謂自發言稱己論失稱他論德。言屈者，謂假託餘事方便而退。或說外事而捨本宗。或現忿怒憍慢覆藏等。如經廣說。言過者，略有九種，一雜亂，二麁獷，三不辯了，四無限量，五非義相應，六不應時，七不決定，八不顯了，九不相續。

第六論出離。謂觀察德失，令論出離，或復不作。若知敵論非正法器時衆無德自無善巧，不應興論。若知敵論是正法器時衆有德自有善巧，方可興論。

第七論多所作法。略有三種。一善達自他宗，由此堪能遍興談論。二無畏，由此堪能處一切衆而興論端。三辯才，由此堪能於諸問難皆善辯答。

**玄奘譯《大乘阿毗達磨雜集論》卷一六**　論體者復有六種。一言論。二尙論。三諍論。四毁論。五順論。六教論。言論者，謂一切世間語言。尙論者，謂諸世間所隨聞論，世智所尙故。諍論者，謂互相違反所立言論。毁論者，謂更相憤怒發麁惡言。順論者，謂隨順清淨智見所有決擇言論。教論者，謂教導有情心未定者令其心定，心已定者令得解脱所有言論。論處者，或於王家，或於執理家，或對淳質堪爲量者，或對善伴，或對善解法義沙門婆羅門等而起論端。於王家者，謂若於是處王自降臨。執理家者，謂若是處處斷王事。淳質堪爲量者，謂商人等。善伴者，謂於伴侶中立論者，敵論者不越其言。善解法義沙門婆羅門等者，謂於彼彼論中善通達文義。論依者，謂依此立論略有二種，一所成立，二能成立。所成立有二，一自性，二差別。能成立有八種，一立宗，二立因，三立喻，四合，五結，六現量，七比量，八聖教量。所成立自性者，謂我自性法自性，若有若無所成立。

**澄觀《大方廣佛華嚴經隨疏演義鈔》卷五三**　第一論體有六。一言論。二尙論。三諍論。四毁謗論。五順正論。六教道論。一言論者，謂一切言説言音言辭，是名言論。二尙論者，謂諸世間隨所應聞所有言論。下取意略引。三諍論，謂或依諸欲，所起自他所攝諸欲，更相侵奪等（云云）。或因惡行所起，自身惡行他相譏毁等（云云）。或依諸見所起（云云）。四毁謗論者，謂懷憤發者，以染污心振發威勢，更相擯毁所有言論（云云）。五順正論者，謂於善説法律中，爲諸有情宣説正法（云云），隨順正行隨順解故。六教道論者，謂教修習增上心學，增上慧學，增上戒學等（云云）。最後二論是眞實，能引義利所應修習。中間二論，能引無義，故應遠離。初之二論，應分別之。

# 論依

**玄奘譯《大乘阿毗達磨集論》卷七**　第三論依，謂依此立論，略有二種。一所成立，二能成立。所成立有二種。一自性，二差別。能成立有八種。一立宗，二立因，三立喻，四合，五結，六現量，七比量，八聖教量。所成立自性者，謂我自性，或法自性。差別者，謂我差別，或法差別。立宗者，謂以所應成自所許義，宣示於他，令彼解了。立因者，謂卽於所成未顯了義，正説現量可得不可得等信解之相。立喻者，謂以所見邊，與未所見邊，和會正説。合者，爲引所餘此種類義，令就此法，正説理趣。結者，謂到究竟趣所有正説。現量者，謂自正明瞭，無迷亂義。比量者，謂現餘信解。聖教量者，謂不違二量之教。

**玄奘譯《大乘阿毗達磨集論》卷一六**　論依者，謂依此立論，略有二種。一所成立，二能成立。所成立有二，一自性，二差別。能成立有八種。一立宗，二立因，三立喻，四合，五結，六現量，七比量，八聖教量。所成立自性者，謂我自性法自性，若有若無所成立。

**玄奘譯《顯揚聖教論》卷一一**　論所依者，有十種應知。謂所成義有二種，能成法有八種。

所成義二種者，一自性，二差別。所成自性者，謂有立爲有，無立爲無。所成差別者，謂有上立有上，無上立無上，常立爲常，無常立無常。如是有色無色，有見無見，有對無對，有漏無漏，有爲無爲。如是等無量差別義門，是名所成差別應知。

能成法八種者，一立宗，二辯因，三引喻，四同類，五異類，六現量，七比量，八至教。

立宗者，謂依二種所成義，各別攝受，自宗所許。若論教所攝，若自辯所立，若從他所聞，或爲成立自宗，或爲顯他宗過，或爲折伏憍慢，或爲摧屈陵侮，或爲悲愍有情。

辯因者，謂爲成就所立宗故，依所引喻，同類異類，現量比量，及與至教辯道理因。

引喻者，亦爲成就所立義故，引因所依，諸餘世間串習，共許易了之法，以爲比況。

同類者，謂或於現在，或先所見相貌相屬遞互相似。此復四種，一自體，二業，三法，四因果。自體相似者，謂彼相貌更互相似。業相似者，謂彼作用更互相似。法相似者，謂自體上法門差別展轉相似。如無常法與苦法，苦法與無我法，無我法與生法，生法與老法，老法與死法。如是有色無色，有見無見，有對無對，有漏無漏，有爲無爲。如是等無量法門差別更互相似。因果相似者，謂彼因果，能成所成，更互相似。是名同類。

異類者，所謂諸法，隨其異義，互不相似。此亦四種，翻上應知。

## 論處

**玄奘譯《大乘阿毗達磨集論》卷七** 第二論處，謂或於王家，或於執理家，或對淳質堪爲量者。或對善伴，或對善解法義沙門婆羅門等，而起論端。

**玄奘譯《大乘阿毗達磨雜集論》卷一六** 論處者，或於王家，或於執理家，或對淳質堪爲量者。或對善伴，或對善解法義沙門婆羅門等，而起論端。於王家者，謂若於是處王自降臨。執理家者，謂若是處處斷王事。淳質堪爲量者，謂商人等。善伴者，謂於伴侶中立論者，敵論者不越其言。善解法義沙門婆羅門等者，謂於彼彼論中善通達文義。論依者，謂依此立論略有二種，一所成立，二能成立。所成立有二，一自性，二差別。能成立有八種，一立宗，二立因，三立喻，四合，五結，六現量，七比量，八聖教量。所成立自性者，謂我自性法自性，若有若無所成立。

**玄奘譯《瑜伽師地論》卷一五** 云何論處所，當知亦有六種。一於王家，二於執理家，三於大眾中，四於賢哲者前，五於善解法義沙門婆羅門前，六於樂法義者前。

**玄奘譯《顯揚聖教論》卷一一** 論處所者，當知亦有六種。一於國王前，二於執理者前，三於大眾中，四於善解法義者前，五於沙門婆羅門前，六於樂法義者前。

## 似立宗

**玄奘譯《因明入正理論》卷一** 已說宗等如是多言。開悟他時，說名能立。如說聲無常者，是立宗言。所作性故者，是宗法言。若是所作見彼無常，如瓶等者，是隨同品言。若是其常見非所作，如虛空者，是遠離言。唯此三分說名能立。

雖樂成立，由與現量等相違故，名似立宗。謂現量相違，比量相違，自教相違，世間相違，自語相違，能別不極成，所別不極成，俱不極成，相符極成。此中現量相違者，如說聲非所聞。比量相違者，如說瓶等是常。自教相違者，如勝論師立聲爲常。世間相違者，如說懷兔非月有故。又如說言人頂骨淨，眾生分故，猶如螺貝。自語相違者，如言我母是其石女。能別不極成者，如佛弟子對數論師立聲滅壞。所別不極成者，如數論師對佛弟子說我是思。俱不極成者，如勝論師對佛弟子立我以爲和合因緣。相符極成者，如說聲是所聞。如是多言，是遣諸法自相門故，不容成故，立無果故，名似立宗過。已說似宗，當說似因。不成不定及與相違，是名似因。不成有四，一兩俱不成，二隨一不成，三猶豫不成，四所依不成。如成立聲爲無常等，若言是眼所見性故，兩俱不成。

**窺基《因明入正理論疏》卷中** 若與現量等相違，故後時樂爲，非當時之所樂，名似立宗。此爲失也。後時立故，有諸過故。又此雖言亦顯不定，欲顯樂爲通，其今後二時不定。前當時樂所立名宗，後時樂爲名似立宗，今顯後樂故名似宗。

**窺基《因明入正理論疏》卷中** 論：雖樂成立，由與現量等相違，故名似立宗。

述曰：依標釋中大文有六。自下第二次解似立。文段有二。初列解似，後結非真。初中有三，初解似宗，次解似因，後解似喻。初復有二，初牒已說有過非真，後隨標似列指釋結。此即初也，樂爲有二。一當時樂爲，二後時樂爲。前樂爲當時之所樂，似宗所立。後時樂爲，故樂爲言，義通眞似。前將當時之樂，爲簡非當時之所樂，故似宗等非是眞宗。論說雖言義兼德失，雖復前言樂所成立說名爲宗，此爲德也。當時立故，無諸過故。若與現量等相違，故後時樂爲，非當時之所樂，名似立宗。此爲失也，後時立故，有諸過故。又此雖言亦顯不定，欲顯樂爲通，其今後二時不定。前當時樂所立名宗，後時樂爲名似立宗。今顯後樂故名似宗。

**窺基**《因明入正理論疏》**卷中**　論：如是多言，是遣諸法自相門故，不容成故，立無果故，名似立宗過。

述曰：此第三段隨指釋結。如是多言，牒前九過。下之三故，釋過所由。名似立宗，總結成也。是遣諸法自相門故，釋立初五相違所由。此中意說，宗之有法名爲自相，局附自體不共他故。立敵證智，名之爲門，由能照顯法自相故。立法有法，擬生他順智。今標宗義，他智解返生，異智既生，正解不起，無由照解所立宗義，故名遣門。又則自相名之爲門，以能通生敵證智故。凡立宗義，能生他智，可名爲門。前五立宗不令自相，正生敵證眞智解故，名遣諸法自相之門。不容成故，容謂可有。宗依無過，宗可有成。依既不成，更須成立，故所立宗不容成也。故似宗內，立次三過。立無果者，果謂果利。對敵申宗，本爭先競。返順他義，所立無果。由此相符，亦爲過失。結此九過名似立宗。

**真界**《因明入正理論解》　雖樂成立，由與現量等相違故，名似立宗。謂現量相違，比量相違，自教相違，世間相違，自語相違。能別不極成，所別不極成，俱不極成，相符極成。此明似宗之過也。

**王肯堂**《因明入正理論集釋》　雖樂成立，由與現量等相違故，名似立宗。謂現量相違，比量相違，自教相違，世間相違，自語相違，能別不極成，所別不極成，俱不極成，相符極成。即九種似宗也。相違五種，以所立宗。於智，於教，於自，於他，有所違故，不成四種。以能所別立，敵不許極成就故。俱兼宗依宗體言之，或以相違爲宗體過，不成爲宗依過。或以相違爲宗依過，不成爲宗體過，皆非也。

**智旭**《因明入正理論直解》　現量，謂無分別智所知。比量，謂正分別智所知。自教，謂不論大乘小乘內宗外宗，各有自己所稟之教。世間，謂世人依于世諦共所許事。自語，謂自所立法。已上五種隨一相違，便非眞能立宗者也。能別，謂後陳宗體。所別，謂前陳有法。俱，謂宗及有法。已上三種隨一不成，便不可立。況俱不成，豈能立哉。相符，謂與敵家更無二趣。既已相符，何勞別立，所以亦名似宗，非眞能立也。

**明昱**《因明入正理論直疏》　現量相違者，如說聲非所聞。一釋現量相違過。謂現量者，取境清明，不帶名言數量。猶如鏡面，現諸影像，非無其像，去則無留。今立者，既說聲塵爲有法，又立非所聞爲宗，如說鏡像，非鏡面現，豈不相違。

比量相違者，如說瓶等是常。二釋比量相違過。言比量者，《理門論》說，爲顯所比故說宗言，應知立宗。於所比義，能觀察故，名爲比量。今立者，以瓶等爲有法，定常爲宗。然常非所作，瓶等不成。瓶等所作，常義非有。龍樹云，所作非常故，常非所作故，較之比量相違，明如指掌。

自教相違者，如勝論師立聲爲常。三釋自教相違過。外道所計，不出四句。謂有句，無句，俱句，不俱句。勝論計異，即是無句。今以聲爲宗依，定常爲宗體，則常非無句，亦非異句。故與自教無句異句俱相違也。

世間相違者，如說懷兔非月有故。又如說言，人頂骨淨，衆生分故，猶如螺貝。四釋世間相違過。諸世間人，說兔望月，踏影成胎。今說懷兔非月有故，故與世間所說相違。又如下，復立比量，顯與世相違。量云，人頂骨爲宗依，立淨爲宗體，衆生分故爲因，猶如螺貝爲喻。世人謂餘屍骸頂骨皆爲不淨，以從青瘀膀脹爛壞，至白骨等，皆不淨故。今立淨爲宗，豈不相違。如他國中，以人頂骨爲嗢喇碗及爲數珠，是此類故。

自語相違者，如言我母是其石女。五釋自語相違過。爲我母者，必能生育，方有我身。若言我母是其石女，石女不育，我從何生。是爲自語相違之過。

能別不極成者，如佛弟子對數論師，立聲滅壞。六釋能別宗體帶過。能別者，謂能辯別宗依之義，立爲宗體，故說宗體，名爲能別。不極成者，以立宗體，敵者不許，名帶過故。原佛弟子，立聲滅壞，是無常義，其理極成。但對數論師立，便不極成。以數論師，執一執有爲宗，俱是常義，不許滅壞。今以聲爲所別有法，滅壞爲能別宗體，彼既不許，是不極成。以因明之法，立敵共許，方成宗體。苟非其制，便爲帶過。

所別不極成者，如數論師，對佛弟子說我是思。七釋所別宗依帶過。言所別者，是前陳宗依，以帶過故，名不極成。數論師以神我爲宗依，立思爲宗體。雖則不違自教，對佛弟子，便不極成。以佛說法，一切無我，故佛弟子不許有我。則所別我，爲不極成。

俱不極成者，如勝論師，對佛弟子，立我以爲和合因緣。八釋能所二俱帶過。所言俱不極成者，是能別所別二俱帶過，爲俱不成。據佛弟子無我爲宗，則於所別我上不成。以勝論師執異爲宗，無和合義，又執無句，即無因緣，故於能別和合因緣亦不極成。今詳能別所別俱不極成者，唯在宗依宗體上說。以宗中云，此中宗者，謂極成有法，極成能別，應知立宗。必得彼此共許，無諸過難，名爲極成。若不共許，是無圓滿極成就義。

相符極成者，如說聲是所聞。九釋相符極成之過。言相符者，於聲有法，立所聞爲宗。則諸世間，及與聖教，皆同此義，故名相符。問，若謂相符，於理極成，何名爲過。答，因明之法，立敵共諍，是爲宗體。今既相符，無共諍義，亦是帶過。

如是多言，是遣諸法自相門故，不容成故，立無果故，名似立宗過。結前九種帶過。所言遣者，是遠離義。言自相者，是法性義。如瓶衣等，無常爲自相。虛空等義，常爲自相。若以瓶衣爲常，虛空等義又爲無常。是謂遣諸法自相門，故不容成，立亦無果。以不生智，是無果義，故名似立宗過。

**智旭《因明入正理論直解》** 現量相違者，如說聲非所聞。耳識聞聲，是現量境。以聲是耳識相分，耳識正聞聲時，不帶名言，無分別故。若於聲是有法而立非所聞宗，則違現量道理矣。

比量相違者，如說瓶等是常。瓶雖現有，決歸無常。此乃正分別智之所比知。若於瓶等有法而立常宗，則違比量所知道理矣。

自教相違者，如勝論師立聲爲常。勝論師立六句義，一實，二德，三業，四大有，五同異，六和合。就第二德句中，有二十四種。今聲乃二十四中之一也。即彼自教，亦謂聲屬德句所攝。惟所作性，體非常住。假如彼復立聲爲常，則與自教相違矣。

世間相違者，如說懷兔非月有故。又如說言人頂骨淨，衆生分故，猶如螺貝。兔因望月而懷妊，人之頂骨是不淨。此皆世人所知。今若說母兔之懷小兔，非因望月而有。又或說人之頂骨是淨，以是衆生身分故，喻如螺貝，則與世間相違矣。當知衆生分故之因，猶如螺貝之喻，皆可成立不淨之宗，不可成立淨宗也。

自語相違者，如言我母是其石女。生我身者，乃名我母。石女不能生兒，設言母是石女，則與自語相違矣。

能別不極成者，如佛弟子對數論師立聲滅壞。能別，指後陳宗體，如此中滅壞二字是也。聲本剎那滅壞，但數論師，決不許聲滅壞。故對彼立滅壞宗，名不極成，以彼決不肯信受故也。若欲破數論師計聲是實者，應云，聲是有法，決定無實宗。因云，三事合成故。同喻，如軍林等。破計常亦爾。具如《唯識》初卷中說三事，即數論所計薩埵剌闍答摩以爲能成，二十三法以爲所成，而聲即彼所計二十三法之一也。

所別不極成者，如數論師對佛弟子說我是思。所別，指前陳有法，如此中我字是也。佛弟子決不許立我以爲有法，故對此說我是思，名不極成。以佛弟子，決知無我故也。

俱不極成者，如勝論師對佛弟子立我以爲和合因緣。勝論計我爲實句義攝，由德句中覺、樂、苦、欲、瞋、勤勇、行、法、非法之九種和合因緣。能起智相名我，由我與和合句作因緣，和合句令九德與我和合起於智相，故舉和合及所起智以顯我體。然佛弟子不許實我，則彼立我以爲所別，便不極成。佛弟子不許和合句爲實有，則彼立和合因緣以爲能別，亦不極成，故云俱不極成也。此和合因緣，是勝論外道妄計心外實法，乃邪因緣，非正教中十二因緣。

相符極成者，如說聲是所聞。聲是所聞，人皆知之。彼此既已相符，何勞立量對辯。故論本云，若如其聲，兩義同許，俱不須說。蓋義有違反，方須立量。今既相符，不須更說。不應說而說，即是多事，故成過也。

## 似因

**吉迦夜譯《方便心論》卷一** 似因者，如焰似水而實非水。若有論者，嚴飾言辭，以爲水者，是名似因。

**真諦譯《如實論反質難品》卷一** 似因者，如前說有三種，一不成就，二不定，三相違，是名似因。一不成就者，譬如有人立馬來。何以故，見有角故。馬無角，角爲因不成就，不能立馬來。二不定者，譬如有人立秦牛來。何以故，見有角故。有角不定牛，羊鹿等亦有角。角爲因不定，不能立秦牛來。三相違者，譬如有人立晝時是夜。何以故，日新出故。日新出與夜相違，日出爲因不能立夜。若人立此三種爲因，是名似因墮負處。

**玄奘譯《因明正理門論本》**　若因至不至，三時非愛言，至非至無因，是名似因闕。

若因至不至，三時非愛言，至非至無因者，於至不至作非愛言。若能立因至所立宗而成立者，無差別故，應非所立。如池海水相合無異。又若不成應非相至，所立若成此是誰因。若能立因不至所立，不至非因，無差別故，應不成因，是名爲至非至相似。又於三時作非愛言，若能立因在所立前，未有所立，此是誰因。若言在後，所立已成，復何須因。若俱時者，因與有因皆不成就。如牛兩角。如是名爲無因相似。此中如前次第異者，由俱說名似因闕故。所以者何，非理誹撥一切因故。此中何理唯不至同故，雖因相相應，亦不名因。如是何理唯在所立前不得因名故，即非能立。又於此中有自害過，遮遣同故。如是且於言因及慧所成立中有似因闕，於義因中有似不成，非理誹撥諸法因故。如前二因於義所立俱非所作能作性故，不應正理。若以正理而誹撥時，可名能破。

說前無因故，應無有所立。
名無說相似，生無生亦然。
所作異少分，顯所立不成。
名所作相似，多如似宗說。

說前因無故，應無有所立，名無說相似者，謂有說言，如前所立，若由此因證無常性，此未說前都無所有，因無有故，應非無常，如是名爲無說相似。

**玄奘譯《因明入正理論》卷一**　不成不定及與相違，是名似因。不成有四，一兩俱不成，二隨一不成，三猶豫不成，四所依不成。如成立聲爲無常等，若言是眼所見性故，兩俱不成。所作性故，對聲顯論，隨一不成。於霧等性起疑惑時，爲成大種和合火有而有所說，猶豫不成。虛空實有，德所依故，對無空論所依不成。不定有六，一共，二不共，三同品一分轉異品遍轉，四異品一分轉同品遍轉，五俱品一分轉，六相違決定。此中共者，如言聲常所量性故，常無常品皆共此因，是故不定。爲如瓶等所量性故，聲是無常。爲如空等所量性故，聲是其常。言不共者，如說聲常，所聞性故。常無常品皆離此因，常無常外餘非有故，是猶豫因。此所聞性，其猶何等。同品一分轉異品遍轉者，如說聲非勤勇無間所發無常性故。此中非勤勇無間所發宗，以電空等爲其同品。此無常性於電等有，於空等無。非勤勇無間所發宗，以瓶等爲異品，於彼遍有。此因以電瓶等爲同法故，亦是不定。爲如瓶等無常性故，彼是勤勇無間所發。爲如電等無常性故，彼非勤勇無間所發。異品一分轉同品遍轉者，如立宗言聲是勤勇無間所發，無常性故。勤勇無間所發宗，以瓶等爲同品，其無常性於此遍有。以電空等爲異品，於彼一分電等是有，空等是無。是故如前亦爲不定。俱品一分轉者，如說聲常，無質礙故。此中常宗，以虛空極微等爲同品。無質礙性於虛空等有，於極微等無。以瓶樂等爲異品，於樂等有，於瓶等無。是故此因以樂以空爲同法故，亦名不定。相違決定者，如立宗言聲是無常，所作性故。譬如瓶等，有立聲常，所聞性故，譬如聲性，此二皆是猶豫因，故俱名不定。

相違有四，謂法自性相違因，法差別相違因，有法自相相違因，有法差別相違因等。此中法自相相違因者，如說聲常，所作性故。或勤勇無間所發性故。此因唯於異品中有，是故相違。法差別相違因者，如說眼等必爲他用，積聚性故，如臥具等。此因如能成立眼等必爲他用，如是亦能成立所立法差別相違積聚他用，諸臥具等爲積聚他所受用故。有法自相相違因者，如說有性非實非德非業，有一實故，有德業故，如同異性。此因如能成遮實等，如是亦能成遮有性，俱決定故。有法差別相違因者，如即此因即於前宗有法差別作有緣性，亦能成立與此相違作非有緣性，如遮實等，俱決定故。已說似因，當說似喻。

似同法喻有其五種，一能立法不成，二所立法不成，三俱不成，四無合，五倒合。似異法喻亦有五種，一所立不遣，二能立不遣，三俱不遣，四不離，五倒離。能立法不成者，如說聲常，無質礙故。諸無質礙見，彼是常猶如極微。然彼極微所成立法常性是有，能成立法無質礙無，以諸極微質礙性故。所立法不成者，謂說如覺，然一切覺能成立法無質礙有。所成立法常住性無，以一切覺皆無常故。俱不成者，復有二種，有及非有。若言如瓶，有俱不成。若說如空，對無空論，無俱不成。無合者，謂於是處無有配合，但於瓶等，雙現能立所立二法，如言於瓶見所作性及無常性。倒合者，謂應說言諸所作者皆是無常，而倒說言諸無常者皆是所作，如是名似同法喻品。

似異法中所立不遣者，且如有言諸無常者見彼質礙，譬如極微。由於極微所成立法常性不遣，彼立極微是常性故，能成立法無質礙無。能立不遣者，謂說如業，但遣所立，不遣能立，彼說諸業無質礙故。俱不遣者，對彼有論，說如虛空。由彼虛空不遣常性無質礙性，以說虛空是常性故，無質礙故。不離者，謂說如瓶見無常性，有質礙性。倒離者，謂如說言諸質礙者皆是無常。如是等似宗因喻言，非正能立。

**窺基《因明入正理論疏》卷中** 論：不成不定及與相違，是名似因。

述曰：下依標釋爲二，初列三名，後隨別釋。此初也，能立之因不能成宗，或本非因不成因義，名爲不成。或成所立，或同異宗，無楷準，名不定。能立之因，違害宗義，返成異品，名相違。雖因三相隨，應有過，俱不能成宗，應皆名不成。若後二相俱有俱無，異全同分，同全異分，俱分難準，不能定成一宗，令義無所決斷，與名不決定。若後二相，同無異遍異分同無，不成所立，返成異品，與名相違。若是初相，於宗有失，不能成宗，無別勝用，與名不成。若因自不成名不成，非不能成宗名不成者，因是誰因，言自不成。離宗獨說有因，可因自不成，因既是宗因，有過不能堪爲因，明知不能成宗，名不成。又若因自不成名不成，亦應喻自不成名不成，非不能成宗因名不成。能立不成等，便徒施設。又文說不成之義，皆因於宗不成，故知不成非自不成。是故應如此中所說，或理釋言，因之與喻，並自不成。兩俱非因，隨一非因，於因生疑，因無所依。喻無能立，或無所立，或二俱無，義不明顯，體不成喻。由此因喻並自不成，理亦無失。

# 似喻

**玄奘譯《因明入正理論》卷一** 已說似因，當說似喻。

似同法喻有其五種，一能立法不成，二所立法不成，三俱不成，四無合，五倒合。似異法喻亦有五種，一所立不遣，二能立不遣，三俱不遣，四不離，五倒離。能立法不成者，如說聲常，無質礙故。諸無質礙，見彼是常，猶如極微。然彼極微所成立法常性是有，能成立法無質礙無，以諸極微質礙性故。所立法不成者，謂說如覺。然一切覺能成立法無質礙有，所成立法常住性無，以一切覺皆無常故。俱不成者，復有二種，有及非有。若言如瓶，有俱不成。若說如空，對無空論，無俱不成。無合者，謂於是處無有配合。但於瓶等，雙現能立所立二法，如言於瓶見所作性及無常性。倒合者，謂應說言諸所作者皆是無常，而倒說言諸無常者皆是所作，如是名似同法喻品。

似異法中所立不遣者，且如有言諸無常者見彼質礙，譬如極微。由於極微所成立法常性不遣，彼立極微是常性故，能成立法無質礙無。能立不遣者，謂說如業。但遣所立，不遣能立，彼說諸業無質礙故。俱不遣者，對彼有論，說如虛空。由彼虛空不遣常性無質礙性，以說虛空是常性故，無質礙故。不離者，謂說如瓶見無常性，有質礙性。倒離者，謂如說言諸質礙者皆是無常。如是等似宗因喻言，非正能立。

**義淨譯《因明正理門論》卷一** 似因似喻，應亦名宗，爲顯離餘立宗過失故。言非彼相，違義能遣。若非違義，言聲所遣。如立一切言皆是妄。或先所立宗義相違。如獼狐子立聲爲常。又若於中由不共故，無有比量爲極成言相違義遣。如說懷兔非月有故。又於有法，即彼所立，爲此極成，現量比量相違義遣。如有成立聲非所聞，瓶是常等。諸有說言，宗因相違，名宗違者，此非宗過。以於此中立聲爲常，一切皆是無常故者，是喻方便，惡立異法，由合喻顯，非一切故。此因非有，以聲攝在一切中故。或是所立一分義故。此義不成，名因過失，喻亦有過。由異法喻，先顯宗無，後說因無。應如是言，無常一切，是謂非，非一切故義。然此倒說一切無常，是故此中喻亦有過。

**智旭《因明入正理論直解》** 已說似因，當說似喻。似同法喻，有其五種。一能立法不成，二所立法不成，三俱不成，四無合，五倒合。似異法喻亦有五種，一所立不遣，二能立不遣，三俱不遣，四不離，五倒離。

二別釋。

能立法不成者，如說聲常，無質礙故。諸無質礙，見彼是常，猶如極微。然彼極微，所成立法常性是有，能成立法無質礙無，以諸極微質礙性故。能立即因也，所立即宗也。假如說言，聲是有法，定常爲宗。因云無質礙故，合云諸無質礙，見彼是常，猶如極微。然彼極微之喻，於宗法常性，縱許是有，而於因法之無質礙，則便是無。何以故。以諸極微亦是質礙性故。是則喻與因違，故名能立法不成也。

所立法不成者，謂說如覺。然一切覺，能成立法無質礙有，所成立法常住性無，以一切覺皆無常故。此亦以聲常爲宗，無質礙故爲因，而喻如覺。然一切覺，雖於因法之無質礙則有，而於宗法之常住性則無。何以故。以一切覺皆無常故。是則喻與宗違，故名所立法不成也。

俱不成者，復有二種，有及非有。若言如瓶，有俱不成。若說如空，對非有論，無俱不成。俱不成，謂於所成宗法及能成因，皆有不成過也。此復二種。一者有喻，而喻與宗因相違，故俱不成。二者非有喻，喻既非有，不足以成宗因，故俱不成。先釋有喻。若言聲常，無質礙故。同喻如瓶，瓶雖是有，而性無常，復有質礙，故俱不成也。次釋非有。若說聲常，無質礙故。喻如虛空，此對有空論說則可，設對非有空論，則空既無矣，何得論常無常礙無礙哉，故亦俱不成也。

無合者，謂於是處無有配合，但於瓶等雙現能立所立二法，如言於瓶，見所作性及無常性。能立即因，指見所作性也。所立即宗，指無常性也。理應合云，諸所作性皆是無常，同喻如瓶。方能顯義。今既無合，則義不顯，故亦爲過也。

倒合者，謂應說言諸所作者皆是無常，而倒說言諸無常者皆是所作。亦有無常而非所作者，故亦成過。如是名似同法喻品。

此總結似同法喻有五種也。

似異法中，所立不遣者，且如有言：諸無常者見彼質礙，譬如極微，由於極微所成立法常性不遣彼立極微是常性故，能成立法無質礙無。

凡立異喻，本爲反顯同法，故欲以無常反顯常宗，質礙反顯無質礙因，須立異喻，乃可反顯同喻。且如立聲常者，或復有言諸無常者，見彼質礙，譬如極微。則此異喻，於其所立常宗不遣，以彼外道本立極微是常。而今反以極微爲異喻，是宗反成無常，不足顯常宗矣。故此異喻微塵，唯於無質礙因則無，而於常宗仍有。是于因成異喻，于宗不成異喻，名爲所立不遣也。

能立不遣者，謂說如業，但遣所立，不遣能立，彼說諸業無質礙故。謂若立聲常者，或說異喻如業，此則但遣所立常宗，不遣能立無質礙因。以彼說諸業無質礙故，是則於宗成異喻，於因不成異喻。名爲能立不遣也。

俱不遣者，對彼有論說如虛空。由彼虛空，不遣常住無質礙性，以說虛空是常性故，無質礙故。謂若無虛空論立聲常者，或說異喻如虛空，以對有虛空論。則彼虛空二字，不能遣常住宗，亦不能遣無質礙因。一總不成異喻，故名俱不遣也。何以故。以彼有虛空論，說虛空是常性故，無質礙故。

不離者，謂說如瓶，見無常性，有質礙性。謂彼立常宗者，但云異喻如瓶，見無常性，有質礙性。而不云諸無常者，見彼質礙，猶如瓶等。則離遣之旨不顯，故名不離。

倒離者，謂如說言，諸質礙者皆是無常。若約無常宗同喻，正應合云，諸質礙者見彼無常，喻如瓶等。今約立常宗異喻，故應離云，諸無常者見彼質礙，方不顛倒。如或說言諸質礙者皆是無常，則名倒離。蓋合必先因而後宗，離必先宗而後因。語脈應爾，決不可亂，亂則非眞能立也。

已上第二似能立門中初正釋竟。

## 似能立

**澄觀《大方廣佛華嚴經隨疏演義鈔》卷五三** 《因明論》云：能立與能破，及似唯悟他，現量與比量，及似唯自悟。此之一偈，總有八義。一眞能立，二似能立，三眞能破，四似能破，五眞現量，六似現量，七眞比量，八似比量。今此辨於利他故，但明能立破，而菩薩離過但有眞能立破，無似能立破。

**法藏《十二門論宗致義記》卷上** 依彼世間因明，於宗因喻無諸過類，義理極成，名眞能立。若於宗等有過墮者，名似能立，不成立也。

**窺基《因明入正理論疏》卷上** 三者，似能立。三支互闕，多言有過，虛功自陷，故名似立。（此有二義。一者闕支，宗因喻三，隨應闕減。二者有過，設立具足，諸過隨生，僞立妄陳，邪宗謬顯，興言自陷，故名似立。）

**慧沼《因明入正理論義纂要》** 有解：能立有四，一眞能立，二眞似能立，三似能立，四似似能立。以相違決定，爲眞似能立。四不定因，爲似似能立。今謂不爾，何者。如眞似能立，只是似立，何須言眞似能立。若如此解，即有自語相違之失。又若似中有似似，亦應眞中有眞眞。此既不爾，彼云何然。故但言眞似，即攝義周，設眞似及似似言，深爲無用。

**通潤《成唯識論集解》卷一** 對敵申量，三分缺謬，非曉於敵，名似能立。妄斥非圓，彈文有謬，不悟於主，名似能破。由彼敵對申量，而三支有謬，不得圓滿，故先出其量，次即借其量以破之，即彼爲似能立。而我爲眞能破，所謂奪賊槍殺賊也。

## 似能破

**玄奘譯《因明入正理論》卷一** 復次，若正顯示能立過失，說名能破。謂初能立缺減過性，立宗過性，不成立性，不定因性，相違因性及喻過性。顯示此言開曉問者，故名能破。若不實顯能立過言，名似能破。謂於圓滿能立顯示缺減性言，於無過宗有過宗言，於成就因不成因言，於決定因不定因言。於不相違因相違因言，於無過喻有過喻言。如是言說，名似能破。以不能顯他宗過失，彼無過故，且止斯事。

**玄奘譯《因明正理門論本》** 所言似破謂諸類者，謂同法等相似過類，名似能破。由彼多分於善比量，爲迷惑他而施設故，不能顯示前宗不善。由彼非理而破斥故，及能破處而施設故。是彼類故，說名過類。若於非理立比量中如是施設，或不了知比量過失，或即爲顯彼過失門，不名過類。

**智周《因明疏抄》** 能破之中，義亦有四。一眞能破，謂斥失當過，自量無失故，言眞能破。二眞似能破，謂當過而斥，所以稱眞，自不免僭，故名爲似。此即相違決定過也。三似能破，謂無過妄斥，名之爲似。如所作相似等是。四似似能破，謂無過妄斥，名之爲似，自量復更有失，名爲似似。此即同法相似等是。

**慧沼《因明入正理論疏》下** 述曰：此出喻能破體。初明妄言闕，後辨正言。即敵者量圓，妄言有缺，宗因喻正，虛謂爲耶。不了彼眞，興言自負，由對眞立，名似能破。準眞能破，思之可悉。如是言說，名似能破。

述曰：下結似能破名，并釋所以。於中分二，即結及釋。此即初也。如是者，指前之詞。言說者，即圓滿能立缺減言等。如此等言，名爲似破。

**明昱《因明入正理論直疏》** 似能破門，容有二義。若能立門自帶有過，敵者不能正顯其非，是似能破。以不能顯他宗過故。若能立門本無有過，罔冒於他，亦非眞破。以彼無過，且止斯事。餘義如文，詞不繁贅。

**智旭《因明入正理論直解》** 此明似能破者，不可以破眞能立也。若其語言，不能實顯能立之過，名似能破。謂於圓滿眞能立者，而反妄言顯示其缺減性。或於無過宗，而反言其有過。或於成就四因，反言其不成。或於決定因，而反言其不定。或於不相違因，而反言其相違。或於無過喻，而反言其有過。如是言說，皆名爲似能破。以不能顯他宗過失，彼既無過，不應妄破。

## 極成

**玄奘譯《辯中邊論》卷中** 極成眞實，略有二種。一者世間極成眞實，二者道理極成眞實。云何此二依彼根本眞實立耶。頌曰：

世極成依一，理極成依三。

論曰：若事世間共所安立，串習隨入覺慧所取，一切世間同執此事，是地非火，色非聲等，是名世間極成眞實。此於根本三眞實中，但依遍計所執而立。若有理義聰叡賢善能尋思者，依止三量證成道理施設建立，是名道理極成眞實。此依根本三眞實立。淨所行眞實亦略有二種。一煩惱障淨智所行眞實，二所知障淨智所行眞實。云何此二依彼根本眞實而立。頌曰：

淨所行有二，依一圓成實。

論曰：煩惱所知二障，淨智所行眞實，唯依根本三眞實中圓成實立，餘二非此淨智境故。

**窺基《因明入正理論疏》卷上**　極者，至也。成者，就也。至極成就，故名極成。有法能別，但是宗依，而非是宗。此依必須兩宗至極共許成就，爲依義立，宗體方成。所依若無，能依何立。由此宗依，必須共許，共許名爲至極成就，至理有故，法本眞故。若許有法能別二種非兩共許，便有二過。一成異義過，謂能立本，欲立此二上不相離性和合之宗，不欲成立宗二所依。所依若非先兩共許，便更須立。此不成依，乃則能立，成於異義，非成本宗。故宗所依，必須共許。依之宗性，方非極成。極成便是立無果故，更有餘過。若許能別非兩極成，闕宗支故，非爲圓成。因中必有是因同品非定有性過，必闕同喻。同喻皆有，所立不成，異喻一分，或遍轉過。若許有法，非兩極成，闕宗支故，亦非圓成。能別無依，是誰之法。因中亦有所依，隨一兩俱不成。由此宗依，必依共許，能依宗性，方非極成，能立成之本所諍故。

**玄奘譯《因明入正理論》卷一**　能別不極成者，如佛弟子對數論師立聲滅壞。所別不極成者，如數論師對佛弟子說我是思。俱不極成者，如勝論師對佛弟子立我以爲和合因緣。相符極成者，如說聲是所聞。如是多言，是遣諸法自相門故，不容成故，立無果故，名似立宗過

**普光《俱舍論記》卷一七**　世極成者，如言車牛，雖多車牛，性類不同，車牛名同，而一車牛名爲餘車牛故典極成者，如言識住，雖四識住，性類不同，識住名同，而一識住名爲餘識住故。

**窺基《成唯識論述記》卷五**　述曰：極成意識，是有法。言極成者，簡諸部計最後身菩薩有漏不善意識，及他簡自他方佛意。若俱立此一切意，宗便有他自所別，不成過，故今簡之

**神泰《理門論述記》**　言極成者，世間共許是月也。言者，說月之言也。相違義者，即言下所詮共許同義。即此共許同義，能遣其所立懷兔非月義。若唯此釋，前言非彼相違義能遣者，非謂以宗與眞宗相違食相違也。謂若立宗，有其過失，即與五種道理相違。即此道理與以宗相違，名相違義。眞宗既順道理，則不同彼似宗爲相違義遣，故言非彼相違義能遣。問，如自言相違，以何爲道理耶。答，則前敵論人所知道理，合成自言相違過失，則是道理也。指事，則如說懷兔非月（宗），有故（因），如日等喻。

**窺基《因明入正理論疏》卷上**　且九似宗，陳那菩薩《理門》等論，立有五種，不說後四。謂能、所別、俱不極成、相符極成。以《理門》說宗等，多言說能立。此中唯取隨自意，樂爲所立說名宗。非彼相違義，能遣後之四種。既非相違，所以略之。天主宗過，不但相違，故申九種。第二釋云：陳那菩薩，以能別不成，即是因中不共不定等過，亦是喻中所立不成，闕無同喻等過。所別不成，有法無故，即因過中所依不成過。其俱不極成，即合是二過。相符極成者，凡所立論，名義相違。既曰相符，便非所立。本非宗故，依何立過。如諸俗人不受戒者，非受戒類，依何說有持戒破戒。是故不說後之四過。今者天主，加能別不成，以宗合取不相離性，方得成宗。若非能別，誰不相離。若以因中是不共不定等，亦是喻中所立不成。恐繁重故，不須說者，因中已有闕同品，有不共等過。喻中復說，能立不成，一何鄭重。是故加之。天主復加所別不成者，若以是因所依不成，亦恐重故略不須說者。因中已有異品遍轉等不定過，及是異品非遍無過異喻之中，更何須說。能立不遣，何廢宗過，亦爲因過。餘難同前，是故加之。俱不成者，合二爲之。要有二種。互相差別，不相離性，方得成宗。彼二並非，何成宗義。是故加之。若此上三不立過者，所依非極，便更須成。宗既非眞，何名所立。相符極成者，若以相符本非宗故，依何立過。兩俱不成及俱不成，并俱不遣。本非因喻，依何立過。若以因喻有所申述何非過者，宗亦有說，如何非過。是故加之。但陳那影略說，天主委具陳之，非是師資自爲矛盾。又陳那以前古師，宗中復說宗因相違

過。陳那《理門》自破之云，諸有說言，宗因相違，名宗違者，此非宗過。以於此中立聲爲常，一切皆是無常故者，是喻方便惡立異法，由合喻顯非一切故。陳那意言，如聲論者立聲爲常，一切皆是無常故因。是彼外道立宗之喻，方便矯智。惡立異法無常之義，非欲成宗所立聲常。

**王肯堂《成唯識論證義》卷八**　《辯中邊論》頌曰：世極成依一，理極成依二，淨所行有二。依一圓成實，謂極成眞實，略有二種。一者世間極成眞實，此於根本三眞實中，但依徧計所執而立。二者道理極成眞實，此依根本三眞實立。淨所行眞實，亦有二種。一煩惱障淨智所行眞實，二所知障淨智所行眞實。此二唯依根本三眞實中圓成實立，餘二非此淨智境故。第二道理極成眞實，執之則徧計，不執則圓成，雜染即依他，清淨即圓成，故通三性。

# 簡別

**智顗《金光明經玄義》卷上**　簡別者，簡是料簡也。問：若略則唯一，若廣則無量。今此五章，進不是廣，退不成略，何故五耶。答：非略非廣。非略故不一，非廣故不多。廣則令智退，略則義不周。我今處中說今義易明了，五章中當其義如此。別者分別也。前一章總三字共爲名，次三章派三字以爲別，後一章兼於總別，而明教相也。又顯體一章明理，餘四章明事。又前三章是因，後二章是果。又前四章是行，後一章是教。又前四章是自利行，後一章是利他行。又前四章是聖默然，後一章是聖說法。如此等種種分別料簡。

**慧远《大乘義章》卷九**　言簡別者，據實以論，唯一大乘，隨化分三。簡別彼三，是故言一。言破別者，佛隨眾生假施三乘，眾生聞已，執爲定實。佛爲破其所執假三，是故言一。

**窺基《因明入正理論疏》卷中**　答：凡因明法，所能立中，若有簡別，便無過失。若自比量，以許言簡，顯自許之無他隨一等過。若他比量，汝執等言簡，無違宗等失。若共比量等，以勝義言簡，無違世間自教等失。隨其所應，各有標簡。此比量中，有所簡別，故無諸過。有法言眞，明依勝義，不依世俗，故無違於非學世間。又顯依大乘殊勝義立，非依小乘，亦無違於《阿含》等教色離識有，亦無違於小乘學者世間之失。極成之言，簡諸小乘後身菩薩染污諸色，一切佛身有漏諸色。

**窺基《因明入正理論疏》卷中**　答：宗因不極，須置簡言。不簡立以爲宗，所別便成不極。說因依立，即成因過。況俱不極，無因更依不極有法，許是宗過非因過耶。

**神泰《理門論述記》**　欲簡知因喻，別取其宗，或可能去因喻，簡取其宗，名簡別義。若唯復釋前簡持義者，亦應言簡取，不唯簡去也。二可簡謂簡擇。擇是即取，擇非即去。謂若是宗簡取也，若是能立簡去也。別者異義，亦通去取。謂別去因喻，別取其宗。若爾，言簡即是，何須別耶。答，簡名是通。今此簡去，是簡別也，非謂簡持等，故復言別。

# 命題部

## 三界唯心

**求那跋陀羅譯《伽阿跋多羅寶經》卷二**　爾時大慧菩薩摩訶薩，觀未來衆生，復請世尊，唯願爲說修行無間如諸菩薩摩訶薩修行者大方便。佛告大慧，菩薩摩訶薩成就四法，得修行者大方便。云何爲四，謂善分別自心現，觀外性非性，離生住滅見，得自覺聖智善樂，是名菩薩摩訶薩成就四法得修行者大方便。云何菩薩摩訶薩善分別自心現，謂如是觀三界唯心分齊離我我所，無動搖離去來。無始虛僞習氣所熏，三界種種色行繫縛，身財建立妄想隨入現，是名菩薩摩訶薩善分別自心現。云何菩薩摩訶薩善觀外性非性，謂炎夢等一切性，無始虛僞妄想習因，觀一切性自性。菩薩摩訶薩作如是善觀外性非性，是名菩薩摩訶薩善觀外性非性。云何菩薩摩訶薩善離生住滅見，謂如幻夢，一切性自他俱性不生，隨入自心分齊，故見外性非性，見識不生。及緣不積聚，見妄想緣生，於三界內外一切法不可得，見離自性生見悉滅，知如幻等諸法自性，得無生法忍。得無生法忍已，離生住滅見，是名菩薩摩訶薩善分別離生住滅見。

**菩提流支譯《十地經論》第六卷之八**　經曰，是菩薩作是念，三界虛妄，但是一心作。

論曰：但是一心作者，一切三界唯心轉故。云何世諦差別，隨順觀世諦即入第一義諦。此觀有六種，一何者是染染依止觀，二因觀，三攝過觀，四護過觀，五不厭厭觀，六深觀。是中染依止觀者，因緣有分依止一心故。

經曰，如來所說十二因緣分皆依一心，所以者何。隨事貪欲共心生，即是識，事即是行。行誑心故名無明，無明共心生名名色，名色增長名六入，六入分名觸，觸共生名受，受已無厭足名愛，愛攝不捨名取，此有分和合生有，有所起名生，生變熟名老，老壞名死。

論曰：此是二諦差別，一心雜染和合因緣集觀。因觀者有二種，一他因觀，二自因觀，云何他因觀。

經曰：是中無明有二種作，一者緣中癡令衆生惑，二者與行作因。行亦有二種作，一者生未來世果報，二者與識作因。識亦有二種作，一者能令有相續，二者與名色作因。名色亦有二種作，一者互相助成，二者與六入作因。六入亦有二種作，一者能緣六塵，二者與觸作因。觸亦有二種作，一者能觸所緣，二者與受作因。受亦有二種作，一者覺憎愛等事，二者與愛作因。愛亦有二種作，一者於可染中生貪心，二者與取作因。取亦有二種作，一者增長煩惱染縛，二者與有作因。有亦有二種作，一者能於餘道中生，二者與生作因。生亦有二種作，一者增長五陰，二者與老作因。老亦有二種作，一者令諸根熟，二者與死作因。死亦有二種作，一者壞五陰身，二者以不見知故而令相續不絕。

**般若流支譯《唯識論》卷一**　如大乘經中說三界唯心，唯是心者，但有內心，無色香等外諸境界。此云何知，如《十地經》說，三界虛妄，但是一心作故。心意與識及了別等，如是四法義一名異。此依相應心說，非依不相應心說。心有二種，何等爲二，一者相應心，二者不相應心。相應心者，所謂一切煩惱結使受想行等諸心相應，以是故言，心意與識及了別等義一名異故。不相應心者，所謂第一義諦常住不變自性清淨心故，言三界虛妄，但是一心作。是故偈言，唯識無境界故。已明立義，次辯引證。

問曰：以何事驗得知色等外境界無，但有內心能虛妄見前境界也。答曰：偈言以無塵妄見故，無塵妄見者，明畢竟無色等境界，但有內心妄生分別，能見色等外諸境界。已明引證，次顯譬喻。

問曰：若無色等外境界者，爲但有言說，爲亦有譬況。答曰：偈言如人目有翳見毛月等事故。此明何義，譬如人目或有膚翳熱氣病等，是故妄見種種諸事，於虛空中覩見毛炎等見第二月，及以夢幻乾闥婆城。如是等法實無前事，但虛妄見而有受用色香味等。外諸境界皆亦如是，無始世來內心倒惑妄見有用，實無色等外諸境界。

問曰：偈言，若但心無塵，離外境妄見，處時定不定，人及所作事。此偈明何義。若離色等外諸境界虛妄見者，以何義故，於有色處眼則見色，餘無色處則不見色。又復有難，若無色等外諸境界虛妄見者，以何義故，即彼見處於有色時眼則見色，於無色時則不見色。又復有難，若無色等外諸境界虛妄見者，如是則應一切時見，若不如是應一切時悉皆不見。是故偈言，若但心無塵，離外境妄見處時定不定故。又復有難，若無色等外諸境界虛妄見者，以何義故，多人共集同處同時，於有色處則同見色，於無色處則同不見。又復有難，若無色等外諸境界虛妄見者，以何義故，眼瞖之人，妄見日月毛輪蠅等，淨眼之人，則不妄見。又復有難，若等無有色香味等外諸境界虛妄見者，以何義故，眼瞖之人，所見日月毛輪蠅等皆悉無用，淨眼之人，有所見者皆悉有用。又復有難，若等無有色香味等外諸境界虛妄見者，以何義故，夢中所見飲食飢飽刀杖毒藥，如是等事皆悉無用，寤時所見飲食飢飽刀杖毒藥，如是等事皆悉有用。

**慧遠《大乘義章》卷三**　以無明故，不覺心動，動名爲業。言轉識者，依前業識，心慮漸麁，轉起外境，隨而取著，故名爲轉。故論說言，依於動心，轉現外境，名爲轉識。言現識者，依前轉識所起境界，還顯自心，名爲現識。故論說言，現識能現一切境界，如明鏡中現眾色像，故云現也。又如論說，此現識中，隨其五塵對至即現，無有前後，以一切時，任運而現，常在前故。就麁爲言，且云五塵一時俱現，理實六塵皆悉並現。言智識者，於前現識所了法中，分別染淨違順差別，名爲知識。故論說言，依於境界起心，分別愛不愛等，名爲智也。言相續識者，依前智識，心相轉麁境界牽心，心隨境界分別不斷，如海波浪故名相續。故論說言，依於智識，起苦樂覺，與此起念，相應不斷，名相續也。又復此心，能持三世善惡因果，令不失壞，故名相續。故論說言，此相續識，住持過去無量世等善惡之業，不令失壞，復能成就現在未來苦樂果報，令無差違，故名相續。又論說言，此相續識，不斷力故，能令過去已經之事，忽然而念，未來之事，不覺緣慮忽然念起。是故三界唯心所依，如夢所見，如鏡中像，無有自體，離心則無六識境界。以從心故，心生法生，心滅法滅，諸法生滅，皆隨於心。論說如是，然此六種，相則難分，宜以喻顯。譬如世人依於報心便起昏睡不覺之心，起於睡中微動之念，業識如是，如人睡中微動心，後心想漸麁，轉起外境，轉識如是。又如夢中境界成已還顯自心，色香味等一時俱現，現識如是。又如夢人於彼所現夢境界中，分別染淨違順等別，智識如是。又如夢中境界牽心，心隨境界分別不斷。

**般若譯《大乘本生心地觀經》卷八**　此法即是一切諸佛無上法輪，此法即是最勝法幢，此法即是擊大法鼓，此法即是吹大法螺，此法即是大師子王，此法即是大師子吼。此法猶如國大聖王善能正治，若順王化獲大安樂，若違王化尋被誅滅。善男子，三界之中以心爲主，能觀心者究竟解脫，不能觀者究竟沈淪。眾生之心猶如大地，五穀五果從大地生。如是心法生世出世善惡五趣，有學無學獨覺菩薩及於如來，以是因緣，三界唯心，心名爲地。一切凡夫，親近善友聞心地法，如理觀察，如說修行，自作教佗讚勵慶慰，如是之人能斷三障，速圓眾行，疾得阿耨多羅三藐三菩提。

爾時大聖文殊師利菩薩白佛言：世尊，如佛所說，唯將心法爲三界主，心法本無，不染塵穢，云何心法染貪瞋癡。於三世法誰說爲心，過去心已滅，未來心未至，現在心不住，諸法之內性不可得，諸法之外相不可得，諸法中間都不可得，心法本來無有形相，心法本來無有住處，一切如來尚不見心，何況餘人得見心法。一切諸法從妄想生，以是因緣，今者世尊，爲大眾說三界唯心，願佛哀愍，如實解說。

爾時佛告文殊師利菩薩言：如是如是，善男子，如汝所問，心心所法本性空寂，我說眾喻以明其義。善男子，心如幻法，由遍計生種種心想，受苦樂故。心如流水，念念生滅，於前後世不暫住故。心如大風，一剎那間歷方所故。心如燈焰，眾緣和合而得生故。心如電光，須臾之頃不久住故。心如虛空，客塵煩惱所覆障故。心如猿猴，遊五欲樹不暫住故。心如畫師，能畫世間種種色故。心如僮僕，爲諸煩惱所策役故。心如獨行，無第二故。心如國王，起種種事得自在故。心如怨家，能令自身受大苦故。心如埃塵，坌污自身生雜穢故。心如影像，於無常法執爲常故。心如幻夢，於無我法執爲我故。心如夜叉，能噉種種功德法故。心如青蠅，好穢惡故。心如殺者，能害身故。心如敵對，常伺過故。心如盜賊，竊功德故。心如大鼓，起鬭戰故。心如飛蛾，愛燈色故。心如野鹿，逐假聲故。心如群豬，樂雜穢故。心如眾蜂，集蜜味故。心如醉象，耽牝觸故。善男子，如是所說心心所法，無內無外亦無中間，於諸法中求不可得，去來現在亦不可得，超越三世，非有非無。常懷染著從妄緣現，緣無自性心性空故。如是空性，不生不滅，無來無去，不一不異，非斷非常，本無生處，亦無滅處，亦非遠離非不遠離。如是心等不異無爲，無爲之體不異心等，心法之體本不可說，非心法者亦不可說。何以故，若無爲是心即名斷見，若離心法即名常見。永離二相，不著二邊，如是悟者名見眞諦，悟眞諦者名爲賢聖。一切賢聖性本空寂，無爲法中戒無持犯，亦無大小，無有心王及心所法，無苦無樂。如是法界自性無垢，無上中下差別之相。何以故，是無爲法性平等故，如衆河水流入海中，盡同一味無別相故。此無垢性，是無等等，遠離於我及離我所。此無垢性非實非虛。此無垢性是第一義，無盡滅相體本不生。此無垢性常住不變最勝涅槃，我樂淨故。此無垢性遠離一切平不平等，體無異故。若有善男子善女人，欲求阿耨多羅三藐三菩提者，應當一心修習如是心地觀法。

**良賁《仁王護國般若波羅蜜多經疏》卷一上**　《華嚴經》說三界唯心，此經下云，從初刹那有不可說識生諸有情色心二法。《起信論》云，若離心念，則無一切境界之相。論說，心心所色不相應行，諸無爲性皆不離識，識有差別，說者眞教，聞者似法，依淨法界平等所流。若就根本能說者心，若取於末能聞者識。何以知然，二十唯識，世親頌云，展轉增上力，二識成決定。謂餘相續識差別，故令餘相續差別識生，展轉互爲增上緣故，故說佛教唯識爲體，二攝相歸性眞如爲體。故經說云，一切法亦如也，至於彌勒亦如也。此經下云，謂契經等所有宣說音聲語言文字章句一切皆如，無非實相，故說佛教眞如爲體。

**智儼《大方廣佛華嚴經搜玄分齊通智方軌》卷三**　二唯識約體，三界唯心，顛倒分別即空，故得知也。識望無性即似非實，體相相成，故通說耳。問，如境依心即是果法，似而非無，云何對識辨境即空。答，但從心生，非分別境，屬能緣心依他性攝，所以知，當見境時但見實故，故論主以二諦等文作一依止觀也。問：後知唯識還是所知，與前謂境有何義別，仍判後境屬依他性。答：前見境時，不知緣集說唯識作，作義非性見識作，時分雜謂染，緣集作理違分別性，故知別也。遣實境滅時即得一分空無相性，無相現故，唯識想境並則不生名得無性性，此是行門唯識觀法，若約生解則三性後辨無性性。問：唯識想滅爲知無相境遣唯識想，爲識想自滅。答：更無別知無相觀心，但唯識想兼知無性，取想則自不現在前。又亦依前勢而得後心不生也，今此文內通二唯識，三界唯心作即本識唯識，如經下偈但從貪心有即意識唯識，此是順觀，此依經辨。三釋文者，經本有四，初句立宗，二十二緣分下引聖教證，三所以者何下責，四隨事生欲心下答。隨者衆多義，事者上心作業，生欲心者心是梨耶心。問：既言欲心，即是意識，云何言本心。答：欲心有二義，一識現起作用分別，二即此識因緣發起作用義邊即屬其事。能見取邊即屬意識，因緣發起即屬梨耶。爲起時同處不可分別，如行誑心名爲無明，欲心取境即是不了，豈可欲心之後別辨不了，故知即欲名爲不了。但成文故語有前後，事是行者上心分別事即是業行，行誑心名無明者其行現成分別實相，今梨耶識變成不了名爲意識，取其實事故名無明，餘文可知，此依論辨。

**靈泰《成唯識論疏抄》卷一二**　疏云：心識是一者，此一句釋妨難，外人問曰：何故論中則言唯識，經中即言三界唯心，名字各別。答：名雖有別，心識體一。若在五蘊門者，即名爲識，若在處門即名爲意，若在十八界門即名爲心，謂七者前六識及意。

疏云：如說若無心所，心未曾轉者，如說者即如餘經論中說。若無心所，心王即不得起，心王要與心所相應，心王方始得起耶。

疏云：唯心之言，即顯三界唯識，乃至即屬三界貪等結者，從此疏文已下，直乃至此即唯心義意如是已來疏，皆解三界唯心之義。何故經中唯說三界唯心，不言無漏法唯心，且不言圓成實心。答：三界是有情愛著之處，因之起執實我法所，但言三界唯心，不言出世法唯心。次下且解三界名，若有欲界愛，即名欲界。若有色愛即名色界，若有無色界。若有無色愛，即名無色界。若有情別起三界煩惱，即墮在三界。其有情身若與欲界愛結相應，即屬欲界。愛結相應，即屬無色界。愛結者即是九結，幷等取餘無結疑結等。又解此疏文云，如有漏善法無記法等，若欲界中貪等九結及餘煩惱之繫縛，此善法無記法等，即屬欲界中能繫煩惱，上二界亦爾，如牛被繩繫牛即屬繩，即如前文。或爲彼地諸煩惱等之所繫縛，名彼所繫，但言三界唯心，不言出世法唯心。

疏云：此唯識言，無有三界乃至非無無漏及無爲法者。又三界此唯心言者，即顯三界中，有依他起法，而爲所緣。此三界唯識心言，意遮無實三界中橫計實我實法，而爲所緣，故言三界唯心。又三界唯識心言，亦不迷眞如所緣，及無漏依地所緣，即是道諦攝故，謂眞如即是成識攝，若無漏依他即是道諦攝，即取下文根本智，而配上眞如所緣，即根本智是能緣，眞如是所緣。即取下文後得智，配上依他所緣，即後得智是能緣，無漏依他起法所緣，此眞如及無漏依他法，不爲染愛等之所執故，又非所治故。若煩惱染法，即是所治法，此眞如無漏依他，非是所治法，其眞如無漏依他，唯是能治法。又煩惱生死法，即是迷亂法，若眞如無漏依他，即是悟解法，非是迷亂法，又非三界攝故，此眞如無漏依他亦不待識，無漏依他唯心及眞如說爲唯心故。故眞如無漏依他法不須待，唯識言而自成，但說三界有漏，是唯心故經中但說三界唯心故。三界唯心言，非無無漏依他，及無爲眞如法也。

疏云：若爾欲界可言唯心乃至有立已成者。外問曰：汝大乘言三界唯心者，若欲界色界中有色法處，心能變色色從心生，可說色名名爲唯心，是則應言欲色二界名唯心。無色界中既無色法，何故復言無色界亦名唯心。即說三界唯心，又小乘等，多計波無色界唯有心，故名唯識，由無色界中無有色法。今大乘中，又言無色界唯心，即相符極成過，立已成者，即是相符極成過。此不然，乃至無餘虛等識所取義者。此文意說，其無色界中非但無心外法，無色界中亦無離心王外別有貪等心所染。信等心所淨法，以爲能取之故。雖無色界中亦有貪信等，恐外人執離心外別有貪信等，以爲能取之心故。無色界中，離心王外無別貪信等，以爲能取心，其貪信等即是心故，故唯說三界唯心，不言三界唯心所。又無色界雖有虛空無爲，擇滅非擇滅無爲等，乃至薩婆多立三無爲，若化地部等立九無爲，此等諸無爲，亦不離心外別有是識之所取法。此無色界中，心所緣等諸無爲，亦不離心故。說三界唯心，恐外人執無色界虛空等，以爲心外法。

疏云：又經部師執無色心乃至故說三界唯心者。無色心者即是無體法，其無體法即名無體無實，此無法是心之所取，經部許無色界心，亦緣無法，無法是能緣心之所法。恐此經部執此無法，是心外別有故。今大乘云，此無法既名法，即此無法亦不離心。破經部心外無法說三界唯心，大乘無法是唯識者，即約緣無之時，變起親所緣相分，相分不離識故，故說無法亦名唯識。言顯現所依者，有種無一現在心緣過去，過去世無法，即與心作所依緣二者，過去等無。問意，過去等無間意根是無體法，與現在心作所依。又彼部無色界中心等，是無色相。又無色界心，即緣假虛空及假擇滅境等，設不緣虛空假擇滅境，即心緣無法爲所取境，其無法無有體實。恐彼經部，執此無色界中假虛空假擇滅，是心外法，大乘中說三界唯心。又恐經部，執彼心所緣無法，執此無法即離心外有以經部緣無得起虛，今破彼部執之非，但有體法不離心，此無法既名法，此無法亦不離心有，大乘說三界唯心。

**澄觀《大方廣佛華嚴經隨疏演義鈔》卷六五**　疏，論云但是一心下。二論釋經，從此言則總下。疏釋論，上取觀名唯是能作。今云三界唯心轉故，則通能所，然能所有二。若法性宗中，以第一義隨緣成有，即爲能作，所有心境皆通所作，以不思議熏不思議變是現識因故。若法相宗，第一義心但是所迷，非是能作，有三能變，謂第八等故。一卷《唯識論》云，又復有義，大乘經中說三界唯心，唯是心者，但有內心，無色香味等外諸境界。此云何知，如《十地經》說三界虛妄但是一心作，故心意與識及了別等。如是四法義一名異。此依相應心說非不相應心說心有兩種。一相應心所，謂一切煩惱結使受想行等，皆心相應，以是故言心意與識及了別等義，一名異故。二不相應心，所謂第一義諦常住不變，自性清淨心故，言三界虛妄但一心作，是相應心。今依法性故云第一義心以爲能作，言轉者起作義，亦轉變義者，即唯識意。彼論第三總釋三能變，云能變有二，一因能變，二果能變，釋此二變皆云生起故。彼論云一因能變，謂第八識中等流異熟，二因習氣，等流習氣由七識中善惡無記，熏令生長。異熟習氣由六識中有漏善惡，熏令生長。釋曰，種子生現行名因習氣。論中先標，後釋等流即七識中三性種子，各生自現唯除第八。不能熏故，異熟習氣唯除第七，七是無記非異熟因，前是因緣此增上緣。論云，二果能變，謂前二種習氣力故，有八識生現種種相。釋曰，即前二因所生現果，謂有緣法能變現者，名果能變，種種相者，即第八識相應心所相見分等。論別釋云，等流習氣爲因緣故，八識體相差別而生，名等流果，果似因故。釋曰，即以現識三性種子各自生現。論云，異熟增上緣，感第八識酬引業力，恆相續故立異熟名。感前六識酬滿業者，從異熟起名異熟生，不名異熟有間斷故，即前異熟及異熟生，名異熟果，果異因故。釋曰，八識是總果故，是異熟主，主引生餘感六識業，名之爲滿業等。以上論文，皆以生起而釋變義故。

**一行《大毗盧遮那成佛經疏》卷二** 經云，復次祕密主大乘行，發無緣乘心法無我性。何以故，如彼往昔如是修行者，觀察蘊阿賴耶，知自性如幻陽焰影響旋火輪乾闥婆城者，即是明第二重觀法無我性也。梵音莽鉢羅是無義亦是他義，所謂他緣乘者，謂發平等大誓，爲法界衆生，行菩薩道，乃至諸一闡提，及二乘未入正位者，亦當以種種方便折伏攝受，普令同入是乘，約此無緣大悲，故名他緣乘，又無緣乘者，至此僧祇，始能觀察阿陀那深細之識，解了三界唯心，心外更無一法而可得者，乘此無緣心，而行大菩提道，故名無緣乘也。此無緣乘心，即是法無我性，以行者初劫修觀行時心沒蘊中故，以五種無性空門，觀法無我，然望緣生中道，猶屬對治悉檀。若失般若方便，即墮於斷滅，名惡取空者濫方廣道人。今大乘不可得空相，空相亦不可得，雖觀諸法無所有，然亦於諸法無所空，故須離有離無道。觀法無我性，爲欲淨除智障故，隨順古昔諸菩薩修學，觀蘊阿賴耶。即《楞伽》《解深密》等經，八識三性三無性，皆是此意。經言知自性者，即是知三界唯心也，如幻陽焰影響旋火輪乾闥婆城六喻，皆是雙辨有無，明蘊阿賴耶別緣起義，與前劫上五喻觀無性空意，復有殊矣。

阿賴耶，義云含藏正翻爲室，謂諸蘊於此中生於此中滅，即是諸蘊窟窟，故以爲名。然阿賴耶有三種義，一者分別義，二者因緣義，三者眞實義。如《大乘莊嚴論》求眞實偈中，以離二及迷依，無說無戲論故。應知三性俱眞實，所云離二者，謂分別性眞實，由能所畢竟無故。迷依者，謂依他性眞實，由此起諸分別故。無說無戲論者，謂眞實性眞實，由自性無戲論故。次說求眞實譬喻偈云，如彼起幻師，譬說虛分別，如彼諸幻事，譬說二種迷。釋曰，如幻師依呪術力，變木石等以爲迷因，如是虛分別依他性亦爾，起種種分別爲顛倒因。又如幻像金等種種相貌顯現，如是所起分別性亦爾，能取所取故。二迷恆時顯現，次偈云，如彼無體故，得入第一義，如彼可得故，通達世諦實。此中意言，如彼幻事無有實體，此譬依他分別二相亦無實體，由此道理，即得通達第一義諦。又如幻者幻事體亦可得，此譬虛妄分別亦爾，由此道理，即得通達世諦之實。又偈云，彼事無體故，即得眞實境，如是轉依故，即得眞實義。釋云，若人了彼幻事無體，即得木等實境。若諸菩薩，了彼二迷無體得轉依時，即得眞實性義也。又偈云，是事彼處有，彼有體亦無，有體無有故，是故說是幻。此偈明幻事有而非有。何以故，有謂幻像事，彼處顯現故，非有謂彼實體，不可得故。如是有體與無體無二，由此義故說彼是幻。又偈云，無體非無體，非無體即體，無體有體無二，是故說是幻。此偈明幻事非有而有。何以故非有，謂彼幻事無體，由無實體故。而有，謂幻事非無體，由像顯現故。如是無體與有體無二，由此義故說彼是幻，此幻即譬諸蘊。是故當知虛妄分別，有而非有。何以故，彼二影顯現，而實體不可得故，故說色等有體即是無體。復次虛妄分別，非有而有。何以故，彼二都無實體，然有影顯現故，故說色等無體與有體無二。由此有無不二，能遮建立誹謗及趣小乘寂滅。所以然者，由於無體知無體故，不應安立，由於有體知世諦故，不應誹謗。又以彼二無別故，不應厭體入小涅槃。彼偈又云，幻像及取幻，迷故說有二，如是無彼二，而有二可得，骨像及取骨，觀故亦說二，無二而說二，可得亦如是。前偈意云，迷人於幻像及取幻，以迷故說有能取所取二事，彼二雖無而二可得，由迷顯現故。後偈意云，觀行人亦爾，於骨像及取骨，由觀故說有能觀所觀二事，彼二雖無而二亦可得，由觀顯現故。

問曰：如是觀已，何法爲所治，故彼復說二偈云，應知所治體，謂彼法迷相，如是體無體，有非有如幻。應知能治體，念處等諸法，如是體無相，如幻亦如是。前偈意云，何所治體，即是迷法相，迷法相者，謂如是如是體故。然如是體可說爲有，由虛妄分別故，亦說非有由能取所取二體，與非體無別故，如是有亦如幻，無亦如幻故，說此相如幻。後偈意云，能治體即是諸法，謂佛所說念處等，如是如是體故，彼體亦皆如幻。何以故，如諸凡夫所取，如是如是有體故，如諸佛所說，如是如是無體故。如是體無相，而佛世尊示現入胎出生踰城出家成等正覺，如是無相而影顯現，是故如幻。問曰：若諸法同如幻者，以何義故，一爲能治一爲所治。彼偈答言，譬如強幻主，令餘幻王即退，如是清淨法，能令染法盡。由此義故，菩薩雖修衆行，而無所得也。彼論明觀察蘊阿賴耶，了知自性如幻，最與此經符會，故具出之。當知陽焰影響旋火輪乾闥婆城，亦應如是廣說。前劫五喻有泡沫芭蕉，此中所以不論者，此三事，猶帶折法明無性空。然此中幻焰等喻意，明唯識無境體法難解之空，即是麁相轉融故不論也。行者解諸蘊唯心，即是知法自性。未了如是自性時，畏墮有所得故。不能盡理觀有，畏墮斷滅故。不能盡理觀空，非但見有不明，亦復見空未盡。今以如幻等門，照有空不二。而人法二空之相，亦不當心，乃名眞入法空，悟唯識性故。

經云，祕密主，彼如是捨無我，心主自在，覺自心本不生，心主即心王也，以不滯有無，心無罣礙，所爲妙業隨意能成，故云心王自在。心王自在，明即是淨菩提心，更作一轉開明倍勝於前劫也。心王猶如池水，性本清淨，心數淨除，猶如客塵淸淨。是故證此性淨時，即能自覺心本不生。何以故，以心前後際俱不可得故。譬如大海波浪以從緣起故，非是先無後無。而水性不爾，波浪從緣起時，水性非是先無，波浪因緣盡時，水性非是後無。心王亦復如是，無前後際，以前後際斷故。雖復遇境界風從緣起滅，而心性常無生滅。覺此心本不生，即是漸入阿字門。爾時復離百六十心等，塵沙上煩惱一重微細妄執，名第二阿僧祇劫。故經云，知自心性，是超越二劫瑜祇行也。此中無爲生死緣因生懷等義，如《勝鬘寶性佛性論》中廣明，今且明宗義故不詳說。然上來原始要終，自發一毫之善，以至於超度人法有無二障，雖宗極炳著，轉妙轉深，猶是對治心外之垢，尚未開此心中祕密種種不思議事。從此以後方乃說之，若不作如此對辨，則常情各翫先習，不能覺其微妙也。

**窺基《成唯識論述記》卷七** 論，如契經說至唯識所現。

述曰，四論主釋，初答教，後顯理。教中初列六文，後方總指，三界唯心。即《十地經》第八卷第六地文花嚴所說，世親《攝論》第四無解，無性第四廣解《十地經》名，體。言唯心者，心，識是一，唯言爲遣所取境義，由彼無故能取亦無，不遮心所，不相離故，如說若無心所心未曾轉。三界唯心之言，即顯三界唯識，即與欲等愛結相應墮在三界，即屬三界貪等結。此唯識言無有横計所緣，不遣眞如所緣。依他所緣，謂道諦攝根本。後得二智所緣，不爲愛所執故，非所治故，非迷亂故，非三界攝，亦不離識故不待說。非無無漏，及無爲法，若爾欲色二界可說唯心。是則言二界唯心，何故復言無色唯心，以小乘等多計彼唯識故，有立已成。此不然也，非但色無，亦無貪等能取之心，故亦無餘虛空等識所取義。又經部執無色心等是無色無體，無實所取境義顯現所依，恐彼執爲非心等，故說三界唯心，此即唯心義意如是。

**智周《成唯識論演祕》卷六** 又契經三界唯心者，此《十地經》無性攝論廣釋其意，疏中雖引隨文兼釋。初學難分，今更引之冀令易悟。論云唯有心者心識是一，唯聲爲遣所取境義，由彼無故能取亦無。不遮心法，由彼與心不相離故，如說若無心所有法心未曾轉，若爾滅定何故唯心。釋曰：此經部難，若言有心定有心法，如何滅定唯有心王，經部滅定唯有心故。論是彼宗過，我大乘宗若處有心，必定亦有心相應法，若處無有心相應法，心亦定無，如是三界皆唯有心。此言顯示三界唯識，言三界者，謂與欲等愛結相應墮在三界。釋曰：擧欲界愛等色無色二界愛結，無漏淸昇，對彼有漏名之爲墮。論此唯識言成立唯有諸心心法，無有三界横計所緣。此言不遣眞如所緣依他所緣，謂道諦攝根本後得二種所緣，由不爲愛之所執故，非所治故，非迷亂故，非三界攝，亦不離識故不待說。若爾應說如是二界，無色界中經部唯有心心法故。釋曰：若以二智不執外境，二智所緣不離識故唯識自成故不待說。無色經部心不執外，彼界唯識不說應成，對彼應言二界唯識。論此難不然，識所取義皆無義故，非但色無說名唯識。釋曰：但識所取心外之境並皆是無名爲唯識，不唯色無得唯識名，論何者。釋曰：外人問也，除色等外何者更是識所取耶，論亦無餘虛空等識所取義。釋曰：此出色外所取之義，論經部諸師許無色界諸心心法是無色相，無體無實，所取境義顯現所依。釋曰：敍彼計也，彼計虛空是無色相，無體實等。然此空者由心心所破色觀空虛空方顯。故心心法是空所依。論恐彼執爲非心心法，故說三界皆唯有心。釋曰：恐執虛空離心心所名非心法，或恐彼執能依空無，所依心法亦復不有，由斯故說三界唯心，披此觀疏疏可悟矣。

**法藏《大乘起信論義記》卷中本** 是故三界虛僞，唯心所作，離心則無六塵境界。前中言是故者，是前一心隨無明動作五種識故，故說三界唯心轉也。此心隨熏現似曰虛，隱其虛體詐現實狀曰僞，虛僞之狀雖有種種，然窮其因緣，唯心作也。《十地經》中亦同此說，離彼現識則無塵境，反驗六塵唯是一心，故云離心則無等也。釋疑中有三，初問，次答，後當知下結也。

此義云何，問意云，現有塵境，云何唯心。

以一切法皆從心起妄念而生一切分別，即分別自心，心不見心，無相可得。答云，以一切法皆是此心隨熏所起，更無異體故，說唯心。疑云，何以此心作諸法耶。釋云，由妄念熏故生起諸法，故云妄念而生也。又亦可疑云，法既唯心，我何不見，而我所見唯是異心。釋云：言異心者，是汝妄念分別而作，故云妄念生也，即分別自心者。既境唯現識，無外實法，是故分別但分別自心，即顯無塵唯識義也。心不見心者，既塵無相，識不自緣，是故無塵，識不生也。《攝論》云，無有少法能取少法故也，能所皆寂故，云無相可得也。《中邊論》偈云，由依唯識故，境無體義成，以塵無有故，本識則不生。此中分別自心者，即依唯識以遣於塵，與中邊論上半偈同。心不見心者，依無塵以遣識，與中邊下半偈同，此等約行說，故遣依他性也。故《瑜伽論》云：問諸修觀行者見遍計所執無相時，當言入何等性，答入圓成實性。問入圓成實性時，當言遣何等性，答遣依他起性。以此當知，唯識觀成，則無有識。《楞伽》亦云，無心之心量，我說爲心量，此之謂也。若依此論，無明動眞如，成生滅緣起，無明風滅，識浪即止，唯是眞如平等平等也。

結中有四，初即結相屬心，二是故下舉喻以說，三唯心下一句，釋外伏疑，四以心生下反驗唯心，顯境成妄。

當知世間一切境界皆依衆生無明妄心而得住持。前中無明者，根本無明也，妄心者，業識等也，以世間一切諸境依此而成，謂即現識等也。若無明未盡已還，此識住持境界不息，故云住持等也。是故一切法如鏡中像，無體可得，唯心虛妄，以心生則種種法生，心滅則種種法滅故。喻中言無體可得者，示此境界離心之外無體可得也，又亦即是心故復無體也，如鏡外無影，鏡內復無體故也。釋疑中疑云，既其無體，何以宛然顯現。釋云，此並是眞心之上虛妄顯現，何處有體而可得耶，反驗中。疑云，何以得知心上顯現。釋云：以心生則種種法生等故知也，此中以無明力不覺心動，乃至能現一切境等故，言心生則種種法生也，此則心隨熏動，故云生也。若無明滅境界隨滅，諸識分別皆滅無餘故。言心滅則種種法滅，此則心源還淨，故云滅也。既心隨不覺妄現諸境，即驗諸境唯心無體也。問，上說生滅結過屬無明，此文辨因緣，云何結屬心。答，前以無明動彼靜心令其生滅故，此生滅功在無明，今此因緣和合道理，以成辦諸法，無性義顯，不住義彰故，就和合結屬於心也。

**懷感**《**釋淨土群疑論**》**卷六**　問曰：《觀經》言，是心作佛，是心是佛。諸佛正遍知海從心想生，云何是心即能作佛也。

釋曰：案唯識之理，心外無別法，萬法萬相皆是自心。故《起信論》言，心生諸法生，心滅諸法滅。《維摩經》言，隨其心淨即佛土淨。又言，心垢故衆生垢，心淨故衆生淨。故知萬法皆心變現，當用此心觀彼佛時，阿彌陀佛爲本性相。衆生觀心緣彼如來，不能心外見佛眞相，當觀心變作影像相。是影像相名曰相分，能觀之心是於見分，見相兩分皆不離於自證分，見分之力能現相分，故名是心作佛也。此相分即是自證分心，無別有體，故名是心是佛。欲觀如來一切功德，皆用自心所變影像，故名諸佛正遍知海從心想生也。或由心想修種種行，爲萬德因名正遍知海從心想生。故《賢護經》第二初言，菩薩亦爾，一心善思見諸如來，見已即住，住已問義，解釋歡喜即能思惟，今此佛者從何所來，而我是身復從何出，觀彼如來竟無來處及以去處，我身亦爾，本無出處，豈有轉還。彼復應作如是思惟，今此三界唯心，是心有佛。何以故，隨彼心念還自見心，今我從心見佛，我心作佛，我心是佛，我心是如來，我心是我身，我心見佛，心不知心，心不見心。《華嚴》亦言，心如工畫師，畫種種五陰，一切世間中無法而不造，如心佛亦爾，如佛衆生然，心佛及衆生此三無差別。心有垢位名曰衆生，心純淨時名曰爲佛，即其義也。

**慧然**《**鎮州臨濟慧照禪師語錄**》　道流，眞佛無形，眞法無相，爾祇麼幻化上頭作模作樣，設求得者，皆是野狐精魅，並不是眞佛，是外道見解。夫如眞學道人，並不取佛，不取菩薩羅漢，不取三界殊勝，迥無獨脫不與物拘，乾坤倒覆我更不疑，十方諸佛現前，無一念心喜，三塗地獄頓現，無一念心怖。緣何如此，我見諸法空相，變即有，不變即無，三界唯心，萬法唯識，所以夢幻空花何勞把捉。唯有道流目前現今聽法底人，入火不燒，入水不溺，入三塗地獄，如遊園觀，入餓鬼畜生而不受報。緣何如此，無嫌底法。爾若愛聖憎凡，生死海裏沈浮。煩惱由心故有，無心煩惱何拘，不勞分別取相，自然得道須臾。爾擬傍家波波地學得，於三祇劫中終歸生死，不如無事向叢林中床角頭交腳坐。

**子璿**《**金剛經纂要刊定記**》**卷一**　今之所引意明執實之義，謂依於妄識，變起我法等相，悟來了達則誠知是空。若正迷時定執爲有，若不然者，何有貪瞋愛惡取捨等事耶，故知是有。故《成唯識論》云，依識所變妄見我法，猶如幻夢。幻夢力故，心似種種外境相現，緣此執爲實有外境。然雖夢中見種種事，推其根本唯一夢心，以夢心滅時夢事皆滅。法中亦爾，境雖無量，原其根本唯一識心，識心滅時境界隨滅。故《起信論》云，一切諸法唯依妄念而有差別，若離心念，即無一切境界之相。則知三界唯心，萬法唯識，諒不虛哉。由是三界世間，一切有漏染法，皆從妄識而生，故名此識以爲妄本。然一切有漏染法，生起微著次第，總有兩重，一無始根本，二展轉枝末。展轉枝末即後逐妄科中所明，無始根本正當此段。言根本者即根本無明，言無明者，謂無妙覺之明故，以就通相言之，故當此識。然根本無明具有二義，所謂迷眞執妄也。迷眞者，即眞心本不生滅，德相業用量過塵沙，日用不知如狂如醉，若貧女宅中寶藏，窮子衣內明珠，雖有如無枉受難苦。故《華嚴》云，於第一義不了，名曰無明。執妄者，妄即五蘊色之與心如幻如化，本無實體，衆生認此爲自身心，計虛爲實故名執妄。故《圓覺經》云，妄認四大爲自身相，六塵緣影爲自心相。乃至結云，由此妄有輪轉生死，故名無明。然此二義遞互相成，舉一則兼未嘗獨立，但若執妄必須迷眞，但若迷眞必須執妄。譬如有人迷東必執西，亦互相成立，思之可見。

　疏由是下二明習妄流轉，即當妄法生起第二門展轉枝末也，由是等者，由因也是此也。因此迷眞成識，現起世間一切境界。緣此境界起惑造業受報無窮，此中惑業報應四字，但是三道。然此三法諸教之中，有名三障，障聖道故。或名三道，引心邐迤至業報故。或名三雜染，以性不清淨故。又此三障更相由藉，由煩惱故起惡業，由惡業因緣故得苦果。初言惑者即煩惱也，品類即根本及隨。根本有六，謂貪瞋癡慢疑惡見。隨煩惱有二十，謂忿恨覆惱嫉慳乃至散亂不正知等。若以要言之，不出根本中三，謂貪瞋癡，即此三種便能成就三界世間。故《華嚴》云，由貪瞋癡發身口意，作諸惡業無量無邊等。此惑因起由前無明迷平等理，妄認五蘊身心，即此身心是過患根本。故肇公云，約天地爲高下，約日月爲東西，約身爲彼此，約心爲是非。老子亦云，吾有大患爲吾有身，及吾無身吾有何患。故知此身是一切過患根本，既執之爲有，遂分自他，依此身心起諸煩惱。於一切順情境上，起於貪心。於一切違情境上，起於瞋心。以護自身將爲主宰也，於此二中不知是妄，任運而起，乃名爲癡。此等煩惱究其所因，皆從根本無明而有也。

　次云業者，然業雖無量統唯有三，謂善惡不動也。由前貪瞋熾盛發動身口作諸惡業，即身三口四意三等十惡業也。或有稍知因果，貪來生榮樂之事，即翻惡爲善，持不殺等五八十戒即善業也。或厭下苦麁障欣上淨妙利，修有漏禪定，名不動業。然此三種業雖勝劣不同，皆由迷心所造，俱有漏攝。故圓覺經中，結三業云皆輪迴故不成聖道，由是則知前之三業皆依煩惱所成也。言報應者，應即是報，既有業種蘊在藏識，因緣會時必須受報。

**紹隆《圓悟佛果禪師語録》卷四**　師乃云：眞妄窠窟生死根株，論其汗漫則千差，掬其趣向則一致，起唯法起，滅唯法滅，起滅全眞，了無二致。所以道，三界唯心，萬法唯識，離心之外無別識境。楊岐又道，群靈一源，假名爲佛，體竭形消而不變，金流樸散而常存。如此則亘古亘今，不生不滅，羅籠不住，呼喚不回，古聖不安排，至今無處所。且始終不變一句作麽生道，還委悉麽，不從千聖中傳得，透出威音更那邊。

**延壽《宗鏡録》卷一**　《楞伽經》云，佛語心爲宗，無門爲法門。何故佛語心爲宗，佛語心者，即心即佛，今語即是心語。故云，佛語心爲宗，無門爲法門者。達本性空，更無一法，性自是門，性無有相，亦無有門。故云，無門爲法門，亦名空門，亦名色門。何以故，空是法性空，色是法性色。無形相故，謂之空。知見無盡故，謂之色。故云，如來色無盡，智慧亦復然，隨生諸法處。復有無量三昧門，遠離内外知見情執，亦名總持門，亦名施門。謂不念内外善惡諸法，乃至皆是諸波羅蜜門，色身佛，是實相佛家用。經云，三十二相，八十種好，皆從心想生，亦名法性家焰，亦法性功勳。菩薩行般若時，火燒三界内外諸物盡，於中不損一草葉，爲諸法如相故。故經云，不壞於身而隨一相。今知自性是佛，於一切時中行住坐臥，更無一法可得，乃至眞如不屬一切名，亦無無名。故經云，智不得有無。内外無求，任其本性，亦無任性之心。經云，種種意生身，我說爲心量。即無心之心，無量之量，無名爲眞名，無求是眞求。經云，夫求法者，應無所求。心外無別佛，佛外無別心，不取善，不作惡，淨穢兩邊俱不依。法無自性，三界唯心。經云，森羅及萬像，一法之所印。凡所見色，皆是見心。心不自心，因色故心。色不自色，因心故色。故經云，見色即是見心。

南陽忠國師云：禪宗法者，應依佛語一乘了義，契取本原心地，轉相傳授，與佛道同，不得依於妄情，及不了義教，橫作見解，疑誤後學，俱無利益。縱依師匠領受宗旨，若與了義教相應，即可依行。若不了義教，互不相許。譬如師子身中蟲，自食師子身中肉，非天魔外道，而能破滅佛法矣。時有禪客問曰，阿那箇是佛心。師曰，牆壁瓦礫無情之物，並是佛心。禪客曰，與經大相違也，經云，離牆壁瓦礫無情之物，名爲佛性。今云，一切無情之物皆是佛心，未審心之與性，爲別不別。師曰，迷人即別，悟人不別。禪客曰，與經又相違也。經云，善男子，心非佛性，佛性是常，心是無常。今云不別，未審此意如何。師曰：汝自依語不依義，譬如寒月結水爲氷，及至暖時釋氷成水，衆生迷時結性成心，悟時釋心成性。汝定執無情之物非心者，經不應言三界唯心。故《華嚴經》云，應觀法界性，一切唯心造。今且問汝，無情之物，爲在三界內，爲在三界外，爲復是心不是心，若非心者，經不應言三界唯心，若是心者，又不應言無性。汝自違經，我不違也。鵝湖大義禪師，因詔入內，遂問京城諸大師，大德，汝等以何爲道。或有對云，知見爲道。師云，《維摩經》云，法離見聞覺知，云何以知見爲道。又有對云，無分別爲道。師云，經云，善能分別諸法相，於第一義而不動，云何以無分別爲道。又皇帝問，如何是佛性。答不離陛下所問。是以或直指明心，或破執入道，以無方之辯，祛必定之執，運無得之智，屈有量之心。思空山本淨禪師，語京城諸大德云，汝莫執心，此心皆因前塵而有，如鏡中像，無體可得。若執實有者，則失本原，常無自性。《圓覺經》云，妄認四大爲自身相，六塵緣影爲自心相。《楞伽經》云，不了心及緣，則生二妄想，了心及境界，妄想則不生。《維摩經》云，法非見聞覺知。且引三經，證斯眞實。五祖下莊嚴大師，一生示徒，唯舉維摩經寶積長者讚佛頌末四句云，不著世間如蓮華，常善入於空寂行，達諸法相無罣礙，稽首如空無所依。學人問云，此是佛語，欲得和尚自語。師云，佛語即我語，我語即佛語。是故初祖西來，創行禪道，欲傳心印，須假佛經，以《楞伽》爲證明，知教門之所自。遂得外人息謗，內學稟承，祖胤大興，玄風廣被。是以初心始學之者，未自省發已前，若非聖教正宗，憑何修行進道，設不自生妄見，亦乃盡値邪師，故云，我眼本正，因師故邪，西天九十六種執見之徒，皆是斯類。故知木匪繩而靡直，理非教而不圓。如上略引一二，皆是大善知識，物外宗師，禪苑麟龍，祖門龜鏡，示一教而風行電卷，垂一語而山崩海枯。帝王親師，朝野歸命，叢林取則，後學稟承，終不率自胸襟，違於佛語，凡有釋疑去僞，顯性明宗，無不一一廣引經文，備彰佛意。所以永傳後嗣，不墜家風。若不然者，又焉得至今紹繼昌盛，法力如是，證驗非虛。又若欲研究佛乘，披尋寶藏，一一須消歸自己，言言使冥合眞心。但莫執義上之文，隨語生見，直須探詮下之旨，契會本宗，則無師之智現前，天眞之道不昧。如《華嚴經》云，知一切法，即心自性，成就慧身，不由他悟。

**延壽《宗鏡錄》卷四**　《楞伽經》云，如來藏名阿賴耶識，而與無明七識共俱，如大海波，常不斷絕。又云，如來藏者，爲無始虛僞惡習所熏，名爲識藏。若此一心，推末歸本者，謂證第一義，則得解脫。第一義，是緣之性，若見緣性，則脫緣縛。《華嚴經》云，皆一心作。論云，但是一心者。一切三界，唯心轉故，諸教同引，證成唯心。云何一心而作三界。有三：一二乘，謂有前境，不了唯心，縱聞一心，但謂眞諦之一。或謂由心轉變，非皆是心。二異熟賴耶，名爲一心，簡無外境，故說一心。三如來藏性，清淨一心，理無二體，故說一心。是知凡聖二法，染淨二門，無非一心矣。又此一心，約性相體用本末即入等義。更有十門：一假說一心。則二乘人，謂實有外法，但由心變動，故說一心。下之九門，實唯一心。二相見俱存。故說一心，此通八識，及諸心所并所變相分，本影具足，由有支等熏習力故，變現三界依正等報。三攝相歸見。故說一心，亦通王數，但所變相分，無別種生，能見識生，帶彼影起。四攝數歸王。故說一心，唯通八識，以彼心所，依王無體，亦心變故。釋云，攝相歸見者。唯識偈云，唯識無境界，以無塵妄見，如人目有瞖，見毛月等事。凡作論有三義，一者立義，即初句。二者引證，即第二句。三者譬喻，即下二句。《所緣緣論》云，內識如外現，爲識所緣緣，許彼相在識，及能生識故。意云，內識似外境現，爲所緣緣，許眼等識，帶彼相起，及從彼生識故。結云，諸識唯內境，相爲所緣緣，理極成也，則非全無相，相全屬識，故云歸見，攝數歸王者。如《莊嚴論》偈云，自界及二光，癡共諸惑起，如是諸分別，二實應遠離。釋曰，自界，謂自阿賴耶識種子。二光，謂能取光，所取光。此等分別，由共無明，及諸餘惑，故得生起，如是諸分別。二實應遠離，二實，謂所取實，及能取實，如是二實染污應求遠離。所以論偈云，能取及所取，此二唯心光，貪光及信光，二光無二法。釋曰，求唯識人，應知能取，所取，此之二種，唯是心光，五以末歸本。說一心，謂七轉識，皆是本識，差別功能，無別體故。

經偈云，譬如巨海浪，無有若干相，諸識心如是，異亦不可得。六攝相歸性。說一心，謂此八識，皆無自體，唯如來藏，平等顯現，餘相皆盡，一切衆生，即涅槃相。經云，不壞相有八，無相亦無相。七性相俱融。說一心，謂如來藏，舉體隨緣，成辦諸事，而其自性，本不生滅，即此理事，混融無礙，是故一心二諦，皆無障礙。八融事相入，說一心，謂由心性，圓融無礙，以性成事，事亦鎔融不相障礙，一入一切，一一塵內各見法界，天人脩羅不離一塵。九全事相即。說一心，謂依性之事，事無別事，心性既無彼此之異，事亦一切即一，一即是多，多即一等。十，帝網無礙。說一心，謂一中有一切，彼一切中，復有一切，重重無盡，皆以心識如來藏性，圓融無盡，以眞如性，畢竟無盡故，觀一切法，即眞如故，一切時處，皆帝網故。如漩洑頌云，若人欲識眞空理，身內眞如還遍外，情與非情共一體，處處皆同眞法界，不離幻色即見空。此即眞如含一切，一念照入於多劫，一一念劫收一切，於一境內一切智，於一智中諸境界。只用一念觀諸境，一切諸境同時會，時處帝網現重重，一切智通無罣礙。漩洑者，水之漩流洄洑之處，一甚深故，二迴轉故，三難渡故。法海漩洑亦然，一唯佛能究故，二眞妄相循，難窮初後，三聞空謂空，聞有謂有，則沈於漩洑。若不了斯宗，難超有海，隨善惡之浪，漂苦樂之洲。

不遇慈航，焉登覺岸。如偈云，眞如淨法界，一泯未嘗存，隨於染淨緣，遂成十法界。隨染緣成六凡法界，隨淨緣成四聖法界。六凡法界者，一天法界，二人法界，三脩羅法界，四地獄法界，五餓鬼法界，六畜生法界。四聖法界者，一聲聞法界，二緣覺法界，三菩薩法界，四佛法界。衆生於眞性上，以情想自異，則六趣昇沈。諸聖於無爲法中，以智行爲差，則四聖高下。然凡聖迹雖昇降，縛脫似殊，於一眞法界之中，初無移動。

又依華嚴宗，一心隨理事，立四種法界，一理法界者，界是性義，無盡事法，同一性故。二事法界者，界是分義，一一義別有分劑故。三理事無礙法界者，具性分義，圓融無礙。四事事無礙法界者，一切分劑事法，一一如性融通，重重無盡故。以此十法界，因理事四法界，性相即入，眞俗融通，遭出無窮，成重重無盡法界。然是全一心之法界，全法界之一心，隨有力無力，而立一立多。因相資相攝，而或隱或顯。如一空，遍森羅之物像，似一水，收萬疊之波瀾，入宗鏡中，坦然顯現，又有所入能入。二種法界，如清凉疏云，先明所入，總唯一眞無礙法界，語其性相，不出事理，隨其義別，略有五門，一有爲法界，二無爲法界，三俱是，四俱非，五無障礙。然五各二門，初有爲二者，一本識能持諸法種子，名爲法界。如論云，無始時來界等，此約因義，而其界體，不約法身，二三世之法差別邊際，名爲法界。《不思議品》云，一切諸佛，知過去一切法界，悉無有餘等，此即分劑之義。二，無爲法界二者，一性淨門，在凡位中，性恆淨故，眞空一味，法無差別故。二離垢門，謂由對治，方顯淨故，隨行淺深，分十種故。三亦有爲亦無爲法界二者。一隨相門，謂受想行蘊及五種色幷八無爲，此十六法，唯意所知，十八界中，名爲法界。二無礙門，謂一心法界，具含二門，一心眞如門，二心生滅門，雖此二門，皆各總攝一切諸法，然其二位，恆不相雜，其猶攝水之波非靜，攝波之水非動。故《迴向品》云，於有爲界示無爲法，而不滅壞有爲之相，於無爲界，示有爲法，而不分別無爲之性，此明事理無礙。四非有爲非無爲法界二門者，一形奪門，謂緣無不理之緣，故非有爲，理無不緣之理，故非無爲，法體平等，形奪雙泯。

《大品經》云，須菩提白佛言，是法平等，爲是有爲，爲是無爲。佛言，非有爲法，非無爲法。何以故，離有爲法，無爲法不可得，離無爲法，有爲法不可得。須菩提，是有爲性，無爲性，是二法不合不散，此之謂也。二無寄門，謂此法界，離相離性，故非此二。又非二諦故，又非二名言所能至故，是故俱離。《解深密經》云，一切法者，略有二種，所謂有爲無爲，是中有爲，非有爲非無爲，無爲，非無爲非有爲等。五無障礙法界二門者，一普攝門，謂於上四門，隨一即攝餘一切故，是故善財，或覩山海，或見堂宇，皆名入法界。二圓融門，謂以理融事故，令事無分劑，微塵非小，能容十刹，刹海非大，潛入一塵也，以事顯理故，令理非無分，謂一多無礙。或云一法界，或云諸法界，然由一非一故即諸，諸非諸，故即一，乃至重重無盡，是以善財，暫時執手，遂經多劫，纔入樓閣，普見無邊，皆此類也。上來五門十義，總明所入法界，應以六相融之。二明能入，亦有五門，一淨信，二正解，三修行，四證得，五圓滿。此五於前所入法界，有其二門，一隨一能入，通五所入，隨一所入，遍五能入。二此五能入，如其次第各入一門，此上心境，二義十門，六相圓融，總爲一聚，無障礙法界。《百門義海》云，入法界者，即塵緣起是法，法隨智顯，用有差別是界，此法以無性故，則無分劑，融無二相，同於眞際，與虛空等，遍通一切，隨處顯現，無不明了。然此一塵與一切法，各不相見，亦不相知。何以故，由各各全是圓滿法界，普攝一切，更無別法可知見也。經云，即法界無法界，法界不知法界。若如是，更無別法可知見者。云何言入，以悟了之處，名爲入故。又雖入而無所入，若有所入，則失諸法性空義。以無性理同故，則處處入法界。前約情智凡小所見，隨染淨緣成十法界者，即成其過。今依華嚴性起法門，悉爲眞法界，若成若壞，若垢若淨，全成法界。如經云，分別諸色無量壞相，是名上智者。古釋云，六道之色，壞善壞定。二乘之色，壞因壞果。菩薩之色，壞有壞無。佛色者，壞上諸壞，壞爲法界，非壞非不壞，悉是法界。

**延壽《宗鏡錄》卷五**　問：此說眞妄二心，爲是法相宗，爲是法性宗。

答：《準華嚴演義》云，論云，三界虛妄，但是一心者。若取三界虛妄，即是所作，便屬世諦。今取能作，爲第一義，論釋唯是能作。今經云，三界唯心轉者，則通能所，然能所有二。若法性宗中，以第一義隨緣成有，即爲能作，所有心境，皆通所作。以不思議熏，不思議變，是現識因故。若法相宗，第一義心，但是所迷，非是能作。有三能變，謂第八等。《唯識論》云，又復有義，大乘經中說三界唯心，唯是心者，但有內心，無色香等外諸境界。此云何知，如《十地經》說，三界虛妄，但是一心作。故心意與識及了別等，如是四法，義一名異。此依相應心說，非不相應心說。心有二種，一相應心，所謂一切煩惱結使，受想行等，皆心相應。以是故言，心意與識及了別，義一名異故。二不相應心，所謂第一義諦，常住不變，自性清淨心。故言三界虛妄，但一心作。是相應心，今依法性，故云第一義心，以爲能作。言轉者，起作義，亦轉變義。

問：如上所說，眞妄二心，但是文理會歸，何方便門得親見性。

答：妄息心空，眞知自現。若作計校，轉益妄心。但妙悟之時，諸緣自絕。如古佛悟道頌云，因星見悟，悟罷非星，不逐於物，不是無情。又《寶藏論》云，非有非空，萬物之宗。非空非有，萬物之母。出之無方，入之無所。包含萬有，而不爲主。應化萬端，而不爲主。道性如是，豈可度量。見性之時，自然披露。所以古偈云，妄息寂則生，寂生知則現，知生寂已捨，了了唯眞見。又《信心銘》云，前際如空，知處悉宗，分明照境，隨照冥蒙，一心有滯，萬法不通，去來自爾，不用推窮。如學人問黄蘗和尚，秪如目前虛空，可不是境，豈無指境見心。

答：甚麼心向境上見，設爾得見，元來秪是照境心。如人以鏡照面，縱得眉目分明，元來秪是影像，何關汝事。

**延壽《宗鏡錄》卷一一**　善男子，三界之中，以心爲主。能觀心者，究竟解脫。不能觀者，究竟沈淪。衆生之心，猶如大地，五穀五果，從大地生。如是心法，生世出世，善惡五趣，有學無學，獨覺菩薩，及於如來。以是因緣，三界唯心，心名爲地。一切凡夫，親近善友，聞心地法，如理觀察，如說修行，自利教他，讚勵慶慰。如是之人，能斷二障，速圓衆行，疾得阿耨多羅三藐三菩提。爾時大聖文殊師利菩薩，白佛言，世尊，如佛所說，唯將心法爲三界主，心法本元，不染塵穢，云何心法，染貪瞋癡。於三世法，誰説爲心。過去心已滅，未來心未至，現在心不住，諸法之內性不可得，諸法之外相不可得，諸法中間都不可得，心法本來無有形相，心法本來無有住處，一切如來尚不見心，何況餘人得見心法。一切諸法，從妄想生。以是因緣，今者世尊，爲大衆說，三界唯心，願佛哀愍，如實解說。爾時佛告文殊師利菩薩言，如是如是，善男子，如汝所問，心心所法，本性空寂，我說衆喻，以明其義。善男子，心如幻法，由遍計生，種種心想，受苦樂故。心如水流，念念生滅，於前後世，不暫住故。心如大風，一刹那間遍歷方所故。心如燈焰，衆和合而得生故。心如電光，須臾之頃，不久住故。心如虛空，客塵煩惱，所覆障故。心如猿猴，遊五欲樹，不暫住故。心如畫師，能畫世間種種色故，心如僮僕，爲諸煩惱所策役故。心如獨行，無第二故。心如國王，起種種事得自在故。乃至善男子，如是所說，心心所法，無內無外，亦無中間，於諸法中求不可得，去來現在，亦不可得，超越三世，非有非無。心懷染著，從妄緣現。緣無自性，心性本空。如是空性，不生不滅，無來無去，不一不異，非斷非常，本無生處，亦無滅處，亦非遠離，非不遠離。如是心等，不異無爲。無爲之體，不異心等。心法之體，本不可說。非心法者，亦不可說。何以故，若無爲是心，即名斷見。若離心法，即名常見。永離二相，不著二邊。如是悟者，名見眞諦。悟眞諦者，名爲賢聖。一切聖賢，性本空寂。無爲法中，戒無持犯，亦無小大，無有心王，及心所法，無苦無樂。如是法界，自性無垢，無上中下差別之相。何以故，是無爲法，性平等故。如衆河水，流入海中，盡同一味，無別相故。此無垢性，是無等等，遠離於我，及離我所。此無垢性，非實非虛。此無垢性，是第一義，無盡滅相，體本不生。此無垢性，常住不變，最勝涅槃，我樂淨故。此無垢性，遠離一切，平等體無異故。

**延壽《宗鏡錄》卷七三**　問：一切世間因果相酬，生死不絕，於諸識中，何識爲主。

答：生滅因緣，最初依阿賴耶識爲體，以意識爲用。如是三世因果，流轉不絕，功在意識。以是義故，意名相續識。《起信論》云，復次生滅因緣者，謂諸衆生依心意識轉。此義云何，以依阿賴耶識，有無明不覺，起能見能現，能取境界，分別相續，說名爲意。此意復有五種異名，一名業識，謂無明力，不覺心動。二名轉識，謂依動心，能見境相。三名現識，謂現一切境界相，猶如明鏡，現衆色像，現識亦爾，如其五境，對至即現，無有前後，不由功力。四名智識，謂分別染淨諸差別法。五名相續識，謂恆作意相應不斷，任持過去善惡等業，令無失壞，成熟現未苦樂等報，使無違越，已曾經事，忽然憶念，未曾經事，妄生分別。是故三界一切，皆以心爲自性，離心則無六塵境界。何以故，一切諸法，以心爲主。從妄念起，凡所分別，皆分別自心。心不見心，無相可得。是故當知，一切世間境界之相，皆依衆生無明妄念而得建立。如鏡中像，無體可得，唯從虛妄分別心轉，心生則種種法生，心滅則種種法滅。故釋云，通論五種之識，皆名爲意，就本而言，但取業識，以最微細，作諸識本故。如是業識，見相未分。然諸菩薩知心妄動，無前境界，了一切法，唯是識量，捨前外執，順業識義，故名業識。心不見心，無相可得者，是明諸法非有之義。《入楞伽經》偈云，身資生住持，若如夢中生，應有二種心，而心無二相，如刀不自割，如指不自觸，如心不自見，其事亦如是。若如夢中所見諸事是實有者，即有能見所見二相。而其夢中，實無二法。三界諸心，皆如此夢。離心之外，無可分別。故言一切分別，即分別自心，而就自心不能自見，如刀指等，故言心不見心。既無他可見，亦不能自見，所見無故，能見不成，能所二相，皆無所得，故言無相可得。又一心隨無明動，作五種識故，說三界唯心轉也。此心隨熏，似現雖有種種。然窮其因緣，唯心作也。離現識，則無六塵境。反驗六塵，唯是一心。故云，離心則無境等。

問：現有六塵境，云何唯心。答：以一切法，皆是此心，隨熏所起，更無異體，故說唯心。

疑云：何作諸法耶。答：由妄念熏故，生起諸法，故云從妄念起。亦可疑云，法既唯心，我何不見。而我所見，唯是異心。釋云，異心者，是妄念分別而作故，云妄念生也。既境唯識，無外異法，是故種種分別皆是自心。即塵無相，識不自緣，是故無塵識不生，則心不見心矣。《攝論》云，無有別法能取別法，能所既窮故，無相可得也，心生種種法生，心滅種種法滅者。

**延壽《宗鏡錄》卷七八**　問：心念念滅剎那相，內身外色，亦剎那滅耶。

答：內外諸色，唯心執受，亦隨心念念剎那滅。心外更無一法，可作常住，可作生滅。《雜集論》云，如心心法是剎那相，當知色等亦剎那相。有其八義，一由心執受故，謂色等身，由剎那心念念執受故，剎那滅等。二等心安危故，謂色等身，恆與識俱，識若捨離，即便爛壞。三隨心轉變故，謂世間現見，心在苦樂貪瞋等位，身隨轉變，隨剎那心而轉變，故身念念滅。四是心所依故，謂世間共知，心依止有根身，如火依薪，如芽依種等，是故此身，是剎那心依止，故亦剎那滅。五心增上生者，謂一切內外色，皆心增上所生，能生因剎那滅故，所生果亦剎那滅。六心自在轉故，謂若證得勝威德心，於一切色，如其所欲，自在轉變，由隨剎那能變勝解轉變生故，色等剎那生，滅道理成就。七於最後位變壞可得故，謂諸色等，初離自性念念變壞，於最後位欻爾變壞，不應道理，然此可得，故知色等從初已來，念念變壞，自類相續，漸增爲因，能引最後麁相變壞，是故色等，念念生滅。八生已不待緣，自然壞滅故，謂一切法，從緣生已，不待壞，緣自然壞滅，故知一切可滅壞法，初纔生已，即便壞滅，是故諸法剎那義成。《大智度論》云，若諸法實有，不應以心識，故知有相。若以心識故知有，是則非有。如地堅相，以身根身識知故有。若無身根身識知，則無堅相。又因緣和合生故空，唯心故空。是知內色外色，皆識建立，隨心有無，實無自體。

問：論唯有內心，實無外境者。如修十善業，受天堂樂。作五逆罪，受地獄苦。昇忉利，則五欲悅目。墮泥犁，則萬苦攢身。悅目有靈鳳翔鸞，作歡樂之事。攢身有鐵蛇銅狗，爲逼惱之殃。明知非但內心，實有外境。

答：天堂地獄苦樂之相，皆是自心果報業影。既以自心所作爲因，還以自心所受爲果。故經云，未有自作他受，今且約地獄界受苦，以證唯心。十法界中，例皆如是。【略】

問：凡所施爲，皆是自心者，云何殺生而得殺罪。答：皆是依於自心分別，強執善惡之因，妄受苦樂之果。若究三輪之體，能殺所殺本空。是以文殊執劍於瞿曇，鴦崛持刀於釋氏，終不見生見殺。執自執他，妄受輪迴，酬還罪報。

《識論問》云，若彼三界，唯是內心，無有身口外境者，何故屠獵師等殺害豬羊，等得殺生罪。

偈答云，死依於他心，亦有依自心，依種種因緣，破失自心識。釋曰，如人依鬼毘舍闍等，是故失心。或依自心，是故失心。或有憶念愛不愛事，是故失心。或有夢見鬼著失心，或有聖人神通轉變，前人失心，如一比丘，夜蹋爪皮，謂殺蝦蟇，死入惡道，故云死依於他心。亦有依自心者，以依仙人嗔心，嗔毘摩質多羅阿脩羅王故，殺餘眾生。此依他心，他眾生心，虛妄分別，命根謝滅，以彼身命，相續斷絕，應如是知。頌云，經說檀拏迦，迦陵，摩燈國，仙人嗔故空，是故心業重。

問：依仙人嗔心，依仙人鬼，殺害如是三國眾生，非依仙人嗔心而死。

答：佛問尼乾子言，摩登伽等三國眾生，汝頗曾聞，云何而死，爲身業殺，爲意業殺。尼乾子言，瞿曇，我昔曾聞，仙人嗔心，以意業殺爾所眾生。佛言，以是成我義，三界唯心，無身口業。何以故，如世人言，賊燒山林，聚落城邑，不言火燒，此義亦爾。唯依心，其善惡業得成。故偈云，諸法心爲本，諸法心爲勝，離心無諸法，唯心身口名。《成實論》云，若離心有業，非眾生亦應有罪福。如風頽山，惱害眾生，風應有罪。若吹香華，來墮塔寺，亦應有福。是則不可，故知離心無罪福也。以此文證，罪福據心，無身口業，身口業者，但有名字，實是意業，身口名說。《華嚴會意》云，凡有見自見他，皆是迷心自現。何者，如見他持刀殺自，當知他自，皆從自生。以離自見心，無自他故。非但自他是心妄現，即所持刀杖故，亦是自心。何以故，心外無彼實刀杖故，見所持者，唯六塵故，由不知自心現，見殺，即惶懼不安。若了唯是自心，縱殺誰憂誰懼，皆由妄心生，故種種有。妄心滅，故種種無。既知唯心妄現，心不見心，即物我俱亡，憂喜咸寂。又如夢中殺事，亦如是也。如說世間恆如夢，不可得有無。《密嚴經》云，內外境界，心之所行，皆唯是識，惑亂而見。此中無我，亦無我所，能害，所害，害及害具，一切皆是意識境界，依阿賴耶識，如是分別。

**延壽《宗鏡錄》卷九七**　讓大師云，一切萬法，皆從心生。若達心地，所作無礙。汝今此心，即是佛故。達磨西來，唯傳一心之法。三界唯心，森羅及萬像，一法之所印。凡所見色，皆是自心。心不自心，因色故心。汝可隨時，即事即理，都無所礙，菩提道果，亦復如是。從心所生，即名爲色。知色空故，生即不生。馬大師問曰，如何用意合禪定無相三昧。師曰，汝若學心地法門，猶如下種，我說法要，譬如天澤，汝緣合故，當見于道。馬大師又問曰，和尚云，見道，道非色故，云何能覩。師曰，心地法眼，能見于道，無相三昧，亦復然矣。馬大師曰，有成壞不。師曰，若契此道，無始無終，不成不壞，不聚不散，不長不短，不靜不亂，不急不緩，若如是解當名爲道。汝受吾教，聽吾偈言，心地含諸種，遇澤悉皆萌，三昧華無相，何壞復何成。

吉州思和尚云，即今語言，即是汝心。此心是佛，是實相法身佛。經云，有三阿僧祇百千名號，隨世界應處立名，如隨色摩尼珠，觸青即青，觸黄即黄，寶本色。如指不自觸，刀不自割，鏡不自照，隨像所現之處，各各不同，得名優劣不同，此心與虚空齊壽。若入三昧門，無不是三昧。若入無相門，總是無相。隨立之處，盡得宗門。語言啼笑，屈伸俯仰，各從性海所發，故得宗名。相好之佛，是因果佛，即實相佛家用。經云，三十二相，八十種好，皆從心想生。亦云，法性家焰。又云，法性功勳，隨其心淨，即佛土淨。諸念若生，隨念得果。應物而現，謂之如來，隨應而去，故無所求。一切時中，更無一法可得，自是得法，不以得更得。是以法不知法，法不聞法。平等即佛，佛即平等，不以平等更行平等，故云獨一無伴。迷時迷於悟，悟時悟於迷，迷還自迷，悟還自悟。無有一法不從心生，無有一法不從心滅。是以迷悟總在一心，故云一塵含法界。非心非佛者，眞爲本性過諸數量。非聖無辯，辯所不能言。無佛可作，無道可修。經云，若知如來常不説法，是名具足多聞，即見自心具足多聞。故草木有佛性者，皆是一心，飯食作佛事，衣服作佛事。

**延壽《宗鏡録》卷一〇〇**　弘沇法師云：若人執衆生心外別有無情，佛性不遍，皆違如來藏遍法界義。《唯識論》云，根身器世間，即是賴耶相分，相分不離見分。又云，若時於所緣，智都無所得，離二取相故，眞實住唯識。如第六識緣現在心，唯一刹那，誰爲能所。設緣三世，亦現在心，妄分能所。若得此意，三界唯心，法界一相，亦何不適。

神鍇法師云：一念淨心微細，如芥子，森羅萬像，猶若須彌。萬像雖復衆多，要從一心變起。離心之外，畢竟無法。是則攝相從心，云内須彌於芥子也。

元康法師云：明悟入者，如來説法八萬四千，所明至理，更無異道。《華嚴經》云，一道出生死。《涅槃經》云，一道清淨。《大品經》云，一相無相。《淨名經》云，不二法門。論云，自知不隨他，寂滅無戲論，無異無分別，是則名實相。乃群賢所趣衆義同歸，咸指一心之實道矣。

《智者大師與陳宣帝書》云：夫學道之法，必須先識根原，求道由心。又須識心之體性，分明無惑，功業可成。一了千明，一迷萬惑。心無形相，内外不居。境起心生，境亡心滅。色大心廣，色小心微。乃至知心空寂，即入空寂法門。知心無縛，即入解脱法門。知心無相，即入無相法門。覺心無心，即入眞如法門。若能知心如是者，即入智慧法門。《圓覺疏》序云，夫血氣之屬必有知，凡有知者必同體。所謂眞淨明妙，虚徹靈通，卓然而獨存者也，衆生之本原，故曰心地。諸佛之所得，故曰菩提。交徹融攝，故曰法界。寂靜常樂，故曰涅槃。不濁不漏，故曰清淨。不妄不變，故曰眞如。離過絶非，故曰佛性。護善遮惡，故曰總持。隱覆含攝，故曰如來藏。超越玄祕，故曰密嚴國。統衆德而大備，鑠群昏而獨照，故曰圓覺。其實皆一心也。背之則凡，順之則聖。迷之則生死始，悟之則輪迴息。親而求之，則止觀定慧。推而廣之，則六度萬行。引而爲智，然後爲正智。依而爲因，然後爲正因。其實皆一法也。終日圓覺而未嘗圓覺者，凡夫也。欲證圓覺而未極圓覺者，菩薩也。住持圓覺而具足圓覺者，如來也。離圓覺無六道，捨圓覺無三乘。非圓覺無如來，泯圓覺無眞法。其實皆一道也。三世諸佛之所證，蓋證此也。如來爲大事出現，蓋爲此事也。三藏十二部，一切脩多羅，蓋詮此也。釋曰，心之一法，名爲普法。欲照此心，應須普眼虚鑒。寂照靈知，非偏小而可窮，以圓滿而能覺，故曰圓覺，此約能證也。眞如妙性，寂滅無爲，具足周遍，無有缺減，故曰圓覺，此約所證也。能所冥合，唯是一心。此一心，能爲一切萬法之性，又能現三乘六道之相。攝相歸性，曾無異轍。則世出世間，昇降雖殊，凡有種種施爲，莫不皆爲此也，離此則上無三寶一乘，下無四生九有。

臺山釋睦《楞伽經》訣云，佛法大旨，舉要言之，不出心爲大旨。所以《楞伽經》以心爲正宗，故云佛語心爲宗，無門爲法門。所言心者，謂佛語心，所言宗者，謂心實處。又云，迷則萬惑累心，解則眞照法界。迷則生死紛紜，解則涅槃常寂。迷解雖殊，莫不皆是一心隱顯。三藏法師云，衆生之類，是菩薩佛土，驗此六識，即究竟果處，而惑者終日作迷解。

跋陀三藏云，理心者，心非理外，理非心外。心即是理，理即是心。心理平等，名之爲理。理照能明，名之爲心。覺心理平等，名之爲佛。心會實性者，不見生死涅槃有別。凡聖無異，境智一如，理事俱融，眞俗齊觀，圓通無礙，名修大道。

釋道世云，四禪無像，三達皆空。千佛異迹，一智心同。澄觀和尚華嚴疏云，上來諸門，乃至無盡，不離一心，一心即法界。故《起信》云，所言法者，謂衆生心，心體即大，心之本智即方廣，觀心起行即華嚴，覺心性相即是佛。覺非外來，全同所覺故。理智不殊，理智形奪，雙亡寂照，則念念皆是華嚴性海，則物我皆如，泯同平等。爲未了者，令了自心。若知觸物皆心，方了心性。故《梵行品》云，知一切法，即心自性。成就慧身，不由他悟。然今法學之者，多棄内而外求。習禪之者，好亡緣而内照。並爲偏執，俱滯二邊。既心境如如，則平等無礙。昔曾瑩兩面鏡，鑑一盞燈，置一尊容，而重重交光，佛佛無盡。見夫心境互照，本智雙入，心中悟無盡之境，境上了難思之心。心境重重，智照斯在。又即心了境界之佛，即境見唯心如來。心佛重重，而本覺性一。皆取之不可得，則心境兩亡。照之不可窮，則理智交徹。心境既爾，境境相望，心心互研，萬化紛綸，皆一致也。唯證相應，名佛華嚴矣。釋云，今人只解即心即佛，是心作佛，不知即境即佛，是境作佛。今明以如爲佛，心境皆如，心如即佛，境如焉非。又心有心性，心能作佛，境有心性，安不作佛。以心收境，則心中見佛，是境界之佛。以境收心，境中見佛，是唯心如來。《華嚴錦冠》云，觀心釋大方廣佛華嚴經者，若約敎詮義，則有多門。若不攝歸一心，於我何預。夫言大者，即是心體，心體無邊，故名爲大。方是心相，相具德相之法，故名方。廣，是心用。心，有稱體之用。佛是心果，心解脱處名佛。華是心因，心所引行，喻之以華。嚴是心功，心能善巧嚴飾，目之爲嚴。經是心敎，心起名言，詮顯此理，故名爲經。然心之一字，雖非一切，能爲一切。觀者，以三大中，具四法界，對彼四界，故成四觀。法本如是，故依法而觀。若依此悟解，念念即是華嚴法界，念念即是毘盧遮那法界也。

**念常《佛祖歷代通載》卷一四**　嘗示衆曰，汝等諸人各信，自心是佛，此心即佛，達磨大師自南天竺國來此中華，傳上乘一心之法，令汝等開悟。又引《楞伽經》文以印衆生心地，恐汝顛倒不自信，此一心之法各各有之。故《楞伽經》云，佛語心爲宗，無門爲法門。又云，夫求法者應無所求。心外無別佛，佛外無別心。不取善不取惡，淨穢兩邊都不依怙，達罪性空念念不可得，無自性故。故云，三界唯心，森羅及萬像，一法之所印。凡所見色即是見心，心不自心，因色故有，但隨時言說即事即理都無所礙，菩提道果亦復如是。於心所生即名爲色，知色空故生即無生。若了此意，乃可隨時著衣喫飯長養聖胎任運過時，復有何事。汝受吾敎聽吾偈曰，心地隨時說，菩提亦只寧，事理俱無礙，當生即不生。

**宗泐、如玘《楞伽阿跋多羅寶經註解》卷二**　云何菩薩摩訶薩善分別自心現，謂如是觀，三界唯心分齊，離我我所，無動搖離去來，無始虚僞習氣所熏，三界種種色行繫縛身財建立妄想隨入現，是名菩薩摩訶薩善分別自心現。釋分別自心現中，言觀三界唯心分齊者，三界由妄想而起，妄想不出自心。分齊者，界限也。了知心外無法，則人法二執俱離，復何動作去來之相，但由無始妄想熏故，有三界種種五陰繫縛。言色行者，略舉五陰之二耳，由有五陰之身故，有資身財物建立，如是諸法皆因自心妄想顯現，若知本來空寂安有生滅，是爲善分別也。

**人居頂《續傳燈錄》卷一〇**　夫不能離諸見，則無以明自心，無以明自心，則不知正道矣。故經云，言詞所說法，小智妄分別，不能了自心，云何知正道。又曰，有見即爲垢，此則未爲見，遠離於諸見，如是乃見佛。以此論之，邪正異途正由見悟殊致故也。故清凉以莊老計道法自然能生萬物。《易》謂，太極生兩儀，一陰一陽之謂道。以自然太極爲因，一陰一陽爲道，能生萬物則是邪因，計一爲虚無則是無因。嘗試論之，夫三界唯心萬緣一致，心生故法生，心滅故法滅。推而廣之彌綸萬有而非有，統而會之究竟寂滅而非無，非無亦非非無，非有亦非非有，四執既亡百非斯遣，則自然因緣皆爲戲論，虚無眞實俱是假名矣。至若謂太極陰陽能生萬物，常無常有斯爲衆妙之門，陰陽不測是謂無方之神。雖聖人設敎示悟多方，然既異一心寧非四見，何以明之。蓋虚無爲道道則是無，若自然若太極若一陰一陽爲道，道則是有常，無常有則是亦無亦有，陰陽不測則是非有非無，先儒或謂妙萬物謂之神則非物物，物則亦是無。故西天諸大論師皆以心外有法爲外道，萬法唯心爲正宗。蓋以心爲宗則諸見自亡，言雖或異未足以爲異也，心外有法則諸見競生，言雖或同未足以爲同也。雖然儒道聖人固非不知之，乃存而不論耳，良以未即明指一心爲萬法之宗。雖或言之猶不論也，如西天外道皆大權菩薩示化之所施，爲橫生諸見曲盡異端以明佛法，是爲正道，此其所以爲聖人之道順逆皆宗，非思議之所能知矣。故古人有言，緣昔眞宗未至，孔子且以繫心。今知理有所歸，不應猶執權教。然知權之爲權，未必知權也，知權之爲實，斯知權矣。是亦周孔老莊設教立言之本意，一大事因緣之所成始所成終也。然則三教一心，同途異轍，究竟道宗本無言說，非維摩大士孰能知此意也。

**福善《憨山老人夢遊集》卷一四**　戒殺生可以延年壽，寡婬欲可以卻疾病，息妄想可以明眞心，斷煩惱可以出苦趣，念佛可以生淨土，寬仁可以治國家，懺悔可以滅罪障，慈悲可以養臣民。歌唱盈耳，不如念佛千聲。嬉遊終朝，不如靜坐一日。此上功德，乃卻病延年，多嗣永祚之妙法也。眞心本來清淨，因妄想染污，而苦惱旋生。佛身元是自心，因無明障蔽，而光明不現。即心是佛，自心作佛。念佛念心，觀心觀佛。一念妄心起，佛做衆生。一念惡心起，佛即造業。一念覺心起，衆生即化佛。一念善心起，地獄即變天堂。所以道三界唯心，萬法唯識。心造天堂，心造地獄，心淨則佛土淨，心穢則佛土穢。除此心外，無片事可得。是故心想穢濁，則夜夢夢顛倒。心想淨，則夢遊勝景。然而生死如夜旦，境界如夢幻，皆從自心之所變現。若人心心念佛，念念淨土，則現前觀想成就，過去罪業消除，臨終病苦不纏，一念往生淨土，即得見佛聞法，親近彌陀，與安養極樂世界諸大菩薩，同遊蓮池海會，將來垂悲願力，轉去十方度生，不被生死拘留，往來得大自在，此修行直捷法門。除此心外，皆是邪魔邪法也。故曰惟有徑路修行，但念阿彌陀佛，切不可錯認穢濁五欲之樂，遮障本有清淨眞心，失卻本有清淨極樂也。

**福善《憨山老人夢遊集》卷四六**　唯吾佛出世說法四十九年，所集諸經，有一大藏，始終只說了八箇字，所謂三界唯心，萬法唯識。從初至此，已經四十年，才說破萬法唯識一句之義。然猶未敢顯示唯心之旨，以唯心乃萬法之極則也。從上以來，諸大弟子已聞唯識法門，故此以後，乃說《楞伽經》，顯示三界唯心法門，直欲令人悟此一心，以爲極則。若攝前二空假，泯絕二諦，總歸一心。然後圓滿一心，融歸中道，爲理究竟。故《楞伽經》云，寂滅者，名爲一心，一心者，名如來藏，謂識藏，即如來藏，非空非有，直指一心，離名絕相，泯絕聖凡，不屬修證階差，頓觀藏性，名爲自覺聖智境界。直離一切攀緣妄心，但了妄想無性，即悟無生，是爲頓教法門。達摩祖師，傳二祖可大師，以此經爲心印，故此經獨被上上根人，其二乘絕分，祖師門下，故初學參禪，要離心意識參，離妄想境界求，出凡聖路學，是乃純以此經爲宗極也。此教乃說一心之極則，已經四十餘年，多方開示，歷過多少法門。今方說此經，小根尚爾絕分，而今之僧俗，教眼未明，修行無路，盲然無知，自己心中妄想攀緣，全然不知起滅頭數，日夜未嘗一念清涼。即以向上離心意識一著，以爲己任，話頭亦未夢見，便開大口說禪，其自欺之心何如哉，可謂大無慚愧人也，可不懼哉。且今不但俗人無知妄談，即吾法門後學僧徒，全未聞佛教修心法門，全不知用心工夫，但只妄想幾時，全無正見，便稱悟道，自以爲足。此又誰之欺，誰之誤耶。戒之戒之，慎之慎之。在佛過此四十年後，方示一心法門，足見法不易說，不易修，不易悟也。

**通潤《成唯識論》卷七**　下引小乘九難，發明心外無法之旨。一唯識所因難。諸小乘難云，離心之外，現見色法是其實有，何故總歸唯識，依何教理，唯識義成。大乘答云，前豈不廣陳教理，已爲汝說。小乘云，前雖已說，心未了然，若必欲非破他義，成立己義，應更爲我確實指陳，方能成就唯識教理。大乘先引教證成，如契經說，三界唯心。意謂三界之法，唯是一心之所變現，離心之外更無一物。問，欲色二界，有外器色境，云是心變，可說唯心。如無色界唯有內心無外色境，何得亦言唯心，豈不犯相符極成過。答，不但說色境不離心方名唯識，此亦遮無色界貪等能取之心故，爲無色界亦貪空境起其妄心，故無色界亦名唯識。若得無漏時，其出世無漏色等是出世心心所所緣境亦是唯識。《解深密經》云，諸識所緣，唯識所現。言所緣者，即親所緣，及踈所緣也。《楞伽》又說，諸法皆不離心。言諸法者，色法，心所法，不相應法，及無爲法也。《淨名》又說，有情隨心垢淨。言有情者，四聖六凡也。如言心淨則佛土淨，心垢則佛土垢是也。又說成就四智菩薩，能隨悟入唯識之境者。即地前菩薩，雖未證唯識之理，而依佛說，及見地上菩薩，成就四般唯識智，遂入有漏觀。觀彼十地菩薩魚米肉山等事，即悟云，如是所變，皆不離十地菩薩能變之心，更無外境。作是觀已，亦能隨順悟入唯識。

**來舟《大乘本生心地觀經淺註懸示》**　二直示法界不離心地者。三界唯心，衆生迷而不識，萬法唯識，諸佛證而自知。故佛放光明，洞然法界，將示情器之萬殊，不離生佛之方寸，此世尊萬德吉祥紋，放光表法之正意也。【略】

八降伏妄心。薰修正觀者，妄心爲生死之機，正觀爲入道之門。背正觀而逐妄心者，即六道之凡夫。伏妄心而入正觀者，即三乘之聖賢。良由觀有權實，故乘分小大之別，今則直指心地，標名正觀。妄心歇處即菩提，觀慧明時同法界。經云，三界之中，以心爲主，能觀心者，究竟解脱等是也。

**來舟《大乘本生心觀經淺註》卷一**　衆生之心，猶如大地，五穀五果，從大地生。如是心法，生世出世，善惡五趣，及於聖凡，乃至以是因緣，三界唯心。心名爲地，能觀心者，究竟解脱，不能觀者，究竟沉淪。是知如來自釋心地之觀法也，良以經中既云，生世出世，善惡五趣，及於聖凡，意在迷之即是妄心，悟之即是眞心，能生業果，能生聖果。其所重者，觀字爲要也。然觀者，即靈知反照，一念相應，諸惑頓空，涅槃本具，始知衆生，本來是佛。故曰能觀心者，究竟解脱也。其不能觀者，對境攀緣，如犬逐塊，自然究竟沉淪，永墮生死矣。《華嚴》云，一切唯心造。亦同此義也。所以佛說此經，立此題，欲見題知經，讀經解義，起智觀照，究竟成佛，初不辜其本意也。別釋者，心有二種，一眞心，即衆生之佛性，萬法之實相也。二妄心，即衆生之業本，緣境之識心也。然眞妄雖別，不離一體。地者譬喻也，亦有二義，一乘載義，謂大地廣博，堅厚有力，一切山河草木，及諸有情，皆地能乘載故。二生長義，謂有情無情，皆依地有，復能增長故，心亦如是，謂眞心隨緣而成萬法，即生義，種現熏發，即增長義。既依心現，猶不離心，即乘載義。良以種現熏發，又引起妄心，由不知萬法唯心，執心外有法，復能取著，則我法二執頓然生續。又復緣之則萬法全彰，不緣則諸法本寂，既緣之則有，即乘載義（如眼中有翳，妄見空華，華依翳現，若翳病既除，空華自滅）。

以上心地二字，爲所觀之境，觀爲能觀之智，謂依心作觀，還觀自心。然觀有三種，即空假中也，空非斷滅，乃即心眞體之勝用也。然眞性如虛空，空觀如日光，光與空合，無所分別。是以正觀之時，不見萬法，與眞性冥合，彌滿清淨，不見一法當情，爲空也。經云，佛爲彌勒說心地法門，若人一經耳根，攝念觀心，熏善提種，不久得成菩提。是知既此攝念觀心，即空慧自照，離妄絶相，當體即眞，是名空觀觀眞如也。二假觀者，即報四恩而發心，住蘭若以修行，事相觀察，是爲假觀，降伏妄想，深生慚愧也。（四恩者，即父母恩，衆生恩，國王恩，三寶恩。修行者，即佛教安住四無垢性，一心修行十二頭陀，以三觀門，修忍辱行，名眞出家。謂觀諸衆生，是佛化身，觀自身，爲眞愚夫，此爲一觀。又觀諸有情作尊貴想，觀自身爲奴僕想，此爲二觀也。又觀衆生作父母想，觀自身作男女想，即三觀也。常作是觀，或被打罵終不加報，善巧方便調伏其心。四無垢性者，謂衣服臥具飲食湯藥，如是四事，隨其所得，粗細稱心，遠離貪求，是無垢性，皆假觀也）三中道觀，觀一切煩惱萬法，會爲自心，了達此法，堪證菩提。所謂涉有不礙觀空，即諸法而證實相，不著空有，爲中道觀也，如功德莊嚴品，及觀心品等說。是知空觀，觀即心之眞諦。假觀，觀即心之俗諦。中觀，觀即心之第一義諦，是爲理事互融，究竟解脱之極致也。以上皆一經之所詮，經爲能詮，又梵語修多羅，此翻聖教，或翻蔕經，契經等，今減蔕契但存經者，以此方聖教稱經，意合此方故名經也。又具貫攝常法四義，謂貫穿所詮之義，攝化所被之機，常則今古不易，法則凡聖同遵。又地爲喻，本生等爲法，大乘爲能稱，本生等爲所稱，心爲一經之體，觀門爲修證之用，總言體用法喻爲名，能所合標，共立一題。

**達默《佛說阿彌陀經要解便蒙鈔》卷下**　經云，三界唯心，萬法唯識者，乃引佛說，明娑婆三界萬法，皆唯心也。古人云，念自性彌陀，生唯心淨土者。乃引祖語，明極樂三界萬法，亦皆唯心也。合而觀之者，謂二土皆唯心所現，唯識所變。既皆唯心所現，唯識所變，則是心作佛，是心是佛，心外無佛，佛外無心。譬如全金作器，全器是金，金外無器，器外無金，萬法唯心之義明矣。二正明，後人不達是心作佛，是心是佛之旨，捨西方唯心之佛土，別執緣影妄想，以爲唯心佛土，豈不庶幾乎心外有佛，佛外有心。譬如離器求金，則於佛祖共相違也。二讚此解之得，靈峯者，北天目山靈峯等，大師出家之所也。深悟心性無外者，深悟娑婆極樂，不出現前一念心性之外，以心性本無外故，特爲此經拈出要解者，正爲拈出無外心要之解也。信願持名，人可自操其券者。既信萬法唯心，則極樂乃自心本有之淨物，娑婆乃自心本有穢物，自心之穢理當捨，自心淨理當取。則信願持名。不必諄諄而苦勸，人人可自操其券，譬如文約在掌，則娑婆穢地理當該棄，極樂淨地，理當該置矣。如聲鼓鐸者，希有甚難，唯心宗旨，如敲鼓鐸，洪音全現，盡開唯心經藏，無復隱藏矣。誠古今所未有之書也，名曰要解者，乃無上心要之解也。

**了亮《徹悟禪師語錄》卷上**　須知一句阿彌陀佛，以唯心爲宗。此唯心之義，須以三量楷定。三量者，現量比量聖言量也。現量者，謂親證其理也。如羅什大師，七歲隨母入佛寺，見佛鉢，喜而頂戴之。俄而念曰，我年甚幼，佛鉢甚重，何能頂戴。是念纔動，忽失聲置鉢。遂悟萬法唯心。高麗惟曉法師，來此土參學，夜宿冢間，渴甚，明月之下，見清水一汪，以手掬而飲之，殊覺香美，至次日清晨，乃見其水爲墓中控出，遂惡心大吐。乃悟萬法唯心，便回本國著述。此皆現量親證也。比量者，借眾相而觀於義，比喻而知也。諸喻之中，夢喻最切。如夢中所見山川人物，萬別千差，皆不離我能夢之心，離夢心外，別無一法可得。即此可以比喻，而知現前一切萬法，但唯心現也。聖言量者，三界唯心，萬法唯識，千經萬論，皆如是說。已約現等三量楷定唯心。

更約事理二門，辨明具造，謂由有理具，方有事造。理若不具，事何所造。所以理具，但具事造。離事造外，無別所具。由有事造，方顯理具。事若不造，爭知理具。所以事造，祇造理具，離理具外別無所造。祇此一念心中，本具十界萬法。即此一念隨緣，能造十界萬法。理具，如金中本具可成缾盤釵釧之理。事造，如隨工匠鑪鎚之緣造成缾盤釵釧之器。又理具，如麵中本具可成種種食物之理。事造，如水火人工之緣，造成種種食品也。已辨事理，復約名體同異，揀定眞妄。佛法中有名同而體異者，有名異而體同者。名同體異，如心之一名，有肉團心，有緣慮心，有集起心，有堅實心。肉團心，同外四大，無所知識。緣慮心通於八識，以八種識皆能緣慮自分境故，此則是妄集起心，唯約第八，以能集諸法種子，能起諸法現行故，此則眞妄和合。堅實心者，即堅固眞實之性，乃離念靈知，純眞心體也。今言唯心者，乃堅實純眞之心也。名異體同者，如諸經中所說眞如，佛性，實相，法界等。種種極則之名，皆此堅實純眞心也。已揀眞妄，還約本有現前折衷指點，以諸經皆言無始本有眞心。夫既曰本有，即今豈無，而今現有，即本有也。若無無始，則無現前。若離現前，豈有無始。是故不必高尊本有，遠推無始。但現前一念心之自性，即本有眞心也。以現前一念，全眞成妄，全妄即眞，終日隨緣，終日不變。離此現前一念之外，豈別有眞心自性哉。古德云，威音那畔，不離今世門頭，眾生現行無明，即是諸佛不動智體。其庶幾乎。由上四義，以顯唯心，故一以唯心爲宗也。又一句阿彌陀，以唯佛爲宗。以一切萬法，既唯心現，全體唯心，心無彼此，心無分際。於十界萬法，若依若正，假名實法，隨拈一法，皆即心之全體，皆具心之大用。如心橫徧，如心豎窮，以唯心義成，唯色唯聲唯香唯味唯觸唯法，乃至唯微塵唯芥子，一切唯義俱成，一切唯義俱成，方成眞唯心義。若一切唯義不成，但有唯心之虛名，而無唯心之實義。以一切唯義俱成，故曰法無定相，遇緣即宗。唯微塵，唯芥子，尙可爲宗，八萬相好莊嚴之果地彌陀，反不可以爲宗耶。故以唯佛爲宗，又以絕待圓融爲宗。於十界萬法，隨拈一法，無非即心全體，具心大用，橫徧十方，豎窮三際，離於四句，絕於百非，獨體全眞，更無有外，彌滿清淨，中不容他。一法既爾，萬法皆然，各約諸法當體，絕待無外，是爲絕待。又以十界萬法，各各互徧，各各互含，一一交羅，一一該徹，彼彼無障無礙，各各無壞無雜。如當臺古鏡，影現重重，如帝網千珠，回環交攝，此約諸法迭互相望，是爲圓融。今合絕待圓融爲一宗。正絕待時，即圓融。正圓融時，便絕待，非離絕待，別有圓融。絕待，絕待其圓融，非離圓融，別有絕待。圓融，圓融其絕待，絕待圓融，各皆不可思議，今共合爲一宗。

# 一心三觀

**智顗《佛說觀無量壽佛經疏》**　觀者觀也，有次第三觀，一心中三觀。從假入空觀，亦名二諦觀。從空入假觀，亦名平等觀。二空觀爲方便，得入中道第一義諦觀，心心寂滅，自然流入薩婆若海。此名出《瓔珞經》，今釋其意。假是虛妄俗諦也，空是審實眞諦也。今欲去俗歸眞故，言從假入空觀。假是入空之詮，先須觀假，知假虛妄而得會眞，故言二諦觀。此觀若成，即證一切智也。從空入假觀者，若住於空與二乘何異，不成佛法不益眾生。是故觀空不住於空，而入於假，知病識藥應病授藥，令得服行，故名從空入假觀。而言平等者，望前稱平等，前破假用空，今破空用假，破用既均，故言平等觀，此觀成時證道種智。二空爲方便者，初觀空生死，次觀空涅槃，此之二空爲雙遮之方便。初觀用空，次觀用假，此之二用爲雙照之方便。心心歸趣入薩婆若海，雙照二諦也，此觀成時，證一切種智，是爲次第三觀也。一心三觀者。此出釋論，論云，三智實在一心中，得秪一觀而三觀，觀於一諦而三諦，故名一心三觀。類如一心而有生住滅，如此三相在一心中，此觀成時證一心三智，亦名一切種智，寂滅相種種行類相貌皆知也。寂滅相者，是雙亡之力，種種相貌皆知者，雙照之力也。《中論》云，因緣所生法，即空即假即中。釋論云，三智實在一心中得，即此意也。此觀微妙，即一而三，即三而一。一觀一切觀，一切觀一觀，非一非一切，如此之觀攝一切觀也。

**延壽《宗鏡錄》卷三五**　三，一心三觀者。知一念心不可得不可說，而能圓觀三諦也。即《淨名經》云，一念知一切法是道場，成就一切智故。是以在境爲一諦而三諦，在心爲一觀而三觀，在果爲一智而三智。如一圓珠，珠相喻有，珠徹淨喻空。圓明喻中，三無前後，此喻一諦而三諦。若以明鏡照之，珠上三義一時頓現，即喻一觀而三觀。若就鏡中觀珠，珠之與鏡非一非異，則喻心境二而不二，爲眞覺也。妙觀者，觀一念心爲所緣境，返觀此心，從何處來，去至何所。淨若虛空，名空觀。觀境歷歷分明，名假觀。雖歷歷分明，而性常自空，而境觀歷然，名中觀。即三而一，即一而三。語默行住，不生不滅，不常不斷，不一不異，不來不去，不有不無，不住不著，不垢不淨，不愛不取，不虛不實，不縛不脫，皆不生不滅之異名，義無別也。即空不住空，即假不住假，即中不住中，是名中。何以故，爲即空，空有何可住。即假，幻化影，復何可住。二邊既無可住，豈有中可住。故曰三諦無住，是名爲中。當須如此，空中無空只勿空，假中無假只勿假，中中無中只勿中。當如是照，照中無照只勿照。若見如是理，即見萬物而自虛也。此三觀者，是不思議境。若闕一觀，境智不成，故云不思議。【略】

又空觀，了諸法無自性故。二假觀，此空處具諸法故。三中觀，空假無別體故，唯一眞心故。以空是心之性，即是眞空，非是但空。以假是心之相，即是妙假，非是偏假。性相分三而非三，眞心冥一而非一，非一而三觀宛然，非三而一心不動。又即一而三相不同，如鏡體一有光明影像差別之相，即三而一體無異。如影像光明，俱同一鏡。又古釋三觀義云，一念心起，起無起相，徹底唯空，三際寂然，了不可得，無見聞覺知相，無眼耳鼻舌身意相，空觀也。一念心起，有三千世間相，國土世間一千，山河大地日月星辰是也，五陰世間一千，染淨一切色心是也，衆生世間一千，六凡四聖假賓是也。一念心起，三千性相一時起，一念心滅，三千性相一時滅也。念外無一毫法可得，法外無一毫念可得也，此心性圓明，一而能多，小而能大，染而能淨，因而能果，有而能無。故一一色，一一香，一一念，介爾有心，即具三千也。一處見多，多處見一，一念即多劫，多劫即一念，重重互現，喻天帝珠網，此假觀也。一念心起，起而無起，三際寂然，無起而起，三千性相，非空非假，雙照空假，此中觀也。說即有三名字，照時不作三一解，只念念見自心性，任運非三非一，亦不用破除身心，亦不要安立境觀，念想斷處，一切時中任運心常三觀也。

人無圓機，自謂我是凡穢，我多煩惱，我智慧劣，我是生死人，此乃瞖眼見空華，空實無華也。圓人觀明，觸事全同古佛，非分同也。何以故，法性圓理，三德三身，只是一念，不可分故。此圓理亦無次位，爲人未能任運常觀，觀有斷續，我性未破，破而未盡故。分六即四十二位，點空接引令至無修耳。或謂凡人但有佛法身性，未有報化德用，此乃別教中解。圓觀惑業苦三本自無性，全是三德，三德本無住處。住惑業苦中，三身三道，悉是假名。畢竟空中，了不可得，無惡可捨，無道可證。纔見有一毫理可依泊者，便是妄境牽生心，三觀不明也。學人嫌惡貪瞋癡，作意斷除，殊不知此嫌惡心自是惑也。若纔覺起，即照此起處，自無性不可取捨，三觀明也。若別作對治，別作眞如實相解，別作佛菩薩想，別運身心遍法界想，並非圓意，圓人即念無念耳。若謂能覺知識別者是心，此是心苗，非心性也。故云動是法王苗，寂是法王根。心性者，三觀明時是也。三觀明時，不見有情無情，佛與衆生，若罪若福，在我觀內，在我觀外，在我觀中，皆不可也。若不明三觀，妄情計佛性在身中，計遍草木上，經中喚作遍計所執性。外道所宗，四教所不攝，況圓人解乎，夫中觀難明，圓解微妙。【略】

若能內觀返照，獨精自心，何言詮所及，故云其實離聲名。了此一念心，起處不可得，是名空觀。即於空處，見緣生法，似有現顯，故云一切法，是一切法，非於無性無像，而有得有像，是名假觀。求空不得空，尋假不得假，非空非假，全是一心，是名中觀。念念具三觀之法，塵塵成佛智之門。故云三觀一心融萬品，則煩惱荊棘，五陰叢林，生死根株，我慢原阜，更從何處而起，故云荊棘叢林何處生。《普賢觀》云，止觀十門者，一心行稱理，攝散名止。二止不滯寂，不礙觀事。三由理事交徹而必俱，遂使止觀無礙而雙運。四理事形奪而俱盡，故止觀兩亡而絕寄。五絕理事無礙之境，與泯止觀無礙之心，二而不二，故不礙心境而一味，不二而二故，不壞一味而心境。六由即理之事，收一切法故，即止之觀，亦見一切，七由此事即是彼事故，令止觀見此心即是彼心。八由前中六則一多相入而非一，七則一多相是而非異，此二不二同一法界，止觀無二之智，頓見即入二門，同一法界而無散動。九由事則重重無盡，止觀亦普眼齊照。十即此普門之智為主故，頓照普門法界時，必攝一切為伴，無盡無盡。

**智顗《維摩經玄疏》卷二** 第二辨一心三觀者，正是圓教利根菩薩之所修習。所以者何，不思議心因緣之理甚深微妙，其觀慧門難解難入。今明此一心三觀亦為三意，一明所觀不思議之境，二明能觀三觀，三明證成。一明不思議之觀境者即是一念無明心因緣所生十法界以為境也。問曰：一人具十法界，次第經無量劫，云何止在一念無明心內無妨閡也。答曰：此經明不思議須彌入芥子不相妨閡，無情之物尚得如此，心神微妙一念具一切三世諸心諸法，何足致疑。譬如眠法覆心，一念之內夢見一切諸心諸事，若正眠夢之時謂經無量劫，如《法華經》說，夢見初發心乃至成佛無量諸事，比其覺時反觀秖是一念眠心也。心譬自性清淨心，眠法覆心譬於無明，無量夢事譬恆沙無知覆一切恆沙佛法，夢事不實善惡憂喜譬見思惑覆眞空也。若不細尋夢譬不思議之疑，終無決理。故諸大乘經多說十喻但諸法師不圓取譬意，止偏得虛偽空邊不見譬無量無明法性邊也，故三諦之境義不成也。二明能觀者。若觀此一念無明之心，非空非假，一切諸法亦非空假，而能知心空假，即照一切法空假。是則一心三觀圓照三諦之理，不斷癡愛起諸明脫，若水澄清珠相自現，此即觀行即也。三明證成者。若證一心三觀，即是一心三智五眼也，若得六根清淨名相似證即十信位也，若發眞無漏名分證眞實即是初住也。此經云，一念知一切法，即是坐道場成就一切智故。《大品經》云，有菩薩從初發心即坐道場。當知是菩薩為如佛也。《智度論》云，三智其實一心中得，佛欲分別為人說，令易解故次第說耳。

第四對智眼者。智即三智，眼即五眼。三觀能知因緣三諦之理即是三智，能見因緣三諦之理即是五眼。若解三觀，三智五眼兩科大義宛然明了。若分別為論，三觀為因，三智五眼為果。通而為語，三觀即是三智五眼之異名耳。如《大智度論》釋般若云，別則般若為因，至佛心則變名一切種智。若通而為論，俱通因果，如《大智論》偈云，若如法觀，佛般若與涅槃是三則一相，其實無有異。故知般若之名亦至佛果。文如三德成大涅槃不縱不橫如世伊字，摩訶般若果上之一德也。問曰：三觀對三智其數相應，三觀對五眼數豈相當。答曰：若觀麁細因緣，即是肉眼天眼之境。若見三諦之理，即是慧眼法眼佛眼也。第五成諸乘義者。三觀即是三智，三智有二種，一別相三智，二一心三智。一別相三智即開三乘，二一心三智但是一佛乘也。

**智顗《維摩詰經三觀玄義》卷上** 第二一心三觀者。此觀是深行，利根菩薩之所修習。所以者何，不思議因緣之理，甚深微妙，其觀慧門難解難入。今明此觀亦為三意，一明所觀之境，二明能觀之觀，三證成。一所觀之境者，即是一念無明因緣具十法界三諦之境也。十法界者，一地獄法界，二畜生法界，三餓鬼法界，四脩羅法界，五人法界，六天法界，七聲聞法界，八緣覺法界，九菩薩法界，十佛法界，此即六是凡夫，四是聖人。所言法界者，法名自體，界以性別為義，此十種法體，因果不同，事性隔別，不相混濫，故言十法界。此十法界，皆是十二因緣之所成，故言因緣所生法也。十二因緣並依無明，無明之理體非異念，故言一念具足十法界也。一念十二因緣。出《華嚴》、《大集》、《瓔珞》經文，因緣三諦已如前辨。問曰：九法界可是十二因緣所成，佛法界清淨，非生死法，云何亦說為十二因緣耶。答曰：《大品經》云，若有能深觀十二因緣，即是坐道場。此經云，緣起是道場，無明乃至老死皆無盡故。又《涅槃經》云，十二因緣名為佛性，見佛性故住大涅槃。依此而推，十二因緣何得非佛法界也。問曰：一念十二因緣具十法界，何得以為一心三觀之境。答曰：以一念十二因緣，即空即假即中，三諦之理，不縱不橫，不一不異。十法界法雖復無量，不礙一念無明之心，一念無明之心含十法界，無有迫妨。問曰：一人具十法界次第，經無量劫，云何止在一念無明心內不相妨礙耶。答曰：此經明不思議，須彌入芥子，不相妨礙，無情之物尚得如此，況心神微妙，一念具足一切三世諸心諸法，何足致疑。問曰：諸大乘經皆明不思議，其意難見，云何了別。答曰：佛法不思議道理，唯可仰信，豈可情求。若苟抱深迷，當以近譬。《法華經·安樂行品》明持經之人，若於夢中，但見妙事，所謂夢見從初值佛發菩提心，乃至成道轉法輪，經千萬億劫，度無量衆生。是則少時眠心有無量夢事，無量夢事而不礙一念眠心，一念眠心能含無量劫事。無明一念具一切法不相妨礙，亦復如是。而眠時謂無量，別覺已反觀，知止是一念眠心具無量心。今時人雖不夢裏見無量劫事，而亦倏忽見三數日事，見是無量夢事，只是一念眠心之內而不相妨，世間現見如此，無明一念具一切法不相妨礙，何所致疑。眠法覆心即譬無明覆中道佛性之眞心。無量夢即譬恆沙無知覆一切佛法妙事。夢事不實而取著憂喜，譬見思覆眞空也。若不細尋夢譬此不思議理，疑終難決。故諸大乘經多說十喻，但諸師解譬，或時偏淺，唯見譬夢不實空邊，不見譬無明一念無量邊也。

二明能觀之觀者。若觀此一念無明之心非空非假，一切諸法非空非假亦不得，非空非假而能照此中道之空假，即是照一切法性法界之空假也。知假非假，即是入眞。知空非空，即是入俗。照中道見二諦，即一心三觀之相也。稱理之觀，不得諸法，不知不見不斷癡愛起諸明脫，亦不縛不脫，無能無所，眞緣俱泯，離諸戲論，言語法滅，清淨心一如水澄，清珠相自現，是爲得一心三觀之相。故《大智度論》釋般若偈云，般若波羅蜜，實法不顛倒，念想觀已除，言語法亦滅，無量衆罪除，清淨心常一，如是尊妙人，則能見般若。

三明證成者，若證一心三觀，即是一心三智五眼也。如覺時知夢不實，無量夢事皆依眠心，三義宛然皆不可得，朗然大悟無所依稀，即是初心一念相應慧，是悟佛菩提智也。此經云，一念知一切法，是坐道場，成就一切智。故《大品經》云，菩薩以一切種智，知一切法也。《法華經》云，爲一大事因緣，開佛知見，使得清淨也。《涅槃經》云，發心畢竟二不別，如是二心前心難。《華嚴經》云，破一微塵出三千大千經卷也。即此經明入不二法門，不斷癡愛，住不思議解脫，不起滅定，現十法界身，度一切衆生也。此眞觀因緣中道，不生不生，證無作四實諦，是眞一切種智，是眞佛眼，見於佛性，住大涅槃。問曰：何經論出此一心三觀。答曰：上引諸經並證斯義，且釋具有明文，論自解三智一心中得，欲令易解，分屬三人。問曰：如佛說三種智，其實一心中得，云何言欲以道慧，具足道種慧，乃至一切種智，當學般若波羅蜜。答曰：是三種智，其實一心中得，今欲分別爲人說，令易解故，作此次第耳，復次，三智雖一心，而用智有異，譬如三相雖在一心，而相不同。今論謂三相譬一心三諦之理，謂相不同，一心三智照此三諦，亦不濫也。若非求一心三觀，善巧修習相應，豈得一心證三智也。

第三對眼智者。智即三智，眼即五眼。三觀能知因緣三諦之理即是三智，能見因緣三諦之理即是五眼。若解三觀三智五眼，兩科大義宛然明了。若分別爲論，三觀爲因，三智五眼爲果。通而爲論，三觀即是三智五眼之異名耳。如《大智論》釋般若云，別即般若爲因，至佛心則變名一切種智。若通而爲論，俱通因果。如《大智論》偈云，若如法觀佛，般若及涅槃，是三則一相，其實無有異。故知般若之名亦至佛果。又如三德成大涅槃，不縱不橫，如世伊字，摩訶般若，果上之一德也。問曰：三觀對三智，其數相應，三觀對五眼，數豈相當。答曰：若觀麤細因緣，即是肉眼天眼之境。若見三諦之理，即是慧眼法眼佛眼也。問曰：若觀因緣，未見眞諦而開天肉二眼者，亦應觀假方便一切智方便，開爲兩觀兩智也。答曰：觀智通漫方便，不須別開，見義指的，必須離出二眼。問曰：慧解脫人亦觀因緣入空而無天眼，豈得觀因緣麤細之境說肉天二眼耶。答曰：慧解脫人雖觀麤細因緣，不爲修通。若觀因緣麤色，修諸功德，則肉眼漸淨，所見轉遠。若入禪定觀因緣細色，斷障通無知，即發天眼。故知因緣麤細色境即是修二眼之方便，亦是二眼所見之境界也。今正明對智眼，即爲三意，一對三智，二對五眼，三約教料簡。一對三智者，從假入空觀即是一切智之異名也。此二同照眞諦故，從空入假觀即道種智之異名也。此二同照世諦故，三中道第一義觀即是一切種智之異名也。此二同照中道，中道一相雙照二諦也。二對五眼者，初觀因緣麤細之法，若見麤細之色即是肉天二眼，入空見眞即是慧眼。第二觀從空入假，見俗分明，即是法眼。第三觀深觀中道二諦，即是佛眼也。三約教料簡者。問曰：四教所明三智五眼，悉得對三諦不。答曰：三藏通教，三智五眼通，但照二諦。所以者何，不明佛性常住涅槃是佛果，不出二諦也，若別教圓教則如前。是則佛果通出二諦外也。問曰：三藏通教若不對中道，云何辨三智五眼之別。答曰：別照二諦則有二觀二智四眼之別，雙照二諦，二諦理窮，即受種智佛眼之名。問曰：佛別教二諦，二諦只是二觀二智四眼，何得有三智五眼耶。答曰：若是含中入眞，世諦守本，即是通教二諦。從假入空觀，一切智慧眼，但見眞空，不見不空。從眞入假觀，道種智法眼，照俗如前。第三觀種智佛眼，能見第一義不空，即是見佛性住大涅槃。此即佛果不出二諦也。復次，若將眞含俗中道諦守本爲二者，初二觀二智四眼同照俗諦，俗諦有，空有也。第三觀種智佛眼，悉照眞諦，眞諦即是佛性，見佛性故住大涅槃，此亦佛果不出二諦也。

**處元《止觀義例隨釋》** 釋曰：隨相開合如三觀四教等者，此文例出止觀一部三觀四教等法有開有合。言隨相者，乃是隨於三觀之相，乃至隨於六度之相，故云隨相。言開合者，本一實之道一心三觀合也，開則五時八教無非三觀。如三藏教亦有三觀空假中名，通別亦然，但是有名而無實義。又如一心三智出《大品經》，一心三觀正宗於此。若自論開合者，三觀即一觀，合也。一觀即三觀，開也。以此三觀總爲妙空，歷十八空乃至入十四空，此又成開合也。言隨事等者，此亦且約三觀消之。隨事則是隨於破陰入善惡等事，隨理則是隨於所照之理，隨法則是隨於所詮之法，隨名則是隨於能詮之名，隨行則是隨於四種三昧之行，隨證則是隨於行之所剋，隨自則是隨於自行，隨他則是隨於化，他四教開合其例亦然。本一實之道，合也。從一實之道生無量法四時三教，開也。隨事理等亦約教釋，隨事則塊有幻有等事，隨理則生滅無生乃至無作之理，隨法則是隨於所詮戒定慧三十七品之法，隨名則隨於諸教各有能詮之名，隨行則隨於諸教各有能行之行，隨證則隨諸教中各有所獲，隨自則諸教各有自行，隨他則諸教各有化他。三觀四教既然，四悉五味四諦十二因緣六度等法莫不皆爾。恐繁其文不能具釋，言寬廣無窮者，約施開說也。然須結撮勿使浮濫者，要須開合歸一實之道成妙觀故。夫如是則微文有託立行有歸，不爾則解無所託而行無所成也。

**法登《圓頓宗眼》** 荊溪曰，一念無相謂之空，無法不備謂之假，不一不異謂之中，自利利他在此而已。此乃宗師臨終以此三觀之道示於後昆，以爲心要也。夫三觀者，智者稟之於南嶽，南嶽傳之於北齊，北齊承之於龍樹。故曰，文師用心一依釋論，若究其根源，非唯始自龍樹而已。故義例云，況復三觀本宗瓔珞，補處大士金口親承，信知本自於大覺世尊也。然三觀所出，或云《瓔珞》，或云《大品》，或云《智論》，或云《中論》，的指若何。曰：三觀之法，其文出《瓔珞》《大品》，義旨歸於法華圓頓，傳之於諸祖，讚之於龍樹，廣之於天台。故《四念處》云，若論數整足須依《瓔珞》，若扶三觀次第須依《大品》《瓔珞》。經云，從假入空二諦觀，從空入假平等觀，二觀爲方便得入中道第一義諦觀出於《大品》者。經云，欲以道慧，具足道種慧，當學般若。欲以道種慧，具足一切智，當學般若。欲以一切智具足一切種智，當學般若。欲以一切種智斷煩惱及習，當學般若。欲以道慧（空），欲以道種慧（假），欲以一切智具足一切種（中），欲以一切種智斷煩惱及習（惑盡智顯）。準此二經皆明三觀，故云本宗《瓔珞》。又云，以《大品》爲觀法，也言義旨歸於《法華》，圓頓者以由開權顯實，諸教咸會，無非一心三觀故也。義例云，以《法華》爲宗骨，是此之謂乎，傳之於諸祖者，迦葉已下所傳即此道也，言讚之於龍樹者。《大品》既有三智之文，經文似如次第智論，釋此取意。言之三智，實在一心中得三智。既在一心，智由觀成，非一心三觀何能成於一心三智。故智既在，以智顯觀，亦見三觀一心也。以智論爲指南，其在茲乎。但《中論》直明三觀不説一心，故曰，因緣所生法，我説即是空，亦名爲假名，亦名中道義。此文雖傍通諸教，義正歸圓。何者，既云即空，又云亦名假名等，顯秖於一法，便是有三，豈非圓義耶。但不顯説一心，故更用三智實在一心之文，顯乎三觀亦一心也。是知讚之於龍樹其義明矣，既部通諸教祖師，釋義不妨隨文用與。故云，若四句對教自是別途，或者疑曰未審北齊正依何文耶，爲智論耶，爲中論耶。若云中觀，止觀那云文師用心一依釋論。若云釋論，且今家正是宗於中論觀法，豈是釋論耶。今謂北齊宗於中論四句觀法，復以智論三智實在一心之文，顯之成乎一心三觀也。【略】

佛之知見莫非三諦佛性，既以此法點示衆生，欲入此道莫非以觀照之。以照此故，即名三觀。是知靈山雖不委明，義亦具矣，故迦葉所傳，傳之諸祖，但龍樹釋經委明之也，非已前諸祖不傳此道矣。言廣之於天台者，《摩訶止觀》莫不廣明三觀之法也。疑曰，《瓔珞》三觀似如次第，何以今家以此次第之法而爲所傳。曰：圓頓之法，別無其體，即指次第爲不次第。況復瓔珞次第文後亦有三觀法界之說，豈非圓意乎。當以意會，不以文拘。既部在方等，尊極唯圓，據勝爲論，即圓三觀也。故知一家所傳三觀之道，出自於佛經，傳於諸祖，讚之於龍樹，廣之於天台也。疑者曰，若謂天台所傳亦三觀者，且《摩訶止觀》正明觀法不思議境，於修德境中明於修相，祖述龍樹但說性相空觀而已，何以見得具於三觀耶。曰：天台所說三觀秪恐得空，諸法既空，當處宛然，不一不異，即具三觀。所以修德境中雖但明空，即具三也。故止觀於三境之後，結成三觀。

**傳燈《傳佛心印記註》卷下**　一空一切空，無假無中而不空，三觀皆空，總空觀，是以終日破相而諸法皆成。一假一切假，無空無中而不假，三觀皆假，總假觀，是以終日立法而纖塵必盡。中一切中，無空無假而不中，總中觀，是以終日絕待而二邊熾然。是故謂之即破時即立，即立時即破，非破非立時而破而立。此約三觀有三觀破立之功，圓融說之如此。若以遮代破，以照代立，亦可名爲即遮即照，即照即遮，非遮非照而遮而照。寄言說之不無次第，至於圓修空有同時遮照，一念實無如此次第也。夫觀因諦立諦由觀顯是故，非圓融之三諦莫成圓融之三觀，圓頓至教法爾如此，他宗聞之多有不信，以其創自天台故也，不知此旨遠承之於釋迦，親稟之於龍樹。若三智實一心中得，秪一觀而三觀，觀於一諦而三諦。因緣所生法，我說即是空，亦名爲假名，亦名中道義，此猶言義宏略或難取信，惟有佛頂尊經金口親宣，聖言娓娓。如曰我以妙明不滅不生合如來藏，而如來藏惟妙覺明圓照法界，乃至而如來藏妙明元心非色聲香味觸法，乃至非如來三號常樂我淨此正一眞一切眞無俗無中而不眞，總眞諦與空觀也。又曰而如來藏元明心妙即心即空即色聲香味觸法，乃至即如來三號四德此正一假一切假，無眞無中而不假，總假諦與假觀也。又曰而如來藏妙明心元離即離非，是即非即，此正一中一切中，無眞無俗而不中，總中諦與中觀也。故知天台所立深得佛心，以此而爲傳佛心印，眞所謂超過眾說抗折百家者也。

# 一心三智

**智顗《妙法蓮華經文句》卷三上**　實者諸佛智慧也，非三種化他權實，故言諸佛，顯自行之實，故言智慧，此智慧體即一心三智。甚深無量者，即稱歎之辭也，明佛實智豎徹如理之底，故言甚深，橫窮法界之邊，故言無量，無量甚深深高橫廣，譬如根深則條茂，源遠則流長。實智既然，權智例爾（云云）。其智慧門即是歎權智也。蓋是自行道前方便，有進趣之力故名爲門，從門入到道中，道中稱實道前謂權也。難解難入者，歎權之辭也，不謀而了，無方大用，七種方便不能測度，十住始解十地爲入，舉初與後中間難示難悟可知，而別舉聲聞緣覺所不能知者，執重故別破之耳。法身本意元以自行權實擬之，無機逃走故言不知，華嚴頓照聾啞瞽聵故言不知，方等彈斥保住草庵故言不知，般若轉教無心悕取一飡之意故言不知。今大機啟發放光動地，彼此今古諸佛道同，由懷疑惑故言不知，利根菩薩節節能知，鈍同二乘是亦不知也。【略】

佛曾親近至盡行道法，是釋諸佛實智，良由外值佛多稟承至要故，實智甚深，良由內行純厚盡行道法故。實智無量，無量則釋橫廣，甚深則釋豎高也，勇猛精進名稱普聞。是釋諸佛權智，其智慧門難解難入，良由勇猛精進能入難入之門。既入門已澤被無疆物欽勝德，故名稱普聞。亦可分句勇猛精進能入法門，即釋權智深。名稱普聞即釋權智廣，觀權文無深廣之語，例實智此義則成（云云）。從成就甚深下，雙結諸佛二智，稱理究竟故言成就，到彼岸底故言甚深，此結成實智也。稱機適會故言隨宜，非七方便所知故言難解，此結成權智也。隨情則翳理故言難解，了義故意顯故言易知。

**智顗《佛說觀無量壽佛經疏》**　論云：三智實在一心中，得秪一觀而三觀。觀於一諦而三諦，故名一心三觀。類如一心而有生住滅，如此三相在一心中。此觀成時證一心三智，亦名一切種智，寂滅相種種行類相貌皆知也。寂滅相者，是雙亡之力，種種相貌皆知者，雙照之力也。《中論》云，因緣所生法，即空即假即中。《釋論》云，三智實在一心中得。即此意也。此觀微妙，即一而三，即三而一。一觀一切觀，一切觀一觀，非一非一切，如此之觀攝一切觀也。

**灌頂《大般涅槃經疏》卷二〇**　先提緣由故言聽受，次顯眞證是一心三智舉三譬，譬之眞智照理。如鏡內淨，假智照事。如炬了外物，中智圓照。如日遍朗，而三番說者令人易解。證時一心俱得三智。二若有菩薩去，是廣明利益又二，初敘緣由，次歷四法，明益如文，不從他聞是眞證之益，而能自知近三菩提故知非思慧明矣。

**智顗《維摩詰經三觀玄義》卷上**　第四會乘義者，三觀即是三智。三智有二種，一別相三智，二一心三智。一別相三智即開三乘，二一心三智但是一佛乘也。第一正明別相三觀開三乘者，即爲二意，一正約三觀開三乘，二明十法成三乘。一正約三觀開三乘者，即爲三意，一約析法觀開三藏教三乘，二約體法觀開通教三乘，三總約析體別相三觀成別教大乘。一明析法觀開三藏教三乘者，三藏教明三乘行人同析因緣假以入空。若聲聞，總相析法入空，發眞無漏，成一切智，名聲聞乘。若辟支佛，別相析法入空，發眞無漏，成一切智，名辟支佛乘。若菩薩，總相別相析法入空而不斷結取證，多入俗假修行六度，求一切智佛智自然智無師智，即是三藏教之大乘也。二明體假入空開通教三乘者，三乘之人同體因緣假以入空，若發眞無漏，斷見思惑。小乘根鈍但除正使，成一切智，名聲聞乘。緣覺中根侵除習氣，成一切智，名辟支佛乘。菩薩得一切智，入假修道種智，教化眾生，求一切種智，即是通教之大乘。三明總約析體別相三觀成別教大乘者。若別教菩薩，觀因緣假，修別相三觀，次第成一切智道種智。乃至修中道觀見佛性，成一切種智，求常住涅槃，即是別教大乘義也。

**智顗《金光明經玄義》卷下**　次觀心三般若金光明者。諦觀一念之心，即空即假即中，即是三般若。何者，一念心一切心，一切心一心，非一非一切。一念心一切心者，從心生心，雜雜沓沓，長風駛流，不得爲喻，日夜常生無量百千萬億眾生，六道輪迴十二鉤鎖，從闇入闇闇無邊際，皆心之過也，故言一念心一切心。是則凡夫所迷沒處。一切心一心者，若能知過生厭，皆自持出如小火燒大積薪，置一小珠澄淸巨海，能觀心空，從心所生一切諸心無不即空，故言一切心一心。如此一心乃是二乘所迷沒處，非究竟道雙亡二邊故，煩惱非一非一切。《大經》言，依智不依識，識但求樂。凡夫識妄求樂，二乘識求涅槃樂，是故雙亡不可。依止智則求理，如是觀者即是一心三智，即空是觀照般若一切智，即假是方便般若道種智，即中是實相般若一切種智。是三智一心中得，即空即假即中，無前無後不並不別，甚深微妙最可依止，是爲觀心三般若金光明，六即如前。次觀心三菩提，金光明者，諦觀一念之心即空即假即中，即是三菩提心。何者一心一切心交橫繚亂，如絲如沙如蠶如蛾，爲苦爲惱。若知即空眞諦菩提心，度妄亂心數之眾生，通四住之壅，是爲即空發菩提心，即假發菩提心者。空雖免妄亂，經云空亂意眾生而智亂，甚盲闇復是三無爲坑，是大乘冤鳥未具佛法，不應滅受而取證也。若眞即假俗諦菩提心，度沈空心數之眾生，通塵沙之壅，分別可不分別時宜，分別藥病分別逗會，不住無爲故言即假發菩提心。空是浮心對治，假是沈心對治，由病故有藥，藥存復成病，病去藥止宜應兩捨。非空非假雙亡二邊，即發中道第一義諦菩提心，度二邊心數之眾生，通無明之壅，以不住法住於中道故，言即中發菩提心。

**灌頂《觀心論疏》卷四**　論曰：問觀自生心，云何是因心，起十種境界，成一心三智。此是第六一偈，明正觀理實，而諸境雜發不同。然上四種三昧，及二十五方便，皆是明修正觀之前方便，今去正是明圓觀方法也。言因心者，觀起十境名爲因心。起十種境界者，一陰入境，二煩惱境，三病患境，四魔事境，五業相境，六禪定境，七諸見境，八增上慢境，九二乘境，十菩薩境。【略】

然十境既多合論，只成一心三智三觀。何者，陰入煩惱病患業相魔事禪定見慢等八境，即是假觀道種智攝。二乘境即是空觀一切智攝。菩薩境即是中道觀一切種智攝。此三觀三智並在一心中。故偈云，問觀自生心起十種境界，成一心三智等是也。

**延壽《宗鏡錄》卷九〇**　四觀心三般若者，一實相般若，非寂非照；即一切種智。二觀照般若，非照而照，即一切智。三方便般若，非寂而寂，即道種智。觀一念心，即空即假即中，即是三般若。何者，一念心一切心，一切心一心，非一非一切。一念心一切心者，從心生心，雜雜沓沓，長風駛流，不得爲喻，日夜常生無量百千萬億眾生，六道輪迴十二鉤鎖，從闇入闇，闇無邊際，皆心之過也，故言一念心一切心。是則凡夫所迷沒處。一切心一心者，若能知過生厭皆自持出，如世小火燒大積薪，置一小珠澄清巨海，能觀心空，從心所生一切心，無不即空，故言一切心一心。如此一心，乃是二乘所迷沒處，非究竟道，雙亡二邊故，煩惱非一非一切。《大經》云，依智勿依識，識但求樂。凡夫識求妄樂，二乘識求涅槃樂，是故雙亡，不可依止。智則求理，如是觀者，即是一心三智。即空，是觀照般若，一切智。即假，是方便般若，道種智。即中，是實相般若，一切種智。是三智一心中得，即空即假即中，無前無後，不並不別，甚深微妙，最可依止，是爲觀心三般若。

**知禮《金光明經文句記》卷四**　論雖多釋猶通三教，今四皆從甘露而說，故的在圓。以一心三智蕩一切相，名道慧開門。一心三智立一切法，名道種慧示器。一心三智雙遮蕩立，名一切智入城。一心三智雙照蕩立，名一切種智處室。由此四智住大涅槃，令諸衆生得此四智，名食味也。三對法華大事，彼佛知見是今甘露。

**子璿《起信論疏筆削記》卷一七**　無明若盡則無所不照，即大智慧光明遍照法界也。一切諸法種類若干，無不知之故，云一切種智。故《大般若》云，煩惱不生名一切種智。若具言之，得三種智，謂一切智道種智一切種智。《準天台》說，因修一心三觀，果得一心三智，謂修即空觀得一切智，修即假觀得道種智，修即中觀得一切種智。今此論中依眞如門，修奢摩他即是空觀，果得一切智。依生滅門修毘鉢舍那，即是假觀，果得道種智。此二雙運爲禪那，即是中觀，果成一切種智。今論舉中所成以攝空假故，但云一切種智，亦可等者。謂此始覺慧至心源時，約斷惑邊名無間道，約證理邊名解脫道。即顯等者，謂前發心三種相中眞心。彼有業之所累，猶爲菩薩。至此業識永盡無餘，唯眞獨存更無所累，故名佛也。上皆下同上二報利益，但前標，此釋非別有說，顯上方便者，即前發心相中後得智，至此圓滿也。問：前後皆言自然，則因果何別耶。答：前是有心，自然以帶業識故。此是無心自然，唯眞獨存故，昭然可解。

**了然《大乘止觀法門宗圓記》卷五**　法報二身圓覺大智顯理而成者，一心三智能顯能成，一境三諦而爲所顯，一體三身乃爲所成，不別而別。今別自行圓覺大智，即空中智以爲能顯，眞中二理以爲所顯，法報二身以爲所成，故云顯理而成。又圓覺大智即報身，屬能顯也，顯理而成即法身，屬所顯也。若約唯識，轉於八識以成四智。又束四智以成三身者，則轉第八爲大圓境智，轉第七爲平等性智，轉第六爲妙觀察智，轉五識爲成所作智，大圓鏡智成法身，平等性智成報身，成所作智成化身，妙觀察智遍於三身。既然不約眞常淨識，乃是教道一途屬對，不與今同。何者，今以圓覺大智顯平等一性，此之一性有法身性，故成於法身，有報身性故成於法報，皆即性而成能顯之智。亦全性具，豈惟法報即性而成。祇如應身亦即性具足，故三身一念因心無不具足，融妙難思。至佛果顯又指法身爲塵相者，佛本無身順世立身，故法身者亦世相收。但此之相而非報應身色之相，以詮實理假名爲相，既有名相故爲所非。問，法身無色相耶。答，尅法體無色相，隨處辨即是有色相。問，昔人亦云，若論相即，俱相俱無相，與今何殊。答，即名雖同，良由昔人用祖文故即義有殊，以假立宗，應身即法相不存，故智者明於三智稱曰本無，說於四土曰非垢染，示其開顯號非權實。

**傳燈《傳佛心印記註》卷下**　至北齊之間有慧文師因探釋論，悟一心三智，橫宗龍樹。

師夙稟圓乘，天眞獨悟，因閱《大智度》論，引《大品》云，欲以道智具足道種智當學般若，欲以道種智具足一切智當學般若，欲以一切智具足一切種智當學般若，欲以一切種智斷煩惱及習當學般若。論自問曰：一心中得一切智道種智一切種智，斷一切煩惱及習，今云何言以一切智具足一切種智，以一切種智斷煩惱及習。答曰：實一切一時得此中，爲令人信般若波羅蜜故，次第差別說欲令衆生得清淨心，是故如是說。復次雖一心中得，亦有初中後次第，如一心中有三相，生因緣住住因緣滅。又如心心數法不相應諸行及身業口業，以道智具足一切智，以一切智具足一切種智，以一切種智斷煩惱及習亦如是。師依此文以修心觀論中三智實在一心中得，且果既一心而得因豈前後而獲。故此觀成時，證一心三智，雙亡雙照，即入初住無生忍位。師又因《讀中論》至《四諦品》偈云因緣所生法，我說即是空，亦名爲假名，亦名中道義。恍然大悟，頓了諸法無非因緣所生，而此因緣有不定有，空不定空，空有不二，名爲中道。師既一依釋論是知遠承龍樹也（統記）。

# 一念三千

**湛然《止觀輔行傳弘決》卷五**　夫一心下，結成理境，如前所釋，本在一心，圓融三諦既已開釋，恐人生迷故，重結之令入一念。當知身土一念三千，故成道時稱此本理，一身一念遍於法界。言無心而已者，顯心不無，言介爾者，謂刹那心，無間相續未曾斷絕，纔一刹那三千具足。準八相喻思之可知，若具三千即具三德。故《金光明》第一云，依於法身，初發心時，顯現不退心金剛心如來心。不退即解脫心也，金剛即般若心也，如來即法身心也。故知因心果體具足。又介爾者，介者弱也。詩云，介爾景福，謂細念也。但異無心，三千具足，故大師於覺意三昧，觀心食法，及誦經法，小止觀等。諸心觀文，但以自他等觀，推於三假，並未云一念三千具足，乃至《觀心論》中亦秖以三十六問，責於四心，亦不涉於一念三千。唯《四念處》中略云觀心十界而已，故至止觀正明觀法，並以三千而爲指南，乃是終窮究竟極說。故序中云說己心中所行法門，良有以也，請尋讀者心無異緣。問，此三千爲初心觀後心亦觀。答，初後不二。問，凡夫心中具有諸佛菩薩等性，容可俱觀，中心後心界如漸減，乃至成佛唯一佛界，如何後心猶具三千。答，一家圓義言法界者須云十界即空假中，初後不二方異諸教。若見觀音玄文意者，則事理凡聖自他始終修性等意，一切可見。彼文料簡緣了中云，如來不斷性惡，闡提不斷性善。點此一意眾滯自銷，以不斷性善故緣因本有。彼文云，了是顯了智慧莊嚴，緣是資助福德莊嚴。由二爲因佛具二果，元此因果本是性德，性德緣了本自有之。今三千即空性了因也，三千即假性緣因也，三千即中性正因也。是故他解唯知闡提不斷正因，不知不斷性德緣了，故知善惡不出三千。

**導威《妙法蓮華經入疏》卷一〇**　唯圓即觀一念三千，三諦具足。是則一心一切心，一身一切身，一土一切土，一念俱觀。若身心土，若空假中，更無前後。故觀成時，一心見一切心，一身見一切身，一土見一切土。十方三世，一切諸佛，身中現故。故於自心常寂光中，偏見十方三世一切身土。若唯觀他遮那之土，必迷自境。若了心境，自即他故，他即自故。不了此境，自尚成他，況觀他耶。觀土既爾，身佛心然。故聞長壽，須了宗旨。故知想名，名同體異。

**了然《乘止觀法門宗圓記》卷二**　初謂圓融無礙法界法門者，即一念三千之異名。智者依於《法華》十如因果以明十界互融互攝。良由稟受南嶽深旨，遂開廣之，乃以四義消釋經文，及正立行加三世間，委示一念即具三千。南嶽今文引於《華嚴》，譬如明淨鏡，隨對面像現。又云，心性是一，云何能生種種果報。而此文意即同《法華》十如是也，故《摩訶止觀》引《華嚴》云，譬如大地一，能生種種等。復引《法華》云，一切種相體性，皆是一種相體性。【略】

如即理也，相性本末即是事也，以理融事遂成三千，苟謂事權自得名曰事三千者，必眾相性不用如理自能融攝。若其爾者，何必讀云相是如耶。問，若秖讀云如是相者，非三千耶。答，若共經旨，直以如是爲指法之辭者，此相何得是三千耶。由此南嶽恐人但作指法而解，故特以如而爲句末，依此讀文方見經旨。若依天台三轉讀文，一轉依經讀云如是相者，應以如是爲相方是三千相。若離於如是，終不能於互融。故今文云，若就妄執之事即一向不融，若據心性緣起依持之用，即可得相攝。問，單理獨事若非三千，如何得有理具三千事造三千。答，此約歸趣無不極義，以三千趣理故曰理具三千。以三千趣事故曰事造三千。若其成三千之體者，必事理圓具方成三千也。山家諸文有云三千爲緣生，有云三千爲非道，有云三千性是中理，亦云三千皆空泯亡，悉是事理融攝成三千，後隨義舉用趣極之說。若趣於空則三千皆無，若趣於中則三千皆妙，若趣於假則三千皆有。

**從義《止觀義例纂要》卷二**　次別示，文爲十，初明妙境五中言一爲示三千在一念故者。《止觀》云，夫一心具十法界，一法界又具十法界百法界。一界具三千種世間，百法界即具三千種世間。此三千在一念心，若無心而已，介爾有心即具三千。《輔行》云，夫一心下，結成理境，如前所釋本在一心圓融三諦（即《止觀》前文約三義讀十法界以成三諦之義，而《輔行》中消文畢已乃云，心性不動假立中名，亡泯三千假立空稱，雖亡而存假立假號，即此之謂也）。【略】

俗則百界千如，眞則同居一念也。何者，色心不二門云，攝別入總，一切諸法無非心性，一性無性三千宛然。且總在一念別分色心，色心不出十界百界三千世間。既知色心別已，故攝別入總，則曉十界三千之別不出一念剎那之總。須知此總即是圓心，此別即是三千世間。圓心三千總別只是不思議假，妙假相攝。良由空中眞性，眞性是理，妙假是事。又此眞性亦名中道，妙假亦是複俗之義。故此事理眞俗兩意，收束諸文罄無不盡。文句記云，若非圓心不攝三千，若非三千攝則不徧，記文自指具如《止觀》第五文中。故三千總別咸空假中，一文既然他皆準此。是知一念與夫三千相即融攝，良由空中眞性若非空中眞性，而一念心及以三千何能融攝猶如帝網重重無盡邪。故《輔行》云，能了妄念無一異相（空中眞性也），達此無相具一切心三千具足，方能照於一多相即（不思議假也）。又如南岳《止觀》問云，體用無二，只可二諦相攝，何得世諦還攝世事。答曰：今云體用無二者，非如攪眾塵之別用成泥團之一體，但以世諦之中一一事相即是眞諦全體。以是義故，若眞諦攝世諦中一切事相得盡，即世諦中一一事相亦攝世諦中一切事相皆盡。又《淨名疏》問云，何得小室容諸大座。答：世諦有二，一者思議，則小不容大，二者不思議，小則容大。如尺面之鏡，大像亦現，當知此與色心不二門中妙假總別互相融攝，厥意元同。故《釋籤》云，俗則百界千如，眞則同居一念，良由於此。是則百界千如之俗，若非同一眞如之性，如何攝之同在一念。以由同一眞性之故，方得千如之俗同居一念之中，一念不少三千不多，一多相即不其然哉。復須了知今之眞俗即是複俗單眞之義。故《釋籤》云，但云相即言濫於通，應從意說，意以一切趣中爲眞，與百界千如及千如本空爲俗而論相即。故知單眞複俗之義乃是約於中邊明之，以合二邊名爲複俗，中道名爲單眞故也。故《止觀》中釋於五陰假名世間，具明十界假實之異，國土世間始自地獄依赤鐵住，終至如來依寂光住。【略】

一者爲示三千世間在一念故，乃是爲示三千世間複俗差別同一中道之眞故，方乃在於一念之總也。是知三千複俗差別若非同一中道之眞，何能在於一念之總。《輔行》謂之夫一心下結成理境，良由於此。又《金錍》中野客問云，如何能攝依正因果（百界三千依正只是因果之法耳，故《輔行》云，十如只是因果之法，相至因緣以屬於因，果報屬果）。荊谿答曰：一家所立不思議境，於一念中理具三千。既云一念理具三千，豈非三千複俗同一中道之眞，故在於一念邪。故知一念理具三千，即今文云爲示三千在一念也。由是明之，《輔行》中云，故至《止觀》正明觀法，並以三千而爲指南，乃是終窮究竟極說。故序中云，說己心中所行法門者，正是以三千複俗差別同一中道之眞，在於一念之總，而爲指南極說耳。何者，以《金錍》云，一家所立不思議境，於一念中理具三千，而能徧攝依正因果，全依法華實相之理，必具諸法以成三千。

**從義《止觀義例纂要》卷四**　無作四諦只一念心者。《輔行》云，苦集二諦俱名爲苦，義攝十界只在一念，故云一苦一切苦。不明妙境一念三千，如何可識一攝一切。三千不出一念無明，是故唯有苦因苦果。由知無明只是法性是故起悲。道滅二諦俱名爲樂義，攝四教只在一念，故云一樂一切樂。不說妙境一念三千，如何可識一攝一切，三千不出一念法性，是故唯有樂因樂果。由知法性只是無明是故起慈，爲依此境者即妙境也。故《止觀》序中明無作四諦云，陰入皆如，無苦可捨，無明塵勞即是菩提，無集可斷，邊邪皆中正，無道可修，生死即涅槃，無滅可證，無苦無集故無世間，無道無滅故無出世間，純一實相。《輔行》引《四念處》云：一念心具十界苦名爲苦諦（三土二死），具十界惑名爲集諦（五住三惑），苦即涅槃名爲滅諦，惑即菩提名爲道諦。妙玄云，無作者迷中輕故從理得名，以迷理故，菩提是煩惱名集諦，涅槃是生死名苦諦。以能解故，煩惱即菩提名道諦，生死即涅槃名滅諦。即事而中無思無念無誰（誰者我也，即無我也）造作故名無作。《大經》云，世諦即第一義諦，有善方便隨順眾生說有二諦，出世人知即第一義諦。

**善月《台宗十類因革論》卷二**　然觀有多門，行亦不一，於是乎，以一念三千，爲觀法大體，三種觀法，爲敎行樞機。十乘四行之殊，事理敎觀等別，殆不一端能盡，今略舉數例以示焉，庶幾乎簡易之道條理可觀也。【略】

論曰：夫三千者，諸法之總名，圓具之殊稱，吾佛以之爲所證境界，法華以之爲開顯大綱，天台以之爲所行法門，止觀以之爲指南極說。是以言其法，則界如世間，無法而不具。本其理，則三諦妙性，無理而不彰。示其文，則出自於法華。建其言，則功推於智者。非圓心，莫之能攝。舍妙悟，其孰能明。融萬法，而歸一心。即一心，而達三諦者，其唯三千乎。夫三千之道理，固高深，苟得其源本，自明白。今略以四義論之，其一曰，元意唯觀具，其二曰，三諦在所顯，其三曰，事理本一體，其四曰，即具無異途。得是四意，則三千宗旨，思過半矣，且不爲異論所汩也。何謂元意唯觀具，蓋一家觀道，圓論諸法，必本一性，一性之妙，三諦天然，此《摩訶止觀》不思議境。所以明百界千如，三千世間，在一念心，不前不後者，宗在觀具故也。故曰一家觀門，良由觀具云云。若有一法從心外，得不由性起，則法成偏邪，體非常住故。今以三千之妙，爲觀法指南，終窮究竟極説者，良有以也。故知不明三千，無以示性具。不明三千，無以了唯心。不明三千，無以達法妙。不明三千，無以知體一。不明三千，無以顯性融。不明三千，無以見體量。不明三千，無以彰果德。不明三千，無以識圓心。不明三千，無以異偏乘。不明三千，無以顯宗旨。然則三千之説，所顯若此，昔人云何乃以三千爲定幻假，爲非道，爲差別法，爲因緣生，爲無明。故有斯妄可破者，一何反祖違宗之甚乎。縱有一二文義憑據，要各有意，安得不究其所以。然而直以妄爲説耶，其文後當知之。

何謂三諦在所顯，良以三千，雖法相之廣，數法之多，要其大體，不出三諦，亦由三諦，得有三千。所以非空無，以偏相則由空故，得以相三千也。非假無，以顯具則由假故，得以具三千也。非中無，以融攝則由中故，得以攝三千也。是則三諦，各當其義，以成三千。不然則三千之法，尚不能有，況能盡其妙乎。然則三千非三千，體是三諦，三諦非三諦。不出一性，故自一性。而觀三諦，則三諦非三，還以三諦，而顯三千，則三千本一。以其三千本一，則數而非數。以其三諦非三，則名而非名。名而非名，數而非數，則所顯一性，不定空假中，不離空假中。言有相無相，亦未始有無，故曰唯一實性，無空假中。又曰，三諦無形，俱不可見，即三諦所顯之旨也。故以是而爲境，其境妙。以是而爲觀，其觀融。以是而顯性，其性彰。以是而成德，其德備。【略】

三千即一念，一念即三千，不前不後，此爲即具之大者。仍須了知，即不可無具，具不可無即。即而不具，非圓即。具而不即，非頓具。頓具則，無法不即。圓即則，無法不具。若即具各明，而不相成顯者，雖前偏教，亦得言之。唯即具兼明，方曰圓詮，故曰即具，唯圓及別後位是也。

所以言即即具，而論即，言具約即，而論具。夫惟即具，而論即故。雖性德三千，不唯具性，亦即事中之相也。夫惟約即而論具故，雖修中三千，即於理性，而不妨諸相宛然。是則祇一三千，而論修性。祇一三千，而論即具。理無異途也。

**傳燈《性善惡論》卷之二**　客曰：眞如不變隨緣，無差而差，隨緣不變，差而無差之旨，聞前法喻已曉然矣，云何名爲因心本具，毫無虧欠門。

余曰：因心者，指今在凡夫地，慕佛果以修因之心也。發心雖然廣大，約境猶居陰中，即以日用根塵相對，隨起一念，或善，或惡，或無記，或世間心，出世間心，即以此念，而爲所觀之境。如此之心，屬第六識，名爲陰心，亦名人心。言本具者，正以此心，於十界中必屬一界。若起三綱五常之心，即是人界，若此一界現起，名爲事造，則九界冥伏，於一性之中名爲理具。而此一界具十如是，謂據外攬而可別，名爲人界如是相。據內自性不改，名爲人界如是性。人界主質，名爲如是體。能修戒善功能，名爲人界如是力。構造綱常，名爲人界如是作。時習成種，名爲人界如是因。助善具度，名爲人界如是緣。表表威儀丈夫可敬，名爲人界如是果。招生中國富貴王侯，名爲人界如是報。初相爲本，終窮爲末。如此十如，促居一念。了不可得，即是無諦。雖不可得，十法宛然，即是有諦。皆是佛性，一一眞常，即是中諦，名爲如是本末究竟等。然又具五陰十種如是，國土十種如是，假名十種如是，成三十如是。如此一界，在一性中，與九法界，性體融通，各各互具，是則每一界具十法界，成百法界，一界十如是，百界則千如是，歷假名五陰國土，成三千如是。如此三千，但約一番互具而論。若番番互具，則萬億兆媛，不可以頭數而枚舉也。既性是三諦三德，則此一念三千之法，體是法身，一一周遍法界。故性是般若，一一照明如大明在天，無幽不燭，了無煩惱。故常處解脫，蕭然累表，了無生死繫縛。故如是人心，而與佛性無二無別。如是解了名爲見性，如是照見，名爲成佛。天台之言，直指人心見性成佛者，蓋見乎此成乎此也。如是説者，名爲即修論性，非即性成性。若即性論性，已如前第一眞如不變十界冥伏門中説竟。雖即修論性，與前第一門大體，無二無別。但前即性論性，如即海論海。今此門中，即修論性，如指漚而即海

也。良由眞如不變隨緣，造此一念，既無差而差。故此隨緣一念，當體不
變，差而無差。有界千如三千性相，即法身，即般若，即解脱，如剖栴檀
片片皆香，如碎白璧分分皆眞，如擣萬種香爲丸，若燒一塵，具足衆氣，
如人入大海浴，已用諸河之水。又合前十喩，則如水之爲氷，氷還即水。
如空之投器，器不異空。如水之爲波，波仍是水。如海之起漚，漚體全
海。乃至如月水，如日火，如風空，如空色，如金器，如陽春，悉不變隨
緣，隨緣不變，無差而差，差而無差者也。

**智旭《教觀綱宗釋義》** 若雖以止觀安心，心仍未安，未得即證寂照
本體，必於所觀一念三千之境猶存意解，未知當下即空假中，應以四性而
簡責之。其根利者，秖觀一念三千無自生性，即當悟入無生，無生則無不
生，三諦圓顯，十乘具足。若根鈍者，破自則必計他，破他則必計共，破
共必計無因，展轉破盡方悟無生。具足十乘若猶未悟，必當度入相續假
中，應觀此一念三千爲前念不滅後念續耶，爲前念滅後念續耶，爲前念亦
滅亦不滅後念續耶，爲前念非滅非不滅後念續耶。若仍不悟，必當度入待
待假中，應觀此一念三千爲待有念而立耶，爲待無念而立耶，爲待亦有念
亦無念而立耶，爲待非有念非無念而立耶。如此展轉簡責，若能悟入無生
無不生者，則知一切諸法中悉有安樂性，具圓道品，到事理岸，登菩薩
位，超越魔境入薩婆。

**一松《妙法蓮華經演義》卷一** 本原是迹，是則權實一體。本迹不
二，乃是妙權妙實。妙迹妙本，權實本迹之名雖殊，而不可思議是一，所
以謂之妙法也。雖言妙法即是權實本迹，然不知的是何等理體。究而論
之，不出經中所明如是相，如是性，乃至如是本末究竟等十如。此之十
如，約十界而論。一界之中，具有十如，則十界具有百如。一界之中，復
具十界，則十界便有百界，而百界具有千如矣。約於實法五陰，假名衆
生。依報國土，則成三千。此之三千性相，百界千如，而不出乎現前介爾
一念之心。即此現前介爾一念之心，全體具足三千性相。百界千如，亦復
即此三千性相。百界千如，以爲所開之權，以爲所顯之實，而權實無別有
權實，即此三千性相。百界千如，以爲所開之迹，以爲所顯之本，而本迹
亦無別有本迹。是則雖有權實本迹之殊，秖一念三千。而此三千一念具
足，若三千而全居乎一念，則三千之多不爲多。若一念而全具乎三千，則
一念之少不爲少。如是之法，寧得以心思之，以言議之。若此法而非妙
者，更有何法爲妙乎。利根之人，一聞所説，則便知此法權與實而同體，
迹與本爲一如。欲令中下皆知，故更巧喩於蓮華也。世間唯有蓮華，則方
華之時，即有於果，而華果同時，故以妙法而喩於彼。若不明妙法之權實
同體，本迹一如，請試觀乎蓮華。若知蓮華之方華即果，華果同時，則便
知妙法即權是實，即迹是本，權實同體，本迹一如矣。是則妙法是法體，
蓮華是比方。

## 一即一切

**杜順《華嚴一乘十玄門》** 明一乘緣起自體法界義者，不同大乘二乘
緣起，但能離執常斷諸過等。此宗不爾，一即一切，無過不離，無法不同
也。今且就此華嚴一部經宗，通明法界緣起，不過自體因之與果。所言因
者，謂方便緣修體窮位滿，即普賢是也。所言果者，謂自體究竟，寂滅圓
果，十佛境界，一即一切，謂十佛世界海，及離世間品。

**法藏《華嚴一乘教義分齊章》卷四** 一者，十即攝一，何以故，緣成
故，謂若無十即一不成故，即一全無力歸於十也，仍一非十矣，餘例然。
如是本末二門中，各具足十門，餘一至一錢中準以思之，此約異門相望説
耳。問：既言一者，何得一中有十耶。答：大緣起陀羅尼法，若無一即一
切不成故，定知如是。此義云何，所言一者非自性一，緣成故，是故一中
有十者，是緣成一。若不爾者，自性無緣起，不得名一也，乃至十者皆非
自性十。由緣成故，爲此十中有一者，是緣成無性十。若不爾者，自性無
緣起，不名十也。是故一切緣起皆非自性，何以故，隨去一緣，即一切不
成，是故一中即具多者，方名緣起一耳。問：若去一緣即不成者，此則無
性，無自性者，云何得成一多緣起。答：秖由無性，得成一多緣起，何以
故，由此緣起是法界家實德故，普賢境界具德自在無障礙故。《華嚴》
云：菩薩善觀緣起法，於一法中解衆多法，衆多法中解了一法。是故當
知，一中十，十中一，相容無礙仍不相是。一門中既具足十義故，明知一
門中皆有無盡義，餘門亦如是。問：一門中攝十盡不。答：盡，不盡，何

以故，一中十，故盡，十中一，故不盡。四句護過去非顯德等，準之可解耳，別別諸門中準例如是，緣起妙理應如是知。第一門竟，初異體門中，第二即義者，此中有二門，一者向上去，二者向下來。初門中有十門，一者一，何以故，緣成故一即十。何以故，若無一即無十故。由一有體，餘皆空故，是故此一即是十矣。如是向上乃至第十，皆各如前準可知耳。言向下者亦有十門，一者十，何以故，緣成故十即一，何以故，若無十，即無一故。由一無體，餘皆有故，是故此十即一矣。如是向下乃至第一，皆各如是準，前可知耳。以此義故，當知一一錢即是多錢耳。

問：若一不即十者，有何過失。答：若一不即十者，有二失。一不成十錢過，何以故，若一不即十者，多一亦不成十，何以故，一一皆非十故，今既得成十，明知一即是十也。二者一不成十過，何以故，若一不即十，十即不得成，由不成十故，一義亦不成，何以故，若無十，是誰一，故今既得一，明知一即十。又若不相即，緣起門中，空有二義，即不現前，便成大過。謂自性等，思之可知，下同體門中，準此知之，餘門亦準可知耳。問：若一即十者，應當非是一，若十即一者，應當非是十。答：秖爲一即十故，是故名爲一，何以故，所言一者，非是所謂一，緣成無性一，爲此一即多者，是名一。若不爾者，不名一，何以故，由無自性故，無緣不成一也，十即一者，準前例耳。勿妄執矣，應如是準知。

問：上一多義門，爲一時俱圓耶，爲前後不同耶。答：即圓即前後，何以故，由此法性緣起，具足逆順同體不違，德用自在無障礙故，皆得如此。問：如上所說，去來義其相云何。答：自位不動而恆去來，何以故，去來不動即一物故，但爲生智顯理故，說去來等義耳。若廢智一切不可說，如上果分者，即其事也。問：若由智者即非先有，如何說云舊來如此耶。答：若廢智即不論緣起，由約智故說舊來如此，何以故，不成即以成即離始終故，智及與法舊來成故。問：爲由智耶，法如是耶。答：爲由智也，爲法如此也，何以故，同時具足故，餘義準以思之。大段第一異體門訖，第二同體門者，亦有二義。一者，一中多，多中一，二者，一即多，多即一。初門二，一者一中多，二者多中一。初一中多者，有十門不同。一者一，何以故，緣成故是本數。一中即具十，何以故，由此一錢自體是一，復與二作一故，即爲二一，乃至與十作一故，即爲十一，是故此一之中，即自具有十箇一耳，仍一非十也，以未是即門故，初一錢既爾，餘二三四五，已上九門皆各如是，準例可知耳。二者多中一亦有十門，一者十，何以故，緣成故十中一，何以故，由此一與十作一故，即彼初一在十一之中，以離十一即無初一故，是故此一即十中一也，仍十非一矣，餘下九八七乃至於一皆各如是，準例思之。

問：此與前異體何別。答：前異體者，初一望後九異門相入耳，今此同體，一中自具十，非望前後異門說也，即義亦準思之。二者一即十，十即一，亦有二門。一者一即十，亦有十門不同。一者一，何以故，緣成故。一即十，何以故，由此十一即是初一故，無別自體故，是故十即是一也，餘九門皆亦如是，準之可知。二者十即一者，亦有十門不同。一者十，何以故，緣成故十即一，何以故，彼初一即是十故，更無自一故，是故初一即是十也，餘九門準例知之。問：此同體中，一即十等者，爲秖攝此十耶，爲攝無盡耶。答：此並隨智而成，須十即十，須無盡即無盡，如是增減隨智趣矣，十即如前釋，曰無盡者。一門中既有十，然此十復自迭相即相入，重重成無盡也，然此無盡重重，皆悉攝在初門中也。問：爲但攝自一門中無盡重重耶，爲一攝餘異門無盡耶。答：或俱攝，或但攝，後自無盡，何以故，若無自一門中無盡，餘一切門中無盡，皆悉不成故，是故初門同體，即攝同異二門中無盡無盡無盡無盡無盡無盡無盡無盡無盡無盡，窮其圓極法界，無不攝盡耳。或但自攝同體一門中無盡，何以故，由餘異門如虛空故，不相知故，自具足故，更無可攝也。

**法藏《華嚴一乘教義分齊章》卷四**　復有二門，一異體門，二同體門。就異體門中復有三，一者，一中多，多中一。如經云：一中解無量，無量中解一。展轉生非實，智者無所畏。此約相說也。二者，一即多，多即一。如《第七住經》云，一即是多，多即一。義味寂滅悉平等，遠離一異顛倒相，是名菩薩不退住。此即約理說也。今約十數，明一中多，多中一者。若順數從一至十向上去，若逆數從十至一向下來。如一者一緣成故，一中即有十，所以一成故，若無十，一即不成，無性緣成故，一中即有十，所以一成故，二三四等一切皆成也。若一住自性，十即不成，十若不成，一亦不成也。問：既其各無性，何得成其一多耶。答：此由法界實德緣起力用，普賢境界相應，所以一多常成，不增不減也。如《維摩經》云，從無住本立一切法。又論云，以有空義故，一切法得成也。

## 三諦圓融

**智顗《妙法蓮華經玄義》卷一上**　佛所證得萬善同歸，同乘佛乘，江湖川流無此大德，餘經亦爾，故《法華》最大也。山王最高，四寶所成故，純諸天居故。法華亦爾，在四味教之頂，離四誹謗，開示悟入純一根一緣，同一道味，純是菩薩無聲聞弟子故。月能虧盈故，月漸圓故。法華亦爾，同體權實故，會漸入頓故，燈炬星月與闇共住，譬諸經存二乘道果，與小並立。日能破闇故，法華破化城除草庵故，又日映奪星月令不現故，法華拂迹除方便故。輪王於四域自在，釋王於三十三天自在，大梵於三界自在。諸經或於俗諦自在，或於眞諦自在，或於中道自在，但是歷別自在，非大自在。今經三諦圓融，最得自在。譬大梵王餘經拔衆生出生死，如五佛子於凡夫第一。或拔衆生出涅槃，如菩薩居無學上。今經拔出衆生，過方便教菩薩上，即成法王最爲第一，引諸譬喻明教相最大。例知用宗體名，亦大如海。

**智顗《妙法蓮華經玄義》卷二下**　今明三諦爲三，一明三諦，二判麁妙，三開麁顯妙。卻前兩種二諦，以不明中道故，就五種二諦得論中道，即有五種三諦，約別入通點，非有漏非無漏三諦義成。有漏是俗，無漏是眞，非有漏非無漏是中。當教論中但異空而已，中無功用不備諸法，圓入通三諦者，二諦不異前。點非漏非無漏具一切法，與前中異也。別三諦者，開彼俗爲兩諦，對眞爲中中理而已。圓入別三諦者，二諦不異前，點眞中道具足佛法也。圓三諦者，非但中道具足佛法，眞俗亦然。三諦圓融，一三三一。如《止觀》中說，二判麁妙者，別圓入通帶通方便，故爲麁，別不帶通爲妙。圓入別帶別方便爲麁，圓不帶方便最妙。約五味教者，乳教說三種三諦，二麁一妙，酪教但麁無妙，生蘇熟蘇皆具五種三諦，四麁一妙。此經唯一種三諦，即相待妙也。三開麁顯妙，決前諸麁入一妙三諦，無所可待是爲絕待妙也，六明一諦者。《大經》云，所言二諦，其實是一方便說二，如醉未吐見日月轉謂有轉日及不轉日，醒人但見不轉不見於轉，轉二爲麁，不轉爲妙，三藏全是轉二，同彼醉人，諸大乘經帶轉二，說不轉一。【略】

諸諦不可說者，諸法從本來常自寂滅相，那得諸諦紛紜相礙，一諦尚無諸諦安有，一一皆不可說。可說爲麁，不可說爲妙，不可說亦不可說是妙，是妙亦妙言語道斷故。若通作不可說者，生生不可說，乃至不生不生不可說。前不可說爲麁，不生不生不可說爲妙。若麁異妙，相待不融，麁妙不二，即絕待妙也。

## 有相皆虛

**鳩摩羅什譯《金剛般若波羅蜜經》**　須菩提，於意云何，可以身相見如來不。不也，世尊，不可以身相得見如來。何以故，如來所說身相，即非身相。

佛告須菩提：凡所有相，皆是虛妄。若見諸相非相，則見如來。須菩提白佛言：世尊，頗有衆生，得聞如是言說章句，生實信不。佛告須菩提：莫作是說。如來滅後，後五百歲，有持戒修福者，於此章句能生信心，以此爲實。當知是人不於一佛二佛三四五佛而種善根，已於無量千萬佛所種諸善根，聞是章句，乃至一念生淨信者，須菩提，如來悉知悉見，是諸衆生得如是無量福德。何以故，是諸衆生無復我相、人相、衆生相、壽者相。無法相，亦無非法相。何以故，是諸衆生若心取相，則爲著我、人、衆生、壽者。若取法相，即著我、人、衆生、壽者。何以故，若取非法相，即著我、人、衆生、壽者，是故不應取法，不應取非法。以是義故，如來常說，汝等比丘，知我說法，如筏喻者，法尚應捨，何況非法。

**窺基《金剛般若經贊述》卷上**　凡所有相皆是虛妄者，謂虛妄有三。一者眞如法身無生滅故，名爲眞實，諸餘事法皆名虛妄，即此所說也。二者諸無漏法皆名眞實，諸有漏法皆名爲虛妄，故《中邊分別論》云，三界虛妄，心心所也。三者依他圓成名爲眞實，遍計所執名爲虛妄，故此下文我相即是非相，乃至云離一切諸相即名諸佛也。今言虛妄者即有爲無漏皆名虛妄也，若見諸相者謂三相，非相者謂法身無相也，

**子璿《金剛般若經疏論纂要》** 佛告須菩提，凡所有相皆是虛妄。若見諸相非相，即見如來。

非但佛身無相，但是一切凡聖依正，有爲之相盡是虛妄，以從妄念所變現故，妄念本空，所變何實。故《起信》云，一切境界，唯依妄念而有差別，若離心念，即無一切境界之相。若見諸相等者，遮離色觀空也，恐聞相是虛妄，又別求無相佛身，故云相即非相便是如來。不唯佛化身相是如來，所見一切相，相皆無相即如來也。故《起信》云，所言覺義者，謂心體離念，離念相者等虛空界，即是如來平等法身。《肇》云，行合解通則爲見佛。偈云，離彼是如來者，離彼三相是法身如來也。無著則於色身但離遍計，不執色相即眞色身。故彼論云，此爲顯示如來色身。

**子璿《起信論疏筆削記》卷七** 心行處滅者，以相是心之行處，行猶緣也。既離於相心無所緣，所緣既無，能緣亦絕，無相眞理何思慧之所及乎。離僞等者，僞則鍮似眞金，妄謂影如本質。凡是有名相，法悉皆僞妄，故《金剛》云，凡所有相皆是虛妄。又《楞嚴》云，幻妄稱相。以僞妄故，則非是眞。今既離於名相，即非僞妄故名爲眞。離異等者，謂有差別有變異，可破壞也，今既皆離故名如也。

# 心性本淨

**鳩摩羅什譯《梵網經古迹記》** 言而菩薩至常生悲心者，勸他令生無瞋善根，自亦應常生大悲心。謂對惡人便作三念，一念彼人，心性本淨，醉無明酒，著煩惱鬼，不獲已有此所作耳。二念本願，我爲衆生誓證菩提，生死大苦尚不生畏，況此小苦應不忍受。三念彼恩，必由惱害乃成忍行，彼即成滿我菩提因，何乃背恩反生瞋害，言以惡口罵辱至猶瞋不解者。如其次第語身意業，雖具三業，今取意罪，以所等起顯瞋重，故此意地罪決定時結，由此決定不受悔故。雖非衆生不來懺謝，瞋不應諫，猶成重罪。

**鳩摩羅什譯《成實論》卷三** 論者言，有人說心性本淨，以客塵故不淨，又說不然。問曰：何因緣故說本淨，何因緣故說不然。答曰：不然者，心非性本淨，客塵故不淨。所以者何，煩惱與心常相應生，非是客相。又三種心，善，不善，無記，善無記心是則非垢，若不善心本自不淨，不以客故。復次，是心念念生滅不待煩惱，若煩惱共生不名爲客。問曰：心名但覺色等，然後取相，從相生諸煩惱，與心作垢，故說本淨。答曰：不然，是心心時即滅，未有垢相，心時滅已垢何所染。問曰：我不爲念念滅心故如是說，以相續心故說垢染。答曰：是相續心世諦故有，非眞實義，此不應說。又於世諦是亦多過，心生已滅，未生未起云何相續，是故心性非是本淨，客塵故不淨，但佛爲衆生謂心常在，故說客塵所染，則心不淨。又佛爲懈怠衆生若聞心本不淨，便謂性不可改，則不發淨心，故說本淨。

**鳩摩羅什譯《成實論》卷五** 若心先淨，貪等來汙，是即淨法可汙，則害法相。亦如先說心性本淨，客塵來汙，彼應答此。若心本性淨，貪等何爲，如言心垢故衆生垢，心淨故衆生淨。然則衆生亦應相應，若衆生不可相應，貪等亦不相應。以心相續行中生垢等心汙諸相續，故說染心。如說從染心得解脫，是心相續中，若淨心生，名得解脫。是事亦然，如雲霧等雖不與日月相應，亦能爲翳。貪等亦然，雖不與心相應，亦能染汙。又煙雲霧等能蔽日月，故名爲翳。貪等亦爾，能障淨心，故名爲汙。問曰：雲霧日月，在一時中，煩惱與心不如是，故此喻非也。答曰：障礙同故，是事已成，故無咎也，是煩惱能汙心相續，故名爲染。

**曇無讖譯《大般涅槃經》** 云何不共貪生，不共貪滅，謂阿羅漢緣覺諸佛，除不動地其餘菩薩，是名不共貪生，不共貪滅。以是義故，諸佛菩薩不決定說心性本淨性本不淨。善男子，是心不與貪結和合，亦復不與瞋癡和合。善男子，譬如日月雖爲煙塵雲霧及羅睺羅之所覆蔽，以是因緣令諸衆生不能得見，雖不可見日月之性，終不與彼五翳和合。心亦如是，以因緣故生於貪結，衆生雖說心與貪合，而是心性實不與合。若是貪心即是貪性，若是不貪即不貪性，不貪之心不能爲貪，貪結之心不能不貪。善男子，以是義故，貪欲之結不能汙心。諸佛菩薩永破貪結，是故說言心得解脫。一切衆生從因緣故，生於貪結，從因緣故，心得解脫。

**曇無讖譯《大方等大集經》卷二** 一切衆生心性本淨，性本淨者，煩惱諸結不能染著，猶若虛空不可沾汙，心性空性等無有二。衆生不知心性淨故，爲欲煩惱之所繫縛。如來於此而起大悲，演說正法欲令知故。善男子，夫菩提者不取不捨。云何不取，如來不見一切諸法此岸彼岸。何以故，一切諸法離此彼故，如來世尊如實知之，是名不取。云何不捨，一切眾生不知法界，如來教令了知故，是名不捨。如來於此而起大悲，演説正法，爲令眾生知是二法。

**浮陀跋摩共道泰等譯《阿毘曇毘婆沙論》卷一五**　何等心解脱，有欲心耶無欲心耶，乃至廣説。問曰：何故作此論。答曰：此是佛經，佛經中説，欲心得解脱，恚癡心得解脱，不作是説，爲有欲心得解脱無欲心得解脱，乃至廣説，彼經是此論根本，今當廣解此經。復次或有説，心性本淨，爲客塵煩惱所覆，如毘婆闍婆提説，心性本淨，彼客塵煩惱生，覆心故不淨。問曰：若當心性本淨，客塵煩惱覆故不淨可爾者，何不以本性淨心令客煩惱亦淨耶。汝若不説以心淨故令客塵煩惱淨者，爲有何因緣。復次爲心先生，後客塵煩惱生，爲俱生耶。若心先生，後客煩惱生者，則心住待客塵煩惱。客塵煩惱生，然後覆心。若作是説，是則一心住二刹那。若當俱者，爲以何時言心性本淨。復無未來世，以住本性淨心。是故爲止他義，自顯己義，亦欲説法相相應義故，而作此論。

**真諦譯《隨相論》卷一**　問：三善根是心法不。答：非心法，故有時不與心相應，如僧祇等部説，眾生心性本淨，客塵所汙。淨即是三善根，眾生無始生死已來有客塵，即是煩惱。煩惱即是隨眠等煩惱，隨眠煩惱即是三不善根。由有三善根，故生信智等，信智等生時，與三善根相扶，故名相應。由有三不善根故，起貪瞋等不善，不善生時與三不善相扶，故言相應。若起邪見斷三善根，三善根暫滅非永滅，後若生善，還接之令生。若斷三不善根者，斷則永不生。最勝息故名永離者，如人處在怨賊之中，則不得安息，若斷離怨賊，離之未遠，乃有安息義，非最勝安息。若都出其境界者，方是最勝安息，内合亦爾。若在煩惱怨賊中，則都未安息。若雖復稍斷，斷之未盡乃有安息義，非最勝安息。斷之若盡，永出煩惱外，方是最勝安息。阿羅漢煩惱都盡，永不復生，是最勝安息。須陀洹見諦煩惱都盡，永不復生，亦是最勝安息。

**智顗《妙法蓮華經文句》卷七**　初威光者，《過去因果經》云，薩婆悉達處胎時，三千國土朗然大光，日月所不照處大明，其中眾生各得相見。初成道時亦如是，朝爲色天，中爲欲天，晡爲鬼神説法，夜亦如是。觀解忽生眾生者，心性本淨，陰入界覆之則闇，若修觀慧，本性理顯。又兩山是二諦，其間是中道。日月光是二智，佛光是中道。無分別智光，照本有三諦洞明也。爾時東方下，第二十方梵。文爲二，先九方，後上方。九方爲四，一東二東南三南四。總明六方，前三方梵文各有七，一覩瑞，二驚駭，三相問決，四尋光見佛，五三業供養，六請法，七默許。

**慧遠《涅槃義記》卷七**　下佛答之，先嘆後釋。釋中有二，一辯理總答，二有外道下隨問別答。總中初言，是心不爲貪結繫者，心性淨也，亦非不繫心相染也。非解脱者對前不繫，明非除障始得解脱。非不脱者對非不繫，明其從緣有始脱也。言非有者心性本淨無縛解也，言非無者從緣染淨有縛脱也，言非現在非來來者體淨平等離三世也。亦應説言非不過去未來現在，文中略無。何以下釋，以一切法皆無自性，是故不得一向定説。

**灌頂《大般涅槃經疏》卷二二**　第二章，正明心之有貪，非有非無，因緣故有。又二，第一明心性本淨，不定非有非無。第二明心性本淨，無有和合。初文有三，一標，二釋，三結。釋中又三，先唱章門，從緣生貪，從緣解脱二章門，因緣有二下。第二釋兩章門，有因緣故下。第三四句料簡也，三以是義故下因緣結，善男子是心不與下。第二明心性本淨，故無和合又二。先明無和合，次明因緣和合故有縛脱。此即初文，明畢竟清淨故無和合。諸佛菩薩下。第二明因緣和合，得有縛脱又二。先明縛脱之境，次明縛脱之人。就境中又二，先標，次釋，標出境章。除貪欲是解境，有貪欲是縛境。次譬如雪山下，釋二章門又二，初釋縛境，先譬，次合。初譬中，山譬八正道懸險難行苦行，人譬魔，獼猴譬外道，俱不能行，悉不修聖道。獼猴能行，即是得上界定外外道。人不能行，即魔住欲界。二俱能行，即五塵六欲俱能行之。獵師者還譬魔邪，黐膠譬愛欲之境，置案上譬五欲置果報上以誑眾生，手觸譬眼耳等觸色聲等。黏手者，於行心中以起繫著。五處皆著者，五根起染。

**智顗《維摩經玄疏》卷六**　諸地菩薩未窮性淨之源，猶有分惑，故三賢十聖住果報，唯佛一人居淨土。故知因果語通，從凡至聖非正意。但論佛國因果，爲此經正宗，入文更當略分別也。第四約觀心者，下文云，隨其心淨即佛國淨，觀心性本淨猶如虛空。即是性淨之境，境即國也。觀智覺悟此心，名之爲佛。初觀名因，觀成名果。若論自行，即是心主無染。

若論化他，即是心數解脱智慧數爲大臣。能排諸數上惑，以還心源清淨土也，故云心淨即佛土淨也。第五通此經文者，如佛爲寶積説佛國因果，即是當宗下文，雖不自説。而淨名即是法王大將，助佛闡揚因果正教，符成佛説佛國因果，斷物縁縛，令生佛國成菩薩，淨佛國土之行也。故室外品品皆有因果之説，室内品品亦有因果之説，出室亦有因果之説，皆符成佛國之教。

**法藏《華嚴經探玄記》卷一二**　立四無量，謂縁求樂衆生起與樂作意立慈無量，縁有苦衆生起拔苦作意立悲無量，縁有喜衆生起隨喜作意立喜無量，縁有煩惱衆生起不染污作意立捨無量，此約初教。又依《大集經》第九云，知諸衆生心性本淨是名爲慈，觀於一切等如虚空是名爲悲，斷一切喜是名爲喜，心遠一切行故名爲捨，此約終教。頓圓準之四種類者，諸經論中多説三種。一縁衆生，二縁法，三無縁。《智論》中二釋，一約能起。初一是凡夫慈等，次是二乘法執，三是菩薩稱眞。二約所益，初一令得人天益，二令得二乘益，三令得菩提。《佛地論》中諸佛菩薩縁衆生假者，亦縁彼五蘊假法及縁二空眞理而教化故。

**玄奘譯《説無垢稱經》卷二**　一切有情心性本淨，曾無有染，亦復如是。唯優波離，若有分別，有異分別，即有煩惱，若無分別，無異分別，即性清淨。若有顛倒，即有煩惱，若無顛倒，即性清淨。若有取我，即成雜染，若不取我，即性清淨。唯優波離，一切法性生滅不住，如幻如化，如電如雲。一切法性不相顧待，乃至一念亦不暫住，一切法性皆虚妄見，如夢如焰，如健達婆城。一切法性皆分別心，所起影像如水中月，如鏡中像。如是知者，名善持律，如是知者，名善調伏。

**地婆訶羅譯《大乘密嚴經》卷上**　仁主，心性本淨，不可思議，是諸如來微妙之藏如金在礦，意從心生，餘六亦然，如是多種，於世法中而爲差別。仁主，阿賴耶識，雖與能熏及諸心法，乃至一切染淨種子，而同止住性恆明潔。如來種性應知亦然，定不定別體常清淨，如海常住波潮轉移，阿賴耶識亦復如是。諸地漸修下中上別，捨諸雜染而得明現。

**玄奘譯《阿毘達磨大毘婆沙論》卷二七**　謂或有執心性本淨，如分別論者。彼説心本性清淨，客塵煩惱所染汙，故相不清淨。爲止彼執顯示心性非本清淨，客塵煩惱所染汙，故相不清淨。若心本性清淨，客塵煩惱所染汙，故相不清淨者，何不客塵煩惱本性染汙與本性清淨心相應，故其相清淨。若客塵煩惱本性染汙，雖與本性清淨心相應而相不清淨，亦應心本性清淨不由客塵煩惱相不清淨，義相似故。又此本性淨心爲在客塵煩惱先生，爲俱時生。若在先生，應心生已住待煩惱。若爾應經二剎那住，有違宗失。若俱時生，云何可説心性本淨。汝宗不説有未來心可言本淨，爲止如是他宗異執及顯自宗無顛倒理，故作斯論。如世尊説心解脱貪瞋癡，何等心得解脱。有貪瞋癡心耶，離貪瞋癡心耶。答：離貪瞋癡，心得解脱。問：離貪瞋癡心，本來解脱，何故復説得解脱耶。答：雖約煩惱本來解脱，而依行世及在相續今得解脱。謂若身中煩惱未斷心未行世不在相續，以心不能自在行世在相續，故不名解脱。若自身中諸煩惱斷，爾時此心自在行世在相續故，名得解脱。有作是説，貪瞋癡相應心得解脱。

**玄奘譯《瑜伽師地論》卷五四**　又復諸識自性非染，由世尊説一切心性本清淨故。所以者何，非心自性畢竟不淨，能生過失，猶如貪等一切煩惱亦不獨爲煩惱因縁，如色受等。所以者何，以必無有獨於識性而起染愛，如於色等，是故唯識不立識住，是名識蘊由住差別。云何異相差別，謂有貪心離貪心，有瞋心離瞋心等，如經廣説。乃至不解脱心極解脱心，是名一門異相差別。復有約界異相差別，謂欲界有四心，善心不善心，有覆無記心，無覆無記心。色界有三心，除不善。無色界有三心，亦除不善。無漏有二心，有學及無學。又欲界善心有二種，謂加行及生得。無覆無記心有四種，異熟生心，威儀路心，工巧處心，及變化心，此唯是生得。謂天龍藥叉等然無修果心，於色界中無工巧處心，無色界亦爾。當知善心如下上亦爾，一切處有。又有約種異相差別，謂欲界有五心，一見苦所斷心，二見集所斷心，三見滅所斷心，四見道所斷心，五修道所斷心。如欲界有五心，如是色無色界各有五心並無漏心，總爲十六。初異相心差別義，我當分別。一切有情略有三品，一未發趣定品，二雖已發趣未得定品，三已得定品。此復二種，一不清淨，二極清淨。於初品中，或時起染汙心，由貪等纏繞彼心故。或時起善無記心，由貪等纏暫遠離故。第二品中，或時令心於内靜息，或時失念於五妙欲其心馳散，或時極靜息故，便爲惛沈睡眠纏覆其心，或時爲斷彼故，於淨妙境安處其心，或時於彼不正安處心便掉舉，若正安處便不掉舉，由沈掉蓋未斷滅故。於彼二品俱不寂靜，由斷滅故心得寂靜。若由如理作意，已得根本靜慮，名定心。若未得者名不定心。道究竟故，名善修心。斷究竟故，名極解脱心。與此相違，名不善修心及不解脱心。

**玄奘譯《成唯識論》卷二** 分別論者雖作是說，心性本淨，客塵煩惱所染汙，故名爲雜染，離煩惱時轉成無漏，故無漏法非無因生。而心性言彼說何義，若說空理，空非心因，常法定非諸法種子，以體前後無轉變故。若即說心應同數論相，雖轉變而體常一，惡無記心又應是善，許則應與信等相應，不許便應非善心體。尚不名善況是無漏，有漏善心既稱雜染，如惡心等性非無漏，故不應與無漏爲因，勿善惡等互爲因故。若有漏心性是無漏，應無漏心性是有漏，差別因緣不可得故。又異生心若是無漏，則異生位無漏現行，應名聖者。若異生心性雖無漏而相有染不名無漏，無斯過者則心種子亦非無漏，何故汝論說有異生唯得成就無漏種子，種子現行性相同故。然契經說心性淨者，說心空理所顯眞如，眞如是心眞實性故。或說心體非煩惱，故名性本淨，非有漏心性是無漏故名本淨。

**波羅頗蜜多羅譯《大乘莊嚴經論》卷六** 譬如清水，垢來則濁，後時若清，唯除垢耳，清非外來，本性清故。心方便淨亦復如是，心性本淨，客塵故染，後時清淨，除客塵耳，淨非外來，本性淨故，是故不應怖畏。偈曰，已說心性淨，而爲客塵染，不離心眞如，別有心性淨。釋曰：譬如水性自清，而爲客垢所濁，如是心性自淨而爲客塵所染，此義已成。由是義故，不離心之眞如別有異心。謂依他相說爲自性清淨，此中應知。說心眞如名之爲心，即說此心爲自性清淨，此心即是阿摩羅識。已遮怖畏，次遮貪罪。

**實叉難陀譯《大乘起信論》** 謂一切凡夫依相續識，執我我所種種，妄取六種境界，亦名分離識，亦名分別事識，以依見愛等熏而增長故。無始無明熏所起識，非諸凡夫二乘智慧之所能知，解行地菩薩始學觀察，法身菩薩能少分知，至究竟地猶未知盡，唯有如來能總明瞭。此義云何，以其心性本來清淨，無明力故染心相現，雖有染心而常明潔，無有改變。復以本性無分別故，雖復遍生一切境界而無變易，以不覺一法界故不相應，無明分別起生諸染心，如是之義甚深難測，唯佛能知，非餘所了。此所生染心有六種別，一執相應染，聲聞緣覺及信相應地諸菩薩能遠離。二不斷相應染，信地菩薩勤修力能少分離，至淨心地永盡無餘。三分別智相應染，從具戒地乃至具慧地能少分離，至無相行地方得永盡。四現色不相應染，此色自在地之所除滅。五見心不相應染，此心自在地之所除滅。六根本業不相應染，此從菩薩究竟地入如來地之所除滅。不覺一法界者，始從信地觀察起行，至淨心地能少分離，入如來地方得永盡。相應義者，心分別異，染淨分別異，知相緣相同。不相應義者，即心不覺常無別異，知相緣相不同。染心者，是煩惱障，能障眞如根本智，故無明者是所知障，能障世間業自在智故。此義云何，以依染心，執著無量能取所取虛妄境界，違一切法平等之性。一切法性平等寂滅，無有生相，無明不覺，妄與覺違，是故於一切世間種種境界差別業用，皆悉不能如實而知。

**惟淨等譯《佛說海意菩薩所問淨印法門經》卷一四** 譬如世間琉璃珠寶，自體瑩潔，淨無瑕翳，置塵穢中，經於千歲，過千歲已，取之治事，去其塵穢，滌浣清淨，依然瑩潔，離諸瑕翳。菩薩亦復如是，了知衆生心之自性，本來清淨，明澈潔白，但爲客塵煩惱之所覆蔽。菩薩觀已，即作是念，衆生心性本來清淨，但爲客塵煩惱之所覆蔽，而彼煩惱實無所住，衆生橫起虛妄分別，我當爲彼諸衆生類宣說斷除煩惱之法，起無懈心，於衆生所轉，復增勝運心，普令皆得解脱。又復思惟，此諸煩惱能壞衆生諸有力勢，使令劣弱，此諸煩惱能令衆生於無實煩惱中虛妄分別，若能如實深固作意，如理伺察者，彼即不爲煩惱所動。如所伺察已，即彼煩惱不復和合，若與煩惱不和合者，斯即爲善。又復我今若與諸煩惱合，云何能爲煩惱繫縛諸衆生等宣說斷除煩惱之法，故我今時不與諸煩惱合，應爲煩惱繫縛衆生說斷除法。然我欲爲化度衆生於輪迴中，令諸善根相續不斷，亦復應當與煩惱合，云何名爲於輪迴中與煩惱合相續善根，所謂勤求福行而無厭足。菩薩作是思惟已，於三有中故現受生願，值諸佛誓度衆生而無懈倦護持正法，諸所施作勇進無退，常生法欲，永不棄捨波羅蜜多勝行。

**子璿《金剛經纂要刊定記》卷一** 本淨者，喻則可知。法中有二意，一則此心從本已來，性畢竟空故。二則現爲煩惱所纏而無染故，此當《起信論》中眞如門也。故《大集經》云：善男子，一切衆生心性本淨。心本淨故，煩惱諸結不能染著，猶如虛空不可玷污。心性空性等，無有二等，像即鏡中所現萬像，色即本淨之心所現諸法。然所現法不出色心，今唯言色而不言心者，一爲文句窄故，二爲影在下故，三爲以初攝後故。前二可知，後意者一切諸法不出五蘊，色之一字貫五之初。今言色者舉初攝後也，故《大般若》中，每例諸法皆以色字爲初。如云善現般若波羅蜜多清淨，故色清淨，色清淨故，一切智智清淨等。由是文雖標色而意兼於心，色心既彰，萬法備矣。元空者，喻則可知。法中有二意，一即本來是空。論云，一切諸法唯依妄念而有差別。若離心念，則無一切境界之相。二即現見空，故色等諸法本來自空，迷人不知，妄執爲有，雖然執有未始不空。故《中論》云，諸法若不空，即無道無果。又云，以有空義，故一切法得成。然此一句亦是釋疑，恐人聞說心性本淨，復見論云是心則攝世間法等，便謂本具染等不合言淨故。下句釋云像色元空也，意云色等若實，則汙淨心，色等既空憑何汙心，如鏡現穢像，穢像元空，似有實無，云何染汙，故云鏡心本淨，像色元空也。《無上依經》云，清淨有二義，一者自性清淨，是其通相，二者離垢清淨，是其別相。《寶性論》中亦有二義，一自性清淨，謂性淨解脫，二離垢清淨，謂障盡解脫。魏譯《唯識論》云，心有二種，一者相應心，所謂一切煩惱受想行等，二者不相應心，所謂第一義諦常住不變，自性清淨心也。今所明者，即自性清淨，及第一義諦心，故云本淨。

復次兩句更互釋成，以上句釋下句，成色空義，以下句釋上句，成心淨義。色若不空，心則不淨，心若不淨，色即不空。由心淨故色空，由色空故心淨，以色心二法不相離故。當知由心淨，故方能現色，如鏡淨，故方能現像，染則不能。又由色空，故不能染心，如像空，故不能汙鏡，實則汙也。上句下句法喻對明，反覆相成，故云互釋。疏夢識下二明妄有，即正當《起信論》中心生滅門。然此亦具法喻，以夢喻識，以夢中所現之物喻境，如人睡後作夢於無物處見物，喻心迷成識於無境處見境。然雖物依夢現，而夢物皆虛。雖境從識生，而識境俱妄也。夢者如常，人被睡蓋所覆，心識昧略恍忽成夢。準切韻中，夢者心亂之貌，亦云寐見曰夢，意明心識昏亂見於異事，名之爲夢。識者本淨，一心忽然不覺，不覺是妄，心性乃眞，眞妄和合，目之爲識，即是第八阿梨耶識也。

故《起信》云，依如來藏，故有生滅心，所謂不生不滅，與生滅和合，非一非異，名阿梨耶識。無初者初始也，意明此識無前際故。然眞心妄識，雖虛實有殊，若究其源，俱無初際。然有兩意，一則如《佛頂經》說，煩惱菩提二俱無始，謂自有此眞心已來，便有此妄識，非謂眞先妄後，亦非妄先眞後。若言眞先妄後，即應諸佛更起無明。若言妄先眞後，何有無眞之妄居然獨立，由是故知二俱無始。此則夢喻不齊，卻似金之與鑛。若言鑛先金後，即合所棄之鑛鍊之得金。若言金先鑛後，應可純淨金器重生於鑛。由是二物俱無初際，於法可知。問：如論云，依如來藏故有生滅心，既言依眞有妄，則是妄後眞先，何得說之二俱無始。答，不然，所言依者，明妄無自體，依眞而成，顯本末之義，非先後之義。故《起信》云，以如來藏無前際故，無明之相亦無有始，若說三界外更有衆生始起者，即是外道經說。二者謂妄體全空，都無生起之蹤跡，故言妄無始也。故《起信》云，覺心初起，心無初相，即斯義也。若據此意，夢喻正同，以夢生時無蹤跡故，有茲兩意，故云妄無初也。然上夢鑛二喻之中，各取少分共況一識，無初之義方盡其理，夢則喻無初法，鑛則喻無初時。若單用鑛喻，則妄識有實。若唯取夢喻，則妄識有始。今既分取相似之處，理極成矣。物者即夢中所現之物也，境者即是識中所變我法等境。成有者，且如夢中所見自他境界，覺來反想即定是無，正在夢時決定爲有。若不然者，何有讚喜謗瞋厭苦欣樂等事耶，故知有也。如《莊子》中說，莊周夢爲蝴蝶，都來妄卻莊周，及乎睡覺夢除，何曾更有蝴蝶，爲莊周時既不羨蝴蝶，爲蝴蝶時亦不羨莊周，彼此各行，互不相識。然準彼書意，以顯生死齊平。今之所引意，明執實之義。謂依於妄識，變起我法等相，悟來了達，則誠知是空。若正迷時，定執爲有。若不然者，何有貪瞋愛惡取捨等事耶，故知是有。故《成唯識論》云，依識所變，妄見我法，猶如幻夢，幻夢力故，心似種種，外境相現，緣此執爲實有外境。然雖夢中見種種事，推其根本，唯一夢心，以夢心滅時，夢事皆滅。法中亦爾，境雖無量，原其根本，唯一識心，識心滅時，境界隨滅。

故《起信論》云，一切諸法，唯依妄念而有差別，若離心念，即無一切境界之相，則知三界唯心，萬法唯識，諒不虛哉。由是三界世間，一切有漏染法，皆從妄識而生，故名此識以爲妄本。然一切有漏染法，生起微著次第，總有兩重，一無始根本，二展轉枝末。展轉枝末，即後逐妄科中所明。無始根本，正當此段。言根本者，即根本無明。言無明者，謂無妙覺之明故，以就通相言之，故當此識。然根本無明，具有二義，所謂迷眞執妄也。迷眞者，即眞心本不生滅，德相業用量過塵沙，日用不知如狂如醉，若貧女宅中寶藏，窮子衣內明珠，雖有如無，枉受難苦。故《華嚴》云，於第一義不了，名曰無明。執妄者，妄即五蘊色之與心，如幻如化，本無實體，衆生認此爲自身心，計虛爲實，故名執妄。故《圓覺經》云，妄認四大爲自身相，六塵緣影爲自心相，乃至結雲，由此妄有輪轉生死，故名無明。然此二義，遞互相成，舉一則兼，未嘗獨立。但若執妄，必須迷眞，但若迷眞，必須執妄，譬如有人迷東必執西，亦互相成立。

## 心本性淨

**玄奘譯《大般若波羅蜜多經》卷三六** 復次舍利子，諸菩薩摩訶薩修行般若波羅蜜多時，應如是學，菩提心應知不應著，菩提心名應知不應著，無等等心應知不應著，無等等心名應知不應著，廣大心應知不應著，廣大心名應知不應著。何以故，是心非心，本性淨故。時舍利子問善現言，是心云何本性清淨。善現答言：是心本性非貪相應非不相應，非瞋相應非不相應，非癡相應非不相應，非諸纏結隨眠相應非不相應，非諸見趣漏暴流軛取等相應非不相應，非諸聲聞獨覺心等相應非不相應。舍利子，是心如是本性清淨。舍利子言，是心爲有心非心性不。善現質言，非心性中，有性無性爲可得不。舍利子言，不也，善現。善現答言，非心性中有性無性既不可得，如何可問是心爲有心非心性不。舍利子言，何等名爲心非心性。善現答言，於一切法無變異無分別，是名心非心性。

**玄奘譯《佛地經論》卷三** 如是如來清淨法界雖遍一切衆生心性，由眞實故不相捨離者，如佛自心眞實清淨，本性光潔本性淨故，一切衆生心性亦爾，本性眞實，本性清淨。心本性者，即是眞如，一切衆生心平等性。如說由何說心平等，由空性故說心平等。如是廣說，心本性者，即心法性遍在一切衆生心性，是故說名心平等性。爲辯如是心法性故，說由眞實不相捨離，由是有情本淨心性。雖本性淨，復由今時客塵障垢雜遠離故，安立如來其心清淨。【略】

此心本性清淨光潔，心之法性，說名爲心，非離心法性有異性淨心。云何有情心有貪等，自分別力所任持故，心之顛倒未永斷故，此由無明力所起故。此義意言，譬如虛空本性雖淨，而爲眩翳損肉眼故，顛倒相現似不清淨。如是法界本性雖淨，由自分別所起貪等衆因緣力，無明眩翳損慧眼故，顛倒相現似不清淨。若一切種清淨慧眼恆不見穢，又淨法界若無差別，一切種淨則名一切如來法身，亦名如來眞實體性，於一切時常無變故，由此法界一切有情心相續中平等有故。

## 心性非淨

**鳩摩羅什譯《成實論》卷三** 論者言，有人說心性本淨，以客塵故不淨，又說不然。問曰：何因緣故說本淨，何因緣故說不然。答曰：不然者，心性非本淨，客塵故不淨。所以者何，煩惱與心常相應生，非是客相，又三種心，善、不善、無記，善無記心是則非垢，若不善心本自不淨，不以客故。復次是心念念生滅不待煩惱，若煩惱共生不名爲客。問曰：心名但覺色等，然後取相，從相生諸煩惱，與心作垢，故說本淨。答曰：不然，是心心時即滅未有垢相，心時滅已垢何所染。問曰：我不爲念念滅心故如是說，以相續心故說垢染。答曰：是相續心世諦故有，非眞實義，此不應說。又於世諦是亦多過，心生已滅，未生未起云何相續。是故心性非是本淨，客塵故不淨，但佛爲衆生謂心常在，故說客塵所染則心不淨。又佛爲懈怠衆生若聞心本不淨，便謂性不可改，則不發淨心，故說本淨。

**玄奘譯《阿毗達磨大毗婆沙論》卷二七** 謂或有執心性本淨，如分別論者，彼說心本性清淨，客塵煩惱所染污故，相不清淨，爲止彼執顯示心性非本清淨，客塵煩惱所染污故，相不清淨。若心本性清淨，客塵煩惱所染污故，相不清淨者，何不客塵煩惱本性染污與本性清淨心相應故，其相清淨，若客塵煩惱本性染污雖與本性清淨心相應而相不清淨，亦應心本性清淨不由客塵煩惱相不清淨，義相似故。又此本性淨心爲在客塵煩惱先生，爲俱時生。若在先生，應心生已住待煩惱，若爾應經二剎那住，有違宗失。若俱時生，云何可說心性本淨，汝宗不說有未來心可言本淨，爲止如是他宗異執及顯自宗無顚倒理故作斯論。如世尊說心解脫貪瞋癡，何等心得解脫，有貪瞋癡心耶，離貪瞋癡心耶。答：離貪瞋癡心得解脫。問：離貪瞋癡心本來解脫，何故復說得解脫耶。答：雖約煩惱本來解脫，而依行世及在相續，今得解脫，謂若身中煩惱未斷，心未行世不在相續，以心不能自在行世在相續故，不名解脫，若自身中諸煩惱斷，爾時此心自在行世在相續故，名得解脫，有作是說，貪瞋癡相應心得解脫。問：誰作是說。答：分別論者，彼說染污不染污心其體無異，謂若相應煩惱未斷名染污心，若時相應煩惱已斷名不染心，如銅器等，未除垢時名有垢器等，若除垢已名無垢器等，心亦如是，彼不應作是說，若作是說理應違拒。所以者何，非此心與貪瞋癡相合相應相雜而貪瞋癡未斷心不解脫，貪瞋癡斷心便解脫，此中意說心與煩惱若相應者無解脫義，同對治故，若未斷時，以未斷故不名解脫。

**玄奘譯《阿毘達磨順正理論》卷七二**　聖教亦說心本性淨，有時客塵煩惱所染，此不應理，剎那滅法如器垢除不應理故，謂垢與器俱剎那滅，不可轉有垢即成無垢器，但緣合故有垢器滅，無垢器生名器除垢。又器與垢非互爲因，容可計爲垢除器在，貪心相望必互爲因，如何從貪心可解脫。又道與惑有俱行過，謂彼不許實有去來，不可言心住彼解脫。若於現在有有貪心，道復現行令心解脫，豈不道惑俱時現行，過失必隨不可得離。若謂道起斷貪隨眠，說與彼俱亦無有過，執隨眠體非心相應，說何有貪心今時得解脫。又隨眠體彼執非貪，以彼自言貪是纏故，爲說何等名有貪心，而言今時從貪解脫，故彼所說朋助惡宗。

云何名爲本性清淨，彼言心性本是不染，若爾與染心所相應，爾時此心轉成染者，是則煩惱應轉成淨，由與清淨心體相應，此彼別因不可得故。又心性淨理無被染，先後與俱皆不成故，謂若先有自性淨心，後煩惱生方被染者，應淨心體非剎那滅，若先有惑後淨心生，被先已生惑所染者，應此惑體非剎那滅。若心與惑俱時而生，則不應言心本性淨。有時客塵煩惱所染，許心與煩惱是一時，生一果一等流一異熟法，而說心本淨煩惱爲客塵，是戾王言非應理論。又於三世推徵煩惱畢竟無力能，染淨心過去未來無作用故，現在俱墮一剎那故，又若說心以淨爲性，後與煩惱相應位中，轉成染者應失自性，既失自性應不名心，故不應說心本性淨。

# 心一境性

**菩提流志譯《大寶積經》卷三**　何名心一境性，周遍推求乃至一法亦不可得，所謂於眼不可得實，於耳鼻舌身意亦不得實，於一切法皆不得實。何以故，本性如是，心性不生，一切諸法無實可得，是故彼心不可得也，若過去未來現在無所得故，無所作故，是謂無所作。何名無所作，若新若故俱不可作，名無所作。是中過去心不解脫，現在心不解脫，未來心不解脫，隨所有心無所得者，是爲心一境性，此即名入心之數也。

**玄奘譯《阿毘達磨集異門足論》卷三**　復有二法，謂奢摩他，毘鉢舍那者。奢摩他云何。答，善心一境性是謂奢摩他。毘鉢舍那云何。答，奢摩他相應，於法揀擇極揀擇最極揀擇，解了等了近了遍了，機黠通達審察聰叡，覺明慧行毘鉢舍那，是謂毘鉢舍那。【略】

何等補特伽羅，得內心止亦得增上慧法觀。答：若補特伽羅，得世間四靜慮，亦得出世聖慧。如說世間四靜慮相應，心住等住近住安住，不散不亂攝止等持。心一境性者，此顯內心止。如說出世聖慧所攝，於法揀擇極揀擇最極揀擇，解了等了近了遍了，機黠通達審察聰叡，覺明慧行毘鉢舍那者，此顯增上慧法觀，是名奢摩他毘鉢舍那。

**玄奘譯《阿毘達磨俱舍論》卷二八**　定靜慮體，總而言之，是善性攝心一境性，以善等持爲自性故，若幷助伴五蘊爲性。何名一境性，謂專一所緣。若爾即心專一境位，依之建立三摩地名不應別有餘心所法，別法令心於一境轉名三摩地非體即心，豈不諸心剎那滅故皆一境轉，何用等持。若謂令心於第二念不散亂故須有等持，則於相應等持無用，又由此故三摩地成，寧不即由斯心於一境轉。又三摩地是大地法，應一切心皆一境轉，不爾，餘品等持劣故，有餘師說，即心一境相續轉時名三摩地。

**玄奘譯《阿毘達磨藏顯宗論》卷三八**　何名一境性，謂專一所緣。彼答非理，眼意二識若同一所緣，應名一境性。故於此處應求別理，謂若依止一所依根專一所緣名一境性，豈不一念無易所緣，應一切心中皆有一境性，理實皆有一一刹那，心心所法一境轉故。然非一切皆得定名，以於此中說一境性但爲顯示由勝等持令善心心所相續而轉故。若爾即心依一根轉，引緣自境餘心續生，此即名爲心一境性，應離心外無別等持。

**玄奘譯《瑜伽師地論》卷七〇**　復次有四種法，於所得定爲增上緣，一審諦聽聞，二得正教授，三宿世串習，四具足多聞。審諦聽聞者，謂發起樂欲生淨信心聽聞正法，由此因此緣得心一境性。得正教授者，謂因次第教授無倒教授故，發起勇猛精進而住無間，常委於菩提分精勤方便修習而住，由此因此緣得心一境性。宿世串習者，謂於宿世隣近生中，於諸靜慮及諸等至數已證入，由此因此緣得心一境性。具足多聞者，謂多聞聞持其聞積集，即於彼法獨處空閑思惟籌量審諦觀察，由此因此緣得心一境性。

**澄觀《大方廣佛華嚴經隨疏演義鈔》卷三三**　以智慧鑽注於一境等者，心一境性名之爲定，一境之言通於事理。故《遺教經》云，制之一處，無事不辦。下經云，禪定持心常一緣等，如了法無生名爲般若。無生即境，此理一境，了即智慧，無住住故，名注一境，則能入理。言方便繩者，帶空涉有，照事照理，喻之以繩，有動用故，善巧迴轉者。

**澄觀《大方廣佛華嚴經隨疏演義鈔》卷六二**　心即是定者，謂專心已生未生惡，已生未生善，守護即名爲心，此是加行得心一境性，故名爲定。《雜集》云，心三摩地者，謂由先修定力，觸心一境性。所以者何，由於前生數修定力，令彼種子功能增長，由種子力令心任運於三摩地隨順轉變，由此速證心一境性。釋曰，此明由昔種子，其心任運趣定，即是加行，亦有經論名爲念定，繫意住故，故能守境。

**圓暉《俱舍論頌疏論本》卷二八**　釋曰：心一境性名之爲定。此品廣明故名分別，就此品中，總分三段，一明定功德，二明正法住世，三明造論宗旨。就明定中二，一明所依諸定，二明能依功德。就明諸定中分爲四段，一明四靜慮，二明四無色定，三明八等至，四明諸等持。【略】

釋曰：靜慮四各二者。四種靜慮，各有二種，一生靜慮，二定靜慮，於中生已說者。於二靜慮中四種靜慮體，世間品已說。謂世間品，說色界中有十七天，是生靜慮也。定謂善一境并伴五蘊性者，定靜慮體，謂唯善性。心一境性，剋體言之，以善等持，爲自性故，若并助伴，五蘊爲體（有色蘊者定共戒也）。問，何等名心一境性。答，謂能令心專注一所緣。問，何等名靜慮。答，由定寂靜。能審慮故。慮體是慧。定有靜用。及生慧慮。故名靜慮。問，無色等持，亦能靜慮，應名靜慮，答，無色等持，不名靜慮，謂就勝義，立靜慮名，色界定勝，獨名靜慮，如世間說發光名日，螢燭雖光不得名日。問，何故色界定，獨名爲勝。答，一謂諸等持内，攝十八支，二止觀均行，最能審慮，三名現法樂住，四名樂通行，故色界定，獨名靜慮。

**元曉《起信論疏》上卷**　此中略明止觀之義，隨相而論，定名爲止，慧名爲觀。就實而言，定通止觀，慧亦如是。如《瑜伽》論聲聞地云，復次如是心一境性，或是奢摩他品，或是毘鉢舍那品，若於九種心住中心一境性，名奢摩他品，若於四種慧行中心一境性，名毘鉢舍那品。云何名爲九種心住，謂有苾芻，令心内住，等住，安住，近住，調順，寂靜，最極寂靜，專住一趣，及與等持，如是名爲九種心住。云何内住，謂從外一切所緣境界，攝錄其心，繫在於内，不外散亂，故名内住。云何等住，謂即最初所繫縛心，其性麁動，未能令其等遍住故，次即於此所緣境界，以相續方便，澄淨方便，挫令微細，遍攝令住，故名等住。云何安住，謂若此心雖復如是内住等住，然由失念，於外散亂，還復攝錄安置内境，故名安住。云何近住，謂彼先應如是如是親近念住，由此念故，數數作意内住其心，不令是心遠住於外，故名近住。

**法護等譯《佛說開覺自性般若波羅蜜多經》卷四**　菩薩摩訶薩謂於色中觀無性空，性空亦然，本性空亦然。若能如是，諸作意滅，即於色中觀無性相，有性相亦然，有性無性相亦然。如是乃得無性相離識隨逐，有性相亦然，離識隨逐，有性無性相亦然，離識隨逐，故能安住心一境性，此即是爲色中無相三摩地。

菩薩摩訶薩謂於色中得空、無相三摩地已，即於色中觀無性相，而不隨逐所緣行相，有性相亦然，有性無性相亦然，而不隨逐所緣行相，故能安住心一境性，此即是謂色中無願三摩地。

**惟淨等譯《佛說除蓋障菩薩所問經》卷四**　云何是善了止觀。謂若菩薩由具如是純善心，故能觀諸法，此法如幻，此法如夢，此法不善，此法是善，此法出離，此法非出離。菩薩作是思惟，彼一切法，心爲依止心爲先導，應當善攝其心，善調伏心，善覺了心。由此即能善攝諸法，亦善調伏及善覺了，如是即能正觀諸法。此因緣故得心寂止，以心繫心，以心止心，以心住心，如是策勤心寂止故，即得心一境性。心一境故，即成三摩地，三摩呬多，由是現前得離生喜樂，由喜樂心故即能遠離罪不善法，乃能成就有尋有伺離生喜樂初禪定法。

## 心性本空

**菩提達磨《小室六門》** 問曰：若不見性，念佛誦經，佈施持戒精進，廣興福利，得成佛否。答曰：不得。又問：因何不得。答曰：有少法可得。是有爲法，是因果，是受報，是輪迴法，不免生死，何時得成佛道。成佛須是見性，若不見性，因果等語是外道法。若是佛，不習外道法。佛是無業人，無因果。但有少法可得，盡是謗佛，憑何得成。但有住著一心一能一解一見，佛都不許。佛無持犯，心性本空，亦非垢淨，諸法無修無證，無因無果。佛不持戒，佛不修善，佛不造惡，佛不精進，佛不懈怠，佛是無作人。但有住著心見佛，即不許也。佛不是佛，莫作佛解。若不見此義，一切時中，一切處處，皆是不了本心。若不見性，一切時中，擬作無作想，是大罪人，是癡人。落無記空中，昏昏如醉人，不辨好惡。若擬修無作法，先須見性，然後息緣慮。若不見性，得成佛道，無有是處。有人撥無因果，熾然作惡業，妄言本空，作惡無過。如此之人，墮無間黑暗地獄，永無出期。若是智人，不應作如是見解。

問曰：既若施爲運動，一切時中，皆是本心，色身無常之時，云何不見本心。答曰：本心常現前，汝自不見。問曰：心既見在，何故不見。師云，汝曾作夢否。答，曾作夢。問曰：汝作夢之時，是汝本身否。答，是本身。又問，汝言語施爲運動，與汝別不別。答，不別。師云：既若不別，即是此身是汝本法身，即此法身是汝本心。此心從無始曠大劫來，與如今不別，未曾有生死，不生不滅，不增不減，不垢不淨，不好不惡，不來不去，亦無是非，亦無男女相，亦無僧俗老少，無聖無凡，亦無佛亦無衆生，亦無修證，亦無因果，亦無筋力，亦無相貌，猶如虛空，取不得捨不得，山河石壁不能爲礙，出沒往來自在神通，透五蘊山，渡生死河，一切業拘此法身不得，此心微妙難見，此心不同色心。此心是人皆欲得見，於此光明中，運手動足者，如恆河沙，及於問著，總道不得，猶如木人相似，總是自己受用，因何不識。佛言，一切衆生盡是迷人，因此作業，墮生死河，欲出還沒，只爲不見性。衆生若不迷，因何問著其中事。無有一人得會者，自家運手動足，因何不識。故知聖人語不錯，迷人自不會曉，故知此難明，唯佛一人能會此法，餘人天及衆生等盡不明了。若智慧明瞭此心，方名法性，亦名解脫，生死不拘，一切法拘他不得，是名大自在王如來，亦名不思議，亦名聖體，亦名長生不死，亦名大仙，名雖不同，體即是一。聖人種種分別，皆不離自心，心量廣大，應用無窮。應眼見色，應耳聞聲，應鼻嗅香，應舌知味，乃至施爲運動，皆是自心。一切時中，但有語言，即是自心。故云，如來色無盡，智慧亦復然。色無盡是自心，心識善能分別一切，乃至施爲運用，皆是智慧。心無形相，智慧亦無盡。故云，如來色無盡，智慧亦復然。四大色身即是煩惱，色身即有生滅，法身常住，而無所住，如來法身常不變異。故經云，衆生應知，佛性本自有之，迦葉只是悟得本性，本性即是心，心即是性，即此同諸佛心，前佛後佛只傳此心。除此心外，無佛可得。顛倒衆生，不知自心是佛，向外馳求，終日忙忙，念佛禮佛，佛在何處，不應作如是等見。但識自心，心外更無別佛。經云，凡所有相皆是虛妄。又云，所在之處即爲有佛，自心是佛，不應將佛禮佛。但是有佛及菩薩相貌，忽爾現前，亦切不用禮敬。我心空寂，本無如是相貌。若取相即是魔，盡落邪道。若是幻從心起，即不用禮，禮者不知，知者不禮，禮被魔攝。恐學人不知，故作是辨。諸佛如來本性體上，都無如是相貌，切須在意。但有異境界，切不用採括，亦莫生怕怖，不要疑惑，我心本來清淨，何處有如許相貌。乃至天龍夜叉鬼神帝釋梵王等相，亦不用心生敬重，亦莫怕懼。我心本來空寂，一切相貌皆是妄相，但莫取相。若起佛見法見，及佛菩薩等相貌而生敬重，自墮衆生位中。若欲直會，但莫取一切相即得，更無別語，都無定實，幻無定相，是無常法。但不取相，合他聖意。故經云，離一切相，即名諸佛。

**窺基《說無垢稱經贊》卷三** 心若實有，有實罪者，即有情雜染。心性本空，罪者非有，故有情淨。應理義云，《成唯識》說，心謂第八識，有情謂五蘊假者，此依彼心，而假建立第八之心。若是有漏雜染所攝，能依假者，亦是雜染。所依第八心若是無漏清淨所攝，能依假者，亦是清淨。今此通依八識，建立假者有情，心是本故，故罪及罪者，離心亦非有。

經，如是心者（至）不在兩間。贊曰，下明罪體依心方起。空理義云，如是心者，勝義諦中，亦不住內外，不在兩間，性本空故。能起罪體，由此非眞。應理義云，此八識心不同二乘所說六識，六識實住在六根，亦不實在外及兩間，唯依眞如淨法界住，由此罪垢亦無住處。

經，如其心然（至）不出於如。贊曰，此明罪體。空理義云，如其所依心本空寂，都無所住。能依罪垢，勝義諦中，亦無自性。無所依止，罪垢既爾，諸法亦然。誰爲罪緣，誰爲出者。以心罪法三不出於如，如空無故。應理義云，如其本心，不住內外，唯依眞如。能依罪垢，亦復依如。不依內外，如罪垢然。犯罪之緣，及出罪者，一切諸法，亦不出如，不依內外，都無實罪，一切皆是眞如理故。由迷心故，諸過非起，可毀可責，名之爲罪。由心悟故，罪滅善生，可讚可欣，名之爲福。故說罪從心生還從心滅。

**宗密《大方廣圓覺修多羅了義經序》** 若諸幻性一切盡滅，則無有心，誰爲修行，云何復說修行如幻。此問亦從前拂跡中來，謂若以幻故一切皆空，能所總無，遣誰修習，云何復說修行如幻。《金剛三昧》亦云，眾生之心性本空寂，空寂之心體無色相，云何修習得本空心。三遮不修之失。

若諸眾生本不修行，於生死中常居幻化，曾不了知如幻境界，令妄想心云何解脫。意恐惑者又云，一切如幻，無不是空，覺性無生，本來清淨，知之即已，何有修行。故此遮云，本空本不修，多生生死苦，今空今不修，云何則脫苦。不了如幻境界者，未達緣起事相也，從來不達事，妄想不解脫。今還不了知，如何得解脫。溺斯意者，近代尤多，但恃天眞，不觀力用。四請修之方便。

願爲末世一切眾生，作何方便漸次修習，令諸眾生永離諸幻。上遮不修之失，已知決定應修故。問對治之門，如何永離諸幻。論云，若人唯念眞如，不以方便種種熏修，終無得淨。對於暫離故言永離，謂初觀一體雖覺全眞，後遇八風紛然起妄，行如窮子，解似電光。何法修治，永除病本。然經云，一切眾生作何方便，兩句之間文意斷絕，譯之太略，應添分別演說等言，意則連續，達者詳焉。後亦頻爾，此下三唱經文，倣前科段。

## 心生萬法

**延壽《宗鏡錄》卷九** 謂諸菩薩觀一切法，皆依於心，心爲自性，心爲上首，能攝受心，善調伏心，善了知心，故能攝此一切諸法。既善調伏，又善了知，由此因緣，便能修習奢摩他法。如是繫心，如是止心，及安住心，勤修如是奢摩他故，便能安住心一境性。《弘道廣顯定意經》云，彼德本者，了識心本，以此心行，慈及眾生，識了知彼，空無我人，其心德本，助勸於道。故知心爲德本，即是總相，心佛眾生，三之別相，心是總相者，法界染淨，萬類萬法，不出一心，是心即攝一切世間出世間法，故名總相。餘染淨二緣，各屬二類，然總相說，十法界中，六道爲染，四聖爲淨，則十法界中染淨二緣，凡聖兩道，俱不出一心矣。故經云，心能導世間，即自在義，心能遍攝受，即隨行義。如是一心法，皆自在隨行。

**延壽《宗鏡錄》卷九八** 萬法從心起，心生萬法生。生生不了有，來去枉虛行。寄語修道人，空生有不生。如能達此理，不動出深坑。【略】夫欲發心入道，先須識自本心，若不識自本心，如狗逐塊，非師子王也。善知識，直指心者，即今語言是汝心，舉動施爲，更是阿誰，除此之外，更無別心。若言更別有者，即如演若覓頭。經云，信心清淨，即生實相。又經云，無依是佛母，佛從無處生。

**道原《景德傳燈錄》卷三〇** 爾還知箇身本性與佛同時本無欠少，有一大事在爾尿囊裏糞堆頭，光爍爍地圓陀陀地，還信得及麼。若信不及也，從爾深坑罪海永墮沈淪。爾若迴光返照，於一剎那中即心念息，時中迷惑煩惱癡暗狂情頓自消滅，諸緣境界轉爲甘露醍醐安樂國土，豈不是好否。聖人道，萬法從心生，萬法從心滅。皆由爾心，善惡也只由爾心，地獄天堂也只由爾心。只今相應與佛合，智即是佛也更無相誑，直下奉信無疑心即正覺，又何必歷僧祇大劫。

**道原《景德傳燈錄》卷二八**　一切法皆是心法，一切名皆是心名，萬法皆從心生，心爲萬法之根本。經云。識心達本源，故號爲沙門，名等義等。一切諸法皆等，純一無雜。若於教門中。得隨時自在，建立法界，盡是法界。若立眞如，盡是眞如。若立理，一切法盡是理。若立事，一切法盡是事。舉一千從，理事無別，盡是妙用，更無別理，皆由心之迴轉。譬如月影有若干，眞月無若干，諸源水有若干，水性無若干，森羅萬象有若干，虛空無若干，說道理有若干，無礙慧無若干。種種成立，皆由一心也。

**昭如、希陵《雪巖和尚語錄》卷四**　一月普現一切水，一切水月一月攝，此喻一心生萬法，萬法生一心。此即夢幻空華，半似而半空者也，忽若浮雲蔽空，水底淸光何在。遮裏豁開正眼，月未嘗無，光未嘗沒，明與暗一如，死與生無間。若夫靈山話，曹溪指，馬祖翫，總是影子邊事。

**袾宏《佛說阿彌陀經疏鈔》卷三**　今謂妙色雅音，全體是自心顯現，何得高推聖境。又心地含諸種，則五根等，全體是自心培植，何得向外馳求。故先德謂信心堅固，湛若虛空，即五根力，覺心不起，即七覺支，直了心性，邪正不干，即八正道。故云，海生萬物，無物不海，心生萬法，無法不心。

## 不盡有爲

**鳩摩羅什譯《維摩詰所說經》卷下**　有盡無盡解脫法門，汝等當學。何謂爲盡，謂有爲法，何謂無盡，謂無爲法。如菩薩者，不盡有爲不住無爲。何謂不盡有爲，謂不離大慈不捨大悲，深發一切智心而不忽忘，教化衆生終不厭倦，於四攝法常念順行，護持正法不惜軀命，種諸善根無有疲厭，志常安住方便迴向，求法不懈說法無悋，勤供諸佛故，入生死而無所畏，於諸榮辱心無憂喜，不輕未學敬學如佛，墮煩惱者令發正念，於遠離樂不以爲貴，不著己樂慶於彼樂，在諸禪定如地獄想，於生死中如園觀想，見來求者爲善師想。捨諸所有具一切智想，見毀戒人起救護想，諸波羅蜜爲父母想，道品之法爲眷屬想，發行善根無有齊限，以諸淨國嚴飾之事成己佛土，行無限施具足相好，除一切惡淨身口意，生死無數劫意而有勇，聞佛無量德志而不倦，以智慧劍破煩惱賊出陰界入，荷負衆生永使解脫，以大精進摧伏魔軍，常求無念實相智慧行，於世間法少欲知足，於出世間求之無厭，而不捨世間法不壞威儀法而能隨俗，起神通慧引導衆生，得念總持所聞不忘，善別諸根斷衆生疑，以樂說辯演法無礙，淨十善道受天人福，修四無量開梵天道，勸請說法隨喜讚善，得佛音聲身口意善，得佛威儀深修善法所行轉勝，以大乘教成菩薩僧，心無放逸不失衆善。行如此法，是名菩薩不盡有爲。

何謂菩薩不住無爲，謂修學空不以空爲證，修學無相無作不以無相無作爲證，修學無起不以無起爲證，觀於無常而不厭善本，觀世間苦而不惡生死，觀於無我而誨人不倦，觀於寂滅而不永寂滅，觀於遠離而身心修善，觀無所歸而歸趣善法，觀於無生而以生法荷負一切，觀於無漏而不斷諸漏，觀無所行而以行法教化衆生，觀於空無而不捨大悲，觀正法位而不隨小乘，觀諸法虛妄無牢無人無主無相，本願未滿而不虛福德禪定智慧。修如此法，是名菩薩不住無爲。又具福德故不住無爲，具智慧故不盡有爲。大慈悲故不住無爲，滿本願故不盡有爲。集法藥故不住無爲，隨授藥故不盡有爲。知衆生病故不住無爲，滅衆生病故不盡有爲。諸正士菩薩已修此法，不盡有爲不住無爲，是名盡無盡解脫法門。

**玄奘譯《說無垢稱經》卷五**　世尊告彼諸來菩薩言：善男子，有諸菩薩解脫法門，名有盡無盡，汝今敬受當勤修學。云何名爲有盡無盡，言有盡者，即是有爲有生滅法，言無盡者，即是無爲無生滅法。菩薩不應盡其有爲，亦復不應住於無爲。云何菩薩不盡有爲，謂諸菩薩不棄大慈不捨大悲，曾所生起增上意樂，一切智心繫念寶重而不暫忘。成熟有情常無厭倦，於四攝事恆不棄捨，護持正法不惜身命，求習諸善終無厭足。常樂安立迴向善巧，詢求正法曾無懈倦，敷演法教不作師倦，常欣瞻仰供事諸佛。故受生死而無怖畏，雖遇興衰而無欣慼，於諸未學終不輕陵，於已學者敬愛如佛。於煩惱雜能如理思，於遠離樂能不耽染，於己樂事曾無味著，於他樂事深心隨喜。於所修習靜慮解脫等持等至，如地獄想而不味著，於所遊歷界趣生死，如宮苑想而不厭離，於乞求者生善友想，捨諸所有，皆無顧悋，於一切智起迴向想，於諸毀禁起救護想。於波羅蜜多如父母想，速令圓滿。於菩提分法如翼從想，不令究竟。於諸善法常勤修習，於諸佛土恆樂莊嚴，於他佛土深心欣讚，於自佛土能速成就。爲諸相好圓滿莊嚴，修行清淨無礙大施，爲身語心嚴飾清淨，遠離一切犯戒惡法。爲令身心堅固堪忍，遠離一切忿恨煩惱。爲令所修速得究竟，經劫無數生死流轉。爲令自心勇猛堅住，聽佛無量功德不倦。爲欲永害煩惱怨敵，方便修治般若刀杖。爲欲荷諸有情重擔，於蘊界處求遍了知。爲欲摧伏一切魔軍，熾然精進曾無懈怠。爲欲護持無上正法，離慢勤求善巧化智。爲諸世間愛重受化，常樂習行少欲知足。於諸世法恆無雜染，而能隨順一切世間。於諸威儀恆無毀壞，而能示現一切所作。發生種種神通妙慧，利益安樂一切有情，受持一切所聞正法。爲起妙智正念總持，發生諸根勝劣妙智。爲斷一切有情疑惑，證得種種無礙辯才，敷演正法常無擁滯。爲受人天殊勝喜樂，勤修清淨十善業道。爲正開發梵天道路，勤進修行四無量智。爲得諸佛上妙音聲，勸請說法隨喜讚善。爲得諸佛上妙威儀，常修殊勝寂靜三業。爲令所修念念增勝，於一切法心無染滯。爲善調御諸菩薩僧，常以大乘勸衆生學。爲不失壞所有功德，於一切時常無放逸。爲諸善根展轉增進，常樂修治種種大願。爲欲莊嚴一切佛土，常勤修習廣大善根。爲令所修究竟無盡，常修迴向善巧方便。諸善男子修行此法，是名菩薩不盡有爲。

云何菩薩不住無爲，謂諸菩薩雖行於空，而於其空不樂作證。雖行無相，而於無相不樂作證。雖行無願，而於無願不樂作證。雖行無作，而於無作不樂作證。雖觀諸行皆悉無常，而於善根心無厭足。雖觀世間一切皆苦，而於生死故意受生。雖樂觀察內無有我，而不畢竟厭捨自身。雖樂觀察外無有情，而常化導心無厭倦。雖觀涅槃畢竟寂靜，而不畢竟墮於寂滅。雖觀遠離究竟安樂，而不究竟厭患身心。雖樂觀察無阿賴耶，而不棄捨清白法藏。雖觀諸法畢竟無生，而常荷負利衆生事。雖觀無漏，而於生死流轉不絶。雖觀無行，而行成熟諸有情事。雖觀無我，而於有情不捨大悲。雖觀無生，而於二乘不墮正位。雖觀諸法畢竟空寂，而不空寂所修福德。雖觀諸法畢竟遠離，而不遠離所修智慧。雖觀諸法畢竟無實，而常安住圓滿思惟。雖觀諸法畢竟無主，而常精勤求自然智。雖觀諸法永無幖幟，而於了義安立佛種。諸善男子，修行此法，是名菩薩不住無爲。

又善男子，以諸菩薩常勤修集福資糧故不住無爲，常勤修集智資糧故不盡有爲。成就大慈無缺減故不住無爲，成就大悲無缺減故不盡有爲。利益安樂諸有情故不住無爲，究竟圓滿諸佛法故不盡有爲。成滿一切相好莊嚴佛色身故不住無爲，證得一切力無畏等佛智身故不盡有爲。方便善巧化衆生故不住無爲，微妙智慧善觀察故不盡有爲。修治佛土究竟滿故不住無爲，佛身安住常無盡故不盡有爲。常作饒益衆生事故不住無爲，領受法義無休廢故不盡有爲。積集善根常無盡故不住無爲，善根力持不斷壞故不盡有爲。爲欲成滿本所願故不住無爲，於永寂滅不希求故不盡有爲。圓滿意樂善清淨故不住無爲，增上意樂善清淨故不盡有爲。恆常遊戲五神通故不住無爲，佛智六通善圓滿故不盡有爲。波羅蜜多資糧滿故不住無爲，本所思惟未圓滿故不盡有爲。集法財寶常無厭故不住無爲，不樂希求少分法故不盡有爲。堅牢誓願常無退故不住無爲，能令誓願究竟滿故不盡有爲。積集一切妙法藥故不住無爲，隨其所應授法藥故不盡有爲。遍知衆生煩惱病故不住無爲，息除衆生煩惱病故不盡有爲。諸善男子，菩薩如是不盡有爲不住無爲，是名安住有盡無盡解脫法門，汝等皆當精勤修學。

## 不真故空

**僧肇《肇論·不真空論》**　夫至虛無生者，蓋是般若玄鑒之妙趣，有物之宗極者也。自非聖明特達，何能契神於有無之間哉。是以至人通神心於無窮，窮所不能滯，極耳目於視聽，聲色所不能制者，豈不以其即萬物之自虛，故物不能累其神明者也。是以聖人乘眞心而理順，則無滯而不通，審一氣以觀化，故所遇而順適。無滯而不通，故能混雜致淳，所遇而順適，故則觸物而一。如此，則萬象雖殊而不能自異。不能自異，故知象非眞象。象非眞象故，則雖象而非象。然則物我同根，是非一氣，潛微幽隱，殆非群情之所盡。故頃爾談論，至於虛宗，每有不同。

夫以不同而適同，有何物而可同哉。故衆論競作，而性莫同焉。何則，心無者，無心於萬物，萬物未嘗無。此得在於神靜，失在於物虛。即色者，明色不自色，故雖色而非色也。夫言色者，但當色即色，豈待色色而後爲色哉。此直語色不自色，未領色之非色也。本無者，情尚於無多，觸言以賓無。故非有，有即無。非無，無亦無。尋夫立文之本旨者，直以非有非眞有，非無非眞無耳。何必非有無此有，非無無彼無。此直好無之談，豈謂順通事實，即物之情哉。夫以物物於物，則所物而可物。以物物非物，故雖物而非物。是以物不即名而就實，名不即物而履眞。然則眞諦獨靜於名教之外，豈曰文言之能辨哉。然不能杜默，聊複厝言以擬之。

試論之曰，《摩訶衍論》云，諸法亦非有相，亦非無相。《中論》云，諸法不有不無者，第一眞諦也。尋夫不有不無者，豈謂滌除萬物，杜塞視聽，寂寥虛豁，然後爲眞諦者乎。誠以即物順通，故物莫之逆。即僞即眞，故性莫之易。性莫之易，故雖無而有。物莫之逆，故雖有而無。雖有而無，所謂非有。雖無而有，所謂非無。如此則非無物也，物非眞物。物非眞物，故于何而可物。故經云，色之性空，非色敗空。以明夫聖人之於物也，即萬物之自虛，豈待宰割以求通哉。是以寢疾有不眞之談，《超日》有即虛之稱。然則三藏殊文，統之者一也。故《放光》云，第一眞諦，無我無得。世俗諦故，便有成有得。夫有得即是無得之僞號，無得即是有得之眞名。眞名故，雖眞而非有。僞號，故雖僞而非無。是以言眞未嘗有，言僞未嘗無，二言未始一，二理未始殊。故經云，眞諦俗諦謂有異耶。答曰，無異也。此經直辯眞諦以明非有，俗諦以明非無，豈以諦二而二於物哉。

然則萬物果有其所以不有，有其所以不無。有其所以不有，故雖有而非有。有其所以不無，故雖無而非無。雖無而非無，無者不絕虛。雖有而非有，有者非眞有。若有不即眞，無不夷跡，然則有無稱異，其致一也。故童子歎曰，說法不有亦不無，以因緣故諸法生。《瓔珞經》云，轉法輪者，亦非有轉，亦非無轉，是謂轉無所轉。此乃衆經之微言也。何者，謂物無耶，則邪見非惑。謂物有耶，則常見爲得。以物非無，故邪見爲惑。以物非有，故常見不得。然則非有非無者，信眞諦之談也。故《道行》云，心亦不有亦不無。《中觀》云，物從因緣故不有，緣起故不無。尋理即其然矣。

所以然者，夫有若眞有，有自常有，豈待緣而後有哉。譬彼眞無，無自常無，豈待緣而後無也。若有不自有，待緣而後有者，故知有非眞有。有非眞有，雖有不可謂之有矣。不無者，夫無則湛然不動，可謂之無。萬物若無，則不應起，起則非無，以明緣起故不無也。故《摩訶衍論》云，一切諸法，一切因緣故應有。一切諸法，一切因緣故不應有。一切無法，一切因緣故應有。一切有法，一切因緣故不應有。尋此有無之言，豈直反論而已哉。若應有即是有，不應言無。若應無即是無，不應言有。言有是爲假有，以明非無，借無以辨非有。此事一稱二，其文有似不同，苟領其所同，則無異而不同。然則萬法果有其所以不有，不可得而有。有其所以不無，不可得而無。何則，欲言其有，有非眞生。欲言其無，事象既形。象形不即無，非眞非實有。然則不眞空義，顯於茲矣。故《放光》云，諸法假號不眞。譬如幻化人，非無幻化人，幻化人非眞人也。

夫以名求物，物無當名之實。以物求名，名無得物之功。物無當名之實，非物也。名無得物之功非名也。是以名不當實，實不當名，名實無當，萬物安在。故《中觀》云，物無彼此，而人以此爲此，以彼爲彼。彼亦以此爲彼，以彼爲此。此彼莫定乎一名，而惑者懷必然之志。然則彼此初非有，惑者初非無。既悟彼此之非有，有何物而可有哉。故知萬物非眞，假號久矣。是以《成具》立強名之文，園林托指馬之況。如此則深遠之言，于何而不在。是以聖人乘千化而不變，履萬惑而常通者，以其即萬物之自虛，不假虛而虛物也。故經云，甚奇世尊，不動眞際爲諸法立處。非離眞而立處，立處即眞也。然則道遠乎哉，觸事而眞。聖遠乎哉，體之即神。

**元康《肇論疏・不眞空論》**　此論第二明空，申眞諦教也。諸法虛假，故曰不眞，虛假不眞，所以是空耳。有人云，眞者是有，空者是無，言不眞空，即明不有不無中道義也。此是爲蛇畫足，非得意也。若如所云，則空非中乎。大分深義爲何所在。既不然矣，今大用焉。所明空者，諸大乘經論皆以空爲宗本，今之學者多生誹謗，謂說空者爲不了義，無有慧明。可不悲哉。《佛藏經》云，舍利弗，於未來世，當有比丘不修身戒心慧，是人輕笑如來所說如來所行。如來常於第一義空，恭敬供養，常樂是行。是諸比丘輕笑如來所說所行眞際畢竟空法。爾時有苦行比丘共輕笑。爾時有行空者，我贊其善。當爾之時，鹹共不能護持重戒，而言諸法自相空，何所能作。如那羅戲人種種變現，無所知者見之大笑。何以故，不解戲法其術隱故，生稀有心，驚怪大笑。如是舍利弗，爾時眞實比丘説空寂法，求活命者鹹共嗤笑。何以故，是人不知佛法義故，聞説空法，驚疑怖畏。舍利弗，汝觀此人于安隱處生衰惱心，於衰惱處生安隱心。金口所言，信非謬矣。【略】

審一氣以觀化，故所遇而順適者。化謂萬化也，適謂往適也。《莊子內篇·大宗師章》云，彼方且興造物者，爲人而遊乎天地之一氣。郭注云，皆冥之，故無二也。《莊子外篇·北遊章》云，人之生也，氣之聚也，是其美者爲神奇，其不美者爲臭腐，臭腐複化爲神奇，神奇複化爲臭腐。故曰通天下一氣也。《離騷》第六卷《遠遊章》云，順凱風以從遊，至南巢而一息，見王子而宿之，審一氣之和德。王逸注云，究問元釋精之秘要也。今借此等諸言，以目一道也。

無滯而不通，故能混雜致淳者。《莊子》云，衆人役役，聖人愚芚，參萬歲而一成紀。今借此語，以喻不二法門。若能無滯不通，即是不二法門也。所遇順適，則觸物而一者，所逢遇皆以般若觀之，知其皆空，無有滯礙，是則萬法一相無相也。如此，則萬像雖殊而不能自異者。既同一相，所以不異也。不能自異，故知像非眞像者，一相無相，所以像即非像，下覆上意也。然則物我同根，是非一氣者。物是外物，我者己身，同一無相，故曰同根。同一正道，故曰一氣也。潛微幽隱，殆非群情之所盡者，潛是潛藏，微是微細，幽是幽深，隱是隱映。以難見故，非諸人所能窮盡也。殆者，《爾雅》云危也，《廣雅》云敗也，鄭玄注禮云幾也，毛長注傳云始也。今取其音幾，幾者近也。

故頃爾談論下，第二破異見也。頃者俄頃，謂少許時也。此頃諸家作論，多有不同。良以虛宗玄妙，故談者不得其實，致成異見耳。夫以不同而適同，有何物而可同者，以，用也。適，往也。以不同之情，往取同理，何由可得同耶。有本作釋字，皆謂解也。故衆論競作，而性莫同焉者，總明諸家作論，理性不同也。

何則，心無者下，正出諸家不同之論也。然不同之論，非止一家，今略破三家，余可知矣。心無者，破晉朝支滑度心無義也。《世説》注云，滑度欲過江，與一傖道人爲侶，謀曰，若用舊義往江東，恐不辨得食，便立心無義。既此道人不成度江。滑果講此義。後有傖人來，先道人語云，爲我致意滑度，心無義那可立，此法權救饑耳，無爲遂負如來也。從是以後，此義大行。《高僧傳》云，沙門道恆頗有才力，常執心無義，大行荊土。竺法汰曰，此是邪説，應須破之，乃大集名僧，令弟子曇一難之。據經引理，折駁紛紜。恆杖其口辨，不肯受屈。日色既暮，明旦更集。慧遠就度攻數番，問責鋒起。恆自覺義途差異，神色漸。動尾扣案，未即有答。遠曰，不疾而速，杼軸何爲。坐者皆笑。心無之義，於是而息。今肇法師亦破此義，先敘其宗，然後破也。無心萬物，萬物未嘗無。謂經中言空者，但於物上不起執心，故言其空，然物是有不曾無也。此得在於神靜，失在於物虛者，正破也，能於法上無執，故名爲得。不知物性是空，故名爲失也。

即色者明色不自色下，第二破晉朝支道林即色遊玄義也。今尋林法師《即色論》，無有此語。然林法師集，別有《妙觀章》云，夫色之性也，不自有色，色不自色，雖色而空。今之所引，正此引此文也。夫言色者，當色即色，豈待色色而後爲色哉者。此猶是林法師語意也。若當色自是色，可名有色。若待緣色成果色者，是則色非定色也。亦可云若待細色成粗色，是則色非定色也。此直悟色不自色，未領色之非色者。正破也。有本作悟，有本作語，皆得也。此林法師但知言色非自色，因緣而成，而不知色本是空，猶存假有也。

本無者下，第三破晉朝竺法汰本無義也。情尚於無多，觸言而賓無者，情多貴尚此無也，觸言皆向無也。賓者客也，客皆向主。今本無宗，言皆向無也。《爾雅》云，賓，服也。言服無，故云賓無耳也。故非有，有即無，非無，無即無者。謂經中言非有者無有此有也，言非無者無有彼無也。尋夫立文之本旨者，有本作文，有本作無，今用文也。謂尋經文本意也。直以非有非眞有，非無非眞無者。眞，實也。非實定是有，故言非有。非實定是無，故言非無耳。何必非有無此有，非無無彼無者，不言非有無卻此有，非無無卻彼無也。此直好無之談者，直是好尚於無，故觸言向無耳。豈所謂順通事實，即物之情哉者，不順萬事之實性，不得即物之實性也。

夫以物物於物下，第三明作論意也。以物名名有物，故云以物物於物。以物名名非物，故言以物物非物。以物名名有物，則有物體之可名，故云則所物而可物。以物名名非物，則無物體之可名，故云雖物而非物也。是以物不即名而就實者，物體自別，不即以名字爲物實也。名不即物而履眞者，名字又別，不即以物體爲名之眞也。

然則眞諦獨靜於名教之外下，俗諦之物，尙名不即實，實不即名。眞諦之理，名教之所不及，故云獨靜於名教之外也。既非名教所及，文言豈能辨得眞諦乎。不能杜默，聊複厝言以擬之者，杜塞也厝者，《小雅》云，措，置也。今作厝字，義亦同也。理雖不可言，試以言理也。【略】

尋夫不有不無者下，第二解釋二論之意也。豈謂滌除萬物，杜塞視聽下，滌除是洗蕩也。《老子》云，滌除玄覽能無疵乎，今借此語用也。杜猶是塞也。寂寥者，《老子》云，寂兮寥兮，獨立而不改。釋者云，無聲曰寂，無色曰寥。此意言非謂斷空始爲眞諦也。誠以即物順通，故物莫之逆者。誠，信也。即萬物之有爲空，故云順通。順通，故無阻逆也。即僞即眞，故性莫之易者，即俗諦之僞，眞諦之眞，非謂改變俗諦，別明眞諦也。性莫之易，故雖無而有者。即有是空，雖空猶是有也。物莫之逆，故雖有而無者，即萬物順通性空，當知雖有而是空也。

雖有而無，所謂非有下，雖有而是無，當知非定有。下句反此也。如此，則非無物也，物非眞也者，非無物也，明非無也。物非眞也，明非有也，亦可直云非是無物，但物非眞有之物耳。物非眞物，于何而可物者，既云非眞，何處有此物乎。

故經云下，第三引五經證成也。今引《維摩經》也，經云，色即是空，非色滅空。謂色性即是空，非謂滅色然後始空也。而云敗者，古經也。壞敗是毀敗，亦是滅義。以明夫聖人之於物也，即萬物之自虛者，以明兩字，或可屬上，或可屬下。唯《莊子》應屬上，今此文意則將屬下也，後亦然，明聖人見萬物之性自空耳。豈待宰割以求通哉者，《小雅》云，宰治也，割謂裁也。即色是空，不須宰割破壞，然後方通於空也。是以寢疾有非眞之談，《超日》有即空之稱者，前引一經，此引兩經，後更有兩經也。寢疾謂《維摩經》也。彼經云，菩薩病者非眞非有，衆生病亦非眞非有也。《超日》者，《超日明經》也。彼經云，不有受，不保命，四大虛也。然則三藏殊文統之者一者也。三藏謂修多羅毘曇毘尼，雖言跡異端，以理統之，莫終不歸畢竟空也。

故《放光》云，第一眞諦無成無得下，據第一義諦，無有成佛，無有得涅盤，世諦則有耳。夫有得則是無得之僞號下。諸本皆云，成得則是無得之僞號。今依古本，有得爲正也。準下無得句，義亦應然，實是無得。而云有得是假僞之名，無得反此也。眞名故，雖眞而非有者，諸本皆云，雖得而非得。今依古本，雖眞而非有也。準下僞號句，義亦應然也。雖曰眞名仍非是有，僞號反此也。是以言眞未嘗有者，覆前兩句也。

二言未始一下，眞僞兩言不一，而有無二理不殊也。故經云，眞諦俗諦謂有異耶下，此是《大品經》第二十二卷《道樹品》中問答也。此經直辨下，釋前經中問答意也。眞諦明非有下，據眞則非有。據俗則非無也。豈以二下，不以諦名有二，則謂法體有二也。【略】

故童子歎曰下，第二引二經證成也。童子者，《維摩經》中長者子寶積也。言佛說法，非定是有，亦非是無，皆從因緣而有也。《瓔珞經》云者，此是《大纓絡經》也。彼經第十三卷初，文殊師利問云，一切諸佛轉法輪，爲有轉耶，爲無轉耶。佛言，諸佛正法，亦不有轉，亦不無轉。文殊複問，云何亦不有轉，亦不無轉。佛言，諸法空故，亦無有轉。亦無無轉也。此乃衆經之微言者，諸經中微妙之言也。

何者，謂物無耶，則邪見非惑下，第二解釋經意也。邪見見無，若謂物定是無，則邪見應非是惑乎。謂物有耶，則常見爲得者，常見見有，若謂物定是有，則常見應非是惑乎。以物非無故下，覆上句可見也，然則非有非無，信眞諦之談者。非有非無是眞諦教也。【略】

所以然者下，第二解釋經論意也。文中二，先釋非有，後釋非無。今初也，豈待緣而後有哉者，有若定有，不須待緣生方有也。譬彼眞無下，此舉大虛之無，以喻有也。若有不能自有，待緣而後有下，有要待緣，明知非有也。有非眞有下，結明有空也。不無者下，釋非無也。夫無則湛然不動下，若湛然不動，始可名爲無也。萬物若無則不應起者，無若定無，則不應緣會而起也。起則非無者，以緣起而生，故知非無也。以明夫緣起故不無也者，明知緣起故非無也。【略】

何則，欲言其有下，第二覆疏解釋也，有非眞生者，假緣而生，故非眞生，非眞生故，不得言有也。事像既形者，萬事萬像皆已形現，皆已形現，不得言無也。像形不即無，非眞無非實有者，事像形現，不即是無，有非眞生，非是定有也。然則不眞空義顯於茲矣者，正以非眞實有，故言不眞，既非實有，所以言空，論之得名，從此義也。

故《放光》云下，第三引經證成也，譬如幻化人者，此有三讀，一者，連三句通成一段。二者譬如幻化人爲句，後兩句相著也。三者，譬如幻化人非無幻化人爲句，已後爲一段。今且從初也，幻化異者，從無起有爲化，從有起有爲幻也。非無幻化人，幻化人非眞人者。非無即非無也，非眞即非有也。

夫以名求物，物無當名之實下，第五就名實以明空也，文中有二，前正明空，後引經論證成。今初也，將名取物，物非是名，故云物無當名之實也。以物求名，名無得物之功者，將物取名，名非是物，故云名無得物之功也。物無當名之實下，覆疏前句也。是爲名不當實下，又覆疏上句，直明名非實，實非名耳。名實無當，萬物安在者，名不當實，則名非名矣。實不當名，則實非實矣。名實不當，萬物皆空。故云安在，安在者何在也。

故《中觀》云下，第二引經論證成也。先引《中觀論》，後引《成具》等經。今云物無彼此者，通是《中論》意也。亦可別指《觀苦品》一偈，偈云，自作若不成，云何彼作苦，若彼人作苦，是亦名爲作，今取此意反證也。此彼莫定乎一名下，此不定此，彼不定彼，而惑者謂爲定有此彼也。必然者，決定也。志者，志意，意有記錄故名爲志耳。然則彼此初非有，惑者初非無者，彼此無定性，故育你非有，於惑者則元不無也。既悟此彼之非有，又何物而可有哉者，彼此在物既無，彼此又無物也。

故知萬物非眞，假號久矣者，號名也，以非眞是假，故名爲空。是以《成具》立釋名之文下，引《成具》及《大品經》證成也。先引《成具經》及《莊子》，後引《大品》。今引《成具經》，兼引《莊子》，助成此義也。《成具光明定意經》云，是法無所有，強爲其名也。《莊子》云，以指喻指之非指，不若非指喻指之非指，以馬喻馬之非馬，不若非馬喻馬之非馬。此意云，此以此指爲指，將彼指爲非指，彼亦以彼指爲指，將此指爲非指，於馬亦然。各有一彼此，則彼此無定，各有一是非，則是非無定也。而言園林者，《莊子》爲膝園吏，故云爾也。如此則深遠之言，于何而不在者，無彼無此，此是深言，《成具》固已有之，《莊子》亦作此說也。是以聖人乘千化而不變下，以萬法是空，故聖人變之，而不染也。千化萬變者，意言多也，變化非一，故云千化，惑倒非一，故云萬惑。雖乘千化，出生入死，而不爲生死所染，故云不變。雖履萬惑，無所不爲，而不爲倒惑所壅，故云常通也。

必以其即萬物之自虛下，以法自空，不假將空觀，本空法也。經云，甚奇世尊下。引《大品經》證成也。彼經云，如來建立衆生於實際，古本云立處，今引古《大品》文也。明一切諸法是實際，能令衆生知諸法皆是眞際，故云爲諸法立處也。非離眞而立處下，非是離眞際，別建立衆生於眞際，即明衆生是眞際，故云立處即眞也。

然則道遠乎哉下，第六會結以明空也，道謂無生眞理也，聖謂般若眞智也。道遠乎哉者，言不遠也，觸事皆是道，更無別道耳。聖遠乎哉，言不遠也，體悟即是聖，更無別有聖人。

**延壽《宗鏡錄》卷八**　《不眞空論》云：夫至虛無生者，蓋是般若玄鑒之妙趣，有物之宗極者也。自非聖明特達，何能契神於有無之間哉。是以聖人通神心於無窮，窮所不能滯。極耳目於視聽，聲色所不能制者，豈不以其即萬物之自虛，故物不能累其神明者也。是以聖人乘眞心以理順，則無滯而不通。審一氣以觀化，故所遇而順適。無滯而不通故，能混雜致淳，所遇而順適故，則觸物而一。如此則萬像雖殊，而不能自異，不能自異故，知像非眞像，像非眞像，則雖像而非像。然則物我同根，是非一氣，潛微幽隱，殆非群情之所盡。

故知若乘眞心而體物，則何物而不歸。齊一氣以觀時，則何時而不會。何時而不會，則知觸境之無生。何物而不歸，則見物性之自虛矣。若任情所照，曷能盡其幽旨乎。若不悟宗，難逃見跡。如龐居士偈云，昔日在有時，常被有人欺，種種生分別，見聞多是非。後向無中坐，又被無人欺，一向看心坐，冥冥無所知。有無俱是執，何處是無爲，有無同一體，諸相盡皆離。心同虛空故，虛空無所依，若論無相理，唯有父王知。故知有無諸法，欲求究竟，唯心方證。若未歸心，盡成障礙。爲常爲斷，成是成非。纔入此宗，自然融即。謂先明其起處，知自心生。既從心生，則萬法從緣，皆無體性。必無心外法，能與心爲緣。悉是自心生，還與心爲相。但論空有，則廣明諸法。何者，以空有管一切法故。此空有二門，亦是理事二門，亦是性相二門，亦是體用二門，亦是眞俗二門。乃至總別同異，成壞理量，權實卷舒，正助修性遮照等。或相資相攝相，是相非相，遍相成相，害相奪相，即相在相，覆相違，一一如是，各各融通。今以一心無性之門，一時收盡，名義雙絶，境觀俱融，契旨忘言，咸歸宗鏡。是以須明行相名義差別，方能以體性融通。若不先橫竪鋪舒，後何以一門卷攝。故《還原觀》云，用就體分，非無差別之勢。事依理現，自有一際之形。如上微細剖析，廣照空有二門，可謂得萬法之根由，窮諸緣之起盡。此有無二法，迷倒所由，九十六種之邪師因茲而起，六十二見之利使從此而生。菩薩尚未盡其原，凡夫安能究其旨。所以《寶性論》云，空亂意菩薩於此眞空妙有猶有三疑，一疑空滅色取斷滅空，二疑空異色取色外空，三疑空是物取空爲有。故《華嚴經》中善財，厯事諸佛，已證法門，尙猶於諸法中無而計有。若究竟遠離，唯大菩薩之人。《大智度論》偈云，有無二見滅無餘，諸法實相佛所說。《淨名經》云，有無二見，無複餘習。又偈云，說法不有亦不無，以因緣故諸法生。何者，若時機因緣執有，則說空門。若時機因緣著空，遂談有教。爲破有，故不存空。因治空，故不立有。故說有而不有，言空而不空。或雙亡而雙流，或雙照而雙寂。破立一際，遮照同時。【略】

如《肇論鈔》云，今就論文總有四意，以顯周圓之旨。一者破實顯空，二者破空顯假，三者破唯空唯假，顯亦空亦假，四者破亦空亦假。顯非空非假，則是中道，方謂周圓也。然四論皆有周圓，今既一一辯之，且約四義，一約境，二約智，三約果，四約境智果。初約境者，《不眞空》論云，即物順通，故物莫之逆。此破實顯空，遣凡夫執。即僞即眞，故性莫之易。此破空顯假，遣聲聞執。性莫之易，故雖無而有。物莫之逆，故雖有而無。此則破有破無，顯亦空亦假，辯菩薩境。雖有而無，所謂非有。雖無而有，所謂非無。此破亦空亦假，遣菩薩執，顯中道第一空佛之境。此則境周圓也。二約智者，則《般若論》也。若以般若智一一厯然，空假等境則成心量。但是有智，不得無智意。今則約前智，知凡是一境。即須周圓也。論云，言知非爲知，欲以通其鑒。此破凡夫執相知，辯無知也。不知非不知，欲以辯其相。此破聲聞無知，辯無種不知也。辯相不爲無，通鑒不爲有。此破亦知亦不知，顯非知非不知也。非有故，知而無知。非無故，無知而知。此破非知非不知，辯亦知亦無知。前來四義說，雖前後並在一心。不即不離，可謂佛智周圓矣。三約果辯者，即《涅槃論》文云，存不爲有，破有餘涅槃。遣聲聞常執，亡不爲無。破無餘涅槃，遣聲聞斷執。亡不爲無，雖無而有，存不爲有，雖有而無，此雙破有無，顯亦有亦無。雖有而無，所謂非有。雖無而有，所謂非無。此破亦有亦無，顯非有非無，以顯中道佛之境，無住涅盤果周圓矣。四約境智果三合辯者，則是總收前諸論文也。前二論則眞諦無相之境爲眞空，般若能觀眞智，即萬行之本爲妙有。猶境發智，由智顯境。境智互顯，爲亦空亦有。即《涅槃論》中三德相冥，境智不二。不斷不常，爲非空非有，可謂涅槃極果也，即如來一化之意，並周圓故，則罄盡佛法之淵海也。故知眞空難解，應須妙得指歸。若隨空有之文，皆墮邪見。如《鴦崛魔羅經》偈云，譬如有愚夫，見雹生妄想，謂是琉璃珠，取已執持歸，置之瓶器中，守護如眞寶，不久悉融消，空想默然。住於餘眞琉璃，亦複作空想。文殊亦如是。修習極空寂，常作空思惟，破壞一切法，解脫實不空。而作極空想。猶如見雹消，濫壞餘眞實。汝今亦如是，濫起極空想，見於空法已，不空亦謂空，有異法是空，有異法不空。一切諸煩惱，譬如彼雨雹，一切不善壞，猶如雹融消。如眞琉璃寶，謂如來常住。如眞琉璃寶，謂是佛解脫。虛空色是佛，非色是二乘。解脫色是佛，非色是二乘。云何極空相，而言眞解脫。文殊宜諦思，莫不分別想。譬如空聚落，川竭瓶無水，非無彼諸器，中虛故名空。如來眞解脫，不空亦如是。出離一切過，故說解脫空。如來實不空，離一切煩惱，及諸天人陰，是故說名空。嗚呼蚊蚋行，不知眞空義。

**文才《肇論新疏·不眞空論》**　即色者明色不自色，故雖色而非色也。東晉支道林作即《色遊玄論》。初句牒，次二句敘彼所計。彼謂青黄等相非色自能，人名爲青黄等。心若不計，青黄等皆空。以釋經中色即是空。

夫言色者，但當色即色，豈待色（計也）色而後爲色哉。齊此論主破辭，此且先出正理，初句牒名，次句示依他。謂凡是質礙之色，緣會而生者，心雖不計，亦色法也。受想等法亦應例同。意云，豈待人心計彼謂青定名彼。妄想之心，依然取著。然則下，名相元空，迷夫妄執。亦可名相無暫始有，妄想無暫始無。以無暫始無之妄情，執無暫始有之名相，病眼花生，病耳蟬鳴，蟬花恆無，病根常執。

既悟彼此之非有，有何物而可有（執）哉，故知萬物非眞，假號久矣。初句遍計性空，次句名隨相遣翳差花亡，耳聰蟬喪。後二句結成經義。此中雖帶名相而言，意顯妄執本空，況後引《成具》等，又唯約妄情說邪。

是以《成具》立強名之文，園林托指馬之況。《成具》經云，是法無所有，強爲其名。園林即漆園也，曹州地名，莊周曾爲此吏，故以目之。彼《齊物》云，以指喻指之非指，不若以非指喻指之非指也。以馬喻馬之非馬，不若以非馬喻馬之非馬也。指謂手指，馬謂戲籌。若今雙六之馬也。如二人相向，各以己指是指，他指非指。是非互在，本無實也。喻，曉也。馬可例之。【略】

然則道遠乎哉，觸事而眞。聖遠乎哉，體之即神。初二句明境，初句舉體而核。道謂如如。下句指屬觸謂六觸。事即名相，事相既近，體虛即眞，眞豈太遠。後二句明心，亦初句舉聖而核。聖即智也。下句屬體，謂體究神心也。即神者，即我之心爲神聖矣，豈太遠乎。《仁王經》云，菩薩未成佛，以菩提爲煩惱。菩薩成佛時，以煩惱爲菩提。今詳論意。自《放光》已下，乃《密嚴》《楞伽》五法相翻之義。故《密嚴》云，名從於相生，相從依他起，此二生分別，諸法性如如，於斯善觀察，是名爲正智。名爲遍計性，相是依他起。名相二俱遣，是爲第一義。略解云，五法者，一名，二相，三妄想，四正智，五如如。此五約迷悟配之，謂迷時即如如，以成名相，即正智以成妄想。悟時翻名相爲如如，翻妄想成正智。經中初三句如次名相妄想，次三句說正智，後一偈約三性顯如如也。略示如此，論意謂依彼名相，顯示論旨。苟識相等體虛，不舍一論，能詮之名，所詮之義，即境而會如，即解而成智。故先舉聖人證法爲式，然後示以即眞之理。但在文甚隱，致令難求。若前後冥搜，義如指掌。

黃等，然後作靑造等色耶，以青黃亦緣生故。

此直（但也）語色不自色，未領（解也）色之非色也。初句明所待，後句顯所失，未達緣起性空。然緣起之法，亦心之相分。能見之心，隨相而轉。取相立名，名靑黃等。名屬遍計相即依他。支公已了名假，未了相空。名相俱空圓成顯現。由未了此，所以被破。【略】

夫以（依也）物物（名）於物，則所物而可物。若依相立名，隨名取物，則凡是所名之物皆可爲物，此謂妄心所計名相俱有。

以物（名）物（相）非物，故雖物（名）而非物（名）。初句相空，後句名空。以二法皆事，故通名爲物。意以所名之物，但依他起，元無自性，況名依相有，豈有實體也。故《密嚴》云，世間衆色法，但相無有餘，唯依相立名，是名無實事。

是以物不即名而就實，名不即物而履（行）眞（實）。釋此有二，一通，二局。通者，名相二法該盡俗諦，然性各異，互推無在，顯兩虛也。初句，物不在於名中，以名非物，故召火不燒其口。次句名不在於物也，以物非名故，見物不知其名，應知因物立名，以名名物。俗假施設，竟不相到，故不能互顯其眞實，如火以熱爲實等。局者，但屬此論，名謂名教，相謂義相。所以空者，方便安立，各無自性，能所詮異故不即。就論意雖通，其旨實局。以下云眞諦獨靜於名教之外，故爲此釋。【略】

夫以名求物，物無當名之實。以物求名，名無得物之功。物無當名之實，非物也。名無得物之功，非名也。此與論初大旨無殊，文小變爾。名自情生，好惡何定。或於一物立多名，或以一名召多物，物雖應名，亦無當名之實理，如以地龍木賊等名藥也，又名雖召物，亦無得物之實功，如談水濡唇言穢不涴口。應知名是假號，物爲幻化，但順世俗不入實相。

是以名不當實，實不當名，名實無當，萬物安在。一切諸法不出名相，此二既空，萬物不立。已上名相境寂，下辯妄想心虛。

故《中觀》云，物無彼此，而人以此爲此，以彼爲彼。彼亦以此爲彼，以彼爲此。初句論文，彼論第四云，諸法實相，無有此彼。而人下釋也，如二人相向，彼此互執也。

此彼莫定乎一名，而惑者懷必然之志。然則彼此初非有，惑者初非無。正舉妄計也。彼此互指，既無定在，柰何惑者必然而執我定名此，他

# 以業爲本

**瞿曇般若流支譯《正法念處經》卷六四**　復次修行者，觀身循身觀，如是身者，孰爲其本，云何順行，誰爲救護，云何而住，是比丘如實觀察。復作是念，如是身者，以業爲本，由業順行，業爲能救。若集善業，生天人中。惡業相應，墮於地獄餓鬼畜生。如是身者，不淨不堅，無常不住。如是比丘，如實觀身，於愛欲中不復生念。

**鳩摩羅什譯《成實論》卷七**　問曰：經說有三種業，欲界繫業，色界繫業，無色界繫業，何者是耶。答曰：若業從地獄至他化自在天，於中受報，名欲界繫業。從梵世至阿迦尼吒天受報，名色界繫業。從虛空處至非有想非無想處受報，名無色界繫業。問曰：無記業及不定報業，不在此三種中耶。答曰：是業及果報皆名欲界繫。所以者何，此法是欲界業果報故。問曰：欲界法非一切盡是業報，是故不然。答曰：一切欲界法盡是欲界繫業報。問曰：若爾則是外道邪論，謂一切所受苦樂皆是先業因緣。又失業果報，謂善不善業有報非報。又精進之功則無所用，若皆是業報，復何勞功耶。及若諸煩惱及業皆是業報，則無得解脫，以業報不可盡故。答曰：汝言是外道邪論，是事不然，外道說苦樂好醜，但是先業果報，然則不應復假現在因緣，而實見萬物從現在緣生，如種子等，故不得言一切皆從先業因緣。又從因從緣，萬物得生，如以種爲因，地水空時等爲緣，眼識以業爲因，眼色等爲緣。是故不同外道邪論。汝言先業果報是事不然，現見從果，有異果相續生，如從穀生穀，如是從報生報，有何咎耶。又如不能男人及鳥雀鴛鴦等欲毒蛇等瞋，當知皆是先業果報。

問曰：若從報生報，是則無窮。答曰：我說業報三種，善，不善，無記。從善不善生報，無記不生，故非無窮。如從穀生穀，於是中從種子生牙，不從麥等生，如是從善不善報有異報生，不從無記報生。汝言不勞功者，雖從業生報，要須加功，然後得成，如從得穀業有穀生，然要須種等爾乃得成，汝言無得解脫。是事不然，得眞智故，諸業滅盡，猶如種燋不能復生，故無解脫過。又諸所生法，皆以業爲本。若無業本，云何能生。又萬法之生各有定分，如此法必從是人身生，不在餘身。若無業本，云何如是決定差別。問曰：若法但從因生，如從豆生豆，有何咎耶。答曰：是事亦以業爲本，以得豆業因緣故，從豆生豆。何以知之，上古時人行善行故，粳米自生，故知業爲本故，從豆生豆。問曰：是衆生數物則從先業生。答曰：不然。非衆生數物亦以業爲本，一切衆生有共業報果，謂得住處以業因緣故，有地等以得明業因緣故，有日月等，當知物生皆以業爲本。問曰：若生法皆以業爲本，有爲無漏云何。答曰：亦以業爲本。所以者何，皆是先世有布施持戒等力之所由，是故亦從業等生。問曰：若無漏法亦從業生，是亦名繫法，是則不可，以經中說有不繫受故。答曰：無漏法以眞智爲因，以業爲緣因，力大故，名爲不繫。問曰：何業受欲界報，何業受色界報、無色界報。答曰：若在欲、色、無色界起十不善業，則於欲界受報。

# 平常心是道

**道原《景德傳燈錄》卷二八**　道不用脩，但莫污染。何爲污染，但有生死心造作趣向皆是污染。若欲直會其道，平常心是道。何爲平常心，無造作，無是非，無取捨，無斷常，無凡無聖。經云，非凡夫行，非聖賢行，是菩薩行。只如今行住坐臥，應機接物，盡是道。道即是法界，乃至河沙妙用不出法界。若不然者，云何言心地法門，云何言無盡燈，一切法皆是心法，一切名皆是心名。萬法皆從心生，心爲萬法之根本。經云，識心達本源，故號爲沙門，名等義等。一切諸法皆等，純一無雜。若於教門中，得隨時自在，建立法界，盡是法界。若立眞如，盡是眞如。若立理，一切法盡是理。若立事，一切法盡是事。舉一千從，理事無別，盡是妙用，更無別理，皆由心之迴轉。譬如月影有若干，眞月無若干，諸源水有若干，水性無若干，森羅萬象有若干，虛空無若干，說道理有若干，無礙慧無若干，種種成立，皆由一心也，建立亦得，掃蕩亦得，盡是妙用，盡是自家。非離眞而有立處，立處即眞，盡是自家體，若不然者，更是何人。

一切法皆佛法，諸法即是解脱，解脱者即是眞如，諸法不出於眞如，行住坐臥，悉是不思議用，不待時節。經云，在在處處則爲有佛。佛是能仁，有智慧，善機權，能破一切眾生疑網，出離有無等縛，凡聖情盡，人法俱空，轉無等倫，超於數量，所作無礙，事理雙通。如天起雲，忽有還無，不留礙迹。猶如畫水成文，不生不滅，是大寂滅。在纏名如來藏，出纏名淨法身。法身無窮，體無增減，能大能小，能方能圓，應物現形，如水中月，滔滔運用，不立根栽，不盡有爲，不住無爲。有爲是無爲家用，無爲是有爲家依。不住於依，故云如空無所依。心生滅義，心眞如義。心眞如者，譬如明鏡照像，鏡喻於心，像喻諸法，若心取法，即涉外因緣，即是生滅義，不取諸法，即是眞如義。聲聞聞見佛性，菩薩眼見佛性，了達無二，名平等性。性無有異，用則不同，在迷爲識，在悟爲智，順理爲悟，順事爲迷，迷即迷自家本心，悟即悟自家本性。一悟永悟，不復更迷，如日出時，不合於暗，智慧日出，不與煩惱暗俱。了心及境界，妄想即不生，妄想既不生，即是無生法忍，本有今有，不假脩道坐禪，不脩不坐，即是如來清淨禪。如今若見此理眞正，不造諸業，隨分過一生，一衣一衲，坐起相隨，戒行增熏，積於淨業，但能如是，何慮不通。

**法應《禪宗頌古聯珠通集》卷一八**　趙州一日問南泉曰，如何是道。泉曰，平常心是道。師曰，還可趣向也無。泉曰，擬向即乖。師曰，不擬爭知是道。泉曰，道不屬知，不屬不知，知是妄覺，不知無記。若眞達不疑之道，猶如太虚廓然蕩豁，豈可強是非耶。師於言下悟理。

**子文《佛果圜悟眞覺禪師心要》卷上**　一切有心，天地懸隔，酌然，如今透關不得，只爲心多執重，若脱然揩當到無心之地，一切妄染情習俱盡，知見解礙都銷，更有甚事，是故南泉云平常心是道。然纔起念待要平常，早乖差了也。此最爲微細難湊處，没量大人到箇裏跔躕。何況學地，直須抵死謾生咬嚼教斷，直似大死底人絕氣息然後甦醒，始知廓同太虚，方到腳蹋實地深證此事，明得徹，信得及，等閑蕩蕩地百不知百不會，纔至箸著便轆轆，更無拘制亦無方所，要用便用要行即行，更有甚得失是非，通上徹下一時收攝。此無心境界豈是容易履踐湊泊，要須是箇人始得。若未如此，當須放下身心，教冥然地無一毫許依倚，覷來覷去日久歲深，自然蓋天蓋地觸處現成。未有天生釋迦自然彌勒，阿那箇在娘肚裏便會，直應快著精彩，時不待人，驀然一咬咬斷也不柰你何，大丈夫須到自得自由自在處始得。【略】

大法本平常，在利根精敏寬通，不作聰明了之爲易入。每患知見太多，遂汩此源，轉窮轉遠，莫能透徹。若一切平心，心亦了不可得，泯然自盡，則本性圓明，混成不假造作，截流深證，無過與不及處，乃造天眞機要，所謂著手心頭便判是也，日用之間常令成現，豈不泰定哉。古人悟心，悟此心也，發機，發此機也，自可萬世不移，只守閑地超然獨得，更無對待。若有對待則成兩立，便有彼我得失。莫能腳蹋實地更進一步一法不立，然後恬妥明見本來人，去卻胸中物，喪卻目前機，脱體安穩永離退轉，得無所畏方便，可以拯濟群靈，政須長久相續無間乃善。【略】

平常心是道，纔趣向即乖。到箇裏正要腳蹋實地，坦蕩蕩圓陀陀，孤迥危峭，不立毫髮知見，倒底放下，澄澄絕照，壁立萬仞，喚甚作心作佛作玄作妙，一往直前不起見不生心，如猛火聚不可近傍，似倚天長劍孰敢攖鋒，養得純和冲淡透徹無心境界，便可截生死流，居無爲舍，端如癡兀拍盲罔分皂白，猶較些子。所謂絕學閑閑眞道人也，了了回光，深深契寂，廼絕滲漏，自然與向上人不謀而同，不言而喻。若作聰明，立知見，懷彼我，分勝負，則轉没交涉，此唯尚猛利快割斷，懸崖撒手，棄捨得性命，便當下休歇，只大休處是究竟合殺處爾。

**韓巖、程衷懋《金剛般若波羅蜜經補註》卷上**　所以者何，須菩提，(至)現在心不可得，未來心不可得。

謂三世心，無性可得，故可從緣生。肇法師云，聞說諸心謂有實心，故須破遣，明三世皆空。故云，過去已滅，未來未至，現在虚妄，三世推求，了不可得。蓋眞心常住，自無量無數劫來，常一定而不變動，豈有過去未來現在。有此三心，則是妄想，從緣而起，緣滅還無。不可得者，謂無也，言此三心，本來無有，乃從緣而有耳。故云，若悟無相無事，平常眞心，即法體空寂，不生不滅，湛然清淨，豈有前念今念後念可得也。馬祖云，道不用修，但莫污染，何謂污染，但有生死造作趣向，皆是污染。若欲直會其道，平常心即是道。何謂平常心，無造作，無是非，無取捨，無愛憎，無凡聖。是故經云，非凡夫行，非聖賢行，是菩薩行。趙州問南泉云，如何是道。泉云，平常心是道。佛印禪師頌云，欲識平常道，天眞任自然，行舡宜舉棹，走馬即加鞭，若遇饑來飯，還應困即眠，盡從緣所得，所得亦非緣。傅大士云，依他一念起，俱爲妄所行，便分六十二，九百亂縱橫，過去滅無滅，當來生不生，若能如此觀，眞妄坦然平。川禪師云，低聲低聲，直得鼻孔裏出氣。頌曰，三際求心心不見，兩眼依然對兩眼，不須遺劍刻舟尋，雪月風花常見面。

**錢伊庵《宗範》卷上**　夫求法者，應無所求。心外無別佛，佛外無別心，不取善，不捨惡，淨穢兩邊，俱不依怙，達罪性空，念念不可得，無自性故。三界惟心，森羅萬象，一法所印。凡所見色，皆是見心。心不自心，因色故有。於心所生，即名爲色，知色空故，生即不生。了此乃可隨時著衣吃飯，長養聖胎，任運過時。問：如何修道。師曰：道不屬修，若言修道，修成還壞，即同聲聞，若言不修，即同凡夫。了得自性本來具足，但善惡事上不滯喚作修，取善捨惡，觀空入定，即屬造作。若向外馳求，轉疏轉遠。但盡三界心量，一念妄想，即是三界生死根，但無一念，即除生死根，即得法王無上珍寶，前中後念，念念不相待，念念寂滅，喚作海印三昧。聲聞不知，聖心本無因果階級心量，妄想修因證果，雖悟卻迷。若上根領會，更不歷階級地位，頓悟本性，對迷說悟，本既無迷，悟亦不立，衆生無量劫，常在法性三昧中，著衣吃飯言談，六根運用，盡是法性，不解返源，逐相造種種業。若能一念返照，全體聖心，所以道不用修，但莫汙染，有生死心造作趣向，皆汙染，若欲直會平常心是道，無造作取捨是非斷常凡聖。經云，非凡夫行，非聖賢行，是菩薩行。只今行住坐臥，盡是道，即法界。建立亦得，掃蕩亦得，盡是妙用。非離眞有立處，立處即眞。一切法皆佛法，諸法即是解脫，行住坐臥，悉不思議用，不盡有爲，不住無爲，有爲是無爲用，無爲是有爲依，不住於依。故曰如空無所依，迷爲識，悟爲智，悟自本性，一悟永悟。如日出不與暗合，了心境界，妄想即除，即是無生法性。法性本有，有不假修。禪不屬坐，坐即有著。若見此理，眞正合道，隨緣度日，坐起相隨，戒行增熏，積於淨業，但能如是，何慮不通。百丈云，汝等先歇諸緣，休息萬事，善惡世出世一切法，莫記憶緣念，放捨身心令自在，心如木石無分別，心空無所行，慧日自現，如雲開日出相似，但歇一切攀緣貪瞋，垢淨情盡，對五欲八風不動，不被見聞覺知惑，自然具足神通妙用，是解脫人。【略】以無著心應一切物，以無礙慧解一切縛，努力猛究取，莫待老苦，整手腳不得，但隨貪愛重處，業識所引受生，都無自由分。問：如何得自由分。師曰：如今得即得，對五欲八風不動，情無取捨慳嫉貪愛，我所情盡，垢淨俱亡，如日月在空，不緣而照，心心如木石，念念如救頭然，亦如香象渡河，截流而過，更無疑滯，此人天堂地獄所不能攝。夫讀經教語言，皆須消歸自己，但一切言教，祇明如今鑒覺自性，但不被有無諸境縛，是汝導師，能照破有無境，是金剛慧，即有自由獨立分。但離一切聲色，亦離於離，亦不住於知解，是修行三乘教，皆治貪瞋等病。今若有貪嗔等，先須治之，不用求覓義句知解，知解屬貪，貪變成病。今但離有無諸法，亦離於離，透過三句外，自然與佛無差，既是佛，何愁佛不解語。只恐被有無縛，不自由，以理未立，先有福智，被福智載去，如賤使貴，不如先立理，若要福智，臨時作得。

# 世間相常住

**鳩摩羅什譯《妙法蓮華經》卷一**　未來世諸佛，雖說百千億，無數諸法門，其實爲一乘。諸佛兩足尊，知法常無性，佛種從緣起，是故說一乘。是法住法位，世間相常住，於道場知已，導師方便說。天人所供養，現在十方佛，其數如恆沙，出現於世間，安隱衆生故，亦說如是法。知第一寂滅，以方便力故，雖示種種道，其實爲佛乘。

**法雲撰《法華義記》卷三**　是法住法位者，是萬善法住一乘法位故，法住法位。世間相常住者，只是世間取相，諸善亦住一乘佛位。又一種解，修此萬善在於世間相。常住者，常住大乘中。導師方便說者，根本只是一因。昔日方便說言有三，故知只是一因。

**窺基《妙法蓮華經玄贊》卷九**　三界相者，說衆生界即涅槃界，不離衆生界有如來藏相之性故。《方便品》云，世間相常住，即此是也。

**李通玄《新華嚴經論》卷三**　第六時說《法華經》引權歸實教者，爲羅漢隨空會寂，緣覺會十二緣生法皆無體性，六根識及名色心境三事自性無生，如是二人，皆心識滅，三界業滅，智慈不生。又爲析法明空，以空破惑，樂生淨土，及留惑潤生菩薩，並不了一切眾生無明諸惑，皆從一切如來根本性淨普光明無中邊智之所生，皆有淨土穢土，自佛他佛欣厭等諸邪見，不稱眞障，引此三根令歸本智。故即以妙法蓮華，令知無明生死性本唯智體性自無染，但迷悟不同，無有二性，以蓮華像之，引彼三根令歸本故。是故《法華經》云，世間相常住，一如判教分宗門中已說。

**宗密述《大方廣圓覺修多羅了義經》** 當知覺性平等不動，然一切法唯依覺性生滅動轉。諸法既盡，虛空皆不動故，則覺性不動也。如波不起，水則湛然不動，理齊故言平等。故《法華》云，是法住法位，世間相常住。《法句經》云，諸法從本來，無是亦無非，是非相寂滅，本來無所動。然諸法與覺性平等，未名理事無礙法界者。夫理事無礙，要須多事全同，一理而寂然，一理全成，多事而遷變，即動即靜，即靜即動，生滅廣陿一切皆爾，翻覆無礙。今但一向不動，但是攝色等事同眞空理，故唯名眞空觀。

**玄覺《禪宗永嘉集》** 云何淨修意業。深自思惟，善惡之源，皆從心起。邪念因緣，能生萬惡。正觀因緣，能生萬善。故經云，三界無別法，惟是一心作。當知心是萬法之根本也。云何邪念，無明不了，妄執爲我。我見堅固，貪瞋邪見，橫計所有，生諸染著。故經云，因有我故，便有我所，因我所故，起於斷常。六十二見，見思相續。九十八使，三界生死輪迴不息。當知邪念，眾惡之本。是故智者制而不隨。云何正觀，彼我無差，色心不二。菩提煩惱，本性非殊。生死涅槃，平等一照。故經云，離我我所，觀於平等。我及涅槃，此二皆空。當知諸法，但有名字。故經云，乃至涅槃，亦但有名字。又云，文字性離，名字亦空。何以故，法不自名，假名詮法。法既非法，名亦非名。名不當法，法不當名。名法無當，一切空寂。故經云，法無名字，言語斷故。是以妙相絕名，眞名非字。何以故，無爲寂滅，至極微妙。絕相離名，心言路絕。當知正觀還源之要也。是故智者正觀因緣，萬惑斯遣。境智雙忘，心源淨矣，是名淨修意業。此應四儀，六根所對，隨緣了達，入道次第云爾。

**曇曠《大乘起信論略述》卷下** 論，所謂從本至遍一切處。述曰：此別成也。從本已來色心不二者，總標所現色不異心，謂從因至據本而言色心不二。既因中色以心爲體，故報化色不異眞心。以色性即智等者，明色即心，顯前不二。以彼報化色之本性即是本覺心智性故。而彼報化舉體是智，色相都盡，但云智身，以智性即色等者。明心即色，顯前不二。以心智性即是報化色體性故，說名法身。報化色法依心體故，遍於一切色相之處。

論，所現云色至而不相防。述曰：下釋法身所現之色。於中有二，初明所現無礙，後所現難思。此初也，先分齊者，此標無礙。以其法身無礙常遍故，所現色無斷無限。隨心已下顯無礙相，謂隨十方諸菩薩心能不無量勝妙報身無量莊嚴淨妙土相，各隨十地所見不同，皆無分齊而不相防者。顯無礙義，雖其所見皆遍法界，各差別相互不相妨。【略】

論，六塵境界畢竟無念。述曰：下釋有二，先觀色法，次觀心法，初也。謂彼六度有無對色，皆從心起，畢竟無體，離心之外無可念相，故言六塵畢竟無念。

論，以心無形相至終不可得。述曰：下顯觀心。於中有三，謂法喻合，此初也。六塵色法多現有像尚不可得，況心無形像而可得耶，由無形故即無住處，無住處故即無所有，故言十方求之終不可得。

**曇曠《大乘起信論廣釋》卷四** 謂從本來色心不二者，總標所現色不異心，謂從因本至果以來據異而言色心不二。既因中色以心爲體故，報化色不異眞心，如水起波，波性即水。以色性即智等者，明色即心，顯前不二，以彼報化色之本性即是本覺心智性故。而彼報化舉體是智，色相都盡但云智身，如波即濕，波盡是水。故《新論》云，以色本性智，心自性說名智身。以智性即色等者，明心即色顯前不二。以本覺智眞心自性名是報化色之體故，說此心智名爲法身，報化色法依止體故。故《新論》云，以心本性即色自性說名法身，遍一切處有其二義，謂此智性即色體故，法身遍於一切色處，如水遍在一切波中。又謂，法身遍一切故，所現色相亦遍一切，如波隨水亦遍一切。故《新論》云，依於法身所現色身遍一切處。

論，所現之色至而不相妨。釋曰：自下重明所現之色，於中有二，初明所現無礙，後明所現難思。此初也，所現之色無分齊者此礙，以其法身無礙常遍故，此所現報化色相望無間斷，橫無分根，《新論》說爲無間。無分故無分齊，通二義也。謂心能示十方等者，顯無礙相。此中應言，隨十方世界無量菩薩心身無量報身無量莊嚴土各各差別，以文倒故似爲示現菩薩之身。義即不爾，即隨十地菩薩所見示現無量他受用身無量莊嚴他受用土，隨其所見各各差別，皆無分齊而不相妨者，顯無礙義，隨一一地所見。報身皆遍法界無有分齊，爲差別相即不相妨。【略】

論，六塵境界畢竟無念。釋曰：次下別明推色心觀。於中有二，先觀色法，後觀心法。此初也，境從心起畢竟無體，離心之解無別念相。寧知諸色離心無體，謂以惠擇分析諸色，乃至極微離心無故。故《新論》云，分段麁色微至極微，復以方分析此微塵。是故若麁若細一切諸色唯是妄心分別影像，實無所有。若爾何言六塵境耶。答：雖一色言即有二種，一者有對極微所成，二者無對非極微成。其五塵境屬有對色，其法塵境攝無對色。故但言色攝六塵也，顯攝周盡故言六塵，以法處不可析故。是故論中但言無念，《新論》分析約色，有對色廣略雖異，皆顯色也，或此則是譯者忤耳。

論，以心無形至終不可得。釋曰：下顯觀心，於中有三，謂法喻合。此初也，六塵色法多現有像，以理推微尚不可得，況心無形相而可得耶。由無形故，即無住處，故言十方求不可得。故《智度》云，心法無形。以無形故即無住處，無住處故即非有也。《新論》即約剎那分心故不得。故彼文云，推求解蘊微至剎那，求此剎那相別非有，離於法界終不可得。斯論更有如是，十方一切諸法應知亦然，此文雖缺義亦無失。

**宗密《圓覺經大疏釋義鈔》卷一一**　凡聖同依清淨本源心也，即法身者，現實而言，觀成時，十方如來眞淨身心，皆悉交徹。但言心者，此本源心，是通相也。於中含於身心二法，清淨無相，即眞身也。靈知不昧，即眞心也。故但標心，故論及《勝鬘》《楞伽》，皆但指一心，以攝一切。疏故論中等者，正證身心不二也。智性是心，色性是法身。今更委釋，色性者空寂也，即智者空寂即知。智性者靈知也，即色者正是靈明，親能現色，如鏡中雖有淨明之二德，親現色者正是明也。然疏中取意用論，論中因顯眞如之用，說佛所現報應二身，色相莊嚴等事，唯依心現，不離眞如。又云法身無有色相，便有問曰，（此下具寫）若諸佛法身離於色相，云何能現色相。答曰：即此法身，是色體故，能現於色。（總標以答也，以下即，別明身智相即爲能現所以也）所謂從本已來，色心不二，以色性即智故，色體無形，（如影即明故影體空）說名智身。（身體也，智之明體也）以智性即色故，說名法身（即此靈明心智，由能現色，爲色所依故，目之爲法身，身是體依義故）偏一切處，（由能現一切故，還遍自所現處）疏理實而言等者。古德偈云，黃昏成寂寞，身心總無物，恆沙諸佛入我身，我身常入恆沙佛，是斯意也。

**延壽《宗鏡錄》卷九八**　夫言修道者，此是勸喻之詞，接引之語。從上已來，無法與人，只是相承種種方便，爲說，出意旨，令識自心。究竟無法可得，無道可修，故云菩提道自然。今言法者，是軌持之名，道是眾生體性，未有世界，早有此性，世界壞時，此性不滅，喚作隨流之性，常無變異，動靜與虛空齊等，喚作世間相常住，亦名第一義空，亦名本際，亦名心王，亦名眞如解脫，亦名菩薩涅槃。百千異號，皆是假名。雖有多名，而無多體，會多名而同一體，會萬義而歸一心。若識自家本心，喚作歸根得旨。譬如人欲得諸流水，但向大海中求欲識萬法之相。但向心中契會，會得玄理，舉體全眞，萬像森羅，一法所印。

**子璿《起信論疏筆削記》卷一〇**　良以不失不壞，常住一心，故名爲現。雖復等者，心境歷然染，淨宛爾故。諸法緣集下法喻可見，斯則性起爲相故不失，相同於性故不壞。論常住一心者，有二意，一者以一切法常依不心而住故，得不出不入、不失不壞也。二則諸法當體常住，唯是一心，一心之外無有一法，可爲出入失壞也。故經云，世間相常住。此二義中前義爲正。

**崇岳、了悟《密菴和尚語錄》**　二途不涉，別有生機一路，如龍得水，似虎靠山，把斷要津，不通凡聖，猶落時人升降處。而今坐立儼然，見聞不昧，箇箇負冲天氣概，人人懷赤之珠。到箇裏，如何通信，如何受用。所以道，是法住法位，世間相常住。如是則，山河大地，不礙眼光。四聖六凡，互爲主伴。坐見聲和響順，萬法無差。舉一明三，目機銖兩。橫該竪括，縱奪臨時。且到家一句作麼生道，蒲團時倚無餘事，永日寥寥賀太平。

**集成《宏智禪師廣錄》卷五**　不爲萬法礙，到恁麼時，不立語言，不拘影像。所以道，諸佛不出世，四十九年說。祖師不西來，少林有妙訣。諸佛既不出世，爲什麼四十九年說。祖師既不西來，爲什麼少林有妙訣。須信道，是法住法位，世間相常住。這裏不移一絲，不動一點，那時一句子，擲地作金聲，便知道正中偏，一輪皎潔正當天。若恁麼辨得出，在語也妙，在默也妙，說時常默，默時常說，便能超四空，出三界，箇是透脫漢做底。且道，如何履踐得恁麼去，翡翠踏翻荷葉雨，鷺鷥衝破竹林煙。

**志磐《佛祖統紀》卷一七**　丞相魏杞與師爲道契，嘗問世間相常住之旨。師曰：得非以四時代謝爲疑乎。曰：然。師曰：窮過去，極未來，雖有代謝，而此理常住。魏公曰：屢以問人，未若今日之可曉。

**周琪《大方廣圓覺修多羅了義經夾頌集解講義》**　滅爲病者，皆由不達空性，取空像貌，而行善惡。住空理者，此空蓋有四人，取之不同。小乘聲聞觀滅諦，爲折盡爲滅。緣覺觀十二因緣，無明滅行，滅爲至理，得緣覺證。菩薩用六度，爲至寂理爲滅。小乘之滅，不至圓覺，通人以幻爲滅，別人以一理隨緣爲滅。如是三人，皆不中理。盡是住寂，理中爲滅。故今說之，爲病不達滅性，本如來藏第一義諦，猶住門外，止宿草庵。今明滅者，滅而不滅，生死涅槃不滅，衆生不滅，佛也不滅，六凡四聖不滅，色心不滅，依正二報不滅，天堂地獄不滅，煩惱無明不滅，見愛不滅，八萬塵勞不滅，一切陀羅尼門不滅，水火不滅，魔邪不滅，盡世出世間法，佛法衆生法都不滅。爲之世間相常住，爲俗諦，爲森羅萬象，爲空如來藏，爲不空如來藏，爲常住眞心，爲性淨明體，爲毗盧遮那，皆顯圓覺，一切法是圓覺體，萬竅怒號是圓覺用，圓覺在衆生生死中，在聲聞涅槃中，亦在諸日用中，終日圓覺，未嘗圓覺。

## 色心不二

**真諦譯《大乘起信論》卷一**　復次初發意菩薩等所見者，以深信眞如法故少分而見，知彼色相莊嚴等事，無來無去離於分齊，唯依心現不離眞如。然此菩薩猶自分別，以未入法身位故。若得淨心所見微妙其用轉勝，乃至菩薩地盡見之究竟。若離業識則無見相，以諸佛法身無有彼此色相迭相見故。

問曰：若諸佛法身離於色相者，云何能現色相。

答曰：即此法身是色體故，能現於色。所謂從本已來色心不二，以色性即智故色體無形，說名智身。以智性即色故，說名法身遍一切處。所現之色無有分齊，隨心能示十方世界，無量菩薩無量報身，無量莊嚴各各差別，皆無分齊而不相妨。此非心識分別能知，以眞如自在用義故。

復次顯示從生滅門即入眞如門。所謂推求五陰色之與心，六塵境界畢竟無念，以心無形相十方求之終不可得。如人迷故謂東爲西方實不轉，衆生亦爾，無明迷故謂心爲念心實不動。若能觀察知心無念，即得隨順入眞如門故。

對治邪執者，一切邪執皆依我見，若離於我則無邪執。是我見有二種，云何爲二，一者人我見，二者法我見。人我見者，依諸凡夫說有五種，云何爲五。一者聞修多羅說如來法身畢竟寂寞猶如虛空，以不知爲破著故，即謂虛空是如來性。云何對治，明虛空相是其妄法體無不實，以對色故有，是可見相令心生滅，以一切色法本來是心，實無外色。若無色者則無虛空之相，所謂一切境界唯心妄起故有，若心離於妄動，則一切境界滅。唯一眞心無所不遍，此謂如來廣大性智究竟之義，非如虛空相故。二者聞修多羅說世間諸法畢竟體空，乃至涅槃眞如之法亦畢竟空，從本已來自空離一切相，以不知爲破著故，即謂眞如涅槃之性唯是其空。云何對治，明眞如法身自體不空，具足無量性功德故。三者聞修多羅說如來之藏無有增減，體備一切功德之法，以不解故，即謂如來之藏有色心法自相差別。云何對治，以唯依眞如義說故，因生滅染義示現說差別故。四者聞修多羅說一切世間生死染法皆依如來藏而有，一切諸法不離眞如，以不解故，謂如來藏自體具有一切世間生死等法。云何對治，以如來藏從本已來唯有過恆沙等諸淨功德，不離不斷不異眞如義故。以過恆沙等煩惱染法，唯是妄有性自本無，從無始世來未曾與如來藏相應故。若如來藏體有妄法，而使證會永息妄者，則無是處故。五者聞修多羅說依如來藏故有生死，依如來藏故得涅槃，以不解故，謂衆生有始，以見始故復謂如來所得涅槃，有其終盡還作衆生。云何對治，以如來藏無前際故，無明之相亦無有始。若說三界外更有衆生始起者，即是外道經說。又如來藏無有後際，諸佛所得涅槃與之相應則無後際故。法我見者，依二乘鈍根故，如來但爲說人無我。以說不究竟，見有五陰生滅之法，怖畏生死妄取涅槃。云何對治，以五陰法自性不生則無有滅，本來涅槃故。

復次究竟離妄執者，當知染法淨法皆悉相待，無有自相可說。是故一切法從本已來，非色非心，非智非識，非有非無，畢竟不可說相。而有言說者，當知如來善巧方便，假以言說引導衆生，其旨趣者皆爲離念歸於眞如。

**吉藏《勝鬘寶窟》卷下**　第三釋名門。藏體無垢，名自性清淨。隨緣相染，故云隱覆。問：既有自性清淨心，何不立自性清淨色。答：色從心變起，以心爲本，所以云心。又色是形礙，心法不爾，故不立色也。問：何故經云佛性亦色非色也，又言妙色湛然常安住。答：若色性說色，亦得是色。故《起信論》云，色心不二。以色性即智，智性即色，但以無形礙，故不名色也。故《起信論》云，色體無形，故說名智。就文爲二，一勝鬘正說，二如來述成。勝鬘說中有二，第一總明五藏，二從此自性清淨下。別釋，第一總明五藏。如《佛性論》說，一如來藏，以自性爲義，一切諸法不出如來自性，無我爲相故。二法界藏者，彼說正法藏，今言法界者，界即境界，即是因義，聖人四念處等，皆取此性作境故。三法身藏者，以至得爲義，至者證也，一切聖人信樂正性，由此信樂，令諸聖人得如來功德。四出世間上上者，三由有倒見，不得聖法，具此三義，名之爲世，此法無彼三義故名出世眞實也。五自性清淨藏，以祕密爲義。若一切法隨順此性，則名爲內，是正非邪。若違此理，則名爲外，是邪非正。彼論辨五藏訖，引此經說五藏爲證。如來藏自性義者，辨是藏此一切諸法體性也。法界藏以因爲義者，辨此藏是聖人行境界，名爲因也。法身藏以至得爲義者，通辨依此藏能修因至得佛果，故名至得義。出世上上藏眞實義者，辨此藏性不因緣相，故名眞實也。自性清淨藏祕密義者，甚深也，辨此藏無一相可取，而順之大益，違之極損，故名祕密，如《攝大乘論》中辨五藏相義亦如是也。

**智顗《四念處》卷四**　照而常寂名之爲念，所觀之境寂而常照名之爲處。境寂智亦寂，智照境亦照。一相無相，無相一相，即是實相，實相即一實諦，亦名虛空佛性，亦名大般涅槃。如是境智無二無異，如如之境，即如如之智，智即是境，說智及智處皆名爲般若。亦例云，說處及處智皆名爲所諦。是非境之境而言爲境，非智之智而名爲智，亦名心寂三昧，亦名色寂三昧，亦是明心三昧，亦是明色三昧。請觀音云，身出大智光，如燒紫金山。大經云，光明者即是智慧。金光明云，不可思議智境，不可思議智照。此諸經皆明，念只是處，處只是念，色心不二，不二而二。爲化衆生，假名說二耳。此之觀慧，只觀衆生一念無明心，此心即是法性，爲因緣所生，即空即假即中。一心三心，三心一心。此觀亦名一切種智，此境亦名一圓諦，一諦三諦，三諦一諦。諸佛爲此一大事因緣，出現於世，欲令衆生佛之知見開，諸佛出世事足。《大經》云，王夷坦道。《無量義經》云，行大直道，無留難故。《法華》名具足道，雖言三智，其實一心，爲向人說，令易解故而說爲三。若教道爲言，所斷煩惱，如翻大地，河海俱覆，似崩大樹，根枝悉倒，用此智斷惑亦復如是。通別塵沙無明，一時清淨，無量功德諸波羅蜜，萬行法門具足無減，佛法祕藏悉現在前。《大品》云，諸法雖空，一心具萬行。《大經》云，發心畢竟二不別。《法華》云，本末究竟等，故名妙覺平等道。當知此慧即法界心靈之源，三世諸佛無上法母。

龍樹云，四念處即摩訶衍，摩訶衍即四念處。一切法趣身念處，即是一性色得有分別。色無分別色分別色如言光明即是智慧也，無分別色即是法界四大所成，皆是無分別等，是色心不二。彼既得作兩識之名，此亦作兩色之說。若色心相對，離色無心，離心無色。若不得作此分別色，無分別色，云何得作分別識，無分別識耶。若圓說者，亦得唯色，唯聲唯香唯味唯觸唯識。若合論，一一法皆具足法界諸法等，故般若等內照既等，外化亦等，即是四隨逐物情有難易。《大論》曰，一切法倂空何須，更用十論。答：空有二種，一難解空，二易解空。十論是易解空，今以易解空。諭難解空，唯識意亦如是。但約唯識具一切法門，而衆生有兩種，一多著外色，少著內識，二多著內識，少著外色。如上界多著內識，下二界著外色多內識少，如學問人多向外解。若約識爲唯識，論者破外向內。今觀明白十法界法，皆是一識，識空十法界空，識假十法界假，識中十法界亦中，專以內心破一切法。若外觀十法界即見內心，當知若色若識，皆是唯識，若色若識皆是唯色。今雖說色心兩名，其實只一念。無明法性十法界即是不可思議一心，具一切因緣所生法，一句名爲一念無明法性心。若廣說四句成一偈，即因緣所生心，即空即假即中。故《般若》云，受持一四句偈，與十方虛空等。《法華》云，聞一偈亦與菩提記，一句亦然，三世亦如是。今觀此只一心不可思議，十界恆現前，入心地法門，故能不起寂滅，現身八會。只是一句，一句有無量，無量中只一句，是爲不思議。故如心諸佛然，如佛眾生然，是三無差別。諸佛解脫當於一切眾生心中求，眾生心亦當於諸佛解脫中求，始是般若究竟等。未了者一切法正，一切法邪。不以心分別，即一切正，心起想即癡。無想即泥洹，此不思議非青黃赤白方圓長短，無名無相，究竟寂滅唯當心知，口不能說。若有因緣善方便，用悉檀亦可得說，以方便力爲比丘說。眾生無量劫，自性心不爲煩惱所染，不染而染，難可了知。迷妄即染，染即覆心，不見淨性。是以久處生死，不能返本還源。源實難解，二乘尚不聞其名，何況凡夫。今佛爲作習因，如大通智所繫珠，至釋迦時方成果實。今此種子漸漸積習，後遇聲光，發此種子，轉凡入聖，漸漸積功德，具足大悲心，皆已成佛道。

《法華》云，如是性相等，一界十界百千法界究竟皆等。今觀此無明心從何而生，爲從無明爲從法性，爲共爲離。若自若他四皆叵得，名空解脫門。只觀心性，爲有爲無爲，共爲離。若常若斷，四倒不可得，名無相解脫門。只此心性爲眞爲緣，爲共爲離，非四句所作，名無作解脫門。無生而說生，生十法界相性也，無明性即是實性，亦言無明即是明，明亦不可得，是爲入不二法門。但眾生迷倒，不見心之無，心明成無明（云云）。問：眾生自性清淨，不爲煩惱所染，云何有無明生。答：如前責，生相不可得，而作十四難，佛皆不答，設答只長邪見。《大品》中問，有亦不得道，無亦不得道，乃至四句俱不得道，將非世尊不得道耶。佛答，實得非四句耳。《金剛般若》云，須菩提於是中無實無虛。《大論摩乾提》云，瘂法應得道。佛答，汝若證我法，是時自當瘂。佛有時知利益，亦答十四難，如答淨梵志。畢故不造新答，我已知。汝云何知無明名，故取有名新。若知無明不起，取有即知神及世間常無常。眾生只爲愛見迷於自性，隨逐諸妄，緣輪不息去道甚遠五百由旬。普賢觀云，爲恩愛奴色使我眼。《法華》云，貪著生愛則爲所燒。諸苦所因，貪欲爲本。不斷煩惱而入涅槃，無明煩惱是如來種。若斷煩惱即斷佛種，故言不動而運。大慈普覆十界眾生，眾生無量，慈悲亦無量。非一廣大不可盡誓願，非一廣大不可盡，是名緣念處。三種一心具足，觀此身受心法，智慧性，名性念處，一性念處一切性念處。觀身受心法，定慧均和能助大道，名共念處，一共念處一切共念處。觀身受心法，所有慈悲，名緣念處，一緣念處，一切緣念處。觀此一念無明心，即是眾生，眾生即法性，法性即摩訶衍，摩訶衍即十法界，性念處利益十法界。眾生同於四念處，坐道場轉不思議種種法轉。

**湛然《法華玄義釋籤》卷一四**　一色心不二門者。且十如境乃至無諦，一一皆有總別二意。總在一念別分色心，何者，初十如中相唯在色性唯在心體力作緣義兼心色，因果唯心，報唯約色。十二因緣，苦業兩兼惑唯在心。四諦則三兼色心滅唯在心，二諦三諦皆俗具色心眞中唯心一實及無準此可見。既知別已攝別入總，一切諸法無非心性，一性無性三千宛然。當知心之色心即心名變，變名爲造，造謂體用，是則非色非心而色而心，唯色唯心良由於此。故知但識一念，遍見己他生佛，他生他佛尚與心同，況己心生佛寧乖一念，故彼彼境法差而不差。

二內外不二門者。凡所觀境不出內外。外謂託彼依正色心即空假中，即空假中妙故，心色體絕唯一實性，無空假中，色心宛然豁同眞淨，無復眾生七方便異，不見國土淨穢差品，而帝網依正終自炳然。所言內者，先了外色心一念無念，唯內體三千即空假中。是則外法全爲心性，心性無外攝無不周，十方諸佛法界有情性體無殊一切咸遍，誰云內外色心己他，此即用向色心不二門成。

**澄觀《大方廣佛華嚴經隨疏演義鈔》卷八八**　《法華經》如來壽量品云，我實成佛已來經無量無邊不可思議阿僧祇劫故。疏初明內契理事者，此義全同十通之中一切色身智通，前已廣說故但略科總出其意，今當重說由內證實故外現色。所以《起信論》云，問曰，若諸佛法身離於色相者，云何能現色相。答曰，即此法身是色體，故能現於色。所謂從本已來色心不二，以色性即智性故，色體無形說名智身，以智性即色性故，說名法身遍一切處。所現之色無有分齊，隨心能示十方世界，無量菩薩無量報身，無量莊嚴各各差別，皆無分齊而不相妨。此非心識分別能知，以眞如自在用義故。釋曰彼雖約佛，今此位極大同佛也。次釋經文又此三段，初明內契理事明色即空，二明大用廣現色身者空即色故，後結深廣不礙悲故。今初由了法界無定實色舉體即空而非斷空，空中無色不礙色故。色空無礙存亡隱顯皆自在故，方能隨樂現種種色，故先明其內契理事。經中先明證實離相，後雙了性相。今初悟一切法自性平等者，此句總明云何平等，次云入於諸法眞實性故，謂眞實性中無差別相，無種種相無無量相，萬法一如何有不等，此眞實性依何立。故復次明證無依法，所謂不依於色不依於空，若萬法依空空無所依，今萬法依眞眞無所依，即無依印法門故。捨離世間，世間即有種種差別，斯則性尚不立何況於相，亦不依空立色，亦不依色立空，亦無異無不異。無即無不即斯見亦絕強名內證後悉知，諸法色相差別下，雙了性相初明了相即空，空即色故。後亦能了達下，此明了性色即空故。

**宗密《大方廣圓覺修多羅了義經略疏注》卷下**　善男子，無上妙覺遍諸十方，出生如來十方諸佛同證同修，證義如前，此問修矣。

與一切法同體平等。色心不二，凡聖無差，皆依覺性，故同平等。《智論》云，在眾生數中名爲佛性，在非眾生數中名爲法性，上皆所稱之性也。

於諸修行實無有二。能稱之行也，即如前二空觀門，根塵普淨，貪愛俱寂，悲智雙行，離相離心，常無所得，一切菩薩無不如斯，隨事雖差此意無二故，二約隨機之行以舉數。

方便隨順其數無量。然眾生根性利鈍不同，煩惱厚薄沈掉不等，隨其根性設教多端，不爾難爲趣入。故《楞伽》云，所說非所應，於彼爲非說，彼彼諸病人，良醫爲處方。如來爲眾生，隨心應量說。

由寂靜故，十方世界諸如來心於中顯現。眾生圓明性體與佛不殊，但以妄情，凡聖似隔。今身心相盡妄念不生，圓覺妙心凡聖交徹，理實而言，我之身心亦遍現十方佛中。故先德云，黃昏戌，寂寞身心總無物。恆沙諸佛入我身，我身常入恆沙佛。今但約入觀者爲主，故云諸佛於中顯現。【略】

如鏡中像，如諸鏡入一鏡中，諸鏡即成影像故，諸佛心入行人，觀心如影像也。然塵鏡之性本明，磨瑩即呈物像，眾生自心亦爾，心靜即現如來。故論問云，若諸佛有自然業，能現一切處利益眾生者，云何世間多不能見。答曰，諸佛如來法身平等遍一切處，無有作意故說自然，但依眾生心現。眾生心者，猶如於鏡，鏡若有垢色像不現，如是眾生心若有垢法身不現。經云佛心，論云法身，身心一也，皆據能現之本。若就所現應云應化，此約心靜故。則知佛心亦然，故名爲現，非謂佛心有所現也。此乃鏡明則像像歷然，智顯則心心交映。故《淨名》云，如自觀身實相，觀佛亦然。

**法藏《大乘起信論義記》卷下本**　問曰：若諸佛法身離於色相者，云何能現色相。答中亦二，先釋法身能現，後釋所現之色，前中亦二，先總，後所謂下別。

答曰：即此法身是色體故，能現於色。所謂從本已來，色心不二。以色性即智故，色體無形，說名智身，以智性即色故，說名法身，遍一切處。別中本來色心不二者，謂彼所現報化之色不異法身眞心，如波與水本來無二。言以色性即智等者，明色即心顯前不二。以色即心故，遂令色相都盡。故就其本，但云智身，智謂本覺心智也。言以智性即色故，說法身遍一切處者。明心即色顯前不二，如水遍在波中故也。

所現之色無有分齊，隨心能示十方世界，無量菩薩無量報身無量莊嚴各各差別，皆無分齊而不相妨，此非心識分別能知，以眞如自在用義故。所現色中，以彼眞心無礙周遍，所現之色亦復圓融自在無礙。故云所現之色乃至不相妨礙，於中無量菩薩者，亦是報身作用，亦可即是感報身大用之機緣，皆能頓赴故也。以一一諸根皆遍法界，然互不相妨。此眞如之用非妄識能知，故云非心識分別乃至用義故。

復次顯示從生滅門即入眞如門，所謂推求五陰色之與心，六塵境界畢竟無念，以心無形相，十方求之終不可得。標中言推求五陰色之與心者，色陰是色，餘四是心，釋中先觀色法。言六塵無念者，境從心起，畢竟無體，離心之外無可念相也。言以心無形求不得者，非直心外無別色等六塵，就心內求色等形質亦不可得也。前則所緣無相，此則能緣不生也。自下觀心法，先喻後合。

如人迷故，謂東爲西，方實不轉，眾生亦爾，無明迷故，謂心爲念，心實不動。合中言心實不動者，推求動念，已滅未生中無所住，無所住故則無有起，故知心性實不動也。

**湛然《維摩經略疏》卷六**　無處菩提下次下七番即不可以身心得義，此一即不可以身得也。偏教菩提智依色身，色身爲處，此是可以身得。圓教菩提色心不二，既無能所即是無處，此即不可以身得。

假名至等故，此六番明眞智菩提不可以心得義，假名是菩提心是假名四種菩提但有名字，若觀即空見於佛性即眞智菩提，不可以心得。如化是菩提諸法如化，四種菩提皆如化也。若知如化皆不可得，即不取菩提相不捨煩惱，即是眞智之菩提也。無亂是菩提，煩惱亂想及緣修動念皆是亂想，知此亂想皆不可得，則息心達本源，內心常寂。靜則無境智之亂也，善寂是菩提方便，緣修未能順理，不名眞善，有緣有念即是亂想不名爲寂。圓教初心智即眞如，名之爲善。照無動念名之爲寂，智即法性，法性無染即是性淨。無取是菩提，若知四教菩提及一切法皆無所有心不取著，即圓菩提，離攀緣菩提之心及一切諸法。無異是菩提諸方便教，所明菩提異於煩惱。若知菩提不異煩惱，即是圓教平等智德菩提。

**湛然《止觀義例》卷上** 十問：諸文皆云色心不二，若欲觀察如何立觀。答：心色一體，無前無後，皆是法界。修觀次第必先內心，內心若淨，以此淨心歷一切法，任運湣合。又亦先了萬法唯心，方可觀心。能了諸法，則見諸法唯心唯色，當知一切由心分別諸法，何曾自謂同異。故《占察經》云，觀有二種，一者唯識，二者實相。實相觀理，唯識歷事，事理不二，觀道稍開，能了此者可與論道。十一問：安心中云，體其實不起滅，妄謂起滅，爲當只除妄，謂猶存起滅爲體，妄謂令無起滅。答：此亦無別須善其意。若單論理非起非性，若約果德則性不妨起。若約衆生唯起迷性，若聖鑒凡即起只是性。今從反迷歸悟以說，令離起歸性見非起性。仍恐迷者離起求性，故令體起其實不起，起既不起，滅亦無滅。十二問：既云，一心止觀，何得更立六十四番。答：六十四番者，約根約行迴轉相資，總遍而論有六十四行者，何必盡具諸數。又論其體性，只是約於法性寂照，自在堪用故爾許爾。十三問：即此文中，或云，諸法即是法性，或云四運四性推檢，何者爲要。答：夫觀心法有事有理，從理唯達法性更不餘途，從事則專照起心四性叵得。亦名本末，本末相映事理不二。十四問：法華玄文境能照智，雖引誠證理亦難明。答：順方便教，理不可會。若從極說，於理易融。以心爲境，心亦能照，能所俱心。心體俱遍，心心相照，於理甚明。故不可思議境初云，不可思議境即是觀。以是得爲四句分別，境照於境，境照於智，智照於境，智照於智。照者方照，非說可窮，照者應說，非照可了。

**湛然《十不二門》** 一色心不二門者。且十如境乃至無諦，一一皆可總別二意，總在一念，別分色心。何者，初十如中相唯在色，性唯在心。體力作緣，義兼色心。因果唯心，報唯約色。十二因緣苦業兩兼，惑唯在心。四諦則三兼色心，滅唯在心。二諦三諦皆俗具色心。眞中唯心，一實及無，準此可見。既知別已攝別入總，一切諸法無非心性，一性無性三千宛然。當知心之色心，即心名變，變名爲造，造謂體用。是則非色非心而色而心，唯色唯心良由於此。故知但識一念，遍見己他生佛。他生他佛尚與心同，況己心生佛寧乖一念。故彼彼境法，差差而不差。

二內外不二門者。凡所觀境不出內外。外謂託彼依正色心，即空假中。即空假中妙，故色心體絕。唯一實性無空假中，色心宛然豁同眞淨，無復衆生七方便異，不見國土淨穢差品，而帝網依正終自炳然。所言內者，先了外色心一念無念，唯內體三千即空假中。是則外法全爲心性，心性無外攝無不周，十方諸佛法界有情性，體無殊一切咸遍。誰云內外色心己他，此即用向色心不二門成。

**知禮《觀音玄義記》卷二** 菩薩即時觀其音聲，皆得解脫，觀是智照，照即光也，觀音妙智即是衆生三道之體。衆生迷故顛倒乃生，觀音照之解脫斯在。頻引三經放光文者，若非色者，安得云放，若定是色那名智慧，故知色心其體不二，色性即智，智性即色。豈惟光然，一切色然，普現色身義準可識。又豈獨果事實存因理，良由理具方有事用。二良以下結歸題目，四眞應三，初標名示義。二身皆有集藏之義，眞集一切，智慧藏於一心，應集一切神通藏於一色，色心不二通慧一如，唯色唯心斯之謂也。二若契下對揀是非二，初約法示三。初法實相之體即是法身，能契之智即自受用報，此二於今皆名眞身，法報既冥則能稱機。

**知禮《觀無量壽佛經疏妙宗鈔》卷五** 三明觀成能見二，初其光下，見一佛。二見此下，見諸佛中觀見佛，佛體圓融一即一切，同尊特身故觀一佛，能見諸佛三正觀佛心。疏三，初眼見下，因身見心，疏有二釋。初約如來由大悲心起勝應身故，令行者觀身見心。由見身下二，約行者觀想明故得見佛，心所以明者由觀佛身。是故二意皆是由色而見於心，以心無形由色表故，以圓人所觀色心不二。既見微妙色，豈隔大悲心。故《勝鬘》云，如來色無盡智慧亦復然。既三種慈體是三諦，今三觀明故三慈顯，以用果法爲觀行故。故於位位見佛色心。二佛心下，正示心體，若匪無緣慈悲不大。三以無緣下，引文廣釋三，初牒經引論以明文意。問：經文但云以無緣慈攝諸衆生，疏中何故兼明生法皆云無心。答，起三慈者，由三觀智照三諦也，照眞即起法緣之慈，照俗即起衆生緣慈，照中即起無緣之慈。此三諦慈淺不具深，深必具淺故照眞俗，未必照中。若能照中必具眞俗，故次第生法不即無緣，今無緣慈合具生法，豈但具二亦乃俱深，故今生法皆云無心。故《涅槃》云，慈若有無非有非無，如是之慈非諸聲聞辟支佛等所能思議。當知三慈其體本一非三，非一而三而一，如是方名佛心慈也。此自分三，初衆生緣慈三無差別，今盡現前心與衆生，能所既絕無我心想，緣他衆生而一切衆生與我同體，十界因果不離一心。而此一心是慈體，故十界苦集四種道滅，能於一時任運與拔，故云無心攀緣自然現益，如《涅槃》下梵行品文也。

《涅槃》云，慈之所緣一切衆生，如緣父母妻子親屬，以是義故，名衆生緣。以緣十界同在一心，故非次第生緣慈也。二法緣慈，十界緣起是三諦法，不離一心，唯佛究盡，境相既寂能觀亦忘。是故得云無心觀法而畢竟空智，照此三諦不受一塵，此智自然照破衆生三諦惑著。或爲衆生說斯空慧，皆令得離有相之苦證眞實樂，此即不思議眞諦慈悲，名爲法緣。故《涅槃》云，不見父母妻子親屬，見一切法皆從緣生，是名法緣。不見之言須忘十界，是佛法緣也。三無緣慈，以佛性中成究竟智，有何別理爲心所緣。故云無心觀理境智既泯，空有又忘，無住無依絕思絕議，此名安住第一義中，心既無緣慈乃周遍，入衆生性稱爲內熏。或爲現身說第一義稱爲外熏，以此攝生名無緣慈。二念佛下，卻牒前經以對初慈。即前正觀佛身光明攝生之文也，雖與無緣慈體不別，若約義辯爲門不同。是故此慈念佛衆生攝取不捨，終令離苦永得安樂，此從感應生佛相關，順於俗諦名生緣慈，故舉魚母念子不失，喻此慈相也。

**智圓《維摩經略疏垂裕記》卷一**　色心下釋無障礙義，謂修無礙因得無礙果，因果俱無障礙。修因無定者，了達色由心造，全色是心，心性融通，全心是色，色心不二。定執何從，此因剋果而能色心無礙，依正互融。荊溪云，以修因時，淨穢境融，不可以一異名之，故云無定。二言無下廣釋無礙二，初釋無礙義，此名下海以廣大爲義，藏以包攝爲名，二各遍，故如海，重重無盡故名藏。二別教下顯能入人二，初廣明別地，二略例圓住，所證既齊故須雙辨，初別地中七，俱名淨者以體相用，因果悉離無明惑染故也。荊溪云，初地等有七淨者此是今家義立七名，一同體者一者十方同體。二者四土同體，此土即十方故云一即一切，十方即此土故云一切即一。又一即一切者，一土即三土故，一切即一者三土即一土。故良由依正既居一心，一心豈分能所，故得廣狹互遍理事交融。

**知禮《金光明經文句記》卷五**　心存即三智金光明也，至典即三諦金光明也，智諦合即起事用金光明也。以色心不二故，香隨智遍迴施下天王意云，若以法利迴施我等，我等皆得，故以光照天宮爲表。龍猶屬畜，對天并鬼成三法界。言法界者，今從解脫。所燒之香非法界者，何能周遍。三趣之體非法界者，豈能承受。二觀釋上之所說，雖談諦智猶是約教，示經力用，未論觀行，今之所論的就研心令觀詣理。故荊谿云，本雖久遠，圓頓雖實，第一義雖理，望觀屬事。此乃託事觀心，借義成行。三智妙解如火能然，三諦融心如香離臭。起三學行如煙氤氳，眞本覺照故曰金光，行冥眞故無礙而照。但期觀行契金光明，功用自然相周沙界。唯務相現內觀不修，心緣五塵魔必得便，慎之慎之。

**子璿《起信論疏筆削記》卷一五**　一問：論云何現色等者。報應屬色，法身既離於色，云何能現報應之色，如虛空無色，終不能現色，此可類之。

論答下二，初釋法身能現二，初標也。法身是色體者，意明法身雖非是色而是報化之體，故能現色，即同虛空體非群相，而不拒彼諸相發揮。疏言總者，據文亦是標爾。

論所謂下釋二，初總明不二。色心不二者，性相同如，體用一致也，疏謂彼下法喻可知。

論色性下二別明相即二。初色即心，以色性即智者，報化之色對緣所成，自無其性，即以本覺法身智爲體性，法身之體既無形相，以用從體，遂令報化亦無形相。以無形故名智身，智身即法身也。故《金剛論》目法身爲智相身，化身爲異相身，疏文可知。

論智性下。二心即色也，即色者，法身之智。既爲色體，報化之色現時，即是全體起用。即此報化遍一切時，便是法身遍一切處也，疏如水等者，明體遍在用中，有報化處即有法身。故《華嚴》云，法性遍在一切處一切衆生及國土。三世悉在無有餘，亦無形相而可得，即顯前段如波全即於水也，疏不言者略也。

二釋所現。論隨心能現者，有兩意，一隨彼各各差別之心，而現無量差別依正也。二一切諸色皆隨眞如心性所現，遂令依正皆無分齊。以心無分齊故，無量菩薩及報身者，橫應則彼彼不同，竪説則地地有異，故皆無量。莊嚴者，通佛菩薩及與依報，相好珍寶莊嚴之義，廣如華嚴，各各差別者，依正不同，身相有異故，皆無分齊者。正報則根根周圓，依報則塵塵遍滿。不相妨者，顯前差別而無分齊也。若有相妨，即有分齊，非成周遍。又相妨故，則壞諸根之相等。今以不壞相而等遍故，皆無分齊，不動遍而各異故，各各差別，故云而不相妨。此非下遮疑，恐常情聞此分別欲知，及不能知便生疑惑故此遮止。如小乘尚不知菩薩境界，豈況凡夫能測如來功德耶。以眞如下出所以，既是眞如之用，安可以有漏心識，能知此顯不思議也。疏以彼下可知，於中下牒釋菩薩。初約能化釋，準華嚴説，具有十身之異，豈唯菩薩耶，亦可下約所化釋然前正後兼也。頓赴者，既多機頓感，佛亦頓赴。是故報身亦無量也，此即機應無礙，以一一下釋前各各差別已下文，以如次三句釋三句，對文可見，即大小無礙也，餘文可知。

會相入實者。上來先説從眞如門起生滅門，今則會彼生滅入於眞如。前則從本起末，此則攝末歸本無不皆從法界流，無不還歸於法界，即二門不二也。亦同《智論》云，若無空義者，一切法不成。又云，先分別諸法，後説畢竟空。然説之雖異法乃同時，文不頓書，故成前後。又若不分別，焉知此是空，故次明也。一標論即入者，非色滅空，不捨緣故。故《淨名》云，明無明爲二，無明實性即是明，於其中平等無二者，是爲入不二法門。五陰者，三科之初能攝有爲一切法故，陰謂陰覆能覆眞理，令不顯現。亦名爲蘊，蘊積含藏有爲法故，能造所造二具八法，皆色陰攝，受想行識諸心心所名爲四陰，俱屬於心。

初觀色。疏先觀色等者，五蘊之首，最初現故，故大般若亦復先明，境從心起等者，如前云，一切諸法唯依妄念而有差別等。又云，以依能見故，境界妄現，離見則無境界。既離見無境，復何可念。此約所念説也，非直等者，恐謂心能生境境在心中，心外既無，心內應有故，作此觀以袪彼惑。前則等者，以心是色之根本故，約心而求色。若依此文正是觀色，未是觀心，如因推我空，徵求蘊法。

一喻論方不轉者。東方不曾暫轉爲西，但迷人謂爲西相。《圓覺》云，譬如迷人四方易處，東喻眞心，西喻五陰等，不轉喻無念也。

二法疏已滅等者。約過去未來現在三世，推求動性，無得如於東方推西相不得故。前云，覺心初起，心無初相等。

三結論知心無念者。覺知眞心本不動也。疏方便者，能所未亡故，正觀者，心境雙泯故。問：前標所觀通於心色，云何雙結但約心耶。答，心細色麁本末殊，等觀色空則未必得入，觀心空則必能入也。然此會相之文，今復詳之。但可從初至眞如門爲標，從所謂下是釋，結文如疏科，就釋中分法喻合，法中初至無念。是正觀察，推求即觀察也。五陰等是所觀，五陰者，總舉初科，色心下別指法體，色通根境心通王數，六塵別舉所緣。畢竟無念者，此即正觀生滅色心，歸無念眞如也。念通能所今皆寂故，名爲無也，非推之使無，本自無故，故言畢竟。今言推求者，以先未知使令知故，斯則心之與色總而觀之也。以心下釋所以，何故色心境界皆無念耶。以此同是眞心現故，眞心離相，故云無形。以無相故，求不可得，能現之心尚所叵得，所現蘊法豈可存乎。如前論云，心不見心，無相可得。是知無念之言，早已色心俱盡，非謂後文方始觀心，智者請詳。

**知禮《十不二門指要鈔》卷上** 釋門旨趣十段。初色心不二門三，初標一切諸法無非妙境。本文七科亦且從要，七科尚廣妙旨難彰，今以色心二法收盡。故《大論》云，一切世間中，唯有名與色，若欲如實説，但當觀名色。此二不二諸法皆妙，故今攝別入總，特指心法明乎不二，以此爲門則解行易入也。二且十下，釋中又二，初約諸境明總別二，初雙標，總在一念者。若論諸法互攝，隨舉一法皆得爲總，即三無差別也。今爲易成觀故，故指一念心法爲總。然此總別不可分，對理事應知，理具三千事用三千各有總別，此兩相即方稱妙境。二何者下，雙示二，初別十如中。相可別故屬色，性據內故屬心，觀音玄義指心爲體，而諸文中雙取色心。力作單不能運緣，或指愛或指具度，既存兩説義必雙兼。若云業爲因者，則似兼色。今從習邊故因果皆心，五陰皆報則須兼心。

今明諸法同趣剎那爲總，終日不失終日同趣，性具諸法總別相收，緣起諸法總別亦爾，非謂約事論別以理爲總。又復應知若事若理，皆以事中一念爲總，以衆生在事未悟理，故以依陰心顯妙理故。問：他云，一念即一性也，一念靈知性體常寂。又云，性即一念謂心性靈寂，性即法身，靈即般若，寂即解脫。又云，一念眞知妙體。又云，並我一念清淨靈知。據此等文乃直指文中一念名眞淨靈知，是約理解。今云，屬事是陰入法，與他所指賒切如何。答：此師秖因將此一念約理釋之，致與一家文義相違。且違文者，一違玄文彼判心法定在因，佛法定在果，衆生法一往通因果。二往則局因，他執心法是眞性，故乃自立云，心非因果。又礙定在因句，復自立云，約能造諸法故判爲因，佛定在果者，乃由研修覺了究盡爲果。今問既將因果分判法相，何得因果卻不相對果。若從覺因須指迷，何得自立理能造事而爲因邪。既不相對何名分判，又違華嚴心造之義。彼經如來林菩薩，說偈云，心如工畫師，造種種五陰，一切世間中無法而不造，如心佛亦爾，如佛衆生然。心佛及衆生是三無差別。輔行釋云，心造有二種，一者約理造即是具，二者約事即三世。變造等心法，既有二造經以心例於佛，復以佛例於生，故云如心佛亦爾，如佛衆生然。是則三法各具二造，方無差別。【略】

應知觀心大似澄水，若水已清何須更澄，若水未清須澄濁水。故輔行，釋以識心爲妙境云，今文妙觀觀之令成妙境，境方稱理。又解安於世諦云，以止觀安故，世諦方成不思議境。故知心雖本妙，觀未成時，且名陰入，爲成妙故，用觀體之。若撥棄陰心，自觀眞性。正當偏指清淨眞如之責，復招緣理斷九之譏。且如今欲觀心，爲今剎那便具三千，爲須眞如體顯方具三千。若即剎那，何不便名陰心爲於妙境，而須立眞心邪。又大師親令觀於陰等諸境，及觀一念無明之心，何違教邪，應是宗師立名詮法未的，故自別立邪。又若謂此中一念不同止觀所觀陰等諸心者，此之十門因何重述，觀法大體觀行可識，斯言謾設也。又中諦一實別判屬心，與總眞心如何揀邪，心性二字不異而異。既言不變隨緣名心，即理之事也，隨緣不變名性，即事之理也。今欲於事顯理，故雙舉之。例此合云不變隨緣名佛，隨緣不變名性，生性亦然，應知三法俱事俱理，不同他解。心則約理爲通，生佛約事爲別，此乃他家解心佛衆生之義。不深本教，濫用他宗，妨害既多，旨趣安在。一性等者，性雖是一，而無定一之性。故使三千色心相宛爾，此則從無住本立一切法，應知若理若事，皆有此義。【略】

又夫開顯乃示法法皆妙，若知即具而變用豈不妙邪。問：他云之猶往也，即全眞心往趣色心，則全理作事，此義如何。答：非唯銷文不婉抑，亦立理全乖，何者心不往時遂不具色心邪。又與心變義同，正招從心生法之過。況直云心是眞理者，朗乖金錍釋。心既云不變隨緣名心，何得直云眞理。又造謂體用方順文勢，如何以同釋造。問：若眞心往作色心，有從心生法之過者，文云即心名變亦有此過邪。答：不明剎那具德，唯執眞心變作，灼然須招斯過。今先明心具色心，方論隨緣變造，乃是全性起修，作而無作，何過之有。問：即心名變，此心爲理事邪。若理者上約隨緣名心，若事者乃成事作於事，那言全理起事。答：止觀指陰入心能造一切。而云全理成事者，蓋由此心本具三千，方能變造。既云心之色心，已顯此心本具三千。今即此心變造，乃是約具名變。既非但理變造，自異別教也。二是則下，結成三諦者，上之事理三千，皆以剎那心法爲總。心空故理事諸法皆空，即非色非心也。心假故理事諸法皆假，即而色而心也。心中故理事諸法皆中，即唯色唯心也。故《輔行》云，並由理具，方有事用。今欲修觀，但觀理具，俱破俱立俱是法界，任運攝得權實所現，言良由於此者。即由心之色心故（理也），即心名變故（事也），全體起用故（理事合也），方能一空一切空，一假一切假，一中一切中也。他解此文分擘對當大義全失，仍不許對三諦。而云此中未論修觀故，設未修觀立諦何妨。況此色心本是諦境，更有人互對三諦云得圓意，蓋不足言也。二故知下，會生佛居一念，已生佛者，心法三千。他生佛者，佛法衆生法並名爲他各具三千，三千不出生佛也。以理攝事，同趣我心，蓋心之具故，即心變故，全體用故，故識一念即能遍見也。【略】

若以色心體絕，亡所觀陰境，無空假中，泯能觀妙觀，則無是過也。又準內體三千即空假中，三千已是妙境，猶尙更立三觀。今但云依正等未結成妙境，那便略慈假觀邪。問：前門心之色心，云是三千妙體，今云依正色心，何非妙境。答：上云心之色心，即剎那念本具七科色心，此非妙境更指何邪。今但云依正等，乃是直論外陰入界，故不例上。問：既將佛法眾生法爲外境，佛已離陰何得皆是陰入邪。答：修觀行者，外境未亡已來見有他佛。故《起信論》云，以依轉識故説爲境界。則知過在於我何關佛邪。然且置所定之文，試論能定之義，還合一家教宗不。秖如他於諭迷顯正決中，指色心門爲外境者，豈可內境離色心門邪。又解外觀成相豁同眞淨文，云同者似也，乃似其分眞即六根淨也，豈外觀功能止齊相似。又解內觀先了外色心一念無念，謂外境亡唯內體三千，即空假中謂內體顯，既全不約解行分文。先了之言乃是牒前外觀，內體已下方觀於內。是則六根淨後方修內觀，則識陰十乘初心絕分，又若謂外境亡時內體必顯者，則唯有外觀不須觀內。又成內觀初心後心皆不修也。此等相違請當宗匠者觀之，還可將此見解，定教文之是非乎。或須云終日炳然，有何損益而苦諍之。境觀乖失而全不知。況依正本融迷情彊隔。觀成情遣且云不見。塵去鑑淨現像非磨。故云終自炳然。此則自勝於日他莫知之。問染淨不二門云照故三千常具。遮故法爾空中。又云亡淨穢故以空以中。又義例云。觀此一運即具十界百界千如。即空即中。此文何須添假字邪。答因徵彼文驗知舊本是往人改刪。何者若不解彼之文意。須據彼文除今假字。今人既。然往人亦爾。不足疑也。嗚呼不解境觀以至於斯。且如染淨門云。故須初心而遮而照。照故三千常具。遮故法爾空中。蓋三觀相成也。既云照故三千常具。照是觀不。三千是妙假不。既不可單修假觀。遂須空中成之。故云遮故法爾空中。因茲遮照妙用現前。故云遍應無方。既以妙假歷於淨穢。復須空中亡之。故云亡淨穢故以空以中。義例照此一運即具十界百界千如者。即於內心唯識之境。用不思議假觀照之。方顯百界千如。仍須遮之故云即空即中。正是三觀相成。則與染淨門中觀相恰同也。故彼三文有即是剩。此文無即是欠何者今文標云凡所觀境不出內外。即云外謂託彼依正色心。既無心具及百界等言未成妙境。又無觀照之義。因何便云是假觀。邪黨理之者見斯曉諭更何由執。二所言下。明內境觀相者。先了等者。初心行人欲依內心修觀。先須妙解了達外法唯一念造。此能造念本無念性。能造既無所造安有。外法既虛唯有內體三千實性。如是解已方依內心修乎三觀。故內體二字亦事理雙舉。內即內心隨緣義故對外立也。體即是性不變義故非內外也故義例云。修觀次第必先內心。乃至云又亦亦先了諸法唯心方可觀心。又彼文云。唯於萬境觀一心故知。若無此解如何知心具足諸法。若不知具但直觀心何殊藏通。藏通何曾不云觀心。縱知心體是中。若不云具未異別教教道也。故止觀先。開六科妙解然始正修。觀心之義如是。如何釋云先修外觀。至六根淨方修內觀邪。又此內觀含於唯識實相兩觀之義學者尋之問外觀何不先明解了。而直修三觀邪。答據義合有但是文略。何者若不先了唯色唯香。如何觀外依正等邪。但爲外觀攝機須故。爲對內故顯不二故。故且並列。今之文意正明內觀。以十門妙理唯指心法故。諸部中皆云觀心。二是則下。明內外融泯二。初互融。三法體性各具三千本來相攝。前雖解了心攝一切。今觀稱性包攝灼然。故是則下。先明內心融於外法。既云互攝生佛亦然。故十方下。次明若生若佛各自遍融。又此性體非謂一性。蓋三千性也。以佛具三千方攝心生。具三千方融心佛。心具三千豈隔生佛。若心無佛性豈能攝佛。佛無生性何能攝生。故性體無殊之語有誰不知。一切咸遍之言須思深致。他解唯論融外歸內名不二者。一何局哉。一切咸遍如何銷之。況餘九門皆歸一邊全傷大體。二誰云下。俱泯既各融即不可定分。故稱理觀誰云有二。然內外等三雙但泛舉相對今皆融泯。亦可云內色心爲己。外色心爲他。更用已他揀其內外。三此即下結門所從。十門理一莫不相由。今從依境修觀。內外二境皆色心故。此二妙故內外不二也。

**知禮《四明十義書》卷上** 色心不二。既先觀內心三千，攝於外色，爲不二已歷外之時，何得不約色具三千，攝內心等諸法，爲不二耶。何用改轉自語，令義不圓耶。

況示珠指一向攝色歸心，頓違輔行中。離色無心，離心無色，二則俱二，一則俱一，及唯色唯心等文。

但十不二門，都爲示於觀法大體。以今家觀法，正在內心。旁託外境，以捨旁取正，所以特取內心爲總。若對說者，既云唯色，色豈不總諸法耶。

又《輔行》云：迷謂內外，悟唯一心等。亦約正修內觀以說，若約外觀，豈不云悟唯一色等耶。唯色之敎，豈約迷說。

又示珠指，謂心唯在理。生佛屬事，唯論心法。能具能造，生佛一向，是所具所造。

此則何但色不具三千，生佛亦不具三千。予曾細詳彼釋三法妙義，理實如此，非相枉抑。須知救於可救之義，捨短從長，人情無益。

上人又云：義例淨心，遍歷須約修觀說者。斯又上人，不體一家內外，境觀修證，多途及不諳諸部文義，致茲妄破也。

且內外境觀，略以四義論之。

自有推過在心故。先於內心，修觀伏斷五住。則以伏斷淨心，歷彼色等諸法，任運自見一一法，具三千三諦。則不論於外境修觀，此如義例必先內心。內心若淨，以此淨心，遍歷諸法，任運泯合，亦即止觀。識陰觀成，遍歷界入依正，一一皆結三諦也。

自有內外兼修，則如方等懺儀正，修內觀。若對外境，乃用內心正觀之法，旁歷尊容道具，皆成三昧也。

自有正約內心，修觀不入，乃捨內境專修外觀。如破法遍之後，例餘陰界入修圓破遍，既例破遍亦例十乘。但文在破遍中示爾，此則外色若淨，將此淨色，歷一切法及以內心，任運泯合也。

**延壽《宗鏡錄》卷一五**　明凡聖不二，辯生佛之因果。故肇法師云，本迹雖殊，不思議一。所以湛然尊者，約三觀四教，十如十乘，一念三千等，於此迹門，論其十妙。若知迹門尚妙，本門可知。遂撮略色心不二等十門，明權實之宗，辯能所之化。故云，爲實施權，則不二而二。開權顯實，則二而不二。斯則始終明不二。十門者，一色心不二門者。且十如鏡乃至無諦，一一皆有總別二意。總在一念，分別色心。何者，初十如中，相唯在色，性唯在心，體力作緣，義兼色心。因果唯心，報唯約色。十二因緣，苦業兩兼，惑唯在心。四諦，則三兼色心，滅唯在心。二諦三諦，皆俗具色心。眞中唯心，一實諦及無諦，準此可見。既知別已，攝別入總。一切諸法，無非心性。一性無性，三千宛然。當知心之色心，即心名變。變名爲造，造謂體用。是則非色非心，而色而心。唯色唯心，良由於此。故知但識一念，遍見己他生佛。他生他佛，尚與心同。況己心生佛，寧乖一念。故彼彼境法，差而不差。

二內外不二門者。凡所觀境，不出內外。外謂託彼依正色心，即空假中，即空假中妙故。色心體絕，唯一實性。無空假中，色心宛然。豁同眞淨，無復眾生七方便異，不見國土淨穢差品。而帝網依正，終自炳然。所言內者，先了外色心一念無念，唯內體三千即空假中。是則外法全爲心性，心性無外，攝無不周。十方諸佛法界有情，性體無殊，一切咸遍。誰云內外色心己他，此即用向色心不二門成。

三修性不二門者。性德只是界如一念，此內界如，三法具足。性雖本爾，籍智起修。由修照性，由性發修。在性則全修成性，起修則全性成修。性無所移，修常宛爾。修又二種，順修逆修。順謂了性爲行，逆謂背性成迷。迷了二心，心雖不二，逆順二性，性事恆殊。可由事不移心，則令迷修成了。故須一期迷了，照性成修。見性修心，二心俱泯。又了順修對性，有離有合。離謂修性各三，合謂修二性一。修二各三，共發性三。是則修雖具九，九只是三，爲對性明修。故合修爲二，二與一性，如水爲波，二亦無二亦無波水。應知性指三障，是故具三。修從性成，成三法爾。達無修性，唯一妙乘。無所分別，法界洞朗。此由內外不二門成。

**延壽《宗鏡錄》卷二三**　又古德問云，既色心不二，修性一切，何不見木石受菩提記耶。

答：一一諸色，但唯心故。心外無法，豈唯心滅而色猶存。佛但記有情，攝無情也。譬如幻事，要藉幻心。心在幻中，能持幻事。若其心滅，幻事同無。故但滅心，不復滅事。眾生色心，亦復如是，皆如幻相。一切外境，從幻心生，豈猶滅心而存幻色。此即有情得記，無情亦然。是故無情，不須別記。玄義格云，眞佛者，從初發心，即體一眞法界，全同古佛。相極三際，全現一塵。性海無邊，表裏不可得。信此法故，名爲發心。心無異念，故名爲證，證成名佛，的無方處。又圓教入初住人，心同法界，神無方所。何用天衣天座，四眾圍繞。夫立劫國名號授記作佛者，爲引未發心者令嚮慕耳。若愛著身土，情未盡耳。所以《華嚴》論云，初發心時，便成正覺。於一剎那際，皆得此之法，不許於剎那際外有別時，當知即非本法故。若有人於佛法中見佛成道，作劫量延促處所而生見者，信亦未成，未論修道。若解者，本來全得。處迷者，自沒輪迴。又云，但有所見境界，及如來名號，總是自心佛果所會之法，若自心不會，對面無覩見之期。

**延壽《宗鏡錄》卷三九**　四念處者，念是觀慧。《大論》云，念想智，皆一法異名，初錄心名念，次習行名想，後成辦名智。處者境也，皆不離薩婆若。能觀之智，照而常寂，名之爲念。所觀之境，寂而常照，名之爲處。境寂智亦寂，智照境亦照。一相無相，無相一相，即是實相，實相即是一實諦。亦名虛空佛性，亦名大般涅槃。如是境智，無二無異。如如之境，即如如之智，智即是境。說智及智處，皆名爲般若。亦例云，說處及處智，皆名爲所諦。是非境之境，而言爲境。非智之智，而名爲智，亦名心寂三昧，亦名色寂三昧，亦是明心三昧，亦是明色三昧。請《觀音經》云，身出大智光，如燒紫金山。《大涅槃經》云，光明者，即是智慧。《金光明經》云，不可思議智境，不可思議智照。此諸經，皆明念只是處，處只是念。色心不二，二而不二。爲化衆生，假名二說耳。此之觀慧，只觀衆生一念無明心。此心即是法性，爲因緣所生，即空即假即中。一心三心，三心一心。此觀亦名一切種智，此境亦名一圓諦。一諦三諦，三諦一諦。諸佛爲此一大事因緣出現於世，欲令衆生佛知見開，諸佛出世事足。《大涅槃經》云，王道夷坦。《無量義經》云，行大直道，無留難故。《法華經》云，具足道。雖言三智，其實一心。爲向人說，令易解故，而說爲三。若教道爲言，所斷煩惱，如翻大地，河海俱覆，似崩大樹，根枝悉倒。用此智斷惑，亦復如是。通別塵沙無明，一時清淨。無量功德，諸波羅蜜萬行法門，具足無減，佛法祕藏，悉現在前。《大品經》云，諸法雖空，一心具足萬行。《大涅槃經》云，發心畢竟二不別。《法華經》云，本末究竟等，等故名妙覺平等道。當知此慧，即法界心靈之原，三世諸佛無上法母。以法常故，諸佛亦常。樂我淨等，亦復如是。亦名寶所，亦名祕藏，佛及一切之所同歸。前三藏隘路，不得並行。通教共稟共行共入，入不能深。別教紆迴，歷別遙遠，即不能達。今此念處，曠若虛空，際於無際，猶如直繩直入西海，故名圓教四念處耳。【略】

一切法趣身念處，即是一性。色得有分別色，無分別色。分別色者，如言光明，即是智慧是也。無分別色，即是法界。四大所成色，皆是無分別等，是色心不二。彼既得作兩識之名，此亦作兩色之說。若色心相對，離色無心，離心無色。若不得作此分別色，無分別色，云何得作分別識無分別識耶。若圓說者，亦得唯色唯聲唯香唯味唯觸唯識。若合論，一一法皆具足法界。諸法等故，般若等。內照既等，外化亦等。

**延壽《宗鏡錄》卷八〇**　故《起信論》問云，若諸佛法身離於色相者，云何能現種種色相。答曰：即此法身，是色體故，能現於色。所謂從本已來，色心不二。以色性即智故，色體無形，說名智身。以智性即色故，說名法身，遍一切處。今取二性，相即互融之義說耳。《百門義海》云，謂覺塵及一切法，從緣無性，名爲佛性。經云，三世佛種，以無性爲性。一切處隨了無性，即爲佛性。不以有情故有，不以無情故無。今獨言有情者，遍世勸人爲器。常於一毛一毫之處，明見一切理事，無非如來性。是開如來性起功德，名爲佛性。是知六道四生，山河大地，情與非情，皆同一性。如世尊最後垂示，應盡還原品三告之。又經云：爾時世尊，如是逆順入諸禪已，普告大衆，我以甚深般若，遍觀三界一切六道，諸山大海，大地含生，如是三界，根本性離，畢竟寂滅，同虛空相，無名無識，永斷諸有，本來平等，無高下想，無見無聞，無覺無知，不可繫縛，不可解脫，無衆生，無壽命，不生不起，不盡不滅，非世間，非非世間，涅槃生死，皆不可得，二際平等，等諸法故。閑居靜住，無所施爲，究竟安置，必不可得。從無住法，法性施爲。斷一切相，一無所有，法相如是。其知是者，名出世人。是事不知，名生死始。汝等大衆，應斷無明，滅生死始。又復告大衆，我以摩訶般若，遍觀三界有情無情，一切人法，悉皆究竟，無繫縛者，無解脫者，無主無依，不可攝持，不出三界，不入諸有，本來清淨，無垢無煩惱，與虛空等，不平等非不平等。盡諸動念，思想心息，如是法相，名大涅槃。眞見此法，名爲解脫。凡夫不知，名曰無明。作是語已，復入超禪。從初禪出，乃至入滅盡定。從滅盡定出，乃至入初禪。如是逆順，入超禪已，復告大衆，我以佛眼，遍觀三界一切諸法，無明本際，性本解脫，於十方求了不能得。根本無故，所因枝葉，皆悉解脫。無明解脫故，乃至老死皆得解脫。以是因緣，我今安住，常滅寂光，名大涅槃。如上眞實慈父，廣大悲心，不可思議三告之文。或有偶斯教者，可以折骨爲筆，剝皮爲紙，刺血爲墨，而書寫之，不可頃刻暫忘，剎那失照。且如第一文云，遍觀三界一切六道，諸山大海，大地含生，如是三界，根本性離，畢竟寂滅。第二文云，遍觀三界有情無情，一切人法，悉皆究竟。第三文云，遍觀三界一切諸法，無明本性，性本解脫。是以遍法界內，盡十方中，若有情，若無情，若有性，若無性，山河大地，草芥人畜，不在三界，不出三界，不隨生死，不住涅槃，皆同眞如一心妙性。如是信解，頓入一乘。更無祕文，能出斯旨。離此有說，皆是權施。誘引提攜，咸歸宗鏡。

**德洪、正受《楞嚴經合論》卷一** 論曰：《般若經》言一切智智清淨，開法空道也，而一十六會至數千萬偈但舉色一法破之，色有質尚爾虛僞，況受想行識四者。但名言乎此經以明見佛性，示見聞覺知之性無生也，而兩會數萬言但論見一法者半之，適今所標者蓋其源也。詞義奕奕連綴，至緣見因明暗成，無見不明自發，則諸暗相永不能昏處，譬如淘金者沙礦都盡而金自現矣。猶存無見之見，則不可。何以故，以非眞見故，故曰見猶離見。又當離聞故，曰心精遺聞。又當離覺故，曰無身覺觸，又當離知故，曰圓明了知不由心念。夫見聞覺知既已遠離，非明見佛性之旨歟。【略】

補曰：如來凡說法，無不自色心而起用，遣眾生之惑以顯色心不二。此經雖曰破妄顯眞，亦起自色心二法。故首以將何所見，誰爲愛樂爲問，蓋所見即色，愛樂即心也，一經之旨大意不出此。

**處元《止觀義例隨釋》卷四** 若論具德不獨內心，由心變故謂內心外色，心非內外，故色無內外而內而外。隨其心淨則佛土淨，隨佛土淨則智慧，淨色心淨故諸法淨，諸法淨故色心淨，何得獨云外色非心。

釋曰：此當第二正答三德徧一切處也。若論具德不獨內心者，意云內心外色一切無非三德祕藏，有何內外及有無耶。從迷則一切皆非，從悟則一切皆是。迷謂內外，悟唯一心，此從修內觀者而言也。若從修外觀而言者，亦可云迷謂內外悟唯一色。故云若論具德不獨內心，言由心變故謂內心外色者。由心變者，因心迷也，迷故則失純一之相，遂乃彊分內心外色。若順理智而言之者，心非內外故色無內外。應知心是色心不二之心，是故非內非外。色是色心不二之色，是故非內非外。雙非內外，體也，從用不妨而內而外。不二門云，依正既居一心，一心不分能所，雖無能所，依正宛然。亦可云依正既居一色，一色不分能所，雖無能所，依正宛然。言隨其心淨則佛土淨者，乃是以三觀智隨於心境，故云隨也，此約修唯心觀者而言之也。何者，圓頓之心離三惑染，故云心淨。三千依正同居一心，故云心淨則佛土淨，應約六即以解心淨則佛土淨。何者，一切眾生本源三千，心淨土淨，理即淨也。依圓頓教或善知識，聞此三千依正本淨，名字淨也。依此而觀，觀成入品，觀行淨也。六根清淨，相似淨也。若入住去乃至妙覺，分眞，究竟淨也。如此辨別，始可與言隨其心淨則佛土淨也。言隨其土淨則智慧淨，此約唯色觀者而爲言也。以觀隨境觀外依報，趣觀一色具足三千，內亦趣外，此觀若成名隨淨土。土淨則心智亦淨，故云隨其土淨則智慧淨。言色心淨故則諸法淨，諸法淨故色心淨者，上文既以色心各辨，即是不可思議絕待色心。故今擊此絕待色心以對諸法，則成色心對一切法，故云諸法。又以諸法對於色心，故使諸法色心無二無別，無非三德祕密之藏，故云三德徧一切法。又復應知，今文直明內心外色皆具三德，是則非內非外非色非心，情與無情無非三德，豈有外色不與心俱非三德耶。若《金剛錍》爲破野客專執涅槃三非之文，乃謂無情永無佛性，《華嚴》《法華》雖談法身徧一切處，以法名不覺不名佛性。是故荊谿據大經文云，今立眾生正因體徧，正因既名佛性，是則無情有佛性也，況法身徧處二身常在，亦是三德徧一切也。

**師明《續刊古尊宿語要》** 佛祖心宗，本無迷悟，一問一答，世諦流布。是以眞如無念，非想念而能知，實相無生，豈色心而能見。色心無見，見爲實相之門。想念無知，知是眞如之理。眞如之理，理則無名。實相之門，門須要入。豎起拂子云，只這拂子，是實相門，諸人作麼生入，若也入得，色心不二，彼我無差，這邊那邊，應用不闕。便於眾生心中，念念有無量諸佛出世。於諸佛心中，念念有無量眾生成等正覺。乃至山河大地，草木叢林，鳥噪猿啼，風鳴水響，皆與實相，不相違背。若未入得，萬古碧潭空界月，再三撈摝始應知。

**李遵勖《天聖廣燈錄》卷二三** 僧問，承古有言，色心不二，彼我無差，如何是色心不二。師云，雨下大地濕，天晴道路乾。進云，如何是彼我無差。師云，速禮三拜，更莫忉忉，知汝從湖南來。師又云，汝每日上堂喫粥飯，左手捧鉢盂，右手把匙筯，是彼我，是無差，阿那箇是色心不二，試更道看。若道不得，若自歸堂，久立，珍重。

**正受《嘉泰普燈錄》卷二** 末篇論《南華眞經》曰：莊子與惠子遊於濠梁之上，莊子曰，儵魚出游從容，是魚樂也。惠子曰，子非魚，安知魚之樂。莊子曰，子非我，安知我不知魚之樂。惠子曰，我非子，固不知子矣，子固非魚也，子之不知魚之樂全矣。莊子曰，請循其本，子曰，汝安知魚樂，云者既已知吾知之而問我，我知之濠上也。郭象註曰，凡相知者，果可以此知彼，不待是魚，然後知魚也。師曰，郭象於魚猶髣髴矣，且魚以水爲命，見於水，即見於魚，所謂色心不二，彼我無差。其或離岸見水，則水外別有岸也，水岸既立，二法迭失，魚水各異，乃亂天之經，逆物之情。其或情不逆，經不亂，均順天和，魚相忘於江湖，人相忘於道術，見岸即水，見水即魚，天地一指，萬物一馬，空同實相，一體無諸，不待水而水，不待岸而岸，不待魚而魚，然後知魚水也。《首楞嚴經》曰，如來藏中，性水真空，性空真水，清淨本然，周徧法界，隨衆生心，應所知量。又曰，於一毫端現寶王剎。豈惟魚水矣。又經曰，一即一切，一切即一。無異相，無別相，前後際斷，如此而無處不魚，無處不水，豈待游濠梁之上，然後知魚水哉。

**錢謙益《首楞嚴經疏解蒙鈔》** 問曰：經文辨魔，先銷色陰，次盡受陰，今約徵心，乃云兼破色受二蘊者，何也。答曰：《起信》云，推求五陰，色之與心。色者，五蘊之首也，心者，四蘊之總也。如來徵心，先徵心目，目即色蘊，心即受蘊也，以八識具相見二分。最初見分，搏取四大少分，爲我根身，迷此色身，取爲內我。色受二蘊，正是執受所依之處，今推窮七處攀緣，使心目二妄，皆無所依，即破色蘊，而受蘊兼破，此炙穴倒根之法也。天親曰，色法者，識之所依所緣。夫言所依所緣，非受蘊領納而何。論又曰，從本已來，色心不二。傅大士曰，未有無心境，曾無無境心。迷則兼迷，破亦兼破。故經云，生因識有，滅從色除。曰從色除，則破色蘊時，不但破色蘊明矣。問曰：想行識三蘊，大師逐節推破，科判歷然，其義云何。答曰：大師云，心即妄想，爲六識想蘊，見乃八識見分，爲七識行蘊，八識見精爲根，爲識蘊。故心目二妄，該盡五蘊八識。

**古德《彌陀經疏鈔演義定本》卷二** 色心不二者，以色外無心，心外無色，色即是心，心即是色，所謂一一塵中一切心，一一心中一切塵，一一心塵復互周，重重無盡無障礙也。

毛剎相容者，即是一一塵中一切塵，所謂於一毛端，現寶王剎也。以此土菩薩分證法身，心外無法，舉一毛端，全彰法界，故能法法相即，周徧含容也。

**智旭、道昉《梵網經菩薩心地品合註》卷一** 二釋迦放光警衆。

是時釋迦身放慧光，所照從此天王宮，乃至蓮華臺藏世界，其中一切世界，一切衆生，各各相視，歡喜快樂。而未能知此光，光何因何緣，皆生疑念，無量天人，亦生疑念。

前已說示華臺世界，舍那本尊所說法門，恐人不信，故又放光徹炤其境，俾悟本源也。慧光者，色心不二，故身光即是慧光，說智及智處，皆名爲般若也。所炤乃至華藏等者，本迹不二，故能炤窮法界海也。相視快樂者，以生佛體同，故不覺受熏之易。未知何因何緣者，未知本源心地之因開迹顯本之緣也，皆生疑念者，衆生則久在沉迷，天人則但秉權迹，故一時開悟爲難也。

**真界《大乘起信論纂註》卷下** 問曰：若諸佛法身離於色相者，云何能現色相。答曰：即此法身是色體故，能現於色。所謂從本已來，色心不二。以色性即智故，色體無形，說名智身。以智性即色故，說名法身，徧一切處。

設問答以明離相不礙現相也。問曰下，牒上以問，謂法身既離色相，云何能現報化色相耶。答曰下，就體以答。蓋以法身是報化色相之體，隨機大小，即無相處見報化相，故云能現於色，乃機自現耳。所謂下，約色心不二，釋成上義。謂色即智故，相即無相，說名智身。智即色故，無相即相，說名法身徧一切處。是則智身無相，不礙隨機現相。色身有相，不妨法身無相。則知智身色身，二而不二。以不二故，隨機所見，能現色相也。

**通潤《大乘起信論續疏》卷下** 問曰：諸佛法身離於色相者，云何能現色相。答曰：即此法身，是色體故，能現於色。所謂從本已來，色心不二。以色性即智故，色體無形（無形相），（強名）說名智身。以智性即色故（真空法性心色名二），說名法身（以法爲身）徧一切處。所現之色，無有分齊，隨心能示十方世界（一毛一相一光明徧照法界）。無量菩薩，無量報身，無量莊嚴，各各差別，皆無分齊，而不相妨。此非心識分別能知，以真如自在用義故。

法身全是色體，故能現色，如明鏡全是像體，故能現像。臨濟云，四大不解說法聽法，虛空不解說法聽法，只汝目前歷歷孤明勿形段者，始解說法聽法，所謂勿形段，是諸佛法身，亦是汝之本心也。所謂下，正明色心不二，由色即心，遂令色相都盡，故就其本，但云智身。智，謂本覺智也。由心即色，遂令心即是色，故說法身徧一切處。而所現色實無分齊，但是隨心現分齊耳，若有無量菩薩，各各不同，如來隨菩薩心，現無量報身報土亦各各不同。然皆無有分齊，而彼此不相妨礙，此皆如來不思議境界，非思量分別所知境也，以此是眞如之用，周徧圓融，自在無礙故。

《宗鏡》問云，既云諸佛法身本無色相，云何現種種色相。答：《大涅槃》云，譬如一人，多有所能。若其走時，則名走者。若將刈時，則名刈者。若作食時，名作食者。若治材木，則名工匠。鍛金銀時，名鍛金師。法亦如是，其實是一，而有多名。故約用分多，體恆冥一，舒爲萬法，卷即一心，一中無量，無量中一。故知一心之旨是圓頓門是具足道，已上釋自體相用竟。

復次顯示從生滅門即入眞如門。所謂推求五陰，色之與心，六塵境界，畢竟無念（觀察六塵境界無有自性）。以心無形相，十方求之，終不可得（生滅即眞如）。如人迷故，謂東爲西，方實不轉。衆生亦爾，無明迷故，謂心爲念，心實不動。若能觀察知心無念，即得隨順入眞如門故。

此總結從生滅門歸眞如門也。推求者，即能觀之智。色心境界，即所觀之境。畢竟無念者，內身外境，一一推求，終不見有一絲毫許心念可得，以此心無形段故。既能現之心尚不可得，而所現之境又可得耶。故南泉云，然燈佛道了也，若心想所思，出生諸法，虛假不實。何以故，心尚無有，云何而有出生諸法。猶如形影，分別虛空。如人取聲，安置篋中。亦如吹網，欲令氣滿，正此意也。

**德清《大乘起信論直解》卷下**　今明若離業識，則見法身。以法身眞體，唯一眞心，絕諸對待，了無色相能所，故云無有彼此迭相見故。蓋言可見者，雖是細妙，但屬修顯，從迷中返悟，故未離能所色相。此法身眞體，乃一心眞源，不屬迷悟，不借緣生，自此天眞，爲正因佛性，故結指爲究竟極則。

問曰：若諸佛法身離於色相者，云何能現色相。

此問明法身離相，不礙現相也。

答曰：即此法身是色體故，能現於色。所謂從本已來，色心不二。以色性即智故，色體無形，說名智身。以智性即色故，說名法身徧一切處。所現之色，無有分齊，隨心能示十方世界。無量菩薩，無量報身，無量莊嚴，各各差別，皆無分齊，而不相妨。此非心識分別能知，以眞如自在用義故。

答意以明法報冥一。色心不二，總顯一眞無障礙法界，以歸究竟一心眞源也。法身者，一心之異稱也。以心爲萬化之源，故云法身，是色之體，故能現色。譬如虛空非色，而能出生色相，故云從本已來色心不二也。以事攬理成，全空成色，故云色性即智性故。以色體本空故，說爲智身。所謂色即是空也，以全理成事，故事即理。譬如虛空，徧至一切色非色處。所謂空即是色也，由理事不二，故色隨空徧，無有分齊。由無二無分，故身土自他，無障無礙。故十方世界，無量菩薩之報身，依報莊嚴之國土，各各差別，皆無分齊，而不相妨。所以華藏海中，帝網諸刹，重重交羅，由理事無礙，故得事事無礙。此非心識所知，皆是眞如大自在用也，良由體周而用徧，皆一心眞如之用故。論宗一心爲一法界大總相法門體，故解釋正義而結歸於此。所謂無不從此法界流，無不還歸此法界。故於生滅門中，究竟顯一心之極則耳。

**靈耀《首楞嚴經觀心定解》卷二**　佛興慈悲，哀愍阿難及諸大衆，發海潮音偏告同會諸善男子，我常說言色心諸緣及心所使諸所緣法唯心所現，汝身汝心皆是妙明眞精妙心中所現物，云何汝等遺失本妙圓妙明心寶明妙性，認悟中迷。

此如來暢示，唯心以明楞嚴大定，圓融三觀也。海潮音者，全海而涌，無人不聞，可喻偏告大衆，今明圓教不同別教故音亦異乎前矣。文爲三，初引昔圓教，上言清淨法身此云心者，如來達此周遍之心遂使法身豎窮橫偏，衆生未得法身唯有妙心可論而已。前第一番明圓教云，諸法所生唯心所現，今是廣前所說，色是五根五塵及法界少分，心是意根六識，諸緣即指上色心，心所使是心數法，諸所緣法廣舉一切眞妄邪正性相因果也。唯心現者，心如工畫師能畫諸色像。若云心造似有物可得，今云心現，當體全虛，諸法是假，唯心是中，現是空，三諦在一心中明矣。二汝身下示心含色心，文意正揀異別教。妙明眞精妙心，正指心也，妙名不可思議，明者如鏡現像，即寂而照，故曰妙明。雖現諸法，實無外物相雜，故曰眞精，具上諸義復曰妙心，身心皆妙心所現，莫非常住。若如他師云，空理是眞，俗法是妄，則眞妙而俗不妙，豈經旨乎。須知身心雖爲無明所成，實從妙心中現，在衆生則全體無明，無法不妄故有倒正之分。故後文云精研七趣，皆是昏沉諸有爲相，自如來觀之則妙心所現，無法不眞故無倒正之目。而後文有性具七大一爲無量無量爲一之言，觀今文豈不宛然具二義耶。前揀妄心則曰緣塵分別，揀根境則曰頭自搖動，今知是妙心，豈復指爲心外耶。故知前文所説皆是權教，始爲圓而施別。既廢別而立圓，圓教以唯心爲門。又先觀色心不二，如不二門云，心之色心，即心名變不其然乎。三云何下斥遺失眞性，本妙者，本來是妙，如四卷云因明立所，則明亦有過，明與妙合，始無過咎，今云本妙，言本來無過也。溫陵云，心之與性體用互稱，心則從妙起明，如鏡之光，性則即明而妙，如鏡之體，其説亦是。即中云本妙正指中諦，圓妙者以圓融而稱妙。復從寂而有照，所謂不變隨緣曰心，是俗諦也。寶明者，寶是具德之明，復攝照而歸寂，所謂隨緣不變曰性，是眞諦也。此眞與俗，觀文勢各具三諦，中亦具三，合三離九，是衆生本具心性。而不知色心不二全是妙心，遺失多矣。前來阿難明見性不動，是其悟處，不知色心不二，即是迷處，故云認悟中迷。此文先説身心正報，下文方指山河依報。【略】

結暗爲色，色雜妄想，想相爲身，聚緣内搖，趣外奔逸，昏擾擾相以爲心性。一迷爲心，決定惑爲色身之内，不知色身外洎山河虛空大地咸是妙明眞心中物，譬如澄清百千大海棄之，唯認一浮漚體目爲全潮窮盡瀛渤，汝等即是迷中倍人，如我垂手等無差別，如來説爲可憐愍者。【略】

妙明眞心總也，色心依正別也。若不論別，則不知自心元具諸法，將謂諸法皆妄念所成。若不論總，則不知現前諸法唯是一心，而色心依正各各差殊，何以契一相一味之旨乎。知總知別，意在攝別入總，方得心性之全。經文似明眞具亦兼妄具，以色心依正皆是妙心，豈不具耶。荊溪云他人咸知一切唯識，不知身土居乎一心。四明云現前一心本具千法。此圓觀也。次譬，心量廣大如百千大海，圓離三惑如海澄清，觀譬意則知依正本妙。若非依正色心本是妙心，何以喻澄清大海乎。棄此心量而秖認身内之心，是唯認浮漚體也。言浮漚則非澄清之本矣，謂此外畢竟無心。如阿難云，離此覺知更無所有，即目浮漚爲全海之潮，窮盡瀛渤之量，是豈可哉。三斥，倍是兩重，以迷望悟名爲一倍，若在悟中安有倍乎。前以垂手喩倒，而此人顛倒與垂手全同。其實手無正倒，性無迷悟，衆生迷之爲二，故爲如來之憐愍也。

**溥畹《大佛頂首楞嚴經寶鏡疏》卷二**　一切衆生從無始來（至）徧能含受十方國土。

此通明衆生之礙與如來不礙之所以也。一切衆生者，總該世出世間凡外權小，以凡外認物爲己，權小迷己爲物，故成礙也。夫物本不能礙，見本不可礙。然凡外權小，畢竟成礙者，非物礙也，良由無始迷失自己如來藏心，轉爲藏識，而現見相二分，爲色心等物。故凡夫外道不知色心等物乃眞心之泡影，執爲實有，認以爲己，此所謂認物爲己也。即權乘小聖，亦不知藏識細微，以爲諸法心外實有。不達萬法唯心，即迷自己。而爲物矣，既失物我一體如來藏心，則不惟不能轉物歸心。而且心爲物轉，所以逐境遷移，動被所礙。由是於前塵之上，觀大觀小，計縮計舒，全無自由之分矣。是知物本是心，迷之爲物，則礙於心，猶冰本是水，結之成冰，則礙於水，皆自迷而自礙之也。以故爲物所轉，即名爲生。所謂自心取自心，非幻成幻法也。若能轉物即同佛者。乃轉見相二分色心之物也，以此二分，如蝸牛二角，出則成雙，入則一體。今但不隨世間分別，則見分斯泯，見分既泯，則離一切身心執取。既離執取，則相分自轉。所謂湛入合湛，歸識邊際，故得識精圓明，轉而成智，則爲如來藏心，故能即同如來。所謂不取無非幻，非幻尚不生，幻法云何立也。蓋迷時，身則蕞爾彌封滯殼，心則昏擾逐境偏局，所以被轉而成礙也。今悟時，則萬物一體，圓而不偏。達物惟心，則明而不昧，以故若身若心悉得圓明，此因轉物而成無礙也。故知心境寂滅，即是不動道場，依正互融。所以毛含國土，然一毛乃正報之最小者，十方爲依報之最大者，蓋毛含十方者，是以小攝大，即攝事歸理，乃會萬物爲自己。是自他不隔於毛端也，十方在毛者，是以大入小，即事得理融，乃以心融萬法，是千差攝入而無礙也。故被轉時，則觀大被大局，觀小被小局，認色心爲色心，轉見依正，爲依正轉。今轉物時，則一多無礙，小大相容，色心不二，依正互融，至此則理事一如。以故身即是心，心外無身。故言身心圓明一毫不動，即是成道之場，通爲一大光明藏矣，又何舒縮大小之有哉。此正生佛迷悟，礙與不礙之要關也。

**彭際清《無量壽經起信論》卷上**　二性相不二義者。《大乘起信論》云，從本以來色心不二，以色性即智故，色體無形說名智身，以智性即色故，說名法身徧一切處，所現之色，無有分齊，隨心能示十方世界無量菩薩無量報身，無量莊嚴，各各差別，皆無分齊，而不相妨。故如《華嚴經》中器界塵毛形無形物皆悉演出妙法言音，具足十方法界諸莊嚴具。此經亦言，一一華中，一一光中，風聲水聲諸音樂聲，若見若聞，無一物而非佛身，無一音而非佛法。何以故，有情無情，非一非異，眞如界中無彼此故。問：法性既爾，娑婆界中，何故不聞諸佛現身說法。答：常說法，無不說法時，只爲情生智隔，不見不聞。若一念證入佛法界者，不離娑婆，徑登極樂。如《妙法蓮華經》云，衆生見劫盡，大火所燒時，我此土安隱，天人常充滿。《維摩經》云，我此土淨，而汝不見，此是諸佛自受用地，一切衆生所同具足。問，然則何用求生淨土。答，生即無生，土亦非土，行布不礙圓融故，相非性外故。

**續法《觀無量壽佛經直指疏》卷下**　金光佛者，表金剛般若智，能斷衆生諸煩惱故。光明王者，表二無礙智，遍照法界，拔苦與樂，得自在故。畟塞，偏滿也，此則釋迦三變淨土，安置分身，彼則畟塞其空，多也可知。坐下，三法演，宣說苦空，深達實相，名爲妙法。三輩九品，未盡變易，名爲度苦。統上本末身相，以色性即智故，色體無形，說名智身，眞空觀也。以智性即色故，現色無齊，說名法身，理事觀也。以色心不二故，隨心能示菩薩身色，無量莊嚴，各各差別，皆無分齊而不相妨，非心識分別能知，名法界身徧一切時處，含容觀也。

**續法《大乘起信論疏筆削記會閱》卷八**　初釋法身能現。

答曰：即此法身，是色體故，能現於色。所謂從本已來，色心不二。以色性即智故，色體無形，說名智身。以智性即色故，說名法身遍一切處。

【疏】即此下，總也。所謂下，別也。

謂彼所現報化之色，不異法身眞心，如波與水，本來無二。色性即智者，明色即心，顯前不二，以色即心故。遂令色相都盡，故就其本，但云智身。智，謂本覺心智也，智性即色者，明心即色，顯前不二，如水遍在波中。

【記】法身是色體者，意明法身，雖非是色，而是報化之體，故能現色。即同虛空，體非羣相，而不拒彼諸相發揮。

疏言總者，謂總標也。別者，謂別釋也，先統論不二。色心不二者，性相同如，體用一致也。疏中法喻可知。以色性下，次，逐明相即。二，初，色即心，色即智者，報化之色，對緣所成，自無其性，即以本覺法身智爲體性。法身之體，既無形相，以用從體，遂令報化亦無形相。以無形故，故名智身。智身，即法身也。故《金剛》論目法身爲智相身，化身爲異相身。

顯前不二者，謂色與心不二，如波即水也。以智性下，二心即色，智即色者。法身之智，既爲色體，報化之色現時，即是全體起用，即此報化偏一切時，便是法身遍一切處也。顯不二者，謂心與色不二也，如水等者，明體偏在用中，有報化處，即有法身。故《華嚴》云，法性遍在一切處，一切衆生及國土，三世悉在無有餘，亦無形相而可得。

二釋所現之色。所現之色，無有分齊，隨心能示十方世界。無量菩薩，無量報身，無量莊嚴，各各差別，皆無分齊而不相妨。此非心識分別能知，以眞如自在用義故。

【疏】以彼眞心，無礙周遍。所現之色，亦復圓融，自在無礙，故云所現之色隨心。乃至不相妨礙，於中無量菩薩者，亦是報身作用也。亦可即是感報身大用之機緣，皆能頓赴，以一一根，皆遍法界，然互不相妨。此眞如之用，非妄識能知。

**性權《四教儀註彙補輔宏記》卷八之上**　色心不相妨者，色周徧，心亦周偏，此色即眞常之色，故不相妨。如云因滅是色，獲得常色等，此乃勝妙五陰，法法圓融故也。妙玄云，華嚴明阿僧祇香華云，不可思議充塞法界者。此是菩薩勝妙果報所感五塵，呼此爲欲界思惑。菩薩出入無量百千三昧禪定心塵之法，呼此爲色無色思惑。籤云，此中爲消界外同體見思，故須界外更立三界。不然，於二乘所斷何別。既分內外見思名同，故須立思分三界。從五塵爲名，故例如欲界。從定地爲名，故例色無色界。故知違理由見，感報由思。《四念處》云，登地斷別見，二地至七地斷別思，此亦偏斷之義耳，至八地已上，猶是無色界不可思議六塵，以地持解等覺無垢地，始得離見清淨禪。當知離欲界色無色惑，俱至等覺乃盡方是圓義。故《大經》云，十地爲無我輪惑所轉，無我，只是見惑。若見惑不斷，不應至無垢地。若見至無垢地者，乃圓義耳。故義推偏斷是別義也，所言偏斷者，爲對圓伏而説也。

**達默《淨土生無生論會集》** 云何以初心是故，方有後心是。如果地依正融通，色心不二，垂形九界，方便度生，悉由證此因心所具。故曰，諸佛果地融通，但證眾生理本，故得稱性施設，無謀而應。若不然者，何異小乘外道，作意神通。

果地依正融通，色心不二者。果地乃妙覺果，謂後心也，此地以如如理爲依報，如如智爲正報，理智不二，故依正融通，身土一如，故色心不二也。垂形九界，方便度生者。方者，法也。便者，用也。謂佛於九法界中，示十界之形像。又用四教十六門，六十四悉檀方便，引九界眾生同證理性也。悉由證此因心所具者，乃證窮十界因心所具三諦之理，證眞諦而得般若之相，證俗諦而得解脱之用，證中諦而得法身之體。故荊溪大師云，諸佛果地融通，但證眾生理本也，稱性施設，無謀而應者。稱眞諦性，施設藏通二教。稱俗諦性，施設別教。稱中諦性，施設圓教。或頓施，或漸施，或秘密施，或不定施，曲盡其宜，無方不可，皆是無心而應物，故曰無謀而應也。作意神通者，謂起心作意始有通也，通有六種，謂天眼，天耳，宿命，他心，神足，漏盡，此六通。又有修得報得，鬼天報得五通，外道因根本禪發得五通，三乘依八背捨八勝處等，修得五通，證果時得漏盡通。圓教依《法華經》云，諸根通利，智慧明了，即諸根互用，乃中道之通。今無謀而應，即中道之通，不須作意，任運成就故，亦名無記化化禪，以初證後竟。

## 色即是空

**鳩摩羅什譯《摩訶般若波羅蜜經》卷三** 復次，世尊，菩薩摩訶薩欲行般若波羅蜜，色中不應住，受想行識中不應住，眼耳鼻舌身意中不應住，色聲香味觸法中不應住，眼識乃至意識中不應住，眼觸乃至意觸中不應住，眼觸因緣生受乃至意觸因緣生受中不應住，地種水火風種空識種中不應住，無明乃至老死中不應住。何以故，世尊，色、色相空。受想行識，識相空。世尊，色空不名爲色，離空亦無色。色即是空，空即是色。受想行識，識空不名爲識，離空亦無識。識即是空，空即是識。乃至老死，老死相空。世尊，老死空不名老死，離空亦無老死。老死即是空，空即是老死。世尊，以是因緣故，菩薩摩訶薩欲行般若波羅蜜，不應色中住，乃至老死中不應住。

復次，世尊，菩薩摩訶薩欲行般若波羅蜜，四念處中不應住。何以故，四念處，四念處相空。世尊，四念處空不名四念處，離空亦無四念處。四念處即是空，空即是四念處。乃至十八不共法亦如是。世尊，以是因緣故，菩薩摩訶薩欲行般若波羅蜜，四念處乃至十八不共法中不應住。

復次，世尊，菩薩摩訶薩欲行般若波羅蜜，檀那波羅蜜中不應住，屍羅波羅蜜、羼提波羅蜜、毗梨耶波羅蜜、禪那波羅蜜、般若波羅蜜中不應住。何以故，檀那波羅蜜、檀那波羅蜜相空，乃至般若波羅蜜、般若波羅蜜相空。世尊，檀那波羅蜜空不名檀那波羅蜜，離空亦無檀那波羅蜜。檀那波羅蜜即是空，空即是檀那波羅蜜。乃至般若波羅蜜亦如是。世尊，以是因緣故，菩薩摩訶薩欲行般若波羅蜜，不應六波羅蜜中住。

復次，世尊，菩薩摩訶薩欲行般若波羅蜜，文字中不應住。一字門、二字門如是種種字門中不應住。何以故，諸字、諸字相空故。亦如上説。

復次，世尊，菩薩摩訶薩欲行般若波羅蜜，諸神通中不應住。何以故，諸神通、諸神通相空。神通空不名神通，離空亦無神通。神通即是空，空即是神通。世尊，以是因緣故，菩薩摩訶薩欲行般若波羅蜜，諸神通中不應住。

復次，世尊，菩薩摩訶薩欲行般若波羅蜜，色是無常不應住。何以故，無常、無常相空。世尊，無常空不名無常，離空亦無無常。無常即是空，空即是無常。世尊，以是因緣故，菩薩摩訶薩欲行般若波羅蜜，色是無常不應住，受想行識是無常不應住。色是苦不應住，受想行識是苦不應住。色是無我不應住，受想行識是無我不應住。色是空不應住，受想行識是空不應住。色是寂滅不應住，受想行識是寂滅不應住。色是離不應住，受想行識是離不應住。亦如上説。

**僧肇《寶藏論》** 所以言相者，爲破彼外道著於無相畏有相也，所以言中道者，欲令有相無相無二也，此皆破執除疑，言非盡理。若復有人了相無法平等不二，無取無捨無此無彼，亦無中間，即不假聖人言說理自通也。夫以相爲無相者，即相而無相也，故經云色即是空非色滅空，譬如水流風擊成泡，即泡是水，非泡滅水。夫以無相爲相者，即無相而相也，經云空即是色，色無盡也，譬如壞泡爲水水即泡也，非水離泡。夫愛有相畏無相者，不知有相即無相也，愛無相畏有相者，不知無相即是相也。是故有相及無相，一切悉在其中矣。覺者名佛，妄即不生，妄若不生即本眞實。夫無相之相謂之離，離體無相也，相即無相謂之微，微體非無相也。是以爲道者，生而不喜，死而不憂。何以故，以生爲浮，以死爲休，以生爲化，以死爲眞。故經云起唯法起，滅唯法滅。又此法者各不相知，起時不言我起，滅時不言我滅。夫大智無知，大覺無覺，眞際理空不可名目。是以涅槃大寂，般若無知，圓滿法身一切限量相寂滅也。

**鳩摩羅什譯《大智度論》卷三六** 【經】何以故，舍利弗，非色異空非空異色，色即是空空即是色，受想行識亦如是。

【論】釋曰：佛重說因緣，若五眾與空異，空中應有五眾。今五眾不異空，空不異五眾，五眾即是空，空即是五眾，以是故空不破五眾。所以者何，是中佛自說因緣。

【經】舍利弗，是諸法空相，不生不滅，不垢不淨，不增不減。是空法非過去非未來非現在，是故空中無色無受想行識，無眼耳鼻舌身意，無色聲香味觸法，無眼界，乃至無意識界。無無明亦無無明盡，乃至無老死亦無老死盡。無苦集滅道，亦無智亦無得。無須陀洹，無須陀洹果。無斯陀含，無斯陀含果。無阿那含，無阿那含果。無阿羅漢，無阿羅漢果。無辟支佛，無辟支佛道，無佛亦無佛道。舍利弗，菩薩摩訶薩如是習應，是名與般若波羅蜜相應。

【論】問曰：人皆知空中無所有，不生不滅，不垢不淨，不增不減，無一切法，佛何以分別說五眾等諸法各各空。答曰：有人雖復習空，而想空中猶有諸法，如行慈人，雖無眾生而想眾生得樂，自得無量福故。以是故佛說諸法性常自空，非空三昧故令法空，如水冷相，火令其熱。若言以空三昧故令法空者，是事不然。智者是無漏八智，得者初得聖道須陀洹果乃至佛道，是義先已廣說。

**鳩摩羅什譯《大智度論》卷四二** 【經】復次世尊，菩薩摩訶薩欲行般若波羅蜜，色中不應住，受想行識中不應住，眼耳鼻舌身意中不應住，色聲香味觸法中不應住，眼識乃至意識中不應住，眼觸乃至意觸中不應住，眼觸因緣生受乃至意觸因緣生受中不應住，地種水火風空識種中不應住，無明乃至老死中不應住。何以故，世尊，色色相空，受想行識識相空。世尊，色空不名爲色，離空亦無色，色即是空空即是色，受想行識空不名爲識，離空亦無識，識即是空空即是識，乃至老死老死相空。世尊，老死空不名爲老死，離空亦無老死，老死即是空空即是老死。世尊，以是因緣故，菩薩摩訶薩欲行般若波羅蜜，不應色中住，乃至老死中亦不應住。復次世尊，菩薩摩訶薩欲行般若波羅蜜，四念處中不應住。何以故，四念處四念處相空。世尊，四念處空不名爲四念處，離空亦無四念處，四念處即是空空即是四念處，乃至十八不共法亦如是。世尊，以是因緣故，菩薩摩訶薩欲行般若波羅蜜，四念處乃至十八不共法中不應住。復次世尊，菩薩摩訶薩欲行般若波羅蜜，檀波羅蜜中不應住，尸羅波羅蜜羼提波羅蜜毘梨耶波羅蜜禪波羅蜜般若波羅蜜中不應住。何以故，檀波羅蜜檀波羅蜜相空，乃至般若波羅蜜般若波羅蜜相空。世尊，檀波羅蜜空不名爲檀波羅蜜，離空亦無檀波羅蜜，檀波羅蜜即是空空即是檀波羅蜜，乃至般若波羅蜜亦如是。世尊，以是因緣故，菩薩摩訶薩欲行般若波羅蜜不應六波羅蜜中住。

【論】釋曰：上須菩提以謙讓門說般若，雖言不說而實爲諸菩薩說般若波羅蜜。今須菩提以不住門直爲菩薩說般若波羅蜜，般若波羅蜜有種種名字，觀修相應合入習住等，是皆名修行般若波羅蜜。但種種名字說聞者歡喜，復次小有差別行，名聽聞誦讀書寫正憶念說思惟籌量分別修習等，乃至阿耨多羅三藐三菩提總名爲行。是行中分別故初者名觀，如初始見物，日日漸學是名習，與般若波羅蜜相可是名合，隨順般若波羅蜜名相應，通徹般若波羅蜜是名爲入，分別取相有是事名爲念，常行不息令與相似是名爲學，學已巧方便觀知是非得失名爲思惟，以禪定心共行名爲修，得是般若波羅蜜道不失是名住，與住相違名不住。問曰，先說諸法空即是不住，今何以說諸法中不應住。答曰，先雖說著法，愛心難遣，故今更說。復次有無相三昧，入此三昧於一切法不取相，而不入滅定。菩薩智慧不可思議，雖不取一切法相而能行道，如鳥於虛空中無所依而能高飛，菩薩亦如是，於諸法中不住而能行菩薩道。問曰，人心得緣便起，云何菩薩於一切法不住而不入滅定中。答曰，此中須菩提自說，所謂色相自空，色空爲非色亦不離空有色，色即是空，空即是色，是義第二品中已說。乃至不應六波羅蜜中住亦如是，以空故無所住。

**菩提流支譯《金剛仙論》卷一**　佛告舍利弗：空者非色，如是等，此經中對治者，謂一合相者即是不可說等，遣即見也。六者異有相障，如來上說空者非色，衆生不解，謂異色別有空，此障對治。佛告舍利弗，不離空更有色，色即是空，空即是色。如是等，此經中對治者，謂是故佛說一切法無我無人無衆生等，遣異見也。七者實有相障，聞如來上說萬法虛空體是空者，何故佛說色等諸法是有，此障對治。佛告舍利弗，色等諸法但有名用，如是等，此經中對治者，謂如來說微塵即非微塵，世界即非世界等，遣報教見，此第七何異上第一第三第四。此中明空不異，於上但難言方法，若是空者，如來何故說有，以此爲異也。八者異異相障，聞如來說色等諸法體相空但有名用，衆生心色等諸法。若是空者，不應有生住滅，若實有生住滅，則非是空，此障對治。佛告舍利弗，諸法不生不住不滅不淨不染，如是等，此經中對治者，謂量分中第七分說，何以故離一切諸法即名諸佛如來等，此遣有相見。

**曇無讖譯《大般涅槃經》卷三九**　爾時世尊告憍陳如：色是無常，因滅是色，獲得解脫常住之色，受想行識亦是無常，因滅是識，獲得解脫常住之識。憍陳如，色即是苦，因滅是色，獲得解脫安樂之色，受想行識亦復如是。憍陳如，色即是空，因滅空色，獲得解脫非空之色，受想行識亦復如是。憍陳如，色是無我，因滅是色，獲得解脫眞我之色，受想行識亦復如是。憍陳如，色是不淨，因滅是色，獲得解脫清淨之色，受想行識亦復如是。憍陳如，色是生老病死之相，因滅是色，獲得解脫非生老病死相之色，受想行識亦復如是。憍陳如，色是無明因，因滅是色，獲得解脫非無明因色，受想行識亦復如是。憍陳如，乃至色是生因，因滅是色，獲得解脫非生因色，受想行識亦復如是。憍陳如，色者即是四顛倒因，因滅倒色，獲得解脫非四倒因色，受想行識亦復如是。憍陳如，色是無量惡法之因，所謂男女等身食愛欲愛，貪瞋嫉妬惡心慳心，揣食識食思食觸食，卵生胎生濕生化生五欲五蓋，如是等法皆因於色，因滅色故，獲得解脫無如是等無量惡色，受想行識亦復如是。憍陳如，色即是縛，因滅縛色，獲得解脫無縛之色，受想行識亦復如是。憍陳如，色即是流，因滅流色，獲得解脫非流之色，受想行識亦復如是。憍陳如，色非歸依，因滅是色，獲得解脫歸依之色，受想行識亦復如是。憍陳如，色是瘡疣，因滅是色，獲得解脫無瘡疣色，受想行識亦復如是。憍陳如，色非寂靜，因滅是色，獲得涅槃寂靜之色，受想行識亦復如是。憍陳如，若有人能如是知者，是名沙門名婆羅門，具足沙門婆羅門法。

**沮渠京聲譯《治禪病祕法》卷要下**　爾時釋迦牟尼佛告言：法子，色受想行識，苦空無常無我，汝當諦觀。又爲廣說空無相無作無願，說身空寂，四大無主，五陰無家，畢竟寂滅，同於虛空。因是即悟無常壞世間，觀四眞諦，五出入息頃，破二十億烔然之結，成須陀洹。十出入息頃，免諸欲流，成斯陀含。十出入息頃，斷諸鈍使，欲色界使，諸結根本，不還欲界，成阿那含。於十息頃，遊戲空法，心無繫礙，住三十四心相應，解脫十根本，不滅不壞，摧九十八使山，大勇猛將慧光法幢，從四方至，金剛寶座從下方出，共相振觸，演說空法，五金剛輪，住左膝邊，自然演說九無礙八解脫法。過去聲聞，皆入毘琉璃三昧，住立其前。釋迦牟尼佛廣爲宣說金剛譬定境界義味，於是寂然不見身心，入金剛三昧，從金剛三昧起，結使山崩，煩惱根絕，無明河竭，老死奴滅，於生分永盡，梵行已立，如煉眞金，不受諸欲，所作已辦，是名大阿羅漢。若發無上菩提心者，初見七佛白毫光照，一一如來白毫光明，分爲十支，化十寶花，寶樹寶臺，行列在空。時十方佛，亦放光水，如上所說，洗諸節間，一一佛白毫光中，說十八種慈心法門，說十八種大悲法門，說十八種大喜法門，說十八種大捨法門，漸漸增長教已。修習四無量心，具四無量已。爲說十種明心，具明心已。教說色即是空非色滅空。既觀空已，教菩薩六法。行六法已，修行六念，念佛法身，念佛法身已，起迴向心，迴向成已，立四弘誓，不捨衆生，四願成已，具菩薩戒。菩薩戒成已，學修相似檀波羅蜜，檀波羅蜜成已，學修相似十波羅蜜。此想成已，觀內空外空，於是現前見百千無量諸佛，以水灌頂，以繒繫頭，爲說空法，因空心悟，入菩薩位，是名性地，菩薩最初境界（於此法多生增上慢，宜應識之此是菩提心初境界相）。告舍利弗，此名治地三昧增上慢滅無明母三毒可畏相，汝好受持，愼莫忘失。時舍利弗，及阿難等，聞佛所說，歡喜奉行。

**笈多共行矩等譯《攝大乘論釋論》卷四**　論曰：一無有相散動，二有相散動，三增益散動，四損減散動，五一執散動，六異執散動，七自性散動，八差別散動，九如名取義散動，十如義取名散動。爲對治此十種散動，一切般若波羅蜜中說無分別智。此等障礙及對治，般若波羅蜜義中具足應知。經云：菩薩云何行般若波羅蜜。舍利弗，此菩薩即於菩薩不見菩薩，不見菩薩名，不見般若波羅蜜不見修行不見色不見受想行識。何以故，色自性空，非空故空。若色空即非色亦非異空故有色，色即是空，空即是色。何以故，舍利弗，唯有名所謂色自性，不生不滅，無染無淨，假立客名分別諸法，以此客名更相流布，隨所流布隨起執著。菩薩於此名字一切不見，以不見故則無執著，如色乃至識亦爾，應知以此般若波羅蜜文句故，得通達此等十種分別義。

釋曰：於中無有相散動者，即緣此無有爲相名爲散動。爲對治此散動故般若波羅蜜經中說實有菩薩，言實有者顯示菩薩實有空體，即空是體故名空體。有相散動者緣有爲相名爲散動，爲對治此散動故彼經中說不見有菩薩，謂不見以分別依他爲體由此意故。增益散動者爲對治此故，彼經中說色自性空，爲顯分別性色空故。損減散動者爲對治此，故彼經中說不空，謂色法如不空故。一執散動者爲對治此故，經言此色空非色。何以故，若依他性與成就性是一者，依他性亦應如成就性，爲清淨境界。異執散動者爲對治此故，經言非色異空。何以故，若此二有異即法與法性亦應有異，此異不成如無常法與無常不可有異，約分別性故言色即是空空即是色。以分別性色無所有即是空，此空即是色無所有，非如依他與成就性。自性散動者爲對治此故，經言舍利弗，惟有名所謂色，以色自性即是無所有故。差別散動者爲對治此故，經言自性不生不滅無染無淨。於中若生即有染，若滅即有淨，由不生不滅故即無染無淨，此等諸句其義如是。如名取義散動者，謂隨名取義，即是散動爲對治此故。經言假立種種名字，分別諸法種種者，謂隨義取名即是散動，爲對治此故，經言假立客名更相流布，謂非義自性有如是名，爲對治此十種散動故，說般若波羅蜜經，由此說爲因故無分別智生。

**那連提耶舍譯《大方等大集經》卷三八**　佛復告憍陳如：云何名爲共凡夫人四諦順陀羅尼。若有人能作如是念，我隨覺觀如是色觀如是我，我心即色即我心，若我遠離一切色相觀虛空相。是人爾時修虛空相，即入無量空處三昧，此則名爲共凡夫人順四諦陀羅尼義。若有人能作如是念，色即是空，我以此色因緣空故，得見虛空，何者境界是虛空相。虛空之性名無障礙，是風住處，如是風者是四大相，我色亦爾是四大攝，此二法者無有差別，心亦如是猶如虛空。復作是念，此四大者以何爲體。一切諸法性自空寂，自他等性亦皆空寂，夫虛空者即無所有，不生不滅無處無家，作是觀時係念諸佛。既係念已，見虛空中有無量佛，一心念已得阿那含果，此則名爲不共凡夫四諦順陀羅尼第二解脫門。

復次行者作如是念，何者境界是虛空相，復何因緣名爲我相。行者自念，言虛空者即是我也，即是淨我即是我心，我者無色如虛空無邊，我亦如是，此則名爲共凡夫人如實陀羅尼。若有能觀一切法空無我我所，言空處者即是無我，色亦無我，若觀如來即是我也。我見佛已，得須陀洹果，斯陀含果，阿那含果，乃至一切有漏法盡得阿羅漢果，此則名爲不共凡夫四諦順陀羅尼第三解脫門。

復次行者，若觀於我清淨不濁，即是空處，空即我心。若能永斷一切煩惱即是淨心，若能修習八直正道是名淨心。作如是學，即能獲得須陀洹果乃至證得阿羅漢果，此則名爲不共凡夫四諦順陀羅尼第四解脫門。

復次行者，若有欲觀於色相者即分別相，分別相者即是瞋相，瞋恚相者即生死相，我今爲斷生死相故觀心相空，此則名爲共凡夫人四諦順陀羅尼。行者若觀於我即是寂靜，我今亦未斷於覺觀。若觀於我及我所如觀虛空，我我所者即是苦也，苦所從生即名爲集，如是苦集是可斷法是名爲滅，觀苦集滅是名爲道，得須陀洹果，斯陀含果，阿那含果，乃至獲得阿羅漢果，此則名爲不共凡夫四諦順陀羅尼第五解脫門。

復次行者作如是念，何以故，我今已觀此虛空相。夫虛空者即是於我，我若遠離虛空觀者，次觀識處，如虛空觀識觀亦爾，如虛空處無量無邊，識亦如是無量無邊，此則名爲共凡夫人四諦順陀羅尼。行者若念識名爲想，亦名覺觀，識即是苦，知苦所從名之爲集，苦集可斷是名爲滅，觀苦集滅是名爲道。得須陀洹果，斯陀含阿那含阿羅漢果，此則名爲不共凡夫四諦順陀羅尼第六解脫門。

復次行者若觀識處即是覺觀，如刺入身如瘡如病，如我前時遠離空處，離空處已亦離識處，離識處已修無想處。是人爾時得無想已不緣一法，即得住於無想三摩跋提，此則名爲共凡夫人三摩跋提。若觀識處即是瘡痍苦惱之法，如病如癰，如我遠離觀於識相。次觀無想，言無想者即是無我，無我我所想，觀念清淨大般涅槃。作是觀時，即得須陀洹果，斯陀含果，阿那含果，乃至得於阿羅漢果，此則名爲不共凡夫四諦順陀羅尼第七解脫門。

**智顗、灌頂《仁王護國般若經疏》卷一** 約教則見諸法生，知生是實見諸法滅，滅則是空，空則六塵等國不動不轉故，三界結盡則王安隱，此二乘所得名爲仁王，三藏意也，於凡聖同居土而得自在。若觀諸法色即是空，不生不滅如幻如化，三界煩惱一時頓斷，住於界外化城之中，生已度想，生安隱想，則是三乘之人共行十地，能護方便有餘化城之國，各得稱王，此通教意。若觀諸法，空即是色，色無邊故般若等法亦復無邊。雖復無邊而與心不相妨礙，如函大蓋大，而無邊之法在一心中，一一法中具諸佛法。從於初地乃至妙覺，分分圓滿住蓮華臺，不動不轉能動能轉，即十地菩薩住檀等六，各各爲王，此別教意也。若觀諸法本來不生，今則無滅，雖無生滅，生滅宛然，雙照雙亡，契乎中道，廣大如法界，究竟若虛空，即從初住乃至佛地，四十二心分分明證中道之理，住常寂光各得稱王，此圓教意也。又三藏中，羅漢支佛煩惱盡故得仁王，菩薩及果向忍見思未盡但名王不名仁也，通教佛地別教妙覺圓教極果，各是仁王。當教自有優劣，若非仁則是王也。若約本跡，即三教之仁王爲跡，圓教之仁王爲本，分論本跡，則圓教十行能爲別教之本，通教佛地即是別教之跡，三藏二乘復是通教中本，展轉當教各有本跡云云。

觀心者，觀生滅法。見色是有，析之至空，心於色上而得自在，此生滅觀心仁王也。觀色即是空，空色自在，此無生觀心仁王也。若觀空即是色，次第而入中道正觀，此無量觀心仁王也。若觀色空，空色不二而二，二而無二，雙照雙亡，此是實相一心三觀，三觀一心如彼天目不縱不橫而得自在，此圓教觀心仁王也。我今聖主道化無方，子育蒼生，仁恩普洽，恆以三觀安隱色心，跡尙叵窮，本誠難究矣。般若者，此云智慧，即《智論》四十二卷中釋也，開善藏法師並用此說。論第七十又有一解云，莊般若不可稱，般若甚深極重，智慧輕薄，是故不能稱。莊嚴旻師以此文說般若名含衆義，智慧唯是一門，非正翻譯，詳二師說各成諍競，今爲通之。

夫般若者，自有二種，一實二權。權即可翻，實則不可，實則圓教，權則前三。又權不可翻，即三藏實色不可令色即是空。實即可翻，即三智也。通教一切智，別教道種智，圓教一切種智，豈可各固一見，以局大方，火炎不可取實當有在也。然智與慧經論解殊，《成實》合釋云，眞慧名智即慧是智也。《淨名》離說，知一切衆生心念，如應說法起於智業，不取不捨入一相門。起於慧業者，釋云，智是有，慧是空，有智故不住空，有慧故不住有。今此般若具翻八部，有人云，天王一部即仁王部攝，此解不可。若如大經中明人王，亦天王，斯則可也。問，人仁字別，云何取同。答，《大經》云，有仁恩故名之爲人。《老經》云，聖人不仁以百姓爲芻狗，故知人王行仁不求恩報，若背道之主但人非仁，順道之主是人亦仁。問，仁義云何。答，以字論義理則易明，上一表天德，下一表地德，立人表人德，聖主道侔造化，德合三才，故曰仁王也。問，古人云，仁王經非正傳譯，是事云何。答，寡識小智，深可憐滑，豈有不見目錄，即云非是正翻。海庸不信山木似魚夏革亦云，古初無物，嗚呼盲目詣玻瓈珠，且《準下經》自有兩本。一廣說，如散華品云，爾時十六大國王，聞佛所說十萬億偈般若波羅蜜散花供養。二者略本，即今經文。譯者不同，前後三本，一者晉時永嘉年，月支三藏曇摩羅察，晉雲法護，翻出二卷，名《仁王般若》。二是僞秦弘始三年，鳩摩羅什，於長安逍遙園別館翻一卷，名《佛說仁王護國般若波羅蜜》。三者梁時眞諦，大同年於豫章實因寺翻出一卷，名《仁王般若經》，疏有六卷。雖有三本秦爲周悉，依費長房入藏目錄云耳。波羅蜜者，此云事究竟，亦云到彼岸。生死爲此，涅槃爲彼，煩惱爲中流，六度爲船筏，此因緣釋也。三藏實有爲此，實有滅爲彼，見思爲中流，八正爲船。通教以色爲此，即空爲彼，見思爲中流，六度爲船。別教以色空爲此，空即是色爲彼，無明爲中流，無量行爲船。圓教以色空空色不二而二爲此，二而無二爲彼，無明爲中流，一行無量行無量行一行爲船，隨前諸教而度云到彼岸。此約教釋也，空觀觀色即空及色滅空，雖有巧拙同斷見思，而論彼此，假觀觀三假得理論彼此。

**智顗《摩訶止觀》卷四**　無明即空，諸見亦即空，故《金剛般若》云，須陀洹者名爲入流，實不入流，不入色聲香味觸故。所以者何，若有色可析可名入色，色即是空無色可入，故名不入，既無流可入即無業果，是名善滅戲論，呵色既爾餘四亦然。復次呵色即空者，但入色空不能分別種種色相，云何能度一切眾生。眾生於色起種種計，即是種種集招種種苦，苦集病多，道滅之藥亦復無量，若欲化他豈可證空而不觀察。是故知空非空，從空入假，恆沙佛法悉令通達。若不如此猶名受入色空，今深呵色空不受不入，廣分別色，雖復分別但有名字，名字即空故稱爲假，呵色既爾，餘四亦然。又呵色二邊，如《大品》云，色中無味相，凡夫不應著，色中無離相，二乘不應離。破色無明有無等見，是呵其味，破其沈空是呵其離。若定有味不應有離，若定有離不應有味。味不定故非味，離不定故非離。不著二邊，即是非味非離，顯色中道實相。故《釋論》云，二乘爲禪故呵色事，不名波羅蜜，菩薩呵色即見色實相，見色實相即是見禪實相，故名波羅蜜到色彼岸，到色彼岸即是見色中道。分別色者即是見色俗，即色空者是見色眞。如是呵色盡色源底，成三諦三昧發三種智慧。深呵於色爲止觀方便，其意在此，呵色既然餘四亦爾。

**智顗《釋禪波羅蜜次第法門》卷三之上**　第三明修體眞止者，以正智慧，體一切陰入界，三毒九十八使，及十二因緣等，三界因果，諸法悉皆空寂。如《大品》經中說，即色是空，非色滅空，色性自空，空即是色，色即是空，離色無空，離空無色，受想行識等一切諸法，亦皆如是。所以者何，今現見陰入界等諸法自性不有，何能生我人眾生壽命等一切諸顛倒事，云何知空。如過去所起一切煩惱業行爲因，現在攬父母身分爲緣，因緣和合，則有果報，有果報故，則有陰入界等一切諸法者，此業爲是何法，而能爲果報。陰入等作因，若言過去善心，即是業者過去作善之心，及心數法皆已滅謝，豈得爲現在果報，及陰入等法作因。若言心非是業因，心作業，業隨心來者，心轉滅故，業亦應隨心轉滅，若業轉滅，豈能感今世果報，及陰入等法，若業轉滅，當知業即不至現在。何以故，業不來故，若業不來而受報者，此報不名報。何以故，無業則報無所酬，若言過去心雖滅謝，而次心續生故，業得隨心來者，亦應過去業雖滅謝，次業續生故，得至現在，若爾即有大失。何以故，或時過去善心滅，而惡心續生，今亦應過去善業滅，而次惡業續生，此唯見惡業至現在，若爾應感惡報，何得感善果耶。若言業來而不隨心者，此業應自有報，離心而受，今實不爾，復次業若有相，即是有爲，若是有爲，必墮三相，若墮三相，即是生滅，若是生滅，即不至現在。過去既滅，當知本業亦滅，誰感此果不可以新業始生，能感今果，當知業有相貌，此義不可，若言業無相貌而能感果者，此亦不然。所以者何，無相之法，即是無爲，無爲無業，何得感果，復次無相之法，即是空義空無生滅，豈得名業。若說空無相能感果者，三無爲法，亦應感果，既不得爾，云何而言業是無相而能感果。如是種種因緣，業不可得。

**玄奘譯《大般若波羅蜜多經》卷四**　爾時舍利子白佛言，世尊，云何菩薩摩訶薩應行般若波羅蜜多。佛告具壽舍利子言，舍利子，菩薩摩訶薩修行般若波羅蜜多時，應如是觀，實有菩薩不見有菩薩，不見菩薩名，不見般若波羅蜜多，不見般若波羅蜜多名，不見行，不見不行。何以故，舍利子，菩薩自性空，菩薩名空，所以者何。色自性空，不由空故，色空非色。色不離空，空不離色。色即是空，空即是色。受想行識自性空，不由空故。受想行識空，非受想行識。受想行識不離空，空不離受想行識。受想行識即是空，空即是受想行識，何以故。舍利子，此但有名謂爲菩提，此但有名謂爲薩埵，此但有名謂爲菩提薩埵，此但有名謂之爲空，此但有名謂之爲色受想行識。如是自性，無生無滅，無染無淨。菩薩摩訶薩如是行般若波羅蜜多，不見生，不見滅，不見染，不見淨，何以故。但假立客名，別別於法而起分別。假立客名，隨起言說如如言說，如是如是生起執著。菩薩摩訶薩修行般若波羅蜜多時，於如是等一切不見，由不見故不生執著。

**玄奘譯《大般若波羅蜜多經》卷三七**　爾時具壽善現復白佛言：世尊，修行般若波羅蜜多諸菩薩摩訶薩，不應住色，不應住受想行識。何以故，世尊，色色性空，受想行識受想行識性空。世尊，是色非色空，是色空非色。色不離空，空不離色。色即是空，空即是色，受想行識亦復如是。是故世尊，修行般若波羅蜜多諸菩薩摩訶薩，不應住色，不應住受想行識。世尊，修行般若波羅蜜多諸菩薩摩訶薩，不應住眼處，不應住耳鼻舌身意處。何以故，世尊，眼處眼處性空，乃至意處意處性空。世尊，是眼處非眼處空，是眼處空非眼處。眼處不離空，空不離眼處。眼處即是空，空即是眼處，耳鼻舌身意處亦復如是。是故世尊，修行般若波羅蜜多諸菩薩摩訶薩，不應住眼處，乃至不應住意處。世尊，修行般若波羅蜜多諸菩薩摩訶薩，不應住色處，不應住聲香味觸法處。何以故，世尊，色處色處性空，乃至法處法處性空。世尊，是色處非色處空，是色處空非色處。色處不離空，空不離色處。色處即是空，空即是色處，聲香味觸法處亦復如是。是故世尊，修行般若波羅蜜多諸菩薩摩訶薩，不應住色處，乃至不應住法處。世尊，修行般若波羅蜜多諸菩薩摩訶薩，不應住眼界色界眼識界及眼觸眼觸爲緣所生諸受。何以故，世尊，眼界眼界性空，乃至眼觸爲緣所生諸受眼觸爲緣所生諸受性空。世尊，是眼界非眼界空，是眼界空非眼界。眼界不離空，空不離眼界。眼界即是空，空即是眼界，色界乃至眼觸爲緣所生諸受亦復如是。

是故世尊，修行般若波羅蜜多諸菩薩摩訶薩，不應住眼界，乃至不應住眼觸爲緣所生諸受。世尊，修行般若波羅蜜多諸菩薩摩訶薩，不應住耳界聲界耳識界及耳觸耳觸爲緣所生諸受。何以故，世尊，耳界耳界性空乃至耳觸爲緣所生諸受耳觸爲緣所生諸受性空。世尊，是耳界非耳界空，是耳界空非耳界。耳界不離空，空不離耳界。耳界即是空，空即是耳界，聲界乃至耳觸爲緣所生諸受亦復如是。是故世尊，修行般若波羅蜜多諸菩薩摩訶薩，不應住耳界，乃至不應住耳觸爲緣所生諸受。世尊，修行般若波羅蜜多諸菩薩摩訶薩，不應住鼻界香界鼻識界及鼻觸鼻觸爲緣所生諸受。何以故，世尊，鼻界鼻界性空，乃至鼻觸爲緣所生諸受鼻觸爲緣所生諸受性空。世尊，是鼻界非鼻界空，是鼻界空非鼻界。鼻界不離空，空不離鼻界。鼻界即是空，空即是鼻界，香界乃至鼻觸爲緣所生諸受亦復如是。是故世尊，修行般若波羅蜜多諸菩薩摩訶薩，不應住鼻界，乃至不應住鼻觸爲緣所生諸受。世尊，修行般若波羅蜜多諸菩薩摩訶薩，不應住舌界味界舌識界及舌觸舌觸爲緣所生諸受。何以故，世尊，舌界舌界性空，乃至舌觸爲緣所生諸受舌觸爲緣所生諸受性空。世尊，是舌界非舌界空，是舌界空非舌界，舌界不離空，空不離舌界，舌界即是空，空即是舌界，味界乃至舌觸爲緣所生諸受亦復如是。是故世尊，修行般若波羅蜜多諸菩薩摩訶薩，不應住舌界，乃至不應住舌觸爲緣所生諸受。世尊，修行般若波羅蜜多諸菩薩摩訶薩，不應住身界觸界身識界及身觸身觸爲緣所生諸受。何以故，世尊，身界身界性空，乃至身觸爲緣所生諸受身觸爲緣所生諸受性空。世尊，是身界非身界空，是身界空非身界，身界不離空，空不離身界，身界即是空，空即是身界，觸界乃至身觸爲緣所生諸受亦復如是。

是故世尊，修行般若波羅蜜多諸菩薩摩訶薩，不應住身界，乃至不應住身觸爲緣所生諸受。世尊，修行般若波羅蜜多諸菩薩摩訶薩，不應住意界法界意識界及意觸意觸爲緣所生諸受。何以故，世尊，意界意界性空，乃至意觸爲緣所生諸受意觸爲緣所生諸受性空。世尊，是意界非意界空，是意界空非意界，意界不離空，空不離意界，意界即是空，空即是意界，法界乃至意觸爲緣所生諸受亦復如是。是故世尊，修行般若波羅蜜多諸菩薩摩訶薩，不應住意界，乃至不應住意觸爲緣所生諸受。世尊，修行般若波羅蜜多諸菩薩摩訶薩，不應住地界，不應住水火風空識界。何以故，世尊，地界地界性空，水火風空識界水火風空識界性空。世尊，是地界非地界空，是地界空非地界，地界不離空，空不離地界，地界即是空，空即是地界，水火風空識界亦復如是。是故世尊，修行般若波羅蜜多諸菩薩摩訶薩，不應住地界，不應住水火風空識界。世尊，修行般若波羅蜜多諸菩薩摩訶薩，不應住苦聖諦，不應住集滅道聖諦。何以故，世尊，苦聖諦苦聖諦性空，集滅道聖諦集滅道聖諦性空。世尊，是苦聖諦非苦聖諦空，是苦聖諦空非苦聖諦，苦聖諦不離空，空不離苦聖諦，苦聖諦即是空，空即是苦聖諦，集滅道聖諦亦復如是。

是故世尊，修行般若波羅蜜多諸菩薩摩訶薩，不應住苦聖諦，不應住集滅道聖諦。世尊，修行般若波羅蜜多諸菩薩摩訶薩，不應住無明，不應住行識名色六處觸受愛取有生老死愁歎苦憂惱。何以故，世尊，無明無明性空，乃至老死愁歎苦憂惱老死愁歎苦憂惱性空。世尊，是無明非無明空，是無明空非無明，無明不離空，空不離無明，無明即是空，空即是無明，行乃至老死愁歎苦憂惱亦復如是。是故世尊，修行般若波羅蜜多諸菩薩摩訶薩，不應住無明，乃至不應住老死愁歎苦憂惱。世尊，修行般若波羅蜜多諸菩薩摩訶薩，不應住四靜慮，不應住四無量四無色定。何以故，世尊，四靜慮四靜慮性空，四無量四無色定四無量四無色定性空。世尊，是四靜慮非四靜慮空，是四靜慮空非四靜慮，四靜慮不離空，空不離四靜慮，四靜慮即是空，空即是四靜慮，四無量四無色定亦復如是。是故世尊，修行般若波羅蜜多諸菩薩摩訶薩，不應住四靜慮，不應住四無量四無色定。世尊，修行般若波羅蜜多諸菩薩摩訶薩，不應住五眼，不應住六神通。何以故，世尊，五眼五眼性空，六神通六神通性空。世尊，是五眼非五眼空，是五眼空非五眼，五眼不離空，空不離五眼，五眼即是空，空即是五眼，六神通亦復如是。是故世尊，修行般若波羅蜜多諸菩薩摩訶薩，不應住五眼不應住六神通。世尊，修行般若波羅蜜多諸菩薩摩訶薩不應住佈施波羅蜜多，不應住淨戒安忍精進靜慮般若波羅蜜多。何以故，世尊，佈施波羅蜜多佈施波羅蜜多性空，乃至般若波羅蜜多般若波羅蜜多性空。世尊，是佈施波羅蜜多非佈施波羅蜜多空，是佈施波羅蜜多空非佈施波羅蜜多，佈施波羅蜜多不離空，空不離佈施波羅蜜多，佈施波羅蜜多即是空，空即是佈施波羅蜜多，淨戒乃至般若波羅蜜多亦復如是。是故世尊，修行般若波羅蜜多諸菩薩摩訶薩，不應住佈施波羅蜜多，乃至不應住般若波羅蜜多。世尊，修行般若波羅蜜多諸菩薩摩訶薩，不應住四念住，不應住四正斷四神足五根五力七等覺支八聖道支。何以故，世尊，四念住四念住性空，乃至八聖道支八聖道支性空。世尊，是四念住非四念住空，是四念住空非四念住，四念住不離空，空不離四念住，四念住即是空，空即是四念住，四正斷乃至八聖道支亦復如是。

是故世尊，修行般若波羅蜜多諸菩薩摩訶薩，不應住四念住，乃至不應住八聖道支世尊，修行般若波羅蜜多諸菩薩摩訶薩，不應住佛十力，不應住四無所畏四無礙解大慈大悲大喜大捨十八佛不共法一切智道相智一切相智。何以故，世尊，佛十力佛十力性空，乃至一切相智一切相智性空。世尊，是佛十力非佛十力空，是佛十力空非佛十力，佛十力不離空，空不離佛十力，佛十力即是空，空即是佛十力，四無所畏乃至一切相智亦復如是。是故世尊，修行般若波羅蜜多諸菩薩摩訶薩，不應住佛十力，乃至不應住一切相智。世尊，修行般若波羅蜜多諸菩薩摩訶薩，不應住諸字，不應住諸字所引，若一言所引，若二言所引，若多言所引。何以故，世尊，諸字諸字性空，諸字所引諸字所引性空。世尊，是諸字非諸字空，是諸字空非諸字，諸字不離空，空不離諸字，諸字即是空，空即是諸字，諸字所引亦復如是。是故世尊，修行般若波羅蜜多諸菩薩摩訶薩，不應住諸字，不應住諸字所引。

**玄奘譯《大般若波羅蜜多經》卷四三** 善現，若菩薩摩訶薩修行般若波羅蜜多時，作如是觀，非空色故色空，色即是空，空即是色，受想行識亦復如是。非空眼處故眼處空，眼處即是空，空即是眼處，耳鼻舌身意處亦復如是。非空色處故色處空，色處即是空，空即是色處，聲香味觸法處亦復如是。非空眼界故眼界空，眼界即是空，空即是眼界，色界眼識界及眼觸眼觸爲緣所生諸受亦復如是。非空耳界故耳界空，耳界即是空，空即是耳界，聲界耳識界及耳觸耳觸爲緣所生諸受亦復如是。非空鼻界故鼻界空，鼻界即是空，空即是鼻界，香界鼻識界及鼻觸鼻觸爲緣所生諸受亦復如是。非空舌界故舌界空，舌界即是空，空即是舌界，味界舌識界及舌觸舌觸爲緣所生諸受亦復如是。非空身界故身界空，身界即是空，空即是身界，觸界身識界及身觸身觸爲緣所生諸受亦復如是。非空意界故意界空，意界即是空，空即是意界，法界意識界及意觸意觸爲緣所生諸受亦復如是。非空地界故地界空，地界即是空，空即是地界，水火風空識界亦復如是。非空苦聖諦故，苦聖諦空，苦聖諦即是空，空即是苦聖諦，集滅道聖諦亦復如是，非空無明故無明空，無明即是空，空即是無明，行識名色六處觸受愛取有生老死愁歎苦憂惱亦復如是。非空四靜慮故四靜慮空，四靜慮即是空，空即是四靜慮，四無量四無色定亦復如是。非空四念住故，四念住空，四念住即是空，空即是四念住，四正斷四神足五根五力七等覺支八聖道支亦復如是。非空空解脫門故空解脫門空，空解脫門即是空，空即是空解脫門，無相無願解脫門亦復如是。非空佈施波羅蜜多故佈施波羅蜜多空，佈施波羅蜜多即是空，空即是佈施波羅蜜多，淨戒安忍精進靜慮般若波羅蜜多亦復如是。非空五眼故五眼空，五眼即是空，空即是五眼，六神通亦復如是。非空佛十力故佛十力空，佛十力即是空，空即是佛十力，四無所畏四無礙解大慈大悲大喜大捨十八佛不共法一切智道相智一切相智亦復如是。善現，是爲菩薩摩訶薩修行般若波羅蜜多時無所著般若波羅蜜多，如是菩薩摩訶薩由此般若波羅蜜多，有方便善巧故，聞說如是甚深般若波羅蜜多，其心不驚不恐不怖。

**玄奘譯《大般若波羅蜜多經》卷五九** 復次善現，汝言，又如虛空前後中際皆不可得，大乘亦爾，前後中際皆不可得，三世平等故名大乘者。如是如是，如汝所說，所以者何。善現，過去世過去世空，未來世未來世空，現在世現在世空，三世平等性三世平等性空，大乘性大乘性空，菩薩摩訶薩菩薩摩訶薩性空，何以故。善現，空無一二三四五六七八九十別異之相，是故大乘三世平等。善現，如是大乘中，平等不平等相俱不可得，貪不貪相俱不可得，瞋不瞋相俱不可得，癡不癡相俱不可得，慢不慢相俱不可得，如是乃至善非善相俱不可得。有記無記相俱不可得，有漏無漏相俱不可得，有罪無罪相俱不可得，有染離染相俱不可得，世間出世間相俱不可得，雜染清淨相俱不可得，生死涅槃相俱不可得，常無常相俱不可得，樂及苦相俱不可得，我無我相俱不可得，淨不淨相俱不可得，寂靜不寂靜相俱不可得，遠離不遠離相俱不可得，欲界出欲界相俱不可得，色界出色界相俱不可得，無色界出無色界相俱不可得，何以故。善現，以大乘中諸法自性不可得故。善現，過去色過去色空，未來色未來色空，現在色現在色空，過去受想行識過去受想行識空，未來受想行識未來受想行識空，現在受想行識現在受想行識空，所以者何。善現，空中過去色不可得，何以故。過去色即是空，空性亦空，空中空尚不可得，何況空中有過去色可得。善現，空中未來色不可得，何以故。未來色即是空，空性亦空，空中空尚不可得，何況空中有未來色可得。善現，空中現在色不可得，何以故。現在色即是空，空性亦空，空中空尚不可得，何況空中有現在色可得。善現，空中過去未來現在色不可得，何以故。過去未來現在色即是空，空性亦空，空中空尚不可得，何況空中有過去未來現在色可得。善現，空中過去受想行識不可得，何以故，過去受想行識即是空，空性亦空，空中空尚不可得，何況空中有過去受想行識可得。善現，空中未來受想行識不可得，何以故。未來受想行識即是空，空性亦空，空中空尚不可得，何況空中有未來受想行識可得。善現，空中現在受想行識不可得，何以故。現在受想行識即是空，空性亦空，空中空尚不可得，何況空中有現在受想行識可得。善現，空中過去未來現在受想行識不可得，何以故。過去未來現在受想行識即是空，空性亦空，空中空尚不可得，何況空中有過去未來現在受想行識可得。

善現，過去眼處過去眼處空，未來眼處未來眼處空，現在眼處現在眼處空，過去耳鼻舌身意處過去耳鼻舌身意處空，未來耳鼻舌身意處未來耳鼻舌身意處空，現在耳鼻舌身意處現在耳鼻舌身意處空，所以者何。善現，空中過去眼處不可得，何以故。過去眼處即是空，空性亦空，空中空尚不可得，何況空中有過去眼處可得。善現，空中未來眼處不可得，何以故。未來眼處即是空，空性亦空，空中空尚不可得，何況空中有未來眼處可得。善現，空中現在眼處不可得，何以故。現在眼處即是空，空性亦空，空中空尚不可得，何況空中有現在眼處可得。善現，空中過去未來現在眼處不可得，何以故。過去未來現在眼處即是空，空性亦空，空中空尚不可得，何況空中有過去未來現在眼處可得。善現，空中過去耳鼻舌身意處不可得，何以故。過去耳鼻舌身意處即是空，空性亦空，空中空尚不可得，何況空中有過去耳鼻舌身意處可得。善現，空中未來耳鼻舌身意處不可得，何以故，未來耳鼻舌身意處即是空，空性亦空，空中空尚不可得，何況空中有未來耳鼻舌身意處可得。善現，空中現在耳鼻舌身意處不可得，何以故。現在耳鼻舌身意處即是空，空性亦空，空中空尚不可得，何況空中有現在耳鼻舌身意處可得。善現，空中過去未來現在耳鼻舌身意處不可得，何以故。過去未來現在耳鼻舌身意處即是空，空性亦空，空中空尚不可得，何況空中有過去未來現在耳鼻舌身意處可得。

善現，過去色處過去色處空，未來色處未來色處空，現在色處現在色處空，過去聲香味觸法處過去聲香味觸法處空，未來聲香味觸法處未來聲香味觸法處空，現在聲香味觸法處現在聲香味觸法處空，所以者何。善現，空中過去色處不可得，何以故。過去色處即是空，空性亦空，空中空尚不可得，何況空中有過去色處可得。善現，空中未來色處不可得，何以故。未來色處即是空，空性亦空，空中空尚不可得，何況空中有未來色處可得。善現，空中現在色處不可得，何以故。現在色處即是空，空性亦空，空中空尚不可得，何況空中有現在色處可得。善現，空中過去未來現在色處不可得，何以故。過去未來現在色處即是空，空性亦空，空中空尚不可得，何況空中有過去未來現在色處可得。善現，空中過去聲香味觸法處不可得，何以故。過去聲香味觸法處即是空，空性亦空，空中空尚不可得，何況空中有過去聲香味觸法處可得。善現，空中未來聲香味觸法處不可得，何以故。未來聲香味觸法處即是空，空性亦空，空中空尚不可得，何況空中有未來聲香味觸法處可得。善現，空中現在聲香味觸法處不可得，何以故。現在聲香味觸法處即是空，空性亦空，空中空尚不可得，何況空中有現在聲香味觸法處可得。善現，空中過去未來現在聲香味觸法處不可得，何以故。過去未來現在聲香味觸法處即是空，空性亦空，空中空尚不可得，何況空中有過去未來現在聲香味觸法處可得。

善現，過去眼界過去眼界空，未來眼界未來眼界空，現在眼界現在眼界空，過去色界眼識界及眼觸眼觸爲緣所生諸受，過去色界乃至眼觸爲緣所生諸受空，未來色界眼識界及眼觸眼觸爲緣所生諸受，未來色界乃至眼觸爲緣所生諸受空，現在色界眼識界及眼觸眼觸爲緣所生諸受，現在色界乃至眼觸爲緣所生諸受空，所以者何。善現，空中過去眼界不可得，何以故。過去眼界即是空，空性亦空，空中空尚不可得，何況空中有過去眼界可得。善現，空中未來眼界不可得，何以故。未來眼界即是空，空性亦空，空中空尚不可得，何況空中有未來眼界可得。善現，空中現在眼界不可得，何以故。現在眼界即是空，空性亦空，空中空尚不可得，何況空中有現在眼界可得。善現，空中過去未來現在眼界不可得，何以故。過去未來現在眼界即是空，空性亦空，空中空尚不可得，何況空中，有過去未來現在眼界可得。善現，空中過去色界眼識界及眼觸眼觸爲緣所生諸受不可得，何以故。過去色界乃至眼觸爲緣所生諸受即是空，空性亦空，空中空尚不可得，何況空中有過去色界乃至眼觸爲緣所生諸受可得。善現，空中未來色界眼識界及眼觸眼觸爲緣所生諸受不可得，何以故。未來色界乃至眼觸爲緣所生諸受即是空，空性亦空，空中空尚不可得，何況空中有未來色界乃至眼觸爲緣所生諸受可得。善現，空中現在色界眼識界，及眼觸眼觸爲緣所生諸受不可得，何以故。現在色界乃至眼觸爲緣所生諸受即是空，空性亦空，空中空尚不可得，何況空中有現在色界乃至眼觸爲緣所生諸受可得。善現，空中過去未來現在色界眼識界及眼觸眼觸爲緣所生諸受不可得，何以故。過去未來現在色界乃至眼觸爲緣所生諸受即是空，空性亦空，空中空尚不可得，何況空中有過去未來現在色界乃至眼觸爲緣所生諸受可得。

善現，過去耳界過去耳界空，未來耳界未來耳界空，現在耳界現在耳界空，過去聲界耳識界及耳觸耳觸爲緣所生諸受，過去聲界乃至耳觸爲緣所生諸受空，未來聲界耳識界及耳觸耳觸爲緣所生諸受，未來聲界耳觸耳觸爲緣所生諸受空，現在聲乃至識界及耳觸耳觸爲緣所生諸受，現在聲界乃至耳觸爲緣所生諸受空，所以者何。善現，空中過去耳界不可得，何以故。過去耳界即是空，空性亦空，空中空尚不可得，何況空中有過去耳界可得。善現，空中未來耳界不可得，何以故。未來耳界即是空，空性亦空，空中空尚不可得，何況空中有未來耳界可得。善現，空中現在耳界不可得，何以故。現在耳界即是空，空性亦空，空中空尚不可得，何況空中有現在耳界可得。善現，空中過去未來現在耳界不可得，何以故。過去未來現在耳界即是空，空性亦空，空中空尚不可得，何況空中有過去未來現在耳界可得。善現，空中過去聲界耳識界及耳觸耳觸爲緣所生諸受不可得，何以故。過去聲界乃至耳觸爲緣所生諸受即是空，空性亦空，空中空尚不可得，何況空中有過去聲界乃至耳觸爲緣所生諸受可得。善現，空中未來聲界耳識界及耳觸耳觸爲緣所生諸受不可得，何以故。未來聲界乃至耳觸爲緣所生諸受即是空，空性亦空，空中空尚不可得，何況空中有未來聲界乃至耳觸爲緣所生諸受可得。善現，空中現在聲界耳識界及耳觸耳觸爲緣所生諸受不可得，何以故。現在聲界，乃至耳觸爲緣所生諸受即是空，空性亦空，空中空尚不可得，何況空中有現在聲界乃至耳觸爲緣所生諸受可得。善現，空中過去未來現在聲界耳識界及耳觸耳觸爲緣所生諸受不可得，何以故。過去未來現在聲界乃至耳觸爲緣所生諸受即是空，空性亦空，空中空尚不可得，何況空中有過去未來現在聲界乃至耳觸爲緣所生諸受可得。

**玄奘譯《攝大乘論》釋卷四**　論曰：一無相散動，二有相散動，三增益散動，四損減散動，五一性散動，六異性散動，七自性散動，八差別散動，九如名取義散動，十如義取名散動。爲對治此十種散動，一切般若波羅蜜多中說無分別智，如是所治能治應知，具攝般若波羅蜜多義。

釋曰：於一切般若波羅蜜多中，具說如是十種散動對治，且如說言：世尊，云何菩薩應行般若波羅蜜多。舍利子，是菩薩實有菩薩，不見有菩薩。何以故，色自性空不由空故，色空非色，色不離空，色即是空，空即是色。何以故，舍利子，此但有名，謂之爲色。此自性無生無滅無染無淨，假立客名，別別於法而起分別，假立客名隨起言說，如如言說如是如是，生起執著。如是一切菩薩不見，由不見故不生執著，如說於色乃至於識當知亦爾。此中爲對治無相散動故，彼經說言實有菩薩等，謂實有空爲菩薩體。爲對治有相散動故，即彼經言不見有菩薩等，謂遍計所執自性永無有故。爲對治增益散動故，即彼經言色自性空等，謂即遍計所執自性永無有故。爲對治損減散動故，即彼經言不由空故等，謂彼法性是實有故，爲對治一性散動故，即彼經言色空非色等，淨不淨境性各别故。爲對治異性散動故，即彼經言，色不離空等，謂遍計所執色自性無所有，即是空故。爲對治自性散動故，即彼經言此但有名謂之爲色等。爲對治差别散動故，即彼經言無生無滅等。爲對治如名取義散動故，即彼經言假立客名别别於法而起分别等。爲對治如義取名散動故，即彼經言，假立客名隨起言說，如如言說如是如是生起執著，如是一切菩薩不見，由不見故不生執著，此意說言，於名於義如實了知無妄執著。

**澄觀《大方廣佛華嚴經隨疏演義鈔》卷七四**　第四便云色即是空，謂凡是色法必不異眞空，以諸色法必無性故，是故色即是空，此即今疏第一法界無定實色舉體即空是也。疏存亡隱顯皆自在故者，總結前義，於中二意，一者結上空中無色亡也不礙色故存也，舉體即空，非斷空故，兼存亡也。存亡約色，隱顯約空，空理眞常，不可言亡。而色存即空隱，色亡則空顯，此唯約會色歸空以說，若兼第二不礙現色，是明空即色觀，論存亡隱顯者，色即是空則色亡空顯，空即是色則空隱色存，然皆即亡即存即隱即顯，故云自在，即以總結，爲彼第三空色無礙觀，其泯絶無寄在下釋文。疏但妄分别求叵得故下，即彼泯絶無寄意也，彼云，謂此所觀眞空，不可言即色不即色，即空不即空，一切法皆不可，此語亦不受逈絶無寄，非言所及非解所到，是謂行境。何以故，以生心動念即乖法體，失正念故，以今疏文對彼所引，相攝可知，疏以即空之色爲妙色故者，此以前成後，由前即了無色，而現色故成妙色。次云又色空不二下，將今對前反覆相成，初空色不二成上眞空，以全成前，次不二而二，以前成後，次色空融即下融上二文，歸初法界。

**均正《大乘四論玄義記》卷五**　第六，二諦相即。二諦相即，備出衆經。如大經第十二卷，佛答文殊云，世諦者，即第一義諦。《大品經·奉鉢品》云，色即是空，空即是色。餘經相即義可尋，次若言眞即俗，俗即眞者，此是奢論。若言色即是空，空即是色，此即是切論。雖復奢切，同辨相即義，但成論師解，相即有兩種，一云二諦異體而同處，故名相即。二云一體故言相即，即是即是之即也。故開善云，假自無體，生而非有，俗即眞。無體故可假，眞即是俗也。今謂不然，二諦既言一體，七地已還，寧有出入觀耶，八地已上寧有二諦，可竝觀耶。又若爲因緣生者，即是相即。若不須因生即不相即。若順虚妄因生則有相即，若爲眞實因所辨則不相即。如莊嚴家云，涅槃妙有，出二諦外，此妙有不即於無，虚空不爲業因所得，常爾具遍故，不即於有也。開善等云，佛果二諦所攝，猶是讀待二假成故得云相即。今謂不然，兩因所成法，寧得非因所成因體相即耶。又俗即眞，若猶有俗者，俗便出眞外，那得即眞，若即眞，與眞不異者，寧復得强分别有俗。若强分别眞爲俗者，便以空分别色，色分别空，若然豈不乖經耶。今隨假名名有，此是不有之有，故名爲俗諦也。假名名無，此是不無之無，故爲眞諦也。有既是不有之有，故非是離無之有。無既是不無之無，故非是離有之無。無既非是離有之無，故無有外之無。有既非異無之有，故無無外之有。無無外有，有則是離無。無有有外無，無則是離有。無無既離有無，無即有，亦無無。離無既無，有即無，亦無有故。非無非有，非眞非俗，而明眞俗。俗是眞俗，眞是俗眞。故無即於有，非是離無之有故。有即於無，既非離有之無故。名爲有無，非是離無之有故。名爲無有，若無非有即是離有之無。若有非無，即是離無之有。如三假之有，即是離無之有，虚空等無，即是異有之無也。今謂有既是不有之有故，有即是無。無既是不無之無故，無即是有也。若他有異無之有，異有之無，異有之無，故用有分别無，是異無之有故用無分别有。無既是離有無故，無名但生在於無，有既是異無之有故，有名生在於有。有無二名，既其不通，眞俗兩體，豈得相即耶。故眞俗名一，用一則不論相即，名異用異亦不論即也。今大乘無所得義，一而異故。所以論即，異一而故所以論則。若一而有異，二諦一體二用，則不論則。若有異而一，如二用一體，亦不論即。何者體一，一無即義，二用理異，亦無有即義也。今謂名一而用異故即，用一而名異故即，此是名用用名，一異相即也。若有可有，有不即空。空若可空，空不即有。此則空有名用俱異，今明相即者，須洗前令盡淨，然後可說之。若色與空相即義彰，餘法類可尋。何者，言色非色故，色非色之空色，空非空故，空非空之色空，故空色可相即也。有不有故有，有可即空，空是不空空，空可即有，可即有故，名爲空有。有可即空故，名爲有空者。有空故異有無空，空有故，異空無有。若有非空有，有不即空，空不有空，空不即有。不即有，則不得辨相即，有不即空，亦無有相即。故空有既異，則無相即義也。成論師等云，因緣即體不可得，名爲眞。眞即俗，俗即眞。離眞無俗，離俗無眞也。今謂不然，汝眞即是俗者，則失眞。俗即是眞，則失俗。眞俗牙相失者，復有何俗可即也。又無相爲眞，有相爲俗者。今問：汝有非空有，有則離空。空非有空，空則離有。空既離有，有出空外。有既離空，有出空外。有出空外，云何相即。若不出外者，七地已還，何勞出入觀耶。有無既異，故不得相即也。今無所得義，空不自空，故名爲有空。有不自有，故爲爲空有。既是空有故，離空無有。空是有空故，離有無空。離有無空故，有即是空。離空無有故，空即是有。故言色即是空，空即是色。離色無空，離空無色也。舊釋《淨名經》《大品經》，色則是空，非色滅空，色性自空，云色即體是空，非是壞色得空。明此色本性即於空，如色是好而好非色屬法塵。今謂不然，色即是空，如色塵法塵者，燒色等時，法塵應不燒。若二並被燒者，據此爲例。若色空二者，一燒一不當燒不燒，又二種悉是色故也。今明此經文直是正義，色即是空，非色滅空者。此色是空色，空是色空，色空故色性自是空，空色故空性自是色，名爲空色。空與色，非一非異，非有非無，假名開爲空色，故名空爲色，目色爲空。故色即是空，空即是色，非色滅爲空，故色性自空也。問，俗即眞者，如車輪轉時，眞亦被轉不。答，舊云俗車時，眞不當轉不轉也。問，若然者，不明相即，既言相即，是則應被轉，一轉一不轉即不即是也。又如色等本有今無時，眞空亦始有之。若眞空本有者，此空何所空，亦不相即是。若言眞空不當本始者，亦不當即不即，理不理，諦不諦等。寄諸諦等本始相即者，寄等言，前本空有色等，始後有故，不相即等也，今謂空色眞空不相妨，故無礙也。

第七，辨體相。所言二諦體，師說不同，具如五重中道中說也，今更明之。一云二諦以有爲體，空是其義。所以然者，緣有故空，豈非就有上論空。空以有爲其體，有以空爲義用。故《居士經》云，五受陰洞達空是苦義也。今謂不然，若言以有爲體，則應以有爲理。若不是理空則非理，亦應有是諦，無非無諦也。二云二諦以空爲體，有是義用。故《大品經》《淨名經》等，空爲諸法本也。今亦不然，亦類破之。亦有無既異，常無常異，寧得爲體也。三二諦各有體，有以有爲體，空以空爲體。今隨不然，各有二諦體，則成兩理別異，不應相即。而今經中言，色即是空，空即是色，那得有兩體也。四二諦共一體，隨兩義取。若將有來約，則以有爲體。若將無來約，則以無爲體也。

**玄覺《禪宗永嘉集》** 知身虛幻，無有自性，色即是空，誰是我者，一切諸法，但有假名，無一定實，是我身者。四大五陰，一一非我，和合亦無，內外推求，如水聚沫，浮泡陽焰，芭蕉幻化，鏡像水月，畢竟無人。無明不了，妄執爲我，於非實中，橫生貪著，殺生偷盜，婬穢荒迷，竟夜終朝，矻矻造業，雖非眞實，善惡報應，如影隨形。作是觀時，不以惡求，而養身命，應自觀身，如毒蛇想，爲治病故。受於四事，身著衣服，如裹癰瘡，口飡滋味，如病服藥，節身儉口，不生奢泰，聞說少欲，深樂修行。故經云，少欲頭陀，善知止足，是人能入賢聖之道。何以故，惡道眾生，經無量劫，闕衣乏食，叫喚號毒，饑寒切楚，皮骨相連，我今暫闕，未足爲苦。是故智者，貴法賤身，勤求至道，不顧形命，是名淨修身業。云何淨修口業，深自思惟口之四過，生死根本，增長眾惡，傾覆萬行，遞相是非，是故智者，欲拔其源，斷除虛妄。

**窺基《般若波羅蜜多心經幽贊》卷下** 經曰，色不異空，空不異色，色即是空，空即是色。

贊曰：謂四大種及此所造，即十色處及法處色，性皆變現總立色名。勝空者言，下廣法空。《大經》說言，所以者何，色自性空，不由空故色空非色，色不離空，空不離色，色即是空，空即是色，此破二種執。色不異空，空不異色者，破執世俗所取色外別有眞空，不悟眞空，執著諸色，妄增惑業，輪轉生死，今顯由翳所見花色目病故然，非異空有故，依勝義色不異空。如聖教說，因緣生法我說空故，色即是空，空即是色者，破愚夫執要色無位方始有空，於色於空種種分別，今顯依勝義色本性空，迷悟位殊，義彰空色，如何色滅方乃見空，如翳見花，自性非有，豈要花滅彼始成空，故於色空勿生封執，應除倒見究竟涅槃。由此二句經作是言，色自性空，非色滅空。如應者言，若依勝義諸法皆空都無有者，初雖可爾理未必然，眞俗相形，俗無眞滅，色空相待，色滅空亡，故非本來色體空也。勝空者言，據實此空非空不空，翻迷對色悟說色空，非此空言即定爲空，空亦空故。如應者言，若因緣色自本都無，應諸愚夫先來智者，是則凡聖互是聖凡，自處師資實爲誰迷。勝空者言，煩惱成覺分，生死即涅槃，塵勞之儔爲如來種，諸眾生等本來寂滅，豈非愚夫先即智者。如應者言，若許色事有異空理，可捨色迷而求空悟，既空本色，智即爲愚，求智捨愚豈非顛倒，且厭生死求趣涅槃，苦樂不殊，求之何用，愚夫生死已得涅槃，聖者更求極成邪妄。勝空者言，俗事迷悟，求聖去凡，眞理色空何成取捨。如應者言，若許事別亦說即空，俱勝義中自成矛楯，應未悟者知色即空，其已悟者不悟空色，精勤聖者可滑可傷，懈怠愚夫可欣可樂。如世尊言，云何菩薩隨順會通方便善巧波羅蜜多，若諸有情於佛所說空性經典，謂一切法皆無自性，皆無有事，無生無滅，皆如幻夢，於是等法不能解了。菩薩爲彼如理會通，應告彼言，此經不說一切諸法都無所有，但說諸法所言自性都無所有，故說諸法皆無自性。雖有一切所言說事依止彼故諸言說轉，然彼所說可說自性，據勝義諦非其自性，故說諸法皆無所有。彼一切法所言自性理既從本都無所有，當何所生當何所滅，故說諸法無生無滅。

又如幻夢非如顯現如實是有，亦非一切幻夢形質都無所有，如是諸法非如愚夫言說串習勢力所現如實是有，亦非一切諸法勝義離言自性都無所有，由此悟入一切諸法非有非無，猶如幻夢其性無二，故說諸法皆如幻夢。如是菩薩普於一切諸法法界，不取少分不捨少分，不作損減不作增益，無所失壞，若法實有知爲實有，若法實無知爲實無，如是開示是名菩薩隨順會通方便善巧。此經意說，一切愚夫如言所執實有可說諸法自性，如實幻夢皆無自性，都無有事無生無滅，非無聖智眞俗諦境離言法性，非如幻夢形質亦體都無名無性等，達所執無名悟非有，達聖境有名悟非無，故言菩薩不取少分不捨少分無知爲無有知爲有。若依勝義法體都空無少有者，作此會通便非善巧，稱悟非無不捨少分，亦徒施設乃爲損減失壞正理。由此故知，此經意破先執色有故說色空，空者無也，非法性空。愚夫所執當情色相本性非有，若執非空及色滅無方成空體，既成二倒，故應雙遣顯色事理非如所執，勿起妄情生顛倒見，妄情既斷，所執色亡，故斷依他遣計所執，如翳既滅不見空花，二乘外道執實作用因緣生法性都非有。故聖說言，因緣生法我說皆空，非謂依他如幻之色亦皆空也。故有頌言：

虛妄分別性，由此義得成，非實有全無，許滅解脫故。

聖教又說，諸法不自生，亦不從他生，亦不從共生，非不從二生，雖無所執作用因緣，而有功能緣可得故。此若無者應無俗諦，俗諦無故眞諦亦無，依誰由誰而得解脫。或此空者即法性空，若執遍計所執諸色及依他色定異眞有，眞俗定別極成迷亂，今顯二色性即空如無相無爲非詮智境，應捨二執求趣眞空，故攝歸空雙除妄見。法性之色體即眞相，不異即空，此復何惑。聖說二諦各有淺深，彼互相形皆有眞俗，有俗俗俗，有俗俗眞，有眞眞眞，有眞眞俗，即俗眞俗，眞亦俗眞，有俗有眞俗無眞滅，既非無色而獨有空，亦非色空定不異即，故眞空與色非異非不異，非即非不即，今遮定異等唯說不異即，此不異即言亦非不異即。辯中邊說：無二有無故，非有亦非無，非異亦非一，是說爲空相。

今說色空互相顯者，令義增明破疑執故。前說觀自在教練磨心，今說色空等令除四處。一者二乘作意狹劣欣厭不樂利他，二者於大乘中顛倒推求及起疑惑，三者於聞思等言我能然種種法執，四者現前安立骨瑣色等乃至菩提執著分別。今說色等不異即空，令捨二乘劣作意等得無分別出世行成。

**圓測《佛說般若波羅蜜多心經贊》** 色不異空，空不異色，色即是空，空即是色者。此約四句正辨空性於中有二，初約色蘊以辨四句，後類四蘊皆有四句。此約色蘊以辨四句，將釋四句。先辨空性者如前分別，空有二種，一者生空，二者法空。所說生空有其四種，一者所執我無說之爲空，諸法數中所不攝故。是故瑜伽菩薩地曰有爲無爲名爲有，無我我所名爲無。二者生空所顯眞如空所詮故亦說爲空。三者苦諦所攝有漏別空即用有漏五蘊爲體，故《成唯識》第六卷曰，別空非我屬苦諦故。四者諸法所攝通空非我，即用諸法以爲體性，故諸經說一切法無我。雖有四種依三性理攝以爲三，一所執性空，二依他性空，三圓成實空，如其次第三性爲體，法空四種雖無正文以理推徵應有四句，法空三種準上應知。若廣分別有十八空，如《十八空論》，依大般若或說十六十七十八乃至二十，具如彼經。今依三性以釋四句，於四句中初之二句標宗正説後之二句遣外疑情，色不異空者標俗不異眞，空不異色者標眞不異俗，後遣外疑情外人設疑互相依故爲不異耶。爲相即故名爲不異故作此説。色即是空，空即是色，非相依故名爲不異，非相即故名爲不異。即依此文西方諸師自有兩釋，一清辨等曰色有三種，謂所執等空能遣性體非三性，今言色即是空者遍計所執本來無故説之爲空，據實此空亦非是空。

故《中論》曰，若有不空法，則應當有空法，實無不空法何得有空法，後二性空準此應知爲除有執説彼空言，依他起性猶如幻等從緣故空，圓成實性以不起故如似空華自體亦空。有解宗中更有一釋遣前二性非圓成實，兩宗共許離有無相絶戲論。故問色空相對爲一異耶，一體相即，便成一執體，若異者則是異執，亦一亦異寧不相違，非一非異應成戲論。釋此四句分別成兩解，一外道小乘多依表門，以説四句言有無等有所詮故，二依大乘有無等言皆是遮詮，一切諸法不可説故，然一切法皆有二相，謂即自共，自相唯是現量智得，非假智言所可得故。若假智言所詮得者謂即共相且如説青，莖葉等相其相各異唯現量得，由斯假智及諸名言但能詮表青上共相，而説青時遮黄等故名爲説青，非正表青故説遮詮。就遮詮中自有兩説，一清辨宗其性道理不可以名名，不可以相相，破而無執，立而無當，所引理教準上應知，二護法宗實有世俗勝義道理皆離名言，於中眞性對世俗故説眞性言非無所詮，清辨宗中一師所説亦同此釋。是故護法破清辨曰，若依眞性説諸法空，便成相符極成之失，於清辨宗遣依他性，護法不許故有差別，由斯道理内宗所説有無等言皆是遮詮，遠離一異戲論等失。

依清辨宗釋文已訖，二依護法釋四句者色有三種，謂三性色空亦有三，體即三性，是故無著菩薩《辨中邊》曰，空有三種，一無性空性非有故，二異性空與妄所執自性異故，三自性空二空所顯爲自性故。依遍計色對空四句有其三種，一所執色對所執空以辨四句，隨情所執根境等色不異所執本無之空，是故説爲色即是空，本無之空隨情即有故言空即是色，此是同性相即，標宗二句準上應知。二所執色對依他空以辨四句，附託依他所執實色，不異依他無實之空，是故説言色即是空，而彼妄情於彼空處執有實色，故言空即是色，標宗二句準應可知，此是異性相即。三所執色對圓成實以辨四句，於圓成性執爲實色，不異圓成自性之空，於自性空執爲實色，故言色即是空空即是色，標宗二句準應可知。此如依他異體相即，依他起色對異性空有其四句。謂緣生色不異依他異性之空，然此空性是質礙故。是故説爲色即是空，空即是色，此是同性相即，標宗二句準應可知。又釋依他緣生之色對二性空有二四句，對異性故不異前釋，對自性空亦有四句，謂緣生色用如爲體，然彼空性不異依他，故成唯識作如是説。故此與依他非異非不異如無常等性，又中邊云此中唯有空於彼亦有此，由斯道理依他圓成互不相離。是故説言色即是空，空即是色，非緣生空故説相即，不爾應成違宗失故，此是異性相即，標宗二句準應可知。圓成實性對自性空有其四句，謂圓成實是依他起色，實性故名之爲色，我法二空之所顯故説圓成空，由此道理是故説言色即是空，空即是色，此是同性相即，標宗二句準應可知。

**法藏《般若波羅蜜多心經略疏》** 舍利子，色不異空，空不異色，色即是空，空即是色，受想行識亦復如是。自下第二明廣陳實義分，於中有五，一拂外疑，二顯法體，三明所離，四辨所得，五結歎勝能。初段文有四釋，一正去小乘疑，二兼釋菩薩疑，三便顯正義，四就觀行釋，初中言舍利子者，舉疑人也，舍利是鳥名，此翻爲鶖鷺鳥，以其人母聰悟迅疾如彼鳥眼，因立其名，是彼之子，連母爲號故曰鶖子，是則母因鳥名，子連母號，聰慧第一，標爲上首，故對之釋疑也。彼疑云，我小乘有餘位中見蘊無人，亦云法空與此何別。今釋云，汝宗蘊中無人名蘊空，非蘊自空，是則蘊異於空，今明諸蘊自性本空，而不同彼，故云色不異空等。又疑云，我小乘中入無餘位身智俱盡，亦空無色等與此何別。釋云，汝宗即色非空，滅色方空，今則不爾，色即是空，非色滅空，故不同彼，以二乘疑不出此二，故就釋之。

二兼釋菩薩疑者，依《寶性論》云，空亂意菩薩有三種疑，一疑空異色，取色外空，今明色不異空，以斷彼疑。二疑空滅色，取斷滅空，今明色即是空，非色滅空，以斷彼疑。三疑空是物，取空爲有，今明空即色，不可以空取空，以斷彼疑。三疑既盡，眞空自顯也。三便顯正義者，但色空相望有其三義，一相違義，下文云，空中無色等，以空害色故，準此應云色中無空，以色違空故，若以互存必互亡故。二不相閡義，謂以色是幻色，必不閡空，以空是眞空，必不妨幻色，若閡於色，即是斷空，非眞空故，若閡於空即是實色，非幻色故。三明相作義，謂若此幻色舉體非空，不成幻色，是故由色即空，方得有色故。《大品》云，若諸法不空，即無道無果等。《中論》云，以有空義故一切法得成，故眞空亦爾，準上應知。是故眞空通有四義，一廢己成他義，以空即是色故，即色現空隱也。二泯他顯己義，以色是空故，即色盡空顯也。三自他俱存義，以隱顯無二是眞空故，謂色不異空爲幻色色存也，空不異色名眞空空顯也，以互不相礙二俱存也。四自他俱泯義，以舉體相即全奪兩亡絶二邊故。色望於空亦有四義，一顯他自盡，二自顯隱他，三俱存，四俱泯。並準前思之，是則幻色存亡無閡，眞空隱顯自在，合爲一味圓通無寄，是其法也。四就觀行釋者有三，一觀色即空以成止行，觀空即色以成觀行，空色無二，一念頓現，即止觀俱行方爲究竟。二見色即空，成大智而不住生死，見空即色，成大悲而不住涅槃，以色空境不二悲智念不殊成，無住處行。三智者大師依《瓔珞經》立一心三觀義，一從假入空觀，謂即是空故。二從空入假觀，謂空即是色故。三空假平等觀，謂色空無異故。

**澄觀《華嚴經行願品疏》** 三相作義者，謂若此幻色舉體非空，不成幻色。是故要由色即是空，方得有色。《大品經》云，若諸法不空，即無道無果。《中觀》論文亦同此說。又云，以有空義故，一切法得成，眞空亦爾。準上應知，此即三四依理成事能顯理門也。其初二門，即通顯體相，亦即不相得義。又由上三義，諸空有法通有四義。一廢己成他義，以空即色故，即色現空隱也，即是第三依理成事門。二泯他顯己義，以色即空故，即色盡空顯也，即是第八事法即理門。三自他俱存義。以隱顯無二，是眞空故，謂不異空爲幻色，色存也，不異色名眞空，空顯也，以互不相異二俱存也，即是第九眞理非事門。四自他俱泯義，以舉體相即，全奪兩亡，絶二邊故，即是第五以理奪事門。上之四義並空望於色。若色望於空，亦有四義。一顯他自盡義，即是第四事能顯理門。二自顯隱他義，即是第七眞理即事門。三俱存義，即是第十事法非理門。四俱泯義，即是第六事能隱理門。並準前思之，而有前四門必帶後四門，有後四門必帶前四門，合則通爲四門。是則幻有存亡無得眞空隱顯自在，合爲一味圓通無得。又所以相違無得及相作者，以緣起法有四義故。一緣生故有，二緣生故空，三無性故有，四無性故空。由初及四二義別故有相違義，由二及三同一緣起，有不相得義。又由初二義，有有望於空而成四義。由後二義，有空望於有而成四義。謂由無性故有，有廢己成他義。由無性故空，有泯他顯己義。由上二義無得故，有俱存義，由上二義相形故，有自他俱泯義，有望於空四義準之。又以無性緣生故有，則非常見，有見之有爲幻有也。無性緣生故空，則非斷見，無見之空爲眞空也。幻有則是不有有，眞空即是不空空。非空非有，是中道義。以有與非有無二，方爲幻有。空與非空無二，爲眞空故。又非空與有無二，爲一幻有，空與非有無二，爲一眞空。又幻有與眞空無二，爲一味法界。合之則一不爲一，開之則具上十義，同時頓起，深思明瞭，以成事理無得觀也，不唯無念無起而已。

**澄觀《大方廣佛華嚴經綱要》卷三四** 次二偈別顯微相，謂微之體相也，是智有二相。初二句明同相，智體空寂故。後六句不同相，智位差別故。初二句言自性等者，謂此智自體本空寂故。何以言同，此即性淨涅槃，上同諸佛，下同衆生，一切衆生皆有此故，横同諸法諸法如故。此如即是自體空故，一切皆以空爲自性，智性色性本無差別，一切皆有安樂性故。下句別釋空義。疏依論經云，有不二不盡，釋約此句離三種空，攝眞空相，三種空者。即地前空亂意菩薩有三種疑，一疑空滅色，取斷滅空，此失空如來藏，即損減謗也。二疑空異色，取色外空。三疑空是物，取空是有。今言有即非斷滅，故云色即是空。言不二者謂不異此空智，更有異空，言不盡者謂空非有物之可轉滅，故云空即是色，非別有空。離此三空，即見自性本空如來藏矣。此疏依論經釋。次解脱下有六句，即方便淨涅槃，謂不同凡小修斷故，即智之性，爲性淨。以智出惑障，爲方便淨。解脱於諸趣者，謂於諸趣得以離諸趣雜染。爲解脱故，言平等者，世間之性即涅槃故，以生死即涅槃，非若二乘背生死也，謂三時無斷，方説斷惑。故云非初中後，非言辭下三句。明三德，初句即般若德，是觀行相，謂無分別觀，體絶名言，眞智内發。次句即法身德，是轉依相，謂轉無常依，故出過三世。三其相如虚空，即解脱相。謂不同聲聞猶有二障，今此二障雙亡，故如空無礙，此不同相，由得前同，成斯不同，能顯前同，有離障清淨，如融金成像，像非金外。

**宗密《圓覺經大疏釋義鈔》卷七**　問：凡夫妄情計云妄見色等，諸賢聖智者，豈可都不見一物耶。答：情執既盡，都不見計有定實之物，質礙之物。所見之色，色色皆空，一一皆是全空之色。如鏡像水月海印文等，故色與空都不相違。且如水火相違之法，不可二物同處俱存。然若一虛一實，即不相違。謂如水中有一尺火影，癡孩子見一尺之外皆是清水，一尺之分𤑺𤑺炎赤，聞智人云，一尺之分體全是水，的不信之，以情有火故。若智者了之，不待去火，火本全空，不待益水，水體全遍，以火是虛相即空故不礙水，水是實有故能現火。如此則火即是水，水即是火，火不異水，水不異火，以一虛一實故。若便兩實俱存，火水的不可同一尺之處，以相違故。如經中所言，色即是空，空即是色，色不異空，空不異色者，良由從緣之色全虛而般若之空全實故。若使俱實，豈得無礙，以相違故。如此見者，方是眞空之理。問：疏云虛空無有邊等，何故今云眞空。答：爲欲破所執色故，立無物之空。今以破色之理成就，義勢連環，便至眞空，故云爾也。若見色外之空，亦爲妄執，故下文中亦破空也。

**慧淨《般若波羅蜜多心經疏》**　舍利子，色不異空，空不異色，色即是空，空即是色，受想行識，亦復如是。

色是形色也，堅濕煖動，即色蘊也。空即虛通，爲無自性故。言色不異空空不異色者，爲二乘人滅色取空，不知空是自心，心外見有空境見境心礙礙，即名爲色，故言空不異色，色即是空者。菩薩了達色性自空，非色滅空，非是無色名空，非是因觀故空，非心盡故空，非是拆法故空，猶如兔角龜毛，本無體性。故言色即是空，空即是色者。若心外見空，即還被空礙。故言空即是色，空不自空，因色故有空。色不自色，因空故有色。以空知有色，以色知有空，離空無別色，離色無別空。諸佛或時說色，或時說無色。諸法實相中，無色無非色，空亦如此。《華嚴經》云，心能採盡色，絲盡色非心，離心無盡色，離盡色無心，一切相待並準此。譬如有兩目俱睞，在路獨行，其道兩邊，俱有深坑，其人不見，或落道東，或落道西，當欲入坑，不見正路，路逢一人，引向中道。一切眾生，亦復如是，爲諸煩惱，蔽於慧目，妄執空執色。聞說色不異空，即執空是有。爲說空不異色，即執色是眞。爲說色即是空，還執空爲實有。爲說空即是色，還起色執不除。必竟逐語尋聲，爲此遣心未盡。今以四重，翻覆心境，方始窮源。譬如有人，兩目俱睞者。凡夫二乘，慧眼未開，不見中道是。兩畔深坑者，執斷執常，執空執色，常起有無二邊惡見等是。路逢一人者，即諸佛如來是。教避深坑者，離二邊惡見，爲說菩提正路者是。至於空之與色，皆是自心所變。了知心境不二，故言色不異空，受想行識亦復如是者，此是心法，色既翻覆四重，心法不異於色，略而不言，故云亦復如是。頌曰：空色假待曾何實，其中唯有一眞如。心境曉同如幻夢，逍遙獨步入無餘。

**靖邁《般若波羅蜜多心經疏》**　色不異空，空不異色，色即是空，空即是色，受想行識，亦復如是。

文中第一釋前見蘊空之所以。何以故，時眾疑云，一切眾生，悉皆見知色等五蘊是其實有，今何以故言菩薩見空。故今明遍計所執色等五蘊本來空無，譬目熱眩，而於空中現種種色，此色與空，一而無二，遍計執色亦復如是。煩惱熱眩，於自心中有空現色，而此色性與空不異，都無所有。故告舍利子言，色不異空。若色實有與空異者，空中應有五蘊。今諸菩薩，以眞實正智，見遍計色蘊本自空無，故言色不異空。色既不異於空，空復豈當而得異色，故言空不異色。既不相異，所以言色即是空，空即是色，色之與空，平等平等，無有差別。故知此色本來自空，非是菩薩強觀使空。若色實有不空，菩薩強觀使空，菩薩便成顛倒，凡夫見實，應非顛倒。而實不爾，故知色空，受想行識等亦復如是者，如色與空不二，餘四蘊等理亦同然。

**師會《般若心經略疏連珠記》上**　下經云，色即是空，空即是色。論云，智障極盲闇，謂眞俗別，執亦不得以性空故，而不許緣生以無緣生空不立故。論云，有爲法空以從緣生故，又此是眞空非斷空故，若待滅緣生方爲空者，是則情中惡趣空也。是故以眞奪俗，俗盡而俗常存也。又亦不得許緣有故，違害眞空，以若不空非是緣有，自若有者非緣生故，是故以俗害眞，眞泯而眞常存也。又不異有之空方爲眞空，不異空之有方是幻有，是故此二不二存泯同時也。空有下二，一味圓彰。圭山曰，謂一眞心性非空非色，能空能色，如鏡之明，是於二諦之後，加第一義諦，謂無性故緣生空亡也，緣生故無性有亡也，空有俱亡爲一味法故云常顯。下疏曰，幻色存亡，無礙眞空，隱顯自在合爲一味，圓通無寄是其法也，良以下三中道以顯妙。清涼曰，意明此中空有皆是中道，然幻有眞空雖通三性，諸祖釋義多就依他以敘諸宗立義不同，諸教淺深迥異，而宣政之來奧義湮微，遂令駕說之流多抑深經以爲權淺，今當先敘諸家所宗空有，令書然在前後銷疏文，初言幻有者，亦名緣有妙有假有似有。

宗致曰，此大乘內於緣生法二宗盛諍，一法相宗說，此緣生決定不空，以有因緣之所生故，猶如幻事不可言無，若言空者應非緣生，如兔角等。又云，三論但破小乘外道，遍計實我實法，不破大乘依他起性，以是幻有非過失故，若此亦破則是斷滅惡趣空攝，非正法故，既是深過，明知緣生決定不無，《攝論》《瑜伽》《深密經》等決定說有不可違故，此乃始教相宗說，此幻有不許即空也。二空宗說，此緣生法決定是空，以從緣生必無自性，猶如幻事不可言有，若言有者則不從緣，不從緣故則非緣起之法也。又云，設使《瑜伽》等論所立，依他三論，亦破以諸緣生無不空故，若此不破見不亡故，理非盡故，此是始教空宗說，此幻有不得言有，若言其有則是病眼愚夫所取，法執未盡也。三法性宗說，此幻有從緣無性，如幻化人非無幻化人，幻化人非眞故，云幻有，亦名妙有，以非有爲有故名妙有。又曰，以即空之色爲妙色，由了無色而現色故成妙色。又曰，即空之有方爲具德之有。又曰，幻有義者是則非有非不有名爲幻有。又云，不墮一邊爲俗諦中道等，此乃法性宗約空有相，即以顯幻有義也。次言眞空者，一法相宗約彼遍計所執，密意說言諸法自性皆空，翻彼小乘而空六識依圓，是有不得即空遍計，是空但是空無亦曰眞空。二空宗說，心境俱空平等一味。圭峯曰，以諸法無性即名眞理，如幻花無體，即是太虛。又引門論云，大分深義所謂空也，假名及中道但就空說。清涼曰，三論宗云，妄說爲有眞諦故空，依計是俗俗故是有，圓成是眞眞故是空，從緣生法決無自性，故曰眞空。若言有者，即是法執。智光竺汰康朗諸師之所宗也，汰法師本無論曰，非有有即無，非無無即無，故曰眞空。所以肇公作《不眞空論》演義釋，其題曰，此中眞空非是對妙有之眞空，此眞空是所破病，彼謂眞諦一向無物爲眞空故。肇公以不不之云不一向是無物故，曰不眞空。又曰，此但得三論一分空義耳。草堂曰，彼且不立眞何況於妄，以眞諦爲眞空也。三法性宗所說眞空，鎭國曰，即色之空方曰眞空，亦稱妙有。又曰，要皆即有之空，方爲具德之空。又曰非空之空爲具德耳，此即法性宗所顯中道之眞空也。

次銷疏文，文有四節，初對總融空有以顯中道，所以前科三諦圓通，空有一味者，良由幻有眞空無二爲中道故。一疏結成中道云，非空非有是中道義。鈔云，然其正意合眞空二義，總名非空，合幻有二義總名非有，空有不二故爲中道，眞空二義即空與非空，幻有二義即有與非有也，言眞空者。清涼曰，由無性故空，是空義緣生故空，是空之所以，所以即是因緣，謂何以無性得成空義。釋云，由從緣生所以無性，是故緣生無性，是空之所以。既是從緣生法，無性故空，故曰眞空。而又不待壞彼差別法體然後方空，是故眞空未嘗不有。又即此有法緣生無性，便名眞空。故云，即有以辨於空，言幻有者。清涼曰，緣生故有是有義，無性故有是有之所以。又曰，何以緣生得爲有義。釋云，特由無定性故方始從緣而成幻有，是故無性是有所以，既是從緣無性之有，則此有常無自性。故云，幻有未始不空。又即此無性舉體從緣而成於有，是故即空以明於有。然此疏文直明眞空，是即幻有之眞空，幻有是即眞空之幻有。故云，總融空有以顯中道，有空下二別融空有以顯中道，即於幻有眞空之上，各顯二中道義也。初言有者，是指幻法自體即幻有，上非不有義也。次言空有者，謂此幻法從緣無性，即空之有，是空家之有，故言空有。故不有者，以其舉體全空無所有故，即幻有上非有義也，非有非不有，無二爲一幻有。宗致曰，一非有義，謂舉體全空無所有故，二非不有義，謂不待壞彼差別相故。《大品》云，諸法無所有如是有，是故非有非不有，名爲幻有。次云空者，是指眞空上非不空義也，言有空者，謂此眞空是緣生無性之空，即有之空，是有家之空，故云有空。故不空者，不待滅緣生方爲空，故全有之空故不空也，即眞空之上非空義也，非空非不空無二爲一眞空。宗致曰，二眞中亦二義，一非空義謂以空無空相故，二非不空義謂餘一切相無不盡故，是故非空非不空名爲眞空。經云，空不空不可得名曰眞空。《中論》云，無性法亦無一切法空故。宗致合此有五重中道，一謂非有則是非不有，以此無二爲幻有。《莊嚴論》云，無體非無體，非無體即體，無體體無二，是故說是幻。此以無體爲幻體，故說無二，由此無二不墮一邊，故名中道，此是俗諦中道。二眞中非空即是非不空，以此無二爲眞空雙離二邊，名爲中道，此是眞諦中道，三幻中非有則眞中非不空義，幻中非不有則眞中非空義，以並無二故，由此無二與前無二復無二，是故二諦俱融不墮一邊，名爲中道，此是二諦中道。四幻中非有與眞中非空融無二故，名爲中道，此是非有非空之中道。經云，非有非無名爲中道。五幻中非不有則是眞中非不空，此則非非有非非無之中道，謂絕中之中也，是故二諦鎔融妙絕中邊，是其意也。此中初二中道是空有別融，後三二諦交絡以顯中道也，不空下三顯正揀非，以明中道言不空等者，即無性故，空緣生故，空爲眞空也。

**延壽《宗鏡錄》卷六八**　如《起信鈔》問云：境智爲一爲異。答云：智體無二，境亦無二，智無二者，只是一智。義用有殊，約知眞處，名爲眞智，約知俗處，名爲俗智。境無二者，謂色即是空爲眞境，空即是色爲俗境。由是證眞時必達俗，達俗時必證眞。了俗無性，即是眞空，豈有前後耶。況無心外之境，何有境外之心，是即心境渾融，爲一法界。【略】

問：離識有色，文義俱虛。心外無塵，教理同證。其奈名言熏習，世見堅牢，若不微細剖陳，難圓正信。只如外色，若麤若細，云何推檢，知其本空，了了分明，成就唯識。

答：麤細之色，皆從識變。既從識有，外色全空。故經云，色性自空，非色滅空。爲未了者，更須破析，直至極微，方信空現。《識論》云，餘乘所執離識實有色等諸法，如何非有，彼所執色，不相應行，及諸無爲，理非有故。且所執色，總有二種，一者有對，極微所成，二者無對，非極微成。彼有對色，定非實有，能成極微，非實有故，謂諸極微。若有質礙，應如瓶等，是假非實。若無質礙，應如非色，如何可集成瓶衣等。又諸極微，若有方分，必可分析，便非實有。若無方分，則如非色，乃至雖非無色，而是識變。謂識生時，內因緣力，變似眼等色等相現，即以此相，爲所依緣。然眼等根，非現量得，以能發識，比知是有。此但功能，非外所造，外有對色，理既不成。故應但是內識變現，發眼等識，名眼等根，此爲所依。生眼等識，此眼等識，外所緣緣，理非有故，決定應許自識所變，爲所緣緣。謂能引生似自識者，乃至由此定知，自識所變以色等相，爲所緣緣，見託彼生，帶彼相起故。然識變時，隨量大小，頓現一相，非別變作衆多極微，合成一物。爲執麤色有實體者，佛說極微，令其除析，非謂諸色實有極微。諸瑜伽師，以假想慧，於麤色相，漸次除析，至不可析，假說極微。雖此極微猶有方分，而不可析，若更析之，便似空現，不名爲色，故說極微。是色邊際，由此應知，諸有對色，皆識變現。非極微成，餘無對色，是此類故，亦非實有。或無對故，如心心所，定非實色。諸有對色，現有色相，以理推究，離識尚無。況無對色，現無色相，而可說爲眞實色法。

**延壽《宗鏡錄》卷八**　法界觀眞空門云：一，色即是空者。以色舉體全是眞空，不即斷空，以色等本是眞如一心，與生滅和合，名阿賴耶識，能變起根身器界，即是此中所明色等諸法，故今推之，都無其體，故舉體歸於眞心之空，不合歸於斷滅之空，以本非斷空之所變故。斷空，則是虛豁斷滅，無知無用，不能現於萬法，如鏡外之空，非同鏡內之空。色相宛然，求不可得，謂之空，又凡是色法，必不異眞空，以諸色法，必無性故，是故色即是空，既非滅色取空，離色求空，又不即形顯色相之空，又不離形顯無體之空，即是眞空，若不即色相，即無遍計所執，不離無體，即是依他緣起，緣起無性之眞理，即是圓成。二，明空即色者。眞空必不異色，故云空即是色。何以故，凡是眞空，必不異色，以是法無我理，非斷滅故，是故空即是色。若離事求空理，即成斷滅。今即事明無我無性眞空之理，離事何有理乎。以眞如不守自性，隨緣成諸事法，則舉空全色，舉理全事。又眞如正隨緣時，不失自性，則舉色全空，舉事全理。三，空色無礙者。謂色，舉體全是盡色之空，故色盡而空現。空，舉體不異全盡空之色，即空即色而空不隱，是故看色無不見空，觀空莫非見色，無障無礙，爲一味法也。如舉衆波全是一水，舉一水全是衆波，波水不礙同時，而水體挺然全露，如即空即色而空不隱。《寶藏論》云，空可空，非眞空，色可色，非眞色。眞色無形，眞空無名。無名名之父，無色色之母，爲萬物之根源，作天地之大祖。《肇論》云：本無，實相，法性，性，空緣會，一義耳。何則，一切諸法，緣會而生。緣會而生，則未生無有。未生無有，緣離則滅，如其眞有，有則無滅。以此而推，故知雖今現有，有而性常自空。性常自空，故謂之性空。法性如是，故曰實相。實相自無，非推之使無，故名本無。言不有不無者，不如有見常見之有，邪見斷見之無耳。若以有爲有，則以無爲無。有既不有，則無無也。夫不存無以觀法者，可謂識法實相矣。乃至三乘，等觀性空而得道也。性空者，諸法實相也。見法實相，故爲正觀。若其異者，便爲邪觀。設二乘不見此理，則顛倒也。

是以三乘觀法無異，但心有大小爲差耳。又《不眞空論》云：夫至虛無生者，蓋是般若玄鑒之妙趣，有物之宗極者也。自非聖明特達，何能契神於有無之間哉。是以聖人通神心於無窮，窮所不能滯，極耳目於視聽，聲色所不能制者，豈不以其即萬物之自虛，故物不能累其神明者也。是以聖人乘眞心以理順，則無滯而不通。審一氣以觀化，故所遇而順適。無滯而不通故，能混雜致淳。所遇而順適故，則觸物而一。如此則萬像雖殊，而不能自異。不能自異故，知像非眞像。像非眞像，則雖像而非像。然則物我同根，是非一氣。潛微幽隱，殆非群情之所盡。故知若乘眞心而體物，則何物而不歸。齊一氣以觀時，則何時而不會。何時而不會，則知觸境之無生。何物而不歸，則見物性之自虛矣。若任情所照，曷能盡其幽旨乎。若不悟宗，難逃見跡。如龐居士偈云，昔日在有時，常被有人欺，種種生分別，見聞多是非。後向無中坐，又被無人欺，一向看心坐，冥冥無所知。有無俱是執，何處是無爲，有無同一體，諸相盡皆離。心同虛空故，虛空無所依，若論無相理，唯有父王知。故知有無諸法，欲求究竟，唯心方證。若未歸心，盡成障礙，爲常爲斷，成是成非。纔入此宗，自然融即。謂先明其起處，知自心生。既從心生，則萬法從緣，皆無體性，必無心外法。能與心爲緣，悉是自心生，還與心爲相。但論空有，則廣明諸法。何者，以空有管一切法故。此空有二門，亦是理事二門，亦是性相二門，亦是體用二門，亦是眞俗二門。乃至總別同異，成壞理量，權實卷舒，正助修性遮照等。或相資相攝，相是相非，相遍相成，相害相奪，相即相在，相覆相違，一一如是，各各融通。今以一心無性之門，一時收盡，名義雙絕，境觀俱融，契旨忘言，咸歸宗鏡。是以須明行相名義差別，方能以體性融通。若不先橫竪鋪舒，後何以一門卷攝。故還原觀云，用就體分，非無差別之勢，事依理現，自有一際之形。如上微細剖析，廣照空有二門，可謂得萬法之根由，窮諸緣之起盡。此有無二法，迷倒所由，九十六種之邪師，因茲而起，六十二見之利使，從此而生。菩薩尚未盡其原，凡夫安能究其旨。

所以《寶性論》云：空亂意菩薩，於此眞空妙有，猶有三疑。一疑空滅色，取斷滅空。二疑空異色，取色外空。三疑空是物，取空爲有。故《華嚴經》中，善財歷事諸佛，已證法門，尚猶於諸法中，無而計有。若究竟遠離，唯大菩薩之人。《大智度論》偈云，有無二見滅無餘，諸法實相佛所說。《淨名經》云，有無二見，無復餘習。又偈云，說法不有亦不無，以因緣故諸法生。何者，若時機因緣執有，則說空門。若時機因緣著空，遂談有教。爲破有，故不存空。因治空，故不立有。故說有而不有，言空而不空，或雙亡而雙流，或雙照而雙寂，破立一際，遮照同時。如《肇論鈔》云，今就論文，總有四意，以顯周圓之旨。一者破實顯空。二者破空顯假。三者破唯空唯假，顯亦空亦假。四者破亦空亦假，顯非空非假，則是中道。【略】

故知眞空難解，應須妙得指歸。若隨空有之文，皆墮邪見。如《鴦崛魔羅經》偈云，譬如有愚夫，見雹生妄想，謂是瑠璃珠，取已執持歸，置之瓶器中，守護如眞寶，不久悉融消，空想默然住。於餘眞瑠璃，亦復作空想。文殊亦如是，修習極空寂，常作空思惟，破壞一切法。解脫實不空，而作極空想，猶如見雹消，濫壞餘眞實。汝今亦如是，濫起極空想，見於空法已，不空亦謂空。有異法是空，有異法不空，一切諸煩惱，譬如彼雨雹。一切不善壞，猶如雹融消，如眞瑠璃寶，謂如來常住，如眞瑠璃寶，謂是佛解脫，虛空色是佛，非色是二乘，解脫色是佛，非色是二乘，云何極空相，而言眞解脫。文殊宜諦思，莫不分別想，譬如空聚落，川竭瓶無水，非無彼諸器，中虛故名空。如來眞解脫，不空亦如是，出離一切過，故說解脫空。如來實不空，離一切煩惱。及諸天人陰，是故說名空。嗚呼蚊蚋行，不知眞空義。外道亦修空，尼乾宜默然。所以外道執斷空，二乘證但空，俱不達一心眞空之理。故無生義云，經云，持心猶如虛空者，非是斷空，爾時猶有妙神，即有妙識思慮。

**施護等譯《佛母般若波羅蜜多圓集要義釋論》卷三** 此言無二別異說等者，謂諸愚夫於無二智中，別異所現起顛倒見，著於二種境界之相。頌言果等定毀謗者，果等者，謂於果等境界眞如相中，決定毀謗，今此止遣。頌言毀謗諸分別等者，謂毀謗故起諸分別，而彼毀謗諸分別等今悉止遣。頌言此說者，爲止遣故，今此說言不空故空爲令棄捨彼虛假說，應知此中色即是空。復次此中一性分別有所起現，此復云何謂般若波羅蜜多本母中說。若色空即非色，作此如是和合所說，爲令止遣，一性分別決定語義，所以頌言：色空非和合，彼互相違礙。無色無空名，色相自和合。

此言色空非和合者，謂色與空不和合故。不和合者，不相應義。問何故不和合。頌自答言，彼互相違礙，謂色空二互相害故，相違行相此中云何。頌言無色無空名，謂若無色即無空，以無自性故，譬如虛空蓮華，其義應知。頌言名者，即印可義，印可此說無自性故，頌言色相自和合者，謂青黃赤白衆色之相，而自和合，此中總意彼有自性及無自性，應知二種決定相違，復次頌言：此一性分別，對治種種性。空不異彼色，彼空何所有。

所言此一性分別等者，此者，因義，由是因故，謂即表示對治止遣一性分別，是故此般若波羅蜜多教中所說。若色空即非色，此中如是爲令止遣一性分別故。所以頌言，空不異彼色彼空何所有。如上頌言，對治種種性者，謂即止遣種種性中有所分別，是故此般若波羅蜜多本母中，作如是說，所謂空不異色。此如是語云何所作，以空礙色故。問，何所止邪。答，止遣種種性分別。此復何因，所謂彼空不異色蘊之相，色何所有。是故此說色即是空，離空無有少色可得。以無所有故，如是所說悉爲止遣種種性分別散亂。

**惟淨等譯《大乘寶要義論》卷八**　《維摩詰經》云：何爲病本，謂有攀緣即爲病本。若有攀緣即有其病，何所攀緣，謂之三界。若無攀緣彼何所表，若攀緣不可得即無所得，云何無所得，謂二見無所得。何謂二見，謂內見外，彼無所得。此經又云，愛見菩薩言，色空爲二，色即是空，非色滅空，色性自空。如是乃至識即是空，非識滅空，識性自空，此等五蘊若解了者，是爲入不二法門。

《般若波羅蜜多經》云：舍利子問尊者須菩提言，若菩薩摩訶薩修行般若波羅蜜多時，云何能知善巧方便。須菩提言，尊者舍利子，若菩薩摩訶薩修行般若波羅蜜多時，不行色不行受想行識，不行色有相，乃至不行受想行識有相，不行色非常非無常，非苦非樂，非我非無我，非寂非動，非空非不空，非相非無相，非願非無願，非離非不離，如是乃至不行識非常非無常，乃至非離非不離，五蘊如是所有界處緣生菩提分法，神通波羅蜜多，力無畏無礙解不共佛法等，乃至非離非不離，而悉不行。何以故，尊者舍利子，色不異空，空不異色，色即是空，空即是色。乃至識不異空空不異識，識即是空空即是識。如是界處緣生，乃至不共佛法不異空，空不異不共佛法，不共佛法即是空，空即是不共佛法，菩薩摩訶薩若如是修行般若波羅蜜多，是即能知善巧方便，而彼菩薩於般若波羅蜜多亦不念我行不念我不行，不念我亦行亦不行，不念我非行非不行。何以故，無性自性即是般若波羅蜜多故。此經又云，佛言，憍尸迦，善男子善女人，宣說般若波羅蜜多時，或有誹謗般若波羅蜜多者，何等是爲誹謗般若波羅蜜多邪。所謂若說色是無常是苦無我不淨，如是受想行識及界處禪定無量無色定，念處正勤神足根力覺道聖諦，無所畏無礙解不共佛法，乃至一切相智，是無常是苦無我不淨，若如是行，是行般若波羅蜜多，作此說者，是爲誹謗般若波羅蜜多。何等是不謗般若波羅蜜多，謂若說言，善男子，汝修般若波羅蜜多時，勿觀色無常，勿觀色苦無我不淨，乃至一切相智亦復如是。何以故，色自性空故，若色自性空，是即般若波羅蜜多。若般若波羅蜜多中無色爲常可得，彼色如是無所有故，況復若常若無常而可得邪，受想行識乃至一切相智亦復如是，作此說者是即不謗般若波羅蜜多。又若說言，善男子，汝修般若波羅蜜多時，勿謂有法而可過越，勿謂有法而可安住。何以故，般若波羅蜜多於一切法中無所有故，若法不過越無所住，即一切法自性皆空，若法自性空即法無性，若法無性是即般若波羅蜜多。此般若波羅蜜多中，即無有法若出若入若生若滅。如是說者，是即不謗般若波羅蜜多。

又須菩提白佛言，世尊，般若波羅蜜多，云何有所得，云何無所得。佛言，須菩提，若法有二即有所得，若法無二即無所得。須菩提言，世尊，云何爲二。佛言，須菩提，眼色爲二，意法爲二，乃至菩提法佛法爲二。須菩提言，世尊，有所得是無所得邪，無所得是無所得邪。佛言，須菩提，非彼有所得是無所得，亦非無所得是無所得。須菩提，若有所得若無所得而悉平等，此即是爲無所得。

復次須菩提言，世尊，豈不住勝義諦中證阿耨多羅三藐三菩提果邪。佛言，不也。須菩提言，住顛倒法中邪。佛言，不也。須菩提言，若不住勝義諦中，又不住顛倒法中，成正覺者豈非如來不證菩提果邪。佛言，須菩提，我證菩提果，然於有爲界中無爲界中悉無所住。又復佛言，須菩提，我不能以無性中無性而成正覺。須菩提言，世尊，豈不以有性中無性能成正覺不。佛言，不也。須菩提言，若以無性中無性能成正覺不。佛言，不也，又須菩提，我於《金剛般若波羅蜜多》經中，曾謂汝言，須菩提，於汝意云何，如來得阿耨多羅三藐三菩提邪，如來有所說法邪。須菩提言，如我解佛所說義，無有法如來得阿耨多羅三藐三菩提，亦無有法如來可說。何以故，若有法如來所說者，彼不可取不可說，非法非非法。所以者何，一切賢聖皆以無爲法而有差別，如來但爲化度有情故，以善方便開種種門，宣說如是甚深正法。

**居頂《續傳燈錄》卷一四**　明州雪竇法藏守卓禪師示衆曰：好大衆，龍種上尊王佛爲諸人現銀色世界，瓊林玉宇刹刹交光，寶殿銀城光輝相映。又色即是空，空即是色，色空空色休擬議，空色色空成智慧。耳聞眼見遍河沙，盡是如來眞實地。不得已向諸人道，生是苦，受是業，滅可證，道可修，以四諦十二因緣，知苦斷集證滅修道。復曰，有生可知，有業可斷，有滅可證，有道可修皆謗佛，謗佛盡同魔說。正當恁麽時且道作麽生會，雪竇不免與諸人說破。千峯積寒雪，萬徑人蹤絕。壞衲擁枯槎，是說如何說。喝一喝。又曰陽回幾次到新冬，壞衲爐寒也不窮。白鳥靜馳天外影，紅顔偷過耳邊風。是非未起名何在，物我兼忘景自空。記取云岩巖上語，莫教辜負主人翁。喝一喝。僧問，如何是賓中主。師曰，進前無路。云如何是主中賓。師曰，退不容身。云如何是賓中賓。師曰，對面是何人。云如何是主中主。師曰，有理無說處。云賓主已蒙師指示，向上宗乘事若何。師曰，仰面貪看鳥，回頭錯應人。

**焦竑《精解評林卷之上大方廣圓覺脩多羅了義經》**　善男子，彼之衆生，幻身滅故，幻心亦滅。幻心滅故，幻塵亦滅。幻塵滅故，幻滅亦滅。幻滅滅故，非幻不滅。譬如磨鏡，垢盡明現。

（幻滅亦滅，則眞如理見。如云散月出，塵盡鏡明。非謂無云便名爲月，但於無云之處而見月矣。非謂無幻便是眞如，但於無幻之處，見眞理矣。）

如山曰：前於身心之中，推求無我，故名我空。此則身心及境，一一自空，故名法空。然身等本空，非今始滅。故經云，色即是空，非色滅空，但以迷時執有，今執盡始無。義言滅也，幻塵滅故幻滅亦滅。謂有偏計之情，即見幻生。有觀察之智，即見幻滅。對幻生故，則言幻滅。對情執故，則言智慧。對待之法，皆屬緣生。緣生則無相，故皆云滅。《般若心經》云，無眼界乃至無智亦無得。《楞伽》云，一切法如幻，遠離於心識。智不得有無，而興大悲心。非幻不滅者，正顯也。顯圓覺性，本淨圓明，獨體全眞，不因修得，衆幻雖滅，自性常存，不假緣生，故云非幻。《金剛三昧經》云，若得空心，心不幻化，然對前妄盡，釋云眞如。若以本宗，但名圓覺。後喻，譬如磨鏡，垢盡明現。雖云磨鏡，卻是磨塵。所言修道，祇是遣妄。夫鏡性本明，非從外得，塵覆則隱，磨之則顯。隱顯雖殊，明性不異。今謂人執法執是垢，尋伺如實是磨，眞心本覺是明，人法二空是現。

善男子，當知身心皆爲幻垢，垢相永滅，十方清淨。

（如山曰：根塵諸法，十方法界，普清淨也。此由身心垢翳，妄執自他，故成局礙，垢相永滅，故云爾。）

如山曰：幻謂虛幻，無有實體。垢謂塵垢，坌汙爲名。由迷幻相，執取繫著。坌汙淨心，故云幻垢。諸佛菩薩，雖有身心，由了如幻，不取於相，無坌汙義，故非垢。由了幻空，故非幻，我空法寂，何所不通，故曰十方清淨。

善男子，譬如清淨摩尼寶珠，映於五色，隨方各現。諸愚癡者，見彼摩尼，實有五色。

**德清《首楞嚴經懸鏡》**　一奢摩陀名空觀者。謂了一眞法界如來藏心本無生滅亦無諸相，蓋因一念不覺而有無明。因此無明生起三細六麤四大六根種種諸法，而此諸法唯心所現本無所有，但是一心。心體圓明離一切相，如珠中色本來不有。以即空故，故曰色即是空。以色非色故，色不異空，故名眞空。作是觀者名眞空觀。

二三摩鉢提名不空觀者。謂了根身器界一切諸法既是一心，心體圓明清淨本然周偏法界隨緣顯現。此則諸法當體虛假如幻不實，如珠中色分明顯現全珠即色。以即色故，故曰空即是色。以空非空故，空不異色，故名不空。作是觀者名不空觀。

三禪那名中道觀者。謂依此寂滅一心照明諸法，諸法法爾當體寂滅。寂故名空，照故不空。如珠與色非色非珠，名空不空，非寂非照，如如平等。唯一心源，湛然不動，離即離非，是即非即。言語道斷，心行處滅，心心無間，任運流入薩婆若海。作是觀者名中道觀。

**乘旹**《**首楞嚴經講錄**》**卷三** 阿難，如汝所言，四大和合（至），如水成氷，氷還成水，此當以虛空喻明諸大之性，火輪喻明諸大之相。復以水氷合明性相一體，猶如虛空，不和諸色者，是反言以例上文，猶云若說彼大性體。不與諸大之相雜和，猶如說虛空不與諸色雜和相似，有是理乎。當知空性與色相，有非和合非不和合二義。非和合，即不變義，非不和合，即隨緣義。不但虛空，能具此二義，自山河大地，以至一色一香，皆具此二義。有一物不具此二義，則心外有剩法，眞性不周徧矣。若以虛空獨喻非和合一義，則空性翻成隔礙。若不知空性隨處充滿，請觀世尊將明七大之大旨。首舉虛空爲喻，向後每大文中，皆拈此空，互相例明，亦將空大安置地水火風之後，見識二大之前。亦假鑿井，以顯堅凝相中，空性充滿，豈非和合，但見出土，未見空出，豈是和合，地大如是，其餘不待言矣。且曰汝等若不悟彼六大，元如來藏性，圓滿周徧，本不動搖，當知無邊不動虛空等。觀此足知世尊，明以虛空喻如諸大之性。且如水成氷氷還成水，性色眞空，性空眞色，以至性覺眞空，性空眞覺等，皆與般若中色即是空空即是色同旨。但變其文耳，不特此也。即云如旋火輪者，雖喻幻相，眞亦在焉。喻中唯棒頭一星之火，曾未動搖，亦無圓輪之相，乃兒童手力迴旋，故妄見輪相，其手一歇，輪相無矣。法中唯一眞性，曾未輪迴亦無諸趣之相，乃惑業招感，妄見諸趣，惑業一盡，諸趣自無矣。

**宗泐、如玘**《**般若波羅蜜多心經註解**》 色不異空，空不異色，色即是空，空即是色，受想行識亦復如是。色即四大幻色，空乃般若眞空。衆生由迷眞空而受幻色，譬如水之成氷也。菩薩因修般若觀慧照了幻色，即是眞空，其猶融氷爲水。然色之與空其體無殊。故曰，色不異空，空不異色，如氷不異水，水不異氷。復恐鈍根衆生不了，猶存色空二見，故曰色即是空，空即是色，如氷即是水，水即是氷。若受若想若行若識，莫不皆然，此乃一經之要，般若之心也。

**眞可**《**般若波羅蜜多心經直說**》 色不異空，空不異色，色即是空，空即是色，受想行識，亦復如是。

此正對鶖子釋前五蘊皆空之意。而五蘊中先舉色蘊而言者，色乃人之身相也，以其此身人人執之以爲已有，乃堅固妄想之所凝結。所謂我執之根本，最爲難破者。今入觀之初，先觀此身四大假合，本來不有，當體全空，內外洞然，不爲此身之所籠罩，則生死去來，了無罣礙，名色蘊破。色蘊若破，則彼四蘊可漸次深觀，例此而推矣。而言色不異空者，此句破凡夫之常見也。良由凡夫但認色身，執爲眞實，將謂是常，而作千秋百歲之計。殊不知此身虛假不實，爲生老病死四相所遷，念念不停，以至老死，畢竟無常，終歸於空，此猶屬生滅之空，尚未盡理。良以四大幻色，元不異於眞空耳，凡夫不知，故曉之曰色不異空，謂色身本不異於眞空也。空不異色者，此句破外道二乘斷滅之見也。因外道修行，不知身從業生，業從心生，三世循環，輪轉不息，由不達三世因果報應之理，乃謂人死之後，清氣歸天，濁氣歸地，一靈眞性還乎太虛。苟如此說，則絕無報應之理，而作善者爲徒勞，作惡者爲得計矣，以性歸太虛，則善惡無徵，幾於淪滅，豈不幸哉。孔子言曰，遊魂爲變。故知鬼神之情狀，此正謂死而不亡者，乃輪迴報應之理昭然也。而世人不察，橫爲斷滅，謬之甚耳。然二乘雖依佛教而修，由不達三界唯心，萬法唯識，不了生死如幻如化，將謂三界之相以爲實有。故觀三界如牢獄，厭四生如桎梏，不起一念度生之心，沈空滯寂，淪於寂滅，故曉之曰空不異色。謂眞空本不異於幻色，非是離色斷滅之空，正顯般若乃實相眞空耳。何也，以般若眞空，如大圓鏡，一切幻色，如鏡中像，苟知像不離鏡，則知空不異色矣。此正破二乘離色斷滅之空，及外道豁達之空也。又恐世人將色空二字話爲兩橛，不能平等一如而觀，故又和會之曰色即是空空即是色耳。苟如此觀，知色不異空，則無聲色貨利可貪，亦無五欲塵勞可戀，此則頓度凡夫之苦也。苟知空不異色，則不起滅定而現諸威儀，不動本際而作度生事業，居空而萬行沸騰，涉有而一道清淨，此則頓超外道二乘之執也。苟知色空平等一如，則念念度生不見生之可度，心心求佛不見佛果可求，所謂圓成一心無智無得，此則超越菩薩而頓登佛地彼岸者也。即此色蘊一法能作如是觀，則其四蘊應念圓明，正如一根既返源，六根成解脫，故云受想行識亦復如是也。誠能如是，則諸苦頓斷，佛果可至，彼岸非遙，只在當人一念觀心成就耳，如此之法，豈非甚深者哉。

**弘麗**《**心經開度**》 色即是空，空即是色。

此爲開示不異之理，何以不異哉，即是之耳。夫色者，堅固妄想所凝結之根身器界也，四大宛然，山河可見，何以即是空哉。《圓覺》有言之，我今此身，四大和合。所謂髮毛爪齒皮肉筋骨髓腦垢色，皆歸於地。唾涕濃血津液涎沫痰淚精氣大小便利，皆歸於水。暖氣歸火，動轉歸風。四大各離，今者妄身，當在何處。即知此身，畢竟無體，和合爲相，實同幻化。解此經義，便於現前四大身色，直達即空理性。蓋見爲身色有者，以有和合之身，故經直示無和合之身，以除迷執。夫諸物和合成體，則不得本物留形。若得本物留形，則便是未始和合。如將青黃紅黑白五色，和合成色，還分得開，青色歸青，黃色歸黃等否。今執四大和合爲身，卻於身中，地大堅相，一一可指歸地大。水大濕相，一一可指歸水大。火大暖相，一一可指歸火大。風大動相，一一可指歸風大。既可各歸，豈不各離。既在各離，於何和合。乃當以知，此身畢竟無體。乃當以知，此身實同幻化。幻化之身，如夢身也。夢中人物，在有非有。若在有有，醒來時，所夢人物，何不現相。若曰夢生醒滅，滅乃以無。然夢之生，既有生相，現諸人物，則醒之滅，當有滅相。見於枯殘，諸人夢醒時，枯殘人物何在。既無滅相，則是無有生相。無生相身，有生相色乎，色其不即空乎。今人難語此者，蓋是夢人不聞雷音耳。獨怪圭峯，當年讀《圓覺》此段經句，痛哭流涕，當下知歸。洪覺範謂其證到石頭之所云四大性自復，然何在疏《圓覺》，失經圓理甚多。即釋四大各離句，亦復不能當前直指，把各離，疏作觀照分析，得非於即空實理，猶痲迷耶。諦思其故，必由當時於經句中，但能達妄，未得證眞。若但達妄，而不證眞，則未說得四大性自復，亦未說得色即是空。曷不再思，富樓那尊者，當日疑四大之相陵奪，不容圓滿週遍。我今此身，四大週遍，無處不堅，無處不濕，無處不煖，無處不動，曾無相陵奪者。何哉，必其大性，如彼燈光，滿室而不礙室，故一室能容多燈光也。故一身，可四大同週也。更即病人證之，一大受病，失其自性，餘大俱不安。常冒風而發熱，流涕身痛。蓋乃風大有，而大大各有，便相陵奪也。豈不可知無病之身，諸大之不相陵奪，乃諸大之不有復性歸源也。何此即空之色，當前了然。而人迷迷，執身爲有也，噫亦睡之忒煞矣。若夫山河外色之即空，則《楞嚴》有言之，汝觀地性，麤爲四大，細爲微塵，至鄰虛塵，析彼極微，色邊際相，七分所成，更析隣虛，即實空性。言實空性者，非因緣生，析出之空性也，是即空性也。今人觀微塵合相之山河，不觀微塵自性之山河，故見其質礙耳。豈知一微空故，眾微空。眾微空故，一微空。一微空中，無眾微。眾微空中，無一微。山河寂滅，理本如斯，諸人試靜觀默究之，何如。苟能得於色之即是空，而空之即是色，不待言矣。若不解了，於如此之空色。嗚呼，能發空色不異之觀照哉。故此二句，是爲開示不異之旨。

**何道全《般若心經注解》** 色即是空。

空在色中，世人難見。眼是色，不能見物，只是眞空妙性能見。耳是色，不能聽聲，只是眞空妙性能聽。鼻是色，不能知香臭，只是眞空妙性能知。舌是色，不能言語，只是眞空妙性能言。身是色，不能覺觸，只是眞空妙性能覺觸。腳是色，不能行走，只是眞空妙性能行走。手是色，不能拈掇，只是眞空妙性能拈掇。且去眞空妙性，無眼能見，無耳能聞，無鼻能嗅，無舌能言，無腳能行，無手能拈，意根有名無形，分爲八萬四千見聞知覺，總歸六根，徧身互用，神通妙用。古云通身是，徧身是道，云不須他處遠搜尋，十二時中遶徧身。色空不異，妙理全彰。色可色，非眞色。空可空，非眞空。總歸大空，且道此理如何。川老有云，有相有求皆是妄，無形無影墮偏枯，堂堂密密何曾間，一道寒光爍太虛。道經云，知空不空，知色不色，名爲照了。予今不免饒舌說破，若見一切有相境物，休教染著。若到情忘念絕之處，休教迷眞。著相則著有，迷眞則落空。若不著空，不著有，方是了事底人。省麼，休得瞌睡惺惺著。萬竅都因一竅通，一竅能納太虛空。若還拿住玄中竅，攞手皆歸大道中。

**鎮澄《物不遷正量論》卷下** 如來無量法門無非因病設藥，唯諸法無性義，如摩竭他藥，無病不治也。經云，色即是空，則色無性也。空即是色，則空無性也。空無性故空非空也，則除斷見。色無性故色非色也，則去常見。又今不定今，將必爲古，今無性也。古不定古，曾從爲今，古無性也。生滅有無，一切皆然。故觀諸法無性者，求世間不可得，則煩惱結業無自而生，以至出生死會涅槃，此即談無性之益也。不識肇師物各性住之談，往物不化之論，所治何病，所成何益耶。

**傳燈《永嘉禪宗集註》卷上** 知身虛幻，無有自性。色即是空，誰是我者。一切諸法，但有假名，無有定實。是我身者，四大五陰，一一非我，和合亦無，內外推求，如水聚沫，浮泡陽燄，芭蕉幻化，鏡像水月，畢竟無人。無明不了，妄執爲我，於非實中，橫生貪著。殺生偷盜，婬穢荒迷，竟夜終朝，矻矻造業。雖非眞實，善惡報應，如影隨形。作是觀時，不以惡求，而養身命。

此大師誡勸行人，不可以惡求而養身命。何以故，世人只爲不達一切法空，以身命而爲實有，是故惡求多求以養身命。不知身非實有，命不我延。何得以人間虛幻之身，造地獄眞實之罪。以閻浮須臾之命，貽惡道長久之因。以五欲苟合之樂，嬰摧折色心之苦。文有法喻，合有結責，細尋可知。

應自觀身，如毒蛇想。爲治病故，受於四事。身著衣服，如裹癰瘡。口食滋味，如病服藥。節身儉口，不生奢泰。聞說少欲，深樂修行。

此及下文，乃勸行人爲治病故，應受四事。蓋人身者，法身慧命之一大瘡疣也。身瘡畏寒醜，非衣服之藥而不治。口瘡畏飢饉，非飲食之藥而不治。故曰身著衣服，如裹癰瘡。既因病而設藥，弗執藥以成病。宜節身而儉口，少欲而知足，不生奢泰，深樂修行。

**謝承謨《金剛般若波羅密經易解》卷上**　依教修觀，此經觀法具備，層次井然。前云，凡所有相，皆是虛妄。若見諸相非相，即見如來。此即空觀，了知一切皆空，法亦如幻故。繼云，汝莫作是念，如來不以具足相故，得阿耨多羅三藐三菩提。此即假觀，了知一切名相，從緣生故。又云，如來所得阿耨多羅三藐三菩提，於是中無實無虛。此即中觀，了知色即是空，空即是色，一即一切，一切即一故。若欲習是觀法，而能從空入假，由假明中，過去現在未來三心難覓，我人眾生壽者四相都融，心心印心，念念非念，便得中道了義。是則由淺入深，漸趨中道，即頓中有漸也。【略】

凡夫畏空執有，二乘厭有取空。畏空執有，謂之常見。厭有取空，謂之斷見。又通謂之倒見，執有執空，兩俱成病。此經爲開示利根凡夫，故先破其執相。而節次較量功德，以顯有爲福報，終遜無爲，離相佈施，迥超著相。又恐學人棄有取空，故復策之以不落兩頭，直超無上。蓋斷常終成凡外，而離相頓證無生。何去何從，孰得孰失，理自易明。我輩何幸而獲聞此妙法，能無努力進修，以毋負佛慈諄諄明誨。

# 即心是佛

**諦觀《天台四教儀》**　若如是則外障漸除，內觀增明，如順流舟，更加櫓棹，豈不速疾到於所止。修圓行者亦復如是，正觀圓理，事行相助，豈不速至妙覺彼岸。莫見此說便謂漸行，謂圓頓無如是行，謬之甚矣，何處天然彌勒，自然釋迦。若纔聞生死即涅槃煩惱即菩提，即心是佛不動便到，不加修習便成正覺者，十方世界盡是淨土，觸向對面無非覺者。今雖然即佛，此是理即，亦是素法身，無其莊嚴，何關修證者也。我等愚輩，纔聞即空便廢修行，不知即之所由，鼠喞鳥空廣在經論，尋之思之。【略】

《華嚴經》云，初發心時便成正覺，所有慧身不由他悟，清淨妙法身湛然應一切。解曰：初發心者，初住名也。便成正覺者，成八相佛也，是分證果。即此教眞因，謂成妙覺，謬之甚矣。若如是者，二住已去諸位徒施。若言重說者，佛有煩重之咎，雖有位位各攝諸位之言。又云發心究竟二不別，須知攝之所由細識不二之旨，龍女便成正覺，諸聲聞人受當來成佛記莂，皆是此位成佛之相。慧身即般若德，了因性開發，妙法身即法身德，正因性開發，應一切即解脫德，即緣因性開發。如此三身發得本有，故言不由他悟。中觀現前，開佛眼，成一切種智，行五百由旬，到寶所，初居實報無障閡土，念不退位。次從二住至十住，各斷一品無明，增一分中道，與別教十地齊。次入初行斷一品無明，與別教等覺齊。次入二行，與別教妙覺齊，從三行已去，別教之人尚不知名字，何況伏斷以別教但破十二品無明故。故以我家之眞因，爲汝家之極果。

**賾藏主《古尊宿語錄》卷三**　丞相裴公問曰：山中四五百人，幾人得和尚法。師云：得者莫測其數。何故。道在心悟，豈在言說！言說祇是化童蒙耳。問：如何是佛。師云：即心是佛，無心是道。但無生心動念、有無長短、彼我、能所等心。心本是佛，佛本是心。心如虛空，所以云佛眞法身猶如虛空。不用別求，有求皆苦。設使恆沙劫數行六度萬行，得佛菩提，亦非究竟。何以故。爲屬因緣造作故。因緣若盡，還歸無常。所以云：報化非眞佛，亦非說法者，但識自心，無我無人，本來是佛。問：聖人無心即是佛，凡夫無心莫沈空寂否。師云：法無凡聖，亦無沈寂。法本不有，莫作佛見。法本不無，莫作有見。有之與無，盡是情見，猶如幻翳。所以云：見聞如幻翳，知覺乃衆生。祖宗門中，只論息機忘見。所以忘機則佛道隆，分別則魔軍熾。

問：心既本來是佛，還修六度萬行否。師云：悟在於心，非關六度萬行。六度萬行，盡是化門接物度生邊事。設使菩提眞如實際解脫法身，直至十地四果聖位，盡是度門，非關佛心。心即是佛，所以一切諸度門中，佛心第一。但無生死煩惱等心，即不用菩提等法。所以道：佛説一切法，度我一切心。我無一切心，何用一切法！從佛至祖，竝不論別事，唯論一心，亦云一乘。所以十方諦求，更無餘乘。此衆無枝葉，唯有諸眞實。所以此意難信。達磨來此土，梁魏二國，祇有可大師一人密信自心，言下便會。即心是佛，身心俱無，是名大道。大道本來平等，所以深信含生同一眞性。心性不異，即性即心。心不異性，名之爲祖。所以云：認得心性時，可説不思議。【略】

祖師直指一切衆生本心本體，本來是佛，不假修成，不屬漸次，不是明暗。不是明故無明，不是暗故無暗。所以無無明，亦無無明盡。入我此宗門，切須在意。如此見得，名之爲法。見法故，名之爲佛。佛法俱無，名之爲僧，喚作無爲僧，亦名一體三寶。夫求法者，不著佛求，不著法求，不著衆求，應無所求。不著佛求故無佛，不著法求故無法，不著衆求故無僧。【略】

問：何者是佛。師云：汝心是佛，佛即是心，心佛不異，故云即心即佛。若離於心，別更無佛。云：若自心是佛，祖師西來如何傳授。師云：祖師西來，唯傳心佛。直指汝等心，本來是佛。心心不異，故名爲祖。若直下見此意，即頓超三乘一切諸位，本來是佛，不假修成。【略】

上堂云：即心是佛。上至諸佛，下至蠢動含靈，皆有佛性，同一心體。所以達磨從西天來，唯傳一心法，直指一切衆生本來是佛，不假修行。但如今識取自心，見自本性，更莫別求。云何識自心。即如今言語者，正是汝心。若不言語，又不作用，心體如虛空相似，無有相貌，亦無方所。亦不一向是無，有而不可見故。祖師云：眞性心地藏，無頭亦無尾。應緣而化物，方便呼爲智。若應緣之時，不可言其有無。正應之時，亦無蹤跡。既知如此，如今但向無中棲泊，即是行諸佛路。

**錢伊庵《宗範》卷上** 黄檗運云：佛與衆生，唯是一心，更無別法。此心無始不曾生滅，無形相，不屬有無新舊，非長短大小，超過一切限量名言蹤跡對待，當體便是，如空無邊際不可測，惟此心是佛。衆生著相外求，使佛覓佛，終不能得，不知息念忘慮，佛自現前。此心衆生不減，佛不添，六度萬行，恆沙功德，本自具足，遇緣即施，緣息即寂。不信此是佛，著相修行，皆妄想與道乖。此心明淨如空，無一點相貌。動念即乖法體著相，無始無著相佛，修六度萬行即次第，無始無次第佛。但悟一心，更無少法可得。此即眞佛，如虛空，日升不曾明，日沒不曾暗，明暗相奪，空性不變。今不悟此心體，著相修行皆惡法，供養十方佛，不如供一無心道人。無心者無一切心也，如如之體，內如木石不動搖，外如虛空不塞礙，無能所相貌得失方所。趨者不敢入此法，恐落空無棲泊處，望崖而退。恆河沙者珍寶馨香沙不貪，糞尿臭穢沙不惡。此即無心之心，離一切相，生佛更無差別。但能無心，便是究竟。若不直下無心，累劫不成道，被三乘功行拘繫不解脫。然證有遲疾，有聞法一念便得無心者，有至十地乃得無心者。長短得無心乃住，更無可修可證，實無所得，一念得與十地得，功用恰齊，只歷劫枉辛勤耳。祖師西來，直指汝心本來是佛，心心不異名祖，見此頓超三乘諸位。

問：現有種種妄想，何以言無。曰：妄本無體，是汝心起。若識心是佛，心本無妄，那得起心更認妄。若不動念，自然無妄。曰，妄起時，佛在何處。曰，覺正是佛，若無妄，覺亦無。問：今悟時，佛在何處。曰：問從何來，覺從何起，語默動靜聲色，盡是佛事，不可更頭上安頭。但莫生異念，山水僧俗天地，總不出汝心。

# 即凡即聖

**慧海《頓悟入道要門論》卷上** 問，即色即空，即凡即聖，是頓悟否。答，是。問：云何是即色即空，云何是即凡即聖。答：心有染即色，心無染即空。心有染即凡，心無染即聖。又云：眞空妙有故即色，色不可得故即空。今言空者，是色性自空，非色滅空。今言色者，是空性自色，非色能色也。

**延壽《宗鏡錄》卷一六** 如爲不識氷人，指水是氷指氷是水，但有名字，寧復有二物相即耶。是知時節有異，融結隨緣，濕性常在，未曾變動。乃至即凡即聖，亦復如是，凡聖但名，一體無異。故先德釋《華嚴經》云：一世界，盡法界亦如是者。知一眼如，一切眼如皆然。舉譬，如一人身有手足，一切人皆有手足，是以不了此一心，皆成二見。若凡夫執著此心，造輪迴業，二乘厭棄此心，求灰斷果。又凡夫無眼，將菩提智照，成煩惱火燒，如大富盲兒，坐寶藏中，舉動罣礙，爲寶所傷。二乘將如來四德祕藏，爲無常五陰，謂是賊虎龍蛇，怕怖馳走，縛脫雖殊，取捨俱失。若諦了通達之者，不起不滅，無得無生，了此妄心，念念無體，從何起執，念念自離，不須斷滅，尚不得一，何況二乎。

**延壽《宗鏡錄》卷一六** 如《法句經》云，善知識者，有大功德，能令汝等，於貪欲瞋恚愚癡邪見，五欲五蓋眾塵勞中，建立佛法，不起一心，得大功德，譬如有人，持堅牢船，渡於大海，不動身心，而到彼岸。故知入宗鏡中，即凡即聖，可謂不斷煩惱而入涅槃，不斷五欲而淨諸根矣。所以《華嚴》論云，十住初位，以無作三昧，自體應眞，煩惱客塵，本無體性，唯眞體用，無貪瞋癡，任運即佛，故一念相應一念佛，一日相應一日佛。此宗鏡錄中，前後皆悉微細委曲，一一直指示了，見即便見，不在意思。纔信入時，理行俱備，終不更興惡行，似有纖疑。若不如然爭稱圓頓，以了心外無境故，則念念歸宗，何有虛幻能惑。所以《寶藏論》云，一切如幻，其幻不實，知幻是幻，守眞抱一。

## 即境即佛

**澄觀《大方廣佛華嚴經隨疏演義鈔》卷一六** 今學人只解即心即佛，是心作佛，不知即境即佛，是境作佛。今明以如爲佛，心境皆如，心如即佛，境如焉非。又心有心性，心能作佛，境有心性，安不作佛。以心收境，則心中見佛，是境界之佛。以境收心，則境中見佛，是唯心如來。心佛重重者，即兩鏡之重重，而本覺性一者，即尊容之雙入。

**延壽《宗鏡錄》卷一〇〇** 然今法學之者，多棄內而外求。習禪之者，好亡緣而內照。並爲偏執，俱滯二邊。既心境如如，則平等無礙。昔曾瑩兩面鏡，鑑一盞燈，置一尊容，而重重交光，佛佛無盡，見夫心境互照，本智雙入，心中悟無盡之境，境上了難思之心，心境重重，智照斯在。又即心了境界之佛，即境見唯心如來，心佛重重，而本覺性一，皆取之不可得，則心境兩亡。照之不可窮，則理智交徹。心境既爾，境境相望，心心互研，萬化紛綸，皆一致也，唯證相應，名佛華嚴矣。釋云：今人只解即心即佛，是心作佛，不知即境即佛，是境作佛。今明以如爲佛，心境皆如，心如即佛，境如焉非。又心有心性，心能作佛，境有心性，安不作佛。以心收境，則心中見佛，是境界之佛。以境收心，境中見佛，是唯心如來。

## 即身成佛

**日最澄《天台宗未決》** 疑云：即身成佛者，爲在初住位，爲復在相似已來。若言在初住者，從分段入變易必有隔生義，如何得云即身成佛。若言即身成佛只在相似已來者，依何經論而立斯義。又南岳思大師及智者大師親說即身成佛之義請示其文。

述曰：即身成佛爲在相似，爲復在初住，有何憑據者。若直就心悟論之，不同觀行名字，迴心即佛。若論遍應法界分影自在之時，相似初住即身成佛皆得。何者，常途所云，由相似後心斷初住之障，方入初住。若相似位中不斷無明，何由可入初住之位，相似位人決斷無明八相成佛方名初住。所以斷障見理之功正在相似，當其惑障已除，與理冥會之時，方得初住之名。若以斷障入住之能即身成佛正在相似位中，然證理已後能起眞應，方名初住，由將相似之身入初住故，住亦即身成佛，況復不捨初住之身，極登妙覺哉。然從分段入變易故，有隔生入者，有即生入者。若入變易後定無隔生之義。《法華經》云，父母所生身，得清淨六根。《無量義經》云，即於是身，得無生法忍。驗知即身成佛有憑可信。南岳云，一生欲入銅輪之位領眾太早只淨六根。《止觀·明中道觀》云，一生可修，一生可證。《玄義》云，圓教肉身菩薩一生有超登十地之義。斯乃二聖口說即身成佛之文，然只淨六根者，是大師監失光藏德謙讓之言，爲遮凡夫疑悞故也。法藏法師云，南岳天台德行難測，爲是等覺，爲是妙覺，此方名德多云南岳大師應是地上之聖，不爾何能於此唐國捨方便生日本爲國王，大作佛事，此乃自在所欲生應法界之用也。天台和尚能融萬法爲一心，於一心上點示萬像，吐訥自在，辨才無窮，在眾獨步，能感物心，在生滅後奇異甚多，若非大聖，何得如此，因知藏公之言有實可信。

**道威《法蓮華經入疏》卷八**　《胎經》云：魔梵釋女，皆不捨身，不受身，悉於現身得成佛。故偈言，法性如大海，不說有是非，凡夫賢聖人，平等無高下，唯在心垢滅，取證如反掌。問：此龍女爲不捨分段，即成佛否。若不即身成佛，此文及《胎經》云何通耶。答：今龍女文，從同體權說，以證圓經成佛速疾。若實行不疾，權行徒引，是則權實義等，理不徒然。故《胎經》偈從實得說，若實得者，從六根淨，得無生忍，當知龍女應物所好，容起神變，現身成佛，及證圓經。既證無生，豈不能知本無捨受，何妨捨此往彼。餘教凡位，至此會中，進斷無明，亦復如是。

# 佛性是常

**曇無讖譯《大般涅槃經》卷二六**　佛性是常，非善非不善。何以故，善法要從方便而得，而是佛性非方便得，是故非善。何故復名非不善耶，能得善果故，善果即是阿耨多羅三藐三菩提，又善法者生已得故，而是佛性非生已得，是故非善。

**曇無讖譯《大般涅槃經》卷三三**　世尊，一闡提輩不斷佛性，佛性亦善，云何說言斷一切善。善男子，若諸眾生現在世中有佛性者，則不得名一闡提也。如世間中眾生我性，佛性是常，三世不攝，三世若攝，名爲無常。佛性未來以當見故，故言眾生悉有佛性。以是義故，十住菩薩具足莊嚴乃得少見。迦葉菩薩言，世尊，佛性者常，猶如虛空，何故如來說言未來。如來若言一闡提輩無善法者，一闡提輩於其同學同師父母親族妻子，豈當不生愛念心耶，如其生者非是善乎。佛言，善哉善哉。善男子，快發斯問，佛性者猶如虛空，非過去非未來非現在。一切眾生有三種身，所謂過去未來現在。眾生未來具足莊嚴清淨之身得見佛性，是故我言佛性未來。善男子，我爲眾生或時說因爲果，或時說果爲因。是故經中說命爲食見色爲觸，未來身淨故說佛性。世尊，如佛所說義如是者，何故說言一切眾生悉有佛性。善男子，眾生佛性雖現在無不可言無。如虛空性雖無，現在不得言無，一切眾生雖復無常，而是佛性常住無變。是故我於此經中說，眾生佛性非內非外，猶如虛空非內非外。如其虛空有內外者，虛空不名爲一爲常，亦不得言一切處有。虛空雖復非內非外，而諸眾生悉皆有之，眾生佛性亦復如是。如汝所言一闡提輩有善法者，是義不然。何以故，一闡提輩若有身業口業意業，取業求業施業解業，如是等業悉是邪業。何以故，不求因果故。善男子，如呵梨勒果根莖枝葉花實悉苦，一闡提業亦復如是。

**寶亮《大般涅槃經集解》卷五六**　明佛性是常，眾生用之，如身中虛空，而得生長，是空之用。空非三世，以眾生有虛空界故，有空用也。佛性亦非三世，而是眾生有也。以解惑相礙，相礙故惑滅。惑滅乃用故，說爲未有也。

**慧遠《涅槃義記》卷五**　第二破中初先明其佛性是常，後以佛性即於三寶類明三寶亦皆是常。前中十句，一明佛性無生無滅所以是常。二明佛性無去無來不遷動故。三明佛性非三世攝不流變故。四明佛性非因所作非無因作，非因生故非因作爲，了因了故非無因作。五明佛性非作非作者，佛性之性不生涅槃故名非作，亦不使他生涅槃果名非作者。六明佛性非相非無相，非無相眾相永絕所以非相，法界門備故非無相。七明佛性非是有名亦非無名，就實論實，實外更無名字可得所以非名，就緣稱性，性爲名顯故非無名。八明佛性非名非色，不同四陰所以非名，不同色陰故曰非色。九明佛性非長非短，離色相故。十明佛性非陰界入之所攝持，實不同相所以不能，是故名常總以結之。

**灌頂《大般涅槃經疏》卷二五**　只眾生中有佛性之理，是故名常。今謂此解淺近常義亦不成，眾生煩惱障覆即是常者。眾生是生死，生死即涅槃，煩惱即菩提，既言即是寧不是常。問，果果了因，萬善如何是常。一解云，能了佛性故云是常，今謂此不然皆不可思議，不可思議故常，明文在茲何勞餘解，不可思議故常，此是圓義，無常覆障破無常已得受樂故。

**慧嚴《大般涅槃經》卷二六**　佛言，善哉善哉。善男子，汝已久知佛性之義，爲衆生故作如是問。一切衆生實有佛性，汝言衆生若有佛性不應言有初發心者。善男子，心非佛性。何以故，心是無常，佛性常故。汝言何故有退心者。實無退心，心若有退終不能得阿耨多羅三藐三菩提，以遲得故名之爲退。此菩提心實非佛性。何以故，一闡提等斷於善根墮地獄故。若菩提心是佛性者，一闡提輩則不得名一闡提也，菩提之心亦不得名爲無常也。是故定知菩提之心實非佛性。

善男子，汝言衆生若有佛性不應假緣，如乳成酪者，是義不然。何以故，若言五緣成於生酥，當知佛性亦復如是。譬如衆石有金有銀有銅有鐵俱稟四大一名一實，而其所出各各不同，要假衆緣衆生福德爐冶人功，然後出生。是故當知本無金性，衆生佛性不名爲佛，以諸功德因緣和合，得見佛性然後得佛。

汝言衆生悉有佛性何故不見者，是義不然。何以故，以諸因緣未和合故。善男子，以是義故，我說二因正因緣因。正因者名爲佛性，緣因者發菩提心。以二因緣得阿耨多羅三藐三菩提，如石出金。

善男子，汝言僧常一切衆生無佛性者。善男子，僧名和合。和合有二，一者世和合，二者第一義和合。世和合者名聲聞僧，義和合者名菩薩僧。世僧無常，佛性是常，如佛性常義，僧亦爾。復次有僧謂法和合，法和合者謂十二部經，十二部經常，是故我說法僧是常。善男子，僧名和合，和合者名十二因緣，十二因緣中亦有佛性。十二因緣常，佛性亦爾。是故我說僧有佛性。又復僧者諸佛和合，是故我說僧有佛性。

**延壽《宗鏡錄》卷二**　夫諸佛境寂，衆生界空，有何因緣而興教迹。

答：一實諦中，雖無起盡，方便門內，有大因緣。故《法華經》偈云，諸法常無性，佛種從緣起，以萬法常無性，無不性空時，法爾能隨緣，隨緣不失性。且夫起教所由，因緣無量，古德略標，有其十種，一由法爾故，二願力故，三機感故，四爲本故，五顯德故，六現位故，七開發故，八見聞故，九成行故，十得果故。今諸大菩薩所集《唯識論》等，大意有其二種，一爲達萬法之正宗，破二空之邪執，二爲斷煩惱所知之障，證解脱菩提之門。斯則自證法原本覺眞地，不在文字句義敷揚。

**延壽《宗鏡錄》卷七**　未來世諸佛，雖說百千億，無數諸法門，其實爲一乘。諸佛兩足尊，知法常無性，佛種從緣起，是故說一乘。是法住法位，世間相常住，於道場知已，導師方便說。今但引兩句，顯諸法無性，成一性義耳。然上三偈，諸釋不同，今直解經文。初一偈，明當佛開權，終歸一實，故云其實爲一乘。次偈釋說一乘所以，以唯一性故，謂若有二性，容有兩乘。既唯一性，故說一乘耳，知法常無性者，知即證知，法謂所證知法，即色心等一切法也。常無性者，所證理也，即如無性理，覺諸法故。云何無性，謂色心等從本已來，性相空寂，非自非他，非共非離，湛然常寂，故曰無性。而言常者，謂本來即無，非推之使無，故曰常無性耳。佛種從緣起者，然有二義，一約因種，因種即正因佛性。故《涅槃經》云，佛性者，即是無上菩提中道種子。此種即前常無性理。故《涅槃經》云，佛性者，即是第一義空。無性，即空義也。緣即六度萬行，是緣因佛性，起彼正因，令得成佛。是故說一乘者，唯以佛性起於佛性，更無餘性，故說一乘，稱理說也，體同曰性，相似名種。故關中云，如稻自生稻，不生餘穀。此屬性也，萌干華粒，其類無差，此屬種也。二果種性，關中云，佛報唯佛，其理不差。即性義也。說法度人，類皆相似，此種義也。果之種性，緣眞理生，故云從緣。故釋此偈云，佛緣理生，理既無二，是故說一乘耳。意云，證理成佛，稱理說一。此中知法常無性偈，全同《華嚴出現品經》云，如來成正覺時，於其身中，普見一切衆生成正覺，乃至普見一切衆生入涅槃，皆同一性，所謂無性，乃至知一切法，皆無性故。得一切智，大悲相續，救度衆生，謂知無性，佛性同故。準經文云，以知無性，尚得一成一切皆成，況不說一乘而度脱之。後偈云，是法住法位等者。重釋前偈，言是法者，即前所知之法，所以常無性者，由住眞如正位故。由緣無性，緣起即眞，由即眞，故云無性。

**鎮澄《物不遷正量論》卷下**　善說法者，貴在得旨不在執言，貴在變通不在固泥。如來遺教猶孫子兵法也，善用兵者貴在臨時神變，若固守常法而不知通變者鮮不敗矣。肇公說法，神變者也，豈可以死殺法而難哉。如涅槃說諸法無常佛性是常，六祖卻道佛性無常諸法是常，豈可以定法爲難哉。

祖師門下曾不以實法繫人，此又因病施藥之一端耳。由人聞修多羅說，即如言生執，以爲佛性定常，諸法定無常。見祖師翻案曰佛性無常諸法是常，意謂若佛性一向定常，諸法何自而生，以佛性無常，諸法乃生也。若諸法定無常者，則不即眞常，離眞之外有物性矣。然祖師之言本爲破執，有等聞此便定執佛性爲無常諸法定常，則令涅槃成無常，生死爲常矣。生死若常則終無解脫，涅槃無常則諸佛證後還受生死。則令三世諸佛已利利人之法總成虛誑，而邪惡之見豈有加於是哉。《涅槃》云，法眼未徹，不應分別如來之身定常無常，但應仰信。若言如來定無常者，舌根當裂，死入地獄，護法菩薩寧捨身命不說佛身是有爲也。當說佛身是無爲法，決定恆常，不可變易，蓋佛身即法身也，法身涅槃佛性三者，易其名耳。此如來最後抖擻枯腸盡情露布，如此豈可以涅槃之說爲未了耶，談教者可不慎哉。然祖師禪即吾般若宗也，六百卷般若世出世間不說一法眞實。即祖師所謂不用求眞唯須息見，但願空諸所有，愼勿實諸所無，宗門無肯路是也。故六祖指佛性爲無常，即古德所謂理不成就事不成就之論，皆般若之旨焉。故大般若中眞如佛性菩提涅槃一皆蕩去，乃至云設有一法過涅槃上，我亦說爲如夢如幻。學般若菩薩固當如是，若不如是不足以明般若。蓋若不如是，一番縱說眞如佛性菩提涅槃，無出夢想顛倒耳。又烏足以見涅槃眞常之性乎。至於楞嚴涅槃勝鬘如來藏等圓極終實之典，皆說佛性眞常不變，諸法皆客塵生滅無體，旣無自體則亦不離乎眞矣。故《法鼓經》云，一切空經是未了義。即此謂也。蓋修多羅乃諸佛法印也，自古人師悟後，千說萬說未有不與修多羅合者。所謂書同文車同軌，不合則非異即邪矣，如善用兵者，雖千變萬化未有不合兵法者也。問曰，六祖云佛性無常，與何經同。答曰，《淨名》云，不生不滅是無常義。涅槃亦有此義，謂煩惱佛性本有今無等是也。以理求之，理事各有常無常義。理則隨緣故無常，不變故常。事則成相故無常，體空故常。則六祖之言常無常義，自合教義矣。是則六祖之言求之於教，於教有證，求之於理，於理亦通。而肇師往物不化性各異住，求之於教，於教無考，求之以理，於理未通，如有可通，則必聞命耳。

# 佛法因緣生

**錢謙益《大佛頂首楞嚴經疏解蒙鈔》卷五**　阿難，我說佛法從因緣生，非取世間和合麤相，如來發明世出世法，知其本因，隨所緣出。

【疏】中道正觀，如幻三昧，能解無始無明根結，能於彈指超證無學，能起無方不思議用。此名佛法從因緣生，豈同世間所說麤相。（雪浪云，非取世間等者。猶云，不取世間三緣和合生身等麤相也，不如忽興，指三藏事中六度等）以佛無明永盡，得一切種智，故能知此結解因由，非餘境界（孤山云：世謂六凡，出世謂四聖，知此十界，皆因於心。隨無明染緣，則出九界，隨敎行淨緣，則出佛界。故《法華》云，佛種從緣生。《涅槃》云，亦有因緣，因滅無明，則得熾然三菩提燈）。《中論》云，未曾有一法，不從因緣生。是故一切法，無不是空者，則眞空中道，亦因緣矣。《涅槃》云，我觀諸行，悉皆無常。云何知耶，以因緣故。若一切法從緣生，則知無常。是故外道無有一法不從緣生，是故無常，則外道有因緣矣。釋曰，此明外道在因緣內，執於緣相，以爲常住，是故破之言無常耳。今明教詮因緣妙理，具常無常，豈得同耶。

# 明心見性

**知訥《證道歌注》**　直截根源佛所印，摘葉尋枝我不能。直下明心見性成佛，此乃從上諸聖，遞相印授，若窮經討論，摘葉尋枝，則吾不能爲也。

摩尼珠人不識，如來藏裡親收得。梵語摩尼珠，此云無垢光，即喻一眞之性也，如來藏性，即第八識，含藏識，能生一切善惡種子，悟之則聖，迷之則凡。而一切眾生，具此一珠，良由無始劫來，因緣雜深，故不能現。而如來，以性空智，身含十方，徧虛空界，而此珠瑩然，如淨瑠璃內含寶月。雖然如此，諸世間人，各有一珠，問諸人，祇今在什麼處。

六般神用空不空，一顆圓光色不色。本是一精明，分爲六和合，在眼曰見，在耳曰聞，在手執捉，在足運奔，悟之則爲神用，迷之則爲六賊。是以得道者。六根門頭，常了空寂，當處出生，隨處滅盡，而本體圓光，靈明廓徹，不可顯示，蓋不可以聲色求，不可以有無會。故曰，空不空，色不色。

**普度《廬山蓮宗寶鑑念佛正宗》卷三**　其所謂禪宗者佛祖之心也，佛説一大藏教，未嘗不以心爲宗也。嗟乎衆生之根器異也，又安得以一法而明之，我佛平等設化，於是對其病而投其藥耳。且夫淨土一宗念佛之法，有實有權有頓有漸，皆以顯如來所證之實理，廓衆生自性之本源，以念佛三昧攝一切人，明心見性入於佛慧。或問之曰，念佛其可明心見性入佛慧乎。予謂之曰，心爲萬法之宗，操之在我則何道不成，大勢至菩薩以念佛證無生忍，究其因地純於念佛上用功，念念無間打成一片，所以道都攝六根，淨念相繼得三摩地，斯爲第一。蓋佛者心也，念佛念心心心不二，心既不二佛佛皆然，一念貫通無前後際，三際俱斷是眞道場，塵塵顯示刹刹全彰，是謂入於如來正遍知海，具足如來一切種智，念佛之旨大略如斯。

**惟則《楞嚴經圓通疏》**　故知欲冀形神俱妙者，莫貴乎佛之眞性眞命。欲證眞性眞命者，莫先乎明心見性，其次莫大乎稱性而修，又其次莫要乎功德資成。此之三法修佛道者缺一而不可，謂之務修性而不修命，雖不修命而眞命自然果報不忒，猶響之應聲影之隨形。有智之者惟務乎形端聲和而已，何必區區以煉精氣神而謂之性命雙修形神俱妙哉。或問曰：精氣，命也，神性也，釋氏雖修性不修命而神之爲性亦修之，何總排斥三者俱非乎。況曰成佛，形神俱妙，苟不煉神，何以臻乎。對曰：所言成佛性命兼美形神俱妙者，乃就神僊之言以爲超勝之説，其實佛果不可以性命名形神召。蓋凡可言形神性命者，以有精氣神故也。佛之法報二身不從父母胞胎生，故不可言精。從胞胎精氣之所生則秉形於氣，既不秉此故不可以言氣。夫秉精氣者以有識神故也，佛久轉人識以成四智故不可以言神。神僊家之言性命者，不過以識神爲性，以精氣爲命，佛無此三，寄世俗以談性命，亦寄世俗以言形神，豈世間精氣神之所形容哉。或又問曰，僊家談性命，命固精氣神也，其所修性亦與釋氏同，何總排爲神識耶。對曰，據彼所談情性極妙者，而曰東三南二同成五，北一西方四共之，戊巳還從生數五，三家相見結嬰兒，謂東三木也，我之性也，西四金也，我之情也，南二火也，我之神也，北一水也，我之精也，性乃心之主，心乃神之主（云云），是皆不出五行，非識神而何。

**正誨《八識規矩頌略説》**　《雜華》云，心佛衆生三無差别。《海眼》又曰，地水火風空見識，七大本然。唯本然心者，非内非外而内外十虚，無促無延而促延一念，移塵沙劫於食頃，布華藏海於毛端，三千世界頓起乎目前，百億法身直證乎當下，碎塵點刹而不可窮其形，攤色銷空而未足昭乎性。故性性者無性了無性以緣生，形形者無形悟無形而性寂。是則形形之形，形不可形，性性之性，性不可性。性不可性，亦性性已。形不可形，亦形形已。唯無形無性者眞不可以形性求，亦豈可以無形無性得也耶。有假赤幟於明心見性者，天下引領而從之，予固不知其然。夫心性何物也，固與我同耶，固與我異耶，固與我亦同亦異非同非異耶。同則不可謂之見，異則不可謂之性。性可見，他物耳。性不可見，其如見性何。明心類乎是，心若不明，非眞心也，而明之奚益。非眞心而明之，是自妄也，奚其明，曰明見非我。心性非彼，非彼即我，非我即彼，彼我如如，一無間矣。無間則明，明無所明，無所則見，見無所見，隳四論，黜百是，是之謂眞見眞明。

**明凡《會稽雲門湛然澄禪師語録》卷七**　誠則明矣，譬如水濁失鑒，淸則毫髮不可昧也。然大王心志勇猛，直欲向洪波浩渺，白浪滔天處，奪驪龍之珠，截犀兕之角，故以明心見性爲問耳。所言心性者，一身之主謂之心，心能變化謂之性，以心能成佛，心能成凡，心能造善，心能造惡。造善者則生天堂，造惡者則墮地獄。心起邪見，則落外道天魔。心修四諦十二緣，乃至六度萬行，則名三乘。若能圓見自心，則法界皆我自心，曾非他有，故謂之佛，以覺自心故也。昔者異見王欲滅佛法，宗勝往勸不能，波羅提救之，乘雲而至，時王愕然問曰，乘空之者是正是邪。提曰，我非邪正而來正，邪王心若正，我無邪正。王又問曰，何者是佛。提曰，見性是佛。王曰，師見性否。提曰，我見佛性。王曰，性在何處。提曰，性在作用。王曰，是何作用，我今不見。提曰，今現在用，王自不見。王曰，於我有否。提曰，王若作用，無有不是，王若不用，體亦難見。王曰，若當用時，幾處出現。提曰，若出現時，當有其八。王曰，其八出現，當爲我說。波羅提即說偈曰，在胎爲身，處世爲人，在眼曰見，在耳曰聞，在鼻辨香，在口談論，在手執捉，在足運奔，徧現俱該法界，收攝在一微塵，識者知是佛性，不識喚作精魂。王聞偈已，心即開悟。以是而推，則知大王從曩劫來，出生入死，不知其幾千萬也。而大王之佛性，未嘗有生滅去來。大王之色身，又何嘗有生滅去來。能知於此，則是大王本來面目，亦即大王之佛性也。以人不能直下自信，故如來權說三乘，修有爲行，善根調熟，信心自許，然後直下承當，是知三乘曾非別旨也。

**錢謙益《紫栢尊者別集》卷之四**　師說全要講透這個明心見性四字，你說心性，是一是二，某請師開說。師說，心性原無二，衆人不見性，所以說百姓日用而不知也，至人能自見其性，豈非明心乎，見性則心自明，非是明了心，方能見得性也。【略】

無我而靈者，性也。有我而昧者，情也。衆人率有我而昧者應事，所以不能通天下之情，聖人率無我而靈者應事，所以能通天下之情，而吉凶禍福不能累爾。說雖如此，名不檢則義不精，義不精則理不徹，理不徹則性不盡，性不盡欲至於命，無有是處。夫命用也，此用現前，虛空可以卷舒，有無可以爲一條，佛說有無二法，攝盡一切法。故至於命者先天而天不違，天尚不違，萬物能違之哉。此等意思口說，滑然可聽，聞者易生歡喜，然要此用現前，熱惱根拔不盡，清涼夢不曾醒，謂之盡性，則可謂之至於命則不可。古德云，不是一番寒徹骨，怎得梅花噴鼻香。夫寒徹骨者，如顏子隳肢體黜聰明，亦是個小樣子，蓋肢體隳則身不可得，聰明黜則心不可得，身心既皆不可得，則情死而性活矣，性活只此肢體便是法身，只此聰明便是般若，法身則無有邊際，般若則智用萬物而不勞。若人說法身外有芥子許法，此便是外道，以其心外見法故也。又身與心，身是積聚義，心是知覺義，以實言之，身即是心，心即是身，用他積聚便名身，用他知覺便名心。曹溪曰，吾有一物，無頭無尾。此無頭無尾者，見得徹了，謂之盡性，見徹了能用得謂之命，我故曰命用也。

**福善《憨山老人夢遊集》卷一〇**　一問：三乘之道，性命之原，教禪之說，達磨之道，何曰無字，心地何處用工，人生到底怎麼下落。又說，有佛無佛端的何爲。又說一靜之中，無我無人，猶如太虛，到底如何。可將上中下乘言語，佛祖度衆生之念，一一細剖解釋，是所願聞。

答：佛教宗旨，單以一心爲宗。原其此心，本來圓滿，光明廣大，了無纖塵，清淨無物，此中本無迷悟生死，聖凡不立，生佛同體，無二無別。此正達磨西來，直指此本有眞心以爲禪宗，故對武帝云，廓然無聖。若能頓悟此心，則生死永絕，只在當人一念頓悟，即名如如之佛，不屬修證階差，不屬三乘漸次，此禪宗目爲向上一路，從前諸祖所傳，即指此心，以爲宗極，是名爲禪。此宗不立文字，只貴明心見性。其修進工夫，當初達磨教二祖，問曰，汝作甚麼。二祖云，乞師安心。達磨云，將心來與汝安。二祖云，覓心了不可得，達磨即與印正，云與汝安心竟，此心不可得一語，便是西來的指。二祖又問，豈無方便。磨云，汝但外息諸緣，內心無喘，心如牆壁，可以入道。此便是教參禪最初第一著工夫。達磨之道，如此而已，除此心外，更無別法。後來禪道既久，學人不能頓悟，故有參禪提話頭之說，其話頭不拘是誰，隨將古人公案一則，蘊在胸中作話頭，下疑情，即無之一字，就是公案，直者疑處，便是參究，參來參去，久久忽然心地迸開，如大夢覺，即名爲悟。以參究便是用工夫，以正參時，心中一念不生了無一物，故說無我無人，猶如太虛。悟處便是下落，既得了悟自心，則歷劫生死情根，一齊頓斷，既悟此心又說甚佛與衆生，故從此已去三界，往來任意度生，永絕諸苦，不被生死拘留，是稱菩薩。此便是參禪到底下落，性命從此了卻，若不悟此心，則被一生作下善惡業牽，輪轉六道諸苦趣中，到底沒下落，所謂生死苦海，無有彼岸，正謂此也。

**通潤《楞嚴經合轍》卷七**　是故如來宣示此呪，於未來世保護初學諸修行者入三摩地，身心泰然得大安隱，更無一切諸魔鬼神及無始來冤橫宿殃舊業陳債來相惱害，汝及衆中諸有學人及未來世諸修行者依我壇場如法持戒，所受戒主逢清淨僧，於此呪心不生疑悔，是善男子於此父母所生之身不得心通十方，如來便爲妄語。

此結勸當持也。父母生身者，言現身即證也。心通者，即明心見性也。吳興云：心通者據前所說，不出三義。一者證果，即端坐百日，有利根者不起於座得須陀洹。二者發解，縱其身心聖果未成，決定自知成佛不謬。三者宿命，是人應時心能記憶八萬四千恆河沙劫，周徧了知得無疑惑。

**法藏《弘戒法儀》上卷**　所謂佛者何，即今一念自心，如珠如鏡，靈靈不昧，了了常知，知而無知，不寄諸緣，不生二念者是也。所謂法者何，即今了得此無知不昧之心，即是本心諸佛，更不生疑生怖起惑起念者是也。所謂僧者何，即此知而不染，湛而不搖，常清常淨，隨時應物，如水中月者是也。此自心之三寶也，諸佛得此心，故云正覺，諸法詮此心，故云妙法，眾僧了此心，故稱淨眾。是知現前所請諸佛法僧，乃先證自心之三寶也，即今歸依一念靈明現證自心之三寶也。汝能傳持此教，接引後人，以明此心，此未來同證自心之三寶也，故知自心具三世，攝十方。所謂心佛眾生，三本無異，一證永證，皆爲空名，有非實有者也。所謂一心十善者，一心不生，則意無貪嗔癡，口不妄言綺語兩舌惡口，身無殺盜婬，故《四十二章經》云，心爲功曹，功曹若止，從者都息。是知即此一念無心之三寶，則萬善具足，十度齊彰，依此而修，是爲眞修，依此而證，是爲實證。更復兼之孝弟忠信，仁愛慈和，釋放生命，方便救苦，無非推此一心行於世間，謂之心佛出世者也。以此心獨脫無染，即是罪性本空，以此心念念清淨，即是現生淨土，以之懺悔，何罪不滅，以之念佛，何願不成，皆不出乎自性之一心也。上來爲汝開陳自心三寶，令汝直下明心見性，理相既明，事須成就，更當統汝歸依現坐道場十方三寶，師師傳心，佛佛授手，世世生生令不退轉。

**天基《禪宗直指》**　人謂佛氏之學，以心求心，是即以心用心也，似有一心。不知心也者，湛寂靈明，圓融無礙，包羅萬法，含裹十方，至靈至妙，心一而已，非有二也，以其圓融無礙，乃外觀百物，只此一心，內觀一心，亦只此一心。外觀百物，謂之放光，內觀一心，謂之返照，能放光又能返照，此心之所以爲靈妙也。月能照萬物，不能返照，鏡能照萬象，亦不能返照，以二者之明俱不靈也，心能觀萬物，又能返照自心靈也。心之爲染爲淨，爲聖爲凡，心自知之，是即以心觀心也，非謂所觀者一心能觀者又一心也。心既外觀百物，又豈不能內觀一心乎。是以耳目之用，能一而不能二，以一爲一者形也，心能一而能萬，以萬爲一者神也，是以心能觀心也。夫心欲其淨，去染而得淨，誰能爲之心也，謂之以心觀心則可，謂之以心求心亦可，謂之以心用心則不可，若以心觀心爲二心，則以心覺百物，爲百心矣（大錯）。【略】

論者謂佛所謂性正聖人所謂心，佛所謂心正聖人所謂意，佛原不認得這理，便認知覺運動，能視能聽能思能動的是理，此言大謬。佛氏之言，心性原只是一物，天地間一種清淨廣大妙湛圓明物事，名之爲性，性之靈通處，名之爲心，性如鏡之明，心如鏡之照，其實一物也，無所不包裹，總謂之性，性而靈通，乃謂之心，如山河大地草木瓦礫，皆有性，惟人之性，能靈通知覺，乃可言心，山河大地草木瓦礫，止名爲性，不名爲心。佛之所謂心，乃清淨廣大妙湛圓明，謂之本覺，謂之般若，謂之毗盧性海，謂之牟尼寶珠。所謂意者，乃人心之識神，生死之根本，佛之所以圓修妙悟，必轉此識神而爲之慧，乃稱爲轉凡成聖也。蓋凡夫之與聖人，本同具此心性，凡夫迷眞逐妄，所以智慧化爲識神，聖人破妄歸眞，所以識神轉爲智慧。意者佛之所呵也，乃云佛所謂心，正聖人所謂意，其失言多矣。佛氏歸眞，則知覺運動，視聽言動，能視能聽，能言能動，無非是性。凡夫逐妄，則知覺運動，視聽言動，能視能聽，能言能動，無非是妄。謂佛氏只認得能視聽言動的是性，豈不愚哉。夫能視能聽能言能動，謂之非性不可，而謂佛氏所謂清淨廣大妙湛圓明之性，只在視聽言動得名，有是理乎。夫說性則如來會一性於統宗，說理則如來詮萬理於事物。理之廣博，橫被法界，理之精微，折入毫芒。二乘之破見思，窮理尙粗，菩薩之破無明，窮理極精，等覺之一品無明未破，則理尙有礙。必入妙覺，而後一眞了徹，萬里洞然。謂不認得理字，是何言也。夫理有自然，安排已遠，理有各當，湊泊即乖，不安排而有，不湊泊而合，此佛理之所次爲至妙也。

**傳燈《觀無量壽佛經圖頌》**　夫參徹至明心見性，斷必繫念一處，不令走漏到利欲界內，與五濁相磅礡。久則心行處滅，情想俱空，法不存，佛不立，方成大解脫。奚獨如來佛，是甚乾屎橛，即祖師禪，喚作盌躂丘。邇來陰識依通，而悟者比比，肯向靜寂中淘去邪思，練成正覺。雖不待十六觀鏡像現前，九品蓮托胎見佛，諒曾打併一番，日用自然清淨，寂光自得現前，強似徒向冊本上學言記語，造謗大般若之業。

**洪蓮《金剛經集註序》**　佛道弘深精密，神妙感通，以慈悲利物，以智慧覺人，超萬有而獨尊，從曠劫而不壞，先天地而不見其始，後天地而不見其終，觀之《金剛般若波羅蜜經》蓋可見矣。是經也，發三乘之奧旨，啟萬法之元微，論不空之空，見無相之相，指明虛妄，即夢幻泡影而可知，推極根原，於我人衆壽而可見，誠諸佛傳心之秘大乘闡道之宗，而羣生明心見性之機括也。夫一心之源，本自清淨，心隨境轉，妄念即生，如太虛起雲，輒成障翳，如寶鏡蒙塵，隨韜光彩，由此逐緣而墮幻，安能返妄以歸眞。惟如來以無上正等正覺，發慈悲至願，閔凡世之沉迷，念衆生之冥昧，爲說此經，大開方便，俾解黏而釋縛，咸滌垢以離塵，出生死途，登菩提岸，轉癡迷爲智慧，去昏暗即光明，是經之功德廣矣大矣。雖然，法由心得，非經無以寓夫法，經以人傳，非言無以著夫經。【略】

竊以諸佛說法，不離自性。須知一切萬法，皆從自性起用，吾心地無非自性戒，心地無癡自性慧，心地無亂自性定，常見自心自性，自修自度，不從人得，即是自性釋迦，自心彌勒，先天地而不爲始，後天地而不爲終。所以一宿覺云，法身覺了無一物，本原自性天眞佛。山谷道人亦云，公若知本原佛亦不相似，此又百丈竿頭，進步下注腳也。蓋性無生滅，氣有聚散，煉氣合性，則千聖同源，萬靈常在。經中所謂金剛不壞身者，此乃學佛之極功，初非有待於外，切忌從人腳跟走也。

**諦閑《大佛頂經序指味疏》** 四示藉教明心。

大哉教乎，夫欲發眞歸元，明心見性者，於此宜盡心焉。

首句，極讚之辭，全經妙旨，一言讚盡。今將經題，略示梗概。謂大，是大法身。佛，是大般若。頂，是大解脫。如來，是大果。密因，是大因。修證，是大莊嚴。了，是大智。義，是大境。菩薩，是大人。萬行，是大業。首楞嚴，是大定。經，是大教。題爲一經之總，既了總義，別義匪遙，故曰大哉教乎也。夫欲下，甚勸之辭。夫，發端之辭。欲，希須之義。發眞，謂開發一眞法界。歸元，謂復歸寂滅元明。明心，謂洞明圓心固有。見性，謂徹見妙性天然。於此，謂向此圓詮大教，宜應當也。盡心，謂赤體荷擔。焉，歇語辭也。意謂，斯經高妙極致，非文言句義而能盡述唯有退藏密機，虛懷仰讚而已。凡後之志學之士，苟能惜人身得之不易，悟大教值之倍難或即生欲發眞歸元者，欲明心見性者，宜應於此一經，盡其心力，赤體荷擔，坐臥經行，澄心體究，語默動靜，反照提撕，其或宿種忽芽，大開圓解。如初春霹靂，蟄戶頓開，窮子竛竮，遇到父舍，是名發眞歸元。如密雲被拂，心月圓明，迷霧初銷，性天皎潔，是名明心見性。從茲而圓起止觀妙修，猶風帆揚於順水，圓破法界無明，似輕塵揚於順風，任運中中流入，直至薩婆若海，有何艱險紆屈之相。果能如是，未始非頓悟頓得又何必歷三僧祇，方能獲證法身哉。然而一切衆生，誰無佛種凡有心者，皆當作佛，菩提子箇箇不無，阿羅訶人人有分，整心慮趣菩提，唯人道而能之，人能精誠下切，苦切深究，安患不得眞實受用者。

**徐發《金刚经郢说》** 夫所謂道學者，豈有外於明心見性哉。今即《金剛》一經言之，無我相人相衆生相壽者相，即喜怒哀樂之未發也。一切衆生，我皆令入無餘涅槃而滅度之，即欲立欲達我道一以貫之也。應無所住而生其心，即致知止善之學也。是法平等，無有高下，即天命之性也。實無我法，無法可說，即率性之道也。聞是章句，受持讀誦，爲人解說，即修道之教也。如如不動，即上天之載，無聲無臭也。非相之相，即易之無極。而不住相，即乾元用九之用也。種種福德果報，即禎祥妖孽之理，與湯誥福善禍淫，洪範休徵咎徵也。故屠緯眞曰，儒與仙佛，其理實一，而造用成就，微有不同，予謂究竟亦無不同也。孔子曰，朝聞道夕死可矣。此實究竟之理，而性與天道，特罕言之，蓋可以心得而不可以言傳，非鄙薄而外之也。

**善遇《師子林天如和尚語錄》卷之二** 師云：參禪是向上一著要緊大事，此事曰僧曰俗人人有分，況是本來具足，全體現成，爭奈世間人往往當面蹉過，不曾去理會，莫道不曾理會，問也不曾問著，正眼看來，誠可憐憫，今日諸公既發此問，畢竟於此事上有大因緣，然此事纔擬說著，便是生死岸頭境界，便是痛心苦口之語，望諸公洗心滌慮，聽之思之。何謂參禪是向上要緊大事，蓋爲要明心見性，了生脫死，生死未明謂之大事。祖師道，參禪只爲了生死，生死不了成徒勞。王右軍亦曰，死生亦大矣。豈不痛哉，只爲生死事大，故以參禪爲向上大事也。何謂生死，公等彼此有身在世，此身既不是諸佛如來金剛不壞之身，又不是純鋼打就生鐵鑄成底堅固之身，乃是四大假合虛脆浮幻之身，如水上泡，如草頭露，看看髮白齒搖，皮枯面皺，老病無常，朝不保暮，既有生必有死，既有死還復生，但不知這回生死落在甚麼道中，此爲可痛者也。佛說三界如火宅，六道如苦輪，汝等從無量劫以至于今，向三界火宅中東走西走，不知求出路，在六道苦輪裏東輥西輥，無有暫停時。若欲息苦輪，出火宅，須是了生死，若欲了生死須是見佛性，若欲見佛性須是大悟一回，若欲大悟須是參禪，是知無量法門參禪爲第一要緊也。何謂無量法門，開而言之有八萬四千種，總而論之則有三宗，曰敎宗，禪宗，律宗也。【略】

若論禪宗卻無許多事，謂之不立文字，敎外別傳，直指人心，見性成佛。所以參禪者先將平生所學所記所見所聞所知所解盡情颺在一壁，又將平生名聞利養之事，恩愛貪欲之心，盡情拈向一邊，坐斷千差掃空萬慮，單提正念勇往直前，譬如百萬軍中單刀直入，不顧危亡得失人我是非，猛拚性命摻透佛祖牢關，不歷階梯高登佛祖堂奧，是謂禪宗也。昔西天有一異見王，嘗問波羅提尊者如何是佛。尊者云見性是佛，王云性在甚麼處，尊者云性在作用處，王曰作用凡有幾處出現，尊者云八處出現，王曰何謂八處，尊者云，在胎曰身，處世曰人，在眼曰見，在耳曰聞，在鼻嗅香，在舌談論，在手執捉，在足運奔，徧現則廣周沙界，收攝則藏在一塵，悟者謂之佛性，迷者謂者精魂，王聞是言當下有省。蓋悟者謂之佛性，則見聞知覺所作所爲無非妙用，既得妙用即出生死，迷者謂之精魂，則見聞知覺所作所爲無非業識，既成業識即墮生死。何謂之迷，迷者不見佛性，既不見佛性則雖有妙用而不得其用，非惟不得其用亦且不知其妙。只如眼耳鼻口謂之七竅，鼻有兩竅何不聞聲，耳有兩孔何不聞香，這些妙用早是不能窮究，何況通身無主宰，隨處有鼇訛，聞聲隨聲走，見色隨色走，既隨色聲妄走，便被妄境纏縛，從此雜念紛飛妄想顚倒，如是等業識塵勞名爲染習，如是染習乃生死輪迴之根本也。嗚呼，同一佛性，同一妙用，毫釐有差，天地懸隔。然而迷悟無根，妙在轉處，是以古者英俊丈夫向這裏回光返照，泝流窮源，有撥著便轉聞著便悟者，有多積工夫久久而後悟者，

**石成金《金剛經石注》** 我皆令入無餘涅槃而滅度之。

【註】我者，佛自謂也。皆者，盡也。令者，使也。入者，行至於內也。無餘，無滲漏也。梵語涅槃，此云無爲。無餘涅槃，大涅槃也。滅，消滅也。度，化度也。

【論】人有虛靈之性，包括天地，謂之眞空，又名法身，亘古亘今，所不能滅，即大禹見黃龍負舟，自言生寄也，死歸也。四大色身，原是假合，豈無毀壞之理。愚人不能明心見性，所以死歸陰趣，隨業受生，遷轉不已。聖人明覺了然，如虛空杲日，常天普照。或出應世，則爲報身，化身隨緣。或不住世，則棄四大如棄敝屣，永證清靜法身，寂然常樂。是其來也，從體起用，無所從來。其去也，攝用歸體，亦無所去，豈非涅槃常住不滅哉，世人不知，誤以爲死，非也。

【講】佛之意，蓋說如前，所謂一切衆生妄心，皆不是我菩提覺心，我皆令此受學諸大菩薩，將此妄心入於清淨無爲之鄉，消融其滓穢，度脫其染著，如紅爐點雪，必使人欲淨盡，纖毫不留，深造於玄默之境。所謂心外無餘道，道外無餘樂也。

【證】《楞伽經》云，涅槃，乃清淨不死不生之地，一切修行者之所依歸。列子曰，生之所生者死矣，而生生者未嘗終。裴相國云，寂靜常樂，故曰涅槃。

**行敏《金剛般若波羅蜜經註講》卷上** 蓋人之眞性，本是虛靈不昧，歷劫常存，惜爲萬欲昏蔽，所以沉淪苦海，受報無窮，我佛慈悲，特說此經，猶乘筏度津，以至彼岸也。所謂金剛者，蓋萬物不能逃乎五行，而五行之中，惟金最堅利長久，木有時而朽，水有時而涸，火有時而熄，土有時而崩，以金試之於木，則能成器用，沉之於水，則光湛常新，投之於火，則百鍊愈精，埋之於土，則永劫不壞，其位在西北，能摧折萬物，人能用之於身，可以斬一己之邪魔，除萬里之妖孽。儒有龍泉寶劍，安邦定國，道有青蛇寶劍，斬絕情欲，佛有金剛寶杵，降伏魔王。大易以乾爲首，元門以金丹爲首，此經以金剛爲首，得此般若者，證西方無量壽果，西方金方也，金之爲義，大矣哉，故以金剛爲喩。般若者，智慧也，人生日用間，圖名貪利，奸僞百出，至死時，心尙不足，自以爲乖巧伶俐，不知溺於罪孽苦海，眞癡愚也，必以智慧，打破癡愚，獨秉乾剛，勇猛精進，明了自性，豈不到彼道岸，與諸佛同清淨身如哉。【略】

外修人所共見共聞，謂之陽德，內修人所不覩不聞，謂之陰德。有相有爲，自不及無相無爲之福，外修自不及內修之福，陽德自不及陰德之大，以見般若無相之法，六度萬行，皆當體此無相之法修。是以輾轉教人受持讀誦，爲人解說，使人知無相之法，精爲奧妙，可以自修自悟，明心見性耳。蓋信受者，要知三藏之大略，先除六根六塵，後除五蘊全空，方能入無我人等四相，無我人等四相，則自然泯脆，物與爲懷，六根六塵，

污染不著，則不見有辱之人，受辱於我，自然精進一乘，永不退轉。則四大非有，五蘊全空，心心相續，自然清淨，則自性常空，無有障礙，一眞顯露，光無不遍，照無不遇。

**行敏《金剛般若波羅蜜經註講》卷下**　無四相以淨心修善法，以行善故，謂淨心行善分。佛又再告須菩提曰，我所說阿耨菩提之法，乃吾本然之性，是法平等。蓋自性菩提，是法在凡不減，在聖不增而平等也。無有高下，是色身則有高下，眞性則無高下。是名阿耨多羅三藐三菩提，所以名爲無上正等正覺也。何以見之，以無我無人無衆生無壽者，以我眞性原無有我人衆生壽者之妄。若有此妄，則嗜欲深天機，必淺攻取累，湛一不全，吾見塵旁種種異起。何得爲平等法哉，法爲平等，方名無上菩提矣。修一切善法。佛又説當修此一切善法，凡布施持戒，忍辱精進，禪定智慧，皆是明心見性之善法。依此法修，則虛己明眞，崇德履道，造至覺地矣，即得阿耨多羅三藐三菩提，即得此阿耨菩提也。然又恐人泥於有法。須菩提，故呼須菩提曰，所言善法者，所言善法者，乃接引衆生人道之門，本來原無此善法，不過假名，以開悟人耳。不住四相而修，則修同無修，如來説即非善法，若執著善法，便有人我等相矣。是名善法。是名善法也，不住四相而修，則修無所修，如是之修，修至阿耨多羅三藐三菩提之因，乃名眞修。不住於法而得，得無所得，直得阿耨多羅三藐三菩提之果，乃名眞得，是我所謂無有少法可得之義耳。

**存吾《金剛般若波羅蜜經闡説》序**　竊不揣其固陋，而參以鄙見，總以經中橫説竪説，丁甯反覆，無非以明心見性爲不二門要著，不事藻詞，人人可以解説，庶有少益乎。或云佛欲以明心見性示人，則直説法就是了，何以經中隨説隨掃，似又欲人向元微尋去矣。余曰不不，此乃見佛之慈悲處。何以故，人之心性本明，因溺於四相六塵，以失其本來之明，佛不得已假之言説。若人能復其本來之明，則一切言説譬喻，已屬添設。若不掃去，是顯然以佛法自居，佛所不願也。蓋欲人即説處思，復即掃處思，恍然悟本來之自性，佛乃不得已而説也，此正如來護念付囑之深意耳。

蓋聞佛道宏深，以慈悲而利物，神功廣大，以智慧而覺人，故先天地而不見其始，後天地而不見其終，觀於《金剛般若波羅蜜經》，蓋可見矣。是經也，論不空之空，證無相之相。闡明虛妄，即六如而可知，推測根源，於四相而可悟。誠諸佛傳燈之奧旨，大乘闡道之統宗，而羣生明心見性之心法也。雖然法由心得，非經無以寓夫法。經因人明，非言無以著夫經。世以經傳，非梓無以公夫世考。

**謝承謨《金剛般若波羅密經易解》卷上**　應如是住，如是降伏其心。其心當如是而住，當如是而降伏其妄心。如是二字，不可作泛語讀過，是一絕妙心法，即無住生心之謂，非特指下文而言也，故此經始終皆稱如是。蓋吾人心本虛靈，與佛同體，祇緣無量刦來，妄念紛乘，曾無休息。由此妄念，生出八萬四千種塵勞，舍生受生，輪迴不已，無有出期。佛慈憐憫，因而説法度人，俾得離諸苦惱，頓證眞如，以復其本體之明。然修行法要，先須淨除妄念，務令心不繫緣，不思善惡等事，因任自然，如如而住，從此進修，自得明心見性。《莊子》亦云，虛室生白，吉祥止止。此爲修行正軌，乃住心降妄之要訣，千古聖賢，皆以此爲下手工夫，佛故亟稱之。若舍此別修，便成邪魔外道。顧諸人於此，往往輕忽看過，誠爲可惜，茲特拈出，以公同志。

**誅震《金剛三昧經通宗記》卷六**　佛言：諸佛如來，常以一覺，而轉諸識入唵摩羅。何以故，一切衆生本覺，常以一覺，覺諸衆生，令彼衆生，皆得本覺，覺諸情識，空寂無生。何以故，決定本性，本無有動。此示自覺覺他之行也，言諸佛出世，亦無別法，常以自心中，得一念相應，頓然覺悟本來具足之性，即此以轉諸識，而入於淨性中。然以衆生皆本具此覺性，故諸佛常以此一心自覺，而覺彼衆生，令其皆得此本覺，而覺悟自己情想意識之空寂無生，且決定自知本覺之性，其體本無有動，亦令其至於不來不去之地也，此即宗門明心見性旨訣。一覺，即明心，唵摩羅，即是淨性，能一見自性，即入唵摩羅，此示根本實智。後皆是諸佛種種差別智業，蓋從一心流出種種差別之相，菩薩了之，名差別智也。

**行策《淨土警語》**　天台以六佛揀濫，初曰理性，次曰名字。始聞聖教，乃至明心見性，皆未出名字位。故知名字其時甚長，而其義亦甚深無量也。居士名善，字水若，達此名，識此字，於見性成佛之道，思過半矣。告子曰，性猶湍水也，決諸東方則東流，決諸西方則西流，人性之無分於善不善也，猶水之無分於東西也。異哉，告子之言性也，雖非儒宗中至義，乃翻有類乎如來之契經也，惜其屈於孟子之辯，而卒無以申明其說，是亦如蟲禦木耳。夫十法界本乎一心，則善不善法，皆性具明矣。所謂性中有染淨種子，故世出世間無有一法，而能外乎性。率性中淨種子而起現行，則爲君子之道，謂之修善。率性中染種子而起現行，則爲小人之道，謂之修惡。《中庸》曰，率性之謂道。孔子曰，道二，仁與不仁而已矣。道無分於仁不仁，即性無分於善不善也，若性惟善，而無不善，則三塗惡趣，非由心造，又豈得稱爲法界乎。

是故一闡提人雖斷修善，不斷性善，若斷性善，則終不成佛。諸佛聖人但斷修惡，不斷性惡，若斷性惡，則不能現穢惡世界，折伏眾生。此性修之關所當洞達，既不能離性以起修，亦不得廢修而言性也。請以水言之，所謂性者，即溼而就下，東流西流者也，所謂修者，即決之東方，決之西方者也。居士欲修淨業，可不顧名思義，而審其所以修之之術乎。若其心念念趣貪瞋癡，日深月甚，輓之不回，引之不出，發於身口，多與惡相應，則所謂決之東方，終爲震旦國中人物。若其心念念厭離五欲，繫想阿彌陀佛，願樂親近，如子憶母，不爲業境之所牽，不爲他岐之所惑，則所謂決之西方，定於極樂世界，蓮華化生，見佛受記，由是觀之，見性成佛亦在乎。

**濟能《角虎集》卷之上**　問曰，人言明心見性，莫不是我心起處，便覺知者麼。石曰，此妄心，非眞心也，若認此心，是認賊爲子。師曰，恁麼則我乃無心耶。石曰，是汝知無所知，覺無所覺者。師聞直下頓脫身心，獨見自性，非知非不知，非覺非不覺。

**超溟《萬法歸心錄》卷上**　儒云，佛教明心見性，見性成佛，吾儒竟無如斯不實之語。師曰：佛教示人，明心見性，見性成佛。孟子曰，盡其心知其性，知其性則知其天。又云誦堯之言，行堯之行，是堯而已矣。吾教悟佛之言，行佛之行，是佛而已矣，儒釋何異，而言不實。【略】

儒云，大學已聞，請示中庸。師曰：天命之謂性，率性之謂道，修道之謂教。釋曰，孔門心法，中庸之理，不偏不倚，不邪不住。朱熹註解，性猶天命，令與人物，各賦其理，未知本性是何物件，猶天命令來付人物，卻將孔聖之理註成心外有法。豈知本性，體若太虛，無內無外，非來非去，皆因最初不守自性，忽起動心，故受胎獄，本一精明，分成六用，隨境逐情，流蕩生死，眾生不能返源，先聖指條徑路，拈出天命，即是性體。天命，天心，天道，天理，名異體同，總是性理。古德云，在天謂命，在人謂性。故所以示云，天命之謂性，自人人本具一靈妙明眞性，任運應酬，理本當然，體中用和，不落偏倚，日用中事理無礙，故曰率性之謂道。皆因受生以來，塵染遮障本理，顚倒亂想，不悟性體，聖賢設教，化人復性，悟理修證，返妄歸眞，以復本來天命之理，所以爲修道之謂教。教者修乎道，道者本乎性，性體源乎天，聖人樂天知命，乃中庸之道也。道也者不可須臾離也，可離非道也，是故君子，戒愼乎其所不睹，恐懼乎其所不聞，莫見乎隱，莫顯乎微，故君子必愼其獨也。釋曰，若悟性理，不可須臾有離，須臾不在，習氣則復現矣，所以戒愼恐懼，如臨水淵，保任本性，不落邪僻。

**超溟《萬法歸心錄》卷中**　問，經云，歸源性無二，方便有多門，未審何門直下了脫。師曰，內外二因，可能直了。僧云，請師直示，內外二因。師曰，外因須斷婬殺盜，內因要明心見性。問，何故外因斷婬殺盜。師曰，眾生因婬慾想，故纏生死，殺乃遞償命債，故有輪迴，盜要負還本利，故須再來，斯三種因若除，永斷殘質不續。問，如何內因明心見性。師曰，明心本淨，見性本空。問，如何謂明心本淨。師曰：斯心非是色身之內肉團血心，斯心亦非方寸之中生滅妄心，乃是周徧法界，洞徹十方，超出對待，絕諸戲論，不滅不生，非有非無，虛靈不昧，圓妙應物，卷舒無礙，出沒縱橫，隨緣而不變，常住之眞心。故過去諸佛概證斯心，現在菩薩同學斯心，未來晚學咸明斯心。眾生在迷而迷斯心，行人發悟而悟斯心，一大藏教惟顯斯心，達摩西來直指斯心，古今知識開示斯心，斯心靈妙，難以盡述，略舉一二，後昆信悟。問，如何謂見性本空。師曰，眞如自性，本來空寂，無形無相，湛若太虛，不動不搖，凝然常住，名曰本來面目，又云無位眞人，一切山河大地，草木叢林，森羅萬象，染淨諸法，一一皆從斯中流出。

問，眞心本性，是一是二。師曰，非一非二。問，云何非一，云何非二。師曰：本性是體，眞心是用，本性如鏡，眞心如光，光不離鏡，鏡不離光。古德云，性則即明而妙，凝然湛然，如鏡之體，心則從妙起明，圓融照了，如鏡之光，光鏡分二故非一，光鏡本一故非二。

問，既云佛與衆生心性體一，因甚佛居聖地，衆生處凡。師曰，佛與衆生，性體本空，心有染淨，故名聖凡。問，云何心有染淨。師曰，本性如鏡，圓明空寂，眞心如光，照物不昧。諸聖無心應事，去來無染，謂之淨光。衆生有心應事，分別取捨，謂之染光。染淨雖殊，其體無二。問，心性本體，可有限量否。師曰，有。問，體有多大。師曰，含裹十虛，彌綸萬有。僧云，既是無邊廣大心性，因甚卻在肉身之內。師曰，一切衆生無始以來，因繫胎獄，桎梏肉身，堅固妄執，廣大心性，惑在身內，認賊爲子，如陷大獄，何日能出，不但人天迷此，小乘尚且猶然。僧云，心性不在身內，我今能思者誰。師曰，爾疑所問身內幻識，能思能慮以爲我心，斯是六塵緣影，惑汝眞性，無故堅執在內，難脫胎獄。《楞嚴經》云，佛告阿難，此是前塵虛妄想相，惑汝眞性，無始至於今生，認賊爲子，失汝元常，故受輪轉，若向這裏明得，便知思慮之心，如鏡中影，似空中花，虛顯空輪，本無實質。

僧云，身內思慮，六塵緣影，云何是吾妙明心性。師曰：衆生不悟廣大心性，不在內外，卻認塵影，妄以虛空包肉身，肉身包肉心，肉心包眞性，重重拘縛，固執貪愛。殊不知虛空大地，萬物身心，盡是吾妙明心性所現幻影。《楞嚴經》云。聚緣內搖，趣外奔逸，昏擾擾相，以爲心性，一迷爲心，決定惑爲色身之內，不知色身外，洎山河虛空大地，咸是妙明眞心中物。恐爾未悟，吾設一喻，本性如盡法界大底鏡子，眞心靈照，如鏡中之光明，山河大地，萬象森羅，至於肉身識心，盡是鏡中之影，衆生認影，汩沒四生九有，如若認鏡，自然頓復眞心。

問，心性廣大，含育萬有，不在身內，想在身外，包裹肉身，斯理是否。師曰，非也。僧云，在內不成，在外非是，其理甚疑，請師決之。師曰：本性空徧，非身內，非身外，眞心無住，不即身，不離身。所以阿難執妄無據，七處茫然，二祖了眞不生，一言契道。汝或愚鈍，再示一喻，本性如大海湛水，眞心似湛水之光，因境風鼓，忽起浮漚，浮漚是色身，海水是法身，浮漚濕即識性，海水濕即本性，浮漚濕，海水濕，濕性本一，故非內外，海水濕，浮漚濕，濕性各一似有內外。凡夫迷執浮漚，反棄無邊大海。《楞嚴經》云，譬如澄清百千大海棄之，唯認一浮漚體，目爲全潮，窮盡瀛渤。汝等即是迷中倍人，後學若悟漚水海水，濕性本一，何有內外一定之執，不獲本性，眞可歎耳。

僧云，海水濕，喻法界性，浮漚濕，喻身內識，濕性無二，非內非外，既非內外，報盡命終，離此生彼，現有出入，只有出入，何言不內。師曰：如上開示不能了悟，反覓空花生滅，可謂愚昧之甚。皆因最初不守自性，一念妄動，故繫胎獄，生生固執，定在身內，有出有入，有來有去，內外來去，如空中花，花雖生滅，空本不動，識似出入，性本不動，祇如空中花是幻，身內識是妄，今將空花幻，發明身識妄，其理無二，公須自審，汝或不悟再引經喻。《楞嚴經》云：譬如有人，取頻伽鳥瓶，塞其兩孔，滿中擎空，千里遠行，用餉他國，識陰當知亦復如是。阿難，是虛空，非彼方來，非此方入。如是阿難，若彼方來，則瓶中既貯空去，於本瓶地應少虛空。若此方入，開孔倒瓶，應見空出。是故當知，識陰虛妄，本非因緣，非自然性。釋曰：頻伽鳥瓶，是瓶之名，塞其兩孔，喻善惡業，瓶喻業力，能引識走。瓶中之空，喻隨業之識，此空在瓶，與瓶外空，似有內外，空無二體，內外本一，故非內外。瓶中之空，喻識本空，因善惡業牽引識走，猶如擎瓶千里遠行，用餉他國者，喻捨此受彼。經云，阿難，是虛空，非彼方來，非此方入，斯喻捨身，如彼方來，而前身之識未嘗少，受身如此方入，而後身之識未嘗來，當知身死非去，未死之先，本不偏於此，生身非來，未生之先本亦偏於此。迷者不了，以謂在內而有出入。悟者明體本無彼此，豈有來去。

僧云，悟者明體本無來去，現今死此生彼，卻有去來之相。師曰：緣會而生，緣盡而滅，雖現來去之相，圓明本然不動。凡夫病眼，妄認空花，有生有滅，隨緣流轉。佛經云，善男子，一切衆生，從無始來，種種顛倒，猶如迷人，四方易處，妄認四大爲自身相，六塵緣影爲自心相，譬彼病目，見空中花，乃至如衆空花，滅於虛空，不可說言有定滅處。何以故，無生處故，一切衆生於無生中，妄見生滅，是說名輪轉生死。後學頓悟，幻識生滅，而圓覺心體常住不動。祖師云，百骸雖潰散，一物鎮長靈。若了此心，有誰生死。

僧云，開示甚明，無不了然，因甚最初而有我之身心。師曰：眞源湛寂，覺海澄清，本無能所之端，豈有名相之跡。最初不覺，忽有動心，因明立照，隨照立塵。見分俄興，相名安布，如鏡現相，頓起根身。次則隨想而世界成差，後因憎愛而相續業果，從斯迷眞，沉溺三界，虛受輪迴，無有休息。

**紀蔭《宗統編年》** 心是根，法是塵，兩種猶如鏡上痕，痕盡垢除光始見，心法雙亡性即眞。祖師西來直指人心，見性成佛。二祖覓心，了不可得，與安心竟，後來三拜，依位而立，得祖之髓，佛佛祖祖，道豈有二乎哉。六祖從無住生心得悟，於五祖言下，見自本性，開東山法門，大闡般若，未嘗不直示人明心見性也。心性無染，本自圓成，但離妄緣，即如如佛。衆生妄緣夾雜，知見橫生，知見立知，即無明本。未能洞徹心性，先於心性上，想念紛馳，意識卜度。是以祖師為之直截根源，全提向上，曹溪拈出一相三昧，一行三昧，南岳融為無相三昧，五宗建立，設大法藥，以治方來。名言斷，理路絕，欲人於擬議思量，聖見凡情不到處，命根大死一回。然後卻活轉來，有自由分，重著精彩，深入宗旨堂奧，方可入泥入水，為人解粘去縛，使一切人得大受用，一切法得大自在。【略】

問曰：心宗無二，佛祖聖賢，諸子百家，既同此心，何以佛法人難信向也。祥符曰：心體喻如虛空，宿障喻如浮雲，浮雲能蔽虛空，宿障能覆心體。浮雲不蔽，則虛空廓然，宿障不覆，則心體自見。宿障不出二種，謂理與事。智者宿習慧業，多為理障。凡夫習近見聞，多為事障。佛法除破理事二障，與衆生初心不合，是以遽難信受。然長空萬古，浮雲一時，眞性本覺，理事之障，豈終礙也。時至理彰，良俟因緣耳。

# 非心非佛

**紹隆《圓悟佛果禪師語錄》卷一** 不是目前法，亦非心外機，直下紹承當，當陽無向背。一處明去，千百處光輝。一言通時，千言百言透脫。非心非佛，拈向一邊，舉古舉今，撥致一處，只諸人分上還證據得麼。若證據得，三世諸佛於中成道，神通變化於中流出，大地山河於中發現，九類四生於中長育。且作麼生是該羅萬有一句，來年更有新條在，惱亂春風卒未休。【略】

遠問近對，萬世如今。舉東明西，千途一轍。無事上演事，無為處作為。非色非聲青黃順逆，非心非佛賓主交參。全承此箇威光，不在別處流轉。且道，此箇是什麼，若喚作佛，頭上安頭，若喚作法，無繩自縛，祖師巴鼻是拖贓叫屈，向上機關是揚聲止響，直得總不恁麼，始較些子。且道，既總不恁麼，因什麼卻較些子，莫怪從前多意氣，他家曾謁聖明君。

**延壽《宗鏡錄》卷二五** 問：如上所說，即心即佛之旨，西天此土，祖佛同詮，理事分明，如同眼見，云何又說非心非佛。

答：即心即佛，是其表詮，直表示其事，令親證自心，了了見性。若非心非佛，是其遮詮，即護過遮非，去疑破執，奪下情見依通，意解妄認之者，以心佛俱不可得故，是以云非心非佛。此乃拂下能心，權立頓教泯絕無寄之門，言語道斷，心行處滅，故亦是一機入路。若圓教，即此情盡體露之法，有遮有表，非即非離，體用相收，理事無礙。今時學者，既無智眼，又闕多聞，偏重遮非之詞，不見圓常之理，奴郎莫辯，眞偽何分。如棄海存漚，遺金拾礫，掬泡作寶，執石為珠。所以經云，譬如癡賊，棄捨金寶，擔負瓦礫。此之謂也。今當纂集，正為於茲，且心之與佛，皆世間之名，是之與非，乃分別之見，空論妄想，曷得眞歸。所以祖師云，若言是心是佛，如牛有角，若言非心非佛，如兔無角。並是對待強名邊事，若因名召體，豁悟本心，證自眞知，分明無惑者，終不認名滯體，起有得心，去取全亡，是非頓息。亦不一向離之，妄起絕言之見，亦不一向即之而墮執指之譏。如《華嚴》論云，滯名即名立，廢說即言生，並是背覺合塵，捨己徇物。若實親省，現證自宗，尙無能證之智心，及所證之妙理，豈況更存能知能解有得有趣之妄想乎。近代或有濫參禪門，不得旨者，相承不信即心即佛之言，判為是教乘所說，未得幽玄，我自有宗門向上事在，唯重非心非佛之說，並是指鹿作馬，期悟遭迷，執影是眞，以病為法。只要門風緊峻，問答尖新，發狂慧而守癡禪，迷方便而違宗旨，立格量而據道理，猶入假之金。存規矩而定邊隅，如添水之乳，一向於言語上取辦，意根下依通，都為能所未亡，名相不破。若實見性，心境自虛，匿跡韜光，潛行密用。

**超溟《萬法歸心錄》卷中** 問，何謂即心即佛。師曰，心佛無二，莫向外求。問，何謂非心非佛。師曰，破執奪解，心佛本無。問，如何謂三心不可得。師曰，過去未來現在，三心本來空寂，無故妄起空花，遮障圓明眞際。問，如何謂眞空。師曰，眞心體寂，玄機用照，寂照無二，謂之眞空。問，如何謂妙有。師曰，雙照有無，分別宛然，不落能所，謂之妙有。問，云何謂但得本，莫愁末。師曰，若悟眞心本空，萬法自然消泯。

## 物不遷

**僧肇《肇論・物不遷論》** 夫生死交謝，寒暑迭遷，有物流動，人之常情。余則謂之不然。何者。《放光》云：法無去來，無動轉者。尋夫不動之作，豈釋動以求靜，必求靜於諸動。必求靜於諸動，故雖動而常靜，不釋動以求靜，故雖靜而不離動。

然則動靜未始異，而惑者不同。緣使眞言滯於競辯，宗途屈於好異。所以靜躁之極，未易言也。何者。夫談眞則逆俗，順俗則違眞。違眞，故迷性而莫返，逆俗，故言淡而無味。緣使中人未分於存亡，下士撫掌而弗顧。近而不可知者，其唯物性乎。然不能自已，聊復寄心於動靜之際，豈曰必然。

試論之曰：《道行》云：諸法本無所從來，去亦無所至。《中觀》云：觀方知彼去，去者不至方。斯皆即動而求靜，以知物不遷明矣。夫人之所謂動者，以昔物不至今，故曰動而非靜，我之所謂靜者，亦以昔物不至今，故曰靜而非動。動而非靜，以其不來，靜而非動，以其不去。然則所造未嘗異，所見未嘗同。逆之所謂塞，順之所謂通。苟得其道，復何滯哉。

傷夫人情之惑也久矣，目對眞而莫覺！既知往物而不來，而謂今物而可往。往物既不來，今物何所往。何則。求向物於向，於向未嘗無，責向物於今，於今未嘗有。於今未嘗有，以明物不來，於向未嘗無，故知物不去。覆而求今，今亦不往。是謂昔物自在昔，不從今以至昔，今物自在今，不從昔以至今。故仲尼曰：回也見新，交臂非故。如此，則物不相往來明矣。既無往返之微朕，有何物而可動乎。然則旋嵐偃嶽而常靜，江河競注而不流，野馬飄鼓而不動，日月歷天而不周，復何怪哉！

噫！聖人有言曰：人命逝速，速於川流。是以聲聞悟非常以成道，緣覺覺緣離以即眞。苟萬動而非化，豈尋化以階道。覆尋聖言，微隱難測。若動而靜，似去而留。可以神會，難以事求。是以言去不必去，閑人之常想，稱住不必住，釋人之所謂往耳。豈曰去而可遣，住而可留耶。故《成具》云：菩薩處計常之中，而演非常之教。《摩訶衍論》云：諸法不動，無去來處。斯皆導達群方，兩言一會，豈曰文殊而乖其致哉。是以言常而不住，稱去而不遷。不遷，故雖往而常靜，不住，故雖靜而常往。雖靜而常往，故往而弗遷，雖往而常靜，故靜而弗留矣。然則莊生之所以藏山，仲尼之所以臨川，斯皆感往者之難留，豈曰排今而可往。

是以觀聖人心者，不同人之所見得也。何者。人則謂少壯同體，百齡一質，徒知年往，不覺形隨。是以梵志出家，白首而歸。隣人見之曰：昔人尚存乎。梵志曰：吾猶昔人，非昔人也。隣人皆愕然，非其言也。所謂有力者負之而趨，昧者不覺，其斯之謂歟。是以如來因群情之所滯，則方言以辯惑，乘莫二之眞心，吐不一之殊教。乖而不可異者，其唯聖言乎！故談眞有不遷之稱，導俗有流動之說。雖復千途異唱，會歸同致矣。而徵文者聞不遷，則謂昔物不至今，聆流動者，而謂今物可至昔。既曰古今，而欲遷之者，何也。是以言往不必往，古今常存，以其不動，稱去不必去，謂不從今至古，以其不來。不來，故不馳騁於古今，不動，故各性住於一世。然則群籍殊文，百家異說，苟得其會，豈殊文之能惑哉。是以人之所謂住，我則言其去，人之所謂去，我則言其住。然則去住雖殊，其致一也。故經云：正言似反，誰當信者。斯言有由矣。何者。人則求古於今，謂其不住，吾則求今於古，知其不去。今若至古，古應有今，古若至今，今應有古。今而無古，以知不來，古而無今，以知不去。若古不至今，今亦不至古，事各性住於一世，有何物而可去來。然則四象風馳，璇璣電捲，得意毫微，雖速而不轉。

是以如來功流萬世而常存，道通百劫而彌固。成山假就於始簣，修途託至於初步，果以功業不可朽故也。功業不可朽，故雖在昔而不化。不化故不遷，不遷故則湛然明矣。故經云：三災彌綸，而行業湛然。信其言也。何者。果不俱因，因因而果。因因而果，因不昔滅，果不俱因，因不來今。不滅不來，則不遷之致明矣。復何惑於去留，踟躕於動靜之間哉。然則乾坤倒覆，無謂不靜，洪流滔天，無謂其動。苟能契神於即物，斯不遠而可知矣。

**元康《肇論疏・物不遷論》** 第一《物不遷論》，明有申俗諦教。第二《不眞空論》，明空申眞諦教。第三《般若論》，明因申般若教。第四《涅槃論》，明果申涅槃教。明此四法，申彼四教。釋迦一化，理斯盡矣。今言《物不遷論》者，《莊子外篇・達生章》云，凡有貌像聲色者皆物也。《公孫龍子・名實論》云，天與地其所產焉物也。毛長《詩傳》云，遷，徙也。人謂物皆遷徙，變易無常。今明物本不遷，當世各有言。雖反常義，仍合道，故云物不遷論也。

夫生死交謝，寒暑遞遷，有物流動，人之常情也下。論文有二，前序，後正。今初序文，目爲四段。第一敘常情，第二明眞解，第三述異同，第四申論意。今初，有本云生死，有本云生滅，俱得。今用生死也。有本云迭遷，有本遞遷，俱得。今用迭遷也。《小雅》云，迭，遞，交更也。今明迭遷，更相遷易也。生死者，非直謂人身死此生彼，通謂一切萬物生死變化也。如《涅槃經》云，一切諸世間，生者皆歸死，壽命雖無量，要必有終盡。既從生至死，亦從死至生。生死迴還，終始無際。是謂交謝。謝，往也。《易》云，暑往而寒來，寒往而暑來。又云，鼓之以雷霆，潤之以風雨，日月運行，一寒一暑，是謂迭遷也。即以生死寒暑，名之爲有，名之爲物，皆有遷謝移易，故云流動。流如水流，動如風動，此是常情所解也。常者，尋常也。《小雅》云，四尺謂之仞，倍仞謂之尋，尋者舒兩臂也，倍尋謂之常也。

余則謂之不然下，第二明眞解也。余，我也。謂，言也。不如前解，故曰不然也。何者，《放光》云法無去來，無動轉者。竺法護前翻大品，名曰《放光》，以此經初廣明如來放光等事，即以爲名也。彼經既云法無去來，何有生死交謝，復云無動轉者，何有寒暑迭遷耶。亦可通說，未必須配也。亦可，何者字，是肇法師語，非經文也。尋夫不動之作，豈釋動以求靜。釋者，捨離。尋《放光經》作不動之語者，非謂捨動而別論靜，即求靜於動法之中，即動而爲靜耳。言豈釋者不釋也，必求靜於諸動下，覆上意可見也。

然則動靜未始異，而惑者不同下，第三述異同也。動靜理雖不殊，而迷惑之人謂異也。緣使眞言滯於競辨，宗途屈於好異者。眞言謂佛教也，競辨謂異說也，宗途謂法理也，好異謂異解也。所以靜躁之極未易言也者。謂靜躁兩間難辨也。又釋靜躁不二，是靜躁之極，欲說此理，未易可論也。何者，夫談眞則逆俗，順俗則違眞者。俗人謂異，言不異者，則逆俗人也。眞理是一，言不一者，則違眞理也。此言眞者，謂理實如此，故名爲眞，未必即爲眞諦也。如云眞書眞寶，可即是眞諦乎。固不然也，有人執此語，非前序中不遷當俗諦，此非得意之言也。違眞故迷性而莫返，逆俗故言談而無味者。違眞理則迷法性，不能自返也，亦可情迷不能自返悟也，逆俗人則語薄淡無滋味也。《老子》云，樂與餌過客止道之出口，淡乎其無味。今借此語，以飾論文也。如來說法，皆依二諦。言則順俗，理則明眞。且秦人好文，譯經者言參經史。晉朝尙理，作論者辭涉老莊。言參經史，不可謂佛與丘旦同風。辭涉老莊，不可謂法與聃周齊致。肇法師一時挺秀，千載孤標，上智貴其高明，下愚譏其混雜。是謂資宋章而適越，露形之俗見嗤。抱荊玉而歸楚，無目之徒致哂。信可悲也，深可歎哉。近有無識之徒，自相朋附。或身參法侶，翻謗大乘。或形廁俗流，反宗小教。上誹高德，苟布負俗之名。下贊庸流，將謂契眞之實。自忘顏厚，豈識羞慚。經云，譬如癡賊棄捨金寶，擔負瓦礫，此之謂矣。然信毀禍福，素有誠言。及至臨終，果招其咎。舌出長餘一尺，氣奔經乎數晨。既出牛聲，不知豹變。無間極苦，夫復何疑。後之學者，幸知前事也。緣使中人未分於存亡，下士撫掌而不顧者。《老子》云，上士聞道，勤而行之。中士聞道，若存若亡。下士聞道，大笑之，不笑不足以爲道。今借此語也，中人聞此動靜不二，未能決定，或信或疑，故云未分於存亡。下人聞此決定不信，故云撫掌而弗顧。撫掌，拍手也。弗顧，不視也。近而不可知者，其唯物性乎者。動靜不二，物之性也。近對目前而人不覺，今傷歎之，故云爾也。【略】

昔物去今，故名爲動。我以昔物在昔，故名爲靜。動而非靜，以其不來，靜而非動，以其不去者。餘本皆云靜而非動以其不來，動而非靜以其不去。句上可釋，下句難解。今勘古本如前說也。動而非靜以其不來者，此覆人之所謂動句也。靜而非動以其不去者，此覆我之所謂靜句也。人以昔物去今而往昔，故曰動而非靜。我以昔物在昔而不去，故曰靜而非動也。然則所造未嘗異下。《廣雅》云，造，詣也。《爾雅》云，造，適也。

嘗有兩義，一者曾義，二者常義。《莊子》云，夫言非吹也，言者有言，其所言者，特未定也，果有言耶，其未嘗有言耶。此是曾義。又云，仲尼語顔回曰，若必有以也，嘗以語我來。此是常義也。目所造詣未嘗有異，而心眼所見未曾有同也。逆之所謂塞，順之所謂通者。逆理則塞，順理則通。逆理謂人也，順理謂已也。苟得其道，復何滯哉者。苟，且也。且得其道理，則動靜不二，更無疑滯也。

傷夫人情之惑久矣下。第三遣惑明不遷也。傷是傷歎也。目對眞而莫覺者，此亦謂不遷之事。理審如此，故名爲眞，未必即是眞諦也，莫覺者不覺也。既知往物之不來，而謂今物之可往者，敘或情也。往物既不來今物何可往者，難惑計也。何則求向物於向，於向未嘗無者。求昨日物於昨日，則昨不無也。責向物於今，於今未嘗有者。責昨日物於今日，則今日不有也。於今未嘗有，以明物不來者，此是前動而非靜。以其不來句意也，於向未嘗無，故知物不去者，此是前靜而非動。以其不去句意也，覆而求今，今亦不往者。前之兩對，直明往而不來，今以今類往，亦復如是也。是爲昔物自在，昔不從今以至昔者，此是不去也。今物自在，今不從昔以至今者，此是不來也。故仲尼曰，回也見新，交臂非故者。《莊子外篇・田子方章》云，孔子謂顔回曰，吾終身與汝交一臂，而失之，可不哀與。郭象注云，夫變化不可執而留也，故雖交臂相守，而不能令停。今用此語也。見新者，謂故人已謝，新人自來也。交臂非故者，交臂相守，亦已謝往，非後故人也。此依郭注釋也。今謂郭注不然。今言交一臂而失之者，謂交一臂之頃，已失前人，非謂交臂執手不能令停也。明知交臂之頃，前已非後，言誰遷耶。然前已非後，則是遷義，而言不遷者，此明無有一物定住，而從此遷向彼，故曰不遷也。如此，則物不相往來明矣者。若前人至後，後人至前，可謂往來。既不如此，故無往來也。既無往返之微朕，又何物而可動乎者。朕字有二音，一者陳錦反，出《爾雅》，二者陳忍反，出許愼注。《淮南子》，按事之萌兆謂之朕。今是後音也。李奇云，朕，兆也。莊子云，體盡無爲而遊無朕。郭注云，任物故自然無迹。朕，跡也。既無往返之跡，故知不動也。然則旋藍偃岳而常靜下。旋藍，劫初時大風名也，亦曰隨嵐，梵音輕重之異耳，有本云旋嵐。嵐者，此方之風名也，旋嵐即旋風也。又釋《修行道地經》云，興雲之風，名旋嵐也。向前爲俯，向後爲偃。偃，臥倒也。岳者，山也。江河者，有本云江海，言海不及河也。莊子云，野馬，塵埃也。郭注云，野馬者，遊氣也。遊氣奔競，喻如野馬飄揚也。鼓，動也。日月歷天者。有本云麗天，言歷易見也，日月周旋故言歷也。麗者，《易》云，日月麗乎天，百穀草木麗乎土。《小雅》云，麗，著也。前風非後風，故偃岳而常靜。前水非後水，故競注而不流。前氣，非後氣，故飄鼓而不動。前日非後日，故歷天而不周。《華嚴經》云，譬如長風起，鼓拂生動勢，二俱不相知，諸法亦如是。譬如駃水流，水流無定止，二俱不相知，諸法亦如是。肇法師不見《華嚴》，而作論冥合，自非妙悟玄理，何至於斯乎。

噫聖人有言下。第四會教明不遷也。文有兩段，通是會教，前廣後略。今初也。噫者，《論語》云，噫，斗筲之人何足算也。註云，噫，不平之聲也。《切韻》云，噫者，恨聲也。聖人者，《大載禮》云，哀公問孔子，何謂聖人。孔子曰，聖人者，智通乎大道，應變而不窮也。《莊子》云，以德分人謂之聖，以財分人謂之賢也。速於川流者。《涅槃經》云，人命不停，過於山水。非《論語》中歎逝，下文方引《論語》耳。此意云，聖教自云人命逝速，即是遷義，何謂不遷耶。人有此疑，故今遣釋也。是以聲聞悟非常以成道，緣覺覺緣離以即眞者。以法是遷流故，聲聞聞無常教，悟無常理而成道也。亦以法是遷流故，緣覺覺無常理，而得證眞也。苟即萬動而非化，豈尋化以階道者。且使萬物非是遷流變化，何由尋此無常遷化之理，而得道耶，固應是遷也。覆尋聖言微隱難測者，前如問此如答也。微者，小也。《老子》云，視之不見名曰夷，聽之不聞名曰希，搏之不得名曰微也，測者測量也。《有本》云，喻謂曉喻也。若動而靜，似去而留者。據言教則如動如去也，據理實則如靜如留也。可以神會，難以事求者。可以般若神心契會，不可以言迹事相而求也，是以言去不必去，閑人之常想者。服虔注《漢書》云，閑，闌也。王弼注《易》云，閑，閡也。若蘭若閡，皆是防義。釋者。《小雅》云，釋，解也。若釋皆是遣義也。經中言諸法生滅無常，是謂去也。謂無常者，未必即無常，爲防人之常執，故說無常耳。經中又言業果不失，是謂住也。言有住者，不必即住，爲防人執斷之心，故言住耳。豈曰去而可遣，住而可留者。有本云，去而可追非也，法性不去。經中言去，不能遣得法性令其去也。法性不住，經中言住，不能留得法性令其住也。當知爲緣故說去，其實則非去。爲緣故說住，實亦非住也。故《成具》云，菩薩處計常之中，而演非常之教者。《光明定意經》也，彼文云，如來者不用衣食，處計常之中，而知無常之諦。今取彼經意，故云菩薩耳。《摩訶衍論》云者，《大智度論》。釋摩訶衍經，故名彼論無摩訶衍論。摩訶衍，梵音，此云大乘也，即大品經也。斯皆導達群方兩言一會者。導謂引，達謂通達，群方謂衆生。言聖人引導衆生多方便也，雖有多方，會歸一致耳。亦可群自是群，方自是方。《易》云，方以類聚，物以群分。聖人道此，故有兩說耳，豈曰文殊而乖其致哉者。不可以言去言住兩文有殊，則令法性幽致乖阻也，是以言常而不住，稱去而不遷者。言常未常，故不住也。稱去未必去，故不遷也。已後覆疏此語可見，然則莊生之所以藏山，仲尼之所以臨川者。《莊子內篇・大宗師章》云，夫藏舟於壑，藏山於澤，謂之固矣。然而夜半有力者負之而走，昧者不知也。《論語》云，子在川上曰，逝者如斯夫，不捨晝夜。莊子意明前山非後山，孔子意前水非後水也。斯皆感往者之難留，豈曰排今而可往者。此二人皆感歎往者不停，前後各別，非謂定有一物，從此推排至彼也。所以引此二書，證成不遷者。夫教之爲體，意在悟物。若於物有悟，教則爲益。若於物無益，教反成損。依向經論廣說不遷，恐儒道二家疑而不信，故引二文令其悟解耳。事如佛教說戒，以不殺爲先。俗人好殺，豈能領會。若即俗書以明不殺，則無不從順也。《孟子》云，五畝之宅，樹之以桑，則七十者可以衣帛矣。鷄豚犬彘，養不失時，則八十者可以食肉矣。若據此文，則七十已下不合衣帛，八十已下不合食肉。慈悲不殺，豈獨佛經。以此相證，誰能不信。今引二書，意同此也。是以覩聖心者，不同人之所見得者。有本云用，有本云同俱得也。經中言常言無常，聖人之心難見得。人之常心，則不見聖心也。何者，人則謂少壯同體，百齡一質者。常人謂昔日少年，後遷至壯，故云同體。百年同是一身，更非別人也。徒知年往，不覺形隨者，徒虛也。年往形亦往，此是遷義，即此遷中有不遷也。往年在往時，往形在往日，是謂不遷。而人乃謂往日之人遷至今日，是謂惑矣。是以梵志出家下。此事未詳所出經也，昔人尙存乎者。謂昔人猶存至今日也，吾猶昔人者。猶，如也。如似昔人，實非昔人也。亦可云吾身雖復猶是昔人，其實非昔人也。亦可云汝謂吾猶是昔人，其實非昔人也。亦可云吾可猶是昔人乎，吾非復昔人也。隣人皆愕然非其言者。愕謂驚愕，不解其言故驚愕也。所謂有力者負之而趨者。有力謂無常力也，負謂擔負也，趨疾行也，昧謂暗昧也。歟者此字單作自得，不勞著欠，此謂助語，如焉乎之類也。

是以如來因群情所滯即方言以辨惑者。第二略會教明不遷也。因物情滯有，即爲說動教。因物情滯無，即爲說靜教。而言方言者，隨方之言，說教以遣其惑也。乘莫二之眞心，吐不一之殊教者，知動靜不二是莫二，即眞心也。說動靜兩教，是不一之殊教也。乖而不可異者，其唯聖言乎者，言乖乖而理不可異也。故談眞有不遷之稱，導俗有流動之說。眞則言不遷，導俗流則言遷也。雖復千塗異唱，會歸同致者。說動說靜有異，理唯是一，所謂動即靜也。而徵文者聞不遷則謂昔物不至今者，執靜教也。徵謂徵責也。聆流動者而謂今物可至昔者。《蒼頡篇》云，聆，聽也。聞說動，則謂今物流動謝往去也。既曰古今而欲遷之者何耶者。昔自在昔，何須遷至今。今自在今，何須遷至昔耶。是以言往不必往下，經中言遷，未必即遷。以古在古，以今在今故也。稱去不必去下，此句意同上，而語別也。不來，故不馳騁於古今者。馳騁，走也，古不來今，今不去古也。不動，故各性住於一世者。此句意同上，而語別也。古今各定，故云各性於一世也。然則群籍殊文下。群籍謂經書也，百家謂子書。九經雖殊，同明一教。百家雖異，同明一道。以喩佛經雖衆，言迹不同，莫不同明一致。得其道理，文言不能惑亂也。【略】

是以如來功流萬世而常存下。第六結會明不遷也。萬世，百劫，蓋語多也。積功萬世，前功在於前，積道百劫，蓋昔道在於昔，不朽不失，彌復堅固也。成山假就於始簣者。《論語》云，譬如爲山，雖覆一簣，進者吾往也。注云，簣，土籠也。積簣土以成山，前功在於前而不失，故積多而成山也。修途託至於初步者。《老子》云，九層之臺，起於累土。千里之行，始於足下。積一步以至多故，至千里者，無由一步，故云託至也。託是假託也，果以功業不可朽故者。此之四事，皆前功不朽，後功相續，方成其事耳。雖在昔而不化者，昔功在於昔。於昔不失，故云不化。不化，故云不遷。以不遷故，事如常在，故曰湛然也。故經云，三災彌淪而行業湛然者。彌淪，遍滿義。《周易・係辭》云，易與天地準，故能彌淪天下之道耳。此經未詳也，何者，夫果不俱因。因因而果者，因果不同處，故曰不俱。由因而得果，故云因因而果也。因不昔滅者，在昔不滅。因不來今者，昔因不來至今果也。不滅不來，則不遷之致明矣者。既不滅失，又復不來，故言不遷也。復何惑於去留踟躕於動靜之間哉者。知去留無二，故不惑也。知動靜不二，故不踟躕也。踟躕者，不進貌也。然則乾坤倒覆無謂不靜。乾，天也。坤，地也。雖倒天而覆地，莫言不靜也。洪流滔天無謂其動者。堯遭九年之潦，洪水滔天，猶是靜也。苟能契神於即物斯不遠而可知者。以神情與物理相契，即物知不遷不復遠也。

**文才《肇論新疏·物不遷論》** 物即緣會諸法，謂染淨，依正，古今，寒暑等。不遷即性空實相等，以緣生之物本性即空，空即實相故，物物皆不遷也。今約終頓二教之義，略示玄妙。初終教者，謂隨緣之理起成諸事，即事同眞，故遷即不遷。此中曲有三門，一以理從事，理亦隨遷，況事法邪。《楞伽經》略云，如來藏與因俱有生滅。又《不增減經》云，法身流轉五道云云。皆此義也。二以事從理，事且不遷，況眞理邪。《仁王經》云，煩惱菩提於第一義而無二故，諸佛如來與一切法悉皆如故。《楞伽》又云，五識身非流轉。三此二無礙，同時鎔融。非一非異，遷與不遷亦非前後，即涅槃娑羅娑鳥。《淨名》，法無去來，常不住故是也。《清涼》云，因乖常理，遂成三界無常。苟悟無常之實，即無常常矣。下論大義皆是此理。後頓教者，謂法法本眞，妄見流動。若一念不生，前後際斷，法非生滅，非遷非不遷，仍名不遷也。《華嚴》云，一切法無生云云。若依歸峯略鈔解，緣生之法相同，遍計似生似滅。性同圓成，不生不滅，亦終教意也。今此論中雙含二教。【略】

《道行》云，諸法本無所從來，去亦無所至。《中觀論》云，觀方知彼去，去者不至方。雙引經論，立不遷之宗也。《道行》引其正文，卷當第十。諸法即物也，本謂根本，亦元也。緣集而來，來何所從。緣離而去，去何所至。如善財問慈氏云，此樓閣何處去耶。答曰，來處去也。解云，欲明其去，先知其來。來不見源，去亦何所。譬如寒暑相代，寒自何來，暑於何去。是謂諸法如幻如化，當處出生，隨處滅盡。《中觀》下但義引彼破去來品，卷當第二。然論極深細，今略示之。方謂去處，彼即去者。論長行云，去法去者去處，是法皆相因待，不得言定有定無。是故決定知三法虛妄，空無所有。但有假名，如幻如化。此論之意隨俗故知彼去，順眞故不至方。【略】

夫人之所謂動者，以昔物不至今，故曰動而非靜。我之所謂靜者，亦以昔物不至今，故曰靜而非動。動而非靜，以其不來。靜而非動，以其不去。初三句常情倒見，後動而下二句出意。初句牒執，以昔物下出所以。以見物遷至昔，唯去不來，故云遷也。次三句舉悟，後靜而下二句出意。初句舉悟，亦以下出所以。昔物不至今，今物不去昔，有何動耶。今昔相待，其相本空。物在其中，無去無來。

然則所造（詣也）未嘗異，所見未嘗（曾也）同。逆之所謂塞，順之所謂通。同見昔物不至今，而有遷不遷之異。後二句中吳淨源法師云，惑者任情，逆性而塞。悟者任智，順物而通。【略】

然則旋嵐偃（僕也）岳而常靜，江河競注而不流，野馬飄鼓（動也）而不動，日月歷（經也）天而不周。連引四事，前三所遷之物，後一能遷之時，亦通於物。皆流動中至大者至速者，而云常靜等皆不遷爾。旋嵐，大風之名，此風起時，偃妙高猶如腐草。江河易見。野馬者，《南華》云，野馬，塵埃也。或云，白駒游氣，亦運動中駛埃者。日月於晝夜中周四天下，此皆常靜，不流不動，以妄見非眞，緣生相假。苟達兩虛，萬物頓寂也。【略】

今而無古以知不來，古而無今以知不去。若古不至今，今亦不至古，事（物也）各性住於一世，有何物而可去來。初四句承前互無，知不來去。若古下復躡不來不去，以成不遷。

然則四象風馳，璿璣電卷。得意毫微，雖速而不轉。四象即四時，奔馳之疾如風也。璿璣即北斗二星之名，今通因北斗，以繞辰而轉，晝夜周天，速如電卷。舉此四時晝夜該攝一切，乃遷運中最速疾者。毫微謂毫毛，微細也。源云，苟得不遷之意在於毫微，雖四象等亦不轉移也。源師之意，如能悟毫微不遷之意，雖至遷亦不遷也。此解最正。如遠公云，一毫涉動境成此積山勢。迷既一毫而成大，悟亦毫微而見理。此中且舉悟涯初涉尚見不遷，況大達耶。

是以如來功流萬世而常存，道通百劫而彌固（堅也）。初句利他之因，積劫化生故云萬世。次句自利之行三祇修煉，故云百劫。常存彌固，二行皆不遷也。歷萬世之久常存，通百劫之長益固。

成山假就於始簣，修途託至於初步。此中二喻，喻因不化。初句《論語》云，譬如爲山，雖覆一簣進（云云）。簣，土籠也，意以山喻果。假就者，假初一簣而山成就。始簣喻初因也。積土成山，山成而初功益著。運行招果，果圓而先因尤存。後句《老氏》云，千里之行，始於足下。託至者，仗初步而得至於千里。亦以千里喻果，初步喻因也。由初至千，千里至而初步不化。由行證果，果道圓而初因恆明。二喻事異義同，通喻二行。但舉初者以例中間，大疏說因果無礙云，如來毛孔，現往昔因事。《圓覺・淨業章》云，覩見調御，歷恆沙劫勤苦境界（云云）。前問約泯相顯性，故云已滅。論約即事同眞門，故云不化，各據一理也。

果以功業不可朽故也。雖在昔而不化，不化故不遷，不遷故則湛然明矣。眞流之行，行行契眞。果位反觀，愈見不朽。若住相之行，力盡而墜矣。湛謂凝湛不動之貌，餘可知。

## 法性常住

**無羅叉譯《放光般若經》卷一四** 須菩提白佛言，云何，世尊，一切諸念無有止處，皆空皆寂，云何菩薩不離薩雲然念，亦不從離中，亦不從念中可得菩薩，亦不從薩雲然中可得菩薩。佛告須菩提：若有菩薩知諸法自遠離，法性常住，道法及如、眞際常住，非佛所作，亦非羅漢、辟支佛所可作。菩薩知是已，終不復離般若波羅蜜。何以故，般若波羅蜜空寂故，亦不增亦不減。須菩提白佛言，世尊，若般若波羅蜜自空寂者，云何菩薩與般若波羅蜜等，成阿惟三佛。佛言：菩薩亦不與般若波羅蜜等，亦不增亦不減，眞際亦不增亦不減，法性亦不增不減。何以故，般若波羅蜜亦非一亦非二。若菩薩聞是，不怖不難亦不恐畏，當知是菩薩已住於阿惟越致地行般若波羅蜜。

**無羅叉譯《放光般若經》卷一九** 須菩提言：世尊，有佛，無佛，法性常住耶。佛言：如是，有佛，無佛，法性常住。以衆生不知法性常住，是故菩薩生道因緣欲度脫之。須菩提言：世尊，以生道意故得道耶。佛言：不也。不生道意得耶。佛言：不也。亦從不生不滅得耶。佛言：不也。若不爾者，以何因緣得道。言道亦不從度，亦不從不度。須菩提，道則是度，度則是道。

**慧遠、羅什《鳩摩羅什法師大義》卷上** 遠問曰：凡夫壽，皆行業之所成。成之有本，是故雖精麁異，體必因果。乘來答云，法身菩薩非身口意業所造。若非意業，即是無因而受果，其可然乎。如其不然，妙體之來，由何而得。【略】

什答曰：今重略敘法身有二種。一者法性常住如虛空，無有爲無爲等戲論。二者菩薩得六神通，又未作佛，中間所有之形，名爲後法身。法性者，有佛無佛，常住不壞，如虛空無作無盡。以是法八聖道分，六波羅蜜等，得名爲法。乃至經文章句，亦名爲法。如須陀洹，得是法分，名爲初得法身。乃至阿羅漢辟支佛，名後得法身。所以者何，羅漢辟支佛，得法身已，即不復生二界。是佛分別三乘義，故不說有法所去處。準《法華經》，有此說耳。若處處說者，《法華經》不名爲祕要之藏，又亦不能令人多修習涅槃道，盡諸漏結。是故天竺但言歌耶，秦言或名爲身，或名爲衆，或名爲部，或名法之體相，或以心心數法名爲身。如經說六識身，六觸身，六受身，六愛身，六相身，六思身等。始八聖道等衆事和合，不相離故，得名爲身。得無生法忍菩薩，雖是變化虛空之形，而與肉身相似故，得名爲身。而此中眞法身者，實法體相也。言無身口意業者，是眞法身中說。或有人言，得無生法忍菩薩，解能業相，壞三界業故。但以大悲心，起菩薩事。以壞業故，名爲無業，謂無如凡夫分別之業耳。如佛言，我從得佛已來，不復起業。滅業相故，名爲非業。又諸菩薩，有所起業，皆與無生忍合故，名爲無業。是故菩薩施業中，不分別取相，名爲無業。經言千生者，所未聞故，不得委要相答耳。如普賢觀世音文殊師利等，是十住菩薩，具足佛十力，四無所畏，十八不共法，以本願廣度衆生，故不作佛。如《文殊師利受記經》中說，若干阿僧祇劫，當得作佛。而釋迦文佛等，皆以文殊師利，爲發意因緣。爾時勢力已成，如是推求本末，即不限千生也。若經言有千生者，即是本無別願，久住世間。或是鈍根，未具足諸佛法故，即有多生。若功德具足者，即是一生。又功德積滿，唯有一生。不得不成正覺菩薩有二種。一者功德具足自然成佛。如一切菩薩，初發心時皆立過度言，我當度一切眾生，而後漸漸心智轉明，思惟籌量，無有一佛能度一切眾生，以是故諸佛得一切智，度可度已而取滅度，我亦如是。二者或有菩薩，猶在肉身。思惟分別，理實如此，必不得已，我當別自立願，久住世間，廣與眾生爲緣，不得成佛。譬如有人，知一切世間皆歸無常，不可常住，而有修習長壽業行，往非有相非無相處，乃至八萬劫者。又阿彌陀等，清淨佛國，壽命無量。

**慧遠、羅什《鳩摩羅什法師大義》卷中**　遠問曰：經說法性，則云有佛無佛，性住如故。說如，則明受決爲如來。說眞際，則言眞際不受證。三說各異，義可聞乎。又問法性常住，爲無耶爲有耶。若無如虛空，則與有絕，不應言性住。若有而常住，則墮常見。若無而常住，則墮斷見。若不有不無，則必有異乎。有無者辨而結之，則覺愈深愈隱。想有無之際，可因緣而得也。

什答曰：此三義，上無生忍中已明。又《大智度論》廣說五事。所謂斷一切語言道，滅一切心行，名爲諸法實相。諸法實相者，假爲如法性眞際，此中非有非無尚不可得，何況有無耶。以憶想分別者，各有有無之難耳。若隨佛法寂滅相者，則無戲論。若有無戲論，則離佛法。《大智論》中，種種因緣，破有破無，不應持所破之法爲難也。若更答者，亦不異先義。若以異義相答，則非佛意，便與外道相似。今復略說。諸法相隨時爲名，若如實得諸法性相者，一切義論所不能破，名爲如。如其法相非心力所作也，諸菩薩利根者推求諸法如相，何故如是寂滅之相，不可取不可捨，即知諸法如相性自爾故。如地堅性，水濕性，火熱性，風動性，火炎上爲事，水流下爲事，風傍行爲事，如是諸法性性自爾，是名法性也。更不求勝事。爾時心定，盡其邊極，是名眞際。是故其本是一義，名爲三如。道法是一，分別上中下，故名爲三乘。初爲如，中爲法性，後爲眞際。眞際爲上，法性爲中，如爲下。隨觀力故，而有差別。又天竺語音相近者以爲名，是故說知諸法如，名爲如來，如正遍知一切法故名爲佛。又小乘經中亦說，如法性，如離阿含中，一比丘問佛世尊，是十二因緣法，爲佛所作，爲餘人所作。佛言，比丘，是十二因緣，非我所作，亦非彼所作。若有佛若無佛，諸法如法性。法性常住世間，所謂是法有故是法有，是法生故生無明因緣識，乃至生因緣老死因緣諸苦惱。若無明滅故行滅，乃至老死滅故，諸苦惱滅。但佛爲人演說顯示，如日顯照萬物長短好醜，非日所作也。如是聲聞經說，世間常有生死法，無時不有，是名有佛無佛相常住。眞際義者，唯大乘法中說，以法性無量，如大海水，諸聖賢隨其智力所得。二乘人智力劣故，不能深入法性，便取其證，證知如實之法微妙理極，深厭有爲，決定以此爲眞，無復勝也。而諸菩薩有大智力，深入法性，不隨至爲證。雖放深入，亦更無異事。如飲大海者，多少有異，更無別事。又諸菩薩，其乘順忍中，未得無生法忍，觀諸法實相，爾時名爲如。若得無生法忍已，深觀如故，是時變名法性。若坐道場，證於法性，法性變名眞際。若未證眞際，雖入法性，故名爲菩薩。未有聖果，乃至道場，諸佛以一切智無量法性故，爾爾乃出菩薩道，以論佛道也。

**鳩摩羅什譯《摩訶般若波羅蜜經》卷二六**　佛告須菩提：是諸法平等相，我說是淨。須菩提，何等是諸法平等。所謂如、不異、不誑、法相、法性、法住、法位、實際，有佛無佛，法性常住，是名淨。世諦故說，非最第一義。最第一義，過一切語言、論議、音聲。

**竺佛念譯《十住斷結經》卷二**　如來出現，演此言教，使眾生類得度彼岸。有佛無佛，法性常住，法界自然，亦不變易。法界住者是謂寂然，復以何故法界自然，以無吾我故曰自然。或時菩薩計是我所，自謂有身意所專著，受五陰形觀見因緣，名色思想周旋處所，言辭往來依猗識知，名號假設心中稱量，觀察本末四大諸入。是時菩薩復作是念，我當勸進度三界人，當使捐捨淫怒癡病，修習道教入三脫門。若復思惟使眾生等到於道跡，至成羅漢得四果證，或復思念，意止意斷神足根力七覺八道，空無想願，四諦眞如，滅於塵勞。

**鳩摩羅什譯《思益梵天所問經》卷一**　佛言：梵天，實者終不作不實。若有佛，若無佛，法性常住，所謂生死性涅槃性常實。所以者何，非離生死得涅槃，名爲聖諦。若人證如是四諦，是名世間實語者。梵天，當來有比丘不修身，不修戒，不修心，不修慧，是人說生死相是苦諦，眾緣和合是集諦，滅法故是滅諦，以二法求相是道諦。佛言：我說此愚人是外道徒黨，我非彼人師，彼非我弟子，是人墮於邪道，破失法故說言有諦。梵天，汝且觀我坐道場時，不得一法是實是虛妄。若我不得法，是法寧可於眾中有言說，有論議，有教化耶。梵天言，不也，世尊。梵天，以諸法無所得故。諸法離自性故，我菩提是無貪愛相。

**竺佛念譯《菩薩瓔珞經》卷七**　法造菩薩白佛言：云何知無餘泥洹界爲無形乎。若使如來知無餘泥洹界爲無形者，過去諸佛亦當如是。何以故，世尊，言法性常住而不變易，過去諸佛如恆沙數，不起不滅，故號爲本無如來。佛告法造菩薩，善哉族姓子，如汝所言，過去諸佛現在當來各無有想，過去非當來，當來非過去，過去非現在，現在非過去，我所說者其義如是。法造菩薩復白佛言，過去想無想，現在想無想，當來想無想，爲有異不異乎。佛告法造菩薩，過去非今，今非現在，各無異。法造菩薩白佛言，云何爲有行，云何爲無行。佛告法造，清淨法身是謂有行，離清淨法身是謂無行，戒身定身慧身解脱身度知見身是謂有行，離則無行，三十七品從須陀洹乃至於佛是謂有行，離則無行。

**鳩摩羅什譯《大智度論・釋發趣品第二十》卷四九**　上又問發趣大乘者，今答發趣大乘相。菩薩摩訶薩，乘是乘，知一切法從本已來，不來不去，無動無發，法性常住故。又以大悲心故，精進波羅蜜故，方便力故，還修諸善法，更求勝地而不取地相，亦不見此地。問曰，應答發趣大乘，何以説發趣地。答曰，大乘即是地，地有十分，從初地至二地，是名發趣，譬如乘馬趣象，捨馬乘象，乘象趣龍，捨象乘龍。問曰，此中是何等十地。答曰，地有二種，一者但菩薩地，二者共地。共地者，所謂乾慧地乃至佛地。但菩薩地者，歡喜地，離垢地，有光地，增曜地，難勝地，現在地，深入地，不動地，善根地，法雲地，此地相如《十地經》中廣説，入初地菩薩應行十法深心乃至實語。

**鳩摩羅什譯《大智度論・釋七喩品第八十五》卷九五**　問曰：佛已處處答是事，今須菩提，何以復問。答曰：義雖一所因事異，所謂一切法，若有佛若無佛，諸法性常住，空無所有，非賢聖所作。般若波羅蜜甚深微妙，難解難量，不可以有量能知，諸佛賢聖憐愍衆生故，以種種語言名字譬喩爲説，利根者解聖人意，鈍根者處處生著，著於語言名字。若聞説空則著空，聞説空亦空亦復生著，若聞一切法寂滅相語言道斷而亦復著。自心不清淨故，聞聖人法爲不清淨，如人目瞖視清淨珠，見其目影便謂珠不淨。佛種種因緣説，見有過罪而生於疑，作是言，若一切法空，空亦空，云何分別有六道常生，如是等疑難故，須菩提以經將訖，爲衆生處處問是事，是故重問。

**菩提流支譯《深密解脱經》卷一**　須菩提，是故眞如第一義諦法無我，非從因生，亦非有爲法，亦非不第一義諦，亦非爲彼第一義諦。更求第一義諦，惟是常常時，恆恆時。如來出世，若不出世，法性常住，法體常住，法界常住。須菩提，汝依此義，應知此諸一切法相，一味等味第一義諦。須菩提，譬如無量種種差別色相無相，無有分別，無有差異，一切處虛空等味一體一相。須菩提，一切諸法自相差別，一切處一味等味，第一義相。爾時世尊，而説偈言，　如來應説法，一切一味相，不離第一義，見別是惰慢。

**達磨笈多譯《菩提資糧論》卷三**　法界者，即是緣生，是故先説，如來若出不出，此法界法性常住。所謂緣生，又如先説，阿難陀，緣生甚深，證亦甚深，是故入此甚深法界菩薩，滅一切有無等二邊，攝取方便智已，即斷諸動念戲論分別，離諸取相，諸心意識行處皆不復行，乃至行佛行菩提行菩薩行涅槃處皆亦不行，則於諸法無復功用。於諸法中，得寂靜復寂靜，心無分別心，是名第一義捨，此即菩薩無分別也。已説出世間捨，我今當説世間捨，利名讚樂等，四處皆不著，反上亦無礙，此等名爲捨。

**智顗《維摩羅詰經文疏》卷二六**　文殊説，若有示有説，即起心識波浪，則動。若不示説，心識不起，離於名字，入無言説道，寂然無聲，説爲入不二門。故云心起想即癡。無想即泥洹也。料簡上別圓不二之門，如前（云云）。若作五門，對機不同者，菩薩明達，罪福性無縛無脱，此但明性義即是法性，法性常住，無有變易，非佛作，天人龍神脩羅所作，法然終無改變，即是有門。入不二法，雖説此有門，若但明性義即是有門，若明性空即是空門，隨其語下所詮，細尋取意，若如妙臂所説，聲聞心，菩薩心，如空如幻化，此是空門。

**慧远《大乘義章》卷一二**　五事理分別，了知眞實如來藏中法性常住，名法住智。故經宣説，眞諦之法以爲法界法住，知其事滅無爲之法名泥洹智。六直就眞諦隨義分別，知第一義，法性常住，名法住智，知一苦滅名泥洹智。此六種中隨宗別分，初之兩門是毘曇法，中間兩門是成實法，後之兩門是大乘法。以深攝淺初之兩門是毘曇法，前之四門是成實法，六門是俱大乘之法。初二如是。無諍智者，就能爲名，得此智時，不與物競，名無諍智。此義云何，聖人常恐違眾生心，令起煩惱，凡所爲作，類察物情，知其心欲，能以巧慧善順隨之，名無諍智。言願智者，從方便爲名。聖人修得捷疾智，故於一切法隨願欲知即能知之，名爲願智。邊際智者，從境爲名。身報窮處，名爲邊際。聖人修得自在智，故於此邊際修促隨心名邊際智。

**智顗《妙法蓮華經玄義》卷三上**　明即了因，成聖人如是性。惡行支轉，即變爲善行，善行即緣因，成聖人如是相。識名色等苦道轉即法身，成聖人如是體。愛取二支轉成聖人菩提心，即是如是力。有支含果變成六度行。即成聖人如是作，亦轉成聖人如是因。此有支轉有二種正道，轉成如是因。助道轉成聖人如是緣，老死支轉成法性常住，成聖人如是果報（云云）。又總作者，體力作三法秖，是煩惱業苦變成法身菩提心六度行等。勤習三法，在内成性，在外成相。

**智顗《妙法蓮華經玄義》卷一〇上**　大經云，佛性有五種名，亦名首楞嚴，亦名般若。般若乃是佛性之異名，何得言非，彼即救言，經稱佛性亦名般若者，是三德之般若，何關無相之般若。若爾者，涅槃第八何意云如我先於摩訶般若中，說我與無我其性不二，不二之性即是實性，實性之性即是佛性，如此遙指，明文灼然，何意言非。又涅槃佛性，秖是法性常住，不可變易。般若明實相實際，不來不去即是佛無生法，無生法即是佛，二義何異。故知法性實相即是正因佛性，般若觀照即是了因佛性，五度功德資發般若，即是緣因佛性。此三般若，與涅槃三佛性復何異耶。

**《佛說大乘稻芉經》**　問曰：何故名因緣。答曰：有因有緣，名爲因緣。非無因無緣故，是故名爲因緣之法，世尊略說因緣之相，彼緣生果。如來出現若不出現，法性常住，乃至法性，法住性，法定性，與因緣相應性，眞如性，無錯謬性，無變異性，眞實性，實際性，不虛妄性，不顛倒性等，作如是說。此因緣法，以其二種而得生起，云何爲二，所謂因相應，緣相應。彼復有二，謂外及內。此中何者是外因緣法因相應，所謂從種生芽，從芽生葉，從葉生莖，從莖生節，從節生穗，從穗生花，從花生實。若無有種，芽即不生，乃至若無有花，實亦不生。有種芽生，如是有花實亦得生，彼種亦不作是念，我能生芽，芽亦不作是念，我從種生。乃至花亦不作是念，我能生實，實亦不作是念，我從花生。雖然，有種故而芽得生，如是有花故實即而能成就。應如是觀外因緣法因相應義。應云何觀外因緣法緣相應義，謂六界和合故。以何六界和合，所謂地水火風空時界等和合，外因緣法而得生起。

**玄奘譯《大般若波羅蜜多經》卷五三四**　是故舍利子，若如來出世若不出世，法性常住。眞如法界不虛妄，性終無改易，以一切法法性法界法住法定眞如實際猶如虛空。此中尚無我等可得，況有色等諸法可得。既無色等諸法可得，如何當有諸趣輪迴。諸趣輪迴既不可得，如何當有成熟有情令其解脫，但依世俗假說爲有。舍利子，以如是法自性皆空，諸菩薩摩訶薩從過去佛如實聞已，爲脫有情顛倒執著，求趣無上正等菩提。於求趣時不作是念，我於此法已得當得，令彼有情已度當度所執著處生死眾苦。

**玄奘譯《阿毘達磨俱舍論》卷九**　有說，緣起是無爲法，以契經言。如來出世若不出世，如是緣起，法性常住，由如是意，理則可然，若由別意，理則不然。云何如是意，云何爲別意而說可然及不可然。謂若意說，如來出世若不出世，行等常緣無明等，起非緣餘法，或復無緣，故言常住，如是意說，理則可然。若謂意說，有別法體名爲緣起，湛然常住，此別意說，理則不然。所以者何，生起俱是有爲相故，非別常法爲無常相可應正理，又起必應依起者立，此常住法，彼無明等何相關預而說此法依彼而立爲彼緣起。

**玄奘譯《阿毘達磨順正理論》卷五二**　彼於非處爲輕調言，以佛世尊亦作是說，如來出世若不出世，如是緣起，法性常住。而佛復說緣起無常，豈佛世尊亦可輕調。許法常住，復說無常，如是義言所未曾有。若據別義說常無常，是故不應輕調佛者，豈不於此例亦應然，法體恆存，法性變異。謂有爲法行於世時，不捨自體，隨緣起用，從此無間所起用息。由此故說法體恆有，而非是常性變異故，如何譏是自在所爲，對法諸師容作是調，許有三世，撥無去來，如是義言所未曾有。雖言過未有據曾當，而但異門說現在有非關過未，如先已說，依如是義故有頌曰，雖許有三世，撥已滅未生，有更無第三，豈非天幻惑。

**良賁《仁王護國般若波羅蜜多經疏》卷上二**　性被妄薰，故有來有去，有生有滅。本性空寂，無來無去，無生無滅，故同眞際，等法性者。

蘊與眞性，事理依持，如波依水，故同眞際。理不離事，皆等法性。諸法與性，無二無別，了法即性，猶如虛空。又解，法性常住，故無來去，法性不變，故無生滅。由修行者了法性空，所修勝行，心同眞際，行等法性，因果事異，所現理同，故云無二，能觀不異，故云無別。長時無間，障盡果圓，猶如虛空，動而常寂，彰果位矣。前解順文，次解依蘊，今前菩薩行離二邊，後解順理，至無上覺，釋法空也，從此第二釋我等空。

**澄觀**《**大方廣佛華嚴經隨疏演義鈔**》**卷八四**　初正釋以法性常住，相即性，故相亦常矣。此即與體非異，不壞三世，與體非一，性相本爾，即德相門。隨其令見即業用門故，雙結二皆得自在，凡但理然不得德相成業用耳。二故密嚴下引證，先證業用，後乃至云淨所依止者證德相門。三若理事別修下揀異他宗，現法體用俱有等即大乘義，況於小乘即有宗義，以彼過未有體無用者出異所以，有宗過去冥伏有未來性有故有體也，不同現法事有故無用也。今以體性融故，體用俱有，斯即有即非有，非有之有耳。疏亦名三種三業者，一名近佛三業，二攝化三業，三神通三業。疏下四倒明四辯者，初句樂說無礙，二得一切下詞無礙，三於虛空法界下義無礙，四知一切法下法無礙。

**灌頂**《**大般涅槃經疏**》**卷八**　次譬中云輪王今佛也，群賊退散者，驅逐外道遍六大城牛無損命認常樂等，具足還歸付放牧者，付弘經人，即得醍醐者自他俱契，法性常住。三從法輪王去，合今佛出世，凡夫不能合驅外道，令諸菩薩去合放牧人。

**湛然**《**維摩經略疏**》**卷一**　香象者，無煩惱毒臭，能以慈力荷負一切。白香象者，法性之本，本無黑惡。理淨智淨，五分身香，起諸慈悲，荷負一切，如白香象。常精進者，見法性常住，成無作正勤。不休息者，觀空不空，不住偏空化城而休息也。妙生者，觀於心性不生，則一切法不生而般若妙生。華嚴者，福慧因華莊嚴法身。

**湛然**《**維摩經略疏**》**卷九**　二文殊說不二中爲二，一諸菩薩問二。文殊說，若有示有說，即起心識波浪，則動，若不示不說，心識不起，離於名字入無言說道，寂然無聲，說是爲入不二門。故云心起想即癡，無想即泥洹。料簡上別圓不二之門如前（云云）。若作五門，對機不同者，菩薩達罪福性，無縛無脫，此明性義即是法性。法性常住，無有變易，非佛天人龍神修羅所作，終無改變，即是有門，入不二法。雖說有門，若但明性，即是有門，若明性空，即是空門。隨語所詮，細尋取意。若如妙臂所說，聲聞心菩薩心如空如幻，此是空門。如電天說，無明性即是明，明是色法，豈非是有，又云明亦不可取，豈非亦無，又如涅槃，無明明者亦是色法即有義。

**知禮**《**金光明經玄義拾遺記**》**卷六**　問，文句云應佛能爲常與無常，是則能常亦是應身，今文何故常屬於報，應唯無常。答：報應乃是法身常與無常二種之用。法身是體性不偏屬，故法身云非常非無常。報身屬常，應屬無常。而文句云，應身能常者，以能現長人天莫數，能彰法性常住之用，故云常耳。若望報身，長短二應俱名無常，故與下釋義不相違。二簡古師非義二，初敘，二斥。古師此解略有二失，一不能分別大小法體，故將三藏三種無爲，曲解方等四德之果。二不知今經果宗顯體，果人果壽冥乎法性，法性既非常非無常，果人果法亦非常非無常。法性既能常能無常，果人果法亦能常能無常。以果三身皆即性故，是故三身一一互具。古人迷此，故齊海滴判爲無常。既失修性俱融之義，雖立經宗，全無要義也。四論用者，果宗冥體，故有大用。其猶鑑鼓，以瑩以擊，現像發聲。

**普光**《**俱舍論記**》**卷九**　謂若意說，至無相應理者。論主答，謂若如我意說佛出不出，行等果法常緣無明等因起，非緣餘法起。若無明斷，行即無緣，故言常住。經言法性常住者，顯因果決定義。如是意說，理則可然。若謂如汝意說，有別眞實法體名爲緣起，湛然常住。此別意說，理則不然。彼部非理，所以者何，正出過言。生之與起眼目異名，俱有爲相，非別無爲常住法。爲無常相可應正理，彼說無爲是緣起故。又起果用必應依彼起因者立，此無爲常住法。彼無明等無常法，一常，一無常。何相關預，而說此常住法依彼無明等而立，爲彼無明等緣起。又無明等名爲緣起，汝謂目常，如是緣起句義與常無相違理。

**彥悰**《**大唐大慈恩寺三藏法師傳**》**卷七**　凡六百五十七部，引大海之法流，洗塵勞而不竭，傳智燈之長焰，皎幽闇而恆明，自非久植勝緣，何以顯揚斯旨。所謂法性常住，齊三光之明，我皇福臻，同二儀之固，伏見御製眾經論序，照古騰今，理含金石之聲，文抱風云之潤。治輒以輕塵足岳，墜露添流，略舉大綱，以爲斯記。法師進啟謝曰，玄奘聞，七耀摛光，憑高天而散景。九河灑潤，因厚地而通流。是知相資之美，處物既然。演法依人，理在無惑。

**道掖《淨名經關中釋抄》卷下**　小乘謂佛是業生身，現身成道。大乘以悟身本無身爲法身，應物現身爲跡身，是即應物爲疾，非實疾也。今執爲實業所招，豈非謗歟。諸教云金槍馬麥等言例同斯解。即是法身者，小乘以丈六爲生死身，五分法爲法身。大乘以即色豈空，丈六即眞，眞即法性常住，非思業生，即陰即空，及過三界，空即清淨，何漏爲有。四相流動，生滅無性，即遷非遷，故曰無爲。諸數者有爲四相數也。遠云，非思欲者斷煩惱障，過三界者離分段果，無漏者破所知障，無爲者離變易果。崇福云，非思欲者非思業生，生自在故，是我過三界者，三界是苦，過三界苦即是樂也。

**法成《大乘稻芉經隨聽疏》**　世尊略說因緣之相，彼緣生果，如來出現。若不出現，法性常住，乃至法性，法住性，法定性與因緣相應性，眞如性，無錯謬性，無變異性，眞實性，實際性，不虛妄性，不顛倒性等，作如是說，此四引證也。言彼緣生果，如來出現。若不出現，法性常住者，從因生果之法，不假諸佛出現於世及般涅槃，此法爾故也。言法性者，是因緣性故。言法住性者，因緣之法本自住故。言法定性者，依本因故，言與因緣相應性者，無有一法不假因緣而能生故。言眞如性者，若證此法了眞如故。言無錯謬性者，捨顛倒故。言無變異性者，捨邪曲故。言眞實性者，無虛誑故。言實際性者，是聖諦故。言不虛妄性者，非顛倒橫計故。言不顛倒性者，是正智境界故。有師解云，前文釋後如理應思，次二明從種種無常因所生門。

**實叉難陀後譯《楞伽阿跋多羅寶經會譯》卷四之上**　脩行者正定，金剛佛舍利，及以光音宮，世間不壞事，如來圓滿智。及比丘證得，諸法性常住，云何見刹那，乾城幻等色。何故非刹那，大種無實性，云何說能造。

爾時大慧菩薩復白佛言：世尊，世尊記阿羅漢得成阿耨多羅三藐三菩提，與諸菩薩等無差別，一切衆生法不涅槃，誰至佛道。從初得佛至般涅槃，於其中間不說一字，亦無所答。如來常定故亦無慮亦無察，化佛化作佛事，何故說識刹那展轉壞相。金剛力士常隨侍衛，何不施設本際，現魔魔業惡業果報，旃遮摩納孫陀利女，空鉢而出，惡業障現，云何如來得一切種智，而不離諸過。

**遇榮《仁王護國般若經疏法衡抄》卷三**　【疏】雖諸等者問，一切法性本來常住，無名無說，性離言詮，何因緣故安立名字，而廣分別諸顛倒法，非顛倒法，乃至四攝六度，俗諦眞諦，致使聞者依言推度，起諸妄幻，諸佛菩薩何用說乎。故此釋之，誠如所難，雖諸法性本來常住，無名無說，性離言詮，然諸衆生生無慧解，不識是非，若不以言顯示是非，愚迷有情無由曉悟，修證出離，所以於彼無名法中，方便以言而顯示之，即以其言說無言法，令其曉解，捨離顛倒，修不顛倒，起六度行，證眞常果。故佛菩薩出現於世，廣爲開示種種法門，教示衆生，學是除非，然諸學者依教修行，而未亡相，猶謂見有能說所說及凡聖等自他差別，由相拘礙，障於上位無相勝德故，佛令觀佛菩薩等，無二無別，無差別故，猶如虛空。第二解意，逐難廣前五蘊之義也，五蘊諸法，所依眞性，其體眞實，故言以諸法，性即眞實也。性被妄熏者，如烟熏珠，珠不受熏，由烟熏故而於珠上有烟塵，生翳於明珠，人不見珠，但見珠上烟塵之相，眞性亦爾，而被衆生妄識熏之，性不受熏，由妄熏故而於性上有妄塵，生翳於眞性，人不見性，但見妄相，五蘊事法，來去生滅。今即相以說性，五蘊諸法，性本空寂，唯勝義諦，無來無去，無生無滅也。次二句意，以相同性存於相故，名同名等。後二句意，教示菩薩安止觀心，泯性亡相於所觀境，圓融絕待，無二無別，如彼虛空，無別無二。第三解意前文，世尊教示菩薩，不觀蘊相，不觀蘊如等彼等，皆是差別之相，不應觀之，應觀法性常住眞實。所謂法性常住，離三世故，無來無去，常住不變，離起盡故，無生無滅，餘文可知。

**如理《成唯論識述記義演》卷一〇**　又若佛說緣起時，其緣起法亦無明緣行支。若佛不說時，亦無明緣行等。所以經言緣起，法性相常住。若大衆化地部解此經，云緣起法性常住者，故知別有緣起支無爲，其無明依無爲，故無爲與此無明爲性，所以無爲能發行支，其行支亦依無明，能感識等五果，乃至生緣老死亦然，所以別立緣起支無爲故，緣起支亦通無爲無漏法也。今大乘爲對此二部，故云緣起支唯有爲有漏等，故此二門非爲無用，對法云有爲者，有因緣等云所爲故，無爲者非惑業等之所爲，故亦有爲亦無爲者，謂無漏聖道從因緣生，名有爲非惑業等之所爲，名無爲也，此解準大乘與小乘別。

**靈泰《撰成唯識論疏抄》卷四**　疏云：四空無邊處乃至非非想處者，大眾部等四部說，欲色二界，爲有色身故，心心所法依色身，能通緣一切法。此四無色處心，爲無色。身命依故，無色界心，但依無。依無故，其無色界心，唯能緣自地上地法，不能緣下地一切法故。故如而空處心，但緣自地及上地，不能緣下地。乃至無所有處心。唯緣自地上他。不緣下識處也。有頂亦然，空處無爲，即不是識處無爲，無所有處無爲，則不是非想擇非非想處無爲。四無色處，皆有無爲也。

疏云：八緣起與性者，如即經說，此緣起法，若有佛無佛，法性常住。若大乘薩婆多，解此經云，緣起者，即是十二支也，此無明緣行乃至老死，若有佛說，若無佛說，此緣起支體性常住，於生死中，緣縛不絕也。亦不由佛說緣起支故，其十二支，方在生死中緣縛故，名法性常住也。若大眾等四部，解此經云，緣起者，即是十二支也，法性常住者，則是無爲。此十二支，以無爲其體性，無明爲依無爲故，其無明即有漏，有者故無明。上行能緣行，則不能緣識，乃至生老死，行支依無爲故。上行能緣識支，更能別緣名色，乃至老死，已後皆準此知。此十二支，爲依無爲，所以常定，名法性常住。其無爲即是常，即十二支作性，其十二體，是生滅無常也。故四部等，同此有緣起支性無爲，此四部錯緣經文也。言緣起法，若有佛無佛，法性常住者，即俱舍論中，引此經文未爲證也。

**靈泰《成唯識論疏抄》卷一四**　亦無明緣行，乃至緣老死。若佛說緣起經時，其緣起法，亦無明緣行等。若佛不說時，亦無明緣行等，經云緣起法性常住。若大眾化地部師解此經云，緣起惱常住者，故知別有緣起支無明，故世尊言緣起法性常住，明知有緣起支無爲，其明依無故無爲，此無明爲性，所以無明能發行支。其行支亦依無爲故，所以行支能感識五果，乃至生緣老死亦然。所以別有緣起支無爲，其緣起亦通無爲無漏法。

**求那跋陀羅譯《雜阿含經》卷三〇**　佛告諸比丘，汝等隨彼命終，彼命終而問者，徒勞耳，非是如來所樂答者。夫生者有死，何足爲奇。如來出世及不出世，法性常住。彼如來自知成等正覺，顯現演說，分別開示，所謂是事有故是事有，是事起故是事起。緣無明有行，乃至緣生有老病死，憂悲惱苦，如是苦陰集。無明滅則行滅，乃至生滅則老病死，憂悲惱苦滅，如是苦陰滅。

**法護等譯《佛說大乘菩薩藏正法經》卷一三**　法性常住，法界常住。雖諸法亦復隨智所行，然其所行悉無所行，亦非無行，亦復無漏法可得。雖復如是，如來安住大悲心已，亦爲眾生廣大宣說，斷除諸漏之法。如來於大眾中得無所畏，以如是法敎示眾會，令諸眾會鹹生歡喜，身得喜故心極信順。

**法護等譯《佛說海意菩薩所問淨印法門經》卷五**　爾時世尊，復告海意菩薩摩訶薩言：海意，以是緣故，若諸菩薩欲得如是自說淨印三摩地法門，及自說無垢慧者，當住二種之心，一者無濁亂心，二者無滓穢心。無濁亂心者，謂心自性清淨明亮，而不容受客塵煩惱，法性常住，本自光明。一切作意無所積集，無塵故離貪，無分別故離瞋，無我故離癡。清淨遍淨，畢竟無垢，自在光明，如所解脫一切法亦然。隨住眞如平等故，如所解脫一切法亦然。隨住法界平等故，如所解脫一切法亦然。隨住實際平等故，如所解脫一切法亦然。隨住空平等，隨住無相無願無造無作無生無起諸平等故，如所解脫有爲法亦然。隨住無爲法平等故，即此隨住平等之法。無集無散，非智所知。此說名爲無濁亂心。即以此法爲他眾生，及餘補特伽羅，顯明開示，於自他法不起動亂之想，此即是爲無滓穢心。海意，具是無濁亂心，無滓穢心者，即能獲得自說淨印三摩地門。

**惟淨等譯《佛說大乘入諸佛境界智光明莊嚴經》卷四**　若佛出世，若不出世，法性常住。以法住故，即是法界。如法界住故，智無所轉，亦非無轉。以智無轉，非無轉故，如是法理若悟入者，即得無漏無生無滅，此名漏盡，妙吉祥。是故當知，雖復世俗音聲文字總聚施設，是中無有少法若生若滅。

**施護譯《廣釋菩提心論》卷一**　又善男子，當知諸法法性而自常住，以法性常住故，如來即無生。謂諸聲聞緣覺，不了一切法無分別無生故，如來以善方便出現世間。又善男子，汝見我身無量，智無量，佛刹無量，圓光無量，智現前門無量，清淨無量，如是等諸廣大法，是故汝乘本願行，應常思念利益眾生，即得如是不思議智門。

**子璿《起信論疏筆削記》卷一七**　第一心者，超過人天二乘之境，令得無上寂滅樂故。論以隨法性下，次第釋前三心所以。初二句釋長時心，謂法性常住，無始無終。故今度生盡於未來，無有疲厭而隨順也。疏文可解。論法性下三句釋廣大心，謂性徧滿平等無二，故今化度無有揀擇，平等濟拔而隨順也。不念下二句釋第一心。謂性本無彼此分別，常寂靜故。故今化令鹹至寂滅究竟涅槃，是順性也。然後之二段釋所以文。但初標法性，後結故字而不逐段一一標結隨順等言者，譯人巧略也。

**元照《無量壽佛讚註》**　三心即上品上生中志誠心，深心，迴向發願心也。志誠即法身，深心即般若，迴向即解脱。三心實在一念中具，全三是一，即一而三，故云圓發，一志等者。經云，應當專心繫念一處，想於西方。又云，當起想念，正坐西向，心多馳散三昧難成，專想不移往生易得。盡來際者，如華嚴中盛談來際即實報土，法性常住，三際無餘，從今獲遇亘徹未來，決志親承，終無退轉。歷劫稱讚者，良以彌陀積劫勤求道場，證得三身究顯，萬德圓備，縱使辨才天女億劫稱揚莫宣少分。應須諦了，能讚所讚皆是法界，名徧虚空。一切衆生聞此偈句，十方諸佛受我詠讚，於一言音演無量義，讚佛一德萬德溥收，四辨敷陳不涉唇吻，八音競唱不落言詮。豁悟圓通，返聞自性，如是讚嘆與不讚嘆更無異轍矣。

**求那跋陀羅譯《楞伽阿跋多羅寶經心印》卷四**　一切諸法，悉無自性，如春燄火輪，不可有無，此如來所以說常也。計有無惑亂者，顛倒想耳。顛倒可滅，法性常住。《法華》云，無上兩足尊，知法常無性。佛種從緣起，是故說一乘。諸法住法位，世間相常住。涅槃亦云，我亦不說內外六入及六意識常，我乃宣說滅內外入所生六識，名之爲常。夫內外唯心，聖凡同現。惑亂由識，迷覺攸分。所謂一切凡夫有二種想，一世流布想，二著想。一切聖人唯有世流布想，無有著想。故知著想若滅，離性有無，春燄火輪，法爾常然也。

**智旭《菩薩戒本經箋要》**　由發大菩提心，方得菩薩淨戒。由護菩薩淨戒，方成無上菩提。更相由藉，不得暫離也。像法末法，自是衆生妄見分別耳。既欲護持菩薩妙戒，必須深觀法性常住。如佛在世，等無有異。所謂靈山一會，儼然未散，安得起于像法法滅盡想，而姑自寬恕哉。

**德清《大乘起信論疏略》卷下**　四者大願，平等方便，所謂發願盡於未來，化度一切衆生，使無有餘皆令究竟無餘涅槃，以隨順法性無斷絕故，法性廣大徧一切衆生，平等無二，不念彼此，究竟寂滅故。此利他行也。初二句釋長時心，謂法性常住，無始無終，故今度生盡於未來，無有疲厭而隨順也。法性下二句釋廣大心，謂法性徧滿，平等無二，故今化度無有揀釋，平等濟拔而隨順也。不念下二句釋第一心，謂性本無彼此分別，常寂靜故，故今化令咸至寂滅究竟涅槃，是順性也。

**袾宏《佛說阿彌陀經疏鈔》卷二**　【疏】常精進者二義。一者天台云，見法性常住，行無作正勤故。二者寶積經云，此菩薩爲一衆生經無量劫，隨逐不捨，猶不受化，曾無一念棄捨之心，乃精進之至極也。

【鈔】二義者，一是自利，未生善增長，已生善保持，未生惡預防，已生惡速滅，名四正勤。而言見性無作，則了知法性本非善非惡。雖云修善，不修而修。雖云去惡，不去而去。所謂一念不生，是眞精進故。二是利他，爲多衆生，猶未爲難，今曰爲一衆生，少時爲一衆生，猶未爲難。今曰無量劫，多劫而易可化度，亦未爲難，今曰猶不受化而不棄捨。不棄捨猶未爲難，今曰無一念棄捨。如是精進，更無退墮，故名曰常。又不休息，必常精進。常精進，必不休息。此二菩薩，亦名殊而德一者也。

**傳燈《維摩詰所說經無我疏》卷四**　法無動搖，不依六塵故。法無去來，常不住故。此明法性常住也。夫有動搖，則有生滅。有生滅動搖者，緣塵而有分別故也。既不依於六塵，則何動搖之有。去來者，爲有所住故。法本不住，則何去來之有。

**智旭《佛說盂蘭盆經新疏》**　大乘別相三寶者，坐蓮華臺，始覺道滿，等眞法性，常住不滅，刹塵相好，自在莊嚴，化身無數，徧度含識，是爲佛寶。十二部經，眞淨法藏，一一修多羅，不可說不可說修多羅而爲眷屬，一字法門，海墨書而不盡，是爲法寶。三賢十聖，自在神通，徧滿十方，上求下化，功德智慧，二種莊嚴，覩影聞名，皆獲勝利，是爲僧寶。一體三寶者，以實相慧，覺了諸法，非空非有，亦空亦有，雙忘雙照，三智圓覺，名爲佛寶。

**曾鳳儀《楞伽阿跋多羅寶經宗通》卷八**　通曰：凡愚爲五陰所覆，不覺一切法刹那非刹那，墮妄想見，輪轉生滅，無足論已。若我法中正修行者，修三昧樂，息諸煩亂，證於寂靜常住眞心，究竟堅固，猶如金金剛佛舍利光音天宮，水火不及，常住世間，不可損壞，世間奇特事尚且如此，何況安住正法，現法樂住，得如來聖智，具足圓滿，及比丘證得平等眞如，煩惱即是菩提，生死即是涅槃，諸法性常住，云何見有刹那生滅之相乎。原不見有刹那之相，云何更有刹那壞耶。彼一切諸法，如夢如幻，如乾闥婆城等，雖現有色相，無有刹那相可得。何故，非刹那耶。彼諸色等，原無實性，既無實性，云何能造色。既無四大造色，色即非實，云何凡愚於不實色等乃至陰入處界一一視若眞實，謂一切法相續流注，實有生滅而見有刹那壞相乎。

**通理**《**楞嚴經指掌疏**》**卷一**　如是下，思惟開悟。如是思惟者，既觀察已，即以如是客義思惟。所言客煩惱者，蓋以見惑不住名客，法性常住名主，是我當時開悟，以不住者名爲客義。

**了根**《**佛說阿彌陀經直解正行**》　常精進者，善知法性常住，願行無作正勤，如一眾生住無量劫總不成佛，誓不棄捨。此大慈悲常行精進，是名正法供養如來之極至也。

## 法體恒有

**真諦譯**《**阿毘達磨俱舍釋論**》**卷一四**　復次是未來同類等因，由正感果故，已立有功能，或立半功能，是故立世相相雜。復次此義應說，謂此法由自體恆有，應恆作功能。偈曰，何礙。釋曰，何法爲礙，由此礙故，是法有時作功能，有時不作。偈曰，緣不具，非常。釋曰，若汝言因緣不具故，是義不然，由汝執彼體恆有故。復次偈曰，此云何。釋曰，由功能爲因故，說此法過去未來現世，此功能於汝云何，爲更別有功能爲無。偈曰，壞悉檀理故。釋曰，若汝言，此功能非過去未來現世而有，若爾此功能，由非有爲故義至恆有，是故不應說此言，謂是時諸法未作功能說爲未來，是時正作功能說爲現世，是時作功能已謝說爲過去。偈曰，非能不異故。釋曰，無如此失，若功能與法異可有此失，由功能與法不異故無此失，若爾終不免本失，謂偈曰，世義則不成。釋曰：若汝言，法即是功能，此法由體恆有，云何有時說爲過去，有時說爲未來。是故安立三世不成，此中何世義不成。若法未生，是名未來世。若法已生未滅，是名現在世。若法已謝滅，是名過去世。此中是義汝必應說，若如現世法是實有物，過去未來亦爾者。偈曰，未生滅云何。釋曰：若法由自體實有，此言云何成。謂此法未生，此法已滅，於前世何法先不有。由此故說此法未生，復由何法後不有。由此故說此法已滅，是故三世義一切種皆不成就。若不信受此義，謂未有有已有方無，是汝所言，由行相相應故，是法不應成常住。此言一向但有言與生滅不相應故，此法恆有而非常住。此言及理所未曾有，此中說偈，法體性恆有，而不許法常，有法不異性，是眞自在事。

**普光**《**俱舍論記**》**卷二〇**　若如現在法體實有去，來亦然，誰未已生名爲未來，誰復已滅名爲過去，謂有爲法體，實三世恆有。如何可得成，未已生名未來，已滅名過去，先在未來有何所闕。彼未有故名未已生，後在過去復闕何法，彼已無故名爲已滅。故不許法體本無今有，有已還無，則三世義皆不成立。若三世義不成立者，應一切種諸有爲法皆不成立。

## 事徹於理

**法藏**《**大乘起信論義記**》**卷上**　第二隨教辨宗者。現今東流一切經論，通大小乘，宗途有四。一隨相法執宗，即小乘諸部是也。二眞空無相宗，即《般若》等經，《中觀》等論所說是也。三唯識法相宗，即《解深密》等經，《瑜伽》等論所說是也。四如來藏緣起宗，即《楞伽》《密嚴》等經，《起信》《寶性》等論所說是也。此四之中，初則隨事執相說，二則會事顯理說，三則依理起事差別說，四則理事融通無礙說。以此宗中許如來藏隨緣成阿賴耶識，此則理徹於事也。亦許依他緣起無性同如，此則事徹於理也。

**延壽**《**宗鏡錄**》**卷三六**　般若無知者，是一論之宏綱，乃宗鏡之大體，微妙難解，所以全引證明。夫般若者，是智用，無知者，是智體。用不離體，知即無知。體不離用，無知即知。若有知者，是取相之知，即爲所知之相縛，不能遍知一切故。論云，夫有所知，則有所不知。若是無相之知，不被所知之相礙，即能遍知一切。故論云，以聖心無知，故無所不知。以要言之，但是理事無礙，非即非離。如論云：神無慮故，能獨王於世表。智無知故，能玄照於事外者，不即事也。智雖事外，未始無事。神雖世表，終日域中者，不離事也。理非即非離，如事亦然。是以理從事顯，理徹於事。事因理成，事徹於理。理事交徹，般若方圓。故能有無齊行，權實雙運。豈可執有執無，迷於聖旨乎。所以論云：欲言其有，無狀無名。欲言其無，聖以之靈。何者，此有是不有之有，曷有其名。斯無是不無之無，寧虧其體。有無但分兩名，其性元一，不可以有爲有，以無爲無。

## 是法平等

**鳩摩羅什譯《金剛般若波羅蜜經》** 是法平等，無有高下，是名阿耨多羅三藐三菩提。以無我、無人、無衆生、無壽者，修一切善法，則得阿耨多羅三藐三菩提。須菩提，所言善法者，如來說即非善法，是名善法。

**菩提流支譯《金剛仙論》卷五** 無有少法得三菩提者，此是第一字句，明法身如來萬德圓滿無所缺減，雖在煩惱染法，於萬德中，不少一法，非以修行因緣後方滿足故，得名爲無上菩提，故云無少法得三菩提也。此就法體滿足，以明法身非修得法也。復次須菩提，是法平等無有高下，是名三菩提者，此是第二字句。釋初句，法身所以萬德本圓，非修行方滿者，以法身古今一定，非以由人修行因緣故在聖人心中萬德增名爲高，非以人不修行因緣故在闡提心中萬德減名爲下。此就行者，以明法佛體無增減非修得行也。以無衆生無人無壽者得平等三菩提者，此是第三字句。釋前第二句，法身所以平等無有高下者，明一切衆生法身體相萬德皆等，無此功德多彼功德少，本來寂滅，自性離障，一切平等，無有我人等惑，不如金剛以還因中行者，行有深淺，斷惑有多少故，勝如不同，有憂劣之別，故起慢心，自謂我功德多，遣惑亦多，彼劣於我，所以有此分別慢者，以其先有煩惱，遣之未盡，故有我人等見。明一切衆生法身佛性無有憂劣，從本以來，清淨體無惑染故，言無我人平等得三菩提故。《勝鬘經》云，剎那善心非煩惱所染，剎那不善心亦非煩惱所染。依西國，剎那有十種名，此言剎那者，翻爲空也，明空善心非煩惱取染，不空善心亦非煩惱所染。空善心者，明古今一定法身如來藏體空，無二十五有生死萬相，故言空也。不空善心者，明法身自性體備萬德妙有湛然不空也，故即上經言空如來藏也。前二子句，明法身妙有即不空如來藏。此一句，明法身妙無即空如來藏也，此就無鄣清淨，以彰法佛平等滿足非修得也。此前三句，宛轉釋法佛性淨涅槃義竟也。

**窺基《金剛般若經贊述》卷下** 是法平等者，謂眞如理無增減故。無有高下者，謂有爲法無有取捨，菩薩於十地中得勝無漏而捨劣故，無爲無勝劣可取捨故言無高下也。無著云，此顯示三藐三菩提，即謂正遍知也。是法平等者，謂一切諸佛共得菩提，智無勝劣故也。無高下者，謂一切諸佛起化身，各類共等乃至壽命亦等也。子云平等者謂法身無高下者約報化，謂一切佛報身報身等化身亦爾也。

**延壽《宗鏡錄》卷二一** 圓人觀法實相，受亦不受，不受亦不受，亦受亦不受亦不受，非受非不受亦不受。不取是菩提，障諸取故。是法平等，無有高下，不高故不取，不下故不捨。如是觀者，觀如來藏，具足無缺。是如意珠，隨意出寶。即脩羅琴，任意出聲。即是大富，大富故無取。即第一義天，故不遠離，是名究竟。持不盜戒，圓人亦有盜。法門者，菩提無與者，而取菩提，如海呑流，不隔萬派，如地荷負，擔四重擔，衆生悉度，煩惱悉斷，法門悉知，佛道悉成。

**宗本《歸元直指集》卷上** 《金剛經》云，是法平等，無有高下。是法者，指其本性也，本性喻乎金剛，言其堅固不壞也。無有高下者，上至諸佛菩薩，下至蠢動含靈，謂其皆有佛性，故曰平等也。《心經》云，不增不減。此性在聖不增，在凡不減，故曰不增不減也。豈不見儒云一切含靈各具一太極，亦此理也。嗚呼，聖凡人物本乎一性，只因迷悟之殊，染淨之別，所以有成聖也，有成凡也，有爲人也，有爲物也。夫如是，則物命之類豈可殺而食之乎。

## 神不滅

**慧遠《沙門不敬王者論·形盡神不滅》（載：僧祐《弘明集》）** 問

曰：論旨以化盡爲至極，故造極者，必逐化而求宗。求宗不由於順化，是以引歷代君王，使同之佛教，令體極之至，以權君統，此雅論之所托，自必於大通者也。求之實當，理則不然。何者。夫稟氣極於一生，生盡則消液而同無，神雖妙物，故是陰陽之所化耳。既化而爲生，又化而爲死，既取而爲始，又散而爲終。因此而推，固知神形俱化，原無異統，精粗一氣，始終同宅。宅全則氣聚而有靈，宅毀則氣散而照滅，散則反所受於天本，滅則復歸於無物。反復終窮，皆自然之數耳。孰爲之哉。若令本異，則異氣數合，合則同化，亦爲神之處形。猶火之在木，其生必存，其毀必滅。形離則神散而罔寄，木朽則火寂而靡托，理之然矣。假使同異之分，昧而難明，有無之說，必存乎聚散。聚散，氣變之總名，萬化之生滅。故莊子曰：人之生，氣之聚，聚則爲生，散則爲死。若死若生，爲彼徙苦，吾又何患。古之善言道者，必有以得之。若果然邪，至理極於一生，生盡不化，義可尋也。

答曰：夫神者何耶。精極而爲靈者也。精極則非卦象之所圖，故聖人妙物而爲言，雖有上智，猶不能定其體狀，窮其幽致。而談者以常識生疑，多同自亂，其爲誣也亦已深矣。將欲言之，是乃言夫不可言，今於不可言之中，複相與而依稀。

神也者，圓應無生，妙盡無名，感物而動，假數而行。感物而非物，故物化而不滅，假數而非數，故數盡而不窮。有情則可以物感，有識則可以數求。數有精粗，故其性各異，智有明暗，故其照不同。推此而論，則知化以情感，神以化傳，情爲化之母，神爲情之根，情有會物之道，神有冥移之功。但悟徹者反本，惑理者逐物耳。古之論道者，亦未有所同，請引而明之。莊子發玄音于《大宗》曰：大塊勞我以生，息我以死。又，以生爲人羈，死爲反眞。此所謂知生爲大患，以無生爲反本者也。文子稱黃帝之言曰：形有靡而神不化，以不化乘化，其變無窮。莊子亦云：特犯人之形，而猶喜之。若人之形，萬化而未始有極。此所謂知生不盡於一化，方逐物而不反者也。二子之論，雖未究其實，亦嘗傍宗而有聞焉。論者不尋無方生方死之說，而惑聚散於一化，不思神道有妙物之靈，而謂精粗同盡，不亦悲乎。火木之喻，原自聖典，失其流統，故幽興莫尋，微言遂淪于常教，令淡者資之以成疑。向使時無悟宗之匠，則不知有先覺之明，冥傳之功，沒世靡聞。何者。夫情數相感，其化無端，因緣密構，潛相傳寫，自非達觀，孰識其變。自非達觀，熟識其會。請爲論者驗之以實。

火之傳於薪，猶神之傳於傳，火之傳異薪，猶神之傳異形。前薪非後薪，則知指窮之術妙，前形非後形，則悟情數之感深。惑者見形朽於一生，便以爲神情俱喪，猶睹火窮於一木，謂終期都盡耳。此由從養生之談，非遠尋其類者也。就如來論，假令神形俱化，始自天本，愚智資生，同稟所受。問所受者，爲受之於形邪。爲受之於神邪。若受之於形，凡在有形，皆化而爲神矣，若受之於神，是以神傳神，則丹朱與帝堯齊聖，重華與瞽叟等靈，其可然乎。如其不可，固知冥緣之構，著於在昔，明暗之分，定于形初。雖靈均善運，猶不能變性之自然，況降茲已還乎。驗之以理，則微言而有征，效之以事，可無惑于大道。

**羅君章《更生論》**（載：僧祐《弘明集》） 善哉！向生之言。曰天者何。萬物之總名。人者何。天中之一物。因此以談，今萬物有數而天地無窮，然則無窮之變，未始出於萬物，萬物不更生，則天地有終矣。天地不爲有終，則更生可知矣。

尋諸舊論，亦云萬兆懸定，群生代謝，聖人作《易》，已備其極。窮神知化，窮理盡性，苟神可窮，有形者不得無數。是則人物有定數，彼我有成分，有不可滅而爲無，彼不得化而爲我。聚散隱顯，環轉我無窮之塗，賢愚壽夭，還複其物。自然相次，毫分不差，與運泯複，不成不知，遐哉邈乎，其道冥矣。天地雖大，渾而不亂，萬物雖眾，區已別矣。各自其本，祖宗有序，本支百世，不失其舊。又神之與質，自然之偶也，偶有離合死生之變也，質有聚散往復之勢也。人物變化各有其性，性有本分，故複有常物。散雖混淆，聚不可亂，其往彌遠，故其複彌近。又神質冥期，符契自合。世皆悲合之必離，而莫慰離之必合，皆知聚之必散，而莫識散之必聚，未之思也。豈遠乎若者。凡今生之爲，即昔生之故事。於體無所厝，其意與已冥，各不自覺。孰云覺之哉。今談者徒知向我非今，而不知今我故昔我耳。達觀者所以齊死生，亦云死生爲寤寐，誠哉是言。

**羅君章《答孫安國書》**（載：僧祐《弘明集》） 獲書。文略旨辭，理亦兼情。雖欣清酬，未喻乃懷。區區不已，請尋前本，本亦不謂，物都不化，但化者各自得其所化，頹者亦不失其舊體，孰主陶是。載混載判，言然之至分而不可亂也。如此豈徒一更而已哉。將與無窮而長更矣。終而複始，其數曆然，未能知今，安能知更。蓋積悲妄言，諮求所通，豈云唯慰聊以寄散而已矣。

**鄭道子《神不滅論》**（載：僧祐《弘明集》）　多以形神同滅，照識俱盡，夫所以然其可言乎一世，既以周、孔爲極矣。仁義禮敎先結其心，神明之本絶而莫言，故感之所體，自形已還。佛唱至言，悠悠不信，餘墜弱喪，思拔淪溺，仰尋玄旨，研求神要，悟夫理精於形，神妙於理，寄象傳心，粗舉其證。庶鑒諸將悟，遂有功於滯惑焉。

夫形神混會，雖與生俱存，至於粗妙分源，則有無區異。何以言之。夫形也，五臟六腑，四肢七竅，相與爲一，故所以爲生。當其受生則五常殊授，是以肢體偏病，耳目互缺，無奪其爲生。一形之內，其猶如茲，況神體靈照，妙統衆形！形與氣息俱運，神與妙覺同流，雖動靜相資，而精粗異源。豈非各有其本，相因爲用者耶。近取諸身，即明其理，庶可悟矣。一體所資，肌骨則痛癢所知，爪發則知之所絶。其何故哉。豈非肌骨所以爲生，爪發非生之本耶。生在本則知存，生在末則知滅，一形之用，猶以本末爲興廢，況神爲生本，其源至妙，豈得與七尺同枯，戶牖俱盡者哉。推此理也，則神之不滅，居可知矣。

客難曰：子之辯神形盡矣。即取一形之內，知與不知精矣。然形神雖粗妙異源，俱以有爲分。所以爲有，則生爲其本。既孰有本已盡而資乎本者獨得存乎。出生之表，則廓然冥盡，既冥盡矣，非但無所立，言亦無所立其識矣。識不立則神將安寄。既無所寄，安得不滅乎。

答曰：子之難，辯則辯矣，未本諸心，故有若斯之難乎。夫萬化皆有也，榮枯盛衰，死生代互，一形盡，一形生，此有生之終始也。至於水火則彌貫群生，贍而不匱。豈非火體因物，水理虛順，生不自生，而爲衆生所資，因即爲功，故物莫能竭乎。同在生域，其妙如此，況神理獨絶，器所不鄰，而限以生表冥盡，神無所寄哉。因斯而談，太極爲兩儀之母，兩儀爲萬物之本，彼太極者渾元之氣而已。猶能總此化根，不變其一，矧神明靈極，有無兼盡者邪。其爲不滅，可以悟乎。

難曰：子推神照於形表，指太極於物先，誠有其義。然理貴厭心，然後談可究也。夫神形未嘗一時相違，相違則無神矣，草木之無神無識故也。此形盡矣，神將安附而謂之不滅哉。苟能不滅，則自乖其靈，不資形矣。既不資形，何理與形爲生。終不相違，不能相違，則生本是同，斷可知矣。

答曰：有斯難也，形神有源，請爲子循本而釋之。夫火因薪則有火，無薪則無火，薪雖所以生火，而非火之本，火本自在，因薪爲用耳。若待薪然後有火，則燧人之前，其無火理乎。火本至陽，陽爲火極，故薪是火所寄，非其本也。神形相資，亦猶此矣。相資相因，生塗所由耳。安在有形則神存，無形則神盡，其本惚恍不可言矣，請爲吾子廣其類以明之。當薪之在水則火盡，出水則火生，一薪未改，而火前期。神不賴形又如茲矣。神不待形，可以悟乎。

難曰：神不待形，未可頓辯。就如子言，苟不待形，則資形，之與獨照，其理常一。雖曰相資，而本不相關，佛理所明，而必陶鑄此神，以濟彼形。何哉。

答曰：子之問，曰有心矣，此悠悠之所惑，而未暨其本者也。神雖不待形，然彼形必生，必生之形，此神必宅，必宅、必生，則照感爲一，自然相濟，自然相濟，則理極于陶鑄，陶鑄則功存，功存則道行。如四時之於萬物，豈有心於相濟哉！理之所順，自然之所至耳。

難曰：形神雖異，自然相濟，則敬聞矣。子既譬神之於形，如火之在薪。薪無意於有火，火無情於寄薪，故能合用無窮。自與化永，非此薪之火移於彼薪，然後爲火。而佛理以此形既盡，更宅彼形，形神去來，由於罪福。請問，此形爲罪。爲是形耶。爲是神耶。若形也，則大冶之一物耳，若神也，則神不自濟，系於異形。則子形神不相資之論，於此而躓矣。

答曰：宜有斯問，然後理可盡也。所謂形神不相資，明其異本耳。既以爲生，生生之內，各周其用。苟用斯生以成罪福，神豈自妙其照，不爲此形之用耶。若其然也，則有意於賢愚，非忘照而玄會。順理玄會，順理盡形。化神宅形，子不疑於其始，彼此一理，而性於其終耶。

**宗炳《神不滅論》**（載：僧祐《弘明集》）　今稱一陰一陽之謂道，陰陽不測之謂神者，蓋謂至無爲道，陰陽兩渾，故曰一陰一陽也。自道而降，便入精神，常有於陰陽之表，非二儀所究，故曰陰陽不測耳。君平之說一生二，謂神明是也。若此二句，皆以明無，則以何明精神乎。然群生之神，其極雖齊，而隨緣遷流，成粗妙之識，而與本不滅矣。今雖舜生於瞽，舜之神也，必非瞽之所生。則商均之神，又非舜之所育。生育之前，素有粗妙矣。既本立於未生之先，則知不滅於既死之後矣。又不滅則不同，愚聖則異，知愚聖生死不革不滅之分矣。故云：精神受形，周遍五道，成壞天地，不可稱數也。夫以累瞳之質，誕於頑瞽，嚚均之身，受體黃中。愚聖天絕，何數以合乎。豈非重華之靈，始粗於在昔。結因往劫之先，緣會萬化之後哉。今則獨絕其神，昔有接粗之累，則練之所盡矣。神之不滅，及緣會之理、積習而聖，三者鑒於此矣。

若使形生則神生，形死則神死，則宜形殘神毀，形病神困。據有腐則其身，或屬纊臨盡，而神意平全者，及自牖執手，病之極矣，而無變德行之主，斯殆不滅之驗也。若必神生於形，本非緣合。今請遠取諸物，然後近求諸身。夫五嶽四瀆謂無靈也，則未可斷矣。若許其神，則嶽唯積土之多，瀆唯積水而已矣。得一之靈，何生水土之粗哉。而感托岩流，肅成一體，設使山崩川竭，必不與水土俱亡矣。神非形作，合而不滅，人亦然矣。神也者，妙萬物而爲言矣。若資形以造，隨形以滅，則以形爲本，何妙以言乎。夫精神四達，並流無極，上際於天，下盤於地。聖之窮機，賢之研微。逮於宰、賜、莊、嵇、吳劄、子房之倫，精用所乏，皆不疾不行，坐徹宇宙。而形之臭腐，甘嗜所資，皆與下愚同矣，寧當複稟之以生，隨之以滅耶。又宜思矣。周公郊祀後稷，宗祀文王，世或謂空以孝。即問談者，何以了其必空。則必無以了矣。苟無以了，則文、稷之靈，不可謂之滅矣。齋三日，必見所爲齋者。寧可以常人之不見，而斷周公之必不見哉。嬴博之葬，曰：骨肉歸於土，魂氣則無不之。非滅之謂矣！【略】

夫生之起也，皆由情兆。今男女構精，萬物化生者，皆精由情構矣。情構於己，而則百眾神受身，大似，知情爲生本矣。至若五帝三後，雖超情窮神，然無理不順，苟昔緣所會，亦必循俯入精化，相與順生，而敷萬族矣。況今以情貫神，一身死壞，安得不復受一身，生死無量乎。識能澄不滅之本，稟日損之學，損之又損，必至無爲，無欲欲情，唯神獨照，則無當於生矣。無生則無身，無身而有神，法身之謂也。【略】

請又述而明之：夫聖神玄照，而無思營之識者，由心與物絕，唯神而已。故虛明之本，終始常住，不可凋矣。今心與物交，不一於神。雖以顏子之微微，而必乾乾鑽仰，好仁樂山，庶乎屢空。皆心用乃識，必用用妙接，識識妙續，如火之炎炎相即而成焰耳。今以悟空息心，心用止而情識歇，則神明全矣。則情識之構，既新故妙續，則悉是不一之際，豈常有哉。使庖丁觀之，必不見全牛者矣。佛經所謂變易離散之法，法識之性空，夢幻、影響、泡沫、水月，豈不然哉。顏子知其如此，故處有若無，撫實若虛，不見有犯而不校也。今觀顏子之屢虛，則知其有之實無矣。況自茲以降，喪真彌遠。雖複進趨大道，而與東走之疾，同名狂者。皆違理謬感，遁天妄行，彌非眞有矣。況又質味聲色，複是情僞之所影化乎。且舟壑潛謝，變速奔電，將來未至，過去已滅，見在不住。瞬息之頃，無一毫可據，將欲何守而以爲有乎。甚矣！僞有之蔽神也。今有明鏡於斯，紛穢集之，微則其照藹然，積則其照朏然，彌厚則照而昧矣。質其本明，故加穢猶照，雖從藹至昧，要隨鏡不滅。以之辯物，必隨穢彌失，而過謬成焉。人之神理，有類於此。僞有累神，成精粗之識。識附於神，故雖死不滅。漸之以空，必將習漸至盡，而窮本神矣，泥洹之謂也。是以至言云富，從而豁以空焉。夫岩林希微，風水爲虛。盈懷而往，猶有曠然。況聖穆乎空，以虛授人，而不清心樂盡哉！是以古之乘虛入道，一沙一佛，未詎多也。【略】

夫天地有靈，精神不滅，明矣。今秦、趙之眾，其神與宇宙俱來，成敗天地而不滅。起、籍二將，豈得頓滅六十萬神哉。神不可滅也，則所滅者身也。豈不皆如佛言：常滅群生之身，故其身受滅。而數會於起、籍乎。何以明之。夫乾道變化，各正性命，至於雞、彘、犬、羊之命，皆乾坤六子之所一也。民之咀命充身，暴同蛛蝥爲網矣。鷹、虎非搏噬不生，人可飯蔬而存，則虐已甚矣。天道至公，所布者命，甯當許其虐命，而抑其冥應哉！今六十萬人，雖當美惡殊品，至於忍咀群生，恐不異也。美惡殊矣，故其生之所享，固可實殊。害生同矣，故受害之日，固亦可同。【略】

論曰：群生皆以精神爲主，故于玄極之靈，咸有理以感。堯則遠矣，而百獸舞德，豈非感哉。則佛爲萬感之宗焉。日月海嶽，猶有朝夕之禮，秩望之義。況佛之道眾，高者窮神於生表，中者受身於妙生，下則免夫三趣乎。今世教所弘，致治於一生之內，夫玄至者寡，順世者眾，何嘗不相與唯習世情，而謂死則神滅乎。是以不務邈志清退，而多循情寸陰，故君子之道鮮焉。若鑒以佛法，則厥身非我，蓋一憩逆旅耳。精神乃我身也，廓長存而無已。上德者，其德之暢於己也無窮，中之爲美，徐將清升以至盡，下而惡者，方有自新之回路，可補過而上遷。是以自古精粗之中，潔己懷遠，祇行於今，以擬來業，而邁至德者，不可勝數，是佛法之效矣。此皆世之所壅，佛之所開，其於類豈不曠然融朗，妙有通塗哉！若之何忽而不奉乎。

**梁武帝《立神明成佛義記並沈績序注》**　夫神道冥默，宣尼固已絕言，心數理妙，柱史又所未説。聖非智不周近情，難用語遠故也。是以先代玄儒，談遺宿業，後世通辯，亦論滯來身。非夫天下之極慮，何得而詳焉。故惑者聞識神不斷，而全謂之常，聞心念不常，而全謂之斷。云斷則迷其性常，云常則惑其用斷。因用疑本，謂在本可滅，因本疑用，謂在用弗移。莫能精求，互起偏執，乃使天然覺性，自沒浮談。

聖主稟以玄符，禦茲大寶，覺先天垂則，觀民設化。將恐支離詭辯，構義橫流，微敘繁絲，伊誰能振。釋教遺文，其將喪矣！是以著斯雅論，以弘至典。績早念身空，棲心內教，每餐法音4，用忘寢食，而暗情難曉，觸理多疑，至於佛性大義，頓迷心路。既天誥遠流，預同撫觀，萬夜獲開，千昏永曙，分除之疑，朗然俱徹。竊惟事與理亨，無物不識，用隨道合，奚心不辯。故行云徘徊，猶感美音之和，游魚踴躍，尚賞清絲之韻，況以入神之妙，發自天衷。此臣所以舞之蹈之，而不能自已者也。敢以膚受，謹爲注釋，豈伊錐管，用窮天奧，庶幾固惑，所以釋焉。【略】

夫涉行本乎立信（臣績曰：夫愚心暗識，必發大明，明不自起，起必由行。行不自修，修必由信。信者，憑師仗理，無違之心也。故五根以一信爲本，四信以不違爲宗。宗信既立，萬善自行，行善造果，謂之行也），信立由乎正解（臣績曰：夫邪正不辯，將何取信。故立信之本，資乎正解）。解正則外邪莫擾（臣績曰：一心正則萬邪滅矣，是知內懷正見，則外邪莫動），信立則內識無疑（臣績曰：識者，心也。故《成實論》云：心、意、識，體一而異名。心既信矣，將何疑乎）。然信解所依，其宗有在（臣績曰：依者，憑也。夫安心有本，則枝行自從。有本之言，顯乎下句）。何者。源神明以不斷爲精，精神必歸妙果（臣績曰：神而有盡，寧謂神乎。故經云：吾見死者形壞，體化而神不滅。隨行善惡，禍福自追，此即不滅斷之義也。若化同草木，則豈精乎。以其不斷，故終歸妙極。憑心此地，則觸理皆明。明于眾理，何行不成。信解之宗，此之謂也）。妙果體極常住，精神不免無常（臣績曰：妙果，明理已足，所以體唯極常。精神涉行未滿，故之不免遷變也）。無常者，前滅後生，刹那不住者也（臣績曰：刹那是天竺國音，迅速之極名也。生而即滅，寧有住乎。故《淨名》歎曰：比丘即時生老滅矣）。若心用心於攀緣，前識必異後者，斯則與境俱往，誰成佛乎。（臣績曰：夫心隨境動，是其外用，後雖續前，終非實論。故知神識之性湛然不移。湛然不移，故終歸於妙果也）經云：心爲正因，終成佛果（臣績曰：略語佛因，其義有二。一曰緣因，二曰正因。緣者，萬善是也，正者，神識是也。萬善有助發之功，故曰緣因。神識，是其正本，故曰正因。既云終成佛果，斯驗不斷明矣）。

又言：若無明轉，則變成明。案此經意，理如可求。何者。夫心爲用本，本一而用殊，殊用自有興廢，一本之性不移（臣績曰：陶汰塵穢，本識則明。明暗相易，謂之變也。若前去後來，非之謂也）。一本者，即無明神明也（臣績曰：神明本暗，即故以無明爲因）。尋無明之稱，非太虛之目，土石無情，豈無明之謂（臣績曰：夫別了善惡，匪心不知，明審是非，匪情莫識。太虛無情，故不明愚智。土石無心，寧辯解惑。故知解惑存乎有心，愚智在乎有識。既謂無明，則義在矣）。故知識慮應明，體不免惑，惑慮不知，故曰無明（臣績曰：明爲本性，所以應明。識染外塵，故內不免惑。惑而不了，乃謂無明。因斯致稱，豈旨空也哉）。而無明體上，有生有滅，生滅是其異用，無明心義不改（臣績曰：既有其體，便有其用。語用非體，論體非用。用有興廢，體無生滅）。將恐見其用異，便謂心隨境滅（臣績曰：惑者，迷其體用，故不斷猜。何者。夫體之與用，不離不即，離體無用，故云不離。用義非體，故云不即。見其不離，而迷其不即，迷其不即，便謂心隨境滅也），故繼無明名下，加以住地之目。此顯無明，即是神明，神明性不遷也（臣績曰：無明系以住地，蓋是斥其迷識。而抱惑之徒，未曾喻也）。

何以知然。如前心作無間重惡，後識起非想妙善，善惡之理大懸，而前後相去甚迴。斯用果無一本，安得如此相續（臣績曰：不有一本，則用無所依。而惑者見其類續爲一，故舉大善，斥其相續之迷也）。是知前惡自滅，惑識不移，後善雖生，暗心莫改（臣績曰：未嘗以善惡生滅虧其本也）。故經言：若與煩惱諸結俱者，名爲無明，若與一切善法俱者，名之爲明。豈非心識性一，隨緣異乎（臣績曰：若善惡互起，豈謂俱乎。而恆對其言而常迷其旨，故舉此要文，以曉群惑也）。故知生滅遷變，酬於往因，善惡交謝，生乎現境（臣績曰：生滅，因於本業，非現境使之然。善惡，生於今境，非本業令其爾）。而心爲其本，未曾異矣（臣績曰：雖復用由不同，其體莫異也）。以其用本不斷，故成佛之理皎然，隨境遷謝，故生死可盡明矣（臣績曰：成佛皎然，扶其本也。生死可盡，由其用也。若用而無本，則滅而不成。若本而無用，則成無所滅矣）！

**蕭琛《難神滅論》（載：僧祐《弘明集》）**　內兄范子眞，著《神滅論》，以明無佛。自謂辯摧衆口，日服千人。予意猶有惑焉。聊欲薄其稽疑，詢其未悟。論至今，所持者形神，所訟者精理。若乃春秋孝享爲之宗廟，則以爲聖人神道設教，立禮防愚。杜伯關弓，伯有被介。複謂天地之間，自有怪物，非人死爲鬼。如此便不得詰以《詩》、《書》，校以往事，唯可於形神之中，辯其離合。脫形神一體，存滅罔異，則范子奮揚蹈厲，金湯邈然。如靈質分途，興毀區別，則予克敵得俊，能事畢矣。又予雖明有佛，而體佛不與俗同爾。兼陳本意，系之論左焉。

或問：子云神滅，何以知其滅也。

答曰：神即形也，形即神也。是以形存則神存，形謝則神滅也。

問曰：形者無知之稱，神者有知之明。知與無知，即事有異，神之與形，理不容一。形神相即，非所聞也。

答曰：形者神之質，神者形之用，是則形稱其質，神言其用，形之與神，不得相異也。

難曰：今論形神合體，則應有不離之證，而直云：神即形形即神，形之與神不得相異，此辯而無征，有乖篤喻矣。子今據夢以驗形神不得共體。當人寢時，其形是無知之物，而有見焉，此神遊之所接也。神不孤立，必憑形器，猶人不露處，須有居室。但形器是穢暗之質，居室是蔽塞之地。神反形內，則其識微惛，惛故以見爲夢。人歸室中，則其神暫壅，壅故以明爲昧。夫人或夢上騰玄虛，遠適萬裏。若非神行，便是形往耶。形既不往，神又不離，複焉得如此。若謂是想所見者，及其安寐，身似僵木，氣若寒灰，呼之不聞，撫之無覺，即云神與形均。則是表裏俱勸，既不外接聲音，寧能內興思想。此即形靜神馳，斷可知矣。又疑凡所夢者，或反中詭遇趙簡子夢童子裸歌，可吳入郢，晉小臣夢負公登天，而負公出諸廁之類是也，或理所不容呂夢射月中之，吳後夢腸出繞閶門之類是也，或先覺未兆呂薑夢天，名其子曰虞，曹人夢衆，君子謀欲士曹之類是，或假借象類蔡茂夢禾失爲秩，王浚夢三刀爲州之類是也，或即事所無胡人夢舟，越人夢騎之類是也，或乍驗乍否殷宗夢得傅說，漢文夢獲鄧通，驗也，否事衆多，不復具載也。此皆神化茫眇，幽明不測，易以約通，難用理檢。若不許以神遊，必宜求諸形內。恐塊爾潛靈，外絕覲覿，雖復扶以六夢，濟以想因，理亦不得然也。【略】

難曰：佛之有無，寄於神理存滅，既有往論，且欲略言。今指辯其損益，語其利害，以弼夫子過正之談。子云釋氏蠹俗傷化，費貨損役。或者爲之，非佛之尤也！佛之立教，本以好生惡殺，修善務施。好生非止欲繁育鳥獸，以人靈爲重，惡殺豈可得緩宥逋逃，以哀矜斷察。修善不必贍丈六之形，以忠信爲上，務施不苟使殫財土木，以周急爲美。若紹嗣續，則必法種不傳，如並起浮圖，又亦播殖無地。凡人且猶知之，況我慈氏甯樂爾乎。今守株桑門，迷瞀俗士，見寒者不施之短褐，遇餒者不錫以糠豆。而競聚無識之僧，爭造衆多之佛。親戚棄而不眄，祭祀廢而不修，良繒碎於刹上，丹金靡於塔下，而謂爲福田，期以報業。此並體佛未深，解法不妙。雖呼佛爲佛，豈曉歸佛之旨。號僧爲僧，甯達依僧之意。此亦神不降福，予無取焉。夫六家之術，各有流弊。儒失於僻，墨失於蔽，法失於峻，名失於訐，咸由祖述者，失其傳以致泥溺。今子不以僻蔽誅孔、墨，峻訐責韓、鄧，而獨罪我如來，貶茲正覺，是忿風濤而毀舟楫也。今逆悖之人，無賴之子，上罔君親，下虐儔類，或不忌明憲，而乍懼幽司，憚閻羅之猛，畏牛頭之酷，遂悔其穢惡，化而遷善。此佛之益也。又罪福之理，不應殊於世教，背乎人情。若有事君以忠，奉親唯孝，與朋友信，如斯人者，猶以一眚掩德，蔑而棄之，裁犯蟲魚，陷於地獄，斯必不然矣。夫忠莫逾于伊尹，孝莫尚乎曾參，若伊公宰一畜以膳湯，曾子烹只禽以養點，而皆同趨炎鑊，俱赴鋒樹。是則大功沒於小過，奉上反于惠下。昔彌子矯駕，猶以義弘免戮，嗚呼！曾謂靈匠不如衛君乎。故知此爲忍人之防，而非仁人之誠也。若能監彼流宕，釁不在佛，觀此禍福，悟教開誘，思息末以尊本，不拔本以極末，念忘我以弘法，不後法以利我，則雖曰未佛，吾必謂之佛矣。

**曹思文**《**難神滅論**》（**載：僧祐**《**弘明集**》）　難曰：形非即神也，神非即形也，是合而爲用者也。而合非即矣。生則合而爲用，死則形留而神逝也。何以言之。昔者趙簡子疾五日不知人，秦穆公七日乃寤，並神遊於帝所，帝賜之鈞天廣樂，此其形留而神遊者乎。若如論言形滅則神滅者，斯形之與神，應如影響之必俱也。然形既病焉，則神亦病也。何以形不知人神獨遊帝，而欣歡於鈞天廣樂乎。斯其寐也魂交故，神遊於蝴蝶，即形與神分也。其覺也形開，遽遽然周也，即形與神合也。然神之與形，有分有合，合則共爲一體，分則形亡而神逝也。是以延陵窆子而言曰骨肉歸復於土，而魂氣無不之也。斯即形亡而神不亡也，然經史明證灼灼也。如此寧是形亡而神滅者乎。

難神滅論論曰：問者曰，經云：爲之宗廟，以鬼饗之。通云：非有鬼也，斯是聖人之教然也，所以達孝子之心，而厲偷薄之意也。

難曰：今論所云皆情言也，而非聖旨。請舉經記以證聖人之教。《孝經》云：昔者周公郊祀後稷以配天，宗祀文王於明堂以配上帝。若形神俱滅，複誰配天乎。複誰配帝乎。且無神而爲有神。宣尼云：天可欺乎！今稷無神矣，而以稷配，斯是周旦其欺天乎。果其無稷也，而空以配天者，即其欺天矣，又其欺人也。斯是聖人之教，教以欺妄也。設欺妄以立教者，複何達孝子之心，厲偷薄之意哉。原尋論旨，以無鬼爲義。試重詰之曰：孔子菜羹瓜祭祀其祖禰也。《禮》云：樂以迎來，哀以送往。神既無矣，迎何所迎。神既無矣，送何所送。迎來而樂，斯假欣于孔貌，途往而哀，又虛淚於丘體。斯則夫子之祭禮也，欺僞滿於方寸，虛假盈於廟堂，聖人之教其若是乎。而云聖人之教然也。何哉。

**曹思文**《**重難〈神滅論〉**》（**載：僧祐**《**弘明集**》）　論曰：若合而爲用者明，不合則無用，如蛩巨之相資，廢一則不可。此乃是滅神之精據，而非存神之雅決。子意本欲請戰，而定爲我援兵耶。論又云：形之於神，猶刃之於利，未聞刃沒而利存，豈形止而神在。又伸延陵之言：即形消於下，神滅於上，故云無之也。又云：以稷配天，非欺天也，猶湯放武伐，非弒君也，子不責聖人放殺之跡，而勤勤於郊稷之妄邪。

難曰：蛩蛩巨虛，是合用之證耳，而非形滅即神滅之據也。何以言之，蛩非虛也，虛非蛩也，今滅蛩蛩而巨虛不死，斬巨虛而蛩蛩不亡，非相即也，今引此以爲形神俱滅之精據，又爲救兵之良援，斯倒戈授人而欲求長存也，悲夫。斯即形滅而神不滅之證一也。

論云：形之與神，猶刃之於利，未聞刃沒而利存，豈容形亡而神在。雅論據形神之俱滅，惟此一證而已，愚有惑焉，何者。神之與形，是二物之合用，即論所引蛩巨相資是也，今刃之於利，是一物之兩名耳，然一物兩名者，故舍刃則無利也，二物之合用者，故形亡則神逝也，今引一物之二名，以征二物之合用，斯差若毫釐者，何千里之遠也，斯又是形滅而神不滅之證二也。

又伸延陵之言曰即是形消於下，神滅於上。論云形神是一體之相即，今形滅於此，即應神滅於形中，何得云形消於下，神滅於上，而云無不之乎，斯又是形滅而神不滅之證三也。又云以稷配天，非欺天也，猶湯放桀，武伐紂，非弒君也，即是權假以除惡乎。然唐虞之君，無放伐之患矣，若乃運非太平，世值三季，權假立教，以救一時，故權稷以配天，假文以配帝，則可也。然有虞氏之王天下也，禘黃而郊嚳，祖顓而宗堯，既淳風未殄，時非權假，而令欺天罔帝也，可乎。引證若斯，斯又是形滅而神不滅之證四也。斯四證既立，而根本自傾，其餘枝葉，庶不待風而靡也。

論曰：樂以迎來，哀以送往，此義不假通而自釋，不復費於無用，《禮記》有斯言多矣。又云：夫欺者，謂傷化敗俗耳，苟可以安上治民，複何欺妄之有乎。

難曰：前難云，迎來而樂，是假欣于孔貌，送往而哀，又虛淚於丘體，斯實鄙難之雲梯，弱義之鋒的，在此言也，而答者曾不慧解，惟云不假通而自釋，請重言之曰，依如論旨，既已許孔是假欣而虛淚也，又許稷之配天，是指無以爲有也，宣尼云：亡而爲有，虛而爲盈。斯爻象之所不占，而格言之所攸棄，用此風以扇也，何得不傷，茲俗於何不敗，而云可以安上治民也，慈化何哉。論云已通，而昧者未悟，聊重往諮，側聞提耳。

**延壽**《**宗鏡錄**》**卷三九**　夫神者何耶，精極而爲靈者也。精極則非封像之所圖，故聖人以妙物而爲言。雖有上智，猶不能定其體狀，窮其幽致。神也者，圓應無主，妙盡無名，感物而動，假數而行。感物而非物，故物化而不滅。假數而非數，故數盡而不窮。有情則可以物感，有識則可以數求。數有精麄，故其性各異。智有明昧，故其照不同。推此而論，則知化以情感，神以化傳，情爲化之母，神爲情之根，情有會物之道，神有冥移之功。但悟徹者，反本。惑理者，逐物耳。乃至或聚散於一化，不思神道有妙物之靈，而謂精麄同盡，不亦悲乎。如火之傳於薪，猶神之傳於形。深惑者見形朽於一生，便以爲神情俱喪，猶覩火窮於一木，謂終斯都盡耳。故知緣謝形枯，眞靈不墜，如薪盡火滅，火性常然，此緣雖滅於今生，彼緣復興於異世。故般若吟云，百骸雖潰散，一物鎮長靈，可謂眞心湛然常住矣。

## 涅槃寂靜

**法護《佛說開覺自性般若波羅蜜多經》卷四**　復次，須菩提，菩薩摩訶薩於色法中，應當了知有三種義涅槃寂靜，何等爲三。一，色中無性畢竟寂靜義。二，有性無性寂靜義。三，本性清淨寂靜義。須菩提，受、想、行、識亦復如是，菩薩摩訶薩應當了知有三種義涅槃寂靜。

**《別譯雜阿含經》卷一〇**　佛告犢子，我亦不言世界是常，唯此事實，餘皆愚闇，彼見結障。彼見所行及所觀處，彼見塵埃垢穢不淨，見結與苦俱能爲害，能與憂惱，能令行人受欝火熱，生諸憂患。若與見結相應，即是嬰愚，亦名無聞，亦名凡夫，能令生死迴流增長。復告犢子，世間常無常，亦常無常，非常非無常，世界有邊，及以無邊，亦有邊，亦無邊，非有邊，非無邊，衆生神我，死此生彼，若有若無，亦有亦無，非有非無，非非有非非無。若有人計斯見者，名爲嬰愚，亦名無聞，亦名凡夫，增長生死煩惱垢污，能令行人受欝熱，生諸憂患，無有安樂。以是義故，我於此見，無所執著。犢子又問，汝若不計如是見者，汝今所計，爲是何見。佛告犢子，如來世尊，於久遠來諸有見者，悉皆除捨，都無諸見。雖有所見，心無取著。所謂見苦聖諦，見苦集諦，見苦滅諦，見至苦滅道諦，我悉明了知見是已，覩一切法，皆是貪愛諸煩惱結，是我我所，名見取著，亦名憍慢，如斯之法，是可患厭。是故皆應當斷除之，既斷除已，獲得涅槃寂滅清淨，如是正解脫。

**鳩摩羅什譯《中論》卷四**　問曰：若一切法空，無生無滅者，何斷何所滅，而稱爲涅槃。若一切法空，則無生無滅，無生無滅者，何所斷何所滅，而名爲涅槃。是故一切法不應空，以諸法不空故，斷諸煩惱滅五陰，名爲涅槃。

答曰：若諸法不空，則無生無滅，何斷何所滅，而稱爲涅槃。若一切世間不空，則無生無滅，何所斷何所滅，而名爲涅槃。是故有無二門，則非至涅槃，所名涅槃者，無得亦無至，不斷亦不常，不生亦不滅，是說名涅槃。無得者，於行於果無所得。無至者，無處可至。不斷者，五陰先來畢竟空故，得道入無餘涅槃時，亦無所斷。不常者，若有法可得分別者，則名爲常。涅槃寂滅無法可分別故，不名爲常，生滅亦爾，如是相者名爲涅槃。復次經說，涅槃非有非無非有無，非非有非非無，一切法不受內寂滅名涅槃。何以故，涅槃不名有，有則老死相，終無有法，離於老死相，眼見一切萬物皆生滅故，是老死相，涅槃若是有則應有老死相，但是事不然，是故涅槃不名有。又不見離生滅老死別有定法而名涅槃，若涅槃是有即應有生滅老死相，以離老死相故，名爲涅槃。

**那連提耶舍譯《大悲經》卷四**　阿難，吾今後夜當般涅槃，我今當捨已之國土已之境界，更不復來至此世界，亦復不到他世界也（他世界者後世生處）。汝等從今更不見我，我亦不復見於汝等。阿難，我當入於無餘涅槃。如是涅槃，寂靜清涼無塵離垢，一切苦息捨於窟宅，無生無老無病無死，無憂無悲無苦無惱，無不稱意無諸悔恨，無怨憎會無愛別離，如恆河沙等諸佛世尊，及與一切聲聞緣覺，皆悉已去今去當去。阿難，汝今當觀我猶愛彼無餘涅槃，有諸愚癡凡夫之人，而不愛彼勝妙寂靜安樂涅槃，亦復不能一念發心隨順解脫，是人若能一念發心，以是因緣即爲種子當得涅槃。

**慧遠《大乘義章》卷二**　就彼涅槃說無相門，涅槃寂靜離十相，故就第一義宜說空門，次就二法以別三門。於中乃有三種差別，一生死涅槃二，法相對以說三門。生死虛無，名之爲空。故《涅槃》云，空者所謂一切生死，涅槃之法，離十相故，說爲無相。遠離生死取捨願心，故名無願。故《維摩》云，不願是菩提無貪著故。亦可生死體虛名空。相則鄙惡，不可願樂，名爲無願，無相同前。二以生死對第一義，以說三門。就第一義，說空無相，就彼生死宣說無願。彼第一義體寂名空，妙離諸相故曰無相。生死叵樂，稱曰無願。三以涅槃對第一義，以說三門。就第一義說其空門，就彼涅槃，宣說無相及以無願。

**玄奘譯《大般若波羅蜜多經》卷三二三**　復次善現，若菩薩摩訶薩恆作是念，諸有情類於長夜中，其心常爲四倒所倒，謂常想倒心倒見倒，若樂想倒心倒見倒，若我想倒心倒見倒，若淨想倒心倒見倒。我爲如是諸有情故，應趣無上正等菩提，修諸菩薩摩訶薩行，證得無上大菩提時，爲諸有情說無倒法，謂說生死無常無樂無我無淨，唯有涅槃寂靜微妙，具足種種常樂我淨眞實功德。善現，是菩薩摩訶薩成就此念，行深般若波羅蜜多，方便善巧所攝受故，於佛十力四無所畏四無礙解大慈大悲大喜大捨十八佛不共法，若未圓滿終不證入如來勝定。善現，是菩薩摩訶薩，爾時雖習空無相無願解脫門入出自在，而於實際未即作證，乃至無上正等菩提，因行功德未善圓滿不證實際及餘功德，若得無上正等菩提乃可證得。善現，是菩薩摩訶薩，爾時雖於諸餘功德修未圓滿，而於無願三摩地門修已圓滿。

**玄奘譯《大般若波羅蜜多經》卷五七一**　天王當知，諸菩薩摩訶薩行深般若波羅蜜多方便善巧知世有無，能修平等了達諸法從因緣生，世俗故有，不起常見知因緣法，本性皆空不生斷見，於諸佛教如實通達。天王當知，佛爲菩薩略說四法，謂世沙門婆羅門等及長壽天多起常見，爲破彼執說行無常。有諸天人多貪著樂，爲破彼故說一切苦。外道邪見執身有我，爲破彼執說身無我。增上慢者謗眞涅槃，是故爲說涅槃寂靜。說無常者令其志求究竟之法，爲說苦者令於生死遠離願求，說無我者爲顯空門令其了達，說寂靜者令達無相離諸相執。

**曇曠《金剛般若經旨贊》卷上**　經。我皆度令入至滅度之。贊曰，此欲願令生所得之果，即第一心，如前所說，三類衆生，爲生死苦之所煎迫，菩薩發心希求思念，皆願度脫，與第一樂。第一樂者，即是涅槃。寂靜殊勝，名爲第一。希願彼故，名第一心。涅槃梵音，此云圓寂，圓謂圓滿，具足三德故，寂謂寂靜，異生死喧故。涅槃不同，有其四種，一自性清淨。謂諸衆生本靜心體，此體即是諸法眞如，具恆沙德，常恆安樂。雖爲二障之所覆染，在二生死處於輪迴，而亦不失本清淨性，其體本寂，故名涅槃。二有餘依。謂即眞如，出煩惱障。此有三種。若二乘人，雖斷煩惱，餘苦依身，猶未棄捨，若諸如來，雖無煩惱所感苦身，而有無滿功德依身，雖實無苦，而有示現苦所依，所依身皆名有餘，而障永寂，故名涅槃。三無餘依。謂即眞如，出生死苦。此有二種，若二乘人，先斷煩惱令捨分段麁苦之身，若諸如來，永離生死，是故皆得名無餘依，而苦永寂，故名爲涅槃。四無住處。謂即眞如，出所知障，大悲般若，常所輔翼。由斯不住生死涅槃，利樂有情，窮未來際，用而常寂，故名涅槃。一切有情，皆有初一。二乘無學，容有前三。唯我世尊，可言具四。今無餘者，即前第三，離生死苦，永安樂故。言滅度者，滅障度苦，即滅二障，度二死苦，寂靜安樂，故名爲滅度。唯得無餘，滅障度苦，故入無餘，而滅度之。

**法護譯《佛說大乘菩薩藏正法經》卷七**　舍利子，諸佛如來總略以其四種法印，攝一切法。何等爲四，一者諸行無常，二者諸行是苦，三者諸法無我，四者涅槃寂靜。而一切衆生於諸行無常中，計有常想，若諸衆生斷除常想，此即是爲如來所說。又諸衆生於諸行苦中，計爲樂想，若諸衆生斷除樂想，此即是爲如來所說。又諸衆生於一切法無我中，計爲我想，若諸衆生斷除我想，此即是爲如來所說。又諸衆生於涅槃寂靜理中，起有所得顛倒之心，若諸衆生斷除有所得顛倒心者，此即是爲如來所說。又舍利子，若能了知諸行無常，即能解入空無常性。若能了知諸行是苦，即能離諸願求。若能了知諸法無我，即能觀想空三摩地解脫法門。若能了知涅槃寂靜，即能於諸相中有所修作，亦不非時取證實際。舍利子，如是等法，若諸菩薩勤行相應，即不減失一切善法，速能圓滿一切佛法。

**子璿《金剛經纂要刊定記》卷七**　涅槃即是不動無爲義。如前文云，若人言如來若來去坐臥，即不解所說義。如來者，無所從來亦無所去，故名如來，斯則佛入涅槃也。意云，涅槃寂靜說法喧動，動寂相反云何兩存。經徵意云，以何義故，佛常說而不閡涅槃，如論所敍。釋意云，常佛有妙智，觀諸法空如夢幻等。雖現說法似有爲相，而常住涅槃無作之理，復何疑哉。若於論外不作斷疑釋者，此文但責說法不染。徵意云，以何義故，說法之時不取於相，得合眞如不動不染耶。釋意云，但觀諸有爲相，猶如夢幻等，自然於說不取不著，契合眞如，無有動搖分別等也。

**延壽《宗鏡錄》卷九〇**　觀心三涅槃者，一性淨，二圓淨，三方便淨。不生不滅名涅槃。諸法實相，不可染，不可淨，不染即不生，不淨即不滅，不生不滅，名性淨涅槃。修因契理，惑畢竟不生，智畢竟不滅，不生不滅，名圓淨涅槃。寂而常照，機感即生，此生非生，緣謝即滅，此滅非滅，不生不滅，名方便淨涅槃。諦觀心性，本來寂滅，不染不淨，染故名生，淨故名滅，生滅不能毀故常。不能染故淨，不能礙故我，不能受故樂，是爲性淨涅槃。若妄念心起，悉以正觀觀之，令此正觀，與法性相應，妄念不能毀，不能染，不能礙，不能受者，名圓淨涅槃。以無緣慈，無生示生，以同體悲，無滅現滅，一切生滅境界外道天魔，不能毀，不能染，不能礙，不能受者，方便淨涅槃。

**劉道開《楞嚴說通》卷四**　彼諸佛如來，樹下所成無上智德，破無明，盡五住，翻轉一切煩惱，完復本有如如智體，所謂菩提也。因窮果滿，圓淨斷德，遷流浪息，二死永忘，翻轉一切輪迴，完復本來如如理性，所謂涅槃也。菩提智光，類於精金明淨既成菩提，不復重生煩惱，亦猶精金不復重爲鑛也。涅槃寂滅，類於木灰，既入涅槃，不復重淪生死，亦猶木灰，不復重爲木也，故曰亦復如是。是則妄本無生，而非成佛始滅，眞本無變，而胡望佛更生。故知衆生分中，尚自無生無變，何況成佛者，反有生而有變哉。汝問萬法生續之由，我爲汝說生續之由竟。

## 涅槃無名

**僧肇《涅槃無名論》**　僧肇言：肇聞天得一以清，地得一以寧，君王得一以治天下。伏惟陛下叡哲欽明，道與神會，妙契環中，理無不統，游刃萬機，弘道終日，威被蒼生，垂文作則。所以域中有四大，而王居一焉。

涅槃之道，蓋是三乘之所歸，方等之淵府，渺漭希夷，絕視聽之域，幽致虛玄，殆非群情之所測。肇以人微，猥蒙國恩，得閑居學肆，在什公門下十有餘載。雖衆經殊致，勝趣非一，然涅槃一義，常以聽習爲先。但肇才識闇短，雖屢蒙誨喻，猶懷疑漠漠，爲竭愚不已，亦如似有解。然未經高勝先唱，不敢自決。不幸什公去世，諮參無所，以爲永慨。而陛下聖德不孤，獨與什公神契，目擊道存，快盡其中方寸，故能振彼玄風，以啟末俗。一日遇蒙《答安城候姚嵩書》，問無爲宗極。何者。夫衆生所以久流轉生死者，皆由著欲故也。若欲止於心，即無復於生死。既無生死，潛神玄默，與虛空合其德，是名涅槃矣。既曰涅槃，復何容有名於其間哉。斯乃窮微言之美，極象外之談者也。自非道參文殊，德慈侔氏，孰能宣揚玄道，爲法城塹，使夫大教卷而復舒，幽旨淪而更顯。尋玩殷勤，不能暫捨。欣悟交懷，手舞弗暇。豈直當時之勝軌，方乃累劫之津梁矣。然聖旨淵玄，理微言約，可以匠彼先進，拯拔高士。懼言題之流，或未盡上意。庶擬孔《易十翼》之作，豈貪豐文，圖以弘顯幽旨，輒作《涅槃無名論》。

論有九折十演，博采衆經，託證成喻，以仰述陛下無名之致。豈曰關詣神心，窮究遠當，聊以擬議玄門，班喻學徒耳。論末章云：諸家通第一義諦，皆云廓然空寂，無有聖人。吾常以爲太甚徑庭，不近人情。若無聖人，知無者誰。實如明詔！實如明詔！夫道恍惚窈冥，其中有精，若無聖人，誰與道遊。頃諸學徒，莫不躊躇道門，怏怏此旨，懷疑終日，莫之能正。幸遭高判，宗徒慲然，扣關之儔，蔚登玄室。眞可謂法輪再轉於閻浮，道光重映於千載者矣。今演論之作旨，曲辨涅槃無名之體，寂彼廓然，排方外之談。條牒如左，謹以仰呈。若少參聖旨，願敕存記，如其有差，伏承指授。

僧肇言：泥曰、泥洹、涅槃，此三名前後異出，蓋是楚夏不同耳。云涅槃，音正也。

九折十演者

開宗第一

無名曰：經稱有餘涅槃、無餘涅槃者，秦言無爲，亦名滅度。無爲者，取乎虛無寂寞，妙絕於有爲。滅度者，言其大患永滅，超度四流。斯蓋是鏡像之所歸，絕稱之幽宅也。而曰有餘無餘者，良是出處之異號，應物之假名耳。余嘗試言之：夫涅槃之爲道也，寂寥虛曠，不可以形名得，微妙無相，不可以有心知。超群有以幽升，量太虛而永久。隨之弗得其蹤，迎之罔眺其首，六趣不能攝其生，力負無以化其體。潢漭惚恍，若存若往。五目不覩其容，二聽不聞其響。冥冥窈窅，誰見誰曉。彌綸靡所不在，而獨曳於有無之表。然則言之者失其眞，知之者反其愚，有之者乖其性，無之者傷其軀。所以釋迦掩室於摩竭，淨名杜口於毘耶，須菩提唱無説以顯道，釋梵約聽而雨華。斯皆理爲神御，故口以之而默。豈曰無辯，辯所不能言也。經云：眞解脱者，離於言數，寂滅永安，無始無終，不晦不明，不寒不暑，湛若虚空，無名無説。論曰：涅槃非有，亦復非無，言語道斷，心行處滅。尋夫經論之作，豈虚搆哉。果有其所以不有，故不可得而有，有其所以不無，故不可得而無耳。何者。本之有境，則五陰永滅，推之無鄉，而幽靈不竭。幽靈不竭，則抱一湛然，五陰永滅，則萬累都捐。萬累都捐，故與道通洞，抱一湛然，故神而無功。神而無功，故至功常存，與道通洞，故沖而不改。沖而不改，故不可爲有，至功常存，故不可爲無。然則有無絶於内，稱謂淪於外，視聽之所不曁，四空之所昏昧。恬焉而夷，怕焉而泰，九流於是乎交歸，衆聖於是乎冥會。斯乃希夷之境，太玄之鄉，而欲以有無題榜，標其方域，而語其神道者，不亦邈哉。

覈體第二

有名曰：夫名號不虚生，稱謂不自起。經稱有餘涅槃、無餘涅槃者，蓋是返本之眞名，神道之妙稱者也。

請試陳之：有餘者，謂如來大覺始興，法身初建，澡八解之清流，憩七覺之茂林，積萬善於曠劫，蕩無始之遺塵，三明鏡於内，神光照於外，結僧那於始心，終大悲以赴難，仰攀玄根，俯提弱喪，超邁三域，獨蹈大方，啟八正之平路，坦衆庶之夷途，騁六通之神驥，乘五衍之安車，至能出生入死，與物推移，道無不洽，德無不施，窮化母之始物，極玄樞之妙用，廓虚宇於無疆，耀薩雲於幽燭，將絶朕於九止，永淪太虚，而有餘緣不盡，餘迹不泯，業報猶魂，聖智尙存，此有餘涅槃也。經曰：陶冶塵滓，如鍊眞金，萬累都盡，而靈覺獨存。無餘者，謂至人教緣都訖，靈照永滅，廓爾無朕，故曰無餘。何則。夫大患莫若於有身，故滅身以歸無，勞勤莫先於有智，故絶智以淪虚。然則智以形倦，形以智勞，輪轉修途，疲而弗已。經曰：智爲雜毒，形爲桎梏。淵默以之而遼，患難以之而起。所以至人灰身滅智，捐形絶慮，内無機照之勤，外息大患之本，超然與群有永分，渾爾與太虚同體，寂焉無聞，怕爾無兆，冥冥長往，莫知所之。其猶燈盡火滅，膏明俱竭，此無餘涅槃也。經云：五陰永盡，譬如燈滅。然則有餘可以有稱，無餘可以無名。無名立，則宗虚者欣尙於沖默，有稱生，則懷德者彌仰於聖功。斯乃誥典之所垂文，先聖之所軌轍。而曰有無絶於内，稱謂淪於外，視聽之所不曁，四空之所昏昧，使夫懷德者自絶，宗虚者靡託，無異杜耳目於胎殼，掩玄象於雲霄外，而責宮商之異，辯玄素之殊者也。子徒知遠推至人於有無之表，高韻絶唱於形名之外，而論旨竟莫知所歸，幽途故自蘊而未顯，靜思幽尋，寄懷無所，豈所謂朗大明於冥室，奏玄響於無聞者哉。

位體第三

無名曰：有餘無餘者，蓋是涅槃之外稱，應物之假名耳。而存稱謂者封名，志器象者耽形。名也，極於題目，形也，盡於方圓。方圓有所不寫，題目有所不傳。焉可以名於無名，而形於無形者哉。難序云有餘無餘者，信是權寂致教之本意，亦是如來隱顯之誠跡也。但未是玄寂絶言之幽致，又非至人環中之妙術耳。子獨不聞正觀之説歟。維摩詰言：我觀如來無始無終，六入已過，三界已出，不在方，不離方，非有爲，非無爲，不可以識識，不可以智知，無言無説，心行處滅。以此觀者，乃名正觀，以他觀者，非見佛也。《放光》云：佛如虚空，無去無來，應緣而現，無有方所。然則聖人之在天下也，寂莫虚無，無執無競，導而弗先，感而後應。譬猶幽谷之響，明鏡之像，對之弗知其所以來，隨之罔識其所以往。恍焉而有，緜焉而亡。動而逾寂，隱而彌彰。出幽入冥，變化無常。其爲稱也，因應而作，顯迹爲生，息迹爲滅。生名有餘，滅名無餘。然則有無之稱，本乎無名。無名之道，於何不名。是以至人居方而方，止圓而圓，在天而天，處人而人。原夫能天能人者，豈天人之所能哉。果以非天非人，故能天能人耳。其爲治也，故應而不爲，因而不施。因而不施，故施莫之廣，應而不爲，故爲莫之大。爲莫之大，故乃返於小成，施莫之廣，故乃歸乎無名。經曰：菩提之道，不可圖度，高而無上，廣不可極，淵而無下，深不可測，大包天地，細入無間，故謂之道。然則涅槃之道，不可以有無得之，明矣。而惑者覩神變，因謂之有，見滅度，便謂之無。有無之境，妄想之域，豈足以標榜玄道而語聖心者乎。

意謂至人寂怕無兆，隱顯同源，存不爲有，亡不爲無。何則。佛言：吾無生不生，雖生不生，無形不形，雖形不形。以知存不爲有。經云：菩薩入無盡三昧，盡見過去滅度諸佛。又云：入於涅槃而不般涅槃。以知亡不爲無。亡不爲無，雖無而有，存不爲有，雖有而無。雖有而無，故所謂非有，雖無而有，故所謂非無。然則涅槃之道，果出有無之域，絕言象之徑，斷矣。子乃云：聖人患於有身，故滅身以歸無，勞勤莫先於有智，故絕智以淪虛。無乃乖乎神極，傷於玄旨者也。經曰：法身無象，應物而形。般若無知，對緣而照。萬機頓赴而不撓其神，千難殊對而不干其慮。動若行雲，止猶谷神，豈有心於彼此，情係於動靜者乎。既無心於動靜，亦無象於去來。去來不以象，故無器而不形，動靜不以心，故無感而不應。然則心生於有心，象出於有象。象非我出，故金石流而不燋，心非我生，故日用而不動。紜紜自彼，於我何爲。所以智周萬物而不勞，形充八極而無患。益不可盈，損不可虧。寧復痾癘中逵，壽極雙樹，靈竭天棺，體盡焚燎者哉。而惑者居見聞之境，尋殊應之迹，秉執規矩而擬大方，欲以智勞至人，形患大聖，謂捨有入無，因以名之，豈謂採微言於聽表，拔玄根於虛壤者哉。

徵出第四。有名曰：夫渾元剖判，萬有參分。有既有矣，不得不無。無自不無，必因於有。所以高下相傾，有無相生，此乃自然之數，數極於是。以此而觀，化母所育，理無幽顯。恢恑憰怪，無非有也。有化而無，無非無也。然則有無之境，理無不統。經曰：有無二法，攝一切法。又稱三無爲者，虛空、數緣盡、非數緣盡。數緣盡者，即涅槃也。而論云：有無之表，別有妙道。妙於有無，謂之涅槃。請覈妙道之本。果若有也，雖妙非無。雖妙非無，即入有境。果若無也，無即無差。無而無差，即入無境。總而括之，即而究之，無有異有而非無，無有異無而非有者，明矣。而曰有無之外，別有妙道，非有非無，謂之涅槃。吾聞其語，未即於心也。

超境第五。無名曰：有無之數，誠以法無不該，理無不統。然其所統，俗諦而已。經曰：眞諦何耶。涅槃道是，俗諦何耶。有無法是。何則。有者，有於無，無者，無於有。有無所以稱有，無有所以稱無。然則有生於無，無生於有，離有無無，離無無有。有無相生，其猶高下相傾，有高必有下，有下必有高矣。然則有無雖殊，俱未免於有也。此乃言象之所以形，是非之所以生，豈是以統夫幽極，擬夫神道者乎。是以論稱出有無者，良以有無之數，止乎六境之內。六境之內，非涅槃之宅，故借出以祛之。庶悕道之流，髣髴幽途，託情絕域，得意忘言，體其非有非無，豈曰有無之外，別有一有而可稱哉。經曰三無爲者，蓋是群生紛繞，生乎篤患。篤患之尤，莫先於有，絕有之稱，莫先於無。故借無以明其非有，明其非有，非謂無也。

搜玄第六。有名曰：論旨云，涅槃既不出有無，又不在有無。不在有無，則不可於有無得之矣，不出有無，則不可離有無求之矣。求之無所，便應都無。然復不無其道。其道不無，則幽途可尋。所以千聖同轍，未嘗虛返者也。其道既存，而曰不出不在，必有異旨，可得聞乎。

妙存第七。無名曰：夫言由名起，名以相生，相因可相。無相無名，無名無說，無說無聞。經曰：涅槃非法，非非法，無聞無說，非心所知。吾何敢言之，而子欲聞之耶。雖然，善吉有言，眾人若能以無心而受，無聽而聽者，吾當以無言言之。庶述其言，亦可以言。淨名曰：不離煩惱而得涅槃。天女曰：不出魔界，而入佛界。然則玄道在於妙悟，妙悟在於即眞。即眞即有無齊觀，齊觀即彼已莫二。所以天地與我同根，萬物與我一體。同我則非復有無，異我則乖於會通。所以不出不在，而道存乎其間矣。何則。夫至人虛心冥照，理無不統。懷六合於胸中，而靈鑒有餘，鏡萬有於方寸，而其神常虛。至能拔玄根於未始，即群動以靜心，恬淡淵默，妙契自然。所以處有不有，居無不無。居無不無，故不無於無，處有不有，故不有於有。故能不出有無，而不在有無者也。然則法無有無之相，聖無有無之知。聖無有無之知，則無心於內，法無有無之相，則無數於外。於外無數，於內無心，彼此寂滅，物我冥一，怕爾無朕，乃曰涅槃。涅槃若此，圖度絕矣，豈容可責之於有無之內，又可徵之有無之外耶。

難差第八。有名曰：涅槃既絕圖度之域，則超六境之外。不出不在，而玄道獨存。斯則窮理盡性，究竟之道，妙一無差，理其然矣。而《放光》云：三乘之道，皆因無爲而有差別。佛言：我昔爲菩薩時，名曰儒童，於然燈佛所已入涅槃。儒童菩薩時於七住，初獲無生忍，進修三位。若涅槃一也，則不應有三，如其有三，則非究竟。究竟之道，而有升降之殊。眾經異說，何以取中耶。

辯差第九。無名曰：然究竟之道，理無差也。《法華經》云：第一大道，無有兩正。吾以方便，爲怠慢者於一乘道分別說三。三車出火宅，即其事也。以俱出生死，故同稱無爲。所乘不一，故有三名。統其會歸，一而已矣。而難云三乘之道，皆因無爲而有差別，此以人三，三於無爲，非無爲有三也。故《放光》云：涅槃有差別耶。答曰：無差別。但如來結習都盡，聲聞結習不盡耳。請以近喻，以況遠旨。如人斬木，去尺無尺，去寸無寸。脩短在於尺寸，不在無也。夫以群生萬端，識根不一，智鑒有淺深，德行有厚薄，所以俱之彼岸，而升降不同。彼岸豈異，異自我耳。然則衆經殊辯，其致不乖。

責異第十。有名曰：俱出火宅，則無患一也，同出生死，則無爲一也。而云彼岸無異，異自我耳。彼岸則無爲岸也，我則體無爲者也。請問我與無爲，爲一爲異。若我即無爲，無爲亦即我，不得言無爲無異，異自我也。若我異無爲，我則非無爲，無爲自無爲，我自常有爲。冥會之致，又滯而不通。然則我與無爲，一亦無三，異亦無三。三乘之名，何由而生也。

會異第十一。無名曰：夫止此而此，適彼而彼。所以同於得者，得亦得之，同於失者，失亦失之。我適無爲，我即無爲。無爲雖一，何乖不一耶。譬猶三鳥出網，同適無患之域。無患雖同，而鳥鳥各異。不可以鳥鳥各異，謂無患亦異。又不可以無患既一，而一於衆鳥也。然則鳥即無患，無患即鳥。無患豈異，異自鳥耳。如是三乘衆生，俱越妄想之樊，同適無爲之境。無爲雖同，而乘乘各異。不可以乘乘各異，謂無爲亦異。又不可以無爲既一，而一於三乘也。然則我即無爲，無爲即我。無爲豈異，異自我耳。所以無患雖同，而升虚有遠近，無爲雖一，而幽鑒有淺深。無爲即乘也，乘即無爲也。此非我異無爲，以未盡無爲，故有三耳。

詰漸第十二。有名曰：萬累滋彰，本於妄想。妄想既祛，則萬累都息。二乘得盡智，菩薩得無生智，是時妄想都盡，結縛永除。結縛既除，則心無爲。心既無爲，理無餘翳。經曰：是諸聖智不相違背，不出不在，其實俱空。又曰：無爲大道，平等不二。既曰無二，則不容心異。不體則已，體應窮微。而曰體而未盡，是所未悟也。

明漸第十三。無名曰：無爲無二，則已然矣。結是重惑，可謂頓盡，亦所未喻。經曰：三箭中的，三獸渡河，中渡無異，而有淺深之殊者，爲力不同故也。三乘衆生，俱濟緣起之津，同鑒四諦之的，絶僞即眞，同升無爲，然則所乘不一者，亦以智力不同故也。夫群有雖衆，然其量有涯，正使智猶身子，辯若滿願，窮才極慮，莫窺其畔。況乎虚無之數，重玄之域，其道無涯，欲之頓盡耶。書不云乎，爲學者日益，爲道者日損。爲道者，爲於無爲者也。爲於無爲，而曰日損，此豈頓得之謂。要損之又損之，以至於無損耳。經喻螢日，智用可知矣。

譏動第十四。有名曰：經稱法身已上，入無爲境，心不可以智知，形不可以象測，體絶陰入，心智寂滅。而復云進修三位，積德彌廣。夫進修本於好尚，積德生於涉求。好尚則取捨情現，涉求則損益交陳。既以取捨爲心，損益爲體，而曰體絶陰入，心智寂滅，此文乖致殊，而會之一人，無異指南爲北，以曉迷夫。

動寂第十五。無名曰：經稱聖人無爲而無所不爲。無爲，故雖動而常寂，無所不爲，故雖寂而常動。雖寂而常動，故物莫能一，雖動而常寂，故物莫能二。物莫能二，故逾動逾寂，物莫能一，故逾寂逾動。所以爲即無爲，無爲即爲，動寂雖殊，而莫之可異也。《道行》曰：心亦不有，亦不無。不有者，不若有心之有，不無者，不若無心之無。何者。有心則衆庶是也，無心則太虚是也。衆庶止於妄想，太虚絶於靈照。豈可止於妄想，絶於靈照，標其神道而語聖心者乎。是以聖心不有，不可謂之無，聖心不無，不可謂之有。不有，故心想都滅，不無，故理無不契。理無不契，故萬德斯弘，心想都滅，故功成非我。所以應化無方，未嘗有爲，寂然不動，未嘗不爲。經曰：心無所行，無所不行。信矣。儒童曰：昔我於無數劫，國財身命，施人無數，以妄想心施，非爲施也。今以無生心，五華施佛，始名施耳。又空行菩薩入空解脱門，方言今是行時，非爲證時。然則心彌虚，行彌廣，終日行，不乖於無行者也。是以《賢劫》稱無捨之檀，《成具》美不爲之爲，禪典唱無緣之慈，《思益》演不知之知。聖旨虚玄，殊文同辯，豈可以有爲便有爲，無爲便無爲哉。菩薩住盡不盡平等法門，不盡有爲，不住無爲，即其事也。而以南北爲喻，殊非領會之唱。

窮源第十六。有名曰：非衆生無以御三乘，非三乘無以成涅槃。然必先有衆生，後有涅槃，是則涅槃有始，有始必有終。而經云：涅槃無始無終，湛若虚空。則涅槃先有，非復學而後成者也。

通古第十七。無名曰：夫至人空洞無象，而萬物無非我造，會萬物以成已者，其唯聖人乎！何則。非理不聖，非聖不理，理而爲聖者，聖不異理也。故天帝曰：般若當於何求。善吉曰：般若不可於色中求，亦不離色中求。又曰：見緣起爲見法，見法爲見佛。斯則物我不異之效也。所以至人戢玄機於未兆，藏冥運於即化，總六合以鏡心，一去來以成體。古今通，始終同，窮本極末，莫之與二，浩然大均，乃曰涅槃。經曰：不離諸法而得涅槃。又曰：諸法無邊故，菩提無邊。以知涅槃之道，存乎妙契，妙契之致，本乎冥一。然則物不異我，我不異物，物我玄會，歸乎無極。進之弗先，退之弗後，豈容終始於其間哉。天女曰：耆年解脱，亦何如久。

考得第十八。有名曰：經云：衆生之性，極於五陰之内。又云：得涅槃者，五陰都盡，譬猶燈滅。然則衆生之性，頓盡於五陰之内，涅槃之道，獨建於三有之外。貌然殊域，非復衆生得涅槃也。果若有得，則衆生之性，不止於五陰。必若止於五陰，則五陰不都盡。五陰若都盡，誰復得涅槃耶。

得玄第十九。無名曰：夫眞由離起，僞因著生。著故有得，離故無名。是以則眞者同眞，法僞者同僞。子以有得爲得，故求於有得耳。吾以無得爲得，故得在於無得也。且談論之作，必先定其本。既論涅槃，不可離涅槃而語涅槃也。若即涅槃以興言，誰獨非涅槃而欲得之耶。何者。夫涅槃之道，妙盡常數，融治二儀，蕩滌萬有，均天人，同一異，内視已見，返聽不我聞，未嘗有得，未嘗無得。經曰：涅槃非衆生，亦不異衆生。維摩詰言：若彌勒得滅度者，一切衆生亦當滅度。所以者何。一切衆生本性常滅，不復更滅。此名滅度，在於無滅者也。然則衆生非衆生，誰爲得之者。涅槃非涅槃，誰爲可得者。《放光》云：菩提從有得耶。答曰：不也。從無得耶。答曰：不也。從有無得耶。答曰：不也。離有無得耶。答曰：不也。然則都無得耶。答曰：不也。是義云何。答曰：無所得故爲得也。是故得無所得也。無所得謂之得者，誰獨不然耶。

然則玄道在於絶域，故不得以得之。妙智存乎物外，故不知以知之。大象隱於無形，故不見以見之。大音匿於希聲，故不聞以聞之。故能囊括終古，導達群方，亭毒蒼生，疏而不漏。汪哉洋哉，何莫由之哉！故梵志曰：吾聞佛道，厥義弘深，汪洋無涯，靡不成就，靡不度生。然則三乘之路開，眞僞之途辯，賢聖之道存，無名之致顯矣。

**元康《肇論疏・涅槃無名論并表上秦主姚興》** 此論第四明果，申涅槃教也。論文有二，前表，後論。今初表，云涅槃之道妙絶言象。言象苟絶，豈有名哉。而有名者，假涅槃名也。既云假名，則實無名矣。今明實故，云涅槃無名。肇法師本因秦王而作此論，論成以上秦王，故有此表。表者表彰，表己心故，名爲表也。古來凡有四秦，秦始皇一也，名曰亡秦。符堅二秦也，名曰前秦。姚萇時三秦也，名曰後秦。沮渠蒙遜時四秦，名曰僞秦。今言秦王者，是後秦姚萇子姚興，興字略。有本作秦主，主亦王也。白虎通云，王者往也，天下之所歸往，故名爲王耳。

僧肇言者，表文有二，前且稱歎秦王，後明作論因起。初文有四，一歎秦王，二敘涅槃，三明國恩，四自謙退。今初也，肇聞天得一以淸。《老子》云，天得一以淸，地得一以寧，谷得一以盈，萬物得一以生，侯王得一以天下正（音征，爲始皇名征，時人爲諱正，呼以爲征）。肇法師略取彼意，文小改變也。伏惟陛下叡喆欽明。叡聖也，喆智也。欽，敬也。明，曉也。字林云。陛下階陛也，言不敢直指聖人，指其階陛之下耳（此倒釋句，知之）。道與神會，語倒，乃是神與道會也，妙契環中。語出莊子，此以喻中道無生理也。莊子内篇云，彼是善得其偶。謂之道樞，樞始得其環中，以應乎無窮。郭象注云，是非反覆，相尋無窮，謂之環中，環中，空也。今言秦王妙契會於此也，理無不統。既契環中，諸理皆統。云無不統也，故能遊刃萬機，遊刃及萬機事如前解。弘道終日，終日弘道耳，語倒也。威被蒼生，垂文作則。言秦王威，被及蒼生，蒼生者，天生也。《莊子》云，天之蒼蒼其正色也。書云，彼蒼上蒼蒼皆天也。言垂示文章，作世間之軌則也。有本云，衣被蒼生，亦可然也。《周易繫辭》注云，衣被萬物，或然不如前也，所以域中有四大，王一居焉。《莊子》云，道大，天大，地大，王大，故云四大。以王能威被蒼生，垂文作則，類比餘大也。

涅槃之道下，第二敘涅槃也，蓋是三乘之所歸。言三乘學人，皆歸此道也。方等之淵府，諸大乘經，皆名方等，十二部中，有方廣部，方廣即方等也。以其方弘正等，故云方等。然方等所明，言迹非一，莫不皆以涅槃爲窮理盡性，究竟無餘，故云淵府。淵者，淵池，府者，府庫。淵池水深，府庫財多。毛詩云，淵深也，眇漭希夷，絶視聽之域，眇然漭然，無聲無色，故云絶視聽也。幽致虛玄，殆非群情所測。測量也，言涅槃理致幽深，非諸人之所測量也。殆幾也，幾近也（其音讀），近非群情能測量也。【略】

開宗第一。論有十九章，今第一章，開涅槃之宗。如《孝經》之初，有開宗明義章。今將談大道，非言不啟，故亦建言開宗也。無名曰者，大涅槃宗。以無名爲主，故云無名也。經稱有餘涅槃無餘涅槃者，諸大小乘經，通有此説也。涅槃者，秦言無爲，亦名滅度。涅槃梵語，此國所無。何者，自書契已來，但言人事，至於涅槃般若，曾所未談。莊云，六合之外，聖人存而不論，即其義也。此土既無其言，不知將何所譯，今言無爲滅度，但是義翻之也。肇公是後秦時，故曰秦言也。妙絶於有爲，不壞假名。名無爲等，迥然不同，爲妙絶也。大患永滅，大患者身也。又是身云患，未必即身也。《老子》云，有大患者，爲吾有身，及吾無身，吾何患也。超度四流，欲流，有流，無明流，見流也。斯蓋鏡像之所歸，絶稱之幽宅。經説諸法，如鏡中像。令人修學，歸於此處也，亦可直謂諸法體性畢竟本空，如鏡中像，人皆悟此，即涅槃也。涅槃，性空也。言此涅槃，畢竟性空，諸佛齊證，即是安隱幽玄之宅也。而曰有餘無餘者，經也，良是出處之異號，應物之假名。處字，上聲讀，非去聲之出處耳。出者，出也。處者，入也，住也。所以大般涅槃或名有餘或曰無餘者，無有有無之別體也。如喚眼爲目，亦如左目右目義一也。故知出與入，殊而一也。故出處之異號，但是應物假設之名耳。良信也。聖人出則爲有餘，處則爲無餘。應見出者爲之出，應見處者爲之處，故云應物耳。余嘗試言之者。小雅云，嘗當也，當試言也，語出莊子。夫涅槃之爲道也者，言涅槃之道，如下所説也，寂寥虚曠，不可以形名得，此道絶言像也。夫盡像在乎亡言，言亡在乎無像。像所不能像，非像也。言所不能言，非言也。若非像非言，則不當像於言。不當像於言，則寂泊幽寥，虚通曠遠，故云不可以形名得也。微妙無相，不可以有心知，言其思慮所不及也。超群有以幽昇，量太虚而永久。超越三界二十五有，幽遠高昇群物之外。量同法界，廣大虚空，非塵沙暦數之所能知。故云量太虚而永久也。隨之弗得其蹤，迎之罔眺其首。弗，不，罔無。眺，傍視，隨後尋。尋求不得涅槃之蹤跡，眺視不見涅槃之頭首。《老子》云，迎之不見其首，隨之不見其後。執古之道，以御今之有。以知古始，是謂道紀。借此意以言道耳，六趣不能攝其生。凡品物之生，不出六趣，言六趣不能攝其生也。力負無以化其體，無常大力能負萬物，而不能變化涅槃之體，明涅槃無體也。漠漭忽怳若存若亡，言漠漠漭漭不知邊際，忽忽怳怳無定處所。不當有無，故云若存若亡耳。五目莫覩其容，二聽不聞其響。五目謂肉眼，天眼，慧眼，法眼，佛眼也。二聽兩耳也，又天耳，人耳也。五目不覩其形，明無形也。二聽不聞其響，明無聲也。言涅槃之道，非色聲也，冥冥窈窈誰見誰曉。《莊內篇》云，至道之精，窈窈冥冥。至道之極，昏昏默默。今明涅槃之體更過於此，幽深窈冥，難可窺曉也。彌綸靡所不在而獨曳於有無之表。彌遍，綸通，言涅槃之道，非直被通有情無情，亦出有情無情之外，故云靡所不在。亦猶牽曳出有無之表，表，外也。然則言之者失其眞。涅槃無言，言則失眞。涅槃無知，知則反愚。涅槃非有，有則乖性。涅槃非無，無則傷體。而言愚者，無知無見，似如愚昧。大品色鈍，故般若鈍，即其義也。所以釋迦掩室於摩竭，以理不可言，故掩室杜口。掩室事者，有云佛初成道，欲度迦葉，假設方便，投彼寄宿，遂以毒龍之室，安置如來，毒龍欲害，降伏入鉢，示施法化義，如掩室耳，涅謂此解不當。下釋是也。直是如來初成道時，於三七日，思惟未説，似如掩室不開門也（此甚當耳）。《大智論》云，佛初成道，五十七日，不説法門，是掩室義也。淨名杜口於毘耶。杜，閉塞義。淨名在毘耶離城，問諸菩薩不二法門，各各説已，次問文殊，言如我意，一切諸法無言無説，是爲入不二法門。於是文殊師利問淨名言，何等是入於不二法門，時維摩詰默然無言。文殊讚云，是眞入不二法門也。乃至無言無説，故云杜口也。亦以理中無言，言不得理，理不可言，故不語耳。須菩提及釋梵前已出訖。斯皆理由神御，故口以之默。以理御神，神無有言。口爲之然耳，豈曰無辨，辨所不能言也。心將緣而慮息，口欲辨而辭喪。故云豈無，但不能言耳。經曰眞解脱者離於言數。此等諸文，是《涅槃經》中解脱大意，非全文也。論曰涅槃非有亦復非無。此等是中論所明，涅槃大意也，亦非全文耳。尋夫經論之作也，豈虚搆哉。《小雅》云，尋，用也。言用經論而興製作，亦非搆虚也，搆造也。果有其所以不有。果，果敢，決定義也，言涅槃果有其不有之所以，故不可説爲有。無亦然也（亦合云，涅槃果有其不無之所以，故不可説之爲無）。學有既然，無亦如此，故云無亦然耳）。何者本之有境，則五陰永滅。於有境中，窮本涅槃。以五陰永滅，不可言有也。推之無鄉，幽靈不竭。《毛詩》云，鄉，所也。推究涅槃，入於無中，則幽微精靈，不可窮盡，故云不竭也。抱一湛然。懷抱一相，湛然無變也（涅謂涅槃懷含蘊抱無所不包義也，無生性空統之，萬法一義也，此義已無有遷遷然湛湛然也）。

萬累都捐。《說文》，捐，棄也，言煩累皆棄耳。與道通洞，神而無功。此道神妙，誰欲稱之，故無已。已尚無之，誰復論功耳。至功常在。雖無已無功，而功大矣。大則爲常則不滅，故曰常在。沖而不改。《字書》云，沖，虛也。涅槃之道，體性虛無，何所遷變，故云不改也。有無絕於內。涅槃之中，不當有無，本來寂滅，故云絕於內也。稱謂淪於外。涅槃之外，無稱謂也，稱謂謂名字耳。既云涅槃無名，名何所有哉。視聽之所不暨。《左傳》，暨，至。《小雅》暨，及也。言涅槃，如此耳。四空之所昏昧。外道得四無色定，名曰空定。生四空處，將爲涅槃，而不識眞實涅槃，故昏昧也。恬乎而夷，怕焉而泰。夷，平也。《老子》云，視之不見曰夷。泰，通泰也。恬虛寂泊，甚自空淨耳。九流於是乎交歸。九流者，謂道流，儒流，墨流，名流，法流，陰陽流，農流，縱橫流，雜流，亦云小說流也。言此文字語言，皆是佛說，並會涅槃，故云交歸，此即《金剛經》云，是故如來說一切法皆是佛法，此之謂也。眾聖於是乎冥會。上句會法，則無法不會於涅槃。此句會人，亦無人不會於茲道，是故如來說一切人都是聖人。故《大品》云，佛即眾生，眾生即佛。故云眾聖於此乎冥會耳。斯乃希夷之境，太玄之鄉。希，微。夷，坦。境，界。太，大。玄，幽。鄉，域也。涅槃微而坦，大而幽，何界域之不遍，故云夷境玄鄉也。而欲以有無題牓下。涅槃言語道斷，而欲以有以無題牓名目，標指方域，其可得乎。不亦邈哉。而云爾者，不亦遠矣，故云邈哉。邈，遠也。【略】

有名曰，夫名號不虛生，稱謂不自起。有名是難，難家謂涅槃應有名字，不得言無也。此兩句一意，皆明有因緣，故有名耳，蓋是返本之眞名，神道之妙稱者。《中本起經》云，一切諸法本因緣空無主，息心達本源，故號爲沙門。今言反本，是達本源也。神道謂神妙之道也，謂如來大覺始興，佛初成道也。法身初建，始得五分法身。戒定智慧解脫，解脫知見也。澡八解之清流。以八解爲之請流。而澡，浴也。內有色相外觀色，一解脫也，內無色相外觀色。二解脫也，淨解脫身證。三解脫也，空處定。四解脫也，識處定。五解脫也，無所有處定。六解脫也，非有想非無想定。七解脫也，滅盡想定。八解脫也，出《大品》等經。憩七覺之茂林。以七覺爲茂林。而憩，息也。擇法覺分，精進覺分，念覺分，定覺分，喜覺分，捨覺分，除覺分爲七。亦出《大品涅槃》等經。蕩無始之遺塵。無始已來遺餘塵垢，所謂習氣也。三明鏡於內。內，心也，天眼宿命漏盡明也，神光朗於外。外謂法界也。結僧那於始心。僧那僧涅，此梵語也。翻爲四弘誓願，初發心時，先弘此願耳。終大悲以赴難，終以大悲之心，赴救眾生之苦難也。仰攀玄根，仰求玄理之根源也。俯提弱喪。俯，下也。提，接也，言大聖下接微弱將喪之眾生，故云俯提弱喪也。超邁三域獨蹈大方。邁，越也。超，過也。蹈，踐也。三域，三界也。大方，大乘也。啟八正之平路，坦眾庶之夷途。啟，開。開八正耳，正見，正思惟，正語，正業，正命，正精進，正念，正定，爲八也。出《大品涅槃》等經耳。眾庶，眾生也。夷途猶上平路也。【略】

《涅槃》云，世智說有，我亦說有，世智說無，我亦說無也。即其事耳，譬猶幽谷之響，明鏡之像。此二喻喻後，不喻前也。不知所以來而來，不知所以往而往也。怳焉而有下，此亦是來往義也。動而逾寂。逾，越也。越動越寂，越隱越彰也。變化無常，言不恆也。其爲稱也因應而作。謂因應化，故有稱謂動作耳。然則有無之稱本乎無名，本是無名，從應化故，方有有無之名耳。無名之道于何不名。于，於也。雖曰無名，無所不名種種名也。是以至人下，明種種應現也。原夫能天能人者。原，本也。若實是人，則不能爲天。若實是天，則不能爲人耳。果以非天非人，而能應化人天耳。其爲治也，謂聖人治化世間也，應而不爲下。雖應化而終無心有所爲作固事，而爲無所施設也。施莫之廣，廣施設也。爲莫之大，言大聖凡所施爲，人天六道，小聖小賢，更莫能加莫能過，故云施莫之廣。爲莫之大也，返於小成，返在小也，歸于無名，返歸無也。【略】

超謂超越，境謂境界。明涅槃之法，超越有無之境界也。無名曰，有無之數誠法無不該。誠，信也。該，括也，統攝也。然其所統俗諦而已。而有無之法，但攝俗法也。經曰眞諦何也下。此是引經文，或是釋經語。引經文者，通眞俗兩句，皆是經文也。釋經語者，經言眞諦者，涅槃是也。經言俗諦者，有無是也。何則有者有於無下。對明有無，皆俗法也。然則有生於無下，有從無生。無從有生也。有無相生其猶高下相傾，此直世間之事耳。然則有無雖殊，俱未免于有。言有言無，皆俗諦有法也。此乃言像之所以形下，言必言於有無，像必像於有無。是之與非，皆因有無而起。或有以有爲是，以無爲非，或有以無爲是，以有爲非也，豈是統夫幽極。此之有無，既是是非之境，不得統攝涅槃幽極法也。良以有無之教止于六境耳。有無之數，但在六塵境界也。六境之內非涅槃之宅，故借出以祛之耳。六境既非涅槃，故云涅槃出有無耳。云，言也。庶希道之流。庶，冀望也。希，冀慕也。髣髴謂近眞而非眞也，幽途謂玄道也，託情謂安心也，絕域謂至理也。得意亡言，取意棄言也。言者所以在意，得意亡言，吾安得亡言之人，與之言哉。體者，解也。解其非有非無，明是中道也，豈曰有無之外別有一有而可稱哉。不離有無，倏然別有一妙有，謂之涅槃也。經言三無爲下。解前無爲難也。紛撓謂邪亂也。篤，甚也。尤，過也。絕有之稱莫先於無，破有要假於無，故說三無爲明涅槃，是數緣滅以破衆生有病耳。故借無以明其非有，借無爲名，明涅槃不是有爲也，明其非有非謂無也，但言非有，非即無也。【略】

妙理皆盡，故無不統耳。懷六合於胸中下。四方上下，六合也。明見六合於心中，而心智有餘力也。明見萬有於心中，而心神無滯執也。至能拔玄根於未始。無始已來，玄理根源，而能拔出，又如群動即靜也。恬淡淵默，妙契自然。恬淡，靜也。淵默，如淵之澄靜也。妙契謂妙悟也。自然謂天然之理也。所以處有不有，居無不無。處有不同有也，居無不同無也。居無不無，故不無於無下。居無不同無，亦不無於無也。處有不同有，亦不有於有也。故能不出有無，而不在有無。正以處有不有故不在有中，不有於有故不出有中，居無不無故不在無中，不無於無故不出無中耳。然則法無有無之相下，若然者，則知諸法無有無之相等也，無有定有定無相，無有定有定無知也。聖無有無之知，故則無心於內下。心是內法，數是外法也。此彼寂滅，物我冥一。此謂內心也，彼謂外法也，物我亦是內外彼此也。泊爾無朕乃曰涅槃。寂泊無迹也，圖度絕矣，言不可測度也。容可責之於有無之內下，何容可責於有無之內求涅槃也，又可徵之於有無之外，容字貫下句，何容復可問有無之外徵涅槃乎。【略】

窮涅槃之根源，故云如此也。有名曰，非衆生無以御三乘下。謂人能御法，因能成果也。然必有衆生下，既云人能御法，則先有人。既云因能成果，則後有果也。是則涅槃有始下，學而始成，故有始也。而經云涅槃無始無終，湛若虛空者。無始終則不生滅，如虛空則常住也。若如虛空下，虛空不可學成，涅槃何得然耶。

涅槃之法，古今同一，故云通古也。無名曰，夫至人空洞無像，而物無非我者。《字林》云，洞音動，疾流也。比來學者，皆作同音。空故無象，故以萬物爲己體也。會萬物以成已下，聖人無體，以萬物之體爲己體耳。何則非理不聖下。非悟理不成聖，非聖人不悟理也。理而成聖者，既悟理成聖，則聖與理不異也。肇公此言，妙盡幽極也。故天帝曰，大品文也。又曰見緣起爲見法性，大品大集皆有此文。斯則物我不異之効者，十二因緣即是。明知萬物不異己體，以此文爲効驗也。【略】

至人之心，皎明如鏡，照萬事耳。一去來以成體，知三世同體也。言聖人以此三世萬物爲體，無別體也。故《物不遷》云，道遠乎哉，觸物而眞也，即三世萬物耳。眞者物性即無生，無生即眞，眞即空也。聖人體此空理以成聖，故云成體也。古今通下。謂聖人知古今，終始不別，本末不二，浩汗然大均平，得此心者，名曰涅槃耳。亦可以古今終始本末等，法體平等，是大涅槃也。經曰不離諸法而得涅槃者。即《維摩》云，不斷煩惱而入涅槃也。又《中論》云，不離於生死而別有涅槃。又云諸法無邊故下。此謂諸法與菩提同也，以知涅槃之道存於妙契。契會妙理，即是涅槃也。本乎冥一者，知萬法冥然一體，是謂妙契也。然則物不異我下，覆明不二也。物我玄會歸于無極者，物我同歸無極之理也。進之不先下。推進涅槃於先而不先，抑退涅槃於後而不後。既而不先不後，何始終乎。天女曰下。《維摩》文也，耆年謂舍利弗也，言汝得解脫有久近乎。解脫既無久近，我止此室亦無久近。今引此文，直明解脫無久近也。解脫，涅槃也，久近始終也。【略】

雖得涅槃，乃是無得之得。無有定得，故云爾也。無名曰，夫眞由離起下。離著則成眞，有著則成僞也。著，故有得下。心中有著，則有所得。若離著，反此也。而云無名者，無有得名也。是以則眞者，同眞則謂準則也。依眞無著，則成於眞。依僞有著，則成於僞也。子以有得爲得，故求得於有得者，此乃法僞同僞也。吾以無得爲得，故得在於無得者。此是則眞同眞也。且談論之作必先定其本者。本，宗也。既論涅槃下，依涅槃宗，而說涅槃也。若就涅槃以興言下，若就涅槃本宗爲言，則一切諸法，體性皆空，皆是涅槃眞體。復何得耶。何者下，釋涅槃之眞性也。妙盡常數者，不同諸法之數，亦可是五陰十二入十八界，亦得但是心數也。融冶二儀者，融通天地，如鑪冶之鎔金，無不同也。滌蕩萬有者，洗滌除蕩無不空也。均天人下，明不二也。內視不見己者。內視涅槃，不見其己體也。返聽不聞我者。卻聽涅槃，不聞其聲也。我者，涅槃也，未嘗有得下，非二邊也。經曰，涅槃非衆生者。此論凡所引經，乃有二體。一者標名，二者不標名。標者是經全文，不標者是諸經大況。未必全然，多如此也。今此所引，是諸經之大況耳。【略】

然則玄道在乎絕域，故不得以得之者，此謂眞諦也。眞諦性空，與有乖絕，乃是無眞之眞，故有無得之得耳。妙智存乎物外，故不知以知之者，此謂般若也。般若玄妙，物像之外，乃是無物之物，故有不知之知也。大像隱於無形，故不見以見之者，此謂法身也，法身無邊。故云大像雖云大像，不見其體，故云隱於無形。既是無形之形，故云不可見而見也。大音匿於希聲，故不聞以聞之者，此謂一音也。一音說法無有定聲，故云希聲。雖云大音，不聞其聲，故云匿於希聲。既是無聲之聲，故云不聞而聞也。大像大音，語出《老子》，借文明意耳。至能括囊終古者。《易・坤卦》云，括囊，無咎無譽。子夏云，括，結也。謂涅槃之道苞括終古，如括囊之盛物耳。終古者，終極上古也。道達群方者。道，引通達也。群方，萬方也。亭毒蒼生者。亭毒，養育也。蒼生，天生也，衆生是天之所生，故曰蒼生。疎而不漏下者。通謂上三句，皆不漏也。囊括終古，終古無遺。導達群方皆盡。亭毒蒼生，蒼生不失，故總言不漏耳。《老子》云，天網恢恢，疎而不漏。借語以明涅槃也，汪哉洋哉者。【略】

涅槃是三乘之路，是眞而非僞，是賢聖之道。無名之致，顯於此矣。又釋此通結上來諸論也。三乘之論路開，謂宗本也。眞僞之途辨，謂不遷不眞空也。賢善之道存，謂般若無知也。無名之致顯，謂涅槃無名也。

# 真妄互熏

**筏提摩多譯《釋摩訶衍論》卷四**　佛告身子，汝見此土作何心見。身子答曰，我見此土，山川林樹沙礫土石日月宮殿舍宅等種種相各各形相名字差別不同。佛言，汝智慧力下劣狹少，心有高下，見如是異，唯汝一人非如是見，一切衆生亦復如是，乃至諸法亦復如是，眞妄互熏，染淨相待，功德過患形相名字各各差別，隨凡夫心所立名相，有而不實，皆幻化法。

**實叉難陀《新譯大乘起信論序》**　眞妄互熏，既形於言遂彰時聽，方等甘露翻爲毒藥。故經云，唯佛與佛乃能究盡諸法實相，豈可輒以凡心貶量聖旨。夫眞如者，物之性也，備難思之業用，蘊不空之勝德，內熏妄法令起厭求。故《勝鬘經》云，由有如來藏，令厭生死苦樂求涅槃。又經云，闡提之人，未來以佛性力故，善根還生，如彼淨珠能清濁水，是勝義之常善，異太虛之無記。故經云，佛性常故非三世攝，虛空無故非三世攝，豈執事空以齊眞理。夫論妄者，依理故迷眞性，隨流爲妄漂動。故經云，隨其流處有種種味。又《楞伽經》云，如來藏爲無始虛僞惡習所熏，名爲識藏。《密嚴經》云，佛說如來藏，以爲阿賴耶，惡慧不能知，藏即賴耶識，雖在纏而體淨，不變性而成迷。故經云，然藥眞味停留在山，猶如滿月。又云，雖處五道受別異身，而此佛性常恆不變，若言眞不熏妄妄不熏眞，眞妄兩殊豈會中道。故梁《攝論》云，智慧極盲暗，謂眞俗別執，今則眞爲妄體，妄假眞成，性相俱融，一異雙遣。故《密嚴經》云，如來清淨藏，世間阿賴耶，如金與指環，展轉無差別。聖教明白，何所致疑，良由滯相而乖眞，尋末而棄本，言越規矩動成戲論，自貽聖責深可悲哉。

**延壽《觀心玄樞》卷一**　若不觀心，何以辯染淨。以眞心不守自性，隨惡緣而成染，隨善緣而成淨，當隨緣時，不失自心本性。又染淨相待，眞妄互熏，隨緣似生，俱無自體。故云。見垢實性，即無淨相。

**普瑞《華嚴懸談會玄記》卷六**　若依相宗，前七王所俱爲能熏，唯第八識獨爲所熏，其色心種體勝義之法不可詰其形相。若依法性自有三說。一終教則。二法緣起，眞妄互熏，即有染淨緣起，有二，一者無明熏眞如，成三細等染緣起，二者眞如熏無明，有始覺等淨緣起，眞妄互熏爲因義邊，以爲種體，二頓教中有二，一若約從終入頓之種，如前終教，二若直就於頓則無種之種也。三圓教中二法緣起，一切諸法唯一心現故，亦二染緣熏時，令眞如上有一分隨染氣用，現諸染法淨緣熏時，令眞如上起一分隨淨氣用，現諸淨法，則以眞如上一分染淨氣用以爲種體，若不爾者，何爲種耶。今言見聞爲種者，則以見聞爲能熏，法界理體爲所熏，由見聞稟故，即於法界理體之上起一分明朗智，用以爲種體用，不離體故。後經中有食少金剛喻要穿其身出過於外不與肉身雜穢居故，是以或遇光，或圓修有頓超圓證之益也。種體甚深，何敎及之。

# 般若無知

**僧肇《般若無知論》**　夫般若虛玄者，蓋是三乘之宗極也，誠眞一之無差，然異端之論紛然久矣。有天竺沙門鳩摩羅什者，少踐大方，研機斯趣，獨拔於言象之表，妙契於希夷之境，齊異學於迦夷，揚淳風於東扇。將爰燭殊方而匿耀涼土者，所以道不虛應，應必有由矣。弘始三年，歲次星紀，秦乘入國之謀，舉師以來之。意也。北天之運數其然也。大秦天王者，道契百王之端，德洽千載之下，游刃萬機，弘道終日，信季俗蒼生之所天，釋迦遺法之所仗也。時乃集義學沙門五百餘人於逍遙觀，躬執秦文，與什公參定方等。其所開拓者，豈謂當時之益，乃累劫之津梁矣。余以短乏，曾廁嘉會，以爲上聞異要，始於時也。

然則聖智幽微，深隱難測，無相無名，乃非言象之所得。爲試罔象其懷，寄之狂言耳，豈曰聖心而可辨哉。試論之曰：《放光》云：般若無所有相，無生滅相。《道行》云：般若無所知，無所見。此辨智照之用，而曰無相無知者，何耶。果有無相之知，不知之照，明矣。何者。夫有所知，則有所不知。以聖心無知，故無所不知。不知之知，乃曰一切知。故經云：聖心無所知，無所不知。信矣。

是以聖人虛其心而實其照，終日知而未嘗知也。故能默耀韜光，虛心玄鑒，閉智塞聰，而獨覺冥冥者矣。然則智有窮幽之鑒，而無知焉，神有應會之用，而無慮焉。神無慮，故能獨王於世表，智無知，故能玄照於事外。智雖事外，未始無事，神雖世表，終日域中。所以俯仰順化，應接無窮，無幽不察，而無照功。斯則無知之所知，聖神之所會也。然其爲物也，實而不有，虛而不無，存而不可論者，其唯聖智乎！何者。欲言其有，無狀無名，欲言其無，聖以之靈。聖以之靈，故虛不失照，無狀無名，故照不失虛。照不失虛，故混而不渝，虛不失照，故動以接麤。是以聖智之用，未始暫廢，求之形相，未暫可得。故《寶積》曰：以無心意而現行。《放光》云：不動等覺而建立諸法。所以聖迹萬端，其致一而已矣。是以般若可虛而照，眞諦可亡而知，萬動可即而靜，聖應可無而爲。斯則不知而自知，不爲而自爲矣。復何知哉。復何爲哉。

難曰：夫聖人眞心獨朗，物物斯照，應接無方，動與事會。物物斯照，故知無所遺，動與事會，故會不失機。會不失機，故必有會於可會，知無所遺，故必有知於可知。必有知於可知，故聖不虛知，必有會於可會，故聖不虛會。既知既會，而曰無知無會者，何耶。若夫忘知遺會者，則是聖人無私於知會，以成其私耳。斯可謂不自有其知，安得無知哉。

答曰：夫聖人功高二儀而不仁，明逾日月而彌昏。豈曰木石瞽其懷，其於無知而已哉。誠以異於人者神明，故不可以事相求之耳。子意欲令聖人不自有其知，而聖人未嘗不有知。無乃乖於聖心，失於文旨者乎。何者。經云：眞般若者，清淨如虛空，無知無見，無作無緣。斯則知自無知矣，豈待返照，然後無知哉。若有知性空而稱淨者，則不辨於惑智。三毒四倒亦皆清淨，有何獨尊於般若。若以所知美般若，所知非般若。所知自常淨，故般若未嘗淨，亦無緣致淨歎於般若。然經云般若清淨者，將無以般若體性眞淨，本無惑取之知。本無惑取之知，不可以知名哉。豈唯無知名無知，知自無知矣。是以聖人以無知之般若，照彼無相之眞諦。眞諦無兔馬之遺，般若無不窮之鑒。所以會而不差，當而無是，寂怕無知，而無不知者矣。

難曰：夫物無以自通，故立名以通物。物雖非名，果有可名之物當於此名矣。是以即名求物，物不能隱。而論云聖心無知，又云無所不知。意謂無知未嘗知，知未嘗無知。斯則名敎之所通，立言之本意也。然論者欲一於聖心，異於文旨，尋文求實，未見其當。何者。若知得於聖心，無知無所辨，若無知得於聖心，知亦無所辨，若二都無得，無所復論哉！

答曰：經云：般若義者，無名無說，非有非無，非實非虛。虛不失照，照不失虛。斯則無名之法，故非言所能言也。言雖不能言，然非言無以傳。是以聖人終日言，而未嘗言也。今試爲子狂言辨之。夫聖心者，微妙無相，不可爲有，用之彌勤，不可爲無。不可爲無，故聖智存焉，不可爲有，故名教絶焉。是以言知不爲知，欲以通其鑒，不知非不知，欲以辨其相。辨相不爲無，通鑒不爲有。非有，故知而無知，非無，故無知而知。是以知即無知，無知即知。無以言異而異於聖心也。

難曰：夫眞諦深玄，非智不測。聖智之能，在兹而顯。故經云：不得般若，不見眞諦。眞諦則般若之緣也。以緣求智，智則知矣。

答曰：以緣求智，智非知也。何者。《放光》云：不緣色生識，是名不見色。又云：五陰清淨，故般若清淨。般若即能知也，五陰即所知也。所知即緣也。夫知與所知，相與而有，相與而無。相與而無，故物莫之有，相與而有，故物莫之無。物莫之無，故爲緣之所起，物莫之有，故則緣所不能生。緣所不能生，故照緣而非知，爲緣之所起，故知緣相因而生。是以知與無知，生於所知矣。何者。夫智以知所知，取相故名知。眞諦自無相，眞智何由知。所以然者，夫所知非所知，所知生於知。所知既生知，知亦生所知。所知既相生，相生即緣法。緣法故非眞，非眞故非眞諦也。故《中觀》云：物從因緣有，故不眞，不從因緣有，故即眞。今眞諦曰眞，眞則非緣。眞非緣，故無物從緣而生也。故經云：不見有法，無緣而生。是以眞智觀眞諦，未嘗取所知。智不取所知，此智何由知。然智非無知，但眞諦非所知，故眞智亦非知。而子欲以緣求智，故以智爲知。緣自非緣，於何而求知。

難曰：論云不取者，爲無知故不取，爲知然後不取耶。若無知故不取，聖人則冥若夜游，不辨緇素之異耶。若知然後不取，知則異於不取矣。答曰：非無知故不取，又非知然後不取。知即不取，故能不取而知。

難曰：論云不取者，誠以聖心不物於物，故無惑取也。無取則無是，無是則無當。誰當聖心，而云聖心無所不知耶。答曰：然，無是無當者。夫無當則物無不當，無是則物無不是。物無不是，故是而無是，物無不當，故當而無當。故經云：盡見諸法，而無所見。

難曰：聖心非不能是，誠以無是可是。雖無是可是，故當是於無是矣。是以經云眞諦無相故般若無知者，誠以般若無有有相之知。若以無相爲無相，有何累於眞諦耶。答曰：聖人無無相也。何者。若以無相爲無相，無相即爲相。捨有而之無，譬猶逃峰而赴壑，俱不免於患矣。是以至人處有而不有，居無而不無。雖不取於有無，然亦不捨於有無。所以和光塵勞，周旋五趣，寂然而往，怕爾而來，恬淡無爲，而無不爲。

難曰：聖心雖無知，然其應會之道不差。是以可應者應之，不可應者存之。然則聖心有時而生，有時而滅，可得然乎。答曰：生滅者，生滅心也。聖人無心，生滅焉起。然非無心，但是無心心耳。又非不應，但是不應應耳。是以聖人應會之道，則信若四時之質。直以虛無爲體，斯不可得而生，不可得而滅也。

難曰：聖智之無，惑智之無，俱無生滅，何以異之。答曰：聖智之無者，無知，惑智之無者，知無。其無雖同，所以無者異也。何者。夫聖心虛靜，無知可無，可曰無知，非謂知無。惑智有知，故有知可無，可謂知無，非曰無知也。無知即般若之無也，知無即眞諦之無也。是以般若之與眞諦，言用即同而異，言寂即異而同。同，故無心於彼此，異，故不失於照功。是以辨同者同於異，辨異者異於同。斯則不可得而異，不可得而同也。何者。內有獨鑒之明，外有萬法之實。萬法雖實，然非照不得。內外相與，以成其照功。此則聖所不能同，用也。內雖照而無知，外雖實而無相，內外寂然，相與俱無。此則聖所不能異，寂也。是以經云諸法不異者，豈曰續鳧截鶴，夷嶽盈壑，然後無異哉。誠以不異於異，故雖異而不異也。故經云：甚奇，世尊，於無異法中而說諸法異。又云：般若與諸法，亦不一相，亦不異相，信矣。

難曰：論云言用則異，言寂則同，未詳般若之內，則有用寂之異乎。答曰：用即寂，寂即用。用寂體一，同出而異名。更無無用之寂而主於用也。是以智彌昧，照逾明，神彌靜，應逾動。豈曰明昧動靜之異哉。故《成具》云：不爲而過爲。《寶積》曰：無心無識，無不覺知。斯則窮神盡智，極象外之談也。即之明文，聖心可知矣。

**劉遺民《劉君致書覈問》** 遺民和南！頃餐徽聞，有懷遥佇。歲未寒嚴，體中如何。音寄壅隔，增用抱藴。弟子沈痾草澤，常有弊瘵耳。因慧明道人北遊，裁通其情。

古人不以形疏致淡，悟涉則親。是以雖復江山悠邈，不面當年，至於企懷風味，鏡心象迹，佇悦之勤，良以深矣。緬然無因，瞻霞永歎，順時愛敬，冀因行李，數有承問。伏願彼大衆康和，外國法師休納。上人以悟發之器而遘兹淵對，想開究之功，足以盡過半之思。故以每惟乖闊，憤愧何深！

此山僧清常，道戒彌勵，禪隱之餘，則惟研惟講，恂恂穆穆，故可樂矣。弟子既以遂宿心而覩茲上軌，感寄之誠，日月銘至。遠法師頃恆履宜，思業精詣，乾乾宵夕。自非道用潛流，理爲神御，孰以過順之年，湛氣若茲之勤。所以憑慰既深，仰謝逾絕。去年夏末，始見生上人示《無知論》。才運清俊，旨中沈允，推涉聖文，婉而有歸。披味殷勤，不能釋手。直可謂浴心方等之淵，而悟懷絕冥之肆者矣。若令此辯遂通，則般若衆流，殆不言而會。可不欣乎！可不欣乎！

夫理微者辭險，唱獨者應希，苟非絕言象之表者，將以存象而致乖乎。意謂答以緣求智之章，婉轉窮盡，極爲精巧，無所間然矣。但暗者難以頓曉，猶有餘疑一兩，今輒題之如別，想從容之暇，復能麁爲釋之。

論序云：般若之體，非有非無，虛不失照，照不失虛。故曰不動等覺而建立諸法。下章云：異乎人者神明，故不可以事相求之耳。又云：用即寂，寂即用，神彌靜，應逾動。夫聖心冥寂，理極同無，不疾而疾，不徐而徐。是以知不廢寂，寂不廢知，未始不寂，未始不知。故其運物成功化世之道，雖處有名之中，而遠與無名同。斯理之玄，固常所彌昧者矣。但今談者所疑於高論之旨，欲求聖心之異，爲謂窮靈極數，妙盡冥符耶？爲將心體自然，靈怕獨感耶？若窮靈極數，妙盡冥符，則寂照之名，故是定慧之體耳。若心體自然，靈怕獨感，則群數之應，固以幾乎息矣。夫心數既玄而孤運其照，神淳化表而慧明獨存，當有深證，可試爲辨之。疑者當以撫會、應機、覩變之知，不可謂之不有矣。而論旨云本無惑取之知，而未釋所以不取之理。謂宜先定聖心所以應會之道，爲當唯照無相耶？爲當咸覩其變耶？若覩其變，則異乎無相，若唯照無相，則無會可撫。既無會可撫，而有撫會之功，意有未悟，幸復誨之。論云：無當則物無不當，無是則物無不是。物無不是，故是而無是；物無不當，故當而無當。夫無當而物無不當，乃所以爲至當；無是而物無不是，乃所以爲真是。豈有真是而非是，至當而非當，而云當而無當，是而無是耶？若謂至當非常當，真是非常是，此蓋悟惑之言本異耳。固論旨所以不明也。願復重喻以袪其惑矣。論至日即與遠法師詳省之。法師亦好相領得意，但標位似各有本，或當不必理盡同矣。頃兼以班諸有懷，屢有擊其節者，而恨不得與斯人同時也。

**僧肇《論主復書釋答》**不面在昔，佇想用勞。慧明道人至，得去年十二月疏并問。披尋返覆，欣若暫對。涼風屆節，頃常如何。貧道勞疾，多不佳耳。信南返不悉。八月十五日。釋僧肇疏答。

服像雖殊，妙期不二，江山雖緬，理契則隣。所以望途致想，虛襟有寄。君既遂嘉遯之志，標越俗之美，獨恬事外，歡足方寸，每一言集，何嘗不遠喻林下之雅詠，高致悠然。清散未期，厚自保愛。每因行李，數有承問。願彼山僧無恙，道俗通佳。承遠法師之勝常，以爲欣慰。雖未清承，然服膺高軌，企佇之勤，爲日久矣。公以過順之年，湛氣彌厲，養徒幽巖，抱一沖谷，遐邇仰詠，何美如之。每亦翹想一隅，懸庇霄岸，無由寫敬，致慨良深！君清對終日，快有悟心之歡也。即此大衆尋常，什法師如宜。秦王道性自然，天機邁俗，城塹三寶，弘道是務。由使異典勝僧方遠而至，靈鷲之風萃於茲土。領公遠舉，乃千載之津梁也。於西域還，得方等新經二百餘部，請大乘禪師一人，三藏法師一人，毗婆沙法師二人。什法師於大石寺出新至諸經，法藏淵曠，日有異聞。禪師於瓦官寺教習禪道，門徒數百，夙夜匪懈，邕邕肅肅，致可欣樂。三藏法師於中寺出律藏，本末精悉，若覩初制。毗婆沙法師於石羊寺出舍利弗阿毗曇胡本，雖未及譯，時問中事，發言新奇。貧道一生，猥參嘉運，遇茲盛化，自恨不覩釋迦祇桓之集，餘復何恨！而慨不得與清勝君子同斯法集耳。生上人頃在此，同止數年，至於言話之際，常相稱詠。中途還南，君得與相見，未更近問，惘悒何言。威道人至，得君念佛三昧詠，并得遠法師三昧詠及序。此作興寄既高，辭致清婉，能文之士率稱其美，可謂游涉聖門，扣玄關之唱也。君與法師當數有文集，因來何少。什法師以午年出維摩經，貧道時預聽次。參承之暇，輒復條記成言，以爲注解。辭雖不文，然義承有本。今因信持一本往南，君閑詳，試可取看。來問婉切，難爲郢人。貧道思不關微，兼拙於筆語，且至趣無言，言必乖趣，云云不已，竟何所辨。聊以狂言，示訓來旨耳。

疏云：稱聖心冥寂，理極同無，雖處有名之中，而遠與無名同。斯理之玄，固常彌昧者。以此爲懷，自可忘言內得，取定方寸，復何足以人情之所異，而求聖心之異乎。疏曰：談者謂窮靈極數，妙盡冥符，別寂照之名，故是定慧之體耳。若心體自然，靈怕獨感，則羣數之應，固以幾乎息矣。意謂妙盡冥符，不可以定慧爲名，靈怕獨感，不可稱羣數以息。兩言雖殊，妙用常一。迹我而乘，在聖不殊也。何者。夫聖人玄心默照，理極同無。既曰爲同，同無不極，何有同無之極而有定慧之名。定慧之名，非同外之稱也。若稱生同內，有稱非同，若稱生同外，稱非我也。又聖心虛微，妙絕常境，感無不應，會無不通，冥機潛運，其用不勤，群數之應，亦何爲而息耶。且夫心之有也，以其有有。有不自有，故聖心不有有。不有有，故有無有。有無有故，則無無。無無故，聖心不有不無。不有不無，其神乃虛。何者。夫有也無也，心之影響也，言也象也，影響之所攀緣也。有無既廢，則心無影響，影響既淪，則言象莫測。言象莫測，則道絕群方。道絕群方，故能窮靈極數。窮靈極數，乃曰妙盡。妙盡之道，本乎無寄。夫無寄在乎冥寂，冥絕故，虛以通之。妙盡存乎極數，極數故，數以應之。數以應之，故動與事會，虛以通之，故道超名外。道超名外，因謂之無，動與事會，因謂之有。因謂之有者，應夫眞有，強謂之然耳，彼何然哉。故經云：聖智無知而無所不知，無爲而無所不爲。此無言無相寂滅之道，豈曰有而爲有，無而爲無，動而乖靜，靜而廢用耶。而今談者，多即言以定旨，尋大方而徵隅，懷前識以標玄，存所存之必當。是以聞聖有知，謂之有心，聞聖無知，謂等大虛。有無之境，邊見所存，豈是處中莫二之道乎。何者。萬物雖殊，然性本常一。不可而物，然非不物。可物於物，則名相異陳，不物於物，則物而即眞。是以聖人不物於物，不非物於物。不物於物，物非有也，不非物於物，物非無也。非有，所以不取，非無，所以不捨。不捨，故妙存即眞，不取，故名相靡因。名相靡因，非有知也，妙存即眞，非無知也。故經云：般若於諸法，無取無捨，無知無不知。此攀緣之外，絕心之域，而欲以有無詰者，不亦遠乎。請詰夫陳有無者，夫智之生也，極於相內。法本無相，聖智何知。世稱無知者，謂等木石太虛無情之流。靈鑒幽燭，形於未兆，道無隱機，寧曰無知。且無知生於有知，無無知也，無有知也。無有知也，謂之非有，無無知也，謂之非無。所以虛不失照，照不失虛，怕然永寂，靡執靡拘。孰能動之令有，靜之使無耶。故經云：眞般若者，非有非無，無起無滅，不可說示於人。何則。言其非有者，言其非是有，非謂是非有，言其非無者，言其非是無，非謂是非無。非有非非有，非無非非無。是以須菩提終日說般若，而云無所說。此絕言之道，知何以傳。庶參玄君子有以會之耳。又云：宜先定聖心所以應會之道，爲當唯照無相耶。爲當咸覩其變耶。談者似謂無相與變，其旨不一，覩變則異乎無相，照無相則失於撫會。然則即眞之義，或有滯也。經云：色不異空，空不異色。色即是空，空即是色。若如來旨，觀色空時，應一心見色，一心見空。若一心見色，則唯色非空，若一心見空，則唯空非色。然則空色兩陳，莫定其本也。是以經云非色者，誠以非色於色，不非色於非色。若非色於非色，太虛則非色，非色何所明。若以非色於色，即非色不異色。非色不異色，色即爲非色。故知變即無相，無相即變。群情不同，故教迹有異耳。考之玄籍，本之聖意，豈復眞僞殊心，空有異照耶。是以照無相，不失撫會之功，覩變動，不乖無相之旨。造有不異無，造無不異有。未嘗不有，未嘗不無。故曰不動等覺而建立諸法。以此而推，寂用何妨。如之何謂覩變之知，異無相之照乎。恐談者脫謂空有兩心，靜躁殊用，故言覩變之知，不可謂之不有耳。若能捨已心於封內，尋玄機於事外，齊萬有於一虛，曉至虛之非無者，當言至人終日應會，與物推移，乘運撫化，未始爲有也。聖心若此，何有可取，而曰未釋不取之理。又云：無是乃所以爲眞是，無當乃所以爲至當。亦可如來言耳。若能無心於爲是，而是於無是，無心於爲當，而當於無當者。則終日是，不乖於無是，終日當，不乖於無當。但恐有是於無是，有當於無當，所以爲患耳。何者。若眞是可是，至當可當，則名相以形，美惡是生。生生奔競，孰與止之。是以聖人空洞其懷，無識無知。然居動用之域，而止無爲之境，處有名之內，而宅絕言之鄉。寂寥虛曠，莫可以形名得。若斯而已矣。乃曰：眞是可是，至當可當。未喻雅旨也。恐是當之生，物謂之然，彼自不然，何足以然耳。夫言迹之興，異途之所由生也。而言有所不言，迹有所不迹。是以善言言者，求言所不能言，善迹迹者，尋迹所不能迹。至理虛玄，擬心已差，況乃有言。恐所示轉遠，庶通心君子有以相期於文外耳。

# 原人論

宗密《原人論序》　萬靈蠢蠢，皆有其本，萬物芸芸，各歸其根。未有無根本而有枝末者也，況三才中之最靈而無本源乎。且知人者智，自知者明。今我稟得人身而不自知所從來，曷能知他世所趣乎，曷能知天下古今之人事乎。故數十年中學無常師，博攷內外以原自身，原之不已果得其本。

然今習儒道者，秖知近則乃祖乃父，傳體相續，受得此身，遠則混沌一氣，剖爲陰陽之二，二生天地人三，三生萬物，萬物與人皆氣爲本。習佛法者但云，近則前生造業，隨業受報得此人身。遠則業又從惑展轉，乃至阿賴耶識爲身根本。皆謂已窮，而實未也。

然孔、老、釋迦皆是至聖，隨時應物，設教殊塗，內外相資，共利群庶。策勤萬行，明因果始終，推究萬法，彰生起本末。雖皆聖意，而有實有權。二教唯權，佛兼權實。策萬行，懲惡勸善，同歸於治，則三教皆可遵行。推萬法，窮理盡性至於本源，則佛教方爲決了。然當今學士各執一宗，就師佛者，仍迷實義，故於天地人物不能原之至源。餘今還依內外教理，推窮萬法，初從淺至深。於習權教者，斥滯令通而極其本。後依了教，顯示展轉生起之義。會偏令圓，而至於末（末即天地人物）。文有四篇，名原人也。

**宗密《原人論》** 斥迷執第一（習儒道者）。儒道二教說，人畜等類皆是虛無大道生成養育，謂道法自然，生於元氣，元氣生天地，天地生萬物，故愚智貴賤貧富苦樂，皆稟於天，由於時命，故死後卻歸天地，復其虛無。然外教宗旨，但在乎依身立行，不在究竟身之元由，所說萬物不論象外，雖指大道爲本，而不備明順逆、起滅、染淨因緣，故習者不知是權，執之爲了。今略舉而詰之。

所言萬物皆從虛無大道而生者，大道即是生死賢愚之本，吉凶禍福之基。基本既其常存，則禍亂凶愚不可除也，福慶賢善不可益也，何用老莊之教耶。又道育虎狼，胎桀紂，夭顏冉，禍夷齊，何名尊乎。又言萬物皆是自然生化非因緣者，則一切無因緣處，悉應生化，謂石應生草，草或生人，人生畜等，又應生無前後，起無早晚，神仙不藉丹藥，太平不藉賢良，仁義不藉教習，老莊周孔何用立教爲軌則乎。又言皆從元氣而生成者，則欻生之神未曾習慮，豈得嬰孩便能愛惡驕恣焉。若言欻有自然便能隨念愛惡等者，則五德六藝悉能隨念而解，何待因緣學習而成。又若生是稟氣而欻有，死是氣散而欻無，則誰爲鬼神乎。且世有鑒達前生追憶往事，則知生前相續，非稟氣而欻有。又驗鬼神靈知不斷，則知死後非氣散而欻無，故祭祀求禱，典藉有文，況死而蘇者說幽途事，或死後感動妻子讎報怨恩，今古皆有耶。

外難曰：若人死爲鬼，則古來之鬼塡塞巷路，合有見者，如何不爾。

答曰：人死六道，不必皆爲鬼，鬼死復爲人等，豈古來積鬼常存耶。且天地之氣本無知也，人稟無知之氣，安得欻起而有知乎。草木亦皆稟氣，何不知乎。又言貧富貴賤、賢愚善惡、吉凶禍福皆由天命者，則天之賦命奚有貧多富少賤多貴少。乃至禍多福少。苟多少之分在天，天何不平乎。況有無行而貴，守行而賤，無德而富，有德而貧，逆吉義凶，仁夭暴壽，乃至有道者喪，無道者興，既皆由天，天乃興不道而喪道，何有福善益謙之賞，禍淫害盈之罰焉。又既禍亂反逆皆由天命，則聖人設教，責人不責天，罪物不罪命，是不當也。然則詩刺亂政，書讃王道，禮稱安上，樂號移風，豈是奉上天之意，順造化之心乎。是知專此教者，未能原人。

斥偏淺第二（習佛不了義教者）

佛教自淺之深，略有五等：一人天教，二小乘教，三大乘法相教，四大乘破相教（上四在此篇中），五一乘顯性教（此一在第三篇中）。

一、佛爲初心人且說三世業報，善惡因果，謂造上品十惡死墮地獄，中品餓鬼，下品畜生。故佛且類世五常之教（天竺世教儀式雖殊，懲惡勸善無別，亦不離仁義等五常，而有德行可修例，如此國斂手而舉，吐番散手而垂，皆爲禮也），令持五戒（不殺是仁，不盜是義，不邪淫是禮，不妄語是信，不飲噉酒肉，神氣清潔益於智也），得免三途生人道中，修上品十善及施戒等生六欲天，修四禪八定生色界無色界天（題中不標天鬼地獄者，界地不同，見聞不及，凡俗尚不知末，況肯窮本，故對俗教且標原人，今敘佛經理，宜具列），故名人天教也（然業有三種，一惡，二善，三不動，報有三時，謂現報，生報，後報）。據此教中，業爲身本。今詰之曰：既由造業受五道身，未審誰人造業，誰人受報。若此眼耳手足能造業者，初死之人眼耳手足宛然，何不見聞造作。若言心作，何者是心。若言肉心，肉心有質，繫於身內，如何速入眼耳，辨外是非。是非不知，因何取捨。且心與眼耳手足俱爲質閡，豈得內外相通，運動應接，同造業緣。若言但是喜怒愛惡，發動身口，令造業者，喜怒等情，乍起乍滅，自無其體，將何爲主而作業耶。設言不應，如此別別推尋，都是我此身心能造業者，此身已死，誰受苦樂之報。若言死後更有身者，豈有今日身心造罪修福，令他後世身心受苦受樂。據此則修福者屈甚，造罪者幸甚，如何神理如此無道。故知但習此教者，雖信業緣不達身本。

二、小乘教者，說形骸之色、思慮之心，從無始來因緣力故，念念生滅相續無窮，如水涓涓，如燈焰焰，身心假合似一似常，凡愚不覺執之爲我，寶此我故，即起貪（貪名利以榮我）、瞋（瞋違情境恐侵害我）、癡（非理計校）等三毒，三毒擊意，發動身口，造一切業。業成難逃，故受五道苦樂等身（別業所感），三界勝劣等處（共業所感）。於所受身還執爲我，還起貪等造業受報，身則生老病死，死而復生，界則成住壞空，空而復成（從空劫初成世界者，頌曰：空界大風起，傍廣數無量，厚十六洛叉，金剛不能壞，此名持界風。光音金藏云，布及三千界，雨如車軸下，風遏不聽流，深十一洛叉，始作金剛界。次第金藏云，注雨滿其內，先成梵王界，乃至夜摩天。風鼓清水成，須彌七金等，滓濁爲山地，四洲及泥犁，鹹海外輪圍，方名器界立。時經一增減，乃至二禪福，盡下生人間。初食地餅林藤，後粳米不銷，大小便利，男女形別，分田立主求臣佐，種種差別。經十九增減，兼前總二十增減，名爲成劫。議曰：空界劫中，是道教指云虛無之道，然道體寂照靈通，不是虛無，老氏或迷之或權設，務絕人欲，故指空界爲道。空界中大風，即彼混沌一氣，故彼云道生一也。金藏雲者，氣形之始，即太極也。雨下不流，陰氣凝也，陰陽相合方能生成矣。梵王界乃至須彌者，彼之天也，滓濁者地，即一生二矣，二禪福盡下生，即人也。即二生三，三才備矣，地餅已下乃至種種，即三生萬物。此當三皇已前穴居野食，未有火化等，但以其時無文字記載故，後人傳聞不明，展轉錯謬，諸家著作種種異說。佛教又緣通明三千世界，不局大唐，故內外教文不全同也。住者住劫，亦經二十增減。壞者壞劫，亦二十增減，前十九增減壞有情，後一增減壞器界，能壞是火水風等三災。空者空劫，亦二十增減中，空無世界及諸有情也）。劫劫生生，輪迴不絕，無終無始，如汲井輪（道教只知今此世界未成時一度空劫，雲虛無混沌一氣等，名爲元始，不知空界已前，早經千千萬萬遍成住壞空終而復始，故知佛教法中小乘淺淺之教，已超外典深深之說），都由不了此身，本不是我。不是我者，謂此身本因色心和合爲相，今推尋分析，色有地水火風之四大，心有受（能領納好惡之事）、想（能取像者）、行（能造作者，念念遷流）、識（能了別者）之四蘊，若皆是我，即成八我。況地大中復有衆多，謂三百六十段骨，一一各別，皮毛筋肉，肝心脾腎，各不相是，諸心數等，亦各不同，見不是聞，喜不是怒，展轉乃至八萬四千塵勞。既有此衆多之物，不知定取何者爲我，若皆是我，我即百千，一身之中多主紛亂，離此之外復無別法。翻覆推我皆不可得，便悟此身，但是衆緣，似和合相，元無我人，爲誰貪瞋。爲誰殺盜施戒（知苦諦也）。遂不滯心於三界有漏善惡（斷集諦也），但修無我觀智（道諦），以斷貪等，止息諸業，證得我空眞如（滅諦），乃至得阿羅漢果，灰身滅智，方斷諸苦。據此宗中，以色心二法及貪瞋癡，爲根身器界之本也，過去未來更無別法爲本。今詰之曰：夫經生累世爲身本者，自體須無間斷，今五識闕緣不起（根境等爲緣），意識有時不行（悶絕睡眠、滅盡定、無想定、無想天），無色界天無此四大，如何持得此身，世世不絕。是知專此教者，亦未原身。

三、大乘法相教者，說一切有情無始已來，法爾有八種識。於中第八阿賴耶識，是其根本，頓變根身器界種子。轉生七識，皆能變現自分所緣，都無實法。如何變耶。謂我、法分別熏習力故，諸識生時變似我、法，第六七識無明覆故，緣此執爲實我實法，如患（重病心惛見異色人物也）、夢（夢想所見可知）者，患夢力故，心似種種外境相現，夢時執爲實有外物，寤來方知唯夢所變，我身亦爾，唯識所變。迷故執有我及諸境，由此起惑造業，生死無窮（廣如前說）。悟解此理，方知我身唯識所變，識爲身本（不了之義如後所破）。

四、大乘破相教者，破前大小乘法相之執，密顯後眞性空寂之理（破相之談，不唯諸部般若，遍在大乘經，前之三教依次先後，此教隨執即破，無定時節。故龍樹立二種般若，一共，二不共。共者，二乘同聞信解，破二乘法執故，不共者，唯菩薩解，密顯佛性故。故天竺戒賢智光二論師，各立三時教，指此空教，或云在唯識法相之前，或云在後，今意取後）。將欲破之，先詰之曰：所變之境既妄，能變之識豈眞，若言一有一無者（此下卻將彼喻破之），則夢想與所見物應異，異則夢不是物，物不是夢，寤來夢滅，其物應在，又物若非夢，應是眞物，夢若非物，以何爲相。故知夢時則夢想夢物，似能見所見之殊，據理則同一虛妄，都無所有，諸識亦爾。以皆假託眾緣無自性故，故《中觀論》云：未曾有一法不從因緣生，是故一切法無不是空者。又云：因緣所生法，我說即是空。《起信論》云：一切諸法唯依妄念而有差別，若離心念，即無一切境界之相。《金剛經》云：凡所有相，皆是虛妄。離一切相即名諸佛（如此等文偏大乘藏）。是知心境皆空，方是大乘實理。若約此原身，身元是空，空即是本。今復詰此教曰：若心境皆無，知無者誰。又若都無實法，依何現諸虛妄。且現見世間虛妄之物，未有不依實法而能起者，如無濕性不變之水，何有虛妄假相之波。若無淨明不變之境，何有種種虛假之影。又前說夢想夢境同虛妄者，誠如所言，然此虛妄之夢，必依睡眠之人，今既心境皆空，未審依何妄現。故知此教但破執情，亦未明顯眞靈之性，故《法鼓經》云：一切空經是有餘說（有餘者，餘義未了也）。《大品經》云：空是大乘之初門。上之四教展轉相望，前淺後深。若且習之自知未了，名之爲淺，若執爲了，即名爲偏。故就習人，云偏淺也。

直顯眞源第三（佛了義實教）

五、一乘顯性教者，說一切有情皆有本覺眞心，無始以來，常住清淨，昭昭不昧，了了常知，亦名佛性，亦名如來藏。從無始際，妄相翳之，不自覺知。但認凡質故，耽著結業，受生死苦。大覺愍之，說一切皆空，又開示靈覺眞心清淨，全同諸佛。故《華嚴經》云：佛子，無一眾生而不具有如來智慧，但以妄想執著而不證得，若離妄想，一切智、自然智、無礙智，即得現前，便舉一塵含大千經卷之喻。塵況眾生，經況佛智。次後又云：爾時，如來普觀法界一切眾生，而作是言：奇哉，奇哉，此諸眾生，云何具有如來智慧，迷惑不見。我當教以聖道，令其永離妄想，自於身中得見如來廣大智慧，與佛無異。評曰：我等多劫未遇眞宗，不解返自原身，但執虛妄之相，甘認凡下，或畜或人，今約至教原之，方覺本來是佛。故須行依佛行，心契佛心，返本還源，斷除凡習，損之又損，以至無爲自然，應用恆沙，名之曰佛。當知迷悟同一眞心，大哉妙門，原人至此（然佛說前五教，或漸或頓。若有中下之機，則從淺至深，漸漸誘接，先說初教，令離惡住善，次說二三，令離染住淨，後說四五，破相顯性，會權歸實，依實教修，乃至成佛，若上上根智，則從本至末，謂初便依第五，頓指一眞心體，心體既顯，自覺一切皆是虛妄，令來空寂，但以迷故託眞而起，須以悟眞之智，斷惡修善，修善息妄歸眞，妄盡眞圓，是名法身佛）。

會通本末第四（會前所斥，同歸一源，皆爲正義）

眞性雖爲身本，生起蓋有因由，不可無端忽成身相。但緣前宗未了，所以節節斥之。今將本末會通，乃至儒道亦是（初唯第五性教所說，從後段已去，節級方同諸教，各如注說）。

謂初唯一眞靈性，不生不滅，不增不減，不變不易。眾生無始迷睡，不自覺知。由隱覆故，名如來藏，依如來藏，故有生滅心相（自此方是第四教，亦同破此已生滅諸相）。所謂不生滅眞心與生滅妄想和合，非一非異，名爲阿賴耶識。此識有覺不覺二義（此下方是第三法相教中亦同所說），依不覺故，最初動念，名爲業相，又不覺此念本無故，轉成能見之識及所見境界相現，又不覺此境從自心妄現，執爲定有，名爲法執（此下方是第二小乘教中亦同所說），執此等故，遂見自他之殊，便成我執。執我相故，貪愛順情諸境，欲以潤我，瞋嫌違情諸境，恐相損惱，愚癡之情展轉增長（此下方是第一人天教中亦同所說），故殺盜等，心神乘此惡業，生於地獄鬼畜等中。復有怖此苦者，或性善者，行施戒等，心神乘此善業，運於中陰入母胎中（此下方是儒道二教亦同所說），稟氣受質（會彼所說以氣爲本），氣則頓具四大漸成諸根，心則頓具四蘊漸成諸識，十月滿足生來名人，即我等今者，身心是也，故知身心各有其本，二類和合方成一人，天修羅等大同於此。

然雖因引業受得此身，復由滿業故，貴賤貧富、壽夭病健、盛衰苦樂。謂前生敬慢爲因，今感貴賤之果，乃至仁壽殺夭、施富慳貧，種種別報不可具述。是以此身或有無惡自禍，無善自福，不仁而壽，不殺而夭等者，皆是前生滿業已定，故今世不同所作，自然如然，外學者不知前世，但據目覩，唯執自然（會彼所說自然爲本），復有前生少者修善，老而造惡，或少惡老善，故今世少小富貴而樂，老大貧賤而苦，或少貧苦、老富貴等。故外學者不知，唯執否泰由於時運（會彼所說皆由天命）。然所稟之氣，展轉推本，即混一之元氣也，所起之心，展轉窮源，即眞一之靈心也。究實言之，心外的無別法，元氣亦從心之所變，屬前轉識所現之境，是阿賴耶相分所攝，從初一念業相，分爲心境之二，心既從細至麁，展轉妄計乃至造業（如前敘列），境亦從微至著，展轉變起乃至天地（即彼始自太易，五重運轉乃至太極，太極生兩儀，彼說自然大道，如此說眞性，其實但是一念能變見分。彼云：元氣如此一念初動，其實但是境界之相）。業既成熟，即從父母稟受二氣，與業識和合成就人身。據此則心識所變之境，乃成二分：一分即與心識和合成人，一分不與心識和合，即成天地山河國邑。三才中唯人靈者，由與心神合也。佛說內四大與外四大不同，正是此也。

哀哉，寡學異執紛然。寄語道流，欲成佛者，必須洞明麁細本，方能棄末歸本，返照心源。麁盡細除，靈性顯現，無法不達，名法報身，應現無窮，名化身佛。

## 唯識無境

**笈多共行矩譯《攝大乘論釋論》卷四**　論曰：此中身識身者識受者識，應知是眼等六內界，應受識者應知是色等六外界，正受識者應知是眼等六識界，其餘識即是此等諸識差別，應知如是等識唯是識量以無義故。此中以何爲譬，以夢等譬喻顯示應知，譬如夢中離義獨唯有識，種種色聲香味觸舍林地山等義相似相顯現，此中實無有義，以如此譬應知一切處唯有識。以此爲首，復有幻鹿渴翳等譬喻，應知猶如夢等覺時一切處唯有識。如夢唯是識者，覺時何故不如是轉，實智覺者亦如是轉，如正夢時此覺不生，若夢覺已此智即生，如是未得眞實智覺此智不生，若得眞實智覺此智即生。若未有眞實智覺云何於唯識得起比知，由阿含及道理，阿含者如《十地經》中世尊說，三界唯心故。又《解節經》中世尊說，時彌勒菩薩問世尊言，所有三昧境像云何與定心爲可說異，爲不可說異。世尊言，彌勒，不異，何以故，定心所緣唯識所顯，我說爲識。世尊，若三昧境像不異定心，云何彼心還取彼心。彌勒，無有一法能取餘法，然彼心即如是生亦如是顯現，譬如因面見影言我見影，謂所見影異於自面，彼心亦爾如是生起，即於彼心，謂有別物可見，由此阿含及道理故得顯現。

釋曰：此唯有識者，如《十地經》及《解節經》所說故，此攀緣唯識所顯故，我說唯識者此所攀緣唯識所顯，此有何義爲顯唯識離義故，由是識所攝故，佛言我說爲識顯彼三昧境界是識故。然如是生起者爲彼相類而生故，於中取爲別義者，於中謂於三昧境界中，取爲別義者於彼識影謂有別物，爲所取體故。

論曰：如是於靜心中，若見青等爾焰影像，即見自心無別青等義。由此道理菩薩於一切識中，應須比知唯是識量。又此青等非憶持識，以所見境界現前住故，於聞思中所有憶持識，攀緣過去但是彼影故成唯識，以此比量雖未得眞如智覺於唯識中則得比知。

釋曰：此三昧境界，青等影像亦非憶持識。何以故，以非如昔所見，即於彼方處如是念知故，以現前故，彼所有憶持識暗昧，此現前住者所見明淨。若言於聞思中數習故，彼雖過去後思念時如昔而生，此亦如是者，彼聞思已過去，今則無有，於無有中若更生，此即是識似彼而生，非過去已滅聞思，是故此義於成唯識塵無所有即得成就。

論曰：如前所說種種識，譬如夢等者，此中眼識等識體唯識得成，眼根等識體是色，唯識道理復云何可見，此等由阿含及道理已如前說。此等若是識體何故似色顯現，一類堅住相續轉也，顚倒等煩惱住持故。若異此於無義中義顚倒則不成，若無此煩惱障智障等染則不成，此若無此清淨亦不成。是故眼等如是生起得成，此中有偈，亂因及亂體，所謂色識體。及非色識體，前無後亦無。

釋曰：眼識等識體非色故唯識得成，眼根等識體是色云何成唯識也。此等如前阿含及道理中已具顯示，一類堅住相續轉者，一類者相似故。堅住者多時住故，由煩惱障智障顚倒煩惱爲因故，住持者即是因也。若離如是等生起，則無非義爲義顚倒心，若無此煩惱障染智障染則不有。此義以偈顯示，亂因及亂體者，謂色識體及非色識體，如其次第此中色識體爲亂因，非色識爲亂體，此因體色識若不有，彼果體非色識亦無。

**子璿《起信論疏筆削記》卷一一**　三界不出五意，五意唯依一心故。云三界唯心作也，以現識中具有根身種子器世間故。故《楞伽》云，從於無色界乃至地獄中，普現爲眾生，皆是唯心作。現似曰虛者，依他起法如麻上繩，似有其相究體不實，詐現曰僞者。遍計所起如繩上蛇，相畢竟無分別妄現。唯心作者，如繩蛇無體不離麻，故《十地經》即《華嚴十地品》文云，了知三界依心有，十二因緣亦復然，一切皆由心所作，心若滅者生死盡。反結，疏離彼等者，謂心起成識依識有塵，究其根本唯一心作。故經云，由心生故種種法生。又圭山云，生法本空，一切唯識，識如幻夢，但是一心。然此三界六塵皆攝色心等法，是故順結反結，皆歸一心。問中疏現有等者，意云，若是唯心則不合有境，以心無相不可見故，既有所見，云何唯心。

答中二，一答無塵，疏以一切下。意云，一切法從心起故，所起無體即是一心。《楞伽》云，心亦唯是心，非心亦心，起種種諸色相通達皆是心。又疑下躡所答處，以起此疑。疑意云，既是眞淨一心，因何起作諸法，《楞嚴》《滿慈》《圓覺》《剛藏》皆同此意，由妄等者。其猶淨眼不合見華，但以翳覆便見華相，妄念即根本無明也。又亦下是前疑中之別意，非續次所起，文意可知，但前約依他釋，此約遍計也。釋云下意云，如見空華，是汝眼病，如《楞伽》云，如愚不了繩，妄取以爲蛇，不了自心現妄分別外境。

論一切下，二顯唯心。疏境唯等者，如像唯鏡現故，分別像者，是分別鏡也。《楞嚴》云，自心取自心，非幻成幻法。無塵唯識者，如《唯識頌》云，唯識無境界，以無塵妄見，如人目有翳見毛月等事。論心不見心者。意云，心是一心，不合自見，當知有所見者皆是妄也。故《楞伽》云，如刀不自割，如指不自觸，而心不見心，其事亦如是。既塵等者，意云，塵境若存則可以心緣，境塵既不有，縱有心在亦不自緣也。識不生者，意云，以有塵故，牽彼識生，既無塵境，識不生也，故經云，由法生故種種心生，今法既不生，心亦不生也。既無他可見亦不能自見，所見無故，能見不成也，能所俱寂者，心無心相是能緣寂，境無境相即所緣寂。《楞伽》云，能見及所見一切不可得。此中大意，欲顯一心本無能所，能所俱寂，方是眞心，亦非泯之令寂本自寂也。攝論下引證，具云所說諸法唯識所現，無有少法能取少法，亦可論文從一切下。展轉釋疑，疑云，是法既無，云何分別釋云，一切分別即分別自心。又云，若如是者即應見心故。釋云，心不見心，反明分別悉皆是妄。又疑云，云何心不見心。釋云，無相可得，斯則心無相故，不可見心，心外又無一法，當知有所見者皆妄見也，能所既寂唯一心在，即法空門下所顯眞性也。故經云，諸幻滅盡覺心不動。

**通潤《成唯識論》卷一〇**　問，蘊既是實，云何前說假說我法。答，然相見二分，依識所變，名依他起，非如眞如，爲依他之實性，故說爲假。問，相見二分，既是依他，即名爲假云何復名爲實。答，不爾，唯識之理，應不得成，以許自識所變內境皆實有故，或是自識與相見二分皆從無明業愛等緣所生，皆名依他起性，故二分虛實，皆如自識。問，內境既是實有，何故但言唯識。答，唯之一言，是遣離心外境，不遮內識所變。若遮內境，則眞如亦應非是實有，以眞如亦是智所緣境故。問，內境與識，兩皆實有，如何不言唯境但言唯識。答，識唯內有，不通心外，境通內外故，今恐濫同心外之境，故不言唯境但言唯識。或是愚夫迷執外境，起惑造業，受諸苦報，不解觀心勤求出離，哀愍彼故，欲令反觀自心，不逐前塵，脫粘內伏，發本明耀，說唯識言，非謂內境如外都無言唯識也。或是相見二分，及眞如等，皆以識爲自性，由無始來內因外緣熏習力故，展轉現起，似多分生，總此三分，故言唯識。問，眞如是無爲法，識等是有爲法，何故眞如亦有爲識攝。答，眞如雖是無爲，亦是識之實性，謂依眞如，不覺心起，而有其念，遂名爲識。識無自性，不離眞如，故知眞如，亦是識性。所以云，三界內外法，唯是一心作，除識之外，無別有法。故但言唯識，則無法不具。故古德云，三界唯心，萬法唯識。唯識唯心，眼聲耳色，色不到耳，聲何觸眼，眼色耳聲，萬法成辦，萬法匪緣，豈觀如幻，山河大地，誰堅誰變。又云，目前無法，意在目前。又云，盡十方世界皎地，若有一絲頭，即是一絲頭。又云，盡十方世界是沙門一隻眼，盡十方世界是沙門全身，盡十方世界是自己光明，盡十方世界在自己光明裡，盡十方世界無一人不是自己，故知心心相印，祖祖相傳，唯此一門更無二法，但辦肯心，決不相賺。

# 貪欲即菩提

**鳩摩羅什譯《諸法無行經》卷下**　貪欲即是菩提。何以故，知貪欲實性，說名菩提。是故一切諸佛皆成就貪欲，名不動相。【略】

非住處者，退動還相，即是一切凡夫人。一切諸佛安住是貪欲瞋恚愚癡四顛倒五蓋五欲平等中，是諸佛安住貪欲性故，得阿耨多羅三藐三菩提。安住瞋恚愚癡四顛倒五蓋五欲性故，得阿耨多羅三藐三菩提。是故一切諸佛住四顛倒五蓋五欲三毒中，得阿耨多羅三藐三菩提，名不動相。

**闍那崛多譯《佛說諸法本無經》卷下** 世尊，諸佛順入貪欲平等，無染離染，捨離諍競，不過貪欲平等順覺，貪欲自性故。世尊，貪欲即是菩提。何以故，世尊，順覺貪欲自性，說名菩提故。【略】

無住處者難住及以動震，即是凡夫小兒。又諸佛善住欲平等故，瞋平等故，癡平等故，五欲平等故，諸蓋平等故，顛倒平等故。彼住欲自性處，如是證覺阿耨多羅三藐三菩提。彼住瞋癡五欲功德，諸蓋顛倒自性處，如是證覺阿耨多羅三藐三菩提。是故諸佛住顛倒蓋五欲三毒，證覺阿耨多羅三藐三菩提。

**知周《梵網經疏》卷二** 法性治婬欲者，如《文殊寶藏經》云，婬欲即是道，恚癡亦復然。如是三法中具一切佛法者，無夫法性平等染淨之義，體同善惡，理融取捨，二途齊致。所以有說無說空淨湛然，有佛無佛性相常住，若菩薩摩訶薩，如《法華經安樂行品》觀一切法空如實（實相即法性異名也），又如《維摩經》觀身實相觀，觀佛亦然。作是觀者，名爲正觀。若他觀者，名爲邪觀。如是觀者，生死即涅槃，煩惱即菩提，塵勞寂滅相本來無不動，所以貪欲即是菩提，癡亦復然。如是三法中具一切佛法者，義如是也。

**鳩摩羅什譯《諸法無行經》卷下** 貪欲即是菩提。何以故，知貪欲實性，說名菩提。是故一切諸佛皆成就貪欲，名不動相。【略】

非住處者，退動還相，即是一切凡夫人。一切諸佛安住是貪欲瞋恚愚癡四顛倒五蓋五欲平等中，是諸佛安住貪欲性故，得阿耨多羅三藐三菩提。安住瞋恚愚癡四顛倒五蓋五欲性故，得阿耨多羅三藐三菩提。是故一切諸佛住四顛倒五蓋五欲三毒中，得阿耨多羅三藐三菩提，名不動相。

**闍那崛多譯《佛說諸法本無經》卷下** 世尊，諸佛順入貪欲平等，無染離染，捨離諍競，不過貪欲平等順覺，貪欲自性故。世尊，貪欲即是菩提。何以故，世尊，順覺貪欲自性，說名菩提故。【略】

無住處者難住及以動震，即是凡夫小兒。又諸佛善住欲平等故，瞋平等故，癡平等故，五欲平等故，諸蓋平等故，顛倒平等故。彼住欲自性處，如是證覺阿耨多羅三藐三菩提。彼住瞋癡五欲功德，諸蓋顛倒自性處，如是證覺阿耨多羅三藐三菩提。是故諸佛住顛倒蓋五欲三毒，證覺阿耨多羅三藐三菩提。

**知周《梵網經疏》卷二** 法性治婬欲者，如《文殊寶藏經》云，婬欲即是道，恚癡亦復然。如是三法中具一切佛法者，無夫法性平等染淨之義，體同善惡，理融取捨，二途齊致。所以有說無說空淨湛然，有佛無佛性相常住，若菩薩摩訶薩，如《法華經安樂行品》觀一切法空如實（實相即法性異名也），又如《維摩經》觀身實相觀，觀佛亦然。作是觀者，名爲正觀。若他觀者，名爲邪觀。如是觀者，生死即涅槃，煩惱即菩提，塵勞寂滅相本來無不動，所以貪欲即是菩提，癡亦復然。如是三法中具一切佛法者，義如是也。

## 理徹於事

**澄觀《大方廣佛華嚴經隨疏演義鈔》卷三八** 疏：有兩重，第一別約三性以明事理。若法相宗，遍計依他所明二義，唯約於事，圓成二義方是於理。今法性宗，遍計理無，依他無性，即是於理，非有即有是理徹於事，有即非有即事徹於理等。其圓成二義即就理，上自論無礙，下第三無性對，於圓成亦然，揀非事事無礙及權實等，故上云三對但顯事理無礙。

**法藏《大乘起信論義記》卷上** 第二隨教辨宗者。現今東流一切經論，通大小乘，宗途有四。一隨相法執宗，即小乘諸部是也。二眞空無相宗，即《般若》等經，《中觀》等論所說是也。三唯識法相宗，即《解深密》等經，《瑜伽》等論所說是也。四如來藏緣起宗，即《楞伽》《密嚴》等經，《起信》《寶性》等論所說是也。此四之中，初則隨事執相說，二則會事顯理說，三則依理起事差別說，四則理事融通無礙說。以此宗中許如來藏隨緣成阿賴耶識，此則理徹於事也。亦許依他緣起無性同如，此則事徹於理也。又此四宗，初則小乘諸師所立，二則龍樹提婆所立，三是無著世親所立，四是馬鳴堅慧所立。然此四宗亦無前後時限差別，於諸經論亦有交參之處，宜可準知，今此論宗意當第四門也。

**法藏**《**述修華嚴奧旨妄盡還源觀**》　五者理事玄通非相止。謂幻相之事，無性之理，互隱互顯，故曰玄通。又理由修顯故，事徹於理。行從理起故，理徹於事。互存互奪，故曰玄通。玄通者，謂大智獨存，體周法界，大悲救物，萬行紛然，悲智雙融，性相俱泯，故曰理事玄通非相止也。

## 無念爲宗

**惠能**《**六祖惠能大師於韶州大梵寺施法壇經**》　善知識！我自法門，從上已來，頓漸皆立無念爲宗，無相爲體，無住爲本。何明無相。無相者，於相而離相。無念者，於念而不念。無住者，爲人本性，念念不住，前念、今念、後念，念念相續，無有斷絶。若一念斷絶，法身即離色身。念念時中，於一切法上無住，一念若住，念念即住，名繫縛。於一切法上，念念不住，即無縛也。此是以無住爲本。

善知識！外離一切相，是無相，但能離相，性體清淨。此是以無相爲體。於一切鏡上不染，名爲無念。於自念上離鏡，不於法上生念。若百物不思，念盡除卻，一念斷即死，別處受生。學道者用心，莫不思法意。自錯尚可，更勸他人迷，不自見迷，又謗經法。是以立無念爲宗。即緣迷人於境上有念，念上便起邪見，一切塵勞妄念從此而生。故此教門，立無念爲宗。世人離見，不起於念，若無有念，無念亦不立。無者無何事。念者念何物。無者，離二相諸塵勞，眞如是念之體，念是眞如之用。自性起念，雖即見聞覺知，不染萬境，而常自在。《維摩經》云：外能善分別諸法相，內於第一義而不動。

**寶臣**《**注大乘入楞伽經**》**卷九**　聖人內證常住無念者，謂眞心無念，佛教所宗。故《起信》云，以一切法本來唯心，實無於念，而有妄心不覺起念，見諸境界，故說無明。若能觀察知心無念，即得隨順入眞如門。是故學者，雖明悟修行期圓種智唯以無念爲宗。但得無念，則愛惡自然淡薄，悲智自然增明，罪業自然銷除，功行自然精進。於解則見諸相非相，於行則名無修。而修障習盡時，生死即絶，生滅滅已，寂滅現前，應用無窮，名之爲佛。

**延壽**《**宗鏡錄**》**卷九一**　只約自心，常開六識門，何曾暫閉，日夜計較，緣想一切不善事，遍諸境界，念念恆造生死地獄。經云，集起心想，名爲地獄。若能觀自心識性無所有，即是開善趣門。若不起心想，即是閉惡趣門。若得自在智現前，即現身生五道，入地獄餓鬼畜生等界，救苦衆生。故禪門中立無念爲宗，以爲要學。故經偈云，勤念於無念，佛法不難得。何謂不難得，以無念故，萬境不生，當處解脫。若有念起，非獨開惡趣之門，二十五有，一時俱現。故知萬質皆從念異，十二之類縱横，千差盡逐想生，八萬之門競起。如《信心銘》云，眼若不睡，諸夢自除，心若不異，萬法一如。以諸法無體，從自心生，心若不生，外境常寂，故云萬法本閑，而人自鬧。所以《肇論》云，是以聖人，乘眞心以履順，則無滯而不通。審一氣以觀化，故所遇而順適。無滯而不通，故能渾雜致。純所遇而順適，則觸物而一。如此則萬象雖殊，而不能自異。不能自異，故知象非眞象。象非眞象，則雖象而非象。然則物我同根，是非一氣。潛微幽隱，殆非群情之所盡。故知乘一心而履踐，則何往而不眞如。稟一氣而化行，則何物而不順。如《莊子》云，天地一氣，而能萬化。《老子》云，天得一以清，地得一以寧，神得一以靈，萬物得一以生，故聖人以一眞心而觀萬境，則所遇而順適，觸物而冥一矣。是知諸法無體，緣假相依。似有差殊，不能自異。何者，長無長相，且自不言我長。短無短相，亦自不言我短，皆是隨念計度分別，遍計執著情生。則知萬物本虛，即象而無象也。

## 無相爲體

**地婆訶羅等譯**《**金剛般若波羅蜜經破取著不壞假名論**》**卷上**　經曰，可以三十二相見如來不如是等。此明何義，顯示法身無相爲體。如經三十二相即是非相非相者。非法身相是名相者。是佛色身丈夫之相。受持等福是法身因。非諸相因。是故此福最爲殊勝。超內施福者

**惠能**《**六祖惠能大師於韶州大梵寺施法壇經**》　善知識！我自法門，

從上已來，頓漸皆立無念爲宗，無相爲體，無住爲本。何明無相。無相者，於相而離相。【略】

善知識！外離一切相，是無相，但能離相，性體清淨。此是以無相爲體。

**圓澄《金剛三昧經註》卷二** 佛以兩如是者，一以印其無得菩提，二以印其無決定可說也。所有心法不過以無相爲體，無相則無生。心法既以無相，無生而識，豈有生耶。故曰亦復如是。下釋識之所以無生者，眼即是根，眼觸即是塵，根塵空寂，識亦空寂，根塵識三者互爲因緣，起必同科，而空亦同寂。以無相爲體，無動不動，譬如明鏡對境，影現不現，非鏡於現不現，兩忘能所，眼根對境亦復如是。故無動不動三受者，即第三不苦不樂受也。若證無生，則根塵寂滅，三受不生，若生寂滅，則不生不滅。若有不生不滅，便有不苦不樂，是名三受。【略】

雖則具含無始種子性，是無記不含而含，猶如明鏡，形不到鏡，鏡不到形，而能妙含，雖則妙含，本無能所，故常空寂。是八種識分則有記無記，似有二種，合則同一，無相爲體，以無相無生故，不生寂滅心，不生無生心，此乃眞心無爲，故無能所。若如凡夫，心識起能所，執我能寂滅，我能無生，是則有生，以有生故，內起三受，由三受故，便起貪等三行。爲治貪等，故有三戒。若能所生，則有受等心生，若寂滅生，心則不生，以不生故，無功無用，不證寂滅者，不住無爲也，不住無證者，不廢有爲也。於有爲無爲二邊無礙，則能總持世出世間。若善若惡若染若淨若能若所，任運自在，皆成妙善，故三受等悉皆寂滅矣。不住坐禪者，不證寂滅也，不入三昧者，不住無證也。

## 無住爲本

**鳩摩羅什譯《維摩詰所說經》卷中** 文殊師利又問，菩薩欲依如來功德之力，當於何住。答曰，菩薩欲依如來功德力者，當住度脫一切衆生。又問，欲度衆生當何所除。答曰，欲度衆生除其煩惱。又問，欲除煩惱當何所行。答曰，當行正念。又問，云何行於正念。答曰，當行不生不滅。又問，何法不生何法不滅。答曰，不善不生，善法不滅。又問，善不善孰爲本。答曰，身爲本。又問，身孰爲本。答曰，欲貪爲本。又問，欲貪孰爲本。答曰，虚妄分別爲本。又問，虚妄分別孰爲本。答曰，顛倒想爲本。又問，顛倒想孰爲本。答曰，無住爲本。又問，無住孰爲本。答曰，無住則無本。文殊師利，從無住本立一切法。

**惠能《六祖惠能大師於韶州大梵寺施法壇經》** 善知識！我自法門，從上已來，頓漸皆立無念爲宗，無相爲體，無住爲本。何明無相。無相者，於相而離相，無念者，於念而不念，無住者，爲人本性，念念不住，前念、今念、後念，念念相續，無有斷絕，若一念斷絕，法身即離色身。念念時中，於一切法上無住，一念若住，念念即住，名繫縛，於一切法上，念念不住，即無縛也。此是以無住爲本。

**法護等譯《大乘集菩薩學論》卷一九** 云何建立世俗諸法，謂於虚妄處和合相應凡夫迷倒，謂爲子想依止成就，說勝義空處則無是相，以一切法本無生故。如《無垢稱經》說，文殊師利問維摩詰曰，虚妄分別以何爲本。曰，顛倒想爲本。又曰，顛倒想孰爲本。曰，無住爲本。又問，無住孰爲本。曰，無住則無本。文殊師利從無住本，則能建立一切諸法。又《般若經》云，應當捨家安住，勇猛斷除煩惱，心淨平等，修習般若波羅蜜多。又《法集經》云，善解空者，心不依止世間所有利衰稱譏忻慼毁譽，於諸苦惱不生厭患，於諸快樂不生愛著，不爲世法之所破壞。善解空者，則了空性無有少法而生取捨，若無取捨則無貪厭，此則名爲善見空者善知空者，於一切法無有執著。若無執著，則於諸法無有所諍。

論曰：此明刹那心得清淨，謂由我慢，輕捨衆生，了知我見本來無有，彼若一心專注能斷，是人速疾心得清淨。如是觀察於一切處諸衆生所，常樂尊重，離於攀緣及所分別自他平等，何有相違。如是行學斯不爲難，譬若如意摩尼寶珠，人所愛樂，非能自貴，是故於他當生尊重。謂由顛倒分別執著，於有情邊，而生慳悋或生毁訾，皆由我慢之所纏縛。

**溥畹《金剛般若波羅蜜經心印疏》卷上** 若菩薩心，不住法而行布施，如人有目，日光明照，見種種色。

此喻無住之功也。蓋住則被境牽纏，不住則即能轉物。而蕩除三執，徹證三空，方謂之金剛大用現前也。始得情翳冰消，智光圓照，道眼觀來，事事光明，即如人之有目，又加之日光照耀，則能盡見種種之物色矣。所謂寸絲不挂，萬里無雲，撥開關棙子，親見本來人。而此無住之用，妙莫加焉。然則發心菩薩，可不深求無住乎。

## 無情有性

**思坦《首楞嚴經集注》卷三**　向執心外有法，今悟法法唯心，離實相外無法可得，故世間物皆菩提也。菩提云覺，覺即是佛。若執無情無佛性者，請看此文。縱信無情有性，仍說不具諸法，遂令佛性派成其二，一具法佛性，謂有情性，二不具法佛性，謂無情性。若此派分，何異他說無情草木無佛性耶。今立量示云，一切草木是具法，定具諸法故爲宗，因云有佛性故，同喻如有情。正教量云，地水火風均名七大，性眞圓融皆如來藏，妙覺湛然周徧法界，含吐十虛，寧有方所。

**真界《首楞嚴經纂註》卷一〇**　孤山曰問：前說無情有性，無情作佛，何異此文邪執乎。答：不然，常住眞心，一體無二，孤山之說轉覺迂遠。如荊溪初立無情有性，次文即云，若云有性即不合云無情，據此則知佛性中更無無情明矣，特因點示世人，所云無情正是佛性周徧之處，故云無情有性。若達佛性即無情，豈與今同。

**行悅《列祖提綱錄》卷一九**　盡十方世界是沙門一隻眼，盡十方世界是沙門全身，盡十方世界是箇眞實人體，盡十方世界是解脫門，乃至佛及眾生，有情無情，有性無性，皆同一體，同一性，同一相，亦無內外中間，取捨愛憎，斷常生滅，染淨去來種種知解之所分別。若能如是，則三界不能收，六道不能攝，於一切處運用去來，無住無著，應物現形得大自在，或凡或聖，或是或非，逆行順行，天莫能測。

## 萬法唯識

**求那跋陀羅譯《楞伽阿跋多羅寶經心印》卷一**　初示諸識生滅難知。

爾時大慧菩薩摩訶薩復白佛言，世尊，諸識有幾種生住滅。佛告大慧，諸識有二種生住滅，非思量所知。諸識有二種生，謂流注生及相生。有二種住，謂流注住，及相住。有二種滅，謂流注滅及相滅。

三界唯心，萬法惟識。《楞伽》四卷，始終本末，一以貫之。出世世間，無一二相，無言說相，當處全眞，豈容擬議。如來所爲總百八句而槩云非者，爲不可說示，而以遮語微悟之也，悟之而更以識請者，唯識之理不窮，則惟心之量不現。諸識，八種識也。第八，如來藏，亦名識藏，亦名現識，此生佛迷悟之源也。《解深密》爲始教菩薩不能擔荷八識，別立第九，即指此識眞相也。《起信論》立業相轉相現相，謂如來藏轉爲識藏，依迷說也。此識全妄全眞，原無二體，但就迷悟，似有殊用。謂生滅與不生滅和合，非有兩心，亦指點迷時不生滅相宛爾耳。七，意，梵語末那。六，意識。五，眼耳鼻舌身識。共名分別事，總爲八種識也。問諸識，而先詰生住滅者，窮諸識之情狀也，答生住滅，而首言非思量所知者。謂生滅中，大有文殊普賢境界，唯證始知，非聲聞緣覺所及也。流注，謂眞法無性，不能自守，故有遷流之義。此以不覺妄動爲生，一往不返爲住，無想，及昏醉，悶絕，爲暫滅。滅已復生，無有窮盡。若論果證，須由觀察智力，至金剛地，而後異熟始空。然華嚴十住初心，明見佛性，亦能當下知歸，與佛無別，所謂因果相徹也。相，謂諸識業用，即下文種種不實虛妄，及一切根識等相。此相未覆眞時，以有流注，念念不停，當生有滅，未易爲愚者說也。

二略說識相，依眞迷起。大慧，諸識有三種相，謂轉相，業相，眞相。轉，不住之義，謂諸識念念不住也。業，即起信三細之業。《起信》單指八識初相，而此言諸識皆因不覺妄動也。雖不覺妄動，而念念不住，當處全空。雖不覺妄動念念不住，而全體皆眞，無別轉業也。流注及相，但指迷中生滅，此就轉業，指出眞相。是生滅中，具足如來行處，唯當證知，非可以意得也。天親菩薩造論，謂諸佛如來行處，唯有眞識，不能如是分別觀察，入於識空，故依識入一切法無我，非謂一向謗眞識也。

大慧，略說有三種識，廣說有八相。何等爲三，謂眞識，現識，及分別事識。大慧，譬如明鏡持諸色像，現識處現，亦復如是。三種，總攝八識之相。現，指第八。分別，指前七。眞，則總攝二識也。眞，譬鏡。

現，譬鏡光。鏡光能現，故云現識。鏡光所現，眾像臚然。故云分別事識也。凡聖之識體無二，迷悟之作用攸分。佛性流轉，舟行岸移，都無實事爾。

大慧，現識，及分別事識，此二，壞不壞相。展轉因（魏譯云，大慧，了別識，分別事識，彼二種識，無差別相，遞共爲因）。現與分別，俱有壞不壞二相，非單以現爲不壞，而以分別爲壞也。現識壞相者，種種不實諸虛妄是也。分別壞相者，一切根識是也。此二識差別之相，所以爲壞。然差別中，元有無差別眞相。由於無始不覺，故無差別隱。而差別現，差別既現，則無差別益隱，所謂展轉因也。若單以現爲不壞，則流注虛僞，誤作眞因。單以分別爲壞，則根塵緣會，誰爲對現。乃知迷，則二壞之因相釐然。悟，則一眞之寂靜宛爾。若明藏轉由生，始信覆眞所滅耳。

**延壽《宗鏡錄》卷二一**　問：一切萬法皆唯識性者，云何有虛有實，立色立空，眞俗二諦之門，性相雙通之道。

答：森羅影現，皆唯心之本宗。差別跡分，盡唯識之妙性。唯識之性，略有二種，一者虛妄，即遍計所執，二者眞實，即圓成實。於前唯識性，所遣清淨，於後唯識性，所證清淨。又有二種，一者世俗，即依他起，二者勝義，即圓成實。於前所斷清淨，於後所得清淨。又相即依他起，該有爲之門。性即圓成實，通無漏之道。又色即依他起之相，空即圓成實之性。斯則虛實眞俗，性相有空，徹本窮原，皆唯識性矣。慈恩云，識性識相，皆不離心，心所心王，以識爲主，歸心泯相，總言唯識。唯遮境有，執有者，喪其眞。識簡心空，滯空者，乖其實。是以佛心如海，無一流而不入。佛心如鏡，無一像而不生。佛心如珠，無一寶而不雨。佛心如地，無一種而不成。萬像現於法身，諸義生於般若，則一文一字，一念一塵，皆入不二之法門，盡住不思議解脫矣。如《金剛三昧》經云，若住大海，則括眾流，住於一味，則攝諸味。《無行經》偈云，菩提非菩提，佛陀非佛陀，若知是一相，是爲世間導。故知能了此一際無相之宗，可爲明爲導，爲師爲匠，普救群迷，不憩化城，直至寶所。故經云，常樂觀寂滅，一相無有二，其心不增減，現無量神力。又《華嚴經》出現品云，佛子，譬如有大經卷，量等三千大千世界，書寫三千大千世界中事，一切皆盡，乃至此大經卷。雖復量等大千世界，而全住在一微塵中，如一微塵，一切微塵皆亦如是。時有一人，智慧明達，具足成就清淨天眼，見此經卷，在微塵內，於諸眾生，無少利益。即作是念，我當以精進力，破彼微塵，出此經卷，令得饒益一切眾生。作是念已，即起方便，破彼微塵，出此大經，令諸眾生，普得饒益。如於一塵，一切微塵應知悉然。佛子，如來智慧，亦復如是，無量無礙，普能利益一切眾生，具足在於眾生身中。但諸凡愚，妄想執著，不知不覺，不得利益。爾時如來，以無障礙清淨智眼，普觀法界一切眾生，而作是言，奇哉奇哉，此諸眾生，云何具有如來智慧，愚癡迷惑，不知不見，我當教以聖道，令其永離妄想執著，自於身中，得見如來廣大智慧與佛無異，即教彼眾生修習聖道，令離妄想，離妄想已，證得如來無量智慧，利益安樂，一切眾生。釋曰，大千經卷者，即如來智慧，在一微塵中，即是全在一眾生心中。一切微塵，皆亦如是，即一切法界眾生皆含佛智。以情塵自隔，不能內照，空埋金藏，枉蔽靈臺，如鬪沒額珠，醉迷衣寶，不因指示，何以發明。故先德云，破塵出卷者，恆沙佛法，一心中曉。是知水未入海則不鹹，薪未入火則不燒，境未歸心則不等，但以宗鏡收之，萬法皆同一照，是非俱泯，逆順同歸，無一心而非佛心，無一事而非佛事。

**延壽《宗鏡錄》卷七八**　問：內外唯識，心境皆空，云何教中又立外相。

答：因了相空，方談唯識。若執有相，唯識義不成。若執無相，眞空理不顯。以無相即相，方達眞空，相即無相，始明唯識。所以《攝大乘論》云，唯識道理，須明三相，一通達唯量，外塵實無所有故。二通達唯二，相及見唯識故。三通達種種色生，但有種種相貌，而無體故。所以《攝大乘論》云，一切相有二種，謂現住及所立，散心所緣六塵，名現住，定心所緣骨鎖等，爲所立。復次似塵顯現名相，謂所緣境，似識顯現名見，謂能緣識。此二法，一是因，二是果，又一是所依，二是能依。是知因內起念，想像思惟，則外現其相貌，念若不起，相不現前。以因內生外故，攝末歸本，全境是心。何者，若心不起，境本空故，一切境界，唯心妄動。

問：約世間妄見，定是何識。

答：衆生所見，即是亂識。《中邊分別論》云，謂一切世間，但唯亂識。此亂識，云何名虛妄。由境不實故，由體散亂故。又若執永無亂識，繫縛解脱，皆不成就，即起邪見，撥淨不淨品。故知因迷得悟，非無所以，從凡入聖，蓋有緣由，如影像表鏡明，因妄識成眞智。

問：定中所見定果色，是定心自現，非緣現在外色。又非憶持過去境，可驗唯心，未得定者，皆是散意所見外色，云何證是自心。

答：定内定外，靜亂雖殊，所見之色，皆唯自識。以外境無體，從緣而生，生性本空，無相可得。《識論》云，如觀行人，定中所見色相境界，識所顯現，定無境界，此青等色相，是定境，非所憶持識。憶持識有染污，此起現前所見，分明清淨，則唯識之旨，於此彌彰，如依鏡面，但有自面，無有別影。何以故，諸法和合道理，難可思議，不可見法而令得見，定心亦爾。定心有二分，一分似識，一分似塵，此二種，實唯是識。若憶持識是過去色，此定中色，若在散心五識，可言緣現在外塵起，若散意識緣過去塵起。若在觀中，必不得緣外色爲境，色在現前，又非緣過去境，當知定心所緣色，即見自心，不見別境。以定中色比定外色，應知亦無別境。是知一心即萬法，萬法即一心。何者，以一心不動，舉體爲萬法故。如《起信鈔釋疏》云，舉體者，謂眞如舉體成生滅，生滅無性，即是眞如，未曾有眞如處不生滅，未曾有生滅處不眞如。又云，不同空者，靈然覺知，覺知，即神解義，陰陽不測謂之神，解即是智，智即是知，知即一心也，故以知爲心體。所以祖師云，空寂體上，自有本智能知。大意云，於一切染淨法中，有眞實之體，了然鑒覺，目之爲心。

問：外諸境界，既稱内識似色顯現，但是唯識者，云何不隨識變異。

答：若執外色實住，即是於無色中見色，妄生顛倒，如捏目生二相，豈是眞實。

攝論問云：若無別色塵，唯是本識，何故顯現似色等。云何相續堅住，前後相似，若是識變異所作，則應乍起乍滅，改轉不定，云何一色，於多時中，相續久住，故知應有別色。

答：由顛倒故，顛倒是煩惱根本，由識變異，起諸分別，依他性與分別性相應，即是顛倒煩惱所依止處。顛倒煩惱，又是識變異所依止處。若無互爲依止義，則識無變異，於非物中，分別爲物，不應有此顛倒。若無煩惱，豈有聖道，故此義亦不成，是故應信離識無別法。

問：内心分別稱識，外色不分別，如何是識。

答：能見所見皆是亂識，無中執有，色本自虛。《攝論》云，亂識者，無中執有名亂，十一識中，世等六識，隨一識，唯二分，一分變異成色等相，一分變異成見等，不出此二。識性，能分別則成見，不能分別則成相。如《無所有菩薩經》云，爾時世尊，告無所有言，汝當爲此諸菩薩等，説五陰聚，和合身事。無所有菩薩言，世尊，如我所見，如佛色空，我色亦爾。如佛色，一切衆生色，一切樹林藥草色亦爾。如一切樹林藥草色，彼一切界和合聚色亦爾。所有空色，及我色，如來色，一切衆生色，一切樹林藥草等色，一切界和合聚色，無有二相，非法，非非法。諸少智者，於無色中，或作是想，希望欲入此法，行於無色中，妄起行想。略説乃至受想行識中，如是作，如色所作，如虛空識，我識亦爾。如彼識，如來識亦爾。如如來識，彼識，一切衆生識亦爾。如一切衆生識，彼識，一切樹林藥草識亦爾。眞虛空識，如來識，及我識，一切衆生識，一切樹林藥草識亦爾。一切和合識，無二相，不可知，不可分別，不生，無等等。

問：既稱唯有識，何得立色名。

答：一切名，皆是客義。名中無法，法中無名，名不當法，法不當名。經云，是自性，無生無滅，無染無淨。此色無所有，爲通相，若有生，即有染，若有滅，即有淨，由無此四義，故色無別相。經云，由假立客名，隨説諸相。《攝論》云，一切法以識爲相，眞如爲體。又云，一切相，有二種，一如外顯現，二如内顯現。如外是相，如内是思惟。故知一體現二，内外雙分，則心非内外，内外是心。又能所相成，心境互攝。二而不二，常冥一味之眞原。不二而二，恆分心境之虛相。

**延壽《宗鏡錄》卷八四**《顯識論》問：境識俱遣，何識所成。

答：境識俱泯，即是實性，實性即是阿摩羅識。《維摩經》云，華嚴菩薩曰，從我起二爲二，見我實相者，不起二法。若不住二法，則無有識。無所識者，是爲入不二法門。故知見有二法，乃至纖毫並皆屬識，境識俱亡，乃入眞空之理。所以智光論師立中根，説法相大乘境空心有唯識道理，未能全入平等眞空。爲上根説無相大乘，辯心境俱空平等一味，爲眞了義。是以因唯識，入眞空究竟之門，離此別求非眞解脱。

《唯識鈔》問云，內心唯識者，爲是眞實有，爲非眞實有耶。

答：論云，諸心心所（前陳也），依他起故（因也），亦如幻事（喻也），非眞實有（法也）。

問：若爾，心境都無差別，何故乃說唯有識耶。

答：爲遣外道等心心所外執實有境故，假說唯有識，非唯識言便有實。《識論》云，爲遣妄執心心所外實有境故，說唯有識。若執唯識眞實有者，如執外境，亦是法執。若法執不生，即入眞空矣。

問：約唯識理人法俱空者，即今受用是何等物。

答：所受用法，但是六塵。因緣故生，因緣故滅。決定內無人能受，外無塵可用。《十八空論》云，外空者，亦名所受空。離六外入，無別法爲可受者，若諸眾生所受所用，但是六塵。內既無人能受，外亦無法可受，即人法俱空，唯識無境，故名外空。以無境故，亦無有識，即是內空，乃至十八空。

問：人法俱空，識又不立，即今見聞從何而有。

答：一切前塵所現諸法，盡隨念而至，皆對想而生。念息境空，意虛法寂。故經云，想滅閑靜，識停無爲。又經云，一切諸佛，一切諸法，從意生形。又經云，諸法不牢固，唯立在於念。以解見空者，一切無想念。故知見聞但是緣起，見畢竟空，如世幻施爲，似空華起滅。故云見聞如幻翳，三界若空華。且如眼根具五緣得見，然此能見，只是五緣，無見者故。若言具五緣發識能見者，未知何緣定能生識。若言一一不生，和合故能生見者，即如五盲和合，應成一見。眾盲既不見，和合云何生。故知非別識生，但有見即是眾緣，所以名緣起也。故經云，眼不自見，屬諸因緣。緣非見性，眼即是空。眼根既然，諸根例爾。但起唯緣起，滅唯緣滅。起滅唯緣，人法俱寂。若了此我法二空，即證圓理。故云若見因緣法，是名爲見佛。

**克勤《佛果圜悟禪師碧巖錄》卷八**　此六識，教家立爲正本。山河大地，日月星辰，因其所以生，來爲先鋒，去爲殿後。古人道，三界唯心，萬法唯識。若證佛地，以八識，轉爲四智，教家謂之改名不改體。根塵識是三，前塵元不會分別，勝義根能發生識，識能顯色分別，即是第六意識。第七識末那識，能去執持世間一切影事，令人煩惱，不得自由自在，皆是第七識。到第八識，亦謂之阿賴耶識，亦謂之含藏識，含藏一切善惡種子。這僧知教意，故將來問趙州道，初生孩子，還具六識也無。初生孩兒，雖具六識眼能見耳能聞，然未曾分別六塵，好惡長短，是非得失，他恁麼時總不知。學道之人要復如嬰孩，榮辱功名，逆情順境，都動他不得。眼見色與盲等，耳聞聲與聾等，如癡似兀，其心不動，如須彌山。這箇是衲僧家，眞實得力處。古人道，衲被蒙頭萬事休，此時山僧都不會。若能如此，方有少分相應。雖然如此，爭奈一點也瞞他不得，山依舊是山，水依舊是水，無造作，無緣慮，如日月運於太虛未嘗暫止，亦不道我有許多名相。如天普蓋，似地普擎，爲無心故，所以長養萬物，亦不道我有許多功行，天地爲無心故，所以長久。若有心則有限齊，得道之人亦復如是，於無功用中施功用，一切違情順境，皆以慈心攝受。到這裏，古人尚自呵責道，了了了時無可了，玄玄玄處直須呵。又道，事事通兮物物明，達者聞之暗裏驚。又云，入聖超凡不作聲，臥龍長怖碧潭清，人生若得長如此，大地那能留一名。然雖恁麼，更須跳出窠窟始得。豈不見，教中道，第八不動地菩薩，以無功用智，於一微塵中，轉大法輪，於一切時中，行住坐臥，不拘得失，任運流入薩婆若海。衲僧家，到這裏，亦不可執著，但隨時自在，遇茶喫茶遇飯喫飯。這箇向上事著箇定字也不得，著箇不定字也不得。石室善道和尚示眾云，汝不見小兒出胎時，何曾道我會看教，當恁麼時，亦不知有佛性義，無佛性義，及至長大，便學種種知解出來，便道我能我解，不知是客塵煩惱。十六觀行中，嬰兒行爲最，哆哆啝啝時，喻學道之人離分別取捨心，故讚歎嬰兒，可況喻取之。若謂嬰兒是道，今時人錯會。南泉云，我十八上，解作活計。趙州道，我十八上解破家散宅。又道，我在南方二十年，除粥飯二時，是雜用心處。曹山問僧，菩薩定中，聞香象渡河，歷歷地，出什麼經。僧云，《涅槃經》。山云，定前聞定後聞。僧云，和尚流也。山云，灘下接取。又《楞嚴經》云，湛入合湛入識邊際。又《楞伽經》云，相生執礙，想生妄想。流注生則逐妄流轉，若到無功用地，猶在流注相中，須是出得第三流注生相，方始快活自在。所以溈山問仰山云，寂子如何。仰山云，和尚問他見解，問他行解，若問他行解，某甲不知，若是見解，如一瓶水注一缾水。若得如此，皆可以爲一方之師，趙州云，急水上打毬子。早是轉轆轆地，更向急水上打時，眨眼便過。譬如《楞嚴經》云，如急流水，望爲恬靜。古人云，譬如駛流水，水流無定止，各各不相知，諸法亦如是。趙州答處，意渾類此。其僧又問投子，急水上打毬子，意旨如何。子云，念念不停流。自然與他問處恰好。古人行履綿密，答得只似一箇，更不消計較，爾纔問他，早知爾落處了也。孩子六識，雖然無功用，爭奈念念不停，如密水流。投子恁麼答，可謂深辨來風。

**福善《憨山老人夢遊集》卷四**　周子請益法相宗旨，老人因揭六祖識智頌曰：大圓鏡智性清淨，平等性智心無病。妙觀察智見非功，成所作智同圓鏡。五八六七果因轉，但轉名言無實性。若於轉處不留情，繁興永處那伽定。此八句，發盡佛祖心髓，揭露性相根源。往往數寶算沙之徒，貪多嚼不爛，概視此爲閑家具，曾無正眼覷之者，大可憫也。咸謂六祖不識字，不通教，何以道此。殊不知佛祖慧命，只有八個字包括無餘，所謂三界唯心，萬法唯識。以唯心故，三界寂然，了無一物。以唯識故，萬法縱然，蓋萬法從唯識變現耳，求之自心自性了不可得。所以佛祖教人，但言心外無片事可得。即黄梅夜半露出本來無一物，即此一語，十方三世諸佛，歷代祖師，盡在裏許擘不破，故衣鉢止之。即二派五宗，都從此一語衍出，何曾有性相之分耶。及觀識智頌略爲注破，若約三界唯心，則無下口處。因迷此心變而爲識，則失眞如之名，但名阿賴耶識，亦名藏識。此識乃全體眞如所變者，斯正所謂生滅與不生滅和合而成，乃眞妄迷悟之根，生死凡聖之本。《楞伽》云，藏識海常住，境界風所動，洪波鼓冥壑，無有斷絶時。既云藏識即阿賴耶，而又云常住，則本不動也。然所動者非藏識，特境界風耳。偈云，前境若無心亦無。是則取境界者，非藏識乃生滅心耳。此生滅心強名七識，其實是八識之動念，所謂生機，若此機一息，前境頓空，而六識縱能分別，亦無可寄矣。若前五識原無別體，但是藏識應緣之用，獨能照境，不能分別，故曰同圓鏡。其分別五塵者非五識，乃同時意識耳，故居有功。若不起分別，則見非功矣。由是觀之，藏識本眞，故曰性清淨，其過在一念生心，是爲心病。有生則有滅，惟此生滅，如水之流，非水外別有流也。但水不住之性，見有流相，有流則非湛淵之水明矣。故《楞伽》二種生住滅，謂相生住滅，流注生住滅。此二種生滅，總屬藏識。生滅不滅，則前七識生，生滅若滅，則唯一精眞。其眞如之性自茲復矣，復則識不名識而名智，故曰心無病。六祖大師所頌，約轉八識而成四智，大圓鏡智藏識所轉，平等性智七識所轉，妙觀察智六識所轉，成所作智前五識轉。以妄屬藏識之用，故眞亦同圓鏡，然六七二識因中先轉，五八一體至果乃圓，如此觀之，識本非實，而妄有二用。故曰但轉名言而已，換名不換體也。且此體不在禪定修行，唯在日用一切。聖凡同時轉之，唯在留情不留情之閒，故有聖凡迷悟之別。周子有志於此，諦向日用轉處著眼，試定當看。

## 頓悟漸修

**宗密《圓覺經大疏釋義鈔》卷一二**　彼説摩尼珠，喻現色無，垢盡對除，即無對垢及説名者，滅影像故，無方清淨，無邊虛空，覺所顯發，身心根塵四大三界，本淨不動，乃至一切覺故，本成佛故，剛藏中種種差別，皆不預圓覺，乃至生死涅槃，起滅覺照，離於華翳，皆明諸法斷滅盡靈覺迥超對待故，當絶待靈心，各依此配，一一相當。故知此行修彼解也，但以頓悟漸修故，前通此別。上根者，直稱所悟，故不別分。中下力離起心故，佛各隨機，便開成三也。至下，除我等四相及憎愛等，方得入覺。

**延壽《萬善同歸集》卷下**　問：上上根人頓悟自心，還假萬行助道熏修不。答：圭峯禪師有四句料簡，一漸修頓悟，如伐樹，片片漸斫，一時頓倒。二頓修漸悟，如人學射，頓者箭箭直注意在的，漸者久久方中。三漸修漸悟，如登九層之臺，足履漸高，所見漸遠。四頓悟頓修，如染一綟絲，萬條頓色。上四句多約證悟，惟頓悟漸修，此約解悟。如日頓出，霜露漸消。《華嚴經》説，初發心時便成正覺，然後登地次第修證。若未悟而修，非眞修也。惟此頓悟漸修，既合佛乘，不違圓旨。如頓悟頓修，亦是多生漸修，今生頓熟。此在當人，時中自驗。若所言如所行，所行如所言，量窮法界之邊，心合虛空之理，八風不動，三受寂然，種現雙消，根隨俱盡。若約自利，則何假萬行熏修，無病不應服藥。若約利他，亦不可廢。若不自作，爭勸他人。

**通潤《大方廣圓覺脩多羅了義經近釋》卷一**　謂如來本起因地，莫不皆以智慧覺性，了達無明，本無實體，猶如空華，爲發菩提心之始。果能知彼無明是空華相，則不爲華相眩目，即免生死流轉，亦如患夢之人忽然醒覺，則夢中所現之相皆不可得。是知眾生在迷，未免流轉。若既迷而忽覺，唯一眞如，迥無所有，渾身住於平等性智，豈有流轉哉。既無流轉，則此覺性究竟圓滿，徧十方界，是則名爲初發心時便成正覺也。然對夢說醒，對迷說覺，對眾生說佛，皆是未覺已前對待之法。若無明滅盡，眾幻銷滅，則成佛作祖亦是鉢盂安柄，虛空釘橛，以本性圓滿，本來成佛，不待更成，故說圓滿菩提，歸無所得。龐居士云，十方同聚會，箇箇學無爲，此是選佛場，心空及第歸。如是則自然應念登科，隨處及第，何須授記安名乎。菩薩向此著眼，則能發菩提心。眾生向此進修，永不墮於邪見。若不入此門，總是旁蹊曲徑，非直截路。故《宗鏡》問云：初發心時便成正覺，云何復說後心成佛。答：非初非後，不離初後。《智論》云，不但以初心得，亦不離後心得。所以者何，若但以初心得，不以後心者，菩薩初發心時便應是佛。若無初心，云何有第二第三心。以初心爲根本因緣故，不但以後心得，亦不離初心者，以後心不離初心故。若無初心，即無後心，以初心集種種無量功德，後心方得具足，故能斷煩惱習氣成無上道。此即頓悟漸修也。

**真鑑《大佛頂首楞嚴經正脉疏》卷一〇**　其言理則頓悟者，理謂妄理，頓悟謂了達五陰，惟一妄想，妄則本空，一念悟徹，焉有次第。乘悟併消者，即銷其億劫顚倒之想也。如暗夜驚杌，爲鬼奔馳荒越，一旦被人說破，鬼想全消。事非頓除者，事謂破除修斷之事。不頓除者，言不能一時俱除也。因次第盡者，要須歷五陰次第而漸除之也。如鬼想雖以全消，馳途豈能遽返，要須歷返前途，方歸舊處矣。總是頓悟漸修之意而已。

**德清《觀楞伽阿跋多羅寶經記》卷四**　從凡夫入解行，即登初地，漸觀深入至上上地，以頓見眞理，漸斷無明故，所謂頓悟漸修者是也。今攀緣如禪觀行成就，頓登八地，頓證無生，頓斷無明，頓捨藏識，所謂頓悟頓修者是也。

**德清《妙法蓮華經擊節》**　至若譬喻因緣種種之說者，皆欲顯此常住佛性，第一義諦，一心之妙，皆光中之境，吾人日用之事耳。故但有能信此法者，即入法位。所以乃至持一偈一句一念隨喜者，我亦與授菩提之記，故皆一一授記成佛。唯是但因方便開曉，令生信耳。非由解行而證入也，故唯授記而已。然雖授記，而又經多劫者。葢顯理則頓悟，乘悟併消，事非頓除，因次第盡，所謂頓悟漸修者也。以一念頓悟自心與佛無二，即名見性成佛。尚有無始以來歷劫塵沙煩惱無明，未能頓淨，故須經歷多劫，方能究竟。苟能當下一念，頓斷無始無明，即名歷多劫矣，所謂觀彼久遠猶若今日，以此法中一念不生，三際頓斷，古今一際，凡聖齊平。

# 煩惱即菩提

**智顗《妙法蓮華經玄義》卷七上**　從初種子乃至蓮成，喻於妙法也。譬如石蓮，烏皮在外，白肉在內，四微爲質，卷荷欲生，微細眾具，開華布鬚，蓮實房成。初後不異蓮華，始終十義具足，譬佛界眾生，始自無明終至佛果十如，是法無有缺減，總譬竟。譬如石蓮，黑則叵染，硬則叵壞，不方不圓，不生不滅，劫初無種故不生，今不異初故不滅，是名蓮子相。一切眾生自性清淨心，亦復如是，不爲客塵所染，生死重積，而心性不住不動，不生不滅，即是佛界。如是相淨，名曰一切眾生，即菩提相，即其義也。譬如蓮子雖復烏皮淤泥之中，白肉不改，一切眾生了因智慧，亦復如是，五住淤泥生死果報，一切智願猶在不失，是名佛界如是性，故言煩惱即菩提。又諸法不生般若生，即其義也，譬如蓮子在淤泥中，而四微不朽是名蓮子體。一切眾生正因佛性，亦復如是，常樂我淨，不動不壞，名佛界如是體。

**智顗《維摩經玄疏》卷二**　今略明不思議十法成觀行即者。一知不思議正因緣即是所觀境，如前明一念眠心具一切夢法，譬一念無明具一切法三諦之理，不縱不橫，即其義也。此須的取維摩詰彌勒言，一切眾生即大涅槃即菩提相，明此不思議因緣也。所以者何，中道第一義諦非因緣，是無作四諦之因緣也。若言涅槃即生死，一實諦即是苦因緣。若言生死即涅槃，一實諦即是滅因緣。若言菩提即煩惱，一實諦即是集因緣。若言煩惱即菩提，一實諦即是道因緣也。是爲知不思議世間出世間正因緣也。二次明眞正發心者，即是無緣慈悲無作四弘誓願也。若無緣大慈觀，生死即涅槃，煩惱即菩提，與衆生此滅道之樂，名無緣大慈也。觀涅槃即生死，菩提即煩惱，欲拔衆生此虚妄之苦，名無緣大悲也。無作四弘誓願者。知涅槃即生死，未度苦諦令度苦諦也。知菩提即煩惱，未解集諦令解集諦也。知煩惱即菩提，未安道諦令安道諦也。知生死即涅槃，未得涅槃令得涅槃也。菩薩如是慈悲誓願無緣無念而覆一切衆生，猶如大雲不加功用，如磁石吸鐵，是名眞正菩提心也。三明行菩薩道勤修止觀者。若知生死即涅槃即是善修止也，若知煩惱即菩提即是善修觀也。如陰陽調適，萬物長成，若巧修止觀，即能一心具萬行也。問曰：以何爲集。答曰：依此經及《涅槃經》，無明愛一切煩惱爲集諦，業屬於苦，於今對義爲便也。四明破諸法遍者。若知生死即涅槃，即破分段變易二種生死皆遍。若知煩惱即菩提，則破一切界内界外煩惱遍也。譬如轉輪聖王能破一切強敵亦不有所破，般若波羅蜜亦復如是，能破一切法亦不有所破。五善知通塞者。知生死即涅槃，煩惱即菩提，則一切皆通。知涅槃即生死，菩提即煩惱，則一切皆塞也。六善修道品者。觀十法界五陰生死即是法性五陰，法性五陰即是性淨涅槃，即是四念處破八倒。知涅槃即生死顯四枯也，知生死即涅槃顯四榮也，知一實諦是見虚空佛性住大涅槃也。因此四念處修正勤如意足根力覺道即是道品，善知識由是成正覺，亦是莊嚴雙樹，是則煩惱即菩提。

**智顗《妙法蓮華經玄義》卷九上**　二發眞正心者。一切衆生即大涅槃，云何顛倒以樂爲苦，即起大悲興兩誓願，令未度者度，令未斷者斷。一切煩惱即是菩提，云何愚闇以道爲非道，即起大慈，興兩誓願，令未知者知，未得者得，無緣慈悲清淨誓願，慈善根力，任運吸取一切衆生也。三安心者。既體解成就，發心具足，豈可臨池觀魚，不肯結網，裹糧束脚，安坐不行，修行之要不出定慧，譬如陰陽調適，萬物秀實，雨旱不節，焦爛豈生。若兩輪均平是乘能運，二翼具足堪任飛升，體生死即涅槃名爲定，達煩惱即菩提名爲慧。於一心中巧修定慧，具足一切行也。四破法遍者。以此妙慧，如金剛斧所擬皆碎，如無翳日所臨皆朗。若生死即涅槃者，分段變易若諦皆破。若煩惱即菩提者，四住五住集諦皆破。雖復能破亦不有所破，何者，生死即涅槃，故無所破也。五識通塞者。如主兵寶，取捨得宜，強者綏之，弱者撫之。知生死過患名爲塞，即涅槃名爲通。煩惱亂名爲塞，即是菩提名爲通。始從外道四見乃至圓教，四門皆識通塞。節節執著即是塞，節節亡妙名爲通。若不識諸法夷嶮，非但行法不前，亦亡去重寶也。六善識道品者。觀生死即涅槃，十界生死色陰，皆非淨非不淨，乃至識陰非常非不常。能破八顛倒，即法性四念處，念處中具道品三解脱及一切法。又知涅槃即生死，顯四枯樹。知生死即涅槃，顯四榮樹。知生死涅槃不二，即一實諦，非枯非榮，住大涅槃也，觀煩惱即菩提亦如是。九善安忍者。能安内外強軟遮障，不壞觀心。若觀生死即涅槃，不爲陰入境病患業魔禪二乘菩薩等境所動壞也。若觀煩惱即菩提，不爲諸見增上慢境所動壞也。十無法愛者。既過障難道根成立諸功德生，觀生死即涅槃，故諸禪三昧功德生。觀煩惱即菩提故，諸陀羅尼無畏不共諸般若生。觀生死涅槃不二，故法身實相生，相似功德順理而生，喜起順道法愛生名愛法，不上不退名爲頂墮。此愛若起即當疾滅，愛若滅已破無明，開佛知見證實相體。觀生死即涅槃，故證得解脱。煩惱即菩提，故證得般若。

**智顗《摩訶止觀》卷九**　若觀未悟重起慈悲，此理寂靜而衆生起迷，無明戲論翳如來藏稠煩惱林，是故起悲拔根本重苦。又無明即法性，煩惱即菩提，欲令衆生即事而眞，法身顯現，是故起慈與究竟樂。如是誓願清淨眞正，上求佛道下化衆生，不雜毒，不偏邪，無依倚，離二邊，名發菩提心。此心發時豁然得悟，如快馬見鞭影，即到正路。若不去者，當安心止觀善巧迴轉方便修習，或止或觀，若觀一念禪定，二邊寂滅名體眞止，照法性淨，無障無礙，名即空觀。

**灌頂《觀心論疏》卷二**　問：寶所化城所詮二理，今在何處，若知處所，求之即易也。答：一色一香無非中道，無非寶所，即色是空，無非化城，此道辯耳，既近即心而論者。經云，一切衆生即涅槃相，不復更滅。諸佛解脱當於衆生心行中求，爲令衆生開佛知見。但由衆生不覺内衣裏有無價寶珠，何知寶所之理在於即心之内。亦如貧女不識家中伏藏，衆生豈悟身内中道之源者乎。經云，生死即涅槃，煩惱即菩提。是則寶所之理，豈在五百由旬之外。經云，即色是空。偏眞化城，亦非三百之外也，是則

二理在乎一念之心，無勞遠涉。【略】

經云，生死即涅槃，煩惱即菩提者，三觀圓觀一念生死之心，即是中道涅槃，煩惱之心即是中道菩提。經云，菩薩未成佛，菩提爲煩惱，菩薩成佛時，煩惱即菩提。故知迷心爲煩惱生死，悟心即菩提涅槃。是則菩提煩惱更無二法，如寒結水爲氷，暖即融氷爲水，名殊而體一也，亦何妨名異而體同。故經云，有身爲種，無明有愛爲種，貪癡爲種，四顛倒爲種等，乃至一切皆是佛種。是則煩惱惡法既是佛種，善無記法理應是也。斯則一切無非佛法，一色一香無非中道。

**澄觀《大方廣佛華嚴經疏》卷一六**　又上云深心信解常清淨者，與理相應方曰深心。若昔染今淨，淨則有始，始即必終，非常淨也，信煩惱即菩提方爲常淨。由稱本性而發心故，本來是佛，更無所進如在虛空，退至何所。慨衆生之迷此，起同體大悲悼昔不知誓期當證，有悲故不爲無邊所寂，有智故不爲有邊所動，不動不寂直入中道，是謂眞正發菩提心。

**寶臣《注大乘入楞伽經》卷一〇**　若達四諦從緣生故空，即超筌悟旨，而成智慧。謂解苦無苦，名苦聖諦。解集無和合，名集聖諦。解滅無滅，名滅聖諦。解道無道，名道聖諦。故名無生四諦也。《大涅槃經》云，苦有無量相，非諸聲聞緣覺所知，集滅道等亦復如是，即無量四諦也。若了陰入皆如，無苦可捨，無明煩惱即是菩提。無集可斷，生死即涅槃。無滅可證，邊邪皆中正，無道可修。無苦無集故無世間，無滅無道故無出世間。一切諸法皆是實相，實相外更無別法，即無作四諦也。故《玄義》云：以迷理故，菩提成煩惱名集諦，涅槃成生死名苦諦。以能解故，煩惱即菩提名道諦，生死即涅槃名滅諦。即事而中，無思無念，無誰造作故名無作，亦名一實諦。所以八千聲聞法華會上，見如來性如秋收冬藏，更無所作，以達本故，法爾如斯。若未親證之人，不可安然拱手，傚無作無修，直須水到渠成，自然任運。

## 轉識成智

**玄奘譯《成唯識論》卷一〇**　云何四智相應心品。一大圓鏡智相應心品，謂此心品離諸分別，所緣行相微細難知，不妄不愚，一切境相，性相清淨，離諸雜染，純淨圓德，現種依持，能現能生身土智影，無間無斷窮未來際，如大圓鏡現衆色像。二平等性智相應心品，謂此心品觀一切法自他有情悉皆平等，大慈悲等恆共相應，隨諸有情所樂示現受用身土影像差別，妙觀察智不共所依，無住涅槃之所建立，一味相續窮未來際。三妙觀察智相應心品，謂此心品善觀諸法自相共相無礙而轉，攝觀無量總持之門及所發生功德珍寶，於大衆會能現無邊作用差別皆得自在，雨大法雨斷一切疑令諸有情皆獲利樂。四成所作智相應心品，謂此心品爲欲利樂諸有情故，普於十方示現種種變化三業成本願力所應作事。如是四智相應心品雖各定有二十二法能變所變種現俱生，而智用增以智名顯，故此四品總攝佛地一切有爲功德皆盡。此轉有漏八七六五識相應品，如次而得，智雖非識，而依識轉識爲主故說轉識得。又有漏位智劣識強，無漏位中智強識劣，爲勸有情依智捨識故，說轉八識而得此四智。

**寶臣《注大乘入楞伽經》卷二**　一曰眼識，了別於色，二曰耳識，了別於聲，三曰鼻識，了別於香，四曰舌識，了別於味，五曰身識，了別於觸，六曰意識，了別諸法，七曰末那識（此云染汚意），恆審思量，唯緣藏識見分，亦名傳送識，八曰阿賴耶識（此云藏識）。謂此八識，各是衆生無始已來，不了自心，隨妄緣起，於中第八是其根本，頓變根身器界種子，轉生七識，各能變現自分所緣，（所緣即境也，色是眼識自分所緣，乃至三境是阿賴耶識自分所緣，終無心外法能與心爲緣，但是自心生，還與心爲相）此八識外實無我法。

問曰：如何變耶。答曰：我法分別熏習力故，諸識生時變似我法。六七二識無明覆故，緣此執爲實我實法。如患夢者，患夢力故心似種種外境相現，夢時執爲實有外境，寤來方知唯夢所變，我此身相，及外世界色空等法，亦復如是，唯識所變。迷故執有我及諸法，悟來方知唯心識變。以如實知無前境界故，種種方便起隨順行，轉八識成四智菩提，安住祕藏，究竟涅槃。故曹溪云：大圓境智性清淨，平等性智心無病。妙觀察智見非功，成所作智同圓鏡。五八六七果因轉，但轉其名無實性。若於轉處不留情，繁興永處那伽定。即此轉識成智義也。

**德清《首楞嚴經通議》卷二**　阿難大衆不悟見精是非之義，故文殊特爲啟請也，以迷智而爲識故，妄見有根身器界一切萬物種種差殊，是皆唯識所變現也。若轉識成智，則一切萬物當下消亡。經云，得相是識，不得相是智，唯在轉變之間耳，以一眞之體全變而爲阿賴耶識，故根身器界由之而起。若内脱身心，外遺世界，即此識藏元是如來藏，一眞法界，常住眞心，又何有是非之相哉。以依識妄見故有是非，若以大智照之，則了無彼此是非之相。此非大智不能洞然，故假文殊啟請物與見精，云何無是非是也。如來乃據大定而答曰：十方如來及大菩薩自住三摩地中以智而觀，則見與見緣并所想相如空中華，本無所有。以此見及緣元是菩提妙淨明體，云何有是非是。此特示一眞了無別法，可謂極盡開示矣。故文殊自謂但一眞文殊，何有是非二相哉。佛言：以此足知此見妙明與諸空塵本是妙明無上菩提淨圓眞心，妄爲色空及與聞見，如第二月。若了知一月是眞，自無是非之相矣。

**德清《首楞嚴經通議》卷一〇**　問曰：若能轉物之轉與轉識成智之轉爲同爲異。答曰：轉雖同而所以轉則大不同也。轉識成智之轉乃八識，各有所轉次第先後，單約識說。此經轉物之轉不説轉識但約轉物，以物轉則見分亦泯，見分一泯前七識一齊頓轉，原無先後次第也。以見乃八識了別之行相，前七輪識依此見而立，故見泯而七識齊轉也。所以然者，相宗以識爲本，此經會相歸性特現唯心境界以一心眞源爲本，以迷一心眞如而爲阿賴耶識故，有見相二分，由相分既立則見分取相分而爲眾生。所謂自心取自心，非幻成幻法。今見分既泯，則離執取故，法法本眞，一一本如來藏，不待轉而自轉矣。所謂不用求眞，唯須息見。見分一泯，則相分自轉爲一心眞如故，即同如來也。所謂不取無非幻，非幻尚不生，幻法云何立。此意幽潛微密，觀照乃能知之。

**德清《妙法蓮華經通義》卷三**　大通智勝，蓋明一切種智。今云其佛未出家時有十六子者，明一切種智皆由轉識而成也，以迷此智成阿賴耶識，乃在纏生死之名也。而此識體，其用有八。前云日月燈明而有八子者，是單約識言，故名有意。今云十六而名智積，蓋約識本於智，以迷則轉智成識，其用有八，悟則轉識成智，其用有四。然成所作智，其用有五，故亦有八。今約眞妄一體，故云十六。而四智圓滿，通名一切種智。故其子名智積，言未出家時，特在纏之名耳。若剋果體，則眞妄不二，父子情亡矣。釋迦本因，爲第十六子，則權實可知。諸子各有等者，謂本識未轉，則諸識皆有染污無知貪染等事。本識一轉，則諸識齊轉，頓破發業潤生三種無明。故云聞父出家皆捨所珍，始覺合本，故云往詣佛所。經云，無明以爲父，合愛以爲母。今識既轉智，則貪愛煩惱返滋智用，故云諸母涕泣而隨送之，以愛難捨，不得不捨也。其祖轉輪聖王等者。識論阿賴耶外，別立九識，名白淨識，亦即眞如。今賴耶一轉，則心所百法，并諸微細煩惱一時齊轉，皆與眞如爲大智用。故其祖轉輪聖王，與一百大臣，及餘人民，皆共圍繞，隨至道場也。

**曾鳳儀《楞伽阿跋多羅寶經宗通》卷六**　今既離相，即常行無相境。修行無相境，不但離於有相，亦且離於無相。有無俱泯，性自平等。此平等性智即是聖果，從聖人見清淨而生也。夫三界唯一，云何凡夫見有見無，業果相續，云何聖人一切平等遂成聖果。謂彼愚夫不了三界唯心，不知自心所現内外諸法一切無常，於彼妄生計著，不了内法斯爲内法所動，不了外法斯爲外法所動，如海波因風漂動，不得寧靜。若能壞彼所見，不作有見，不作無見，一念不生，萬法皆如，如風恬浪息，波紋不生，非平等而何。上言得緣自覺觀察住轉第六識爲妙觀察智也，此云心則平等，見轉第七識爲平等性智也，惟能轉識成智，故云聖知聖見聖慧眼豈識想分別所能及乎。昔溈山一日指田問仰山，這丘田那頭高這頭低。仰曰，卻是這頭高那頭低。溈曰，你若不信向中間立看兩頭。仰曰，不必立中間，亦莫住兩頭。溈曰，若如是著水看水能平物。仰曰，水亦無定，但高處高平，低處低平。溈便休溈仰父子說平等處重重關鎖，其義無盡，惟得如實印所印，方解其妙。

**通潤《楞伽阿跋多羅寶經合轍》卷三**　五蘊身心亦如垂髮，如畫，如幻，如夢，如乾城，如火輪，如陽燄，皆從本無而假現，爲有愚夫於此計有計無，建立諸句，此由無始虛僞過妄想習氣相續而起種種妄想。若能轉識成智，習氣銷融，則本心清淨，猶如明鏡，如止水，如淨眼，如摩尼而於其中現種種色，實無纖毫取著，故日用動轉處雖見一切法齊陳并列，其實如畫時熱燄所現種種色像，亦如夢中所現之境，實無所有。此則四句自離，百非自絕。所謂究竟解脱，豈外是哉。

**通潤《楞伽阿跋多羅寶經合轍》卷八**　其實識藏自性即如來藏，本來無垢。雖由前七過惡熏習，未嘗染汙，則知不變故能隨緣也。應立量云，識藏是有法，常生不斷。是宗因云，與七種俱故，喻如海生浪，故知性相兩宗，雖各立宗，因實無有二。由如來藏爲前七所熏即轉名識藏，是全性成相，前七若轉，不熏識藏，則識藏即如來藏。是全相是性故，知轉與不轉皆由前七。而如來藏本無轉與不轉，即說轉識成智，但轉名言，其實如來藏性本未嘗動，云何說轉。故云，寂滅者名爲一心，一心者即如來藏，而如來藏亦名在纏法身。故經云，隱爲如來藏，顯爲法身。以如來藏具含二義，一約體絕相義，即眞如門，謂非染非淨，非生非滅，不動不轉，平等一味，性無差別，衆生即涅槃不待滅也，凡夫即彌勒非二際也。二隨緣起滅義，即生滅門，謂隨熏轉動成於染淨，染淨雖成，性恆不動，祇由不動，能成染淨，是故不動不離。

**通潤《成唯識論集解》卷一〇** 問，若所生得，唯有四智相應心品，則一切能變所變種子現行，及相應心所，悉無有耶。答，言轉相應心品者，但轉煩惱二十六，不定有二，其餘五遍行，五別境，十一善法，能變所，變種現相生，悉如因中無異。問，若爾，何故獨言四智相應心品，而不及餘。答，雖各定有二十三法，及能變所變種子現行。但轉依位，智用取增，故偏說之，故此四品總攝佛地一切功德。問，此四智者，轉何識得何智。答：轉有漏第八相應心品，爲大圓鏡智，轉此智時，成等正覺，塵剎剎塵，一一皆照。故曰，大圓無垢同時發，普照十方塵剎中。轉有漏第七相應心品，爲平等性智，現十種他受用身，爲十地菩薩說法。故曰，如來現他受用，十地菩薩所被機。轉有漏第六相應心品，爲妙觀察智，普照大千世界。故曰，遠行地後純無漏，觀察圓明照大千。轉有漏前五相應心品，爲成所作智，現三類身，利生接物。故曰，圓明初發成無漏，三類分身息苦輪。言三類者，三類化身也，大化千丈身，被大乘四加行菩薩。小化丈六身，被大乘三資糧位菩薩。與二乘凡夫，隨類化，則三乘普被，六趣均霑。問，此中言轉八識相應心品而成智，餘處又言轉識成智者，豈識體即是智體耶。答，智雖非識，然智實依識轉，識爲主故，故言轉識，不言心品。問：有漏位中，名識不名智，豈有漏位，遂無智耶。無漏位中，名智不名識，豈無漏位遂無識耶。答：有漏位中識強智劣，故言識而不言智，然非無智。無漏位中，智強識劣，故言智而不言識，然非無識。然欲勸諸有情捨識，故說轉八識而成四智耳。

**真可《八識規矩頌解》** 八識四分，乃相宗之綱骨也。阿賴耶識，末那識，分別識，眼耳鼻舌身五識，謂之八識。證自證分，自證分，見分，相分，謂之四分。究本言之，八識四分，初無別體，特以眞如隨緣，乃成種種耳。夫眞如隨緣之旨，最難明了，良以眞如清淨，初無薰染，如何瞥起隨緣耶。於此參之不已，忽然悟入，所謂八識四分，不煩少檢，唯識之書，便能了矣。故曰性宗通而相宗不通，則性宗所見，猶未圓滿。通相宗而不通性宗，則相宗所見，亦未精徹。性相俱通，而未悟達磨之禪，則如葉公畫龍，頭角望之非不宛然也。欲其濟亢旱，興雷雨，斷不能焉。是以有志於出世，而荷擔法道，若性，若相，若禪宗，敢不竭誠，而留神哉。惟相宗名義數多，若非心智妙密，委曲精搜，實未易明也。今則取大略，稍論而疏之，但粗曉蒙孺耳。大抵阿賴耶識，通前眼耳鼻舌身五識，當併而發揮之，似覺易明。蓋阿賴耶識，及前五識，皆屬現量，又皆上品果中轉也。若第七識第六識，則三品皆具。三品者，見道爲下品，修道爲中品，究竟爲上品，故七六因中轉也。或曰，前五識成無漏相應心品，現身益物，何以先言第八成無漏耶。以圓明初發，乃第八識相應心品，成大圓鏡智故。其前五根，即第八識所變相分，能變本識，既成無漏，所變五根，自當即成無漏矣，能發五根既成無漏，則所發五識，遂成無漏，何疑哉。或曰，既言八識轉成四智，何故卻言相應心品耶。對曰，《唯識》第十云，此四品總攝佛地一切有爲功德皆盡，此轉有漏八識七識六識五識相應心品，如次而得智。雖非識，而依識，轉識爲主，故說識轉得。又有漏位，智劣識強，無漏位中，智強識劣，爲勸有情依智捨識，故說轉識成智也。

**德清《八識規矩通說》** 變相觀空唯後得，果中猶自不詮眞，圓明初發成無漏，三類分身息苦輪。此四句頌轉識成智也。變，謂變帶。相，謂相分。以五識一向緣五塵相分境，以此識同八齊轉。今托彼相，變帶觀空，而此方成智。其相雖空，亦未離空相，以不能親緣眞如無相理故。智有根本後得，根本智緣如，名眞智。後得智緣俗，名爲假智。果中不詮眞者，正謂佛果位中尚名假智，此破異師計也，以安慧師宗言後得因中緣如，故此破之。圓明初發，謂八識轉大圓鏡智，初發之時，此前五識即成無漏，以同體故，所謂五八果上圓。若此五轉成所作智，在佛果中則能現三類身，謂大化，小化，隨類化。以此三身，應機利物，以在因中有外作用，故果上亦成利生大用也。參禪無明一破，則五根門頭，皆光明智照，如鏡照物，不將不迎，終日應緣，了無一法當情矣。

**溥畹《大佛頂首楞嚴經寶鏡疏》卷一**　夫元清淨體，與生死根本，非有二體，非定一體。眞如無始，無明亦無始。爲眞如具隨緣不變二義，無明具成事體空二義。然眞如隨緣，即爲成事無明。而無明體空，即爲不變眞如。蓋眞如即如來藏性，但一念隨緣，爲成事無明。而無明中自有不變眞如，故曰眞妄和合，成第八識。由第八識有見相二分，見分即前七轉識王所是也。相分有親有疏，親即五淨色根，疏即浮根色身，及外六塵等相。若第七識執我，第六識隨塵分別，前五識領納前境，根境相偶，以現行熏種子，使第八識受熏持種，即是用前七攀緣識心，爲自性也，而第八識則是總報主，爲無始生死根本矣。若根境不偶，前五識不領受前五塵，第六識不隨法塵分別，第七識不執我，則現行漸滅，種子漸消，使第八識漸至湛不搖動，復還眞精元明，漸盡根本無明，轉識成智，即爲無始菩提涅槃元清淨體矣。觀此則不唯當機敵體眞本，是菩提果，凡諸衆生各各圓滿，莫不皆然，祇爲不肯，反觀自己耳。故在六根門頭，雖終日放光動地，特昧者不能覺，所謂百姓日用而不知者。此也，由其不覺，墮入凡愚諸天外道等趣，是不當墮入而墮入之，故云枉入。枉者屈也，此因當機請問眞際所詣，故就他一身，指出二本。然雖眞妄雙指，重在眞邊，一則令識本眞故，二則當機獨問眞際故。於眞本中，最重識精元明一句。若當緣會得第八識，則眞際菩提不勞彈指而獲矣，即本經云一門超出者，此也。苟能了得識精元明，則無一法不在其中包藏，無一人不向此間流出。

**來舟《大乘本生心地觀經淺註》卷七**　觀者爲究察之智。一切下所察之惑，煩惱總爲五住地（即見一切住地，欲界住地，色界住地，無色界住地，無明住地），開之則爲八萬四千，根源即是自心者，覿面指出也。心有二種：一眞心，即常住妙明不動周圓妙眞如性，爲生佛共具之體也。然既曰眞心，而卻爲煩惱本者，以其倏然不覺，妄依眞起，種種煩惱依之而生。若離眞心煩惱何有，如塵依鏡起，離鏡無塵故。二者妄心，然妄亦有二，一即阿賴耶識，爲諸識根本，其體半眞半妄，半眞即是眞如，半妄即是無明，謂依賴耶轉生二分，一轉相見分，二現相相分，連上賴耶爲無明三細，因見分帶出相分境，而相分遂能顯現，見分不覺自心所現，將謂心外實有，反生取著，遂有能所激動心海，則諸識浪起，轉生六粗。（一智相，爲法執俱生，二相續相，即法執分別，三執取相，即我執俱生，四計名字相，即我執分別，五起業相，即造作有漏諸業，六業繫苦相，即是六道果報）楞伽云，藏識海常住，境界風所動，種種諸識浪，騰躍而轉生。由是一切煩惱皆從此起，故爲煩惱根源也。二即第六意識，見思諸惑皆因此生。故知眞妄二心皆爲煩惱根源也，了達此法者，以返妄歸眞之智爲能了達。此法即指自心爲所了達，如大智慧人，照了妄惑本空，意識轉爲妙觀察智，賴耶轉成大圓鏡智，復乎本眞，當體是佛。堪能下，謂若有如是等機，堪能不負住阿蘭若，何必備修諸度。所謂識得一，則萬事畢矣（問：法相宗中說，轉八識相應心品成鏡智，轉第六識相應心品成妙觀察智，識體但能轉染成淨，此解但云轉識成智，不亦違乎。答：相宗貴乎分別，性宗貴在融通，便云轉識成智，有何不可。古德亦有此說，勿得以相難性，達義可也。若謂必定分別纔是，佛說三界唯心，且道一心之外諸識諸品在甚麼處）。

**鄭澄德、鄭澄源《阿彌陀經注》**　三身，法身報身化身也。四智，八識之妄還源證眞，轉識成智。其數有四也，八識者，眼耳鼻舌身爲前五識，意爲第六識，細意不外緣者名第七識，心之本量含藏種子者名第八識。修道之人，轉前五識爲成所作智，轉第六識爲妙觀察智，轉第七識爲平等性智，轉第八識爲大圓鏡智。五眼，肉眼天眼慧眼法眼佛眼也。六通，天耳通天眼通神足通他心通宿命通漏盡通也。

## 舉一全收

**澄觀《大方廣佛華嚴經疏》卷一**　若從狹至寬，略顯十處。初此閻浮七處九會而周法界，如升須彌品。二周百億同類一界，亦遍法界，如光明覺品。三遍異類樹形等剎。四遍剎種。五遍華藏。六遍餘剎海若種若剎。七遍前六類剎塵，皆有同異類剎。八盡虛空界，容一一毛端之處，各有無邊刹海。九猶帝網。十餘佛同。然上十類一一各遍法界，而前九正是遮那說法之處。然說十住等處，雖復各遍法界乃至塵毛，爲門不同，亦無雜亂。若約十住與十行等，全位相攝，則彼此互無，各遍法界。若約諸位相資，則此彼互有，同遍法界，一一品會準此知之。十餘佛同者，此佛既爾，餘佛亦然。故諸會結通皆云，我等諸佛亦如是說。然主主不相見，伴伴不相見，主伴伴主則互相見。若互不相見，即各遍法界。互相見故，同遍法界，亦無雜亂，亦無障礙。又上十處共爲緣起，舉一全收，以一一處稱法性故，而隨前一一時皆遍此諸處，又隨一一處皆具前時。頓說此經，此猶約器世間說。若約智正覺及衆生世間，即一一佛身支節毛孔，皆攝無盡重重之刹，普賢衆生一一皆爾，並是遮那說經之處。

**法藏《華嚴一乘教義分齊章》卷四**　又眞如是亦有亦無義，以具德故，違順自在故，鎔融故。又是非有非無義，以二不二故，定取不得故，餘翻說準上知之。二依他是有義，緣成故無性故，餘準前知，依他是無義，以緣成無性故，亦準前知。依他是亦有亦無義，以緣成無性故準前。依他是非有非無義，以二不二故，隨取一不得故，準前。三遍計是有，約情故。遍計是無，約理故。遍計是亦有亦無，由是所執故。遍計是非有非無，由是所執故，餘準前思之。上來別明三性竟，第二總說者。三性一際，舉一全收，眞妄互融，性無障礙。如《攝論》婆羅門問，經中言，世尊，依何義說如是言，如來不見生死，不見涅槃。於依他中分別性及眞實性生死涅槃，依無差別義。何以故，此依他性，由分別一分成生死，由眞實一分成涅槃。釋曰：依他性非生死，由此性因眞實成涅槃故，此性非涅槃。何以故，此性由分別一分即是生死，是故不可定說一分。若見一分餘分性不異，是故不見生死，亦不見涅槃。由此意故，如來答婆羅門如此。

## 藉教悟宗

**菩提達摩《少室六門》**　夫入道多途，要而言之，不出二種，一是理入，二是行入。理入者，謂藉教悟宗，深信含生同一眞性，俱爲客塵妄想所覆，不能顯了，若也捨妄歸眞，凝住壁觀，無自無他，凡聖等一，堅住不移，更不隨於文教，此即與理冥符，無有分別，寂然無爲，名之理入。行入者，謂四行，其餘諸行悉入此中。何等四耶，一報冤行，二隨緣行，三無所求行，四稱法行。

**元照《論慈滘三藏集書》**　近世慧林、孝本、法雲、大秀，皆釋門之豪傑，舉揚宗風，激勵修奉。天下緇儒，雲奔草偃，率從其化，自是其徒，稍知頓悟漸修之門，藉教悟宗之理。但古今學者自有黨宗蔽曲之淨，謂了心見性，何假修行，認放蕩爲通方，嗤持守爲執相，殘毀正教，瞽罔來蒙，故慈滘三藏文集於是乎作也，斯實救一時之訛弊，護佛法之紀綱耳。

## 應無所住

**鳩摩羅什譯《金剛般若波羅蜜經》**　須菩提，於意云何，菩薩莊嚴佛土不。不也，世尊，何以故，莊嚴佛土者，即非莊嚴，是名莊嚴。是故須菩提，諸菩薩摩訶薩應如是生清淨心，不應住色生心，不應住聲、香、味、觸、法生心，應無所住而生其心。

**窺基《金剛般若經贊述》卷上**　應如是生清淨心者，謂應修習淨智淨識清淨心。不應住色等生心者，謂不於外形相起莊嚴心。應無所住而生其心者，謂要以智證於無住，無住即無相也。無著釋者，十八差別之中此爲第七願淨佛土，離障住處十二之中第三爲離小攀緣作念修道。故小攀緣者謂作有形相莊嚴淨土，如求西方觀日水等也。

**澄觀《大方廣佛華嚴經隨疏演義鈔》卷三三**　若了無生而入理者，或觀生法求生不得，或忘能了入無念門，或起大悲方能入理，如是種種若事若理，名善巧迴轉。言心智無住者，亦通事理。且約理者，若以心知，如是心住境，若以智了，心是智住心，若內若外皆名爲住，若住無住亦名爲住。故經云，若心有住則爲非住，應無所住而生其心。謂生無所住心，則非有無住可生，不生於心則無住心生，即此契理亦名方便。故《大品》云，以無所得而爲方便，若不住事理生死涅槃，則事理無礙之方便也。

**澄觀《大方廣佛華嚴經隨疏演義鈔》卷二四**　今謂法性如空，則無所住。況體無生，安有能住不住，諸法方住法性故。上文云，諸佛於中住故。《金剛經》云，應無所住而生其心。若心有住則爲非住，《大品》云，若住一切法，不住般若波羅蜜，不住一切法，方住般若波羅蜜。故大般若會會之初，皆先明無住，《淨名》亦說無住爲本。

**延壽《宗鏡錄》卷九八** 經云，應無所住，而生其心。無所住者，不住色，不住聲，不住迷，不住悟，不住體，不住用。而生其心者，即是一切處而顯一心。若住善生心，即善現，若住惡生心，即惡現，本心即隱沒。若無所住，十方世界唯是一心，信知風幡不動，是心動。

**紹隆《圓悟佛果禪師語錄》卷一六** 《維摩經》，依無住本立一切法。《金剛經》，應無所住而生其心。古德云，一切無心無住著。世出世法莫不皆爾，使有住則膠固，豈得能變通耶。日月住則無晝夜，四時住則失歲功，唯其無住，乃所以流於無窮。是故住於無所住，所以轉凡成聖，即無作無爲無住妙用，於萬有中得大解脫。既達此意見此道，唯力行不倦，乃眞道人也。

**迹刪鷟《金剛經直說》** 須菩提，於意云何，菩薩莊嚴佛土不。不也，世尊，何以故，莊嚴佛土者，即非莊嚴，是名莊嚴。是故須菩提，諸菩薩摩訶薩應如是生清淨心，不應住色生心，不應住聲、香、味、觸、法生心，應無所住而生其心。

此破住相莊嚴佛土之執。是義該管粗細，細爲佛性自心之上萬德莊嚴，不可以相求，不可以目覩。道是莊嚴，即非莊嚴，是則名爲莊嚴者性分中自有之莊嚴也，麤如造寺建塔塑像書經等，一切有爲法。道是莊嚴，即非莊嚴，必須能所兩忘，乃名莊嚴也。如來垂問，空生解悟。當知佛土莊嚴，是清淨心，無住相心。一有住著心，爲外塵所縛，不能活潑自在，如朽木不復萌，死灰不復燃一般。自謂莊嚴，非眞莊嚴也。應無所住而生其心，是金剛正眼涅槃妙心，直指單傳，最親最切句。昔日六祖從柴擔上一聞便悟，入黃梅室，直下承當。凡屬祖師門下，須從無住生心處討箇落著，不得作語言文字，拍盲承當，要與祖師西來意相應，方是莊嚴佛土也。按古作字，生心爲性，性如流水，不生則竭，性如林木，不生則折，性如活火，不生則滅，性如月輪，不生則缺。天地之運，晝夜不停，萬物之機，循環不息，爲無所住，故無不生。自性如如，本無住著，本無生滅，識得無住生心，便是無生法忍也。

**錢伊庵《宗範》卷上** 道人是無事人，無事亦無。但無一切心，即名無漏。每日行住語言，但莫著有爲法，出言瞬目，盡同無漏。如今禪者，皆著一切聲色，何不心同虛空去，如枯木石頭，寒灰死火去，方少分應。但離有無諸法，心如日輪在空，光明自然不照而照，不是省力底事。到此無棲泊處，即是行諸佛路，便是無所住而生心。此是你清淨法身，名阿耨菩提。古人道，爭似無爲實相門，一超直入如來地。若不會此，縱學得多知勤苦，草衣木食，不識自心，盡名邪行。今但學無心，久須實得，爲你力量小，不能頓超。但三五十年，得箇入處，自然會去。法身從古至今，與佛祖一般，何處欠少。

## 觸境皆如

**澄觀《大方廣佛華嚴經疏》卷五三** 謂十平等心及隨如道行，皆是菩薩正道所遊路故。以觸境皆如，道無不在。況虛空等十，一一無量，道豈有涯。十中前四，各一無量，後四皆佛界無量。語言亦屬衆生，亦是調伏界。無量劫數即豎論無量，餘七橫論無量，虛空亦橫亦豎，法界非橫非豎，虛空法界約無分量，餘八廣多無量，兼無分量。

**德清《大方廣佛華嚴經綱要》卷五六** 然正道助道皆無量者，以五地聖人涉俗利生，隨順世間，廣行衆行，以正道契如，故心等法界。既已無量，則以眞如爲所遊履，觸境皆如，道無不在。故所行萬行資緣皆爲助道，故境愈大而道亦大。所以治世語言資生業等無不稱眞法界，一一無量無邊，所以爲不住道行也。